Franz-Rudolf Esch (Hrsg.)

Moderne Markenführung

Franz-Rudolf Esch (Hrsg.)

Moderne Markenführung

Grundlagen
Innovative Ansätze
Praktische Umsetzungen

3., erweiterte und aktualisierte Auflage

GABLER

Die Deutsche Bibliothek – CIP-Einheitsaufnahme
Ein Titeldatensatz für diese Publikation ist bei
Der Deutschen Bibliothek erhältlich

Prof. Dr. Franz-Rudolf Esch ist Inhaber des Lehrstuhls für Betriebswirtschaftslehre mit dem Schwerpunkt Marketing und Direktor des Instituts für Marken- und Kommunikationsforschung an der Justus-Liebig-Universität Gießen.

1. Auflage September 1999
2. Auflage April 2000
3. Auflage Oktober 2001

Alle Rechte vorbehalten
© Betriebswirtschaftlicher Verlag Dr. Th. Gabler GmbH, Wiesbaden 2001

Lektorat: Barbara Roscher / Jutta Hinrichsen

Der Gabler Verlag ist ein Unternehmen der Fachverlagsgruppe BertelsmannSpringer.
www.gabler.de

Umschlaggestaltung: Ulrike Weigel, www.CorporateDesignGroup.de
Druck und buchbinderische Verarbeitung: Hubert & Co., Göttingen
Gedruckt auf säurefreiem und chlorfrei gebleichtem Papier
Printed in Germany

ISBN 3-409-43642-1

Vorwort zur dritten, erweiterten und aktualisierten Auflage

Die zweite Auflage des Buchs „Moderne Markenführung" war trotz Verdopplung der Auflagenhöhe ebenfalls schnell vergriffen. Das Interesse der Leser aus Marketingpraxis und -wissenschaft an dem Thema „Marke" ist ungebrochen hoch. Man ist sich offensichtlich darüber im klaren, daß die Marke der Wertschöpfer Nr. 1 in Unternehmen ist.

In der dritten Auflage wurden Anregungen von Lesern und aus Rezensionen aufgegriffen. Das Buch wurde erweitert um Beiträge

- zum Markenrecht,
- zu Markenarchitekturen und
- zur Internet-Kommunikation und zu E-Brands.

Ferner wurden die Beiträge zur Markenlizenzierung, zu Systemmarken, zu Mehrmarkenstrategien, zur Konzeption und Umsetzung von Markenerweiterungen und zur Markenwertmessung um neue Entwicklungen ergänzt. Zudem wurde das vielfach geforderte Stichwortverzeichnis hinzugefügt. Fehler wurden korrigiert und einzelne Daten aktualisiert. Ansonsten wurde die bewährte Form des Buchs beibehalten.

Frau Barbara Roscher vom Gabler Verlag hat wiederum sorgfältig und kompetent die Drucklegung begleitet, meine Mitarbeiter Herr Dipl.-Kfm. Sören Bräutigam, Dipl.-Kfm. Patrick Geus, Dipl.-Kfm. Marco Hardiman, Dipl.-Kfm. Greg Kiss sowie Dipl.-Kfm. Tobias Langner die Änderungen gewissenhaft durchgeführt. Für die Erstellung des Stichwortverzeichnisses waren Frau Ref. iur. Felicitas Riedel, Frau Dipl.-Kffr. Michaela Mundt und Frau cand. rer. oec. Agathe Konieczny verantwortlich. Herzlichen Dank!

Um von den Überlegungen und Anregungen der Leser des Buchs zu profitieren, bin ich für eine weitere angeregte Diskussion sowie Ergänzungs- und Optimierungsvorschläge dankbar. Ihre Kontaktadresse lautet:

Prof. Dr. Franz-Rudolf Esch
Institut für Marken- und Kommunikationsforschung
Justus-Liebig-Universität Gießen
Licher Straße 66, 35394 Gießen
Tel.: 0641 - 9922401, Fax: 0641 - 9922409
E-Mail: imk@wirtschaft.uni-giessen.de

Ich freue mich wieder auf eine rege Diskussion und wünsche allen Lesern viel Spaß beim Lesen und Anregungen für die tägliche Arbeit.

Prof. Dr. Franz-Rudolf Esch

Vorwort zur ersten Auflage

Das Thema „Marke" gilt weltweit als Megathema im Marketing. Marken steuern in erheblichem Ausmaß das Verhalten von Konsumenten. Viele Konsumenten verfügen über äußerst lebendige und klare Markenbilder, bauen Beziehungen zu Marken auf und werden gar zu „Markenaposteln", weil sie durch Marken anderen Menschen ihre eigenen Wertvorstellungen vermitteln können.

Die Markenführung ist deshalb ein zentrales Aufgabengebiet von Unternehmen, gleichzeitig stellt sie ein wichtiges Forschungsfeld für Marketingwissenschaftler dar. Die Bedeutung der Marke für die Unternehmenspraxis wird durch eine Vielzahl richtungsweisender Signale unterstrichen: In kaum einem Geschäftsbericht fehlen Angaben zum Wert einer Marke, Markenkennzahlen gehen zum Teil schon in die strategische Unternehmensplanung ein und dienen als Grundlage zur Bemessung von Erfolgsbeiträgen für Manager.

Auch an deutschen Universitäten wächst das Verständnis für die Bedeutung der Marke als ein wichtiges Forschungs- und Lehrfeld. Es ist heute schon absehbar, daß an den Hochschulen Vorlesungen zum Produktmanagement ein Auslaufmodell darstellen und durch Markenvorlesungen ersetzt werden, da selbst die Produktgestaltung und die zu realisierenden Produktmaßnahmen dem Paradigma der Marke folgen müssen.

Trotz der Bedeutung der Marke fehlt es in der deutschen Literatur jedoch an Büchern zur Markenführung, die Wissenschaft und Praxis miteinander verbinden und einen aktuellen Überblick über Techniken, Methoden und Strategien der Markenführung bieten. Das vorliegende Buch soll einen ersten Beitrag leisten, um diese Lücke zu füllen. Es eignet sich sowohl für Marketingpraktiker als auch als Grundlage für Vorlesungen zum Markenmanagement sowie als Quelle zur Anregung weiterer Forschung im Bereich „Marke".

In dem Buch „Moderne Markenführung" melden sich international ausgewiesene und anerkannte Wissenschaftler und Praktiker zum Thema „Marke" zu Wort. Ihnen allen möchte ich herzlich für die spontane Bereitschaft zur Mitwirkung und die gute und reibungslose Zusammenarbeit danken.

Durch diesen äußerst attraktiven und in Deutschland einzigartigen Autoren-Mix ist für den Leser sichergestellt, daß er einen umfassenden Einblick in innovative Methoden, Ansichten und die aktuellsten Entwicklungen im Bereich des Markenmanagements erhält. Neue Forschungsansätze werden dabei nicht nur akademisch-trocken vermittelt, sondern anhand vieler anschaulicher Beispiele, die Anregungen für die tägliche praktische Arbeit liefern, plastisch dargestellt.

Trotz der Vielzahl der Einzelbeiträge zieht sich das verhaltenswissenschaftliche Paradigma, d. h. eine Markenperspektive durch die Brille der Konsumenten, wie ein roter

Faden durch das Buch. Danach sind Marken nichts anderes als Vorstellungsbilder in den Köpfen der Kunden. Folglich muß zwangsläufig auch die Markenführung an dem vorhandenen Markenwissen der Konsumenten ansetzen:

Markensteuerung ist Kopfsteuerung!

Alle Beiträge sind über das verhaltenswissenschaftliche Markenverständnis miteinander verknüpft, stellen für sich genommen aber geschlossene Abhandlungen zur jeweiligen Problemstellung dar. Deshalb kann man das Buch auch als Ideenquelle für unterschiedliche Fragestellungen der Markenführung betrachten. Der Leser kann sich nach eigenem Gusto anregen lassen und für ihn wichtige Aspekte in dem Buch nachlesen. Anders als viele rein praxisbezogene Bücher zum Markenmanagement hat dieses Buch keinen Rezeptcharakter. Es soll vielmehr den Leser zum Nachdenken inspirieren.

Ein solch umfangreiches Buchprojekt kann nicht ohne die Mithilfe einer Vielzahl engagierter Personen durchgeführt werden.

Mein Dank für die Unterstützung bei der inhaltlichen und formalen Gestaltung gilt meiner Mitarbeiterin und meinen Mitarbeitern am Institut für Marken- und Kommunikationsforschung

- *Frau Dr. Andrea Diekhof,*
- *Herrn Dipl.-Kfm. Sören Bräutigam,*
- *Herrn Dipl.-Kfm. Oliver Elsen,*
- *Herrn Dipl.-Kfm. Marcus Fuchs,*
- *Herrn Dipl.-Kfm. Jürgen Kadel sowie*
- *Herrn Dipl.-Kfm. Andreas Wicke.*

Besonderer Dank gebührt meinem Mitarbeiter *Herrn Dipl.-Kfm. Tobias Langner*, der über diese Gestaltungsaspekte hinaus sehr engagiert eine Vielzahl koordinierender Tätigkeiten zur Gestaltung und Abwicklung des Buchs übernommen hat.

Die Übersetzungen der englisch- und französischsprachigen Beiträge wurden von Frau *Renate Himmighoffen* mit großem Einfühlungsvermögen durchgeführt. Die vielen fachsprachlichen Termini konnten sie in ihrem Arbeitseifer nicht beirren. Meine Sekretärin, Frau *Michaela Gabriel*, hat sich umfassend und mit großer Sorgfalt und Engagement um sämtliche Korrekturen und die formale Abwicklung des Buches gekümmert. Auch dafür ein herzliches Dankeschön.

Die Abbildungen wurden mit dem notwendigen Fingerspitzengefühl von meinen wissenschaftlichen Hilfskräften *Oliver Hanrath, Stephan Hössl, Holger Pleines, Jörn Redler, Nina Rösel* sowie *Christina Steidl* umgesetzt. Auch dafür herzlichen Dank.

Last but not least danke ich meiner Frau Dipl.-Kffr. *Dany Hesse-Esch*, die alle Beiträge kritisch durchgesehen und eine Reihe wertvoller Optimierungsvorschläge gegeben hat.

Frau *Barbara Roscher* vom Gabler Verlag hat das Buchprojekt ebenfalls tatkräftig und umsichtig unterstützt. Selbst zeitliche Verzögerungen konnten sie nicht aus der Ruhe bringen. Dafür schulde ich ihr ebenfalls Dank.

Trotz dieser tatkräftigen Unterstützung können natürlich Fehler in einem solch umfangreichen Werk auftreten. Diese Fehler gehen selbstverständlich zu meinen Lasten.

Um von den Überlegungen und Anregungen der Leser des Buches zu profitieren, bin ich für eine angeregte Diskussion und Ergänzungs- und Optimierungsvorschläge jeglicher Art dankbar. Ihre Vorschläge und Diskussionsbeiträge können sie mir gerne an folgende Adresse übermitteln:

Prof. Dr. Franz-Rudolf Esch
Institut für Marken- und Kommunikationsforschung
Justus-Liebig-Universität Gießen
Licher Straße 66, 35394 Gießen
Tel.: 0641 - 99 22401, Fax: 0641 - 99 22409
E-Mail: marketing@wirtschaft.uni-giessen.de

Ich freue mich bereits jetzt auf eine rege Diskussion und wünsche allen Lesern viel Spaß beim Lesen und Anregungen für die tägliche Arbeit.

Prof. Dr. Franz-Rudolf Esch

Inhaltsverzeichnis

Teil A: Einführung

Teil B: Markenführung

1. Grundlagen der Markenführung

4. Markenführung und Kommunikation

5. Führung komplexer Markensysteme

6. Markendehnung

Autorenverzeichnis

AAKER, DAVID A., Prof. Dr., Professor Emeritus an der Haas School of Business Administration der University of California, Berkeley/CA, USA, Mitglied des Advisory Boards der Brand Leadership Company, New York/NY, USA.

AAKER, JENNIFER L., Prof. Dr., Professorin für Marketing an der John E. Anderson Graduate School of Management der UCLA, Los Angeles/CA, USA.

ANDRESEN, THOMAS, Dr., Unternehmensgründer und Geschäftsführer der icon brand navigation (Forschung und Consulting für Marketingentscheidungen), Nürnberg.

BAUMGARTH, CARSTEN, Dr., wissenschaftlicher Assistent am Lehrstuhl für Marketing an der Universität Siegen.

BECKER, JOCHEN, Prof. Dr., Professor für Betriebswirtschaftslehre, insbesondere Marketing an der Fachhochschule Aachen.

BEKMEIER-FEUERHAHN, SIGRID, Prof. Dr., Professorin für Medien- und Öffentlichkeitsarbeit an der Universität Lüneburg.

BIEL, ALEXANDER L., Geschäftsführer der Unternehmensberatung Alexander L. Biel & Associates, Mill Valley/CA, USA.

BINDER, CHRISTOF U., Dr., Geschäftsführender Gesellschafter der Brand Licensing Partner Management Consulting Group und der Brand Licensing Partner GmbH, Düsseldorf.

BOUSH, DAVID M., Prof. Dr., Head of Marketing des Charles H. Lundquist College of Business an der University of Oregon, Eugene/OR, USA.

BRAUN, DANIELA, Dipl.-Ökon., wissenschaftliche Mitarbeiterin am Lehrstuhl für Betriebswirtschaftslehre, insbesondere Marketing an der Fern-Universität-Gesamthochschule Hagen.

BRAUN, INGOLF, Dr., Managing Director der SCA Hygiene Products Philippines, Alabang, Muntinglupa, Philippinen.

BRAUNSTEIN, CHRISTINE, Dr., Referentin für Marketinggrundsätze und Produktmanagement, Vorstandsressort Marketing, Deutsche Bahn AG, Berlin.

BRÄUTIGAM, SÖREN, Dipl.-Kfm., wissenschaftlicher Projektmitarbeiter am Institut für Marken- und Kommunikationsforschung an der Justus-Liebig-Universität Gießen.

DACIN, PETER A., Prof. Dr., Professor für Marketing am Lowry Mays College & Graduate School of Business der Texas A&M University, College Station/TX, USA.

DIEHL, SANDRA, Dr., wissenschaftliche Mitarbeiterin am Lehrstuhl für Betriebswirtschaftslehre, insbesondere Marketing an der Universität des Saarlandes, Saarbrücken.

DILLER, HERMANN, Prof. Dr., Inhaber des Lehrstuhls für Marketing an der Friedrich-Alexander-Universität Erlangen-Nürnberg.

DUDENHÖFFER, FERDINAND, Prof. Dr., Professor für Betriebswirtschaftslehre, insbesondere Unternehmensführung und Marketing an der Fachhochschule Gelsenkirchen.

ESCH, FRANZ-RUDOLF, Prof. Dr., Inhaber des Lehrstuhls für Betriebswirtschaftslehre mit dem Schwerpunkt Marketing an der Justus-Liebig-Universität Gießen, Direktor des Instituts für Marken- und Kommunikationsforschung an der Justus-Liebig-Universität Gießen.

FEIGE, STEPHAN, Dr., Unternehmensberater der htp St. Gallen Managementberatung AG, Schweiz.

FOURNIER, SUSAN M., Prof. Dr., Professorin für Marketing an der Harvard Business School der Harvard University, Boston/MA, USA.

FRETER, HERMANN, Prof. Dr., Inhaber des Lehrstuhls für Marketing an der Universität Siegen.

FUCHS, MARCUS, Dipl.-Kfm., wissenschaftlicher Mitarbeiter am Lehrstuhl für Marketing an der Justus-Liebig-Universität Gießen.

GEUS, PATRICK, Dipl.-Kfm., wissenschaftlicher Projektmitarbeiter am Institut für Marken- und Kommunikationsforschung an der Justus-Liebig-Universität Gießen.

GIERING, ANNETTE, Dr., Product Manager, Geschäftsbereich Elektrowerkzeuge, Robert Bosch GmbH, Stuttgart.

GOERDT, THOMAS, Dr., Group Marketing, Markenstrategie und Marketingplanung, BMW AG, München.

GRÖPPEL-KLEIN, ANDREA, Prof. Dr., Inhaberin des Lehrstuhls für Allgemeine Betriebswirtschaftslehre, insbesondere Internationales Marketing an der Europa-Universität Viadrina, Frankfurt/Oder.

HAMMANN, PETER, Prof. Dr., Inhaber des Lehrstuhls für Angewandte Betriebswirtschaftslehre IV (Marketing) an der Ruhr-Universität Bochum.

HARDIMAN, MARCO, Dipl.-Kfm., wissenschaftlicher Mitarbeiter am Lehrstuhl für Marketing an der Justus-Liebig-Universität Gießen.

HERRMANN, ANDREAS, Prof. Dr., Inhaber des Lehrstuhls für Allgemeine Betriebswirtschaftslehre und Marketing an der Johannes Gutenberg-Universität Mainz.

HOMBURG, CHRISTIAN, Prof. Dr., Inhaber des Lehrstuhls für Allgemeine Betriebswirtschaftslehre und Marketing I an der Universität Mannheim.

HUBER, FRANK, Dr., wissenschaftlicher Mitarbeiter am Lehrstuhl für Allgemeine Betriebswirtschaftslehre und Marketing II an der Universität Mannheim.

JOACHIMSTHALER, ERICH A., Prof. Dr., Gastprofessor für Betriebswirtschaftslehre an der Darden Graduate School of Business Administration der University of Virginia, Charlottesville/VA, USA, Chief Executive Officer der Brand Leadership Company, New York/NY, USA.

KAPFERER, JEAN-NOËL, Prof. Dr., Professor für Marketing an der Groupe HEC, Jouy-en-Josas, Frankreich.

KELLER, KEVIN L., Prof. Dr., E. B. Osborn Professor für Marketing an der Amos Tuck School of Business Administration des Dartmouth College, Hanover/NH, USA.

KIRCHER, SYBILLE, Geschäftsführende Gesellschafterin der NOMEN International Deutschland GmbH, Düsseldorf.

KOHLI, CHIRANJEEV, Prof. Dr., Professor für Marketing an der School of Business Administration and Economics der California State University, Fullerton/CA, USA.

KISS, GREG, Dipl.-Kfm., wissenschaftlicher Projektmitarbeiter am Institut für Marken- und Kommunikationsforschung an der Justus-Liebig-Universität Gießen.

LABAHN, DOUGLAS W., Prof. Dr., Professor für Marketing an der School of Business Administration and Economics der California State University, Fullerton/CA, USA.

LANG, HERBERT, Dr., Vorstandsassistent der Sanacorp Pharmahandel AG, Planegg.

LANGNER, TOBIAS, Dipl.-Kfm., wissenschaftlicher Mitarbeiter am Lehrstuhl für Marketing an der Justus-Liebig-Universität Gießen.

LAWSON, ROBERT, Prof. Dr., Professor für Marketing an der William Paterson University, Wayne/NJ, USA.

MEFFERT, HERIBERT, Prof. Dr. Dr. h.c., Direktor des Instituts für Marketing an der Westfälischen Wilhelms-Universität Münster.

MILBERG, SANDRA, Prof. Dr., Professorin für Marketing an der McDonough School of Business der Georgetown University, Washington/DC, USA.

NICKEL, OLIVER, Dr., Geschäftsführer der icon webmax GmbH, Nürnberg.

NIEHUIS, CORDULA, Dr., Marketing Manager, Gerresheimer Glas AG, Düsseldorf.

PARK, C. WHAN, Prof. Dr., Joseph A. DeBell Distinguished Professor für Marketing an der Marshall School of Business der University of Southern California, Los Angeles/CA, USA.

PAULSSEN, MARCEL, Dr., Mitarbeiter der Forschungssparte Technik & Gesellschaft der DaimlerChrysler AG Stuttgart.

PECHTL, HANS, Prof. Dr., Inhaber des Lehrstuhls für Betriebswirtschaftslehre, insbesondere Marketing an der Ernst-Moritz-Arndt-Universität Greifswald.

PERCY, LARRY, Gastprofessor für Marketing an der School of Management Studies der Universität Oxford, England, selbständiger Berater für Marketing und Kommunikationsplanung, Montgomery/AL, USA.

PERREY, JESKO, Dr., Engagement Manager und Projektleiter der Unternehmensberatung McKinsey.

REDLER, JÖRN, Dipl.-Oec., wissenschaftlicher Projektmitarbeiter am Institut für Marken- und Kommunikationsforschung an der Justus-Liebig-Universität Gießen.

ROSSITER, JOHN R., Prof. Dr., Research Professor an der University of Wollongong, Australien.

ROTH, SIMONE, Dipl.-Kffr., wissenschaftliche Projektmitarbeiterin am Institut für Marken- und Kommunikationsforschung an der Justus-Liebig-Universität Gießen.

RUGE, HANS-DIETER, Prof. Dr., Professor für Marketing an der Fachhochschule Westküste in Heide/Holstein.

SATTLER, HENRIK, Prof. Dr., Inhaber des Lehrstuhls für Betriebswirtschaftslehre mit dem Schwerpunkt Handel und Marketing I an der Universität Hamburg, geschäftsführender Direktor des Instituts für Handel und Marketing an der Universität Hamburg.

SCHMALEN, HELMUT, Prof. Dr. Dr. h.c., Inhaber des Lehrstuhls für Betriebswirtschaftslehre mit Schwerpunkt Absatzwirtschaft und Handel an der Universität Passau.

SCHMITT, BERND, Prof. Dr., Professor an der Columbia Business School der Columbia University, New York/NY, USA, Executive Director des Centers on Global Brand Leadership, New York/NY, USA.

SCHÖGEL, MARCUS, Dr., Lehrbeauftragter für Betriebswirtschaftslehre an der Universität St. Gallen, Schweiz, Kompetenzzentrumsleiter des Forschungsinstituts für Absatz und Handel an der Universität St. Gallen, Schweiz.

SCHRÖDER, HENDRIK, Prof. Dr., Inhaber des Lehrstuhls für Marketing und Handel an der Universität Essen.

SIMONSON, ALEXANDER, Prof. Dr., Professor für Marketing an der McDonough School of Business der Georgetown University, Washington/DC, USA, Vice President der Guideline Research Corp., New York, USA.

SMITH, DANIEL C., Prof. Dr., Professor und Clare W. Barker Eminent Scholar in Marketing der Kelley School of Business der Indiana University, Bloomington/IN, USA.

SWOBODA, BERNHARD, Dr., wissenschaftlicher Mitarbeiter am Institut für Handel und Internationales Management an der Universität des Saarlandes, Saarbrücken.

THAKOR, MRUGANK, Prof. Dr., Professor für Marketing an der Concordia University, Montreal, Kanada.

TOMCZAK, TORSTEN, Prof. Dr., Inhaber des Lehrstuhls für Betriebswirtschaftslehre mit besonderer Berücksichtigung des Marketing an der Universität St. Gallen, Schweiz, Direktor des Forschungsinstituts für Absatz und Handel an der Universität St. Gallen, Schweiz.

TROMMSDORFF, VOLKER, Prof. Dr., Inhaber des Lehrstuhls für Marketing I an der Technischen Universität Berlin.

WEINBERG, PETER, Prof. Dr., Inhaber des Lehrstuhls für Betriebswirtschaftslehre, insbesondere Marketing an der Universität des Saarlandes, Saarbrücken, Direktor des Instituts für Konsum- und Verhaltensforschung an der Universität des Saarlandes, Saarbrücken.

WICKE, ANDREAS, Dipl.-Kfm., wissenschaftlicher Mitarbeiter am Lehrstuhl für Marketing an der Justus-Liebig-Universität Gießen.

ZENTES, JOACHIM, Prof. Dr., Inhaber des Lehrstuhls für Betriebswirtschaftslehre, insbesondere Außenhandel und Internationales Management an der Universität des Saarlandes, Saarbrücken, Direktor des Instituts für Handel und Internationales Management an der Universität des Saarlandes, Saarbrücken.

Teil A

Einführung

Franz-Rudolf Esch und Andreas Wicke

Herausforderungen und Aufgaben des Markenmanagements

1. Markenbedeutung und Markenverständnis

Die Marke ist in den letzten Jahren zunehmend in den Mittelpunkt des Interesses von Marketingpraktikern und -wissenschaftlern gerückt. Das Jahr 1988 wurde von der Zeitung „The Economist" zum „Jahr der Marke" erklärt (o. V., 1988, S. 101). In den USA brodelt die Markendiskussion bereits seit längerem. Das Marketing Science Institute hat die Marke schon frühzeitig als zentrales Marketingthema ausgemacht. Heute bieten quasi alle großen kommerziellen deutschen Tagungsanbieter Markentagungen an. **Die Marke ist das Megathema schlechthin - zu Recht!**

Schlägt man Geschäftsberichte großer Unternehmen in den USA auf, so wird man auf den ersten drei Seiten eines solchen Jahresberichts fast immer mit dem Markenwert des jeweiligen Unternehmens konfrontiert. Dies ist keineswegs eine neue Form der Selbstverliebtheit der Manager oder ein Muskelspiel zur Einschüchterung der Konkurrenz. Vielmehr möchte man durch diese exponierte Position im Geschäftsbericht die Bedeutung der Marke hervorheben und diese auch den Anspruchsgruppen der Unternehmen vor Augen führen. Die Medien folgen diesem Beispiel. So druckt die Financial World jährlich die zehn Marken aus, die angeblich weltweit über den höchsten Markenwert verfügen (vgl. Abbildung 1).

		2001	2000
1.	Coca-Cola	68,9 Mrd. US $	72,5 Mrd. US $
2.	Microsoft	65,1	70,2
3.	IBM	52,8	53,2
4.	General Electric	42,4	38,1
5.	Nokia	35,0	38,5
6.	Intel	34,7	39,0
7.	Disney	32,6	33,6
8.	Ford	30,1	36,4
9.	McDonald's	25,3	27,9
10.	AT&T	22,8	25,5

Abbildung 1:   Die Marken mit dem höchsten Markenwert
Quelle: www.ftd.de/markenwert, Juli 2001.

Solche Überlegungen zur Marke und zum „Wert" einer Marke sind keinesfalls neu. Schon Karl Marx setzte sich im ersten Band seines Werkes „Das Kapital" mit der **„Aura des Produktes"** auseinander. Er bemerkte - nicht zuletzt aus Erfahrungen mit dem Kaufverhalten seiner Frau - daß der Gebrauchswert einer Ware zwar kein Mysterium darstellt, wohl aber der Auftritt einer Ware, bei der sich diese in ein „sinnlich übersinnliches Ding" verwandelt (Marx, 1867 und 1957). Einem Rationalisten und Kapitalistengegner wie Karl Marx mußte dies ein Dorn im Auge gewesen sein, wenngleich auch er statt Zigarren Havanna-Zigarren bevorzugte - trotz ihres horrenden Preises (vgl. Brandmeyer/Deichsel, 1991).

Die Grundgedanken von Karl Marx, der eben eine solche Subjektivierung einfacher Gegenstände wie Mäntel oder Schränke entzaubern wollte, treffen allerdings den Kern des Problems, sie haben an Attraktivität nicht verloren: Was eine Marke ausmacht, ist stark von subjektiven Eindrücken geprägt und spielt sich vor allem in den Köpfen und Vorstellungen der Konsumenten ab. Domizlaff erkannte dies schon sehr früh und avancierte mit seinen Auffassungen zur Marke zum Begründer der Marken-Technik in Deutschland (vgl. Domizlaff, 1939 und 1992).

Die starke **Fokussierung auf Marken** ist gerechtfertigt. Bereits Kleinkinder stammeln oft Markennamen, bevor sie Papa oder Mama sagen. Kinder in bayerischen Schulen malen Kühe auf Alpenwiesen „lila", weil sie durch die Marke Milka ständig mit lila-Kühen konfrontiert werden. Schon Kinder im Alter zwischen 8 und 10 Jahren können feine Unterschiede zwischen den einzelnen Marken machen und diesen sehr treffsicher Attribute verleihen (vgl. Melzer-Lena, 1995, S. 13). Welches Kind möchte schon gerne mit einem Ford von der Schule abgeholt werden? „Viel toller wäre hier ein Porsche; diese Marke - so empfinden es bereits Kinder - verleiht dem, der sie besitzt, Glanz und Respekt." (Melzer-Lena, 1995, S. 13). Bei Jugendlichen herrscht geradezu ein Markenkult, da Marken die Zugehörigkeit zu sozialen Gruppen konnotieren, zur Differenzierung von anderen und zum Ausdruck der eigenen Persönlichkeit beitragen (vgl. Diekhof, 1999). Um sich Luxusmarken leisten zu können, sind Jugendliche sogar bereit zu arbeiten und schon während der Schulzeit Teilzeitjobs anzunehmen (vgl. Opaschowski, 1992, S. 23). Daß diese Markenhörigkeit oft in Markenstreß ausartet, darf kaum verwundern (vgl. Hammann et al., 1997).

Selbst Erwachsene verlassen sich oft blind auf ihre Marken, die sie zum Teil schon durch Sozialisation von ihren Eltern übernommen haben oder mit denen sie gute Erfahrungen gemacht haben. Dieser Wandel von einer Dingwelt zu einer Markenwelt wird von vielen Praktikern zu Recht auf die emotionale Schubkraft von Marken zurückgeführt (vgl. z. B. Simon, 1994 a). Es gilt deshalb, die weiche, emotionale Seite der Marke, die u. a. die Markenpersönlichkeit, die Beziehung zu einer Marke sowie Markenbilder und -gefühle umfaßt, genauer zu analysieren (vgl. dazu die Beiträge von Aaker, Biel, Fournier und Ruge in diesem Buch).

Daß die Marke für viele Konsumenten präferenzprägende Funktionen bei - gerade auf gesättigten Märkten - ansonsten vergleichbaren Produkten übernimmt, wird spätestens klar, wenn man die Ergebnisse von Blindtests von Produkten mit denen von Produkttests mit Darbietung des jeweiligen Markenlabels vergleicht: Selten stimmen die Ergebnisse überein, meist wird das Produkt einer bekannten und beliebten Marke wesentlich besser in einem Test mit Markenname eingeschätzt als bei entsprechender Blinddarbietung (vgl. Abbildung 2). Es handelt sich hierbei typischerweise um einen sogenannten **Halo-Effekt** (vgl. Kroeber-Riel/Weinberg, 1999): Durch das gute Image einer Marke werden automatisch auch einzelne Produkteigenschaften, wie der Geschmack eines koffein-haltigen Getränks, besser eingeschätzt. Das Markenimage wird bei starken Marken jedoch häufig durch emotionale Eindrücke und Bilder geprägt.

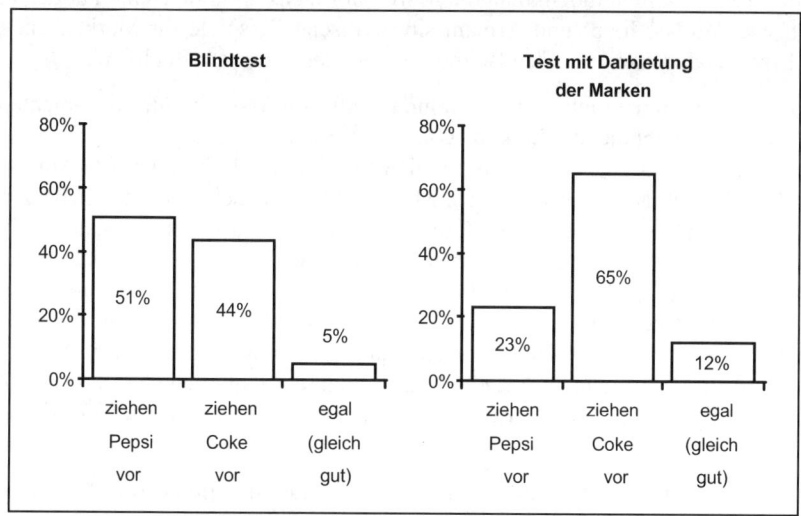

Abbildung 2: Vergleich der Ergebnisse eines Blindtests und eines offenen Tests zwischen Diet Pepsi und Diet Coke

Quelle: Chernatony/McDonald, 1992, S. 9.

Offensichtlich zahlt sich eine solch starke Marke auch aus. So erzielte Coca-Cola 1996 weltweit eine Gewinnspanne von 18,8 % und verzeichnet im elften Jahr in Folge zwei-stellige Gewinnspannen (vgl. o. V., 1997 c, S. 102).

Es darf deshalb nicht verwundern, daß das Interesse von Markenwissenschaftlern und -praktikern an Marken in den letzten Jahren rapide gestiegen ist. Die Erkenntnis, daß es sich bei einer Marke um einen wertvollen Vermögensgegenstand handelt, setzt sich zunehmend durch. Eine **Marke** birgt eine Vielzahl von **Chancen** für ein Unternehmen.

Bei der Einführung neuer Produkte greift man zunehmend auf bewährte Marken zurück, um in neue Märkte einzutreten. Bei Flopquoten, die nach Angaben verschiedener Autoren zwischen 80 und 95 % liegen, darf diese Markendehnungsstrategie nicht verwundern (vgl. o. V. 1995 f., S. 22; Köhler, 1994, S. 435; Brasco, 1988, S. 6). Erfolgreiche Vorzeigebeispiele dieser Strategie sind z. B. Nivea im Körperpflegebereich oder Joop!, die mittels Markenlizenzierung neben Kleidung auch Brillen, Uhren, Lederwaren, Parfum usw. vermarkten (vgl. die Beiträge von Esch, Fuchs, Bräutigam und Redler; Smith und Park; Park et al.; Sattler; Binder in diesem Buch). Die **Markendehnung** geht demnach weit über Produktlinienerweiterungen hinaus und richtet sich auch auf den Markteintritt in vollkommen neue Produktbereiche und Branchen. Das Risiko eines solchen Markteintritts wird durch den Goodwill, den Konsumenten der Marke entgegenbringen, reduziert (vgl. Simon, 1985). Die Marke wird kapitalisiert. Zum Teil lassen sich dadurch ohne großen Kapitaleinsatz horrende Gewinne erwirtschaften, indem man die Marke in Lizenz an kompetente Partner vergibt. Marken wie Adidas, Joop! und Armani sind typische Beispiele für Marken mit erheblichen Lizenzeinnahmen (vgl. den Beitrag von Binder in diesem Buch).

Aufgrund dieser immateriellen Ausstrahlungskraft von Marken auf Konsumenten werden heute auch zunehmend **Marken**, von denen man sich ein gewisses Potential verspricht, wieder **revitalisiert**. So hat beispielsweise die Mineralbrunnen AG Anfang 1994 weder Kosten noch Mühe gescheut, die Marke Bluna, die seit Ende der siebziger Jahre nicht mehr im deutschen Markt zu finden war, wieder einzuführen. Karstadt hat mit Dual ebenfalls eine alte Marke wieder zum Leben erweckt. Diese Marke ist nichts anderes als eine Hülle für ein Netzwerk von mit Karstadt zusammenarbeitenden Unternehmen, die entsprechende Produkte für die Marke Dual liefern. Manche sprechen deshalb bereits von **virtuellen Marken**, weil Markenmanager die Kraft der Marke nutzen und koordinierend in einem Netzwerk mit anderen Unternehmen das notwendige Markenbeiwerk, z. B. die zugehörigen Produkte, deren Herstellung und Vertrieb, managen.

Die Macht der Marke ergreift ganze Branchen. Die Automobilindustrie ist nur eines von vielen Beispielen. Mit dem Kauf von Volvo hat sich Ford den Eintritt in die Klasse gehobener Automobile verschafft, ein Eintritt, der unter der Marke Ford nicht möglich wäre. Deshalb betitelt die Wochenzeitung „Die Zeit" den Kauf des Volvo-Automobilbereichs durch Ford für rund 11 Milliarden DM zu Recht mit „Geld gegen Gefühle" (Zank, 1999, S. 21)[1].

Auf der anderen Seite stehen besonders traditionelle Marken vor der **Herausforderung**, sich an ändernde Konsumentenbedürfnisse anzupassen, ohne ihre Persönlichkeit zu verlieren. Ein Weg zur Anpassung an veränderte Bedürfnisse und Wünsche der Kunden besteht zweifelsfrei in der oben skizzierten Möglichkeit zur Markendehnung durch Produktlinien- und Markenerweiterungen. Weder Maggi könnte mit der Maggi-Würze heute alleine überleben noch Nivea mit der klassischen Creme. Allerdings birgt diese Dehnungsstrategie auch Gefahren, die vor allem in einer zu starken Belastung und Ver-

---

[1] Bei dem genannten Kaufpreis handelt es sich um das Angebot von Ford. Der Handel selbst wurde am 15. März 1999 auf der Aktionärsversammlung durch die Eigner abgesegnet.

wässerung der Marke liegen. Paßt man hingegen eine Marke imagemäßig veränderten Wünschen und Bedürfnissen an, bildet das bisher aufgebaute Image oft eine schier unüberbrückbare Barriere auf dem Weg zu einem neuen Markenimage. Deshalb sind Um- und Neupositionierungen von Marken mit Fingerspitzengefühl und Know-How durchzuführen (vgl. den Beitrag von Esch zur Positionierung in diesem Buch). Starke Vorstellungsbilder und Gedächtnisstrukturen zu einer Marke bauen sich kaum ab, sie sind nur schwer zu überwinden. Die Marke Camel mit dem Mann, der meilenweit für eine Camel durch den Dschungel ging, und die Marke Ariel, die heute noch mit der Clementine verbunden wird, sind dafür Mahnmale (vgl. den Beitrag von Ruge in diesem Buch).

Für viele Unternehmen stellt sich jedoch auch die Notwendigkeit, **neue Marken** zu **schaffen**. Dies ist vor allem dann erforderlich, wenn man mit einer Innovation in einem Produktbereich reüssieren möchte, wozu keine der Marken im Markenportfolio geeignet ist, sich durch Unternehmenszusammenschlüsse oder -aufkäufe die Notwendigkeit zur Gestaltung einer neuen Marke ergibt oder aufgrund einer internationalen Standardisierung der Marketingmaßnahmen die Bildung einer neuen, globalen Marke erforderlich wird.

Hierbei ist es sicherlich wenig zweckmäßig, aus einer einseitig ideologischen Perspektive einen neuen Markennamen, der z. B. durch einen Zusammenschluß zweier Unternehmen aus Kostengründen zweckmäßig sein kann, wie dies bei Aventis, dem neuen Namen für Hoechst und Rhône-Poulenc, der Fall ist, grundsätzlich abzulehnen oder zu befürworten. Vielmehr ist hier ein systematischer Beurteilungs- und Bewertungsprozeß zu initiieren, der auch die Entwicklung des Branding-Prozesses umfassen sollte (vgl. die Beiträge von Kohli et al.; Kircher sowie Esch und Langner in diesem Buch).

Um vor diesem Hintergrund näher auf die Rahmenbedingungen und Aufgaben des Markenmanagements eingehen zu können, ist es zunächst notwendig, den **Markenbegriff** zu definieren:

Nach **klassischem Verständnis** ist eine Marke lediglich ein physisches Kennzeichen für die Herkunft eines Markenartikels (vgl. Mellerowicz, 1963, S. 39). Durch die Markierung erfährt der Konsument, wer der Hersteller bzw. Anbieter eines Produkts oder einer Dienstleistung ist. Darüber hinaus garantiert eine Marke dem Verbraucher u. a. eine konstante oder verbesserte Qualität bei gleichbleibender Menge und Aufmachung der ubiquitär erhältlichen Ware (vgl. Domizlaff, 1939 und 1992, S. 37 ff.). Ferner fordert Mellerowicz (1963, S. 40) für die markierte Fertigware als Merkmale noch eine starke Verbraucherwerbung sowie eine hohe Anerkennung im Markt. Aus dieser Sicht erfolgt eine Markendefinition also **merkmalsbezogen**. Dazu wird typischerweise ein Eigenschaftskatalog erstellt, der zeitlich relativ stabil und prägnant den Markenartikel kennzeichnen soll. Erfüllt eine Ware die vorgegebenen Kriterien, so gilt sie als Marke bzw. Markenartikel.

Eine solch enge Definition der Marke ist heute nicht mehr zeitgemäß, da nicht nur Fertigwaren von Herstellern, sondern auch Dienstleistungen und Vorprodukte (durch

Ingredient Branding) Markenstatus erlangen können. Deshalb nehmen neuere Definitionen Abstand von dieser engen, merkmalsbezogenen Beschreibung einer Marke. Dies kommt auch in der rechtlichen Markendefinition zum Ausdruck.

Rechtlich können als Marken „alle Zeichen, insbesondere Wörter einschließlich Personennamen, Abbildungen, Buchstaben, Zahlen, Hörzeichen, dreidimensionale Gestaltungen einschließlich der Form einer Ware oder ihrer Verpackung sowie sonstiger Aufmachungen einschließlich Farben und Farbzusammenstellungen geschützt werden, die geeignet sind, Waren oder Dienstleistungen eines Unternehmens von denjenigen anderer Unternehmen zu unterscheiden" (§ 3 Abs. 1 MarkenG). Nach dieser im Januar 1995 in Kraft getretenen Gesetzgebung sind neuerdings auch klassische Produktdesigns wie das der Odol- und der Coca-Cola-Flasche ebenso wie Farbkombinationen, etwa die Farben gelb und rot bei Maggi, sowie Werbeslogans (z. B. „Auf diese Steine können Sie bauen") geschützt. Während im Jahr 1991 etwa 316.000 Zeichen geschützt waren (vgl. Dichtl, 1992 b, S. 7), wurden Anfang 1995 bereits 500.000 Marken geschützt (vgl. o. V., 1995 f., S. 22).

In diesem Kontext ist auch die Markendefinition nach Kotler zu sehen: „A brand can be defined as a name, term, sign, symbol, or design or combination of them which is intended to identify the goods and services of one seller or a group of sellers and to differentiate them from those of competitors" (Kotler, 1991, S. 442). Danach hat die Marke vor allem eine Identifikations- und eine Differenzierungsfunktion zu erfüllen.

Richtet man den **Fokus auf die Konsumenten**, so wird allerdings deutlich, daß die bisherigen Definitionen nicht ausreichen. Informationen über die Herkunft oder die Qualität eines Produktes können das Verhalten von Konsumenten heute nicht mehr erklären. Oftmals sagen Marken der heutigen Zeit gar nichts mehr darüber aus, woher ein Produkt stammt. Dies ist auch nicht zwingend erforderlich. Niemand würde beispielsweise Red Bull nur deshalb trinken, weil die Marke aus Österreich stammt. Vielmehr wird diese Marke aufgrund der klaren Markenvorstellungen, die sie bei der Zielgruppe evoziert und die für diese wichtig sind, gekauft: Red Bull verleiht Flügel. Zwar können Marken natürlich auch von einem Herkunftssiegel wie „Made in Germany" profitieren, allerdings ist dies stärker bei schwachen, wenig profilierten Marken der Fall als bei starken Marken, bei denen die Konsumenten über klare Gedächtnisstrukturen verfügen. Zudem verwischen auch die Beurteilungen von Markenartikeln auf der einen Seite und Handelsmarken auf der anderer Seite zusehends. Eine Handelsmarke wie das Waschmittel Tandil von Aldi wird in der Wertschätzung der Konsumenten oft höher eingeschätzt als ein klassischer Markenartikel wie Sunil. Das Handelsunternehmen Migros ist in der Schweiz die Marke mit dem höchsten Markenwert. Mit Migros verbinden Schweizer eine herausragende Qualität und eine verläßliche Marke. Auch die Überallerhältlichkeit, die ein konstituierendes Element in der klassischen Definition von Mellerowicz darstellt, ist zur Abgrenzung einer Marke von nicht markierten Gütern und Dienstleistungen ungeeignet. Je nach Operationalisierung einer solchen Ubiquität wären gerade Luxusmarken keine Marken, weil das Konzept der Luxusmarken gerade keine Überallerhältlichkeit vorsieht (vgl. den Beitrag von Kapferer in diesem Buch). Armani-Anzüge sind zweifelsfrei an weniger Verkaufsstellen erhältlich als Albrecht-Kaffee. IKEA hat ebenfalls eine so große Marktabdeckung (vgl. den Beitrag von Gröppel-Klein in diesem Buch), so daß Markenhersteller wie Rolf Benz kaum eine bessere Verfügbarkeit aufweisen können. Die klassischen merkmalsbezogenen Ansätze greifen hier zu kurz, sie wurden in der Regel deskriptiv und zum Teil aus einer ideologischen, heute nicht mehr haltbaren Perspektive verfaßt.

Um den Einfluß von Marken zu verstehen, ist deshalb eine **wirkungsbezogene Sichtweise** notwendig (vgl. Berekoven, 1978, S. 43). Diese muß sich zwingend an den Konsumenten ausrichten. Eine Marke wird nach dieser Begriffsauffassung dann geboren, wenn sie ein positives, relevantes und unverwechselbares Image bei den Konsumenten aufbauen kann (vgl. auch Weinberg, 1995 b, Sp. 2681). Danach kann eine Marke als „ein in der Psyche des Konsumenten verankertes, unverwechselbares Vorstellungsbild von einem Produkt oder einer Dienstleistung verstanden werden" (Meffert/Burmann, 1998 b, S. 81).

Aus der Definition wird deutlich, daß es nicht ausschließlich funktionale Eigenschaften eines Produktes sind, die eine Marke ausmachen. Die Wirkung von Marken auf den Konsumenten läßt sich nur erklären, wenn auch die mit einer Marke verbundenen Gefühle und Erfahrungen betrachtet werden. Dies wird gerade auf gesättigten Märkten mit austauschbaren Produkten immer wichtiger. Gerade **starke Marken** scheinen auch in besonderem Maße **gefühlsmäßig** bei den Konsumenten **verankert** zu sein. Ein BMW schneidet nicht immer am besten bei den Tests in der Zeitschrift „Auto, Motor und Sport" ab. Dennoch verfügt gerade BMW über ein ausgesprochen emotionales Profil, das sich um den Kontext „Freude am Fahren" dreht. Marlboro ist ebenfalls eine stark gefühlsmäßig und mit Bildwelten versehene Marke. Insofern waren die Ausführungen von Karl Marx bereits für die heutigen Markenüberlegungen richtungsweisend.

Um die mit einer Marke verbundenen **Vorstellungsbilder** zu erfassen, ist es für das Markenmanagement sinnvoll, an dem in den Köpfen der Konsumenten gespeicherten Markenwissen anzusetzen. Hier werden Gefühle, Bilder, Vorstellungen, Sachinhalte, Eigenschaften, Verwendungszusammenhänge und andere Inhalte zur Marke archiviert.

Die **Markenschemata**, die die standardisierten Vorstellungen von Marken umfassen, bestimmen, wie Informationen zur Marke aufgenommen, verarbeitet und gespeichert werden. Sie werden damit zum zentralen Einflußfaktor auf das (Kauf-)Verhalten.

Für den Konsumenten stellt die Marke somit eine verdichtete Information, einen „information chunk" (Jacoby et al., 1977, S. 209) für alle mit ihr verknüpften Assoziationen dar (vgl. Kroeber-Riel, 1992 c, S. 282). Sie liefert ihm Zusatzinformationen, beispielsweise über die Qualität eines Produkts, und verringert somit das wahrgenommene Kaufrisiko. Das Wiedererkennen eines Markenzeichens erleichtert dem Konsumenten die Orientierung in der Vielfalt der Angebote und schafft Vertrauen. Marken stellen für den Konsumenten auch emotionale Anker dar, sie vermitteln bestimmte Gefühle und Images und tragen nicht zuletzt auch zur Abgrenzung und zur Vermittlung eigener Wertvorstellungen bei.

Für **Unternehmen** erfüllen starke Marken ebenfalls eine Vielzahl von verschiedenen **Funktionen**:

■ Eine Marke dient dem Unternehmen zur Differenzierung des eigenen Angebots von dem der Konkurrenten.

■ Starke Marken bieten eine Plattform für neue Produkte (Brand- oder Line-Extensions; vgl. auch die Beiträge im Kapitel zur Markendehnung) und können für Lizenzierungen genutzt werden (vgl. Farquhar, 1989, S. 25 sowie den Beitrag von Binder in diesem Buch).

■ Starke Marken schützen die eigenen Produkte und Dienstleistungen vor Krisen und Einflüssen der Wettbewerber (vgl. Farquhar, 1989, S. 26; Shocker et al., 1994, S. 155).

■ Starke Marken bieten schließlich auch Schutz vor Handelsmarken und erreichen in der Regel leichter und günstiger Akzeptanz im Handel.

2. Relevante Markt- und Kommunikations- bedingungen für die Markenführung

In diesem Abschnitt werden einige aus unserer Sicht besonders wichtige Rahmenbedingungen für das Markenmanagement aufgeführt. Wir verzichten dabei bewußt auf die Auflistung aller potentiellen Einflußfaktoren für das Markenmanagement, weil eine große Zahl dieser Bedingungen zwar interessant ist, sich daraus aber keine unmittelbaren Auswirkungen auf die Gestaltung der Markenführung ergeben. Um so wichtiger erscheint es uns deshalb, hier die relevanten Aspekte etwas ausführlicher darzustellen.

2.1 Inflation der Produkte und Marken

In den letzten Jahren explodierte die Zahl der angebotenen Produkte und Marken förmlich über alle Branchen hinweg.

Durch diese Produkt- und Markeninflation werden die Angebote in einzelnen Produktbereichen und Branchen fast unüberschaubar. So existieren in Deutschland zur Zeit mehr als 800 Automodelle. Der Markt für Zahnpasta mit seinen unterschiedlichen Geschmacksrichtungen, Anwendungsbereichen und Verpackungsgestaltungen, vom Dosierspender über die Tubenpackung, von der Zahncreme gegen Karies bis zur Zahncreme mit Dreifachprophylaxe, von Kinder- bis zur Raucherzahncreme, die von unterschiedlichsten Marken angeboten werden, demonstriert nachdrücklich und stellvertretend für nahezu alle anderen Bereiche das Angebotschaos, mit dem Konsumenten konfrontiert sind. Positiv betrachtet bedeutet dies eine exorbitante Angebotsvielfalt und Wahlfreiheit. Negativ an dieser Vielfalt ist jedoch die Tatsache, daß Konsumenten dadurch überlastet werden. Sie können keinen Überblick mehr über die ganze Angebotspalette bewahren. Schon aus Selbstschutz muß eine Beschränkung der wahrgenommenen Marken vorgenommen werden, damit es nicht zu einer Überlastung der beschränkten Informationsverarbeitungskapazitäten kommt. Logisch folgt daraus für die Unternehmen das Problem, ihre Marke in diesem Angebotschaos für den Konsumenten sichtbar zu machen und mit präferenzprägenden Merkmalen zu versehen.

Diese wachsende Produkt- und Markenvielfalt läßt sich auf eine Reihe von Ursachen zurückführen. Zu den wichtigsten Gründen dieser dramatischen Entwicklung zählen:

1. Die **zunehmende Marktsegmentierung** bis hin zu einem „segment of one approach" in einzelnen Bereichen. Durch die Anpassung von Produkten und Dienstleistungen an die zunehmend heterogeneren Bedürfnisse von Konsumenten in gesättigten Märkten muß die Zahl der Produktvarianten und der Marken förmlich zunehmen. Durch diese maßgeschneiderten Produkte steigen natürlich die Kosten der Markenführung. In gleichem Maße wird der Erfolgsbeitrag einzelner Produkte kleiner. Ein Beispiel: Im Zahncrememarkt gab es im Jahr 1950 in einem Verbrauchermarkt maximal 14 Zahncrememarken. Heute sind es bereits 93 Zahncremeprodukte und -marken in unterschiedlichsten Varianten.

2. Die **zunehmende Internationalisierung** mit dem daraus resultierenden **Markteintritt neuer Wettbewerber**. Geradezu dramatische Ausmaße nimmt dies in der Dienstleistungsbranche an. Hinzu kommt zweifelsfrei hier auch eine Verschiebung der Grenzen potentieller neuer Wettbewerber durch neue Informations- und Kommunikationstechniken wie das Internet. Der Buchversender Amazon wird dadurch für deutsche Buchhändler zu einem neuen Wettbewerber, der wie viele andere Anbieter im Internet (z. B. im Dienstleistungsbereich Direkt-Versicherer und Online-Banken) den Wettbewerb zusätzlich verschärft.

3. Die **dramatische Verkürzung der Produktlebenszyklen** und die damit verbundene schnelle Veralterung der Produkte. Wildemann (1991; ähnlich Droege et al., 1993) spricht von einer Verkürzung der Produktlebenszyklen um 60 bis 80 % innerhalb der letzten zehn Jahre. So beträgt die Entwicklungszeit eines Handys etwa 15 Monate, sein Produktlebenszyklus dauert hingegen nur ein halbes Jahr (vgl. Esch, 1999, S. 9; vgl. Abbildung 3).

4. Der Zwang zur Entwicklung ständig neuer Produkte und Produktvarianten, da diese in besonderem Maße für die Sicherung des Unternehmenserhalts in der Zukunft eine Schlüsselrolle spielen. In Deutschland waren es in einem Zeitraum von 2 Jahren bereits fast **100.000 Produktinnovationen**. Im Durchschnitt gelangen demnach 910 neue Produkte innerhalb einer Woche auf den Markt (vgl. BBDO, o. J., o. S.). In den Lebensmitteleinzelhandel gelangten im Jahr 1998 rund 24.000 neue Artikel (vgl. Madakom, 1999). Allerdings konnte sich nur die Hälfte dieser Neuheiten länger als

ein Jahr im Markt behaupten. Die **Floprate** bei Produktneueinführungen liegt bei ca. **85 %** (vgl. BBDO, o. S.).

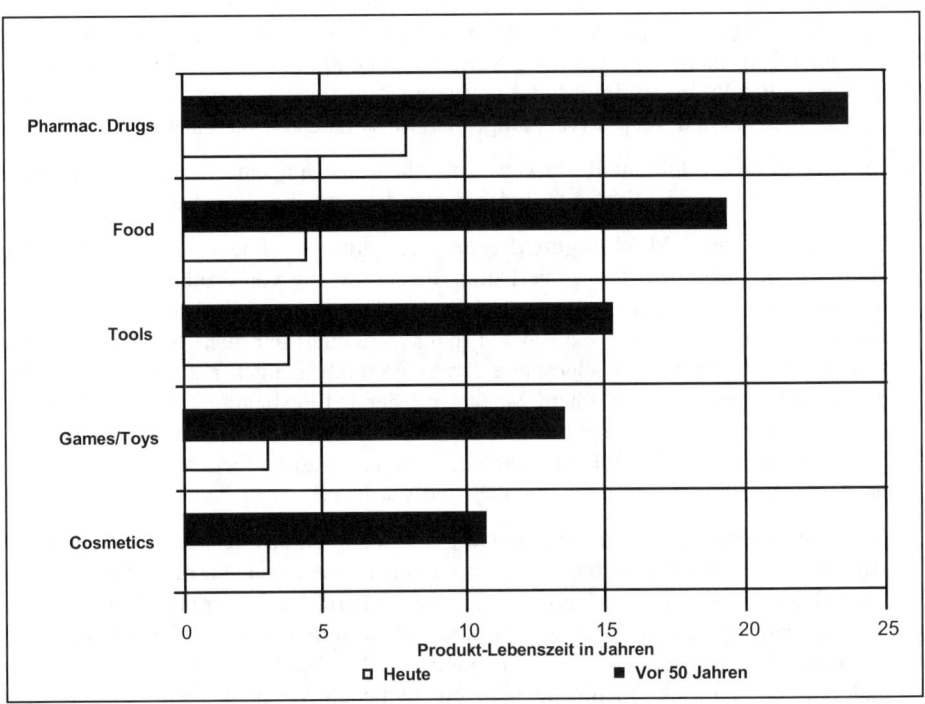

Abbildung 3:   Entwicklung der Produktlebenszyklen in verschiedenen Branchen
Quelle: Gemünden, 1993, S. 70.

Aus dieser Produkt- und Markenvielfalt resultieren eine Vielzahl von Herausforderun-gen für Unternehmen. Die erste Herausforderung liegt darin, eine Marke überhaupt noch in dem **Angebotsmeer** sichtbar zu machen. Die zweite Herausforderung besteht darin, Marken ein differenzierendes Profil zu verschaffen. Die dritte Herausforderung bezieht sich auf die Wahrung eines klaren Markenimages bei zunehmender Erweiterung der Produkte und Produktvarianten, die unter einem Markennamen geführt werden.

2.2 Inflation der kommunikativen Maßnahmen zum Markenaufbau und zur Markenstärkung

Bei den kommunikativen Maßnahmen zeigt sich ein ähnliches Bild: ca. 60.000 Werbekampagnen wurden im Jahr 1995 in den klassischen Medien geschaltet. Damit hat sich die Zahl seit 1980 fast verdoppelt. Zum Vergleich: 1990 waren es noch 48.470, 1992 schon 54.437 Kampagnen.

Auch die Zahl der TV-Spots hat sich stark erhöht: Wurden im Jahr 1991 „nur" 404.924 Werbespots gezeigt, so waren es im Jahr 1998 bereits 1.952.501 Werbespots (vgl. S & P, 1999). Konnte man 1992 bereits 11 Stunden täglich Werbefernsehen schauen, so waren es 1998 33 (!) Stunden pro Tag. Hinzu kamen im Jahr 1998 noch 46,87 Millionen Sekunden Funkwerbung, 301.960 Seiten Zeitschriftenwerbung und 219.020 Seiten Zeitungswerbung (vgl. S & P, 1999).

Neben dem Anstieg der Werbebotschaften innerhalb eines Mediums nimmt auch die Zahl der Medien rapide zu. In Deutschland ist es zu einer Fernseh- und Radiosenderinflation gekommen. 1996 gab es u. a. 93 Fernsehsender, 233 Radiostationen, 408 Tageszeitungen, 1781 Zeitschriften und 391.292 Plakatanschlagstellen (vgl. ZAW, 1997, S. 20). Zudem werden vermehrt neue Kommunikationsinstrumente wie das Internet eingesetzt. Events, Sponsoring-Aktivitäten, Product Placement und andere Kommunikationsmaßnahmen ergänzen bereits lange klassische Kommunikationsmaßnahmen. Schon heute fließt ein Großteil der Kommunikationsinvestitionen für Marken in sogenannte „Below-the-line"-Aktivitäten. Die Entscheidung für die Wahl geeigneter Kommunikationsmaßnahmen und -mittel wird dadurch erschwert.

Der vermehrte Einsatz verschiedener Kommunikationsmedien und -mittel stellt erhöhte Anforderungen an die Mediaplanung und die effiziente Abstimmung der Kommunikationsmaßnahmen untereinander. Dies betrifft die Festlegung eines optimalen Media-Mixes sowie die Abstimmung der in den einzelnen eingesetzten Medien zu vermittelnden Inhalte für eine Marke. Die **Integration kommunikativer Maßnahmen** wird deshalb zur großen Herausforderung für Markenmanager. Nur dadurch kann der zunehmenden Inflation der kommunikativen Mittel entgegengewirkt werden.

Wurden beispielsweise 1986 in Deutschland noch insgesamt 11 Milliarden DM für die klassische Kommunikation ausgegeben (vgl. Meffert/Burmann, 1998 b, S. 114), so waren es 1996 bereits 26 Milliarden DM pro Jahr. 1997 ist ein weiterer Anstieg zu verzeichnen gewesen: 27,4 Milliarden Mark wurden in klassische Werbung investiert. Zu den Branchen mit den höchsten Werbeausgaben zählen dabei die Automobilindustrie (1998: 3,3 Milliarden DM) und die Nahrungsmittelindustrie mit 3,1 Milliarden DM. (vgl. S & P, 1999). Für Europa gilt eine ähnliche Entwicklung: hier stiegen die Werbeinvestitionen 1997 auf 137,1 Milliarden Dollar (vgl. Braun, 1998). Für die nächsten Jahre wird in Europa ein Wachstum von durchschnittlich ca. 5 % erwartet (vgl. Diehl-Wobbe, 1997).

Bei diesem immensen Wachstum der kommunikativen Ausgaben und des kommunikativen Drucks könnte man möglicherweise mit besseren Wirkungen hinsichtlich des
Markenaufbaus und der Markenstärkung rechnen. Die Rechnung wird allerdings ohne
die Konsumenten gemacht: Genau das Gegenteil ist der Fall! Die Kommunikations-
effizienz ist stark rückläufig, da die Konsumenten gar nicht mehr in der Lage sind, alle
diese Informationen zu Marken aufzunehmen.

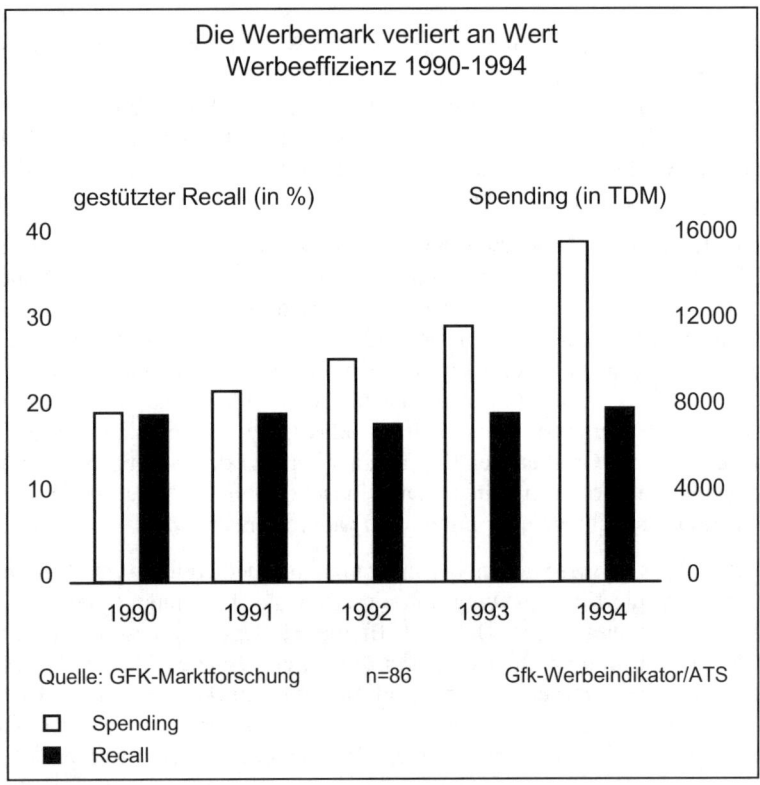

Abbildung 4:   Rückgang der Werbeeffizienz von 1990 bis 1994
Quelle: BBDO, 1994.

Abbildung 4 verdeutlicht den Zusammenhang zwischen den Werbe-Spendings und dem
Werbe-Recall von 1990 bis 1994. Die Spendings haben sich als Folge der oben
beschriebenen Entwicklung verdoppelt: Immer mehr Werbungtreibende buhlen um die
Aufmerksamkeit der Kunden. Die Konsumenten sind somit nur noch über eine extrem
starke Präsenz zu erreichen. Der gestützte Recall auf Seiten der Konsumenten ist jedoch
konstant geblieben. Die Ursachen dieser Entwicklung - beispielsweise das Zapping -

sind hinlänglich bekannt. Damit hat die Werbemark in dem betrachteten Zeitraum stark an Wert verloren (vgl. BBDO, o. J., o. S.). Der vielgepriesene Ausweg durch Nutzung neuer Kommunikationsinstrumente, wie beispielsweise dem Internet, ist ein Irrweg. Solche Kommunikationsinstrumente können in der Regel erst dann wirksam zum Einsatz kommen, wenn durch Massenkommunikation schon eine gewisse Markenbekanntheit und ein Markenimage aufgebaut wurde (vgl. den Beitrag von Rossiter und Percy in diesem Buch).

Für Marken wird demzufolge der Markenaufbau immer aufwendiger. Um sich in den Köpfen der Konsumenten noch verankern zu können, spielt die langfristige Planung und die Kontinuität bei den kommunikativen Maßnahmen eine Schlüsselrolle.

2.3   Informationsüberlastung und flüchtiges Informations-verhalten

Die ständig wachsende Kommunikationsflut und Markenvielfalt stößt zunehmend auf wenig involvierte Konsumenten. Das Informationsinteresse dieser Konsumenten an Marken- und Produktinformationen geht ständig zurück. Ein Grund dafür liegt sicherlich in dem Qualitätspatt der Produkte und Marken, wodurch die Markenwahl in einem bestimmten Produktbereich nur mit geringen Risiken verbunden ist. Bei solchen Konsumenten wird das Informationsverhalten zunehmend flüchtiger. Konsumenten werden zu Informationspickern. Dabei bevorzugen sie leicht verdauliche Informationen. Da Bildinformationen im Gegensatz zu Sprachinformationen schneller aufgenommen, verarbeitet und gespeichert werden können, bevorzugen Konsumenten auch stärker bildliche Informationen bei der Informationsvermittlung (vgl. Kroeber-Riel, 1993 b). Gerade bei der Jugend spricht man schon von einer visuellen Generation (vgl. Schulz et al., 1994, S. 19).

Unabhängig von dieser fortschreitenden Entwicklung sind den Informationsaufnahme-kapazitäten der Konsumenten ohnehin enge Grenzen gesetzt. Deshalb kann es auch kaum verwundern, daß in Deutschland eine dramatische Informationsüberflutung im Sinne eines Informationsüberschusses herrscht. Für Deutschland hat das Institut für Konsum- und Verhaltensforschung bereits 1987 eine Informationsüberflutung von 98 % errechnet (vgl. Brünne et al., 1987). **Demnach landen 98 % der dargebotenen Informationen ungenutzt auf dem Müll (vgl. Abbildung 5).**

Diese Informationsüberflutung trifft auch für die Markenkommunikation zu. So wird beispielsweise eine Werbeanzeige heute im Durchschnitt nur zwei Sekunden lang betrachtet (vgl. Kroeber-Riel, 1993 b).

Eine solche Entwicklung muß sich auf die Markenführung auswirken. Es wird schwieriger, Konsumenten zu erreichen. Um Marken sichtbar zu machen, muß man sich im Rahmen der Kommunikationsgestaltung auf diese Bedingungen einstellen. Kommunikation für Marken muß aufmerksamkeitsstärker, plakativer und bildhafter werden. Zudem sind gerade bei wenig interessierten Konsumenten viele Wiederholungen der Kommunikation erforderlich, bis entsprechende Lernvorgänge zum Aufbau marken-spezifischer Gedächtnisinhalte führen.

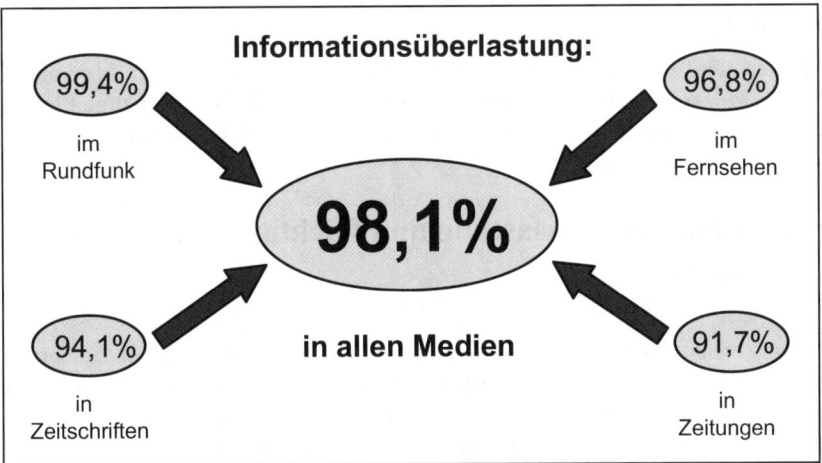

Abbildung 5:   Informationsüberlastung in der Bundesrepublik Deutschland
Quelle: Brünne et al., 1987.

2.4   Qualitätspatt und Markengleichheit: zum Zusatznutzen der Markierung

In der von der Stiftung Warentest herausgegebenen Zeitschrift „Test" werden regel-mäßig Marken aus unterschiedlichen Produkt- und Dienstleistungsbereichen einem objektiven Test hinsichtlich der vorhandenen Produktmerkmale unterzogen. Die meisten Testergebnisse spiegeln im Kern das folgende typische Ergebnis aus dem Test-Heft vom Juli 1997 wieder: Neun von neun getesteten Kühlschränken erhielten das Stiftung Warentest Urteil „gut", unabhängig davon, ob es sich um einen Liebherr-Kühlschrank oder einen Privileg-Kühlschrank von Quelle handelte. Die Preise für die einzelnen Kühlschränke reichten jedoch von 699 DM bis zu 839 DM. Dies ist kein Einzelfall: Nach einer Analyse von 102 Tests aus Stiftung Warentest (von 1993 und 1994) wurden 85 % aller getesteten Produkte gleich mit „gut" bewertet (vgl. Michael, 1994 b).

Positiv betrachtet könnte man bei dem Kühlschranktest gerade bei der Marke Liebherr von der Nutzung eines monopolistischen Preisspielraums sprechen, den sich eine Marke trotz gleicher Qualität aufgrund vorangegangener Marketinginvestitionen zum Aufbau eines starken Markenimages erwirtschaftet hat.

Für viele Marken trifft diese positive Betrachtung allerdings nicht mehr zu. Auf den vielfach gesättigten Märkten ist von hohen objektiven und funktionalen Qualitätsstandards der Angebote auszugehen. Die Qualitätsunterschiede zwischen ausgereiften Konkurrenzprodukten sind marginal (vgl. Kroeber-Riel, 1984)[2]. Dies wird auch von den Konsumenten häufig entsprechend wahrgenommen. Sie verlassen sich auf die Qualität dieser austauschbaren Angebote (vgl. Kanter, 1981, S. 49)[3]. Daraus resultiert ein abnehmendes Interesse der Konsumenten an Produktinformationen. Diese verlieren an Bedeutung.

Nach einer Studie der BBDO zur **wahrgenommenen Markengleichheit**, die in den Jahren 1987 und 1993 durchgeführt wurde, haben die Konsumenten in zahlreichen Produktbereichen das Gefühl, daß die Marken sich immer ähnlicher werden. Im Durchschnitt erleben **72 %** der Konsumenten Marken bzw. Dienstleistungen in unterschiedlichen Produktgruppen als **austauschbar**. Das liegt aber nicht nur an der technologischen Angleichung der Produkte, sondern auch an der Austauschbarkeit der kommunikativen Auftritte der unterschiedlichen Marken (vgl. Abbildung 6).

Austauschbare Produkte mit mehr oder weniger identischen Produkteigenschaften und -leistungen können demnach kaum noch zur Differenzierung beitragen. Deshalb wird gerade auf gesättigten Märkten mit vergleichbaren Produkten schon lange ein **Trend vom Produktwettbewerb zum Kommunikationswettbewerb** postuliert. Dahinter steckt der Gedanke, daß eine Markendifferenzierung primär nur noch durch Kommunikation erfolgen kann. Dieses Postulat wird jedoch, wie die Untersuchung von BBDO zeigt, von Unternehmen meist noch falsch interpretiert. Die kommunikative Auslobung von sachlichen Produkteigenschaften interessiert wenig involvierte Konsumenten kaum, sie kann dementsprechend auch keinen Beitrag zur Markenprofilierung leisten, sondern verstärkt noch die Wahrnehmung der Markengleichheit. Empirischen Ergebnissen zufolge nehmen Konsumenten die größten Unterschiede zwischen Marken in solchen Produktkategorien wahr, in denen eine erlebnisorientierte Differenzierungen von Marken durch Kommunikation erfolgt (vgl. Biel, 1992). **Auf gesättigten Märkten wird die Kommunikation damit zu einem wesentlichen strategischen Erfolgsfaktor** (vgl. Tomczak/Müller, 1992; Esch, 1992 a; Levermann, 1994). Die Voraussetzung einer erfolgreichen Markenprofilierung ist hierbei jedoch die Belegung von für Konsumenten relevanten Erlebniseigenschaften.

---

2   Zu gesättigten Märkten und daraus folgenden Auswirkungen für das Marketing bzw. die Unternehmenspolitik vgl. u. a. Bauer (1988); Dichtl (1984); Harrigan (1989); Kroeber-Riel (1984); Meffert (1984 und 1988 c). Harrigan spricht von Marktsättigung, wenn das Marktvolumen mengenmäßig nicht mehr bzw. kaum noch wächst, um so eine Verschleierung durch Preissteigerungen bei einer wertmäßigen Betrachtung zu vermeiden (vgl. Harrigan, 1989, S. 23).

3   Vgl. zum Problem der Austauschbarkeit Nommensen (1990) und Kroeber-Riel (1984). Die Austauschbarkeit der Angebote wird in den unterschiedlichsten Produktbereichen wahrgenommen (vgl. Hildmann, 1991, S. 226).

Einer ganzen Reihe von Marken gelingt es, sich durch die Vermittlung eines Zusatznutzens von den funktional gleichwertigen Konkurrenzprodukten abzusetzen. Das oben
aufgeführte Beispiel der Ergebnisse zur Blind- und Offenverkostung von Diet Coke und
Diet Pepsi verdeutlicht dies eindrucksvoll. Hier entscheidet demnach auch nicht der
Geschmack über die Produktwahl, sondern die emotional aufgeladene und im Gedächtnis gespeicherte Marke (vgl. Chernatony/McDonald, 1992, S. 9). Das Gleiche gilt für
eine ganze Reihe von Automobilmarken. Wenn in Tests der Zeitschrift „Auto, Motor
und Sport" vergleichbare Modelle von BMW, Mercedes-Benz und Audi oft nur mit
wenigen Punkten Unterschied bewertet werden, so kann man aus diesem Ergebnis nicht
die unterschiedliche Markenwahl bei Automobilen ableiten. Hier prägen „Freude am
Fahren" oder der „gute Stern" die Präferenzen. Nicht zuletzt aufgrund der in der
Kommunikation vermittelten Positionierung konnte Audi den imagemäßigen Abstand zu
BMW deutlich verringern.

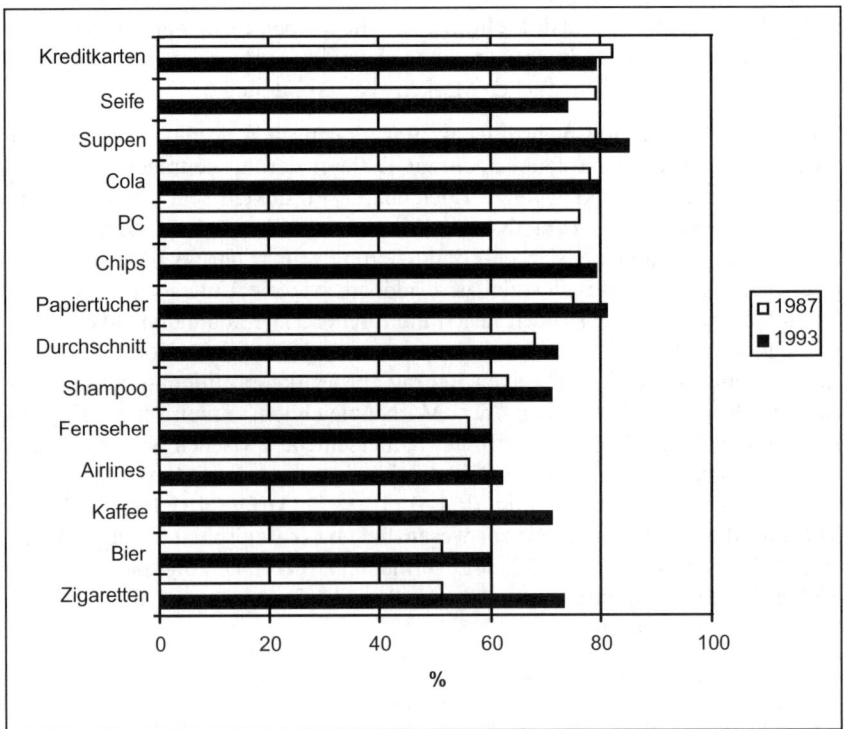

Abbildung 6:   Wahrgenommene Markengleichheit in Deutschland
Quelle: BBDO, 1994.

2.5   Erlebnisorientierung der Konsumenten

Leben heißt erleben. Dieses Motto hat heute mehr denn je Gültigkeit (vgl. Opaschowski, 1998, S. 25). Dies liegt zweifelsfrei auch darin begründet, daß seit den 50er Jahren die Lebensumstände der Konsumenten durch eine anhaltende Möglichkeitssteigerung gekennzeichnet sind. Zudem kann man sich auf den vielfach gesättigten Märkten auf die Sachqualitäten der Produkte verlassen. Konsumenten suchen demnach verstärkt nach erlebnisorientierten Stimulanzen - auch beim Konsum von Produkten. Karmasin (1993, S. 66) differenziert deshalb zu Recht zwischen „Needs" (= Was man braucht) und „Wants" (= Was man sich wünscht).

Der Gedanke des Erlebniskonsums selbst wurde bereits im 18. Jahrhundert von Jean-Jacques Rousseau vorgedacht: „Nicht wer am ältesten wird, hat am längsten gelebt, sondern wer am stärksten gelebt hat. Mancher wird mit hundert Jahren begraben, der bei seiner Geburt gestorben war" (Rousseau, 1762 und 1975, S. 16). Auch Scitovsky (1977) hat die Erlebnismechanismen in seinem Buch **„Psychologie des Wohlstands"** plastisch geschildert. Er geht von einem hedonistischen Menschenbild aus, nach dem Menschen nach Lust streben und versuchen, Unlust zu vermeiden.

Fast ein Viertel der Deutschen befürchten, am Leben vorbei zu leben, wenn sie sich „nicht regelmäßig in Bewegung setzen" (Opaschowski, 1998, S. 27). Folgt man diesen Überlegungen, so bestimmt der Erlebnischarakter zunehmend die Attraktivität eines Angebots. „Der erlebnisorientierte Konsument ist auf dem Vormarsch" (Kroeber-Riel, 1993 a, S. 27). Bereits nahezu die Hälfte der deutschen Bevölkerung zählt sich heute zur Gruppe der Erlebniskonsumenten (vgl. Opaschowski, 1998, S. 29). Was zählt, ist der **Spaßfaktor** und „Dinge, die das Leben schön machen" (Opaschowski, 1998, S. 30). Der Erlebniswert der Marken wird unter solchen Bedingungen zu einem besonders wichtigen Kaufkriterium. Man kauft Marken, die Erlebnisse und Gefühle vermitteln und weniger Produkte mit bestimmten funktionalen Eigenschaften. Opaschowski vermutet für die Zukunft einen Konsumspagat, den er mit dem Begriff „Luxese" beschreibt. Danach wohnt der Verbraucher von morgen in zwei Gebäuden: „Im 'eisernen Käfig' der wirtschaftlichen Notwendigkeit und im 'luxuriösen Schloß' romantischer Träume und Genüsse" (Opaschowski, 1998, S. 38).

In der Sozialwelt der Erlebnisgesellschaft gilt der Satz „'Ich tue, was mir gefällt.' [...] Man betrachtet die Welt als Speisekarte und stellt sich ein optimales Menü zusammen." (Schulze, 1998, S. 305). Ein solcher Erlebniskonsum ist weniger außenorientiert, sondern innenorientiert.

Der Preis für die Erlebniseigenschaften eines Produkts läßt sich deshalb auch nicht mehr durch die Produktionskosten oder durch die Konkurrenzbeziehungen erklären: Der Preis von mehr als fünfzig Mark für eine kleine Parfümflasche CK One, deren Flasche und Verschluß aus einfachstem Material besteht, läßt sich nur durch die neue Aura und

Ästhetik der „Einfachheit" erklären, die dieses Parfüm begehrenswert macht (vgl. Schulze, 1998, S. 310 f. sowie den Beitrag von Schmitt und Simonson in diesem Buch).

Folgende gesellschaftliche Wertorientierungen nehmen einen zentralen Einfluß auf die Erlebnisorientierung:

- ■ das Umwelt-, Natur und Gesundheitsbewußtsein (vgl. Raffée/Wiedmann, 1986; Tietz, 1987, S. 605 ff.),
- ■ die zunehmende Freizeitorientierung (vgl. Opaschowski, 1990 und 1993),
- ■ die internationale und multikulturelle Ausrichtung (vgl. Naisbitt/Aburdene, 1991, S. 119 ff.),
- ■ das Genuß- und Hedonismusstreben (vgl. Kroeber-Riel, 1986 c; Klages, 1984, S. 18; Schulze, 1992) sowie
- ■ die Suche nach Individualität (vgl. Wiswede, 1990, S. 35 ff.; Weinberg, 1992 a, S. 130).

Zwar unterliegen diese einzelnen Trends durchaus Schwankungen, allerdings manifestieren sie sich auf einem hohen Niveau. Ein Beispiel: Bezüglich des **Umweltbewußtseins** war bis ca. 1990 ein starker Anstieg des Anteils umweltbewußter Konsumenten an der Gesamtbevölkerung zu verzeichnen. Nach der deutschen Einheit wurde das Umweltbewußtsein zwar leicht in den Hintergrund gedrängt, verlor aber niemals an Bedeutung. Mittlerweile hält es sich auf einem konstanten Niveau. Durch diese Umweltorientierung läßt sich eine verstärkte Nachfrage nach umweltfreundlichen Produkten verzeichnen (Ökologie-Pull). Wichtig hierbei ist allerdings zweifelsfrei auch eine entsprechende Markierung, wie dies beispielsweise bei der Reinigungsmittelmarke Frosch der Fall ist.

Eine große Herausforderung an die Markenführung besteht demnach darin, für solche Marken, die sich nicht über eine Kosten- und Preisführerschaft bei den Konsumenten profilieren wollen, geeignete und konsumrelevante Erlebnisse zu finden, mit denen die Marke wirksam in den Köpfen der Kunden positioniert werden kann. Bei diesen Erlebnissen geht es in der Regel um komplexe Erlebnisse als Bündel sogenannter elementarer Emotionen wie Freude oder Glück (vgl. Weinberg/Nickel, 1998, S. 61 sowie den Beitrag von Weinberg und Diehl in diesem Buch). So kann beispielsweise das markenspezifische Erlebnis der Whisky-Marke Johnnie Walker, das in der Kommunikation durch das beleuchtete Haus vermittelt wurde, mit den Emotionen „gemütlich", „behaglich", „entspannend", „erholsam", „heimisch" usw. beschrieben werden. Für Marken wird es zunehmend wichtig, solche Erlebnisse wirksam zu belegen. Denn gerade starke Marken zeichnen sich nicht zuletzt auch durch eine hohe emotionale Bindung aus.

2.6 Smart Shoppers, System Beaters und hybride Konsumenten

In den letzten Jahren wurde die Diskussion zum Kaufverhalten der Konsumenten und dem Einfluß von Preis und Marke auf das Verhalten um ein neues Phänomen bereichert, das man als Smart Shopping bezeichnet. Nach der von Grey initiierten und von Market Horizons durchgeführten Studie kann man die Smart-Shopper-Mentalität mit „Geld sparen = clever" beschreiben. Hingegen ist die Mentalität der Schnäppchenjäger mit „Geld sparen = billig" zu kennzeichnen. Nach dieser Studie zählt 29 % der Konsumbevölkerung zu den Smart Shoppers (vgl. Abbildung 7; Grey, 1996). In Zukunft wird sogar mit einem Wachstum dieses Konsumsegments zu Lasten der Qualitätskäufer und Schnäppchenjäger gerechnet. Smart Shopper sind dieser Studie zufolge an einem hervorragenden Preis-Leistungs-Verhältnis interessiert. Allerdings rechtfertigen nach deren Ansicht Marken nicht mehr zwingend einen höheren Preis. Demnach wäre dieses Segment also durchaus markenkritisch eingestellt.

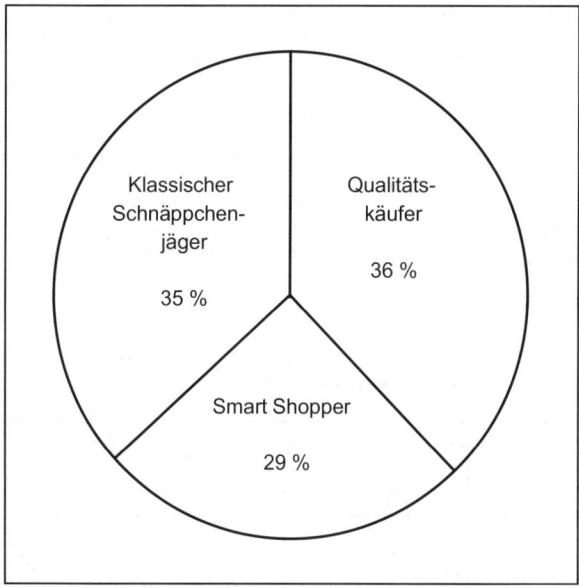

Abbildung 7:   Käufertypen in der deutschen Konsumbevölkerung

Quelle: Market Horizons Smart Shopper Studie; Grey, 1996.

Da aus den Veröffentlichungen zu dieser Studie einige Haltungen der Konsumenten bezüglich Marken im unklaren bleiben, rekurrieren wir im folgenden auf eine amerikanische Studie zum Kaufverhalten von Konsumenten unter Berücksichtigung der Preis- und Markensensibilität (vgl. Meer, 1995). In dieser Studie wurden die Konsumenten hinsichtlich ihrer Preis- und Markeneinstellungen befragt (vgl. Abbildung 8). Auf Basis der gegebenen Antworten konnten schließlich vier verschiedene Käufersegmente identifiziert werden (vgl. Abbildung 9).

Aussage	Markentreuer Käufer (%)	System beater (%)	Schnäppchen- jäger (%)	Zufallsgesteuerter Käufer (%)
Ich versuche immer, die zum Verkauf stehenden Produkte zum Sonderpreis zu erwerben	(12)	70	63	17
Ich wähle Marken auf Coupon/Preisaktionen hin aus	(11)	48	48	13
Preiswertere Marken sind genau so gut	(14)	26	35	18
Ich kaufe eher ein Produkt, wenn es die Merkmale hat, die ich möchte, als unbedingt eine Marke	41	68	65	30
Ich habe eine Lieblingsmarke, die ich stark präferiere	83	75	(16)	20
Manche Marken sind viel besser als andere	77	80	49	26
Ich weiß, was ich erwerben werde, bevor ich einkaufen gehe	70	55	(17)	17

Abbildung 8:   Ergebnisse zur Einstellung zur Marke und zum Preis
Quelle: Meer, 1995, S. RC-4.

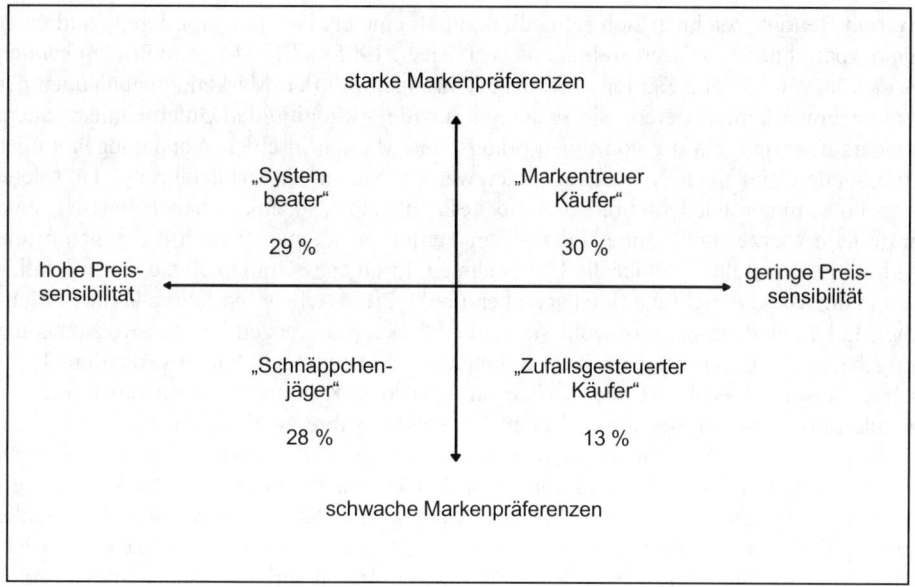

Abbildung 9:   Käufersegmente auf Basis der Preis- und Markenorientierung
Quelle: Meer, 1995, S. RC-6.

Der **zufallsgesteuerte Käufer** ist weder marken- noch preisbewußt und läßt sich durch Einflüsse am Point of Sale zu Käufen verleiten. Hier hat das Markenmanagement versagt, weil es nicht gelungen ist, bei diesen Käufergruppen spezifische Markenpräferenzen aufzubauen. Die Käufe erfolgen entweder

- nach dem Zufallsprinzip,
- nach spontanem Gefallen von Markenverpackungen,
- aufgrund bestimmter aufmerksamkeitsstarker Aktionen am Point of Sale oder
- aufgrund von Empfehlungen von Freunden oder Verkäufern und ähnlichen Gründen.

Gerade bei diesen wenig preissensiblen Käufern sollte man die Anstrengungen zur Schaffung von Markenimages verstärken.

Der **markentreue Käufer** zeichnet sich durch eine starke Markenpräferenz und eine geringe Preissensibilität aus. Er ist der klassische Markenkäufer, der zwischen einem Bündel akzeptierter und präferierter Marken wählt. Genau diesen Effekt möchte man durch gezieltes Markenmanagement realisieren. **Schnäppchenjäger** sind hingegen in hohem Maße preissensibel. Sie verfügen nur über geringe Markenpräferenzen. Die Produktwahl erfolgt hier primär über den Preis, wobei von einer gegebenen Produktqualität ausgegangen wird. Solche Konsumenten, die ihre Käufe ausschließlich nach dem Preis ausrichten, sind für präferenzorientierte Markenstrategien verloren.

System Beaters zeichnen sich schließlich durch eine starke Markenpräferenz und einer gleichzeitig hohen Preissensibilität aus (vgl. Meer, 1995, S. RC-4 f.). Im Prinzip handelt es sich hier um solche Käufer, die ihre Erfahrungen mit den Marketingmaßnahmen der Unternehmen kapitalisieren. Sie reagieren auf die Aktionitis der Unternehmen, indem sie darauf warten, bis die von ihnen präferierten Marken in einem Sonderangebot oder zu besonders günstigen Preisen angeboten werden. Sie wissen aus Erfahrung, daß solche Angebote immer wiederkehren und sie deshalb keine Bedenken haben müssen, eine präferierte Marke nicht früher oder später kaufen zu können. Durch die zunehmende Aktionitis schaufeln sich hier die Unternehmen ihr eigenes Grab, weil sie die Investitionen in die Marken nicht durch entsprechend hohe Preise wieder einfahren können. Manche Marken sind deshalb, obwohl sie starke Markenpräferenzen bei den Konsumenten aufgebaut haben, meist nur noch im Rahmen von Sonderangeboten zu verkaufen. Typisches Beispiel hierfür ist die Kaffeemarke Jacobs Krönung. Unternehmen müssen gerade hinsichtlich dieser dramatischen Entwicklung ihre Markenführung überdenken. Kurzfristige Push-Maßnahmen können langfristig der Marke schaden. Sie sind deshalb äußerst dosiert und vor allem konform zum Markenimage einzusetzen. So kann es beispielsweise für einen Modehersteller zweckmäßig sein, Kleiderüberhänge oder Kleider zweiter Wahl in Factory-Outlet-Zentren zu günstigeren Preisen zu vermarkten. Allerdings sollte hierbei keineswegs flächendeckend ein Fabrikverkauf oder Off-Price-Stores eingerichtet werden, da dies dem Image der Marke schaden würde.

Neben diesen Entwicklungen wird heute auch zunehmend der **hybride Konsument** thematisiert, der sowohl seinen Big Mäc bei McDonald's ißt als auch Fünf-Gang-Menüs in einem mit Michelin-Sternen ausgezeichneten Restaurant genießt. Dieses heterogene Verhalten kann allerdings auf verschiedene Faktoren zurückgeführt werden. Zu diesen Einflußfaktoren zählen der jeweilige Zeitpunkt, zu dem man eine bestimmte Konsumentscheidung trifft, das soziale Umfeld, in dem man sich gerade bewegt (z. B. Freundeskreis oder Geschäftskollegen) sowie die Produktbereiche selbst, in denen man eine Kaufentscheidung zu fällen hat. So kann es durchaus sein, daß man bei Gütern des täglichen Bedarfs deshalb auf den Preis achtet, damit man sich in anderen Bereichen mehr gönnen kann. Ebenso häufig ist beobachtbar, daß die Preisbereitschaft bei Tankstellen für die gleichen Marken und Produkte ungleich höher ist als in anderen Geschäften. Dies hat zweifelsfrei situative Gründe (z. B. Kauf ist auch abends möglich) sowie Gründe, die sich auf die Einkaufs-Convenience beziehen. Demnach kann man durchaus einen analytischen Schlüssel zu dem sogenannten hybriden Verhalten der Konsumenten finden. Für die Markenführung ist die Einordnung der Marke in die jeweils einflußbestimmenden Kategorien maßgeblich, um sich auf die entsprechenden Verhaltensweisen einstellen zu können.

2.7   Markenerosion und Markenvertrauen

Das im vorangegangenen Kapitel beschriebene veränderte Konsumverhalten hat auch
Auswirkungen auf das Verhältnis zwischen Konsument und Marke. Die wesentlichen
Aspekte sind:

■ die Qualitätsbeurteilung von Marken,
■ die Bereitschaft, Markenartikel zu kaufen und
■ die Markentreue.

Die folgende Abbildung zeigt eine Längsschnittanalyse der **Qualitätsbeurteilung** von
Marken im Vergleich zu Produkten mit unbekanntem Namen auf Basis eines GfK-
Haushaltspanels mit 5.000 Befragten.

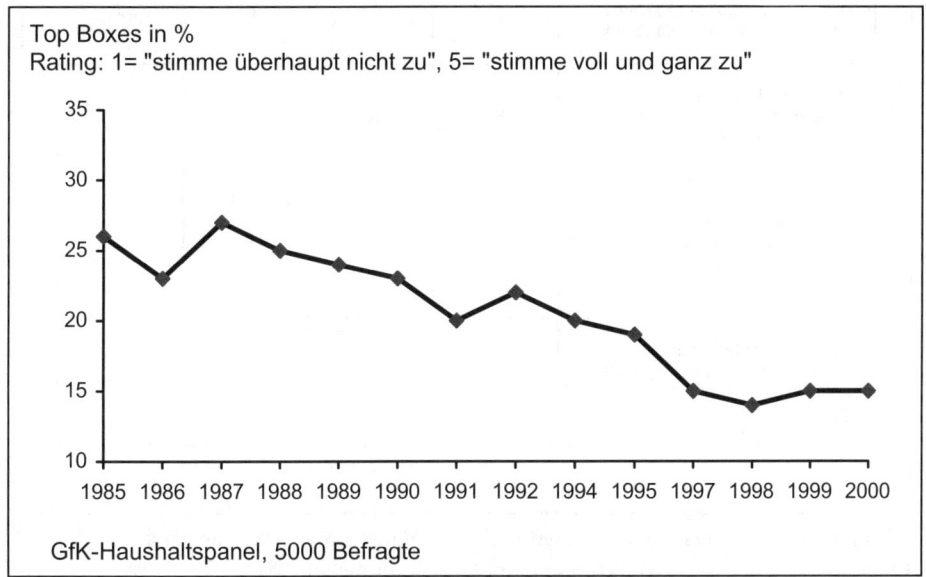

Abbildung 10:   Entwicklung der Qualitätseinschätzung von Markenartikeln
Quelle: GfK Haushaltspanel ConsumerScan, 2000, Nürnberg.

In der Abbildung wird deutlich, daß der Glaube der Konsumenten an eine - im Vergleich
zu unmarkierten Produkten - bessere Qualität der Marken im Laufe der Zeit stark
zurückgegangen ist und 2000 nur noch 15 % der befragten Personen der Aussage
„Markenartikel sind besser als Produkte mit unbekanntem Namen" mit einer
Top-Box-Antwort (Urteil 4 oder 5 auf einer Rating-Skala mit 1 = 'stimme überhaupt

nicht zu' bis 5 = 'stimme voll und ganz zu') zugestimmt haben (vgl. GfK Haushaltspanel ConsumerScan, 2000).

In der Studie „Der Verbraucher" der GfK, bei der im Jahr 2000 insgesamt 2.555 Personen befragt wurden, deutet sich ebenfalls ein sinkendes Markenbewußtsein an. Obwohl das Niveau des markenloyalen Verhaltens nach wie vor hoch ist, bekunden - verglichen mit 1989 - im Jahr 2000 deutlich weniger Konsumenten, bei vielen Produkten immer nur eine bestimmte Marke zu kaufen (vgl. Abbildung 11).

Anteil der Haushalte, die den Aussagen tendenziell zustimmen in % (Vorgaben):

Markenbewußtsein	1989*	1994	1997	2000
Bei vielen Produkten kaufe ich immer nur eine bestimmte Marke	66	62	61	60
Markenprodukte sind zwar meistens teurer als andere Produkte, dafür aber auch besser	52	52	45	48
Viele Markenprodukte unterscheiden sich nur im Preis und nicht in der Qualität. Ich entscheide mich daher meistens für das preisgünstigere Angebot	45	46	59	59
No-name-Produkte oder Handelsmarken sind oft genauso gut wie Markenprodukte, nur günstiger	-	53	65	68

Basis '00: 2.555 Personen   *1989 handelt es sich um westdeutsche Daten

- wurde nicht erhoben

Abbildung 11:   Das Markenbewußtsein der Haushalte im Zeitvergleich
Quelle: GfK Marktforschung, Der Verbraucher 2000.

Die abnehmende Markenloyalität geht dieser Studie zufolge einher mit der Wahrnehmung, daß Markenprodukte ihren Qualitätsvorsprung gegenüber anderen Produkten verlieren. Eben weil sich Markenprodukte zwar im Preis, nicht jedoch in der Qualität von anderen Produkten unterscheiden, wird in dem Betrachtungszeitraum von 1989 bis 2000 zunehmend das preisgünstigere Angebot gewählt. Dies liegt möglicherweise auch darin begründet, daß 2000 bereits 68 % der Befragten der Meinung waren, daß No-name-Produkte und Handelsmarken genauso gut sind wie Markenprodukte. Klassische Markenartikel werden im gleichen Zeitraum auch weniger häufig besser als andere Produkte eingeschätzt, obwohl sie teurer sind. In dem Maße, wie Produkte demnach als vergleichbar wahrgenommen werden, entscheidet oft der Preis beim Kauf. Zudem schrumpft die wahrgenommene Qualitätsdistanz zwischen Handelsmarken und Herstellermarken zusehends.

In diesem Zusammenhang sollte auch eine Untersuchung der IRES GmbH in Düsseldorf nicht unerwähnt bleiben. Auf Basis einer repräsentativen Quotenstichprobe von 1.000 Frauen wurde zuletzt 1993 der Produkt-Image-Atlas erstellt. In ihm wird unter anderem die Markenbereitschaft der Konsumenten untersucht. Vergleicht man die Werte von 1993 mit früheren Untersuchungen der IRES GmbH, so zeigt sich, daß die **Markenbereitschaft** von den betrachteten Produkten abhängig ist (vgl. Abbildung 12). Bei Bohnenkaffee und Hautpflegemitteln beispielsweise zeigte sich immer schon eine hohe Markenbereitschaft, wohingegen bei Toilettenpapier und Damenslips seit den 70er Jahren eine schwache Markenbereitschaft zu verzeichnen ist.

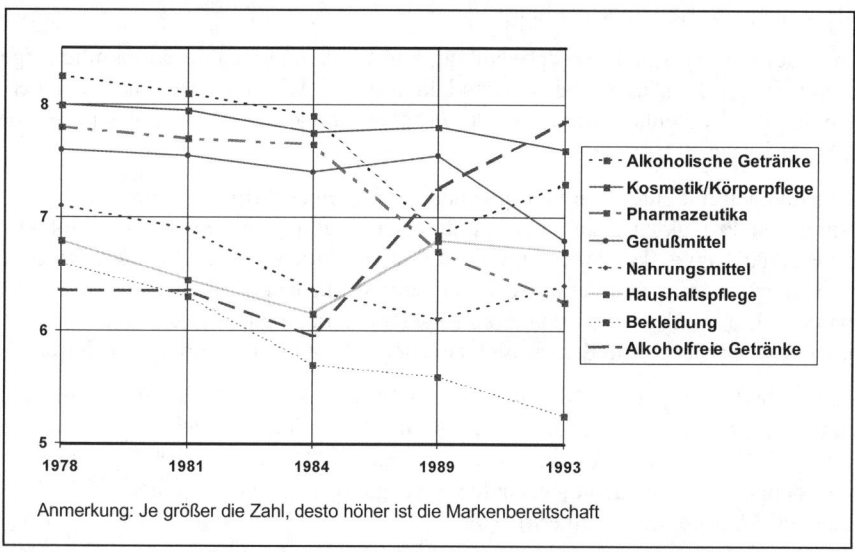

Abbildung 12:   Entwicklung der Markenbereitschaft für ausgewählte Produktgruppen
Quelle: Franke, 1994, S. 81.

Will man einen allgemeinen Trend in bezug auf die Markenbereitschaft orten, so könnte man vorsichtig auf eine Beziehung zwischen den Kommunikationsaufwendungen in den einzelnen Produktbereichen und der Markenbereitschaft schließen. Konkret bedeutet dies, daß in schwach umworbenen Produktbereichen die Markenbereitschaft niedriger ist als in stark beworbenen Produktbereichen. Dafür spricht auch die von der IRES

GmbH errechnete Korrelation zwischen der Markenbereitschaft und dem Werbedruck, die sich auf 0,76 beläuft (vgl. Frank, 1994, S. 82).

Zu ähnlichen Ergebnissen kommt eine Studie der GfK. In einem 20.000er Haushaltspanel wurde die **Markenbereitschaft** der Konsumenten bei unterschiedlichen Elektrogeräten abgefragt. Bei Herren-Elektrorasierern liegt sie mit 57 % am höchsten. Das bedeutet, daß bei der Kaufentscheidung in 57 % der Fälle an ein Markenprodukt gedacht wurde. Am niedrigsten liegt der Wert bei Geräten, die nicht zur Grundausstattung gehören und somit eher selten genutzt werden. Dazu zählen beispielsweise Folienschweißgeräte (4 % Markenbewußtsein) und Sandwichtoaster (5 % Markenbewußtsein). Der Mittelwert liegt bei 17 %. Grund für die Schwankungen in der Markenbereitschaft ist das beschriebene hybride Konsumverhalten. Einflußfaktoren für die Markenbereitschaft können laut GfK folgende Dinge sein:

- Gewöhnung,
- Vertrautheit mit der Warengruppe sowie
- Bedeutung der Kaufentscheidung.

Bei der Gewöhnung spielt die Verwendung von Markengeräten durch Familienangehörige eine Rolle. Je stärker die Vertrautheit mit der Warengruppe und je höher die Bedeutung der Kaufentscheidung ist, desto höher ist auch das Markenbewußtsein (vgl. GfK Panel Services, 1998 a).

Die Vertrautheit mit einer Warengruppe hängt einerseits natürlich mit der Häufigkeit der Nutzung von Produkten zusammen. Andererseits kann eine gewisse Vertrautheit mit einer Produktgruppe, konkreter mit bestimmten Marken einer Produktgruppe, auch durch Kommunikation und daraus resultierender Markenbekanntheit geschaffen werden. So kann z. B. die Bekanntheit von Braun-Rasierapparaten zu einer entsprechenden Vertrautheit mit der Marke und demzufolge zu einer höheren Markenpräferenz führen.

Auch bei Bekleidung und Mode läßt sich eine Zunahme des **Markenbewußtseins** verzeichnen. Laut einer Studie des Spiegel-Verlags (1998) ist das Markenbewußtsein sowohl bei Frauen als auch bei Männern auf 37 % im Jahr 1997 gestiegen. Bei vorangegangenen Untersuchungen hatten sich geringere Werte ergeben (30 % bei den Frauen und 32 % bei den Männern).

In der gleichen Untersuchung wurde ferner festgestellt, daß die **Markentreue** ebenfalls angestiegen ist. 1990 hätten 69 % der Besitzer von Markenkleidung das gleiche Label wiedergekauft, 1994 waren es bereits 70 % und 1997 73 % (vgl. Spiegel-Verlag, 1998). Daß eine solche Entwicklung bei Bekleidung feststellbar ist, darf nicht verwundern. Gerade mit Kleidern gibt man seiner Persönlichkeit Ausdruck, konnotiert ein bestimmtes Selbstwertgefühl und die Zugehörigkeit zu sozialen Gruppen. Insofern haben Modemarken sicherlich eine exponierte Stellung in den Köpfen der Konsumenten. Nicht zuletzt aufgrund des sozialen Risikos bei einem Fehlkauf von Kleidern involviert der Kauf eines Kleidungsstückes deshalb stärker als der Kauf eines Elektroprodukts, z. B. einer Waschmaschine (vgl. Laurent/Kapferer, 1985).

Die hier dargestellte Tendenz zu einem eher markentreuen Verhalten wird auch durch die folgende Abbildung bestätigt, nach der der Anteil markentreuer Käufer von 1996 auf 1998 ebenfalls leicht gestiegen ist.

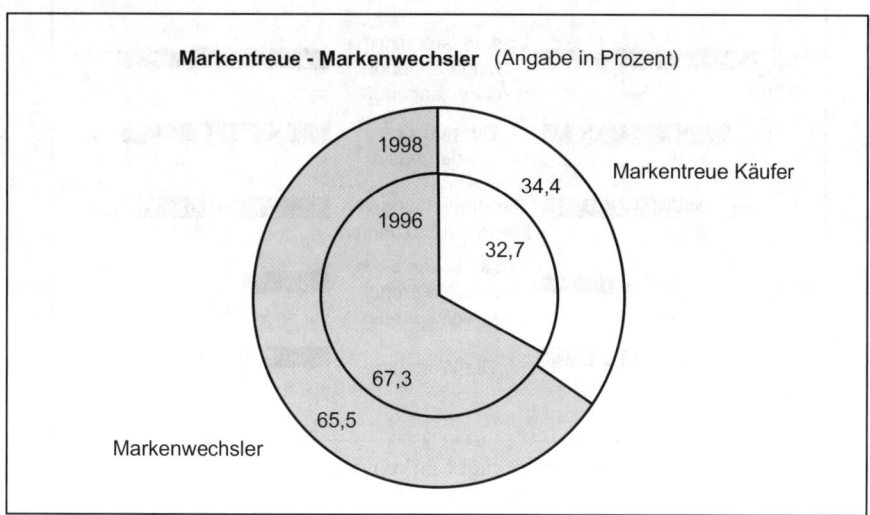

Markentreue - Markenwechsler (Angabe in Prozent)

Abbildung 13: Ein Vergleich markentreuer Kunden und Markenwechsler von 1996 bis 1998
Quelle: GfK Marktforschung, 1998.

Sollte es dennoch zum Markenwechsel kommen, zählt vor allem der Preis zu den Gründen (vgl. Abbildung 14).

Die hier dargestellten Ergebnisse sprechen eine deutliche Sprache: Zwar verhalten sich noch viele Konsumenten markentreu, allerdings verwischen zunehmend die Grenzen zwischen Markenartikeln und Handelsmarken. In dem Maße, in dem die wahrgenommenen Qualitätsunterschiede zwischen Handels- und Herstellermarken schrumpfen und es den Herstellermarken nicht gelingt, ein klares Markenprofil aufzubauen, nimmt auch die Markenbereitschaft ab. Der Preis tritt dann beim Kauf in den Vordergrund. Dadurch werden Handelsmarken jedoch bevorzugt, da diese etwa 20 bis 30 % günstiger angeboten werden als Herstellermarken. Bei Discounter-Marken ist der Preisabstand gar noch größer (vgl. Becker, 1998, S. 223).

Zum Teil werden zwar immer noch Resultate ausgewiesen, nach denen Herstellermarken allgemein gegenüber Handelsmarken (No-Names und klassische Handelsmarken) in bezug auf bestimmte Merkmale besser eingeschätzt werden (vgl. Peters, 1999, S. 28 f.; Abbildung 15).

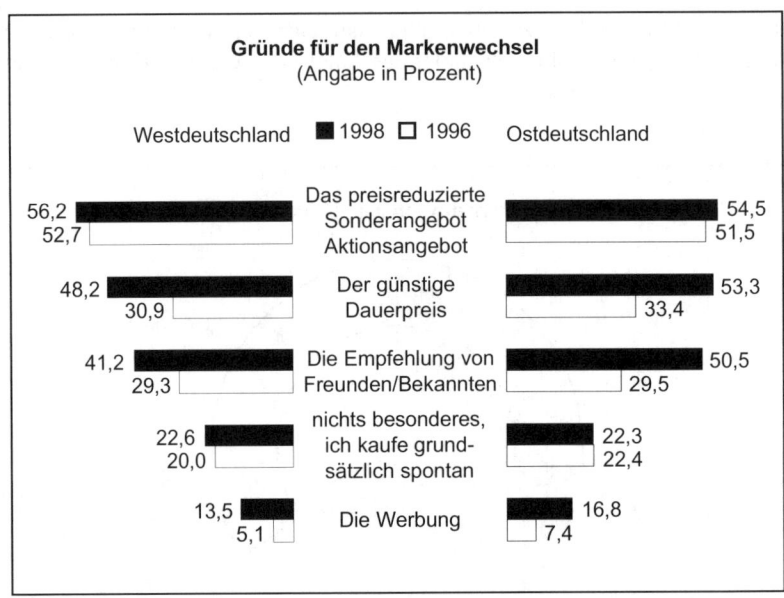

Abbildung 14:   Ursachen für den Markenwechsel
Quelle: GfK Marktforschung, 1998.

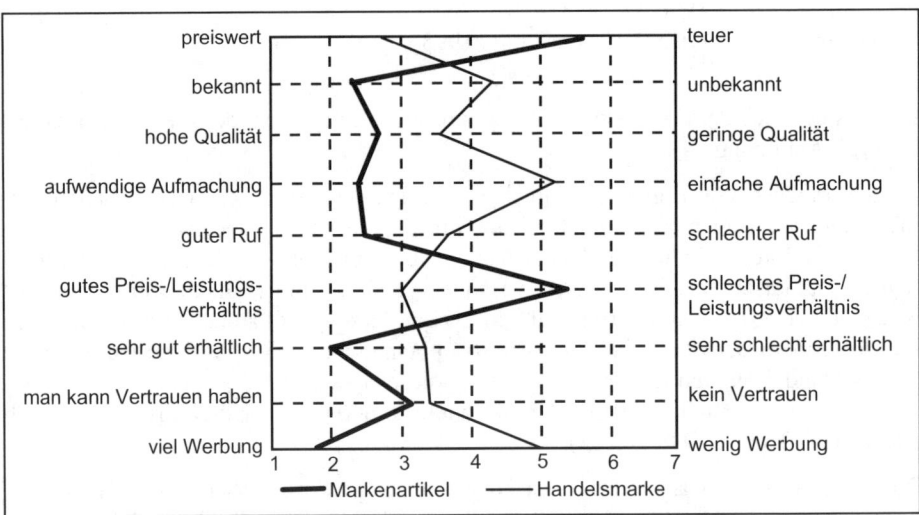

Abbildung 15:   Handelsmarken versus Herstellermarken im Polaritätenprofil aus Kun-
                 densicht
Quelle: Peters, 1999, S. 29.

Dies darf allerdings nicht darüber hinwegtäuschen, daß gerade in bezug auf das Vertrauen in Handelsmarken und den Preis der Vorteil der Herstellermarke entweder eingestellt oder gar übertroffen wurde. Zudem zeigt sich ein weitaus differenzierteres Bild, wenn man diese Analyse für bestimmte Hersteller- und Handelsmarken in ganz konkreten Produktgruppen duchführen würde. Hier schneidet beispielsweise Tandil von Aldi im Waschmittelmarkt in der Präferenz der Konsumenten als drittbeste Waschmittelmarke ab!

2.8 Handelsmacht und Emanzipation des Handels

Eine besonders starke Bedrohung für schwache Herstellermarken geht vom Handel aus. Im Kern läßt sich dies auf drei Gründe zurückführen:

1. Durch die zunehmenden Konzentrationstendenzen im Handel nimmt dessen Macht in der Hersteller-Handels-Beziehung ständig zu.
2. Der Handel ist aus seinem Dornröschenschlaf erwacht. Er versteht sich nicht mehr länger nur als Distributeur, sondern als Marketingakteur.
3. Durch moderne Informations- und Kommunikationstechniken kann der Handel auch seine Informationsmacht als Waffe gegenüber den Herstellern ausspielen.

Zu 1: Konzentrationstendenzen im Handel

Im Einzelhandel haben anhaltende Konzentrationsprozesse dazu geführt, daß „Handelsriesen" wie beispielsweise Toys 'R' Us (im Non-Food-Bereich) entstanden sind. Im Lebensmitteleinzelhandel sank die Zahl der Verkaufsstellen von 80.800 Geschäften 1984 auf 55.500 Geschäfte 1997 (vgl. Twardawa, 1998, S. 11). Dies bedeutet eine prozentuale Verringerung um ca. 32 % in einem Zeitraum von 13 Jahren.

Die 30 größten Unternehmen des Lebensmittelhandels erzielten im Jahr 1997 einen Umsatz von 341 Milliarden DM. Sie repräsentierten damit einen Marktanteil von 96,8 %. Die größten 10 Unternehmen des Lebensmittelhandels konzentrieren immerhin noch stolze 82 % des Gesamtvolumens von 352,6 Mrd. DM auf sich (vgl. M+M Eurodata, 1998). Mit einem Umsatzvolumen von rund 60 Mrd. DM wie bei der Metro Gruppe, etwa 47 Mrd. DM bei der Rewe-Gruppe und beispielsweise 34,5 Mrd. DM bei Aldi wirken selbst große Konsumgüterhersteller wie Henkel, Unilever oder Procter & Gamble mit ihren Umsatzvolumina wie kleine Fische.

Aufgrund seiner Größe und den zunehmenden Internationalisierungstendenzen besitzt der Handel folglich auch eine starke Verhandlungsposition gegenüber Markenherstellern (vgl. Shocker et al., 1994, S. 153). Hersteller werden immer häufiger bei Konditionsgesprächen ausgeblutet. Der Druck auf die Margen von Herstellermarken wächst. Zudem können es sich Handelsunternehmen auch zunehmend leisten, auf bestimmte

Herstellermarken zumindest zeitweise zu verzichten, um dadurch nochmals den Druck auf Herstellermarken zu verstärken.

Zu 2: Verändertes Selbstverständnis des Handels

Das Selbstverständnis des Handels hat in den letzten Jahren einen grundlegenden Wandel vollzogen - weg vom Distributeur hin zu einem stärker marketingorientierten Denken. Handelsunternehmen ist zwischenzeitlich klar geworden, daß eine Differenzierung über Sortimente heute kaum noch möglich ist, da man in der Regel in einer Vielzahl verschiedener Einzelhandelsgeschäfte die gleichen Marken kaufen kann. Deshalb versucht man im Handel zunehmend, das eigene Handelsunternehmen zu profilieren. Viele Handelsunternehmen entwickeln klare Positionierungskonzepte für ihr Unternehmen. In der Konsequenz möchte man selbst zu einer Marke für den Konsumenten werden. Für diesen soll im Endergebnis künftig die Entscheidung für ein Einzelhandelsgeschäft wichtiger sein als die Entscheidung für eine Herstellermarke. Das Handelsunternehmen Migros in der Schweiz ist ein eindrucksvolles Beispiel für die Profilierung eines Handelsunternehmens als Marke.

Diese Entwicklung hat dramatische Konsequenzen für die Hersteller-Handels-Beziehung und für die Rolle der Herstellermarke im Handel. In dem Maße, in dem ein Handelsunternehmen selbst ein Image aufbauen will, muß es dieses Image auch sichtbar vermitteln. Dazu benötigt man sowohl entsprechenden Platz in der Kommunikation als auch bei der Ladengestaltung. Dieser Bedarf zur Kommunikation der eigenen Positionierung muß zu Lasten mancher Herstellermarken gehen.

Dazu ein Beispiel: Die Globus-SB-Warenhauskette ist zweifelsfrei in Deutschland ein Vorreiter in Sachen Handelsimage. Die Orientierung an Kunden und Mitarbeitern, die Preisorientierung und die Serviceorientierung werden eindrucksvoll, konsistent und kontinuierlich in allen Kommunikationsaktivitäten - sowohl am Point of Sale als auch in der Werbung - vermittelt. So werden in den eigenen Läden und in den Beilagen Fair-Preise als Preise für das günstigste Produkt in einem Produktbereich mit einem Preis auf Discounter-Niveau beworben. Die unterschiedlichen Garantien, z. B. für fehlende Produkte, zu langes Warten an der Kasse, Ablauf des Mindesthaltbarkeitsdatums auf Produkten usw., werden ebenfalls sichtbar vermittelt. Das gleiche gilt für die Verlängerung der Garantien für elektrische Produkte von einem auf zwei Jahre. Und schließlich melden sich in jeder Beilage zufriedene Kunden und zufriedene Mitarbeiter zu Wort und berichten Positives über den Globus. Auch das Corporate Design mit den Farben orange und grün wird sichtbar in allen Maßnahmen vermittelt, natürlich auch in den einzelnen Geschäften (vgl. Abbildung 16). Ebenso konsequent setzt man auf eigene Handelsmarken wie „Excellent" und „Grandius", um durch diese Marken eine Differenzierung vom Wettbewerb zu erreichen. Selbstverständlich werden auch diese Handelsmarken beworben.

Abbildung 16: Kommunikationsmaßnahmen von Globus zur Vermittlung des Images

All diese Profilierungsmaßnahmen gehen jedoch zu Lasten der ansonsten an deren Stelle beworbenen Herstellermarken. Gerade für schwächere Herstellermarken wird deshalb der Zugang zu den Letztabnehmern weiter erschwert. In den Warenhäusern dürfen beispielsweise heute Herstellerdisplays eine bestimmte Höhe nicht mehr überschreiten, um so eine bessere Durchsicht im Laden zu gewährleisten. Durch solche Maßnahmen wird die Durchsetzungskraft von Herstellermarken am Point of Sale natürlich drastisch reduziert.

Zu 3:   ECR-Maßnahmen und Category Management als Grab schwacher Herstellermarken

Die Informationsasymmetrie zwischen Handel und Hersteller verschiebt sich weiter zugunsten des Handels (vgl. Shocker et al., 1994, S. 153): Durch Warenwirtschaftssysteme und die wachsende Zahl der Scannerkassen in Deutschland können heute zunehmend produktspezifische Daten und Rentabilitäten zur effektiven und effizienten Belegung von Verkaufs- und Regalflächen herangezogen werden. Mit Hilfe von DPR-Analysen kann der Artikelumschlag in Regalen optimiert werden (vgl. Günther/Mattmüller, 1993; Hallier, 1995 b; Möhlenbruch, 1992) Besonders Handelsunternehmen, die über geschlossene Warenwirtschaftssysteme, Kundendatenbanken und Zahlungsmöglichkeiten mit unternehmenseigenen Kreditkarten verfügen, haben einen deutlichen Informationsvorsprung gegenüber den Herstellern (vgl. auch den Beitrag von Gröppel-Klein in diesem Buch). Diese Datenbasis ermöglicht es ihnen, schnell und genau nachzuvollziehen, wie sich die Verkäufe einzelner Marken allgemein und hinsichtlich bestimmter Segmente entwickeln. Dadurch verfügt der Handel über ein Instrument, mit dem er den Erfolg einzelner Maßnahmen des Markenmanagements schnell und zuverlässig hinsichtlich ihrer Wirkung auf das Konsumverhalten überprüfen kann. Das stärkt seine Position gegenüber den Markenherstellern.

Zwar wird das Category Management als integrierter Ansatz zur Restrukturierung von Artikel-Regalbelegungen oft als Kooperationskonzept zwischen Handel und Hersteller gepriesen (vgl. Töpfer, 1995; Lindner, 1996). Faktisch gilt dies jedoch nur für starke Herstellermarken, die keine Angst haben müssen, aus dem Regal heraus rationalisiert zu werden. Hingegen wachsen die Existenzängste bei schwächeren Herstellermarken, die nur die hinteren Ränge bei der Rentabilitätsrechnung einnehmen und nicht so stark von einem Consumer Pull profitieren wie die großen Herstellermarken (vgl. auch den Beitrag von Tomczak et al. sowie Zentes und Swoboda in diesem Buch).

Gerade schwache Marken können durch Handelsmarken ersetzt werden. Viele Handelsunternehmen sehen in Handelsmarken nicht nur ein Mittel zur Profilierung, sondern auch ein Mittel zur Steigerung der Produktivität. So hat die Boston Consulting Group eine Beziehung zwischen der Rentabilität von Handelsunternehmen und der Zahl der geführten Handelsmarken aufgezeigt (vgl. Abbildung 17). Wenngleich hier durch die Handelsunternehmen, die zum Teil aus unterschiedlichen Ländern mit unterschiedlichen Einzelhandelsstrukturen stammen, Äpfel mit Birnen verglichen werden, hat sich in den

Köpfen der Handelsmanager eben diese Beziehung eingebrannt. Ob sie auch bei der Berechnung der Handelsmarken- und Herstellermarkenrentabilität auf Vollkostenbasis immer zutrifft, muß angezweifelt werden. Dennoch ist es langfristig für ein Handelsunternehmen durchaus sinnvoll, Handelsmarken aufzubauen und sich dadurch vom Wettbewerb abzuheben.

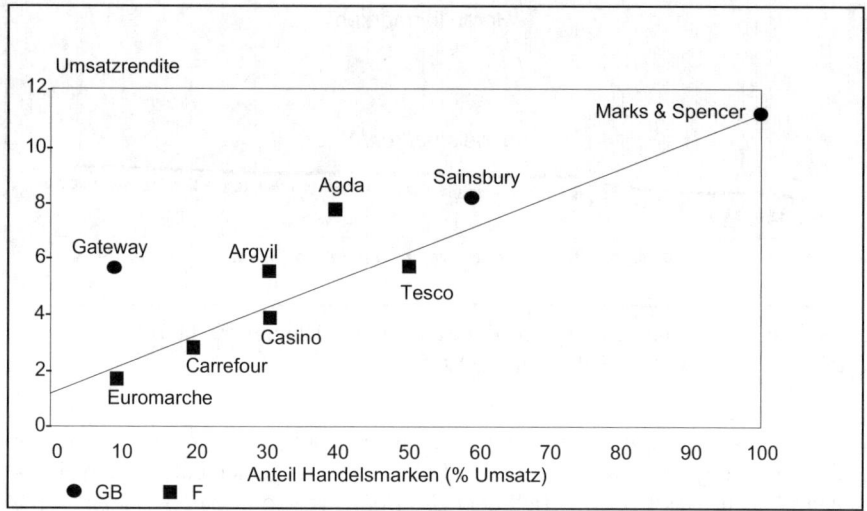

Abbildung 17:   Beziehung zwischen Rentabilität und dem Handelsmarkenanteil am Gesamtsortiment von Handelsunternehmen
Quelle: Boston Consulting Group.

Dies wird zweifelsfrei auch dadurch leichter für den Handel, weil Handelsmarken zunehmend an Akzeptanz beim Konsumenten gewinnen. Handelsmarken, die ursprünglich als Instrument zur Rückgewinnung von Marktpositionen gegenüber Discountern und zur Verbesserung der Rendite der Handelsunternehmen gedacht waren, bedrohen nun schwache Herstellermarken. Dabei hat vor allem die verbesserte Markenführung der Handelsmarken und die schlechte wirtschaftliche Situation Anfang der neunziger Jahre dazu geführt, daß sich die Verbrauchereinstellung zu Handelsmarken deutlich verbessert hat (vgl. Kornobis, 1993, S. 527 ff.). Als Folge sind auch die Marktanteile von Handelsmarken gestiegen (vgl. Abbildung 18).

Aufgrund dieser Entwicklung kann es nicht überraschen, daß Handelsunternehmen stärker in Handelsmarkensystemen denken, um von den preisaggressiven No-Names über die normalen Handelsmarken bis hin zu Premium-Handelsmarken breite Nachfragersegmente abzudecken (vgl. den Beitrag von Gröppel-Klein in diesem Buch).

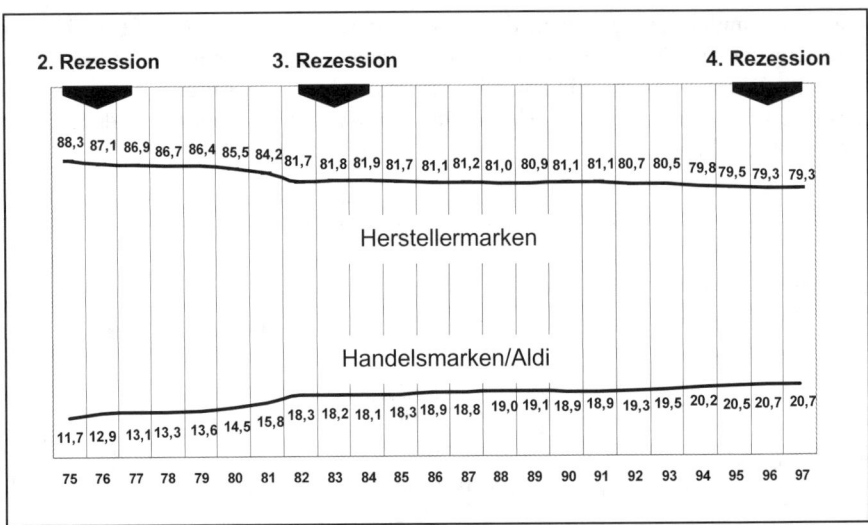

Abbildung 18:   Entwicklung der Marktanteile von Handelsmarken
Quelle: GfK Panel Services, 1998 b.

Ein Blick in das Sortiment von Aldi zeigt, daß manche allgemein abgefragten Merkmale
wie die aufwendige Aufmachung einer Marke keine Allgemeingültigkeit mehr beanspruchen können. Das Eis „Il Tizio" oder die Bonbons von „Charles Berger" bei Aldi
sind für sich selbst sprechende Beispiele aufwendiger Aufmachungen bei Handelsmarken. Hinzu kommt, daß Handelsunternehmen zunehmend Handelsmarkensysteme
entwickeln, die preislich unterschiedlich plazierte Handelsmarken bis hin zu hochwertigen Handelsmarken umfassen. Markenartikelhersteller können sich demzufolge nicht
auf ihren Lorbeeren ausruhen. Sie sind gefordert, durch eine zunehmend professioneller
gestaltete Markenführung klare Markenpräferenzen aufzubauen und dadurch einen
ersten Schritt zur Kundenbindung und zur Bewahrung der Markentreue zu realisieren
(vgl. auch den Beitrag von Homburg und Giering in diesem Buch).

3.   Unternehmensbezogene Rahmendaten für das Markenmanagement

Die Vielschichtigkeit unternehmensbezogener Rahmenbedingungen, die im Kern auch
die finanziellen und personellen Möglichkeiten sowie grundlegende Aspekte der strategischen Ausrichtung der Unternehmen und der Organisationsstrukturen umfassen
müßte, kann und soll hier nicht erschöpfend dargestellt werden. Es folgt vielmehr eine

Konzentration auf häufig zu beobachtende und für die Markenführung besonders wichtige unternehmensinterne Aspekte, die bei der Markensteuerung Probleme aufwerfen.

3.1 Organisationale Bedingungen für die Markenführung

Viele Schwierigkeiten, denen sich das Markenmanagement gegenübersieht, sind hausgemacht. Betrachtet man die derzeitigen Unternehmensorganisationen, so lassen sich vor allem drei Problemfelder identifizieren (vgl. den Beitrag von Joachimsthaler und Aaker in diesem Buch; Kapferer, 1992, S. 32 f.):

1. Die Markenführung liegt in den Händen junger und unerfahrener Produktmanager.
2. Die für den Markenaufbau wichtigen Kommunikationsaktivitäten werden von externen Werbeagenturen geplant, die nichts oder zu wenig über die strategischen Ziele der Marke wissen.
3. Aufgrund anderer Aufgabenschwerpunkte fehlt zum Teil im Top-Management das Verständnis für relevante Markensteuerungsaspekte.

Dies kann dazu führen, daß die über viele Jahre aufgebaute Markenpersönlichkeit und das Markenimage verwässert werden.

Im Rahmen der Markenführung durch Produktmanager liegt noch ein weiteres Problem darin, daß eine Marke oft für mehrere Produktlinien steht. Dadurch ist es im Extremfall möglich, daß unter einer Marke verschiedene Strategien für divergierende Zielgruppen entwickelt und umgesetzt werden. Eine Koordination und Integration dieser Aktivitäten durch einen übergeordneten Markenverantwortlichen findet dabei häufig nicht oder nur unzureichend statt (vgl. Aaker, 1996 b, S. 341). Zusätzlich nutzen viele Produktmanager die Marke nur als „Sprungbrett" für die eigene Karriere. Die langfristigen Auswirkungen ihrer Arbeit spielen bei der Planung ihrer Aktivitäten daher nur eine untergeordnete Rolle. Erschwerend kommt auch die Tatsache hinzu, daß Produktmanager in der Regel nur kurze Zeit auf einer Marke verweilen. Je besser sie sich bei einer Marke bewähren, desto schneller erfolgt oft der Wechsel zu anderen Aufgaben. Auch dies kann zu Problemen der kontinuierlichen Markensteuerung führen, sofern dieser Effekt der schnellen Wechsel nicht durch übergeordnete Managerstellen aufgefangen wird.

Auf der anderen Seite werden zunehmend auch konzeptionelle Aufgaben an externe Unternehmen ausgelagert. Diese sind jedoch aufgrund ihrer zentralen Bedeutung Gegenstand der unternehmensinternen Markenführung. Dieses Problem wird um so gravierender, als es immer mehr neue Kommunikationsmittel und darauf spezialisierte Agenturen gibt (vgl. Aaker, 1996 b, S. 30). So entwickelt man möglicherweise noch das Positionierungskonzept für eine Marke im Unternehmen, die Umsetzung des Konzepts überläßt man hingegen Werbeagenturen, Internet-Agenturen, CD-Agenturen usw. Sofern hier keine geeigneten Führungs- und Kontrollmechanismen für externe Partner entwickelt werden, ist die Qualität der Umsetzung der Markenpositionierung oft ein

Zufallsprodukt. Gerade die Umsetzung von Markenkonzepten spielt für den Aufbau klarer Markenimages jedoch eine herausragende Rolle (vgl. den Beitrag von Esch zur Positionierung in diesem Buch).

Für die Unternehmensorganisation folgt daraus, daß die Führung einer Marke in der obersten Ebene eines Unternehmens verankert sein muß. Nur so läßt sich sicherstellen, daß die für den Markenaufbau nötige Konstanz in der Entwicklung und Kontrolle einer Markenstrategie gewährleistet ist. Das Markenmanagement mit der entsprechenden Kommunikation für die Marke muß vor diesem Hintergrund zur Chefsache werden (vgl. Esch, 1998 f.).

Allerdings setzt dies auch ein entsprechendes Markenverständnis voraus, das in den Chefetagen oft nicht so ausgeprägt ist, wie es sein könnte. Da Unternehmenslenker oft mit sehr vielschichtigen und breitgefächerten Problemstellungen konfrontiert sind, darf dies nicht verwundern. Ein besseres Verständnis der Markenführung wird in der Zukunft jedoch zu einem zentralen Erfolgsfaktor werden. Ein positives Beispiel stellt hier die Beiersdorf AG dar, bei der das Markenführungsverständnis im Top-Management bereits fest verankert ist. Die Familienmarken Nivea und Tesa und deren Markenstrategien sind Ausdruck dieses Verständnisses.

3.2 Kurzzeitiger Erfolgsdruck und kurzzeitige Entlohnungsmechanismen

Die oben dargestellte Kurzfrist-Orientierung des Markenmanagements hat ihre Ursache allerdings nicht nur in der Unternehmensorganisation. Sie wird zusätzlich durch verschiedene andere Faktoren gefördert (vgl. Aaker, 1996 b, S. 34 f.):

Zunächst sorgt die steigende Popularität des **Shareholder-Value-Konzepts** dafür, daß Maßnahmen der Markenführung danach beurteilt werden, inwieweit sie dazu beitragen, den monetären Unternehmenswert zu steigern. Da es sich hier jedoch um ein finanzwirtschaftliches Konzept handelt, finden die für den Markenaufbau relevanten verhaltenswissenschaftlichen Größen wie das Markenimage meist keine Berücksichtigung. Der Barwert einzelner Markenmaßnahmen läßt sich nur schwer bestimmen. Darüber hinaus ist der Aufbau eines Markenimages als Voraussetzung für einen Kaufakt nur langfristig zu realisieren. Die Markeneigentümer sind dagegen oft an kurzfristigen und finanziell meßbaren Erfolgen interessiert. Hier klafft eine Professionalitätslücke hinsichtlich der Operationalisierung und der Erfassung des Markenerfolgs. Eine einseitige Orientierung an kurzfristigen quantitativen Erfolgsgrößen verstellt oft den Blick für eine kontinuierliche Markenführung und kann kontraproduktiv wirken.

Viele Kontroll- und Entlohnungsmechanismen von Unternehmen sind leider ausschließlich auf kurzfristige und ökonomische Erfolgsgrößen ausgerichtet. Ein Markenmanager wird nicht danach beurteilt, inwieweit er zur Bildung von Gedächtnisstrukturen beigetragen hat. Anstelle dieser verhaltenswissenschaftlichen Kontrolle erfolgt oft eine Messung durch Größen wie Umsatz oder Nettodeckungsbeitrag einer Marke (vgl. Kapferer, 1992, S. 31).

Infolgedessen paßt sich auch der Markenführungsstil diesen Vorgaben an: Strategien werden am zeitlichen Rahmen der Erfolgsbewertung ausgerichtet (i. d .R. jährlich) (vgl. Kapferer, 1992, S. 31), eine Berücksichtigung von langfristigen Wirkungen findet nicht statt. Zum Teil finden bereits quartalsweise Messungen der Erfolgsbeiträge statt. Zwar sind solche Umsatz- und Ertragskontrollen zwingend erforderlich, sie dürfen jedoch nicht einseitig eingesetzt werden. Das kann im Extremfall dazu führen, daß kurzfristige Maßnahmen zur Steigerung der Abverkäufe durchgeführt werden, obwohl diese langfristig eine Schädigung der Marke bedeuten können. Deshalb ist ein Kontroll-Cockpit zu entwickeln, das auch den weichen Faktoren der Markenführung Rechnung trägt, d. h. auch den Beitrag der Markensteuerung zum Aufbau einzigartiger und relevanter Gedächtnisstrukturen zur Marke erfaßt.

3.3 Kontinuität kontra Anpassungszwänge der Markenführung

Der Aufbau einer Marke benötigt Zeit. Um klare Gedächtnisstrukturen zu schaffen, ist eine langfristige Konstanz der Marketingmaßnahmen notwendig (vgl. den Beitrag von Esch zur integrierten Kommunikation in diesem Buch sowie Esch, 1998 b, S. 75). Demgegenüber steht eine zunehmend schnellebige Gesellschaft, die immer neue Trends hervorbringt (vgl. Schulze, 1998, S. 303 f.).

Für die Markenführung bedeutet das einen **Spagat zwischen Kontinuität und Anpassung**. Einerseits wird eine Marke nur dann „gelernt", wenn die von ihr vermittelten Eindrücke konsistent sind. Daher sollte ein einmal geprägtes Markenschema durch eine möglichst gleichbleibende Kommunikation vertieft werden. Auf der anderen Seite erfordern die sich ändernden Bedürfnisse der Konsumenten eine Anpassung der Marke. Besonders traditionelle Marken können darüber hinaus vor dem Problem stehen, daß ihre angestammte Zielgruppe nicht mehr ausreichend tragfähig ist. In diesen Fällen ist eine Aktualisierung der Marke notwendig.

Vor diesem Hintergrund bedarf es einer Markenstrategie, die einerseits eine Basis für Kontinuität darstellt, andererseits jedoch genügend Anpassungspotential an Zielgruppe und Zeitgeist bietet.

Vielen Unternehmen gelingt die Umsetzung einer solchen Markenstrategie jedoch nicht. Sie folgen in der Markenführung den Einflüsterungen selbsternannter Markengurus, die die fraktale Markenführung postulieren, bei der sich Marken je nach Zielgruppe und deren Bedürfnissen jeweils anders und zielgruppenkonform darstellen sollen (vgl. Gerken, 1994). Folgt eine Marke jedoch ausschließlich dem Zeitgeist, so wird sie zur

Hure der jeweiligen variierenden und heterogenen Zielgruppenbedürfnisse. Noch ist keine „one-to-one"-Kommunikation möglich. Demzufolge würden in einem solchen Fall Konsumenten oft mit unterschiedlichen Markensplittern und Markeninhalten konfrontiert werden. Das Gedächtnischaos wäre vorprogrammiert. Die fraktale Zeit der Zigarettenmarke „West" steht für einen solchen Wort- und Bildersalat. Der Aufbau eines Markenimages und klarer Gedächtnisstrukturen wäre nicht möglich (vgl. den Beitrag von Esch zur integrierten Kommunikation in diesem Buch). Dazu ist bei der Markenführung ein Positionierungskern kontinuierlich zu bewahren, damit sich überhaupt relevante Gedächtnisstrukturen zur Marke aufbauen können. Um diesen Markenkern herum können entsprechend zeitgemäße Anpassungen der Marke an Trends, gesellschaftliche Entwicklungen und Konkurrenzmaßnahmen erfolgen.

4. Aufgaben des Markenmanagements

4.1 Ziele der Markenführung

Aus den Funktionen der Marke lassen sich unmittelbar Ziele für das Markenmanagement ableiten. Dabei ist es sinnvoll, zwischen verhaltenswissenschaftlichen Zielen, ökonomischen Zielen und dem Globalziel des Unternehmens zu unterscheiden. Diese sind allerdings nicht unabhängig voneinander, sondern beeinflussen sich gegenseitig.

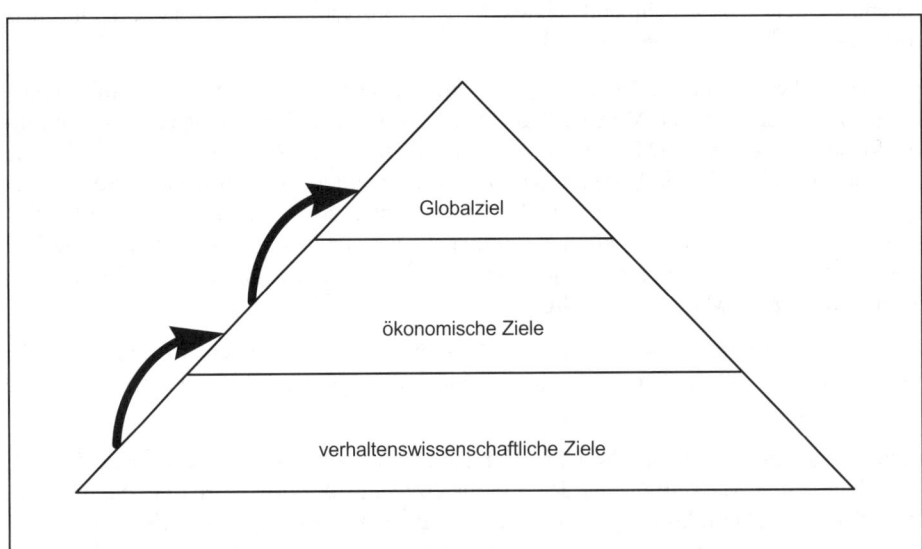

Abbildung 19:   Ziele des Markenmanagements

Zunächst geht es vorrangig darum, die Konsumenten zum Kauf der Marke zu bewegen. Dadurch soll der Absatz erhöht und der Unternehmenswert gesteigert werden. Zusätzlich soll durch die Vergrößerung des preispolitischen Spielraums der Nettodeckungsbeitrag einer Marke erhöht werden, was ebenfalls zu einem steigenden Unternehmenswert beiträgt. Ein gesteigerter Unternehmenswert wiederum dient dem Globalziel der Existenzsicherung des Unternehmens (vgl. Hahn, 1996, S. 728).

Diese ökonomischen Ziele sind jedoch nur mittelbar zu erreichen. Um Konsumenten dahingehend zu beeinflussen, daß er die Marke kauft und bereit ist, für diese einen Preisaufschlag zu zahlen, ist der Einsatz von Sozialtechniken erforderlich. Unter **Sozialtechniken** versteht man die Anwendung verhaltenswissenschaftlicher Erkenntnisse zur systematischen und zielgerichteten Beeinflussung von Konsumenten (vgl. Kroeber-Riel, 1993 b). Diese Sozialtechniken dienen der Erreichung verhaltenswissenschaftlicher Zielsetzungen.

Zentrale verhaltenswissenschaftliche Ziele der Markenführung sind die Schaffung von **Markenbekanntheit** und von Markenpräferenzen durch den Aufbau eines einzigartigen und relevanten **Markenimages**. Darauf beruht die Attraktivität einer Marke. Mit anderen Worten geht es darum, der Marke eine eigenständige Position in den Köpfen der Konsumenten zu verschaffen. Nur so ist es möglich, die angestrebte Differenzierung gegenüber der Konkurrenz zu erreichen. Für eine solche Position ist es nötig, die Besonderheiten der Marke für den Konsumenten attraktiv und unterscheidbar von der Konkurrenz zu kommunizieren, um so langfristig eine eigene Position aufzubauen (vgl. Kroeber-Riel, 1993 a, S. 46 ff.). Da eine Abgrenzung der Marke über rein sachliche Produkteigenschaften unter den heutigen Marktbedingungen jedoch kaum noch möglich ist, muß daher eine Präferenzbildung durch die Vermittlung eines emotionalen Zusatznutzens erfolgen.

Die durch das Markenimage geschaffenen Markenpräferenzen bilden auch die Grundlage für das akquisitorische Potential der Marke. Entsprechend kann auch der preispolitische Spielraum im Sinne der Erreichung eines monopolistischen Preisspielraums vergrößert werden. Sofern das Produkt die Erwartungen des Konsumenten erfüllt, kann daraus **Markentreue** resultieren.

Durch diese Maßnahmen wird schließlich auch eine Festigung der Wettbewerbssituation der eigenen Marke am Markt sowie die Realisation einer größeren Marktmacht gegenüber dem Handel möglich (vgl. Weinberg, 1995 b, Sp. 2682). Im Kern gelten analoge Zielvorstellungen, wenn es sich um eine Handelsmarke handelt bzw. das Handelsunternehmen selbst als Marke auftreten möchte. Auch hier sind zentrale Ziele der Aufbau von Markenbekanntheit und Markenimage sowie von Markentreue, um die Wettbewerbssituation gegenüber konkurrierenden Unternehmen zu verbessern und die Marktmacht gegenüber Herstellern zu erhöhen.

Da diese gesamten Maßnahmen letztendlich der Schaffung eines Markenwerts dienen, wird darauf im folgenden Abschnitt eingegangen.

4.2   Markenwert als zentrale Steuerungsgröße des Markenmanagement

Im Kern kann der Markenwert als zentrale Steuerungsgröße des Markenmanagements betrachtet werden. Ziel der Markenmanager muß der Aufbau und Erhalt einer starken Marke sein.

Finanzwirtschaftlich ausgedrückt ist der Markenwert der „Barwert aller zukünftigen Einzahlungsüberschüsse, die der Eigentümer aus der Marke erwirtschaften kann" (Kaas, 1990 a, S. 48). Dieser Markenwert als „immaterieller Aktivposten" stellt vor allem ein evaluatives, d. h. den Erfolg bewertendes Maß dar. So druckt beispielsweise die Financial World jährlich die Hitliste der Marken mit den höchsten Markenwerten aus (vgl. Abbildung 1). Ein solcher Markenwert ist vor allem dann wichtig, wenn es um die Markenbilanzierung, den Verkauf oder Aufkauf von Marken, um Markenlizenzvergaben oder um die Schadensbemessung von Marken im Fall der Markenpiraterie geht (vgl. den Beitrag von Esch und Geus zur Messung des Markenwerts in diesem Buch).

Für die Markensteuerung ist hingegen ein Markenwertbegriff zweckmäßiger, der der Markendiagnose und der Ableitung therapeutischer Vorschläge zur Verbesserung der Markenführung dienen kann.

Aus der Marketingperspektive kann man den Markenwert im einfachsten Falle als den zusätzlichen Wert beschreiben, den ein Produkt eben durch die Marke und nur durch diese erhält (vgl. Farquhar, 1989). Je größer die aus den Marketing-Mix-Maßnahmen resultierende Loyalität zur Marke ist, desto größer ist deren Wert (vgl. Crimmins, 1992; Sethuraman/Cole, 1997). Dementsprechend werden in Untersuchungen häufig die (relativen) Mehrwerte einer Marke gegenüber nicht-markierten Gütern oder Handelsmarken durch die Ermittlung der erhöhten Preisbereitschaft erfaßt (vgl. Abbildung 20).

Da man allerdings auch hier nicht weiß, worauf diese erhöhte Zahlungsbereitschaft für eine Marke beruht, erscheint für Zwecke der Markensteuerung folgende verhaltenswissenschaftliche Definition des Markenwertes besonders zweckmäßig zu sein:

Der Markenwert kann als das Ergebnis der unterschiedlichen Reaktionen von Konsumenten auf Marketingmaßnahmen einer Marke im Vergleich zu identischen Maßnahmen einer fiktiven Marke aufgrund spezifischer, im Gedächtnis gespeicherter Markenvorstellungen verstanden werden (vgl. Keller, 1993).

Vorteile eines hohen Markenwertes für die Markensteuerung

Die Vorteile eines hohen Markenwerts für Unternehmen liegen auf der Hand:

■ Marken mit hohem Markenwert wird eine höhere Markentreue entgegengebracht als solchen mit geringem Markenwert. Dadurch wird die Realisation konstanter Umsätze möglich und die Abhängigkeit von kurzfristigen Sonderaktionen reduziert. Schließlich ist es auch billiger, Kunden zu halten, als Neukunden zu gewinnen (vgl. Aaker, 1992, S. 33 ff.).

■ Bei Marken mit einem hohen Markenwert sind Halo-Wirkungen (vgl. Kroeber-Riel/Weinberg, 1999) zu erwarten: Der Markenwert wirkt sich positiv auf die Beurteilung einzelner Markeneigenschaften aus. Durch entsprechende Rückkopplungseffekte kann dies zu einer Wirkungsspirale führen: Der Markenwert wirkt sich positiv auf die Wahrnehmung einzelner Marketing-Maßnahmen aus. Diese wiederum beeinflussen den Markenwert positiv usw.

■ Der Markenwert verstärkt die Wettbewerbsposition. Daraus resultierende Wettbewerbsbarrieren sind für Konkurrenten nur durch kostspielige Angriffe überwindbar.

■ Marken mit hohem Markenwert haben ein wesentlich größeres Potential für mögliche Markenerweiterungen als schwache Marken (vgl. Tauber, 1988; Aaker/Keller, 1990).

Für Konsumenten ist ein hoher Markenwert ebenfalls wichtig: Informationen, z. B. in der Werbung, können besser interpretiert und verarbeitet werden, es besteht eine erhöhte Zuversicht beim Kaufabschluß usw. So wirkt es sich ganz offensichtlich positiv aus, wenn Zigarettenraucher mit jedem Zug an einer Marlboro-Zigarette - bei mit anderen Zigarettenmarken vergleichbarem Geschmack - ein Stück „Freiheit und Abenteuer" inhalieren, die Cowboywelt „erleben". Anders läßt sich der Erfolg dieser Marke kaum erklären.

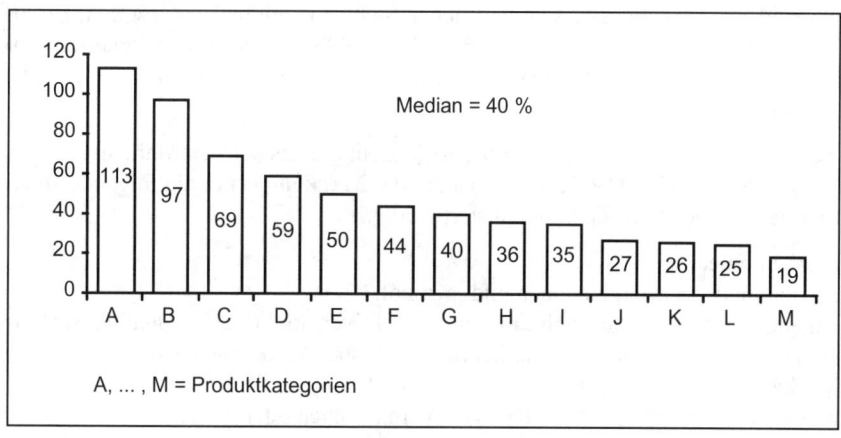

Abbildung 20: Zahlungsbereitschaft für Marken im Vergleich zu Handelsmarken

Quelle: Crimmins, 1992, S. 14.

Markenwert als Zielgröße der Markenführung

Als Zielvorgabe kommt ein Markenwert, der mit exakten DM-Beträgen beziffert werden kann, kaum in Frage, da dieses evaluative Maß eine zu grobe Vorgabe für die zu ergreifenden Marketingmaßnahmen darstellt. Aus Marketingsicht ist man deshalb weniger an dem ökonomischen Wert einer Marke interessiert „... als vielmehr an der Art und Weise, wie man zu dieser Bewertung kommt, d. h. dem Verständnis der Markenfunktion, ihrer Entwicklung, ihres Wertzuwachses oder -verlustes" (Kapferer, 1992, S. 291). Die ökonomische Bewertung des Markenwerts ist ein Aspekt, die Schaffung eines Kontroll- und Beeinflussungsinstrumentariums für die strategische Markensteuerung ein anderer, was nicht verwechselt werden darf. Aus diesem Verständnis der Markenfunktion heraus lassen sich dann konkrete Markenzielvorgaben mit diagnostischem Charakter entwickeln.

Für eine solche **konsumentenorientierte Perspektive** sprechen folgende **Gründe**:

1. Der Markenwert wird vor allem durch die Reaktionen der Konsumenten auf strategische und taktische Maßnahmen zur Gestaltung des Marketing-Mix geprägt.

2. Der Markenwert soll hier vor allem als Indikator zur Steigerung der Marketing-Produktivität der Marke gesehen werden. Deren Wert im Vergleich zu dem der Konkurrenz soll Aufschlüsse über strategische Entscheidungen zur Positionierung, zur Integration des Marketing-Mix usw. geben (vgl. Keller, 1993).

Demzufolge liegt der **Wert einer Marke** nicht in dem Unternehmen, sondern er spiegelt sich vielmehr **in den Köpfen der Konsumenten** wider. Die verhaltenswissenschaftliche Sichtweise des Markenwertes eignet sich deshalb besonders gut zur Markensteuerung und zur Wahrung der Markenkontinuität. Nicht zuletzt deshalb wird der Markenwert zunehmend aus verhaltenswissenschaftlicher Sicht operationalisiert (vgl. Aaker, 1991; Esch/Andresen, 1994; Kapferer, 1992; Keller, 1993). Diese Operationalisierung des Markenwerts kann demnach auch als Grundlage für die Zielvorgaben für eine Marke herangezogen werden.

Ein besonders weit verbreiteter Ansatz zur Erfassung eines solchen Markenwerts stammt von Aaker. Nach Aaker (1992, S. 32 f.) kann der **Markenwert** durch folgende **Determinanten** beschrieben bzw. operationalisiert werden:

- Markentreue,
- Bekanntheit von Markennamen und -symbol,
- angenommene Qualität (nicht im Sinne objektiver, funktionaler Qualität, sondern als subjektiv wahrgenommene Qualität im Sinne eines Markenimages),
- Markenassoziationen sowie
- andere Markenvorzüge (z. B. Patente, Warenzeichen oder Absatzwege).

So anschaulich diese Einteilung von Aaker ist, so birgt sie jedoch Ungenauigkeiten. So weist beispielsweise Aaker selbst zu Recht darauf hin, daß manche Größen, mit denen der Markenwert beschrieben werden kann, durch andere Faktoren beeinflußt werden.

Die Markentreue wird beispielsweise durch die Markenbekanntheit und das Markenimage (angenommene Qualität) wesentlich beeinflußt.

Im Kern geht auch Aaker davon aus, daß sich die Stärke einer Marke in den Köpfen der Konsumenten widerspiegelt. Verhaltenswissenschaftliche Operationalisierungen des Markenwerts setzen deshalb an den Gedächtnisstrukturen der Kunden an. Dadurch erhält man Einblick in das Markenwissen, das letztendlich die Triebfeder für einen starken oder schwachen Markenwert bildet.

Diese in den Köpfen der Kunden vorhandenen Vorstellungen und Kenntnisse zu einer Marke werden durch sogenannte Schemata repräsentiert. Schemata sind große, komplexe Wissenseinheiten, die die typischen Eigenschaften und standardisierte Vorstellungen zu bestimmten Sachverhalten, Ereignissen oder Objekten umfassen (vgl. Esch, 1998 a). Beispiel: Wenn wir an Paris denken, so öffnen wir quasi eine Schublade in unserem Kopf mit Schemavorstellungen zu Paris wie dem Eiffelturm, dem Place de la Concorde, dem Louvre, den Champs-Elysées, dem Centre Pompidou usw. Solche Schemavorstellungen erleichtern uns die Informationsaufnahme, -verarbeitung und -speicherung in immer komplexer werdenden Umwelten. Schemavorstellungen prägen in erheblichem Maße, was wir wahrnehmen und wie wir etwas wahrnehmen.

Deshalb ist der Aufbau starker Markenschemata von grundlegender Bedeutung für den Markenerfolg. Solche **Markenschemata** lassen sich in Form sogenannter semantischer Netzwerke darstellen. Semantische Netzwerke bestehen aus Knoten und Kanten. Knoten umfassen bestimmte Eigenschaften zu Marken, die Kanten wiederum geben die Beziehungen zwischen Eigenschaften und Marke wieder.

Beispielhaft wird in Abbildung 21 ein Markenschema - dargestellt als semantisches Netzwerk - für Milka aufgeführt.

Hinsichtlich der Speicherung des Markenwissens sind zwei Aspekte für die Markenführung besonders wichtig:

1. Das im Gedächtnis gespeicherte Wissen ist hierarchisch strukturiert. D. h., daß das Wissen zu einer Marke hierarchisch dem Wissen zu einer entsprechenden Produktkategorie untergeordnet ist. Konkret: Das Wissen zur Schokoladenmarke Milka ist dem Wissen zur Produktkategorie Schokolade untergeordnet.

2. Durch diese hierarchische Struktur kann ein Vereinfachungsprinzip bei der Ablage von Wissen erfolgen. Dies wird als Vererbungsprinzip bezeichnet. Danach erben alle Marken einer Produktkategorie automatisch die mit der Produktkategorie gespeicherten Produktvorstellungen (vgl. Abbildung 22).

Demzufolge sind starke Marken vor allem solche Marken, die über die Produktkategorie hinaus einzigartige und relevante Vorstellungen in den Köpfen der Kunden implementiert haben.

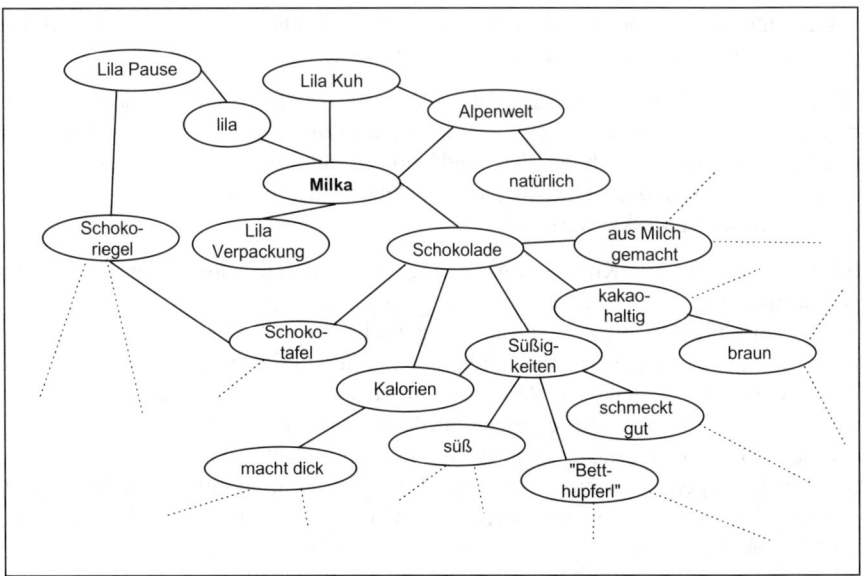

Abbildung 21:   Markenwissen zu Milka dargestellt als semantisches Netzwerk

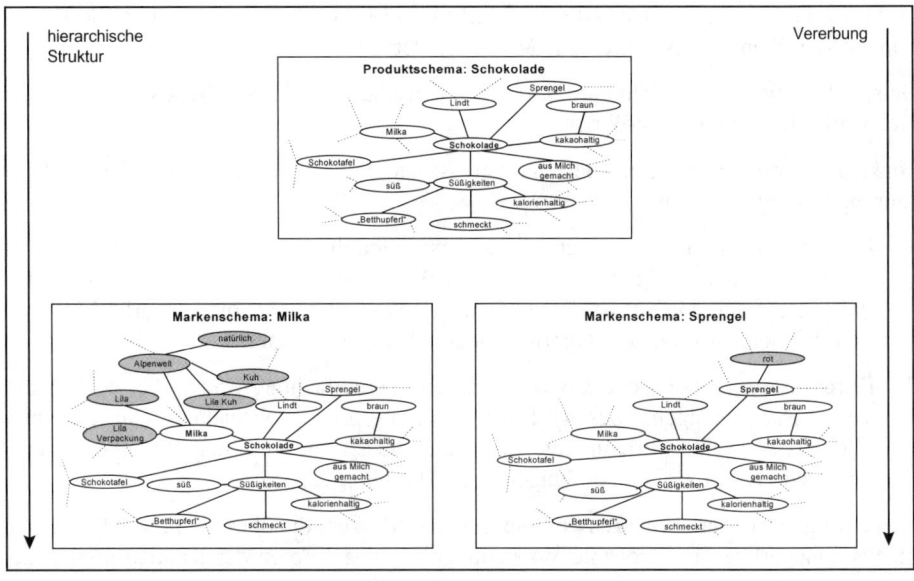

Abbildung 22:   Schemata zur Produktgruppe Schokolade und zu Schokoladenmarken
                  dargestellt als semantisches Netzwerk

Diese Gedächtnisstrukturen lassen sich nach zwei wesentlichen Konstrukten differenzieren: der Markenbekanntheit und dem Markenimage, das allgemein als wesentliche
Grundlage des Markenwerts gilt (vgl. Aaker, 1991; Esch/Andresen, 1994; Keller, 1993).
In Abbildung 23 wird das Markenwissen in Anlehnung an Operationalisierungsüberlegungen von Keller (1993) und Esch (1993 a) dargestellt.

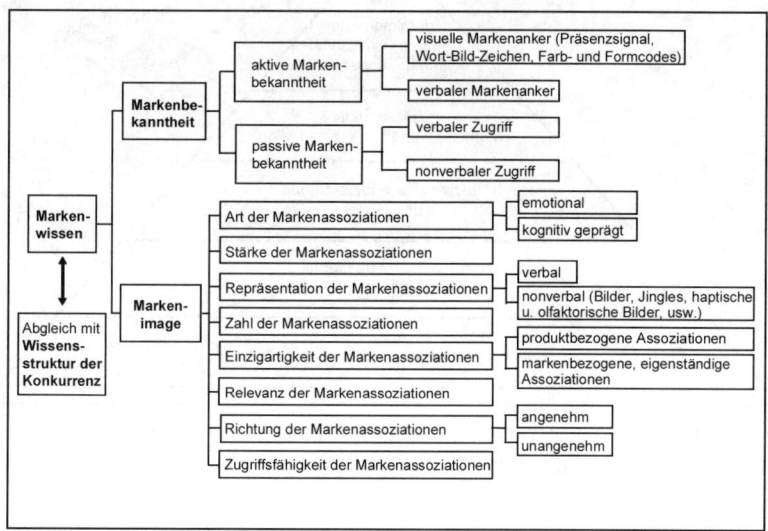

Abbildung 23:   Operationalisierung des Markenwissens der Konsu-
                menten
Quelle: Esch, 1999.

Zur Markenbekanntheit: Die Bekanntheit ist eine notwendige Bedingung dafür, daß
sich Konsumenten ein klares Image von einer Marke bilden können, so daß mit dieser
überhaupt spezifische Assoziationen und Bilder verknüpft werden (vgl. Abbildung 24).

Durch eine entsprechende Markenbekanntheit wird

- eine Marke bei einer Kaufentscheidung überhaupt erst berücksichtigt sowie
- ein Anker zur Befestigung markenspezifischer Assoziationen hergestellt und
- Vertrautheit und Zuneigung bei den Konsumenten geschaffen (vgl. Aaker, 1992,
  S. 85).

Eine Marke kann über eine aktive oder passive Markenbekanntheit verfügen und bildlich oder sprachlich präsent sein. So verfügt z. B. die Marke Schwäbisch-Hall über eine
hohe aktive Markenbekanntheit (aktiver Markenrecall) bei den Bausparkassen und ist
zudem auch nonverbal repäsentiert durch das Markenzeichen mit den Steinen, dem

Schwäbisch-Hall Fuchs als Präsenzsignal sowie dem Jingle „Auf diese Steine können Sie bauen" mit der einprägsamen Melodie.

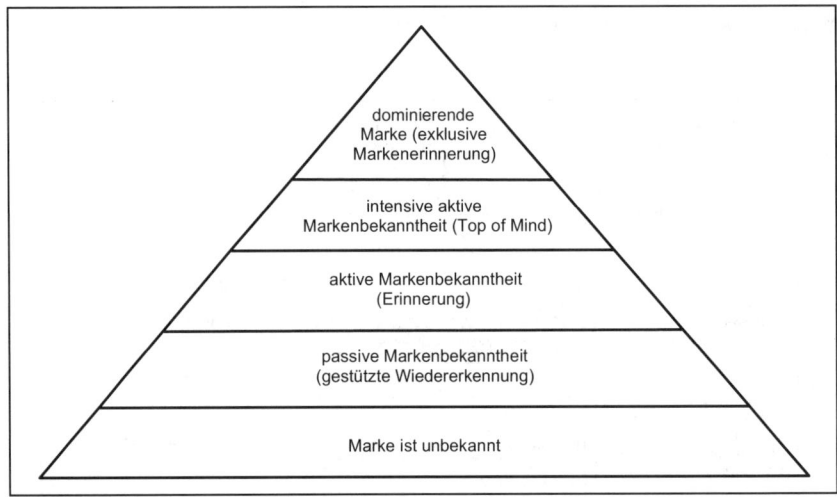

Abbildung 24:   Die Markenbekanntheitspyramide
Quelle: in Anlehnung an Aaker, 1992, S. 84.

Das **Markenimage** wiederum kann durch folgende Merkmale gekennzeichnet werden:

1. **Die Art der Assoziationen** (emotional oder kognitiv): Das Kennzeichen starker Marken sind vor allem die emotionalen Inhalte, die man mit diesen verknüpft.

2. **Die Stärke der mit einer Marke verbundenen Assoziationen**: Je enger eine Assoziation mit einer Marke verknüpft ist, desto stärker schlägt sie auf eine Markenbeurteilung durch (z. B.: Frosch-Reinigungsmittel = umweltfreundlich).

3. **Die verbale oder nonverbale Repräsentation der Assoziationen**: Starke Marken verfügen meist auch über eine Reihe mit ihnen verbundener nonverbaler Inhalte (z. B. Milka: Bild der lila Kuh).

4. **Die Anzahl der Assoziationen**: Starke Marken verfügen nicht unbedingt über mehr Assoziationen als schwache Marken, aber vor allem über stark miteinander vernetzte Assoziationen.

5. **Die Einzigartigkeit der Assoziationen**: Starke Marken sollten über möglichst viele einzigartige Assoziationen verfügen.

6. **Die Richtung der Assoziationen**: Starke Marken müssen vor allem positive Gefühle wecken.

7. **Die Relevanz der Assoziationen**: Die Markenassoziationen müssen Kundenbedürfnisse treffen und für diese wichtig sein.

8. **Die Zugriffsfähigkeit der Assoziationen**: Marken müssen leicht mit bestimmten Eigenschaften und Vorstellungen verknüpft werden können und diese auch leicht mit der Marke.

Bei den Markenschemata muß man sich vor allem von dem Glauben trennen, daß hier nur sprachliche Inhalte zur Marke repräsentiert seien. Vielmehr umfaßt das Markenschema auch in anderen Modalitäten gespeicherte Wissensbausteine zu einer Marke, die mehr oder weniger stark emotionalisiert sein können.

Diese einzelnen Faktoren, die das Markenwissen prägen und letztendlich die Voraussetzung zum Aufbau eines hohen Markenwerts sind, gilt es bei der Formulierung der Markenziele festzulegen. Erst dann ist mit entsprechend positiven und verhaltenswirksamen Gedächtnisstrukturen zur Marke zu rechnen. Gerade unter den heutigen Markt- und Kommunikationsbedingungen erscheint es schon bei den Zielvorgaben für eine Marke zweckmäßig zu sein, in **„big pictures"** zu denken. Verbale Vorgaben reichen heute oft nicht mehr zum Aufbau einer starken Marke aus.

Ein positives Beispiel für den Aufbau eines klaren Markenschemas ist die Marke Beck's. Durch klare Zielvorgaben konnten für diese Biermarke Assoziationen aufgebaut werden, die stark emotional geprägt sind. Konsumenten verfügen häufig über ein inneres Bild mit dem grünen Schiff, das besonders stark mit Beck's verknüpft und einzigartig ist. Damit wird Aspekten wie der Frische und der maritimen Welt Rechnung getragen. All dies sind angenehme Assoziationen, die für viele Biertrinker von hoher Relevanz sind. Zudem wird durch das grüne Schiff eine klare Spur zur Marke Beck's gelegt. Der Zugriff auf die Marke wird dadurch erleichtert.

Fazit: Der Markenwert stellt das zentrale Ziel der Markenbemühungen dar. Da sich der Markenwert letztendlich in dem Markenwissen der Konsumenten manifestiert, sind entsprechende Zielvorgaben zur Steuerung des Markenwissens zu formulieren. Gerade Unternehmen, die in bezug auf eine solche Zielvorgabe ihre Aufgaben nicht ernst nehmen, laufen Gefahr, daß die Markenführung aufgrund schlecht operationalisierter Zielvorgaben aus dem Ruder läuft.

5. Konsequenzen für die Markenführung

Die dramatischen Entwicklungen bei den Markt- und Kommunikationsbedingungen verdeutlichen, daß die Anforderungen an die Markenführung ständig zunehmen. Die Markenführung wird in Zukunft komplexer und vielschichtiger. Das „richtige" Bauchgefühl reicht für die Markensteuerung nicht mehr aus, um bei sich ständig verschärfenden Markt- und Kommunikationsbedingungen erfolgreich Marken durch Märkte zu navigieren. Vielmehr sind heute strategische und verhaltenswissenschaftliche Kenntnisse der Markenführung gefordert.

Als zentrale Anforderungen für die Markenführung der Zukunft lassen sich folgende Aspekte herausschälen:

1. Manager müssen geeignete Maßnahmen ergreifen, um Marken im Meer der Produkte und Marken und der Vielzahl der Kommunikationsmittel und -medien sichtbar zu machen. Hierbei wird ein entsprechend gestalteter Kommunikationseinsatz eine zentrale Rolle spielen. Der Kampf um eine Stellung in den Köpfen der Kunden wird zum zentralen Erfolgsfaktor werden.

2. Die Entwicklung neuer Marken darf nicht ad hoc erfolgen, sie muß dem Paradigma eines Forschungs- und Entwicklungsprozesses gehorchen, wie er auch bei der Neuproduktentwicklung initiiert wird. Das Branding ist zu professionalisieren, damit durch entsprechende Markierungsarbeit schnell relevante und differenzierende Gedächtnisstrukturen zur neuen Marke bei den Konsumenten aufgebaut werden können (vgl. hierzu auch das Kapitel zum Branding in diesem Buch).

3. Die Markenvielfalt verschärft die Notwendigkeit zur Entwicklung klarer und imageprägender Markenpositionierungen. Dazu sind heute mehr denn je emotionale Aspekte bei der Suche nach imagerelevanten Eigenschaften für Marken erforderlich. Hier muß man sich in Gewässer begeben, die den rational gesteuerten Markenmanagern oft ein Dorn im Auge sind: Markenpersönlichkeiten, Markenbeziehungen, Markenbilder und durch Marken aufzubauende Gefühle sind genau zu ergründen, zu analysieren und in Maßnahmen umzusetzen (vgl. hierzu auch die Beiträge von Biel, Aaker, Fournier, Herrmann et al., Ruge und Esch in diesem Buch).

4. Langfristig erfolgreich können nur solche Marken sein, die den Balanceakt zwischen einer kontinuierlichen Markenführung und einer Anpassung an sich verändernde Umweltbedingungen, z. B. Verbraucherwünsche, schaffen. Ein solcher Balanceakt setzt jedoch Kenntnisse über die zentralen Werte einer Marke voraus. Auf Basis des bei den Konsumenten vorhandenen Markenwissens lassen sich dann Markenkonstanten ermitteln, die nicht Trends zum Opfer fallen dürfen. Zudem werden gleichzeitig Umsetzungsvariablen herausgeschält, die eine Anpassung an den Zeitgeist ermöglichen.

5. Markensteuerung läßt sich häufig nur noch durch eine adäquate Kommunikationssteuerung realisieren. Diese kommunikativen Maßnahmen wiederum dienen dem Aufbau verhaltenswirksamer Gedächtnisstrukturen zur Marke. Gerade bei der herrschenden Informationsüberflutung und dem hohen kommunikativen Rauschen ist hier eine Integration kommunikativer Maßnahmen zwingend erforderlich (vgl. hierzu auch den Beitrag von Esch zur integrierten Kommunikation in diesem Buch). Für den Markenaufbau spielt zweifelsfrei die Massenkommunikation mittels klassischer Werbung nach wie vor die wichtigste Rolle (vgl. hierzu auch den Beitrag von Rossiter und Percy in diesem Buch). Dennoch gewinnt der gezielte Einsatz nicht-

klassischer Kommunikationsmittel, z. B. von Event-Maßnahmen und Sponsoring, an Bedeutung (vgl. hierzu auch den Beitrag von Joachimsthaler und Aaker in diesem Buch).

6. Da der Aufbau neuer Marken unter den herrschenden Markt- und Kommunikationsbedingungen immer aufwendiger, kostenintensiver und riskanter wird, ist die Kapitalisierung einer Marke eine fast zwangsweise zu ergreifende Strategiemöglichkeit. Gerade die Dehnung einer Marke in neue Produktkategorien ist hier ein vielversprechendes Erfolgsrezept (vgl. hierzu auch das Kapitel zur Markendehnung in diesem Buch). Allerdings dürfen solche Maßnahmen nicht zu einer Verwässerung des Markenimages führen. Sie müssen vielmehr einen Beitrag zur Stärkung der Stammarke leisten. Gerade dies erweist sich vielfach als Drahtseilakt. Um so mehr wird künftig ein Verständnis über das Vorgehen bei der Prüfung potentieller Markenerweiterungen erforderlich.

7. Konkurrenz erwächst den Marken nicht nur durch konkurrierende Hersteller und Handelsmarken, sondern teilweise auch durch eigene Marken im Rahmen von Mehrmarkenstrategien. Die zweckmäßige Marktabdeckung mit mehreren Marken setzt ein intensives Positionierungsverständnis voraus. Erst dann kann durch entsprechende Mehrmarkenstrategien eine systematische Marktabdeckung und ein daraus resultierender erschwerter Marktzugang für Konkurrenten erreicht werden. Die Maßnahmen von Unilever im Margarinemarkt (mit den Marken Lätta, Rama, Botteram usw.) stellen hier das anzustrebende Paradebeispiel einer positiven Mehrmarkenstrategie dar (vgl. hierzu auch den Beitrag von Meffert und Perrey sowie Braun in diesem Buch).

8. Die Entscheidung zwischen Einzelmarken, Markenfamilien und Dachmarken erweist sich häufig als problematisch (vgl. hierzu auch den Beitrag von Becker in diesem Buch). Oft sind solche Markenstrukturen historisch gewachsen. Sie werden meist als gegeben hingenommen. In dem Maße, wie die Markenkonkurrenz sich verschärft, sind allerdings auch solche Markenstrukturen neu zu überdenken. Dabei bereitet oft gerade die Dachmarkenstrategie vielen Unternehmen Probleme, weil zu viele heterogene Produkte unter einer Marke geführt werden, so daß es diesen außer dem Kompetenzausweis durch die Marke an differenzierendem Profil im Wettbewerb mangelt (vgl. hierzu auch den Beitrag von Nickel und Andresen sowie von Kapferer in diesem Buch).

9. Um Unabhängigkeit von bestimmten Herstellern zu gewinnen, wird es auch für Hersteller sogenannter Vorprodukte immer wichtiger, ihre Zulieferteile zu markieren. Der Erfolg des Ingredient Branding bei Marken wie Intel, Nutrasweet oder Goretex bewirkt bei vielen anderen Vorlieferanten eine Aufbruchstimmung (vgl. hierzu auch den Beitrag von Freter und Baumgarth in diesem Buch). Es ist nachvollziehbar, daß Zulieferer über die stärkere Betonung des eigenen Unternehmens nachdenken, wenn sich ansonsten beispielsweise Automobilfirmen mit Innovationen brüsten, die letztendlich das Werk von Zulieferern wie Bosch darstellen.

10. In dem Maße, in dem sich die Rahmenbedingungen für Marken ändern, sind auch die Spielregeln für Marken zu überdenken und neue Strategieoptionen zu entwickeln. Markenlizenzierungen, die Entwicklung von Systemmarken oder der Aufbau virtueller Marken stellen solche Optionen der innovativen Markenführung dar (vgl. hierzu auch die Beiträge von Dudenhöffer und Binder in diesem Buch).

11. Hersteller-Handels-Beziehungen werden zunehmend komplexer. Dies liegt nicht zuletzt in dem veränderten Selbstverständnis und der zunehmenden Macht von Handelsunternehmen begründet. Handelsunternehmen verstehen sich selbst mehr denn je als Marke und entwickeln komplexe eigene Handelsmarkensysteme, die schwache Marken aus den Regalen verdrängen (vgl. hierzu auch die Beiträge von Gröppel, Schmalen et al. sowie Hammann et al. in diesem Buch). Auch Erfolgsgrößen wie die Markentreue erhalten somit neue Dimensionen: Gemeint ist damit einerseits die Treue gegenüber einer Herstellermarke, andererseits jedoch auch die Treue gegenüber einer Einkaufsstätte (vgl. hierzu auch den Beitrag von Diller et al. in diesem Buch). Zudem wird eine erfolgreiche Markenführung gegenüber dem Handel immer schwieriger (vgl. hierzu auch den Beitrag von Tomczak et al. in diesem Buch). Wirksame Strategien von Herstellern basieren oft auf einer entsprechenden Nachfrage durch die Konsumenten (Consumer Pull) oder auf entsprechender Kooperationsfähigkeit mit dem Handel (vgl. hierzu auch den Beitrag von Zentes und Swoboda in diesem Buch).

12. Markenmanagement muß zur Chefsache werden. Da heute in vielen Märkten Marken und weniger bestimmte Produkteigenschaften oder Serviceleistungen über den Markterfolg entscheiden, müssen Marken entsprechend ernst genommen werden. Dies setzt jedoch auch eine neue organisatorische Verankerung der Marken in Unternehmen voraus. Produktmanager, die in der Regel nur kurz auf einer Marke arbeiten, können die notwendige Kontinuität der Markenführung nicht sicherstellen. Deshalb sind Markenentscheidungen im Top Management zu verankern.

13. Damit Marken auch in der strategischen Unternehmensplanung die Beachtung finden, die notwendig ist, sind entsprechende Kennzahlen bei der Unternehmensführung zu integrieren, die Auskunft über den Erfolgsbeitrag der Marke liefern. BMW hat richtungsweisend und zukunftsorientiert denkend bereits eine solche Größe im Unternehmen implementiert.

14. Das intangible Gut Marke muß als Kontroll- und Steuerungsgrundlage Berücksichtigung finden. Werden entsprechende Messungen zum Erfolg der Markenführung durchgeführt, so kann dies einen ersten Schritt weg von den kurzfristigen Aktionen hin zu einem langfristigen Denken bedeuten. Dies setzt allerdings ein Verständnis der Wirkungsmechanismen in der Praxis voraus: Zunächst ändern sich verhaltenswissenschaftliche Größen, z. B. die Markenbekanntheit, das Markenimage, das Markenvertrauen, die Markenloyalität, bevor sich quantitative Größen, wie beispielsweise der Umsatz ändern. Verhaltenswissenschaftliche Größen stellen somit mit entsprechender Vorlaufzeit sensiblere Meßgrößen als quantitative Größen dar.

Dies ist bei der Implementation eines Systems zur Kontrolle des Markenerfolgs zu berücksichtigen (vgl. hierzu auch das Kapitel zur Markenkontrolle in diesem Buch).

15. Markenmanager müssen nicht nur für kurzfristige quantitative Erfolgskennzahlen, z. B. Umsatzgrößen, belohnt werden, sondern vielmehr für ihre Konsequenz in der Markenführung. Dies impliziert allerdings Erfolgshonorare auf Basis qualitativer Größen, die Aufschluß über den Beitrag von Marketing-Maßnahmen zur Markenstärkung liefern.

Teil B

Markenführung

Erstes Kapitel

Grundlagen der Markenführung

Alexander L. Biel

Grundlagen zum Markenwertaufbau

1. Was ist eine Marke?

Vor vierzig Jahren bezeichnete einer der frühen Meister des Branding, David Ogilvy (1951), eine Marke als „the consumer's idea of a product". Das ist auch heute noch eine gute Definition. Eine Marke unterscheidet ein Produkt oder eine Dienstleistung von ähnlichen Angeboten auf der Basis einzigartiger Eigenschaften, die vom Verbraucher wahrgenommen werden.

Es kann sich dabei um funktionale oder psychologische Eigenschaften handeln. Sie können in Beziehung zum Hersteller der Marke, zu ihrem Benutzer oder zum Produkt selbst stehen. Einfach ausgedrückt ist eine Marke eine mit den Produkten oder Dienstleistungen assoziierte Gruppierung von Markenbedeutungen.

Die ersten Marken wurden von Industriekonzernen vor mehr als einem Jahrhundert entwickelt, um den Einzelhändlern die Kontrolle ihrer Produktverkäufe zu entziehen.

Obwohl der Markenursprung im Bereich der Konsumgüter liegt, erstreckt sich das Markenkonzept heute auf alles „Käufliche". Dienstleistungsmarken wie auch Marken im Business-to-Business-Bereich gibt es im Überfluß. Erfolgreiche Marketingspezialisten aus der Tourismus-Branche verwenden die Namen von Skiorten, Städten und Ländern, Filmemacher die Namen von Filmen und Manager öffentlicher Versorgungsunternehmen ihre Firmennamen als Marken. Und wenn es darum geht, Studenten anzuwerben oder Stipendien zu erhalten, ist es sicherlich sinnvoll, Universitäten als Marken einzusetzen.

2. Ansätze zur Bewertung von Marken

Der Gedanke des Markenwerts gewann in den 80er Jahren an Bedeutung, als sich zeigte, daß bedeutende Konzerne große Unternehmen für weitaus mehr als deren Aktivposten erworben haben. Nur eines von vielen Beispielen ist der Erwerb der Firma Kraft durch General Foods zum Sechsfachen ihres Buchwerts. General Foods erwarb offensichtlich nicht einfach die Kapazität der Käseproduktion, sondern eine Reihe von Marken, die bei den Verbrauchern gut eingeführt waren.

Während dieser Zeit wurde der ökonomische Wert von Marken - der Markenwert - offiziell als spezifische, meßbare Größe anerkannt, und galt nicht mehr lediglich als Bestandteil des „Goodwill". Da der Markenwert als tangibles und nicht mehr als intangibles Nebenprodukt erkannt wurde, zogen Marken die Aufmerksamkeit des Top-Managements wie auch weiterer Finanzbereiche auf sich. Die Marken zogen aus den Marketing-Abteilungen in die Top-Management-Etagen. Als Manager begannen, Marken unter einem neuen Blickwinkel zu betrachten, wurde klar, daß man diesen Wert aufbauen, pflegen und vergrößern konnte und sollte. Während Übereinstimmung dahingehend herrscht, daß Marken kostbare Vermögenswerte darstellen, bestehen Zweifel hinsichtlich der Bestimmung der Größe dieser Werte.

2.1 Finanzielle Bewertung von Marken

Eine Studie der Beratungsgesellschaft Swander & Pace ließ erkennen, daß der Gewinn von Unternehmen, die Markenprodukte verkaufen, zwischen 1988 und 1993 doppelt so schnell anstieg wie der Gewinn von Unternehmen, die unmarkierte Produkte verkauften, obwohl die Absatzzahlen der unmarkierten Produkte die der Markenartikel etwas übertrafen (vgl. Swander & Pace, 1995).

Dieser Trend hat sich, wie die nachfolgende Abbildung zeigt, fortgesetzt. Die Umsätze von Unternehmen, die Marken bzw. unmarkierte Produkte verkaufen, sind zwischen 1990 und 1995 in etwa dem selben Maße angewachsen. Aber die Umsatzrentabilität für Markenprodukte war doppelt so hoch wie die der unmarkierten Produkte, und die Wachstumsrate des Gewinns übertrifft die der unmarkierten Produkte um 50 % (vgl. Swander & Pace, 1997).

Wer ist der Gewinner? **1990-1995**	Hersteller von Nahrungs-mittelprodukten	
	Markiert	Unmarkiert
Umsatzwachstum	5,2 %	4,9 %
Umsatzrentabilität	9,2 %	4,4 %
Wachstum des operativen Gewinns	4,8 %	3,2 %
Gesamtrentabilität	12,0 %	8,7 %
Gewinn pro Aktie	11,1 %	9,2 %

Abbildung 1:   Vergleich von Erfolgsgrößen für Marken und unmarkierte Produkte
Quelle: Swander & Pace, 1997.

Eine weitere Möglichkeit, den Markenwert darzustellen, besteht darin, ihn als einen Teil des Wiederbeschaffungswerts des Unternehmens anzusehen. Die beiden Wirtschaftsexperten Simon und Sullivan haben mit Unterstützung des Marketing Science Instituts eine Methode entwickelt, den Markenwert von den anderen Aktiva des Unternehmens zu trennen (vgl. Simon/Sullivan, 1993).

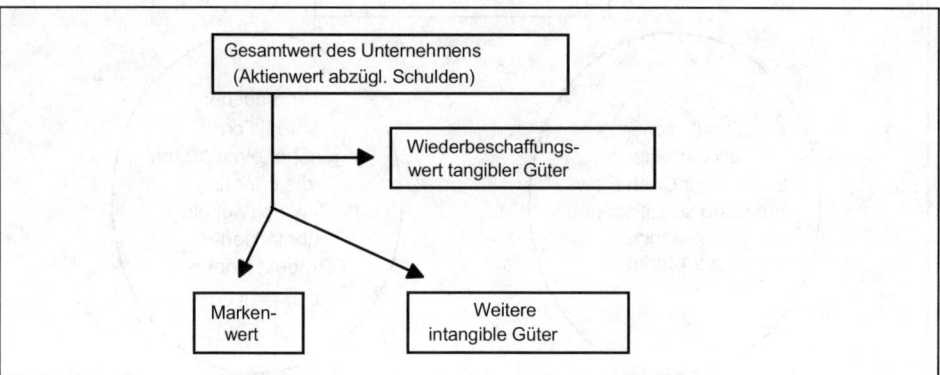

Abbildung 2:   Markenwert als Teil des Wiederbeschaffungswerts

Es wird mit der Kalkulation des Unternehmenswertes auf der Basis seines Aktienwertes abzüglich der Schulden begonnen. Nachdem der Wiederbeschaffungswert der tangiblen Güter abgezogen worden ist, wird eine Methode der Trennung des Markenwertes von den intangiblen Werten angewandt. Mit diesem einzigartigen, 1992 entwickelten Ansatz wurde zum Beispiel der Wert der Marken von Seagram mit ungefähr 75 % des Wiederbeschaffungswerts des Unternehmens berechnet. Quaker lag bei 60 % und Campbell bei ca. 35 %.

2.2   Konsumentenbezogene Bewertung von Marken

Es gibt viele Definitionen für den Markenwert. Einige widmen ihre Aufmerksamkeit nur dem finanziellen Aspekt. Andere verstehen Marken als Assoziationsbündel und konzentrieren sich ausschließlich auf das Verbraucherverhalten. Die von uns bevorzugte Definition verbindet den Verbraucher oder das Verbraucherverhalten mit dem finanziellen Ergebnis (vgl. Abbildung 3):

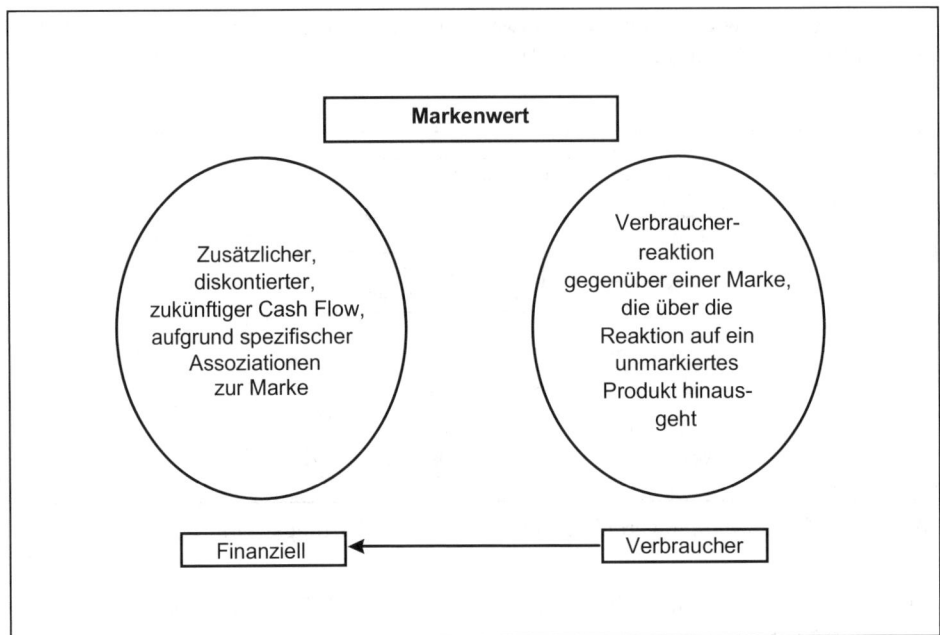

Abbildung 3:   Definition des Markenwerts

Aus der obigen Abbildung ergibt sich, daß die Marke aus der Verbraucherperspektive zum wahrgenommenen Wert des Produkts bzw. der Dienstleistung beiträgt; das entsprechende Verbraucherverhalten führt dann zum finanziellen Wert der Marke. Der Name Coca-Cola auf einer Cola-Flasche trägt zu der exzellenten Beurteilung des Getränks, im Vergleich zu konkurrierenden Marken bei. Es ist auch naheliegend, daß stärkere Marken einen größeren Markenwert besitzen als ihre schwächeren Konkurrenten. Ein gutes Beispiel hierfür entstammt dem Bereich der Unterhaltungselektronik, wo einige Marktteilnehmer identische Produkte aus ein und derselben Fabrik angeboten haben. Anfang der 90er Jahre brachten Sony, Nikon und Ricoh mit Ausnahme des Markennamens und des Preises jeweils identische Camcorder auf den Markt. Die Sony-Version wurde für einen durchschnittlich um 10 % über dem von Nikon liegenden Preis verkauft und fand dennoch einen höheren Absatz. Obwohl Ricoh-Camcorder 8 % unter dem Preis von Nikon lagen, war deren Marktanteil geringer als der von Nikon.

Robert Pittman von AOL stellt das folgendermaßen dar: „Das Produkt Coca-Cola hat den Geschmackstest nicht gewonnen. Das Programm von Microsoft ist nicht das beste Betriebssystem. Es sind die Marken, die gewinnen" (Gunther, 1998).

Für eine Marke mit hohem Wert führt dieser zusätzliche Wert zu wachsender Kaufbereitschaft und zu Wiederholungskäufen (Loyalität), was im Laufe der Zeit wiederum zu einem Wertzuwachs führt. Die Ausnutzung dieses Verhaltens führte dazu, daß Phillip Morris über ein Jahrzehnt hinweg einen zweistelligen Preisanstieg realisieren konnte.

Die kritischere Frage ist jedoch: „Wohin geht der zukünftige Markenwert?". Es ist offenkundig, daß die Bedeutung von Marken eher zu- als abnimmt und zwar aus einem sehr guten Grund: Marken sind für den Verbraucher wichtig. Wäre dem nicht so, würden nur wenige Marktteilnehmer Interesse an ihnen bekunden.

Hier sollte der Hinweis von Donald Keough, dem früheren Vorsitzenden von Coca Cola, nach der erfolglosen Einführung von New Coke bedacht werden: „Die wichtigste Quelle des anhaltenden Erfolgs von Coca Cola sind nicht die Flaschenabfüller, das Coca Cola-System, der Konzern selbst, sein Vorstand, seine Angestellten, seine Manager oder sein Präsident, sondern der Verbraucher" (Keough, 1994). Mr. Keough sollte es wissen; eine der größten, nahezu katastrophalen Marketing-Maßnahmen fand während seiner Amtszeit als Chef des Unternehmens im Jahre 1985 statt, als Coca Cola New Coke auf den Markt brachte. Coke beging einen Fehler. Bei Blindtests zogen die Verbraucher New Coke vor. Aber die Menschen kaufen nicht blind Produkte.

Nach einer halben Million Briefe und Telefonanrufe beugte sich Coke den Forderungen der Verbraucher. Unter diesen Umständen war das eine außergewöhnliche Erfahrung für eine so riesige Organisation, die soeben noch überzeugt davon war, daß sie es sei, die die Marke unter ihrer Kontrolle hat. 60 Tage nachdem man New Coke eingeführt hatte, war Coke Classic wieder auf dem Markt. Seitdem hat das Unternehmen mit einem jährlichen Umsatzwachstum von durchschnittlich 7 % und einem Anstieg des Aktienkurses um 26 % einen erstaunlichen Erfolg gehabt.

Die Titelseite eines jüngeren Jahresberichts von Coca Cola zeigte die Umrisse der berühmten Flasche mit den Worten „Quick. Name a soft drink." Der Name des Unternehmens erschien nicht. Mit den Worten der New York Times war das „eine hervorragende Art, Investoren an den Markenwert von Coke zu erinnern".

Aber Coke ist lediglich ein besonders extremes Beispiel für das Verhältnis, das Menschen mit vielen Marken verbindet, bezüglich ihrer von dem Anthropologen John Sherry so bezeichneten **„persönlichen Markenlandschaft"** (Sherry, 1984; vgl. auch den Beitrag „Markenbeziehungen - Konsumenten und ihre Marke" in diesem Buch).

Ein persönlicher Markenraum beinhaltet eine Nähe - in positiver wie negativer Hinsicht - zur Fülle der verfügbaren Marken: Von der Colgate-Zahnpasta, mit der ich mir jeden Morgen die Zähne putze, bis zum Remy-Martin-Cognac, mit dem ich meinen Tag beende, bewege ich mich in einem mit Marken reich ausgestatteten Wahrnehmungsraum (vgl. Biel, 1993).

Aufgrund der Marken, die ein Mensch benutzt oder nicht benutzt, kann man ein mentales Portrait des Verbrauchers entwerfen; man kann sich seine Persönlichkeit und sein eventuelles Verhalten vorstellen. Marken gestalten nicht nur die Umgebung, in der ein Verbraucher lebt, sondern sie bekleiden ihn und helfen ihm zu zeigen, wer er ist.

Beim ersten Besuch einer fremden Stadt ergeben sich weitere Erkenntnisse zur Rolle von Marken: Vertraute Marken geben dem Besucher ein Gefühl von Sicherheit, während unbekannte Marken eine besonders kritische Prüfung erfordern. Aufbauend auf diesen Erkenntnissen baute Holiday Inn vor einiger Zeit eine Werbekampagne auf dem Markenversprechen „keine Überraschungen" auf.

Aber das ist noch nicht alles. Als der Soziologe Louis Wirth die Langeweile des Lebens in den Städten beschrieb, bemerkte er folgendes: Während man in den kleinen Städten mit denselben Menschen lebte, spielte, arbeitete und betete, ergab sich im Laufe der Urbanisierung und Umsiedlung eine zunehmende Verarmung der menschlichen Beziehungen. Die Beständigkeit der Marken, die Einstellung zu diesen Marken und die Vorstellung, wie man mit ihnen umgeht, hat für manche Menschen eine trostreiche Wirkung. Auf seinem Weg durch die tägliche Routine fühlt sich der Mensch in gewisser Weise beruhigt durch die Begegnung mit den Namen und Logos einer vertrauten Werbung.

Diese Verbraucherreaktionen sind es, welche die Marken für ihre Besitzer so wertvoll machen.

2.3   Bedeutung von Marken aus Herstellersicht

Marken sind aus folgenden Gründen für den Hersteller besonders wertvoll.

- ▪ **Loyalität:** Starke Marken genießen eine höhere Loyalität als ihre schwächeren Gegenspieler. Die Verbraucher kehren zu starken Marken zurück, weil sie ihre Bedürfnisse besser befriedigen. Dabei geht es nicht nur um die funktionale Überlegenheit. Starke Marken befriedigen auch emotionale Bedürfnisse.

- ▪ **Erweiterungspotential:** Starke Marken dienen der Markenerweiterung im Sinne einer Plattform, die schwächeren Marken einfach nicht zur Verfügung steht. Pillsbury, die in der Mehlverarbeitung begonnen haben, verlegten sich später auf Backmischungen und dann auf Fertigprodukte. Sony ist ein überzeugendes Beispiel einer unglaublich erfolgreichen Markenerweiterung. Dasselbe gilt für Virgin, zu deren Produktpalette mittlerweile Finanzdienstleistungen, Cola, Jeans und Eisenbahnen, zusätzlich zu Schallplatten, Fluggesellschaften und Einzelhandelsketten gehören.

- ▪ **Verbindung zum Handel:** Starke Marken haben eine stärkere Bindung mit dem Handel. Das wird um so wichtiger, als jede Handelskategorie sich dem Druck ausgesetzt fühlt, neue Marken aufnehmen zu müssen und Lagerflächen von geführten Marken aufzugeben.

- ▪ **Starken Marken werden Fehler verziehen:** Betamax zerstörte Sony nicht. Edsell hat Ford nicht ruiniert. Intel wurde durch seine fehlerhaften Chips nicht auf Dauer ruiniert. Starke Marken erhalten eine zweite Chance.

■ **Erholung von kompetitiven Preiskampagnen:** Der Absatz von Markenartikeln kann durch aggressive Preiskampagnen der Konkurrenz beeinträchtigt werden. Die Statistiken zeigen jedoch eindeutig, daß die Einbrüche bei starken Marken weniger gravierend sind und sie sich rascher normalisieren. Sie leiden weniger als schwächere Marken und können ihre Marktanteilsverluste schneller ausgleichen.

■ **Lebensdauer:** Starke Marken können sich einer sehr langen Lebensdauer erfreuen. Das Management tritt in den Ruhestand, Maschinen veralten, die Marken jedoch leben ewig oder zumindest für eine sehr lange Zeit! Johnson & Johnson, Heinz, Gillette, Coca-Cola, Kellogg's, Shell, Lever, Levis, Schweppes, Vicks, Wrigleys, Kodak, um nur einige starke Marken zu nennen, sind alle über 100 Jahre alt! Was bisher als intangibel bezeichnet wurde, stellt in gewisser Hinsicht den eigentlichen Vermögenswert dar, den ein Unternehmen besitzt.

2.4 Bedeutung von Marken aus Konsumentensicht

Bislang haben wir darüber gesprochen, warum Marken für Unternehmen wertvoll sind. Aber sie sind aus den folgenden Gründen auch außerordentlich wichtig für die Verbraucher, die sie erwerben und benutzen:

■ **Vertrauen**: Starke Marken enthalten ein implizites Versprechen: Starke Marken stehen zu dem, was sie verheißen. Das Vertrauen der Verbraucher in starke Marken beruht auf dieser impliziten Qualitätsgarantie, einer nicht nur funktionalen, sondern auch emotionalen Qualität. Interessanterweise ist die erste Reaktion eines Verbrauchers auf das Versagen einer starken Marke die Selbstbeschuldigung: „Was habe ich falsch gemacht?"

■ **Vereinfachung des Entscheidungsverhaltens**: Marken stehen für ein Bündel von funktionalen und emotionalen Attributen. Der Verbraucher muß nicht jedes Attribut einzeln analysieren. Der Name Toyota auf dem Produkt gibt ihm die Zusicherung der Qualität. Das gleiche gilt für Disney, Kellogg's oder Compaq.

■ **Selbstdarstellung**: Starke Marken helfen dem Verbraucher bei der Selbstdarstellung. Das gilt vor allem für Marken, die physisch auf dem benutzten Produkt sichtbar sind, wie bei Zigaretten, Bier, Autos oder Computern.

■ **Problemlösung**: Auf persönlicher Ebene reduzieren Marken das Qualitätsrisiko. Auf zwischenmenschlicher Ebene reduzieren sie das psychologische und soziale Risiko.

3.   Management des Markenimages

Seitdem David Ogilvy in den 50er Jahren seine Aufmerksamkeit auf das Konzept des Markenimages konzentrierte, haben Marketingspezialisten sich mit seinen Ideen ausein-andergesetzt. Ogilvy erklärte: „...every advertisement must be considered as a contribu-tion to the complex symbol which is the brand image - as part of a long term investment in the reputation of the brand" (Ogilvy, 1951).

Während man sich allgemein dahingehend einig war, daß zumindest einige Marken ein Image besitzen, gab es wesentlich weniger Übereinstimmung hinsichtlich der Definition dieses Images, der Meßbarkeit, des Aufbaus und nicht zuletzt des Werts.

Die drei Facetten des Markenimages

Das Image einer Marke setzt sich aus drei Sub-Images zusammen: Das Image des Pro-dukt- bzw. Dienstleistungsherstellers (Corporate Image), das Image des Anwenders und das Image des Produkts bzw. der Dienstleistung selbst.

Je nach Marke und Produktkategorie variiert jedoch der relative Beitrag dieser drei Ele-mente. Im Fall von Marlboro spielt der unternehmerische Ruf von Philip Morris so gut wie keine Rolle bei der Entwicklung des Markenimages und das Produktimage spielt nur eine Nebenrolle. Der wohl stärkste Beitrag geht von dem Bild aus, das sich die Leute vom Marlboro-Raucher machen. Alle drei Imagefacetten kommen jedoch im Bereich der Personalcomputer zum Vorschein: Das Image des Herstellers, des Produkts und des An-wenders tragen beispielsweise eindeutig zum Markenimage von Macintosh oder IBM bei.

Dabei kann jede Facette, die zum Markenimage beiträgt, sowohl „harte" (funktionale, technische Attribute) als auch „weiche" (Persönlichkeit, Charakter, Beziehung) Züge aufweisen (vgl. Biel, 1993).

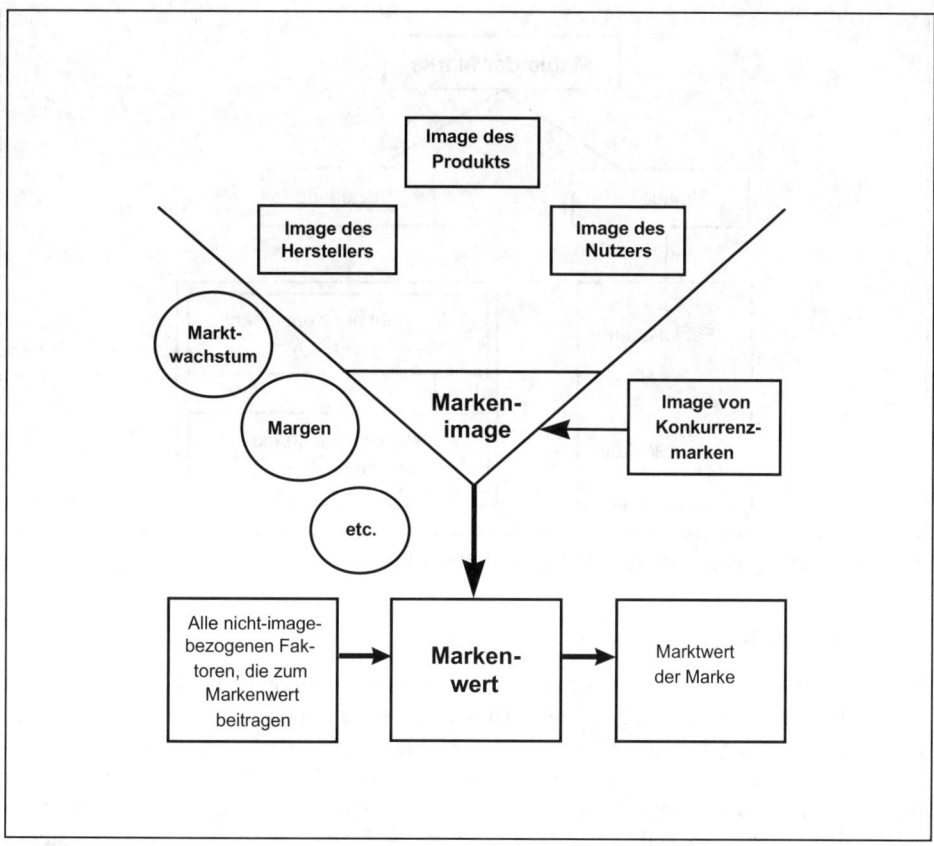

Abbildung 4: Komponenten des Markenimages

3.1 Aufbau einer Markenidentität: Zur Magie der Marke

Eine nützliche Methode der Analyse der Markenidentät besteht darin, die Komponenten des Markenimages und die Markenbeziehungen zu untersuchen.

Man kann das Markenimage auch in bezug auf die Markenfähigkeiten und die Markenpersönlichkeit definieren.

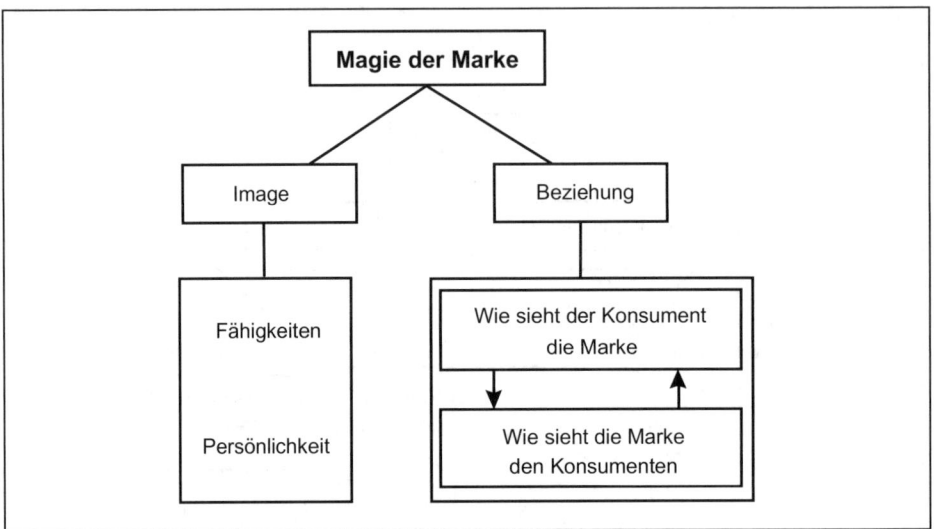

Abbildung 5:   Bestandteile der Magie der Marke

Markenfähigkeiten

Markenfähigkeiten sind jene vertrauten funktionalen und emotionalen Attribute, die zur Markenleistung in Beziehung stehen. Daß Contac Erkältungssymptome für 12 Stunden zum Verschwinden bringen kann, stellt eine Markenfähigkeit dar, ebenso wie Macintoshs Benutzerfreundlichkeit und Alka Seltzers schnelle Wirksamkeit. Beispiele für Attribute einer Bank könnten Zuverlässigkeit, Bequemlichkeit und Hilfsbereitschaft sein. Alle Marketingspezialisten nutzen Markenfähigkeiten als Teil der Markenstrategie, da ihr Wert eindeutig ist.

Markenpersönlichkeit

Markenpersönlichkeit ist die andere, bisher wenig erforschte Komponente des Markenimages. Dabei führt bereits eine oberflächliche Überprüfung starker Marken wie zum Beispiel Disney, Nike, Marlboro, Coca-Cola, Sony, Jack Daniel's, McDonald's oder American Express, unweigerlich zu dem Schluß, daß diese Marken alle sehr gut entwickelte Persönlichkeiten besitzen, die sie von ihren Konkurrenten unterscheiden.

Mit Markenpersönlichkeit bezeichnen wir im weiteren Sinne Eigenschaften, die von der klassischen Psychologie definiert worden sind. Dazu gehören zum Beispiel Dominanz, aber auch Eigenschaften des Lebensstils wie Spaß oder Abenteuerlust. Zahlreiche Beweise zeigen, daß Verbraucher die Persönlichkeit von Marken so charakterisieren, als wären die Marken Menschen (vgl. hierzu den Beitrag „Dimensionen der Markenpersönlichkeit" in diesem Buch).

In diese Ebene können sich Manager nur schwer hineindenken. Das Verständnis der Personifizierung von Marken durch die Verbraucher ist jedoch ein wichtiger Schritt zum Verständnis der Magie einer Marke. Diese ist wiederum entscheidend bei der Entwicklung einer starken Markenidentität.

In jüngster Zeit haben Wissenschaftler damit begonnen, die Markenpersönlichkeit zu erforschen. Jennifer Aaker (1997) hat eine Methode zur Beschreibung der Markenpersönlichkeit auf quantitativer Basis entwickelt. Beginnend mit Modellen menschlicher Persönlichkeit ließ Aaker 631 Personen 37 Marken eines weiten Spektrums von Produktkategorien bewerten. Mit zunächst 114 Persönlichkeitsmerkmalen hat sie eine 45-stellige Markenpersönlichkeitsskala entwickelt, die reliabel, valide und generalisierbar für Produktbereiche und Marken ist (vgl. hierzu auch den Beitrag „Dimensionen der Markenpersönlichkeit" in diesem Buch).

Wir wollen einen Blick auf die Magie der Marke Jack Daniel's Tennessee Whiskey werfen. Jack Daniel's ist ein alkoholisches Premiumgetränk, das seit über 130 Jahren auf dieselbe Weise in Lynchburg, Tennessee hergestellt wird. Es gibt wahrscheinlich keine andere Marke in Amerika, die so eng und beständig damit verbunden ist, wie, wo und von wem sie gemacht wird. Die Persönlichkeit der Marke wurde über einen Zeitraum von mehr als 40 Jahren mit unglaublich konsequenter Werbung aufgebaut. Die Werbung ist darauf ausgerichtet, den Eindruck zu vermitteln, daß das Produkt von pflichtbewußten, geschickten, sorgfältigen und vor allem engagierten Handwerkern in altehrwürdiger amerikanischer Tradition gefertigt wird. Diese Arbeit ist ein Akt der Liebe, bei dem teure Ingredienzen verwendet werden und nicht gespart wird.

Wenden wir uns nun einem anderen Produkt aus dem Markt alkoholischer Getränke zu, und zwar dem Jose Cuervo Tequila. Jose Cuervo ist eine sehr erfolgreiche Marke, aber mit einer ganz anderen Persönlichkeit. Es handelt sich hier um eine verspielte, spaßorientierte Marke.

Nach einer Analyse der Persönlichkeiten dieser beiden Marken verdankt die Marke Jack Daniel's ihre Persönlichkeit der einfachen Aussprache, der Zuverlässigkeit und der Vorstellung, zwar hart, aber ehrlich und aufrichtig zu sein. Jose Cuervo hingegen wird als charmant, kühn und phantasievoll charakterisiert. Beide Marken werden in etwa gleicher Weise als erfolgreich und fröhlich empfunden.

Hinsichtlich ihrer funktionalen Eigenschaften haben diese beiden Marken natürlich den gleichen Alkoholgehalt!

In jüngster Zeit hat Jennifer Aaker damit begonnen, die Markenpersönlichkeit kulturübergreifend zu untersuchen. Während die Ausmaße menschlicher Persönlichkeit im allgemeinen unverändert bleiben, zeigen die Ergebnisse, daß sich das Konstrukt der Markenpersönlichkeit in den einzelnen Kulturen unterscheidet. Das in den USA verwandte Attribut „Rauheit" wird von japanischen Verbrauchern beispielsweise nicht benutzt, um ein Produkt zu beschreiben.

Markenbeziehungen

Um das Bild zu vervollkommnen, muß darauf hingewiesen werden, daß die Magie einer Marke auch Markenbeziehungen beinhaltet. Dies ist ein Konstrukt, welches von Blackston im Jahre 1992 entwickelt wurde (vgl. Blackston, 1992 a). Markenbeziehungen sind, wie die Markenpersönlichkeit, noch relativ unerforscht. Blackston zufolge ist es zum Verständnis der interaktiven Natur der Markenbeziehungen nicht nur notwendig herauszufinden, was der Verbraucher über die Marke denkt, sondern auch zu erkunden, was nach Ansicht des Verbrauchers die Marke über ihn „denkt".

Kürzlich erweiterte Fournier dieses Konzept. Sie hat eine Skala entwickelt, die die Qualität der Markenbeziehungen mißt, die BRQ-Skala (vgl. Fournier, 1995; vgl. auch den Beitrag „Markenbeziehungen - Konsumenten und ihre Marken" in diesem Buch). Nach Fournier läßt sich die Qualität der Markenbeziehungen durch die Kategorien Intimität, Bindung, Partnerqualität, Verknüpfung der Marke mit der eigenen Identität, Interdependenz und Liebe charakterisieren.

Das Linsenmodell der Markenwahrnehmung

Um die Elemente miteinander zu verbinden, ist es hilfreich, ein Linsenmodell zu verwenden, bei dem die Markenfähigkeiten und die Markenpersönlichkeit durch die Markenbeziehungen miteinander verknüpft werden.

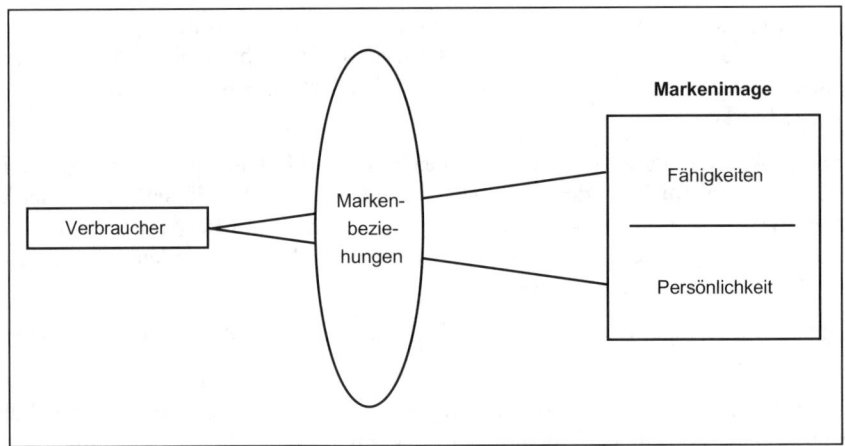

Abbildung 6:   Linsenmodell der Markenwahrnehmung

Wie bereits festgestellt, haben sich die Marketingspezialisten darauf konzentriert, ihre Markenfähigkeiten zu managen, während sie die Markenpersönlichkeit und die Markenbeziehungen weitgehend vernachlässigen. Es ist verführerisch, sich so zu verhalten, da Markenfähigkeiten wesentlich stärker mit guter funktionaler Leistung verbunden zu sein scheinen. Außerdem gehören Persönlichkeit und Beziehungen ins Reich der Gefühle. Nicht wenige Top-Manager fühlen sich offenbar in der eher rationalen Arena der Funktionalität bedeutend wohler.

In diesem Vorgehen liegt jedoch eine Schwäche: Sehr wenige Marken können über längere Zeit hinweg einen wesentlichen, auf Markenfähigkeiten basierenden Wettbewerbsvorteil aufrecht erhalten, den Verbraucher im Vergleich zur Konkurrenz wahrnehmen. **Mit zunehmender Entwicklungsgeschwindigkeit der Technologien verlieren rein technische Markenfähigkeiten an Diskriminationsfähigkeit.** Fähigkeiten werden zur notwendigen Bedingung. Man muß sie haben, aber sie reichen nicht zur Differenzierung aus.

In der Vergangenheit zeichneten sich starke Marken oft durch funktionale Unterschiede aus. In der heutigen Welt explodierender Technologien jedoch haben sich die funktionalen/physikalischen Unterschiede zwischen konkurrierenden Marken verringert. Der Zeitvorteil, von dem ein funktionaler Innovator profitieren konnte, ist im Grunde verschwunden.

Als das Antischnupfen-Mittel Contac auf den Markt kam, war es das erste Mittel gegen Erkältungen, das die Erkältungssymptome über einen bestimmten Zeitraum hinweg unterdrückte. Dieser Vorteil bestand länger als ein Jahrzehnt und wurde als „unique selling proposititon" eingesetzt. Heute bieten mindestens ein Dutzend Konkurrenten diese Qualität an.

American Airlines führte als erste Fluggesellschaft ein Vielfliegerprogramm ein. Buchstäblich ein paar Tage später folgte United Airlines mit einem vollkommen identischen Programm und imitierte damit die Neuerung von American Airlines.

Darüber hinaus werden funktionale Unterschiede immer marginaler. Blindtests zeigen, daß Verbraucher in der Mehrzahl der Produktkategorien die führenden Marken nicht voneinander unterscheiden können.

Das heißt natürlich nicht, daß Markeneigenschaften unwesentlich sind; sie spielen nur in vielen Kategorien nicht mehr die zentrale Rolle der Differenzierung, sondern stellen lediglich eine notwendige Bedingung dar. Ein Marketingspezialist setzt sie zum Wettbewerb ein; sie reichen jedoch allein generell nicht aus, um sich von der Masse abzuheben. Hingegen stellt die Markenpersönlichkeit für den geschickten Marketingspezialisten ein attraktives Betätigungsfeld dar.

3.2   Quellen des Markenimages

Wie entwickelt eine Marke ihre Persönlichkeit als Bestandteil des Markenimages? In der Vergangenheit geschah dies meist durch Werbung. Obgleich die Werbung bei manchen Marken noch immer eine Hauptrolle in der Entwicklung der Persönlichkeit darstellt, gibt es viele andere Quellen, aus denen Verbraucher und Kunden ihre Vorstellungen zur Markenpersönlichkeit schöpfen.

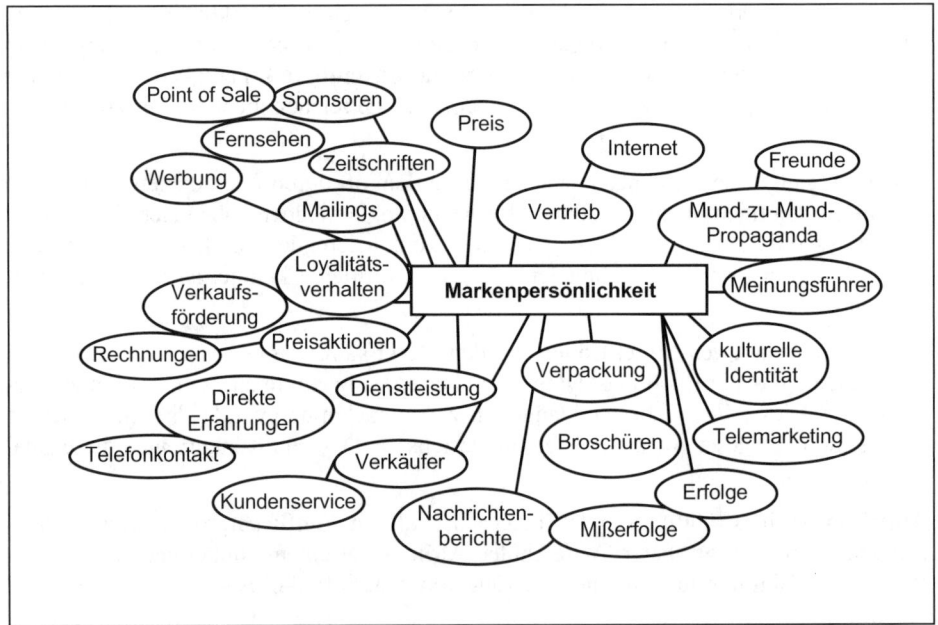

Abbildung 7:   Quellen der Markenpersönlichkeit

Das Schema ist sehr verworren, aber mit Absicht, da das Leben ähnlich komplex ist. Für die Marken, deren Hauptwirkungsquelle die Medienwerbung war, hatte der Marketing-spezialist die Möglichkeit, eine konsistente, kohärente Persönlichkeit für die Marke auf-zubauen. Wie Abbildung 7 suggeriert, sind aber **viele Informationsquellen nicht kon-sistent**, so daß sich der Verbraucher häufig einer gewissen **Mehrdeutigkeit** gegenüber sieht.

So wurde den Kunden von United Airlines jahrelang mitgeteilt, durch „freundliche Horizonte" zu fliegen. Nun erzählt ihnen die Werbung von United, daß das Unternehmen mit seinen Kunden sympathisiert und auf ihre Wünsche eingeht. Aber wenn man anruft, um eine Reservierung vorzunehmen, hört man „Ihr Anruf ist uns sehr wichtig, bitte legen Sie nicht auf", und während man in eine „endlose Warteschlange" eingereiht zu werden scheint, läßt sich das Gefühl einer gewissen Diskontinuität nicht unterdrücken. Dies wird dadurch noch unterstützt, daß man beim Versuch, die Internetseite von United Airlines zu besuchen, auf die Meldung „unverbundene Website" stößt.

Wenn der Passagier sich an Bord des Flugzeuges begibt, klärt ihn der Flugbegleiter in einer Weise über sämtliche zu beachtenden Regeln auf, die nahelegt, daß die Fluggesellschaft davon ausgeht, daß der Kunde versuchen wird, gegen diese Regeln zu verstoßen. Rational ist uns klar, daß die Gesellschaft nur die Vorschriften befolgt. Emotional bauen wir jedoch weiterhin die negative Markenpersönlichkeit von United Airlines sowie die negative Beziehung zu dieser Marke aus.

Als ausgezeichnetes Beispiel einer ganz anderen Persönlichkeitsentwicklung kann die Fluggesellschaft Virgin Atlantic dienen. Virgin demonstriert ein Bild von Unabhängigkeit, spannender Unterhaltung und Selbstbewußtsein. Dies wird unter anderem durch den Limousinen-Service zum Flughafen, die An-Bord-Massage, den Unternehmensgründer Richard Branson, den „David-gegen-Goliath-Kampf" gegen British Airways sowie durch die Werbung vermittelt.

Zusätzlich zur direkten und indirekten persönlichen Erfahrung mit einer Marke (z. B. Mund-zu-Mund-Propaganda, Medienberichte etc.), fungiert die Medienwerbung als Imagequelle, die die Gestalt der Marke sowohl reflektiert als auch formt.

Das grüne Segelschiff von Beck's, Meister Proper, Manfred Krug für die Telekom und der Cowboy von Marlboro sind alles Beispiele dessen, was von gut aufgebauten Werbekampagnen im Gedächtnis bleibt. Das ist natürlich kein neues Phänomen. Die Werbung von Doyle Dane Bernbach für ein wirklich häßliches Auto, den Volkswagen Käfer, war so einzigartig wirkungsvoll, daß man geneigt war, zu sagen, daß die Werbung tatsächlich zu einem Produktattribut wurde. Durch den Erwerb des Autos erhielt der Käufer auch Anteile an der anspruchsvollen Autowerbung. Praktische Käufer wurden dadurch zu cleveren, smarten Kennern.

Auch wenn einige Marketingspezialisten die Medienwerbung für die einzige Quelle des Markenimages halten, so ist das doch gefährlich, weil das Imageschwert zweischneidig ist. Es gibt noch einige weitere wichtige Quellen für das Markenimage, auf die im folgenden eingegangen wird.

Direkt-Marketing

Einen, wenn auch nicht immer positiven, Beitrag für die Marken können Mailings leisten. Bemerkenswerterweise sind die meisten Marketingspezialisten besonders daran interessiert, welche unmittelbaren Reaktionen ihre Bemühungen auslösen. Sie vernachlässigen jedoch den Einfluß der Mailings auf das Image. Während anspruchsvolle Print- und Fernsehwerbung für die American Express Card den Kunden dazu verleitet, die Karte für etwas ganz außergewöhnliches zu halten, lassen ihn die Mailings, die seinen

Briefkasten verstopfen und ihn zum Kauf drängen wollen vermuten, daß es sich um ein Unternehmen handelt, das den Kunden übertölpeln will.

Verkaufsförderung

Auch die Verkaufsförderung kann sowohl positiv als auch negativ zum Image beitragen. Ein Unternehmen, das zum Beispiel ständig Preis-Promotions betreibt, setzt die Wahrnehmung seiner Qualität herab. Die Verbraucher gewinnen den Eindruck, daß die Marke einen geringeren Wert hat, da sie immer besonders günstig angeboten wird. Zu der am häufigsten angewandten Verkaufsförderungsmaßnahme gehört bedauerlicherweise das Sonderangebot. Phantasie kann bei der Verkaufsförderung hingegen genauso eine Rolle spielen wie bei der Werbung. Ein gutes Beispiel hierfür ist die Ivory-Promotion von Procter & Gamble. Ivory-Seife ist dafür bekannt, daß sie so leicht ist, daß sie auf dem Wasser schwimmt. Im Zuge einer Verkaufsförderungsmaßnahme wurde dieser zentrale Produktnutzen phantasievoll inszeniert: Der laufenden Produktion wurden einige nicht-schwimmende Seifenstücke beigefügt. Die Konsumenten wurden aufgefordert, diese zu finden. Die Einsendung der Seifenstücke an Procter & Gamble wurde mit Preisen belohnt.

Markennamen

Namen spielen auch eine wichtige Rolle bei der WC-Ente, der Formel 44-Hustenmedizin, dem Fruchtzwerge-Kinderquark und der Uhrenmarke Swatch (vgl. hierzu den Beitrag „Gestaltung von Markennamen" in diesem Buch). Aber Namen können das Image auch auflösen: Als ein Unternehmen namens Documents Handling Limited in das internationale Paket-Geschäft einstieg, änderte es den Namen in die weniger deskriptive Bezeichnung „DHL". Auf ähnliche Weise wandelte Kentucky Fried Chicken seinen Namen in „KFC", um die derzeit mit „braten" (fry) verbundenen negativen Assoziationen zu eliminieren.

Corporate Identity

Corporate Identity, Design und Verpackung tragen ebenfalls zur Persönlichkeit einer Marke bei: Das Dosenlabel der Campbell Suppe und die klassische Form der Coca-Cola-Flasche sind unverwechselbare Beispiele des Verpackungsbeitrags. Die goldenen Bögen stehen für McDonald's, während die „guten Hände" die Allstate Versicherung darstellen.

Public Relations

Die Beziehungen eines Unternehmens mit seinem Publikum können ebenfalls zum Image beitragen. Auf lange Sicht gesehen gewann Tylenol an Respekt aufgrund seiner proaktiven Handhabung des Verpackungsdebakels. Die Marke trug zum Image der Integrität bei. Perrier hingegen schadete seiner Glaubwürdigkeit durch die diffusen Erklärungen zu den im Erzeugnis gefundenen Benzolspuren.

McDonald's ist ein Beispiel für ein Unternehmen, das ein ungewöhnlich gutes Verständnis für den Beitrag der Public Relations zum Image hat. Obwohl sich die Eröffnung einer Filiale in Rußland nur schwer durch die Erschließung neuer Umsatzquellen rechtfertigen ließ, gab die Berichterstattung in den Medien zur Eröffnung einer Niederlassung in Moskau dem Unternehmen einen internationalen Touch und eine zukunftsorientierte Ausrichtung. Ihr öffentliches Engagement bei der Reduzierung der durch sie verursachten Umweltverschmutzung verstärkt das Bild vom Unternehmen als gutem Bürger.

Personalmanagement

Für dienstleistungsorientierte Unternehmen sind die Angestellten wichtige Kommunikationsmittler. Während laut Berry (1991) die Aufgabe des Marketingverantwortlichen in Konsumgüterunternehmen darin besteht, externe Quellen wie Werbung zu nutzen und zu organisieren, hat der Verantwortliche im Dienstleistungsunternehmen die Hauptaufgabe, jeden Mitarbeiter zum Marketing zu bewegen.

Eine der Folgen ist, daß die Unternehmenskultur indirekt eine wichtige Rolle beim Aufbau des Images spielen kann. Das Avis-Motto „we try harder" ist ein Beispiel dafür, wie ein Unternehmen versuchte, Angestellte zu motivieren und gleichzeitig sein Image zu verbessern.

3.3   Bewertung der „weichen" Faktoren des Branding

Die „weichere" Seite des Branding - die Markenidentität - wird zunehmend als die in Wirklichkeit härtere Seite der Markendifferenzierung erkannt. Die Markenidentität spiegelt sich im Image und der Persönlichkeit einer Marke wider sowie in der Qualität der Verbindung zwischen der Marke und dem Verbraucher. Die Markenidentität ist in den meisten Fällen tief verwurzelt in der Unternehmenskultur.

Beispiele dieses Phänomens lassen sich mit Leichtigkeit finden. Viele Versicherungsunternehmen versprechen ihren Klienten eine Entschädigung im Schadensfall; nur Allstate verspricht seinen Kunden den Schutz der „guten Hände". Mit jedem Paar Nike-Schuhe erwirbt der Käufer auch einen Teil der Passion für Exzellenz und wird ermutigt, sich selbst zu verwirklichen.

Während sich praktisch alle Marketingspezialisten lautstark zu den funktionalen Eigenschaften ihrer Marken äußern können, gelingt es nur wenigen, die **Magie ihrer Marken** zu vermitteln. Die berühmte Wissenschaftlerin und Begründerin von Taylor-Nelson Elisabeth Nelson hat festgestellt, „daß eine Marke eine Glastüre sei, durch die der Verbraucher die wahren Werte (des Unternehmens) sehen kann". Um starke Marken aufzubauen und die Stärke zu erhalten, ist es wichtig zu verstehen, wie Verbraucher ihren Markeneinblick erwerben und eine Beziehung zur Marke entwickeln. Es ist dieser Einblick, der uns erlaubt, die Handlungen zu leiten, mit denen die Verbraucher den Charakter der Marke interpretieren. Dazu dient die **Marken-Input-Bewertung**.

Dieser Vorgang verlangt die Auflistung und Analyse der Objekte, Verfahrensweisen und Interaktionen, die die Marke mit ihren Verbrauchern verbinden. Während die Abläufe dieses Prozesses sich je nach Produktkategorie unterscheiden, geht es typischerweise darum, die von der Marke und ihren direkten Konkurrenten veröffentlichte Werbung sowie die Werbung der jüngsten Vergangenheit zu analysieren. Dazu gehört auch die Untersuchung der Verpackung und der Verkaufsförderung im Vergleich zur Konkurrenz sowie eine Untersuchung der Public-Relations-Aktivitäten.

Eine gründliche Marken-Input-Bewertung prüft auch Verfahrensweisen und Verhalten an der **Verbraucher/Marken-Schnittstelle**. Abhängig von der Art des Geschäfts kann das zum Beispiel das Protokollieren von Verkaufsanrufen, Service-Linien des Unternehmens, Reservierungssysteme, Servicekontakte und Telefonmarketingprogramme beinhalten.

Verbraucher interpretieren Aktionen, Sprache, Ort und Aussehen einer Marke und schließen damit auf die Markenabsichten. Eine Marke wie die Allianz Versicherung, die ihren Kunden schnelle und unbürokratische Hilfe mittels einer kostenlosen Hotline verspricht, erscheint den Konsumenten offener und leichter erreichbar als eine Marke, die einen solchen Service nicht anbietet.

Der Stil der ironischen Werbung für Apple Computer erweckte den Eindruck einer warmen, freundlichen und nicht hochnäsigen Marke. Ihr flott geschriebenes Handbuch verstärkt diese Wahrnehmung noch. Wenn der Käufer eines Apple-Produkts die Recyclingverpackung öffnet, signalisiert ihm diese, daß es sich um eine Marke handelt, die sich umweltfreundlich verhält. Wenn die Verbraucher jedoch in der Zeitung von Apples finanziellen Schwierigkeiten lesen und erfahren, daß Apples Marktanteil zurückgeht, vermittelt das eine andere, eher beunruhigende Botschaft.

Viele leitende Angestellte bewundern das Wall Street Journal. Seine neue Gestaltung gefällt ihnen. Das Journal macht es den Abonnenten leicht, das Abonnement während ihrer Abwesenheit ruhen zu lassen. Wenn jedoch ein Telefonkontakter engagiert wird, der die Abonnenten während der Zeit des Abendessens anrufen soll, - im allgemeinen die Zeit, zu der man die Abonnenten mit der größten Wahrscheinlichkeit zu Hause antrifft - um für eine Erneuerung des Abonnements zu werben, wird der langsam aufgebaute „Goodwill" der Kunden empfindlich zurückgehen. Plötzlich lernt der Abonnent die aggressive, aufdringliche Seite des Journals kennen.

Man kann mit Recht behaupten, daß Telefonmarketing und Mailing-Aktionen wesentlich destruktiver sind, als es Marketingspezialisten wahrhaben wollen. Die Berechnungsmethoden, die den finanziellen Erfolg mittels einmaliger digitaler Antwortraten demonstrieren, können insofern irreführend sein, da sie nicht die Reaktionen der Personen erfassen, die nicht antworten, weil sie sich über die unerwünschten Anrufe oder Werbebriefe ärgern.

Die Marken-Input-Bewertung führt zu nützlichen Erkenntnissen. Während einige Manager ursprünglich die Nützlichkeit in Frage stellten, haben wir herausgefunden, daß diese ausgesprochen elementaren Maßnahmen fast niemals als standardisierte, periodische Überprüfungen des Unternehmens durchgeführt werden.

Für die meisten Marken sind diese Inputs unkoordinierte Ereignisse, die das Ergebnis temporärer Bedürfnisse sind. Oft werden sie von unterschiedlichen Stellen des Unternehmens durchgeführt. Wenn man sie aber als Elemente des Managements einer Marke betrachtet, erhalten sie eine völlig neue Bedeutung.

Doch wie der Name schon ausdrückt, handelt es sich bei einer Marken-Input-Bewertung um „Input" und nicht um eine Reaktion der Verbraucher. Die Reaktion des Verbrauchers auf den Markeninput ist der Schlüssel zum Verständnis der Markenmagie.

3.4 Innovative Ansätze zur Analyse des Markenimages

Die Analyse des Markenimages ist natürlich nicht neu. Viele Jahre wurde das Markenimage von Forschern anhand von Skalen mit Items wie freundlich, hilfreich, engstirnig, hartgesotten usw. gemessen. Während die Ergebnisse der Skalen quantitativ beeindruckend sind, zeigt sich bei näherer Betrachtung, daß einige Details zur Markenpersönlichkeit verloren gehen.

In jüngster Zeit haben Olsen und Allen (1995) als wirkungsvolle Methode zum Einblick in die Markenpersönlichkeit die Verwendung von Geschichten angeregt, die von Verbrauchern erzählt werden (vgl. hierzu auch den Beitrag „Kundenorientierte Messung des Markenwerts" in diesem Buch). So könnte man zum Beispiel eine Testperson bitten, sich die Marke als Person vorzustellen und die Rolle eines Privatdetektivs zu spielen, der die Marke einen Tag beobachtet.

Es stellte sich heraus, daß diese Art der **Personifizierung** keine große Schwierigkeit für die Verbraucher darstellt, und daß es seitens der Testpersonen eine ganze Menge von Übereinstimmungen gab (vgl. den Beitrag „Dimensionen der Markenpersönlichkeit" in diesem Buch). Diese beiden Ergebnisse zeigen, daß Personifizierungen für die Verbraucher bedeutungsvoller sind als vom Forscher auferlegte Artefakte.

Zaltman's **Metapher-Technik** stellt einen weiteren neuen Ansatz zum Verständnis der Markenmagie dar (vgl. Zaltman/Higie, 1993). Davon ausgehend, daß Kommunikation zum größten Teil nonverbal ist, beginnt Zaltman mit Bildern: Er rüstet die Verbraucher mit Scheren und Kameras aus und fordert sie auf, Bilder ihrer Markenerfahrung zu machen. Auf der Basis dieser Verbrauchererfahrungen führt er dann ein intensives Interview durch, das sich der Repertory-Grid-Technik von Kelly und der Laddering-Technik bedient, in dem er die Verbraucher ihre eigenen Bilder interpretieren läßt.

Nach einer Literaturauswertung zur sozialen Kommunikation kommt Zaltman zu dem Schluß, daß mindestens 2/3 der Kommunikation auf nonverbaler Ebene abläuft, daß aber die Mehrheit der Marktforschungstechniken „wortzentriert" sind.

Es gab ebenfalls wichtige Durchbrüche bei der quantitativen Messung des Marken-images. Heute ist es durch auf Mikromodellen basierenden Untersuchungsmethoden möglich, das Image einer Marke zu entwerfen, um ihm eine optimale Positionierung auf dem Markt zu geben.

Ein Beispiel eines solchen Modells ist **LOCATOR**, das Morgan von der Research International entwickelt hat (vgl. Morgan, 1990). LOCATOR ermöglicht es, ein Modell eines individuellen Markenimages aufzubauen und dieses Image mit der Präferenzstruktur einer Person zu verbinden. Mit anderen Worten: Der Marketingspezialist kann nun mit einem aktionsfähigen Bindeglied zwischen Veränderungen des Markenimages und der daraus resultierenden Markenwahl arbeiten. Durch die Simulation von Veränderungen auf einer disaggregierten Basis ist das Mikromodell in der Lage, die Wirkung von Ver-änderungen des Markenimages in bezug auf die Markenpräferenz vorauszusagen. Stu-dien dieser Art haben für den Praktiker eine besondere Anziehungskraft, weil sie Re-zepte für die Markenpositionierung liefern (vgl. hierzu auch den Beitrag „Messung und Gestaltung der Markenpositionierung" in diesem Buch).

Als Beispiel dieses vielversprechenden Ansatzes wollen wir einige reale, aber im Inter-esse des Besitzers maskierte Daten einer Marke im Nahrungsmittelbereich betrachten.

Um Präferenzen zu ermitteln, wurde unter führenden Marken eines Produktbereichs eine Präferenzmessung nach dem Konstantsummenverfahren durchgeführt. In vielen Berei-chen gibt es eine starke Beziehung zwischen der Präferenz, die mittels Konstantsum-menverfahren ermittelt wurde, und dem Marktanteil. Die Korrelation in unserem Bei-spiel bestätigte dies.

Mit denselben Verbrauchern wurde eine Markenbeschreibung auf der Basis von Likert-Skalen mit 32 Items durchgeführt, von denen bekannt war, daß sie für die Produktkate-gorie wichtig sind. Mit diesen Daten wurde dann eine „Wahrnehmungskarte" der mitein-ander auf dem Markt konkurrierenden Markenimages entworfen.

Da ein Mikromodell verwendet wurde, waren die Forscher in der Lage, jeden befragten Verbraucher auf der Basis seines Markenimages zu beeinflussen. Ebenso kann die abhängige Variable beeinflußt werden, die von der Konstantsummenmessung abgeleitet wurde.

Durch eine Serie von Simulationen war es möglich, die Imagevariable zu bestimmen, welche die größte Auswirkung auf die allgemeine Markenwahl hat. In diesem speziellen Test wurde eine Gruppe von vier kritischen Attributen ermittelt. Eine 20-prozentige Verbesserung einer dieser vier von 32 Imageattributen würde die Präferenz für die Marke um ungefähr 11 % vergrößern.

Das zweite Beispiel entstammt aus dem Bereich der schnell drehenden Konsumgüter. Vorangegangene Untersuchungen wiesen darauf hin, daß Verbraucher sehr wenig funktionale Unterscheidungen zwischen den Marken dieser Produktkategorien machen konnten. Aus diesem Grund waren die 28 unabhängigen Variablen, die bei der Messung berücksichtigt wurden, Eigenschaften zur Beschreibung der Markenpersönlichkeit. Wieder lieferte die Likert-Skala die unabhängigen Variablen für das LOCATOR-Modell, während eine Präferenzmessung mittels Konstantsummenverfahren die abhängigen Größen ermittelte.

Abbildung 8 zeigt die anfänglich hergestellte „Wahrnehmungskarte“. Sie stellt die Beziehungen zwischen den Marken und den Persönlichkeitsvariablen dar.

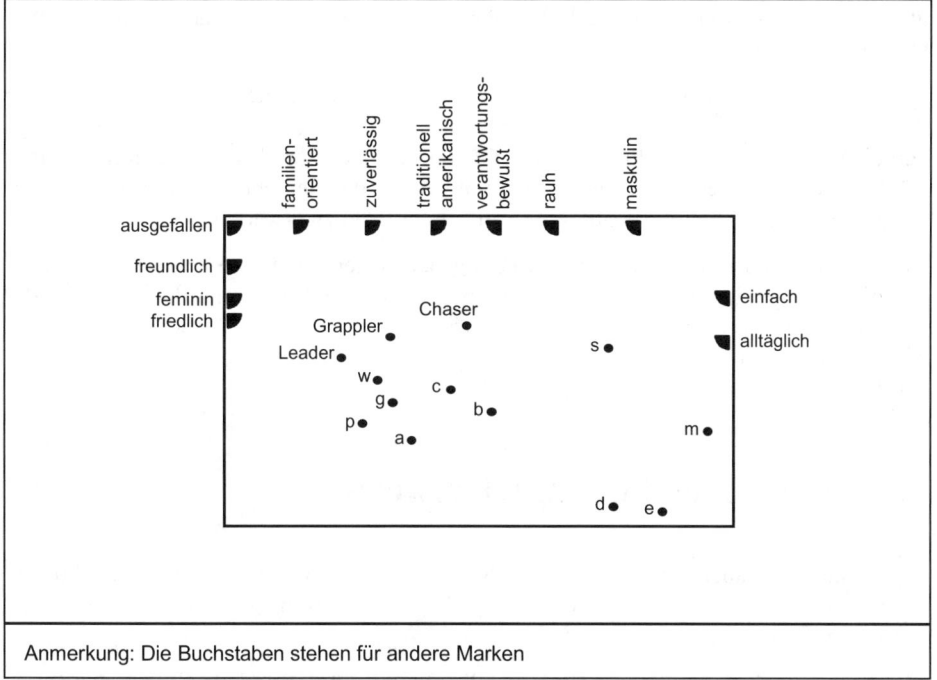

Anmerkung: Die Buchstaben stehen für andere Marken

Abbildung 8:   Markenpersönlichkeitskarte des LOCATOR-Modells

Jede unabhängige Variable wurde um 20 % vergrößert, um die Bedeutung der Variablen bei der Bestimmung des Präferenzanteils festzustellen.

Die erste Simulatiön wurde für die Marke Chaser durchgeführt. Um die Markenpersönlichkeit erfolgreich zu modifizieren muß man die Variablen wählen, die den größten Einfluß auf die Präferenz ausüben.

Dazu müßte die Marke stärker familien-orientiert, zuverlässiger und verantwortungsbewußter werden. Sie müßte auch traditioneller und in ihrem Charakter stärker amerikanisch werden. Würden diese Veränderungen vorgenommen, würde sich der Präferenzanteil um 7,9 % ändern. Im Gegensatz dazu würde sich der Präferenzanteil lediglich um 3,7 % ändern, wenn Chaser - anstatt seine Persönlichkeit zu verstärken - eher der Marke Leader angepaßt würde, welche die im Markt dominierende Marke ist. Diese me-too Strategie würde es notwendig machen, das Image von Chaser freundlicher, friedlicher und femininer zu gestalten, aber auch ein bißchen ausgefallener.

Die Daten zeigen klar, daß eine Annäherung an Leader letztlich keinen großen Einfluß auf den Präferenzanteil von Chaser hätte.

LOCATOR kann aber auch eine Voraussage darüber machen, was geschehen würde, wenn bei den Marken Leader und Grappler die für Chaser empfohlene Strategie angewendet würde.

Es zeigt sich, daß die Strategie bei der Marke Leader funktionieren würde, da sich der Präferenzanteil um 7,4 % verändern würde, aber nicht für Grappler, da sich hier lediglich eine Veränderung des Präferenzanteils von 1,6 % ergäbe. Leaders ständiger Erfolg würde jedoch nahelegen, daß eine Änderung der Strategie sehr unwahrscheinlich ist. Folglich ist eine Imitation der Strategie von Chaser nicht zu erwarten.

Diese Untersuchungen sagen dem Marketingspezialisten nicht, wie er eine Marke zum Beispiel aufregender, jünger oder gesünder gestalten kann. Das ist natürlich Aufgabe der Kreativen. Aber das Mikromodell sagt aus, was mit der Präferenz für die Marke geschehen würde, wenn sich die Marke erfolgreich in eine bestimmte Richtung bewegen würde.

4. Management des Markenwerts

Viele Manager haben erkannt, daß ein Schlüssel zur Verbesserung des Shareholder-Values im Aufbau des Werts ihrer Marken liegt. Diese Manager benötigen ein Meßinstrument für den Markenwert.

Management ohne Messung ist wie der Dartwurf eines Blinden: Einige der Darts können die Zielscheibe treffen, aber ohne Feedback ist die Wiederholung des Erfolgs reiner Zufall.

Für multinationale Unternehmen ist es wichtig, den Grund ihres Erfolgs zu kennen, damit sie eine objektive Kontrolle der Marke über diverse Märkte durchführen können. Auf sehr reale Weise verwandelt die multinationale Analyse die Welt in ein globales Laboratorium: Auch die stark zentral gesteuerten, konsistenten Marketingbemühungen werden unweigerlich abgewandelt, um den individuellen Bedürfnissen nationaler Märkte zu entsprechen.

Da die Tendenz zur Diversifikation nicht aufzuhalten ist, wird der einfallsreiche globale Markenmanager sein Problem zu seiner Chance machen. Was für eine Marke in Italien zu funktionieren scheint, kann auch in Spanien wirksam werden. Die von der brasilianischen Marketingagentur entwickelte Variante kann in den USA angewendet werden. Die Konkurrenzsituation in England kann zu einem Vorboten für die Zukunft Deutschlands werden. Außerdem kann die Untersuchung rechtzeitig wenig erfolgreiche Variationen der globalen Kampagne aufdecken. Das nachfolgend beschriebene Analysesystem gibt dem Markenmanager die Werkzeuge in die Hand, die er zum Management seiner Marken benötigt.

Anforderungen an ein Tool zur Analyse des Markenwerts

Ein nützliches System zur Messung des Markenwerts muß in der Lage sein, Informationen so zu verarbeiten, daß der Markenwert relativ zur Konkurrenz gesehen werden kann. Zu diesen Informationen zählen die Positionierung, die Kosten der Marke, die Marketing-Mix-Aufteilung (z. B. Verkaufsförderung, Werbung usw.), die Preisbildung und der Vertrieb.

Die Messung sollte auf einem Mikromodell basieren. Dies ermöglicht Managern zum Beispiel zukünftige Entwicklungen durch die Simulation von Veränderungen der Markenbedeutung vorauszusagen. So könnte man die Frage beantworten, ob die Kaufbereitschaft durch einen Anstieg der „Vertrauenswürdigkeit" erhöht werden kann, oder ob bessere Ergebnisse erzielt werden, wenn die Marke attraktiver gemacht wird.

Wenn auch ein möglichst allgemeines Analysesystem benötigt wird, sollte unseres Erachtens dieses System nicht als ein Allround-System konfiguriert werden. Es muß zwar die festgelegten Dimensionen messen, ihre Einschätzung sollte hingegen je nach Produktkategorie variieren, damit es auf einer Vielzahl von Märkten einsetzbar ist. Schließlich benötigt man ein Meßinstrument, das auf die unterschiedlichen Marktveränderungen und Marketingmaßnahmen entsprechend sensibel reagiert.

Variablen der Markenwertmessung

Die Erfassung der allgemeinen Markenpräferenz ist eine gute Maßgröße für den Markenwert. Sie ist leicht zu messen und kann in Beziehung zu anderen Größen wie zum Beispiel dem Marktanteil betrachtet werden.

Unserer Ansicht nach ist die Over-all-Präferenz allein jedoch nicht ausreichend, da sie nicht vollständig das Konzept des Wertes berücksichtigt, den die Marke dem zugrunde liegenden Produkt hinzufügt. Es herrscht im wesentlichen Übereinstimmung zwischen Managern und Wissenschaftlern, daß der wahrgenommene „zusätzliche Wert", für den Markenwert aus Konsumentensicht von zentraler Bedeutung ist (vgl. Aaker, 1991; Biel, 1993). Eine Messung des Markenwerts aus Konsumentensicht sollte aus dem Verhältnis zwischen dem wahrgenommenem Wert und den Kosten bestehen.

Für eine Messung, die das Management des Markenwerts unterstützt und die unabhängigen Variablen berücksichtigt, haben wir drei essentielle und abhängige Gruppen von Variablen identifiziert: Bekanntheit, Markenstärke und Wertschätzung. Sie werden nachfolgend zusammen mit ihren zugehörigen Dimensionen dargestellt.

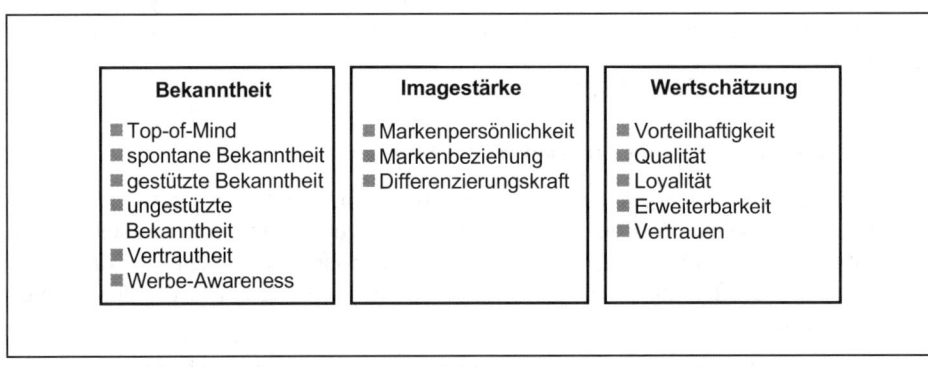

Abbildung 9:   Die wichtigsten unabhängigen Variablen der Markenwertmessung

Bekanntheit: Inwieweit eine Marke für einen Verbraucher hervorstechend ist, hängt mit ihrem Wert zusammen. Diese Dimension kann als „share of mind" angesehen werden und hängt damit zusammen, wie bekannt eine Marke ist. Die besondere Rolle der Bekanntheit kann jedoch variieren.

Für schnell drehende Konsumgüter mit geringem Kaufrisiko ist das Ausmaß, in welchem die Marke automatisch in das Gedächtnis zurückgerufen werden kann, von entscheidender Bedeutung. Für andere Kategorien, wie Automobile, ist die Messung der Vertrautheit oder der gestützten Bekanntheit eine wichtigere Größe. Die Werbe-Awareness steht ebenfalls mit der Bekanntheit in Beziehung, auch wenn sie weiter von der Marke entfernt ist.

Imagestärke: Die drei Imagedimensionen, die in ein Meßsystem integriert werden sollten, sind die Markenpersönlichkeit, die Markenbeziehungen und eine Dimension, die wir mit Differenzierungskraft bezeichnen. Dabei handelt es sich um das Ausmaß, das die Marke von Wettbewerbern derselben Kategorie unterscheidet.

Markenbeziehungen (vgl. Blackston, 1993) drücken aus, daß der Eindruck eines Konsumenten darüber, wie weit eine Marke ihn achtet, ebenso wie das Bild, welches er von der Marke hat, sein Markenverhalten beeinflußt.

Die Differenzierungskraft mißt hinsichtlich der Attribute, die innerhalb der Produktkategorie für bedeutungsvoll erachtet werden, wie weit eine Marke als außergewöhnlich gilt.

Wertschätzung: Mit Wertschätzung wird eine Gruppe von Maßgrößen charakterisiert, die man mit Markenanerkennung oder Markenbevorzugung bezeichnen könnte. Auch wenn die angeführten Dimensionen miteinander korrelieren, messen sie dennoch unterschiedliche Aspekte der Wertschätzung.

Die Analyse der von den Konsumenten **wahrgenommenen Vorteilhaftigkeit** einer Marke erfolgt mittels einer Over-all-Messung der Markenpräferenz. Eine zweite, gut fundierte Maßeinheit ist die **wahrgenommene relative Over-all-Qualität**, welche den Marktanteil spürbar beeinflußt. Der Marktanteil wiederum beeinflußt den Profit (vgl. Buzzell/Gale, 1987). In Dienstleistungsunternehmen wird ein wesentlicher Teil dieser Maßgröße von der Zufriedenheit der Kunden mit der Servicequalität beeinflußt.

Eine dritte Maßgröße bezieht sich auf die **Loyalität**. Der Wert einer Marke muß aus mehr als der einfachen täglichen Kaufbereitschaft bestehen, die durch temporäre Gegebenheiten, wie dem Preis, beeinträchtigt werden kann. Sie muß auch eine Komponente enthalten, die die zukünftige Wiederkaufwahrscheinlichkeit berücksichtigt.

Die vierte Maßgröße ist die **Erweiterbarkeit**. Das relative wahrgenommene Erweiterungspotential einer Marke steht in direktem Zusammenhang zum Markenwert. In welchem Ausmaß ist der Markenname über sein unmittelbares Angebot hinaus wertvoll? Wird beispielsweise das Kaufinteresse dadurch vergrößert, daß man einem multifunktionalen Faxgerät den Markennamen Apple gibt?

Das **Vertrauen** stellt die fünfte Maßgröße der Wertschätzung dar. Wie Yves Barbieux, der Vorsitzende von Nestlé in Frankreich, es ausdrückt, ist die Marke ein Vertrag mit dem Verbraucher (vgl. Barbieux, 1993). Das Vertrauen ist eindeutig ein Vermögen, das bei Marken mit hohem Wert größer ist, als bei Marken mit niedrigem Markenwert.

5. Eigenschaften starker Marken

Welche Eigenschaften unterscheiden starke Marken von ihren schwächeren Gegenspielern? Um das herauszufinden, wurden 147 Marketing- und Werbefachleute gebeten, starke und schwache Marken aus 53 Produktkategorien zu nennen. Insgesamt kamen 64 leitende Angestellte der Aufgabe nach. 20 dieser Testpersonen arbeiteten für Werbeagenturen und die übrigen 44 waren bei Marketingunternehmen beschäftigt. Die endgültige Datengruppe bestand aus 137 Marken aus 42 Produktkategorien.

Mit diesem Datenmaterial wurde dann eine Verbraucherumfrage per Post durchgeführt. Die Konsumenten wurden gebeten, die Marken anhand einer 5-Punkte-Ratingskala zu beschreiben. In dieser Phase nahmen insgesamt 1.378 Verbraucher an der Umfrage teil. Da die Markenbekanntheit als Filter benutzt wurde, bewerteten nicht alle Verbraucher jede Marke.

Zwei Gruppen von Attributen unterschieden die starken von den schwachen Marken. Einige Items waren Reaktionsvariablen. Sie beinhalteten Items wie die wahrgenommene relative Qualität. Eine andere Gruppe bestand aus Einflußvariablen. Das sind zum Beispiel Eigenschaften wie der Zeitraum der Marktpräsenz.

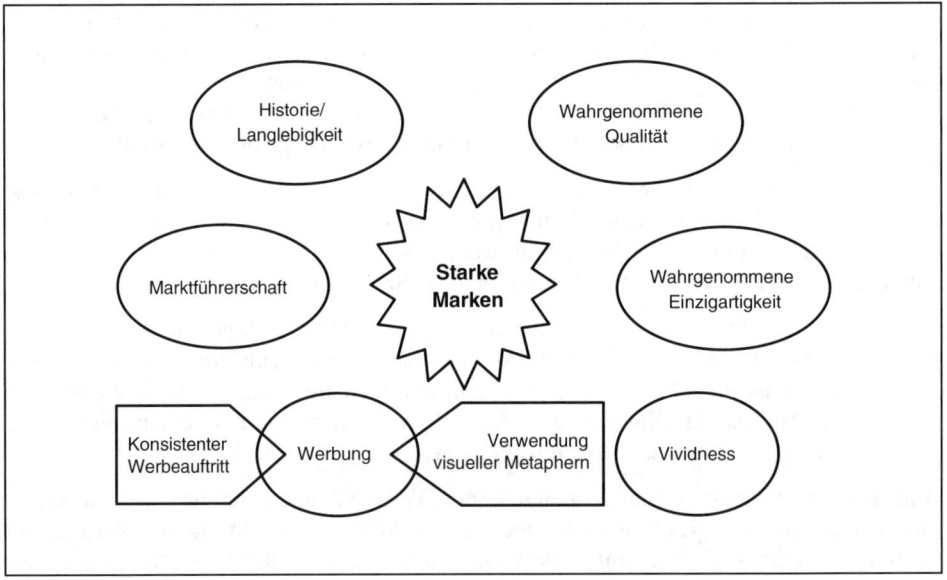

Abbildung 10:   Eigenschaften starker Marken

Bezogen auf die Reaktionsvariablen wurden stärkere Marken eher für einzigartig gehalten. Sie erfreuten sich einer relativ höheren wahrgenommenen Qualität. Sie waren für den Konsumenten lebendiger und hatten eine höhere Vividness.

Einfluß-Faktoren, die starke Marken von schwachen abgrenzen, beinhalteten eine Zeitraumbetrachtung, d. h. stärkere Marken besitzen einen längeren Lebenszyklus. Starke Marken entwickelten auch leichter eine Führungsrolle innerhalb der Produktkategorie.

Werbeausgaben spielten eine führende Rolle im „Marketing-Mix" starker Marken. Wir stellten bei starken Marken eine Dimension fest, die als Auffrischung innerhalb der Konstanz der Werbung bezeichnet werden kann. Diese Marken hatten über einen langen

Zeitraum hinweg einen **konsistenten Werbeauftritt** (vgl. hierzu den Beitrag „Aufbau starker Marken durch integrierte Kommunikation" in diesem Buch). Das heißt, daß das Thema der Kampagne bis auf Variationen in der Durchführung stets gleich blieb.

Die Studie stellte auch ein häufigeres Auftreten visueller Metaphern bei starken Marken fest. Wie wir an anderem Ort festgestellt haben, sind visuelle Metaphern eine wichtige Quelle der Markenmagie (vgl. Biel/Lannon, 1993).

6. Zukunft des Markenwertaufbaus

Marken werden für Verbraucher und damit auch für die Marketingspezialisten immer wichtiger. Das sind gute Nachrichten für die Hersteller, die dem Markenaufbau engagiert gegenüberstehen. Nachteilig für sie ist jedoch, daß der Handel diese Erkenntnis teilt und selbst über den Aufbau starker Marken nachdenkt.

Es ist ermutigend, daß das Konzept des Markenwerts mittlerweile Wurzeln schlägt. Eine kürzlich durchgeführte Studie bei multinationalen Marketingspezialisten zeigt, daß die Mehrheit akzeptiert, daß das Markenimage den Markenwert steigert. Nur 10 % behaupten, daß dies nicht so ist. Knapp weniger als die Hälfte identifiziert die Markenpersönlichkeit als einen Faktor der Wertsteigerung.

	Ja	nein	weiß nicht
Markenimage beeinflußt den Markenwert	30	4	8
Markenpersönlichkeit beeinflußt den Markenwert	18	10	14
Markenimage beeinflußt die Verkaufszahlen	24	6	12
Markenpersönlichkeit beeinflußt die Verkaufszahlen	12	18	12
Durchführung eines internationalen Markenimage-Trackings	10	32	
Durchführung eines Markenpersönlichkeits-Trackings	2	40	

Abbildung 11:   Ergebnisse einer Managerbefragung zum Markenwert (Angaben in absoluten Zahlen) (n = 42)

Während über die Hälfte der befragten Marketingfachleute glaubt, daß besonders das Markenimage die Verkaufszahlen beeinflußt, gibt der größte Teil derjenigen, die diesen Glauben nicht teilen, an, sich nicht sicher zu sein. Es überrascht nicht, daß wesentlich mehr Skepsis dahingehend besteht, ob die Markenpersönlichkeit verkaufsfördernde Eigenschaften hat. Diese 1996 durchgeführte Befragung zeigt jedoch auch, daß nur bei einem Viertel der 42 befragten Marketingspezialisten das Markenimage Teil ihres Markencontrollings ist und nur 20 % versuchen, die Markenpersönlichkeit grenzüberschreitend zu messen. Es ist jedoch davon auszugehen, daß diese Zahl steigen wird.

Eine Erklärung für das geringe Auftauchen von Image- und Persönlichkeitsmessungen in multinationalen Tracking-Studien liegt darin, daß multinationale Tracking-Bemühungen von vielen Marketingspezialisten erst kürzlich eingeführt wurden. Außerdem sind solche Bemühungen nicht gerade leicht durchzuführen und darüber hinaus mit hohem Kostenaufwand verbunden.

Auch wenn wir den Standpunkt des **softer branding** vertreten, gibt es doch auch einen harten Teil dieses relativ neuen Konzepts. Dennoch ist anzunehmen, daß die emotionalen und persönlichen Aspekte sowie die Beziehungen zu Marken einen dauerhaften ökonomischen Vorteil in einem mittleren bis längeren Zeitraum gewähren können.

Starke Marken verwenden häufig eine visuelle Metapher, die zu ihrer Stärke beiträgt. Marketingspezialisten, die sich nicht die Mühe machen, die Magie ihrer Marke aus Konsumentensicht aufzudecken, werden dies auf lange Sicht bereuen. Einige werden sich natürlich eines zufälligen Erfolgs erfreuen, aber die Mehrheit wird scheitern.

Heute stehen uns die Werkzeuge zur Verfügung, die ein besseres Verständnis der „weichen Seite" des Branding ermöglichen. Die Siegermarken von morgen werden diese Erkenntnisse als ein Fundament benutzen, auf dem sie sich entwickeln und wachsen können.

Jennifer L. Aaker

Dimensionen der Markenpersönlichkeit[1]

---

1 Bei dem Beitrag handelt es sich um eine gekürzte und modifizierte Fassung der Veröffentlichung „Dimensions of Brand Personality" (Aaker, J., 1997, Journal of Marketing Research, Vol. 34, August, pp. 347 - 356). Der Herausgeber dankt der American Marketing Association für die bereitwillige Freigabe des Copyright.

1. Stand der Forschung

Die Konsumentenforschung widmete sich bisher dem Aufbau der **Markenpersönlich-keit** vor allem unter Bezugnahme auf die mit der Marke assoziierten menschlichen Eigenschaften. Der Fokus lag auf der Analyse, in welchem Ausmaß eine Marke es Verbrauchern erlaubt, ihr eigenes Ich (vgl. Belk, 1988), ihr ideales Ich (vgl. Malhotra, 1988) oder spezifische Dimensionen ihres Ich (vgl. Kleine et al., 1993) durch die Benutzung einer Marke auszudrücken. Praktiker erachten dieses Konzept

- als den zentralen Weg, eine Marke innerhalb einer Produktkategorie zu differenzieren (vgl. Halliday, 1996),
- als einen wesentlichen Faktor für die Bildung von Markenpräferenzen und die Verwendung von Marken (vgl. Biel, 1993) sowie
- als einen gemeinsamen Nenner, der für die internationale Vermarktung einer Marke verwendet werden kann (vgl. Plummer, 1985 b).

Trotz dieses Interesses blieb die Forschung zur Markenpersönlichkeit und zum Zusatznutzen von Marken beschränkt, was sich teilweise auf die mangelnde Übereinstimmung bezüglich des Begriffs „Markenpersönlichkeit" zurückführen läßt. Wie kann man Markenpersönlichkeit definieren und wie grenzt sie sich von verwandten Konstrukten ab? Gibt es einen gemeinsamen Rahmen oder eine Reihe von Dimensionen, die den **„großen fünf" Dimensionen der menschlichen Persönlichkeit** (Extrovertiertheit, Liebenswürdigkeit, Gewissenhaftigkeit/Pflichtbewußtsein, emotionale Stabilität und Kultur) ähnlich sind oder sich von ihnen unterscheiden? Antworten auf die Fragen, wie und wann die Markenpersönlichkeit von der Persönlichkeit der Verbraucher abhängt und somit die Präferenzen der Konsumenten beeinflußt, blieben vage (vgl. Sirgy, 1982).

Zudem hat sich die Wissenschaft bisher nicht damit befaßt, systematisch eine reliable, valide und allgemeingültige Skala zur Messung der Markenpersönlichkeit zu entwickeln. Zur Zeit benutzen Forscher Ad-hoc-Skalen (wie beispielsweise Checklisten, Photozuordnungen, Analogieschlüsse) oder direkt der Persönlichkeitspsychologie entstammende Skalen, die jedoch im Kontext von Marken nicht validiert wurden (vgl. Kassarjian, 1971). Dadurch bleiben die theoretische Allgemeingültigkeit und die Schlußfolgerungen, die sich aus den bisherigen Forschungsergebnissen ergeben, fragwürdig.

Das Ziel dieser Arbeit besteht darin, sich anhand der Struktur der fünf großen Dimensionen der menschlichen Persönlichkeit mit der Markenpersönlichkeit auseinanderzusetzen, um ein theoretisches Konzept der Dimensionen der Markenpersönlichkeit (vgl. Norman, 1963; Tupes/Christal, 1958) und eine reliable, valide und allgemeingültige Skala zu entwickeln, die diese Dimensionen mißt.

2. Operationalisierung der Markenpersönlichkeit

Die **Markenpersönlichkeit** wird hier als die „Gesamtheit menschlicher Eigenschaften bezeichnet, die mit einer Marke verbunden sind." Beispiel: „Absolut Vodka"-Trinker werden als coole 25jährige beschrieben, die mit der Mode gehen. Im Gegensatz zu den produktbezogenen Attributen, die eine rein nutzengeprägte Funktion für die Verbraucher übernehmen sollen, übernimmt die Markenpersönlichkeit eine Zusatznutzenfunktion (vgl. Keller, 1993).

Dieser Zusatznutzen von Marken wird dadurch erzeugt, daß Verbraucher Marken häufig mit menschlichen Persönlichkeitszügen in Verbindung bringen (vgl. Gilmore, 1919). Aufgrund von Marketingstrategien, die Marken mit einer eigenen Persönlichkeit ausstatten, wie zum Beispiel Vermenschlichung (z. B. M&M's Schokoladen-Bonbons), Personifizierung (z. B. Meister Proper) und Aufbau innerer Bilder (z. B. Herr Kaiser von der Hamburg-Mannheimer) können Marken in der Vorstellung der Verbraucher zu Berühmtheiten oder bekannten historischen Gestalten werden (vgl. Rook, 1985) und sich auf das eigene Ich beziehen (vgl. Fournier, 1994). Durch solche Techniken kann dazu beigetragen werden, daß die mit einer Marke in Verbindung gebrachten Persönlichkeitsmerkmale genau wie menschliche Persönlichkeitsmerkmale relativ beständig und ausgeprägt beim Konsumenten verankert werden. So sind zum Beispiel die mit Coca-Cola verbundenen Eigenschaften (cool, typisch amerikanisch und real) relativ beständig (vgl. Pendergrast, 1993) und unterscheiden Coke von seinen Wettbewerbern (z. B. der jungen, aufregenden und verrückten Pepsi; der unkonventionellen, einzigartigen und lustigen Bluna Limonade; vgl. Plummer, 1985 b).

Aufbauend auf dieser Logik ging die bisherige Forschung davon aus, daß die Präferenz für eine Marke zunimmt, je stärker die Marke mit Eigenschaften assoziiert wird, die das tatsächliche oder ideale Ich von Menschen beschreiben (vgl. z. B. Malhotra, 1988; Sirgy, 1982). Die empirische Erforschung dieser Hypothese wurde jedoch durch ein beschränktes konzeptionelles Verständnis der Markenpersönlichkeit und des ihr zugrundeliegenden psychologischen Mechanismus behindert.

2.1 Entstehung einer Markenpersönlichkeit

Obwohl Markeneigenschaften und menschliche Persönlichkeitseigenschaften eine ähnliche Begrifflichkeit besitzen (vgl. Epstein, 1977), unterscheiden sie sich doch hinsichtlich ihrer Entstehung. Die Wahrnehmung menschlicher Persönlichkeitsmerkmale entsteht auf der Grundlage individuellen Verhaltens, körperlicher Eigenschaften, Einstellungen und Überzeugungen sowie demographischer Eigenschaften (vgl. Park, 1986). Im Gegensatz dazu wird die Wahrnehmung der Markenpersönlichkeit durch jeglichen direkten und indirekten Kontakt mit der Marke determiniert. Die mit der Marke in Verbindung gebrachten Persönlichkeitsmerkmale entstehen auch durch die Übertragung der Persönlichkeitseigenschaften der typischen Markennutzer auf die Marke. Ebenso können Persönlichkeitsmerkmale der Angestellten oder des Vorstands des Unternehmens sowie der Markenanhänger direkt auf die Marke übertragen werden (vgl. McCracken, 1989). Außerdem werden Persönlichkeitsmerkmale mit einer Marke auf indirekte Weise durch Produktattribute, durch Assoziationen mit der Produktkategorie, durch den Markennamen, durch das Markensymbol oder das Markenlogo, durch den Werbestil, durch den Preis und durch den Vertriebsweg assoziiert (vgl. Batra et al., 1993). Die nachfolgende Abbildung 1 stellt die Zusammenhänge dar.

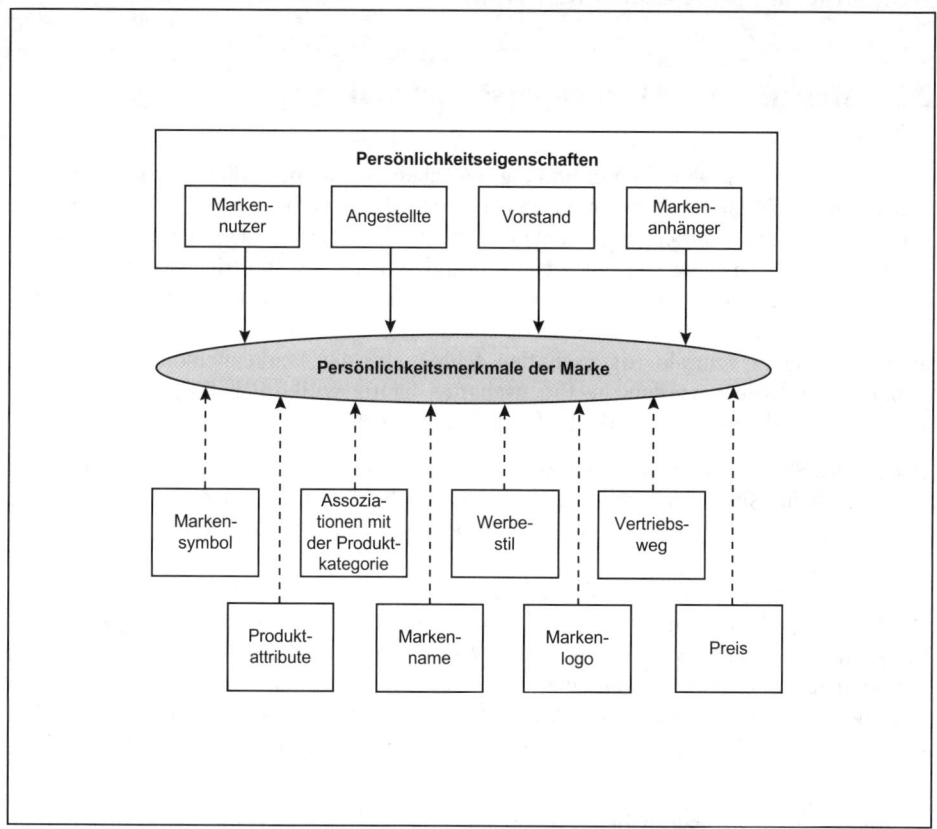

Abbildung 1:   Entstehung einer Markenpersönlichkeit

Die Forschung geht davon aus (vgl. Levy, 1959, S. 12), daß die Markenpersönlichkeit zusätzlich zu den Persönlichkeitsmerkmalen auch demographische Eigenschaften wie Geschlecht („man kann kaum vermeiden, sich Dinge als männlich oder weiblich vorzustellen"), Alter („die meisten Menschen reagieren im allgemeinen sensibel auf Alterssymbole") und Klasse („der Besitz eines Nerzmantels hat nicht nur etwas mit Winterkleidung zu tun") beinhaltet. Ähnlich wie die Persönlichkeitsmerkmale lassen sich diese demographischen Merkmale auch direkt von dem inneren Bild von den Markenverwendern, den Angestellten oder den Produktanhängern und indirekt von anderen Markenassoziationen ableiten. So wird die Zigarettenmarke Eve unter dem Einfluß der ausgeprägten inneren Bilder von den Verwendern als weiblich, Marlboro hingegen als männlich wahrgenommen. Obwohl es sich bei den beiden folgenden Marken um relativ junge Produkte handelt, wird Apple für jung und IBM für älter gehalten. Aufgrund ihrer unterschiedlichen Preisstrategien gilt das KaDeWe in Berlin als exklusives und Wertkauf als eher preisgünstiges Warenhaus.

2.2 Messung der Markenpersönlichkeit

Um zu untersuchen, wie die Verbindung zwischen Markenpersönlichkeit und menschlicher Persönlichkeit die Konsumpräferenzen beeinflußt, werden zwei Typen von Skalen zur Messung der Markenpersönlichkeit benutzt. Zum ersten Typ gehören Ad-hoc-Skalen, die sich typischerweise aus einer Gruppe von 20 bis 300 Eigenschaften zusammensetzen. Diese Skalen sind zwar nützlich, aber theoretisch nicht fundiert, da sie meist zur Untersuchung einer spezifischen Forschungsfrage entwickelt wurden. Daher können in diesen Skalen zentrale Eigenschaften fehlen, die die Markenpersönlichkeit kennzeichnen. Außerdem wurden die Eigenschaften häufig willkürlich festgelegt, wodurch sich die Reliabilität und Validität der Skalen als fragwürdig erweisen.

Der zweite Skalentyp zur Messung der Markenpersönlichkeit ist zwar eher theoretisch, baut jedoch auf Skalen der menschlichen Persönlichkeit auf, die im Zusammenhang mit Marken nicht validiert wurden (vgl. z. B. Bellenger et al., 1976; Dolich, 1969). Auch wenn sich einige Dimensionen (oder Faktoren) der menschlichen Persönlichkeit in Marken widerspiegeln können, werden andere nicht mit Marken in Verbindung gebracht. Die Validität solcher Markenpersönlichkeitsskalen ist daher oft fragwürdig und trägt zur Feststellung der Forscher bei, daß „der Wunsch nach eindeutigen Ergebnissen zum Zusatznutzen der Marke voraussetzt, daß die Forschung zum Konsumentenverhalten ihre eigenen Definitionen entwickelt und ihre eigenen Instrumente entwirft, um die Persönlichkeitsvariablen zu messen, die die Kaufentscheidung beeinflussen" (Kassarjian, 1971, S. 415).

Für dieses Forschungsvorhaben werden die unterschiedlichen Dimensionen der Markenpersönlichkeit abgeleitet. Im Ergebnis entsteht daraus ein mehrdimensionales Konstrukt zur Messung der Markenpersönlichkeit. Hierdurch wird das Verständnis der Wirkungszusammenhänge zwischen den Konstrukten Markenpersönlichkeit und Konsumpräferenzen maßgeblich verbessert.

Zusätzlich wird eine Skala entwickelt, die als Basis für den Aufbau einer Theorie zur Erklärung des Zusatznutzens der Marke dienen soll. In Anlehnung an die Untersuchungen von Malhotra (1981), der zur Messung des Ego, der Person und der Produktkonstrukte einen Skalenentwicklungsprozeß aufzeigt, werden Reliabilität und Validität durch die repräsentative Auswahl der Testpersonen gesichert. Dabei wird systematisch aus einer großen Zahl von Eigenschaften ausgewählt, um die Inhaltsvalidität sicherzustellen und die Beständigkeit der fünf Dimensionen mit einem unabhängigen Set von Marken und Personen zu demonstrieren.

Am wichtigsten ist hierbei wohl, daß diese Skala für verschiedene Produktkategorien verwendet werden kann. Neben den praktischen Vorteilen befähigen verallgemeinerbare Skalen den Wissenschaftler, den Zusatznutzen der Marke im allgemeinen gegenüber dem Zusatznutzen der Marke innerhalb einer bestimmten Produktkategorie zu verstehen. Das zeigt, daß der Zusatznutzen der Marke auf derselben Ebene verstanden werden kann wie die Nutzenfunktion der Marke, die ebenfalls mit verallgemeinerbaren Modellen ermittelt wird (z. B. durch Multiattribut-Modelle; vgl. Fishbein/Ajzen, 1975). Analog zu den Multiattribut-Modellen, die zeigen, wann und warum Verbraucher Marken aus Nutzenerwägungen kaufen, ergibt sich aus unseren Skalen ein theoretischer Einblick in den Kausalzusammenhang, wann und warum Verbraucher Marken zum Zweck der Selbstdarstellung kaufen.

Die Verwendung nicht-verallgemeinerbarer Skalen würde zahlreiche weitere Schwierigkeiten verursachen. So wäre es beispielsweise schwierig, kategorieübergreifende Stimuli zu benutzen, mögliche Auswirkungen des Produkttyps oder den psychologischen Hintergrund des Zusatznutzens der Marke über Produktkategorien, Individuen und Kulturen hinweg zu erforschen. Spezifische Persönlichkeitsskalen für bestimmte Produktkategorien sind daher bei der Entwicklung einer allgemeingültigen Theorie nur beschränkt einsetzbar.

2.3   Dimensionen der Markenpersönlichkeit

Das Ziel dieser Studie bestand darin, Dimensionen der Markenpersönlichkeit zu ermitteln und eine reliable, valide und verallgemeinerbare Skala zur Messung dieser Dimensionen zu entwickeln. Zur Identifizierung der Markenpersönlichkeitsdimensionen wurde eine Stichprobe von 631 Testpersonen ausgewählt, die die US-Bevölkerung in Hinblick auf die demographischen Kriterien Geschlecht, Alter, Haushaltseinkommen, ethnische Zugehörigkeit und geographischer Wohnort repräsentieren. Diese Personen bewerteten - aufgeteilt in vier Gruppen - insgesamt 37 Marken. Auf einer fünfpoligen Likert-Skala sollten die Testpersonen beurteilen, wie gut die vorgegebenen 114 Persönlichkeitsmerkmale die jeweilige Marke beschreiben. Die Ergebnisse einer explorativen Faktorenanalyse ergaben, daß Verbraucher für Marken fünf ausgeprägte Persönlichkeitsdimensionen wahrnehmen. Bei den fünf Faktoren **Aufrichtigkeit**, **Erregung/Spannung**,

Kompetenz, Kultiviertheit und **Robustheit** waren die Eigenwerte größer als eins. Zusammen erklärten sie 92 % der durch die Markenpersönlichkeit verursachten Varianz. Die Ergebnisse einer Reihe von Faktorenanalysen bei unterschiedlichen Gruppen von Testpersonen zeigten die Beständigkeit der Markenpersönlichkeitsdimensionen. Außerdem wurde durch Test-Retest-Korrelationen und Cronbach's Alpha ein hohes Niveau an Reliabilität für die fünf Dimensionen ermittelt[2]. Schließlich zeigte sich in den Ergebnissen einer konfirmatorischen Faktorenanalyse, die 180 Testpersonen, 20 Marken in zehn Produktkategorien und 42 Persönlichkeitsmerkmale zur Basis hatte, zusätzliche Bestätigung für die Stabilität der fünf Dimensionen. Die folgende Abbildung zeigt die fünf Dimensionen der Markenpersönlichkeit.

Aufrichtigkeit	Erregung/ Spannung	Kompetenz	Kultiviert- heit	Robustheit
▨ bodenständig	▨ gewagt	▨ zuverlässig	▨ vornehm	▨ naturver- bunden
▨ ehrlich	▨ tempera- mentvoll	▨ intelligent	▨ charmant	
▨ gesund		▨ erfolgreich		▨ zäh
▨ heiter	▨ phantasievoll			
	▨ modern			

Abbildung 2:   Dimensionen der Markenpersönlichkeit

Zusammenfassend ist herauszustellen, daß die Analysen die Reliabilität, Validität und universelle Einsetzbarkeit der hergeleiteten Skalen zur Messung der Markenpersönlichkeit eindrucksvoll bestätigen.

3.   Implikationen für Forschung und Praxis

3.1 Markenpersönlichkeit versus menschliche Persönlichkeit

Unsere Studie läßt sowohl wichtige theoretische als auch praktische Schlußfolgerungen zu. Auf theoretischer Seite erklärt die Studie den Grund für die bislang schlechten Forschungsergebnisse zur Selbstkongruenz. Die Ursache hierfür liegt offensichtlich in den bestehenden Unterschieden zwischen den Konzepten der Markenpersönlichkeit und der menschlichen Persönlichkeit begründet. Zwar bestehen zwischen drei Dimensionen der „Big Five" der menschlichen Persönlichkeit und der Markenpersönlichkeit große

---

2   Die Reliabilitätskoeffizienten für die fünf Dimensionen lagen zwischen 0,74 und 0,77.

Gemeinsamkeiten[3], bei zwei Dimensionen (Kultiviertheit und Robustheit) finden sich allerdings eklatante Unterschiede (vgl. Briggs, 1992). Dies deutet darauf hin, daß Markenpersönlichkeitsdimensionen auf unterschiedliche Arten funktionieren und die Konsumpräferenzen aus verschiedenen Gründen beeinflussen. Während zum Beispiel Aufrichtigkeit, Erregung/Spannung und Kompetenz angeborene Teile der menschlichen Persönlichkeit ansprechen, sind hingegen Kultiviertheit und Robustheit Eigenschaften, die ein Individuum begehrt, aber nicht unbedingt besitzt. Diese Prämisse entspricht der Werbung, die für prototypische, kultivierte Marken entwickelt wird (z. B. Monet, Revlon, Mercedes), in denen an Erwartungsassoziationen wie zum Beispiel Exklusivität, vornehme Erscheinung und Sex-Appeal appelliert wird. Auf ähnliche Weise neigen robuste Marken (z. B. Marlboro, Harley-Davidson, Levi's) dazu, die amerikanischen Ideale des wilden Westens - Stärke und Männlichkeit - hervorzuheben.

Wenn diese Prämisse der Wahrheit entspricht, hieße das, daß einer der Gründe für die schwache empirische Unterstützung der Auswirkung von Selbstkongruenz (sowohl real als auch ideal) darin liegt, daß sich das Hauptaugenmerk darauf richtet, die Persönlichkeit zwischen einer Marke und einem Verbraucher auf aggregiertem Niveau (d. h. über alle Persönlichkeitsmerkmale hinweg) anzugleichen. Diese Studie geht jedoch davon aus, daß die einzelnen Persönlichkeitsdimensionen in die Untersuchung einfließen müssen (vgl. Kleine et al., 1993; Kleine et al., 1995). Außerdem muß die Bedeutung dieser Dimensionen untersucht werden, um ihre zentrale Bedeutung für das eigene Ich (vgl. Markus, 1977; Markus/Wurf, 1987), sowie das Ausmaß, in dem sie Markenpräferenzen in bestimmten Situationen beeinflussen, zu verstehen.

Die Ergebnisse dieser Studie sind auch praktisch anwendbar. Es handelt sich hier um die erste Meßskala, die auf einer repräsentativen Stichprobe, einer umfangreichen Liste von Markenmerkmalen und einem über mehrere Produktkategorien hinweg systematisch ausgewählten Markenbündel basiert. Praktiker haben somit eine Alternative zu den momentan noch verwendeten Ad-hoc-Skalen. Außerdem kann die Skala zum Vergleich von Markenpersönlichkeiten in verschiedenen Produktkategorien genutzt werden. Hierdurch ergibt sich auch die Möglichkeit, zentrale Benchmarks der Markenpersönlichkeit zu identifizieren. Abbildung 3 gibt einen Überblick bezüglich der Dimensionen der Markenpersönlichkeit und relevanter Items zu deren Messung.

---

3   Zum Beispiel: Liebenswürdigkeit und Aufrichtigkeit beinhalten beide die Vorstellung von Wärme und Akzeptanz; Extrovertiertheit und Erregung/Spannung deuten beide auf Vorstellungen von Gesellligkeit, Energie und Aktivität hin; Gewissenhaftigkeit und Kompetenz weisen auf Verantwortungsbewußtsein, Zuverlässigkeit und Sicherheit hin.

Merkmale	Facetten-name	Faktor-name	Merkmale	Facetten-name	Faktor-name
bodenständig	bodenständig	Aufrichtig-keit	zuverlässig	zuverlässig	Kompetenz
familien-orientiert			hart arbeitend		
kleinstädtisch			sicher		
ehrlich	ehrlich		intelligent	intelligent	
aufrichtig			technisch		
echt			integrativ		
gesund	gesund		erfolgreich	erfolgreich	
ursprünglich			führend		
heiter	heiter		zuversichtlich		
gefühlvoll			vornehm	vornehm	Kultiviert-heit
freundlich			glamourös		
gewagt	gewagt	Erregung/Spannung	gut aussehend		
modisch			charmant	charmant	
aufregend			weiblich		
temperament-voll	tempera-mentvoll		weich		
cool			naturverbunden	naturverbunden	Robustheit
jung			männlich		
phantasievoll	phantasievoll		abenteuerlich		
einzigartig	modern		zäh	zäh	
modern			robust		
unabhängig					
zeitgemäß					

Abbildung 3:   Dimensionen und Items zur Messung der Markenpersönlichkeit

3.2   Aufbau und Wirkung von Markenpersönlichkeiten

Akzeptiert man die Wichtigkeit der Markenpersönlichkeit, so stellt sich als nächstes die Frage, wie es gelingt, eine solche Markenpersönlichkeit aufzubauen. Das in der Studie entwickelte Konzept und die Skala zur Messung der Markenpersönlichkeit liefern einen umfassenden theoretischen und praktischen Beitrag zum Verständnis des Aufbaus von Markenpersönlichkeiten. Grundsätzlich geht man davon aus, daß eine Markenpersönlichkeit durch eine Vielfalt von Marketingvariablen entsteht (z. B. Werbung, Verpackung usw.; vgl. Batra et al., 1993; Levy, 1959; Plummer, 1985 b). Inwieweit diese Variablen unabhängig voneinander oder in gegenseitiger Abhängigkeit die Markenpersönlichkeit beeinflussen, muß noch bestimmt werden. Mit der Markenpersönlichkeitsskala können die Variablen systematisch manipuliert und ihr Einfluß auf die Markenpersönlichkeit gemessen werden.

Nach weit verbreiteter Auffassung wird davon ausgegangen, daß die Markenpersönlichkeit

- die Präferenzen und Produktnutzung der Verbraucher verstärkt (vgl. Sirgy, 1982),
- beim Verbraucher Emotionen auslöst (vgl. Biel, 1993) und
- das Vertrauen in die Marke und die Markentreue verstärkt (vgl. Fournier, 1994).

Diese Behauptungen können durch die systematische Manipulation bestimmter Dimensionen der Markenpersönlichkeit (z. B. Aufrichtigkeit) und durch Kontrolle ihrer Wirkung auf die abhängigen Schlüsselvariablen getestet werden. Theoretisch würde dieses Vorgehen zu einem allgemeinen Verständnis des Zusatznutzens einer Marke beitragen. Praktisch ergäbe sich daraus ein Einblick in die Variablen, die die Markenpersönlichkeit beeinflussen und auch in solche, die durch die Markenpersönlichkeit beeinflußt werden.

Es bedarf auch weiterer Forschung, um zu untersuchen, wie Informationen zur Markenpersönlichkeit verarbeitet werden. Bisherige Arbeiten zeigten, daß unter Bedingungen hoher Motivation Markenattribute systematisch verarbeitet werden (vgl. Maheswaran/ Chaiken, 1991). Es ist jedoch noch wenig erforscht, wie sich die Einstellungsbildung bei niedriger Motivation vollzieht. Eine Möglichkeit besteht darin, daß bei niedriger Motivation Informationen zur Markenpersönlichkeit als heuristische Hinweise benutzt werden, die die Einstellung der Verbraucher beeinflussen sowie die Verarbeitung der Informationen zu Markenattributen abschwächen. Eine andere Variante wäre die, daß der Mustervergleich zwischen der eigenen Persönlichkeit und der Markenpersönlichkeit eine systematische Überprüfung der Informationen zur Markenpersönlichkeit erfordert, und daß deshalb Einstellungen auch bei hoch motivierten Konsumenten beeinflußt werden. Eine letzte Möglichkeit, die es verdient, untersucht zu werden, besteht darin, daß die Markenpersönlichkeit die Wahrnehmung von Informationen über Markenattribute beeinflußt, so daß die Markenattribute in Abhängigkeit von der mit einer Marke assoziierten Persönlichkeit auf verschiedene Weise interpretiert werden (vgl. Chaiken/ Maheswaran, 1994).

3.3   Interkulturelle Übertragbarkeit von Markenpersönlichkeiten

Das hier entwickelte Konzept der Markenpersönlichkeit und der Skalen zu ihrer Messung haben schließlich wesentliche Auswirkungen auf die Forschung, die sich mit der Wahrnehmung von Markenpersönlichkeiten in verschiedenen Kulturen auseinandersetzt. Inwieweit beispielsweise Dimensionen der Markenpersönlichkeit für verschiedene Kulturen verallgemeinerbar sind, muß noch untersucht werden. Auch wenn die Forschung gezeigt hat, daß die Dimensionen menschlicher Persönlichkeit in den verschiedenen Kulturen gleich sind (vgl. Paunonen et al., 1992), muß dies nicht automatisch für die Markenpersönlichkeit gelten, da sich die Determinanten dieser beiden Konstrukte voneinander unterscheiden. Demzufolge könnte die vorliegende Skala für die Messung der

Markenpersönlichkeit in einem anderen kulturellen Kontext ungeeignet sein. Sollte dies der Fall sein, muß theoretisch ermittelt werden, warum die Dimensionen keine interkulturelle Gültigkeit haben. Antworten auf diese Fragen werden Einblick gewähren, inwieweit die Persönlichkeit einer Marke (gegenüber den Attributen einer Marke) in verschiedenen Kulturen gleich ist, welche Dimensionen einer Markenpersönlichkeit bewertet werden und wie Konsumenten Marken in den einzelnen Kulturen nutzen (vgl. Aaker/Maheswaran, 1997).

Schließlich ist wenig bekannt über die psychologischen Mechanismen, durch welche die Markenpersönlichkeit in verschiedenen Kulturen wirksam wird. Neueste Forschungsergebnisse der kulturellen Psychologie lassen jedoch erkennen, daß sich der Zusatznutzen von Marken in den einzelnen Kulturen wesentlich unterscheidet (vgl. Aaker/Schmitt, 1997). In individualistischen Kulturen beispielsweise, in denen Unabhängigkeit, Autonomie und Einzigartigkeit hoch bewertet werden (vgl. Markus/Kitayama, 1991), ist es wahrscheinlicher, daß Konsumenten Marken benutzen, um sich von Mitgliedern ihrer eigenen Gruppe zu unterscheiden. In kollektivistischen Kulturen hingegen, in denen Interdependenz, Konformismus und Ähnlichkeit hoch geschätzt werden (vgl. Markus/ Kitayama, 1991), werden Verbraucher Marken vor allem dazu benutzen, ihre Ähnlichkeit mit Mitgliedern der eigenen Gruppe auszudrücken. Arbeiten hierzu werden wohl zeigen, daß der Zusatz- oder Selbstdarstellungsnutzen von Marken in allen Kulturen Bestand hat, während die Art der Selbstdarstellung sich wesentlich unterscheidet.

Andreas Herrmann, Frank Huber und Christine Braunstein

Gestaltung der Markenpersönlichkeit mittels der „means-end"-Theorie

1. Die Bedeutung von Innovationen für den Markenerfolg

Wie Zahlen aus der Marketingpraxis belegen, besitzen für den Erfolg einer Marke Innovationen einen hohen Stellenwert. Eindrucksvoll nachweisen konnten diesen Zusammenhang zum Beispiel Albach (1989, S. 1338) sowie Simon (1996, S. 107), die nach Auswertung der von ihnen initiierten Studien einen positiven Einfluß der Innovationsaktivitäten eines Unternehmens auf dessen Umsatzrendite ermittelten (vgl. Wieselhuber & Partner/RKW, 1988, S. 30). Und auch nach der Auffassung von Hätty (1994, S. 575) repräsentiert der Innovationsgrad der Produktideen bzw. Marketingleistungen eine zentrale Determinante für das erfolgreiche Management der Marke. Ferner weisen Wind und Mahajan (1997, S. 7) auf die Notwendigkeit eines gelungenen Zusammenspiels zwischen den Innovationsaktivitäten und der Markenführung hin.

In Anbetracht der Aktualität und Relevanz der Thematik entwickelte sich der Begriff „Innovation" daher fast schon zu einem Modewort. Oft erfolgt die praktische Verwendung des Ausdrucks inhaltsleer, d. h. ohne konkrete Vorstellung über die damit verbundene Bedeutung oder die unterschiedlichen Konzeptionen und Theorien. Eine Präzisierung des Begriffs erscheint deshalb notwendig.

Im objektbezogenen Sinne steht der Ausdruck „Innovation" für ein neuartiges Produkt, welches ein Unternehmen erstmalig auf den Markt bringt oder in den Betrieb einführt (Hauschildt, 1992 a, Spalte 1029). Aufgrund der Kritik gegen diese objektive Interpretation, die vor allem das Fehlen eines universell einsetzbaren und allgemein anerkannten Instrumentariums zur Messung von objektiven Unterschieden sowie dem daraus resultierenden Aufwand des Nachweises der absoluten Neuheit bemängelte, unterbreitete Hauschildt eine nachfrageorientierte Deutung des Begriffs. Diese aus Marketingsicht sehr gelungene Definition beschreibt eine Innovation als die vom Nachfrager als neuartig wahrgenommene Verknüpfung von Mitteln (means) und Zwecken (ends, benefits) (vgl. Hauschildt, 1992 b, S. 13). Einerseits kann demnach ein neuartiges Produkt(merkmal) einen bereits bekannten Nutzen stiften. Beispielsweise hat der Nachfrager inzwischen die Wahl, seinen Vitaminbedarf durch Obst oder mittels Brausetabletten zu decken. Andererseits eignen sich herkömmliche Produkte gleichermaßen zur Realisierung eines neuartigen Nutzens. Während früher zum Beispiel ein Fahrrad als Fortbewegungsmittel diente, signalisiert sein Besitzer heute damit einen bestimmten Lebensstil (z. B. Hollandrad versus Mountain-Bike). Zur Initiierung eines neuen Verwendungszwecks kommt dem kommunikationspolitischen Instrumentarium große Bedeutung zu. Denkbar wäre ferner die Kombination eines neuen Produkts bzw. neuer Eigenschaften mit einem neuartigen Nutzen. So ermöglichte die Erfindung des CD-Spielers den Hörern neue Klangerlebnisse.

Gleichwohl also der Begriff Innovation verschiedene Deutungen erfährt, ist in der Marketingpraxis bislang die Auffassung, eine Innovation repräsentiere ein neues Produkt, das dem Nachfrager einen bisher nicht realisierten funktionalen Benefit stiftet, am weitesten verbreitet. Zur Rechtfertigung dieser Interpretation dient das Argument, daß auf diese Weise ein Produkt eine Alleinstellung in der Wahrnehmungswelt des Kunden erlange und sich zur Marke entwickele. Im Einklang mit dieser Auffassung steht somit die Notwendigkeit der Profilierung der Marke durch Veränderung des stofflich-technischen Grundnutzens. In den meist stark differenzierten Märkten der Triade, die sich durch relativ homogene Leistungsangebote und rasche Diffusionsprozesse auszeichnen, bietet sich für Unternehmen jedoch kaum noch die Chance mit einem Produkt, das sich durch einen bisher nicht realisierten funktionalen Benefit auszeichnet, eine Alleinstellung zu erreichen.

Zentral erscheint daher für den Fortbestand eines Unternehmens ein Paradigmenwechsel. Kennzeichen der neuen Sichtweise ist die Erkenntnis, daß der Markenerfolg nicht mehr auf dem technisch-funktionalen Grundnutzen, sondern auf einem innovativen, seelisch-geistig-informatorischen Zusatznutzen beruht. Demnach verdankt eine Marke ihre Alleinstellung dem einzig- und neuartigen emotionalen Konsumerlebnis, das sie dem Nachfrager liefert (vgl. Kinast, 1995, S. 74). Wie Studien aus der (sozial-) psychologischen Forschung belegen, resultieren starke emotionale Erlebnisse und Bindungen aus zwischenmenschlichen Interaktionen, d. h. aus der Beziehung zwischen zwei Persönlichkeiten (vgl. Fehr/Russell, 1991; Fournier, 1998). Folglich sollte ein Unternehmen, das die Differenzierung seiner Produkte durch einen hohen Zusatznutzen forciert, seine Marke als Persönlichkeit in der Wahrnehmungswelt des Nachfragers verankern.

Innovative Marken erzeugen allerdings nur dann Präferenzen, wenn der Nachfrager die Neuheit als eine relevante und den Konkurrenzprodukten überlegene Möglichkeit der Nutzenstiftung erachtet. Tatsächlich sind die Fehlschlagraten bei Markeninnovationen beträchtlich (vgl. Jones, 1986). Eine besondere Relevanz besitzt daher die Identifikation der Faktoren, die für die Markenentscheidung des Nachfragers eine Rolle spielen. Hinweise hierauf liefert die „means-end"-Theorie. Bevor dieser erst in jüngster Vergangenheit entwickelte Ansatz im weiteren Verlauf des Beitrags eine detaillierte Erörterung erfährt, stehen einige Ausführungen zu den verschiedenen Markenkonzepten im Mittelpunkt des Interesses. Danach zeigen wir, wie sich eine Markenpersönlichkeit mit Hilfe der „means-end"-Analyse gestalten läßt. Die Überprüfung des Ansatzes an der Realität erfolgte im Rahmen einer Pilotstudie mit einem Unternehmen aus der Textilbranche. Einige Ergebnisse werden im letzten Abschnitt präsentiert.

2. Von der Marke zur Markenpersönlichkeit

2.1 Der klassische Markenbegriff

Geprägt wurde der Begriff „Marke" ursprünglich von **Mellerowicz**. Nach seiner Auffassung zeichnet sich eine Marke außer durch die Markierung und die hohe Anerkennung im Markt durch gleichbleibende Qualität, Menge, Aufmachung, einen großen Absatzraum, eine starke Verbraucherwerbung sowie durch die Ausrichtung auf den privaten Konsum aus (vgl. Mellerowicz, 1963, S. 7 ff.). Neben diesem merkmalsorientierten Erklärungsansatz findet man in der Literatur noch eine Vielzahl weiterer Konzepte zur Wesensbestimmung (vgl. Schiele, 1999; Meffert/Burmann, 1996 a). So berücksichtigt der intensitätsbezogene Ansatz verschiedene abgestufte Erscheinungsformen der Marke, die nicht allen Kriterien des merkmalsorientierten Markenkonzepts genügen. Der herkunftsstrukturierende Ansatz beruht auf den unterschiedlichen Trägern einer Marke, wie zum Beispiel der Hersteller, das Dienstleistungs- oder das Handelsunternehmen. Gemäß dem instrumentalen Ansatz verdienen Leistungen nur dann die Bezeichnung „Marke", wenn sie bestimmte Anforderungen hinsichtlich Qualität, Preis, Verpackung, Werbung usw. erfüllen. Nicht einzelne Marketinginstrumente, sondern ein geschlossenes Absatzkonzept, das auf die Realisierung eines konsistenten Images und eines hohen Bekanntheitsgrades abzielt, steht im Mittelpunkt des absatzsystemorientierten Markenkonzepts. Der erfolgsorientierte Ansatz erkennt in dem ökonomischen Erfolg das zentrale Charakteristikum einer Marke.

Gemeinsam ist allen Ansätzen, daß sie auf einer realitätsbezogenen Ausrichtung der Markendefinition beruhen. Man gewinnt den Eindruck, die Entwicklung der verschiedenen Konzepte hätte vor dem Hintergrund der Entwicklung der Marken stattgefunden. Falls ein markiertes Gut den im Zeitablauf jeweils gültigen definitorischen Anforderungen nicht mehr entsprach, subjektiv aber dennoch als Marke aufgefaßt wurde, erfuhr der Erklärungsansatz eine entsprechende Korrektur oder es erfolgte die Genese eines neuen Ansatzes, der auch dieses Gut einschloß. Die Nominaldefinitionen waren nichts anderes als kryptonormative Realdefinitionen. Weiterhin berücksichtigt keiner der genannten Ansätze die Perspektive des Kunden(nutzens). Schließlich bestimmt alleine das Verhalten des Nachfragers, ob sich eine Unternehmensleistung als Marke etabliert. Den Ansätzen kommt daher im Hinblick auf die Bewältigung der Probleme des modernen Markenmanagement nur noch eine „historische" Rolle zu (vgl. Bruhn, 1994 b, S. 9). Vorteilhafter erscheint in diesem Zusammenhang die kunden- bzw. nutzenorientierte Deutung des Markenbegriffs.

2.2 Der nutzenorientierte Markenbegriff

Dem wirkungsbezogenen Erklärungsansatz liegt die Idee zugrunde, den attributiven und statischen Produkt- oder Herstellerbezug der oben beschriebenen Konzepte durch eine dynamische, am Konsumentennutzen ausgerichtete Sichtweise zu ersetzen. Demzufolge bestimmt das Nutzenerlebnis der Konsumenten, ob ein Produkt die Bezeichnung Marke verdient. Auf der Basis einer solchen dynamisch wandelbaren Interpretation des Markenkonzepts lassen sich zwei Grundvarianten ableiten. Einerseits können auch heute noch traditionelle Merkmale der Marke, wie die hohe Qualität auf Dauer, flächendeckende Ubiquität sowie hohe und verallgemeinerungsfähige Verkehrsgeltung (z. B. Persil) eine gewisse Relevanz besitzen (vgl. Weinberg, 1992 c, Spalte 2680 f.; Dichtl, 1994, S. 169 ff.). Parallel dazu gewinnt andererseits ein Kriteriensystem an Bedeutung.

Wesentliche Bestandteile dieses Systems sind sicherlich Kriterien wie die selektive Ubiquität bei gleichzeitig gegebener Globalität der Marke (vgl. Meffert, 1988 c, S. 290 ff.; Kelz, 1989, S. 120). So erfolgt beispielsweise die Distribution der Uhrenmarke Rolex weltweit, gleichwohl erhält der Kunde die Zeitmesser in Deutschland nur in ca. 120 Fachgeschäften. Von Überallerhältlichkeit kann demnach in bezug auf den Distributionskanal nicht - hinsichtlich des räumlichen Marktgebiets aber schon - die Rede sein. Nichtsdestotrotz genießt Rolex bei Verbrauchern sowie Juwelieren vor Ort eine hohe Verkehrsgeltung und ein exklusives Markenimage (zum nutzengeprägten Markenimage; vgl. Hätty, 1989 a, S. 253). Darüber hinaus läßt sich der „neue" Begriff der Marke dadurch differenzieren, daß die Verkehrsgeltung nicht allgemein, sondern nur in einer bestimmten Zielgruppe oder „Szene" existiert. Die Marke ist, wenn sie sich in Bereichen der „counter culture" (vgl. Bolz/Bosshart, 1995) entwickelt, im wahrsten Sinne des Wortes „am Puls der Zeit". Soziologisch orientierte Analysen des sogenannten Kultmarketings, wie die von Bolz und Bosshart (1995), zeigen gerade die Beeinflussungskraft der neuen Markenkonzepte, ob sie nun Lifestyle-, Werte-, Ikone- oder gar Mythos-Marken heißen.

Die Einsicht in den einfachen Wandel der Marke ist in Theorie und Praxis v. a. durch das verkürzte Verständnis von „Nutzen" behindert. Noch heute leidet die gesamte ökonomische Theorie aufgrund des Erfolgs der Aufklärung unter dem unzulänglichen Bild des Individuums als eine Art Newton'sche Menschmaschine, wenn es um sein ökonomisches Handeln geht. So erscheint natürlich der Kauf einer Qualitätsmarke als vernünftig, der Erwerb einer („sündhaft teuren") Marke mit Talismann- bzw. „Fetisch"-Charakter (vgl. Bolz/Bosshart, 1995) als irrational oder mystisch. Und trotzdem setzen sich Marken der letztgenannten Art am Markt zunehmend durch. Drei Erklärungen sind denkbar:

1. Die funktionale Qualität der Produkte gleicht sich einander immer mehr an. Mit Hilfe der „psychologischen Produktdifferenzierung" wollen Anbieter durch entsprechende Markenpersönlichkeiten eine „uniqueness" erreichen (marketing-theoretischer Ansatz).

2. In einer Gesellschaft des Überflusses sind Grundbedürfnisse (d. h. die funktionale Qualität von Produkten) gut erfüllt. Die Nachfrager instrumentalisieren Produktbesitz (= Markenkauf) zur Selbstinszenierung auf der Bühne des (sozialen) Lebens (soziologischer Ansatz).

3. Die industrielle Risikogesellschaft der Postmoderne erkennt einerseits die Unmöglichkeit der linearen Verlängerung des Fortschritts- und Wissenschaftsmythos, andererseits ist der „Markt für Sinndeutungen" in eine Art Götterdämmerung mit einer nachhaltigen Entzauberung der bisher großen religiösen und weltanschaulichen Sinnentwürfe geraten. In einer „Welt ohne Götter" entsteht ein Bedarf nach neuer Sinn-Beheimatung. In diese Lücke springen in einer vulgären und banalen, aber wirkungsvollen Form die Lifestyle- und Werte-Marken (vgl. Bauer, 1996) mit aufklärerischem Impetus, wie Benetton, Esprit, Otto Kern usw. (religionsphiolosophischer Ansatz).

Alle drei Erklärungen sind im Kern in den Vorstellungen von Vershofen zur Präferenzbildung der Nachfrager enthalten. Demnach erfolgt die „Marktentnahme" von Produkten durch die Nachfrager oft aufgrund eines Zusatznutzens. Bereits in den Anfängen der Verbrauchs- und Konsumtheorie absatzwirtschaftlicher Prägung („Nürnberger Schule") entwickelte Vershofen (1959, S. 81 f.) in den 40er Jahren eine entsprechende Nutzentheorie. In der von ihm entworfenen „Nürnberger Nutzenleiter" (vgl. Abbildung 1) veranschaulicht er, daß beim Nachfrager Präferenzen aufgrund der Nutzenkomponenten „von links oben nach rechts unten" entstehen. Entsprechend forcieren erfolgreiche Unternehmen, die gemäß dem modernen Markenkonzept handeln, den Zusatznutzen zur Schaffung von präferenzerzeugenden Marken. Konsequent praktiziert bedeutet dies, daß Marken letztendlich „Mythos", wie bei Coca Cola und Harley Davidson (vgl. Kinast, 1995, S. 79), „Ethik", wie bei Benetton und Esprit oder „Werterlebnisse", wie bei BMW (Sportlichkeit und Freude haben) und Mercedes (Verantwortung, Solidarität und Sicherheit) verkörpern.

Die Vershofen'sche Nutzenlehre dient in erster Linie der Klassifikation sämtlicher kaufentscheidungsrelevanter Nutzenarten. Da diese allerdings nicht eindeutig und überschneidungsfrei definiert sind, deduziert Vershofen keine deterministischen Entscheidungsregeln. Ein weiteres großes Defizit liegt in der fehlenden Operationalisierbarkeit des Gedankenmodells, das keine Messung zuläßt. Bewußt wahrt Vershofen die Grenzen zum „Unerforschten" des Menschen. Die Erkenntnisse der Motivforschung ablehnend, vernachlässigt er die Einflüsse des Halb- bzw. Unterbewußtsein auf das Konsumentenverhalten (vgl. Berekoven, 1979, S. 6 ff.). Die Nutzentheorie beschreibt also lediglich, welche Nutzenarten die Kaufentscheidung beeinflussen. Warum Konsumenten die Realisierung eines bestimmten Zusatznutzens anstreben und deshalb z. T. komplexe emotionale Beziehungen zu den Marken aufbauen, so daß man gemeinhin von einer Personifizierung der markierten Güter spricht, bleibt offen. Zur Klärung dieser Fragestellung liefert der persönlichkeitsorientierte Erklärungsansatz wertvolle Hinweise.

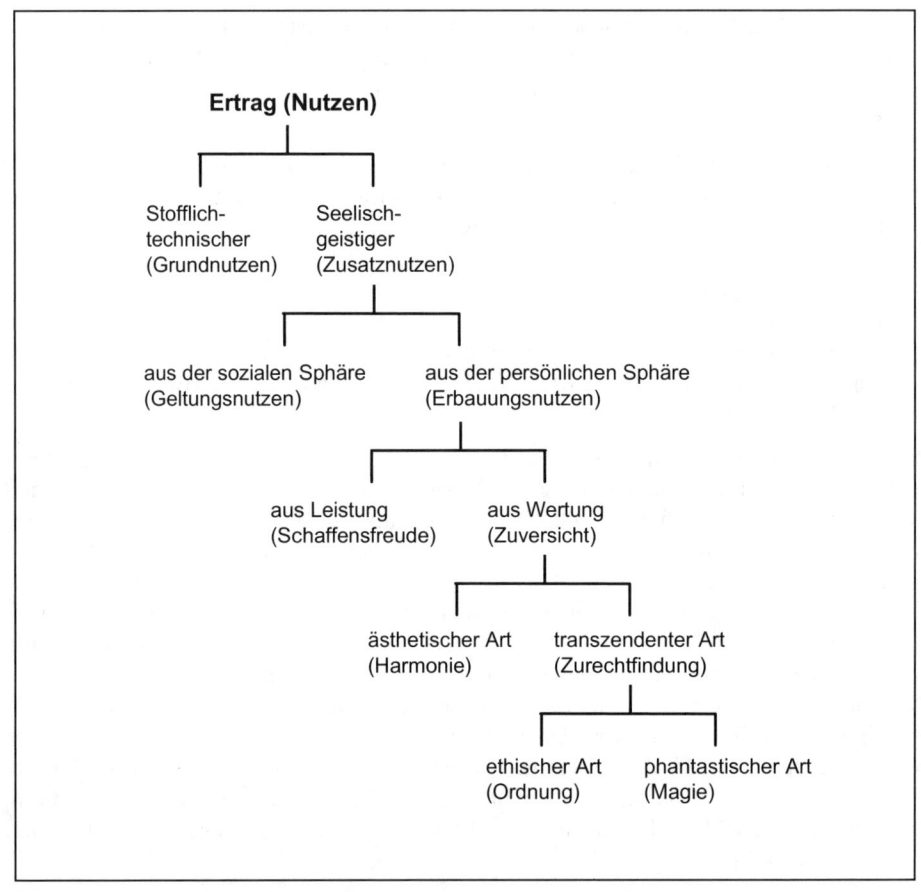

Abbildung 1:   Vershofens Nutzenleiter
Quelle: Vershofen, 1959.

2.3   Der persönlichkeitsorientierte Markenbegriff

Den Ausgangspunkt für das persönlichkeitsbezogene Markenkonzept bildet die Überlegung, daß Marken genauso wie Menschen eine Persönlichkeit besitzen (vgl. Kellner, 1994, S. 620). In diesem Sinne formulierte bereits Domizlaff das 12. Grundgesetz der natürlichen Markenbildung, das besagt: „Eine Markenware ist das Erzeugnis einer Persönlichkeit ..." (Domizlaff, 1937; zitiert nach Domizlaff, 1994, S. 700). Er begründet seine Aussage mit der These, die menschliche Psyche suche immer danach, mit einem Wort eine Vorstellung zu verbinden. Zudem werden unpersönliche Begriffe weit seltener anerkannt und verehrt als Personen (Domizlaff, 1937; zitiert nach Domizlaff, 1994, S. 701). Zur gleichen Erkenntnis gelangt die Theory of Animism, die dem Menschen die Neigung zuschreibt, das Unbeseelte zu beseelen (vgl. Gilmore, 1919). So beschreiben Nachfrager die Marke Coca Cola mit Attributen wie „cool, All-American und real". Der Konkurrent Pepsi tritt als „jung, aufregend und hip" auf. Konsumenten verknüpfen also mit Marken menschliche Eigenschaften (vgl. Levy, 1985). Welchen Softdrink der Nachfrager schließlich präferiert, hängt von der wahrgenommenen Differenz zwischen der Markenpersönlichkeit und der eigenen Persönlichkeit ab. Je geringer diese Distanz ist, um so eher entscheidet der Kunde sich für die Marke (vgl. Sirgy, 1982). Eine Marke, die „paßt", schafft Komfort und Zufriedenheit (McCracken, 1993, S. 126).

Nach Aaker (1996 b) stellt die Markenpersönlichkeit die wichtigste, da differenzierende Dimension des Images dar. Sie umfaßt die Gesamtheit aller Assoziationen, die die Marke auslöst und die sich in inneren Bildern manifestiert (zu Imagery; vgl. Kroeber-Riel, 1993 b; Ruge, 1988; Nommensen, 1990). Im Gegensatz zum nutzenorientierten Markenbegriff stehen hier nicht einzelne Eigenschaften und deren Nutzen im Vordergrund, sondern die Idee des Produkts im menschlichen Bewußtsein. Entsprechend definiert Ogilvy den Markenbegriff mit folgenden Worten: „A brand is the consumer's idea of a product" (vgl. Blackston, 1992 b, S. 79). Das Zusammenspiel aller Assoziationen ist somit dafür verantwortlich, daß sich das Produkt in der Vorstellungswelt des Kunden als eine Persönlichkeit manifestiert (vgl. Aaker/Batra/Myers, 1992, S. 254). Beruht das Markenimage sowohl auf den konkreten Produkteigenschaften und deren Benefits, als auch auf den symbolischen intangiblen Merkmalen eines Produkts, repräsentiert die Markenpersönlichkeit nur letztgenannte weiche Faktoren (vgl. Abbildung 2).

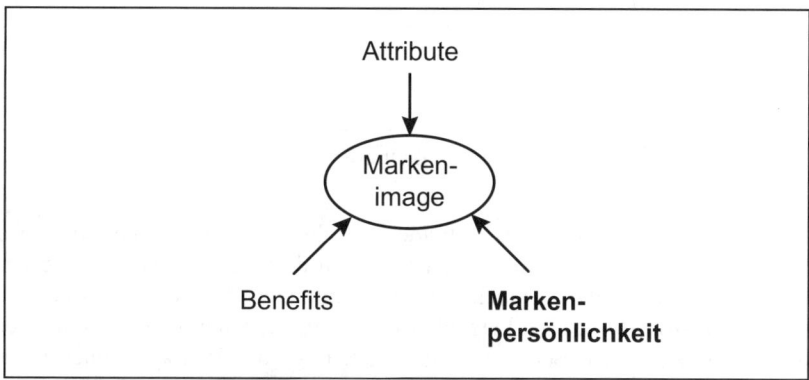

Abbildung 2:   Markenpersönlichkeit als Determinante des Markenimages
Quelle: in Anlehnung an Plummer, 1985 c.

Nun stellt sich dem Marketer die Frage, wie eine Markenpersönlichkeit zu kreieren sei. Hier gilt es zunächst, zwischen produkt- und umweltbezogenen Markenpersönlichkeitstreibern zu unterscheiden. Zu den produktbezogenen Faktoren zählen sämtliche konkreten Eigenschaften der Marke, so die Produktkategorie, die Qualität, die Verpackung und der Preis. Unter den umweltbezogenen Persönlichkeitstreibern subsumiert Aaker die Vorstellung der Nachfrager über den typischen Nutzer, das Alter der Marke, Symbole, Werbung, Country-of-origin, Unternehmensimage sowie Berühmtheiten, die mit der Marke in Verbindung stehen (z. B. als Testimonials) (vgl. Aaker, 1996 b).

All die Informationen, die auf den Nachfrager einwirken, lösen bestimmte Assoziationen aus, die in der Markenpersönlichkeit gebündelt werden. Die Markenpersönlichkeit selbst stößt wiederum bestimmte Gedankengänge an, die zu einem Bündel von Lebenswerten führen (Aaker/Batra/Myers, 1992).

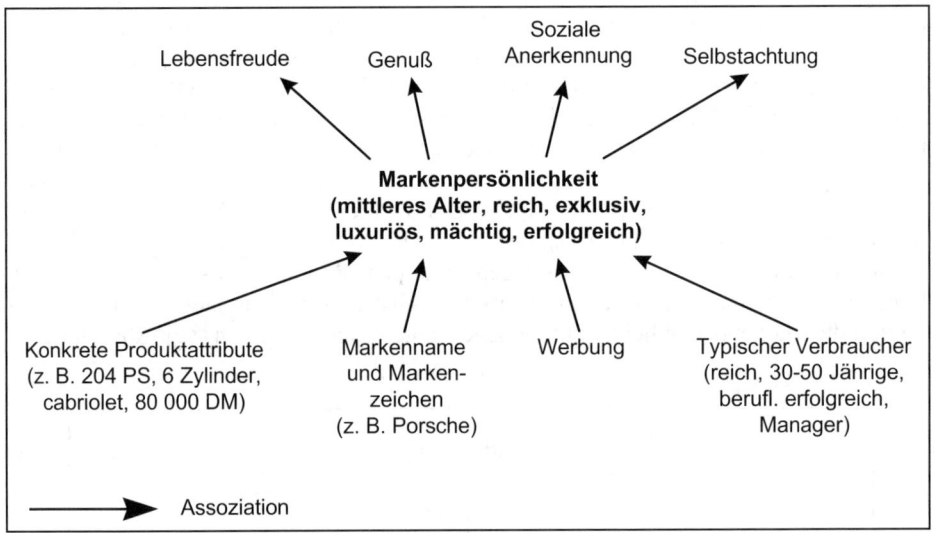

Abbildung 3:   Fiktive Markenpersönlichkeit eines PKW's

Die Persönlichkeit, sei es die eines Individuums oder die einer Marke, wird in erster Linie von Werten geprägt. Sie determinieren überall dort das Handeln, wo nicht biologische Triebe, Zwänge oder rationale Nutzenerwägungen den Ausschlag geben (vgl. Hintze, 1990, S. 16). Marken als Persönlichkeiten signalisieren dem Konsumenten bestimmte Werthaltungen (zur Bedeutung von Werten vgl. den Beitrag „Dimensionen der Markenpersönlichkeit" in diesem Buch).

Warum Markenpersönlichkeiten zu Präferenzen und somit zu einer Steigerung des Markenwerts führen, erklärt u. a. das „Self-Expression-Model" (vgl. Aaker, 1996 b, S. 153 ff.). Es beruht auf der Erkenntnis, daß durch den Kauf entsprechender Marken sich die Nachfrager in die Lage versetzt sehen, ein adäquates, individuelles

Werte-/Selbstkonzept aufzubauen. Der Selbstverwirklichung ist damit ein einfaches Instrument an die Hand gegeben (Selbst-Erfüllung statt Selbstverwirklichung als Megatrend; Gerken, 1994, S. 50). So findet der Verbraucher die „Markenpersönlichkeiten", die ihm helfen, sich vor anderen so zu präsentieren, wie er sich selbst gerne sehen möchte. Kauf und Zurschaustellung von Marken sollen Selbstkonzepte der Individuen definieren und untermauern sowie Werthaltungen als zentrale Persönlichkeitsdimension signalisieren. Diese Rolle der Markenpersönlichkeit gewann in jüngster Vergangenheit an Bedeutung. In Zeiten quasi kontinuierlichen Umweltwandels ist das Individuum gezwungen, sein Selbstkonzept an die sich verändernden Bedingungen anzupassen. Daraus resultiert ein permanenter Prozeß der Konstruktion und Rekonstruktion der eigenen Persönlichkeit, der dazu führt, daß das Individuum ständig nach neuen Definitionen und Darstellungsmöglichkeiten des Selbst sucht. Hierbei leistet die Marke Hilfestellung, indem sie dem Nachfrager „vorgefertigte" Persönlichkeiten zur Verfügung stellt und die Möglichkeit des Persönlichkeitstransfers bietet (vgl. McCracken, 1993, S. 127). Welche Markenpersönlichkeit ein Konsument präferiert, hängt nicht unbedingt von dem tatsächlichen Selbstkonzept ab, sondern vielmehr von dem angestrebten Idealkonzept. Dieses beruht auf den avisierten Lebenszielen. Des weiteren bedarf es einer situativen Relativierung der Aussagen. In unterschiedlichen Kontexten zeigt ein Mensch verschiedene Persönlichkeiten, je nachdem welche Rolle das soziale Umfeld ihm abverlangt (vgl. Abbildung 4). So strebt zum Beispiel ein Manager in seinem Beruf Werte wie Erfolg und Macht an. Im Privatleben verschiebt sich das Ideal selbst hin zu Zufriedenheit, Freundschaft und Harmonie.

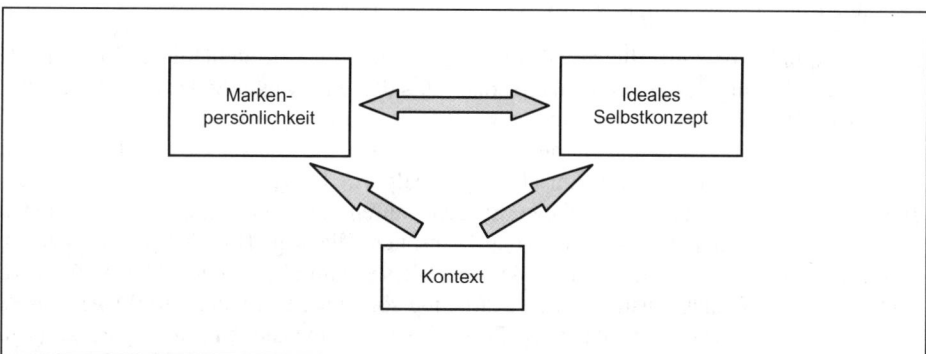

Abbildung 4:   Der situative Einfluß bei der Marken-Kaufentscheidung

Die logische Konsequenz des Konzepts der Markenpersönlichkeit stellt die Markenbeziehung dar. Zu diesem Schluß gelangen die Vertreter des „Relationship-Basis-Models", einem weiteren Erklärungsansatz, der gleichberechtigt neben dem „Self-Expression-Model" steht (vgl. Aaker, 1996 b, S. 159 ff.). Grundsätzlich entsteht immer dann eine Beziehung, wenn zwei Persönlichkeiten miteinander interagieren (vgl. Blackston,

1992 b, S. 80). Gerade in der heutigen Welt voller Streß, Neid, Mißtrauen und Ärger suchen die Menschen nach Fluchtmechanismen. Hierzu zählt auch die Beziehung zwischen zwei Freunden. Freundschaft verheißt Vertrauen, Verläßlichkeit, Verständnis, Fürsorge aber auch Spaß und Lebensfreude. Des weiteren gelten Beziehungen in der modernen Gesellschaft als Wettbewerbsvorteil des Individuums bzw. der Marke. Je mehr und bessere Beziehungen ein Individuum mit seinen Mitmenschen pflegt, um so erfolgreicher bewältigt er sein Leben. Marken dienen also als Freunde, Vertraute und Partner. Dabei hängt eine Beziehung nicht nur davon ab, wer die beiden Partner sind, sondern was sie voneinander denken und wie sie miteinander interagieren. Das Konzept der Markenbeziehung geht also einen Schritt weiter als die Markenpersönlichkeit, indem es die Interaktionen zwischen Marken und Konsument berücksichtigt. Die Überlegungen im Rahmen des „Relationship-Basis-Models" führen zu dem Schluß, je höher die Qualität der Beziehung ist, um so stärker präferiert der Konsument eine Marke (vgl. Aaker, 1996 b, S. 166 ff.).

Der dritte Erklärungsansatz, das „Functional-Benefit-Representation-Model", postuliert Interdependenzen zwischen den Produkteigenschaften und dem funktionalen Nutzen einerseits und der Markenpersönlichkeit andererseits. Tragen die Eigenschaften und Nutzenkomponenten zunächst zum Aufbau einer Markenpersönlichkeit bei, steht die Markenpersönlichkeit nach ihrer adäquaten Ausformung als „information chunk" für ein Bündel von Informationen über gewissermaßen garantierte Eigenschaften des Produkts. Schließlich entpuppt es sich als einfacher und glaubwürdiger eine Persönlichkeit zu schaffen, die implizit auf den funktionalen Benefit zeigt, als diesen direkt dem Kunden zu kommunizieren. Persönlichkeiten sind außerdem weitaus weniger angreifbar als Produkte (vgl. Aaker, 1996 b, S. 168 ff.).

Ein Kritikpunkt, der auf alle drei Erklärungsansätze zutrifft, stellt die unzureichende Operationalisierung des Persönlichkeitskonstrukts dar. Zur Messung des auf der psychologischen Theorie der Persönlichkeitswesenszüge (trait theory; dazu Pervin, 1993) basierenden „Self-Expression-Models", kommen Meßmethoden der psychologischen Persönlichkeitsforschung zum Einsatz (vgl. Allport, 1937; Eysenck, 1952; Cattell, 1959). Auf der Basis eines Punktbewertungsverfahrens und der Faktorenanalyse ließen sich fünf Persönlichkeitswesenszüge des Menschen, die sog. Big Five (vgl. Norman, 1963), identifizieren. Auf die gleiche Art und Weise ermittelte Aaker (1997; vgl. hierzu auch den Beitrag „Dimensionen der Markenpersönlichkeit" in diesem Buch) mittels einer Brand Personality Scale fünf Persönlichkeitsdimensionen einer Marke (vgl. Abbildung 5).

Dimensionen der menschlichen Persönlichkeit (Big Five des Menschen)	Dimensionen der Markenpersönlichkeit (Big Five der Marke)
1. Extrovertiertheit (gesprächig, offen, abenteuerlustig, gesellig) 2. Liebenswürdigkeit (gutmütig, nicht eifersüchtig, nett, sanftmütig, hilfsbereit) 3. Gewissenhaftigkeit/Pflichtbewußtsein (ordentlich, verantwortungsvoll, gewissenhaft, ausdauernd) 4. Emotionale Stabilität (gelassen, ruhig, beherrscht) 5. Kultur (künstlerisch, sensibel, intellektuell, vornehm, phantasievoll)	1. Aufrichtigkeit (konventionell, konservativ, traditionsbewußt, familienorientiert, freundlich, warmherzig, glücklich) 2. Excitement (trendy, aufregend, provokativ, cool, jung, lebhaft, abenteuerlustig, humorvoll, lustig, künstlerisch, unabhängig, innovativ) 3. Kompetenz (hart-arbeitend, sicher, glaubwürdig, effizient, technisch, ernst, erfolgreich, einflußreich) 4. Kultiviertheit (glamourös, gut-aussehend, angeberisch, sophisticated, smooth, sexy, gentle, weiblich) 5. Robustheit (aktiv, athletisch, stark, männlich)

Abbildung 5:   Die Dimensionen der Persönlichkeit eines Individuums und der Persönlichkeit einer Marke

Übereinstimmungen zwischen der Persönlichkeit eines Individuums und der Persönlichkeit einer Marke liegen bei den Dimensionen Aufrichtigkeit/Liebenswürdigkeit, Kompetenz/Gewissenhaftigkeit und Extrovertiertheit/Excitement vor (vgl. Aaker, 1997, S. 353 f.; vgl. auch den Beitrag „Dimensionen der Markenpersönlichkeit" in diesem Buch). Da das „Self-Expression-Model" eine Übereinstimmung zwischen dem Selbstkonzept bzw. der angestrebten Persönlichkeit des Nachfragers und der Markenpersönlichkeit fordert, sollte sich ein Unternehmen bei der Gestaltung einer Marke an diesen drei Dimensionen orientieren. In der Praxis sind aber auch Markenprodukte erfolgreich, deren Persönlichkeit auf anderen Charakterzügen beruht. So zeichnet sich zum Beispiel die Wesensart der Marke Mercedes-Benz durch die Faktoren Kompetenz und Sophistication aus.

Nachteilig wirkt sich bei diesen Punktbewertungsverfahren die externe Vorgabe der Itembatterie durch den Forscher aus. So müssen die Probanden die Persönlichkeit eines Individuums oder einer Marke mittels einer festgelegten Liste an Persönlichkeitszügen bewerten. Gegebenenfalls enthält der Eigenschaftskatalog aber nicht die Merkmale, die die Auskunftsperson als zutreffend erachtet. Wichtiger als die Unvollständigkeit der Itembatterie ist zweifelsohne die Tatsache, daß das Verfahren nur oberflächliche

Einblicke in die Persönlichkeitsstruktur gewährt. Die Lebenswerte, die die Persönlichkeit konstituieren, bleiben unerforscht. Des weiteren stellt sich der Marketer die Frage, warum der Konsument eine Marke mit bestimmten Wesenszügen verbindet. Nur wenn er weiß, welche Produktmerkmale oder Elemente der Werbung zur Schaffung einer bestimmten Markenpersönlichkeit beitragen, kann er beeinflussend darauf einwirken.

Ähnliche Schwächen wie das „Self-Expression-Model" weist das „Relationship-Basis-Model" auf. Da nicht die Markenpersönlichkeit im Mittelpunkt des Ansatzes steht, sondern der Zusammenhang zwischen Markenpersönlichkeit und Nachfrager, konzentriert sich die Messung auf die Ermittlung der Größen, die diese Beziehung beeinflussen. Exemplarisch sei hier die Studie von Fournier (1998; vgl. auch den Beitrag „Markenbeziehungen - Konsumenten und ihre Marken" in diesem Buch) erwähnt, der auf der Basis von Tiefeninterviews und einer idiographischen Analyse insgesamt sieben Qualitätsdimensionen einer Markenbeziehung identifizierte (vgl. Abbildung 6).

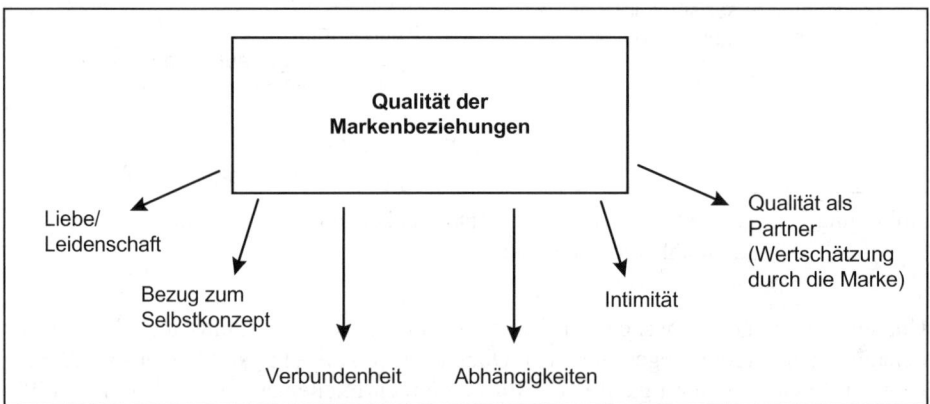

Abbildung 6:   Qualitätsdimensionen der Markenbeziehung
Quelle: in Anlehnung an Fournier, 1998, S. 366.

Wenngleich die Ergebnisse von Fournier weitreichende Erkenntnisse hinsichtlich des zwischen Individuum und Marke bestehenden Beziehungsgeflechts liefern, vermag der Forscher keine Angaben darüber zu machen, welche Produkteigenschaften oder werblichen Stimuli zur Schaffung einer bestimmten Markenpersönlichkeit beitragen bzw. die Qualität der Markenbeziehung beeinflussen. Ferner finden Werthaltungen, die die Qualitätsdimensionen konstituieren und die der Konsument durch die Markenbeziehung realisieren möchte, keinen Eingang in die Analyse.

Wenngleich im Gegensatz dazu die Stärke des „Functional-Benefit-Representation-Model" sicherlich darin besteht, daß der Zusammenhang zwischen den konkreten, vom Unternehmen beeinflußbaren Eigenschaften und den Wesenszügen der Marke Berücksichtigung findet, konnte bisher noch keiner der in diesem Bereich forschenden Wissenschaftler den empirischen Nachweis erbringen, inwiefern die Markenpersönlichkeit als information-chunk für die konkreten Produkteigenschaften und den funktionalen Benefit dient. Als nachteilig erweist sich zudem das Versäumnis, Werte als konstituierende Elemente der Persönlichkeit einer detaillierten Analyse zu unterziehen.

Festzuhalten bleibt, daß alle drei skizzierten Modelle methodische Schwächen aufweisen. Für die Absicherung unternehmenspolitischer Entscheidungen im Bereich der Markenführung, spielen die drei Ansätze somit lediglich eine untergeordnete Rolle. Demgegenüber stellt die Kaufverhaltensforschung mit dem „means-end"-Konzept einen Ansatz zur Verfügung, der nicht nur die genannten Defizite behebt, sondern auch alle drei Modelle miteinander vereint. Die Relevanz des Ansatzes für das strategische Markenmanagement soll im folgenden eine detaillierte Erörterung erfahren.

3. Die „means-end"-Theorie als Erklärungsansatz in der Kaufverhaltensforschung

Die zentrale Hypothese der „means-end"-Theorie besagt, daß Nachfrager Leistungsbündel als Mittel („means") betrachten, um wünschenswerte Ziele („ends" bzw. Werte) zu realisieren (Kroeber-Riel, 1992 c, S. 142). Wie diese subjektive Produktbewertung, d. h. die Verknüpfung von Leistungsbündeln bzw. Attributen der Leistungsbündel und Werten zustande kommt, versucht die „means-end"-Theorie mittels Erkenntnissen der kognitiven Psychologie zu erklären. Demnach erfolgt die innere Repräsentation des konsumrelevanten Wissens im Gedächtnis in Form von hierarchisch angeordneten kognitiven Strukturen, den sog. „means-end"-Ketten. Diese Ketten, die das Ergebnis eines Lernprozesses darstellen, bestehen aus den Kategorien des Produktwissens, die sich auf verschiedenen Abstraktionsniveaus befinden, und deren assoziative Verknüpfungen (Reynolds/Gutman, 1988, S. 12). Bei diesen Kategorien des konsumrelevanten Wissens unterscheiden Walker und Olson (1991, S. 121) sechs Typen (vgl. Abbildung 7). Wie Abbildung 7 veranschaulicht, besteht seine Grundstruktur aus den Elementen Eigenschaft, Nutzenkomponente und Werthaltung.

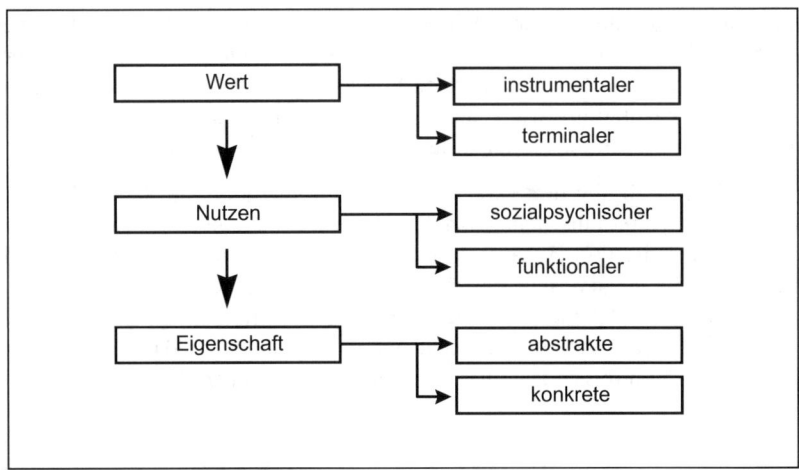

Abbildung 7:   Das „means-end"-Modell von Olson/Reynolds
Quelle: in Anlehnung an Reynolds/Gutman, 1988.

Zunächst erscheint eine Unterteilung der Attribute im Hinblick auf ihren Abstraktionsgrad naheliegend (vgl. Johnson, 1984). Eine Eigenschaft gilt als konkret, sofern ihre Ausprägungen die physikalisch-chemisch-technische Beschaffenheit einer Leistung (z. B. Bahnfahrt) beschreiben (z. B. mit Komfortsitzen). Sie läßt sich im allgemeinen direkt beobachten oder objektiv messen und weist häufig eine endliche Zahl diskreter Zustände auf. Während ein solches Merkmal nur eine Facette einer Erscheinung zu spezifizieren vermag, ermöglicht eine abstrakte Eigenschaft eine umfassende Beschreibung eines Gutes (z. B. Regulierung der Sitze ermöglicht Abstimmung auf individuelle Körpergröße). Dabei hängt ihre Ausprägung bei einem Produkt weniger von objektiven Gegebenheiten, sondern vielmehr vom Empfinden des Individuums ab.

Gemäß der Nutzentheorie von Vershofen (1959, S. 89 ff.) stiftet ein Erzeugnis einen funktionalen (Grund-)Nutzen, der sich aus seinen physikalisch-chemisch-technischen Eigenschaften ergibt. Er verkörpert die Zwecktauglichkeit eines Gutes und schließt die aus der eigentlichen Produktverwendung resultierenden Konsequenzen ein (z. B. der Reisende sitzt bequemer). Dagegen umfaßt der soziale bzw. psychische Nutzen alle für die Funktionsfähigkeit des Erzeugnisses nicht zwingend erforderlichen Extras. Hierzu gehören solche Produktmerkmale, die zum Beispiel die ästhetische Erscheinung des Gutes oder die soziale Akzeptanz des Nachfragers steigern (z. B. der Reisende erreicht nach einer Reise mit dem Zug entspannt sein Ziel).

Den Ausführungen von Graumann und Willig (1983, S. 326 ff.) zufolge fungieren Werthaltungen als individuelle, im Zeitverlauf konstante Maßstäbe für die Generierung von Lebenszielen und deren Umsetzung in alltägliches Handeln. Insofern bildet eine Werthaltung eine explizite oder implizite, für ein Individuum charakteristische Konzeption des Wünschenswerten, welche die Auswahl unter verfügbaren Handlungsarten, -mitteln und -zielen beeinflußt (vgl. Raffée/Wiedmann, 1988). Diese Auffassung vertritt auch Rokeach (1973, S. 5), der eine Werthaltung als „... an enduring belief that a specific mode of conduct or end-state of existence is personally or socially preferable to an opposite or converse mode of conduct or endstate of existence ..." auffaßt. Hierbei versteht er unter der überdauernden Überzeugung von zu bevorzugenden Zweckhandlungen und Zielzuständen nicht nur eine kognitive Repräsentation bzw. eine Vorstellung über mögliche Handlungspläne. Vielmehr schreibt er der Werthaltung (bzw. dem Lebensziel) neben der kognitiven auch eine affektive und konative Komponente zu. Diese Vorstellung geht aus einer Definition hervor, in der Rokeach (1973, S. 7) den Terminus „value" als eine „... intervening variable that leads to action when activated ..." umschreibt.

Diese Begriffsbestimmung legt den Gedanken nahe, terminale („end-states of existence") und instrumentale („modes of conduct") Werthaltungen voneinander zu unterscheiden (Rokeach, 1973, S. 25 ff.). Dabei zerfallen die terminalen Werthaltungen, die wünschenswerte Lebensziele verkörpern, in persönliche und soziale. Die Gruppe der persönlichen Werthaltungen umschließt beispielsweise die innere Harmonie, das Heil der Seele und die reife Liebe, wohingegen zum Beispiel eine friedliche Welt, die nationale Sicherheit und eine Welt voll Schönheit zur Klasse der sozialen Werthaltungen gehören. Die instrumentalen Lebensziele, die wünschenswerte Verhaltensformen repräsentieren, bestehen aus moralischen und leistungsorientierten Werthaltungen. Während zum Beispiel tolerant, hilfsbereit und verantwortungsvoll zu den moralischen Werthaltungen zählen, umfaßt die Menge der leistungsorientierten Werthaltungen beispielsweise die Attribute logisch, intellektuell und phantasievoll. Im vorliegenden Fall läßt sich der Genuß als instrumentale und die Lebensfreude als terminale Werthaltung kennzeichnen.

4. Innovative Gestaltung der Markenpersönlichkeit auf der Basis der „means-end"-Theorie

4.1 Konzeptionelle Grundlagen

Die Bedeutung der „means-end"-Theorie als Erklärungs- und Gestaltungsansatz der Markenpersönlichkeit ergibt sich daraus, daß die subjektiv wahrgenommene Markenpersönlichkeit auf der Gesamtheit aller Assoziationen beruht, die die Marke beim Nachfrager während der Kaufentscheidung auslöst (vgl. Kapitel 2.3). Das Bündel aller „means-end"-Leitern eines Individuums spiegelt das Wissen bzw. die inneren Bilder von den einzelnen Marken wider, die einem Konsument während der Kaufentscheidung in den Sinn kommen. Die identifizierten Werthaltungen deuten auf das ideale Selbstkonzept hin, das in der jeweiligen Produktwahlsituation dominiert. Auf der Werteebene treffen schließlich die produktbezogenen und die selbstbezogenen Ziele des Konsumenten aufeinander (vgl. Houston/Walker, 1996). Je mehr Eigenschaften einer Marke in der kognitiven Landkarte mit diesen Werten verknüpft sind, um so stärker entspricht die Markenpersönlichkeit dem avisierten Selbstkonzept und desto eher präferiert der Nachfrager die Marke. Die Aufdeckung der „means-end"-Ketten erfolgt mittels der „means-end"-Analyse, deren einzelne Methoden im weiteren eine detaillierte Erörterung erfahren.

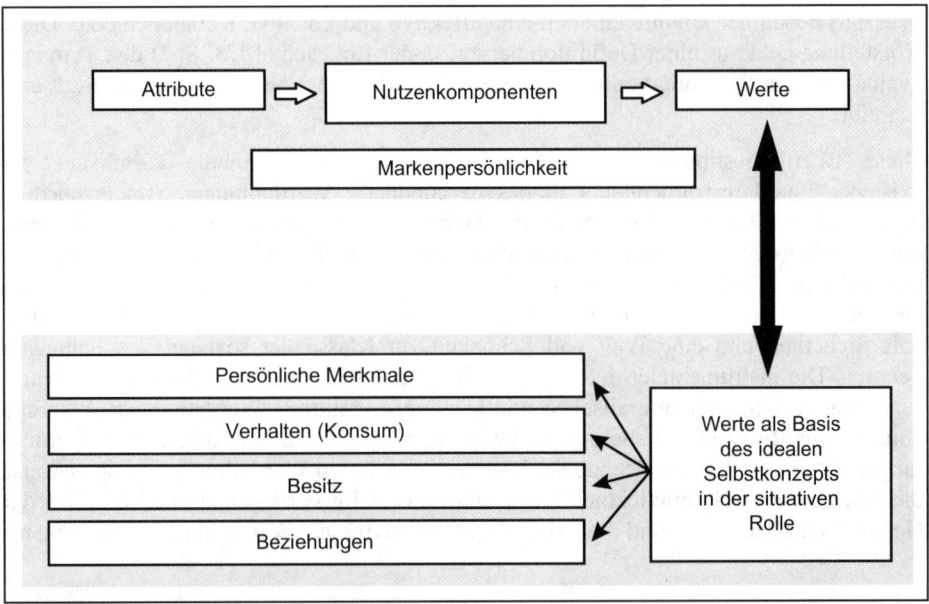

Abbildung 8:   Die „means-end"-Theorie als Erklärungs- und Gestaltungsansatz der Markenpersönlichkeit

Die klassische „means-end"-Analyse umfaßt vier Teilschritte, wobei die Ergebnisse des jeweils vorgelagerten Verfahrens als Datenbasis des nachfolgenden dienen. Zunächst deckt die „repertory-grid"-Methode die für den Konsumenten relevanten Produkteigenschaften auf. Diese bildet die Grundlage für die „laddering bottom-up"-Interviews, die die assoziierten Nutzenkomponenten und daraus resultierende Werthaltungen offenlegen. Aufgabe der Inhaltsanalyse ist es, sämtliche Ergebnisse zu kategorisieren. Eine Aggregation der Daten zu „means-end"-Ketten erfolgt im Rahmen der „laddering"-Methode.

Die identifizierten Ketten geben Hinweis auf die persönlichkeitsrelevanten Merkmale einer Marke, die ein Unternehmen bei der Gestaltung der Markenpersönlichkeit produkt- oder kommunikationspolitisch umsetzen muß. Allerdings handelt es sich nur um den

Nachfragern bereits vertraute Eigenschaften, die auf dem Markt schon angeboten werden. Orientiert sich ein Unternehmen lediglich an den Ergebnissen der klassischen „means-end"-Analyse, berücksichtigt es bei der Gestaltung eines Leistungsbündels oder der Konzeption einer Werbekampagne lediglich die aktuellen produktspezifischen Anforderungen, deren Erfüllung der Nachfrager erwartet. Das Verfahren bedarf demnach einer Erweiterung, will es innovative Persönlichkeitsmerkmale nachfrageorientiert generieren. Gutman schlägt eine Ergänzung der „means-end"-Analyse um das sog. „top-down-laddering"-Interview vor. Aufbauend auf dem „klassischen" „bottom-up-laddering" sollen die Probanden offenlegen, welche Möglichkeiten sie sehen, die genannten Werte oder Bedürfnisse im Sinne von Zielen zu erreichen (vgl. Gutman, 1997). Auf diese Weise lassen sich „end-means"-Ketten identifizieren, wie sie beispielhaft Abbildung 9 zeigt.

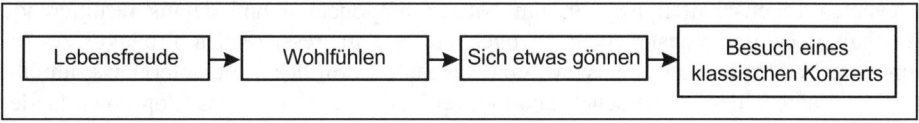

Abbildung 9:   Beispiel einer „end-means"-Leiter

Für die Gestaltung der PKW-Marken bedeutet das zum Beispiel, eine Stereoanlage einzubauen, die einen Genuß „wie in einem Konzertsaal" bietet. Um die auf dem Wert „Lebensfreude" aufbauende Markenpersönlichkeit zu stärken, empfiehlt sich das Sponsoring klassischer Konzerte. Ein die Persönlichkeit unterstützender Werbespot zeigt einen Musikliebhaber, der mit der PKW-Marke zu einem Konzert fährt.

Im Anschluß an diese einleitenden Ausführungen zu den konzeptionellen Grundlagen der „means-end"-Theorie sollen nun im folgenden die bereits angesprochenen Analysemethoden eine detaillierte Erörterungen erfahren.

4.2   Methodische Grundlagen

4.2.1 Die „repertory-grid"-Methode

Der erste Schritt besteht darin, die für den Konsumenten relevanten Eigenschaften bezüglich eines Produkts zu ermitteln. Zu diesem Zweck werden der Versuchsperson Dreierkombinationen von Gütern vorgelegt, mit der Aufforderung, die Eigenschaften zu nennen, nach denen zwei Produkte einander ähnlich, dem dritten gegenüber allerdings unähnlich sind. Es werden solange neue Tripel vorgelegt, bis der Proband keine Unterscheidungsmerkmale mehr angeben kann (vgl. Sampson, 1972, S. 78). Anschließend wird der Proband gebeten, für jedes aufgeführte Merkmal zwei möglichst gegensätzliche

Ausprägungen zu nennen, die einen positiven und negativen Pol repräsentieren. Mit Hilfe der ermittelten Daten läßt sich eine Matrix erstellen. Alle Produkte bzw. Marken werden in der Kopfzeile und die dichotomen Merkmalsausprägungen in den außen liegenden Spalten rechts und links der Matrix aufgeführt. Schließlich erhält der Proband die Aufgabe, für jedes Produkt zu entscheiden, ob dessen Ausprägung bezüglich des jeweiligen Merkmals eher dem einen oder dem anderen Pol entspricht. Die Entscheidungen werden mit 1 oder 0 codiert und in die Zellen eingetragen (vgl. Herrmann, 1996).

4.2.2 Das „bottom-up-laddering"-Interview

In einem zweiten Schritt werden die durch die „repertory-grid"-Methode identifizierten relevanten Eigenschaften genutzt, um Nutzenkomponenten und daraus resultierende Werthaltungen der Konsumenten bezogen auf die interessierenden Produkte zu bestimmen. Das „laddering"-Interview, eine spezielle Form des Tiefeninterviews, umfaßt zwei Varianten, das „klassische" „bottom-up-laddering" sowie das „top-down-laddering". Im Rahmen des „bottom-up-laddering"-Interviews soll der Proband die einzelnen Bausteine seiner „means-end"-Leitern durch mehrere aufeinanderfolgende „Warum"-Fragen preisgeben. Olson und Reynolds (1983, S. 82) verdeutlichen dies folgendermaßen: „The purpose of laddering is to force the consumer up the ladder of abstraction - that is to uncover the structural aspects of consumer knowledge as modeled by the means-end chain...".

Ausgangspunkt eines „bottom-up-laddering"-Interviews bilden die anhand der „repertory-grid"-Methode ermittelten konkreten Eigenschaften. Eine Person wird gefragt, warum ihr eine konkrete Eigenschaft wichtig ist. Die Antwort beschreibt eine abstrakte Produkteigenschaft, die anschließend als Basis der nächsten „Warum"-Frage dient, um deren funktionalen Nutzen zu bestimmen. Auf dieser Grundlage wird im nächsten Schritt der damit verknüpfte psychosoziale Nutzen ermittelt. Der Vorgang ermöglicht es, die erwünschten terminalen Werthaltungen sukzessiv zu erreichen und somit einen Ausschnitt der kognitiven Struktur der Versuchsperson zu durchlaufen.

4.2.3 Das „top-down-laddering"-Interview

Die Endpunkte der im Rahmen des „bottom-up-ladderings" identifizierten individuellen „means-end"-Leitern bilden die Grundlage des „top-down-laddering"-Interviews. Letztendlich handelt es sich bei besagten Endpunkten um die Ziele, die ein Nachfrager bei der Markenwahl verfolgt. Im Hinblick auf die Deduktion innovativer Eigenschaften interessiert vor allem, welche Mittel der Proband weiterhin als geeignet ansieht, um diese kaufentscheidungsleitenden Ziele zu realisieren. Zur Identifikation der „end-means"-Leitern fragt der Interviewer nicht mehr nach dem „warum", sondern nach dem „wie" (vgl. Gutman, 1997, S. 550 ff.). Nannte der Proband beispielsweise als terminalen Wert bzw. als Endziel beim Kauf eines PKWs die „Lebensfreude", schließt sich die Frage an: „Wie versuchen Sie außerdem Ihre Lebensfreude zu steigern?" „Indem ich drauf bedacht bin, daß ich mich immer gut und wohl fühle." „Wie versuchen Sie das zu realisieren?" „Ich achte darauf, daß ich mir von Zeit zu Zeit etwas Gutes gönne." „Wie machen Sie das?" „Ich gehe zum Beispiel in ein klassisches Konzert oder in die Oper." „Wie versuchen Sie noch Lebensfreude zu realisieren?" usw. Fallen der Auskunftsperson keine weiteren Möglichkeiten zur Realisierung der Lebensfreude ein, setzt die folgende Frage am Ende einer anderen „means-end"-Leiter an.

4.2.4 Die Inhaltsanalyse

Im Anschluß an die Erfassung der „means-end"-Elemente gilt es, die erhobenen Daten auszuwerten (vgl. Gengler/Reynolds, 1995, S. 24 f.). Im Mittelpunkt steht die Analyse der individuellen Erwartungsleitern, die als transkribierte Aufzeichnungen der Interviews den Untersuchungsgegenstand bilden. Nach wissenschaftlichen Regeln versucht der Projektleiter den Text bzw. die Leitern zu analysieren und die soziale Wirklichkeit der Konsumenten außerhalb des Texts zu rekonstruieren (Merten, 1995, S. 23). Die Analyse der Interviews erfolgt mit Hilfe eines Kategoriensystems. Reynolds und Gutman empfehlen, zunächst alle Antworten der Befragten den Grundelementen „Produkteigenschaften", „Nutzenkomponenten" und „Werthaltungen" zu subsumieren (vgl. Reynolds/Gutman, 1988, S. 19).

4.2.5 Die Konstruktion der „Hierarchical Value Map"

Der letzte Schritt der „means-end"-Analyse umfaßt die Konstruktion der „Hierarchical Value Map" (HVM) (vgl. Reynolds/Gutman, 1988, S. 20 ff.). Sie verkörpert eine über alle Befragten hinweg aggregierte kognitive Gesamtstruktur. Mit Hilfe der „laddering-Methode" lassen sich die „means-end"-Elemente identifizieren, die die Probanden mehrfach nannten.

Die Generierung der HVM macht zunächst die Erstellung einer Häufigkeitstabelle, die „Implikationsmatrix", die aus den individuell codierten „means-end"-Leitern resultiert, erforderlich. In der Tabelle werden alle „means-end"-Elemente, die aus der Inhaltsanalyse entwickelt wurden, gegenübergestellt. Die Tabellenwerte bringen zum Ausdruck, wie oft das in der Zeile vermerkte Element mit dem Element in der Spalte von den Probanden in den „laddering"-Interviews assoziiert wurde. Der Forscher erfaßt demnach die Frequenz, mit der „... each element leads to each other element..." (Reynolds/Gutman, 1988, S. 20).

In der Matrix können zwei unterschiedliche Arten von Relationen zwischen den Elementen repräsentiert werden: direkte und indirekte Beziehungen. Direkte Beziehungen verknüpfen unmittelbar angrenzende Elemente einer „means-end"-Leiter, während indirekte Beziehungen Elemente einer solchen Sequenz überspringen. Reynolds und Gutman empfehlen, beide Arten von Assoziationen zu untersuchen, um eine Identifikation dominanter Pfade zu ermöglichen: „Without examining indirect relations, a situation might exist where there are many paths by which two elements may be indirectly connected but where are none of the paths are represented enough times to represent a significant connection" (Reynolds/Gutman, 1988, S. 20). In Abbildung 11 wird eine „Implikationsmatrix" im Rahmen einer empirischen Untersuchung dargestellt und genauer beschrieben.

Mit Hilfe der „laddering"-Methode läßt sich auf der Basis der Häufigkeitswerte die „Hierarchical Value Map" generieren. Durch das Verfahren werden die „means-end"-Elemente identifiziert, die eine gewisse Anzahl der Befragten direkt oder indirekt miteinander verknüpfen. Aus der Überlegung heraus, dominierende Assoziationsketten zu identifizieren, die eine Relevanz für marketingpolitische Aktivitäten aufweisen, ist es nicht sinnvoll, jede Relation in der „Hierarchical Value Map" zu berücksichtigen (vgl. Olson/Reynolds, 1983, S. 84 f.). Von Interesse sind vielmehr nur Häufigkeitswerte ab einer bestimmten Größe. Für die Bestimmung des Schwellenwerts existiert keine allgemein gültige Regel. Reynolds und Gutman setzen als Erfahrungswert den „cut off level" (Schwellenwert) zwischen 6 - 8 % des Samples an. So werden beispielsweise in einer mit 50 Probanden durchgeführten Studie nur die Elemente verknüpft, die nach Aussagen von mindestens 4 Personen in einer direkten oder indirekten Beziehung zueinander stehen (vgl. Reynolds/Gutman, 1988, S. 20). Die Wahl eines solchen Schwellenwerts ist vom Forscher aus dem Kontext und in bezug auf den Informationsgehalt der Beziehungen auszuwählen. Die aggregierten „means-end"-Ketten sollen ferner die individuellen Leitern der „Implikationsmatrix" bestmöglich abbilden.

5.   Die Gestaltung einer Jeans-Marke auf Basis der „means-end"-Theorie

Ein Beispiel aus der Textilbranche soll im folgenden zeigen, inwiefern sich die „means-end"-Analyse als Basis für die Gestaltung einer Marke mit Persönlichkeitspotential eignet. Auf eine erweiterte „means-end"-Analyse und folglich auf die Generierung innovativer Markeneigenschaften wurde aus forschungsökonomischen Gründen verzichtet. Im Mittelpunkt der Studie steht der Entscheidungsprozeß beim Kauf einer Jeanshose. Insgesamt wurden 40 Personen zwischen 16 und 54 Jahren an der Universität Mainz und am Frankfurter Flughafen nach relevanten Produkteigenschaften, Nutzenkomponenten und Werthaltungen von 12 Jeansmarken befragt.

Mit Hilfe der „repertory-grid"-Methode bestimmt der Forscher die aus Nachfragersicht relevanten Eigenschaften von 12 betrachteten Jeans. Sie bilden die Grundlage der sich anschließenden „bottom-up-laddering"-Interviews. Nach der inhaltsanalytischen Auswertung der transkribierten Interviews lagen 27 Antwortkategorien vor, die sich den einzelnen Elementen „Attribute", „Nutzenkomponenten" und „Werthaltungen" zuordnen ließen (vgl. Abbildung 10).

Konkrete Attribute	Abstrakte Attribute
▪ Farbe (AK_1) ▪ Schnitt (AK_2) ▪ Marke (AK_3) ▪ Preis (AK_4) ▪ Stoff (AK_5) ▪ Knöpfe (AK_6)	▪ Qualität (AA_1) ▪ in Mode (AA_2) ▪ Paßform (AA_3) ▪ Kombinierbarkeit (AA_4) ▪ Salonfähigkeit (AA_5)
Funktionale Nutzenkomponenten	**Psychosoziale Nutzenkomponenten**
▪ einfach zu handhaben (NF_1) ▪ lange zu tragen (NF_2) ▪ Zeit/Geld für andere Dinge haben (NF_3) ▪ bequem zu tragen (NF_4) ▪ betont Körper (NF_5)	▪ andere Menschen beeindrucken (NP_1) ▪ Individualität betonen (NP_2) ▪ andere Menschen kennenlernen (NP_3) ▪ sich wohl fühlen (NP_4)
Instrumentale Werthaltungen	**Terminale Werthaltungen**
▪ stolz (WI_1) ▪ selbstbewußt (WI_2) ▪ dynamisch (WI_3)	▪ Selbstachtung (WT_1) ▪ Glück (WT_2) ▪ Freiheit (WT_3)

Abbildung 10:   Die Kategorien der Untersuchung am Beispiel von Jeansmarken

Die Transformation der individuellen Leitern in eine aggregierte Darstellung von Assoziationsketten erfolgt durch eine paarweise Gegenüberstellung der „means-end"-Elemente in einer Matrix. Die Matrixwerte geben an, wie oft die Probanden das in der Zeile vermerkte Element mit dem Element in der Spalte direkt oder indirekt verknüpften. Für das Jeans-Beispiel wurden alle 27 Kategorien einander gegenübergestellt (vgl. Abbildung 11). Die Werte lassen sich folgendermaßen interpretieren: Beispielsweise achten 16 Probanden auf die **Farbe** einer Jeans (AK_1) bezüglich ihrer guten **Kombinierbarkeit** (AA_4) (vgl. Zeile 1, Spalte 5). Demgegenüber assoziieren 10 Personen mit der **Marke** (AK_3) einer Jeans eine gute **Paßform** (AA_3) (vgl. Zeile 3, Spalte 4).

"means-end-Elemente"	(1)	(2)	(3)	(4)	(5)	(6)	(7)	(8)	(9)	(10)	(11)	(12)	(13)	(14)	(15)	(16)	(17)	(18)	(19)	(20)
	AA_1	AA_2	AA_3	AA_4	AA_5	NF_1	NF_2	NF_3	NF_4	NF_5	NP_1	NP_2	NP_3	NP_4	WI_1	WI_2	WI_3	WT_1	WT_2	WT_3
(1) AK_1	3	5	-	16	3	-	3	4	1	4	10	5	1	8	7	4	5	8	4	3
(2) AK_2	-	2	15	-	1	-	-	-	8	11	10	1	-	9	2	5	3	8	3	2
(3) AK_3	3	1	10	-	-	-	3	2	2	2	5	-	3	2	5	2	-	5	2	-
(4) AK_4	7	-	-	-	-	1	-	5	-	-	1	-	-	-	5	-	-	-	3	-
(5) AK_5	3	-	-	-	1	-	2	2	4	-	-	-	-	4	1	-	2	-	-	2
(6) AK_6	1	2	-	-	-	5	-	-	-	-	3	-	-	1	1	4	-	1	-	1
(7) AA_1	-	-	-	-	-	1	9	5	-	-	3	-	-	1	8	-	-	1	4	-
(8) AA_2	-	-	-	-	-	-	-	-	-	-	5	-	-	3	3	1	1	2	2	-
(9) AA_3	-	-	-	-	-	-	-	2	9	14	11	-	-	11	3	7	4	11	3	2
(10) AA_4	-	-	-	-	-	-	-	4	-	2	5	1	1	2	3	1	1	2	2	1
(11) AA_5	-	-	-	-	-	-	-	-	1	1	1	3	2	2	-	1	2	2	1	-
(12) NF_1	-	-	-	-	-	-	-	-	-	-	2	2	-	1	1	4	-	1	1	1
(13) NF_2	-	-	-	-	-	-	-	-	-	-	2	-	1	1	4	-	-	1	1	1
(14) NF_3	-	-	-	-	-	-	-	-	-	-	-	-	-	1	5	-	-	-	1	-
(15) NF_4	-	-	-	-	-	-	-	-	-	-	2	-	-	10	2	1	2	3	2	3
(16) NF_5	-	-	-	-	-	-	-	-	-	-	8	4	1	6	1	8	3	11	1	1
(17) NP_1	-	-	-	-	-	-	-	-	-	-	-	-	-	-	7	2	4	12	4	-
(18) NP_2	-	-	-	-	-	-	-	-	-	-	-	-	-	-	-	4	1	5	-	1
(19) NP_3	-	-	-	-	-	-	-	-	-	-	-	-	-	-	1	1	1	3	2	-
(20) NP_4	-	-	-	-	-	-	-	-	-	-	-	-	-	-	3	6	3	4	3	1
(21) WI_1	-	-	-	-	-	-	-	-	-	-	-	-	-	-	-	-	-	3	6	-
(22) WI_2	-	-	-	-	-	-	-	-	-	-	-	-	-	-	-	-	-	9	-	1
(23) WI_3	-	-	-	-	-	-	-	-	-	-	-	-	-	-	-	-	-	5	2	4
(24) WT1	-	-	-	-	-	-	-	-	-	-	-	-	-	-	-	-	-	-	-	-
(25) WT_2	-	-	-	-	-	-	-	-	-	-	-	-	-	-	-	-	-	-	-	-
(26) WT_3	-	-	-	-	-	-	-	-	-	-	-	-	-	-	-	-	-	-	-	-

Abbildung 11:   Die „Implikationsmatrix"

Auf Grundlage der in der „Implikationsmatrix" ausgewiesenen Häufigkeitswerte läßt sich die „Hierarchical-Value-Map" rekonstruieren. Sie visualisiert das gespeicherte Wissen einer ausgewählten Gruppe von Konsumenten über einen bestimmten Realitätsbereich, hier das Wissen über Jeans.

Die „Implikationsmatrix" zeigt alle Relationen, die von den Probanden genannt wurden. Die Gesamtheit dieser Relationen in das Baumdiagramm zu übertragen, wäre aus Gründen der Übersichtlichkeit und der Forderung nach einer informativen Lösung nicht sinnvoll. Für diese Untersuchung erwies sich ein „cut off level" von vier Nennungen als zweckmäßig. Dies entspricht einem Anteil von 10 % des Samples. Alle Assoziationen, die häufiger oder genau viermal auftreten, finden sich in der HVM wieder.

Methodisch gesehen folgt man beim „laddering"-Verfahren im Kern einer Heuristik. Es werden zeilenweise die addierten direkten und indirekten Häufigkeitswerte aus der „Implikationsmatrix" ausgesucht, die den Schwellenwert übersteigen oder genau erreichen (Gengler/Reynolds, 1995, S. 24 f.). Betrachtet man zunächst Zeile 1 der „Implikationsmatrix" (vgl. Abbildung 11), so geht hervor, daß der erste der gesuchten Matrixwerte größer oder gleich 4 die Zahl 5 ist (vgl. Spalte 3). Dieser Wert gibt die Anzahl jener Probanden an, die durch die **Farbe** einer Jeans (AK_1) der Hose die (abstrakte) Eigenschaft zusprechen, **in Mode** (AA_2) zu sein. Anschließend richtet sich das Augenmerk auf die Zeile 8 der Matrix, in der die abstrakte Eigenschaft **in Mode** (AA_2) vermerkt ist. Man wandert entlang dieser Zeile, wobei erneut die erste, den Schwellenwert vier erreichende oder überschreitende Zahl interessiert. Der gesuchte Wert ist 5 (vgl. Spalte 12) und drückt die Anzahl der Jeanskonsumenten aus, die in einer modischen Jeans (AA_2) den Nutzen sehen, **andere Menschen** zu **beeindrucken** (NP_1). Als nächstes interessiert in Zeile 17 der Wert 7 (vgl. Spalte 16). Demnach empfinden sieben Probanden **Stolz** (WI_1), wenn sie andere Menschen beeindrucken. 6 Personen verbinden mit dem instrumentalen Wert **stolz sein zu können** ein gewisses Bedürfnis nach **Glück** (WT_2) (vgl. Zeile 21, Spalte 20). Als Ergebnis erhält man eine erste „means-end"-Kette. Sie lautet wie folgt:

Farbe (AK_1) ➔ in Mode (AA_2) ➔ andere Menschen beeindrucken (NP_1) ➔ Stolz (WI_1) ➔ Glück (WT_2)

Im Anschluß greift der Forscher erneut Zeile 1 auf und sucht eine zweite, den Schwellenwert 4 erreichende/übersteigende Zahl. Ihr schließt sich das beschriebene Vorgehen an. Die Fortsetzung des iterativen Verfahrens erfolgt so lange, bis alle direkten oder indirekten Relationen, die den Schwellenwert erreichen, in einer „means-end"-Kette verknüpft sind. Die auf diese Weise entwickelten Ketten müssen nicht unbedingt den individuellen Leitern entsprechen. Setzt man alle aus der „Implikationsmatrix" ermittelten Assoziationen graphisch zueinander in Beziehung, resultiert daraus die „Hierarchical Value Map". Die in Abbildung 12 dargestellte „Hierarchical Value Map" bildet in der vorliegenden Untersuchung das Ergebnis der „laddering"-Methode. Sie zeigt die „means-end"-Ketten, die das kognitive Gefüge von Jeanskonsumenten verkörpern. Dieses beruht auf 24 Elementen, wobei sich die Aussagekraft eines Elements durch dessen Position innerhalb des Netzes ergibt. Manche „means-end"-Ketten durchlaufen sämtliche Hierarchieebenen, während andere verschiedene Ebenen auslassen.

Die Breite der verbindenden Kanten illustriert die relative Stärke der Assoziationen zwischen den Elementen, die für die Ermittlung der HVM maßgeblich waren.

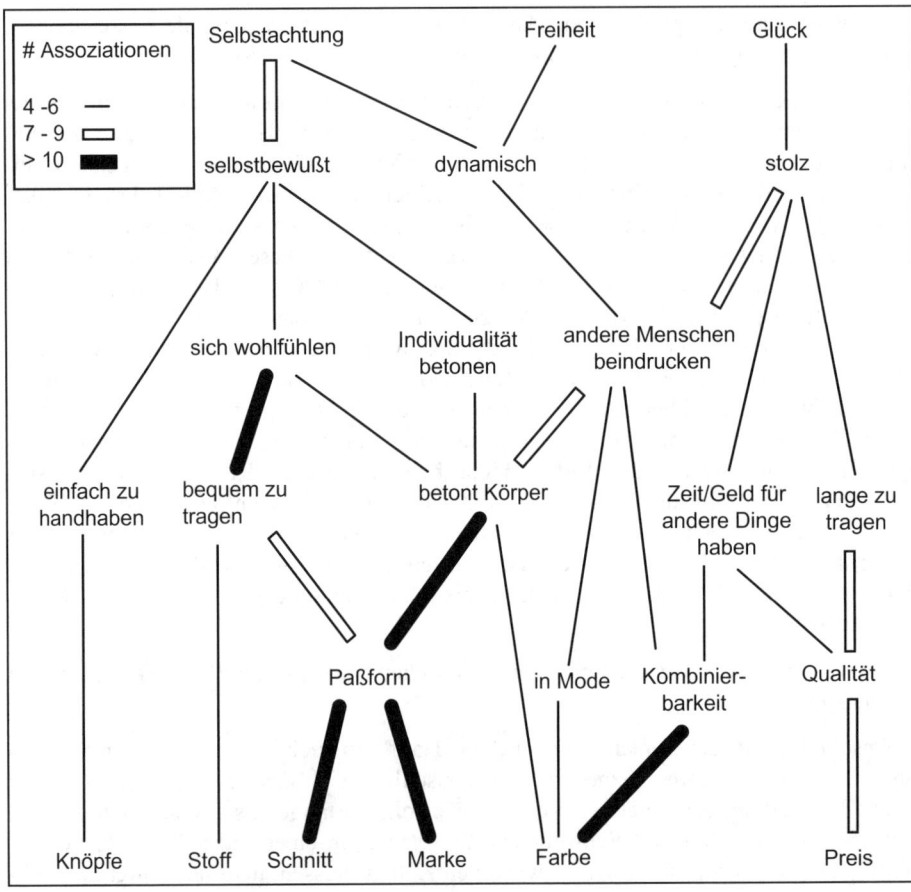

Abbildung 12:   Die „Hierarchical-Value-Map" für Jeansmarken

5.1 Produktpolitische Implikationen für die Gestaltung einer Jeans-Marke

Die „Hierarchical-Value-Map" im Anwendungsbeispiel zeigt insgesamt 28 Ketten, die jeweils einen Pfad von Assoziationen aufzeigen, beginnend bei einer konkreten Produkteigenschaft über Nutzenkomponenten bis hin zu einer terminalen Werthaltung. Diese Ketten dienen nun dem verantwortlichen Manager für die Generierung produktpolitischer Maßnahmen. In diesem Zusammenhang sollte sich der verantwortliche Manager nochmals vergegenwärtigen, daß die generierten Ketten, die von einem Wert ausgehen, das charakteristische Assoziationsgefüge nicht eines einzelnen Individuums, sondern eines Wertesegments repräsentieren (vgl. Reynolds/Jamieson, 1984, S. 122).

Verfolgt man die „means-end"-Kette ausgehend vom dominanten Wert „Selbstachtung" bis hin zu den konkreten Eigenschaften, so steht die Herausforderung für den Hersteller einer Jeansmarke fest: Der Nachfrager dieses Werteclusters wünscht einen guten Schnitt, der ihm eine perfekte Paßform gewährleistet, den Körper betont und dazu bequem ist. Zu denken wäre hier an eine Jeanshose aus Stretchmaterial. Nur wenn die Jeans auch „sitzt", fühlt sich ihr Träger wohl, zeigt Selbstbewußtsein und empfindet Selbstachtung. Als persönlichkeitsrelevanter Wert sollte somit die Selbstachtung im Mittelpunkt der zielgruppenspezifischen Marketing-Konzeption stehen.

Mitglieder des „Freiheit-Segments" sehen in einer kombinierbaren, modischen Farbe ein entscheidendes Kaufargument, das ihnen die Möglichkeit bietet, andere Menschen zu beeindrucken und sich gleichzeitig dynamisch zu fühlen. Auf diese Weise glaubt diese Käufergruppe, ihre Freiheit und Unabhängigkeit zu wahren.

Die Jeanskäufer, die nach der Realisierung von Glück trachten, achten am stärksten auf das Merkmal Preis. Sie nutzen den Preis als Qualitätsindikator. Eine hohe Qualität ist Voraussetzung dafür, daß der Kunde die Jeanshose lange tragen kann, was ihn wiederum mit Stolz erfüllt. Stolz zu sein macht die Mitglieder dieses Clusters glücklich. Hier handelt es sich wohl um ein Premium-Segment. Die Kunden akzeptieren einen hohen Preis, solange sie dafür eine qualitativ hochwertige Jeans erhalten. Im Hinblick auf die Langlebigkeit sollte das Markenunternehmen insbesondere auf strapazierfähige Stoffe und eine gute Verarbeitung achten.

5.2 Werbepolitische Implikationen für die Gestaltung einer Jeans-Marke

Für die Gestaltung einer Markenpersönlichkeit spielt ferner die Werbung eine bedeutende Rolle, denn werbliche Stimuli liefern dem Nachfrager Informationen und Zeichen, die Assoziationen provozieren und verstärken. Die folgenden Ausführungen beschreiben ein Modell zur Entwicklung einer Werbekonzeption auf Grundlage der „means-end"-Theorie. Es basiert auf der Annahme, daß sich eine erfolgreiche Werbegestaltung an den kognitiven Strukturen der Zielgruppe eines Unternehmens orientieren muß (vgl. Olson/ Reynolds, 1983, S. 88).

Grundzüge des MECCAS-Modell

Dem MECCAS-Modell (**M**eans-**E**nd **C**onceptualization of **C**omponents for **A**dvertising **S**trategy) liegt die Idee zugrunde, Eigenschaften, Nutzenkomponenten und Werthaltungen einer „means-end"-Kette in Kernaussagen einer Werbebotschaft zu übertragen (vgl.

Olson/Reynolds, 1983, S. 87 ff.; Reynolds/Gutman, 1984, S. 31). Durch die Hervorhebung verhaltensrelevanter Werte und deren jeweilige Verknüpfung mit Nutzenkomponenten und Produkteigenschaften gewinnen die Produkte an persönlicher Relevanz. Das
Unternehmen versucht, durch die werbliche Umsetzung kognitiver Elemente den In-
formationsverarbeitungsprozeß der Konsumenten zu aktivieren und eine Kaufhandlung
auszulösen.

Olson und Reynolds empfehlen, fünf Kernelemente bei der Entwicklung einer Werbekonzeption zu berücksichtigen (vgl. Abbildung 13). Die Elemente orientieren sich an
den Inhalten und dementsprechenden Abstraktionsstufen einer „means-end"-Kette und
dienen als Basis für eine inhaltliche Strukturierung. Aus der Verknüpfung der Elemente
entsteht ein Modell, das die Umsetzung der „means-end"-Kette in Komponenten einer
Werbebotschaft verdeutlicht (vgl. Olson/Reynolds, 1983, S. 88):

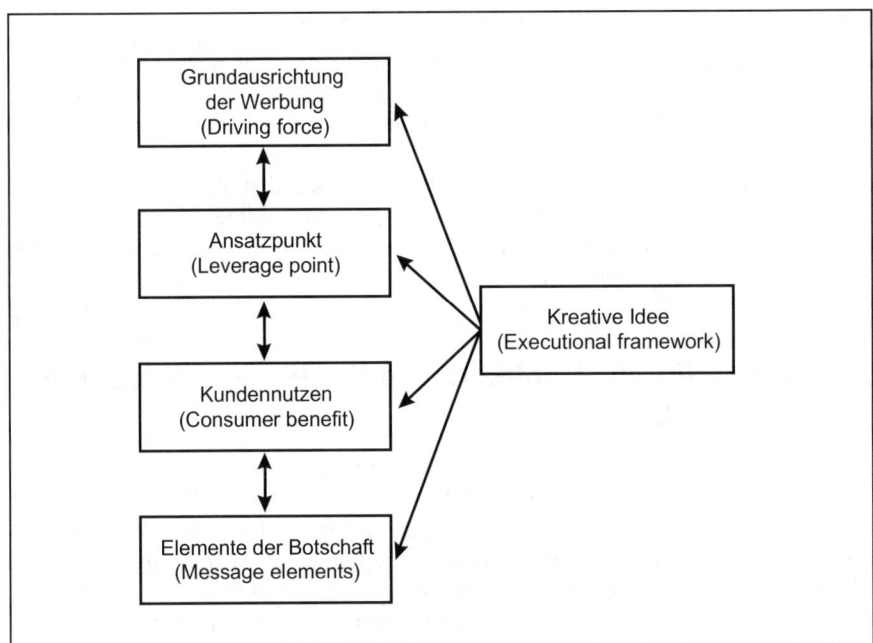

Abbildung 13:   MECCAS-Modell zur Entwicklung einer Werbekonzeption
Quelle: Gengler/Reynolds, 1995, S. 27 ff.

Die kognitiven Elemente einer „means-end"-Leiter dienen als Gerüst, eine Werbebotschaft auszugestalten. Die Punkte „Elemente der Botschaft", „Kundennutzen" und
„Grundausrichtung der Werbung" repräsentieren die Hierarchieebenen „Produkteigenschaften", „Nutzen" und „Werte" aus der „means-end"-Theorie. In einem ersten Schritt

werden die „Elemente der Botschaft", d. h. die Produkteigenschaften und deren Konsequenzen (im „means-end"-Modell die abstrakten Attribute) in der Werbebotschaft verarbeitet. Sie erlauben eine Charakterisierung des zu bewerbenden Produkts. Der nächste Schritt sieht die Bestimmung der subjektiv empfundenen positiven Konsequenzen der Produkteigenschaften vor. Durch die Kommunikation ersterer findet eine werbliche Umsetzung der Hierarchieebene „Nutzenkomponenten" statt. Das Produkt wird auf der Nutzenebene spezifiziert und in Anlehnung an die „means-end"-Kette mit den relevanten Eigenschaften der Konsumenten in Beziehung gesetzt. Die „Grundausrichtung der Werbung" zielt jedoch auf die Werteebene einer „means-end"-Kette ab. Die Kommunikation der für den Verbraucher bedeutsamen Werte soll zum Kauf motivieren. Dabei eignet sich eine zielgruppenspezifische Vorgehensweise.

Neben den kognitiven Elementen, die sich direkt aus der „means-end"-Leiter in die Werbebotschaft transferieren lassen, dient der Aspekt „kreative Idee" zur Beschreibung der Werbebotschaft in ihren Grundzügen. Hierzu zählen zentrale Aussagen, Handlung, Stil und Art der Umsetzung der übernommenen Elemente (vgl. Kuß, 1994, S. 261). Es wird eine Entscheidung über das Drehbuch getroffen, beginnend bei der Kommunikation von Produkteigenschaften, über die Relationen zu Nutzenkomponenten bis hin zu den Werthaltungen. Der gestalterischen Umsetzung von Verknüpfungen zwischen den Elementen gebührt dabei eine besondere Beachtung. Sie trägt erheblich dazu bei, daß die Zuschauer die Werbeaussagen als persönlich relevant wahrnehmen. Gengler und Reynolds bemerken hierzu: „To develop meanings, one must focus on the connecting lines between the concepts..." (Gengler/Reynolds, 1995, S. 29).

Den vorangegangenen Ausführungen folgend, nimmt das verbleibende Element „Ansatzpunkt" im Rahmen des MECCAS-Modells eine Schlüsselfunktion ein. Auf dieser Ebene wird eine Verbindung zwischen den Elementen der Werbung und den Selbstkonzept-relevanten Werthaltungen hergestellt. Konkrete Produktanforderungen sind, in persönlichkeitsbezogene Bedeutungsdimensionen zu überführen.

Die Ausarbeitung eines Drehbuches „kreative Idee" sowie die Wahl eines geeigneten „Ansatzpunkts" läßt neben der Überführung der „means-end"-Elemente Freiraum für unternehmerische Kreativität. Das MECCAS-Modell bietet einen wertvollen Gestaltungsleitfaden, auf der Basis kognitiver Strukturen verschiedene innovative Werbebotschaften auszuarbeiten bzw. den kreativen Denkprozeß anzuregen. Olson und Reynolds bemerken in diesem Zusammenhang: „...cognitive-structure framework and data offered here do not supply direct answers to the difficult problems facing advertising creators. Rather they are an efficient tool - heuristic devices - to aid the creative-thinking process" (Olson/Reynolds, 1983, S. 90). Darüber hinaus kann das MECCAS-Modell als Basis zur Analyse von Werbekonzeptionen der Konkurrenten angewendet werden (vgl. Reynolds/ Craddock, 1988, S. 48). So bietet die Rekonstruktion der Werbeaussagen von Konkurrenten nach diesem Modell auch Hinweise für alternative Werbestrategien.

Ein Anwendungsbeispiel

Als Gerüst für die Ausgestaltung eines Werbekonzepts dienen sämtliche „means-end"-Ketten der HVM. Dem ausgewählten Pfad entsprechend lassen sich verschiedene Werbebotschaften formulieren. Hält man sich das kognitive Gefüge aus der empirischen Untersuchung von Jeanskonsumenten vor Augen und berücksichtigt die Stärke der einzelnen Pfade, so bieten sich verschiedene Möglichkeiten für die Auswahl einer „means-end"-Kette zur werblichen Umsetzung an (vgl. Reynolds/Whitlark, 1995, S. 9 ff.). Beispielsweise können bestehende Assoziationen zwischen relevanten Produkteigenschaften, Nutzenkomponenten und persönlichkeitsrelevanten Werten verstärkt werden. Die dominanten Pfade zeigen, daß die Nachfrager die **Farbe** einer Jeans mit den Werthaltungen **Selbstachtung**, **Freiheit** und **Glück** in Beziehung setzt, die resultierenden Ketten jedoch im Vergleich zu den dominierenden Pfaden der gesamten HVM relativ wenig Relationen aufweisen. Eine Möglichkeit besteht nun darin, über das Attribut **Farbe** das Segment der freiheitsliebenden Jeansträger durch die Werbung anzusprechen.

Die Entwicklung einer neuen Werbekonzeption mit Hilfe des MECCAS-Modells zeigt Abbildung 14. Die ausgewählte „means-end"-Kette dient als Leitfaden für die inhaltliche Ausgestaltung des Werbekonzepts.

Die Elemente **Farbe, in Mode, andere Menschen beeindrucken, dynamisch** und **Freiheit** werden direkt als Botschaftsinhalte für das Werbekonzept übernommen. Die Kommunikation des instrumentalen Werts, sich **dynamisch** zu fühlen bzw. **dynamisch** zu sein dient als „Ansatzpunkt" (leverage point), um auf den terminalen Wert **Freiheit** zu verweisen. In den Handlungsrahmen (executional framework) werden die einzelnen Bausteine integriert. Der Stil oder die Art der Umsetzung der Werbebotschaft bauen auf diesen Elementen auf. Jeans in modischen Farben (z. B. beige, orange oder schwarz) dienen als Katalysator, mit der Umwelt verbal oder nonverbal in Kontakt zu treten. Die durch die Farben der Jeans ausgesendeten Signale beeindrucken andere Personen und reflektieren die Persönlichkeit des Jeansträgers: ein dynamischer und freier Mensch.

Die „means-end"-Theorie bietet einige Möglichkeiten, den Kunden besser zu verstehen und herauszufinden, was dieser wünscht. Lassen sich unterschiedliche Konsumentengruppen in Form verschiedener „means-end"-Ketten in der „Hierarchical Value Map" darstellen, liefern die für das Kaufverhalten bedeutsamen „means-end"-Elemente und ihre Verknüpfungen wertvolle Hinweise für eine segmentspezifische Gestaltung der Markenpersönlichkeit.

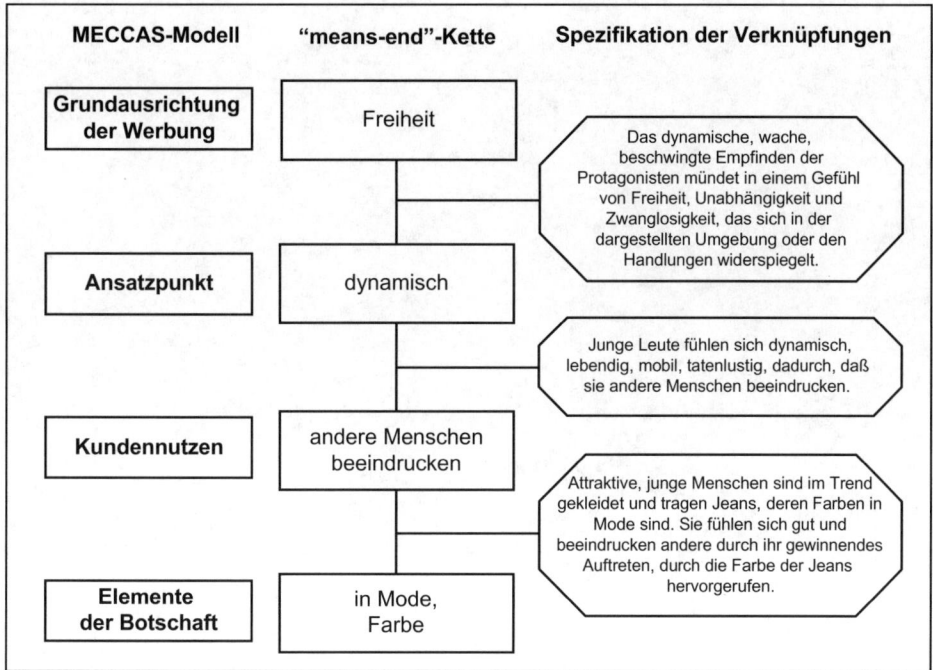

Abbildung 14:   Übertragung einer „means-end"-Kette in eine Werbekonzeption

Susan M. Fournier

Markenbeziehungen - Konsumenten und ihre Marken[1]

---

[1] Bei dem Beitrag handelt es sich um eine gekürzte und modifizierte Fassung der Veröffentlichung „Consumers and Their Brands: Developing Relationship Theory in Consumer Research" (Fournier, S. M., 1998, Journal of Consumer Research, Vol. 24, March, pp. 343 - 373).

1. Ansatzpunkte für die Beziehungstheorie im Marketing

Grundsätze aus der Beziehungstheorie haben Vorstellungen eines kurzfristigen Engagements in der Marketingtheorie (vgl. Webster, 1992) und in der Marketingpraxis (vgl. Peppers/Rogers, 1993) im wesentlichen ersetzt. Sie haben damit in diesem Bereich einen Paradigmenwechsel beschleunigt (vgl. Deighton, 1996). Trotz zunehmender Akzeptanz und Relevanz sind sie in der Marketingliteratur dennoch weitgehend unterrepräsentiert. In den wenigen vorhandenen Veröffentlichungen wird die Praxis des Beziehungsmarketing im Gegensatz zur Theorie des Beziehungsmarketing dargestellt (vgl. Sheth/Parvatiyar, 1995). Die Ideen des Beziehungsmarketing wurden unter Annahme ihres Nutzens im Marketing vorschnell angewandt, ohne die zugrundeliegenden Kernmodelle wirklich zu prüfen.

Vor allem im Bereich der Konsumgüter fehlen Untersuchungen, die auf solchen Beziehungen basieren. Die empirische Forschung zu Beziehungen auf Markenebene ist besonders dürftig. Begreiflicherweise hat sich die Beziehungsforschung auf Partnerschaften zwischen Personen konzentriert, mit dem Ergebnis, daß sich die Mehrzahl der veröffentlichten Studien mit Hersteller-Lieferanten- und Dienstleister-Partnerschaften befaßte (vgl. Berry, 1983; Dwyer et al., 1987).

Die Literatur zur **Markenloyalität** kann noch am ehesten Hinweise über die Beziehungen zwischen Konsument und Marke liefern. In diesem Bereich hat die Forschung jedoch in letzter Zeit stagniert (vgl. Lehmann, 1996). Die Mehrzahl der Erkenntnisse und Beiträge wurden außerdem gewonnen, bevor Methoden aufkamen, die wirksam zur Frage des Wesens der Bindungen zwischen Konsument und Marke beitragen konnten (vgl. Sherry, 1987). Auch wenn der Begriff der „Loyalität" ein reichhaltiges Beziehungskonzept beinhaltet, sind seine Nuancen in der Forschung zur traditionellen Markenloyalität untergegangen. Vereinfachte Operationalisierungen über Kaufsequenz und -proportion vermitteln möglicherweise ein besseres Bild der Trägheit der Konsumenten als von deren Loyalität. Selbst gutwillige Versuche, Loyalität nicht nur unter dem Aspekt des Wiederholungskaufes zu sehen (vgl. Jacoby/Chestnut, 1978), reduzieren den Prozeß auf „einengende kognitive utilitaristische Entscheidungsfindungen". Dadurch mißlingt es, „die einem Talisman vergleichbaren Beziehungen" zu erfassen, „die Verbraucher mit dem von ihnen konsumierten Gegenstand verbinden" (Belk et al., 1989, S. 31).

Das Verständnis von Loyalität als langfristige, verbindliche und gefühlsbetonte Partnerschaft erfordert geradezu eine beziehungsbasierte Operationalisierung, da ansonsten die vielen anderen, potentiell wertvollen Beziehungsformen, die charakteristisch für die Bindungen zwischen Verbraucher und Marke sein können, implizit ignoriert werden.

Als Folge der bisherigen Operationalisierung blieben die grundsätzlichen Fragen, ob, warum und in welchen Formen Verbraucher vorhandene Beziehungen zu Marken suchen und bewerten, bisher zum größten Teil unbeantwortet (vgl. Webster, 1992). Es gibt wichtige Ausnahmen (vgl. z. B. Blackston, 1993; McCracken, 1993; Olsen, 1993 und 1995; Schouten/McAlexander, 1995), doch gelingt es den vorhandenen Unter-suchungen nicht, einen begründeten und umfassenden beziehungsbezogenen Rahmen für die Untersuchung der Interaktionen zwischen Konsument und Marke zu entwickeln. Veröffentlichungen zu interpersonellen Beziehungen, die diese Aufgabe übernehmen könnten, wurden im Bereich des Konsumentenverhaltens kaum berücksichtigt. Zwar existieren umfangreiche Veröffentlichungen über Menschen und ihre Besitztümer (vgl. Ahuvia, 1993; Belk, 1988; Csikszentmihalyi et al., 1981; Douglas/Isherwood, 1979; Richins, 1994; Wallendorf/Arnould, 1988), jedoch befassen sich diese - wenn überhaupt - nur indirekt mit der Beziehungstheorie. Man übernimmt Konstrukte aus dem Bezie-hungsparadigma, ohne die interpersonelle Theorie im Rahmen der Entwicklung dieser Modelle ausdrücklich zu berücksichtigen (vgl z. B. Ball/Tasaki, 1992; Kleine et al., 1995). Andere Autoren bedienen sich des Ansatzes der fundamentalen Beziehungen ohne ausdrücklich auf die eigentlichen theoretischen Implikationen hinzuweisen (z. B. Blackstons (1993) Behandlung der Marke als Beziehungspartner). Wissenschaftler, die interpersonelle Beziehungstheorien auf Untersuchungen von Interaktionen zwischen Verbraucher und Objekt angewandt haben, gingen außerordentlich selektiv vor. Theo-rien zur Liebe (vgl. Shimp/Madden, 1988), zur Bindung (vgl. Dick, 1988) und zum Vertrauen (vgl. Hess, 1995) erhielten die größte Aufmerksamkeit, während andere wich-tige Beziehungsmodelle ausgeschlossen wurden. Ein umfassender, beziehungsorientier-ter Ansatz zu den Interaktionen zwischen Konsumenten und Marken, der mit den grund-legenden Beziehungsprinzipien beginnt und einen integrativen Rahmen aufbaut, um die Form und die Dynamik dieser Interaktionen im täglichen Leben zu erklären und zu erforschen, wurde bisher jedoch nicht entwickelt.

Die vorliegende Arbeit will einen Rahmen zum besseren Verständnis der Beziehungen schaffen, die Verbraucher mit Marken eingehen, die sie kennen und benutzen. Es soll eine zuverlässige konzeptionelle Grundlage entwickelt werden, auf der die Theorie zu Markenbeziehungen aufbauen kann. Außerdem soll die Nützlichkeit des Beziehungs-konzepts zwischen Konsument und Marke dargestellt werden. Zu diesem Zweck werden folgende Behauptungen aufgestellt:

1. Marken können lebendige Beziehungspartner sein.
2. Die Beziehungen zwischen Konsumenten und Marken sind auf der Ebene gelebter Erfahrungen valide.
3. Beziehungen zwischen Konsumenten und Marken können auf vielen Ebenen defi-niert werden, indem man ein umfangreiches, konzeptionelles Vokabular benutzt, das sowohl im Bereich der Theorie als auch der Management-Praxis angewandt werden kann.

2.   Marken als Beziehungspartner

Damit wirkliche Beziehungen bestehen, muß die Unabhängigkeit der Partner gewährleistet sein, d. h. die Partner müssen die Beziehung gemeinsam beeinflussen und definieren können (vgl. Hinde, 1979). Die Prämisse, nach der Verbraucherhandlungen die Form und die Dynamik der Beziehung beeinflussen, läßt sich leicht akzeptieren. Größere Aufmerksamkeit verdient hingegen die Tatsache, daß es von Nutzen ist, die **Marke nicht** als ein **passives Objekt** von Marketingtransaktionen zu betrachten, sondern als aktiven Teilnehmer am Aufbau einer Beziehung.

Um die Marke als Partner zu legitimieren, kann man die Aufmerksamkeit zum Beispiel darauf lenken, wie **Marken** belebt, vermenschlicht oder geradezu **personifiziert** werden. Der Vorgang, unbelebten Objekten menschliche Eigenschaften zu verleihen, ist praktisch in allen menschlichen Gesellschaften auf der ganzen Welt immer wieder unternommen worden (vgl. Brown, 1991). Theorien zum Animismus (vgl. Gilmore, 1919; McDougall, 1911; Nida/Smalley, 1959; Tylor, 1874) legen die Annahme nahe, daß ein Bedürfnis besteht, Objekten menschliche Eigenschaften zu verleihen, um Interaktionen mit der nicht-materiellen Welt zu vereinfachen. Es bereitet den Konsumenten keine Schwierigkeiten, leblosen Markenobjekten die Eigenschaften einer Persönlichkeit zuzuschreiben (vgl. Aaker, 1997; vgl. auch den Beitrag „Dimensionen der Markenpersönlichkeit" in diesem Buch). Dies geschieht in der Weise, daß Konsumenten über Marken denken, als seien sie menschliche Charaktere (vgl. Levy, 1985; Plummer, 1985 a) oder indem sie den Standpunkt der Marke einnehmen, um ihre eigene Sicht der Beziehung zu artikulieren (vgl. Blackston, 1993). Daß Verbraucher so bereitwillig auf die Versuche der Werbefachleute reagieren, Marken zu vermenschlichen und die Tendenz der Konsumenten, Produkte aus eigenem Antrieb zu vitalisieren, zeigt die Bereitschaft, Marken wie lebendige Beziehungspartner zu behandeln.

Animismustheorien zeigen, auf welche Weise die verschiedenen Formen der **Markenvitalität** in der Beziehung zwischen Konsument und Marke realisiert werden können. Diese implizieren drei Prozeßmechanismen, die in ihrer Annäherung an menschliche Verhältnisse variieren. Die erste animistische Form bezieht sich auf Beispiele, in denen die Marke mit dem Geist einer gegenwärtigen oder früheren Person aus dem Lebensumfeld der Konsumenten verknüpft wird. Die Verwendung eines Fürsprechers in der Werbung (vgl. z. B. Manfred Krug für die Telekom) ist hierfür ein Beispiel. Die Persönlichkeit des Fürsprechers kann so stark zur beworbenen Marke passen, daß die Marke im Laufe der Zeit durch sich wiederholende Assoziationen in gewisser Weise selbst zu dieser Person wird. McCrackens (1989) Überlegung, daß Fürsprecher wirkungsvoll sind, weil sie den Geist des Unterstützenden durch die Nutzung des Produkts übertragen, spiegelt diese Theorie wider. Eine weitere noch persönlichere Assoziation zwischen einer Marke und einer Person ist ebenfalls sehr verbreitet. Die Marke eines Luftreinigers, der immer in Großmutters Badezimmer stand, ein Fußbodenreiniger, den der frühere Ehemann immer benutzte - solche Marken können sich so stark mit dem früheren Anderen verbinden, daß der Geist der Person in der Marke zu hausen beginnt und bei jeder Verwendung evoziert wird. Einst als Geschenke erhaltene Marken (vgl. McGrath/Sherry, 1993) können ebenfalls den Geist des Schenkenden enthalten. Damit verbinden sich wiederum Assoziationen, die der Marke in der Vorstellungswelt des Verbrauchers zu einem lebendigen Wesen verhelfen.

Eine weitere Form des Animismus führt zur **vollständigen Vermenschlichung des Markenobjekts** selbst, wobei menschliche Eigenschaften wie Emotionalität, Denken und Willensäußerungen übertragen werden. Derart vermenschlichte Markencharaktere können zu Vorbildern werden. „Käpt'n Iglo" und „Meister Proper" sind identifizierbare Charaktere, die lachen, scherzen, planen und sich verschwören können. In einer Abwandlung werden einer Marke beschränkte menschliche Eigenschaften verliehen, obwohl die Marke selbst nicht als denkendes und fühlendes Wesen zum Leben erweckt worden ist. Forschungen zu den Beziehungen zwischen Personen und Objekten zeigen, daß Verbraucher einer Reihe von Konsumgütern selektiv menschliche Eigenschaften zuweisen (vgl. Belk, 1988; Rook, 1985 und 1987 a), und zwar vorrangig Werkzeugen, Nahrungsmitteln, Getränken, Kleidung und Waffen (vgl. Gilmore, 1919) sowie technischen Haushaltsgeräten (vgl. Mick/Fournier, 1998).

Wenn die Marke als legitimer Beziehungspartner dienen soll, muß sie über die Personifizierung hinausgehen und sich tatsächlich wie ein aktiver und tatkräftiger Teil einer Beziehung verhalten. Interaktiv und wahrnehmbar durchgeführte Marketingkommunikation qualifiziert die Marke als reziproken Partner. Belebte Markencharaktere befriedigen durch ihre Leistungen auch das Kriterium der Aktivität.

Teilweise wird behauptet, daß es für die Marke nicht notwendig ist, diese sehr direkten und offensichtlichen Strategien anzuwenden, um sich als aktiver Beziehungspartner zu qualifizieren. Auf breiter Abstraktionsebene kann die tägliche Realisation von Plänen und Taktiken des Marketing als Verhaltensweise der Marke innerhalb ihrer Beziehungsrolle aufgefaßt werden. Aus Forschungen über das Entstehen von Eindrücken bei Konsumenten (vgl. Srull/Wyer, 1989) läßt sich ableiten, daß alle wahrgenommenen Verhaltensweisen in eine Eigenschaftssprache übertragen werden, und daß diese Eigenschaften die Basis für die Wahrnehmung der Marke durch den Konsumenten bilden. Olson und Allen (vgl. 1995) wandten diese Theorie an, um zu erklären, wie sich die Markenpersönlichkeit aus dem Verhalten der Marken in der Werbung entwickelt. Eine logische Erweiterung dieses Ansatzes besteht darin, alle **Marketingaktionen** als ein **Bündel von Verhaltensweisen** anzusehen, aus dem Schlüsse über die Eigenschaften der Marke gezogen werden und durch welche die Markenpersönlichkeit aktualisiert wird. Dieser wichtige Punkt, wonach die tägliche Umsetzung von Marketing-Mix-Entscheidungen ein Bündel von Verhaltensweisen darstellt, die in bezug auf die Marke vollzogen werden, bildet einen Eckpfeiler der Beziehungstheorie. Wenn man das Markenverhalten in den Mittelpunkt stellt, kann eine Theorie zum Aufbau einer Markenbeziehung entwickelt werden. Man beginnt zu erkennen, auf welche Weise die Marke, die als lebendiger Partner in der Beziehung fungiert, zur Anregung, Bewahrung und Zerstörung einer Konsumenten-Marken-Beziehung beiträgt.

Bei Anwendung des Reziprozitätskriteriums auf ein lebloses Markenobjekt besteht zweifellos ein Mangel an Parallelität. Eine Marke kann ausgewählte animistische Eigenschaften haben, ohne ein lebendiges Wesen zu sein. Tatsächlich verfügt eine Marke über keine objektive Existenz. Sie ist nur eine Ansammlung von Wahrnehmungen, die im Gedächtnis des Konsumenten gespeichert sind. Die Marke kann weder handeln, noch denken, noch fühlen, außer durch die Aktivitäten des Managers, der sie führt. Mit der Hinnahme der Verhaltensbedeutung von Marketingmaßnahmen akzeptiert man die Marke als aktiven Beziehungspartner. Eine gemäßigte Form dieser Theorie vergleicht Konsumenten-Marken-Beziehungen mit menschlichen Beziehungen zu Partnern ohne greifbare Vitalität oder Sterblichkeit (vgl. z. B. Caughey, 1984, zu Beziehungen zwischen Fans und Filmstars; Buber, 1946, zu Beziehungen zu Gott oder zur Sterblichkeit; Hirschman, 1994, zu den Beziehungen der Menschen mit ihren Haustieren). Diese Veröffentlichungen unterstützen die Überlegung der Ausdehnung des Partnerschaftsgedankens auf den Markenbereich.

3.   Grundlagen der Beziehungstheorie

3.1   Beziehungen als Mittel zur Sinnstiftung

In ihrem Kern verfolgen Beziehungen eine Absicht: Sie bereichern und strukturieren den Sinn des Lebens einer Person (vgl. Berscheid/Peplau, 1983; Hinde, 1995). Die Entwicklung einer Persönlichkeit hängt zu einem großen Teil von Beziehungen ab, die mit anderen eingegangen worden sind (vgl. Kelley, 1986). Sinnvolle Beziehungen können die Persönlichkeit durch Ausdehnung in neue Bereiche verändern (vgl. Aron/Aron, 1996) oder sie durch Mechanismen des Selbstwerts und der Selbstachtung verstärken (vgl. Aron et al., 1995). Dieses Konzept der Sinnstiftung findet Beachtung in der Konsumentenforschung, die Besitz und dessen weitreichende Folgen für das Selbstverständnis untersucht (vgl. Belk, 1988; Holt, 1995; Kleine et al., 1995; McCracken, 1988; Richins, 1994; Sirgy, 1982; Wallendorf/Arnould, 1988).

Das Verständnis einer bestehenden Beziehung erfordert das Erfassen des Sinns, den eine Beziehung für eine Person hat. Es ergeben sich **drei wesentliche Sinnquellen**, von denen jede als Bedeutungshintergrund der Beziehung für die betroffene Person dient:

- ◼ die psychologische,
- ◼ die sozio-kulturelle und
- ◼ die relationale Sinnquelle.

Dabei beeinflussen sich Beziehung und Kontext wechselseitig.

Eine Möglichkeit der sinnvollen Darstellung des psychologischen Kontexts einer bestehenden Beziehung besteht darin, die **identitätsbildende Aktivität**, auf der die Beziehung beruht, näher zu spezifizieren. Unter Berücksichtigung der Arbeiten von Mick und

Buhl (1992) und anderen (vgl. Cantor/Zirkel, 1990) existieren drei zentrale Verbindungspunkte in einem zielgerichteten Persönlichkeitsrahmen. Erstens können Beziehungen dazu beitragen, Daseinsprobleme, wie tiefe existentielle Sorgen oder Spannungen zu lösen, denen Individuen im täglichen Leben ausgesetzt sind (vgl. Csikszentmihalyi/Beattie, 1979). Auch wenn diese Probleme unter der Bewußtseinsebene wirksam werden, sind sie doch tief mit der persönlichen Geschichte verwurzelt und daher von zentraler Bedeutung für das Selbstverständnis. Eine Beziehung kann auch etwas über wichtige Lebensprojekte oder -aufgaben aussagen (vgl. Cantor et al., 1987; Caspi, 1987; Erikson, 1950). Dazu gehören der Aufbau, die Fortführung und Auflösung von lebensbestimmenden Rollen, die das Selbstkonzept wesentlich verändern können, wenn beispielsweise Ereignisse eintreten, die zu einem Rollenwechsel führen (z. B. Schulabschluß). Andere Ereignisse können altersbedingt (z. B. Pensionierung) oder vorübergehend sein (z. B. Midlife Crisis). Besonders gegenwärtig und zeitlich begrenzt sind Beziehungen, die sich aus aktuellen Problemen ergeben. Diese bestehen aus einer Folge einzelner, miteinander verbundener Aktivitäten, die auf die Erfüllung täglicher Aufgaben gerichtet sind (vgl. Klinger, 1987; Little, 1989). Es ist leicht, sich vorzustellen, wie Beziehungen auf den verschiedenen Ebenen der Zielhierarchie zusammenhängen können: Eine Eltern-Kind-Beziehung kann helfen, existentielle Lebensfragen wie die der persönlichen Bedeutung zu klären, während eine funktionale Beziehung mit den Mitarbeitern einer Kindertagesstätte einem Karriereprojekt dienen kann. Es ist wichtig festzustellen, daß Beziehungen entscheidend zum Sinn des Lebens einer Person beitragen können.

Frühere Arbeiten richten ihr Hauptaugenmerk auf fünf Elemente im **sozio-kulturellen Umfeld**, mit denen Einstellung und Verhalten von Beziehungen definiert werden: Alter, Lebenszyklus, Geschlecht, Familie/soziales Netz und Kultur (vgl. Dion/Dion, 1996; Gilligan et al., 1990; Levinger, 1995; Milardo/Wellman, 1992; Stueve/Gerson, 1977). Diese Faktoren beeinflussen systematisch

- die Stärke eines Beziehungsanreizes,
- die Typen der gewünschten Beziehungen,
- die Art und Erfahrung des emotionalen Ausdrucks im Rahmen der Beziehungen,
- die Formen der Interaktion innerhalb der Beziehungen,
- die Leichtigkeit, mit der Beziehungen hergestellt und beendet werden und
- den Umfang, in dem ein beständiges Engagement gesucht wird.

Die Bedeutung des sozio-kulturellen Kontexts spiegelt sich in der Konsumentenforschung wider, die sich mit dem sozial bedingten Charakter der Bedeutung und der Vorlieben des Konsums befaßt (vgl. Holbrook, 1993; Holt, 1997; Olsen, 1995; Sherry, 1991; Thompson, 1996).

Will man die Bedeutung einer individuellen Beziehung einordnen, ist es auch wichtig, den **Netzwerkcharakter** des Phänomens zu berücksichtigen. Beziehungen bestehen innerhalb des Kontexts weiterer Beziehungen (vgl. Parks/Eggert, 1991). Der Gedanke, daß die Bedeutung einer bestehenden Beziehung untrennbar mit anderen Beziehungen verbunden ist, wird auch in der Konsumentenforschung zur Komplementarität von Konsumkonstellationen (vgl. McCracken, 1988; Solomon/Assael, 1988) und zur kulturellen Bedeutung der Markenlandschaft in der materialistischen Gesellschaft (vgl. Sherry, 1987) deutlich.

3.2 Beziehungen als multiplexe Phänomene

Die Beziehungsforschung muß sich sehr aufmerksam mit unterschiedlichen Variationen der Beziehungsformen auseinandersetzen (vgl. Berscheid/Peplau, 1983). Unterscheidungen zwischen Beziehungsklassen im interpersonellen Bereich gehen so weit, daß es immer mehr Spezialisten gibt, die sich der Erforschung spezifischer Beziehungstypen widmen (vgl. z. B. Hayes, 1988, zur Freundschaft und Kelley et al., 1983, zu engen Beziehungen). Einige Autoren hielten es für sinnvoll, mehrere Beziehungsformen zusammenzufassen, um das Ausmaß der Kernbeziehung zu untersuchen. Beziehungen werden häufig anhand der **Vorteile** unterschieden, die sie ihren Akteuren verschaffen (vgl. Weiss, 1974; Wright, 1974). Zu sozio-emotionalen Vorteilen gehören psychosoziale Identitätsfunktionen (z. B. Bestätigung des Selbstwerts, Imageversprechen und soziale Integration) wie auch Belohnung durch Stimulation, Sicherheit, Leitung, Ernährung, Hilfeleistung und gesellschaftliche Unterstützung. Instrumentelle Vorteile sind funktional mit dem Erreichen eines objektiven, kurzfristigen Ziels verbunden.

Beziehungen definieren sich ebenfalls über die **Art der Bindungen**, die die Beteiligten miteinander verknüpfen. Diese können formal begründet sein (wie im Fall von Schuldscheinen) oder eine emotionale Basis haben, die in ihrer Intensität zwischen einem oberflächlichen Gefühl, einfacher Sympathie, freundschaftlicher Zuneigung, leidenschaftlicher Liebe und höriger Obsession variieren kann (vgl. Fehr/Russel, 1991; Sternberg, 1986). Zu weiteren beherrschenden Beziehungsformen gehören familiäre (unfreiwillige) gegenüber nicht familiären (freiwilligen) Bindungen, formelle (rollenbezogene) gegenüber informellen, gleiche gegenüber ungleichen und freundschaftliche gegenüber feindseligen (vgl. Wish et al., 1976).

3.3 Beziehungen als dynamischer Prozeß

Ihr temporärer Charakter unterscheidet Beziehungen von vereinzelten Transaktionen (vgl. Berscheid/Peplau, 1983). Beziehungen bestehen aus einer Reihe wiederholter Zusammentreffen zweier einander bekannter Parteien und sie entfalten sich infolge dieser Interaktionen und infolge von Fluktuationen. Für Studienzwecke zerlegen Wissenschaftler im allgemeinen den fortlaufenden Prozeß des Beziehungsaufbaus in handhabbare Wachstumssegmente. Mehrheitlich wird ein Modell mit den **fünf Phasen** Einführung, Wachstum, Aufrechterhaltung, Zerstörung und Auflösung angewandt (vgl.

Levinger, 1983), wobei jede Phase ein Intervall in einer Sequenz von Veränderungen des Typs (z. B. Entwicklung von Freunden zu Liebhabern) oder des Intensitätsgrads (z. B. zunehmendes oder abnehmendes emotionales Engagement) darstellt. Die Theorien unterscheiden sich in der Zahl der Abschnitte, in der Art der Prozesse, die als kritisch für die Entwicklung jedes Abschnitts gelten (z. B. Intimität, Liebe, Bindung, Vertrauen, Verhaltensinterdependenz und zwischenmenschliche Integration) und in den Mechanismen, die die Übergänge zwischen den einzelnen Stadien beherrschen (z. B. Neuartigkeit und Gefühlserregung, Vergleich gegenüber verfügbaren Alternativen und Streßakkumulation).

4.   Studie zur Beziehungstheorie

4.1 Aufbau der Studie

Die auf Entdeckung von Zusammenhängen ausgerichteten Projektziele machten den Einsatz sogenannter phänomenologischer Interviews anstelle stärker strukturierter Untersuchungsansätze erforderlich (vgl. Thompson et al., 1989). Diese Technik ermöglichte das Verständnis der subjektiven Bedeutung von Erfahrungen, die Verbraucher mit Marken gemacht hatten und war damit auch besser dafür geeignet, die konsumentenbezogene Validität der These zu Markenbeziehungen als Ganzes zu zeigen. Modifizierte Fallstudien von Lebensgeschichten (vgl. Denzin, 1978) wurden für drei Frauen in verschiedenen Lebenssituationen durchgeführt, von denen sich zwei in lebensabschnittsbezogenen Übergängen befanden: Jean, eine 59-jährige Bardame, die mit ihrem Ehemann zusammenlebt; Karen, eine kürzlich geschiedene 39-jährige berufstätige Mutter von zwei Kindern; und Vicki, eine 23-jährige Studentin in ihrem letzten Studienjahr an einer großen Universität.[2]

Die Testpersonen wurden bewußt ausgewählt, um Einblicke in wichtige Markenbeziehungsphänomene zu erhalten (vgl. Erlandson et al., 1993). Die geschlechtsspezifische Auswahl erfolgte auf Basis vorangegangener Untersuchungen, nach denen Frauen zahlreichere und intensivere interpersonelle Beziehungen aufweisen, was auch für das Markeninvolvement gilt (vgl. Guest, 1964; Sherrod, 1989). Unterschiede hinsichtlich des Alters und Lebenszyklus' erlaubten die Untersuchung sozio-kultureller Faktoren, die das Beziehungsverhalten im interpersonellen wie auch im Konsumbereich bestimmen. Die beiden Fälle im Übergangsbereich ermöglichten es, Markenverhalten in Perioden erhöhter Identitätsbildung (vgl. Schouten, 1991) und in Perioden der Beziehungsentwicklung (vgl. Andreasen, 1984; Stueve/Gerson, 1977) zu analysieren. Alle Interviews

---

2   Jede Testperson wurde ingesamt 12 bis 15 Stunden in einer Serie von vier bis fünf Interviews über einen Zeitraum von drei Monaten in ihrem Privathaushalt befragt. Die Testpersonen erhielten speziell für sie ausgesuchte Geschenke als Belohnung für ihre Teilnahme.

und Analysen wurden von der Autorin durchgeführt, um die durch die Methode angestrebte ganzheitliche Perspektive zu ermöglichen.

Die Interviews waren so aufgebaut, daß sich zwei komplementäre Informationstypen ergaben:

- Eine in der ersten Person abgegebene Beschreibung der Markennutzungsgeschichte der Testperson und
- Details aus der Lebenswelt der Testperson. Geschichten zur Entstehung, Entwicklung und Verwendung der Marken im Repertoire der Testperson wurden ermittelt.

Zu den Marken dieser Studie gehörten Konsumgüter, Gebrauchsgüter und Dienstleistungen in dem Maße, wie es den Testpersonen angemessen erschien und wie es die Zeitumstände erlaubten. Um die Diskussion anzuregen, wurden Küchenschränke geöffnet und die Testpersonen aufgefordert, die Geschichte zu erzählen, die sich hinter jeder Marke im Haushalt verbarg. Der letzte Teil des Interviews wurde von den Testpersonen bestimmt. Zur Unterstützung von ad hoc Diskussionen wurden visuelle Hilfsmittel einschließlich Entwicklungszeitlinien und dimensionierten Karten eingesetzt, um die temporären und bedeutungsbezogenen Aspekte der ausgewählten Markenbeziehungen zu ermitteln. Informationen zur Lebensgeschichte wurden in einem abschließenden Interview zusammengetragen, das sich auf wichtige Lebenserfahrungen, Kernentscheidungen und zentrale Übergangspunkte im Leben der Testpersonen bezog (vgl. Tagg, 1985).

4.2 Datenanalyse

Das Verständnis von Markenbeziehungen vor dem Hintergrund zurückliegender Erfahrungen erforderte zwei verschiedene Interpretationsarten der wörtlichen Aufzeichnungen (vgl. Strauss/Corbin, 1990). Die **idiographische Analyse** (vgl. Mick/Buhl, 1992; Thompson et al., 1990; Thompson et al., 1994) begann mit einer Lektüre der Abschriften, um sich darin manifestierende wiederkehrende psychologische Tendenzen sowie Verhaltenstendenzen zu identifizieren. Identitätsbelange wurden mit Hilfe des oben beschriebenen Rahmens von Lebensthemen, -projekten und -problemen zusammengefaßt. Markengeschichten wurden dann individuell und insgesamt so untersucht, daß die Angaben zu Persönlichkeitsbelangen ein ganzheitliches Verständnis der Markenbeziehungen im Verbraucherkontext ermöglichten. Die zweite Interpretationsebene umfaßte eine personenübergreifende Analyse, um Muster innerhalb der Markengeschichten und Testpersonen zu entdecken, die dazu beitragen konnten, die Phänomene der Konsumenten-Marken-Beziehungen strukturiert zu verstehen. Insgesamt erzählten die Testpersonen 112 Markengeschichten.

In der Analyse sollte die gesamte Bandbreite der Beziehungskategorien, die Prozesse der Beziehungsentwicklung im Zeitablauf, die Bedingungen, unter denen Beziehungsphänomene entstehen oder sich verringern sowie die Folgen eines Beziehungsengagements erfaßt werden. Hierbei waren besonders die Folgen von Interesse, die andere bemerkenswerte Markenphänomene betrafen (z. B. Zufriedenheit und Loyalität). Auf Basis der bestehenden Literatur umfaßte die Analyse die **Kodierungen**

- ■ **Dimensionalität** (freiwillig vs. auferlegt, freundlich vs. feindselig, intensiv vs. oberflächlich sowie gleich vs. ungleich),
- ■ **affektiver Charakter** (Stärke, Richtung und Art der Bindung),
- ■ **Beziehungsgründe** (sozio-emotionale vs. funktionale Kompensation) und
- ■ **Abschnitt der Beziehungsentwicklung** (Beginn, Wachstum, Erhalt und Niedergang).

Grundlegende Beschreibungen von Beziehungen wurden ebenfalls kodiert (z. B. Dauer der Beziehung, Häufigkeit der Interaktion, Exklusivität innerhalb der Kategorie sowie Entstehungsursache). Darüber hinaus wurde die Verwendung interpersoneller Beziehungsanalogien durch den Konsumenten festgehalten. Mit fortschreitender Analyse und Entdeckung neuer Konzepte wurden die Kodierungsschemata modifiziert. In der idiographischen wie auch in der personenübergreifenden Analyse galt das Hauptaugenmerk den Beziehungen, die mit spezifischen Marken im Vergleich zur entsprechenden Produktkategorie eingegangen worden waren. Durch sie ließ sich ein Bedeutungstransfer auf die Marke nachweisen (vgl. McCracken, 1993).

Es wurden verschiedene Techniken eingesetzt, um die Zuverlässigkeit dieser Untersuchung zu steigern (vgl. Erlandson et al., 1993). Kontrollen der Glaubwürdigkeit der Interpretationsansprüche der Autorin gegenüber den Standpunkten derjenigen, die ihre Geschichten mitteilten, wurden durchgeführt. Drei Kollegen unterzogen Interviewabschriften und wertende Zusammenfassungen einer kritischen Lektüre. Die Glaubwürdigkeit der Ergebnisse wurde noch unterstützt durch den Abgleich der von einer Person erzählten Geschichten mit a) den mit dieser Person zu verschiedenen Zeiten geführten Gespräche, b) den in unterschiedlichen Markengeschichten reflektierten Konzepten und c) den aus verschiedenen Datenquellen stammenden Informationen (z. B. Lebensmittellisten, Schrankinhalt oder Geschichten anderer Haushaltsmitglieder). Eine systematische Auswahl der Versuchspersonen mit sehr unterschiedlichen Erfahrungen und Auffassungen des untersuchten Phänomens gestattet die Übertragbarkeit der Erkenntnisse und deren Beurteilung.

4.3   Idiographische Analyse

Im Rahmen der idiographischen Analyse wurden die Interviews mit den Versuchspersonen interpretiert, und zwar hinsichtlich der Markenbeziehungen sowie hinsichtlich persönlicher und sozio-kultureller Zusammenhänge, durch welche die Lebenswelt der einzelnen Versuchspersonen beschrieben wird. Ziel war es, den Zusammenhang zwischen der Gesamtheit der Markenbeziehungen und den jeweils relevanten persönlichen Belangen der Befragten herzustellen. Dadurch sollte sich ein kohärentes Bild der Rolle der

Markenbeziehungen in der jeweiligen Lebenssituation des Verbrauchers ergeben. Die dabei ermittelten Beziehungsphänomene wurden dann im Rahmen der personenübergreifenden Analyse weiterentwickelt.

Im Ergebnis zeigte sich, daß für jede der befragten Frauen ein Netz miteinander verknüpfter Marken identifiziert werden konnte, das zur Darstellung, Erforschung oder Lösung von wesentlichen Identitätsfragen beitrug. Es zeigte sich, daß Beziehungen auf einer Portfolioebene zusammenhängen, auf der Marken über Kategoriengrenzen hinaus für ihre sinnstiftenden Zwecke angeordnet werden. Da die jeweils relevanten persönlichen Belange der drei befragten Frauen sehr verschieden waren, wurden auch drei sehr unterschiedliche **Muster von Beziehungen** zwischen Konsument und Marke festgestellt. Diese Muster variierten nicht nur nach der Ebene und dem Inhalt der persönlichen Aktivitäten, sondern auch nach der Zahl der Markenbeziehungen im Portfolio, der Dauerhaftigkeit dieser Beziehungen, des Anteils der engeren Beziehungen und der emotionalen Qualität der daraus resultierenden Verbindungen. Es ist interessant, daß ohne weiteres Parallelen zwischen den Beziehungen einer Person mit der Marke und zwischenmenschlichen Beziehungen hergestellt werden können. Daraus wird klar, daß eine Klassifikation durch Beziehungsformen (vgl. Matthews, 1986) und -richtungen (vgl. MacAdams, 1988) eine wichtige Art der Analyse sein könnte.

Zusammenfassend läßt sich feststellen, daß **Jean**[3] **Markenbeziehungsportfolio** aus starken Beziehungen besteht, die der Lösung ihrer existentiellen Lebensthemen dienen. Jean hat mehr als 40 intensive Beziehungen mit Lebensmittel- und Reinigungsmarken aufgebaut, die aufgrund ihrer Erfahrungen „die besten" sind. Diese Marken garantieren eine hohe Leistungsfähigkeit in den hoch geschätzten traditionellen Rollen der Hausfrau, Mutter und Ehefrau. In diesen Rollen hat Jean vor 40 Jahren zum ersten Mal ihre Existenzberechtigung als wertvolles Mitglied der menschlichen Gesellschaft bewiesen. In diesen Rollen bestätigt sie an jedem einzelnen Tag auch weiterhin ihr Selbstwertgefühl. Die ungebrochene Suche nach einem Gefühl von Zugehörigkeit und Stabilität führte Jean auch dazu, Erbe und Tradition zu schätzen und dementsprechend Beziehungen mit klassischen (oft ethnischen) Marken anzustreben und aufrechtzuerhalten. Das Sich-Verlieben in Marken, die Selbstwertgefühl verleihen (vgl. Aron et al., 1995), erlauben es ihr, sich in ihrer Lebenswelt weniger als Außenseiterin zu fühlen und geben ihr ein stärkeres Gefühl von Autonomie. Jeans Markenbeziehungen erreichen den Status enger Partnerschaften, von denen viele auch Testversuche mit anderen Marke über einen Zeitraum von mehr als zwanzig Jahren überstanden haben. Jean zeigt einen **differenzierten Stil beim Aufbau ihres Markenbeziehungsportfolios**, indem sie sorgfältig eine Untergruppe von Partnerschaften aus den verfügbaren Beziehungsmöglichkeiten auswählt und diese **Partner mit tiefen Gefühlen der Zuneigung und ausdauernder Treue belohnt**. Jeans Art, ein bewährtes Portfolio aus intensiven, starken und langwährenden Beziehungen zusammenzustellen, spiegelt sich auch in ihrer interpersonellen Sphäre wider: Ist

---

3   Jean, 59 Jahre alt, verheiratet, berufstätig, lebt seit 40 Jahren mit ihrem Mann in einem Vorort einer amerikanischen Großstadt.

man mit Jean befreundet und beweist das wiederholt durch entsprechendes Verhalten, wird man von Jean durch unerschütterliche Loyalität belohnt. Und diese Haltung läßt sich auch gegenüber den von Jean ausgewählten Marken beobachten.

Zwischen **Vickis**[4] und Jeans Geschichte bestehen große Unterschiede, sowohl hinsichtlich der hervorstechenden persönlichen Eigenschaften und Belange, die das Individuum charakterisieren, als auch in den daraus resultierenden **Markenbeziehungsmustern**. Ähnlich wie Jean läßt auch Vicki sich von anderen definieren. Doch geht Vicki davon aus, daß die Bewertungen der anderen eine Funktion der symbolischen Botschaften der Marken sind, die sie zeigt und benutzt und nicht so sehr eine markengestützte Leistung, die sie in anerkannten sozialen Rollen erbringt. Vicki ist stark durch die **Macht des Markenbilds** in der **postmodernen Gesellschaft** motiviert (vgl. Goldman/Sapson, 1994). Sie glaubt so sehr an die Macht von Marken, daß sie überzeugt ist, daß Freunde ohne Mühe herausfinden können, welche Marken sie benutzt und welche sie meidet. In diesem Sinn sind ihre Markenbeziehungen außerordentlich funktional. Sie erlauben ihr, ihre Identität zu erforschen, zu entwickeln und umzusetzen. Durch einen Integrationsprozeß (vgl. Holt, 1995) gleicht Vicki ihre Identität bereitwillig an, um sich der mit Macht institutionalisierten Markenbedeutung anzupassen, die sie als relevant für diese Aufgabe erachtet. In Übereinstimmung mit der postmodernen Gesellschaft versucht Vicki nicht, ein eigenes Selbst auszudrücken, sondern eine Vielzahl potentieller und tatsächlicher Formen des Selbst (vgl. Firat/Venkatesh, 1995; Gergen, 1991). Vicki besteht aus einem **Kaleidoskop von Bildern**, von denen jedes einzelne fein auf die jeweilige Situation abgestimmt ist und seine Bedeutung in der Markenwelt sucht (vgl. Gordon, 1994). Als Reaktion übernimmt Vicki einen auf Erwerb gerichteten Beziehungsstil, wobei sie eine ganze Reihe von Markenbeziehungen eingeht, um jeden Bereich ihrer gelebten Identitätserfahrung zu reflektieren. Sie zögert nicht, mit jeder weiteren Entwicklung ihres Selbst zu besser ausgestatteten Markenkommunikatoren zu wechseln. Es fällt ihr leicht, ihr Markenportfolio mit einzelnen Bestandteilen umzuformen, die ihr die Marketingkultur zur Verfügung stellt. Diese Haltung realisiert Vicki auch im Bereich ihrer persönlichen Beziehungen, wo der offensichtliche Wunsch besteht, weitläufige, sich ausdehnende Netzwerke von situations-evozierten Freundschaften zu bilden.

Eine postmoderne Interpretation von Vickis Markenverhalten bestätigt, daß der fragmentierte Konsument „in einer von ihm/ihr selbst erzeugten Welt der Widersprüche lebt" (Firat/Venkatesh, 1995, S. 260) und „weder repressive Einigkeit noch Konformismus sucht, sondern Bewegungsfreiheit in einem weitläufigem Raum" (ebd., S. 253). Das bedeutet, daß Vickis markengestütztes Projekt der Identitätsschöpfung innerhalb der postmodernen Gesellschaft nie zu einem Abschluß kommen kann. Obwohl Vickis Lebensgeschichte zeigt, daß sie sich persönlich an Grundsätze der Loyalität und Pflicht gebunden fühlt, drückt Vicki ihre Markenloyalität nicht durch Exklusivität und Bestän-

---

4   Vicky ist eine 23 Jahre alte Studentin, die erst kürzlich von zu Hause ausgezogen ist. Sie ist alleinstehend und befindet sich inmitten der Wandlung vom abhängigen Kind zum unabhängigen, selbständigen Erwachsenen.

digkeit aus. Die **Fragmentierung ihrer Persönlichkeit führt zur Loyalität gegenüber vielen Marken und zu zufälliger Loyalität**, da es „kein einzelnes Projekt, keinen besonderen Lebensstil, nicht einen alleinigen Lebenssinn gibt, an den man sich binden muß" (Firat/Venkatesh, 1995, S. 253).

Der Fall von **Karen**[5] repräsentiert noch eine weitere Möglichkeit, durch die Markenportfolios der eigenen Persönlichkeit Bedeutung verleihen. In diesem Fall beziehen sie sich nicht nur auf Lebensprojekte oder -themen, sondern auch auf wichtige aktuelle Probleme. **Karens Beziehungsstil ist unabhängig**: Auch wenn einige Markenbeziehungen Eingang erhalten in das innere Heiligtum eng geknüpfter Partnerschaften, bleibt die Mehrheit der **Bindungen vom Zufall abhängig** und wird auf einer relativ **oberflächlichen Beziehungsebene** aufrechterhalten. Im Unterschied zu Jean und Vicki deutet Karens Geschichte nur auf eine beschränkte Zahl von geschlossenen, wenn auch abhängigen Markenpartnerschaften hin. Diese sorgfältig ausgewählten Marken tragen alle dazu bei, daß sie sich gut fühlt und zwar sowohl durch erfolgreiche Abschirmung gegen ein gefürchtetes und unerwünschtes alterndes Ego als auch durch den Ausdruck persönlicher Überzeugungen in einem Kampf zwischen innen- und außen-bestimmtem Ego (vgl. Ogilvie, 1987). Verschiedene Marken, die Karen nicht benutzt, erhalten unter diesem Aspekt ebenfalls eine eigene Bedeutung. Daß Karen Diet Coke meidet und Marken ablehnt, die sie von ihrem Ex-Mann und ihrer Mutter geerbt hat, sind ganz bewußte Strategien, um sich einen neuen Identitäts- und Unabhängigkeitssinn zu erkämpfen. Diese widersprüchlichen Beziehungen haben einen instrumentellen Charakter, da sie Karen durch die Feststellung, wer sie nicht ist, helfen, zu bestimmen, wer sie ist (vgl. Englis/Solomon, 1997; Ogilvie, 1987). Sogar die offensichtlich schmerzlichen Beziehungen zu mehreren Marken wie auch zyklische Beziehungen, die Karens Portfolio bevölkern, sind folglich dadurch wertvoll, daß sie ihr helfen, drängende Alltagsprobleme zu bewältigen, die Teil ihrer Erfahrung als alleinerziehende Mutter sind. Obwohl diese Beziehungen weit davon entfernt sind, im traditionellen Wortsinn loyal zu sein, reflektieren sie doch stabile, vorhersehbare Allianzen, die in einem wichtigen Lebensbereich sinnstiftend sind.

Eine andere Interpretation des Stils der Verbindung zwischen Konsument und Marke konzentriert sich auf das sozial eingebettete Wesen der Lebenswelt des Konsumenten (vgl. Holt, 1997; Thompson, 1996). Die gegensätzlichen Muster der Relationalität, auf die bereits hingewiesen wurde, könnten weitere, sozio-historische Einflüsse reflektieren, die zur Veränderung der Definition der zentralen Identität einer Frau beitrugen und damit zur Rolle von Markenbeziehungen beim Verwalten dieser Identität. Aufgrund dieser Hypothese können Markenbeziehungsstile oder -muster als **traditionell** (Jean), **postmodern** (Vicki) oder **transitional** (Karen) klassifiziert werden.

---

5   Karen ist 39 Jahre alt, kürzlich geschieden und alleinerziehende Mutter von 2 Kindern im Alter von 8 und 12 Jahren. Sie arbeitet ganztags als Büroleiterin.

Das **traditionelle Beziehungsmuster** ist vielleicht nicht ungewöhnlich für Frauen, die in den fünfziger Jahren mündig wurden, und die man gelehrt hatte, ihren Selbstwert über ihre Geschlechtszugehörigkeit zu definieren (vgl. Rainwater et al., 1959). Der Anstieg des Massenmarketing während dieser Zeit ermutigte die Frauen bei dem Versuch, die Konsumentenrolle zu meistern, da sich hiermit die allgemeine Leistung als Ehefrau und Mutter ausdrückte (vgl. Cowan, 1983). Die Werbung kultivierte den Respekt für mächtige, führende Marken (vgl. Olsen, 1995) und unterstützte den Aufbau expansiver Beziehungsportfolios mit klassischen Marken. Diese Beziehungen profitierten vielleicht von denselben stabilen und tief verwurzelten Bindungen, die damals auch interpersonell gesucht wurden (vgl. Rainwater et al., 1959). Vickis Generation ist relativ frei von traditionellen Rollenerwartungen und geschlechtsbezogenen Interpretationen von Marken des Massenmarkts. Die 'Generation X' ist ein Produkt der **postmodernen Gesellschaft**, die den Aufbau hoch-individualisierter Persönlichkeiten durch eklektische Anleihen bei verschiedenen verfügbaren Elementen der Konsumkultur fördert. Frauen aus dieser Zeitspanne sind für Wachstum und Wandel ausgebildet. Sie werden ermutigt, Flügel und nicht Wurzeln zu entwickeln. Zwischenmenschliche Beziehungsnetzwerke des postmodernen Zeitalters werden als kurzlebig und fragmentiert charakterisiert (vgl. Firat/ Venkatesh, 1995). Vielleicht verfügt auch Vicki über ein charakteristisches Generationsportfolio von Marken, welches aus einer fortlaufenden Mischung von besonders bedeutungsvollen Marken besteht. Karens Generation ist zwischen diesen beiden Welten gefangen. Sie besteht aus modernen Frauen, die sich von traditionellen, rollenorientierten Selbstdefinitionen distanziert haben, aber die einer postmodernen Frau zur Verfügung stehenden Möglichkeiten noch nicht vollkommen beherrschen (vgl. Levinson/Levinson, 1996). Daraus ergeben sich **Markenbeziehungsportfolios**, die weitgehend oberflächlich sind.

Fazit: Ob man sich nun zu einer psychologischen oder sozio-historischen Interpretation der Daten entschließt, die Schlußfolgerungen dieser Analyse bleiben dieselben: Markenbeziehungen sind auf der Ebene der von den Konsumenten gelebten Erfahrungen wirksam. Die Konsumenten dieser Studie kaufen Marken nicht nur aus Neigung oder weil sie gut funktionieren. Sie sind Teil einer Beziehung mit einer Gesamtheit von Marken, mit dem Effekt, daß die Konsumenten von der Bedeutung, die diese Marken ihrem Leben hinzufügen, profitieren. Einige dieser Bedeutungen sind funktional und praktisch, andere sind eher psycho-sozial und emotional. Aber alle finden bewußt statt und stellen die eigene Persönlichkeit in den Mittelpunkt. Sie sind daher von großer Bedeutung für die Personen, die diese Beziehungen eingehen. Der Prozeß der Sinngebung, -manipulation, -inkorporation und -artikulation verleiht dem Beziehungskonzept im Konsumenten-Marken-Bereich Authentizität.

4.4 Personenübergreifende Analyse

4.4.1 Typologie von Markenbeziehungen

Nachdem die Beziehung zwischen Konsument und Marke auf der Ebene individueller gelebter Erfahrung untersucht wurde, befaßt sich die Analyse nunmehr fallübergreifend mit der theoretischen Beschreibung der Markenbeziehung. Die Daten für diese Aufgabe setzen sich aus den Beschreibungen der 112 für die Studie verfügbaren Markenbeziehungen zusammen. Zuerst wird das Problem der Schaffung eines Eigenschaftsraums für verschiedene Typen von Beziehungen zwischen Verbraucher und Marke untersucht. In einer textgestützten Datenanalyse wurden **sieben kennzeichnende Dimensionen der Markenbeziehung** identifiziert:

- freiwillig (bewußt ausgewählt) vs. auferlegt,
- positiv vs. negativ,
- intensiv vs. oberflächlich (zufällig),
- andauernd (langfristig) vs. kurzfristig,
- öffentlich vs. privat,
- formell (rollen- oder aufgabengebunden) vs. informell (persönlich) und
- symmetrisch vs. asymmetrisch.

Sie werfen ein Licht auf viele Beziehungsbereiche, denen in der Literatur bislang nur wenig Aufmerksamkeit geschenkt wurde. Über zufällige Beziehungen wird von Konsumforschern zum Beispiel weit weniger nachgedacht als über intensive, langfristige Verbindungen. Auf Vorlieben beruhende Beziehungen sind öfter Forschungsobjekt als Beziehungen, die durch Vermeidung (Abwendung) oder negative Affekte charakterisiert sind. Asymmetrische Abhängigkeiten werden in einem Paradigma, das das Ideal symbiotischen Austausches unter gleichwertigen Partnern betont, nicht zur Kenntnis genommen. Ausdauernde Markenbeziehungen im privaten Bereich wurden lange zugunsten der scheinbar gefühlsbetonteren öffentlichen Gegenstücke ignoriert. Schließlich wissen wir mehr über formelle Markenbeziehungen, die durch Rollenbedeutung strukturiert sind als über persönliche Beziehungen, die auf einer individualisierten Markenbedeutung beruhen. Die Kenntnisse zu bewußt praktizierter Markenwahl sind wesentlich größer als die zur unfreiwilligen oder zufälligen Markenwahl. Eine Untersuchung der Dimensionen, durch die Markenbeziehungen sich voneinander unterscheiden, kann sehr dazu beitragen, die Reichweite dieser Untersuchungen zu vergrößern.

Fünfzehn wichtige Beziehungsformen gehen aus der gemeinsamen Untersuchung der Beziehungsdimensionen, die oben identifiziert wurden, hervor. Sie werden in Abbildung 1 durch die Verwendung von Analogien aus dem zwischenmenschlichen Bereich dargestellt. Dabei werden auch verschiedene „dunkle" Beziehungen (z. B. Versklavung) festgehalten, womit die Beschreibung der Beziehungen zu Marken in allgemeinen Bereichen der Abhängigkeit (vgl. Hirschman, 1992) und des zwanghaften Konsums (vgl. O'Guinn/Faber, 1989; Rook, 1987 a) gemeint ist.

Beziehungsform	Definition
Arrangierte Hochzeiten	Unfreiwillige Gemeinschaft, auferlegt durch die Präferenz einer dritten Partei. Langfristig angelegt, ohne Engagement, mit geringer affektiver Bindung.
Zufällige Freundschaften	Freundschaft mit geringer Zuneigung und Intimität, charakterisiert durch sporadische Bemühungen und geringe Erwartungen hinsichtlich Bestätigung und Gegenseitigkeit.
Zweckmäßigkeits-Ehen	Langfristige, engagierte Verbindungen, durch äußere Einflüsse und weniger durch bewußte Wahl vorgegeben, bestimmt durch Zufriedenheitsmaßstäbe.
Engagierte Partnerschaften	Langfristige, freiwillig eingegangene und sozial unterstützte Gemeinschaft mit Liebe, Intimität, Vertrauen und dem Engagement, trotz widriger Umstände zusammenzubleiben. Treue wird erwartet.
Beste Freundschaften	Freiwillige Verbindung, die auf Gegenseitigkeit beruht. Die Dauerhaftigkeit wird durch fortwährende positive Bestätigung sichergestellt. Charakterisiert durch die Enthüllung der eigenen Persönlichkeit und durch Ehrlichkeit und Intimität. Meist herrscht Übereinstimmung bezüglich der Vorstellungen und Interessen der Partner.
Differenziertere Freundschaften	Hoch spezialisierte, situationsbestimmte und andauernde Freundschaften, die durch einen geringeren Grad an Intimität gekennzeichnet sind, dafür jedoch mehr sozio-emotionale Bestätigung und Interdependenz aufweisen. Leicht zu etablieren und aufzulösen.
Verwandtschaft	Unfreiwillige Gemeinschaft aufgrund der Abstammung.

Abbildung 1:   Typologie von Konsumenten-Marken-Beziehungen

Beziehungsform	Definition
Trost-/Vermeidungsbeziehung	Verbindung, die sich aufgrund des Wunsches, sich von einem früheren oder aktuellen Partner zu lösen, ergibt.
Kindheitskameradschaften	Unregelmäßige, affekt-geladene Beziehung, Erinnerung an frühere Zeiten. Bietet Trost und Sicherheit des früheren Egos.
Werben/Brautschau	Übergangsbeziehung auf dem Weg zu einer engagierten Partnerschaft.
Abhängigkeiten	Obsessive, hoch emotionale, selbstsüchtige Anziehungskraft, gefestigt durch das Gefühl, der andere sei unersetzlich. Verdrängung anderweitiger Sorgen/Ängste. Hohe Toleranz gegenüber den Verstößen des anderen.
Kurze Liebschaften	Kurzzeitige Verbindungen mit hoher emotionaler Bestätigung, aber ohne Versprechungen und gegenseitige Forderungen.
Feindschaften	Intensive Beziehungen, charakterisiert durch Abneigung und den Wunsch, eigenen Schmerz zu vermeiden oder dem anderen Schmerz zuzufügen.
Geheime Affären	Sehr gefühlsbetonte, private Beziehung, die als riskant eingeschätzt wird, sofern andere davon erfahren.
Versklavungen	Unfreiwillige Gemeinschaft, die vollkommen von den Wünschen des Partners bestimmt wird. Beinhaltet Abneigungen, besteht jedoch aufgrund der Umstände.

Fortsetzung von Abbildung 1:   Typologie von Konsumenten-Marken-Beziehungen

Die Darstellung von Beziehungstypen ist aus mehreren Gründen wichtig. Zum einen bieten Beziehungsklassen einen bestimmten Nutzen, indem sie auf verschiedene Weise zur Entwicklung der Persönlichkeit beitragen (vgl. Weiss, 1974). Die Unterstützung des Egos erfolgt zum Beispiel typischerweise durch Freundschaften. Durch Abhängigkeiten lernt man, mit Schwierigkeiten umzugehen, Sicherheit bietet das Verhältnis zwischen Eltern und Kind und Anregung bieten aufgegliederte Freundschaften (z. B. Trennung von Beruf und Privatleben). Bei der Bewertung des Einflusses von Markenbeziehungen auf die Persönlichkeitsentwicklung und darauf, wie die Persönlichkeit ihrerseits die gesuchten Markenbeziehungen beeinflußt, scheint es notwendig zu sein, strikte Unterscheidungen zwischen den einzelnen Beziehungen vorzunehmen.

Zum zweiten unterscheiden sich Beziehungstypen nach den Bedingungen, die für ihren Erhalt notwendig sind (vgl. Rose/Serafica, 1986). Jeans treue Partnerschaften beispielsweise benötigen unentwegte Beziehungsarbeit und fortgesetzte Bestätigung gegenüber möglichen Markenalternativen. Karens arrangierte Hochzeiten wurden seinerzeit ausschließlich aufgrund der Verpflichtung fortgesetzt. Vickis zufällige Freundschaften scheinen zu ihrer Aufrechterhaltung nur regelmäßige und häufige Interaktionen zu benötigen, während ihre Kindheitskameradschaften trotz unregelmäßiger Kontakte weiter bestehen und zwar aufgrund des Beziehungsgewinns, der sich aus ihnen ergibt.

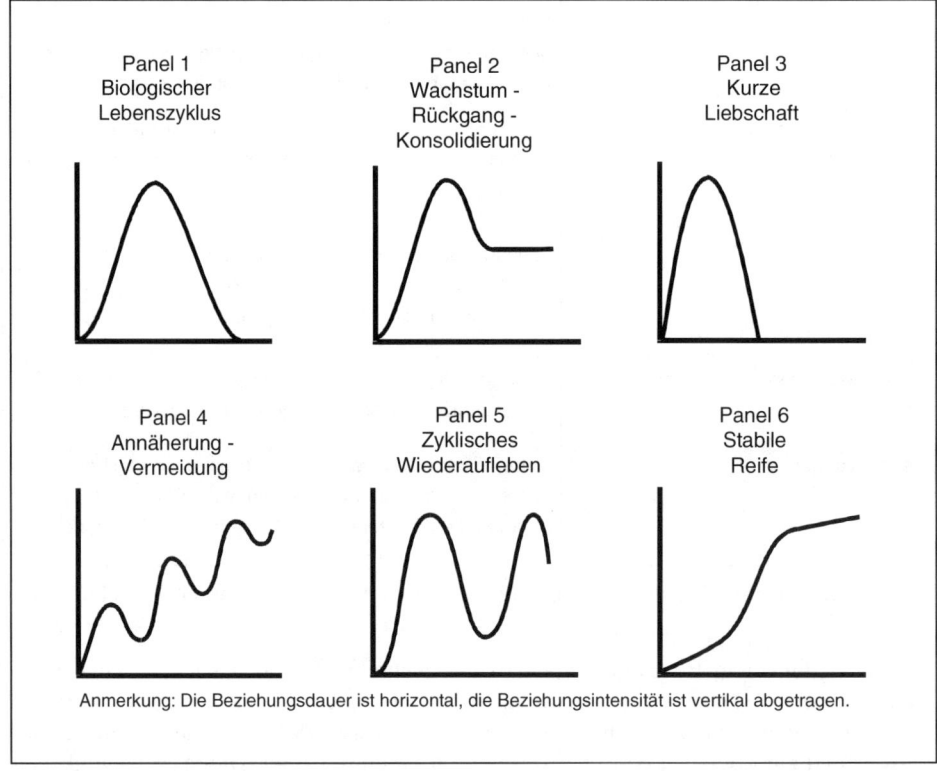

Abbildung 2:   Alternative Entwicklungen von Markenbeziehungen

Abbildung 2 enthält eine Übersicht über die verschiedenen Verläufe von Beziehungen. Grundlage bilden die Beschreibungen der Testpersonen sowie Details aus ihren retrospektiven Markengeschichten. Es ist interessant, wie die verschiedenen Graphen vom klassischen biologischen Entwicklungsmodell abweichen, das die meisten langfristigen Markenpartnerschaften beschreibt. Die Abweichungen der Entwicklungsverläufe der Markenbeziehungen zeigen, wie wichtig es ist, die Faktoren zu identifizieren, die stärkend auf diese Beziehungen wirken, um sie als diagnostisches Hilfsmittel einsetzen zu können.

4.4.2 Qualität von Markenbeziehungen

Der letzte Schritt im Rahmen der Konzeption einer Kosumenten-Marken-Beziehung betrifft die Entwicklung eines Indikators für Qualität, Tiefe und Stärke der Gesamtbeziehung. Aus Untersuchungen im interpersonellen Bereich läßt sich schließen (vgl. Glenn, 1990), daß das Qualitätskonstrukt einer aufgeklärten Beziehung als wichtiger Ausgangspunkt für die Artikulation eines umfassenden Markenbeziehungsrahmens gelten kann. Beziehungsqualität ist in der Literatur zu menschlichen Beziehungen die am häufigsten untersuchte Variable. Sie erwies sich als Indikator für eine Reihe von beziehungsbezogenen Folgen, zu denen

- Beziehungsstabilität und Befriedigung (vgl. Lewis/Spanier, 1979),
- Anpassungstendenzen (vgl. Rusbult et al., 1991),
- voreingenommene Attribution (vgl. Bradbury/Fincham, 1990),
- Reaktionen auf Treuebruch (vgl. Berscheid, 1983) und
- Reaktionen auf attraktive Alternativen im Umfeld (vgl. Johnson/Rusbult, 1989)

gehören (vgl. Abbildung 3).

Die Beziehungsqualität bietet das Potential, weitläufige nomologische Bereiche zu organisieren. Wenn auch die Behauptung, daß Qualität in ihrem Netzwerk „die gesamte Bandbreite von besonders wichtigen Variablen im Beziehungsbereich" beinhaltet, übertrieben sein kann (Spanier/Lewis, 1980, S. 826), so umfaßt dieses Konstrukt doch viele der Bereiche, denen eine beziehungsfördernde Motivation nachgesagt wird. Qualität kann vielleicht am besten die Reichhaltigkeit des Materials einfangen, aus dem Markenbeziehungen entstehen.

Zu diesem Zweck wurden die Geschichten der 35 starken Markenbeziehungen anderen Markengeschichten gegenübergestellt, um Faktoren aufzuzeigen, die über einen längeren Zeitraum zur Stabilität und Dauer beitragen. Die starken Markenbeziehungen wurden durch Testpersonen identifiziert, um die phänomenologische Bedeutung der Beziehungsalternativen zu ermitteln. Mit Hilfe dieser Analyse wurde ein Qualitätskonstrukt für Markenbeziehungen eingeführt (BRQ - Brand Relationship Quality), das sechs Facetten umfaßt (vgl. Abbildung 3). Der Facettenreichtum zeigt, daß zur Aufrechterhaltung einer Beziehung mehr als nur positive Gefühle gehören: affektive und gefühlsbetonte Hinwendung (Liebe/Leidenschaft und Verknüpfung der Marke mit der eigenen Identität), Verhaltensbindungen (Interdependenz und Bindung) und unterstützende kognitive Glaubensvorstellungen (Intimität und Qualität der Marke als Partner) verbinden sich, um Stärke und Dauerhaftigkeit zu gewährleisten.

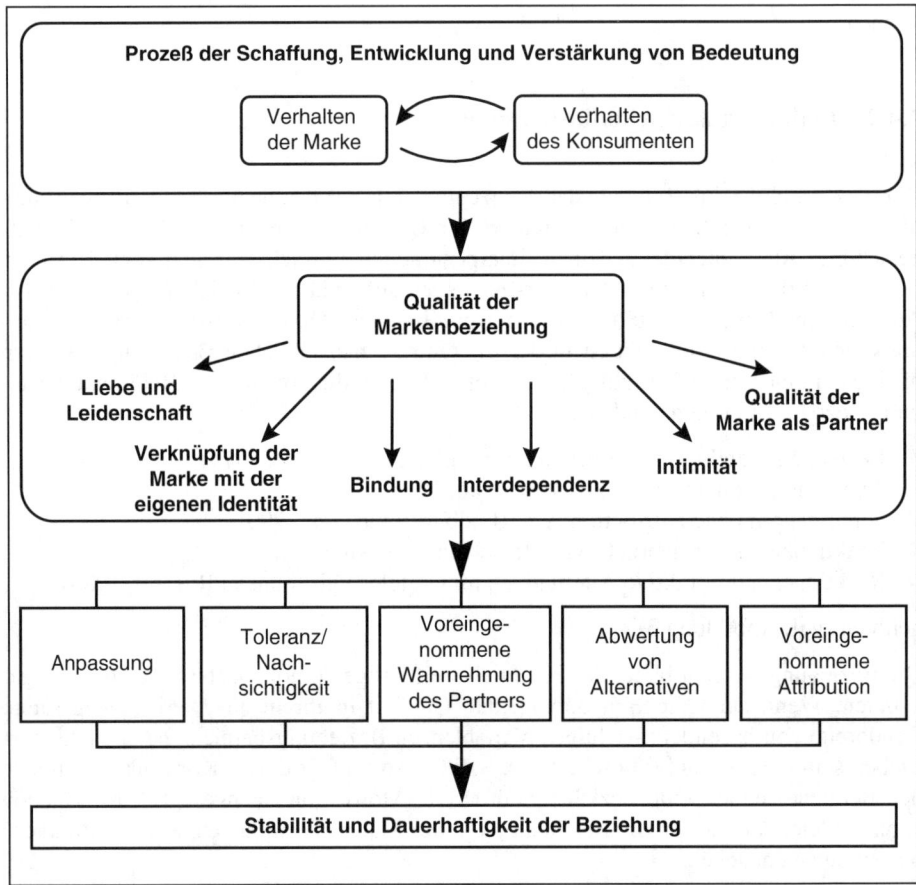

Abbildung 3:   Basismodell der Markenbeziehungsqualität und ihrer Auswirkung auf die Stabilität der Beziehung

Liebe und Leidenschaft

Im Zentrum aller starken Markenbeziehungen stand eine reichhaltige, affektive Grunderinnerung an Liebe im zwischenmenschlichen Bereich. Der Affekt, auf dem die Ausdauer und die Tiefe der Markenbeziehung aufbauten, war viel größer als derjenige, der gemeinhin in der Vorstellung von Markenpräferenz enthalten ist. Testpersonen mit starken Markenbeziehungen spürten, daß „etwas fehlte", wenn sie ihre Marken eine

Zeitlang nicht benutzt hatten. Solche starken Marken wurden als unersetzlich und einzigartig charakterisiert, so daß Trennungsängste (vgl. Berscheid, 1983) im Falle eines Rückzugs vermutet wurden. Liebesempfindungen reichten von Wärme und Zuneigung (vgl. Perlman/Fehr, 1987) bis hin zur Leidenschaft (vgl. Sternberg, 1986), Vernarrtheit und eigennütziger, obsessiver Abhängigkeit (vgl. Lane/Wegner, 1995). Diese starken affektiven Bindungen minderten häufig die negativen Auswirkungen von Verfehlungen in einer Beziehung, indem sie ein Entgegenkommen (vgl. Rusbult et al., 1991) sowie eine verzerrte Schuldzuweisung begünstigten. Liebesempfindungen führten ebenfalls zu einer voreingenommenen, positiven Wahrnehmung des Partners (vgl. Murray et al., 1996), was die Vergleiche mit Alternativen schwierig machte.

Verknüpfung der Marke mit der eigenen Identität

Diese Facette der Beziehungsqualität spiegelt das Ausmaß wider, in welchem die Marke zu wichtigen Problemen, Aufgaben oder Themen der eigenen Identität beiträgt und damit einen wichtigen Aspekt der Persönlichkeit ausdrückt. Wie in der Analyse beschrieben, variieren starke Markenbeziehungen je nach Typ und Zentralität der Zielverbindungen, auf denen sie basieren. Verbindungen der Marke mit der eigenen Identität umfassen auch den temporären Horizont, der von vergangenen (nostalgischen) über gegenwärtige bis zu zukünftigen (möglichen oder ersehnten) Identitäten (vgl. Kleine et al., 1995) reicht. Aus den Markengeschichten der Testpersonen geht hervor, daß starke Verbindungen zur Aufrechterhaltung einer Beziehung über Gefühle von Einzigartigkeit und Abhängigkeit beitragen (vgl. Drigotas/Rusbult, 1992) und auch zur Toleranz gegenüber widrigen Umständen (vgl. Lydon/Zanna, 1990) anregen.

Interdependenz

Starke Markenbeziehungen zeichneten sich auch durch ein hohes Maß von gegenseitiger Abhängigkeit aus, die Konsument und Marke (vgl. Hinde, 1995) miteinander verknüpfte. Zur Interdependenz gehörten häufige Interaktionen mit der Marke (z. B. Karens Benutzung von Dove bei der morgendlichen und abendlichen routinemäßigen Hautpflege), zunehmender Umfang und Verschiedenartigkeit von markenbezogenen Aktivitäten (z. B. die Benutzung von Markenerweiterungen) und zunehmende Intensität individueller Interaktionen (z. B. Jeans seltene, aber um so umfangreichere Zubereitung von Saucen). Konsumrituale entstanden als zentraler Prozeß, durch den die gegenseitige Abhängigkeit gefördert und zelebriert wurde. Die interpersonelle Forschung geht davon aus, daß eine Beziehung, die unentwirrbar mit dem Stoff des täglichen Lebens verwoben ist, auch dauerhaft sein kann, wenn das Niveau affektiven Engagements und affektiver Intimität nur niedrig ist (vgl. Hinde, 1979).

Bindung

Ein hohes Maß an Bindung bestand für alle starken Markenbeziehungen. Die Testpersonen gaben ihre emotionalen Bindungen durch Markenschwüre offen zu (vgl. Johnson, 1973): „Ich bin dieser Marke treu: ich würde niemals irgendeine andere Marke als diese kaufen". Investitionsabhängige Bindungen (vgl. Johnson, 1973) wurden innerhalb der starken Markenbeziehungen ebenfalls gefunden. Sie bestärkten die Absicht, über strukturelle Grenzen hinweg und auch gegen persönliches Interesse weiterzumachen: „Ich würde niemals aufhören, Coca-Cola zu trinken; das würde allen sofort auffallen und sie würden sehen, daß ich letztlich doch einem Gewichtsproblem nachgegeben habe". In ihren verschiedenen Formen fördert diese Bindung die Stabilität, indem sie die eigene Identität in die Folgen der Beziehung integriert (Vicki: „Wenn man einer Marke treu ist, bleibt man auch dabei. Das ist wie ein Rückgrat.") und indem sie dazu anregt, Alternativen im Umfeld herabzusetzen (vgl. Johnson/Rusbult, 1989; Rosenblatt, 1977).

Intimität

Die Markengeschichten der Testpersonen zeigen, daß sich ausgeprägte Wissensstrukturen um starke Marken bilden, deren reichhaltige Bedeutungsschichten tiefere Ebenen der Intimität und dauerhaftere Beziehungsbande reflektieren (vgl. Reis/Shaver, 1988). Im Kern waren alle starken Markenbeziehungen in einem Glauben an überlegene Produkteigenschaften verwurzelt. Der Glaube an die zweckmäßige Funktion der Marke wurde manchmal noch durch Leistungsmythen erhöht, die der Marke Überlegenheit und Unersetzbarkeit zuschrieben und sie damit uneinnehmbar für gegnerische Angriffe machten. Die Bedeutung der Marke wurde manchmal noch durch Werbehinweise oder die Zuordnung von persönlichen Spitznamen verziert. Diese Prozesse liefern den Verbrauchern leicht verfügbare Aufhänger, über die sich die Information zur Marke personifiziert und im Gedächtnis erhalten bleibt. Eine Erinnerung an Markenbeziehungen mit persönlichen Assoziationen und Erfahrungen - zum Beispiel eine Erzählung, in der die Marke eine zentrale Rolle spielt (vgl. Escalas, 1996) - entwickelt sich für starke Marken in dem Umfang, wie sich Erfahrungen im Laufe der Zeit akkumulieren. Die durch diese ausgeprägten Bedeutungen gebotene Intimität baut eine Beziehungskultur auf, die durch eine voreingenommene Wahrnehmung des Beziehungspartners (vgl. Murray et al., 1996) und über eine im Zeitablauf anhaltende Relevanz (vgl. Pavia/Costa, 1994) die Stabilität der Beziehung fördert.

Qualität der Marke als Partner

Im Bereich ehelicher Beziehungen wird das wahrgenommene Ausmaß, in dem ein Partner seine Rolle in der Beziehung übernimmt, mit der allgemeinen Befriedigung und Stärke verbunden, die aus der Beziehung erwächst (vgl. Burr, 1973). Die Qualität der Marke als Partner wird hier analog gesehen, als Spiegel der Verbraucherbeurteilung der

Markenleistung in ihrer Rolle als Partner. Die Geschichten zu starken Marken deuten auf fünf zentrale Determinanten für die Qualität des Markenpartners:

1. Eine positiv empfundene Orientierung der Marke gegenüber dem Verbraucher, indem sie dem Verbraucher zum Beispiel das Gefühl gibt, gewollt, respektiert, angehört und umsorgt zu sein;
2. die Beurteilungen der allgemeinen Abhängigkeit, Zuverlässigkeit und Berechenbarkeit der Marke beim Spielen ihrer Partnerrolle;
3. die Einschätzungen des Ausmaßes, in dem die Marke die verschiedenen Regeln des impliziten Beziehungsvertrags befolgt (vgl. Sabatelli/Pearce, 1986; Wiseman, 1986);
4. das Vertrauen oder der Glaube, daß die Marke gibt, was gewünscht wird, im Gegensatz zu dem, was befürchtet wird; und
5. die Sicherheit durch die Verantwortlichkeit der Marke für ihre Aktionen.

Die Qualität der Marke als Partner schützt die Beziehungen durch die volle Bandbreite dieser beziehungsfördernden Voreingenommenheiten (vgl. Clark et al., 1994).

Das sich ergebende Basismodell für die Markenbeziehungsqualität (BRQ) wird in Abbildung 3 vorgestellt. Markenbeziehungsqualität ergibt sich durch Marken- und Konsumentenaktionen und zwar nach dem Prinzip der Gegenseitigkeit, auf dem alle Beziehungen aufbauen. Dabei existieren im groben folgende Verbindungsformen: Konsumenten-Markenaktionen können die Qualität der Markenbeziehung erhöhen, verringern oder sie können ohne Auswirkungen auf die eigentliche Qualitätsebene verpuffen.

5. Implikationen für Theorie und Praxis

Diese Arbeit unterstreicht die entscheidende Bedeutung der Beziehungen zwischen Marken und Verbrauchern für die Weiterentwicklung der Marketingtheorie. Es zeigte sich, daß Marken die Rolle wirkungsvoller Bedeutungsträger spielen, die bei der Begründung, Schöpfung und Schaffung der eigenen Identität im Marketingzeitalter bewußt und differenziert eingesetzt werden. Sie sind insofern weit davon entfernt, ihre Macht auf dem Markt zu verlieren (vgl. Ramsay, 1996). Auch wenn die Behauptung, daß tief verwurzelte Identitätsprobleme sich in einem so prosaischen und trivialen Bereich wie dem täglichen Markenverhalten widerspiegeln, relativ strittig zu sein scheint, wird davon ausgegangen, daß eben diese Ebene banaler Erfahrungen die für das Leben besonders zentralen Sinnfragen enthält (vgl. Bourdieu, 1984; Fiske, 1992; Tennen et al., 1991). Das Eintauchen in die komplexe Welt der gewöhnlichen Erfahrungen des Markenkonsums wird helfen, „allgemeinere, analytische, aber auch aufklärende Theorien" zum Marketing und Konsumentenverhalten zu entwickeln (Miller, 1995, S. 53).

Eine entscheidende Einsicht, die sich aus dieser Analyse ableitet, betrifft den ganzheitlichen Charakter der Beziehungen zwischen Konsument und Marke. Aus den Untersuchungen geht hervor, daß tiefe Einsichten in die Beziehung zwischen Konsument und

Marke nur dadurch erhalten werden können, daß man das große Ganze betrachtet, in welches die Beziehung eingebettet ist. Wie im Zusammenhang mit dem Konsumentenverhalten erörtert (vgl. Mick/Buhl, 1992; Thompson, 1996), weist diese Untersuchung auf den weiteren Kontext der menschlichen Lebenserfahrungen als eine Basis für die Antizipation der Markenkonstellationen hin, mit denen wahrscheinlich Beziehungen aufgebaut werden. Wie durch die Daten anschaulich illustriert, sind die Beziehungen zwischen Konsument und Marke eher eine Frage wahrgenommener Zielkompatibilität als der Kongruenz zwischen unauffälligen Produktattributen und dem Persönlichkeitsimage. Sinnvolle Beziehungen werden nicht durch die Gegenüberstellung von symbolischen und funktionalen Produktkategorien oder anhand unterschiedlicher Involvementklassen definiert, sondern durch die wahrgenommene Bedeutung der ausgewählten Marke für die eigene Persönlichkeit. Es kristallisiert sich ein weiterer umfassender Aspekt bezüglich des ganzheitlichen Charakters der Beziehungen zwischen Konsument und Marke heraus: Beziehungen zwischen Verbraucher und Marke sind am sinnvollsten, wenn sie im Gesamtzusammenhang der persönlichen Markenlandschaft gesehen werden. So wie die Bedeutung eines bestimmten Konstruktes von seiner Beziehung zu anderen Konstrukten abhängt (vgl. Hirschfeld/Gelman, 1994; Kosslyn/Koenig, 1992), so ist auch die Bedeutung einer bestimmten Markenbeziehung eine Funktion anderer Beziehungen im Markenportfolio. Die vorangegangene Analyse zeigt eindeutig, daß thematische Verbindungen nicht nur zwischen Marken innerhalb einer Kategorie oder innerhalb rollenbezogener Produktkonstellationen wirksam werden - wie beispielsweise Marken, die zum Ausdruck des sozialen Lebensstils genutzt werden (vgl. Solomon/Assael, 1988) - sondern auch für die gesamte Gruppe verschiedener Marken und Kategorien, die zur Verfolgung der Gesamtheit der zielgerichteten Aufgaben konsumiert werden. Marken fügen sich zu Systemen zusammen, die Verbraucher nicht nur schaffen, um sich das Leben zu erleichtern, sondern auch um ihrem Leben Sinn zu verleihen.

Einfach ausgedrückt: **Verbraucher wählen nicht Marken, sie wählen Leben**.

Traditionelle Untersuchungen zur Markennutzung nehmen diese ganzheitlichen Eigenschaften nicht wahr (vgl. Sirgy, 1982). Solche Untersuchungen konzentrieren sich auf fraktionierte Konzepte der eigenen Identität (z. B. das ideale im Vergleich zum realen Selbst), auf Produktklassen, die vom Management definiert wurden (z. B. Waschmittel) und spezifische Mechanismen relationaler Assoziationen (z. B. Kongruenz zwischen Marke und Image). Da die individuellen Elemente in der Beziehungsgleichung zwischen Marke und Persönlichkeit nicht voll entwickelt worden sind, wurde ein unvollständiges Bild der Dynamik gezeichnet. Eine Analyse mit dem Ziel, die gemeinsame Vielfalt von Produkten und Marken im Kontext besonderer Lebenserfahrungen darzustellen, trägt mehr dazu bei, die Dynamik der Markenwahl und des Konsums zu erforschen, als eine Analyse, die sich auf die übereinstimmenden Wahrnehmungen von Markenunterschieden innerhalb eines Kategoriebereichs konzentriert.

Die in dieser Untersuchung festgehaltenen Daten unterstreichen die aktive Rolle des Verbrauchers in der Schaffung moderner Kultur (vgl. Holt, 1995; Mick/Fournier, 1998; Miller, 1995). Beim Aufbau von Markenbeziehungen zählt nicht nur, was Manager für sie planen oder was das Markenimage in der Kultur „enthält" (vgl. McCracken, 1986; Solomon, 1983), sondern was Konsumenten mit Marken unternehmen, um ihrem Leben Bedeutung hinzuzufügen. Die abstrahierten, zielorientierten und experimentellen Kategorien, die Verbraucher für Marken entwickeln, sind nicht unbedingt identisch mit den Kategorien, die Markenmanager durchsetzen wollen. Konsumentenbezogene Beziehungsthemen durchtrennen die künstlichen Grenzen der Marken und Produkte, um die Konstrukte aufzuzeigen, die dem täglichen Leben Sinn verleihen (z. B. Dinge, die ich mache, um mich dafür zu belohnen, einen harten Tag durchgestanden zu haben; „Blumenmuster", die dazu beitragen, daß ich mich anziehend und romantisch fühle). Daß eine Marke für ähnliche oder auch verschiedene Konsumenten häufig zu vielen thematischen Kategorien paßt, zeigt den fließenden Charakter zielbestimmter Markenkategorien. Diese Tatsache, daß sich die wahrgenommenen Erfahrungen der Verbraucher mit Marken oft von den Erfahrungen der Manager unterscheiden, erfordert hinsichtlich der Erfahrungen mit Marken eine andere Konzeption sowie neue, komplexere Ansätze für die soziale Klassifikation von Markenwaren.

Im Umfang, wie die in dieser Studie aufgezeigten Beziehungsthemen eine kulturell verwurzelte geschlechterspezifische Ideologie gegenüber Marken widerspiegeln, wäre es der Forschung zu empfehlen, sich den Markenbeziehungen von Frauen zu widmen, um Einblick in die gegenwärtige Verbraucherkultur zu erhalten (vgl. Bristor/Fischer, 1993). Theoretische Erörterungen des geschlechtsspezifischen Egos (vgl. Chodorow, 1978; Crosby, 1991) betonen, wie sehr Themen der Verbindung und Beziehung die weibliche Identität strukturieren und bestimmen. Die Macht und der Einfluß von Beziehungen geht über den interpersonellen Bereich hinaus bis hinein in die Welt der Marken. Da sich Frauen durch Beziehungen gestärkt fühlen, spielen sie im sozialen Wandel durch ihre Aktionen im Rahmen des Markenkonsums eine Schlüsselrolle. Diese Rolle wird besonders deutlich in der Fähigkeit, Markenartikel in symbolische Träger kultureller Kategorien (vgl. Applbaum/Jordt, 1996; Olsen, 1995) zu verwandeln. Diese Konsumentengruppe oder ihre beziehungsbezogenen Aktionen in der Markenwelt zu übersehen, hieße, die Vorhut des Marketingzeitalters zu übersehen (vgl. Miller, 1995).

Implikationen für die weitere Forschung

Bei der Bewertung der vorliegenden theoretischen Überlegungen (vgl. Peter/Olson, 1983) beziehen wir uns auf Erkenntnisse, die sich durch die Anwendung von Konzepten der Markenloyalität und der Markenpersönlichkeit für das Markenmanagement ergeben.

Forschung und Praxis zur Markenloyalität: Die vorliegende Analyse betrachtet die Markenbeziehungsqualität (BRQ) als Alternative zum Konstrukt der Markenloyalität. Beide sind geistig verwandt: So versuchen beide Konstrukte, die Stärke der Bindung zwischen Konsument und Marke festzuhalten, um die Stabilität der Beziehung im Zeitablauf vorauszusagen. Die Markenbeziehungsqualität bietet jedoch gegenüber vorhandenen Loyalitätskonstrukten konzeptionellen Reichtum, der in der Lage sein sollte, Theorie, Forschung und Praxis auf wertvolle Weise zu stimulieren. Sechs Facetten wurden spezifiziert - alle mit einer langen Tradition im zwischenmenschlichen Bereich - auf deren Basis neue Konzepte und Systeme entwickelt werden können. Es ist wichtig, darauf hinzuweisen, daß verschiedene BRQ-Facetten affektive Komponenten erfordern, die in traditionellen Loyalitätskonzeptionen weitgehend unspezifiziert blieben (z. B. Liebe und Leidenschaft). Die Stärkedimension der Einstellungsbeziehung zwischen Verbraucher und Marke wird innerhalb des BRQ-Rahmens ebenfalls klarer dargestellt (vgl. Raden, 1985). Liebe umfaßt beispielsweise Stärke, definiert durch das Maß an Affekt, welches in der Einstellung zu Marken enthalten ist. Die Verknüpfung der Marke mit der eigenen Identität bezieht sich auf Stärke in Form von Zentralität; persönliche Bindung beinhaltet Stärke als Stabilität der Einstellung. Schließlich bietet die Markenbeziehungsqualität einen komparativen Vorteil im Bereich der Prozeßspezifikation. Theoretische Verbindungen zu Marken- und Konsumentenaktionen vorausgesetzt, bietet das Konzept Richtlinien bezüglich der Quellen zur Bildung starker Markenbeziehungen und hinsichtlich der Prozesse, durch die Stabilität im Laufe der Zeit erhalten oder nicht erhalten wird. Zu diesen Themen hat sich die Theorie der Markenloyalität relativ wenig geäußert. Die hier aufgeführten Eigenschaften machen die Nachvollziehbarkeit und Diagnostizierbarkeit aus, die für ein Konstrukt mit so offensichtlicher Bedeutung für das Management (vgl. Shocker et al., 1994) von höchster Bedeutung sind.

Die Beziehungsforschung hilft jedoch nicht nur, das Konzept der Beziehungsstärke klarzustellen, das auch in der Markenloyalität enthalten ist. Es rückt vielmehr den eigentlichen Gedanken der loyalen Beziehung zur Marke in eine angemessene Perspektive. Die Vielzahl der Beziehungsformen zeigt, daß die Konzentration der Wissenschaft auf positive, freiwillig eingegangene, affektive Beziehungen - wie sie in Markenloyalitätsbeziehungen nach Jacoby und Chestnut (1978) dargestellt werden - sich als unnötig restriktiv erweist. Es wird geschätzt, daß Amerikaner über 100 informelle persönliche Beziehungen unterhalten, aber nur ca. 20 davon mit wirklicher Intimität und regelmäßigem Kontakt (vgl. Milardo, 1992). Die „schwachen Verbindungen" sind jedoch mehr als blasse Imitation der „starken Verbindungen". Es handelt sich um Beziehungsbande, die ihre eigene Existenzberechtigung haben, auch wenn es nur deshalb ist, weil es so viele von ihnen gibt. In einer materialistischen Konsumentenkultur, in der Werbefachleute dahin getrieben werden, one-to-one Beziehungen mit jedem Kunden zu knüpfen, ist es notwendig, die Betrachtung über die wenigen engen Markenbeziehungen hinaus zu erweitern. Ausgehend von den hier aufgeführten Ergebnissen ist anzunehmen, daß Markenbeziehungen qualitative Unterschiede in ihren Prozessen und ihrem Inhalt aufweisen werden. Diese Unterschiede sind so stark, daß Analysen, die diesen Sachverhalt nicht berücksichtigen, wenig informativ sind oder sogar zu Fehlschlüssen führen. Forschungen, die die Theorie in der erforderlichen Richtung vorantreiben wollen, müßten sich der Darstellung der verschiedenen, hier entwickelten Beziehungsformen widmen. Dabei sind vor allem die Regeln und Erwartungen, die in der Verbindung implizit enthalten sind, sowie die dynamischen Prozesse, durch die sie im Laufe der Zeit geleitet werden, von Interesse.

Forschung und Praxis zur Markenpersönlichkeit: Ein Konstrukt, das den gegenseitigen Austausch zwischen aktiven und interdependenten Beziehungspartnern berücksichtigt, beinhaltet eine neues Verständnis der Markenpersönlichkeit. Konkret kann man sich die Markenpersönlichkeit als eine Reihe von Schlußfolgerungen vorstellen, die der Konsument aus der wiederholten Beobachtung von inszenierten Verhaltensweisen der Marke zieht und die mit der Rollenwahrnehmung der Marke als Partner in der Beziehung übereinstimmen. Diese Konzeption bietet mehrere theoretische und praktische Vorteile gegenüber traditionellen Sichtweisen. Wenn nur die Schlußfolgerungen zu charakteristischen Eigenschaften berücksichtigt werden, die vom unmittelbaren Markenverhalten ausgelöst werden, verringert sich das Interesse an der unmittelbaren, spontanen Natur der meisten Persönlichkeitsdarstellungen (vgl. Kassarjian, 1971). Die Konzentration auf die „handelnde Seite der Persönlichkeit" (Buss/Craik, 1983) gewährt jedoch den wichtigen Einblick in Prozesse, durch die die Markenpersönlichkeit im Laufe der Zeit entsteht, sich entwickelt und verändert. Diese Perspektive erfordert einen genaueren Blick darauf, wie Marketingentscheidungen die Markenpersönlichkeit im Zeitablauf gestalten und dadurch ein wichtiges Bindeglied zwischen Managementaktivitäten und Konsumentenverhalten darstellen (vgl. Biel, 1992). Die Auswirkungen von Standardaktionen des Marketing auf charakteristische Eigenschaften der Marke können durch experimentelle Forschung aufgezeichnet werden. Anhand der sich ergebenden Schablone ließen sich Marketingentscheidungen ex-ante hinsichtlich ihrer fördernden und ausgleichenden Wirkungen auf die Markenpersönlichkeit beurteilen. Die Zusammenfassung von Markenpersönlichkeiten durch eine wahrgenommene Beziehungsrolle, die eine Marke bei einer großen Zahl von Konsumenten innehat (z. B. Microsoft als Herr in einer Herr/Sklaven-Beziehung), und die Wiedergabe dieser Wahrnehmungen im oben dargestellten Beziehungsraum bietet ein Konstukt, das für das Management des Markenimages (vgl. Park et al., 1986) sowohl reich an Erkenntnissen als auch relevant in seiner strategischen Anwendung sein kann.

Hans-Dieter Ruge

Aufbau von Markenbildern

1.   Markenbilder - die Gesichter von Marken

„Eine Marke hat ein Gesicht wie ein Mensch" (Domizlaff, 1992, S. 97). Die Jahreszahl in der Quellenangabe täuscht: Diese Feststellung von Domizlaff ist nicht neu, sie stammt aus den 30er Jahren! Dennoch hat sie aktuelle Relevanz, denn die „Markengesichter" oder **Markenbilder** sind unter den heutigen (Low-Involvement-)Kommunikations-bedingungen (vgl. Teil A in diesem Buch) wichtiger als je zuvor.

Marken treten uns mit ihren Gesichtern gegenüber - mit Bildern, die vom Produkt, von der Verpackung, von der Werbung, von unseren (bildlichen) Assoziationen und vielen weiteren Einflüssen geformt werden. Und genau wie beim Menschen gibt uns das Markengesicht die Möglichkeit, eine Marke zu identifizieren, mit ihr vertraut zu werden, sie wiederzuerkennen und uns an sie zu erinnern. Es drückt für uns den Charakter, die Stärken und Schwächen einer Marke - ihre „inneren Werte" aus.

Der Markenwert umschreibt die Gesamtheit der Eigenschaften einer Marke, die ihren Wert für das Unternehmen und den Konsumenten ausmachen. Der Markenwert umfaßt zum Beispiel die Bekanntheit des Namens, die angenommene Qualität und sonstige - sachliche und emotionale, sprachliche und bildhafte - Markenassoziationen, die Markentreue sowie Patente, Warenzeichen, Absatzwege usw. (vgl. Aaker, 1992, S. 31 ff.). Oder: „Der Wert eines Markenartikels beruht auf dem Vertrautsein des Verbrauchers mit dem Gesicht des Markenartikels. Das Markengesicht ist ein Zusammenklang sämtlicher wesentlicher Besonderheiten und Eigenschaften des Markenartikels, die nach erfolgreicher Einführung nicht mehr getrennt werden dürfen" (Domizlaff, 1992, S. 98).

Das Markenbild ist eine entscheidende Determinante des Markenwerts. Einige aktuelle Markenwertmodelle, die einem verhaltenswissenschaftlichen Ansatz folgen, tragen dem Rechnung. So vor allem das **„Eisberg-Modell"**, mit dem ICON arbeitet (vgl. dazu den Beitrag „Messung der Markenstärke durch den Markeneisberg" in diesem Buch): Der Markenwert setzt sich danach zusammen aus Markenbild und Markenguthaben. Das innere **Markenbild** (bestimmt durch Merkmale wie Markenbekanntheit, Uniqueness, Klarheit und Attraktivität des inneren Bilds) wird als sichtbarer Teil eines Eisbergs dargestellt, das **Markenguthaben** (Markenvertrauen, -sympathie und -loyalität), als unsichtbarer, unter der Wasseroberfläche liegender Teil. Langfristig beeinflußt das Markenbild das Markenguthaben (vgl. Esch/Andresen, 1997).

Markenbilder sind im engsten Sinne visueller Natur. Sie sind äußeres Kennzeichen für alles Wesentliche, was zur Marke gehört, und sie sind dafür verantwortlich, daß die Marke zur Kenntnis genommen und im Kopf des Konsumenten verankert wird. Ihre Qualität ist ein eigenständiger markenwertbestimmender Faktor.

Für die Markenführung stellt sich die Frage: Wie kommen Markenbilder zustande, und wie verhelfe ich einer Marke zu einem verhaltenswirksamen Gesicht?

2.   Innere Bilder

2.1   Das Phänomen der inneren Bilder

Die Bildüberlegenheit im Hinblick auf Aufnahme, Speicherung und Abruf von Informationen sowie auf die Verhaltensbeeinflussung ist unbestritten. Erklärt wird sie durch das Konzept der inneren Bilder, mit dem sich die Imagery-Forschung beschäftigt, und das durch Ergebnisse der Hemisphärenforschung gestützt wird (vgl. Block, 1981; Denis, 1991; Kroeber-Riel, 1992 a und 1993 b, S. 20 ff.; Paivio, 1986 und 1991; Ruge, 1988, S. 30 ff.; Yuille, 1983; Linke, 1993, S. 212 ff.).

Schaffung eines Markenbilds bedeutet, ein inneres Bild von der Marke in den Köpfen der Verbraucher zu etablieren. Unter inneren Bildern versteht man konkrete, bildliche und quasi-sensorische Vorstellungen, die auf einem anderen Gedächtniscode als verbale Informationen basieren.

Das Spektrum der theoretischen Sichtweisen reicht von der Vorstellung, es würden tatsächlich analoge, komplette Bilder gespeichert bis hin zu der Ansicht, daß das, was wir als innere Bilder wahrnehmen, nichts weiter als eine besondere Ausprägung propositionalen Wissens sei. Sicher ist es nicht so, daß im eigentlichen Sinne Bilder gespeichert werden - über den genauen Speichermodus gibt es unterschiedliche Ansichten (vgl. Ruge, 1988, S. 57 ff.). Entscheidend ist aber, daß reale, konkrete oder bildhafte Informationen in einer besonderen Art und Weise gespeichert werden und dabei Wirkungen entfalten, die sequentielle (sprachliche) Informationen nicht haben. Diese sogenannten „inneren Bilder" können in ihrer Farbigkeit, Intensität und Emotionalität so empfunden werden wie reale Bilder.

Weiterhin gilt als empirisch gesichert, daß zwischen den Hirnhälften eine Art Aufgabenteilung besteht: Die linke Hemisphäre ist vorwiegend für sprachliche, rationale Prozesse zuständig, die rechte für nonverbale, bildliche und emotionale Vorgänge (vgl. Ahsen, 1981; Weinstein, 1982; Ruge 1988, S. 47 ff.). Personen, die eher rational veranlagt sind, werden deshalb oft als linkshemisphärisch, solche, die eher gefühlsbetont sind, als rechtshemisphärisch orientiert bezeichnet. Auch Kommunikationsstile und Meßverfahren werden häufig nach diesem Kriterium eingeteilt.

Das Sprach- und das Bildsystem sind miteinander verbunden. Das heißt, es werden Informationen ausgetauscht; Sprache generiert auch - in begrenztem Umfang - Bilder und umgekehrt. Trotzdem wird der rechten „bilderfahrenen" Hirnhälfte weithin eine größere Bedeutung für das menschliche Verhalten zugesprochen. So gilt die linke Hirnhälfte als „orientierungslos", wenn ihr die Unterstützung durch die strukturierenden Schemata der rechten Hirnhälfte fehlt (vgl. Linke, 1993, S. 217).

Die Imagery-Forschung bietet verschiedene Erklärungen für die Bildüberlegenheit:

Duale Codierung

Eine prominente Richtung der Imagery-Forschung spricht von **dualer Codierung:** Danach werden Informationen besonders gut behalten, wenn sie in der Lage sind, beide Systeme zu aktivieren. Unterstützt wird diese Sichtweise durch Experimente zum Lernen von abstrakten sowie konkreten Texten und Bildern (vgl. Paivio, 1986 und 1991): Konkrete Bilder werden am besten behalten, weil sie das Bildsystem stark und das verbale System durch eine Art „Labeling" ebenfalls aktivieren. Abstrakte Texte werden am schlechtesten behalten, weil sie nur im verbalen System verarbeitet werden. Abstrakte Bilder und konkrete Texte liegen dazwischen: Sie aktivieren das eigene System und sind zusätzlich in begrenztem Umfang in der Lage, das jeweils andere System anzusprechen (vgl. Abbildung 1).

Codierungssystem / Stimulus		bildlich	verbal
Bild	leicht zu labeln	+++	++
	schwierig zu labeln	+++	+
Wort	konkret	+	+++
	abstrakt	-	+++
Die Anzahl der Pluszeichen gibt das Ausmaß der Aktivierung des jeweiligen Systems an.			

Abbildung 1:   Aktivierung des bildlichen und des verbalen Systems durch unterschiedliche Stimuli
Quelle: Paivio, 1991, S. 54.

Diese eher quantitative Betrachtungsweise wird ergänzt durch die Betrachtung qualitativer Besonderheiten der Bildverarbeitung.

Räumliche Grammatik

Vorstellungen, die wir als Bilder erleben, beinhalten mehr und ganzheitlichere Informationen als sprachliche Informationen. Bilder drücken räumliche Beziehungen von Objekten untereinander eindeutig aus: Kroeber-Riel spricht von einer „räumlichen Grammatik". Dieser umfassendere Informationsgehalt begünstigt ebenfalls die Verhaltenswirksamkeit bildhaft gespeicherter Informationen (vgl. Kroeber-Riel, 1993 b, S. 28).

Wirklichkeitsnähe

Bilder repräsentieren die Realität besonders gut und authentisch. Sie werden wie die Realität wahrgenommen, Sprache ist dagegen abstrakt und „verschlüsselt" (vgl. Kroeber-Riel, 1993 b, S. 36). Daraus ergibt sich ein stärkeres emotionales Involvement, welches wiederum zu tieferer, intensiverer Verarbeitung und besserer Speicherung sowie zu größerem Einfluß auf das Verhalten führt.

Vividness

Besondere Bedeutung kommt der **Lebendigkeit und Klarheit** der inneren Bilder zu: In der Imagery-Forschung wird die Lebendigkeit oder **„Vividness"** quasi gleichgesetzt mit der Existenz bzw. Stärke innerer Bilder - Vividness ist eine Art **„Superdimension"** (vgl. Ahsen, 1985, S. 1; Ruge, 1988, S. 105 ff.). Von der Vividness hängt es ab, wie leicht und schnell ein inneres Bild abgerufen werden kann und wie stark dieses den „Betrachter" anspricht. Der Einfluß einer Botschaft auf das Verhalten ist also besonders ausgeprägt, wenn sie beim Empfänger lebendige innere Bilder generiert.

2.2   Die Bedeutung innerer Bilder für das Marketing

Aus der besonderen Kodierung bzw. Verarbeitung ergeben sich spezielle **Wirkungen von inneren Bildern**, die wir für die Erreichung von Marketingzielen nutzen können:

■ Innere Bilder entfalten besonders starke **emotionale Wirkungen,** weil sie die Wirklichkeit lebendiger, farbiger und realitätsnäher abbilden als Worte. Sie sind deshalb ideale Mittel zum Aufbau emotionaler Erlebniswelten. Man versuche einmal, die Bacardi-Welt in wenigen Worten so darzustellen, daß sie ihre emotionale Wirkung entfaltet!

■ Sie sind im Gedächtnis besser verankert und leichter sowie schneller abzurufen als verbale Informationen: Bilder werden **besser behalten** und stehen bei Bedarf **spontaner** zur Verfügung.

■ Entstehung und Abruf innerer Bilder unterliegen - wie alle Prozesse der rechten Hemisphäre - **geringer kognitiver Kontrolle.** Bilder werden nicht so kritisch hinterfragt. Logisch widersprüchliche Botschaften (wie z. B. der Einklang von bester körperlicher Verfassung und starkem Rauchen in der früheren Camel-Werbung) können über Bilder - nicht aber verbal - kommuniziert werden, ohne Reaktanz auszulösen.

■ Innere Bilder sind in der Lage, **weitere gespeicherte Informationen zu aktivieren.** Das ergibt sich aus der Verbindung von Sprach- und Bildgedächtnis. Sie eignen sich damit als effektives und diskretes Vehikel für Informationen, die das Konsumentenverhalten beeinflussen (Funktion eines „Trojanischen Pferdes").

Damit hat derjenige einen besonders starken Einfluß auf das (Konsumenten-)Verhalten, dem es gelingt, lebendige und für seine Marke positive innere Bilder beim Konsumenten zu etablieren.

Die Qualität von Markenbildern ist jedoch nicht nur eine Frage der Modalität, sie wird vielmehr auch bestimmt von ihrer Relevanz für den Konsumenten und ihrer Uniqueness. Hierzu liefert die Schema-Theorie wertvolle Hinweise.

3. Schemata und innere Bilder

Den **Grundgedanken der Schema-Theorie** kann man wie folgt beschreiben:

Das Erfahrungssystem des Menschen bildet Situationen ab, indem es die relevanten Bestimmungsstücke der Situationen zusammen mit den zwischen ihnen bestehenden Relationen **in verallgemeinerter Form als Netzstruktur im Gedächtnis speichert**[1]. Im Laufe der Zeit entstehen so endlos viele solcher Strukturen. Bei jeder Aufgabe, die sich uns stellt (z. B. Orientierung in einer Situation) wird durch Vergleich ein passendes Netz angesprochen, das uns dann als „Erfahrung" bei der Problemlösung hilft. Schemata steuern also die Wahrnehmung und vereinfachen Denkvorgänge (vgl. Kroeber-Riel/ Weinberg, 1996, S. 230 ff.). Dabei stehen uns sowohl sprachliche als auch bildliche Schemata zur Verfügung. Zudem wird unterschieden zwischen Schemata, die Personen bzw. Sachverhalte beschreiben und solchen, die Ereignisse - also Prozesse - beschreiben („Skripts"). Abbildung 2 gibt eine Übersicht.

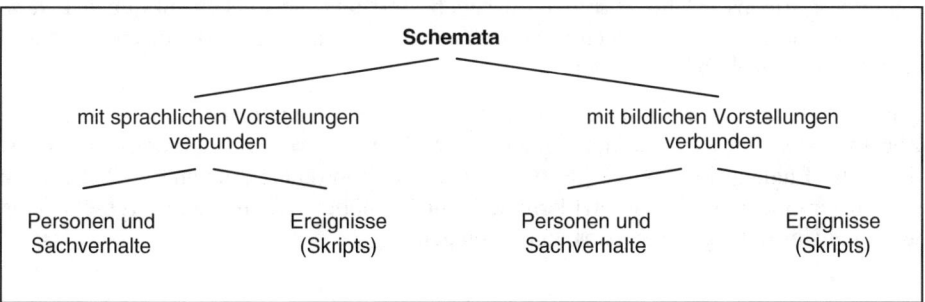

Abbildung 2:   Arten von Schemata
Quelle: Kroeber-Riel/Weinberg, 1996, S. 234.

---

1   Beispiele für semantische Netzwerke zeigt Abbildung 7 in Kapitel 5 dieses Beitrags.

Im Hinblick auf den Aufbau von Markenbildern sind in erster Linie die bildlichen Schemata von Bedeutung. Sie sind im Langzeitgedächtnis gespeichert und erzeugen bei Bedarf in Bruchteilen von Sekunden ein Bild im Arbeitsgedächtnis[2].

Zur Illustration der Funktion von Schemata folgendes **Beispiel**:

Stellen Sie sich eine große Kreuzung von mehrspurigen Straßen in einer fremden Stadt vor, mit Ampeln, Fußgängerampeln, Zebrastreifen, Busspuren, Abbiegespuren usw. Sie fahren auf diese Kreuzung zu und wissen recht genau, wie Sie sich verhalten müssen, um die Kreuzung zu passieren. Bei der dabei erforderlichen visuellen Orientierung hilft Ihnen ein Schema - eine Art **innerer Plan** oder ein **Drehbuch** von Kreuzungen. Dieses Schema haben Sie sich im Laufe Ihrer Fahrpraxis durch ständige Wiederholung ähnlicher Situationen erworben. Zunächst (etwa während der Fahrschule) haben Sie die Entscheidungen über Ihr Verhalten an Kreuzungen durch **sequentielle Verarbeitung** der relevanten Informationen getroffen - mit erheblichem Zeitaufwand und wenig Sicherheit. Heute sind Sie in der Lage, blitzschnell durch **simultane Verarbeitung** von Bildinformationen und Vergleich mit gespeicherten Schemata die richtigen Entscheidungen zu treffen. Dies funktioniert auch bei unterschiedlichen Kreuzungen, solange sie genügend Gemeinsamkeiten haben. Schemata „akzeptieren" Außenreize (Realität oder Bilder) als passend, solange sie sich innerhalb eines Toleranzbereiches bewegen.

Und nun denken Sie an Ihre erste Englandreise mit dem Auto: Sie kamen mit Ihrem vertrauten Kreuzungsschema an die erste Kreuzung und hatten plötzlich Probleme, sich zu orientieren. Linksverkehr war in Ihrem „Kreuzungsplan" nicht vorgesehen, Sie mußten also die neuen Eindrücke aktuell verarbeiten und waren dadurch langsamer als gewohnt. Die Kreuzung mit Linksverkehr wich zu stark vom vertrauten Bild ab und konnte deshalb durch das vorhandene Schema nicht einwandfrei bedient werden. Im Laufe des Urlaubs hat Ihr Hirn dann nachgebessert und die Lücken im Schema-Netzwerk geschlossen - Sie fanden sich schließlich auf englischen Kreuzungen ebenso zurecht wie in Köln oder Hamburg.

Dann die Heimreise, vom Schiff auf die Straße, die erste Kreuzung - und plötzlich ein Zögern: „Moment mal, wie muß ich jetzt fahren?" Die zuvor feste Schema-Struktur ist durch das England-Intermezzo gestört worden; die Zuordnung Außenreiz - Schema ist nicht mehr eindeutig. Sie ist jetzt komplexer und benötigt weitere Lernprozesse, bis die jeweilige Umstellung reibungslos vonstatten geht.

---

2   Dieser Erklärungsansatz löst einige offene Fragen der Imagery-Forschung - zum Beispiel die nach dem Speicherbedarf der inneren Bilder. Schemata sind „speicherökonomischer" als eine endlose Zahl fertiger Bilder.

Arten von Schemata

Schemata enthalten alle Informationen, die zur **Bildgenerierung** benötigt werden, und repräsentieren gelerntes Wissen. Sie können biologisch vorprogrammiert sowie kulturell geprägt sein oder durch Umwelteinflüsse (wie Erlebnisse oder Kommunikation; vgl. obiges Beispiel) gelernt werden (vgl. Dieterle, 1992, S. 67 ff.; Kroeber-Riel, 1993 b, S. 166 ff.).

Zu den **biologisch vorprogrammierten Schemata** gehört zum Beispiel das **Kindchen-schema.** Es dient der Arterhaltung, indem es Beschützerverhalten gegenüber dem Nachwuchs sicherstellt. Ein Bildreiz, der in hinreichendem Maße dem Kindchenschema entspricht (großer Kopf im Verhältnis zum Körper, Kulleraugen, rundliche Körperformen usw.), aktiviert dieses Schema und löst damit verbundene, vorprogrammierte Reaktionen aus (Aufmerksamkeit, Zuwendung, emotionale Empfindungen usw.). Dabei ist es weitgehend egal, ob es sich um ein Menschenbaby oder ein junges Tier handelt, solange die schemabestimmenden Elemente passen. Der besondere Wert dieser Art von Schemata liegt neben ihrer starken Verhaltenswirksamkeit darin, daß sie kulturübergreifend gelten und deshalb gute Voraussetzungen für die globale Markenführung bieten.

Kulturell geprägte Schemata sind über Generationen in Abhängigkeit von den jeweiligen kulturellen und religiösen Gegebenheiten erworbene Haltungen und Bilder. Man führe sich die unterschiedlichen Reaktionen vor Augen, die das Bild einer Kuh in Indien und in Europa auslöst.

Auch über **Lernprozesse** - insbesondere über **bildliches Lernen** - können Schemata aufgebaut oder verstärkt werden. (Bild-)Kommunikation kann also (bei hinreichender Intensität und Konstanz) Schemata etablieren und gegebenenfalls mit einer Marke verbinden. Ebenso können Schemata, die in bestimmten Zielgruppen gelernt wurden (z. B. mit bestimmten Sportarten verbundene Schemabilder, durch Filme und Bücher etablierte Klischees wie der „Wilde Westen") angesprochen und für die eigene Marke genutzt werden (vgl. Kroeber-Riel, 1993 b, S. 169).

Bilder bieten besonders gute Möglichkeiten, vorhandene Schemata zu nutzen. Wird ein Bild aufgenommen, das einer emotional besetzten Erlebniswelt angehört, dann wird das Schema dieser Erlebniswelt aktiviert - die zu dieser Welt gehörenden Emotionen werden ausgelöst.

Strategisch gesehen stellt sich die Frage, welche der beiden folgenden Alternativen im Einzelfall vorteilhafter ist:

1. **Vorhandene Schemata ansprechen und für die Marke nutzen?**

    Auf diese Weise lassen sich vorhandene Schemareaktionen relativ schnell zugunsten der eigenen Marke umsetzen. Allerdings besteht die Gefahr der Austauschbarkeit, da für eine Produktkategorie interessante Schemata mit einer gewissen Wahrscheinlichkeit von mehreren Konkurrenten genutzt werden. Hier kommt daher der individuellen Umsetzung eine besondere Bedeutung zu.

2. Oder eigene, neue Schemata aufbauen?

Das kann ein zeit- und kostenintensiver Prozeß sein, der mit kleinen Mediabudgets kaum zu bewältigen ist. Bei entsprechender Konsequenz und Ausdauer kann auf diesem Weg allerdings eine wirkliche Alleinstellung erreicht werden.

4. Strategien und Techniken zum Aufbau innerer Markenbilder

Es geht darum, beim Konsumenten ein **relevantes, unverwechselbares** sowie **klares und lebendiges** inneres Bild einer Marke zu verankern.

Um dies zu erreichen, ist ein sorgfältiges, strategisches Vorgehen erforderlich:

An den Anfang einer jeden Markenstrategie gehört die **Definition der Markenidentität.** Bei einer bildorientierten Strategie wird darüber hinaus **das anzustrebende Markenbild** festgelegt. Also ganz konkret und „rechtshirnig": Welches Bild soll der Verbraucher vor sich sehen, wenn er an unsere Marke denkt?

Der nächste Schritt ist die Entwicklung eines passenden **Schlüsselbilds** (vgl. Heyder, 1991; Ruge, 1992). Schlüsselbilder sind Bildmotive, die den **visuellen Kern** einer Werbebotschaft, einer Erlebniswelt bzw. eines Markenbilds enthalten. Sie müssen auf Markenidentität und Markenbild so abgestimmt sein, daß jeder Einsatz des Schlüsselbilds gleichzeitig eine Einzahlung auf das Markenkonto bedeutet - egal, was sonst noch mit der jeweiligen Aktivität beabsichtigt ist.

Schlüsselbilder können in der Kommunikation in verschiedenen, miteinander kombinierbaren Formen auftreten:

1. **Markenzeichen** (Präsenzsignal, Markensignal)

2. **Nutzenbezogene Bildwelt**

3. **Bildliche Erlebniswelt**

Abbildung 3 gibt einen Überblick über die Merkmale der unterschiedlichen Schlüsselbildkonzepte.

Es ist offensichtlich, daß **reine Markenzeichen** zwar wichtig, aber bei weitem nicht so wirksam sind wie Schlüsselbilder, die eine Bildwelt repräsentieren. Immerhin: Ein bildhaftes, konkretes Markenzeichen, das in einer nachvollziehbaren Beziehung zum Angebot steht, ist erheblich wertvoller als eine abstrakte Grafik (wie z. B. die Punkte von Beiersdorf oder das Logo der Deutschen Bank).

Als **Schlüsselbilder im eigentlichen Sinne** sind visuelle Grundmotive zu finden, die Zielgruppen langfristig ansprechen und eine durchgängige und variationsreiche Umsetzung in den verschiedenen Medien, auf Verpackungen usw. ermöglichen (vgl. Kroeber-Riel, 1993 b, S. 307). Dabei sind zwei Ziele parallel zu verfolgen, nämlich der **visuelle** und der **inhaltliche Markenaufbau**. Je nachdem, ob die Marke über ihren Leistungsnutzen oder emotional über eine Erlebniswelt positioniert werden soll, hat das Schlüsselbild die Aufgabe, einen Nutzen zu illustrieren bzw. eine Erlebniswelt zu repräsentieren. Ganz wichtig also: Ein Schlüsselbild hat keineswegs nur dekorative und aktivierende Funktionen, sondern muß aus sich selbst heraus im Dienste der Marke kommunizieren.

	Markenzeichen (Präsenzsignal)	Nutzenbezogene Bildwelt	Bildliche Erlebniswelt
Bildkonzept	Schlüsselbild ist identisch mit Markenzeichen	Schlüsselbild illustriert Nutzen	Schlüsselbild repräsentiert Erlebniswelt
Funktion	Identifikation	Identifikation + primär Vermittlung von Informationen	Identifikation + primär Vermittlung von Emotionen
Wechselwirkung mit Markenbild	Nutzung eines vorhandenen Markenbilds	Anreicherung des Markenbilds mit Informationen	Anreicherung des Markenbilds mit Erlebniswerten
Verhalten im Zeitablauf	weitgehend statisch	variabel (in Grenzen)	variabel (in Grenzen)
Beispiele	Sarotti-Mohr Michelin-Männchen	Meister Proper Opel Omega: Schienen	Marlboro Camel Bacardi

Abbildung 3:   Schlüsselbildkonzepte

Ist ein geeignetes Schlüsselbild gefunden worden, so kommt es für den Erfolg auf die richtige Umsetzung in der Kommunikation an.

Vorhandene Schemabilder werden durch das aktuelle Wahrnehmungsbild aktiviert und mit diesem verglichen. Trifft ein neues Bild auf die gespeicherte Information und bestätigt es im wesentlichen die vorhandenen Bildinformationen, so festigt sich das innere Bild, es wird klarer und deutlicher. Werden dagegen zu einem Begriff (einer Marke) nacheinander oder zeitgleich stark unterschiedliche Bilder aufgenommen, so überlagern sich die Bilder, es kommt zu diffusen, unspezifischen Gedächtnisbildern, die nicht mehr eindeutig einem Schema zugeordnet werden und anfällig für Austauschbarkeit sind (vgl. Esch, 1998 b, S. 81 ff. sowie den Beitrag „Aufbau starker Marken durch integrierte Kommunikation). Deshalb lauten **drei unabdingbare Forderungen**:

Integration

- Eine **inhaltliche und formale** Integration zwischen den Medien ist erforderlich. Das heißt, inhaltliche Aussage (Nutzenversprechen) und bildlicher Auftritt der genutzten Medien sind aufeinander abgestimmt. Ein durchgängiges Schlüsselbild für die gesamte Kommunikation stellt hierfür die Basis dar (vgl. Kroeber-Riel, 1993 b; Esch, 1998 a).

- Wird Funk einbezogen, so muß mit Hilfe „akustischer Bilder" oder Musik sichergestellt werden, daß zwischen Funk und TV eine enge Klammer besteht.

- Jeder Kontakt (auch bei taktischen Maßnahmen!) steht im Dienste der Markenidentität und des Markenbilds.

Die dadurch erzielten Synergieeffekte zwischen verschiedenen Kommunikationsmitteln verbessern auch die Durchsetzungskraft einer Kampagne erheblich (vgl. Ruge/Andresen, 1994, S. 143 ff.).

Kontinuität

- Ein einmal begonnenes Konzept sollte man **langfristig durchhalten**! Die Kunst dabei ist eine behutsame Variation des visuellen Grundmotivs, um sowohl Eintönigkeit als auch ein Verlassen des zum Schema gehörenden „Bildkorridors" zu vermeiden.

- Vorsicht vor „internem Wear-Out": Wenn die Verantwortlichen einer Kampagne bereits überdrüssig sind, haben die Konsumenten sie u. U. gerade erst zur Kenntnis genommen!

- An die Adresse der Agenturen: Überdenken Sie Ihr Verständnis von Kreativität - gerade die feinfühlige Arbeit im Rahmen eines Markenbildkonzepts ist häufig eine Gratwanderung und stellt oft höhere Anforderungen an die Kreativität als die Suche nach der großen neuen Idee. Ihr gebührt entsprechende Anerkennung!

Konzentration

- Die Konzentration auf **eine Botschaft** und **eine Bildwelt** ist von immanenter Bedeutung.

- Eine Konzentration auf klassische Werbung ist sinnvoll, da diese am meisten für das innere Bild leistet. Below-the-line-Maßnahmen können viel für die Aktualisierung einer Marke tun - aber die Grundleistung der klassischen Kommunikation für die Marke können diese Aktivitäten nicht kompensieren (vgl. auch den Beitrag „Aufbau und Pflege von Marken durch klassische Kommunikation" in diesem Buch).

- Auch die Konzentration bei der Medienauswahl ist wichtig. Hier gilt: Nicht verzetteln, sporadische Auftritte in einer Mediengattung tun wenig für das Markenbild!

Bei kleinen Budgets kann dies Verzicht auf TV und Konzentration auf eine Print-Gattung (z. B. Illustrierte) bedeuten; bei mittleren Budgets kann dies der Schritt ins TV bedeuten: nur TV! Erst bei wirklich großen Budgets, die starke Präsenz in mehreren Mediengattungen ermöglichen, wird eine breite Streuung sinnvoll.

Manche werden sich jetzt möglicherweise fragen, ob nicht gerade der **permanente Wechsel eine Markenkonstante** sein kann?

Natürlich kann sich eine Marke über permanenten Wechsel definieren, insbesondere, wenn Innovationen im Spiel sind. Das funktioniert aber nur, wenn die Marke damit in ihrem Markt weitgehend alleine steht. Folgen mehrere Marken diesem Leitbild, dann diskriminiert dieses Verhalten überhaupt nicht mehr, Bilderchaos ist die Folge, Markenidentitäten verwischen und gehen schließlich ganz verloren. Wird der permanente Wechsel aber innerhalb eines klaren Konzepts vollzogen, so daß daraus ein nachvollziehbarer, auch bildlich definierter Auftritt wird, so sind wir wieder bei der oben beschriebenen Vorgehensweise „Variationen eines Grundmotivs". Abgesehen von einem vorübergehenden „fraktalen Fehltritt" trifft dies für den Auftritt der Marke WEST zu.

Austauschbarkeit durch Nichtbeachtung einfacher Regeln

Kommen mangelnde Kontinuität und Verwendung von in der Branche verbreiteten Schemata zusammen, so ist die totale Austauschbarkeit vorprogrammiert. Zur Illustration ein **Beispiel**:

Nommensen (1990) legte einer Gruppe von Testpersonen anonymisierte Anzeigen vor (Abbildung 4 zeigt eine Auswahl aus dem Testmaterial). Die Probanden wurden gebeten, die Anzeigen, die sich nur anhand der Bildmotive identifizieren ließen, den zugehörigen Marken zuzuordnen. Dazu stand ihnen eine Markenliste zur Verfügung. Die wesentlichen Resultate sind in Abbildung 5 in Form einer Verwechslungsmatrix zusammengefaßt.

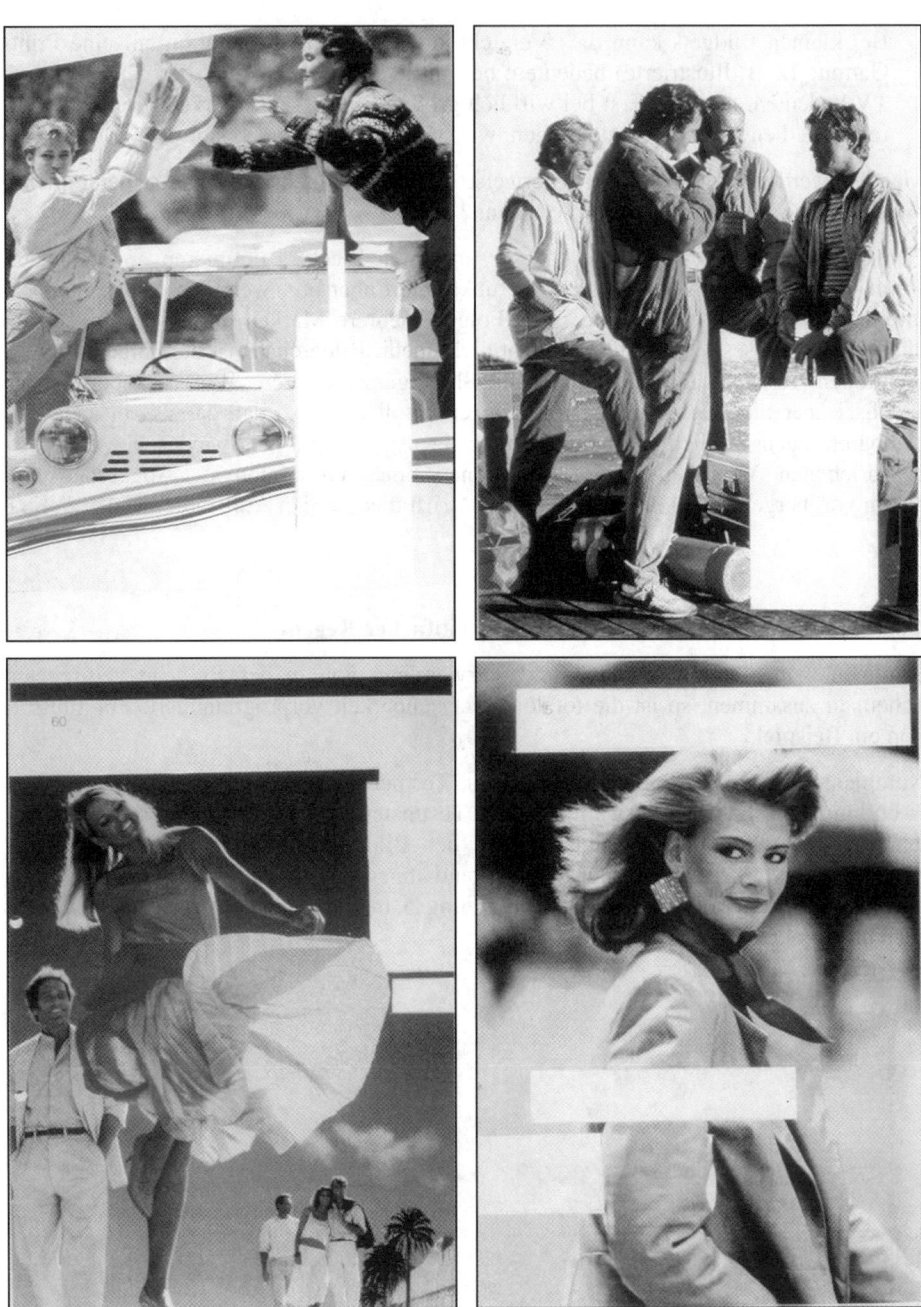

Abbildung 4:   Anonymisierte Testanzeigen (Auswahl)

präsentierte Anzeige:	Zuordnung zu den Marken in %						
	KIM	Lord	Atika	Ernte 23	HB	Camel	Marlboro
KIM	72	10	3	7	-	-	-
Lord	7	52	24	3	10	3	-
Atika	3	10	35	3	3	-	-
Ernte 23	17	-	24	35	10	-	-
HB	-	3	-	31	45	7	-
Camel	-	-	-	3	7	90	
Marlboro	-	-	-	-	-	-	93

Die Zahlen geben die Zuordnung in % der befragten Personen wieder, die unterlegte Diagonale enthält die „Trefferquoten". Zum Beispiel wurde die Anzeige von HB zu 45 % HB und zu 31 % Ernte 23 zugeordnet.

Abbildung 5: „Verwechslungsmatrix" für anonymisierte Zigarettenanzeigen[3]

Während Marlboro und Camel erwartungsgemäß mit 90 % und mehr Trefferquote sehr gut abschnitten[4], waren die Ergebnisse für Atika, Ernte 23 und HB, aber auch für Lord mit Quoten von 50 % und weniger katastrophal. Die Ursache dafür ist leicht eruierbar: Alle genannten Wettbewerber arbeiten mit Motiven, die dem gleichen Schema zuzuordnen sind: Genuß, dargestellt durch glückliche, junge, gutaussehende und unbeschwerte Personen. Bei Lord sind immerhin eine durchgängige Photoauffassung sowie einige Konstanten in den Motiven zu finden. Bei den übrigen Anbietern gibt es wenig Eigenständigkeit oder erkennbare Kontinuität im Auftritt - im Gegenteil, auf der Suche nach dem großen Wurf werden dem Verbraucher wiederholte Kampagnenwechsel zugemutet. So wundert es nicht, daß noch heute bei HB das HB-Männchen öfter mit der Marke assoziiert wird als aktuelle Motive. Die Zahlen lassen vermuten: Würden die genannten Wettbewerber ihre Bildmotive miteinander tauschen - es würde kaum jemand merken.

KIM - von den Bildmotiven her auch nicht gerade unique - rettet die Situation mit einer einfachen Technik: Durch ein konsequent eingesetztes graphisches Zusatzelement in markentypischer Farbe wird eine gewisse Unterscheidbarkeit sichergestellt.

---

3 Falls Sie auch Probleme mit der Zuordnung der Motive haben - hier ist die Lösung für Abbildung 4: KIM (links oben), HB (rechts oben), Lord (links unten) und Atika (rechts unten).
4 Der Test wurde im Jahre 1990 durchgeführt.

5.   Der Fall Camel: Die Geschichte vom Abbau eines Markenbilds durch Kommunikation

Warum war Camel (wie Marlboro) so eigenständig, warum sind andere Marken dies nicht? Und warum hat Camel heute Probleme[5]?

Camel ist eine sehr alte Marke - in den USA seit 1913 auf dem Markt, in Deutschland seit 1945. Sie verfügt über einen bildhaften Namen und ein konkretes, mit dem Markennamen eng korrespondierendes Markenzeichen[6]. Dies sind beste Voraussetzungen zur Stärkung der bereits vorhandenen Markenkraft.

Die Marke wurde lange Zeit sehr kontinuierlich geführt: Ab 1970 mit der Kampagne „Keine schmeckt besser. Dafür geh' ich meilenweit". Zunächst wurden wechselnde, aber ähnliche Charaktere eingesetzt, dann mit Bob Beck ein Charakter, eine Erlebniswelt, ein Typ Story sowie ein (zusätzliches) kampagnenspezifisches Schlüsselbild: der Schuh mit Loch. Es folgte „Der Weg lohnt sich" - eine neue Kampagne, die zunächst noch genügend Anklänge an den alten Auftritt hatte. Im Laufe dieser Kampagne wurde der Held gegen einen deutlich anderen Typ ausgetauscht, und close-ups wurden immer häufiger anstatt vollständiger Dschungelszenen eingesetzt (vgl. Abbildung 6; die oben beschriebene Untersuchung zur Austauschbarkeit wurde zum Zeitpunkt dieser Kampagne mit einem Motiv ähnlich wie Bild 1 durchgeführt).

Bis zu diesem Zeitpunkt war etwas gelungen, das zu den schwierigeren Aufgaben der Markenführung gehört: Die Abgrenzung zweier ähnlicher Erlebniswelten - der von Camel und Marlboro. Beide beinhalteten Abenteuer, Wildnis und Männer als Helden. Die Abgrenzung war fein, aber wirkungsvoll: Hier das durch zahlreiche Filme und Romane eindeutig umrissene Wildwest-Schema mit Cowboys, Pferden und zugehörigen Accessoires, dort der Abenteurer in Safarikleidung in der Dschungelwelt, immer alleine („Single Hero"), häufig in herausfordernden Situationen, mit Jeep oder Boot, Hubschrauber oder Wasserflugzeug. Die Abgrenzung war erfolgreich, solange konsequent eine jeweils eigene Bildersprache eingesetzt wurde.

Die Erlebniswelten sind auch unter anderen Gesichtspunkten geschickt gewählt: Die Vorstellungen von einer Dschungelwelt sowie ganz besonders das Klischee vom Wilden Westen wurden und werden durch zahlreiche Filme - darunter nicht wenige Kultfilme - immer wieder intensiv vermittelt. Dadurch bleiben sie thematisiert und haben sich mittlerweile kulturübergreifend etabliert.

---

5   Zu Geschichte und Erlebniswelt der Marke Camel sowie den hier gezeigten Beispielen (vgl. Boltz, 1994).
6   Das Zirkusdromedar „Old Joe", das es wirklich gegeben hat, wurde so beliebt, daß ein Versuch im Jahre 1958, das Markenzeichen zu ändern, am Protest der (rauchenden) amerikanischen Öffentlichkeit scheiterte.

Abbildung 6:   Motive aus der Camel-Werbung Ende der 80er Jahre

Daß die Klischees mit der Realität nur wenig zu tun haben, ist dabei eher ein Vor- als ein Nachteil: Da kaum jemand die Gelegenheit hat, das Gezeigte durch eigenes Erleben an der Wirklichkeit zu messen, handelt es sich um stabile Klischees, die nicht Gefahr laufen, alltäglich zu werden oder durch „Ernüchterung" an Ausstrahlung zu verlieren.

Camel hat dann begonnen, den zulässigen Korridor für das eigene Markenschema zu verlassen. Erst ein nochmaliger Sloganwechsel („It's your taste"), dann Aufweichung der bildlichen Darstellung - bis hin zu Bildmotiven, die zur Austauschbarkeit mit Marlboro führen können!

Das Ergebnis der Markenführung bis hierher dürfte ein Markenschema ähnlich dem in Abbildung 7 unten dargestellten semantischen Netzwerk gewesen sein. Noch recht eindeutig positioniert, aber schon mit ersten Zeichen von Erosion in Form mehrerer einander überlagernder Slogans. Der Vergleich des Camel-Netzwerks mit dem von Marlboro (vgl. Abbildung 7 oben) macht auch deutlich, wie zwei inhaltlich weitgehend identisch positionierte Marken durch visuelle Abgrenzung (grau unterlegte Knoten) der Erlebniswelten vor Austauschbarkeit geschützt werden können.

Daß dies jedoch ein schmaler Grad ist, zeigt Motiv 4 aus Abbildung 6: Es verfügt über keines der spezifischen Elemente aus dem Camel-Schema, paßt aber durch das Lasso (und die Photoauffassung) bestens in das Marlboro-Netzwerk. Es wird beim gering involvierten Verbraucher also das Cowboy-Schema aktivieren und der Marlboro-Erlebniswelt zugeordnet werden. Dieses Motiv tut damit nichts für Camel, eher etwas für Marlboro. Häufen sich derartige Fehler, wird das Markenbild diffus, die Abgrenzung zu Marlboro geht verloren.

Es folgte ein weiterer Fehler - nämlich ein radikaler Bruch im Werbeauftritt: Die humorbetonte Kamelkampagne, die zwar beliebt war, aber weder zum vorhandenen Markenschema noch zur Selbstwahrnehmung der Camel-Raucher paßte. Resultat: Verlust der Markenidentität, in der Folge dramatische Marktanteilsverluste, die durch Gegenmaßnahmen in Form mehrerer Kurswechsel eher beschleunigt als gebremst wurden.

Das Markenschema dürfte zum heutigen Zeitpunkt wesentlich diffuser als 1990 sein, d. h. ein Netzwerk mit deutlich mehr, aber nur noch schwach verbundenen Elementen, wobei die generischen Bestandteile einer Zigarette in den Vordergrund treten.

Am Markenschema von Marlboro hat sich vermutlich gar nichts geändert - außer einer weiteren Stabilisierung und der Integration der Light-Derivate.

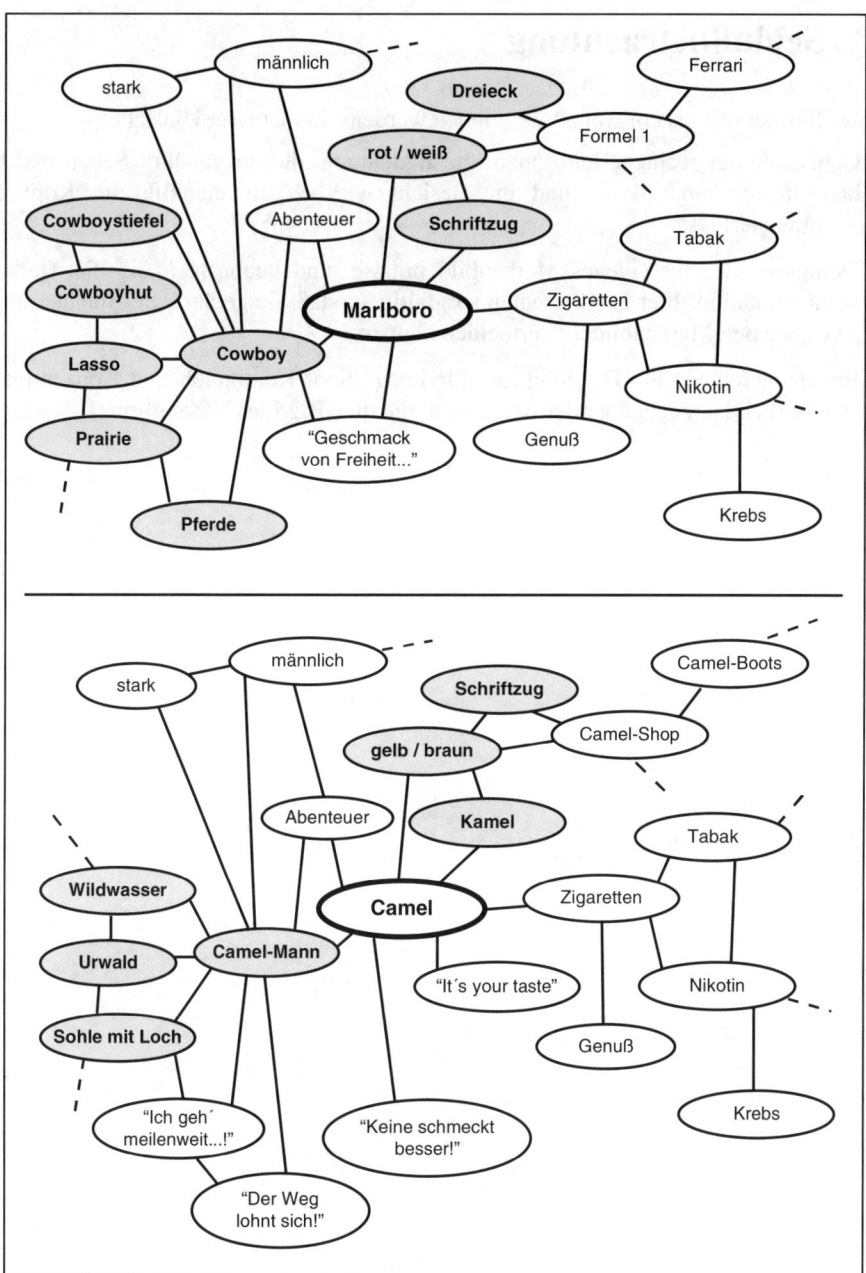

Abbildung 7:   Markenschemata von Marlboro und Camel als semantische Netzwerke (hypothetisch)

6.   Schlußbetrachtung

Dieser Beitrag soll als ein Appell verstanden werden - in mehrerer Hinsicht.

- Geben Sie der rechten Hemisphäre die Bedeutung, die ihr gebührt: Sehen und behandeln Sie eine Marke und ihr Gesicht wirklich als ein Bild im Kopf der Verbraucher!

- Definieren Sie Ihr eigenes Markenbild präzise, und beobachten Sie die Markenkommunikation Ihrer Konkurrenten sorgfältig, so daß Sie gefährliche Annäherungen zwischen den Markenbildern vermeiden können.

- Emanzipieren Sie die Disziplin, die für Integration, Kontinuität und Konzentration erforderlich ist, gegenüber der Kreativität, die die „Big Idea" hervorbringt!

Peter Weinberg und Sandra Diehl

Erlebniswelten für Marken

1. Einleitung

1.1 Marktbedingungen für Erlebniswelten von Marken

Blindtests haben ergeben, daß die Konsumenten in vielen Produktfeldern nicht mehr zwischen den führenden Produkten unterscheiden können. Wenn allerdings die Marke ins Spiel kommt, werden die Unterschiede sehr wohl erkannt (vgl. Biel, 1996, S. 2; vgl. auch Teil A in diesem Buch). Nur Produkte zu verkaufen reicht heute nicht mehr aus. Der Konsument gibt sich mit Produkten, die nur ihren Grundnutzen erfüllen und die nur ordnungsgemäß funktionieren, nicht mehr zufrieden. Er verlangt vielmehr einen Zusatz-nutzen; er möchte etwas erleben. Werbung und Produktdesign müssen zur Imageprofi-lierung verstärkt auf Erlebnisstrategien zurückgreifen, denn bei der heute vorhandenen Erlebnisorientierung kann man sich eher durch Produktimages als durch Produkteigen-schaften von den Mitbewerbern abheben. Eine gute Produktqualität wird von den Kon-sumenten als selbstverständlich angesehen, das funktional orientierte Informations-bedürfnis nimmt mit zunehmender Marktkenntnis ab. Konsumenten mit einem geringen Involvement sind in besonderer Weise der emotionalen Kommunikation zugänglich, die die Angebote in der Gefühls- und Erfahrungswelt positioniert. Langfristig können bei den heute vorherrschenden gesättigten Märkten und ausgereiften, weitgehend aus-tauschbaren Produkten nur Marken überleben, denen es gelingt, sich dauerhaft positiv in den Köpfen der Verbraucher zu verankern (vgl. Weinberg, 1995 c, S. 99). Die Erlebnis-qualität einer Marke entwickelt sich zum wichtigsten Kaufkriterium und prägt die Marktkommunikation der Zukunft (vgl. Opaschowski, 1997, S. 61).

1.2 Werte und Wertewandel

Das Individuum neigt zunehmend in allen Bereichen dazu, sich selbst zu verwirklichen und aus seinem Leben „ein Fest der Sinne und des Genusses" zu machen (vgl. Bauer/Huber, 1998 b, S. 40). Viele Sozial- und Konsumentenforscher (vgl. z. B. Schul-ze, 1992; Opaschowski, 1997; Weinberg, 1992 a) sehen in der Erlebnisorientierung den grundlegenden Wertewandel in der heutigen Gesellschaft. Hier drückt sich der Trend in Wohlstandsgesellschaften aus, sich selbst emotional verwirklichen zu wollen, eine „Genuß - hier - und - jetzt - Haltung" (vgl. Weinberg, 1998; Weinberg, 1992 a, S. 17). Dieser Trend wird begleitet vom langfristig zunehmenden Gesundheits- und Umwelt-bewußtsein in allen Wohlstandsgesellschaften. Erlebniskonsum wird zu einer willkom-menen Gelegenheit (im Sinne eines indirekten „Cocooning") für emotionales Empfinden und Geborgenheit in einer eigenen Welt (vgl. Weinberg, 1998). Erfolgreiche Marken zeichnen sich dadurch aus, daß sie Wertetrends in der Gesellschaft aufgreifen bzw. daß sie dem Nachfrager bei der Realisierung bestimmter Wertetrends Hilfestellung leisten. Markenartikel können in der Regel nur zu Trägern produktspezifischer Erlebniswerte werden, wenn sie sich durch Natürlichkeit, Gesundheit und Umweltverträglichkeit auszeichnen, Freizeiterlebnisse und Lebensfreude vermitteln und zu einem individuellen Lebensstil beitragen.

Einer amerikanischen Studie zufolge werden die größten Unterschiede zwischen Marken einer Produktgruppe dort wahrgenommen, wo diese sich durch Erlebnisse und eben nicht durch austauschbare funktionale Eigenschaften voneinander unterscheiden (vgl. Biel, 1992; vgl. hierzu auch den Beitrag „Herausforderungen und Aufgaben des Markenmanagements" in diesem Buch).

2.   Marken

2.1   Begriff der Marke

Unter Markenartikeln versteht man Güter, die durch ein Markenzeichen gekennzeichnet sind und sich durch einen zeitlich relativ stabilen und prägnanten Eigenschaftskatalog auszeichnen (vgl. Huber, 1988).

Für den Aufbau einer Erlebniswelt stellt die Markierung eine Grundvoraussetzung dar, denn erst Marken erlauben dem Anbieter, sich von den Konkurrenten zu unterscheiden, ermöglichen eine schnelle Wiedererkennung in einer späteren Kaufsituation und machen das Produkt unverwechselbar.

Marken können nach folgenden Kriterien unterteilt werden, die auch für den Aufbau von Erlebnis-Markenwelten relevant sind (vgl. Weinberg, 1992 c, Spalte 2682):

1. Anzahl der Produkte (z. B. Monomarke, Markenfamilie und Dachmarke)
2. Geographische Verbreitung oder Herstellung (regionale, nationale und internationale Marken).

Eine weitere wichtige und aktuelle Unterscheidung ist die Abgrenzung nach den Trägern der Marken in Hersteller- und Handelsmarken. Je nachdem ob es sich um eine Unternehmung mit primären Handelsaufgaben oder aber mit primären Herstellerfunktionen handelt, spricht man von Hersteller- oder Handelsmarken (vgl. Weinberg, 1992 c, Spalte 2681).

2.2   Kennzeichen erfolgreicher Marken

Um eine erfolgreiche Marken-Erlebniswelt aufzubauen, muß zunächst die Marke an sich bestimmte Anforderungen erfüllen. Übereinstimmung besteht in der Literatur (vgl. z. B. Biel, 1996; Musiol, 1997; Wiegmann, 1996; Disch, 1995; Drexel, 1997; Simon, 1997) darin, daß sich erfolgreiche Marken durch folgende Faktoren auszeichnen (vgl. Pepels, 1997, S. 34):

1. **Markenprägnanz:** Die Markeneigenschaften müssen klar und unverwechselbar profiliert erscheinen.
2. **Markenrelevanz:** Die Markenaussagen müssen direkt problemlösungs- und nutzenbezogen sein.
3. **Markenintegrität:** Die Markenauftritte in der Vielzahl ihrer Erscheinungsformen müssen aufeinander abgestimmt sein.
4. **Markenkontinuität:** Auch im Zeitablauf muß sich die Markenentwicklung harmonisch und logisch gestalten.
5. **Markenautorität:** Die Marke muß mit Kompetenz und Leistungsfähigkeit aufgeladen sein (gute Qualität, mit Tendenz zur stetigen Verbesserung).
6. **Markenführung:** Von Seiten des Managements müssen genaue Marken-Regeln vorgegeben werden, die innerhalb des ganzen Unternehmens gelebt werden.

Die Erfüllung dieser Kriterien reicht jedoch noch nicht aus: Die stärksten Marken sind jene, die unverwechselbare und bedeutsame Unterscheidungsmerkmale entwickelt haben, die sie im Bewußtsein des Konsumenten einzigartig erscheinen lassen. Dies ist nur über den Aufbau einer Erlebniswelt möglich (vgl. Weinberg, 1992 a, S. 35).

3. Erlebniswelten

3.1 Begriff der Erlebniswelt

Unter einem Erlebnis versteht man den subjektiv wahrgenommenen, durch das Produkt und die marketingpolitischen Maßnahmen **vermittelten Beitrag zur Lebensqualität der Konsumenten** (vgl. Weinberg, 1992 a, S. 3). Durch Marken sollen sinnliche Erlebnisse in der Gefühls- und Erfahrungswelt der Konsumenten verankert werden und einen realen Beitrag zur Lebensqualität leisten. Der Gesamteindruck der vermittelten Erlebnisse ergibt die Erlebniswelt.

3.2 Vorteile von Erlebniswelten

Durch die Vermittlung von spezifischen und emotionalen Produkt- und Markenerlebnissen werden die **emotionalen Konsumentenbindungen** an das Angebot **verstärkt**. Durch diese Bindungen werden Präferenzen für Anbieter geschaffen, die den „monopolistischen Spielraum" (im Sinne von Gutenberg) vergrößern (vgl. Kroeber-Riel/Weinberg, 1996, S. 115).

Mit dem Aufbau einer Marken-Erlebniswelt kann ein Unternehmen **Marktsegmente gewinnen**, die langfristige Erfolgspotentiale bieten. Die erreichte Erlebniskompetenz kann sogar Grundlage der Diversifikation werden (vgl. Kroeber-Riel, 1989, S. 248). Beispiele: Camel erlangt Erlebniskompetenz für „männliche Abenteuer" und dehnt sein unternehmerisches Programm auch auf Ausrüstungsgegenstände für Abenteuerreisen aus. Beck's erlangt Kompetenz für „maritime Frische" und kann nun auch Segelzubehör, das ein Käufersegment mit entsprechender Erlebnisorientierung anspricht, in sein Programm aufnehmen.

3.3   Strategien der Erlebnisvermittlung

Grundsätzlich kann man **zwei Strategien der Erlebnisvermittlung** unterscheiden:

1. **Auslösen von angenehmen Gefühlen** (z. B. durch Werbegeschenke und Ladenmusik und Verwendung von angenehmen Bildern in der Werbung), welche die emotionalen Beziehungen zum Anbieter verstärken, ohne spezifische Erlebnisse zu vermitteln.

2. **Vermittlung von ganz spezifischen Erlebnissen**, um ein eigenständiges emotionales Profil aufzubauen, das das eigene Angebot von anderen Angeboten abhebt und klar positioniert (z. B. unverwechselbare Erlebnisstrategien von Marlboro oder Campari) (vgl. Kroeber-Riel/Weinberg, 1996, S. 116).

Eine Erlebniswelt kann also nicht allein durch die Vermittlung von angenehmen Reizen aufgebaut werden, vielmehr müssen starke Emotionen hervorgerufen werden, die eine eigenständige Positionierung im Konkurrenzumfeld erlauben (vgl. Kroeber-Riel/Weinberg, 1996, S. 119 ff.).

3.4   Kategorisierung von möglichen Erlebnissen

Bei dem Aufbau einer Marken-Erlebniswelt muß man wissen, welche Erlebnisse für den Aufbau einer Markenwelt zur Verfügung stehen bzw. welche spezifischen emotionalen Erlebnisse vom Konsumenten gesucht und gefunden werden. Marlboro rauchen heißt: Gefühle des Abenteuers erleben; Mercedes fahren heißt: Prestige erleben; bei Body Shop einkaufen heißt: Natürlichkeit erleben usw.

Besonders verbreitet sind Appelle an Erotik, soziale Anerkennung, Freiheit und Abenteuer, Natur und Gesundheit, Genuß, Lebensfreude und Geselligkeit (vgl. Kroeber-Riel/ Weinberg, 1996, S. 114 f.).

Nach der **Reichweite** ihrer Wirkung kann man Erlebnisse in folgende Kategorien einteilen (in Anlehnung an Kroeber-Riel/Weinberg, 1996, S. 138):

Kulturübergreifend wirkende Erlebnisse:

- **Archetypische Erlebnisse** unter Verwendung von Archetypen (z. B. Anima, der alte Weise; vgl. Kroeber-Riel, 1993 a, S. 175 f.)
- **Emotionale Erlebnisse**, die durch **Schlüsselreize** ausgelöst werden (z. B. Kindchenschema)
- **Länderspezifische Erlebnisse**, die länderübergreifend wirken (z. B. Mittelmeerschema).

Kulturspezifische Erlebnisse:

- Erlebnisse, die sich auf **Märchen, Mythen** und **Fabeln** beziehen
- **Emotionale Erlebnisse** (wie: traditionell, nostalgisch usw.)
- Erlebnisse, die **kulturspezifische Feste** aufgreifen (z. B. Münchner Oktoberfest, Halloween, die französische Revolution usw.)

Subkulturelle oder zielgruppenspezifische Erlebnisse:

Ansprache bestimmter Zielgruppen innerhalb einer Kultur:

- Erlebnisvermittlung durch Ansprache von **Lifestyles** (z. B. der Umweltbewußte, der sorglose Esser, der Technikfreak usw.)
- Erlebnisvermittlung durch Aufgreifen von **Trends** (z. B. Siebziger Jahre Trend, Cocooning, Virtual Reality usw.)
- Erlebnisvermittlung durch Ansprache von **Hobbies** (z. B. Free-Climbing, Inline-Skaten usw.)

Bei der Auswahl der Erlebnislinie muß man sich also von vornherein im klaren sein, wie die geographische Reichweite der Zielgruppe ist, die man mit dem Erlebnis ansprechen möchte, d. h. es ist darauf zu achten, daß die gewählten Erlebnisse mit dem Verbreitungsradius der Marke übereinstimmen.

3.5   Kennzeichen erfolgreicher Marken-Erlebniswelten

Längst nicht jeder Marke gelingt es, eine **Erlebniswelt** aufzubauen, die vier elementare **Anforderungen** erfüllt, die erst zu einem strategischen Wettbewerbsvorteil führen (vgl. Weinberg, 1992 a, S. 4; Wiedmann, 1987, S. 216 f.):

- Die Erlebniswelt muß ein für den Kunden **wichtiges Leistungsmerkmal betreffen**: Erlebniswelten müssen eine hohe integrale Qualität im Sinne der Vereinbarkeit mit den jeweils vorherrschenden Wertstrukturen, Lebens- und Konsumstilen aufweisen. Sie müssen für den Konsumenten **persönlich relevant** sein.

■ Die Erlebniswelt muß vom Kunden tatsächlich und zwar **sinnlich wahrgenommen** werden: Eine Erlebniswelt muß ganzheitlich wirken und den Konsumenten ganzheitlich ansprechen, auch die Unternehmenswerte spiegeln sich in der Marke wider (vgl. Theiler, 1995, S. 6 ff.).

■ Die Erlebniswelt muß eine **Abhebung von der Konkurrenz** ermöglichen: Von zentraler Bedeutung ist die wahrgenommene relative Erlebnisqualität, d. h. es kommt wesentlich darauf an, eine spezifische Differenz zum Erlebnisprofil der Konkurrenzangebote zu schaffen, die zusätzlich von den Konsumenten als Vorteil wahrgenommen wird. Wenn alle Konkurrenten sich ähnlich positionieren, wird kein besonderer Vorteil mehr wahrgenommen, sondern er degeneriert zur Selbstverständlichkeit.

■ Die Erlebniswelt muß eine **hohe Zieladäquanz** besitzen, nicht nur die Markenbekanntheit sollte erhöht und das Markenimage verbessert werden, sondern die Erlebniswelt sollte auch zur Erhöhung der Nachfrage beitragen. Zum Beispiel werden Luxuswelten aus Glas und Marmor gerne aufgesucht, aber die Einkäufe werden dann in vermeintlich preisgünstigeren Geschäften getätigt.

Schaut man sich die unter Abschnitt 2.2 und die oben genannten Kennzeichen erfolgreicher Marken bzw. erfolgreicher Erlebniswelten an, erkennt man, daß dem Faktor **„Abhebung von der Konkurrenz"** eine Sonderstellung zukommt, da er sowohl bei den Kennzeichen erfolgreicher Marken als auch bei erfolgreichen Erlebniswelten genannt wird.

Reicht es aus, eine Marke, die die Kennzeichen erfolgreicher Marken besitzt, mit einer Erlebniswelt zu kombinieren, die die Anforderungen an eine erfolgreiche Erlebniswelt erfüllt? Dies kann nur als notwendige, jedoch nicht als hinreichende Bedingung angesehen werden.

Ein wichtiger Punkt, der sich nicht nur auf die Marke bezieht, sondern auch auf die Kombination Marke - Erlebniswelt, ist **Kontinuität**. Wichtig ist also **eine langfristige Verbindung von Markenkern und Erlebniswelt.**

Zwei Kennzeichen kommen also zusätzlich dazu: Neben der Kontinuität der Verknüpfung von Marke und Erlebniswelt ist die Abstimmung der Erlebniswelt auf den Markenkern eine ganz zentrale Forderung. Man könnte die Abstimmung als Match-Up-Forderung bezeichnen: Erlebniswelten bringen einen Eigenschafts-Transfer, der weitgehend unbewußt abläuft. Dazu muß aber das Image der Erlebniswelt mit dem Wesen der Marke übereinstimmen (vgl. Nemetz, 1992, S. 338 f.). Durch getrennte Assoziationstests zu dem Erlebnis und zu der Marke kann man feststellen, ob eine ausreichende Übereinstimmung besteht.

4.   Bestandteile der Marken-Erlebniswelt

Einen Querschnitt durch eine Marken-Erlebniswelt kann man sich bildlich als Pyramide
vorstellen, die sich aus fünf Schichten zusammensetzt (vgl. Abbildung 1).

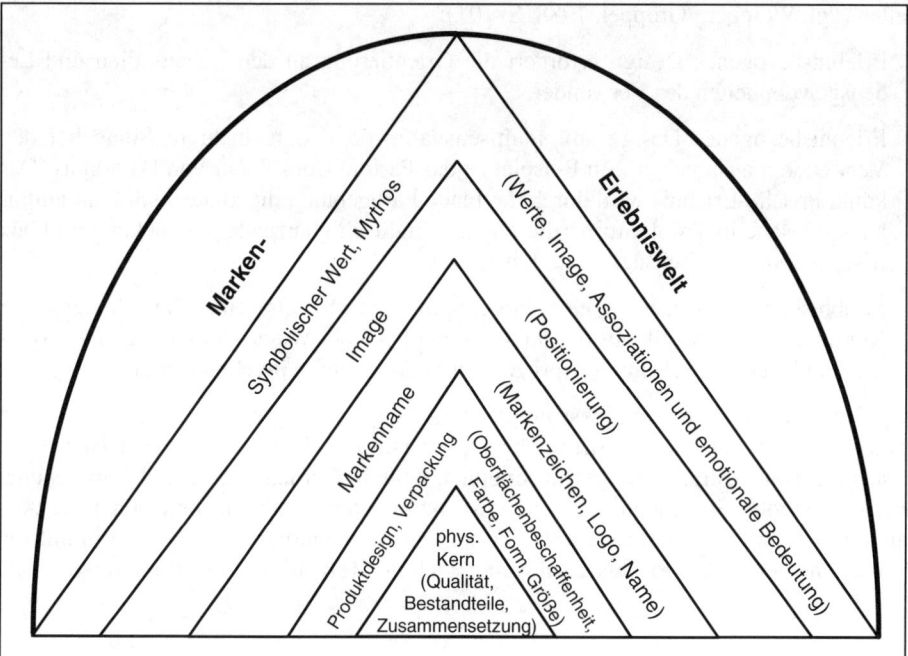

Abbildung 1:   Marken-Erlebnisweltpyramide

4.1   Das physische Produkt

Der Kern der Marken-Erlebniswelt ist das physische Produkt, seine Bestandteile, seine
chemische Zusammensetzung und die Qualität. Die Aufgabe der ersten Schicht besteht
darin, daß der Grundnutzen des Produktes erfüllt wird, das Produkt also funktioniert.

4.2 Das Produktdesign und die Verpackung

Die zweite Schicht wird von dem Produktdesign und der Produktverpackung gebildet. Das **Produktdesign** betrifft die äußere, sinnlich wahrnehmbare Gestaltung der Umwelt. Jedoch ist nur ein erlebnisbezogenes Design in der Lage, Präferenzen beim Verbraucher zu schaffen. Folgende Anforderungen sind an ein erlebnisbezogenes Produkt-Design zu stellen (vgl. Weinberg/Gröppel, 1988, S. 191):

■ Erlebnisbezogenes Design erfordert die Orientierung an den Lebensstilen und Lebensgewohnheiten der Verwender.

■ Erlebnisbezogenes Design soll multisensual wirken, d. h. mehrere Sinne bei den Verwendern ansprechen. Ein Beispiel ist das Parfum Cool Water von Davidhoff: Das kühle Frische-Erlebnis wird durch die blaue Farbgebung, die glatte, sich kühl anfühlende Flasche in Tropfenform, die glatte, metallisch glänzende Verpackung und den frischen Duft multisensual vermittelt.

■ Erlebnisbezogenes Design als Marketinginstrument weist enge Beziehungen zur Kommunikationspolitik auf (in der Werbung bei Cool Water: Abbildung eines Mannes im blauen Wasser, mit aufspritzenden Wassertropfen im Hintergrund).

Die **Verpackung** sollte möglichst prägnant und eigenständig gestaltet werden, um die Markierung und Qualitätswahrnehmung zu unterstützen. Die Verpackung leistet einen entscheidenden Beitrag zum Markenerlebnis. Mittels Geruch, Form und Farbgebung, Grafik, Symbolik und Slogans hat sie eine aktivierende Funktion, unterstützt die Anmutung und fördert Erlebniserwartungen an den Markenartikel. Damit übernimmt die Verpackung neben dem Produktdesign eine wichtige Rolle bei der Positionierung.

4.3 Der Markenname

Die dritte Schicht bildet der Markenname. Der Markenname ermöglicht den Konsumenten ein Wiedererkennen des Produkts am POS. Das Image und die Erlebniswelt einer Marke können erst über die Kommunikation aufgebaut werden, aber dennoch kann ein sorgfältig kreierter und gewählter Name der Marke von Anfang an eine ihr innewohnende Stärke vermitteln (vgl. Kohli/La Bahn, 1997, S. 67 ff.). Der Markenname sollte nicht nur den Konsumenten emotional ansprechen, sondern geprüft werden müssen auch die leichte Erlern- und Erinnerbarkeit des Namens, die Relevanz für die Produktkategorie, die Assoziationen, die mit dem Namen verknüpft sind und die Fähigkeit des Markennamens, sich (schutzfähig) von den Konkurrenzprodukten abzuheben (vgl. Kohli/La Bahn, 1997, S. 67). Wie wichtig es ist zu prüfen, ob der Markenname zu dem Produkt paßt, zeigt sich daran, daß Konsumenten Produkte mit ihrer Meinung nach typischen Markennamen für die Produktkategorie gegenüber Produkten mit untypischen Namen bevorzugten (vgl. Kohli/La Bahn, 1997, S. 68).

4.4   Das Image

Die Auslösung von inneren, emotional besetzten Vorstellungsbildern ist Aufgabe der vierten Schicht. Durch Maßnahmen der Kommunikationspolitik (vgl. Punkt 6) wird die Marke im Bewußtsein der Verwender positioniert, und es wird ihr ein eindeutiges Erlebnis zugeordnet, das der Konsument mit der Marke verbindet.

Da alle Marketing-Mix-Instrumente zusammenwirken und das Vorstellungsbild von der Marke prägen, liegt die Notwendigkeit einer **integrierten Kommunikation** auf der Hand: Alle Instrumente des Marketing-Mix, angefangen von der Preis-, der Produkt-, der Kommunikations- bis hin zur Distributionspolitik müssen auf die Erlebniswelt abgestimmt werden, so daß diese konsistent präsentiert und gelernt werden kann (vgl. Esch, 1998 a). Die verschiedenen Erscheinungsformen einer Marke sollen sich gegenseitig unterstreichen, abstützen, ergänzen oder ausgleichen (vgl. Grünewald, 1997, S. 12).

Viele Unternehmen haben das Problem konfuser Außendarstellung noch zu lösen: Ob Visitenkarte, Briefpapier oder Geschäftsbericht, ob klassische Werbeanzeige, CD-Rom oder Internet-Homepage, zu einer Marken-Erlebniswelt gehört ein einheitlicher Gesamtauftritt des Unternehmens in allen Medien der Selbstdarstellung. Eine integrierte Kommunikation verlangt eine medienübergreifende Corporate Identity. Besonders augenfällig wird der Wirrwarr in der Außendarstellung bei einem Vergleich von Multimedia-Präsentationen mit klassischen Printanzeigen, Geschäftsberichten oder Produktverpackungen. Dabei wird es im Zeitalter der Megakommunikation immer wichtiger, im Meer der Botschaften wiedererkennbar zu sein. Nur wenn die Werbeauftritte in den unterschiedlichen Medien gut aufeinander abgestimmt sind, erzielen sie Aufmerksamkeit, Sympathie und Synergieeffekte (vgl. Reischauer/Peters, 1997, S. 164 ff.).

4.5   Der symbolische Wert der Marke

Aber nur Marken, die in der Lage sind, noch eine weitere Schicht aufzubauen, haben es geschafft, eine dauerhafte Marken-Erlebniswelt aufzubauen. Dabei geht es um den symbolischen Wert, den Mythos, der die Marke unverwechselbar macht und sie eindeutig in den Köpfen der Konsumenten verankert. Hierzu zählen neben Corporate Design und Corporate Communication auch das Corporate Behaviour des Anbieters. Die Werte und die Unternehmensphilosophie des Markenherstellers üben ebenfalls einen Einfluß auf die Erlebniswelt der Marke aus.

Biel (1996, S. 2) spricht hier von „Markenmagie", die Markenimage und Markenpersönlichkeit umfaßt, zum Beispiel kauft man mit jedem Paar Nike-Schuhe auch einen Anteil Sportlichkeit und Individualität.

Die Werbung ist zwar eine wichtige Quelle für Image und Persönlichkeit der Marke, aber fast nie die einzige. Die Konsumenten interpretieren auch die Sprache, die Umgebung und die Aufmachung der Marke und leiten davon die Welt der Marke ab.

5. Vorgehensweise bei der Konstruktion von Erlebniswelten

5.1 Schritte zur Konstruktion von Erlebniswelten

Die Konstruktion der Erlebniswelt vollzieht sich in mehreren Schritten (vgl. Kroeber-Riel/Weinberg, 1996, S. 138 f.):

1. Generieren von Erlebniskonzepten,
2. Reduzierung auf geeignete Konzepte,
3. Operationalisierung und Visualisierung der Konzepte,
4. Systematische Überprüfung, Beurteilung und Auswahl,
5. Test von verbleibenden Alternativen,
6. Entscheidung zugunsten eines Konzepts,
7. Ableitung eines Schlüsselbilds für die Umsetzung und
8. Umsetzung des Konzepts in Kommunikationsmittel.

In der Praxis treten Engpässe vor allem beim Generieren von Ideen (1. Phase) und beim Ableiten eines Schlüsselbilds (7. Phase) auf. Bei Produktneueinführungen hat sich gezeigt (und dies gilt analog auch für die Entwicklung von Erlebniskonzepten), daß nur ein kleiner Prozentsatz der ursprünglich gesammelten Ideen Erfolg hat und man erst bei längerer, kreativer Suche sich von bereits bekannten, branchentypischen Ideen loslöst und zu neuen Konzepten vordringt (vgl. Kroeber-Riel, 1989, S. 251; Kroeber-Riel/ Weinberg, 1996, S. 139 f.).

Aus diesen Gründen sollte der ersten Phase des Suchprozesses besondere Aufmerksamkeit geschenkt werden. Hat man ausreichend Ideen gesammelt, werden in der zweiten Phase die Erlebnisse inhaltlich und formal geordnet. Gleichartige Erlebnisse werden aussortiert, ebenso Erlebnisse, die nicht zur Unternehmensphilosophie passen und die geringe oder negative emotionale Wirkungen entfalten, die verbleibenden Konzepte werden hierarchisch geordnet (vgl. Kroeber-Riel, 1993 b, S. 78 ff.). Im folgenden werden die Konzepte weiterentwickelt, insbesondere operationalisiert und visualisiert.

In der vierten und fünften Phase werden die Konzepte einer genaueren, auch empirisch gestützten Eignungsprüfung unterzogen, hier sollte auch der oben angeführte Match-Up zwischen Marke und Erlebniswelt untersucht werden. Zusätzlich muß geprüft werden, ob sich das Schlüsselbild für eine langfristige Positionierung eignet, für den Konsumenten relevante Emotionen anspricht und ausreichend Möglichkeiten für Variationen in der medialen Umsetzung bietet. Das Schlüsselbild ist wichtig, um die Erlebniswelt

durch integrierte Kommunikation, also konsistent über alle Kommunikationsmittel umzusetzen (vgl. Kroeber-Riel, 1993 a, S. 300 ff.).

5.2 Suchfelder für das Generieren von Erlebnissen

Wie oben schon erwähnt, besteht der wichtigste Schritt darin, die richtige Erlebniswelt
auszuwählen, die zu dem Produkt paßt. In der ersten Phase sollten deshalb möglichst
viele Ideen gesammelt werden. Als Suchhilfen stehen vielfältige Suchfelder zur Verfügung: Zahlreiche psychologische Richtungen und Methoden können herangezogen
werden:

Assoziationstests können erste Hinweise geben, womit das Produkt bzw. die Marke
verbunden wird. Die Farbpsychologie erlaubt Aussagen über die Wirkung der Farben
bei der Produkt- und Verpackungsgestaltung, die Gestaltpsychologie über die zu ver-
wendenden Formen und die Haptikforschung über die sinnlichen Eindrücke beim An-
fassen des Produkts.

Die Verhaltensbiologie, die Tiefenpsychologie, die Emotionspsychologie, die Psycho-
biologie und die Kulturanthropologie sowie die Analyse von Literatur über Symbole,
Märchen und Träume können ebenfalls verhaltenswirksame Suchfelder darstellen (vgl.
Kroeber-Riel/Weinberg, 1996, S. 146 f.). Auch die inhaltsanalytische Betrachtung bran-
chenfremder und internationaler Werbung kann wichtige Anregungen für die Gewinnung von Erlebniskonzepten geben (vgl. Kroeber-Riel, 1989, S. 259). Zudem muß das
Konkurrenzumfeld analysiert werden, um zu prüfen, ob eine gewählte Erlebniswelt
schon von Mitbewerbern verwendet wird (zur Methode des Werbemonitoring vgl.
Nickel, 1997).

Bei der Positionierung geht es im wesentlichen um den Aufbau von für die Konsumenten attraktiven Gedächtnisstrukturen von Marken. Man geht heute allgemein davon aus,
daß Wissen in Form von Schemata[1] im Gedächtnis gespeichert wird. Die Schematheorie
kann deshalb bei der Suche nach emotional starken Bildern helfen und Aufschlüsse über
die durch die Erlebniswelt angesprochenen inneren Schemata der Konsumenten geben
(vgl. Kroeber-Riel, 1989, S. 253). Hier gibt es zum Beispiel die Möglichkeit,
vorhandene bzw. bekannte Schemata aufzugreifen, vorhandene Schemata in einer neuen
Weise zu kombinieren oder zu variieren und mögliche neue Schemata zu entwerfen.
Ausgehend von diesen Schemata versucht man im Anschluß, originelle bildliche
Umsetzungen zu finden. Bei der Schokoladenmarke Milka wird beispielsweise das
Schema „Alpenwelt" durch die charakteristische lila Farbgebung der Milka-Kuh eigen-
ständig und unverwechselbar umgesetzt.

---

1   Ein Schema besteht aus standardisierten Vorstellungen darüber, wie ein Sachverhalt typischerweise
     aussieht (vgl. Kroeber-Riel/Weinberg, 1996, S. 232).

5.3 Checkliste zur Auswahl einer geeigneten Erlebniswelt

Bei der zuerst erfolgenden **Grobauswahl** müssen folgende wichtigen Punkte bejaht werden können (vgl. Kroeber-Riel/Weinberg, 1996, S. 100 f.):

- ▨ Lösen die Erlebnisse positive Assoziationen aus?
- ▨ Entsprechen die Erlebnisse der Unternehmensphilosophie?

Erst wenn diese beiden Punkte erfüllt sind, kommt das Erlebnis in die engere Auswahl.

Im zweiten Schritt kann die folgende Checkliste die **Feinauswahl** einer geeigneten Erlebniswelt erleichtern (vgl. Weinberg, 1995 c, S. 101):

- ▨ Entsprechen die Erlebnisse den Lebensstiltrends, um die Zielgruppe langfristig anzusprechen?
- ▨ Welche Erlebnisse erlauben eine Abgrenzung zur Konkurrenz heute und erschweren eine einfache Imitation morgen?
- ▨ Eignen sich die Erlebnisse zur Umsetzung durch möglichst viele Marketing-Instrumente (Marketing-Mix)?
- ▨ Eignen sich die Erlebnisse für eine praktikable Umsetzung oder stellen sie besondere Ansprüche an die Unternehmen und Agenturen?
- ▨ Kann die Erlebniswelt in verschiedene Modalitäten (z. B. Text, Bilder, Sprache, Filme, Töne, Musik und Düfte) transportiert werden?
- ▨ Können Informationen über das Angebot und emotionale Ansprache glaubwürdig und einfach verständlich so aufeinander abgestimmt werden, daß ein unverwechselbares Erlebnisprofil entsteht?

Die Prüfung dieser Fragen ist schwierig und überwiegend nur qualitativ im Team möglich. Ein Konzepttest innerhalb der Marktforschung ist immer dann schwierig, wenn originelle und ungewöhnliche Konzepte vorliegen (vgl. Weinberg, 1995 a, Spalte 609).

6. Kommunikation von Erlebniswelten

6.1 Anzahl der kommunizierten Erlebnisse

Ob sich ein Unternehmen für eine Monomarken-, Dachmarken- oder Markenfamilienstrategie entscheidet, hat auch wiederum Einfluß auf die Anzahl der kommunizierten Erlebnisse (vgl. Abbildung 2):

Anzahl der Marken	Anzahl der Erlebnisse	Beispiele	Vorteile	Nachteile
Mono-marke	**Monoerlebnis:** für jede Marke ein eigenes Erlebnis	Unileverprodukte z. B.: ■ Lätta-Erlebnis: jugendlich, unkonventionell ■ Rama-Erlebnis: traditionell, Familie	■ spezifische Positionierung ■ wenig Ausstrahlungseffekte auf andere Marken-Erlebniswelten **bei mehreren Monomarken:** ■ Marktausschöpfung ■ Halten von Markenwechslern	■ Kosten der Marken-Erlebniswelt trägt ein Produkt ■ keine Synergieeffekte zwischen verschiedenen Produkten **bei mehreren Monomarken:** ■ Kannibalisierungseffekte
Marken-familie	**Markenfamilienerlebnis:** für jede Markenfamilie ein übergeordnetes Erlebnis, mit folgenden möglichen Ausprägungen: 1. Ein einheitliches Erlebnis für die gesamte Markenfamilie 2. Die gleiche Kernbotschaft kommunizierende aber an die Produkte der Markenfamilie angeglichene Erlebnisse	1. Das Erlebnis Abenteuer für Marlboro-Zigaretten und Marlboro-Reisen 2. Nivea: Kernbotschaft: Sanfte Pflege; bei Pflegeprodukten für jüngere Konsumenten wird zusätzlich das Erlebnis Romantik vermittelt	■ Das Erlebnis prägt sich durch die häufigen Wiederholungen besser ein ■ hohe Marktausschöpfung ■ Verringerung des Floprisikos ■ Produkte tragen Markenaufwand gemeinsam.	■ Angebot von nur einem Erlebnis, bei Nichtgefallen haben Konsumenten keine Ausweichmöglichkeiten ■ Erschwerung einer eindeutigen Markenprofilierung (i. d. R. nur beschreibende Namen, wenig prägnant, nicht schutzfähig) ■ hoher Koordinationsbedarf ■ Gefahr negativer Ausstrahlungseffekte ■ Gefahr, daß die Submarken den Mythos der Stammmarke aushöhlen
Dach-marke	**Dacherlebnis:** für alle Marken des Unternehmens ein einheitliches Erlebnis	Kellogg's-Erlebnis: Frühstücksspaß BMW-Erlebnis: Freude am Fahren	siehe Markenfamilie	siehe Markenfamilie

Abbildung 2:   Vor- und Nachteile der Erlebnisvielfalt

Welche Erlebnisstrategie die günstigste ist, hängt von der jeweiligen Markenstrategie ab. Angestrebt werden sollte auf alle Fälle eine Harmonisierung der Kernbotschaft. Gerade durch die herrschende Informationsüberlastung und das geringe Interesse der Verbraucher an der Werbung ist durch häufige Wiederholung des gleichen Grunderlebnisses die Wahrscheinlichkeit höher, daß im Gedächtnis der Verbraucher die Marken bzw. das Unternehmen mit dem Erlebnis verknüpft werden.

6.2 Bildkommunikation

Erlebnisbetonte Kommunikation übernimmt im Rahmen des Erlebnis-Marketing die Aufgabe, das Angebot in der emotionalen Erlebnis- und Erfahrungswelt der Konsumenten zu positionieren. Im Zeitalter der Informationsüberlastung verliert die informative Werbung an Bedeutung, während gleichzeitig die Bedeutung der visuellen Kommunikation wächst: Die Bildkommunikation unterliegt nicht den Restriktionen kognitiver Informationsverarbeitung und eignet sich besonders für emotionales Erleben (vgl. Kroeber-Riel, 1993 b, S. 11 ff.). Dementsprechend bevorzugen hedonistische Konsumenten Bilder zur schnellen und bequemen Informationsaufnahme: „Bilder sind schnelle Schüsse ins Gehirn". Alle Instrumente sind darauf auszurichten, daß der Konsument bildhaft erreicht wird. Das gilt auch für eine bildhafte Sprache (vgl. Weinberg, 1995 c, S. 98).

Die Wirkung von Erlebniskonzepten hängt also entscheidend von ihrer visuellen Umsetzung ab, nach dem Motto: „Ein Bild sagt mehr als tausend Worte". Besonders empfehlenswert ist die Konzeption von Schlüsselbildern, welche den langfristigen visuellen Auftritt festlegen. Es handelt sich dabei um Leitbilder, die den Erlebniskern bilden und nonverbal kommuniziert werden. Neben Bildern eignen sich für die gezielte Auslösung von Emotionen vor allem solche Reize, die die rechte Gehirnhälfte ansprechen. Das sind nicht-sprachliche Reize, insbesondere Farben, Musik und Düfte.

Man unterscheidet drei **Bildwirkungen** (vgl. Kroeber-Riel, 1993 a, S. 155 ff.):

1. **Aktivierungswirkung**: Bilder rufen Aufmerksamkeit hervor und erzeugen Kontakt.

2. **Atmosphärische Wirkung** (Klimawirkung): Angenehme Bilder stimulieren ein positives Wahrnehmungsklima und sorgen dafür, daß die Produkte besser beurteilt werden als ohne bildliches Umfeld. Sie beeinflussen dann vor allem die (kognitiven) Wahrnehmungswirkungen.

3. **Erlebniswirkung**: Spezifische emotionale Bilder können - besser als emotionale Sprache - als Reize für die Konditionierung der Konsumenten eingesetzt werden, um dauerhafte emotionale Haltungen gegenüber einem Produkt zu erzeugen.

6.3 Multisensuale Kommunikation der Erlebnisse

Durch Erlebnisstrategien werden in der Regel mehrere Sinne gleichzeitig angesprochen. Der Markenname fungiert als eine Art „Ablagesystem", in dem alle für die Marke relevanten Bilder, Wörter, Emotionen, Geräusche, haptischen und olfaktorischen Empfindungen abgelegt sind. Das Markenbild wird multimodal abgespeichert. Zu jeder Marke bestehen im Kopf des Konsumenten vielerlei Sinneseindrücke[2] (vgl. Baumann, 1997).

Deswegen ist es von großer Bedeutung, das Zusammenwirken von mehreren Reizmodalitäten (z. B. von Tönen, Farben, Bildern, Worten, Duftstoffen, Geschmack und Haptik) zu beachten. Durch den gleichzeitigen Einsatz mehrerer Reizmodalitäten kann das gleiche Erlebnis mehrfach und damit wirksamer vermittelt werden oder es wird möglich, mehrere modalspezifisch ausgelösten Einzelerlebnisse zu einem Gesamterlebnis zu kombinieren (vgl. dazu das Beispiel in Abbildung 3):

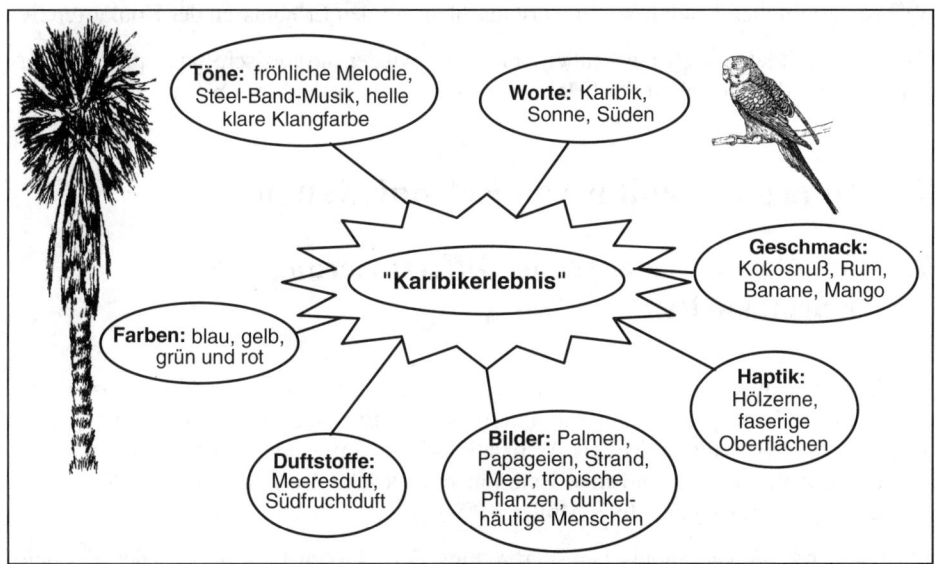

Abbildung 3:   Multisensuales Erlebnis „Karibik"[3]

---

2   Besonders wichtig bei der Feststellung des Wirklichkeitsgehaltes von Empfindungen ist für das kognitive System die intermodale Überprüfung. Für das kognitive System ist es offenbar sehr unwahrscheinlich, daß unterschiedliche Sinnessysteme Fehlermeldungen in dieselbe Richtung machen. Dabei gibt es Unterschiede in der Glaubwürdigkeit der Sinnessysteme; entsprechend setzen sich bei Konflikten bestimmte sensorische Informationen gegen andere durch. Am glaubwürdigsten sind offenbar das Gleichgewichtssystem und das somatosensorische System, gefolgt vom visuellen System. Das auditorische, gustatorische und olfaktorische System sind für das Gehirn anscheinend weniger glaubwürdig (vgl. Roth, 1997, S. 145).

3   Zu beachten sind die synästhetischen Wirkungen einzelner Reize, denn durch Reize einer Modalität wird die Wirkung von Reizen einer anderen Modalität ausgelöst oder beeinflußt (vgl. Kroeber-Riel/Weinberg,

6.4   Zu vermeidende Fehler in der Kommunikation von Erlebniswelten

Dem Marketing gelingt es häufig nicht, einer Marke ein spezifisches und klares Erlebnisprofil zu geben, das die Marke von konkurrierenden Marken abhebt. Folgende Ursachen können vorliegen (vgl. Kroeber-Riel/Weinberg, 1996, S. 137):

1. Die benutzten emotionalen Reize sind nicht stark genug, die Bilder gehen nicht unter die Haut.
2. Emotionaler Reiz und Marke werden nicht in zeitlicher und räumlicher Nähe dargeboten, so daß der Konsument keine Verknüpfung herstellt.
3. Es wird mit zu wenig Kontinuität und Wiederholungen geworben, die Bildmotive sind zu uneinheitlich und werden zu häufig gewechselt.
4. Die durch Konditionierung vermittelten Produkteindrücke stehen im Widerspruch zu anderen emotionalen Eindrücken, die durch das Marketing vermittelt werden.
5. Die vermittelten Erlebnisse sind austauschbar mit den Erlebnissen der Konkurrenz.

Die Marken-Erlebniswelt muß außerdem immer wieder aufgefrischt und optimiert werden, aber die Kernbotschaft der Erlebniswelt darf nicht verändert werden.

7.   Internationalität von Erlebniswelten

7.1   Standardisierung versus Differenzierung von Erlebniswelten

Im Zuge der zunehmenden Globalisierung und der verschwimmenden Grenzen zwischen vielen Ländern gewinnt die internationale Einsetzbarkeit von Erlebniswelten zunehmend an Bedeutung. Mittels Assoziationstests kann geprüft werden, ob die Erlebniswelt auch international positive Emotionen auslöst und im gewünschten Sinne verstanden wird (vgl. Dmoch, 1997; Müller, 1997).

Entsprechend der geographischen Verbreitung der Marken und der Art der Erlebnisvermittlung besitzen Erlebniswelten unterschiedliche Reichweiten.

1996, S. 123), d. h. auch schon der Duft von Kokos alleine könnte bereits eine visuelle Vorstellung von Karibik hervorrufen.

Geographische Verbreitung der Marke	Art der Erlebnisvermittlung		
	standardisiert	**differenziert**	**Mischform**
regional	regionales Erlebnis	—	—
national	nationales Erlebnis	regionales Erlebnis	zoniertes Erlebnis
international	internationales Erlebnis	nationales Erlebnis	regionales oder zoniertes Erlebnis

Abbildung 4:   Geographische Reichweite der Erlebnisse

Unter einer standardisierten Erlebnisvermittlung versteht man den Einsatz einer einheitlichen Erlebniswelt in dem jeweiligen geographischen Gebiet, während bei einer
differenzierten Erlebnisvermittlung in der Reinform die Erlebnisse unterschiedlicher
Regionen bzw. Nationen variieren. Bei den Mischformen kann es sein, daß man Länder
oder Regionen zu Clustern bzw. Zonen zusammenfassen kann, beispielsweise Ost- und
Westdeutschland. International kann man vielleicht die gleiche Erlebniswelt auf dem
europäischen Markt einsetzen, während im asiatischen Raum nationale oder regionale
Anpassungen notwendig sind. Generell gilt unter den Gesichtspunkten der Kostenein-
sparung, Erzielung von Synergieeffekten und Aufbau eines international einheitlichen
Images das Motto: Standardisierung so weit wie möglich (d. h. Suche nach internationalen Erlebniswelten) und Differenzierung so weit wie nötig (d. h. notwendige Ad-
aptionen der Erlebniswelten).[4]

7.2   Stufen der Globalisierung von Erlebniswelten

Hat man sich für eine internationale Vereinheitlichung der Erlebniswelt entschlossen,
kann man zwei Stufen der Globalisierung unterscheiden (vgl. Kroeber-Riel, 1992 b,
S. 262):

1. die Globalisierung der Kernbotschaft sowie
2. die Globalisierung der sprachlichen und bildlichen Umsetzung.

Die Kernbotschaft ist das durch die Werbung vermittelte sachliche (z. B. Langlebigkeit
oder Umweltverträglichkeit) oder emotionale (z. B. Erotik, Aktivsein) Positionierungskonzept. Sachliche Informationen können im allgemeinen eher als emotionale Appelle
über Landesgrenzen hinweg standardisiert werden, vorausgesetzt der sachliche

---

4   Zu den allgemeinen Vor- und Nachteilen der Standardisierung versus Differenzierung vgl. im einzelnen
      Zentes und Swoboda (1997).

Verwendungszusammenhang des Produkts weist länderübergreifend keine größeren Unterschiede auf. Global einsetzbare Kernbotschaften müssen sich auf die interkulturell und transeuropäisch verbreiteten Emotionen richten. Durch internationale Assoziationstests muß geprüft werden, ob die Kernbotschaft akzeptiert wird und länderübergreifend die gleiche emotionale Wirkung entfaltet.

Wenn die Kernbotschaft ganz oder teilweise globalisiert werden kann, so ist im nächsten Schritt an die Globalisierung der sprachlichen und bildlichen Umsetzung der Kernbotschaft zu denken. Beispielsweise kann es zweckmäßig sein, eine Biermarke global als frisch zu positionieren (erste Stufe der Globalisierung), aber in den nördlichen Ländern andere Bilder für Frische zu verwenden als in den südlichen Ländern. Die Umsetzung der Kernbotschaft kann also mehr oder weniger globalisiert sein. Bei der Umsetzung ist zu prüfen, welche - insbesondere emotionalen - Vorstellungen in dem jeweiligen Land mit einem Bildmotiv oder einem Wort verbunden sind (vgl. Kroeber-Riel, 1992 b, S. 261 ff).

Um sprachliche Übersetzungsprobleme zu umgehen, empfiehlt es sich, zur Erlebnisvermittlung auf die Bildkommunikation zurückzugreifen, die zur Vereinheitlichung der Verständigung beiträgt. Auch die nonverbale Kommunikation, die eine interkulturell gleiche Gesichts- und Körpersprache verwendet, ist ein geeignetes Mittel zur länderübergreifenden Erlebnisvermittlung (vgl. Weinberg, 1992 b, S. 259).

8.   Beispiele für erfolgreiche Erlebniswelten

Bei der Konstruktion von Erlebniswelten für Marken bedarf es zusammenfassend

- einer langfristigen statt kurzfristigen Ausrichtung, d. h. das Kernerlebnis soll über einen langen Zeitraum konstant bleiben, Variationen sind zwar erlaubt und gewünscht, aber es muß immer noch das gleiche Erlebnis vermittelt werden;
- einer Ausrichtung an relevanten Bedürfnissen der Konsumenten, d. h. das Erlebnis muß langfristig für die Zielgruppe von Bedeutung sein;
- einer erlebnisorientierten Anpassung an den jeweils vorherrschenden Zeitgeist statt einer wilden Trendomanie;
- einer wahrnehmbaren Abgrenzung von konkurrierenden Marken;
- einer Abstimmung der Erlebniswelt auf den Markenkern.

Im folgenden werden einige Beispiele für erfolgreiche Erlebniswelten genannt, die die oben genannten Anforderungen erfüllen.

1. **Beck's Bier** - Erlebnis: „maritime Frische":
   Nur Meer, eine gute Brise und ein grüner Dreimaster sind die „Zutaten" der Marken-Erlebniswelt von Beck's, die vor 14 Jahren konzipiert wurde und bis jetzt gute Dienste leistet. Die maritime Markenwelt ist eine ganz bestimmte Kombination von Werten: Sie steht für Tradition, Abenteuer, Männlichkeit. Ein sehr wichtiger Faktor für die erfolgreiche Kampagne ist ihre Kontinuität. Das heißt nicht, daß die Kampagne noch genauso aussieht wie vor 14 Jahren: Sie ist viel emotionaler geworden, der Genuß wurde in den Vordergrund gestellt. Die Darsteller, die Emotionalität und die Stimmungen werden geändert und optimiert, aber Dreh- und Angelpunkt bleibt das Schiff, das als Chiffre für ein ganz bestimmtes Wertemuster steht. Nur mit solcher Konsequenz in der Markenpflege gelingt es Beck's, sich in einer Branche herauszuheben, die werbeaktiv ist wie wenige Märkte.

2. **Nike** - „Wille und Freiheit des Sportlers":
   Nike hat sich das Credo „Just do it" auf die Fahne geschrieben und appelliert an die universellen, ewigen Werte Wille und Freiheit des Sportlers. Dieser Slogan wäre leicht kopierbar, da er aber bis in die Unternehmensspitze auch gelebt wird, gelingt es Nike, sich von den Mitbewerbern abzuheben. „Produkte und Design können leicht kopiert werden, aber das Bewußtsein ist schwer zu kopieren" (Theiler, 1995, S. 8).

3. Marken wie **Levi's**, **Sony** und **Coca-Cola**, die gemeinhin als „mythisch" bezeichnet werden, unterscheiden sich von ihren nicht-mythischen Konkurrenzmarken wie Diesel, Philips und Pepsi durch die Repräsentation eines momentan attraktiven Wertesystems.

4. **Milka** hat seit zwei Jahrzehnten immer wieder das Erlebnis „Alpenwelt" penetriert und sich damit fest im Gedächtnis der Konsumenten verankert. Bereits Kleinkinder kennen die lila Kuh.

5. Starke Marken mit erfolgreichen Erlebniswelten zeichnen sich dadurch aus, daß sie uns für einen Moment in ihren Bann nehmen und relevante Erlebnisse vermitteln. **Marlboro** zum Beispiel vermittelt das Gefühl von Freiheit und Abenteuer.

9. Ausblick: Möglichkeiten der Erlebnisvermittlung durch Neue Medien

Mit zunehmender technischer Entwicklung werden die neuen Medien, vor allem das Internet und die CD-Rom, der Erlebnisvermittlung vollkommen neue Dimensionen eröffnen:

Ein Vorteil des Internet wird sein, daß die Kunden ihre individuellen Ordnungskriterien zum Beispiel Herstellername, Größe, Farbe, Geschmack, Verbundpräsention eingeben können und jeweils eine nach ihren Wünschen konzipierte Sortimentszusammenstellung erhalten. Anders als im stationären Handel, wo man sich aus Platzgründen auf einige

Produkte beschränken muß, kann im Internet und auf CD-Rom jedes Produkt in einer emotional wirkenden Verbundpräsentation dargestellt werden. Erlebnisse lassen sich ohne Ortswechsel sofort variieren, Erlebnissuchenden kann eine Fülle verschiedener Erlebnisse zur Auswahl angeboten werden: zum Beispiel die „Südsee-Mall" mit exotischen Produkten aus der Südsee, mit Videoclips, mit Reiseinformationen, mit Informationen über Land und Leute. Oder denkbar wäre auch die „französische Mall" mit Spezialitäten wie Rotwein, Parfums, usw. und der Möglichkeit, einen virtuellen Spaziergang durch Paris zu machen, zum Beispiel durch die Einkaufsstraße Champs Elysées. Ohne Umbaumaßnahmen können Handel und Hersteller dem Konsumenten eine Fülle von Erlebniswelten präsentieren, zwischen denen der Konsument per Mausklick hin- und herspringen kann und die ihm ein Flanieren wie im stationären Handel ermöglichen und zu Impulskäufen anregen.

Ein weiterer Vorteil der neuen Medien ist die Möglichkeit der Umsetzung der Phantasien der Kunden in virtuelle Bilder. Kundenträume können virtuelle Realität werden. Beispiele: Man sieht sich selbst bei der virtuellen Probefahrt in dem farblich nach eigenem Geschmack zusammengestellten Auto den Highway No.1 entlangfahren. Oder: Frauen können sich bereits vor dem Kauf eines Abendkleides in dem Kleid sehen, und zwar nicht in der Umkleidekabine, sondern bereits auf dem Ball, in dem jeweiligen Ballsaal. Sie können so direkt abschätzen, wie sie in dem Abendkleid beim Tanzen aussehen und sehen sich in der Interaktion mit anderen Ballgästen.

Denkbar ist auch eine virtuelle Erlebniswelt, die mit uns interagiert, über 3D Schirme bzw. hochentwickelte Sensoren, die automatisch den Aufenthaltsort, die Position, die Haltung des Benutzers registrieren, ja sogar seine Blickrichtung und sein Mienenspiel. Auch die Forschung auf dem Gebiet „Erkennung zusammenhängender Rede" macht Fortschritte, so daß in Zukunft nicht nur passive virtuelle Erlebniswelten denkbar sind, sondern Erlebniswelten, die sich auf sprachliche Befehle hin verändern (vgl. Rheingold, 1995, S. 203 ff.), und so ein „Eintauchen" des Konsumenten in die Erlebniswelt erlauben.

Dies sind nur einige Beispiele, welche neuen Dimensionen der Erlebnisvermittlung sich in Zukunft zusätzlich eröffnen werden.

Für den Aufbau einer erfolgreichen Erlebniswelt in den neuen Medien genügt es allerdings nicht, nur die Printkampagne eins zu eins zu kopieren: Der Internetauftritt verlangt nach einem eigenen Gestaltungskonzept: An Beck's Stelle einfach ein Segelschiff und eine Bierflasche auf die Internetseite zu stellen, macht noch keinen gelungenen Internetauftritt aus. Wichtig ist ein Zusatznutzen, zum Beispiel ein interaktiver Teil, in dem sich Popvideos von Beck's Werbestar Joe Cocker („Sail Away") abspielen und Online-Diskussionen führen lassen (vgl. Reischauer/Peters, 1997, S. 169 ff.).

Auch im Internet muß der Grundsatz konsequenter Markenführung gelten, viele Unternehmen verschenken wertvolle Synergieeffekte, zum Beispiel West, die keinen Bezug zu ihrer Printkampagne erkennen lassen oder Adidas, dessen zentraler Markenwert, das Drei-Streifen-Signet, nicht genügend fokussiert wird. Positiv ist hingegen die Website von Milka, hier finden sich die Markensignale: Alpen, Milka-Kuh und die charakteristische Farbe Lila wieder.

In den neuen Medien sollte keine reine Werbung betrieben werden, sondern Markenwelten aufgebaut werden, in denen sich der Nutzer bewegen kann. Dazu wurde für Kraft ein ganzes Haus ins Netz gestellt. Besucher können durch die Räume streifen, eine Rezeptdatenbank nutzen oder in der Kraft-Wohngemeinschaft zusammen chatten. Im Internet muß die Markenbotschaft so interaktiv wie möglich transportiert werden. Die Faszination der Marken-Erlebniswelt muß sich auch im Netz entfalten.

Bernd Schmitt und Alexander Simonson

Marketing-Ästhetik für Marken[1]

---

[1] Bei diesem Beitrag handelt es sich um ausgewählte Auszüge aus Schmitt/Simonson (1998), Marketing-Ästhetik: Strategisches Management von Marken, Identity und Image, München: Econ Verlag. Der Herausgeber dankt dem Econ Verlag für die bereitwillige Freigabe des Copyright.

1. Ästhetik: Das neue Marketing-Paradigma

Ästhetik. Vom morgendlichen Erwachen bis zum Ende eines jeden Tages sehen, hören, schmecken, riechen und fühlen wir. Unser persönlicher Geschmack entscheidet darüber, in welchem Viertel wir wohnen, wie wir uns kleiden, welche Hausgeräte wir kaufen und welches Auto wir fahren.

Viele Manager und Marketingexperten haben jedoch vergessen, was Kunden einen Nutzen bringt, was Kunden wirklich zufriedenstellt und wonach sie sich sehnen. Statt dessen legen Unternehmen ihr gesamtes Augenmerk auf „Quality Function Deployment" und „aktivitätsorientiertes Rechnungswesen", auf „Business Process Reengineering" und „Kosteneinsparungen", auf die „Definition der Kernkompetenzen" und auf „strategische Planung". Geschäftsprozesse bieten Kunden keinen Nutzen. Auch Kernkompetenzen nicht. Selbst Marken an sich stellen keinen Nutzen bereit. Der Kundennutzen wird allein durch die Befriedigung von Bedürfnissen generiert. In einer Welt, in der die Grundbedürfnisse der meisten Konsumenten befriedigt sind, kann ein Nutzen dadurch angeboten werden, daß der Erfahrungs- und Erlebnishunger der Verbraucher gestillt wird und ihre ästhetischen Bedürfnisse somit befriedigt werden[2].

Ästhetik ist nicht esoterisch. Die Wichtigkeit von Ästhetik im Leben des Konsumenten bietet einem Unternehmen gute Möglichkeiten, den Kunden über eine Vielzahl sensorischer Erlebnisse anzusprechen. Da Ästhetik Kundenzufriedenheit und Kundenloyalität erzeugt, nutzt sie sowohl dem Kunden als auch dem Unternehmen. Diese Möglichkeiten beschränken sich nicht auf die Mode-, Kosmetik- oder Unterhaltungsbranche, die sich von Natur aus mit ästhetischen Produkten befassen. Ebensowenig sind sie auf exklusive, luxuriöse Erzeugnisse der oberen Preisklasse begrenzt. Jede Organisation aus jeder Branche mit jeder Klientel, ob mit oder ohne Erwerbscharakter, ob staatlich oder privat, ob Anbieter von Konsumgütern, Industriegütern oder Dienstleistungen, kann von dem Einsatz von Ästhetik profitieren.

---

2   Das Eingehen auf Verbraucherbedürfnisse stellt eine der Grundideen des Marketings dar. Im Laufe dieses Jahrhunderts haben Psychologen und Marketingexperten die genannten Bedürfnisse in verschiedene Kategorien eingeteilt (vgl. Murray et al., 1938; McClelland, 1951; Katona, 1962). Wie Maslow (1970) erklärt, sind Bedürfnisse in einer bestimmten Rangfolge angeordnet, die von Grundbedürfnissen (Überleben und Sicherheit) bis zu übergeordneten Bedürfnissen reicht. Laut Maslow zählen Erlebnisbedürfnisse und ästhetische Bedürfnisse zu den übergeordneten Bedürfnissen, die eine Person erst dann zu befriedigen versucht, wenn ihre Grundbedürfnisse erfüllt sind.

1.1 Absolut Vodka: Ästhetik mit dem richtigen Dreh[3]

Ende der 70er Jahre hätte niemand vermutet, daß der neue schwedische Importwodka in den USA binnen 10 Jahren zu einem der meistverkauften Wodkas avancieren würde. Eigentlich standen die Zeichen für Absolut schlecht. Zunächst einmal sah sich die Marke einem mächtigen Konkurrenten gegenüber, Stolichnaya aus Rußland, der in der Kategorie der Importwodkas einen Marktanteil von über 80 % besaß. Folgende Umstände kamen erschwerend hinzu: Der Markenname Absolut verfügte nicht über Kennzeichnungskraft; das Produkt kam aus einem Land, das nicht unbedingt als traditioneller Lieferant exzellenter Wodkas bekannt war, und die altmodische Flasche sah aus, als stamme sie aus dem Labor eines Alchimisten. So überrascht es nicht, daß eine Marktstudie vor der Einführung von Absolut warnte.

Innerhalb von 10 Jahren erfuhr der Absatz von Absolut in den USA jedoch ein explosionsartiges Wachstum: Statt 5000 Kisten wurden nun 2,5 Millionen Kisten im Jahr verkauft. Ende der 80er Jahre zog der schwedische Newcomer an Stolichnaya vorbei und avancierte mit einem Marktanteil von 60 % zum begehrtesten Importwodka. In der gesamten Produktgruppe „Wodka" rückte Absolut auf Platz Drei vor, übertroffen nur von den amerikanischen Wodkas Smirnoff und Popov.

Was sind die Gründe für Absoluts Erfolg? Die beschriebene Marketingleistung läßt sich mit keinem der üblicherweise herangezogenen Argumente wie Produktqualität, Vertriebseffizienz oder Kostenführerschaft erklären. Dennoch liegt dieser Erfolgsgeschichte kein Wunder und auch kein Geheimnis zugrunde. Absolut wußte, daß die herkömmlichen Komponenten einer erfolgreichen Marke nicht länger ausreichten, um ein Produkt von seinen Konkurrenten abzuheben. Es war die Bereitschaft zur gezielten Vermarktung von Ästhetik, die Absolut in seine beneidenswerte Marktposition hievte. Absoluts Erfolg ist das Resultat einer sorgfältig konzipierten Identitätskampagne, die die Marke wie folgt beschrieb: „clever, auffällig, frech, fortschrittlich, manchmal etwas übermütig, aber immer stilvoll". Diese Kampagne wandelte Absoluts Schwächen in Stärken um.

In der von Absolut verfolgten **Ästhetikstrategie** wurden das Wort „absolut" (der Markenname) und die unverwechselbare Flasche zum Mittelpunkt einer äußerst phantasievollen Werbekampagne. Absoluts Identität ist cool, fortschrittlich, gleichzeitig jedoch verspielt und frech. Das Produkt wird mit einer modernen, künstlerischen Szene in Verbindung gebracht, die jedoch nicht abgehoben oder arrogant ist. In Geschäften oder Regalen sticht die minimalistische, transparente Flasche mit dem langen, breiten Flaschenhals und den in gleichmäßigen Großbuchstaben auf dem Glas angebrachten Worten ABSOLUT VODKA ins Auge. Das in Silber und Blau gehaltene Verpackungsdesign von Absolut verstärkt das charakteristische Produktimage - rational, direkt und

---

3   Die Beschreibung dieses Falls beruht teilweise auf Material, das von Absoluts Werbeagentur TBWA/Chiat Day zur Verfügung gestellt wurde, sowie auf den folgenden Artikeln: Adelson, 1988; Frydman, 1990.

ausgereift. Neue Produktlinien wie Absolut Kurant, Absolut Peppar usw. werden mit kleineren Veränderungen des Erscheinungsbildes, wie zum Beispiel mit einer neuen Schriftfarbe, eingeführt. Als kontinuierliche Bezugspunkte dienen jedoch die unveränderliche Schlichtheit des auf der Flasche angebrachten Namens ABSOLUT, die minimalistische, transparente Flasche und die raffinierte Werbekampagne, die das Produkt mit einer modernen, kreativen und gehobenen Kultur in Verbindung bringt.

Eine typische Werbeanzeige von Absolut zeigt die unverkennbare Flasche über einem aus zwei Begriffen bestehenden Titel, der stets mit dem Wort „Absolut" beginnt. Das entscheidende Element dieser Ausführung ist die Plazierung der vertrauten Flasche in unerwarteten und sich ständig ändernden Umgebungen. In jeder Anzeige erhalten der gleichbleibend minimalistische Stil der Flasche und die Beschriftung einen überraschenden Anstrich - einen Dreh, der die stabilen visuellen Elemente umgibt und hervorhebt. „**Absolut Perfection**" zum Beispiel präsentiert die transparente Flasche als Schmuckstück, über dem ein Glorienschein schwebt (vgl. Abbildung 1). „**Absolut Original**" zeigt eine steinerne, mit Rissen durchsetzte Flasche, die aussieht, als sei sie soeben in einer vorgeschichtlichen Siedlung bei Ausgrabungen gefunden worden. „**Absolut L.A.**" präsentiert die Luftansicht eines Schwimmbads, das die Form einer Absolut-Flasche hat.

Absolut beschränkt seine Werbemaßnahmen auf Druckanzeigen. Allerdings geht Absolut hier anders vor als andere nationale Marken, indem es seine Anzeigen nicht nur in den bekannten Magazinen, sondern auch in unkonventionellen, trendsetzenden Zeitschriften schaltet, von denen die meisten Mediaplaner vermutlich nie gehört haben: Bomb, Details, Paper. Außerdem strotzt die Absolut-Kampagne von ungewöhnlichen Werbetaktiken, die das ästhetische Image der Marke als Teil einer im oberen Marktsegment angesiedelten Kultur verstärken. Die Künstler Andy Warhol und Keith Haring leisteten ihren Beitrag zu der Kampagne, indem sie künstlerische Darstellungen der Flasche schufen, die von ihrem leicht erkennbaren visuellen Stil gekennzeichnet waren. Bekannte Modedesigner werden mit dem Entwurf von Kleidern beauftragt, die dann in Absoluts Druckanzeigen von Top-Models vorgeführt werden. Außerdem wird das Image dadurch gefördert, daß der Name Absolut mit einigen unbekannteren Kulturveranstaltungen verknüpft wird. Diese tragen Titel, die der „Zwei Worte"-Werbekampagne entsprechen, so zum Beispiel eine Reihe neu-klassischer Werke namens „**Absolut Concerto**", der Schreibwettbewerb „**Absolut Story**" von Esquire und Ausstellungen im Museum of American Folk Art in New York City.

Darüber hinaus greift Absolut auf identitätsfördernde Strategien zurück, die sein ästhetisches Image aus den Druckmedien hinausheben und in reale Lebenssituationen übertragen. Diese Initiative erweckt die ästhetischen Elemente der Druckkampagne zum Leben; die vertraute Absolut-Flasche, der Name und der Titel werden in einer unerwarteten Umgebung präsentiert. Der Absolut-Lkw, der die Straßen von Manhattan und San Francisco durchkreuzt, transportiert zum Beispiel die riesige Reproduktion einer Absolut-Flasche, die auf einem Bett aus Kunsteis ruht. Plakate werden in der Nähe natürlicher Umgebungen aufgestellt, die in die entsprechende Werbung integriert sind. Ein besonders augenfälliges Exemplar könnte in Dallas bewundert werden, wo Wasser

vielleicht ein wichtigeres Wirtschaftsgut darstellt als Öl. Das Plakat, das in der Mitte von
einem Wasserfall geteilt wurde, trug den Text: **„Absolut on the rocks"**.

Abbildung 1:   Werbung von Absolut Vodka

Mit ihrer Ästhetikstrategie hat die Werbekampagne von Absolut das Spirituosen-Mar-
keting revolutioniert. Daß die Kampagne ein wünschenswertes visuelles Image kreiert
hat, zeigt sich auch darin, daß einzelne Komponenten (Anzeigen, Promotion-Material
und die Flasche) mittlerweile zu Sammlerstücken geworden sind. Um die Verbindung
zur Kunstszene zu untermauern, werden einige dieser Elemente sogar in „limitierter
Auflage" herausgegeben. Richard Lewis beschreibt in seinem 1996 erschienenen Buch
„Absolut Book" die Kampagne von ihren Anfängen bis zur Gegenwart. Dieser Werbe-
feldzug wurde von der Konkurrenz, einschließlich Stolichnaya, schamlos kopiert. Sie
mußte auch für Produkte herhalten, die nicht in die Sparte der Spirituosen fallen. Dennoch wirkt die Werbekampagne von Absolut auch über 15 Jahre nach ihrer Einführung
noch so frisch und originell wie eh und je.

1.2 Ästhetik als Differentiator

Bei Absolut Vodka, wie auch bei GAP, Inc. und Cathay Pacific Airways handelt es sich um Unternehmen, deren Produkte ihren Kunden multiple Vorteile bieten. Absolut erzielt in Blindtests mit Wodka-Trinkern beeindruckende Ergebnisse. GAP, Inc. offeriert in seinen verschiedenen Geschäften über vielfältige Produktlinien qualitativ hochwertige Freizeitkleidung. Cathay Pacific ist für seine exzellenten Betriebsabläufe, sein solides Finanzmanagement und seinen aufmerksamen Kundenservice bekannt.

Dennoch können die Produkt- und Servicequalität, eine überlegene Verarbeitungsqualität und Technik oder herausragende Betriebsabläufe und ein gesundes Finanzmanagement nicht erklären, warum diese Produkte und Firmen auf den wettbewerbsintensiven Märkten von heute derartige Erfolge verbuchen. Die Fokussierung von Kernkompetenzen, Qualität und Kundennutzen hätte allein nicht ausgereicht, um eine unwiderstehliche Anziehung (Appeal) zu erzeugen. Es ist den genannten Unternehmen gelungen, sich mit Hilfe ästhetischer Merkmale von ihren Mitbewerbern abzuheben und beim Kunden positive Gesamteindrücke zu generieren, welche ihre facettenreichen Unternehmens- oder Markenpersönlichkeiten darstellen.

Absolut, wie auch GAP, Inc. und Cathay Pacific stehen mit ihrer Strategie nicht allein da. Auch andere Unternehmen konnten dank des Einsatzes von Ästhetik Wettbewerbsvorteile erringen. Starbucks begann 1987 als Café (Coffee Store) in Seattle. Zehn Jahre später betreibt das Unternehmen Hunderte von Coffee Stores in den Vereinigten Staaten, erwirtschaftet Gewinne von über 450 Millionen US-Dollar, kann sein Produktsortiment auf Eiscreme, Bücher und CDs ausdehnen, vertreibt seine Produkte in Flugzeugen und Supermärkten und ist nun auch in den japanischen Markt vorgedrungen. Ein Schlüsselfaktor für den Erfolg von Starbucks ist die systematische Planung eines einheitlichen ästhetischen Stils, der sich durch alle Unternehmensaktivitäten zieht.

Denken Sie einmal an Nike, das Reebok, Adidas und andere Turnschuh-Hersteller hinter sich gelassen hat. Die neueste Initiative des Unternehmens besteht in seinen gigantischen Einzelhandelsflächen namens „Nike Town". Bei diesen High-Tech-Stores, die in ganz Amerika zu finden sind, handelt es sich um Erlebniswelten, nicht nur um Verkaufsflächen. Das Nike-Logo (der Swoosh) prangt auf Sportschuhen und Kleidung, ziert Türgriffe und Treppengeländer. Auf diese Weise pusht Nike Town das Unternehmen durch Ästhetik und fördert den emotionalen Kontakt zum Kunden.

Was an Firmen wie Starbucks und Nike am meisten beeindruckt, ist ihre Erscheinung auf reifen Märkten. Die Erfolge beider Unternehmen basieren auf den folgenden Verhaltensweisen: Sie haben neue Wege beschritten; sie haben das traditionelle Marketing ihren Konkurrenten überlassen und durch das Angebot ästhetischer Erlebnisse einen hohen Differenzierungsgrad erzielt.

Ästhetik ist auch für Hersteller von Industriegütern relevant. Ebenso wie andere Unternehmen generieren Industriefirmen ihr Kundenimage nicht nur durch Produkte, sondern auch durch Verpackungen, Broschüren, Lieferwagen, Händlerwerbung usw. Unterschiede zwischen Spitzenunternehmen und weniger erfolgreichen Akteuren sind auf den ersten Blick zu erkennen. Dies gilt nicht nur für den Maschinenpark oder die Organisation der Arbeitsabläufe, sondern auch für die Gesamterscheinung der Fabrikhallen, für die Beleuchtung, die Arbeitskleidung, die Geräuschkulisse - kurzum, für die Ästhetik des Werks.

Traditionelle Unternehmen verkaufen Produkte wie zum Beispiel ein Steak. Es war jedoch schon immer so, daß gute Anbieter und vor allem die markt- und kundenorientierten Unternehmen von heute den wahrgenommenen Nutzen des Produkts fokussierten - „sie verkaufen auch das Brutzeln". Anfang der 80er Jahre erörterten Konsumforscher den „hedonistischen" oder „erlebnisorientierten" Ansatz (vgl. z. B. Holbrook/Hirschman, 1982). Die führenden Player von heute und die flexiblen Firmen von morgen verkaufen Erlebnisse - „sie verkaufen das Erlebnis, ein Steak zu essen". Jedes gute Steakhouse weiß, daß es dem Kunden nicht nur ein gutes Steak vorsetzen, sondern ihm auch ein stimmiges sensorisches Erlebnis anbieten muß: wohlgeformte Steakmesser, eine dunkle Holzdekoration, gedämpfte Beleuchtung usw.

1.3   Paradigmenwechsel: Vom Branding zur Ästhetik

Marken erzeugen ein bestimmtes Image. Sie schenken uns die Sicherheit, Qualität zu erwerben. Sie bieten Komplettlösungen an. Branding geht über einzelne Produktelemente (wie Eigenschaften und ihr Nutzenangebot) hinaus und betrachtet das Produkt als Ganzes. Wie Aaker (1991 und 1996 b) ausführt, stellen Marken durch ihre Namen und durch Assoziationen, welche die nutzenorientierten Merkmale eines Produkts verstärken oder abschwächen, langfristige Werte bereit.

Das Konzept des Branding und des Markenmanagements reicht bis in die 30er Jahre zurück, als es von Herstellern abgepackter Konsumgüter wie Procter & Gamble erfunden wurde. Nachdem das Branding im Laufe des Jahrhunderts Höhen und Tiefen durchlebt hatte, stürzten sich Manager Ende der 80er Jahre und zu Beginn der 90er Jahre auf folgende Konzepte: „Markenwert", „Markenerweiterungen", „Markenimage", „Cobranding", „Konzept-Branding", „Markenwiedererkennung", „Markenbekanntheit" oder „Markenassoziationen"[4].

Zu jener Zeit hatte die entsprechende Literatur durchaus ihren Sinn. Sie erinnerte technologisch ausgerichtete Manager daran, daß Verbraucher ihre Kaufentscheidungen nicht

---

4   Hier sind die folgenden wichtigen Werke zu nennen: Aaker, 1996 b; Aaker, 1991; Kapferer, 1993; Pettis, 1995. Es sei auch auf folgende aufschlußreiche Artikel verwiesen: Tauber, 1988; Wernerfelt, 1988; Aaker/Keller, 1990; Park et al., 1991; Farquhar, 1989; Keller/Aaker, 1992; Boush/Locken, 1991. Zudem haben wir zu diesem Thema an den folgenden Artikeln mitgewirkt: Schmitt/Shultz, 1995; Leclerc et al., 1994; Sheinin/Schmitt, 1994.

anhand der komplexen Kosten-Nutzen-Analysen fällen, die den Analysemodellen der Manager zugrunde lagen. Die einschlägige Literatur legte Marketingmanagern nahe, in den Markenaufbau, d. h. in Werbung und Kommunikation zu investieren und Preisnachlässe nur als letztes Mittel einzusetzen. Außerdem empfahl sie Produktmanagern, die stets auf kurzfristige Finanzziele fixiert waren, auch den langfristigen Wert ihrer Marken zu berücksichtigen.

Die Branding-Befürworter hoben ferner die **Bedeutung von Symbolen** hervor. Wie Markenexperte David Aaker schreibt, „kann ein starkes Symbol einer Identität Zusammenhang und Struktur verleihen und somit wesentlich dazu beitragen, Wiedererkennung und Erinnerung zu erzielen. Die Präsenz eines Symbols kann ein Schlüsselelement für die Markenentwicklung darstellen, während sein Fehlen ein erhebliches Handicap ausmachen kann. Wenn Symbole zu einem integralen Bestandteil der Identität erhoben werden, offenbart sich ihre potentielle Kraft" (Aaker, 1996 b).

Folgende Fragen wurden in der Branding-Phase jedoch außer acht gelassen: Wie wird ein Symbol strategisch geschaffen? Auf welche Weise erzielt eine Marke ihre Wirkung? Wie vermittelt sie eine Positionierung? Wie stellt sie einen materiellen, konkreten Wert bereit? Wie muß das Markenmanagement im Firmenalltag aussehen? Die Literatur zum Thema Marken befaßt sich mit der Entwicklung von Namen, mit Assoziationen und allgemeinen strategischen Marketingfragen nicht jedoch mit der Vielzahl potentieller sensorischer Elemente, die gemeinsam eine Markenidentität erzeugen.

Wichtiger ist in diesem Zusammenhang, daß Branding nur einer von vielen Bestandteilen für das Management von Identitäten und Marken ist. Bei der Markenbearbeitung liegt der Schwerpunkt oftmals nur auf einzelnen Marken, anstatt weitergehende Themen wie die Bildung einer Corporate Identity und von Multimarken-Identitäten zu berücksichtigen.

Obwohl Branding zu einem integralen Element der Marketingplanung geworden ist, fehlt ihm in einer von immer ausgefeilteren Kommunikationsmedien geprägten Welt die Kraft, nachhaltige Appelle an Kunden auszusenden. Neue Medien und Technologien wie Multimedia, das Internet und virtuelle Realität schaffen ungeahnte Möglichkeiten, um Kunden anzulocken und ihnen befriedigende Kombinationen von Text, Bildern, Videos und Ton, Tastgefühl und Gerüchen anzubieten. In einer Welt unablässiger, intensiver Kommunikationsflüsse, die auf zahlreichen Medien und interaktiven und sensorisch orientierten Multimedia-Werkzeugen beruhen, reichen Produkteigenschaften und Produktnutzen, Markennamen und Markenassoziationen nicht mehr aus, um Aufmerksamkeit zu wecken und Kunden anzuziehen. Unternehmen, die Kunden dauerhaft an sich binden, offerieren ihnen denkwürdige sensorische Erlebnisse, die mit der Positionierung der Firma, des Produkts oder des Kundendienstes in Einklang stehen. Aus all diesen Gründen verliert das Konzept des Branding an Vitalität und wird vom Marketing sensorischer Erfahrungen abgelöst, d. h. vom Marketing der Ästhetik.

1.4 Bereiche der Marketing-Ästhetik

Wir haben den Ausdruck Marketing-Ästhetik geprägt, um auf das Marketing von sensorischen Erlebnissen durch Unternehmens- oder Markenoutput zu verweisen, der zur
Unternehmens- oder Markenidentität beiträgt. Heutige Umgebungen sind multimedial,
multisensorisch, digital und nutzen viele Kanäle. Kommunikation, Transport, Produkte
und Dienste nehmen globale Züge an. Weltweit leben mehr Menschen als je zuvor in
Städten, und Lifestyles und Präferenzen von Konsumenten - vor allem von jungen Menschen - sind intensiv, kurzlebig und einem steten, raschen Wandel unterworfen. Derartige Umgebungen bieten ideale Voraussetzungen für die Marketing-Ästhetik.

Marketing-Ästhetik fußt auf drei verschiedenen Bereichen (vgl. Abbildung 2):

1. Produktdesign,
2. Kommunikationsforschung und
3. räumliche Gestaltung.

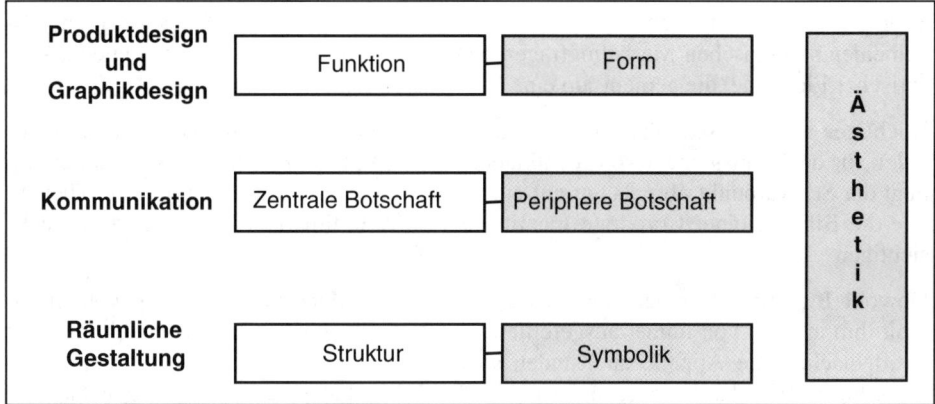

Abbildung 2:   Bereiche der Marketing-Ästhetik

Jedes dieser Felder kennzeichnet sich durch Dichotomien (Zweiteilungen). Im Produktdesign und Graphikdesign wird zwischen Funktion und Form unterschieden. Diese aus
der Bauhaus-Bewegung stammende Dichotomie hat sich zu einem weitverbreiteten Un-
terscheidungsmerkmal entwickelt. **Funktion** bezieht sich auf den Nutzen oder die
zweckorientierten Eigenschaften eines Produkts oder einer Dienstleistung, während mit
Form die Verpackung des Produkts oder Dienstes angesprochen wird. In der Kommunikationsforschung wird zum Thema Überzeugung zwischen zwei verschiedenen Arten
von Botschaften differenziert: der zentralen Botschaft und der peripheren Botschaft. **Die
zentrale Botschaft** bezieht sich auf die wichtigsten überzeugenden Punkte oder Argu-

mente, die **periphere Botschaft** hingegen auf alle Randelemente, die nicht als Hauptreiz bestimmt sind. Hierbei handelt es sich typischerweise um die „Verpackung" der Botschaft, also zum Beispiel um die Attraktivität des Kommunikators, die Farbe des Raums, in dem die Botschaft übermittelt wird, oder die Musik, die die Präsentation untermalt.

In der räumlichen Gestaltung wird zwischen Struktur und Symbolik unterschieden. Dabei hängt **Struktur** generell damit zusammen, wie Menschen auf einer praktischen Ebene mit ihrer Umgebung interagieren: Wie viele Stockwerke hat ein Gebäude, wie viele Aufzüge, wie wird der Verkehr gestaltet usw. Diese Fragen fallen weitgehend in die Domäne des Architekten. **Symbolik**, auf der anderen Seite, bezieht sich auf die nichtfunktionellen, erlebnisorientierten Aspekte des Raums.

Marketing-Ästhetik durchschneidet die verschiedenen Bereiche, und in ihre Gestaltung sind Experten aus all den genannten Sektoren eingebunden. Dabei faßt Marketing-Ästhetik jeweils einen Pol der oben beschriebenen Dichotomien ins Auge. Wie in Abbildung 2 gezeigt wird, befaßt sie sich mit Form, mit peripheren Botschaften und mit Symbolik. Funktion, zentrale Botschaften und Struktur wirken dagegen nicht auf Marketing-Ästhetik ein.

1.5   Vorteile der Marketing-Ästhetik

Warum argumentieren wir, daß Ästhetik so wichtig ist? Ästhetik bietet einer Organisation zahlreiche, starke, konkrete und materielle Vorteile (vgl. Abbildung 3):

Ästhetik schafft Loyalität

Die Ästhetik zählt in den Erlebniswelten der Verbraucher zu den essentiellen Befriedigungsfaktoren. Wenn Produkte oder Dienste hinsichtlich ihrer charakteristischen Attribute als ähnlich wahrgenommen werden, avancieren immaterielle Werte wie Erlebnisse zu den grundlegenden Verkaufsvorteilen. Wie wir gesehen haben, ist es Absolut gelungen, den Verbrauchern ein unverwechselbares Produkt anzubieten, das sich hinsichtlich seiner Merkmale praktisch nicht von den Konkurrenzprodukten unterscheidet. Ralph Lauren vertreibt Farben unter Namen wie „Candlelight Silver", „Buffalo Creek", „Nantucket Yellow" oder „Workshirt Blue", um seine Ware vom Wettbewerb abzuheben.

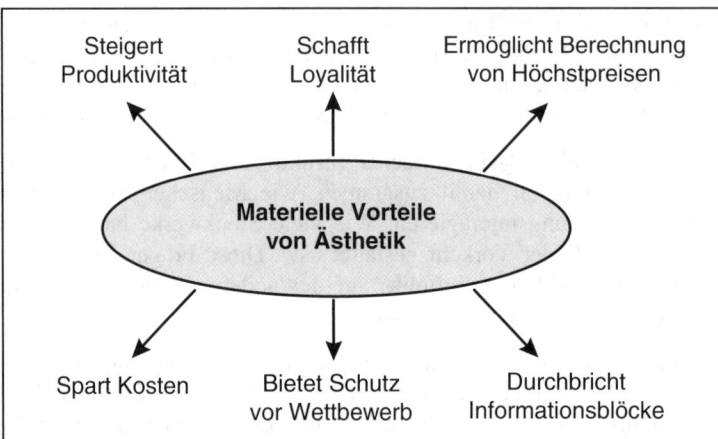

Abbildung 3:   Materielle Vorteile von Ästhetik

Ästhetik ermöglicht Berechnung von Höchstpreisen

Warum kann Nike für ein Paar Turnschuhe 150 US-$ oder Starbucks für eine Tasse Eiskaffee 3 US-$ verlangen? Diese Frage wird von Managern, Dozenten an Business Schools und anderen Marketing-Profis damit beantwortet, daß die entsprechenden Firmen über starke, allseits respektierte Marken mit hohem Wiedererkennungsgrad verfügen, „sie besitzen einen Markenwert". Was hat es mit ihren Marken jedoch genau auf sich, daß die genannten Unternehmen für ihre Produkte höhere Preise fordern können als die Konkurrenz? Die Antwort liegt in der einzigartigen Ästhetik, die diese Marken umgibt: Nikes leistungsbezogene Ästhetik und Starbucks Café-Atmosphäre. Wenn Ihr Unternehmen oder Produkt besondere Erfahrungen anbietet, die von Kunden gesehen, gehört, berührt und empfunden werden, so schaffen Sie einen Mehrwert, den Sie auch in Rechnung stellen können. Folglich ermöglicht eine aus ästhetischer Sicht attraktive Identität die Berechnung von Höchstpreisen.

Ästhetik durchbricht Informationsblöcke

In unserer Umwelt ist eine zunehmende Überfrachtung mit Botschaften festzustellen. Konsumenten können aus unzähligen Fernsehprogrammen auswählen, werden Tag für Tag mit Logos und Mitteilungen bombardiert und können mittels elektronischer Medien auf Millionen von Stimuli zugreifen. Eine attraktive Ästhetik kann diese Informationsblöcke jedoch durchbrechen, sie schöpft das Potential eines jeden Mediums voll aus. Ästhetik beruht auf einer unterscheidungskräftigen Symbolik, die das Unternehmen kennzeichnet und auf das Unternehmen verweist. Verschiedene Formen der Wiederholung erhöhen die Wahrscheinlichkeit, daß Kunden diese visuellen Kennzeichen im Gedächtnis behalten, die entsprechenden Produkte somit leichter wiedererkennen und am POS auswählen. Eine starke Identität erzielt bei gleichem Werbemittelkontakt eine größere Kommunikationswirkung, oder sie ruft diese Werbewirkung mit einer geringeren Zahl von Kontakten hervor. Auf diese Weise werden Kosteneinsparungen realisiert, d. h. mit einem geringeren Aufwand wird eine größere Wirkung erzielt.

Ästhetik bietet Schutz vor Angriffen der Mitbewerber

Markennamen und Logos dürfen nicht kopiert werden. Firmen können sich mit rechtlichen und technischen Mitteln gegen entsprechende Plagiate zur Wehr setzen. Je stärker die Ästhetik ausgeprägt ist und je mehr sie sich in Identitätskomponenten manifestiert, desto leichter kann sie geschützt werden. Es ist unvorstellbar, daß ein Mitbewerber die Gesamtheit der sensorischen Elemente und der Ästhetik eines erfolgreichen Unternehmens kopieren könnte.

Ästhetik kann Kosten einsparen und Produktivität steigern

Wenn die ästhetischen Richtlinien eines Unternehmens einmal feststehen, benötigen Mitarbeiter und externe Firmen weniger Zeit für die Kreation neuer Layouts und Botschaften. Das visuelle System stellt Strukturen und Leitlinien bereit. Darüber hinaus weisen Werbeanzeigen, Etiketten und Verkaufsförderungsmaterial oftmals konstante Bestandteile auf und müssen daher nicht für jede neue Kampagne neu gestaltet werden. Ferner gibt eine attraktive Ästhetik einem Unternehmen ein effektives internes Marketingwerkzeug an die Hand. Sie lockt Top-Werbekräfte an, was für die Eroberung ausländischer Märkte von grundlegender Bedeutung ist. Ästhetik motiviert Ihr Personal - und sie verschönert den Arbeitsplatz.

2.   Stile im Rahmen der Marketing-Ästhetik

2.1   Elemente des Stils

Wenn wir von einem **Stil** sprechen, meinen wir eine charakteristische Eigenschaft oder Form, eine Ausdrucksweise. Der Kunsthistoriker Meyer Shapiro definiert Stil als „die konstante Form und manchmal die konstanten Elemente und der Ausdruck - in der Kunst einer Einzelperson oder einer Gruppe" (Shapiro, 1953). Das Konzept des Stils wird in zahlreichen Disziplinen eingesetzt, von der Kunstgeschichte und Literatur bis hin zu Mode und Design.

Stile üben für Unternehmen einige wichtige Funktionen aus. Sie schaffen Markenbekanntheit. Sie rufen intellektuelle und emotionale Assoziationen hervor. Sie heben Produkte und Dienste von der Konkurrenz ab. Sie helfen Verbrauchern, Produkte und

Dienste nach Zusammengehörigkeiten zu kategorisieren. Sie tragen dazu bei, Produkt-variationen aus bestimmten Sortimenten in Untergruppen einzuteilen. Sie ermöglichen die Feinabstimmung des Marketingmix über verschiedene Zielmärkte. Was die Gesell-schaft betrifft, so verschönert Stil unsere Umgebungen, er markiert Vergnügungs- und Entspannungsbereiche, baut Streß ab und fördert das gesellschaftliche Zusammenleben. Eine der vorrangigen Aufgaben des Identitätsmanagements durch Ästhetik liegt darin, das Unternehmen und seine Marken mit einem bestimmten Stil zu verbinden.

Stile setzen sich aus Grundelementen zusammen, nach denen sie analysiert werden kön-nen. Farbe, Form, Linie und Muster bilden die Schlüsselelemente eines visuellen Stils (vgl. Abbildung 4). Lautstärke, Tonhöhe und Metrik stellen einige Elemente von akusti-schem Stil dar. Kaufen und Konsumieren sind multisensorische Erfahrungen. Im Einzel-handel zum Beispiel müssen Grundelemente wie Töne oder Gerüche organisiert werden. Hintergrundmusik und Geräusche, Düfte und Geschmack, Materialien und Texturen umgeben und beeinflussen den Verbraucher, wann immer er ein Kaufhaus, ein Lebens-mittelgeschäft oder eine Boutique betritt.

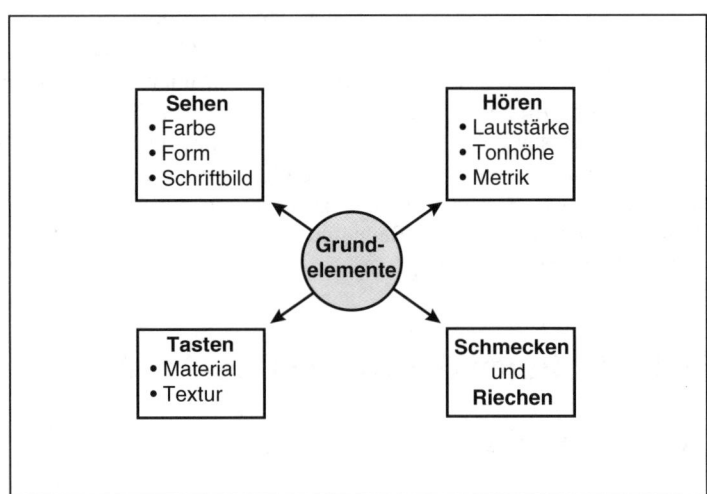

Abbildung 4:   Grundelemente des Stils

Die **vorherrschenden Stilelemente** der Marketing-Ästhetik sind **visueller Natur**. Aristoteles Grundsatz, daß „jede Wahrnehmung mit dem Auge beginnt", trifft vor allem auf Unternehmens- und Markenidentitäten zu. Wie psychologische Forschungen gezeigt haben, verfügen Menschen über ein exzellentes Bildgedächtnis. Verglichen mit Worten sind Bilder extrem diskriminationsfähig und bleiben daher über einen langen Zeitraum im Gedächtnis.

An dieser Stelle verweisen wir auf die Ergebnisse eines Experiments von Erdelyi und Kleinbard (1978), das sich mit dem visuellen Gedächtnis beschäftigte. Die genannten Forscher zeigten Versuchspersonen 60 Bilder mit bekannten Objekten oder 60 Bilder mit den Namen der Objekte. Die Testpersonen wurden aufgefordert, sich bis zu sieben Tage nach dem Experiment immer wieder an die Worte und Bilder zu erinnern. Interessanterweise blieb die durchschnittliche Erinnerung an die Wörter nach einer Stunde konstant. Die Testpersonen erinnerten sich nicht immer an dieselben Wörter, und zuvor abgerufene Wörter konnten mit der Zeit wieder vergessen werden. Als die Gegenstände jedoch als Bilder präsentiert wurden, erhöhte sich die Durchschnittserinnerung um bis zu vier Tage.

Der beschriebene Effekt wurde darauf zurückgeführt, daß Bilder verglichen mit Wörtern einen höheren Diskriminierungsgrad aufweisen. Bilder sind komplexe Stimuli die ständig neue Schlüsselreize bieten. Sie sind in hohem Maße charakteristisch und können daher relativ leicht abgerufen werden.

2.2 Dimensionen des Stils

Manager können ihren Beitrag zur Neuschaffung oder Änderung eines Stils optimieren, wenn sie ein Design anhand der wesentlichen stilistischen Dimensionen beurteilen können.

Um die Jahrhundertwende unterschied Heinrich Wölfflin, einer der renommiertesten Kunstkritiker der Geschichte, zwischen zwei allgemeinen entgegengesetzten ästhetischen Stilen: Klassik und Barock. Laut Wölfflin bilden diese beiden Stilrichtungen die grundlegenden Kategorien für die Interpretation der Struktur von künstlerischen Formen. Darunter fallen seiner Ansicht nach nicht nur Kunstwerke, sondern alles, was „mit künstlerischen und ausdrucksbetonten Zielen hergestellt wird". Fünf Eigenschaftspaare unterscheiden den klassischen vom barocken Stil: das Lineare und das Malerische; die geschlossene Form und die offene Form; die Vorliebe für Tiefe und die Vorliebe für Fläche; die Vorliebe für Einheit und die Vorliebe für Vielheit; Klarheit und Unklarheit. Diese frühe ästhetische Kategorisierung kann Managern auch heute noch nützliche Dienste leisten. Jedes Unternehmenselement, sei es ein Name, ein Logo, eine Uniform, eine Produktverpackung, eine Werbung oder ein Gebäude, kann anhand dieses einfachen Gegensatzpaares (klassisch oder barock) analysiert werden. Folglich kann ein Bezug zwischen verschiedenen Elementen hergestellt werden, und man kann die Einheitlichkeit einer Sammlung von Elementen prüfen.

Für die Definition von stilistischen Elementen gehen wir über Wölfflins weitgefaßte Kategorisierung hinaus. Manager können stilistische Komponenten, die nicht mit dem angestrebten Stil harmonieren, isolieren und anpassen. Für die stilbezogene Beurteilung einer Unternehmens- oder Markenidentität unterscheiden wir zwischen vier Wahrnehmungsdimensionen (vgl. Abbildung 5):

1. Komplexität („Minimalismus" versus „Ornamentalismus"),
2. Darstellung („Realismus" versus „Abstraktion"),
3. wahrgenommene Bewegung („dynamisch" versus „statisch") und
4. Kraft („laut/stark" versus „sanft/schwach").

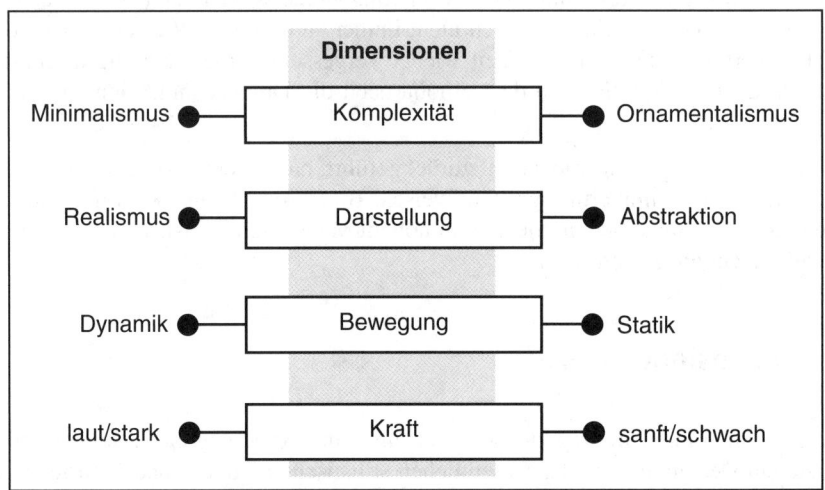

Abbildung 5:   Stildimensionen und ihre Ausprägungen

3.   Themen im Rahmen der Marketing-Ästhetik

Ein Stil allein reicht jedoch nicht aus, um eine Identität auszudrücken. Ein Stil ohne Inhalt ist l'art pour l'art. Um Wirkungen zu erzielen, muß ein Stil mit Themen kombiniert
werden, die das private Selbst eines Unternehmens oder einer Marke treffend und direkt
zum Ausdruck bringen. In diesem Kapitel erörtern wir Themen im Kontext einer Unter-
nehmens- und Markenidentität. **Themen** verweisen auf den Inhalt, die Bedeutung und
das projizierte Image einer Identität. Firmen- und Markenthemen sind kulturelle Zeichen
und Symbole, die von Designern, Werbefachleuten, Architekten und anderen Identitäts-
schöpfern geschaffen werden, um die Charakteristika eines Unternehmens und seiner
Marken zum Ausdruck zu bringen.

3.1 Anforderung an die Gestaltung von Themen

Organisationen verwenden Themen, um geistige Orientierungspunkte und Bezugspunkte bereitzustellen. Diese Bezugspunkte ermöglichen es dem Konsumenten, ein Unternehmen in einen größeren Zusammenhang zu setzen und seine Position zu bestimmen. Themen können am treffendsten ausgedrückt werden, wenn sie

■ als prototypische Ausdrücke der Schlüsselwerte oder Mission eines Unternehmens genutzt werden,
■ über einen langen Zeitraum wiederholt und angepaßt werden und
■ in ein System zusammenhängender Ideen hineinentwickelt werden.

Nutzung von Themen als prototypische Images

Themen besitzen prototypischen Inhalt. Psychologen definieren einen Prototyp als „ein hypothetisches, höchst typisches Beispiel für eine Kategorie". Im Kern eines Prototyps liegen bestimmte Merkmale und Charakteristika. Gleichzeitig stellen Prototypen Idealisierungen der Realität dar und nicht die Wirklichkeit selbst.

Denken Sie an das thematische Image von Betty Crocker, das General Mills seit über 75 Jahren in seiner Werbung einsetzt. Von ihrem Gesicht wird gesagt, daß es das bekannteste und berühmteste Gesicht in amerikanischen Lebensmittelläden sei, „ein Musterbild des weißen, durchschnittlichen Amerika: eine fröhliche Hausfrau mit blauen Augen, samtiger Haut und Gesichtszügen von June Cleaver" (Mutter in einer amerikanischen TV-Familienserie). Betty Crocker ist ein fiktiver Charakter, der 1936 in einem Porträt des New Yorker Künstlers Neysa McMein zum ersten Mal dargestellt wurde. McMein fügte die Merkmale verschiedener Frauen zu einem „mütterlichen Image" zusammen. Bei Bettys letzter „Überholung" im Jahr 1996 setzte General Mills ein ähnliches Verfahren ein. Die Gesichter von 75 echten Frauen wurden ausgewählt und dann digital zu einem Prototyp von Betty Crocker zusammengefügt (vgl. Abbildung 7). „Betty Crocker hat immer die Gesichter der Konsumenten widergespiegelt", wird ein Marketing Manager von General Mills zitiert. „Wir setzen Computerbilder ein, um Gesichter von Verbrauchern aus ganz Amerika zu reflektieren" (Quick, 1995). In einer 1989 von Donnelley Marketing Inc. durchgeführten Umfrage rangierte Betty Crocker unter den 25-49jährigen und 50-64jährigen auf dem ersten Platz der vertrauenswürdigsten „Unterstützer" eines Produkts. Damit ließ sie selbst reale potentielle Unterstützer wie Walter Cronkite, Bill Cosby oder Bob Hope hinter sich.

Amerikanische Supermärkte stecken voller prototypischer Images. Neben Betty Crocker treffen wir unter anderem auf Aunt Jemima, Uncle Bens und den Pillsbury Dough Boy.

Einige prototypische Images basieren auf echten Personen. Im Laufe der Zeit haben sich diese realen Personen (z. B. Firmengründer) zu Synonymen für einen bestimmten Personentyp entwickelt (z. B. für den selbständigen Entrepreneur) und werden eher als

Prototypen denn als Individuen wahrgenommen. Mary Kay (von Mary Kay Cosmetics), Lillian Vernon (von dem erfolgreichen Anbieter von Wohnaccessoires), Richard Branson (von Virgin), Bill Gates und Donald Trump kommen einem in diesem Zusammenhang in den Sinn. In der Modebranche ist Coco Chanel in CHANEL´s Identität sehr präsent. In der Softwarebranche befindet sich Dr. Norton (Norton Antivirus Software) auf dem besten Wege, sich ebenfalls zu einem ähnlichen Prototyp zu entwickeln - vor allem seit er uns jedesmal mit seinem Konterfei erfreut, wenn seine Antivirus-Software auf unserem Computer aktiviert wird.

Von der CI-Beratungsagentur Gerstman & Meyers durchgeführte Forschungen haben zutage gefördert, daß die Figur des Sir Thomas Lipton (Gründer der Thomas Lipton Tea Company) ein hohes Ansehen genießt. Infolge dieser Erkenntnis ist auf der neuen Verpackung für Lipton Tea neben seiner Unterschrift nun ein größeres Bild von Sir Thomas aufgedruckt.

Strategisch betrachtet hat der Einsatz eines prototypischen Charakters zur Repräsentation eines Unternehmens und/oder seiner Produkte erhebliche Vorteile gegenüber der Verpflichtung realer Konsumenten oder bekannter Personen. Der Prototyp ist ein artgemäßes Symbol und besitzt somit eine größere Anziehungskraft und ein größeres Identifizierungspotential für Verbraucher als ein realer Mensch. Außerdem lebt der Prototyp die thematische Figur nicht wirklich und nimmt daher keine realen Handlungen vor. Er ist eine Märchengestalt, ein Mythos, der keiner öffentlichen Prüfung unterliegt, wie es bei einem realen Fürsprecher unweigerlich der Fall ist. Ein äußerst anschauliches Beispiel für die Risiken, die mit dem Einsatz realer Fürsprecher verbunden sind, bietet Rent-a-Car von Hertz. Das Unternehmen arbeitete in der Werbung über einen langen Zeitraum mit O. J. Simpson und wurde durch dessen Mordprozeß in eine wenig beneidenswerte Lage versetzt.

Wiederholung und Anpassung von Themen

Themen müssen wiederholt werden, um sich in den Köpfen der Verbraucher einzuprägen. Oft wiederholte prototypische Ausdrücke können sich schnell in die Erinnerung der Konsumenten eingraben. Die Theorie der Aktivierungsausbreitung ist die führende Gedächtnistheorie in der psychologischen Verhaltensforschung und in der Konsumentenforschung. Diese Theorie betrachtet Konzepte als Knoten eines Netzes von Assoziationen, wobei unterschiedlich starke Assoziationen durch Pfade repräsentiert werden. Das Modell besagt folgendes: Wenn eine Person über ein Konzept nachdenkt, aktiviert dieser Gedanke einen bestimmten Knoten des Netzes, der wiederum einen anderen Knoten aktiviert. Durch Wiederholungen werden diese Pfade zu oft begangenen Wegen - zu einer Art „Trampelpfad" -, so daß ein Knoten (z. B. ein Markenname) andere Teile des Netzes und andere Gedächtnisinhalte leichter aktiviert. Dies trifft vor allem dann zu, wenn er ein Thema widerspiegelt, das multiple Assoziationen hervorruft.

Abbildung 6 illustriert das Assoziationsnetz von Absolut Vodka. Unter Menschen, die bereits viele Absolut-Werbungen gesehen haben, wird die Marke Absolut direkt mit der Produktkategorie „Wodka", der populären Flaschenform und mit bestimmten Werbungen assoziiert. Die Produktkategorie „Wodka" könnte wiederum mit einer Zitrone assoziiert werden (weil ein Wodka häufig mit einer Scheibe Zitrone serviert wird), mit klarem Alkohol und mit anderen Marken (z. B. die US-Marke Smirnoff mit russischem Namen). Wenn das Gedächtnis des Verbrauchers aktiviert wird, entweder direkt (durch die Flaschenform) oder indirekt (über die Produktkategorie „Wodka", z. B. „The Clear Choice", „Absolut Citron"), dann breiten sich die Assoziationen durch das gesamte Netz aus und verstärken somit kontinuierlich Absoluts Kernassoziationen.

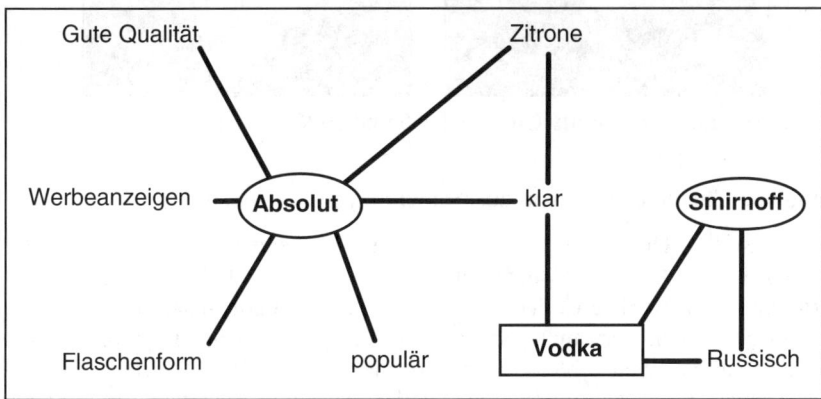

Abbildung 6:   Assoziationsnetz für Absolut

Ungeachtet der Wiederholung erreichen Themen ihren höchsten Effektivitätsgrad, wenn sie im Laufe der Zeit angepaßt und somit vor Überalterung geschützt werden. Betty Crocker wurde mehreren Aktualisierungen unterzogen, um auf Änderungen der Mode und die sich wandelnde Rolle der Frau in den USA zu reagieren (vgl. Abbildung 7). „Im Jahre 1955 lächelte sie. 1965 ersetzte sie ihren weißen Kragen durch eine Perlenkette. 1972 trug sie Geschäftskleidung. 1986 entsprach ihr Äußeres dem einer erfolgreichen Geschäftsfrau." Coca-Cola hat stets einen thematischen Ansatz verfolgt, der Coke mit Vorstellungen von Glück und Fröhlichkeit in Verbindung brachte. Während die Kernbotschaft beibehalten wurde, hat Coca-Cola seinen Ansatz von Zeit zu Zeit modifiziert. In den 60er und Anfang der 70er Jahre präsentierte die Werbung Hippies aus verschiedenen Ländern, die gemeinsam sangen **„I'd like to buy the world a Coke"**. Durch diesen Chor sollte weltweite Brüderlichkeit symbolisiert werden. In den 90er Jahren sind von der Hippie-Kultur keine Spuren mehr zu sehen. Der Slogan **„Coke and a smile"** nähert sich dem Thema „Love, Peace and Happyness" der vorherigen Generation noch am meisten an.

Abbildung 7:   Betty Crocker 1965 und 1996

Nutzung von Themen als System zusammenhängender Ideen

Im Idealfall sollten Themen als Systeme zusammenhängender Ideen strukturiert werden, so daß ein dichtes Assoziationsnetz entsteht, das zu einem höheren Erinnerungs- und Elaborationsgrad führt. Die Collections von Pepperidge Farm schaffen ein Gefüge von Assoziationen, indem verwandte Kategorien gebildet werden, die jeweils bestimmte Produkte enthalten. Ebenso bleiben die Ausführungen des Pinselstrichs, der in Cathay Pacifics Thema **„Heart of Asia"** die Dynamik Asiens zum Ausdruck bringt, ungeachtet der Botschaft konstant (z. B. Destinationen, Nichtraucherflüge, Verbindungen, Promotions, Sponsorships). Auch Absolut nutzt dieses elaborierte System zusammenhängender Ideen. Absolut hat ein beherrschendes Thema geschaffen: einen Wodka, der „hip" ist. Das Thema wird von Unterthemen gestützt: City-Themen, jahreszeitliche Themen und viele andere. Diese sind ihrerseits aufgegliedert in bestimmte thematische Kategorien, die sich von Jahr zu Jahr verändern. Das Weihnachtsthema basierte zum Beispiel in einem Jahr auf einer Disk, die Weihnachtslieder spielte, in einem anderen Jahr auf einem Paar Handschuhe mit einer Donna Karan-Werbung. Die Kategorisierung läßt sich durch Unter-Unterthemen noch weiter verfeinern. So umfaßt das City-Thema eine Kampagne mit amerikanischen Städten und eine Kampagne mit europäischen Städten.

3.2   Entwicklung von Themen

Leitende Mitarbeiter sollten im Zusammenhang mit der Kreation von Themen drei strategische Fragen ansprechen:

1. Welche Eigenschaften eines Unternehmens oder einer Marke sollten porträtiert werden?
2. Wo kann ein Gefüge lohnender Themen gefunden werden?
3. Wie sollten die Themen dargestellt werden, um Unternehmens- oder Markenmerkmale auszudrücken?

Diese Fragen werden in dem Bezugsrahmen illustriert, der in Abbildung 8 dargestellt ist.

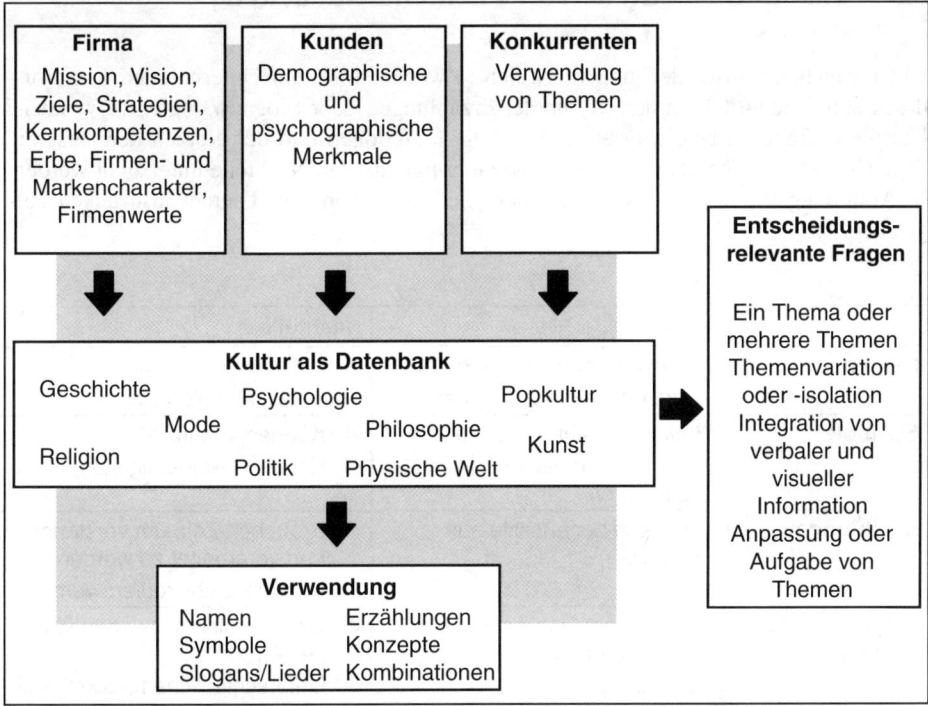

Abbildung 8:   Rahmen für das Management von Themen

Es sind drei Schritte erforderlich, um die obigen Fragen zu beantworten.

1. Die Kernelemente der internen und externen Marketingumgebungen müssen analysiert werden: die Firma, die Kunden und die Wettbewerber. Durch diese Analysen werden die Grenzen und Möglichkeiten des Unternehmens in der Themenschaffung ermittelt.

2. Viele verschiedene Bereiche einer Kultur sollten auf lohnende thematische Inhalte untersucht werden. Durch die Analyse bestimmter Bereiche (Religion, Politik,

Geschichte, Mode) werden Manager leichter auf geeignete thematische Inhalte aufmerksam.

3. Es ist zu prüfen, in welchen Elementen Firmenthemen eingebettet werden sollten: in
Namen, Symbolen, Slogans/Liedern, Erzählungen, Konzepten oder entsprechenden
Kombinationen.

3.3   Vor- und Nachteile von Themenausdrücken

Unter welchen Umständen und für welche Zwecke sollte ein Unternehmen zum Ausdruck seiner Identität Namen, Symbole, Erzählungen oder Slogans/Jingles verwenden?
Um diese Frage zu beantworten, müssen die Funktionen und der Nutzen der verschiedenen Typen des Themenausdrucks sowie ihre potentiellen Nachteile untersucht werden.
In Abbildung 9 sind die Vor- und Nachteile aller Arten von Themenausdrücken aufgelistet.

	Vorteile	Nachteile
Namen	■ Stellen Bezugspunkte bereit ■ Kurz und leicht zu merken	■ Schwer zu ändern ■ Schwer zu globalisieren
Symbole	■ Erwecken Aufmerksamkeit ■ Leicht auf andere Kulturen zu übertragen	■ Können veraltern ■ Können zweideutig sein
Erzählungen	■ Drücken Lebensstile aus ■ Fesselnd	■ Brauchen Zeit, um verstanden und verarbeitet zu werden ■ Können leicht kopiert werden
Slogans oder Jingles	■ Selbst nach Jahren noch in Erinnerung ■ Eingängig	■ Slogans sind schwer zu über-setzen ■ Unterschiedliche Musikstile sprechen unterschiedliche Menschen an
Kombination von Elementen	■ Schaffen komplexe Themen ■ Stellen zahlreiche Bezugs-punkte und Schlüsselreize	■ Können überwältigen ■ Können Uneinheitlichkeiten enthalten

Abbildung 9:   Vor- und Nachteile von Themenausdrücken

4.   Gesamteindruck beim Kunden

Der Gesamteindruck der Four Seasons Hotels als Zufluchtsort von zeitgenössischer, un-
aufdringlicher Eleganz erwächst aus dem umfassenden und systematischen Management
von einzelnen Stilattributen und den in den Identitätselementen verkörperten Stilen und
Themen. Gemeinsam produzieren diese Elemente den einheitlichen Gesamteindruck und
das Image eines unaufdringlichen Luxushotels.

Die Gesamteindrücke der Kunden stellen den **abschließenden Qualitätstest für das
Identitätsmanagement** dar. Ihnen muß daher in jedem Identitätsmanagement ein hoher
Stellenwert eingeräumt werden. Firmenressourcen werden verschwendet, wenn Unter-
nehmensbotschaften, die in Stilen und Themen zum Ausdruck kommen, nicht die gewünschten Kundeneindrücke hervorrufen.

Das Management der Gesamteindrücke des Kunden erfordert eine eingehende Berücksichtigung der Frage, wie Kundeneindrücke entstehen. Designer, CI-Berater und Manager konzentrieren sich jedoch in erster Linie auf die Firmen- und Markenausdrücke, wobei sie den Kundeneindruck oft außer acht lassen. Sie führen Identitätsprüfungen mit
dem leitenden Management durch und entscheiden anhand der entsprechenden Beiträge,
ob und wie ein Firmenlogo oder Zeichen geändert werden soll. Verpackungsberater und
Werbeagenturen sprechen mit Produktmanagern und raten ihnen, eine Verpackung oder
einen Werbeslogan zu ändern, ohne jemals die Kunden befragt zu haben.

Oft hört man Designer sagen: „Das Design war großartig! Schade nur, daß die Kunden
es nicht zu schätzen wußten!" Eine solche Einstellung ist für das Ästhetikmanagement
äußerst kontraproduktiv. Derlei Erfahrungen erinnern schmerzhaft daran, daß ein Produkt oder Service ohne Berücksichtigung des Verbraucherverhaltens gestaltet wurde.

Wenn die Gesamteindrücke nicht berücksichtigt werden, so kann dies zu Fehldeutungen
von Unternehmens- oder Markenbotschaften seitens der Kunden führen. Botschaften ergeben eventuell keinen Sinn, wenn sie vom Kunden begutachtet werden, oder sie werden als unbeständig oder unattraktiv empfunden. Es kann Verwirrung entstehen („Was
wollen sie wohl damit sagen?"), und negative Eindrücke können hervorgerufen werden
(„Es gefällt mir nicht").

Als der japanische Einzelhändler Takashimaya mit der Eröffnung seines Flagship Store
auf der Fifth Avenue in New York den amerikanischen Markt betrat, verwirrte er die
Konsumenten mit seinem Stil und seinem „Kunst" -Thema. Statt Bekleidungsaccessoires
oder Parfums fanden Kunden im Erdgeschoß einen eleganten Blumenladen und eine
Kunstgalerie vor - ein verglichen mit Takashimayas japanischen Geschäften ungewöhn-
licher Ansatz. Kleidung war nirgends zu entdecken, und die Kunden fühlten sich verloren. Vielleicht war Takashimayas Ansatz zu esoterisch. Das Unternehmen hat die Gestaltung seiner Geschäfte und seine Warenauslagen seither allmählich verändert, um sich
zu einem konventionelleren Kaufhaus der gehobenen Preisklasse zu entwickeln.

Um derartige Interpretationslücken zu schließen, muß ein Unternehmen den Kunden zu der gewünschten Interpretation hinführen. Takashimaya hätte seinen ungewöhnlichen Verkaufsansatz zum Beispiel durch eine Werbekampagne und Prospekte unterstützen und über diese Medien erklären können, warum im Erdgeschoß ein Blumengeschäft und eine Kunstgalerie angesiedelt sind. Die Kampagne hätte zum Beispiel erläutern können, daß viele Farb- und Forminspirationen für Takashimayas Hauptwaren Bekleidung, Möbel und Porzellan aus Natur und Kunst stammen.

Franz-Rudolf Esch

Markenpositionierung als Grundlage der Markenführung

1. Zur Idee der Markenpositionierung

Mit starken Marken verbinden viele Konsumenten klare Vorstellungen und Bilder. Die Hamburg-Mannheimer steht für die Nähe der Versicherung zu ihren Kunden, repräsentiert durch die Figur des Herrn Kaiser. Du Darfst steht für diätische Produkte, von denen man so viel essen kann wie man will, ohne dick zu werden. Man kann dem Narzißmus und dem Körperkult frönen, ohne sich zu kasteien. BMW ist Freude am Fahren usw. Der Aufbau klarer Images ist demnach grundlegend für eine langfristig erfolgreiche Markenführung. Marken, die klare Images bei den Kunden aufbauen, erlangen eine einzigartige Stellung in den Köpfen der Kunden und werden - sofern das Image die Wünsche der Kunden trifft - deshalb gegenüber Konkurrenzmarken bevorzugt.

Aus diesem Grund bildet die Markenpositionierung den Kern der verhaltenswissenschaftlich orientierten Strategieformulierung (vgl. Wind, 1988, S. 4). Unter einer Markenpositionierung versteht man die Abgrenzung der eigenen Marke von Konkurrenzmarken. Die gewählten Positionierungseigenschaften müssen dabei den Wünschen und Bedürfnissen der Konsumenten entsprechen und für diese relevant sein. Dies gilt als notwendige Bedingung. Abgrenzung von der Konkurrenz heißt, daß eine Marke in der subjektiven Wahrnehmung der Konsumenten ein eigenständiges und unverwechselbares Profil gewinnt (vgl. Kroeber-Riel, 1992 c). Sie kann als hinreichende Bedingung für eine erfolgreiche Positionierung bezeichnet werden.

Maßstab für die erfolgreiche Umsetzung eines Positionierungskonzeptes ist die **subjektive Wahrnehmung** der Konsumenten (vgl. Albers, 1989; Kroeber-Riel, 1992 c, S. 205; Neumann/von Rosenstiel, 1981, S. 774; Wind, 1982, S. 75). Diese Konsumentensicht wird allerdings häufig vernachlässigt:

„Anbieter neigen dazu, in Produkteigenschaften zu denken, aber die Konsumenten kaufen keine Produkteigenschaften, sondern subjektiven Produktnutzen" (Rothschild, 1987, S. 156).

Oft werden die aus Kundensicht wichtigsten Leistungsmerkmale einer Marke von den Managern in den Unternehmen unterschätzt und weniger wichtige Merkmale für die Kunden hingegen überschätzt (vgl. Sebastian/Simon, 1989). Es geht bei der Positionierung also darum, sich Zugang zu den Vorstellungen und Bedürfnissen der Konsumenten zu verschaffen. Parker und Churchill (1986, S. 1) drücken dies anschaulich wie folgt aus: „Positioning by Opening the Consumer's Mind".

Beispiel: Objektiv hat ein Pelikan-M 800 Füllfederhalter eine nachweislich bessere Qualität als ein Montblanc-Meisterstück, subjektiv wird die Wertigkeit des Montblanc jedoch von den Konsumenten höher eingeschätzt (vgl. Esch/Andresen, 1996 b, S. 95). Ein wesentlicher Einfluß auf diese Wahrnehmung nimmt dabei die hochwertige Positionierung „The Art of Writing" von Montblanc.

Mit der Position einer Marke meint man deren Stellung in den Köpfen der Konsumenten. Aus theoretischer Sicht geht es bei der Positionierung also um den Aufbau spezifischer und bedürfnisrelevanter Gedächtnisinhalte für Marken. Dazu sind Kenntnisse der zugrundeliegenden Lernvorgänge und der Wissensrepräsentation der Konsumenten erforderlich, da das vorhandene Wissen die Aufnahme, Verarbeitung und Speicherung neuer Informationen zu Marken beeinflußt. Das heißt, daß man mit einer **Soll-Positionierung** gezielt bestimmte Gedächtnisstrukturen und Vorstellungsinhalte zur Marke bei den Konsumenten aufbauen möchte, die präferenzbildend wirken sollen. Umgekehrt gibt die **Ist-Position** von Marken gespeicherte, durch das Marketing oder durch unmittelbare Erfahrung mit den Marken aufgebaute Gedächtnisinhalte wieder.

Der Aufbau starker Marken setzt voraus, daß eine Marke über eine klare **Positionierung** im Markt verfügt, die

- **zu dem Unternehmen im weitesten Sinne paßt,**
- **für die Kunden relevant ist,**
- **von diesen auch subjektiv wahrgenommen wird,**
- **eine Abgrenzung von der Konkurrenz ermöglicht und**
- **langfristig verfolgt werden kann.**

Der Grundgedanke der Positionierung wird oft vereinfachend durch zwei- oder mehrdimensionale Positionierungsmodelle verdeutlicht (vgl. Abbildung 1).

Das **Positionierungsmodell** gibt die subjektiv wahrgenommene Stellung der eigenen Marke sowie der Konkurrenzmarken in Relation zu einem oder mehreren Idealpunkten der Konsumenten für jeweils relevante Positionierungseigenschaften an (vgl. Carpenter, 1989; Kroeber-Riel, 1992 c; Schobert, 1980, S. 146 ff.). Es ist eine methodisch stark vereinfachte Darstellung der bei den Konsumenten vorhandenen Gedächtnisstrukturen zu Marken eines Produktbereiches.

Durch die Distanzen zwischen der eigenen Marke, den Idealvorstellungen der Konsumenten und den Wettbewerbern erhält man Aufschluß über die Stellung der eigenen Marke in diesem Wahrnehmungsraum. Dabei gilt die räumliche Nähe verschiedener Marken als Indikator für ihre Substituierbarkeit aus Sicht der Verbraucher, während die Nähe zum Idealpunkt den Grad der Übereinstimmung mit den Idealvorstellungen der Konsumenten für diesen Produktbereich angibt: Nah beieinander liegende Marken lassen sich eher untereinander austauschen als weit auseinanderliegende Marken. Marken in unmittelbarer Nähe des Idealpunktes werden von den Konsumenten eher bevorzugt als weiter entfernte Marken.

Natürlich existiert eine Vielzahl relevanter Positionierungseigenschaften, die in dem oben dargestellten Positionierungsmodell nicht berücksichtigt werden, aber gleichfalls zur Positionierung geeignet wären. Diese können wiederum durch Konkurrenzmarken belegt sein, es kann sich aber auch um noch vorhandene Marktnischen handeln, in denen eine Marke eine Alleinstellung anstreben könnte. Dies entspräche dem Positionierungsideal (vgl. u. a. Trommsdorff, 1992; Ries/Trout, 1986).

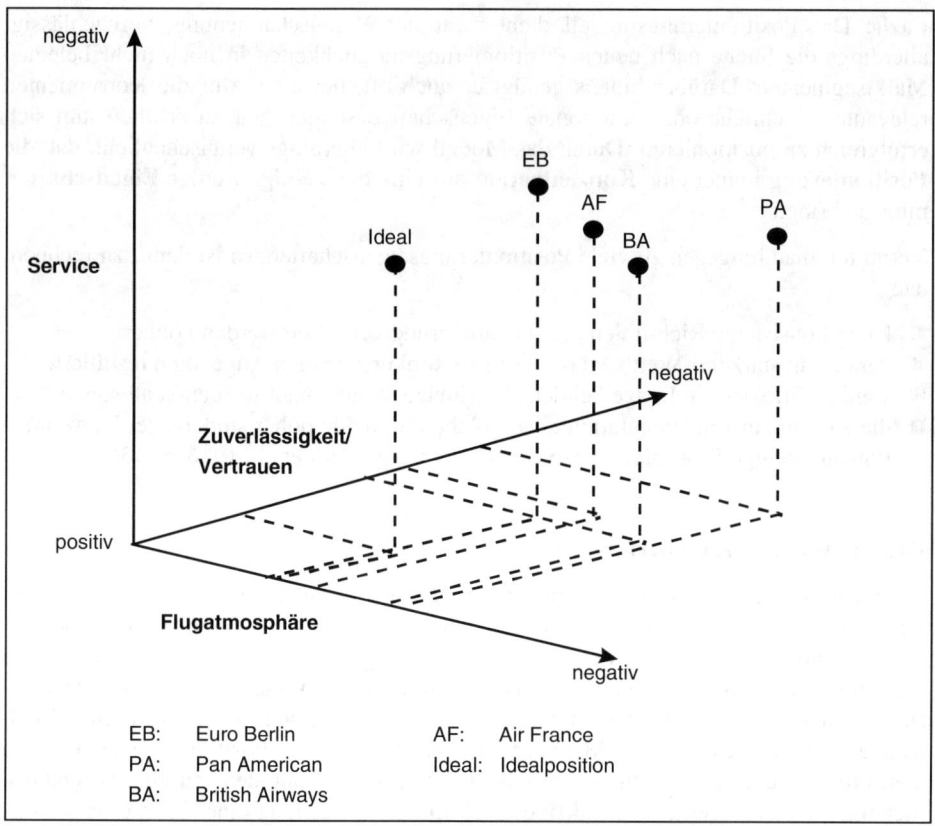

Abbildung 1: Darstellung eines mehrdimensionalen Positionierungsmodells
Quelle: Trommsdorff, 1992, S. 330.

Ein wesentlicher Fortschritt bei der Markenpositionierung wurde in jüngerer Zeit dadurch erreicht, daß man im Rahmen eines mehrstufigen Vorgehens die Einflüsse des Images einer Marke auf andere Marken und umgekehrt sichtbar macht. Dazu wird in einem ersten Schritt zunächst das Set relevanter Marken in einem Produktbereich aus Sicht der Kunden erfaßt. Anschließend erfolgt eine Einschätzung der Marken in bezug auf Imagegrößen. In einem letzten Schritt werden schließlich mittels einer Kausal-analyse die Einflüsse einzelner Imagefaktoren einer Marke auf die eigene Marke und auf Konkurrenzmarken erfaßt. Ebenso werden die Einflüsse relevanter Imagemerkmale der Konkurrenz auf die eigene Marke modelliert. Dadurch läßt sich der Einfluß wesentlicher Imagefaktoren relevanter Marken in einem Produktbereich auf die Gesamteinschätzung des Markenimages erfassen (vgl. Weber, 1997, sowie den Beitrag „Messung und Gestaltung der Markenpositionierung" in diesem Buch).

Fazit: Das Positionierungsmodell dient zwar der Veranschaulichung, vernachlässigt allerdings die Suche nach neuen Positionierungsmöglichkeiten in noch nicht belegten Marktsegmenten. Darüber hinaus genügt es auch oft, nur eine - für die Konsumenten relevante - sachliche oder emotionale Eigenschaft besonders gut zu erfüllen, um sich erfolgreich zu positionieren. Durch das Modell wird allerdings veranschaulicht, daß die **Positionierung** immer eine **Konzentration auf eine bzw. einige wenige Eigenschaften** mit sich bringt.

Vermittelt man hingegen zu viele Positionierungseigenschaften, so ist damit zu rechnen, daß

■ kaum konsistente Richtlinien zur Positionierung vermittelt werden können,
■ daraus ein stärkerer Wettbewerb mit mehr konkurrierenden Angeboten resultiert,
■ weniger effektiv ein Image bei den Konsumenten aufgebaut werden kann sowie
■ die Kosten zur Implementation einer solchen Strategie höher sind als bei Konzentration auf wenige Positionierungseigenschaften (vgl. Park et al., 1986, S. 136).

Position versus Positionierung

Positionierung darf nicht mit Position verwechselt werden. Jede Marke besitzt, sofern sie bekannt ist, aus der Sicht der Konsumenten eine bestimmte Position im Markt, hat ein bestimmtes, mehr oder weniger prägnantes Image, selbst ohne zielgerichteten und geplanten Einsatz der Marketinginstrumente. Mit anderen Worten: Eine bestimmte **Position** kann eine Marke **passiv** und ohne gezielte und strategisch abgestimmte Maßnahmen der verantwortlichen Manager erhalten. Eine solche Position ist jedoch kaum kontrollierbar und lenkbar, man überließe die Positionsbildung dem Zufall. Die **Positionierung** zielt hingegen auf die **aktive Gestaltung** der Stellung einer Marke im jeweils relevanten Markt ab (vgl. Brockhoff, 1992; Esch, 1992 a).

Folgt die Positionierung dem Produkt oder das Produkt der Positionierung?

Zwangsläufig ergibt sich hieraus eine Problemstellung, die man in Analogie zu der Frage nach der Henne und dem Ei sehen kann: Soll die Positionierung auf der Basis eines gegebenen, neu entwickelten Produktes erfolgen („klassische" Sichtweise) oder soll zunächst die Positionierung bestimmt werden und darauf aufbauend das entsprechende Produkt entwickelt werden („moderne" Sichtweise)?

Dieses Problem sei an mehreren Beispielen erläutert. Der Ford Mondeo ist das Beispiel der klassischen Sichtweise: Auf der Basis einer produktionsorientierten, technischen Sichtweise mit Dominanz der Forschungs- und Entwicklungsabteilung wurde der neue Ford Mondeo konzipiert. Bei der Entwicklung dominierten zunächst technische Aspekte sowie Kostenaspekte. Erst nach Fertigstellung des Fahrzeuges begannen die eigentlichen Überlegungen zur Suche nach einer adäquaten Positionierung.

Durch ein solches Vorgehen sind strategische Probleme meist vorprogrammiert. Da es sich beim Ford Mondeo um ein Mainstreamprodukt handelt, fällt eine von der Konkurrenz auf Basis objektiver Kriterien unterscheidbare Positionierung schwer. Die Hervorhebung von Ausstattungsdetails wie Fahrer-Airbag usw. muß zwangsläufig in die Austauschbarkeit mit Konkurrenzmarken führen, die ähnliche „Produktvorteile" ausloben.

Gerade auf gesättigten Märkten erscheint dieses klassische Vorgehen „Positionierung folgt Produkt" problematisch. Zweckmäßiger wäre hier, zunächst eine für das Unternehmen tragbare und für die Bedürfnisse der Konsumenten wichtige Positionierungseigenschaft als Strategiegrundlage festzulegen, an der sich dann die Entwicklung des neuen Produktes orientiert.

Dafür sprechen folgende Gründe:

1. Verbesserungen objektiver Produkteigenschaften werden in gesättigten Märkten häufig nicht mehr adäquat von den Kunden wahrgenommen, weil der technische Fortschritt häufig nicht mehr kommunizierbar ist[1].

2. Fortschritte bei objektiven Produkteigenschaften werden in aller Regel nahezu zeitgleich von allen Wettbewerbern vollzogen, so daß sich hieraus kein langfristig für eine Positionierung geeigneter Produktvorteil ergibt.

3. Typische Produkteigenschaften einer Produktgruppe werden häufig mit der bekanntesten und/oder der ersten Marke in dieser Produktgruppe verbunden. Daraus ergeben sich für Konkurrenzmarken zwangsläufig Positionierungsprobleme, wenn sie auf der Grundlage von Produktentwicklungen eben diese Eigenschaften ausloben wollen. Nicht zuletzt deshalb sind viele Produktbereiche dadurch geprägt, daß wesentliche Marktanteile durch einen „Leithirsch", der häufig „first to market" war, und durch einen Billiganbieter gehalten werden. Den Marken zwischen diesen Lagern bleibt eigentlich nur der Weg von der Positionierung zum Produkt.

Beispiel: Der Erfolg der Swatch-Uhren dokumentiert das Vorgehen „Produkt folgt Positionierung" eindrucksvoll. Ausgangspunkt war die Befriedigung von Lust-und-Spaß-Bedürfnissen und der Trend zu größerer Individualität einer jungen Generation. Im Ergebnis wurde ein neues Uhrenkonzept geboren, das halbjährig mit neuen Kollektionen aufwartet und die Uhr vom Zeitchronographen zum individuellen Mode-Accessoire verwandelte (vgl. Magyar/Magyar, 1987). Daß dabei auch eine Reduktion der Uhrenteile von 90 bis 150 Bestandteilen auf 51 Teile erfolgte, spielt für den Markterfolg von Swatch keine Rolle.

Bei diesen Einzelfällen wird es künftig nicht bleiben. Die Anforderungen des Marktes werden ein Umdenken in bezug auf die Stellung der Positionierung zur Produktentwicklung mit sich bringen. Die neue Denkrichtung wird im Konsumgütermarkt vor keiner Produktgruppe haltmachen: So ist bei Kochtöpfen das Unternehmen Silit diesen Weg mit der Schaffung der Erlebniswelt vom „Schwarzen Stahl" zur Positionierung

---

1 Ob Dash 3 durch Dash 4 oder 5 ersetzt wird, spielt heute eher eine untergeordnete Rolle. Der technische Fortschritt drückt sich hier beispielsweise in Slogans wie „wäscht jetzt noch weißer" aus.

einer Kochtopflinie gegangen und hat darauf aufbauend eine neues Produktdesign entworfen, das diese Erlebniswelt repräsentiert. Als Nebenprodukt fiel zusätzlich eine technische Innovation ab, ein Material, das aufgrund seiner Wärmeleitfähigkeit besonders geeignet für Induktionskochherde ist (vgl. Kroeber-Riel, 1993 b).

2. Festlegung geeigneter Positionierungsziele

Positionierungsziele können sich auf emotionale oder sachorientierte Produkteigenschaften beziehen. Die Wahl eines Positionierungsziels hängt dabei vom langfristigen **Involvement der Zielgruppe** ab. Das Involvement kennzeichnet das Engagement, mit dem sich Konsumenten einem Angebot zuwenden (vgl. Kroeber-Riel, 1992 c). Bei geringem Involvement ist der Konsument passiv, ohne inneres Engagement und dem Angebot gegenüber gleichgültig eingestellt. Im umgekehrten Fall kann man von hohem Involvement sprechen.

Das andauernde Involvement weist eine emotionale und eine kognitive Richtung auf. Bei **hohem kognitivem Involvement** nehmen Konsumenten Informationen aktiv auf und verarbeiten diese mit hohem Aufwand. Das trifft besonders auf Produkte zu, die noch starke Unterschiede zu konkurrierenden Marken aufweisen, weil häufig ein Kaufrisiko in technischer, funktionaler oder finanzieller Hinsicht wahrgenommen wird.

Bei **hohem emotionalem Involvement** denkt der Konsument kaum über ein Angebot nach, sondern will es einfach haben (vgl. Jeck-Schlottmann, 1988). Das emotionale Involvement hängt eng mit den persönlichen Werten, Motiven und Einstellungen zusammen. Der Kauf solcher Angebote wie Schmuck und Kleidung befriedigt persönliche Lustbedürfnisse, er bereitet den Konsumenten Freude. Mit dem Kauf kann aber auch ein soziales Risiko verbunden sein, da der Konsum solcher Angebote auch zur Demonstration eines bestimmten Lebensstils dienen kann. Dazu zählen vor allem sozial auffällige Produkte, zum Beispiel exklusive Automarken wie Jaguar (vgl. Kroeber-Riel/Weinberg, 1996).

Die Auswahl eines Positionierungsziels hängt demnach von der Ausprägung des anhaltenden Involvements der Zielgruppe ab (vgl. Abbildung 2). Die sich daraus ableitenden Positionierungsziele werden im folgenden kurz dargestellt[2].

---

2   Zu alternativen Positionierungsvorschlägen, die sich durchaus in die hier ausgeführten Positionierungsziele übertragen lassen (vgl. u. a. Aaker/Shansby, 1982; Aaker/Myers, 1987; Aaker et al., 1992; Percy/ Rossiter, 1982; Rossiter/Percy, 1987).

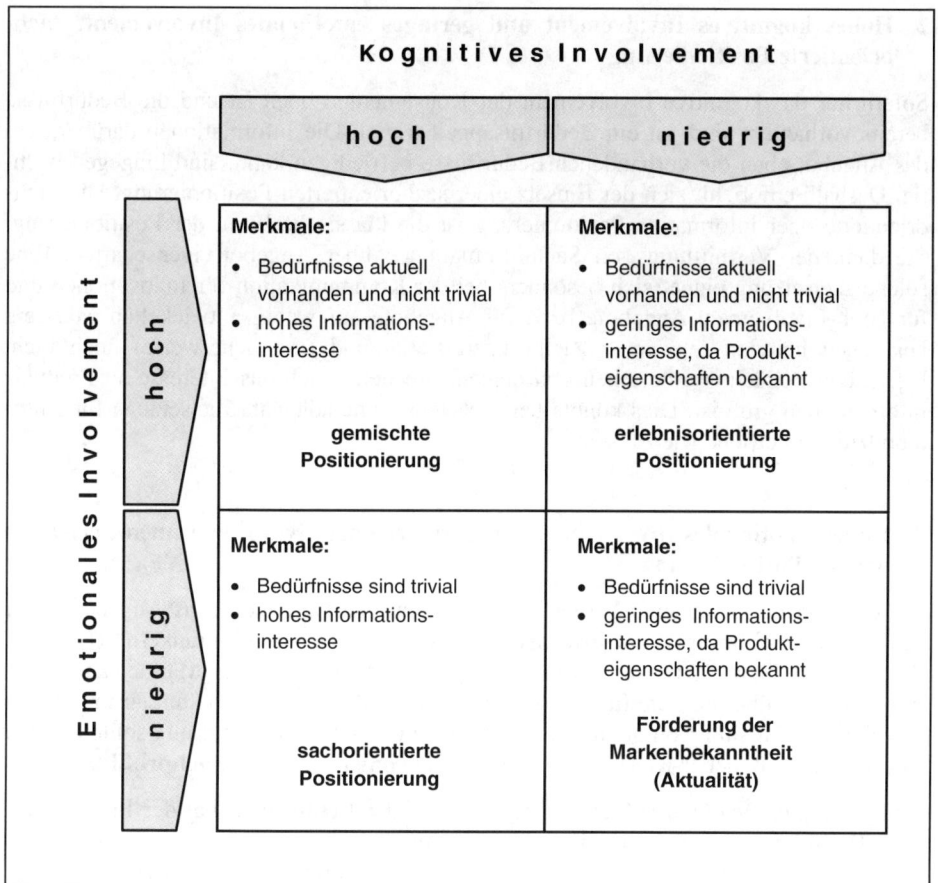

Abbildung 2: Normziele der Positionierung
Quelle: in Anlehnung an Levermann (1994; vgl. Esch/Levermann, 1995).

1. Hohes emotionales und kognitives Involvement: gemischte, d. h. emotionale und informative Positionierung

In diesem Fall sind sowohl Bedürfnisse als auch Informationen zu bestimmten Angeboten für Konsumenten wichtig. Deshalb empfiehlt sich hier das Ziel der gemischten Positionierung. Diese richtet sich nach folgendem Grundmuster der Verhaltensbeeinflussung (vgl. Kroeber-Riel, 1993 a): Appelliere an ein Bedürfnis und informiere über die Eigenschaften des Angebotes, die dazu in der Lage sind, dieses Bedürfnis zu befriedigen. Ein klassisches Beispiel für eine solche Positionierung ist die Automobilmarke Volvo, die an das Bedürfnis von Sicherheit appelliert und zum Beispiel darüber informiert, daß das Auto aufgrund von verschiedenen Airbags und anderen Sicherheitsvorkehrungen tatsächlich sicher ist.

2. Hohes kognitives Involvement und geringes emotionales Involvement: sachorientierte Positionierung

Sofern nur das kognitive Involvement der Konsumenten hoch ist und die Bedürfnisse bereits vorhanden sind, ist ein Bedürfnisappell trivial. Die Informationen darüber, daß das Angebot eben die vorhandenen Bedürfnisse befriedigen kann, sind hingegen wichtig. Deshalb empfiehlt sich der Einsatz einer sachorientierten Positionierung. Die sachorientierte oder informative Positionierung ist die klassische Form der Positionierung. Sie dient der Vermittlung von Sachinformationen über Angebotseigenschaften. Eine solche Zielsetzung eignet sich besonders bei der Kommunikation für Innovationen und für High-Involvement-Angebote bzw. für Angebote auf wenig entwickelten Märkten, bei denen bei den relevanten Zielgruppen starke und (möglicherweise) noch nicht befriedigte Bedürfnisse bestehen und dementsprechend auch das Interesse an Produktinformationen groß ist. Dies könnte beispielsweise eine adäquate Zielsetzung für Automobilzulieferbetriebe wie ZF sein.

3. Hohes emotionales Involvement und geringes kognitives Involvement: erlebnisbetonte Positionierung

Die emotionale oder erlebnisbetonte Positionierung hat zum Ziel, „das Angebot in der emotionalen Erfahrungs- und Erlebniswelt des Konsumenten zu verankern" (Kroeber-Riel, 1993 a, S. 69)[3]. Dieses Positionierungsziel ist für gesättigte Märkte, auf denen Informationen über ausgereifte und in bezug auf sachliche Eigenschaften austauschbare Angebote trivial sind, von herausragender Bedeutung. Die Positionierung sollte hier der Devise folgen (Kroeber-Riel, 1993 a, S. 68): **„Erlebnisprofil statt Sachprofil".**

Auf gesättigten Märkten sollte der Schwerpunkt der Betrachtung bei der Entwicklung einer Positionierung auf **Erlebnispositionierungen** liegen, die den Konsumenten einen über den sachlichen Grundnutzen hinausgehenden Zusatznutzen verschaffen (vgl. u. a. Kroeber-Riel, 1992 c und 1993 a). Weltweit gelten 75 % aller Märkte als gesättigt (vgl. Harrigan, 1989). In solchen Märkten unterscheiden sich Produkte kaum hinsichtlich funktionaler Produktmerkmale, sie sind ausgereift, wie die vielen von Stiftung Warentest mit dem Prädikat „gut" oder „sehr gut" getesteten Marken zeigen. Diese Austauschbarkeit wird von den Kunden wahrgenommen (vgl. Hildmann, 1991). Markenwechsel sind unter solchen Bedingungen kaum mit größeren Risiken verbunden. Bei ausgereiften Produkten läßt das Interesse der Konsumenten an Produktinformationen nach. Diese suchen bei wachsender Freizeit und einem Qualitätspatt der Marken vielmehr verstärkt nach sensualistischen Anregungen. Der Schritt zur „Erlebnisgesellschaft" ist bereits vollzogen (Schulze, 1992). Konsumenten kaufen Kameras mit allem erdenklichen

---

3 Erlebnisse kann man als mehr oder weniger komplexe Emotionsbündel auffassen, die sich aus verschiedenen Primäremotionen zusammensetzen (vgl. zu Primäremotionen die Klassifikationen von Plutchik, 1980, und Izard, 1981; Zeitlin/Westwood, 1986). Erlebnisse drücken ganz bestimmte spezifische emotionale Inhalte aus (vgl. dazu u. a. die Erlebnislisten von Petri, 1992; Konert, 1986). Dadurch unterscheiden sie sich auch von unspezifischen emotionalen Reizen, durch die lediglich ein positives Wahrnehmungsklima erzeugt werden soll (vgl. dazu ausführlich Kroeber-Riel, 1993 a, S. 147 ff.).

technischen Schnickschnack. Das wichtigste Detail an der Kamera ist jedoch der Knopf, mit dem man das High-Tech-Monstrum auf Automatik stellen kann. Die Kamera wird nicht ihrer selbst Willen gekauft, sondern dient zur Demonstration eines bestimmten Lebensgefühls. Der Geländewagenboom in Deutschland ist ebenfalls nicht durch deren sachliche Produkteigenschaften erklärbar. Die meisten Geländewagen haben nachweislich noch nie Schlamm unter den Rädern gespürt. Es hat etwas mit dem Zusatznutzen dieser Produkte, mit der Befriedigung von Erlebnissen zu tun. Deshalb ist auf solchen Märkten eine Erlebnispositionierung anzustreben.

Ein großer Vorteil der Erlebnispositionierung liegt darin, daß diese nicht so schnell von der Konkurrenz nachgeahmt werden kann wie eine sachliche Positionierung (vgl. Wüthrich, 1991). Aufgrund der größeren psychologischen Relevanz der Erlebniskonzepte gegenüber Sachkonzepten erfahren solche Positionierungen eine tiefere Verankerung bei den Konsumenten. Sie sind deshalb von Nachahmern nicht so leicht angreifbar. Gerade bei erlebnisbetonten Positionierungen werden die größten Unterschiede zwischen Marken in den einzelnen Produktbereichen wahrgenommen (vgl. Biel, 1992). Beck's Bier ist ein hervorragendes Beispiel für eine klare Differenzierung durch eine erlebnisorientierte Markenpositionierung. Beck's Bier vermittelt in der Kommunikation ein einzigartiges Frischeerlebnis durch die Darstellung der maritimen Welt mit dem grünen Segelschiff (vgl. Abbildung 3).

Abbildung 3:   Erlebnispositionierung

4. Geringes emotionales und kognitives Involvement: Positionierung durch Aktualität

Die Aktualisierung oder Thematisierung eines Angebotes wird dann zum vorrangigen Ziel, wenn sowohl emotionales als auch kognitives Involvement gering, d. h. sowohl Bedürfnisse als auch Informationen trivial sind. Die Aktualisierung einer Marke durch Kommunikation soll ein **Angebot** ins Gespräch bringen, es **thematisieren**[4]. Bei der heutigen Informationsüberlastung und in allen Marktsituationen mit geringem Konsumenteninvolvement wird die Aktualität zu einem wichtigen Kommunikationsziel. Durch diese Art der Kommunikation soll die Identität eines Angebotes im Konkurrenzumfeld sichtbar gemacht und dem Angebot eine gedankliche Präsenz bei den Konsumenten verschafft werden.

Üblicherweise erfolgt eine Markenpositionierung durch Vermittlung sachlicher oder emotionaler Eigenschaften. Eine Positionierung durch Aktualität zielt hingegen auf eine reine Thematisierung der Marke ab, ohne daß diese mit konkreten Eigenschaften verknüpft wird. Dies steht zunächst im Widerspruch zu der klassischen Positionierungsauffassung[5]. Allerdings zeigen Untersuchungsergebnisse zum „**Mere-Exposure**"-**Effekt**, daß nur durch häufiges Zusammentreffen mit einem Objekt sich die Einstellung zu diesem verbessert[6]. Darauf zielt die Positionierung durch Aktualität ab: Eine Marke soll „**top of mind**" werden; dadurch soll es zur Einstellungsverbesserung kommen. Untersuchungsergebnisse von Baker und Hutchinson et al. (1986) sowie Hoyer und Brown (1990 und 1991) belegen dies: In ihren Studien beeinflußte die Markenaktualität Einstellung und Markenwahl positiv. So kann es für eine Kaugummimarke oder für eine Bananenmarke wie Chiquita völlig ausreichend sein, daß sie immer wieder thematisiert und damit „top of mind" wird.

---

4   Diese Überlegungen lassen sich aus der Theorie des Agenda Setting ableiten, wonach die Massenmedien die Steuerungsfunktion übernehmen, über welche Themen man zu bestimmten Zeitpunkten spricht (vgl. dazu u. a. Schenk, 1987; Sutherland/Galloway, 1981; Ghorpade, 1986). Zur Markenbekanntheit vgl. auch Holden (1993).

5   Levermann (1994) setzt sich ebenfalls mit diesem Problem auseinander und führt verschiedene Gründe an, die für eine Positionierung durch Aktualität sprechen. Er verweist u. a. zu Recht auf die von Aaker (1992, S. 84) anschaulich dargestellte Bekanntheitspyramide, mit Abstufungen von einer unbekannten Marke über eine passive Markenbekanntheit (gestützte Wiedererkennung), eine aktive Markenbekanntheit (ungestützt) bis hin zu intensiven und dominierenden Markenbekanntheiten. Diese Hierarchie verdeutlicht allein schon die Notwendigkeit der Aktualität als Werbeziel, vor allem wenn man bedenkt, daß oft nur wenige Marken einer Produktkategorie zum Awareness-Set gehören. Nach neueren Erkenntnissen von Hauser und Wernerfelt (1990, S. 394; vgl. dazu auch Kroeber-Riel, 1992 c) verfügen Konsumenten nur über drei bis fünf Marken in ihrem „Consideration-Set".

6   Vgl. zum „Mere-Exposure"-Effekt u. a. Zajonc (1968), Grush (1976) und Stang (1974). Nach diesem „Mere-Exposure"-Effekt gilt das wiederholte Aufeinandertreffen mit einem Stimulus, zum Beispiel einem Angebot, als hinreichende Bedingung für dessen Beurteilung durch Individuen.

3. Grundlegende Strategieoptionen zur Positionierung

Die Positionierungsziele geben die grundlegende Stoßrichtung wieder, wie eine Marke in den Köpfen der Konsumenten plaziert werden soll. Diese Ziele sind durch eine adäquate konzeptionelle Gestaltung der Positionierung und eine entsprechende Umsetzung in Gestaltungsmaßnahmen zu konkretisieren (vgl. Kapitel 4). Die grundlegenden Strategieoptionen, auf die im folgenden eingegangen wird, beziehen sich auf zu ergreifende Maßnahmen, die aus den bislang erzielten Wirkungen der Markenpositionierung bei den Konsumenten resultieren. Konkret werden hier auf der Grundlage des bislang realisierten Markenimages bei den Konsumenten adäquate Strategien ausgewählt.

Dazu wird zunächst die Ist-Position einer Marke mit Hilfe eines Positionierungsmodells erfaßt. Dieses Positionierungsmodell gibt die Stellung der eigenen Marke im Vergleich zu Konkurrenzmarken und den Idealvorstellungen der Konsumenten in einem relevanten Imageraum wieder. Auf Basis der **Ist-Position** von Marken in dem Positionierungsmodell lassen sich **zwei Strategien** zur **Soll-Positionierung** einer Marke ableiten, die kombiniert zum Einsatz kommen können (vgl. Kroeber-Riel, 1992 c, S. 203):

1. die Anpassung des Angebots an die Bedürfnisse und Wünsche der Konsumenten und
2. die Anpassung der Bedürfnisse und Wünsche der Konsumenten an das Angebot.

Bei der **erstgenannten Strategie** gelten die **Bedürfnisse und Wünsche der Konsumenten als Datum**. Man versucht also die Marke so zu gestalten, daß sie sich in der Wahrnehmung der Konsumenten deren Idealvorstellungen annähert. Eine solche Strategie wäre bei der Neubesetzung einer Marktnische aus theoretischer Sicht problemlos realisierbar. Andererseits birgt die alleinige Verfolgung dieser Strategie die Gefahr der Annäherung an solche Marken, die die Idealvorstellungen der Konsumenten mitgeprägt haben. Eine solche Strategie kann dann zur Austauschbarkeit mit diesen Marken führen. Beispiel: Werden die Idealvorstellungen von Höschenwindeln für Babies durch die Marke „Pampers" geprägt, so wäre die Annäherung an dieses Ideal eine reine Imitationsstrategie mit wenig Aussicht auf Erfolg, da gewisse Produkteigenschaften (wie besondere Saugfähigkeit) primär mit der Marke „Pampers" verbunden werden.

Bei der **zweiten Strategie** zielt man auf die **Veränderung der Bedürfnisse** in der Weise ab, daß sie der Stellung des Angebots nahekommen. Hier ist durch den gezielten Einsatz der Marketinginstrumente eine Bedürfnisverschiebung der Konsumenten zu bewirken. Dieses Vorgehen bietet zudem die Möglichkeit, einen abweichenden markenspezifischen Imageraum aufzuspannen, um so eine Alleinstellung anzustreben. Dies könnte im Fall der Höschenwindeln beispielsweise in der Form geschehen, daß etwa die Marke „Fixies" statt funktionaler Produkteigenschaften Aspekte wie „Nestwärme", eine harmonische „Mutter-Kind-Beziehung", „Baby- oder Mutterglück" zur Positionierung heranzieht.

Ziel beider Strategien ist jedoch immer die **Verringerung des wahrgenommenen Abstandes zwischen einer Idealvorstellung der Konsumenten und dem eigenen Angebot.**

Diese verhaltenswissenschaftlichen Optionen beziehen sich auf die jeweilige Position einer Marke in dem jeweils betrachteten Positionierungsraum. Sie dienen als Grundlage für die elementaren strategischen Stoßrichtungen der Positionierung, die sich aus der bisherigen Zielerreichung der Marke in einem bestimmten Imageraum ergeben. Grundsätzlich können sich dabei Positionierungsstrategien auf den alten Positionierungsraum oder auf einen neuen Positionierungsraum beziehen (vgl. Abbildung 4).

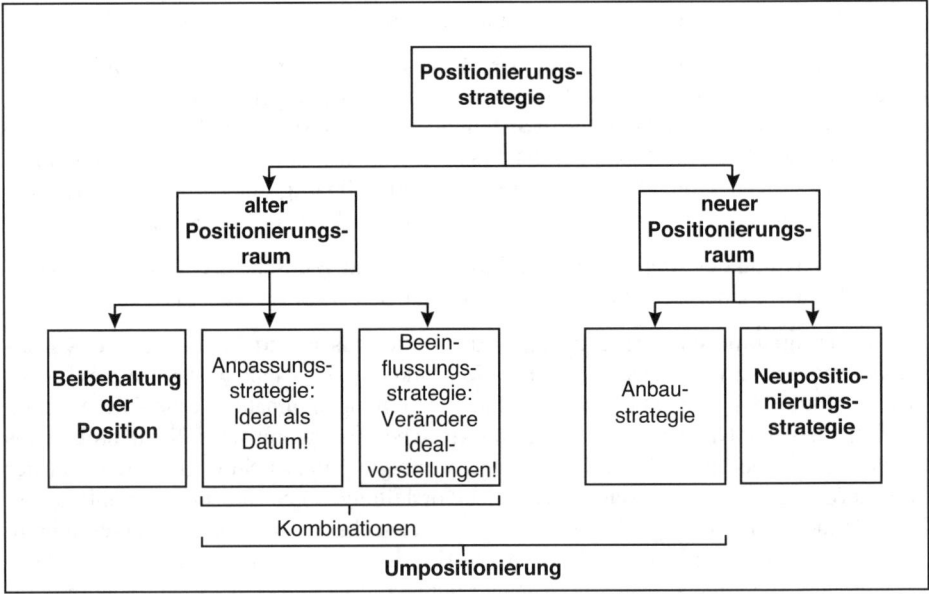

Abbildung 4:   Positionierungsstrategien aus der Perspektive des Positionierungs-modells

In dem alten Positionierungsraum kann man entweder die Position der Marke beibehalten oder eine Anpassungs- bzw. Beeinflussungsstrategie zur Positionsverbesserung realisieren. Ein neuer Positionierungsraum kann durch eine Anbaustrategie oder durch eine Neupositionierung für eine Marke erschlossen werden. Diese Handlungsoptionen lassen sich auf **drei Positionierungsstrategien** reduzieren (vgl. auch in ähnlicher Form Haedrich/Tomczak, 1990, S. 105 ff.):

1. Die Beibehaltung der Markenposition.

2. Die Umpositionierung der Marke, entweder
   - im alten Positionierungsraum durch eine Anpassungs- und/oder eine Beeinflussungsstrategie oder
   - im neuen Positionierungsraum durch eine Anbaustrategie.

3. Die Neupositionierung der Marke.

Zu 1: Beibehaltung der Markenposition

Hat die Markenposition eine hohe Übereinstimmung mit den Idealvorstellungen einer wirtschaftlich relevanten Zielgruppe und sind diese Idealvorstellungen nicht durch eine weitere Marke okkupiert, so empfiehlt sich eine Beibehaltung der Position. Dies bedeutet allerdings keinesfalls die Erstarrung der Marketingmaßnahmen. Vielmehr sind Marketingmaßnahmen wie die Kommunikationsmaßnahmen dem Zeitgeist und aktuellen Strömungen anzupassen, ohne daß man das Markenimage und die Markenidentität aufgibt. Die Anpassungen an den Zeitgeist haben demnach auf der Grundlage des vorhandenen Images zu erfolgen. So wurde bei der Hamburg-Mannheimer der Positionierungskern mit Herrn Kaiser im Zeitablauf keineswegs aufgegeben, weil diese Positionierung nachweislich erfolgreich war. Dennoch erfuhr Herr Kaiser in der neuen Kommunikationskampagne eine notwendige Anpassung an veränderte Konsumentenansprüche.

Zu 2: Umpositionierung der Marke

Eine Markenumpositionierung wird immer dann erforderlich, wenn die Markenposition von den Idealvorstellungen der Konsumenten abweicht. Dazu stehen die oben genannten Anpassungs- und Beeinflussungsstrategien in einem gegebenen Positionierungsraum zur Verfügung. Hier bleibt demnach der Zielgruppenkern weitestgehend erhalten, ebenso wie die zuvor schon angestrebten Positionierungeigenschaften.

Zudem ist noch eine weitere Variante möglich, die auf einen Anbau an den gegebenen Positionierungsraum abzielt. Immer dann, wenn

- eine Anpassungsstrategie zu einer Me-Too-Strategie führen würde, weil die Idealposition bereits durch eine andere Marke besetzt ist, bzw.
- eine Beeinflussungsstrategie in Richtung der eigenen Marke zu kostenintensiv wäre,

ist eine Erweiterung um eine weitere, für andere Teilzielgruppen wichtige Eigenschaft möglich (= Anbaustrategie). Diese Strategie ist ebenfalls zweckmäßig, wenn sich zu viele Marken in einem Imageraum tummeln, mithin der Konkurrenzkampf um das jeweilige Kundensegment zu kostenintensiv wird. Im einfachsten Fall behält man hier eine Positionierungseigenschaft des alten Positionierungsraums, auf der man vergleichsweise gut abgeschnitten hat, bei und ergänzt diese um eine neue Positionierungseigenschaft, öffnet somit im Idealfall also einen neuen Imageraum. So wurde die Seife Fa im Laufe ihres bisherigen Markenlebenszyklus mehrfach umpositioniert und durch Markenerweiterungen aktualisiert. Man positionierte beispielsweise in den letzten Jahren die Marke Fa von einer wilden Frische hin zu einer pflegenden Frische. Im Laufe des Fa Markenlebenszyklus wurden demnach durch Beibehaltung einer Positionierungseigenschaft und Nutzung einer neuen Positionierungseigenschaft oft Marktnischen erfolgreich belegt, so z. B. auch bei der ersten Umpositionierung im Jahr 1968 von Duft und Mildheit zu Duft und Frische. Hier wurde demnach ein Teil der alten Zielgruppe beibehalten, gleichzeitig jedoch auch eine neue Zielgruppe angesprochen.

Zu 3: Neupositionierung der Marke

Ist die Ist-Position der Marke extrem weit von der Idealposition der Zielgruppe entfernt, so daß diese die relevanten Eigenschaften kaum der Marke zuordnen kann, kann eine Neupositionierung in einem völlig neuen Positionierungsraum erforderlich werden. Diese ist dann notwendig, wenn bereits andere Marken starke Positionen in dem jeweiligen Imageraum aufweisen, so daß weitere Marketinginvestitionen in dem gegebenen Imageraum kaum erfolgversprechend sind.

In diesem Fall ist für eine Marke ein neuer, für andere wirtschaftlich tragfähige Zielgruppen relevanter Imageraum zu belegen. Im Prinzip betrachtet man hier zu Recht bisherige Marketinginvestition in die avisierte Zielgruppe als „sunk costs". Da diese Investitionen offensichtlich nicht zum Aufbau klarer Imagestrukturen für die Marke beigetragen haben, ist eine völlige Neupositionierung der Marke unter Verwendung neuer Positionierungseigenschaften und Ansprache einer neuen Zielgruppe erforderlich.

Beispiel: West verfolgte in den 80er Jahren eine Me-Too-Strategie mit Marlboro. In einem Positionierungsraum mit Eigenschaften wie Abenteuer und Freiheit wurden die Idealvorstellungen eindeutig durch die Marke Marlboro und in einer abgwandelten Darstellung auch durch Camel besetzt. Deshalb konnten die Marketingmaßnahmen zum Aufbau einer entsprechenden Position der Marke West nicht fruchten, im Gegenteil: Sie spielten dem Konkurrenten Marlboro in die Hände, wie die Marktanteile deutlich dokumentierten. Deshalb war für West eine Umpositionierung erforderlich, die erstmals erfolgreich mit der „Test the West"-Strategie realisiert wurde. Mit dieser Positionierungsstrategie wurde jedoch ein völlig anderer Positionierungsraum und zweifelsfrei auch eine andere Zielgruppe angesprochen.

4. Konzeption und Realisation einer Positionierung

4.1 Konzept- und Realisationsebene der Positionierung

Die vorangegangenen Überlegungen bezogen sich auf Positionierungsstrategien, die auf Basis einer gegebenen Ist-Position einer Marke abgeleitet werden konnten. Diese Ist-Position reflektiert dabei die Situation der eigenen Marke im Vergleich zur Konkurrenz aus der Wahrnehmung der Kunden in für sie relevanten Positionierungsräumen. Daraus lassen sich grundlegende Positionierungsstrategien ableiten, die jedoch noch keinen Aufschluß darüber geben, wie eine solche Strategie in Maßnahmen umgesetzt werden kann. Hierzu können allerdings die strategischen Dreiecke zur Positionierung herangezogen werden. Diese erleichtern es dem Anwender, seine Gedanken bei der Konzeption und Umsetzung einer Positionierung zu ordnen und einen systematischen Prozeß für eine wirksame Positionierungsumsetzung zu initiieren.

Hierbei kann man zwei strategische Dreiecke voneinander unterscheiden, die in Interaktion zueinander stehen: das der Konzeptebene und das der Realisationsebene (vgl. Abbildung 5).

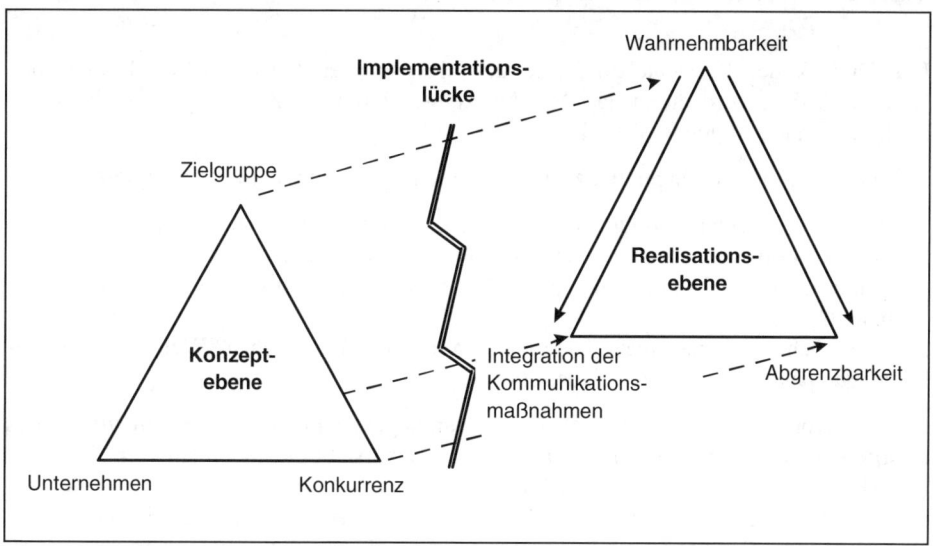

Abbildung 5:   Die strategischen Dreiecke der Positionierung
Quelle: in Anlehnung an Levermann (1994).

Die Unterscheidung in Konzeptphase und Realisationsphase ist für die Entwicklung einer Positionierungsstrategie wesentlich, da sich verbale Konzepte nicht immer realisieren lassen (Transformationsproblem) und beide Phasen Anhaltspunkte für ein Strategie-Audit im Sinne der diagnostischen Erfolgsbewertung bieten. Es empfiehlt sich demnach eine **Top-Down- und Bottom-Up-Betrachtungsweise**. Dadurch wird vermieden, daß top-down geplante Strategien in eine Sackgasse wegen mangelnder Umsetzungsmöglichkeiten führen.

Die Konzeption der Positionierung und deren Realisierung im Marketing-Mix kann demnach nur unter Berücksichtigung der bei den Konsumenten ablaufenden Verhaltensprozesse erfolgen. Diese **aktivierenden und kognitiven Prozesse sind der Grad-**

messer einer erfolgreichen Umsetzung im Markt und dienen somit als unmittelbares Feedback auf ergriffene Maßnahmen. Diese Aussage ist nicht mißzuverstehen: Es steht außer Frage, daß unternehmensspezifische Aspekte die Positionierung wesentlich beeinflussen. Ebenso unstrittig ist, daß das Technologiemanagement auf sich entwickelnden Märkten eine bedeutende Rolle spielt und Konkurrenzbetrachtungen keinesfalls vernachlässigt werden dürfen. Allerdings entscheiden die Bedürfnisse und Wünsche der Konsumenten und deren subjektive Wahrnehmung, ob ein neues Produkt auf entsprechende Akzeptanz stößt, ob eine Abgrenzung von der Konkurrenz wahrgenommen wird usw.

4.2 Probleme der Konzeptentwicklung einer Positionierung

Das Dreieck der Konzeptebene, also das klassische strategische Dreieck im Sinne Ohmaes (1982), wird durch das Angebot selbst, durch die Zielgruppe und durch die konkurrierenden Angebote gebildet.

Wesentliche Fragestellungen der **Konzeptebene** lassen sich wie folgt formulieren:

1. Welche Wünsche und Bedürfnisse hat die Zielgruppe heute und in Zukunft?
2. Wie positionieren sich Konkurrenzunternehmen zur Zeit, wie werden sie sich aufgrund möglicher Veränderungen der Angebots- und Nachfragestruktur künftig verhalten?
3. Wie möchte sich das eigene Unternehmen in der Zukunft sehen? Welche Positionierungen passen zur Corporate Identity?

Auf der Konzeptebene werden demnach grundlegende Fragen zur **Ermittlung eines adäquaten Positionierungskonzeptes** geklärt. Dazu steht eine Vielzahl von Methoden und Hilfen zur Verfügung. Neben klassischen Imageanalysen zur Ermittlung der Ist-Position des eigenen Angebots und der der Konkurrenz kann man zur Ermittlung der Bedürfnisse und Wünsche der Konsumenten auf Lebensstiluntersuchungen und Untersuchungen der Wertvorstellungen der Konsumenten zurückgreifen (vgl. Banning, 1987; Schürmann, 1988; Drieseberg, 1995). Denkbar wäre auch der Einsatz von Inhaltsanalysen zur Ermittlung bisheriger Maßnahmen der Konkurrenz[7].

---

7   Das Maßnahmenbündel ließe sich fast beliebig fortführen. Wind (1988, S. 19) nennt folgende - besonders wichtige - Möglichkeiten zur Unterstützung von Positionierungsüberlegungen auf der Konzeptebene: 1. Generierung von Positionierungsideen mittels des gleichen Instrumentariums, das auch zur Generierung neuer Produktideen dient. 2. Messungen der bisherigen Position durch indirekte Ansätze (Marktanteilsgrößen, Markenwechselverhalten) sowie durch direkte Ansätze (z. B. Diskriminanzanalysen, MDS, Cluster- und Korrespondenzanalysen). 3. Vorhersage der möglichen Wirkung einer Positionierungsstrategie (z. B. mittels MDS, ökonometrische Vorhersagemethoden, Experimente sowie auf Conjointanalysen basierende Simulations- und Optimierungsmethoden). 4. Bestimmung der gewünschten Positionierung (z. B. mittels MDS, Conjointanalyse oder der AHP-Methode von Saaty, 1980; vgl. auch Haedrich/Tomczak, 1990).

Kernprobleme bei der Entwicklung von Positionierungskonzepten ergeben sich vor allem daraus, daß

■ Manager sich bei der Ideengenerierung möglicher Positionierungskonzepte zu viele Selbstbeschränkungen auflegen und deshalb zu wenige und oft branchenstereotype Positionierungsoptionen entwickelt werden;

■ die Entwicklung von Positionierungskonzepten oft reaktiv dem aktuellen Marktgeschehen folgt, statt langfristige Perspektiven aktiv zu entwickeln;

■ kurzfristige Bedürfnisverschiebungen bei Konsumenten als langfristige Positionierungsgrundlage herangezogen werden;

■ zukünftige Entwicklungen - sowohl bei Konsumenten als auch bei Konkurrenten - nicht hinreichend bei Positionierungsüberlegungen berücksichtigt werden, sondern man häufig an der Ist-Situation „klebt";

■ Positionierungsüberlegungen auf der Konzeptebene enden, also kein wissenschaftlich fundierter Transfer auf die Umsetzungsebene erfolgt (vgl. Kroeber-Riel, 1993 a; Esch/Levermann, 1995; Esch, 1992 a).

Auf einige besonders wichtige Probleme wird kurz näher eingegangen:

Haften an Branchenklischees

In den meisten Branchen werden nur wenige Positionierungseigenschaften belegt und vermittelt (vgl. Kroeber-Riel, 1993 a). Im Branchendurchschnitt liegt die Zahl der vermittelten Positionierungseigenschaften bei etwa sechs von den jeweiligen Marken belegten Positionierungseigenschaften (vgl. z. B. o. V., 1991). Eine branchenlastige Ausrichtung der Positionierungsüberlegungen impliziert jedoch immer eine Markenbewegung in bereits vorhandenen Positionierungsräumen, die bekannte Bedürfnisse der Kunden zu befriedigen versuchen (vgl. Trommsdorff, 1992). Latente Bedürfnisse können auf solchem Wege nicht befriedigt werden.

Es gibt jedoch meist vielfältige Positionierungsoptionen, die man durch Analogien, durch Übertragungen erfolgreicher Konzepte aus anderen Bereichen, aus Ergebnissen von Lebensstilstudien und Werteforschungen usw. ermitteln kann (vgl. Szallies/Wiswede, 1991; Silberer, 1985 und 1991; Banning, 1987; Drieseberg, 1995). Warum also diese Form der Selbstbeschränkung? Wenn zum Beispiel im Bereich der Kleinwagen wie VW Polo, Ford Fiesta usw. kaum noch Produktunterschiede vorliegen und es auch bei den Bedürfnissen der Konsumenten keine gravierenden Unterschiede gibt, so muß man hier neue Positionierungswege suchen. Der Renault Clio hat diesen Weg mit der Positionierung „Made in Paradise" (paradiesisch schön) und einer entsprechenden werblichen Umsetzung erfolgreich beschritten. Zu einer solchen Entscheidung gehört jedoch ein erhebliches Maß an Mut und unternehmerischer Weitsicht.

Eine Selbstbeschränkung scheint nur dann notwendig, wenn aufgrund des vorhandenen Marktanteils einer Marke nur ganz bestimmte, für die anvisierten Kunden besonders relevante und ergiebige Positionierungseigenschaften in Frage kommen oder tatsächlich nur wenige Merkmale in einer Branche relevant sein sollten. So kann es sein, daß in der Versicherungsbranche (neben dem Preis) nur Positionierungseigenschaften wie Solidität, Zuverlässigkeit, Vertrauen oder Kundennähe und persönliche Kontakte von Bedeutung sind. Gerade hier entscheidet bei übereinstimmenden Positionierungskonzepten für unterschiedliche Marken ausschließlich die Umsetzung der Positionierung, da man keine Eigenschaft mehr exklusiv belegen kann.

So verfolgt die Württembergische Versicherung eine erfolgreiche Positionierung, die an Positionierungseigenschaften ansetzt, die besonders starke Bedürfnisse von Versicherungskunden trifft und deshalb auch von Mitkonkurrenten verfolgt werden: Sicherheit, Solidität und Zuverlässigkeit. Garant für den Erfolg ist hier die Umsetzung mit dem Schlüsselbild des „Fels in der Brandung", das diese Positionierungseigenschaften erkennbar und von der Konkurrenz differenzierbar zum Ausdruck bringt (vgl. Thometzek, 1995; sowie den Beitrag „Aufbau starker Marken durch integrierte Kommunikation" in diesem Buch).

Einseitiges Festhalten an sachlichen Positionierungseigenschaften

Häufig wird an sachlichen Produkteigenschaften zur Positionierung festgehalten. Ein solches Vorgehen ist auf wachsenden Märkten mit echten Innovationen oder auf High-Involvement-Märkten durchaus zweckmäßig. Hier herrscht oft eine „inside-out"-Perspektive vor (vgl. Tomczak/Reinecke, 1995). Die Forschungs- und Entwicklungsabteilung setzt dann die Imperative, auf denen die Positionierung aufbaut (vgl. Wolfrum, 1994; Töpfer/Sommerlatte, 1991; Backhaus, 1997 b; Brockhoff, 1992). Dies ist typischerweise auf vielen Investitionsgütermärkten der Fall.

Auf gesättigten Märkten mit wenig involvierten Konsumenten und funktional austauschbaren Produkten ist dies hingegen kaum eine differenzierende und zweckmäßige Alternative. Hier gilt es vielmehr, Marken emotional voneinander abzugrenzen und Kunden durch Gefühle und spezifische Erlebnisse an Marken zu binden. Ideologisch begründetes Festhalten an sachlichen Positionierungen ist bei technik-orientierten Unternehmen weit verbreitet. Die Folge sind häufig austauschbare Umsetzungen, die die wahrgenommene Austauschbarkeit von Marken noch zusätzlich erhöht. So zeigen Untersuchungen wie die Brand-Parity-Studie von BBDO (vgl. Biel, 1992), daß in Produktgruppen wie Zigaretten oder Bier größere Unterschiede zwischen Marken wahrgenommen werden als in anderen Produktgruppen, zum Beispiel Kühlschränken. In den erstgenannten Fällen erfolgt eine erlebnisbetonte Postionierung und Abgrenzung der Marken voneinander, im letztgenannten Fall schaffen sachliche Positionierungen in Märkten mit vergleichbaren Produktqualitäten ein Marken-Patt.

Stereotype Messungen zur Erfassung der Ist-Situation

Viele Marktforschungsinstitute greifen bei Imageanalysen auf bewährte Erhebungstechniken zurück. Meist dominieren Imageerhebungen, bei denen typischerweise verbale Imageprofile zur Ermittlung der Ist-Positionierung der eigenen Marke und von Konkurrenzmarken eingesetzt werden. Solche Erhebungen haben den Vorteil, daß sie sich einfach durchführen und auswerten lassen. Sie eignen sich auch gut für ein „Benchmarking". Ein wesentliches Problem ist jedoch die Tatsache, daß oft die **differenzierenden** und/oder die **relevanten** Eigenschaften nicht gemessen werden. Darauf wird weiter unten bei den Kontrollmaßnahmen noch näher eingegangen.

Zweifelhafte Defizitausgleichsempfehlungen aufgrund der Ergebnisse der Ist-Situation

Positionierungen bergen immer die Gefahr, daß man auf anderen Eigenschaftsdimensionen vergleichsweise schlechter als die Konkurrenz abschneiden kann. Daraus folgen dann die typischen Ableitungen zur **Repositionierung**. Das ist wenig zweckmäßig. Es sind reaktive Maßnahmen, die die bisherigen Investitionen in eine Marke und in den Aufbau positionierungsrelevanter Gedächtnisstrukturen vernichten. Solche Beispiele findet man zuhauf. In jüngerer Zeit wurde beispielsweise der Citroen als „sicheres" Auto in der Werbung positioniert, eine typische Defizitausgleichsstrategie mit wenig Aussicht auf Erfolg. Sichere Autos sind - aus der Sicht der Kunden - vor allem Saab, Volvo und Mercedes, auf keinen Fall jedoch ein Citroën. Diesem Auto werden viel eher andere Eigenschaften, zum Beispiel bequemes Fahren usw. zugeordnet.

Eine Repositionierung kommt nur in wenigen Fällen in Frage. Keinesfalls leitet sich aus Defiziten bei bestimmten Positionierungseigenschaften der Zwang zur Repositionierung ab. Repositionierungen sind vor allem dann zweckmäßig, wenn (vgl. allgemein auch Wind, 1982, S. 530 ff.)

- man erwartet, daß sich die Einstellungen und Bedürfnisse der Verbraucher zukünftig so ändern, daß die verfolgte Positionierung für diese nicht mehr von Relevanz ist oder das verbleibende Marktsegment auf eine unrentable Größe schrumpft,
- man die gleiche Positionierung verfolgt wie eine stärkere Konkurrenzmarke und keine Verbesserung der eigenen Situation zu erwarten ist und
- aus unternehmenspolitischen Gründen eine Angleichung der Markenpositionierung an die Positionierung des Unternehmens oder des entsprechenden strategischen Geschäftsbereiches zu erfolgen hat.

Mangelnde Verankerung von Positionierungsentscheidungen auf Top-Managementebene

Carlhanns Damm, ehemaliger Vorstandsvorsitzender der AEG Haushaltsgeräte, bezeichnete bereits zu Beginn der 80er Jahre Produktmanager als „Markenvernichter", also als Manager mit Priorität für kurzfristige Erfolge und ohne den Blick für die strategische Markenführung. Doch kann man den Produktmanagern diesen „faux pas" alleine anlasten oder handelt es sich um einen systemimmanenten Fehler? Selbstverständlich will jeder junge ehrgeizige Produktmanager in einem Unternehmen etwas bewegen und möglichst viele Dinge verändern, um kurzfristig bessere Ergebnisse präsentieren zu können und sich zu profilieren. Es wäre schlimm, wenn es anders wäre. Zudem wechseln gerade Produktmanager recht häufig - ihre Halbwertszeit liegt oft nur bei zwei Jahren. Um so mehr ist jedoch eine organisatorische Verankerung von Positionierungsüberlegungen auf Top-Mangement-Ebene erforderlich, um die nachwachsenden Manager innerhalb der durch die Positionierung gesteckten Grenzen einzusetzen. Das bedingt klare Vorgaben wesentlicher Positionierungs- und Markenmanifeste und eine entsprechende Kontrolle der ergriffenen Umsetzungsmaßnahmen. Anreiz- und Entlohnungssysteme sind darauf abzustimmen.

4.3 Anforderungen an die Realisation einer Positionierung

Sofern die Fragen auf der Konzeptebene geklärt und mögliche Hürden bei der Entwicklung schlüssiger Positionierungskonzepte überwunden wurden, sind die jeweiligen Endpunkte des Konzeptdreiecks anschließend in die korrespondierenden Endpunkte des Realisationsdreieckes zu transformieren. Wesentliche Fragestellungen der **Realisationsebene** lassen sich wie folgt formulieren:

1. Wird das in den einzelnen Marketinginstrumenten umgesetzte Positionierungskonzept auch zieladäquat von der Zielgruppe wahrgenommen?
2. Trägt die Umsetzung des Positionierungskonzepts in den Marketinginstrumenten zur klar erkennbaren Abgrenzung von der Konkurrenz bei?
3. Sind die einzelnen Marketinginstrumente entsprechend der Positionierung aufeinander abgestimmt, so daß sich für das Unternehmen die notwendigen Synergieeffekte ergeben?

Abstimmung der Positionierung auf die Wahrnehmung der Konsumenten

Für die Umsetzung einer Positionierungsstrategie sind **verhaltenswissenschaftliche Erkenntnisse** über die Informationsaufnahme, -verarbeitung und -speicherung durch die Konsumenten wichtig. Entscheidend für eine klar erkennbare Umsetzung eines Positionierungskonzeptes ist, ob die für die Marketinginstrumente geplanten Maßnahmen auch entsprechend von den Konsumenten wahrgenommen werden. Konkret: Wird die Positionierung eines Bieres als natürliches Bier auch tatsächlich in der gewünschten Form wahrgenommen?

Um die positionierungsadäquate Wahrnehmung der Marketing-Maßnahmen sicherzustellen, ist ein zweistufiges Vorgehen zweckmäßig. Zunächst ist zu prüfen, welche Vorstellungen Konsumenten mit bestimmten Positionierungsinhalten, zum Beispiel der Positionierungseigenschaft „natürlich" verbinden. Diese Assoziationen der Konsumenten dienen dann als Grundlage für erste Umsetzungen der Positionierung. Im zweiten Schritt sind die Umsetzungen dahingehend zu analysieren, ob sie auch im Sinne der Positionierung wahrgenommen und verstanden werden.

Zum ersten Schritt: Ex ante kann man hier auf die im Gedächtnis der Konsumenten gespeicherten Schemavorstellungen zu bestimmten Positionierungseigenschaften zurückgreifen. Dadurch erhält man wertvolle Hinweise für positionierungsadäquate Umsetzungen. Diese können sich auf komplexere Sachverhalte sowie auf einzelne kommunikative Elemente, wie etwa die mit einer bestimmten Positionierungseigenschaft assoziierten Farben beziehen (vgl. Abbildung 6).

Zum zweiten Schritt: Inwieweit ex post die Konsumentensicht der Markenpositionierung mit den Zielvorstellungen des Unternehmens übereinstimmt, läßt sich ebenfalls über Assoziationsmuster, -häufigkeiten und -reihenfolgen ermitteln.

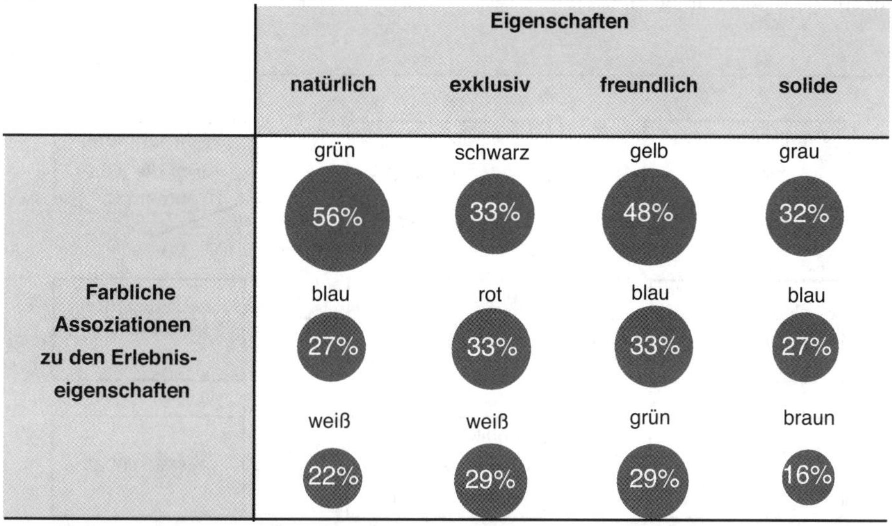

	Eigenschaften			
	natürlich	exklusiv	freundlich	solide
	grün	schwarz	gelb	grau
	56%	33%	48%	32%
Farbliche Assoziationen zu den Erlebnis- eigenschaften	blau	rot	blau	blau
	27%	33%	33%	27%
	weiß	weiß	grün	braun
	22%	29%	29%	16%

Anmerkung: Mehrfachnennungen waren möglich. Die Prozentzahlen beziehen sich auf die relativen Häufigkeiten der Nennungen; n = jeweils 100 Testpersonen, bei exklusiv 107 Testpersonen.

Abbildung 6:   Farbassoziationen der Konsumenten zu verschiedenen Positionierungseigenschaften
Quelle: Petri, 1992 und 1995.

Ein wesentlicher Einflußfaktor in bezug auf die klar erkennbare Wahrnehmung ist die Art der Vermittlung der Positionierung, d. h. die Vermittlung durch Sprache und/oder durch Bilder. Nach Erkenntnissen der Verhaltensforschung ziehen Konsumenten Bildinformationen Sprachinformationen vor, weil diese leichter aufgenommen, verarbeitet und gespeichert werden können. Die Aufnahme von Bildinformationen erfolgt - im

Gegensatz zu Sprachinformationen - ganzheitlich und mit geringer kognitiver Kontrolle. Dies ist im Zeitalter der Informationsüberlastung von herausragender Bedeutung (vgl. Kroeber-Riel, 1985 und 1993 a). Bei der Umsetzung von Positionierungskonzepten in der Kommunikationspolitik müssen solche Erkenntnisse berücksichtigt werden.

Realisation einer eigenständigen Umsetzung der Positionierung

Ein Kernproblem bei der Entwicklung der Positionierung für ein Angebot liegt in der Vermeidung der Austauschbarkeit mit der Konkurrenz. Generell ist zwischen der Austauschbarkeit des Konzeptes und der Austauschbarkeit der Umsetzung zu unterscheiden: Das Positionierungskonzept kann austauschbar mit anderen Angeboten oder eigenständig sein. Ein austauschbares Positionierungskonzept kann wiederum durch die verschiedenen Marketinginstrumente eigenständig oder wie bei konkurrierenden Angeboten umgesetzt werden. Das gleiche gilt für ein eigenständiges verbales Positionierungskonzept (vgl. Abbildung 7).

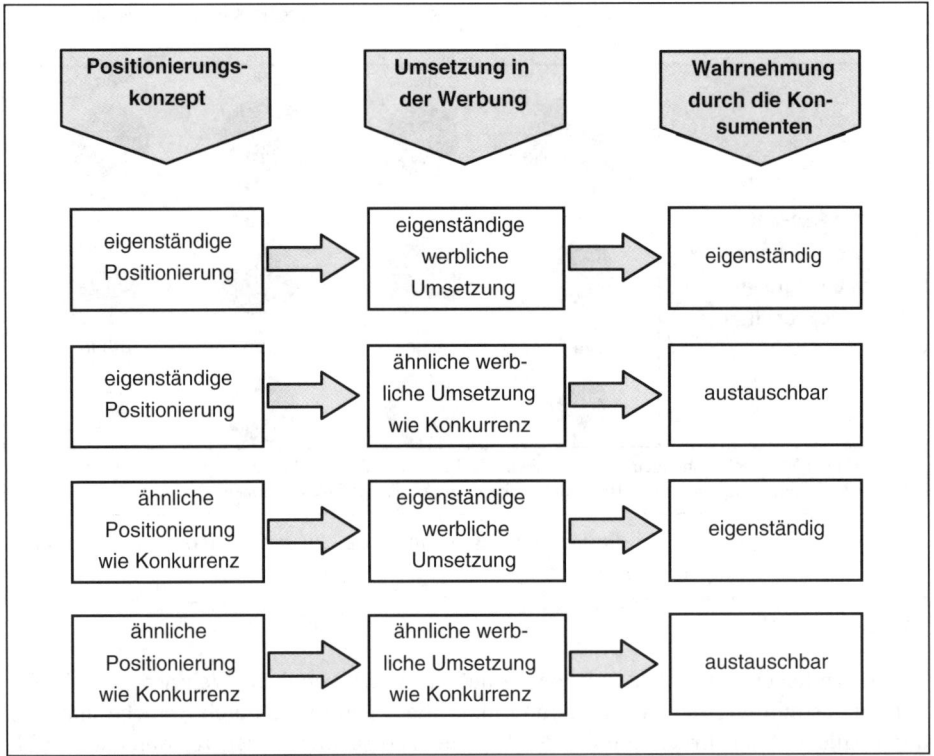

Abbildung 7:   Klassifikation austauschbarer und eigenständiger Positionierungen

Die eigenständige Umsetzung eines Positionierungskonzeptes ist für eine eindeutig wahrnehmbare Unterscheidbarkeit des Angebots von der Konkurrenz von herausragender Bedeutung, unabhängig davon, ob das Positionierungskonzept selbst austauschbar oder eigenständig ist (vgl. Esch, 1992 a). Auch dies betont die Bedeutung der subjektiven Wahrnehmung. **Der klar erkennbare Auftritt einer Marke prägt deren Image.** Ob das dahinterstehende sprachliche Positionierungskonzept anderen ähnelt, wird unter den herrschenden Rahmenbedingungen mit eher wenig involvierten Konsumenten kaum hinterfragt.

Zur Messung der wahrgenommenen Ähnlichkeit bzw. der Unterscheidbarkeit des eigenen Positionierungskonzeptes von denen der Konkurrenz existieren bereits Meßmethoden wie das TRINODAL-Mapping von Keon (1983 a und 1983 b). Bei dieser Methode werden mit anonymisierter Kommunikation eines Produktbereiches sogenannte **Verwechslungsmatrizen** erstellt (vgl. Nommensen, 1990; sowie den Beitrag „Kontrolle der Eigenständigkeit von Markenauftritten" in diesem Buch).

Integration der Marketingmaßnahmen statt Zersplitterung des Markenauftritts

Für Positionierungskonzepte gilt das Motto „Das Ganze ist mehr als die Summe seiner Teile". Gemeint ist damit die Integration der verschiedenen Marketinginstrumente und damit auch der Kommunikation zur Erzielung von Synergieeffekten und zur Verstärkung des gewollten Eindruckes bei den Konsumenten. Die positionierungsadäquate Integration der kommunikativen Maßnahmen verankert die Markenpositionierung schneller und tiefer in den Köpfen der Konsumenten. Dies ist lerntheoretisch unmittelbar nachvollziehbar. Bei der Vermittlung eines konsistenten Bildes oder einer konsistenten Positionierungsbotschaft durch alle Kommunikationsinstrumente handelt es sich um die für den Lernprozeß so wichtigen Wiederholungen ein- und derselben Botschaft (vgl. Kroeber-Riel, 1993 b; Esch, 1998 a). Mit Kommunikation ist hier Kommunikation im weitesten Sinne gemeint. Darunter fällt die persönliche Kommunikation und die persönliche Erfahrung mit einem Produkt oder einer Dienstleistung ebenso wie die Kommunikation durch Verpackungen, Massenkommunikation und Nicht-Klassiker der Kommunikation wie Event-Maßnahmen oder der Internet-Auftritt eines Unternehmens.

Die integrierte Kommunikation ist für die Durchsetzung einer Positionierung wichtig, weil

1. auf Konsumenten zu viele Informationen einströmen. Dies führt oft zu einer Wahrnehmungsabwehr. Die Zugangsbarrieren zu den Konsumenten nehmen zu. Einmalige Botschaften können diese Barriere kaum überwinden. Erst viele konsistente Eindrücke hinterlassen bei dieser Reizüberflutung klare Gedächtnisspuren bei den Konsumenten. Hier gilt praktisch das Motto: „Steter Tropfen höhlt den Stein" (vgl. auch den Beitrag „Aufbau starker Marken durch integrierte Kommunikation" in diesem Buch).

2. durch Kommunikation vermittelte dissonante, widersprüchliche Informationen ein Gedächtnischaos bewirken. Sie vermitteln kein klares Bild von dem Unternehmen,

sondern hinterlassen vielmehr diffuse Eindrücke, die nur schwer zuzuordnen sind und aufgrund der gesamten Reizvielfalt zu Verwechslungen mit der Konkurrenz führen können (vgl. Esch, 1992 b).

5.   Ansätze zur Positionierungskontrolle

Der Begriffswirrwarr in bezug auf „Marketing-Controlling", „Marketing-Kontrolle" und „Marketing-Audit" ist riesig. Die Abgrenzungen zwischen den Begriffen weisen meist autorenspezifische Abweichungen auf (vgl. z. B. Köhler, 1993; Nieschlag et al., 1994; Horvath, 1994; Reichmann, 1995; Weber, 1994; Meffert, 1994 b). Hier wird einer Begriffsabgrenzung von Böcker gefolgt, der von der Differenzierung zwischen der Kontrolle im engeren und weiteren Sinne sowie dem Controlling ausgeht (vgl. Abbildung 8).

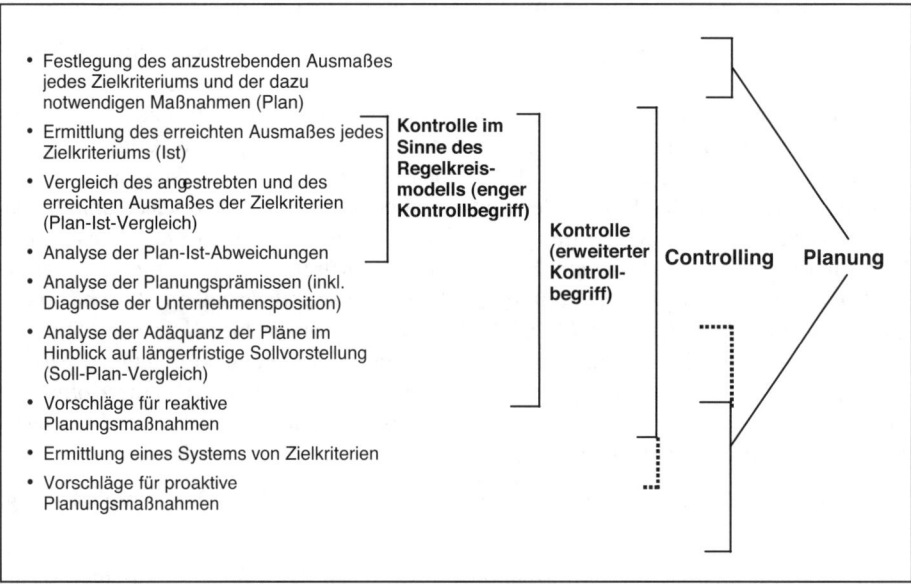

Abbildung 8:   Zur Abgrenzung zwischen Kontrolle und Controlling
Quelle: Böcker, 1988, S. 34.

Abweichend von den Ausführungen bei Böcker (vgl. 1988, S. 48 ff.) wird im folgenden bei der Unterscheidung zwischen der Marketing-Kontrolle und dem Marketing-Audit davon ausgegangen, daß sich die Kontrolle primär auf die Objektebene, das Audit hingegen eher auf eine Metaebene bezieht, also auf die Rahmenbedingungen des Planens, Kontrollierens und Steuerns (vgl. Köhler, 1993).

Für die hier angestellten Positionierungsüberlegungen wird zwischen einer

■ Kontrolle der einzelnen **Entwicklung**sschritte der Positionierung,
■ Kontrolle der laufenden **Realisation** der Positionierung durch das Marketing-Mix sowie
■ der **Ergebnis**kontrolle

unterschieden (vgl. zu ähnlichen Abgrenzungen Wild, 1974, S. 67; Böcker, 1988, S. 26; Herrmann, 1993).

Die **Kontrolle der einzelnen Entwicklungsschritte** der Positionierung bezieht sich auf das erstmalige konzeptionelle Gestalten einer Positionierung bei einer neu in den Markt einzuführenden Marke als auch auf Um- oder Neupositionierungsmaßnahmen bestehender Marken. Kontrollmaßnahmen in diesem Stadium beziehen sich auf eine Prämissenkontrolle und ein Prämissenaudit als auch auf eine Kontrolle der ablaufenden Entwicklungsprozesse (vgl. Böcker, 1988 und 1991). Es liegt auf der Hand, daß bei Nichtberücksichtigung wichtiger Rahmenbedingungen bzw. bei einer Fehlinterpretation der Markt- und Kommunikationsbedingungen und deren Veränderungen kein effektives Positionierungskonzept entwickelt werden kann. Insofern sind sowohl die Daten, die für eine solche Positionierung herangezogen werden, als auch die Methoden, mit denen das zugrundeliegende Datenmaterial ermittelt bzw. künftige Veränderungen von Rahmenbedingungen abgeschätzt wurden, kritisch zu prüfen.

Die **Kontrolle der Durchsetzungsmaßnahmen** bezieht sich darauf, daß in einer Zeitraumbetrachtung regelmäßig die einzelnen Marketingmaßnahmen im Hinblick auf ihren Bezug und ihren Beitrag zur Positionierung geprüft werden. Dazu ist von den Unternehmen ein entsprechendes Checklistensystem mit Vorgaben und Abweichungstoleranzen für entsprechende Marketingmaßnahmen zu entwickeln. Diese Checklisten sind entsprechend der Anforderungen des Umsetzungsdreiecks der Positionierung zu formulieren (vgl. Esch/Levermann, 1995). Solche Kontrollen sind vor dem Einsatz der jeweiligen Marketingmaßnahmen durchzuführen. Sie werden um so wichtiger, je mehr Marketingbereiche organisatorisch getrennt voneinander operieren. Eine Verselbständigung der Ideen und Umsetzungsmaßnahmen, die der verfolgten Positionierung nicht entsprechen, ist hier viel eher zu erwarten als bei zentraler Koordination aller Marketing- und Vertriebsmaßnahmen.

Die **Ergebniskontrolle** dient hingegen einem Soll-Ist-Vergleich zwischen angestrebter und erreichter Durchsetzung der Positionierung für eine Marke. Die Ergebniskontrolle steht im folgenden im Zentrum der Überlegungen.

5.1 Zur Aussagekraft quantitativer und qualitativer Erfolgskontrollen

Kontrolle der Positionierungsmaßnahmen bedeutet einen Soll-Ist-Vergleich zwischen angestrebter und erreichter Durchsetzung der Positionierung für ein Angebot. Damit sind zwei Fragestellungen verbunden:

1. Effektivität: Wird ein zweckmäßiges Positionierungsziel verfolgt?
2. Effizienz: Wird das angestrebte Positionierungsziel zielorientiert und wirksam mit den Marketing-Instrumenten realisiert?

Die Aufgaben der Kontrolle kann man wiederum in eine **evaluative**, d. h. den (Gesamt-) Erfolg bewertende, und eine **diagnostische**, d. h. den Erfolg erklärende Beurteilung differenzieren (vgl. Kroeber-Riel, 1991). Die Evaluation hat deskriptiven Charakter und klärt, ob ein Erfolg zustandegekommen ist, während die Diagnose explikativen Charakter hat und die Frage nach dem „warum" des (Miß-)Erfolgs klären soll. Für beide Aspekte der Kontrolle - Effektivität/Effizienz und Evaluation/Diagnose - bieten sich als Kontrollgrößen[8]

1. quantitative oder **ökonomische Größen** wie Umsatz, Marktanteil usw. und
2. qualitative oder **verhaltenswissenschaftliche Größen** wie Bekanntheit und Image an.

Meist bilden quantitative Größen die wesentliche Kontroll- sowie Entscheidungsgrundlage darüber, ob eine Positionierung beibehalten oder wegen mangelnden Zielerreichungsgrades eine neue Positionierung entwickelt werden soll. Ökonomische Größen stellen allerdings lediglich ein evaluatives Maß zur Kontrolle der Effektivität einer Positionierung dar.

Die einseitige Orientierung an ökonomischen Größen, zum Beispiel die quartalsweise Erfolgsbetrachtung, birgt die Gefahr der Aktionitis auf Kosten strategischer Überlegungen. Quantitative Größen suggerieren zwar eine unmittelbare Erfolgskontrolle. Es ist allerdings kaum erkennbar, ob eine Marketingmaßnahme die angestrebte Positionierung unterstützt oder kannibalisiert hat. Letzteres würde langfristig zur Imageverwässerung führen, zum Beispiel weil durch eine Verkaufsförderungsmaßnahme andere inhaltliche Akzente gesetzt werden als angestrebt.

Gerade ein Imageaufbau benötigt Zeit. Im Fall einer Neupositionierung ist zu Beginn sogar mit rückläufigen Zahlen zu rechnen, weil es zu einer Kollision der bei den Kunden gespeicherten Images mit der neu angestrebten Positionierung kommen kann. In solchen Fällen liegen marktökonomische Größen in einer Wirkungskette ganz am Ende. Zunächst verändern sich verhaltenswissenschaftliche Größen, bevor es zu einem meß-

---

8   Vgl. zum Marketing-Controlling und zur Kontrollmöglichkeit mittels quantitativer und qualitativer Größen ausführlich Köhler (1993) oder das THEXIS-Heft 5/92 zum Marketing-Audit, insb. den Beitrag von Kühn und Fasnacht.

baren Erfolg bei quantitativen Größen kommen kann. Die ausschließliche Betrachtung marktökonomischer Größen könnte dann zu falschen Schlüssen und Aktionen führen.

Mit quantitativen, marktökonomischen Größen ist ex post kaum eine Analyse möglich, warum ein bestimmtes Ziel erreicht oder verfehlt wurde (vgl. Esch/Levermann, 1994). Eine einseitige Fokussierung auf ökonomische Größen ohne Berücksichtigung verhaltenswissenschaftlicher Größen birgt also die Gefahr, daß bei den daraus abgeleiteten Maßnahmen für strategische und operative Maßnahmen der Willkür Tür und Tor geöffnet wird. Deshalb empfiehlt sich eine Kontrolle durch quantitative und qualitative Größen, da beiden unterschiedliche Funktionen zukommen. Ökonomische Größen geben primär Aufschluß darüber, ob die Kosten-/Ertragsrelation sich im akzeptablen Rahmen bewegt. Verhaltenswissenschaftliche Größen zeigen hingegen, ob eine Positionierung auch die gewünschte Wirkung erzielt. Aus solchen Ergebnissen lassen sich auch besser Maßnahmen zur Optimierung ableiten.

5.2 Ansätze einer qualitativen Ergebniskontrolle

Sofern qualitative Kontrollen durchgeführt werden, dominieren klassische Imageanalysen. Viele Marktforschungsinstitute greifen dabei meist auf bewährte Erhebungstechniken zurück. Typischerweise dominieren verbale Imageprofile zur Ermittlung der Ist-Positionierung von Marken, weil diese einfach durchführbar und auswertbar sind. Ein wesentliches Problem ist jedoch die Tatsache, daß oft die **differenzierenden** und/oder die **relevanten** Eigenschaften nicht gemessen werden (vgl. Esch/Andresen, 1996 a und 1996 b).

Ein **Beispiel** aus einer Untersuchung von **Anbietern** im deutschen **Tankstellenmarkt** anhand klassischer Imageprofile verdeutlicht, daß die tatsächlich differenzierenden Merkmale hier oft nicht erkennbar sind (vgl. Abbildung 9).

Man könnte natürlich behaupten, Anbieter C würde sich von seinen Wettbewerbern in hohem Maße differenzieren, weil die Kurve in allen Punkten deutlich über den anderen liegt. Diese absoluten Abstände werden aber wesentlich durch Faktoren wie den Marktanteil und die Marktpräsenz bestimmt. Sie stellen keine echte Differenzierung zwischen den Marken dar. Letztendlich verlaufen die Profile aller Anbieter parallel zueinander, diese haben aus Sicht der Befragten ihre Stärken und Schwächen in den gleichen Dimensionen (vgl. Esch/Andresen, 1996 a).

Dennoch gibt es gerade in diesem Markt ausgeprägte Markenpräferenzen. Die Differenzierung liegt also in Dimensionen, die anhand klassischer, linkshemisphärisch ausgerichteter Imageprofile kaum meßbar sind. Die linke Hemisphäre (Hirnhälfte) ist stark kognitiv und sprachlich dominiert. Sie gibt nur einen begrenzten Einblick in das Markenwissen der Konsumenten. Die rechte Hirnhälfte hingegen ist der Speicher für Gefühle und modalitätsspezifische Eindrücke wie beispielsweise Markenbilder. Ruft man sich zum Beispiel die Marken Esso und Shell ins Gedächtnis, wird - wie in Abbildung

10 dargestellt - sehr schnell eine Differenzierung vor allem auf rechtshemisphärischen, bildhaften Eindrücken erkennbar (vgl. Esch/Andresen, 1996 b).

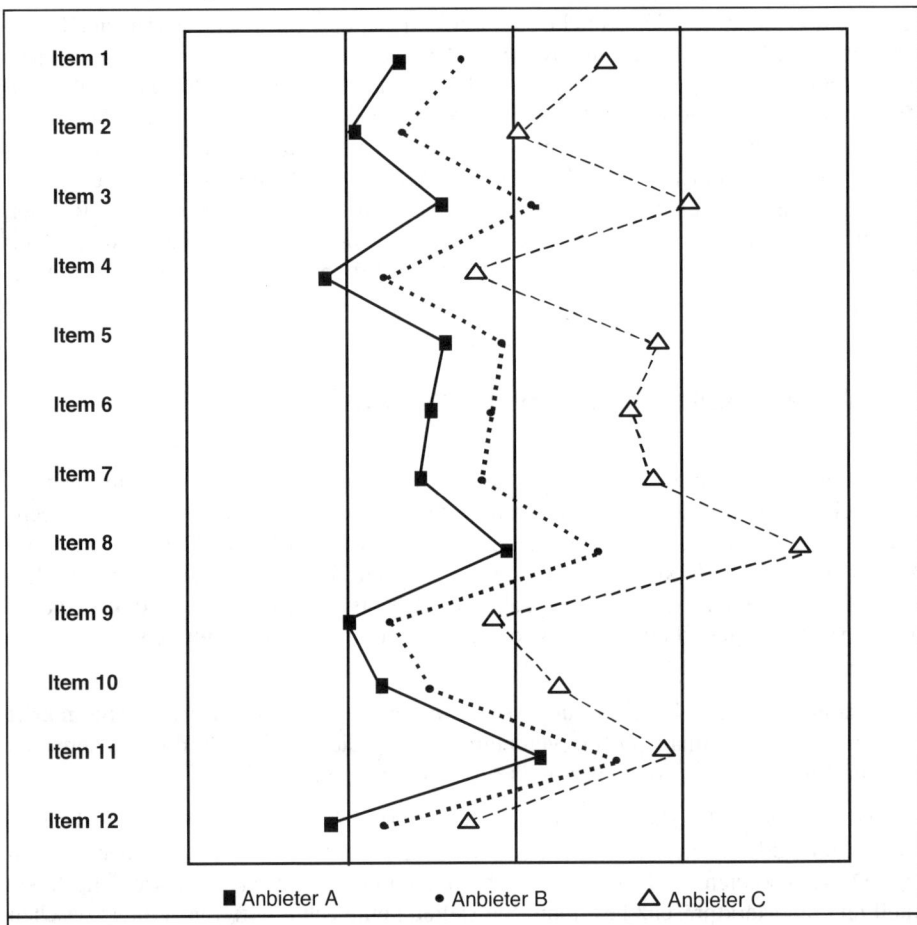

Anmerkung: Das Profil besteht hier aus Aussagen wie "bietet qualitativ hochwertigen Kraftstoff an", "ist ein fortschrittliches Unternehmen", "hat Tankstellen, die technisch auf dem neuesten Stand sind", "ist besonders aktiv im Bereich Umweltschutz" usw.

Abbildung 9:   Imageprofil von Anbietern im Tankstellenmarkt
Quelle: Esch/Andresen, 1996 b.

Esso:	Shell:
Farbcode rot (blau, weiß)	Farbcode gelb (rot)
Esso-Ei	Shell-Muschel
„Hier ist die Energie"	„Jetzt aber Shell"
Esso-Tiger	(Brent-Spar Affäre)
(amerikanisches Unternehmen)	(holländisches Unternehmen)

Abbildung 10:   Rechtshemisphärische Eindrücke zu Esso und Shell

Natürlich muß auch hier die Verbindung zu nutzenorientierten Dimensionen bestehen. So stellt der Esso-Tiger nicht nur ein sympathisches Werbe- und Markensymbol dar, sondern steht für relevante Nutzen wie Kraft/Stärke, hochwertigen Kraftstoff, eventuell auch Umweltfreundlichkeit.

Gerade wenn emotionale Eigenschaften das Image prägen, kann die alleinige Stützung auf Ergebnisse solcher Profilanalysen zu Fehleinschätzungen führen.

Dies soll beispielhaft an den Ergebnissen eines Marktforschungsberichts skizziert werden (vgl. Esch/Andresen, 1996 a). In dieser Untersuchung ging es um eine Imageanalyse von Premium-Biermarken. Eines der Premium-Biere wurde - entsprechend den Ergebnisprofilen der Itembatterien - als herbes Bier beurteilt. Diese Eigenschaft galt als differenzierendes Merkmal zu anderen Premium-Biermarken. Erstaunlich an diesem Ergebnis ist jedoch, daß gerade dieses Premium-Bier eher wenig herb ist. Dies läßt sich durch Laboranalysen objektiv ermitteln.

Daraus lassen sich folgende Schlußfolgerungen ziehen:

1. Die subjektiv wahrgenommene Herbheit ist eine abhängige Größe, die durch andere Eindrücke (unabhängige Variablen) beeinflußt wird, in diesem Fall die Herkunft der Biermarke und die Verpackungsgestaltung. Die eigentlichen Einflußgrößen werden hier also nicht erfaßt, sondern eine Ergebnisgröße, die das Resultat eines Imageaufbaus ist!

2. Durch die Allgemeinheit der abgeprüften Items bleiben die imagebildenden Faktoren im Hintergrund. Bei der besagten Marke sind dies spezifische Erlebnisse und Bilder, die auf andere Eigenschaften wie die subjektiv empfundene Herbheit des Bieres ausstrahlen. Diese lassen sich eher durch offene Erhebungsmethoden wie die Messung innerer Markenbilder ermitteln.

Durch die ausschließliche Verwendung von Skalen zur Imagemessung sind solche komplexen Zusammenhänge kaum ermittelbar (vgl. dazu ausführlich Grunert, 1990). Die hierbei vorgelegten Items sind oft zu allgemein gehalten, die Befragten werden gezwungen, Eigenschaften bei Marken zu beurteilen, die sie ohne eine solche Vorlage vielleicht nie mit diesen assoziiert hätten. Die tatsächlich zu einer Marke vorliegende Wissensstruktur, die das Image prägt, kann demnach kaum ermittelt werden. Zweifelsohne haben diese klassischen Imagemessungen in der Vergangenheit wertvolle Dienste geleistet. Sie spiegeln heute jedoch nicht mehr den modernen Stand der Konsumenten-forschung wider.

Dies hat folgende Gründe:

1. Viele Konsumenten verfügen - vor allem bei starken Marken - über klare innere Vorstellungsbilder. Diese prägen in besonderem Maße das Verhalten. Der Erfolg von Bärenmarke läßt sich auf das klare Bild des Bären mit der Milchkanne in der unbe-rührten Alpenwelt und den damit verbundenen Assoziationen zurückführen. Deshalb sollten Imagemessungen auch Raum für bildbezogene Messungen schaffen. Die Imageryforschung liefert hierzu viele Ansatzpunkte, wie das innere Bild von Marken und Unternehmen gemessen werden kann. So gilt die Klarheit („Vividness") eines inneren Bildes als zentrale Dimension zur Erklärung der Wirkung innerer Bilder auf das Verhalten (vgl. Ruge, 1988; Kroeber-Riel, 1986 a, 1986 b und 1993 b). Image-messungen ohne bildbezogene Messungen zeigen demnach immer nur einen Teil des aufgebauten Markenwertes (vgl. Aaker, 1992; Esch/Andresen, 1994). Jede auf sol-chen Messungen aufbauende Maßnahme ist somit einseitig sprachdeterminiert. Dies entspricht jedoch nicht mehr den heutigen Anforderungen der Konsumenten, die zu-nehmend Bilder gegenüber Sprache - auch bei der Vermittlung einer Markenpositio-nierung - vorziehen beziehungsweise nur über Bilder erreichbar sind.

2. Imagemessungen erfassen meist nur relativ wenige Eigenschaften einer Marke. Es wird von extrem einfachen Gedächtnisstrukturen ausgegangen, die das Image einer Marke prägen. Bei Gedächtnisstrukturen oder Markenschemata handelt es sich jedoch um komplexe Netzwerkstrukturen und Schemata, die kaum etwas mit solch einfachen Verbindungen gemein haben, wie sie durch Profile erfaßt werden (vgl. Grunert, 1990; Esch/Andresen, 1994). Zudem formuliert man auch häufig Positionie-rungseigenschaften auf einem relativ allgemeinen und branchentypischen Niveau, um die Ausprägungen auf diesen Profilen bei mehreren Konkurrenzmarken verglei-chen zu können. Dies führt dazu, daß beispielsweise bei Premium-Biermarken eine Skala zur „guten Qualität" oder eine solche zum „Genuß" der Biere gestellt wird. Solche Aussagen sind zu allgemein, da alle Premiumbiermarken eine gute Qualität anstreben. Eine solche Markeneigenschaft reicht auf gesättigten Märkten mit nach-weislich vergleichbaren Produktqualitäten kaum noch aus.

Fazit: Imageskalen ermöglichen zwar ein einfaches „Benchmarking", sie beleuchten aber meist nur einen Teil des Markenimages. Will man ein genaues Markenbild erhalten, sind Ergänzungen durch bildbezogene Messungen sowie um offene Erhebungen durch Assoziationstests und Protokolle lauten Denkens notwendig. Bei offenen Erhebungs-methoden treten Inhalte, Umfang, Stärke, Muster, Konkretheit und Spezifität sowie Eigenständigkeit der Gedächtnisstrukturen zu einer Marke klarer hervor. Deshalb lassen sich daran auch hervorragend therapeutische Maßnahmen knüpfen.

Bei intelligenter Kodierung und Kategorienbildung der erfaßten Assoziationen zu Marken ist dabei auch ein zeitpunkt- und zeitraumbezogenes „Benchmarking" möglich. Neben der Ermittlung der Assoziationsstrukturen sollte auch die (damit verbundene) Ermittlung innerer Bilder zu Marken erfolgen, da diese in besonderem Maße das

Verhalten und den Wert einer Marke prägen (vgl. Andresen, 1991; Esch/Andresen, 1994). Reanalysen von Marktforschungsergebnissen zeigen, daß die Klarheit des inneren Bildes von Marken einen starken Einfluß auf Markenerinnerung und das Markenwahlverhalten hat (vgl. Heyder, 1991; Kroeber-Riel, 1993 b; Ruge, 1988).

Hendrik Schröder

Markenschutz als Aufgabe der Markenführung

1. Die Notwendigkeit des Markenschutzes – dargestellt an ausgewählten Fallbeispielen

Eine Marke soll eine Persönlichkeit verkörpern, sich von der Konkurrenz abheben, die Beziehung zum Kunden individualisieren – kurz gesagt: sie soll einen **Mehrwert** schaffen. Der Mehrwert oder Markenwert besteht darin, daß die Konsumenten bereit sind, für die Leistung mit der Marke mehr zu bezahlen als für dieselbe Leistung ohne Marke. Eine Marke ist nicht nur eine Markierung oder ein Kennzeichen, sie symbolisiert vielmehr alle Vorstellungen der Konsumenten, die sie in ihrem Gedächtnis gespeichert haben. Für den Anbieter bedeutet dies: Der Aufbau und die Pflege einer Marke beanspruchen Geld, Zeit und Mühen.

Auf dem Weg, einen Markenwert zu schaffen, zu sichern und auszubauen, können zahlreiche **rechtliche Probleme** auftreten. Lassen sie sich nicht hinreichend lösen, drohen erhebliche Nachteile: Wer zum Beispiel darauf verzichtet, ein Kennzeichen in das Markenregister einzutragen, wird es schwer haben, Dritten die Verwendung des identischen oder ähnlichen Kennzeichens zu verbieten und Maßnahmen Dritter zu verhindern, die den Wert des eigenen Kennzeichens beeinträchtigen. Ebenso fehlt die solide Grundlage für die Vergabe von Lizenzen und den Verkauf von Kennzeichen. Aber nicht nur die eingetragene Marke vermittelt eine Schutzposition, auch die Verkehrsgeltung eines Kennzeichens, das heißt ein Bekanntheitsgrad, der in der Regel mindestens 30 % überschreiten muß, kann helfen, wirksam gegen Maßnahmen Dritter vorzugehen. Allerdings setzt dies zwei Dinge voraus: erstens die Kenntnis des Bekanntheitsgrades, und zwar zum Zeitpunkt der Kollision, sowie zweitens die Mitwirkung von Gerichten, die den Schutz durch Verkehrsgeltung anerkennen. Es ist daher empfehlenswert, sich in jeder Phase der Entwicklung und Vermarktung einer Leistung mit den rechtlichen Fragen des Markenschutzes zu befassen. Einige **Beispiele** sollen die Vielfalt der Probleme veranschaulichen.

Der Fall „Today" – Absolute Eintragungshindernisse

Die Rewe-Zentral AG wollte das Kennzeichen „Today" für eine Reihe von Waren des täglichen Bedarfs wie zum Beispiel Haushaltswäsche, Zahnputzbecher, Rasierklingen oder Kleinlederwaren in das Markenregister eintragen lassen. Das Bundespatentgericht versagte - wie zuvor die Prüfungsstelle des Deutschen Patentamts - die Eintragung mit der Begründung, dem angemeldeten Zeichen fehle die erforderliche Unterscheidungskraft. Nach der Entscheidung des BGH verfügte der Begriff „Today" nicht über den phantasievoll wirkenden Überschuß, der die Verbraucher veranlassen könnte, in diesem Wort der täglichen Umgangssprache eine Betriebskennzeichnung zu sehen (vgl. BGH, wrp, 1998, S. 495 – Today). Merke: Kreativität und Markenschutz müssen frühzeitig Hand in Hand gehen, nämlich bereits bei der Entwicklung eines Kennzeichens.

Der Fall „Cats" – Relative Eintragungshindernisse

Als die Inhaber der Rechte am Musical „Cats", dessen Welturaufführung 1981 in London war, gefolgt von der deutschen Uraufführung im April 1986 in Hamburg, im November 1986 die Bezeichnung „Cats" als Warenzeichen [seit dem 1.1.1995 ersetzt durch den Begriff Marke] für ein Parfüm in Deutschland anmelden wollten, wurde ihnen dies versagt. Der Grund war, daß ihnen ein Konkurrent zuvorgekommen war, der bereits im Dezember 1984 das Warenzeichen „Cats" für ein Parfüm hatte eintragen lassen. Nach dem Warenzeichengesetz – wie im übrigen heute auch nach dem Markengesetz – bestand nur dann ein Recht auf Eintragung eines Warenzeichens, wenn in der entsprechenden Waren- oder Dienstleistungsklasse noch kein derartiges Zeichen eingetragen war. Da die Konkurrenz als erste das Warenzeichen „Cats" in der Warenklasse 3 (Wasch- und Bleichmittel; Seifen; Parfümerien, Körper- und Schönheitspflege etc.) angemeldet hatte, blieb den Inhabern der Rechte an dem Musical der Zugang zu dieser Klasse mit dem Zeichen „Cats" verwehrt (vgl. Schröder, 1994 a, S. 1689 f.). Es bestand ein prioritätsälteres Recht. Merke: Wer zuerst kommt zu der Mühlen, der mahlet zuerst!

Der Fall „Dimple" – Die Abwehr von Eintragungen Dritter

Die Marke „Dimple" wurde 1929 von einem Spirituosen-Hersteller als Warenzeichen angemeldet und für die Waren Wein, Bier, Ale, Stout und Spirituosen in die Warenzeichenrolle eingetragen. Ein anderer Hersteller ließ 1977 das Wortzeichen „Dimple" für folgende Waren eintragen: Wasch- und Bleichmittel; Putz-, Polier-, Fettentfernungs- und Schleifmittel; Seifen; Parfümerien, ätherische Öle, Mittel zur Körper- und Schönheitspflege, Haarwässer; Zahnputzmittel. Der Spirituosen-Hersteller verlangte, daß das Warenzeichen aus der Warenzeichenrolle gelöscht und daß die Benutzung des Zeichens unterlassen würden. Denn er befürchtete, daß die Werbewirksamkeit der Whisky-Marke „Dimple" zu seinem Nachteil ausgenutzt würde. Der BGH kam zu dem Schluß, daß es der Inhaber der Whisky-Marke bei entsprechender Bekanntheit nicht hinnehmen muß, wenn ein Dritter dieselbe Wortmarke für ein Putzmittel – die Ähnlichkeit mit Whiskey fehlt hier – eintragen will und die Wertschätzung der Whisky-Marke dadurch beeinträchtigt wird, daß die Verbraucher die Eigenschaften zweier Produkte als nicht kompatibel wahrnehmen, hier: seifiger Beigeschmack (vgl. BGH, GRUR 1985, S. 550 ff. - Dimple). Dieser Aspekt ist 1995 als Schutz bekannter Marken außerhalb des Ähnlichkeitsbereichs in das Markengesetz aufgenommen worden. Das Warenzeichengesetz kannte bis dahin diesen Schutz nicht. Merke: Das Konstrukt „bekannte Marke" spielt eine entscheidende Rolle beim Vorgehen gegen Maßnahmen Dritter!

Der Fall „Mars" – Schutz vor der Verballhornung von Marken und Firmennamen

Der Geschenkartikelhersteller „Harlekin" hatte auf dem Deckel einer streichholzbriefähnlichen Verpackung unter Verwendung des bekannten Logos von Mars den Text „Mars macht mobil" und auf der Innenseite, die beim Aufklappen des Deckels sichtbar wurde, die Worte "bei Sex, Sport und Spiel" angebracht. In der Verpackung befand sich ein Kondom. Die Verwendung der Marke „Mars" wurde untersagt, weil der Scherzartikelhersteller den hohen Bekanntheitsgrad und den guten Ruf der Marke „Mars" für den Absatz seiner Produkte ausnutze (vgl. Wiechmann, 1994, S. 24). Ähnliche Verballhornungen befanden sich früher als Aufkleber auf Kondomen. Betroffen waren zum Beispiel der Automobilhersteller BMW („Bumms Mal Wieder"), die Luftfahrtgesellschaft SAS („Sex After Service") und die Luftfahrtgesellschaft Lufthansa („Lusthansa" mit der Abbildung zweier fliegender, sich dabei paarender Kraniche). Bei der Darstellung wurde entweder das Original-Kennzeichen neben dem abgewandelten Namen verwendet oder das Original-Kennzeichen wurde verfremdet. Merke: Für die Abwehr von Angriffen auf die eigene Marke ist ein umfassendes Informationssystem notwendig, das über die Verwendung der eigenen Marke sowie die Rechtsprechung aufklärt!

2. Die rechtlichen Grundlagen des Markenschutzes

2.1 Die Rechtsgrundlagen des Kennzeichenschutzes im Überblick

Der Begriff der Marke wird im juristischen Sprachgebrauch anders verwendet als im betriebswirtschaftlichen. Ökonomen unterscheiden zwischen nicht-markierten und markierten Objekten und sprechen bei markierten Objekten im Regelfall von einer Marke. So wird zum Beispiel Milka als Marke für Produkte, Pit-Stop als Marke für Dienstleistungen und Aldi als Marke für eine Firma verstanden.

Dagegen sieht das juristische Sprachgut für markierte Objekte den Oberbegriff **Kennzeichen** vor. Rechtliche Regelwerke zum Kennzeichenschutz sind im nationalen Bereich vor allem das Markengesetz (MarkenG), das Gesetz gegen den unlauteren Wettbewerb (UWG), das Bürgerliche Gesetzbuch (BGB) sowie das Handelsgesetzbuch (HGB), im internationalen Bereich das Madrider Markenabkommen (MadrAbk), die Pariser Verbandsübereinkunft zum Schutz des geistigen Eigentums (PVÜ) und die Gemeinschaftsmarken-Verordnung (GemMVO). Bei international ausgerichteten Markenstrategien sind zudem die jeweiligen nationalen Vorschriften zu beachten. Die folgenden Ausführungen beziehen sich auf die Regelungen des Markengesetzes.

Das **Markengesetz** faßt unter Kennzeichen verschiedene Sachverhalte zusammen, nämlich Marken für Waren und Dienstleistungen, geschäftliche Bezeichnungen sowie geographische Herkunftsangaben. Insoweit ist auch verständlich, daß der genaue Titel des Markengesetzes lautet: „Gesetz über den Schutz von Marken und sonstigen Kennzeichen". Wird also von **Markenschutz** im rechtlichen Sinn gesprochen, dann geht es um den Schutz von Kennzeichen für Waren und Dienstleistungen, also um das, was im Markengesetz (§ 3 MarkenG) als Marke bezeichnet wird. Der **Schutz geschäftlicher Bezeichnungen** hat Unternehmenskennzeichen und Werktitel zum Gegenstand (§ 5 MarkenG). Unternehmenskennzeichen sind zum Beispiel die Firmen wie „Mercedes-

Benz AG" und „Hugo Boss AG", Firmenschlagworte wie „Mercedes" und „Boss" und besondere Bezeichnungen eines Geschäftsbetriebs oder einer Unternehmung. Werktitel sind Bezeichnungen von Druckschriften, Filmwerken, Tonwerken und Bühnenwerken. Hierbei geht es allein um den kennzeichenrechtlichen Schutz. Urheberrechtliche Fragen sind davon nicht berührt. Der **Schutz geographischer Herkunftsangaben** bezieht sich auf „Namen von Orten, Gegenden, Gebieten oder Ländern ...", die im geschäftlichen Verkehr zur Kennzeichnung der geographischen Herkunft von Waren und Dienstleistungen benutzt werden" (§ 126 I MarkenG). Solche Namen können demnach nur von Ortsansässigen benutzt werden. Die weiteren Ausführungen gehen auf den Markenschutz ein und lassen den Schutz geschäftlicher Bezeichnungen sowie den Schutz geographischer Herkunftsangaben unbeachtet.

2.2   Schutzfähige Zeichen und Voraussetzungen des Markenschutzes

Schutzfähige Zeichen, die für Waren und Dienstleistungen in das Markenregister eingetragen werden können, sind „insbesondere Wörter einschließlich Personennamen, Abbildungen, Buchstaben, Zahlen, Hörzeichen, dreidimensionale Gestaltungen einschließlich der Form einer Ware oder ihrer Verpackung sowie sonstige Aufmachungen einschließlich Farben und Farbzusammenstellungen" (§ 3 I 1. Halbsatz MarkenG). Damit ist der Bereich an Kennzeichen, die vom Grundsatz her eintragungsfähig sind, gegenüber dem früheren Warenzeichengesetz deutlich ausgeweitet worden. Abbildung 1 zeigt, welche Markenformen neu hinzugekommen sind.

Das Markengesetz fordert, daß ein Zeichen **Unterscheidungskraft** besitzt. Das Zeichen muß geeignet sein, die mit ihm versehenen Waren oder Dienstleistungen aus ihrer Anonymität heraustreten zu lassen und diese als aus einem bestimmten Geschäftsbetrieb stammend zu kennzeichnen, also „Waren oder Dienstleistungen eines Unternehmens von denjenigen anderer Unternehmen zu unterscheiden" (§ 3 I 2. Halbsatz MarkenG). Das Kriterium der Unterscheidungskraft steht in engem Zusammenhang mit dem originären Schutzgut des Zeichenrechts, das nicht das Zeichen als solches schützen will, sondern seine Unterscheidungs- und die sich darauf gründende Herkunftsfunktion. Keine Unterscheidungskraft hat zum Beispiel die Bezeichnung „Today", wie in dem Eingangsbeispiel erwähnt. Als weiteres Kriterium wird die **Selbständigkeit** eines Zeichens gefordert. Das Zeichen muß eine selbständige geistige Leistung neben der Ware als solcher verkörpern und darf nicht die Ware selbst ausmachen (§ 3 II MarkenG).

Der Schutz von Marken kann auf drei Wegen entstehen: durch Eintragung in das beim Patentamt geführte Markenregister, durch Benutzung eines Zeichens und Erlangung von Verkehrsgeltung sowie durch notorische Bekanntheit einer Marke (§ 4 MarkenG). Mit dem förmlichen Akt der Anmeldung und der **Eintragung in das Markenregister** wird der Markenschutz präventiv. Dies ist bei den beiden anderen Wegen des Markenschutzes nicht der Fall. Sowohl der Schutz durch Benutzung des Zeichens und **Erlan-**

gung von Verkehrsgeltung als auch der Schutz durch **notorische Bekanntheit** einer Marke sind an bestimmte Umstände des Einzelfalles gebunden, deren Vorhandensein im Zweifelsfall erst Gerichte bestätigen werden. Ein solcher Schutz wirkt insoweit nur reaktiv (vgl. den Fall „Dimple"). Erst wenn die Rechtsprechung einem Kennzeichen die entsprechende Verkehrsgeltung oder die notorische Bekanntheit zugebilligt hat, können hiervon gewisse präventive Schutzwirkungen ausgehen.

Markenform	Beispiel (teilweise fiktiv)
Hörzeichen	akustische Ankündigung einer TV-Sendung
Dreidimensionales Zeichen*	Granini-Flasche
Farbe*	Magenta
Farbkombination*	magenta/grau
Geruchszeichen	frisch geschnittenes Gras für Tennisbälle
Geschmackszeichen	Briefmarke, die beim Befeuchten mit der Zunge nach Vergißmeinnicht riecht
Bewegungszeichen	Bewegung des Zeigefingers der rechten Hand an den Nasenflügel
* Diese Zeichen genossen nach dem Warenzeichengesetz kein förmliches Zeichenrecht, konnten aber ein sachliches Zeichenrecht (Ausstattungsschutz) erlangen.	

Abbildung 1:   Nach dem Markengesetz neue eintragungsfähige Markenformen
Quelle: Schröder, 2001, S. 313.

Unabhängig von der Art, wie ein Schutzrecht entsteht, gilt das **Grundprinzip der Priorität** (Vorrang, Zeitrang). Dies bedeutet, daß ältere Kennzeichenrechte Schutz vor jüngeren Zeichen genießen, sofern diese miteinander kollidieren. Der Inhaber des prioritätsälteren Zeichens kann dem Inhaber des prioritätsjüngeren Rechts die Benutzung des Zeichens verbieten (vgl. den Fall „Cats"). Priorität besitzt damit den Charakter einer Vorfahrtsregel im Kennzeichenschutz und hat vor allem in bezug auf die ökonomische Verwertbarkeit eines Zeichens eine weitreichende Bedeutung (vgl. Giefers, 1995, S. 31 ff.; von Wahlert, 1994, S. 1754).

2.3   Die Formen des Markenschutzes

2.3.1 Markenschutz durch Eintragung

Der Eintragung in das Markenregister stehen absolute und relative Eintragungshindernisse entgegen. **Absolute Eintragungshindernisse** liegen vor, wenn ein Kennzeichen von Hause aus bestimmte Eigenschaften mitbringt, die nicht den Zielen des Markenschutzes entsprechen. Von der Eintragung ausgeschlossen sind Zeichen (§ 8 I, II MarkenG),

- denen für die Waren und Dienstleistungen jegliche Unterscheidungskraft fehlt,

- die ausschließlich beschreibender Natur sind, das heißt aus Zeichen oder Angaben bestehen, die im Verkehr zur Bezeichnung der Art, der Beschaffenheit, der Menge, der Bestimmung, des Wertes, der geographischen Herkunft, der Zeit der Herstellung der Waren oder der Erbringung der Dienstleistungen oder zur Bezeichnung sonstiger Merkmale der Waren oder Dienstleistungen dienen,

- die ausschließlich aus Zeichen oder Angaben bestehen, die im allgemeinen Sprachgebrauch oder in Verkehrsgepflogenheiten zur Bezeichnung der Waren oder Dienstleistungen üblich geworden sind,

- die geeignet sind, das Publikum insbesondere über die Art, die Beschaffenheit oder die geographische Herkunft der Waren oder Dienstleistungen zu täuschen,

- die gegen die öffentliche Ordnung oder gegen die guten Sitten verstoßen,

- die Staatswappen, Staatsflaggen, andere Hoheitszeichen etc. enthalten und

- die amtliche Prüf- und Gewährzeichen enthalten.

Die absoluten Eintragungshindernisse der ersten drei Gründe lassen sich durch Benutzung und Erlangung von Bekanntheit überwinden. Hat sich ein Zeichen infolge seiner Benutzung für die Waren oder Dienstleistungen in den beteiligten Verkehrskreisen durchgesetzt und sind die sonstigen materiellen Schutzvoraussetzungen gegeben, kann es eingetragen werden. Hierzu ist es erforderlich, daß das Zeichen eine nicht nur territorial begrenzte, sondern eine nationale **Verkehrsdurchsetzung** aufweisen kann, die einen Bekanntheitsgrad von mindestens 50 % erreichen sollte.

Relative Eintragungshindernisse ergeben sich aus der Existenz fremder, prioritätsälterer Schutzrechte. Neben sonstigen älteren Schutzrechten (§ 13 MarkenG) und im Inland notorisch bekannten Marken (§ 10 I MarkenG) nennt § 9 I MarkenG als relative Eintragungshindernisse:

- früher angemeldete oder eingetragene identische Marken für identische Waren oder Dienstleistungen (Nr. 1),

- früher angemeldete oder eingetragene identische oder ähnliche Marken für identische Waren oder Dienstleistungen, bei denen die Gefahr von Verwechslungen besteht, einschließlich der Gefahr, daß Marken gedanklich miteinander in Verbindung gebracht werden (Nr. 2),

- sowie früher angemeldete oder eingetragene identische oder ähnliche Marken, die zwar nicht ähnliche Waren oder Dienstleistungen umfassen, aber im Inland bekannt sind und deren Benutzung ihre Unterscheidungskraft oder ihre Wertschätzung ohne rechtfertigenden Grund in unlauterer Weise ausnutzen oder beeinträchtigen würde (Nr. 3).

In den ersten beiden Fällen sind es **identische oder ähnliche Waren oder Dienstleistungen**, die zu einer Löschung fremder Marken führen können. Es ist davon auszugehen, daß der Begriff der Ähnlichkeit mit dem aus der Rechtsprechung zum Warenzeichengesetz eingeführten Begriff der Gleichartigkeit, der stark auf der Herkunftsfunktion des Warenzeichens beruhte, nicht mehr übereinstimmt (vgl. Kliems, 1995; von Wahlert, 1994, S. 1761 ff.). Vielmehr werden bei der Beurteilung der Ähnlichkeit von Waren und Dienstleistungen alle relevanten Gesichtspunkte zu berücksichtigen sein, wie zum Beispiel die Kennzeichnungskraft der jeweiligen Marken sowie die Herstellungsbetriebe und die Vertriebswege. Der Schutz der Marke reicht dann immer so weit, wie Verwechslungsgefahr gegeben ist (vgl. Berlit, 1995, S. 52).

Im dritten Fall geht der **Schutzumfang über die Ähnlichkeit von Waren oder Dienstleistungen hinaus**, sofern es sich um **bekannte Marken** handelt. An den Bekanntheitsgrad bekannter Marken sind geringere Anforderungen zu stellen als bei berühmten Marken, die Kennzeichenschutz nach dem BGB beanspruchen. Wichtig ist die Feststellung, welche Waren und Dienstleistungen als ähnlich gelten.

Für eingetragene Marken besteht ein **Benutzungszwang**, der mit einer **fünfjährigen Benutzungsschonfrist** verbunden ist (§ 43 I S. 1, § 26 MarkenG). Innerhalb dieser Frist schützt das Markenrecht die abstrakte Herkunftsfunktion eines von Haus aus unterscheidungskräftigen Zeichens unter dem Gesichtspunkt der Entwicklungsbegünstigung. Es gibt dem Markeninhaber die Chance, durch eine tätige Verbindung von Zeichen und Ware oder Dienstleistung das Zeichen im Verkehr als Hinweis auf seinen Geschäftsbetrieb zu etablieren, das heißt die abstrakte Herkunftsfunktion seines eingetragenen Zeichens in eine konkrete Herkunftsfunktion zu transformieren. Bleibt diese Chance ungenutzt, weil die betreffende Marke innerhalb dieser Frist nicht benutzt wird, verliert der Markeninhaber seine Ausschließlichkeitsrechte (§ 25 MarkenG).

2.3.2 Markenschutz durch Verkehrsgeltung

Markenschutz entsteht weiterhin, wenn ein Zeichen im geschäftlichen Verkehr benutzt wird und dieses Zeichen innerhalb der beteiligten Verkehrskreise als Marke Verkehrsgeltung erworben hat (§ 4 Nr. 2 MarkenG). Hier kommt es nicht darauf an, daß das betreffende Zeichen bereits von Haus aus Unterscheidungskraft besitzt, sondern allein darauf, daß es Kennzeichnungskraft bei den beteiligten Verkehrskreisen besitzt. Die Erlangung des Markenschutzes ist in diesem Fall nicht an die Anmeldung und Eintragung in das Markenregister, sondern an den **Grad der Verkehrsgeltung** gebunden. Als Faustregel kann gelten, daß eine um so größere Verkehrsgeltung erforderlich ist, je mehr es sich um alltägliche Kennzeichnungen handelt, wie zum Beispiel reine Beschaffenheitsangaben oder gängige Farbkombinationen.

Die Wirkungen des durch Verkehrsgeltung erlangten Markenschutzes sind grundsätzlich gleich denen einer eingetragenen Marke. Ist die Verkehrsgeltung allerdings regional begrenzt, so kann auch der Markenschutz nur für diese Region und nicht - wie bei der eingetragenen Marke - für das Hoheitsgebiet der Bundesrepublik Deutschland gelten. Des weiteren geht der Schutz verloren, wenn die Verkehrsgeltung unter den für die Gewährung des Schutzes notwendigen Grad sinkt.

Der Schutz durch Verkehrsgeltung ist für einen Anbieter unter zwei Aspekten relevant. Zum einen eröffnet er ihm die Möglichkeit, seine Marke unter den genannten Voraussetzungen auch dann zu schützen, wenn er sie nicht hat eintragen lassen, obwohl die materiellen Schutzvoraussetzungen dafür durchaus gegeben wären. Zum anderen - und dies dürfte in der Praxis von größerer Relevanz sein - gewährt ihm das Kennzeichenrecht Schutz für solche Zeichen, die wegen fehlender Unterscheidungskraft und anderer Hindernisse nicht eingetragen werden können.

Allerdings ist folgendes zu beachten. Während die Veröffentlichung der Eintragung einer Marke Dritten den Anspruch des Markeninhabers auf einen Markenschutz signalisiert, ist dies beim Markenschutz durch Verkehrsgeltung nicht möglich. In Streitfällen werden **gerichtliche Entscheidungen** klären müssen, ob einer Marke dieser Schutz zugesprochen werden kann oder nicht. Erst ab diesem Moment tritt eine gewisse präventive Wirkung des Markenschutzes gegenüber Dritten ein.

2.3.3 Markenschutz durch notorische Bekanntheit

In der Pariser Verbandsübereinkunft (PVÜ) findet sich eine Vorschrift zum Schutz nicht eingetragener, notorisch bekannter Marken (Art. 6bis PVÜ). In Ländern, die dieser Übereinkunft beigetreten sind, wird notorisch (= allgemein) bekannten Zeichen aus anderen Ländern Markenschutz gegenüber Zeichen gleicher oder gleichartiger Produkte gewährt, wenn das notorisch bekannte Zeichen in diesem Land nicht eingetragen ist (vgl. Kur, 1994, S. 1869). Für den Schutz reicht die Bekanntheit der Marke als Voraussetzung aus. Ihre Benutzung ist nicht erforderlich. Diese Form des Markenschutzes ist in das Markengesetz übernommen worden (§ 4 Nr. 3 MarkenG) und umfaßt - weitergehend als Art. 6bis PVÜ - neben Waren auch Dienstleistungen (vgl. Berlit, 1995, S. 13). Die notorisch bekannte Marke genießt denselben Schutz wie die eingetragene Marke und die durch Verkehrsgeltung entstandene Marke.

Es ist davon auszugehen, daß für die Anerkennung als notorisch bekannte Marke ein **Bekanntheitsgrad** nachgewiesen werden muß, der über den Bekanntheitsgrad des mit Verkehrsdurchsetzung erworbenen Markenschutzes hinausgeht und bei mindestens 60 % liegen dürfte (vgl. Giefers, 1995, S. 37).

2.4 Ausschließlichkeitsrechte des Markeninhabers

Wer Markenschutz durch eine eingetragene Marke, durch Benutzung eines Zeichens und Erlangung von Verkehrsgeltung oder durch notorische Bekanntheit einer Marke besitzt, verfügt über Ausschließlichkeitsrechte (vgl. hierzu auch Meister, 1995 a, S. 369 ff.). Er kann Dritten untersagen, ohne seine Zustimmung „im geschäftlichen Verkehr

1. ein mit der Marke identisches Zeichen für Waren oder Dienstleistungen zu benutzen, die mit denjenigen identisch sind, für die sie Schutz genießt,

2. ein Zeichen zu benutzen, wenn wegen der Identität oder Ähnlichkeit des Zeichens mit der Marke und der Identität oder Ähnlichkeit der durch die Marke und das Zeichen erfaßten Waren oder Dienstleistungen für das Publikum die Gefahr von Verwechslungen besteht, einschließlich der Gefahr, daß das Zeichen mit der Marke gedanklich in Verbindung gebracht wird, oder

3. ein mit der Marke identisches Zeichen oder ein ähnliches Zeichen für Waren oder Dienstleistungen zu benutzen, die nicht denen ähnlich sind, für die die Marke Schutz genießt, wenn es sich bei der Marke um eine im Inland bekannte Marke handelt und die Benutzung des Zeichens die Unterscheidungskraft oder die Wertschätzung der bekannten Marke ohne rechtfertigenden Grund in unlauterer Weise ausnutzt oder beeinträchtigt" (§ 14 II MarkenG).

Ihre Schranken finden die Ausschließlichkeitsrechte vor allem in der **Erschöpfung des Markenrechts** nach § 24 I MarkenG: „Der Inhaber einer Marke ... hat nicht das Recht, einem Dritten zu untersagen, die Marke ... für Waren zu benutzen, die unter dieser Marke ... von ihm oder mit seiner Zustimmung ... in den Verkehr gebracht worden sind." Danach hat zum Beispiel ein Konsumgüterhersteller nicht das Recht, seinen Händlern, die rechtmäßig Ware von ihm bezogen haben, die Werbung mit der Marke zu verbieten.

Das **Markenrecht** ist dagegen **nicht erschöpft**, wenn sich der Markeninhaber „der Benutzung der Marke ... im Zusammenhang mit dem weiteren Vertrieb der Waren aus berechtigten Gründen widersetzt, insbesondere wenn der Zustand der Waren nach ihrem Inverkehrbringen verändert oder verschlechtert ist" (§ 24 II MarkenG). Berechtigte Gründe, Dritten die Benutzung der Marke zu untersagen, dürften auch vorliegen, wenn der Werbewert der Marke beeinträchtigt wird. Dies ergibt sich aus der Zielsetzung des Markengesetzes, die Qualitäts- und die Werbefunktion einer Marke stärker zu schützen. Die Verkehrsanschauung, Verbrauchererwartung und Wertschätzung - der gute Ruf - einer Marke sollen durch das Markengesetz einen höheren Stellenwert erhalten (vgl. Klaka, 1994, S. 327).

3.   Markenschutz in den Lebensphasen einer Marke

3.1   Arten des Schutzrechtsmanagements von Marken

Das Schutzrechtsmanagement von Marken läßt sich in präventive, defensive und offensive Maßnahmen sowie in die Lizenzvergabepolitik gliedern (vgl. Ahlert/Schröder, 1994, S. 1729 ff.; 1996, S. 136 ff.). Die **präventive Schutzrechtspolitik** richtet sich auf die frühzeitige Absicherung eigener Markenrechte, bevor ein Streitfall eingetreten ist. So signalisiert die Eintragung eines Zeichens in das Markenregister Dritten den Anspruch auf eine rechtliche Schutzposition. Andere Unternehmungen verzichten dann darauf, sich diesem Zeichen zu nähern, es sei denn, sie beanspruchen selbst prioritätsältere Rechte oder sie suchen bewußt die Konfrontation mit dem Markeninhaber. Die **defensive Schutzrechtspolitik** befaßt sich mit der Abwehr von Angriffen Dritter auf entstandene bzw. im Entstehen befindliche Kennzeichen. Die Angriffe können zum Beispiel darauf abzielen, die Kennzeichen zu vernichten oder ihre Benutzung zu beschränken. Die **offensive Schutzrechtspolitik** wendet sich gegen rechtlich angreifbare Verhaltensweisen Dritter: einerseits gegen Verletzungen eigener Kennzeichen (Rufausbeutung, Beeinträchtigung der Wertschätzung und der Unterscheidungskraft bekannter Marken, Irreführungsgefahr bei geographischen Angaben etc.), andererseits gegen fremde Kennzeichen (Geltendmachung prioritätsälterer Rechte etc.). Die offensive Schutzrechtspolitik wird insbesondere in den Bereichen zum Einsatz kommen, in denen eine Unternehmung keine präventiven Absicherungsmaßnahmen ergreifen kann und in denen sie folglich bei Streitfällen auf den Schutz durch die Rechtsprechung der Gerichte angewiesen ist, so zum Beispiel bei der Beanspruchung von Markenschutz kraft Verkehrsgeltung innerhalb der beteiligten Verkehrskreise. Gegenstand der **Lizenzvergabepolitik** sind sämtliche Entscheidungen und Maßnahmen bezüglich der Verwertung von Marken als selbständig verkehrsfähige Wirtschaftsgüter außerhalb der eigenen Unternehmung. Während die präventive Schutzrechtspolitik vornehmlich beim Aufbau einer Marke tätig wird (Ausnahme: Überwindung absoluter Eintragungshindernisse im Fall der Verkehrsdurchsetzung, vgl. Kap. 2.3.2), tragen die defensive und die offensive Schutzrechtspolitik zur Pflege der Marke bei, ebenso wie die Lizenzvergabepolitik.

3.2   Schutzrechtsmanagement beim Aufbau von Marken

Zunächst ist bei der Eintragung eines Kennzeichens in das Markenregister zu prüfen, ob absolute oder relative Eintragungshindernisse (vgl. Kap. 2.3.1) vorliegen. Dabei ist zu beachten: Das Deutsche Patent- und Markenamt (DPMA) prüft nur die **Existenz absoluter Eintragungshindernisse**. Daß die Auslegung nicht einheitlich ist, zeigt das Beispiel „BONUS". Die Wortmarke „BONUS" sollte für chemische Erzeugnisse des Pflanzen- und Vorratsschutzes eingetragen werden. Dies wurde vom Deutschen Patent- und Markenamt (DPMA) mit dem Hinweis auf fehlende Unterscheidungskraft und wegen

Bestehens des Freihaltebedürfnisses abgelehnt. „BONUS" sei ein kaufmännischer Ausdruck, der so viel bedeute wie etwa Rabatt, Preisvorteil, Vergütung oder Nachlaß und die Verbraucher zu der Annahme verleite, mit den Waren einen Vorteil zu erhalten. Der Hinweis auf die betriebliche Herkunft fehle daher. Des weiteren bestehe für solche in der Werbung verwendete Begriffe ein Freihaltebedürfnis (vgl. BPatG, GRUR, 1999, S. 740 – Bonus). Dagegen kam der BGH zu der Auffassung, daß es der Wortmarke „BONUS" weder an Unterscheidungskraft fehle noch daß ein Freihaltebedürfnis gegeben sei. Informationen über die aktuelle Rechtsprechung des Bundespatentgerichtes und des BGH zu absoluten Eintragungshindernissen liefert in kompakter Form zum Beispiel die Zeitschrift „Gewerblicher Rechtsschutz und Urheberrecht" (vgl. z. B. Grabrucker, 1999 und 2000).

Das DPMA prüft dagegen nicht die **Existenz relativer Eintragungshindernisse**, das heißt, ob sich in dem Register bereits Marken befinden, die mit der angemeldeten verwechselbar ähnlich sind. Will der Eintragende dem Risiko des Widerspruchs durch Dritte aus dem Weg gehen, muß er selbst recherchieren, ob ältere Rechte bestehen. In den Auslegehallen des DPMA in München und Berlin sowie in den Patentinformationszentren besteht für jedermann die Möglichkeit, Recherchen nach eingetragenen nationalen, europäischen und IR-Marken durchzuführen. Abbildung 2 zeigt, welche Informationen mit der Veröffentlichung einer nationalen Marke verbunden sind. Recherchen nach identischen Marken sowie Ähnlichkeitsrecherchen werden darüber hinaus auch von gewerblichen Informationsvermittlern bzw. Patentberichterstattern durchgeführt. Das DPMA bietet unter www.dpma.de/formulare/marke.html alle erforderlichen Formulare für die Anmeldung und die Bewirtschaftung von Marken sowie umfangreiche Hilfestellung für das Ausfüllen der Formulare.

Da bekannte Marken auch Schutz außerhalb des **Ähnlichkeitsbereichs** von Waren und Dienstleistungen genießen, ist die Spruchpraxis hierzu kontinuierlich zu verfolgen (vgl. z. B. unter www.dpma.de/bpatg). So hat das **Bundespatentgericht** u.a. 1999 entschieden, daß zwischen „Anheuser-Nahesilber" für Wein und „Paul Anheuser" für Mineralwasser, Sirup, Präparate für die Zubereitung von Getränken nur äußerst entfernte Warenähnlichkeit bestehe. Allein die Tatsache, daß die Waren nebeneinander beim Essen verzehrt werden, begründe keine engere Warenähnlichkeit. Für ähnlich gehalten wurden - in Abwendung von der bisherigen Gleichartigkeitsrechtsprechung – zum Beispiel „Zahnärztliche Materialien" und „Zahnputzmittel, Mundwasser, Zahnbürsten". Jegliche Warenähnlichkeit wurde verneint zwischen „Bier" und „Gemüsesäfte sowie Fruchtextrakte". Es handle sich um Produkte, die sowohl in der Herstellung als auch in den Ausgangsstoffen grundsätzlich verschieden seien (vgl. Grabrucker, 2000, S. 379).

Wie sich die **Zahl der Markenanmeldungen** von 1989 bis 1999 entwickelt hat, zeigt Abbildung 3. Insbesondere die letzten 4 Jahre (1996 – 1999) verzeichnen einen starken Anstieg an Anmeldungen, was auf den ausgedehnten Schutzumfang, den das Markengesetz im Vergleich zum 1995 abgelösten Warenzeichengesetz gewährt, und das gestiegene Schutzinteresse zurückzuführen ist.

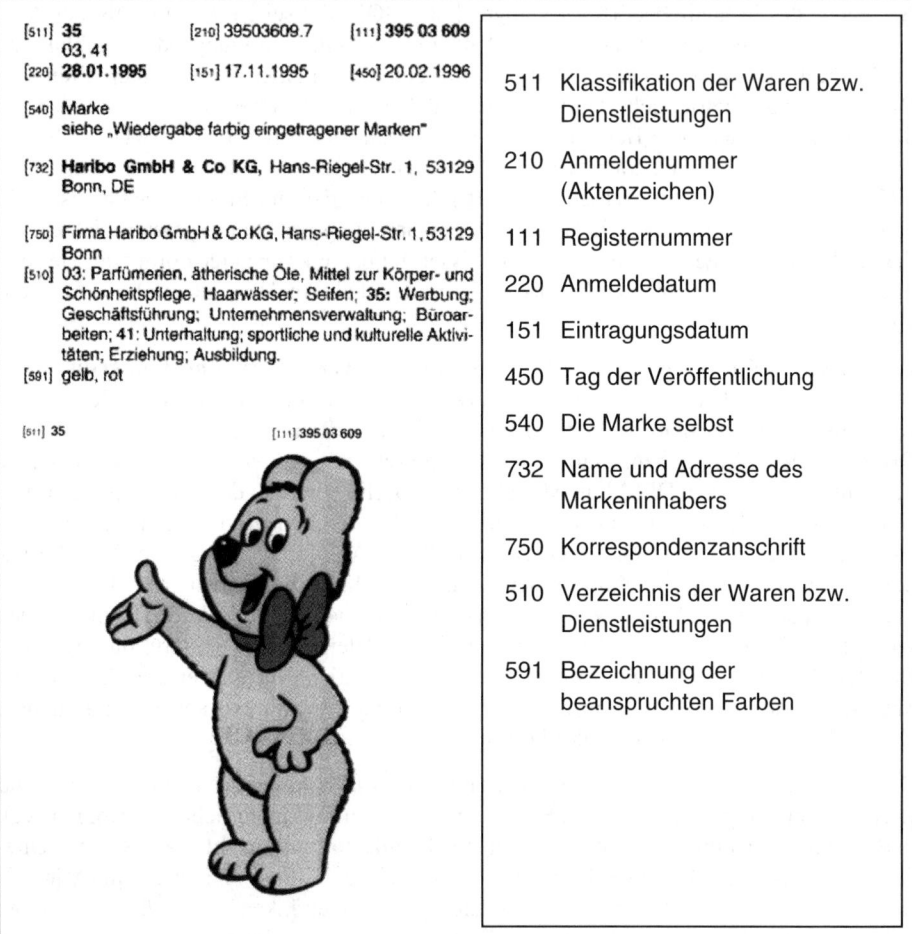

[511] **35** 03, 41	
[220] **28.01.1995**	511 Klassifikation der Waren bzw. Dienstleistungen
[540] Marke siehe „Wiedergabe farbig eingetragener Marken"	
[732] **Haribo GmbH & Co KG**, Hans-Riegel-Str. 1, 53129 Bonn, DE	210 Anmeldenummer (Aktenzeichen)
[750] Firma Haribo GmbH & Co KG, Hans-Riegel-Str. 1, 53129 Bonn	111 Registernummer
[510] 03: Parfümerien, ätherische Öle, Mittel zur Körper- und Schönheitspflege, Haarwässer; Seifen; 35: Werbung; Geschäftsführung; Unternehmensverwaltung; Büroarbeiten; 41: Unterhaltung; sportliche und kulturelle Aktivitäten; Erziehung; Ausbildung.	220 Anmeldedatum
	151 Eintragungsdatum
[591] gelb, rot	450 Tag der Veröffentlichung

Das Beispiel zeigt folgende Zahlencodes mit Erläuterungen:

511 Klassifikation der Waren bzw. Dienstleistungen

210 Anmeldenummer (Aktenzeichen)

111 Registernummer

220 Anmeldedatum

151 Eintragungsdatum

450 Tag der Veröffentlichung

540 Die Marke selbst

732 Name und Adresse des Markeninhabers

750 Korrespondenzanschrift

510 Verzeichnis der Waren bzw. Dienstleistungen

591 Bezeichnung der beanspruchten Farben

Abbildung 2:   Beispiel für die Eintragung in das Markenblatt mit Erläuterungen

Für die Markenanmeldung gibt das DPMA folgende grundlegende **Empfehlungen** (vgl. auch www.deutsches-patentamt.de):

1. Fordern Sie den Formularsatz „Wie melde ich eine Marke an?" bei der Auskunftsstelle des DPMA an. Verwenden Sie das darin enthaltene Anmeldeformular und beachten Sie die beigefügten Ausfüllhinweise, damit Sie auch vollständige Unterlagen einreichen. Sie beschleunigen damit die Bearbeitung Ihrer Anmeldung und vermeiden Mißverständnisse.

2. Bei Zweifeln über die Schutzfähigkeit ihrer Marke ist die Inanspruchnahme von Fachleuten (Rechts- oder Patentanwälte) empfehlenswert. Das DPMA ist nicht

befugt, schriftlich oder telefonisch Auskünfte über die Schutzfähigkeit im Einzelfall zu geben (§ 58 Abs. 2 MarkenG).

3. Orientieren Sie sich anhand einer Recherche über die Chancen der von Ihnen vorgesehenen Markenanmeldung mit Rücksicht auf bereits eingetragene identische oder ähnliche Marken. Auch wenn eine solche Recherche nicht immer jedes bessere Recht ermitteln kann, so lassen sich doch in vielen Fällen Kosten für eine aussichtslose Anmeldung sparen.

4. Benutzen Sie Ihre Marke nicht mit dem Registrierzeichen ®, solange Sie noch keinen Bescheid über die Eintragung haben. Auch die Benutzung vor Abschluß des Widerspruchsverfahrens kann Probleme hervorrufen, wenn die Marke wieder gelöscht wird.

Mit der Anmeldung zur Eintragung ist zu entscheiden, in wie vielen Klassen das Kennzeichen eingetragen werden soll. Insgesamt gibt es 33 Klassen für Waren und 8 Klassen für Dienstleistungen, die in der Verordnung zur Ausführung des Markengesetzes aufgelistet sind (Anlage zu § 15 MarkenV). Durch die Eintragung einer Marke in mehreren Klassen kann eine Unternehmung einen **Zeichenvorrat** auch für solche Waren und Dienstleistungen anlegen, für die sie dieses Zeichen noch nicht benutzt (und vielleicht auch nie benutzen will). Die Benutzungsschonfrist von fünf Jahren ermöglicht ihr eine solche Vorgehensweise. Der Zeichenvorrat erlaubt es, Marken auch auf solche Waren und Dienstleistungen auszudehnen (Markentransfer), die derzeit noch nicht angeboten werden, sowie Dritte auch in anderen Klassen von der eigenen Marke auf Distanz zu halten.

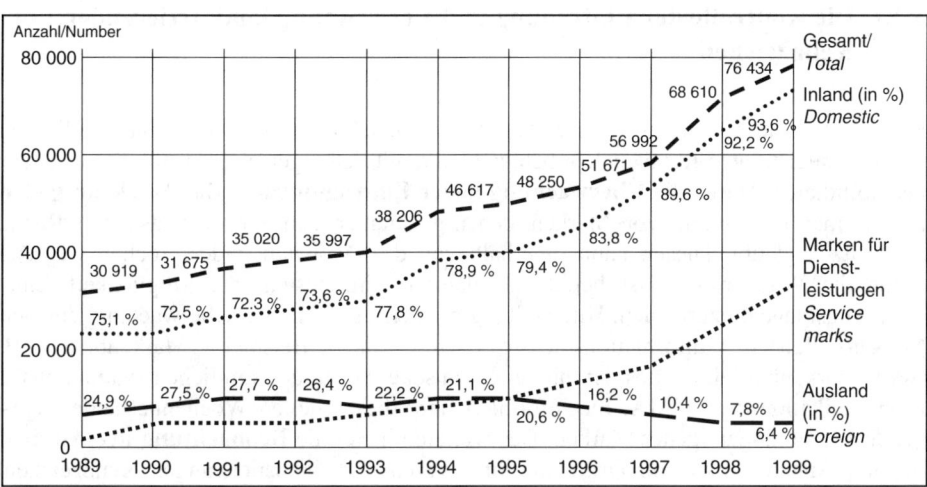

Abbildung 3:   Entwicklung der nationalen Markenanmeldungen von 1989 bis 1999
Quelle: Paetzold, 1999, S. 24.

Die **Schutzdauer** eingetragener Marken beträgt zehn Jahre und kann jeweils um zehn Jahre verlängert werden, was durch Zahlung der Verlängerungsgebühren bewirkt wird (§ 47 MarkenG). Bei der Eintragung von Marken und bei der Verlängerung der Schutzdauer entstehen folgende **Gebühren**: Die Anmeldegebühr beträgt für Marken einschließlich der Klassengebühr bis zu drei Klassen 500 DM, für jede weitere Klasse 150 DM. Bei der Verlängerung der Schutzdauer sind für eine Marke einschließlich der Klassengebühr bis zu drei Klassen 1.000 DM und für jede weitere Klasse 450 DM zu entrichten (Stand: 1.1.2000). Über die Gebühren und Auslagen des Deutschen Patent- und Markenamts und des Bundespatentgerichts informiert ein Kostenmerkblatt, das unter www.dpma.de/formulare/allgemein.html zugänglich ist.

3.3 Schutzrechtsmanagement bei der Pflege von Marken

Die Aufgaben, mit denen sich das Schutzrechtsmanagement bei der Pflege von Marken zu befassen hat, sind umfangreich. Sie lassen sich gliedern in die Stärkung der Stellung der eigenen Marke, die Abwehr von Angriffen Dritter, das Vorgehen gegen die Verhaltensweisen Dritter sowie die Verbesserung des Markterfolges durch Lizenzvergabe. Um den Schutz der Marke sicherstellen zu können, ist das Umfeld kontinuierlich zu beobachten. Zentrale Aspekte, auf die sich die Kontrolle richten muß, sind im Entstehen befindliche Marken Dritter, die Verwechslungsgefahr, der Bekanntheitsgrad von Marken, der Ruf der Marke sowie die Verwendung der Marke im Absatzkanal.

3.3.1 Die Kontrolle der Eintragung und Verwendung konkurrierender Kennzeichen

Es besteht grundsätzlich die Gefahr, daß Dritte - gezielt oder unbewußt - für ihre Waren und Dienstleistungen Kennzeichen benutzen, die mit den eigenen, prioritätsälteren Marken kollidieren. Durch die **Überwachung neuer Eintragungen in das Markenregister** gelangt man in Kenntnis von Marken, denen gegenüber man ein prioritätsälteres Recht zu besitzen glaubt. Diesen kann innerhalb von drei Monaten widersprochen werden. Sollte die Widerspruchsfrist bereits abgelaufen sein, besteht die Möglichkeit, eine Löschungsklage einzureichen. Hilfestellung bei der regelmäßigen Überwachung eigener Marken leisten Informationsdienste wie zum Beispiel MarkenblattWEB (www.markenblatt.de). Dies ist die elektronische Form der amtlichen Markenblatt-Printpublikation des DPMA. Sie informiert über die aktuellen Wochenbestände angemeldeter und eingetragener Marken. Des weiteren bietet die **Beobachtung der Absatzmärkte** Anhaltspunkte, ob Dritte für ihre Waren und Dienstleistungen Kennzeichen verwenden, die gegen eigene Markenrechte verstoßen. Informationen liefern zum Beispiel die Auswertung von Werbeträgern sowie Mitteilungen des Außendienstes.

Der Sportartikelhersteller **adidas** gehört zu den Firmen, die konsequent konkurrierende Zeichen beobachten und entsprechende Gegenmaßnahmen einleiten. Dies belegt die erfolgreiche Klage gegen die Werbung eines anderen Unternehmens mit dem Kürzel "ADIDAS". Die betroffene Firma hatte den Spruch "All Day(s) I dream about Sport(s)" als Wortzeichen für zahlreiche Artikel beim deutschen Patentamt eintragen lassen und das Buchstabenkürzel "ADIDAS" vorangestellt. Einer Aufforderung von adidas, die Marke zu löschen, war das Unternehmen nicht nachgekommen. Gegen Zahlung einer Lizenzgebühr wollte es das Kürzel weiterhin für sich nutzen. Adidas hat nach dem Urteil einen Anspruch darauf, daß der Schriftzug aus dem Unternehmensnamen des Konkurrenten gelöscht wird.

Ein Problemfeld ist die Verwechslungsgefahr. Eine Marke soll die Verbraucher in die Lage versetzen, die Produkte einer Unternehmung zu identifizieren und sie von Produkten anderer Unternehmungen zu unterscheiden. Die Gefahr der Verwechslung der betrieblichen Herkunft kann - wie Abbildung 4 zeigt - verschiedene Ausprägungen annehmen (vgl. Kur, 1989, S. 243 f.).

Verwechslungsgefahr im engeren Sinne:		Verwechslungsgefahr im weiteren Sinne:
Der Verkehr nimmt fälschlicherweise Identität der Unternehmungen an.		Der Verkehr erkennt zwar verschiedene Unternehmungen, nimmt aber fälschlicherweise besondere wirtschaftliche Beziehungen oder engere organisatorische Zusammenhänge an.
unmittelbar: Der Verkehr nimmt fälschlicherweise an, daß zwei Zeichen identisch sind. (Zeichenverwechslung)	mittelbar: Der Verkehr erkennt zwar verschiedene Zeichen, nimmt aber fälschlicherweise eine gemeinsame Herkunft an.	

Abbildung 4:   Kategorien der Verwechslungsgefahr im Markenrecht
Quelle: Schröder, 1997, S. 181.

Die bisherigen Erfahrungen mit kennzeichenrechtlichen Streitigkeiten im Bereich der Verwechslungsgefahr legen die Vermutung nahe, daß es für das Schutzrechtsmanagement schwierig sein wird, **empirische Nachweise** erfolgreich in einen Prozeß einzubringen. Denn in der Vergangenheit haben die Gerichte und das juristische Schrifttum den empirischen Nachweis über die betriebliche Herkunftstäuschung weitgehend abgelehnt (vgl. Beier, 1974; Tilmann, 1984, S. 717; Knaak, 1986, S. 88 f.; Kur, 1989, S. 245). Als Grund wird die Gefahr der Überbewertung von Umfrageergebnissen angeführt. Die Vorbehalte gegen empirische Gutachten als Beweismittel in Fällen der Verwechslungsgefahr lassen vermuten, daß die Juristen hier ein grundsätzliches Unbehagen beim Design und bei der Stichprobe einer empirischen Untersuchung haben. Vor allem die Übersetzung von Rechtsbegriffen in verhaltenstheoretische Konstrukte und deren Operationalisierung dürften als hohe Hürden empfunden werden. Angesichts dieser Situation sollten die theoretisch fundierten Vorgehensweisen der **Marketingforschung**, wie sie zum Beispiel Diller, Raffée und Trommsdorff vorgeschlagen haben, die Gerichte dazu ermutigen, empirische Gutachten vermehrt als Beweismittel beim Nachweis zuzulassen.

Noch einmal zu adidas. Der Hersteller ist für die Marke der drei Streifen bekannt und geht seit 1997 gerichtlich gegen das Textilunternehmen C&A vor, das Freizeitkleidung mit zwei Streifen vertreibt. Der BGH kam 2000 zu der Auffassung, daß Sportkleidung mit zwei Streifen mit den drei adidas-Streifen verwechselt werden kann. Bei einer so bekannten Marke wie den adidas-Streifen gehe der Schutz vor Verwechslungen weiter als bei einer Marke mit normaler Kennzeichnungskraft. Das OLG München, an das der Fall zurückverwiesen wurde, muß nun (Stand: Mai 2001) die Bekanntheit der drei adidas-Streifen ermitteln und den Gesamteindruck der zwei C&A-Streifen prüfen.

3.3.2 Die Kontrolle des Bekanntheitsgrades von Marken

Der Bekanntheitsgrad einer Marke ist eine wesentliche Voraussetzung für den Schutzumfang, den die Marke genießt. Mit zunehmendem Bekanntheitsgrad steigt dieser Schutz, das heißt, berühmte Marken genießen einen größeren Schutz als bekannte Marken und diese wiederum einen größeren Schutz als Marken kraft Verkehrsgeltung. Die in Abbildung 5 angegebenen Schwellenwerte für die verschiedenen Schutzformen verstehen sich als grobe Anhaltspunkte, die von der Rechtsprechung im Einzelfall unter- oder überschritten werden können.

Ein hoher Bekanntheitsgrad sichert die eigene Markenstrategie ab. So können sich Zeichen mit von Haus aus schwacher Kennzeichnungskraft zu Marken mit starker Kennzeichnungskraft entwickeln. Und Marken, die als bekannte Marken qualifiziert werden, genießen einen besonderen kennzeichenrechtlichen Schutz. Faustregel: Je höher die Bekanntheit ist, desto größer sind die Schutzräume. Informationen über den Bekanntheitsgrad der eigenen Marken helfen daher, Angriffe Dritter auf das eigene Zeichen erfolgreich abzuwehren (z. B. Eintragung eines ähnlichen Zeichen außerhalb des Ähnlichkeitsbereiches, wenn dem eigenen Zeichen der Status der bekannten Marke zukommt) sowie selbst erfolgreiche Angriffe gegen Verhaltensweisen Dritter vorzutragen (z. B. Maßnahmen, die den guten Ruf der bekannten Marke schädigen).

Sollte eine außergerichtliche Einigung nicht möglich sein, können kontinuierlich gewonnene Informationen über den Bekanntheitsgrad der eigenen Marke äußerst hilfreich bei der **Beweisführung vor Gericht** sein. Denn in der Vergangenheit standen die Gerichte wiederholt vor dem Problem, daß der Zeitpunkt, zu dem es zu einer Kollision zwischen zwei Zeichen gekommen war, und der Zeitpunkt, zu dem eine Befragung über den Bekanntheitsgrad durchgeführt werden sollte, mehrere Jahre auseinanderlagen (vgl. Schröder, 1997, S. 174 f.).

Bekannt- heitsgrad \ Art der Marke	eingetragene Marke	nicht eingetragene Marke	im Inland nicht benutzte und nicht eingetragene Marke
?	Schutzbeginn		
> 30 % Verkehrsgeltung		Schutzbeginn	
> 33 % bekannte Marke	Schutz gegen unlautere Verwässerung oder Rufausbeutung		
> 50 % Verkehrs- durchsetzung		schutzunfähige Marke kann eingetragen werden	
> 60 % notorische Marke			Schutzbeginn
> 80 % berühmte Marke		Schutz gegen objektive Verwässerung	

Abbildung 5:   Zusammenhang zwischen Bekanntheitsgrad und Schutz einer Marke
Quelle: Giefers, 1995, S. 37.

Hieraus wird ersichtlich, wie zweckmäßig die **kontinuierliche Kontrolle des Bekanntheitsgrades von Marken** sein kann. Dies dürfte vor allem für diejenigen Unternehmungen selbstverständlich sein, in deren Zielsystemen die Markenbekanntheit als Zielgröße verankert ist. Ökonomische und juristische Anforderungen an das Management von Marken lassen sich hier sinnvoll verbinden.

3.3.3 Die Verhinderung der Gefährdung bekannter Marken

Bekannte Marken (Faustregel: mindestens 33 % Bekanntheitsgrad) genießen Schutz außerhalb des Ähnlichkeitsbereichs (von Waren und Dienstleistungen, § 14 II Nr. 3 MarkenG), und zwar vor Rufausbeutung, Beeinträchtigung der Wertschätzung und Beeinträchtigung der Unterscheidungskraft (vgl. Sack, 1995, S. 82 ff.; Rößler,

1994, S. 562 ff.). Aufgabe der offensiven Schutzrechtspolitik ist es, die ökonomischen Sachverhalte zu begründen, die den Schutz rechtfertigen.

Rufausbeutung einer bekannten Marke liegt zum einen vor, wenn die fremde Marke **Güte-, Qualitäts- und Prestigevorstellungen** der relevanten Verkehrskreise ausnutzt. Die Rechtsprechung bejahte einen solchen Verstoß zum Beispiel bei der Anmeldung der Whiskymarke „Dimple" für Herrenkosmetik, der Weinbrandmarke „Asbach" für ein Landbrot aus Unterasbach mit der Marke „Asbacher Landbrot" und der Fotoartikelmarke „Kodak" für Fahrräder, Feuerzeuge und Zigarren. Rufausbeutung liegt auch vor, wenn eine fremde Marke den **Aufmerksamkeitswert** der bekannten Marke ausnutzt, wie dies der BGH in seiner „Mars"-Entscheidung gegen den Geschenkartikelhersteller „Harlekin" festgestellt hat (vgl. hierzu den eingangs geschilderten Fall).

Die Beeinträchtigung der Wertschätzung einer bekannten Marke wird angenommen, falls fremde Marken **qualitativ schlechtere Produkte** kennzeichnen, wie etwa die Benutzung der bekannten Zigarettenmarke „Players" für minderwertiges Gebäck und der bekannten Tabakmarke „Dunhill" für minderwertige Sonnenbrillen und Brillengestelle. Des weiteren liegt eine Beeinträchtigung der Wertschätzung vor, sofern die relevanten Verkehrskreise mit den Waren oder Dienstleistungen der fremden Marke **Anmutungen** assoziieren, die mit den Waren oder Dienstleistungen der bekannten Marke **nicht kompatibel** sind. Dies ist zum Beispiel der Fall, wenn die Verbraucher mit der bekannten Whiskymarke „Dimple" einen seifigen Beigeschmack verbinden, weil sie unter derselben Marke „Putzmittel" angeboten sehen (vgl. das in Kap. 1 angeführte Beispiel).

Falls die Unterscheidungskraft bekannter Marken beeinträchtigt wird, wird ihnen ein kennzeichenrechtlicher Schutz vor **Verwässerungsgefahr** zugebilligt. Anhaltspunkte für Kriterien, die im Streitfall heranzuziehen sind, liefert die Rechtsprechung zum Schutz berühmter Marken (Faustregel: mindestens 80 % Bekanntheitsgrad): der Bekanntheitsgrad der Marke, ihre Alleinstellung, ihre Unterscheidungskraft und Originalität, ihr Werbewert und ihre Wertschätzung. Honoriert wird damit die gesamte besondere ökonomische Leistung, die eine Unternehmung mit ihrem absatzpolitischen Instrumentarium erbracht hat (vgl. Meister, 1995 a, S. 370).

3.3.4 Die Kontrolle von Parallelimporten aus Staaten außerhalb des Europäischen Wirtschaftsraums

Das Markengesetz bietet dem Markeninhaber die Möglichkeit, auch dann noch von seinen Markenrechten Gebrauch zu machen, wenn das Produkt mit seiner Marke bereits in den Verkehr gebracht worden ist. Das Markengesetz sieht in § 24 Abs. 1 eine Regelung vor, die als europaweite, nicht aber als globale (weltweite, internationale) **Erschöpfung der Markenrechte** betrachtet werden kann: „Der Inhaber einer Marke ... hat nicht das Recht, einem Dritten zu untersagen, die Marke ... für Waren zu benutzen, die unter dieser Marke ... von ihm oder mit seiner Zustimmung im Inland, in einem der übrigen Mitgliedstaaten der Europäischen Union oder in einem anderen Vertragsstaat des Abkommens über den Europäischen Wirtschaftsraum in den Verkehr gebracht worden sind."

Wird ein mit seiner Marke versehenes Produkt innerhalb der angegebenen Länder in den Verkehr gebracht, sind die Markenrechte erschöpft. Dies ist nach dem derzeitigen Diskussionsstand unstrittig. Wird dagegen dieselbe Ware in einem anderen Land in den Verkehr gebracht, dann sind die Markenrechte nicht erschöpft. (In der kontrovers geführten Diskussion um die Erschöpfung von Markenrechten gibt es hierzu Gegenstimmen.) Dies kann ganz erhebliche Bedeutung für den Umgang mit nicht erwünschten Parallelimporten haben. Wurde zum Beispiel eine Blue Jeans in Dänemark in den Verkehr gebracht und beschafft sich ein deutscher Händler – veranlaßt durch die niedrigen Preise in Dänemark – einen Posten dieser Hosen, die er dann in Deutschland seinen Kunden anbietet, kann der Markeninhaber hiergegen markenrechtlich nicht vorgehen. Anders sieht es aus, wenn diese Ware zum Beispiel aus den USA den Weg in deutsche Einkaufsstätten findet. In diesem Fall kann sich der Markeninhaber auf seine Markenrechte berufen und den Vertrieb in Deutschland – sowie in jedem anderen in § 24 Abs. 1 aufgeführten Land – untersagen und die Waren beschlagnahmen lassen (vgl. zur Erschöpfung von Markenrechten Wichard, 1997; Sack, 1999, S. 202 ff.). Er wird zu diesem Mittel dann greifen, wenn die Vermarktung seiner Ware durch den importierenden Händler nicht seinen eigenen Vorstellungen entspricht, insbesondere nicht im Hinblick auf die Preisgestaltung.

3.3.5 Die Verhinderung des Vertriebs von Waren aus berechtigten Gründen

Der Grundsatz der Erschöpfung von Markenrechten innerhalb des Europäischen Wirtschaftsraums findet keine Anwendung, „wenn sich der Inhaber der Marke ... der Benutzung der Marke ... im Zusammenhang mit dem weiteren Vertrieb der Waren aus berechtigten Gründen widersetzt, insbesondere wenn der Zustand der Waren nach ihrem Inverkehrbringen verändert oder verschlechtert ist" (§ 24 Abs. 2 Markengesetz). Unter Vertrieb der Waren sollte nicht nur die Veräußerung, sondern auch die Werbung, das heißt die Ankündigung unter dem Zeichen des Markeninhabers verstanden werden (nicht unstrittig; vgl. Sack, 1999, S. 209). Insoweit ergibt sich ein wesentlicher Unterschied zum Warenzeichengesetz: Das **Ankündigungsrecht** bildete nach herrschender Meinung keinen selbständigen Schutzbereich; der warenzeichengesetzliche Einfluß des Zeicheninhabers endete mit dem Inverkehrbringen der Originalware. Insbesondere Problemen der Rufschädigung und der Rufausbeutung konnte mit warenzeichenrechtlichen Mitteln nicht begegnet werden (vgl. Schröder, 1990 a, S. 192 ff.). Das Markengesetz sieht dagegen die „Marke als ein Instrument der kommerziellen Kommunikation im Markenwettbewerb" (Fezer, 2000, S. 3). Dies kann auch die Bemühungen des Herstellers unterstützen, seine Marke im Absatzkanal vor unerwünschten (Werbe-) Maßnahmen der Händler zu schützen (vgl. Schröder, 1990 b und 1993 und 1994 b).

Welche Gründe können nun als berechtigt angesehen werden, um sich dem weiteren Vertrieb seiner Waren zu widersetzen? Sack (1999, S. 206 ff.) gibt hierzu einen nicht abschließenden Überblick, den Abbildung 6 zusammenfaßt. Dabei ist zu beachten, daß nicht jede aufgeführte Verhaltensweise per se als berechtigter Grund für ein Vorgehen gegen Dritte zu werten ist. Vielmehr ist ein bewegliches System gradueller Kriterien anzusetzen und sind die jeweiligen Umstände des Einzelfalls zu beachten, um zu einer Bewertung zu gelangen.

Fallgruppen	Beispiele
Änderung der sachcharakteristischen Eigenschaften	▧ Chlorbleichung und neue Einfärbung von Jeans ▧ nachträgliche Ausstattung von Luxus-Uhren mit einem diamantbesetzten Zifferblatt
Reparaturen	▧ Auswechslung wesentlicher Teile an einem Unfallwagen ▧ Sammeln, Zerlegung, Umordnung und Zusammensetzung gebrauchter Teile (z. B. Kupplungen) einer Marke
Umpacken von Waren	▧ neue Verpackung ist imagegefährdend oder irreführend ▧ Veränderung des Originalzustands der Ware ▧ wesentliche Angaben über Gebrauch und Gefahren der Ware fehlen ▧ Hinweis auf Umstand des Umpackens fehlt
Veränderung der Produktangaben ohne Markenänderung	▧ Beseitigung rechtlich vorgeschriebener Nummern (zur Kontrolle, Identifikation etc.) ▧ Beseitigung von für Rückrufaktionen erforderlichen Nummern
Rufschädigung	▧ Beschädigung der Verpackung (z. B. durch Entfernung von Kontrollnummern) ▧ imageschädigendes Werbeumfeld ▧ Lockvogelwerbung ▧ mangelhafte Aufmachung neuer Etiketten (nach einer Umetikettierung)

Abbildung 6:   Fallgruppen der Ausnahmen vom Erschöpfungsgrundsatz
Quelle: Sack, 1999, S. 206 ff.

3.3.6 Die Vergabe von Lizenzen

Mit dem Markengesetz wurde die Marke zu einem selbständigen verkehrsfähigen Wirtschaftsgut entwickelt (vgl. hierzu ausführlich Starck, 1994), das **zusätzliche Vermarktungschancen** bietet. Dies bedeutet, daß eine Marke nicht nur als nicht-ausschließliche Lizenz (wie zuvor im Warenzeichengesetz), sondern auch als ausschließliche Lizenz vergeben werden kann. Für den potentiellen Lizenznehmer steigt der Anreiz, eine ausschließliche Markenlizenz zu erwerben, da er keine wirtschaftlichen Störeinflüsse anderer Lizenzinhaber bzw. des Markeninhabers befürchten muß. **Lizenzfähig** sind eingetragene Marken, durch Verkehrsgeltung entstandene Marken sowie notorisch bekannte Marken (§ 30 I MarkenG).

Der Lizenzgeber kann auf vielfältige Art und Weise die Markenlizenz gestalten. Neben Entscheidungen über die Ausschließlichkeit einer Markenlizenz sind Entscheidungen über zeitliche, räumliche, sachliche und qualitative Aspekte zu treffen (§ 30 II MarkenG). Abbildung 7 zeigt die **Gestaltungselemente** im Überblick.

Beschrän-kung Element	Nein	Ja
Personell	ausschließliche Lizenz: Lizenznehmer besitzt alleiniges Benutzungsrecht	nicht-ausschließliche Lizenz: Benutzungsrecht wird geteilt
Zeitlich	unbefristet	befristet
Räumlich	gesamtes Hoheitsgebiet der Bundesrepublik Deutschland	ein Teil des Hoheitsgebiets der Bundesrepublik Deutschland
Sachlich	alle geschützten Warengruppen bzw. Dienstleistungen	ein Teil der geschützten Warengruppen bzw. Dienstleistungen
Qualitativ	keine Vorgaben für die Qualität der vom Lizenznehmer erstellten Waren bzw. erbrachten Dienstleistungen	genaue Vorgaben für die Qualität der vom Lizenznehmer erstellten Waren bzw. erbrachten Dienstleistungen

Abbildung 7: Gestaltungselemente einer Markenlizenz
Quelle: Schröder, 1997, S. 183.

Den Chancen, die sich aus dem gewachsenen Lizenzierungspotential ergeben, stehen **Risiken** gegenüber, die erhöhte quantitative und qualitative Anforderungen an das

Schutzrechtsmanagement stellen. Für den Markeninhaber steigt der gesamte **Koordina-tionsaufwand** bei der Anbahnung, beim Abschluß und bei der Kontrolle von Lizenz-verträgen. Des weiteren wird er überwachen müssen, inwieweit wirtschaftliche und rechtliche Maßnahmen anderer Unternehmungen, die nicht Lizenznehmer sind, seine Marken gefährden. Die oben dargestellten **Kontrollmaßnahmen** sind vor allem dann notwendig, wenn der Markeninhaber nicht-ausschließliche Markenlizenzen vergeben hat. Denn Störeinflüsse eines Lizenznehmers oder anderer Unternehmungen gefährden den Markenerfolg der übrigen Lizenznehmer und des Markeninhabers.

Ein besonderes Risiko ist die **Lizenzierung von nicht-eingetragenen Marken**. Denn in diesem Fall ist der grundsätzliche Schutz an die Marktergebnisse der eigenen Marke-tingmaßnahmen geknüpft, nämlich an den Bekanntheitsgrad der Marke. Wird zum Bei-spiel eine ausschließliche Lizenz für eine Marke vergeben, die nur durch Verkehrsgel-tung geschützt ist, so hängt die künftige Schutzposition der Marke allein von dem Verhalten des Lizenznehmers ab. Trägt der Lizenznehmer mit seinen Marketingmaß-nahmen nicht dazu bei, die Verkehrsgeltung zu erhalten, und sinkt die Verkehrsgeltung unter den für den Schutz notwendigen Bekanntheitsgrad, dann verliert der Lizenzgeber den gesamten Markenschutz. Entsprechend problematisch ist die Vergabe nicht-aus-schließlicher Lizenzen an mehrere Lizenznehmer in verschiedenen geographischen Gebieten. Hier besteht die Gefahr, daß die mangelhafte Unterstützung der Marke durch einzelne Lizenznehmer zum Verlust der Verkehrsgeltung in diesen Gebieten führt.

3.4   Schutzrechtsmanagement bei der Aufgabe von Marken

Ein Anbieter kann sich aus rechtlichen oder wirtschaftlichen Gründen veranlaßt sehen, die Bewirtschaftung einer Marke aufzugeben. Beide Anlässe werden an jeweils einem Beispiel verdeutlicht. In den Bereich der **defensiven Schutzrechtspolitik** fallen die Rücknahme von Schutzrechtsanmeldungen, der Verzicht auf bestehende Schutzrechte und der Verzicht der Benutzung von Kennzeichen. Wie ein Hersteller versuchen kann, aus dem erfolgreichen rechtlichen Angriff eines Dritten auf seinen Markennamen noch einen wirtschaftlichen Vorteil zu ziehen, zeigt das Beispiel des französischen Mode-designers „Yves Saint-Laurant", der unter der Bezeichnung „Champagne" ein Parfüm auf den Markt gebracht hatte. Gegen die Nutzung des Namens „Champagne" hatte in Frankreich u.a. „Moët-et-Chandon" geklagt. Nachdem die Gerichte entschieden hatten, daß die Verbraucher fälschlicherweise von einer Geschäftsbeziehung zwischen Parfüm- und Champagnerherstellern ausgehen könnten, war „Yves Saint-Laurant" gezwungen, seine Produkte aus dem Markt zurückzunehmen - in Frankreich drohte für jede nach einem bestimmten Zeitpunkt noch im Verkauf befindliche Flasche eine Strafe von 3.000 FF - bzw. die weitere Auslieferung zu stoppen. In Deutschland wurde auf das Verbot, den Namen „Champagne" zu benutzen, mit der in Abbildung 8 wiedergegebenen Wer-beanzeige reagiert.

Der Hersteller „Yves Saint-Laurant" hat das Verbot genutzt, um sein Produkt in der verbliebenen Zeit mit einer Knappheitsstrategie („... solange der Vorrat reicht") zu vermarkten und auf die Exklusivitätswirkung dieses bald nicht mehr erhältlichen Parfüms bei den Verbrauchern zu setzen. Gleichzeitig konnte der Effekt ausgenutzt werden, daß die Rechtsstreitigkeiten in den Medien publiziert wurden und somit zur Bekanntmachung des Produktes und der Gründe für das Verkaufsverbot beitrugen. Die eigene Werbung und die (unfreiwillige) Unterstützung durch die Medien waren geeignet, das Interesse der Verbraucher auf ein neues Produkt in einem hart umkämpften Markt zu lenken und damit auch den Absatz der bereits ausgelieferten Parfümflaschen zu fördern.

Abbildung 8:   Ankündigung eines Marktaustritts

Abbildung 9:   Herstellermarke wird zur Handelsmarke – Das Beispiel Dual und Kar-
                 stadt

Mit dem Markengesetz ist es seit 1995 nicht nur möglich, ausschließliche Lizenzen zu
vergeben (vgl. Kap. 3.3.6), sondern auch eine **Marke zu veräußern**, ohne gleichzeitig
den Gewerbebetrieb mitverkaufen zu müssen, wie es das Warenzeichengesetz bis dahin

forderte. Die Marke ist damit zu einem selbständigen Wirtschaftsgut geworden. So kann es zum Beispiel auch möglich sein, daß der künftige Eigentümer kein Hersteller, sondern ein Händler ist. Ein Beleg hierfür ist das Beispiel der Marke Dual, die von dem Warenhaus-Konzern Karstadt gekauft wurde (vgl. Abbildung 9).

Zweites Kapitel

Markenstrategien

Jochen Becker

Einzel-, Familien- und Dachmarken als grundlegende Handlungsoptionen

1. Strategisches Marketing-Management

Markenentscheidungen - und dazu gehören auch und gerade Markentypentscheidungen - stellen strategische Schlüsselentscheidungen dar. Es erscheint daher sinnvoll, diese Entscheidungen im Kontext des strategischen Marketing zu diskutieren.

1.1 System der Marketingstrategien

Strategische Entscheidungen stellen Grundsatzentscheidungen dar, die den Handlungsrahmen („Route") für einen konsequenten, zielführenden Marketinginstrumenteneinsatz festlegen. Ohne strategische Führung gleitet das marketinginstrumentale Handeln allzu leicht in ein aktionistisches, umwegebehaftetes Verhalten ab.

Schwierige, wettbewerbsintensive Käufermärkte mit ihrer „Verdrängungsmechanik" lassen Markt- und Unternehmenserfolge nur noch auf Basis eines strategisch abgesicherten Marketing-Fundaments zu.

Ein solches Fundament setzt eine mehrdimensionale Strategiefestlegung voraus. In Käufermärkten (Angebot > Nachfrage) ist sie (end-)abnehmerorientiert auszurichten. Dabei können vier grundlegende Strategiedimensionen (vgl. Abbildung 1) unterschieden werden (vgl. Becker, 1998, S. 147 f.; zur Begründung dieses Strategiesystems vgl. ebenda, S. 372 ff. und S. 671 f.).

Vier Strategieebenen	Art der strategischen Festlegung	Strategische Basisoptionen
1. Marktfeldstrategien:	Festlegung der Produkt/Markt-Kombination(en)	Gegenwärtige oder neue Produkte in gegenwärtigen oder neuen Märkten
2. Marktstimulierungs-strategien:	Bestimmung der Art und Weise der Marktbeeinflussung	Qualitäts- oder Preiswettbewerb
3. Marktparzellierungs-strategien:	Differenzierung der Marktbearbeitung	Massenmarkt- oder Segmentierungsmarketing
4. Marktarealstrategien:	Bestimmung des Markt- bzw. Absatzraumes	Nationale oder internationale Absatzpolitik

Abbildung 1: Marketingstrategisches Grundraster

In entwickelten wettbewerbsintensiven und durch Preiskämpfe gekennzeichneten Märkten stellt insbesondere die Festlegung der Marktstimulierungsstrategie eine grundlegende Marketing- und Unternehmensentscheidung dar (= konzeptionelle Schlüsselentscheidung).

1.2 Präferenz-Strategie und Rolle von Marken

Ein Unternehmen verfügt grundsätzlich über zwei alternativ strategische Optionen auf der Ebene der Marktstimulierungsstrategien. Ihre Wahl ist vor allem angesichts geschichteter Märkte von besonderer Bedeutung.

Entwickelte Märkte umfassen in der Regel mindestens drei gut separierbare Markt-(niveau)schichten, die durch eine typische Strategietendenz und einen jeweils spezifischen Fokus in bezug auf den angestrebten Wettbewerbsvorteil am Markt gekennzeichnet sind (vgl. Abbildung 2).

Marktschichtung	Strategietendenz	Fokus des Wettbewerbsvorteils
Oberer Markt	Präferenzstrategie	Leistungsvorteil
Mittlerer Markt	Präferenzstrategie	Leistungsvorteil
Unterer Markt	Preis-Mengen-Strategie	Preisvorteil

Abbildung 2:   Marktschichtung und Fokus des Wettbewerbsvorteils

Das heißt, mit der Wahl der Marktstimulierungsstrategie ist die Entscheidung über die zu besetzende Marktschicht verknüpft und damit über die Wettbewerbsform (Qualitäts- oder Preiswettbewerb).

Es ist klar, daß in wettbewerbsintensiven, vom Preisverfall bedrohten Märkten Unternehmen - wenn sie dafür die entsprechende Grundorientierung (Mission/Vision) wie auch die entsprechenden Voraussetzungen (Stärken/Fähigkeiten) mitbringen - eine strategische Positionierung möglichst in mittleren Märkten (klassischen Markenartikel-Märkten) und/oder in oberen Märkten („neuen" Premium-Märkten) anstreben.

Eine solche strategische Positionierung setzt konsequenten Qualitätswettbewerb und damit das kundenorientierte Bieten von Leistungsvorteilen voraus. Leistungsvorteile begründen Präferenzen (Vorzugsstellungen) im Markt, die „monopolistische Preisspielräume" eröffnen und so die Realisierung ehrgeiziger Marketingziele (z. B. Umsatz und Marktanteil) und Unternehmensziele (z. B. Gewinn und Rentabilität) ermöglichen.

Träger aufgebauter bzw. aufzubauender Präferenzen (Vorzugs- oder sogar Alleinstellungen) sind Marken. Alle zielstrategisch orientierten, operativen Marketingmaßnahmen schlagen sich in Markenimage, -kompetenz und -wert nieder. Marken sind zugleich die Identifikationsmittel, die den Kunden markenorientiertes und markentreues Verhalten erlauben (zu Ausprägungen markenorientierten Verbraucherverhaltens bei einzelnen Produktarten und in verschiedenen Märkten vgl. den Überblick bei Becker, 1998, S. 185 - 188 sowie Szallies, 1997, S. 132 ff.). Präferenzstrategisches, markengesteuertes Agieren am Markt ist damit zugleich ein grundlegendes Lenkungsmittel der Unternehmen, um eigene Zielsetzungen am Markt nachhaltig zu realisieren.

1.3 Markentypwahl als strategische Schlüsselentscheidung

Markenpräferenzen werden insbesondere durch Markeninhalte bzw. Markenpositionierungen - also durch spezifische Leistungs- bzw. Nutzenversprechen - geschaffen (zu Grundfragen bzw. Grundproblemen der Markenpositionierung vgl. Becker, 1996, S. 12 ff., Tomczak/Roosdorp, 1996, S. 26 ff. sowie Esch/Andresen, 1996 a, S. 78 ff.). Diese markeninhaltlichen Fragen (= Gestaltung des „Markenkerns") setzen jedoch neben der Fixierung eines adäquaten markt- und produktorientierten Markennamens die Bestimmung des Markentyps voraus. Die Markentypwahl stellt insofern eine markenpolitische Schlüsselentscheidung dar.

Drei markenstrategische Optionen stehen grundsätzlich zur Verfügung (vgl. Becker, 1994 a, S. 470 ff., 1998, S. 195 ff.; Meffert, 1992 b, S. 137 ff., 1998, S. 182 ff.):

1. **Einzelmarke**   (Produkt- oder Mono-Marken-Konzept: z. B. Persil (Vollwaschmittel) der Firma Henkel),

2. **Familienmarke**   (Produktgruppen- oder Range-Marken-Konzept: z. B. Nivea (ganze Körperpflegelinie) der Firma Beiersdorf),

3. **Dachmarke**   (Programm- oder Company-Marken-Konzept: z. B. Dr. Oetker (umfassendes Nahrungsmittelprogramm) der Firma Dr. Oetker).

2. Konzeptionelle Grundlagen der Markentypwahl

Nachdem zunächst die Bedeutung der Markentypwahl für präferenzstrategische Marketing-Konzepte herausgearbeitet worden ist (= Schlüsselentscheidung für eine konsequente Markenführung (vgl. hierzu auch Haedrich/Tomczak, 1990, S. 27 ff.; Bruhn, 1994 b, S. 3 ff.) bzw. für den gesamten Marketingmix (vgl. Köhler, 1994, S. 445 ff.;

Becker, 1998, S. 678 ff.), sollen die konzeptionellen Ansatzpunkte der Markentypwahl im einzelnen dargestellt werden.

Den konzeptionellen Überlegungen und Bewertungen wird dabei ein einheitliches „Raster" zugrundegelegt, unter besonderer Berücksichtigung typischer Markenbeispiele.

2.1 Einzelmarken-Strategie

2.1.1 Konzeptioneller Ansatz

Das Grundprinzip der Einzelmarke (auch als Produkt- oder Mono-Marke (vgl. Becker, 1998, S. 196) oder als Individual Brand Name (vgl. Assael, 1990, S. 306) bezeichnet) besteht darin, daß für die einzelnen Produkte eines Anbieters jeweils eigene Marken geschaffen und im Markt durchgesetzt werden (Prinzip: Eine Marke = ein Produkt = ein Produktversprechen). Der Anbieter (z. B. das herstellende Unternehmen) bleibt demgegenüber deutlich im Hintergrund, was dazu führt, daß den Kunden das Unternehmen selbst unter Umständen überhaupt nicht bekannt ist.

Die Einzelmarkenstrategie entspricht dem klassischen Markenartikelkonzept (als konsequentester Form der Präferenzstrategie). Sie ist auf die Schaffung einer klaren, unverwechselbaren Markenpersönlichkeit (Brand Identity) gerichtet, um eine überdurchschnittliche Preisstellung am Markt zu realisieren (= Schaffung bzw. Nutzung monopolistischer Preisspielräume für eine entsprechende Oberzielrealisierung).

Eine Einzelmarkenstrategie bietet sich vor allem dann an, wenn Unternehmen heterogene Produkte anbieten bzw. solche, die unterschiedlich positioniert werden sollen, um damit verschiedene Kundengruppen anzusprechen. Insbesondere für neue Produkte, die ein eigenständiges Marktfeld besetzen und insoweit sogenannte Firmenmärkte aufbauen sollen, die tendenziell „konkurrenzlos" sind, bietet sich die Einzelmarke an. Sie vermag am stärksten Märkte, im Sinne unternehmenseigener Ziele zu steuern bzw. zu beeinflussen.

2.1.2 Vor- und Nachteile

Die Darlegungen zum konzeptionellen Ansatz der Einzelmarken-Strategie haben Wesen und Zielrichtung dieser Strategie deutlich gemacht. Sie kennzeichnen zugleich grundlegende Vorteile dieses Markentyps. Eine Übersicht soll sie zusammenfassend transparent machen. Ihnen werden aber auch die Nachteile gegenübergestellt, die mit der Einzelmarken-Strategie grundsätzlich verbunden sind (vgl. Abbildung 3).

Vorteile	Nachteile
■ Klare („spitze") Profilierung eines Produktes möglich	■ Ein Produkt muß den gesamten Markenaufwand (Markenbudget) allein tragen
■ Konzentration auf eine definierte Zielgruppe	■ Voraussetzung ist ein tragfähiges Marktvolumen (-potential)
■ Wahl einer spezifischen Positionierung gegeben	■ Langsamer Aufbau einer Markenpersönlichkeit („brand identity")
■ Gute Darstellungsmöglichkeit des Innovationscharakters eines neuen Produktes	■ Bei immer kürzeren Produktlebenszyklen Gefahr, daß der Break-Even-Point nicht mehr erreicht wird
■ Profilierungs- und Positionierungsfreiheiten im Produktlebenszyklus (Relaunch-Maßnahmen)	■ Durch Strukturwandel von Märkten kann die Überlebensfähigkeit produktspezifischer Marken gefährdet sein
■ Vermeidung eines Badwill-Transfereffektes bei Mißerfolg des Produktes auf andere Produkte des Unternehmens	■ Immer größere Probleme, geeignete und schutzfähige Markennamen zu finden

Abbildung 3:   Wichtige Vor- und Nachteile der Einzelmarke
Quelle: Becker, 1998, S. 196.

Diese Übersicht (vgl. Abbildung 3) zeigt, daß die Einzelmarke wesentliche Vorteile bietet. Das ist auch der Grund dafür gewesen, daß zum Beispiel viele erfolgreiche Markenartikelunternehmen bewußt diesen Markentyp gewählt haben bzw. darin ein wesentlicher Erfolgsfaktor zu sehen ist. Hierfür stehen Unternehmen wie Procter & Gamble mit Produktmarken wie Ariel (Waschmittel), Meister Proper (Reinigungsmittel), Pampers (Windeln) oder Henkel mit Marken wie Persil (Waschmittel), Pritt (Klebstoffe), Spüli (Spülmittel) oder auch Ferrero mit Marken wie Mon Chérie (Praline), Nutella (süßer Brotaufstrich) und Hanuta (Riegel).

Andererseits werden die Risiken der Einzelmarke immer deutlicher. Sie resultieren daraus, daß der Profilierungsaufwand für Marken angesichts der zunehmenden Markenvielfalt und des dadurch verstärkten Markenwettbewerbs immer größer wird. Bei Einzelmarken trägt ein Produkt diesen Aufwand ganz allein. Ökonomieprobleme ergeben sich vor allem aufgrund tendenziell kürzer werdender Produktlebenszyklen, was die Amortisation des Markenaufwandes zunehmend erschwert und im Extremfall bis zur Existenzgefährdung von Unternehmen führen kann (insbesondere dann, wenn nicht ausreichende Absatzmengen bzw. entsprechende Erlöse realisiert werden können).

Außer von generellen Chancen- und Risikoabwägungen ist die Entscheidung für den Markentyp Einzelmarke noch von situativen Faktoren abhängig zu machen (z. B. für echte Innovationen mit hohem Markt- und Ertragspotential eignet sich häufig gerade die Einzelmarke dafür). Darüber hinaus spielen nicht selten bestimmte Branchenbedingungen eine wichtige Rolle bei der Wahl des adäquaten Markentyps (z. B. bei Finanzdienstleistungen kommt es oft weniger auf die Profilierung einzelner Leistungen als vielmehr auf die Kompetenz und die Vertrauenswürdigkeit des ganzen Unternehmens an; das spricht eher für die Firmen- oder Dachmarke).

Inzwischen findet eine allgemeine Aufweichung des strengen Einzelmarkenkonzepts statt, indem zu Originalprodukt(-marke) neue, moderne Varianten sogenannte Flanker (vgl. Müller, 1994, S. 504; vgl. z. B. die Light-Flanker bei Einzelmarken wie Coca-Cola oder Marlboro) hinzugefügt werden. Insoweit ergeben sich hier bereits bestimmte Übergänge zur Familienmarke.

2.2 Familienmarken-Strategie

2.2.1 Konzeptioneller Ansatz

Das Grundprinzip der Familienmarke (auch als Produktgruppen- oder Range-Marke (Becker, 1998, S. 199) oder als Product Line Name (Assael, 1990, S. 306) bezeichnet) besteht darin, daß für eine bestimmte Produktgruppe (Produktlinie) eine einheitliche Marke gewählt und eingesetzt wird. Alle unter dieser Familienmarke angebotenen Produkte partizipieren so am aufgebauten bzw. weiterentwickelten, produktgruppenspezifischen Markenimage.

Dieser Markentyp eröffnet spezifische strategische Chancen, und zwar insofern, als die Familienmarken-Strategie die Möglichkeit bietet, sowohl grundlegende Vorteile der Einzelmarke (Profilierungsvorteil: produktspezifische Auslobung) als auch - wie noch zu zeigen sein wird - solche der Dachmarke (Ökonomievorteil: mehrere Produkte finanzieren das Markenbudget) zu nutzen, ohne deren jeweilige Nachteile ausgeprägt in Kauf nehmen zu müssen. Die Familienmarke hat sich inzwischen stärker durchgesetzt, insbesondere im Konsumgüterbereich. Typische Beispiele sind etwa die Nivea-Linie von Beiersdorf, die Du darfst-Linie von Deutsche Union Lebensmittelwerke (Unilever) oder auch die Milka-Linie von Kraft Jacobs Suchard.

Die Familienmarke wird vor allem dann gewählt, wenn bestimmte Produkte eines heterogenen Programms zu Produktlinien zusammengefaßt oder auf Basis bereits bestehender Leitprodukte mit Produktlinienbildung Potentiale in (neuen) Teilmärkten ausgeschöpft werden sollen. Solche Marken werden meist unter einer speziellen Philosophie im Sinne eines übergeordneten Nutzenversprechens bzw. einer Nutzenklammer geführt (vgl. z. B. „Nivea-Pflege-", „Du darfst-Ernährungs-" oder „Milka-Alpenmilch-" Philosophie).

2.2.2 Vor- und Nachteile

Die Darstellung des konzeptionellen Ansatzes der Familienmarken-Strategie hat Wesen und Zielrichtung dieser Strategie aufgezeigt. Damit werden zugleich spezifische strategische Eigenschaften des Markentyps Familienmarke deutlich. Sie stellen grundlegende Vorteile dar. Sie sollen in einer Übersicht (vgl. Abbildung 4) im einzelnen aufgeführt und den Nachteilen dieses Markentyps gegenübergestellt werden.

Vorteile	Nachteile
■ Spezifische Profilierungsmöglichkeit (vor allem bei spezieller „Nutzenphilosophie" für Produktlinien)	■ Der „Markenkern" der Ausgangsmarke begrenzt die Innovationsmöglichkeiten
■ Mehrere Produkte tragen den erforderlichen Markenaufwand (Markenbudget)	■ Andererseits Gefahr der Markenüberdehnung bzw. -verwässerung durch nicht philosophie-adäquate Neuprodukte („rubber effect")
■ Neue Produkte partizipieren am Goodwill der Familienmarke (Starthilfe)	■ Bei der Profilierung einzelner Produkte muß Rücksicht auf die Basispositionierung genommen werden
■ Insbesondere bei Vorhandensein einer speziellen Nutzenphilosophie gute Ausschöpfungsmöglichkeiten von (neuen) Teilmärkten (Satellitenstrategie)	■ Wettbewerbsbedingte Restrukturierungsmaßnahmen (Relaunch) sind relativ begrenzt (insbesondere gegenüber starken Einzelmarken)
■ Jedes neue „philosophiegerechte" Produkt stärkt das Markenimage (Markenkompetenz)	■ Die Familienmarke ist nur dort einsetzbar, wo die Abnehmer (Verbraucher) Angebotssysteme mit entsprechenden Nutzenklammern akzeptieren
■ Die Familienmarke ermöglicht die Bildung eigenständiger „strategischer Geschäftsfelder" (Organisationseinheiten mit eigenen strategischen Erfolgsfaktoren)	■ Familienmarkensysteme sind gefährdet, wenn der Handel solche Systeme nicht voll aufnimmt (bzw. nicht als System präsentiert)

Abbildung 4:   Wichtige Vor- und Nachteile der Familienmarke
Quelle: Becker, 1998, S. 199.

Diese Übersicht (vgl. Abbildung 4) verdeutlicht insbesondere zwei strategisch relevante Aspekte. Die Familienmarke ermöglicht einerseits - speziell bei adäquater und akzeptierter Markenphilosophie - ein ökonomisches Konzept gezielter Marktgestaltung bzw. -ausschöpfung. Der Erfolg dieses Markentyps ist andererseits an den disziplinierten Umgang mit dem „Markenkern" gebunden und setzt darüber hinaus ein entsprechendes

Aufnahmeverhalten des Handels voraus (einschließlich der Berücksichtigung des Marketingsystem-Gedankens in der Warenpräsentation).

Außer diesen generellen Faktoren der Einsatzmöglichkeiten von Familienmarken sind - ebenso wie beim Markentyp „Einzelmarke" - spezielle situative Faktoren zu berücksichtigen. So ist der erfolgreiche Aufbau einer Familienmarke in aller Regel an die Rückgriffsmöglichkeit auf eine erfolgreiche „Pioniermarke" gebunden. Welche Bedeutung gerade diesem Aspekt zukommt, wird insbesondere an Erfolgsbeispielen wie Nivea (vgl. hierzu auch die speziellen Darlegungen weiter unten) oder Milka deutlich. Bei letzterer Marke konnte das große Sympathie- und Vertrauenskapital von Milka-Tafelschokolade für eine ganze Range philosphiegerechter Produkte wie Milka Lila Pause (süße Riegel), I love Milka (Pralinen), Milka Lila Stars (süße Knabberartikel) bis hin zu Milka Saisonware (Weihnachts- und Osterprodukte) erfolgreich genutzt werden.

Ein strategischer Ansatzpunkt für Familienmarken ist zunehmend auch das Konzept, vorhandenes Markenkapital unternehmensextern zu „melken" (Brand Milking; vgl. z. B. die Lizenzvergabe des Markennamens Boss u. a. an einen Jeanshersteller und einen Körperpflegehersteller, die jeweils unter dem Namen Boss Serien von Jeans-Bekleidung bzw. von Körperpflegeprodukten anbieten).

2.3 Dachmarken-Strategie

2.3.1 Konzeptioneller Ansatz

Das Grundprinzip der Dachmarke (auch als Programm- oder Company-Marke (vgl. Becker, 1998, S. 197 f.) oder als Corporate Brand Name (vgl. Assael, 1990, S. 306) bezeichnet) ist dadurch gekennzeichnet, daß hier sämtliche Produkte eines Unternehmens unter einer einheitlichen Marke (Umbrella Branding) angeboten werden. Im Vordergrund der Profilierungsbemühungen steht also die Firma und ihre Kompetenz (speziell bei Investitionsgütern und Dienstleistungen) bzw. ihre Sympathie oder das Vertrauen in sie (speziell bei Konsumgütern).

Die Dachmarkenstrategie ist ebenfalls stark verbreitet, bisher aber - zumindest als Reintyp - eher im Nicht-Konsumgüterbereich. Als typische Beispiele hierfür stehen etwa Siemens (Elektrogeräte i. w. S.), Allianz (Versicherungen), BMW (Automobile) oder auch Obi (Fachmarktkette). Aber auch im Konsumgüterbereich finden sich klassische Dachmarkenkonzepte (wie z. B. Oetker (Nahrungsmittel) oder Bahlsen (Gebäckwaren)), wenngleich diese Firmen- oder Dachmarkenkonzepte inzwischen modifiziert worden sind (worauf noch weiter unten einzugehen sein wird).

Die Dachmarke wird vor allem dann gewählt, wenn der Umfang des Programms zu groß ist für eine sinnvolle bzw. ökonomische Einzelmarkenstrategie (vgl. z. B. Siemens) oder sich Zielgruppen bzw. Positionierung der Programmteile nicht oder nicht wesentlich voneinander unterscheiden (vgl. z. B. Allianz) oder das Programm bzw. wesentliche Teile davon starken Modeschwankungen unterliegen (vgl. z. B. Escada).

2.3.2   Vor- und Nachteile

Die Ausführungen zum konzeptionellen Ansatz der Dachmarken-Strategie haben Wesen und Zielrichtung dieser Strategie offengelegt. Damit sind bereits grundlegende Ansatzpunkte für die Bewertung wie für den Einsatz der Dachmarke deutlich geworden. Hieran soll im folgenden angeknüpft werden, um insgesamt die wichtigsten Vor- und Nachteile dieses Markentyps gegenüberzustellen (vgl. Abbildung 5).

Vorteile	Nachteile
■ Alle Produkte tragen den notwendigen Markenaufwand (Markenbudget) gemein-sam	■ Die klare Profilierung eines ganzen Pro-grammes unter einer Marke ist stark er-schwert (nur „runde" Profilierung)
■ Eine vorhandene Dachmarke erlaubt rela-tiv leicht die Einführung neuer Produkte	■ Die Konzentration auf einzelne Zielgrup-pen ist im Prinzip nicht möglich
■ Jedes neue Produkt kann am Goodwill der Dachmarke partizipieren (Starthilfe)	■ Als Positionierung kann nur eine allge-meine, eher unspezifische „Lage" gewählt werden
■ Das Unternehmen kann sich auch in klei-neren Teilmärkten engagieren	■ Auf Besonderheiten der Profilierung ein-zelner Programmteile kann (auch bei Relaunchaktivitäten) keine Rücksicht ge-nommen werden
■ Kurze Produktlebenszyklen bei einzelnen Produkten gefährden nicht die gesamte Ökonomie der Marke	■ Innovationen können nicht spezifisch pro-filiert bzw. ausgelobt werden
■ Man ist nicht auf den aufwendigen Prozeß der Suche nach neuen schutzfähigen Marken angewiesen	■ Im Falle des Scheiterns eines Produktes ergeben sich Badwill-Transfereffekte auf die Marke und alle Produkte insgesamt

Abbildung 5:   Wichtige Vor- und Nachteile der Dachmarke
Quelle: Becker, 1998, S. 198.

Die Übersicht (vgl. Abbildung 5) zu den Vor- und Nachteilen der Dachmarke zeigt - gerade auch unter Risiko- und Ökonomieaspekten - wesentliche Vorteile dieses Markentyps. Ihnen steht neben verschiedenen steuerungsstrategischen Nachteilen im Prinzip vor allem ein ganz gravierender Nachteil gegenüber: der nicht zu leugnende Profilie-rungsnachteil, der sich speziell bei Marketingkonzepten als nachteilig erweist, die auf die Eroberung bzw. nachhaltige Besetzung oberer Märkte (speziell Premiummärkte; vgl. Becker, 1991, S. 45 f.) gerichtet sind.

Neben generellen Aspekten der Bewertung bzw. Effizienz von Dachmarken spielen auch bei diesem Markentyp situative Bedingungen eine Rolle. So kann zum Beispiel in Bereichen mit hohem Verdrängungswettbewerb und entsprechendem Preis- bzw. Ertragsverfall der Zwang zur Dachmarke oder die Überführung zu ihr erzwungen werden. Ansonsten gibt es branchenbedingte Faktoren (z. B. traditionell niedriges Marketingaktivitätsniveau in Rohstoff- oder Zwischenproduktmärkten, wie etwa Komponenten und Teile), die - soweit hier überhaupt eine bewußte Markenpolitik betrieben wird - ökonomisch allenfalls die Wahl einer Dachmarken-Strategie zulassen.

2.4   Markenstrategische Kombinationsmöglichkeiten

In den bisherigen Darlegungen wurden die markenstrategischen Basisalternativen (Einzel-, Familien- und Dachmarke) als „reine" Markentypen analysiert, und zwar unter Würdigung ihres jeweils spezifischen konzeptionellen Ansatzes und ihrer generellen Einsatzbedingungen (inklusive typischer Vor- und Nachteile).

Unternehmen können jedoch nicht nur „reine" Markentypen wählen, sondern auch markenstrategische Kombinationen einsetzen (vgl. hierzu auch Kapferer, 1992, S. 163 ff.; Becker, 1994 a, S. 476 ff.). Solche Kombinationen können je nach Ausgangssituation bzw. Marktbedingungen sinnvoll sein. Auf konzeptionelle Grundfragen von Marken-Kombinationen soll deshalb noch näher eingegangen werden.

Marken-Kombinationen führen zu bewußten Markenhierarchie-Systemen, wobei verschiedene Hierarchie-Muster unterschieden werden können (vgl. Becker, 1994 a, S. 476 f. bzw. 1998, S. 201 f.): zwei- oder dreifache Marken-Kombinationen(-Hierarchien).

Was die zweifache Marken-Kombination betrifft, so tritt sie etwa als Kombination von Einzelmarke einerseits und Dachmarke andererseits auf (vgl. Abbildung 6).

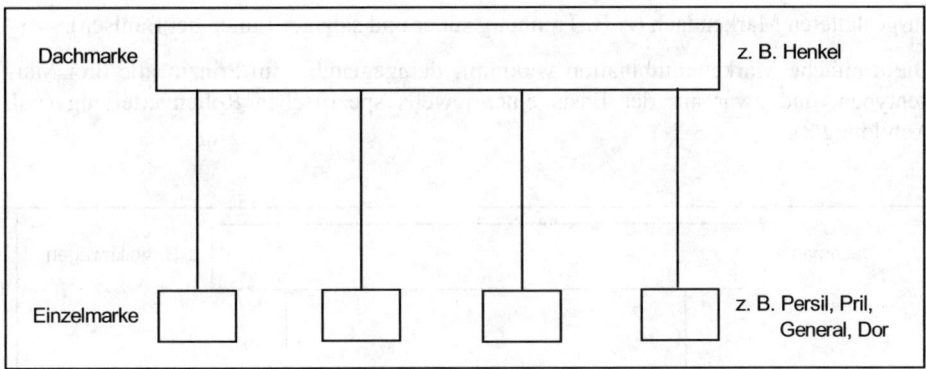

Abbildung 6:   Kombination von Einzel- und Dachmarke
Quelle: Becker, 1998, S. 200.

Der konzeptionelle Ansatz besteht bei dieser Markenkombination (vgl. Abbildung 6) darin, starke Einzelmarken aufzubauen und deren Markenkraft durch die übergeordnete Kompetenz einer Dachmarke zu verstärken (= Kumulationseffekt, so tragen zum Beispiel alle Waschmittelmarken der Firma Henkel neben der spezifischen Einzelmarke zusätzlich das Markenlogo Henkel, das für ein marktführendes, forschungsintensives und ökologieorientiertes Unternehmen steht).

Eine andere Form der zweifachen Markenkombination ist die Verknüpfung von Familien- und Dachmarke (vgl. Abbildung 7).

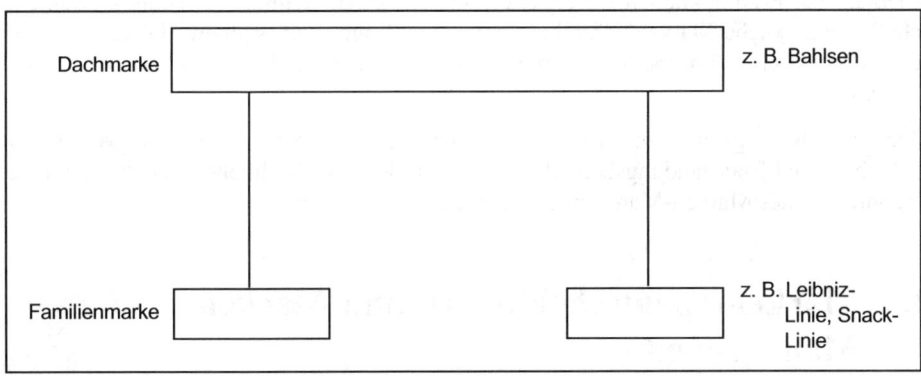

Abbildung 7:   Kombination von Familien- und Dachmarke
Quelle: Becker, 1998, S. 201.

Die konzeptionelle Zielsetzung besteht bei dieser Markenkombination in der Schaffung von homogenen, markendifferenzierten Produktlinien unter einem mit hohem Goodwill ausgestatteten Markendach (z. B. Trennung süßer und salziger Linien bei Bahlsen).

Die dreifache Markenkombination verknüpft demgegenüber im Prinzip alle drei Markentypen, und zwar auf der Basis einer jeweils spezifischen Rollenverteilung (vgl. Abbildung 8).

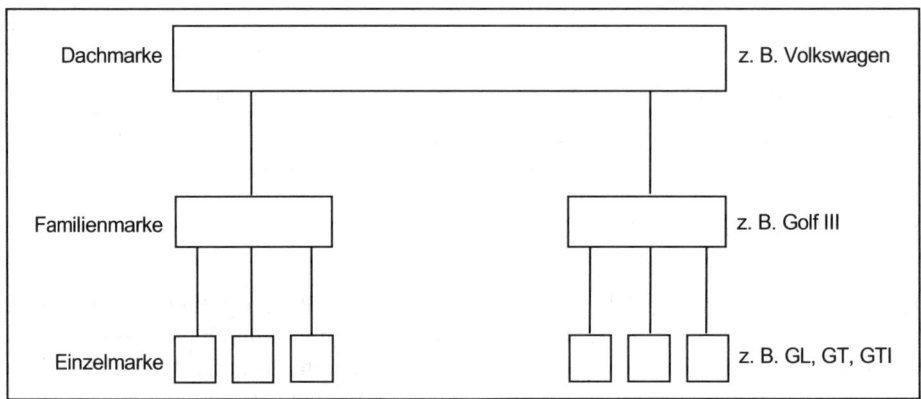

Abbildung 8:   Kombination von Einzel-, Familien- und Dachmarke
Quelle: Becker, 1998, S. 202.

Das konzeptionelle Prinzip besteht darin, ein hierarchisches Markensystem zu schaffen, das unter einer bewährten Dachmarke das Programm nach Produktklassen trennt und innerhalb der Produktklassen Untermarken (z. B. für Ausstattungs-/Leistungsvarianten) schafft. Eine solche Markenhierarchie kann - nachfrage- und wettbewerbsbedingt - bei sehr differenzierten Programmen (Programmvarianten wie z. B. im PKW-Markt) sinnvoll sein.

Marken(typ)strategische Entscheidungen stellen sich sogesehen als ein sehr komplexer Aufgaben- und Entscheidungsbereich dar. Es soll deshalb abschließend noch auf einige Grundfragen des Marken-Managements eingegangen werden.

3. Markentypentscheidungen und Marken-Management

Bereits eingangs wurde auf den Schlüsselcharakter von Markentypentscheidungen hingewiesen. Diese Tatsache soll nun noch unter Management-Aspekten näher aufgegriffen werden.

3.1 Anlässe markenstrategischer Entscheidungen

Zunächst einmal ist zu beachten, daß es zwei verschiedene Grundanlässe für Markentypentscheidungen gibt, die jeweils konzeptionelle Besonderheiten, Möglichkeiten und
Zwänge aufweisen:

- Markenentscheidungen bei neuen Unternehmen (Konzeptschaffung) und
- Markenentscheidungen bei bestehenden Unternehmen (Konzeptänderung).

Bei neuen Unternehmen, d. h. bei Unternehmensgründungen, besteht die konzeptionelle
Aufgabe darin, die für den Unternehmenszweck (Mission) geeignete Marke und den
geeigneten Markentyp zu bestimmen. Unternehmen stellen damit die Weichen für ein
erfolgreiches präferenzstrategisches Agieren am Markt. In der Realität ist den Unternehmen die Tragweite und die Bindungswirkung dieser Entscheidungen oft nicht
bewußt. Vielfach besteht in der Gründungsphase noch keine genügend konkrete Vorstellung über die programmstrategische Weiterentwicklung des Unternehmens (Vision).
Markentypen bzw. Markenkompetenzfelder werden dann nicht selten zu eng gewählt.
So hat zum Beispiel das Unternehmen Parsytec als High-Tech-Unternehmen sich
zunächst auf die Herstellung und Vermarktung von Hochleistungsrechnern (sogenannte
Parallelrechner) konzentriert und die Dachmarke mit Hochleistungsrechnern „besetzt".
Im Zuge der Entwicklung immer leistungsfähigerer Computer ist der Hochleistungs-
rechner-Markt geschrumpft; Parsytec konzentriert sich deshalb inzwischen auf ein neues
Geschäftsfeld, nämlich auf intelligente, automatische Oberflächeninspektions-Anlagen.
Man sah sich deshalb gezwungen, ein zweites Markendach mit ma Vis zu installieren.

Markentypentscheidungen müssen bei Unternehmensgründungen deshalb möglichst
programmatisch so weit greifen, daß sich die Markentypwahl (und Markentypbesetzung)
nicht schon in der Pionierphase als zu „eng" erweist.

Wenn auch Markenentscheidungen möglichst auf Dauer, jedenfalls für eine möglichst
lange Unternehmensphase, geschaffen werden sollten, gibt es dennoch immer wieder
Anlässe im Unternehmenszyklus, Markenentscheidungen zu überprüfen bzw. gegebenenfalls zu korrigieren. Typische Anlässe sind dabei in der Regel strategische Änderungen der Marketing-Konzeption. Sie haben ihre Ursache häufig in diversifikationspoliti-
schen Programmerweiterungen (= neue Produkte für neue Märkte). So hat beispielsweise Knorr (CPC-Gruppe) das Unternehmen Pfanni übernommen, um mit der
Kompetenz dieser Marke das Kompetenzfeld Kartoffel-Convience-Produkte besser
abdecken zu können. Deshalb wird Pfanni neben der Dachmarke Knorr und spezifischen
Familienmarken wie Mazola und Mondamin als zusätzliche, eigenständige Familienmarke (weiter)geführt.

Häufig sind auch Aufkaufstrategien innerhalb der eigenen Kompetenzfelder Anlaß für
markenstrategische Korrekturen. So hat etwa Söhnlein (Oetker-Gruppe) nach Übernahme des Konkurrenten Henkell zu viele Einzelmarken auf dem Sektmarkt angeboten,
die sich marktschichten- und zielgruppenspezifisch nicht „trennscharf" abgrenzen

ließen. Söhnlein-Henkell hat deshalb eine Reihe von Marken wie Henkell-Royal und Adam Henkell aufgeben müssen (zur (marken)strategischen Würdigung dieses Beispiels vgl. auch Becker, 1998, S. 234 f.).

Die Beispiele belegen, daß es - auch bei vorausschauender Marketing- und Markenplanung - immer wieder Anlässe für Markenkorrekturen gibt, die häufig auch die Markenhierarchie des Unternehmens berühren.

Neben solchen unternehmensstadienspezifischen Gründen zur Markenkorrektur gibt es generelle Entwicklungsrichtungen markentypstrategischer Entscheidungen, auf die im folgenden noch näher Bezug genommen werden soll.

3.2 Generelle Entwicklungsrichtungen bei Markentypentscheidungen

In vielen Märkten bzw. bei zahlreichen Unternehmen lassen sich generelle Entwicklungsrichtungen in bezug auf die Markentypwahl bzw. ihre Korrektur identifizieren. Sie haben ihre Ursachen in erfahrungsgestützten konzeptionellen Einsichten zu erfolgreicher Markenführung. Zugleich beruhen diese Entwicklungsrichtungen jeweils auch auf unternehmens- und markenspezifischen Bedingungen, wie konkrete Beispiele verschiedener Unternehmen verdeutlichen.

Zunächst sollen generelle Entwicklungsmuster der Markentypwahl bzw. -korrektur aufgezeigt werden (vgl. Abbildung 9).

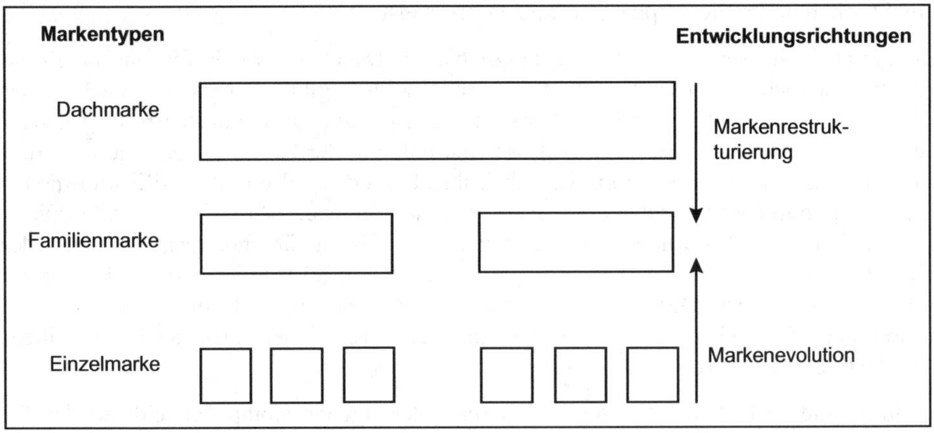

Abbildung 9: Typische Entwicklungsrichtungen bei Veränderungen des Markentyps
Quelle: Becker, 1998, S. 202.

Die Darstellung (vgl. Abbildung 9) macht deutlich, daß zunehmend markenstrategische Entwicklungsrichtungen festgestellt werden können, die entweder ihren Ausgangspunkt bei der Dachmarke als dem einen oder der Einzelmarke als dem anderen „extremen" Markentyp haben. Die beiden Grundrichtungen laufen prinzipiell auf Schaffung einer Familienmarke (als „mittleren" Markentyp) hinaus. Je nach Ausgangspunkt dieser beiden Markenentwicklungen kann zwischen Markenevolution einerseits und Markenrestrukturierung andererseits unterschieden werden.

3.2.1 Evolution von Marken

In gesättigten, tendenziell überbesetzen Märkten wird es immer schwieriger, neue Marken aufzubauen, und zwar aus Gründen hoher Marktinvestitionen wie auch aus Zeitgründen (strategisches Timing). Ein wichtiger markenstrategischer Ansatz wird deshalb zunehmend darin gesehen, starke und imageträchtige vorhandene Marken für neue Aktivitäten (z. B. bei der Strategieentwicklungsrichtung horizontale Diversifikation) zu nutzen. Das heißt mit anderen Worten, daß man speziell starke, gut profilierte Einzelmarken in Familienmarken überführt, um schneller und vor allem auch effizienter in neue Märkte eindringen zu können. Klassisches Vorbild einer solchen Strategie ist das Nivea-Konzept (Hätty, 1994, S. 570 f.; Becker, 1998, S. 203 f.). Hier ist es gelungen, unter Beachtung eines gemeinsamen, nutzengeprägten Imagedaches - nämlich einer „Pflege-Philosophie" - einen ganzen Kranz bedarfsverwandter Produkte um die Muttermarke Nivea-Creme zu legen (u. a. Nivea-Milk/-Lotion, -Gesicht, -Sonnenpflege und -Haarpflege) und damit sehr erfolgreich einen sogenannten Markentransfer vorzunehmen (vgl. Abbildung 10 sowie das Kapitel zur Markendehnung in diesem Buch).

Das konzeptionelle Prinzip einer solchen markenstrategischen Evolution (vgl. Abbildung 10) - ausgehend von einer starken Muttermarke - besteht also darin, im Interesse eines Auf- bzw. Ausbaus einer ganzen Produktlinie satellitenartig neue Produkte (Markenkinder) um einen bewährten Markenkern (bei Nivea: (Körper-)Pflege-Kompetenz) zu gruppieren. Entscheidende Voraussetzung für das Funktionieren einer solchen Markenevolution über eine entsprechende Markentransferstrategie ist die imagemäßige Affinität zwischen Ausgangsmarke bzw. Ausgangsprodukt und den vorgesehenen Transferprodukten (Hätty, 1989 a, 1994; vgl. auch das Kapitel zur Markendehnung in diesem Buch). Diese einschränkende Bedingung - in der Regel durch entsprechende Untersuchungen über das Markenimage und die Markenkompetenz abgeklärt - führt nicht selten dazu, daß der Markentransfer auf vorgesehene Zielprodukte nur in Stufen, d. h. im Sinne einer kontrollierten Produktlinienerweiterung, vollzogen werden kann. Auf diese Weise sollen bestimmte Kompetenzzuwächse im Zeitablauf abgewartet werden, um so einer möglichen Markenerosion durch vorschnelle, (noch) nicht stimmige Transferprodukte vorzubeugen. So war zum Beispiel der Transfer der Marke Nivea auf Deo-Produkte erst nach einer ganzen Reihe anderer Pflegeprodukte, die näher am Nivea-Markenkern lagen, möglich bzw. sinnvoll.

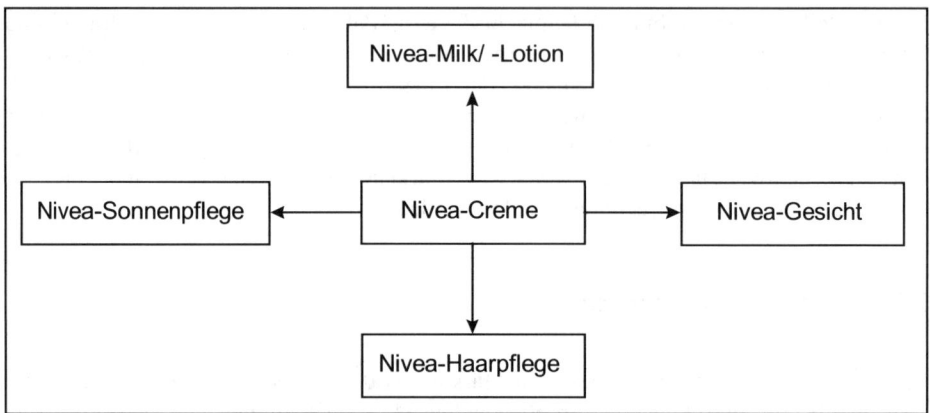

Abbildung 10:   Evolution einer Einzelmarke zur Familienmarke (Beispiel Nivea, Aus-
                 schnitt)
Quelle: Becker, 1998, S. 203.

3.2.2 Restrukturierung von Marken

Viele große, klassische Markenhersteller haben durch die Wahl von Firmen- oder
Dachmarken von vornherein die markentechnischen Voraussetzungen geschaffen, um
neue Aktivitäten in für sie neuen Märkten entfalten zu können, ohne daß hier die Marke
(zunächst) als Begrenzungsfaktor in Erscheinung tritt. Ein strategischer Zwang zur
Restrukturierung einer Dachmarke zu einem gegebenenfalls mehrstufigen System von
Familien- oder Produktgruppenmarken kann jedoch dann eintreten, wenn ein Unterneh-
men im Laufe seiner Entwicklung stark diversifiziert und sich immer stärker von seinem
Stammgeschäft (speziell im Sinne lateraler Diversifikation) entfernt hat. Daß dies
gegeben sein kann, macht u. a. das Beispiel Melitta deutlich (Körfer-Schün, 1988,
S. 159 ff.). Hier hatte man über Jahrzehnte hinweg ziemlich heterogene Produkt- und
Marktaktivitäten wie Kaffeefilter/Kaffee, Lebensmittelfolien, Staubsauger- und Müllbeutel und Luftreiniger und Teefilter unter dem Firmendach Melitta subsumiert. Auf
diese Weise war ein ziemlich diffuses Markenbild mit einer kaum noch durchgängigen
Identifikationsklammer entstanden, das eine markenstrategische Korrektur notwendig
machte.

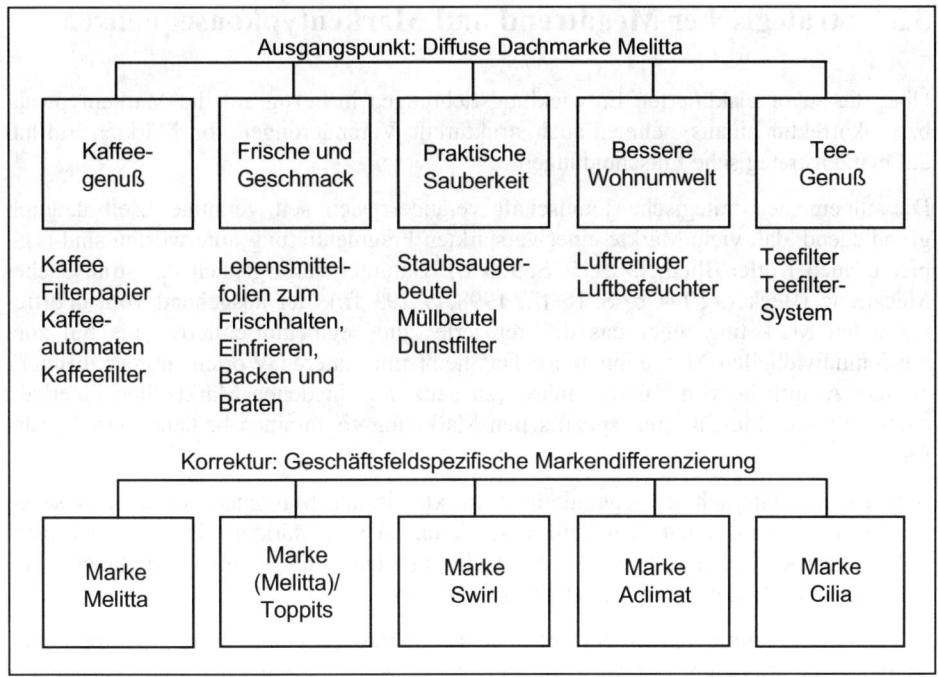

Abbildung 11:   Restrukturierung einer Dachmarke zu einem System von Familien-
                marken (Beispiel Melitta)
Quelle: Körfer-Schün, 1988, S. 163 f.; Becker, 1998, S. 204.

Die Übersicht (vgl. Abbildung 11) zeigt, wie sich das Unternehmen Melitta wieder auf
den ursprünglichen Markenkern der Dachmarke Melitta (Kaffeefilter, Kaffeemaschi-
nen/-geräte und Kaffee) besonnen und die Marke Melitta nach der Markenrestrukturierung nur noch als hierfür reservierte Familien- oder Produktgruppenmarke einsetzt, während für alle anderen Aktivitäten jeweils neue bzw. in Ansätzen schon vorhandene
Familien- oder Produktgruppenmarken genutzt bzw. eingeführt wurden. Man entschloß
sich also für eine umfassende Restrukturierung der Marke Melitta (d. h. Reservierung
der Marke Melitta allein für den „Kaffee-Bereich", dagegen (neue) spezielle Marken wie
Toppits, Swirl, Aclimat und Cilia für die übrigen Bereiche), um sowohl deren Glaubwürdigkeit und Kompetenz zu stärken als auch um entsprechende Klammern für spezifische (Geschäfts-)Bereiche zu schaffen, welche Produktinnovationen und ihre Durchsetzung im Markt erleichtern.

3.3   Strategischer Megatrend und Markentypkonsequenzen

Über die zuvor diskutierten Entwicklungsrichtungen in bezug auf die Markentypwahl
bzw. -korrektur hinaus, nehmen auch strukturelle Veränderungen von Märkten Einfluß
auf markenstrategische Entscheidungen.

Die allgemeine strategische Landschaft verändert sich seit geraumer Zeit dadurch
grundlegend, daß viele Märkte einer verstärkten Fragmentierung unterworfen sind (vgl.
hierzu auch Kotler/Bliemel, 1995, S. 590 f.). Dahinter verbirgt sich ein strategischer
Megatrend (Becker, 1994 b, S. 15 ff., 1998, S. 293 ff.), der ausgehend vom undifferenzierten Marketing, über das differenzierte zum segmentorientierten bis hin zum
kundenindividuellen Marketing führt. Das heißt mit anderen Worten: immer differenziertere Ansprüche von Kunden führen zu ganz verschiedenen Marktzellen innerhalb
eines Grundmarktes, die mit spezifischen Marketingprogrammen bedient werden müssen.

Immer mehr Unternehmen - gerade auch im klassischen Markenartikelbereich - sehen
sich insoweit gezwungen, den Feinstrukturierungen von Märkten verstärkt zu folgen.
Solche auf spezifische Teilmärkte (Marktzellen) gerichteten Marketingaktivitäten haben
naturgemäß auch markenstrategische Konsequenzen.

Da es aus Ökonomiegründen für auf neue Teilmärkte gerichtete Marketingprogramme
sinnvoll ist - was zum Teil auch mit der relativ geringen zeitlichen Stabilität solcher
neuen Teilmärkte zusammenhängt -, prinzipiell vorhandene Dach- oder gegebenenfalls
auch Familienmarken einzusetzen, andererseits aber neue, zielgruppenfokussierte Pro-
dukt- und Leistungsangebote aus Positionierungsgründen nach Markendifferenzierung
verlangen, zeichnet sich verstärkt ein Trend zu Untermarken-Systemen (Sub-Branding)
ab.

Typisch hierfür sind etwa jüngste Entwicklungen im Nahrungsmittelmarkt, u. a. im Fer-
tiggerichte-Markt. Innerhalb der drei Teilmärkte dieses Marktes (Trocken-, Naß- und
Tiefkühl-Gerichte) finden weitere Zellteilungen (Fragmentierungen) statt. So bedient
etwa Knorr auf dem Trockenfertiggerichte-Markt ganz verschiedene Zielgruppen
(-ansprüche), wofür auf der Basis der Markenkompetenz der Dachmarke Knorr u. a.
folgende Untermarken (Sub-Brands) eingesetzt werden: Knorr Spaghetteria, Knorr Rizi
Bizi und Knorr Hütten Snack.

Diese Darlegungen zeigen, daß markenstrategische Entscheidungen immer auch abhängig sind von marketingstrategischen Basiskonzepten der Marktabdeckung. Sie selbst
sind jeweils Reflex markt- und kundenspezifischer Entwicklungen bzw. Struktur-
veränderungen. Markenstrategische Entscheidungen stehen insoweit im Zentrum kon-
zeptionsgesteuerten Marketing-Handelns. Damit schließt sich der Kreis zu den einfüh-
renden Darlegungen „Markentypwahl als strategische Schlüsselentscheidung".

Hermann Freter und Carsten Baumgarth

Ingredient Branding - Begriff und theoretische Begründung

1. Einleitung

Die aktuellen Reorganisationen von Konzernen zu Strategischen Holdings in der Chemischen Industrie (z. B. Hoechst AG, Hüls AG), der Zusammenschluß von Konzernen im Stahlbereich und in der Automobilzulieferindustrie, die Bildung von Joint Ventures und anderen Kooperationsformen im Kunststoffbereich (z. B. Targor GmbH), das Vordringen internationaler Konkurrenten und der Substitutionswettbewerb zwischen konventionellen Werkstoffen und „Neuen Werkstoffen" stellen schlagwortartig aktuelle Tendenzen auf seiten der Produktionsgüterhersteller dar. Gleichzeitig verändern sich auch die Abnehmerstrukturen der Primärindustrie. Beispiele liefern die Verkürzung der Fertigungstiefen der Endprodukthersteller (z. B. Automobilindustrie), das veränderte Beschaffungsverhalten industrieller Abnehmer (Single Sourcing, Global Sourcing) und erhöhte Qualitäts- und Logistikstandards. Vor diesem Hintergrund versuchen Produktionsgüterhersteller zusehends, sich über Präferenzen gegenüber der Konkurrenz einen Wettbewerbsvorteil zu verschaffen.

Im Konsumgüterbereich bildet die Markenpolitik eines der wichtigsten Konzepte zur Präferenzschaffung. Erfolgreiche Beispiele aus der Praxis belegen, daß die Markenpolitik auch für den Produktionsgüterhersteller (Ingredient Branding) ein Konzept zur Präferenzschaffung darstellen kann. Den Erfolg in der Praxis weist zum Beispiel der in Abbildung 1 wiedergegebene Vergleich zwischen den Bekanntheitsgraden von Konfektions- und Fasermarken (Ingredient Brands) bei Konsumenten nach. Neben der Marke „Reine Schurwolle/Wollsiegel", die in allen vier Erhebungen mit 80 % und mehr einen hohen Bekanntheitsgrad aufweist, ist der Anstieg bei den Marken „Gore-Tex" und „Sympatex" besonders hervorzuheben. Weitere erfolgreiche Praxisbeispiele (vgl. zur Übersicht von Fallbeispielen; Baumgarth, 1998, S. 21 f.) liefern die Mikroprozessormarke „Intel Inside" (vgl. z. B. Schmäh/Erdmeier, 1997, S. 122 ff.; Arnott, 1994, S. 78 ff.), der Zuckeraustauschstoff „Nutrasweet" (vgl. z. B. Norris, 1993, S. 16.) und die Viskosefaser „Enka Viscose" (vgl. z. B. Unger-Firnhaber, 1996). Für die Zukunft wird insgesamt eine steigende Bedeutung des Ingredient Branding prognostiziert (vgl. Irmscher, 1997, S. 45).

Ingredient Branding weist somit praktischen Erfolg auf und darüber hinaus findet es auch zunehmende Berücksichtigung in der wissenschaftlichen Auseinandersetzung[1].

---

1   Vgl. zu empirischen Arbeiten z. B. Sinclair/Seward, 1988, S. 23 ff.; Saunders/Watt, 1979, S. 114 ff.; Shipley/Howard, 1993, S. 59 ff.; Yoon/Kijeweski, 1995, S. 7 ff.; McDowel et al., 1997, S. 433 ff.; zu theoretisch-konzeptionellen Arbeiten vgl. z. B. Kunkel, 1977, S. 200 ff.; Norris, 1992, S. 19 ff.; Simon/ Sebastian, 1995, S. 42 ff.; Freter/Baumgarth, 1996, S. 482 ff.; Kemper, 1997, S. 271 ff.; vgl. zum Stand der Forschung insgesamt Baumgarth, 1998.

Marken		1985/86	1989/90	1993/94	1997
Konfektions- marken	Adidas	95	97	86	91
	Boss	71	92	90	86
	Lacoste	70	88	88	76
	Mustang	79	84	78	84
	Schiesser	92	92	89	92
	Seidensticker	74	79	67	61
Fasermarken (Ingredient Brands)	Wollsiegel	83	87	84	80
	Alcantra	44	30	29	30
	Gore-Tex	7	48	59	65
	Nino	52	54	43	37
	Trevira	/	/	/	67
	Sympatex	/	32	52	70
	Lycra	/	/	38	42
	Diolen	/	/	42	46

Abbildung 1: Gestützter Bekanntheitsgrad von Konfektions- und Fasermarken (Angaben in %)

Quelle: (zusammengestellt aus) Spiegel-Verlag: Outfit, 1986; Outfit 2, 1990; Outfit 3, 1994; Outfit 4, 1998.

Die folgenden Ausführungen bestimmen zunächst den Begriff des Ingredient Branding und grenzen diesen gegenüber verwandten Termini ab. Aufbauend auf dieser Begriffs- bestimmung erfolgt eine Deduktion von Besonderheiten des Ingredient Branding im Vergleich zur klassischen Markenartikelpolitik. Die abgeleiteten Besonderheiten bedür- fen einer eigenen theoretischen Erklärung, weshalb geprüft wird, inwieweit der funk- tionsorientierte, der entscheidungsorientierte, der verhaltenswissenschaftliche und der informationsökonomische Ansatz einen Erklärungsbeitrag leisten können.

2. Terminologische Grundlagen des Ingredient Branding

2.1 Begriffsbestimmung

Als Arbeitsdefinition läßt sich Ingredient Branding zunächst als die Übertragung der Markenartikelpolitik aus dem Konsumgüter- auf das Produktionsgütermarketing charakterisieren. Dieser Abschnitt erläutert die Bestandteile der Arbeitsdefinition (Markenartikel, Produktionsgut), um so zu einem eigenen, weitgefaßten Definitionsvorschlag zu gelangen. Diese abgeleitete Definition erlaubt anschließend die Abgrenzung zu verwandten Begriffen.

In der Literatur existiert eine Vielzahl unterschiedlicher Definitionen des Begriffes Markenartikel (vgl. zusammenfassend z. B. Bruhn, 1994 b, S. 5 ff.; Dichtl, 1992 a, S. 271 f.). Daher erfolgt zunächst die Diskussion wichtiger Definitionsrichtungen des Markenartikels[2], um einen für die vorliegende Analyse zweckmäßigen Ansatz zu bestimmen. Es lassen sich u. a. folgende Ansätze unterscheiden (vgl. ähnlich Berekoven, 1978, S. 39 ff.; Bruhn, 1994 b, S. 7 ff.):

- ■ merkmalsorientierter Ansatz,
- ■ instrumentaler Ansatz und
- ■ wirkungsbezogener Ansatz.

Die Bestimmung des Markenartikels anhand von Merkmalskatalogen (merkmalsorientierter Ansatz) bildet die ursprüngliche Form der Wesensbestimmung, wonach sich Markenartikel im Vergleich zu markenlosen Produkten durch bestimmte Merkmale auszeichnen[3]. Als repräsentativ für diese Richtung gilt die Definition von Mellerowicz (1963, S. 39): „Markenartikel sind für den privaten Bedarf geschaffene Fertigwaren, die in einem größeren Absatzraum unter einem besonderen, die Herkunft kennzeichnenden Merkmal (Marke) in einheitlicher Aufmachung, gleicher Menge sowie in gleichbleibender oder verbesserter Güte erhältlich sind und sich durch die für sie betriebene Werbung die Anerkennung der beteiligten Wirtschaftskreise (Verbraucher, Händler und Hersteller) erworben haben (Verkehrsgeltung)". Solche Merkmalskataloge wurden bereits bei der Bestimmung des Markenartikelbegriffs für Konsumgüter als zu deterministisch und nicht operationalisierbar abgelehnt (vgl. stellvertretend Sander, 1994, S. 36; Berekoven, 1978, S. 40 f.). Bei der Anwendung des merkmalsorientierten Ansatzes auf Produktionsgüter entstehen weitere Probleme, wie die Nichteinhaltung gleichbleibender Qualität bei Einsatzstoffspezialitäten oder die gleich hohe Bedeutung von Anbieter- und

---

2   Marken und Markenartikel werden im folgenden synonym verwendet.

3   Eine Weiterentwicklung dieser Dichotomie „Markenartikel vs. markenlose Ware" erfolgt durch intensitätsorientierte und herkunftsstrukturierende Ansätze, bei denen auch Erscheinungsformen, die teilw. Defekte im Hinblick auf den merkmalsorientierten Ansatz besitzen, mit in die Betrachtung einbezogen werden, vgl. z. B. Berekoven, 1978, S. 41 f.

Produktattributen (vgl. Oelsnitz, 1995, S. 254; Merbold, 1990, S. 409). Außerdem schließt das Merkmal „Fertigwaren" Produktionsgüter aus diesem Markenartikelbegriff explizit aus. Das einzige in dieser und allen folgenden Definitionsansätzen explizit oder implizit enthaltene Merkmal ist die Markierung. Die Markierung einer Leistung kann entweder durch die Bildung von Individual- oder durch Kollektivmarken (Gütezeichen usw.) erfolgen. Die Markierung von Leistungen stellt allerdings für den Markenartikel nur einen notwendigen, aber keinen hinreichenden Definitionsbestandteil dar.

Der instrumentale Ansatz versucht, das Wesen des Markenartikels durch die Ermittlung „typischer Marketinginstrumente" zu bestimmen (vgl. z. B. Bruhn, 1994 b, S. 8). Als Beispiele gelten der Einsatz der vertikalen Preisbindung bzw. -empfehlung und der Sprungwerbung[4]. Allerdings ist auch dieser Ansatz zu deterministisch und schließt einige empirisch beobachtbare Erscheinungsformen aus[5].

Der wirkungsbezogene Ansatz geht primär auf Berekoven (1962, S. 814, 1978, S. 43) zurück und interpretiert Markenartikel aus der Sicht der Kunden, wobei „ ... alles, was die Konsumenten als einen Markenartikel bezeichnen oder - besser - empfinden, tatsächlich ein solcher ist" (Berekoven, 1978, S. 43). Durch diesen Ansatz rückt der Erfolg bei den Konsumenten zur Bestimmung des Markenartikels in den Vordergrund[6]. Für die vorliegende Problemstellung ist es notwendig, den Begriff „Konsument" durch „Zielgruppe" zu ersetzen, da für Produktionsgüter die Konsumenten nur eine mögliche Zielgruppe bilden und auch ein Produktionsgut, das auf vorgelagerten Stufen als Markenartikel beurteilt wird, einen solchen darstellt[7]. Das Hauptproblem beim wirkungsbezogenen Ansatz besteht in der Operationalisierung des Konstruktes Erfolg, zum Beispiel mittels folgender Indikatoren (vgl. Hätty, 1989 a, S. 19 f.):

- aktiver und passiver Bekanntheitsgrad,
- Einstellung,
- Markensicherheit und
- wahrgenommenes Kaufrisiko.

Allerdings sind Aussagen über die notwendige absolute Höhe dieser Meßkriterien für den Status Markenartikel nicht sinnvoll. Vielmehr zeichnen sich Markenartikel dadurch aus, daß sie in einem bestimmten Leistungsbereich und bei bestimmten Zielgruppen zum Beispiel einen höheren Bekanntheitsgrad und eine positivere Einstellung im Vergleich

---

4   Eine Erweiterung der instrumentalen Sichtweise stellt der absatzsystemorientierte Ansatz dar, der den Markenartikel als eine geschlossene Absatzkonzeption interpretiert, vgl. z. B. Alewell, 1974, Spalte 1218 ff.

5   Zum Beispiel wurde bei dem Sekt „Faber Krönung" bisher auf Sprungwerbung verzichtet, wonach dieser damit sowohl nach dem merkmalsorientierten als auch nach dem instrumentalen Ansatz keinen Markenartikel darstellt; vgl. Größer, 1991, S. 200.

6   Vgl. Sander, 1994, S. 39. Diese Sichtweise impliziert, daß der Aufbau einer Marke (noch) nicht unter den Markenartikelbegriff fällt. Durch diesen Ansatz wird implizit auf das wesensbestimmende Merkmal der Verkehrsgeltung nach Mellerowicz zurückgegriffen.

7   Vgl. zu dieser Interpretation auch Arnott, 1994, S. 81. Andere Autoren fordern als begriffsimmanenten Bestandteil die Ansprache der Endverwender bzw. Konsumenten, vgl. z. B. Norris, 1992, S. 20.

zu den Konkurrenzleistungen aufweisen. Der Erfolg bei der jeweiligen Zielgruppe bildet für die vorliegende Arbeit das hinreichende Merkmal für den Markenartikel.

Abschließend ist noch das Markierungsobjekt des Ingredient Branding näher zu erläutern. Generell hat sich in der Marketingwissenschaft die Einteilung der Güter nach dem Kriterium „institutioneller Verbleib" in Konsum- und Investitionsgüter durchgesetzt[8]. Investitionsgüter[9] stellen Leistungen dar, „... die von Organisationen beschafft werden, um weitere Leistungen zu erstellen, die nicht in der Distribution an Letztkonsumenten bestehen" (Backhaus, 1992, S. 7). Dieser weitgefaßte Investitionsgüterbegriff läßt sich nach dem Werteverzehr im Abnehmerunternehmen in investive Gebrauchsgüter (Investitionsgüter i. e. S.) und investive Verbrauchsgüter (Produktionsgüter) differenzieren (vgl. z. B. Pfeiffer/Bischof, 1974, Spalte 920). Produktionsgüter zeichnen sich dadurch aus, daß mit ihrem Einsatz im Abnehmerunternehmen ein vollständiger Werteverzehr eintritt, der weitere Verwendungen im Abnehmerunternehmen ausschließt (vgl. Grochla, 1978, S. 14). In der Klasse der Produktionsgüter unterscheidet man Güter, die bei der Produktion verbraucht werden (Betriebsstoffe, Energie) und Güter, die unverändert oder verändert in die Erzeugnisse der Abnehmer eingehen[10]. Letztere fallen unter das Ingredient Branding und lassen sich weiter in Rohstoffe, Einsatzstoffe und Teile unterteilen.

Die Differenzierung zwischen Rohstoffen, Einsatzstoffen und Teilen erfolgt nach dem Kriterium Verarbeitungsgrad. Rohstoffe stellen Ergebnisse der Urproduktion dar, die entweder durch Abbau (nicht reproduzierbare Rohstoffe, z. B. Eisenerz) oder durch Anbau (reproduzierbare Rohstoffe, z. B. Baumwolle) gewonnen werden (vgl. Engelhardt, 1992 a, S. 1015). Einsatzstoffe[11] dagegen besitzen einen höheren Verarbeitungsgrad und bilden als ver- oder bearbeitete Rohstoffe den Ausgangspunkt weiterer Produktionsprozesse, wobei sie in Folgeprodukte eingehen und dabei mehr oder weniger starken Veränderungen unterliegen (vgl. Rudolph, 1989, S. 20). Teile dagegen stellen Fertigprodukte dar, die ohne nennenswerte Ver- oder Bearbeitung in andere Produkte eingebaut werden (vgl. Engelhardt, 1992 b, S. 1137). Abbildung 2 ordnet die Markierungsobjekte des Ingredient Branding in die allgemeine Gütersystematik ein.

---

8   Daneben existiert noch das Dienstleistungsmarketing, wobei Dienstleistungen sowohl konsumptiv als auch investiv vermarktet werden können. Einige Autoren subsumieren daher unter dem Investitionsgüterbegriff auch explizit Dienstleistungen (vgl. z. B. Dichtl/Engelhardt, 1980, S. 146). In der neueren Literatur wird versucht, die Differenzierung zwischen Sach- und Dienstleistungen durch eine Typologie nach informationsökonomischen Kriterien abzulösen (vgl. stellvertretend Engelhardt et al., 1993, S. 395 ff.).

9   Synonyme Begriffe sind in der deutschsprachigen Literatur z. T. Produktivgüter (vgl. z. B. Pfeiffer/ Bischof, 1974, Spalte 918) und Industriegüter (vgl. Backhaus, 1997 b, S. 7 ff.); und in der angloamerikanischen Literatur Industrial Goods (vgl. z. B. Dodge, 1970, S. 4 ff.).

10   Vgl. Pfeiffer/Bischof, 1974, Spalte 920. Kainz (1961, S. 707) spricht in diesem Zusammenhang von Leistungsmitteln und Betriebsmitteln.

11   Synonyme Begriffe sind Zwischenprodukt und Halbfabrikat.

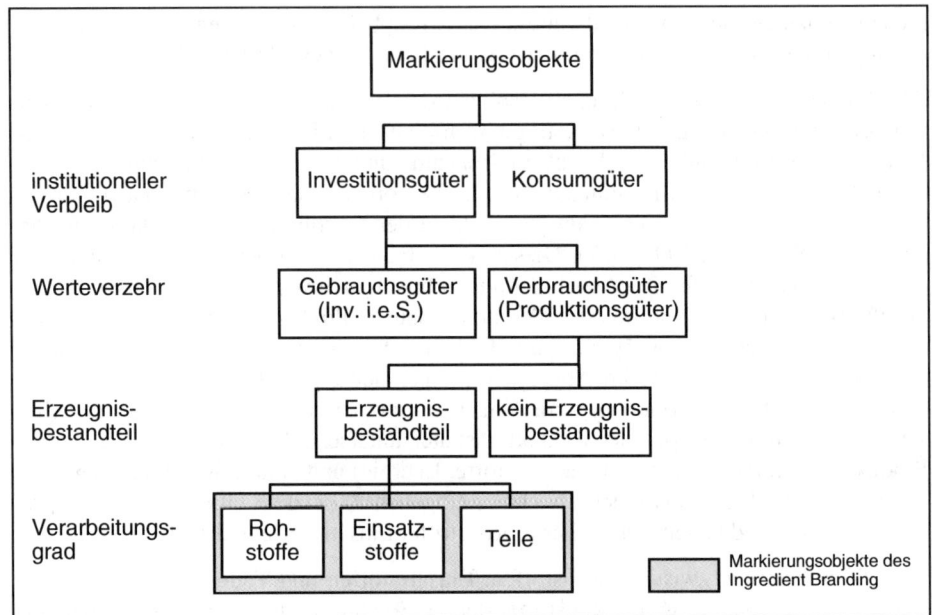

Abbildung 2:   Markierungsobjekte des Ingredient Branding

Nach der Diskussion des Markenartikelbegriffs sowie der Charakterisierung des Markierungsobjektes Produktionsgut läßt sich folgende Definition von Ingredient Branding bestimmen:

Unter Ingredient Branding versteht man die Markenpolitik investiver Verbrauchsgüter (Rohstoffe, Einsatzstoffe und Teile), die aus der Sicht der jeweiligen Zielgruppe einen Markenartikel darstellen.

2.2   Abgrenzung zu verwandten Termini

Neben dem Ingredient Branding existieren in der Literatur mit Co-Branding, Inversem Ingredient Branding, Gütezeichenpolitik, Markenpolitik für Investitions- bzw. Produktivgüter und Material- bzw. Komponentenmarkenpolitik teilweise synonyme Begriffe.

1. Co-Branding

Das Co-Branding zeichnet sich dadurch aus, daß ein Anbieter ein Produkt, welches bereits isoliert einen Markenartikel darstellt, zusätzlich mit einer Markierung versieht, deren Rechte ein anderes Unternehmen besitzt[12]. Das Co-Branding läßt sich nach der Richtung in horizontale und vertikale Formen unterteilen. Während bei horizontalen Formen zwei oder mehr Hersteller auf einer Stufe kooperieren, gehen bei vertikalen Formen Hersteller unterschiedlicher Stufen eine Markenallianz ein. Bei der horizontalen Form lassen sich weiter zwei Ausprägungsformen gegeneinander abgrenzen: Die erste Möglichkeit besteht in der Allianz zwischen Marken, die zwar unabhängig vermarktet werden, aber in einem komplementären Verhältnis zueinander stehen. Ein Beispiel dafür liefert die Kooperation zwischen dem Textilhersteller „Schiesser" und dem Waschmittel „Ariel Futur" (vgl. z. B. Reischauer, 1996, S. 73). Die zweite Form stellt die Entwicklung eines neuen Produktes dar, welches zwei oder mehr Marken umfaßt[13]. Ein Beispiel bildet die von der „Citibank" und der „Bahn" co-gebrandete **Bahncard mit Zahlungsfunktion**.

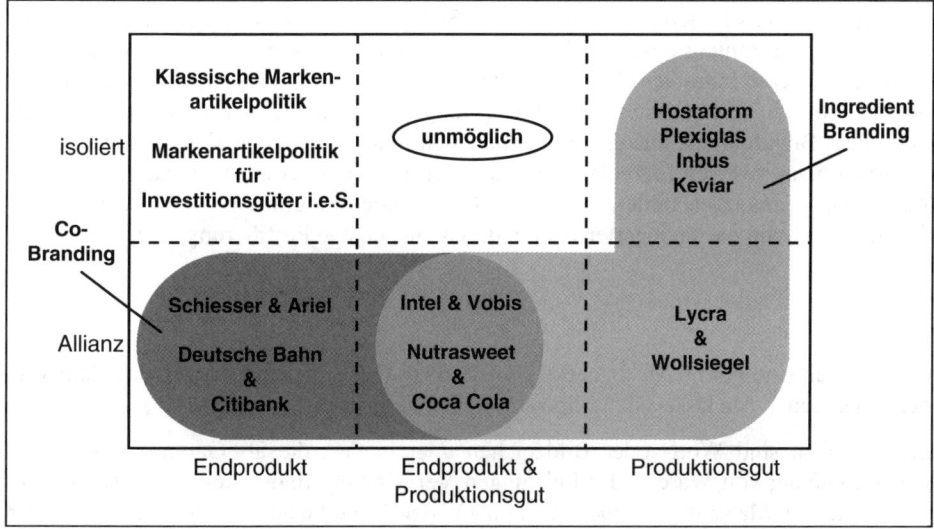

Abbildung 3:   Vergleich Ingredient Branding und Co-Branding

Co-Branding unterscheidet sich vom Ingredient Branding in zweifacher Hinsicht: Zum einen kennzeichnet Ingredient Branding den enger gefaßten Begriff, weil es lediglich die

---

12   Vgl. Ohlwein/Schiele, 1994, S. 577; Binder, 1996, S. 58; eingegrenzt auf den Finanzbereich Hüttermann, 1992; synonym: Markenallianzen bzw. Brand Alliances, vgl. Rao/Ruekert, 1994, S. 87 ff; Simonin/Ruth, 1998, S. 30 ff.
13   Diese Form wird auch als Composite Branding bezeichnet, vgl. Park et al., 1996, S. 453 ff.

vertikale Ausrichtung umfaßt. Zum anderen bildet es aber zugleich ein umfassenderes Konzept, weil es auch die isolierte Markenpolitik eines Produktionsgüterherstellers beinhaltet. Zwischen Co-Branding und Ingredient Branding existiert daneben eine Schnittmenge, falls eine vertikale Markenallianz zwischen einem Produktionsgut und einem Endprodukt vorliegt. Beispiele, die sowohl Ingredient Branding als auch Co-Branding darstellen, liefern die Kooperationen zwischen „Nutrasweet" und „Coca-Cola" oder „Intel Inside" und „Vobis". Abbildung 3 verdeutlicht abschließend die Unterschiede und Gemeinsamkeiten zwischen Co-Branding und Ingredient Branding.

2. Inverses Ingredient Branding

Ein weiterer in diesem Zusammenhang verwendeter Terminus stellt das inverse Ingredient Branding dar (vgl. Norris, 1992, S. 20; Bugdahl, 1996 a, S. 112; Bugdahl, 1996 b, S. 38). Bei dieser Form wählt ein Endprodukthersteller bewußt ein Produktionsgut aus und versucht, seine eigene Marke durch die zusätzliche Marke aufzuwerten. Diese Option empfiehlt sich zum einen für Endprodukthersteller mit relativ schwachen Marken, die von einem starken Ingredient Brand profitieren. Zum anderen ist diese Option sinnvoll, wenn das Ingredient Brand aus der Sicht der Abnehmer ein spezielles, von der Endproduktmarke nicht besetztes Kompetenzfeld aufweist. Obwohl die gewählte Definition das inverse Ingredient Branding abdeckt, beschränken sich die weiteren Ausführungen auf die zulieferorientierte Betrachtung, weil die beiden Ausprägungen des Ingredient Branding aus einzelbetrieblicher Sicht unterschiedliche Konzepte darstellen. Während beim inversen Ingredient Branding die Stärkung der eigenen Marke durch die Zusatzmarke das Ziel bildet, dominiert beim zulieferorientierten der Versuch, die Abhängigkeit von nachgelagerten Stufen durch eine eigene Profilierung abzubauen.

3. Gütezeichen

Gütezeichen sind vom RAL[14] anerkannte Zeichen, die von einer Gütegemeinschaft vergeben werden[15]. Sie lassen sich folgendermaßen definieren:

„Gütezeichen sind Wort- oder Bildzeichen oder beides, die als Garantieausweis zur Kennzeichnung von Waren oder Leistungen Verwendung finden, die die wesentlichen, an objektiven Maßstäben gemessenen, nach der Verkehrsauffassung die Güte einer Ware oder Leistung bestimmenden Eigenschaften erfüllen, und deren Träger Gütegemeinschaften sind, die im Rahmen der RAL-Gemeinschaftsarbeit jedermann zugänglich und vom RAL anerkannte und veröffentlichte Gütebedingungen aufstellen und deren Erfüllung überwachen, oder die auf gesetzlichen Maßnahmen beruhen" (RAL, 1994, S. 8.).

---

14 RAL = Reichsausschuß für Lieferbedingungen, gegründet 1925 in Berlin.
15 1994 waren 144 Gütezeichen aus folgenden Bereichen RAL-anerkannt: Gebrauchsgüter (33), Bau (95),
    Landwirtschaft und Ernährung (16); RAL (Hrsg.), 1994, S. 5 f.

Im Gegensatz zum Ingredient Brand definieren sich Gütezeichen nicht aus ihrer Wirkung, sondern durch die objektive Einhaltung bestimmter Eigenschaften. Darüber hinaus dürfen Gütezeichen von jedem verwendet werden, der die objektiven Qualitätsmerkmale erfüllt. Obwohl zwischen Ingredient Brand bzw. klassischem Markenartikel und Gütezeichen gravierende Unterschiede bestehen, können Gütezeichen als Ausgangsbasis für Ingredient Branding fungieren, wie das Beispiel „Wollsiegel" beweist.

4. Investitions- bzw. Produktivgütermarke

Ein weiterer abzugrenzender Begriff stellt die Markenpolitik für Investitions- bzw. Produktivgüter dar (vgl. Berekoven, 1962, S. 818 f.; Merbold, 1990, S. 408 f.; Merbold, 1995, S. 414 ff.). Dieser Begriff umfaßt entweder alle Investitionsgüter und damit auch das Ingredient Branding, oder er beschränkt sich auf die investiven Gebrauchsgüter. Da aber das Ingredient Branding aufgrund der Marketingbesonderheiten von Produktionsgütern im Vergleich zu investiven Gebrauchsgütern gravierende Unterschiede aufweist, verzichten die nachfolgenden Ausführungen auf den allgemeinen Begriff Markenpolitik für Investitionsgüter.

5. Material- bzw. Komponentenmarke

Berekoven (1992, S. 41) versteht unter einer Material- bzw. Komponentenmarke Produktionsgüter, die Gegenstand von Konsumgütern werden und zusammen mit der Endproduktmarke beim Konsumenten auftauchen[16]. Dieser Begriff weist gegenüber der in dieser Arbeit zugrundegelegten Definition des Ingredient Branding eine geringere Extension auf, da er sich zum einen auf solche Produktionsgüter beschränkt, die Bestandteil von Konsumgütern werden, und zum anderen ein Co-Branding voraussetzt.

3. Markenrelevante Besonderheiten des Ingredient Branding

Das Ingredient Branding weist im Vergleich zur klassischen Markenartikelpolitik Besonderheiten auf, die spezielle theoretische Erklärungsansätze erfordern. Die Unterschiede resultieren zum einen aus dem zugrundeliegenden Produktkern und zum anderen aus der Nachfragerseite. Als einzelne Unterschiede lassen sich folgende, nicht überschneidungsfreie Aspekte identifizieren:

■ Produktionsgut als Produktkern,

---

16 Irmscher (1997, S. 22) verwendet abweichend und weitestgehend synonym zu der vorgestellten Definition des Ingredient Branding den Begriff der Komponentenmarke; ähnlich auch das Begriffspaar der verschwindenden bzw. begleitenden Vorproduktmarke bei Bruhn (1994 b, S. 28).

■ Organisationen als Nachfrager und
■ Vielstufigkeit der Märkte.

Produktionsgüter besitzen zwar einen durch ihre Serien- bzw. Massenfertigung, durch die in der Regel geringe technische Komplexität und den geringen absoluten Wert pro Einheit Ähnlichkeiten mit den Markierungsobjekten des klassischen Markenartikels. Allerdings weisen sie durch die Notwendigkeit der Integration in ein größeres System (sog. Integralqualität) und besonders durch den 'Untergang' in Folgeprodukte gravierende Unterschiede auf.

Da es sich beim Markierungsobjekt des Ingredient Branding zunächst um ein Investitionsgut handelt, sind die Charakteristika des organisationalen Beschaffungsverhaltens zu berücksichtigen, wie zum Beispiel ausgeprägter Kaufentscheidungsprozeß, höherer Anteil von rationalen Entscheidungen und Multipersonalität.

Die Vielstufigkeit, die allgemein für Investitionsgüter i. S. v. derivativer Nachfrage gilt, stellt eine weitere Besonderheit des Ingredient Branding dar. Diese Vielstufigkeit der Märkte erfordert die Analyse des Ingredient Branding für verschiedene Typen von Teilnehmern in einer Vertikalkette. In einer solchen Vertikalkette lassen sich neben dem Produktionsgüterhersteller noch Handels-, Produktions- und Endabnehmerstufen identifizieren. Bei den Handelsstufen ist noch einmal zwischen Produktionsverbindungshandel und Endabnehmerhandel (Groß- und Einzelhandel) zu differenzieren. Weiterverarbeiter und Endprodukthersteller bilden mögliche Formen der Produktionsstufen. Die Endabnehmerstufe bildet das letzte Glied der Vertikalkette, wobei sich Unternehmen und Konsumenten als Endabnehmerstufe gegeneinander abgrenzen lassen. Die nachfolgende Abbildung 4 faßt die wichtigsten Unterschiede zwischen der klassischen Markenartikelpolitik und dem Ingredient Branding zusammen.

Die in Abbildung 4 skizzierten Besonderheiten erfordern eine spezielle theoretische Betrachtung des Ingredient Branding. Aufgrund des geringen Erkenntnisstandes zu diesem Thema behandelt der folgende Abschnitt mögliche theoretische Ansätze, die eine Partialerklärung der Wirkungsweise des Ingredient Branding erlauben.

Merkmale	Klassische Markenartikelpolitik	Ingredient Branding
Art des Werteverzehrs (direkte Abnehmer)	Ver- und Gebrauchsgut	Verbrauchsgut
Integrationsbedarf	nicht gegeben, da isoliertes Einzelprodukt	gegeben (sog. Integralqualität)
Identifizierbarkeit auf Endabnehmerstufe	gegeben	problematisch, da Bestandteil eines Fertigproduktes
Nachfrage	originär	derivativ
Kaufverhalten (direkte Abnehmer)	▪ eher emotional ▪ monopersonal ▪ kurzer und einfacher Kaufentscheidungsprozeß	▪ eher rational ▪ multipersonal ▪ langer und komplexer Kaufentscheidungsprozeß
Vertikalkettenstruktur	ein- und zweistufig	mehrstufig

Abbildung 4: Vergleich zwischen klassischer Markenartikelpolitik und Ingredient Branding

4. Theoretische Ansätze zur Fundierung des Ingredient Branding

Zur Deskription und Explikation von allgemeinen Marketingfragestellungen (vgl. Meffert, 1992 a, S. 698 ff.; Sheth et al., 1988) sowie speziell von Markenaspekten (vgl. Bruhn, 1994 b, S. 17 ff.) existiert eine Reihe von Ansätzen. Die folgenden Ausführungen diskutieren die Aussagekraft des funktions-, entscheidungsorientierten, verhaltenswissenschaftlichen und informationsökonomischen Ansatzes in bezug auf die abgeleiteten Besonderheiten des Ingredient Branding.

4.1 Funktionsorientierter Ansatz

Der funktionsorientierte Ansatz beschäftigt sich als ein klassischer Ansatz der Marketingtheorie allgemein mit der Beschreibung und Systematisierung von Funktionen eines absatzwirtschaftlichen Phänomens (vgl. z. B. Meffert, 1992 a, Spalte 698; Schenk, 1974, Spalte 110 ff.). Auch im Bereich des Markenartikels erfolgt häufig ein Rückgriff auf funktionsorientierte Überlegungen (vgl. Meffert/Bruhn, 1984, S. 15 f.; Bruhn, 1994 b, S. 21 ff.; Koppelmann, 1994, S. 220 ff.; Irmscher, 1997, S. 29 ff.). Als Kategorien von Markenfunktionen lassen sich die Informations-, Schutz- und Rationalisierungsfunktion gegeneinander abgrenzen (vgl. Kraft, 1978, S. 87 ff.; Irmscher, 1997, S. 29 ff.). Im folgenden erfolgt die Überprüfung und Adaption dieses Funktionskatalogs für das Ingredient Branding, unterteilt nach den verschiedenen Stufen der Vertikalkette.

1. Markeninhaber (Produktionsgüterhersteller)

Die Herkunfts- bzw. Identifikationsfunktion des Ingredient Branding reduziert die Anonymität und ermöglicht damit Wiederholungskäufe (Markentreue) auch auf den nur mittelbar nachgelagerten Stufen (z. B. Endprodukthersteller). Die Verringerung der Anonymität weist speziell für Produktionsgüter auf frühen Verarbeitungsstufen (Roh- und Einsatzstoffe) eine hohe Relevanz auf, da diese Produktkerne in den weiteren Produktionsprozessen physische Veränderungen erfahren, die eine Identifikation auf den mittelbar nachgelagerten Stufen erschweren. Diese Identifikationsfunktion gilt allerdings auch für Teile, wie das Beispiel der Prozessor-Marke „Intel Inside" verdeutlicht. Weiterhin ermöglicht das Ingredient Branding eine Abgrenzung und Profilierung gegenüber der Konkurrenz. Diese Funktion besitzt für den Produktionsgüterbereich eine hohe Bedeutung, da die Produktkerne eine zunehmende Homogenisierung aufweisen. Eine abschließende Informationsfunktion aus Herstellersicht stellt die Kontaktfunktion auch mit mittelbar nachgelagerten Stufen der Vertikalkette dar. Die (mehrstufige) Markenpolitik ermöglicht zum Beispiel dem Hersteller von Chemiefasern trotz physischer Veränderungen seines Gutes die Übermittlung von Nutzenargumenten an die Konsumentenstufe.

Die Schutzfunktion des Ingredient Brand resultiert zum einen aus dem expliziten Rechtsschutz durch das Markengesetz. Zum anderen besitzt es auch einige implizite Schutzmechanismen. Die hohen Investitionen, die für den Markenaufbau notwendig sind, stellen eine wirksame Markteintrittsbarriere dar. Weiterhin ermöglicht die Bildung von zwei oder mehr Marken für einen Produktkern die Vermeidung von negativen Ausstrahlungseffekten zwischen nicht harmonierenden Anwendungsgebieten (z. B. Chemiefasern in den Anwendungsgebieten Textilien und technische Anwendungen). Abschließend schützt das Ingredient Branding auch bereits getätigte Investitionen im Bereich F & E, da die Markenwirkung häufig die Laufzeit von Patenten oder technischen Erfindungen überdauert (vgl. Domizlaff, 1994, S. 706 f.).

Das Ingredient Branding erfüllt für den Markeninhaber ferner eine Reihe von Rationalisierungsfunktionen, die sich zum einen darin zeigen, daß das Produktionsgut bzw. die Folgeprodukte bei der Beschaffung (Weiterverarbeiter, Endprodukthersteller) und der Listung (Handel) aufgrund ihrer Bekanntheit Berücksichtigung finden. Zum anderen erleichtert das Ingredient Branding durch einen Imagetransfer die Einführung neuer Produktionsgüter unter einer bestehenden Marke. Speziell diese Funktion wird aus der Sicht der Praxis als besonders wichtig eingeschätzt, wie eine empirische Studie bei Einsatzstoffen belegt (vgl. Baumgarth/Freter, 1997, S. 13.).

2. Produktionsstufen

Auf den Produktionsstufen (Weiterverarbeiter, Endprodukthersteller) besitzt das Ingredient Branding spezielle Informations- und Rationalisierungsfunktionen. Durch das Ingredient Branding reduziert sich das Beschaffungsrisiko beim Produzenten. Dies spielt sowohl bei der Beschaffung von Commodities durch die Schlüsselinformationsfunktion als auch bei Spezialitäten durch die Vertrauensfunktion eine wesentliche Rolle. Weiterhin kann die Verwendung eines starken Ingredient Brand zu einem erhöhten Gewinn auf den Produktionsstufen führen. Der Einsatz von Ingredient Brands besitzt für die Produktionsstufen eine Kompetenz- bzw. eine Imagepartizipationsfunktion. Diese Funktion verdeutlicht zum Beispiel die Aussage von Koppelmann (1980, S. 132): „Will man jedoch einen Pkw der Zielkategorie 'intelligentes Spitzenprodukt' entwickeln und anbieten, ..., wird man nahezu gezwungen sein, das Produkt (das Ingredient Brand; Anmerkung des Verfassers) 'K-Jetronic' der Firma Bosch zu verwenden". Eine letzte Funktion bildet die mögliche Solidarisierungsfunktion, die ein Ingredient Brand für die Vertikalkette insgesamt ausüben kann. Ein Beispiel liefert die Marke „Enka Viscose" mit dem Zusammenschluß des Produktionsgüterherstellers Akzo AG mit verschiedenen Weiterverarbeitern und Endproduktherstellern (Viscose Circle of Quality; vgl. Hanser, 1992, S. 42.).

3. Handel

Für den Handel (Produktionsverbindungs-, Endabnehmerhandel) übernimmt das Ingredient Brand insbesondere Rationalisierungsfunktionen. Es kann zur Profilierung des Handels beitragen, wie das Beispiel des regionalen Exklusiv-Produktionsverbindungshandels für bestimmte Kunststoffe belegt. Weiterhin übernimmt des Ingredient Brand, falls es auch eine Marke für die dem Handel nachgelagerte(n) Stufe(n) ist, eine Vorverkaufsfunktion durch den Pull-Effekt. Diese Vorverkaufsfunktion unterstützt die Planungssicherheit und die Lagerumschlagshäufigkeit, die sich wiederum positiv auf den Gewinn bzw. auf die Rentabilität des Handelsbetriebes auswirkt.

4. Endabnehmer (Unternehmen, Konsumenten)

In letzter Konsequenz entscheidet der Endabnehmer aufgrund der derivativen Nachfrage über den Erfolg des Ingredient Branding. Für diese Stufe erfüllt das Ingredient Brand eine Wiedererkennungsfunktion, die es dem Endabnehmer ermöglicht, trotz verschiedener Endproduktmarken gleiche Komponenten bzw. Einsatz- und Rohstoffe zu identifizieren. Diese Wiedererkennungsfunktion reduziert zum einen den Informationsaufwand (Rationalisierungsfunktion), zum anderen verringert das Ingredient Brand das empfundene Risiko und mögliche kognitive Nachkaufdissonanzen. Teilweise führt eine positive Imageladung des Produktionsgutes auch zu einer Emotionalisierung des Endproduktes. Diese Emotionalisierung kann bis zur Demonstrationsfunktion reichen, bei der die Funktion für den Endabnehmer darin besteht, das Markenprodukt anderen

Personen zu präsentieren. Diese Demonstrationsfunktion verdeutlicht das „Intel Inside-Logo", das kaum ein Konsument vom Computer ablöst.

Stufen	Informations-funktion	Schutzfunktion	Rationalisierungs-funktion
Produktions-güterherstel-ler (Marken-inhaber)	▪ Herkunfts- und Identifikations-funktion (keine Anonymität) ▪ Differenzierungs-funktion gegen-über der Konkur-renz ▪ Kontakt auch mit mittelbar nach-gelagerten Stufen	▪ rechtlicher Schutz ▪ Markteintritts-barrieren ▪ Verhinderung von negativen Aus-strahlungseffekten ▪ Absatzsicherung auch nach Ablauf von Patenten	▪ Imagetransfer auf neue Produkte ▪ Beschaffungs- und Listungs-funktion
Produktions-stufen (WV, EPH)	▪ Vertrauensfunk-tion ▪ Risikoreduktion	/	▪ Imagepartizipa-tion (selektive bzw. exklusive Distribution) ▪ Schlüsselinfor-mation
Handelsstufen (PVH, Endab-nehmerhan-del)	▪ Profilierung	/	▪ Vorverkaufs-funktion ▪ Planungssicher-heit ▪ Erhöhung der Lagerumschlags-häufigkeit ▪ Gewinn und Rentabilität
Endabnehmer (Unternehmen, Konsumenten)	▪ Risikoreduktion ▪ Emotionalisie-rung ▪ Demonstrati-onsfunktion	/	▪ Wiedererkennung auch bei unterschiedlichen Endprodukten ▪ Wiederholungs-käufe (Marken-treue)

Abbildung 5: Funktionen des Ingredient Branding auf verschiedenen Stufen der Vertikalkette

Zusammenfassend erfüllt Ingredient Branding verschiedene Funktionen (vgl. Abbildung 5). Allerdings handelt es sich beim funktionsorientierten Ansatz um einen deskriptiven Ansatz, der lediglich reale Funktionen des Ingredient Branding beschreibt (vgl. Steffenhagen, 1988, S. 41). Einen Beitrag zur Erklärung der Wirkungsweise des Ingredient Branding leistet dieser Ansatz nicht.

4.2 Entscheidungsorientierter Ansatz

Der entscheidungsorientierte Ansatz des Ingredient Branding generiert und bewertet markenpolitische Alternativen und versucht, Entscheidungsprozesse zu strukturieren (vgl. zum entscheidungsorientierten Ansatz beim klassischen Markenartikel; z. B. Meffert, 1994 a, S. 174 ff.).

Zur Strukturierung von Entscheidungen lassen sich drei Entscheidungsebenen voneinander abgrenzen: Ziel-, Strategie- und Instrumentalebene.

1. Ziele des Ingredient Branding

Die Zielebene umfaßt die Festlegung der angestrebten Soll-Zustände, die durch das Ingredient Branding erreicht werden sollen. Für einen klassischen Markenartikelhersteller werden folgende diskutiert (vgl. z. B. Angehrn, 1969, S. 18 ff.; Bruhn, 1994 b, S. 23 f.):

- Schaffung von Präferenzen bei der Zielgruppe,
- Aufbau von Markentreue bzw. Kundenbindung,
- Erhöhung des akquisitorischen Potentials,
- Schaffung eines preispolitischen Spielraums und
- Möglichkeit der differenzierten Marktbearbeitung.

Der Katalog ist exemplarisch zu verstehen und zeigt Ziele auf, die grundsätzlich auch Relevanz für das Ingredient Branding besitzen. Für den Einsatzstoff Holz ermittelte eine empirische Studie die folgenden in Abbildung 6 wiedergegebenen Ziele.

Neben diesen generellen Zielen ist auch die Verfolgung weiterer, oft situationsspezifischer Ziele, wie Überwindung von internationalen Markteintrittsbarrieren (vgl. Oelsnitz, 1996, S. 47 f.) oder Durchsetzung von Produktinnovationen (z. B. „Neue Werkstoffe"), mit dem Ingredient Branding realisierbar.

Ziele	Häufigkeit in %
Differenzierung des eigenen Angebots gegenüber Wettbewerbsangeboten	57,9
bessere Identifizierbarkeit des Produktes	26,3
Betonung des Spezialitätenstatus	26,3
Schaffung von Kundentreue	10,5

Abbildung 6:   Ziele einer Markenstrategie (Holzstudie)
Quelle: (übersetzt aus) Sinclair/Seward, 1988, S. 27.

2. Ingredient Branding-Strategie

Für das Ingredient Branding besitzen auf der strategischen Ebene die beiden Dimensionen Kompetenzbreite und vertikale Kompetenztiefe herausragende Bedeutung, weshalb sie im Mittelpunkt der folgenden Betrachtung stehen.

Die Kompetenzbreite beinhaltet die Entscheidung über den Umfang einer Marke, d. h. darüber, wie viele Leistungen eine Marke umfaßt[17]. Als grundsätzliche Alternativen bieten sich dem Hersteller die Einzel-, Produktgruppen- und Dachmarkenstrategie an. Bei dem Extremtyp der Einzelmarkenstrategie bildet das Unternehmen für jedes Produkt und/oder für jeden speziellen Verwendungsbereich eine eigene Marke. Den anderen Extremtyp bildet die Dachmarkenstrategie, bei der eine Marke - in der Regel der Firmenname - die gesamten Leistungen einer Unternehmung umfaßt. Eine Zwischenstellung bildet die Familienmarkenstrategie, bei der eine gesamte Produktgruppe unter einer einheitlichen Marke zusammengefaßt ist. Im Rahmen der Strategieebene Kompetenzbreite ist weiterhin zu entscheiden, ob die Kompetenzbreite auf allen Stufen gleich groß ist. Beispielsweise empfiehlt sich häufig auf Produktionsstufen die Profilierung einer Einzelmarke, hingegen auf der Konsumentenstufe einer Familienmarke.

Die Dimension vertikale Kompetenztiefe charakterisiert die Reichweite der Marke in der Vertikalkette (vgl. Bruhn, 1994 b, S. 28). Dabei lassen sich begleitende Marken und Verarbeitungsmarken voneinander abgrenzen. Unter begleitenden Marken versteht man Markenartikel „ ... für Ausgangsstoffe, Vor-, Zwischen- oder Veredlungsprodukte, die diese Erzeugnisse zunächst kennzeichnen und sie dann durch Verarbeitungsphasen bis hin zum Endverbraucher begleiten, indem sie bei den Erzeugnissen der nachgelagerten Stufen ebenfalls angebracht und verwendet werden" (Kunkel, 1977, S. 202). Dabei können die Endabnehmer entweder Konsumenten (z. B. bei Chemiefasern als Basis für Bekleidung) oder Unternehmen (z. B. Teile als Bestandteile von Maschinen) sein. Bei

---

17   Vgl. Becker, 1994 a, S. 470 ff; zur Beurteilung verschiedener Kompetenzbreiten im Rahmen des Ingredient Branding vgl. Freter/Baumgarth, 1996, S. 487.

Verarbeitungsmarken dagegen wird das Markenkonzept nicht bis zur Endabnehmerstufe weitergeführt (vgl. Kunkel, 1977, S. 211 f.).

Abbildung 7 faßt Chancen und Risiken der begleitenden Marke zusammen.

Chancen	Risiken
■ Pullwirkungen	■ Qualitätssicherung schwer realisierbar
■ positive Imageauswirkungen nachge-lagerter Marken	■ hoher Aufwand für Qualitätssicherung, Koordination und Kontrolle der Markt-stufen
■ geringere Abhängigkeit von industriel-len Abnehmern	■ negative Imagewirkungen nach-gelagerter Marken
■ geringere Substitutionsgefahr	■ Widerstände von industriellen Abneh-mern
■ Synergiewirkungen durch Marken-kumulation	■ Markeninflation auf nachgelagerten Stufen
■ Schaffung von Eintrittsbarrieren	■ hoher finanzieller Aufwand für Endver-braucherkommunikation
	■ klar identifiziertes Angriffsziel für Kon-kurrenten
	■ hoher Zeitaufwand

Abbildung 7:   Chancen und Risiken von begleitenden Marken

Die Verarbeitungsmarke, die oft die Basis für den Aufbau einer begleitenden Marke bildet, besitzt ähnliche Chancen und Risiken wie die begleitende Marke, allerdings sind diese weit weniger stark ausgeprägt.

3. Instrumentalebene des Ingredient Branding (Marketing-Mix)

Zur Unterstützung des Ingredient Branding ist grundsätzlich der Einsatz des gesamten Marketing-Mix möglich. Zur weiteren Strukturierung findet eine vereinfachte Differenzierung in Standard- und Profilierungsinstrumente Verwendung[18].

Standard-Instrumente zeichnen sich dadurch aus, daß sie für das Ingredient Branding notwendig und selbstverständlich sind, d. h. das Unternehmen besitzt bei der Verfolgung des Ingredient Branding bei diesen Instrumenten keine Freiheitsgrade. Profilierungs-Instrumente ermöglichen eine besondere Unterstützung des Ingredient Branding, da zum einen die Konkurrenz diese Maßnahmen nicht bzw. in anderer Weise einsetzt und da es

---

18   Diese Differenzierung lehnt sich an das Dominanz-Standard-Modell von Kühn an, vgl. Kühn, 1979, S. 34 ff.

sich zum anderen um Instrumente handelt, die auf den jeweiligen Marktstufen zu Zusatznutzen führen. Die Profilierungsinstrumente zeichnen sich durch hohe Freiheitsgrade des Herstellers aus.

Eine abschließende Zuordnung der einzelnen Instrumente zu einer der beiden Kategorien ist nicht möglich, da diese von Faktoren wie Markt- und Konkurrenzverhältnis, Segment, Marktstufe und Zeitablauf abhängt. Trotzdem läßt sich tendenziell annehmen, daß die Kommunikationspolitik im Sinne von klassischer Werbung (z. B. Anzeigen in Fach- und Publikumszeitschriften, Plakatwerbung usw.), Direktwerbung und Public Relations Standard-Instrumente für das Ingredient Branding sind. Begründung für diese Zuordnung ist die Voraussetzung des hohen Bekanntheitsgrades für das Ingredient Branding, der vor allem durch die Kommunikationspolitik erreichbar ist. Die Kategorie Profilierungs-Instrument umfaßt alle übrigen Instrumente, wie zum Beispiel Service, Beratungsleistungen in technischer und kaufmännischer Hinsicht, Qualitätssicherungssysteme und Verkaufsförderungsmaßnahmen (z. B. Deko-Material, Schulungen).

Der entscheidungsorientierte Ansatz ermöglicht zwar die Strukturierung des Ingredient Branding und unterstützt damit die Erreichung des technologischen Wissenschaftsziels, allerdings basieren die Aussagen über die Handlungskonsequenzen auf Plausibilitätsüberlegungen, die einer Ergänzung um explikative Ansätze bedürfen.

4.3 Verhaltenswissenschaftlicher Ansatz

Zur Erklärung von Markenwirkungen erfolgt regelmäßig der Rekurs auf verschiedene verhaltenswissenschaftliche Partialansätze (vgl. z. B. Behrens, 1994, S. 200 ff.; Wiswede, 1992, S. 72 ff.; Kroeber-Riel/Weinberg, 1996, S. 392 ff.). Da sich diese bisher ausschließlich auf Ansätze des Konsumentenverhaltens beschränken, erfolgt in diesem Abschnitt die Überprüfung von Ansätzen aus dem Business-to-Business-Bereich[19]. Das Kaufverhalten im Investitionsgüterbereich weist gegenüber dem Konsumgüterbereich u. a. durch eine ausgeprägte Phasenorientierung und die Multipersonalität zwei Besonderheiten auf.

1. Kaufphasenansatz

Die stärkere Phasenorientierung zeigt sich in dem in der Regel längeren Kaufentscheidungsprozeß, der sich in verschiedene, voneinander abgegrenzte Phasen einteilen läßt. Die Separierung basiert auf unterschiedlichen Informationsbedürfnissen und Entscheidungen. In der Literatur findet sich eine Vielzahl verschiedener Kaufphasenansätze (vgl. zur Übersicht z. B. Backhaus, 1997 b, S. 55 ff.), die sich in der Zahl der Phasen und

---

19 Vgl. zum Überblick verhaltenswissenschaftlicher Ansätze im Business-to-Business-Bereich Backhaus, 1997 b, S. 49 ff; Fließ, 1995, S. 287 ff; Backhaus/Büschken, 1995, Spalte 1954 ff.

damit verbunden dem Detaillierungsgrad unterscheiden. Da dieser Artikel nur die grundsätzliche Fruchtbarkeit verschiedener theoretischer Ansätze diskutiert, ist der Rückgriff auf das relativ einfache, dreiphasige Schema der Spiegel-Untersuchung (vgl. Spiegel-Verlag, 1982) ausreichend. Dieses differenziert zwischen den Phasen Initiierung, Vorüberlegung/-entscheidung und endgültige Entscheidung (vgl. Spiegel-Verlag, 1982, S. 7 ff.).

Die Initiierungsphase zeichnet sich dadurch aus, daß eine Organisation vielfältige Informationen aufnimmt, die letztlich zum Anstoß einer Beschaffungsentscheidung führen. In dieser Phase kann das Ingredient Brand als Signalcode (vgl. Henning-Bodewig/Kur, 1988, S. 7) dienen, das zunächst nur das Interesse der potentiellen Nachfrager weckt (vgl. Shipley/Howard, 1993, S. 59). Dies kann sogar so weit führen, daß ein identischer Wiederholungskauf durch einen modifizierten Wiederkauf abgelöst wird, da das Unternehmen erkennt, daß neben dem bisher routinemäßig beschafften Produktionsgut weitere Alternativen existieren. Dies stellt einen wichtigen Vorteil für Out-Supplier und für Anbieter von Neuen Werkstoffen dar. Diese Signalcodefunktion ermöglicht auch die Kommunikation mit hohen Managementebenen, die nach der Spiegel-Studie besonders häufig Auslöser für Beschaffungsentscheidungen sind (vgl. Spiegel-Verlag, 1982, S. 7).

Die Phase der Vorüberlegung und -entscheidung ist durch eine detaillierte Informationsbeschaffung und -verarbeitung für einzelne Alternativen charakterisiert. Speziell in dieser Phase läßt sich ein hohes Wirkungspotential des Ingredient Branding prognostizieren. Da auch im Investitionsgüterbereich eine zunehmende Informationsüberlastung (vgl. Belz/Koop, 1994, S. 1581) vorherrscht, suchen die Entscheidungsträger nach Entlastungsmöglichkeiten. Eine Möglichkeit resultiert aus dem Schlüsselinformationscharakter („information chunk") (vgl. z. B. Bleicker, 1983, S. 18; Henning-Bodewig/Kur, 1988, S. 68 ff.; Kroeber-Riel/Weinberg, 1996, S. 280) des Ingredient Brand. Dabei versteht man unter Schlüsselinformationen solche, „ ... die für die Produktbeurteilung besonders wichtig sind und mehrere andere Informationen substituieren oder bündeln" (Kroeber-Riel/Weinberg, 1996, S. 280). Die Schlüsselinformation ruft beim Abnehmer eine Anzahl von gespeicherten Einzelinformationen (z. B. Qualitätsniveau, Vertrauen, Lieferzuverlässigkeit, bestimmte Produkteigenschaften) auf, die eine weitere Informationsbeschaffung überflüssig machen bzw. reduzieren. Diese Wirkung spielt speziell für limitierte Kaufentscheidungen eine bedeutende Rolle, die einem identischen sowie einem modifizierten Wiederkauf entsprechen (vgl. dazu den Kaufklassenansatz von Robinson et al., 1967, S. 25). Aber auch beim Neukauf fördert Ingredient Branding durch die Attraktivität für den Empfänger das Involvement. Dieses erhöhte Involvement führt zu einer größeren Verarbeitungstiefe von Informationen und damit zu einer größeren Aufnahme von kognitiven Bestandteilen[20]. Schließlich suchen die Abnehmer im Investitionsgüterbereich zwar nach „rationalen" Beurteilungskriterien, allerdings beeinflußt das Markenimage die Beurteilung einzelner Produkteigenschaften (Halo- und Irradiationseffekt; vgl. z. B. Rosenstiel/Ewald, 1979, S. 20 f.), und verleiht den über-

---

20 Vgl. allg. Kroeber-Riel/Weinberg, 1996, S. 337 f.; für Marken im Investitionsgüterbereich Merbold, 1991, S. 111; Kemper/Geerdes, 1997, S. 21.

mittelten Informationen eine höhere Akzeptanz und Glaubwürdigkeit (vgl. Merbold, 1991, S. 111).

Die abschließende Phase beinhaltet die endgültige Entscheidung für eine der Beschaffungsalternativen. Trotz der Vielzahl der in dieser Phase vorliegenden Informationen bestehen bezüglich der Beschaffungsentscheidung noch Unsicherheiten. Diese können zum einen aus der Homogenität der Produktionsgüter und damit aus deren geringer Unterscheidbarkeit resultieren, und zum anderen aus der Tatsache, daß der Kauf von Produktionsgütern häufig auf der Basis von Leistungsversprechen beruht. Das Ingredient Branding kann für beide Informationsprobleme Lösungen anbieten. Falls mehrere „rational" vergleichbare Produktionsgüter zur Auswahl stehen, kommt zwangsläufig den eher emotionalen Aspekten wie dem Markenimage die entscheidende Bedeutung zu (vgl. Winterling, 1993, S. 84; Belz/Koop, 1994, S. 1579; Strothmann, 1979, S. 98). Falls der Abnehmer in dieser Phase noch Unsicherheiten bezüglich der Problemlösungsfähigkeit des Produktionsgüterherstellers besitzt, ermöglicht das Ingredient Brand durch seine Kompetenzfunktion eine Reduktion dieser Unsicherheit. Zusammenfassend bleibt festzuhalten, daß Ingredient Branding das Kaufverhalten der Weiterverarbeiter bzw. Endprodukthersteller in den verschiedenen Phasen positiv zugunsten des Markeninhabers beeinflussen kann.

2. Buying Center-Ansatz

Neben diesem Phasencharakter zeichnet sich das industrielle Kaufverhalten durch die Multipersonalität, das sog. Buying Center (vgl. zum Überblick; Backhaus, 1997 b, S. 59 ff.; Fließ, 1995, S. 339 ff.), aus.

Das Buying Center bildet die gedankliche Zusammenfassung aller am Kaufprozeß beteiligten Personen, wobei es sich sowohl um formelle als auch um informelle Gruppen handeln kann. Zur Analyse des Ingredient Branding greifen die folgenden Ausführungen auf das Rollenkonzept nach Webster/Wind (1972, S. 12 ff.) zurück, das zwischen den fünf Rollen Einkäufer, Benutzer, Beeinflusser, Informationsselektierer und Entscheider differenziert. Diese fünf Rollen unterscheiden sich in bezug auf ihre Informationsbedürfnisse, die z. T. von einem Ingredient Brand befriedigt werden können[21]. Zu Beginn des Kaufentscheidungsprozesses spielt häufig der Einkäufer eine besonders wichtige Rolle, da dieser durch die Aufforderung zur Angebotsabgabe bereits eine entscheidende Lieferantenvorauswahl übernimmt. Der Einkäufer kann zum einen nur solche Anbieter zur Angebotsabgabe auffordern, die ihm bekannt sind („evoked set") und zum anderen berücksichtigt er häufiger solche Marken, die ein positives Image besitzen, da sich dadurch sein persönliches Risiko reduziert.

---

21 Vgl. zur Idee der Befriedigung der unterschiedlichen Bedürfnisse in einem Buying Center Kemper/Geerdes, 1997, S. 24 f.

Auch die Rolle des Informationsselektieres läßt sich durch ein Ingredient Brand beeinflussen, da dieser eher Informationen ihm bekannter und von ihm positiv beurteilter Marken aufnehmen und weiterleiten wird. Das Ingredient Brand kann auch auf den Benutzer Einfluß ausüben, indem dieser das Produktionsgut als Verbrauchsgut im Produktionsprozeß oder als eingebauten Bestandteil eines Halbfabrikats präferiert. Durch die Beeinflussung der Einkäufer, der Informationsselektierer und der Benutzer besitzt das Ingredient Brand im Vergleich zu unmarkierten Produktionsgütern eine größere Chance, als mögliche Alternative im Kaufentscheidungsprozeß überhaupt berücksichtigt zu werden.

Aber auch wenn das Ingredient Brand die Barrieren des Einkäufers und des Informationsselektierers nicht überwinden konnte, besteht die Möglichkeit, daß die anderen Buying Center-Mitglieder eine Marke aufgrund des hohen Bekanntheitgrades und des positiven Images mit in die Kaufentscheidung einbeziehen. Spezielle Beeinflusser, wie zum Beispiel externe Berater oder User Groups, beeinflussen aufgrund ihrer Fachkompetenz sehr stark Kaufentscheidungsprozesse im Business-to-Business-Bereich. Falls bei dieser Zielgruppe eine positive Einstellung gegenüber einem Ingredient Brand besteht, wird sie versuchen, die Marke als Alternative beim Kaufentscheidungsprozeß einzubringen. Auch die Rolle des Entscheiders läßt sich durch das Ingredient Branding positiv beeinflussen. Da dieser häufig eine hohe Position in der Hierarchie innehat und damit eine Vielzahl verschiedener Entscheidungen treffen muß, ist gerade diese Rolle auf entlastende Schlüsselinformationen einer Marke angewiesen.

Zusammenfassend lassen sich die Wirkung des Ingredient Branding im Investitionsgüterbereich auch verhaltenswissenschaftlich interpretieren.

4.4 Informationsökonomischer Ansatz

Die Informationsökonomie (vgl. allg. zur Informationsökonomie im Marketing z. B. Kaas, 1995, Spalte 971 ff.) bildet neben dem Transaktionskosten-, dem Property-Rights- und dem Principal-Agent-Ansatz einen Zweig der Neuen Institutionenökonomik[22]. Den Ansätzen der Institutionenökonomik liegt das Menschenbild der begrenzten Fähigkeit zur Informationsaufnahme und -verarbeitung sowie die Annahme opportunistischen Verhaltens zugrunde. Die Informationsökonomie fokussiert auf die Analyse von Informationsasymmetrien und deren Behebung. Einen wichtigen Beitrag dieses Partialansatzes bildet die auf Nelson (1974, S. 729 ff.) und Darby/Karni (1973, S. 67 ff.) basierende Gütertypologie, die zwischen Such-, Erfahrungs- und Vertrauensgütern unterscheidet. Diese Unterscheidung resultiert aus der unterschiedlichen Möglichkeit zur

---

[22]   Vgl. zum Überblick z. B. Richter/Furubotn, 1996; speziell für das Marketing Gümbel/Woratschek 1995, Spalte 1008 ff; Kaas, 1990 b, S. 539 ff; speziell zur informationsökonomischen Interpretation von Investitionsgütermarken bzw. dem Ingredient Branding, vgl. Rao/Ruekert, 1994, S. 88 ff; Büschken, 1997, S. 192 ff; Erdmeier, 1996.

Beurteilung eines Leistungsangebotes. Während die Suchgüter eine Beurteilung vor der Kaufentscheidung ermöglichen, erschließt sich bei Erfahrungsgütern die Qualität erst nach dem Kauf. Bei Vertrauensgütern ist eine Qualitätsbeurteilung auch nach dem Kauf unmöglich bzw. verursacht prohibitiv hohe Kosten. Diese Gütertypologie erfuhr eine Modifikation dadurch, daß die Annahme aufgegeben wurde, daß ein bestimmtes Gut einer dieser drei Gruppen zuzuordnen ist; vielmehr setzen sich Güter aus allen drei Kategorien in jeweils unterschiedlichem Ausmaß zusammen (vgl. Nelson, 1974, S. 729 ff.; Weiber/Adler, 1995, S. 54 ff.; Kaas/Busch, 1996, S. 243 f.). Zum Abbau der Unsicherheiten bietet sich bei Sucheigenschaften als Screening (Informationsbeschaffung) die direkte Informationssuche an (vgl. zum Screening und Signaling z. B. Kaas, 1991, S. 359 ff.; Kaas, 1995, Spalte 974 ff.). Bei Erfahrungs- und Vertrauenseigenschaften dagegen muß der Nachfrager auf Informationssurrogate zurückgreifen. Die folgenden Ausführungen analysieren, welche Eigenschaft bei den Gütern des Ingredient Branding dominiert und inwieweit das Ingredient Brand eine Funktion als Informationssurrogat besitzt.

Die Zuordnung eines Produktionsgutes zu einer der drei informationsökonomischen Eigenschaften ist zwar nur subjektiv möglich (vgl. Weiber/Adler, 1995, S. 61), allerdings läßt sich folgendes tendenziell ableiten: Produktionsgüter weisen auf der direkt nachgelegten Stufe eher Such- und Erfahrungsguteigenschaften auf, während sie sich auf der letzten Stufe (z. B. Konsumenten) überwiegend aus Erfahrungs- und Vertrauenseigenschaften zusammensetzen. Dies läßt sich damit begründen, daß Produktionsgüter mehr oder wenig starken Veränderungen im Produktionsprozeß unterliegen, die eine Identifizierbarkeit durch den Endabnehmer verhindern (zur Bedeutung und einzelnen Abstufungen der Identifizierbarkeit; vgl. Rudolph, 1989, S. 185 ff.). Dies gilt vor allem für Roh- und Einsatzstoffe und für solche Teile, die nicht sichtbarer Bestandteil eines Endproduktes werden. Weiterhin weisen speziell solche Produktionsgüter eher Erfahrungseigenschaften auf, die aus Sicht der Abnehmer neu sind. Dies kann zum Beispiel zum einen daran liegen, daß das Produktionsgut und die damit verbundenen Eigenschaften objektiv neu sind; zum anderen kann dies auch darin begründet sein, daß Eigenschaften erst aktuell für den Endabnehmer Relevanz erlangen und diese daher subjektiv neu sind. Damit läßt sich festhalten, daß Produktionsgüter vor allem aus Sicht der Endabnehmer Erfahrungs- und Vertrauenseigenschaften aufweisen und dies besonders ausgeprägt ist, wenn sie für ihn im Endprodukt nicht identifizierbar sind, sowie dann, wenn sie aus seiner Sicht neu sind. Diese Zusammenhänge lassen sich graphisch anhand des informationsökonomischen Dreiecks verdeutlichen (vgl. Abbildung 8).

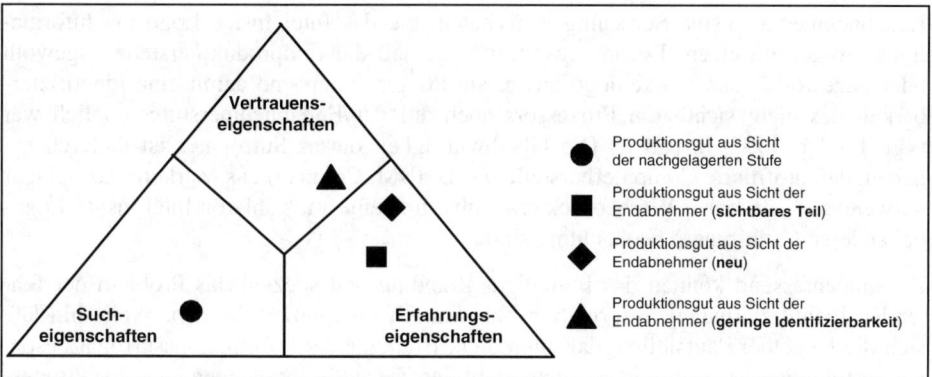

Abbildung 8:   Einordnung von Produktionsgütern in das informationsökonomische
                Dreieck
Quelle: Weiber/Adler, 1995, S. 62.

Aufgrund der bisherigen Überlegungen läßt sich schließen, daß Produktionsgüter auf der
Endabnehmerstufe hohe Informationsunsicherheiten besitzen, die sich durch den Einsatz
von Informationssurrogaten reduzieren lassen.

Eines der wichtigsten Informationssurrogate stellt die Marke dar (vgl. Kaas 1995, Spalte
977; Richter/Furubotn, 1996, S. 240 f.; Büschken, 1997, S, 193), in diesem Fall das
Ingredient Brand. Die Wirkung des Ingredient Branding resultiert zunächst aus den irre-
versiblen Fixkosten für Markenaufbau und -pflege, die bei einem Imageverlust oder
einem Marktaustritt den Charakter von sunk costs annehmen (vgl. Tolle, 1994, S. 929)
und daher für den Abnehmer ein Qualitätssignal darstellen. Weiterhin bilden die beobachtbaren Präferenzen anderer Nachfrager ein zuverlässiges Informationssurrogat (vgl.
Kaas, 1991, S. 366). Voraussetzung dafür ist die Beobachtbarkeit des Ingredient Brand,
die durch das Anbringen des Markenlogos am Endprodukt erfüllbar ist. Ein letztes
Informationssurrogat bildet die in der Regel mit dem Ingredient Branding verbundene
hohe Absatzmenge, da aus Sicht der Nachfrager die Wahrscheinlichkeit für schlechte
Qualität bei gleichzeitig hoher Absatzmenge, ohne daß darüber die Medien berichten,
relativ gering ist (vgl. Tolle, 1994, S. 931).

Das Beispiel Intel Inside exemplifiziert diese informationsökonomische Argumentation[23]. Beim Endabnehmer von PCs handelt es sich vielfach um „Laien", die in bezug
auf den PC und das Teil Mikroprozessor nur eine geringe Beurteilungskompetenz aufweisen. Durch aufwendige Werbung gelang es der Firma Intel, die Bedeutung des Prozessors für den PC zu kommunizieren. Dadurch entstand beim Endabnehmer eine hohe
Unsicherheit, da ihm subjektiv die Bedeutung des Prozessors bewußt wurde, für ihn aber
die Eigenschaften (z. B. Performance, Kompatibilität, Authentizität und Fehlerfreiheit)
überwiegend Erfahrungs- und Vertrauenscharakter aufweisen. Daher entwickelte der

---

23   Diese Exemplifikation stammt in ihren Grundzügen von Erdmeier, 1996.

Endabnehmer intensive Screening-Aktivitäten, die das Intel Inside-Logo als Informationssurrogat einsetzen. Dafür notwendig war, daß die Endprodukthersteller - gewollt oder ungewollt - das Markenlogo außen am PC plazierten und damit eine Identifizierbarkeit des nicht sichtbaren Prozessors auch auf der Endabnehmerstufe möglich war (vgl. Endler, 1992, S. 138 f.) Die Glaubwürdigkeit dieses Surrogates ist dadurch gegeben, daß profilierte Computerhersteller (z. B. IBM, Compaq) das Markenlogo sichtbar verwenden[24], ein hoher Werbedruck erkennbar und eine Vielzahl von Intel Inside-Logos bei anderen Nachfragern beobachtbar sind.

Zusammenfassend können das Ingredient Branding und speziell das Problem der fehlenden Identifizierbarkeit informationsökonomisch interpretiert werden. Weiterhin läßt sich die Hypothese aufstellen, daß Ingredient Branding als Informationssurrogat besonders erfolgreich ist, wenn es sich aus Sicht der Zielstufe überwiegend um Erfahrungs- und Vertrauenseigenschaften handelt.

5.   Schlußbetrachtung

In den vorangehenden Abschnitten wurde zunächst die Wichtigkeit von präferenzpolitischen Konzepten für Produktionsgüterhersteller herausgearbeitet. Anschließend wurde der Begriff des Ingredient Branding wirkungsbezogen definiert und gegenüber verwandten Begriffen abgegrenzt. Aufbauend auf dieser Begriffsbestimmung erfolgte die Deduktion folgender Besonderheiten im Vergleich zur klassischen Markenartikelpolitik:

■ Produktionsgut als Produktkern,
■ Organisationen als Nachfrager und
■ Vielstufigkeit der Märkte.

Anschließend wurden vier theoretische Ansätze skizziert und ihr Beitrag zur Erklärung der Besonderheiten analysiert. Abbildung 9 faßt die wichtigsten Aspekte zusammen.

Die Zusammenstellung zeigt, daß kein Ansatz ausreichend ist, um die Komplexität des Ingredient Branding isoliert zu erklären. Nur die Verwendung verschiedener Ansätze im Sinne des „gezähmten Pluralismus" (vgl. Raffée, 1995, Spalte 1673 f.) erlaubt zukünftig die Generierung von Kausalhypothesen, die dann auch einer empirischen Analyse zugänglich sind.

---

24   Vgl. zu einer ähnlichen Überlegung zur Glaubwürdigkeit der NutraSweet-Marke durch das Co-Branding mit Coca Cola und Pepsi Cola bei Rao/Ruekert, 1994, S. 89.

Ansätze	Produk-tionsgut	Organisatio-nales Kauf-verhalten	Vielstufig-keit	Fazit
funktions-orientiert	0	0	+	■ deskriptive Aussa-gen ■ kein Erklärungs-beitrag
entscheidungs-orientiert	0	0	+	■ technologische Aussagen ■ Ergänzung um ex-plikative Aussagen erforderlich
verhaltenswissen-schaftlich	0	+	0	■ explikative Aussa-gen ■ Teilaspekte
informations-ökonomisch	+	0	+	■ explikative Aussa-gen ■ Teilaspekte
0: kein Erklärungsbeitrag; +: Erklärungsbeitrag zum Ingredient Branding				

Abbildung 9:   Aussagegehalt theoretischer Ansätze für das Ingredient Branding

Jean-Noël Kapferer

Luxusmarken

1. Das Wesen von Luxusmarken

Die Luxusmarke besitzt eine herausragende Besonderheit. Aber obwohl Frankreich, Deutschland, Italien oder die USA berühmte Luxusmarken geschaffen haben, bleiben die Konzepte vom Luxus bzw. der Luxusmarke ein wenig verschwommen und unübersetzbar in die englische und die meisten anderen Sprachen. Sicherlich kann jeder nachvollziehen, wovon die Rede ist und typische Beispiele für jedes dieser Konzepte nennen. Andererseits wird die Mehrzahl der Befragten, d. h. auch die Luxusexperten, zögern, wenn man sie nach einer klaren Definition des Begriffs fragt.

Bei dieser Debatte handelt es sich bei weitem nicht nur um eine einfache Suche nach Definitionen und den notwendigen und hinreichenden Bedingungen, um dieses oder jenes Marken- oder Luxusmarken-Unternehmen zu charakterisieren oder abzugrenzen. Tatsächlich deutet die verschwommene Definition des Begriffs Luxus nur die fehlende Wahrnehmung bestimmter wesentlicher Unterschiede an, die zwischen dem Management einer Luxusmarke und dem Management einer **Premiummarke** bestehen. Zu einem Zeitpunkt, da die Mehrzahl der Luxushäuser ihre Unabhängigkeit verliert und sich in den Schoß der großen Industriekonzerne begibt, die seit langem ein Massenmarketing betreiben, ist es jedoch wichtig, den Sinn der Konzepte und Kategorien des Luxus in Erinnerung zu rufen. Nur dadurch werden die Grenzen und Gefahren der einfachen Ausdehnung von klassischen Marketingmethoden auf das Management von Luxusmarken wahrgenommen. Dabei wird durchaus erkannt, daß der Luxus in Zukunft ganz und gar ein Geschäft geworden ist, dem es obliegt, den Unternehmen ein hohes Profit-Niveau zu erhalten.

Mehr als alle übrigen Marken ist die Luxusmarke Zeugnis eines nach innen gerichteten Projektes. Sie ist keine Antwort auf eine Nachfrage, sondern in ihr drückt sich ein schöpferischer Wille aus. Die Folgen für das Markenmanagement sind bedeutsam und werden im nachfolgenden Abschnitt dargelegt.

1.1 Zum Luxusverständnis

Das Problem des Begriffs „Luxus" liegt darin, daß er gleichzeitig ein Konzept (d. h. eine Kategorie), ein subjektives Empfinden und eine unterschwellige Kritik - einen moralischen Protest - zum Ausdruck bringt. Was also für den einen Luxus bedeutet, ist für den anderen banal. Bestimmte Marken tragen für einen Teil der Öffentlichkeit das Etikett des Luxus, während sie für den anderen Teil ganz einfach gehobene Marken sind. So ist es im Zusammenhang mit der wirtschaftlichen Krise unanständig geworden, zu sagen, man liebe Luxus und sei auf der Suche nach ihm. Die wirklichen Luxusmarken haben nicht etwa ihre Anziehungskraft verloren, aber der Begriff des Luxus ist durch das andauernde Grau und die nicht endende Griesgrämigkeit in den Industrieländern getrübt worden. Diese Abnutzung des Wortes bereitet Wissenschaftlern, die die Sensibilität der Verbraucher gegenüber dem Luxus messen möchten, durchaus Schwierigkeiten.

Ein **ökonomischer Ansatz** würde Objekte als Luxusgegenstände klassifizieren, deren Preis-/Qualitätsverhältnis über dem des Markts liegt. Unter „Qualität" versteht der Ökonom das, was er messen kann, d. h. tangible Funktionen und Nutzen. So definiert der McKinsey-Bericht (1990) über die französischen Luxusmarken diejenigen Marken als Luxusmarken, „die über einen längeren Zeitraum einen gehobenen Preis rechtfertigen konnten, d. h. einen Preis, der spürbar über dem Preis von Produkten mit vergleichbaren tangiblen Funktionen liegt". Diese ausschließlich ökonomische Definition einer Luxusmarke läßt den Aspekt der absoluten Minimalschwelle außer acht. Es zählt nicht der absolute Preis, sondern der Preisunterschied im Vergleich zu Produkten mit vergleichbaren Funktionen. Dieser Preis kann für eine Eau-de-Toilette-Marke zwischen hundert und mehreren tausend DM liegen.

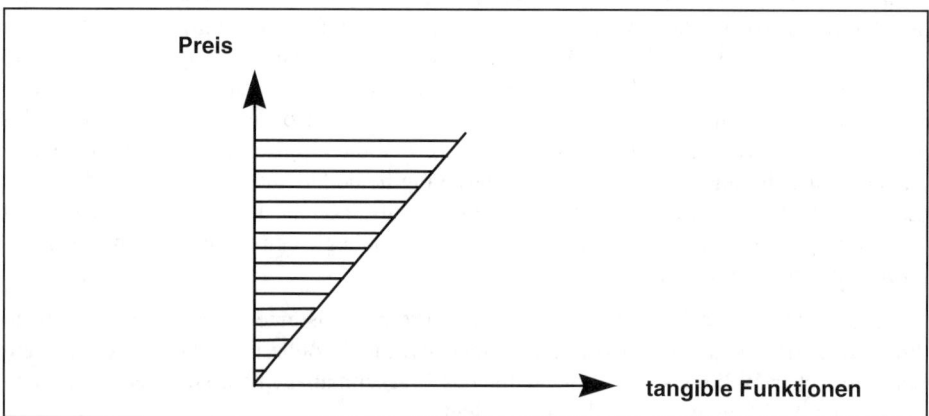

Abbildung 1:   Der Luxusbereich nach McKinsey
Quelle: McKinsey, 1990.

Wie man sieht, erlaubt diese rein ökonomische Perspektive nicht, die Premiummarke, die Luxusmarke und noch weniger ein Luxusunikat (Griffe) zu differenzieren[1]. Während ein Jaguar bei vergleichbaren tangiblen Funktionen immer weniger teuer als ein Porsche war, besitzt der Jaguar doch genauso wie der Porsche ein starkes Luxus-Image, wobei Porsche eher als sehr technische Sportwagenmarke wahrgenommen wird. Letztlich erhält dieser Ansatz die Verwirrung aufrecht, da er auf der Idee der Dichotomie

---

1   Im Deutschen existiert kein Äquivalent zu dem französischen Wort „Griffe". Annäherungsweise läßt es sich übersetzen als ein Produkt - besser als ein Werk oder eine Schöpfung, die einzigartig ist und deren Entstehung und Eigenschaften sich einer rationalen Erklärung größtenteils entziehen. Es handelt sich um ein handgearbeitetes Unikat, das in seiner Perfektion unübertrefflich ist (vgl. auch Abschnitt 1.2).

beruht, nach der eine Marke entweder eine Luxusmarke ist oder nicht ist. Wie wir jedoch im folgenden sehen werden, sind manche Marken wie Dior für einen Teil ihrer Aktivitäten ein Luxusunikat, für einen weiteren Teil eine Luxusmarke und schließlich für einen dritten Teil eine gehobene Marke. Mit dem Wunsch, die Marke ein für alle Mal zu klassifizieren, vergißt man, zwischen ihren Aktivitäten und ihren Funktionsweisen zu unterscheiden. Im gleichzeitigen Management dieser drei Aktionsformen derselben Marke besteht die moderne Herausforderung des Luxus.

Was verbirgt sich tatsächlich hinter dem Konzept des Luxus? Worin bestehen die wesentlichen Dimensionen der Kategorie der sogenannten Luxus-Objekte? Wie immer erlaubt die **Etymologie** die Klärung der Fragen. Luxus kommt vom lateinischen Wort „lux" und bedeutet das Licht. Das erklärt die typischen Eigenschaften der sogenannten Luxusobjekte. Der Luxus glänzt und hat eine Vorliebe für Gold, Edelsteine, Brillanten und in der Erweiterung wird gleichsam jedes Objekt ein eigenes Schmuckstück. Die Sichtbarkeit des Luxus ist ebenfalls ein bedeutender Aspekt: Luxus muß gleichzeitig durch sich selbst und durch die anderen gesehen werden. Insofern ist das Zeigen der Markenzeichen Teil des Luxus: Es muß sich darstellen und an dem, der die Marke trägt, erkennbar sein. Die Luxusmarke glänzt auch durch ihre Aura, und wie bei einem Leuchtturm muß man ihre Stärke über ihrer Sichtbarkeit messen. Die geographische Ausweitung des Luxus ist in seinen genetischen Code eingraviert. Zur Aussteuer der Luxusmarke gehört der Versuch, zwischen Ginza und New York zu glänzen. Schließlich glänzt, was zum Vorschein kommt: Auf das höchste Niveau der Perfektion getragen, unterscheiden sich die Luxusobjekte voneinander und definieren Ideale, die man von weitem betrachtet. Der Luxus beschreibt das Schöne, er stellt auf funktionale Objekte angewandte Kunst dar.

Als Licht ist der Luxus eine Quelle von Erleuchtung (von Verblendung wird der Kritiker sagen). Die Luxusmarken sind faßbare Zeichen des Geschmacks einer Epoche auf ihrem höchsten Niveau. Die Marken als solche sind alle implizite Träger einer Kultur, einer ihnen eigenen Lebensethik. In diesem Sinn ist Saint-Laurent nicht gleich Chanel. Die Marken gehen weiter als die Objekte, sie sind eine Referenz für den Geschmack, ein Habitus, um den Ausdruck von Pierre Bourdieu zu übernehmen. Daher reicht es für das Management von Luxusmarken nicht aus, die Verbraucher einzig nach ihren Erwartungen zu befragen: Die Luxusmarke wird von ihrem inneren Programm getragen, von ihrer Vision der Welt, von dem Geschmackssystem, das sie verheißt und von der Verfolgung ihrer eigenen Standards außerhalb der Norm. So sehr das hochwertige Produkt materiell mit einer bestimmten Produktkategorie verbunden ist, so sehr ist der Luxus immateriell und mit Werten und einer Ethik verknüpft. Auf symbolischer Ebene bedeutet Licht Leben und Fruchtbarkeit. Mit dem Luxus verbindet sich daher der Gedanke der Schöpfung und des Lebensatems der Inspiration. In der Tat wurden die meisten Luxushäuser von genialen Schöpfern gegründet, deren sich ständig erneuernde Inspiration immer das Tempo der Aufmerksamkeit der herrschenden Klassen, der Eliten, bestimmte. Der Zugang zum Luxus setzt tatsächlich die finanziellen Mittel voraus, die mit dem Preis für Qualität verbunden sind, sowie einen Geschmack, der es erlaubt, die künstlerische,

schöpferische und sinnliche Dimension des Objekts zu schätzen; alles, was über die einfache Funktionalität hinausgeht. Das Luxusobjekt ist die Quelle zusätzlichen Vergnü-
gens und schmeichelt allen Sinnen gleichzeitig.

Die Mysterien des Luxuskonzepts erschließen sich nicht nur über die Etymologie. Auch
die **Geschichte** und die **Soziologie** werfen ein Licht auf seinen Sinn. Der Luxus ist ein
Erbe der herrschenden Klassen. Es ist üblich geworden, dem Luxus diese charakteristische Funktion zuzuerkennen, durch die sich eine eingeschränkte Gruppe wiedererkennt und ihre Distanz (bezüglich des Preises und des Geschmacks) gegenüber dem
Rest der Gesellschaft markiert. Dadurch verewigen die Luxusmarken die Erkennungs-
zeichen und Verhaltensweisen der einstigen Aristokratie und stilisieren sie zu einem
Modell. Ist es nicht paradox, daß der Luxus gerade dort blüht, wo man die Aristokratie
geköpft hat, aber nicht die Phantasien ihrer sozialen Ideale unterdrücken konnte. Der
Luxus adelt das Objekt und seinen Träger. Die Schilder sind verschwunden, aber die
Wappen und Markenzeichen werden ostentativ getragen. Die Träger des Luxus sind
nicht zahlreich: Sie entsprechen den Privilegierten der alten Luxusklasse der Aristokratie
(im Sinne von Veblen, 1989), befreit von jeglichem Zwang zur Arbeit, des Geldes und
von Zeit und Raum. Deshalb eignet sich das Pferd so gut als Gründungsmythos von
Hermès. Alles was von nah oder fern mit dem Pferd zu tun hat, umgibt ein Hauch von
Eleganz. So hat auch der moderne Luxus Karossen geschaffen wie den Jaguar und den
Rolls-Royce. Dort ist alles getan worden, die Funktionalität vergessen zu machen: das
Leder, das hölzerne Lenkrad, die Stille, die unzähligen Details, die das Objekt in einen
Salon verwandeln. In diesem Sinne sind Ferrari oder Porsche eher hervorragende
Sportmarken als typische Beispiele für Luxus. Von einem talentierten Ingenieur
geschaffen, sind sie Teil der mythischen Suche nach der Geschwindigkeit, aber dennoch
in der geraden Linie der Funktion des Autos, der Mobilität.

So hat auch die Aristokratie nicht aufgehört, sich den Zwängen der Zeit zu entziehen.
Man kultivierte die Muße, maskierte die Auswirkungen der Zeit durch Perücken und
schminkte das Gesicht. Auch durch das Parfüm unterschied man sich vom Mann aus
dem Volk. Man sieht, wie symptomatisch es ist, daß die modernen Luxusmarken ein
Auge auf den Bereich der Kosmetik und der Parfümerie geworfen haben, ohne von dem
für Klassen so wesentlichen Attribut der Kleidung und des Schmucks zu sprechen.

1.2 Das Luxusunikat als Quelle der Identität einer Luxusmarke

Es herrscht große Verwirrung in bezug auf diese beiden Begriffe und vor allem hinsichtlich ihrer Beziehungen zueinander. Viele verwenden das Wort „Griffe" (Luxusunikat),
sobald die mit einem gewissen Prestige versehene Marke für ein Vielzahl verschiedener
Produkte steht. Andere sprechen von Marken, die zu einem Luxusunikat geworden sind.
Tatsächlich müssen **Marke und Griffe** hinsichtlich ihres Milieus und in ihrer Funk-

tionsweise **differenziert** werden. Die Unklarheit kommt daher, daß bestimmte große Namen, wie zum Beispiel Dior, für einen Teil ihrer Produktion ein Luxusunikat sind, während sie für einen anderen Teil als Marke auftreten. Ein Luxusunikat kann somit zur Marke werden, nicht aber umgekehrt.

Das Gesetz gibt keinen Aufschluß über die Unterschiede zwischen Marke und Luxusunikat: Ein Luxusunikat gilt hier als fixiertes Image einer Signatur, das zu einer Marke erstarrt ist. Glücklicherweise enthüllt sich bei der genaueren Betrachtung des Wortes „Griffe" der Schlüssel zu diesem Konzept. Dieses Wort kommt aus dem Bereich des Instinkts, der Gewalt und des Blitzes: Das Wort ruft Unvorhersehbares hervor, starke Eindrücke, die durch die Spur, durch das plötzliche Hervortreten des Zeichens geschaffen wurden. „Griffe" ist die Klaue eines inspirierten und instinktiven Schöpfers. Etymologisch von „graphie" abgeleitet, führt uns das Wort „Griffe" schließlich zur Hand. Der eigentliche Bereich des Unikats ist klar, er gehört zur reinen Schöpfung. Sein Universum ist das Reich der Kunst, sein Produktionsmittel ist die Hand, sie ist besessen davon, ein in seiner Perfektion nicht zu übertreffendes Werk zu schaffen, eine Perfektion, die ins Auge springt. Das Wort „Werk" (oeuvre) ist entscheidend: Das Ideal bleibt das einzigartige Kunstwerk, das nur einmal geschaffen wird. Yves Saint-Laurent wird zu einem Luxusunikat, wenn er in seiner Boutique in der Rue Saint-Honoré seine Kleider der Haute Couture als einmalige Modelle und Luxusmarken signiert. Nina Ricci ist kein Luxusunikat mehr, sobald ihre Präsenz in dem kleinen Kreis der Haute Couture schwindet.

Das erklärt, warum man im Zusammenhang mit Dunhill, Dupont und Montblanc nicht von einem Luxusunikat spricht, sondern von Marken. Ihre Wiege ist nicht das Atelier, sondern die Fabrik. Nicht das einzigartige Werk steht im Zentrum ihrer Produktion, sondern die - zwar limitierte und nicht jedermann zugängliche! - Serie. Nicht der Instinkt, sondern die Rationalisierung der Methoden bestimmt ihre Produktionsweise. Das Atelier kann sich industrialisieren, zur Serie übertreten, dann zur großen Zahl. Das Gegenteil hat man nie gesehen.

Man muß also anerkennen, daß die **Luxusindustrie** aus **drei Ebenen** in Form einer Pyramide besteht (vgl. Abbildung 2). An der Spitze der Pyramide steht das Luxusunikat mit der Signatur des Schöpfers auf den einzigartigen Werken. Aus diesem Grund ist die Kopie die Heimsuchung von Luxusunikaten. Auf der zweiten Ebene steht die Luxusmarke, solange sie kleine Serien repräsentiert und ihre Produktionsweise sich praktisch noch am Atelier, im etymologischen Sinne an der „Manufaktur", dem einzigen Garanten des gut Gefertigten, orientiert. Das gilt für Hermès, Rolls-Royce oder Cartier. Die dritte Ebene ist die der rationalisierten Serienproduktion. Auf diesem Niveau befinden sich die Kosmetik und die Parfüms von Dior oder Saint-Laurent oder der Textilvertrieb von Saint-Laurent Diffusion. In diesem reinen Industriebereich ist das Renommee der Marke eine Quelle zusätzlichen Wertes für sicherlich teure Objekte von hoher Qualität, die aber doch untereinander vergleichbarer geworden sind.

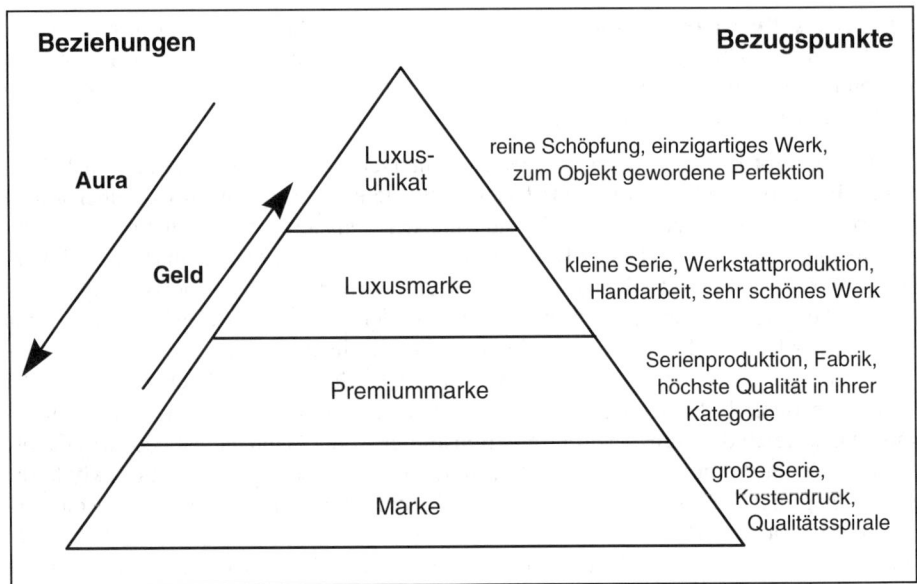

Abbildung 2:   Das System des Luxus und der Marke

Das ganze Problem des Luxusmarkenmanagements liegt in der Artikulation dieser drei Ebenen. Die Beständigkeit der Marken hängt von ihrer Integration in industrielle Unternehmen ab, die in der Lage sind, finanzielle und technische Mittel bereitzustellen, um die Produkte international auf der dritten Ebene auf den Markt zu bringen. Erst auf diesem Niveau wird Gewinn erzielt. Der Gewinn ist die Bedingung für das Überleben am finanziellen Abgrund, den die Erhaltung des Ausstrahlungspotentials und die Kreation eines Luxusunikats darstellen. Wenn diese Schöpfungskraft aber zum Erlöschen käme, ist die Gewinnebene des unteren Teils der Pyramide erreicht, da der Markenname sein Renommee verlieren wird. Je mehr man das Markenkapital ausschlachtet, um so mehr muß es erneuert werden. Aus diesem Grund wäre es für die Industrie, die Luxusmarken teuer erworben hat, ein großer Irrtum, ihre Ausgaben für Prestige im Zusammenhang mit der Haute Couture und der „reinen" Kreation zu kürzen. Es sind diese Ausgaben, die das Kapital der Ausstrahlung und des Traumes wiedererschaffen. Denn durch den Serienvertrieb der großen Marken auf Ebene drei profitiert man von diesem Kapital. Reales benutzt den Traum. Je mehr man eine Marke kauft, um so weniger träumt man von ihr. So gilt paradoxerweise, daß man die Ausstrahlung einer Luxusmarke um so mehr erhalten muß, je mehr diese Marke gekauft wird. Dabei ist natürlich vor allem darüber zu wachen, daß ihre Bekanntheit weitgehend ihre Ausdehnung übertrifft, wofür vor allem potentielle Kreativität und Prestige bewahrt werden müssen.

1.3 Der Aufbau von Luxusmarken

Die amerikanischen Luxusmarken sind nicht nur im zeitlichen Sinn eine neue Konkurrenz (sie sind jüngeren Ursprungs), sondern ihr Erfolg selbst zeigt, daß sie nach einem anderen Modell als dem pyramidenartigen System geführt werden, auf dem die französischen Luxusmarken aufbauen. Im französischen System spielt die Zeit eine wesentliche Rolle. Haute Couture und Luxusunikate sind Ausdruck eines Schöpfers, eines Künstlers. Er baut am Ruf, am internationalen Renommee bei den großen Modedéfilés, bei denen man einzigartige Werke präsentiert und die von einer Minderheit gekauft werden. Das System trägt sich durch die Unterprodukte der Unikate, durch die Produkte in den Boutiquen sowie durch die anderen Produkte mit noch größerer Distribution. In diesem Modell gibt es eine eindeutige Hierarchie. Die Création wird als der Höhepunkt des Systems gesehen, somit ist sie allen anderen Produkten derselben Marke überlegen.

Die Schnelligkeit des Erfolgs von Calvin Klein oder von Ralph Lauren in der ganzen Welt zeigt, daß man Luxus auch auf anderen Grundlagen aufbauen kann, die weder hierarchisch noch historisch sind. Es ist die Kommunikation, die die Geschichte dieser Marken erschafft und der ganzen Welt aufzwingt. Außerdem bezieht sich diese Kommunikation auf alle Produkte, ohne daß einige überlegen sind. Es existiert keine Hierarchie, sondern nur ein zeitliches Nacheinander. Das Parfüm, die Sportartikel, die Lederwaren und das Geschirr sind keine Unterprodukte der Textilmarke Ralph Lauren. Sie drücken diese Marke nur anders, aber im selben Sinne wie der Textilbegründer aus.

Die **Kommunikation spielt** in diesem System **eine Schlüsselrolle**, denn sie schafft die Geschichte, den Mythos der Marke und nicht das Produkt. Woher rührt die Geschwindigkeit, mit der diese Marken aufkommen? Die Werbung erzeugt weltweit ein planetares Getöse. Der Erfolg des Absolut Wodkas, einem reinen Marketingprodukt und derzeit erster Konkurrent des Wodkas Smirnoff, ist eine weitere Illustration dieses neuen Paradigmas (vgl. dazu auch den Beitrag „Marketing-Ästhetik für Marken" in diesem Buch).

Die Ausdehnung von Marken dieses neuen Typs unterscheidet sich sehr von den entsprechenden französischen Marken: Der Erfolg entwickelt sich aus dem unteren Teil der Pyramide. Von unten heißt konkret, weniger Kunst, weniger Kreativität, weniger Wert. Schauen wir uns Calvin Klein an. Ausgehend vom Textilbereich und der Unterwäsche kreiert er Obsession und stürzt sich dann mit Eternity auf den Idealismus des Familienlebens, bevor er CK One auf den Markt bringt. Man wird sich fragen, wo da der Zusammenhang ist? Zusammenhang wird zu oft als die Wiederholung desselben Themas ins Unendliche übersetzt. Durch Wiederholung zeigt sich die schwindende Kraft der Marke. Wenn sich auch außerhalb des Luxusbereichs alle Peugeots einander gleichen und zu endlosen Variationen zwischen dem 106 und dem 605 werden, fragt man sich, wo die Dynamik bleibt, vor allem im Vergleich mit Renault. Das Band der Familienzugehörigkeit kann auch in einer Gruppe vorkommen, in der jedes Element eine gemeinsame Eigenschaft mit einem anderen Element hat, ohne daß dies bei allen Elementen dieselbe Eigenschaft ist. Das ist vergleichbar mit Familien, in denen die Kinder sich nicht wie

Klone ähneln, sondern durch ein besonderes Element. Das Modell der Erweiterung einer Marke wäre in diesem Fall das der dynamischen Kette: Die Erweiterungen wären nebeneinander und gleichgestellt. Ralph Lauren ist ein Beispiel der sogenannten „Galaxie"-Struktur.

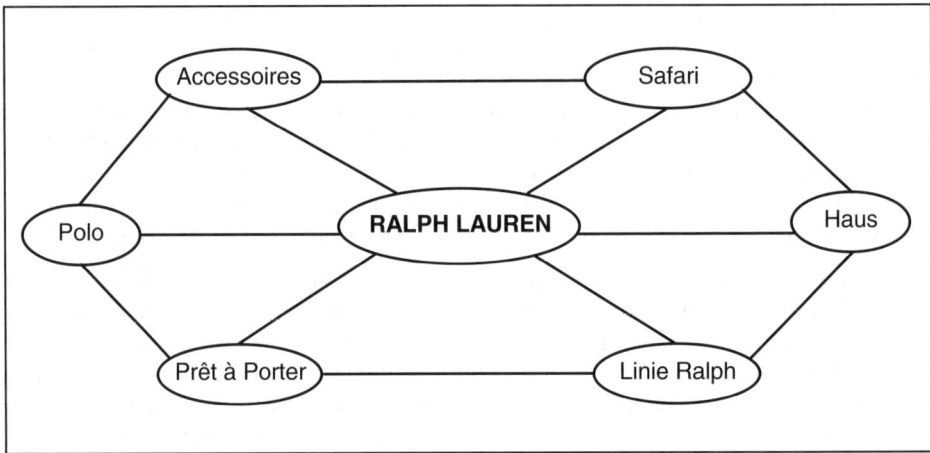

Abbildung 3:   Eine „Galaxie"-Struktur am Beispiel Ralph Lauren

Was ist von dieser Darstellung der Marke zu halten? Wenn eine Marke auf dem Papier eine solche Struktur zu haben scheint, ist die Realität doch anders. Erinnern wir uns daran, daß - auch wenn Priorität nicht gleichbedeutend mit Überlegenheit ist - die ersten Repräsentationen der Marke doch eine entscheidende Rolle bei der langfristigen Wahrnehmung spielen: Sie strukturieren die Marke. De facto hat also Polo die Rolle des „Prototyps" gespielt. Die Semantik des Prototyps erinnert uns daran, daß sich eine **Marke** weniger durch ihre Grenzen **definiert** als **durch ihren Kern** oder ihre Kerne. Die Grenzen einer Marke sind erweiterbar, ihr Kern ist festgelegt. Im Gegenzug kann eine Marke sich entwickeln, indem sie neue Kerne oder Prototypen erwirbt. Das obige Schema setzt sich über die manchmal ungeheuren Unterschiede der expressiven Kraft der Werbung - je nach Markenprodukt - hinweg. Es ist diese expressive Kraft, die aus einem Produkt den Prototyp der Marke macht. Es gleichen sich daher nicht alle Elemente der Marke. Manche setzen es sich zum Ziel, markanter als andere zu sein.

Nicht alle französischen Marken haben die in Abbildung 2 beschriebene Pyramidenstruktur. Chanel hat nur ein Niveau bei jeder Produktlinie (eine Linie Couture, eine Linie Kosmetik, eine Linie Parfüm). Das Problem der Pyramidenstruktur (wie z. B. bei Yves Saint Laurent, Donna Karan oder Calvin Klein) liegt darin, zu erklären, warum jede Produktlinie auf mehreren Ebenen präsent ist. Wie kann man ein Kleid von Yves Saint Laurent für 3000 DM verkaufen, wenn gleichzeitig Kleider über andere

Vertriebswege auch für 2000, 1000 oder 500 DM verkauft werden. Die Funktion der Untermarken (z. B. Yves Saint Laurent Variation) liegt in der Segmentierung durch Identitätsschaffung auf unterschiedlichen Niveaus, wodurch das Renommee geschützt bleibt. Der Name Yves Saint Laurent bleibt exklusiv reserviert für die Spitze der Pyramide.

Die Gefahr der Pyramidenstruktur, die sich auf einen Schöpfer und ein Luxusunikat der Haute Couture stützt (typisch für Dior und Yves Saint Laurent), liegt in der Abhängigkeit der Marke von ihrem Schöpfer. Paradoxerweise wurden Männer wie Calvin Klein oder Ralph Lauren nach und nicht vor dem Erfolg ihrer Marke bekannt. Außerdem kennen die neuen Luxuskunden im Ausland heute meist nicht die besonderen Eigenschaften der Haute Couture bestimmter Marken (wie z. B. Givenchy oder Nina Ricci), ja sie sind ihnen oft gleichgültig. Es handelt sich da um eine Quelle der Differenzierung, aber nicht des zusätzlichen Wertes. Aus diesem Grund haben manche Marken beschlossen, ihre Aktivitäten im Bereich der Haute Couture zu streichen (wie Nina Ricci nach dem Aufkauf durch das spanische Unternehmen Puig), um dann vielmehr in die Waffe der Werbekommunikation und der Medien zu investieren. Der Erfolg von CK One, dem meistverkauften Parfüm der Welt, ist nicht unabhängig vom Kommunikationsbudget, das aktuell das größte der Welt ist.

2.   Die Führung von Luxusmarken

2.1   Die Grundlagen des Managements von Luxusmarken

Aus dem sozialen und historischen Verständnis des Luxus ergeben sich einige wesentliche Prinzipien für das Management einer Luxusmarke. Dazu gehört zum Beispiel die Notwendigkeit, die Kunden vor den Nicht-Kunden durch den **Aufbau einer Distanz**, einer kontaktfreien Zone, zu schützen - oder um einen ökonomischen Begriff wiederaufzunehmen - durch Barrieren gegen den Eintritt derer, an die man sich nicht richtet. Das geschieht durch den Preis, die selektive und exklusive Distribution und die Ästhetik des Produkts (der Geschmack als segmentierender Effekt). Aber damit das Zeichen der Unterscheidung funktioniert, muß es allen bekannt sein. Paradoxerweise muß die Luxusmarke daher von allen begehrt werden, aber für die Mehrheit unerreichbar bleiben. Diese innere Gegensätzlichkeit der Öffnung und Schließung manifestiert sich in einer gewissen medialen Sichtbarkeit in Verbindung mit einer sehr eingeschränkten Distribution. Aus diesem Grund muß eine **Marke sehr viel bekannter als erreichbar sein**. Es ist die Lücke zwischen den Personen, die die Marke kennen, und der Zahl derjenigen, die sie kaufen, die die eigentliche Hebelwirkung des Begehrens ausmacht. Die große Konsummarke funktioniert durch ein vollkommen entgegengesetztes Prinzip. Man kommuniziert nur, wenn man eine große Verbreitung hat. Dieser Gegensatz erklärt auch die Logik der Accessoires, der Ohrringe von Chanel für 300 DM oder des Seidentuchs von Hermès.

Die **Verwässerung** setzt genau dann ein, wenn die Luxusmarke ihre Kunden nicht mehr vor den Nicht-Kunden schützt. In den demokratischen und offenen Gesellschaften versuchen einzelne Gruppen, Abgrenzungen jeder Art zu errichten. Der Vertrieb von Prestigemarken im Supermarkt reißt diese Abgrenzungen nieder. Die ins Unendliche gehende Vervielfältigung der Handtasche von Vuitton (ohne die Nachahmungen zu zählen) schadet auch der Unterscheidungsfunktion. Genauso haben die T-Shirts von Chanel die Zahl der Kundinnen weit über das eigentliche Ziel hinaus exzessiv vermehrt. Nicht nur brachte man Chanel mit zu viel Frauen in Verbindung; bei diesem im Grunde banalen T-Shirt vergaß man, daß das Objekt immer auf der Höhe der Marke sein muß und nicht nur eine einfache Unterstützung des Namens ist. Die wirkliche Luxusmarke achtet darauf, daß das Obergewand dem Untergewand, das Innen dem Außen entspricht. Wenn man die Verbindung dieser beiden Aspekte löst, wird die Luxusmarke zum Trugbild und setzt sich der Nachahmung aus. Wenn sie selbst nicht mehr an das Objekt glaubt, sondern nur noch an die Inszenierung des Zeichens, regt sie zum bewußten Kauf der Nachahmungen an, bei denen man im Grunde nur noch den lebendigen Widerschein der Marke erwirbt, während das eigentliche Objekt nur der banalen Unterstützung der Werbung dient.

Kurzfristig lohnt es sich, die Lizenzen zu vervielfältigen und die Marke auf die verschiedensten Produkte auszudehnen (Hosen, Schuhe, Gürtel). Allerdings demokratisiert man die Marke dadurch nicht nur, man banalisiert sie auch. Der **Luxus schuldet es sich aber**, **immer etwas exzessiv zu sein**: Exzeß im Detail, Exzeß der Sorgfalt, Exzeß der Ehre und der Vorsicht, Zeugnisse eines nahezu vergangenen Lebensstils in einer Zeit der Standardisierung und der Minimierung der Kosten. Das bedeutet nicht ein sich Einschließen in der Vergangenheit - eine der Schwächen bestimmter französischer Luxusmarken, die wie Givenchy und Patou mit ihren alternden Kunden dahinsiechen werden, da sie nur die Tradition kultivieren. Die Herausforderung des modernen Luxus ist die Verführung und die Bewahrung der heutigen Kunden. Die strikte und ausdrückliche Bezugnahme auf die Vergangenheit, die in den Produkten enthalten ist. Cartier hat das gut verstanden. Man führte Stahl für die Uhren ein, aber verarbeitete das Material wie ein Edelmetall. Genauso verhält es sich mit dem Koffer von Hermès, der in der Vergangenheit aus Krokodil war, dann aus Leder, und nun auch aus Karbonfaser angeboten wird, wobei das Innere weiterhin tausende persönlicher Details und weiches sinnliches Leder enthält.

Die moderne Luxusmarke muß die triumphierende Moderne verkörpern. Ihr Bezugspunkt ist nicht mehr das Land oder das Schloß, sondern die Mobilität. Wenn die übertriebene Funktionalität dem Luxusprodukt schadet - dadurch unterscheiden sich Seiko und Sony von Luxusprodukten - bedeutet ein Defizit an Funktionalität im Gegenteil das Veraltern der Marke, die sich langsam von ihrer Zeit loslöst. Die Luxusmarke kann sich nicht über die Bedrohung durch die einfachen Marken hinwegsetzen, die einzig der Funktionalität zugewandt sind. Durch deren ständige Qualitätsverbesserungen legen sie die ständig steigenden Standards der „normalen" Qualität fest. Worin auch immer das Prestige von Jaguar und die Anziehungskraft dieser Marke liegen, die Probleme mit den Motoren oder wesentlichen Bauteilen bedeuteten das Ende der Marke. Sich zu sehr auf dem zusätzlichen symbolischen Wert auszuruhen, verringert den globalen Wert und die Attraktivität der Luxusmarke. Ihre Legende läge hinter und nicht vor ihr.

Die Aufgabe der „normalen" Marke liegt in der Demokratisierung des Fortschritts. Dies geschieht über den Umweg der Konkurrenz, die ständig das erreichte Qualitätsniveau in Frage stellt und das - dank einer Serienproduktion - zum günstigsten Preis. Die von den Preiszwängen teilweise befreite Luxusmarke ihrerseits verewigt ein außerhalb des Gewöhnlichen liegendes Niveau, auf dem die allgegenwärtige Sinnlichkeit genauso zählt wie die Funktionalität. Dabei werden die edelsten Materialien eingesetzt und die Anpassung des Produkts an individuelle Wünsche wird als Zeichen der Anerkennung des Individuums bis zum äußersten getrieben, womit die große Serie verurteilt und der Service zum integralen Bestandteil des Angebots wird. Alles was im Rahmen einer „normalen" Marke als Extra angeboten oder zusätzlich berechnet wird, gehört bei der Luxusmarke zur Grundausstattung, da hier die Extras zum Gewöhnlichen gehören. Aus diesem Grund kann ein Renault Safrane „Baccara" definitiv nicht im automobilen Luxussegment konkurrieren.

Aber es wäre ein **Irrtum**, sich durch diese Tatsache behütet zu fühlen. Der Luxus muß nicht immer außergewöhnlich groß sein. Die Automobilindustrie wird beispielsweise durch den technologischen Fortschritt ständig flexibler, so daß sie eine immer stärkere Individualisierung ohne größere Auswirkungen auf den Preis bieten kann. Der Preisaufschlag der Individualisierung ist daher bedroht, wenn es aufgrund von bewußt unterschiedlichen Produktionsmethoden die Kosten sind, die Preisaufschläge verursachen. Die Seltenheit des Objekts und die Kraft des Markenimages werden nicht mehr allein in der Lage sein, Preisaufschläge zu legitimieren. Man sieht also, daß der Luxus das Ideal der Individualisierung und der Sublimierung des Objekts gegenüber den anderen Marken definiert. Diese ihrerseits fordern den Luxus durch den technischen Fortschritt heraus, den sie ständig weiterentwickeln und zu immer niedrigeren Preisen anbieten. Auch wenn die Hersteller von Luxusuhren lange die mechanischen Uhrwerke fortführen wollten, hat die Quarztechnologie auf dem Massenmarkt neue Standards der Präzision und der Zuverlässigkeit festgelegt, die kein mechanisches Uhrwerk erreichen kann, wenn man im Bereich realistischer Fabrikationskosten bleiben will. Da das Renommee der Marken für Luxusuhren mit lebenslanger Garantie verbunden ist, kann man sich die Kosten dieser Qualitätsunterschiede vorstellen, ohne von der Beeinträchtigung des Images zu sprechen.

2.2   Das Spannungsfeld zwischen Bekanntheit und Begehrlichkeit

Wir haben nachfolgend eine der wenig bekannten Folgen des notwendigen inneren **Gegensatzes** einer Luxusmarke festgehalten: Die ständige Aufrechterhaltung eines Abstands **zwischen der Bekanntheit der Marke und ihrer Verbreitung**. Da sich der Kauf als etwas Reelles des Traums bedient, muß dieser seine Kraft aus anderen Quellen erneuern. Nun haben wir von R. Girard gelernt, daß das Begehren aus dem Blick der anderen erwächst. Die Menschen, die die Marke und ihre Bedeutung kennen, müssen daher immer zahlreicher sein als ihre Käufer. Diese Perspektive wird durch eine jüngste vom RISC (International Research Institute on Social Change) auf europäischer Ebene durchgeführte Untersuchung bestätigt: Dabei wurden 12500 Personen ab dem 15. Lebensjahr untersucht. Man legte ihnen eine Liste mit großen Namen vor und fragte sie, ob sie ihnen bekannt seien (Bekanntheit), ob sie von ihnen träumten (Verführung) und ob sie irgend eine dieser Marken schon gekauft hätten (Verwendung). Dazu genügte beispielsweise bereits der Kauf von Cardin-Zigaretten.

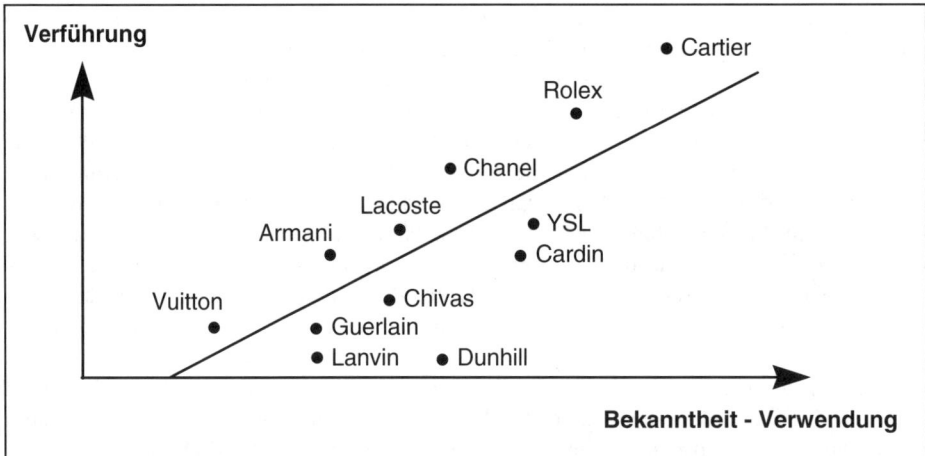

Abbildung 4:   Das Verführungspotential der Luxusmarken in Europa
Quelle: RISC, 1991.

Demnach gibt es, wie die vorstehende Abbildung zeigt, eine starke Beziehung zwischen dem Potential des Traums von einer Marke und dem Abstand zwischen der Zahl der Menschen, die sie kennen und denjenigen, die sie bereits konsumiert haben. So haben auch alle Marken über der Linie ein „Traumpotential", das über dem liegt, das sie angesichts ihrer Bekanntheit und Verwendungshäufigkeit haben müßten. Alle Marken unter der Linie leiden an einem „Traumdefizit".

Wenn man für jede Marke die Personen, die sie kennen, nach Käufern und Träumern aufgliedert, kann man **vier Konsumententypen** feststellen:

1. Die Käufer, die noch von der Luxusmarke träumen, sind die **Begeisterten**. Sie sind die Neubekehrten der Marke. Man muß sie unterstützen und sie für ihre Treue belohnen.
2. Die **abgestumpften Käufer**, die nicht mehr von der Marke träumen. Man muß in ihnen das Begehren wiederbeleben.
3. Die **träumenden Nicht-Käufer** können sich nicht zum Kaufakt entscheiden. Man muß sie entweder durch die Produktpolitik bzw. eine Preisanpassung oder durch eine Öffnung des Vertriebs unterstützen.
4. Die **gleichgültigen Nicht-Käufer**, die nicht von der Marke träumen, sind außerhalb des anvisierten Ziels.

Wenn man eine Marke wie Armani betrachtet, die 46 % der Europäer kennen, sind die vier Konsumententypen mit folgenden Anteilen vertreten:

- 6 %   begeisterte Käufer,
- 5 %   abgestumpfte Käufer,
- 12 % träumende Nicht-Käufer und
- 23 % gleichgültige Nicht-Käufer.

Es gibt also ein enormes Potential an Nicht-Käufern, die von der Marke träumen. Die Linie Emporio Armani und ihre Spezialgeschäfte haben sich zum Ziel gesetzt, ihnen endlich die Realisierung ihrer Wünsche zu ermöglichen. Wenn man hingegen den Fall von Givenchy nimmt, liegen die Zahlen dort bei 2 % begeisterte Käufer, 6 % abgestumpfte Käufer, 3 % träumende Nicht-Käufer und 30 % gleichgültige Nicht-Käufer. Die kleine Zahl der begeisterten Anhänger der Marke und die große Zahl der indifferenten Konsumenten ist bezeichnend für den Abstieg dieses Namens.

2.3   Die Entwicklung von der Schöpferaura zum Markenidentitätskonzept

Aus der Modeschöpfung hervorgegangen, tragen die Luxushäuser ganz natürlich den Namen ihrer Schöpfer. Das gilt für Cardin, Saint-Laurent, Ricci, Armani, Chanel, Lanvin usw. Diese Situation führt zum folgenden Paradoxon: Die Luxusmarke kommt erst dann wirklich auf die Welt, wenn der Schöpfer verschwindet. Solange dieser existiert und das Haus leitet, ist das Schicksal des Namens vollkommen verwoben mit den persönlichen Projekten des Mannes oder der Frau, die diesen Namen tragen. So kritisieren viele Menschen Cardin's Lizenzpolitik, die extreme Ausweitung dieses Namens in die verschiedensten Produktkategorien. In Wirklichkeit ist diese Politik nur ein Beweis für die starke intellektuelle Neugierde und die Entdeckungslust des Mannes Pierre Cardin. Man unterwirft einen Schöpfer nicht den Weisungen des Managements und den Grenzen des Ausdrucks seiner selbst. Dieser Schöpfer trägt - untrennbar von seinem eigenen Schicksal - den Entwurf der Marke in sich selbst. Zu Lebzeiten des Schöpfers bleibt die Marke nur unscharf umrissen. Es bedarf keiner Erklärungen, um das Projekt, die Positionierung, die tiefe kreative Notwendigkeit klarzustellen. Das einfache **Dasein des Schöpfers** dient für sich allein als Antwort, **als Fundament** des Unternehmens und als Motor für die Anhängerschaft.

Erst mit dem Verschwinden ihres Schöpfers wird die Marke zum Subjekt. Von ihr gehen nun die Produkte, die Wohlgerüche und die Manifestationen aus. Ihrer Ordnung unterwerfen sich die zur Nachfolge des Gründers herbeigerufenen Schöpfer. Während dieser die Ordnung verkörperte, müssen sich die neu Hinzugekommenen zum Teil dem Projekt der Marke, die zum Souverän geworden ist, anpassen. Es ist im übrigen bezeichnend, daß die renommierten Couturiers im Dienst solcher Marken eine Boutique mit ihrem eigenen Namen aufrechterhalten haben. Dort drückt sich ihr persönlicher Stil aus und sie sind befreit von den Verpflichtungen, die mit der notwendigen Anpassung an den Markennamen verbunden sind. Das galt unter anderem für Montana, als er für Lanvin arbeitete, für Lolita Lempicka, als sie zu Cacharel überwechselte, für Karl Lagerfeld und für G. Ferré.

Das Ende des Schöpfers stellt im allgemeinen ein unmittelbares Problem für die Erben oder für die Übernahmeverwalter des Hauses dar. Denn wenn der Name nicht mehr Familienname ist, sondern zum Subjekt wird, aus dem sich alles entwickelt, muß doch seine spezifische Konzeption bekannt sein, sein Wertesystem, seine Ethik, alles in allem seine tiefe Identität. Tatsächlich wissen jedoch viele Luxusmarken nicht, wer sie sind. Implizit geblieben und vom Schöpfer getragen, war der Entwurf der Marke unausgesprochen, aber von seinen Kreationen getragen worden. Von nun an muß er explizit gestaltet werden, wenn man in der Lage sein will, alle an ihm teilhaben zu lassen und alle Akteure in der Welt der Marke zu seinen Anhängern zu machen: die Angestellten, die neuen Schöpfer, das Distributionsnetz in der ganzen Welt.

Als sich die neue Leitung nach dem Tod von M. Ricci mit dieser Leere konfrontiert sah, begann man daher mit Untersuchungen der Identität, um das genetische Programm der heranwachsenden Marke freizulegen. Das Konzept der tiefen Identität der Marke, ihrem Fleisch und ihrer Körperlichkeit, sollte aber nicht verwechselt werden mit dem Studium des Images, das nur die Assoziationen widerspiegelt, die die verschiedenen Konsumenten weltweit von der Marke haben. Hinzu kommt, daß jeder Kontinent im allgemeinen ein anderes Bild von der Marke hat. Die Luxusmarke läßt sich weniger als jeder andere auf demokratische Weise führen, indem zum Beispiel Japaner, Amerikaner oder Deutsche gefragt werden, wie sie sich in Zukunft das Bild und die Entwicklung von Nina Ricci vorstellen würden. Man weiß, daß diese Bilder nur eine zersplitterte und uneinheitliche Reflexion darstellen. Aber die Marke ist einzigartig; es gibt nicht einen Dior für den asiatischen Kontinent und einen Dior für die Vereinigten Staaten. Dior bleibt

Dior. Man sieht, daß das **Identitätskonzept für die Führung** der Luxusmarke **von grundlegender Bedeutung** ist. Es liefert die alleinige Basis für die Kapitalisierung der Marke im Zeitablauf, für die Achtung des spezifischen Charakters der Marke und ist Grundlage der notwendigen internationalen Homogenität. Wenn man den Druck kennt, der auf einen Wechsel und auf Diskontinuität hin ausgeübt wird, und der von unzähligen Gruppen ausgeht, die im internationalen Bereich mit dem Vertrieb der Marke beschäftigt sind, kann man nur eine verschlossene Haltung gegenüber dem Wertesystem der Marke fordern. Schließlich ist das Wertesystem auch Grundlage der zukünftigen Identität der Marke. Da die Marke ein Andenken ist, muß man ihren Motor, d. h. ihren genetischen Code kennen, um sie in Zukunft zu führen. Die Studien der Markenidentität bestehen aus dem Versuch, diese mit Hilfe der herausragendsten Schöpfungen der Marke zu ent-hüllen, diejenigen, die Spuren hinterlassen haben. Diese werden über einen längeren Zeitraum hinweg untersucht: Von welchem unbewußten Programm gehen sie wohl aus? Warum glänzte die Haute Couture von Nina Ricci durch märchenhafte Abendkleider? Warum empfand M. Ricci die verschleierten Darstellungen des englischen Fotographen David Hamilton als eine derartige Erleuchtung, daß er mit ihm einen langen Exklusiv-vertrag abschloß? Welche Verbindung besteht zwischen diesen Kleidern, dem Parfüm „L'Air du Temps" und David Hamilton? Diese Fragen waren entscheidend für die Wie-derbelebung von Caron, Lanvin und Balmain.

2.4 Die Struktur der Markenidentität

Alle diese Konzepte (Quelle der Inspiration, genetische Codes oder genetischer Kern) erhalten ihre Inspiration aus einem dreistufigen Pyramidenmodell, dessen Aufgabe darin liegt, den Gehalt und die Identität der Marke festzulegen (vgl. Abbildung 5):

- Die Spitze ist der **Identitätskern der Marke.** Er drückt ihre Vision aus. Jede Marke ist in der Tat ein Standpunkt gegenüber der Welt, aus dem alles hervorgeht. Lanvin stellt grundsätzlich eine These über den Körper auf, wie auch Chanel oder Saint-Laurent. Diese unsichtbare genetische Wurzel muß dennoch bekannt sein, da sie die Quelle der Zusammengehörigkeit und der Kontinuität ist.

- Die Basis ist die **thematische Stufe**, die Produkte und Kommunikation umfaßt.

- Die Zwischenstufe ist die der **stilistischen Codes**, der Register des Ausdrucks, der Art zu sprechen und der bildlichen Darstellung der Marke (vgl. hierzu auch den Bei-trag „Marketing-Ästhetik für Marken" in diesem Buch). Über den Stil schreibt der Drehbuchschreiber (die Marke) die Themen und stellt sich als Marke dar. Etymo-logisch ist er das Stilett, die Spitze mit der man schreibt und eine Spur hinterläßt. So prägen sich Anaïs-Anaïs und Loulou in den romantischen Code von Cacharel ein. In diesem Register befinden sich auch die formellen Attribute der Marke: Der Kern von Nina Ricci, der in ihren Produktionen so häufig gegenwärtige Schleier.

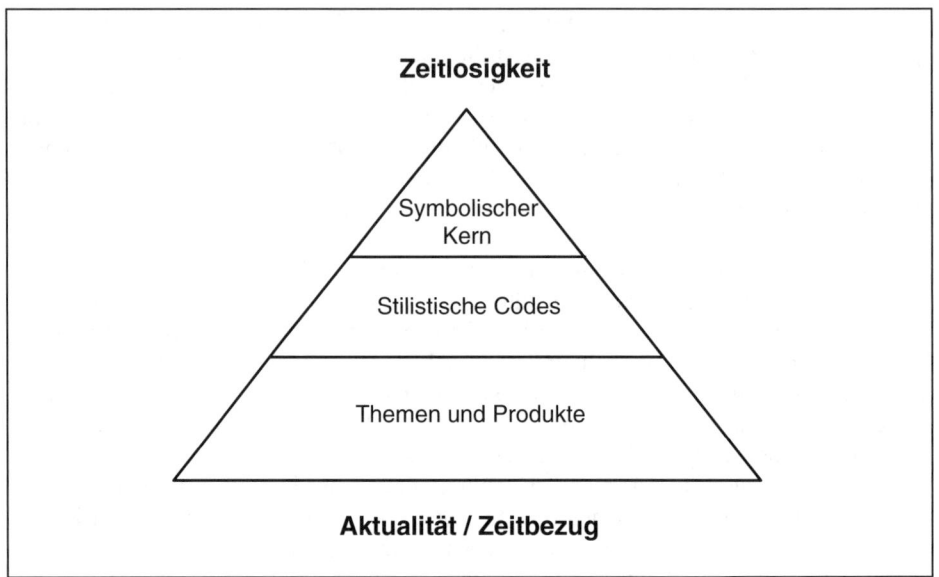

Abbildung 5:   Die drei Stufen der Marke

Aus dem Pyramidenmodell ergibt sich eine differenzierte Markenführung im Zeitablauf. Die Vision bleibt unveränderlich. Themen und Produkte nähren die Modernität der Marke: Durch sie bestätigt sie sich immer wieder in ihrer Zeit, aktuell und bleibt in Einklang mit der Sensibilität des Augenblicks. Es zeigt sich auch, daß die Pyramide erweiterbar ist. Sie läßt Variationen zu und auch einige gut kontrollierte Erweiterungen und Unterbrechungen. So hat Coco von Chanel ein Eigenleben und eine eigene Funktion für den Fortbestand von Chanel: Coco garantiert die Verbindung zwischen den Generationen. Viele kritische Stimmen erhoben sich, als Vanessa Paradis zur Personifizierung von Coco wurde. Aber wenn sich Chanel auf Catherine Deneuve beschränkte, wäre die Lebensdauer der Marke in Gefahr. Die Schauspielerin ist der Bezugspunkt einer bestimmten Generation, aber nicht der Käuferinnen von morgen, denen man heute schon nahe sein muß.

Das obige Modell der Markenstufen läßt eine große Flexibilität für die Marken zu, die mehrere Produkte beinhalten (Saint Laurent und seine vielen Parfüms, seine Schönheitspflege und seine Prêt-à-Porter-Mode). Bei der Gestaltung der Kommunikation für diese Produkte sind ihre besonderen Vorteile zu beachten und gleichzeitig ist zu berücksichtigen, daß sie von demselben Standpunkt, derselben Inspirationsquelle und derselben Vision auszugehen scheinen. Man sieht, daß die Marke wie eine Superstruktur funktioniert.

Schließlich wird durch das Verständnis der tieferen Identität der Marke ein **klassischer Kommunikationsfehler** vermieden: Man glaubt, nur eine kleine Veränderung ihrer

Oberfläche zu bewirken, doch tatsächlich ändert man das Wesen der Marke. Der Fall von Fidji ist dafür ein aufschlußreiches Beispiel. Dieses 1966 geschaffene Parfüm entwickelt sich zusammen mit Anaïs-Anaïs von Cacharel und L'Air du Temps von Nina Ricci zu einem der fünf am häufigsten verkauften Parfüms der Welt. Nach Jahren weltweiter Werbung zum Thema „die Frau ist eine Insel, Fidji ist ihr Parfüm", glaubte L'Oréal diese Aussage für die aktiven und befreiten Frauen dieser Zeit modernisieren und aktualisieren zu müssen.

Die Aussage der Marke sollte von der „Natur als Fluchtort" zur „Natur als Ort der Instinkte" gewandelt werden. So erschien auf der ganzen Welt das Plakat der Frau, um deren Hals sich eine Schlange windet in Verbindung mit der neuen Aussage „das Parfüm des wiedergefundenen Paradieses". Die Verkaufsziffern gingen von 7.280.000 Flakons im Jahre 1980 auf 5.216.000 im Jahre 1984 zurück. Glücklicherweise konnte der Verkaufsrückgang durch eine Preiserhöhung kompensiert werden. Durch den Wechsel von der Natur zur Schlange hatte man zwar die Exotik erhalten, aber letztere ist nur eine Hülle der Marke, ihr Ausdrucksregister. Sie ist nicht der Kern der Identität von Fidji, die Basis des Erfolgs der Marke. Durch Einführung einer Schlange und einer Orchidee haben die Schöpfer und Manager letztlich eine neue Marke geschaffen, die auf einem anderen symbolischen Kern aufbaut. Sie hatten der alten Marke die Substanz entzogen, da sie die Triebkräfte von Fidji nicht verstanden hatten. Dabei ist die mythische Bedeutung der Insel universell (daher der Erfolg von Fidji). Leider hat man sich auf die Exotik konzentriert, die hier offensichtlich von sekundärer Bedeutung ist. Was die Schlange und die Orchidee als eindeutige Symbole der Verführung angeht, so hatten sie auf dieser Insel offensichtlich keinen Platz.

2.5 Die Revitalisierung von Luxusmarken

Viele Luxusmarken sind wie Dornröschen. Wenn auch in Vergessenheit geraten, haben sie doch immer noch einen Ruf, der aber im Lauf der Zeit seinen Glanz verloren hat. Dieser übt eine Anziehungskraft auf die Finanziers, die Industriellen und die Investoren aus. Das war bei Caron, Lanvin oder Balmain der Fall. Meist wird der Verlust der kreativen und innovativen Spannkraft der Marke diagnostiziert, verbunden mit einem schrumpfenden Kundenkreis, dessen Alterungsprozeß man begleitet, einer ungenügenden Pflege und Kontrolle der Vertriebswege und schließlich das Fehlen von Markennamen im mittleren Preissegment, um den Kapitalfluß zu erhalten.

Eine weitere Ursache für das Absterben einer Marke kann in der außerordentlichen Bekanntheit ihrer Produkte liegen. Stellt sich die Marke nur über ihre Produkte dar, und können diese auch autonom bestehen, so wird dadurch die Marke überdeckt. Auf lange Sicht entsteht ein einfacher Name, der jeden Sinnes beraubt ist. So hat der Erfolg von Fidji und Drakkar Guy Laroche aus dem Feld geschlagen. Anaïs-Anaïs und Loulou haben Cacharel verdeckt und ihres Sinnes beraubt.

Es ist die Lizenz Anaïs-Anaïs, die über einen Marktwert verfügt, nicht aber Cacharel. Die Revitalisierung der Marken bedarf eines umgekehrten Ansatzes: Der Sinn der Marke muß sich direkt durch eine Produktlinie ausdrücken. Um der Marke Nina Ricci, die von L'Air du Temps ganz und gar verschlungen wurde, wieder Inhalt zu verleihen, mußte das neue Management Produkte auf den Markt bringen, die nur den Namen Nina Ricci trugen. Die Kosmetikreihe, die bis dahin zu Unrecht an eine der bekanntesten Ausdrucksformen, dem Parfüm L'Air du Temps angepaßt war, wurde zur Trägerin von Modernität und wiedergefundener Markenbedeutung. L'air du Temps entsprach nur einer bestimmten Periode im Leben einer Frau, weshalb die damit verbundenen Assoziationen nicht in der Lage waren, die gesamte Bedeutung der Marke zu umfassen. Die Marke mußte also wieder auf Produkte mit einer neuen Bedeutung ausgedehnt werden. Die Kosmetikreihe ermöglichte der Markenführung außerdem, die Marke in ihrem eigentlichen Sinn zu zeigen und sie damit sichtbarer, herausragender und zeitgemäßer zu gestalten.

Henrik Sattler

Markenstrategien für neue Produkte

1. Einführung: Neumarken- und Markentransfer-strategien für neue Produkte

Viele Unternehmen sind heute stärker als früher davon überzeugt, daß die Einführung neuer Produkte den Unternehmenserfolg verbessert (vgl. Brockhoff, 1993, S. 1 ff.). Ein Schlüsselfaktor für den Erfolg neuer Produkte wird von Markenartikelherstellern in der eingesetzten Markenstrategie gesehen (vgl. Kapferer, 1992, S. 119). Von daher besitzen Markenstrategien für neue Produkte eine besondere Bedeutung.

Markenstrategien stellen langfristige Pläne der Markengestaltung zur Erfüllung von Anbieterzielen dar (vgl. z. B. Meffert, 1992 b, S. 135; Sattler, 1997 a, S. 13 f.). Als Ziele werden insbesondere Positionierungsvorteile gegenüber Konkurrenten sowie psychologische und ökonomische Markenziele angestrebt. Markenstrategien sind dabei letztendlich immer mit Markeninvestitionen verbunden, die einen Markenwert erzeugen bzw. verändern (vgl. Meffert, 1992 b, S. 135). Demzufolge können Marken(strategien) auch als Investitionsprojekte verstanden werden[1].

Die hauptsächlichen Alternativen bei der Gestaltung von Markenstrategien für Neuprodukte bestehen in einer Neumarken- und einer Markentransferstrategie. Eine **Neumarkenstrategie** ist dadurch gekennzeichnet, daß für das neue Produkt ein aus Sicht von (potentiellen) Nachfragern vollkommen neues Markenzeichen entwickelt wird (z. B. die neu geschaffene Marke „Kelts" für ein neues alkoholfreies Bier). Bei der **Markentransferstrategie** (synonym Markendehnungs-Strategie oder Brand-Extension-Strategie) wird hingegen ein im Markt etabliertes Markenzeichen für das neue Produkt verwendet, d. h. es wird eine bekannte Marke auf ein Neuprodukt transferiert bzw. ausgedehnt (z. B. Transfer der Marke Nivea auf Lippenstifte; vgl. das Kapitel zur Markendehnung in diesem Buch).

Untersucht man einmal, welche Markenstrategien für neue Produkte von Markenartikelunternehmen verwendet werden, so dominieren insbesondere in den letzten 15 Jahren eindeutig Markentransferstrategien. Beispielsweise hat der weltweit bedeutendste Markenartikelhersteller Procter&Gamble in den Jahren 1992 - 1994 bei sämtlichen Neuprodukteinführungen diese Strategie eingesetzt (vgl. Friedman, 1994, S. 8). In den USA waren 1991 von 16000 Neuprodukteinführungen in Supermärkten und Drugstores 90 % Markentransfers (vgl. Rangaswamy et al., 1993, S. 61). In Deutschland ist beispielsweise das Unternehmen Beiersdorf mit Markentransfers der ursprünglich für den Hautcrememarkt entwickelten Marke Nivea auf neue Produkte wie Deodorant, Duschgel,

---

[1] Ob Auszahlungen für eine Marke bzw. Markenstrategie überhaupt als Investitionen zu behandeln sind, ist in der Literatur allerdings teilweise umstritten. In weiten Bereichen ist die Vorgehensweise verbreitet, Markenauszahlungen (zum Beispiel für Werbung) sofort abzuschreiben. Diese Auffassung findet man beispielsweise im deutschen Handelsrecht (vgl. § 248 Abs. 2 HGB) und im internen Rechnungswesen. Ähnlich wie bei der Behandlung von Innovationen scheint eine markenfeindliche Einstellung des Rechnungswesens vorhanden zu sein (vgl. in bezug auf Innovationen Hauschildt, 1992 c).

Gesichtscreme, Körperlotion, Seife und Shampoo außerordentlich erfolgreich. Vorteile einer Markentransferstrategie werden in der Möglichkeit zu einem schnellen und kostengünstigen Aufbau eines Images für das Neuprodukt gesehen (vgl. z. B. Wölfer, 1994, S. 528 ff.). Während bei der Neumarkenstrategie ein Markenimage sich erst über Jahre hinweg unter Einsatz erheblicher finanzieller Mittel aufbauen läßt (vgl. z. B. Rother, 1994, S. 51 f.), besteht bei der Markentransferstrategie schon kurz nach der Einführung ein etabliertes Markenimage für das Neuprodukt. Nachteile können jedoch darin bestehen, daß es infolge des Markentransfers zu einer Verwässerung oder sogar Schädigung des Markenimages kommt, mit entsprechend negativen Konsequenzen für sämtliche Produkte, die unter der betroffenen Marke angeboten werden (vgl. Loken/Roedder John, 1993).

Nicht zuletzt aufgrund dieser Gefahren verwenden andere Markenartikelhersteller für ihre neu entwickelten Produkte eine Neumarkenstrategie. Hierdurch wird es möglich, ein neues Markenimage zu schaffen, das genau auf die Vorstellungen der anvisierten Zielgruppe zugeschnitten werden kann (vgl. Becker, 1994 a, S. 470). Allerdings ist diese Strategie mit erheblichen Auszahlungen verbunden. In Deutschland sind für eine nationale Einführung eines neuen kurzlebigen Konsumgüterprodukts zwei- bis dreistellige DM-Millionen-Investitionen in die Marke zu veranschlagen (vgl. Sattler, 1997 b). Mit der Neumarkenstrategie besteht jedoch auch die Chance, erhebliche Werte zu schaffen. So kann eine einmal erfolgreich aufgebaute neue Marke im Zeitablauf wiederum im Wege des Markentransfers auf neue Märkte ausgedehnt und dadurch ein erhebliches Wertschöpfungspotential geschaffen werden. Beispielsweise wurde die ursprünglich für den Brotaufstrichmarkt entwickelte Marke Du Darfst von Unilever im weiteren Verlauf auf eine Vielzahl von Märkten im Lebensmittelbereich transferiert.

Bei der Entwicklung neuer Produkte besteht also aus Sicht von Markenartikelherstellern ein **Entscheidungsproblem** darin, welche Markenstrategie für ein neues Produkt eingesetzt werden soll. Zur Lösung des Entscheidungsproblems müssen zum einen die Entscheidungsalternativen systematisiert und charakterisiert werden. Zum anderen müssen Entscheidungskriterien zur Auswahl einer zielentsprechenden Alternative entwickelt und umgesetzt werden. Dementsprechend werden im folgenden Abschnitt 2 Markenstrategiealternativen für neue Produkte (weitergehend) systematisiert und beschrieben und in Abschnitt 3 Lösungsansätze zur Bewertung von Strategiealternativen vorgestellt.

2. Markenstrategiealternativen für neue Produkte

In Abbildung 1 sind verschiedene Markenstrategiealternativen für ein neues Produkt aufgeführt. Diese Alternativen sollen im folgenden näher diskutiert werden. Dabei orientiert sich der weitere Aufbau des Abschnitts 2 am Flußdiagramm in Abbildung 1.

Den Ausgangspunkt des Flußdiagramms bildet die Frage, inwiefern ein neues Produkt vorliegt. In der Literatur bestehen unterschiedliche Auffassungen dazu, wann ein

Produkt neu ist und damit als Neuprodukt oder Innovation bezeichnet werden kann (vgl. Hauschildt, 1997, S. 3 ff.). Die Spannweite hinsichtlich des Neuigkeitsgrads reicht von der bloßen Produktdifferenzierung bis hin zur radikalen Innovation. Bei Produktdifferenzierungen wird typischerweise keine neue Markenstrategie verfolgt, sondern die bisherige beibehalten, so daß sich hier das Entscheidungsproblem, welche Markenstrategie gewählt werden soll, nicht stellt. Bei Produktdifferenzierungen erfolgt letztendlich ein strategisches Festhalten an den im Unternehmen vorhandenen Produkten (vgl. Abbildung 1). Bei radikalen Innovationen dominieren in der Praxis Neumarkenstrategien (vgl. Farquhar, 1989, S. 31; Sullivan, 1992, S. 797 f.), u. a. mit dem Argument, daß der hohe Neuigkeitsgrad auch durch einen neuen Markennamen dokumentiert und nicht durch ein bestehendes Image eines etablierten Markenzeichens eingeschränkt werden sollte[2]. Es gibt jedoch auch viele Beispiele für erfolgreiche Innovationen mit hohem Neuigkeitsgrad, bei denen eine Markentransferstrategie eingesetzt wurde (so die Einführung eines Waschmittels in Perlenform unter dem etablierten Markennamen Persil). Hier kann insbesondere das Argument vertreten werden, daß die starke Skepsis auf seiten der Nachfrager gegenüber Innovationen durch die Verwendung eines vertrauten, mit hohem Goodwill ausgestatteten Markennamens abgebaut werden kann. Auch für radikale Innovationen kommen also (neben dem Verzicht auf eine Markenstrategie) prinzipiell beide Grundtypen von Markenstrategien (Neumarken- und Markentransferstrategien) in Frage.

Als zweites wird in Abbildung 1 die Frage behandelt, ob eine Markenstrategie für das betrachtete Neuprodukt verwendet werden soll. Beim Verzicht auf eine Markenstrategie können Handels- oder Gattungsmarkenstrategien realisiert werden. Diese beiden Strategien sind dadurch gekennzeichnet, daß nicht der Hersteller, sondern der Handel die Markierung vornimmt (vgl. im Einzelnen hierzu die Beiträge „Handelsmarkenstrategien aus Konsumentensicht" sowie „Determinanten der transnationalen Handelsführung" in diesem Buch). Der Verzicht auf eine Markierung durch den Hersteller muß nicht notwendigerweise eine ausschließende Alternative sein, sondern kann auch eine Ergänzung zu einer Hersteller-Markenstrategie darstellen. So werden vielfach die gleichen (Neu-) Produkte sowohl unter einer Handels- als auch einer Herstellermarke angeboten.

---

2   So wurde zum Beispiel der lang etablierte und erfolgreich eingesetzte Markenname „Opel Rekord" nicht mehr für eine neu entwickelte Nachfolgeproduktreihe in Form eines Markentransfers eingesetzt, da das Image des Markennamens nicht mehr im Einklang mit dem hohen Neuigkeitsgrad der Nachfolgeproduktreihe (Opel Omega) empfunden wurde.

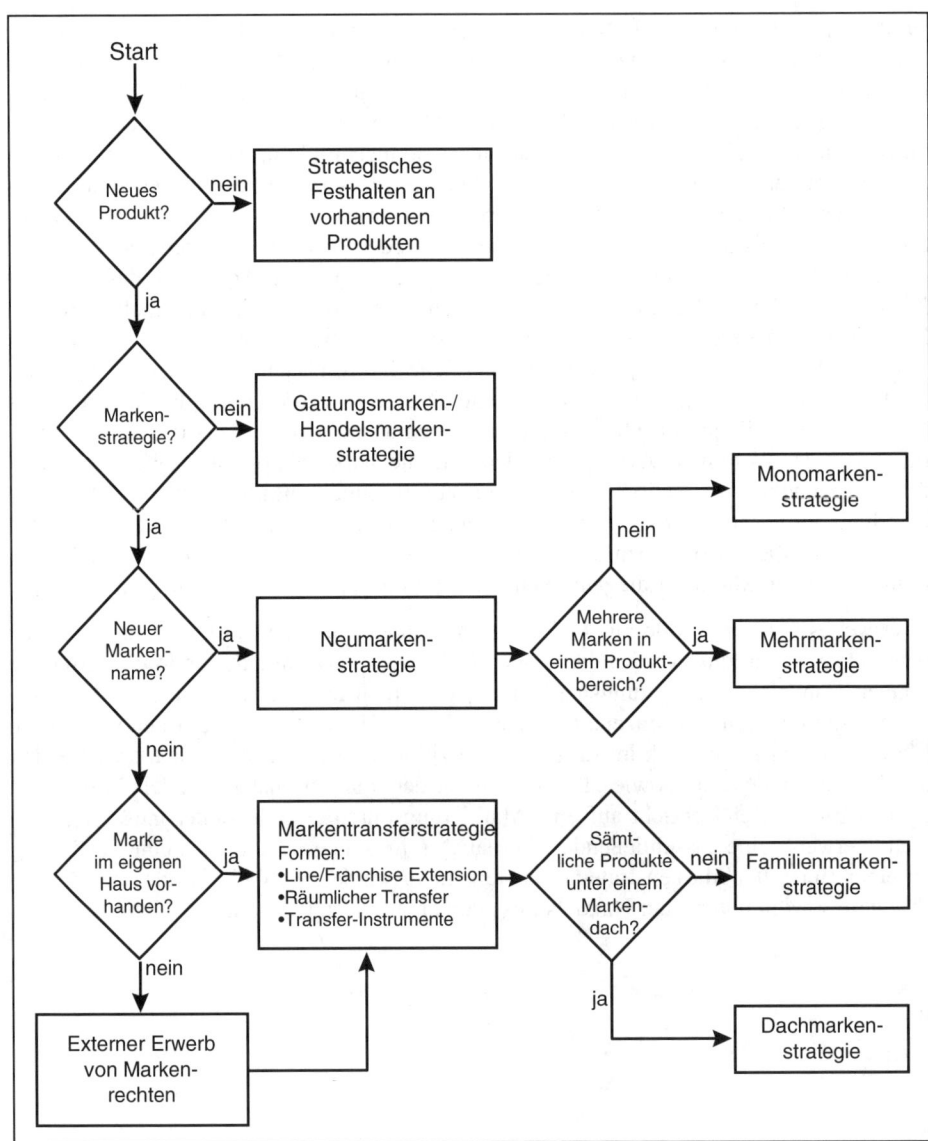

Abbildung 1:   Markenstrategien für neue Produkte

Als drittes wird die Frage betrachtet, ob für das Neuprodukt ein neuer Markenname verwendet werden soll (vgl. Abbildung 1). Falls ja, liegt eine **Neumarkenstrategie** vor. Neumarkenstrategien sind hier dadurch charakterisiert worden, daß für das neue Produkt ein aus Sicht von (potentiellen) Nachfragern vollkommen neues Markenzeichen entwickelt wird. Jede Art von Image- bzw. Goodwilltransfer von etablierten Marken auf das neue Markenzeichen wird somit ausgeschlossen, da andernfalls bereits eine Form der Markentransferstrategie vorläge. Wie in Abschnitt 1 verdeutlicht, stellt die Neumarkenstrategie neben der Markentransferstrategie die wichtigste Strategiealternative für Neuprodukte dar. Im Vergleich zur Markentransferstrategie bestehen verschiedene Besonderheiten bei der Umsetzung einer Neumarkenstrategie, von denen vier näher diskutiert werden sollen.

1. Eine Neumarkenstrategie ist dadurch gekennzeichnet, daß bei ihrer Umsetzung eine besondere Gestaltungsfreiheit besteht. Im Gegensatz zur Markentransferstrategie, bei der man an die für den Transfer verwendete etablierte Marke gebunden ist, können Markenkenntnisse wie zum Beispiel das Image der neuen Marke vollkommen frei gestaltet werden. In dieser besonderen Gestaltbarkeit wird vielfach ein Vorteil der Neumarkenstrategie gesehen, insbesondere da hier ausgeprägte Möglichkeiten der Differenzierung gegenüber konkurrierenden Marken bestehen (vgl. Gotta, 1988, S. 18; vgl. auch das Kapitel zum Branding in diesem Buch).

2. Es muß sowohl im Hinblick auf (potentielle) Nachfrager als auch auf den Handel eine vollkommen neue Markenposition geschaffen werden. Diese Markenposition ist durch Kenntnisse charakterisiert, die Nachfrager über die neue Marke haben, insbesondere Markenbekanntheit und Markenimage. Die Schaffung dieser Markenposition erfolgt in erster Linie durch die Kommunikationspolitik (vgl. Diller/Bukhari, 1996; Rossiter/Ang, 1992, S. 17 ff.). Während sich ein bestimmter Markenbekanntheitsgrad relativ schnell innerhalb eines Jahres aufbauen läßt, ist die Etablierung eines ausgeprägten Markenimages vielfach nur langfristig innerhalb mehrerer Jahre realisierbar. Weiterhin sind erhebliche Investitionen zur Etablierung der Markenposition notwendig. So rechnet man für eine nationale Einführung eines neuen Konsumgüterprodukts in Deutschland mit Markeninvestitionen in zwei- bis dreistelliger DM-Millionenhöhe (vgl. Sattler, 1997 b). Neben der Schaffung einer Markenposition mit der Zielrichtung auf potentielle Nachfrager - vornehmlich im Wege der Kommunikationspolitik - muß auch die Distribution der Marke neu aufgebaut werden. Zur Durchsetzung der Marke im Handel sowie bei Absatzhelfern kann hier nicht - wie bei der Markentransferstrategie - auf positive Wirkungen eines auf das Neuprodukt transferierten Images (sowie sonstiger transferierter Kenntnisse) zurückgegriffen werden (vgl. Köhler, 1994, S. 441). Von daher ist die Distribution einer Marke im Wege einer Neumarkenstrategie mit besonderen Schwierigkeiten verbunden.

3. Es muß ein vollkommen neues Markenzeichen entwickelt und dessen rechtliche Schutzmöglichkeit geprüft werden. Die Literatur hat sich schon lange mit der Entwicklung geeigneter Markennamen für Neuprodukte beschäftigt (vgl. Gotta, 1994; Hans, 1963; Herstatt, 1985). Verschiedene Unternehmen haben sich auf die Entwicklung von Markennamen spezialisiert (z. B. Gotta GmbH, Frankfurt, oder Nomen International Deutschland GmbH, Frankfurt; vgl. hierzu insbesondere den Beitrag

„Gestaltung von Markennamen" in diesem Buch). Besondere Probleme bereitet insbesondere in letzter Zeit der nationale und internationale Markenrechtsschutz[3].

4. Schließlich bestehen im Gegensatz zur Markentransferstrategie bei der Neumarkenstrategie keine Wechselwirkungen zwischen dem Neuprodukt und den übrigen Produkten des Angebotsprogramms eines Herstellers aufgrund eines Informationsverbunds. Ein solcher Informationsverbund liegt vor, wenn Nachfrager Kenntnisse, die auf ein bestimmtes Produkt bezogen sind, auf ein anderes Produkt (des gleichen Herstellers) übertragen (vgl. Simon, 1985, S. 32 ff.). Die Kenntnisse können aus eigenen oder fremden Erfahrungen mit dem Bezugsprodukt oder aus Aussagen stammen, die vom Anbieter mit Hilfe von Marketinginstrumenten (insbesondere durch Kommunikationsinstrumente, aber auch durch den Preis) übermittelt werden. Eine solche Kenntnisübertragung erfolgt in der Regel über das Markenzeichen, unter dem die Produkte angeboten werden. Da bei einer Neumarkenstrategie ein vollkommen neues Markenzeichen ohne Bezug auf vorhandene Marken verwendet wird, können für diese Strategiealternative Wechselwirkungen der hier diskutierten Art ausgeschlossen werden. Da zumindest für bestimmte Markentransfers langfristig negative Wechselwirkungen - insbesondere in Form einer Verwässerung oder Schädigung des Images der Muttermarke (also der Marke, von welcher der Markentransfer ursprünglich vorgenommen wurde) - nicht ausgeschlossen werden können, kann das Nichtauftreten solcher Wechselwirkungen bei der Neumarkenstrategie als wesentlicher Vorteil dieser Strategie angesehen werden und stellt damit eine wichtige Besonderheit dar (vgl. Loken/Roedder John, 1993, S. 81 f.). Sonstige Wechselwirkungen zwischen Produkten des Angebotsprogramms eines Unternehmens wie zum Beispiel Substitutions- oder Komplementaritätseffekte (vgl. Brockhoff, 1993, S. 74 ff.) können zwar auch bei einer Neumarkenstrategie auftreten, sind allerdings in ähnlicher Weise bei einer Markentransferstrategie möglich und stellen dann keine (entscheidungsrelevante) Besonderheit dar.

Wird kein neuer Markenname für das Neuprodukt verwendet, so kommt eine **Markentransferstrategie** zum Einsatz (vgl. Abbildung 1). Die Markentransferstrategie ist dadurch gekennzeichnet, daß ein etabliertes Markenzeichen auf ein neues Produkt übertragen wird. Hierdurch wird es möglich, Kenntnisse (insbesondere in Form von Bekanntheitsgrad und Image), die Nachfrager hinsichtlich einer etablierten Marke in der Vergangenheit gesammelt haben, auf das Neuprodukt zu transferieren. Das für den Markentransfer eingesetzte etablierte Markenzeichen kann entweder im Unternehmen des betrachteten Herstellers bereits vorhanden sein oder aber unternehmensextern erworben werden. Der externe Erwerb von Markenrechten zur Realisierung einer Markentransfer-

---

3   So wurden im Jahre 1986 25095 Markennamen angemeldet, 16535 Widersprüche dagegen erhoben, 10265 Anmeldungen zurückgenommen oder zurückgewiesen und 14195 endgültig eingetragen (FAZ vom 31.10.1987; zitiert nach Brockhoff, 1993, S. 160). 1992 waren weltweit über 10 Millionen Markenzeichen geschützt; davon entfielen rund 360000 auf Deutschland. Die zukünftige jährliche Wachstumsrate wird auf 42000 Markenzeichen geschätzt (vgl. Latour, 1992, S. 140).

strategie kann insbesondere in Form einer Unternehmensakquisition[4], eines Lizenz-
erwerbs (vgl. Ahlert/Schröder, 1994, S. 1738 ff.) oder eines Franchise-Kontrakts (vgl.
Skaupy, 1987) vorgenommen werden.

Analog zur Diskussion der Besonderheiten einer Neumarkenstrategie-Implementierung
ergeben sich auch bei der Umsetzung einer Markentransferstrategie spezifische Charakteristika, die zusammenfassend in Abbildung 2 dargestellt sind. Die in der Tabelle
angegebenen Ausprägungen der Kriterien für die Markentransferstrategie sollen im folgenden erläutert werden.

Kriterium	Neumarkenstrategie	Markentransferstrategie
Gestaltungsfreiheit	hoch	niedrig
Markenposition	neu zu entwickeln	vorhanden
▪ Zeitbedarf	hoch	gering
▪ Investitionen	hoch	mittel
Markenzeichen	neu zu entwickeln	i. d. R. vorhanden
Wechselwirkungen durch Informationsverbund	zunächst nicht zu beachten	zu beachten

Abbildung 2: Charakteristika von Neumarken- und Markentransferstrategien

Die **Gestaltungsfreiheit** (vgl. Abbildung 2) hinsichtlich der Markenposition für das
Neuprodukt wird bei einer Markentransferstrategie durch die Bindung des Markentransfers an die Markenposition der Muttermarke eingeschränkt. Entfernt man sich bei der
Markenposition des Transfers zu stark von derjenigen der Muttermarke, so besteht
erstens die Gefahr, daß das Image der Muttermarke verwässert und damit geschädigt
wird (vgl. Keller/Aaker, 1992, S. 43; Loken/Roedder John, 1993). Zweitens kann das
Transferpotential der Muttermarke nicht voll genutzt werden, so daß zusätzliche Auszahlungen notwendig werden, um die Differenzierung von der Muttermarkenposition im
Markt zu kommunizieren. Von daher ist eine Differenzierung der Position des Transfers
von der Muttermarkenposition üblicherweise nicht vorteilhaft.

Hinsichtlich der **Markenposition** (vgl. Abbildung 2) besteht ein Vorteil der Markentransferstrategie darin, daß nach einer insbesondere kommunikativ unterstützten Einführungsphase das Neuprodukt unmittelbar unter einem etablierten Markenzeichen

---

4 Besondere praktische Bedeutung hat insbesondere in den letzten zehn Jahren der Kauf internationaler
   bzw. globaler Marken mit anschließender weiterer räumlicher Ausdehnung gewonnen (vgl. Remmerbach/
   Walters, 1994, S. 655 f.), so zum Beispiel der Kauf der von Kraft Foods angebotenen Marken durch
   Philip Morris im Jahre 1988 oder der Erwerb der Marken von Rowntree Mackintosh durch Nestlé 1988.

vermarktet wird. Es können also relativ schnell der Bekanntheitsgrad und das Image der Muttermarke für das neue Produkt genutzt werden (vgl. auch Aaker/Keller, 1990, S. 27 f.). Die schnelle Umsetzbarkeit ist insbesondere für die Imagekomponente von großer Bedeutung, da der Aufbau einer neuen Imageposition eine erhebliche Zeitdauer in Anspruch nimmt (vgl. Müller, 1994, S. 507 f.). Weiterhin kann auch vermutet werden, daß im Vergleich zur Neumarkenstrategie geringere Investitionen notwendig sind, da bei der Markentransferstrategie lediglich Aufwendungen für die Einführung des Transfers und dessen laufende Unterstützung anfallen, nicht jedoch in einen vollkommenen Neuaufbau einer Marke investiert werden muß. Allerdings sind auch bei Markentransferstrategien für die nationale Einführung in Deutschland Markeninvestitionen in Höhe von mindestens zweistelligen DM-Millionenbeträgen zu veranschlagen (vgl. Sattler, 1998).

Probleme der Findung eines geeigneten Markenzeichens (vgl. Abbildung 2) entfallen bei der Markentransferstrategie in der Regel, da üblicherweise auf das vorhandene Markenzeichen zurückgegriffen wird. Eine Ausnahme stellt der Fall dar, daß ein Transfer in eine neue Produktkategorie vorgenommen wird, für die das Markenzeichen keinen rechtlichen Schutz genießt[5].

Neben den Effekten des Transfers der Muttermarkenposition auf das Neuprodukt sind auch Rückkopplungseffekte vom Neuprodukt auf die Muttermarke bzw. auf alle unter dem Markenzeichen der Muttermarke vermarkteten Produkte zu beachten (Wechselwirkungen durch Informationsverbund; vgl. Abbildung 2). Die Rückkopplungseffekte können sowohl positiv als auch negativ wirken. Positive Effekte können beispielsweise dadurch entstehen, daß durch die Einführung und kommunikative Unterstützung des Neuprodukts der Bekanntheitsgrad der Muttermarke erhöht wird (vgl. Müller, 1994, S. 507). Negative Effekte können in einer transferbedingten Imageverwässerung oder -schädigung der Muttermarke auftreten (vgl. Loken/Roedder John, 1993, S. 71). Die Berücksichtigung der Rückkopplungseffekte bei der Implementierung der Markentransferstrategie ist mit Schwierigkeiten behaftet, da die Effekte nur schwer meßbar sind und vielfach erst langfristig auftreten.

Unabhängig von den aufgezeigten Charakteristika einer Markentransferstrategie können unterschiedliche **Formen von Markentransfers** realisiert werden (vgl. Abbildung 1). Dabei kann unterschieden werden nach:

1. der Produktkategorie, hinsichtlich welcher der Transfer vorgenommen wird (Line/Franchise Extension),
2. dem räumlichen Transfer und
3. der Art der für den Transfer eingesetzten Instrumente.

---

5   Der Schutz eines Markenzeichens ist prinzipiell auf bestimmte Waren- oder Dienstleistungsklassen beschränkt (vgl. Anlage zu § 2 Abs. 3 Warenzeichengesetz sowie §§ 9 Abs. 1 und 2, 14 Abs. 2 Nr. 1 und 2 Markengesetz).

Hinsichtlich der Produktkategorie lassen sich **Line Extensions und Franchise Extensions** unterscheiden (vgl. Tauber, 1981, S. 36 f.). Bei einer Line Extension erfolgt der Markentransfer zwischen Produkten der gleichen Produktkategorie, wohingegen bei einer Franchise Extension der Transfer in eine neue Produktkategorie vorgenommen wird. Die Übergänge sind allerdings fließend, da sich in den meisten Fällen Produktkategorien nicht eindeutig abgrenzen lassen. Die Typisierung zielt letztendlich darauf ab, wie unterschiedlich die Produkte sind, zwischen denen ein Transfer vorgenommen wird. Wie noch zu zeigen sein wird, ist diese Unterschiedlichkeit (bzw. Ähnlichkeit) ein entscheidender Faktor für den Erfolg eines Markentransfers (vgl. Abschnitt 3.3). Bei extrem geringen Unterschieden zwischen zwei Produkten mit gleichem Markenzeichen (z. B. zwei Sonnenschutzcremes der gleichen Marke mit den Lichtschutzfaktoren 6 und 7) liegt kein Markentransfer mehr vor, sondern lediglich eine Produktdifferenzierung (vgl. Wölfer, 1994, S. 528 f.).

Auch bei dem **räumlichen Transfer** einer Marke kann eine spezielle Form des Markentransfers vorliegen, und zwar dann, wenn Nachfrager aus dem Land (der Region), in das (die) der räumliche Transfer vorgenommen wird, Kenntnisse über die Marke des Ursprungslands (der Ursprungsregion) haben. Ursache hierfür kann u. a. die räumliche Mobilität der Nachfrager oder die internationale (überregionale) Verfügbarkeit von Medien sein. So sind beispielsweise einige Marken, die ausschließlich in den USA angeboten werden, Konsumenten in Deutschland bekannt, welche die USA bereist haben. In Indien war die Marke Coca-Cola lange vor Einführung der Marke in diesem Land bekannt, da weite Teile der Bevölkerung die Marke durch dort sehr populäre US-amerikanische Kinofilme kennengelernt hatten.

Hinsichtlich der **Art der für den Transfer eingesetzten Instrumente** besteht eine Vielzahl unterschiedlicher Markentransferformen. Als zumindest unterstützende Instrumente eines Markentransfers können zum Beispiel das Produktdesign (z. B. Braun), die Verpackungsgestaltung (z. B. Schwartau Konfitüre) und die Regalgestaltung im Handel (z. B. Niederegger) eingesetzt werden (vgl. auch Simon, 1985, S. 202 f.). Für den Markentransfer muß nicht notwendigerweise das Markenzeichen der Muttermarke verwendet werden. Es ist ausreichend, wenn im Rahmen des Transfers auf das ursprüngliche Markenzeichen Bezug genommen wird, wie zum Beispiel bei der Kampagne zur Umbenennung der KKB Bank in City Bank. Hier wurden Kenntnisse, die Nachfrager über die Marke KKB Bank hatten, auf die neue Marke (City Bank) übertragen, so daß auch hier ein Markentransfer vorliegt (vgl. o. V., 1992).

Die bisher aufgezeigten Formen von Markentransferstrategien sowie die Neumarkenstrategien stellen Markenstrategien dar, die sich unmittelbar auf ein Neuprodukt beziehen. Diese Markenstrategien auf Produktebene sind in unterschiedliche Formen von **Unternehmens-Markenstrategien** eingebettet. Die Beziehungen zwischen den Markentransfer- und Neumarkenstrategien einerseits und den Unternehmens-Markenstrategien in Form von Mono-, Mehr-, Familien- und Dachmarkenstrategien andererseits sind in Abbildung 1 verdeutlicht.

Eine Neumarkenstrategie wird zunächst typischerweise in Form einer Mono- oder Mehrmarkenstrategie realisiert[6]. Bei einer **Monomarkenstrategie** wird jedes von einem Unternehmen angebotene Produkt unter einer eigenen Marke angeboten (vgl. den Beitrag „Einzel-, Familien- und Dachmarken als grundlegende Handlungsoptionen" in diesem Buch). Im Konsumgüterbereich verfolgt beispielsweise das Unternehmen Ferrero mit Marken wie Mon Chérie (Praline), Rocher (Praline), Hanuta (Riegel) und Nutella (Brotaufstrich) überwiegend diese Konzeption. Eine **Mehrmarkenstrategie** ist dadurch gekennzeichnet, daß von einem Unternehmen mehrere Marken in **einem** Produktbereich angeboten werden (vgl. hierzu die Beiträge „Mehrmarkenstrategien - Ansatzpunkte für das Management von Markenportfolios" und „Führung von Markenportfolios" in diesem Buch). Ein Beispiel ist die Firma Reemtsma mit den Zigarettenmarken West und Stuyvesant[7]. Unabhängig davon, ob die Neumarkenstrategie in Form einer Mono- oder Mehrmarkenstrategie realisiert wird, kann die neu entwickelte Marke im weiteren Zeitablauf in neue Produktbereiche in Form eines Markentransfers ausgedehnt werden. In diesem Fall würde dann eine Familienmarkenstrategie (oder im Ausnahmefall eine Dachmarkenstrategie) vorliegen (von diesem mittel- bis langfristigen Aspekt wird in Abbildung 1 abstrahiert).

Wird für ein Neuprodukt eine Markentransferstrategie eingesetzt, so erfolgt dies typischerweise in Form einer Dach- oder Familienmarkenstrategie (vgl. Abbildung 1). Im Gegensatz zur Monomarkenstrategie werden bei der **Dachmarkenstrategie** sämtliche Produkte eines Unternehmens unter einer einheitlichen Marke angeboten (vgl. den Beitrag „Führung von Dachmarken" in diesem Buch). Beispielsweise werden alle Produkte des Unternehmens Xerox unter der Marke Xerox vertrieben. In Reinform wird allerdings auch diese Strategie - zumindest bei bedeutenden, internationalen Markenartikelherstellern - nur selten realisiert. Diese Hersteller haben insbesondere durch Unternehmensakquisitionen in den achtziger und neunziger Jahren zusätzliche Marken erworben (vgl. z. B. Mohr, 1994) und dadurch ihr Dachmarkenkonzept zu einer Familienmarkenstrategie erweitert. Die **Familienmarkenstrategie** soll hier dadurch gekennzeichnet werden, daß von einem Unternehmen mehrere Produkte unter einer Marke geführt werden und daneben mindestens eine Monomarke und/oder mindestens eine weitere Familienmarke angeboten wird[8]. Ein Beispiel ist das Unternehmen Beiersdorf mit der Familienmarke Nivea (Körperpflege) und Tesa (Klebstoffartikel) sowie Monomarken wie

---

[6]   Werden von einem Unternehmen gleichzeitig mehrere Neuprodukte auf den Markt gebracht, für die eine einheitliche neue Marke verwendet wird, so kann eine Neumarkenstrategie auch in Form einer Familienmarkenstrategie (oder in Ausnahmefällen auch einer Dachmarkenstrategie) umgesetzt werden. In Abbildung 1 wird davon ausgegangen, daß lediglich für ein Neuprodukt eine Markenstrategie gesucht wird.

[7]   Eine Variante der Mehrmarkenstrategie ist die Zweitmarkenstrategie (vgl. Höhl-Seibel, 1994). Auch hier werden innerhalb eines Produktbereichs zwei (oder mehr) Marken von einem Hersteller angeboten, wobei jedoch die „Zweitmarke" eine vereinfachte Variante hinsichtlich Qualität und Preis gegenüber der oder den anderen im Produktbereich angebotenen Marke(n) ist. Henkell bietet beispielsweise die „Erstmarke" Henkell Trocken (Sekt) und die Zweitmarke Carstens SC (Sekt) an.

[8]   In der Literatur finden sich teilweise auch abweichende Begriffsabgrenzungen (vgl. z. B. Becker, 1994 a, S. 470 ff.; Meffert, 1988 b, S. 125).

Labello (Lippenpflege) (vgl. hierzu auch den Beitrag „Einzel-, Familien- und Dachmarken als grundlegende Handlungsoptionen" in diesem Buch). Die Übergänge zwischen Familien- und Dachmarkenstrategien sind allerdings fließend. So liegt beispielsweise auch bei zwei nahezu selbständig und unabhängig voneinander operierenden Unternehmensteilen, die jeweils alle Produkte unter einer Marke anbieten (und die zusammen das Gesamtunternehmen bilden), eine Familienmarkenstrategie vor. Faktisch wird jedoch in den Unternehmensteilen jeweils eine Dachmarkenstrategie verfolgt. Weiterhin kann eine Familienmarkenstrategie auch in Form einer Mehrmarkenstrategie realisiert werden, und zwar dann, wenn die Familienmarke gleichzeitig mit anderen Marken des gleichen Unternehmens in einem Produktbereich angeboten wird. Von diesem im hier betrachteten Zusammenhang eher seltenen Fall wird in Abbildung 1 abstrahiert[9].

Insgesamt kann festgehalten werden, daß eine Vielzahl von Markenstrategiealternativen für neue Produkte zur Verfügung stehen. Um eine zielentsprechende Auswahl zwischen den Alternativen zu gewährleisten, sollen im folgenden Abschnitt Ansatzpunkte für eine Bewertung der Strategiealternativen aufgezeigt werden.

3. Ansatzpunkte einer Markenstrategiebewertung für neue Produkte

In Abschnitt 1 wurde herausgearbeitet, daß die Umsetzung von Markenstrategien mit Markeninvestitionen verbunden ist, die einen Markenwert erzeugen bzw. verändern. Von daher bietet sich zur Bewertung alternativer Markenstrategien eine Investitionsrechnung an, insbesondere durch die Berechnung eines Kapitalwerts für die in Betracht gezogenen Neuprodukt-Markenstrategien. Der Kapitalwert einer Markenstrategie entspricht den abgezinsten markenstrategiespezifischen Einzahlungsüberschüssen, auf dessen Basis über die Vorteilhaftigkeit alternativer Markenstrategien entschieden werden kann. Diese Vorstellung entspricht dem Gedanken des Value-Based-Planning-Ansatzes, wonach sich der Wert einer Strategie aus den diskontierten zukünftigen Einzahlungsüberschüssen ergibt, die dieser Strategie zuzurechnen sind (vgl. Day/Fahey, 1988; Rappaport, 1986; Srivastava et al., 1998). Bei der Umsetzung dieses Ansatzes für Zwecke der Markenstrategiebewertung für neue Produkte ergeben sich jedoch insbesondere **drei markenstrategiespezifische Probleme**:

1. es müssen markenspezifische Zahlungen isoliert werden (Isolierungsproblem),
2. die markenspezifischen Zahlungen müssen langfristig prognostiziert werden (Prognoseproblem) und

---

9   Darüber hinaus gibt es in der Praxis eine Vielzahl von Kombinationen zwischen zum Beispiel Mono-, Familien- und Dachmarkenstrategien (vgl. Becker, 1994 a, S. 476 ff.; Kapferer, 1992, S. 163 ff.). So wird zum Beispiel die Dachmarke Henkel mit der Monomarke General („Der General von Henkel") oder die Dachmarke Bahlsen mit der Familienmarke Leibniz („Leibniz-Schoko-Kekse von Bahlsen") kombiniert.

3. es müssen Markentransferpotentiale bewertet werden (Transferpotentialbewertungs-
   problem).

In den folgenden drei Unterabschnitten sollen die drei Problembereiche erläutert und
diesbezügliche Lösungsansätze aus der Literatur vorgestellt werden.

3.1 Isolierung markenspezifischer Zahlungen

Das erste Problem einer Markenstrategiebewertung für neue Produkte besteht darin, daß
bei der Ermittlung von Einzahlungsüberschüssen für die in Betracht gezogenen Neu-
produkt-Markenstrategiealternativen nicht die gesamten Einzahlungsüberschüsse aus
dem Neuprodukt relevant sind, sondern nur diejenigen, welche spezifisch auf die zur
Strategieimplementierung eingesetzte Marke zurückzuführen sind. Betrachtet man bei
den Einzahlungen die Umsatzerlöse aus dem Neuprodukt, so sind dementsprechend
nicht die gesamten Umsatzerlöse relevant, sondern nur der Teil der Umsatzerlöse, der
spezifisch auf die Marke zurückzuführen ist. So würde ein Teil der Umsatzerlöse auch
erzielt werden können, wenn für das neue Produkt keine Marke verwendet wird. Entsprechend sind auch nur diejenigen Auszahlungen zu berücksichtigen, die durch den
Einsatz der Markenstrategie verursacht werden. Das erste Problem besteht also in einer
Isolierung von Einzahlungsüberschüssen, die spezifisch durch die zur Strategieimplementierung eingesetzte Marke verursacht werden.

Zur Lösung dieses Problems kann auf die Literatur zur **Markenwertmessung** zurückgegriffen werden (vgl. die verschiedenen Beiträge in Teil C dieses Buchs sowie den
Überblick bei Sattler, 1995). Unter dem Markenwert (Brand Equity) eines Produkts soll
hier derjenige Wert verstanden werden, der mit dem Namen oder Symbol der Marke
verbunden ist. Der Wert kann als inkrementaler Wert verstanden werden, der gegenüber
einem technisch-physikalisch gleichen, jedoch namenlosen Produkt besteht (vgl. Sattler,
1995, S. 664). Die Forschung in diesem Bereich hat sich bisher zu einem erheblichen
Teil auf **nicht-monetäre Markenwertmaße** konzentriert[10]. Im Mittelpunkt steht dabei
die Messung von Indikatoren des Markenwerts wie Qualitätseinschätzung, Markenvorstellungen, Bekanntheit oder Präferenz der Marke (vgl. zusammenfassend Sattler, 1995
sowie Teil C dieses Buchs). Das eigentliche Problem der Transformation qualitativer
Daten wie Bekanntheitsgrad oder Image in monetäre Größen ist von diesen Ansätzen
bisher nicht befriedigend gelöst. Erst durch eine solche Transformation von Indikatoren
des Markenwerts in Geldeinheiten können jedoch Markenstrategien sinnvoll bewertet
und mit alternativen Investitionen verglichen werden.

Von daher eignen sich für die hier relevante Problemstellung eher Ansätze aus dem Bereich der (kurzfristigen) **monetären Markenwertmessung**. Diese Ansätze lassen sich

---

10 Es hat sich in der Literatur eingebürgert, auch nicht-monetäre Maße unter dem Begriff Markenwert bzw.
    Brand Equity zu subsumieren.

grundsätzlich in zwei Typen untergliedern. Zum einen wird der **Wert** durch **direkte Fragen** an potentielle Markenkäufer nach dem Geldbetrag, bei dem der/die Befragte indifferent zwischen der betrachteten Marke und einer unbekannten oder konkurrierenden Marke ist, ermittelt (vgl. z. B. Park/Srinivasan, 1994; Swait et al., 1993). Zum anderen wird vorgeschlagen, den **Geldbetrag indirekt** zu **ermitteln**. Dabei wird einerseits als Basis eine Conjoint-Analyse (vgl. z. B. Brockhoff/Sattler, 1996) und andererseits eine hedonische Preisfunktion (vgl. z. B. Holbrook, 1992; Sander, 1994) verwendet. Der letztere Ansatz ist an verschiedene Annahmen gebunden (Weber, 1986), die im Einzelfall für die jeweilige Konstellation kritisch zu prüfen sind. Die direkten Verfahren sind im Vergleich zu den indirekten sowohl für die Auskunftsperson als auch den Untersuchenden mit geringerem Aufwand verbunden, können jedoch auch eher zu Antwortverzerrungen führen (vgl. Sattler, 1991, S. 93 ff.).

Einschränkend muß zu den angesprochenen Ansätzen aus dem Bereich der monetären Markenwertmessung bemerkt werden, daß sie das Isolierungsproblem typischerweise nicht für Neuprodukte, sondern für etablierte Produkte behandeln (vgl. Park/Srinivasan, 1994; Sander, 1994; Swait et al., 1993). Gerade für Neuproduktentwicklungen ist das hier betrachtete Problem der Bewertung alternativer Markenstrategien jedoch relevant. So besteht (wie bereits in Abschnitt 2 angesprochen) bei neuen Produkten - im Gegensatz zu den im Markt bereits etablierten Produkten - eine größere Gestaltungsfreiheit hinsichtlich der Markenstrategiealternativen. Bei etablierten Produkten stellt sich im allgemeinen nicht mehr die Frage nach der grundsätzlichen Markenstrategie, sondern es wird die gewählte Grundsatzstrategie weiterverfolgt oder allenfalls geringfügig modifiziert. Änderungen der Markenstrategie wären hier mit erheblichen Auszahlungen verbunden und würden dadurch zu einer langfristigen Bindung an die einmal gewählte Markenstrategie führen.

3.2   Langfristige Prognose markenspezifischer Zahlungen

Neben dem Isolierungsproblem besteht ein zweites Problem darin, daß sich die Wirkungen von Markenstrategien über sehr lange Zeiträume erstrecken[11]. Allgemein zeigt die Existenz klassischer Markenartikel (wie z. B. Coca-Cola, Dr. Oetker, Nivea, Persil, Rama und Tempo) über einen Zeitraum von deutlich über 50 Jahren die (potentiell) langfristige Wirkung von Markenstrategien (vgl. Winram, 1987). Anhand von Marken wie Datsun oder General Electric, die vor über zehn Jahren eingestellt wurden, wird die Langfristwirkung noch deutlicher. Obwohl hier die letzten Markeninvestitionen mehr als zehn Jahre zurückliegen, genießen diese Marken weiterhin einen hohen Bekanntheitsgrad und positive Einstellungswerte (vgl. Aaker, 1991, S. 56 ff.). Für die Markenstrategiebewertung in Form einer Ermittlung diskontierter zukünftiger Einzahlungs-

---

11   Vgl. zum Beispiel die diesbezüglichen Untersuchungen durch Interbrand (Penrose, 1989).

überschüsse bedeutet dies, daß Prognosezeiträume von 10 oder sogar deutlich mehr Jahren relevant werden können. Erschwerend kommt hinzu, daß bei diesen langfristigen Prognosen nicht oder allenfalls eingeschränkt auf Vergangenheitsdaten zurückgegriffen werden kann, da die Prognosen nicht für ein etabliertes, sondern für ein neues Produkt vorgenommen werden müssen.

Zur Lösung des hier relevanten Prognoseproblems kann ebenfalls auf die Literatur zur Markenwertmessung zurückgegriffen werden. Die meisten der bisher entwickelten Ansätze zur Markenwertmessung erfassen allerdings lediglich kurzfristige Wertaspekte (typischerweise Momentaufnahmen)[12]. Die wesentlichen bisherigen Verfahren zur langfristigen Markenwertbestimmung basieren auf historischen Kostenermittlungen für den Aufbau bzw. die Wiederbeschaffung von Marken, Börsenkursen, hedonischen Preisfunktionen oder Indikatorenmodellen (vgl. zusammenfassend Sattler, 1995, S. 672 f.).

Bei den auf **historischen Kostenermittlungen beruhenden Markenbewertungsverfahren** ist stark anzuzweifeln, ob die alleinige Verwendung historischer Daten ausreicht, um langfristige zukünftige Entwicklungen der Marke adäquat abzubilden (vgl. Barwise et al., 1989, S. 53 ff.; Kapferer, 1992, S. 298 ff.; Aaker, 1991, S. 24). Simon und Sullivan (1993) gehen bei einem alternativen Ansatz davon aus, daß solche zukünftigen Entwicklungen vom Finanzmarkt antizipiert werden und damit in den der Markenbewertung zugrundegelegten Börsendaten enthalten sind. Selbst wenn eine langfristige Markenwertisolierung aus den Börsendaten gelingt, so muß in jedem Fall einschränkend bemerkt werden, daß auf diese Art eine Marke nur auf Gesamtunternehmensebene bewertet werden kann, was nur für Unternehmen Sinn macht, die (im wesentlichen) eine einzige Marke verwenden (z. B. Coca-Cola). Für Deutschland ergeben sich weitere Einschränkungen, da nur relativ wenige Unternehmen an der Börse gehandelt werden. Eine dritte Gruppe von Ansätzen versucht, auf Basis einer geschätzten **hedonischen Preisfunktion** einen langfristigen **Markenwert** über **Monte-Carlo-Simulationen** zu bestimmen (vgl. Sander, 1994). Da hedonische Analysen jedoch lediglich zeitpunktbezogene Aussagen zulassen (vgl. Sander, 1994, S. 205) und damit für die Simulation keine langfristigen zukunftsbezogenen Informationen zur Verfügung stellen, ist auch dieser Ansatz nicht frei von Schwächen. Schließlich sind zur langfristigen Markenwertermittlung verschiedene **Indikatorenmodelle** vorgeschlagen worden, die insbesondere in Form der Ansätze von Interbrand Ltd. (vgl. Penrose, 1989), von A.C. Nielsen[13] sowie in jüngster Zeit von Sattler und der GfK (vgl. Sattler, 1997 a, S. 211 ff.) weite Verbreitung gefunden haben. Indikatorenmodelle gehen von der Hypothese aus, daß sich eine langfristige Prognose der zukünftigen Einzahlungsüberschüsse aus einer Marke durch Markenwertindikatoren approximieren läßt. Gegenüber alternativen Indikatorenmodellen weist das Verfahren von Sattler und der GfK verschiedene Besonderheiten auf: Es

---

12 Vgl. zum Beispiel die Ansätze von Kamakura/Russel, 1993; Park/Srinivasan, 1994; Rangaswamy et al., 1993; Srinivasan, 1979.

13 Vgl. Schulz/Brandmeyer (1989) sowie zu einer Weiterentwicklung Franzen, 1994. Zu weiteren ähnlich strukturierten Indikatorenmodellen vgl. zum Beispiel Olschowy, 1994.

erfolgt eine umfassende Validitätsprüfung der ermittelten Ergebnisse; Parameter des Indikatorenmodells werden nicht wie bei den bisher entwickelten Verfahren (willkürlich) vorgegeben, sondern empirisch über eine umfassende Stichprobe von Expertenurteilen geschätzt. Bewertungen erfolgen explizit langfristig, ohne pauschal zukünftig konstante Entwicklungen zu unterstellen (wie dies vielfach bei bisherigen Ansätzen der Fall ist) und es wird eine innovative Befragungsform zur Erhebung der langfristigen Markenwerturteile implementiert. Von daher scheint dieser Ansatz das langfristige Prognoseproblem markenspezifischer Zahlungen am ehesten lösen zu können. Allerdings ist das Indikatorenmodell an relativ enge Rahmenbedingungen gebunden (vgl. Sattler, 1997 a, S. 273 ff.).

3.3 Bewertung von Markentransferpotentialen

Als drittes zentrales Problem muß schließlich berücksichtigt werden, daß bei der Beurteilung der Vorteilhaftigkeit einer Markenstrategie für neue Produkte nicht nur der Neuproduktmarkt relevant ist, sondern auch weitere Märkte von Interesse sind, auf welche die Markenstrategien wirken oder potentiell wirken können. So muß beispielsweise beachtet werden, daß eine im Wege der Neumarkenstrategie für den Neuproduktmarkt entwickelte Marke auf weitere Märkte transferiert werden und dort eine zusätzliche Wertschöpfung erzielen kann. So wurde zum Beispiel die ursprünglich für den Hautcrememarkt entwickelte Marke Nivea erfolgreich auf eine Vielzahl anderer Märkte (zuletzt im Bereich der dekorativen Kosmetik) transferiert. Diese zusätzlichen Wertschöpfungsmöglichkeiten aus zukünftig durchführbaren Markentransfers beschreiben das Transferpotential einer Marke. Da dieses Markentransferpotential den Wert einer Marke erhöht, muß es bei der Markenstrategiebewertung berücksichtigt werden. Erschwerend kommt für die Beurteilung hinzu, daß es bei einem solchen Markentransfer zu negativen Rückwirkungen auf den ursprünglichen Markt kommen kann.

Die bisherige Forschung zu diesem Problembereich hat sich primär mit der Identifikation von Faktoren für den Erfolg eines **Markentransfers** beschäftigt (vgl. zusammenfassend Sattler, 1998). Bisher sind über 35 empirische Studien zu diesem Bereich durchgeführt worden. Die meisten dieser Studien sind derart aufgebaut, daß innerhalb eines Experiments ausgewählte Konsumenten gebeten werden, einen bisher noch nicht realisierten Markentransfer zu beurteilen. Anschließend wird analysiert, inwiefern diese Beurteilungen des Markentransfers (z. B. in Form einer Präferenz- oder Qualitätseinschätzung für den Markentransfer) von bestimmten Variablen (d. h. Erfolgsfaktoren) abhängen (vgl. z. B. die Studien von Aaker/Keller, 1990; Park et al., 1991; Sunde/Brodie, 1993). Im Ergebnis haben sich als wichtige **Erfolgsfaktoren** folgende Konstrukte herauskristallisiert (vgl. Sattler, 1998; vgl. auch das Kapitel zur Markendehnung in diesem Buch):

1. Fit (Ähnlichkeit) zwischen Markentransfer und Muttermarke,
2. Subjektive Qualitätseinschätzung der Muttermarke durch potentielle Nachfrager,
3. Historie vorangegangener Markentransfers der Muttermarke,
4. Charakteristika der Produktkategorie des Markentransfers und
5. Art der von der Muttermarke auf den Markentransfer transferierten Informationen.

Auf Basis dieser (sowie weiterer) Erfolgsfaktoren lassen sich **Checklisten** konstruieren, mit deren Hilfe Wahrscheinlichkeitsaussagen über den Erfolg geplanter Markentransfers abgeleitet werden können (vgl. Sattler, 1998). Ein Schwachpunkt der bisherigen Forschung besteht jedoch darin, daß über diese Erfolgswahrscheinlichkeiten hinaus kaum Aussagen zum monetären Wertschöpfungspotential eines Markentransfers getroffen werden[14].

Auch hinsichtlich des Auftretens möglicher negativer Rückwirkungen eines Markentransfers auf die Muttermarke steht die Forschung noch in den Anfängen. Überraschenderweise deuten die wenigen bisherigen Befunde darauf hin, daß keine negativen Rückwirkungen auftreten. Keller und Aaker (1992) kommen zu dem Ergebnis, daß es allenfalls dann zu negativen Rückwirkungen kommt, wenn ein Markentransfer mit geringem Fit durchgeführt wird[15]. Dieses Ergebnis ist allerdings nicht signifikant. Die wesentliche Einschränkung dieser Befunde besteht darin, daß über die vorgenommenen Messungen typischerweise lediglich kurzfristige Effekte gemessen werden können. Teilweise treten negative Rückwirkungen jedoch erst nach Jahren auf. Beispielsweise wird für den Rückgang des Marktanteils der Marke „Miller High Life" im US-amerikanischen Biermarkt von 21 % im Jahr 1978 auf 12 % im Jahr 1986 eine Imageverwässerung der Marke infolge der Einführung des Markentransfers „Miller Lite" verantwortlich gemacht, was sich jedoch erst Jahre nach der Einführung des Markentransfers zeigte (vgl. Aaker, 1991, S. 222).

4. Zusammenfassung

In diesem Beitrag wurde gezeigt, daß dem Entscheidungsproblem der Auswahl geeigneter Markenstrategien für neue Produkte eine besondere Bedeutung zukommt. Zur Lösung dieses Entscheidungsproblems wurden zunächst wichtige Markenstrategiealternativen identifiziert und hinsichtlich ihrer Besonderheiten bei der Implementierung beschrieben. Hierauf aufbauend wurden dann in der Literatur vorgeschlagene Ansätze zur Bewertung der Strategiealternativen in Grundzügen vorgestellt. Es zeigte sich, daß insbesondere mit Verfahren zur Markenbewertung sowie zur Beurteilung der Erfolgschancen von Markentransfers eine Bewertung vorgenommen werden kann. Die Bewertungen können dann als Grundlage zur Auswahl geeigneter Markenstrategiealternativen für

---

14 Einen möglichen Lösungsansatz hierzu beschreibt Sattler (1997 a, S. 282 ff.).
15 Zu einem prinzipiell ähnlichen Befund kommt auch Romeo (1991, S. 404).

neue Produkte herangezogen werden. Die gesamte Vorgehensweise ist noch einmal in Abbildung 3 zusammengefaßt.

Allerdings wurde auch verdeutlicht, daß das komplexe Problem der Markenstrategie-alternativen-Bewertung zumindest in Teilbereichen noch nicht befriedigend gelöst ist. Dies gilt insbesondere für Probleme der langfristigen Prognose von markenstrategiespezifischen Einzahlungsüberschüssen, der Quantifizierung von Wertschöpfungsmöglichkeiten von Markentransfers und der Erfassung von negativen Rückwirkungen von Markentransfers auf die Muttermarke. In diesen Teilbereichen gilt es, zukünftige Forschungsaktivitäten anzusetzen.

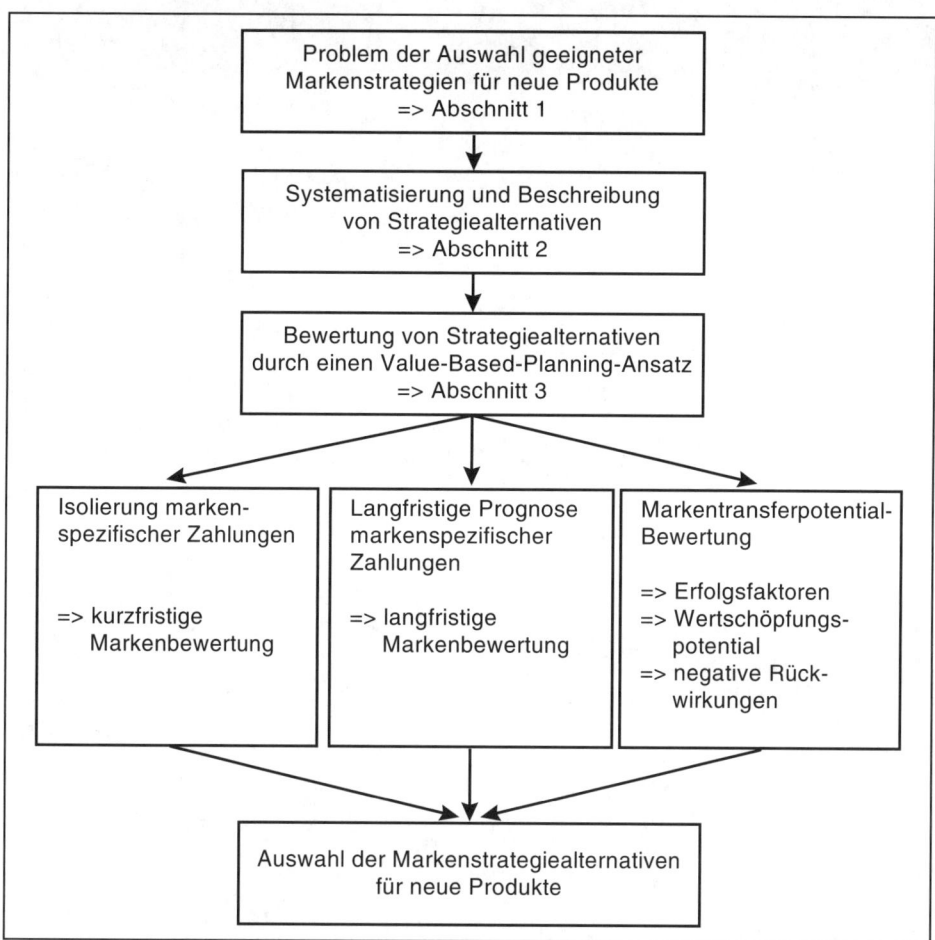

Abbildung 3:   Prozeß zur Auswahl geeigneter Markenstrategien für neue Produkte

Christof U. Binder

Lizenzierung von Marken

1. Vorbemerkung

2. Strategische Aspekte der Markenlizenzierung
   2.1   Konzentration auf Kernkompetenzen
   2.2   Wachstumsdruck für Marken
   2.3   Markenportfolio-Management
   2.4   Wertschöpfungstiefe
   2.5   Markenerweiterung - make or buy?
   2.6   Vorteile der Lizenzierung von Marken

3. Markenlizenzen - Grundformen und Praxisbeispiele
   3.1   Brand Extension Licensing
   3.2   Brand Promotion Licensing
   3.3   International Brand Licensing
   3.4   Sonderformen der Markenlizenzierung

4. Einzelaspekte der Lizenzierung von Marken
   4.1   Konzeption eines Lizenzprogramms
   4.2   Lizenzvertrag
   4.3   Lizenzgebühren
   4.4   Partnerselektion
   4.5   Organisation und Markenführung

1. Vorbemerkung

Die Produkte sind den meisten von uns wohlbekannt - das dahinterstehende Marketingkonzept bleibt jedoch häufig im Verborgenen. Die Rede ist von Lizenzmarken. Das
Prinzip dieses Marketinginstruments ist einfach: Der Inhaber einer Marke räumt einem
anderen Unternehmen das Recht ein, diese Marke für seine eigenen Produkte zu benutzen. Das Nutzungsrecht bezieht sich dabei entweder auf Produkte, die der Markeninhaber selbst nicht vermarktet (Markenerweiterung) oder auf Regionen, in denen der
Markeninhaber nicht mit eigenen Produkten präsent ist (Markterweiterung, in der Regel
international). Als Gegenleistung für das Nutzungsrecht verpflichtet sich der Lizenznehmer zur Einhaltung vertraglicher Vorgaben und zur Zahlung einer Lizenzgebühr.

Die **bekanntesten deutschen Lizenzmarken** kommen aus den Bereichen Mode/Design
(Boss, Joop, Jil Sander, Porsche Design), Sport (adidas, Head) und Genußmittel
(Mövenpick, Feinkost Käfer, Camel). Diese Marken werden in den unterschiedlichsten
Branchen von Mode, Brillen, Uhren, Kosmetik und Accessoires über Lebensmittel bis
hin zu Haushaltswaren, Reisen und Geschenkartikeln in Lizenz genutzt. Manche
Lizenzmarken erreichen Lizenzumsätze, die höher ausfallen als die Eigenumsätze.
Abbildung 1 zeigt die Umsatzstruktur einiger ausgewählter Lizenzmarken aus dem
deutschsprachigen Raum.

Markenlizenzen treten in vielen **Erscheinungsformen** auf. Unterscheiden lassen sie sich
nach Anzahl und Breite der Lizenzprodukte – von einem einzigen bis zu mehreren 100
Lizenzprodukten – sowie nach der Ähnlichkeit mit den Ausgangsprodukten vom quasi
identischen bis hin zum völlig artfremden Lizenzprodukt. Entscheidend hierfür sind
Kompetenzbereich und Tragfähigkeit der Marke.

In einigen Märkten wie zum Beispiel Brillen, Parfum/Kosmetik oder Premium-Eiscreme
muß man bereits seit Jahren eine Dominanz von Lizenzmarken konstatieren. In anderen
Märkten war in jüngerer Zeit ein starker Run auf Lizenzmarken zu beobachten. Dazu
gehören beispielsweise Wäsche, Sportartikel oder Schuhe. Zukünftige Märkte für
Lizenzmarken werden sich überall dort auftun, wo das bisherige Markenangebot
schwach, austauschbar oder unübersichtlich ist, z. B. bei Heimtextilien, Hausrat, Elektrogeräten, Möbeln, Garten und DIY. Jüngere Beispielfälle sind etwa Fruchtbonbons
von Valensina, Diamantenschmuck von Escada, Knusperjoghurt von Kölln-Flocken,
Essig von Johann Lafer, outdoorwear von National Geographic, Fruchtriegel von Hohes
C, Sportswear von West und Wurstwaren von Feinkost Käfer.

Im deutschsprachigen Raum gibt es derzeit schätzungsweise 750 Markenlizenzverträge
im Bereich der Markenerweiterung durch neue Produkte. Diese Verträge repräsentieren
einen Herstellerumsatz von ca. 13 Milliarden DM mit jährlichen Wachstumsraten von
über 10 %. Nimmt man noch die importierten Produkte hinzu[1], so dürfte sich das Umsatzvolumen von Lizenzmarken in Deutschland auf etwas über 15 Milliarden DM zu

---

1   Insbesondere von französischen, italienischen und US-amerikanischen Marken.

Herstellerabgabe- bzw. Großhandelspreisen bewegen. Davon entfallen etwa 60 % auf Bekleidung und Outfit-Produkte (Schuhe, Uhren, Kosmetik, Brillen, Taschen, Duft etc.), 15 % auf Lebensmittel und 10 % auf Sportartikel[2].

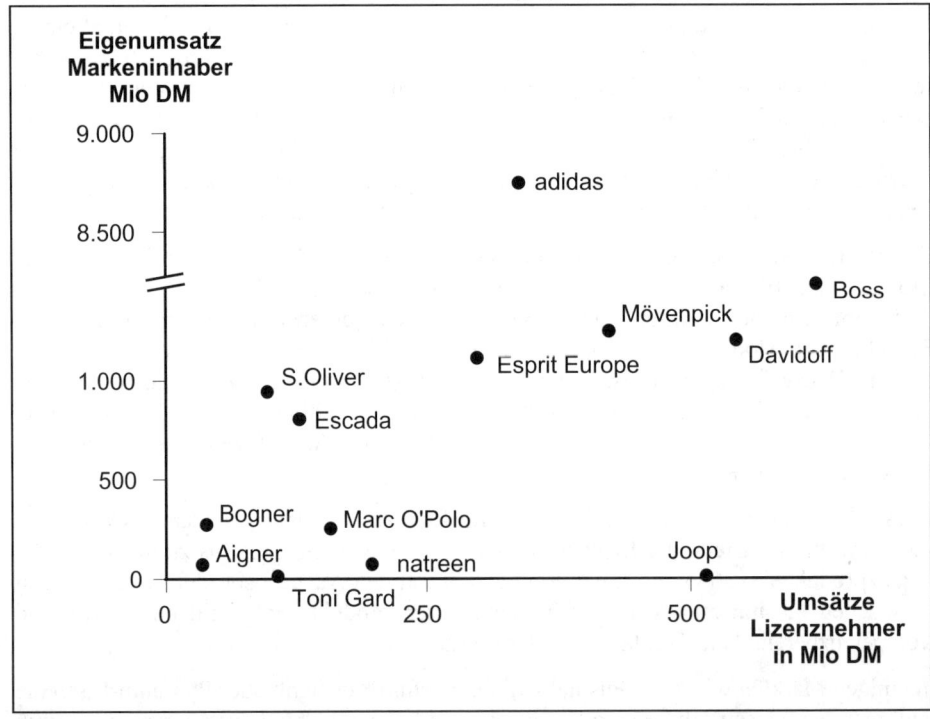

Abbildung 1:   Umsatzstruktur ausgewählter Lizenzmarken im deutschsprachigen Raum
Quelle: Geschäftsberichte, Presse, blp-Datenbank, 1999/2000.

Jedes Jahr werden etwa 7 % der Verträge nicht verlängert und laufen aus. Davon werden etwa 4 % für den gleichen Produktbereich mit anderen Lizenzpartnern neu abgeschlossen, nur 3 % werden tatsächlich eingestellt. Damit ist die Floprate in der Praxis weitaus geringer als dies manche Auguren warnend vorhersagen.

Etwa 40 Unternehmen betreiben mittlerweile Markenlizenzprogramme mit 5 oder mehr Lizenznehmern und einem speziell dafür geschaffenen Verantwortungsbereich in Form einer Lizenzabteilung oder einer rechtlich verselbständigten Lizenzgesellschaft.

---

2   Schätzungen auf Basis der BLP-Datenbank; nicht eingeschlossen in diesen Zahlen sind Markenlizenzen zur Gebietserweiterung (Vertriebslizenzen), wie sie insbesondere in der Getränke-, Milch- , Bekleidungs- und Sportwarenindustrie häufig vorkommen.

Diese Zahlen machen deutlich, daß die Lizenzierung von Marken ein erfolgreiches Instrument der Markenführung sein kann. Für die Zukunft ist mit einer weiter steigenden Bedeutung von Markenlizenzvereinbarungen zu rechnen. Zum weiteren Wachstum wird – neben marken- und unternehmensstrategischen Überlegungen – auch das neue Markengesetz von 1995 beitragen, das die Loslösung der Marke vom Geschäftsbetrieb und die Lizenzvergabe neu geregelt hat.

2. Strategische Aspekte der Markenlizenzierung

2.1 Konzentration auf Kernkompetenzen

„Wir werden uns weiter auf unsere Kernbereiche fokussieren und Randaktivitäten bereinigen". Diese oder ähnliche Äußerungen sind nahezu jeder Unternehmensmeldung in der Wirtschaftspresse zu entnehmen. Verlustbringer sowie Aktivitäten ohne ausreichende strategische Basis werden konsequent eingestellt oder abgegeben.

Insbesondere die Führungsphilosophie des wertorientierten Managements trägt zu dieser Schlankheitskur bei. In Frage gestellt werden nicht nur betriebliche Funktionen und Prozesse, sondern ganze Anlagen, Standorte, Produkte, Marken und Geschäftsbereiche.

Die Konzentration auf Kernkompetenzen steuert die verfügbaren Ressourcen (finanzieller, personeller oder technologischer Art) in diejenigen Bereiche des Unternehmens, in denen man besonders stark und demzufolge wettbewerbsüberlegen ist. Diese Kernkompetenz kann sehr unterschiedlicher Natur sein (z. B. eine kostengünstige Anlage, ein flexibles logistisches System, eine Marke, ein Fertigungsverfahren, eine Produkttechnologie und ein Vertriebskonzept).

Konzentration bedeutet neben Stärkung aber immer auch Einschränkung. Mitarbeiter, die sich um neue Produkte oder neue Geschäftsbereiche kümmern, haben in der jetzigen Phase keine beneidenswerte Aufgabe. Die entscheidende Frage bei der Beurteilung der Attraktivität solcher Projekte bezieht sich immer auf die Synergien zum Kerngeschäft. Und die sind häufig schwierig genug nachzuweisen.

Unternehmenswachstum findet daher überwiegend in den Kernbereichen statt und wird weniger durch Marktwachstum als durch die Übernahme von Marktanteilen schwächerer Wettbewerber determiniert. Wachstum in neuen Produkt- oder Geschäftsfeldern ist unternehmensstrategisch derzeit nur schwer zu rechtfertigen.

2.2 Wachstumsdruck für Marken

Die Gesetzmäßigkeiten der Economies of Scale - der größenbedingten Stückkostenvorteile - haben Anbieterstrukturen und Wettbewerbsverhalten in den meisten Grundstoff- und Investitionsgüterbranchen seit mehreren Jahrzehnten geprägt. Je größer die Absatzmenge, desto geringer die Kosten, desto höher die Profitabilität.

Anders ist es in der Markenartikelbranche. Da hier der Wettbewerb nicht über die Stückkosten, sondern über Differenzierung und Marke stattfindet, spielten Kostenbetrachtungen eher eine untergeordnete Rolle. Vielmehr wurden im Lauf der Jahre immer höhere Budgets in die Markenführung gesteckt, um immer intelligentere Differenzierungskonzepte mit hohen Preisprämien durchzusetzen.

Diese strategische Ausrichtung erfuhr in den letzten Jahren einen tiefgreifenden Wandel, der aus der zunehmenden Hebelwirkung der **Kosten der Markenführung** resultiert. Mediaspendings sowie Kosten für Werbung, Marktforschung, Brand Management und Produktentwicklung unterliegen wie kaum ein anderer Kostenbereich dem Gesetz der Economies of Scale. Eine doppelt so große Marke ist in ihren Markenführungskosten 20 bis 40 % günstiger als ihre kleinere Mitstreiterin. Bei Markenführungskosten von 30 % vom Umsatz sind dies Kostenvorteile von 10 % auf die gesamten Stückkosten.

Dazu kommt, daß die Mediakosten laufend steigen. Dies liegt nur zum Teil an den höheren spezifischen Kontaktpreisen, insbesondere bei TV-Spots. Aufgrund der Medienvielfalt, der zunehmenden Feinsegmentierung der Konsumenten und der Abstumpfung der klassischen Werbemedien ist eine Aufteilung der Budgets auf Maßnahmenbündel erforderlich, die in der Summe bei gleicher Wirkung wesentlich teurer kommen als noch vor einigen Jahren.

Das Erfolgsrezept heißt Markenwachstum. Dadurch lassen sich beträchtliche Kostenvorteile in den Marketingkosten erzielen bzw. aufholen. Wie läßt sich aber in stagnierenden, konzentrierten Märkten Wachstum erzielen, wenn der Distributionsgrad nicht weiter zu steigern ist? Die Antwort darauf war lange Zeit die Strategie der **Line Extension**. Unter der Marke wurden zusätzlich zum Stammprodukt weitere Varianten angeboten, um zusätzliche Kundensegmente zu erschließen. Die Varianten reichten von anderen Packungsgrößen über veränderte Rezepturen, Geschmacksvarianten bis hin zu anderen Darreichungsformen. Teilweise erreichten die Produktvarianten unter einer Marke bis zu 50 unterschiedliche Artikel.

So sinnvoll diese Strategie noch vor 10 Jahren gewesen sein mag, insgesamt hat sie den Wettbewerbs- und Wachstumsdruck nur weiter erhöht. Die Märkte sind durch Line Extensions zwar feiner segmentiert worden, insgesamt aber nicht gewachsen. Neue Varianten haben zum großen Teil eigene Produkte kannibalisiert. Und die Neukunden, die sie doch für die Marke gewonnen haben, wurden an anderer Stelle durch die Zusatzvariante des Wettbewerbers wieder verloren. Zusätzlich haben sich aufgrund der Artikelvielfalt die artikelbezogenen Losgrößen stark verringert und die Herstellungskosten entsprechend erhöht.

Die heute relevante Wachstumsstrategie ist – neben der riskanten Produktinnovation - die **Brand Extension**. Bei dieser Strategie werden unter der Marke zusätzliche Produkte angeboten, die mit dem Ausgangsprodukt nicht direkt verwandt sind, aber dennoch unter das Dach der Marke passen. Weil diese neuen Produkte ein anderes Kundenproblem lösen, gibt es dabei keinerlei Kannibalisierungseffekte mit dem Ausgangssortiment. Außerdem sind keine direkten Nachahmungen durch Wettbewerber zu erwarten, da jede Marke grundverschiedene Kompetenzfelder und somit ganz andere Erweiterungsmöglichkeiten hat. In vielen Fällen ergibt sich durch die Erweiterung auch die Möglichkeit, in Marktsegmente einzutreten, die weniger stark umkämpft und noch nicht markendominiert sind.

Diese Strategie wird durch zwei Trends wesentlich begünstigt. Zum einen verwischen die Verwandtschafts- oder **Ähnlichkeitskriterien** beim Verbraucher immer mehr. Während früher eine Marke und damit das sie herstellende Unternehmen kompetent für eine ganz bestimmte Produkttechnologie war, sind heute auch ganz unterschiedliche Produkttechnologien unter einem Markendach glaubwürdig. Dies liegt daran, daß Unternehmen (Markeninhaber) heute viel größer und technologisch breiter sind und daß man im Einsatz von Fertigungs- und Produkttechnologien viel flexibler geworden ist. Der Verbraucher gewöhnt sich also zunehmend daran, daß ganz unterschiedliche Produkte unter einer Marke angeboten werden.

Zum anderen wachsen aufgrund von Verbraucherbedürfnissen immer mehr bislang getrennte Segmente zu **Problemlösungsbündeln** zusammen[3]. So hat sich aus den Segmenten Zahnbürste, Zahnpasta, Mundwasser und Kaugummi das Segment der Oralhygiene mit großem Raum für Dachmarken herausgebildet. Ähnliches ist zum Beispiel bei Produkten für Baby und Kleinkind zu beobachten (Spielzeug von NUK). Weitere denkbare Problemlösungsbündel könnten sein „rund ums Badezimmer" (Seife, Duschsandalen, Bademantel, Duschvorhang), „Fleisch und Fleischzubereitung" (Fleisch- und Wurstwaren, Gewürze und Saucen, Barbecue und Zubehör, Pfannen), „professioneller Wandanstrich" (Farben, Roller, Pinsel, Abdeckfolien, Klebebänder etc.), u. v. m. Diese Problemlösungsbündel bilden sich dort, wo ein einzelnes Produkt das Verbraucherproblem nicht alleine, sondern nur in Verbindung mit weiteren Produkten lösen kann. Hier bieten sich für viele Marken sehr interessante Felder für eine Markenerweiterung.

2.3   Markenportfolio-Management

Heutzutage existieren nur noch ganz wenige Monomarken-Unternehmen. Vielmehr ist es eine ganz übliche Strategie im Markenmanagement geworden, mehrere Marken in gleichen, verwandten oder unterschiedlichen Marktsegmenten im Sinne eines **Portfolio-Managements** zu führen. Dabei werden Synergien zwischen den Marken genutzt und gleichzeitig die wirtschaftlichen Risiken einer einzelnen Marke auf das gesamte Portfolio verteilt. Wichtig dabei ist es, ein ausgewogenes Spektrum von jungen, dynamischen Marken und etablierten, profitablen Marken im Portfolio zu haben. Gleichzeitig müssen die Beziehungen zwischen den Marken über eine intelligente hierarchische

---

3   Die zunehmende Feinsegmentierung von Verbraucherbedürfnissen trägt dieser Entwicklung nur unzureichend Rechnung.

Markenarchitektur (Unternehmensmarke, Dachmarke, Produktmarke; vgl. hierzu den Beitrag von Esch und Bräutigam in diesem Buch) genutzt werden.

Bei vielen Markenartikel-Unternehmen haben sich in den vergangenen Jahren sehr große Marken-Portfolios aufgebaut. Das Problem in einigen Portfolios ist, daß hauseigene Marken ähnliche Verbraucherbedürfnisse befriedigen und somit indirekt oder direkt Wettbewerber sind. Dies wäre kein Problem, solange die betroffenen Marken groß und ertragsstark sind und dynamisch wachsen. Ist das Gegenteil der Fall, wird zu Recht über eine Bereinigung der Markenportfolios nachgedacht.

So hat beispielsweise Unilever im Lauf der Jahre ein Produktportfolio von 1.600 Marken angesammelt. Mittelfristig soll dieses Portfolio drastisch bereinigt werden und eine Konzentration auf 400 Marken in 14 strategischen Produktkategorien erfolgen. Dies bedeutet, daß 25 % der heutigen Unilever-Marken am Ende des Umstrukturierungsprozesses den gesamten Produktumsatz und das zusätzlich erwartete Wachstum aufnehmen müssen. Daß dabei einzelne Marken eine wesentliche größere Kompetenzbreite und ein weiter gefaßtes Markendach aufbauen müssen, liegt auf der Hand. Somit stellt sich für Markenartikelunternehmen mehr denn je die Frage, wie immer mehr Produkte auf immer weniger Marken bzw. Dachmarken optimal verteilt werden können.

Ein anschauliches Beispiel ist in diesem Zusammenhang die Marke Mondamin von Best Foods. Über ein Jahrhundert war Mondamin die Marke schlechthin für Produkte rund um die Verfeinerung von Saucen und Suppen – „garantiert ohne Klümpchen" (Soßenbinder, Mehlschwitze). Später kamen Speisestärke und Bratenfond dazu. Damit hatte Mondamin als Marke zwar eine einzigartige Position erreicht, aber leider in einem Produktbereich, der im Lauf der Jahre über veränderte Kochgewohnheiten wirtschaftlich immer bedeutungsloser wurde. Um das große Vertrauen in die Marke Mondamin stärker zu nutzen, wurde das Produktspektrum im Lauf der letzten Jahre in ganz neue Produktbereiche wie Fertigteigmischungen und Fertigmischungen für Süßspeisen (Grießbrei, Kaiserschmarrn, Milchreis) ausgeweitet. Das heutige „Mondamin – mehr als nur Soßenbinder" konkurriert damit auf ganz anderen Produktmärkten gegen ganz unterschiedliche Wettbewerber.

2.4   Wertschöpfungstiefe

Das **strategische Dilemma** ist damit aufgezeigt. Einerseits besteht ein enormer Wachstumsdruck für Marken. Die Unternehmensstrategie gibt vor, nur in den angestammten, starken Produktfeldern zu wachsen. Dort ist aber in aller Regel kaum Wachstum möglich. Zumindest nicht zu einem akzeptablen Preis. Erfolgversprechende Möglichkeiten für profitables Wachstum liegen dagegen in neuen, bislang fremden Produktfeldern. Die wiederum entsprechen aber nicht der unternehmensstrategischen Konzentration auf Kernkompetenzen. Wachstum wäre demnach nur im Stammgebiet möglich, in stagnierenden und aufgeteilten Märkten, mit gleichwertigen Produkten, mit ausufernden Sortimenten und bei begrenztem Regalplatz.

Dieses Dilemma läßt sich durch Überlegungen über die eigene Wertschöpfungstiefe lösen. Die Unternehmensstrategie gibt vor, selbst nur die Aktivitäten durchzuführen, in denen man wettbewerbsüberlegen ist. Dies betrifft insbesondere Produkt- und Verfahrenstechnologien sowie Fertigungsanlagen. Die Unternehmensstrategie läßt aber in den meisten Fällen zu, die Nutzung solcher Technologien bzw. Anlagen bei spezialisierten externen Anbietern zuzukaufen. Damit ergibt sich für die Marke die Möglichkeit zu wachsen, ohne daß der Markeninhaber mit seinen - begrenzten - Ressourcen neue Aktivitätsfelder betritt.

Zukaufen läßt sich in der Regel eine ganze Menge. Dies reicht von der Produktentwicklung über die Fertigung, die Logistik und den Vertrieb bis hin zur Markenführung. Entscheidend dafür sind zwei Faktoren. Erstens sollte das Unternehmen - von dem man Funktionen zukauft - auf seinem Gebiet wiederum **wettbewerbsüberlegen** sein. Zweitens muß die **Unternehmenskultur** offen für ein derartiges Outsourcing sein. Und da hapert es an vielen Stellen noch. Dies liegt zum Teil an dem übertriebenen Selbstverwirklichungsdrang des Managements, an dem „not done here"-Syndroms oder an der Angst vor Abhängigkeiten von Zulieferern. Dabei machen die Hochtechnologiebranchen trefflich vor, wie man Unternehmenskulturen für solche strategischen Partnerschaften öffnet und die eigene Wertschöpfung gemeinsam mit Externen organisiert.

Odol konnte die Erweiterung vom Mundwasser zur Marke für Oralhygiene nur dadurch realisieren, daß eine ganze Reihe von neuen Produkten mit völlig unterschiedlicher Produkttechnologie - was hat eine Zahnbürste technologisch mit Mundwasser zu tun? - von externen Lieferanten zugekauft wurden.

Die Lizenzvergabe von Marken ist eine extreme **Form des Outsourcings durch Verlagerung der Wertschöpfung** auf Externe. Je nach Aufgabenverteilung verbleiben hier lediglich Markeninhaberschaft, Teile der Markenführung und Teile der Produktentwicklung beim eigenen Unternehmen. Alle anderen wertschöpfenden Funktionen, insbesondere auch das wirtschaftliche Risiko, werden dagegen vollständig dem Lizenznehmer übertragen. Dadurch kann die Marke wachsen und der Markeninhaber sich gleichzeitig auf seine Kerntechnologien und -ressourcen konzentrieren.

2.5 Markenerweiterung - make or buy?

Gegenüber der Eigendurchführung (make) ist die Lizenzvergabe (buy) dann vorteilhaft, wenn eine oder mehrere der folgenden Rahmenbedingungen gegeben sind:

- ■ **Existierender Markt** – Wenn es sich um eine echte Innovation mit großem Neuigkeitscharakter handelt, ist es in aller Regel kaum möglich, einen Partner zu finden, der hier angesichts der Risiken und der fehlenden Erfahrung einsteigt. Wenn das Zielsegment dagegen bereits etabliert ist, eignet sich die Lizenzvergabe.

- ■ **Starker Wettbewerb im Zielsegment** - Da der Markeninhaber selbst im neuen Produktfeld nicht aktiv wird, hingegen der Lizenznehmer in aller Regel dort bereits tätig ist, ändert sich an der Wettbewerbskonstellation im neuen Produktsegment grundsätzlich nichts. Kapazitäten, Preisniveau und Attraktivität des Segments bleiben auf dem gleichen Niveau. Dies gilt insbesondere für stagnierende bzw. stark konzentrierte Marktsegmente.

■ **Hohe Eintrittsbarrieren** - Viele Marktsegmente sind durch hohe Eintrittsbarrieren gekennzeichnet. Typisch dabei sind zum Beispiel wirtschaftliche Mindestmengen, Anlagengrößen, spezifisches Know-how oder auch langwierige Einführungszyklen. Der Lizenznehmer hat alle Eintrittsbarrieren des Newcomers bereits hinter sich gelassen.

■ **Kundenzugang** - Der Einstieg in neue Märkte scheitert häufig weniger am Produkt als am fehlenden Kundenzugang. Der Aufbau von Vertriebsstrukturen und die Listung bei den Handelspartnern kann langwierig und kostspielig sein. Deshalb wird die Vergabe von Markenlizenzen häufig auch dazu eingesetzt, die etablierten und leistungsfähigen Vertriebskanäle des Lizenznehmers zu nutzen.

■ **Neuigkeitscharakter** - Wenn das angestrebte Marktsegment mit seinen spezifischen Erfolgsfaktoren wesentliche Unterschiede zu den bisherigen Geschäftsfeldern aufweist, ist es vorteilhaft, sich auf einen erfahrenen Partner stützen zu können. Dadurch läßt sich das Flop-Risiko oft entscheidend reduzieren.

■ **Investitionen** - Der Einstieg in neue Märkte erfordert häufig beträchtliche Investitionen bei gleichzeitig hoher Ungewißheit. Bei Lizenzvergabe trägt der Lizenznehmer das wirtschaftliche Risiko für Investitionen, Bestände und Forderungen.

■ **Kapitalertrag** - Die Lizenzierung bietet über die Lizenzgebühren, die je nach Marke und Produktsegment zwischen 2 und 12 % vom Umsatz des Lizenznehmers betragen, eine attraktive Rendite ohne nennenswerten Kapitaleinsatz. Im Vergleich zur Eigendurchführung bleibt diese Kapitalrendite unerreichbar und sollte den Entgang des beim Lizenznehmer verbleibenden Gewinns mehrfach aufwiegen.

Damit eröffnet die Markenlizenzierung die Möglichkeit, flexibel und ohne größeres Risiko in neue Märkte vorzustoßen.

2.6   Vorteile der Lizenzierung von Marken

Die Vorteile solcher Markenlizenzgeschäfte liegen auf beiden Seiten. Der **Lizenznehmer** kann seine Produkte unter einem bereits etablierten Namen vermarkten und sich dabei auf die Imagefaktoren der Stammarke sowie auf Loyalität und Präferenz der Markenverwender stützen. Neue Produkte lassen sich auf diese Weise mit deutlich geringeren Kosten und weniger Risiko einführen. Bekanntheitsgrad und Marktanteil erreichen neue Größenordnungen. Durch die Verwendung der Marke ergeben sich höhere Preisspielräume und zusätzliche Deckungsbeiträge.

Für den Markeninhaber ergeben sich zahlreiche Vorteile, die außerordentlich wirkungs-voll in bezug auf Markenstärke und Markenwert sein können. Nachfolgend sind die wesentlichen Vorteile aus Sicht des **Lizenzgebers** genannt[4].

Markenloyalität - Durch die Erweiterung des Produktprogramms unter einer Marke hat der Konsument zusätzliche Möglichkeiten der Markenverwendung; seine Loyalität zur Marke steigt. Solche Programmergänzungen mit dem Ziel der Erhöhung der Bindung an die Marke lassen sich insbesondere in Abhängigkeit von Kaufhäufigkeit und Verwen-dungsdauer ganz gezielt einsetzen. Bei der Automarke ist es beispielsweise wichtig, dem Käufer während des langen Zeitraums zwischen zwei Autokäufen die Möglichkeit zu geben, die Marke in Form von zum Beispiel Bekleidung, Schlüsselanhänger u. a. zu kaufen. Bei Marken, die zwar häufig gekauft, deren Verwendungsdauer aber sehr kurz ist (z. B. Lebensmittelprodukte), kann die Markenbindung durch das Angebot von längerlebigen bzw. dauerhaften Produkten erhöht werden. So gibt es unter der Marke Dr. Oetker ein breites Sortiment an Küchengeräten und Kochbüchern in Lizenz.

Bekanntheitsgrad - Es liegt auf der Hand, daß durch die Erweiterung einer Marke und die dazugehörigen Marketingaktivitäten auch ihr Bekanntheitsgrad steigen wird. Für Modemarken ist die Vergabe einer Parfum-/Kosmetiklizenz ein beliebtes Mittel, den Bekanntheitsgrad zu steigern, da die Einführung eines neuen Parfums von sehr hohem Werbedruck begleitet wird.

Kompetenz - Die Kompetenz einer Marke läßt sich in vielen Fällen gezielter aus-schöpfen, wenn ihre Produkte nicht nur auf ein Teilproblem, sondern auf ein ganzes Problemlösungsbündel ausgerichtet sind. Tennisschläger und Bespannung sind zum Bei-spiel zwei unmittelbar miteinander verbundene Teilprobleme. Dagegen ist der Tennis-ball ein eigenständiges Problem. Eine Marke beweist Kompetenz, wenn sie ein zusam-menhängendes Problem umfassend löst. Durch eine sorgfältige Erweiterung des Produktprogramms unter der Marke läßt sich das Kompetenzfeld auch ganz gezielt in eine bestimmte Richtung erweitern.

Assoziationen/Image - Durch gezielte Positionierung und werbliche Unterstützung der Lizenzprodukte lassen sich Assoziationen und Image der Marke beim Konsumenten ver-stärken bzw. in bestimmte Richtungen steuern (z. B. Frische, Weiblichkeit, klassisch, Prestige). In jedem Fall kommt die Marke durch Lizenzvergabe positiv „ins Gespräch" und erhält dadurch eine Aktualisierung.

Vertriebswege - Durch die Vertriebsbemühungen des Lizenznehmers erhält die Marke oft Zugang zu völlig neuen Vertriebskanälen. Dadurch steigt die Anzahl der Kontakt-punkte der Käufer mit der Marke um ein vielfaches und erhöht wiederum Loyalität und Bekanntheit. Allerdings muß hier sichergestellt werden, daß nicht mehrere Lizenzpartner unkoordiniert im gleichen Vertriebskanal tätig werden und gleiche Abnehmer bedienen.

Lizenzeinnahmen - Zunächst erzielt der Lizenzgeber einen völlig neuen, ungewohnten Einnahmestrom. Den Lizenzeinnahmen steht in aller Regel keinerlei investiertes Kapital

---

4   Zum Teil gelten die genannten Vorteile auch für die in Eigenregie durchgeführte Markenerweiterung.

in der Bilanz gegenüber. Außerdem gehen die Lizenzeinnahmen direkt in den Unternehmensgewinn ein, da üblicherweise den Lizenzeinnahmen nicht mehr als 10 bis 30 % direkt verursachte Ausgaben gegenüberstehen.

Sämtliche finanziellen Kenngrößen können dadurch erheblich verbessert werden. Daneben stellt die Lizenzvergabe einen Weg dar, sich aktiv in neuen Geschäften zu engagieren, ohne dabei knappe finanzielle Ressourcen in Anspruch zu nehmen. Schließlich ist der Einnahmenstrom aus einem professionell geführten Lizenzprogramm vorhersehbar, stabil und direkt gewinnrelevant.

Bei vielen der genannten Lizenzmarken tragen die Einnahmen aus dem Lizenzgeschäft ganz entscheidend zum Unternehmenserfolg bei. Adidas wäre zum Beispiel Mitte der 90er-Jahre ohne Lizenzeinnahmen in ganz existentiellen Schwierigkeiten gewesen. Ein großer Teil des Gewinns von Mövenpick stammt aus den Lizenzeinnahmen. Und bei Firmen wie Boss oder Jil Sander betragen die Lizenzeinnahmen immerhin noch ca. 30 % des Unternehmensgewinns.

Leider kaschieren einige große Lizenzmarken mit den Lizenzeinnahmen die Schwäche im eigenen Geschäft. Langfristig werden sich immer dann Probleme einstellen, wenn die Umsatzrendite im Eigengeschäft des Markeninhabers nicht mindestens die Höhe der Lizenzgebühr erreicht, die die Lizenznehmer abführen sollen. Denn auch die besten Lizenznehmer und Lizenzprodukte sind nicht in der Lage, Schwächen der Marke im Kernbereich auf Dauer aufzufangen.

Die Höhe der Lizenzgebühren liegt - je nach Einzelfall - zwischen 3 und 12,5 % von den Umsätzen des Lizenznehmers (vgl. zu Lizenzgebühren ausführlich Kapitel 4.3). Versteht man diese Gebühr positiv als Umsatzrendite, so lassen sich hier für den Lizenzgeber Werte erzielen, die für viele Unternehmen im eigenen Geschäft unerreichbar sind - und das ohne Kapitaleinsatz bzw. finanzielles Risiko.

Hebelwirkung für Werbung und Kommunikation - Lizenzvergabe ist ein Mittel, die Marktposition einer Marke weiter auszubauen, ohne dafür zusätzlich in Werbung investieren zu müssen. Die Nutzung der Marke für weitere Produkte führt zu einem zusätzlichen Exposure der Marke bei den Verbrauchern. Einzelfaktoren des Markenwerts (wie z. B. Bekanntheit, Image und Loyalität) werden dadurch gestärkt. Als Ergebnis kann das Lizenzgeschäft - zusätzlich zu den Lizenzeinnahmen - einen positiven Werbewert für den Markeninhaber erzielen, der etlichen Millionen DM entspricht und letztlich allein der Marke zugute kommt.

Dieses Argument sticht gerade in Zeiten stark steigender Werbe- und Mediaausgaben und zunehmender Medienfragmentierung. Während die Kontaktqualität aufgrund der Informationsdichte ständig abnimmt und somit Investitionen in klassische Werbung zunehmend stumpfer werden, gewinnt die reale Markenwahrnehmung im täglichen Leben immer mehr an Bedeutung für die Markenstärke. Durch sorgfältig geplante Lizenzprogramme mit einem breiten und gleichzeitig homogenen Produktprogramm läßt sich somit kostenlos wirksame Markenkommunikation betreiben.

Markenrechtliche Vorteile - Durch die Vergabe von Lizenzen an einer Marke lassen sich Umfang und Intensität des markenrechtlichen Schutzes erhöhen. Normalerweise sind Marken in einer limitierten Anzahl von Warenklassen bzw. Produktbereichen geschützt. Nicht berühmte Marken genießen außerhalb dieser Warenklassen keinen Schutz. Im Gegenteil - die Marke ist außerhalb der eigenen Warenklassen für andere Unternehmen und Produkte rechtmäßig verfügbar (Freihaltebedürfnis). Berühmte Marken genießen zwar auch außerhalb ihrer eigenen Warenklassen Markenschutz, aber gerade sie sind immer wieder durch Piraterie und Plagiate gefährdet.

Durch Lizenzvergabe kann der markenrechtliche Schutz beträchtlich erhöht werden. Durch Eintragung der Marke in weiteren Warenklassen und Benutzung durch Lizenznehmer werden die Möglichkeiten eingeschränkt, daß Dritte die Marke rechtmäßig in diesen Warenklassen nutzen. Auf den Lizenznehmer kann dann im Rahmen der lizenzvertraglichen Vereinbarungen Einfluß im Sinne der Markenführung genommen werden.

Im Bereich der Plagiate wird durch Lizenzvergabe der illegale Markt wirksam und dauerhaft bereinigt. Der Lizenznehmer, der seinen Produktbereich genau kennt, wird aus Eigeninteresse jede unrechtmäßige Nutzung der Marke durch Piraten verfolgen. Aus diesem Grund sind beispielsweise die Promotion- und Devotionaliensortimente vieler großer US-Marken heute alle in Lizenz vergeben. T-Shirts, Pins, Baseballmützen und Blousons der bekannten Bier-, Auto- und Spirituosenmarken wurden viele Jahre unrechtmäßig von kleinen Hinterhofbetrieben angefertigt und vertrieben, ohne Eingriffsmöglichkeiten der Markeninhaber. Heute gibt es offizielle Lizenznehmer, und jeder dieser Lizenznehmer hält seinen Markt „sauber". Zuwiderhandlungen werden rigoros verfolgt und streng bestraft.

3. Markenlizenzen - Grundformen und Praxisbeispiele

3.1 Brand Extension Licensing

Beim Brand Extension Licensing werden die wesentlichen Imagefaktoren einer Marke auf neue Produkte in neuen Marktsegmenten übertragen. Diese Produkte erhalten ihre Positionierung und Differenzierung gegenüber Wettbewerbsprodukten gerade und ausschließlich aus den spezifischen Imagefaktoren der Marke. Der Kern der Marke begründet sozusagen die strategische Basis der Lizenzprodukte. Ohne die Übertragung dieser Imagefaktoren der Marke hätten die Lizenzprodukte keine Aussicht auf Markterfolg. Die Kaufentscheidung des Verbrauchers für die Lizenzprodukte beruht wiederum auf dem Wiedererkennen der Imagefaktoren der Marke.

Beim Brand Extension Licensing erhält der Lizenznehmer neben dem Recht zum Vertrieb und zur Vermarktung der Lizenzprodukte unter der Marke in aller Regel auch das Recht zur Entwicklung und zur Herstellung der Lizenzprodukte. Üblicherweise werden die Lizenzprodukte für die Marke neu entwickelt; das reine „Belabeln" bereits vorhandener Muster mit der Marke ist unüblich und sollte aus Sicht der Marke auch zwingend unterbleiben, um eine eigenständige Produktaussage zu erreichen.

Brand Extension Licensing ist in Europa in erster Linie aus dem Bereich der Mode- und Prestigemarken bekannt, die ihr luxuriöses, hochpreisiges Image auf Lizenzprodukte übertragen. Solche Marken kommen zumeist aus Haute Couture oder Modedesign (Cardin, Armani, Saint-Laurent, Dior), aber auch aus anderen Bereichen wie Schmuck (Bulgari, Cartier, Boucheron, Van Cleef & Arpels), Uhren (Chopard), Leder (MCM, Trussardi, Aigner), Autos (Jaguar, Porsche, Ferrari) und Tabak (Davidoff, Dunhill). Produkt- und Lizenzkategorien, in die sich die Prestigeattribute solcher Marken übertragen lassen, umfassen beispielsweise Kosmetik, Brillen, Uhren, Schuhe, Wäsche, Lederwaren, Accessoires, Heimtextilien usw.

Moderne, jüngere Lifestyle-Marken wie Esprit, S.Oliver oder Mexx sind in den vergangenen Jahren ähnliche Wege gegangen und haben über die Lizenzvergabe alle Produktkategorien erschlossen, die im weitesten Sinne Lifestyle-Charakter haben. Jüngste Lizenzfelder für solche Marken sind „Tablewear" (Glas, Porzellan, Besteck) und Möbel.

Ein weiterer großer Bereich für Brand Extension Licensing sind Lebensmittel. Größere Lizenzprogramme gibt es hier unter den Marken Mövenpick, Feinkost Käfer, Natreen und Weight Watchers. Zahlreiche weniger bekannte Lizenzgeschäfte bleiben jedoch im verborgenen. An dieser Stelle seien beispielhaft für Lizenzprodukte im Food-Bereich genannt Granini Multivitaminbonbons, Valensina Fruchtbonbons, Lacroix Fischkonserven, Cartier Zigaretten und Asbach Pralinen.

Weiterhin gibt es Lizenzmarken, die hinsichtlich Herkunft bzw. Erweiterungskategorien nur schwer zu systematisieren sind. Meist verkörpert die Marke hierbei ein ganz spezifisches Image, das durch Lizenzprodukte in ganz fremden Marktsegmenten aufgegriffen wird. So sind beispielsweise Camel, Marlboro und jüngst West über die Lizenzvergabe erfolgreich in Bekleidungs- und Zubehörprodukte für Abenteuer, Outdoor und Sportswear eingestiegen. Unter der amerikanischen Baggermarke Caterpillar werden Boots, Schuhe und Workwear für eine jugendliche Käuferschaft vermarktet. Lego betreibt per Lizenzvergabe das Geschäft mit Kinderbekleidung, Kindermöbeln und Kinderzimmerausstattung. Unter der US-Automarke Jeep wird ein umfassendes Outdoor-Programm von der Bekleidung über Zelte und Zubehör bis hin zum Mountainbike angeboten. Aber auch technische Marken eignen sich für die Lizenzierung. Von Kodak gibt es beispielsweise in Lizenz Brillengläser in einer völlig neuartigen Technologie, die Fortschrittlichkeit und Überlegenheit von Kodak in optischen Fragestellungen untermauern soll. Diese Aufzählung ließe sich beliebig verlängern.

3.2 Brand Promotion Licensing

Beim Brand Promotion Licensing geht es üblicherweise um Geschenk-, Werbe-, Sympathie- und Fanartikel, Souvenirs oder ähnliche Devotionalien rund um die Marke. Diese Artikel lösen in der Regel kein unmittelbares Verbraucherproblem. Vielmehr sprechen sie ein ausgeprägtes Streben der Verbraucher nach Identifikation mit der Marke an. Mit dem Markenlogo versehen, ermöglicht ihre Benutzung eine Demonstration dieser Identifikation nach außen. Für die Marke selbst bedeutet dies wiederum eine Erhöhung von Bekanntheitsgrad und Loyalität.

Die meisten Markeninhaber führen solche Promotion-Sortimente. Häufig werden sie per Versandkatalog oder über einen Fabrikshop vertrieben, nicht jedoch über externe Handelskanäle. Das Artikelspektrum reicht von Einfachprodukten (z. B. T-Shirts, Pins, Wappen, Baseballmützen, Aschenbecher, Gläser oder Kaffeetassen) bis hin zu hochwertigen, teuren Prestigeprodukten (wie z. B. Schmuck, Uhren oder Einrichtungsgegenstände). Beispielhaft für deutsche Marken seien der Lufthansa Sky Shop, das BMW M Style-Sortiment oder die Promotion-Sortimente großer Biermarken genannt. In Deutschland ist es bisher üblich, diese Sortimente in Eigenregie zu vermarkten. Volumen und Wirkung solcher Aktivitäten sind meist auch sehr begrenzt, da sie nicht als eigenständige Profit-Center betrachtet und betrieben werden.

Einige deutsche Fußball-Vereine sind jüngst dazu übergegangen, ihre Fanartikel-Kollektionen in Lizenz zu vergeben. Coca-Cola betreibt das Promotion-Programm ebenfalls über externe Lizenznehmer. In beiden Fällen wird durch die Lizenzvergabe und den Zugang zu den Vertriebskanälen der Lizenznehmer eine wesentlich breitere Vermarktung dieser Programme erreicht.

In den USA werden solche Promotion-Sortimente heute nahezu ausschließlich über Lizenzvergaben betrieben. Die großen Auto-, Bier-, Spirituosen- oder Airlinemarken betreuen Lizenzprogramme mit oft mehr als 100 Lizenznehmern und mehr als 1000 Artikeln. Einige Beispiele sind Budweiser, Coca-Cola, Chrysler, Harley-Davidson, Jim Beam oder American Airlines. Die Umsätze können ein beträchtliches Volumen annehmen. In den Pfennigartikeln steckt eine für Lizenzgeber, -nehmer und Händler sehr interessante Gewinnmarge. Außerdem erzielen die genannten Marken durch solche Programme eine außerordentlich starke Präsenz im täglichen Leben. Ein willkommener Nebeneffekt ist die Erhöhung des Markenschutzes, da unrechtmäßig hergestellte Artikel (wie etwa bedruckte T-Shirts) kaum noch auftauchen. Es bleibt abzuwarten, wann diese US-amerikanische Praxis des Brand Promotion Licensing auch bei deutschen Markenartiklern Einzug hält.

3.3   International Brand Licensing

Die internationale Markenlizenzierung dient der Expansion über den Heimatmarkt hinaus mit Hilfe von Lizenznehmern. Hier kommt Lizenzvergabe dann in Betracht, wenn ein direkter Export der Produkte in Auslandsmärkte wegen Frischeaspekten oder hohen Transportkosten ebensowenig möglich ist wie der wirtschaftliche Aufbau eigener Produktions- und Vertriebsstätten im Auslandsmarkt. Typische Märkte für die internationale Markenlizenzierung sind Getränke, Molkereiprodukte, chemische Konsumgüter, Bekleidung und Sportartikel.

In aller Regel beinhalten solche Vereinbarungen das Recht, Produkte unter einer Marke zu vertreiben und zu bewerben. Die Entwicklung und Herstellung der Produkte ist jedoch an strenge Vorgaben geknüpft, sei es über eine Bezugspflicht beim Markeninhaber (z. B. Bekleidung, Sportartikel) oder durch die Vorgabe von Herstellungsverfahren (Rezepturen, Inhaltsstoffe, Zeichnungen, Designs etc.). Oft werden solche Verträge auch als Vertriebslizenz bezeichnet.

Löwenbräu und Hofbräu sind Beispiele für Lizenzbiere. Unter der Marke Hofbräu wird in ausländischer Lizenz mehr Bier hergestellt als im deutschen Stammhaus. Granini vergibt Lizenzen für Fruchtsaft ins Ausland. Gleiches gilt für die Schweizer Marke Emmi (Molkereiprodukte, Joghurt); Schwarzkopf (Körperpflege, Kosmetik), Adidas und Puma (Sportartikel) erschließen Schwellenmärkte über Lizenzvergabe.

Etwas anders geartet sind die Fälle bei Spirituosen und Bekleidung. Hier übernimmt der Markeninhaber die Produktion der Produkte in seinem Stammbetrieb, vergibt jedoch die Lizenzrechte für Markenführung (insbesondere Werbung und kommunikativer Auftritt) und Vertrieb an einen Generalimporteur im Auslandsmarkt[5]. In solchen Fällen ist die Lizenzgebühr in engem Zusammenhang mit dem Verrechnungspreis für die Produkte festzusetzen.

3.4   Sonderformen der Markenlizenzierung

An dieser Stelle sollen noch einige Sonderformen der Markenlizenzierung angesprochen werden, bei denen keine Marke im klassischen Sinn - aber ein markenähnliches Konstrukt - im Mittelpunkt steht.

Beliebte oder bewunderte **Personen**, die über lange Zeit im Blickpunkt der Medien stehen, erreichen oft einen markenähnlichen Status. Bei Sportlern oder Schauspielern ist dies häufig zu beobachten. Dieser Status ist meist nicht mit einer spezifischen Problemlösungskompetenz verbunden, sondern eher mit einer allgemeinen Bewunderung bzw.

---

5   Gegebenenfalls übernimmt der Importeur noch kleinere wertschöpfende Aktivitäten an der Importware (wie z. B. Abfüllung, Verpackung und Labeling).

Beliebtheit. Darauf aufbauend lassen sich Lizenzprodukte kreieren. Beispielhaft seien genannt Parfums von Gabriela Sabatini und Priscilla Presley, Taschen von Steffi Graf oder Brillen und Sportlergetränke von Michael Schumacher.

Großveranstaltungen - sog. **Events** - haben, obwohl sie nur zeitlich befristet stattfinden, häufig einen so großen Bekanntheits- und Identifikationsgrad bei breiten Zielgruppen, daß sie sich hervorragend zur Lizenzvergabe eignen. Voraussetzung dafür ist ein einprägsames Logo. Das Lizenzprogramm umfaßt üblicherweise Fan-, Souvenir- und Sammlerartikel. Beispiele für ein solches Event Licensing sind die Olympischen Spiele, das Münchner Oktoberfest und die Expo 2000. Ganz ähnlich verhält es sich mit berühmten oder beliebten **Orten** oder **Regionen**. So gibt es kleinere Lizenzprogramme vom Skiort St. Moritz oder von der Insel Sylt. Auch **Fernsehsender** betreiben rund um erfolgreiche Sendeformate solche Lizenzprogramme (z. B. ran, Kommissar Rex oder Big Brother), deren Erfolg zwar oft groß, in der Regel jedoch sehr kurzfristig ist und damit dem Wesen von Marken widerspricht.

Beim **Franchising** ist immer auch das Recht eingeschlossen, die Marke des Franchise-Systems zu nutzen. Franchiseverträge entsprechen im Kern Vertriebslizenzen (vgl. oben Kap. 3.3) für Dienstleistungsmarken, wobei die Dienstleistung und das Management-System durch genaue Vorgaben seitens der Franchise-Zentrale vorgegeben und festgelegt sind.

Die wohl häufigsten Fälle der Markenlizenzierung treten heute zwischen den Gesellschaften international tätiger Konzerne und ihrer **Konzernmarken** auf. Oft werden Marken zuerst einmal international registriert, bevor die Eroberung der einzelnen Märkte beginnt. Die Markenrechte liegen damit oft nicht bei der jeweiligen Landesgesellschaft, sondern bei der Obergesellschaft. Internationale Registrierungsverfahren für Marken (IR-Marke, EU-Marke) haben diesen Trend sehr verstärkt.

Die markenbesitzenden Konzernobergesellschaften vergeben dann Markenlizenzen an die jeweiligen Landesgesellschaften, entweder um dadurch die Steuerlast im Konzern durch Gewinnverlagerung zu optimieren, oder um den Anforderungen der Finanzbehörden durch Weiterverrechnung von tatsächlich erbrachten Leistungen zu entsprechen, oder um eine einheitliche Markenführung markentechnisch und juristisch sicherzustellen. Beim Bundesfinanzministerium wird eine nicht zugängliche Datenbank über solche Konzern-Markenlizenzen geführt, um die Angemessenheit von Lizenzgebühren beurteilen zu können.

4. Einzelaspekte der Lizenzierung von Marken

4.1 Konzeption eines Lizenzprogramms

Die Lizenzierung ist ein grundlegendes Element der Marketing- und Unternehmensstrategie. Es bedarf derselben sorgfältigen Planung und Professionalität wie für andere bedeutende Marketingmaßnahmen. Ein erfolgreiches Lizenzprogramm erfordert eine klare Vision, ein tiefes Verständnis von Bedeutung und Kern der Marke und das Bewußtsein, daß das Erfolgspotential aus der Lizenzvergabe nur mit Engagement und Überzeugung realisiert werden kann. Folgende Schritte sollten bei der Entwicklung eines erfolgreichen Lizenzprogramms beachtet werden:

Markenkern und Markentransfer - Zunächst ist eine detaillierte Kenntnis aller wesentlichen Elemente des Markenkerns aus Sicht der Verbraucher zu erarbeiten. Zweideutige oder sich widersprechende Elemente sollten durch multivariate Analysen und Filter soweit reduziert werden, bis der Markenkern eindeutig wird. Diese Übung sollte im übrigen auch ohne Lizenzierungsabsichten für jeden Markenmanager regelmäßige Pflicht sein (vgl. hierzu auch das Kapitel zur Markenkontrolle in diesem Buch).

Mit Hilfe von Kreativitätstechniken werden Ideen für neue Marktsegmente generiert, auf die sich die Elemente des Markenkerns - einzeln und idealerweise gemeinsam - anwenden lassen. Als Ergebnis sollte eine möglichst umfassende Liste potentieller Produktfelder entstehen. Die marktforscherische Überprüfung dieser Ideen im Hinblick auf ihre Akzeptanz beim Verbraucher und ihr Erfolgspotential bereitet indes häufig Schwierigkeiten.

Quantitative Methoden testen Innovationen in der Regel zu negativ. Mit psychologischen Verfahren wird dagegen häufig Richtung und Ausmaß der Transferierbarkeit überzogen, weil der Testperson der eigentliche Markenkern nicht bekannt ist. Daher ist eine Mischung aus psychologischen, quantitativen und analytisch-markentechnischen Methoden anzuwenden. Letztlich ist und bleibt die Festlegung von neuen Produktsegmenten für einen Markentransfer immer eine unternehmerische Entscheidung mit Risiko, das es mit den geeigneten Methoden zu minimieren gilt. Im übrigen kann der in seinem Markt erfahrene potentielle Lizenznehmer hier auch noch wertvollen Input geben.

Lizenzierungsziele und Strategie - Man muß sich darüber klar sein, welche Ziele man mit der Lizenzvergabe einer Marke verfolgt. Da mit der Lizenzierung sehr unterschiedliche positive Effekte erzielt werden können, sollte man genau festlegen, welche dieser Effekte man mit welcher Priorität und in welcher Höhe erreichen möchte. Nur so können die Einzelmaßnahmen des Lizenzprogramms zielgerichtet und effizient eingesetzt werden (vgl. zu den Vorteilen und Zielen Abschnitt 2.6).

Es ist hilfreich, diese Überlegungen möglichst eindeutig und verbindlich in einem kurzen schriftlichen Dokument festzuhalten. Diese Lizenzstrategie sollte neben den Lizenzzielen auch die wesentlichen Eckpfeiler des Lizenzprogramms (wie z. B. angestrebte Produktsegmente, Positionierung, Zielgruppen, Partner, Markenstrategie und lizenzvertragliche Eckpfeiler) beinhalten.

Wichtig in diesem Zusammenhang ist beispielsweise die Frage, ob über das Lizenzprogramm Neukunden für die Marke gewonnen werden sollen (und wenn ja wie viele) oder ob die bestehenden Käufer stärker ausgeschöpft werden sollen. In jedem Fall stellt das erste Ziel höhere Anforderungen an das Markenmanagement, weil die Marke dann eine größere und inhomogenere Zielgruppe bedienen muß. Überschneidungsanalysen bringen hier oft interessante Erkenntnisse zu Tage.

Ausschließen von Produktkategorien - Bei der Durchführung des Programms stellt man oft fest, daß sich die Überlegungen in manchen der angestrebten Produktsegmente doch nicht verwirklichen lassen. Gewisse Produktkategorien sollten jedoch von vornherein ausgeschlossen werden, um später gar nicht in die Versuchung einer Lizenzvergabe zu kommen. Solche Ausschlußkriterien für Lizenzprodukte können zum Beispiel gesundheitliche Bedenklichkeit (Alkohol, Rauchen), Schadens- und Ausfallrisiko (wartungs- und reparaturintensive Produkte), Produkthaftungsrisiko oder schwankende Qualitäten sein.

Zielmarktanalyse - Verschaffen Sie sich einen Überblick über die angestrebten Marktsegmente, ihre Produkt-, Handels- und Wettbewerbsstrukturen und die aus der Sicht Ihrer Marke zu erfüllenden Erfolgsfaktoren. Nur mit diesen Grundlagen lassen sich erste Vorstellungen über eine spezifische und differenzierte Positionierung Ihrer Marke im jeweiligen Segment und ein erstes Produktkonzept entwickeln. Ohne solche Vorstellungen sind Gespräche mit potentiellen Lizenznehmern nicht zielführend. Oft führt nicht der mangelhafte Fit zwischen Marke und Zielprodukt zum Flop, sondern ein ungünstiges strukturelles Umfeld im Zielmarkt.

4.2 Lizenzvertrag

Vor der Gesprächsaufnahme mit potentiellen Lizenznehmern sollte man sich über die wesentlichen Elemente des Lizenzvertrags und ihre Ausgestaltung klar werden. Folgende Punkte sollte der Lizenzvertrag in jedem Fall beinhalten:

- **Art und Umfang der Lizenz** - Für welche Produkte bzw. Dienstleistungen (gegebenenfalls ausführliche und eindeutige Liste als Vertragsanhang) und für welche Region darf die Marke verwendet werden? Handelt es sich um eine ausschließliche Lizenz (Exklusivität)? Ist die Selbstbenutzung der Marke im Geltungsbereich durch den Lizenzgeber auszuschließen? Ist es dem Lizenznehmer erlaubt, Unterlizenzen zu vergeben?

- **Markenbenutzung** - In welcher Form (Layout, Größe, Farbe) darf die Marke benutzt werden? Welche zusätzlichen Ausstattungsmerkmale sind erlaubt? Welche andere Markierung darf auf den Lizenzprodukten erfolgen? In welcher Formulierung und Form soll gegebenenfalls ein Lizenzvermerk angebracht werden?

- **Qualitätskontrollen** - Wie werden Qualitätsstandards für die Lizenzprodukte formuliert? In welcher Form und Häufigkeit nimmt der Lizenzgeber Qualitätskontrollen vor? Ist der Lizenzgeber zu einer Vor-Ort-Besichtigung auf dem Gelände des Lizenznehmers berechtigt?

■ **Freigaben** - Nach welchen Regelungen und Zustimmungserfordernissen darf der Lizenznehmer neue Produkte auf den Markt bringen? Welche Zustimmungserfordernisse gelten für jegliche Art der erstmaligen oder geänderten Benutzung der Marke, sei es auf Produkten oder Kommunikationsmitteln (Prospekte, Anhänger, Werbung usw.)?

■ **Lizenzgebühren** - Hierbei geht es um Aspekte wie Höhe, Bemessungsgrundlage (Verkaufspreis, Rabatte, V+V, Skonti und Retouren), Zahlungs- und Abrechnungsmodalitäten, Nachweisführung und Kontrollmöglichkeit, Umsatz- und Ertragssteuern, Währung und Kursrisiko (vgl. Kapitel 4.3).

■ **Haftung** - Gewährleistung des Lizenzgebers? Haftung für Herstellung und Inverkehrbringung der Lizenzprodukte? Produkthaftung?

■ **Markenschutz** - Wer ist zuständig für die Aufrechterhaltung des Markenschutzes und die Verteidigung der Marke gegen Verletzungen Dritter? Wer trägt die diesbezüglichen Kosten?

■ **Vertragsdauer und Vertragsbeendigung** - Laufzeit? Verlängerungsmodalitäten? Kündigungsfristen und Gründe für außerordentliche und fristlose Kündigung?

■ **Modalitäten nach Beendigung** - Wie ist mit noch vorhandenen Lagerbeständen zu verfahren? Fristen und Abrechnungsmodalitäten für Abverkäufe? Rückgabe der überlassenen Unterlagen und Rechte?

■ **Nachfolgeregelungen** - Verpflichtungen im Falle der Veräußerung des Geschäftsbetriebs von Lizenzgeber oder Lizenznehmer bzw. der Veräußerung der Marke?

Darüber hinaus empfiehlt es sich aber auch, die organisatorischen Grundsätze der Zusammenarbeit bereits im Vertrag zu regeln. Dazu gehören beispielsweise Fragen wie die Benennung von Verantwortlichen in Stellvertretern mit Entscheidungsvollmacht, die einvernehmliche Erstellung und Verabschiedung eines jährlichen Marketing-Plans, regelmäßige Review-Meetings, die Ausgestaltung des Berichtswesens sowie die Regelung der Zuständigkeiten in der Markenführung (vgl. dazu Kap. 4.5).

4.3 Lizenzgebühren

Eine der am häufigsten gestellten Fragen, aber auch der bestgehütetsten Geheimnisse ist die Höhe der Lizenzgebühren. Leider gibt es hierfür weder Marktpreise noch allgemein anerkannte analytische Verfahren. Die Höhe hängt im Einzelfall von einer Reihe unterschiedlicher Faktoren ab und ist letztlich immer Verhandlungssache. Abbildung 2 gibt einen Überblick über die groben Durchschnittswerte in Abhängigkeit von der Lizenznehmerbranche. Die übliche Lizenzgebühr liegt zwischen 6 % und 8 % vom Nettoumsatz. Die Streubreite von Einzelwerten ist allerdings weitaus größer. Bei der Bewertung dieser Zahlen ist immer mit zu berücksichtigen, welche weiteren Rechte neben der

Marke betroffen sind – beispielsweise Kundenlisten, Know-how, Rezepturen, Patente, Designs etc.

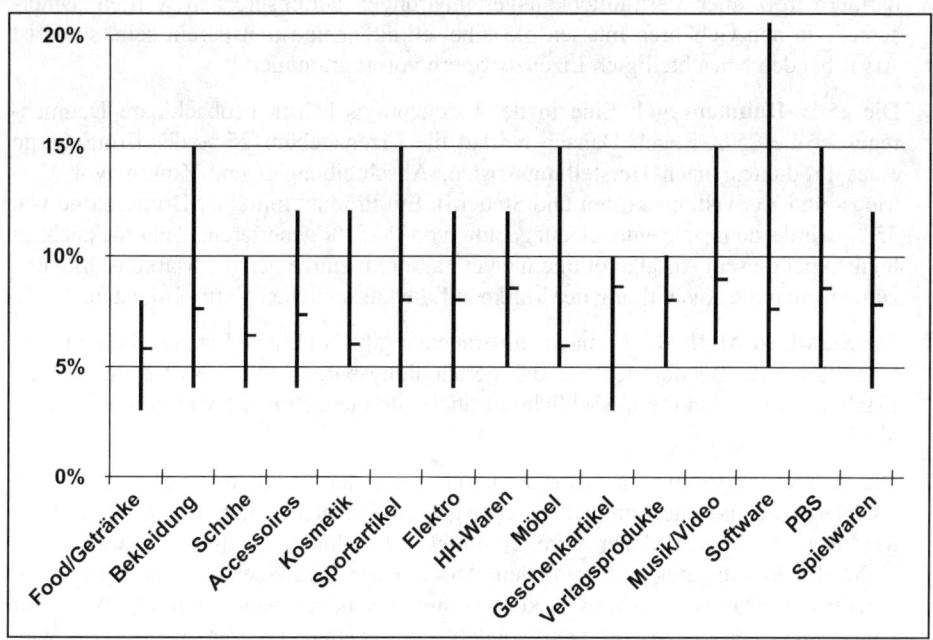

Abbildung 2:   Lizenzgebühren in Prozent vom Nettoumsatz
Quelle: BLP-Datenbank, TLL, Smith/Parr, 1998.

Üblich ist - wie oben dargestellt - eine **umsatzbezogene Lizenzvereinbarung**. Dazu kommt in der Regel die Vereinbarung eines Minimums pro Abrechnungsperiode, das in jedem Fall - also auch bei geringen Umsätzen - fällig wird. Sehr populäre Marken verlangen darüber hinaus auch eine einmalige Einstiegsgebühr bei Vertragsabschluß. Alternativ zur umsatzabhängigen Gebühr sind auch **Stücklizenzen** vorzufinden (Festbetrag pro verkauftem Stück).

Die richtige und gerechte Bemessung von Lizenzgebühren für Marken ist schwierig und erfordert sowohl Erfahrung als auch Fingerspitzengefühl - hängt davon doch die langfristige Gewinnverteilung aus einem Geschäft unter Partnern ab. In Theorie und Praxis finden sich daher eine ganze Reihe von Vorschlägen zur Bemessung von Lizenzgebühren.

■ Die **„Das machen wir sonst auch so"** - Regel: Wenn einer von zwei Verhandlungspartnern bereits Erfahrungen mit Lizenzverträgen hat, wird er die dort vereinbarten Lizenzgebühren als Grundlage vorschlagen, sofern sie seine Argumentation nach oben oder unten stützen. Wenn dann keine weiteren Argumente vorliegen, bleibt es der Einfachheit halber bei dieser Lizenzgebühr. Aus Sicht eines Markeninhabers, der ein Lizenzprogramm mit mehreren Lizenzpartnern betreibt, kann eine solche Vorgehensweise sogar empfehlenswert sein, da sich die Lizenzgebühren unter den Lizenzpartnern trotz aller Vertraulichkeitsvereinbarungen herumsprechen werden. Unterschiede in den Gebühren müssen plausibel erklärbar und transparent sein, sonst ist Ärger bei den benachteiligten Lizenzpartnern vorprogrammiert.

■ Die **25 %-Daumenregel**: Eine in der Lizenzpraxis häufig beobachtbare Daumenregel ist die 25 %-Regel. Danach beträgt die Lizenzgebühr 25 % der Bruttomarge eines Produktes (nach Herstellungskosten, Abschreibungen und Zinsen, vor Vertriebs- und Verwaltungskosten und Steuern). Ein Produkt mit einer Bruttomarge von 35 % würde demnach eine Lizenzgebühr von 9,25 % generieren. Unberücksichtigt bleiben bei diesem Ansatz vor allem zwei Faktoren: zum einen die Markenstärke und zum zweiten die Auswirkung der Marke auf die tatsächlichen Vertriebskosten.

■ Die **Standard-Methode**: In manchen Branchen gibt es übliche Lizenzgebühren oder zumindest enge Bandbreiten, die die Verhandlungspartner glauben zu kennen. Aller Erfahrung nach sind die tatsächlichen Bandbreiten jedoch meist viel größer als man glaubt.

■ Die **Scoring-Methode**: Hier wird der unterste und der oberste beobachtbare Wert in einer Branche als Unter- und Obergrenze gesetzt. Danach erfolgt eine Bewertung der Marke anhand verschiedener Kriterien mittels eines Punktbewertungsverfahrens. Die Höhe des Punktwertes bestimmt den Abstand der Lizenzgebühr von Unter- und Obergrenze. Dieses Verfahren ist korrekt und anwendbar, wenn nicht nur Werte für Unter- und Obergrenze vorliegen, sondern noch weitere Referenzwerte sowie weitere Detailkenntnisse der Rahmenbedingungen, unter denen diese Werte zustande gekommen sind.

■ Die **Preisprämien-Methode**: Hier wird ganz einfach der höhere Preis, der durch die Nutzung der Marke auf einem Produkt erzielt werden kann, als Lizenzgebühr vereinbart. Dies setzt jedoch voraus, daß die Produkte bereits in identischer Form existieren und nur noch „belabelt" werden. Zudem müssen die erzielbaren Preise bereits bei Vertragsabschluss bekannt sein. Beides ist in der Praxis sehr selten der Fall.

■ Die **DCF-Methode** (discounted cash flow): Dies ist eine Methode, die der Lizenznehmer anwenden sollte, um den Wert des vorgeschlagenen Lizenzgeschäftes für sich selbst beurteilen zu können. Dabei müssen Investitions-, Finanzierungs- und Synergieaspekte mit dem bisherigen Geschäft berücksichtigt werden. Wenn der entsprechende Business Plan erstellt ist, kann das Wertsteigerungspotential aus dem Lizenzgeschäft bei alternativen Royalty-Sätzen ermittelt werden. Verhandlungsmasse sind die positiven Wertbeiträge aus den Synergieeffekten mit dem bisherigen Geschäft des Lizenznehmers. In der Regel sollten diese Effekte ausschließlich dem Lizenznehmer zu gute kommen. Zur Verifizierung von Verhandlungen sollte diese Methode auf jeden Fall eingesetzt werden. Dabei ist zu berücksichtigen, daß die Ergebnisse – wie immer beim Einsatz dieser Methode – stark von Prognosegenauigkeit und Diskontierungsfaktor abhängen.

■ Die **Allocating-Income-Methode**: Bei dieser Methode wird der Gesamtwert eines Unternehmens oder Geschäftsfeldes auf die einzelnen Vermögensgegenstände in einem iterativen Verfahren aufgeteilt, darunter auch die Marke. Aus dem Wert der Marke und einem Renditeanspruch für immaterielle Vermögenswerte wie Marken (üblicherweise zwischen 14 % und 18 % p. a.) wird der aus der Marke zu erzielende Mindestertrag ermittelt. Dieser Mindestertrag geteilt durch die erwarteten Umsätze entspricht der maximalen Lizenzgebühr. Problematisch bei dieser Methode ist, daß die Lizenzgebühr mit dieser Methode entweder für das Eigengeschäft des Lizenzgebers oder für das Eigengeschäft des Lizenznehmers ermittelt werden kann. Es ist damit für eine finanzielle Markenwertbestimmung geeignet, jedoch weniger für Markenlizenzgebühren in neuen Märkten.

■ Die **Markenwert-Methode**: Die Diskussion über den Markenwert nimmt in Marketingwissenschaft und -praxis derzeit einen großen Stellenwert ein. Die Zahl der in den letzten Jahren vorgeschlagenen Bewertungsverfahren liegt mittlerweile bei ungefähr 20 (vgl. hierzu den Beitrag „Ansätze zur Messung des Markenwerts" in diesem Buch). Die meisten der vorgeschlagenen Verfahren begründen ihren Nutzen u.a. auch mit der Einsetzbarkeit zur Ermittlung von Lizenzgebühren. Abgesehen davon, daß keines dieser Verfahren erprobt und allgemein anerkannt ist, wird für die Problematik der Lizenzgebühr verkannt, daß die für den Lizenznehmer relevanten finanziellen Auswirkungen seiner ganz spezifischen Markt- und Kostenposition dabei nicht berücksichtigt werden. Außerdem wird üblicherweise der Wert der Marke im Lizenzsegment gar nicht ermittelt. Und wenn man dies doch täte, wäre er vor und kurz nach einer Einführung im Lizenzsegment immer noch sehr gering. Insofern haben diese Methoden für die Lizenzproblematik noch keine Bedeutung erlangt.

Am besten verfährt man in der Praxis erfahrungsgemäß mit der Scoring-Methode, die der Lizenznehmer noch um eine DCF-Methode ergänzen sollte. Wenn die Einigung über die Lizenzgebühr dann immer noch schwerfällt, kommen in der Praxis oft Anpassungsmodelle zum Einsatz, z. B. nach oben oder unten gestaffelte Lizenzgebühren oder Anpassungen der Lizenzgebühr oder der Minima im Zeitablauf.

Im einzelnen sind es folgende Faktoren, die die Höhe der Lizenzgebühr beeinflussen können:

■ **Marke** - Ganz entscheidend sind alle Einzelfaktoren des Markenwerts wie Bekanntheitsgrad, Loyalität, Sympathie bzw. Vertrauen sowie Werbeausgaben und erzielte Preisprämien.

■ **Zielsegment** - Die allgemeine Marktsituation im Zielsegment hat großen Einfluß auf die Lizenzgebühr. Je attraktiver das Segment und je höher die branchenüblichen Gewinnmargen, desto höher die Lizenzgebühr. Hohe Marketingausgaben im Segment führen dagegen eher zu Abschlägen bei der Lizenzgebühr, da der Lizenzgeber von Werbung und Marktbearbeitung durch den Lizenznehmer profitiert. Ein weiterer wichtiger Faktor ist der bisherige Markierungsstand bzw. die „Wertigkeit" der im Segment konkurrierenden Marken im Vergleich mit der Wertigkeit der Lizenzmarke.

■ „**Fit**" - Mit Fit ist das Ausmaß angesprochen, in dem Marke und angestrebtes Zielprodukt zusammenpassen. Dazu gehört beispielsweise die Stärke der Transferklammer, die Unterscheidungs- bzw. Differenzierungskraft der Marke im Zielsegment oder der spezifische Bekanntheitsgrad bei der angestrebten Zielgruppe.

■ **Lizenznehmer** - Je leistungsstärker der Lizenznehmer ist, desto geringer wird die Lizenzgebühr ausfallen. Zur Leistungsstärke gehört beispielsweise sein nachgewiesener Markterfolg im Segment, sein Marken-Know-how und sein Zugang zu Vertriebskanälen. Gibt es zum betrachteten Lizenznehmer keine echte Alternative, wird sich dieser Umstand ebenfalls senkend auf die Lizenzgebühr auswirken. Hat der betrachtete Lizenznehmer dagegen aufgrund einer „strategischen Lücke" (eigene Marken, Markenportfolio, Auslastung der Kapazitäten und Größe) einen dringenden Bedarf für die Lizenz, ist die Lizenzgebühr höher zu bemessen.

■ **Lizenzgegenstand** - Der Wert der Marke in neuen Produktfeldern ist um so höher, je prägnanter, wiedererkennbarer und bildlicher das Symbol der Marke gestaltet ist. Darüber bemißt sich die Höhe der Lizenz auch danach, ob zusätzlich zum Recht zur Benutzung der Marke weitere Produktausstattungen wie Grob- oder Detaildesign, Rezepturen, Know-how und Verfahren sowie ein Produktkonzept in den Vertrag aufgenommen werden. Ausschließlichkeit und Exklusivität haben ebenfalls einen höheren Preis.

■ **Verhandlungsführung** - Trotz aller Daumenregeln und analytischen Methoden wird die Lizenzgebühr zu einem beträchtlichen Teil durch die Verhandlungsführung bzw. die Verhandlungsdominanz bestimmt. Erfahrene Verkäufer bzw. Einkäufer erzielen hier oft sehr positive Erfolge - unabhängig davon, ob sie über objektiv nachvollziehbare Argumente verfügen. Insofern sollten sich beide Seiten gut überlegen, welche Person sie in die Verhandlungen schicken.

4.4 Partnerselektion

Das richtige Lizenzkonzept zu haben ist erst der Anfang. Mindestens genauso wichtig ist es, den bestgeeigneten Lizenznehmer unter Vertrag zu bekommen. Bestgeeignet bedeutet in diesem Zusammenhang nicht nur eine nachgewiesene hohe Leistungsstärke in seinem Geschäftsfeld, sondern auch eine grundsätzliche kulturelle Ähnlichkeit mit dem Lizenzgeber in Sachen Markenführung und Marketing. Schließlich geht es um die Marke, und da sollten beide Vertragspartner über möglichst lange Zeit nicht nur an einem Strang, sondern immer auch in die gleiche Richtung ziehen.

Es lohnt sich daher in jedem Fall, alle Anbieter im angestrebten Segment systematisch zu identifizieren und zu bewerten. Dies sollte zunächst anonym mit Hilfe von Sekundärmaterial bewerkstelligt werden, um eine erste Vorauswahl zu treffen. Die potentiellen Partner in der Endauswahl können dann durchaus im direkten Kontakt „auf Herz und Nieren" geprüft werden. Konkrete Verhandlungen sollten dann lediglich mit den letztverbleibenden Unternehmen geführt werden. Wichtig bei der Bewertung ist, daß nicht nur die Leistungsstärke im Status Quo betrachtet wird. Vielmehr muß der Lizenznehmer in der Lage sein, die für die spezifische Positionierung der Marke gültigen Erfolgsfaktoren zu erfüllen. Und die unterscheiden sich häufig ganz wesentlich von seinem bisherigen Geschäft.

Eher zufällige Partnerschaften nach dem Motto „Ich kenne da jemanden, der so etwas herstellt" sind ebenso riskant wie existierende Kontaktnetzwerke oder auch ad hoc-Anfragen von interessierten Lizenznehmern. Man sollte sich in jedem Fall die Mühe machen, alle vorhandenen Alternativen sorgfältig zu bewerten und erst im Anschluß daran eine Entscheidung zugunsten eines Partners zu treffen.

Grundsätzlich gibt es zwei Arten von Lizenzpartern. Typ 1 ist bereits mit einer eigenen Marke oder einer Lizenzmarke im Zielsegment (Produkt, Preis) mit nachgewiesenem Erfolg tätig. Typ 2 ist in diesem Segment noch nicht tätig, hat aber großes strategisches Interesse, in dieses Segment einzutreten. Das Risiko bei Typ 1 ist, daß das Lizenzgeschäft sein bisheriges Geschäft kannibalisiert und er deshalb mittelfristig das Interesse verliert. Typ 1 sollte mit einer entsprechend hohen Minimumvereinbarung motiviert werden, sich dauerhaft für das Lizenzgeschäft einzusetzen. Außerdem sollte darauf gedrängt werden, daß Typ 1 das Lizenzgeschäft in einem eigenständigen Profit Center führt, evtl. sogar in einer eigenständigen Rechtsform. Das Risiko bei Typ 2 ist, daß er nicht über das Know-how für das Zielsegment verfügt und deshalb flopt. Bei Typ 2 ist entscheidend, mit welchen Maßnahmen er gedenkt, das noch nicht vorhandene Know-how aufzubauen. Ein Allgemeinrezept, welcher Typ vorzuziehen ist, gibt es nicht.

Wichtig bei der Entscheidung ist auch, daß die Organisations- und Entscheidungsstrukturen der Partner sowie die Bedeutung der Lizenzvereinbarung auf beiden Seiten ähnlich ist. Ein Großkonzern in Lizenzpartnerschaft mit einem Freiberufler wird ebenso schwer funktionieren wie ein Lizenzgeschäft, das für einen der Partner 50 % seines Umsatzes und für den anderen nur 3 % bedeutet. Bei internationalen Partnerschaften ist darüber hinaus das sprachliche Problem zu berücksichtigen. Wenn nur der Geschäftsführer und eine Mitarbeiterin aus der Exportabteilung Englisch sprechen, wird die Detailarbeit nahezu unmöglich.

4.5   Organisation und Markenführung

Neben Konzeption und Partnerwahl ist die intensive und ständige Betreuung der Lizenzpartner der dritte Erfolgsfaktor. Dafür sind zunächst die organisatorischen, personellen und finanziellen Voraussetzungen zu schaffen.

Organisatorisch sind beim Lizenzgeber die Zuständigkeiten für die Lizenzvergabe und den rechtlich bindenden Umgang mit den Lizenznehmern zu klären. Dies sollte in der Regel eine eigenständige Funktion mit mindestens einem Vollzeitmitarbeiter sein. Dabei ist in der Regel die Einbindung in das Markenmanagement vorteilhaft. Weiterhin ist festzulegen, welche Erfolgsanreize für die verantwortliche Person geschaffen werden. Aus motivatorischen, steuerlichen und finanziellen Gründen empfiehlt sich in einigen Fällen die Gründung einer rechtlich selbständigen „Lizenzierungs-Gesellschaft". Alternativ ist auch die Gründung eines Joint-Ventures denkbar, in das der Lizenznehmer Anlagevermögen und Kapital, der Lizenzgeber immaterielle Vermögensgegenstände in Form der Nutzungsrechte an der Marke einbringt.

Konzeption, Aufbau und laufende Betreuung eines Lizenzprogramms können sehr zeitintensiv sein. Ein Teil der hier anfallenden Tätigkeiten, insbesondere in der Aufbauphase, kann über externe Experten und Dienstleister (Berater, Agenten, Juristen) abgewickelt werden. Nicht unterschätzt werden darf der spätere laufende Betreuungsaufwand für Markenführung, Marketing- und Vertriebskoordination, Administration, Gebühreninkasso und Vertragsmanagement. Dafür muß **Personalkapazität** mit der entsprechenden Qualifikation bereitgestellt werden. Eine grobe Daumenregel besagt, daß etwa ein Drittel der eingenommenen Lizenzgebühren für Aufbau und Betrieb des Lizenzprogramms budgetiert werden müssen.

Hinsichtlich der **Finanzierung** muß klargestellt werden, daß der Aufbau eines Markenlizenzgeschäftes in den ersten beiden Jahren eine Anschubfinanzierung benötigt. Die Vorarbeiten sind in aller Regel beträchtlich. Nennenswerte Rückflüsse sind erst nach den zum Teil langwierigen Phasen wie Partnersuche, Vertragsabschluß, Produktentwicklung und Markteinführung zu erwarten.

Neben diesen vom Lizenzgeber allein zu lösenden Fragen muß auch die **Zusammenarbeit** zwischen Lizenzgeber und -nehmer in Fragen des Marketing und der Markenführung geklärt werden. Je nach Marke finden sich hier in der Praxis ganz unterschiedliche Modelle. In einem Extremfall hat der Lizenznehmer hinsichtlich Vermarktung und Markenführung in seinem Produktsegment völlig freie Hand. Im anderen Extremfall verbleibt die gesamte Markenführung beim Lizenzgeber; die Lizenznehmer zahlen einen festgelegten Umsatzprozentsatz für Werbung an den Lizenzgeber; dieser beauftragt eine Werbeagentur mit der Werbung für alle Markenprodukte, egal ob Eigen- oder Lizenzprodukt; darüber hinaus engagiert sich der Lizenzgeber im Design neuer Lizenzprodukte. Zwischen diesen beiden Extremen sind beliebige Varianten denkbar, wie beispielsweise Dachmarkenwerbung durch den Lizenzgeber und Produktwerbung durch den Lizenznehmer. Ausschlaggebend für die konkrete Ausgestaltung sind jeweils die Anforderungen der Marke und ihrer Produkte an eine zentrale Markenführung. Dies wird anfangs oft unterschätzt. Man kann dann nach 5 bis 10 Jahren feststellen, wie der Lizenzgeber unter großen Friktionen versucht, die Freiheitsgrade seiner Lizenznehmer einzuschränken und die Marke wieder selbst in den Griff zu bekommen.

Pflichtaufgabe für den Markeninhaber ist in jedem Fall das Marken-Controlling. Dazu bedarf es entsprechender Informationen von den Lizenznehmern und einer engen Zusammenarbeit mit dem Inhouse-Brandmanager. Die Ergebnisse dieses Controlling-Prozesses fließen in die Rahmenvorgaben an die Lizenzpartner ein.

Unabhängig von der Aufgabenteilung sollten die Partner jedes Jahr im Rahmen der üblichen Planungsprozesse einvernehmlich und von beiden Seiten verbindlich einen **Marke-**

ting-Plan erstellen. Bei dieser Gelegenheit sollte der Lizenzpartner über den Marketing-Plan im Eigengeschäft des Markeninhabers informiert werden. Die Umsetzung des Marketing-Plans sollte wenigstens in quartalsweisen **Review**-Sitzungen diskutiert werden. Außerdem sollten sich alle Lizenzpartner wenigstens halbjährlich im Rahmen einer Konferenz treffen, um den Informationsaustausch und die Koordination sicherzustellen.

Zur Vereinfachung der gesamten Administration, des Reportings, der Dokumentation und der Zahlungsabwicklung zwischen den Lizenzpartnern empfiehlt sich der Einsatz einer geeigneten **Software**. In den USA wurden dafür einige Standardlösungen entwickelt, die mittlerweile sehr ausgereift sind und auch für deutsche Verhältnisse verwendet werden können. Ihr Einsatz spart oft bis zu zwei Drittel der Arbeitszeit für Verwaltung und Paperwork; damit verbleibt mehr Zeit für die eigentlich wertschöpfende Arbeit gemeinsam mit den Lizenzpartnern.

In der Praxis zeigt sich, daß sich dieser Aufwand lohnt. Die großen Unterschiede im Erfolg von Lizenzmarken liegen nur zum kleinen Teil an der Stärke der Marke und ihrem Transferpotential. Ausschlaggebend sind vielmehr Qualifikation und Persönlichkeit des Lizenzmanagers, ein komfortables Budget sowie eine enge Steuerung der Lizenzpartner durch den Markeninhaber. Nicht umsonst sind Firmen wie BOSS und DAVIDOFF die Könige unter den Lizenzmarken.

Ferdinand Dudenhöffer

Systemmarken - Vernetzung produktnaher Angebote um Marken

1. Kundenwertschöpfungskette im Fokus

„Allianz und Dresdner müssen sich neu erfinden", titelte die Frankfurter Allgemeine Zeitung am 7. Mai 2001 bei der Kommentierung der Übernahme der Dresdner Bank durch den Allianz-Versicherungskonzern. Der eigentliche Kraftakt für beide Unternehmen besteht in der Umsetzung eines integrierten Allfinanzkonzerns, für den es weltweit kein wirklich vergleichbares Vorbild gibt. Die Innovation der Verbindung liegt im Bereich „Allianz/Dresdner Financial Services". Dazu gehört der Bank- und Versicherungsbetrieb im Privatkundenbereich der Dresdner Bank einschließlich der Advance Bank, das Lebensversicherungsgeschäft der Allianz in Deutschland, die von der Allianz im Aufbau befindliche Finanzplanerorganisation und das Hypothekengeschäft. Die gedankliche Klammer um den neuen Bereich ist die Kombination von privater Altersvorsorge und Banking. Angelagert im Versicherungsbereich der Allianz sind alle Sachversicherungen für den Privatkunden – angefangen von der Haftpflicht für das Auto bis zum Hausschutz. Es entsteht, so die Vision, eine Marke, die entlang der Kundenwertschöpfungskette Finanzbedarf bündelt[1]. Der Kunde und seine Bedürfnisse auf einem breiten Feld stehen dabei im Mittelpunkt und nicht isolierte Produkte wie Wertpapiere, Lebensversicherungen, Sachversicherungen oder Zahlungsverkehr.

Dies unterscheidet sich deutlich von einer Dachmarken-Strategie, wie etwa bei der Deutschen Bank, bei der ein bunter Strauß von Produkten mit dem „Balken" der Deutschen Bank gelabelt wird. Mal ist der Privatkunde eher weniger erwünscht und wird öffentlichkeitswirksam an die Bank 24 abgeschoben, mal erkennt man Gewinnpotenziale im Fond-Verkauf des Privatkundengeschäfts, nennt die Bank 24 in Deutsche Bank 24 um und kümmert sich trotz Investment-Banking-Ausrichtung dann wieder um den Privatkunden. Strategisch wechselhaft stehen Produkte und Sortimente im Mittelpunkt, um welche sich die Dachmarke „Deutsche Bank" rankt. Unter einem Dachmarken-Konzept können fast beliebig Produkte, die in einem Branchen- oder Sortimentszusammenhang stehen, unter dem Schirm eines gemeinsamen Absenders zusammengefaßt werden. Dabei kann die Marken-Klammer über ein großes Spektrum von sehr unterschiedlichen Kundengruppen laufen. So wie etwa unter dem Absender Mercedes-Benz die schweren Nutzfahrzeuge der Actros-Klasse, der Transporter Sprinter, der C-Klasse-Pkw, der Sportwagen SLK oder die S-Klasse-Limousine zusammengefaßt werden[2].

Der Systemanbieter dagegen stellt den Kunden in den Mittelpunkt und definiert für ein breites Spektrum nachgelagerter Kundenbedürfnisse zusammenhängende Produkt-Service-Ketten. Fast alle Automobilhersteller haben mittlerweile das technische Produkt

---

1 Weitere Beispiele für Produkt-Service-Markierungen entlang durchgehend definierter Kundenwertschöpfungsketten gibt Dudenhöffer (1997), Dudenhöffer (1998a), Kapitel 4.

2 Wie vielfältig ein Produkt-Spektrum sein kann, das unter einer Dachmarke zusammengeklammert wird, beschreibt Meffert (2000, S. 862 ff.). So werden beim klassischen Markenartikler Henkel über 10.000 Produkte unter das Henkel-Dach gestellt.

„Automobil" in ein Umfeld von Finanz- und Versicherungsangeboten integriert. Damit werden typische Risiken, wie etwa das Restwertrisiko[3] des Fahrzeugs, auf Kundenwunsch übernommen. Der technische Service und das Wartungsrisiko des Fahrzeugs lassen sich ebenfalls mit Serviceverträgen absichern, so daß das technische Produkt „Automobil" Stück für Stück zu einem markierten Mobilitätsangebot erweitert wird[4]. Dabei sind durch die Nutzung von Skalenerträgen und Bündlungssynergien durchaus Kostenvorteile gegenüber der vom Kunden einzeln zusammengestellten Leistung zu erzielen.

Abbildung 1 illustriert den Systemmarken-Ansatz und die Unterschiede zur Dachmarken-Strategie.

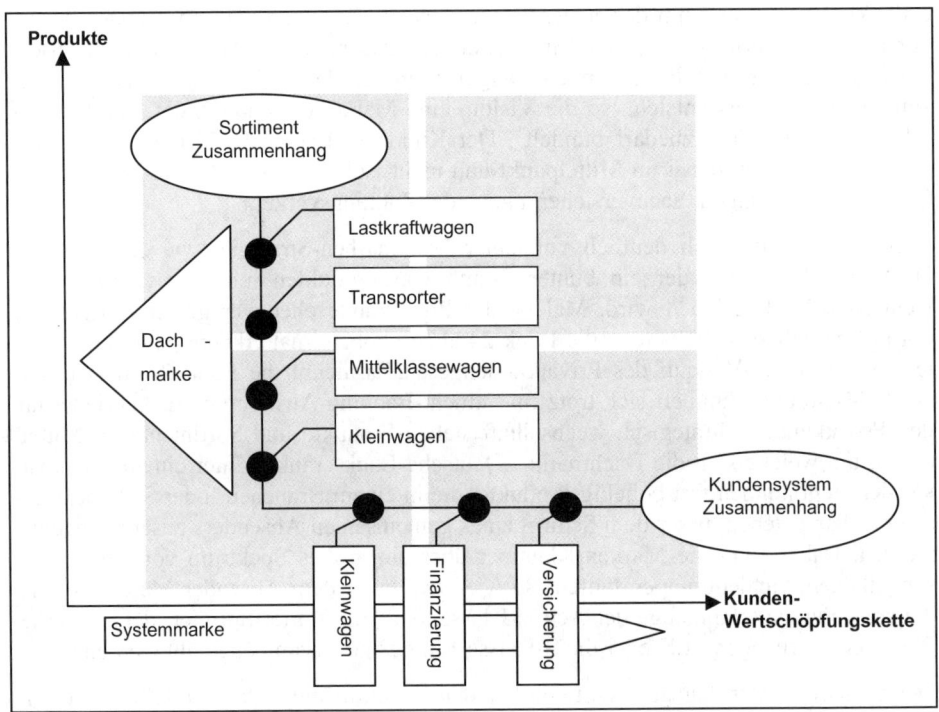

Abbildung 1:   Markierung entlang der Kundenwertschöpfungskette

---

3   Unter Restwertrisiko wird der bei Kaufabschluß eines Neuwagens unsichere zukünftige Wiederverkaufswert (Gebrauchtwagenpreis) verstanden.
4   Eine empirische Untersuchung zur Breite der Produkt-Service-Ketten der Automobilmarken in Deutschland findet sich bei Dudenhöffer (2000 a).

Während die Dachmarke durch Produktionssynergien, Skalenerträge im Distributionssystem und Economies of Scale in Kommunikation – also etwa der Umlage der Kosten zum Aufbau von Marken-Bekanntheit auf einen größeren Marken-Sortimentumsatz – geprägt wird, zielt die markierte Systemleistung auf die systematische Nutzung des Cross-Selling-Synergiepotentials. Damit werden die hohen Akquisitionskosten für neue Kunden auf große Ausgabenbeträge umgelegt. Der Systemanbieter fokussiert die Kundenbeziehungen. Economies of Scope stehen bei der Systemmarke im Vordergrund.

Neben diesen Bündelungsvorteilen erzeugt eine Systemmarke auf dem Feld langlebiger Gebrauchsgüter einen weiteren Markierungswert. Langlebige Gebrauchsgüter wie Automobile wechseln im Laufe ihres Produktlebens mehrere Male den Besitzer. Damit erhält jeder Eigentümer eines Fahrzeugs objektive Wertsignale der Marke in Form von Gebrauchtwagenpreisen oder Restwerten. Dabei werden Marktpreise für Fahrzeugrestwerte durch Internet-Gebrauchtwagenbörsen, wie www.mobile.de oder www.autoscout24.de, in besonderem Maße transparent und nahezu ohne Kosten abrufbar. Restwert-Analysen zeigen, daß Fahrzeuge der Marken Mercedes-Benz, BMW, Porsche oder VW, die einen deutlichen Vorsprung bei dem Angebot längerer, durchgängiger Produkt-Service-Ketten gegenüber Importeursmarken im deutschen Markt besitzen (vgl. Dudenhöffer, 2000 a), deutlich bessere Restwerte über den Fahrzeuglebenszyklus erzielen als etwa koreanische oder japanische Fahrzeuge. Und dies, obgleich die Langzeitqualität und Langfristrobustheit von japanischen Fahrzeugen durch die jährlich publizierte Pannenstatistik des ADAC oder des TÜV-Reports deutlich unterstrichen werden[5].

Das Spektrum der Marke eines Systemanbieters ist vielschichtiger und erlaubt über „Fahrzeug-Restwert"- oder „Wiederverkaufswert"-Informationen dem Kunden ein klares Signal über die Wertstabilität seiner Automarke zu geben. Automarken, deren Produkte in schlüssige Produkt-Service-Ketten integriert sind, besitzen damit die Möglichkeit, den Fahrzeug-Restwert antizyklisch aufzubauen und so den langfristigen Kundenwert ihrer Produkte zu steigern. Damit treten bei der Systemmarke nicht die isolierten Kosten eines Inselprodukts in den Mittelpunkt, sondern Preise und Werte definieren sich durch die Costs of Ownership des langlebigen Gebrauchsguts. Der **Markenwert** für den Käufer ergibt sich jetzt aus dem **Value of Ownership** und nicht dem Sticker-Preis des Fahrzeugs.

---

5 Vgl. etwa Schmidt (2001) zur ADAC-Pannenstatistik. Aus der Auswertung von 3,5 Millionen Autopannen, bei denen der ADAC in Deutschland im Jahr 2000 Soforthilfe leistete, ergab sich folgendes Marken-Bild: Bei Kleinwagen, Kompakt-Fahrzeugen (Golf-Klasse) und Mittelklassewagen sind Toyota, Nissan, Mitsubishi mit den wenigsten Pannen führend. Selbst Fahrzeuge der oberen Mittelklasse wie ein Audi A6, ein 5er BMW und die Mercedes E-Klasse „sind deutlich unzuverlässiger als ein Toyota Starlet ... Für Gebrauchtwagenkäufer ist die Liste (ADAC-Pannenstatistik) eine Hilfe. Demnach muß man verstärkt zu japanischen Automobilen raten" (Schmidt, 2001).

Gemeinsame Klammer dieser vernetzten Produkt-Service-Ketten sind neue Markierungen – Systemmarkierungen, wobei die Entwicklung einer Produkt-Service-Kombination entlang einer Kundenwertschöpfungskette im Vordergrund steht.

2. Auslöser und Treiber der Entwicklung

Vier Auslöser und Treiber der Entwicklung zu Systemmarken lassen sich ausmachen. Zum einen kommen mit dem Informationszeitalter und Internet **Economies of Scope** zu einer bisher nicht gekannten Wirkung (vgl. u. a. Dudenhöffer, 1999; 2000 b). Mit der Nutzbarmachung der Economies of Scope steigt das Zusammenwachsen von Unternehmen und es entstehen neue Kundenwelten (Dudenhöffer, 2001 a). Als zweite Entwicklung ist in vielen Branchen und Märkten eine sich verstärkende **Produkt-Konvergenz** zu erkennen. Der Produktvorsprung verschwindet schneller und stärker, Design wird zum Differenzierungsmerkmal und isolierte Produkthelden verlieren an Stärke (Dudenhöffer, 1997, 1998). Als dritte Entwicklung ist zu beobachten, daß sich der Aufbau von Unique Selling- und Unique Advertising Propositions bei Produktmarken im Kommunikationsbereich schwieriger gestaltet (Dudenhöffer, 1998, Kapitel 2). Die vierte Entwicklung fußt auf den neuen Kommunikations- und Distributions-Hierarchien und -ebenen, die mit den neuen Informationskanälen entstehen.

2.1 Economies of Scope

In Branchen wie dem Bankensektor und der Automobilindustrie werden, gestützt durch global agierende Unternehmen und Informationstechnologien, zunehmend Economies of Scope ausschöpfbar. Diese Entwicklungen verstärken den Markenaufbau in Richtung der Systemmarke. Sowohl die neuen Allfinanz-Konzerne, wie etwa die Allianz-Dresdner, als auch die im Jahr 2001 noch verbleibenden 14 unabhängigen Automobilhersteller richten ihre Unternehmensstrategie zunehmend an integrierten Kundenwertschöpfungsketten aus. Abbildung 2 und Abbildung 3 illustrieren diese Trends.

Abbildung 2 zeigt, welche Möglichkeiten zur Wertschöpfungsketten-Verlängerung durch angelagerte Produkt-Service-Ketten im Automobilgeschäft existieren. Nur etwa 20 % aller Ausgaben, die ein Autofahrer im Lebenszyklus eines Fahrzeugs aufwendet, entfallen auf den Erwerb des Neuwagens. Dabei herrscht in den gesättigten Neuwagenmärkten in Europa, Nordamerika und Japan der typische Wettbewerbsdruck reifer Industrien. Der Neuwagenverkauf in diesen Marktgebieten wird fast ausschließlich durch Ersatzbedarf gedeckt. Die nachgelagerten Services dagegen besitzen Wachstumspotenzial und die neuen Informationstechnologien erlauben, neue innovative Produkte zu gestalten. Finanzdienstleistungsprodukte, wie die sogenannten Drei-Options-Finanzierungen oder Versicherungs-Finanzierungs-Pakete, wie etwa die „Prämie Light" bei

Volkswagen, sind Beispiele solcher junger Produkte[6]. Folgerichtig hat sich die Erschließung nachgelagerten Wertschöpfungsketten bei den Automobilherstellern zur Unternehmensstrategie entwickelt.

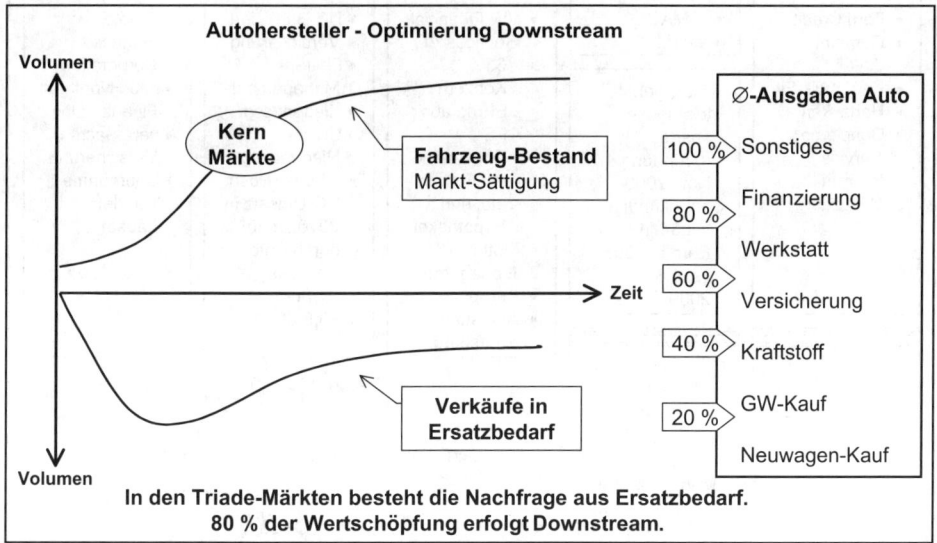

Abbildung 2:   Wertschöpfungspotenzial Downstream

Aus Abbildung 3 wird deutlich, daß die Finanzdienstleistungssparten (Ford Credit, GMAC, VW Financial Services AG, DC-Bank, Toyota Finance) der Automobilhersteller hierbei eine Schlüsselstellung einnehmen. Erfolgreich hat die Volkswagen-Gruppe ihre VW Financial Services AG ausgebaut, den internationalen Autovermieter Europcar integriert, Direktbank-Aktivitäten aufgebaut und im Großkundengeschäft mit einer eigenen Fuhrpark-Management-Gesellschaft komplette Mobilitätslösungen entwickelt. Zielsetzung ist, mittelfristig 33 Prozent des Konzern-Gewinns der Volkswagengruppe mit der Financial Services AG zu erwirtschaften. Diese Ziel haben die Automobilhersteller Ford und GM bereits erreicht. So trug im Jahr 2000 die Finanzsparte GMAC 36 Prozent zum Konzerngewinn von General Motors bei. In der Ford Motors Corporation erzielte mit 1,8 Mrd. US-$-Gewinn die Finanzsparte des Konzerns 33 Prozent des Konzerngewinns. Parallel wurden die Zulieferunternehmen Delphi Automotive Systems, das weltweit umsatzstärkste Automobilzulieferunternehmen und die Ford-Tochter Visteon mit einem Börsengang vollständig aus dem Unternehmen herausgelöst.

---

6   Weiter Beispiele und Erläuterungen hierzu vgl. Dudenhöffer, 1998 a, Kapitel 4.

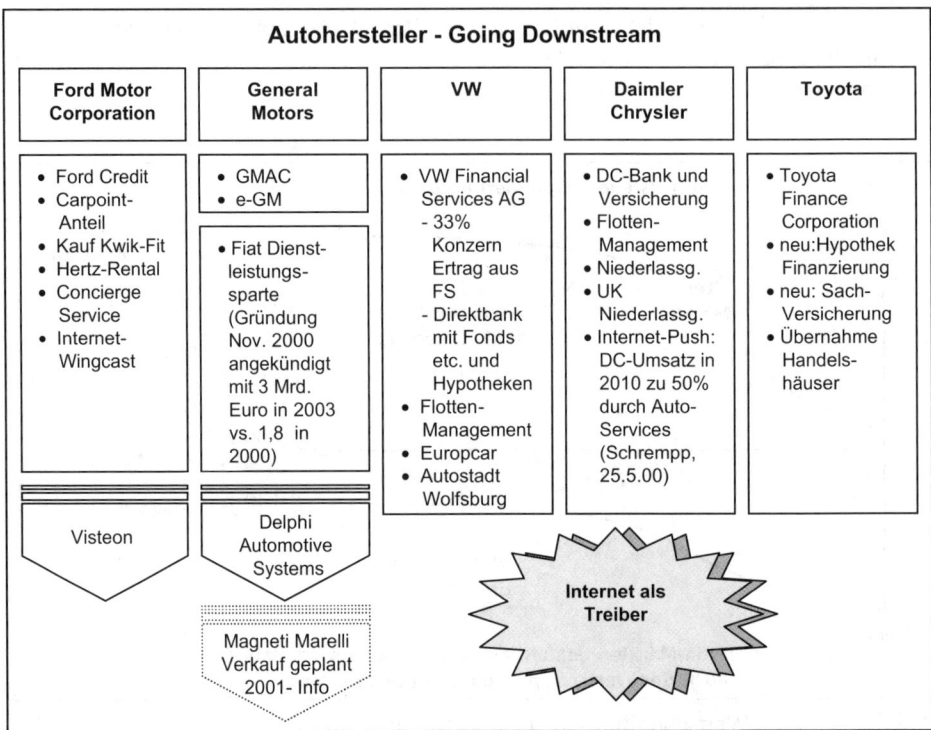

Abbildung 3:   Automobilhersteller erschließen systematisch Economies of Scope

Zielsetzung der Downstream-Ausrichtung ist die **Bündelung von Aktivitäten** und die **Nutzung der Netzeffekte der Economies of Scale** (vgl. z. B. Dudenhöffer, 1998 b, S. 14 ff.) durch Schaffung eines umfassenden Systemangebots für den Kunden. Im Mittelpunkt des Prozesses steht der erzielbare Kostenvorteil gegenüber dem Wettbewerber und der **Besitz des Kunden** (Economies of Scope). Eine sauber definierte und durchgängige Kundenwertschöpfungskette, die eine sorgfältig auf den Kunden abgestimmte Produkt-Service-Kette global bereitstellt, definiert in diesem Kontext neue Markenwerte. Cross-Selling, langfristig ausgelegte Kundenpartnerschaften, kundenorientierte Segmentierungen und Kundenkapitalwertanalysen werden zum Markenthema.

Die neuen Informations- und Kommunikationstechnologien erlauben dem Hersteller den Direktkontakt zum Kunden. Informationstechnologie ermöglicht ohne eigenes Bankenfilialnetz vielfältige Financial Services um das Kernprodukt „Automobil" anzulagern und entsprechende Kundenkontakte aufzubauen. Die Direktbank-Aktivitäten der Volkswagen Financial Services AG sind ein Beispiel dafür. Die Integration von Autovermietdiensten - wie etwa bei der Volkswagengruppe durch Übernahme des Autovermieters Europcar – docken an den Economies of Scope an. Erneut ist es die Informationstechnologie, die weitentwickelte Vermietsoftware und das Vermiet-Stationsnetz, die es gestatten, im Vermietgeschäft einen Wettbewerbsvorsprung aufzubauen und im Gesamtzusammenhang das durchgängige „Mobilitätsangebot" dem Kunden zu bieten. Informationstechnologie ermöglicht die Ausschöpfung von Economies of Scope, die die Grundlage für die neuen Markenwerte und globalen Ausrichtungen von Marken definieren. Das geht weit über den Ansatz des globalen Markenauftritts, wie etwa von Marlboro, McDonalds oder Coca-Cola. Bei den neuen Systemmarken, die in komplizierteren Produktwelten entstehen, erhält das Thema Markenführung eine neue Ausrichtung. Nicht mehr Kommunikation und alleinstehende Produkthelden prägen System-Marken, sondern **schlüssig vernetzte Themenwelten** wie Mobilität oder Finanzdienstleitungs-Komplett-Service. Die Ausrichtung auf schlüssig vernetzte Themenwelten besitzt dabei mit Unternehmen wie dem mittlerweile 50 jährigen Club-Med oder dem Finanzdienstleister MLP bereits eine gewisse Tradition[7]. Diese Themenwelten haben im Automobilgeschäft in den letzten Jahren verstärkt reale Bezugspunkte erhalten: Etwa durch die neuen Autohauswelten und Architekturen von Audi (Hangar-Konzept) oder der im Jahre 2000 mit einem Investitionsvolumen von 430 Mio. Euro eröffneten VW-Autostadt in Wolfsburg (Abbildung 4).

2.2 Produktkonvergenz

Einzelne Produkte werden in Branchen wie der Automobilindustrie zusehends vergleichbarer und reduzieren damit die Stärke von Dachmarken. Der Systemmarken-Ansatz erlaubt, durch die Entwicklung neuer Kundenwerte, neue Inhalte für die Marke zu schaffen.

Mit dem Trend zum modularen Produktaufbau in Mehr-Marken-Unternehmen bewegen sich Produkte stärker aufeinander zu. Produktdifferenzierungen, die sich in Qualitätsunterschieden und anderen „inneren" Produkteigenschaften bemerkbar machen, werden zusehends aufgelöst. Ein Musterbeispiel liefert die Automobilindustrie. Nach **Platt-form- und Modulstrategien** entstehen die unterschiedlichen Markenprodukte aus demselben Baukasten und unterscheiden sich in Markenlogo, Produktoberfläche und Design. Paradebeispiel ist die Ausrichtung von Audi, Volkswagen, Seat und Skoda. So basierten im Jahre 2000 bereits über 60 Prozent der Fahrzeuge der Volkswagen-Gruppe auf gemeinsamen Plattformen. Damit konvergieren die „inneren" Qualitäten vom Skoda bis zum Audi. Ein Konzerngruppen-Markenwert Qualität entsteht. Mit zwei Millionen Fahrzeugen, die im Jahre 2000 auf der Golf-Plattform des Volkswagenkonzerns aufbauten und vom Audi TT, Audi A3 über den VW-Golf, New Beetle bis zum Skoda

---

7   Die MLP AG wurde 1971 gegründet und hat sich auf die Allfinanz-Beratung der Kundengruppe Akademiker (Ärzte, Ingenieure, Wirtschaftswissenschaftler) konzentriert. Mit 2.200 Beratern und 390.000 Kunden erzielte die MLP AG im Jahre 2000 einen Umsatz von 816 Mio. Euro und einen Vorsteuer-Gewinn von 115 Mio. Euro.

Oktavia und Seat Toledo reichten, nimmt der Volkswagenkonzern in dieser Disziplin eine Spitzenstellung ein. Identische Motoren und Getriebe, identischer Unterbau und Fahrwerke machen die unterschiedlichen Konzernprodukte und ihre „inneren" Eigenschaften sehr ähnlich. Ein Konstruktionsprinzip, das sich durch enorme Kostenfreundlichkeit auszeichnet und mittlerweile von fast allen Mehr-Marken-Unternehmen in der Automobilindustrie in der Umsetzung ist (vgl. Dudenhöffer, 2001 a; 1998, Kapitel 1).

Abbildung 4:   VW-Autostadt Wolfsburg

Bleibt bei den Plattform-Automobilen noch ein gewisser Spielraum zur Differenzierung, so geht dieser Spielraum beim Badge Engineering völlig verloren. Unterscheidung durch das Markenlogo heißt dann die Ausrichtung. **Badge Engineering**-Konzepte sind nichts anderes als äußerst eng ausgelegte Plattform-Variationen, wie etwa zwischen den Kleinwagen Seat Cordoba und VW Polo, Ford Fiesta und Mazda 121 oder den bekannten Großraumlimousinen des Fiat-PSA-Peugeot-Citroen bzw. VW-Ford-Verbunds.

Multi-Marken-Strategien, die auf **modularen Konzern-Produktbaukästen** aufbauen, bergen die Gefahr abnehmender Markentreue und der Marken-Kannibalisierung. Der Kunde wird für Gleichteile, gleiche Qualität und Preis-Leistungs-Relationen sensibilisiert. Smart Buyer-Phänomene und hybride Verbraucher erscheinen als eine Art Gegenreaktion. Das gilt nicht nur für Automobile, sondern für ein breites Band an hochwertigen Produkten wie Reisen, Uhren, Schmuck oder Mode. Wenn Produktunterschiede verschwinden, werden Käufer preissensibler. Bei gleichen Produktinhalten lassen sich stärkere Preisunterschiede kaum rechtfertigen. Für den, der blinde Markenloyalität zeigt, besteht sogar die Gefahr, im sozialen Umfeld Akzeptanz zu verlieren. Beobachtbar war so eine Entwicklung in den Vereinigten Staaten, als die statutsbewußten „Yuppies" zusehends als „Dummköpfe" eingestuft wurden, die Preis-Leistungs-Verhältnisse nicht beurteilen können (vgl. z. B. Dudenhöffer, 1997). Die Beschränkung auf Produktumgebungen und Produkthelden, die enge Teilbedürfnisse abdecken, schwächt bei zunehmender Produktkonvergenz die traditionell angelegten Produkt- und Dachmarken. Ein geschickter Systemmarken-Ansatz erlaubt es, bei Plattform-Produktkonzepten Differenzierungsstrategien ein neues Fundament zu geben.

2.3 Schwierigkeiten beim USP und UAP

Systemmarken integrieren den markenprägenden Handels- und Verkäuferauftritt in ihren Kommunikationsmix und verstärken damit die Wiedererkennung und Qualitätssignale der Marke.

Sauber herausgearbeitete **Unique Selling Propositions**, die in zugespitzten Positionierungen durch die Claims der Werber erfolgreich in Massenmedien penetriert wurden, waren lange Zeit Garant für Markenbekanntheit und Markenerfolg. Das Konstrukt der **Unique Advertising Propositions**, das Markenalleinstellung durch den werblichen Auftritt anstrebt, war in Zeiten der Markenprägung von Zigarettenmarken wie Marlboro erfolgreich. Einseitig bunte Traum- und Bilderwelten der Kommunikation durch Massenmedien zeigen zunehmend schwächere Wirkung beim Aufbau von Markenwerten. Überfüllte Werbekanäle, fragmentierte Medienmärkte und steigende Produkt- und Markenvielfalt drücken die Returns On Investment der Werbeinvestition. Untersuchungen der Nürnberger GfK quantifizieren die Abwertungseffekte von Werbeinvestitionen (vgl. z. B. Dudenhöffer, 1998, S. 51 ff.).

Markenbilder werden heute überwiegend durch Massenmedien angelegt. Markenbilder, die beim Kunden im Kopf und Herzen abgespeichert werden, bieten in der Markenführung aufgrund ihrer überlegenen Informationsverarbeitung ein hohes Potential zur effizienten Kommunikation von Positionierungseigenschaften und markentypischen Elementen. Grundvoraussetzung für die erfolgreiche Nutzung von Markenbildern sind die Fokussierung auf eine bestimmte Bilderwelt und die Kontinuität der Kommunikation. Eine Fokussierung und Kontinuität, die sich im gesamten Kommunikationsprozess mit dem Kunden wiederfinden muß. Eine Kontinuität, die in jedem einzelnen Kontakt zum Ausdruck kommen muß.

Vertriebssysteme und Franchising spielen in dieser Kommunikationskette eine wichtige Rolle. Mit dem Vertrieb kommt der Kunde stärker in den Vordergrund und zwar nicht nur als anonyme Zielgruppe, sondern als Dialogpartner. Die Erzeugung von Kunden- und Markenmilieus braucht entsprechende Verkaufsstätten oder -szenen. Mit dem Internet werden diese realen Verkaufswelten zusätzlich mit der Marke vernetzbar. Click- und Brick-Strategien, die neben den realen Autohauswelten den geschlossenen und umfassenden Internet-Auftritt bieten, den dot.coms wie autobytel.com, carpoint.com, autovantage.com in den Jahren 1995 bis 2000 im Automobilgeschäft in den USA aufbauten, haben sich in den USA etabliert (Dudenhöffer, 2001 b). Online-Zugriffe auf Produktdaten und reale Verkaufswelten erweitern die Kommunikationsmöglichkeiten mit der Marke und verstärken Markenwerte (vgl. u. a. Dudenhöffer, 2000 b; 2001 b).

Eine durchgängige Markenarchitektur im Autohausauftritt wird bei Automobilherstellern wie Audi (Hangar Konzept), Volkwagen (Piazza-Konzept), BMW und Mercedes-Benz systematisch umgesetzt. Die Höherpositionierung von Automobilmarken schließt das Vertriebs- und Händlernetz ein. Dieser markenprägende Handelsauftritt, der Hochwertigkeit glaubhaft vermittelt, ist mit permanenten Investitionen verbunden. Die Größenordnung dieser Investitionen wird in Abbildung 5 angedeutet. Dort sind die Autohaus-Investitionen ausgewählter Marken für die Jahre 1999, 2000, 2001 in Deutschland aufgeführt.

Marke	Autohaus Investitionen in Mio. DM		
	1999	2000	2001
Audi	243,0	253,0	422,0
BMW	168,0	200,0	k. A.
Mercedes-Benz	250,0	355,0	241,2
Volvo	153,5	116,5	102,0
VW	425,0	286,0	317,0

Abbildung 5:   Investitionen in Autohaus-Projekte ausgewählter Marken in Deutschland
Quelle: Autohaus, Heft 21, 2000.

2.4   Neue Kommunikations- und Informationsstrukturen

Mit dem Internet wird Marken-Management anspruchsvoller. Marken können als hochverdichtete Informationen interpretiert werden, die wichtige Funktionen für Käufer und

Verkäufer erfüllen (vgl. Dudenhöffer, 2001 b, S. 138 ff). Das Grundbedürfnis nach Navigation und damit markierten Informationen steigt mit dem World Wide Web. Im Wettbewerb mit horizontalen Portalen, vertikalen Portalen, E-Tailern und Retailern wird es für den Produkthersteller bedeutsamer, die von ihm geschaffenen spezifischen Kundenwerte klar zu definieren und zu kommunizieren. Die Neuausrichtung der Marke beim Produkthersteller ist damit gleichbedeutend mit einer Neudefinition der Wertschöpfungskette[8]. Das vom PC-Hersteller DELL umgesetzte „Built-To-Order"-Produktionsmodell erlaubt es, Wertschöpfungsketten in der Internetzeit neu zu gestalten. Das alte Produktionsmodell, bei dem der Handel als Buffer-Stock fungiert und Überkapazitäten regional als Sonderangebot vermarktet werden, birgt in der Internetwelt ein hohes Risiko für die Marke. Durch Built-To-Order-Systeme lassen sich Überschußproduktionen eindämmen. Ein geordneteres Marketing und damit die Einschränkung von Verkaufs-Incentives wird möglich. Regionale Sonderaktionen werden mit dem Internet unmittelbar global sichtbar und signalisieren „zyklische" Preise und damit instabile Werte der Marke[9]. Dies kann insbesondere bei langlebigen Gebrauchsgütern wie Automobilen zur Erosion des vom Kunden empfundenen Markenwerts führen.

Das Internet hat dabei zwei gegensätzliche Effekte auf die Markenbildung. Zum einen ermöglichen die neuen, vernetzten Informationsstrukturen dem Hersteller und der Marke den direkten Zugang zum Endkunden. Die Marke gewinnt die Dominanz im Absatzkanal. Andererseits führen die neuen Informationskanäle und Strukturen zur Entbündelung von Produktwelten. Der Endkunde kann am Markenhersteller vorbei bis zum Modullieferanten vordringen. Diese Entbündelung stellt das Markenkonzept auf eine Belastungsprobe. Netzintelligenz wird damit eine wesentliche Markenleistung. Die Marke entwickelt sich zur Systemmarke. Markenprägende Verkaufswelten und kundenspezifische Services, die oft vom Handel und in der Zukunft verstärkt in den neuen Medien „produziert" werden, entwickeln sich zu Erfolgsfaktoren.

2.4.1 Dominanz im Absatzkanal durch Electronic Commerce

Der technische Fortschritt in Mikroelektronik und Kommunikationstechnik macht die Bearbeitung und den Transport von digitalisierten Informationen enorm preisgünstig und vielgestaltig. **Traditionelle Informationsmuster verlieren** in hohem Tempo **an Wert**. Völlig neue Produkte und neue Vertriebskanäle entstehen, die Benchmarks für die Marken im Informationszeitalter setzen. Der Endkunde und der Produkthersteller

---

8 Vgl. hierzu auch Dudenhöffer, 2001 b, S. 144 ff.
9 Die Wirkung der Preisdifferenzierung auf Markenwerte kann illustrativ am europäischen Automarkt dargestellt werden. So zeigen Volumenhersteller in ihrer Preisstrategie in Europa Preisunterschiede von über 30 %, während Exklusivhersteller wie Mercedes-Benz, BMW und Porsche bewußt wertstabile (gleiche) Europapreise definieren. Damit setzen die Volumenhersteller in einer Internet-geprägten Gesellschaft den Value of Ownership ihrer Markenprodukte einer hohen Belastung aus (vgl. Dudenhöffer, 2001 c).

rücken in dieser neuen Welt sehr eng zusammen. Der Direktvertrieb gewinnt durch das Internet stark an Bedeutung. Die geringen Transaktionskosten des Electronic Commerce setzen einen Prozeß der Entbündelung der traditionellen Wertschöpfungskette des Handels in Gang. Physische Distribution, Sortimentsgestaltung, Information und Beratung des Kunden und Inkasso werden entflochten, die Wertschöpfungskette Handel gespalten. Greifen wir das Beispiel Banken heraus. Dort konfrontieren die schnell wachsenden Direktbanken den traditionellen Vertrieb über Filialnetze mit hartem Wettbewerb. Gleiches gilt bei Transportdienstleistern. Unternehmen wie etwa die Lufthansa bauen den Direktvertrieb im Firmenkunden-Geschäft über neue Medien verstärkt aus, der Vertriebskanal Reisebüro verliert an Bedeutung.

Die Dynamik der Veränderung wird dabei durch die vergleichsweise niedrigen Zugangskosten zu den neuen Medien und den kostengünstigen Internet-Auftritt gespeist. Dies ist für Markenhersteller eine zunächst positive Entwicklung. Die Beherrschung des Absatzkanals, der direkte Kundenzugang sind wichtige Faktoren beim Aufbau starker Marken. Der Hersteller hat in so einer Welt bessere Möglichkeiten, seine Marke zu führen. Die Marke sucht sich jetzt aus, in welchem Regal, auf welcher Homepage das Produkt steht und nicht der Handel. Die Marke legt den Produktpreis fest und nicht die Schnäppchen-Aktion im Handel. Der Weg ins Schlaraffenland für Marken also? Eine andere Entwicklung wirft auf diese Schlaraffenland-Vision Schatten.

2.4.2 Spaltung von Marken-Wertschöpfungsketten

Unternehmen und Endkunden können durch die neuen Medien in kurzer Zeit und fast kostenlos Angebote einholen und Transaktionen durchführen. Nicht selten kann die Dienstleistung selbst, zum Beispiel eine Software oder technische Zeichnung, über Internet geliefert werden - möglicherweise vom anderen Ende der Welt und sekundenschnell. Die neuen Medien erlauben es, direkt an den Anbieter heranzutreten und traditionelle Wertschöpfungsketten aufzubrechen. Die Informationstechnologie gibt uns die Chance, bis zum Modullieferant oder Zulieferer - also weiter als dem Produkthersteller lieb sein kann - vorzudringen.

Das Beispiel Banking illustriert den Sachverhalt. Mit den neuen Brokering-Programmen der Direktbanken hat der Endkunde heute 24-stündig Zugang zu Wertpapierbörsen und kann dort in Realtime ordern. Durch die Möglichkeit, direkt an den wichtigsten Börsen der Welt - zum Beispiel in London, Paris, Frankfurt, Tokio oder an der Wall Street - ordern zu können, wird aus einem Kunden einer Direktbank selbst eine Art Broker. Die Bankfunktion „Wertpapier-Transaktionsdienstleister" ist aufgebrochen. Banking wird zum Self-Service. In einer vernetzten Welt reicht der Zugang zum World Wide Web und die Internet-Adresse fürs private Finanzmanagement. Die Leistungen der einzelnen Bank werden entbündelt. Für jede Leistung herrscht fast vollständige Preis- und Angebotstransparenz. Die niedrigen Transaktionskosten erlauben, an die vorgelagerten Wertschöpfungsstufen - also den Zulieferer oder Teilelieferanten - direkt heranzutreten. Der Kern der traditionellen Wertschöpfungskette der Bank wird gespalten, in seine Elemente zerlegt. Bill Gates hat diese Entwicklung mit dem Satz beschrieben: „Banking is necessary – Banks not".

Die Produktleistung des Unternehmens kann also mit Hilfe der neuen Informationstechnologie entbündelt, in seine Komponenten zerlegt und - wenn man so will - eigenständig vom Endkunden zusammengebaut werden. Natürlich ist dies kein bankspezifisches Problem. Die Reisebranche, die Automobilindustrie und andere bieten ähnliche Beispiele. Das Marketing-Weltbild der hierarchisch gestalteten Informations- und Transaktionswege wird neu gestaltet (vgl. Abbildung 6). Durch vernetzte Informationskanäle entstehen atomistische Informations- und Transaktionsstrukturen. Was ist in so einem Szenario der Wert der Marke? Wie muß die Markenleistung aussehen, um wertschaffend für den Kunden zu sein? Eines ist jedenfalls klar - schöne Bilder und Traumwelten der Kommunikation reichen in so einem Umfeld nicht aus. Der Kunde kann mit der Informationstechnologie zum Modullieferanten vordringen. Markenwerte und Markenführung müssen daher neu ausgerichtet werden.

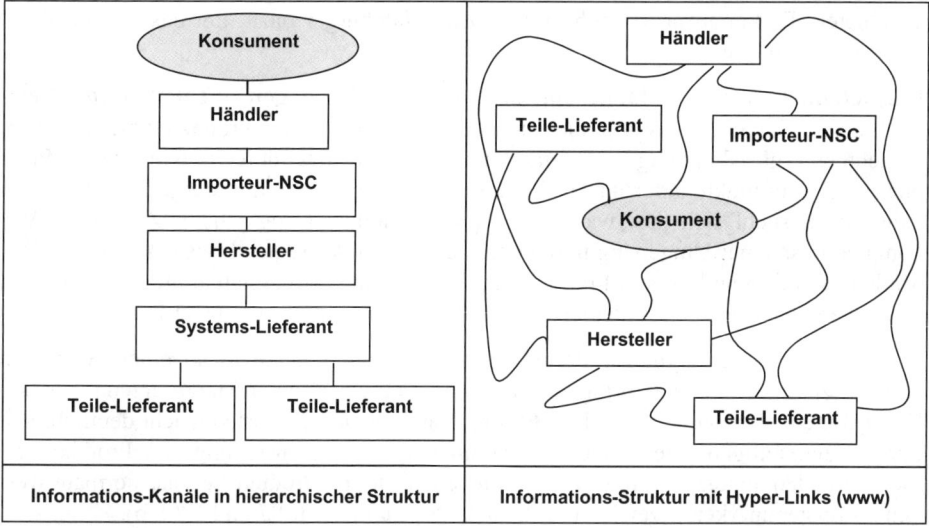

Abbildung 6:   Spaltung der Unternehmensleistung durch vernetzte Informationsstrukturen

3. Netzintelligenz: Customer Value durch vernetzte Produkt-Service-Ketten

Bei atomistischen Informationsstrukturen und Transaktionsmöglichkeiten kann die Marke nur dann bestehen, wenn sie **Synergien** für den Kunden erzeugt. Markenwerte sind dann nicht mehr additiv, sondern multiplikativ angelegt. Synergie treibt den „Produktionsprozeß" der Markenwertbildung im Informationszeitalter. Die Komposition der Einzelleistungen zum Gesamtbild muß wertsteigernd für den Kunden sein. Das Package muß mehr sein als die Addition von Teilkomponenten, die der Kunde per Internet selbst vornehmen kann. Die Innovation eines Club-Med-Konzepts war es, nicht das früher übliche Hotelzimmer am Mittelmeer samt Flugsitz zu verkaufen, sondern ein umfassendes Erholungs- und Erlebnispaket zu bieten. Lifestyle, Club-Kommunikation und Atmosphäre waren die multiplikativen Leistungen im Club-Med-Konzept. Das Grundprodukt muß also systematisch mit zusätzlichen Komponenten angereichert und zum wertgesteigerten Gesamtpaket entwickelt werden. Das Erfolgsrezept von McDonald's besteht darin, schnell, in gleichbleibender Qualität und sauberer Umgebung Hamburger anzubieten. Es kommt also noch einiges zum Hamburger dazu, um das McDonald's-Format zu definieren.

Die **Netzintelligenz der Marke**, eine neue Markenaufgabe, **gewinnt Bedeutung**. Netzintelligenz heißt, daß die Marke mehr machen muß, als einzelne Produkte unter ihr Dach zu nehmen (vgl. Abbildung 7). Sie muß multiplizieren statt addieren. Nimmt die Marke nur einzelne Produkte unter ihr Dach, verliert sie in einer Welt, in der jeder entbündeln kann. Jeder sucht sich das, was gerade paßt - vielleicht sogar beim Zulieferer. Wir kommen in so einer Umgebung in die ungeliebte Welt des reinen Preiswettbewerbs. Das Markendach degeneriert zum Preisschirm, der nur dann erfolgreich aufgespannt werden kann, wenn Niedrig-Preisstrategien und Kostenführerschaft verfolgt werden.

Bündig miteinander vernetzte Produkt-Service-Ketten können in so einer Welt dem Kunden zusätzlichen Wert bringen. Die „Netzintelligenz" einer Marke erzeugt für den Kunden mehr Wert als die simple Addition. Das Beispiel Club-Med macht deutlich, wie durch Netzintelligenz die kundenwertschöpfende Zusammenstellung von Produkt-Service-Formaten angelegt werden kann. Solche markierten Produkt-Service-Formate werden als Systemmarken bezeichnet (vgl. auch Dudenhöffer, 1997 und 1998 b).

Definition Systemmarke:

Werden Produkt-Service-Ketten, die aus Elementen verschiedener Hersteller bestehen können, bündig miteinander unter einem Markensymbol verknüpft, sprechen wir von einer Systemmarke. Der Markeninhaber kann dabei durchaus ein virtuelles Unternehmen sein, dessen Wertschöpfung durch Marketing und/oder Vertrieb der markierten und vernetzten Einzelprodukte und Dienstleistungen entsteht.

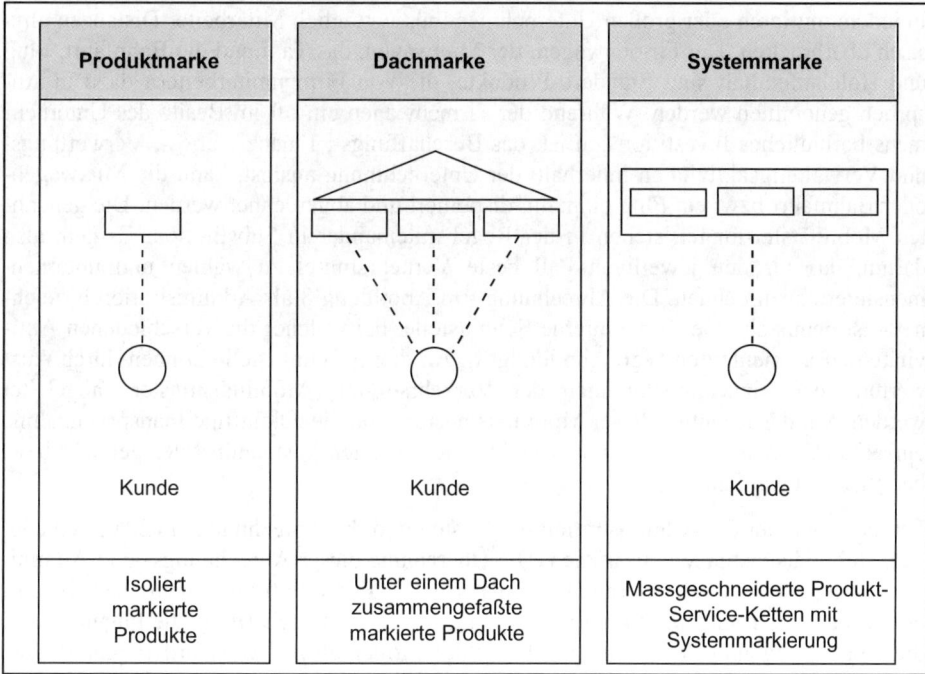

Abbildung 7:   Von der Produktmarke zur Systemmarke

Dienstleistungen spielen bei der Systemmarke eine entscheidende Rolle. Dienstleistungen, die es erlauben, dem Grundprodukt völlig neue Bedeutungen zu vermitteln. **Im Mittelpunkt** der Systemmarke steht der **Besitz des Kunden**: eine sauber definierte und durchgängige Kunden-Wertschöpfungskette, die sorgfältig auf den Kunden abgestimmte, markierte Produkt-Service-Ketten und eben keine Inselprodukte offeriert, eine Kunden-Wertschöpfungskette, die eine Kundenkapitalwert-Analyse als wichtiges Marken-Tool zum Einsatz bringt. In so einer Welt erhält das Konstrukt „Marke" eine neue Bedeutung. Dachmarkenansätze, die Klammern für mehr oder weniger aneinander gereihte Produktmarken liefern, erfassen die neue Markenaufgaben unvollständig.

3.1 Prozeßketten-Analyse als Schnittstellenfilter

Die Ausrichtung der Systemmarke lautet: Schaffung von Added Values durch vernetzte Systeme. Solche vernetzten Systeme können heute bereits ansatzweise in Firmenkundenmärkten beobachtet werden. Ein anschauliches Beispiel bietet das Thema Mobilität von Firmenmitarbeitern.

In jedem mittleren oder großen Unternehmen müssen täglich Mitarbeiter Distanzen physisch überbrücken. Der Firmenwagen, der Mietwagen, das Taxi und die Bahnfahrt, Flug und Hotelaufenthalt sind Standard-Produkte, die von Firmenmitarbeitern dazu in Anspruch genommen werden. Während der Firmenwagen ein oft im Besitz des Unternehmens befindliches Investitionsgut ist, das Beschaffungs-, Finanzierungs-, Verwertungs- und Verwaltungsaktivitäten innerhalb der Unternehmung auslöst, kann die Mietwagen- oder Bahnfahrt bzw. ein Flug einmalig disponiert und abgerechnet werden. Die genannten Mobilitätsleistungen stehen in der Regel miteinander in Substitution. Es geht also darum, das für den jeweiligen Fall beste Verkehrsmittel zu wählen und unternehmensintern abzurechnen. Die Abrechnung - in Abbildung 8 als Administration bezeichnet - ist demnach eine firmeninterne Schnittstelle, bei welcher die verschiedenen Aktivitäten zusammenlaufen (vgl. Abbildung 8). An dieser Schnittstelle können durch Auswertung der Einzelabrechnungen der Verkehrsmittel „Mobilitätsmuster" abgeleitet werden. Mit der Kenntnis dieser Mobilitätsmuster kann die zukünftige Inanspruchnahme einzelner Verkehrsträger prognostiziert und Kapazitäten kostengünstiger gebucht bzw. bereitgestellt werden.

Ferner laufen bei der Administration die Kosten und die Abrechnungen der verschiedenen Mobilitätsleistungen zusammen. Die Übernahme dieser Abrechnungs- und Administrationsaufgaben durch externe Dienstleister ist für Firmen oft mit erheblichen Kosteneinsparungen verbunden. Fuhrparkmanagement, also die Beschaffung, die Finanzierung, die Verwaltung und der Verkauf gebrauchter Firmenfahrzeuge, erfordert Know-how, das Kenntnis von Gebrauchtwagen-Märkten, Risiko-Management und Abrechnungssystemen beinhaltet. Abrechnungssysteme, die erkennen, wenn Tankabrechnungen des Privatwagens von Frau Meyer auf den Firmenwagen von Herrn Meyer gebucht werden oder Werkstatt-Rechnungen prüfen. Externe Dienstleister, wie die VW-Tochter ifm, die Opel-Masterlease, ALD oder das Sixt-Fuhrparkmanagement haben ihre Kernkompetenz auf diesen Geschäftsfeldern etabliert.

Damit liegt es in solchen Zusammenhängen nahe, Experte für das gesamte Business-Travel-Management zu werden und Firmen Mobilität aus einer Hand zu bieten. Die Beherrschung der Schnittstelle Administration in unserem Beispiel sichert die Kundenbindung. Der Anbieter, der seine Leistungen auf die markenprägende Bündelung aller Aktivitäten an dieser Schnittstelle ausrichtet, etabliert die Systemmarke.

Die Analyse von Prozeßketten gibt uns damit Hinweise, wo und wie Systemmarkierungen aufgebaut werden können. Systemmarken und Schnittstellenmanagement bei Prozeßketten stehen also in engem Bezug. Da ein Wert der Systemmarke in der Qualitätsgarantie der zusammengeführten Produkt-Service-Kette liegt, nimmt Qualitätsmanagement beim Zulieferer für den Systemmarken-Besitzer eine strategische Stellung ein. Die Zertifizierung und Qualitätsbeurteilung von Prozeßketten beim Zulieferer entwickelt sich daher zu einer Kernkompetenz für die Systemmarke.

Der Schnittstellenmanager besitzt den Kunden und läßt die übrigen Dienstleister zu Zulieferern für seine Systemmarke werden. Der Schnittstellenmanager kennt die Mobilitätsmuster und kann daher kundenspezifische Mobilitätspakete offerieren. Das „Miles und More-Programm" der Lufthansa, bei dem Kundendaten von Flügen, Mietwagen-Nutzungen und Hotelbuchungen zusammenlaufen, ist ein Beispiel für solch einen modernen Daten- und Schnittstellenpool. Das Beispiel macht deutlich, welche Bedeutung die Sammlung und Auswertung von Kundendaten für die Systemmarke hat.

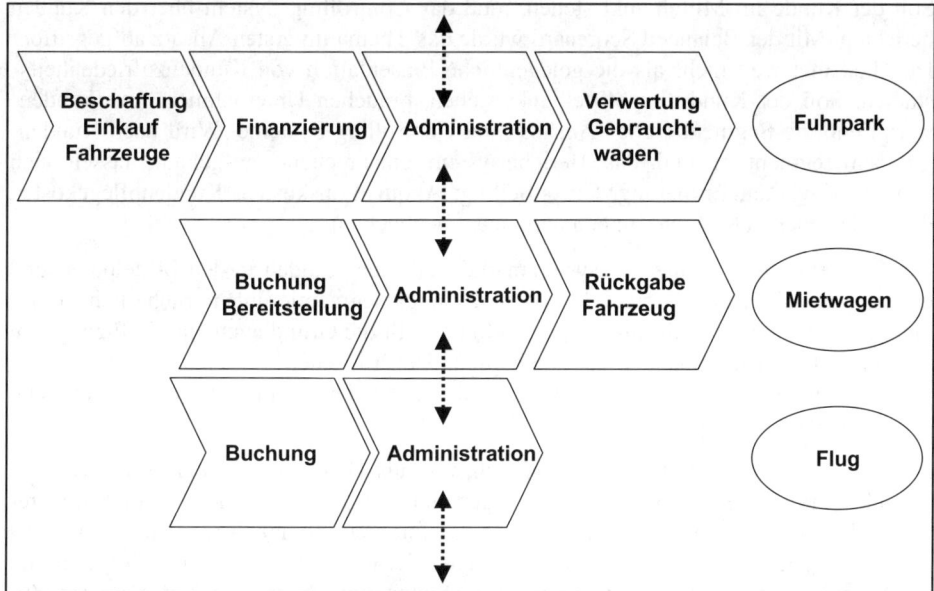

Abbildung 8: Schnittstelle Administration in der Firmenmobilitätskette

3.2 Systemmarke und Database-Management

Mit der Systemmarke investieren Unternehmen in die Schaffung der individuellen Kundenbeziehung. Die Kosten des Kontakts sind kostspieliger als bei klassischer Werbung. Deshalb brauchen Unternehmen einen höherem Umsatz pro Kunde. Kundenkapitalwert-Analysen werden zentrale Analyseinstrumente für die Systemmarke. Dies hat entscheidende Auswirkung auf Controlling- und Reportingsysteme. Während Unternehmen heute bei ihren Segmentierungen überwiegend einfache Produktgruppen-Zuordnungen verwenden, benötigt die Systemmarke die strenge **Segmentierung nach Kunden**. Der Kunde rückt in den Mittelpunkt und nicht das Produkt. Über den Kunden wird berichtet und nicht über das verkaufte Produkt, einfach deshalb, weil mit Relationship-Marketing viel in die individuelle Kundenbeziehung investiert und der Return On Investment nicht auf das Produkt, sondern auf die Beziehung ausgelegt ist.

Heute werden Umsätze, Kosten und Deckungsbeiträge fast ausschließlich über Produkt-gruppen definiert. Natürlich werden diese Daten dann noch nach Ländern oder Gebieten untergliedert und im Kostenbereich weiter aufgeschlüsselt. Das wesentliche an der Struktur ist aber, daß nirgends der Kunde zu sehen ist. Die Welt isolierter Produktinseln herrscht vor, die dann als aggregierte Gesamtumsatz-, Gesamtkosten- und Gesamtge-winn-Größen die Seiten der Geschäftsberichte schmücken.

Soll der Kunde im Mittelpunkt stehen, muß das Controlling-System über den Kunden berichten. Mit der Balanced Scorecard wurde das Thema im ersten Ansatz aufgegriffen. Dies bedeutet weit mehr als die gelegentliche Präsentation von Kundenzufriedenheits-studien. Soll der Kunde im Mittelpunkt stehen, brauchen Unternehmen neue kunden-wertorientierte Segmentierungs-Ansätze und Controlling-Systeme. Wird nach Kunden-gruppen segmentiert und das Berichtssystem entsprechend aufgebaut, lassen sich Umsatz, Loyalität, Eroberung, Cross-Selling, Akquisitionskosten, Kundenpflegekosten der verschiedenen Kundengruppen permanent beobachten.

Der Segmentierungsansatz der Systemmarke stellt den Kunden in den Mittelpunkt und ersetzt damit die heute gängigen Markt- und Produktsegmentierungen. Sicherlich ist dies nicht einfach, aber die Informationstechnologie stellt die Grundlagen zur Verfügung, um komplexe Daten miteinander zu verknüpfen. Unsere neuen vernetzten Informations-kanäle erlauben es, die Daten zu gewinnen und kostengünstig mit dem Kunden in einen echten Dialog zu treten.

Die neuen Medien schaffen Möglichkeiten, um aus Datenmustern kundenindividuelle Produkt-Service-Ketten abzuleiten. Die sogenannten Agentensysteme, die von Software-unternehmen wie Firefly Network Inc. für das Internet entwickelt werden, können aus Internet-Zugriffen des Users der Vergangenheit lernen und damit in der Folge immer präzisere Vorschläge für Produkte machen. Sogenannte neuronale Netze werten Zu-griffsdaten selbständig aus und erarbeiten neue Befehlskomplexe. Sie lernen aus den Daten, die ihnen zufließen. Jedes Aktivieren (Anklicken) einer Bildschirmoberfläche löst in einem neuronalen Netz einen Impuls aus, der das Netz nach und nach verändert. Klickt ein Internetbenutzer eine Seite an, merkt sich das neuronale Netz, für welches Angebot sich die Person interessiert hat. In unserem Beispiel der Firmenmobilität lernt damit das neuronale Netz das Mobilitätsmuster durch die Nutzungen der Vergangenheit und macht dem Benutzer ohne große Fragenkataloge kundenspezifische Mobilitätsange-bote. In solchen Umgebungen ergeben sich völlig neue Möglichkeiten, kunden-orientierte Markierungen aufzubauen.

Database-Management wird in diesem Zusammenhang mehr als das reine Akquisitions-Instrument, mehr als die bessere Verkäufer-Datei. **Database-Management wird** bei der Systemmarke **zum Marken-Tool**. Die Systemmarke stellt dem Kunden markierte Pro-dukt-Service-Formate zur Verfügung. Produkt-Service-Formate, die auf den Einzelnen zugeschnitten sind. Database-Management stellt die Information zur Schaffung indivi-dueller Produkt-Service-Formate bereit.

4. Systemmarke - ein Ansatz für das Informationszeitalter

Die Informationstechnologien sind dabei, unsere Kommunikations- und Marktstrukturen nachhaltig zu ändern. Wir lebten bisher in einer Welt beschränkter Informationsumfänge und Informationsreichweiten. Die Informationstechnologie hat uns immer vor die Entscheidung gestellt, entweder viele Menschen gleichzeitig mit einer groben, einfachen Botschaft zu erreichen oder eben ausführlichere, inhaltsreichere Informationen einer kleineren Zahl von Konsumenten zukommen zu lassen. Beides gleichzeitig funktionierte nicht. Entweder wir nutzen breitflächige Informationskanäle wie TV, Print oder Hörfunk - also Massenmedien - und erreichen damit gleichzeitig eine große Anzahl von Menschen mit einer einfachen Botschaft. Oder wir nehmen das persönliche Gespräch und können inhaltsreicher informieren. In diesem Fall können wir allerdings immer nur kleinere Gruppen mit Information versorgen. Dieses **Informations-Dilemma** beschreibt die Welt, in der wir lebten. Individuell zugeschnittene Information und gleichzeitig große Reichweite war mit den bisherigen Informationskanälen nicht möglich.

Mit dem Internet verlieren die alten Gesetze über Informationskanäle ihre Gültigkeit. Kommunikation wird auch bei großer Reichweite interaktiv. Wollten wir uns früher zum Beispiel ein Auto kaufen, konnten wir uns über Zeitschriften und TV grob informieren. Detailinformation, wie etwa Preis-, Ausstattungsvarianten, Fahrzeugkonfigurationen und Finanzierungsmöglichkeiten von verschiedenen Marken mußte man sich in aller Regel durch den Besuch verschiedener Autohäuser besorgen. Das war zeitaufwendig für den Kunden, und der Verkäufer kommunizierte dann ausschließlich mit dem einzelnen Kunden. Mit dem Internet ist heute das zur Verfügung stellen individueller Information schnell und preiswert möglich. Dialog und Reichweite können simultan gesteigert werden.

Produkte und Services entfalten ihre Wirkung in den entsprechenden Umgebungen. Physische Erlebniswelten, wie in einer VW Autostadt rücken Produkte und Services in Szene. Produkte und Services werden für den Kunden um so wertvoller, je besser sie in passende Landschaften integriert sind. Markenwerte werden also durch Systeme und Umgebungen beeinflußt. Sauber auf den einzelnen Kunden abgestimmte Produkt-Service-Ketten geben Unternehmen damit ein Instrument, um ihren Marken neue Werte zu vermitteln. Die neuen Informationstechnologien erlauben die Entwicklung von Systemmarken.

Drittes Kapitel

Branding

Franz-Rudolf Esch und Tobias Langner

Branding als Grundlage zum Markenaufbau

1. Wurzeln des Branding

Das Markieren von Produkten (Branding) ist keine Erfindung unserer Zeit, es ist vielmehr Jahrhunderte alt und findet sich in sämtlichen Hochkulturen. Bereits im alten Ägypten wurden Ziegelsteine, die den Weg zu den Pharaonen-Gräbern wiesen, mit Symbolen versehen, um ihre Identität zu kennzeichnen. Krughersteller in Kanaan markierten ihre Krüge bereits 2000 Jahre vor Christus. Steinmetze hinterließen ihre Markierungen auf den Mauern von Troja, den Gebäuden in Ägypten und Rom und an den Tempeln in Jerusalem (vgl. AAAA, 1996, S. 10). Mittelalterliche Gilden forderten von ihren Mitgliedern die Markierung der Produkte zur Hervorhebung der konsistenten Qualität und zur Abgrenzung von konkurrierenden Herstellern. Diese allgemeine Verbreitung des Markenwesens zeigt, daß das Markieren von Waren eine typische Erscheinungsform entwickelter Wirtschaftssysteme ist (vgl. Leitherer, 1954).

Während früher vor allem Handwerksbetriebe und Manufakturen ihre Produkte markierten, ist das Branding heutzutage auf allen Handelsstufen und in allen Branchen weit verbreitet. Besonders auf gesättigten Märkten mit ihren qualitativ austauschbaren Produkten kommt dem Branding als Mittel zur Differenzierung von der Konkurrenz eine zentrale Bedeutung zu.

2. Bedeutung des Branding für Unternehmen

Das **Branding** gewinnt heute zunehmend an **Bedeutung und Aktualität**. Dies hat vor allem folgende **Gründe**:

1. Durch die zunehmende Verschärfung des Wettbewerbs besteht ein Trend zu Unternehmensfusionen und -aufkäufen, um Größenvorteile im Wettbewerb zu erzielen und dadurch den künftigen Unternehmenserhalt sicherzustellen. Ganze Branchen, zum Beispiel die Pharmaindustrie oder die Versicherungs- und Bankenbranche, werden von solchen Entwicklungen überrollt. Zwangsläufig stellt sich hier die Frage, ob man durch eine Neumarkierung zweier bislang selbständig tätiger Unternehmen langfristig nicht auch wirksam die Marketinginvestitionen bündeln kann. Typische Beispiele dafür sind die neu markierten Unternehmen Aventis (Hoechst und Rhône Poulenc), ERGO (Victoria, DAS, Hamburg-Mannheimer, DKV) sowie Novartis (Ciba und Sandoz). Ideologische Glaubenskriege, ob eine solche Neumarkierung immer notwendig ist (Standpunkt von Gotta) oder zu einer Vernichtung alter Markenwerte führt (Standpunkt von Deichsel und Brandmeyer), helfen bei einer solchen Entscheidung wenig. Vielmehr ist zu analysieren, welche Werte mit einer bisherigen Marke verknüpft wurden, ob diese Werte und Einstellungen auch künftig wichtig sind und welche Potentiale man durch Schaffung einer neuen Marke realisieren kann.

2. Im Zuge der Internationalisierung und der Standardisierung der Marketingmaßnahmen treten Fragen der einheitlichen Namensgebung, Logogestaltung und des einheitlichen Packaging in den Blickpunkt des Interesses. So konnte beispielsweise
Procter und Gamble durch eine europaweit einheitliche Verpackungsgestaltung von
Pampers und der dadurch möglichen einheitlichen Lagerhaltung Millionenbeträge
einsparen. Im Zuge solcher Standardisierungsüberlegungen, die sowohl aus Kostengesichtspunkten als auch aus Gründen der Vermittlung einheitlicher Markenbilder
für zunehmend mobiler werdende Konsumenten angestellt werden, kommt es im
Endergebnis zu mehr oder weniger starken Veränderungen des Branding. So wurde
aus Meister Proper in Deutschland Mr. Proper und aus Raider Twix. Sofern - wie bei
dem Wechsel des Markennamens bei dem Schokoladenriegel Raider zu dem neuen
Markennamen Twix - grundlegende Brandingveränderungen initiiert werden, spielt
die Frage des Übergangs von dem alten Markennamen auf den neuen Namen eine
wichtige Rolle.

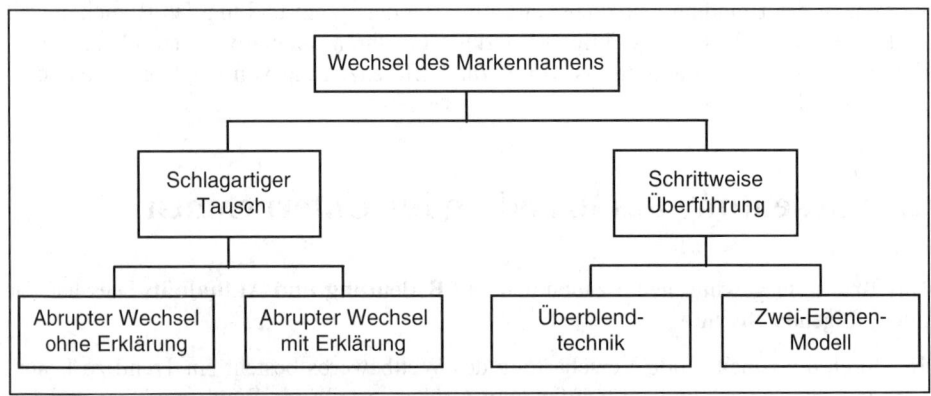

Abbildung 1:   Übergang vom alten Markennamen auf den neuen Markennamen
Quelle: Liedtke, 1994, S. 805.

Lerntheoretisch ist grundsätzlich eine schrittweise Überführung von dem alten zu
dem neuen Markennamen zu bevorzugen, da dadurch besser eine Übertragung gelernter Gedächtnisinhalte zur alten Marke auf die neue Marke erfolgen kann. In
einem solchen Fall würde man demnach darauf bedacht sein, die alten Markenbilder
und -images für die neue Marke zu bewahren und die bisherigen Käufer auch für die
neue Marke zu halten. Strebt man hingegen im Rahmen der internationalen Standardisierung der Marketing-Mix-Instrumente eine andere, neue Markenpositionierung
an, ist der schlagartige Tausch vorzuziehen, da es ansonsten zu Gedächtnisüberlage-
rungen zwischen alten Markeninhalten und neuen Markeninhalten kommen würde,
die die Neupositionierung beeinträchtigen würde (vgl. Abbildung 1).

3. Last but not least taucht die Branding-Überlegung immer bei neuen Produkten, insbesondere bei echten Innovationen auf. Je größer das Potential einer Innovation und je geringer der Fit mit den bislang im Unternehmen geführten Marken und deren Images, desto notwendiger wird eine Neumarkierung dieses Produkts oder dieser Dienstleistung.

Die **Ziele**, die mit der Markierung von Produkten verfolgt werden, haben sich im Laufe der Zeit eigentlich nicht verändert, sie sind lediglich weiter konkretisiert worden. Heute kann das Bestreben des Markenmanagements wie folgt zusammengefaßt werden: Das eigene Produkt soll mittels der Markierung aus einer Menge gleichartiger, austauschbarer Produkte hervorgehoben werden und eine Charakteristik erhalten, die eine eindeutige Zuordnung des Produktes zur Marke ermöglicht und die letztlich dazu beiträgt, daß das Produkt den konkurrierenden Angeboten vorgezogen wird. Mit anderen Worten: Die Markierung soll dem Produkt ein einzigartiges, kaufrelevantes Image verleihen.

Der Branding-Prozeß selbst und das, was unter Branding zu verstehen ist, wird dabei sehr unterschiedlich definiert.

Auf der einen Seite vertreten manche Praktiker, wie zum Beispiel Gotta (1994), eine sehr enge Auffassung von Branding. Danach wäre Branding nicht mehr als die Namensfindung für ein Produkt oder eine Dienstleistung. Auf der anderen Seite vertreten andere Praktiker und Wissenschaftler eine sehr weitreichende Brandingperspektive. Danach umfaßt der Branding-Prozeß die ganzheitliche und aufeinander abgestimmte Gestaltung aller Marketing-Mix-Elemente, um von einer Marke ein möglichst kohärentes, relevantes, angenehmes und differenzierendes Bild bei den Verbrauchern aufzubauen (vgl. Murphy, 1990, S. 4; Chernatony/McDonald, 1992, S. 15). Nach dieser Auffassung zählen zu den Schlüsselelementen des Branding-Prozesses das Produkt selbst, die Preispolitik, die Distribution, die Verpackung, der Markenname, die Kommunikation und die gesamthafte Gestaltung und Präsentation der Marke (vgl. Murphy, 1990, S. 4). Die Auffassung von Gotta ist deshalb zu eng, weil heute bei weitem nicht mehr die Gestaltung eines Markennamens zur wirksamen Markierung und zum Markenaufbau ausreicht. Die zweite Auffassung ist wiederum unseres Erachtens nach zu weit, weil diese alle Maßnahmen zur Markenführung umfaßt, die auch nach der Einführung einer neuen Marke von Bedeutung sind.

Wir wollen deshalb im folgenden unter **Branding** alle Maßnahmen verstehen, die dazu geeignet sind, ein Produkt aus der Masse gleichartiger Produkte herauszuheben und die eine eindeutige Zuordnung von Produkten zu einer bestimmten Marke ermöglichen.

3. Markenaufbau durch Markierung und Kommunikation

Das Branding dient letztendlich dem Markenaufbau, der bei einer weiten Auffassung durch zwei Aspekte gefördert wird:

1. durch den Beitrag der Markierung selbst sowie
2. durch den Beitrag der Markenkommunikation (vgl. Abbildung 2).

Der Beitrag durch die Markierung selbst zielt auf das Branding im engeren Sinne ab, wohingegen die Berücksichtigung des Beitrags der Markenkommunikation als Branding im weiteren Sinne aufgefaßt werden kann.

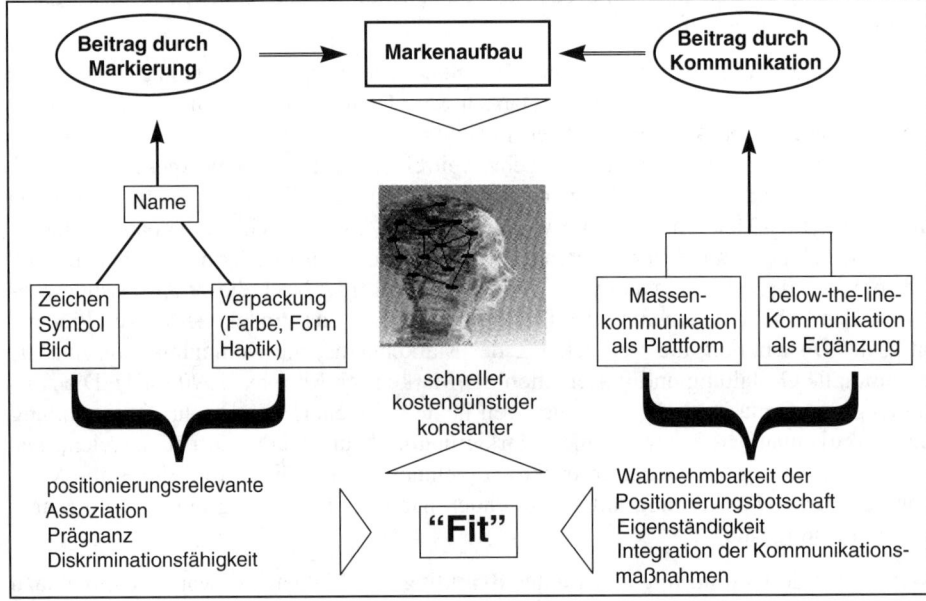

Abbildung 2:   Markenaufbau durch Markierung und durch Kommunikation

Der Beitrag durch die Markierung umfaßt die Gestaltung von Markenname und Markenlogo sowie die Produkt- und Verpackungsgestaltung. Ziel sollte es hier sein, durch eine wirksame sozialtechnische und strategische Gestaltung dieser Elemente eine Marke zu entwickeln, die

■ positionierungsrelevante Assoziationen vermittelt,

- prägnant gestaltet und
- diskriminationsfähig ist.

Ferrero Rocher ist ein Musterbeispiel einer solchen Markierung. Der Name dieser Praline vermittelt die Exklusivität und das Besondere des Produkts, da „Rocher" Assoziationen wie exklusiv, edel, königlich usw. hervorruft. Die Verpackungsgestaltung in den Farben gold für die Rocher-Kugel und deren Plazierung in einer braunen Papierunterlage konnotiert ebenfalls etwas Besonderes und Exklusivität. Die Farbe gold wird häufig mit der Eigenschaft „exklusiv" verbunden (vgl. Petri, 1995, S. 20; Heller, 1989). Das Einbetten der goldenen Rocher-Kugel in einem Papier weckt Assoziationen an eine Perle in einer Muschel. Insofern leisten die Markierungselemente gemeinschaftlich einen Beitrag zur Vermittlung **positionierungsrelevanter Assoziationen**. Darüber hinaus ist die Gestaltung prägnant und diskriminationsfähig, da diese sich hinreichend vom Konkurrenzumfeld abhebt und zudem gut erkennbar ist.

Bei der Namensgebung kann ein wesentlicher Beitrag zur Markenpositionierung geleistet werden. Vereinfacht kann man zwischen bedeutungslosen und bedeutungshaltigen Markennamen unterscheiden, die keinen Angebotsbezug aufweisen oder einen assoziativen sowie direkten Bezug zum Angebot haben können (vgl. Abbildung 3). Bedeutungslose Markennamen sind solche, bei denen es sich um zunächst sinnlose Buchstabenkonstellationen handelt, wie zum Beispiel bei Esso oder Xerox. Manche sinnlose Buchstabenkombinationen können jedoch durch das Klangempfinden starke Assoziationen fördern, die einen Beitrag zur Markenpositionierung leisten. So verbindet man zum Beispiel mit dem sinnlosen Wort „Dimeus" die Assoziation „griechisch" (vgl. hierzu auch den Beitrag „Gestaltung von Markenlogos" in diesem Buch).

Bedeutungshaltige Markennamen ohne Bezug zum Angebot sind zum Beispiel die Markennamen Bärenmarke oder Yes. Diese Markennamen leisten keinen unmittelbaren Beitrag zur Markenpositionierung. Hingegen können bedeutungshaltige Markennamen oft einen assoziativen Bezug zum Angebot herstellen, der die Positionierung unterstützt. Dies wäre beispielsweise bei dem Duschgel „Cliff" (= Frische) und bei der Marke „Schneekoppe" (= natürliche und reine Produkte) oder auch bei der Marke „Du Darfst" (= diätische Produkte, „Soviel essen wie man will, und trotzdem wohl fühlen und schlank sein") der Fall. Das gleiche gilt für bedeutungsvolle Markennamen mit direktem Bezug zum Angebot, wie beispielsweise bei der Marke „Volkswagen", bei „Securitas" und der Zeitschrift „TV-Movie". Die letztgenannte Gruppe von Markennamen läuft allerdings Gefahr, als mehr oder weniger generisch betrachtet zu werden. Die Gefahr der Austauschbarkeit ist hier besonders groß, so daß in einem solchen Fall auch kein Beitrag zur Markenpositionierung geleistet werden kann (s. w. u.).

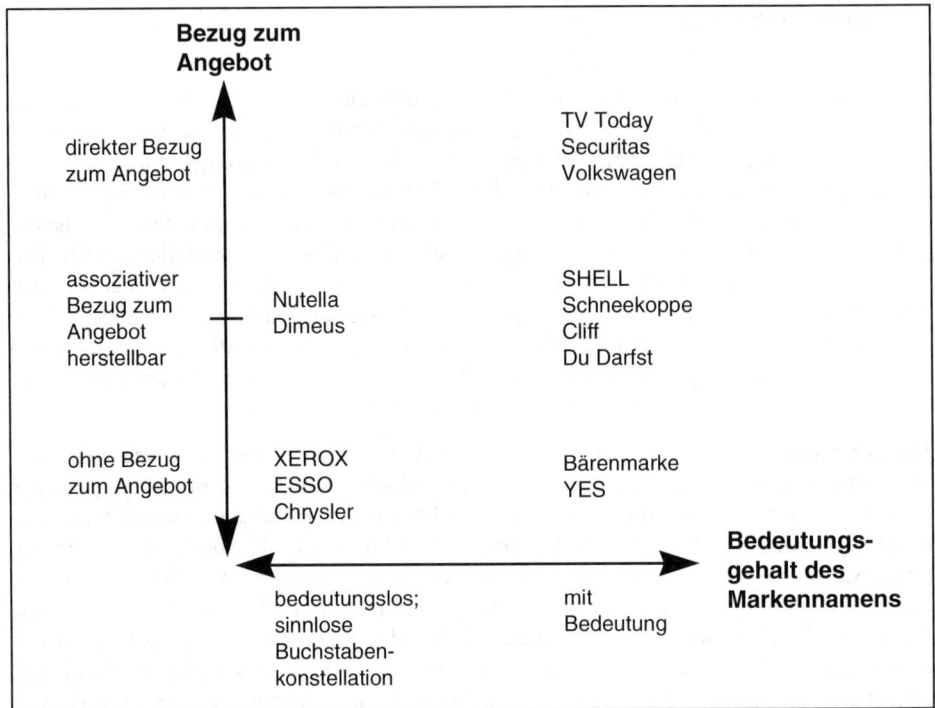

Abbildung 3:   Markennamen-Matrix

Neben der Vermittlung positionierungsrelevanter Inhalte spielen die Prägnanz und die Diskriminationsfähigkeit der Marke eine wesentliche Rolle für die Schnelligkeit des Wiedererkennens der Marke (vgl. Abbildung 5). Das Wiedererkennen einer Marke kann man sich als Mustervergleich vorstellen. Die jeweilige Marke wird mit den im Gedächtnis der Konsumenten abgelegten Marken verglichen. Je prägnanter und diskriminationsfähiger sie gestaltet ist, desto schneller und treffsicherer kann ein solcher Mustervergleich, bei dem zunächst besonders hervorstechende Merkmale einer Marke mit den Gedächtnisinhalten verglichen werden, erfolgen (vgl. dazu ausführlicher Behrens, 1994, S. 202; Esch, 1998 a, S. 93 f.).

Die **Diskriminationsfähigkeit** zielt darauf ab, daß Markenname, Markenzeichen und Produkt- bzw. Verpackungsgestaltung charakteristische Merkmale aufweisen, die eine Unterscheidbarkeit von anderen Marken ermöglichen. Dies kann man durch Formen, Farben und sonstige hervorgehobene Merkmale realisieren. Neben diesen gestalterischen Maßnahmen trägt natürlich auch die Bedeutung des Markennamens zur Diskriminationsfähigkeit bei. Gerade bei deskriptiven Markennamen mit direktem Bezug zum Angebot ist die Gefahr der Austauschbarkeit und somit der mangelnden Diskriminationsfähigkeit groß. Beispiel: Die Fernsehzeitschriften TV-Today, TV-Movie, TV-Hören und Sehen usw. sind allein durch die Namensgebung zur Austauschbarkeit verdammt (vgl. hierzu auch den Beitrag „Gestaltung von Markennamen" in diesem Buch). Solche Namensgleichheiten sollte man durch einen systematischen Entwicklungsprozeß von Markennamen ausschalten.

So weist beispielsweise der Coca-Cola-Schriftzug eine sehr eigenständige Form auf, die schnell wiedererkannt werden kann. Ähnlich verhält es sich mit dem Sparkassen-S. Bei Verpackungen sind die Odol-Flasche, die WC-Ente und die Underberg-Flasche gute Beispiele für Diskriminationsfähigkeit durch Form. Bei den Farben geht es vor allem darum, andere Farbcodes als die Konkurrenten zu verwenden. Gut gelungen ist dies zum Beispiel bei den Molkerei-Produkten von Weihenstephan (königsblaue Verpackungen) und bei Milka (lila Farbe). Sonstige Merkmale beziehen sich vor allem auf stark diskriminierende bildliche Markenelemente, zum Beispiel den Bär auf der Bärenmarke-Verpackung oder das Gesicht von Uncle Ben auf dem gleichnamigen Reis. Es können sich dahinter jedoch auch solche Gestaltungselemente verbergen, die weitere modalitätsspezifische Differenzierungen bewirken, wie beispielsweise das Hinterlassen entsprechender haptischer Eindrücke: die Umwicklung einer Flasche mit Papier (Underberg, vgl. Abbildung 4) oder die gepunktete Oberfläche und die eigenständige Flaschenform der Orangina-Flasche (vgl. Meyer, 1999, S. 90).

 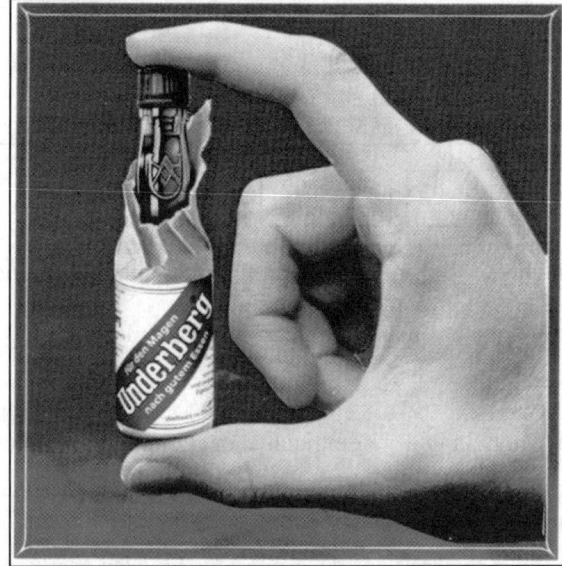

Abbildung 4:   Positivbeispiele für eigenständige Produktverpackungen

Die **Prägnanz** der Marke wird vor allem durch die Kriterien

■ Einfachheit,
■ Einheitlichkeit und
■ Kontrast

beeinflußt (vgl. Behrens, 1994, S. 202).

Einfache Formen sind gekennzeichnet durch Regelmäßigkeit, Geschlossenheit und Symmetrie. Farblich und graphisch wenig strukturierte Flächen gelten als einheitlich, während sich der Kontrast auf einen starken Figur-Grund-Kontrast von Markennamen und Markenzeichen gegenüber dem Hintergrund bezieht. Gerade diese Gestaltungsregeln zur Kreation prägnanter Markennamen und -zeichen müssen jedoch in bezug auf die verwendeten Markenzeichen vorsichtig interpretiert werden. So verliert beispielsweise die Shell-Muschel durch zunehmende Vereinfachung an inhaltlicher Kraft, da die Erkennbarkeit der Muschel und somit die Vermittlung der mit ihr verbundenen positiven Assoziationen stark beeinträchtigt werden.

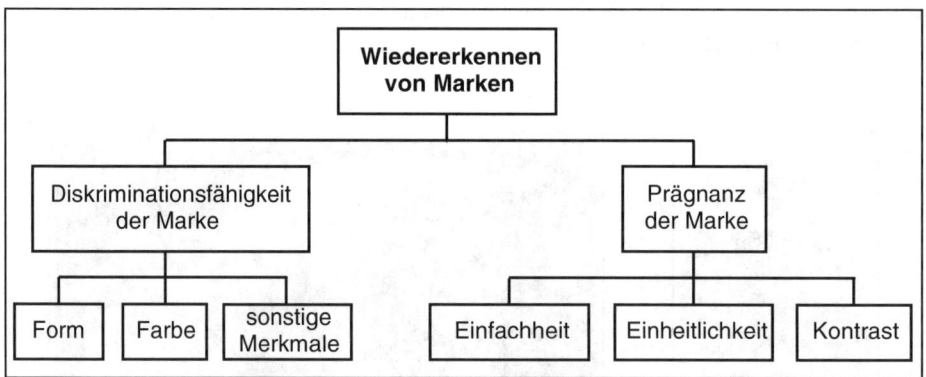

Abbildung 5:   Einflußfaktoren für die Schnelligkeit und Sicherheit des Wiedererkennens einer Marke
Quelle: in enger Anlehnung an Behrens, 1994, S. 202 f.

Die Markierung ist die eine Seite der Medaille beim Markenaufbau, die ergänzt wird durch den Beitrag der Kommunikation. Grundsätzlich gilt:

Je besser die Markierung gestaltet ist, desto schneller kann ein Markenaufbau erfolgen und desto geringer muß der kommunikative Einsatz zum Markenaufbau sein.

Umgekehrt resultiert aus einer unprofessionellen Markierung zwangsläufig die Notwendigkeit zur Erhöhung des kommunikativen Budgets, um die neue Marke in den Köpfen der Konsumenten zu verankern.

Diese mangelnde Professionalität ist weit verbreitet, so daß Unternehmen gerade in bezug auf die Markierung von Produkten noch großes Optimierungspotential haben. So ist es beispielsweise unverständlich, daß allzu oft noch vollkommen abstrakte Markennamen entwickelt werden, die keinerlei spezifische Assoziationen vermitteln oder daß sich die Logogestaltung primär auf abstrakte Logos konzentriert. Zwar kann es bei dem internationalen Einsatz eines Markennamens zweckmäßig sein, eher abstrakte Markennamen zu entwickeln, in vielen Fällen wird jedoch das Spektrum wirksamer Branding-Maßnahmen nicht hinreichend ausgeschöpft.

So ist beispielsweise hinreichend bekannt, daß imagerystarke Markennamen wesentlich besser erinnert werden als imageryschwache Markennamen, und zwar unabhängig davon, ob ein Recall- oder ein Recognition-Test durchgeführt wurde (vgl. Abbildung 6; Robertson, 1987). Bei den erstgenannten Namen handelte es sich um konkrete, assoziationsreiche Namen wie „Du Darfst" oder „Sunrise", bei den letztgenannten Namen hingegen um abstrakte und wenig assoziationsreiche Namen. Bedeutungsvolle Markennamen, die einen Produktnutzen kommunizieren (z. B. Mr. Proper, Weight Watchers), werden ebenfalls besser behalten als bedeutungslose Namen. Sie unterstützen zudem eine markennamenkonforme Positionierung (vgl. Keller et al., 1998, S. 48 ff.).

Zeitpunkt der Messung	imageryschwache Markennamen					imagerystarke Markennamen				
		Recall		Recognition			Recall		Recognition	
	n	$\bar{x}$	s.d.	$\bar{x}$	s.d.	n	$\bar{x}$	s.d.	$\bar{x}$	s.d.
eine Stunde nach der Markendarbietung	91	3,45	1,71	8,09	1,37	89	5,18	1,68	9,38	0,92
2 Tage nach der Markendarbietung	69	3,42	1,51	7,51	1,08	57	5,54	2,11	9,04	1,19

Anmerkung: Abgebildet sind die Durchschnittswerte für sechs Produktkategorien.
n = Zahl der Testpersonen
$\bar{x}$ = Mittelwert
s.d. = Standardabweichung

Abbildung 6:   Ergebnisse zur Erinnerungswirkung und zum Wiedererkennen von imagerystarken und imageryschwachen Markennamen
Quelle: Robertson, 1987, S. 9.

Ähnliches gilt für Markenlogos. Viele Unternehmen ergehen sich in der Entwicklung abstrakter Markenlogos, obwohl bekannt ist, daß gerade konkrete Logos, die mit dem Markennamen oder dem Unternehmen in Kontakt stehen, besser erinnert werden (vgl. Lutz/Lutz, 1977, sowie den Beitrag „Gestaltung von Markenlogos" in diesem Buch). So prägen sich die Steine von Schwäbisch-Hall, der Apfel von Apple oder der Kranich von Lufthansa zweifelsfrei besser ein als die abstrakten Zeichen der Vereinten Versicherungen, der Württembergischen Versicherung oder der Dresdner Bank (vgl. Abbildung 7).

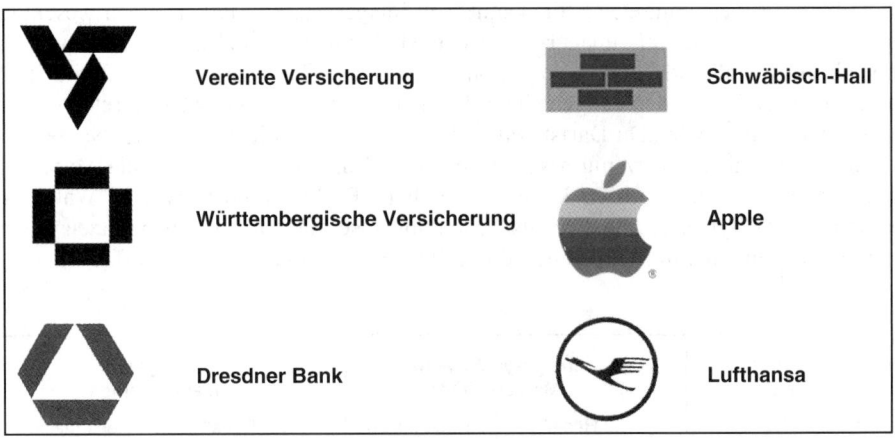

Abbildung 7:   Abstrakte und konkrete Markenlogos

Gerade bei abstrakten Zeichen und Namen wird der Beitrag der Kommunikation zum Markenaufbau besonders wichtig, da in solchen Fällen nur durch Kommunikation Markennamen und -zeichen mit Bedeutung aufgeladen werden können. Unter den heute oft vorherrschenden Bedingungen reizüberfluteter Konsumenten mit geringem Involvement, d. h. geringem Interesse an Kommunikation, sind dazu meist Konditionierungsprozesse erforderlich. Bei einer solchen Konditionierung wird ein abstrakter Markenname oder das -zeichen durch häufige Wiederholungen von emotionalen Inhalten in reizstarken Kontexten, bei gegebener räumlicher Nähe des neutralen Reizes (Markenname) und des konditionierenden Reizes, aufgeladen.

So konnte beispielsweise die Zigarettenmarke Marlboro ebenfalls nur durch Kommunikation mit der Erlebniswelt des Cowboys, mit der man Abenteuer und Freiheit verbindet, aufgeladen werden.

Der Beitrag der Kommunikation zum Markenaufbau ist dann groß, wenn

- die Positionierungsbotschaft unmißverständlich sichtbar gemacht wird,
- die Kommunikation eigenständig gestaltet ist und

- die kommunikativen Maßnahmen integriert, d. h. inhaltlich und/oder formal aufeinander abgestimmt sind, damit sich das Image bei den Konsumenten auch verfestigen kann (vgl. den Beitrag „Aufbau starker Marken durch integrierte Kommunikation" in diesem Buch).

So wird zum Beispiel bei Yes-Torties durch die Kommunikation sinngemäß der Inhalt „Liebe schenken" durch das Yes-Torty mit der Kerze, das als Geburtstagsgeschenk in einem Zelt überreicht wird, vermittelt. Diese Kommunikation ist eigenständig und wird kontinuierlich zur Vermarktung von Yes-Torties eingesetzt, so daß dadurch ein schnellerer Markenaufbau gewährleistet ist. Der Markenname „Yes" selbst hingegen leistet keinen unmittelbaren Beitrag zu einem Markenaufbau im Sinne des angestrebten Images.

Im Rahmen der Kommunikation können sowohl Maßnahmen der Massenkommunikation als auch sogenannte „Below-the-line"-Maßnahmen zum Einsatz kommen. Eine breite Penetration des Markennamens ist primär nur durch Massenkommunikation möglich, die zielgruppenspezifisch durch „below-the-line"-Maßnahmen, zum Beispiel durch Events, durch Sponsoring-Maßnahmen und ähnliches, unterstützt werden kann (vgl. hierzu auch den Beitrag „Aufbau und Pflege von Marken durch klassische Kommunikation" in diesem Buch). Denkbar ist in manchen Fällen jedoch der umgekehrte Weg, bei dem Marken über Szenen oder durch starke „Below-the-line"-Aktivitäten zunächst ins Gespräch gebracht werden, um anschließend durch Massenkommunikation auf breiter Basis penetriert zu werden. Dies war zum Beispiel bei Swatch und Red Bull der Fall (vgl. hierzu auch den Beitrag „Aufbau von Marken im Zeitalter der Post-Massenmedien" in diesem Buch). Swatch wurde zunächst über Künstlerszenen und durch plakative Darstellungen von Swatch-Uhren an Wolkenkratzern in Großstädten in Szene gesetzt. Erst in einem zweiten Schritt kam die Massenkommunikation für eine breite Markenpenetration hinzu. Red Bull wählte in Deutschland einen Vermarktungsweg über bekannte Disk Jockeys und über andere, szenespezifische Distributionskanäle, bevor die Marke über die bereits mit mehreren Effie-Preisen ausgezeichnete Kommunikationskampagne „Red Bull verleiht Flüüügel" einer breiten Öffentlichkeit zur Schau gestellt wurde.

Wichtig ist, daß der Beitrag zum Markenaufbau durch Markierung und durch Kommunikation nicht losgelöst voneinander betrachtet werden kann. Vielmehr ist idealerweise ein „Fit" zwischen beiden Bereichen zum Markenaufbau sicherzustellen. Im besten Fall entsprechen die Markierung und die Kommunikation in bezug auf ihre imagemäßige Bedeutung einander. Dadurch kann

- schneller,
- kostengünstiger und vor allem
- konstanter

ein Markenaufbau erfolgen.

Dazu zwei positive Beispiele: Bei Ferrero Rocher wird - neben der hervorragenden Markierung - ein optimaler Fit auch durch die Kommunikation erreicht. Der Butler, der

in einer illustren Gesellschaft im livrierten Anzug auf einem silbernen Tablett die kö-
niglichen Kugeln wie eine kleine Kostbarkeit seiner Herrschaft darbietet, stützt damit
die Markierung, so daß schnell entsprechend klare Gedächtnisstrukturen und Markenbilder zu Ferrero Rocher bei den Konsumenten aufgebaut werden können. Ähnlich verhält es sich bei Cliff. Der Name ist bereits Programm für die Frische dieses Duschgels.
Der Aspekt der Frische und Männlichkeit des Duschgels wird unterstützt durch den
Klippenspringer auf der Verpackung, der der Schlüsselszene aus dem entsprechenden
Fernsehspot entnommen wurde. Auch hier wurde eine optimale Botschaftsüberein-
stimmung zwischen Markierung und Kommunikation erreicht.

4.   Herausforderungen an ein professionelles Branding

Fazit: Der Markenaufbau vollzieht sich zum einen über die Markierung, zum anderen
über die Kommunikation zur Marke. Professionelles Branding darf sich nicht nur auf die
Kreation abstrakter Markennamen und -zeichen beschränken, da diese erst durch
Kommunikation mit Bedeutung aufgeladen werden müssen. Bei Kitkat würde spontan
jeder an Katzennahrung denken, obwohl es sich um einen Schokoladenriegel handelt.
Ohne die originelle, auf Humor abzielende Kitkat-Kommunikation könnte diese Marke
wahrscheinlich nie sonderlich erfolgreich im Riegelmarkt agieren. Deshalb erscheint es
heute angebracht, die Kenntnisse zur Gestaltung von Markennamen und -logos zu nutzen. Zudem ist auch der Branding-Prozeß selbst stärker zu systematisieren und zu
strukturieren, damit keine mehr oder weniger guten Zufallsergebnisse erzielt werden.
Die folgenden Beiträge widmen sich deshalb sowohl dem Branding-Prozeß als auch der
Gestaltung effektiver Markennamen und -logos.

Chiranjeev Kohli, Douglas W. LaBahn und Mrugank Thakor

Prozeß der Namensgebung

1. Markennamen als Unternehmenskapital

Markennamen sind zum wertvollsten Kapital vieler Unternehmen geworden. Die Markenfamilie RJR Nabisco wurde für über 25 Milliarden US $ erworben, Nestlé kaufte Perrier für 2,5 Milliarden US $. Dieser hohe Preis wurde für den Markennamen „Perrier" bezahlt. Als Mineralwasser hat dieses Produkt keine herausragenden Eigenschaften. Perrier hingegen ist ein seit langem in der Industrie eingeführter Markenname, der für Nestlé einen unschätzbaren Wert darstellte. Dem entsprechend kaufte Philip Morris Kraft für 13 Milliarden US $, d. h. mehr als 600 % über dem Buchwert. Hamish Maxwell, der für den Kauf verantwortlich war, rechtfertigte die Ausgabe damit, daß man auf diese Weise einen ausbaufähigen Markennamen erworben habe sowie ein loyales Verbrauchernetz, das als Bindeglied zum Lebensmitteleinzelhandel genutzt werden konnte (vgl. Aaker/Biel, 1993 a). Es ist daher nicht überraschend, daß das Interesse an Markennamen zunimmt. Budweiser ist 9,7 Milliarden US $ wert. Der Wert von Nike wird auf 3,6 Milliarden US $ geschätzt und der Wert von Barbie liegt bei 1,7 Milliarden US $ (vgl. Ourosoff, 1994). Die kostspieligste Marke ist Coca-Cola mit einem Schätzwert von 36 Milliarden US $. Das ist leicht vorstellbar, wenn man bedenkt, daß man auf Grund von Umfragen herausgefunden hat, daß Coca-Cola hinsichtlich „share of mind" und „Wertschätzung" der stärkste Markenname in den Vereinigten Staaten und weltweit ist (vgl. Owen, 1993).

Für einen so hohen Markenwert gibt es drei Gründe. Erstens ist die Einführung eines neuen Produkts kostspielig. Kidder Peabody schätzte, daß ein Unternehmen bei Kosten von 100 Millionen US $ zur Einführung eines neuen Produkts und bei Mißerfolgsraten von ungefähr 75 % für eine erfolgreiche Marke 400 Millionen US $ ausgeben müßte. Zweitens haben wir es mit weitgehend gesättigten Märkten zu tun. Es gibt derzeit ungefähr 750 Automarkennamen, 150 Lippenstiftmarken und 93 verschiedene Katzenfuttermarken (vgl. Aaker, 1991). Nur Markennamen, denen es gelingt, aus der Masse herauszuragen, werden wahrgenommen. Markennamen tragen zur Identifizierung des Produkts bei, aber was noch wichtiger ist, sie nehmen eine eigene Bedeutung und Präsenz an, da sie eine vielfältige Struktur von Symbolen und Inhalten darstellen, die durch Produkte verkörpert werden (vgl. Levy, 1978). So sollte ein neuer Markenname nicht nur eine anziehende Wirkung auf die Verbraucher haben, sondern andere wünschenswerte, den Marktumständen entsprechende Qualitäten aufweisen. Dabei kann es sich um mit dem Markennamen verbundene assoziative und emotionale Bedeutungen handeln, um Produktrelevanz, um Einprägsamkeit und um die Fähigkeit des Markennamens, ein eigenständiges Image gegenüber Konkurrenzprodukten aufzubauen. Drittens haben erfolgreiche Marken eine längere Lebensdauer, die zu höheren Umsätzen führt. Ivory (Seife), Kellogg's (Cerealien), Kodak (Kameras), Gillette (Rasierklingen) und natürlich Coca-Cola (Soft Drinks) waren 1925 führende Marken, sie sind es heute noch immer (vgl. Wurster, 1987). Man schätzt, daß die Ivory Seife seit ihrer Einführung im Jahre 1887 einen Gesamtgewinn von zwei bis drei Milliarden US $ erwirtschaftet hat (vgl. Aaker,

1991). Über einen langen Zeitraum gesehen sind starke Marken eine ausgezeichnete Investition.

Marken lassen sich im Laufe der Zeit durch Werbung stärken. Für jeden Markennamen kann ein Image aufgebaut werden. Weder Marlboro noch Beck's haben als Namen an sich eine klare Bedeutung. Dennoch vermittelt Marlboro das Bild eines Cowboys und einer rauhen Landschaft und Beck's läßt einen an ein grünes Segelschiff in maritimem Klima denken. Der Aufbau eines solchen Bildes ist allerdings teuer und zeitaufwendig. Diese hohen Kosten haben die Unternehmen dazu bewogen, sehr sorgfältig beim Aufbau, Entwickeln und Testen von neuen Markennamen vorzugehen.

Unsere Untersuchung hat sich zwei Hauptaufgaben gestellt:

1. einen Rahmen zu erstellen, der Marketingmanagern beim Prozeß des Aufbaus von Markennamen helfen soll und

2. Forschungsergebnisse in dieses Thema zu integrieren. Bisherige Untersuchungen waren entweder rein deskriptiv (vgl. McNeal/Zeren, 1981; Shipley et al. 1993; Shipley/Howard, 1993; Kohli/LaBahn, 1997) oder vertraten eher persönliche Auffassungen der Autoren (vgl. Collins, 1977; Hemnes, 1987; Robertson, 1989). Diese Arbeit basiert auf normativer Markennamenforschung, auf deskriptiven Studien über die von Managern beim Markennamenaufbau angewandten Prozesse und auf unseren eigenen Erfahrungen in diesem Bereich. Somit gibt sie einen wichtigen Einblick in die Entwicklung von Markennamen. Im Rahmen der von uns durchgeführten explorativen Managerbefragungen zum Prozeß der Markennamensgebung wurden 101 Produkt- und Markenmanager amerikanischer Industrieunternehmen befragt[1].

2. Zur Bedeutung der Namensgebung

Zunächst ist es wichtig festzustellen, auf welche Weise Markennamen zum Erfolg eines Produktes beitragen. Markennamen sind der Grund für Produktdifferenzierung. Wir kaufen Markennamen und sind bereit, einen höheren Preis für sie zu bezahlen. Wir kaufen keine Jeans, sondern Levi's. Wir kaufen nicht Sonnenbrillen, wir kaufen Ray Ban. Wir kaufen ebenso kein Mineralwasser, sondern Perrier. Der Markenname beeinflußt die Wahl des Kunden. In einem Blindtest wuchs die Zustimmung für Kellogg's Corn Flakes von 47 % auf 59 %, als der Name des Produkts genannt wurde (vgl. Saporito, 1986).

---

[1] Die Stichprobenauswahl fand auf der Basis einer Unternehmensliste der American Marketing Association statt. Es wurden 390 Fragebögen versandt. Die Rücklaufquote lag bei 26 %. Hinsichtlich Größe der Unternehmen, Branche und Position der Manager unterschieden sich die teilnehmenden Manager nicht von denen, die nicht an der Untersuchung teilnahmen. Die externe Validität der Unternehmensergebnisse müßte somit gewährleistet sein.

Auch aus anderen Gründen können Markennamen eine Differenzierungsquelle darstellen. Die Geschwindigkeit des gegenwärtigen Technologiewechsels macht es schwer, Marken nur aufgrund von physischen Eigenschaften zu unterscheiden. Es entbehrt nicht der Ironie, bei der Betrachtung verschiedener Fernsehmarken, Videorecordern und Computern festzustellen, daß bei diesen hochtechnologischen Produkten die Ähnlichkeit verschiedener Marken der Ähnlichkeit verschiedener Benzinmarken entspricht. Sie sind Bestandteil der Produkte geworden. Die einzig starke Differenzierung beruht auf dem Markenimage. So waren beispielsweise die Modelle IBM ValuePoint und PS/2 nahezu identisch mit dem Intel 486 DX4 Chip mit acht Megabyte RAM und 540 Megabyte Festplatte ausgerüstet. Im Juni 1994 wurde der ValuePoint für 2.650 US $ und der PS/2 für 3.600 US $ verkauft (vgl. o. V., 1994 b). Die beiden Modelle wurden mit unterschiedlichem Image aufgebaut. Ein weiteres Beispiel kommt aus der Automobilindustrie. Obwohl es sich grundsätzlich um die gleichen Fahrzeuge handelt, wird ein Toyota Corolla höher geschätzt als ein Geo Prizm, eben weil es ein Toyota ist. Obgleich er in den Vereinigten Staaten hergestellt wird, hat der Toyota Corolla das Image eines gut gebauten japanischen Autos, weil Toyota ein japanischer Markenname ist. Der Volkswagen Polo schließlich wird international positiv beurteilt, weil er ein Volkswagen ist, mit einem Markenimage, das auf deutschen Eigenschaften aufbaut. Nur 8 % wissen dagegen, wo er hergestellt wird, nämlich in Brasilien (vgl. Ratliff, 1989).

Dieser Umstand verstärkt sich noch dadurch, daß eine Differenzierung anhand physischer Merkmale nur beschränkt aufrechterhalten werden kann. Physische Eigenschaften zu kopieren ist nicht schwierig; in unserer Zeit besteht die Hauptherausforderung also darin, ein starkes und klares Image aufzubauen. Angenommen Philips führt ein innovatives elektrisches Bügeleisen ein, das sich sehr gut verkauft, dann kann Black & Decker dieses Produkt jederzeit untersuchen, nachbauen und es in weniger als drei Monaten in den Verkaufsregalen plazieren!

Schließlich ist es eine Fehleinschätzung, anzunehmen, daß die Namensgebung nur Vorteile für Konsumgüter bietet. Bezüglich der Bedeutung von Markennamen konnten keine signifikanten Unterschiede zwischen Konsumgüter- und Industriegüterunternehmen festgestellt werden (vgl. Kohli/LaBahn, 1997). Mehrere innovative Hersteller von Industriegütern haben eine Führungsrolle übernommen und Marktvorteile gewonnen auf der Grundlage von Markennamen, die früher nicht existierten. Zu solchen Beispielen gehören Caterpillar (Werkzeugmaschinen) und Portakabin (portable Büros) (vgl. Shipley/Howard, 1993). Ein weiteres Beispiel ist das Unternehmen Intel, das seine Marktpräsenz durch die „Intel inside"-Kampagne steigerte.

60 % aller befragten Manager hatten den Eindruck, daß allein der Markenname, ohne Unterstützung der Werbung, den Verkauf von Waren beeinflussen kann. Außerdem wird die Wahl eines geeigneten Markennamens für entschieden wichtiger gehalten als die Attraktivität der Verpackung und der Anreiz einer frühzeitigen Erprobung des Produktes (vgl. Kohli/LaBahn, 1997). Daraus ergibt sich sowohl für Industrie- als auch für Konsumgüter, daß Markennamen eine lebenswichtige und starke Differenzierungsquelle darstellen und die Wahl geeigneter Markennamen sehr wichtig ist.

Die anfangs erwähnten deskriptiven Studien kamen zu dem Ergebnis, daß die Markennamensgebung ein aus mehreren Phasen bestehender Prozeß ist (vgl. Abbildung 1).
33 % der Unternehmen begannen den Namensgebungsprozeß des Produktes bei der
Produktentwicklung, 22 % beim Konzepttest, 10 % in der „in house"-Testphase und 8 %
bei der Marktanalyse. 29 % der Unternehmen schlossen diesen Prozeß während der
Produktentwicklung, 22 % mit einem „in house"-Tests, 22 % mittels Markttest und 15 %
mit der Markteinführungsphase ab. Dieser Vorgang nahm im Durchschnitt neun
Wochen in Anspruch. Der Prozeß benötigte durchschnittlich 64 Stunden und belief sich
auf Kosten in Höhe von schätzungsweise 7.600 US $. (vgl. Kohli/LaBahn, 1997).

Abbildung 1:	Prozeß der Markennamensgebung
Quelle:	Kohli/LaBahn, 1997.

Der folgende Abschnitt beschreibt die einzelnen Schritte des Prozesses und diskutiert
die damit verbundenen Fragen.

# 3.	Phasen der Namensgebung

## 3.1	Vorarbeiten zur Entwicklung von Markennamen

### 3.1.1	Festlegung des Namenstyps

Es gibt fünf Namenskategorien, die vom amerikanischen Patent- und Warenzeichenamt
definiert worden sind und von den Gerichten bei Entscheidungen zum Warenzeichenrecht und bei Übertretungsfällen angewandt werden. Man unterscheidet zwischen generischen (Seife für Seife), deskriptiven (Laser Jet für Laserdrucker), suggestiven
(Eveready für Batterien), willkürlichen (Camel für Zigaretten) und geprägten (Exxon für
Gas) Kategorien. Es gibt zwei wichtige Aspekte dieser Kategorisierung. Die jeweiligen

Kategorien bieten verschiedene Stufen des **Warenzeichenschutzes** und der **Marketingwirkung** - beides ist wichtig aus der Perspektive eines Marketingmanagers. Je mehr man sich von der generischen zur geprägten Kategorie bewegt, um so einfacher wird die Eintragung eines Warenzeichens und um so größer der verfügbare Warenzeichenschutz. Im Abschnitt über die Eintragung von Warenzeichen wird auf diesen Aspekt näher eingegangen. In diesem Zusammenhang sollte darauf hingewiesen werden, daß generische Namen nicht unter Warenzeichenschutz stehen und nicht als Markennamen anerkannt werden, so daß auf diese Kategorie nicht weiter eingegangen wird.

Die Marketingwirkung deskriptiver und suggestiver Namen ist stark, während willkürliche und geprägte Namen eine schwache Wirkung haben. Es wird angenommen, daß deskriptive und suggestive Namen ein **unmittelbares Image** aufbauen, während es bei willkürlichen und geprägten Namen der Unterstützung durch Werbung bedarf. Deshalb sollte ein Unternehmen, das nicht über bedeutende Werbemittel verfügt, vor allem deskriptive und suggestive Namen verwenden. Dennoch haben willkürliche und geprägte Namen einige Vorteile. Sie binden das Unternehmen nicht an ein bestimmtes Produkt. Namen dieser Art sind leichter auf andere Produkte zu übertragen. Eine solche Wahl ist vor allem zur Zeit besonders attraktiv, da Markenerweiterungen immer beliebter und überlebenswichtiger werden. So kann z. B. Fruitopia nur ein Fruchtgetränk bezeichnen, während Starbucks für eine Vielzahl von Getränken verwandt werden kann. Während willkürliche Namen unter strategischen Gesichtspunkten annehmbar sein können, ist es nicht ratsam, geprägte Namen zu benutzen, wenn nicht außergewöhnliche Umstände eine solche Entscheidung rechtfertigen. So war z. B. Exxon eine gute Wahl, da Exxon in ca. 55 Ländern vertreten ist, der Name aber dennoch in den unterschiedlichen Sprachen weltweit eine gewisse Bedeutung und keine negativen Konnotationen hat. Mitte der 80er Jahre nahm die Akzeptanz geprägter Namen zu. Seitdem ist ihre Beliebtheit zurückgegangen. Grund dafür ist die Abneigung der Konsumenten gegen diese Markennamen. Geprägte Namen werden von allen vier Namenskategorien am wenigsten akzeptiert (vgl. Kohli/Harich, 1996).

3.1.2 Ziele der Namensgebung

Marketingmanager können verschiedene Ziele mit der Namensgebung verfolgen (vgl. Kohli/LaBahn, 1997). In nach Bedeutung abnehmender Reihenfolge waren diese Ziele die Vermittlung einer beabsichtigten Positionierung (z. B. Rebel von Honda), der Aufbau einer Produktdifferenzierung (z. B. P & G's Oil of Olaz), die Schaffung eines eindeutigen Segments (z. B. Lexus von Toyota), der Aufbau eines unverwechselbaren Images (z. B. Du darfst), die reine Identifikation und die Leichtigkeit der Warenzeicheneintragung (z. B. Exxon) (vgl. Abbildung 2). Die beiden letzten wurden relativ selten benutzt.

Ziele der Markennamensgebung	Insgesamt N = 101	Konsum- güter N = 48	Industrie- güter N = 53
Vermittlung der beabsichtigten Positionierung (z. B. Rebel von Honda)	61 %	62 %	62 %
Aufbau einer Produktdifferenzierung (z. B. P&G's Oil of Olaz)	41 %	48 %	34 %[2]
Aufbau eines eindeutigen Segments (z. B. Lexus von Toyota)	41 %	44 %	38 %
Aufbau eines unverwechselbaren Images (z. B. Du darfst)	20 %	19 %	21 %
Identifikation	12 %	11 %	13 %
Leichtigkeit der Warenzeichenregistrierung (z. B. Exxon)	9 %	6 %	11 %

Abbildung 2:   Ziele der Markennamensgebung
Quelle: Kohli/LaBahn, 1997.

Marketingfachleute betrachten Namen nicht nur unter rein funktionalen Aspekten. Demgemäß wurden Ziele wie Identifikation oder leichte Eintragung im Warenzeichenregister sehr selten genannt (12 und 9 %). Entgegen den Erwartungen gab es nur wenige signifikante Unterschiede zwischen den Herstellern von Konsum- und Industriegütern. Der einzige Unterschied bestand darin, daß die Hersteller von Konsumgütern das Ziel, Namen zur Produktdifferenzierung zu nutzen, hervorhoben, während die Hersteller von Industriegütern mehr Nachdruck auf die Problematik der Warenzeichen legten. Daraus ergibt sich, daß die Hersteller von Industriegütern ebenfalls versuchen, durch die Benutzung geeigneter Namen einen Marktanteil zu erobern, auch wenn die Markenbenennung für Konsumgüter eine größere Rolle spielt.

Die Ziele müssen klar definiert werden. Aus zwei Gründen legen Marketingmanager sie oft nicht eindeutig fest. Erstens erkennen manche Manager nicht, daß der Markenname tatsächlich die Basis des Markenimages ist und die Wahl eines passenden Markennamens größte Bedeutung hat. Zweitens sehen sie nicht, daß ein Markenname typischerweise auf ein oder zwei Worte beschränkt ist. Das führt zu einer Beschränkung der Informationen, die ein Markenname vermitteln kann. Dies und die Tatsache, daß ein Name nicht geändert werden kann, ohne den in ihm aufgebauten Wert zu verlieren, zeigen deutlich die Wichtigkeit eines klar definierten Ziels der Namensgebung.

---

2   χ^2- Test mit Signifikanz < 0,05.

Namen können bei der Positionierung helfen. Honda's Rebel (im Stil vergleichbar mit der Soft Tail von Harley Davidson) ist ein Versuch, das Bild eines sorglosen Rebellen zu vermitteln, das man traditionellerweise mit Motorradenthusiasten verbindet. Ähnlich vermittelt Visa geschickt die Positionierung einer Kreditkarte, die einem überall Zugang verschafft „die Freiheit nehm' ich mir". Häagen-Dazs Eiscreme steht für skandinavisches Image, obwohl es in den USA hergestellt wird. Auch Smirnoff Wodka, welcher in den USA konsumiert wird, wird nicht aus Rußland importiert, sondern in den USA produziert.

Namen können bei der Differenzierung helfen. Benzin ist ein Grundstoff für alle möglichen praktischen Zwecke. Verschiedene Unternehmen haben versucht, ihr Produkt zu heterogenisieren. Kürzlich hat Mobil sich zum „Ort des freundlichen Service" gewandelt und 76 ist der Ort für nützliche Basisartikel wie „Scheibenreiniger und sauberes Wasser". Chevron hingegen hat versucht, sein Produkt durch den Namen zu differenzieren. Das gesamte Chevron-Benzin hat nun den Zusatzstoff Techron. Die Namensgebung von Bestandteilen hat sich als wesentlich effektiver erwiesen. Der Effekt wäre schwächer gewesen, wenn Chevron nur darauf hingewiesen hätte, daß sein Benzin einen Reinigungsstoff enthält, der den Motor sauber laufen läßt.

Namen können bei der Bearbeitung unterschiedlicher Marktsegmente helfen. Honda hat eine neue Serie von Luxuswagen begonnen - Acura; Toyota hat Lexus eingeführt und Nissan folgte mit dem Infiniti. Alle drei japanischen Hersteller versuchten, den oberen Bereich des Automobilmarktes zu bedienen. Sie hätten das mit bereits existierenden Namen tun können, allerdings wäre dies ungleich schwerer gewesen. Die alten Namen vermitteln den Eindruck von Zuverlässigkeit, aber sie suggerierten auch, daß es sich um ein Massenprodukt handelt und sprachen keinen exklusiven Käuferkreis an. Sie hätten sich nicht mit dem Bild eines Luxuswagen vereinbaren lassen. Der fortgesetzte Kampf von Oldsmobile ist ein Beweis für die Bewährtheit dieser Strategie. Das langweilige Image eines Wagens für die ältere Generation konnte Oldsmobile nicht abschütteln. Der Werbespruch „It's not your father's Oldsmobile" verpuffte wirkungslos. Daher beschloß Oldsmobile, den Aurora einzuführen. Es erfordert viel Zeit, ein Image aufzubauen und noch mehr Zeit, es wieder los zu werden. Wenn ein Unternehmen sich einem völlig neuartigen Marktsegment zuwenden will, so kann es von Nutzen sein, dies unter einem ganz anderen Markennamen zu versuchen.

Namen können dazu dienen, ein besonders charakteristisches Image zu verleihen. Zima hat das mit sehr viel Erfolg gemacht. Für praktische Zwecke ist Zima im Englischen ein völlig sinnloses Wort. Aber es hat einen ganz besonderen Klang. So ist es besonders „barmäßig", an der Theke zu rufen „Give me a Zima". Ähnlich hat die Marke „No Fear" (Freizeitkleidung) eine Art Kultgemeinde gefunden. Der Name verbindet den „spirit" einer Kleidung mit einem bestimmten Lebensstil. Es sollte erwähnt werden, daß nicht jedes neue Produkt eine individuelle Identität braucht. Wohl kann es für Volkswagen wichtig sein, einem Sportwagen einen charakteristischen neuen Namen zu geben - Scirocco (wie der heiße Wüstenwind), aber für Panasonic wäre es uninteressant, einen eigenen Namen für jedes seiner Modelle zu entwerfen, wenn kein Bedürfnis danach besteht, für jedes dieser Modelle ein eigenes Image aufzubauen. Trotz individueller Markennamen haben alle Panasonic-Telefone für die Kunden dasselbe Image. Eine unnötige Vervielfältigung von Marken ist für den Hersteller zwecklos und verursacht nur eine enorme Verwirrung. 300 Computerhersteller boten 1.000 verschiedene Marken in 11.000 möglichen Kombinationen an (vgl. o. V., 1994 b). Als Ergebnis war es nahezu unmöglich, den Herstellern individuelle Markennamen zuzuordnen, wodurch sie bedeutungslos wurden.

3.2 Entwicklung von Markennamen

Drei miteinander verwandte Aufgaben sind zu erfüllen, sobald der Namenstyp und die Strategie der Namensgebung feststehen. Es muß zunächst der Wirkungsgrad des Markennamens festgelegt werden, um als nächstes die Teilnehmer des Namensgebungsprozesses zu bestimmen. Abschließend müssen die Techniken bestimmt werden, die bei der Entwicklung und Bewertung der Namen Anwendung finden.

3.2.1 Effizienz verschiedener Markennamen

Verbraucher haben oft vorgefaßte Meinungen zu Markennamen. Worte mit ähnlichen linguistischen Eigenschaften (Länge, Abstraktheit, Häufigkeit der Benutzung, etc.) können aufgrund bestehender Markt- und Verbraucherauffassungen völlig unterschiedliche Reaktionen auslösen. Peterson und Ross (1972) benutzten vom Computer erzeugte sinnlose Worte als Markennamen und befragten eine Gruppe von Personen, ob jeder dieser Namen für ein spezifisches Produkt besonders geeignet sei. So wurde z. B. „whumies" als Markenname für Frühstückszerealien akzeptiert, nicht hingegen für ein Waschmittel. Zinkhan und Martin (1987) stellten fest, daß Verbraucher Produkte mit „typischen" Produktnamen Produkten mit „atypischen" Namen vorziehen. So hielt man den Namen „Mishu" zur Bezeichnung einer Kamera für passender als den Namen „Pilot". Man kam zu dem Ergebnis, daß es für Hersteller sicherer ist, typische Namen auszuwählen, da Verbraucher vorgefaßte Meinungen dazu haben, wie ein Markenname für ein bestimmtes Produkt klingen sollte. Untersuchungen haben weiterhin gezeigt, daß Verbraucher sogar zu offensichtlich sinnlosen alphanumerische Namen vorgefaßte Meinungen haben. Alphanumerische Namen werden für technische Produkte leichter akzeptiert als für nicht-technische Produkte. Für Produkte, die geeigneter für alphanumerische Namen sind, werden Verbindungen mit dem Buchstaben Z solchen mit dem Buchstaben A vorgezogen. Akustisch als hart empfundene Buchstaben und Zahlen können leichter akzeptiert werden als Sibilanten, d. h. als Zischlaute empfundene Buchstaben und Zahlen (vgl. Pavia/Costa, 1993). Schließlich sollte man eingeführte Markennormen nicht unberücksichtigt lassen. So kann nicht übersehen werden, daß seit Einführung der

Normal-, Gold- und Platin-Klassifikation für American Express-Karten diese Klassifikation automatisch mit dem Kreditkartenschema verbunden wird.

Unbewußt ziehen Verbraucher andere Rückschlüsse aus Markennamen. Heath, Chatterjee und France (1990) benutzten im Rahmen eines Experiments sinnvolle Namen. Ihre Studie zeigte, daß die Härte von Konsonanten und die Tonschärfe von Vokalen in Namen die Vorstellung von „Härte" bei Papiertaschentüchern und Reinigungsmarken verstärkten.

Schließlich fanden Leclerc, Schmitt und Dubé (1994) heraus, daß Verbraucher leichter dazu neigten, französisch ausgesprochene Namen auch bei einem so profanen Produkt wie Aluminiumfolie als besonders hedonistisch einzustufen. Es überrascht nicht, daß Grey Poupon sich diese Erkenntnis zu Nutze machen, indem sie den letzten Konsonanten in ihrer Werbung nicht aussprechen.

3.2.2 Teilnehmer am Namensgebungsprozeß und Techniken der Namensfindung

Die Namensgebung ist vor allem eine kreative Aufgabe. Zwei Merkmale sind daher zu berücksichtigen. Dem Team sollten kreative Personen angehören, und die Kreativität des Teams selbst sollte stimuliert werden. Die Kreativität kann beispielsweise dadurch gesteigert werden, daß ganz unterschiedliche Personen in das Team aufgenommen werden. Kreatives Denken unterscheidet sich von der traditionellen Art zu Denken, welche logischen Schlüssen folgt. Kreatives Denken wird nicht durch Logik beschleunigt, sondern durch das Überwinden der vom logischen Denken gesetzten Grenzen. Die Verwendung der Worte Alpha und Beta beispielsweise erinnert Marktforscher direkt an den Hypothesentestansatz zur Bestimmung von Stichprobenumfängen, während der Manager für neue Produkte sich jeweils an interne Tests oder an Kundentests erinnert fühlt. Wenn nur Marktforscher im Team sind, wird es in einem solchen Fall aufgrund der Logik der traditionellen Denkweise schwieriger, den Kundenbereich zu berücksichtigen. Ein heterogenes Team überwindet diese Barrieren und vergrößert die Kreativität. Zu einem solchen Team sollten möglichst Marketingspezialisten, Designer, Poduktentwickler und einige Kunden gehören. Ein Team, das nur aus Marketingspezialisten besteht, ist in seiner Kreativität gehemmt und unfähig, die Unzulänglichkeit eines Namens zu erkennen. Setzt sich ein Team aus Mitarbeitern des Unternehmens und aus Kunden zusammen, verringern sich die Möglichkeiten, einen Namen zu kreieren, der einer der Gruppen widerstrebt. Während der Einsatz von heterogenen Teams empfohlen wird, ist es kaum ratsam, einen Wettbewerb unter den Angestellten anzuregen. Einige Unternehmen (z. B. Chrysler) haben dieses Vorgehen zwar erfolgreich angewandt, andere hingegen hielten gar nichts davon. Es gewinnt immer nur ein Angestellter, während alle anderen Verlierer sind. Da die Auswahl eines Namens immer eine relativ subjektive Aufgabe darstellt, ist es schwierig, alle versöhnlich zu stimmen. Einige Unternehmen empfanden diese Erfahrung als außerordentlich unangenehm.

Wenn Unternehmen externe Hilfe in Anspruch nehmen, werden üblicherweise Werbeagenturen und Patentanwälte konsultiert. Spezialisten für Namensgebung und Marktforschungsinstitute werden weniger häufig eingesetzt. Dies liegt zum Teil an der fehlenden Kenntnis über externe Berater. Bei interner Bearbeitung wird die Aufgabe am häufigsten vom Marketingpersonal übernommen. In den meisten Fällen wird die Arbeit von Marketingmanagern, Senior Marketingmanagern und einzelnen ausgewählten Mitarbeitern aus Marketingabteilungen übernommen. Auch Produktentwicklungsteams, Firmenrechtsberater und Marktforschungsabteilungen werden häufig beschäftigt. Im Vergleich zu Herstellern von Konsumgütern sind die Hersteller von Industriegütern weniger zufrieden mit externen Agenturen (Werbeagenturen, Forschungsinstitute und Spezialisten für Namensgebung) und ziehen die Warenzeichenberater ihres eigenen Unternehmens vor (vgl. Kohli/LaBahn, 1997). Entgegen den Erwartungen benutzten nur 14 % der Unternehmen Vorschläge von Kunden bei der Namensfindung. Angesichts der Schwierigkeiten, neue Marken auf einem markenmäßig überfüllten Markt unterzubringen, ist es interessant, zu beobachten, daß nur 14 % der Unternehmen den Kauf eines bereits existierenden Namens von einem anderen Unternehmen in Betracht zogen. Die Häufigkeit der Benutzung verschiedener Quellen für die Namensgebung war für beide Gruppen gleich. Eine bemerkenswerte Ausnahme machten die Vorschläge von Mitarbeitern. Hersteller von Industriegütern übernahmen die Vorschläge ihrer Mitarbeiter häufiger (42 %) als die Hersteller von Konsumgütern (24 %).

Es handelt sich hier um einen seiner Natur nach kreativen Prozeß. Obgleich die Nutzung von Software für die Namensfindung und das Brainstorming zur Erleichterung der Namensgebung immer mehr zunimmt, sind doch die altmodischen Techniken wie individuelles kreatives Denken und der Einsatz von Kreativitätstechniken weiterhin am wirkungsvollsten (vgl. Abbildung 3). Tatsächlich wurden computergestützte Softwareprogramme in einer Befragung als am wenigsten effizient eingeschätzt. Das Problem dieser Programme liegt mitunter in der Anwendung. Mit den meisten Programmen muß der Benutzer sehr gut vertraut sein, um einen optimalen Nutzen daraus ziehen zu können. Offene Einladungen an Angestellte, Vorschläge zu machen, wurden ebenfalls ungünstig beurteilt. Vorschläge sind jedoch willkommen, um die Effektivität des Brainstorming und des individuellen kreativen Denkens zu erhöhen. Ebenso können Quellen wie Wörterbücher, Bücher der sinn- und sachverwandten Wörter, Bücher über Umgangssprache, Gelbe Seiten, Werbebroschüren und Markennamenverzeichnisse eine nützliche Hilfe darstellen. Wenn man solche Hilfsmittel benutzt, sollte daraus eine Datenbank der Worte und Sätze des Ideenfindungsprozesses entstehen. Diese könnten dann verfeinert und für weitere Namensgebungen verwendet werden. Es ist nicht ratsam, die Namen der Hauptkonkurrenz zu kopieren und zu modifizieren. Auch wenn solche Namen verändert worden sind, besteht das Risiko eines Verstoßes gegen das Warenzeichengesetz. Außerdem muß man damit rechnen, daß der Name für eine Neueinführung nicht eigenständig genug ist (vgl. hierzu auch den Beitrag „Gestaltung von Markennamen" in diesem Buch).

Techniken zur Entwicklung von Markennamen	Nutzungs-häufigkeit	Beurteilung der Nützlichkeit[3]		
	Gesamt	Gesamt	Konsum-güter	Industrie-güter
	N = 101	N = 101	N = 48	N = 53
Brainstorming mit ausgewählten Teilnehmern	89 %[4]	5.69	5.72	5.66
Individuelles kreatives Denken	87 %	5.64	5.66	5.62
Nutzung existierender Markennamen des Unternehmens	58 %	4.59	4.61	4.58
Beauftragung externer Agenturen	50 %	4.32	4.71	3.89[5]
Nutzung der unternehmensinternen Namensbank	43 %	4.09	3.64	4.58[5]
Nutzung von Nachschlagewerken	41 %	3.93	3.67	4.11
Aufforderung der Angestellten, Vorschläge zu machen	33 %	3.77	3.47	4.00
Nutzung von Kundenvorschlägen	14 %	3.52	4.00	2.82[5]
Aufkauf vorhandener Namen von anderen Unternehmen	14 %	3.52	3.55	3.46
Einsatz von Softwareprogrammen	9 %	3.39	3.00	3.78

Abbildung 3:   Nutzungshäufigkeit und Nützlichkeit der Quellen zur Entwicklung von Markennamen
Quelle: Kohli/LaBahn, 1997.

---

3   Die Nützlichkeit wurde mit einer siebenstufigen Skala gemessen. Der Wert 1 steht für „nicht nützlich", 7 für „extrem nützlich".
4   Lesebeispiel: 89 % der befragten Unternehmen gaben an, diese Methode bei ihren Namensentwicklungen zu nutzen.
5   Signifikanzen < 0,05 (einseitig).

3.3 Bewertung und Test von Markennamen

Die im vorangegangenen Abschnitt kreierten Namen müssen nun getestet werden. Markennamen sollten ein Reihe von Eigenschaften besitzen. Entsprechend sollten sie anhand verschiedener Kriterien (in nach ihrer Wichtigkeit abnehmenden Reihenfolge) getestet werden bezüglich

- ihrer Relevanz für die Produktkategorie,
- ihrer assoziativen und emotionalen Bedeutung,
- ihrer allgemeinen Anziehungskraft,
- ihrer Einprägsamkeit (hinsichtlich „recall" und „recognition"),
- ihrer Diskriminationsfähigkeit und
- ihrer Vereinbarkeit mit dem Image des Unternehmens und bereits bestehenden Produktlinien (vgl. Kohli/LaBahn, 1997).

Um diese Merkmale beurteilen zu können, müssen als letzte Instanz die Verbraucher befragt werden. Weitere Kriterien, wie die Länge des Markennamens, die Aussprechbarkeit, profane Interpretationen etc. können mit einem raschen Blick auf den Namen sowie durch Verwendung von Wörterbüchern und Büchern über umgangssprachliche Formulierungen untersucht werden (vgl. Blackett, 1989).

Offenbar denken die Unternehmen bei der Entwicklung von Markennamen nicht an Verknüpfungen mit bereits vorhandenen Produkten oder mit zukünftigen Markenerweiterungen (vgl. Abbildung 4). Vereinbarkeit mit vorhandenen Produktlinien (4.95) und Verwendbarkeit des Markennamens für andere Produkte (3.61) wurden in ihrer Bedeutung niedrig eingestuft. Die Übertragbarkeit in andere Sprachen wurde ebenfalls gering bewertet (3.18). Dies ist angesichts der zunehmenden Globalisierung der Märkte überraschend. So hatte z. B. eine Studie von Firmen mit Überseehandel ergeben, daß 72 % standardisierte Markennamen benutzten (vgl. Still/Hill, 1984). Ihre Ergebnisse und Berichte in der Handelsliteratur lassen einen fortlaufenden Trend in Richtung globaler Marken erkennen. Hinsichtlich der für die Namensentwicklung wichtigen Kriterien waren überraschenderweise keine großen Unterschiede zwischen Konsum- und Industriegütern erkennbar.

Kriterien zur Bewertung von Markennamen	Bedeutung der Kriterien aus Unternehmenssicht[6]		
	Gesamt N = 101	Konsum-güter N = 48	Industrie-güter N = 53
Relevanz für die Produktkategorie	5.99	6.10	5.88
Assoziative und emotionale Bedeutung	5.83	5.93	5.74
Allgemeine Anziehungskraft	5.79	5.68	5.89
Leichtigkeit der Wiedererkennung (recognition)	5.77	5.84	5.69
Diskriminationsfähigkeit	5.49	5.55	5.44
Leichtigkeit der Erinnerung (recall)	5.42	5.43	5.40
Vereinbarkeit mit dem Image des Unternehmens	5.42	5.51	5.34
Schutzfähigkeit des Namens	5.14	4.95	5.32
Leichtigkeit der Aussprache	5.07	5.19	4.96
Vereinbarkeit mit bestehenden Produktlinien	4.95	5.10	4.80
Profane oder negative Konnotationen	4.59	4.51	4.67
Verwendbarkeit des Markennamens für andere Produkte	3.61	3.71	3.52
Übertragbarkeit in andere Sprachen	3.18	3.00	3.34

Abbildung 4:   Bedeutung der Kriterien zur Bewertung von Markennamen aus Unternehmenssicht
Quelle: Kohli/LaBahn, 1997.

Um die einzelnen oben angeführten Anforderungen an neue Markennamen überprüfen zu können, sind Markennamentests erforderlich. Eine **Verbindung qualitativer und quantitativer Techniken** kann von Nutzen sein. Durchschnittlich wurden von den Unternehmen für jeden Namensgebungsvorgang 46 Namen untersucht. Als erstes muß die Gesamtliste auf eine überschaubare Liste von ungefähr 20 Namen reduziert werden.

---

6   Die Bedeutung wurde mit einer siebenstufigen Skala gemessen. Der Wert 1 steht für „überhaupt nicht wichtig", 7 für „extrem wichtig".

Diese Reduktion kann unter Berücksichtigung der Namensgebungskriterien geschehen. Ein informelles Gespräch mit Kollegen ist dafür meist schon ausreichend. Die Auswahl eines Namens sollte hier jedoch nicht enden, obwohl manche Unternehmen dies tun. In einem weiteren Schritt sollten Namen mit Hilfe von Fokusgruppen[7] getestet werden. Fokusgruppen sind besonders hilfreich für qualitative Auswertungen, z. B. bezüglich der vermittelten assoziativen und emotionalen Bedeutungen, der Diskriminationsfähigkeit und der profanen und negativen Konnotationen der Markennamen. Sie geben dem Unternehmen auch Gelegenheit zu verstehen, weshalb manche Namen von den Befragten auf eine bestimmte Weise beurteilt werden. Da die Befragten die Strategie, die hinter der Namensgebung steht, nicht kennen, können sie Namen jedoch negativ beurteilen, weil sie ihnen nicht gefallen, obwohl sie unter strategischen Gesichtspunkten geeignet wären. Wenn z. B. das Unternehmen den Markennamen für verschiedene miteinander nicht in Verbindung stehende Produkte und in zahlreichen Ländern verwenden möchte, kann die Verwendung eines geprägten Wortes geeignet sein. Dafür hätten die Teilnehmer von Fokusgruppeninterviews jedoch kaum Verständnis. Deshalb wäre ein Testabbruch in dieser Phase nicht ratsam. Da die Präferenz für Namen relativ subjektiv ist und vom individuellen ästhetischen Empfinden abhängt, kann man keine reliablen Ergebnisse erwarten, wenn man sich ausschließlich auf die qualitativen Antworten von 10 bis 12 Teilnehmern (d. h. einer Fokusgruppe) verläßt.

Die nun verbleibenden Namen bilden die Grundlage der quantitativen Beurteilung. Hierfür sollten nicht mehr als 8 bis 10 Namen vorhanden sein. Anderenfalls fühlen sich die Befragten während der Befragung durch einen „information overload" überfordert und daraufhin gelangweilt. Wenn im Extremfall eine große Zahl von Namen getestet werden muß, kann dieses Problem durch ein fraktioniertes Design (d. h. die Aufteilung der Stimuli) vermieden werden. Durch eine auf diese Weise verkürzte Befragung lassen sich die Namen jetzt nach Kriterien wie

- Relevanz für die Produktkategorie,
- allgemeine Anziehungskraft und
- Ausmaß der Vermittlung der gewünschten Positionierung testen.

Es ist wichtig, daß eine solche Befragung die neue Produktidee so klar und realistisch wie möglich vermittelt. Je leichter die Aufgabe für die Befragten zu verstehen ist, um so mehr werden sie in der Lage sein, eine gehaltvolle Einschätzung abzugeben (vgl. Blackett, 1989). Es ist wichtig, die Namen rotieren zu lassen, um eine Beeinflussung durch die Reihenfolge zu vermeiden. Man kann eine fünfstufige Skala benutzen, wenn die Befragung per Telefon stattfindet. In persönlichen Gesprächen kann auch eine siebenstufige Skala verwendet werden.

---

7   Als Fokusgruppen bezeichnet man eine moderierte und fokussierte Diskussion einer Gruppe von Personen, die durch den gegenseitigen Austausch und die Konfrontation mit Meinungen und Ideen anderer Diskussionsteilnehmer mehr Informationen liefern soll als mehrere aufeinanderfolgende Einzelinterviews.

Auf einem mit Markennamen gesättigten Markt ist die **Einprägsamkeit** von Markennamen von großer Bedeutung (vgl. Aaker, 1991). Sowohl „recall" als auch „recognition" sind wichtig, wobei die jeweilige relative Wichtigkeit von der Anwendung abhängt. Ärzte können beispielsweise unter Tausenden von Medikamenten wählen. Um die daraus resultierende Verwirrung zu reduzieren, begrenzen sie oft die Zahl ihrer Verordnungen auf nicht mehr als ungefähr 100 Produkte. In einer solchen Situation ist der Markenrecall natürlich ausschlaggebend für den Erfolg eines Produktes. Aus diesem Grund benutzen Arzneimittelhersteller oft Markennamen, die dem chemischen Namen des Medikaments möglichst stark entsprechen. Im Supermarkt hingegen, wo Einkäufe häufig durch das Wiedererkennen einer vertrauten Packung getätigt werden, ist der Markenrecognititon wichtig. Dadurch erklärt sich, daß einige Hersteller versuchen, ihre Produkte so zu fertigen, daß sie den führenden nationalen Marken so ähnlich wie möglich sehen. Es soll darauf hingewiesen werden, daß „recall" und „recognition" zeitweilig miteinander im Widerspruch liegende Kriterien sein können (vgl. Shapiro/Krishnan, 1996). Das Wiedererkennen erfordert die Anpassung des Reizes an die im Gedächtnis gespeicherten Informationen, während das Erinnern die Wiederherstellung des Zielreizes erfordert. So ist das Erinnern alltäglicher Worte wie United und American einfach, während das Wiedererkennen leichter ist, wenn der Name ausgefallen und spezifisch ist (vgl. Meyers-Levy, 1989). Daraus läßt sich ebenfalls folgern, daß die generelle Verwendung von Kriterien wie „Markennamen sollten kurz, einfach, charakteristisch" etc. sein, irreführend ist. Je nach Anwendung kann es angemessen sein, einen langen Namen auszuwählen. Demnach wäre der Name „I Can't Believe It's not Butter" eine ausgezeichnete Wahl. Angenommen, daß die Länge des Markennamens kein Haupthindernis sein muß, enthält dieser Satz die wesentliche Aussage über das Produkt: es ist keine Butter, aber es sieht aus und schmeckt ganz wie Butter.

Um die Einprägsamkeit eines Namens zu testen, kann man den „Day after"-Recall heranziehen, bei dem die Befragten alle vom Vortag erinnerten Namen auflisten müssen. Danach wird das Wiedererkennen gemessen. Hierfür wird normalerweise der ursprünglichen Namensliste eine gleich große Anzahl von Scheinnamen hinzugefügt und willkürlich verteilt, um dann die Versuchsteilnehmer aufzufordern, diejenigen Marken zu nennen, die sie wiedererkennen. Die Aufgabe des Wiedererkennens trägt auch dazu bei, die Wahrscheinlichkeit einer Konfusion zu erkennen, wenn die Teilnehmer in ihrer Verwirrung anstelle von Zielnamen ähnliche Namen auswählen.

Abschließend ist der Stichprobenumfang zu bestimmen. Eine Mindestgröße von 50 Befragungen ist erforderlich, um einigermaßen reliable Ergebnisse zu erhalten (vgl. Blackett, 1989). Ein über 200 Befragungen hinausgehender Umfang ist kaum erforderlich.

Erkenntnisse aus den Managerbefragungen: Obwohl nach Auffassung der Unternehmen Markennamen bedeutungsvoll sind, die Wahl eines geeigneten Markennamens schwierig ist, und bestimmte Attribute eines Markennamens wünschenswert sind, führen die meisten Unternehmen erstaunlicherweise nur wenig Markennamentests durch. Wie anhand der Abbildungen 4 und 5 ersichtlich ist, besteht eine starke Diskrepanz zwischen der Bedeutung von Kriterien zur Bewertung von Markennamen und deren Berücksichtigung bei Markennamentests. Werden die Markennameneigenschaften als wichtig bis sehr wichtig eingeschätzt, ist die Berücksichtigung bei Tests jedoch eher gering.

Kriterien zur Bewertung von Markennamen	Tatsächliche Verwendung der Kriterien bei Markenamentests[8]		
	Gesamt	Konsum-güter	Industrie-güter
	N = 101	N = 48	N = 53
Relevanz für Produktkategorie	3.76	4.07	3.48[9]
Schutzfähigkeit des Namens	3.70	3.93	3.52
Allgemeine Anziehungskraft	3.62	3.76	3.48
Assoziative und emotionale Bedeutung	3.61	4.00	3.29[9]
Leichtigkeit der Wiedererkennung (recognition)	3.50	3.70	3.33
Diskriminationsfähigkeit	3.42	3.80	3.08[9]
Vereinbarkeit mit bestehenden Produktlinien	3.35	3.34	3.35
Vereinbarkeit mit dem Image des Unternehmens	3.27	3.54	3.04
Leichtigkeit der Erinnerung (recall)	3.18	3.49	2.91[9]
Leichtigkeit der Aussprache	2.86	3.15	2.63[9]
Profane oder negative Konnotationen	2.78	3.05	2.56
Verwendbarkeit des Markennamens für andere Produkte	2.38	2.43	2.34
Übertragbarkeit in andere Sprachen	2.22	2.23	2.21

Abbildung 5:   Verwendungshäufigkeit verschiedener Kriterien bei Markennamentests

Quelle: Kohli/LaBahn, 1997.

---

8   Die „tatsächliche Verwendung der Kriterien" wurde mit einer siebenstufigen Skala gemessen. Der Wert 1 steht für „nie getestet", 7 für „umfassend getestet".

9   Signifikanzen < 0,01 (einseitig).

Während bis zu 77 % der Firmen die „quick and dirty"-Methode bei der Entwicklung von Namen anwandten, benutzten 45 % Fokusgruppen oder andere qualitative Methoden. Nur 35 % der Unternehmen benutzten statistische Erhebungen oder andere quantitative Ansätze. Die durchschnittliche Größe einer Stichprobe lag dann bei 74. Für Industriegüter lag der Durchschnitt noch niedriger. Es gab weitere bedeutende Unterschiede zwischen den Herstellern von Konsum- und Industriegütern. Während nur 9 % der Hersteller von Konsumgütern nicht einmal „quick and dirty"-Tests durchführten, verzichteten 26 % der Hersteller von Industriegütern auf jegliche Tests (χ^2 = 4.51; ρ = 0.03). Fokusgruppen wurden von 62 % der Konsumgüterhersteller benutzt, gegenüber 37 % bei den Herstellern von Industriegütern (χ^2 = 5.37; ρ = 0.02). Quantitative statistische Erhebungen wurden von 48 % der Hersteller von Konsumgütern angewandt und nur 29 % von Industriegüterherstellern (χ^2 = 3.35; ρ = 0.06). Die Größe der jeweils benutzten Testgruppen lag bei 95 bzw. 50.

Es fällt auf, daß beide Gruppen den Kriterien zur Entwicklung von Markennamen gleiche Bedeutung beimaßen, während die Anzahl von tatsächlich durchgeführten Tests sehr unterschiedlich war. Hierbei handelt es sich um ein Schlüsselergebnis. Frühere Studien (vgl. Saunders, Watt, 1979; Shipley/Howard, 1993) haben die Bedeutung von Markennamen für die Hersteller von Industriegütern untersucht. Es zeigte sich, daß Industrieunternehmen die Markenbenennung als wichtige Aufgabe ansahen, sich aber angesichts der beschränkten Testzahl dieser Aufgabe wesentlich weniger widmeten.

3.4   Auswahl möglicher Markennamen

Auch wenn es den Anschein hat, ist diese Aufgabe nicht immer unkompliziert. Zunächst muß davor gewarnt werden, die mit der Namensgebung verfolgten Ziele aus dem Auge zu verlieren. Die Namen sollten entsprechend den verschiedenen Kriterien sorgfältig bewertet werden. Obgleich dies obligatorisch erscheint, wird es nicht immer so gehandhabt. 21 % aller Unternehmen orientierten sich bei der Auswahl von Markennamen nicht an den genannten Namensgebungszielen. Circa zwei Drittel der Unternehmen liebäugelte zwar mit den Zielen, aber nur ein Drittel benutzte bei der Namenswahl gewichtete Beurteilungskriterien (vgl. Kohli/LaBahn, 1997). Dies liegt darin begründet, daß die Namensgebung oft als eine subjektive Aufgabe angesehen wird und Emotionen häufig die Vernunft dominieren. Die gesammelten objektiven Daten sollten jedoch sorgfältig untersucht werden. Außergewöhnlich aktiv sind die Marketingmanager und die leitenden Marketingmanager. Das Engagement von Teams ausgewählter Mitarbeiter der Marketingabteilungen und von Produktteams ist dagegen weitaus geringer (vgl. Abbildung 6). Es ist jedoch nicht ratsam, der Meinung des Managers mehr Bedeutung beizumessen als den Aussagen von 200 Probanden, wenn hierfür kein triftiger Grund vorliegt.

Teilnehmer am Auswahlprozeß	Gesamt N = 101	Konsum- güter N = 48	Industrie- güter N = 53
Extern			
Anwälte für Markenrecht	3.38	3.30	3.46
Werbeagenturen	2.95	3.55	2.41
Marktforschungsinstitute	1.72	2.16	1.31
Beratungsfirmen für die Namensgebung	1.41	1.67	1.18
Intern			
Marketing-/Produkt-/Marken-Manager	6.21	6.36	6.08
Leitende Marketingmanager	5.99	6.23	5.78
Team der Marketingabteilung	4.90	5.05	4.78
Produktentwicklungsteam	4.21	4.21	4.21
Rechtsberater des Unternehmens	4.03	4.11	3.96
Marktforschungsabteilung	2.80	2.80	2.81

Abbildung 6:   Teilnehmer bei der Auswahl des endgültigen Markennamens
Quelle: Kohli/LaBahn, 1997.

Wenn dieselbe Gruppe, die bei der Entwicklung der Namen eingesetzt wurde, den endgültigen Namen auswählt, ohne andere Personen zu Rate zu ziehen, besteht, wie verschiedene Studien belegen (vgl. Beggan, 1992; Hoorens/Nuttin, 1993; Feys, 1995), aufgrund des Exklusiveigentumeffekts (Mere Ownership Effect) die Gefahr der Befangenheit. Der **Exklusiveigentumeffekt** bedeutet, daß Menschen eine Vorliebe für die Produkte haben, die sie selbst entwickelt haben. Sie ziehen ihre eigenen Kreationen vor. Der Exklusiveigentumeffekt ist bereits in vielen Zusammenhängen aufgetreten. Wir führten in einem begrenzten Rahmen eine Studie durch, um das Bestehen des Exklusiveigentumeffekts im Zusammenhang mit der Entwicklung von Markennamen zu untersuchen. Eine Gruppe von 14 Studenten wurde aufgefordert, Namen für ein Waschmittel vorzuschlagen und anschließend alle Vorschläge zu bewerten. In den Ergebnissen war eine klare Tendenz dahingehend zu erkennen, daß die selbst vorgeschlagenen Namen auch besser bewertet wurden. Darin zeigt sich das Vorhandensein des Exklusiveigentumeffekts und die Gefahren der Nichtberücksichtigung einer objektiven Beurteilung durch eine dritte Gruppe.

Bei der Auswertung der Ergebnisse muß man sorgfältig vorgehen. Zwei miteinander verbundene Kriterien sind hier von Bedeutung. Wie schon angedeutet, kann man davon ausgehen, daß verschiedene Namenstypen verschieden wirken. Deskriptive und suggestive Namen haben nahezu unveränderlich eine bessere Wirkung als zufällige oder geprägte Namen. So ist es nicht angemessen, die Wirkung von suggestiven Namen mit der Wirkung von zufälligen Namen zu vergleichen. Wenn eine Wahl nur auf der Basis eines solchen Vergleichs getroffen wird, ist es unwahrscheinlich, daß je ein zufälliger Name gewählt wird. Das steigert sich noch durch den **„Mere Exposure Effect"**, der in der Fachliteratur (vgl. Zajonc, 1968; van Beselaere, 1983; Brooks/Watkins, 1989; Janiszewski, 1993) ausführlich dokumentiert ist. Er wurde auch im Zusammenhang mit der Vorliebe für Markennamen dargestellt (vgl. Kohli/Harich, 1996). In einem Experiment wurden Probanden Markennamen in einem präparierten Magazin gezeigt und die Wirkungen von sinnvollen (deskriptiven und suggestiven) und sinnlosen (zufälligen und geprägten) Namen wurden verglichen. Nach dem ersten Kontakt wurden sinnvolle Namen entschieden besser beurteilt als sinnlose Namen. Dieser Unterschied ging jedoch nach nur 5 Kontakten signifikant zurück. In der Realität werden Verbraucher wesentlich häufiger mit Werbebotschaften konfrontiert. Es wäre nicht überraschend, wenn im Laufe der Zeit sinnlose Namen genauso wirkungsvoll würden wie sinnvolle Namen. Collins (1977) nennt dieses Phänomen das Julia-Prinzip - nach den Zeilen Shakespeare's: „Eine Rose, wie sie auch hieße, würde lieblich duften" (vorausgesetzt der Werbedruck ist stark genug, um den Konsumenten zu konditionieren). Diese Aussage zeigt, daß das traditionelle Vertrauen der Industrie und der Forschung in die Beurteilung von Markennamen nach einmaligem Kontakt nicht sehr zuverlässig ist. Manager sollten daher die Ergebnisse einer kurzen Betrachtung angesichts der zu erwartenden Wirkung eines einmaligen Kontakts zurückhaltend bewerten. Schließlich geht es darum, Markennamen auszuwählen, die vom Markt auch auf längere Dauer angenommen werden.

3.5 Warenzeicheneintragung

In den USA gibt es ungefähr eine Million eingetragener Warenzeichen. Jedes Jahr werden ca. 120.000 Anträge für neue Warenzeichen eingereicht, was dem zehnfachen Wortschatz eines Durchschnittsbürgers entspricht.

Die Eintragung eines Warenzeichens in das Markenregister beim deutschen Patentamt ist von Nutzen. Sie dient als glaubhaftes Beweismittel bei Warenzeichenverstößen. Außerdem dient sie der Sicherstellung, daß kein anderer im Besitz des Markennamens ist, bevor eine große Summe in den Markenaufbau investiert wird.

Im rechtlichen Sinne können als Marken „alle Zeichen, insbesondere Wörter einschließlich Personennamen, Abbildungen, Buchstaben, Zahlen, Hörzeichen, dreidimensionale Gestaltungen einschließlich der Form einer Ware oder ihrer Verpackung sowie sonstiger Aufmachungen einschließlich Farben und Farbzusammenstellungen geschützt werden, die geeignet sind, Waren oder Dienstleistungen eines Unternehmens von denjenigen anderer Unternehmen zu unterscheiden" (§ 3 Abs. 1 MarkenG).

Nachdem zu Beginn des Jahres 1995 aus dem deutschen Warenzeichengesetz das Markengesetz wurde, ist es nun auch möglich, klassische Produktdesigns, Farbkombinationen und Werbeslogans zu schützen. Darüber hinaus kann man seit dem 1. April 1996, ein EU-weites Schutzrecht für Marken erhalten, wenn eine Anmeldung beim Europäischen Markenamt erfolgt.

Im allgemeinen ist es leichter, eine Warenzeichenfreigabe für zufällige oder geprägte Worte zu erhalten, da sie weniger häufig benutzt werden und ihrem Wesen nach charakteristischer sind.

Bei der Recherche nach vorhandenen Namen beim Patentamt, sollte man äußerste Sorgfalt gelten lassen, um keine Rechte Dritter zu verletzen. Es ist nicht empfehlenswert, in einen Markennamen zu investieren, wenn man annehmen muß, kein Recht auf diesen Namen zu erhalten. Anderenfalls geht man das Risiko ein, die Produktidentität nach mehreren Jahren ändern zu müssen, wenn der ursprüngliche Inhaber der Marke seine Rechte geltend macht. Der Rechtsprechung nach gehört es zur Sorgfaltspflicht desjenigen, der einen neuen Namen benutzen will, zu prüfen, ob der Name ältere Rechte verletzt.

4. Hinweise und Empfehlungen für Manager

Manager sollten die Namensgebung als strategische Chance ansehen. Ein Markenname ist die Basis eines Produktimages. Einmal ausgewählt, kann er nicht geändert werden, ohne daß dadurch der Markenwert verloren ginge. Der Markenname ist eine ständige Werbung für das Produkt, eine Gelegenheit, das Produkt ununterbrochen zu geringen Kosten auf dem Markt darzustellen. Daher bedarf er sorgfältiger Überlegung.

Die Mehrzahl der in unserer Untersuchung befragten Marketingmanager glaubte, daß bereits der Name einer Marke auch ohne Werbung den Verkauf beeinflussen kann. Insbesondere halten sie für den Erfolg eines Produktes die Wirkung von Markennamen für wesentlich wichtiger als die Verpackung oder Produkttests. Interessanterweise teilen die Hersteller von Konsum- und Industriegütern die Ansicht, daß die Aufgabe der Entwicklung von Markennamen von entscheidender Bedeutung für den Erfolg eines neuen Produktes ist.

Auffallend war, daß Unternehmen bei der Bewertung von Markennamen häufig zu Kompromissen neigten, obwohl sie die Wichtigkeit des Namens betont hatten. Die beschränkte Auswertung zur Auswahl stehender Markennamen anhand von Zielen war bei Industriegütern noch ausgeprägter als bei Konsumgütern. Die Ergebnisse lassen erkennen, daß die Markennamensgebung in vielen dieser Unternehmen nicht die Beachtung findet, die sie verdient hätte. Um diese Anomalie zu untersuchen, führten wir

Folge-Interviews durch. Aus diesen Interviews ergab sich, daß die Unternehmen zwar beabsichtigen, diese Aufgabe gewissenhaft wahrzunehmen, die Objektivität aber häufig aufgrund von Zeitdruck vernachlässigt wird.

Während die Kosten für die Durchführung der Aufgaben der Markennamensgebung leicht zu kalkulieren sind, sind die Kosten, die eine Kürzung des Prozesses verursachen, unbekannt und außerordentlich schwer zu schätzen. Infolgedessen untersuchten wir die Unterschiede zwischen Managern mit unterschiedlicher Erfahrung bei der Markennamensgebung. Eine objektive Messung der Marktleistung ist noch nicht möglich, da die Untersuchung erst kürzlich durchgeführt wurde. Es zeigte sich jedoch, daß Unternehmen, die diese Prozesse wiederholt durchlaufen haben, die Wichtigkeit von Markennamen höher einschätzen als andere. Es stellte sich ferner heraus, daß sie mit dem Ergebnis ihres Ansatzes zufriedener sind und ihre Produkte auf dem Markt mehr Erfolg haben. Demgemäß sind Marketingmanager gut beraten, wenn sie den einzelnen Aufgaben des Prozesses der Namensgebung größere Beachtung schenken.

Da die meisten Unternehmen keine formellen Richtlinien für die Entwicklung von Markennamen haben, schlagen wir abschließend einen fünfstufigen Entwicklungsprozeß zur Namensfindung mit folgenden Inhalten vor:

1. **Die Ausarbeitung klarer Ziele für den Namensgebungsprozeß.** Dies sollte mit Hilfe der Marketingstrategie unter besonderer Berücksichtigung der Produktpositionierung geschehen.

2. **Das Generieren einer angemessen langen Liste möglicher Markennamen.** So kann man sicher sein, einen guten Alternativenpool zu haben. Nach dieser Studie wurden im Durchschnitt 46 Namen entwickelt. Traditionelle Methoden des Brainstorming und des individuellen kreativen Denkens sind sehr nützlich und ein sehr guter Ausgangspunkt für die Namensfindung.

3. **Eine gründliche Prüfung der in Frage kommenden Namen ist unabdingbar.** Es ist von Bedeutung, jedes Kriterium in Betracht zu ziehen, das für die Einführung des Produktes als wichtig zu erachten ist. Manager sollten sorgfältig planen, um eine komplette und objektive Auswertung der Namen sicherzustellen. Die Erfahrung zeigt, daß eine Stichprobe von 74 Konsumenten, der Durchschnitt dieser Studie, für zuverlässige statistische Schlußfolgerungen ausreicht. Manager sollten sich nicht ausschließlich auf ihr eigenes Urteil verlassen. Ohne gründliches Testverfahren kann der gewählte Name im besten Fall weniger effizient und im schlimmsten Fall katastrophal sein. Beispiele wie Chevy Nova (was im spanischen „geht nicht" bedeutet), Allegis (Name für UAL, der „wie eine Krankheit klingt") betonen die Wichtigkeit des Testens.

4. **Die systematische Anwendung der Ziele und Kriterien** (die in früheren Phasen fixiert wurden) bei der Wahl der endgültigen Markennamen.

5. **Die Zusammenstellung einer Auswahl von vier oder fünf Namen zur Vorlage beim Patent- und Warenzeichenamt.** Wenn auch einige Namen für eine Registrierung unannehmbar sind, so scheint das Problem doch nicht so groß zu sein, wie einige neuere Veröffentlichungen vermuten lassen. Daher sollten Manager versuchen, die Marketing-Ziele in den Markennamen zu integrieren, ohne übertriebene Rücksichtnahme auf die Warenzeichenproblematik. Obwohl eine Eintragung nicht erforderlich ist, wird sie sehr empfohlen, um den sich im Laufe der Zeit entwickelnden Markenwert zu schützen. Es wird den Managern nahegelegt, suggestive und zufällige Namen je nach Verwendungszweck nicht auszuschließen. Obwohl deskriptive Namen einen spontanen Anreiz darstellen, können suggestive und zufällige Namen ihrem Wesen nach charakteristischer sein und auch einen stärkeren und weiteren Warenzeichenschutz darstellen.

Sybille Kircher

Gestaltung von Markennamen

1. Die Bedeutung von Namen

Wir werden täglich mit gut 300 Markennamen konfrontiert: im Supermarkt, im Straßenverkehr, in den Medien und nicht zuletzt in der Unterhaltung mit Freunden und Bekannten. Beim Frühstück greifen wir zu Nutella®, wir schauen auf unsere Swatch® und packen den Kindern ein Tempo® in den Tornister. So geht es weiter bis wir abends Uhu® brauchen, um etwas zu kleben und es uns mit unserem Walkman® und einem Martini® gemütlich machen. Allein in Deutschland sind zur Zeit rund 400.000 Warenzeichen registriert, weltweit gehen Schätzungen von rund zehn Millionen Eintragungen aus.

Hat es da überhaupt noch Sinn, weitere Namen in diese Namensflut einzubinden oder reicht eine einfache Vokabel - sprich Gattungsbezeichnung - für das neue Produkt aus? Jeder, der sich professionell mit Marketing auseinandersetzt, wird diese Frage direkt verneinen. Namen unterscheiden ähnliche Produkte voneinander und bieten den Konsumenten Differenzierungsmöglichkeiten.

Auf den folgenden Seiten werden wir uns näher mit den Fragen beschäftigen, was den Erfolg und den Reiz von Markennamen ausmacht, was ein guter Markenname für das Produkt bedeutet und in welchem Fall die Einführung eines neuen Markennamens notwendig und sinnvoll erscheint.

1.1 Fünf Merkmale eines guten Markennamens

In der frühen Phase der Industrialisierung hatte die Zeit der großen Marken gerade begonnen. Erfinder begannen mit der Vermarktung ihrer Produkte und was lag näher, als sie mit ihrem Eigennamen zu bezeichnen. Susanne Latour gibt in ihrem Buch „Namen machen Marken" einige Beispiele von diesen ersten Markenprodukten an (Latour, 1996, S. 76 ff.). Bekannt geworden sind vor allem die Marken der Automobilindustrie wie Porsche® oder Ford®, aber auch Siemens® oder Lindt® gelten seit dieser Zeit als Markennamen. Doch schon bei der Erweiterung ihrer Produktpalette standen die ersten Namensgeber vor Problemen, sie mußten entweder neue Namen finden oder ihre weiteren Produkte differenziert kennzeichnen. Heute ist es fast undenkbar, daß neue Produkte unter dem Namen ihrer Hersteller oder Erfinder auf den Markt kommen. Im folgenden beschäftigen wir uns mit den Fragen, wie ein Name helfen kann, ein Produkt besser zu verkaufen, und welche Merkmale ein solcher Name haben sollte.

1.1.1 Eigenständigkeit

Eine der wesentlichen Aufgaben eines Markennamens besteht darin, dem Produkt eine Persönlichkeit zu verleihen. Eine starke Persönlichkeit zeichnet sich durch ihren besonderen Charakter aus. Diese ganz individuell verschiedenen Charakterzüge lassen sich auf Produktebene mit dem Markennamen vergleichen. Der Name muß also die eigenwilligen Charakterzüge mit wenigen Buchstaben zusammenfassen. Dies gelingt dann, wenn er sich von den bestehenden Namensstrukturen innerhalb einer Branche deutlich absetzt. Durch seine Andersartigkeit fällt der Name auf, erlangt eine Alleinstellung im Markt und bereichert sein Produkt durch Individualität. Unter Eigenständigkeit eines Markennamens verstehen wir also, daß die Produktbezeichnung von den gängigen Markennamen abweicht. Nur dann kann das Produkt in glaubwürdiger Weise seine Einzigartigkeit ausdrücken. Wer also seinen Brotaufstrich Nutoka®, Nusspli® oder ähnlich tauft, beweist höchstens, daß er Nutella® nachmacht.

1.1.2 Seriosität

Ein Markenartikel ist ein Produkt, das sich durch gleichbleibende oder verbesserte Qualität auszeichnet. Der Verbraucher schenkt ihm sein Vertrauen, das heißt, daß auch der Name Seriosität ausdrücken muß. Denn Zweifel an der hohen Qualität kann langfristig ein Produkt zum Scheitern verurteilen. Lernt der Verbraucher ein neues Produkt kennen, muß der Name ihn davon überzeugen, daß er einem vertrauenswürdigen, seriösen Produkt gegenübersteht. Nur ein seriöser Name kann dieses Vertrauen vermitteln. Das hat allerdings nichts damit zu tun, auf Originalität zu verzichten. Auch ein Name wie Apple® für einen neuen Computer drückt auf seine Weise Seriosität aus.

1.1.3 Innovationskraft

Für die Namenstaufe stehen uns nur 26 Buchstaben des Alphabets zur Verfügung. Der Name muß also mit wenigen Buchstaben zum Ausdruck bringen, daß es sich um ein neues, anderes oder zeitgemäßeres Produkt handelt. Denn der Kunde ist ständig bewußt oder unbewußt auf der Suche nach Abwechslung und erfolgversprechenden Alternativen. Er widmet seine Aufmerksamkeit besonders neuen und innovativen Namen. Die Originalität bzw. das Ungewöhnliche eines Namens verleitet ihn dazu, das Produkt näher zu betrachten. Sind wir nicht selbst auch verwundert, wenn wir bei einem Stadtbummel plötzlich so einen paradoxen Namen wie Anti-Flirt® für Unterwäsche entdecken?

1.1.4 Merkfähigkeit

Produkte verdanken ihren Erfolg der Kommunikation - entweder durch Werbemittel oder durch persönliche Weiterempfehlung. Deshalb kommt es darauf an, daß der Name präsent ist und direkt Erwähnung findet. Verbraucher müssen sich den Namen sofort merken können, um ihre Kaufhandlung der Empfehlung entsprechend vorzunehmen. Daher ist die Merkfähigkeit eine unverzichtbare Anforderung an einen guten Namen. Dies ist beispielsweise der Fall bei Mars®, Yahoo® oder ck be®.

Entgegen der üblichen Meinung ist die Merkfähigkeit eines Namens nicht einfach auf die Anzahl seiner Buchstaben zurückzuführen - nach dem Motto, je kürzer, desto besser. Vielmehr manifestiert sich die Merkfähigkeit am Grad seiner Originalität.

Empirischen Untersuchungen zufolge sind Namen dann besonders einprägsam, wenn sie mit einer konkreten Botschaft belegt sind. Also je bildhafter ein Name, um so besser kann der Verbraucher ihn sich merken. Denn unser Gedächtnis nimmt vorrangig solche Daten auf, die mit einem gegenständlichen Pendant assoziiert werden können. Daher bieten sich für die Produkttaufe solche Namen an, die ein Bild im Bewußtsein hervorrufen. Eine optimale Durchdringung des Namens am Markt ist dann sichergestellt, wenn Graphik (z. B. Logogestaltung) und verbale Kommunikation sich das vom Namen ausgelöste Bild ebenfalls zunutze machen. Beispiele für bildhafte Namen, die eine nachhaltige Wirkung beim Verbraucher nach sich ziehen sind Tigra® für ein Auto, Apple® für einen Computer oder Globus® für eine Supermarktkette.

Allerdings sind solche Namen häufig bereits juristisch besetzt. Es bedarf daher fundierter Recherchen von Seiten der Namensentwickler, um einen Namen zu finden, der die Produktpositionierung mit einem adäquaten bildhaften Namen trifft.

Eine andere Möglichkeit, Merkfähigkeit zu erreichen, bildet ein Name mit einer höchst auffälligen, d. h. von der landestypischen Sprachstruktur abweichenden Morphologie. So hinterlassen Namen wie Mexx®, Xsara® oder Mild'Or® durch ihre ungewöhnliche Namensstruktur einen nachhaltigen Eindruck im menschlichen Gedächtnis. Die Namen prägen sich schnell ein und werden innerhalb von kurzer Zeit mit etwas Bekanntem oder Vertrautem vom Konsumenten assoziiert.

Beschreibende (deskriptive) Namen schneiden hinsichtlich ihrer Merkfähigkeit oft sehr schlecht ab. Sie sind mit Bestandteilen des Wortschatzes gleichzusetzen, die rein zweckmäßige Bedingungen, nämlich die Informationsweitergabe, erfüllen. So leidet zum Beispiel ein großer Hersteller von Softwareprodukten (Software AG) unter einem geringen Bekanntheitsgrad, weil ein zu generischer Firmenname gewählt wurde, der in der Kommunikation kaum wahrgenommen wird.

1.1.5 Juristische Schutzfähigkeit

Helge Bernhard Cohausz, Patentanwalt in Düsseldorf, schreibt: „Der häufigste Fehler liegt in der Wahl einer Marke, die nach dem Markengesetz nicht schutzfähig ist" (Latour, 1996, S. 169). Deshalb darf natürlich die Schutzfähigkeit als ein wichtiges Merkmal eines guten Markennamens nicht vergessen werden. Der Name kann nur dann ein Garant für hohe Produktqualität sein, wenn er eigenständig ist und sich gegen Nachahmungen verteidigen kann. Dieses Recht erwirbt der Inhaber einer geschützten Marke. Eine der wesentlichen Voraussetzungen für den juristischen Schutz eines Namens ist die Unterscheidungskraft. Wenn also ein Name zu sehr ein Produkt beschreibt, Hinweise über Produktqualität, Zielgruppe, Produktinhalt oder auch Produktverwendung beinhaltet, dann kann davon ausgegangen werden, daß der Name seitens des Deutschen Patentamts aufgrund absoluter Schutzhindernisse erst gar nicht zur Registrierung zugelassen wird. So könnte zwar ein Auto mit dem Namen „Brille" getauft werden, aber die Zulassung im Bereich Optik bliebe diesem Namen verwehrt.

Diese hier ausgeführten Anforderungen, die sich zum Teil selbst widersprechen, machen die Namensentwicklung zu einer höchst komplexen Aufgabe, die heute nicht mehr einfach nebenbei erledigt werden kann.

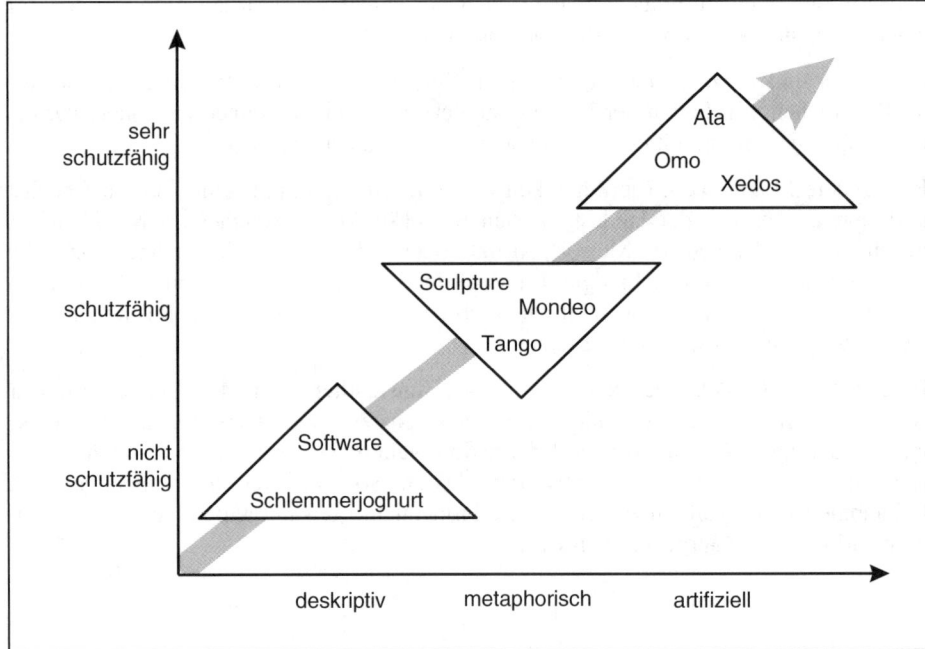

Abbildung 1:   Namen und Schutzfähigkeit

2. Die verschiedenen Funktionen eines Namens

„Offensichtlich reicht es nicht aus, daß eine Unternehmung erstklassige Produkte herstellt. Sie muß den Dingen einen Namen geben. Denn 'die Aufmerksamkeit der Menschen kann nicht besser auf eine Sache hingelenkt werden, als dadurch, daß man ihr einen bestimmten Namen gibt', wußte schon der Philosoph und Mathematiker G. W. Leibnitz", schreibt Halstenberg (1996, S. 99). Mit der Funktion eines Markennamens werden wir uns in diesem Kapitel etwas detaillierter befassen.

2.1 Marke versus Gattungsbezeichnung

Ein Name ist dann erforderlich, wenn ein neues Produkt auf den Markt gebracht wird, für das die Sprachengemeinschaft noch keine Vokabel hat. Denn der Name dient dazu, das Produkt zu identifizieren und auf das Produkt zu verweisen. Sofern ein Produkt eine echte Innovation darstellt, droht die Gefahr, daß der Name von den Verbrauchern und/ oder Journalisten als Gattungsbegriff gebraucht wird. Er vertritt dann nicht mehr ausschließlich dieses eine Produkt, sondern wird in Zukunft auch auf alle Wettbewerbsprodukte angewandt. Ein gutes Beispiel dafür ist der Walkman® von Sony®. Hier ist es dem Hersteller weder gelungen, den Markennamen Walkman vor Fremdverwendungen zu schützen noch einen Gattungsbegriff für sein eigenes Renommée bekannt zu machen.

Ein weiteres Beispiel liefert uns das Unternehmen Apple Macintosh, das die große Chance nicht genutzt hat, Begriffe wie Notebook® oder Laptop® - was übrigens wörtlich übersetzt „auf dem Schoß" heißt - für seine eigenen Produkte zu monopolisieren.

In Frankreich verbietet die Academie française die Verwendung von englischen Wörtern in der Werbesprache. Aus diesem Grund sehen sich französische Hersteller dazu veranlaßt, eine neue Gattungsbezeichnung für die Produkte aus ihrer Landessprache zu erfinden.

Der Besitz einer geschützten Marke stellt zwar einen Wettbewerbsvorsprung dar, bedeutet zum anderen jedoch auch die Gefahr, eine Gattungsbezeichnung zu schaffen, die dem Renommée des Herstellers langfristig nichts nützt. Im Zeitalter der Produktpiraterie ist die Nachahmungsgefahr für ein Produkt groß. Gleichzeitig ist es schwierig, einen Namen für das Me-too-Produkt zu finden, ohne dabei den Namen des Marktersten zu kopieren. Zu gern hängt man sich doch an den Ruf und die Bekanntheit eines eingeführten Produkts. So wird auch die Namensentscheidung von den Marktführern häufig maßgeblich beeinflußt. Ein Blick auf so bekannte Namen wie Commodore®, Compaq® oder Comtech® genügt. Doch wenn dieser Name als Marke umfassend geschützt ist, hat der Markeninhaber das Recht, identische oder ähnliche Marken zu verbieten. Daher ist es eine der dringlichsten Aufgaben von Namensexperten, vom Wettbewerb differenzierungsfähige Namen zu entwickeln.

2.2   Die alpha-numerische Kennzeichnung von Produkten

Besonders aus der Automobilbranche kennen wir die Bezeichnung von neuen Modellen mit Zahlen. Wann reichen Zahlen aus, um Produkte zu kennzeichnen? Wenn es mit Marken gelingt, Produkte mit einem emotionalen Mehrwert auszustatten, warum haben dann gerade so bekannte und wertvolle Produkte wie Autos keine Namen. Mercedes, BMW, Mazda oder Audi operieren in den meisten Fällen mit Zahlen- bzw. Buchstabenkombinationen. In der Zeitschrift „Autoblitz" heißt es dazu: „Die Nummernvielfalt und die Zahl der Buchstabenkombinationen ließen nur noch schwer Rückschlüsse auf das Modell zu. Es blieb nur eins in den Köpfen: Je höher die Nummern, desto teurer das Auto. Käufer und Journalisten verpaßten den Autos eigene Namen: der Citroën 2 CV wurde zur Ente, der VW Typ 1 zum Käfer, der Porsche 911 zum Carrera oder der 600er Mercedes zum Pullmann ..." (Berg, 1995, S. 26).

Zahlen können jedoch aufgrund ihrer unendlichen Kombinierbarkeit auch eine Identifizierung herstellen. Allerdings sind sie höchst ungeeignet, eine Abstufung, das heißt eine Hierarchie bzw. Größenordnung aufzuzeigen. Um einem Produkt Sympathiewerte, Charakter und Persönlichkeit zu verleihen, reicht ihre Ausstrahlung selten aus. Ausnahmen findet man in Einzelfällen, in denen eine hohe Summe für Werbekommunikation bereitgestellt wurde oder sich eine numerische Bezeichnung völlig von gängigen Branchenbezeichnungen abhob. Dies war zum Beispiel der Fall bei 4711, Chanel No. 5 oder dem Fiat 500 - man beachte, daß der Produktname italienisch und ausgeschrieben, d. h. Cinquecento kommuniziert wird.

Zahlen sind dann sinnvoll, wenn Zubehörteile, Kleinteile und Modelle, die einem sehr kurzen Lebenszyklus unterliegen oder eine Vielzahl von Produktvarianten besitzen, benannt werden müssen.

Sie sind jedoch keinesfalls angemessen, wenn aus einem Produkt ein Markenartikel werden soll, der sich langfristig am Markt etabliert. Namen sind sympathischer und werden in der Umgangssprache zur Benennung des Produkts wesentlich lieber eingesetzt. So sprechen wir gern von unserem Corsa, Polo und Golf aber seltener von dem 3er, 5er, 626 oder A3. Zu glauben, mit Zahlen ließen sich Verstimmungen oder Mißverständnisse im Ausland vermeiden, ist ein Trugschluß. Das Beispiel Mercedes 400 zeigt, daß auch Zahlen mit Negativbelegungen versehen sein können. Er wurde deshalb in Hongkong nicht verkauft, weil die Zahl 4 in diesem Gebiet symbolisch den Tod repräsentiert.

2.3 Namen sind Sympathieträger

Im Gegensatz zu Zahlen liefern Namen emotionale Werte. Viele Produkte sind heute austauschbar, sie besitzen keine Merkmale, die sie gegenüber Wettbewerbsprodukten überlegen machen. In diesem Fall kann nur die Kommunikation einen Markenwert aufbauen. Dreh- und Angelpunkt der Kommunikation ist der Markenname, der dem Produkt eine emotionale Ausstrahlung verleiht. Mit der Nennung des Namens wird beim Verbraucher ein Schlüsselreiz ausgelöst, der über Kauf oder Nichtkauf mitentscheidet. Er legt das Fundament, das über den gesamten Produktlebenszyklus hinweg die Kommunikation stützt. Arcor® klingt zum Beispiel nach Dynamik und Innovationskraft, o.tel.o® erweckt durch Lautmalerei Sympathie. Die Namen helfen somit, die Produkte besser zu verkaufen.

Der Käufer soll durch den Namen angezogen werden. Der Name muß also Interesse für das Produkt auslösen. Je interessanter oder sympathischer der Name, um so mehr überträgt sich die Sympathie und das Interesse auf das Produkt selbst. Es wird gerne von dem Verbraucher angenommen und ausprobiert. Beispiele für sympathische Namen sind Dolce Vita® für Parfum, Appetito® für Lebensmittel oder Dezibell® für eine Fahrradklingel.

2.4 Die kommunikative Funktion von Namen

Mit einem Namen gelingt es, auf das Produkt aufmerksam zu machen und darüber zu kommunizieren. Bei vielen Produkten ist es gerade der Name, der eine vermeintliche Innovation begründet. So lösen Namen, die zunächst überhaupt keinen Produktbezug signalisieren, bei signifikantem Kommunikationsaufwand Neugierde beim Verbraucher aus. Langfristig bilden sie mit dem Produkt eine Einheit und sorgen für eine spontane Produktidentifizierung. So ruft der Name Schweppes® spontan das alkoholfreie Erfrischungsgetränk wach und nichts anderes.

2.5 Exkurs: Namen für Investitionsgüter - eine Ausnahmeerscheinung?

Auch Hersteller von Investitionsgütern oder Dienstleister stehen heute immer häufiger vor der Frage, ob eine Namensgebung für ihre Produkte sinnvoll ist oder nicht. Dabei werden die Entscheider auf Seiten der Verbraucher, das heißt Einkäufer, technische oder kaufmännische Leiter usw., so sehr als primär zahlengesteuerte Wesen betrachtet, daß man glaubt, sie können sich von der Zugkraft origineller Namen nicht verführen lassen. Das Gegenteil ist der Fall. Denn erfolgreiche Produkte mit Namen wie „Ytong" (phonetische Anlehnung an Beton) zeigen, wie sehr auch in diesem so rationalen Bereich Produkte mit kreativen Namen getauft werden und schnell einen hohen Bekanntheitsgrad erreichen.

2.6 Produktnamen versus Dachmarke

Welche Strategien fahren Namensentwickler, wenn es schon einen bekannten Markennamen gibt, unter dem sich neue Produkte etablieren? Professor Alexander Deichsel geißelt die Dachmarken als unwirtschaftlich „Sie produzieren Neutralisierung durch Verallgemeinerung", so seine Meinung (Deichsel, 1998, S. 5). Er benennt hier einen bekannten Streitpunkt unter Marketingexperten. Fest steht: In diesem Fall werden andere Anforderungen an den Produktnamen gestellt, als wenn eine neue Monomarke getauft werden soll.

Es versteht sich, daß die Hauptmarke, die im Laufe der Zeit mit hohem Kommunikationsaufwand bekannt und mit einer ganz bestimmten Werbebotschaft aufgeladen wird, für weitere Produkteinführungen benutzt werden soll. Aber wie benennt man nun die neuen Produkte unter der großen Dachmarke?

Der Produktname soll in diesem Fall zwischen zwei Polen gewählt werden:

- ■ er soll aufmerksamkeitsstark auf die Produktneuheit hinweisen und
- ■ er darf jedoch nicht mit der Dachmarke konkurrieren und ihr „den Rang ablaufen".

Gründliche Recherche und äußerste Sensibilität sind auch hier die Voraussetzungen für eine gute Namensentwicklung. Zunächst gilt es, die Aura der Dachmarke einzufangen und zu verstehen. Anschließend müssen wir das Produkt und seine Besonderheit genau kennenlernen, um einen Namen zu entwickeln, der näher an dem jeweiligen Produkt bleibt, als in den Dunstkreis der Dachmarke zu gelangen. Die Namensentwicklung orientiert sich also in diesem Fall eher an den rationalen Produkteigenschaften als an den emotionalen Markenwelten der Dachmarke. Gute Beispiele für gelungene Namensgebungen auf der Basis von Sortimentserweiterungen sind Milka Lila Pause®, Nivea Vital® und Nivea Beauté® - wobei hier jeweils ein gesamtes neues Produktsegment gekennzeichnet wird (vgl. auch Latour, 1996, S. 50 ff.).

Im Zuge der zunehmenden Line-extensions läßt sich insbesondere unter den Lebensmittelmarken ein neues Phänomen feststellen. Die Hauptmarke tritt in den Hintergrund und nimmt die vertrauengebende Absenderrolle ein, während die Produktmarke stark an Markencharakter gewinnt. Die Eismarke Langnese verfährt nach dieser Strategie, indem sie die Marke Magnum® ganz stark als eigenständige Produktmarke herausstellt.

Problematisch wirkt sich die Dachmarkenstrategie immer dann aus, wenn zu viele Marken unter dem Markendach erscheinen. Hier trifft die Kritik zu, daß die Dachmarke immer kraftloser wird (vgl. Deichsel, 1998, S. 5). So hat Langnese Iglo die Submarke

„Grüne Küche" wieder aus dem Sortiment gestrichen, da das Zusammenspiel mit der Hauptmarke Iglo, dem Produktnamen „Grüne Küche" und den Variantenbezeichnungen (Bauern-Art, Provencale usw.) zu einer nur schwer kommunizierbaren Namensüberfrachtung geführt hat (vgl. Abbildung 2).

Die Folgen: das Produkt verliert an Übersichtlichkeit, der Verbraucher sieht nicht mehr, worauf es eigentlich ankommt, die Namen bleiben nicht in Erinnerung. Hinzu kommen eventuell juristische Probleme in dem Sinne, daß die Namen zu beschreibend sind und daher Gefahr droht, durch Mitbewerber kopiert zu werden.

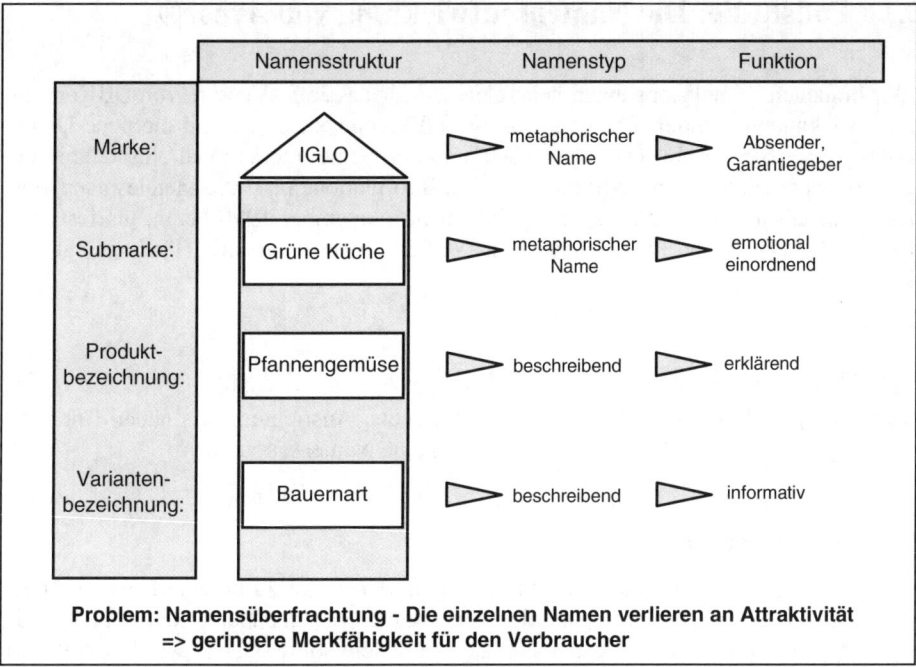

Abbildung 2:   Beispiel für Namensüberfrachtung bei Dachmarkenstrategien

3.   Die Kreation von Namen

Zur Kreation eines guten und aussagestarken Produktnamens gehören viele Einzelkomponenten: ein ausführliches Briefing des Auftraggebers, Markenportfolio-Analysen, kreative Gruppen, spezielle Computerprogramme, manchmal internationale Sprachvergleiche, Namenstests und einiges mehr. Um die Arbeit, die in einer Namensentwicklung steckt, zu verdeutlichen, haben wir ein ganz konkretes Beispiel ausgewählt[1].

3.1   Fallstudie: Die Namensentwicklung von Arcor®

„Wir brauchen schnellstens einen neuen Namen für das Joint-Venture von DBKom und CNI, der kundenorientiert ist, glaubwürdig und kompetent klingt und die neue Dienstleistung ‚greifbar' macht. Darüber hinaus muß der Name international einsatzfähig und juristisch schutzfähig sein". Mit diesen ersten Informationen trat die Mannesmann Werbegesellschaft an die Namensagentur Nomen im November 1996 heran, als feststand, daß die Namensgebung für das neue Joint-Venture in professionelle Hände gelegt werden sollte.

Briefing

Nach einem ausführlichen Briefing zur strategischen Ausrichtung des neuen Unternehmens erarbeiteten die Düsseldorfer Consultants eine Namensstrategie.

Namensanforderungen

Es galt einen aussagekräftigen Namen zu finden, der weder zu beschreibend - da nicht schützbar - noch irreführend sein sollte. Fest stand, daß der Name keinesfalls an die typischen „Telekommunikationsnamen" angelehnt sein sollte. Denn „wer heute als Anbieter aus der Telekommunikationsbranche einen Namen für sein Unternehmen sucht, verfällt meist auf eine Silbenkombination mit tel-, com- oder net" (vgl. Berg, 1996, S. 11). Solche Namen wirken bereits sehr abgenutzt und werden daher vom Verbraucher kaum noch wahrgenommen. Man denke nur an Namen wie Debitel, Mobitel, Mobilcom, Businet, Adminet usw.

Auch galt es unbedingt zu beachten, daß der Buchstabe T von der Telekom schon so stark kommuniziert wird, daß jeder andere Name, der mit T beginnt, wie eine Kopie des Hauptkonkurrenten wirken muß.

---

1   Eine weitere Fallstudie von Sony finden Sie bei Berg (1994, S. 42 f.).

Der Name sollte spontan das Bild eines jungen, dynamischen Unternehmens wachrufen, das sich flexibel auf die unterschiedlichsten Bedürfnisse seiner Kunden einstellt. Maximal drei Silben, im deutschsprachigen Raum gut aussprechbar, internetfähig und in vier verschiedenen Warenklassen juristisch schutzfähig - so lauteten die Vorgaben. Inhaltlich sollte der Name idealerweise Assoziationen zu Partnerschaft, Leistung und Kommunikation wecken.

Schatzsuche mit Mensch und Maschine

In einer Kreativgruppe, in der rund acht bis zehn Personen zwei Stunden lang frei assoziierten, wurden erste Vorschläge gesammelt. Sie bildeten die Grundlage für die weitere Suche. Hier tauchten zum Beispiel Begriffe wie Dialog, Hyperion, Axion oder Proxia auf. Hinzu kamen 1.500 individuelle Kreationen durch die Kreativen aus den verschiedenen europäischen Filialen.

Die menschliche Kreativität wurde durch den Einsatz von speziellen, zum Teil von Nomen entwickelten, Computerprogrammen und internen Datenbanken ergänzt. Zu den rund 4.000 assoziierten Wörtern fügten die elektronischen Gehirne noch einmal die gleiche Anzahl hinzu, zerlegten sie in Silben und setzten sie wieder zusammen: Axion, Axio, Arco, Ancor usw.

Selektion

Aus einer Vielzahl von potentiellen Kandidaten selektierten die Spezialisten schließlich die Begriffskreationen in drei Stufen. Zunächst wählte das Nomen-Team aus 10.000 Wörtern 500 aus, die den zuvor gestellten Anforderungen genau entsprachen. Durch die anschließende juristische Recherche, in der die Begriffe auf nationale und internationale identische Marken- bzw. Firmennamen abgefragt wurden, reduzierte sich die Anzahl der möglichen Namen auf 50. Anschließend ließen wir die Namen auf Internetfähigkeit prüfen, denn bekanntlich sind bereits eine ganze Reihe von Domain-Namen von in- und ausländischen Unternehmen belegt.

Zum Schluß folgte eine linguistische Detailrecherche, in der die internationalen Bedeutungen und Assoziationen in den fünf wichtigsten europäischen Sprachen überprüft wurden. Dabei fielen Namen wie „Bireo", der in Frankreich und Italien Assoziationen zu Bier wachrief oder „Locom", der im Spanischen und Portugiesischen an Verrücktheit erinnert, heraus. Die zehn besten Namen stellte Nomen dem DBKom/CNI-Marketingteam vor. Zur Auswahl standen unter anderem Covel, Conecta, Dyna und Arcor.

Im Rahmen einer abschließenden Präsentation fiel die Entscheidung durch das Team des Auftraggebers auf die Namen Dyna, Nextra, Arcor und Conecta. Weitere juristische Recherchen filterten heraus, welcher dieser Namen keine ähnlichen älteren Rechte Dritter verletzte.

Die Entscheidung

Sieger wurde Arcor, ein Name, der aufgrund seines harten, dynamischen Klangs die Dynamik und Innovationskraft des neuen Joint-Ventures besonders gut herausstellt. Der Name signalisiert ein hohes Maß an Eigenständigkeit und Kompetenz. Durch die ihm innewohnende Bedeutung stellt Arcor Kundenorientierung sicher. Er enthält nicht nur in abgekürzter Form das Wort „Corporation" sondern spannt in Anlehnung an das französische „arc d'or" auch „den goldenen Bogen" zum Kunden. Der Anfangsbuchstabe A steht zudem im Alphabet an erster Stelle und somit immer zu Anfang von Telefonbüchern, Adreßbüchern und sonstigen Verzeichnissen.

Arcor ist ein international verständliches und leicht aussprechbares Wort, das mit nur zwei Silben die wesentlichen inhaltlichen Namensanforderungen für das neue Unternehmen auf den Punkt bringt: kundenorientiert, dynamisch und leistungsstark. Der Name ist ein Beispiel für einen starken, eigenständigen Markennamen, der die Persönlichkeit des Unternehmens unterstreicht, anstatt sie selbst oder deren Produkte zu beschreiben[2].

3.2   Ein Name für die Breite

Problematisch ist die Namensgebung bei Produktnamen, wenn sehr neutrale, das heißt keine extremen Produkteigenschaften in einem Namen ihre entsprechende Übersetzung finden sollen. Hier stoßen Namensentwickler auf ein in der Sprache verankertes Vakuum. Denn unsere Sprache stellt nur wenige Worte bereit, die Mittellagen zum Ausdruck bringen. Für Durchschnittlichkeit lassen sich nur wenige Worte finden, gemäß dem Sprichwort „wo kein Licht ist, ist auch kein Schatten". So werden in der Umgangssprache häufig extreme Begriffe zur Durchschnittsbezeichnung verwendet, wobei die äußeren Umstände für die nötige mittelmäßige Einstufung sorgen. Eine Konsequenz dieser Wortwahl ist, daß bestimmte Begriffe sich abschleifen und von ihrer ursprünglichen Bedeutung verlieren bzw. unscharf werden. So hat heute der Ausdruck „sicher" weniger etwas mit Sicherheit zu tun, sondern vielmehr den Sinn „wahrscheinlich" angenommen.

Gerade massentaugliche Produkte, die möglichst jeden Verbraucher ansprechen wollen, verlangen nach Namen, die eine gewisse Allgemeingültigkeit oder einen Mittelwert zum Ausdruck bringen sollen (vgl. hierzu auch Deichsel, 1998, S. 5).

Die Aufgabe, Produktnamen zu entwickeln, die eine durchschnittliche, sprich mittelmäßige Eigenschaft, wie zum Beispiel „mittelscharf" namentlich ausloben, bedarf einer besonders sorgfältigen Recherche. Hierbei kommt es neben der detaillierten Wortschatzrecherche insbesondere auf die kreative Idee an, die eine angemessene Vokabel in einen

---

2   Weitere Ausführungen zu Namenskreationen siehe unter Hildebrand (1995, S. 18 f.) sowie Sommer (1994, S. 160 ff.).

originellen Namen verwandelt (wie z. B. Wrigley's Winterfresh). Der Name Winterfresh verbindet Frische mit der Reinheit bzw. Weiße des Winters und wirkt somit besonders emotional.

3.3 Die Funktion der Lautmalerei bei der Namenskreation

Ein gutes Hilfsmittel bei der Namensentwicklung gibt uns die Lautmalerei. Der Fachausdruck heißt Onomatopöie. Das Wort entstammt dem Griechischen und bedeutet wörtlich übersetzt „einen Namen machen" (vgl. Berlitz, 1982, S. 18 f.).

Die Lautmalerei geht von der Idee aus, daß mit Lauten bestimmte Eigenschaften assoziiert werden. So gibt es in unserer Sprache Worte wie Donner, die allein schon durch ihren harten und lauten Klang das Donnern zum Ausdruck bringen. Ähnliches gilt für „knistern", das die Geräusche nachahmt, die beim Verbrennen von Holz entstehen.

Dieses Wortbildungsprinzip finden wir in der Entwicklung von Produktmarken wieder. Verschiedene Cerealienmarken lassen sich auf dieses Prinzip zurückführen, zum Beispiel Crunchies, Crossies usw. Aber auch die Hersteller von Erfrischungsgetränken gehen mit Namen wie Purissa® oder Bizzl® diesen Weg. Neben der reinen klanglichen Nachempfindung von Produkteigenschaften wie Knusprigkeit oder Frische sind Laute, die durch die Artikulation von Buchstaben entstehen, auch geeignet, gewisse Produkteindrücke zu vermitteln. Untersuchungen haben ergeben, daß international gleichermaßen die Klänge von O und U eher auf Größe und Kraft verweisen, wohingegen der Klang des Vokals I wesentlich stärker auf etwas Kleines und Leichtes hinweist.

Auch den Konsonanten lassen sich gewisse Charakteristika zuordnen. So sind generell stimmlose Konsonanten wie k, p und t eher mit Dynamik und Schnelligkeit in Verbindung zu bringen als deren stimmhafte Pendants g, b und d, die zunächst den Eindruck von Sanftheit und Milde entstehen lassen.

Ein fiktiver Name wie „Zappitz" beinhaltet eher einen dynamischen Klangcharakter, „Numiwo" dagegen wirkt ruhig. „Pit" malt mit seinem Laut eher klein, „Bomos" dagegen groß, „Oveno" klingt in unseren Ohren rund, „Catix" spitz.

Die Erkenntnisse der Phonetik richtig angewandt, helfen, daß der Name auch klanglich eine positionierungsgerechte Wirkung auf die Verbraucher ausübt. Eine weitere positive Folge der Lautmalerei ist ihre internationale Übertragbarkeit (zu weiteren Erläuterungen, vgl. Latour, 1996, S. 37 ff.).

3.4 Ausweg aus dem Namenschaos - Corporate Naming

Heutzutage ist es eher selten, daß ein neuer Hersteller mit einem neuen Produkt den Markt betritt. Vielmehr haben Unternehmen eine breite Produktpalette, deren Namen im schlechtesten Fall keine Ordnung erkennen lassen. Vielfach besteht deshalb eine Anforderung an Namensentwickler darin, namentlich einen roten Faden durch die Angebotspalette eines Herstellers zu ziehen.

Gerade wenn ein historisch gewachsenes Angebot im Laufe der Zeit immer weiter ausgedehnt und dementsprechend mit neuen Namen bereichert wurde, ist eine übersichtliche Nomenklatur nicht mehr erkennbar. Darüber hinaus ändern sich mit dem Unternehmenswachstum die Namensanforderungen. Dies kann seine Ursache zum Beispiel in der internationalen Vermarktung, der differenzierten Zielgruppenansprache, in neuen Vertriebswegen usw. haben. So stellt sich das ursprünglich angelegte Namensportfolio manchmal als Hindernis für die weitere Produktvermarktung heraus.

Folgende Schwierigkeiten treten auf:

- hoher Erklärungsaufwand durch den Vertrieb, um die zahlreichen Produkte mit den unterschiedlichen Namen den Kunden anzubieten,
- zu viele unlogisch strukturierte Namen,
- Probleme mit der Festlegung der zukünftigen Namensstrategie,
- Produktnamen mit hohem Bekanntheitsgrad können nicht einfach „getilgt" werden und
- mangelnde Exportfähigkeit von rein produkterklärenden Namen, also zum Beispiel Aussprache- und Verständnisprobleme.

In diesem Fall erscheint es sinnvoll, eine transparente Namenssystematik aufzubauen. Voraussetzung ist selbstverständlich eine tiefgehende Analyse des Sortiments und dessen Positionierung. Danach sollten alle Produkte bzw. Produktgruppen nach marketingstrategischen Aspekten klassifiziert werden.

Um eine hohe Namenstransparenz zu erreichen, empfehlen Namensexperten zwingend eine sogenannte top-down-Struktur einzuführen. Das heißt, nach oben hin muß abstrahiert und nach unten hin klassifiziert werden. Ein solches Beispiel liefert uns ein Hersteller von Dächern und Dachzubehör, die Klöber GmbH & Co. KG. Sie hat ein neues diffusionsoffenes Dach unter dem Namen Volia®, was Wohlbehagen vermittelt, auf dem Markt eingeführt. Die einzelnen Dachzubehörprodukte wurden einheitlich und einer klaren Struktur folgend entwickelt: Sie sollen sich deutlich voneinander unterscheiden, jeweils eine Produkteigenschaft herausstellen, möglichst zweisilbig sein und auf „o" enden. Dementsprechend wurden folgende Namen entwickelt:

- Tacto   für doppelseitig klebende Montagebänder,
- Flecto   für ein netzverstärktes Klebeband,
- Tauro   für einen Acrylast-Kleber mit universeller Klebkraft und

■ Polaro für ein doppelseitiges Montageband aus Acrylatkleber auf PET-Trägerfilm.

Auch im Dienstleistungsbereich gehen Unternehmen immer mehr dazu über, mittels einer einheitlichen Namensstrategie ihr Produktprofil zu stärken und es gegenüber den Wettbewerbern abzusetzen.

So hat beispielsweise die Mannheimer Versicherung ein Namenskonzept entwickelt, in dem die Produkte mit recht ungewöhnlichen Namen versehen werden. Eine wichtige Anforderung lautet dabei, daß der Buchstabe M gemäß des Mannheimer Logos im Namen enthalten sein muß. Durch die Einbindung des M's im Namen, ohne ihm einen festen Platz zuzuteilen, erhalten die Namen eine einheitliche Prägung. Eine gelungene Lösung, den Produktnamen und den Unternehmensnamen gleichzeitig zu kommunizieren (vgl. dazu auch Berg, 1996, S. 11).

3.5 Namenstests

Namen sind beliebte Auslöser für oft recht dilettantische Diskussionen. Dabei gehen die Meinungen über einen sogenannten guten Namen immer stark auseinander. Das Hauptthema, nämlich die eigentliche Funktion des Produktnamens, gerät bei diesen Diskussionen in Vergessenheit. Zentral für den Hersteller bleibt die Frage, was ein Name bewirken soll. Ziel ist es, einen Namen zu finden, der im Markt auffällt, mit dem der Verbraucher in einen Dialog tritt und letztlich dafür sorgt, daß gerade dieses Produkt gekauft wird. Hierbei kommt es also nicht auf das subjektive Gefallen an, sondern vielmehr auf die Anziehungskraft des Markennamens. In der Realität werden Namen jedoch häufig nicht mit dieser Zielsetzung getestet. Sie werden im Rahmen eines gesamten Produkt- bzw. Verpackungstests „einfach mit abgetestet". Die Qualität eines Markennamens wird simpel danach ermittelt, wieviele Verbraucher den Namen mit „gut" oder „gefällt mir" beurteilt haben.

Im Hinblick auf die große und langfristige Bedeutung des Namens am Markt ist eine Testmethodik zu empfehlen, die den Markennamen sehr behutsam unter die Lupe nimmt.

Idealerweise sollte ein Name insbesondere dann getestet werden, wenn er auch im Ausland zum Einsatz kommt. Kein noch so qualifizierter Mitarbeiter ist in der Lage, alle Stärken und Schwächen eines Namens in den verschiedenen Märkten einzuschätzen.

Neben der sprachlichen Sicherheit läßt sich mit Hilfe eines quantitativen Tests aber auch das Zukunftspotential eines Namens feststellen. Der Test bringt alle Konnotationen, alle Hindernisse, die der Kommunikation des untersuchten Namens entgegenstehen, ans Tageslicht. Er gibt Aufschluß über die Merkfähigkeit. Stehen zum Beispiel zwei sich ähnelnde Namensvorschläge zur Auswahl, bringt ein Namenstest den Entscheidungsprozeß voran (vgl. Stenz, 1997, S. 3).

3.5.1 Quantitativer - qualitativer Test

Ein quantitativer Namenstest gibt Aufschluß über die Akzeptanz eines Namens bei den Verbrauchern. Die qualitative Form vermittelt dagegen Erkenntnisse darüber, wie ein Name funktioniert, warum er geschätzt oder abgelehnt wird. Die Tester finden damit heraus, was die Kraft eines Namens ausmacht. Die Varianten sind allerdings nicht alternativ zu sehen. Eine optimierte Methodik setzt zunächst auf einen qualitativen Test, um die Tendenzen des Namens herauszuarbeiten. Ein anschließender quantitativer Test sichert die so ermittelten Hypothesen statistisch ab.

3.5.2 Ablauf

Eine juristische Prüfung ist Grundvoraussetzung für einen Test. Auch die genaue Definition der Namensanforderung sowie das Rekrutierungsprofil der Zielgruppe müssen genau festgelegt werden. Danach sollte mit einem erfahrenen Namensentwickler entschieden werden, ob Face-to-face-Interviews oder Zielgruppendiskussionen angebrachter sind.

Face-to-face-Interviews liefern interessante Daten hinsichtlich der individuellen Wahrnehmung des Namens, denn diese Methodik verhindert eine gegenseitige Beeinflussung der Befragten.

Ist es jedoch möglich, eine acht- bis zehnköpfige Gruppe zusammenzustellen, empfiehlt es sich, eine Zielgruppendiskussion zu führen. Dabei begegnen die Teilnehmer dem Namen auf verspielte, indirekte Weise. Direkte Fragen sollten bei dieser Variante grundsätzlich vermieden werden. Am besten eignen sich projektive Methoden, wobei die Moderation durch einen erfahrenen Diskussionsleiter erfolgt. Er hat darauf zu achten, daß jeder Teilnehmer seine Meinung einbringt. Von Interesse ist schließlich, was die Gruppe über einen Namen denkt. Ein anwesender Psychologe analysiert im Anschluß die Gründe für die Reaktionen der Gruppe.

4. Zeichen setzen

Die Bedeutung der Namensgebung bei Unternehmen, Dienstleistungen und Produkten wird heute häufig noch unterschätzt. Viele Hersteller beginnen jedoch langsam, dieses Feld zu betreten. Sie haben erkannt, wie wichtig die Wahl des passenden Namens im Laufe der Vermarktung ist. Schließlich ist der Name das einzige Element im Produktmix, das selten geändert wird. Und ein falsch gewählter Name kann teuer zu stehen kommen. „Wenn ein Auto 'Trottel' heißt oder 'Mist', ist der Verkaufserfolg zumindest zweifelhaft. Internationale Firmen verlassen sich deshalb auf die Hilfe von Profis, wenn sie einen Produktnamen suchen, der weltweit einen guten Klang hat" (Sommer, 1994, S. 160).

Ist einmal ein erfolgreicher Name gefunden, so hat man gerade gegenüber dem Wettbewerb eine zusätzliche Markteintrittsbarriere geschaffen. Denn ein guter Markenname läßt sich nicht einfach kopieren.

Der Aufbau eines einheitlichen Namensportfolios gewinnt in der heutigen Zeit zunehmend an Bedeutung. Eine klar strukturierte Namensgebung dient dazu, unverkennbare Signale zu setzen, damit das Produkt, die Dienstleistung, das Unternehmen klar erkennbar und begreifbar wird. Hierbei hat der Name auch eine Orientierungsfunktion für den Verbraucher und schafft gleichzeitig eine klare Abgrenzung gegenüber anderen Marktteilnehmern. Denn nur wer klare Botschaften setzt, wird gehört, gesehen und verstanden - und wird die Zukunft mitgestalten.

Franz-Rudolf Esch und Tobias Langner

Gestaltung von Markenlogos

1. Grundlagen der Gestaltung von Markenlogos

1.1 Arten von Markenlogos

Zur Markierung von Produkten steht ein schier unerschöpfliches Repertoire an Gestaltungselementen zur Verfügung. Grundsätzlich trägt jedes Gestaltungselement, das ein Produkt eindeutig zu einer Marke zurechenbar macht, zur Markierung bei. Die wohl gebräuchlichsten Markierungselemente sind dabei der Markenname, das Markenlogo und die Produkt- bzw. Verpackungsgestaltung. Dem Markenlogo als visuellem Bestandteil des Branding kommt hierbei eine besondere Bedeutung zu. Visuelle Reize haben den großen Vorteil, daß sie leichter als verbale Reize im Gedächtnis gespeichert und wieder abgerufen werden können (vgl. Paivio, 1971). Vergleichbar mit einer Mnemotechnik befördert das schnell im Gedächtnis verfügbare Logo den schlechter abrufbaren Markennamen und die sonstigen mit der Marke assoziierten Inhalte ins Bewußtsein des Konsumenten. **Das Logo bildet also den Schlüssel zum Markenimage[1].**

Bei Betrachtung der Brandingpraxis könnte man den Eindruck gewinnen, daß Markenlogos per se abstrakt sein müssen: Wohin man auch blickt, überwiegend begegnet man abstrakten Markenlogos wie dem Dresdner Bank-Logo, dem Logo der Vereinten Versicherung oder dem Logo der Iduna-Nova-Versicherung. Selbst Firmen, die über konkrete, bildhafte Logos verfügen, tendieren dazu, diese Logos im Zuge der zeitlichen Anpassung zu abstrahieren, wie dies beispielsweise bei der Shell-Muschel der Fall war. Es scheint, als seien die verantwortlichen Marketingmanager mit einem „Abstrahierungsvirus" infiziert. Einige Branchen wie beispielsweise die Finanzdienstleister leiden offensichtlich besonders unter diesem Virus. Dieser wenig verständliche Trend zu abstrakten Markenlogos überrascht besonders vor dem Hintergrund der Erkenntnis, daß konkrete visuelle Reize über stark überlegene Wahrnehmungswirkungen verfügen (vgl. Paivio, 1971)[2].

In Anlehnung an die Operationalisierung visueller Zeichen nach Koppelmann (1997, S. 378 f.) unterscheiden wir deshalb Markenlogos in **Bild-** und **Schriftlogos**[3]. Bildlogos können wiederum in **abstrakte** und **konkrete Logos** differenziert werden (vgl. Abbildung 1). Konkrete Logos bestehen aus Zeichenelementen, die reale Objekte abbilden. Im

---

1   Keller (1998, S. 143) berichtet von einer Studie, die den mnemotechnischen Charakter von Markenlogos unterstreicht. Die Ergebnisse einer Befragung von Konsumenten zu ihren Eindrücken zu unterschiedlichen Unternehmen differierten erheblich, wenn der Unternehmensname alleine oder zusammen mit dem Markenlogo dargeboten wurde.

2   In seltenen Fällen birgt die Verwendung eines abstrakten Markenlogos jedoch auch Vorteile. Beispielsweise bei der Gestaltung eines Logos für eine Dachmarke, unter der extrem unterschiedliche Produkte positioniert werden sollen. Aus diesem Grund werden bei der Formulierung von Handlungsempfehlungen auch Hinweise für die Gestaltung abstrakter Markenlogos gegeben.

3   Keller (1998, S. 143 ff.) unterstellt seinen Ausführungen zur Logogestaltung eine ähnliche Operationalisierung.

Gegensatz hierzu stellen abstrakte Logos Zeichenkombinationen dar, die keinen ikonischen Bezug zu einem realen Gegenstand aufweisen. Schriftlogos bezeichnen eine Klasse von Logos, die überwiegend bzw. ausschließlich aus Schriftelementen bestehen (Beispiel: VW).

Bei den folgenden Ausführungen konzentrieren wir uns auf Bildlogos, da sie aufgrund ihrer besseren Verarbeitungs- und Gedächtniswirkungen den Schriftlogos weit überlegen sind.

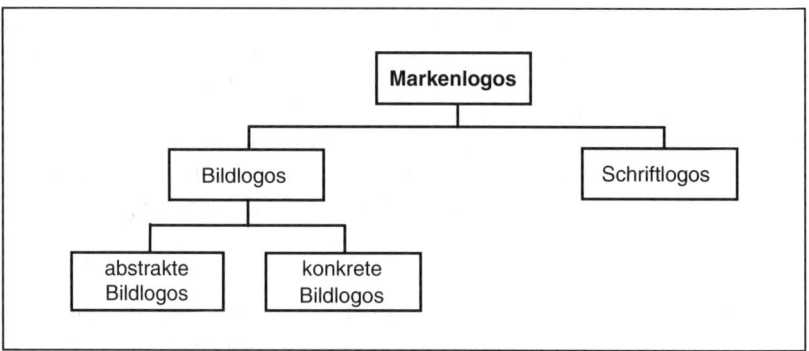

Abbildung 1:   Arten von Markenlogos

1.2   Anforderungen an die Logogestaltung

Zusammen mit den anderen Brandingelementen soll die Logogestaltung letztlich dazu beitragen, den Konsumenten dahingehend zu beeinflussen, daß eine Marke den Konkurrenzmarken vorgezogen wird. Damit eine Beeinflussung durch die Marke überhaupt stattfinden kann, müssen beim Konsumenten Gedächtnisstrukturen zur Marke angelegt werden (vgl. hierzu den Beitrag „Kundenorientierte Messung des Markenwerts" in diesem Buch). Die notwendige Bedingung hierfür ist, daß die Marke dem Konsumenten bekannt ist. Der Aufbau eines positiven, kaufrelevanten Images zur Marke stellt dagegen die hinreichende Bedingung zur Beeinflussung dar. Markenlogos sollten deshalb derart gestaltet sein, daß sie den Aufbau von Markenbekanntheit und Markenimage unterstützen. Diese noch recht allgemein gehaltenen Anforderungen bedürfen einer weiteren Operationalisierung:

1. Eine **Erhöhung der Markenbekanntheit** impliziert die Notwendigkeit einer aufmerksamkeits- und erinnerungsstarken Logogestaltung.

2. Die Forderung nach der **Unterstützung des Imageaufbaus** macht außerdem Markenlogos erforderlich, die positive und konsumrelevante Assoziationen kommuni-

zieren. Damit ein eindeutiges und klares Image aufgebaut werden kann, müssen die durch das Logo vermittelten Assoziationen auf die Markenpositionierung abgestimmt sein; im Idealfall sind sie mit der Positionierung identisch. Hieraus ergeben sich für die Logogestaltung die gleichen Anforderungen wie sie auch für die Positionierung existieren (vgl. Kroeber-Riel, 1993 b): Markenlogos müssen eigenständig sein, damit sie sich von Konkurrenzlogos abheben und sie müssen gefallen, damit sie dazu beitragen, daß die eigene Marke den Konkurrenten vorgezogen wird.

Zusammenfassend ergeben sich folgende Anforderungen für die Logogestaltung:

Markenlogos müssen:

1. Aufmerksamkeit erregen, d. h. aktivieren,
2. Gefallen erzielen,
3. positionierungsrelevante Assoziationen kommunizieren und
4. leicht wahrnehmbar und erinnerbar sein.

2.   Logogestaltung im Kontext des Branding

Markenlogos treten nur selten alleine in Erscheinung, meist werden sie zusammen mit dem Markennamen oder einem Produkt dargeboten. Zusammen mit diesen Brandingelementen müssen sie ihren Auftrag als Gedächtnisanker erfüllen und sollen einen positiven Beitrag zum Aufbau des Markenwerts leisten. Eine Analyse der Wechselwirkungen zwischen Markenlogo, Markenname und Produkt drängt sich förmlich auf. Um so überraschender ist es, daß die Brandingtheorie das Zusammenwirken aller drei Elemente bis heute stiefmütterlich behandelt hat. Zur Erklärung mancher Wirkungsbeziehungen muß deshalb ein Rückgriff auf allgemeine Erkenntnisse der Wahrnehmungspsychologie und der werblichen Kommunikationsforschung erfolgen.

2.1   Markenlogo und Markenname

Bereits die Erkenntnisse der frühen Imageryforschung belegen eindrucksvoll, daß Begriffe eine wesentlich bessere Gedächtnisleitung erzielen, wenn sie zusammen mit ihrem visuellen Abbild präsentiert werden (vgl. Paivio, 1971). Spätere Untersuchungen erweiterten diese Erkenntnis, indem sie zeigten, daß eine gemeinsame Darbietung von Wort und Bild generell zu einer besseren Worterinnerung führt, als wenn Wörter alleine dargeboten werden. Dieses Ergebnis ist unabhängig davon, ob Wort und Bild inhaltlich redundant sind (vgl. Barrett, 1985; Biron/McKelvie, 1984). Im Zuge der Marketingkommunikation sollte das Markenlogo folglich stets zusammen mit dem Markennamen kommuniziert werden.

Neben diesem wichtigen Aspekt ist jedoch auch zu berücksichtigen, daß konkrete visuelle Markenlogos für sich schon leichter aufgenommen, verarbeitet und gespeichert werden können als entsprechende konkrete bzw. abstrakte Namen (vgl. Paivio, 1971; Kroeber-Riel, 1993 a, S. 73 ff.). Diese wichtige Erkenntnis führte bereits frühzeitig zu der Forderung von Werner Kroeber-Riel, sogenannte visuelle Präsenzsignale als Gedächtnisanker für Marken einzusetzen (vgl. Kroeber-Riel, 1993 b, S. 192 ff.). Solche Gedächtnisanker müssen überhaupt keinen Bezug zur Marke aufweisen, sie stehen auch nicht in Beziehung zur Positionierung und sollen auch keine spezifischen Inhalte zu einer Marke vermitteln. Sie stellen lediglich Gedächtnisstützen für eine Marke dar, die den Zugriff auf die Marke in den Köpfen der Konsumenten erleichtert. Es gibt bereits eine Vielzahl erfolgreicher visueller Präsenzsignale, wie das Michelin-Männchen, der Kranich der Lufthansa oder das Lacoste-Krokodil. Solche Platzhalter werden bei der zunehmenden Informationsüberflutung wichtige Anker für eine Markenverankerung in den Köpfen der Konsumenten. Im folgenden wollen wir uns jedoch stärker der Integration von Name und Logo widmen.

Formale Integration von Logo und Name

Zur Integration von Markenlogo und Markenname stehen grundsätzlich formale und inhaltliche Gestaltungsmittel zur Verfügung. Bei der **formalen Integration** werden Name und Logo durch den gezielten Einsatz von Form und Farbe derart miteinander verknüpft, daß sie als zusammengehörig wahrgenommen werden. Hierbei spielt natürlich auch die räumliche Nähe zwischen Markennamen und -logo eine wichtige Rolle, da alleine durch die Nähe des Beisammenseins zweier Elemente eine formale Integration bewirkt werden kann. Im einfachsten Fall läßt sich eine formale Integration durch eine einheitliche Farbgebung von Logo und Name erzielen (vgl. Abbildung 2). Eine stärkere Integration wird durch die Einbindung des Logos in den Namen erreicht. Beispielsweise können einzelne Buchstaben durch das Logo ersetzt werden (vgl. Abbildung 3). Empirische Studien belegen, daß eine formale Integration von Wort und Bild zu einer deutlich besseren Erinnerung des Wortes führt (vgl. Lippman/Shanahan, 1973; Lutz/Lutz, 1977)[4].

Abbildung 2:   Formale Integration von Markenname und -logo durch einheitliche Farbgebung (Logo und Schrifthintergrund sind im Original grün)

---

4   Lippman und Shanahan (1973) untersuchten die Merkfähigkeit von Vokabeln an Schülern. Lutz und Lutz (1977) untersuchten die Gedächtnisleistung von Präsenzsignalen.

Abbildung 3: Formale Integration durch Einbindung
des Logos in den Namen
Quelle: Lutz/Lutz, 1977.

Inhaltliche Integration von Logo und Name

Bei der **inhaltlichen Integration** steht das Markenlogo in direktem semantischem Zusammenhang zum Markennamen. Beschreibende Namen werden beispielsweise durch das Logo übersetzt (vgl. Abbildung 4). Diese Art der Integration verursacht ebenfalls überlegene Gedächtniswirkungen für den Markennamen (vgl. Lutz/Lutz, 1977).

Abbildung 4: Inhaltliche Integration von Logo und
Name durch deskriptive Verknüpfung
Quelle: Lutz/Lutz, 1977.

Assoziative Markenamen[5] können nicht direkt in ein Bild übersetzt werden, da sie keine konkrete Bedeutung besitzen. Dennoch ist auch hier eine Form der inhaltlichen Integration möglich: Logo und Name sollten bezüglich ihrer Assoziationsstruktur aufeinander abgestimmt werden. Untersuchungen des Instituts für Marken- und Kommunikationsforschung belegen die zentrale Bedeutung der **Assoziationsstrukturen** von Name und Logo für die gemeinsame Wahrnehmung dieser Brandingelemente. In einem Wahrnehmungsexperiment wurden bedeutungslose Markennamen, die starke Assoziationen kommunizieren, mit Logos kombiniert, die entweder zum Namen identische oder unterschiedliche Assoziationsstrukturen aufweisen (vgl. Abbildung 5).

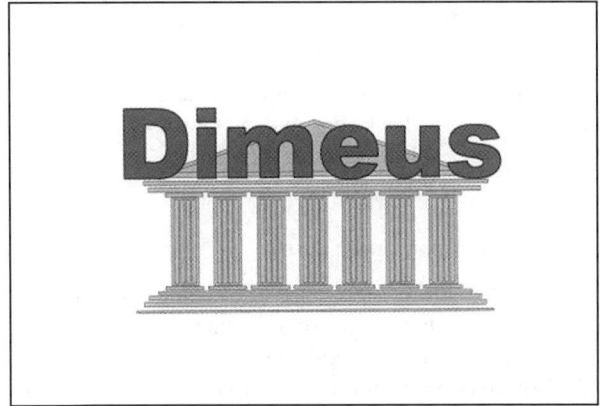

Abbildung 5:   Inhaltliche Integration von Name und
                  Logo durch assoziative Verknüpfung

Die Studie lieferte einige bemerkenswerte Ergebnisse. Wenig überraschend war die Tatsache, daß eine Übereinstimmung der Assoziationsstruktur zu einer besseren Erinnerungswirkung von Name und Logo führt. Dies hatte sich in Vorgängerstudien bereits angedeutet. Interessant ist allerdings das Ergebnis, daß der **Fit der Assoziationsstrukturen** einen erheblichen Einfluß auf die Beurteilung der Brandingmaßnahme hat: Besitzen Markenlogo und Markenname gleiche Assoziationsstrukturen, gefallen sie den Rezipienten besser, als wenn diese Übereinstimmung nicht besteht. Weiterhin beeinflußte die Übereinstimmung der Assoziationsstrukturen die Klarheit der durch die Name-Logo-Kombination ausgelösten Assoziationen. Eine Übereinstimmung der Assoziationsstrukturen führte zu eindeutigeren Assoziationen der Logo-Name-Kombination. Die Abstimmung der Assoziationsstrukturen von Name und Logo trägt somit zum Aufbau einer klaren Positionierung bei.

---

5   Assoziative Markennamen bezeichnen bedeutungslose Namen, die aufgrund ihrer Klangstruktur starke
     Assoziationen transportieren (z. B. Dimeus, Lamucci).

2.2 Markenlogo, Markenname und Produktbeurteilung

„Clearly, logos have meaning and associations that change consumer perceptions of the company" (Keller, 1998, S. 145). Derartige Hinweise, die die Bedeutung des Logos für die Beurteilung einer Unternehmung oder eines Produkts herausstellen, finden sich in fast allen Lehrbüchern oder Artikeln, die sich näher mit der Logogestaltung beschäftigen (vgl. z. B. Aaker, 1992, S. 231 ff.; Henderson/Cote, 1996 a, S. 3). Obwohl diese Aussage bereits den Status eines 'common knowledge' zu besitzen scheint, wurde sie bis heute nicht empirisch umfassend analysiert.

Die erwähnten Aussagen verleiten zu der simplifizierenden Annahme, daß Logogestaltung und Produktbeurteilung in einem direkten, linearen Kausalzusammenhang stehen. Diese Einschätzung vernachlässigt allerdings die Komplexität menschlicher Beurteilungsprozesse.

Ganzheitspsychologische Ansätze, wie die Gestaltpsychologie, zeigen, daß sich der Gesamteindruck eines Objekts in der Regel nicht aus den Eindrücken der Einzelelemente additiv zusammenfügt (vgl. Ehrenfels, 1890; Arnheim, 1977). Vielmehr erfolgt die menschliche Wahrnehmung ganzheitlich, nach dem Motto: „Das Ganze ist mehr als die Summe seiner Einzelteile". Die Erforschung des Einflusses der Logogestaltung auf die Produktbeurteilung muß demnach stets im Gesamtkontext des Branding erfolgen.

Beeinflussung des Produktgefallens

Am Institut für Marken- und Kommunikationsforschung wurden Markenlogo, Markenname und Produkt deshalb gemeinsam getestet. Erste explorative Studien[6] widerlegen die Existenz eines direkten Zusammenhanges zwischen der **Gefallenswirkung** der Name-Logo-Kombination und dem Produktgefallen. Es zeigte sich kein direkter Zusammenhang zwischen positiver Beurteilung von Markenname und Markenlogo und positiver Beurteilung des Produkts. Herstatt (1985, S. 116 ff.) erhielt ähnliche Ergebnisse zum Einfluß der Gefallenswirkung von Markennamen auf die Gefallenswirkung von Produkten. Auch hier zeigte sich kein direkter Zusammenhang zwischen Gefallenswirkung des Namens und Produktgefallen. Das Experiment von Herstatt und die Studienreihe des Instituts für Marken- und Kommunikationsforschung fanden allerdings unter High-Involvement-Bedingungen statt, da sich die Testpersonen intensiv in einer Laborsituation mit den Produkten auseinandersetzten. Zumindest unter High-Involvement-Bedingungen besagt ein positiv bewerteter Name bzw. eine positiv bewertete Name-Logo-Kombination also noch lange nicht, daß deshalb auch das Produkt besser beurteilt wird. Selbst unter Low-Involvement-Bedingungen ist damit nicht unmittelbar

---

6 In der Studie beurteilten Novizen Geschmack, Geruch und Optik von Rotwein. In jeder Stichprobe wurde der gleiche Wein mit dem gleichen Etikett verkostet; manipuliert wurde die Gefallenswirkung der Name-Logo-Kombination.

zu rechnen, da hier zunächst Konditionierungsprozesse stattfinden müssen, bevor die Beurteilung von Markenname und -logo auf die Produktbeurteilung durchschlägt. Dazu sind entsprechend viele Wiederholungen der Darbietung von Marke und Produkt erforderlich. Eine Analyse unter solchen Low-Involvement-Bedingungen steht noch aus.

Die Tatsache, daß kein direkter Einfluß auf die Gefallenswirkung des Produkts nachgewiesen wurde, darf nicht zu der Annahme verleiten, daß die Gefallenswirkung der Name-Logo-Kombination von untergeordneter Bedeutung ist. Vielmehr ist davon auszugehen, daß eine gefällige Name-Logo-Kombination im Kontext mit anderen Kommunikationsmaßnahmen erheblich dazu beiträgt, daß beim Konsumenten ein **positives Image** zur Marke aufgebaut werden kann. Dieses positive Image strahlt dann in die Produktbeurteilung hinein und führt schließlich dazu, daß das Produkt besser beurteilt wird[7].

Beurteilung einzelner Produkteigenschaften

Die Studienreihe des Instituts für Marken- und Kommunikationsforschung zeigt, daß eine signifikante Beeinflussung einzelner Produkteigenschaften durch die Name-Logo-Kombination möglich ist. Ein starker Einfluß ging in diesen Experimenten von der **Farbe** der Name-Logo-Kombination aus[8]. Die Farbe hatte beispielsweise einen signifikanten Einfluß auf die Wahrnehmung der Weichheit des Geschmacks, der Säuerlichkeit des Geruchs und die optische Beurteilung der Stärke des getesteten Weins. Gelingt nun durch die Brandingmaßnahme eine Beeinflussung der Wahrnehmung **urteilsrelevanter Produkteigenschaften**, dann ist davon auszugehen, daß auch eine positive Beeinflussung des Produktgefallens zustande kommt (vgl. auch Herstatt, 1985, S. 133).

Zuordnung zu Produktkategorien

In der Kombination mit **assoziativen Markennamen** kommt dem Markenlogo innerhalb des Brandings eine besondere Bedeutung zu: es hat einen entscheidenden Einfluß auf die Zuordnung des Branding zu einer Produktkategorie[9]. Assoziative Markennamen sind im Hinblick auf ihre Zuordnung zu Produktkategorien oftmals mehrdeutig. Das Logo bildet dann quasi den Rahmen zur Einordnung des Markennamens. Der gleiche assoziative Markenname kann für völlig unterschiedliche Produkte stehen, je nachdem mit

---

7   De Chernatony und McDonald (1992, S. 9 f.) schildern ein Experiment, das diese Aussage eindrucksvoll bestätigt: Einem Konsumentenpanel wurde Diet Coke und Diet Pepsi einmal blind und einmal offen zur Verkostung dargeboten. Im Blindtest schnitt die Diet Pepsi besser ab: 51 % der Konsumenten bevorzugten Diet Pepsi, 44 % Diet Coke und 5 % waren unentschlossen. Im offenen Test schlug offensichtlich das bessere Image von Coca-Cola bei der Produktbeurteilung durch: 65 % der Konsumenten beurteilten Diet Coke besser, nur 23 % Diet Pepsi und 12 % waren unentschlossen.

8   Möglicherweise liegt der starke Einfluß der Farbe in der speziellen Charaktersitik des Produkts Wein begründet und ist in anderern Produktkategorien so nicht zu beobachten.

9   Für beschreibende Markennamen stellt sich dieses Problem nur dann, wenn sie nicht das Produkt, sondern das zentrale Versprechen der Marke verbalisieren.

welchem Logo er kombiniert wird. Der fiktive Markenname Dimeus wird beispielsweise in Verbindung mit einem griechischen Tempel häufig mit einem Reiseveranstalter, in Verbindung mit einem Schmetterling dagegen öfters mit einem Pflanzenschutzmittel assoziiert.

Sofern eine solch starke Beziehung zu einer Produktgruppe gewünscht ist, bietet sich entsprechend die Verwendung eines konkreten Bildreizes als Logo an, der mit einer solchen Produktgruppe assoziiert wird. Unternehmen sollten jedoch bei der Einführung einer neuen Marke dann auf Logos verzichten, die dominant für eine Produktkategorie stehen, wenn spätere Markenerweiterungen ins Auge gefaßt werden, da ansonsten solche Erweiterungen der Marke schwieriger werden könnten.

2.3 Branding und Markenwert

Mit starken Marken verbinden Konsumenten lebendige, klare und einzigartige Vorstellungen und Bilder. Mr. Proper steht für das starke Reinigungsmittel, das strahlenden Glanz in ein Haus bringt. Du Darfst vermittelt den Kunden, daß man soviel essen kann wie man will, ohne dick zu werden. Milka steht für die unberührte Alpenwelt usw. Durch solche einzigartigen und positiv belegten Wissensinhalte erlangen starke Marken eine dominante Stellung in den Köpfen der Konsumenten. Diese positiven Images spiegeln sich in positiven Einstellungen zu den Marken wider, die dazu führen, daß starke Marken besser beurteilt und in Entscheidungssituationen oftmals den Konkurrenzmarken vorgezogen werden (vgl. de Chernatony/McDonald, 1992, S. 7 ff.).

Keller (1993) operationalisiert den Markenwert folglich über die mit einer Marke verbundenen Wissensinhalte. Er unterscheidet in Markenbekanntheit und Markenimage (vgl. den Beitrag „Kundenorientierte Messung des Markenwerts" in diesem Buch). Das Ziel der Markenpolitik muß demnach in der Schaffung einer großen Bekanntheit in der Zielgruppe und in dem Aufbau eines klaren, positiven Images für die Marke bestehen.

Der Aufbau eines Markenimages erfolgt durch Lernvorgänge seitens des Konsumenten. Alle Kontakte mit einer Marke tragen dabei zum Aufbau der gewünschten Gedächtnisstruktur bei. Der Lernvorgang gestaltet sich am effizientesten, wenn jeder Kontakt mit der Marke gleiche, konsistente Inhalte kommuniziert (vgl. den Beitrag „Aufbau starker Marken durch integrierte Kommunikation" in diesem Buch; Esch, 1998 b und 1998 c). Für das Branding bedeutet dies, daß die Brandingmaßnahmen konsistente Eindrücke vermitteln müssen.

Markenlogo, Markenname und Produktgestaltung müssen deshalb derart aufeinander abgestimmt sein, daß sie gleiche Inhalte kommunizieren. Hierzu eignet sich die von Esch für die Integration von Kommunikationsmitteln vorgenommene Operationalisierung in inhaltliche und formale Mittel der Integration (vgl. Esch, 1992 b und 1998 a).

Ein effizienter und effektiver Markenwertaufbau erfordert deshalb die inhaltliche und formale Abstimmung aller Brandingmaßnahmen.

Zur Unterstützung der Schaffung von Markenbekanntheit sollten Markenname, Markenlogo und Produktgestaltung bzw. Verpackungsgestaltung **formal** aufeinander abgestimmt werden. Als formale Integrationsmittel können vor allem einheitliche Form- und Farbcodes verwendet werden. Durch die formale Vereinheitlichung der Brandingmaßnahmen wird sichergestellt, daß jeder Kontakt mit Logo, Name und Produkt der Marke eindeutig zugeordnet wird und somit zur Erhöhung der Markenbekanntheit beiträgt. Ein Beispiel für die formale Integration von Brandingmaßnahmen durch die Verwendung eines einheitlichen Farbcodes ist Milka: Hier ist die Produktverpackung durchgängig in lila gehalten.

Die **inhaltliche Integration** der Brandingmaßnahmen unterstützt den Aufbau eines prägnanten Markenimages. Name, Logo und Produktverpackung sollten deshalb die gleichen, im Sinne des Positionierungsziels angestrebten Assoziationen kommunizieren. Die vermittelten Eindrücke unterstützen sich dann gegenseitig, der Konsument erhält ein klares inneres Bild von der Marke, Dissonanzen werden vermieden. Ein positives Beispiel für eine inhaltliche Integration ist Timberland. Der Baum als Logo, der Name Timberland und die naturverbundenen, robusten Produkte kommunizieren kongruente Assoziationen. Gleiches gilt für das Reinigungsmittel Frosch. Hier ist bereits der Name und das Logo des Froschs Programm. Unterstützt wirken diese sehr stark mit Umwelt assoziierten Brandingelemente noch durch Verwendung der natürlichen Farbe „grün" (vgl. Abbildung 6).

Abbildung 6:   Inhaltliche Integration der Brandingelemente: das Reinigungsmittel Frosch

Die inhaltliche und formale Abstimmung der Brandingmaßnahmen werden in der Brandingpraxis noch häufig ignoriert. So wird das Logo meist von einer Designagentur, der Name von einer Namensagentur und das Produkt schließlich im eigenen Haus entwickelt. Dann wird alles zusammengepackt und fertig ist die neue Marke. Die Einzelmaßnahmen werden bei diesem Vorgehen in der Regel nicht hinreichend aufeinander abgestimmt. Häufig wird hierbei eine Marke generiert, die nicht fähig ist, beim Konsumenten klare Wissensstrukturen aufzubauen.

3. Gestaltungsfaktoren von Markenlogos

Der Bedeutungsgehalt eines visuellen Zeichens hat grundsätzlich zwei Ursachen: Er ergibt sich aus der konkreten Gestaltung von **Form** und **Farbe** und aus den zum Zeichen **gelernten Wissensinhalten**. Tritt ein Konsument zum ersten Mal in Kontakt mit einem Zeichen, ergibt sich der Informationsgehalt ausschließlich aus der Beschaffenheit des Objekts. Durch ergänzende Kommunikation kann das Zeichen im Zeitverlauf auf weitere Bedeutungsgehalte konditioniert werden. Bezogen auf Markenlogos bedeutet dies, daß das Logo zum einen Assoziationen vermittelt, die sich aus seiner Gestaltung ergeben, zum anderen werden Assoziationen aktiviert, die der Konsument zum Logo gelernt hat (z. B. Markenimage).

Eine eingehende Betrachtung der Wirkung von Markenlogos sollte deshalb an der Analyse der elementaren Gestaltungsfaktoren Form und Farbe ansetzen. Im folgenden werden die noch recht abstrakten Begriffe Form und Farbe weiter detailliert. Die Operationalisierungen erheben keinen Anspruch auf Vollständigkeit, betrachtet werden vielmehr Gestaltungsfaktoren, die einen meßbaren Einfluß auf die Logowahrnehmung durch den Konsumenten haben.

3.1 Gestaltungsfaktor Form

Symmetrie

Unter Symmetrie versteht man die Eigenschaft eines Markenlogos, beiderseits einer gedachten Linie ein Spiegelbild zu ergeben. Über den Einfluß der Symmetrie auf die menschliche Wahrnehmung gibt es mittlerweile zahlreiche empirische Erkenntnisse. Die Studien belegen einhellig, daß symmetrische Formen die Wahrnehmung positiv unterstützen. Symmetrische Formen werden **rascher verarbeitet** (vgl. Espe/Krampen, 1986, S. 74), **gefallen besser** (vgl. Day, 1968, S. 340; Henderson/Cote, 1996 a, S. 24 f.) und werden vermutlich **auch besser erinnert** (vgl. Henderson/Cote, 1996 b, S. 8).

Komplexität

Die Komplexität ist eine zentrale Eigenschaft von Reizen jeglicher Sinnesmodalität. Gleichgültig, ob es sich um akustische, haptische, gustatorische oder visuelle Reize handelt, übt die Komplexität eines Reizes immer einen bedeutenden Einfluß auf die Aktivierungs-, Gefallens- und Erinnerungswirkung eines Reizes aus.

Berlyne (1974, S. 61) versteht unter Komplexität „den Betrag an Vielfalt oder Verschiedenartigkeit in einem Reizmuster." Die Komplexität eines Logos ist somit direkt von der **Anzahl** seiner unterscheidbaren Elemente und der **Unähnlichkeit** dieser Elemente abhängig. Komplexität steigt durch die Zunahme der Einzelelemente eines Logos und/oder die steigende Unähnlichkeit der Logobestandteile. Komplexitätsreduzierend wirkt sich der „Grad, in welchem verschiedene Elemente als eine Einheit aufgefaßt werden" aus (Berlyne, 1974, S. 61).

Berlyne (1971, S. 193 ff.) stellt heraus, daß der Zusammenhang zwischen Aktivierungs- und Gefallenswirkung und Komplexität eines Reizes die Form einer **umgekehrten u-Funktion** annimmt. Mit zunehmender Komplexität eines Logos verbessert sich also zunächst seine Aktivierungs- und Gefallenswirkung. Ab einem bestimmten Komplexitätsgrad schlägt dieser positive Effekt jedoch in einen negativen um. Zu komplexe Logos erfahren demnach häufig einen Betrachtungsabbruch.

Weiterhin überfordern zu komplexe Reize die visuelle Erinnerungsfähigkeit des Menschen. Ein Reiz, der eine zu hohe Komplexität aufweist, kann nicht mehr vor dem inneren Auge betrachtet werden und wird deshalb **schlechter erinnert** als weniger komplexe Reize (vgl. Kosslyn/Holyoak, 1982, S. 317).

Figur-Grund-Kontrast

Die Figur-Grund-Differenzierung ist aus der Gestaltpsychologie hervorgegangen. Mit dem Figur-Grund-Kontrast wird der Grad beschrieben, in dem sich ein bestimmter Teil eines visuellen Reizes (= Figur) vom übrigen Bereich (= Grund) abhebt. Bei der Logogestaltung geht es demnach um die Frage, ob sich ein Logo klar und deutlich von dem jeweiligen Hintergrund abhebt. Grundsätzlich fördert ein guter Figur-Grund-Kontrast bei einem Logo die Wahrnehmung desselben. Ein guter Figur-Grund-Kontrast kann durch Nutzung von Farbkontrasten sowie durch Verwendung von Formkontrasten und Bildschärfe realisiert werden. Den größten Beitrag zur Figur-Grund-Differenzierung leisten hierbei Farbhelligkeitskontraste (vgl. Kramer, 1998, S. 149). Hingegen beeinträchtigen unscharfe Logos den Figur-Grund-Kontrast und damit auch die Wahrnehmung.

Geometrische Grundstruktur

Die geometrische Grundstruktur eines abstrakten Zeichens hat einen bedeutenden Einfluß auf seine Verarbeitung und Speicherung (vgl. Lass et al., 1993, S. 91 - 103). Abstrakte Formen, die sich leicht in einfache geometrische Grundformen (z. B. Dreieck, Kreis, Quadrat usw.) zerlegen lassen, werden vom Rezipienten **rascher verarbeitet** und **besser erinnert** als andere Formen. Abstrakte Markenlogos, die sich nicht aus einfachen Elementen zusammensetzen, sollten deshalb vermieden werden, da ihre Verarbeitung einen hohen kognitiven Aufwand erfordert und sie meist nur sehr schlecht erinnert werden.

Formqualität

Die Formqualität bezeichnet den Verlauf der Kontur eines Objekts. Grundsätzlich unterscheidet man zwischen **eckigen** und **runden Formen**. Die Formqualität determiniert maßgeblich den Bedeutungsgehalt eines Zeichens (vgl. Kerner/Duroy, 1992, S. 55 ff.). Je nach Formqualität werden völlig unterschiedliche Assoziationen und Reaktionen beim Betrachter hervorgerufen. Die mit den Formqualitäten verbundenen Assoziationen haben ihren Ursprung vermutlich in den Erfahrungen, die wir mit Objekten bestimmter Formqualitäten gesammelt haben. An spitzwinkligen Formen können wir uns beispielsweise verletzen, deshalb aktivieren sie den Rezipienten stärker als runde Formen.

Espe und Krampen (1986, S. 72 - 101) untersuchten die Konnotationen zu elementaren und zusammengesetzten, zwei- und dreidimensionalen Formqualitäten. Es erfolgte hierbei eine Dreiteilung in runde, rechteckige und spitzwinklige Formqualitäten. Diese Kategorisierung ermöglicht eine sinnvolle Clusterung aller visuellen Formen nach ihrer dominanten Formqualität. Für jedes Formqualitätscluster wurden zwei bis drei typische Vertreter in bezug auf die ausgelösten Konnotationen analysiert.

Den Ergebnissen zufolge bestehen zwischen zwei- und dreidimensionalen Formen kaum Eindrucksunterschiede. Betrachter verbinden mit den zweidimensionalen Gegenstücken räumlicher Formen die gleichen Konnotationen, die auch von den dreidimensionalen Formen kommuniziert werden.

Weiterhin zeigte sich, daß **spitzwinklige Formen** auf den Rezipienten **aktiv** und **mächtig** wirken[10]. Unter dem Begriff 'aktiv' werden Assoziationen wie bewegt, lebhaft, schnell und erregend und unter 'mächtig' Assoziationen wie hart, kräftig, stark und überlegen subsumiert. Bedeutsam ist außerdem, daß spitzwinklige Formqualitäten die Konnotationen von zusammengesetzten Formen zu dominieren scheinen. Objekte mit spitzwinkligen Formqualitäten wurden von den Betrachtern generell als eher mächtig und aktiv empfunden. **Rechtwinklige Formen** transportieren dagegen eher **passive** und

---

10   Die Ergebnisse der explorativen Studie von Rook (1987 b, S. 244) zur Analyse von Logos deuten ebenfalls daraufhin, daß spitzwinklige Formen die Konnotation 'mächtig' vermitteln.

mächtige Assoziationen. Mit „passiv" werden Adjektive wie ruhig, bedächtig und langsam verbunden. **Runde Formen** wirken schließlich eher **passiv** und **schwach**. Besonders große Schwäche (z. B. zart, weich, ergeben) und Passivität kommunizierte hierbei die Niere, gefolgt von der Ellipse. Innerhalb der Kategorie der runden Formen vermittelte der Kreis die geringste Schwäche und Passivität.

Ein interessantes Ergebnis ergab sich für zweidimensionale Formen, die sich aus unterschiedlichen Formqualitäten zusammensetzten. Hier erwies sich die **Außenform** eines Zeichens für das Zustandekommen der Konnotationen als dominant. Ein rundes Markenlogo, das im inneren rechtwinklige Formen enthält, wirkt beispielsweise trotz der rechtwinkligen Elemente passiv-schwach statt passiv-mächtig. Für die Gestaltung von Markenlogos ist diese Erkenntnis von zentraler Bedeutung, da die begrenzende Außenform für Logos generell ein konstituierendes Element darstellt.

3.2 Gestaltungsfaktor Farbe

Physikalisch gesehen ist Farbe ein vom Rezipienten wahrgenommener Lichtreiz. Je nach physikalischer Eigenschaft des Lichts wird beim Betrachter eine andere Farbempfindung ausgelöst. Die entstehenden Farbeindrücke lassen sich durch die drei Farbqualitäten Farbton, Farbsättigung und Farbhelligkeit charakterisieren (vgl. Kerner/Duroy, 1992, S. 121 ff.).

Bevor wir diese Farbqualitäten näher analysieren, werden zunächst grundlegende Aspekte der Farbgebung angesprochen. So ist weithin bekannt und akzeptiert, daß farbige Elemente grundsätzlich stärker aktivieren, d.h. die Aufmerksamkeit erregen, als dies bei Schwarz-Weiß-Elementen der Fall ist. Wahrscheinlich wirkt sich nicht zuletzt deshalb der Farbeinsatz bei Logos im Vergleich zu Schwarz-Weiß-Logos positiv auf die Erinnerung aus (vgl. Esch, 1990; Kramer, 1998, S. 235). Dies kann darauf zurückgeführt werden, daß farbige Abbildungen als realistischer empfunden werden als ihre schwarz-weißen Pendants. Möglicherweise ist dies auch ein Grund dafür, weshalb die Farbe einer Abbildung und somit auch eines Logos dazu führt, daß eine solche Abbildung ein **lebendigeres inneres Bild** hinterlassen kann als eine entsprechende Schwarz-Weiß-Abbildung (vgl. Kramer, 1998; Ruge, 1988). Darüber hinaus ist unbestritten, daß man mit bestimmten Farben ganz spezifische (Erlebnis-)Eigenschaften verbindet. Mit der Farbe Grün verbindet man beispielsweise dominant Natur, mit der Farbe Blau Frische usw. (zu umfangreichen Übersichten zu Farbassoziationen vgl. Petri, 1995; Heller, 1989). Allerdings sind alle durch Farbe ausgelösten Wirkungen stark durch die Farbqualitäten beeinflußbar, auf die im folgenden eingegangen wird.

Farbton

Die Wellenlänge des Lichtes ist die Ursache für unterschiedliche Farbtonempfindungen, zum Beispiel blau, gelb, grün usw. (vgl. Kerner/Duroy, 1992, S. 121 ff.). Der Farbton übt den stärksten Einfluß auf die **Aktivierungskraft** einer Farbe aus[11].

Im Hinblick auf seine starke **Aktivierungskraft** nimmt der Farbton **Rot** eine zentrale Stellung unter den Farben ein (vgl. Berlyne, 1971; Gebert, 1977, Küller/Mikellides, 1993). Rot wird in der Literatur einhellig als der aktivierungsstärkste Farbton erachtet. Als Ursache hierfür vermutet man die ausgeprägte inhaltliche Belegung der Farbe Rot (vgl. Espe/Krampen, 1986, S. 97 f.): Kulturübergreifend steht die Farbe des Blutes als Synonym für Gefahr.

Die von der Farbe ausgehende Aktivierung wird weiterhin durch die empfundene **Wärme des Farbtons** beeinflußt. Die warmen Farbtöne Rot, Orange und Gelb aktivieren dabei stärker als die kalten Farbtöne Blau, Violett und Grün (vgl. Hamid/Newport, 1989). Die Forschungserkenntnisse zur Aktivierung von Farben lassen außerdem auf die Existenz einer Rangreihe der Aktivierungskraft der Farbtöne schließen. Aus Forschungsergebnissen läßt sich folgendes Ranking zur Aktivierungsstärke ableiten: **Rot > Orange > Violett > Grün/Blau** (vgl. Kroeber-Riel/Weinberg, 1996, S. 421; Kramer, 1998, S. 116).

Zahlreiche Autoren stellen Rankings bezüglich der **ästhetischen Bevorzugung** unterschiedlicher Farbtöne auf (vgl. Helson/Lanford, 1970; Heller, 1989). Eine Übertragbarkeit dieser Erkenntnisse auf die Gestaltung von Markenlogos ist jedoch fraglich: Meist wurde in diesen Studien mit Farbkarten und nicht mit konkreten Objekten gearbeitet. Das Gefallen einer Farbe ist allerdings stark objektabhängig. So weichen beispielsweise die bevorzugten Farben für Automobile stark von den bevorzugten Bekleidungsfarben ab. Weiterhin sind Farbpräferenzen auch mode- und kulturabhängig (vgl. Kroeber-Riel/Weinberg, 1996). Je nach Kulturkreis können sich erhebliche Unterschiede bezüglich des ästhetischen Erlebens von Farbe ergeben (vgl. Pettersson, 1982). Die Gefallenswirkung der Farbe eines Logos sollte deshalb stets individuell in einem Pretest geprüft werden.

Farbsättigung

Die Farbsättigung erfaßt die durch den Rezipienten wahrgenommene Farbintensität (vgl. Kerner/Duroy, 1992, S. 122 f.). Aus physikalischer Sicht charakterisiert sie die Reinheit der Farbe, d. h. das Ausmaß, in dem Licht unterschiedlicher Wellenlänge gemischt wurde. Je mehr Licht unterschiedlicher Wellenlänge vereint wird, desto ungesättigter wird die Farbe empfunden.

---

11 Einen umfassenden Überblick bezüglich der Forschungsergebnisse zur Aktivierungswirkung von Farben gibt Kramer (1998, S. 113 ff.).

Die Farbsättigung wirkt ebenfalls auf die empfundene **Erregung** (vgl. Sivik, 1974): Bei Konstanz von Farbhelligkeit und -ton erhöht sich die Aktivierungskraft einer Farbe mit zunehmender Farbsättigung. Zudem beeinflußt die Farbsättigung auch die **Gefallens-wirkung** (vgl. Pickford, 1972; Endo, 1979; Schurian, 1986): Je gesättiger ein Farbreiz ist, desto besser gefällt er.

Farbhelligkeit

Die Farbhelligkeit kennzeichnet die subjektiv wahrgenommene Hell-Dunkel-Empfin-dung, die sich bei der Wahrnehmung einer Farbe beim Rezipienten einstellt (vgl. Kerner/Duroy, 1992, S. 121 f.).

Die Farbhelligkeit hat einen entscheidenden Einfluß auf die von einer Farbe vermittelten **Assoziationen**. Zahlreiche Studien belegen, daß dunkle Farben eher mächtig und aktiv, d. h. hart, stark, überlegen, bewegt und lebhaft wirken (vgl. u. a. Osgood et al., 1957; Wright/Rainwater, 1962; Krampen, 1986). Helle Farben wirken dagegen eher schwach und passiv. Sie kommunizieren Assoziationen wie zart, weich, ergeben, ruhig und gemächlich (vgl. ebenda). Die Farbhelligkeit beeinflußt auch die **Gefallenswirkung:** Helle Farben gefallen besser als dunkle Farben (vgl. Wright/Rainwater, 1962).

3.3   Interaktion von Form und Farbe

Die Gesamtwirkung von Markenlogos ergibt sich aus dem elementaren Zusammenspiel von Form und Farbe. Von beiden Gestaltungsoperatoren werden Konnotationen auf das Logo übertragen. Für die Brandingpraxis stellt sich die zentrale Frage, wie sich die Gesamtwirkung des Logos nun aus den Teilwirkungen von Form und Farbe zusammen-setzt.

Espe und Krampen (1986) liefern einige empirisch validierte Erkenntnisse zur Wech-selwirkung von Form und Farbe. Danach hat die Farbe einen dominierenden Einfluß auf die mit einer Form verbundenen Konnotationen. Selbst wenn Form und Farbe wider-sprüchliche Assoziationen vermitteln, kommuniziert das Logo in der Gesamtwirkung Assoziationen, die stärker den Konnotationen der Farbe gleichen als denen der Form. Die Form eines Logos übernimmt hier eher die Rolle eines Verstärkers bzw. Dämpfers der Farbwirkung.

Man könnte aus diesem Ergebnis die voreilige Schlußfolgerung ziehen, daß die Form-gebung bei der Logogestaltung vernachlässigbar und lediglich die Kontrolle der Farb-wirkung von Bedeutung sei. Diese Schlußfolgerung trügt! Widersprüche zwischen Form- und Farbgebung führen vielmehr zu gefährlichen Fehlkodierungen beim Konsu-menten. Das Logo kommuniziert dann diffuse Assoziationen, was schlechtere Gefallens- und Erinnerungswirkungen verursacht. Würde Bebe (Hersteller für Kinderpflegeprodukte) beispielsweise ein spitzwinkliges Logo mit seiner rosa Farbe kombinieren, entstünden solche Fehlkodierungen.

Vermitteln Form und Farbe dagegen gleiche Assoziationen, so kommt es zu einer gegenseitigen Verstärkung. Derart gestaltete Logos kommunizieren stärkere und eindeutigere Assoziationen und erzeugen deshalb bessere Verarbeitungs-, Erinnerungs- und Gefallenswirkungen.

4. Techniken zur Gestaltung verhaltenswirksamer Markenlogos

In diesem Kapitel steht die Gesamtwirkung der Markenlogos im Mittelpunkt. Wir zeigen hier, wie die Einbindung des Markenlogos in das Gesamtbranding und der Einsatz von Form und Farbe im Hinblick auf eine effektive und effiziente Gesamtwirkung optimiert werden können.

4.1 Kontakt herstellen

Eine aufmerksamkeitsstarke Gestaltung ist die notwendige Bedingung für den Kommunikationserfolg von Markenlogos. Nur ein Logo, das vom Konsumenten beachtet wird, kann sich im Gedächtnis verankern und positive Assoziationen vermitteln. Damit ein Kontakt hergestellt wird, muß das Markenlogo den Konsumenten hinreichend aktivieren. **Aktivierung** bezeichnet einen Vorgang der vorübergehenden oder anhaltenden Erregung, der eine Hinwendung des Empfängers zu einem Reiz verursacht (vgl. Kroeber-Riel, 1993 a, S. 121 ff.). Durch die Aktivierung werden beim Rezipienten emotionale und kognitive Verarbeitungsprozesse angeregt. Stark aktivierende Reize werden deshalb effizienter verarbeitet und besser erinnert als wenig aktivierende Reize.

Die Aktivierungsstärke eines Reizes ist immer von seinem Umfeld abhängig. Bunte Werbeanzeigen fallen beispielsweise in der schwarz-weißen Umgebung einer Tageszeitung wesentlich stärker auf als im bunten Umfeld einer Publikumszeitschrift. Markenlogos sollten deshalb derart gestaltet werden, daß sie sich in allen Kontexten ihrer Verwendung (z. B. auf dem Briefpapier, in Werbeanzeigen, auf Informationsbroschüren usw.) hinreichend von ihrem Umfeld abheben.

Zur aktivierenden Gestaltung von Markenlogos existieren im wesentlichen drei Sozialtechniken (vgl. Kroeber-Riel, 1993 b):

■ die physisch intensive Gestaltung von Markenlogos,
■ die emotionale Gestaltung von Markenlogos und
■ die kognitiv überraschende Gestaltung von Markenlogos.

Aktivierung durch physisch intensive Reize

Physische Intensität kennzeichnet Markenlogos, die aufgrund ihrer Größe, auffälligen Farbe und/oder Komplexität aktivieren. Die von einem Reiz ausgehende Aktivierung ist direkt von seiner **Größe** abhängig: Je größer ein Reiz ist, desto auffälliger ist er und desto größer ist die Wahrscheinlichkeit, daß dieser Reiz beachtet wird. Markenlogos dürfen deshalb nicht zu klein abgebildet werden.

Weiterhin übt die **Komplexität** des Markenlogos einen Einfluß auf die Aktivierung aus. Eine mittlere Komplexität erscheint hier optimal, da sie zum einen aktiviert, zum anderen aber zu keiner Beeinträchtigung der Verarbeitungs- und Erinnerungswirkung führt.

Die **Farbe** eines Reizes hat schließlich einen entscheidenden Einfluß auf seine Aktivierungskraft (vgl. Rossiter/Percy, 1987; Engel et al., 1990). Die Aktivierung wird dabei durch Farbton und Farbsättigung beeinflußt.

Aktivierung durch emotionale Reize

Bei dieser Sozialtechnik werden emotional belegte Bildelemente gezielt zur Kontaktherstellung eingesetzt. Die emotionalen Reize lassen sich dabei in bezug auf ihre kulturelle bzw. subkulturelle Reichweite in kulturübergreifende, kulturell geprägte und zielgruppenspezifische Schemabilder unterscheiden (vgl. Kroeber-Riel, 1993 a, S. 166 ff.). Kulturübergreifende Reize sind angeboren und wirken auf jeden Menschen gleichermaßen. Beispiele für solche Reize sind das Kindchen- und Erotikschema. Kulturell geprägte und zielgruppenspezifische Reize sind dagegen das Ergebnis von Lernvorgängen innerhalb der entsprechenden Gruppe. Das Markenlogo von Schneekoppe spricht beispielsweise das kulturell geprägte Schema der Alpenwelt an. Das Logo von Windsurfing Chiemsee, der Klippenspringer, ist ein Beispiel für den Appell an eine zielgruppenspezifische Schemastruktur (vgl. Abbildung 7).

Aktivierung durch kognitiv überraschende Reize

Kognitiv überraschende Reize aktivieren, indem sie gegen unsere Wahrnehmungsgewohnheiten verstoßen (z. B. die Abbildung eines fliegenden Autos). Positiv belegte kognitive Überraschungen rufen beim Betrachter in der Regel eine humorige Reaktion hervor. Solche Reize unterliegen jedoch einer starken Abnutzung, da sie oft nur bei den ersten Kontakten überraschend wirken, bei regelmäßiger Darbietung jedoch häufig als banal empfunden werden. Deshalb eignen sich überraschende Reize kaum für die Gestaltung von Markenlogos, da diese eine Marke bzw. Firma langfristig im Konsumentengedächtnis repräsentieren sollen. Kommen sie dennoch zum Einsatz, ist eine Wirkungskontrolle zur Vermeidung von Reaktanz unabdingbar.

Anmerkung: Schneekoppe = kulturell geprägt; Chiemsee = zielgruppenspezifisch geprägt

Abbildung 7:   Kulturell geprägte und zielgruppenspezifische Markenlogos

4.2   Positionierungsrelevante Assoziationen vermitteln

Bei der Vermittlung positionierungsrelevanter Assoziationen geht es darum, daß das Logo in der Lage sein soll, bei den Betrachtern Vorstellungen zu wecken, die das beabsichtigte Markenimage unterstützen oder widerspiegeln.

Dazu bieten sich vor allem folgende Gestaltungsmöglichkeiten an:

1. Durch Farbton und Farbhelligkeit des Logos können konkrete imagerelevante Assoziationen gefördert werden. Auf jeden Fall kann der Einsatz von Farben, die einer Markenpositionierung entgegenstehen, vermieden werden. Die Farbe Rot steht beispielsweise für Liebe und Kraft, die Farben Grau und Weiß hingegen eher für Sachlichkeit.

2. Durch die Formqualitäten kann die beabsichtigte Markenpositionierung gestützt werden. Hierbei spielt vor allem die Außenform des Logos eine eindrucksbestimmende Rolle. So gelten beispielsweise eckige Formen als männlich und mächtig, runde Formen hingegen als weiblich.

3. Durch konkrete Logos, die unmittelbar bestimmte Inhalte vermitteln, ist am ehesten die Vermittlung positionierungsrelevanter Assoziationen möglich. Zum Beispiel kann durch den Frosch der Marke Frosch auf die Natürlichkeit des Reinigungsmittels verwiesen werden.

Die beiden erstgenannten Möglichkeiten unterstützen eher ein gegebenes Markenimage. Sie sind noch vergleichsweise weit interpretierbar. Hingegen ist die dritte Option dazu geeignet, die Markenpositionierung widerzuspiegeln.

Timberland ist ein gutes Beispiel für die Vermittlung positionierungsrelevanter Assoziationen durch das Logo (und den Namen). Der Baum im Logo vermittelt zweifelsfrei die Natürlichkeit der unter dem Markennamen Timberland verkauften Produkte. Hier ist eine optimale Abstimmung zwischen dem Markenlogo und der Positionierung gewährleistet (vgl. Abbildung 8).

Abbildung 8:   Vermittlung positionierungsrelevanter Assoziationen durch das Logo

Eine ganze Reihe konkreter Markenlogos zielen hingegen nicht auf die Vermittlung positionierungsrelevanter Assoziationen ab. Sie geben lediglich den jeweiligen Produktbereich oder die Branche wieder (z. B. der Kranich der Lufthansa) oder haben überhaupt keinen Bezug zum Produkt oder zur Dienstleistung und zur Positionierung (z. B. der Pelikan von Pelikan-Füllfederhalter oder das Lacoste-Krokodil).

Ob man bei der Entwicklung eines Logos auf die Vermittlung positionierungsrelevanter Assoziationen abzielt, hängt wesentlich davon ab, wie weit die Positionierungsüberlegungen gediehen sind und ob man sich tatsächlich über einen langen Zeitraum mit einem entsprechend gestalteten Logo festlegen kann.

4.3   Gefallen erzeugen

Vor dem Hintergrund der Schaffung eines hohen Markenwerts ist die **Gefallenswirkung** eines Logos von großer Bedeutung. Die Einstellung des Konsumenten zu einer Marke baut direkt auf seinen Assoziationen zur Marke auf. In diesem Zusammenhang kommt dem Logo als Gedächtnisanker der Marke eine besondere Bedeutung zu. Das Logo muß eindeutig positive Assoziationen kommunizieren.

Hinsichtlich der Gefallenswirkung von Logos lassen sich folgende zentrale Aussagen machen (vgl. Henderson/Cote, 1996 a; Studienreihe des Instituts für Marken- und Kommunikationsforschung):

1. Logos, die klare Assoziationen vermitteln, gefallen besser als Logos, die nur diffuse Assoziationen zu Tage fördern.
2. Konkrete Logos gefallen grundsätzlich besser als abstrakte Logos.

3. Natürlich wirkende Logos gefallen grundsätzlich besser als künstlich wirkende Logos.
4. Symmetrische Logos werden als angenehmer empfunden als asymmetrische Logos.

Darüber hinaus wirken auch übereinstimmende Assoziationen zwischen Markenlogo und Markenname besser als voneinander abweichende Assoziationen. Generell empfiehlt sich jedoch eine Überprüfung eines Logos durch Erfassung der damit verbundenen Assoziationen sowie deren Klassifikation in positive, neutrale und negative Assoziationen. Darüber hinaus können auch semantische Differentiale und Gefallensprofile zur Überprüfung der Akzeptanz des Logos eingesetzt werden.

4.4 Gedächtniswirkung erzielen

Zu Beginn unserer Ausführungen haben wir dargelegt, daß Marken das Konsumverhalten nur dann beeinflussen, wenn es ihnen gelingt, Gedächtnisstrukturen beim Konsumenten aufzubauen (vgl. Kapitel 1.2 dieses Beitrags). Das Markenlogo übernimmt in diesem Zusammenhang insofern eine Schlüsselfunktion, als daß es den Gedächtnisanker für die mit der Marke verbundenen Assoziationen bildet. In Entscheidungs- und Handlungssituationen muß das Markenlogo deshalb rasch im Gedächtnis verfügbar sein und dem Konsumenten einen effizienten Zugriff auf die mit der Marke verbundenen Assoziationen ermöglichen. Hierdurch wird gewährleistet, daß die Marke in Kaufsituationen überhaupt als relevante Alternative wahrgenommen wird und somit eine Chance zur Entfaltung ihrer beeinflussenden Kraft erhält.

Bezüglich der Gedächtniswirkung von Markenlogos ist zwischen zwei grundlegenden Wirkungseffekten zu unterscheiden:

1. **Erinnerungswirkung** und
2. **Zugriffswirkung.**

Die **Erinnerungswirkung** bezieht sich darauf, wieviel kognitiver Aufwand seitens des Konsumenten zum Erlernen des Markenlogos erforderlich ist. Je einprägsamer ein Logo gestaltet ist, desto rascher kann es erlernt werden, und desto weniger Kommunikationsdruck ist folglich für seine Vermittlung notwendig. Die **Zugriffswirkung** betrachtet, inwieweit das Markenlogo seinen Auftrag als Hinweisreiz für die Marke und das Markenimage erfüllt, d. h. wie stark das Logo einen Zugriff auf die mit der Marke verbundenen Assoziationen unterstützt. Damit ein Markenlogo seine Funktion als 'Schlüssel zur Marke und zum Markenimage' erfüllt, müssen für beide Wirkungseffekte gute Ergebnisse erzielt werden.

Gestaltung erinnerungsstarker Markenlogos

Die Erinnerungsstärke von Markenlogos wird im wesentlichen durch die vom Logo ausgehende **Aktivierung** und die **einprägsame Gestaltung** des Logos beeinflußt. Das
Ausmaß, in dem das Markenlogo den Konsumenten aktiviert, hat einen positiven Einfluß auf seine Erinnerungsstärke. Reize, die stark aktivieren, führen zu einer tieferen
kognitiven Verarbeitung und somit zu einer besseren Gedächtnisleistung (vgl. Kroeber-
Riel, 1993 a, S. 180 ff.).

Die Imageryforschung liefert umfangreiche Erkenntnisse zur Einprägsamkeit von Reizen (vgl. Paivio, 1971). Als maßgebliche Faktoren für die Erinnerungsstärke erwies sich
ihre

- Lebendigkeit ('vividness'),
- Konkretheit,
- Prägnanz und
- Eigenständigkeit.

Der **Lebendigkeit** eines Reizes wird in der Imageryforschung eine zentrale Rolle zugeschrieben: Sie wird als die „Superdimension" schlechthin für die Erinnerbarkeit
bezeichnet (vgl. Ruge, 1988, S. 105). Lebendigkeit ensteht vor allem aus den positiven
Ausprägungen der Konkretheit, Eigenständigkeit und Prägnanz von Reizen. Lebendige
Reize lassen sich nicht nur besser erinnern, sondern sie haben auch einen stärkeren Einfluß auf das menschliche Verhalten als nicht lebendige Reize (vgl. Kroeber-Riel/Wein-
berg, 1996). Logos, die beim Konsumenten einen lebendigen Eindruck hinterlassen sollen, müssen deshalb **assoziationsreich**, **konkret**, **prägnant** und **eigenständig** gestaltet
sein.

Die **Prägnanz** von Markenlogos wird maßgeblich durch einen starken Figur-Grund-
Kontrast, sowie eine geschlossene, symmetrische und nicht zu komplexe Gestaltung gesteigert (vgl. Behrens, 1994, S. 202). Prägnanz reduziert den kognitiven Aufwand bei
der Verarbeitung und Abspeicherung von Markenlogos. Einen weiteren wichtigen Einfluß auf die Erinnerbarkeit hat die empfundene **Eigenständigkeit** eines Reizes (vgl.
Kroeber-Riel, 1993 a, S. 185 f.). Originelle Markenlogos stechen aus der Masse austauschbarer Logos heraus, aktivieren stärker und werden deshalb besser erinnert.

Diese Anforderungen können von abstrakten Markenlogos nicht hinreichend erfüllt
werden. Abstrakte Logos sind meist wenig assoziationsreich, wenig prägnant und deshalb auch nicht lebendig. Hieraus ergeben sich konkrete Folgen für das Kommunikationsbudget: Abstrakte Logos erfordern einen sehr hohen Konditionierungsaufwand, bis
sie ihren Auftrag als Hinweisreiz für eine Marke erfüllen können!

Test der Erinnerungsstärke von Markenlogos: Zwischen der Erinnerbarkeit eines
visuellen Stimulus und seiner verbalen Erklärbarkeit besteht eine starke Wechselwirkung: Leicht erklärbare Formen lassen sich auch gut erinnern (vgl. Ulrich et al.,
1987, S. 493 f.). Diese Erkenntnis erlaubt einen einfachen und pragmatischen Pretest der

Erinnerbarkeit von Markenlogos, indem man den kognitiven Aufwand für die Erklärbarkeit eines Markenlogos als groben Gradmesser für dessen Erinnerbarkeit heranzieht.

Gestaltung zugriffsstarker Markenlogos

Eine gute Erinnerbarkeit allein ist nicht ausreichend. Ein Logo muß vielmehr eng mit den Markenassoziationen verbunden sein, damit diese in Entscheidungssituationen mit Hilfe des Logos in das Gedächtnis des Konsumenten befördert werden können. Zur Erfüllung dieser mnemotechnischen Anforderung (vgl. Bellezza, 1987, S. 36 ff.) muß das Markenlogo folgende Bedingungen erfüllen:

1. **Zugriffsfähigkeit:** Markenlogos müssen sich bei Bedarf leicht vor dem inneren Auge einstellen, d. h. sie müssen ohne großen kognitiven Aufwand erinnerbar sein. Diese Anforderung wird durch erinnerungsstarke Logos erfüllt (vgl. die Anforderungen an erinnerungsstarke Logos).

2. **Assoziierbarkeit:** Markenlogos müssen so gestaltet sein, daß sie im Konsumentengedächtnis mit dem Markennamen und den Markenassoziationen verbunden werden. Bei einem Kontakt mit dem Logo sollte der Konsument stets auch den Markennamen und das Markenimage assoziieren.

3. **Umkehrbarkeit:** Zwischen dem Markenlogo einerseits und dem Markennamen und Markenimage andererseits muß eine beidseitige Assoziationsrichtung realisierbar sein, d. h. dem Konsumenten sollte bei Betrachtung des Logos der Markenname und das Markenimage einfallen und umgekehrt.

   Die **wechselseitige Assoziierbarkeit** von Markenlogo und Markenname bzw. Markenimage läßt sich am besten durch eine starke inhaltliche und formale Integration aller Brandingelemente (Name, Logo und Produkt- bzw. Verpackungsgestaltung) erzielen. Durch die Integration wird die Einbindung aller Brandingelemente in die Gedächtnisstruktur zur Marke gestärkt und somit eine beidseitige Assoziationsrichtung sichergestellt (vgl. hierzu auch den Beitrag „Aufbau starker Marken durch integrierte Kommunikation" in diesem Buch).

5. Ausblick

Bereits Ende des letzten Jahrhunderts hat die Psychologie die Bedeutung der Ganzheitlichkeit der menschlichen Wahrnehmung erkannt (vgl. Ehrenfels, 1890). Demnach werden Reize während der Wahrnehmung nicht in ihre Elementarbestandteile zerlegt, sondern wirken in ihrer Gesamtheit auf den Konsumenten. Logo, Name und Produkt- bzw. Verpackungsgestaltung dürfen demnach nicht getrennt voneinander analysiert werden. Getreu dem Leitsatz der Gestaltpsychologie 'Das Ganze ist mehr als die Summe seiner

Einzelteile' kann eine sinnvolle Analyse der Brandingwirkung nur durch eine holistische Betrachtung aller Brandingelemente erfolgen.

Für die Gestaltung des Branding bedeutet dies, daß alle Gestaltungselemente aufeinander abgestimmt werden müssen. Damit das Markenlogo als Bestandteil des Branding einen wirksamen Beitrag zum Markenaufbau leisten kann, sind verhaltenswissenschaftliche Erkenntnisse bei der Logogestaltung zu verwenden. Das vorliegende Wissen zur Gestaltung von Markenlogos kommt in der Marketingpraxis allerdings nur äußerst spärlich zum Einsatz. Dies ist zweifelsfrei ein Grund für die katastrophalen Erinnerungswirkungen herkömmlicher und in der Regel abstrakter Logos. Koppelt man solche abstrakten Logos vom Markennamen ab, wird eine korrekte Zuordnung zur Marke zum Vabanque-Spiel. Die wichtige Funktion eines Platzhalters für Marken können solche Logos nicht erfüllen. Erst recht können sie keinen Beitrag zum Markenimage leisten.

Künftig muß man sich von alt hergebrachten, primär Corporate-Design dominierten Überlegungen befreien. Eine wirksame Logogestaltung geht weit über die Kreation inhalts- und blutleerer abstrakter Logos hinaus. Gefordert sind sozialtechnisch effektive Logos, die mit den anderen Branding-Maßnahmen integriert einen wirksamen Gedächtnisanker für die Marke bilden und positionierungsrelevante Assoziationen vermitteln. Dies wird künftig die zentrale Herausforderung an Markengestalter.

Viertes Kapitel

Markenführung und Kommunikation

John R. Rossiter und Larry Percy

Aufbau und Pflege von Marken durch klassische Kommunikation

1. Zum Begriffsverständnis „klassische Werbung"

Marketingkommunikation ist von entscheidender Bedeutung für ein effizientes Markenmanagement. Mit Marketingkommunikation und vor allem mit klassischer Werbung baut man am raschesten und wirksamsten den Wert einer Marke auf und sichert die Markenloyalität. Natürlich muß die Marke die von ihr gegebenen Versprechen halten. Aber erst durch die Marketingkommunikation entsteht beim Verbraucher eine Markenbekanntheit. Die Positionierung der Marke wird durch die Marketingkommunikation aufgebaut. Dadurch kann sich eine positive Einstellung der Verbraucher gegenüber der Marke bilden, welche möglicherweise zu Kauf und Nutzung führt. Es gibt zwei grundsätzliche Schlüssel zum erfolgreichen Management der Marketingkommunikation einer Marke:

1. Es müssen die **richtigen Kommunikationsziele** gesetzt und
2. eine **optimale Mischung aus klassischer Werbung sowie spezieller Werbung und Promotion** gewählt werden, um diese Kommunikationsziele zu erreichen.

In unserem Beitrag diskutieren wir, wie Markenmanager mit diesen beiden wichtigen Überlegungen umgehen sollten, um erfolgreiche Marken aufzubauen und zu managen.

Bevor wir beginnen, müssen wir verstehen, was „klassische Marketingkommunikation" eigentlich bedeutet. Marketingmanager verstehen darunter „Werbung in den Massenmedien". Diese Definition werden wir nachfolgend verwenden: Normale (meßbare) Werbung in den „Mainstream"-Medien, d. h. Fernsehen, Radio, Zeitungen, Zeitschriften sowie Außenplakate und Anschläge in geschlossenen Räumen. Für Verbraucherwerbung stellen die Mainstream- oder Massenmedien eine offensichtliche Wahl dar, wir aber befassen uns auch mit Massenmedien für die „Business-to-Business"-Werbung, also mit Medien, die ein großes Publikum von Geschäftsleuten erreichen. So beziehen wir uns ebenfalls auf Wirtschaftsmagazine und Zeitungen für den Handel wie auch auf Werbung für neue Produkte, die in diesen Wirtschaftsmedien plaziert wird (vgl. McArthur/Griffin, 1997).

Es ist wichtig, zwischen Werbung in den Mainstream-Medien und Werbung und Promotion, die sich nicht der Massenmedien bedienen, zu unterscheiden. Konsumenten führen diese Unterscheidung allerdings nicht durch. Leo Burnett, eine große amerikanische Agentur, legte im Rahmen einer Telefonumfrage 1000 Konsumenten eine Liste von über 100 Marketingkommunikationsmaßnahmen vor und fragte sie, wie sie diese Maßnahmen bezeichnen würden (vgl. Schultz, 1995, bezieht sich auf diese Umfrage). Die Liste beinhaltete Sponsoring, Eventmarketing, Direct Mail, Produktverpackung und verkaufsfördernde Maßnahmen wie Coupons, Wettbewerbe, Lotterien und Werbung auf Rechnungsbelegen. Über 90 % der befragten Personen, bezeichneten alle diese Maßnahmen als Werbung. Fast jeder (92 %) bezeichnete zum Beispiel Produktverpackung als Werbung. Unabhängig vom Medium oder vom mit dem Markennamen verbundenen Inhalt ist aus der Sicht des Publikums alles Werbung.

Ein guter Grund dafür, daß das Publikum alle mit einer Marke verbundenen Maßnahmen als Werbung wahrnimmt, ist selbstverständlich die Betonung der integrierten Marketingkommunikation. Die meisten Manager behandeln die neuen Medien und die Verkaufsförderung als Gelegenheiten, die bewußte Wahrnehmung des Markennamens oder des Logos durch die Verbraucher zu erweitern und an die wesentliche Botschaft oder den Hauptnutzen der Marke zu erinnern. Rossiter und Percy (1997) bezeichnen diese Maßnahmen, die sich nicht der Mainstream-Medien bedienen, als werbeähnliche Kommunikationen, was die meisten tatsächlich sind, mit Ausnahme von direkten Preis-Promotionen. Sie sind jedoch nicht die primären Maßnahmen zum Aufbau einer Marke, obwohl sie eine wesentliche Rolle beim Management einer Marke spielen können. Es bleibt jedoch noch immer Aufgabe der Mainstream-Werbung, eine Marke aufzubauen und zu führen, insbesondere dann, wenn dieses Management mit einer Stärkung des Image oder mit einem Imagewechsel verbunden ist (vgl. vor allem Park et al., 1986).

Wir möchten auch den weitverbreiteten Irrtum korrigieren, daß die Mainstream-Werbung durch „Nicht-Mainstream"-Werbung und Verkaufsförderungsaktionen ersetzt würde. Es handelt sich hier vielmehr um eine Ergänzung. Bei der Vermarktung von Konsumgütern ist die Absatzförderung ein zusätzlicher Kostenfaktor für Einzelhändler geworden. Während die Absatzförderung prozentual zugenommen hat, so gilt das in absoluten Zahlen auch für die Mainstream-Werbung. Marketingfachleute im Dienstleistungs- und Business-to-Business-Bereich, die zusammengenommen den Marketingfachleuten aus dem Sektor der Konsumgüter zahlenmäßig überlegen sind, kennen den sogenannten „Wechsel zur Verkaufsförderung" nicht und geben weiterhin den Hauptanteil ihres Budgets für die Werbung in den Mainstream-Medien aus (vgl. McArthur/Griffin, 1997). Tatsache ist, daß die Ausgaben für Werbung in den Massenmedien in den USA bei konstanten Währungsverhältnissen und geringem Bevölkerungsanstieg im letzten Jahrzehnt zugenommen haben, und man davon ausgeht, daß sie im Laufe dieses Jahrhunderts noch um fünf bis sechs Prozent wachsen werden (vgl. Fox/Geisler, 1994; o. V., 1995 e). Rossiter und Percy (1997) zitieren Zahlen für die Werbung im Fernsehen, im Radio, in Zeitungen und Fachzeitschriften. In den USA wird mit Ausnahme der Außenwerbung für alle restlichen Mainstream-Medien ein Wachstum vorausgesagt. In Europa und Asien hat das Satelliten- bzw. Kabel-Fernsehen zum Anwachsen der durch Rundfunk und Fernsehen verbreiteten Medien geführt und Fachzeitschriften haben das Wachstum der Printwerbung bewirkt.

In diesem Beitrag werden wir zeigen, daß es zwei Gründe gibt, warum Werbung in den Massenmedien das beste Mittel bleibt, um Marken aufzubauen und zu führen. Der erste Grund sind die begrenzten Auswirkungen der Medien der Individualkommunikation und Verkaufsförderungsmaßnahmen auf die Markenbekanntheit. Der zweite Grund ist die beschränkte Reichweite von Medien der Individualkommunikation und Verkaufsförderungsmaßnahmen. Aufgrund dessen sind Massenmedien im Kommunikationsmix für alle erforderlich, außer für jene, die nur eine sehr spezielle Zielgruppe ansprechen. Schließlich formulieren wir Empfehlungen für die Planung von Werbung und Verkaufsförderung der Individualkommunikation als Ergänzung zur Werbung in den Massenmedien.

2. Festlegung der Kommunikationsziele

Die Marketingkommunikation nutzt klassische Werbung, Events, persönlichen Verkauf und Verkaufsförderung, um dauerhafte Assoziationen zu einer Marke im Gedächtnis des Kunden aufzubauen (vgl. Rossiter/Percy, 1987; 1997). Hierdurch werden beim Verbraucher fünf mögliche Kommunikationseffekte verursacht:

- das **Bedürfnis nach einer Produktkategorie** wird erweckt,

- **Markenbekanntheit** erzeugt,

- die **Einstellung zur Marke** beeinflußt,

- die **Kaufabsicht** beeinflußt und schließlich

- trägt die Kommunikationsmaßnahme zur **Kauferleichterung** bei.

Alle fünf Kommunikationswirkungen sind für den Kauf einer Marke notwendig. Kommunikationseffekte, die noch nicht ausreichend stark im Gedächtnis der Zielgruppe verankert sind, werden für die Marke als Kommunikationsziele gesetzt.

Markenbekanntheit und die Einstellung zur Marke müssen, wie wir sehen werden, immer Kommunikationsziele sein. Die anderen Faktoren können unter bestimmten Umständen zum Kommunikationsziel einer Marke werden. Wir untersuchen im folgenden jeden einzelnen dieser fünf Kommunikationseffekte und diskutieren die Umstände, unter denen sie für eine Marke zu Kommunikationszielen werden. Zur Erleichterung benutzen wir den Ausdruck „Verbraucher", um auch die Geschäftskunden einzuschließen.

2.1 Aktivierung von Bedürfnissen für eine Produktkategorie

Wir wissen, daß das gesamte Verbraucherverhalten durch eine begrenzte Zahl von Bedürfnissen geleitet wird. Wenn der Verbraucher motiviert ist, ein Bedürfnis zu befriedigen und unsere Marke in der Lage ist, diesem Bedürfnis zu entsprechen, müssen wir sicherstellen, daß sich im Vorstellungsvermögen des Verbrauchers eine Verbindung zwischen Bedürfnis und Marke gebildet hat. Bei dieser Verbindung handelt es sich um die Markenbekanntheit, dem nächsten Kommunikationseffekt, wobei aber das Bedürfnis nach einer Produktkategorie zuerst bestehen muß. Der Verbraucher muß verstehen, daß es eine Kategorie von Produkten oder Dienstleistungen gibt, die in der Lage ist, dieses Bedürfnis zu befriedigen, und daß unsere Marke zu dieser Kategorie gehört. Man kann eine Marke offensichtlich nicht verkaufen, wenn dem Verbraucher die Kategorie nicht bewußt ist oder er kein Bedürfnis nach ihr hat. So wäre zum Beispiel die Marke Du darfst nicht zu dem geworden, was sie heute ist, wenn sie in der Kategorie der fett- und kalorienarmen Produkte nicht das Bedürfnis von Schlankheit und Narzißmus durch die Frau, die sich im Spiegel betrachtet und den Slogan „Ich will so bleiben, wie ich bin" kommuniziert hätte.

Beim häufigen Kauf von Produkten oder Dienstleistungen kann man annehmen, daß das Bedürfnis nach einer Produktkategorie vorhanden ist und demnach kein Kommunikationsziel mehr darstellt. In manchen Fällen oder für manche Zielgruppen kann ein latentes Bedürfnis nach Produktkategorien vorhanden sein. Dazu kann es mit besonderer Wahrscheinlichkeit kommen, wenn Produktkategorien nur selten gekauft oder benutzt werden. Da das Bedürfnis nur gelegentlich besteht, kann es nötig werden, Verbraucher daran zu erinnern, so daß sich das Bedürfnis entwickelt (und der Verbraucher dadurch im voraus darauf eingestellt ist, die Marke zu kaufen). So wird zum Beispiel das Bedürfnis nach Sicherheit von vielen Automobilherstellern propagiert, um darauf aufbauend assoziative Verknüpfungen zu ihrem Produkt herzustellen. Das Bedürfnis nach einer Kategorie muß zum Kommunikationsziel werden, wenn das allgemeine Kategorieinteresse gering ist oder wenn die Kategorie noch nicht genügend gefestigt worden ist. Das gilt offensichtlich für alle neuen Produkte, sowie für neue Zielgruppen von Produktkategorien. So wird zum Beispiel das Bedürfnis nach Leistungssteigerung von so unterschiedlichen Anbietern wie Red Bull, Isostar oder auch Ferrero mit Pocket Coffee als Kommunikationsziel gewählt, um dieses Bedürfnis zu manifestieren.

2.2   Schaffung von Markenbekanntheit

Wenn eine Marke gekauft oder benutzt werden soll, müssen die Verbraucher in der Lage sein, sie zu identifizieren und zwar ausreichend detailliert, um sie finden und kaufen zu können. Das ist ein wichtiger Punkt. Zu oft neigen Markenmanager dazu, die Bekanntheit einer Marke mit Markenrecall gleichzusetzen. Aber es gibt auch noch einen anderen Aspekt der Markenbekanntheit: Markenrecognition durch Verpackung, Logo oder Name. Für die meisten häufig gekauften Verbraucherprodukte gilt, daß die Verbraucher sich nicht wirklich an den Markennamen erinnern, sondern die Marke lediglich am POS wiedererkennen. Ähnlich verhält es sich für Dienstleistungseinrichtungen, die durch ihr Logo wiedererkannt werden. Das Verkaufspersonal von Unternehmen wird aufgrund des Firmennamens wiedererkannt.

Die zwei Typen der Markenbekanntheit sind offensichtlich von strategischer Bedeutung für eine Marketingkampagne. Wenn eine Marke normalerweise aufgrund des Wiedererkennens am POS gekauft wird, ist es essentiell, daß die Verpackung, das Logo oder der Name in der Marketingkommunikation klar gezeigt wird, so daß ein Wiedererkennen durch den Verbraucher gewährleistet ist. Die übliche Abfolge der Ereignisse bei einem Kauf sind das Erkennen der Marke am POS, welches den Verbraucher an das

Bedürfnis nach diesem Produkt erinnert. Auf der anderen Seite kann es sein, daß das Bedürfnis nach einem Produkt zuerst auftritt und sich der Verbraucher dann entsprechende Marken ins Gedächtnis ruft. Haben wir es mit Markenbekanntheit, die auf einem Markenrecall beruht, zu tun, muß die Marketingkommunikation das Bedürfnis nach der Produktkategorie mit dem Markennamen verbinden, so daß der Markenname erinnert wird, wenn das Bedürfnis auftritt. Für einen Markenmanager ist es sehr wichtig, diesen Unterschied zu kennen und zu wissen, ob in der Kaufentscheidungssituation der Produktkategorie die Bekanntheit auf Recognition oder Recall beruht.

Die Markenbekanntheit ist immer ein wichtiges Kommunikationsziel. Der Manager muß entscheiden, ob es sich um Markenrecall, Markenrecognition oder um beide Entscheidungsfaktoren handelt. Wenn es am POS zur Markenwahl kommt, ist das Kommunikationsziel Markenbekanntheit durch Wiedererkennen. Wenn der Verbraucher vor dem tatsächlichen Kauf ein Bedürfnis nach einer Produktkategorie entwickelt, sollte Markenbekanntheit durch freies Erinnern das Kommunikationsziel sein.

Wie wir gleich sehen werden, ist die Werbung in den Massenmedien von größter Bedeutung für den Aufbau und die Aufrechterhaltung der Markenbekanntheit. Medien und Verkaufsförderungsaktionen der Individualkommunikation tauchen zu spät im Entscheidungsprozeß des Verbrauchers auf oder können nicht häufig genug eingesetzt werden, um Markenbekanntheit aufzubauen.

2.3   Beeinflussung der Einstellung zur Marke

Die Einstellung zu einer Marke ist ein weiteres, ständig zu verfolgendes Kommunikationsziel. Als Einstellung zu einer Marke bezeichnen wir die Verbraucherbewertung der Marke bezogen darauf, wie gut sie die Bedürfnisse der betreffenden Kategorie im Verhältnis zu anderen Marken derselben Kategorie befriedigt. Die Einstellung zu einer Marke und ihre Entwicklung können sehr komplex sein. Hier erörtern wir Einstellungen vor allem unter dem Aspekt, daß durch die Marketingkommunikation eine positive Bewertung der Marke herbeizuführen ist.

Um dieses Ziel zu erreichen, muß der Markenmanager die bestehende Einstellung der Verbraucher gegenüber seiner eigenen Marke sowie gegenüber den Konkurrenzmarken kennen und verstehen. Indem die Marketingkommunikation die Einstellung zu einer Marke zum Kommunikationsziel macht, muß die Zielgruppe eine positive Einstellung gegenüber der Marke entwickeln, wenn sie sich der Marke nicht bewußt ist. Steht die Zielgruppe der Marke gemäßigt positiv gegenüber, muß die allgemeine Einstellung gegenüber der Marke gestärkt werden. Ist die Haltung schon sehr positiv, muß sie in diesem Zustand erhalten bleiben. Wenn die Einstellung der Zielgruppe auch nach einer Verstärkung durch die Markenkommunikation nicht positiv ist, könnte es notwendig werden, die Einstellung der Verbraucher in Richtung Marke zu ändern, indem diese mit einem neuen Bedürfnis verbunden wird. Das letzte mögliche und für die Marketingkommunikation am schwersten zu erreichende Ziel besteht darin, die Einstellung zu ändern, wenn die Einstellung der Zielgruppe gegenüber der Marke negativ ist.

Die Einstellungsbildung zur Marke, insbesondere Aufbau und Intensivierung und - gegebenenfalls - Modifizierung und Wechsel der Markeneinstellung, lassen sich am schnellsten durch Werbung in den Massenmedien erreichen. Es besteht jedoch kein Zweifel, daß Werbung außerhalb der Massenmedien (Sponsoring, Events, Werbung im Internet u. ä.) die Einstellung zur Marke, wenn sie erst einmal aufgebaut ist, verstärken und in diesem Sinn zum Management der Marke beitragen kann.

2.4   Erhöhung der Kaufabsicht

Bei diesem Kommunikationseffekt handelt es sich um eine Kaufabsicht oder um eine spezifische, mit dem Kauf verbundene Handlung, wie der Besuch in einem Laden oder das Sammeln von kaufrelevanten Informationen. Während die Kaufabsicht einer Marke immer eine notwendige Kommunikationswirkung ist, ist sie als Kommunikationsziel nur dann von Bedeutung, wenn der Verbraucher ein High-Involvement-Produkt aussucht, oder wenn Verkaufsförderungsmaßnahmen für ein Low-Involvement-Produkt betrieben werden. Die Höhe des Involvements wird vor allem durch die mit dem Kauf verbundene Risikowahrnehmung des Verbrauchers bestimmt. Ist mit dem Kauf oder der Verwendung dieser Marke ein finanzielles oder psychologisches Risiko verbunden, muß die Zielgruppe (ein wichtiger Punkt, da das Risiko höher ist, wenn die Zielgruppe sich von den üblichen Käufern der Marke unterscheidet) durch Marketingkommunikation von der Markenwahl überzeugt werden und eine definitive Absicht zu handeln entwickeln. In diesem Fall stellt die Kaufabsicht einer Marke ein Kommunikationsziel dar.

Ist andererseits mit der Markenwahl nur ein geringes Risiko verbunden, sollte eine positive Einstellung zur Marke ausreichen, um automatisch eine Kaufabsicht auszulösen, wenn sich eine Gelegenheit ergibt, die Marke zu kaufen oder zu benutzen. In diesem Fall kann von einer Kaufabsicht für die Marke ausgegangen werden, sie braucht nicht als Kommunikationsziel gewählt zu werden. Nur im Rahmen von Verkaufsförderungsaktionen wird die Markenkaufabsicht für eine Produktwahl mit geringem Involvement zu einem Kommunikationsziel. Es liegt in der Natur der Verkaufsförderungsmaßnahme, beim Verbraucher einen Kauf auslösen zu wollen. Es ist daher notwendig, daß die Verkaufsförderungsmaßnahme eine Kaufabsicht bewirkt.

2.5   Schaffung einer Kauferleichterung

Die Kauferleichterung bezieht sich auf eine Kommunikationswirkung, die in enger Verbindung zu den restlichen Marketing-Mix-Instrumenten (Produkt-, Preis- und Distributionspolitik) steht. Der Verbraucher muß sicher sein, daß es im Marketing-Mix der Marke nichts gibt, das den mühelosen Kauf der Marke behindern oder erschweren könnte. So muß dem Verbraucher zum Beispiel klar gemacht werden, daß eine Marke nur an bestimmten Orten zu erhalten ist, oder es muß erklärt und gerechtfertigt werden, daß der Preis der Marke bedeutend höher (oder ungewöhnlich niedriger) als der seiner Wettbewerber ist. Der Markenmanager muß entscheiden, ob es irgendwelche wesentlichen Probleme im Marketing-Mix gibt, die es dem Verbraucher erschweren könnten, die Marke leicht zu finden und zu kaufen. Nur wenn solch ein wesentliches Problem vorliegt, muß die Schaffung einer Kauferleichterung zu einem Kommunikationsziel werden.

Fazit: Durch eine Marketingkommunikationskampagne sollen spezifische Kommunikationswirkungen erzielt werden. Diese Kommunikationseffekte sind mentale Reaktionen auf die Marke, die der Verbraucher speichert, nachdem er die Botschaft verarbeitet hat. Es gibt fünf wesentliche Kommunikationseffekte, die erreicht werden müssen, wenn die Marketingkommunikation den Markenkauf erfolgreich beeinflussen soll. Jeder dieser Kommunikationseffekte ist entweder bereits vorhanden oder muß als Kommunikationsziel für die Marketingkommunikation der Marke vorgegeben werden. Die **Markenbekanntheit** und die **Einstellung zur Marke** sind **grundlegende Kommunikationsziele**, die immer zu verfolgen sind. Es ist die Aufgabe des Managers zu bestimmen, welche der anderen Kommunikationswirkungen als Kommunikationsziel zu gegebener Zeit festzulegen ist. Das Erfordernis, andere Kommunikationswirkungen als Ziele vorzugeben, hängt von der Kommunikationssituation und der Zielgruppe ab. Das Ziel des Markenmanagers sollte es sein, bei der Zielgruppe die genannten Kommunikationseffekte zugunsten der Marke so stark wie möglich zu erzeugen oder aufrechtzuerhalten.

Eine weitere wesentliche Erkenntnis zu den beiden allgemeinen Kommunikationszielen Markenbekanntheit und Einstellung zur Marke besteht darin, daß die Einstellung zur Marke nicht als Ziel eingesetzt werden kann ohne die Erreichung einer Markenbekanntheit. Das liegt daran, daß die Einstellung zur Marke eine durch die Markenbekanntheit ausgelöste Reaktion ist. Folglich muß zuerst die Markenbekanntheit aufgebaut werden. Wenn der Markenkauf oder kaufrelevantes Verhalten die Folge der Kommunikationskampagne sind, hängen sie von einer positiven Einstellung zur Marke ab, die durch die vorher geschaffene Markenbekanntheit bedingt ist. Der Markenkauf kann aber auch durch das Bedürfnis nach einer Produktkategorie, durch die Kaufabsicht für eine Marke und die Schaffung einer Kauferleichterung ausgelöst werden. Entscheidend bleibt jedoch die Verbindung zwischen Bekanntheit und Einstellung. Das ist wichtig bei der Wahl der Medien für die Marketingkommunikation, die wir im folgenden diskutieren.

3. Markenbekanntheit und Mediaselektion

Die Markenbekanntheit als Ziel stellt zahlreiche Anforderungen an die Kommunikation, so daß allein die Massenmedien zur einzig tragfähigen Option werden. Medien der Individualkommunikation sind, wie wir darstellen werden, beschränkte oder unangemessene Optionen für diesen Zweck. Die **allgemeinen Anforderungen an Marken-bekanntheit** sind aus der Medienperspektive folgende:

1. Die Markenbekanntheit wird entwickelt, indem man die Merkmale einer Marke im Gedächtnis verankert, durch die diese später am POS identifiziert werden kann.

2. Es ist eine große Reichweite zur Erreichung einer (breiten) Zielgruppe nötig.

Als **spezifische Anforderungen** lassen sich folgende Aspekte formulieren:

3. Wenn der Markenrecognition das spezifische Bekanntheitsziel ist, müssen visuelle Medien mit guten Farben benutzt werden, um die Verpackung oder das Logo auffällig zeigen zu können.

4. Wenn ein hoher Markenrecall das spezifische Bekanntheitsziel ist, dann müssen hoch frequentierte Medien benutzt werden. Nur solche Medien ermöglichen hinreichende Wiederholungen, so daß der Markenname in Verbindung mit der Produktkategorie gelernt werden kann.

In Abbildung 1 werden die Medienoptionen bezüglich der vier Anforderungen bewertet. Die Optionen sind unterteilt in Massenmedien und Medien der Individualkommunikation, obwohl die Formulierung „mainstream" versus „andere" vielleicht treffender wäre angesichts der Tatsache, daß einige der Medien der Individualkommunikation ein sehr großes Publikum erreichen können.

Aus der Abbildung ergibt sich, daß alle Massen- bzw. Mainstream-Medien mit den beiden allgemeinen Ansprüchen an Markenbekanntheit übereinstimmen. Um Markenbekanntheit herzustellen, muß der Werbebeauftragte dafür Sorge tragen, daß der Verbraucher schon vor dem POS mit der Marke konfrontiert und eine große Zielgruppe erreicht wird. Massenmedien bieten hierfür die besten Voraussetzungen.

Aus der Abbildung geht weiter hervor, daß alle Medien der Individualkommunikation auf Schwierigkeiten bei der Vermittlung von Markenbekanntheit stoßen. Ein „Nein" in der ersten Spalte bedeutet, daß dieses Medium keine oder nur wenige Kontakte vor dem POS ermöglicht.

Mediaoptionen und Klassifikationen	Allgemeine Anforderungen		Spezifische Anforderungen	
	Konfrontation vor dem POS	Erreichen einer großen Zielgruppe	Visuell, gute Farben (Recognition)	Hohe Frequenz (Recall)
Massenmedien				
Fernsehen	Ja	Ja	Ja	Ja
Radio	Ja	Ja	Nein	Ja
Zeitungen	Ja	Ja	Ja, wenn farbig	Ja
Fachzeitschriften	Ja	Ja	Ja	Nein
Außenplakate	Ja	Ja	Ja	Ja
Medien der Individualkommunikation				
Sponsoring	Ja	Möglich	Ja	Nein
Eventmarketing	Ja	Nein	Ja	Nein
Public Relation	Ja	Möglich	Nein	Nein
Handelsmessen, Warenmuster	Nein	Ja	Ja	Nein
POS-Marketing	Nein	Möglich	Ja	Nein
Telemarketing	Nein	Ja	Nein	Nein
Direct Mail	Nein	Ja	Ja	Nein
World Wide Web	Nein	Nein	Ja	Nein
Verpackung, Markenzeichen	Ja	Möglich	Ja	Nein

Abbildung 1:   Markenbekanntheitsleistungen unterschiedlicher Mediaoptionen

Mit einigen Medien der Individualkommunikation haben wir uns nicht befaßt: Messen oder Ausstellungen (im allgemeinen für Werbefachleute das größte Marketingkommunikationsmittel neben dem persönlichen Verkauf) und Warenmustern als Verbraucheräquivalent, da sie keine oder vielleicht nur eine Konfrontation vor dem POS ermöglichen; POS-Medien, Telemarketing und Direct Mail, die keine vorangehenden Kontakte zulassen, da sie der POS sind und dem World Wide Web, in dem sich der Verbraucher in den meisten Fällen der Marke bereits bewußt sein muß, um auf deren Website zu gehen. Wir befassen uns hinsichtlich der Markenbekanntheit also nur mit Sponsoring, Eventmarketing, Public Relation und der Verpackung oder dem Markenzeichen. Wie sich allerdings aus der zweiten Spalte ergibt, haben diese Medien das Problem, eine große Zielgruppe nicht zuverlässig erreichen zu können. Ausnahmen sind einige Formen von Sponsoring und Werbekampagnen (besonders in den Business-Zeitschriften) sowie einige Verpackungen oder Markenzeichen von Händlern, die zweifelsohne eine große Reichweite erreicht haben. Diese mußten allerdings mit großer Sorgfalt gelenkt werden (z. B. Volvo und Heineken durch vielfaches Sportsponsoring, Exxon durch mannigfaltiges Kunstsponsoring, der Federal Express durch sein Markenzeichen auf Verpackungen und auf seinen Lastern und Flugzeugen). Diese Medien sind für den Werbetreibenden beim Aufbau von Markenbekanntheit nicht ohne weiteres verfügbar.

Wir möchten außerdem darauf hinweisen, daß die außerhalb des Massenbereichs liegenden Medien nur in bestimmten Fällen den oben formulierten allgemeinen Anforderungen genügen. Sie erfüllen lediglich die spezifischen Anforderungen an den Markenrecognition. Diese Medien sind, aufgrund ihrer niedrigen Frequenz, alle ungeeignet, wenn das Ziel die Markenbekanntheit im Sinne eines Markenrecall ist.

4. Markenpflege mittels Kommunikation

Zweifellos sind die Massenmedien am besten für den Aufbau einer Marke geeignet. Wir wollen uns nun mit dem anderen Teil des Themas beschäftigen, dem Management bestehender Marken. Wir gehen davon aus, daß das Führen einer Marke die folgenden Maßnahmen umfaßt (vgl. Aaker, 1996 b):

- Aufrechterhaltung der Markenbekanntheit,
- Schutz und - wenn nötig - Änderung oder Anpassung des Markenimages (das Vertrauen in die Marke oder die Markenassoziationen, die, entsprechend ihrer Wichtigkeit eingestuft, die Einstellung der Verbraucher beeinflussen),
- zeitweilige Verkaufsförderung der Marke zur Anregung des Verkaufs und zur Abwehr konkurrierender Marken und
- Computererfassung der Kundendaten und Durchführung eines Loyalitätsprogramms, wenn es angemessen erscheint (für Konsumgüter eher ungeeignet).

4.1 Aufrechterhaltung der Markenbekanntheit sowie Schutz, Änderung oder Anpassung des Markenimages

Die beiden Maßnahmen können mit Hilfe von Werbung in den Massenmedien durchgeführt werden, eingeschlossen Business-Massenmedien für die Business-to-Business-Werbung. Bezogen auf die Aufrechterhaltung der Markenbekanntheit können Medien der Individualkommunikation (und Verkaufsförderungsmaßnahmen) wohl unterstützen, aber nicht die gesamte Aufgabe übernehmen. Was Schutz, Veränderung oder Umwandlung des Markenimages betrifft, so sind die Massenmedien weiterhin die wirkungsvollste und schnellste Option. Denn eines der Hauptrisiken bei der Erweiterung des Markenkommunikations-Mix um Medien der Individualkommunikation, wie dem Sponsoring, dem Eventmarketing, dem Telefonmarketing oder anderen werbeähnlichen Kommunikationen, liegt darin, daß die Imagewahrnehmung für den Marketingmanager schwerer zu kontrollieren ist. Das kann im Falle integrierter Marketingkommunikationspläne zu einer Hauptschwierigkeit werden, wenn die Maßnahmen von verschiedenen Agenturen ausgehen, wie Werbeagenturen, PR-Firmen, Promotion-Agenturen, Web-Design-Firmen (vgl. Percy, 1997). Man könnte die klassische Marketingkommunikation, d. h. Werbung in den Massenmedien, in denen die Agentur als Markenwächter direkt mit dem Kunden zusammenarbeitet, zu einem Hauptanliegen machen.

Der moderne Manager könnte einräumen, daß die Werbung in den Massenmedien die beste Entscheidung zum Aufbau der Markenbekanntheit und der Einstellung zur Marke darstellt, aber dann doch argumentieren, daß für die darauf folgende Marketingkommunikation Medien der Individualkommunikation (Sponsoring, Eventmarketing, Webseiten usw.) ausreichend, wenn nicht sogar überlegen sind. Hierbei handelt es sich um einen großen Trugschluß der Manager. Eine ganze Reihe von Maßnahmen der Individualkommunikation werden in der Hoffnung durchgeführt, daß auch all diese Maßnahmen von der Zielgruppe wahrgenommen werden. Tatsächlich ist aber die Überschneidung zwischen Medien der Individualkommunikation (z. B. einem gesponserten Event und dem Besuch der Website der Marke) außerordentlich gering und die Häufigkeit der aus diesen Überschneidungen entstehenden Kontakte gefährlich klein (vgl. Rossiter/Danaher, 1998). Beispiel: Angenommen ein gesponserter Event wird von fünf Prozent der Zielgruppe gesehen (als Teilnehmer oder via TV). Hierbei handelt es sich für die meisten Events um eine eher großzügig geschätzte Zahl. Die Möglichkeit, daß diese Menschen auch im Internet Zugang zur Marke suchen, liegt nach unserer Annahme bei maximal einem Prozent der Zielgruppe (einer wiederum großzügigen Schätzung, nachdem durchschnittlich ein Drittel eines Prozents aller Haushalte mit dem Internet verbunden sind). Die Überschneidung der beiden Maßnahmen wird auf konservative Weise mit 0,05 x 0,01 = 0,006 = 0,6 % (sechs Zehntel eines Prozents!) berechnet. Also käme nur ein winziger Teil der Zielgruppe mit beiden Medien in Kontakt. Und wie oft besuchen Menschen ein „Follow-up"-Event oder die Website zum zweiten Mal? Die Werbung in den Massenmedien hat einfach eine viel größere Reichweite und garantiert auch die für die Erhaltung der Marke notwendige Kontakthäufigkeit. Sie bleibt somit die beste Option.

Es gibt zwei weitere wichtige Maßnahmen, die einen entscheidenden Bestandteil des Markenmanagements darstellen: Zeitweilige Verkaufsförderungsmaßnahmen und besonders bei Gebrauchsgütern und Dienstleistungen das Database-Marketing mit Loyalitätsprogrammen. Für diese Maßnahmen sollten Medien der Individualkommunikation in Erwägung gezogen werden, aber nur als zusätzliche Maßnahme. Nachfolgend befassen wir uns mit diesen Maßnahmen.

4.2 Hebelwirkung der Verkaufsförderung

Um eine Marke aufzubauen, Erstkäufe zu bewirken und Wiederholungskäufe für eine bereits etablierte Marke anzuregen, sind Verkaufsförderungsmaßnahmen nach einer intensiven Werbekampagne in den Massenmedien am wirkungsvollsten. Die Werbung informiert den Verbraucher über die Vorzüge einer Marke oder ruft sie wieder in Erinnerung, so daß die für den Verbraucher aus der Verkaufsförderungsmaßnahme entstehenden Vorteile als besonders wertvoll erachtet werden. Diese Ansicht sollte dazu beitragen, den typischen Kaufrückgang nach einer Verkaufsförderung zu reduzieren und insbesondere bei Probepackungen zu Wiederholungskäufen zum Normalpreis anzuregen. Die Strategie, zwischen Werbung und Verkaufsförderung abzuwechseln, so daß Verkaufsförderung nach der Werbung den Verkauf ankurbelt, wird Moran (1978) zugeschrieben, der vom „ratchet"-Effekt sprach. Mitra (1995) zeigte auf der Basis von Versuchen, daß die Strategie funktioniert, und Roberts (1996) hat für elf Marken Daten zusammengestellt, die alle bei Verbrauchern, die durch Werbung beeinflußt worden waren, einen durch Verkaufsförderung gesteigerten Verkauf nachwiesen, der um 10 % höher lag als bei Kunden, die vor der Verkaufsförderung diese Werbung nicht gesehen hatten.

Ob man sich für die Massenmedien oder Medien der Individualkommunikation entscheidet, um Verkaufsförderungsmaßnahmen durchzuführen, hängt sehr von der Zielgruppe ab. Eine Marke, die versucht, ihren Verkaufsradius über den Stammkundenkreis hinaus zu erweitern, ist am besten beraten, Verkaufsförderungsmaßnahmen in der Werbung der Massenmedien zu plazieren oder sie über Hilfsmittel der Massenwerbung, wie freistehende Inserate (FSI's) in Zeitungen, zu verbreiten, um ein möglichst großes Publikum zu erreichen. Eine Marke, die bereits vorhandene Markenkäufer sowie potentielle Markenwechsler bewirbt, wird hingegen mit größerer Effizienz Medien der Individualkommunikation, wie beispielsweise POS-Displays, Preisreduzierungen auf der Verpackung oder Coupons einsetzen, um gerade diejenigen Kunden zu erreichen, die sich bereits zur Marke hingezogen fühlen. Verkaufsförderungsmaßnahmen innerhalb der Verpackung, wie Coupons für den nächsten Kauf und Prämien, können dagegen eingesetzt werden, um die treuesten Kunden zu belohnen, die die Marke in jedem Fall kaufen.

4.3 Database-Marketing und Loyalitätsprogramme

Die letzte der Maßnahmen des Markenmanagements ist am besten für langlebige Konsumgüter geeignet und für Dienstleistungen, die aus der Sicht des Verbrauchers auf dem Konzept beruhen, ein „Kunde" und nicht ein gelegentlicher „Käufer" der Marke zu sein (womit die meisten schnell drehenden Konsumgüter und geringfügigen Dienstleistungen, die von jedem beliebigen Käufer erworben werden können, ausgeschlossen sind). Bei dieser Maßnahme handelt es sich um Database-Marketing, das mit oder ohne Loyalitätsprogramm umgesetzt werden kann (vgl. Rossiter/Percy, 1997).

Die Zusammenfassung möglicher Kunden zu einer Kundendatenbank erreicht man, wie alles, worüber wir hier gesprochen haben, am besten über die Werbung in den Massenmedien, wenn auch in diesem Fall nicht über normale Werbung, sondern vielmehr über Werbung, der direkte Antwortkarten hinzugefügt werden, um so Informationen über den Kunden zu erhalten.

Wenn Konsumenten in einer solchen Datenbank nach verschiedenen Kriterien von „wahrscheinlichen" bis zu „treuen" Kunden klassifiziert werden, eignen sich Medien der Individualkommunikation am besten zur Bearbeitung und zur Ansprache dieser unterschiedlichen Segmente. Direct Mail (oder - zunehmend - E-Mail) und Telefonmarketing bieten sich als logische Medien des Database-Marketing an.

Produkte und Dienstleistungen (wie z. B. Wein und CD's) können mit Hilfe von Kundenlisten aus der Datenbank einfach mittels Preispromotionen vermarktet werden, ohne ein Loyalitätsprogramm anzubieten, da es dem Marketingfachmann im Grunde gleichgültig ist, ob sich die einzelnen Kunden aufgrund langfristiger Kundenbetreuung durch ein „Loyalitäts-Band" verbunden fühlen. Andere Pseudoloyalitäts-Programme bieten einlösbare Treuepunkte für langfristigen Einkauf (Vielflieger-Aktionen sind das bekannteste Beispiel hierfür). Die beiden einzigen Formen wirklicher Loyalitätsprogramme sind die Pflege persönlicher Beziehungen (Banken und Versicherungsgesellschaften können eine Person einsetzen, die die Verantwortung für das Konto des Kunden trägt) und evolutorisches Database-Marketing (beispielsweise die sich ständig erweiternden Programme einiger Banken und Autofirmen, bezüglich des Lebensstils von einzelnen Personen oder ganzen Haushalten). Sie bedienen sich nicht der Massenmedien, sondern wählen Direct Mail oder E-Mail, Telefonmarketing und ortsgebundes Handelsmarketing.

5. Zusammenfassung der Handlungsempfehlungen

Eine Zusammenfassung zur Marketingkommunikation für den Aufbau und die Pflege von Marken wird in Abbildung 2 dargestellt.

Klassische Marketing-Kommunikation - normale Werbung in den Massenmedien, einschließlich der Business-to-Business-Massenmedien - ist am besten für die Mehrzahl der Aufgaben geeignet.

Die Werbung in den Massenmedien (Fernsehen, Radio, Zeitungen, Zeitschriften und Außenwerbung) ist das schnellste und kostenmäßig wirksamste Mittel zum Aufbau von Markenbekanntheit und damit zur Vermittlung eines Zusatznutzens oder Imageassoziationen, die zur positiven Einstellung zur Marke führen. Der Schlüssel hierzu ist die Markenbekanntheit; Medien der Individualkommunikation des Massenbereichs führen entweder zu verspäteten Kontakten beim Entscheidungsprozeß oder haben eine zu geringe Reichweite, oder beides. Für das Management einer bereits etablierten Marke wird die Erhaltung der Markenbekanntheit sehr viel wirkungsvoller durch Werbung in den Massenmedien erreicht. Werbung der Individualkommunikation hat lediglich eine fragmentierte Reichweite und folglich eine zu geringe Frequentierung, um die Markenbekanntheit zu erhalten. Außerdem besteht in der Werbung der Individualkommunikation das Risiko eines unbeabsichtigten Einstellungswechsels, wenn die Werbebotschaften nicht sehr sorgfältig integriert sind, was, angesichts der Vielzahl der normalerweise involvierten Agenturen, zu häufig der Fall ist. Die Werbung außerhalb der Massenmedien hat ihre Berechtigung als Ergänzung zur Werbung in den Massenmedien für bestimmte Formen der Verkaufsförderung und für Gebrauchsgüter und Dienstleistungen, für die Database-Marketing geeignet ist.

Markenaufbau	Markenpflege
■ Aufbau und Verstärkung der Markenbekanntheit (Markenrecall und Markenrecognition). Welche Art von Markenbekanntheit anzustreben ist, hängt vom Entscheidungsprozeß des Verbrauchers ab. ■ Aufbau einer besonders günstigen Einstellung zur Marke auf der Basis der vorangegangenen Markenbekanntheit. Dies wird durch die Vermittlung des Zusatznutzens oder des Images erzielt, welche innerhalb des Entscheidungsprozesses eine allgemein positive Bewertung der Marke bewirken.	■ Bewahrung der Markenbekanntheit. ■ Schutz bzw. Wechsel oder Abänderung des Zusatznutzens oder des Images. ■ Zeitweilige Durchführung von Verkaufsförderungsmaßnahmen, um den Verkauf zu stimulieren oder die Konkurrenz abzuwehren (Wechsel zwischen Verkaufsförderung und Werbung in den Massenmedien)[1]. ■ Erstellung von Kundendatenbanken und Durchführung von Loyalitätsprogrammen (vor allem bei Gebrauchsgütern und nicht geringfügigen Dienstleistungen).

Abbildung 2:   Aufbau und Pflege von Marken mittels Kommunikation

---

1   Für diese Maßnahmen sollten Medien der Individualkommunikation in Erwägung gezogen werden, wenn auch nur als Ergänzung zur Werbung in den Massenmedien.

Erich A. Joachimsthaler und David A. Aaker

Aufbau von Marken im Zeitalter der Post-Massenmedien

1.   Zugang zum Endverbraucher als Basis für den Markenaufbau

Weltweit haben Unternehmen erkannt, daß im Rahmen des Wettbewerbs dem Aufbau von Marken eine Schlüsselfunktion auf den zunehmend feindlichen Märkten zukommt. Die Frage, die sich stellt, ist wie ein Markenaufbau am besten zu gestalten ist.

Die historische Antwort lautete, daß der effektive Einsatz von Werbung in den Medien den Eckstein der meisten Markenaufbaubemühungen darstellt. Es wurde oft behauptet, daß der erfolgreiche Markenaufbau darin besteht, eine gute Agentur für die Umsetzung großer Werbemaßnahmen zu finden und eine bedeutende Werbekampagne zu starten. Diese Annahme galt allerdings schnell als überholt.

Werbung in den Massenmedien, die sicherlich weiter bestehen wird, hat beim Aufbau von Marken eine neue, eingeschränkte Rolle. Die Medienfragmentierung, die zunehmenden Kosten und die Entwicklung neuer, wesentlich effizienterer Kommunikationsformen, wie dem World Wide Web, reduzieren bereits das ausschließliche Vertrauen auf das traditionelle Werben in den Medien. Am Horizont zeichnet sich eine umfassende Akzeptanz alternativer und neuer Medien ab. Stellen Sie sich hierzu die folgenden Szenarien vor:

Medien nach Wunsch

Jemand nimmt über Modem mit einem Medienverteilungszentrum Kontakt auf und verlangt den Wirtschaftsteil des Time Magazine's ohne Werbung. Ein anderer fragt nach der ersten Seite und dem Sportteil der New York Times ohne Werbung. Ein dritter wählt aus zwischen einer Komödie, einer Show oder einem Film - alles für eine Gebühr erhältlich, ohne Werbung.

Neue Medien

Eine Käuferin betritt mit Hilfe ihres TV-Computersystems einen Internet-Einkaufskanal und wählt mit einem mausähnlichen Zeiger ein Menü mit unterschiedlichen Produktkategorien an. Nachdem sie sich im Menü umgesehen hat, klickt sie die Kategorie für Damenkleidung an, wählt dann Damenschuhe, eine bestimmte Größe, sportliche Damenschuhe und zwei verschiedene Marken. Über jede Marke werden Informationen gegeben und zum Schluß kann die Käuferin mittels eines Virtual-Reality-Programms betrachten, wie die Schuhe an ihr aussehen würden, so als blickte sie in einen Spiegel. Die ausgewählten Schuhe werden am nächsten Tag geliefert. Dieser Typ neuer, interaktiver Medien, stellt eine ergiebigere Möglichkeit zum Aufbau einer Marke dar als die klassische, passive Werbung.

Vielleicht wird es zwei oder drei Jahre länger als angekündigt dauern, bis sich die neue Medienszene entwickelt haben wird. Vielleicht wird sie nicht jeden erreichen; manche Konsumenten werden keine Lust haben oder nicht dazu in der Lage sein, für den Zugang zu werbefreien Medien zu zahlen. Man kann sich jedoch leicht vorstellen, daß sich die Medienszene in nur einigen wenigen Jahren sehr gewandelt haben wird. Das explosive Wachstum personalisierter, interaktiver Kommunikationsmittel wird gleichzeitig die Möglichkeit für eine zielgruppenspezifische Kommunikation mit den Verbrauchern vergrößern und die Wirkung der klassischen Werbung einschränken. Es stellt sich die Frage, wie man in einer solchen Epoche kommunizieren wird. Wie wird man Marken aufbauen?

Um diesen Fragen nachzugehen, unternahmen die Autoren eine weitläufige, auf konkreten Fällen aufbauende Studie zum Markenaufbau in Europa. Der Fokus lag auf europäischen Marken, da sie in einem Kontext agieren, der der zukünftigen Realität der Ära der Postmassenmedien sehr nahe kommt.

Historisch gesehen waren die Medienoptionen für Markenhersteller in Europa beschränkt und relativ ineffizient. Europäer hatten nur zu wenigen kommerziellen Fernsehstationen Zugang. Grenzüberschreitende Medien sind trotz boomender Werbung noch selten. Außerdem waren die Medienkosten aufgrund der beschränkten Verfügbarkeit der Medien hoch. Auch als neue Kabel- und Satelliten-Fernsehkanäle hinzukamen, gingen die Kosten nicht zurück, weil die Nachfrage aufgrund des rapiden Wachstums der Zahl der Marken wuchs. Schließlich machen mächtige Handelsketten in vielen europäischen Ländern umfangreichen Gebrauch von den vorhandenen Medienkapazitäten, um sich selbst und ihre Eigenmarken zu bewerben.

Kurz gesagt, sahen sich europäische Marken vom Endverbraucher abgeschnitten, da die Kommunikation durch traditionelle Massenmedien zunehmend an Effektivität und Effizienz verlor, während die Kosten stetig stiegen. Daraus ergab sich, daß viele Unternehmen erfolgreiche alternative Kommunikationskanäle benutzten, um ihre Marken aufzubauen, d. h. Markenbekanntheit zu schaffen und sich zu positionieren, um eine loyale Kundenbasis aufzubauen. Diese Unternehmen geben Einblick in Ansätze zum Markenaufbau wie dem Sponsoring, der Teilnahme an Events, dem Direct Marketing, den Kundenclubs, dem Product Placement, dem Präsenzmarketing und den Public Relations, die im Zeitalter der neuen Medien besonders erfolgsversprechend erscheinen.

Sechs der wirksamsten Maßnahmen zum Aufbau von Marken werden hier beschrieben. Wir erörtern die Lernerfahrungen erfolgreicher Unternehmen, um die mit dem Aufbau von Marken verbundenen Schlüsselfaktoren herauszukristallisieren, die sich nicht auf die traditionelle Medienwerbung stützen.

2. Kommunikation im Zeitalter der Post-Massenmedien

2.1 Body Shop - Publicity und in-store-Erlebnisse

Der englische Hersteller und Händler natürlicher Kosmetik- und Toilettenartikel gründete 1976 den Body Shop und hat trotz minimaler Medienwerbung eine starke Marke aufgebaut. Während konventionelle Kosmetikmarken auf Schönheit und egozentrische Verbraucherbilder vertrauen, die durch spektakuläre Verpackung und intensive Werbung unterstützt werden, kommuniziert der Body Shop über geschickte Publicity und intensive in-store-Erlebnisse.

Die bemerkenswerteste und am stärksten differenzierende Eigenschaft des Body Shops liegt wahrscheinlich in dem sozialen Engagement, welches sich in der Philosophie „Profit mit Prinzipien" ausdrückt. Die Firmenkultur ist durchdrungen vom sozialen und auf Umweltfragen bezogenen Engagement. Der Body Shop bringt sich mit einer Flut bedeutender Aktionen ins Gespräch und zieht die Aufmerksamkeit der Presse an, dank des Charismas und der Ausdrucksstärke der Gründerin Anita Roddick und aufgrund des sichtbaren Programms, das diese Aktionen umgibt.

Zusätzlich zur Bekämpfung von Tierversuchen, der Hilfe für die dritte Welt (durch die Philosophie „Hilfe durch Handel"), der Rettung des Regenwaldes und der Förderung des Recycling (die Verpackungen von vielen Produkten können wieder benutzt werden), nimmt der Body Shop auch teil an Programmen wie „Rettet die Wale" (einschließlich der Teilnahme an Protestveranstaltungen), fördert den Schutz gefährdeter Arten (eine Linie von Kinderbadeprodukten wirbt für den Schutz der Arten) und entwickelt alternative Energiequellen (mit dem Ziel, den eigenen Energiebedarf mittels Windkraft zu befriedigen). Programme, die diese Anliegen unterstützen, sind publikumswirksam und beziehen die Verbraucher mit ein. So wurden zum Beispiel in einem Sommer 500.000 Unterschriften an den Präsidenten von Brasilien geschickt, um ihn davon abzuhalten, weiter Brandrodung zu betreiben.

Die in-store-Erlebnisse bilden eine weitere Form der Kommunikation. Beim Betreten eines Body Shops wird man von einem Angestellten begrüßt, dessen Body Shop T-Shirt nicht nur eine Botschaft verkündet, sondern der selbst an Werte wie soziale Verantwortung glaubt und Informationen zu den natürlichen Haar- und Hautpflegeprodukten glaubhaft vermittelt. Die Wände des Ladens sind dunkelgrün, Regale und Schränke aus Kiefernholz. Die Regale sind gefüllt mit bunten, handbeschrifteten Gefäßen mit Pflegeprodukten und ebenso bunten Gegenständen wie Kämmen und Seifen. Man findet Poster und bunte Prospekte (auf umweltfreundlichem Papier gedruckt), die sachliche Informationen über die Produkte und über unterstützungswürdige soziale Angelegenheiten kommunizieren. Man hat die Gelegenheit, die verschiedenen Haut- und Körperpflegecremes auszuprobieren. Die nüchterne, praktische Verpackung und die wiederverwend-

baren Plastikflaschen mit ihren einfachen Schildern, erinnern an das Understatement des
(anti-fun und anti-glamour) Volkswagens der 60er Jahre. Aussehen, Emotionen, Klänge
und Duft, die einen Body-Shop-Kunden umgeben, schaffen eine Atmosphäre, die ganz
und gar dem Stil des Body Shops entspricht.

Abbildung 1:   Body Shop-Broschüren
Quelle: Body Shop, Deutschland.

Durch den Besuch eines Body Shops stellen sich Kunden als engagierte Bürger dar, die
vielleicht Mitglieder des Body-Shop-Clubs werden (eine Gruppe, die die Ideale des
Body Shops teilt, die vierteljährliche Informationsschriften sowie Anstecker für bestimmte Kampagnen erhält und vieles mehr) oder die Website besuchen, auf der Kunden
sich Unterschriftensammlungen anschließen oder das Online-Magazin „Body Language" konsultieren können, das zu sozialen Problemen und Umweltfragen, mit denen
sich die Welt konfrontiert sieht, Stellung nimmt. Der Einkauf im Laden, die Interaktion
mit dem Verkaufspersonal, die Verwendung nachfüllbarer Behälter, die Bewunderung
der Umwelthaltung des Unternehmens und die Unterzeichnung von Petitionen helfen,
ein Band mit der Organisation zu knüpfen.

Vergleichen wir den Besuch in einem Body Shop mit den typischen Erfahrungen und Kontakten, die wir beim Erwerb konventioneller Pflegemarken machen. Auf konventionelle Marken trifft man - entweder durch Werbung oder durch Erfahrungen im Verkaufsraum - vor dem Hintergrund eines überfüllten Umfelds, in dem sich Wettbewerber mit ähnlichen Botschaften und Images drängeln. Außerdem haben die meisten Konsumenten lediglich ein geringes Involvement. Es ist schwer, zum Beispiel in einem 30 Sekunden dauernden Werbespot bei mit Werbesendungen übersättigten, passiven Zuschauern Differenzierung und Engagement zu erreichen. Der Besuch eines Body Shops hingegen, eine neue Geschichte oder ein Kommentar des Body-Shop-Programms oder - noch besser - persönliches Engagement beim Body Shop-Programm haben mehr Aussicht, auf das Publikum stimulierend zu wirken.

Abbildung 2:   Body Shop-Outlet

Beim Aufbau der Marke war der Body Shop bemerkenswert erfolgreich. Aus einem einzigen Geschäft im Jahre 1976 wurden 457 Geschäfte im Jahre 1990 und mehr als 1.220 zum jetzigen Zeitpunkt. All das geschah ohne nennenswerte Medienwerbung. Bei einer Befragung von 1.107 Erwachsenen im vergangenen Jahr rangierte der Body Shop auf Platz 4 von 25 englischen Spitzenmarken hinsichtlich so wichtiger Faktoren wie Gegenwert pro Geldeinheit, Vertrauen, Kommunikation der Firmenkultur, Kundennähe und Engagement für Probleme des Umweltschutzes und der Gesellschaft.

Energie, visionäre Kraft und die sichtbare Präsenz von Anita Roddick gehören offensichtlich zu den treibenden Kräften hinter dem Erfolg des Body Shops. Sie hat die Fähigkeit, extern Publicity zu erzeugen und intern eine starke Kultur aufzubauen. Ein Mittel, dieser Kultur Disziplin und Energie zu verleihen, war die Einrichtung der Abteilung für Werte & Visionen innerhalb des Unternehmens. Diese Abteilung ist für die Kontrolle der drei wesentlichen Aspekte der Kultur und Markenidentität des Body Shops verantwortlich: das ethische Verhalten des Unternehmens, fairer Handel und soziales Engagement (der Beschluß von Kampagnen und der Aufbau von Beziehungen mit Regierungen und Politikern). Anita Roddick persönlich überwacht diese Werte und Visionen. Nur selten werden Kultur und Markenidentität eines Unternehmens ausdrücklich im Organisationsaufbau berücksichtigt.

2.2   Cadbury - Markenerleben im Themenpark

Der Quäker[1] John Cadbury begann vor nahezu zweihundert Jahren mit der Herstellung von Schokolade, unter anderem, um im viktorianischen England durch Schokoladengetränke eine Alternative zum Alkoholkonsum zu schaffen. Im Laufe der Jahre hat das Quäker-Erbe fortschrittliche Ansichten zur Behandlung von Angestellten entwickelt. Cadbury wurde sowohl zum Modell sozialer Verantwortlichkeit am Arbeitsplatz als auch zu einem herausragenden Hersteller von Schokolade.

Die Cadbury-Fabrik außerhalb von Birmingham hat immer Besucher angezogen, die sich für Arbeitsbeziehungen und/oder für die Herstellung von Schokolade interessierten. Diese Rundgänge durch die Fabrik wurden in den späten 60er Jahren beendet, da man sich sowohl wegen der Kosten als auch wegen der Hygiene in der Fabrik Gedanken machte. In der Mitte der 80er Jahre motivierte das Potential der Werksbesichtigung als Mittel zum Markenaufbau die Firmenleitung jedoch, ihre Entscheidung zu überprüfen. Man kam zu der Einsicht, daß Besichtigungen eine wichtige Rolle im Rahmen der Verkaufsförderung von Cadbury spielen könnten.

---

1   Mitglied der im 17. Jahrhundert gegründeten englisch-amerikanischen Society of Friends (= Gesellschaft der Freunde). Es handelt sich hier um eine sittenstrenge, pazifistische Sekte, die bedeutende Sozialarbeit betreibt.

Das Ergebnis war die Investition von 5,8 Millionen Pfund zum Aufbau von Cadbury World, einem Themenpark, der ein Museum, ein Restaurant, eine Teilbesichtigung der Verpackungsfabrik und einen Schokoladen-Erlebnisladen umfaßt. Cadbury World vermittelt eine intensive, sensualistische Erfahrung an akustischen, visuellen, gustatorischen und olfaktorischen Reizen, die nicht vergleichbar mit einer typischen Fabrikbesichtigung ist. Die Besucher werden von einem messerschwingenden indianischen Priester aus dem Urwald von Yucatán begrüßt. Der Besuch ist eine zweieinhalbstündige Reise durch die Geschichte der Schokolade, von ihren frühesten Zeiten bis ins sechzehnte Jahrhundert und stellt Legenden wie Hernán Cortés, den Aztekenkönig Montezuma und König Charles II dar. Besucher erfahren vom Erbe und Ursprung des Kakaos und der Schokolade, vom Leben der Mayas und Azteken, wie Schokolade ihren Weg nach Europa fand, wie Mr. Cadbury 1824 mit einem Lebensmittelladen begann und das Schokoladengeschäft durch die Entwicklung von Handelsbeziehungen im gesamten britischen Empire vergrößerte.

Die Cadbury World ist unterhaltsam, sie macht Spaß, informiert und stellt gleichzeitig das Cadbury-Erbe zur Schau. Für viele Besucher verbinden sich diese Assoziationen auf Dauer mit dem Namen Cadbury und erhöhen somit den Umsatz der Marke, die dadurch nicht nur als Schokolade an Bedeutung gewinnt. Genauso wichtig ist es, daß es Hunderte von Gelegenheiten gibt, Proben der verschiedenen Produkte der umfangreichen Schokoladenkonfektion von Cadbury zu probieren. So verbinden sich sämtliche Assoziationen der Cadbury World nicht nur mit der Marke Cadbury, sondern auch mit dem Geschmack und der Probiererfahrung des Produktes.

Die Cadbury World ist zum Schlüsselfaktor des Markenaufbaus von Cadbury geworden, das Mittel zur Personifizierung des Cadbury-Erbes und der Identität der Marke. Um sicherzustellen, daß die Cadbury World in die Gesamtmarketingstrategie integriert ist, übernehmen Cadbury's Marketingmanager periodisch Positionen als aktive Manager von Cadbury World.

Das Marketing von Cadbury World (mit einem Jahresbudget unter 100.000 Pfund) basiert nicht auf Medienkommunikation, sondern auf den unterstützenden Bemühungen der regionalen Informationsbüros für Touristen, der Hotelketten und der britischen Eisenbahn, auf Public-Relations-Bemühungen und Touristikmessen. Auch ohne besondere Medienanstrengungen hat Cadbury World alle Erwartungen übertroffen. 1994 wurden 500.000 Besucher registriert und Cadbury World zählte zu den fünf Hauptattraktionen der Midlands. Außerdem ist Cadbury World ein Profit-Center mit Gewinnerzielungsabsicht.

2.3 Hugo Boss - Sponsoring und Product Placement

Die Bemühungen zum Markenaufbau von Hugo Boss in Deutschland wurden weitgehend bestimmt durch die einzigartige, aber einschränkende Marktposition des Unternehmens. Die Bekleidungsgruppe wurde 1923 gegründet. In den frühen 70er Jahren wurden lediglich Einnahmen von 4 Millionen DM erwirtschaftet. Hugo Boss war immer ein guter Kleidungsfabrikant, aber dem Unternehmen und der Marke mit ihrem Sitz im provinziellen Metzingen mangelte es an der Exklusivität und dem internationalen Flair der berühmten Designerlabel. Diese Assoziationen sind aber für Kunden in der versnobten Welt der Mode und der Haute Couture von Bedeutung. Angesichts des Überangebots der Konkurrenz wurde die reine Medienwerbung nicht für ausreichend gehalten, um die notwendigen Assoziationen aufzubauen.

Sponsoring

Eine Lösung des Problems bot das Sponsoring. Hugo Boss begann damit, Porsche bei den Formel-1 Rennen zu sponsorn. Porsche galt als Inkarnation von internationalem Status und Kultur. Außerdem riefen Formel-1 Rennen bereits die Assoziationen hervor, die Hugo Boss zu verkörpern versuchte. Im Laufe der Jahre setzte das Unternehmen weitere internationale Sportarten auf seine Sponsorenliste, einschließlich Tennis, Golf und Skilaufen. Um ihr Image der 80er Jahren den existentialistischen 90er Jahren anzupassen, unterzeichnete das Unternehmen einen der größten Sponsorenverträge mit dem Guggenheim Museum in New York.

Product Placement

Auch Product Placement setzte Hugo Boss effektiv ein. Um einen energiegeladenen Yuppie-Kontext für seine Produkte herzustellen, sponserte das Unternehmen die Kinoproduktion von Sylvester Stallone's Rocky, sowie die Fernsehserien Miami Vice und L.A. Law. In beiden Serien wurden Kleidungsstücke von Hugo Boss getragen.

Als Ergebnis dieser Bemühungen erreichten die Verkaufserlöse 1980 ein Maximum von 100 Millionen DM und verzehnfachten sich während der 80er Jahre. Hugo Boss-Kleidung wird nun in 85 Ländern verkauft, über die Hälfte des Verkaufs wird außerhalb Deutschlands abgewickelt und 20 % außerhalb Europas. In einer Studie zu internationalen Herrenbekleidungsmarken durch die Zeitschrift „Gehobener Lebensstil" war Hugo Boss die am höchsten eingestufte Marke hinsichtlich Exklusivität und Kaufbereitschaft.

Es ist kein Zufall, daß Hugo Boss das Sponsoring von Autorennen zum Aufbau des Markenimages nutzte. Einer der drei Hauptmanager, ein Enkel des Gründers, war mit der Porsche-Familie befreundet und kein Outsider im Renn- und Automobilgeschäft. Er war auch ein kreativer Marketingspezialist, der die sich bietenden Sponsoringassoziationen auszunutzen wußte.

2.4 Nestlé - Kundenbindung durch Kundenclubs

Bei Nestlé gibt es für jede der drei Hauptmarken einen globalen Markenmanager, der für jede Marke einen Markenidentitätsplan aufbaut und seine Implementierung weltweit koordiniert. In jedem Land gibt es einen Landesmarkenmanager, der dem jeweiligen Landesmanager unterstellt ist. Der Landesmarkenmanager entwickelt und implementiert den Landesmarkenplan mit der Zustimmung des globalen Markenmanagers. Es war der englische Buitoni-Markenmanager, der 1991 vorschlug, einen Casa Buitoni Club mit dem Ziel zu gründen, eine Basis für loyale Buitoni-Kunden aufzubauen.

Die 30 Jahre alte englische Marke Buitoni wurde 1988 von Nestlé erworben. In den frühen 90er Jahren belief sich der Umsatz des gesamten englischen Pastamarkts auf nur 100 Millionen Pfund (ein Viertel des amerikanischen Verbrauchs), mit wachsender Tendenz. Als Marktführer mit einem Anteil von 18 % sah sich Buitoni zwei Herausforderungen gegenüber. Zum einen lag der Anteil an Handelsmarken bei 60 % und stieg weiter an, was auf eine schwache Differenzierung der bestehenden Pastamarken hinwies. Zum anderen hatten die Verbraucher keine große Auswahl von Pastarezepten in ihrem Repertoire. Es war daher nötig, das Rezeptrepertoire der Kunden auf eine Weise zu erweitern, die zur Differenzierung von Buitoni führte. Angesichts der vorhandenen Marktanteile würden von einer einfachen Markterweiterung vor allem die Handelsmarken profitieren.

Buitoni's Strategie bestand nun darin, zur hilfreichen Autorität für italienisches Essen zu werden, an die Verbraucher sich wenden konnten, um Rat zu den vielen Varianten von Pastagerichten und ihrer Zubereitung einzuholen. In Sansepolcro in der Toskana, dem Ort des ursprünglichen Wohnsitzes der Familie Buitoni, wurde ein modernes Forschungsinstitut gegründet. Buitoni-Köche entwickelten dort ein weites Spektrum feiner, echter, italienischer Produkte für die Buitoni-Linie und machten Versuche mit Lebensmittelinnovationen und Rezepten. Eine Gruppe italienischer Fachleute unterzog alle neuen Buitoni-Produkte und Rezepte einem Testessen.

Die erste Etappe der Buitoni Marketing-Bemühungen zwischen 1992 und 1993 war dazu bestimmt, eine Markenbekanntheit und eine Datenbank von Verbrauchern aufzubauen, die sich gerne mit italienischer Küche befassen. Buitoni bot daher jedem, der auf die rezeptbezogenen Angebote in der Presse und im Fernsehen reagierte, ein kostenloses Rezeptbüchlein an. Darüber hinaus wurde in diesem Jahr ein massiver Ausbau der Kommunikationsmaßnahmen durch Verkostungen in Einzelhandelsgeschäften, Sponsoring, eine Roadshow und Public Relations vorgenommen. Die Gesamtausgaben lagen 1992 bei 1,5 Millionen Pfund und 1993 bei 2,5 Millionen Pfund. 60 % des Budgets für 1993 flossen in Medien der Individualkommunikation, gegenüber 40 % im Jahr zuvor. Die integrierte Kommunikationskampagne, die unter der Schlagzeile „Teilen Sie unsere Liebe für italienisches Essen" lief, führte im Ergebnis zu einer Datenbank mit mehr als 150.000 Kunden.

Im November 1993 wurden die in der Datenbank geführten Haushalte dazu eingeladen, Mitglieder des Casa Buitoni Clubs zu werden. Alle, die antworteten, erhielten ein Informationspaket über den italienischen Lebensstil, Pastarezepte, Gutscheine und eine farbige Zeitschrift mit redaktionellen Artikeln über die Toskana und andere Teile Italiens. Zu den Vorzügen der Mitgliedschaft gehörte auch eine 0800-Hotline für diejenigen, die anrufen und Kochratschläge oder Rezeptvorschläge wünschten. Außerdem gab es Lotterien (der Gewinn war ein Besuch der Villa Casa Buitoni in der Toskana), Kochkurswochenenden, die Gelegenheit, neue Produkte sowie Merchandisingartikel auszuprobieren, bevor sie auf den Markt kommen und eine Vielzahl weiterer Vorschläge, wie Mitglieder ihre eigenen Feste organisieren können.

Seit Gründung des Clubs ist die Mitgliedschaft durch neue low-cost-Kommunikationskanäle, vor allem durch Public Relation-Events, durch Mund-zu-Mund-Propaganda wie auch durch Aufkleber auf Buitoni Nudelverpackungen, ständig gewachsen. Nestlé überwacht die Markentreue gegenüber Buitoni-Produkten sehr genau. Seit der Einführung der Casa Buitoni hat sie wesentlich zugenommen mit einer durchschnittlichen Kaufrate von über 10 %. Die Hotline wird von einer in Italien gebürtigen Clubsekretärin betreut, die die Einzelheiten eines jeden Telefongesprächs genauestens aufzeichnet. Dadurch erhält Buitoni immer die aktuellsten Information über die Bedürfnisse und besonderen Interessen der Verbraucher. Der Aufbau persönlicher Beziehungen zu den einzelnen Clubmitgliedern wird hierdurch ermöglicht.

2.5   Häagen-Dazs - Spitzenlagen, Warenproben und Kunstsponsoring

Grand Met brachte 1989 Häagen-Dazs in Europa vor dem Hintergrund einer Rezessionsphase, einem stagnierenden Markt und etablierter Wettbewerber auf den Markt. Unilever, Nestlé, Mars und eine riesige Zahl kleiner, aber wichtiger lokaler Eishersteller, wie Schöller in Deutschland, Mövenpick in der Schweiz und Sagit in Italien, führten umfangreiche Werbekampagnen durch, erfreuten sich einer hohen Markenbekanntheit und kontrollierten in den europäischen Supermärkten den begrenzten Raum der Tiefkühlprodukte. Starke Handelsmarken verfügten in einigen Ländern über 40 % des Mitnahmemarktes. Außerdem hatte Grand Met nur ein kleines Nahrungsmittelportfolio und eine geringe Präsenz im europäischen Nahrungsmittelmarkt.

Häagen-Dazs, ein Produkt, das reichhaltiger, cremiger und teurer als seine Konkurrenten war (30 bis 40 % höhere Preise als seine stärksten Wettbewerber und etwa neun Mal höher als die Niedrigpreisprodukte), wurde vor diesem Hintergrund gestartet. Es richtete sich an kultivierte, wohlhabende, erwachsene Verbraucher und wurde als sinnliches, opulentes Vergnügen positioniert, das man während des ganzen Jahres genießen kann. Der skandinavisch klingende Markenname rief bei Europäern ein Image von Natur und Frische hervor, das gut mit den zentralen Produktattributen von Eiscreme harmonierte.

Abbildung 3:   Häagen-Dazs Outlets
Quelle: Häagen-Dazs Deutschland.

Die Einführung von Häagen-Dazs wurde vor allem durch auffällige Eissalons und Kostproben geprägt. Es wurden einige sehr feudale Salons an exponierten, wohlhabenden,
europäischen Orten mit starkem Publikumsverkehr eröffnet. Die caféähnlichen
Geschäfte waren auf höchstem Standard ausgestattet und vermittelten eine Atmosphäre
von Exklusivität, Qualität, Sauberkeit und Natürlichkeit, die sich nicht mit den sterilen
amerikanischen Eissalons vergleichen ließ. Diese Pilotgeschäfte mit großem Publikumsverkehr waren im wesentlichen ein aggressives Mittel, um die Produkte von Häagen-

Dazs ausprobieren zu können. Fußgänger trafen auf Häagen-Dazs vor einem Szenario, das positive, ja sogar erinnerungswürdige Erfahrungen hinterließ. Hinzu kam, daß man eine Plazierung in besonders renommierten Hotels und Restaurants erhielt. Diese Institutionen nahmen Häagen-Dazs auf ihrer Dessertkarte auf und unterstützten die Mund-zu-Mund-Propaganda und das von Häagen-Dazs gewünschte Image der Exklusivität auf hohem Niveau.

Das Warenproben-Programm wurde durch das Sponsoring kultureller Ereignisse unter dem Motto „Häagen-Dazs: Engagement für das Vergnügen, Engagement für die Kunst" unterstützt und trug somit zu Assoziationen bei, die das Häagen-Dazs-Image positiv verstärkten. Das Sponsoring verschiedener Opernaufführungen stellte beispielsweise sicher, daß Häagen-Dazs von den richtigen Leuten am richtigen Ort wahrgenommen wurde. Bei der Don Giovanni-Inszenierung der avantgardistischen „Opera Factory" wurde eine kleine Veränderung in das Skript eingefügt. Don Giovanni bestellte ein Sorbet, erhielt aber stattdessen einen Becher Häagen-Dazs. Das Ergebnis war ein Glücksfall kostenloser Publicity.

Zur Markteinführung gehörte auch ein relativ niedriges Budget für eine Werbekampagne mit schwarzweißen Anzeigen, inspiriert durch den sinnlichen amerikanischen Film „9 1/2 Wochen". Die Anzeigen wurden von einer Musik-CD begleitet, die sich auf die Anzeigen bezog und in mehr als 4000 Musik- und Lebensmittelgeschäften verkauft wurde.

Mehrere Aspekte trugen zum erfolgreichen Markenaufbau bei. Die hervorragende Lage der Eissalons führte zu umfangreichem Publikumsverkehr. So verkaufte der Londoner Salon am Leicester Square während des ersten Sommers über 50.000 Eistüten in nur einer Woche. Über 4.000 europäische Einzelhändler nahmen Häagen-Dazs in ihr Programm auf. Bei einem kleinen Medienbudget von nur 750.000 Pfund erreichte die Markenbekanntheit in England innerhalb weniger Monate 50 %. Die europäischen Verkäufe von Häagen-Dazs stiegen von 10 Millionen US $ im Jahre 1990 auf 180 Millionen US $ im Jahre 1995. Die Marke beherrscht jetzt ein Drittel des Premium-Eiscrememarktes und hält einen gewaltigen Premium-Preis gegenüber der rasch anwachsenden Zahl der Nachahmer.

Die ausgefallene Strategie des Markenaufbaus von Häagen-Dazs war deshalb möglich, weil das Management in England eine Niederlassung gründete, die sich um die Entwicklung der Häagen-Dazs-Marke in Europa kümmern sollte. Marketingmanager, die vorher weder mit Grand Met in England noch in Amerika gearbeitet hatten, wurden eingestellt. Man hatte auch erkannt, daß angesichts etablierter Wettbewerber und fehlender Präsenz in Lebensmittelketten eine neue Geschäftspolitik erforderlich war.

2.6 Swatch - Publicity Stunts, Sponsoring und dynamische Produktlinien

In den frühen 80er Jahren wurde die Schweizer Uhrenindustrie von billigen Digitaluhren japanischer Unternehmen wie Citizen und Casio bedroht. Die Schweizer Uhrenhersteller konnten dem nichts entgegensetzen, da sie sich während der 70er Jahre auf Segmente der mittleren und hohen Preislagen spezialisiert hatten. Swatch wurde entwickelt, um im entscheidenden Niedrigpreissegment konkurrieren zu können.

Swatch wurde 1983 unter der Leitung eines Fachmannes mit erwiesenem Geschick für unorthodoxe Marketing- und Verkaufspraktiken auf den Markt gebracht. Die Marke war klar differenziert. Vor dem Erscheinen von Swatch war eine Armbanduhr ein Instrument zur Zeitmessung und eine vererbbare Investition. Präzision, Funktionalität und Preis waren die Hauptkriterien bei einem Kauf. Swatch hingegen wurde als preisgünstige modische Uhr guter Schweizer Qualität beschrieben, die eine klare, starke emotionale Botschaft vermitteln wollte. Diese Botschaft, die Swatch von allen anderen Uhren unterschied, bestand darin, daß Swatch Spaß, Jugendlichkeit, Provokation und Freude symbolisierte - eine Art Kunst aus der Schweiz.

Abbildung 4:   Publicity Stunt von Swatch

Bei der Vermittlung einer solchen Markenidentität verließ sich Swatch auf Publicity Stunts, gezieltes Sponsoring und eine dynamische Produktlinie. Für die Einführung in Deutschland, Spanien und Japan hängte das Unternehmen in großen Städten 165 m lange riesige Armbanduhren an Wolkenkratzer mit einem Schild, auf dem Swiss, Swatch, DM 60,- (oder das Äquivalent der lokalen Währung) stand. So ein Publicity Stunt paßte zu dem jungen Swatch-Image und zog die Aufmerksamkeit der Presse und des Zielpublikums an.

Swatch setzte Sponsoring ein, um das Zielsegment mit dem Markenimage zu vereinbaren. Durch das Sponsoring entstand ein Image, das die Idee von lustig und von anders, ja von ausgeflippt sein, von Jugendlichkeit, von Schwung, Provokation und Styling vermittelte. Zum Beispiel sponserte man die Freestyle-Ski-Weltmeisterschaften in Brekkenridge, Colorado, den ersten internationalen Breakdance Wettbewerb im Roxy in New York, Andrew Logan's alternative Miss World Show in London und Straßenmalerei in Paris. Zum Sponsoring gehörte auch die Swatch-Impact-Tour (Popmusik), die Tour des „Museum of Unnatural History" und die Performance in Brüssel „L'heure est l'art". Für Swatch waren diese alternativen Kommunikationsformen zur Botschaft und zu einem integralen Bestandteil der Marke Swatch geworden; tatsächlich bestimmten sie das Konzept und den Lifestyle von Swatch - die Welt eines bestimmten Lebensstils und von Werten, die Swatch und seine Kunden miteinander teilten.

Eine dynamische Produktlinie trug dazu bei, Interesse an Swatch zu wecken. Mehrere Male im Jahr brachte Swatch neue Uhrenkollektionen auf den Markt. Einige, wie trendgemäße Sportuhren, machten echte Produktinnovationen nötig, aber die meisten waren ganz von der Mode bestimmt. Swatch entwickelte sich zum aktiven Sponsor und Förderer der Pop-Kultur-Bewegung, zu der berühmte Designer und Künstler, wie Keith Haring, Alessandro Mendini, Kiki Picasso, Pierre Alechinsky und viele andere gehörten. Jede neue Uhr war schicker, verrückter und aufregender als die vorangegangene. Ereignisse wie Halley's Komet, die Perestroika, die Öffnung Osteuropas und der Weltumweltgipfel in Rio wurden jeweils durch eine Uhrenkollektion verewigt. 1992 schrieb Swatch selbst Geschichte. Die Verkaufsspitzenwerte lagen bei 100 Millionen US $ und machten Swatch zur meistverkauften Uhr der Geschichte.

Swatch gründete auch den Club der Swatch-Sammler. Für einen Jahresbeitrag von 90 US $ erhielten Mitglieder eine Swatch-Spezialuhr (anstelle eines Mitgliederausweises), ein freies Abonnement für das Swatch Street-Journal und den Jahreskatalog. Sie konnten an einer Lotterie für Uhren mit begrenzter Auflage teilnehmen und hatten Zugang zu den verschiedensten Swatch-Produkten, die typisch für den Swatch-Lifestyle waren, wie zum Beispiel Swatch-Sonnenbrillen und das Swatch-Mountainbike. Ein Jahr nach dem Beginn dieser Kampagne war die Mitgliederzahl auf 50.000 Swatch-Kunden angewachsen. Einige der limitierten Uhren wurden zu Sammlerstücken und sogar zu horrenden Preisen bei den Auktionen von Christie's und Sotheby's verkauft.

3. Empfehlungen zum Markenaufbau im Zeitalter der Post-Massenmedien

Wenn man aus diesen sechs und weiteren Fallstudien Rückschlüsse zieht, ist es möglich, mehrere Regeln zum Aufbau von Marken im Multimedia-Zeitalter aufzustellen. Eine Regel besteht darin, daß die Präsenz von „economies of scale" die Durchführbarkeit und Wirkung von Kommunikationsbemühungen, die auf Alternativ- oder Nischenmedien basieren, vergrößern kann. Erfolgreiche Anwender alternativer Medien sind deshalb im allgemeinen Megamarken in dem Sinne, daß sie durch ein beträchtliches Verkaufsvolumen unterstützt werden und weitreichenden Einsatz und Unterstützung ihrer Organisation erhalten. Oftmals sind diese Marken die dynamischsten im Portfolio einer Firma.

Weiterhin sticht ins Auge, daß alle erfolgreichen Kommunikationsmaßnahmen vier zentrale Regeln befolgen. Alle Maßnahmen sind derart gestaltet, daß

1. die Markenidentität klar erkennbar kommuniziert wird,
2. die Maßnahmen für den Konsumenten sichtbar sind,
3. die Maßnahmen zur Markenidentität und zur Zielgruppe passen und
4. die Maßnahmen konsequent umgesetzt werden.

Auf diese vier Regeln soll im folgenden näher eingegangen werden.

3.1 Klar erkennbare Kommunikation der Markenidentität

Die Identität, d. h. das Markenkonzept in der Vorstellung des Markenbesitzers, ist die Seele der Marke. Wenn man auf viele verschiedene Medien zurückgreift, ist es von entscheidender Bedeutung, über eine klare Markenidentität mit Tiefe und Substanz zu verfügen, so daß klare Richtlinien vorhanden sind für diejenigen, die die Kommunikationsprogramme entwerfen und implementieren sollen. Die Markenidentität sollte gestützt und gestärkt werden, Inkonsistenz und Mehrdeutigkeit sind zu vermeiden. Bedauerlicherweise ist eine klare, operationale Vision einer Markenidentität selten.

Eine starke, klare Identität ist mit jeder der sechs besprochenen Marken verbunden. Der Body Shop hat soziale Aktionen, Werte und Programme, verkauft natürliche Produkte und benutzt umweltbewußte Produkte und Verpackungen. Die soziale Verantwortung und die Philosophie „Gewinne mit Prinzipien" durchdringt die Aktivitäten und die Identität des Body Shops. Cadbury steht für gute englische Schokolade. Hugo Boss bedeutet Männlichkeit, Exklusivität und internationales Design. Buitoni vertritt gutes, typisch italienisches Essen mit einer interessanten Vielfalt. Häagen-Dazs ist ein reichhaltiges, cremiges, hochwertiges, anspruchsvolles und sinnliches Eis. Swatch steht für Spaß, Provokation, Jugendlichkeit, Style und Kunst und ist gleichzeitig eine funktionelle Schweizer Uhr zu einem niedrigen Preis.

Der gemeinsame Nenner ist die **Authentizität der Marken,** die oft durch ein Markenerbe unterstützt wird, das Tiefe und Substanz erwarten läßt. Body Shop, Swatch und Häagen-Dazs sind in ihrer Kategorie als authentische Marken positioniert. Im Bereich der Haut- und Körperpflege drückt Body Shop glaubwürdiges und aufrichtiges soziales Engagement aus und ist somit eine verantwortungsbewußte Marke. Swatch bleibt eine echte modische Schweizer Armbanduhr, die von Schweizer Ingenieuren entworfen und in der Schweiz hergestellt wurde. Sie wird in der ganzen Welt mit dem berühmten rot-weißen Symbol der Schweizer Qualität verkauft. Buitonis und Cadburys Identitäten basieren stark auf ihrem Markenerbe. Buitonis Ursprünge liegen in der Toskana. Die restaurierte Villa des Begründers dient als sichtbares Markensymbol. Cadbury wird in der Tradition der Quäker geführt. Der Unternehmenssprecher ist ein Mitglied der Familie Cadbury. Die Cadbury-Welt verbindet die Marke mit den Ursprüngen der Schokolade, die ein Teil der reichen Geschichte Englands ist. Authentizität und Erbe, die so ausgedrückt werden, tragen zur Vertrauenswürdigkeit und Glaubwürdigkeit einer Marke bei.

Fehlt eine klare, starke Markenidentität, ist eine Marke wie ein Schiff ohne Ruder. Man muß nur die Häagen-Dazs Markenidentität mit der von Farggi vergleichen, einer lokalen Marke, die auf dem spanischen Markt konkurriert und der katalanischen Familie Farga gehört. Der Name Farggi wurde ausgewählt, um dieser katalanischen Premium-Eiscrememarke ein italienisches Qualitätsimage zu verleihen und gleichzeitig die Familienwurzeln der Marke und ihre Verbindung mit dem La Farga-Pastageschäft zu vermitteln. Das Farggi-Eiscremeprodukt ist jedoch eine Eiscreme im amerikanischen Stil, d. h. genügend reichhaltig und cremig, um den Produktstandards für hochwertige Eiscreme zu entsprechen. In der Werbung wird auf das amerikanische Originalrezept hingewiesen, das Früchte bester Qualität und andere Zutaten aus den verschiedensten Quellen rund um Spanien enthält. Die Markenidentität von Farggi ist offensichtlich intern nicht konsistent. Das sich so ergebende Markenimage ist für den Verbraucher verwirrend. Die Marke ist weder italienisch, noch amerikanisch, noch spanisch, noch katalanisch. Sie ist alles und nichts.

Außerdem waren die Programme einer erstklassigen, teuren Eiscreme im amerikanischen Stil, die entwickelt wurden, um die Farggi-Marke auf den Markt zu bringen, inkonsistent. Farggi-Eiscreme wurde in 500 ml Einwegbechern (ursprünglich von Häagen-Dazs eingeführt) angeboten, die Familien über Eissalons (auch im Häagen-Dazs-Stil) in den prachtvollsten Straßen der Großstädte Spaniens erreichen sollten. Farggi wurde aber auch in Billigsupermärkten in sozial schwächeren Gegenden verkauft. Drei Jahre nach der Einführung beider Marken war Farggi Häagen-Dazs hinsichtlich Verkaufszahlen und Marktanteil sichtlich unterlegen.

Die besprochenen sechs Marken entwickelten alle Programme, die nicht nur konsistent mit der Markenidentität waren, sondern die diese auch aufbauten und unterstützten. Die Aktionen von Body Shop zur Rettung des Regenwaldes, die Verbindung von Cadbury mit der Kakao-Produktion, das Sponsoring von Porsche-Rennen durch Hugo Boss,

Häagen-Dazs Verbindung mit der Oper und die Publicity Stunts von Swatch sind nur wenige Beispiele eines gezielt durchgeführten Programms.

3.2 Gewährleistung der Sichtbarkeit identitätsbildender Aktionen

Die Rolle der Sichtbarkeit beim Aufbau substantieller Markenwerte wird oft unterschätzt. Einfaches Erkennen kann Wahrnehmungen beeinflussen, da Menschen dazu neigen, bekannte Marken zu schätzen, auch wenn sie diese niemals benutzt haben. Das einfache Erkennen einer Marke kann sogar auf Geschmackstests Einfluß haben. Die Markensichtbarkeit signalisiert Substanz, Erfolg und Energie. Vor allem japanische Firmen haben eine starke Präsenz in substantielle Markenwerte übertragen.

Viele der eben beschriebenen Programme zum Markenaufbau haben ihre Marke sichtbar gemacht und das Niveau der Markenbekanntheit erhöht. Das soziale Engagement von Body Shop, der Themenpark von Cadbury, das Sponsoring von Hugo Boss, die Prestigeläden von Häagen-Dazs und das unkonventionelle Sponsoring und die Publicity Stunts von Swatch hatten alle sichtbare Präsenz zum Ziel. Das Virgin Lichtschiff, immer noch das einzige beleuchtete Luftschiff der Welt, das in den Wochen vor der Eröffnung eines neuen Virgin Musikmegastores über den europäischen Städten kreuzt, ist ein weiteres Beispiel für ein alternatives Medium zur Erzeugung von starker Aktualität.

Sichtbarkeit sollte allerdings nicht um ihrer selbst willen das Ziel ernsthafter Anstrengungen zum Markenaufbau sein. Sie muß auf eine Weise entwickelt werden, die zur Vergrößerung der Markenidentität beiträgt. Die Maßnahmen zur Vergrößerung der Sichtbarkeit waren in den vorangegangenen sechs Fällen mit den Markenidentitäten konsistent. Die Bemühungen der United Colors of Benetton illustrieren die Risiken von Aktionen zur Aktualisierung einer Marke, die falsche Botschaften enthalten.

Benetton begann 1984 eine Medienkampagne, die Benettons Identität mit Jugend, kultureller Vielfalt, Harmonie zwischen den Rassen und Weltfrieden in Einklang brachte. Auf den Plakaten, die Benetton ab 1991 im Rahmen seiner mittlerweile berüchtigten Werbekampagne entwarf, sah man einen sterbenden AIDS-Patienten, eine Nonne, die einen gutaussehenden Priester küßt und ein Baby, auf dessen Hintern „HIV positiv" gestempelt war. Obwohl die Werbung mit großem Erfolg Publicity und Aktualität erzielte, war die Botschaft inkonsistent mit der Markenidentität und befremdete die Zielgruppe wie auch potentielle Kunden. Das Endergebnis bestand in rückläufigen Verkaufszahlen und einer ruinierten Marke.

Der Kunde soll dazu gebracht werden, Erfahrungen mit der Markenidentität zu machen. Umfangreiche, durch Medienwerbung vermittelte Informationen zur Marke können Anwendungserfahrungen nicht ersetzen. Erfahrungen mit der Anwendung von Markenidentität müssen jedoch über einen Geschmackstest hinausgehen, um den Kunden intensiver zu involvieren und Assoziationen herzustellen, die zum Aufbau einer Marke beitragen.

Die Kunden des Body Shops können Farbe, Beschaffenheit und Aroma der umweltbewußten Produkte erfahren. Sie können, was noch wichtiger ist, persönlich oder stellvertretend an den sozialen Aktivitäten des Unternehmens teilnehmen. Die Cadbury-World vermittelt eine Erfahrung, die mit der Cadbury-Identität verflochten ist. Wenn Häagen-Dazs in seinen Prestigeläden und bei kulturellen Ereignissen kostenlose Proben zur Verfügung stellt, verbinden sich hier Anwendungserfahrungen und Markenidentität. Die dynamische Produktlinie von Swatch mit ihren vielen Sondereditionen stimuliert nicht nur Impulskäufe, sondern trägt zur Bewahrung der Swatch-Identität und seiner für die Kunden relevanten Botschaft bei. Das Interesse der Kunden an italienischer Küche und italienischer Kultur spielt bei den Bemühungen zum Markenaufbau von Buitoni eine wichtige Rolle.

Außerdem sind die Kundenclubs von Body Shop, Swatch und Buitoni gute Mittel zur Befriedigung des Kundeninteresses. Sie stärken die Identität der Marken. Die Clubs sind nicht nur partizipative Outlets für die Produkte, sondern integrieren den Kunden auch in eine soziale Gruppe mit gemeinsamen Interessen, Aktivitäten und Zielen.

Zwei weitere Beispiele illustrieren die Stärke der Einbeziehung von Anwendungserfahrungen. Adidas hat über ganz Europa „Urban Culture"-Programme entwickelt, die eine Menge von Events umfassen, wie Streetball-Wettbewerbe, Streetball-Festivals, die „Field and Track Clinic" und andere. In wenigen Jahren haben sich diese populären Ereignisse zu einem kompletten Programm von Musik, Mode und Entertainment entwickelt, zu denen Hip Hop-Bands, Inlineskater und Break Dancer gehören. Durch Investition bedeutender Summen in diese Art von Markenaufbau hat Adidas ungefähr 35.000 Teilnehmer und eine Million Zuschauer angezogen. Außerdem kam es in mehr als 300 Veranstaltungen zur Mitarbeit führender Sportvereine, anderer Marktteilnehmer, die dieselben Jugendgruppen wie Adidas ansprechen wollen, berühmter Sportler und der Medien, wodurch ein bedeutender Anteil an kostenloser Werbung sichergestellt wurde. Adidas hat zum Teil aufgrund seiner „Urban Culture"-Programme, die nun eine ganze Reihe von Sportaktivitäten umfassen, einen Verkaufsrückgang umgekehrt, der in den frühen 80er Jahren begann. In den letzten Jahren konnten zweistellige Wachstums- und Marktanteilszahlen gemeldet werden, so daß Adidas wieder den dritten Platz auf dem amerikanischen Markt und den zweiten Platz in der Welt einnahm. Messungen zur Markenidentität und zur Markenwahrnehmung - vor allem bei jugendlichen Verbrauchern - zeigen ebenfalls wesentliche Verbesserungen.

Virgin gehörte zu den ersten englischen Einzelhändlern, die am CompuServe UK Shopping-Centre - einem virtuellen Einkaufszentrum - und an Versuchen zum World Wide Web teilnahmen. Abonnenten können über 500 CD's, Videos und Computerspiele kaufen und zusätzlich die umfangreichen Informationen zu Aufzeichnungen und neuen Veröffentlichungen im virtuellen Go-Megastore von Virgin nutzen. Das Unternehmen hat auch eine den Atlantik überquerende, strategische Allianz mit America Online aufgebaut, um ihre Entertainment- und Musik-Informationen in AOL's On-Line-Service zu integrieren. Virgins Motivation für den Einsatz der neuen Medien ist Ausdruck des Wunsches, CD's, Videos und Spiele an bestehende und neue Kunden zu verkaufen. Die frühzeitige Teilnahme des Unternehmens an diesen auf Technologie basierenden Medienversuchen drückt jedoch auch einen wesentlichen Aspekt der Virgin Markenidentität aus. Die Marke Virgin hat etwas zu tun mit Innovation, mit Spannung, mit einem unübertroffenen Preis-Leistungs-Verhältnis und dem Pioniergeist des Unternehmensgründers, einem Milliardär. Die Art, wie Virgin die neuen Medien einsetzt, erlaubt dem Verbraucher, die Identität von Virgin direkt zu erfahren, wodurch sich die Dynamik und Vitalität der Marke bestätigen.

3.3 Abstimmung der Maßnahmen auf Markenidentität und Zielgruppe

Alternative Medien geben oft Gelegenheit zu näherer und direkterer Zusammenarbeit mit dem Kunden. Die emotionale Wirkung geht jedoch verloren, wenn diejenigen, die am Erleben der Markenidentität teilhaben, nicht zur vorgesehenen Zielgruppe gehören.

Die Cadbury World richtet sich an Familien mit Kindern. Die emotionale Erfahrung der Teilnahme an einem Besuch der Cadbury World ist für Kinder stark und wird nicht so leicht vergessen. Dieselbe Erfahrung kann für andere jedoch wenig einladend sein. Buitoni ist für Menschen, die gerne essen und eine Vorliebe für Italien haben. Hugo Boss wendet sich an aufstrebende Männer, die im Geschäftsleben stehen. Das Sponsoring von Porsche ist mit diesem Marktziel konsistent, da Porsche traditionsgemäß eine männliche, erfolgs- und leistungsorientierte Markenpersönlichkeit hat. Zeitweilig erwog das Management die Einführung von Damenbekleidung. Aus gutem Grund wurde beschlossen, diese Linie nicht auf den Markt zu bringen, da sie die Identität von Hugo Boss verwässert hätte. Swatch ist für jugendliche, aufgeschlossene und avantgardistische Menschen jeden Alters. Daher war die außergewöhnliche und alternative Medienarbeit der Schlüssel zur Kommunikation mit dem Swatch-Kunden.

Für manche Märkte ist die Übereinstimmung von Markenidentität, Medien und Zielgruppe wichtiger als für andere. Dies trifft vor allem für das Alkohol- und Tabakgeschäft zu, für das konventionelle Werbung in den meisten Ländern gesetzlich verboten ist.

RJR Reynold löste dieses Problem für seine Marke Camel durch Verwendung innovativer, alternativer Medien, um mit Deutschlands jüngster Trendsetter-Generation und den Meinungsmachern der Techno-Szene zu kommunizieren. Es wurden sogenannte Raves, Mega-Events mit Technomusik, und Laser Shows organisiert. Zu den eigenständigsten Sponsorships gehörte der besonders beliebte Air Rave, eine 72 Stunden lange Nonstop-Party in einem gecharterten Flugzeug, das zwischen Köln und Kreta hin- und herflog.

Qualitative Marktstudien nach diesem Event zeigten eine erhöhte Wertschätzung für Camel wegen der dezenten, nicht offensiven Teilnahme an der Techno-Szene.

3.4 Gewährleistung einer konsequenten Markenführung

Wie stellt man nun sicher, daß Marken konsequent zielorientiert geführt werden? Im folgenden werden wir die zentralen organisatorischen Hintergründe, die für eine konsequente Markenführung unabdingbar sind, analysieren.

Reduktion organisatorischer Einschränkungen

Eine Organisation muß in der Lage sein, kreative Ansätze, neue Ideen und sogar Mißerfolge zu akzeptieren. Es ist wahrscheinlich kein Zufall, daß Häagen-Dazs in Europa unter der Leitung einer eigenen Gesellschaft ohne etablierte Normen eingeführt wurde. Erst nachdem die Marke erfolgreich eingeführt war, wurde die Gesellschaft in die Grand Met Food-Division eingegliedert, mit dem Ziel, economies of scope zu realisieren und den Beitrag zum Portfolio zu verbessern. Nestlé hob die Marke Buitoni zu einer strategischen Geschäftseinheit an. Dieser Schritt gab dem englischem Management große Verantwortung und Autorität für die Strategie von Buitoni. Es besteht kaum Zweifel, daß der Erfolg von Swatch in großem Maße einem außerordentlich unkonventionellen CEO zu verdanken war. Bei Hugo Boss war der innovative Marketing-Schub möglich, weil die Manager in Schlüsselfaktoren wie Design, Marketing und Kreativität autonom handeln konnten.

Der Body Shop setzt vernetzte Organisationsstrukturen und Managementprozesse ein. Ein externes Beratungsunternehmen stellt Gremien mit Personen verschiedener Funktionsbereiche und aus allen Hierarchieebenen zusammen. Damit wird sichergestellt, daß neue Ideen und Projekte im gesamten Unternehmen Aufmerksamkeit erhalten und vollständig implementiert werden. Ein Management-Komitee prüft darüber hinaus mehrmals im Jahr interne und externe Vorschläge.

Eine Möglichkeit, Organisationsbarrieren zu verringern, besteht darin, Pilottests durchzuführen, um aus erster Hand zu lernen, was funktioniert und was nicht, und um Vertrauen in Programme zu gewinnen, die neu und offenbar riskant sind. Die Swatch- und Häagen-Dazs-Programme profitierten natürlich von Pilottests. Buitonis Programm in England wird von Nestlé als ein Hauptpilottest angesehen.

Es bedarf jedoch nicht nur eines fruchtbaren Umfelds für Pilottests. Es muß darüber hinaus ein Plan ausgearbeitet werden, der den Einsatz und die notwendigen Schritte zur vollständigen Implementierung der Ideen im Portfolio und in den Landesorganisationen dokumentiert. Allzu häufig gibt es keinen Plan und demzufolge läßt die Effektivität neuer Projekte zu wünschen übrig.

Sicherstellung des Medienzugangs

Die Verfügbarkeit von Wissen und Fähigkeiten ist erforderlich für den Umgang mit Ansätzen wie Sponsoring, one-to-one-Marketing, Kundenclubs, Publicity Stunts, Public Relations, Handels-Events und Prestigeläden, Kostproben, dem Internet und anderen sich entwickelnden neuen Medien. Marken benötigen Zugang zu Medien, die in ihrem Kontext effektiv gestaltet werden können. Manager müssen die Meßergebnisse verstehen lernen. Die Beziehungen zwischen den verschiedenen Medienformen müssen verstanden werden, um Synergien nutzen zu können (vgl. hierzu den Beitrag „Aufbau und Pflege von Marken durch klassische Kommunikation" in diesem Buch).

Ein direkter Ansatz zur Absicherung des Zugangs zu alternativen Medien besteht darin, eine Position oder ein Team aufzubauen, das für die Überwachung neuer Kommunikationstechnologien, für erfolgreiche Aktivitäten anderer Unternehmen und für die Vernetzung mit bewährten Medienspezialisten und Anbietern zuständig ist. Die Person oder das Team, das für den Medienzugang verantwortlich ist, muß die aktuellen Medientrends kennen und ausreichende Technologiekenntnisse haben, um jeden Trend für einen bestimmten Zusammenhang auszuwerten. Darüber hinaus muß die Person den Markt überwachen, um zu wissen was, wo und warum funktioniert.

Zusätzlich zur Vernetzung mit Medienspezialisten und Anbietern müssen die für den Medienzugang Verantwortlichen auch wissen, wie die Marke effektiv im Zusammenhang mit den neuen Medien kommuniziert werden kann. So dient zum Beispiel die Abteilung für Werte und Visionen im Body Shop in gewissem Maße als Forschung & Entwicklungs- und Ideen-Abteilung für das Marketing. Sie garantiert, daß neue Produktideen und neue Möglichkeiten der Kommunikation mit den Verbrauchern und der Öffentlichkeit berücksichtigt und effektiv im Zusammenhang mit der Marke eingesetzt werden. Category-Manager, die dem Marketingleiter Bericht erstatten, übersetzen Ideen in Marketingmöglichkeiten für den Body Shop. Kürzlich hat der Body Shop alternative Schaufenster, den Zugang zum Internet und ein innovatives neues Laden-Radiokonzept getestet. Adidas hat wie Body Shop Category-Managerteams für jedes Segment des Schuhmarktes (z. B. Basketball, Fußball, Tennis) zusammengestellt. Diese Teams sind verantwortlich für die Vernetzung von Trendscouts, Medienspezialisten und Beratern, um Programme zum Markenaufbau innerhalb der Sportkategorien zu identifizieren und zu entwickeln.

Einige Unternehmen können von einer gut funktionierenden, globalen Infrastruktur profitieren, da viele alternative Medien kulturspezifisch sind. Eine globale Organisationsstruktur ist hilfreich bei der Identifikation und Verbreitung neuer Kommunikationsmöglichkeiten durch alternative Medienformen. Es muß allerdings ein Prozeß vorhanden sein, der so ein weltweites Lernen anregt. Ein gutes Beispiel ist das „Urban Culture"-Programm von Adidas. Das Kernstück dieses Programmes ist ein „one-on-one"-Wettbewerb zwischen Teams mit jeweils drei Spielern. Solche Wettbewerbe waren im Jugendsport in Deutschland jahrzehntelang eine Hauptstütze. Adidas baute diese kulturspezifische Aktivität jedoch zu einem kompletten Entertainmentspektakel aus und führte es überall in Europa mit großem Erfolg weiter, mit dem Ziel der Marke unter den 12- bis 24-Jährigen ein jüngeres Image zu verleihen.

Aufbau von Kernkompetenzen im Umgang mit alternativen Medien

Eine unterstützende Organisation und die Möglichkeit, Zugang zu alternativen Medien zu erhalten, sind notwendig, um Programme zum Markenaufbau zu implementieren. Das Ziel sollte allerdings sein, diese Ideen in Ressourcen und Fähigkeiten umzuwandeln, die zur Basis für einen beständigen Wettbewerbsvorteil werden. Wenn diese Kompetenzen jedoch leicht zu kopieren sind, wird dieser Wettbewerbsvorteil schnell aufgeholt sein.

Der Aufbau weitreichender Kompetenzen in bedeutenden Medienbereichen ist einer der Schlüssel zum Erhalt eines wirklichen Vorteils. Die Fähigkeit zum Aufbau einer Marke ist nicht leicht zu kopieren, wenn sie auf Ressourcen und Fähigkeiten beruht, die anderen nicht zur Verfügung stehen. Alle oben erörterten Marken haben eine spezifische Fähigkeit entwickelt, die führenden Medienformen einzusetzen, mit denen ihre Aktivitäten zum Aufbau von Marken betrieben werden. Buitoni hat zum Beispiel eine Direkt-Marketing-Abteilung für sein Programm aufgebaut. Cadbury, Swatch, Hugo Boss, Body Shop und Häagen-Dazs haben ebenfalls in ihren Unternehmen die Fähigkeiten entwickelt, führende Medien einzusetzen. Auch wenn der Body Shop mit neuen Medienagenturen vernetzt ist, werden alle Angelegenheiten, die mit den primären Kommunikationsmitteln und den Body Shop's zu tun haben, durch eine eigenständige Abteilung ausgeführt, welche dem Marketingleiter unterstellt ist.

Agenturen oder andere externe Anbieter sollten nicht den gesamten Prozeß von der Formulierung der Markenidentität zur Entwicklung des Kommunikationsplans bis zur Wahl, in welchen Medien die Umsetzung erfolgen soll, übernehmen. Dabei ist unerheblich, wie umfangreich ihre Kompetenz im Bereich der Kommunikation innerhalb und außerhalb der Medien oder im Bereich der neuen Medien ist. In einem solchen Fall wird allzu oft der Wagen vor die Pferde gespannt, der eigentliche Prozeß wird umgedreht und die Markenidentität wird geschaffen, um den Bemühungen der Agentur zu entsprechen.

Wenn die Markenstrategie mit dem Kommunikationsplan beginnt, endet der Prozeß mit den spezifischen Fähigkeiten des externen Anbieters. Wenn einer Agentur Vertrauen geschenkt wird, endet der Prozeß häufig mit der Suche nach der „großen Idee" und einer Kampagne, die traditionelle Medienwerbung benutzt, obwohl das nicht der beste Weg sein muß, um die Markenidentität gegenüber der Zielgruppe zu kommunizieren. Es ist schwer, aus der gewohnten Domäne der Werbung und Verkaufsförderung auszubrechen.

Etablierung einer zentralen Mediakoordination

Eigenständige Organisationseinheiten werden benötigt, um die Mediakoordination zu leiten, damit eine Marke effektiv aufgebaut werden kann. Man sollte mit einer Person oder einem Team beginnen, das für die Marke verantwortlich ist (d. h. einem Marken-

oder Category-Manager, einem richtigen Markenchampion wie bei Nestlé, einem globalen Markenmanager oder einem Kommunikationsmanager). Unabhängig davon, wer diese Position wahrnimmt, besteht die Aufgabe darin, eine starke, klare, reiche Identität herzustellen und sich zu vergewissern, daß die Identität gefördert wird und nichts zu Lasten der Marke geschieht. Die Beziehung zwischen dem Verbraucher und der Marke darf niemals beeinträchtigt werden.

Es sollte auch ein sowohl formeller als auch informeller Organisationsprozeß zur Mediakoordination etabliert werden. Der Prozeß kann die Kontrolle von Kommunikationsvorschlägen miteinbeziehen, um sicher zu gehen, daß diese Vorschläge die Identität unterstützen und mit ihr übereinstimmen (vgl. hierzu auch den Beitrag „Aufbau starker Marken durch integrierte Kommunikation" in diesem Buch). Er kann auch das Testen von Kommunikation und Konzepten umfassen, wenn die Markenidentität das Hauptbewertungskriterium darstellt.

Bei Body Shop zum Beispiel kommen der Board of Directors und das Management Committee häufig zusammen, um externe Kommunikationsoptionen zu prüfen.

Traditionelle Werbeagenturen können potentiell an der Koordination alternativer Medienformen der Werbung teilnehmen. Mehrere Agenturen haben diese Fähigkeit unter Beweis gestellt. Andere können es jedoch nicht, auch wenn sie viel Aufhebens darüber gemacht haben. Es ist wichtig, die Fähigkeit einer Agentur zu bewerten, ihre Pläne in die Tat umzusetzen. Organisiert sie sich um den Prozeß der Entwicklung der effektivsten Kommunikationsstrategie? Ist sie in Form traditioneller Mediensilos nach Werbung, Public Relations, Direct Marketing und interaktiven neuen Medien organisiert? Wie gut kann die Agentur die Medienintegration bewältigen?

Entscheidend ist, daß die Personen, die für die Marke und diejenigen, die für die Kommunikationsstrategie verantwortlich sind, die gleiche Denkweise haben. Body Shop ist ein gutes Beispiel dafür, wie man dieses Ziel erreicht. Die Verantwortung für die Marke und für die Kommunikation ist auf das Gründerpaar aufgeteilt. Unter anderen Umständen kann diese gemeinsame Denkweise durch die effektive Verwendung von Technologien, etwa Netzwerken, Computerverbindungen und einem Prozeßsplitting im Bereich der Medien erreicht werden. Ebenso durch die Entwicklung von virtuellen Büros oder durch bewährte, alte Formen zur Förderung der Koordination zwischen den Funktionsbereichen, wie dem Setzen von Zielen und der Besetzung von Schlüsselpositionen in Medien- und Markenpositionen mit entsprechenden Managern. Wenn Markenmanager und leitende Vertreter der Agenturen in allen Medientypen dieselbe Sprache sprechen, wird eine Basis geschaffen, auf der die Identität der Marke über alle Medien in konsistenter und effektiver Weise kommuniziert werden kann.

Franz-Rudolf Esch, Simone Roth, Greg Kiss und Marco Hardiman

Markenkommunikation im Internet

1. Herausforderungen der Markenkommunikation im Internet

Marken spielen im Internet eine ebenso bedeutende Rolle wie in der Offline-Welt. Gerade in der unüberschaubaren Vielfalt des Internets dienen **Marken als Orientierungspunkte**. Daher sollten Unternehmen die Bekanntheit und das Image ihrer vorhandenen Marken auch im Internet nutzen. Der Internet-Auftritt bekannter und starker Marken wird von Nutzern direkt angesurft, unabhängig davon, ob es sich um klassische Marken oder E-Brands handelt. Für schwache Marken liegt hingegen ein hohes Risiko in der Transparenz des Internets. Die Nutzer können sich über Konkurrenzmarken im gesamten World Wide Web informieren und entsprechende Vergleiche ziehen. Marken mit geringer Bekanntheit laufen damit Gefahr, im Hyperspace unterzugehen.

Zudem genießen Markenprodukte aus Konsumentensicht einen **Vertrauensvorsprung gegenüber unmarkierten Produkten** (vgl. den Beitrag „Herausforderungen und Aufgaben des Markenmanagements" in diesem Buch). Dieser Vertrauensvorsprung kann den Vertrauensmangel gegenüber dem Medium Internet kompensieren. Gerade E-Brands müssen deshalb Markenvertrauen aufbauen. Das Mißtrauen vor allem unerfahrener Internet-Nutzer zeigt sich unter anderem durch die Hemmungen, persönliche Daten preiszugeben oder online Käufe zu tätigen. So registriert beispielsweise der Online-Shop www.porzellantreff.de eine beträchtliche Anzahl Besucher, die verschiedene Produkte in ihren Warenkorb laden. Lediglich 5 bis 6 % der Kunden geben jedoch eine endgültige Online-Bestellung auf. American Express versucht das Vertrauen seiner Kunden durch die neue Blue Card, die auch für Transaktionen im Internet genutzt werden kann, zu kapitalisieren.

Für die Markenführung bieten Multimedialität und Interaktivität – zwei besondere Eigenschaften des Internets – **neue Möglichkeiten zur Vermittlung eines klaren und lebendigen Markenbildes**. Zwar haben E-Brands wie AOL, Yahoo! oder Amazon mit innovativen Leistungen und Werbekonzepten einen hohen Markenwert erreicht (vgl. Interbrand, 2001), allerdings mangelt es bei vielen Internet-Marken an einem klaren und unverwechselbaren Markenbild. Eine Fokussierung auf wenige relevante Positionierungseigenschaften findet nicht statt. Viele dieser Internet-Auftritte sind sogar hinsichtlich der Umsetzung zum Verwechseln ähnlich, so daß bei flüchtigem Betrachten ein Auftritt nicht der richtigen Marke zugeordnet werden kann. Dies führt in der Wahrnehmung der Konsumenten zu einer hohen Austauschbarkeit von E-Brands und Leistungen.

Ausgehend von den Herausforderungen der Markenkommunikation im Internet werden im folgenden strategische und sozialtechnische Empfehlungen für die Gestaltung von Markenauftritten gegeben. Ein systematisches Vorgehen ist bei der Gestaltung wichtig, denn der Internet-Auftritt einer Marke ist kein Selbstzweck. Vielmehr dient die Internetpräsenz dem Aufbau und der Stärkung der Marke. Bei den Konsumenten sollen klare, präferenzbildende Gedächtnisstrukturen und Vorstellungsbilder zur Marke entstehen.

2. Strategische Empfehlungen für den Aufbau von Markenbekanntheit und für die Markenpositionierung im Internet

2.1 Strategien von klassischen Marken und von E-Brands im Internet

Zentrale strategische Aufgabe der Markenkommunikation im Internet ist es, die Marke in den Köpfen der Konsumenten zu verankern (Schaffung von Markenbekanntheit) und gezielt Gedächtnisstrukturen zu einer Marke aufzubauen oder zu vertiefen (Schaffung von Markenimage). Die Summe der strategisch geplanten und umgesetzten Marketingmaßnahmen und deren subjektive Wahrnehmung, Bewertung und Speicherung spiegelt sich in den Gedächtnisinhalten der Konsumenten zu einer Marke wider. Ein markenwirksamer Internet-Auftritt muß in diesem Sinne strategisch geplant werden. Allerdings sind dabei die unterschiedlichen Ausgangssituationen von klassischen Marken und von E-Brands zu berücksichtigen.

Für klassische Marken ist der Internet-Auftritt nur eine weitere Facette des Markenauftritts. Geht man davon aus, daß die Bedürfnisse der Konsumenten sowie das Informationsinteresse an das Produkt beziehungsweise die Dienstleistung gleich bleiben, muß **die Beeinflussungsstrategie auch für den Internet-Auftritt beibehalten werden**. Konkret heißt dies: Eine Marke ist eine Marke! Demnach ändert sich durch ein neues Medium, in dem man für eine Marke kommuniziert, auch nicht der Markenauftritt. Klassische Marken müssen die typischen, mit ihnen verbundenen Markenassets, in das Internet übertragen und medienspezifisch deklinieren. Dazu ist es zunächst erforderlich, alle verbalen und nonverbalen Eindrücke, die Kunden mit einer Marke verbinden, zu erfassen. Dies können Slogans, Farbcodes, Schlüsselbilder, bestimmte Formen und ähnliches sein.

Diese Elemente sind dann entsprechend ihrer Bedeutung zur Stützung der Markenbekanntheit und des Markenimages in den Internet-Auftritt zu integrieren. Die besondere Herausforderung liegt nun gerade darin, diese **wichtigen Markenelemente in die Interaktion mit dem Nutzer einzubeziehen und modalitätsspezifisch umzusetzen**.

Viele traditionelle Marken haben ihre Beeinflussungsstrategie erfolgreich ins Netz übertragen. Beispielsweise positioniert sich die Marke Milka in den herkömmlichen Medien über die Alpenwelt, die lila Kuh, die besonders zarte Versuchung etc. Diese emotionale Strategie findet sich auch im Internet-Auftritt wieder.

Damit trifft man die Erwartungen der Kunden, die neben allgemeinen Erwartungen an das Layout und die Serviceleistungen eines Internet-Auftritts auch konkrete markenspezifische Umsetzungen wünschen. So erwarteten 88 % der Personen, die in einer Internet-Studie des Instituts für Marken- und Kommunikationsforschung an der Justus-

Liebig-Universität Gießen befragt wurden, bei der Marke Milka eine Kuh vorzufinden. 63 % der Befragten erwarteten ferner die Alpenwelt im Internet-Auftritt und 59 % der Probanden die Farbe lila[1].

Fazit: Der Internet-Auftritt klassischer Marken muß die bereits vorhandene Beeinflussungsstrategie aufgreifen. Hierbei spielt die inhaltliche und formale Integration des Internet-Auftritts mit den anderen Kommunikationsmitteln eine zentrale Rolle.

Anders verhält es sich hingegen bei E-Brands. Für E-Brands sind durch geeignete Maßnahmen Markenbekanntheit und ein Markenimage aufzubauen, damit diese zu den wahrgenommenen und akzeptierten Alternativen bei Produkten und Dienstleistungen gehören. Gerade die jüngeren Entwicklungen zeigen dabei, daß dies ein schwieriges Unterfangen ist, da klassische Marken aufgrund des vorhandenen Markenwissens und damit einhergehend auch des Markenvertrauens zunehmend den „First-Mover-Advantage" der E-Brands aushebeln.

2.2 Schaffung von Markenbekanntheit für E-Brands

Wie für jede andere neue Marke gilt auch für E-Brands die **Schaffung von Markenbekanntheit als oberstes Ziel** der Markenkommunikation. Ohne Bekanntheit gehören E-Brands nicht zu den wahrgenommenen Alternativen. Je höher die Bekanntheit eines Internetangebots, desto höher ist auch die Nutzungsbereitschaft (vgl. Stern Trendprofile, 2000 b, S. 24). Dabei behindern einige Rahmenbedingungen im Internet die Bemühungen von E-Brands, Bekanntheit zu schaffen:

1. Vergleichsweise geringe Reichweite und Frequenz des Internets: Das Internet verfügt im Vergleich zu Massenmedien wie Fernsehen, Radio etc. über eine geringere Reichweite und Frequenz (vgl. den Beitrag „Aufbau und Pflege von Marken durch klassische Kommunikation" in diesem Buch).

2. Vielzahl vorhandener Internetseiten: Die Fülle der Internetseiten nimmt immer mehr zu. Laut der deutschen Registrierungsstelle DENIC gibt es allein in Deutschland mehr als 4,6 Millionen registrierte Domains (Stand: Juli 2001). Damit besteht die Gefahr, daß Nutzer nur zufällig auf eine Website gelangen.

First Mover mit neuen Produkten oder Dienstleistungen wie beispielsweise Amazon oder eBay konnten sich einer enormen Aufmerksamkeit von Presse und Öffentlichkeit erfreuen. Diese E-Brands der ersten Stunden profitierten demnach durch unentgeltlich tätige Diffusionsagenten und Meinungsführer, die die neuen E-Brands thematisierten und auf die Tagesordnung brachten. Später ins Leben gerufene E-Brands verfügen in der Regel nicht über diesen „First-Mover-Advantage". Besonders für Nachzügler gilt des-

---

1   In dieser Studie wurden 376 Personen zu ihren Erwartungen hinsichtlich der Gestaltung von zwölf verschiedenen Markenauftritten aus vier verschiedenen Branchen befragt. Bei den Befragten handelte es sich überwiegend um Studenten, die über eine überdurchschnittliche Interneterfahrung verfügten.

halb, daß der Markenauftritt im Internet durch den integrierten Einsatz von Online- und Massenkommunikation zunächst bekannt zu machen ist (vgl. Sheehan/Doherty, 2001, S. 48; Maddox/Mehta, 1997, S. 56 f.).

Daraus ergibt sich bereits für viele E-Brands das erste Dilemma, da in der Regel nicht genügend Geld für Massenkommunikation zur Verfügung steht. Gerade für E-Brands, die ein stark spezialisiertes Angebot haben, das sich an stärker involvierte Personengruppen richtet, bieten sich interessante Below-the-line-Maßnahmen an. So können solche E-Brands Beiträge in Diskussionsforen oder Newsgroups einstellen. Zudem können kleine Anzeigen in Newsletter integriert werden. Newsletter sind regelmäßig von einem Anbieter versendete E-Mails, mit denen eingetragene Nutzer Informationen zu einem bestimmten Themengebiet erhalten (vgl. Matejcek, 2000, S. 65 ff.). Diese Werbeform wird bei Agenturen und Werbetreibenden immer beliebter. So gaben bei einer Befragung bereits 52 % an, diese Werbeform einsetzen zu wollen (vgl. Zimmer, 2001, S. 300).

Beim Aufbau einer hohen Bekanntheit kann neuen Marken zudem **eine unentgeltliche Multiplikatorwirkung durch die schnelle Diffusionsgeschwindigkeit von Informationen im Internet**, zum Beispiel in Newsgroups und Mailinglisten, zugute kommen (vgl. Conrady, 2000, S. 48). Beispielsweise verteilte Yahoo! Gratisaktien an Personen, die sich auf dem Internet-Auftritt der Marke registrieren ließen. Empfahlen die neuen Kunden Yahoo! weiter, erhielten sie für jeden neu geworbenen Kunden zusätzliche Gratisaktien. Die sich durch dieses Schneeballprinzip exponentiell vervielfachenden Empfehlungen steigerten die Bekanntheit von Yahoo! bei nur geringen Kosten. Weitere kommunikative Maßnahmen zum Aufbau von Markenbekanntheit, wie die Präsenz in Suchmaschinen, werden im Kapitel 3.1 besprochen.

Below-the-line-Maßnahmen reichen allerdings für große E-Brands, die sich an ein breites Publikum richten wollen, in der Regel nicht aus. **Hier ist für die Schaffung von Markenbekanntheit der Einsatz von Massenmedien notwendig.** Zunächst ist dafür zu sorgen, daß ein Nutzer schon vor dem ersten Aufruf der Internetpräsenz mit der Marke konfrontiert wurde. Besucher müssen sich in den meisten Fällen der Marke bereits bewußt sein, um auf deren Internet-Auftritt zu gelangen. Klassische Medien bieten dabei die beste Voraussetzung, eine große Zielgruppe zu erreichen (vgl. den Beitrag „Aufbau und Pflege von Marken durch klassische Kommunikation" in diesem Buch).

Bestes Beispiel hierfür ist die Marke AOL. Im Jahr 1999 hatte AOL lediglich 900.000 Mitglieder in Deutschland, T-Online hingegen 3,4 Mio. Mitglieder. Die Ursachen dafür waren vor allem die geringe Markenbekanntheit von AOL und das mangelnde Markenprofil. Deshalb wurde eine Medienkampagne mit dem Presenter Boris Becker („Bin ich schon drin?") initiiert, um die Markenbekanntheit zu steigern und zu zeigen, wie einfach der Umgang mit dem Internet auch für wenig technik-begabte Personen sein kann. Diese Kampagne wurde dann um eine Folgekampagne („drin bleiben") erweitert. Durch die Werbekampagnen und die positive Resonanz in der Presse konnte AOL die aktive Markenbekanntheit laut Emnid von 28 % im August 1999 auf 53 % im Dezember 2000 steigern. Die Nutzungsbereitschaft stieg im selben Zeitraum von 42 % auf 66 %. Das relative Wachstum von AOL in dem Betrachtungszeitraum war mit 57 % überproportional im Vergleich zu dem Konkurrenten T-Online.

2.3 Positionierung von E-Brands zur Schaffung eines klaren Markenimages

Dem gezielten Aufbau eines klaren Markenimages bei Konsumenten geht eine Entscheidung des Unternehmens über die Positionierung der E-Brand voraus. Zunächst ist festzulegen, wie sich **die eigene Marke in der subjektiven Wahrnehmung der Konsumenten von Konkurrenzmarken abgrenzen soll**. Die gewählten Positionierungseigenschaften müssen dabei den Wünschen und Bedürfnissen der Konsumenten entsprechen, für diese relevant sein und langfristig verfolgt werden können (vgl. den Beitrag „Markenpositionierung als Grundlage der Markenführung" in diesem Buch).

Im Sinne der Positionierung sind die Konsumenten zu beeinflussen und bestimmte Gedächtnisinhalte aufzubauen. Grundvoraussetzung dafür ist die Bekanntheit der Marke. Erst dann kann die Verankerung von spezifischen Assoziationen zu einer Marke – also der Aufbau oder die Vertiefung von Markenwissen – angestrebt werden (vgl. Keller, 1993, S. 3 f. sowie den Beitrag „Ansätze zur Messung des Markenwerts" in diesem Buch).

Marktstrategische Beeinflussungswege

Zur Verfolgung der Positionierung stehen vier marktstrategische Beeinflussungswege zur Verfügung, die auch für den Markenauftritt im Internet Gültigkeit besitzen:

- Positionierung durch informative Beeinflussung,
- Positionierung durch emotionale Beeinflussung,
- Positionierung durch emotionale und informative Beeinflussung sowie
- Positionierung durch Aktualität (vgl. Kroeber-Riel/Esch, 2000, S. 37).

Welche Strategie gewählt wird, hängt davon ab, ob die Bedürfnisse (emotionale Komponente) beziehungsweise die Informationen (informative Komponente) zu einem Angebot für den Konsumenten relevant sind oder nicht. Eine Positionierung durch Informationen ist dann sinnvoll, wenn Bedürfnisse bei den Konsumenten trivial, die Informationen über das Angebot hingegen wichtig sind. Die Positionierung durch emotionale Beeinflussung empfiehlt sich dann, wenn Informationen unbedeutend sind, weil sich die Marke hinsichtlich ihrer funktionalen Eigenschaften kaum von Wettbewerbern unterscheidet und diese Eigenschaften den Konsumenten hinreichend bekannt sind. Wenn sowohl die Informationen als auch die Bedürfnisse für den Konsumenten von Bedeutung sind, ist eine Positionierung durch emotionale und informative Beeinflussung zweckmäßig. Sind die Bedürfnisse und die Informationen trivial, beispielsweise bei Marken, denen Konsumenten ein sehr geringes Involvement entgegenbringen, genügt eine auffallende Inszenierung der Marke, also die Schaffung von Aktualität (vgl. Kroeber-Riel/Esch, 2000, S. 61 ff.).

Medienspezifische Implikationen für die Wahl der Beeinflussungsstrategie

In Bezug auf das Internet gibt es zwei Bestimmungsgrößen, die bei der Gestaltung eines Markenauftritts für E-Brands im Internet zu berücksichtigen sind:

1. **Situationsinvolvement**: Die Gründe, die den Konsumenten zur Nutzung des Internets treiben, resultieren in unterschiedlich stark involvierten Nutzern. Wird der Internet-Auftritt ohne ein klar umrissenes Suchziel durchwandert, spiegelt dies ein emotional oder generell geringes Involvement wider. Dieses Verhalten wird als **Browsing** bezeichnet. Das zielgerichtete Surfen mit einem klar umrissenen Suchziel, das von einem hohen kognitiven Involvement herrührt, bezeichnet hingegen das **Searching** (vgl. Esch/Langner/Jungen, 1999, S. 405 f.; Gall/Hannafin, 1994, S. 210)[2]. In einer Studie zu den konkreten Nutzungszielen äußerten Befragte an erster Stelle das Versenden von E-Mails (79,7 %), gefolgt von aktuellen Informationen (67,4 %). Doch bereits an dritter Stelle werden Unterhaltung und Neugier als Grund für die Internetnutzung angegeben (vgl. ComCult Research, 2001, S. 5). Ein weiterer Indikator für das Situationsinvolvement ist der Ort, an dem das Internet genutzt wird. Nach einer Studie des Stern nutzt der größte Anteil der befragten Personen das Internet von zu Hause (16 %), erst dann folgt die Nutzung am Arbeitsplatz (vgl. Stern Trendprofile, 2000 a, S. 6).

2. **Medieninvolvement**: Da der Nutzer eine Internetseite aktiv anwählen muß, setzt dies grundsätzlich ein höheres Involvement als in Radio und TV voraus.

Für die Wahl der Beeinflussungsstrategie bedeuten diese Erkenntnisse, daß sowohl hoch, als auch niedrig involvierten Nutzern Rechnung zu tragen ist. Um beiden Anspruchsgruppen (Browsern und Searchern) gerecht zu werden, empfiehlt sich die gemischte Positionierung für die Gestaltung eines Markenauftritts im Internet.

E-Brands sind in vielen Fällen mit Innovationen verbunden. Deshalb haben Informationen für den Internetnutzer eine hohe Bedeutung. Gleichzeitig beginnt sich der Markt mittlerweile zu sättigen. Immer mehr Konkurrenten treten mit vergleichbaren Produkten in den Markt. Beispielsweise finden sich im Internet immer mehr Anbieter von Suchmaschinen (z. B. Google, Altavista, Lycos). Funktionale Eigenschaften treten zunehmend in den Hintergrund. Für E-Brands wird es daher wichtig, die Beeinflussungsstrategie so zu wählen, daß dem Besucher im Internet **neben den Informationen auch ein emotionaler Nutzen** geboten wird. Ansatzpunkte für die Vermittlung eines emotionalen Nutzens finden sich reichlich. Durch die Produkte von AOL oder Netscape werden soziale

---

2   Dafür sprechen ebenfalls Daten aus verschiedenen Nutzertypologien. Die Typologien werden nach psychographischen Kriterien gebildet und liefern beispielsweise Nutzertypen wie den „Infoverweigerer" oder „passiven Unterhaltungsorientierten" beziehungsweise den „Info-Consumer" oder „überzeugten Info-User" (vgl. Focus Communication Networks 4.0, 2000, S. 6; Gruner + Jahr, 2001, S. 44).

Bedürfnisse beispielsweise nach Kommunikation (E-Mail versenden etc.) oder Spaß angesprochen. Dies müßte bei der Wahl der Beeinflussungsstrategie berücksichtigt werden. Als strategische Empfehlung gilt auch hier die gemischte Positionierungsstrategie. In späteren Entwicklungsstadien kann sich sogar eine rein emotionale Positionierung von E-Brands eignen.

2.4 Umsetzung der Positionierung für E-Brands und klassische Marken im Internet

Damit eine Marke im Gedächtnis des Nutzers verankert werden kann, ist die Umsetzung der Positionierung von hoher Bedeutung (vgl. den Beitrag „Markenpositionierung als Grundlage der Markenführung" in diesem Buch). Dies betrifft insbesondere Marken im Markenaufbau. Bei klassischen Marken und bei E-Brands dient der Internet-Auftritt dazu, die Positionierung des Angebots – neben anderen kommunikativen Maßnahmen – durch den Internet-Auftritt[3] zu stärken. Die Richtlinien, an denen sich die Anbieter von Internet-Marken und Marken der Old Economy bei der Gestaltung des eigenen Internet-Auftritts zu halten haben, sind gleich: **Kommuniziere die Positionierung wahrnehmbar, eigenständig und integriert!**

2.4.1 Wahrnehmbarkeit sichern

Für die erfolgreiche Umsetzung der Positionierungsstrategie ist entscheidend, ob der Besucher des Internet-Auftritts die Positionierung der Marke wahrnimmt. Im Internet gilt es dabei – ebenso wie in anderen Medien auch – dem Wahrnehmungsverhalten von Internetnutzern Rechnung zu tragen.

Dabei nimmt das Nutzungsverhalten (von Browsern und Searchern) im Internet Einfluß auf die Wahrnehmung (vgl. Esch/Langner/Jungen, 1999, S. 405 f.; Gall/Hannafin, 1994, S. 210). Des weiteren hängt das Wahrnehmungsverhalten im Internet von der Website-Ebene ab. Nach Ergebnissen von Blickaufzeichnungstests werden die Ziele und Absichten hinter einem Klick immer konkreter, je tiefer der Nutzer in den Internet-Auftritt einsteigt (vgl. Institut für Marketing und Handel an der Universität Göttingen, 2000). Dies impliziert ein ansteigendes Involvement in tieferen Ebenen des Internet-Auftritts. Schließlich sind für die Wahrnehmbarkeit einer Markenpositionierung im Internet auch Ergebnisse der Verhaltensforschung bedeutsam. Danach bevorzugen Konsumenten Bildinformationen vor Sprachinformationen, weil Bilder leichter aufgenom-

---

3   Als Mittel der Kommunikation stehen Marken im Internet neben der eigenen Website auch Mittel der Site-Promotion, wie z. B. die Banner Werbung oder der Eintrag in Suchmaschinen zur Verfügung.

men, verarbeitet und gespeichert werden können (vgl. Kroeber-Riel, 1996, S. 54, 73)[4].

Diese Erkenntnisse zum Wahrnehmungsverhalten werden bei der Gestaltung von Internet-Auftritten nicht konsequent genutzt. Inhaltsanalytischen Untersuchungen des Instituts für Marken- und Kommunikationsforschung an der Justus-Liebig-Universität Gießen zufolge wird in 68 % der untersuchten Internet-Auftritte die Umsetzung der jeweiligen Positionierungsstrategie als mittelmäßig bis schlecht beurteilt (vgl. Esch/Wicke/Kiesche/Jungen, 1999, S. 101)[5]. Dieses Ergebnis ist überraschend, denn laut einer Studie von Gruner + Jahr (1999) wollen 86 % der Unternehmen das Image der Marke mit ihrem Internet-Auftritt verbessern.

Da im Internet unterschiedliche Nutzungsverhalten zu finden sind, muß der Internet-Auftritt daran angepaßt werden. Ein Nutzer, der nur zufällig mit einer Website in Berührung kommt, kann die Positionierungsbotschaft nur dann aufnehmen, wenn diese schon mit wenigen Blicken erfaßt werden kann. **Marken müssen daher Elemente definieren, die ihre Positionierung wahrnehmbar im Internet umsetzen.** Body Shop setzt beispielsweise die Positionierung als natürliches und umweltbewußtes Unternehmen durch natürliche Farben und durch die Blätter, die Links zu weiteren Informationen zum Unternehmen darstellen, wahrnehmbar um (Abbildung 1).

Für die Wahrnehmbarkeit der Positionierung ist die Bildüberlegenheit gegenüber Sprache auf einer Internetseite zu berücksichtigen. Die Visualisierung der Marke ist im Internet über verschiedene Gestaltungsparameter möglich: Es können das Markenlogo, Maßnahmen des Corporate Design (Farben, Formen) oder auch Bilder verwendet werden. Eine besonders geeignete Möglichkeit, die Wahrnehmung der Positionierung durch Bilder umzusetzen, ist die Verwendung von Schlüsselbildern[6] (vgl. Kroeber-Riel, 1996, S. 306 ff.). Die wahrnehmbare Positionierung über Schlüsselbilder wird im Internet beispielsweise von Krombacher erfolgreich eingesetzt. Das für Krombacher typische Landschaftsfoto (ein See umgeben von Bäumen) steht für die Positionierungseigenschaft Natürlichkeit. Bei der Visualisierung einer Marke besteht die Möglichkeit, Markenbilder elektronisch zu animieren. Dieses Potential könnte beispielsweise die Marke Dallmayr nutzen. Im Internet-Auftritt wird das Schlüsselbild des Kaffeehauses verwendet. Die Inszenierung von Dallmayr ließe sich jedoch noch ausbauen, wenn man als Internetnutzer in das Kaffeehaus virtuell eintreten könnte.

---

4   Blickaufzeichnungstests haben ergeben, daß Nutzer nur 10 % bis 20 % der Objekte auf inhaltlich orientierten Homepages wahrnehmen. Die Art und Größe kurzer Texte sind ebenso von Bedeutung wie Bilder (vgl. Schub von Bossiazky, 2000). Dieser Zusammenhang konnte in einer Studie des Poynter Instituts nicht nachgewiesen werden. Dort wurden die graphischen Elemente weniger stark wahrgenommen als der Text (vgl. Poynter Institut, 2000). Eine Erklärung für die gegensätzlichen Ergebnisse des Poynter Instituts könnte unter anderem darin liegen, daß als Stimuli Nachrichten-Websites verwendet wurden, die den Probanden sehr vertraut waren und von diesen bevorzugt wurden.

5   Im Rahmen dieser Studie wurden insgesamt 758 Seiten der Internet-Auftritte von 45 Marken aus fünf Branchen nach jeweils 554 Kriterien analysiert (vgl. Esch/Wicke/Kiesche/Jungen, 1999).

6   Schlüsselbilder sind solche Bilder, die den visualisierten Kern einer Werbebotschaft enthalten (vgl. Kroeber-Riel, 1996, S. 306).

Die Vielschichtigkeit einer Website sollte ebenfalls für die Umsetzung der Positionierung genutzt werden. Wenn in unteren Ebenen die Ziele und Absichten der Nutzer konkreter werden, kann sich die Positionierung auch zunehmend in textlichen Elementen wiederfinden.

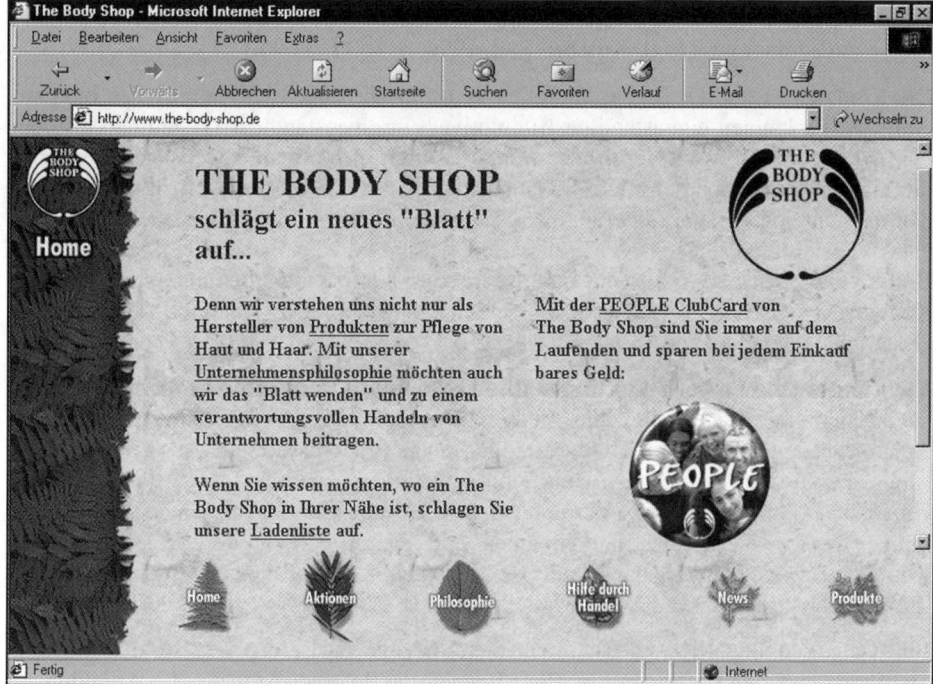

Abbildung 1:   Wahrnehmbare Vermittlung der Positionierung auf der Homepage von Body Shop
Quelle: www.the-body-shop.de, 25.7.2001.

2.4.2 Eigenständig gestalten

Austauschbare Internet-Auftritte prägen sich nicht im Gedächtnis des Besuchers ein und können deshalb einer Marke nicht zugeordnet werden. Die Folge davon ist, daß durch den Markenauftritt im Internet Gedächtnisinhalte zur Marke nicht vertieft oder aufgefrischt werden können. Es kann sogar dazu führen, daß der Internet-Auftritt einer anderen Marke zugeordnet wird und Gedächtnisinhalte dieser Marke unterstützt (vgl. Kroeber-Riel/Esch, 2000, S. 53). Erst durch die eigenständige Gestaltung eines Internet-Auftritts kann dieser auf das Markenkonto einzahlen.

Für die eigenständige Gestaltung des Internet-Auftritts gibt es formale und inhaltliche Mittel. **Die eigenständige Gestaltung darf niemals losgelöst vom restlichen Auftritt einer Marke erfolgen.** Sowohl die formale als auch die inhaltliche Eigenständigkeit kann durch eine sorgfältige Gestaltung des Textes, durch Bilder und durch akustische Elemente erzielt werden. In allen Gestaltungsoptionen besteht die Möglichkeit, bereits durch kleine unterscheidbare Details oder durch eine neuartige Kombination der Elemente Eigenständigkeit zu erreichen, um so sicherzustellen, daß eine Internetseite der Marke zugeordnet wird (vgl. Kroeber-Riel, 1996, S. 153 f., 269 f.).

Die formalen Mittel der Eigenständigkeit betreffen die äußere Gestaltung des Internet-Auftritts. Es können eigenständige Bildmotive, ein eigenständiger Gestaltungsstil oder eine besondere Farbwahl verwendet werden. Durch die formale Eigenständigkeit wird die Markenbekanntheit gefördert. So ist beispielsweise der Internet-Auftritt von SIXT in den markentypischen Farben orange und schwarz gehalten. Inhaltlich eigenständig kann eine Website nur dann sein, wenn nicht auf Klischees, zum Beispiel bei der Wahl des Bildmotivs, zurückgegriffen wird und der Internet-Auftritt inhaltlich unterscheidbar von Konkurrenten ist (vgl. Kroeber-Riel/Esch, 2000, S. 53). Die inhaltlich eigenständige Gestaltung unterstützt das Markenimage.

Viele Unternehmen berücksichtigen diese Erkenntnisse im Internet nicht. Die Folge davon sind Internet-Auftritte, die Stereotype verwenden oder die den Auftritten von Konkurrenten ähnlich sind. Dies bestätigen auch Ergebnisse einer Anonymisierungsstudie des Instituts für Marken- und Kommunikationsforschung an der Justus-Liebig-Universität Gießen. Nur 28 % der untersuchten Homepages konnten einer Marke zugeordnet werden, wenn der Markennamen und das Logo von der Website entfernt wurden[7]. Beispiele für austauschbare Gestaltungen von Websites lassen sich zahlreich finden, doch eigenständige Auftritte sind selten.

Einen eigenständigen formalen Auftritt bietet beispielsweise die Website der Jobbörse StepStone, auf der konsequent in allen Ebenen des Internet-Auftritts die Abbildungen von Steinen als formal eigenständige Elemente verwendet werden (vgl. Abbildung 2). Austauschbar – mit Ausnahme der verwendeten Farben - sind dagegen die Online Jobbörsen jobpilot und jobscout24. Beide verfügen über eine ähnlich hohe gestützte Markenbekanntheit von 11 % beziehungsweise 9 % (vgl. Stern Trendprofile, 2000 a, S. 13), aber die eigenständige Umsetzung zum Aufbau eines Markenimages fehlt. Die Seitenaufteilung der beiden Anbieter gleicht sich, es werden ähnlich viele Textbausteine auf der Internetseite verwendet, die Werbebanner finden sich bei beiden Anbietern oben im Internet-Auftritt, die Navigationsleiste ist formal ähnlich gestaltet etc.

---

7   In dieser Studie wurden 112 Personen zu 30 anonymisierten Markenauftritten befragt.

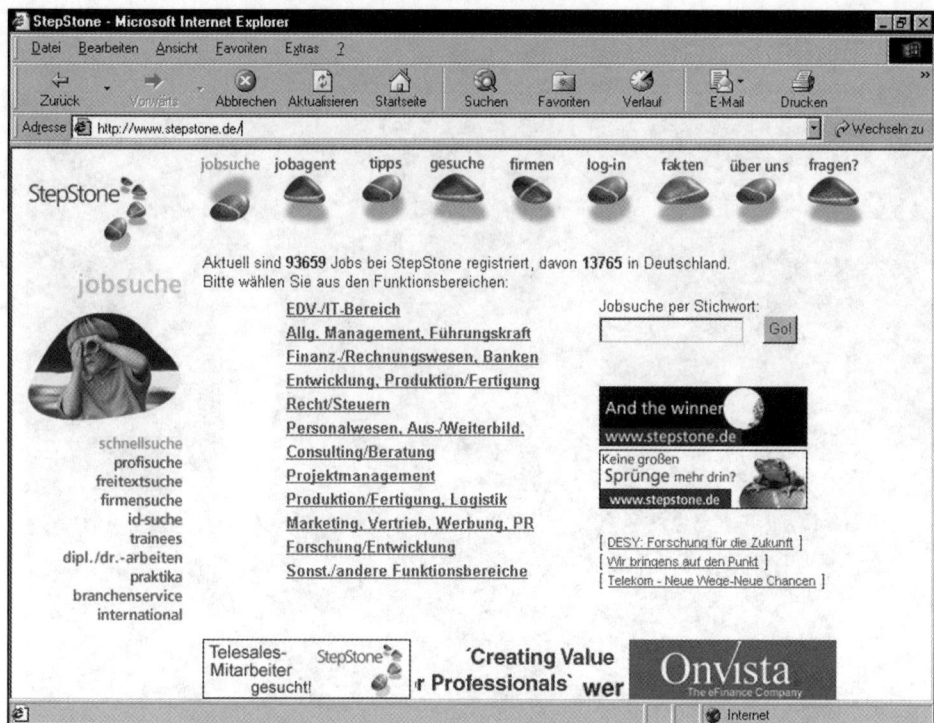

Abbildung 2:   Formal eigenständiger Internet-Auftritt der Marke StepStone
Quelle: www.stepstone.de, 25.7.2001.

Es gibt andererseits auch Internet-Auftritte, bei denen sich neben der formalen Gestaltung auch die inhaltlichen Informationen klar von den Wettbewerbern oder von Stereotypen unterscheiden. Einen solchen eigenständigen Internet-Auftritt hat beispielsweise die Marke Coca-Cola. In einer Studie, bei der die Homepage von Coca-Cola anonymisiert, das heißt Markenname und Logo entfernt wurden, ordneten alle Befragten die Website Coca-Cola zu, obwohl nur 22 % der Befragten die Seite schon einmal besucht hatten (vgl. Interbrand Zintzmeyer & Lux, 2000, S. 6). Die Erkenntnis, **daß die inhaltliche Eigenständigkeit zu einer besseren Zuordnung einer Seite zur Marke führt**, bestätigt auch ein Anonymisierungstest des Instituts für Marken- und Kommunikationsforschung an der Justus-Liebig-Universität Gießen. Die im Wettbewerbsvergleich inhaltlich eigenständige Umsetzung der Natürlichkeit auf der Homepage der Marke Krombacher führte zu einer höheren Wiedererkennung (73,5 %) verglichen mit dem Konkurrenten Warsteiner (43,8 %)[8]. Gründe liegen darin, daß die Homepage der Marke Warsteiner inhaltlich austauschbar ist, da Stereotype wie fröhliche Menschen, die einen stimmungsvollen Moment verbringen, verwendet werden (vgl. Abbildung 3).

---

8   In dieser Studie wurden 60 Personen zu zehn anonymisierten Markenauftritten im Internet befragt.

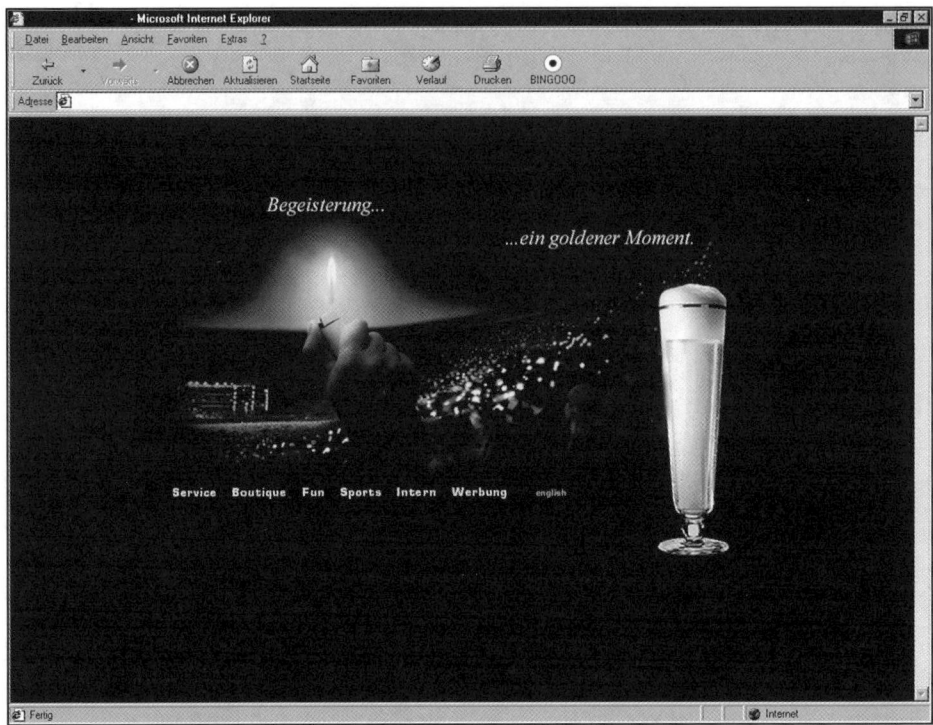

Abbildung 3:   Anonymisierte Homepage der Marke Warsteiner
Quelle: www.warsteiner.de, 9.5.2001.

2.4.3 Integriert kommunizieren

Aus gedächtnistheoretischen Untersuchungen ist bekannt, daß Wiederholungen notwendig sind, um Inhalte zu erlernen oder wiederaufzufrischen. Diese Erkenntnisse greift die integrierte Kommunikation auf. Die vermittelten Inhalte des Internet-Auftritts im Sinne der integrierten Kommunikation müssen daher **zum einen mit dem Auftritt der Marke in anderen Medien verzahnt sein und zum anderen innerhalb des Internet-Auftritts an sich abgestimmt sein**. Dadurch kommt es zu einer erhöhten Zahl von Kontakten mit der Marke und ihrer Botschaft. Dies ermöglicht den Aufbau und Erhalt klarer Gedächtnisstrukturen zu einer Marke und ist das Ziel der integrierten Kommunikation (vgl. Esch, 2001, S. 79). Die integrierte Kommunikation greift auf formale und inhaltliche Mittel zurück und bezieht sich auch auf eine zeitliche Stabilität der kommunizierten Inhalte (vgl. den Beitrag „Aufbau starker Marken durch integrierte Kommunikation" in diesem Buch). Eine inhaltliche Integration beschreibt die Abstimmung durch verbale Aussagen oder Bilder wie es sich beispielsweise im Internet-Auftritt von Milka widerspiegelt. Die formale Integration bezieht sich auf alle Elemente des Corporate Design oder auch auf bildliche Marken- und Firmensignale (vgl. Esch, 2001, S. 71). Beispielsweise verwendet Sarotti das Präsenzsignal des Mohrs im Internet.

Integration des Internet-Auftritts in andere Markenauftritte

Durch die Vermittlung gleicher Markenassoziationen in allen Medien können **Synergien beim Aufbau von Gedächtnisspuren** bei den Konsumenten erzeugt werden. Gemeint ist dabei die Abstimmung des Internet-Auftritts auf weitere Mittel der Massenkommunikation, aber auch die Abstimmung auf die Individualkommunikation (bspw. die persönliche Kommunikation) oder den Informationen zum Produkt (z. B. durch Informationen auf der Verpackung). Gerade dieser Aspekt ist für etablierte Marken, die über ein Markenimage verfügen, besonders wichtig. Dies gilt sowohl formal als auch inhaltlich. Besonders gut löst dies die Württembergische Versicherung (vgl. Abbildung 4).

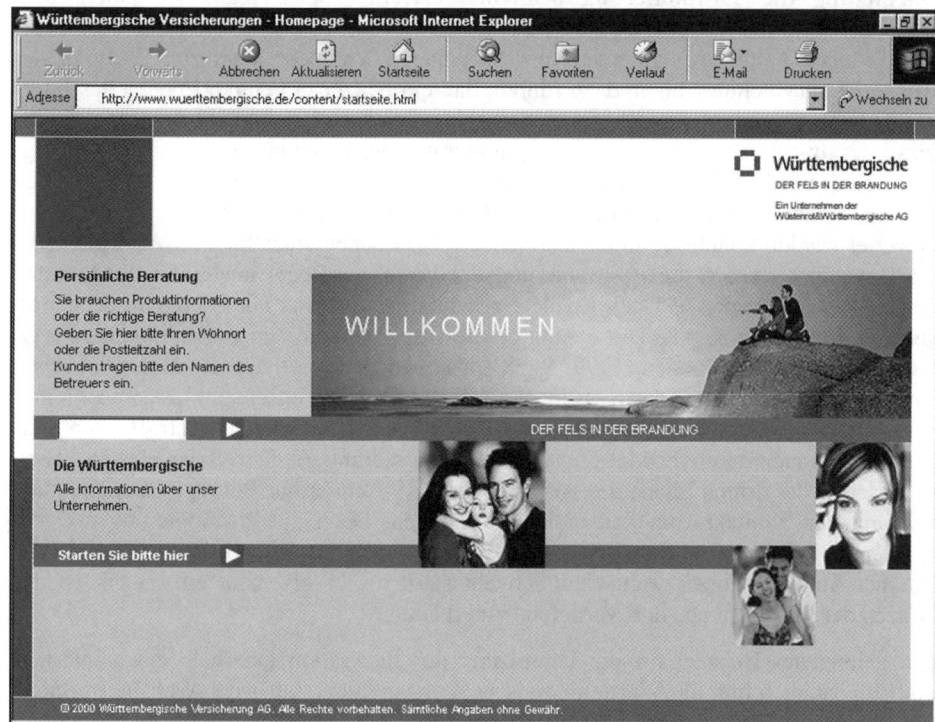

Abbildung 4: Internet-Auftritt der Württembergischen Versicherung
Quelle: www.wuerttembergische.de/content/startseite.html, 25.7.2001.

Im Internet findet sich ebenso wie in anderen Medien das Bild, das den Kern der Positionierung der Marke widerspiegelt: der Fels in der Brandung. Dies ist abgestimmt auf den Auftritt der Marke im Fernsehen oder in Printanzeigen, wo die Württembergische Versicherung ebenfalls auf das zentrale Schlüsselbild zurückgreift. Daneben verwendet die Württembergische Versicherung sowohl im Internet, als auch in anderen Medien wiederkehrende verbale Aussagen, die die Positionierung des Angebots widerspiegeln. Neben dieser inhaltlichen Integration greift die Württembergische Versicherung auch auf formale Klammern wie Farben, Logo etc. zurück, die in allen Medien verwendet werden.

Integration innerhalb des Internet-Auftritts

Über die Abstimmung zwischen den Medien hinaus, muß der Internet-Auftritt in sich selbst stimmig sein. Dies setzt voraus, daß eine formale beziehungsweise inhaltliche Integration der einzelnen Webseiten eines Internet-Auftritts vorgenommen wird. Surft ein Internetnutzer durch mehrere Seiten eines Angebots, kann er **durch die wiederholte Darbietung die Positionierung schneller erlernen** beziehungsweise auffrischen. Daneben ist im Internet durch die Hypertext-Struktur nicht sichergestellt, daß der Nutzer auf die erste Seite eines Internet-Auftritts gelangt. Vielmehr kann zum Beispiel der Rückgriff auf Suchmaschinen dazu führen, daß ein Nutzer in tieferen Ebenen des Internet-Auftritts einsteigt. Diese Aspekte werden von vielen Marken nicht beachtet. Ergebnisse des Instituts für Marken- und Kommunikationsforschung an der Justus-Liebig-Universität Gießen zeigen, daß die Umsetzung der Markenpositionierung auf der ersten Ebenen des Internet-Auftritts noch bei 59 % aller untersuchten Internetseiten als sehr gut bewertet werden konnte. Je tiefer man jedoch den Ebenen eines Internet-Auftritts folgt, desto weniger werden die Positionierungsinhalte in der Regel umgesetzt. So konnten beispielsweise auf der sechsten Ebene eines Internet-Auftritts nur noch 9 % der untersuchten Websites eine gute Umsetzung der Markenpositionierung attestiert werden (vgl. Esch/Wicke/Kiesche/Jungen, 1999, S. 58). Das bedeutet: Je tiefer der Nutzer in einen Internet-Auftritt gelangt, desto geringer wird die Sichtbarkeit einer Markenpositionierung. Doch gerade auf solchen Ebenen werden Kaufentscheidungen getroffen und das Markenvertrauen durch die klar umgesetzte Positionierung gestützt. Beispielsweise kann man sich in der dritten Ebene des Auftritts der DBV-Winterthur Beiträge berechnen lassen und den Kontakt zum Außendienst herstellen. Doch die Positionierung als „die Unkomplizierten" ist auf dieser Ebene nicht mehr umgesetzt. Da auf tieferen Ebenen des Internet-Auftritts Nutzer wahrscheinlich ein stärkeres Involvement aufweisen, ist der Nutzen der Marke gerade dort vertiefend zu erklären.

Ein gelungenes Beispiel für die Umsetzung der Integration innerhalb eines Internet-Auftritts ist auch hier die Württembergische Versicherung. Auf jeder Website im Internet findet sich die inhaltliche Integration mit Hilfe des Felsens, der in der Brandung steht. Ebenso verwendet die Württembergische Versicherung formale Elemente zur Integration, indem gleiche Farben und Formen in Schrift und Bild sowie das Markenzeichen auf den einzelnen Seiten der Württembergischen Versicherung abgebildet sind.

3. Sozialtechnische Empfehlungen für die Gestaltung von Markenauftritten im Internet

Unter Sozialtechnik wird die systematische Anwendung sozialwissenschaftlicher oder verhaltenswissenschaftlicher Erkenntnisse zur wirksamen Beeinflussung von Konsumenten verstanden (vgl. Kroeber-Riel/Esch, 2000, S. 127). Ähnlich wie beim Brückenbau statische Regeln und technische Gesetzmäßigkeiten zu beachten sind, müssen bei der Gestaltung von Markenauftritten im Internet wichtige verhaltenswissenschaftliche Gesetzmäßigkeiten berücksichtigt werden, damit die gewünschten Beeinflussungserfolge eintreten. Im folgenden werden Sozialtechniken aufgeführt, mit deren Hilfe eine wirksame Gestaltung von Markenauftritten im Internet erfolgen kann.

3.1 Kontakt herstellen und nutzen

Die Bedeutung der **Kontaktherstellung** wird im Internet häufig unterschätzt. Aufgrund der Vielzahl der Internet-Auftritte erscheint es außerordentlich schwer, mit einem Auftritt die entsprechende Zielgruppe zu erreichen und eine hohe Anzahl von Zugriffen zu generieren. Auch die neueste Einführung von weiteren sieben Top-Level-Domains wie .aero, .biz, .coop, .info, .museum, .name und .pro durch die ICANN (Internet Corporation for Assigned Names and Numbers) erleichtert die Kontaktschaffung im Internet nicht wesentlich. Aus diesem Grund ist die Bekanntheit einer Marke in jedem Fall durch die Wahl und frühzeitige Registrierung eines zum Markennamen passenden Domainnamens sowie weiterer Variationen der Schreibweise zu nutzen. Wider Erwarten ist beispielsweise der offizielle Internet-Auftritt von Body Shop zwar unter der Internet-Adresse www.the-body-shop.de zu finden, nicht jedoch unter www.thebodyshop.de, www.body-shop.de oder www.bodyshop.de. Dadurch wird das Auffinden des Markenauftritts im Internet unnötig erschwert.

Bei der **aktiven Suche** nach bestimmten Leistungen oder Angeboten im Internet wird neben der direkten Eingabe des URL (Unique Resource Locator) in der Regel auf Suchmaschinen zurückgegriffen. Daher sollte der Internet-Auftritt einer Marke in den wichtigen Suchmaschinen unter den relevanten Sucheigenschaften abrufbar sein. Hierbei ist jedoch zu beachten, daß die zum Teil unentgeltliche Präsenz in einer Suchmaschine kein Garant dafür ist, daß der Nutzer auch tatsächlich auf die Website gelangt. Die Bequemlichkeit beim Suchen verleitet den Nutzer dazu, nur wenige Alternativen aufzurufen und sich auf bekannte Marken, auf zuerst gelistete Marken oder auf Marken mit ansprechendem Namen zu konzentrieren (vgl. Esch/Langner/Jungen, 1999, S. 410 f.).

Passive Nutzer können durch unterschiedliche, in der Regel entgeltliche Online-Werbemaßnahmen auf den Internet-Auftritt einer Marke aufmerksam gemacht werden. Die bekannteste Form der Online-Werbung stellen **Werbebanner** dar, weil sie relativ einfache Kontroll- und Steuerungsmöglichkeiten bieten. Es handelt sich dabei um kleine, vorzugsweise in stark frequentierte Internet-Auftritte integrierte Grafikflächen, die ähnlich einer Zeitungsanzeige gestaltet und in der Regel verlinkt sind. Ein Nutzer, der einen Werbebanner mit der Maus anklickt, wird auf die Website des Werbetreibenden geleitet (vgl. Hermanns/Wißmeier/Sauter, 1998, S. 188; Jonske, 1999, S. 314 ff.; Leest, 1996, S. 25). Da Werbebanner auch ohne das Anklicken einen positiven Effekt auf Bekanntheit und Image der beworbenen Marke haben können (vgl. Briggs/Hollis, 1997, S. 36 ff.; Hermanns/Wißmeier/Sauter, 1998, S. 195 ff.), spielt die Click-Through-Rate bei der Messung der Werbewirkung von Bannern eine wesentlich geringere Rolle als früher angenommen. Werbebanner mit Bildreizen erzielen beispielsweise deutlich höhere Werbeerinnerungen als solche ohne visuelle Reize (vgl. Jarchow/Maruccia, 2000, S. 70 f.). Zudem steigt die Beachtung und Werbeerinnerung der Banner bei zunehmender Größe und bei Verknüpfung mit akustischen Elementen wie Jingles oder Sprachausgaben erheblich an (vgl. Bachofer, 1998, S. 84 ff.). Ähnlich wie Werbeblöcke im Fernsehen finden Werbebanner jedoch immer weniger Akzeptanz bei den Nutzern.

Microsites stellen eine Weiterentwicklung von Werbebannern dar. Diese sind kleinere Webseiten, die analog zu Bannern in stark frequentierte Internet-Auftritt eingebunden werden. Im Gegensatz zu Werbebannern zeichnen sich Microsites durch größere Interaktionsmöglichkeiten und höhere Multimedialität aus (vgl. Conrady, 2000, S. 49). Interstitials werden hingegen in dem aktuellen oder in einem neuen Browserfenster geöffnet, bevor der Nutzer auf die eigentlich aufgerufene Website gelangen kann (vgl. Jonske, 1999, S. 318).

Zu den Maßnahmen, die die Kontaktherstellung mit Besuchern eines Markenauftritts fördert, zählt auch die **Werbung durch E-Mails**. Dabei wird die Werbebotschaft in der Regel an redaktionelle Inhalte gehängt und die E-Mail nur an Abonnenten versendet, die vorher ihre Zustimmung gegeben und womöglich auch ihre Interessengebiete genannt haben. Der Abonnent erhält dann regelmäßig per E-Mail zum Beispiel aktuelle Nachrichten zu gewissen Themengebieten, die mit dazu passender Werbung versehen sind (vgl. Matejcek, 2000, S. 65 ff.).

Des weiteren kann mit dem Sponsoring von Online-Events beispielsweise eines Live-Konzerts eine große Zielgruppe erreicht und der eigene Internet-Auftritt beworben werden. Hierbei wird der Markenname oder das Logo auf den Webseiten des Online-Event plaziert und mit der eigenen Internetpräsenz verknüpft. Aber auch das Sponsoring von Newsgroups, in denen sich ein interessiertes Fachpublikum zu spezifischen Fragestellungen austauscht, ist eine vielversprechende Methode, um Besucher zu der eigenen Internetpräsenz zu führen (vgl. Riedl, 1999, S. 267).

Vor allem die **Kopplung von Massenkommunikation und Internet-Auftritt** stellt eine intelligente Lösung zur Kontaktherstellung mit einer breiten Zielgruppe dar. So wurde für den Renault Clio im dritten Werbespot mit Til Schweiger eine einmalige Verknüpfung von Fernsehen und Internet erreicht. Im ersten Teil des Spots fährt Til Schweiger am Steuer des Clio RS 2.0 16V unbemerkt an der Warnung „militärisches Sperrgebiet" vorbei. Daraufhin zielt eine Rakete mit Wärmesensor auf den Clio und steuert genau auf die Frontscheibe des Autos zu. Die Fortsetzung der Kurzgeschichte wird mit einem Hinweis auf den Internet-Auftritt verlagert. Dort konnten Besucher das Cockpit des Clio nach geeigneten „Abwehrwaffen" durchsuchen. Wer richtig tippte, erlebte den verblüffenden zweiten Teil des Werbespots noch vor der TV-Premiere.

Die Mehrheit der Internet-Nutzer erwartet, daß sie **über den Internet-Auftritt mit einem Unternehmen in direkten Kontakt** treten kann (vgl. ComCult Research, 1999). Eine solche Kontaktaufnahme ist jedoch dort, wo sie erwünscht wäre, häufig nicht möglich. Zudem ist sie oft an die Angabe persönlicher Daten geknüpft, die von Internet-Nutzern allerdings ungern preisgegeben werden. Da das Internet die schnelle Beantwortung von Anfragen ermöglicht, erwarten Besucher auch, daß ihre Anfragen in kürzester Zeit bearbeitet werden und eine Rückmeldung an sie erfolgt (vgl. Riedl, 1999, S. 268 f.; Strauss/Hill, 2001, S. 68 f.). Lange Reaktionszeiten und standardisierte Antworten auf persönliche Anfragen sind daher zu vermeiden.

Die Kontaktherstellung ist zwar eine notwendige, aber keineswegs hinreichende Bedingung für die Wirksamkeit eines Markenauftritts im Internet. Diese wird erst durch eine intensive Nutzung des Internet-Auftritts erreicht. Hierfür sind die Websites so zu gestalten, daß sich Nutzer mit deren Inhalten auseinandersetzen und ihre Verweildauer innerhalb des Internet-Auftritts erhöhen. **Die Besucher müssen stets aufs neue aktiviert werden, gleichzeitig sind Interaktionsbarrieren abzubauen.** So führen fehlende Auftaktinformationen bei einem Internet-Auftritt oder zeitintensive Begrüßungsanimationen ohne Abbruchmöglichkeiten zu Mißmut und mangelnder Bereitschaft zur weiteren Nutzung. Neben zu langen Ladezeiten (vgl. Esch/Wicke, 1999, S. 15 ff.; Weinberg, 2000, S. 31 ff.) liegen die wichtigsten Gründe für Interaktionsbarrieren in

- einer aufmerksamkeitsschwachen Gestaltung einzelner Internetseiten,
- der Nichterfüllung von Erwartungen der Konsumenten,
- einer hohen Komplexität der Seitengestaltung,
- einer undurchsichtigen Verknüpfungsstruktur der Internetseiten und
- einer schlechten Benutzerführung (vgl. Esch/Hardiman/Wicke, 2001; Esch/Langner/Jungen, 1998, S. 134 f.).

Durch den gezielten Einsatz emotionaler, überraschender oder physisch intensiver Reize ist, analog zur klassischen Werbung, Aufmerksamkeit zu schaffen und für eine intensivere Nutzung des Internet-Auftritts zu sorgen (vgl. Kroeber-Riel/Esch, 2000, S. 165 f.). Wie Untersuchungen zeigen, **ist die Übereinstimmung beim Betrachtungsverhalten von Internetseiten und klassischer Werbung groß** (vgl. Bachofer, 1998). Dies ist auch nicht verwunderlich, da sich die Grundmechanismen des Betrachtungsverhaltens von Medium zu Medium nicht ändern, sondern bestenfalls medienspezifisch etwas modifiziert werden (vgl. Esch/Langner/Jungen, 1998, S. 135).

Viele Internetseiten sind aktivierungsschwach und damit aufmerksamkeitsschwach gestaltet. Da sie die Aufmerksamkeit des Besuchers wenig erregen, steigt die Wahrscheinlichkeit, daß sich diese konkurrierenden Angeboten im Internet zuwenden. Der Abbruch des Kontakts ist vorprogrammiert, bevor er überhaupt richtig genutzt werden konnte.

Für eine wirksame Kontaktnutzung können auch virtuelle Berater (Bots) zum Einsatz kommen. Es handelt sich dabei um autonome Programme, die über eine gewisse Grundintelligenz verfügen, Sprache verstehen und während einer Kommunikation lernen können (vgl. Schöneburg, 2000, S. 46 f.). Ein virtueller Berater wird in einen Internet-Auftritt integriert und erlaubt dem Besucher, in seiner Sprache mit einer Website zu kommunizieren. Häufig treten virtuelle Berater in Gestalt eines Menschen auf, um Vertrauen zu erwecken. So ist auf den deutschen Webseiten von Schweppes ein virtueller Barkeeper namens Leo zu finden. Der Barkeeper führt den Besucher durch den Internet-Auftritt, stellt die einzelnen Schweppes Produkte vor und gibt Tips zur Eignung der Produkte für bestimmte Drinks und Cocktails (vgl. Abbildung 5).

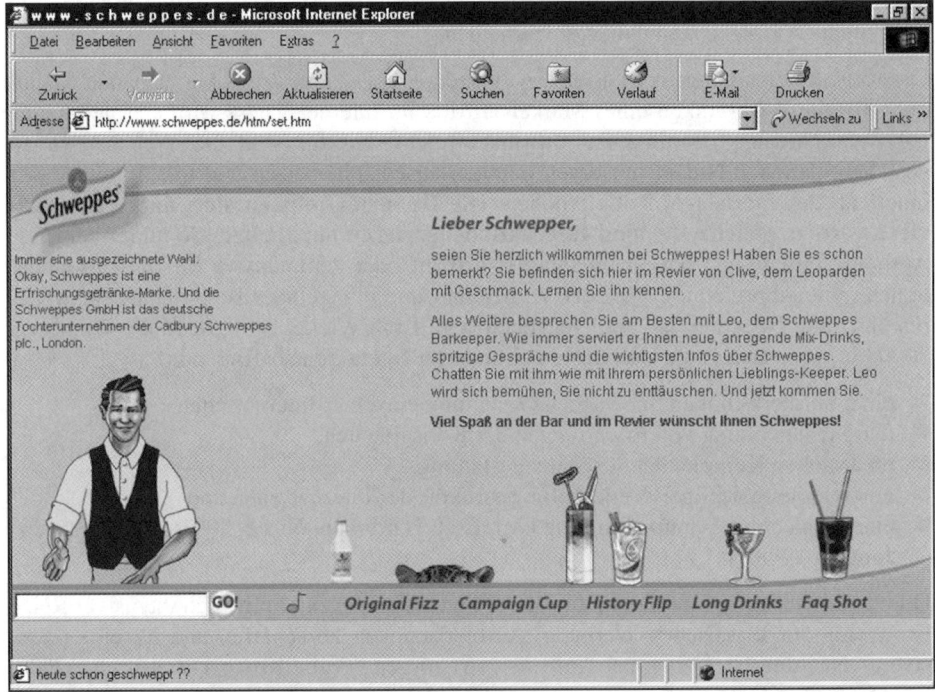

Abbildung 5: Virtueller Berater bei Schweppes
Quelle: www.schweppes.de, 25.7.2001.

Diese Bots dürfen allerdings kein Selbstzweck sein: Bei deren Einsatz kommt es im besonderen Maße darauf an, eine Programmierung zu erreichen, die den Wünschen und Bedürfnissen der Kunden und deren typischen Verhaltensweisen entspricht.

3.2 Informationen wirksam vermitteln

Die Bereitstellung von Informationen ist eine der wichtigsten Anforderungen an wirksame Internet-Auftritte (vgl. Kurz, 1998, S. 221; Leest, 1996, S. 25). **Mit der Interaktivität bietet das Internet eine Eigenschaft, über die klassische Medien nicht beziehungsweise nur mit Medienbruch verfügen.** Der Besucher kann die Interaktionsmöglichkeiten dazu nutzen, auf die für ihn relevanten Inhalte zuzugreifen und Informationen individuell zusammenzustellen. Für die wirksame Informationsvermittlung spielen somit eine gute Orientierung, eine klare Struktur und die Übersichtlichkeit des gesamten Internet-Auftritts eine entscheidende Rolle.

Das Navigationssystem bildet den Schlüssel zur Interaktion zwischen dem Internet-Auftritt einer Marke und dem Besucher. Ermöglicht das Navigationssystem eines Internet-Auftritts kein einfaches Zurechtfinden, steigt die Gefahr des Nutzungsabbruchs. Daher sollten durch das Navigationssystem bestehende mentale Modelle der Zielgruppe aktiviert werden[9], die einfache Rezepte zur Lösung des Navigationsproblems zur Verfügung stellen. Konkret heißt dies, daß die Zugänge eines Navigationssystems den Suchvorstellungen der Nutzer entsprechen sollten. Wenn ein Versicherungskunde beispielsweise in den Kategorien Lebensversicherung, Autoversicherung, Hausversicherung, Altersvorsorge usw. denkt, wäre es von einem Versicherungsunternehmen töricht, lediglich einen Zugang Kapitalversicherung statt zusätzlich auch Lebensversicherung zu bieten. **Navigationsmetaphern** orientieren sich an mentalen Modellen, indem sie Gesetzmäßigkeiten der realen Umwelt auf die Navigation übertragen (vgl. Gay/Mazur, 1991; Haack, 1995, S. 157 f.; Esch/Langner/Jungen, 1998, S. 135). Metaphern bieten den Vorteil, daß Besucher eines Internet-Auftritts einen vertrauten Anblick erhalten. So könnte beispielsweise der Einstieg in einen virtuellen Fahrstuhl mit Tasten für die einzelnen Stockwerke oder die Anmeldung an einer Rezeption die Navigation erleichtern (vgl. Abbildung 6).

Die Navigationsmetaphern dürfen sich jedoch nicht in Nebensächlichkeiten verlieren, sondern sollten eindeutige, verständliche Hinweise zur Aktivierung mentaler Modelle bieten. Die Navigationslogik ist stringent innerhalb des gesamten Internet-Auftritts zu verwenden. Das Navigationssystem muß zudem so konstruiert sein, daß seine Funktionsweise leicht erinnert werden kann. Bei seiner Gestaltung kann man sich die Überlegenheit visueller räumlicher Navigationsmetaphern und -hilfen zunutze machen (vgl. Esch/Hardiman/Langner, 2000, S. 14).

Informationsaufnahme und Übersichtlichkeit werden durch die **Komplexität vieler Internet-Auftritte** beeinträchtigt, so daß sich die Nutzer nur schwer auf den Webseiten zurechtfinden können. Nach einer Studie des Instituts für Marken- und Kommunikationsforschung an der Justus-Liebig-Universität Gießen wurden lediglich 43 % aller Navigationselemente und 41 % aller Präsentationsinhalte als wenig komplex eingestuft, 32 % der gesamten Internet-Auftritte galten dagegen als sehr komplex. Zudem wurde

---

9   Zu mentalen Modellen vergleiche ausführlich Johnson-Laird, 1983.

bei 59 % der Internetseiten die Übersicht durch notwendiges häufiges Scrollen erschwert (vgl. Esch/Wicke/Kiesche/Jungen, 1999, S. 89).

Abbildung 6:   Einsatz von Navigationsmetapher bei Manhattan Cosmetics
Quelle: www.manhattan.de, 25.7.2001.

Weiterhin ist die **Erkennbarkeit von Gestaltungselementen** häufig nicht gewährleistet. 63 % der Navigationselemente waren mittelmäßig beziehungsweise schlecht erkennbar, bei den Präsentationsinhalten waren es 55 %. Insgesamt wurden 79 % aller Internet-Auftritte im Hinblick auf die Erkennbarkeit von Gestaltungselementen als mittelmäßig bis schlecht beurteilt (vgl. Esch/Wicke/Kiesche/Jungen, 1999, S. 91).

Auf den einzelnen Webseiten einer Internetpräsenz **sollten Informationen hierarchisch dargeboten werden**, damit dem Besucher die wichtigste Information zuerst ins Auge fällt, danach die zweitwichtigste, die drittwichtigste usw. (vgl. Kroeber-Riel/Esch, 2000, S. 244 f.). Tatsächlich wurden nur 49 % der Internet-Auftritte hinsichtlich der hierar-chischen Informationsdarbietung positiv beurteilt. Lediglich die Hälfte der Navigati-onselemente erhielt in Bezug auf die hierarchische Darbietung das Prädikat „sehr gut". Die Präsentationsinhalte waren sogar nur zu 44 % hierarchisch gestaltet (vgl.

Esch/Wicke/Kiesche/Jungen, 1999, S. 89). Es besteht also noch Aufholbedarf, Informationen entsprechend ihrer Bedeutung zu strukturieren.

Zur effektiven und effizienten Vermittlung von Informationen lassen sich folgende Handlungsempfehlungen geben: Informationen sind hierarchisch zu vermitteln, das heißt die wichtigsten Informationen zur Marke sind zuerst zu präsentieren, dies gilt vor allem bei langen Ladezeiten. Zudem sind sie durch Bilder und Graphiken zu visualisieren. Um Wahrnehmungsbarrieren abzubauen, sollten wichtige Inhalte ohne Scrollen erreichbar und Texte gut strukturiert sein. Die Erkennbarkeit wichtiger Gestaltungselemente ist durch eine klare, deutliche und konkrete Gestaltung zu erhöhen. Markenprodukte sollten so real und direkt erfahrbar wie möglich präsentiert werden. Bei Mercedes Benz kann man sich beispielsweise mit der Maus im Fahrzeuginnenraum der V-Klasse umschauen (vgl. Abbildung 7).

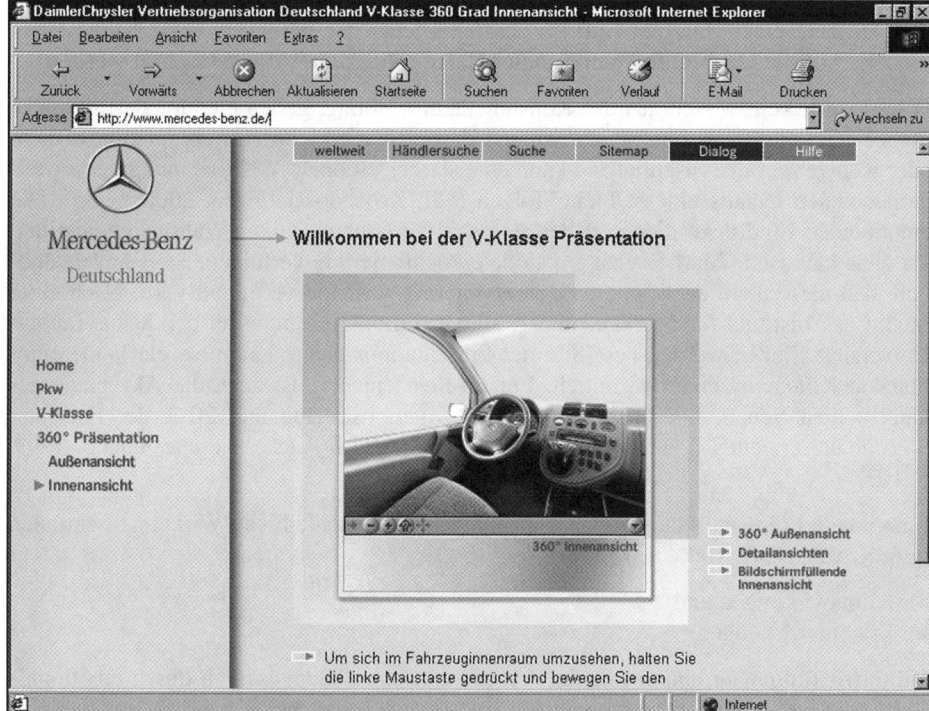

Abbildung 7:   360° Präsentation der V-Klasse bei Mercedes-Benz
Quelle: www.mercedes-benz.de, 25.7.2001.

Zudem sollten **positive Ausstrahlungseffekte von Produktumfeldreizen** gezielt zur Vermittlung kaufentscheidungsrelevanter Assoziationen eingesetzt werden. Bei der Vermittlung von Produktinformationen ist auf glaubwürdige und aktuelle Quellen, zum

Beispiel neutrale Testergebnisse oder Stellungnahmen von Kunden, zurückzugreifen. Amazon geht nach diesem Prinzip vor: Die Qualität eines Buchs wird hier durch Rezensionen aus der Presse sowie durch Leserurteile gestützt. Da im Internet der persönliche Kontakt zum Kunden fehlt, sind außerdem bildhafte und anschauliche Formulierungen zu wählen, um realistische Eindrücke bei den Besuchern zu vermitteln und Vertrauen aufzubauen.

3.3   Emotionale Wirkungen sicherstellen

Die bestehenden Möglichkeiten zur Erzeugung von Emotionen werden innerhalb von Markenauftritten im Internet bislang nur unzureichend genutzt. Dabei kommt dem Einsatz von emotionalen Reizen gerade bei der Beeinflussung von gering involvierten Internet-Nutzern eine Schlüsselbedeutung zu. Zudem steigt mit zunehmendem Gefallen die Absicht, einen Internet-Auftritt künftig wieder zu besuchen (vgl. Kurz, 1998, S. 224). **Auf die Darbietung emotionaler Reize sollte daher nie verzichtet werden**.

Folgt man Erkenntnissen aus der Konsumentenforschung, gehen emotionale Eindrücke immer den kognitiven Eindrücken voraus: Zunächst wird beurteilt, ob ein Objekt mehr oder weniger gefällt, anschließend kann eine stärker rationale Wahrnehmung der jeweils dargebotenen Details eines Objekts folgen (vgl. Kroeber-Riel/Esch, 2000, S. 36). Die emotionalen Eindrücke dienen dabei als positiver oder negativer Wahrnehmungsfilter. Da viele klassische Marken eine emotionale Positionierung verfolgen, ist es unverständlich, daß diese nicht auch innerhalb ihrer Internet-Auftritte vermittelt wird. Nach einer Studie des Instituts für Marken- und Kommunikationsforschung an der Justus-Liebig-Universität Gießen werden bei 78 % der Präsentationsinhalte kaum bis gar keine emotionalen Klimawirkungen vermittelt. Entsprechend niedrig ist auch die Akzeptanz der untersuchten Seiten. Lediglich 16 % der Navigationsinhalte und 20 % der Präsentationsinhalte erzielten höhere Akzeptanzwerte (vgl. Esch/Wicke/Kiesche/Jungen, 1999, S. 103).

Emotionale Elemente können grundsätzlich zwei unterschiedliche Wirkungen entfalten (vgl. Kroeber-Riel, 1996, S. 155):

- Klimawirkungen und
- Erlebniswirkungen.

Klimawirkungen in einem Internet-Auftritt entstehen hauptsächlich durch emotionale Reize, die wenig bewußt aufgenommen und peripher verarbeitet werden. Positive Klimawirkungen verbessern den Erfolg des Markenauftritts, indem sie die Informationsvermittlung unterstützen (vgl. Kroeber-Riel/Esch, 2000, S. 210 ff.). Beim heutigen Stand der Technik bieten sich zur Herstellung eines positiven Wahrnehmungsklimas vor allem optische und akustische Gestaltungsmittel innerhalb eines Internet-Auftritts an. Beispielsweise wird im Internet-Auftritt der Marke Kellogg's durch ein Kornfeld im Hintergrund sowie durch Vogelzwitschern ein „natürliches" Wahrnehmungsklima geschaffen (vgl. Abbildung 8). Auch angenehme Hintergrundmusik eignet sich dazu, das Wahrnehmungsklima zu verbessern. Die Klimawirkungen sollten jedoch überwiegend durch die visuelle Ansprache des Konsumenten entstehen, da immer noch viele Endgeräte technisch nicht in der Lage sind, Töne wiederzugeben oder die Lautsprecher der PCs oft einfach nicht eingeschaltet sind.

Abbildung 8:   Emotionale Reize zur Erzeugung positiver Klimawirkungen bei Kellogg's
Quelle: www.kelloggs.de, 25.7.2001.

Die **Hintergrundgestaltung** ist ein wichtiges optisches Gestaltungsmittel zur Schaffung eines angenehmen Wahrnehmungsklimas. Sofern die Wahrnehmbarkeit anderer Gestaltungsmittel wie zum Beispiel des Textes nicht gefährdet wird, können hier durch Farben, Muster oder Bilder positive Klimawirkungen erzeugt werden. Des weiteren ist die Gestaltung der Navigation hervorzuheben. Der Einsatz von Bildern macht diese wegen der besseren Entschlüsselungs- und Gedächtnisleistungen zu idealen Werkzeugen für die Orientierung innerhalb eines komplexen Internet-Auftritts, die zugleich das Klima verbessern oder sogar spezifische Erlebnisse vermitteln können.

Erlebniswirkungen werden durch dominante emotionale Reize ausgelöst, die zentral verarbeitet werden (vgl. Kroeber-Riel, 1996, S. 155 ff.). Zur Vermittlung von Erlebnissen sollte auf einer Website hauptsächlich auf große, emotionsstarke Bilder zurückgegriffen werden. Auch Animationen, die häufig als Begrüßung bei einem Internet-Auftritt genutzt werden (Intros), eignen sich gut, um emotionale Erlebnisse zu erzeugen. Die Marke sollte dabei auf jeden Fall in das vermittelte Erlebnis integriert sein, das heißt die emotionalen Wirkungen sind auf die Markenpositionierung abzustimmen. So verwendet Coca-Cola als Intro in ihrem Internet-Auftritt den aktuellen Jingle „Life tastes good", um den Nutzer auf die unbeschwerte Coca-Cola-Welt einzustimmen. Zudem wird dieses Lebensgefühl auch in animierten Bildern umgesetzt, in denen die Marke Coca-Cola integriert ist (Abbildung 9). Allerdings reicht eine Erlebnisvermittlung, die nur zur Begrüßung des Konsumenten verwendet wird, nicht aus. Das Erlebnis sollte auf jeder Seite des Markenauftritts erkennbar sein.

Abbildung 9:   Erlebniswirkung bei Coca-Cola
Quelle: www.coca-cola.com, 25.7.2001.

3.4   Kundenbindung aufbauen

Es ist seit langem bekannt, daß Stammkunden für ein Unternehmen profitabler sind als Neukunden (vgl. Reichheld/Sasser, 1990, S. 106 f.). Für die Markenführung ist daher der Aufbau einer intensiven und langfristigen Kundenbeziehung essentiell, um beim Kunden eine emotionale Bindung zu der Marke aufzubauen, die Anzahl der Markenwechsler zu verringern und die Weiterempfehlungsabsicht sowie die Toleranz der Kunden gegenüber Fehlern zu erhöhen (vgl. Rapp/Giehler, 1999, S. 278; Müller/Riesenbeck, 1991, S. 69).

Für die Kundenbindung im Internet stellt der Nutzengewinn, den ein Internet-Auftritt dem Besucher bietet, einen wichtigen Erfolgsfaktor dar. Ergibt sich aus dem Aufruf einer Internetpräsenz kein subjektiver Nutzen für den Besucher, so ist der wiederholte Aufruf der Website unwahrscheinlich. Im Gegensatz zu klassischen Medien ermöglicht der Auftritt einer Marke im Internet jedoch die einfache Sammlung und Analyse kundenrelevanter Informationen, den Dialog in Echtzeit und die differenzierte Behandlung von Kunden (vgl. Krafft, 1999, S. 169 ff.; Rapp/Giehler, 1999, S. 286 f.). Dies kann zu einer höheren Kundenbindung führen, wenn stärker als bisher auf die spezifischen Bedürfnisse der Kunden Bezug genommen und eine **Individualisierung** von Angeboten erzielt wird (vgl. Riedl/Busch, 1997, S. 163 ff.; Wind/Rangaswamy, 2001, S. 17 ff.; Kenny/Marshall, 2001, S. 86).

Eine wirksame Methode zur Kundenbindung ist das Anbieten von **sachlichen und emotionalen Mehrwertdiensten** im Internet. Mehrwertdienste sind Angebote, die nicht unmittelbar mit dem Verkauf im Zusammenhang stehen (vgl. Esch/Langner/Fuchs, 1998, S. 200). Ziel der Mehrwertdienste ist vielmehr die Generierung von Zugriffen und die Erhöhung der Verweildauer auf der Website. Die Mehrwertdienste sollten idealerweise die Marke in ansprechender Form inszenieren. Zudem sind sie auf die Bedürfnisse und Wünsche der Kunden sowie auf die Markenpositionierung abzustimmen. In einer Studie des Instituts für Marken- und Kommunikationsforschung an der Justus-Liebig-Universität Gießen wurden die Erwartungen von Konsumenten an Markenauftritte im Internet erfaßt. Bei den untersuchten Marken erwarteten die Befragten in der Mehrzahl konkrete markenspezifische Gestaltungselemente, zum Beispiel bei der Marke Milka die lila Kuh und die Alpenwelt.

Eine Möglichkeit, diese Erwartungen der Konsumenten zu erfüllen, stellen emotionale Mehrwertdienste dar, die die Markenwelt reflektieren. Als Positivbeispiel kann daher der originelle Internet-Auftritt von Milka herangezogen werden. Auf den Webseiten zur Marke kann man unter der Rubrik „Alpen-Spaß" nicht nur einen lila „Adventure Truck" virtuell von Bremen nach Zell fahren, sondern auch die Patenschaft für eine Milka-Kuh übernehmen. Eine gute, fürsorgliche Pflege setzt regelmäßige Besuche voraus und wird mit einem Milka-Präsent belohnt (vgl. Abbildung 10).

Emotionale Mehrwertdienste sind besonders gut für Browser geeignet, die nach Anregung und nach Stimulation suchen (vgl. Esch/Langner/Jungen, 1998, S. 142). Der innerhalb des Auftritts gebotene Spaßfaktor muß allerdings markenspezifisch dekliniert werden, wie es beispielsweise auf der Website von Jack Daniel's erfolgt (vgl. Abbildung 11). In einem Spiel kann man in die Rolle des kleinen Dale McGee schlüpfen und mit Faßkorken und einer Schleuder auf verschiedene Gegenstände schießen. Dabei wurden die typischen Markenelemente von Jack Daniel's in das Spiel integriert, wie die typische

Vierkant-Flasche und die Eichenfässer, in denen der Whiskey lange reift oder die Destillateure, die vor sich hin dösen, weil echter Jack Daniel's lange reifen muß.

Abbildung 10:   Emotionaler Mehrwertdienst bei Milka
Quelle: www.milka.de, 25.7.2001.

Abbildung 11:   Emotionaler Mehrwertdienst bei Jack Daniel's
Quelle: www.jackdaniels.de, 25.7.2001.

Für Searcher empfehlen sich vor allem sachliche Mehrwertdienste. Durch das höhere kognitive Involvement des Searchers muß der Nutzen klar erkennbar sein (vgl. Esch/Langner/Jungen, 1998, S. 141 f.). Als gelungenes Beispiel für einen sachlichen Mehrwertdienst, der zur Stärkung der eigenen Markenprodukte beiträgt, ist die Website reflect.com von Procter & Gamble zu nennen. Hier findet der Besucher Tips & Tricks rund um das Thema Schönheit sowie Produktempfehlungen aufgrund von Angaben zur eigenen Person. Zudem können die Schönheits- und Pflegeprodukte mit Inhaltsstoffen bestellt werden, die entsprechend den Wünschen und Bedürfnissen der Kunden zusammengestellt werden (vgl. Wind/Rangaswamy, 2001, S. 22 ff.). Einen sachlichen Zusatznutzen bietet auch die Website von Chanel, auf der man Daten zu dem eigenen Hauttyp eingeben kann, um wertvolle Hinweise zur individuellen Pflege der eigenen Haut zu erhalten (vgl. Abbildung 12).

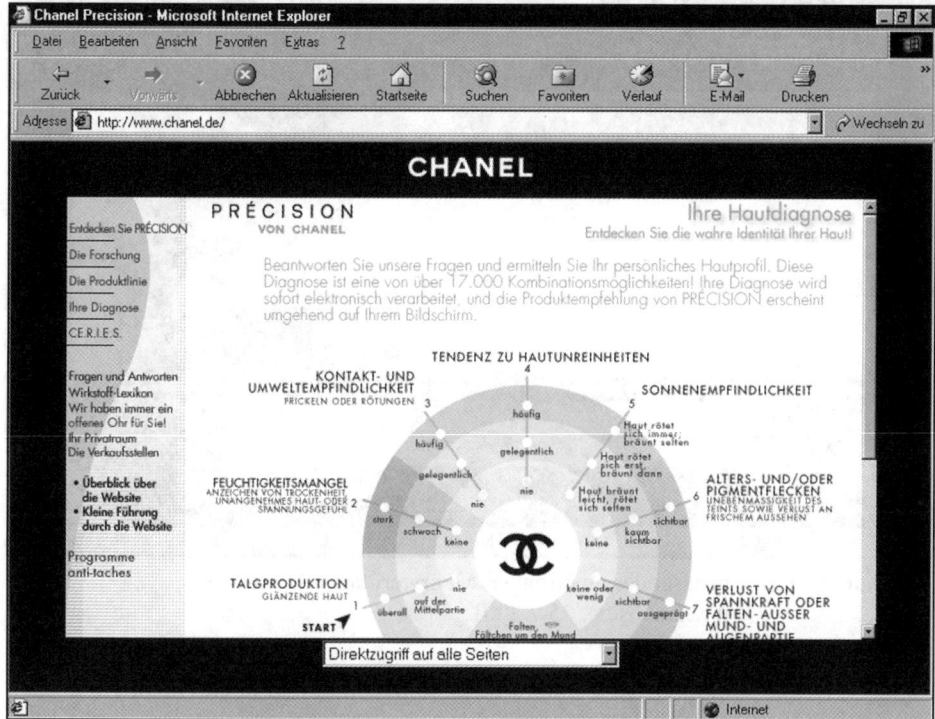

Abbildung 12:   Sachlicher Mehrwertdienst bei Chanel
Quelle: www.chanel.de, 25.7.2001.

Mehrwertdienste dürfen jedoch nicht zum Selbstzweck werden. Die Relevanz für den Nutzer und die Passung zur Marke ist sicherzustellen. Unzweckmäßig sind Mehrwertdienste innerhalb des Internet-Auftritts, die weder zu dem Markenkern passen, noch auf die Markenpositionierung eingehen. Dies kann zu einer Schwächung der Marke führen. So besteht zum Beispiel innerhalb des Internet-Auftritts von Jacobs Café unter der Rubrik „Streichelcafe" die Möglichkeit, mit dem Cursor eine Gitarre zu spielen oder eine Katze zu streicheln, die daraufhin schnurrt und miaut (vgl. Abbildung 13). Diese emotionalen Mehrwertdienste schaffen zwar Interaktivität auf den Webseiten, eine emotionale Bindung zur Marke wird jedoch nicht hergestellt.

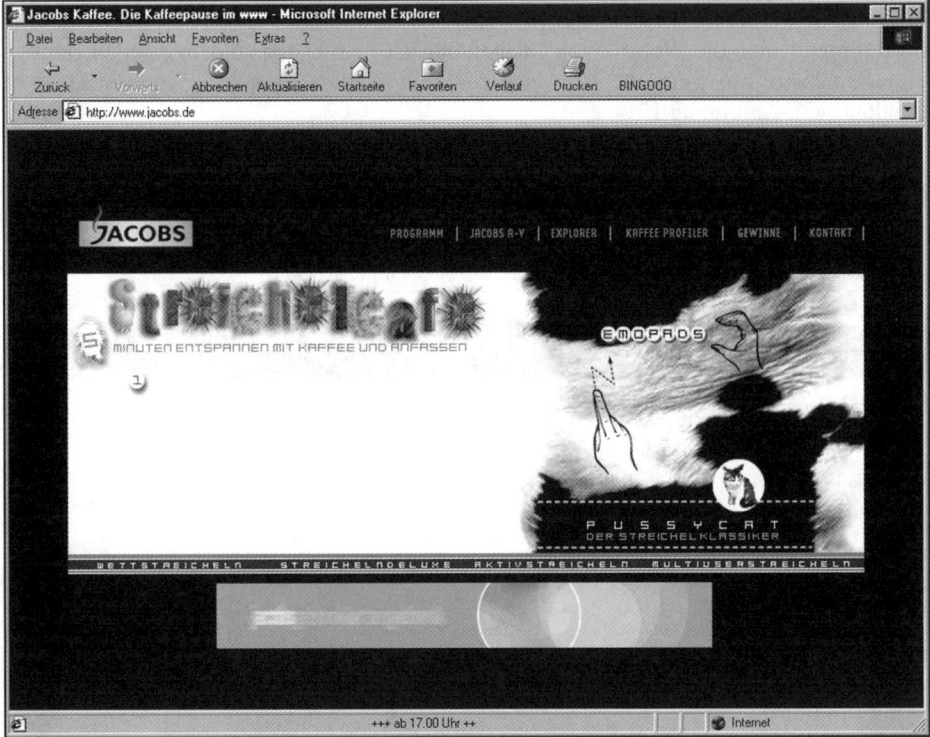

Abbildung 13:   Unpassender emotionaler Mehrwertdienst bei Jacobs
Quelle: www.jacobs.de, 25.7.2001.

Durch **vertrauensbildende und unterstützende Maßnahmen nach einem Kauf** kann die Zufriedenheit der Kunden erhöht und damit die Voraussetzung für eine starke Kundenbindung geschaffen werden. Der Markenauftritt im Internet bietet hierbei die Möglichkeit, in der Nachkaufphase zum Beispiel Informationen zu Zusatzleistungen und Produkterweiterungen in Form eines elektronischen und auf die individuellen Präferenzen der Kunden zugeschnittenen Magazins zur Verfügung zu stellen (vgl. Riedl/Busch, 1997, S. 171 f.). Zudem sollten Kunden besonders bei Problemen mit komplexeren Markenprodukten auf Frequently Asked Questions, Diskussionsforen sowie Frageformulare innerhalb des Internet-Auftritts zugreifen können. Dell beispielsweise bietet sogar komplett personifizierte Webseiten (Premier Pages) für Geschäftskunden an. Deren Mitarbeiter können ohne Fachkenntnisse online besonders einfach und unproblematisch Serviceleistungen in Anspruch nehmen oder weitere Dell-PCs bestellen, die bereits vom eigenen Unternehmen bezüglich der Konfiguration geprüft und getestet wurden (vgl. Wind/Rangaswamy, 2001, S. 14).

4.   Systematische Entwicklung von Markenauftritten im Internet

Zur Umsetzung der strategischen und der sozialtechnischen Empfehlungen ist **bei der Entwicklung eines markenwirksamen Internet-Auftritts systematisch vorzugehen** (vgl. Abbildung 14). Die Realisation von Markenauftritten im Internet darf ebenso wie die Gestaltung anderer Kommunikationsmittel nicht dem Zufall oder den Intuitionen von Designern überlassen werden. Folgende Entwicklungsschritte müssen dabei vollzogen werden, die sich auch zur Veränderung und Anpassung bereits vorhandener Markenauftritte im Internet einsetzen lassen (vgl. Esch/Hardiman/Langner, 2000, S. 15 f.):

1. Schritt: Erfassung von Internet-Auftritten der Konkurrenz und Branchenbenchmarks

Die inhaltsanalytische Untersuchung von Konkurrenzauftritten und Branchenbenchmarks zeigt einerseits die Positionierung der Konkurrenz und deren Umsetzung sowie aktuelle Trends im Websitedesign. Dies ermöglicht zum einen die Erfassung des **State-of-the-Art sowie von Trends im Internet** und zum anderen können schon in dieser frühen Phase mögliche Differenzierungsmängel der eigenen Website aufgezeigt werden. Zur Erfassung der formalen und inhaltlichen Ausrichtung der einzelnen Seiten und des Navigationssystems sollte als Analyseinstrument auf bereits bewährte Kategoriensysteme zurückgegriffen werden.

2. Schritt: Erfassung der Bedürfnisse der Konsumenten

Im zweiten Schritt müssen die **Bedürfnisse der Konsumenten bezüglich der jeweiligen Branche** bestimmt werden, um daraus Gestaltungsempfehlungen für den Markenauftritt abzuleiten. Dazu ist einerseits nach den allgemeinen Surffähigkeiten und andererseits nach dem Involvement zu differenzieren, um die Bedürfnisstruktur aller Anspruchsgruppen zu erfassen. Die Bedürfnisstrukturanalyse sollte durch eine Exploration hinsichtlich allgemeiner Bedürfnisse und durch Protokolle lauten Denkens für die zu untersuchenden Internet-Auftritte vorgenommen werden. Dadurch können zusätzliche Einblicke in die Informationsaufnahme und -verarbeitung der Zielgruppen gewonnen werden. Die Ableitung von Gestaltungsempfehlungen sollte aus dem Zusammenspiel beider Verfahren erfolgen.

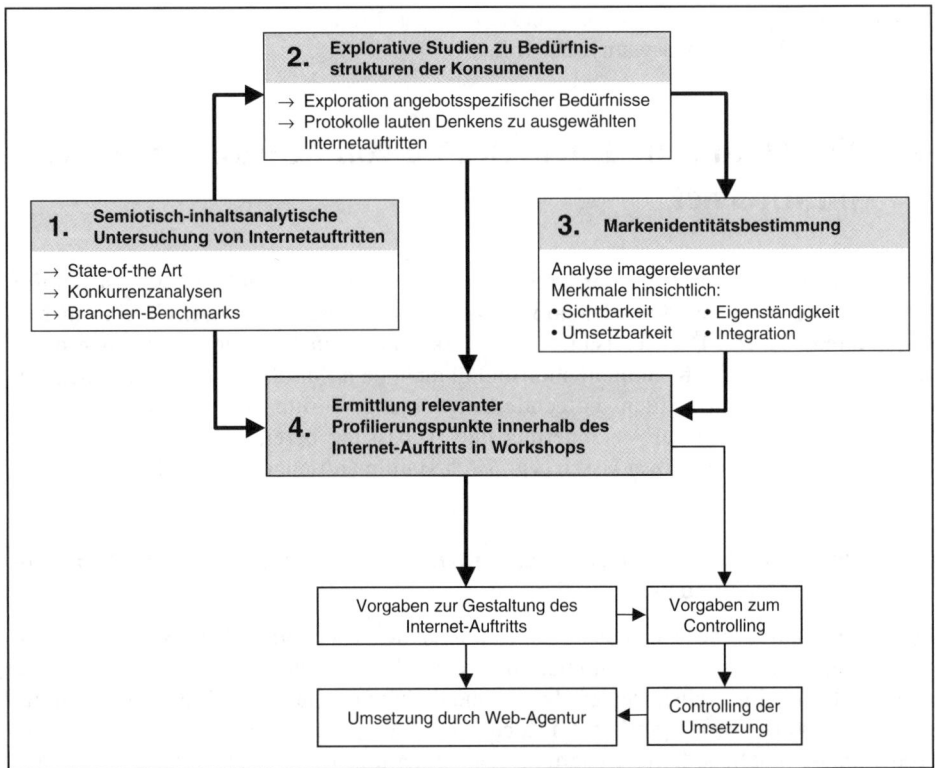

Abbildung 14:   Entwicklungsschritte für die Gestaltung eines wirksamen Marken-
                  auftritts
Quelle: Esch/Hardiman/Langner, 2000, S. 15.

3. Schritt: Bestimmung und Transfer der Markenidentität

Die Markenidentitätsbestimmung bildet die Grundlage für einen effektiven und effizienten Markenauftritt. **Nur durch die Bestimmung der Markenidentität sowie der Erarbeitung der relevanten Markenelemente kann letztendlich sichergestellt werden, daß die Website die Markenpositionierung widerspiegelt**. Dazu müssen die imagerelevanten Merkmale der Marke bezüglich ihrer Umsetzbarkeit geprüft werden. Dabei sollte eine Unterscheidung hinsichtlich kognitiver und emotionaler Elemente erfolgen. Die emotionalen Elemente einer Marke sollten vor allem durch Bilder und Farben umgesetzt werden. Akustische Elemente können dies unterstützen.

4. Schritt: Ermittlung relevanter Profilierungspunkte

Im letzten Schritt geht es darum, relevante Profilierungspunkte für die eigene Website zu finden. Dabei muß vor allem darauf geachtet werden, daß die **Profilierungspunkte** (z. B. Mehrwertdienste) **zur Marke und zu den Bedürfnissen der Nutzer passen**. **Allgemeine Mehrwertdienste** (SMS, Grußkarten, Chats usw.) **reichen mittlerweile nicht mehr aus**, um hinreichend zu differenzieren und die Marke zu stärken. Zum einen sind die allgemeinen Mehrwertdienste selten mit einer Marke verknüpft und zum anderen werden sie von sehr vielen Websites angeboten. Zur Generierung relevanter Profilierungspunkte sollten Workshops auf Basis der Erkenntnisse der Schritte eins bis drei erfolgen. Durch Integration externer Berater in die Workshops können neue, bislang nicht erfaßte Profilierungspunkte aufgedeckt werden.

Ohne die Berücksichtigung aller vier Schritte ist es nicht möglich, den für die Marke optimalen Auftritt zu gestalten. Gerade vor den Herausforderungen des Internets sollte das Potential der Marke ausgeschöpft und der Internet-Auftritt professionell entwickelt werden.

Franz-Rudolf Esch

Aufbau starker Marken durch integrierte Kommunikation

1. Kommunikation als Motor starker Marken

Die **Marketing-Kommunikation** ist die **Stimme einer Marke**. Bei einer breiten Betrachtungsweise der Kommunikation dienen alle marktgerichteten Maßnahmen des Unternehmens mehr oder weniger der Kommunikation. Neben der klassischen Werbung, Below-the-Line-Maßnahmen, dem persönlichen Verkauf, der Kommunikation durch neue Medien wie Multimedia oder Internet, können Marken auch durch ihre Verpackungsgestaltungen bzw. Dienstleistungsmarken durch Verkaufsoutlets sowie durch ihre Dienstleistungen (z. B. das klassische Sparbuch oder eine Bankcard) kommunizieren.

Diese **Kommunikation darf kein Selbstzweck** sein. Sie dient letztendlich dazu, Gedächtnisstrukturen für Marken aufzubauen, die präferenzbildend wirken. Sinn und Zweck dieser Maßnahmen ist der Aufbau eines Markenwerts. Je stärker das Angebotspatt ausgereifter und austauschbarer Produkte und Dienstleistungen auf gesättigten Märkten wird, desto wichtiger wird der Aufbau eines Markenwerts. Die Markierung und die damit verbundenen Vorstellungen und Bilder dienen der Differenzierung von der Konkurrenz und der Präferenzbildung, sachliche Angebotseigenschaften werden hingegen oft in den Hintergrund gedrängt. Ein Smart-Automobil ist weder in bezug auf den Preis noch hinsichtlich anderer sachlicher Eigenschaften (z. B. dem Fahrkomfort oder der Beschleunigung) anderen Kleinfahrzeugen überlegen. Es handelt sich allerdings um ein neues Lifestyle-Automobil, das alleine durch seine Karosserie und intelligente Teilelösungen wie die farblich kombinierbaren Außenhautteile, die Art des Vertriebs mit dem einzigartigen und auffälligen Verkaufsturm und originell gestalteten Multi-Media-Säulen zur Information interessierter Kunden, entsprechend ausgebildeten Verkäufern und darauf abgestimmter Kommunikation eben diesen präferenzbildenden Lifestyle kommuniziert. Wichtig hierbei ist jedoch die Abstimmung all dieser Maßnahmen, es gilt stets in die gleiche kommunikative Kerbe zu hauen, um Präferenzen zu bilden.

Bei austauschbaren Produkten und Dienstleistungen wird die Kommunikation die Schlüsselgröße zum Aufbau eines hohen Markenwerts. Die Kommunikation stellt eine Investition in Marken dar. Der Kommunikationsprozeß sollte entsprechend sorgfältig geplant und kontrolliert werden. Da eine Marke mehr als die Summe der einzelnen Teile ist, darf in der Kommunikation der Fokus nicht auf der Planung von Einzelmaßnahmen liegen. Es wäre für eine Marke kontraproduktiv, die Kommunikation für verschiedene Angebote für unterschiedliche Zielgruppen vollkommen getrennt zu entwickeln oder einzelne Kommunikationsmedien unabhängig voneinander zu gestalten. Vielmehr muß man zunächst das **„big picture"** für eine Marke suchen. Starke Marken bedürfen einer integrierten Kommunikation, um entsprechende Lernprozesse für eine Marke zu fördern und präferenzbildend zu wirken. Es gilt das Motto: **„Steter Tropfen höhlt den Stein".**

Für den Aufbau eines Markenwerts sollte die Kommunikation drei Anforderungen erfüllen:

1. Die **Marke muß durch Kommunikation aktualisiert werden**, damit sie zu den wahrgenommenen Alternativen bei einer anstehenden Kaufentscheidung zählt (vgl. Kroeber-Riel, 1993 a). Bei der Vielzahl der um die Aufmerksamkeitsgunst der Konsumenten ringenden Angebote ist die Verankerung einer Marke im Kopf der Konsumenten ein erster notwendiger Schritt zur Schaffung einer starken Marke. Die Schlüsselfrage heute lautet nicht mehr „What evokes the brand?", sondern **„What can evoke the brand?"**. Es geht also darum, wie man einen Zugriff auf die Marken im Kopf der Konsumenten gewährleisten kann (vgl. Holden/Lutz, 1992). Aus einer hohen Markenbekanntheit resultiert oft ein hohes Markenvertrauen, welches alleine schon zum Kauf führen kann (vgl. Kroeber-Riel/Weinberg, 1996). Deshalb muß die **Kommunikation aufmerksamkeitsstark** gestaltet sein, die Marke muß im Mittelpunkt der Kommunikation stehen (vgl. Kroeber-Riel, 1993 a). Ein weiterer Schlüsselfaktor ist die **Konzentration**. Je kleiner das Budget, desto wichtiger ist die Konzentration auf die wichtigsten Zielgruppen, die wichtigste Kommunikationsbotschaft sowie auf wenige, besonders wichtige Kommunikationsmedien, da ansonsten die Kommunikationswirkungen verpuffen.

2. **Starke Marken verfügen über eine klare und für die Konsumenten relevante Positionierung.** Unter heutigen Markt- und Kommunikationsbedingungen entscheidet dabei die Umsetzung der Positionierung über den erfolgreichen Aufbau eines Markenwerts! Die große Chance für Unternehmen besteht darin, daß selbst in Branchen, in denen nur wenige Positionierungseigenschaften für eine große Gruppe potentieller Kunden von Bedeutung ist, bei identischen Positionierungskonzepten eine eigenständige Umsetzung dieses Konzeptes durch Kommunikation letztendlich eine eigenständige und für Kunden relevante Position im Markt bewirkt (vgl. auch das Fallbeispiel der Württembergischen Versicherung in diesem Beitrag).

3. Da das **Ganze mehr als die Summe seiner Teile** ist, müssen die Kommunikationsmaßnahmen integriert werden. Erst dadurch können klare Gedächtnisstrukturen für Marken aufgebaut werden.

2.   Integrierte Kommunikation - Begriffsabgrenzung und Rahmenbedingungen

Die integrierte Kommunikation dient der Umsetzung einer Markenpositionierung, um imagerelevante Gedächtnisstrukturen für eine Marke aufzubauen (vgl. auch Keller, 1993). Integrierte Kommunikation selbst ist ein facettenreicher und vielschichtiger Begriff, der unterschiedlich breit verwendet wird. Er wird zum Teil auf organisatorisch/personelle Problemstellungen bezogen, auf die interne und externe Kommunikation, auf strategische Fragestellungen sowie auf Wirkungsaspekte (vgl. Abbildung 1).

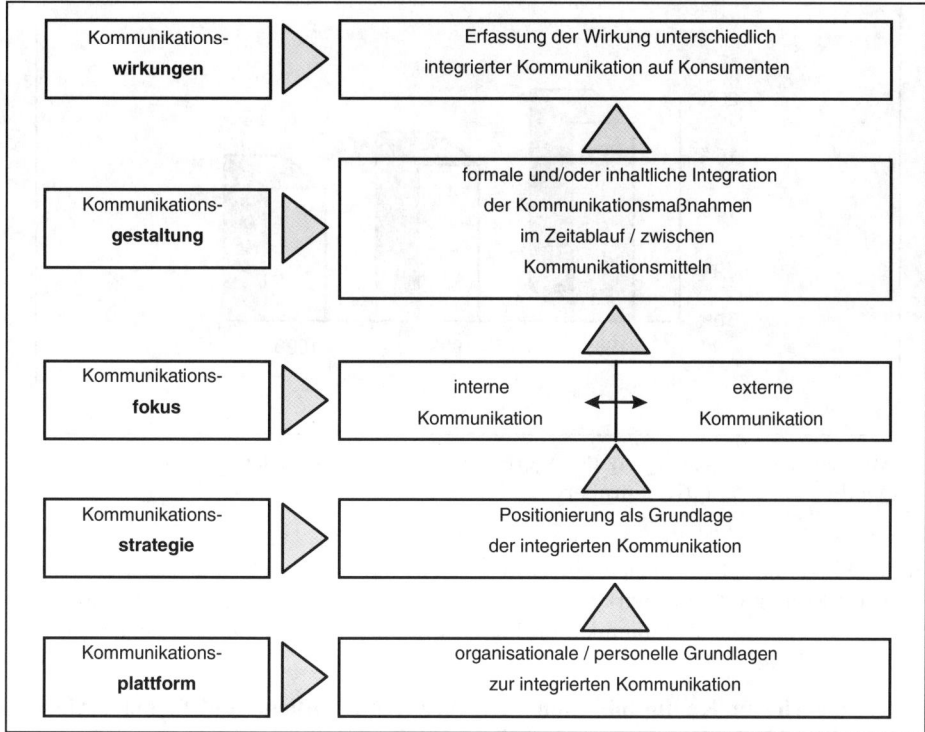

Abbildung 1:   Mögliche Betrachtungspunkte integrierter Kommunikation
Quelle: Esch, 1998 a, S. 20.

Managerbefragungen zufolge werden die meisten Probleme bezüglich der integrierten Kommunikation in der externen Kommunikation, insbesondere in bezug auf die Gestaltung integrierter Kommunikation gesehen (vgl. Bruhn/Zimmermann, 1993, S. 16).

Dies ist nicht verwunderlich, weil sich die **Markt- und Kommunikationsbedingungen** in den letzten Jahren drastisch verschlechterten. Einem wachsenden Angebot von Marken, Medien, Kommunikationsmitteln und -botschaften steht ein nachlassendes Informationsinteresse der Konsumenten gegenüber. Konsumenten ertrinken in Informationen. Die Informationsüberflutung in Deutschland liegt bei 98 %; 95 % der angebotenen Werbung landet ungenutzt auf dem Müll (vgl. Kroeber-Riel, 1993 a; Brünne et al., 1987). Solche Bedingungen müssen zur **Zersplitterung der Kommunikationswirkung** führen. Die Wirkungen einzelner Kommunikationskontakte nehmen ständig ab. Das bestätigen alle großen Marktforschungsinstitute. So ist laut GfK die Werbeerinnerung für 150 Kampagnen von 18 % im Jahr 1985 auf 12 % im Jahr 1993 gesunken und dies bei etwa vergleichbaren Werbeausgaben (vgl. Abbildung 2). Das heißt konkret: Die Effizienz der eingesetzten finanziellen Mittel für die Kommunikation sinkt rapide. Es kommt zur Inflation der Werbe-DM.

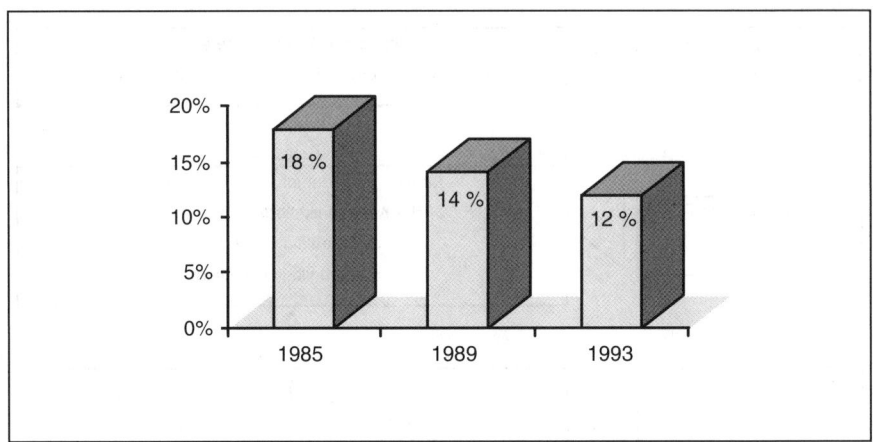

Abbildung 2:   Rückgang der Werbeerinnerung im Zeitablauf
Quelle: GfK, Nürnberg.

In der Praxis besteht demnach ein großer Problemlösungsdruck, um dieser Zersplitterung der Kommunikationswirkung entgegenzutreten. Die Integration der Kommunikation gilt als zentrale Kommunikationsherausforderung für das Management (vgl. Pasquier et al., 1994).

Unter integrierter Kommunikation wird hier die inhaltliche und formale Abstimmung aller Maßnahmen der Marktkommunikation verstanden, um die durch Kommunikation erzeugten Eindrücke zu vereinheitlichen und zu verstärken. Die durch die Kommunikationsmittel hervorgerufenen Wirkungen sollen sich gegenseitig unterstützen (vgl. Kroeber-Riel, 1993 b).

Die integrierte Kommunikation kennzeichnet also die durchgängige Umsetzung eines Kommunikationskonzeptes durch die Abstimmung der Kommunikation im Zeitablauf und der eingesetzten Kommunikationsinstrumente zur Optimierung der Kontaktwirkungen. Dadurch sollen die Erinnerung an die Kommunikation erleichtert sowie Präferenzen für die Marke verstärkt oder gefestigt werden. Aus Anbietersicht soll eine Zersplitterung der Kommunikationswirkung vermieden werden. Die **Ausschöpfung von Kostensenkungspotentialen** bzw. eine **optimale Allokation vorhandener Ressourcen durch Nutzung der Synergieeffekte** wird möglich (vgl. Duncan/Everett, 1993).

In der Praxis ist die integrierte Kommunikation jedoch mehr Wunschdenken als Realität: Integrierte Kommunikationsauftritte sind eher die Ausnahme (vgl. Esch, 1992 c). Daß viele Unternehmen und Marken in ihrer Kommunikation zersplittert kommunizieren, zeigen auch Untersuchungen zum Stand der Integrationsmaßnahmen der Kommunikation in der Praxis. Danach gelten bei der formalen Integration 31 % der Werbung nicht oder nur schwach integriert; 16 % der Werbeanzeigen wurden als stark integriert wahrgenommen. Im Gegensatz zur formalen Integration wird die meiste Werbung - nämlich

71 % - als inhaltlich schwach oder nicht integriert wahrgenommen (vgl. Esch, 1998 a und 1998 b; vgl. Abbildung 3).

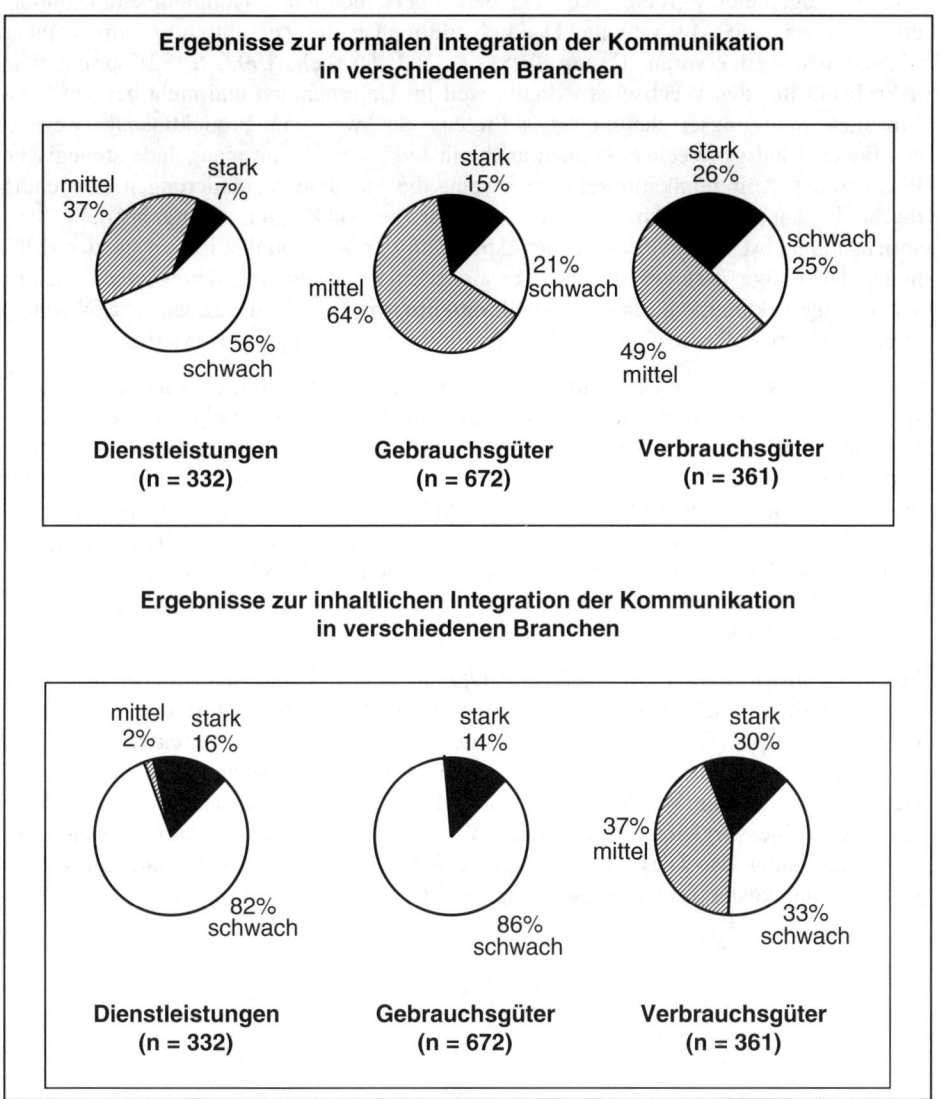

Abbildung 3: Integration der Kommunikation in verschiedenen Branchen
Quelle: Esch, 1998 a, S. 231, 233.

Viele Unternehmen bombardieren ihre Kunden mit häufig wechselnden Aussagen, Bildern und formalen Auftritten, so daß diesen immer wieder durch unterschiedliche Medien und aufgrund häufig wechselnder Kampagnen andere Eindrücke und Botschaften zugemutet werden. Auch bei den unterschiedlichen Kommunikationsmitteln erfolgt selten eine Abstimmung. Dadurch treibt man die Zersplitterung durch eigene Maßnahmen weiter voran. Damm (1981, S. 282; Doebeli, 1992, S. 72) spricht vom **„Wechseln um des Wechselns willen"**, weil im Unternehmen und nicht bei den Konsumenten Sättigungserscheinungen auftreten oder weil ein Produktmanagerwechsel stattfindet. Häufige Wechsel können auch ein Indikator für die mangelnde strategische Planung des Kommunikationseinsatzes sein, die ständige Veränderungen notwendig macht. Es kann sich auch um einen Versuch der Risikominimierung handeln: Man spricht möglichst viele verschiedene Aspekte in der Kommunikation an, in der Hoffnung, daß einige darunter für die Konsumenten besonders relevant sind[1]. Dabei ist schon lange bekannt, daß dieses **„Gießkannenprinzip"** nicht die gewünschte Wirkung erzielt, sondern daß eine Konzentration auf einige wenige Inhalte erforderlich ist.

Diese strategisch kaum zu rechtfertigenden Entscheidungen führen zur weiteren Zersplitterung der Kommunikationswirkungen von Marken. Als Folge schneller Kampagnenwechsel kommt es zu unterschiedlichen Eindrücken einer Marke im Gedächtnis der Konsumenten. Die für den Aufbau eines klaren inneren Bildes, einer Präferenz für eine Marke notwendige Zeit, wird den Konsumenten somit nicht gegeben (vgl. Kroeber-Riel, 1993 b). Es handelt sich hier somit um eine Form der **Kannibalisierung der Kommunikation für das eigene Angebot.** Wie teuer fehlende Kontinuität zu stehen kommen kann, zeigen folgende Beispiele aus dem Automobilbereich (vgl. Esch/ Andresen, 1996 b).

Für den Citroën Xantia wurde allein 1995 mit neun (!) unterschiedlichen Auftritten geworben, die bis auf das Markenlogo keine inhaltlichen und/oder formal integrierenden Elemente aufwies. Dem Verbraucher wurde somit ein völlig zersplittertes Bild dieser Marke präsentiert, das in der im Automobilbereich herrschenden Werbeflut keinen Gedächtnisanker zum Wiedererkennen der Marke liefert. Entsprechend wiesen Untersuchungen eine vergleichsweise geringe Werbeawareness für den Citroën Xantia aus (vgl. Abbildung 4). Dies ist frustrierend für Werbeagentur und Marketingverantwortliche und kostet das Unternehmen (zu)viel Geld.

---

1   Die Liste der Gründe für ein solches, strategisch nicht zu rechtfertigendes Verhalten könnte man beliebig
     fortführen. So kann auch eine mangelnde Positionierung und eine Orientierung an kurzfristigen Strömungen dazu führen, daß ein permanenter Image-Defizit-Ausgleich mit immer neuen Inhalten in der Kommunikation vorgenommen wird.

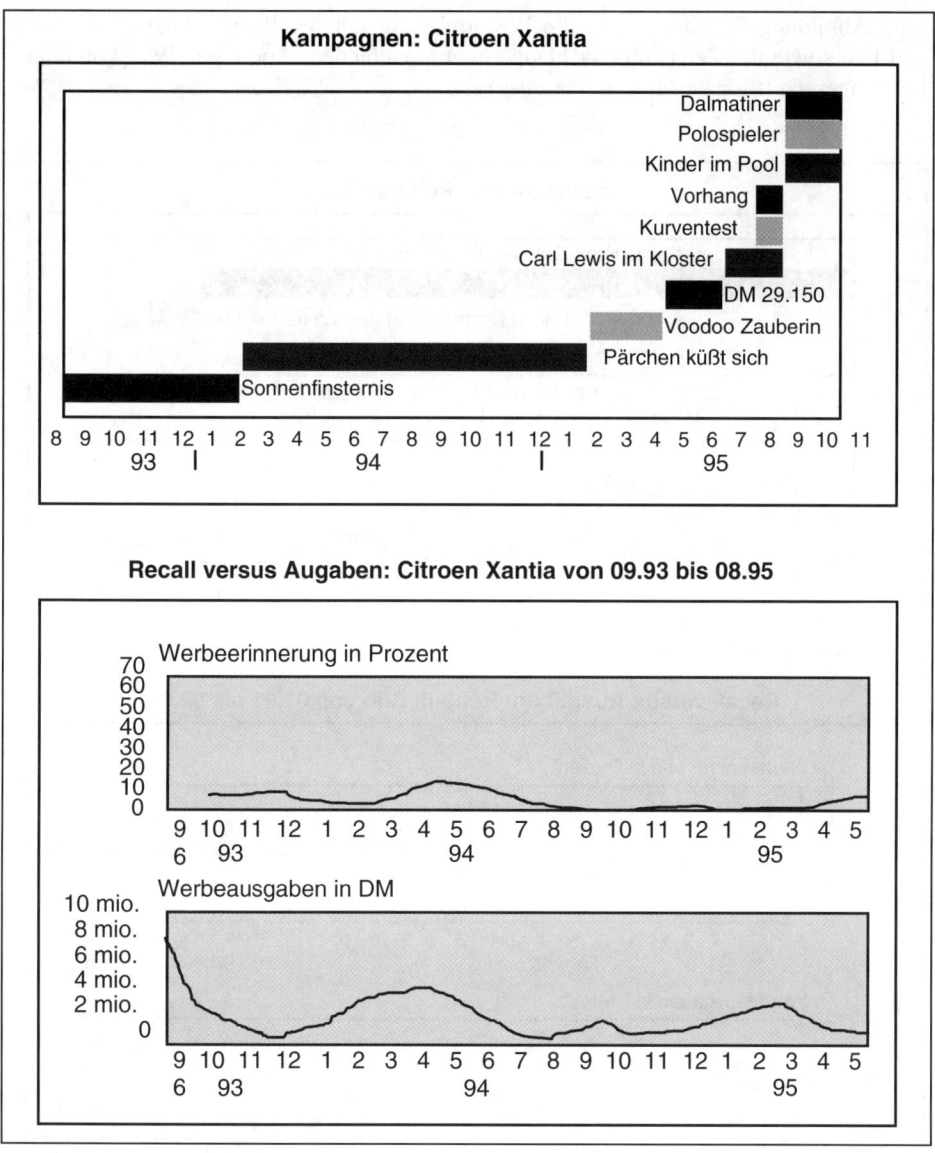

Abbildung 4:   Übersicht über die Werbekampagnen für den Citroën Xantia und die
               Relation zwischen Werbeerinnerung und Werbeausgaben
Quelle: icon Forschung und Consulting; Esch/Andresen, 1996 b.

Wie effizient bei einer klaren Positionierung und entsprechender Kontinuität im Werbeauftritt die Werbeinvestitionen erfolgen können, zeigt das Beispiel des Renault Clio

(vgl. Abbildung 5). Hier wurde die Positionierung mit der Paradieslandschaft, Adam und Eva sowie der Zeichentrickschlange über verschiedene Spots seit 1991 kontinuierlich umgesetzt (Slogan: Made in Paradise).

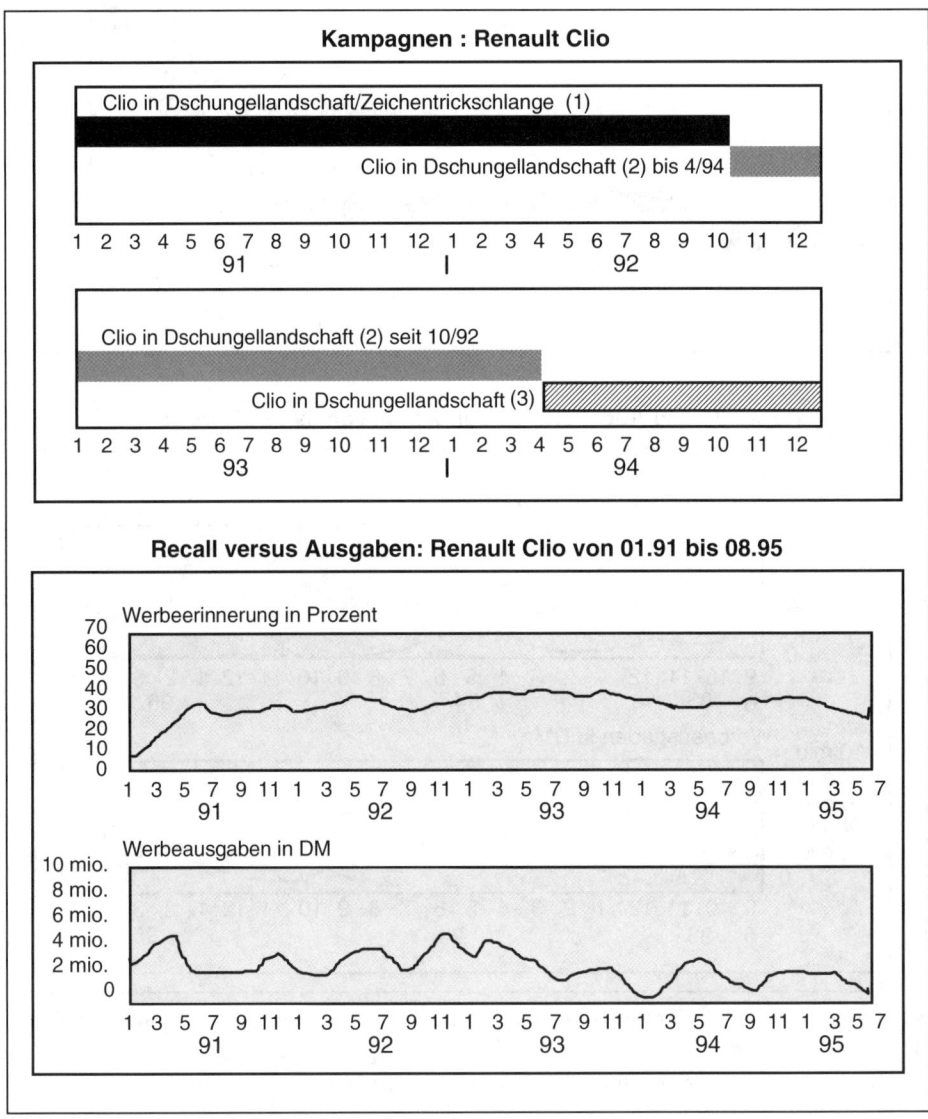

Abbildung 5:   Übersicht über die Werbekampagnen für den Renault Clio und die Relation zwischen Werbeerinnerung und Werbeausgaben
Quelle: icon Forschung und Consulting; Esch/Andresen, 1996 b.

Der Erfolg dieser Strategie zeigt sich in einer hohen Werbeawareness für den Renault Clio und im Vergleich zum Citroën Xantia in einer wesentlich höheren Werbeeffizienz; ausgedrückt als Beziehung zwischen der Werbeerinnerung und den Werbeausgaben.

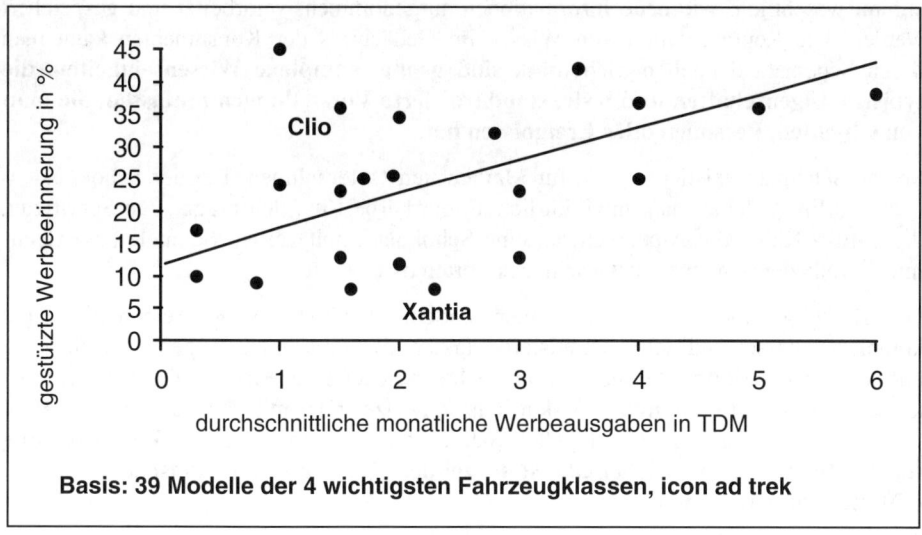

Abbildung 6:   Werbeeffizienz im Automobilmarkt
Quelle: icon ad trek; Esch/Andresen, 1996 b.

3. Theoretischer Zugang zur integrierten Kommunikation

Aus verhaltenswissenschaftlicher Sicht handelt es sich bei der integrierten Kommunikation um ein Lernkonzept. Es geht um den Aufbau von Gedächtnisstrukturen für Marken und Unternehmen. Klar festgelegte emotionale oder sachliche Inhalte für ein Angebot sollen bei den Kunden zementiert werden. Dazu sind Wiederholungen der zu vermittelnden Lerninhalte zur Verstärkung notwendig. Zwei verschiedene Aspekte des Lernens sind voneinander zu unterscheiden:

■ das **erstmalige Lernen von Inhalten**, die mit einem Angebot assoziiert werden sollen und

■ das **Wiederauffrischen von Inhalten**, die bereits zu einem Angebot gelernt wurden.

Zwar werden nach heutigen Erkenntnissen einmal gelernte Informationen und Eindrücke zu einem Angebot nicht mehr gelöscht. Ohne entsprechende Auffrischungen wird jedoch der Zugriff auf diese Gedächtnisspuren aufgrund der vergangenen Zeit oder durch Überlagerungen mit anderen Informationen erschwert.

Um klare Gedächtnisstrukturen für ein Angebot durch Kommunikation aufbauen zu können, sind Kenntnisse über die Wissensstrukturen und die Wissensrepräsentation im Gedächtnis der Konsumenten erforderlich. Denn: Das bereits vorhandene Wissen bestimmt wesentlich, wie neue Informationen aufgenommen, verarbeitet und gespeichert werden. Die Repräsentation von Wissen im Gedächtnis der Konsumenten kann man durch Schemata darstellen. **Schemata sind große, komplexe Wissenseinheiten, die typische Eigenschaften und feste, standardisierte Vorstellungen umfassen, die man von Objekten, Personen oder Ereignissen hat.**

Solche Schemata existieren auch für Marken und Unternehmen. Bei der Schokoladenmarke „Milka" denkt man unwillkürlich an die Farbe Lila, den prägnanten Schriftzug, die „Milka-Kuh", die Alpenwelt, an eine Schokolade mit zartem Schmelz aus Alpenmilch produziert, an einzelne Geschmackssorten usw.

Die Markenschemata werden mit zunehmendem Entwicklungsstand reichhaltiger und komplexer, besser und tiefer organisiert, exakter sowie resistenter gegen Beeinflussung und inkonsistente Informationen als schwach entwickelte Schemata. So wurde das Markenschema von Milka durch den skurrilen Schweizer Opa mit dem rauschenden Bart, dem „slow food" und dem geflügelten Satz „It's cool, man!" ergänzt. **Voraussetzung für die Bildung starker Schemata ist die zeitliche Stabilität und Konsistenz der vermittelten Informationen!**

Schemata üben einen wesentlichen Einfluß auf die Informationsaufnahme aus. Beim Kontakt mit der Werbung dient das **Schema als Rahmen** zur Auswahl relevanter Informationen. Damit Schemata einen entsprechenden Einfluß auf die Informationsaufnahme und -verarbeitung ausüben können, müssen drei Bedingungen erfüllt sein:

1. Der Konsument muß über eine stabile kognitive Repräsentation eines Markenschemas verfügen. Dies könnten zum Beispiel klare Schemavorstellungen von der Marke „Milka" sein.
2. Ein das Markenschema evozierender Kontext muß vorhanden sein. Beispielsweise könnte dies eine Werbung für die Marke „Milka" mit der Alpenwelt und der lila Kuh sein.
3. Der Konsument muß auf das vorhandene Schema zurückgreifen.

Wichtig ist in diesem Zusammenhang, daß zentrale oder besonders hervorstechende Schemaattribute wesentlich schneller als zu einem Schema zugehörig verifiziert werden können als periphere. Der Eiffel-Turm aktiviert schneller das Schema zu Paris als die Ile de la Cité oder das Hotel des Invalides, die lila Kuh schneller das Milka-Schema als nur ein Bergpanorama.

Stimmt die Struktur der dargebotenen Informationen nicht mit dem vorhandenen Wissen überein, sind die Gedächtnisleistungen für diese Informationen schlecht. Solche **„Mismatches"** können auftreten, weil

■ die eingehenden Informationen stark vom Markenschema abweichen oder

■ die Person über kein Markenschema verfügt.

Ob durch die Kommunikation ein vorhandenes Schema angesprochen wird, hängt stark vom Involvement der Konsumenten ab, also davon, wie intensiv sich diese mit Kommunikation auseinandersetzen. Dabei gilt: **Je beiläufiger Werbung konsumiert wird, desto stärker und schemakonsistenter muß die Kommunikation gestaltet sein, damit ein vorhandenes Markenschema auch tatsächlich aktiviert wird.** Setzt sich ein Konsument hingegen stark mit der Kommunikation auseinander, so können die Klammern zur Aktivierung eines Markenschemas weiter gefaßt werden. Allerdings darf die Aufmerksamkeit der Zielgruppe zum Zeitpunkt der Kommunikation nicht überschätzt werden. Geringes Involvement ist der Standardfall für die Werbung. Heute kann man im wesentlichen von wenig involvierten Konsumenten ausgehen. Um bei wenig involvierten Konsumenten klare Schemavorstellungen für ein Angebot aufzubauen, muß die Abstimmung der Kommunikation an einer flüchtigen und beiläufigen Informationsaufnahme ausgerichtet werden.

Gerade für die Gestaltung der integrierten Kommunikation bei wenig involvierten Konsumenten sind deshalb Erkenntnisse der **Imagerytheorie**, die sich mit der Entstehung, Verarbeitung und Speicherung von Bildern beschäftigt, wichtig. Die Überlegenheit von Bildern gegenüber Sprache ist schon lange bekannt: Bilder werden besser erinnert als Sprache. Bilder werden auch anders verarbeitet als Sprache. Im Gegensatz zur Sprache werden Bilder automatisch, mit geringer gedanklicher Kontrolle und ganzheitlich verarbeitet. Bilder nutzen sich auch nicht so schnell ab wie Sprache. Gerade bei wenig involvierten Konsumenten müssen zur Gestaltung der integrierten Kommunikation die Mechanismen zur Bildkommunikation berücksichtigt werden, weil Bilder bei flüchtigem Betrachten schneller und besser aufgenommen werden können als Sprache. Durch konsistente Darbietung von Positionierungsinhalten durch Bilder können bei wenig involvierten Konsumenten schneller verfestigte und klare Schemavorstellungen zu einem Angebot aufgebaut werden als dies bei sprachlicher Abstimmung der Kommunikation der Fall wäre.

Fazit: Durch integrierte Kommunikation sollen für ein Angebot klare Schemata bei den Konsumenten aufgebaut oder gefestigt werden. Die Integration der Kommunikation muß bei wenig involvierten Konsumenten anders gestaltet werden als bei aktiv nach Informationen suchenden Konsumenten. Hier muß die Abstimmung der Kommunikation so erfolgen, daß sie selbst bei flüchtigem Betrachten erkennbar ist. Bei wenig involvierten Konsumenten spielen Bilder als Mittel zur Integration eine herausragende Rolle.

4. Gestaltungsmittel integrierter Kommunikation

Für die Realisation einer integrierten Kommunikation stehen unterschiedliche Gestaltungsmaßnahmen zur Verfügung. Zweckmäßigerweise kann man zwischen Dimensionen (zeitlich und zwischen den eingesetzten Kommunikationsmitteln) und Mitteln zur

Integration unterscheiden. Letztere kann man in formale und inhaltliche Mittel differenzieren (vgl. Abbildung 7). **Formale Mittel** sind klassische **CD-Gestaltungsmaßnahmen** (z. B. durch Verwendung bestimmter Farben und Formen, aber auch Präsenzsignale und Wort-Bild-Zeichen). Nivea ist ein Beispiel für eine klassische formale Integration: Hier wird durch die Farben Blau und Weiß sowie durch die Verwendung des markanten Schriftzugs eine formale Klammer geschaffen. Visuelle Präsenzsignale wie der Kranich der Lufthansa dienen hingegen als leicht auffindbarer Gedächtnisanker für die Marke (vgl. Kroeber-Riel, 1993 b).

Mittel zur Integration / Dimensionen der Integration	formale Integration		inhaltliche Integration			
			durch Sprache		durch Bilder	
	"klassische" formale Mittel (Corporate-Design-maßnahmen)	Präsenz-signale, Wort-Bild-Zeichen	identische Aussagen	semantisch gleiche Aussagen	gleicher Bildinhalt	Schlüssel-bild
zeitlich						
zwischen den eingesetzten Kommunika-tionsmitteln						

Abbildung 7:   Integrationsmatrix
Quelle: Esch, 1998 a, S. 71.

Eine **formale Integration** ist dann zweckmäßig,

■ wenn man eine reine Angebotswerbung betreibt und unter einer Marke immer wieder verschiedene Produkte und Dienstleistungen kommunizieren möchte (Beispiel: Deutsche Telekom),

■ wenn es nur um die Aktualisierung einer Marke in solchen Produktbereichen geht, bei denen ein extrem geringes Produktinvolvement vorliegt und die Top-of-Mind-Awareness alleine schon über den Kauf eines Produktes entscheiden kann (Beispiel: Chiquita = Banane) und

■ wenn innerhalb eines Unternehmens eine formale Klammer für unterschiedlich positionierte Geschäftsbereiche oder Marken gebildet werden soll (Beispiel: ABB) (vgl. Esch, 1998 a).

Die formale Integration verankert primär die Marke im Gedächtnis der Kunden und erleichtert den Zugriff auf diese, sie leistet aber keinen Beitrag, um bestimmte Positionierungsinhalte mit der Marke zu verbinden. Allerdings können durch formale Klammern bestimmte, mehr oder weniger konsistent vermittelte Inhalte zur Marke schneller mit dieser verknüpft werden (vgl. das Fallbeispiel Deutsche Telekom in diesem Beitrag).

Wenn es um die Positionierung von Marken und Unternehmen geht, muß eine **inhaltliche Integration** durch Bilder oder Sprache angestrebt werden. Bei den sprachlichen Mitteln zur Integration finden Slogans - also gesprochene, gesungene oder geschriebene Programmformeln - in der Praxis am häufigsten Verwendung. Neben diesen verbalen Integrationsklammern können auch Bilder zur Integration eingesetzt werden. Dabei kann man vereinfacht zwischen einer Bildintegration durch unterschiedliche Bildmotive, die jedoch den gleichen Positionierungsinhalt vermitteln und Schlüsselbildern differenzieren. Ein Beispiel für eine semantische Bildintegration stellt die AEG-Werbung dar, bei der durch unterschiedliche Bildmotive (z. B. Reh im Wald, Bäume im Wind usw.) immer das Thema Umwelt und Natur aufgegriffen wird. Ein **Schlüsselbild** ist der visuelle Extrakt einer Positionierungsbotschaft. So steht beispielsweise das Schlüsselbild des Herrn Kaiser bei der Hamburg-Mannheimer für die Nähe zum Kunden. Bei einem Schlüsselbild werden demnach die Positionierungsinhalte auch durch ein im Kern gleichbleibendes Bildmotiv vermittelt. Schlüsselbilder müssen folgende **Anforderungen** erfüllen (vgl. Kroeber-Riel, 1993 b, S. 202; Ruge/Andresen, 1994):

1. die visuellen Schlüsselmerkmale müssen klar erkennbar sein,
2. das Schlüsselbild sollte einprägsam und lebendig gestaltet sein,
3. das Schlüsselbild sollte eine hinreichende Variationsfähigkeit besitzen, so daß es in den verschiedenen Medien umsetzbar ist und
4. das Schlüsselbild sollte kontinuierlich eingesetzt werden, gleichzeitig aber auch im Zeitablauf anpassungsfähig an Veränderungen der Konsumentenansprüche sein.

Fazit: Die integrierte Kommunikation ist für den Aufbau starker Markenschemata wichtig. Ein Markenschema wird zwangsläufig durch eigene Erfahrungen mit der Marke und durch die Kommunikation für die Marke geprägt. Gerade alte Marken wie beispielsweise Maggi verfügen oft über ein **Markenguthaben**, in dem sich die vergangenen Kommunikationsmaßnahmen und die Erfahrungen im Umgang mit einer Marke widerspiegeln (z. B. die Nutzung der Maggi-Würze und deren typischer Geruch). Gleichzeitig spielt auch der **aktuelle Markenauftritt** einer Marke eine wichtige Rolle, der sich in persönlicher Kommunikation (z. B. durch Maggi-Verkostungsaktionen am POS oder das Kochstudio in Frankfurt) und Massenkommunikation niederschlägt. Durch Konsistenz dieses Auftritts wird langfristig in das Markenguthaben einer Marke eingezahlt (vgl. Esch/Andresen, 1994).

Eine **wesentliche Voraussetzung für die Bildung starker Markenschemata ist die zeitliche Stabilität und Konsistenz der durch Kommunikation vermittelten Inhalte**. Die Integrationsklammern müssen dabei auf das Interesse der Konsumenten abgestimmt werden (vgl. Abbildung 8).

In der klassischen Werbung kann man vom Standardfall des geringen Involvements zum Zeitpunkt der Kommunikation ausgehen (vgl. Kroeber-Riel, 1993 a). Also müssen hier die Integrationsklammern besonders stark sein. Idealerweise empfiehlt sich deshalb der Einsatz von Schlüsselbildern zur inhaltlichen Integration bzw. von besonders starken formalen Klammern (z. B. durch prägnante Farbcodes). Untersuchungen haben belegt, daß gerade in der Werbung Schlüsselbilder anderen Integrationsklammern in bezug auf den Aufbau und die Stärkung von Markenschemata überlegen sind. Die häufig verwendeten Slogans bewirken nur dann eine Integrationsleistung, wenn sie dominant durch elektronische Kommunikation, also durch Fernsehen oder Radio vermittelt werden (vgl. ausführlich Esch, 1998 a).

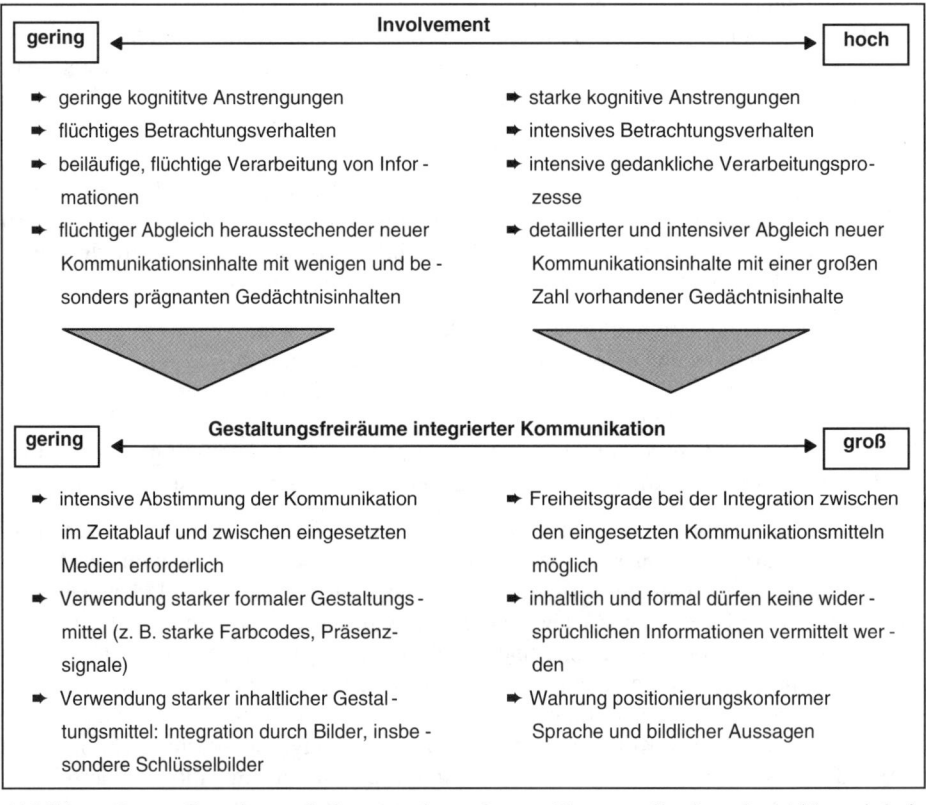

Abbildung 8:   Gestaltungsfreiräume integrierter Kommunikation in Abhängigkeit vom Involvement der Konsumenten
Quelle: Esch, 1998 a, S. 124.

Bei anderen Kommunikationsmaßnahmen (z. B. beim persönlichen Verkauf) ist das Interesse der Konsumenten hingegen größer. Demzufolge müssen hier die Integrationsklammern bei weitem nicht so stark sein wie bei der Werbung. Vielmehr kann man hier auch die Botschaften und Informationen zu einer Marke individualisieren. Da den unterschiedlichen Kommunikationsmedien eine unterschiedliche Bedeutung für die integrierte Kommunikation zukommt und zudem das Interesse der Konsumenten zum Zeitpunkt des Kommunikationskontaktes bei unterschiedlichen Kommunikationsmitteln variieren kann, bedürfen manche Kommunikationsinstrumente einer stärkeren Abstimmung, während andere Instrumente hingegen flexibler genutzt werden können und somit Spielraum für zielgruppenspezifische Ansprachen lassen (vgl. Abbildung 9).

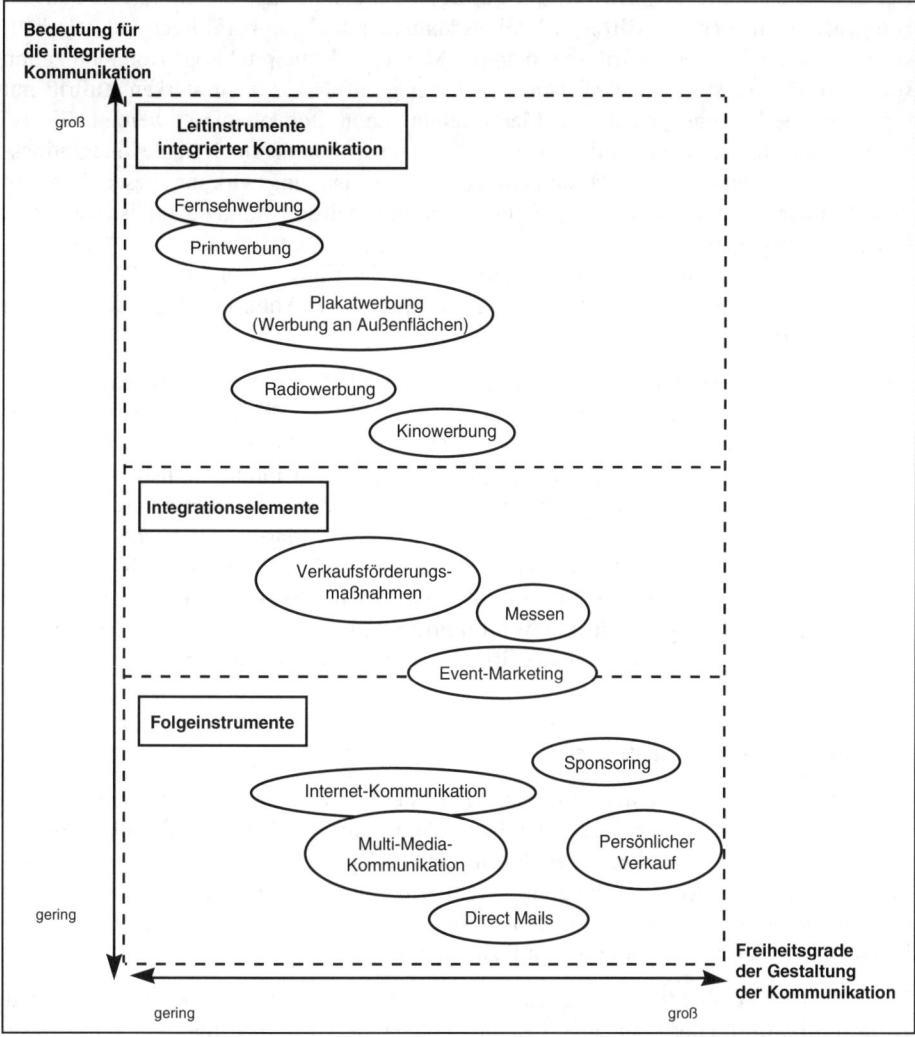

Abbildung 9:   Bedeutung einzelner Kommunikationsinstrumente für die integrierte Kommunikation und Freiheitsgrade der Realisation

Quelle: Esch, 1998 a, S. 342.

5.   Integrierte Kommunikation und Positionierung

In Abhängigkeit von der gewählten Positionierung ergeben sich unterschiedliche Gestaltungsoptionen der integrierten Kommunikation.

Bei einer **Positionierung durch Aktualität** beschränken sich die Möglichkeiten zur
Integration auf **formale Mittel**. Allerdings kann hier auch ein auffälliger und unterhalt-
samer kommunikativer Auftritt, bei dem die Marke im Mittelpunkt der Kommunikation
steht, zur Thematisierung ausreichen. Durch einen aufmerksamkeitsstarken Auftritt mit
vielen Wiederholungen kann eine Marke allein schon „top of mind" werden. Ein typisches Beispiel dafür ist Müller Milch. Wenngleich hier kaum formale Integrations-
elemente eingesetzt werden, ist die gelungene Thematisierungswirkung dieser Werbung
unbestreitbar. Sofern formale Mittel zur Integration bei der Markenaktualisierung zum
Einsatz kommen, empfiehlt sich der Einsatz von Präsenzsignalen und Wort-Bild-
Zeichen als Gedächtnisanker für die Marke sowie der Einsatz von Farbe. So verbinden
viele Personen mit der Farbe Magenta die Deutsche Telekom, ein Tiger wird häufig
Esso zugeordnet.

Bei der **erlebnisbetonten Positionierung** ist eine Bildintegration anzustreben, da Bilder
besser emotionale Inhalte vermitteln können als Sprache. **Bilder** kann man quasi als
„emotionale Speicher" auffassen. Die Zuordnung spezifischer Erlebnisse zu Marken ist
weniger ein sequenziell-analytischer, sondern vielmehr ein intuitiv-holistischer Prozeß
(vgl. Ulich, 1992, S. 82). Nach dem Prinzip der emotionalen Konditionierung werden
durch viele Wiederholungen mit einer vormals neutralen Marke spezifische Emotionen
verbunden. Da diese Erlebniszuweisung mit geringer gedanklicher Kontrolle auf
gewohnheitsmäßig-assoziative Weise erfolgt, ist hier die **Schlüsselbildintegration** der
Königsweg zur integrierten Kommunikation. Durch die Schlüsselbildintegration
erhält eine Marke schneller eine spezifische **emotionale „Gußform"**. Gegenüber der
Integration durch unterschiedliche Bildmotive mit gleichem Bildinhalt haben Schlüsselbilder den Vorteil, daß durch größere Übereinstimmung der emotionalen Reize die
Lernprozesse schneller stattfinden.

Bei der gemischten und der informativen Positionierung sind differenziertere Überlegungen erforderlich. Die Mittel zur Integration hängen bei der **gemischten Positionierung** davon ab, ob stärker der Bedürfnisappell oder die Information über die Eignung
der Marke zur Bedürfnisbefriedigung betont wird. Im ersten Fall gelten Überlegungen
wie bei der erlebnisbetonten Positionierung. Im zweiten Fall gelten ähnliche Überlegungen wie bei der sachorientierten Positionierung.

Die **informative Positionierung** bietet den **größten Spielraum für** die **integrierte
Kommunikation**. Hier können verbale und nonverbale Mittel zur Integration eingesetzt
werden. Die Verwendung eines einheitlichen Slogans oder einer Programmformel kann
zur Integration der Kommunikation ausreichend sein. Allerdings müssen diese verbalen
Integrationsklammern unter den herrschenden Markt- und Kommunikationsbedingungen
auch wahrgenommen werden können. Dies stellt erhöhte Anforderungen an die

Umsetzung der Kommunikation. So dürfen weder akustische noch visuelle Reize von der sprachlichen Integrationsklammer ablenken. Sie muß ohne große gedankliche Anstrengung aufgenommen werden können. Bei der Anzeigenwerbung würde dies bedeuten, daß als sprachliche Klammer nur die Headline und der Slogan - nicht jedoch der Fließtext, der kaum wahrgenommen wird - in Betracht kommen. Bei Fernseh- und Radiowerbung ist darauf zu achten, daß es nicht durch unterschiedliche zeitgleich dargebotene akustische oder visuelle Reize zu Überlagerungen der sprachlichen Integrationsklammer kommt.

Die Gefahr einer zu geringen Integrationswirkung ist bei Verwendung einer rein sprachlichen Integrationsklammer bei flüchtigem Betrachtungsverhalten groß. Deshalb empfiehlt sich bei Verwendung sprachlicher Integrationsklammern der Einsatz von Bildreizen und akustischen Reizen, die mit der Positionierungsbotschaft in Zusammenhang stehen bzw. eindeutig auf die Positionierungsinhalte hinweisen. So werden in der Werbung für Clausthaler (alkoholfreies Bier) neben dem Slogan „Nicht immer, aber immer öfter" in der Fernsehwerbung bildliche Szenen eingesetzt, die diese Aussage stützen. Beispielsweise wird der Slogan häufig durch bildliche Szenen mit Dialogen zweier Personen über Bier gestützt. Zudem lassen sich sprachliche Klammern in elektronischen Medien wie dem Fernsehen oder dem Radio auch gut durch akustische Untermalungen wie Jingles und entsprechende Musik stützen (z. B. McDonald's ist einfach gut; Musterhaus-Küchen Fachgeschäft).

6. Integrierte Kommunikation und Dachmarken, Familienmarken und Unternehmensgruppen

Die integrierte Kommunikation kann sich auf unterschiedliche Handlungsfelder beziehen. Überlegungen zur integrierten Kommunikation können sich auf

- Einzelmarken,
- Familienmarken,
- Dachmarken sowie
- Unternehmensgruppen

beziehen (ähnlich Kroeber-Riel, 1993 b, S. 329 ff.; Esch, 1998 a).

Voraussetzung für die Integration der Kommunikation für Dachmarken, Familienmarken bzw. Unternehmensgruppen ist die Realisation einer gemeinsamen Positionierung. Ist für die einzelnen Einheiten die Verfolgung unterschiedlicher Positionierungen zweckmäßig, kann keine übergreifende inhaltliche Integration erfolgen. Für Dachmarken, Familienmarken und Unternehmensgruppen ist danach zu differenzieren, ob man aus strategischen Gründen

- eine unabhängige Kommunikation,
- eine abgestimmte Kommunikation oder

■ eine integrierte Kommunikation anstrebt (vgl. Kroeber-Riel, 1993 b, S. 329; zu anderen Abgrenzungen vgl. Kleinfeld, 1992; Olins, 1978).

Bei **unabhängiger Kommunikation** positionieren sich einzelne Produkte und Produktbereiche bei Familien- und Dachmarken sowie einzelne Marken bei Unternehmensgruppen jeweils unterschiedlich. Eine inhaltliche Integration der kommunikativen Maßnahmen über die einzelnen Bereiche kann demnach nicht erfolgen, eine formale Integration ist nicht erwünscht. Typisches Beispiel hierfür wäre das Unternehmen **Ferrero**. **Marken wie Mon Cheri, Rocher oder Kinderschokolade treten mit unterschiedlichen Positionierungen im Markt auf.** Das Unternehmen selbst möchte keine für den Konsumenten erkennbaren Beziehungen zwischen den Marken herstellen. Bei der unabhängigen Kommunikation kann die Unternehmensphilosophie die Grenzen für den unabhängigen Auftritt der einzelnen Marken festlegen (vgl. Kroeber-Riel, 1993 b, S. 329). Dies wird für den Konsumenten allerdings nicht ersichtlich.

Eine **integrierte Kommunikation** ist dann möglich, wenn für alle Marken einer Markenfamilie bzw. für Unternehmensdivisionen und -gruppen eine einheitliche Positionierung verfolgt wird. In einem solchen Fall können auch die gleichen integrativen Maßnahmen verwendet werden wie bei einer Monomarke. So wurde bei der Seife „Fa" die gleiche Positionierung (wilde Frische, visualisiert durch das Fa-Mädchen) auch für alle Erweiterungsprodukte (z. B. Duschgel, Badezusatz, Deodorant usw.) verfolgt (vgl. Kroeber-Riel, 1993 b, S. 330). Die inhaltlichen Maßnahmen zur Integration der Kommunikation richteten sich entsprechend an dieser Positionierung aus. Das gleiche gilt für die Familienmarke „Milka", bei der die „lila Kuh" und die Alpenwelt bei allen Markenerweiterungen die integrative Klammer bilden.

Ist eine **einheitliche Positionierung nicht realisierbar, aber** eine **Abstimmung** zwischen den Marken einer Markenfamilie oder zwischen Unternehmensdivisionen bzw. zwischen verschiedenen Unternehmensgruppen **erwünscht**, können vor allem folgende Wege zur Integration angestrebt werden:

1. Es kann eine einheitliche formale Integration bei unterschiedlichen inhaltlichen Positionierungen angestrebt werden.
2. Es kann eine Abgleichung der inhaltlichen Integration bei ähnlichen Positionierungen der einzelnen Einheiten erfolgen.

Weichen die Positionierungen der einzelnen Marken bzw. Unternehmensdivisionen oder -gruppen stark voneinander ab, ist eine Abstimmung zwischen diesen unabhängigen Einheiten nur durch formale Klammern möglich. Mit anderen Worten kann jede Einheit aufgrund der verfolgten Positionierung eine andere Form der inhaltlichen Integration verfolgen, alle Einheiten verwenden hingegen einen gemeinsamen formalen Auftritt. Beispiel: Maggi verwendet - unabhängig von dem jeweiligen Produktbereich - immer die Maggifarben Gelb (dominant) und Rot. In den einzelnen Produktbereichen werden jedoch immer unterschiedliche Positionierung und Integrationsklammern verwendet: Das Maggi-Küchenstudio, die Eßszenen mit Familie und Freunden am großen Tisch, der Löffel mit dem Knoten, das rote Sofa usw.

Abgleichung heißt, daß zwar unterschiedliche Positionierungen für einzelne Einheiten (z. B. Marken, Unternehmensgruppen usw.) verfolgt werden, aber aufgrund bestimmter inhaltlicher Gemeinsamkeiten (z. B. durch eine gemeinsame Unternehmensphilosophie), die auch in der Werbung zum Ausdruck kommen soll, eine Abstimmung erfolgen kann. Kroeber-Riel führt als Beispiel den Finanzverbund der Volksbanken/Raiffeisenbanken auf. „Die [...] selbständigen Unternehmen arbeiten aufgrund einer ähnlichen Unternehmensphilosophie, die sich in organisatorischen Verknüpfungen äußert und meistens auch auf die genossenschaftliche Rechtsform zurückgeht, mehr oder weniger eng zusammen" (Kroeber-Riel, 1993 b, S. 337). Die Abstimmung der Unternehmen erfolgte dadurch, daß das Schlüsselbild der Volksbanken/Raiffeisenbanken als „Bezugsschlüsselbild" diente. Diese Abstimmung wird auch von der Zielgruppe wahrgenommen. Untersuchungsergebnissen zufolge wird beispielsweise Werbung der Verbundunternehmen R + V-Versicherungen sowie der DG-Bank doppelt so häufig den Volksbanken/Raiffeisenbanken zugeordnet als Konkurrenzunternehmen (vgl. Kroeber-Riel, 1993 b, S. 339).

7. Best Practice: Fallbeispiele zur integrierten Kommunikation

7.1 Schlüsselbildintegration der Volksbanken und Raiffeisenbanken

Ausgangspunkt der Entwicklung der neuen Volksbanken und Raiffeisenbanken-Kampagne war die mangelnde Differenzierung der alten Werbekampagne, bei der triviale und wenig differenzierende Angebote in austauschbarer Art und Weise dargeboten wurden (vgl. Esch, 1998 e). In der alten Testimonial-Kampagne wurden typische Bankkunden gezeigt, die ihre Zufriedenheit mit der Bank bekundeten. Dabei wurde jeweils auf bestimmte Services hingewiesen. Die parallel dazu laufende Werbekampagne der Sparkasse - des stärksten Konkurrenten - unterschied sich zwar in der Werbegestaltung, aber nicht in den Inhalten. Hier wurden ebenfalls Personen in bestimmten Lebenssituationen gezeigt und Hinweise auf Services gegeben.

Zwar hatten die Genossenschaftsbanken ein akzeptables Niveau in bezug auf die Werbebekanntheit erreicht, allerdings mit erheblichen Aufwendungen, ähnlich wie andere Banken (vgl. Abbildung 10). Zur Sparkasse und zu den Genossenschaftsbanken wurden gleichermaßen ähnliche Inhalte erinnert. Der Anteil spezifischer Inhalte zu den Volksbanken und Raiffeisenbanken war hingegen gering (vgl. Abbildung 11). Da durch die alte Kampagne keine eigenständige Positionierung der Volksbanken und Raiffeisenbanken realisiert werden konnte, wurde eine Neupositionierung und die Entwicklung eines neuen Werbekonzepts beschlossen.

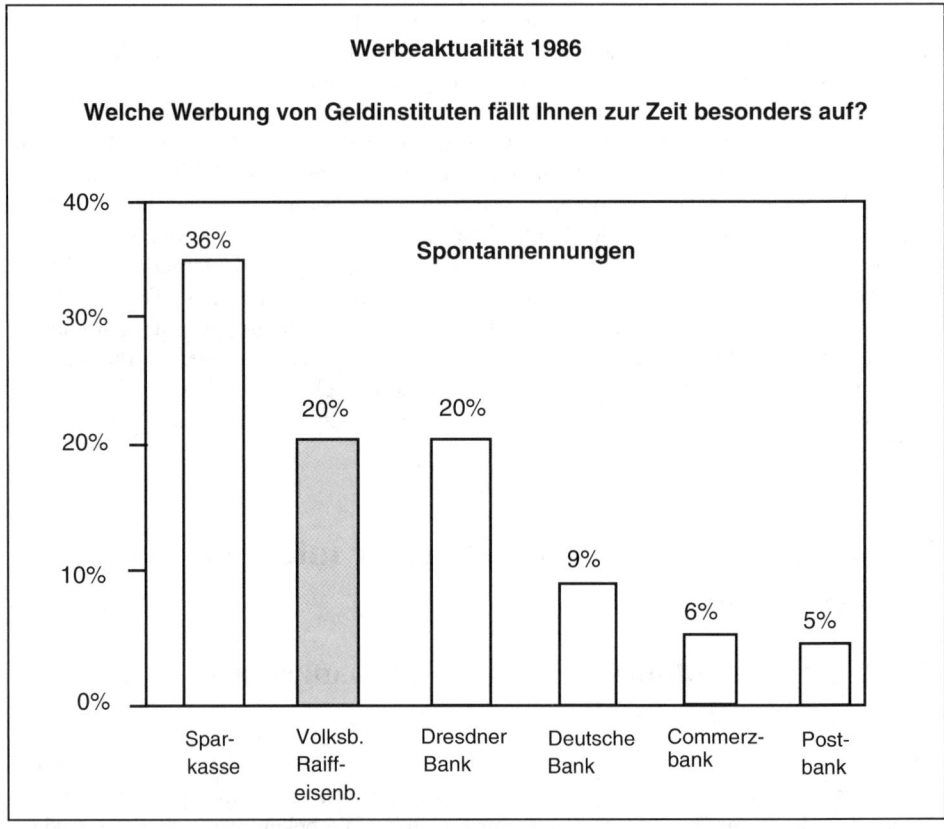

Abbildung 10:   Werbeawareness (gestützte Bekanntheit) der Volksbanken und Raiffei-
                 senbanken im Jahr 1986
Quelle: Juchems, 1991, S. 76 f.

Spontane Werbeerinnerungen 1986 (alle Medien zusammengefaßt)		
	Kampagne der Volks- banken Raiffeisenbanken	Kampagne der Sparkassen
Inhaltskategorie	N = 535 Werbeerinnerer	N = 942 Werbeerinnerer
	%	%
„Wir bieten mehr als Geld und Zinsen"	27	-
„Wenn's um Geld geht"	-	43
Aussagen zum Namen / Firmensymbol	6	13
Allgemeine Nennungen zu Bankservices	18	19
Aktivitäten und Services für junge Leute	9	20
Spezifische Inhalte und Werbedetails	16	14
Werbung von Verbund - unternehmen	17	6
Keine genaue Erinnerung	11	7

Abbildung 11: Vergleich der erinnerten Werbeinhalte für die Volksbanken und Raiff-eisenbanken und für die Sparkasse im Jahr 1986

Quelle: Juchems, 1991, S. 80.

Entwicklungsprozeß der neuen Werbekampagne

Zunächst wurden möglichst viele Positionierungsideen, die im weitesten Sinne für die Volksbanken und Raiffeisenbanken in Frage kamen, nach dem Motto „Quantität schafft Qualität", generiert. Auf der nächsten Entwicklungsstufe erfolgte die Reduktion der Ideen auf geeignete Konzepte. Die vorhandenen Ideen wurden systematisiert, hierarchisch strukturiert und in Bedeutungsclustern subsumiert (vgl. Esch, 1998 a). An-schließend wurden solche Positionierungsideen ausgesiebt, die

- ▓ nicht im Einklang mit der Unternehmensphilosophie standen,
- ▓ keine Abgrenzung von der Konkurrenz ermöglichten,
- ▓ für die Zielgruppe nicht relevant waren,
- ▓ zu hohe Anforderungen an die Umsetzung stellten und kaum langfristig einsetzbar waren (vgl. Kroeber-Riel, 1993 a).

Für die Positionierung der Genossenschaftsbanken kamen u. a. Erlebnisse wie „Traum vom schöneren Leben", „Familienleben" oder „persönliche Unabhängigkeit" in Frage. Diese Positionierungen passen zum Dienstleistungsangebot der Bank. Das Familien-erlebnis war allerdings deshalb nicht für eine Positionierung der Genossenschaftsbanken geeignet, da Lebensstiluntersuchungen zufolge die Familie als soziale Gruppe an Bedeutung verliert und somit die langfristige Relevanz dieses Erlebnisses fragwürdig schien. Zudem hätte die Umsetzung eines Familienerlebnisses auch kaum zur Abgren-zung von der Sparkasse beitragen, da diese bereits Motive mit Familienerlebnissen ver-wendete (vgl. Esch, 1998 e; Kroeber-Riel, 1989). Bei dem Traumerlebnis wiederum waren die Anforderungen an die Umsetzung in unterschiedliche Werbeexekutionen sehr hoch. Hier ist das Risiko der Umsetzung mit stereotypen Bildmotiven (z. B. die Szenen von schönen Yachten, exotischen Urlaubszielen, schönen Villen) groß. Deshalb wurde dieses Erlebnis ebenfalls verworfen.

Bei dem dritten Erlebnis verhielt es sich anders: Genossenschaftliche Banken bieten durch ihre persönlichen Beziehungen zu ihren Mitgliedern in allen Lebenslagen finan-ziellen Rückhalt und ermöglichen damit den Kunden, in zahlreichen Lebensbereichen (z. B. Ausbildung, Existenzgründung, Altersvorsorge usw.) persönliche Unabhängigkeit zu erreichen. Friedrich Wilhelm Raiffeisen und Hermann Schulze-Delitzsch gründeten vor 150 Jahren ihre Genossenschaften, um in Bedrängnis geratenen Landwirten, Hand-werkern und Gewerbebetrieben zu helfen, ihre Selbständigkeit zu wahren. Deshalb wur-de die Entscheidung getroffen, Umsetzungen für die Positionierung als Bank, die einem persönliche Unabhängigkeit und Freiheit sicherstellt, zu entwickeln.

Umsetzungsvorschläge sind unter **Berücksichtigung der herrschenden Markt- und Kommunikationsbedingungen** zu gestalten. Da Werbung heute nur noch flüchtig und beiläufig betrachtet wird, mußte die Positionierung der Volksbanken und Raiffeisen-banken auf den ersten Blick wahrnehmbar umgesetzt werden. Da unter Low-Involve-ment-Bedingungen Bilder bevorzugt aufgenommen werden (vgl. Kroeber-Riel, 1993 a; Esch, 1998 e), war eine Umsetzung der Positionierung durch ein Bild, idealerweise ein Schlüsselbild erforderlich. Dieses Schlüsselbild wiederum sollte klar erkennbar und einprägsam gestaltet und - bezogen auf die integrierte Kommunikation - im Zeitablauf variationsfähig sein, damit es langfristig einsetzbar ist und den Transfer in unterschied-liche Medien ermöglicht.

Für die Volksbanken und Raiffeisenbanken kamen zur Visualisierung der persönlichen Unabhängigkeit und Freiheit zum Beispiel Motive einer Person, die auf einem Berg in die Ferne blickt; Motive von Vögeln, die ohne Grenzen durch die Luft fliegen können;

Motive von Personen auf einem Schiff im weiten Meer; Motive von freien Wegen mit Horizont usw. in Frage. Zur Reduktion der Gestaltungsalternativen empfehlen sich ähnliche Überlegungen wie bei der Reduktion der Konzepte, um eine Explosion der abschließend zu prüfenden Gestaltungsalternativen zu vermeiden. So würde hier beispielsweise das Motiv mit einer in die Ferne blickenden Person dem Genossenschaftsgedanken und dem „Wir"-Gefühl widersprechen.

Abschließend war zu ermitteln, wie die verschiedenen Gestaltungskonzepte auf die Konsumenten wirken, konkret:

■ Können die Konsumenten aufgrund der unterschiedlichen Gestaltungsvorschläge die beabsichtigte Positionierung erkennen?
■ Werden die Umsetzungen als unterscheidbar von der Konkurrenz wahrgenommen?
■ Ist die psychologische Relevanz der ersten Visualisierungen gegeben? usw.

Diese Testphase ist besonders problematisch, weil neue Konzepte oft vor einem gegebenen Erfahrungshintergrund beurteilt werden und deshalb leicht unter den Tisch fallen. Zudem entsprechen noch zu viele Tests dem High-Involvement-Paradigma, so daß es dadurch zu Ergebnisverzerrungen bei der Messung von Kommunikation kommt, die unter Low-Involvement-Bedingungen eine emotionale Durchschlagskraft entwickeln soll (vgl. Esch, 1998 e).

Für die Auswahl eines geeigneten Konzepts bieten sich bewährte Hilfsmittel wie das Scoring-Modell an. Kriterien für die Entscheidung können hier der Grad der Eigenständigkeit der Umsetzungen, der Schwierigkeitsgrad der Konzeptumsetzung in den einzelnen Werbemitteln, die Fähigkeit zur Variation des Konzeptes zur flexiblen Anpassung an sich verändernde Konsumentenbedürfnisse usw. sein. Die Volksbanken und Raiffeisenbanken haben die Erlebnispositionierung „persönliche Unabhängigkeit" durch das Schlüsselbild des freien Weges und durch den Slogan „Wir machen den Weg frei" umgesetzt (vgl. Abbildung 12).

Mit dem Schlüsselbild vom freien Weg der Volksbanken und Raiffeisenbanken und dessen einzelnen Komponenten sollen folgende Anmutungsqualitäten vermittelt werden:

Komponenten des Bildmotivs	zu vermittelnde Anmutungsqualitäten
Tiefe	= keine Hindernisse
Horizont	= hohes Ziel
Himmel	= Freiraum
Weg	= Mühelosigkeit
Richtung	= Fortschrittlichkeit
Weite	= Handlungsraum
Bewegung	= Initiative
Gute Stimmung	= keine Bedrohung

Der freie Weg soll demnach Erlebnisbilder auslösen, die die Positionierung der persönlichen Unabhängigkeit der Volksbanken und Raiffeisenbanken vermitteln.

Abbildung 12:   Kommunikationsmotive vom Schlüsselbild des freien Weges in unter-
                 schiedlichen Kommunikationsmedien

Ergebnisse zur Werbekampagne „Wir machen den Weg frei"

Die Kampagne „Wir machen den Weg frei" mit dem Schlüsselbild vom freien Weg läuft seit 1988. Seitdem hat sich die Werbeawareness der Volksbanken und Raiffeisenbanken kontinuierlich erhöht. Die folgende Abbildung gibt einen Überblick über die erzielten Wirkungen in den ersten beiden Jahren der Kampagne in bezug auf die Awareness der Kampagne sowie in bezug auf die Vermittlung spezifischer Inhalte und Anmutungen (vgl. Abbildung 13).

Spontane Werbeerinnerung an TV und Print				
	TV		Print	
	Okt. 88 N= 133	Okt. 89 N = 151	Okt. 88 N = 141	Okt. 89 N = 156
	%	%	%	%
„Mehr als Geld und Zinsen"	8	4	15	7
„Wir machen den Weg frei"	51	58	45	64
Name/Firmensymbol	2	1	6	1
Allgemeine Nennungen zu Bankservice	5	2	8	10
Aktivitäten und Services für junge Leute	2	2	3	3
Spezifische Inhalte und Werbedetails	89	95	53	72
Werbung von Verbund- unternehmen	14	2	11	4
Keine genaue Erinnerung	5	7	8	8

Abbildung 13: Ergebnisse der Kampagne „Wir machen den Weg frei" in den ersten beiden Jahren der Einführung
Quelle: Juchems, 1991, S. 91 ff.

Ungestützte Aussagen zu der Werbung für die Volksbanken/Raiffeisenbanken	
Die Bank hilft Hindernisse zu überwinden, hilft in schwieriger Lage, ist bereit, jedes finanzielle Problem zu lösen	23 %
Die Bank macht Unmögliches möglich, ... schafft alles, ... findet immer einen Weg, ... ebnet ihren Kunden den Weg	10 %
Die Bank ist aktiv für ihre Kunden, ... setzt sich für ihre Kunden ein, ... bemüht sich, ihre Kunden zufriedenzustellen	9 %
Die Bank bietet individuellen Service, insbesondere einfache, günstige Kredite, Beratung	14 %
Freiheit, Zukunft	3 %
Sonstige Interpretationen, z. B. für junge Leute, eine große Bank für alle, hilft bei bestimmten Vorhaben, für alle Geldangelegenheiten, guter Service, Werbung für Kunden	18 %

Zuordnung werbebezogener Image-Items zu den Volksbanken Raiffeisenbanken durch Personen, die sich an deren Werbung erinnern			
	O-Welle Feb. 88 N = 197 %	Okt. 88 N = 280 %	Okt. 89 N = 331 %
Macht informative Werbung	39	39	38
Die Werbung gefällt mir gut	28	39	53
Macht unverwechselbare, eigen- ständige Werbung	46	61	69

Fortsetzung Abbildung 13:   Ergebnisse der Kampagne „Wir machen den Weg frei" in
                             den ersten beiden Jahren der Einführung
Quelle: Juchems, 1991, S. 91 ff.

1991 erreichte die Werbeawareness erstmals die Spitzenposition im Bankenmarkt. Sie stagniert zur Zeit auf hohem Niveau mit deutlichen Abstand vor den anderen Banken (vgl. Abbildung 14).

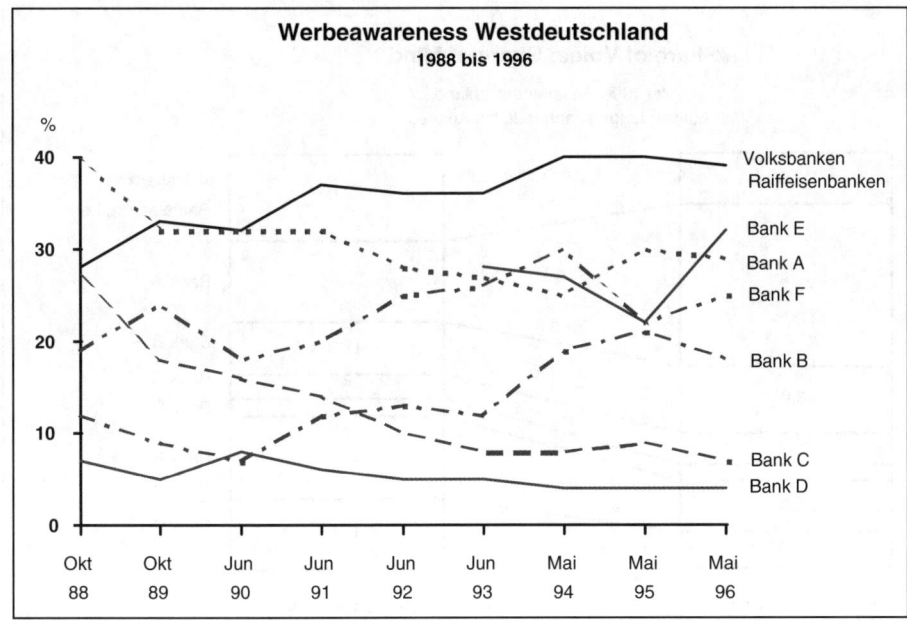

Abbildung 14: Werbeawareness der Volksbanken und Raiffeisenbanken von 1988 bis 1996

Quelle: Epple, 1994; Bundesverband der deutschen Volksbanken und Raiffeisenbanken.

Die Kampagneneffizienz zeigt auch ein Vergleich des Share of Voice mit dem Share of Mind: Bei einem Anteil von 12,8 % an den gesamten Werbeaufwendungen im Banken-bereich erzielten die Volksbanken und Raiffeisenbanken einen Awareness-Anteil von 22,6 % im Bankenbereich und liegen damit an der Spitze aller Banken (vgl. Abbildung 15)!

Der Erfolg der Werbekampagne des freien Wegs äußert sich auch im Aufbau spezi-fischer, mit den Volksbanken und Raiffeisenbanken verbundenen Gedächtnisstrukturen, die das Bild von den Volksbanken und Raiffeisenbanken bei den Bankkunden wesent-lich verbessert haben. So verbesserte sich die Sloganrecognition von 7 % im Jahr 1988 auf 78 % im Jahr 1993. Andere Banken können bei weitem nicht so hohe Werte auf-weisen.

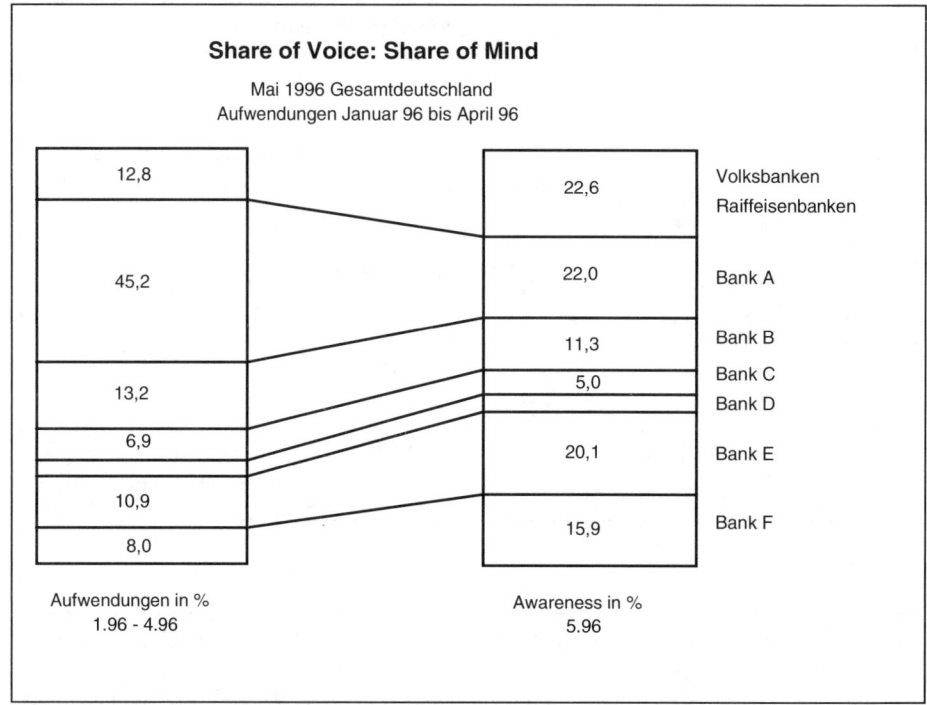

Abbildung 15:   Ein Vergleich von Share of Voice zum Share of Mind im Banken-
                  bereich im Jahr 1996
Quelle: Bundesverband der deutschen Volksbanken und Raiffeisenbanken,
                  Bonn - Bad Godesberg.

7.2   Schlüsselbildintegration der Württembergischen Versiche-
         rung

Die Württembergische Versicherung gehört zu den zehn größten deutschen Versicherungsgesellschaften. Aufgrund des erst 1991 erfolgten Zusammenschlusses der ehemaligen Allgemeinen Rentenanstalt und der Württembergischen Feuerversicherung
verfügte die Marke in Deutschland nur über eine geringe Markenbekanntheit und ein
schwach ausgeprägtes Markenbild. Deshalb wurde 1991 die Entscheidung gefällt, ein
klares Markenprofil mittels Kommunikation für die Marke aufzubauen. Dabei sollten in
der neuen Kommunikationskampagne zunächst Aspekte dominieren, die zum Aufbau
eines Markenwerts und klarer Gedächtnisstrukturen zur Marke dienen. Erst darauf aufbauend sollte in Folgephasen die Produktwerbung in die Kampagne integriert werden
(vgl. Thometzek, 1995).

Bei der Kampagnenentwicklung galt es zu berücksichtigen, daß bei der Vielzahl der Kommunikationsappelle und der Vielzahl der beworbenen Marken einfach und schnell die Positionierungsbotschaft zum Aufbau klarer, präferenzbildender Gedächtnisstrukturen für die Württembergische Versicherung vermittelt werden sollte. Da auch potentielle Kunden Versicherungen gegenüber ein geringes Involvement entgegenbringen, war die Maßgabe, ein Schlüsselbild als visuelles Grundmotiv der Kernpositionierungsinhalte zu entwickeln, um damit wiederholt und über alle kommunikativen Eindrücke hinweg gleiche Inhalte für die Württembergische Versicherung zu kommunizieren.

Zu diesem Zweck wurden zunächst die mit der Württembergischen Versicherung verbundenen Bedeutungsgehalte des Namens ermittelt sowie die wesentlichen Anforderungen an eine Versicherung bei Versicherungsnehmern erfaßt.

Aufgrund der ermittelten Daten wurde für die Württembergische Versicherung eine Positionierung als seriöses, zuverlässiges und vertrauenswürdiges Versicherungsunternehmen festgelegt. Da diese Positionerungseigenschaften bereits durch andere Unternehmen teilweise belegt waren, war es entscheidend, die auf der Konzeptionsebene zur Württembergischen Versicherung passenden und für die Kunden relevanten, aber zum Teil mit anderen Versicherungsunternehmen austauschbaren Eigenschaften so durch ein Schlüsselbild umzusetzen, daß durch die Art der Umsetzung ein eigenständiges Markenbild und eigenständige Gedächtnisstrukturen zur Marke aufgebaut werden konnten.

Als Kampagnenvorschlag wurde „Der Fels in der Brandung" mit dem Schlüsselbild eines Felsen in der Brandung, auf dem Menschen abgebildet sind, entwickelt (vgl. Abbildung 16). Slogan und Schlüsselbild stützen sich in der Kampagnc gegenseitig. Man spricht hier von „Framing". Es ist quasi eine Wiederholung der Schlüsselbotschaft durch Darbietung in Bild und Sprache.

Abbildung 16:   Werbung für die Württembergische Versicherung

Ergebnisse zur Kampagne

Die gestützte Markenbekanntheit stieg von 52 % im Jahr 1992 auf 70 % im Jahr 1993. Gleichzeitig wurde das Markenbild der Württembergischen Versicherung stark durch folgende Merkmale geprägt:

bildlich:	**sprachlich:**
- Fels in der Brandung	- Solidität
- Meer, Strand	- Zuverlässigkeit
- Schriftzug, Logo	- Sicherheit

Zugleich hatte die Kampagne auch eine verhaltenssteuernde Wirkung (vgl. Abbildung 17).

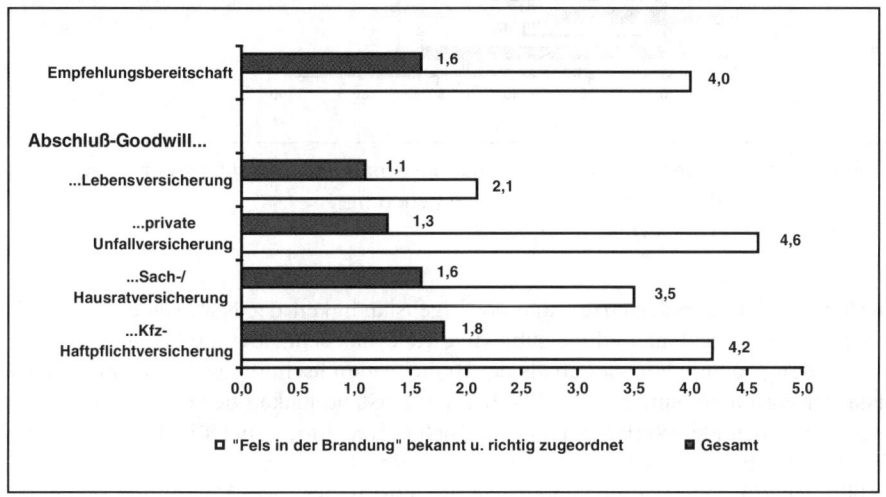

Abbildung 17:   Verhaltenssteuernde Wirkung der Kampagne „Fels in der Brandung" für die Württembergische Versicherung
Quelle: Thometzek, 1995, S. 30.

In den Folgejahren wurden weitere Kontroll- und Markenstatusuntersuchungen bezüglich Einprägsamkeit, Informationsgehalt und Akzeptanz der Kommunikation sowie zur Erfassung eines Benchmarking in bezug auf den Markeneisberg vorgenommen (vgl. Abbildung 18).

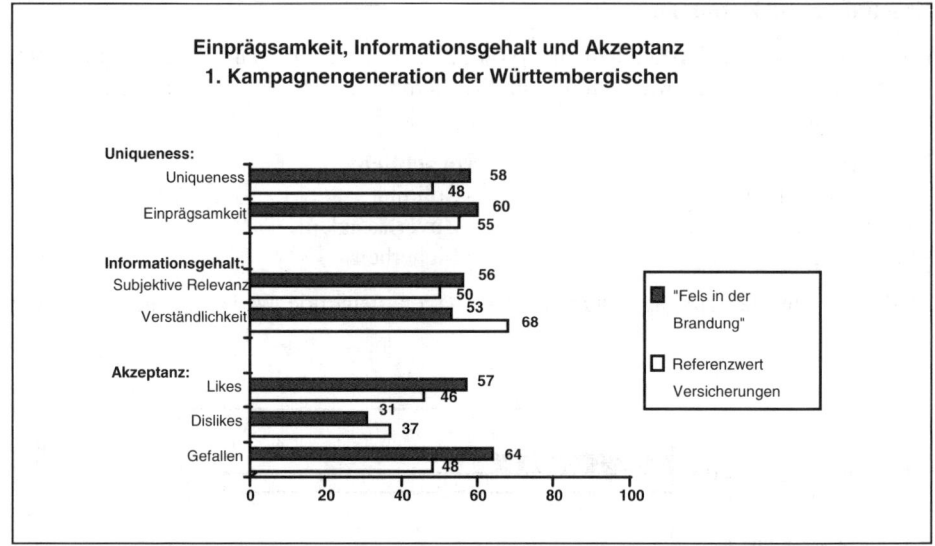

Abbildung 18:   Einprägsamkeit, Informationsgehalt und Akzeptanz der Kampagne für
                die Württembergische Versicherung
Quelle: Thometzek, 1995, S. 32.

Hinsichtlich der Einprägsamkeit und der Eigenständigkeit der Kampagne, aber auch in
bezug auf die Akzeptanz und die subjektive Relevanz schneidet die Kampagne „Fels in
der Brandung" deutlich besser ab als der Branchendurchschnitt der Kommunikation von
Versicherungsunternehmen. Lediglich bei der Verständlichkeit der Kampagne, einer für
eine erlebnisbetonte Werbung untergeordneten Kategorie, sind die Ergebnisse etwas
schlechter als beim Branchendurchschnitt. Die Resultate wirken sich auch auf das Markenbild der Württembergischen Versicherung positiv aus. Das Markenbild schneidet in
bezug auf die Klarheit des inneren Bildes, den subjektiv wahrgenommenen Werbedruck,
die Einprägsamkeit der Werbung, die Eigenständigkeit der Werbung sowie bezüglich
der Attraktivität des Bildes bei Personen, die sich an die Kommunikation erinnern
konnten, wesentlich besser ab als bei den Konsumenten, die sich an die Werbung der
Württembergischen nicht erinnerten (vgl. Abbildung 19).

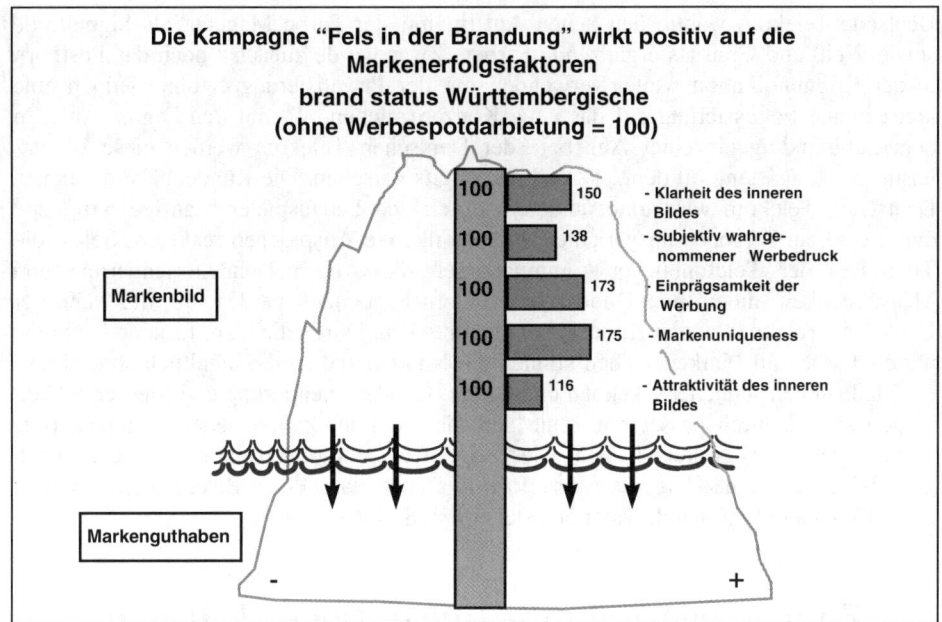

Abbildung 19:   Der Markeneisberg für die Württembergische Versicherung
Quelle: Thometzek, 1995, S. 32.

7.3   Formale Integration der Deutsche Telekom

Bis Ende der 80er Jahre dominierte ein staatliches Monopol in Deutschland den Markt für Telekommunikation. Kunden waren gezwungen bei dem Monopolisten „Post" einen Antrag für einen Telefonanschluß zu stellen (vgl. Kindervater/Häusler, 1997). Man konnte aus einem begrenzten Angebot wählen. Durch die Postreform wurde 1989 ein neues Unternehmen geschaffen - die Deutsche Telekom. Um die damit verbundenen neuen Werte und Images dem Zielpublikum zu kommunizieren, war die Entwicklung einer neuen Kommunikationsstrategie erforderlich. Zwar wurden mit der alten Post durchaus positive Werte wie Stabilität und Sicherheit verbunden, andererseits haftete der Post, die in den Köpfen vor allem durch die Farbe gelb sowie durch das Posthorn visuell repräsentiert war, auch das schwerfällige, bürokratische und vorwiegend technikfixierte Behördenimage an.

Um einer breiten Öffentlichkeit unmißverständlich zu kommunizieren, daß ein Wandel hin zu einem kunden- und wettbewerbsorientierten Unternehmen stattfindet, war ein Bruch mit alten Bildern, Eindrücken und Vorstellungen erforderlich. Deshalb traten Überlegungen zum Corporate Design in den Vordergrund, um einen klar erkennbaren neuen visuellen Code zur Kommunikation der neuen Ansprüche zu entwickeln. Die

Deutsche Telekom wählte den neuen Auftritt mit der Farbe Magenta als Signalfarbe sowie Weiß und Grau als ergänzende Farben. Zwar wurde zunächst noch das Posthorn in der Kommunikation weiter verwendet, mit der Privatisierung erfolgte jedoch eine konsequente Fokussierung auf das neue Konzernzeichen „T" mit den Digits. Auch in dem Subbranding einzelner Angebote der Deutschen Telekom werden diese Dienstleistungen konsistent mit dem „T" und den Digits versehen. Die Kundennähe der neuen Deutschen Telekom wird unter anderem durch den Schauspieler Manfred Krug und durch stark an Personen ausgerichtete kommunikative Ansprachen realisiert. Selbst die Titelseiten der Telefonbücher kommunizieren diese neue Kundenorientierung und Menschlichkeit, indem hier Bilder von Kindern abgebildet werden, um die Nähe der Deutschen Telekom zu den Kunden zu unterstreichen. Durch die klare formale Klammer mittels Farbe und Markenzeichen können die Kunden zudem die inhaltlich abgestimmten Maßnahmen schneller erkennen und lernen. Kundenorientierung und Menschlichkeit prägen sich dadurch besser ein, ohne daß die Kommunikation neuer Angebote oder Maßnahmen dabei zu kurz kämen. Dies zeigt sich nicht zuletzt darin, daß schon nach zwei Jahren der neue Unternehmensauftritt in Deutschland einen Bekanntheitswert von fast 100 % hatte (vgl. Kindervater/Häusler, 1997, S. 416).

8. Empfehlungen für die Integrationsarbeit zum Aufbau starker Marken

Die Werbung bildet - trotz zunehmender Bedeutung anderer Kommunikationsinstrumente - nach wie vor das Leitinstrument integrierter Kommunikation, da die Werbung langfristig ausgerichtet ist und durch sie ein breites Zielpublikum angesprochen wird. Deshalb ist bei dem Entwicklungsprozeß einer Positionierung für eine Marke und den sich daran anschließenden Integrationsüberlegungen der Kommunikation die Werbung als Grundlage heranzuziehen. Die Integrationsmaßnahmen sind hier so zu gestalten, daß sie dem typischerweise vorherrschendem Low-Involvement-Verhalten gerecht werden. Dies erfordert starke Integrationsklammern, wie sie auch in den oben dargestellten Fallbeispielen vorbildlich zum Einsatz kamen.

Der Entwicklungsprozeß einer Positionierung und der Aufbau einer integrierten Kommunikation bedarf Zeit. Er ist so systematisch zu gestalten und zu begleiten wie der Forschungs- und Entwicklungsprozeß für neue Produkte. Bei der Entwicklung der integrierten Kommunikation spielt der Transfer der Integrationsmittel in unterschiedliche Modalitäten (z. B. Akustik, Bilder) eine ebenso große Rolle wie die Prüfung, ob die Integrationsmaßnahmen auch langfristig und kontinuierlich mit notwendigen Variationen und Anpassungen an den Zeitgeist umsetzbar sind (vgl. Esch, 1998 a).

Daß eine notwendige zielgruppenspezifische Ansprache eine Integration der Kommunikation nicht ermögliche, ist wie der Glaube, man könne im Rahmen integrierter Kommunikation keine neuen Angebote und ähnliches aktualisieren, ein Ammenmärchen von Personen, die aus objektiv kaum nachvollziehbaren Gründen die Markenkommunikation nicht integrieren können oder wollen. Diese Gründe sind logisch nicht nachvollziehbar, weil eine Marke - unabhängig von der jeweiligen Zielgruppe - immer für einige wenige und wichtige Eigenschaften steht, ähnlich wie Persönlichkeiten der Öffentlichkeit. Wie diese können auch Marken nicht ständig ihr Hemd oder ihre Einstellung tauschen, sondern müssen für klare Eigenschaften stehen. Diese müssen über alle Kommunikationsinstrumente und bei allen Zielgruppen vermittelt werden. Daß dies ergänzende, zielgruppenspezifische Informationen nicht ausschließt, steht natürlich außer Frage. Die mangelnde Integrationsfähigkeit von neuen Angeboten in eine integrierte Kommunikation ist ebenfalls ein Vorurteil. Die in den „best-practice"-Fällen dargestellten Unternehmen stellen natürlich auch Angebote im Rahmen ihrer integrierten Kommunikation dar. Es ist aber zweifelsfrei gerade für Werbeagenturen leichter und schöner, immer wieder neue Sujets für Angebote von Marken zu erfinden, statt den mühsamen und aufwendigeren Weg einer Einbeziehung dieser Angebote in ein integriertes Kommunikationskonzept zu gehen. Erst durch integrative Kommunikationsmaßnahmen können jedoch schnell und wirksam klare Markenbilder und ein Markenwert für Marken aufgebaut werden. Daß integrierte Kommunikationskonzepte dennoch über eine hinreichende Flexibilität zur Anpassung an den Zeitgeist und an heterogene Interessen unterschiedlicher Zielgruppen verfügen, ergibt sich nicht zuletzt daraus, daß durch flexiblere Kommunikationsinstrumente wie den persönlichen Verkauf Freiheitsgrade der Kommunikation realisiert werden können (vgl. Abbildung 9).

WOB

Aufblenden. www.wob.ag

Wer etwas zu sagen hat, sollte die Kommunikation nicht den lichten Momenten des Zufalls überlassen. WOB verschafft Botschaften Gehör.

Fünftes Kapitel

Führung komplexer Markensysteme

Thomas Andresen und Oliver Nickel

Führung von Dachmarken

1. Einleitung

In gesättigten Märkten wird der Aufbau neuer Marken zu einer Seltenheit. Die Gründe sind einfach: Kalkuliert man die enorm hohen Kosten für den Aufbau einer neuen Marke und berücksichtigt zusätzlich die in vielen Märkten nicht unerhebliche Flopwahrscheinlichkeit, dann entsteht ein Aufwand, der häufig über den Kosten für den Erwerb einer bereits existierenden Marke liegt. Zudem ist dieser Aufwand nur bedingt aktivierbar, das heißt, er schlägt unmittelbar in die Ergebnisrechnung ein.

Ein zusätzlicher Grund liegt in der allgemeinen Stimmungslage der 80er und 90er Jahre, die sich mehr mit der Verwertbarkeit von Markenwerten beschäftigt, als mit dem Aufbau von solchen. Und aus eben diesem Grunde ist das Thema „Dachmarke" immer noch von hoher Aktualität. Dem Markentechniker, der langfristig orientiert ist, läuft bei dem Begriff „Dachmarke" ein Schauer über den Rücken. Für ihn ist eine Dachmarkenstrategie lediglich eine kurzfristige Gewinnoptimierung. Allerdings ist auch diese Sicht der Dinge einseitig, da in der Praxis erfolgreiche Dachmarkenstrategien existieren, bei denen die Marke auch längerfristig von der Spreizung profitiert.

Insbesondere in wirtschaftlich schwierigen Zeiten wächst die Begehrlichkeit, die aufgebauten Markenwerte in zunehmendem Maße ökonomisch zu verwerten. Dabei geht es vor allem um drei zentrale Problemfelder, welche gleichermaßen strategische wie operative Fragen der Markenführung beinhalten.

1. Der vordergründigen kapitalorientierten Aufgabe der Erhöhung des Shareholder Values durch Zukauf, Übernahmen oder durch Verschmelzung zweier Konzernsysteme durch das Top-Management folgt im Nachhinein die Aufgabe für die Markentechniker, die neu entstandenen Markensysteme erfolgswirksam zu managen, d. h. möglichst so, daß die Bindungskraft der bestehenden Marken nicht geschwächt wird.

2. Neben der Frage nach der Einordnung von Marken in ein Unternehmensportfolio, geht es noch häufiger um die Frage, wie ein neues Produkt idealerweise in das Markenportfolio eingeordnet werden sollte.

3. Vor nicht minder schwierigen Entscheidungen stehen die Markenmanager, wenn es darum geht, wie tragfähig eine bestehende und momentan erfolgreiche Marke im Hinblick auf eine zukünftige Markenexpansion ist.

Die bekannten Rahmenbedingungen des modernen Marketing wie gesättigte Märkte, Austauschbarkeit der Angebote, Low-Involvement in nahezu allen Zielgruppen sowie Überlastung durch klassische Kommunikation haben dazu geführt, daß bereits seit den 80er Jahren das Thema Markenführung stark an Bedeutung gewonnen hat. Die Begriffe „Markenführung" und „Markenwert" dominieren seither in der Wissenschaft wie in der Marketingpraxis zunehmend die Diskurse um das erfolgreiche Management von Angeboten (vgl. Landis/Posten, 1990; Aaker, 1992, 1996 b; Kapferer, 1992; Keller, 1993,

1998; Aaker/Biel, 1993 b; Esch, 1993 a; Esch/Andresen, 1994, 1997; Bruhn, 1994 a; Franzen et al. 1994; Hauser, 1997; Brandmeyer/Deichsel, 1997; Irmscher, 1997; Bekmeier-Feuerhahn, 1998 a; Schweiger/Friederes, 1998). Beim Transfer von der Wissenschaft in die Praxis gibt es jedoch noch erhebliche Defizite (vgl. Trommsdorff, 1998 b). Dies gilt auch für die Professionalität bei der Führung von Dachmarken.

Bis auf wenige Ausnahmen (vgl. z. B. Aaker/Keller, 1990; Keller, 1998, S. 399-592) haben die Beiträge zur Führung von Dachmarken nur wenig Substantielles im Sinne einer wissenschaftlichen Fundierung einerseits oder einer systematischen Entscheidungsunterstützung für die Praxis andererseits hervorgebracht. Im wesentlichen ging es dabei um metasprachliche Regelungen, also um die Diskussion von Begriffen wie Markenkern, Monomarke, Sortimentsmarke, Markenexpansion oder Markentragfähigkeit und deren Verdeutlichung anhand von Beispielen.

In der Praxis geht es jedoch nach der Klärung der Begrifflichkeiten schnell um handfeste Probleme, die mit dem Phänomen Dachmarke zusammenhängen (vgl. nachfolgendes Kapitel). Dies gilt für industriell geprägte Konglomerate wie VEBA, RWE oder ABB, für große Gebrauchsgüterhersteller wie Daimler-Chrysler, den BMW-Konzern, wie für klassische Konsumgütermarken wie Nivea, Dr. Oetker, Jacobs oder Nestlé. Die aktuellen Mega-Merger in der Automobilindustrie führen uns das Problem sehr deutlich vor Augen: Immer weniger Automobilkonzerne führen immer mehr Marken und Modelle zusammen; und das häufig auf gleicher technischer Basis (Plattformstrategien, Badge-Engineering).

1970	1985	1999
Käfer	Golf	Bora
K 70	Jetta	Golf
1600	Polo	Lupo
Karmann Ghia	Passat	New Beetle
VW Porsche	Scirocco	Passat
		Polo
		Sharan
Audi 60 / 90	Audi 80 / 90	Audi A3
Audi 100	Audi 100	Audi A4
	Audi 200	Audi A6
	Audi Coupe / Quattro	Audi A8
		Audi Cabrio
		Audi TT

Abbildung 1:   Modellentwicklung im VW-Konzern (**ohne** Seat, Skoda, Lamborghini, Bentley und **ohne** Karosserievarianten)

Bei all diesen Aufgaben wird immer häufiger die Frage nach einem effizienten Markenpotential-Management gestellt (vgl. Capune/Graul, 1997). Der nach einer Konzernverschmelzung an die Käufer gerichtete Leitspruch „Expect the extraordinary" (vgl. Abbildung 2) dürfte zunächst auf die verantwortlichen Markenmanager selbst zutreffen, denen häufig die Instrumente fehlen, Entscheidungen auf Konzernebene in die strategische und operative Markenführung erfolgswirksam zu übersetzen. Die Auswirkungen auf der Kundenseite haben ohnehin eher langfristigen Charakter.

Bei der Führung einer Dachmarke geht es sowohl um strategische als auch um operative Fragen.

- Was ist der Wert der Dachmarke aus Sicht der Kunden?
- Wie kann dieser Wert erklärt werden?
- Worin liegt die Kernkompetenz der Dachmarke?
- Wie stark zahlen Subbrands der Dachmarke in das Markendach ein?
- Welches Eigenleben haben die Subbrands bereits entwickelt?
- Wie ist der Einfluß durch die Kategorien (Marktsituation, Konsumentenverhalten etc.)?
- Welchen Einfluß haben die auf den potentiellen Extensionsmärkten bereits etablierten Konkurrenzmarken?

Die Antworten auf diese Fragen bilden die Parameter, welche die Voraussetzungen für die erfolgreiche Kapitalisierung einer Marke als Dachmarke darstellen.

Zur sinnvollen Beantwortung gilt es, zunächst ein **Meßmodell für die Ableitung von Erkenntnissen** zugrundezulegen, welches in forschungstheoretischer und pragmatischer Hinsicht bestimmte Gütekriterien erfüllt (vgl. Kapitel 2). Schließlich können auf dieser Grundlage **generelle Erkenntnisse** für die Führung von Dachmarken abgeleitet werden, die ein hinreichendes Raster typischer Entscheidungstatbestände bei der Führung von Dachmarken abdecken (vgl. Kapitel 3.1). Weiterhin lassen sich **Anforderungen an ein systematisches Dachmarkenpotential-Management** formulieren (vgl. Kapitel 3.2).

Abbildung 2:   Anzeige zum Start von DaimlerChrysler in Publikumszeitschriften (1999)

2. Grundlagen zur Ableitung von Erkenntnissen zur Führung von Dachmarken: ein verhaltenswissenschaftliches Meßmodell

In der Markenführungspraxis haben vor allem verhaltenswissenschaftlich orientierte und naturwissenschaftlich-soziologisch orientierte Betrachtungen des Phänomens „Dachmarke" an Aufmerksamkeit und Bedeutung gewonnen. Obwohl man in beiden Fällen auf eine grundlegend andere Begriffswelt trifft, geht es auf der Metaebene um ähnliche Ziele. Im Gegensatz zu den weitgehend deskriptiv und auf den Aufbau metasprachlicher Zusammenhänge ausgerichteten soziologischen Ansätzen, bieten verhaltenswissenschaftlich geprägte Ansätze eine stärkere Operationalisierung in Form von konkreten Meßmodellen. Sie sind daher aus unserer Sicht für die Marketingpraxis relevanter.

In beiden Ansätzen wird jedoch davon ausgegangen, daß der Markenwert vor allem durch die Reaktionen der Konsumenten auf strategische und taktische Marketing-maßnahmen sowie durch eine individuelle Erfahrung und Sozialisation mit der Marke geprägt wird (vgl. Esch/Nickel, 1998, S. 92). Den Markenwert kann man als das Ende einer langen Kette aller strategisch geplanten und umgesetzten marktorientierten Maß-nahmen eines Unternehmens bezeichnen. Es handelt sich um die Akkumulation aller Marketingmaßnahmen und deren subjektive Wahrnehmung, Bewertung und Speiche-rung durch die Konsumenten im Zeitverlauf.

In der Marketingliteratur trifft man auf zahlreiche Versuche, diese Black-Box zwischen den Stimuli, d. h. den gesamten Marketingmaßnahmen für eine Marke und dem Response, dem resultierenden Verhalten der Konsumenten, zu operationalisieren, also den Wert einer Marke aus Zielgruppensicht zu ermitteln. Bei den von icon durch-geführten Studien zum Thema „Dachmarke" wurde das Instrument **Brand Status** einge-setzt, ein verhaltenswissenschaftliches Markenbewertungsmodell, das sowohl qualitative als auch quantitative Aspekte beinhaltet (vgl. dazu den Beitrag „Messung der Marken-stärke durch den Markeneisberg" in diesem Buch). Mit diesem Instrument wurden seit 1993 weltweit 965 Marken aus unterschiedlichsten Kategorien bewertet (Stand: März 1999).

Aus verhaltenswissenschaftlicher Sicht handelt es sich bei den in diesem Modell enthal-tenen Konstrukten „Markenidentität" und „Markenwert" um Wissens- bzw. Einstel-lungsstrukturen, denen Lernprozesse zugrundeliegen. Demnach sind diese Konstrukte in der Black Box zwischen Stimulus und Response anzusiedeln („Seeing your brand through the eyes of the customer!"). Zentrales Ziel bei der Modellentwicklung von Brand Status war es, diese Black Box möglichst vollständig zu erklären (vgl. Abbil-dung 3).

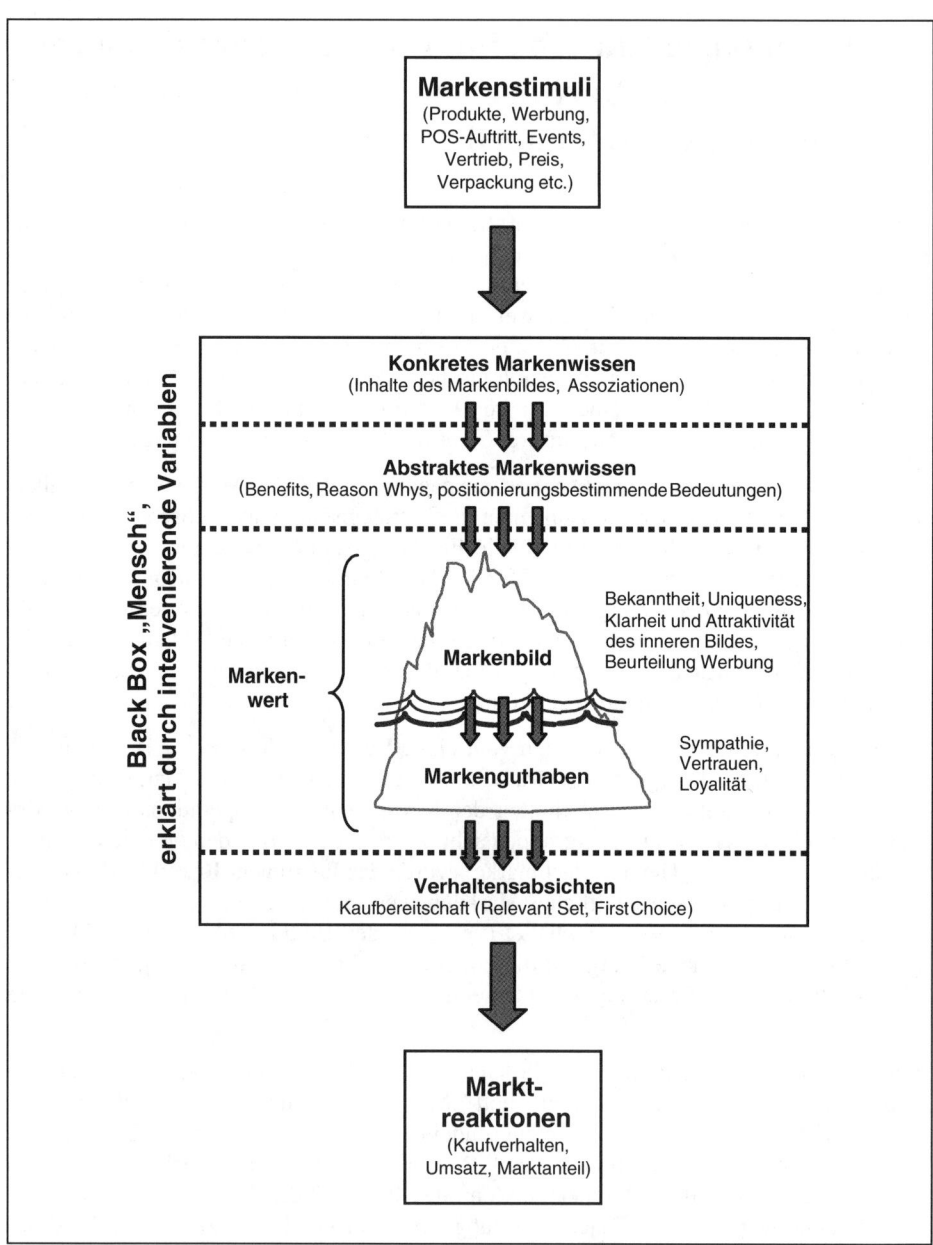

Abbildung 3:   Brand Status - Modell zur Erklärung der Black Box zwischen Marken-
                stimuli und Marktresponse

Ein zentrales Element ist hier der „Markeneisberg", eine anschauliche Analogie, die für den verhaltenswissenschaftlich begründeten Wert einer Marke steht. Der Eisberg besteht aus den Dimensionen Markenbild und Markenguthaben, wobei das Markenguthaben verhaltensnäher ist, d. h. einen höheren Beitrag zur Erklärung des Verhaltens leistet als das Markenbild. Vor diesem Markenwert, gleichsam als dessen Operationalisierung, stehen Eigenschaften (sachliche) und und auf einer noch „stimulusnäheren" Ebene die markentypischen Wissensstrukturen bzw. Assoziationen (z. B. konkrete Erfahrungen mit Marke, Produkt oder anderen Marketing-Mix-Bereichen, Werbebilder, Verpackungseindrücke, Farbvorstellungen, Logoassoziationen etc.).

Die Standardisierung des Modells bezüglich seiner zentralen Meßkriterien ermöglichte den Aufbau einer umfangreichen Datenbank, die sowohl dem Benchmarking dient als auch dem Testen von Hypothesen und Annahmen.

Aus diesem Datenfundus wurden sytematisch Erkenntnisse zur Führung von Dachmarken abgeleitet. Einige grundsätzliche Ergebnisse werden nachfolgend vorgestellt.

3.   Determinanten einer erfolgreichen Dachmarkenführung

3.1   Generelle Erkenntnisse zur erfolgreichen Führung von Dachmarken

Dabei geht es darum, das Vorgehen in der Markenführung kritisch zu hinterfragen und eine Auflistung solcher Hürden zu erstellen, der sich die Marketingverantwortlichen bei der Führung von Dachmarken gegenübersehen.

3.1.1 Integration

Damit Konsumenten in einer bestimmten Art und Weise auf eine Marke reagieren, sind zunächst Lernprozesse erforderlich. Mit der Marke sollen ganz bestimmte emotionale oder sachliche Eigenschaften verbunden werden. Dabei sind Lernprozesse sowohl für das erstmalige Lernen von mit einer Marke zu verbindenden Eigenschaften, Vorstellungen und Bildern erforderlich als auch zum Wiederauffrischen gelernter Gedächtnisstrukturen zur Marke (vgl. Esch, 1998 a sowie den Beitrag „Aufbau starker Marken durch integrierte Kommunikation" in diesem Buch). Dies setzt den langfristig geplanten und integrierten Einsatz der Marketinginstrumente voraus, damit sich überhaupt Gedächtnisstrukturen für eine Marke bilden und verfestigen können.

Das übergeordnete Ziel der Marketingbemühungen liegt in dem Aufbau komparativer Wettbewerbsvorteile durch Vermittlung eines eigenständigen und klaren **Markenprofils**. Profilierung bedeutet: Das Marketing soll erreichen, daß ein Angebot so positioniert wird, daß bei den Abnehmern Präferenzen entstehen (vgl. Kroeber-Riel, 1995, Spalte 2695). Der Beitrag der Profilierung besteht in der Vermittlung eines differenzierenden Wissens über die Marke (vgl. Keller, 1993, S. 3; Esch/Andresen, 1994 sowie den Beitrag „Markenpositionierung als Grundlage der Markenführung" in diesem Buch). Sie zielt auf den Aufbau, die Verstärkung oder die Veränderung der Einstellung beim Empfänger im Hinblick auf das beworbene Angebot.

Dabei müssen zum einen **intermarkenspezifische Überlagerungen von Gedächtnisinhalten** (Interferenzen) vermieden werden, die sich zum Beispiel durch Austauschbarkeit mit anderen Marken im Hinblick auf Strategie und Umsetzung ergeben (vgl. Esch, 1998 a, S. 104). Bei der Messung zeigen sich dann Falschzuordnungen von erinnerten Werbeinhalten oder anderen Elementen der Markenführung (Farbcodes, Logos, Claims, Verpackungen, Sponsoring etc.), oder es ist überhaupt keine Zuordnung möglich.

Zum anderen geht es um **intramarkenspezifische Überlagerungen von Gedächtnisinhalten** (Interferenzen), die sich durch unterschiedliche Lebensäußerungen der Marke im Zeitverlauf oder bezüglich der einzelnen Kommunikationsmaßnahmen ergeben (vgl. Esch, 1998 a, S.105). Vor allem diese Art der Überlagerungen verhindert den Aufbau einer differenzierenden Identität der Marke oder führt bei einer etablierten Marke zur Schwächung und Verwässerung der Markenidentität. In diesem Zusammenhang wird häufig das durch mangelnde Kontinuität verursachte, „systematische Schrumpfen" der Marke Camel als Beispiel angeführt (vgl. hierzu auch den Beitrag „Aufbau von Markenbildern" in diesem Buch).

Wenn wir vor dem Hintergrund dieser eher theoretischen Ausführungen das Markenphänomen fassen wollen, begegnen wir immer wieder Begriffen wie Durchgängigkeit, Konzentration und Kontinuität. Was damit gemeint ist, läßt sich unter dem Begriff **Integration** systematisieren. Zum Teil wird dieses Phänomen auch mit „**Selbstähnlichkeit**" bezeichnet.

Am bedeutendsten im Hinblick auf eine erfolgreiche Dachmarkenführung ist die Integration über die Zeit (Wechsel vs. Kontinuität). Wir haben zweitens eine Integration in den verschiedenen Kommunikationskanälen, die stark oder weniger stark ausgeprägt sein kann, wobei unter Kommunikationskanälen auch zum Beispiel der P.O.S.-Auftritt oder andere nicht-klassische Kommunikationsmaßnahmen verstanden werden. Eine dritte Dimension der Integration betrifft das Produktangebot, das entweder einzahlig oder vielzahlig ausgestaltet sein kann.

Wie auch in anderen Beiträgen des vorliegenden Readers dargestellt wird, kann die Entwicklung und der kontinuierliche Einsatz eines Schlüsselbildes eine wichtige Maßnahme zur Schaffung von Integration und damit zum Aufbau von Markenwerten sein. Nachdem die **Big Idea** geboren wurde, geht es nur noch um die Variation des Bestehenden und darum, den integrativen Charakter zu erhalten. Denn nur ein Dali, der wie ein

Dali aussieht, ist den Preis eines Dali wert.

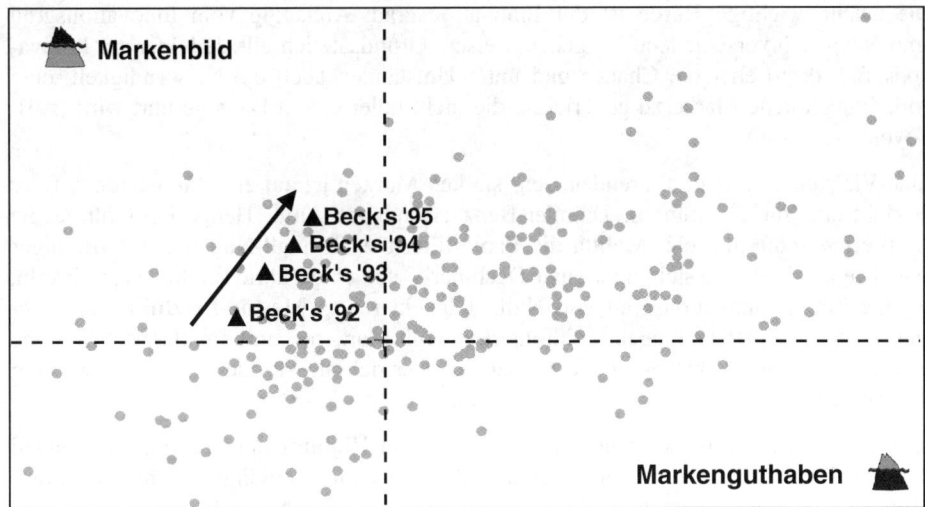

Abbildung 4: Entwicklung des Markenwerts von Beck's

Doch zurück zum Thema Markenführung. Ein positives Beispiel bildet hier die Marke Beck's, deren Markenwert (Markenbild und Markenguthaben) auf der Grundlage eines formal, inhaltlich und zeitlich in hohem Maße integrierten Markenauftritts kontinuierlich verbessert werden konnte (vgl. Abbildung 4). Das grüne Schiff, die maritime Welt und die Frische, die Beck's kommuniziert, sind hierbei die markenwertspezifischen Erfolgsgaranten.

Wir erleben andererseits häufig, daß eine Big Idea, die die Basis des Markenerfolges in der Vergangenheit war, schnell und leichtfertig verlassen wird. Dies hat in erster Linie mit **Diskontinuitäten auf der Führungsebene** zu tun. Es hat sicherlich auch damit zu tun, daß in der Markenführung eine Vielzahl mehr oder weniger qualifizierter Personen Mitspracherechte geltend machen. Dies gilt auch für Bankiers und Aufsichtsräte, die nicht deswegen in diesen Gremien tätig sind, weil sie erfolgreiche Markenführung beherrschen.

Auch erfolgreiche Manager sind nicht gefeit vor dem Syndrom des **internen wear-out**, das heißt, daß aufgrund der eigenen internen Erfahrung mit der Marke auch eine Abnutzung bei der Zielgruppe vermutet wird, die in Wirklichkeit überhaupt nicht anzutreffen ist. Deshalb ist es eine große unternehmerische Leistung, sich zu seinen Wurzeln zu bekennen und die Big Idea (den Markenkern) zu hüten und zu wahren wie einen Schatz.

3.1.2 Innovationsgrad

Die zweite wichtige Hürde ist der Innovationsgrad. Abhängig vom Innovationsgrad empfehlen sich verschiedene Vorgehensweisen. Grundsätzlich gilt: Je höher der Innovationsgrad, desto eher die Chance und unter Umständen auch die Notwendigkeit, eine vollkommen neue Marke zu generieren, die nicht unter einem Dach geführt wird (z. B. Toyota vs. Lexus).

Eine Vielzahl von heute führenden, sehr starken Marken ist auf eine Innovation auf der Produktseite zurückzuführen: Daimler-Benz erfand das Auto, Henry Ford führte die Großserienproduktion ein, Melitta die Papierfiltertüte, 00 Null-Null den WC-Reiniger usw. Die Analyse, wie sich unter einer Dachmarke neu eingeführte Produkte entwickeln, zeigt, daß ein Innovationsgrad von Null, d. h. ein reines **Me-too-Produkt**, nur unter ganz bestimmten Bedingungen funktioniert, die mit Markentechnik im klassischen Sinne relativ wenig zu tun haben, sondern eher mit Vertriebsstärke oder mit der gewählten Preisstrategie.

Je weiter sich ein Produkt (eine Produktfamilie) im Hinblick auf den Innovationsgrad von der Dachmarke unterscheidet, desto stärker ist ein Branding mit monomarken-ähnlichem Charakter gerechtfertigt: von Pedigree Pal, über Nivea Visage und Toppits von Melitta, bis hin zu Jeep von Chrysler.

Bei geringem Innovationsgrad ist es daher zweckmäßig, die Dachmarke generell in den Vordergrund zu stellen und die Einzelprodukte lediglich durch entsprechende Produktcodes oder sachliche Bezeichnungen an die Dachmarke anzubinden (z. B. Bezeichnungen der Bohrmaschinen von Bosch oder 00 Null-Null WC-Reiniger Aktivkraft). Die Produktbezeichnung hat dabei vor allem Identifikations- und Orientierungsfunktion. Die Einzelprodukte entfalten darüber hinaus kein Eigenleben.

3.1.3 Ausmaß der Selbstvernichtung

Der Blick auf den englischen Zahncrememarkt (ohne Handelsmarken) seit 1950 zeigt eine drastische Zunahme von Angeboten (vgl. Abbildung 5).

Das Angebot reicht von verschiedenen Marken, Varianten (z. B. Spender, Tube, Standtube) aber auch verschiedenen Produktformen, wie zum Beispiel Karies, Zahnstein, Parodontose, verschiedenen Zielgruppenaufmachungen bis hin zu verschiedenen Geschmacksrichtungen. Betrachtet man den Zahncrememarkt, dann sind gerade diejenigen Marken, die ein besonders umfangreiches Produktportfolio anbieten, in den letzten Jahren erheblich unter Druck geraten. Diese Aussage bezüglich des Abschneidens sehr komplexer Dachmarken läßt sich auch am deutschen Zahncrememarkt wiederfinden, wo in den letzten Jahren insbesondere Elmex/Aronal und Odol Med 3 („3 in 1") zu den Gewinnern gehören.

Anzahl der Größen / Varianten		Anzahl der Größen / Varianten		Anzahl der Größen / Varianten	
1950					
Colgate	1	**Mentasol**	1	**Odol**	1
Col Chlorophyll	1	**Gleem**	1	**Phillips Dental**	1
Macleans	1	**Gordon Moore's**	1	**Magnesia**	1
SR	1	**Kolynos**	1	**Punch & Judy**	1
Pepsodent	1	**Less**	1		
1989					
Colgate		**Elida Gibbs**		**Macleans**	
Blue Minty	7	Mentadent	8	Freshmint	9
Great Reg Flavour	7	Signal	6	Mildmint	9
Ultrabrite	6	SR	5	Milk Teeth	2
Tartar Control	4	Close Up	4	**P&G Crest**	
Junior	2	**Aquafresh**	8	Regular	4
Enthymol Original	1	**Oral B Zendium**	3	Gel	3
				Tartar Control	3
				Fresh Mint	2
1995					
Colgate-Palmolive		**Beecham**		**Henkel Cosmetics**	
Great Regular	10	Fresh & Minty	10	Theramed 2 in 1	3
Tartar Control	10	Mild & Minty	8	Theramed Fresh Mint	2
Blue Minty	9	B/C Soda	4	Theramed Strong Mint	2
Total	8	Cool Minty Gel	1	Theramed C/N	1
B. Soda D.	2	Extra Minty Gel	1	**J.A. Marketing**	
Great Original Taste	2	**Macleans**		Sejem Freshmint	2
C/N T.Paste	1	Freshmint	11	Sejem Mild Mint	2
P.Whitening T.Paste	1	Sensitive	7	Tartar Control	1
Sensitive Care	1	Mildmint	6	Fresh Mint	1
O-6 Gel	1	B. Soda	5	**Keyline Brands**	
Carter Walface		Coolmint	5	Topol Baking Soda	1
Pearl Drops Mty	4	C/N T.Paste	3	Topol Smokers	1
Pearl Drops Smoker	1	Tooth Whitening	3	Topol Smokers Gel	1
Chemist Brokers		**Mentadent**		Topol Whitening	1
Arm & Hammer BSM	3	SR	7	Topol Toothpaste	1
Arm & Hammer BSFM	3	P./S. Standard	7	**Grafton Internat.**	
Addis Maws C/N	1	B. Soda	3	Rembrandt Mint	2
Ultrabrite	9	P. Mint	3	Rembrandt Original	1
Dewitt Clinomyn	2	Night Action	2	**Signal Toothpaste**	1

Abbildung 5:   Entwicklung des Angebots von Zahncremes in England (1950-1995)

Die dritte Hürde ist das Ausmaß der **Selbstvernichtung**. Hier ist einmal die grundsätzliche Frage zu stellen, ob die Marke zur Zeit überhaupt einen Markenwert hat, der eine Dachmarke rechtfertigt.

Eine zweidimensionale Darstellung des Markenwerts auf der Grundlage der icon brand status Datenbank (vgl. Abbildung 4) zeigt, daß z. T. Marken, die weder über ein ausgeprägtes Markenbild noch ein Markenguthaben verfügen (in der Abbildung 4 Marken aus dem linken unteren Quadranten), die also eigentlich noch nicht reif sind für eine Markendehnung, mit einer Vielzahl von Subbrandings mit zum Teil hochkomplizierten Dachmarkenstrategien bearbeitet werden. Wenn wir die Frage nach dem Markenwert der zu dehnenden Marke stellen, so auch deshalb, weil bekanntlicherweise ein Kranker schlecht einen anderen Kranken trägt, denn das sind Subbrands oder Line Extensions in der Phase ihres Markteintritts auf jeden Fall.

Ein wichtiger Punkt, der häufig übersehen wird, ist der **Selbstangriff**. Denn es besteht nicht nur das Risiko, daß die Markendehnung selbst ein Flop wird, sondern daß durch diese Markenerweiterung die Marke selbst nachhaltig geschädigt wird (vgl. hierzu auch den Beitrag „Konzeption und Umsetzung von Markenerweiterungen" in diesem Buch).

Eines der Probleme, das hier auftaucht, ist der Angriff der Subbrand auf die Kompetenz des bestehenden Angebots; ein anderes ist das Entstehen von Unübersichtlichkeit, das häufig auch durch unterschiedliche Farbcodes innerhalb einer Markenfamilie verstärkt wird (vgl. Abbildung 6).

Das Stichwort lautet „mental convenience". Darunter verstehen wir im Zusammenhang mit Dachmarken, wie leicht dem Verbraucher (aber auch dem Handel!) der Zugang zu einer Marke fällt, oder inwieweit hier miteinander konkurrierende Elemente der Produktpalette einer Dachmarke für ein erhöhtes Maß an Informationsaufwand sorgen, der schließlich zur Vermeidung dieser Marke führen kann.

So bietet beispielsweise RTL mit seinem Programmangebot ein extrem hohes Maß an „mental convenience", wie die Abbildung 7 zeigt.

Dieses hohe Maß an Kontinuität straft alle Rufer nach Abwechslung und ständigem Wechsel Lügen, denn RTL ist mit diesem Kontinuitätskonzept bekanntlich in hohem Maße erfolgreich. Ein anderes positives Beispiel ist die „Tagesschau", ein eher negatives das „heute journal", das sich wegen der Verschiebung des Sendezeitpunktes und dem Austausch der Moderatoren nur schwer als Marke etablieren kann.

Anmerkung: Die Originalverpackungen sind überwiegend in unterschiedlichen Farben gestaltet.

Abbildung 6:   Auszug aus dem Sortiment von Jacobs-Kaffee (Stand: Ende 1998)

Auch das Beispiel der Zahncremes zeigt, daß der Verbraucher „mental convenience" sucht. Er will sich nicht zwischen zu vielen konkurrierenden Angeboten zu einer Marke entscheiden müssen, die im Prinzip auch immer nur sich selbst gegenseitig in Frage stellen.

Allein aus diesem Grunde sollte eine Vielzahl von Sortimenten, die unter Marken geführt werden, entrümpelt werden. In der Praxis sieht es jedoch so aus, daß über die Deckungsbeitragsrechnung immer wieder auch kleine Sortimentteile schön gerechnet werden nach dem Motto „400.000 DM haben oder nicht haben sind ein Unterschied von 800.000 DM". Forschende Markentechniker können zwar warnen, aber nur schwer vorrechnen, daß die Reduktion eines Sortiments auch positive Effekte auf den Umsatz des Restsortiments hat.

Uhrzeit	Montag	Dienstag	Mittwoch	Donnerstag	Freitag
12.30 - 13.00	Notruf täglich	Notruf täglich	Notruf täglich	Notruf täglich	Notruf täglich
13.00 - 14.00	Bärbel Schäfer	Bärbel Schäfer	Bärbel Schäfer	Bärbel Schäfer	Bärbel Schäfer
14.00 - 15.00	Birte Karalus	Birte Karalus	Birte Karalus	Birte Karalus	Birte Karalus
15.00 - 16.00	Ilona Christen	Ilona Christen	Ilona Christen	Ilona Christen	Ilona Christen
16.00 - 17.00	Hans Meiser	Hans Meiser	Hans Meiser	Hans Meiser	Hans Meiser
17.00 - 17.30	Die Nanny	Die Nanny	Die Nanny	Die Nanny	Die Nanny
17.30 - 18.00	Unter uns	Unter uns	Unter uns	Unter uns	Unter uns
18.00 - 18.30	Guten Abend	Guten Abend	Guten Abend	Guten Abend	Guten Abend
18.30 - 18.45	Exclusiv-Stars	Exclusiv-Stars	Exclusiv-Stars	Exclusiv-Stars	Exclusiv-Stars
18.45 - 19.10	RTL aktuell	RTL aktuell	RTL aktuell	RTL aktuell	RTL aktuell
19.10 - 19.40	Explosiv-Magazin	Explosiv-Magazin	Explosiv-Magazin	Explosiv-Magazin	Explosiv-Magazin
19.40 - 20.15	Gute Zeiten, schlechte Zeiten	Gute Zeiten, schlechte Zeiten	Gute Zeiten, schlechte Zeiten	Gute Zeiten, schlechte Zeiten	Gute Zeiten, schlechte Zeiten

Abbildung 7:   Struktur des RTL-Programms (Stand: März 1999)

Ein Beispiel für einen möglichen Selbstangriff zeigt die Entwicklung der in Selbstmedi-kation erhältlichen Schmerzmittel. Die Abbildung 8 zeigt die Entwicklung von Aspirin und Spalt von 1985 bis 1997 und die dazugehörige Marktanteilsentwicklung. Während 1985 noch ungefähr Gleichstand war, d. h. Aspirin einen Marktanteil von 15.5 % und Spalt einen solchen von 13.3 % aufwies, zeigt sich 1995 eine dramatisch veränderte Marktsituation, nachdem in der Zwischenzeit verschiedene Line-Extensions durchge-führt wurden.

Marktanteile	1985	1997	
ASPIRIN	total: 15.5 %	total: 19.2 %	Aspirin (6.9 %) Aspirin Plus C (11.0 %) Aspirin direkt (1.1 %) Aspirin forte (0.2 %)
SPALT	total: 13.3 %	total: 2.9 %	Spalt A+P (2.0 %) Spalt plus Coffein (0.3 %) Spalt für die Nacht (0.0 %) Spalt N (0.0 %) Spalt ASS (0.0 %) Doppel-Spalt compact (0.6 %)

Abbildung 8:   Marktanteile Schmerzmittel 1985/1997 (Grundlage: Apotheken-einkauf)

Der Marktanteilsentwicklung ist sicherlich die gute Pressearbeit von Bayer zum Thema Acetylsalicylsäure zugute gekommen, aber auch die Sortimentsstruktur hat einen erheblichen Einfluß auf das gute Abschneiden von Aspirin: 1997 beträgt der Marktanteil von Aspirin 19.2 % und der von Spalt nur noch 2.9 %. Ein entscheidendes Problem im Spaltsortiment ist die mangelnde Rationalität der Subbrands in diesem Sortiment: Wenn man die einzelnen Produkte unter der Marke als Geschwister betrachten würde, wären es rivalisierende, sich miteinander prügelnde Brüder, die sich gegenseitig den Rang streitig machen. Unter Spalt ASS, Spalt N sowie Spalt A+P können sich die Konsumenten wenig vorstellen. Der Zugang zu den differenzierenden Eigenschaften und Nutzen dieser Subbrands fällt schwer. Bei Aspirin direkt weiß man hingegen sofort, daß diese schnell wirken, ebenso wie man bei Aspirin forte nachvollziehen kann, daß diese Aspirin-Tabletten besonders stark sind.

3.1.4 Wettbewerbssituation

Eine weitere Hürde besteht in der Wettbewerbssituation. Im Zusammenhang mit Dachmarkenstrategien bewahrheitet sich häufig der Satz: „Die Kirschen in Nachbars Garten sind immer besonders reizvoll". Dabei stellt sich die Frage, inwieweit eine Dachmarke in das Territorium anderer Marken vordringen kann. Icon hat dazu vor zwei Jahren eine umfangreiche Studie durchgeführt.

Die Ergebnisse können beispielsweise an den Folgen der unter der Dachmarke Milka zwischen 1993 und 1995 eingeführten Subbrands demonstriert werden:

- Milka Leo (Mai 1993),
- Milka Milkinis (Juni 1993),
- Milka Tender (Dezember 1993),
- Milka Fresh (April 1994),
- Milka Happy Cows (Juli 1994),
- Milka Mona Lila (Dezember 1994),
- Milka Schoko + Keks (Juli 1995),
- Milka Praline Nuß (September 1995).

Die hier eingeführten Produkte haben ein hohes Maß an Ähnlichkeit zu bereits eingeführten Produkten von Wettbewerbern. In einem Zweijahrestracking wird deutlich, inwieweit diese Aktivitäten etwas auf das Dach der Marke eingezahlt oder abgehoben haben.

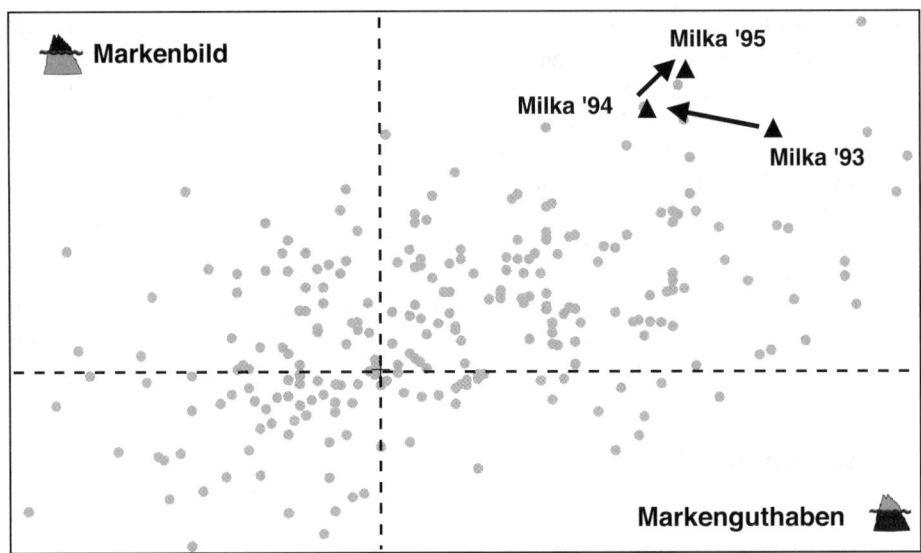

Abbildung 9:   Entwicklung des Markenwerts für Milka (1993-1995)

Zunächst ist das Markenbild durch die Vielzahl von Einführungen, die jeweils separat sehr intensiv beworben wurden, gestiegen. Dies ist insbesondere auf die Werbefaktoren zurückzuführen. Allerdings ist auch eine deutlich negative Bewegung beim Markenguthaben zu sehen, das in den letzten Jahren in nicht unerheblichem Maße geschrumpft ist (vgl. Abbildung 9).

Bei einer Markenerweiterung ist daher die Wettbewerbssituation nach absteigender „Gefahrenklasse" zu berücksichtigen.

Gehe ich in Konkurrenz zu

■ profilierten Monomarken-Produkten (→ höchstes Risiko; siehe Beispiel Milka),
■ gut ausgestatteten Dachmarken-Produkten,
■ „schlafenden" Monomarken-Produkten,
■ „schlafenden" Dachmarken-Produkten (→ niedrigstes Risiko)?

Beim Angriff auf profilierte Monomarken ist das Risikopotential für eine Dachmarke am höchsten. Hier ist klar zu sehen, daß Milka mit Mona Lila, Tender, Leo, Milkinis und Praline Nuß gegen Mon Chérie, YES, Kitkat, Kinderschokolade und Ferrero Küßchen antritt, also gegen sehr gut ausgestattete, größtenteils exzellent geführte Monomarken.

3.1.5 Markenkompetenz

Eine fünfte und entscheidende Hürde ist die Kompetenz, die sich letzendlich aus der Glaubwürdigkeit und dem Nutzen der Markenerweiterung aus Sicht der Zielgruppe ableiten läßt. Hier käme man zu einer auf den ersten Blick widersprüchlichen Aussage: Je weiter die Markenerweiterung von dem bestehenden Produktangebot entfernt ist, desto besser und desto schwieriger.

andere Zielgruppe / gleicher Nutzen	andere Zielgruppe / anderer Nutzen
gleiche Zielgruppe / gleicher Nutzen	gleiche Zielgruppe / anderer Nutzen

Abbildung 10:   Zielgruppen-/Nutzen-Erweiterungs-Matrix

Die Wahrscheinlichkeit für einen schnellen Erfolg des Erweiterungsprodukts ist um so höher, je eher die gleiche Zielgruppe mit einem Angebot mit anderem Nutzen angesprochen wird. Allerdings ist hier die Gefahr für den Selbstangriff maximal, so daß wir hier in vielen Fällen einen kurzfristigen Erfolg, gepaart mit langfristig zum Teil katastrophalen Ergebnissen vorfinden.

Für die gelungene Konzeption einer Markenerweiterung geht es nicht nur um den Nutzen und die Zielgruppe, sondern auch um eine geschickte Differenzierungs- und Ähnlichkeitsstrategie in bezug auf das Markenbild und die Tonalität der Marke. Denn: Sind verschiedene Produkte unter einer Dachmarke einander zu ähnlich, kommt es zur Verwechslungsgefahr. Ist der Auftritt zu unterschiedlich zu dem Bestehenden, so kommt es zu Problemen mit der Integration. Probleme ergeben sich hier mitunter schon, weil für die zu erweiternde Dachmarke die Definition ihrer Markenidentität fehlt oder diese zumindest nicht objektiv (d. h. in der Zielgruppe) ermittelt wurde.

Wenn wir betrachten, welche Elemente das Markenbild prägen, so zeigen sich automatisch Strategien zur Differenzierung des neuen Angebots, aber auch die Gefahren, etwas Markenuntypisches zu entwickeln. Wenn zu viele der Markenbildfaktoren geändert werden, ist die Selbstähnlichkeit nicht mehr gegeben. Dann bietet sich entweder eine Reduktion der zu verändernden Variablen an oder eine stärkere Loslösung des neuen Angebots vom Bestehenden, d. h. ein deutliches Hinübergehen in eine Absendermarkenstrategie.

Erweiterung der Dachmarke innerhalb einer Gattung: Dabei stellt sich die Frage, inwieweit die Kompetenz einer Dachmarke für eine neue Produkt- oder Modellvariante tragfähig ist. Mitunter ergeben sich nach einer solchen Erweiterung positive Rückkopplungseffekte, d. h. das neue Produkt erschließt zum einen ein neues Kompetenz- und Zielgruppensegment, zum anderen strahlt es auf die Dachmarke ab, indem es auf den Wert der Dachmarke einzahlt. Wie sehr eine neue Subbrand die Beurteilung der Dachmarke beeinflussen kann, zeigt das folgende Beispiel.

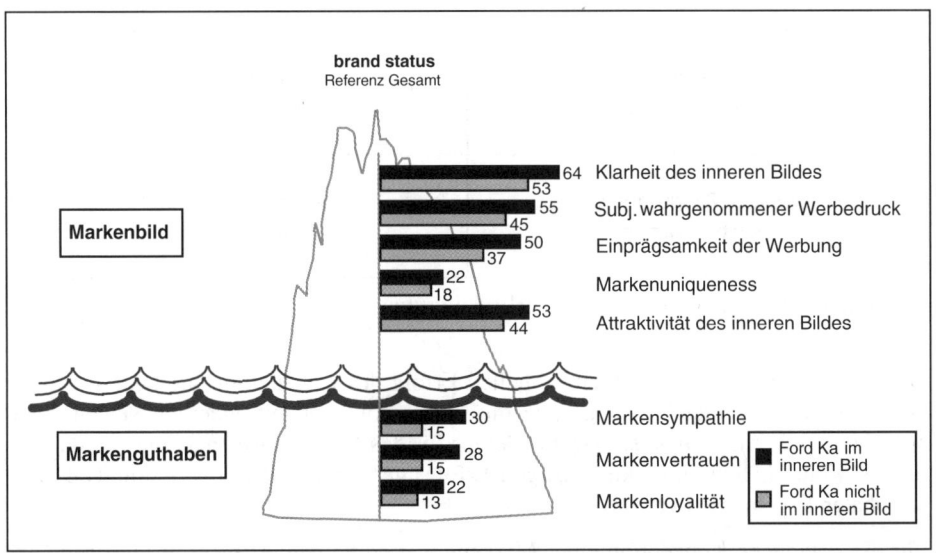

Abbildung 11:   Einfluß des Ford Ka auf die Beurteilung der Dachmarke Ford (1997)

Grundlage der Darstellung in Abbildung 11 bilden die in einer brand status Untersuchung qualitativ, d. h. über freie Assoziationen, erhobenen Inhalte des inneren Bildes zur Dachmarke Ford und deren Markenerfolgsfaktoren als abhängige Variablen. Kriterium für die unabhängige Variable bildet das Vorhandensein der neu eingeführten Modells (der Subbrand) Ford Ka im inneren Markenbild von Ford. Der Einfluß des neuen Modells ist enorm. Er schlägt sich sogar stark auf das Markenguthaben durch und steigert hier vor allem die wahrgenommene Sympathie von Ford.

Ähnliches konnte der Anfang 1999 vorgestellte Jaguar S-Type für die Dachmarke Jaguar bewirken, der konsequent aus der Markenhistorie heraus entwickelt wurde (MK II, S-Type) und mit dem die Marke nach 30 Jahren ins Segment der oberen Mittelklasse zurückkehrt. Letztere beeinflußt schließlich auch heute noch die Identität der Marke Jaguar. Ob dies, vor allem im Hinblick auf Glaubwürdigkeit und Markenpassung, auch das bereits in Planung befindliche, unterhalb des S-Type, auf der Ebene des 3er BMW, angesiedelte Mittelklassemodell vermag, wird die Zukunft zeigen.

Auf der anderen Seite wird bei der **Erweiterung der Dachmarke über ihre ursprüngliche Gattung hinaus** in der Praxis schnell eine hohe Bekanntheit der Marke, verbunden mit einer eher übergeordneten Markeneigenschaft, wie zum Beispiel die Exklusivität einer Marke, als Begründung für ihre Dachmarkenfähigkeit herangezogen. Diese Push-Strategie ist vielleicht kurzfristig erfolgreich, wenn dabei jedoch der Bezug zur Kernkompetenz der Marke verloren geht, besteht die Gefahr des „ungewollten downgradings" (Belz, 1995, S. 19). Die Luxusmarken Cardin und Cartier sind inzwischen von Feuerzeugen und Zigaretten über Parfums bis hin zu Sonnenbrillen auf nahezu jedem Accessoire zu finden und laufen Gefahr, zu reinen „Etikettier-Maschinen" zu verkommen (Brandmeyer, 1998, S. 87). Demgegenüber konzentriert sich Rolex weiterhin auf die Herstellung exklusiver Uhren und hat damit seine Markenidentität bewahrt.

3.2 Aufbau eines systematischen Dachmarkenpotential-Managements

3.2.1 Elemente eines systematischen Dachmarkenpotential-Managements

Als Professionalisierungschritt im Rahmen der Markenführung ist der systematische Aufbau eines Markenpotentialmanagements notwendig. Ein solches System sollte

- sowohl valide Instrumente, d. h. ein **Markenbewertungssystem** („Brand Equity Measurement System") enthalten,
- als auch definierte Prozesse, d. h. ein **Markenmanagementsystem** („Brand Equity Management System").

Im Rahmen seiner Abhandlung zum Aufbau, zur Messung und zum Management des Markenwerts definiert Keller diese beiden übergeordneten Bereiche wie folgt:

„A **brand equity measurement system** is a set of research procedures designed to provide timely, accurate, and actionable information for marketers on brands so that they can make the best possible tactical decisions in the short run and strategic decisions in the long run. [...] The ideal brand equity measurement system would provide complete, up-to-date, and relevant information on the brand and all its competitors to relevant decision makers within the organization." (Keller, 1998, S. 372 f.).

„A **brand equity management system** is defined as a set of organizational processes designed to improve the understanding and use of the brand equity concept within a firm" (Keller, 1998, S. 388).

Das **Markenbewertungssystem** bildet quasi das „Zentrale Nervensystem" im Rahmen der Dachmarkenführung. Es muß daher - ausgehend von der angeführten Definition - im Hinblick auf die Implementierung eines systematischen Dachmarkenpotential-Managements weiter operationalisiert und präzisiert werden. Ein Markenbewertungssystem sollte folgende Anforderungen erfüllen:

■ **Wissenschaftliche Fundierung**, d. h. theoretische Absicherung und empirische Exploration des eingesetzten Verfahrens;

■ **Standardisierungsgrad des Verfahrens**, d. h. die Möglichkeit, die zentralen Ergebnisse von Messungen über verschiedene Marken hinweg, kategorieübergreifend und über die Zeit („Markentracking") zu vergleichen;

■ **Relativierungspotential des Verfahrens**, d. h. die Möglichkeit, Aussagen über das Verhältnis von Dachmarken zu ihren Subbrands oder Produkten abzuleiten;

■ **Validierung des Verfahrens in der Praxis**, d. h. Bestimmbarkeit der Güte der Messung anhand von erfolgsrelevanten Marktreaktionsvariablen (Verhaltensabsichten, First Choice, Abverkäufe, Marktanteile etc.);

■ **Bewährung in der Praxis**, d. h. Praktikabilität/Akzeptanz in Hinblick auf Durchführungszeit, Kosten und Umsetzbarkeit der Ergebnisse, sowie klare Handlungsorientierung.

Diese Kriterien werden gleichermaßen als zweckmäßig und notwendig erachtet, um aus einem System bzw. Verfahren zur Markenbewertung relevante Erkenntnisse zur Führung von Dachmarken in der Praxis ableiten zu können. In den Kapiteln 3.2.2 bis 3.2.4 werden zentrale Aspekte aus diesen Anforderungen vertieft.

Das **Markenmanagementsystem** beinhaltet organisatorische Prozesse und definiert Zuständigkeiten. Es liefert sozusagen die „Infrastruktur", damit die Philosophie des gewählten Markenbewertungssystems optimal, d. h. erfolgswirksam im Rahmen der Markenführung umgesetzt werden kann. In Anlehnung an Keller (1998, S. 373 ff.) sollte ein Dachmarkenmanagementsystem mindestens folgende Bereiche berücksichtigen:

■ **„Brand Equity Audits"**: Dabei geht es um die Implementierung standardisierter Prozesse, nach denen regelmäßige Markenbewertungen ablaufen („Regelkreisgedanke"). Markenbewertungen sollten in jedem Fall mit einer Bestandsaufnahme des Dachmarkenportfolios aus interner Sicht verbunden werden (1. Teil des Regelkreises). Im Rahmen eines Strategieworkshops werden dabei von ausgewählten Experten der Marke gegebenenfalls unter Beteiligung oder Moderation externer Berater zunächst alle aktuellen Marketingmaßnahmen und Lebensäußerungen skizziert und schließlich Hypothesen erarbeitet, inwieweit die zurückliegenden Maßnahmen die Identität der Marke aus Sicht der Marketingzielgruppe verändert haben. Um systematische Verzerrungen bei der Analyse zu vermeiden, sind diese Workshops möglichst heterogen zu besetzen, d. h. hinsichtlich Aufgaben, Verantwortlichkeiten und Dauer der Unternehmenszugehörigkeit. Der zweite Teil des Regelkreises besteht in der Ermittlung der Markenidentität aus Sicht der Zielgruppe mit dem gewählten Verfahren der Markenbewertung („Brand Exploratory/Tracking"). Der dritte und letzte Schritt besteht in dem Vergleich der internen mit der externen Sicht im Rahmen eines weiteren Strategieworkshops. Dabei werden Handlungsoptionen erarbeitet und konkrete Maßnahmen zur Umsetzung im Rahmen der strategischen und operativen Markenführung festgelegt. Damit schließt sich der Regelkreis.

■ „Brand Equity Charter": Dabei geht es um die Etablierung standardisierter Dokumente, die zum einen den Markenwertgedanken im Rahmen der Dachmarkenführung stärker etablieren, und zum anderen helfen, Entscheidungen zu objektivieren. Ein Dachmarkenmanagementsystem sollte mindestens folgende Dokumente vorsehen:

1. eine standardisierte Darstellung der Identität der Dachmarke und ggf. ihrer stärksten (monomarken-ähnlichen) Subbrands, jeweils zusammengefaßt auf möglichst einer Seite („Brand Identity Program Document"), idealerweise als Teil einer umfangreicheren „Brand Philosophy", welche die Identität der Marke weiter operationalisiert;

2. eine systematische Dokumentation aller identitätsbeeinflussenden Maßnahmen (Produkte, Werbung, Verpackungsentwicklung) im Zeitverlauf („Brand Book"). Letzteres kann auch die Einbindung neuer Mitarbeiter wesentlich effizienter gestalten, deren Entscheidungen im Hinblick auf Markenadäquanz vermutlich nach kürzerer Einarbeitung erfolgen und besser sind, nachdem sie sich zu Beginn ihrer Tätigkeit mit dem Studium des „Brand Books" intensiv in die Marke und ihre Historie „hineingefühlt" haben.

■ „Brand Equity Reports": Mit diesen standardisierten Reports werden alle Markenverantwortlichen regelmäßig (quartalsweise, halbjährlich oder jährlich) mit den zentralen Ergebnissen der Markenwertmessungen (Markentrackings) oder mit anderen relevanten Wirkungsmaßzahlen versorgt. Dabei geht es um deskriptive, diagnostische und um evaluative Größen, welche das System „Dachmarke" charakterisieren.

■ „Brand Equity Responsibilities": Dabei müssen bestimmte interne Prozesse und Verantwortungsbereiche (z. B. Leiter Markenstrategie, Direktor Markenwertmanagement o. ä.) definiert werden („Brand Equity Gatekeeper"). Aber auch im Hinblick auf externe Partner ist es sinnvoll, gewisse Standards für Maßnahmen festzuschreiben.

3.2.2 Klärung der wahrgenommenen Verhältnisse innerhalb der Marken- bzw. Produkthierarchie aus Verbrauchersicht

Geht es um die Frage der Ausschöpfung des Potentials einer Dachmarke, so trifft man in der Praxis häufig auf mangelnde Kenntnis der Verhältnisse innerhalb des bestehenden Markenportfolios. Hier sind die von der Zielgruppe wahrgenommenen Markenhierarchien, zum Beispiel das Verhältnis einer Dachmarke gegenüber ihren Subbrands, oft unbekannt. Ein Dachmarkenpotential-Management muß die Ermittlung derartiger Zusammenhänge gewährleisten.

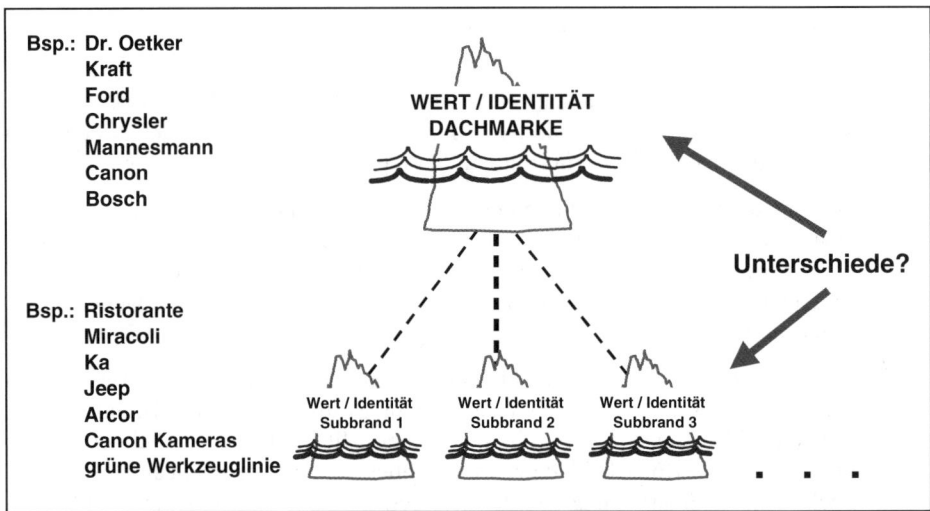

Abbildung 12:   Entscheidender Erfolgsfaktor: Kenntnis der Unterschiede zwischen Dachmarke und Subbrands

Häufig werden jedoch beim Markencontrolling entweder Risiken oder Chancen nicht erkannt. So besteht die Gefahr, das langsame „Auseinanderdriften" von Dachmarken-kompetenz und Subbrandkompetenz bzw. deren Markenwerten nicht zu bemerken. Teilweise wird dadurch das Potential einer Subbrand auch nicht für die Dachmarke als Ganzes genutzt. In beiden Fällen betreibt man eine ineffiziente Markenführung.

Für Wettbewerber wiederum erschließt sich bei Kenntnis dieser Zusammenhänge Inter-essantes. So bleibt Ristorante als Subbrand der Dachmarke Dr. Oetker, die eng an „deutsches Essen" angebunden ist, vermutlich immer nur „deutsch-italienisch" (vgl. Abbildung 13).

Pizza

Pudding

Müsli

Kuchen

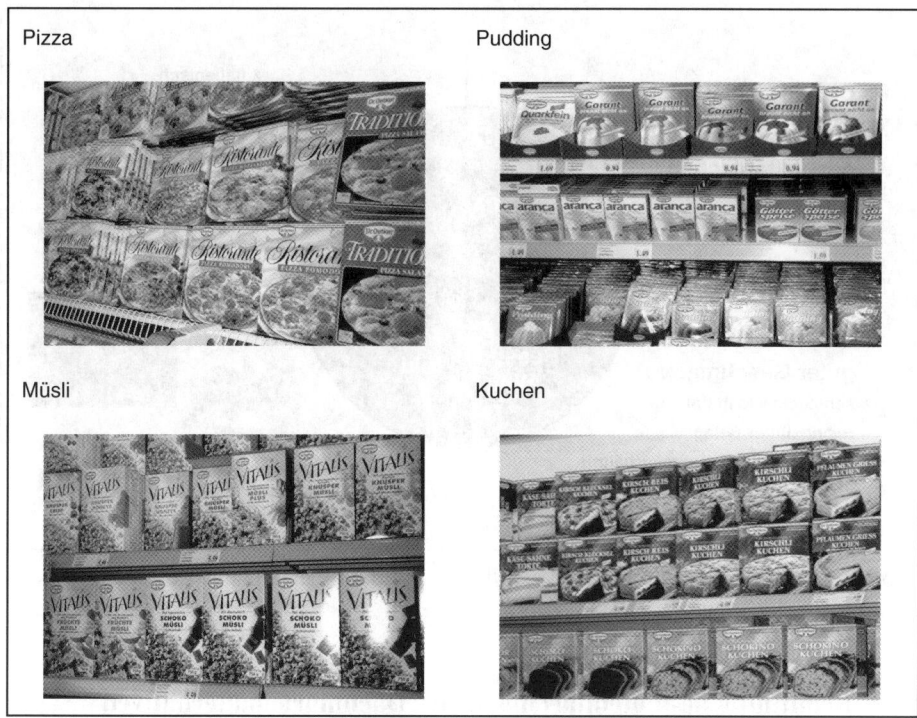

Abbildung 13:   Breite Kompetenzklammer der Dachmarke Dr. Oetker

Eine Marke wie Alberto (vgl. Abbildung 14) konnte hingegen unbelastet mit der Historie einer starken Dachmarkenklammer und mit einer strategisch klar fokussierten Positionierung, innerhalb von zwei Jahren im Markt der italienischen TK-Spezialitäten 20 % Marktanteil erobern. Der Kampagnenrecall liegt deutlich über dem des nächsten Wettbewerbers. Die preisliche Positionierung liegt 20 % über dem Marktdurchschnitt.

Dabei zeigt sich die Klarheit der Positionierung in einem von der Produktausstattung bis hin zur Werbung formal wie inhaltlich integrierten Markenauftritt (Key Visual: „der neapolitanische Pizzabäcker Alberto und seine rote Piaggio").

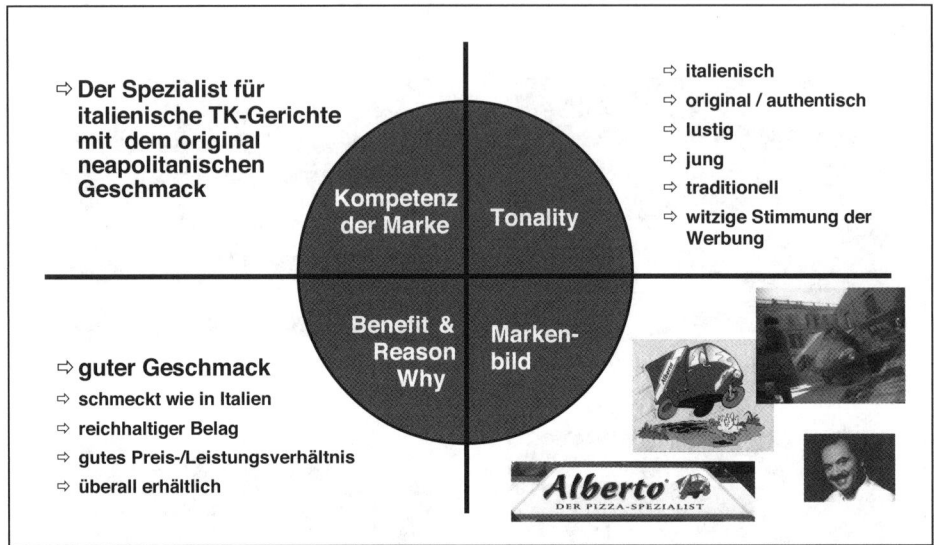

Abbildung 14:   Identität der Marke Alberto (verdeutlicht anhand des icon-Marken-
steuerrads)

3.2.3 Ermittlung des Potentials möglicher Dachmarkenalternativen

Die Klärung des Verhältnisses bezieht sich nicht nur auf unterschiedliche Hierarchieebenen in dem bestehenden Markenportfolio. Oft ist es auch nicht klar, in welcher
Beziehung Dachmarken zueinander stehen, oder es geht um die Frage, ob und wie zwei
starke Dachmarken zusammengeführt werden können. Hat man jedoch diese Fragen
geklärt, können sich enorme Abschöpfungspotentiale erschließen.

Ein positives Beispiel bildet hier das Verhältnis zwischen Bahlsen und Leibniz. Hans-
Jürgen Grabias (1998, S. 117), Leiter Innovationsmanagement bei der Bahlsen AG,
spricht hier im Zusammenhang mit Leibniz von der „Emanzipation einer Traditionsmarke". Zunächst stand jedoch die strategische Markenführung vor deutlichen Herausforderungen, nämlich generell die Stärke beider Marken zu erkennen und im Detail die
Gemeinsamkeiten und Unterschiede in deren Identitäten herauszuarbeiten.

Bei derartigen Fragen bietet es sich an, zusätzlich den Wert und die Identität der Kom-
binationsdachmarke zu untersuchen, also in diesem Fall von „Bahlsen-Leibniz". So
erkennt man genau, welche Überschneidungen die Markenidentitäten aufweisen, welche
Marke mehr auf ein gemeinsames Markendach einzahlt, oder ob beide Marken stark
genug sind, um als Dachmarken fungieren zu können.

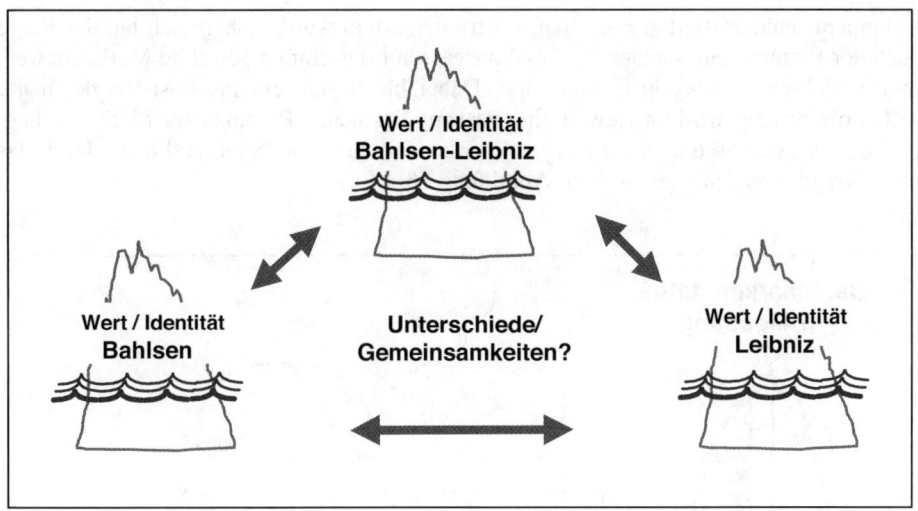

Abbildung 15:   Mögliches Szenario bei der Beurteilung von Dachmarken am Beispiel von Bahlsen und Leibniz

3.2.4 Integriertes Dachmarkenpotential-Management

Eine wesentliche **Hürde** liegt in der mangelnden Integration der einzelnen Bausteine der
Erfolgsfaktorenforschung. Wird noch das Verhältnis zwischen zwei Marken hinreichend
geklärt, so wird die Relevanz des Themas Dachmarke häufig spätestens beim Testen von
Neuproduktideen oder beim Werbepretesting aus den Augen verloren. So ergab eine
1998 vom Institut für Kommunikationswissenschaft an der Universität München
durchgeführte Untersuchung, daß Marktforschungsinstitute bei den Verfahren zur
Werbewirkungsmessung nur zu einem sehr geringen Teil die Einflüsse der Werbung auf
Markenwert oder Markenadäquatheit berücksichtigen.

Ein Markenpotentialmanagement kann jedoch nur dann funktionieren, wenn es auch for-
scherisch als integriertes Managementsystem verstanden wird.

Geht es also vor der Einführung einer Subbrand um die Frage, ob die genannten Voraussetzungen für die (weitere) Spreizung der Dachmarke überhaupt gegeben sind, so muß
diese Frage mit dem gleichen forscherischen Ansatz beantwortet werden, mit dem zu
einem früheren Zeitpunkt die Dachmarke bewertet wurde. In der Praxis wiederum sind
für diese Fragen entweder beim Unternehmen selbst oder beim beauftragten Marktfor-
schungsunternehmen unterschiedliche Personen zuständig, oder es wird im Einzelfall
nach Kostengesichtspunkten entschieden. In beiden Fällen kann für die Marke nicht das
Optimale herauskommen.

Bei einem standardisierten Forschungsinstrumentarium würde daher auch bei der Frage nach der Eignung eines neuen Produktkonzepts auf das einmal gewählte Markenbewertungsverfahren zurückgegriffen werden. Dabei bietet sich ein Pre-Post-Vergleich an, wobei offengelegt wird, inwieweit eine Passung des neuen Produkts zur Marke vorliegt und welche Auswirkungen auf die Dachmarke sich durch die Subbrand bzw. durch das neue Produktkonzept ergeben (vgl. Abbildung 16).

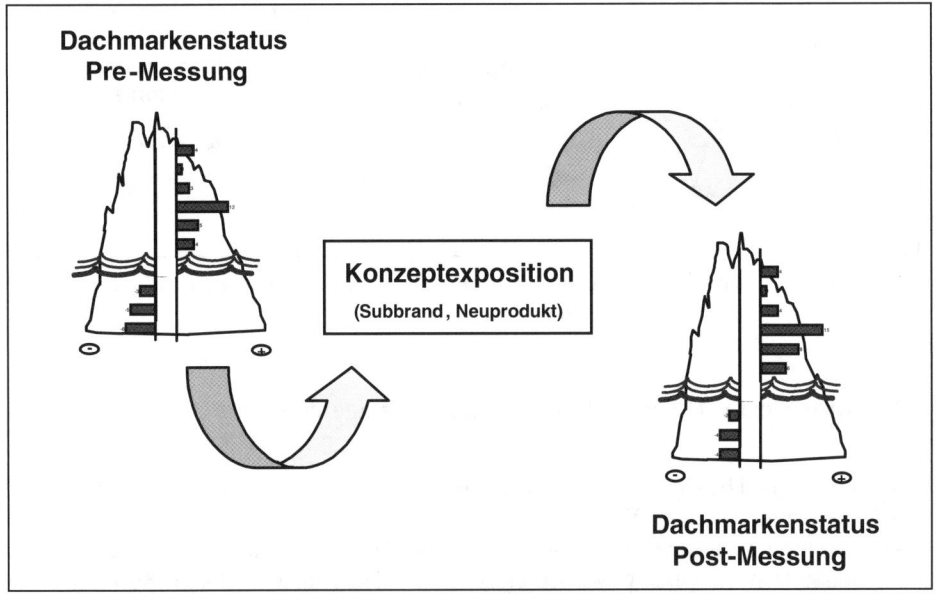

Abbildung 16:   Ansatz zur Bewertung von neuen Konzepten für eine Dachmarke

Die Pre-Messung des Eisbergs der Marke prüft, ob der Markenwert (Markenbild und Markenguthaben) aufgrund der bisher gewahrten Kontinuität eines positiven Markenauftritts hoch genug für die Einführung einer Subbrand ist.

Die Überprüfung des Markenkerns, die Diagnose des neuen Konzepts und die Pre-/Post-Messung des Eisbergs zeigen, ob die Markenerweiterung in das Kompetenzfeld der Marke paßt, die Logik des Produktangebots für den Verbraucher nachvollziehbar ist und ein Selbstangriff vermieden wird. Anschließend wird die Identität der Markenklammer präzisiert, um die Kontinuität des Auftritts von Markendach und Subbrand zu gewährleisten.

Diese Überprüfung kann sich auch auf einzelne Marketingmaßnahmen beziehen. So ist es im Sinne des integrierten Forschungsansatzes notwendig, auch die Einflüsse von solchen Maßnahmen auf Markenwert und Markenidentität zu überprüfen, die üblicherweise nicht der klassischen Kommunikation zugerechnet werden (sogenannte Below-the-Line-Maßnahmen wie Events oder Internet). Dies wird nachfolgend anhand der Wirkungs-messung für die Audi TT Webpage verdeutlicht.

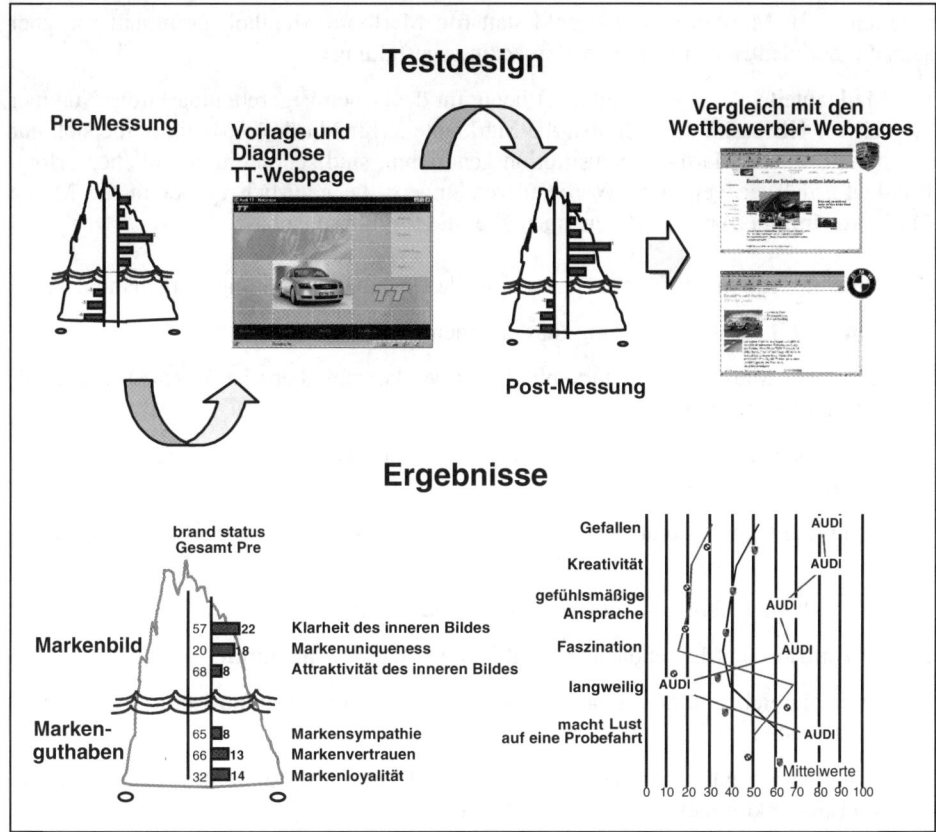

Abbildung 17:   Below-the-Line Testing im Sinne eines integierten Dachmarken-potential-Managements (dargestellt am Beispiel der Webpage für den Audi TT)

4.   Abschließendes Beispiel und Fazit

Marlboro hat es geschafft, im Laufe der Markengeschichte erfolgreich Line Extensions unterhalb der Dachmarke zu generieren. Der Erfolg von Marlboro läßt sich darauf zurückführen, daß es den Managern gelungen ist, die Cowboywelt und die damit verbundenen Erlebnisse von Abenteuer und Freiheit für die jeweiligen Line Extensions erfolgreich zu deklinieren. Dadurch wird auf das Markenkonto von Marlboro eingezahlt und die Cowboywelt verstärkt, gleichzeitig jedoch eine Differenzierung zwischen den Subbrands bewirkt. Durch diese Konsistenz in der Kommunikation sind bei der Verpackungsgestaltung der einzelnen Subbrands auch Variationen der Farbgestaltung möglich (z. B. Marlboro Lights: gold statt rot; Marlboro Menthol: grün statt rot, aber stets mit der identischen formalen Verpackungsgestaltung).

Die Marktanteile: Marlboro Lights ist heute im deutschen Zigarettenmarkt die Nummer 2, noch vor HB und WEST. Selbst die Marktanteile für Marlboro Medium, die sich nur zu circa 40 % aus Marlboro Substitution generieren, sind schon ein erheblicher Erfolg. Das heißt, daß sie getrennte Werbeaufwendungen (die natürlich immer in die Marke Marlboro einzahlen) rechtfertigen, auch über die Einführungsphase hinaus.

Zusammenfassend bleibt für eine professionelle Dachmarkenführung festzuhalten:

1. **Kontinuität** ist Voraussetzung für den inneren Markenwert.

2. Der innere Markenwert (Markenbild und Markenguthaben) ist **Voraussetzung** für eine Markenerweiterung.

3. Die Markenerweiterung muß in das **Kompetenzfeld** der Marke passen und den **Selbstangriff vermeiden**.

4. Das Produktangebot braucht eine **Logik**, die auch für den Verbraucher nachvollziehbar ist.

5. Das Produktangebot braucht eine **Markenklammer**.

6. Der Auftritt von Markendach und Subbrand braucht **Kontinuität**.

7. Zur erfolgreichen strategischen Markenführung sollten **systematische Forschungsinstrumente** zum Einsatz kommen.

8. Diese Instrumente sollten innerhalb eines **Dachmarkenpotential-Managements** zum Einsatz kommen.

Jean-Noël Kapferer

Führung von Markenportfolios

1. Die Reduzierung der Portfolios

Die Frage, wie viele Marken ein Unternehmen im Markt halten soll, ist für das Marketing-Management vorrangig geworden. Viele Unternehmen verfügen bereits über ein umfangreiches Portfolio von Marken, deren Status sehr unterschiedlich und im allgemeinen Ergebnis ihrer geschichtlichen Entwicklung ist. Im Laufe der Vergrößerung von Unternehmen kam es zu einer meist willkürlichen Markenvervielfältigung entsprechend der neuen Segmente oder Vertriebsnetze, in die die Unternehmen eindringen wollten, ohne daß jedoch die Basisprodukte verändert wurden. Unternehmensfusionen oder -übernahmen brachten zusätzliche Marken in die Portfolios ein, die aufzugeben oder zusammenzuführen nicht immer möglich war. Die Folge war ein Anwachsen der Markenportfolios.

Die Zeiten haben sich mittlerweile geändert, ein beschleunigter Schrumpfungsprozeß hat eingesetzt. Verschiedene Parameter werden künftig zu dieser umgekehrten Tendenz beitragen.

Wenn es auch im Bereich der industriellen Produktion ein Leichtes ist, mehrere Marken parallel zu halten, hinter denen sich häufig dasselbe Produkt verbirgt, um die Beziehungen zu den untereinander konkurrierenden Handelsunternehmen zu erleichtern, so ist dieses Verfahren in den Märkten der großen Handelsorganisationen kaum noch möglich. Die **Kosten** für die **erfolgreiche Führung einer Marke** sind so hoch, daß es immer schwieriger wird, zu viele Marken zu erhalten.

Durch die **Handelskonzentration** hat sich die Zahl der Handelsunternehmen verringert. Kleinere Händler sind häufig zur völligen Bedeutungslosigkeit verurteilt. Marken, die früher an verschiedene Handelsunternehmen und Distributionsnetze gebunden waren, um die Konflikte bei der Distribution einzuschränken, können heute denselben Kunden (Großhändler oder Einkaufszentrale) haben, wodurch sich ihre Zahl reduziert.

Hinzu kommt die **Konzentration der Industrieproduktion**. Die Bedeutung der Produktivitätsfaktoren und der Kosten bei der internationalen Wettbewerbsfähigkeit führt zu einer Umgruppierung der Fabriken, die zu Einheiten für Produktion, Forschung und Entwicklung werden. Lassen sich große Markenportfolios rechtfertigen, wenn die Produkte, auch wenn sie sich geringfügig voneinander unterscheiden, in denselben Fabriken hergestellt werden?

Die **Macht des Verbrauchers** muß heute ebenfalls mit einkalkuliert werden. Eine seiner Hauptbeschwerden richtet sich gegen die ungerechtfertigte Vielzahl von Marken, deren Funktion doch eigentlich darin bestehen soll, den Markt transparenter zu machen. In den 60er und 70er Jahren wurden zu viele künstliche Marken geschaffen, die identische Produkte in unterschiedlicher Aufmachung auf den Markt brachten.

Ein letzter und entscheidender Faktor ist die **Internationalisierung von Marken**. In vielen Branchen verlieren nationale Schranken heute ihren Sinn. Segmente, Lebensstile und Verbrauchererwartungen sind nicht ausschließlich an ein bestimmtes Land gebunden, sondern ähneln einander nicht nur in allen Ländern der europäischen Gemeinschaft, sondern in der ganzen Welt. Nicht alle Marken sind jedoch für eine Internationalisierung geeignet. Die für eine wesentliche Präsenz auf Weltmarktnivau erforderlichen Investitionen führen dazu, daß nur einige Marken für ein Multimarkenprogramm erhalten werden können, manchmal sogar nur eine einzige. Als Beispiele können die Monomarkenstrategien im Stile von Philips, Siemens, Alcatel oder Mitsubishi gelten.

Wie viele Marken sollte ein Portfolio also enthalten? Dafür gibt es augenblicklich natürlich keine magische Formel oder Zahl. Die Frage nach der Zahl der Marken ist untrennbar mit der strategischen Rolle und dem Status dieser Marken verbunden. Wenn sich das Unternehmen nur für eine einzige Marke entscheidet, bedeutet das de facto, daß für den entsprechenden Markt die Politik einer Dachmarke geeignet ist. Die Marke Philips, die jahrzehntelang gleichzeitig Hi-Fi-Geräte, Fernseher, Videorecorder und Waschmaschinen bzw. Wäschetrockner vertrieb, hat diesen letzteren Unternehmenszweig 1989 an die amerikanische Firma Whirlpool verkauft. Soll die Zahl der Marken aber erhöht werden, dann muß sich das Unternehmen für eine Mehrmarken- oder Familienmarkenstrategie entscheiden. Die Markenzahl hängt also zum Teil auch von der Analyse der Markenfunktionen im jeweiligen Markt ab. Denn jeder Markt ist segmentiert, und zwar nach Produkt, Verbrauchernutzen, Qualität (die der Käufer erwartet) oder auch nach der anvisierten Käufergruppe. Dennoch bedeutet die Aufgliederung eines Marktes in beispielsweise sechs Segmente keineswegs, daß dann auch sechs Marken vorhanden sein müssen, denn die Zahl der Marken hängt völlig vom Markentyp ab (Sind Familienmarken, Dachmarken oder Mehrmarken gefragt?).

2. Die Vorteile einer Multimarkenpolitik

Die Multimarkenlogik paßt strukturell in eine Differenzierungsstrategie, die darauf gerichtet ist, die dominante Rolle der Kosten aufzugeben, zugunsten kleinerer Produktionsmengen, Spezialisierung der Produktionsmittel und Vertriebsnetze und Investitionen in Werbung und Verkaufsförderung. Der Preiswettbewerb übt dennoch einen solchen Druck aus, daß außer bei den Nischen- oder Luxusmarken ein Prozeß eingesetzt hat, der darauf abzielt, den Differenzierungsmoment im Produktionsablauf so weit wie möglich hinauszuzögern, um möglichst viel vom Produktivitätsgewinn (der sich aus der Erfahrungskurve ergibt) zu profitieren. Dies gilt für Haushaltsgeräte genauso wie für Lebensmittel und Automobile, deren Produktion die industrielle Integration in Gruppen zur Voraussetzung hat. Die Synergie von Produktion und Kommunikation wird durch die übergreifende Markenpolitik im Automobilbereich maximiert wie auch die Treue der Kunden, die zwar die Modelle, nicht aber die Marke wechseln.

Nachdem die Vorteile der Monomarkenpolitik nun bekannt sind, stellt sich die Frage, welche Faktoren die Präsenz mehrerer Marken auf dem Markt notwendig machen.

Zum einen spielt die **Marktentwicklung** eine Rolle. Keine Marke kann einen Markt allein ausbauen. Auch wenn die Marke den Markt selbst geschaffen hat und ihn anfangs zu 100 % abdeckt, wird sich der Markt durch die wachsende Zahl der Akteure weiterentwickeln, die auch investieren werden, um ihren Marktanteil zu vergrößern. Die Präsenz vieler Marken trägt zum Ausbau des Marktes bei: Unabhängig von den Unterschieden kommunizieren die verschiedenen Werbekampagnen die Vorteile der Produktkategorie. Auch wenn Philips andere Marken aufkauft, wird das Unternehmen daran interessiert sein, sie als Marken beizubehalten, um die Vielfalt des Marktes zu bewahren. In der Pharmaindustrie wird ein Labor, das ein neues Molekül entdeckt hat, Wert darauf legen, daß sich auch andere Laboratorien an seinem Marketing beteiligen, um den Markteintritt zu beschleunigen.

Zum anderen kann durch eine Multimarkenstrategie eine **Optimierung der Marktabdeckung** erfolgen. Keine Marke kann für sich allein einen Markt abdecken. Besteht ein Markt länger, entwickelt sich ein differenziertes Produktangebot, d. h. der Markt wird segmentiert. So wie ein Adjektiv nicht gleichzeitig verschiedene Merkmale ausdrücken kann, kann die Marke nicht gleichzeitig verschiedene Verbrauchererwartungen erfüllen, denn dann würde der Markensinn verschwinden. Andererseits wehren sich Verbraucher und Handelsunternehmen gegen eine zu weite Marktausdehnung. Der Ski-Produzent Rossignol S. A. verfolgt beispielsweise eine doppelte Markenpolitik:

- Einerseits: Monomarke mit unterschiedlichen Produktkategorien unter der Marke Rossignol. Rossignol vertreibt Skier, Skikombinationen und auch Skischuhe, nämlich die der früheren, von Rossignol aufgekauften und umbenannten Marke Le Trappeur.

- Andererseits: Eine Multimarkenstrategie für einzelne Produktgruppen: Dynastar für Skier, Kerma für Stickstöcke, Lange für Skischuhe.

Mit 20 % Marktanteil ist die Marke Rossignol auf dem Skimarkt weltweit führend. In der Spitzenklasse bei den Meinungsführern ist der Marktanteil bei Skiern noch höher, er liegt bei 40 % und mehr. Gerade bei diesen muß das Unternehmen sensibel agieren. Man darf nicht erwarten, daß jeder sich von Kopf bis Fuß mit Rossignol-Produkten ausstattet.

Die Multimarkenpolitik bietet **taktische Flexibilität**, die auch die Ausdehnung einer Wettbewerbsmarke einschränken kann. So hat Delsey, europäischer Marktführer für Koffer und Taschen, die Marke Samsonite unter Druck gesetzt: Delsey hat die Untermarke Visa geschaffen, um Samsonite preislich anzugreifen. Gleichzeitig hat sie den Bereich der Spitzenprodukte selbst abgedeckt. Wenn einer der Akteure eine Multimarkenstrategie übernimmt, wird diese Taktik oft von der Konkurrenz imitiert.

Die Politik der Multimarken verwehrt dem potentiellen Konkurrenten den Markteintritt. Durch das Angebot einer vollständigen Produktpalette, d. h. einer Marke für jedes Marktsegment, errichtet man **Eintrittsbarrieren**. Aus diesem Grund hatten sich Pepsi-Cola und Orangina in Europa dazu entschlossen, für ihre Produkte ein gemeinsames

Vertriebsnetz aufzubauen, wobei Coca-Cola in seinem Markenportfolio das Spitzenprodukt der Orangensaftgetränke auf dem Weltmarkt führte: Fanta.

Die Multimarkenlogik ist für die **Verteidigung einer Referenzmarke** unverzichtbar. Die Marke Soupline, Initiator des französischen Marktes für Weichspüler, ist in dieser Produktkategorie die dominierende Marke: Ihr Image und ihre Eigenschaften entsprechen dem höchsten Leistungsniveau. 1969 brachte die Gruppe Lever das Produkt Confort auf diesen Markt. Confort wies aber verglichen mit Soupline (Colgate-Palmolive) und Lenor (Procter & Gamble) keinerlei Vorteile auf und verschwand schnell wieder. Die Firma Lever konnte das nicht hinnehmen. Sie wollte so schnell wie möglich wieder auf den Markt kommen und beschloß, die etablierten Marken über den Preis anzugreifen. Im März 1972 kam Colgate Palmolive mit Doulinge. Dieses Produkt sollte die Marke Soupline davor bewahren, ihren Preis senken zu müssen (um wettbewerbsfähig zu bleiben), denn das hätte Image und Ertrag der Marke in Gefahr gebracht.

Letztendlich gelingt es wenigen Marken, sehr unterschiedliche Preissegmente abzudecken. Natürlich verfügen Automobilproduzenten wie Renault über eine Palette, die von einem Twingo bis zu einem Safrane reicht, aber sie finden keinen wirklichen Zugang zum Sektor der Luxuswagen. Auch die Übernahme des Prestigenamens „Baccara" blieb weitgehend erfolglos. Aus diesem Grund hatte man sich auch um eine Annäherung an Volvo bemüht, einer Marke, die mit größerer Rechtfertigung zu dem Bereich der Spitzenprodukte gerechnet wird. Mit Hilfe des Markenportfolios ist es möglich, **mehrere Preissegmente zu bedienen**, ohne den Ruf jeder einzelnen Marke zu ruinieren. Nachdem die Firmengruppe Gillette die Marken Parker, Waterman und Paper Mate aufgekauft hatte, konnten diese hinsichtlich ihres Preis- und Stilniveaus spezialisiert werden. Durch seinen Ruf repräsentiert Parker in jedem Produktsegment (vom Kugelschreiber bis zum Füllfederhalter) Spitzenqualität und Waterman eine mittlere Qualität. Die Gruppe Whirlpool positioniert jede ihrer Marken auf einem bestimmten Preisniveau. Der Durchschnittspreis der Marke Whirlpool muß auf dem mittleren Nivau des Marktpreises liegen. Der Durchschnittspreis der Marke Laden entspricht dem unteren Viertel und der von Bauknecht dem oberen Viertel (vgl. Abbildung 1).

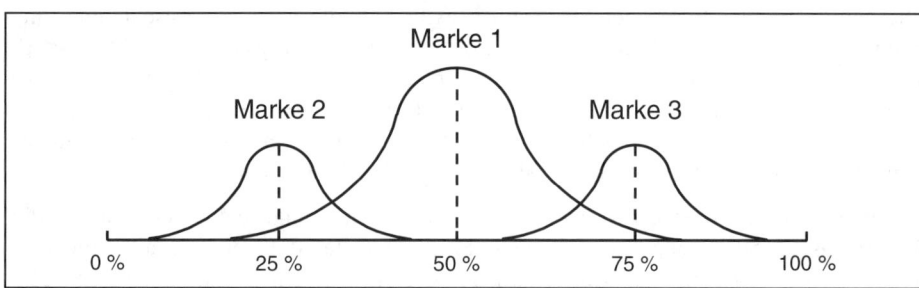

Abbildung 1:   Verteilung der Markenportfolioprodukte nach dem Preis

3.   Die Einschränkungen einer Multimarkenpolitik

Ein Multimarkenportfolio ist nur dann sinnvoll, wenn die Marken langfristig ein eigenes Kompetenzfeld besitzen. Dies ist nicht immer der Fall: Unternehmen schleifen Marken hinter sich her, deren Images sich zwar punktuell unterscheiden, deren Identität sich aber insgesamt sehr ähnlich ist. Analysiert man eine Marke gründlich, dann wird man immer irgendeinen Imageunterschied finden. Dies genügt aber nicht zur Rechtfertigung eines umfangreichen Markenprogramms.

Jede der **Marken** muß einen **eigenen Sinn** haben. Bei der Verteilung von Innovationen auf einzelne Marken muß man sich an strikte Regeln halten. Natürlich ist die Zeit längst vorbei, wo eine Innovation nur ganz allmählich von der teuersten Marke auf die billigste transferiert wurde. Man darf aber jetzt auch nicht ins andere Extrem fallen: Um einzelne Verkaufsorganisationen nicht zu verprellen, wird eine Innovation gleichzeitig verschiedenen Marken des Portfolios zugeteilt. Diese opportunistische Haltung ist kurzfristig zwar gewinnbringend, schädigt jedoch den Aufbau des Imagekapitals jeder einzelnen Marke.

Die zweite Einschränkung liegt in der **Kostendämpfung**. Auch wenn die Multimarkenlogik nicht auf preislichen Wettbewerb baut, sondern auf die bessere Anpassung an die speziellen Bedürfnisse des Marktes zielt, ist der Preisdruck durch den Wettbewerb doch ein ständiges Problem. Die Produktivitätsforschung ist eine Konstante: Um trotz der Markenvielfalt von den degressiven Kosten einer Mengenproduktion profitieren zu können, homogenisieren die Hersteller die Produkte ihrer Marken soweit wie irgend möglich. Wichtig ist, daß das Ausmaß der Homogenisierung wirklich noch vertretbar ist, denn sogenannte „Scheinmarken", d. h. Marken, die sich nur durch die Verpackung voneinander unterscheiden, gibt es genug. Das beeinflußt das Image der Marke und die ehrliche, transparente Strukturierung des Angebotes negativ. Die Produkthomogenisierung darf nicht so weit gehen, daß das Kapital der Marke bedroht ist. Das Beispiel PSA zeigt dies.

Dieser Automobilkonzern beschloß, mit zwei Marken zu operieren, um den Markt besser abdecken zu können. Die Fahrer von Mittelklassewagen unterscheiden sich hinsichtlich ihrer Motivation, ihrer Persönlichkeit und ihrem Stil. Sie wollen nicht alle Renault fahren, auch wenn Renault verschiedene Versionen des R19 anbietet (vom einfachsten Modell bis zum sportlichsten mit 16 Ventilen). Deshalb bietet PSA zwei Marken mit unterschiedlichen Ideologien an: Citroën und Peugeot. Die meisten Fahrzeugteile sind aber bei beiden Marken gleich, damit keine höheren Produktionskosten und damit ein höherer Endpreis entstehen.

Es ist bemerkenswert, daß die Gruppe PSA sich dafür entschieden hat, mit zwei „generalistischen" Marken zu operieren. Demgegenüber arbeitet der Volkswagen-Konzern mit vier spezialisierten Marken, die in zwei Ebenen organisiert sind: Skoda, Seat, Volkswagen und Audi. Nach der Logik von PSA kann sich eine „generalistische" Marke nur durchsetzen, wenn man zwei davon hat: Um alle Produktsegmente von der unteren Kategorie bis zur Spitzenklasse abdecken zu können, sind Fahrzeugtypen notwendig, die sich voneinander unterscheiden. Dadurch sind der Verwendung gleicher Teile und der Einsparung aufgrund degressiver Kosten Grenzen gesetzt. Auf jeder Ebene müssen folglich ausreichende Mengen abgesetzt werden, d. h. es sind mindestens zwei verschiedene Marken notwendig.

Der Aspekt der **Vermarktung** schränkt die Realisierbarkeit eines Multimarkenprogramms ebenfalls ein. Für alle Marken muß geworben werden, um dem Verbraucher Facetten und Identität jeder Marke nahebringen zu können. Dafür müssen langfristig Werbebudgets für jede Marke freigestellt werden, was in verschiedenen Bereichen prohibitiv teuer ist und auch nicht in den Möglichkeiten eines jeden Unternehmens liegt (daher auch das Phänomen der Konzentration und der Fusionen durch Aufkauf).

4. Die Multimarkenpolitik in Industrieunternehmen

Industrieunternehmen sehen sich durch die Multimarkenpolitik entweder nur sehr geringen oder ganz enormen Zwängen ausgesetzt, wobei selbst letztere noch unterschätzt werden. So verkauft BASF unter zwei Namen Autolackfarben in die ganze Welt: Glasurit und RM. Dabei handelt es sich um dieselbe Farbe, da für die Karosseriebauer der Gedanke unvorstellbar wäre, daß es Lackfarben höherer und geringerer Qualität geben könne. Eine Farbe mit niedriger Qualität würde niemals gekauft werden. Diese beiden Marken besetzten deshalb einander ergänzende und nicht konkurrierende Positionen:

■ Glasurit richtet sich an Kunden, deren Interesse vor allem der Technik gilt, worauf der internationale Werbeslogan auch explizit hinweist: „Preferred Technology Partner".

■ RM mit seiner Parole „The Key to your Success" ist der bevorzugte Partner für Kunden, die ihren Umsatz über die Dienstleistungen steigern wollen. Sie sehen sich nicht als Maler oder Lackierer, sondern als Unternehmer.

Um die Erfolgsaussichten zu maximieren, hat BASF für beide Marken eine Reihe von Regelungen zur Absicherung ihrer Marktposition festgelegt:

■ Jedes Unternehmen hat in den verschiedenen Ländern sein eigenes Management (und nicht mehr wie früher ein gemeinsames Marketingmanagement).

■ Der Vertrieb erfolgt über zwei getrennte Verkaufsorganisationen, um der „Kannibalisierung" vorzubeugen.

■ Die Marken unterscheiden sich durch sehr verschiedene graphische Darstellungen stark voneinander.

■ Jeder Bezug auf das Mutterhaus BASF wird vermieden, um dem Versuch der sichtbaren Differenzierung nicht entgegenzuwirken.

■ Es werden eigene Dienstleistungsprogramme aufgebaut zur Positionierung der jeweiligen Marke.

■ Es werden weltweit eigene Werbekampagnen entwickelt.

BASF steigert hiermit seine Marktabdeckung. Man berücksichtigt sowohl die Psychologie der Abnehmer als auch ihre Aufteilung in zwei Segmente, die sich ganz klar voneinander unterscheiden. Für Mercedes zum Beispiel wäre es undenkbar, daß der Hersteller seiner Autolacke auch die Firma Lada beliefert!

5. Die Multimarkenpolitik in Handelsunternehmen

Bei Handelsunternehmen hat der Begriff des Markenportfolios eine eigene Bedeutung, die auch eine besondere Behandlung verdient. Es geht heute nicht mehr darum, eine Handelsmarke zu haben oder nicht zu haben, sondern darum, welche Bedeutung man ihr einräumt und welche Markentypen entwickelt werden.

Es ist selbstverständlich, daß die Zahl der Handelsmarken in nächster Zeit zunehmen wird. Einen wesentlichen Beitrag zu diesem Wachstum wird ihr Vertrieb leisten. Neue Marktbereiche haben sich ihrer bemächtigt: Informatik (z. B. Vobis, Firstline), Fernsehen, Stereo und Video, Industrieanlagen, Feinmechanik, Elektrizität. Bald werden auch Apotheken sich um ein eigenes Logo gruppieren. Es kommt nun darauf an, das optimale Gleichgewicht zwischen Handelsmarke und nationaler Marke sowie zwischen Premium-Preis-Produkten und preisaggressiven Produkten von Handelsmarken zu bestimmen. Neue Kunden anwerben zu wollen, ist auf dem Gebiet der Konsumgüter derzeit müßig. Die klassische Alternative, die Menge der Einkäufe pro Kunden zu vergrößern, wird illusorisch: Es wird in den kommenden Jahren weder mehr gegessen noch mehr getrunken werden, im Gegenteil. Also muß man versuchen, die Gewinnspannen zu optimieren und die Treue der Kunden zu erhalten. In Frankreich geht jeder Haushalt zur Zeit pro Monat in 3,7 große und mittlere Einkaufsmärkte. Wenn der Kunde dort zu vielen Herstellermarken begegnet, wird er zur Untreue verleitet, da er die Preise der verschiedenen Marken vergleichen kann. Um den Verbraucher von Vergleichen abzuhalten, ersetzen die Unternehmen die bekannten Herstellermarken durch Handelsmarken. Letztere werden mit Sonderangeboten, die zur Kundentreue beitragen sollen, in Verbindung gebracht. Eine Schwierigkeit besteht allerdings darin, daß bei gänzlich fehlenden Herstellermarken oder deren Untermarken auch die Gefahr der Kundenuntreue bestehen kann. Wenn es in einem Laden überhaupt keine Herstellermarken mehr gibt, ist das in den Augen mancher Verbraucher ein Zeichen der Verarmung des Ladenangebots. Ausnahmen sind hier die freiwillig gewählten Discount-Läden, in denen nur der Preis zählt (z. B. Aldi). So kommt es manchmal zu der paradoxen Situation, daß ein Handelsunternehmen einen Fabrikanten bittet, einen Teil des Regalplatzes in einer Abteilung, der bis dahin einer Handelsmarke zugewiesen war, wieder zu übernehmen.

Im Bereich von Sportartikeln wird sehr anschaulich illustriert, welche Rolle die Markenpolitik bei der Wettbewerbsstrategie der Handelsunternehmen spielt. Die Kette Decathlon, eine der führenden Marken Frankreichs[1], betrieb eine ganz extreme Handelsmarkenpolitik. Abgesehen von einigen Geschäften, in denen nur die Prestigemarken aus dem Sportbereich angeboten werden, beherrscht Decathlon überall den Markt. Der Erfolg dieses Unternehmens zeigte, daß viele bekannte Marken ihre Stärke verloren hatten, denn ihr Verschwinden aus den Geschäften führte nicht zu einem Kundenrückgang. Durch die Entwicklung des Massensports ist der Verbraucher kritischer geworden und sucht vorrangig Produkte, die ihn bei möglichst niedrigem Preis zufriedenstellen. Die Verwendung der Handelsmarke zur Abdeckung aller Sportarten, im Textil- wie im Gerätebereich, für Produkte im hohen wie im mittleren Preissegment, drückte den Wunsch aus, die Synergien zu maximieren und unter einem Namen zusammenzufassen. Die Werbekampagne kam allen Verkaufsgeschäften und Produkten gleichermaßen zugute. Mit seinen Bemühungen, den Erfolg auf dem französischen Markt auf das Ausland zu übertragen, könnte Decathlon, wenn es in Europa eine dominierende Marktposition erreicht, zu den führenden europäischen Fabrikanten für verschiedene Sportarten werden und eine genauso große Bedeutung erhalten wie Adidas, Reebok und Nike.

Die internationale Firmengruppe Intersport hat hingegen beschlossen, bei der Handelsmarkenpolitik den Firmennamen Intersport nicht zu übernehmen. Die Rechtfertigung dieser Entscheidung ist klassisch: Man will den Ruf des Unternehmens erhalten, falls die Kunden mit den Produkten unzufrieden sind. Betrachtet man den Erfolg von Decathlon, kann man die Schwäche dieses Arguments ermessen, vorausgesetzt ein Unternehmen verfügt über die Mittel zu einer wirklichen Qualitätspolitik. Intersport hat ganz auf ein Portfolio von Marken gesetzt, die dafür geeignet sind, besondere Angebote zu entwickeln, die attraktiv sind und die Käufer an das Unternehmen binden. Diese Marken werden wie wahre Marken behandelt: Sie sind weltumspannend, werden immer wieder erneuert und verbessert. Man begleitet sie mit Kommunikationskampagnen und Sponsoringaktionen. Das Portfolio der Eigenmarken von Intersport umfaßt weltweit u. a.:

- die Marke Nakamura, die nach der Stückzahl den ersten Platz auf dem Rennradmarkt einnimmt. Es ist bezeichnend, daß die Weltmeisterin Jeannie Longo auf einem Nakamura-Rad fährt,
- die Marke Mac Kinley für Bergausrüstungen,
- die Marke Techno Pro für Skier und Tennis,
- die Marke Pro Touch und
- die Marke Etirel für Sportbekleidung.

Hinzu kommen Exklusivkonzessionen für berühmte Marken, wie das im Tennis einst sehr berühmte Spalding, das noch immer einen guten Ruf genießt. Intersport versucht

---

1   Decathlon verkauft 60 % aller Sportartikel in Frankreich, wobei 51 % der Umsätze auf die Produkte der eigenen Handelsmarke entfallen.

sich sowohl durch sein Sortiment von großen internationalen Marken als auch durch seine eigenen Exklusivmarken als „Markengeschäft" zu positionieren.

Angesichts dieser Konkurrenz hat Decathlon beschlossen, seinerseits eigene Marken - nach der Logik des „double branding" - zu lancieren, um die Wahrnehmung der qualitativen Unterschiede in seinem Angebot und das Gefühl der freien Wahl beim Verbraucher zu erhöhen.

6. Die Restrukturierung eines internationalen Markenportfolios: Der Fall Thomson

Die Thomson Gruppe ist weltweit Nummer vier im Bereich der Massenelektronik, in Europa Nummer zwei auf dem Markt der Farbfernseher und der Videogeräte und in den USA Nummer eins auf beiden Märkten. Nach einer Neuorganisation seiner Aktivitäten unter Thomson Multimedia muß sich das Unternehmen seit 1993 mit einem gesättigten und rezessiven Markt auseinandersetzen, der an Wert und auch an Umfang abnimmt.

Mehrere strukturelle Faktoren kommen in dieser Situation zusammen:

- In Europa sind alle Haushalte mit Elektrogeräten ausgestattet. Verkäufe resultieren daher nur aus einer Mehrfachausstattung oder aus einer Erneuerung der Haushalte.

- Der Lebenszyklus eines Produktes beträgt etwa sechs Monate. Der Innovationsrhythmus ist derartig stark, daß es zu einer Erwartungshaltung kommt, die dazu führt, daß Haushalte den Neuerwerb eines Produktes immer weiter hinauszögern. Dabei gewöhnen sie sich an ihre Geräte und haben keine Lust mehr, sie zu wechseln.

- Die Wirtschaftskrise und die mit der Arbeitslosigkeit verbundenen Risiken führen zu einer Vergrößerung der Risikoersparnisse, die wiederum durch das Anwachsen der Solidaritätssteuern, der Sozialabgaben und komplementärer Absicherungen bedroht sind.

Um auf diese Situation zu reagieren, vermehren Vertriebsunternehmen wie Kingfisher-Darty, Inter Discount, aber auch die Supermärkte ihre Niedrigpreisangebote aus der Fertigung chinesischer oder koreanischen Hersteller. Der Anteil der markenlosen Geräte liegt in Europa bei ungefähr 40 % des Gesamtmarktes für Farbfernseher.

Die Verbrauchernachfrage ist so schwankend und unvorhersehbar geworden, daß die Handelsunternehmen vor allem befürchteten, daß ihre Einnahmen durch ein Lager unverkaufter Waren belastet werden. Da Produkte aber so schnell veralten, kann ein Lager sehr rasch an Wert verlieren und die Rentabilität beeinträchtigen. Große Handelsunternehmen rationalisieren ihre Einkäufe daher sehr stark: Sie suchen eine oder zwei große Marken mit reicher Auswahl oder versorgen sich aus den Katalogen anderer Marken mit konkurrierenden Modellen.

Um aus dieser negativen Spirale herauszukommen und bei den Konsumenten die Nachfrage wiederzubeleben, gibt es nur eine Lösung: Die Innovation muß einen tatsächlichen kreativen Fortschritt vollziehen und dadurch in den Haushalten den Eindruck hervorrufen, daß der vorhandene Fernseher veraltet ist. Die flachen Schirme sind hierfür ein Beispiel, ebenso wie die Multimediafunktionen. Solche Innovationen vergrößern tatsächlich die Nachfrage, aber sie verstärken auch das Gefühl eines Risikos: Die Kunden befürchten die Nebenwirkungen dieser radikalen Innovationen. In einem solchen Fall schenkt man nur sehr starken Marken Vertrauen und empfindet diese als Garantie. Man weiß, daß ein sehr bekannter Name die Probierrate neuer Produkte vergrößert. Die Marktdurchdringung beschleunigt sich.

Nachdem Thomson in den USA RCA, die Fernsehmarken GE und Pro Scan übernommen hatte, ist das Unternehmen nun weltweiter Marktführer für Fernsehröhren und verfügt über entsprechende Geräteteile und Technologien. Auch in Europa hat sich das Unternehmen durch externes Wachstum vergrößert, d. h. es wurden weitere Marken aufgekauft (vgl. Abbildung 2).

Thomson Gruppe	Frankreich		Spanien		Deutschland		Italien		England	
Thomson	46	7	26	3,2						
Telefunken	18	2,3	22	2,1	36	6,2	33	4,7		
Saba	9	3,7	8	2,8	18	2,5	15	5,8		
Brandt	33	6,8								
Nordmende					17	2,9	22	5,2		
Ferguson									41	7,6
Philips	73	16,1	71	15,3	43	10,5	65	12,2	44	5,4
Sony	35	8,6	49	11,8	51	8,6	42	10,3	50	10,9
Grundig	30	7,9	29	7,1	62	13,8	42	9,1		

Abbildung 2:   Das Markenportfolio der Thomson Gruppe in Europa (Angaben in Prozent); Basis GFK TV: ungestützte Bekanntheit/Marktanteil

Das Portfolio von Thomson besteht aus:

- Ferguson in England, einer Marke, die durch ihr gutes Preis-/Qualitäts-Verhältnis positioniert ist.
- Nordmende in Deutschland, einer eher hochwertig positionierten Marke.

■ Telefunken, einem Symbol deutscher Zuverlässigkeit, aber ohne Innovationsfaktoren. Diese beiden Marken sind im übrigen mit traditionellen Netzwerken verbunden, die in Deutschland gegenüber den großen Handelsunternehmen noch sehr viel Einfluß haben.

■ Saba, einer Marke mit gutem Preis-/Leistungsverhältnis, einfacher Bedienung und einem Design für junge Kunden.

■ Brandt in Frankreich, das von seinem Ruf im Haushaltsgerätebereich profitiert. Seine Positionierung besteht darin, die erste Marke zu sein, die wirklich über ein großes Handelsunternehmen verfügbar war.

■ Thomson schließlich, der Namensträger der Gruppe und natürlich Flaggschiff seiner Technologie.

Wie sich aus Abbildung 2 ergibt, realisiert die Thomson Gruppe nahezu 13 % Marktanteil im europäischen Markt, aber mit sechs Marken, von denen keine stark ist:

■ Die Marken sind nicht in allen Ländern vertreten.

■ Nach ihrem Bekanntsheitsgrad gehören die Marken nicht zu den drei führenden Marken auf dem Markt.

■ Durch ihren geringen Marktanteil sind die Thomson-Marken für die großen Handelsunternehmen nicht unumgänglich, die sich ausschließlich für Marken interessieren, die in allen Ländern geführt werden (wie Philips, Sony, Toshiba, Grundig, Panasonic).

■ Wenn man vom Image einer Marke spricht und es um Innovation, Qualität, Klangniveau, Design und das Preis-/Leistungsverhältnis geht, denkt man nie zuerst an die Marken der Thomson Gruppe.

Zu einem Zeitpunkt, wo das Bewerben von Innovationen dringend erforderlich ist, wird der Gruppe Thomson klar, daß sie dafür keine Marken besitzt. Das Unternehmen besteht aus einer großen, konsolidierten Gruppe, aber seine Marken sind zumindest in Europa schwach. Eine erste Lösung besteht darin, eine Markensegmentierung vorzunehmen. Immerhin heißt Opel in England Vauxhall und General Motors hat nicht die Absicht, Vauxhall umzutaufen. Man überlegte daher, Thomson, Ferguson und Nordmende einerseits, Saba und Brandt andererseits umzugruppieren und Telefunken zu einem eigenen Pol zu machen. Ziel dieser Strategie war es, die bereits vorhandene lokale Bekanntheit zu nutzen und Ferguson und Nordmende durch die Marke Thomson Technologies aufzuwerten.

Diese Strategie wurde 1996 aufgegeben. Im Gegensatz zur Automobilindustrie sieht sich der Medienbereich mit einem globalen Anwachsen der Käufer konfrontiert. Sie wollen eine einzige Marke, nicht ein Patchwork. Außerdem sind die Schwierigkeiten sogenannter vertikaler Extensionen bekannt: Wenigen Marken ist es gelungen, ihr Image in kurzer Zeit von einem mittleren auf ein hohes Niveau zu steigern (Audi hat dafür 20 Jahre benötigt). Je mehr man im übrigen über Ferguson und Nordmende nachdachte, um so mehr baute sich ein Schild auf, hinter dem Thomson verschwand. Um wirklich bekannt zu werden, mußte Whirlpool sehr schnell aufhören, Philips in seiner Werbung für Philips-Whirlpool zu erwähnen.

Tatsächlich hatte die Gruppe Thomson keine andere Wahl, als Thomson zu einer Mega-Marke zu machen, die nicht ein Sechstel des Verkaufs, sondern zwei Drittel ausmacht, um endlich in der Lage zu sein, für einen Großhändler eine realistische Alternative zu Philips oder Sony darzustellen. Wenn die Strategie inzwischen auch klar ist, ist ihre Umsetzung alles andere als einleuchtend. Thomson muß im Grunde in allen Ländern lanciert werden, in denen die Marke nicht bekannt ist, wodurch beträchtliche, aber unerläßliche Werbekosten entstehen. Um diese zu finanzieren, müssen die Werbeausgaben für die anderen Marken reduziert werden, zumindest für diejenigen, die man als taktische, lokale Marken behalten will. Das Problem besteht darin, daß die Reduktion dieser Ausgaben ein klares Signal für die Verkaufsnetze und Handelsunternehmen ist, die keinen Grund haben, sich für Marken zu engagieren, denen die Thomson Gruppe selbst wenig Vertrauen zu schenken scheint. Man riskiert also, den Rückgang der Anteile des Portfolios am Markenmarkt zu beschleunigen, bevor die Marke Thomson diese Marken ablösen konnte.

Wie man sieht, ist es niemals leicht, von einer Multimarkenlogik zu einer Monomarkenstrategie überzugehen. Auch wenn keine Zweifel hinsichtlich des zu erreichenden Ziels bestehen, sind die Übergangsphasen mit großen Risiken verbunden.

Heribert Meffert und Jesko Perrey

Mehrmarkenstrategien - Ansatzpunkte für das Management von Markenportfolios

1. Mehrmarkenstrategien im Kontext veränderter Umfeldbedingungen und eines wandelnden Markenverständnisses

Aufgrund ihrer hohen Relevanz für das Kauf- und Auswahlverhalten von Nachfragern stellt die Marke bereits seit jeher einen zentralen Forschungsgegenstand des Marketing dar. Der Anteil markierter Leistungen beträgt in zahlreichen Branchen weit über 70 %, allein 1999 wurden in Deutschland über 76.000 neue Marken angemeldet (Meffert/Giloth, 2001). Dabei hat sich seit Entstehen des klassischen Markenartikelkonzeptes zu Beginn dieses Jahrhunderts das Verständnis vom Wesen der Marke im Zuge tiefgreifender Veränderungen der Markt- und Umfeldbedingungen erheblich gewandelt (vgl. Meffert/Burmann, 2001 b). Wurden nach der frühen Auffassung von Domizlaff (1939) ausschließlich Fertigwaren als markierungsfähige Leistungen angesehen und galt die Marke zunächst lediglich als Eigentumszeichen und Herkunftsnachweis, hat sich das Markenverständnis in der Zwischenzeit seit langem von objektiv bestimmbaren Wareneigenschaften gelöst. Angewendet auf sämtliche marktfähige Güter und Dienstleistungen, verkörpert die Marke heute ein **sozialpsychologisches Phänomen** und gilt als spezifische Vermarktungsform, in deren Mittelpunkt die Entwicklung und Festigung des Vertrauens der Nachfrager in die angebotenen Leistungen steht. Als ein in der Psyche verankertes, unverwechselbares Vorstellungsbild von Leistungen, soll die Marke dem Nachfrager die erforderliche Orientierungshilfe und Sicherheit bei der Kauf- und Auswahlentscheidung vermitteln (Meffert, 2000, S. 847).

Der zur Sicherstellung dieser übergreifenden Zielsetzung erforderliche Aufbau einer starken **Markenidentität** im Sinne der Schaffung und Aufrechterhaltung eines präferenzfördernden Markenimages wird für die Anbieter von Markenartikeln im Kontext veränderter Umfeldbedingungen zunehmend erschwert. So ist das Aufgabenumfeld der Markenführung durch eine anhaltende **Dynamik** gekennzeichnet, die sich in verschiedenen Entwicklungstendenzen niederschlägt. Hervorgerufen durch die wachsende internationale Verflechtung und Globalisierung des Wettbewerbs und eine damit einhergehende, rasche Verbreitung von technologischem Know-how sowie häufig resultierend aus Kosten- und Flexibilitätsgesichtspunkten wird dabei eine Homogenisierung der physikalisch funktionalen Leistungsmerkmale weiter verschärft. Die fortschreitende Verbreitung neuer Informations- und Kommunikationstechnologien trägt überdies zu einer deutlichen Erhöhung der Markttransparenz bei und führt somit bei zahlreichen Leistungen zu einer Ausweitung des „evoked set" von Konsumenten. Das Wahlverhalten der Nachfrager ist zudem durch eine zunehmende Inkonsistenz gekennzeichnet, die bereits in verschiedenen Produktbereichen durch eine Entwicklung vom hybriden zum multioptionalen Konsumenten charakterisiert wird (Schüppenhauer, 1998, S. 5 ff.). Als Folge dieser Entwicklungstendenzen kann schließlich eine kontinuierliche Steigerung der **Markenwechselbereitschaft** konstatiert werden, so daß zuletzt gar vereinzelte Zweifel an der grundsätzlichen Kaufverhaltensrelevanz von Marken aufgekommen sind (Michael, 1994, S. 22 f.; Otte, 1995, S. 43 f.).

Angesichts der dynamischen Umfeldveränderungen haben sich die Bedingungen für die erfolgreiche Führung von Markenartikeln in der Vergangenheit kontinuierlich verschärft. Im horizontalen Wettbewerb besteht dabei für die Anbieter von Markenartikeln die zentrale Herausforderung, einer mit der fortschreitenden **Polarisierung des Konsumentenverhaltens** einhergehenden Fragmentierung bislang homogener Marktsegmente durch eine bedarfsgerechte Ausweitung des Angebotsspektrums gerecht zu werden und gleichzeitig die Wirtschaftlichkeit der Marktbearbeitung sicherzustellen. In diesem Spannungsfeld zwischen Effektivität und Effizienz der Markenführung steht nicht selten die Frage nach der Trag- bzw. Ausweitungsfähigkeit von Marken im Mittelpunkt der Betrachtung (Smith/Park, 1992, S. 296 f.; Aaker, 1998). Mit Hilfe der vielfach praktizierten **Markenausdehnung**, sog. brand extensions (Aaker, 1990; Keller, 1993; Quelch, 1994), bietet sich dabei auf vergleichsweise einfache Weise die Möglichkeit, das Leistungsspektrum etablierter Marken zu ergänzen und so in neue Marktsegmente vorzustoßen. Oftmals führt eine derartige Vorgehensweise indes zu einer Verwässerung ursprünglich klar profilierter, weil fokussierter Marken und damit zu einer wachsenden Verwirrung der Nachfrager (Aaker, 1998, S. 44 f.). Die Unterschreitung des notwendigen **Homogenitätsgrades** zwischen den unter dem Dach einer Marke angebotenen Leistungen ruft somit die Gefahr einer Aufweichung der wesentlichen Inhalte der Markenidentität hervor und läßt die Marke vielfach zur reinen Ursprungsbezeichnung bzw. Absenderadresse degenerieren.

Aufgrund der mit einer Ausdehnung des Leistungsspektrums unter einer Dach- oder Familienmarke verbundenen Risiken einer Deprofilierung ursprünglich konturierter Marken gewinnt die Marktbearbeitung mit mehreren, parallel auf den Absatzmarkt ausgerichteten Marken und somit die Ausübung einer **Mehr- bzw. Multimarkenstrategie** zunehmend an Bedeutung (Kapferer, 1992, S. 203 f.). In dem Bewußtsein, daß die Marke vielfach den zentralen Wert einer Unternehmung darstellt (Meffert et al., 2001 b; Specht, 1997, S. 11), kann auf diese Weise die Flexibilität des Marktauftritts erhöht und das Risiko markenverwässernder Fehlentscheidungen (z. B. Neuproduktflops) gesenkt werden[1]. Dieser grundsätzlichen Philosophie der Markenprofilierung im horizontalen Wettbewerb Rechnung tragend, nimmt die Mehrmarkenstrategie heute in zahlreichen Produktbereichen eine dominierende Stellung ein. So vertreibt etwa Eckes mehrere Weinbrandmarken wie Attaché, Chantré und Mariacron, bietet Philip Morris für denselben Bedarf diverse Zigarettenmarken wie Marlboro, Merit und Benson & Hedges an oder offeriert Thomson im Bereich der Unterhaltungselektronik seine Produkte über die Marken Dual, Saba, Telefunken und Nordmende. Besonders eindrucksvoll wird der Stellenwert von Mehrmarkenstrategien in der Automobilindustrie unterstrichen (vgl. Abbildung 1). Spätestens nach der Unternehmensfusion von Daimler und Chrysler agieren sämtliche der großen Automobilhersteller mit mehreren Marken im Wettbewerb. Im Jahr 1999 wurde der Volkswagen-Konzern gar für seine „konsequente Mehrmarken-

---

1   In seiner Stellungnahme vom 27.02.1998 hat der Bundesfinanzhof die Marke aus ertragssteuerlicher Sicht als abnutzbares Wirtschaftsgut bezeichnet und damit implizit die Notwendigkeit kontinuierlicher Marketinganstrengungen zur Aufrechterhaltung bzw. Steigerung des Markenwertes unterstrichen. Zur steuerlichen Behandlung und zur Abnutzbarkeit von Marken vgl. Meffert und Burmann (1998).

strategie" mit dem **„Deutschen Marketing-Preis"** ausgezeichnet. Entsprechend führt Michael (1999) in seiner Laudatio zum Marketing-Preisträger an: **„Mit maßgeschneiderten Markenprofilen beantwortet der VW-Konzern den Trend zur Individualisierung der Käufer. [....] Verbunden mit dem nachgewiesenen wirtschaftlichen Erfolg ist dies ein erfolgreicher unternehmerischer Kraftakt, der höchsten Respekt verdient."**

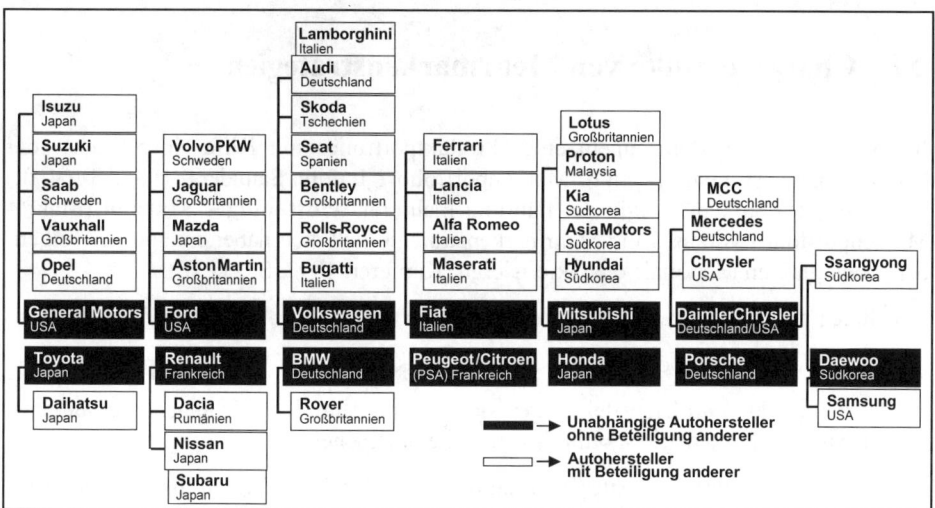

Abbildung 1:   Mehrmarkenstrategien in der Automobilindustrie
Quelle: o.V. 1999, S. 73.

Die aus der Akquisition vormals selbständiger Marken oder aus internen Wachstumsüberlegungen hervorgehende Führung von Markenportfolios ist schließlich auch im Dienstleistungssektor verstärkt anzutreffen. So offeriert die TUI AG ihre touristischen Leistungen neben der Stammarke TUI über Marken wie Airtours, Seetours, Dr. Tigges, 1-2-Fly, Wolters und Robinson Club. Im Flugdienstleistungsbereich tritt British Airways im Heimatmarkt mit der zusätzlichen Discount-Marke Go an, und auch die Lufthansa erwägt, den rückläufigen Marktanteilen mit der Einführung eines abgespeckten „No Frills-Angebots" unter eigener Markierung entgegenzutreten (o.V., 1998 a, S. 44). Die Einführung eines Direktzugs unter der Marke Metropolitan läßt schließlich auch die Deutsche Bahn AG zum Mehrmarkenanbieter werden (o.V., 1997, S. 58).

2. Gegenstand von Mehrmarkenstrategien

Die Mehrmarkenstrategie läßt sich als Instrument zur Profilierung von Markenportfolios im horizontalen Wettbewerb charakterisieren (Meffert, 1992, S. 137). Im Vergleich zu alternativen Strategien der Markenprofilierung ist die Ausübung dieser Basisstrategie mit spezifischen Chancen und Risiken verbunden.

2.1 Charakteristika von Mehrmarkenstrategien

Im Gegensatz zum Management eines Produktportfolios mit Hilfe einer Dach- oder Familienmarkenstrategie („Mikro-Markenportfolio"; Laforet/Saunders, 1994, S. 64 ff.) setzt die Mehrmarkenstrategie die Führung mehrerer **selbständiger Marken** (Makro-Markenportfolio) voraus. Eine Mehrmarkenstrategie läßt sich dabei anhand der folgenden, konstitutiven Merkmale charakterisieren (Kapferer, 1992, S. 211 ff.):

Parallele Führung **mehrerer selbständiger Marken,**

■ die auf denselben Produktbereich ausgerichtet sind,

■ deren Produkte und Dienstleistungen sich anhand zentraler Leistungsmerkmale bzw. der Ausgestaltung der Marketinginstrumente unterscheiden,

■ deren voneinander getrennter Marktauftritt von den Nachfragern als solcher wahrnehmbar ist und

■ die innerhalb der Gesamtunternehmung organisatorisch abgegrenzte und mit der Markenführung betraute Einheiten darstellen.

Die Ausrichtung mehrerer Marken auf **denselben Produktbereich** kann in einer angebotsorientierten Interpretation mit einer parallelen Bearbeitung des **Gesamtmarktes** gleichgesetzt werden. Da sich die Angebote der verschiedenen Marken allerdings gewöhnlicherweise in ihren Leistungsmerkmalen, dem Preis, dem kommunikativen Auftritt oder in ihrem Vertrieb unterscheiden, liegt der Mehrmarkenstrategie in einem nachfragerbezogenen Verständnis zumeist die Philosophie einer differenzierten Ansprache verschiedener Käufersegmente des Gesamtmarktes und damit einer **segmentspezifischen Ausrichtung** der unterschiedlichen Marken auf denselben Produktbereich zugrunde.

Dabei lassen sich einzelne **Produktbereiche** in der Praxis nicht immer scharf voneinander **abgrenzen**, so daß nicht selten Interpretationsspielräume hinsichtlich der von Unternehmen verfolgten Markenstrategien aufkommen. Beispielhaft können die Marken Nutella, Duplo, Rocher, Giotto und Raffaelo angeführt werden, die vom Anbieter Ferrero verschiedenen Produktbereichen zugeordnet werden und dementsprechend als Einzelmarken gelten (Meffert, 2000, S. 856). Bei Zugrundelegung des Verständnisses einer subjektiv empfundenen Substituierbarkeit von Produkten (Dichtl et al., 1977), müßte hier indes mit Ausnahme des scharf abgrenzbaren Brotaufstrichs Nutella vom selben Produktbereich und damit von einer Mehrmarkenstrategie gesprochen werden.

Das Merkmal der **Unterscheidbarkeit** der von den verschiedenen Marken angebotenen Produkte und Dienstleistungen hinsichtlich zentraler Leistungsmerkmale schließt streng genommen die Vermarktung baugleicher Angebote unter mehreren Markennamen aus. Dieses, insbesondere bei Haushaltsgeräten, im Unterhaltungselektronikbereich und zuletzt auch verstärkt in der Automobilindustrie zu beobachtende Phänomen wird auch als „Badge Engineering" bezeichnet (Dudenhöffer, 1998, S. 33) und läßt die unterschiedliche Ausgestaltung ausgewählter Marketinginstrumente zum einzigen Differenzierungsfaktor zwischen den Leistungen der entsprechenden Marken werden. Das Ergebnis dieser Differenzierungsbemühungen spiegelt sich in der **Markenwahrnehmung** der Konsumenten wider. Die Eigenständigkeit der von einer Unternehmung im Markt angebotenen Marken im Wahrnehmungsraum der Nachfrager bildet dabei eine wesentliche Voraussetzung eines erfolgreichen Marktauftritts mit Hilfe der Mehrmarkenstrategie.

Die Existenz einer abgegrenzten Einheit, die für die Führung einer einzelnen Marke verantwortlich ist, läßt sich schließlich als **innerorganisationales Merkmal** einer Mehrmarkenstrategie bezeichnen. Die Ausgestaltung der organisationalen Einheiten auf Markenebene sowie das markenübergreifende Zusammenspiel dieser Einheiten stellen eine zentrale Herausforderung an das Management von Markenportfolios dar. Hier gilt es, den optimalen Grad an Autarkie der einzelnen Markeneinheiten entlang der Wertschöpfungskette zu bestimmen[2]. Im Einzelfall wird diese Aufgabe in hohem Maße von den mit einer Mehrmarkenstrategie verfolgten Zielsetzungen auf Unternehmensebene determiniert.

Die Mehrmarkenstrategie tritt in der Praxis nur selten in „Reinform" auf. Vorherrschend sind vielmehr Unternehmen, deren Marktauftritt durch eine **Kombination** verschiedener markenstrategischer Optionen gekennzeichnet ist. Beispielhaft sei an dieser Stelle die Mehrmarkenstrategie des Volkswagen-Konzerns genannt (vgl. Abbildung 2). Die Herstellermarken Volkswagen, Audi, Seat und Skoda umfassen dabei ihrerseits Dachmarken, die im Markt mit verschiedenen, auf die unterschiedlichen Bedürfnissegmente ausgerichteten Fahrzeugen operieren. Exakterweise müßte somit an dieser Stelle von einer Mehr-Dachmarkenstrategie gesprochen werden. Dabei stehen die Dachmarken letztlich im Fokus der Strategieüberlegungen, da von diesen die markenprägenden Leistungen offeriert werden, die den Ausgangspunkt der Markenwahrnehmung durch die Nachfrager bilden.

---

2 Zur organisationalen Verankerung von Mehrmarkenstrategien vergleiche die Ausführungen in Kapitel 4 dieses Beitrags.

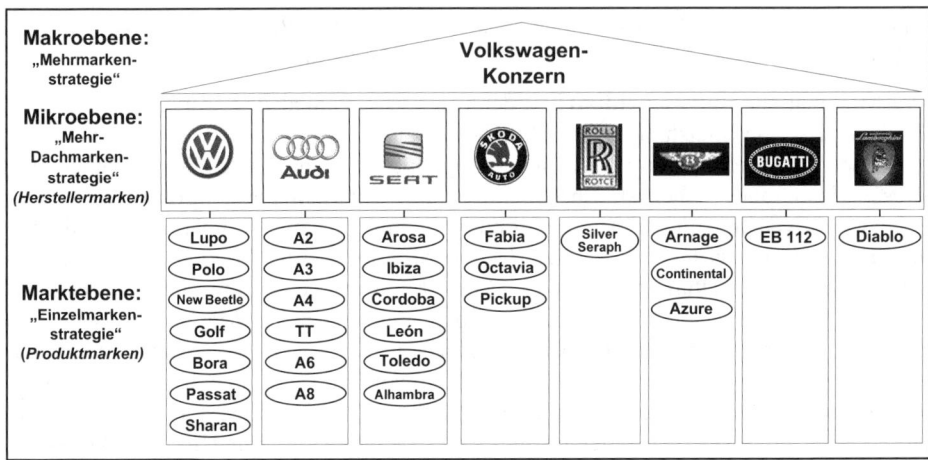

Abbildung 2:   Mehrmarkenstrategie des Volkswagen-Konzerns
Quelle: Koers, 2001 a, S. 37.

2.2   Chancen und Risiken im Marktauftritt

Die wirksame Ausübung einer Mehrmarkenstrategie setzt eine sorgfältige Abwägung der mit dieser Form des Marktauftritts verbundenen Chancen und Risiken voraus. Eine derartige Analyse bildet die Grundlage zur Formulierung der in Abhängigkeit des situativen Kontextes im Rahmen von Mehrmarkenstrategien verfolgten Ziele.

Die grundsätzlichen Ziele von Mehrmarkenstrategien lassen sich aus den allgemeinen Unternehmens- und Marketingzielen ableiten und stehen in einer engen Beziehung zueinander (Meffert, 1994, S. 93 ff.; Becker, 1998, S. 14 ff.). Zur Sicherstellung des Oberziels der Ertrags- und Renditesteigerung stellt der **Markenwert** die relevante ökonomische Größe dar. In Mehrmarkenstrategien gilt es dabei, den Markenwert des Gesamtportfolios, verstanden als die Summe der Werte der einzelnen Marken, zu maximieren. Zu diesem Zweck fungieren wettbewerbs- und nachfragergerichtete ebenso wie innengerichtete Zielsetzungen als Subziele.

Im Rahmen der **wettbewerbsgerichteten** Ziele von Mehrmarkenstrategien nehmen die Erhöhung des Absatzvolumens bzw. die Ausweitung der Marktanteile des gesamten Markenportfolios eine zentrale Bedeutung ein. Durch eine differenzierte Positionierung der Marken besteht die Chance, eine breite Marktabdeckung zu erzielen und auftretenden Nischenbedürfnissen mit entsprechenden Leistungen zu begegnen. Sind die verschiedenen Marken des Portfolios durch eigenständige und nachfragerseitig wahrgenommene Identitäten geprägt, läßt sich zudem eine gezielte und bedarfsgerechte Konsumentenansprache vornehmen, die zu einer zusätzlichen Verbesserung der **Marktdurchdringung** beiträgt. Als Beispiel für diese Vorgehensweise kann die sukzessive Einführung von zehn Marken in den amerikanischen Waschmittelmarkt durch Procter & Gamble angeführt werden. Obwohl jedes hinzugekommene Produkt Umsatzeinbußen bei den etablierten Marken verursachte, stieg der Gesamtumsatz aller Marken durch Hinzugewinnung von speziell angesprochenen Konsumentengruppen an (Kotler, 1988, S. 469).

Eine eng mit der breiten Marktabdeckung verbundene, wettbewerbsgerichtete Zielsetzung von Mehrmarkenstrategien stellt die Absicherung der Wettbewerbsposition bzw. die Schaffung von Markteintrittsbarrieren dar. Eine derartige **Marktabsicherung** nimmt in Portfolios mit einer „starken Marke" bzw. Referenzmarke eine besondere Bedeutung ein (Kapferer, 1992, S. 214). Die Mehrmarkenstrategie bietet dabei die Chance, durch Einführung von „Kampfmarken" die Referenzmarke vor einem Preiskampf zu schützen. Eine derartige „Schutzschild-Funktion" kommt etwa im Waschmittelmarkt der Marke Weißer Riese für Persil, im Automobilsektor den Marken Skoda und Seat für Volkswagen oder im Tourismusmarkt der Marke 1-2-Fly für TUI bzw. im Flugdienstleistungsbereich der Airline-Marke Go für British Airways zu. Eine ähnliche Zielsetzung verfolgte auch Reemtsma bei der Einführung der preisaggressiven Marke West, die damals die etablierten Marken Stuyvesant, R6 und R1 vor einem aufkommenden Preiskampf im Tabakmarkt bewahren sollte. Handelsgerichtet bietet die Erweiterung des Markenportfolios die Chance einer Ausweitung der **Regalplatzfläche** und damit der Schaffung einer zusätzlichen Markteintrittsbarriere für die potentielle Konkurrenz. Auf diese Weise decken die Marken Rama, Flora Soft, SB, Sanella, Bonella, Du Darfst, Becel und Lätta von Unilever das Margarine-Sortiment weitestgehend ab.

Eine weitere wettbewerbsgerichtete Zielsetzung von Mehrmarkenstrategien stellt die **Streuung des Marktrisikos** bzw. die Erhöhung der **Aktionsflexibilität** im Wettbewerb dar. So bietet sich im internationalen Wettbewerb die Chance zur **Markterschließung** mit den jeweils bestgeeigneten Marken, womit das Risiko im Marktaufbau reduziert werden kann. Diese Überlegungen bildeten etwa für den Volkswagen-Konzern eine wichtige Grundlage bei der Akquisition der Marken Seat und Skoda. Konnte mit Seat über eine breite Präsenz im spanischen Heimatmarkt eine verbesserte Wettbewerbsposition auf den südeuropäischen bzw. durch mediterrane Bedürfnisse geprägten Automobilmärkten erzielt werden, diente die Integration Skodas vorwiegend der Erschließung der wachsenden osteuropäischen Absatzareale (Burmann, 1995). Die Chancen einer erhöhten Aktionsflexibilität im internationalen Wettbewerb lassen sich nahtlos auf die Bearbeitung des Heimatmarktes übertragen. So kann etwa entstehenden Nachfragetrends durch eine Ausweitung des Leistungsspektrums einzelner Marken mit einem überschaubaren Marktrisiko begegnet werden. Eine ähnliche Intention verfolgt Mercedes-Benz mit der Beteiligung am Kleinwagenprojekt Smart. Die Befriedigung des aufkommenden Wunsches nach Kleinstfahrzeugen mit der Premiummarke Mercedes wäre dabei durch die dann in ihrem Nutzenversprechen kaum noch übereinstimmende Produktpalette mit der Gefahr einer Verwässerung der eigenen Markenidentität einhergegangen. Mit einer Vermarktung dieses innovativen Fahrzeuges unter der Marke Smart sollen hingegen der Fit zwischen Angebot und Nachfrage (junge, umweltfreundliche und modisch-aufgeschlossene Käuferschichten) sichergestellt und das Risiko eines negativen Imagetransfers auf die Marke Mercedes minimiert werden.

Nachfragergerichtet bieten sich mit Hilfe der Mehrmarkenstrategie vorwiegend Chancen in der Kundengewinnung und Kundenbindung, die aus der Breite und Tiefe der Marktabdeckung durch das Markenportfolio resultieren. Insbesondere zur Erhöhung der **Kundenbindung** lassen sich Vorteile durch den Marktauftritt mit mehreren Marken erzielen. Gerade in Märkten mit niedriger Markentreue eröffnet die Mehrmarkenstrategie Möglichkeiten, Markenwechsler innerhalb des eigenen Unternehmens zu halten. Auf einer übergeordneten Perspektive wird damit die Zielsetzung des Aufbaus von Loyalität zur einzelnen Marke durch die Maximierung der Markenportfolio- bzw. Unternehmensloyalität erweitert. Mit Hilfe einer differenzierten Positionierung der einzelnen Marken bietet sich gar in zahlreichen Produktbereichen die Chance einer ganzheitlichen Kundenbetreuung während des gesamten Lebenszyklus („Customer-Life-Cycle"-Konzept, Meffert, 2000, S. 895). Als Beispiel sei hier der Automobilkäufer genannt, der von einem Kleinwagen zu einem Fahrzeug der Mittelklasse und schließlich zu einem Automobil des Premiumsegments wechselt und dabei möglicherweise wiederholt innerhalb des Markenportfolios wandert, der Gesamtunternehmung mithin treu bleibt. **Innengerichtet** soll die Mehrmarkenstrategie schließlich den „Wettbewerb im eigenen Haus" fördern und so die Leistungsmotivation und Effizienz der Mitarbeiter der separaten Markeneinheiten erhöhen.

Vor dem Hintergrund eines wachsenden Kostendrucks treten die mit der Ausübung von Mehrmarkenstrategien verfolgten Ziele häufig hinter die übergeordnete, innengerichtete Zielsetzung der **Nutzung von Synergiepotentialen** zurück. So steht die in der Praxis zu beobachtende Akquisitions- und Fusionswelle weniger im Zeichen markenstrategischer Überlegungen als vielmehr im Fokus von Größenbestrebungen zur Sicherung einer Führungsposition im globalen Wettbewerb - selbst wenn sich die Suche nach Übernahmekandidaten zumeist auf „seelenverwandte Unternehmen" konzentriert (o.V., 1998 b, S. 52). Entlang der Wertschöpfungskette bieten sich im Rahmen von Mehrmarkenstrategien zahlreiche Ansatzpunkte zur Ausschöpfung von Synergieeffekten (Gleichteile, Plattformen etc.), die in Wissenschaft und Praxis bereits hinreichend diskutiert worden sind (z. B. Dudenhöffer, 1998, S. 22 ff.). Die Möglichkeit zur Nutzung innerbetrieblicher Synergien kann somit als zentrale Chance einer Mehrmarkenstrategie angesehen werden (vgl. zusammenfassend Abbildung 3), zeigt allerdings gleichzeitig den Übergang zu den wesentlichen **Risiken** dieses markenstrategischen Instrumentariums auf.

Insbesondere im Bereich langlebiger Gebrauchsgüter verleiten die in den Wertschöpfungsketten des Markenportfolios vorhandenen Synergien nicht selten zu einer intensiven Verfolgung von Gleichteile-Strategien, die zu einer **Standardisierung** und einheitlichen Verwendung ganzer Baugruppen über Markengrenzen hinweg führen. Im Zielkonflikt zwischen Kostenreduktion und Produktdifferenzierung gewinnt die Nutzbarmachung von „Economies of Scales" häufig derart an Bedeutung, daß den einzelnen Marken durch die Verwendung von Gleichteilen, gemeinsamen Markenplattformen bis hin zum Angebot baugleicher Produkte die Differenzierungsbasis entzogen wird. Die Erosion dieser substantiellen Elemente der Marken führt in der Folge zu einer Schwächung

der Markenidentitäten. Aus dem Automobilsektor seien in diesem Zusammenhang beispielhaft die baugleichen Fahrzeuge Ford Fiesta und Mazda 121 des Ford-Konzerns
oder VW Sharan und Seat Alhambra des Volkswagen-Konzerns angeführt. Das Risiko
negativer **Imagetransfereffekte** zwischen den Marken des Portfolios, welches im Rahmen von Mehrmarkenstrategien durch den getrennten Markenauftritt grundsätzlich minimiert werden soll, kann somit durch eine markenübergreifende Angebotsstandardisie-
rung leicht erhöht werden. Bei der Verfolgung einer Mehrmarkenstrategie stellt daher
eine **übermäßige Synergienutzung** aufgrund der hierdurch induzierten **Erosion der
Markenidentitäten** des Portfolios ein zentrales Risiko dar.

Abbildung 3:   Chancen von Mehrmarkenstrategien

Die grundsätzliche Identifikation und Nutzbarmachung von Synergien sind indes im
Rahmen von Mehrmarkenstrategien als unabdingbare Voraussetzung zur Sicherstellung
der übergeordneten Rentabilitätsziele anzusehen. So werden die personellen und finanziellen Unternehmensressourcen bei der Ausübung von Mehrmarkenstrategien auf mehrere Marken verteilt und somit zersplittert. Im Vergleich zu alternativen markenstrategischen Varianten, wie etwa der Einzel- oder Dachmarkenstrategie, birgt die Mehrmarkenstrategie somit das Problem einer **suboptimalen Ressourcenverwendung** (so können
die vorhandenen Ressourcen oftmals zu wenig auf starke Marken konzentriert werden).

Dabei entsteht vielfach eine Duplizierung von Anstrengungen, die zwar insbesondere in Forschung und Entwicklung und produktionsseitig - wie oben beschrieben - durch die Nutzung von Synergien reduziert, allerdings nicht vollständig abgebaut werden kann. Aufgrund der markenindividuellen Profilierungsnotwendigkeit lassen sich in diesem Zusammenhang vor allem im Marketing bzw. den betrieblichen Funktionen mit unmittelbarem Kundenkontakt (Vertrieb und Kundendienst) nur wenig Ansatzpunkte zur Bündelung der Ressourcen identifizieren. Da die einzelnen Marken den erforderlichen Profilierungsaufwand hier in der Regel alleine tragen müssen, sind im Rahmen von Mehrmarkenstrategien oft **hohe Kosten** durch die parallele Marktbearbeitung die Folge. Es vermag daher kaum zu überraschen, daß sich die Rentabilität bei Mehrmarkenstrategien mit wachsender Anzahl an Marken trotz eines Umsatzanstiegs oft verschlechtert (Quelch/Kenny, 1994, S. 153).

Im Marktauftritt stellt schließlich die „**Kannibalisierung**" der Marken durch gegenseitige Marktanteilssubstitution ein zentrales Risiko von Mehrmarkenstrategien dar. Werden die charakteristischen Unterschiede zwischen den Marken von den Nachfragern nicht mehr differenziert wahrgenommen oder wird der Marktauftritt zunehmend homogenisiert, steigt die Gefahr einer Bearbeitung der gleichen Nachfragersegmente. Die Mehrmarkenstrategie setzt somit stets eine genaue Abwägung der mit zusätzlichen Marken erzielbaren Mehrerlöse einerseits und der zusätzlichen Kosten andererseits voraus. Eine derartige Analyse wird indes durch die innerbetrieblichen Verbundbeziehungen der Marken und die damit verbundenen Schwierigkeiten einer eindeutigen **Zurechnung der Kosten** erschwert. Durch die in der Praxis zunehmend zu beobachtende Verschiebung der Kostenstrukturen zugunsten von Fixkosten gewinnt dieses Problemfeld zusätzlich an Komplexität und erscheint insbesondere im fixkostendominanten Dienstleistungsbereich allenfalls approximativ lösbar (Backhaus, 1997, S. 6).

Wettbewerbsgerichtet ist die Verfolgung einer Mehrmarkenstrategie zudem mit der Gefahr einer „**Übersegmentierung**", d. h. einer zu feinen Parzellierung des Gesamtmarktes, verbunden. Die Abzielung auf zu viele Teilsegmente mit separaten Marken ist überdies wenig zweckmäßig, wenn deren Bearbeitung nicht eine hinreichende Profitabilität garantiert oder andere wettbewerbsstrategische Funktionen (z. B. Gewinnung der Technologieführerschaft) für das Markenportfolio erfüllt. Im Kontext der Bildung von Zielsegmenten für die einzelnen Marken ist ferner das Problem der mangelnden **zeitlichen Stabilität** der Segmentlösung zu berücksichtigen (Perrey, 1998, S. 227 ff.). Treten im Markt veränderte Präferenzen oder strukturelle Nachfrageverschiebungen auf, kann dies zu einem Verlust an wahrgenommener Trennschärfe zwischen den einzelnen Marken führen und damit die ursprünglich differenzierte Positionierung und daraus resultierend letztlich den Grad der Marktabdeckung des Portfolios gefährden.

Schließlich birgt eine zu starke Einschränkung der **markenspezifischen Handlungsfreiräume** durch übergreifende, das gesamte Markenportfolio betreffende Entscheidungen ein weiteres Risiko bei der wirksamen Ausübung einer Mehrmarkenstrategie. So ist der eigenständige Marktauftritt durch zentrale Entscheidungen und die vielfach bestehende Notwendigkeit, auf vorhandene Strukturen und Systeme zurückzugreifen, gefährdet und schränkt die einzelnen Marken etwa im Hinblick auf ihre Positionierungsfreiräume oder die Konfiguration ihrer Leistungen ein. Auf diese Weise lassen sich Chancen im Wettbewerb (z. B. die Wahl kostengünstigerer Lieferanten) durch die einzelnen Marken oftmals nicht aufgreifen bzw. kann Risiken nicht rechtzeitig durch entsprechende Handlungsweisen begegnet werden (etwa einem verstärkten Preisbewußtsein bei Bindung an markenübergreifende Produktionstechniken). Abbildung 4 faßt die zentralen Risiken der Mehrmarkenstrategie nochmals zusammen.

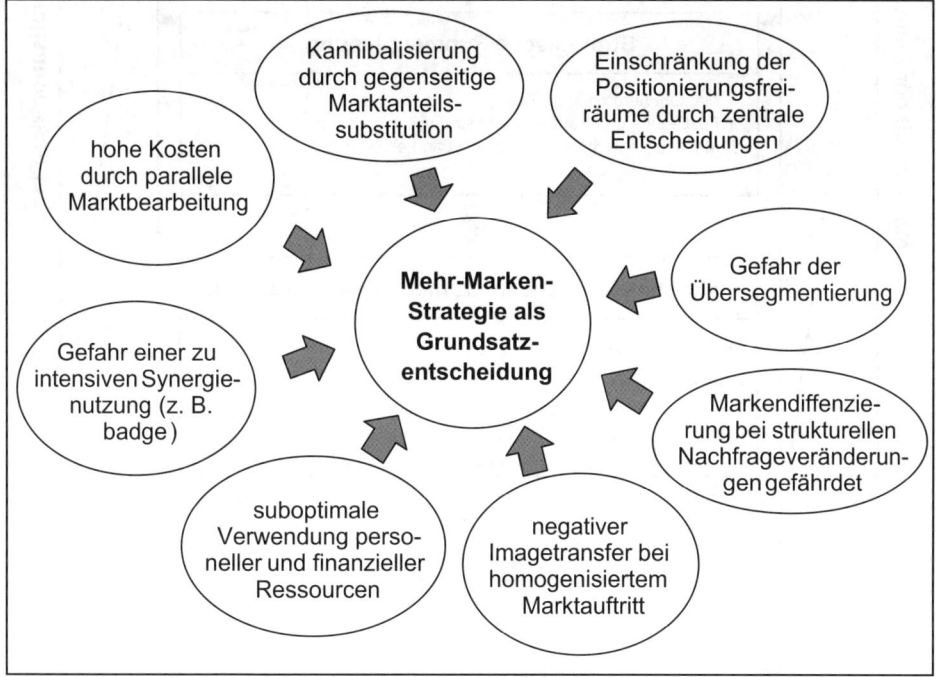

Abbildung 4:   Risiken von Mehrmarkenstrategien

3. Planungsprozess von Mehrmarkenstrategien

Angesichts der aufgezeigten Chancen und Risiken von Mehrmarkenstrategien setzt die wirksame Umsetzung dieser markenstrategischen Profilierungsform einen systematischen und dynamischen Planungsprozess voraus (vgl. Abbildung 5). Zur Sicherstellung der Präferenzbildung bei den Nachfragern sowie zur Differenzierung der Marken gegenüber dem Wettbewerb und innerhalb des Portfolios gilt es in diesem Zusammenhang, die Planung des **Marktauftritts** für das Markenportfolio vorzunehmen und kontinuierlich zu aktualisieren (Meffert, 1992, S. 130 ff.; zum Managementprozess der identitätsorientierten Markenführung vgl. Meffert et al., 2001 a).

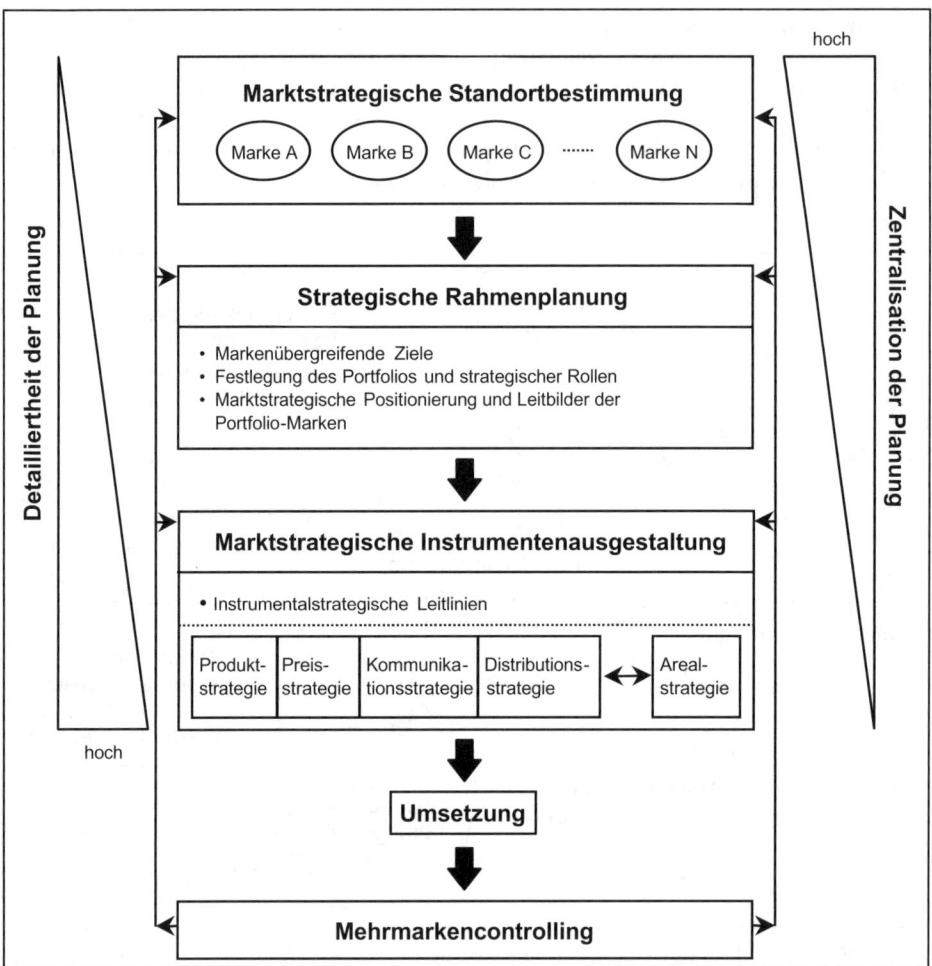

Abbildung 5:   Planungsprozess von Mehrmarkenstrategien

Aufbauend auf einer marktstrategischen Standortbestimmung durch eine umfassende
Analyse der Umfeldbedingungen sind dabei auf der Ebene der strategischen Rahmenplanung markenübergreifende Ziele zu formulieren sowie daran ansetzend markenspezifische Rollen, Positionierungen und Leitbilder zu fixieren. Auf der Grundlage
dieser übergeordneten Stoßrichtungen des Marktauftritts erfolgt auf der Ebene der
marktstrategischen Instrumentenausgestaltung die Planung des zielgerichteten und auf
die relevanten Absatzmärkte abgestimmten Einsatzes der absatzpolitischen Instrumente.
Als Koordinations- und Steuerungsinstrument der Mehrmarkenstrategie fungiert
schließlich das Mehrmarkencontrolling. Nach dem Prinzip des „feed back/feed forward"

ist hier eine kontinuierliche Überwachung und Aktualisierung des Marktauftritts sowie der Planungsprämissen vorzunehmen.

Insgesamt ist der Planungsprozess von Mehrmarkenstrategien nicht als streng sequentielle Abfolge verschiedener Planungsstufen zu interpretieren (Haedrich/Tomczak, 1994, S. 930). In einem rückgekoppelten und dynamischen Planungsverlauf sind hier vielmehr mehrere interdependente Teilprobleme fortlaufend zu lösen und aufeinander abzustimmen. Die **institutionelle** Verankerung der Planung verlagert sich dabei gewöhnlicherweise mit zunehmender Detailliertheit dieser Teilprobleme (wie etwa bei der Festlegung der konkreten Ausgestaltung der Marketinginstrumente) auf die Ebene der dezentralen Markeneinheiten.

3.1 Marktstrategische Standortbestimmung als Ausgangspunkt

Ausgangspunkt des Planungsprozesses von Mehrmarkenstrategien stellt eine ausführliche Analyse des **internen und externen Unternehmensumfelds** dar. Zur Ableitung einer tragfähigen Mehrmarkenstrategie ist es im Rahmen der marktstrategischen Standortbestimmung Aufgabe, eine Abgleichung der unternehmens- bzw. markenspezifischen Stärken und Schwächen mit den umfeldbedingten Chancen und Risiken vorzunehmen. Im Mittelpunkt steht dabei eine fortlaufende Identifikation der Kundenbedürfnisse, auf deren Basis die Gestaltung bzw. Aktualisierung zielgruppenspezifischer Problemlösungen mit Hilfe geeigneter Marken vorgenommen werden kann. In diesem Zusammenhang sind die Nachfrager in regelmäßigen Abständen anhand geeigneter Segmentierungskriterien zu möglichst homogenen Zielgruppen zusammenzufassen. Aufgrund ihrer geringen prognostischen Relevanz für das Wahlverhalten verlieren die klassischen soziodemographischen Segmentierungskriterien zu diesem Zweck zunehmend an Bedeutung, so daß zur **Zielgruppenbildung** verstärkt psychographische Kriterien wie Nutzenerwartungen oder Lebensstilmerkmale verwendet werden (Meffert, 2000, S. 192 ff.). Da verschiedene Segmentierungsansätze zumeist mit divergierenden Zielgruppenlösungen einhergehen (Stegmüller/Hempel, 1996, S. 25 ff.), macht die Gewinnung eines möglichst differenzierten Abbildes der Nachfragestrukturen häufig eine alternative Identifikation von Zielsegmenten anhand verschiedener Segmentierungskriterien erforderlich. In Produktbereichen, in denen ein hohes Involvement der Nachfrager unterstellt werden kann, lassen sich etwa mit Hilfe von Lebensstil-Segmentierungen zusätzliche Erkenntnisse hinsichtlich der durch emotionale Bedürfnisse geprägten Käuferstrukturen aufdecken, die dann als geeignete Ergänzung zu den Ergebnissen der vorwiegend auf rationale Bedürfnisse ausgerichteten Nutzensegmentierung fungieren können. Eine mögliche Anpassung des Marktauftritts - etwa durch Elimination oder Neuausrichtung vorhandener Marken bzw. Akquisition oder eigenständige Kreation neuer Marken - läßt sich dann auf Basis einer Abstimmung der Bedürfnisstrukturen der so ermittelten Zielgruppen mit den internen Unternehmensressourcen sowie der Wahrnehmung und Akzeptanz des Markenportfolios durch die Nachfrager vornehmen.

Dabei setzt die Identifikation der **Wahrnehmung und Akzeptanz** der von einer Unternehmung offerierten Marken eine sorgfältige Analyse hinsichtlich deren Verankerung in der Psyche der Nachfrager voraus. Da die präferenzbildende und damit absatzfördernde Wirkung von Marken in besonderer Weise durch Vertrauen, Kompetenz und Sicherheit geprägt ist, sind im Rahmen einer markenstrategischen Standortbestimmung spezifische verhaltenswissenschaftliche Konstrukte zu analysieren. Eine zentrale Bedeutung kommt in diesem Zusammenhang einer regelmäßigen Ermittlung der ungestützten Markenbekanntheiten (Share of Mind) zu, die als notwendige Bedingung markenspezifischer Assoziationen durch die Nachfrager und somit letztlich als Grundvoraussetzung für den möglichen Kauf der Markenprodukte fungieren.

Daneben ist eine dezidierte Analyse der **Markenimages** vorzunehmen, die das Ergebnis der nachfragerseitigen Wahrnehmung, Dekodierung und Akzeptanz der von den Marken ausgehenden Impulse darstellen und als Fremdbild der Markenidentitäten interpretiert werden können (vgl. dazu ausführlich Meffert/Burmann, 2001 a). Als mehrdimensionales Einstellungskonstrukt beschreibt das Markenimage die Gesamtheit aller Vorstellungen eines Individuums hinsichtlich der Eignung einer Marke zur Befriedigung der rationalen und emotionalen Bedürfnisse. Aufgrund der hohen Komplexität dieses Konstruktes, in das - unabhängig von der gewählten Operationalisierung - Aspekte der mit einer Marke assoziierten Eigenschaften sowie allgemeine Einstellungen einfließen, sollte eine Erfassung des Markenimages stets (auch) auf **disaggregierter** Ebene erfolgen. So stellt in der Praxis zwar häufig das aggregierte Image im Wettbewerbsumfeld eine wesentliche Zielgröße des Markenmanagements dar, doch läßt sich insbesondere die im Rahmen von Mehrmarkenstrategien angestrebte Differenzierung der Marken nur bedingt anhand dieser inhaltlich wenig konkreten Globalimages analysieren. Vielmehr ist zu überprüfen, ob sich die angestrebte Kompetenzdifferenzierung im Wettbewerbsumfeld sowie im internen Markenvergleich in entsprechenden Detailimages widerspiegelt. So sollte etwa die Reisemarke 1-2-Fly des TUI-Konzerns über ein preisorientiertes Image verfügen, während dies für die etablierte Marke TUI keine notwendige Voraussetzung darstellt und für die Premiummarke Seetours wenig förderlich wäre.

Neben diesen markenspezifischen Konstrukten werden im Rahmen der marktstrategischen Standortbestimmung ferner die bekannten psychographischen Größen wie Kundenzufriedenheit oder Kaufgründe sowie die in Situationsanalysen üblicherweise herangezogenen ökonomischen Kriterien (Marktanteile, Umsätze, Erträge etc.) analysiert. Als Resultat der markenspezifischen Investitionen fungieren schließlich die **Markenloyalitäten** bzw. die **Loyalität des Gesamtportfolios**[3] aus deren Entwicklungen unter Berücksichtigung möglicher Veränderungen in den Rahmenbedingungen (ökonomisch, technologisch, sozial und politisch) wertvolle Hinweise zur zukünftigen **strategi-**

---

3   Da von einer Unternehmung durchaus mehrere Markenportfolios in unterschiedlichen Produktbereichen
     geführt und damit mehrere Mehrmarkenstrategien verfolgt werden können, ist diese „Portfolioloyalität"
     begrifflich von der übergeordneten Unternehmensloyalität zu trennen.

schen Ausrichtung des Markenportfolios (Anzahl der Marken, Zielsegmente etc.) abgeleitet werden können.

3.2 Strategische Rahmenplanung

Die strategische Rahmenplanung nimmt im Planungsprozess von Mehrmarkenstrategien eine Schlüsselstellung ein. In diesem Zusammenhang ist die zentrale Herausforderung, den Bezugsrahmen für einen intern wie extern differenzierten Marktauftritt des vorhandenen bzw. in Abhängigkeit der Anfordernisse des Marktes neu zu gestaltenden Markenportfolios zu schaffen (Traylor, 1986, S. 73). Hierzu stellt die Formulierung und Präzisierung übergreifender Zielsetzungen des Marktauftritts die strategische Grundlage dar.

Im Rahmen von Mehrmarkenstrategien ist insbesondere die dezidierte Zielkonkretisierung im Hinblick auf die zu bearbeitenden **Absatzareale** von großer Bedeutung, da hieraus eine möglichst eindeutige Präzisierung der auf die einzelnen Märkte auszurichtenden Marken (insbesondere im Rahmen der Markterschließung) abzuleiten ist. Länderspezifische Besonderheiten lassen zudem oftmals eine grundlegende Anpassung des Markenportfolios erforderlich werden.

3.2.1 Gestaltung des Markenportfolios und Festlegung markenspezifischer Rollen

Aufbauend auf den formulierten Zielen und unter Verwendung der im Rahmen der marktstrategischen Standortbestimmung gewonnenen Erkenntnisse stehen die Gestaltung und Festlegung strategischer Stoßrichtungen des Markenportfolios im Mittelpunkt der strategischen Rahmenplanung von Mehrmarkenstrategien. Ähnlich dem Vorgehen im Kontext der Festlegung strategischer Geschäftseinheiten (Hinterhuber, 1997, S. 103 ff.) sind zu diesem Zweck zunächst die vorhandenen Unternehmensressourcen in die Felder der größten Chancen zur Erzielung relativer Wettbewerbsvorteile zu lenken. In diesem Zusammenhang gilt es, ein **Markenportfolio zu gestalten**, mit dem eine zieladäquate und in aller Regel möglichst breite Abdeckung des Gesamtmarktes sichergestellt werden kann. Lassen sich die differenzierten Bedürfnisse der Nachfrager nicht mit den bereits vorhandenen Marken befriedigen, ist zu eruieren, inwieweit eine Erhöhung des Zielerreichungsgrades durch Ausweitung des Markenportfolios erzielt werden kann. Hierzu bieten sich grundsätzlich die Möglichkeiten eines eigenständigen Aufbaus neuer Marken, der Akquisition fremder Marken sowie eines kooperativen Vorgehens an (Meffert et al., 2001 a). In der Praxis wird dabei zunehmend auf eine gezielte Akquisition von Fremdmarken zurückgegriffen, da mit diesen - aufgrund des häufig starken Markennamens - eine unmittelbare Erschließung ausgewählter Käufersegmente und damit eine Abrundung des Marken-

portfolios erzielt werden kann. Im Vergleich zum eigenständigen Aufbau präferenz-
fördernder Marken, der insbesondere im Bereich langlebiger Konsumgüter zumeist viele
Jahre in Anspruch nimmt, läßt sich auf diese Weise ein erheblicher Zeitvorteil
generieren. Die Übernahme der Sportwagenmarke Lamborghini durch Audi mag ein
Beispiel für diese Vorgehensweise darstellen (o.V., 1998 c, S. 45). Praxisbeispiele lassen sich indes auch für den eigenständigen Aufbau neuer Marken - etwa die von der
Mannheimer Versicherung inzwischen geschaffenen 16 zielgruppenspezifischen Ver-
sicherungsmarken (Schulz, 1997, S. 24) - oder ein kooperatives Vorgehen - z. B. die
Kooperation zwischen Mercedes-Benz und der Schweizerischen Gesellschaft für
Mikroelektronik und Uhrenindustrie (u.a. Eigner von Swatch) im Rahmen des ange-
sprochenen Kleinwagenprojekts Smart - anführen[4].

Auf Basis der festgelegten Portfoliostruktur sind dann die Ziele und Aufgaben der einzelnen Marken im Wettbewerbsumfeld und innerhalb des Portfolios zu präzisieren, die
jedoch geeignet operationalisiert werden müssen, um die markenspezifischen Aktivitäten in gewünschter Weise zu kanalisieren und damit zu einer Sicherstellung der Effektivität und Effizienz des Gesamtsystems beizutragen (Aaker, 1996, S. 241). Dieser Forderung kann mit einer Definition von strategischen Rollen für die Marken des Portfolios in
geeigneter Weise Rechnung getragen werden.

Die strategische Rolle im Markenportfolio läßt sich anhand der Dimensionen Mission,
Inhalt und Ausrichtung der Marke umfassend beschreiben (vgl. Abbildung 6). Die **Mission** der Marke umfaßt den grundsätzlichen Markenauftrag im Portfolio und gibt Auskunft über Art und Intensität der angestrebten Marketingführerschaft bzw. die Vision im
Markenverbund.

Der **Markeninhalt** dient einer Charakterisierung der Marke hinsichtlich deren Philosophie und technologischer Rolle im Portfolio. Dabei bringt die Markenphilosophie die
Besonderheiten und Einzigartigkeiten der Marke zum Ausdruck und stellt im Sinne
eines planungsorientierten Ansatzes das Selbstbild der Markenidentität dar
(Meffert/Burmann, 2001 a). In diesem Sinne lassen sich der Markenphilosophie sämtliche von der Marke ausgesendeten Impulse wie insbesondere der durch die zentralen
Markeneigenschaften wiedergegebenen Leistungskompetenz, der visuellen bzw. qualitativen Gestaltung der Leistungen, der geographischen, kulturellen und historischen
Verankerung der Marke oder dem Markennamen zurechnen. Mit der technologischen
Rolle werden schließlich der Grad und Inhalt der Innovationsorientierung im Vergleich
zum Wettbewerb sowie im Markenverbund konkretisiert. Hierbei gibt die technologische Stellung im Markenportfolio (z. B. Setzen von Standards) wertvolle Hinweise auf
das Technologietransfer-Potential der Marke und stellt damit eine wesentliche Grundlage zur effizienten Ausschöpfung vorhandener Synergien dar. Mit der **Ausrichtung der**

---

4   Eine derartige Kooperation ist indes streng von dem in der Praxis vielfach eingesetzten Co-Branding zu
     trennen. Erfolgt beim Co-Branding (etwa zwischen der Deutschen Bahn AG und Visa im Rahmen der
     BahnCard) eine Leistungsmarkierung unter den Markenlabeln aller beteiligten Kooperationspartner, so
     wird im Rahmen des hier diskutierten Kooperationsvorgehens ein (zumeist neues) Label zur Markierung
     verwendet.

Marke werden schließlich die strategischen Stoßrichtungen des unmittelbaren Marktauftritts bestimmt. Entsprechend der Leistungskompetenz sowie der spezifischen Identität der Marke ist dabei zunächst eine Auswahl der mit Priorität zu bearbeitenden Zielsegmente vorzunehmen bzw. der Grad der durch die einzelne Marke angestrebten Marktabdeckung festzulegen. Die Auswahl der relevanten Wettbewerber erfolgt dann insbesondere unter Berücksichtigung der im Markt beobachteten Konkurrenzbeziehungen sowie der Homogenität von Leistungsspektrum, Marketingstrategie und arealstrategischer Präsenz zwischen der Marke und alternativen Anbietern. In der ferner zu präzisierenden Rolle der Marke im Wettbewerb wird das Marktverhalten der Marke gegenüber der Konkurrenz festgelegt. Hier können grundsätzlich innovative bzw. imitative sowie wettbewerbsstellende bzw. -vermeidende Verhaltensweisen verfolgt werden (Meffert, 2000, S. 282 ff.). Zuletzt ist überdies - unter enger Bezugnahme auf die übergeordnete Zielkonkretisierung - eine grundsätzliche Priorisierung der von der Marke zu bearbeitenden Absatzareale vorzunehmen. Zur Steigerung des Aussagewertes einer derartigen Priorisierung bietet sich eine Differenzierung der ausgewählten Areale in Behauptungs- (z. B. Heimatmarkt) und Erschließungsmärkte an.

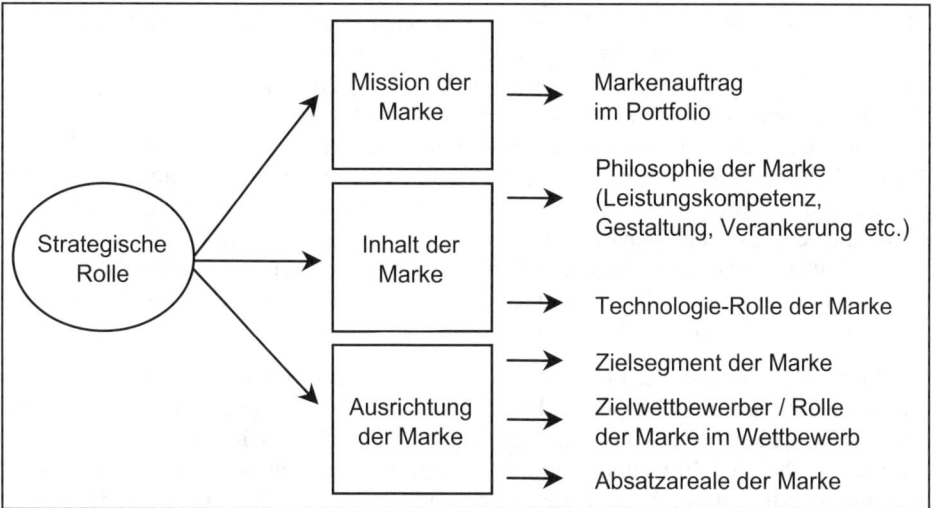

Abbildung 6:   Dimensionen der strategischen Rolle

3.2.2 Marktstrategische Positionierung und Leitbilder der Marken

Mit der marktstrategischen Positionierung soll im Rahmen von Mehrmarkenstrategien sowohl eine dominierende Stellung der Marken in der Psyche der Nachfrager als auch eine hinreichende Differenzierung gegenüber den Marken des Wettbewerbs und des eigenen Portfolios erzielt werden (Becker, 1998, S. 217 ff.). Dabei sind Marktpositionen festzulegen, in denen die Bedürfnisse ausgewählter Zielsegmente mit maßgeschneiderten Angeboten in der subjektiven Wahrnehmung der Konsumenten dauerhaft besser als von anderen Anbietern erfüllt werden (Tomczak/Roosdorp, 1996, S. 26). Aufbauend auf den strategischen Rollen der Marken sind diese Marktpositionen dementsprechend derart zu formulieren, daß für jede Marke eine positive Alleinstellung im Verhältnis zum Wettbewerb und den übrigen Marken des Portfolios und damit die Basis für den Aufbau einer „**Unique Selling Proposition**" geschaffen wird.

Insgesamt besteht die Herausforderung im Rahmen der Positionierungsentscheidungen in Mehrmarkenstrategien darin, eine **bestmögliche Abdeckung des Gesamtmarktes** sicherzustellen und zu diesem Zweck möglichst für jede Marke eine differenzierte Stellung im Wahrnehmungsraum der Nachfrager zu besetzen, die es ermöglicht, einen komparativen Wettbewerbsvorteil zu erzielen. Die Festlegung erfolgswirksamer Marktpositionen setzt dabei unmittelbar an den in den strategischen Rollen definierten Zielsegmenten für die verschiedenen Marken an. Der als Grundlage der Positionierung fungierende und von den einzelnen Marken angesprochene Nutzen kann bei diesen Zielsegmenten sowohl auf physikalisch funktionale Leistungsmerkmale rekurrieren als auch einen psychologischen Zusatznutzen darstellen (Nommensen, 1990, S. 13 ff.).

Die wirksame Ausübung von Mehrmarkenstrategien setzt eine fortlaufende Aktualisierung und Anpassung der Markenpositionierungen voraus. Im Einzelfall sind somit sowohl Umpositionierungen als auch Neupositionierungen vorzunehmen (Haedrich/Tomczak, 1994, S. 934 f.). Die Erfolgswirksamkeit der einzelnen Markenpositionierung steigt indes mit deren Kontinuität, die zum Aufbau eines klaren Markenimages bei den Nachfragern beiträgt und damit eine wesentliche Voraussetzung zur Erzielung dauerhafter Wettbewerbsvorteile darstellt (Esch/Andresen, 1996, S. 78). Eine konsequente Umsetzung der Markenpositionierung in Form einer zielorientierten Ausrichtung aller marktbezogenen Aktivitäten zur Erreichung der angestrebten Position im Wahrnehmungsraum der Nachfrager erfordert schließlich eine **gegenständliche Darstellung** der Markenphilosophie. Diesem Zweck dient das Markenleitbild.

Als Identifikationsanker der Markenführung vermittelt das **Markenleitbild** die zentralen Elemente der Markenphilosophie in Form plastischer Darstellungen. Das Markenleitbild umfaßt die gedankliche Konzeption im Sinnes eines **genetischen Codes** der Marke (Kapferer, 1992, S. 110 f.) und bringt die spezifische Kompetenz der Marke, die Visionen, die grundlegenden Wertevorstellungen und Ziele sowie das Verhältnis der Marke zu den wesentlichen internen und externen Bezugsgruppen zum Ausdruck (Meffert/Burmann, 2001 a). Ebenso wie die Markenpositionierung läßt sich das Markenleitbild unmittelbar aus der für die einzelne Marke definierten strategischen Rolle ableiten.

Aufgrund seiner anschaulichen und häufig **plakativen** Darstellungsform trägt das Markenleitbild zur innen- und außengerichteten Festigung der Markenidentität bei und fördert somit gleichermaßen die Identifikation und Motivation der Mitarbeiter zur Marke wie die zielgerichtete Ausgestaltung der marktgerichteten Aktivitäten zur Erreichung der angestrebten Positionierung. Als Beispiel für eine derartige Übertragung wesentlicher Inhalte des Markenleitbilds in die absatzmarktgerichteten Markenaktivitäten läßt sich der von Volkswagen in der Vergangenheit gewählte Kommunikationsslogan „Da weiß man, was man hat" anführen, der lange Zeit als Kern der Markenleitbilds fungierte und damit die Grundlage für die weiteren Leitbilddimensionen Kaufsicherheit, komfortbetonte Gebrauchssicherheit, Fahrvergnügen und Verantwortung darstellte (Meffert, 2000, S. 503). Analog zur Definition der strategischen Rollen stellt auch bei der Festlegung der Markenleitbilder die **Abstimmung der Leitbilder** zwischen den Marken des Portfolios die wesentliche Herausforderung im Rahmen von Mehrmarkenstrategien dar. Mit zunehmender Heterogenität der Leitbilder im internen Markenverbund steigt auch die Differenzierungsfähigkeit der Marken im unmittelbaren Marktauftritt.

Die Elemente der strategischen Rahmenplanung von Mehrmarkenstrategien sind in Abbildung 7 zusammenfassend dargestellt.

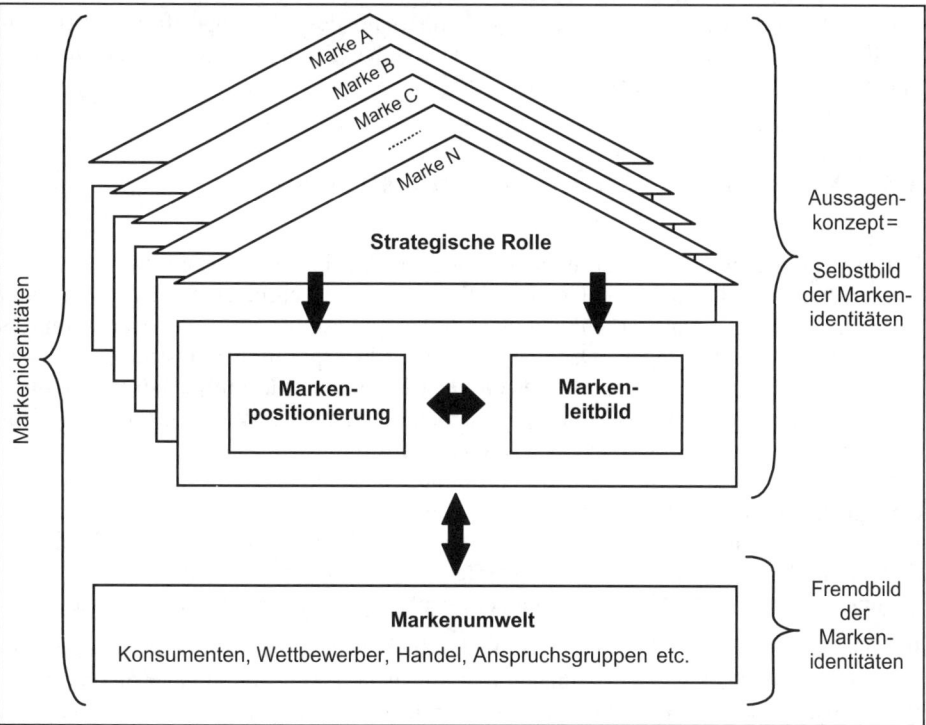

Abbildung 7:   Schlüsselelemente der strategischen Rahmenplanung von Mehrmarkenstrategien

Im Mittelpunkt steht hier die Formulierung strategischer Rollen für die Marken des Portfolios. Die Festlegung der Markenpositionierungen setzt unmittelbar an den hierin für die einzelnen Marken definierten Ausrichtungen an und wird durch die in den

Markenleitbildern veranschaulichten Markenphilosophien innenwirksam gefördert. Eine präzise und auf eine scharfe Abgrenzung zwischen den einzelnen Marken abzielende Ausgestaltung dieser Schlüsselelemente der strategischen Rahmenplanung von Mehrmarkenstrategien bildet schließlich die Voraussetzung zur Schaffung **differenzierter Markenidentitäten**.

Die als zentrale Basis zur Entwicklung und Festigung des Vertrauens der Nachfrager in die Marke zu interpretierenden Markenidentitäten lassen sich indes nicht im Sinne einer deterministischen Mittel-Zweck-Beziehung - etwa durch die einmalige Konzeption der strategischen Rahmenplanung - ableiten, sondern entstehen über einen längeren Zeitraum in einer Wechselseitigkeit marktgerichteter Handlungen der Marken (Selbstbild der Markenidentitäten) und einer Wahrnehmung dieser Aktivitäten (Fremdbild der Markenidentitäten) durch die Nachfrager (Meffert/Burmann, 2001 a). Die Förderung differenzierter Markenidentitäten setzt somit im Rahmen von Mehrmarkenstrategien eine kontinuierlich zu aktualisierende und innerhalb des Markenportfolios abzustimmende Umsetzung der durch die strategische Rahmenplanung vorgegebenen Stoßrichtungen des Marktauftritts voraus.

3.3 Ausgestaltung der Instrumentalstrategien

Mit der Ausgestaltung der Instrumentalstrategien steht im Planungsprozess von Mehrmarkenstrategien die zielgerichtete Beeinflussung der Nachfrager zur Schaffung und Aufrechterhaltung hoher Markenloyalitäten und möglichst differenzierter Markenimages im Fokus der Überlegungen. Dabei gilt es, alle absatzpolitischen Instrumente derart aufeinander abzustimmen, daß eine **optimale Instrumentenkombination** im Hinblick auf die Erreichung der übergeordneten Gesamtzielsetzungen entsteht. Das markenpolitische Entscheidungsfeld der einzelnen Marken wird in diesem Zusammenhang von den in der strategischen Rahmenplanung formulierten Stoßrichtungen des Marktauftritts eingegrenzt. Eine widerspruchsfreie Umsetzung der hier vorgegebenen Leitbilder und Positionierungen durch markenspezifische Marketing-Programme fördert die Glaubwürdigkeit und Unverwechselbarkeit der Marken in der Wahrnehmung durch die Nachfrager und bildet damit die Voraussetzung zur Schaffung differenzierter Markenimages.

Bei der Ausübung von Mehrmarkenstrategien besteht die zentrale Herausforderung im Rahmen der Festlegung einer optimalen Instrumentenkombination in einer markenspezifischen wie markenübergreifenden **Integration** der Marketing-Instrumente. So bestehen sowohl zwischen den Instrumenten des Marketing-Mix selbst als auch zwischen den Instrumentenkombinationen der verschiedenen Marken zahlreiche **Interdependenzen** (Meffert, 2000, S. 973; Haedrich et al., 1990; Koers, 2001 a, S. 69 ff.), deren Grad der Berücksichtigung die Wirksamkeit des Marktauftritts durch das Markenportfolio determiniert. Die Ausgestaltung der Instrumentalstrategien setzt somit gleichermaßen an der Ableitung markenübergreifender Marketing-Programme - etwa im Rahmen der Nutzung vorhandener Synergien in der Leistungspolitik - wie an der Entwicklung spezifischer, auf die Positionierung der einzelnen Marken rekurrierender Maßnahmen an. Zur Vermeidung von Kannibalisierungseffekten zwischen den Marken kommt in diesem Zusammenhang einer Erfassung der Auswirkungen von für einzelne Marken gewählten Instrumentenkombinationen auf die Absatzentwicklung der übrigen Marken eine hohe Bedeutung zu.

An zusätzlicher Komplexität gewinnt die Ausgestaltung der Instrumentalstrategien durch die Berücksichtigung **länderspezifischer Besonderheiten** im Marktauftritt des Portfolios. Die international unterschiedlichen Markenwahrnehmungen lassen dabei oftmals eine modifizierte Ausgestaltung des absatzpolitischen Instrumentariums erforderlich werden und gehen nicht selten mit einer Anpassung der strategischen Rahmenplanung einher. Da verschiedene Absatzmärkte zudem oftmals mit unterschiedlichen Marken bearbeitet werden, stellt die Festlegung eines Mix aus länderübergreifend standardisierten und länderspezifisch variierten Instrumentenkombinationen vielfach ein kaum lösbares Problem im Rahmen der Umsetzung von Mehrmarkenstrategien dar. Der Gestaltungsspielraum fällt in diesem Zusammenhang sowohl für die unterschiedlichen Marken als auch für die verschiedenen Marketing-Instrumente höchst unterschiedlich aus und kann im Einzelfall nur vor dem Hintergrund des situativen Kontextes beurteilt werden (Kapferer, 1992, S. 111).

Die Entscheidungskompetenz bei der Ausgestaltung der Instrumentalstrategien wird im Planungsprozess von Mehrmarkenstrategien häufig auf die Ebene der dezentralen Markeneinheiten verlagert. Aufgrund der vielfältigen Interdependenzen im Marktauftritt der unterschiedlichen Marken des Portfolios erscheint daher häufig die Definition **markenübergreifender Leitlinien** für die Formulierung der Instrumentalstrategien sinnvoll. Im Sinne „übergeordneter Spielregeln" des Marktauftritts sind derartige Regelungen dabei weniger auf Inhalt und Ausgestaltung der Marketinginstrumente als vielmehr auf formale Verhaltensweisen zur Schaffung einer gemeinsamen Vermarktungsphilosophie und der damit einhergehenden Standardisierung des Vermarktungsprozesses (z. B. die Festlegung von Preisabständen zwischen den Marken anhand einheitlicher Kriterien) gerichtet. Auf diese Weise lassen sich die Interdependenzprobleme im Markenportfolio geeignet transparent machen und damit die markenübergreifenden Abstimmungen der Instrumentalstrategien durch eine Vereinheitlichung des Vermarktungsprozesses erleichtern. Ein derartiges Vorgehen trägt überdies zu einer wirksamen und identitätssichernden Ausschöpfung vorhandener Synergien zwischen den Marken bei.

3.4 Mehrmarkencontrolling als Koordinations- und Steuerungsinstrument

Die wirksame Umsetzung einer Mehrmarkenstrategie setzt eine systematische **Koordination und Steuerung des Marktauftritts** der Marken des Portfolios voraus (Koers, 2001 a). Da die verschiedenen Marken zumeist intern unter dem Primat der größtmöglichen Synergienutzung, im Marktauftritt jedoch unter der Maxime einer möglichst deutlichen Differenzierung geführt werden, ergibt sich die Notwendigkeit, beide Sichtweisen aufeinander abzustimmen, um die übergeordneten Zielerreichungsgrade zu maximieren. Die dynamische Entwicklung der Umfeldbedingungen erfordert überdies eine kontinuierliche Überwachung der strategischen Schlüsselgrößen (wie Marktanteile, Absätze oder Deckungsbeiträge), der Wahrnehmung und Akzeptanz der Marken sowie der Planungsprämissen, um veränderten Anforderungen an die Markenführung möglichst frühzeitig durch eine Anpassung der Planung Rechnung zu tragen. Einer derartigen Optimierung des Marktauftritts sowie des internen Zusammenspiels der verschiedenen Marken dient im Rahmen von Mehrmarkenstrategien ein **Mehrmarkencontrolling**, welches folglich eine Schlüsselstellung zur Erreichung der übergeordneten Zielsetzungen und damit zur Sicherstellung der Effektivität und Effizienz des Gesamtsystems einnimmt.

Die Entwicklung und **Implementierung** eines Mehrmarkencontrolling obliegen keinem standardisierten Vorgehen, sondern sind im Einzelfall vor dem Hintergrund des spezifischen situativen Kontextes, der Struktur des Markenportfolios sowie der angestrebten Ziele vorzunehmen. Eine besondere Herausforderung nimmt in diesem Zusammenhang die Abstimmung der verschiedenen Planungsebenen und hier insbesondere der strategischen Rahmenplanung mit der operativen Instrumentalebene ein (Köhler, 1993, S. 116 ff.). Ein zuletzt in den Fokus der Diskussion gerückter Ansatz zur Verknüpfung von strategischer und operativer Planungsebene stellt die von Kaplan und Norton entwickelte „**Balanced Scorecard**" dar (Kaplan/Norton, 1997; Zeithaml/Bitner, 1996, S. 256 ff.). Hier wird der vollständige Planungsprozess aus verschiedenen Perspektiven abgebildet und mit meßbaren Steuerungsgrößen bzw. Kennzahlen verknüpft (Horváth, 1998, S. 113). Durch die Vernetzung dieser Meßgrößen lassen sich eine frühzeitige und direkte Rückkopplung auf allen Planungsebenen sicherstellen und so die Anpassungsfähigkeit im Marktauftritt erhöhen. Die möglichst vollständige und mit meß- bzw. kontrollierbaren Steuerungsgrößen verknüpfte Abbildung sowie Vernetzung des Planungsprozesses von Mehrmarkenstrategien sind somit als zentrale Voraussetzung eines wirksamen Mehrmarkencontrolling anzusehen (vgl. Meffert/Koers, 2001).

Als quantitatives „Herzstück" eines Mehrmarkencontrolling fungiert eine **Wanderungsanalyse** (Koers, 2001 b). Hier ist eine **wertmäßige Gegenüberstellung** der Wanderungsbewegungen innerhalb des Markenportfolios (Substitutionseffekte) mit den Wanderungen zwischen den eigenen Marken und dem Wettbewerb (Partizipationseffekte, Jacob, 1976) vorzunehmen. In diesem Zusammenhang erscheint überdies eine getrennte Ermittlung der **Loyalitätsgewinne** im Markenportfolio sinnvoll, wobei dazu auf sog. „Second-Choice Daten" zurückzugreifen ist, welche über die in Erwägung gezogenen Alternativmarken der Nachfrager Auskunft geben. So läßt sich streng genommen nur bei solchen Wanderbewegungen von **Kannibalisierung** sprechen, bei denen Nachfrager von einer Marke des Portfolios zur anderen wechseln, dabei jedoch als Alternativmarke die vorher besessene - und damit die Marke des Portfolios - und nicht eine Wettbewerbsmarke in Betracht gezogen haben. Markenwechsler innerhalb des Portfolios, ohne Präferenz für die vorher besessene Marke, können hingegen den Loyalitätsgewinnen des Portfolios zugerechnet werden.

4. Organisatorische Verankerung von Mehrmarkenstrategien

Der Planungsverlauf von Mehrmarkenstrategien ist eng mit der organisatorischen Verankerung dieses markenstrategischen Profilierungsinstruments verknüpft. Die Schaffung eigenständiger und innerhalb des Markenportfolios scharf abgegrenzter Markenidentitäten erfordert dabei eine **institutionelle Bündelung** aller besonders an der Prägung einzelner Markenidentitäten mitwirkenden Personen in separaten organisatorischen Einheiten. Die anzustrebende Individualität jeder Marke legt es nahe, diese organisatorischen Einheiten als Träger der Marken so selbständig und von den anderen Marken bzw. deren Organisationseinheiten getrennt wie möglich zu führen. Auf diese Weise läßt sich der Unternehmergeist („Entrepreneurship") jeder Marke fördern und damit die zur Schaffung eigenständiger Markenpersönlichkeiten erforderliche Kreativität und Flexibilität sowie die markenspezifische Nähe zu den Bedürfnissen der Nachfrager und zum Wettbewerb erhöhen.

Verstanden als die Führung eines komplementären, synergetischen Portfolios zielt die Mehrmarkenstrategie allerdings weniger auf die **Optimierung** des Marktauftritts einzelner Marken als vielmehr des internen Zusammenspiels der verschiedenen Marken zur bestmöglichen Marktbearbeitung durch das gesamte Portfolio und damit zur Sicherstellung der übergeordneten Gesamtzielsetzungen ab. Dies macht eine **Vernetzung** der organisatorisch selbständigen Markeneinheiten und deren Geschäftsprozesse erforderlich und schränkt den Grad der markenspezifischen **Autarkie** entlang der vollständigen Wertschöpfungskette ein (Ghoshal/Bartlett, 1995, S. 148). Die damit oftmals einhergehende Zentralisierung von Entscheidungen (etwa bei der Festlegung strategischer Rollen und Positionierungen der Marken) sowie die verbindliche Nutzung gemeinsamer Ressourcen (z. B. Plattformen) dürfen jedoch weder das Selbstbild noch das Fremdbild der Markenidentitäten untergraben (Meffert et al., 2001 a).

Abbildung 8 zeigt in diesem Zusammenhang ein **Kontinuum der Mehrmarkenführung zwischen Zentralisation und Dezentralisation** mit entsprechend differierenden Autonomiegraden der markenspezifischen Einheiten bzw. Eingriffstiefen der Portfolioleitung (vgl. hierzu ausführlich Koers, 2001 a, S. 71 ff.). Die idealtypischen Portfolioausprägungen können entsprechend der Position auf dem Kontinuum anhand der Eingriffstiefe der Portfolioleitung in die Markeneinheiten klassifiziert werden. Während die Unternehmensleitung in dem hier als **operatives Portfoliomanagement** bezeichneten Markenportfolio auch operative Aufgaben der Markenführung wahrnimmt bzw. diese notfalls direktiv durchsetzt, beschränkt sich das **strategische Portfoliomanagement** auf die Schaffung des strategischen Rahmens, innerhalb dessen die einzelnen Portfoliomarken weitgehend autonom agieren. In einem reinen **Finanzportfolio** fungieren die einzelnen Marken schließlich ausschließlich als Investitionsobjekt des Unternehmens, wobei das Portfoliomanagement keinerlei Einfluß auf markenspezifische Strategien und deren Durchsetzung ausübt, sondern lediglich Renditeaspekte fokussiert. Bei nicht hinreichender Erfüllung der Renditeerwartung werden die Marken in Analogie zum Wertpapierportfolio veräußert.

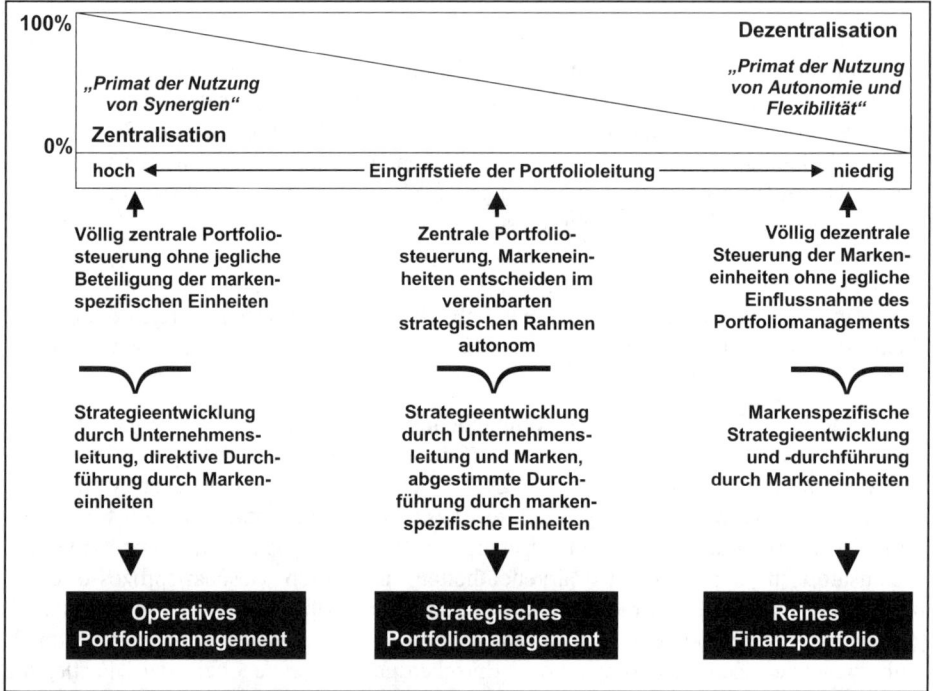

Abbildung 8:   Ausprägungen alternativer Zentralisationsgrade und Eingriffstiefen im
                 Markenportfolio
Quelle: Koers, 2001 a, S. 75.

Die rein dezentrale Führung eines Markenportfolios als Finanzportfolio stellt indes primär ein theoretisches Konzept dar, da die zentrale Festlegung strategischer Rollen und Positionierungen sowie die Realisierung markenübergreifender Synergien als Notwendigkeit einer gleichermaßen effektiven wie effizienten Mehrmarkenstrategie zu interpretieren sind. Demgegenüber geht ein rein operatives Portfoliomanagement je nach Größe des Markenportfolios vielfach mit einer Überlastung der Unternehmensleitung einher.

Unter der grundsätzlichen **Mehrmarkenführungs-Maxime** „so viel Dezentralität wie möglich, so wenig Zentralität wie nötig", sollte die organisatorische Verankerung von Mehrmarkenstrategien letztlich auf eine Optimierung des Autarkiegrades der selbständigen Markeneinheiten im Rahmen eines strategischen Portfoliomanagements ausgerichtet sein. Als Schnittstelle der untereinander vernetzten Markenorganisationen fungiert dabei eine übergeordnete Koordinationsstelle, die hierarchisch auf der Ebene der

Unternehmensleitung bzw. der Leitung des Markenportfolios angeordnet oder dieser als Stabsstelle unmittelbar unterstellt ist. Die Führung des Markenportfolios erfolgt dann im Gegenstromverfahren, wobei die Portfolioleitung im Sinne einer Top-Down-Planung die Formulierung der Stoßrichtungen des Marktauftritts dominiert, während die dezentralen Markeneinheiten mit der konkreten Ausgestaltung der Instrumentalstrategien und damit der Umsetzung dieser Rahmenplanung auf der Grundlage spezifischer Zielvereinbarungen betraut sind. Abweichungen von diesen Zielvereinbarungen können dann nach dem Prinzip der Bottom-Up-Planung in einer Anpassung der strategischen Rahmenplanung resultieren. Das organisatorische Zusammenspiel der verschiedenen Marken und der Portfolioleitung läßt sich in verschiedenen Abstimmungsgremien (z. B. Preisgremium) institutionalisieren.

5. Zusammenfassung und Fazit

Vor dem Hintergrund der verstärkten Polarisierung des Konsumentenverhaltens und eines wettbewerbsinduzierten Kostendrucks stehen Anbieter von Markenartikeln vor der zentralen Herausforderung, einer zunehmenden Fragmentierung bislang homogener Marktsegmente durch eine bedarfsgerechte Ausweitung des Angebotsspektrums gerecht zu werden und gleichzeitig die Wirtschaftlichkeit der Marktbearbeitung sicherzustellen. Unter dem Bewußtsein, daß eine ausgeprägte Markenidentität die unabdingbare Voraussetzung für die Schaffung des Vertrauens der Nachfrager in die Marke bildet, erscheinen die mit einer Erweiterung des Leistungsspektrums durch eine Ausdehnung der Marke verbundenen Deprofilierungsrisiken vielfach zu hoch, so daß eine Marktbearbeitung mit mehreren, parallel auf den Absatzmarkt ausgerichteten Marken und damit die Verfolgung einer **Mehrmarkenstrategie** zunehmend an Bedeutung gewinnt.

Die wirksame Ausübung von Mehrmarkenstrategien setzt indes eine sorgfältige Analyse der mit dieser Form des Marktauftritts verbundenen Chancen und Risiken voraus. Diese können im Einzelfall in Inhalt und Ausmaß variieren und lassen Schlußfolgerungen hinsichtlich der Vorteilhaftigkeit von Mehrmarkenstrategien im Vergleich zu alternativen Markenprofilierungsstrategien somit nur vor dem Hintergrund des spezifischen situativen Kontextes zu. Zusammenfassend können die Chancen und Risiken von Mehrmarkenstrategien auf drei wesentliche **Spannungsfelder** reduziert werden:

■ Im Spannungsfeld zwischen Kannibalisierung und Partizipation gilt es, eine bestmögliche Marktabdeckung unter Minimierung von Substitutionseffekten innerhalb des Markenportfolios sicherzustellen.

■ Darüber hinaus sieht sich eine Unternehmung bei der Verfolgung von Mehrmarkenstrategien dem Optimierungsproblem zwischen der Ausschöpfung vorhandener Synergien im Markenportfolio und der Notwendigkeit eines auf die Eigenprofilierung aller Marken abzielenden und damit möglichst differenzierten Marktauftritts ausgesetzt.

▓ Schließlich ist der optimale Grad der Eigenständigkeit jeder einzelnen Marke im Marktauftritt sowie im innerorganisationalen Zusammenspiel zu bestimmen und damit das Spannungsfeld zwischen einer Zentralisierung und Dezentralisierung von Entscheidungen zu überbrücken.

Eine gleichermaßen effektive wie effiziente Ausübung von Mehrmarkenstrategien setzt einen dynamischen Planungsprozess voraus. Im Mittelpunkt dieses, die Lösung interdependenter Teilprobleme umfassenden und damit rückgekoppelten Planungsverlaufs steht die strategische Rahmenplanung von Mehrmarkenstrategien. Die präzise und auf eine konturierte Markenabgrenzung abzielende Ausgestaltung der strategischen Rollen, Positionierungen und Leitbilder der Marken kanalisiert die markenspezifischen Aktivitäten in gewünschter Weise und bildet die zentrale Voraussetzung zur Schaffung differenzierter Markenidentitäten. Zur Steuerung und Koordination von Mehrmarkenstrategien bedarf es darüber hinaus eines Mehrmarkencontrollings, welches durch Generierung zentraler Steuerungsgrößen einen Beitrag zur Optimierung des externen Marktauftritts sowie des internen Zusammenspiels der Portfoliomarken zu leisten vermag.

Franz-Rudolf Esch und Sören Bräutigam

Analyse und Gestaltung komplexer Markenarchitekturen

1. Grundlagen zu Markenarchitekturen

Die Frage, wie eine Marke geführt wird, ist in Marketingtheorie und –praxis bereits seit einiger Zeit ein Top-Thema. Allerdings wird die Markenführung häufig mit der Führung einer Marke gleichgesetzt. So wurden im Markenmanagement neben grundsätzlichen Ansätzen zur Definition des Markenbegriffs vor allem Fragen zum Markenaufbau, zur Markenführung oder zur Markenbewertung diskutiert. Viele dieser Ansätze beziehen sich jedoch nur auf die Einzelmarke.

Die Realität sieht anders aus. Viele Unternehmen steuern heute nicht mehr nur eine einzelne Marke. Der Ansatz von Domizlaff aus den 30er Jahren, nach dem ein Unternehmen nur für eine Marke und ein Produktversprechen steht (vgl. Domizlaff, 1992, S. 87 ff.)[1], ist von der Wirklichkeit überholt worden.

Akquisitionen, Zusammenschlüsse und immer feiner segmentierte Märkte haben dazu geführt, daß vorhandene Marken gedehnt und immer neue Marken eingeführt wurden. Als Folge dieser Entwicklungen verfügen manche Unternehmen, wie beispielsweise Unilever, über ein Portfolio von ca. 1.600 Marken, das drastisch reduziert werden soll (Stach, 2000, S. 6).

Die entstandenen komplexen Markenarchitekturen stellen ganz besondere Anforderungen an das Markenmanagement. Vor dem Hintergrund ständig steigender Kosten für die Führung einzelner Marken sind viele Unternehmen gezwungen, ihr Markensystem zu restrukturieren. Was jedoch fehlt, sind Kriterien, nach denen man die Markenarchitektur umbauen kann.

Auf der Suche nach Optimierungspotentialen ist vor allem eine Frage von zentraler Bedeutung: Wie muß eine Markenarchitektur gestaltet sein, um einerseits Synergien zwischen den Marken zu realisieren und gleichzeitig die nötige Eigenständigkeit der Marken zu wahren?

2. Die Markenarchitektur-Matrix zur Differenzierung der Markenstrategien

Unter einer Markenarchitektur kann man die Anordnung aller Marken eines Unternehmens verstehen, durch die die Rollen der Marken und ihre Beziehungen untereinander

---

[1]   Zwar fordert Domizlaff (1992, S. 91) „Eine Firma hat eine Marke. Zwei Marken sind zwei Firmen", doch hält er es gleichzeitig für unbedenklich, wenn der gleiche Absender bzw. Hersteller auf der Verpackung zweier unterschiedlicher Marken steht. Diese „Gleichheit der Herkunft" wird seines Erachtens nur selten durch die Konsumenten entdeckt, und falls doch, so bleibt dies ohne Folgen (vgl. Domizlaff, 1992, S. 90 f.).

sowie die Marken-Produkt-Beziehungen aus strategischer Sicht festgelegt werden (vgl. auch Aaker/Joachimsthaler, 2000, S. 102; Kapferer, 1998, S. 188). Um Markenarchitekturen gestalten zu können, ist es zunächst nötig, verschiedene Optionen voneinander abzugrenzen. Ausgangspunkt dafür sind die klassischen Markenstrategien. Hier lassen sich im wesentlichen die Einzelmarken-, Familienmarken- und Dachmarkenstrategie voneinander abgrenzen (vgl. Becker, 1998, S. 195 ff.; Meffert, 2000, S. 856 ff.)[2]. Als Unterscheidungskriterium zwischen den Strategien kann die Anzahl der unter einer Marke subsumierten Produkte dienen (vgl. Abbildung 1): Während bei einer Einzelmarken- oder auch Produkt- bzw. Monomarkenstrategie für jedes Produkt eine eigene Marke geführt wird, werden unter einer Familienmarke (auch Produktgruppen- oder Rangemarke) alle Produkte einer Produktlinie bzw. eines Produktbereichs zusammengefaßt. Im Fall einer Dachmarkenstrategie (auch Umbrella- oder Corporate-Brand) werden zumindest in ihrer Reinform alle Produkte eines Unternehmens unter einer einheitlichen Marke gebündelt.

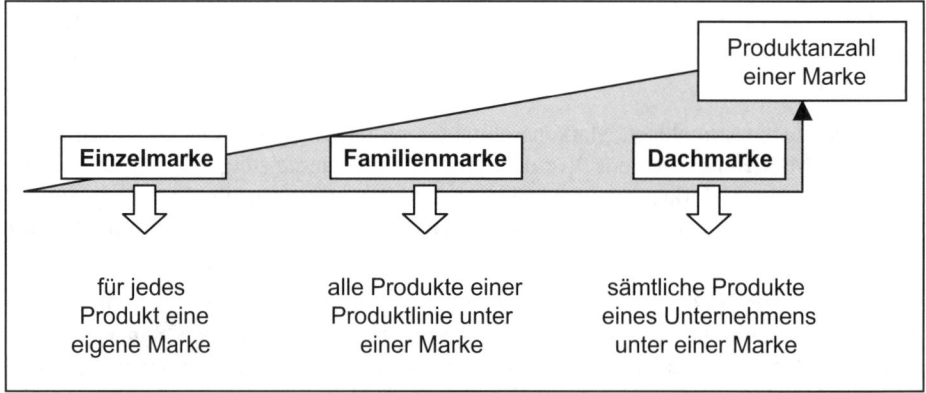

Abbildung 1:   Klassische Markenstrategien

Die Sichtweise der Marke in den klassischen Strategien ist allerdings eingeschränkt. Der Fokus richtet sich auf die Führung der einzelnen Marke. Ob beispielsweise unterhalb einer Dach- oder Familienmarke weitere Produktmarken angeordnet sind und welche Wechselwirkungen zwischen diesen beiden Markenebenen zu beachten sind, wird in den klassischen Markenstrategien nicht untersucht[3].

---

2   Zu den klassischen Markenstrategien gehört außerdem die Mehrmarkenstrategie, bei der mehrere Marken parallel zueinander in einer Produktkategorie geführt werden (vgl. dazu den Beitrag „Mehrmarkenstrategien - Ansatzpunkte für das Management von Markenportfolios" in diesem Buch).

3   Zwar wird im Rahmen von Dach- oder Familienmarkenstrategien von einer Beeinflussung der Marken durch die Produkte und umgekehrt gesprochen, aber welche konkreten Voraussetzungen und Vorgänge zu beachten sind, wird nicht erläutert.

Beispiele für die klassische Einzelmarke sind nur noch selten zu finden (vgl. Kap. 3). Während Marken wie Nivea früher nur für ein Produkt (die Creme in der blauen Dose) standen, wurde viele dieser Einzelmarken durch Erweiterungen auf teilweise sehr heterogene Produktbereiche ausgedehnt. Als Beispiele für Einzelmarken aus der aktuellen Zeit können Marken wie der Energydrink Red Bull oder MonCherie gelten.

Hieran und an Unternehmen wie Nestlé und Unilever wird deutlich, daß in der Realität komplexe Markenstrukturen dominieren. Durch die Kombination klassischer Markenstrategien sind komplexe Markenarchitekturen entstanden (vgl. Abbildung 2).

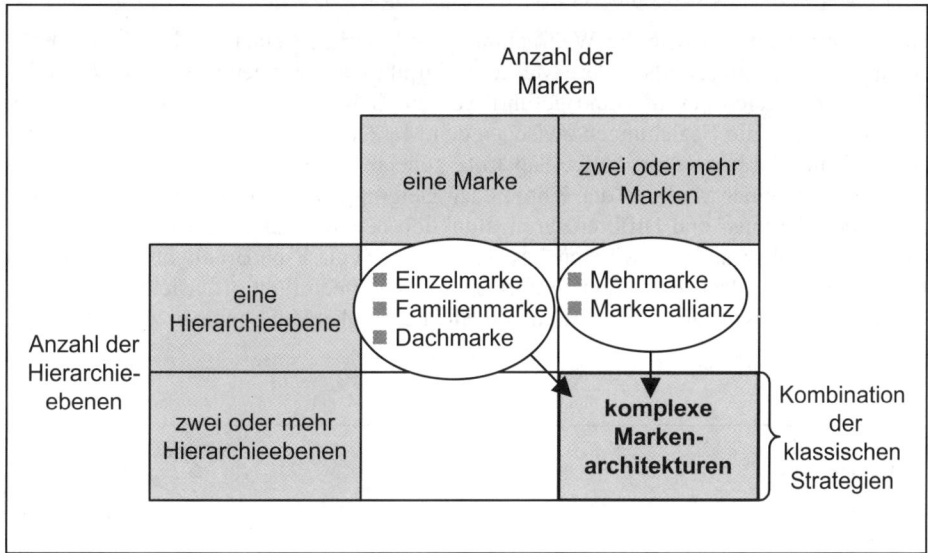

Abbildung 2:   Markenarchitektur-Matrix

Sie sind zum einen dadurch gekennzeichnet, daß explizit zwei oder mehr Marken miteinander kombiniert werden. Die Betrachtungen beziehen sich also nicht mehr nur auf eine Marke.

Im Gegensatz zu Mehrmarkenstrategien und Markenallianzen, die ebenfalls zwei oder mehr Marken umfassen, sind die Marken dabei zum anderen auf unterschiedlichen Hierarchieebenen innerhalb eines Unternehmens (z. B. Dachmarke vs. Produktmarke) angeordnet. Zwischen den Marken existieren also Über- und Unterordnungsverhältnisse.

Komplexe Markenarchitekturen lassen sich folglich definieren als

■ Markenarchitekturen,
■ bei denen zwei oder mehr Marken
■ auf unterschiedlichen Hierarchieebenen angeordnet sind.

Ihre Besonderheit liegt demnach in den Wechselwirkungen zwischen zwei unterschiedlichen Markenhierarchieebenen. Im Gegensatz zu den klassischen Markenstrategien
werden die Marken nicht mehr isoliert betrachtet.

Bei der Untersuchung von komplexen Markenarchitekturen stellt sich aus Sicht des Unternehmens primär die Frage, ob sich die Marken des Unternehmens optimal befeuern.

Mit Blick auf die Konsumenten geht es vor allem darum,

■ wie solche komplexen Markenarchitekturen in ihren unterschiedlichen Ausprägungen von den Konsumenten wahrgenommen werden und
■ welche Wirkungen sie auf deren Einstellungsbildung haben.

Nur wenn bekannt ist, wie die Wahrnehmung und Wirkung einer Marke auf den Konsumenten durch die jeweils andere Marke beeinflußt wird, können solche Markenarchitekturen erfolgreich gestaltet und geführt werden. Dabei sind vor allem die Logik der
Anordnung und die Beziehungen zwischen den Marken von entscheidender Bedeutung.
Sie sind die Voraussetzung dafür, daß trotz zunehmender Komplexität klare Vorstellungsbilder zu einer Marke in den Köpfen der Zielgruppe aufgebaut werden können, die
eine Identifikations- und Differenzierungsfunktion bewirken und dazu führen, daß eine
Marke gegenüber anderen Marken bevorzugt wird (vgl. Esch/Bräutigam, 2001). Das
wiederum ist die Basis eines hohen Markenwerts und beeinflußt offensichtlich auch die
Bereitschaft der Konsumenten, Aktien von entsprechenden Unternehmen zu kaufen (vgl.
Abbildung 3).

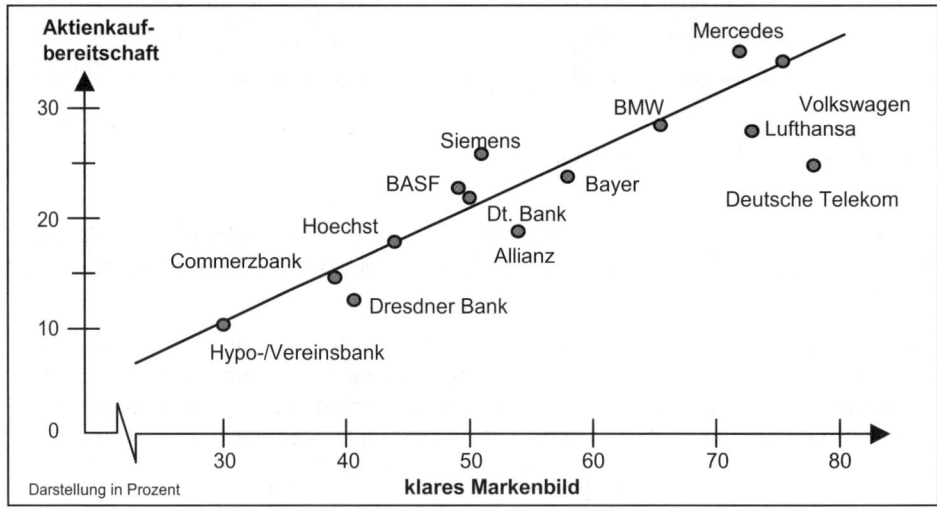

Abbildung 3:   Zusammenhang zwischen Aktienkaufbereitschaft und Markenbildbe-
                wußtsein bei Corporate Brands
Quelle: Gruner+Jahr AG, 1998.

3. Ursachen für die Entstehung komplexer Markenarchitekturen

Komplexe Markenarchitekturen sind im Rahmen des Marketing noch ein vergleichsweise junges Forschungsgebiet. Wie bereits zu Beginn beschrieben, dominierte zunächst die Vorstellung, daß ein Unternehmen nur für eine Marke mit einem Produkt stehen kann. Rückblickend entsprachen viele der heute führenden Marken anfangs diesem Bild. Maggi beispielsweise stand viele Jahre ausschließlich für die Suppenwürze und Dr. Oetker begann als Hersteller von Backpulver.

Wie eine empirische Untersuchung von Laforet und Saunders (1994) zeigte, existieren heute jedoch viele unterschiedliche Markenarchitekturen. Die Produkte werden in der Mehrzahl der Fälle mit mehr als einer Marke markiert. Selbst innerhalb eines Marktes verwenden Konkurrenten zum Teil stark divergierende Strategien. Während Henkel seine Waschmittelmarken wie z. B. Persil, Weißer Riese oder Spee mit einem deutlichen Hinweis auf den Hersteller markiert (vgl. Abbildung 4), enthalten die Produkte des Konkurrenten Procter&Gamble (z. B. Ariel oder Vizir) nur einen kaum wahrnehmbaren Vermerk auf der Rückseite der Verpackung.

Abbildung 4: Umsetzung der Unternehmensmarke Henkel auf Produktverpackungen

Selbst innerhalb eines Unternehmens kann die Anordnung der Marken zueinander variieren: Der Nestlé-Konzern beispielsweise plaziert auf einigen seiner Marken einen deutlichen Hinweis auf die Unternehmensmarke (Yes, Lion, Nesquick etc.), auf anderen
Marken findet sich ein Verweis auf der Rückseite der Verpackung (z. B. bei Maggi)
während wieder andere – vermutlich aus Authentizitätsgründen - ohne jeden Hinweis
auf die Zugehörigkeit zum Nestlé-Konzern markiert werden (z. B. Buitoni). Das Nestlé-
Beispiel zeigt darüber hinaus, daß einmal gewählte Markenarchitekturen nicht fix, sondern im Zeitablauf veränderbar sind.

Die Gründe für diese unterschiedlichen Vorgehensweisen und die Veränderungen bestehender Strukturen sind so zahlreich wie die Varianten, in denen Markenarchitekturen
gestaltet werden (vgl. Laforet/Saunders, 1999, S. 52 ff.).

Eine Ursache ist die **Dehnung erfolgreicher Marken** in neue Produktkategorien. Die
Gefahren und die steigenden Kosten für den Aufbau neuer Marken sorgen nach wie vor
dafür, daß viele Unternehmen neue Produkte unter erfolgreichen Marken auf den Markt
bringen. Bei einem zunehmendem Produktumfang reicht dann, wie im Beispiel Nivea zu
sehen, eine einzelne Marke zur Kennzeichnung der Vielzahl der Produkte nicht mehr
aus. Als Folge werden immer neue Submarken eingeführt, um die Erweiterungsprodukte
von dem Ursprungsprodukt Creme abzugrenzen. Im Ergebnis befinden sich unter der
Marke Nivea zum derzeitigen Stand 12 Submarken (vgl. Abbildung 5), die zum Teil
noch einmal eine Vielzahl von Produkten umfassen. Unter der Marke Nivea Hair Care
bietet Beiersdorf beispielsweise vom Shampoo über Spülungen bis hin zum Haarspray
und Styling Gel noch einmal 24 Produkte an.

Langfristig entstehen durch dieses Vorgehen zum Teil weit verzweigte Markenarchitekturen mit einer Vielzahl von Hierarchiebenen, die für den Konsumenten nicht immer
klar zu erkennen sind. So ist Nivea wiederum nur eine Marke des Unternehmens Beiersdorf, dessen Unternehmensmarke als Absender auch auf Marken wie Tesa, Hansaplast
oder Labello erscheint.

Diese Markenportfolios sind jedoch nicht nur aus Erweiterungen entstanden. Auch
internes Wachstum vor allem durch Innovationen hat dazu geführt, daß Unternehmen
wie beispielsweise 3M zeitweise in einem Jahr über 240 neue Marken entwickelten. Der
Markierungseifer bei 3M ging soweit, daß die Markenarchitektur bis zu 5 Hierarchieebenen aufwies (vgl. Kapferer, 1998, S. 204 ff.).

Verschärft wird diese Entwicklung oftmals noch durch eine historisch bedingte Unabhängigkeit einzelner Unternehmensteile, die ihre jeweiligen Produkte auch mit eigenständigen Marken versehen wollen.

Schließlich können komplexe Markenarchitekturen auch das Ergebnis von Akquisitionen und Zusammenschlüssen von Unternehmen sein. Sowohl auf horizontaler als
auch auf vertikaler Ebene führen diese Entwicklungen dazu, daß die entstehenden Markensysteme an Komplexität gewinnen und die Logik der Anordnung innerhalb der
Architektur leidet.

Weil sich viele Unternehmen beim Aufbau ihrer Markenarchitektur nicht an dieser - für den Konsumenten nachvollziehbaren - Logik orientiert haben, müssen zahlreiche komplexen Markenarchitekturen heute zunächst analysiert und häufig auch restrukturiert werden.

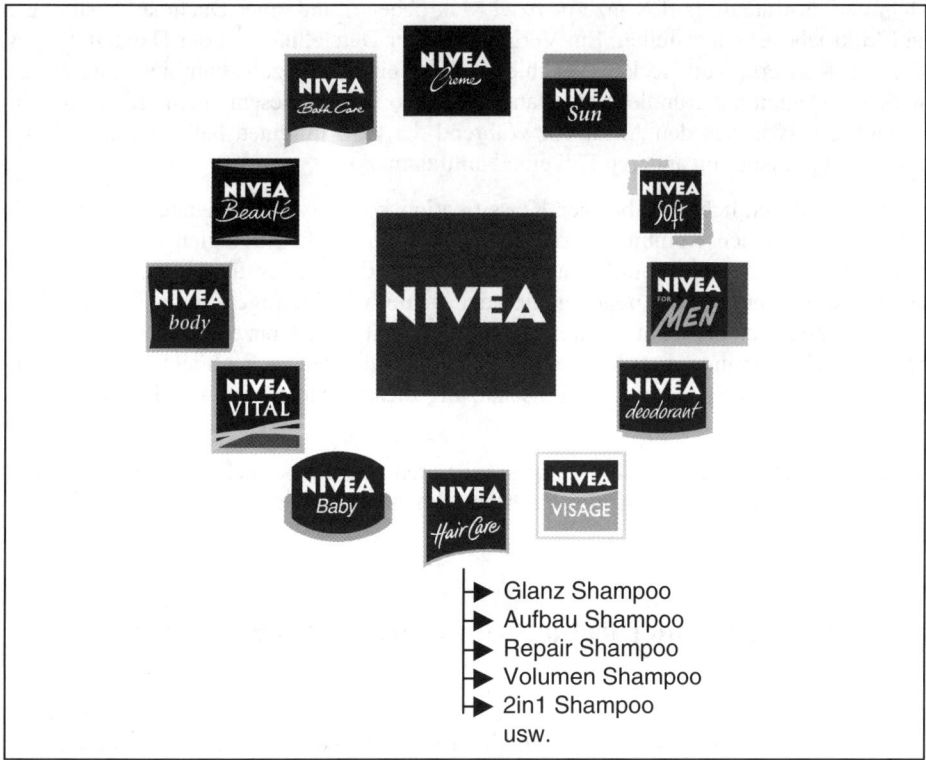

Abbildung 5:   Markenarchitektur von Nivea (Stand 2001)

4.   Ansätze zur Klassifikation komplexer Markenarchitekturen

4.1   Grundlagen

In der Literatur existieren verschiedene Ansätze, um die in der Realität auftretenden komplexen Markenarchitekturen zu klassifizieren (Laforet/Saunders, 1994 und 1999;

Kapferer, 1998; Aaker/Joachimsthaler, 2000; Olins, 1989; Roberts/McDonalds, 1989).
Häufig werden jedoch nur klassische Markenstrategien miteinander verknüpft.

So versuchen beispielsweise Meffert und Perrey (vgl. hierzu den Beitrag „Mehrmarkenstrategien – Ansatzpunkte für das Management von Markenportfolios" in diesem Buch),
die stark verzweigte Markenarchitektur des VW-Konzerns als eine Kombination einer
Mehrmarkenstrategie (auf Konzern- bzw. Makroebene) und einer Dachmarkenstrategie
(auf Mikroebene) darzustellen. Ein Vergleich dieser Darstellung mit der Darstellung des
gleichen Konzerns von Becker (vgl. hierzu den Beitrag „Einzel-, Familien- und Dachmarkenstrategien als grundlegende Handlungsoptionen" in diesem Buch) zeigt die Abweichungen zwischen den Ansätzen: Während der Golf im einen Fall als Einzelmarke
definiert wird, ist er im anderen Fall eine Familienmarke.

Hieraus wird deutlich, daß bei der Klassifikation komplexer Markenarchitekturen mit
Hilfe von einfachen Kombinationen der klassischen Markenstrategien bereits bei der
Zuordnung der Marken Probleme auftreten. Die für die Markenführung zentralen Aussagen über mögliche Synergiepotentiale oder die notwendige Eigenständigkeit einzelner
Marken lassen sich gar nicht ableiten. Welche Rolle also die Konzernmarke Volkswagen
bei der Wahrnehmung einer Marke wie Lamborghini spielt oder ob sich die Konzern-
zugehörigkeit von Skoda auf die Einschätzung dieser Marke auswirkt, läßt sich nicht
ableiten.

Über diese „einfachen" Ansätze hinaus existieren allerdings noch weitere Klassifikationen, die bereits stärker auf die Wechselwirkungen zwischen den einzelnen Markenebenen eingehen.

4.2   Die Markenhierarchien von Laforet und Saunders

Auf Basis einer empirischen Studie haben Laforet und Saunders (1994 und 1999) die
Markenarchitekturen von Unternehmen klassifiziert. Hintergrund der Untersuchung war
die Frage, warum Wettbewerber innerhalb eines Marktes zum Teil stark unterschiedliche
Markenarchitekturen nutzen. Ziel war es unter anderem, die eingesetzten Markenarchitekturen im Hinblick auf die Zahl und die Rolle der verwendeten Marken zu unterscheiden[4].

Zu diesem Zweck wurden die Verpackungen von 400 Marken aus dem britischen LEH
inhaltsanalytisch erfaßt. Dabei wurde zum einen die Hierarchieebene der Marke und
zum anderen die relative Dominanz der Marke auf der Verpackung analysiert. Die

---

4   Die Autoren haben darüber hinaus nach den Gründen für das unterschiedliche Vorgehen der Unter-
    nehmen gesucht (vgl. oben). Dazu wurden Gespräche mit Markenverantwortlichen aus Unternehmen
    und Agenturen geführt. Da diese Ergebnisse jedoch nur zur Erklärung der Entstehung der verschie-
    denen Markenarchitekturen dienen, werden sie in diesem Rahmen nicht weiter betrachtet.

kodierten Hierarchieebenen reichten von der Unternehmensmarke am oberen Ende des Skala über Familien- und Produktmarken bis hin zu Markenzusätzen, die Varianten des markierten Produkts kennzeichnen. Zur Ermittlung der Markendominanz wurde die Abbildung der Marke auf der Verpackung untersucht. Dabei wurden 5 Fälle unterschieden: Entweder die Marke ist prominent, untergeordnet, nur unterstützend oder versteckt, z. B. klein auf der Rückseite der Verpackung enthalten. Schließlich kann sie auch völlig verborgen sein, d. h. sie ist nicht auf der Verpackung abgebildet (vgl. Laforet/Saunders, 1994, S. 66 ff. und 1999, S. 51).

Aus den Ergebnissen der Inhaltsanalyse wurde schließlich die in Abbildung 6 dargestellte Klassifikation abgeleitet. Das Unterscheidungskriterium zwischen den einzelnen Architekturtypen ist die Verwendung der Unternehmensmarke: Wie breit ist das unter ihr geführte Marken- bzw. Produktprogramm und welche Beziehungen bestehen zwischen der Unternehmensmarke und den untergeordneten Marken?

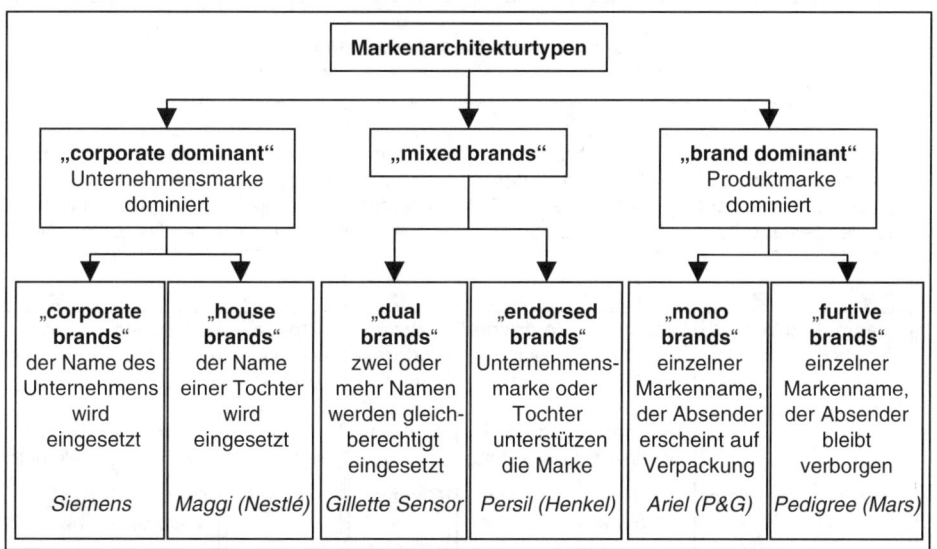

Abbildung 6:   Markenhierarchien nach Laforet und Saunders
Quelle: in Anlehnung an Laforet und Saunders, 1994, S. 68.

Bei einer Auszählung der Häufigkeiten, mit der die einzelnen Architekturtypen eingesetzt wurden, zeigte sich, daß durchweg alle Unternehmen mehr als einen Typ nutzen. Wie bereits erwähnt, setzen besonders die großen Nahrungsmittelmarken wie beispielsweise Nestlé ihre Unternehmensmarke nicht bei allen Produkten gleichermaßen ein. Zusätzlich variiert auch die Dominanz der Unternehmensmarke zwischen den einzelnen Produkten.

4.3   Das „Brand Relationship Spectrum" von Aaker und Joachimsthaler

Ähnlich wie Laforet und Saunders unterscheiden auch Aaker und Joachimsthaler verschiedene Markenarchitekturen anhand von zwei zentralen Fragestellungen:

1. Bestehen zwischen den einzelnen Markenhierarchien Beziehungen und wenn ja, wie stark sind die Marken miteinander verknüpft?
2. Welche Rolle spielt die Marke bei der Kaufentscheidung, d. h. welche Marke ist der pimäre Treiber („Driver")?

Das Ergebnis dieses Klassifikationsprozesses ist das Brand Relationship Spectrum als ein Kontinuum möglicher Ausprägungen (vgl. Abbildung 7).

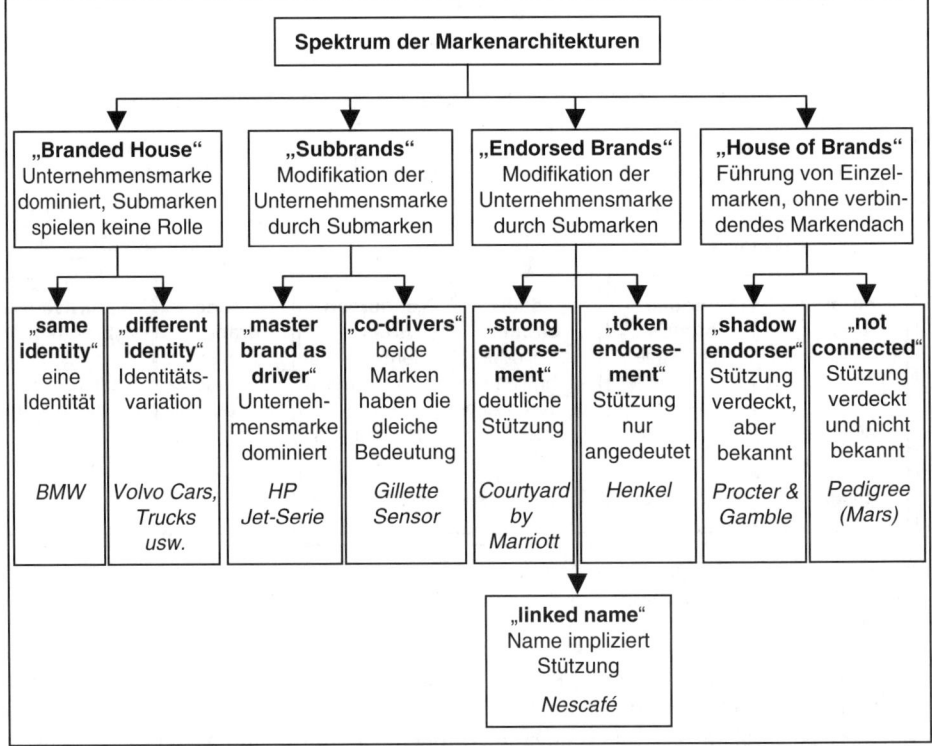

Abbildung 7:   Brand Relationship Spectrum nach Aaker/Joachimsthaler
Quelle: in Anlehnung an Aaker/Joachimsthaler, 2000, S. 105.

Die Extrema bilden dabei einerseits das „Branded House" und andererseits das „House of Brands" (vgl. Aaker/Joachimsthaler, 2000, S. 105). Im ersten Fall, dem „Branded House", dominiert die Unternehmensmarke bei der Markierung des Produkts und fungiert als Dach für alle Geschäftsbereiche. Submarken spielen hier keine Rolle. Demgegenüber ist das „House of Brands" durch dominante Produktmarken gekennzeichnet, bei denen die Unternehmensmarke entweder nur verdeckt oder aber gar nicht zur Markierung der Produkte eingesetzt wird. Zwischen diesen Extremausprägungen existieren zwei weitere Architekturtypen, bei denen entweder die Unternehmensmarke oder die Produktmarke den Markenverbund dominiert. Unterhalb dieser Grobklassifikation werden – wie auch im Ansatz von Laforet und Saunders – weitere detailliertere Markenarchitekturtypen unterschieden.

Neu ist in diesem Modell, daß aus der Stärke der Verknüpfung der beiden Hierarchieebenen (Unternehmens- und Produktmarke) Aussagen zu möglichen Synergien bzw. zur Eigenständigkeit der Marken abgeleitet werden können: Je stärker die Architektur in Form eines „Branded House" ausgestaltet ist, desto größer die Synergien, die sich innerhalb des Markenverbunds realisieren lassen. Umgekehrt sinken die möglichen Synergien, je näher man in der Markenarchitektur dem „House of Brands" kommt. Allerdings steigt dafür in gleichem Maße die mögliche Eigenständigkeit der Marken (-positionierungen).

Bei der Wahl der optimalen Position auf dem Kontinuum der möglichen Architekturformen sollen die folgenden Kriterien einen Anhaltspunkt liefern (vgl. Aaker/Joachimsthaler, 2000, S. 120):

■ Unterstützt die übergeordnete Marke das Angebot durch positive Assoziationen, durch Vertrauen der Konsumenten in die übergeordnete Marke, ihre Präsenz bzw. Sichtbarkeit oder durch Kommunikationssynergien, und/oder
■ wird die übergeordnete (Dach- oder Unternehmens-) Marke durch die Produktmarke unterstützt,

dann sollte die Unternehmensmarke dominant zur Markierung der Produkte eingesetzt werden. Die Markenarchitektur wäre dann im Stil des „Branded House" zu gestalten.

Umgekehrt sollten die Produktmarken um so dominanter und eigenständiger sein, je mehr gilt, daß

■ eine separate Marke notwendig ist, um eigenständige Markenassoziationen zu schaffen,
■ das Produkt Innovationscharakter hat oder Handelskonflikte zwischen den einzelnen (Produkt-) Marken bestehen und
■ Kunden, Handel und das eigene Unternehmen eine eigenständige Marke akzeptieren.

Bei der Gestaltung der Markenarchitektur ist es für das Unternehmen in diesem Fall empfehlenswert, sich stärker am Beispiel des „House of Brands" zu orientieren.

4.4   Wirkungsbezogene Klassifikation von Marken-architekturen

Die Markenarchitekturen von Unternehmen sind komplexer geworden. Die hier vorge-stellten Klassifikationen sind erste Ansätze, die z. T. stark verzweigten Strukturen zu beschreiben. Sie weisen jedoch alle ein wesentliches Manko auf: Die Analyse und Dar-stellung einer Markenarchitektur erfolgt aus einer Inside-out-Perspektive, d. h. aus Sicht des Unternehmens. Die Unterscheidungen zwischen den einzelnen Markenarchitektur-typen orientieren sich nicht daran, was der Konsument tatsächlich wahrnimmt. Ebenso-wenig werden die Beziehungen und Einflüsse zwischen den Marken aus Konsumenten-sicht untersucht. Zwar unterstellen Aaker und Joachimsthaler durch die Definition unterschiedlicher Markenrollen („driver-roles") solche Wirkungszusammenhänge, blei-ben jedoch einen empirischen Nachweis ihrer Vermutungen schuldig.

Für die Analyse und Gestaltung von komplexen Markenarchitekturen ergeben sich dar-aus zwei Problemfelder:

1. Probleme auf der **Wahrnehmungsebene** und damit zusammenhängend
2. Probleme auf der Wirkungsebene

Probleme auf der Wahrnehmungsebene

Zunächst ist es fraglich, ob die teilweise sehr feine Unterscheidung von Markenarchi-tekturtypen von den Konsumenten überhaupt wahrgenommen wird. Sind die einzelnen Fälle in der Wahrnehmung der Konsumenten überschneidungsfrei? Werden beispiels-weise Unternehmensmarken, die auf der Rückseite einer Verpackung im „Kleinge-druckten" abgebildet sind, tatsächlich wahrgenommen? Ist insofern die von Laforet und Saunders (1994) vorgenommene Unterscheidung zwischen solchen „mono brands" und „furtive brands", bei denen der Absender (Hersteller) gar nicht erscheint, gerecht-fertigt[5]? Geht man davon aus, daß Konsumenten in der heutigen Zeit gering involviert sind und am POS außerdem ein Informationsüberschuß vorherrscht, so ist dies mit Aus-nahme von Intensivverwendern mit hoher Nutzungshäufigkeit eher nicht zu erwarten. Ebenso bleibt bei dem Großteil der Konsumenten unklar, ob die Unterscheidungen zwi-schen Corporate Brands und House Brands am anderen Ende der vorgestellten Klassifi-kationsspektren wahrgenommen werden. Oftmals sind den Endverbrauchern die Eigen-tumsverhältnisse bei den großen Markenartiklern nicht bekannt. Insofern ist es ungewiß, ob und welche Rolle es beispielsweise für ihre Wahrnehmung von Maggi-Produkten spielt, daß Maggi als House Brand des Nestlé-Konzerns fungiert. Aus Sicht vieler Kon-sumenten ist wahrscheinlich Maggi die Unternehmensmarke.

---

5   Bei Aaker und Joachimsthaler existieren diese beiden Architekturtypen analog unter der Bezeichnung
     „shadow endorser" bzw. „not connected" (vgl. Kapitel 4.3 diese Beitrags).

Vor diesem Hintergrund lassen sich die „wahrnehmbaren" Markenarchitekturtypen auf die folgenden Grundformen zusammenfassen (vgl. Abbildung 8):

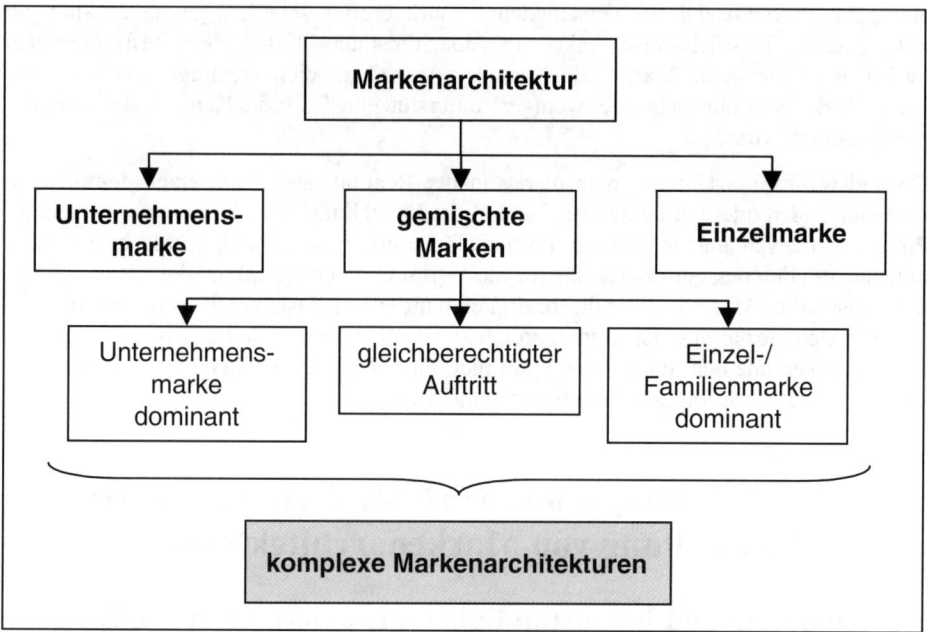

Abbildung 8:   Konsumentenbezogene Klassifikation von Markenarchitekturen

Aus der Abbildung wird außerdem deutlich, daß komplexe Markenarchitekturen nur ein Teil der vorgestellten Klassifikationen sind. Die beiden Extrema sind jeweils identisch mit einer der klassischen Markenstrategien. So ist der Fall des „Branded House", in dem die Unternehmensmarke „dominiert", deckungsgleich mit der Dachmarkenstrategie. Alle Produkte werden ausschließlich durch die Dach- oder Unternehmensmarke markiert, zusätzliche Familien- oder Produktmarken werden nicht geführt bzw. spielen keine Rolle. Analog bedeutet das „House of Brands" am anderen Ende des Spektrums nichts anderes als die Führung mehrerer unabhängiger Einzelmarken. Eine gemeinsame Klammer in Form einer übergeordneten Unternehmensmarke wird nicht kommuniziert.

Probleme auf der Wirkungsebene

Neben diesen Schwierigkeiten bei der Klassifikation von komplexen Markenarchitekturen liegt ein weiteres Problem der vorhanden Ansätze in ihrem rein deskriptiven Charakter. Aussagen über Unterschiede in der Wirkung der Marken auf den Konsumenten in Abhängigkeit von der gewählten Architektur fehlen entweder völlig oder sind nicht empirisch fundiert.

Darüber hinaus besteht – analog zur Wahrnehmungsebene – auch auf der Wirkungsebene das Problem, daß die verschiedenen Markenrollen sehr fein gegliedert sind. So unterscheiden beispielsweise Aaker und Joachimsthaler (2000, S. 102 ff.) zwischen Fällen, bei denen eine Marke „dominant", „primär", „gleichberechtigt" mit einer anderen Marke oder nur mehr oder weniger „unterstützend"[6] auf die Kaufentscheidung der Konsumenten wirkt.

Ob und wann eine Unternehmensmarke in der Realität tatsächlich einen dominanten, unterstützenden oder gar keinen Einfluß auf die Einstellung eines Konsumenten zu einer Produktmarke hat und in welcher Form dieser Einfluß stattfindet, wurde bisher nicht untersucht. Gleiches gilt umgekehrt für die Wirkung einer Produktmarke auf die Unternehmensmarke. Alle Aussagen diesbezüglich wurden auf Basis von Expertenurteilen aus der formalen Gestaltung der Markenarchitektur abgeleitet. Fundierte Aussagen über die Synergiepotentiale oder die notwendige Eigenständigkeit der Marken sind auf Basis dieser Klassifikationen folglich ebenso wenig möglich.

5. Wahrnehmungs- und wirkungsbasierte Analyse und Gestaltung von Markenarchitekturen

5.1 Synergie und Eigenständigkeit als konkurrierende Ziele der Markenarchitekturgestaltung

Bei der Analyse und Gestaltung von Markenarchitekturen geht es im Kern um eine zentrale Frage:

Wie müssen die Marken strukturiert werden, um einerseits Synergien zwischen den Marken zu realisieren und gleichzeitig die nötige Eigenständigkeit der Marken zu wahren?

Die Schwierigkeit bei der Beantwortung dieser Frage besteht darin, daß es sich bei „Synergie" und „Eigenständigkeit" um konkurrierende Ziele handelt (vgl. Abbildung 9). Je stärker die Marken miteinander verknüpft sind, je mehr Gemeinsamkeiten sie haben und je stärker sie sich beispielsweise hinsichtlich bestimmter Imageeigenschaften überschneiden, desto größer sind die Synergien, die sich in der Markenführung realisieren lassen. Gleichzeitig nimmt jedoch im selben Maße das individuelle Profil der einzelnen Marken ab. Ihre Fähigkeit, sich spitz im Markt zu positionieren, wird geringer.

---

6   Die entsprechenden Bezeichnungen lauten „dominant driver", „primary driver", „co-driver", „strong endorser", „token endorser" (Aaker/Joachimsthaler, 2000, S. 116).

So profitieren zwar alle Produkte von Unternehmen wie BMW oder Virgin von der Bekanntheit und dem Image der Unternehmensmarke, gleichzeitig verfügen die Produktmarken jedoch auch nur über einen begrenzten Spielraum bei der Gestaltung ihres
Images. Ein BMW-Produkt wird beispielsweise aufgrund der Unternehmensmarke
automatisch mit den Attributen „sportlich" oder „Freude am Fahren" verbunden sein,
während andere Eigenschaften für Marken unter dem Dach BMW grundsätzlich „tabu"
sind.

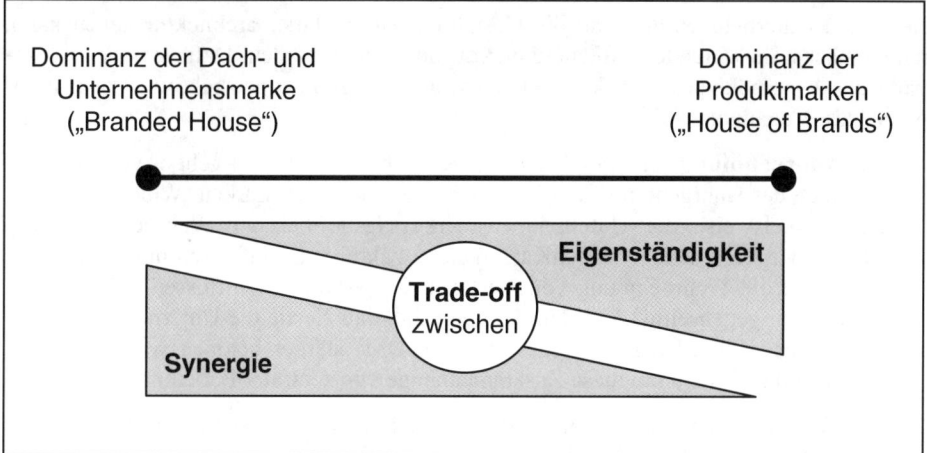

Abbildung 9:		Konkurrierende Ziele der Markenarchitekturgestaltung

Um zu entscheiden, welche Markenarchitektur die geeignete ist, muß sich jedes Unternehmen deshalb zunächst grundsätzlich über diese beiden miteinander verwobenen Zielgrößen klarwerden:

1.	Den Grad der zu realisierenden Synergien zwischen zwei (oder mehreren) Marken
	und
2.	den Grad der notwendigen Eigenständigkeit zwischen zwei oder mehreren Marken.

Die Entscheidung für mehr Synergien oder mehr Eigenständigkeit hat unmittelbare
Auswirkungen auf die Rolle der Marken innerhalb der Architektur. Es gilt:

Je größer der Grad der zu realisierenden Synergien, desto stärker tritt die übergeordnete
Dach- oder Unternehmensmarke in den Vordergrund. Eine zusätzliche (Sub-) Marke
kann dabei die übergeordnete Marke modifizieren und/oder ergänzen, indem sie zusätzliche Imagefaktoren hinzufügt.

Je geringer der Grad der zu realisierenden Synergien und je höher die Notwendigkeit zur
eigenständigen Gestaltung, um so mehr übernimmt die Dach- oder Unternehmensmarke
eine unterstützende Funktion, die primär dazu dient, durch eine bekannte Unterneh-

mensmarke Kompetenz und Vertrauen auf andere Marken zu übertragen. Konkrete Imagefaktoren der übergeordneten Marke treten, sofern vorhanden, bewußt in den Hintergrund. Sie werden ersetzt durch spezifische Imageprofile der anderen Marken.

5.2 Wahrnehmungs- und wirkungsbasierte Analyse der Markenarchitektur

Bevor ein Unternehmen aktiv an die Gestaltung einer Markenarchitektur gehen kann, muß zunächst die aktuelle Markenarchitektur untersucht werden. Dafür existieren - sowohl aus Unternehmensperspektive als auch aus Zielgruppenperspektive - zwei komplementäre Zugänge:

1. Die **Wahrnehmung** von komplexen Markenarchitekturen. Hier geht es vor allem um die Frage der wahrgenommenen Dominanz der einzelnen Marken. Welchen Einfluß hat beispielsweise die Unternehmensmarke Nestlé bei der Wahrnehmung von Marken wie Lion, Nuts oder KitKat? Welche Faktoren beeinflussen möglicherweise umgekehrt die Wahrnehmung von Nestlé und inwieweit beeinflussen sich die Produktmarken gegenseitig? Vor dem Hintergrund, daß Nestlé die Unternehmensmarke im Bereich „Chocaladen" (Budget 60 Mio. DM) stärker betonen will (vgl. o.V., 2001), ist das Wissen um diese Zusammenhänge von zentraler Bedeutung.

2. Die **Wirkung** von komplexen Markenarchitekturen **auf die Einstellungsbildung** (vgl. Abbildung 10). Hier geht es um den Einfluß von Unternehmens- und Produktmarken auf die Einstellung und das Kaufverhalten von Konsumenten. In welchem Umfang wirken die einzelnen Marken – vorausgesetzt sie werden wahrgenommen – tatsächlich auf die Einstellung der Konsumenten gegenüber einem Produkt? Welche Rolle spielt beispielsweise Nestlé für die Einstellung der Zielgruppe zu den Marken Lion, Nuts oder KitKat? Welchen Einfluß hat die Marke Goldbären auf die Einstellung und das Kaufverhalten von Gummibärchen der Marke Haribo?

Im Rahmen der wahrnehmungs- und wirkungsbezogenen Analyse gilt es, eine Reihe von Einflußfaktoren - sowohl auf Unternehmensseite als auch auf Konsumentenseite - zu berücksichtigen:

Einflußfaktoren auf Unternehmensseite

Auf Seite des Unternehmens spielen im wesentlichen zwei Faktoren eine Rolle: Zum einen ist die **Tiefe und die Breite der Markenarchitektur** ein wichtiger Faktor. Je zahlreicher die Markenhierarchieebenen und die Marken, die auf einer Ebene angeordnet sind, desto komplexer die Markenarchitektur eines Unternehmens. Zum anderen kommt es auf die **Umsetzung der Markenarchitektur im Branding**, d. h. die Gestaltung des Markennames und Markenzeichens (vgl. hierzu den Beitrag „Branding als Grundlage zum Markenaufbau" in diesem Buch) und die Darstellung der Markenachitektur in der Kommunikation und auf der Verpackung an. Hierzu zählt vor allem die Verknüpfung der Marken durch Elemente des Branding (z. B. durch einen kombinierten Markennamen wie bei Nesquik von Nestlé) und die Darstellung der Marken in der Kommunikation und auf der Verpackung (z. B. die Größe der beiden Marken im Verhältnis zueinander, ihre Plazierung usw.). Die Darstellung der Markenarchitektur beeinflußt unmittelbar die Wahrnehmung und Wirkung der einzelnen Marken.

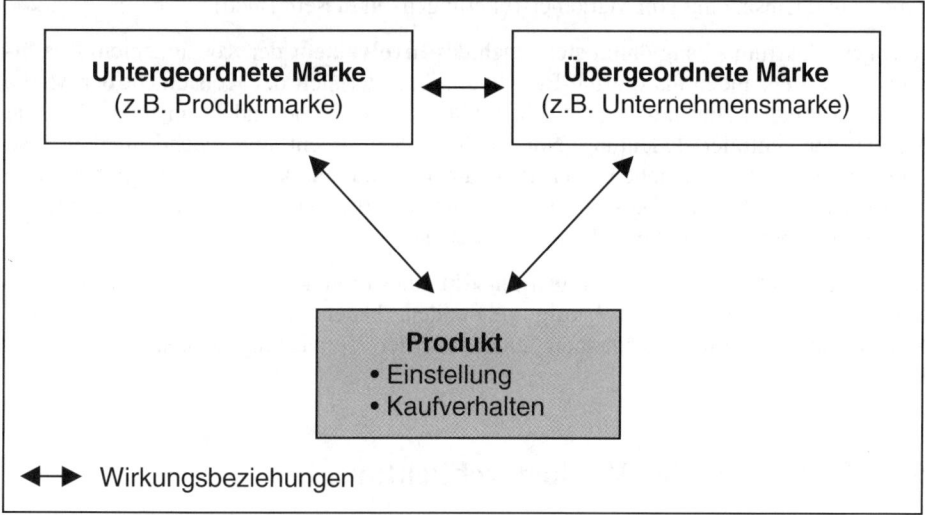

Abbildung 10:   Wirkungsbeziehungen innerhalb von Markenarchitekturen

Einflußfaktoren auf Konsumentenseite

Ein wesentlicher Einflußfaktor auf Konsumentenseite ist das **Markenwissen**. Es umfaßt alle Gedächtnisinhalte, die Konsumenten zu einer Marke im Kopf gespeichert haben und läßt sich über die Markenbekanntheit und das Markenimage operationalisieren (vgl. hierzu den Beitrag „Ansätze zur Messung des Markenwerts" in diesem Buch). Aus der Konsumentenforschung läßt sich ableiten, daß das zu einer Marke gespeicherten Wissen die Wahrnehmung der Marke wesentlich beeinflußt (vgl. Kroeber-Riel/Weinberg, 1999, S. 289 ff.). Die wahrgenommene Dominanz einer Marke und ihre Rolle für die Kaufentscheidung hängen wesentlich davon ab, wie stark die Marke in der Vorstellung des betreffenden Konsumenten verankert ist. Ist beispielsweise das Bild einer Unternehmensmarke lebendig vor dem inneren Auge des Konsumenten oder weiß der Konsument viel über diese Marke, so spielt die Größe der Markenabbildung auf der Verpackung für ihn nur eine untergeordnete Rolle. Solange er die Marke wiedererkennt, fungiert der Markenname oder das Markenlogo als Aktivierungshinweis für die gespeicherten Markeninhalte. Eine Marke wird in einem solchen Fall möglicherweise viel dominanter wahrgenommen oder spielt eine größere Rolle für die Kaufentscheidung als sich dies allein aufgrund ihrer Darstellung auf der Verpackung vermuten ließe.

Die zu einer Marke gespeicherten Gedächtnisinhalte haben darüber hinaus unmittelbaren Einfluß auf den **wahrgenommen Fit und Leverage einer übergeordneten Dach- oder Unternehmensmarke** in einer Produktkategorie. Aus Erkenntnissen der Markenerweiterungsforschung läßt sich ableiten, daß Fit und Leverage einer Absendermarke unmittelbar auf die Einschätzung eines Produkts wirken (vgl. hierzu auch den Beitrag „Konzeption und Umsetzung von Markenerweiterungen" in diesem Buch).

In engem Zusammenhang damit steht auch das **Involvement** der Konsumenten. Das Involvement, verstanden als die Ich-Beteiligung, mit der sich der Konsument der Marke oder dem Produkt zuwendet (vgl. Esch, 1998a, S. 114), ist besonders für unterstützende Marken von zentraler Bedeutung. Nur wenn der Konsument ausreichend involviert ist, nimmt er beispielsweise neben einer dominanten Produktmarke die Unternehmensmarke als Absender noch wahr. Dies gilt um so mehr, je verborgener eine Marke in der Kommunikation oder auf der Verpackung enthalten ist.

Schließlich spielt auch die **Nutzungsintensität** eines Produkts eine Rolle. Konsumenten, die ein bestimmtes Produkt häufig verwenden, haben rein aufgrund der höheren Kontaktzahl viel öfter Gelegenheit, einen auf der Verpackung genannten Absender wahrzunehmen.

5.3   Gestaltung der Markenarchitektur

Die Gestaltung von komplexen Markenarchitekturen ist ein Top-Down-Prozeß, der von der Unternehmensführung zu gestalten ist. Er bedarf allerdings einer Bottom-Up-Rückkopplung (vgl. Abbildung 11).

Aus Unternehmenssicht geht es vor allem darum, die Unternehmensmarke bestmöglich zu kapitalisieren. Ziel ist die Realisierung maximaler Synergien durch Nutzung der Bekanntheit und des Images der Unternehmensmarke. Entsprechend ist zu prüfen, inwieweit die Unternehmensmarke untergeordnete Angebote und Marken stützt und ob wiederum untergeordnete Marken auf das Markenkonto der übergeordneten Dach- oder Unternehmensmarke einzahlen können.

Die Stützung untergeordneter Angebote und Marken kann entweder durch Übertragung

- der Markenbekanntheit einer Corporate Brand oder
- durch Übertragung von Bestandteilen des Markenimages einer Corporate Brand auf die Submarke geschehen.

Umgekehrt können die Submarken auf das Markenkonto der Unternehmensmarke einzahlen, indem sie entweder

■ durch erhöhte Kontakthäufigkeit die Unternehmensmarke aktualisieren und ihre Bekanntheit erhöhen oder
■ das Image der Corporate Brand durch die Betonung gemeinsamer Imagefaktoren und/oder durch das Hinzufügen neuer Imagefaktoren (Imagemodifikation) stärken.

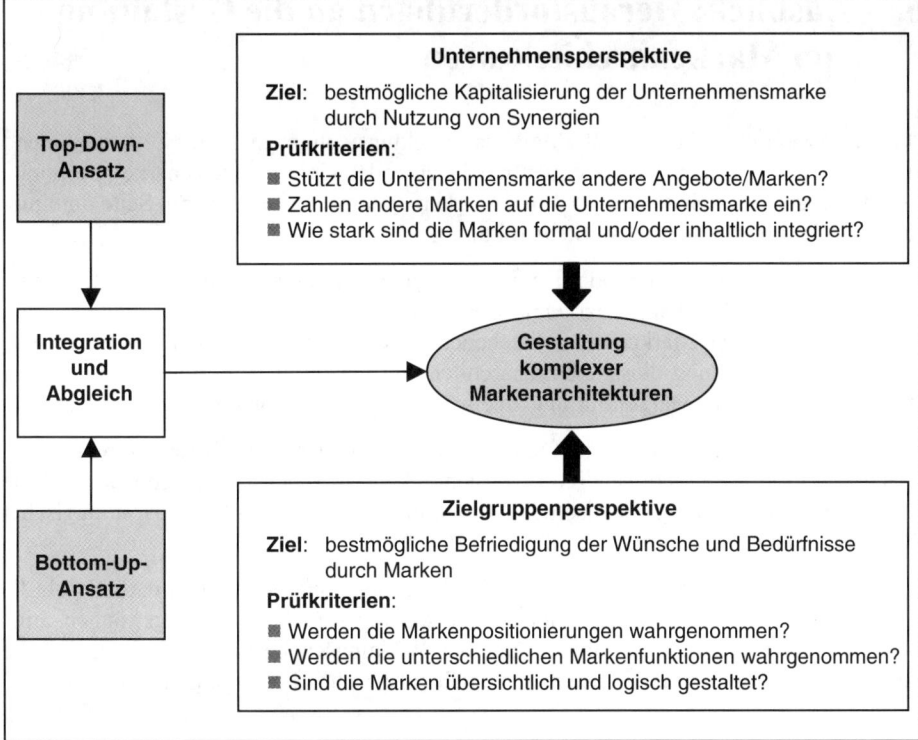

Abbildung 11:   Gestaltungsprozeß bei Markenarchitekturen

Bottom-Up, d. h. **aus Sicht der Zielgruppen**, ist darauf zu achten, daß eine Markenarchitektur übersichtlich bleibt und die einzelnen Marken in Bezug auf ihre Positionierung für die Zielgruppen von Relevanz sind und entsprechend gegenüber konkurrierenden Angeboten präferiert werden. Hier geht es demnach um eine Profilierung zur Sicherstellung der notwendigen Eigenständigkeit von Marken innerhalb des Unternehmens und gegenüber anderen konkurrierenden Marken.

Maßstab für den Erfolg bei der Gestaltung von Markenarchitekturen ist der Konsument. Nur die subjektive Wahrnehmung der Zielgruppe ist Gradmesser dafür, ob beispielsweise die Markenbekanntheit und das Markenimage einer Unternehmensmarke erfolgreich auf die Submarke übertragen wurden. Auch die Fragen, ob die Markenarchitektur übersichtlich ist oder die Marken ausreichend profiliert sind, können nur anhand der Wahrnehmung der Zielgruppe beantwortet werden.

6. Ausblick: Herausforderungen an die Gestaltung von Markenarchitekturen

Die Diskussion über die optimale Markenarchitektur gewinnt in letzter Zeit zunehmend an Relevanz. Zwischen den Extremen der Dach- oder Unternehmensmarke (Corporate Brand) auf der einen Seite und der Einzelmarkenstrategie auf der anderen Seite dominieren in der Realität komplexe Markenstrukturen.

Durch Dehnung vorhandener oder Einführung neuer Marken sowie durch Akquisitionen und Zusammenschlüsse sind Markenportfolios entstanden, die durch zahlreiche Marken auf unterschiedlichen Markenhierarchieebenen an Komplexität zugenommen haben. Die Analyse und Gestaltung dieser Markenarchitekturen wird vor dem Hintergrund ständig steigender Kosten der Markenführung zu einem dringlichen Problem.

Nur wer den Konsumenten Klarheit und Convenience bietet, kann Synergien realisieren. Gleichzeitig gilt es, die notwendige Eigenständigkeit einzelner Marken zu wahren. Eine zentrale Herausforderung ist also, das Zusammenspiel der Marken aus strategischer Sicht optimal zu strukturieren.

Ansatzpunkt ist dabei der Konsument. Seine Wahrnehmung entscheidet darüber, ob die mit einer Markenarchitektur verbundenen Zielsetzungen realisiert werden können. Eine weitere Herausforderung ist folglich, auf der Wirkungsebene sicherzustellen, daß die Markenarchitektur von den Konsumenten auch entsprechend wahrgenommen wird.

Ingolf Braun

Markenbereinigung

1. SCA Hygiene Paper - das Unternehmen und sein Problem

Mit circa 18 % Marktanteil und einem Umsatz von 2,6 Milliarden DM ist SCA Hygiene Paper (im folgenden SCA HP genannt) die Nr. 2 im europäischen Markt für Hygiene-papiere (Toilettenpapier, Küchenrollen, Taschen- und Kosmetiktücher sowie Servietten). Das der Öffentlichkeit kaum bekannte Unternehmen entstand 1996 im Zuge der Neu-ordnung der Papieraktivitäten der schwedischen SCA (Svenska Cellulosa Aktiebolaget). Im Rahmen dieser Umstrukturierung wurden alle Hygienepapieraktivitäten der zuvor durch die SCA erworbenen deutschen PWA sowie der schwedischen SCA-Tochter Mölnlycke in einem Unternehmen mit Sitz in Deutschland zusammengefaßt.

Dem europäischen Verbraucher bestens bekannt hingegen sind die Marken der SCA HP. So steht „Zewa Wisch & Weg" im deutschsprachigen Raum als Synonym für Küchen-tücher, „Danke" ist in Europa die mit Abstand erfolgreichste Hygienepapier-Umwelt-marke und „Feh" das führende Taschentuch in Österreich. „Kleenex" Toilettenpapiere und Küchentücher kennt man in Großbritannien, „Apura" oder „Tork" fallen spätestens ins Auge, wenn man Waschräume in Flughäfen oder Restaurants betritt, und „Edet" er-freut sich höchster Beliebtheit im skandinavischen Raum. Weniger bekannt hingegen ist, daß auch viele Handelsmarken aus den Werken von SCA HP stammen. Das Unter-nehmen hält die Marktführerschaft in diesem Segment in Europa und ist zum Beispiel Stammlieferant von Aldi.

Das Dilemma von SCA HP besteht darin, daß die heutige Größe des Unternehmens auf einer Vielzahl von Akquisitionen bzw. Fusionen beruht. Folglich wurden den ursprüng-lichen Marken mit jeder Neuerwerbung weitere Marken hinzugefügt, was letztendlich zu einem inkonsistenten und redundanten Markenportfolio führte.

Eine Kernaufgabe des Managements der neuen SCA HP lag nun darin, das Markenport-folio zu bereinigen. Im Gegensatz zu vielen anderen Markenbereinigungen ging es dabei weniger um die Zurückführung einer, durch zu viele Line Extender aufgeblähten Marke auf ihre Kernkompetenz (vgl. Aaker, 1990, S. 50 ff.), als vielmehr um die Neustrukturie-rung eines europäischen Markenportfolios mit einer Vielzahl von teilweise ähnlich posi-tionierten Marken.

Nach einer knappen Beschreibung von SCA HP und dem relevanten Wettbewerbs-umfeld wird im folgenden diskutiert, nach welchen Kriterien diese Markenbereinigung durchgeführt wurde, und wie sich das Ziel-Markenportfolio des Unternehmens darstellt. Dabei konzentrieren sich die Ausführungen auf das Konsumgütergeschäft. Im wesent-lichen ausgeklammert bleibt der sogenannte Großverbraucher oder Away from Home Bereich, dessen Kundenstamm sich aus Behörden, Krankenhäusern, Restaurants, Hotels, Industriebetrieben und anderen kommerziellen Kunden zusammensetzt.

2. Die Ausgangssituation von SCA Hygiene Paper

2.1 Der europäische Markt für Hygienepapiere

Mit einem Umsatzvolumen von circa 13,5 Milliarden DM, einem jährlichen Wachstum von circa 2 - 3 % und einem Anteil von circa 1 - 2 % am Umsatz eines durchschnittlichen Handelsunternehmens gehören Hygienepapiere durchaus zu einer der attraktiveren Warengruppen im Konsumgüterbereich. Entsprechend rasant ist der Wandel der Wettbewerbslandschaft, die durch eine stürmische Konzentration und Internationalisierung gekennzeichnet ist. Abbildung 1 verdeutlicht dies am Beispiel Deutschland. Während 1984 heimische Produzenten den Markt mit über 70 % Anteil noch klar dominierten, existiert heute - mit Ausnahme einiger mittelständischer Handelsmarkenhersteller - kein bedeutender deutscher Lieferant mehr. Wie auch in anderen Bereichen der Papierindustrie haben internationale Konzerne - in diesem Fall Procter & Gamble, Kimberly Clark und SCA alle bedeutenden nationalen Anbieter erworben. Gleichzeitig ist der Anteil der Top 3 im betrachteten Zeitraum von circa 50 auf knapp 75 % gestiegen.

Unternehmen (Nationalität)	Ungefährer Marktanteil (%)			Hauptmarken
	1984	1994	1997	
PWA (D)	20	25	--	Zewa, Danke
SCA HP (S)	--	--	30	Zewa, Danke
Vereinigte Papierwerke (D)	20	--	--	Tempo, Bess
Procter & Gamble (USA)	--	20	20	Tempo, Bounty, Bess
Feldmühle (D)	10	--	--	Servus
Scott (USA)	--	20	--	Servus, Scottex
Kimberly Clark (USA)	--	5	25	Kleenex, Servus
Sonstige	50	30	25	Hakle

Abbildung 1:   Marktanteile ausgewählter Hygienepapieranbieter 1984 - 1997
Quelle: SCA.

Auf europäischer Ebene bietet sich ein vergleichbares Bild. Mit circa 18 % Marktanteil (Menge) ist SCA HP der letzte Europäer unter US-amerikanischen Konzernen (Kimberly Clark 19 %, Fort James 17 %, Procter & Gamble 3 %). Der Anteil der Top 3 liegt mit circa 55 % zwar noch deutlich unter dem in Deutschland, mit einem Anstieg dieses Wertes ist jedoch zu rechnen, da alle großen Player danach trachten, ihren Marktanteil mittels Akquisitionen oder Produktneueinführungen zu steigern. Eindrückliches Beispiel hierfür bildet die derzeitig von Procter & Gamble betriebene Einführung von Bounty Küchentüchern in Deutschland, Österreich, Belgien und anderen europäischen Ländern.

Daß dieser Konzentration und Internationalisierung auf Herstellerseite eine ebensolche Entwicklung seitens des Handels gegenübersteht, bedarf keiner weiteren Erläuterung. Erwähnenswert erscheint jedoch der bei Hygienepapier seit Jahren ständig steigende und mit mengenmäßig über 50 % ungewöhnlich hohe Anteil von Handelsmarken, den sogenannten Private Labels (vgl. Abbildung 2). Hygienepapiere sind aufgrund ihrer Einstufung durch den Verbraucher als Low Interest Products, aber auch wegen der geringen Innovationsrate und einem traditionell niedrigen Niveau an Marketingaktivitäten seitens der Hersteller prädestiniert für diese „Markenkategorie".

Handelsmarkenanteil (Menge, Angaben in %)						
	D	UK	F	I	E	West Europa
1993	63	55	54	30	30	51
1997	71	65	63	42	48	58

Abbildung 2: Handelsmarkenanteil (Menge) bei Hygienepapieren in ausgewählten Ländern
Quelle: SCA.

Insbesondere in qualitativ minderwertigen Segmenten, wie 2-lagigem Toilettenpapier, ringen Marken dementsprechend nicht mehr um Märkte, sondern bestenfalls noch ums Überleben. Allerdings zeigt der Kampf ums Küchentuch, der in Deutschland seit April 1997 zwischen Bounty (Procter & Gamble) und Zewa Wisch & Weg tobt, daß Innovationen und geschicktes Marketing in Verbindung mit extrem hohem Werbedruck den Anteil der Handelsmarken sehr wohl zu beschränken vermögen (vgl. Abbildung 3). Während letztere ihren Marktanteil von 1994 bis 1996 um gut 7 % steigerten, gewannen die Marken im Jahr 1997 innerhalb von nur neun Monaten nahezu alle verlorenen Anteile zurück. Im November/Dezember 1997 lag ihr Anteil sogar wieder bei 47 %. Fraglich bleibt allerdings, ob dieser Erfolg die eingesetzten Werbemillionen finanziell letztendlich rechtfertigt.

Jahr	1994	1995	1996	1997
Marktvolumen (Mio. DM)	267	285	316	341
Handelsmarkenanteil	52,3 %	57,2 %	59,4 %	56,0 %
Werbeausgaben (Mio. DM)	1,6	6,6	10,0	71,4
In Prozent des Marktvolumens	0,6 %	2,3 %	3,2 %	20,9 %

Abbildung 3:   Handelsmarkenanteil (Menge) und Werbeausgaben (brutto, Millionen
                 DM und in % des Marktvolumens) bei Küchentüchern 1994 - 1997
Quelle: Nielsen (d. h. ohne Aldi), eigene Berechnung.

Alles in allem führt der hohe Handelsmarkenanteil bei Hygienepapieren jedoch zu einer deutlich höheren Macht des Handels als in anderen Warengruppen. Rund die Hälfte des Marktes wird marketingtechnisch bereits vom Handel dominiert. Länderübergreifende Handelsmarkenkonzepte oder sogenannte. Euro Private Labels sind höher entwickelt als in den meisten anderen Warengruppen und - auch wenn in Ländern wie Deutschland, Frankreich oder England der Handelsmarkenanteil seine Sättigungsgrenze erreicht haben mag - auf gesamteuropäischer Ebene sorgen Staaten wie Italien oder Spanien für ein weiteres Wachstum dieses Segments.

Bemerkenswert in diesem Zusammenhang ist die Art und Weise, in der sich die verschiedenen Konkurrenten auf das Phänomen „Handelsmarke" eingestellt haben. Abbildung 4 zeigt die europäischen Marktanteile der großen Vier nach Segmenten. Kimberly Clark (KC) und Procter & Gamble (P&G) konzentrieren sich auf das Markengeschäft, während Fort James (FJ) und SCA HP ausgewogen beide Segmente bedienen. Mit Ausnahme einiger lokaler Anbieter wie zum Beispiel Hakle in Deutschland und der Schweiz wird das Markengeschäft von den internationalen Produzenten beherrscht. Private Labels hingegen bilden das Rückzugsgebiet vieler mittelständischer Anbieter.

Wettbewerber	KC	P&G	FJ	SCA HP	andere
Marke (42 %)	35	6	18	16	25
Handelsmarke (58 %)	6	1	15	18	59
Total (100 %)	18	3	16	17	45

Abbildung 4:   Marktanteile in Europa (Menge, Angaben in %) nach Segmenten
                 1997
Quelle: SCA.

2.2 Das Markenportfolio von SCA Hygiene Paper

Abbildung 5 zeigt das Portfolio, den Umsatz sowie die geographische Verbreitung der wichtigsten Marken von SCA HP im Jahr 1996. Neben den Hausmarken der früheren PWA (Zewa) und Mölnlycke (Edet) finden sich die durch Akquisitionen hinzugekommenen Marken Kleenex (1996), Domex (1989), Cosy und Feh (1987) sowie die 1989 eingeführte Umweltmarke Danke. Insbesondere bei Zewa kommt den Submarken eine starke, wenn nicht gar dominante Bedeutung zu. Softis und Wisch & Weg zum Beispiel erfreuen sich einer höheren Bekanntheit als Zewa.

Marke	Markenkonzept	Land	Umsatz 1996 (Mio. DM)	Umsatzanteil 1996 (%)
Zewa	Markenfamilie mit Submarken, (z. B. Softis, Wisch & Weg)	D, A, CH, HU, PL, CZ, SK	279,7	19,1
Edet	Markenfamilie mit Submarken (z. B. Dubbel Kräpp)	S, NL, B, SF, N, PL, LT	115,1	7,8
Kleenex	Double Velvet	UK, IR	47,7	3,2
Domex	Markenfamilie mit Submarken (z. B. Palacio)	B, NL	35,5	2,4
Danke	Markenfamilie	D, A, CH, NL	55,3	3,8
Feh	Produktmarke	A	10,8	0,7
Cosy	Produktmarke	A	31,4	2,1
Handelsmarken	---	Europa	890,9	60,8

Abbildung 5:   Das Markenportfolio der SCA HP Ende 1996

Offensichtlich ist der hohe Anteil der Handelsmarken am SCA HP Portfolio. Wenig ideal erscheint auch die große Anzahl sowie die geographischen Überschneidungen einiger Marken, woraus letztendlich auch der geringe Umsatzanteil der einzelnen Marken resultiert. Verstärkt wird dieses negative Bild noch dadurch, daß die Marken Zewa, Edet und Domex eine sehr ähnliche Positionierung aufweisen und daß die Marke Kleenex aus markenrechtlichen Gründen bis zum Jahr 2000 aufgegeben werden muß[1].

---

1   Kleenex konnte von SCA HP 1996 im Zuge der Übernahme von Scott Paper durch Kimberly Clark

3.   Die Restrukturierung des Markenportfolios

3.1   Dimensionen der Markenstrategie

Sowohl die im Kapitel 2 diskutierte Veränderung des Wettbewerbsumfeldes als auch das durch die Fusion von SCA und PWA entstandene inkonsistente Markenportfolio machen eine Neudefinition der Markenstrategie von SCA HP erforderlich. Hierbei gilt es insbesondere, folgende Problemdimensionen zu berücksichtigen (in Anlehnung an Huber, 1988, S. 12 ff.):

- das Verhältnis von Handelsmarken und Marken,
- die Anzahl der Marken in einem Produktbereich,
- die Anzahl der unter einer Marke geführten Produktkategorien und
- der geographische Geltungsbereich der Marken.

3.2   Handels- versus Herstellermarke

Aus Sicht eines klassischen Markenartiklers stellen Handelsmarken häufig mehr ein notwendiges Übel als eine strategische Option dar. Zwar kann man mit ihnen Kapazitäten füllen und bei Handelskunden Kooperationsbereitschaft und Partnerschaft demonstrieren, letztendlich aber übergibt ein Hersteller von Handelsmarken die Marketingführerschaft an die nachgelagerte Stufe der Wertschöpfungskette ab. Die Abhängigkeit steigt, und er läuft Gefahr, zur verlängerten Werkbank eines Handelskonzerns zu degenerieren.

Dementsprechend wurden Handelsmarken ursprünglich auch bei SCA HP lediglich als Möglichkeit zum „Resteverkaufen" betrachtet. Folgende Faktoren führten jedoch dazu, daß deren Anteil am SCA HP Umsatz in wenigen Jahren auf über 50 % anstieg:

1. **Die Kapitalintensität der (Hygiene-)Papierindustrie:** Die Investition in eine moderne Tissue-Papiermaschine bedingt je nach eingesetzter Technik und Größe Ausgaben zwischen 100 und 200 Millionen DM und führt zu einem Kapazitätszuwachs von circa 60.000 Tonnen pro Jahr, was circa 500 Millionen Rollen Toilettenpapier entspricht. Dies führt zum einen zu einer enormen Abschreibungsbelastung. Zum anderen bedingt der Absatz dieser Menge zum Beispiel in Deutschland einen Anstieg des Marktanteils um rund 8 %. Entsprechend groß ist der Druck, die entstandene Kapazität - wenn nötig auch mit Handelsmarken - zu füllen.

---

bedingt durch Druck der Kartellbehörden übernommen werden. Die Nutzung ist jedoch sowohl zeitlich limitiert, als auch auf Toilettenpapier und Küchentücher beschränkt.

2. **Die zunehmende Bedeutung von Handelsmarken:** Speziell bei Hygienepapieren war seit den 70er Jahren eine rasante Entwicklung der Handelsmarken zu verzeichnen. Wesentlich getragen wurde diese einerseits von den aufstrebenden Discountern und andererseits von dem Bemühen des übrigen Handels, günstige Produkte als Abwehrmaßnahme gegen Discounter im Sortiment zu integrieren. Diese Konstellation eröffnete den Herstellern die Chance, volumenträchtige Handelsmarkenkontrakte abzuschließen. Als besonderer Vorteil erwies es sich hierbei, wenn ein Anbieter - wie zum Beispiel SCA HP - aufgrund seiner Aktivitäten im Markengeschäft auf exzellente Referenzen hinsichtlich Qualität und Lieferzuverlässigkeit verweisen konnte.

3. **Die limitierte Anzahl von Marken im Sortiment des Handels:** Insbesondere die Weiterentwicklung des Category Management im Handel erhöht den Ertragsdruck auf die einzelnen Marken. Dementsprechend vollzieht sich in den Warengruppen eine Reduzierung der Anzahl der geführten Produkte. Neben den Handelsmarken des jeweiligen Händlers bleibt lediglich Raum für wenige internationale und nationale Marken (vgl. Mei-Folter, 1992, S. 105). Extrem wirkt sich diese Straffung der Sortimente bei wenig komplexen Produkten wie Toilettenpapier oder Küchenrollen aus. Insbesondere in flächenmäßig limitierten Vertriebsschienen wie Drogerie- und Supermärkten oder Discountern tendieren Handelsketten dazu, neben dem jeweiligen Marktführer maximal eine weitere Marke im Regal zu akzeptieren. Nahezu alle europäischen Märkte im Hygienepapierbereich werden von zwei oder drei der vier großen Anbieter (KC, SCA HP, FJ sowie P&G) dominiert. Der Aufbau des Markengeschäfts ohne die Übernahme etablierter Marken ist folglich extrem schwierig und teuer. So bevorzugte auch Procter & Gamble eine Akquisitionsstrategie, um in Europa mit Hygienepapieren Fuß zu fassen (Kauf der Vereinigten Papierwerke mit Tempo und Bess). SCA HP gelang der Einstieg ins britische Markengeschäft nur, weil Kimberly Clark nach der Übernahme von Scott aus wettbewerbsrechtlichen Gründen gezwungen war, Produktionskapazitäten und - zeitlich limitiert - auch das Nutzungsrecht an der Marke Kleenex abzugeben.

4. **Die Akquisition von Handelsmarken-orientierten Unternehmen:** SCA HP entstand innerhalb weniger Jahre durch die geographische Expansion und die abschließende Fusion eines deutschen und eines schwedischen Unternehmens. Bedingt durch die Kapazitätsorientierung der Papierbranche erfolgte der Eintritt in ein neues Land in vielen Fällen über den Zukauf von Unternehmen. Da in vielen Ländern jedoch keine „Markenkandidaten" zur Disposition standen, blieb oft nur der Einstieg über einen Private Label Anbieter. So erwarb die frühere PWA 1986 den größten Handelmarkenproduzent Frankreichs, die Soc. Sept, und SCA HP übernahm 1997 Marpo, die Nr. 3 in Spanien und ebenfalls ein „markenloses" Unternehmen.

Im Zuge der Neudefinition der Markenstrategie von SCA HP stellte sich angesichts des existierenden hohen Private Label Anteils sowie der oben unter 1 bis 4 skizzierten Faktoren nicht die Frage, ob Handelsmarken reduziert oder gar aus dem Sortiment gestrichen werden sollten. Vielmehr wurde auf Basis folgender Fragestellungen sogar der Ausstieg aus dem Markengeschäft diskutiert:

■ Besitzt das Markensegment mit einem geschätzten Marktanteil von mittelfristig circa 40 % genügend Potential (bei Toilettenpapier liegt der mengenmäßige Markenanteil in Deutschland bereits unter 30 %)?

■ Hat SCA HP, ein Papierkonzern, im Markengeschäft (hohes Innovationstempo, professionelles Marketing) überhaupt eine Chance gegen FMCG (Fast Moving Consumer Goods) Spezialisten wie Procter & Gamble oder Kimberly Clark?

■ Ist es nicht klüger, im Zuge einer Ausweichstrategie den anderen Großen das schrumpfende Markengeschäft zu überlassen und sich ganz auf das Private Label Geschäft zu konzentrieren?

Allerdings existieren auch gewichtige **Gründe**, die **Marke nicht aufzugeben**. So besteht ein klarer Zusammenhang zwischen Marken- und Handelsmarkengeschäft. Innovationen bei ersteren werden früher oder später auch bei zweiteren eingesetzt. Es ist fraglich, ob reine Handelsmarkenlieferanten die notwendige Innovationskraft besitzen, um gegen zweigleisig operierende Wettbewerber (wie z. B. Fort James) bestehen zu können. Weiterhin beruht der Erfolg bei Private Labels neben dem Preis wesentlich auf dem Image, das ein Lieferant hinsichtlich Qualität, Innovation und Zuverlässigkeit im Handel besitzt. Das schlagendste Argument hierfür bildet ein erfolgreiches Markengeschäft. Unersetzlich sind Marken schließlich für jede Expansion in Osteuropa oder in anderen wenig entwickelten Regionen. Unter den dort geltenden Rahmenbedingungen spielen Handelsmarken (noch) keine Rolle. Die Entwicklung von neuen Märkten ist nur durch Marken zu leisten und das Rennen um die Marktführerschaft nur mit Marken zu gewinnen.

Letztendlich entschied man sich bei SCA HP daher für eine **Dual-Strategie**, auch Dual Trackership genannt. Angestrebt wird hierbei jedoch weder eine umsatzmäßige Balance von Marke und Handelsmarke auf Gesamtebene noch der Vertrieb beider Kategorien in allen Ländern. Ziel ist es, das Handelsmarkengeschäft europaweit zu betreiben. Für Marken hingegen gilt ein regionaler Ansatz. Dort, wo SCA HP bereits eine Spitzenstellung (Top 3) innehat oder aber die Chance besteht, eine solche zu erreichen, wird das Markengeschäft ausgebaut bzw. wie im Fall Deutschland mit allen Mitteln verteidigt. Der Einstieg in besetzte Märkte aber erfolgt nur, wenn dies mittels Akquisition einer führenden Marke möglich ist.

Unterstützend für diese Entscheidung wirkte die Geschäftsentwicklung im Markengeschäft in Deutschland, dem wichtigsten europäischen Markt. Seit der Übernahme der Vereinigten Papierwerke hat Procter & Gamble hier trotz erheblicher Werbeaktivitäten gut 5 % Marktanteil verloren, SCA HP dagegen konnte knapp 1 % zulegen und dies, obwohl der Handelsmarkenanteil in diesem Zeitraum von 36 auf 42 % anstieg (alle Daten auf Basis Nielsen, KNI, Wert, 1997 vs. 1994; d. h. ohne Aldi).

3.3 Monomarken- versus Mehrmarkenstrategie

Hierbei geht es um die Fragestellung, ob zum Zwecke der Marktsegmentierung mehrere Marken geführt werden sollen (Mehrmarkenstrategie) oder ob man versucht, den Markt mit einer Marke abzudecken (Monomarkenstrategie). Bei der Monomarkenstrategie steht dem Vorteil einer Konzentration der Ressourcen der Nachteil einer Allround Positionierung gegenüber, welche leicht zu einem verwässerten Markenauftritt führen kann. Bei der Mehrmarkenstrategie hingegen ist es möglich, Segmente mittels scharf positionierter Marken mit klar definierten USP's zielgerichtet anzusprechen. Voraussetzung hierfür ist allerdings die Existenz von trennscharfen Segmenten sowie ein ausreichendes Potential derselben (vgl. Nieschlag et al., 1994, S. 82 ff. sowie den Beitrag „Mehrmarkenstrategien - Ansatzpunkte für das Management von Markenportfolios" in diesem Buch).

Abbildung 6 zeigt für Deutschland eine Potentialanalyse der wichtigsten Hygienepapierprodukte. Basis bildet der von Nielsen (KNI) für 1997 ausgewiesene Umsatz auf Ladenebene, der pauschal um 30 % gekürzt wurde, um in etwa den Umsatz der Hersteller zu ermitteln. Unterstellt sind fiktive Marktanteile von 10, 20 und 40 % sowie ein angenommenes Werbebudget von 10 % des Umsatzes.

Produktgruppe	Marktvolumen auf Herstellerebene (Mio. DM)	Umsatz (Mio. DM) bei Marktanteil von			Budget (Mio. DM) 10 % v. Umsatz bei Marktanteil von		
		10 %	20 %	40 %	10 %	20 %	40 %
Toilettenpapier	720	72	144	288	7	14	29
Taschentücher	320	32	64	128	3	6	13
Küchentücher	240	24	48	96	2	5	10

Abbildung 6: Potentialanalyse ausgewählter Hygienepapiere in Deutschland
Quelle: Nielsen, eigene Berechnung.

Bedingt u. a. auch durch den hohen Anteil der Handelsmarken verfügen die führenden Marken in diesen Produktgruppen über relativ niedrige Marktanteile (Nielsen, KNI, Wert, 1 - 12/1997) und damit nur über folgende fiktive Werbebudgets:

▪ Toilettenpapiere:
Zewa und Hakle je rund 11 Millionen DM Budget bei jeweils gut 15 % Marktanteil.

▪ Taschentücher:
Tempo 13 Millionen DM Budget, Zewa Softis 7 Millionen DM bei 42 bzw. 21 % Marktanteil.

■ Küchentücher:
Zewa Wisch & Weg 6 Millionen DM, Bounty 3 Millionen DM bei 24 bzw. 12 % Marktanteil.

Das **Werbebudget** für die Einführung der Bounty Küchentücher in Deutschland (P&G) lag im ersten Jahr bei circa 50 Millionen DM. Zewa Wisch & Weg wurde im gleichen Zeitraum mit „nur" 14 Millionen DM beworben. Tempo Taschentücher wiederum stehen derzeit für circa 44 Millionen DM Budget pro Jahr (alle Angaben nur klassische Werbung in Deutschland, brutto). Unabhängig von diesen, durch den derzeitigen Hygienepapier-Krieg aufgeblähten Budgets, kann man als Faustregel unterstellen, daß die Einführung einer neuen FMCG-Marke alleine an klassischer Werbung Mittel von über 20 Millionen DM voraussetzt und daß zur Markenpflege später mindestens die Hälfte hiervon pro Jahr auszugeben ist. Vergleicht man diese Zahlen mit dem Potential in Abbildung 6, wird deutlich, wie eng der Spielraum für neue Marken bzw. für die Führung von Zweitmarken ist.

Demgegenüber steht jedoch eine **Nachfragestruktur** der Konsumenten, die eine differenzierte Marktbearbeitung nahelegt. So existiert zum Beispiel die Gruppe der Umweltorientierten, die mehr auf Altpapiereinsatz als auf Weichheit und blütenweißes Klopapier Wert legt. Bei Küchentüchern mögen's manche bunt, andere hingegen möchten ihre Lebensmittel keinesfalls mit Farbe sondern nur mit reinen (weißen) Produkten in Verbindung bringen und bei Toilettenpapier herrscht im deutschsprachigen Raum die „Lagengesellschaft", je mehr desto besser und teurer.

Zwei Wege führen aus dem Dilemma von Kundenorientierung auf der einen und Budgetrestriktionen auf der anderen Seite. Der erste besteht in der Nutzung **produktgruppenübergreifender Marken**, wie zum Beispiel der Öko-Marke „Danke". Durch die Bündelung der Erlöse aus mehreren Warengruppen unter einer Marke lassen sich Umsätze erreichen, die ein Werbebudget tragen (vgl. hierzu Kapitel 3.4).

Der zweite Weg liegt in einer **Submarkenstrategie**. So wird SCA HP künftig mit einer Dachmarke - in Deutschland wie bisher mit Zewa - arbeiten. Verschoben wird jedoch die Gewichtung innerhalb der Markenführung. Bedingt durch das bisherige Packungsbild und die verwendeten Werbeaussagen erfreuen sich Softis oder Wisch & Weg heute einer höheren Bekanntheit als Zewa. Künftig soll Zewa sowohl in der Kommunikation als auch im Packungsbild die Submarken dominieren. Zielgruppenspezifisch konzipiert sind jedoch die Submarken. Zewa Wisch & Weg wird durch Zewa Wisch & Weg Design ergänzt; das superweiche und feste 4-lagen Toilettenpapier nennt sich Zewa Soft, das 3-lagige - eher feste Papier - Zewa Moll und Zewa Lind rundet das Sortiment mit zwei Lagen ab. In der Hoffnung auf positive Überstrahleffekte auf alle Zewa Produkte stehen im Mittelpunkt der Werbung und Verkaufsförderung jeweils die innovativsten und hochwertigsten Submarken der Markenfamilie. Sie bilden das Werbeobjekt, gleichwohl liegt der Focus der Kommunikation stets auf der Dachmarke Zewa.

3.4 Produktmarken oder Markenfamilie

Das Sortiment eines Herstellers umfaßt in der Regel mehrere Produktkategorien. Damit stellt sich die Frage, wieviele dieser Kategorien mit einer Marke abgedeckt werden sollen (vgl. Unger, 1986, S. 9 f.). Im Extremfall führt dies zu einer Produktmarkenstrategie, bei der jedes Produkt ein eigenes Markenzeichen erhält; ein Hinweis auf den Hersteller erfolgt nur am Rande. Paradebeispiel für ein solches Vorgehen ist Procter & Gamble. Mit Tempo, Bounty und Bess wird bei Hygienepapier genau wie in anderen Warenkategorien klar auf die Kraft der Produktmarke gesetzt.

Im Gegensatz hierzu steht die **Markenfamilie**, bei der unter einem Namen Produkte aus mehreren Kategorien geführt werden. Verwendet man zur Differenzierung Submarken, wird häufig auch von einer Dachmarkenstrategie gesprochen. Als Voraussetzung für erfolgreiche Markenfamilien gelten (vgl. Aaker/Keller, 1990, S. 27 ff. sowie den Beitrag „Konzeption und Umsetzung von Markenerweiterungen" in diesem Buch):

- Ein positives Image der Originalmarke, deren „guter Name" für die Familie genutzt werden soll.

- Ein Zusammenpassen der durch die Markenfamilie abgedeckten Produktklassen, wobei sich „Zusammenpassen" einer klaren Definition entzieht. Das Spektrum reicht von einem engen technischen Zusammenhang (wie z. B. bei Pelikan Füller und Tinte) bis hin zu einer imaginären Beziehung wie bei Porsche Sportwagen und Brillen.

- Das Vertrauen der Konsumenten, daß der Hersteller Kompetenz in allen abgedeckten Produktkategorien besitzt.

Das Markenportfolio von SCA HP bietet heute ein uneinheitliches Bild (vgl. Abbildung 5). Neben Produktmarken wie Feh stehen reine Familienmarken wie Danke und schwache Dachmarken mit starken Submarken wie im Falle von Zewa. Hält man sich nochmals das begrenzte Potential der einzelnen Produktkategorien vor Augen (vgl. Abbildung 6), ist nachvollziehbar, daß im Zuge der **Bereinigung des Markenportfolios** außer Frage stand, daß das Synergiepotential von Markenfamilien so weit wie möglich auszuschöpfen sei. Zur Diskussion standen jedoch

1. die Möglichkeit, die Umweltmarke Danke unter die konventionellen Marke Zewa zu integrieren,
2. die Rolle der Submarken innerhalb der Markenfamilien sowie
3. die Zukunft der noch existierenden Produktmarken.

Zu 1: Integration der Umweltmarke Danke unter der Marke Zewa

Hinsichtlich der Zukunft von Danke führte ein Abgleich mit den oben genannten Kriterien für erfolgreiche Markenfamilien sehr schnell zu der Erkenntnis, daß auf die Führung einer eigenständigen Umweltmarke nicht verzichtet werden sollte. Zwar hat Zewa einen guten Namen, zu gering aber ist die Übereinstimmung zwischen konventionellen und umweltorientierten Hygienepapieren. Ein graues, zu 100 % aus ungebleichtem Altpapier hergestelltes Toilettenpapier in Papierverpackung paßt nicht zu einem reinen, weißen, aus Zellstoff und damit letztendlich aus gerodeten Bäumen produzierten Taschentuch aus der wiederverschließbaren Tüchertasche wie Zewa Softis (vgl. auch Kapitel 3.3). Fraglich ist dementsprechend auch, ob der umweltorientierte Konsument Zewa überhaupt die Kompetenz zur Herstellung von Umweltpapier zumißt.

Demgegenüber steht außer Frage, daß der Umweltaspekt als zentraler Kern der Marke Danke eine ideale Klammer für die Verwendung der Marke bei allen Hygienepapierprodukten oder bei Bedarf sogar bei weiteren Warenkategorien bildet. Weiterhin macht die klare Positionierung der Marke auf Umwelt den Einsatz von Submarken hinfällig. Der Entschluß von SCA HP war es folglich, Danke als reine Familienmarke in allen Produktkategorien weiterzuführen und damit auch das beschränkte Potential für eine Zweitmarke innerhalb der einzelnen Kategorien zu bündeln.

Zu 2: Rolle der Submarke innerhalb der Markenfamilie

Die bestehende starke Stellung der Submarken gegenüber der Dachmarke Zewa beruht darauf, daß man bisher das Ziel verfolgte, produktbezogene USP´s in den Mittelpunkt der Marketingaktivitäten zu stellen, was aufgrund unterschiedlicher Anforderungen der Nachfrager auch berechtigt erschien. So stehen bei Toilettenpapier Weichheit und Festigkeit an erster Stelle der Präferenzliste, bei Küchentüchern kommt es auf Saugfähigkeit und Festigkeit an, während Taschentücher neben Weichheit und Festigkeit auch nach einer hygienischen wiederverschließbaren Verpackung verlangen. Dementsprechend entwickelten sich Wisch & Weg (saugstark und naßfest, mit einem Wisch ist alles Weg) und Softis (weich und hygienisch aus der Tüchertasche). Bei Toilettenpapier hingegen blieb das Profil der Submarken mangels klarer USP´s recht schwach.

Ein Blick auf die oben angeführten Erfolgskriterien für Familienmarken zeigt jedoch, daß Zewa im Bereich Hygienepapiere durchaus als reine Familienmarke geführt werden könnte. Die Marke verfügt über ein ausbaufähiges Image (zuverlässiges, vielleicht etwas altmodisches, aber qualitativ hochwertiges Hygienepapier), die Produktgruppen passen relativ gut zusammen und einem Hersteller von Küchenrollen traut man sicherlich auch die Fertigung von Toilettenpapier zu. Dennoch bleibt der Tatbestand, daß unterschiedliche Produktanforderungen innerhalb der Produktkategorien bestehen (vgl. oben). Dementsprechend wurde entschieden, Zewa zwar konsequent für alle Produktbereiche einzusetzen, gleichwohl aber Submarken zur Differenzierung zu nutzten. Allerdings spielen letztere im Rahmen des Markenauftritts künftig nur noch eine untergeordnete Rolle.

Zu 3: Zukunft der noch existierenden Produktmarken

Aus 2. ergibt sich die Zukunft der noch existierenden Produktmarken. Sie werden gemolken und mittelfristig aufgegeben. Eine Ausnahme bildet Feh, der Marktführer bei Taschentüchern in Österreich. Da Zewa Softis und Feh gemeinsam über fast 60 % Marktanteil verfügen und Tempo in den Markt drängt, bleiben beide Marken im Rennen, um Tempo in die Zange nehmen zu können.

3.5 Regional- versus Euro-Marke

Hinsichtlich des geographischen Geltungsbereichs einer Marke kann zwischen nationaler, regionaler, Euro- und Welt-Marke unterschieden werden (vgl. Bruhn, 1995, Spalte 1447 sowie den Beitrag „Einzel-, Familien- und Dachmarken als grundlegende Handlungsoptionen" in diesem Buch). Im Zuge des Zusammenwachsens von Europa spricht vieles für die Einführung einer gemeinsamen **Euromarke**. So bevorzugen internationale Händler internationale Marken, die Marketingkosten zum Beispiel im Rahmen der Werbe- und Verkaufsförderungsentwicklung sinken und auch in der Produktion lassen sich Größenvorteile erzielen (vgl. Nieschlag et al., 1994, S. 248). Existieren jedoch wie im Fall SCA HP mehrere eingeführte Marken, so müssen bei einer solchen Entscheidung auch die Kosten einer Konzentration auf nur eine Marke berücksichtigt werden. Darüber hinaus ist die semantische und die markenrechtliche Eignung der bestehenden Marken als Euromarke zu prüfen.

Stand 1996 war Edet die führende Marke in Schweden, verfügte über Marktanteile in Norwegen, Finnland sowie Holland und wurde gerade in Polen und Lettland eingeführt. Marktführer in Deutschland und Österreich hingegen war Zewa, die Marke wurde außerdem in der Schweiz und Griechenland vertrieben und befand sich in Ungarn in der Einführung. Darüber hinaus existierte noch die Marke Domex als Nr. 3 in Belgien und mit einer schwachen Position in Holland, und letztendlich reicherte der Einstieg in UK mittels Akquisition das SCA HP Portfolio um die Marke Kleenex an. Anzumerken bleibt, daß alle Marken noch über unterschiedliche Submarken verfügten. So gab es beispielsweise Zewa Soft, Kleenex Double Velvet und Edet Dubbel Kräpp Toilettenpapier.

Da die Möglichkeit, eine neue, bisher nicht genutzte Marke als neue Euromarke einzuführen nicht in Erwägung gezogen wurde, Kleenex aus markenrechtlichen Gründen mittelfristig ohnehin aufzugeben war[2] und Domex lediglich über eine sehr begrenzte

---

2 Im Zuge der Akquisition eines Werkes der Firma Kimberly Clark wurde das Recht zur Nutzung der Marke Kleenex lediglich für einen begrenzten Zeitraum erworben.

geographische Basis verfügte, konzentrierte sich die Entscheidung schnell auf die Marken Zewa und Edet. Der Zewa-Umsatz lag 1996 bei circa 280 Millionen DM, bekannt war die Marke theoretisch bei circa 100 Millionen potentiellen Konsumenten (Bevölkerung von Deutschland, Österreich, Schweiz und Griechenland). Edet, die Hausmarke des schwedischen Eigentümers hingegen stand gerade für 115 Millionen DM Umsatz und war theoretisch nur circa 30 Millionen Konsumenten bekannt (Schweden, Norwegen, Finnland und Holland). Für Edet allerdings sprach, daß die Marke bei Namenfests insbesondere im englischsprachigen Raum deutlich besser abschnitt als Zewa, wobei jedoch beide Marken grundsätzlich als internationale Marken geeignet sind. Weder hinter Edet noch hinter Zewa verbergen sich sogenannte Killerfaktoren, wie Unaussprechbarkeit oder gar verfängliche Bedeutungen in bestimmten Sprachen, die einen Einsatz des Markennamens in einem europäischen Land unmöglich gemacht hätten (vgl. auch den Beitrag „Gestaltung von Markennamen" in diesem Buch). Auch markenrechtlich gab es hinsichtlich beider Marken keine substantiellen Bedenken.

Vor dem Hintergrund dieser Fakten lautete die kritische Frage: **eine Euro- oder zwei Regionalmarken**? Oder anders formuliert, überwiegen die künftigen geldwerten Vorteile einer Euromarke den Wert der aufzugebenden Marke(n)?

Der Wert einer Marke besteht im wesentlichen in ihrer Bekanntheit, ihrem Image sowie der Kundentreue und Preisbereitschaft, die sich hieraus beim Konsumenten ergibt (vgl. Bekmeier, 1995 a, S. 1460 ff.; Aaker, 1992; Esch/Andresen, 1997). Ein zentrales Instrument zur Schaffung von Markenwerten bildet die Werbung. Das Werbebudget gilt folglich als Investition in die Marke. Kumuliert über mehrere Jahre kann es als Indikator für den Wert derselben herangezogen werden. Innerhalb der letzten drei Jahre (1994 - 1996) wurden in Zewa alleine über klassische Werbung circa 50 Millionen DM investiert, die ungestützte Bekanntheit liegt in Deutschland bei 70 %. Auch Edet wurde im gleichen Zeitraum mit immerhin 10 Millionen DM beworben und ist ungestützt in Schweden circa 65 % der Einwohner bekannt. Klammert man Ersparnisse in der Produktion einmal aus (vgl. Kapitel 4), so stehen diesem so geschätzten Markenwert im Falle einer Reduzierung auf nur eine Euro-Marke lediglich bescheidene direkte Ersparnisse gegenüber. So kostet die Entwicklung einer Werbekampagne bei SCA HP erfahrungsgemäß weniger als 2 Millionen DM, und das Einsparungspotential im Rahmen der Verkaufsförderung wird - da diese sprachlich bedingt national ausgerichtet ist - auf weniger als 10 % der VKF-Ausgaben oder circa 5 Millionen DM pro Jahr beziffert. Kaum zu quantifizieren sind hingegen die indirekten Nachteile, die sich für SCA HP langfristig im Zuge der Entstehung eines einheitlichen europäischen Marktes aus einem uneinheitlichen Markenauftritt ergeben werden.

Vor dem Hintergrund dieser Überlegungen entschied sich SCA HP dazu, Zewa und Edet als regionale Marken zu führen und basierend auf dem bestehenden Ausbreitungsgebiet innerhalb Europas zwei Markenblöcke zu bilden. Zewa gehört Mittel-, Ost- sowie Südost-Europa. Edet deckt Nordeuropa, Benelux und England ab. Falls in Südeuropa oder Frankreich der Einstieg ins Markengeschäft erfolgen sollte, wird die Markenfrage jeweils neu zu stellen sein. Konkret ergab sich aus dieser Entscheidung, daß Zewa seit

1996 in weiten Teilen Osteuropas gelauncht wird und die Marke Edet in Polen und Lettland ersetzte. In Holland und Belgien verdrängt Edet Domex, in Dänemark erfolgt 1998 der Einstieg mit Edet.

Kritisch bleibt hinzuzufügen, daß die Entscheidung, zwei regionale Marken zu führen, für SCA HP mittelfristig sicherlich die kostengünstigste Variante darstellte. Einzuräumen ist jedoch, daß hierdurch die wohl letzte Gelegenheit zur Schaffung einer Euromarke versäumt wurde. Zumindest teilweise kompensiert wird dieses Manko jedoch durch die beschlossene und im folgenden beschriebene internationale Harmonisierung der Sortimente, die trotz unterschiedlicher Marken zu signifikanten Kosteneinsparungen in der Produktion führt. Gewissermaßen handelt es sich hierbei um eine **verdeckte Markenbereinigung**.

4. Die Dekomplexifizierung als Instrument der Markenbereinigung

Die Herstellung von Hygienepapier vollzieht sich in drei wesentlichen Schritten:

1. der Produktion sogenannte Mutterrollen aus Zellstoff oder Altpapier,
2. der Verarbeitung dieser Mutterrollen zu Fertigprodukten wie Toilettenpapier oder Taschentüchern und
3. die Verpackung der Fertigprodukte in Versand- und Verbrauchereinheiten.

Bei SCA HP belief sich die Zahl der Produktvarianten nach der Übernahme durch SCA auf den drei genannten Ebenen auf circa 700 verschiedene Mutterrollentypen, rund 2000 Fertigprodukte und mehr als 3000 Artikel mit eigener Verpackung und EAN-Nummer. Angesichts des eigentlich recht simplen Produktportfolios eine erschreckend hohe Vielfalt, die zu kostentreibender Komplexität in Produktions- und Logistikprozessen führt.

Neben marketingtechnisch gewollten Varianten wie 2- und 3-lagigem Toilettenpapier oder bedufteten und unbedufteten Taschentüchern wurde diese Variationsfülle in vielen Fällen durch unterschiedliche Produktspezifikationen bedingt, die aus Marktsicht in keiner Weise zu rechtfertigen waren. So wurden zum Beispiel die Mutterrollen für Edet Küchentücher und Zewa Wisch & Weg aus unterschiedlichen Zellstoff-Rezepturen hergestellt; das Domex Premium Toilettenpapier verfügte über eine andere Oberflächenstruktur (Prägung) als das von Zewa, und Feh Taschentücher hatten ein von Softis minimal abweichendes Format sowie eine andere Packungsverschlußtechnik als dieselben.

Konsequenterweise verfolgt SCA HP seither im Rahmen eines sogenannten „Production Network Project" die nationale und internationale **Harmonisierung der Sortimente** im Marken und Handelsmarkenbereich. Ziel ist es, die Anzahl der Varianten auf den drei oben beschriebenen Produktionsstufen um circa 50 % zu senken und parallel dazu die

Herstellung der einzelnen Varianten auf wenige Standorte bzw. Maschinen zu konzentrieren. So werden zum Beispiel Küchentücher künftig nur noch an drei statt wie bisher
an acht Standorten produziert, und die Zahl der Taschentuchfabriken reduziert sich von
fünf auf zwei. In der Summe verspricht man sich von diesen Maßnahmen innerhalb
mehrerer Jahre eine Steigerung der Produktivität um mehr als 30 %. Nach rund 18 Monaten Projektlaufzeit waren circa 10 % dieser Zielvorgabe erreicht.

Analog der Plattform-Strategie von Volkswagen gilt die Maxime, Produktvielfalt innerhalb der Wertschöpfungskette zum spätest möglichen Zeitpunkt entstehen zu lassen und
Komplexität damit möglichst auf die letzten und häufig weniger kostentreibenden Ver-
arbeitungsschritte zu beschränken. Warum sollten Küchentücher in Deutschland und
England aus Mutterrollen unterschiedlicher Spezifikation und damit aus unterschiedlichem Papier hergestellt werden, und warum sollte die Breite einer Toilettenpapierrolle
in Schweden anders als in Polen sein? Im Falle der Marken Zewa und Edet bedeutet
dies, daß die Differenzierung in den meisten Fällen erst bei der Packung ansetzt. Edet
und Zewa Taschentücher sind zum Beispiel identisch, nur stehen sie in Schweden als
„Edet Softis" und in Deutschland als „Zewa Softis" im Regal.

Aber nicht nur im Rahmen der Produktion sondern auch bezüglich marketingtechnischer
Aspekte geht SCA HP den Weg der Dekomplexifizierung. Die Marken werden
hinsichtlich Positionierung, Namensgebung der Submarken, Verpackungsdesign und
Werbung harmonisiert. Mit Ausnahme des Namens ist nahezu alles deckungsgleich.
Packungsentwicklungen, die Konzeptionierung von Werbekampagnen, aber auch Forschung und Entwicklung erfolgen für das gesamte SCA HP Markengeschäft und nicht
für Zewa oder Edet. Die Unterscheidung letzterer beschränkt sich auf das Logo sowie
auf nationale Besonderheiten wie die sprachliche Adaption der Packungen.

Insgesamt wird durch die geschilderten Maßnahmen der größte Teil der durch den Verzicht auf die Führung nur einer Euromarke entstandenen Nachteile im Produktions- und
Marketingbereich kompensiert. Der Wert der bestehenden Marken bleibt erhalten, ohne
daß deren Existenz kostenseitig zu einer übermäßigen Belastung führt.

5.   Das Ziel-Portfolio von SCA Hygiene Paper

Nach Abschluß der oben skizzierten Maßnahmen wird das Markenportfolio von SCA
HP im Jahr 2000 im wesentlichen aus den drei Dachmarken Zewa, Edet und Danke sowie Handelsmarken bestehen (vgl. Abbildung 7). Die Positionierung von Zewa und Edet
sowie die auf Produktebene eingesetzten Submarken sind ebenso wie die Produkte selbst
weitgehend identisch.

Marke	Markenkonzept Stand 1996	Geltungs- bereich 1996	Markenkonzept Ziel 2000	Geltungs- bereich 2000
Zewa	Markenfamilie mit Submarken, z. B. Softis, Soft	D, A, CH, HU, GR	Markenfamilien Zewa und Edet mit Submarken, z. B. Softis, Soft	D, A, CH, Ost/Südost- europa
Edet	Markenfamilie mit Submarken, z. B. Dubbel Kräpp	S, NL, B, SF, N, PL, LT		Nordeuropa, UK, NL
Kleenex	Markenfamilie mit Submarken, z. B. Double Velvet	UK, IR	---	---
Domex	Markenfamilie mit Submarken	B, NL	---	---
Danke	Markenfamilie	D, A, CH, NL	Markenfamilie	Europa
Feh	Produktmarke	A	Produktmarke	A
Cosy	Produktmarke	A	Produktmarke	A
Handels- marken	---	Europa	---	Europa

Abbildung 7:   Das Markenportfolio der SCA HP 1996 (Ist) und im Jahr 2000 (Ziel) im Vergleich

In der Summe ergibt sich somit eine deutliche Bereinigung des Markenportfolios. Diese beruht sowohl auf eine Verringerung der Anzahl der geführten Marken, als auch auf einer - für den Konsumenten direkt nicht ersichtlichen - Harmonisierung von Produktion und Markenkonzepten.

Es bleibt jedoch darauf hinzuweisen, daß es im Zuge der Expansion von SCA HP ver- mutlich wieder zu Akquisitionen und somit auch zu einer erneuten Aufblähung des Port- folios kommen wird. Wie im Falle von Zewa und Edet gilt es dann, zwischen dem Wert der erworbenen Marke(n) und den (Kosten-)Vorteilen einer Aufgabe derselben abzu- wägen. Markenbereinigung stellt keine einmalige Aufgabe, sondern eine permanente Herausforderung dar.

Sechstes Kapitel

Markendehnung

Franz-Rudolf Esch, Marcus Fuchs, Sören Bräutigam und Jörn Redler

Konzeption und Umsetzung von Markenerweiterungen

1. Markenerweiterungen als strategische Handlungsoption

1.1. Markenerweiterungen im Kontext von Wachstumsstrategien

Bei den Überlegungen zum Aufbau und zur Erhaltung strategischer Erfolgspotentiale stehen Unternehmen folgende Produkt-Marken-Optionen zur Verfügung: Unternehmen können mit vorhandenen oder mit neuen Marken in bisherigen oder in neuen Produktkategorien tätig werden (vgl. Abbildung 1). Bei der Nutzung vorhandener Marken handelt es sich um Markendehnungen durch Produktlinienerweiterungen oder durch Markenerweiterungen (= Dehnung der Marke in neue Produktkategorien).

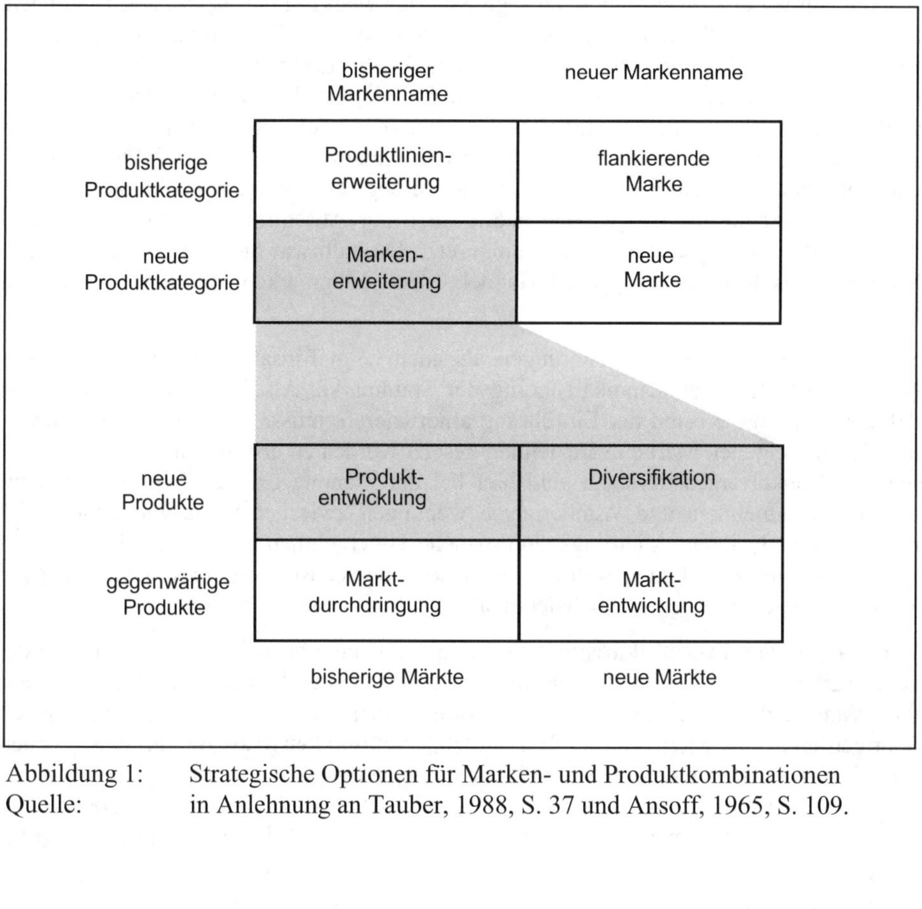

Abbildung 1:   Strategische Optionen für Marken- und Produktkombinationen
Quelle: in Anlehnung an Tauber, 1988, S. 37 und Ansoff, 1965, S. 109.

Nutzt man eine vorhandene Marke in **bisherigen Produktkategorien**, spricht man von **Produktlinienerweiterungen** oder „line extensions". Hierbei erfolgen durch Variationen eines bestehenden Produkts Anpassungen an spezifische Bedürfnisse einzelner Kundensegmente. Diese sehr beliebte Strategie zur segmentspezifischen Anpassung von Marken bewirkt eine bessere Marktabdeckung. Ein Beispiel dafür ist die „line extension" der Zigarettenmarke Marlboro in Marlboro Lights, Marlboro Medium, Marlboro 100's usw. Voraussetzung einer solchen Produktlinienerweiterung sind hinreichend klar abgrenzbare und ergiebige Kundensegmente, die über entsprechende Produktvarianten einer Marke auch ansprechbar sind. Demzufolge sollte das Markenimage auch bei Produktlinienerweiterungen kaufrelevant sein. Durch eine möglichst komplette Abdeckung eines Marktes möchte man möglichst keine Lücken für Konkurrenzmarken lassen.

Die zweite Option besteht in der Entwicklung einer neuen, **flankierenden Marke** als Ergänzung einer bereits vorhandenen Marke in dieser Produktkategorie. Typisches Beispiel hierfür ist die Neueinführung von Spee Megaperls im Waschmittelmarkt, in dem Henkel bereits mit Marken wie Persil oder Weißer Riese vertreten ist. Flankierende Marken werden eingesetzt, um einen segmentierten Markt breiter bearbeiten zu können. Im vorliegenden Fall kann beispielsweise das Segment der Preiskäufer nicht durch die vorhandenen Marken, wie beispielsweise Persil, abgedeckt werden. Dies würde der Markenpositionierung von Persil als einem Premiumprodukt zuwider laufen. Immer dann, wenn die Positionierung der bisherigen Marke die Ansprache bestimmter Kundensegmente nicht zuläßt, empfiehlt sich die Einführung einer flankierenden Marke, die neu und zielgerichtet auf das jeweils anzusprechende Segment im Markt positioniert werden kann. Flankierende Marken werden häufig auch zur Abschirmung der schon vorhandenen Marke vor Konkurrenzmarken eingesetzt. Deshalb war die Einführung von Spee Megaperls als Kampfmarke gegen Handels- und Billigmarken im Waschmittelmarkt zweckmäßig.

Sowohl bei Produktlinienerweiterungen als auch beim Einsatz flankierender Marken besteht die Gefahr der Kannibalisierung der Stammarke. Als Entscheidungsgrundlage dafür, ob sich die Kosten der Einführung amortisieren, müssen potentielle Umsatzverluste bei der eigenen Marke in Beziehung gesetzt werden zu erwarteten Umsatzzuwächsen von Konkurrenten. Deshalb sind hier bei der Planung exakte Zielgruppenbestimmungen vorzunehmen und Wanderungsbewegungen zwischen unterschiedlichen Segmenten zu analysieren. Allerdings sind manche Unternehmen auch bereit, Überschneidungen in Kauf zu nehmen, weil es immer noch besser ist, wenn unternehmenseigene Marken sich gegenseitig kannibalisieren, als daß dies ein Konkurrent tut.

Will man in **neue Produktkategorien** vordringen, kann man auch hier vorhandene oder neue Marken einsetzen. Ein Beispiel für den letztgenannten Fall wäre die Marke Isostar von Wander, die für einen für Wander völlig neuen Produktbereich der isotonischen Sportgetränke entwickelt wurde. Eine solche **Neumarkenstrategie** für einen neuen Produktbereich ist immer dann sinnvoll, wenn die Dehnung einer vorhandenen Marke in einen neuen Produktbereich aufgrund mangelnder Übereinstimmung oder Relevanz des Markenimages mit der neuen Produktkategorie nicht möglich ist. Ein weiterer Grund für einen Eintritt in eine neue Produktkategorie mit einer neuen Marke ist ein großes Wachstumspotential durch potentielle Erweiterungsmöglichkeiten in diesem Bereich, das die Schaffung einer neuen Marke rechtfertigt.

Bei der Entwicklung neuer Marken ist - egal ob diese in einer alten oder neuen Produktkategorie eingesetzt werden - immer mit hohen Marketingaufwendungen zu rechnen, bis die Marke in das „awareness-set" und das „evoked set" der Kunden gelangt, also zu den wahrgenommenen und akzeptierten Alternativen gehört. Gründe dafür sind die wachsende Informationsüberflutung und der hohe Kommunikationsdruck, dem die Kunden ausgesetzt sind. Zudem kämpfen auch immer mehr Marken um die Aufmerksamkeitsgunst der Konsumenten. Deshalb wird es schwieriger, neue Marken in den Köpfen der Konsumenten zu plazieren. Ferner sind auch die Listungskosten neuer Marken im Handel zu berücksichtigen, um eine entsprechende Distribution zu gewährleisten. Pro Jahr gelangen in Deutschland nach Angaben von Bunk etwa 2000 neue Produkte in den Lebensmittelhandel (vgl. Bunk, 1991). Der Kampf um Regalplätze wird gerade für neue Marken immer schwieriger.

Es darf deshalb nicht verwundern, daß die Einführungskosten für neue Marken sehr hoch sind. Sie belaufen sich nach Angaben amerikanischer Autoren wie Aaker und Tauber auf 50 bis über 100 Millionen Dollar (vgl. Aaker, 1990, S. 47; Tauber, 1988, S. 27). Selbst wenn man solche Zahlen vorsichtig interpretieren muß, so ist die Entwicklung neuer Marken dennoch mit einem hohen finanziellen Risiko verbunden. Die exorbitant hohen Flopquoten neuer Produkte, die je nach Autor und Produktbereich zwischen 85 und 95 % beziffert werden, sprechen eine deutliche Sprache.

Diese Risiken versucht man durch **Markenerweiterungen** zu umgehen. Die Markenerweiterung stellt die zur Zeit am häufigsten verwandte Strategie zur Einführung eines Produkts in einen für das Unternehmen neuen Markt dar. Dies zeigt sich am abnehmenden Anteil neuer Marken an „erfolgreichen" Produktneueinführungen im Lebensmittelhandel von 1989 bis 1994 (vgl. Abbildung 2). Besonders vor dem Hintergrund der zunehmenden Kosten einer Markenneueinführung und den Akzeptanzproblemen einer neuen Marke bei Konsumenten und Handel ist die Markenerweiterung eine attraktive Alternative zu einem neuen Markennamen. Mit einer Markenerweiterung ist in Anlehnung an Aaker die Verwendung eines etablierten Markennamens für den Eintritt in eine neue Produktkategorie gemeint. Die Ausweitung der Modemarke Armani auf Armani Parfum oder Armani Brillen ist ein typisches Beispiel für eine Markenerweiterung.

Verbindet man die grundlegenden Produkt-Marken-Optionen mit den Wachstumsstrategien der klassischen Produkt-Markt-Matrix von Ansoff, bei der man mit bisherigen oder neuen Produkten in bisherige oder neue Märkte vordringen kann, so werden die Chancen, die gerade Markenerweiterungen dem Unternehmen bieten, besonders augenfällig (vgl. Abbildung 1).

Die einzelnen Wachstumsstrategien der Produkt-Markt-Matrix bergen unterschiedliche Chancen und Risiken. Deshalb betonen manche Autoren wie Becker (1998) typische Entwicklungsrichtungen in einer solchen Produkt-Markt-Matrix, die von der Marktdurchdringung über die Marktentwicklung, die Produktentwicklung bis hin zur Diversifikation reichen. Gerade mit Hilfe von Diversifikationen lassen sich potentiell die größten Erfolge erzielen. Die Gefahr eines Mißerfolgs ist jedoch ebenfalls groß, weil man sich hier am weitesten von den Kernkompetenzen der bisherigen Geschäftspolitik entfernt. Dies gilt insbesondere für die laterale Diversifikation.

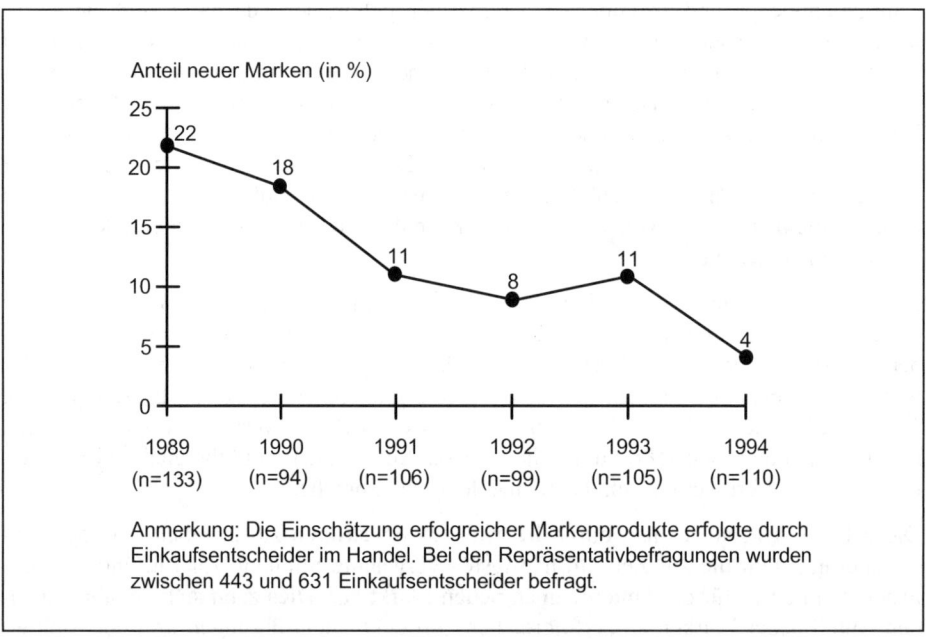

Anmerkung: Die Einschätzung erfolgreicher Markenprodukte erfolgte durch Einkaufsentscheider im Handel. Bei den Repräsentativbefragungen wurden zwischen 443 und 631 Einkaufsentscheider befragt.

Abbildung 2:   Anteil von neuen Marken an den Neueinführungen von Produkten im Handel

Quelle: zusammengestellt nach den Ergebnissen der Hit-Liste der „Lebensmittel-Praxis".

Solche Kernkompetenzen können sich jedoch nicht nur auf technologisches Know-how, fertigungstechnische Kenntnisse oder auf Marktkenntnisse beziehen, sondern auch auf Markenkompetenzen. Gerade diese Markenkompetenzen kann man durch Markenerweiterungen nutzen. Dadurch will man die in die Marke getätigten Investitionen kapitalisieren und die positive Hebelwirkung der Marke nutzen, um das Risiko des Eintritts in eine neue Produktkategorie zu verringern. Man baut bei diesen Überlegungen also auf dem über einen langen Zeitraum hinweg geschaffenen Markenwert auf.

Mit dem Wert der Marke ist hier der Wert aus Sicht der Konsumenten gemeint. Unternehmen haben über Jahre hinweg durch Marketingmaßnahmen bestimmte Vorstellungen und Assoziationen zur Marke bei den Konsumenten aufgebaut. Dieses Markenwissen prägt den Wert einer Marke. Mit der Nutzung einer vorhandenen Marke will man die getätigten Investitionen kapitalisieren und ihre positiven Hebelwirkungen nutzen, um das Risiko des Eintritts in eine neue Produktkategorie zu verringern.

Deshalb ist der Schritt von Armani-Bekleidung zu Armani-Parfüm oder von Joop!-Bekleidung zu Joop!-Uhren zwar eine laterale Diversifikation, allerdings unter Nutzung der Markenkompetenz. Offensichtlich kann hier ein relevantes Image in einem völlig neuen Markt für ein völlig neues Produkt genutzt werden. Mehr noch: Eine solche Diversifikation kann im Rahmen einer Markenlizenzierung mit kompetenten Partnern in dem jeweils relevanten Markt auch ohne größeres finanzielles Risiko erfolgen (vgl. hierzu auch den Beitrag „Lizenzierung von Marken" in diesem Buch).

Neben den hier beschriebenen direkten Markenerweiterungen stellen indirekte vertikale sowie indirekte horizontale Markenerweiterungen andere Spielformen dar, die zum Teil auch unter Markenerweiterungen subsumiert werden. **Indirekten Markenerweiterungen** ist gemeinsam, daß sie immer von einer Hauptmarke (Master-Brand) ausgehen, die um eine neue Markenbezeichnung oder um eine zweite bekannte Marke ergänzt wird. Bei vertikalen Markenerweiterungen wird eine Marke mit einem Zusatz versehen und entweder nach unten oder nach oben erweitert, d. h. durch den Zusatz zu einer Hauptmarke aufgewertet. Das Ziel einer solchen Ergänzung einer Hauptmarke (Master-Brand) liegt darin, einzelne Imagebestandteile stärker zu betonen. Eine solche Strategie kann deshalb zweckmäßig sein, weil eine Marke oft für ganz bestimmte Produktbereiche steht und deshalb oft nur enge Erweiterungen möglich wären. Dies kann durch Ergänzung einer Master-Brand mit einem zusätzlichen Namen umgangen werden. Beim **Sub-Branding** erfolgt eine Dehnung des Markennamens nach unten. Bei der Marke Boss würde demnach dem Markennamen eine Ergänzung hinzugefügt: Hugo [sub] von Boss [master]. Das **Super-Branding** stellt hingegen eine auf die Bedürfnisse der Produktkategorie zugeschnittene qualitative Aufwertung der Marke dar: z. B. Baldessarini [super] von Boss [master] (vgl. Farquhar et al., 1992 a, S. 37 f.).

Bei einer **indirekten, horizontalen Markenerweiterung** werden zwei bestehende Marken miteinander kombiniert. In einem solchen Fall spricht man auch vom **Co-Branding** oder Composite-Branding. Ein Beispiel hierfür wären Porsche Design-Uhren von IWC. Damit möchte man erreichen, daß sowohl die positiven Assoziationen zu Porsche als auch die zu dem Uhrenfabrikanten IWC auf das gemeinsame Produkt ausstrahlen (vgl. Farquhar et al., 1992 a, S. 40 f.). Der zusammengesetzte Markenname soll dazu beitragen, das Erweiterungsprodukt im Vergleich zu einer direkten Erweiterung einfacher und kostengünstiger einzuführen (vgl. Park et al., 1996, S. 453).

Im Rahmen einer solchen Allianz werden zwei Marken miteinander verbunden, die komplementäre Assoziationen aufweisen. In diesem Fall greifen die beiden Marken hinsichtlich ihrer Imagemerkmale gut ineinander. Positive Eigenschaften, die einer der beiden Marken fehlen, können durch die zweite Marke hinzugefügt werden. Unter diesen Umständen ist eine Markenallianz erfolgreicher als eine direkte Erweiterung (vgl. Park et al., 1996, S. 464). Im Extremfall können sogar einzelne, für das Erweiterungsprodukt nachteilige Assoziationen der einen Marke durch die der anderen Marke überlagert werden. Dabei wird das Leistungsniveau des Erweiterungsprodukts hinsichtlich einzelner Attribute insbesondere dann positiv beeinflußt, wenn diese Attribute bei einer der Stammarken auch hervorstechend sind (vgl. Park et al., 1996, S. 459).

Die Assoziationen der beiden konstituierenden Marken wirken jedoch unterschiedlich auf das Erweiterungsprodukt. Der größere Einfluß geht bei einer Markenallianz vom Markenkopf aus (vgl. Park et al., 1996, S. 459). Den Markenkopf bildet in der Regel die im Markennamen vorangestellte Marke (Porsche Design). Die Markenmodifikation ist die der Präposition folgende Marke (IWC). Sie ergänzt und überlagert Assoziationen, welche vom Markenkopf nur schwach belegt sind.

Dieser unterschiedliche Einfluß - je nach Position - schlägt sich auch in den Rückwirkungen auf die konstituierenden Marken nieder. Während der Markenkopf stärker durch das Erweiterungsprodukt beeinflußt wird, bleibt die Markenmodifikation aufgrund ihrer indirekten Verknüpfung weitgehend unbeeinflußt (vgl. Park et al., 1996, S. 459f).

Dadurch bietet das Composite-Branding auch solchen Marken die Möglichkeit zur Erweiterung, die auf direktem Wege nicht dazu in der Lage gewesen wären. Fehlende Markenassoziationen können durch eine zweite, komplementäre Marke hinzugefügt werden und besonders in der Position der Markenmodifikation wird zudem das Risiko von unerwünschten Rückwirkungen auf die Stammarke begrenzt.

In unseren weiteren Ausführungen konzentrieren wir uns ausschließlich auf **direkte Markenerweiterungen**, also Markenerweiterungen im engeren Sinne. Viele Wissenschaftler und Praktiker sehen in Markenerweiterungen die strategische Option für die nächsten Jahrzehnte schlechthin, andere stehen Markenerweiterungen skeptisch gegenüber, weil nach deren Ansicht eine Marke immer nur für einen bestimmten Sachverhalt stehen kann. Dies wird dann plakativ wie folgt ausgedrückt:

„Drei Dinge verleihe ich nie: mein Pferd, meine Frau und meinen Namen."

Diese Glaubenskriege machen deutlich, daß ein umfassender Analyseprozeß initiiert werden sollte, bevor man sich für oder gegen eine Markenerweiterung entscheidet. Viele Markenerweiterungen scheitern oder schaden langfristig der Stammarke gerade deshalb, weil die konzeptionellen Überlegungen und die Gestaltung der Umsetzung einer Markenerweiterungen nicht systematisch erfolgten.

1.2 Idealtypischer Markenerweiterungsprozeß

Der idealtypische Verlauf einer Markenerweiterung umfaßt die Übertragung positiver Imagekomponenten von einer etablierten Marke auf ein Erweiterungsprodukt in einer neuen Produktkategorie. Im Kern soll ein Goodwill-Transfer realisiert werden. In entgegengesetzter Richtung sollte das Image des Erweiterungsprodukts zu einer Stärkung der Stammarke beitragen (vgl. Abbildung 3). Demzufolge erwartet man bei einer solchen Markenkapitalisierung sowohl einen positiven Einfluß der Stammarke auf das Erweiterungsprodukt als auch eine Stärkung der Stammarke durch eine gelungene Erweiterung. Eine solche idealtypische Wirkungsbeziehung setzt allerdings voraus, daß zwischen der etablierten Marke und dem Erweiterungsprodukt ein starker imagemäßiger Zusammenhang von den Konsumenten wahrgenommen oder hergestellt werden kann. Ein solcher Zusammenhang kann dabei ganz unterschiedliche Grundlagen haben. So könnte man sich z. B. die Uhrenmarke „Rolex" durchaus als Hersteller edlen Schmucks vorstellen, weil das emotionale Image von Prestige und Exklusivität, mit dem die Marke Rolex assoziiert wird, auch zu dem Erweiterungsprodukt paßt.

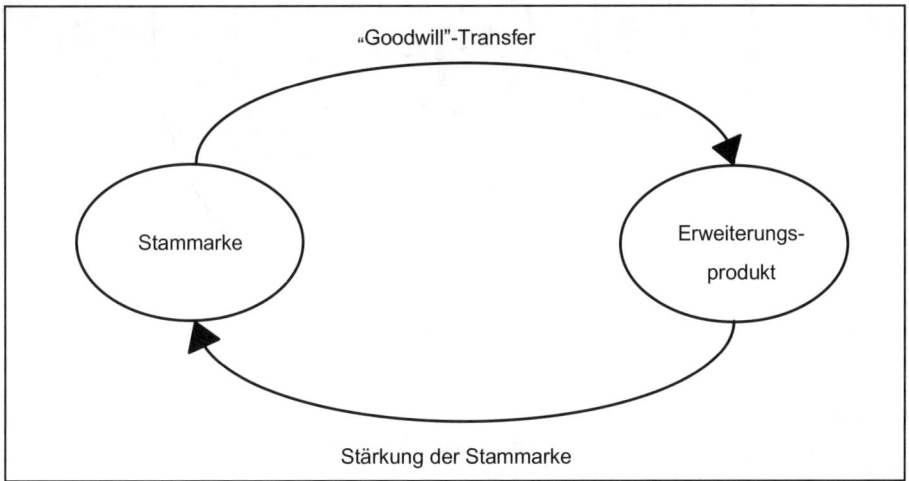

Abbildung 3:   Idealtypischer Markenerweiterungsprozeß
Quelle: in Anlehnung an Meffert, 1994 a, S. 189 ff.

2.   Chancen und Risiken von Markenerweiterungen

Bereits frühzeitig wurden die Gefahren der Markendehnungen fokussiert. Aufgrund solcher Überlegungen entstanden beispielsweise deskriptive Ansätze zur Klassifikation unterschiedlicher Markendehnungszonen, die unterschiedliche Chancen und Risiken für die Stammarke bergen (vgl. Abbildung 4).

Chancen und Risiken von Markenerweiterungen lassen sich danach klassifizieren, ob sie sich auf Konsumenten, den Handel oder das Unternehmen selbst beziehen und ob sie das Erweiterungsprodukt oder die Stammarke tangieren bzw. Allgemeingültigkeit haben. Auf diese Aspekte wird im folgenden eingegangen.

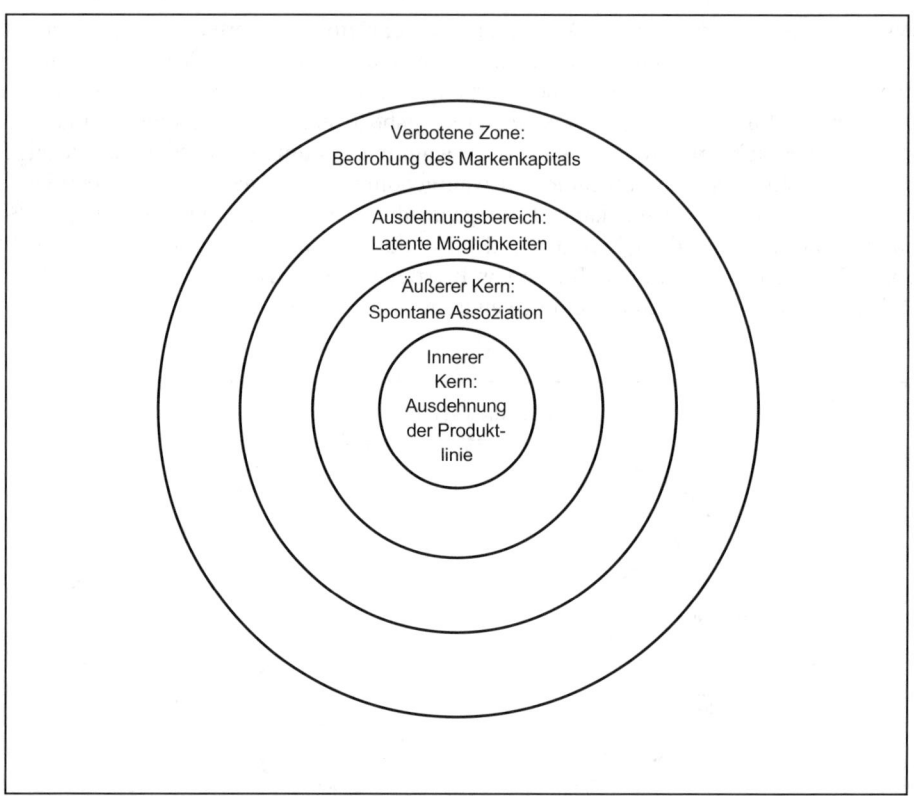

Abbildung 4:   Markendehnungszonen nach Kapferer
Quelle: Kapferer, 1992, S. 139.

Chancen der Markenerweiterungen

Bei den **Konsumenten** erhofft man sich durch Nutzung des etablierten Markennamens eine bessere gedankliche Verarbeitung und Speicherung des Erweiterungsprodukts (vgl. Nedungadi, 1990, S. 265; Keller, 1993, S. 15). Der Lernaufwand ist bei einer Markenerweiterung grundsätzlich geringer als bei einer Produkteinführung unter einem neuen Markennamen. Der bekannte Markenname soll quasi als Gedächtnisanker dienen und beim Einkauf des Erweiterungsprodukts risikoreduzierend wirken (vgl. Cohen/Basu, 1987, S. 470; Bearden/Shimp, 1982, S. 229 f.). Dies resultiert nicht zuletzt auch aus dem Bekanntheits- und Vertrauensvorsprung bei den Konsumenten, den diese aus dem meist jahrelangen Marktauftritt der etablierten Marke und den positiven Assoziationen dazu ableiten (vgl. Meffert, 1994 a, S. 189 ff.). Ein einfaches Wiedererkennen der Marke reicht oft schon für einen Versuchskauf aus, da der Markenname nicht zuletzt auch ein bestimmtes Qualitätsniveau garantiert. Dadurch soll eine Steigerung der Kaufbereitschaft und der Erstkaufsrate bewirkt werden (vgl. Claycamp/Liddy, 1969, S. 418; Aaker, 1990, S. 49; Smith/Park, 1992, S. 297 f.; Sharp, 1993, S. 11).

Beim **Handel** erwartet man sich von der Nutzung einer etablierten Marke eine Verbesserung der POS-Präsenz der Unternehmung und der Marke (vgl. Wölfer, 1994, S. 527 ff.), einen Bekanntheits- und Vertrauensvorsprung und daraus resultierend natürlich eine höhere Handelsakzeptanz im Vergleich zur Produkteinführung unter einem neuen Markennamen sowie eine Regalplatzsicherung und -ausweitung (vgl. Tauber, 1981, S. 38; 1988, S. 28; Keller/Aaker, 1992, S. 35; Sharp, 1993, S. 11). Daraus folgt eine höhere Listungsbereitschaft im Handel. Entsprechend geringer wird auch der Akquiseaufwand für den Hersteller beim Handel eingeschätzt (vgl. Meffert, 1994 a, S. 189 ff.).

Für das **Unternehmen** sollen aufgrund der zu erwartenden Synergien im Marketing-Mix Kostenersparnisse, z. B. durch die Realisation von „Economies of Scale" in der Kommunikation, möglich und höhere Umsätze sowie Ertragssteigerungen erzielbar sein (vgl. Hätty, 1994, S. 576 f.; Sharp, 1993, S. 11; Boush/Loken 1991, S. 16; Smith/Park, 1992, S. 298; Tauber, 1988, S. 28; Aaker 1990, S. 49; Keller, 1993, S. 15; Wölfer, 1994, S. 527 ff.). Dadurch würde die Effizienz des Marketing-Programms gesteigert werden (vgl. Morein, 1975). Diese Erwartungen werden auf die stärkere Dominanz und Präsenz der Marke im Markt zurückgeführt, durch die diese stärker aktualisiert wird.

Durch die Markenerweiterung können zudem neue Zielgruppen erschlossen und das Bedeutungsfeld der Marke erweitert werden (Meffert, 1994 a, S. 189 ff.). Dadurch wird ein strategisches Wachstum in neuen Märkten möglich. Zudem ist mit einer Erhöhung der Markenkompetenz zu rechnen.

Mit Hilfe einer solchen Markenerweiterung ist zudem eine schnellere Überwindung von Markteintrittsbarrieren, eine Umgehung von Wettbewerbsbeschränkungen und die Realisation eines Markenzeichenschutzes in neuen Produktbereichen möglich (vgl. Hätty, 1989 a, S. 290 ff.).

Chancen für die Stammarke: Markenerweiterungen können sich auch positiv auf die Stammarke auswirken, da diese durch eine solche Maßnahme revitalisiert und somit der Markenlebenszyklus im Vergleich zu der alleinigen Führung eines Produktes ausgedehnt werden kann (Hätty, 1994, S. 576). Maggi wäre mit der Maggi-Würze ohne Markenerweiterungen sicherlich schnell an die Grenzen des Wachstums geraten. Die Marke wäre möglicherweise veraltet und hätte ein verstaubtes Image ohne solche Erweiterungen. Durch Erweiterungen sind zudem auch Umpositionierungen der etablierten Marke, also Imagemodifikationen leichter möglich (Park et al. 1986, S. 138 f.; Park et al. 1996, S. 454; Wölfer, 1994, S. 531).

Schließlich ist mit einer Stärkung des Markenwerts der etablierten Marke durch „spillover"-Effekte der Markenerweiterung, z. B. durch Rückfluß positiver Imagebestandteile und durch Bekanntheit in einem vergrößerten Kreis von Konsumenten, zu rechnen (vgl. Aaker, 1992, S. 253; Hätty, 1989 a, S. 299 ff.; Smith/Park, 1992, S. 298; Tauber, 1988, S. 28; Aaker, 1990, S. 49; Keller, 1993, S. 15).

Risiken der Markenerweiterungen

Risiken für das Erweiterungsprodukt: Die mangelnde Akzeptanz einer Markenerweiterung kann verschiedene Ursachen haben. Sie kann darauf beruhen, daß

■ die Stammarke nicht stark genug für eine solche Erweiterung war, d. h. über eine zu schwache Markenbekanntheit und ein zu schwaches Image verfügte und somit auch keine klaren Gedächtnisinhalte auf das Erweiterungsprodukt übertragen werden konnten (vgl. Tauber 1981, S. 40; Tauber 1993, S. 313 f.) (= mangelnde Hebelwirkung),

■ die von der Stammarke zu übertragenden Markenimages und -vorstellungen in der Erweiterungkategorie nicht von Relevanz waren oder nicht zu dem Erweiterungsprodukt paßten (= mangelnder „Fit"),

■ die Synergieeffekte der Markenerweiterung überschätzt wurden und demzufolge das Erweiterungsprodukt Promotion- und Werbedefizite erlitt (vgl. Sharp, 1993, S. 13; Aaker, 1990, S. 52).

Risiken für die etablierte Marke: Gerade im Falle zu zahlreicher oder zu schnell aufeinanderfolgender Markentransfers bei schwacher Affinität zwischen den neu aufgebauten Gedächtnisstrukturen zum Erweiterungsprodukt und den vorhandenen Gedächtnisstrukturen zur etablierten Marke kann es zu einer Markenerosion kommen. Eine Unzufriedenheit der Konsumenten mit dem Erweiterungsprodukt kann die Assoziationen der Konsumenten zur etablierten Marke ebenfalls negativ beeinflussen. Dies gilt vor allem dann, wenn die etablierte Marke über keinen hohen konsumentenbezogenen Markenwert verfügt. Die Ergebnisse bewirken einen Verlust der Identität der etablierten Marke und eine Imageverwässerung (vgl. Aaker, 1990, S. 52 ff.; Loken/Roedder John, 1993, S. 72; Sharp, 1993, S. 12 f.). Deshalb ist bei der Planung und Umsetzung einer Markenerweiterung auf eine markenbezogene und imagekonforme Integration der Marketingmaßnahmen für das Erweiterungsprodukt zu achten. Gerade eine Imageverwässerung und eine Positionierungsaufweichung der etablierten Marke durch die Markenerweiterung kann eine Gefährdung der Wettbewerbsposition nach sich ziehen (vgl. Trout/Rivkin, 1996, S. 41; Ries/Trout, 1986; Aaker/Keller, 1990, S. 28).

3. Prüfung von Markenerweiterungen

3.1 Überblick über die Analyseschritte einer Markenerweiterung

Bei der Prüfung von Markenerweiterungen sind verschiedene Analysestufen zu unterscheiden: Grob gesprochen kann man zwischen konzeptionellen Überlegungen und Umsetzungsüberlegungen differenzieren (vgl. Abbildung 5).

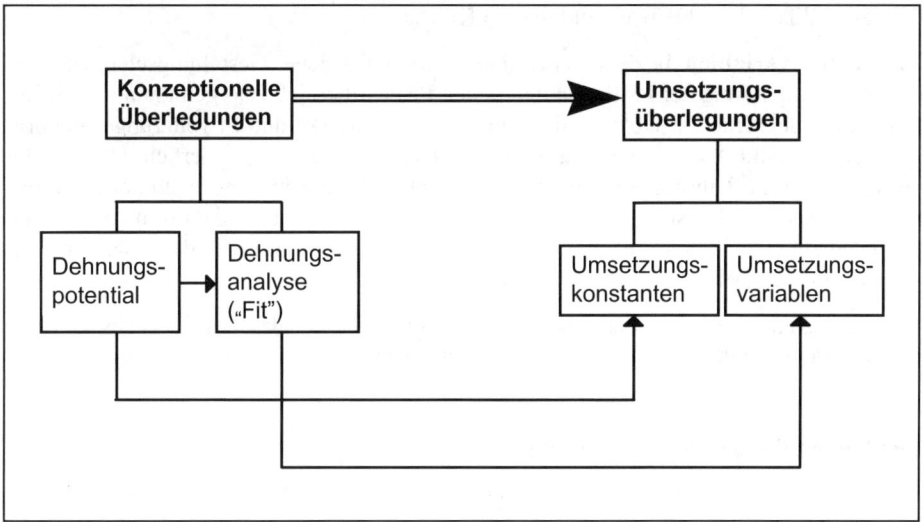

Abbildung 5:   Beziehung zwischen konzeptionellen Überlegungen zu Markenerweiterungen und deren Umsetzungen

Trennung in Konzept- und Realisationsebene der Markenerweiterung

Bei der **konzeptionellen Analyse** der Markenerweiterung ist zunächst das Dehnungspotential der Marke zu erfassen. Der konsumentenbezogene Markenwert (Tauber, 1988, S. 29) der etablierten Marke bildet die Grundlage dazu. Je höher die Bekanntheit und je prägnanter das Image der etablierten Marke ist, desto höher ist ihr Markenwert und desto besser sind die Chancen des Erweiterungsprodukts, sich in dem für das Unternehmen neuen Markt durchzusetzen und zu positionieren.

Anschließend ist die Übertragbarkeit der Marke, d. h. ihre Übereinstimmung mit möglichen Produkterweiterungskategorien aus Sicht der Konsumenten zu prüfen. Je größer

die von den Konsumenten subjektiv wahrgenommene Kongruenz zwischen den Imagekomponenten der etablierten Marke und denen des Erweiterungsprodukts bzw. den
Konsumentenbedürfnissen auf dem neuen Markt, desto größer sind die Aussichten auf
Zufriedenheit und damit Akzeptanz des Erweiterungsprodukts bei den Konsumenten
(vgl. Tauber, 1993, S. 313; MacInnis/Nakamoto, 1991, S. 6 f.).

An diese konzeptionellen Analysen schließen sich die **Umsetzungsüberlegungen** zu
Markenerweiterungen an. Dabei ist zwischen Umsetzungskonstanten und Umsetzungsvariablen zu differenzieren. **Umsetzungskonstanten** ergeben sich aus dem Markenwissen zu einer Marke. Besonders stark mit der Marke verknüpfte Eigenschaften, Vorstellungen und Bilder sind deren konstituierende Merkmale, die bei der Umsetzung einer
Markenerweiterung nicht verändert werden sollten. Bei Milka wäre dies beispielsweise
die Farbe „lila", die Alpenwelt und die lila Kuh.

Umsetzungsvariablen beziehen sich hingegen auf solche Gestaltungselemente, bei
denen die Anpassung der Marke an den neuen Produktbereich erfolgen kann oder sollte.
Je geringer der Grad der Übereinstimmung zwischen Marke und Erweiterungskategorie,
desto stärker sind Anpassungen an die neue Produktkategorie erforderlich. Demzufolge
vollzieht sich die Umsetzung einer Markendehnung immer in dem Spannungsfeld zwischen Umsetzungskonstanten, die aus dem Markenwissen und daraus manifestierten
Kernelementen der Marke resultieren und den Umsetzungsvariablen, deren Umfang und
Art sich aus der Dehnungsanalyse ergeben.

Auf diese grundlegenden Überlegungen wird im folgenden näher auf Basis des **Tempels
der Markenerweiterung** von Esch eingegangen (vgl. Abbildung 6).

Fundament der Markenerweiterung

Das Fundament des Markenerweiterungstempels ist das Markenwissen, über das die
Konsumenten verfügen. In einem ersten Schritt ist zu prüfen, ob die Marke bei den Kon-
sumenten über einen hohen Markenwert verfügt. Da der Markenwert durch die
Gedächtnisstrukturen der Konsumenten zur Marke geprägt wird, sind diese Strukturen
zu erfassen (Analyse der Markenstärke, vgl. Abschnitt 3.2). Der **Markenwert** bzw. das
Markenwissen bestimmt das Erweiterungspotential einer Marke.

Verfügt eine Marke über einen hohen Markenwert, ist anschließend die Akzeptanz der
Übertragung der Stammarke auf potentielle Erweiterungsprodukte zu prüfen (Analyse
potentieller Markenerweiterungen, vgl. Abschnitt 3.3.2). Mit anderen Worten: Nehmen
die Konsumenten aufgrund ihres vorhandenen Markenwissens die Übertragung der
Marke auf bestimmte Erweiterungsprodukte als subjektiv geeignet wahr?

Diese Analysen setzen bei den Konsumenten an. Sie bilden die zweite Stufe des Funda-
ments für potentielle Markenerweiterungen. Erst nach der Erfassung des Erweiterungspotentials einer Marke aus konsumentenbezogener Sichtweise kann die Begutachtung
markt- und unternehmensbezogener Determinanten erfolgen.

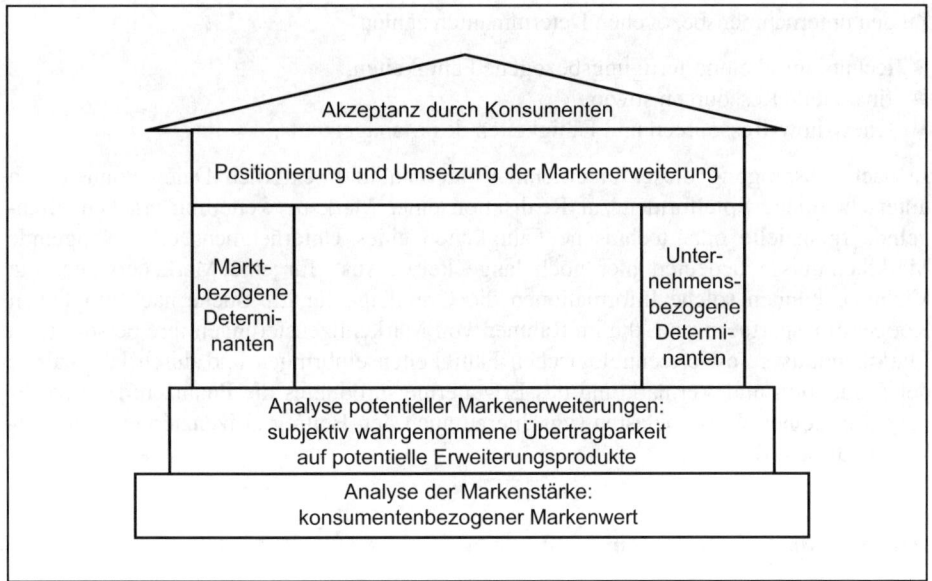

Abbildung 6:   Tempel der Markenerweiterung

Säulen der Markenerweiterung

Die markt- und unternehmensbezogenen Determinanten stellen die Säulen des Markenerweiterungstempels dar. Sie bilden die Entscheidungsgrundlage dafür, ob eine potentiell mögliche Markenerweiterung aus Konsumentensicht auch tatsächlich realisiert werden kann.

Zu den marktbezogenen Determinanten zählen

- Informationen über den Markt allgemein wie Marktgröße, Alter und Entwicklungspotential des Markts. Im Kern spiegelt sich in diesen Größen die Attraktivität des potentiellen Markts, d. h. die Marktchancen wider.

- Informationen zur Konkurrenz, zum Beispiel Zahl und Stärke der Konkurrenten, Wettbewerbsdruck, Positionierung der Konkurrenten usw. Diese Maßgrößen geben primär Auskunft über die Konkurrenzintensität und die Eintrittsbarrieren sowie die Eintrittsrisiken.

- Informationen über die Absatzmittler, etwa typische Distributionskanäle, die Marktmacht der Absatzmittler usw. Hierin spiegeln sich vor allem zu realisierende Synergien, zum Teil jedoch auch Gefahren bei der Realisation einer Markenerweiterung wider.

Zu den unternehmensbezogenen Determinanten zählen

- technologische und fertigungsbezogene Fähigkeiten,
- finanzielle Ressourcen sowie
- Know-how-Ressourcen und Fähigkeiten des Managements.

Je nach Ausprägung dieser unternehmensinternen und -externen Daten können sich unterschiedliche Spielformen zur Realisation einer Markenerweiterung ergeben. Mangelnde finanzielle oder technische Fähigkeiten eines Unternehmens oder mangelnde Marktkenntnisse bedeuten hier noch lange kein „Aus" für eine Markenerweiterung. Vielmehr können solche Informationen die Grundlage für die Suche nach möglichen Kooperationspartnern sein, die im Rahmen von Markenlizensierungen ihre persönlichen Marktkenntnisse sowie technologischen Fähigkeiten einbringen und durch Übernahme der Produktion und Vermarktung des Erweiterungsproduktes die Finanzen des Lizenzgebers in keiner Weise belasten (vgl. hierzu auch den Beitrag „Lizenzierung von Marken" in diesem Buch).

Dach der Markenerweiterung

Ist nach diesen Analysen eine Markenerweiterung durchführbar, ist das strategische Maßnahmenbündel für die Umsetzung der Markenerweiterung festzulegen. Hierzu zählen

- Entscheidungen zur Positionierung der Markenerweiterung,
- Entscheidungen über Art und Umfang des einzusetzenden Marketing-Mix und der Umsetzung der Positionierung in entsprechende Maßnahmen.

Die Realisation der Markenerweiterung bestimmt dann die Akzeptanz dieser Erweiterung bei den Konsumenten (vgl. Abschnitt 3.4).

Auf die Analyse der Markenstärke, die Analyse potentieller Markenerweiterungen sowie auf die Positionierung und Umsetzung einer Markenerweiterung wird im folgenden detailliert eingegangen. Sie stellen als Fundament und als Dach des Markenerweiterungstempels die zentralen Bausteine für eine verhaltenswissenschaftliche Konzeption und Umsetzung einer Markenerweiterung dar.

3.2 Analyse der Markenstärke als Grundlage für Markenerweiterungen

Der Erfolg einer Markenerweiterung hängt davon ab, ob

1. die Konsumenten mit der Stammarke positive Assoziationen und Einstellungen im Gedächtnis verbinden,

2. diese Assoziationen und Einstellungen die Beurteilung entsprechender Markenerweiterungen positiv beeinflussen,

3. weder negative Assoziationen vermittelt noch durch die Markenerweiterung hervorgerufen werden.

Bei der Beurteilung potentieller Markenerweiterungen spielen die Gedächtnisstrukturen der Konsumenten und der Rückgriff auf diese eine entscheidende Rolle. Diese vorhandenen Gedächtnisstrukturen dienen quasi als „Wahrnehmungsfilter" für neu aufzunehmende Informationen. Sie bilden daher auch den Wahrnehmungsfilter für die Beurteilung einer Markenerweiterung.

Um Aussagen über das vorhandene **Markenwissen** treffen zu können, sind Kenntnisse über die Wissensrepräsentation bei Konsumenten erforderlich. Allgemein kann man davon ausgehen, daß Gedächtnisinhalte durch Schemata repräsentiert werden. In Anlehnung an Anderson und Rumelhart kann man Schemata als große, komplexe Wissenseinheiten bezeichnen, die typische Eigenschaften und feste, standardisierte Vorstellungen von bestimmten Objekten, Personen oder Ereignissen umfassen (vgl. Alba/Hasher, 1983; Anderson, 1989; Esch, 1998 a; Kroeber-Riel/Weinberg, 1999; Rumelhart, 1980).

Diese Schemavorstellungen prägen die Einstellung zur Marke. Sie manifestieren den Markenwert in den Köpfen der Konsumenten. Schemata umfassen emotionale und kognitive Sachverhalte, die bildlich oder sprachlich repräsentiert sein können.

Solche Schemata sind hierarchisch strukturiert, d. h. Markenschemata sind einem bestimmten Produktschema untergeordnet. Durch diese hierarchische Struktur werden die Schemaattribute des Produktschemas automatisch an die untergeordneten Markenschemata vererbt.

Dazu ein Beispiel: Mit dem Produktschema Schokolade verbindet man beispielsweise Eigenschaften wie „aus Milch gemacht", „süß", „kalorienhaltig" usw. Diese Schemaattribute werden automatisch an jede Schokoladenmarke vererbt. Wenn man beispielsweise an die Schokoladenmarke „Sprengel" denkt, werden einem dazu vielleicht nicht viele eigene Schemaattribute einfallen, man verbindet damit jedoch automatisch die Eigenschaften der Produktkategorie, wenn man weiß, daß Sprengel eine Schokolade ist. Anders verhält es sich bei Milka: Hier denkt man automatisch an die „lila Kuh", an die „Alpenwelt", an „die zarteste Versuchung" usw.

Das heißt: Selbst wenn die spezifischen Kenntnisse und Vorstellungen der Konsumenten über eine bestimmte Marke gering sind, werden dennoch - aufgrund der hierarchischen Struktur von Schemata - bestimmte Eigenschaften damit verbunden. Der Markenwert ergibt sich jedoch wie bei Milka vor allem aus den spezifischen, über die allgemeinen Gedächtnisinhalte hinausgehenden Vorstellungen zur Marke.

Das bei den Konsumenten durch Schemata gespeicherte Markenwissen kann man durch folgende **Dimensionen** repräsentieren (vgl. hierzu auch den Beitrag „Ansätze zur Messung des Markenwerts" in diesem Buch):

1. die Bekanntheit einer Marke,
2. das Markenimage (vgl. Esch, 1993 a; Keller, 1993).

Zur Markenbekanntheit: Die Bekanntheit ist eine notwendige Bedingung dafür, daß sich Konsumenten ein klares Image von einer Marke bilden können, so daß mit dieser überhaupt spezifische Assoziationen und Bilder verknüpft werden.

Zum Markenimage: Bei gegebenem Bekanntheitsgrad spielt das Markenimage eine herausragende Rolle. Dieses setzt sich aus emotionalen und kognitiven Komponenten zusammen, die bildlich oder sprachlich verfügbar sind. Solche Assoziationen können mehr oder weniger stark mit einer Marke verknüpft, von unterschiedlicher Relevanz für die Zielgruppe und mehr oder weniger eigenständig sein. Zudem fällt auch der Zugriff auf bestimmte Inhalte mehr oder weniger leicht.

Das Markenwissen bildet die Grundlage für die Messung des Markenwertes. Es ist gleichzeitig das gedankliche Gerüst zur Markensteuerung und damit auch für die Überlegungen zu Markenerweiterungen. Nutzt man diese Überlegungen zu den Gedächtnisstrukturen zur Beurteilung des Markenerweiterungspotentials von Marken, so kann man folgende Möglichkeiten differenzieren:

Konsumenten können über starke oder schwache Markenschemata verfügen. Diese Markenschemata können wiederum über die gleichen Schemaattribute verfügen wie das Produktschema oder noch darüber hinausgehende Schemaattribute umfassen. Grundsätzlich gehen die meisten Autoren davon aus, daß starke Marken über ein größeres Erweiterungspotential verfügen als schwache Marken (vgl. Tauber, 1988; Aaker/Keller, 1990). Allerdings wird hierbei zum Teil vernachlässigt, daß manche starke Marken extrem an eine Produktgruppe gekoppelt sind, so daß alleine dadurch Markenerweiterungen problematisch werden. Tesa wäre ein typisches Beispiel hierfür.

Andere Autoren wiederum setzen an den Markeninhalten an und weisen ein höheres Erweiterungspotential für solche Marken nach, die vor allem nutzengeprägte bzw. emotionale Images und Gedächtnisstrukturen aufweisen und weniger rein produktgeprägte, funktionale Gedächtnisstrukturen (vgl. Hätty, 1994, S. 567 f.)[1]. Deshalb verfügt beispielsweise die Uhrenmarke Rolex über ein größeres Erweiterungspotential als die Uhrenmarke Timex (vgl. hierzu auch den Beitrag „Beurteilung von Markenerweiterungen" in diesem Buch). Bei diesen Überlegungen bleiben allerdings mögliche Überschneidungen der Gedächtnisstrukturen zur Marke mit Konkurrenzmarken unberücksichtigt, die wiederum die Stärke eines Markenschemas und damit der Marken beeinflussen. Diese Beschränkungen werden in der folgenden Matrix überwunden (vgl. Abbildung 7).

---

1   Ein produktgeprägtes Image ist in Anlehnung an Hätty (1989 a) dadurch charakterisiert, daß die Marke im wesentlichen durch die physischen Eigenschaften des Produkts geprägt wird. Das nutzengeprägte Image einer Marke wird durch eine starke „Nutzen-Markenbindung" charakterisiert. Nicht ein Produkt, sondern eine Problemlösung bzw. ein Nutzen (z. B. Pflege, Exklusivität, Mode, Design oder Lebensstil) wird durch die Marke repräsentiert.

Aus der Produkt-/Markenschema-Matrix lassen sich folgende **Ableitungen für das Markenerweiterungspotential** treffen: Besitzen die Konsumenten von einer Marke klare Gedächtnisstrukturen und verfügt die Marke zudem über eigene, über das Produktschema hinausgehende Schemaattribute, hat die Marke ein großes Markenerweiterungspotential. Typische Beispiele hierfür wären die Marken Marlboro, Dallmayr oder Armani. Diese genannten Marken verfügen zweifelsfrei über eine Vielzahl eigenständiger Gedächtnisinhalte. So denkt man bei Dallmayr unwillkürlich an das Münchner Stammhaus, an herausragende Qualität und Liebe zum Detail, an Tradition und Werte und an die Farben Braun und Gold.

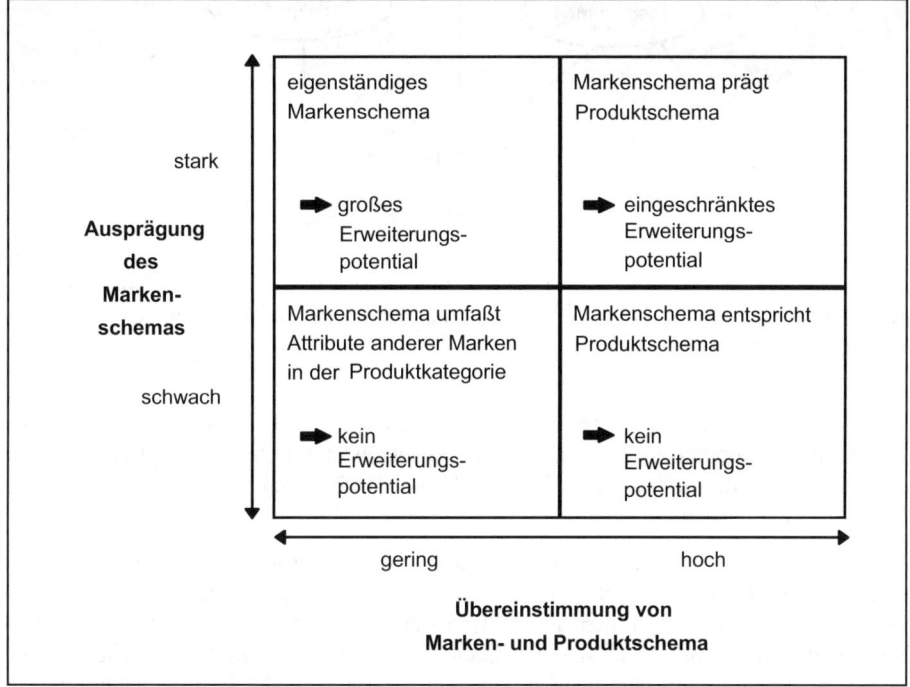

Abbildung 7:   Produkt-/Markenschema-Matrix zur Erfassung des Erweiterungspotentials einer Marke

Verfügen die Konsumenten über ein klares Markenschema, das jedoch fast identische Gedächtnisstrukturen zum Produktschema aufweist, so prägt das Markenschema das Produktschema. Beispielsweise gilt dies für die Marken Pampers oder Tempo (vgl. Abbildung 8). „Pampers = Windeln" oder „Tempo = Papiertaschentuch" sind hier die typischen Assoziationen. Da in diesen Fällen die starken Marken für bestimmte Produktkategorien stehen und gar zur Bezeichnung dieser Produktkategorien genutzt werden

(z. B. auch Uhu), besteht für solche Marken nur ein eingeschränktes Erweiterungspotential. Bevor man solche Marken als Basis für Markenerweiterungen einsetzen kann, wären Umpositionierungen der Marken erforderlich.

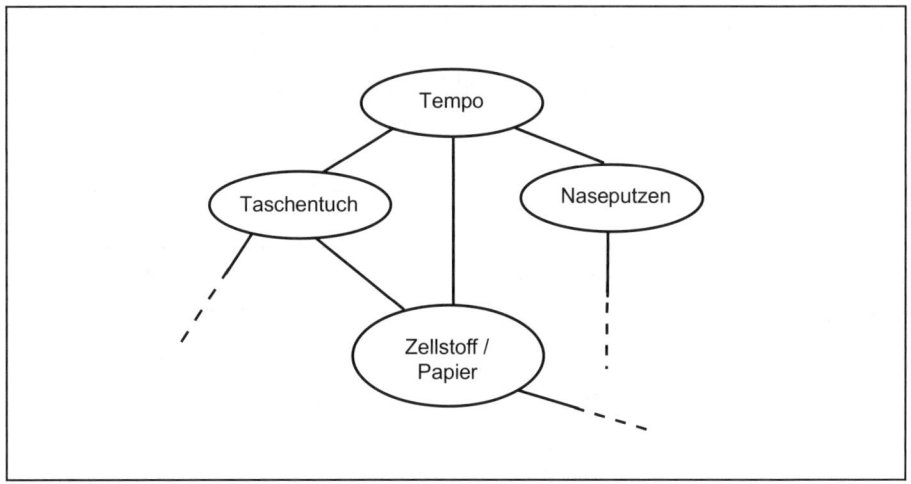

Abbildung 8:   Funktionale Gebundenheit einer Marke: Beispiel Tempo
Quelle: Hätty, 1994, S. 570.

Ein gelungenes Beispiel einer solchen Umpositionierung stellt die Marke Nivea dar, die von einem funktionalen Konzept hin zu einem nutzenorientierten Konzept eines Pflegeproduktes umpositioniert wurde (vgl. Abbildung 9). Dadurch wurde die Dehnung der Marke Nivea erst möglich.

Verfügt die Marke nur über schwache Gedächtnisstrukturen, sollte man generell auf Markenerweiterungen verzichten. In einem solchen Fall unterscheidet sich eine Marke bei Übereinstimmung mit einem Produktschema nicht von der Produktkategorie. Man kann nicht von entsprechend starken Imagestrukturen und Präferenzen ausgehen, die eine Markenerweiterung begünstigen. Beispiel hierfür sind die Reinigungsmittelmarke Domestos, die Schokoladenmarke Sprengel oder die Kaffeemarke Onko.

Bei geringer Übereinstimmung mit dem Produktschema verfügt die Marke zwar noch über weitere Schemaattribute, allerdings sind diese austauschbar mit anderen Marken der Produktkategorie. Beispiel hierfür sind die Zigarettenmarken Krone und HB. Auch hier ist mit entsprechend schwachen Präferenzstrukturen zu rechnen, eine Markenerweiterung wäre demnach wenig zweckmäßig.

Erste empirische Erkenntnisse anhand der Produktkategorien Waschmittel und Kaffee bestätigen diese Überlegungen (vgl. Redler/Esch, 2001 sowie Abbildung 10).

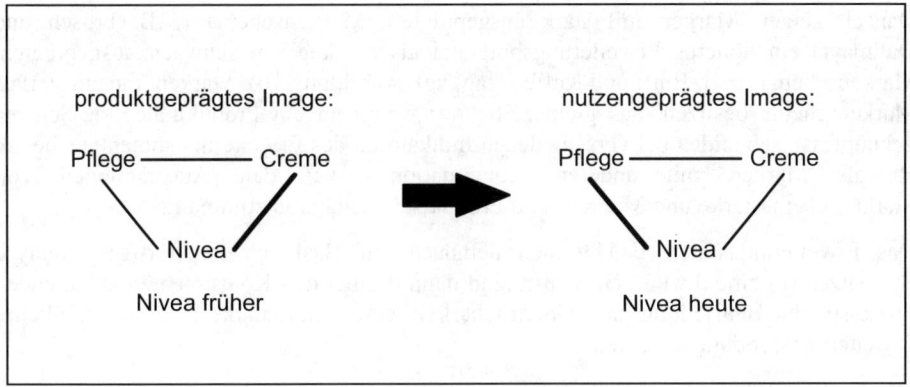

Abbildung 9:   Nivea: Umpositionierung vom funktionalen zum nutzenorientierten
               Konzept
Quelle: Hätty, 1994, S. 571.

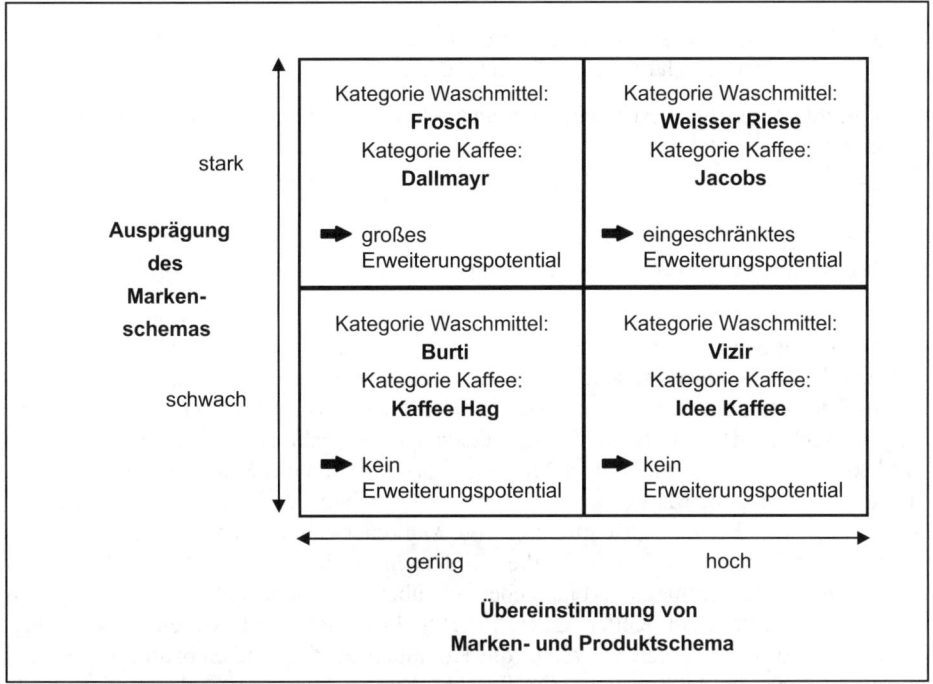

Abbildung 10: Marken mit hohem und geringem Erweiterungspotential in der Pro-
               dukt-/Markenschema-Matrix
Quelle: Redler/Esch, 2001, S. 32.

Danach zeigen Marken mit stark ausgeprägtem Markenschema (z. B. Frosch und Dallmayr) ein höheres Erweiterungspotential als Marken mit schwach ausgeprägtem Markenschema (z. B. Burti und Kaffee Hag, vgl. Abbildung 10). Marken, die ein starkes Markenschema besitzen, das gleichzeitig nur wenig an ein Produktkategorie-Schema geknüpft ist, schneiden bei verschiedenen Indikatoren des Erweiterungspotentials besser ab als Marken mit anderen Kombinationen bei den Ausprägungen von Markenschemastärke und Marken- und Produktschemaübereinstimmung.

Das Erweiterungspotential läßt sich demnach auf Basis einer derartigen Analyse abschätzen. In einem weiteren Schritt sind dann die bei den Konsumenten ablaufenden Prozesse zur Beurteilung der Übertragbarkeit einer Stammarke auf ein mögliches Erweiterungsprodukt zu prüfen.

3.3   Analyse potentieller Markenerweiterungen

3.3.1 Ansätze zur Dehnungsanalyse

Bezüglich der Dehnungsanalyse existieren in der Literatur unterschiedliche Ansätze. Diese Ansätze lassen sich danach differenzieren, ob sie

■ Einflußfaktoren für die Erweiterung einer Marke auf einen Produktbereich analysieren oder
■ grundlegende Modelle zur Analyse von Erweiterungen entwickeln.

Einflußfaktoren für Markenerweiterungen

Bei den Einflußfaktoren handelt es sich vor allem um markenbezogene Einflußfaktoren mit Auswirkung auf die Dehnbarkeit einer Marke und um Einflußfaktoren, die den „Fit" selbst, d. h. die wahrgenommene Übereinstimmung zwischen Marke und Erweiterungs-produkt beeinflussen (vgl. hierzu auch den Beitrag „Erfolgsfaktoren von Markener-weiterungen" in diesem Buch). Zu den erstgenannten Faktoren zählen die Breite des Produktprogramms, das unter einer Marke geführt wird und das Markenimage. So lassen sich erlebnisbezogene Marken grundsätzlich weiter dehnen als funktionale Marken (vgl. hierzu auch die Beiträge „Beurteilung von Markenerweiterungen" und „Einfluß des Produktportfolios auf die Markenstärke" in diesem Buch; Bridges, 1990). Marken mit einem starken Markenimage verfügen ebenfalls über ein größeres Dehnungspotential als schwächere Marken (vgl. Keller/Aaker, 1992, S. 44 ff.) Zu den Faktoren, die den „Fit" positiv beeinflussen, zählen vor allem die Komplementarität und Substitutionalität der Nutzung sowie die Fähigkeiten, das Produkt herzustellen (vgl. Aaker/Keller, 1990, S. 38 ff.). Schließlich können auch vorangegangene erfolgreiche Markenerweiterungen die Beurteilung einer neuen Erweiterung positiv beeinflussen (vgl. Keller/Aaker, 1992;

Boush/Loken, 1991; vgl. hierzu auch den Beitrag „Einfluß des Produktportfolios auf die Markenstärke" in diesem Buch).

Modelle und Ansätze zur Messung von Markenerweiterungen

Eine sehr einfache Methode der Dehnungsanalyse besteht darin, daß man die Konsumenten ganzheitlich nach der Akzeptanz möglicher Erweiterungsprodukte für eine Marke befragt. Entsprechend lassen sich dann Erweiterungsprodukte ermitteln, die als passender bzw. unpassender zu einer Marke empfunden werden (vgl. Abbildung 11).

	Nivea Ø
Universalcreme	9,4
Normale Sonnenmilch	9,3
Hautemulsion	8,8
Sonnenmilch mit hohem Schutzfaktor, besonders für kleine Kinder	8,8
Baby-Pflegelinie	8,7
Creme Douche-Produkt	8,6
Feuchtigkeitsspendende Tagescreme	8,6
Pflegende Badeprodukte	8,3
Reinigungsmilch	8,3
Mildes Shampoo + Spülung	8,2
Handcreme	7,9
After Shave Balsam	7,9
Deo for Men	7,8
Spezialcreme für Füsse	6,1
Produkte für Intimbereich (Spray, Waschlotion)	5,8
Lippenstift	5,7
Creme gegen Akne	4,9
Wimperntusche	4,3
Zahnpasta	3,3
n	48

Die einzelnen Produkte wurden verbal umschrieben. Es sind Nivea- und Nicht-Nivea-Produkte.
Gewichtung:
10 = sehr kompetent als Anbieter des entsprechenden Produktes
1 = inkompetent als Anbieter eines entsprechenden Produktes

Abbildung 11:   Von Schweizer Konsumenten empfundene Kompetenz der Marke Nivea zur Markendehnung in unterschiedliche Produktbereiche
Quelle: Bächtold, 1994, S. 236.

Diese Overall-Messungen geben zwar einen guten ersten Einblick in potentielle Erweiterungskategorien, sie haben jedoch keinen diagnostischen Charakter, sondern stellen eine „Black Box" dar. Man erfährt zunächst nicht, warum in einem Produktbereich die Akzeptanz höher oder niedriger als in einem anderen Produktbereich ist. Demzufolge lassen sich in kritischen Markenerweiterungsfällen auch keine Maßnahmen zur Verbesserung des „Fits" ableiten.

Deshalb geht man dazu über, tiefergehende Dehnungsanalysen durchzuführen, bei denen eine solche ganzheitliche Messung nur einen Teil der Prüfung darstellt. Bisherige Ansätze haben sich dabei schwerpunktmäßig darauf konzentriert, Modelle auf Basis gedächtnistheoretischer Erkenntnisse zu entwickeln, in denen vor allem auf Schema- und Kategorisierungstheorien zurückgegriffen wird, oder imagebezogene Erweiterungsmodelle zu konkretisieren. Der erstgenannte Zugang wird dominant in englischsprachigen Gebieten favorisiert, während die Imageüberlegungen im deutschsprachigen Raum stärker verbreitet sind. Beide theoretischen Ansätze sind dabei miteinander verknüpft: Erst auf Basis spezifischer Kenntnisse zur Marke und zu Erweiterungsproduktbereichen (= schematheoretischer Zugang) lassen sich bestimmte Markenimages zur Prüfung der Markenerweiterung heranziehen. Da auf schematheoretische Zugänge und auf Kategorisierungstheorien noch in anderen Beiträgen (vgl. hierzu auch die Beiträge „Erfolgsfaktoren von Markenerweiterungen" und „Marken als Kategorien" in diesem Buch) eingegangen wird, beginnen wir zunächst mit der Darstellung der Imagetransfermodelle, bevor in Abschnitt 3.3.2 ein Modell auf Basis schematheoretischer Überlegungen skizziert wird.

Imagetransfermodell von Schweiger

Ein erstes und weit verbreitetes Analysemodell ist das Imagetransfermodell von Schweiger (vgl. Abbildung 12).

Unter Image versteht Schweiger ein System nicht-sachhaltiger (konnotativer) Eigenschaften. Grob gesprochen erfolgt hier die Dehnungsanalyse nach dem Kriterium der wahrgenommenen räumlichen Nähe zwischen der Marke, dem ursprünglichen Produktbereich und dem Erweiterungsproduktbereich in einem mehrdimensionalen Wahrnehmungsraum. Danach ist eine Markenerweiterung dann möglich, wenn zwischen dem Produktbereich der Marke und dem Erweiterungsprodukt eine hohe technologische und emotionale Ähnlichkeit wahrgenommen wird und zwischen Marke und Erweiterungsprodukt eine hohe emotionale Ähnlichkeit vorliegt. Daraus folgt eine entsprechend hohe Versuchskauf- und Wiederkaufrate.

In dem in Abbildung 13 dargestellten Imageraum wäre demnach die Zigarettenmarke „Milde Sorte" aufgrund der wahrgenommenen räumlichen Nähe zu Bohnenkaffee sehr gut zur Erweiterung in den Bohnenkaffeemarkt geeignet (vgl. Schweiger/Schrattenecker, 1995, S. 179 f.).

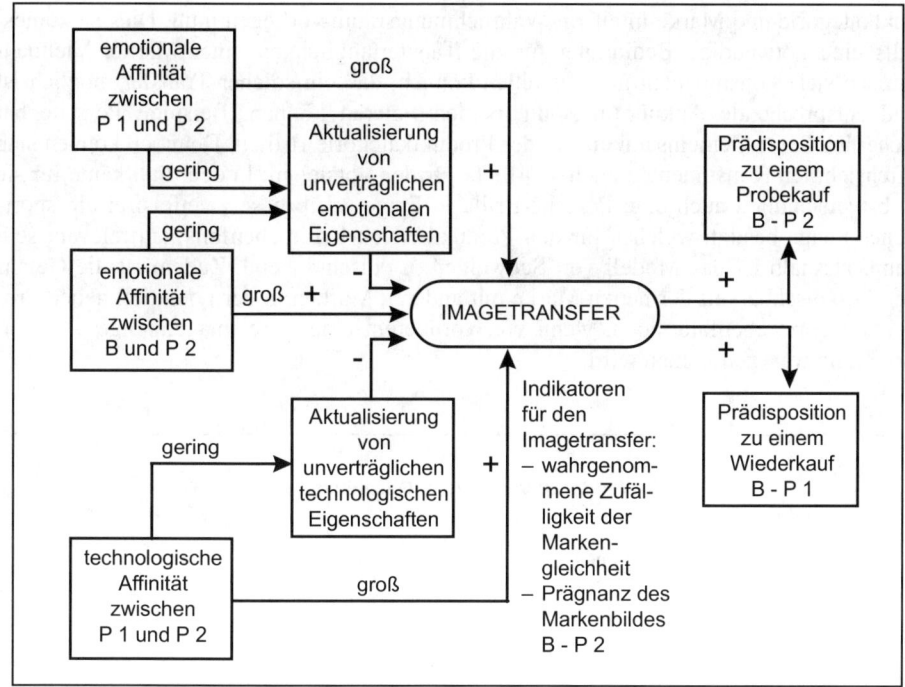

Abbildung 12: Imagetransfermodell von Schweiger
Quelle: Schweiger, 1982, S. 322.

Auf den ersten Blick erscheint das Modell von Schweiger, das sich primär auf konnotative (emotionale) Aspekte stützt und die Nähe in Wahrnehmungsräumen als zentrales Erfolgskriterium ausmacht, einleuchtend. Allerdings hat das Modell einige zentrale Nachteile, die dessen Nutzung erheblich einschränken[2]. Der Kernkritikpunkt aus unserer Sicht betrifft die Annahme, daß ex ante bereits eine Übereinstimmung zwischen Pro-

---

2   Folgende Kritik übt Hätty an dem Imagetransfermodell von Schweiger: Es ist weder theoretisch noch empirisch bestätigt, daß einzig Konnotationen (kauf-) entscheidungsrelevant sind. Die „nach dem Prinzip des größten gemeinsamen Nenners vorgenommene Auswahl der Konnotationen negiert den allein gültigen Maßstab der Einstellungsrelevanz von Beurteilungskriterien. Die postulierte Existenz eines gemeinsamen psychologischen Produkt-Markenraums übersieht die aufgrund unterschiedlicher Abstraktionsniveaus mangelnde Vergleichbarkeit der Images äußerst unterschiedlicher Objekte (Produkte und Marken). Die alleinige Abstellung auf nominalskalierte Daten und ihre Verwendung für statistische Verfahren, die eigentlich ein höheres Skalenniveau erfordert hätten, kann nicht befriedigen. Das Modell orientiert sich an vergangenheitsorientierten Imageausprägungen und übersieht dabei, daß für einen erfolgreichen Transfer im voraus durchaus Image- bzw. Positionierungsänderungen notwendig sein könnten; es ist insofern statisch und trägt dem dynamischen Aspekt der Markenführung in keiner Weise Rechnung" (Hätty, 1989 a, S. 170). Der Einfluß psychischer Prozesse auf das Konsumentenverhalten wird ebenfalls nicht ausreichend berücksichtigt (vgl. Hätty, 1989 a, S. 176).

duktkategorie und Marke in einem Wahrnehmungsraum vorliegen muß. Dies ist keinesfalls eine notwendige Bedingung für die Tansfertauglichkeit einer Marke. Vielmehr müssen sich Konsumenten nur vorstellen können, daß ein solcher Transfer möglich ist und entsprechende Anknüpfungspunkte identifizieren können. Beispiel: Porsche hat sicherlich keine Gemeinsamkeit mit der Produktkategorie Brillen. Dennoch können sich offensichtlich Konsumenten auch sportliche Brillen vorstellen. In dem Fall käme für sie selbstverständlich auch eine Porsche-Brille in Frage, weil diese zweifelsfrei ein sportliches Image besitzt, welches für den Produktbereich Brille ebenfalls kaufrelevant sein kann. Deshalb ist das Modell von Schweiger zu einschränkend. Zudem ist die Gefahr der Austauschbarkeit der neuen Marke mit anderen Marken in der potentiell neuen Produktkategorie ebenfalls hoch, wenn von vornherein eine hohe imagemäßige Übereinstimmung wahrgenommen wird.

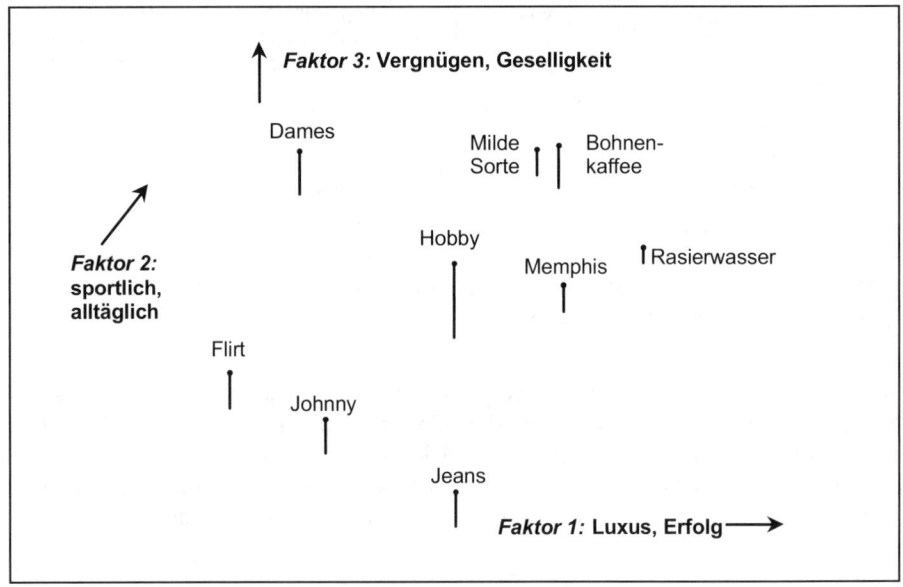

Abbildung 13:   Gemeinsamer Imageraum von Produkten und den österreichischen Zigarettenmarken: Milde Sorte, Dames, Flirt, Johnny, Hobby und Memphis

Quelle: Schweiger/Schrattenecker, 1995, S. 180.

Imagetransfermodell von Meffert und Heinemann

Meffert und Heinemann sehen vor allem in der mangelnden inhaltlichen Betrachtung des Markenimages und der Vernachlässigung der Integration denotativer und konnotativer Bestandteile des Images Schwächen im Imagetransfermodell von Schweiger. Darüber hinaus sind sie der Auffassung, daß zur Bestimmung des Transferpotentials einer Marke die konnotative und denotative Affinität eines Konsumenten nicht isoliert für die Marke und isoliert für das Produkt ermittelt werden kann, sondern für ein bestehendes bzw. hypothetisches Produkt-Marken-Konzept (vgl. Meffert/Heinemann, 1990, S. 6 f.).

Deshalb entwickeln die Autoren auf Basis der Einstellungstheorie ein Meßmodell, das sich inhaltlich eng an das Idealpunktmodell von Trommsdorff anlehnt (vgl. Trommsdorff, 1975; vgl. Abbildung 14). Sie unterstellen, daß von der Distanz einer bestehenden Marke zu einer hypothetischen Markenerweiterung in einem Imageraum auf die Imagetransfertauglichkeit geschlossen werden kann. Dabei bilden die konnotativen und denotativen Produkteigenschaften die beiden Dimensionen des Imageraumes (vgl. Meffert/Heinemann, 1990, S. 7). Je kleiner die ermittelte Distanz, desto größer das Imagetransferpotential.

$$IT_{ijN} = \sum_{k=1}^{n} I_{ijkA} - H_{ijkN}$$

IT_{ijN} = Imagetransfertauglichkeit des neuen Produkts N in bezug auf das positive Image der Marke j, ermittelt beim Käufer i.

Je kleiner IT, desto besser die Imagetransfertauglichkeit, desto größer das transferierbare Volumen an Imagebestandteilen.

I_{ijkA} = Als Eindrucksideal ermittelte, positive Einstellung des Käufers i in bezug auf die Marke j beim einstellungsrelevanten Merkmal k des bisherigen Produktes A.

H_{ijkN} = Die von demselben Konsumenten i in bezug auf das Merkmal k eingeschätzte Ausprägung beim hypothetischen neuen Produkt N gleichen Markennamens j.

Abbildung 14:   Imagetransfermodell von Meffert und Heinemann
Quelle: Meffert/Heinemann, 1990, S. 8.

Durch das Modell ist die Imagetransfertauglichkeit getrennt nach denotativen und konnotativen Merkmalen ermittelbar. Dies ermöglicht das Aufdecken von Beeinflussungspotentialen auf kognitiver und motivationaler Ebene, um die Distanz im Modell zu verkleinern und die Imagetransfertauglichkeit zu erhöhen. Eine Rückübertragung positiver Imagebestandteile von dem hypothetischen Produkt-Marken-Konzept auf das bestehende Produkt-Marken-Konzept bleibt allerdings unberücksichtigt (vgl. Meffert/Heinemann, 1990, S. 9).

Die zentrale Kritik an dem Modell von Meffert und Heinemann beruht darauf, daß offensichtlich alle im Modell berücksichtigten Eigenschaften in die Beurteilung einfließen müssen. Dies ist in der Realität jedoch nicht erforderlich. Vielmehr kann hier ein zentrales Kriterium auf die Beurteilung der Erweiterung durchschlagen. Dies kann bei Milka beispielsweise die Alpenwelt und die Kuh bei der Beurteilung der Erweiterung auf Schokodrinks sein. Demzufolge kann man auch nicht davon ausgehen, daß sich Eigenschaften kompensieren können. Ferner geht man bei dem Modell von einwertigen Beziehungen zwischen Marke und Eigenschaft sowie Produkt und Eigenschaft aus. Faktisch handelt es sich jedoch um stark verästelte Netzwerkbeziehungen, so daß diese Darstellung zu stark vereinfachend ist. Bei unterschiedlichen Personen und Erweiterungsprodukten können auch vollkommen andere Eigenschaften zur Analyse relevant sein. Auch dieses Problem ist im Rahmen des vorliegenden Modells nur schwer faßbar.

Aus diesen Gründen wird im folgenden Abschnitt ein Modell auf Basis gedächtnistheoretischer Überlegungen vorgestellt, mit dem die hier aufgeführten Probleme umgangen werden können.

3.3.2 Dehnungsanalyse auf Basis der Gedächtnisstrukturen

Der gedächtnispsychologische Erklärungsansatz zur Markenerweiterung nach Esch konzentriert sich auf die Einflußfaktoren

- Gedächtnisstrukturen,
- Verarbeitungsprozesse und
- Antriebskräfte (Involvement), die die Verarbeitungstiefe determinieren.

Soll eine etablierte Marke um ein Erweiterungsprodukt gedehnt werden, so muß das Markenschema der etablierten Marke (Schemastrukturen der Stammarke) um die Eigenschaften dieses neuen Produkts (Schemastrukturen des Erweiterungsprodukts) erweitert, also umgebildet werden. Dabei werden die Informationen zu dem Erweiterungsprodukt mit vorhandenen Informationen zu der etablierten Marke verknüpft. Dazu nimmt der Konsument gedanklich eine Klassifikation oder **Kategorisierung** der Informationen zum Erweiterungsprodukt vor, die er mit den vorhandenen Informationen zur etablierten Marke vergleicht und bei Kongruenz zuordnet bzw. verknüpft. Dabei ist zu beachten, daß die Schemastruktur der etablierten Marke auch durch die Schemastrukturen der Produkte, die unter der Marke geführt werden, geprägt wird (vgl. Abbildung 15).

Hat die etablierte Marke eine hohe Bekanntheit und verfügt das Erweiterungsprodukt über dem Konsumenten geläufige Eigenschaften, wird dieser Vergleichsprozeß rasch ablaufen, da dem Konsumenten aufgrund der leichten Erinnerbarkeit die relevanten Kategorien schnell gedanklich zur Verfügung stehen. Mangelt es an Bekanntheit, so sind zunächst Maßnahmen zu ergreifen, um die Erinnerung und die gedankliche Verfügbarkeit der Wissensstrukturen zur etablierten Marke und zum Erweiterungsprodukt zu fördern. Dadurch wird ein Kategorienvergleich und eine Verknüpfung der Informationen zur etablierten Marke mit den Informationen zum Erweiterungsprodukt ermöglicht.

Wie stark die einzelnen Schemata ausgeprägt sind, hängt wesentlich von dem jeweiligen **Produkt- und Markeninvolvement** ab. Unter dem Involvement versteht man das Engagement, mit dem man sich einer Sache widmet (vgl. Kroeber-Riel/Weinberg, 1999; Jeck-Schlottmann, 1988; Esch, 1998 a). Dieses Engagement hängt bei Produkten und Marken von dem wahrgenommenen funktionalen, finanziellen und sozialen Risiko ab. Dieses Produkt- und Markeninvolvement kann

- hoch oder niedrig und
- emotional oder kognitiv ausgeprägt sein.

So ist das Markeninvolvement zur Uhrenmarke Rolex beispielsweise deshalb hoch, weil es gerade zu Rolex starke emotionale Bindungen gibt. Da eine Uhr Ausdruck der eigenen Persönlichkeit ist, besteht hier ein großes soziales Risiko.

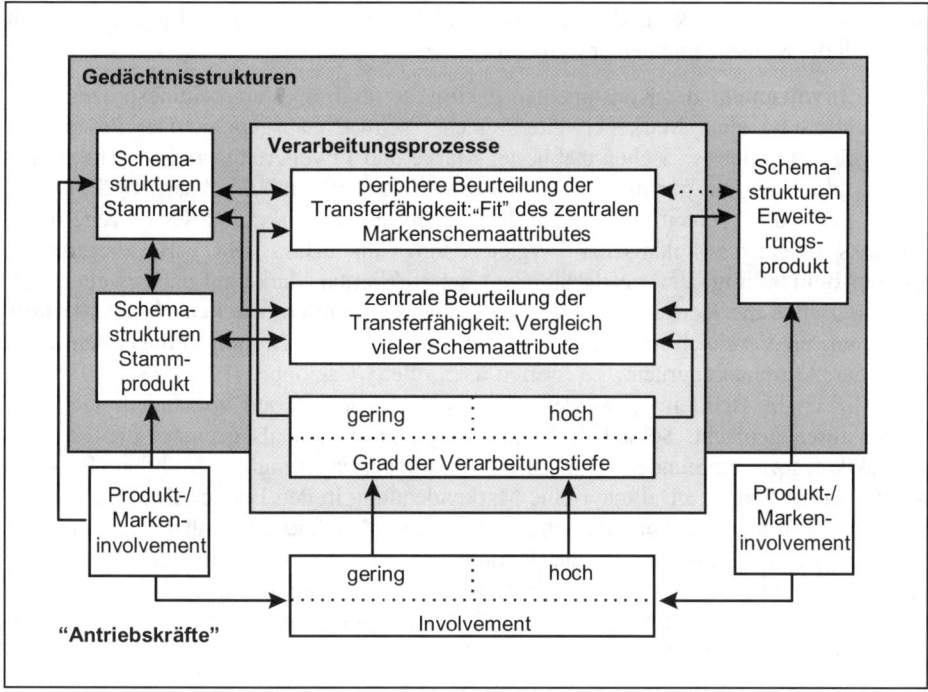

Abbildung 15:   Prozeß der Dehnungsanalyse

Bei hohem Involvement ist mit besonders stark strukturierten Marken- und Produkt-schemata zu rechnen. Man verfügt in diesem Fall über sehr viele und differenzierte Informationen zu Marken und Produkten. Dies wäre typischerweise bei Computerfreaks der Fall, die genau über Computerkonfigurationen, aktuelle Angebote und Alternativen sowie Produkteigenschaften informiert sind. Bei geringem Involvement ist hingegen mit weniger klar strukturierten Marken- und Produktschemata zu rechnen. Das heißt, daß man zwar einige besonders wichtige Aspekte zu Marken und Produkten gespeichert hat, allerdings nicht über ein extrem tiefgehendes Wissen dazu verfügt. Bei Bonbons wie Fisherman's Friend wird man beispielsweise nur wenige Informationen unmittelbar abrufbar haben, z. B. den Slogan „Sind sie zu stark, bist Du zu schwach".

Der Ablauf des Kategorienvergleichs der Marken- und Produktschemata als zentralem Verarbeitungsprozeß bei einer Markenerweiterung hängt wesentlich von den Antriebs-kräften ab, mit denen sich die Kosumenten der potentiellen Erweiterung zuwenden. Die Antriebskräfte können dabei über das Involvement der Kosumenten operationalisiert werden. Das Produkt- und Markeninvolvement beeinflußt die Stärke und den Umfang der gedanklichen Verfügbarkeit der Schemastrukturen zum Erweiterungs-, Stammpro-dukt und zur Stammarke und prägt das generelle Involvement bzw. Engagement, mit dem sich die Konsumenten einer Markenerweiterung zuwenden.

Ist das **Involvement** der Konsumenten **gering**, so sind die Verarbeitungsprozesse bei der Beurteilung einer Markenerweiterung eher schwach ausgeprägt. Der Prozeß des Kategorienvergleichs zwischen etablierter Marke und Erweiterungsprodukt erfolgt eher oberflächlich und mit **geringer Verarbeitungstiefe** (vgl. Craik/Lockhart, 1972; Olson, 1980). Die Konsumenten vergleichen die Kategorie der Marke und des Erweiterungs-produkts als ganzes (holistischer Vergleich, vgl. Cohen/Basu, 1987). Bei dieser **peri-pheren Beurteilung** der Transferfähigkeit der etablierten Marke auf das Erweiterungs-produkt ziehen die Konsumenten nur die **hervorstechenden Markenschemaattribute** heran, um im Vergleich mit den Schemastrukturen des Erweiterungsprdukts den **„Fit"** oder die Attributskongruenz zu prüfen (vgl. Petty/Cacioppo, 1983; Esch, 1998 a, S. 123). Für die Beurteilung werden nur wenige Rückgriffe auf vorhandene Gedächt-nisstrukturen gemacht. Sobald das zentrale Schemaattribut als geeignet für die neue Produktkategorie empfunden wird, ist eine Markenerweiterung durchführbar. Beispiel: Wollte die Kaffemarke Dallmayr eine Markendehnung in den Bereich Pralinen vorneh-men, so wären hier die zentralen Schemaelemente „Münchner Stammhaus", „Tradition" und der Farbcode „gold-braun" entscheidungsrelevante Kriterien zur Beurteilung einer solchen Erweiterung. Da sowohl das Bild des Münchner Stammhauses als auch die Tra-dition und die Sorgfalt der Herstellung relevante Eigenschaften bei Pralinen sein kön-nen, wäre eine solche Markendehnung denkbar.

Ist das Involvement **hoch,** so erfolgt der Prozeß des Kategorienvergleichs zwischen etablierter Marke und Erweiterungsprodukt mit **hoher Verarbeitungstiefe.** Die Konsu-menten vergleichen viele Schemattribute der Marke und des Erweiterungsprodukts (vgl. Sujan, 1985). Bei dieser **zentralen Beurteilung der Transferfähigkeit** der eta-blierten Marke auf das Erweiterungsprodukt ziehen die Konsumenten **viele Schema-**

attribute, inklusive die der Stammprodukte, heran, um im Vergleich mit den Schemastrukturen des Erweiterungsprodukts den „Fit" oder die Attributskongruenz zu prüfen (vgl. Cacioppo/Petty, 1985; Esch, 1998 a, S. 123). Erst aus dem Vergleich einer Vielzahl von Attributen ergibt sich die Akzeptanz des Erweiterungsprodukts.

Je nach Involvement und Produktwissen laufen die beiden Prozesse auch kombiniert ab, indem zuerst der ganzheitliche Vergleich vollzogen wird und der exakte, eigenschaftsbezogene Vergleich erst dann erfolgt, wenn genauer zu untersuchende Abweichungen zwischen den Vergleichskategorien festgestellt werden.

Generell ist davon auszugehen, daß die Anbindung der Informationen des Erweiterungsprodukts an die Schemastrukturen der etablierten Marke um so besser erfolgt,

■ je stärker eine Kongruenz der dominanten Eigenschaften beim peripheren Weg wahrgenommen wird und
■ je mehr gemeinsame Kategorien und Attribute beim zentralen Vergleichsprozeß gefunden werden konnten.

Treten bei der Kategorisierung der Informationen zum Erweiterungsprodukt Informationslücken auf, so neigt der Konsument dazu, diese Lücken mit Attributen der etablierten Marke zu schließen, auch wenn diese solche Eigenschaften gar nicht besitzt (vgl. MacInnis/Nakamoto, 1991, S. 8).

Das hier skizzierte Modell setzt demnach **offene Erhebungen** zu potentiellen Erweiterungsprodukten voraus. Wichtig ist hierbei, daß man bei der **Instruktion** zur Generierung von Assoziationen zu potentiellen Markenerweiterungen **dual** vorgeht: Einerseits muß die Marke als Reiz vorgegeben werden, indem man beispielsweise fragt: „Bitte denken Sie einmal an die Marke Milka. Können Sie sich ein Milka-Yoghurt vorstellen? Welche Gedanken, Vorstellungen und Bilder gehen Ihnen durch den Kopf, wenn Sie an ein solches Milka-Yoghurt denken?" Andererseits ist jedoch auch umgekehrt zu verfahren und zunächst die Produktkategorie vorzugeben: „Denken Sie bitte einmal an Yoghurt. Können Sie sich ein Milka-Yoghurt vorstellen? ...". Da die jeweiligen Marken- und Produktschemata stark unsere Verarbeitungsprozesse prägen und quasi den Rahmen für solche Beurteilungen bilden, ist ein solches Vorgehen unabdingbar. Die Vorgabe der Produktkategorie des Erweiterungsprodukts kann zu in Teilbereichen abweichenden Assoziationen im Vergleich zu einer Vorgabe der Marke führen. Eine solche offene Erhebung hat den Vorteil, daß je nach Kenntnisstand der Konsumenten unterschiedlich tiefe Informationen gewonnen werden können und man Informationen mit diagnostischem Charakter erhält, indem man Aufschluß über die Bedeutung einzelner Kriterien und deren Bewertung (positiv, negativ oder neutral) erhält.[3]

---

3 Für vertiefende Informationen zur Dehnungsanalyse auf Basis von Gedächtnisstrukturen vgl. Bräutigam und Esch (2001, S. 16 - 43).

3.4   Positionierung und Umsetzung einer Markenerweiterung

Ist eine Marke grundsätzlich für eine Erweiterung in einem bestimmten Produktbereich geeignet, so ist für den jeweils relevanten Markt eine geeignete Positionierung festzulegen und diese durch entsprechende Marketing-Maßnahmen umzusetzen.

Da man bei einer Markenerweiterung eine vorhandene Marke kapitalisieren möchte, bildet das vorhandene Markenimage die Grundlage zur Positionierung im Erweiterungsproduktbereich (vgl. hierzu auch den Beitrag „Markenpositionierung als Grundlage der Markenführung" in diesem Buch). Grundsätzlich lassen sich allerdings folgende Möglichkeiten zur Positionierung mit einer entsprechenden Umsetzung differenzieren:

1. Identische Positionierung wie bei der Stammmarke.
2. Kombinierte Positionierung, d. h. Mischung der Positionierung der Stammmarke mit erweiterungsproduktspezifischen Merkmalen.
3. Erweiterungsproduktbezogene Positionierung.

Diese Positionierungsoptionen haben natürlich Konsequenzen für die Umsetzung des Erweiterungsproduktes durch Marketing-Maßnahmen. Im erstgenannten Fall sollte die Umsetzung der Markenerweiterung möglichst identisch zu den Umsetzungen bei der Stammmarke erfolgen. Für Milka würde dies beispielsweise bedeuten, daß man die Alpenwelt, die lila Kuh, die Verpackungsfarbe lila, den Schriftzug usw. ohne Berücksichtigung spezifischer Anforderung des Erweiterungsproduktbereichs identisch übernehmen würde. Im Falle der kombinierten Positionierung wären hingegen markenspezifische Gestaltungsmerkmale mit erweiterungsproduktspezifischen Gestaltungsmerkmalen zu mischen. Bei dem letztgenannten Fall würde man hingegen überhaupt keine Rücksicht mehr auf markenspezifische Gestaltungsfaktoren nehmen, sondern alleine den Erweiterungsproduktbereich und dessen Anforderungen bei der Gestaltung des Marketing-Mix berücksichtigen.

Je nachdem, ob ein Erweiterungsproduktbereich bereits näher oder weiter entfernt von der Marke wahrgenommen wird, ergeben sich daraus unterschiedliche Gestaltungsempfehlungen (vgl. Abbildung 16).

Handelt es sich um eine „nahe" Markenerweiterung, so kann man idealerweise einen identischen Markenauftritt wie bei der Stammmarke verfolgen. Beispiel: Wenn unter der Kaffeemarke Jacobs auch Kaffeefilter hergestellt werden, so ist keine Anpassung an den Erweiterungsproduktbereich erforderlich, da Kaffeefilter aufgrund der komplementären Nutzung eng mit Kaffee verbunden werden (vgl. Esch/Billen, 1996, S. 332).

Verfolgt man hingegen eine eher weite Markenerweiterung, so empfiehlt sich eine kombinierte Umsetzung, um einerseits die Stärken der Stammmarke einzubringen, andererseits jedoch eine plausible Anpassung an den neuen Produktbereich für die Marke zu erreichen. Beispiel: Die dekorative Kosmetik ist zweifelsfrei weit vom Markenkern Niveas entfernt (vgl. auch Abbildung 11). Demnach wäre hier das Risiko eines Fehlschlags der

Erweiterung größer als bei einer Dehnung in einen naheliegenderen Bereich. Deshalb sind entsprechende Maßnahmen zu ergreifen, damit ein „andocken" des Erweiterungs-produktbereichs an die Marke möglich wird. Nivea versucht dies mit einer kombinierten Umsetzung: Nach wie vor werden die dominant mit Nivea verbundenen Schemaattribute verwendet, z. B. die Farben Blau und Weiß oder der Schriftzug. Den Aspekt der Pflege ergänzt man jedoch produktspezifisch, indem man in der Kommunikation von „Die Farben der Pflege" spricht. Gerade bei eher weiten Markenerweiterungen ist eine solche kombinierte Umsetzung die Königsstrategie zur Erreichung einer entsprechenden Ak-zeptanz des Erweiterungsproduktes und zur Vermeidung von negativen Effekten auf die Stammmarke.

Gerade eine kombinierte Umsetzung der Positionierung stellt erhöhte Anforderungen an die Gestaltung von Markenverpackungen und Kommunikation für das Erweiterungspro-dukt, da ansonsten sowohl der „Fit" zur Stammmarke als auch der „Fit" zur Produktkate-gorie nicht wahrgenommen wird. Deshalb gilt es, folgende Aspekte zu prüfen:

- die Wahrnehmung der Markenerweiterung durch die Konsumenten,
- die Integration der Marketinginstrumente sowie
- die Abgrenzung der Markenerweiterung von den Wettbewerbern in der Wahrneh-mung der Konsumenten.

Die **Wahrnehmbarkeit** der Markenerweiterung zielt auf zwei Dinge ab: die Erkennbar-keit der Marke an sich sowie die Erkennbarkeit der für die Marke neuen Erweiterungs-kategorie. Um die Wahrnehmbarkeit der Marke sicherzustellen, müssen zentrale Mar-kenattribute bei der Gestaltung von Verpackung und Kommunikation zum Einsatz kom-men. Erst dann kann das entsprechende Markenschema im Gedächtnis der Konsumenten aktiviert werden. Je stärker die Kommunikation für das Erweiterungsprodukt und dessen Verpackung von dem Markenschema abweichen, um so leichter können Fehlzuordnun-gen erfolgen. In der Konsequenz würde dann eine Erweiterung nicht der jeweiligen Marke zugeordnet. Die Wahrnehmbarkeit des Erweiterungsprodukts ist bei weit entfernt liegenden Markenerweiterungen oft durch die Anforderungen der jeweiligen Ver-packungsgestaltung sichergestellt. Sofern es sich jedoch um nahe Erweiterungen han-delt, die möglicherweise im Handel im gleichen Regal wie die Stammmarke liegen, ist auf eine erkennbare Kommunikation des Erweiterungsprodukts zu achten. Ansonsten würde dies als neues Produkt unter der Marke untergehen. Als Indikator für die Wahrnehmbar-keit der Marke bei dem Erweiterungsprodukt empfiehlt sich die Messung mittels Tachi-stoskop-Tests, mit dem man den Wahrnehmungsprozeß und die Schnelligkeit des Erkennens einer Marke testen kann (vgl. zum Tachistoskop: Kroeber-Riel/Weinberg, 1999, S. 274).

Bei der **Integration** der Markenerweiterung im Rahmen der Marketing-Maßnahmen ist sicherzustellen, daß die dominanten formalen und inhaltlichen Klammern auch durch die Markenerweiterung vermittelt werden (vgl. hierzu auch den Beitrag „Aufbau starker Marken durch integrierte Kommunikation" in diesem Buch). Stammprodukt und Erwei-terungsprodukt müssen im Zeitablauf und zwischen den eingesetzten Marketinginstrumenten aufeinander abgestimmt werden. Beispiel: Der Bärenmarke-Milchriegel verfügt wie die Bärenmarke-Dosenmilch über den Bär auf der Verpackung. Die zentrale Botschaft der natürlichen Bergwelt wird ebenfalls in beiden Fällen vermittelt, so daß eine formale wie inhaltliche Integration zwischen Stammarke und Erweiterungsprodukt gewährleistet ist. Als Test der Integrationsstärke kommen hier vor allem Zuordnungstests in Frage.

Die mit der Stammarke verfolgte Positionierung kann in einem Erweiterungsproduktbereich bereits von anderen Marken belegt sein. In diesem Fall wäre eine **Austauschbarkeit** des Erweiterungsprodukts mit Konkurrenzmarken vorprogrammiert. Deshalb kommt es gerade in solchen Fällen in besonderem Maße darauf an, durch die Umsetzung von Kommunikation und Produktgestaltung in den Augen der Konsumenten eine eigenständige Wahrnehmung zu erlangen.

Umsetzungs-optionen	"nahe" Markenerweiterung	"weite" Markenerweiterung
identische Umsetzung wie bei der Stammarke	+	0
kombinierte Umsetzung: Mischung von Umsetzungs-elementen der Stammarke und des Erweiterungs-produktbereichs	0	+
Orientierung der Umsetzung ausschließlich am Erweiterungs-produktbereich	-	-
Anmerkung + = ideal; O = (noch) akzeptabel - = inakzeptabel		

Abbildung 16:   Varianten der Umsetzung einer Markenpositionierung im Erweiterungsproduktbereich

Beispiel: Viele Herrenausstatter dehnen ihre Marken in Bereiche wie Lederaccessoires, Parfum usw. Zwar vermitteln diese Hersteller oft das Image von Exklusivität, allerdings weicht die Umsetzung dieser Positionierungseigenschaft bei Armani deutlich erkennbar von der Umsetzung von Boss ab. Dadurch kann bei Besetzung gleicher Positionierungs-eigenschaften die Wahrnehmung einer eigenständigen Position sichergestellt werden. Das Problem der Austauschbarkeit kann auch dann häufig auftreten, wenn aufgrund einer weiten Markenerweiterung erhebliche Anpassungen an den neuen Produktbereich erforderlich sind. Die Gefahr klischeehafter Darstellungen liegt hier auf der Hand. Sie ist durch stringente Beibehaltung der wesentlichen und klar erkennbaren Markenattribute zu umgehen. Nivea ist das bei der dekorativen Kosmetik vor allem durch Verwendung der starken Farbcodes gelungen. Die anderen Szenen, die man beispielsweise in den Fernsehspots sieht, sind hingegen mehr oder weniger generisch. Gerade hier bieten sich Anonymisierungstest an, um die Eigenständigkeit der Umsetzungen zu prüfen (vgl. Nommensen, 1990; vgl. hierzu auch den Beitrag „Kontrolle der Eigenständigkeit von Markenauftritten" in diesem Buch).

# 4.	Ausblick: Markenerweiterung - positiver Transfer ohne negative Rückwirkungen?

Markendehnungen sind leichter gesagt als getan. So verführerisch es auf den ersten Blick erscheinen mag, eine starke Marke zu dehnen, erweist sich eine solche Markener-weiterung bei genauer Analyse oft als falsche Maßnahme. Ein positiver Imagetransfer von der Stammarke auf das Erweiterungsprodukt ist nicht immer zu erwarten. Deshalb sind die konzeptionellen Analysen einer Markendehnung grundlegend. Doch selbst bei einer potentiellen Transferfähigkeit sind die Umsetzungen einer solchen Erweiterung so zu gestalten, daß negative Rückwirkungen auf die Stammarke vermieden werden. Je nachdem, ob es sich um nahe oder weite Markendehnungen handelt, sind hier ganz unterschiedliche Maßnahmen zu ergreifen. Zudem steigt das Risiko eines Markenerwei-terungsflops mit zunehmender Distanz der Erweiterungskategorie zur Stammarke. Oft vergibt man durch Markenerweiterungen auch die Chance, mit einer neuen Marke ein attraktives und wachstumsfähiges Produktfeld neu und einzigartig zu belegen und sich Wachstumspotential für die Zukunft durch daran anknüpfbare Erweiterungen der neuen Marke zu erschließen. Dennoch handelt es sich um eine Strategie, die künftig wahrscheinlich noch stärker zum Einsatz kommt als bisher. Als besonders geeignet erweisen sich hierfür reifere Produktkategorien (vgl. Sullivan, 1991, S. 9 ff.).

Mit Blick auf die Chancen eines positiven Imagetransfers werden oft gerade die möglichen Rückwirkungen einer Markenerweiterung vernachlässigt. Romeo (1991) sowie Keller und Aaker (1992) gehörten zu den ersten Wissenschaftlern, die Untersuchungen zu den Rückwirkungen einer Markenerweiterung auf die etablierte Marke betrieben haben. Diese Forschungsarbeiten konnten keine negativen Rückwirkungen einer Mar-kenerweiterung auf die etablierte Marke nachweisen. Allerdings erfolgten in diesen

Untersuchungen generelle Beurteilungen der etablierten Marke mittels des Gesamturteils der Konsumenten (vgl. Loken/Roedder John, 1993, S. 72)[4].

In den sich daran anschließenden Forschungsarbeiten wurden Rückwirkungen einer Markenerweiterung auf die etablierten Marke unter Berücksichtigung spezifischer situativer Erweiterungsumstände durchgeführt. Zudem wurden die Auswirkungen nicht über globale Urteile zur Stammarke erfaßt, sondern mit Hilfe spezifischer, besonders wichtiger Eigenschaften der Marke. Einige wichtige Ergebnisse werden kurz dargestellt[5]:

Nach Milberg, Park und McCarthy werden die Imagekomponenten der etablierten Marke verwässert, wenn die Eigenschaften des Erweiterungsprodukts inkonsistent zu diesen Komponenten sind (vgl. Milberg et al., 1997, S. 123 ff.). Die Einstellung zu der etablierten Marke wird dann ebenfalls negativ beeinflußt (vgl. Milberg et al., 1997, S. 124 ff.; Whitney, 1997, S. 143). Ferner beeinflussen Markenerweiterungen, die als stark abweichend von bisher unter der etablierten Marke geführten Produkten wahrgenommen werden, die Einstellung zur etablierten Marke negativ (vgl. Milberg et al., 1997, S. 124 ff.). Im Vergleich zu einer direkten Markenerweiterung führt eine Sub-Branding-Strategie zu einer Reduktion von negativen Rückwirkungen auf die etablierte Marke bei Markenerweiterungen, die sich durch inkonsistente Eigenschaften auszeichnen (vgl. Milberg et al., 1997, S. 126 ff.). Beispiel: Statt einer direkten Markenerweiterung (z. B. Marriott-Hotels) böte sich demnach eine assoziative Markenerweiterung (Sub-Branding) (z. B. Courtyard by Marriott-Hotels) an, um die negativen Rückwirkungen auf die Stammarke zu reduzieren (vgl. Park et al., 1993, S. 28). Das gleiche gilt für Markenerweiterungen, die nur geringe Ähnlichkeiten zur Produktkategorie der etablierten Marke aufweisen (vgl. Milberg et al., 1997, S. 126 ff.).

Generell sind etablierte Marken mit einer großen Anzahl von Produkten größeren Rückwirkungsgefahren ausgesetzt als Marken mit einem kleinen Produktportfolio (vgl. Whitney, 1997, S. 145). Eine spezielle Rolle spielen anscheinend Flaggschiffprodukte, also Produkte, die von Konsumenten am stärksten mit einer Marke verbunden werden (z. B. die Creme mit Nivea, Kreditkarten mit American Express) (vgl. Roedder John et al., 1998, S. 19 f.). Die mit einem Flaggschiffprodukt einer etablierten Marke verbundenen Assoziationen sind im Gegensatz zu den anderen Produkten einer Marke immun gegenüber inkonsistenten Markenerweiterungen (vgl. Roedder John et al., 1998, S. 24 ff.). Das Flaggschiffprodukt zeigt zudem erst dann Verwässerungserscheinungen, wenn eine inkonsistente Produktlinienerweiterung vorliegt, die sehr eng mit dem Flaggschiffprodukt assoziiert wird (vgl. Roedder John et al., 1998, S. 29).

---

4   Während Romeo das Erfolgsausmaß bei einigen ausgewählten Produkteigenschaften erfaßte, verwendeten Keller und Aaker das Verkaufsvolumen des Erweiterungsprodukts (vgl. Loken/Roedder John, 1993, S. 71).

5   Zu weiteren Ergebnissen vgl. Gürhan-Canli und Maheswaran (1998) sowie Loken und Roedder John (1993).

Bisher konnten - abgesehen von Fällen, bei denen die Konsumenten ihre Assoziations-strukturen zur etablierten Marke um positive Assoziationen zum Erweiterungsprodukt ergänzt haben[6] - meist nur negative Rückwirkungen bzw. das Ausbleiben von Rück-wirkungen einer Markenerweiterung auf die etablierte Marke nachgewiesen werden. Für den Nachweis positiver Rückwirkungen sind vermutlich experimentelle Designs erfor-derlich, die den Testpersonen wiederholt Informationen zur Markenerweiterung dar-bieten (Whitney, 1997, S. 153).

Die Ergebnisse zeigen jedoch auch, daß man sich hüten sollte, vorschnell und ohne genaue Analyse einer potentiellen Markenerweiterung auf konzeptioneller Ebene und auf Umsetzungsebene den Sprung ins kalte Wasser zu wagen. Erst nach Kenntnis mög-licher Erweiterungshürden lassen sich durch entsprechende Gestaltungsmaßnahmen bei der Umsetzung positive Akzeptanzwerte sowie der gewünschte positive Imagetransfer mit Rückzahlung auf die Stammmarke realisieren.

---

6   Nach Milberg (1999) führen konsistente Markenerweiterungen in Produktkategorien, die der Stammmarke übergeordnet sind, zu einer Ausweitung der Assoziationen der Stammmarke und vergrößern damit ihr Potential für weitere Erweiterungen.

Kevin L. Keller

Erfolgsfaktoren von Markenerweiterungen

1. Grundlagen der Markenerweiterung

Von Markenerweiterungen spricht man, wenn ein Unternehmen einen etablierten Markennamen benutzt, um ein neues Produkt einzuführen. Markenerweiterungen können sich dahingehend unterscheiden, daß das neue Produkt in einer Produktkategorie eingeführt wird, in der zur Zeit die Stammarke vermarktet wird (d. h. Produktlinienerweiterung) oder die Einführung in eine völlig neue Produktkatgorie (d. h. Kategorieerweiterung) erfolgt.

Bei der Analyse der Konsumentenreaktionen auf Markenerweiterungen ist es sinnvoll, mit einer Ausgangssituation zu beginnen, in der angenommen wird, daß Konsumenten die Markenerweiterung nur auf der Basis ihres bereits vorhandenen Wissens über die Stammarke und die Erweiterungskategorie beurteilen, und zwar bevor Werbung, Verkaufsförderung oder detaillierte Produktinformationen verfügbar sind. Diese Ausgangssituation erlaubt den „saubersten" Test des Erweiterungskonzepts und gibt den Managern Richtlinien dahingehend, ob sie ein Erweiterungskonzept verfolgen oder aufgeben sollten und welches Marketingprogramm gegebenenfalls erforderlich werden könnte.

Bei der Bewertung einer Markenerweiterung in der erwähnten Ausgangssituation kann man davon ausgehen, daß Konsumenten ihr vorhandenes Markenwissen und ihr Wissen bezüglich der Erweiterungskategorie einsetzen, um eine Einschätzung des Erweiterungsprodukts vorzunehmen. Damit diese Schlußfolgerungen zu einer positiven Beurteilung der Erweiterung durch die Konsumenten führen, müssen vier grundsätzliche Voraussetzungen erfüllt sein:

1. **Die Stammarke ist den Konsumenten bekannt, sie verbinden positive Assoziationen mit ihr.** Es ist schwierig, vom Konsumenten zu erwarten, daß er positive Erwartungen an eine Erweiterung stellt, wenn er nicht bereits zu deren Stammarke positive Wissensstrukturen aufgebaut hat.

2. **Wenigstens einige dieser positiven Assoziationen sollten durch die Markenerweiterung aktiviert werden.** Wie später erörtert werden wird, hängt es von verschiedenen Faktoren ab, welche Assoziationen zur Stammarke wachgerufen werden, wenn Konsumenten eine Erweiterung bewerten. Wenn die Markenerweiterung eine aus Konsumentensicht große Ähnlichkeit mit der Stammarke aufweist, kann im allgemeinen davon ausgegangen werden, daß beim Konsumenten Assoziationen ausgelöst werden, die in bezug auf ihre Stärke, Vorteilhaftigkeit und Einzigartigkeit denen zur Stammarke gleichen.

3. **Negative Assoziationen dürfen nicht von der Stammarke übertragen werden.** Im Idealfall werden alle negativen Assoziationen zur Stammarke zurückgelassen und spielen keine herausragende Rolle bei der Bewertung der Erweiterung.

4. **Es werden keine negativen Assoziationen durch die Markenerweiterung geschaffen.** Alle Attribute oder Vorzüge, die der Konsument in Verbindung mit der Stammarke für positiv oder zumindest neutral hält, dürfen im Erweiterungszusam-

menhang nicht als negativ angesehen werden. Die Konsumenten sollen auch keine neuen Assoziationen aufbauen, die sie als potentiellen Nachteil für die Erweiterung oder die Stammarke erachten.

Je stärker diese vier Grundregeln zutreffen, desto wahrscheinlicher ist es, daß die Konsumenten eine positive Einstellung gegenüber einer Erweiterung entwickeln werden. Wir untersuchen im folgenden einige Faktoren, die die Validität dieser Regeln beeinflussen und betrachten im Detail, wie sich eine Markenerweiterung ihrerseits auf den Markenwert auswirken kann.

2. Markenerweiterung und Markenwert

Der endgültige Erfolg einer Erweiterung hängt von ihrer Fähigkeit ab, sowohl ihren eigenen Markenwert in der neuen Kategorie zu erreichen als auch zum Wert der Stammarke beizutragen. Wir untersuchen diese beiden Überlegungen im folgenden.

Wertschöpfung für die Markenerweiterung

Zur Schaffung eines Werts für die Markenerweiterung muß die Erweiterung in gleicher Form wie die Stammarke über eine ausreichend hohe Bekanntheit und einige starke, vorteilhafte und einzigartige Assoziationen verfügen. Die Markenbekanntheit hängt primär vom Marketing-Programm und von den Ressourcen ab, die der „Verbreitung der Botschaft" der Erweiterung gewidmet werden. Natürlich wird sie auch von der Art der herangezogenen Branding-Strategie abhängen. Je stärker eine Stammarke für die Erweiterung herangezogen wird, desto leichter kann für die Erweiterung Bekanntheit und Image augebaut werden.

Die Schaffung eines positiven Images für die Erweiterung hängt primär von drei verbraucherbezogenen Faktoren ab:

1. Wie **hervorstechend** sind Assoziationen der Konsumenten zur Stammarke im Erweiterungskontext, d. h.: Welche Informationen über die Stammarke kommen dem Konsumenten in den Sinn, wenn er über die vorgeschlagene Erweiterung nachdenkt und wie stark sind diese Assoziationen?

2. Wie **vorteilhaft** sind die Assoziationen im Erweiterungskontext, d. h.: Passen die Assoziationen zur neuen Produktkategorie und werden sie in bezug auf die Markenerweiterung positiv oder negativ bewertet?

3. Wie **einzigartig** sind die hervorgerufenen Assoziationen in der Erweiterungskategorie, d. h.: Wie heben sich diese Wahrnehmungen von denjenigen der Konkurrenten ab?

Wie jede Marke müssen auch erfolgreiche Markenerweiterungen vom Konsumenten gewünschte, vertraute und differenzierende Eigenschaften in sich vereinen. Ohne starke Differenzierungspunkte setzt man die Marke der Gefahr eines undifferenzierten „me-too"-Markteintritts und damit der Verletzbarkeit durch gut positionierte Wettbewerber aus (vgl. Desai et al., 1997). Tauber (1988, S. 28) bezeichnet es als eine „kompetitive Hebelkraft", wenn er von dem Vorteilsbündel spricht, das eine Stammarke auf ein Erweiterungsprodukt in einer neuen Kategorie überträgt, d. h. „wenn der Konsument nur durch Kenntnis der Marke die neue Markenerweiterung besser als konkurrierende Marken in der Kategorie beurteilt".

Gleichzeitig ist es auch erforderlich, die notwendigen vertrauten Eigenschaften des Erweiterungsprodukts aufrecht zu erhalten. Je weniger das Erweiterungsprodukt der Stammarke ähnelt, desto wichtiger werden vertraute Eigenschaften bei der Produktbeurteilung. Als zum Beispiel Johnson & Johnson eine Aspirinmarke für Babies einem Markttest unterzog, blieb das Produkt erfolglos, obwohl der Name Johnson & Johnson praktisch als Synonym für Babyprodukte gilt. Es stellte sich heraus, daß das rasche Senken des Fiebers für die Eltern mindestens so wichtig war wie die Sicherheit und Sanftheit der Tablette. Mit Johnson & Johnson verbinden die Konsumenten aber vor allem Sicherheit und Sanfheit. So war das Produkt durch den Mangel an notwendigen vertrauten Eigenschaften zum Scheitern verurteilt.

Stärkung des Markenwerts der Stammarke

Um zum Wert der Stammarke beizutragen, muß eine Erweiterung die Stammarke stärken bzw. ihr ihre positiven und einzigartigen Assoziationen übertragen. Sie darf jedoch nicht die Stärke, Vorteilhaftigkeit und Einzigartigkeit bereits existierender Assoziationen zur Stammarke beeinträchtigen.

Die Auswirkungen einer Erweiterung auf das Markenwissen der Konsumenten hängt von drei Faktoren ab:

1. wie **grundlegend** ist eine Botschaft für eine entsprechende Assoziation zu Eigenschaften und Vorzügen im Erweiterungszusammenhang, d. h., wie eindeutig oder einfach interpretierbar sind Informationen, die die Funktion eines Produkts oder den Aufbau innerer Bilder betreffen, für diese Assoziation,

2. wie **relevant** sind Botschaften der Erweiterung für Eigenschaften der Stammarke, d. h. welcher Teil des Markenauftritts mit Bezug zur Funktion eines Produkts oder zum Aufbau innerer Bilder kann als vorbestimmend für die Marke hinsichtlich Funktion eines Produkts oder Aufbau innerer Bilder in anderen Kategorien gesehen werden und

3. wie **stark** bleiben für die Stammarke vorhandene Assoziationen zu Eigenschaften im Gedächtnis des Konsumenten haften, d. h.: Wie leicht ist eine Assoziation dem Wandel unterworfen?

Entsprechend dieser Faktoren sind Rückwirkungen, die das Markenwissen verändern, am wahrscheinlichsten, wenn die Konsumenten Informationen zur Erweiterung als gleichermaßen aufschlußreich für die Stammarke erachten und wenn diese Informationen nur schwache Assoziationen zur Stammarke auslösen. Die Art der Rückwirkungen hängt von der Art der vorliegenden Information ab. Eine ungünstige Bewertung der Erweiterung kann zu negativen Rückwirkungen führen; eine günstige Beurteilung der Erweiterung kann hingegen positive Rückwirkungen hervorrufen. Dabei sind negative Rückwirkungen nicht nur an produktbezogene, funktionale Assoziationen gebunden. Wenn eine Marke positive Assoziationen wie zum Beispiel Prestige auslöst, kann eine vertikale Erweiterung, die zum Beispiel eine neue Version des Produkts zu einem niedrigeren Preis anbietet, auf Abneigung bei den bisherigen Konsumenten der Marke stoßen.

Obwohl diese beiden Basismodelle einen allgemeinen Einblick in die Auswirkungen von Markenerweiterungen auf den Markenwert gewähren, sind genauere Richtlinien notwendig. Erfreulicherweise ist in den letzten Jahren der Erforschung von Markenerweiterungen große Aufmerksamkeit gewidmet worden. Einige der wichtigsten Forschungsergebnisse sind:

1. Es kommt zur erfolgreichen Markenerweiterung, wenn die Stammarke mit positiven Assoziationen verbunden ist und eine große wahrgenommene Übereinstimmung der Assoziationen („Fit") zur Stammarke und zum Erweiterungsprodukt vorliegt (vgl. Aaker/Keller, 1990; Boush et al., 1987; Boush/Loken, 1991).

2. Für die wahrgenommene Übereinstimmung von Stammarke und Erweiterungsprodukt gibt es viele Ursachen: Der Fit kann durch die Übereinstimmung produktbezogener oder nicht-produktbezogener Attribute wie z. B. durch ähnliche Gebrauchssituationen oder durch gleiche Nutzertypen herbeigeführt werden (vgl. Bridges, 1990; Broniarczyk/Alba, 1994 a; Park et al., 1991; Schmitt/Dube, 1992).

3. Je nach Kategoriekenntnis der Konsumenten kann die Wahrnehmung des Fit auf technischen bzw. produktionstechnischen Eigenschaften beruhen. Es können aber auch ganz oberflächliche Überlegungen wie z. B. die verwendungsbedingte Komplementarität von Stammarke und Erweiterungsprodukt eine Rolle spielen (vgl. Muthukrishnan/Weitz, 1990).

4. Marken mit einer hohen wahrgenommenen Qualität lassen sich weiter dehnen als Marken mit einer durchschnittlichen Qualität (vgl. Keller/Aaker, 1992; Rangaswamy et al., 1993).

5. Es ist schwierig, eine Marke, die als Prototyp einer Produktkategorie angesehen wird, in Bereiche außerhalb ihrer Kategorie zu erweitern (vgl. Farquhar, 1989; Farquhar/Herr, 1993).

6. Marken mit konkreten Assoziationen sind tendenziell schwieriger zu erweitern als Marken mit abstrakten Assoziationen (vgl. Bridges, 1990).

7. Auf das Erweiterungsprodukt können Assoziationen übertragen werden, die in der ursprünglichen Produktklasse positiv sind, sich aber im Erweiterungszusammenhang negativ auswirken (vgl. Aaker/Keller, 1990).

8. Im Zuge von Schlußfolgerungsprozessen können Konsumenten negative Assoziationen zu Erweiterungen ableiten, die zum Teil sogar aus grundsätzlich positiven Assoziationen resultieren können (vgl. Bridges, 1990).

9. Es ist generell schwierig, in Produktkategorien hinein zu erweitern, deren Produkte als sehr einfach herstellbar gelten (z. B. Popcorn) (vgl. Aaker/Keller, 1990; Kardes/Allen, 1991).

10. Eine erfolgreiche Erweiterung kann nicht nur zum Image der Stammarke beitragen, sondern eine Marke auch dazu befähigen, noch weiter ausgedehnt zu werden (vgl. Boush/Loken, 1991; Dacin/Smith, 1994; Dawar, 1996; Jap, 1993; Keller/Aaker, 1992).

11. Eine erfolglose Erweiterung verletzt die Stammarke nur dann, wenn zwischen den beiden ein starker Fit existiert (vgl. Keller/Aaker, 1992; Romeo, 1991; Sullivan, 1990; Loken/Roedder John, 1993; Roedder John et al., 1998; Lane/Jacobson, 1997).

12. Trotz erfolgloser Erweiterung kann ein Unternehmen nach wie vor eine Erweiterung mit größerer Ähnlichkeit durchführen (vgl. Keller/Aaker, 1992).

13. Erweiterungen in Segmente, die bezüglich ihrer wahrgenommenen Produktqualität unterhalb der Stammarke angesiedelt sind (vertikale Erweiterungen), erweisen sich meist als schwierig und erfordern deshalb häufig eine Sub-Brand-Strategie (vgl. Farquhar et al., 1992 a).

14. Für eine Erweiterung ist eine Werbestrategie am effektivsten, die sich auf die Vermittlung von Information zum Erweiterungsprodukt und nicht zur Stammarke konzentriert (vgl. Aaker/Keller, 1990; Bridges et al., 1997; Chakravarti et al., 1990).

3. Ablauf eines idealtypischen Markenerweiterungsprozesses

Wissenschaftliche Forschung und Erfahrungen der Industrie haben eine Reihe von Grundsätzen zur erfolgreichen Einführung von Markenerweiterungen hervorgebracht. Markenerweiterungsstrategien müssen unter Berücksichtigung der folgenden fünf Schritte durchgeführt werden:

1. Soll-Ist-Abgleich des Markenwissens der Konsumenten.
2. Identifikation möglicher Erweiterungskandidaten.
3. Bewertung des Erfolgspotentials der Erweiterungskandidaten.
4. Konzeption des Marketingprogramms zur Einführung der Erweiterung.

5. Bewertung des Erweiterungserfolgs.

Das Urteil von Experten und die Analyse des Verbraucherverhaltens sollte zur Unterstützung jeder dieser Entscheidungen herangezogen werden. Wir untersuchen im folgenden jeden dieser fünf Schritte.

3.1 Soll-Ist-Abgleich des Markenwissens der Konsumenten

Bei der qualitativen und quantitativen Messung des Markenwissens der Konsumenten wurde festgestellt, daß es schwierig ist, die Tiefe und Weite der Bekanntheit der Stammmarke sowie die Stärke, Vorteilhaftigkeit und Einzigartigkeit ihrer Assoziationen zu verstehen (vgl. hierzu den Beitrag „Kundenorientierte Messung des Markenwerts" in diesem Buch). Bevor Erweiterungsentscheidungen erwogen werden, ist es zudem wichtig, daß die gewünschten Wissensstrukturen umfassend artikuliert worden sind. Dies betrifft vor allem die Frage nach der Positionierungsbasis und der Kernvorzüge, die von der Marke befriedigt werden. Die Herausarbeitung vorhandener und gewünschter Wissensstrukturen hilft sowohl bei der Identifikation möglicher Markenerweiterungen als auch bei der Entscheidungsfindung hinsichtlich ihres potentiellen Erfolgs. Es ist für die Bewertung einer Erweiterung wichtig, zu verstehen, wohin die Marke auf Dauer gelangen soll. Da die Einführung einer Erweiterung möglicherweise die Markenbedeutung verändert, kann daraus eine Beeinflussung der Konsumentenreaktionen auf alle der Erweiterung nachgelagerten Marketingaktivitäten resultieren.

3.2 Identifikation möglicher Erweiterungskandidaten

Um zu entscheiden, welche Produkte und Märkte ein Unternehmen auswählen sollte, sind eine Reihe von Kriterien hinsichtlich Konsumenten, Unternehmen und Konkurrenz zu beachten. Zur Identifikation potentieller Markenerweiterungen sollten Markenmanager im Hinblick auf die konsumentenbezogenen Faktoren über Assoziationen

■ zur Stammmarke - da insbesondere diese eine Relation zur Markenpositionierung und zu den Kernvorzügen aufweisen - und
■ zu Produktkategorien mit geeignetem Fit zum verankerten Markenimage

nachdenken. Mögliche Kandidaten für die Markenerweiterung können durch Brainstorming-Sitzungen des Managements oder durch Konsumentenbefragungen gefunden werden. Obwohl Konsumenten generell eher dazu befähigt sind, auf ein Erweiterungskonzept zu reagieren als ein solches vorzuschlagen, kann es dennoch nützlich sein, Konsumenten zu fragen, welche Produkte aus ihrer Sicht für eine Markenerweiterung geeignet wären.

Eine oder mehrere Assoziationen können häufig als Grundlage des Fit dienen. Der Hersteller Beecham zum Beispiel verkaufte in England Lucozade jahrelang als einen Glukose-Drink, der Dehydration und andere Krankheiten von Kindern bekämpfen sollte. Mit der Einführung neuer Aromaformeln, Verpackungsformate usw. gelang es Beecham, sich die Assoziation zur Marke als „flüssigem Kraftspender" zu Nutze zu machen und ihre Bedeutung umzuwandeln in „ein gesundes Kraftgetränk für Leute jeden Alters". Unterstützt durch Anzeigen, auf denen der berühmte britische Olympia-Zehnkämpfer Daley Thompson zu sehen war, kam es für die Marke zu einem drastischen Verkaufs- und Gewinnanstieg. Dadurch, daß Beecham erkannte, daß Lucozade nicht nur ein pharmazeutisches Produkt sein mußte, sondern auch durch Markenerweiterungen und andere Marketingaktivitäten als gesunder und nahrhafter Drink umpositioniert werden konnte, war das Unternehmen in der Lage, die Marke auf glaubwürdige Weise umzugestalten.

3.3 Bewertung des Erfolgspotentials der Erweiterungskandidaten

Für die Voraussage des Erfolgs einer vorgeschlagenen Markenerweiterung ist es notwendig, die Wahrscheinlichkeit, daß sie die Vorteile einer Markenerweiterung realisieren und deren Nachteile vermeiden würde, mit Hilfe von Expertenurteilen und Konsumentenbefragungen abzuschätzen. Wie bei jedem neuen Produkt kann die Analyse von Verbraucher-, Unternehmens- und Konkurrenzfaktoren dabei von Nutzen sein.

Verbraucherfaktoren: Die Bewertung des potentiellen Erfolgs einer vorgeschlagenen Markenerweiterung erfordert eine Bewertung ihrer Fähigkeit, einen eigenen Markenwert zu entwickeln sowie der Wahrscheinlichkeit, daß sie den bestehenden Markenwert der Stammarke möglicherweise beeinflußt. Zunächst müssen Markenmanager die Stärke, Vorteilhaftigkeit und Einzigartigkeit aller Assoziationen zur Markenerweiterung abschätzen.

Um die Liste möglicher Erweiterungen einzuengen, sind häufig Konsumentenbefragungen nötig. Konsumenten können direkt befragt werden (z. B. „Wie gut harmoniert die vorgeschlagene Erweiterung mit der Stammarke?" oder „Würden Sie so ein neues Produkt von der Stammarke erwarten?"). Man kann Konsumenten sogar fragen, welche Produkte nach ihrer Meinung überlicherweise mit der Marke in Verbindung gebracht werden. Wenn die Mehrheit der Konsumenten glaubt, ein vorgeschlagenes Erweiterungsprodukt werde bereits unter der Marke verkauft, dann wäre mit seiner Einführung ein geringes Risiko verbunden, zumindest mit Hinblick auf anfängliche Konsumentenreaktionen. Zum besseren Verständnis der konsumentenspezifischen Beurteilung potentieller Erweiterungen kommen häufig Konsumentenbefragungen mit open-end-Assoziationen zum Einsatz (z. B. „Was kommt Ihnen in den Sinn, wenn Sie an die Markenerweiterung denken?" oder „Was sind Ihre ersten Eindrücke, wenn Sie hören, daß die

Stammarke eine Erweiterung einführt?"). Geeignet sind auch Ratingskalen, die auf Reaktionen zu konzeptionellen Aussagen basieren.

Mögliche Fallgruben: Bei der Bewertung des Markenerweiterungspotentials gibt es mehrere Fallgruben, die es zu meistern gilt. Ein Hauptfehler liegt darin, daß Erweiterungsmöglichkeiten ohne umfassende Kenntnis des Markenwissens der Konsumenten bewertet werden. Häufig konzentrieren sich Markenmanager fälschlicherweise auf eine oder vielleicht einige wenige Assoziationen als mögliche Basis eines Fit und übersehen andere, möglicherweise wichtigere Markenassoziationen. Durch Konzentration auf billige Wegwerfprodukte konnte die französische Firma Societé Bic zum Beispiel in den späten 50er Jahren Märkte für Wegwerfkugelschreiber aufbauen; für Wegwerffeuerzeuge in den frühen 70er Jahren und für Wegwerfrasierapparate in den frühen 80er Jahren. 1989 benutzten sie erfolglos dieselbe Marketingstrategie für Bic-Parfums in den USA und in Europa. Die Parfums - zwei für Frauen („Nuit" und „Jour") und zwei für Männer („Bic for Men" und „Bic Sport for Men") - waren in Sprayflaschen aus Glas verpackt, die aussahen wie schwere Feuerzeuge und für 5 $ pro Stück verkauft wurden. Die Produkte wurden auf Ständern in Plastikverpackungen an Kassen angeboten, die zu Bic's weitverbreiteten Distributionskanälen von ungefähr 100.000 Drugstores, Supermärkten und anderen Großflächenanbietern gehörten. Damals beschrieb eine Firmensprecherin von Bic die neuen Produkte als Erweiterungen des Bic-Erbes: „Hohe Qualität zu erschwinglichen Preisen, praktisch zu kaufen und zu gebrauchen". Die Markenerweiterung wurde mit einer 20 Millionen Dollar teuren Werbe- und Verkaufsförderungskampagne auf den Markt gebracht und führte Bilder von schicken Leuten vor, die sich mit dem Parfum amüsierten und eine Fahne schwenkten, auf der „Paris in Deiner Tasche" stand. Bic war dennoch unfähig, den Mangel an Durchschlagskraft und die negativen Imageassoziationen zu überwinden. Die Erweiterung schlug fehl, da es nicht gelang, die für die Produktkategorie relevanten vertrauten Assoziationen aufzubauen.

Ein weiterer Hauptfehler bei der Bewertung von Markenerweiterungen liegt darin, daß übersehen wird, wie wörtlich Konsumenten eine Markenerweiterung nehmen können. Obwohl Verbraucher letztlich an konkreten Produktvorteilen interessiert sind, bemerken und bewerten sie häufig Produkteigenschaften - vor allem wenn diese konkret sind - bei ihrer Reaktion auf eine Erweiterung. Markenmanager hingegen neigen dazu, sich auf wahrnehmbare Vorteile von Produkten zu konzentrieren, wenn sie Konsumentenreaktionen vorhersagen - mit der Konsequenz, daß sie mögliche schädliche Attributsassoziationen übersehen. In einer Studie glaubten Konsumenten beispielsweise, daß eine hypothetische Heineken-Popcorn-Erweiterung wie Bier, eine hypothetische Crest-Kaugummi-Erweiterung wie Zahnpasta schmecken und ein vorgeschlagenes Vidal-Sassoon-Parfum wie ein Shampoo riechen würde (vgl. Aaker/Keller, 1990).

Unternehmens- und Konkurrenzfaktoren: Markenmanager dürfen sich bei der Bewertung von vorgeschlagenen Markenerweiterungen nicht nur die Konsumentenperspektive zu eigen machen, sondern müssen auch die weitere Perspektive des Unternehmens und der Konkurrenz mit einbeziehen. Wie effizient werden die Unternehmenswerte in dem Erweiterungskonzept eingesetzt? Wie relevant sind bereits vorhandene

Marketingprogramme, wahrgenommene Vorzüge und Zielkunden im Erweiterungs-kontext? Welche Wettbewerbsvorteile besitzt die Erweiterung in der Wahrnehmung der Konsumenten und mit welchen Maßnahmen werden die Wettbewerber möglicherweise reagieren?

Zu viele Erweiterungsprodukte und starker Verdrängungswettbewerb können die Res-sourcen des Unternehmens belasten. Church & Dwight beschlossen beispielsweise in den 80er Jahren, ihre Arm & Hammer Backpulver-Marke und deren vertraute gelbe Schachtel in eine Vielzahl neuer Produktkategorien zu erweitern - Zahnpasta, Teppich- und Luftreiniger, Deodorants etc. Trotz eines gewissen Anfangserfolgs durchlief das Unternehmen 1994 eines seiner schlechtesten Jahre als die Gewinne um 77 % gegenüber dem Vorjahr zurückgingen. Was war geschehen? Der Marktanteil von zwei seiner viel-versprechendsten Produkteinführungen - Zahnpasta und Waschmittel - ging stark zurück, als eine erhöhte Akzeptanz von Backpulverprodukten bei den Konsumenten beobachtet wurde und die Giganten in diesem Geschäft wie Procter & Gamble, Unilever und Colgate-Palmolive ihre eigenen Versionen von Backpulverprodukten aggressiv auf den Markt brachten. Bei höheren Preisen und geringerer Werbeunterstützung ging der Marktanteil der Arm & Hammer-Produkte zurück. Das Management von Church & Dwight gab zu, „daß ein Unternehmen ihrer Größenordnung sich damit übernommen hatte, so viele Produkte in einem Jahr einzuführen ..." und gelobte, sich zunächst auf existierende Produkte zu konzentrieren.

Zu viele neue Produkte waren auch für Pepsi zeitweise ein Problem. In den frühen 90er Jahren unternahmen sie eine aggressive Mehrmarkenstrategie und dehnten ihr Angebot von 14 auf 60 Marken aus. Sie brachten Fruchtsäfte (zusammen mit Ocean Spray), Ei-stees (zusammen mit Lipton), Limonaden, Sportdrinks (All Sport) usw. auf den Markt. Diese Marken hatten unterschiedlichen Erfolg, aber ihre 1993 eingeführte Hauptpro-duktlinienerweiterung, Crystal Pepsi, war ein klarer Flop. Zu diesem Mißerfolg haben eine Reihe von Faktoren beigetragen - zum Beispiel falscher Geschmack, falscher Name, falsche Verpackung und falsche Werbung. Mit einer Mischung aus Zimt, Ingwer und Pfeffer fehlte Crystal Pepsi trotz seines Namens ganz entschieden der Cola-Geschmack. Die größte Sorge für Pepsi während dieser Episode lag darin, daß ihre Cola-Marken-Flagschiffe Marktanteile an Coca-Cola verloren und man sich darum sorgte, daß dieses Durcheinander an neuen Produkten die Aufmerksamkeit von ihren Kernmarken abgelenkt hatte.

3.4 Konzeption des Marketingprogramms zur Einführung des Erweiterungsprodukts

Zu oft werden Erweiterungen als Mittel zur Vereinfachung der Einführung eines neuen Produkts benutzt. Es wird der Entwicklung einer Branding- und Marketing-Strategie, die den Wert der Markenerweiterungen wie auch der Stammarke maximieren soll, zu wenig

Aufmerksamkeit geschenkt. Der Aufbau von Markenwert für eine Markenerweiterung erfordert, wie im Fall einer neuen Marke:

1. die Auswahl von Markenelementen,
2. den Entwurf eines optimalen Marketingprogramms, um die Erweiterung einzuführen und
3. die Stärkung sekundärer Assoziationen.

Die Auswahl von Markenelementen: Definitionsgemäß bewahrt eine Markenerweiterung eines oder mehrere Elemente einer bereits vorhandenen Marke. Es ist auch wichtig, daß Markenmanager sich darüber klar werden, daß Markenerweiterungen nicht unbedingt nur einen Markennamen fördern müssen, sondern auch andere Markenelemente. Unternehmen zum Beispiel wie Heinz und Campbell Soup haben ein Verpackungsdesign eingeführt, das sowohl verschiedene Produktlinienerweiterungen oder Markentypen zu differenzieren als auch ihren gemeinsamen Ursprung darzustellen versucht.

In manchen Fällen ist die Verpackung eine so kritische Komponente des Markenwerts, daß man sich kaum eine Erweiterung ohne dieselben Elemente des Verpackungsdesigns vorstellen kann. Marken befinden sich in solchen Fällen in einem regelrechten Dilemma, da sie mit der Wahl desselben Verpackungstyps riskieren, daß sich die Erweiterung nicht ausreichend abhebt. Wenn sie andererseits einen ganz abweichenden Verpackungstyp benutzen, kann eine zentrale Quelle des Markenwerts ins Hintertreffen geraten. Tanquaray Gin besitzt zum Beispiel eine ganz typische grüne Flasche mit rotem Rand, die das zentrale Element der Werbeanzeigen in den 80er Jahren war. Um nun die neue Tanquaray Wodka-Erweiterung zu differenzieren, wählte man eine silberne Flasche, die, obwohl elegant, die ursprünglichen Verpackungswerte nicht stärken konnte. Ein weiteres Beispiel beschreibt Kapferer (1994) mit den Erfahrungen von Kodak. Das Unternehmen begann 1985, Alkaline-Batterien unter dem Markennamen Ultra-Life zu vermarkten. Anstatt, wie bei den anderen Kodak-Produkten, die vertrauten gelben und roten Farben zu benutzen, besaß die neue Batterie einen eigenen Stil und eine eigene Identität. Der Name Kodak erschien nur kleingedruckt. Nach enttäuschendem Verkauf wechselte Kodak die Verpackung, um den Namen Kodak zu betonen und kehrte zu dem vertrauten Kodak-Stil zurück, was einen sofortigen Verkaufsanstieg zur Folge hatte.

Demnach kann eine Markenerweiterung sowohl eine oder mehrere Markenelemente der Stammarke beibehalten oder modifizieren als auch ihre eigenen Markenelemente schaffen. Bei der Schaffung neuer Markenelemente für eine Erweiterung sollten dieselben Richtlinien verfolgt werden, die auch für die Entwicklung einer jeden Marke in Bezug auf Erinnerbarkeit, Bedeutung, Schützbarkeit, Anpassungsfähigkeit und Übertragbarkeit gelten. Neue Markenelemente sind oft notwendig, um die Markenerweiterung von der Stammarke zu differenzieren und ihre Bekanntheit und ihr Image aufzubauen. Die relative Auffälligkeit existierender Elemente der Stammarke und der neuen Elemente der Erweiterungsmarke diktieren die Stärke des Transfers sowohl von der Stammarke zur Erweiterung als auch die Rückwirkung von der Erweiterung auf die Stammarke.

Der Entwurf eines optimalen Marketingprogramms: Das Marketingprogramm für eine Markenerweiterung muß beim Schaffen von Markenwert dieselben Richtlinien befolgen, wie jede andere Marke auch. Beim Entwurf des unterstützenden Marketingprogramms müssen häufig produkt- und nicht produkt-bezogene Assoziationen geschaffen werden, die Wertwahrnehmung durch die Konsumenten muß in die Preisentscheidungen einfließen, Distributionsstrategien müssen „push and pull"-Überlegungen miteinander verbinden und die Marketingkommunikation sollte durch Mischen und Zusammenfügen von Kommunikationsoptionen integriert werden.

Für die stimmige Positionierung einer Markenerweiterung gilt: Je weniger ähnlich die Erweiterung der Stammarke ist, desto entscheidender ist es, relevante und konkurrenzfähige Vertrauenseigenschaften aufzubauen. Die Differenzierungspunkte der Kategorieerweiterung sind in vielen Fällen die direkte Folge der Differenzierungspunkte der Stammarke und werden von den Konsumenten leicht wahrgenommen. Wenn also Ivory-Shampoo seine Shampoos um Haarfestiger erweitert, läßt sich die Kerndifferenzierungseigenschaft „Milde" vermutlich leicht übertragen. Die größere Herausforderung würde wohl darin bestehen, im Vorstellungsvermögen der Konsumenten eine Übereinstimmung mit Kategorievorstellungen herzustellen, die sich auf den Zauber und das Aussehen und Fühlen nach Anwendung des Shampoos beziehen. So sind im Falle von Kategorieerweiterungen vertraute Eigenschaften oft nicht ohne Risiko. Bei Produktlinienerweiterungen gilt andererseits oft, daß eine neue Assoziation geschaffen werden muß, die als zusätzliche Differenzierungseigenschaft dient und zur Unterscheidung der Erweiterung von der Stammarke beitragen kann.

Für Produktlinienerweiterungen ist es wichtig, daß die Konsumenten verstehen, in welcher Beziehung das neue Produkt zum bereits vorhandenen Produkt steht, um mögliche Kannibalisierungen oder Verwirrungen zu minimieren. General Motors verkauft zum Beispiel in Australien seine Autos unter dem Namen Holden. Eine Zeit lang wurde in dem dort sehr kleinen Automarktsegment nur ein Wagen vermarktet, der Holden Gemini. Als man sich entschied, ein zweites Auto einzuführen, den Holden Astra, glaubten die Konsumenten, der Wagen sollte das existierende Holden Gemini-Modell ersetzen. Ohne ausdrückliche Kommunikation bezüglich der Verbindung, in der die Produkte zueinander stehen, empfanden die Konsumenten den Gemini als ein überholtes Modell (vgl. Sutherland/Smith, 1995). Miles Laboratories Inc. hatten ähnliche Probleme mit ihrer Medizin Alka-Seltzer Plus gegen Erkältungskrankheiten. Zunächst wurde das Medikament von den Verbrauchern einfach als eine wirksamere Form des regulären Alka-Seltzer wahrgenommen, mit dem Ergebnis eingeschränkter Verkäufe. Daraufhin beschränkte die Firma den Alka-Seltzer-Teil des Namens auf der Packung des Erkältungsmittels und trat mit sich stärker abgrenzenden Anzeigen auf. Während auf Alka-Seltzer-Anzeigen unter Streß leidende Büroangestellte zu sehen waren, die sich um einen Wasserkühler drängten, zeigten die Alka-Seltzer-Plus-Anzeigen Testimonials, nämlich Bewohner des kühlen Winter Harbor, Maine. Die Marke war fortan erfolgreich.

Die Stärkung sekundärer Markenassoziationen: Generell fördern Markenerweiterungen dieselben Sekundärassoziationen wie die Stammarke, obwohl der Wettbewerb in der Erweiterungskategorie in manchen Fällen eine Verankerung zusätzlicher Assoziationen erfordert, so daß Verknüpfungen zu anderen Faktoren wünschenswert sein können. In welchem Maß diese anderen Assoziationen jedoch mit der Erweiterung verknüpft werden, hängt von der übernommenen Branding-Strategie und vom Branding der Erweiterung ab. Wie bereits erwähnt, gilt: Je ähnlicher die Markenelemente denen der Stammmarke sind und je mehr Beachtung sie erhalten, desto wahrscheinlicher ist es, daß Assoziationen zur Stammarke übertragen werden.

3.5 Bewertung des Erweiterungserfolgs

Der fünfte und letzte Schritt bei der Bewertung einer potentiellen Markenerweiterung besteht darin, zu messen, in welchem Maße eine Erweiterung in der Lage ist, eigenen Wert zu erlangen und zum Wert der Stammarke beizutragen. In einer aufschlußreichen Analyse von Produktlinienerweiterungen stellen Quelch und Kenny (1994) acht Empfehlungen auf, um Marketingmanagern zu helfen, ihre Produktlinien-Strategien zu verbessern:

1. **Verbesserung der Kostenrechnung:** Zur Beeinflussung der Nachfrage sollten die mit der Produktion und dem Vertrieb verbundenen absoluten Kosten und die Grenzkosten jedes Artikels vom Anfang bis zum Ende der Wertkette im Detail untersucht werden. Artikel, die hinter den Erwartungen zurückbleiben, sollten bestimmt und die Grenzumsätze, -kosten und -ersparnisse bei Aufnahme eines neuen Artikels berechnet werden.

2. **Zuteilung der Ressourcen an die Gewinner:** Zur Vermeidung einer zu geringen Förderung von neuen aufstrebenden Artikeln und einer übertriebenen Förderung von seit langem etablierten Artikeln mit nachlassender Attraktivität, sollten für jeden Artikel genaue maßnahmenbasierte Kostenrechnungssysteme in Verbindung mit einer jährlichen Bruttowertschätzung eingesetzt werden, um eine in sich abgestimmte Produktlinie zu gewährleisten. Die durch das Unternehmen beanspruchten Herstellungskapazitäten, Werbe- und Verkaufsförderungsgelder, Einsatzzeiten der Verkaufskräfte und verfügbaren Einzelhandelsflächen werden dadurch optimiert.

3. **Untersuchungen zum Verbraucherverhalten:** Die konsumentenspezifische Wahrnehmung und Nutzung einzelner Artikel, vor allem in bezug auf Loyalität und Wechselmuster ist herauszufinden. Kerneigenschaften, die auf lange Sicht anziehend für loyale Intensivbenutzer sind und andere Eigenschaften, die die Benutzung durch vorhandene Kunden verstärken und ausdehnen, sind zu identifizieren. Über eine weitere Artikelgruppe ist nachzudenken, um neue Kunden zu gewinnen, oder um die Benutzer mehrerer Marken davon zu überzeugen, mehr als üblich von derselben Produktlinie zu kaufen.

4. **Durchführung eines Logiktests:** Es ist sicherzustellen, daß alle Mitarbeiter, die den Erfolg eines Marketingprogramms beeinflussen können (z. B. Verkäufer) in der Lage

sind, mit einem Satz die strategische Rolle eines bestimmten Artikels in der Produktlinie zusammenzufassen. Gleichermaßen sollte gewährleistet sein, daß Konsumenten in der Lage sind, schnell zu verstehen, welcher Artikel ihren Bedürfnissen entspricht.

5. **Koordination des grenzüberschreitenden Marketings:** Konsistente und logische Preise sowie Verpackungen sind zu übernehmen, um das Verständnis von Verkäufern, Handelspartnern, Kunden und anderen für die Produktlinie zu erleichtern.

6. **Zusammenarbeit mit den Distributionspartnern:** Zur Verbesserung der Handelsbeziehungen und der Akzeptanz neuer Produkte sollten multifunktionale Teams gebildet werden, die neue Produktideen prüfen und In-Store-Tests mit führenden Handelskunden organisieren, um im voraus die Verkaufs- und Kostenwirkungen zu untersuchen, die durch die Hinzufügung neuer Artikel zur Produktlinie entstehen.

7. **Produktlinienaufgabe einberechnen:** Ein aktives Produktlinienmanagement, in dem Produktlinienauflösungen kein Tabu darstellen, sollte geschaffen und gepflegt werden.

8. **Management von Produktaufgaben:** Wenn als unrentabel erkannte Artikel nicht schnell und einfach zur Rentabilität zurückgeführt werden können, sollte ein Auflösungsplan entwickelt werden, der sich nach den Bedürfnissen der Konsumenten richtet und gleichzeitig die Kosten unter Kontrolle hält.

In einer verwandten Studie haben Reddy, Holak und Bhat (1994) die Erfolgsdeterminanten von Produktlinienerweiterungen untersucht und dabei 75 Produktlinienerweiterungen von 34 Zigarettenmarken über einen Zeitraum von 20 Jahren herangezogen (vgl. auch Desai/Hoyer, 1993). Die Hauptergebnisse dieser Studie bestärken viele der oben genannten Schlußfolgerungen und weisen darauf hin, daß:

1. Produktlinienerweiterungen starker Marken erfolgreicher sind als die Erweiterungen schwacher Marken,
2. Produktlinienerweiterungen symbolischer Marken einen größeren Markterfolg verzeichnen als solche weniger symbolischer Marken,
3. Produktlinienerweiterungen, die starke Unterstützung durch Werbung und Verkaufsförderung erhalten, erfolgreicher sind als Erweiterungen, die nur geringe Unterstützung erhalten,
4. Produktlinienerweiterungen, die früher in eine Produkt-Unterkategorie eintreten, erfolgreicher als später eintretende Erweiterungen sind, aber nur, wenn sie Erweiterungen starker Marken sind,
5. Unternehmensgröße und Marketingkompetenzen beim Erweiterungserfolg ebenfalls eine Rolle spielen,
6. frühere erfolgreiche Produktlinienerweiterungen der Stammarke bei der Marktausdehnung behilflich sind und
7. durch Produktlinienerweiterungen ausgelöste Grenzverkäufe den Verlust von Verkäufen, die auf Kannibalisierung zurückzuführen sind, mehr als kompensieren können.

David M. Boush

Marken als Kategorien[1]

---

1   Bei dem Beitrag handelt es sich um eine gekürzte und modifizierte Fassung der Veröffentlichung „Brands
     as Categories" (Boush, D. M., 1993, in: Aaker, D. A.; Biel, A., 1993, Brand Equity and Advertising:
     Advertising's Role in Building Strong Brands, Hillsdale/NJ: Lawrence Erlbaum, pp. 299 - 312). Der
     Herausgeber dankt der Lawrence Erlbaum Associates Inc. für die bereitwillige Freigabe des Copyright.

1. Einleitung: Produkte und Marken als Kategorien

Markenmanager machen sich im allgemeinen Gedanken darüber, wie Marken innerhalb von Produktkategorien miteinander in Wettbewerb stehen. Sie bemühen sich darum, die dominierende Marke in Kategorien wie „Tiefkühlnahrung", „Personal Computer" oder „Fluglinien" aufzubauen. In der Marketingliteratur findet sich diese Vorstellung in Veröffentlichungen zur kompetitiven Positionierung (vgl. Carpenter/Nakamoto, 1989; Sujan/Bettman, 1989) sowie zur Wahrnehmung von Kategorien durch die Verbraucher (vgl. Loken/Ward, 1987 und 1990; Nedungadi/Hutchinson, 1985; Ratneshwar/Shocker, 1991; Ward/Loken, 1986). Die nach diesem Ansatz wichtige Frage lautet: Welche Marke (wie z. B. Milka) ist besonders typisch oder dominierend in einer bestimmten Produktkategorie (wie z. B. Tafelschokolade)?

Es ist jedoch sinnvoll, auch in einer anderen Weise über Marken und Kategorien nachzudenken. Eine Marke kann eine Kategorie sein, die aus den Produkten besteht, die sie herstellt. In diesem neuen Zusammenhang ist ein Markenname wie Milka ein Etikett für eine Kategorie von Produkten, die unter diesem Namen verkauft werden. Die Milka-Kategorie umfaßt Tafelschokolade, Schokoladenriegel, Pralinés usw.

Die Vorstellung solcher Markenkategorien schließt nicht aus, daß Marken innerhalb von Produktkategorien miteinander konkurrieren. Die Idee einer Marke als eine Kategorie ergänzt vielmehr die eher konventionelle Verwendung des Begriffs Kategorie und trägt dazu bei, einiges Licht auf die Fragen zu werfen, die für Markenmanager bei ihren Überlegungen zum Aufbau eines Markenwerts von Interesse sind:

1. Welche Formen der Markenerweiterungen kann ein bereits vorhandener Markenname am meisten unterstützen?
2. Welche Formen der Markenerweiterungen können eine bereits vorhandene Marke unterstützen, d. h. den Markennamen stärken?
3. Welche Formen der Markenerweiterungen können einen bereits vorhandenen Markennamen schädigen, d. h. die Marke schwächen?
4. Welche Eigenschaften einer Mehrproduktmarke geben jedem Produkt die beste Wettbewerbsposition?

Alle oben genannten Fragen beziehen sich auf Marken, die bereits eine Vielzahl von Produkten beinhalten oder eines Tages beinhalten können. Es ist dagegen nicht sinnvoll, auch solche Einproduktmarken als Kategorien zu betrachten, die niemals die Erweiterung über ein einziges Produkt hinaus beabsichtigen.

Der vorliegende Artikel behandelt die obigen Fragen mit Hilfe von Thesen, die sich auf die Probleme der Strukturen dieser Kategorien beziehen. Im Anschluß daran werden spezifische Schlußfolgerungen für Strategien der Werbung und der Markenerweiterung gezogen und Anregungen für weitere Untersuchungen diskutiert. Zunächst muß jedoch geklärt werden, was die Aussage „eine Marke beinhaltet eine Kategorie" bedeutet.

2.   Was ist eine Kategorie?

Laut Mervis und Rosch „besteht eine Kategorie immer, wenn zwei oder mehr von einander unterscheidbare Objekte oder Ereignisse gleich behandelt werden. Diese gleichartige Behandlung kann eine unbeschränkte Zahl von Formen annehmen, wie die Bezeichnung bestimmter Objekte oder Ereignisse mit demselben Namen oder den Vollzug derselben Handlung bei verschiedenen Objekten" (Mervis/Rosch, 1981, S. 89). Traditionell wurden Kategorien durch notwendige und hinreichende Kriterien bestimmt. Jedes Objekt, das in die Definition der Kategorie paßte, wurde für ein ebenso gutes Beispiel wie alle anderen gehalten. Jüngste Forschungsergebnisse haben jedoch gezeigt, daß die **Mitglieder von Kategorien nicht vollständig gleichwertig** sind. Obwohl die Mitglieder einer Kategorie in mancher Hinsicht als gleichwertig wahrgenommen werden, sind sie dennoch unterschiedlich typisch oder repräsentativ für diese Kategorie. So wird zum Beispiel eine Kuh in der Kategorie „Säugetier" für typischer gehalten, als ein Wal. Die Bandbreite einer Kategorie reicht von den repräsentativsten Mitgliedern der Kategorie bis hin zu den am wenigsten ähnlichen Nicht-Mitgliedern und ergibt eine **hierarchische Struktur** (vgl. Mervis/Rosch, 1981).

Wenn eine Gruppe von Produkten mit demselben Markennamen als Kategorie angesehen wird, so impliziert die hierarchische Struktur, daß einige Produkte repräsentativer für eine Markenkategorie sind als andere. Die Alternative zu dieser These bestünde darin, daß die Kategorie einer Mehrproduktmarke (z. B. einer Familienmarke) nur eine ungeordnete Liste von Produkten umfaßt. Alle Mitglieder einer solchen Liste wären gleichwertig mit dem Markennamen verbunden. Wenn beispielsweise die Kategorie „Nivea-Produkte" keine hierarchische Struktur hätte, wäre die Nivea Creme nicht typischer als ein Nivea Deodorant.

Die **Typizität (typicality)** eines Produktes - verstanden als Maß dafür, wie repräsentativ das Produkt für eine Marke ist - kann dabei auf **mehreren Grundlagen** beruhen:

■ **Gemeinsame Eigenschaften**
  Eine Grundlage der Typizität ist die Zahl der Eigenschaften, die Objekte miteinander gemeinsam haben. Sowohl der Ansatz der Familienähnlichkeit als auch das Kontrastmodell (vgl. unten) definieren die Typizität von Mitgliedern einer Kategorie als eine Funktion der Anzahl der Eigenschaften, die sie teilen. So kann zum Beispiel die relative Ähnlichkeit von Tomatensuppe, Tomatenkonzentrat und Tomatensaft dadurch gemessen werden, daß man Leute auffordert, die Eigenschaften aufzulisten, die ihnen für jedes dieser Produkte in den Sinn kommen. Dabei gilt es zu beachten, daß die genannten Eigenschaften sich kontextabhängig ändern können. Im Zusammenhang mit „Kochen" ist Tomatensuppe beispielsweise dem Tomatenkonzentrat verwandter, da beide als Zutaten benutzt werden können, während im Zusammenhang mit „Essen" Tomatensuppe eher an Tomatensaft erinnert, da beide in ihrer aktuellen Form Teil eines Essens sein könnten.

Obwohl frühere Untersuchungen zur Kategorisierung im allgemeinen auf physische Merkmale wie Farbe oder Form abstellten, können Eigenschaften wie die Situation, in der ein Objekt benutzt wird, ebenfalls Grundlage für die Zuordnung zu einer Kategorie sein (vgl. Barsalou, 1983; Ratneshwar/Shocker, 1991).

■ **Familienähnlichkeit**
Wittgenstein (1953) schlug als erster vor, daß Objekte miteinander verbunden werden können (d. h. in derselben Kategorie sein können) ohne dieselben Eigenschaften mit allen anderen Mitgliedern zu teilen. Dieses als Familienähnlichkeit bezeichnete Phänomen wird oft mit Hilfe der Kategorie „Spiele" illustriert. Es ist schwer, sich Attribute vorzustellen, über die alle oder die meisten Spiele verfügen. Dennoch teilen alle Mitglieder zumindest ein Attribut mit einem anderen Mitglied der Kategorie. Je mehr Eigenschaften ein bestimmtes Mitglied mit anderen Mitgliedern der Kategorie teilt, desto typischer wird es (vgl. Rosch/Mervis, 1975).

■ **Kontrastmodell**
Tversky (1977) schlug ein Modell vor, das davon ausgeht, daß die **Ähnlichkeit** (similarity) zweier Objekte auf einer Kombination übereinstimmender und unterschiedlicher Eigenschaften beruht. Konkret ergibt sie sich als eine Funktion der Merkmale, die Objekt A und B gemeinsam haben, abzüglich der unterschiedlichen Merkmale von A und B. Tversky definierte die Typizität als einen besonderen Fall von Ähnlichkeit - die Ähnlichkeit eines Objekts mit einer Gruppe von Objekten.

Es gilt festzuhalten, daß differenzierende Eigenschaften in diesem Modell von Bedeutung sind, während sie zur Bestimmung von Familienähnlichkeit irrelevant sind. Loken und Ward (1990) fanden in diesem Zusammenhang heraus, daß differenzierende Eigenschaften zwar dabei halfen, die Typizität eines Produkts zu erklären, aber nicht so wichtig waren wie gemeinsame Eigenschaften.

■ **Extremwerte**
Barsalou (1983 und 1985) erweiterte die Anwendung von Prinzipien der Kategorisierung auf Objektgruppen, die miteinander verbunden sind, weil sie einen bestimmten Zweck erfüllen. Ein Beispiel wären „Nahrungsmittel, die man während einer Diät nicht essen sollte". Diese „ad hoc" oder zielgerichteten Kategorien entsprechen eher allgemeinen Kategorien, da sie sowohl eine hierarchische Struktur als auch repräsentative Beispiele haben. Die typischsten Mitglieder zielgerichteter Kategorien sind jedoch nicht durch die Zahl der gemeinsamen oder unterschiedlichen Eigenschaften gekennzeichnet, sondern durch extreme Werte für eine einzelne entscheidende Dimension. Die typischsten Mitglieder der Kategorie „Nahrungsmittel, die man während einer Diät nicht essen sollte", sind also die mit den meisten Kalorien.

Barsalou stellte fest, daß zielgerichtete Kategorien im allgemeinen die korrelativen Strukturen der Umgebung zu verletzen scheinen, da sie aus Mitgliedern verschiedener taxonomischer Kategorien bestehen. So gehören zum Beispiel zu Nahrungsmitteln, die man während einer Diät nicht essen kann, Eis (Süßigkeiten) und Bier (alkoholische Getränke).

Barsalous Ergebnisse betonten darüber hinaus vor allem die Flexibilität des Kategorisierungsprozesses und die Leichtigkeit, mit der bestimmte Kategorien für einen bestimmten Zweck erzeugt werden können.

■ **Vertrautheit (familiarity)**
Eine weitere mögliche Determinante der Typizität eines Objekts ist die Häufigkeit, mit der man einem Objekt begegnet oder sich mit ihm auseinandersetzt. Frühere Arbeiten zur Kategorisierung stellten zunächst keine Verbindung zwischen dieser Größe und der Typizität her (vgl. Rosch et al., 1976 b). Spätere Untersuchungen mit sensibleren Meßmethoden konnten hingegen eine solche Beziehung hin und wieder nachweisen (vgl. Ashcraft, 1978; Malt, 1989; Malt/Smith, 1982). Wie Loken und Ward (1990) feststellten, sind die empirischen Ergebnisse über den Zusammenhang zwischen Typizität und **Vertrautheit** widersprüchlich. Sie hängen von der jeweiligen Definition der Vertrautheit und den Methoden ab, die zur Messung angewandt werden. Wenn im Zusammenhang mit Markenkategorien die Typizität durch die Vertrautheit bestimmt wird, so ist zu erwarten, daß das am häufigsten mit dem Markennamen assoziierte Produkt für das typischste gehalten wird. Wenn ein Verbraucher zum Beispiel Milka Pralinés öfter sähe als Milka Schokoladentafeln, würden die Gedächtnisassoziationen zwischen Milka und Pralinés stärker werden als solche zwischen Milka und Schokoladentafeln, so daß Erstgenanntes als typischer für Milka erachtet würde.

3. Zur Beziehung zwischen Marken und ihren Produkt- und Eigenschaftsassoziationen

3.1 Ist eine Marke eine Kategorie?

Die erste Anforderung an eine Kategorie besteht in einer gewissen **Gleichartigkeit** ihrer Mitglieder. Markenkategorien scheinen diesen Ansprüchen gerecht zu werden, weil die Verwendung eines gemeinsamen Markennamens den Verbraucher auf eine Übereinstimmung hinzuweisen scheint. So impliziert beispielsweise der Satz „It's a Sony" eine gewisse, immer gleiche Erwartung gegenüber den so markierten Produkten. In der Definition von Mervis und Rosch (1981) entsteht eine Markenkategorie durch die Etikettierung bestimmter Objekte mit demselben Namen. Die Zuordnung eines Produkts zu einer Markenkategorie unterscheidet sich von der Art, wie Objekte systematischen Kategorien zugeordnet werden, dadurch, daß ein Markenprodukt sprachlich als ein Mitglied der Markenkategorie definiert wird. Im Gegensatz dazu findet die Kategorisierung von Objekten in einer gemeinsamen Kategorie (das ist ein Vogel) häufig erst statt, nachdem am Objekt die für die Kategorie relevanten Eigenschaften (Federn, die Fähigkeit zu fliegen) bemerkt worden sind. Wenn Verbraucher ein Markenprodukt sehen (Sony CD-Player), wird ihnen durch die Markierung bereits mitgeteilt, daß es sich um ein Mitglied einer Markenkategorie handelt (Sony Produkte). Erst danach überlegen sie, welche Eigenschaften oder Vorteile es als Gerät dieser Marke haben sollte.

Markenkategorien verfügen im Gegensatz zu einer ungeordneten Gruppe auch über eine **hierarchische Struktur** der Kategoriemitglieder. Es wurde gezeigt, daß sich bestehende und potentielle Produkte einer Mehrproduktmarke auf einem Kontinuum zwischen besonders repräsentativ und gar nicht repräsentativ für die Marke bewegen (vgl. Boush/Loken, 1991). Das Schlüsselwort Kontinuum sollte besonders beachtet werden. Der Beweis für diesen Sachverhalt liegt darin, daß Markenprodukte nicht einfach als „schlecht" oder „gut" bezeichnet werden, sondern daß man sie eher danach beurteilt, inwieweit sie die Markenkategorie repräsentieren. In ähnlicher Form sind manche Produkte ganz besonders typisch für ihre Marken. Papiertaschentücher sind zum Beispiel typisch für die Marke Tempo. Wir wollen erst einmal die Frage, warum ein Produkt typischer als ein anderes für die Markenkategorie ist, ausklammern und folgende Thesen aufstellen:

These 1a: Die Typizität von Produkten einer Mehrproduktmarke variiert innerhalb eines Kontinuums.

These 1b: Markenkategorien enthalten repräsentative bzw. typische Produkte.

3.2   Worauf basiert die Struktur einer Markenkategorie?

Die Frage nach der strukturellen Basis von Markenkategorien blieb bisher empirisch unbeantwortet. Aus der vorangegangenen Darstellung ist ersichtlich, daß sowohl gemeinsame als auch abweichende Eigenschaften eine Rolle spielen. Zusätzlich kann man davon ausgehen, daß Markenkategorien einige Eigenschaften von zielgerichteten oder ad hoc gebildeten Kategorien besitzen. Nach der Beschreibung von Barsalou (1985, S. 632) „beinhalten viele zielgerichtete Kategorien einige Mitglieder aus verschiedenen Kategorien, aber niemals alle Mitglieder einer bestimmten Kategorie (...). Andere zielgerichtete Kategorien enthalten Untergruppen einer bestimmten taxonomischen Kategorie. So könnte zum Beispiel jemand, der ein Rückenproblem hat, an Stühlen interessiert sein, die eine gute Rückenstütze haben".

Das Zitat scheint viele Kategorien von Mehrproduktmarken zu beschreiben. Sony zum Beispiel gibt seinen Namen einer Vielzahl von HiFi-Produkten. Zu Gucci-Produkten gehören Handschuhe, Schuhe und Gepäck, aber nicht alle Arten von Gepäck, Handschuhen und Schuhen. Elemente von ad hoc gebildeten Kategorien stimmen hinsichtlich der Ausprägung einiger herausragender Eigenschaften überein und spiegeln weniger die natürliche Struktur der Umgebung wider. Für Markenkategorien scheint dies ebenso zu gelten. So hat zum Beispiel das für Gucci typischste Produkt am meisten mit „modischem Leder" zu tun. Die Typizität von Sony-Produkten kann auf der Ähnlichkeit mit dem dominanten Exemplar der Markenkategorie beruhen. In Abbildung 1 wird beispielhaft die Markenkategorie von Nivea dargestellt. Das Markenkonzept ist über „Pflege" definiert, d. h. Pflege ist das verbindende Element dieser Markenkategorie.

Produkte der Nivea-Markenkategorie sind (auszugsweise):

- Creme
- Dusch- und Haarshampoo
- Deodorant
- Rasierschaum
- Lippenstift usw.

Innerhalb der Markenkategorie existieren darüber hinaus noch Unterkategorien: Nivea for Men, Nivea Bath Care, Nivea Beauté, Nivea Body usw.

Abbildung 1:   Produkte der Nivea-Markenkategorie

These 2:   Verbraucher akzeptieren eine Markenkategorie am einfachsten, wenn die Typizität auf extremen Ausprägungen einiger weniger herausstechender Eigenschaften der Objekte beruht.

Gemeinsame und unterschiedliche Eigenschaften

Die Literatur zur Kategorisierung bietet uneinheitliches Beweismaterial zum möglichen Einfluß differenzierender Eigenschaften auf Urteile zur Ähnlichkeit oder zur Typizität von Objekten oder Kategorien. Zur Erinnerung: Das Konzept der Vertrautheit ignoriert differenzierende Eigenschaften, während Tverskys Kontrastmodell (1977) behauptet, daß differenzierende Eigenschaften die wahrgenommene Ähnlichkeit herabsetzen. Der gesunde Menschenverstand und die Erfahrung mit gescheiterten Erweiterungen einer Markenkategorie sprechen dafür, daß inkonsistente Eigenschaften negativ auf die Einschätzung der Konsumenten wirken. So würde zum Beispiel Alete-Ketchup in vieler Hinsicht der Babynahrung ähnlich sein (Gemüse als Zutat, Beschaffenheit), wäre aber aufgrund Aletes ausschließlicher Assoziation mit Babies eine unangemessene Erweiterung. Man kann daher davon ausgehen, daß abweichende Eigenschaften die Einschätzung der Typizität beeinflussen.

Asymmetrie der Ähnlichkeit

Die vielleicht wichtigsten Schlußfolgerungen aus Tverskys Kontrastmodell ist die Voraussage von Asymmetrien bei der Beurteilung von Ähnlichkeit. Er stellte zum Beispiel fest, daß in der Einschätzung von befragten Personen Nord-Korea eine größere Ähnlichkeit mit China hatte als umgekehrt China mit Nord-Korea. Ursache dafür war seiner Meinung nach die unterschiedliche **salience** der Stimuli[2]. Ein weniger typisches Mitglied einer Kategorie wird demnach leichter mit dem repräsentativsten Mitglied assoziiert als umgekehrt (vgl. Tversky, 1977, S. 328).

Mehrproduktmarken sind häufig (wenn nicht gar üblicherweise) dadurch gekennzeichnet, daß sie Erweiterungen von relativ repräsentativen Produkten hin zu weniger repräsentativen Varianten vornehmen. Die Marke Hallmark wurde zum Beispiel von Glückwunschkarten auf andere Produkte erweitert, die mit dem „Ausdruck von Geselligkeit" verbunden sind. Bei der Beurteilung der Ähnlichkeit einzelner Produkte läßt die Asymmetrie-Annahme vermuten, daß ein Hallmark-Poster einer Hallmark-Karte ähnlicher wäre als eine Hallmark-Karte einem Hallmark-Poster.

Die empirische Relevanz des Kontrastmodells wurde von Johnson (1986) bei der Beurteilung der Ähnlichkeit von Verbraucherprodukten nachgewiesen. Auch Boush (1991) berichtete von Beispielen, wo Markennamen Asymmetrien bei der Beurteilung von Ähnlichkeit zwischen Produktpaaren verursachten.

These 3:   Urteile zur paarweisen Ähnlichkeit zwischen Produkten, die denselben Markennamen tragen, können asymmetrisch sein. Besonders das weniger typische Produkt wird als ähnlicher mit dem typischen Produkt wahrgenommen als umgekehrt.

Wesentliche und zufällige Eigenschaften

Nicht alle Markeneigenschaften sind von gleicher Bedeutung. Es ist nützlich, einige Eigenschaften als wesentlich, einige als unterstützende und einige als nebensächliche oder zufällige Eigenschaften des Markenimages einzustufen. Die Eigenschaften „technisch gut", „modisch" und „für Yuppies" können beispielsweise jeweils wesentliche, unterstützende und nebensächliche Eigenschaften des BMW-Markenimages sein. Diese Systematik der Kategorieeigenschaften ist theoretisch gut untermauert, obwohl sich die Terminologie in der Literatur von der oben formulierten teilweise unterscheidet. So wurde beispielsweise von Smith und Medin (1981) vorgeschlagen, einige Eigenschaften als wesentlich und andere als nebensächlich zu beschreiben (vgl. Smith/Medin, 1981; Smith et al., 1974).

---

2   Salience bezeichnet das Ausmaß, in welchem Attribute als hervorstechend oder zentral für ein Konzept wahrgenommen werden.

These 4:   Nicht alle Markeneigenschaften sind von gleicher Wichtigkeit bei der Bestimmung der Strukturen einer Markenkategorie.

Herausragende Eigenschaften

Wenn Menschen ein Objekt kategorisieren, kommen ihnen nicht unbedingt alle gespeicherten Attribute in den Sinn (vgl. Barsalou, 1983; Herr, 1986; Higgins et al., 1985).
Einige Attribute werden erst in einem bestimmten Zusammenhang aktiviert. Ein Basketball würde wahrscheinlich situationsunabhängig als „rund" beschrieben werden, aber
das Attribut „kann schwimmen" würde nur in besonderen Situationen genannt werden.
Durch den Zusammenhang ausgelöste Urteile verändern die Wertung der Typizität dadurch, daß einige Mitglieder der Kategorie besser zugänglich gemacht werden als andere. Roth und Shoben (1983) zeigten beispielsweise, daß Feststellungen wie „der Vogel
ging an der Scheune entlang" dazu führten, daß ein „Huhn" anschließend für die Kategorie „Vogel" typischer war als ein „Rotkehlchen".

Besondere Produkteigenschaften können in einer Vielzahl von Formen herausragen.
Gerbers Werbeslogan „Babies sind unser Geschäft, unser einziges Geschäft" ließ das
Attribut „für Babies" in den Vordergrund treten. Boush (1993) zeigte durch Experimente, daß Werbeslogans Erweiterungseigenschaften unterstreichen können, so daß
einige für mehr oder weniger typisch gehalten werden als dies ohne die Slogans der Fall
wäre. Der Haupteffekt dieser Art der Hervorhebung einzelner Attribute lag darin, das
Spektrum der akzeptablen Erweiterungen einzugrenzen.

These 5:   Die wahrgenommene Typizität der Produkte einer Markenkategorie hängt
von dem Hervorstechen ihrer Eigenschaften ab.

3.3   Welchen Markenerweiterungen hilft die Marke?

Der Transfer einer Einstellung von bereits vorhandenen auf neue Produkte geschieht
nicht in einer „alles oder nichts" Weise. Es handelt sich hier eher um eine lineare Funktion, die abhängig davon ist, inwieweit ein Produkt als repräsentativ für die Marke
wahrgenommen wird (vgl. Boush et al., 1987; Boush/Loken, 1991).

Eine als extrem unpassend wahrgenommene Markenerweiterung kann allerdings auch
negative Reaktionen auslösen, die weit über das Versagen einer positiven Haltung hinausgehen. Solche Produkte (z. B. eine Sony-Handtasche oder ein Kraft-Radio) werden
als „falsch" für die Marke wahrgenommen und negativ bewertet. Forschungsergebnisse
zur Wichtigkeit der Glaubwürdigkeit und der Fähigkeit des Herstellers bestätigen dies
(vgl. Aaker/Keller, 1990).

Park, Milberg und Lawson (1991) kamen zu dem Ergebnis, daß Verbraucher nicht nur die Konsistenz zwischen der Erweiterung und den vorhandenen Produkten der Marke auf dem Niveau von sachlichen Produkteigenschaften zur Kenntnis nehmen, sondern auch die Konsistenz zwischen dem neuen Produkt und dem Markenkonzept (vgl. hierzu den Beitrag „Beurteilung von Markenerweiterungen" in diesem Buch).

These 6a: Die Übertragung der Einstellung richtet sich danach, wie ausgeprägt die Typizität ist. Je typischer ein Produkt für eine Marke wahrgenommen wird, um so stärker wird die Einstellung zur der Marke auch mit dem neuen Produkt assoziiert.

In These 3 wird behauptet, daß die Ähnlichkeit asymmetrisch sein kann. Wenn diese Auffassung mit These 6a verbunden wird, ergibt sich daraus, daß eine Einstellung nicht immer symmetrisch übertragen wird. Die Einstellung kann zum Beispiel leichter von Nivea Creme auf einen Nivea Lippenstift übertragen werden als umgekehrt.

Für die Beeinflussung der Einstellung bedeutet Asymmetrie, daß die Werbung für repräsentative Produkte weniger typischen Produkten stärker helfen könnte, als anders herum. So kann die Werbung für Nivea Creme sich positiver auf Nivea Lippenstift und Sonnenmilch auswirken als die Werbung für Nivea Lippenstift auf Nivea Creme.

These 6b: Die Übertragung von Einstellungen zwischen Produkten einer Marke muß nicht symmetrisch erfolgen. Die Einstellung zu einem repräsentativen Produkt wird sich leichter auf ein weniger typisches Produkt übertragen lassen als umgekehrt.

3.4   Welche Markenerweiterungen nutzen oder schaden der Marke?

Die Marke ist der Schlüssel zu einer Vielzahl von Produktassoziationen wie

1. dem zu erwartenden Qualitätsniveau,
2. dem Produktursprung,
3. den Attributen und
4. dem Nutzen (vgl. z. B. Erickson et al., 1984; Jacoby et al., 1971).

Außerdem liefern einige Marken dem Verbraucher zusätzlichen Nutzen durch die aus der Werbung gelernten Gefühle und Vorstellungen. Der Schlüssel zu einer starken Marke liegt darin, ihr eine **Bedeutung** zu **verleihen**. Bezogen auf die Kategorisierung hat eine Marke dann eine Bedeutung, wenn sie relativ konsistent innerhalb ihrer Kategoriemitglieder ist und sich von Mitgliedern anderer Markenkategorien klar unterscheidet. Das heißt, eine Marke ist gehaltvoll, wenn ihre Produkte und der von ihr vermittelte Nutzen innerhalb der Marke ähnlich sind und sich wesentlich von anderen Marken unterscheiden. Der **Markenname** als das Etikett der Markenkategorie dient dann als eine **Schlüsselinformation** für den Verbraucher, der seine Einkaufsentscheidungen trifft. Die Marke ist folglich stark und bedeutungsvoll, wenn sie als Aktivierungsreiz für Inhalte dient, die dazu beitragen, das Produkt zu verkaufen.

These 7a: Die Nützlichkeit einer Marke liegt für den Verbraucher darin, daß sie Informationen über die Produkte der Markenkategorie vermittelt.

Konsistente Erweiterungen stärken die Marke in zweifacher Hinsicht:

■ Sie vergrößern die Zahl der gedanklichen Verknüpfungen zwischen dem Markennamen und den Eigenschaften, die der Marke Bedeutung verleihen.
■ Zusätzliche konsistente Assoziationen können zu stärkeren Einstellungen zur Marke führen.

Zwei besonders wichtige Markenassoziationen können hierbei sein, daß die Marke

1. vertrauenswürdig und
2. kompetent bei der Herstellung eines bestimmten Produkts ist (vgl. Keller/Aaker, 1992).

Wird eine Marke auf diese Weise gestärkt, so entspricht das der „Festigungsphase" des von Park, Jaworski und McInnis (1986) beschrieben Markenkonzept-Managements.

Ein verwandtes Konzept ist das der **Markenbreite**, welches sich auf die Streuung von Produkttypen bezieht, die von einem Markennamen repräsentiert werden. Markenbreite wird durch die Typizität der durchgeführten Erweiterungen beeinflußt. Wenn Markenmanager eine Marke konsistent erweitern, d. h. durch Einführung neuer Produkte, die den bereits existierenden Produkten sehr ähnlich sind, so entsteht eine enge Marke. Wenn die Erweiterungsprodukte sich hingegen sehr von den existierenden Produkten unterscheiden, entsteht eine breite Marke.

Es scheint klar, daß sich mit der Etablierung neuer Produkte die Einschätzung der Kunden hinsichtlich der für die Markenkategorie typischen Eigenschaften wandelt. Es hat sich gezeigt, daß die Markenbreite die Typizität und die Einstellung gegenüber Erweiterungen einer Marke beeinflußt (vgl. Boush/Loken, 1991). Wenn zum Beispiel eine Marke traditionell ausschließlich Fernsehapparate herstellt, wird das Vertrauen in ihr Know-how durch die Erweiterung der Produktion auf HiFi-Komponenten steigen.

Spätere Erweiterungen im Bereich der Elektronik würden dann positiver als vorher bewertet.

These 7b: Die Gedächtnisinhalte zu Produkten einer Marke werden durch eine Erweiterung der Marke auf Produkte mit denselben charakteristischen Eigenschaften verstärkt.

Inkonsistente Erweiterungen können die Bedeutung der Markenkategorie auf zwei Weisen ändern:

- Sie verwässern die ursprüngliche Bedeutung der Markenkategorie. Dies leitet sich sowohl aus dem Kontrast-Modell als auch aus dem Extremwert-Modell ab.

- Sie können die Bedeutung der Marke in eine neue, meist breitere Bedeutung umformen. Wenn man zum Beispiel die Marke Milka auf ein Produkt erweitert, das keine Schokolade enthält, wird die Definition der Marke Milka von „schokoladenhaltigen Produkten" in etwas wie zum Beispiel „Süßigkeiten" verändert. Dieser Sachverhalt ist auch Gegenstand von Ries und Trouts (1981) Kritik an Markenerweiterungsstrategien.

These 7c: Markenerweiterungen, die inkonsistent mit einer charakteristischen Eigenschaft der Marke sind, verändern die Bedeutung der Markenkategorie.

Eine Markenerweiterungsstrategie, die auf einer einzigen Eigenschaft oder einem Bündel verwandter Eigenschaften basiert, erhöht zum einen immer wieder das Hervorstechen dieser Merkmale und bestimmt durch sie auch die Position des Erweiterungsprodukts im Markt. So ist zum Beispiel Planters ein Markenname, der eng mit Erdnüssen verbunden ist. Um es etwas anders auszudrücken: der „wahre Erdnußgeschmack" von Planters ist ein Charakteristikum, das in jeder Produktkategorie eingesetzt werden kann, in der diese Eigenschaft für die Produktwahl relevant ist. Planters Erdnuß-Candy hat eine natürliche Position als die Süßigkeit mit dem wirklichen Erdnußgeschmack, sogar ohne daß diese Positionierung beworben werden muß. Andere Produkte von Planters, die Erdnüsse enthalten (z. B. Erdnußbutter) besitzen eine ebenso klare Position. Planters Mikrowellen-Popcorn basiert jedoch nicht wie alle anderen Planters Produkte auf derselben hervorstechenden Eigenschaft (Erdnußgeschmack), sondern baut auf der Ähnlichkeit von Popcorn und gerösteten Erdnüssen als „snack food" auf. Planters Mikrowellen-Popcorn betritt daher den Markt nicht mit einer sofort erkennbaren Position.

These 8:   Eine Marke, deren Typizität auf einer konsistenten und relevanten Eigenschaft oder auf einem Bündel solcher verwandter Eigenschaften beruht, hat auch ohne Werbung in jedem neuen Markt eine klare Wettbewerbsposition.

Die Kennzeichnung von Unterkategorien

Markenmanager signalisieren häufig Produktunterschiede und -ähnlichkeiten durch die Verwendung von sekundären Markennamen (z. B. Coke light) und dazugehörigen sichtbaren Hinweisen. Diese Hinweise sind besonders interessant, da sie einen Versuch darstellen, die Kategorien der Verbraucher zu manipulieren. Wenn man zum Beispiel in einem Lebensmittelladen ein Cola-Regal betrachtet, gewinnt man den Eindruck, daß die Coke light offensichtlich direkt mit der Pepsi light konkurrieren soll.

These 9a: Markenunterkategorien können eine konkurrierende Produktpositionierung ankündigen.

In Fällen, wo die Markenerweiterung Eigenschaften enthält, die sich von denen der Ursprungsmarke unterscheiden und die nicht zu den relevanten Eigenschaften der Ursprungsmarke zählen, können diese nutzbringend angewandt werden, um dem Verbraucher zu signalisieren, daß die Erweiterung ein differenziertes Mitglied der Markenkategorie ist. So versucht die Marke Jockey (Herrenunterwäsche) durch die Linie „For Her" eine Markenunterkategorie zu etablieren, die auf einen anderen Markt als die Originalmarke abzielt. Voraussetzung für die Aktzeptanz ist allerdings, daß die Markenkategorie Jockey über funktionale Kleidungsattribute strukturiert ist und nicht über Attribute wie „Maskulinität".

Im Idealfall würde die Manipulation der Markenstruktur auf diese Weise gestatten, die positive Einstellung zur Marke auf die Markenerweiterung zu übertragen ohne die ursprüngliche Definition der Markenkategorie zu kompromittieren. Dieser Punkt nimmt Bezug auf die These, daß Markenunterkategorien die ursprüngliche Markendefinition verwässern, wenn sie Eigenschaften enthalten, die inkonsistent sind mit den wesentlichen Eigenschaften einer Markenkategorie.

These 9b: Markenunterkategorien können Abweichungen von der Originalmarke ankündigen.

4. Optionen für Forschung und Praxis

4.1 Schlußfolgerungen für Manager

Man kann davon ausgehen, daß eine **Marke als Hinweis** für Produktqualität, Produktattribute und erwartete Vorteile dient. **Ziel** der Markenmanager muß es deshalb sein, diesen **Hinweis so bedeutungsvoll wie möglich** zu machen. Die **Konsistenz** einer Markenkategorie spielt dabei eine **Schlüsselrolle.** Jede **Kommunikation** mit dem Verbraucher, die sich auf die Marke bezieht, muß daher **integriert** gestaltet werden: Werbung, Verpackung, assoziierte Vertriebseigenschaften (d. h. die Eigenschaften des Ladens, in welchem die Produkte verkauft werden) und die Produkte selbst (vgl. hierzu den Beitrag „Aufbau starker Marken durch integrierte Kommunikation" in diesem Buch). Beim Aufbau eines konsistenten Markenimages ist es von Nutzen zu erwägen, welche Eigenschaften wesentlich für die Markenidentität sind, welche zur Markenidentität beitragen und welche nebensächlich für die Marke sind. Wenn die Marke in der Wahrnehmung der Konsumenten durch eine oder wenige relevante Eigenschaften definiert ist, scheint es entscheidend zu sein, diese **wesentlichen Eigenschaften** einer Marke herauszufinden und zu schützen. In diesem Zusammenhang würde die Marke ein Erweiterungsprodukt dann unterstützen, wenn die Erweiterung auf der oder den wesentlichen Markeneigenschaften basiert. Erweiterungen, die nicht auf solchen Merkmalen basieren, haben im Markt unter Umständen keine effektive Hebelwirkung und können die Bedeutung der Markenkategorie schädigen.

Für das Management einer Markenkategorie ergeben sich zwei zusätzliche Schlußfolgerungen:

1. Das Hervorstechen einiger Markeneigenschaften sollte gesteigert werden. Die Werbung kann dabei eine Schlüsselrolle spielen, indem sie die Aufmerksamkeit auf wesentliche Markeneigenschaften lenkt, um so die Verbindung zwischen den Produkten einer Marke klar herauszustellen. Zu den offenkundigen Beispielen gehört zum Beispiel die Hervorhebung der Pflege durch Nivea. Zu den subtileren Beispielen gehört General Electrics Slogan „Wir bringen gute Dinge ans Licht", mit dem das Unternehmen auf Elektrizität hinweist.

2. Markenkategorien können durch die Einbeziehung von Unterkategorien manipuliert werden. Markenunterkategorien können die ursprüngliche Markendefinition schützen und ein spezielles Produkt direkt gegen einen oder mehrere Wettbewerber positionieren.

4.2   Anregungen für die zukünftige Forschung

Zukünftige Forschungsaufgaben liegen in der Untersuchung der Strukturen bestehender Markenkategorien. Interessante empirische Fragestellungen umfassen die Ähnlichkeitsbeziehungen bei Markenassoziationen und die Regeln, die den Aufbau von Markenkategorien bestimmen (vgl. These 2).

Leavitt (1989) schlug vor, Markenimages danach zu unterscheiden, ob sie einfach oder komplex strukturiert sind. Für den hier dargestellten Kategorisierungsansatz wäre es durchaus sinnvoll, das Konzept der Markenimagekomplexität weiter zu entwickeln. So kann eine komplexe Struktur auf verschiedene Weise definiert werden, wie zum Beispiel durch die Gesamtzahl der Markenassoziationen, durch die Zahl der verschiedenen Markenassoziationen oder durch die Zahl der Markenunterkategorien.

Ein verwandtes Gebiet für zukünftige Forschung ist der Einfluß der Struktur einer Markenkategorie auf die Einstellung der Verbraucher, was teilweise den Markenwert mit einschließt. Aaker (1991) diskutierte fünf Dimensionen des Markenwerts: a) Markenbekanntheit, b) wahrgenommene Qualität, c) nicht mit der Qualität verbundene Markenassoziationen, d) Kundenbasis und e) sonstige Markenvorzüge. Der Ansatz der Markenkategorie schlägt Verbindungen zwischen einigen dieser Dimensionen vor. So gehen zum Beispiel frühere Diskussionen davon aus, daß Markenassoziationen durch die Form der Strukturen (d. h. Komplexität) dargestellt werden können, und daß steigende Komplexität das Markenbewußtsein aufgrund der zunehmenden Zahl der im Gedächtnis gespeicherten Assoziationen verbessern sollte. Komplexität kann den Verbraucher zu der Schlußfolgerung veranlassen, daß die Markenprodukte von einem Unternehmen mit großen technischen Fähigkeiten gefertig wurden (vgl. Aaker/Keller, 1990), was auch zu einer verbesserten Qualitätwahrnehmung führen kann.

Schließlich bedürfen viele der in dieser Arbeit aufgestellten Thesen zur Markenstruktur noch eines empirischen Nachweises. Besonders interessant sind:

■   die Thesen zur Erweiterung von Produkten, die die wesentlichen Eigenschaften der Markenkategorie entweder besitzen oder nicht besitzen (vgl. These 7b und 7c),

■   die These, daß eine Marke mit einem konsistenten Konzept in jedem Markt eine klare Wettbewerbsposition besitzt (vgl. These 8) und

■   die Thesen zur Wirkung von Markenunterkategorien (vgl. These 9a und 9b).

C. Whan Park, Sandra Milberg und Robert Lawson

Beurteilung von Markenerweiterungen[1]

---

1 Bei dem Beitrag handelt es sich um eine gekürzte und modifizierte Fassung der Veröffentlichung „Evaluation of Brand Extensions: The Role of Product Feature Similarity and Brand Concept Consistency" (Park, C. W.; Milberg, S.; Lawson, R., 1991, Journal of Consumer Research, Vol. 18, September, pp. 185 - 193).

1. Determinanten des „Fit" von Markenerweiterung und Markenkategorie

Obwohl Markenerweiterungen weit verbreitet und als Marketingstrategie für die Einführung neuer Produkte von Bedeutung sind (vgl. Tauber, 1988), ist relativ unbekannt, wie Konsumenten auf sie reagieren. Solche Reaktionen sind offenbar mit einem Kategorisierungsprozeß verbunden, in welchem das neue Produkt entsprechend seiner Zugehörigkeitseignung zu einer Markenkategorie (**wahrgenommener „Fit"**) beurteilt wird (vgl. hierzu den Beitrag „Marken als Kategorien" in diesem Buch). Die mit dieser Markenkategorie verbundenen Vorstellungen und Affekte können auf eine Erweiterung übertragen werden, wenn diese Erweiterung nach Ansicht der Konsumenten einen Fit zur Markenkategorie aufweist (vgl. Cohen/Basu, 1987; Fiske, 1982; Levy/Tybout, 1989; Sujan, 1985). Diese Markenassoziationen sollten ihrerseits die Beurteilungen der Erweiterung beeinflussen (vgl. Cohen/Areni, 1991; Fiske/Pavelchak, 1986; Sujan, 1985).

Dieser Beitrag hat zum Ziel, die Bedeutung von zwei verschiedenen Determinanten zu untersuchen, die Konsumenten bei der Beurteilung des Fit zwischen der Markenerweiterung und der Marke heranziehen. Bei diesen beiden Determinanten handelt es sich um **Produkteigenschaftsähnlichkeit** und **Markenkonzeptkonsistenz.** Im Gegensatz zu vorangegangenen Untersuchungen, die nur die Wirkung der Produkteigenschaftsähnlichkeit untersuchten, will diese Untersuchung die Bedeutung beider Konzepte systematisch darstellen.

Um zu verstehen, wie Verbraucher die Güte der Übereinstimmung zwischen einer Markenerweiterung und einer Stammarke beurteilen, muß man genau wissen, welche Aspekte des neuen Produkts und der bereits existierenden Markenkategorie sie vergleichen werden. In Anlehnung an bereits existierende Veröffentlichungen zur Objektkategorisierung (vgl. Rosch/Mervis, 1975; Tversky, 1977) hat die frühere Forschung zur Markenerweiterung den wahrgenommenen Fit als eine Funktion der Produktähnlichkeitsbeurteilung dargestellt und gemessen, bei der die Verbraucher Aspekte des schon bestehenden Produktsets mit denen des Erweiterungsprodukts vergleichen.

Das Seminar für Konsumentenverhalten der Universität von Minnesota (1987) maß bei einer Versuchsgruppe die Bewertungen verschiedener Erweiterungen für einen fiktiven Taschenrechnerhersteller. Aaker und Keller (1990) benutzten existierende Markennamen, um zu untersuchen, wie Konsumenten ihre Einstellungen zu Markenerweiterungen bilden. Sie stellten verschiedene Grundlagen für die wahrgenommene Übereinstimmung zwischen Original- und Erweiterungsproduktklassen fest. Diese Grundlagen waren

1. **Komplementarität** (d. h. das Ausmaß, zu dem Erweiterungen und bereits existierende Produkte einen gemeinsamen Anwendungskontext teilen),

2. **Substituierbarkeit**, (d. h. das Ausmaß, mit dem zur Befriedigung eines identischen Bedürfnisses ein Produkt durch das andere ersetzt werden kann) und

3. **Übertragbarkeit** (d. h. der Grad, mit dem sich die zur Produktion der Erweiterung erforderlichen Herstellungsfähigkeiten mit den bereits vorhandenen überschneiden).

Smith und Park (1990) erarbeiteten ebenfalls mehrere Grundlagen für Produkteigenschaftsähnlichkeiten und maßen ihre Auswirkungen auf den Verkauf von Markenerweiterungen. Andere Forscher untersuchten, wie sich die Verwandtschaft (Ähnlichkeit) der Produktkategorie von Stammarke und Erweiterungsprodukt auf die Beurteilung von Markenerweiterungen und/oder Kaufabsichten auswirkt (vgl. Chakravarti et al., 1990; Farquhar et al., 1989). Im allgemeinen stellten diese Untersuchungen eine positive Beziehung zwischen der Produkteigenschaftsähnlichkeit und der Bewertung der Markenerweiterung durch die Konsumenten, den Kaufabsichten und dem Verkauf von Markenerweiterungen fest.

Der Eindruck von Produktähnlichkeit ist sicherlich eine wichtige Grundlage zur Bestimmung der wahrgenommenen Übereinstimmung zwischen einer Marke und ihrer Erweiterung. Vorhandene oder fehlende feststellbare Beziehungen zwischen existierenden Markenprodukten und möglichen Erweiterungen müssen jedoch nicht die einzige Grundlage sein, auf welcher die Verbraucher den wahrgenommenen Fit beurteilen. Mitglieder einer Kategorie können auch aneinander gebunden sein, weil sie als Teil eines gemeinsamen Konzepts verstanden werden (vgl. den Beitrag „Marken als Kategorien" in diesem Buch). So scheint zum Beispiel keine Ähnlichkeit zwischen Objekten wie einem Haustier, einem Photoalbum und einer Brieftasche zu bestehen, dennoch können sie als zusammengehörig angesehen werden, wenn sie als Teil des Konzepts „während eines Brandes aus einem Haus gerettete Objekte" gesehen werden (vgl. Barsalou, 1983). Nach Murphy und Medin (1985) können Menschen, abweichend von einem Ähnlichkeitsverhältnis zwischen Objekten, ihre eigenen Theorien dazu haben, warum bestimmte Gegenstände in dieselbe Kategorie gehören. Zum Verständnis von **Kategoriekohärenz** und **Kategorisierungsphänomenen**, schlagen sie daher vor, daß andere Aspekte einer Konzeptkategorie, wie die Konzeptverwandtschaft von Objekten, zusammen mit der Objektähnlichkeit betrachtet werden müssen. Murphy und Medins Ansicht kann zum Verständnis der wahrgenommenen Übereinstimmung von Markenerweiterungen eingesetzt werden.

Die Forschung hat bislang nicht ausreichend berücksichtigt, wie ein Markenkonzept oder **Image** die Wahrnehmung der Konsumenten hinsichtlich des Fit zwischen der Marke und ihrer Erweiterung beeinflußt. **Markenkonzepte** positionieren Produkte in der Vorstellung der Konsumenten und differenzieren vorhandene Produkte von anderen Marken derselben **Produktkategorie** (vgl. Park et al., 1986). Produkteigenschaften sind Attribute, die von der konkreten Ebene (z. B. Maschinengröße) bis zur abstrakten Ebene (z. B. Einsatz bei Aktivitäten im Freien; vgl. Johnson, 1984 und 1988) reichen. Markenkonzepte sind markentypische abstrakte Images (z. B. hoher Status), die typischerweise einer bestimmten Konfiguration von Produkteigenschaften (z. B. hoher Preis, teuer wirkendes Design etc.) und den Bemühungen einer Unternehmung entstammen, aus diesen

Eigenschaftsbeziehungen Images aufzubauen (z. B. „das niemals endende Streben nach Perfektion" von Lexus). Diese Unterscheidung läßt sich anhand der Namen Seiko und Rolex illustrieren. Beide gehören in die Produktkategorie Uhren und teilen sich viele gemeinsame Produktassoziationen auf verschiedenen Abstraktionsebenen. Aufgrund von Maßnahmen des Markenkonzeptmanagements (vgl. Park et al., 1986) wird allerdings nur der Name Rolex mit Konzepten von Luxus und hohem sozialen Status assoziiert. Untersuchungen der Beurteilung von Markenerweiterungen durch Konsumenten sollten daher nicht nur die Produkteigenschaftsähnlichkeit, sondern auch die Markenkonzeptkonsistenz (vgl. auch Bridges, 1990) berücksichtigen.

Ob ein Erweiterungsprodukt als vereinbar mit einem Markenkonzept empfunden wird, hängt davon ab, wie leicht es sich in ein bestimmtes Markenkonzept einfügt. Diese Leichtigkeit wiederum wird von den Verbraucherwahrnehmungen beeinflußt, ob Markenkonzeptassoziationen (z. B. Status, Zuverlässigkeit) in Verbindung mit einem spezifischen Produkt potentiell relevant und/oder wünschenswert sind. So kann man z. B. überlegen, ob die Produktkategorie „Spielzeuge" eine sinnvolle Erweiterung für die Marken McDonald's oder Wendy's darstellen könnte. Auf der Ebene der Produkteigenschaften haben Spielzeuge nichts mit Hamburgern gemeinsam. Unter dem Aspekt der Werbekampagne und dem Slogan von McDonald's „Essen, Freunde und Spaß" können Spielzeuge jedoch für McDonald's als geeignetere Erweiterung wahrgenommen werden als für Wendy's. Dies ist der Fall, da das Markenkonzept von McDonald's mit dem „Spaß" der Spielzeuge assoziiert wird.

Wir fassen nochmals zusammen, daß die Beurteilung von Markenerweiterungen vom wahrgenommenen Fit zwischen dem Erweiterungsprodukt und dem Markennamen bestimmt wird. Der Grad der wahrgenommen Übereinstimmung ist eine Funktion sowohl der wahrgenommenen Produkteigenschaftsähnlichkeit als auch der Markenkonzeptkonsistenz. Die Wahrnehmung der Produkteigenschaftsähnlichkeit hängt davon ab, ob eine Verbindung zwischen Produkterweiterungen und bereits vorhandenen Markenprodukten vorliegt. Eine solche Verbindung kann konkret (z. B. Wechselbeziehungen der Eigenschaften, Zusammenpassen der Attribute) oder abstrakt (z. B. gleicher Verwendungszusammenhang) sein. Die Wahrnehmung von Konzeptkonsistenz basiert auf der Fähigkeit der Produkterweiterung, sich dem Markenkonzept anzupassen. Diese Verbindungen, die den Rahmen unserer Analyse darstellen, werden in Abbildung 1 dargestellt.

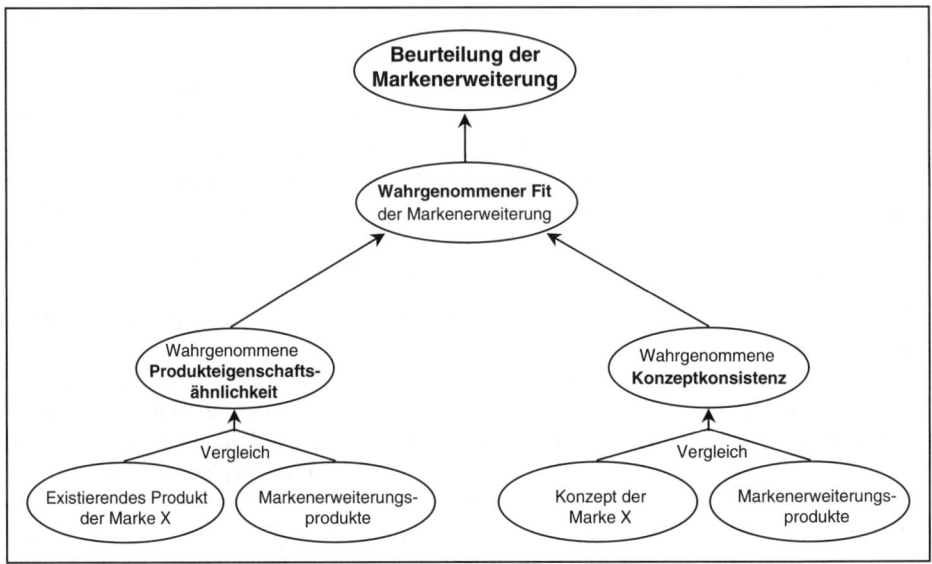

Abbildung 1:   Prozeß der Beurteilung einer Markenerweiterung

Auch wenn es eine Vielzahl von Marken mit verschiedenen Markenkonzepten gibt, wählen wir in unserer Untersuchung eine Marke mit funktionsorientiertem Markenkonzept und eine Marke mit einem prestigeorientierten Markenkonzept aus, da diese Konzepte in der Vergangenheit bereits in mehreren Forschungsbereichen unterschieden wurden (vgl. Lutz, 1979; Park et al., 1986; Sirgy, 1982). Außerdem können wir mit dieser Auswahl untersuchen, ob unser Modell (vgl. Abbildung 1) sich auf zwei so unterschiedliche Markenkonzepte anwenden läßt. Funktionsorientierte Markenkonzepte stellen besondere Aspekte der Produktfunktion in den Mittelpunkt, während prestigeorientierte Konzepte in erster Linie Imageaspekte (z. B. Prestige, Erlebnis) betonen.

Wie bereits erwähnt, hat die bisherige Forschung den wahrgenommenen Fit nicht kontrolliert, gemessen oder manipuliert, so daß keine Trennung zwischen Produkteigenschaftsähnlichkeit und Markenkonzeptkonsistenz erfolgte. Die potentiellen Produkterweiterungen, die zum Beispiel Aaker und Keller untersuchten (1990, Studie 1), denen ein wahrgenommener Fit mit der Stammarke attestiert wurden, hätten sowohl Ähnlichkeit auf der Produktebene als auch auf der Markenkonzeptebene aufweisen können[2].

---

2   Man muß Aaker und Keller (1990) zugute halten, daß sie erkannten, daß die Produkteigenschaftsähnlichkeit mehr war als eine Funktion rein konkreter Produkteigenschaften. Sie identifizierten vor allem
     abstrakte Verbindungen zwischen Produkten, wie Komplementarität (z. B. gemeinsamer Verwendungszusammenhang), die die Beurteilung von Markenerweiterungen beeinflussen. Das geht über die bislang in
     der Kategorisierungsliteratur behandelten Bereiche hinaus. Dennoch richteten sie ihr Hauptaugenmerk
     weiterhin auf die Beziehungen von Produkteigenschaften.

2. Experiment zur Beurteilung von Markenerweiterungen

2.1 Ableitung von Hypothesen zu Erweiterungen bei funktionalen und prestigeorientierten Marken

Aaker und Keller (1990) berücksichtigten weder die Markenkonzeptkonsistenz direkt, noch unterschieden sie zwischen Produkteigenschaftsähnlichkeit und Markenkonzeptkonsistenz. Deshalb wird in der vorliegenden Studie systematisch sowohl die Produkteigenschaftsähnlichkeit als auch die Markenkonzeptkonsistenz untersucht, indem dieselben Produkte als potentielle Erweiterungen von zwei verschiedenen Markennamen benutzt werden.

Wir gehen dabei davon aus, daß Verbraucher zwischen einer Marke und ihren Erweiterungen einen größeren Fit wahrnehmen, wenn die Erweiterungen dasselbe und nicht ein anderes Konzept wie die Marken ansprechen. Daher werden die folgenden Hypothesen mit der Annahme aufgestellt, daß die Konsumenten der Stammarke positiv gegenüberstehen.

Hypothese 1: Verbraucher stehen Erweiterungen eines funktionalen Markenkonzepts positiver gegenüber, wenn die Erweiterungsprodukte ein funktionales Konzept und nicht ein Prestigekonzept widerspiegeln.

Hypothese 2: Verbraucher stehen Erweiterungen einer Prestigemarke positiver gegenüber, wenn sie ein Prestigekonzept und nicht ein funktionales Konzept widerspiegeln.

Die vorliegende Studie baut auf früheren Forschungsansätzen auf. So wird angestrebt, die Gültigkeit des Markenkonzepts als Indikator des Fit tiefergehend zu analysieren. Außerdem steht die Studie in Beziehung zu Methoden vorangegangener Forschung (vgl. Aaker/Keller, 1990; Smith/Park, 1990), welche die Bedeutung der wahrgenommenen Übereinstimmung zwischen einer Marke und ihrer Erweiterung als eine Funktion der Produkteigenschaftsähnlichkeit darstellen. Dieser Ansatz bezog sich jedoch eher auf Messungen von Korrelationen als auf experimentelle Manipulation der wahrgenommenen Übereinstimmung. Wir bilden daher im Rahmen des Experiments vorangegangene Forschungsergebnisse nach.

Ein weiterer Bezug zu früherer Forschung entsteht durch die Betrachtung des unterschiedlichen Konsumentenverhaltens gegenüber den Erweiterungen der beiden verschiedenen Marken, wenn die Erweiterungen entweder zu wenig Produkteigenschaftsähnlichkeit oder zu wenig Markenkonzeptkonsistenz besitzen. Frühere Ergebnisse zur Produkteigenschaftsähnlichkeit sowie die Hypothesen dieser Untersuchung lassen vermuten, daß Konsumenten weniger positiv auf Markenerweiterungen reagieren, denen es auf einer der beiden Grundlagen an Übereinstimmung mangelt (**partieller Fit**) als auf solche, die eine Übereinstimmung auf beiden Grundlagen besitzen (**guter Fit**). Man kann auch davon ausgehen, daß Konsumenten positiver auf Erweiterungen mit partieller Übereinstimmung reagieren als auf solche, denen es auf beiden Grundlagen an Übereinstimmung fehlt (**schlechter Fit**). Dies beruht darauf, daß bei Markenerweiterungen mit einem partiellen Fit, die Beurteilung der Markenerweiterung durch die Konsumenten immerhin durch einige Markenassoziationen beeinflußt wird, auch wenn diese Assoziationen provisorisch und unvollständig sind. Es ist jedoch schwierig, vorauszusagen, ob das Fehlen der einen Grundlage gegenüber dem Fehlen der anderen (hohe Produkteigenschaftsähnlichkeit und niedrige Konzeptkonsistenz versus niedrige Produkteigenschaftsähnlichkeit und hohe Konzeptkonsistenz) dieselbe Auswirkung auf die Beurteilungen der Erweiterung von zwei verschiedenen Markennamen mit abweichenden Konzepten hat. Wir untersuchen daher potentielle Unterschiede zwischen der Beurteilung von Erweiterungen von funktionalen Marken und Prestigemarken durch die Konsumenten unter den beiden verschiedenen partiellen Fit-Bedingungen und die Folgerungen, die sich aus diesen potentiellen Unterschieden für das Verständnis des Erweiterungspotentials über Produktklassen hinweg ableiten lassen.

2.2   Aufbau der Studie

In dieser Studie wurden Konsumentenreaktionen auf Erweiterungsvarianten zweier verschiedener Marken (Timex, eine funktionsorientierte Marke und Rolex, eine prestigeorientierte Marke) unter vier verschiedenen Erweiterungsbedingungen, die zwischen zwei Ebenen von Produktähnlichkeit und Markenkonzeptkonsistenz variierten, untersucht. Zusätzlich kommt eine Kontrollbedingung zum Einsatz, unter der ein fiktiver Markenname, ABC Watch Company, als Grundlage für Markenerweiterungen dient, um den Beitrag der Konzeptkonsistenz zur Beurteilung von Markenerweiterungen zu untersuchen. Zur Sicherstellung, daß die Reaktionen der Befragten auf Timex-, Rolex- und ABC-Erweiterungen auf einer ähnlichen Informationsbasis beruhen, werden sie über den ABC-Markennamen als Uhrenhersteller informiert. Auf diese Weise erlaubt der Vergleich der Reaktionen auf Timex- und Rolexerweiterungen mit Reaktionen auf ABC-Erweiterungen eine Bewertung des Einflusses der Markenkonzeptkonsistenz.

Zur Entwicklung des Stimulusmaterials waren mehrere Pretestphasen erforderlich.

Pretestphase 1: Auswahl der Marken

In dieser Phase sollten zwei Markennamen aus einer Produktkategorie ermittelt werden, die nur mit einem Produkt gleichgesetzt werden und sehr abweichende Markenkonzepte aufweisen. Die Wahl fiel auf Armbanduhren als Produktkategorie, da zwei Marken dieser Produktkategorie, Timex und Rolex, den Anforderungen entsprachen. 52 Studenten einer großen Universität im Osten der USA wurden gebeten, bis zu drei Gedankengänge aufzulisten, die ihr Verständnis der mit Timex und Rolex verbundenen Assoziationen ausdrücken sollten. Ein Kodierer, dem der Zweck der Studie nicht bekannt war, klassifizierte die Stellungnahmen zu den Markennamen in funktionale Kategorien und in Prestigekategorien. Die Ergebnisse zeigten, daß sich 82 % (111 von 136) der Stellungnahmen zum Timex-Konzept auf Leistungs- und Funktionsaspekte bezogen (z. B. haltbar, zuverlässig, nützlich, wertvoll usw.). Im Gegensatz dazu, betrafen 90 % (128 von 142) sämtlicher Stellungnahmen zum Rolex-Konzept Aspekte der Selbstdarstellung oder des Ausdruckes von Wertigkeit (z. B. Statussymbol, Reichtum, Luxus, Mode usw.).

Pretestphase 2: Herleitung potentieller Erweiterungsprodukte

In dieser Phase sollten die Befragten Erweiterungsideen für eine Rolex- und eine Timex-Armbanduhr entwickeln, die als potentielle Produkterweiterungen in der Hauptstudie benutzt werden konnten. Weiterhin sollte untersucht werden, ob die Konsumenten beide Aspekte des Fit (Produkteigenschaftsähnlichkeit und Markenkonzeptkonsistenz) bei ihrer Beurteilung von Markennamenerweiterungen heranziehen.

30 Befragte wurden gebeten, bis zu vier Produkte (keine Uhren) zu benennen, die zu Timex und Rolex passen bzw. mit diesen Marken harmonierten. Anschließend wurden die Befragten aufgefordert Gründe anzugeben, warum sie bestimmte Produkte generiert haben.

Zwei Kodierer, die die Markennamen nicht kannten, klassifizierten die jeweiligen Gründe in folgende fünf Kategorien: physische Produkteigenschaften (z. B. „tragbar", „runde Form"), Produktverwendung (z. B. „am Handgelenk zu tragen", „auf die Kleidung abgestimmt"), Produktfunktionen (z. B. „gibt Zeit an", „zeigt das Datum an"), funktionale Konzepte und Prestigekonzepte.

Die drei ersten Kategorien spiegeln Assoziationen auf der Produktebene (Produkteigenschaftsähnlichkeit) wider. Die funktionalen Konzeptkategorien und die Prestigekonzept-Kategorien geben mehr abstrakte konzeptionelle Assoziationen mit den Markenkonzepten von Timex und Rolex (siehe Pretestphase 1) wieder. Unstimmigkeiten zwischen den beiden Kodierern wurden durch einen dritten unabhängigen Kodierer gelöst.

Zwei Ergebnisse dieses Pretests, die unterschiedliche Reaktionen auf die zwei Markennamen aufzeigen, müssen gesondert festgehalten werden: Erstens war die Durchschnittsanzahl der für das Rolexkonzept ($\overline{X} = 2{,}74$) generierten Produkte wesentlich höher als die Durchschnittsanzahl für Timex ($\overline{X}$ = 2,19; t(29) = 2,05, p < 0,05). Demnach läßt sich das Prestigekonzept leichter erweitern als das funktionale Konzept. Zweitens benutzten die Befragten sowohl Produkteingeschaftsähnlichkeit als auch Markenkonzeptkonsistenz als Grundlagen zur Entwicklung von Markenerweiterungen für Timex und Rolex, obwohl die Gebrauchsmuster dieser Grundlagen voneinander abwichen. Der Durchschnittsanteil der auf Eigenschaften basierenden Gründe für die Timex-Erweiterungen lag bei 50 %, verglichen mit 27 % für Gründe, die auf dem funktionalen Konzept basieren (Z = 1,74, p < 0,10). Für Rolex ergab sich ein umgekehrtes Verhältnis: 20 % wurden als eigenschaftsgestützte Gründe kategorisiert gegenüber 64 %, die als prestigekonzeptgestützte Gründe kategorisiert wurden (Z = 3,41, p < 0,01). Während sowohl Ähnlichkeit auf Produktebene als auch Konzeptkonsistenz von Bedeutung sind, läßt das differenzierte Gebrauchsmuster dieser Grundlagen vermuten, daß die Produkteigenschaftsähnlichkeit für die Entwicklung potentieller Rolex-Markenerweiterungen vielleicht weniger relevant ist als für die Entwicklung potentieller Timex-Markenerweiterungen. Prestigekonzepte sind nicht nur für Rolex-Erweiterungen besonders prägnant (z. B. Status), sie sind im allgemeinen auch abstrakter als Produkteigenschaften (z. B. „mißt die Zeit"). Aufgrund ihrer Abstraktheit lassen sich diese Prestigekonzepte leichter mit verschiedenen Produktklassen verbinden. Daher könnten sich Prestigemarken weiter in verschiedene Produktklassen ausdehnen lassen als funktionale Marken. In der Hauptstudie wird dieser Ansatz weiter verfolgt.

Pretestphase 3: Messung der Einstellung und Vertrautheit gegenüber der Stimulusmarke

Um zu beurteilen, wie vertraut die Testpersonen mit den Markennamen sind und welche Einstellung sie gegenüber diesen Marken einnehmen, wurden 48 MBA-Studenten aufgefordert, ihre Einstellung zu Timex, Rolex und ABC auf einer siebenstufigen Skala einzutragen. Die Durchschnittswerte ließen erkennen, daß die Befragten etwa gleichermaßen positiv gegenüber Timex und Rolex eingestellt waren ($\overline{X}$ = 5,31 und $\overline{X}$ = 5,73) und signifikant positiver gegenüber Timex und Rolex (t(47) = 6,68 und 7,24, p < 0,001) als gegenüber der ABC-Marke ($\overline{X}$ = 4,14). Dieselben Personen wurden auch gebeten, auf einer siebenstufigen Skala (1 = nicht vertraut bis 7 = sehr vertraut) den Grad ihrer Vertrautheit mit der Bedeutung der Markennamen Timex, Rolex and ABC einzutragen. Die Ergebnisse dieses Pretests zeigten, daß die Befragten mit Timex ($\overline{X}$ = 6,08) und Rolex ($\overline{X}$ = 6,02) gleichermaßen vertraut waren und diese Bewertungen sich wesentlich von ABC unterschieden ($\overline{X}$ = 1,10; t(47) = 20,99 und 23,88, p < 0,001). Mit diesen Ergebnissen wurden die Anforderungen für die Hauptstudie erfolgreich erfüllt.

Pretestphase 4: Kategorisierung der potentiellen Erweiterungsprodukte

Es wurde eine Liste mit Produkten erstellt, die als potentielle Markenerweiterungen und gleichzeitig als Manipulationen von Eigenschaftsähnlichkeit und Konzeptkonsistenz dienen konnten, um die Reaktionen der Konsumenten auf verschiedene Erweiterungsvarianten zu untersuchen. Für diesen Zweck wurde zunächst ein Set von 34 Produkten zusammengestellt, indem Produkte heranzogen wurden, die von den Befragten in der Pretestphase 2 aufgelistet und von den Testleitern vorgeschlagen worden waren. Drei Gruppen von Befragten bewerteten dann dieses Set von 34 Produkten auf drei verschiedenen zehnstufigen Skalen, um ein Set von Erweiterungsprodukten zu entwickeln, das ohne gegenseitige Abhängigkeiten zu den Dimensionen Ähnlichkeit mit einer Armbanduhr, Prestigekonzept und funktionales Konzept paßte. 19 Befragte bewerteten jedes der 34 Produkte auf einer zehnstufigen Skala gemäß ihrer Ähnlichkeit mit einer Armbanduhr. 19 verschiedene Befragte bewerteten jedes der 34 Produkte hinsichtlich der Wichtigkeit der Eigenschaften „Lebensdauer" und „Zuverlässigkeit" für die Kunden beim Kauf der Produkte. Diese Eigenschaften entsprechen dem mit Timex assoziierten funktionalen Konzept, das auch in der Pretestphase 1 festgestellt wurde. Abschließend beurteilte eine dritte Gruppe von 20 Personen jedes Produkt hinsichtlich der Rolle von „hohem Status" und „Luxus" bei der Kaufentscheidung für eines der Produkte. Diese Charakteristika korrespondieren mit dem Prestigekonzept, das auch in der Pretestphase 1 festgestellt wurde.

Auf der Basis dieser Ergebnisse wurden Produkte ausgewählt, die voneinander unabhängig in der Eigenschaftsähnlichkeit (niedrig und hoch) und der Konzeptkonsistenz variierten, und die entweder auf der Basis des Maßstabs für das funktionale Konzept (dauerhaft, zuverlässig) oder für das Prestigekonzept (hoher Status, Luxus) hoch eingestuft wurden, jedoch nicht auf beiden Konzeptebenen gemeinsam. Die Zuordnung der 12 Produkte zu vier verschiedenen Erweiterungsbedingungen wird in Abbildung 2 dargestellt.

Produktähnlichkeit	funktionsorientierte Produkte	prestigeorientierte Produkte
gering	Rauchmelder, Garagentoröffner, Taschenlampe	Parfum, Krawatte, Manschettenknopf
hoch	Stoppuhr, Batterien, Taschenrechner	Standuhr, Armband, Ring

Abbildung 2:   Zuordnung der Erweiterungsprodukte auf die verschiedenen Erweiterungsbedingungen

Produkte, die dem Prestigekonzept zugeordnet werden, besitzen Konzeptkonsistenz mit Rolex, während dieselben Produkte mit Timex nicht konzeptkonsistent sind und umgekehrt.

Aufbau des abschließenden Experiments

Das Grunddesign ist ein 3x2x2 faktorielles Design mit dem Markennamen (Timex, Rolex, ABC Watch Company), der Eigenschaftsähnlichkeit (niedrig, hoch) und der Konzeptdominanz (funktionsorientiert, prestigeorientiert) als unabhängige Variablen.

Jedem Befragten wurden nur vier von den insgesamt 12 Produkten dargeboten, um Langeweile und Ermüdung der Befragten vorzubeugen. Jedes der vier Erweiterungsprodukte zeichnet sich durch eine unterschiedliche Produktbereichsähnlichkeit und voneinander abweichende Konzeptdominanzkombinationen aus[3].

Als Testpersonen wurden 195 an einer großen Universität an der Ostküste der USA eingeschriebene MBA-Studenten genutzt. Der Testleiter erklärte den Teilnehmern zunächst den Grundgedanken der Markenerweiterung und teilte ihnen mit, daß es sich hier um eine Studie handle, bei der Konsumentenreaktionen auf verschiedene Markenerweiterungen untersucht werden. Die Testpersonen wurden dann mit der Beantwortung der sieben Items des Fragebogens auf einer fünfstufigen Skala vertraut gemacht. Die ersten drei Items des Fragebogens betrafen Werturteile: wie „gut" die Erweiterungsidee sei, wie „symphatisch" die Erweiterung sei und welches „Wohlgefühl" sie dem Befragten bereite. Anschließend wurden die Befragten aufgefordert, die Preisverwandschaft der Erweiterungsprodukte mit einer Timex- oder einer Rolex-Armbanduhr einzuschätzen. Dieses Item wurde nicht bei den ABC-Bedingungen erfragt, da es dort keine Basis für ein solches Urteil gab. Zuletzt sollten die „Ähnlichkeit" des Erweiterungsprodukts mit einer Armbanduhr, die Bedeutung der Eigenschaften „Zuverlässigkeit" und „Haltbarkeit" und die Bedeutung der Eigenschaften „Luxus" und „Status" bei der Kaufentscheidung für das jeweilige Erweiterungsprodukt bewertet werden. Diese Fragen ermöglichten eine Kontrolle des Stimuluseinsatzes der Erweiterunsprodukte, die aus den Daten der Pretests entwickelt wurden. Das gesamte Verfahren war nach ungefähr 20 Minuten abgeschlossen.

2.3   Diskussion der Ergebnisse

Analyse der Stimuli

Die Analyse der Auswahlprodukte führte zu Ergebnissen, die mit den Ergebnissen des Pretests in hohem Maße übereinstimmten. Für alle drei Markennamen wurden die Produkte, die anfangs der Bedingung „hohe Ähnlichkeit" zugeordnet wurden, hinsichtlich

---

3   Außerdem erschien jedes Produkt in zwei verschiedenen Teilsets, um die möglichen Auswirkungen der Konfiguration der Teilsets (Kontext) zu kontrollieren. Die Konfiguration der vier Produktteilsets wurde willkürlich gewählt mit der Einschränkung, daß jedes Produkt genau in zwei Teilsetkonfigurationen erscheint. Das hatte 18 verschiedene Versionen des Fragebogens zur Folge, da es drei Ebenen von Markennamen, drei Beispiele von Produkterweiterungen in jeder Kategorie und zwei verschiedene Konfigurationen von Produktteilsets gibt.

ihrer Ähnlichkeit höher eingestuft ($\overline{X}$ = 3,03) als diejenigen Produkte, die der Bedingung „geringe Ähnlichkeit" zugeordnet wurden ($\overline{X}$ = 1,63; F(2,192) = 358,27, p < 0,001). Die Wertungen hinsichtlich der Bedeutung des funktionalen Konzepts durch die Testpersonen zeigt, daß den Produkten, welche der funktionalen Konzeptkategorie zugeordnet wurden, eine höhere funktionale Bedeutung eingeräumt wurde ($\overline{X}$ = 4,36) als solchen, die der Prestigekonzept-Kategorie zugeordnet wurden ($\overline{X}$ = 2,95; F(2,192) = 250,29, p < 0,004).

Schließlich hatten die Produkte, die der Prestige-Kategorie zugeordnet wurden, eine höhere Prestige-Bedeutung ($\overline{X}$ = 4,06) als diejenigen, die der funktionalen Konzeptkategorie zugeordnet wurden ($\overline{X}$ = 1,79; F(2,192) = 896,58, p < 0,001).

Hypothesentest

Da die drei Items, die die Reaktionen der Testpersonen auf verschiedene Markenerweiterungen maßen, stark miteinander korrelierten (die Werte für Cronbachs Alpha reichten von 0,87 bis zu 0,92), wurde ihr Mittelwert genommen, um eine einzige abhängige Variable abzuleiten. Die Mittelwerte dieser kombinierten Meßgröße für die verschiedenen Experimentbedingungen werden in Abbildung 3 aufgeführt.

Unter Ausschluß der ABC Company wurde ein 2 (Timex versus Rolex) x 2 (hohe versus niedrige Ähnlichkeit der Produkte) x 2 (funktionales Konzept versus Prestigekonzept) faktorielles Design zur Varianzanalyse (ANOVA) benutzt, um die Hypothesen zu testen[4].

Eigenschafts-ähnlichkeit	funktionsorientierte Marke (Timex; N = 66)		prestigeorientierte Marke (Rolex; N = 65)		fiktive Marke (ABC; N = 64)	
	Produkte des funk-tionalen Konzepts	Produkte des Prestige-konzepts	Produkte des funk-tionalen Konzepts	Produkte des Prestige-konzepts	Produkte des funk-tionalen Konzepts	Produkte des Prestige-konzepts
niedrig	2,58	1,80	1,46	3,03	1,92	1,92
hoch	3,72	2,62	2,71	3,84	3,19	3,10

Abbildung 3: Ergebnisse der Markenerweiterungen unter verschiedenen Bedingungen[5]

---

4 Da die Reaktionen der Testpersonen auf verschiedene Markenerweiterungen durch Preisunterschiede irritiert werden können, wurden ihre Wahrnehmungen bezüglich der Preise dieser Produkte als Kovariate (p < 0,05) in den ANOVAs benutzt.

5 Die Daten sind Mittelwerte der drei Items, die die Reaktionen der Befragten gegenüber verschiedenen

Hypothese 1 und 2 behaupten, daß sich die Produkte, die mit dem funktionalen Konzept übereinstimmen, leichter über Timex und die Produkte, die mit dem Prestigekonzept übereinstimmen, leichter über Rolex erweitern lassen. Dies wurde belegt $(F(1,129) = 108,27, p < 0,001)$. Wenn Timex, wie in Abbildung 4 dargestellt, auf Produkte erweitert wurde, die mit dem funktionalen Konzept konsistent waren, wurden diese Produkte günstiger bewertet ($\overline{X} = 3,15$) als Timex-Erweiterungsprodukte, die als konsistenter mit dem Prestigekonzept gewertet wurden ($\overline{X} = 2,21$; $t(65) = 6,22$, $p < 0,01$). Umgekehrt waren die Rolex-Bewertungen günstiger, wenn es sich um Erweiterungen von Produkten des Prestigekonzepts ($\overline{X} = 3,44$) statt von Produkten des funktionalen Konzepts handelte ($\overline{X} = 2,09$; $t(64) = 8,44$, $p < 0,01$). Im Gegensatz dazu hatten die Wirkungen der Konzeptkonsistenz von Produkten keine Auswirkung auf die Beurteilung der ABC Watch Company ($\overline{X} = 2,51$ für Prestigeprodukte; $\overline{X} = 2,56$ für funktionale Produkte; $t(63) = 0,30$). Diese Ergebnisse stützen die Hypothesen 1 und 2 in starkem Umfang (vgl. Abbildung 4).

Weitere Hinweise auf die Wirkung des Markenkonzepts ergeben sich aus einem Vergleich von Timex und Rolex mit der fiktiven, konzeptneutralen ABC Watch Company unter ausgewählten Bedingungen. Mit Bezug auf Abbildung 3 stellen wir ein Ergebnismuster fest, in welchem bei einem gegebenen Ähnlichkeitsniveau die Bewertungen der konzeptkonsistenten Erweiterungen von Timex und Rolex beständig höher sind als die Bewertungen derselben Erweiterungen von ABC. **Diese Ergebnisse lassen annehmen, daß die vom Markennamen ausgehende Konzeptinformation bei der Beurteilung eine Rolle spielt, und zwar entweder in Form einer Verbesserung der Wertung der Erweiterung, wenn das Produkt konzeptkonsistent ist, oder durch Herabsetzung der Wertung, wenn es inkonsistent ist.**

Darüber hinaus zeigen die Ergebnisse einen wichtigen Haupteffekt der Produkteigenschaftsähnlichkeit auf Markenerweiterungsbeurteilungen ($\overline{X} = 3,22$ gegenüber 2,22 für hohe und geringe Eigenschaftsähnlichkeit; $F(1,129) = 119,18$, $p < 0,001$). **Die Beurteilung der Erweiterung fällt bei hoher Eigenschaftsähnlichkeit günstiger aus als bei niedriger.** Dieses Ergebnis gilt sowohl für Timex ($\overline{X} = 3,17$ gegenüber 2,19; $t(65) = 8,28$, $p < 0,01$) als auch für Rolex ($\overline{X} = 3,28$ gegenüber 2,25; $t(64) = 7,29$, $p < 0,01$). Ferner wurden bei ABC Produkte, die eine hohe Ähnlichkeit mit einer Armbanduhr hatten, günstiger bewertet ($\overline{X} = 3,15$) als solche mit niedriger Ähnlichkeit ($\overline{X} = 1,92$; $t(63) = 9,87$, $p < 0,01$). Diese Resultate untermauern Forschungsergebnisse zur positiven Wirkung hoher Eigenschaftsähnlichkeit auf die Markenerweiterungsbeurteilungen.

Markenerweiterungen für dieses Set von experimentellen Bedingungen messen. Je höher der Wert, desto besser die Beurteilung.

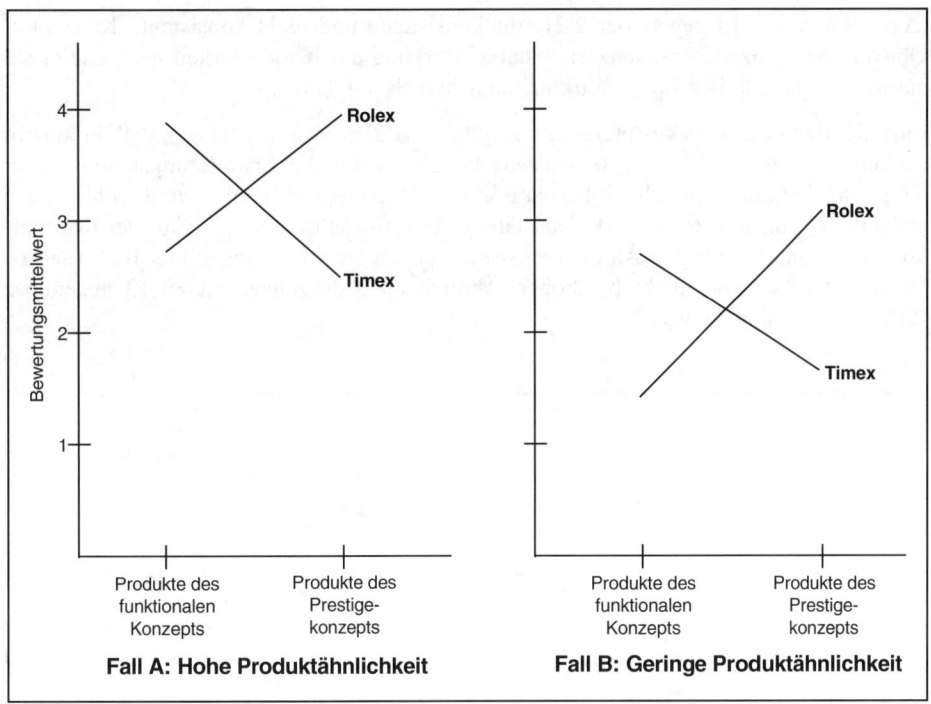

Abbildung 4: Konsumentenreaktionen auf Markenerweiterungen von Timex und Rolex bei unterschiedlicher Markenkonzeptkonsistenz

Weitere Ergebnisse

Der Entwurf dieser Studie erlaubte auch die Analyse von Spezialeffekten der Produkteigenschaftsähnlichkeit und der Markenkonzeptkonsistenz auf die Erweiterungen zweier Marken. Dies wird möglich, wenn die Produktkonsistenz mit der Marke (konsistent versus nicht konsistent) kombiniert wird.

Für Timex und Rolex ergaben Markenerweiterungen auf beiden Ebenen der Markenkonzeptkonsistenz bei hoher Eigenschaftsähnlichkeit vergleichsweise größere Ähnlichkeitswertungen ($\overline{X}$ = 3,17 und 3,28) als bei niedriger Eigenschaftsähnlichkeit ($\overline{X}$ = 2,19 und 2,25). Es bestand kein wesentlicher Interaktionseffekt zwischen Markenkonzept- und Produkteigenschaftsähnlichkeit (F(1,129) = 0,08, p < 0,77). Es gab jedoch einen marginalen Interaktionseffekt zwischen Markennamen- und Konzeptkonsistenz (F(1,129) = 3,40, p < 0,06). Der Effekt der Markenkonzeptkonsistenz war für Rolex-Markenerweiterungen bei niedrigen und hohen Eigenschaftsähnlichkeitsniveaus höher (Δ = 1,35; $\overline{X}$ = 3,44 gegenüber 2,09, für konsistente und nicht konsistente Konzepte) als für Timex-Markenerweiterungen auf derselben Eigenschaftsähnlichkeitsebene

($\Delta = 0{,}94$; $\overline{X} = 3{,}15$ gegenüber 2,21, für konsistente und nicht konsistente Konzepte). Obwohl die Konzeptkonsistenz eine starke Wirkung auf beide Marken hat, scheint sie auf Rolex eine relativ größere Wirkung zu haben als auf Timex.

Eine signifkante Dreiwege-Interaktion zeigt ($F(1{,}129) = 8{,}43$; $p < 0{,}001$), daß die relativ stärkere Wirkung der Konzeptkonsistenz bei Rolex auf die Erweiterungsbedingungen bei geringer Produktähnlichkeit beschränkt war. Wie aus Abbildung 5 und Abbildung 3 ersichtlich, profitiert Rolex stärker als Timex vom Anwachsen des Niveaus der Konzeptkonsistenz unter niedrigen Ähnlichkeitsbedingungen ($\Delta = 1{,}57$ gegenüber 0,78 für Rolex und Timex), aber nicht bei hohen Ähnlichkeitsbedingungen ($\Delta = 1{,}13$ gegenüber 1,10 für Rolex und Timex).

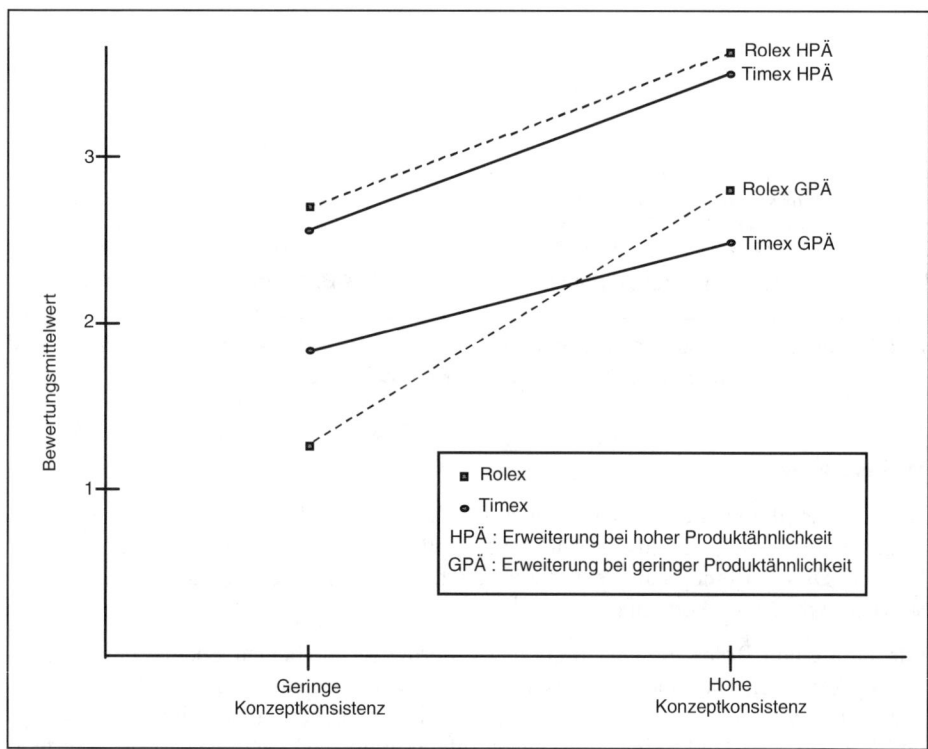

Abbildung 5:   Konsumentenreaktionen auf Markenerweiterungen von Timex und Rolex als eine Funktion der Konzeptkonsistenz

Wenn man das Hauptaugenmerk auf niedrige Ähnlichkeitsbedingungen richtet, scheint es, daß der Mangel an Konzeptkonsistenz die Bewertung der Rolex-Erweiterungen stärker beeinträchtigt ($\overline{X} = 1{,}46$) als im Falle der Timex-Erweiterungen ($\overline{X} = 1{,}80$;

t(129) = 2,90, p < 0,005), während die Existenz dieses Faktors die Bewertungen von Rolex stärker unterstützt ($\overline{X}$ = 3,03) als die Bewertungen von Timex ($\overline{X}$ = 2,55; t(129) = 2,19, p < 0,02). **Nach diesem Ergebnis hat ein Prestigemarkenkonzept ein größeres Potential, auf unähnliche Produktklassen ausgedehnt zu werden als ein funktionales Markenkonzept, sofern die Erweiterungen mit dem Markenkonzept konsistent sind (vgl. auch die Ergebnisse der Pretestphase 2).**

3. Zusammenfassung und Ausblick

Die Ergebnisse veranschaulichen, daß die Bewertung von Markenerweiterungen vom wahrgenommenen Fit des neuen Produkts zur bereits existierenden Marke abhängen, und daß dieser Fit eine Funktion der zwei Faktoren Produkteigenschaftsähnlichkeit und Markenkonzeptkonsistenz ist. Wann immer ein neues Produkt zur Bewertung als potentielle Erweiterung eines bekannten Markennamens vorgestellt wird, scheinen die Konsumenten sowohl die Ähnlichkeit des neuen Produkts mit dem existierenden Produkt als auch den Grad an Markenkonzeptkonsistenz in ihr Kalkül aufzunehmen.

Während die Ergebnisse klar die Wichtigkeit von Produkteigenschaftsähnlichkeit und Markenkonzeptkonsistenz zum Verständnis von Markenerweiterungsbewertungen zeigen, gibt es ein marginal signifikantes Ergebnis bezüglich der unterschiedlichen Wirkung von Markenkonzeptkonsistenz für die beiden Marken. Den Ergebnissen zufolge hat die **Konzeptkonsistenz eine stärkere Wirkung auf die Prestigemarke als auf die funktionale Marke.** Danach ist das Erweiterungspotential emotionaler Marken in verschiedenen Produktklassen größer als das von funktionalen Marken. Das läßt sich aus der Einzigartigkeit der Charakteristika einer Prestigemarke im Gedächtnis der Konsumenten folgern.

Den Ergebnissen der Pretests folgend, scheinen Markenkonzepte für Prestigemarken zugänglicher zu sein als für funktionale Marken. Außerdem zeigten die Ergebnisse der Studie 1 von Park et al. (1989), **daß Prestigemarken unter einer übergeordneten Konzeptkategorie wie Luxus und Status zusammengefaßt werden können, während funktionale Markennamen in erster Linie unter ihrer jeweiligen Produktklassenkategorie zusammen mit ihren Markenkonzepten abgelegt werden.** Wenn Befragte mit einer Reihe von Prestigemarkennamen aus unterschiedlichen Produktbereichen konfrontiert wurden (z. B. Mercedes, Armani und Moët & Chandon), stellten Sie rasch gemeinsame Verbindungen zwischen diesen Markennamen her, indem sie Konzepte wie Luxus und Status benutzten. Wenn die Testpersonen jedoch mit einer Reihe von funktionalen Marken verschiedener Bereiche konfrontiert wurden (z. B. Sony, Xerox und Honda), waren sie unfähig, gemeinsame übergeordnete Verbindungen zwischen diesen Marken herzustellen. Wenn sie unter derselben Konzeptkategorie zusammengefaßt sind, können Prestigemarken auf andere Produktklassen weiter gedehnt werden als funktionale Marken, so lange diese Produktklassen die Prestigekonzepte

teilen. Außerdem können Prestigemarkenkonzepte (z. B. Luxus, Status) verschiedenarti-
gere Bündel von Produkten, die wenige gemeinsame Eigenschaften teilen, unter sich
vereinen als funktionale Konzepte (z. B. Zuverlässigkeit, Haltbarkeit) (vgl. Johnson,
1984; Sujan/Dekleva, 1987), da die Prestigemarkenkonzepte, auf die rasch zugegriffen
werden kann, abstrakter sind als die funktionalen Konzepte.

So interessant die Ergebnisse bezüglich der stärkeren Wirkung der Markenkonzeptkonsistenz auf Prestigemarkenerweiterungen sind, so sehr ist doch Vorsicht bei der Verallgemeinerung dieser spezifischen Ergebnisse angebracht. Da in dieser Studie tatsächlich
nur ein Markenname je Markenkonzept getestet wurden, besteht eine Notwendigkeit, in
Zukunft mehrere Marken zu nutzen, die diese Konzepte gemeinsam haben, um die
Ergebnisse bezüglich der Unterschiede und des Ausmaßes der Erweiterbarkeit angemessen verallgemeinern zu können.

Schließlich muß die zukünftige Forschung zu Markenerweiterungen sorgfältig die
Rückwirkungen von Markenerweiterungen auf ihre Stammarken untersuchen (vgl.
Aaker/Keller, 1990). Die Feststellung, wann und wie diese Rückwirkungen den Markennamen stärken oder schwächen, ist eine wichtige Forschungsaufgabe, die auch Konsequenzen für die Bestimmung des Markenwerts hat. Der Markenwert sollte vor allem
im Hinblick auf den Markenerweiterungsumfang wie auch hinsichtlich der Empfäng-
lichkeit für negative und positive Rückwirkungen der Markenerweiterung gemessen
werden.

Daniel C. Smith und C. Whan Park

Einfluß der Markenerweiterung auf Marktanteil und Werbeeffizienz[1]

---

[1] Bei dem Beitrag handelt es sich um eine gekürzte und modifizierte Fassung der Veröffentlichung „The Effects of Brand Extensions on Market Share and Advertising Efficiency" (Smith, D. C.; Park, C. W., 1992, Journal of Marketing Research, Vol. 29, August, pp. 296 - 313).

1. Zur Notwendigkeit der Messung finanzieller Auswirkungen von Markenerweiterungen

Eine der wertvollsten Ressourcen eines Unternehmens ist seine historische Marktpräsenz. Der Glaube des Konsumenten an die Marke und sein Eindruck von der Marke gehören zu den Hauptquellen dieser Ressource. Bei dem Versuch, neue Produkterfolge zu generieren, nutzen immer mehr Unternehmen diesen Wert, indem sie den Markennamen auf neue Produktbereiche ausweiten. Die weit verbreitete Anwendung dieser Strategie hat zum wachsenden Interesse an der Erforschung von Markenerweiterungen geführt. Bislang konzentrierten sich die Untersuchungen primär darauf, zu verstehen, wie Konsumenten ihre Eindrücke zu Markenerweiterungen gewinnen, wenn die Eindrücke auf den Assoziationen zwischen den neuen Produkten und der Stammarke beruhen (vgl. Aaker/Keller, 1990; Boush/Loken, 1991; Farquhar et al., 1989; MacInnis/Nakamoto, 1990; Boush et al., 1987; Park et al., 1991; vgl. auch die Beiträge „Konzeption und Umsetzung von Markenerweiterungen" und „Erfolgsfaktoren von Markenerweiterungen" in diesem Buch). Nur geringe Aufmerksamkeit hat die Forschung dagegen einem ergänzenden Themenbereich gewidmet: den finanziellen Auswirkungen von Markenerweiterungen.

Daß sich die Forschung nur in so geringem Maße mit den finanziellen Auswirkungen von Markenerweiterungen beschäftigt hat, gibt Anlaß zur Sorge, da Manager häufig der Versuchung erliegen, gut eingeführte Marken als Versicherung gegen den Mißerfolg neuer Produkte anzusehen. Diese Auffassung ergab sich wiederholt im Rahmen von Interviews, die wir mit leitenden Markenmanagern von bedeutenden Konsumgüterherstellern führten. So sagte beispielsweise ein Manager: „Unsere Marke und ihre Bedeutung für den Konsumenten garantiert praktisch den Erfolg aller Produkte, die wir mit der Marke verbinden". Da ein großer Teil der Aussagen zu den Vorzügen und Gefahren der Markenerweiterung eher anekdotischen Charakter besitzt, scheint eine solche Überheblichkeit nicht gerechtfertigt zu sein, sondern stellt den Erfolg neuer Produkte eher in Frage. Fehlschläge von Markenerweiterungen, wie zum Beispiel das Arm & Hammer-Deodorant und das Life Saver-Gummi, zeigen deutlich, daß ein allgemein geachteter Markenname kein Garant für Erfolg sein muß (vgl. Abrams, 1981).

Ein weiterer, zwingender Grund zur Überprüfung der finanziellen Folgen von Markenerweiterungen liegt in dem möglichen Einblick, der sich für die Messung des finanziellen Werts einer Marke ergibt. Der Wert einer Marke beruht auf zwei generellen Dimensionen:

1. seinem Beitrag zum Erfolg existierender Produkte und
2. seinem Beitrag bei der Einführung neuer Produkte, also dem, was als latenter Markenwert bezeichnet wird (vgl. ähnlich Simon/Sullivan, 1991).

Der latente Markenwert läßt sich definieren als die Differenz des diskontierten Werts zukünftiger Cash-flows zwischen einer etablierten und einer neuen Marke, summiert über die Anzahl möglicher Produkte, um die die Marke erweitert werden kann (vgl. Wentz, 1989). Die Konzeptionalisierung des latenten Markenwerts beleuchtet die Verbindung zwischen den finanziellen Auswirkungen von Markenerweiterungen und dem Markenwert und führt hiermit zu drei wichtigen Fragen, die bei der Forschung in diesem Bereich berücksichtigt werden sollten:

- In welchem Maß unterscheidet sich der anfängliche Cash-flow von Markenerweiterungen und Markenneueinführungen?

- Werden diese Unterschiede durch die allen Erweiterungen gemeinsamen Basiselemente beeinflußt (d. h. durch die Marke, das Erweiterungsprodukt, und den Markt, in den das Produkt eindringt)?

- Wie stark variiert der Cash-flow über einen bestimmten Zeitraum hinweg?

Wir werden zunächst eine Reihe von Hypothesen aufstellen, die sich auf diese drei Fragen beziehen, und dann das Forschungsdesign erörtern, zu dem Befragungen von Produktmanagern und Konsumenten gehören. Nachdem wir die Ergebnisse dargelegt haben, schließen wir mit einer Diskussion unserer Ergebnisse.

2. Hypothesen zum Einfluß von Markenerweiterungen auf den Marktanteil und die Werbeeffizienz

2.1 Generelle Wirkungen von Markenerweiterungen

Der primäre Zweck unserer Studie besteht darin, herauszufinden, inwieweit verschiedene Marken, Produkte und Marktbedingungen die Effekte der Markenerweiterung auf den Marktanteil und die Werbeeffizienz beeinflussen. Die Entwicklung stichhaltiger Hypothesen hängt jedoch vom Verständnis der Wirkungen ab, die Markenerweiterungen im Vergleich zu neuen Marken beim Konsumenten auslösen. Wir wollen im nachfolgenden diese Gründe untersuchen.

Erstens vertrauen Konsumenten einer bekannten Marke (d. h. einer Marke, die in anderen Produktbereichen entwickelt worden ist) und nutzen diese zur Reduktion des wahrgenommenen Kaufrisikos (vgl. Cox, 1967; Roselius, 1973). Das bereits vorhandene Markenwissen sollte auch die Menge der zusätzlich, vom Konsumenten zur Beurteilung des Erweiterungsprodukts benötigten Informationen verringern. So erhält das Unternehmen die Gelegenheit, Bekanntheit und Vertrauen für das neue Produkt mit geringeren Investitionen aufzubauen.

Zweitens werden etablierte Marken vom Konsumenten als Qualitätshinweis genutzt (vgl. Bellizzi/Martin, 1982; Jacoby/Olson/Haddock, 1971). Wernerfelt (1988) zeigt, daß erweiterte Marken als besonders wertvolle Hinweise dienen, um daraus auf die Qualität zu schließen. Unternehmen investieren in die Entwicklung ihrer Marken beträchtliche Summen. Konsumenten schließen daraus implizit, daß diese Investitionen für die Qualität der Marke sprechen. Wenn die Marke um ein Produkt minderer Qualität erweitert wird, werden die Konsumenten die Minderwertigkeit beim ersten Gebrauch feststellen und die Marke nicht noch einmal kaufen. Dadurch ist nicht nur der Erfolg der Erweiterung gefährdet, sondern die potentielle Abwertung der Marke kann auch die übrigen Produkte betreffen (vgl. Sullivan, 1990).

Drittens fördern Markenerweiterungen Versuchskäufe, da der Konsument den Markennamen als entscheidungsfördernde Heuristik ansieht (vgl. Alba/Hutchinson, 1987; Johnson/Russo, 1984; Park, 1976; Park/Lessig, 1981). Die Verwendung einer Marke als Heuristik setzt voraus, daß sie im Gedächtnis präsent ist. Untersuchungen zu Inhalt und Struktur des Evoked Set lassen erkennen, daß der Zugriff auf Marken, zu denen die Konsumenten häufigen Kontakt haben, leichter ist als auf Marken, die über keine starke Marktpräsenz verfügen (vgl. McNeal et al., 1983). Markenerweiterungen geben Konsumenten die Gelegenheit, mit einer Marke öfter in Kontakt zu kommen und sollten somit leichter zugänglich sein als Monomarken. Der zusätzliche Markenkontakt, zu dem es im Rahmen der Markenerweiterungsstrategie natürlich kommt, liefert auch das Potential, Werbeinvestitionen zu reduzieren.

Schließlich ergibt sich für Markenerweiterungen die Möglichkeit, Spillovers der Werbung für andere, mit der Marke verbundene Produkte zu nutzen. Werbung für andere, mit der Marke verbundene Produkte intensiviert die Eindrücke, die Konsumenten von der Marke haben, und regt indirekt die Nachfrage nach neuen Erweiterungen an. Auf diese Weise reduzieren sich die Werbeinvestitionen, die benötigt werden, um solch ein Resultat zu erzielen.

Aus diesen Überlegungen ergibt sich die formale Rechtfertigung der folgenden Hypothese:

Hypothese 1: Die Verwendung von Markenerweiterungen hat positive Auswirkungen auf (a) den Marktanteil und (b) die Werbeeffizienz.

2.2 Einfluß der Markenstärke

Einer der grundlegenden Annahmen zu Markenerweiterungen besteht darin, daß stärkere Marken einen besseren Ausgangspunkt für Erweiterungen bieten als schwächere Marken (vgl. Aaker, 1990; Aaker/Keller, 1990). Wie in einer allgemein gängigen Definition des Markenwerts zum Ausdruck gebracht wird, stellt sich die Markenstärke implizit durch die Assoziationen der Konsumenten zur Marke dar (vgl. Marketing Science Institute, 1988). Im Zusammenhang mit der Forschung zur Markenerweiterung wurde die Einstellung zur Marke als wahrgenommene Qualität definiert, die mit der Marke assoziiert wird (vgl. Aaker/Keller, 1990). Diese Definition führt zu einer Konzeptionalisierung der Markenstärke, die folgende Aussage zuläßt: „Wenn eine Marke mit hoher Qualität assoziiert wird, wird die Erweiterung davon profitieren; wenn sie mit niedriger Qualität assoziiert wird, wird die Erweiterung dadurch beeinträchtigt." (Aaker/Keller, 1990, S. 29). Die Fähigkeit einer Marke, zur Risikoreduktion beizutragen, hängt von der Markenstärke ab. Bei Marken mit hoher wahrgenommener Qualität können Versuchskäufe aufgrund der besseren Risikoreduktion mit geringeren Investitionen erreicht werden als bei Marken mit geringer wahrgenommener Qualität.

Hypothese 2:   Mit zunehmender Markenstärke nehmen (a) der Marktanteil und (b) die Werbeeffizienz der Markenerweiterung zu.

2.3   Einfluß der Zahl bisheriger Markenerweiterungen

In Veröffentlichungen aus Theorie und Praxis haben verschiedene Autoren darauf hingewiesen, daß die Effektivität einer Marke geringer wird, wenn die Zahl der mit ihr verbundenen Erweiterungen zunimmt (vgl. Aaker, 1990; Kesler, 1987; Ogiba, 1988; Tauber, 1985 und 1988; o. V., 1990 c). Diese Aussage wird mit der Kategorisierungstheorie begründet. Mit wachsender Zahl der mit einer Marke verbundenen Produkte tritt eine Verwässerung der Marke im Vorstellungsvermögen der Konsumenten ein. Dadurch liefert die Marke keine klare Grundlage zur Kategorisierung späterer Erweiterungen mehr. Wenn die Kategorisierung einer Erweiterung zu Verwechslungen führt, verringert sich die Wahrscheinlichkeit eines Imagetransfers von der Stammarke zur Erweiterung.

Obwohl potentielle Risiken bei der Verwendung einer gemeinsamen Marke für eine Vielzahl von Produkten gegeben sind, sollte dies nicht generalisiert werden. Park et al., (1986) führen überzeugende Argumente auf, daß die systematische Erweiterung einer Marke deren Position in der Vorstellung der Konsumenten stärken kann. Wernerfelt (1988) vertritt den Standpunkt, daß sich der Markenwert als Qualitätssignal erhöhen kann, wenn die Zahl der mit der Marke assoziierten Produkte zunimmt. Eine allgemein anerkannte, obgleich kontroverse Theorie zur Einstellungsbildung geht ebenfalls davon aus, daß sich die Einstellung gegenüber einem Objekt (z. B. einer Marke) mit zunehmenden Kontakten verbessert (vgl. Zajonc, 1968 und 1980). Dies wäre auch der Fall, wenn eine Marke für verschiedene Produkte benutzt würde. Schließlich behauptet eine Studie von Keller und Aaker (1992), daß erfolgreiche Erweiterungen die Einschätzung der Stammarke verbessern können, und daß diese Einschätzung durch erfolglose Erweiterungen nicht tangiert wird.

Wir werden untersuchen, in welchem Ausmaß die Anzahl von Markenerweiterungen den Marktanteil und die Werbeeffizienz beeinflussen. Angesichts der widersprüchlichen Annahmen formulieren wir dazu jedoch keine richtungsweisende Hypothese.

2.4   Einfluß der Produktähnlichkeit

Unter der Ähnlichkeit von Produkt und Erweiterung versteht man das Ausmaß, in welchem die Konsumenten die Erweiterung als ähnlich mit anderen mit der Marke verbundenen Produkten wahrnehmen. Dies gilt für die Bedürfnisse, die durch sie befriedigt werden, für die Situation, in der sie benutzt werden, für die physischen Merkmale bzw. die Komponenten und für die Fähigkeiten, die für ihre Herstellung erforderlich sind.

Ähnlichkeit ist insofern ein komplexes Konstrukt, da die Auswirkungen auf den Erfolg eines neuen Produkts sowohl von der Angebots- als auch von der Nachfrageseite her entstehen. Auch wenn unser primäres Interesse dem Verständnis der Effekte der Nachfrageseite gilt, dürfen die Effekte der Angebotsseite nicht übersehen werden.

Die Effekte der Ähnlichkeit auf der Angebotsseite ergeben sich aus den Synergien, die sich in Mehrproduktunternehmen ergeben. Zu Synergien kommt es, wenn ein neues Produkt in der Lage ist, die bestehenden Ressourcen eines Unternehmens zu beanspruchen. Es kann sich dabei um materielle Ressourcen handeln, wenn ein neues Produkt zum Beispiel die vorhandenen Vertriebswege nutzen kann. Ebenso kann es sich um immaterielle Ressourcen handeln, wenn ein Produkt zum Beispiel von der allgemeinen Sachkenntnis und dem Know-how eines Unternehmens, eine besondere Zielgruppe anzusprechen, profitiert (vgl. Day/Montgomery, 1983; Porter, 1985; Smith/Sohi 1990; Wells, 1984). Die Fähigkeit, sich solcher Ressourcen zu bedienen, wurde lange als entscheidend für den Erfolg eines neuen Produkts erachtet (vgl. Ansoff, 1965; Biggadike, 1977; Cooper, 1980). Ob es zu solchen Synergien kommt, hängt wiederum davon ab, wie groß die Ähnlichkeit zwischen dem neuen Produkt und den übrigen Produkten des Unternehmens ist (vgl. Gatignon et al., 1990; Peters/Waterman, 1982; Teece, 1980). Sowohl empirische als auch konzeptionelle Arbeiten zu Synergien vertreten die Auffassung, daß die Ähnlichkeit auf der Angebotsseite besonders den Marktanteil während der Einführungsphase und die mit dem Vertrieb verbundenen Marketingkosten beeinflußt. Inwieweit Effekte der Angebotsseite die Werbeeffizienz beeinflussen, ist unklar.

Effekte der Nachfrageseite verdeutlichen die Wirkungen der Ähnlichkeit auf die Konsumentenreaktionen zu Markenerweiterungen. Die Beziehung zwischen Ähnlichkeit und Schlußfolgerungen, zu denen Konsumenten hinsichtlich der Markenerweiterung gelangen, gehören zu den umfangreicher erforschten Effekten der Ähnlichkeit aus Nachfragesicht. Besonders das Vertrauen zu Referenzprodukten läßt sich sehr leicht auf eine Erweiterung übertragen, wenn die Erweiterung als stark mit dem Referenzprodukt verbunden wahrgenommen wird. Skeptisch hingegen verhalten sich Konsumenten gegenüber Erweiterungen, die stark von den Kompetenzen des Unternehmens abweichen (vgl. Aaker/Keller, 1990; Boush/Loken, 1991; Boush et al., 1987). Daraus folgt, daß mit zunehmender Ähnlichkeit das mit dem Kauf verbundene wahrgenommene Risiko sinkt, die Tendenz zu Versuchskäufen zunimmt und das vom Konsumenten empfundene Bedürfnis nach zusätzlichen Informationen abnimmt.

Eine zweite Wirkung der Ähnlichkeit aus Nachfragesicht besteht in den Spillover-Effekten der Werbung für Referenzprodukte. Besonders die Wirkung des Spillovers von Informationen der Werbung für Referenzprodukte nimmt zu, wenn diese Informationen auch für die Erweiterungen herangezogen werden können. Die Nützlichkeit dieser Informationen für die Bewertung der Erweiterung hängt davon ab, wie abstrakt sie sind. Mit zunehmender Ähnlichkeit der Produkte nimmt die Abstraktheit der Information ab und die Nützlichkeit für die Bewertung von Erweiterungen zu. Folglich steigt die Werbeeffizienz.

Fazit: Die Effekte der Ähnlichkeit aus Angebotssicht entstehen durch Synergien, wenn neue Produkte in starker Verbindung zu bestehenden Produkten des Unternehmens stehen. Diese Effekte sollten sich vorrangig im Marktanteil widerspiegeln und für Markenerweiterungen und neue Marken gleichermaßen wirksam sein. Effekte aus Nachfragesicht hingegen liegen lediglich bei Markenerweiterungen vor. Man kann davon ausgehen, daß sie sich auf den Marktanteil und die Werbeeffizienz auswirken. Da es sowohl zu Effekten aus Angebots- als auch aus Nachfragesicht kommt, sind die Auswirkungen auf den Marktanteil sowie die Werbeeffizienz für Markenerweiterungen größer als für individuelle Marken.

Hypothese 3:   Der relative Einfluß von Markenerweiterungen auf (a) den Marktanteil und (b) die Werbeeffizienz ist bei hoher Ähnlichkeit zwischen dem Referenzprodukt und dem Erweiterungsprodukt größer als bei geringer Ähnlichkeit[2].

Mehreren Studien zufolge sind die typischen Ähnlichkeitskriterien bei der Meinungsbildung zu Markenerweiterungen von unterschiedlicher Bedeutung (vgl. Aaker/Keller, 1990; MacInnis/Nakamoto, 1990). In Anlehnung an diese Studien untersuchen wir, inwieweit die erwähnten Ähnlichkeitskriterien das Verhältnis zwischen Markenerweiterung und Marktanteil sowie Markenerweiterung und Werbeeffizienz wesentlich verändern.

Ähnlichkeitskriterien zur Beurteilung der Produktqualität von Markenerweiterungen können Olson und Jacoby (1972) zufolge auf intrinsischen und extrinsischen Qualitätshinweisen beruhen. Intrinsische (extrinsische) Hinweise sind solche, deren Veränderung

---

2   Die Formulierung „relativer Einfluß von Markenerweiterungen" bezieht sich auf die Auswirkung von Markenerweiterungen im Vergleich zur Einführung einer neuen Marke.

das Produkt physisch verändern (oder nicht verändern) würde. In unserer Studie werden die Größen „physische Eigenschaften/Komponenten" und „Fähigkeit zur Herstellung" als intrinsische Determinanten dargestellt, und die Größen „Bedürfnisbefriedigung" und „Produktverwendungssituation" als extrinsische Ähnlichkeitsdeterminanten[3].

Konsumenten scheinen bei der Bildung eines Qualitätsurteils stärker intrinsischen als extrinsischen Hinweisen zu vertrauen (vgl. Syzbillo/Jacoby, 1974). Nach Aaker und Keller (1990) ist das wesentliche Kriterium für den „Fit" zwischen einer Gruppe von Referenzprodukten und einer Markenerweiterung die wahrgenommene Fähigkeit zur Produktion. Die wahrgenommene Ähnlichkeit dieser Fähigkeiten wird wiederum davon abgeleitet, wie ähnlich sich die Produkte hinsichtlich ihrer intrinsischen Attribute (z. B. physikalische Eigenschaften) sind (vgl. MacInnis/Nakamoto, 1990). Interessanterweise scheinen extrinsische Ähnlichkeiten, wie das Ausmaß der Befriedigung verwandter Bedürfnisse (d. h. gemäß Aaker und Keller Substitutionalität oder Komplementarität), nur einen minimalen Einfluß auf die Ableitung von Schlußfolgerungen zur Markenerweiterung zu haben. Aus diesen Ergebnissen ergibt sich folgende Hypothese:

Hypothese 4:   Intrinsische Determinanten der Ähnlichkeit haben einen größeren Einfluß auf (a) den Marktanteil und (b) die Werbeeffizienz der Markenerweiterung als extrinsische Determinanten.

2.5   Einfluß der Art der Produktbeurteilung

In unserer Studie bezieht sich die Art der Produktbeurteilung darauf, ob Produkte mittels visuell wahrnehmbarer Attribute oder ausschließlich mittels Gebrauchserfahrung beurteilt werden können. Den ersten Produkttyp bezeichnen wir als Suchgut und den zweiten als Erfahrungsgut (vgl. ähnliche Unterscheidungen bei Nelson, 1970 und 1974).

Die Beurteilungsmethode verändert auch die Auswirkungen von Markenerweiterungen auf die Werbeeffizienz. Nach Nelson (1974) wird für Erfahrungsgüter in der Regel mit wenigen, meist weichen Informationen geworben; das Hauptaugenmerk gilt hier der Imageentwicklung. Im Gegensatz dazu enthält die Werbung für Suchgüter teilweise

---

3   Es sollte festgehalten werden, daß Auswirkungen aus Angebots- und Nachfragesicht unabhängig von spezifischen Determinanten der Ähnlichkeit sind. So brachte Timberland zum Beispiel eine Freizeit- und Wanderbekleidungslinie auf den Markt. Diese Erweiterung steht in Beziehung zu anderen Produkten von Timberland (z. B. Freizeitschuhe und Wanderstiefel), was für die physischen Eigenschaften jedoch nicht zutrifft (d. h. intrinsische Ähnlichkeit). Wir gehen davon aus, daß Timberlands etabliertes Distributionssystem und seine allgemeine Marketingerfahrung der Erweiterung zugute kommen, da die Erweiterungsprodukte eine ähnliche Zielgruppe ansprechen (d. h. Wirkungen aus Angebotssicht). Wir erwarten auch, daß die neue Produktlinie von den Verbrauchern als zu den anderen Produkten des Unternehmens passend wahrgenommen wird (d. h. Wirkungen aus Nachfragesicht).

auch weiche Informationen, der Schwerpunkt liegt jedoch eindeutig auf harten Informationen zur Produktleistung durch Beschreibung der Schlüsselattribute der Ware. Diese Ergebnisse lassen vermuten, daß sich die bereits etablierte Identität von Markenerweiterungen als besonders wertvoll für Erfahrungsgüter erweist. Im Fall von Suchgütern wird ein Teil des potentiellen Kostenvorteils bei Nutzung einer bekannten Marke durch die Notwendigkeit aufgezehrt, harte Informationen zum Produkt zu vermitteln. Hieraus läßt sich die folgende Hypothese ableiten:

Hypothese 5:   Der relative Einfluß von Markenerweiterungen auf (a) den Marktanteil und (b) die Werbeeffizienz ist für Erfahrungsgüter größer als für Suchgüter.

2.6   Einfluß des Alters von Erweiterungsprodukten

Vermutlich fallen die Wirkungen von Markenerweiterungen, vor allem bezogen auf den Marktanteil, besonders stark bei extensiven Kaufentscheidungen aus. Hierzu kommt es meist dann, wenn Konsumenten über beschränkte Produktkenntnisse verfügen. Dies ist bei neuen Produkten auf dem Markt der Fall (vgl. Ford/Smith, 1987). Sobald Erfahrungen mit dem Produkt vorliegen, wird der Auswahlprozeß bei künftigen Entscheidungen beschränkt. Wir glauben daher, daß die Auswirkungen von Markenerweiterungen auf den Marktanteil am stärksten sind, wenn Produkte gerade erst eingeführt worden sind und zurückgehen, wenn sie sich etabliert haben.

So gehen auch die relativen Auswirkungen von Markenerweiterungen auf die Werbeeffizienz zurück, wenn das Produkt auf dem Markt eingeführt worden ist. Nach der Einführungsphase verringern sich die Werbekosten, unabhängig von der benutzten Strategie (vgl. Crawford, 1987). Für Produkte, zu deren Einführung eine neue Marke benutzt wurde, wird der Rückgang größer sein als für Markenerweiterungen. Markenerweiterungen bringen gegenüber neuen Marken erhebliche Einführungskostenvorteile mit sich, da sie in der Lage sind, sich bereits etablierter Identitäten zu bedienen. Dieser Vorteil besteht jedoch nur vorübergehend, da die Bekanntheit und das Verständnis für eine ursprünglich unbekannte Marke auf Dauer das Niveau der bereits etablierten Marken erreicht. So nimmt der Kostenunterschied zwischen der neuen Marke und der Markenerweiterung mit wachsender Produktetablierung ab. Hieraus ergibt sich die folgende Hypothese:

Hypothese 6:   Der relative Einfluß der Markenerweiterung auf (a) den Marktanteil und (b) die Werbeeffizienz ist größer, wenn Produkte zum ersten Mal auf dem Markt eingeführt werden, als wenn sie bereits etabliert sind.

2.7 Einflüsse des Erweiterungsproduktmarkts

Märkte bestehen aus Konsumenten und den miteinander konkurrierenden Unternehmen. Folgende Einflußfaktoren sind hinsichtlich der Nutzung von bekannten Marken durch Konsumenten bei einer Kaufentscheidung besonders wichtig:

1. die Kenntnis der Konsumenten bezüglich der Produktklasse und
2. die Zahl der Alternativen, unter denen sie auswählen können.

Die Kenntnis der Konsumenten bezüglich der Produktklasse

Ob Konsumenten sich bei ihren Kaufentscheidungen auf den Markennamen verlassen wird oft dadurch bestimmt, wie gut sie die jeweilige Produktklasse kennen. Wenn die Kenntnisse von der Produktklasse gering sind, ist das vom Konsumenten mit dem Kauf wahrgenommene Risiko hoch. Mit steigendem wahrgenommenen Risiko vergrößert sich das Vertrauen in einen bekannten Markennamen. Einfachen Entscheidungsmodellen zufolge nimmt das Vertrauen in Markennamen zu, wenn die Konsumentenkenntnisse der Produktklasse abnehmen (vgl. Alba/Hutchinson, 1987; Bettman/Park, 1980; Johnson/Russo, 1984; Park/Lessig, 1981; Park, 1976).

Demzufolge fördern Markenerweiterungen Probekäufe neuer Produkte, wenn eine beträchtliche Fraktionierung des Markts die Produktklassenkenntnis einschränkt. Hingegen gehen Probekäufe von Markenerweiterungen zurück, wenn die Produktklassenkenntnis hoch ist. Entsprechend gehen wir davon aus, daß die Auswirkungen auf die Werbeeffizienz, die durch das Entstehen von risikomindernden Eigenschaften der Markenerweiterungen hervorgerufen werden, zurückgehen, wenn die Konsumentenkenntnisse der Erweiterungsproduktklasse zunehmen.

Hypothese 7: Der relative Einfluß von Markenerweiterungen auf (a) den Marktanteil und (b) die Werbeeffizienz ist bei geringer Konsumentenkenntnis bezüglich der Erweiterungsproduktklasse größer als bei hoher Kenntnis.

Die Zahl der etablierten Wettbewerber

Es gilt seit langem als Tatsache, daß etablierte Marken auf einem Markt den Markteintritt für neue Marken erschweren (vgl. Porter, 1980). Daß marktbeherrschende Marken hiervon profitieren, läßt sich teilweise durch die beschränkte kognitive Kapazität der Konsumenten erklären (vgl. Bettman, 1979), welche den Umfang und die Zusammensetzung des Evoked Set begrenzt (vgl. McNeal et al., 1983). Wenn eine Produktkategorie viele gut etablierte Marken umfaßt, wird die kognitive Kapazität des Konsumenten weitgehend ausgeschöpft, und das Evoked Set ist klar definiert. Unter solchen Bedingungen wird es zunehmend schwerer, Konsumenten zu Probekäufen einer vollkommen neuen Marke zu bewegen. Hierdurch nimmt der Investitionsaufwand, der zur Einführung einer neuen Marke nötig ist, stark zu. Der relative Vorteil einer Markenerweiterung in Märkten mit vielen etablierten Wettbewerbern ist somit größer (vgl. ähnlich Sullivan, 1989). Umgekehrt sollte die Schwierigkeit und der Investitionsaufwand, Versuchskäufer für eine neue Marke zu gewinnen, in Märkten mit wenigen bekannten Wettbewerbern geringer sein. Hieraus folgt Hypothese 8:

Hypothese 8:   Der relative Einfluß der Markenerweiterung auf (a) den Marktanteil und (b) die Werbeeffizienz ist in Märkten mit vielen Wettbewerbern größer als in Märkten mit wenigen Wettbewerbern.

Die nachfolgende Abbildung gibt einen Überblick bezüglich der zu berücksichtigenden Variablen.

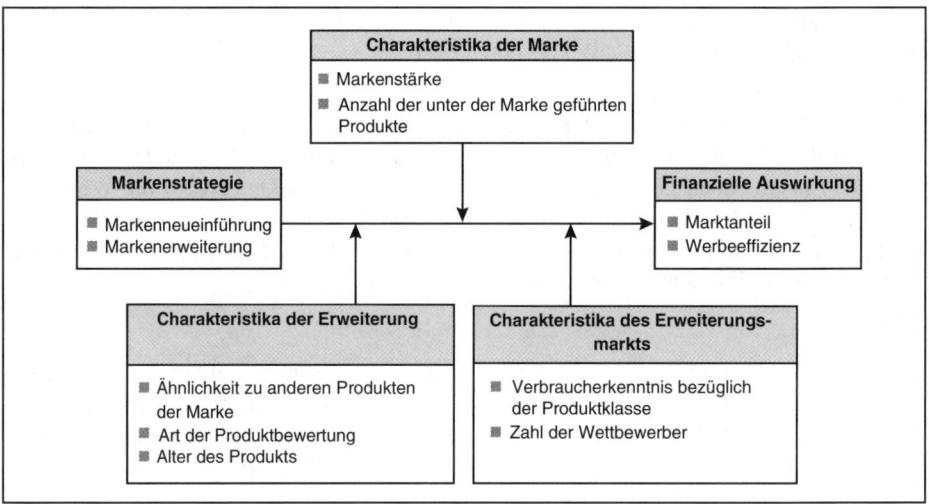

Abbildung 1:   Konzeptionelles Modell des Einflusses der Markenerweiterung auf den Marktanteil und die Werbeeffizienz

3. Untersuchung zur Erfassung der finanziellen Wirkungen von Markenerweiterungen

Die Daten wurden in zwei Phasen gewonnen. In der ersten Phase wurden Produktmanager befragt. Für ausgewählte Marken wurden die Markenstrategie, die Zahl der mit der Marke verbundenen Produkte, die Zahl der Wettbewerber im Erweiterungsproduktmarkt, der Marktanteil und die Werbekosten ermittelt. In der zweiten Phase wurde für die Marken bzw. Produkte eine Konsumentenbefragung durchgeführt. Hierbei wurden Daten zur Markenstärke, zur Ähnlichkeit zwischen Referenzprodukt und Erweiterungsprodukt, zur Art der Produktbewertung und zur Produktklassenkenntnis ermittelt.

3.1 Befragung von Produktmanagern

Wir schickten in zwei Briefaktionen Fragebögen an 447 Produktmanager aus dem Konsumgüterbereich. Insgesamt wurden bei einer Rücklaufquote von 40,5 % 181 Fragebögen zurückgesandt. Bezüglich der abgefragten Variablen bestand kein Unterschied zwischen den Managern, die geantwortet hatten und denjenigen, die nicht geantwortet hatten.

Die Markenstrategie wurde dadurch ermittelt, daß man die Befragten bat, sechs Typen von Konsumgütern, die von ihren Unternehmen angeboten wurden, aufzulisten. Übereinstimmend mit früheren Markenerweiterungsdefinitionen (vgl. z. B. Farquhar, 1989; Tauber, 1988) wurde „Produkttyp" für die Befragten als „Produkte aus verschiedenen Produktkategorien" operationalisiert.

Die Testpersonen listeten dann das Produkt auf, mit dem sie am meisten vertraut waren (Fokusprodukt). Da sich die Hypothesen unserer Studie auf neue Produkte bezogen, mußte die Auswahlgruppe aus genügend neuen Produkten bestehen, um reliable Tests unserer Prognosen zu ermöglichen. Daher wurde die Hälfte der Fragebögen abgeändert und die Testpersonen gebeten, die neuesten Produkte, mit denen sie besonders vertraut waren, anzugeben.

Schließlich bat man die Testpersonen, diejenigen Produkte zu nennen, die denselben Markennamen benutzten wie das Fokusprodukt. Das Fokusprodukt wurde als eine Markenerweiterung klassifiziert, wenn es denselben Namen hatte wie eines oder mehrere andere Produkte des Unternehmens und nicht das Produkt war, das diesen Namen zuerst benutzte. Sechs Produkte waren die mit der Marke verbundenen Originalprodukte und wurden deshalb nicht in die nachfolgende Analyse einbezogen (angepaßte Stichprobengröße = 182).

Auf der Basis vorangegangener Konzeptionalisierungen von Markenverwässerung (vgl. Aaker, 1990; Tauber, 1981 und 1985) wurden die Testpersonen gebeten, die **Zahl der**

verschiedenen Produkttypen, die dieselbe Marke wie das Fokusprodukt benutzen, anzugeben.

Das **Alter des Fokusprodukts** wurde nicht nur zum Test von Hypothese 6 erfragt, sondern auch um die Stichprobe der neuen Produkte zu definieren, die zum Test der übrigen Prognosen benutzt wurden. Das Alter des Fokusprodukts wurde durch die Zeitdauer ermittelt, seit der das Produkt am Markt erhältlich ist. Auf der Grundlage früherer Forschungsergebnisse (vgl. Cooper, 1980; Cooper/Kleinschmidt, 1987) wurden neue Produkte als diejenigen definiert, die seit drei Jahren angeboten wurden. Aus der Stichprobe von 182 Produkten waren vollständige Daten für 79 neue und 91 etablierte Produkte verfügbar.

Die **Zahl der Wettbewerber** im Fokusproduktmarkt wurde dadurch gemessen, daß man die Testpersonen bat, die Zahl der direkten Wettbewerber anzugeben, mit denen ihr Produkt im Markt konfrontiert war.

Die abhängige Variable **Marktanteil** wurde als Marktanteil des Fokusprodukts in dem von ihm bedienten Markt gemessen. Der Marktanteil wurde ausgewählt aufgrund seiner weitläufigen Verwendung als Leistungsindikator für Konsumgüter. Es muß darauf hingewiesen werden, daß diese Messung nicht die Möglichkeit mit einkalkulierte, daß das Produkt ein hohes Verkaufsvolumen erreichen kann, aber nur einen geringen Marktanteil besitzt, da es in einem großen Markt eingesetzt wird und umgekehrt. Dieser Einwand erschien jedoch unbedenklich, schaut man sich die Probleme alternativer Messungen, wie Verkaufsvolumen oder Verkaufszunahme an, die großen Abweichungen innerhalb der Produktkategorien unterliegen.

Die **Effizienz der Werbeausgaben** wurde durch das Verhältnis von Werbekosten pro verkaufter Einheit gemessen. Wenn ein Unternehmen die Werbekosten auf einem bestimmten Niveau fixiert, sollten Erweiterungen zu höheren Verkaufszahlen führen und ein niedrigeres Werbekosten/Verkaufseinheit-Verhältnis ermöglichen.

Um die Auswirkungen der Markenerweiterung auf den Marktanteil genauer einzuschätzen, untersuchten wir die Einflüsse von zwei Variablen, durch die Neuproduktverkäufe und die Werbeeffizienz beeinflußt werden:

1. der Grad der Differenziertheit zwischen dem Produkt und den konkurrierenden Alternativen hinsichtlich der funktionalen Eigenschaften und der Qualität und
2. das Ausmaß, inwieweit das Fokusprodukt über das existierende Verkauspersonal abgesetzt werden kann.

3.2   Befragung von Konsumenten

Die Informationen, die sich aus der Befragung der Produktmanager ergeben haben, wurden verwendet, um einen Fragebogen zu entwickeln, der den Konsumenten vorgelegt wurde. Für jedes neue Fokusprodukt wurde ein Fragebogen erstellt, für den vollständige Daten erhältlich waren (N = 79). Jeder Fragebogen wurde einer Gruppe von 35 Konsumenten vorgelegt. Die sich aus den 35 Antworten ergebenden Durchschnitte wurden für jede Frage berechnet und mit den Daten der Managererhebung verbunden.

Die Konsumentenbefragung erfolgte durch persönliche Interviews in den Vororten einer großen Stadt des mittleren Westens der USA. Jede Testperson wurde aufgefordert, Fragebögen für zwei Produkte auszufüllen. Insgesamt wurden 1383 Interviews geführt. Für Produkte, die sich auf klar definierte Marktsegmente bezogen (z. B. Kinderspielzeug, Damenparfums, elektrisches Handwerkszeug) wurden die Testpersonen entsprechend der Produktrelevanz ausgewählt.

Gemäß der vorangegangenen Konzeptionalisierung maßen wir die **Markenstärke**, indem wir den Durchschnitt von zwei Indikatoren ermittelten. Diese Indikatoren haben (1) die Qualität und (2) den Wert gemessen, den die Befragten mit einer bestimmten Marke assoziierten. Die Antworten wurden auf einer 7-Punkte-Skala eingetragen mit den Extrema „sehr niedrig" und „sehr hoch". Die Korrelation zwischen den beiden Indikatoren lag bei 0,89 ($p < 0,001$). Die Höhe des Vertrauens in die Marke lag bei $r = 0,8$ ($p < 0,001$).

Die **Ähnlichkeit zwischen dem Referenzprodukt und dem Erweiterungsprodukt** wurde dadurch gemessen, daß man die Testpersonen aufforderte anzugeben, wie ähnlich ihrer Ansicht nach das Fokusprodukt mit den anderen mit der Marke verbundenen Produkten hinsichtlich

1. der Bedürfnisbefriedigung,
2. der Situationen, in der es benutzt wird,
3. der Fähigkeiten, die zu seiner Herstellung notwendig sind und
4. seiner physischen Merkmale sei (ähnliche Unterscheidungen machen Aaker/Keller, 1990; MacInnis/Nakamoto, 1990).

Um das Vorhandensein von Effekten der Angebotsseite auf die Ähnlichkeit zu klären, führten wir zuerst eine Messung durch, inwieweit individuell markierte Produkte zu anderen Produkten, die ein Unternehmen anbietet, in Beziehung stehen. Ohne diese Messung würde die Überprüfung der Ähnlichkeitshypothese irreführend sein. Es wäre sonst nicht möglich gewesen, zu erkennen, ob die Wirkungen der Ähnlichkeit aus den Effekten der Angebotsseite, die bei Erweiterungen und bei individuellen Marken auftreten, oder von den Überzeugungen der Konsumenten herrührten (d. h. von Wirkungen auf der Nachfrageseite, die nur bei Markenerweiterungen auftreten). Diese Messung wurde wie oben beschrieben durchgeführt, nur daß den Befragten diesmal nicht der Name des Unternehmens genannt wurde. Sie sollten den Grad der Ähnlichkeit zwischen dem Fokusprodukt und den anderen Produkten anhand aller oben angeführten Dimensionen beschreiben.

Eine Messung der Beziehung zwischen der Ähnlichkeit des Referenz- und des Fokus-produkts wurde für jede Ähnlichkeitsbasis entwickelt (Bedürfnisse, Verwendungssitua-tion usw.).

Die **Art der Produktbewertung** wurde gemessen, indem man die Testpersonen bat, auf 7-Punkte-Skalen anzugeben, inwieweit man die Qualität allein durch das genaue Be-trachten des Objekts beurteilen kann oder ob man es zur Beurteilung ausprobieren muß.

Die **Produktklassenkenntnis** wurde ermittelt, indem die Befragten angeben sollten, was sie glauben, wie hoch ihre Produktkenntnisse sind. Wir sprechen vorrangig von „wahrgenommenen Kenntnissen" und nicht von „tatsächlichen Kenntnissen", da erstere die Informationssuche und die Kaufentscheidung beeinflussen (vgl. Bettman/Park, 1980; Park/Lessig, 1981).

4. Ergebnisse zur Wirkung von Markenerweiterun-gen auf den Marktanteil und die Werbeeffizienz

Markenerweiterungen waren in der Lage, durchschnittlich 8,3 mehr Marktanteilspunkte zu erreichen als neue Marken. Sie wiesen ein Werbekosten/Verkaufseinheit-Verhältnis auf, das 8,7 Prozentpunkte unter dem neuer Marken lag. Interessanterweise glich sich der Marktanteil bis auf 1,8 Anteilspunkte an, sobald sich die Produkte auf dem Markt etabliert hatten. Obwohl das Werbekosten/Verkaufseinheit-Verhältnis nach der Produkt-einführung zurückging, blieb hierbei trotzdem ein Unterschied von 5,2 Prozentpunkten bestehen.

Den relativen Einfluß der Markenerweiterungen auf den Marktanteil und die Werbeeffi-zienz untersuchten wir mit Hilfe der multiplen Regressionsanalyse. Der Einfluß der Markenerweiterung auf den Marktanteil war signifikant in der vorausgesagten Richtung ($\beta = 12,27$, $p < 0,05$).

Einflüsse der Markeneigenschaften

Markenstärke: Für die Überprüfung dieser Hypothese benutzten wir nur Marken-erweiterungen, da lediglich einige neue (d. h. individuelle) Marken ein Recognition-Niveau erreicht hatten, das ausreichend genug war, um zuverlässige Messungen der Markenstärke zu erlauben. Es zeigte sich, daß die Markenstärke in positiver Verbindung zum Marktanteil stand ($\beta = 6,84$, $p < 0,05$). Die Hypothese 2a wurde somit bestätigt. Die Werbeeffizienz wurde durch die Markenstärke nicht beeinflußt. Die Hypothese 2b wurde also nicht bestätigt.

Anzahl der mit der Marke verbundenen Erweiterungen: Es wurden keine Hypothe-sen zum Einfluß der Zahl der mit einer Marke verbundenen Produkte auf den Marktanteil und die Werbeeffizienz aufgestellt. Die Analysen beschränkten sich auf Multiprodukt-Marken. Es stellte sich heraus, daß die Zahl der mit einer Marke verbundenen Erweiterungen keinen Einfluß auf den Marktanteil (β = -0,62, p < 0,6) und die Werbeeffizienz (β = 1,05, p < 0,3) nachfolgender Erweiterungen hatte.

Einflüsse der Eigenschaften des Erweiterungsproduktes

Ähnlichkeit zwischen Referenzprodukt und Erweiterungsprodukt: Wie im Abschnitt zur Untersuchungsmethode festgestellt, bestand unsere Messung der Ähnlichkeit aus einer intrinsischen und einer extrinsischen Dimension. Die intrinsische Ähnlichkeit beeinflußte die Wirkung der Markenerweiterung auf den Marktanteil nicht (β = 5,02, p < 0,6). Konsistent mit unseren Annahmen war der Einfluß der Markenerweiterung auf die Werbeeffizienz jedoch höher, wenn die intrinsische Ähnlichkeit zunahm (β = -9,03, p < 0,1). Die extrinsische Ähnlichkeit hatte keine Auswirkung auf die Verbindung zwischen Markenerweiterung und Marktanteil (β = 2,92, p < 0,7) oder auf die Verbindung zwischen Markenerweiterung und die Werbekosten/Verkaufseinheit-Relation (β = 4,51, p < 0,4). Die Hypothese 3a wurde somit nicht gestützt, die Hypothese 3b wurde hingegen für die intrinsische Ähnlichkeit bestätigt.

Extrinsische und intrinsische Ähnlichkeit: Obwohl es verschiedene Methoden gibt, unsere Annahmen zu testen, besteht der direkteste Ansatz darin, die Koeffizienten der intrinsischen Ähnlichkeit und der extrinsischen Ähnlichkeit der Markenstrategie, die mit den zu untersuchenden abhängigen Variablen in Wechselwirkung stehen, zu vergleichen. Wie bereits erwähnt, beeinträchtigten weder extrinsische noch intrinsische Ähnlichkeit die Wirkungen von Markenerweiterungen auf den Marktanteil. Da beide Koeffizienten (d. h. β für die Interaktion der extrinsischen Ähnlichkeit und für die Interaktion der intrinsischen Ähnlichkeit mit der Markenstrategie) bei Null lagen, wurde die Hypothese 4a nicht gestützt. Für den Zusammenhang zwischen Markenerweiterung und Werbeeffizienz war der Einfluß der intrinsischen Ähnlichkeit (β = -9,03, p < 0,1) bedeutender als der der extrinsischen Ähnlichkeit, die nahezu bei Null lag (β = 4,51, p < 0,4). Die Hypothese 4b wurde somit bestätigt.

Art der Produktbewertung: Der Einfluß der Markenerweiterung auf den Marktanteil ging zurück, wenn die Suchattribute eines Produkts zunahmen (β = -16,56, p < 0,05). Die Hypothese 5a wurde somit bestätigt. In ähnlicher Weise war der Einfluß der Markenerweiterungen auf die Werbeeffizienz für Erfahrungsgüter größer als für Suchgüter (β = 6,28, p < 0,15) (vgl. Abbildung 2). Die Hypothese 5b wurde somit ebenfalls bestätigt.

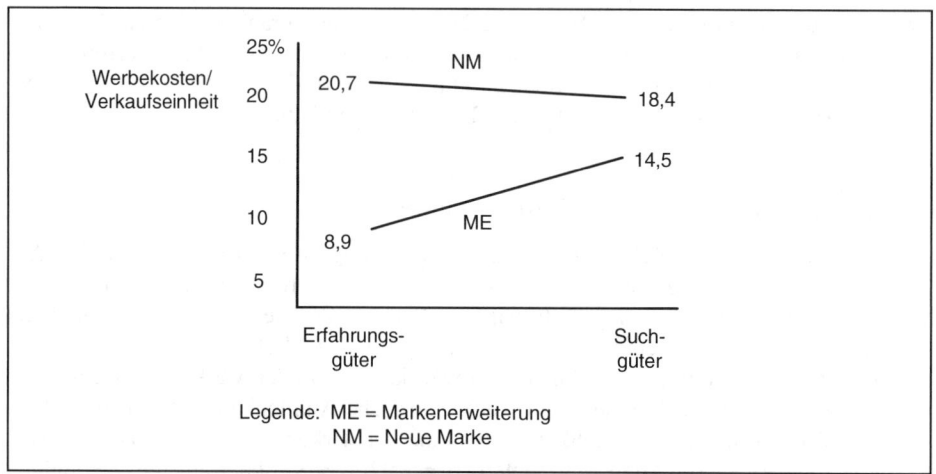

Abbildung 2:   Werbekosten/Verkaufseinheit für Markenerweiterungen und neue
                Marken bei Erfahrungs- und Suchgütern

Produktalter: Der Einfluß der Markenerweiterungen ging zurück, sobald sich die Produkte etablierten (β = -7,20, p < 0,14). Die Hypothese 6a wurde somit gestützt. In gleicher Weise war der Einfluß der Markenerweiterung auf die Werbeeffizienz für neue
Produkte größer als für etablierte Produkte (β = 6,46, p < 0,05) (vgl. Abbildung 3).
Hypothese 6b wurde folglich ebenfalls bestätigt.

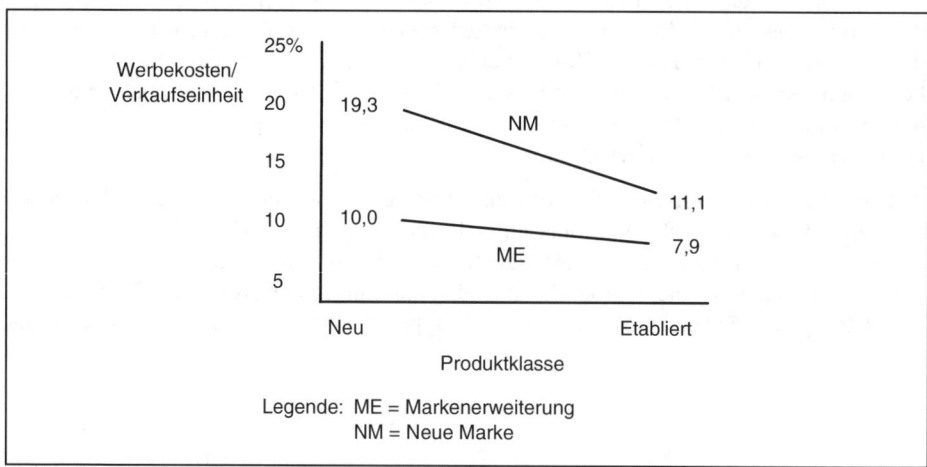

Abbildung 3:   Werbekosten/Verkaufseinheit für Markenerweiterungen und neue
                Marken bei unterschiedlichem Alter der Produktklasse

Einflüsse der Eigenschaften des Erweiterungsmarkts

Konsumentenkenntnis bezüglich der Erweiterungsproduktklasse: Die Hypothesen 7a und 7b wurden bestätigt. Es lag eine signifikante Interaktion zwischen der Markenstrategie und der Produktkenntnis vor. Ebenso wurde die erwartete Richtung bestätigt. Die Ergebnisse waren beim Marktanteil ($\beta = -3{,}92$, $p < 0{,}1$) und bei der Werbeeffizienz ($\beta = 5{,}16$, $p < 0{,}001$) signifikant (vgl. Abbildung 4).

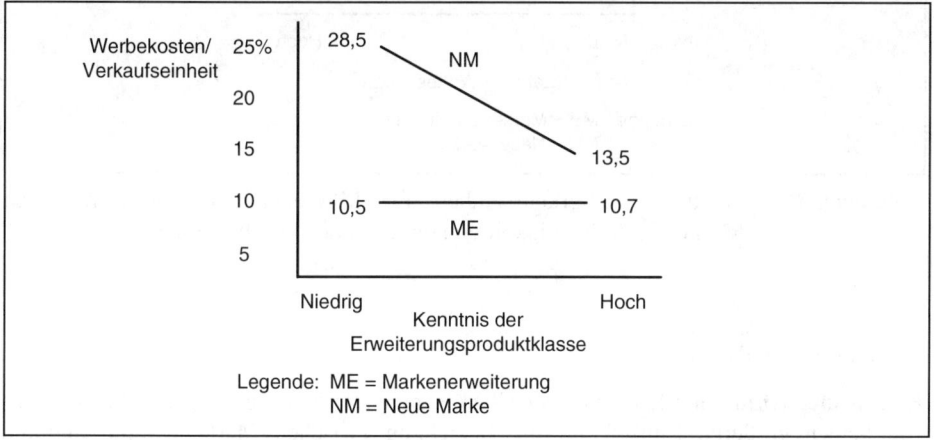

Abbildung 4:   Werbekosten/Verkaufseinheit für Markenerweiterungen und neue Marken bei unterschiedlicher Kenntnis bezüglich der Erweiterungsproduktklasse

Zahl der Wettbewerber: Der Einfluß der Markenerweiterung auf den Marktanteil wurde durch die Zahl der Wettbewerber beeinflußt, aber in einer Richtung, die der angenommenen entgegengesetzt war ($\beta = -0{,}71$, $p < 0{,}1$). Die Hypothese 8a wurde daher nicht gestützt. Mögliche Erklärungen für dieses Ergebnis werden in der folgenden Diskussion behandelt. Das Verhältnis zwischen Markenerweiterung und Werbeeffizienz wurde durch die Zahl der Wettbewerber auf dem Erweiterungsmarkt nicht beeinflußt ($\beta = 0{,}08$, $p < 0{,}6$) (vgl. Abbildung 5). Die Hypothese 8b wurde ebenfalls nicht bestätigt.

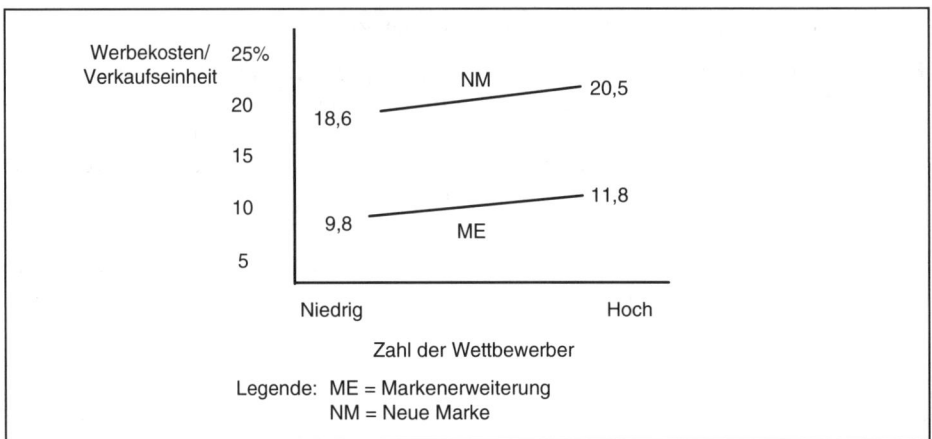

Abbildung 5:   Werbekosten/Verkaufseinheit für Markenerweiterungen und neue
                 Marken in Abhängigkeit von der Zahl der Wettbewerber

Vertiefende Analysen

Einfluß der Ähnlichkeit: Zu unserer Überraschung stellten wir fest, daß die Ähnlichkeit keinen größeren Einfluß auf die Beziehung zwischen Markenerweiterung und
Marktanteil hatte. Da diese Variable der Eckpfeiler vorangegangener Forschungen zur
Markenerweiterung gewesen ist und eine zentrale Rolle beim Erfolg der Markenerweiterungsstrategie zu spielen schien, haben wir diese Ergebnisse weiter untersucht. Von
besonderem Interesse war hierbei die Möglichkeit der Existenz einer Höchstgrenze der
Einflüsse (Deckeneffekt) als Resultat des Einsatzes von Produkten, die lange genug auf
dem Markt sind, um Teil einer Studie wie unserer zu werden. Wie im Theorieteil diskutiert, sind die Ähnlichkeit oder der Fit zwischen einem neuen Produkt und den anderen
Produkten eines Unternehmens Schlüsseldeterminanten des Erfolgs eines neuen Produkts. Auf der Grundlage einer Stichprobe von überlebensfähigen Produkten wäre es
nicht überraschend, einen relativ hohen Mittelwert und eine niedrige Varianz in bezug
auf die Ähnlichkeit zu finden. Dies scheint für beide Skalen zu gelten, die intrinsische
und extrinsische, da der Wert für neue Produkte und Erweiterungen bei $\overline{X}$ = 4,54 bzw.
$\overline{X}$ = 4,39 liegt. Als diese Skalen durch ihren jeweiligen Median dividiert wurden, lagen
die Mittelwerte für die Gruppen geringer Ähnlichkeit jeweils bei 3,9 und 3,7. Diese
Werte sind höher als diejenigen, die man typischerweise mit einer Gruppe von Produkten niedriger Ähnlichkeit verbindet. Frühere Forschungsarbeiten registrieren in der Tat
auf vergleichbaren Skalen Werte für Bedingungen geringer Ähnlichkeit, die um den
Wert 2 liegen (vgl. Keller/Aaker, 1992).

Zusammenfassend können die geringfügigen Auswirkungen der Ähnlichkeit teilweise
dadurch erklärt werden, daß eine Stichprobe von Produkten verwendet wurde, die hin-

sichtlich der Ähnlichkeit keine hinreichend großen Unterschiede aufwies. Über einen bestimmten Punkt hinaus führt eine größere Ähnlichkeit zwischen Marke und neuem Produktbereich nicht zu einer entsprechenden Leistungssteigerung. Angesichts des vorhandenen Materials ist es wahrscheinlich, daß die Mehrzahl der Produkte unserer Stichprobe wohl über dieser Schwelle lagen.

Einfluß der Markenstärke: Die relativ schwache Wirkung der Markenstärke auf den Marktanteil ($\Delta R^2 = 0{,}041$) ist ebenfalls erstaunlich. Zwei mögliche Erklärungen für dieses Ergebnis sind denkbar. Eine erste Erklärung könnte sich daraus ergeben, daß die Markenstärke auf der Basis der Einschätzung der Qualität der Marke gemessen wurde. Bei dieser Art der Messung ergibt sich das allgemeine Problem der Diskrepanz zwischen Einstellung und tatsächlich gezeigtem Verhalten: eine positive Einstellung zu einem Produkt impliziert eben noch lange nicht dessen Kauf. Die zweite Erklärung bezieht sich auf den Deckeneffekt. Wenn wir davon ausgehen, daß es für ein Unternehmen sinnlos ist, eine schwache Marke zu erweitern, könnte es sich bei den Marken in unserer Untersuchung um von den Konsumenten besonders geschätzte Marken gehandelt haben. Eine Teilung der Stichprobe im Median der Markenstärke führte zu einem Durchschnittswert für die Gruppe mit der niedrigen Markenstärke von 4,6. Auf einer 7-Punkte-Skala ist dieser Wert eher Ausdruck gemäßigter als niedriger Markenstärke. Daher können die relativ schwachen Auswirkungen der Markenstärke teilweise dadurch erklärt werden, daß die meisten Marken über einer „Stärke"-Schwelle liegen, oberhalb der sich Stärkeunterschiede nicht in entsprechenden Leistungsunterschieden widerspiegeln.

5. Implikationen für das Markenmanagement

Man geht allgemein davon aus, daß Markenerweiterungen den Markteintritt erleichtern, indem sie zu mehr Probekäufen führen und mit geringeren Investitionen verbunden sind als die Einführung neuer Marken. Unsere Ergebnisse lassen erkennen, daß Markenerweiterungen tatsächlich solche finanziellen Vorteile auf neue Produkte übertragen. Das Ausmaß dieser Auswirkungen ist von drei Elementen abhängig, die bei Entscheidungen zu Markenerweiterungen von Bedeutung sind:

1. der Marke,
2. dem Produktbereich, in den diese erweitert wird und
3. dem Markt, auf dem die Erweiterung stattfindet.

Bezüglich der **Markeneigenschaften** korreliert die Stammarkenstärke positiv mit dem Erweiterungsmarktanteil. Sie wirkt sich aber nicht auf die Werbeeffizienz aus. Weder Marktanteil noch Werbeeffizienz werden durch die Zahl der verschiedenen mit einer Marke verbundenen Produkttypen beeinflußt.

Bezüglich der **Charakteristika der Erweiterungsprodukte** fanden wir heraus, daß die Auswirkungen auf den Marktanteil nicht durch die Ähnlichkeit der Erweiterung mit dem

Referenzprodukt beeinflußt wurden. Der Einfluß auf die Werbeeffizienz wurde jedoch durch intrinsische Ähnlichkeit tangiert. Die Wirkungen der Markenerweiterungen auf den Marktanteil und die Werbeeffizienz waren für Erfahrungsgüter größer als für Suchgüter und verringerten sich mit der Etablierung der Produkte.

Hinsichtlich der **Bedingungen auf dem Erweiterungsmarkt** war, im Gegensatz zu unseren Annahmen, der relative Einfluß der Markterweiterung auf den Marktanteil bei einer geringen Zahl von Wettbewerbern größer als bei einer großen Zahl von Anbietern. Die Wirkung auf die Werbeeffizienz wurde durch die Wettbewerbssituation nicht tangiert. Schließlich war der Einfluß auf den Marktanteil und die Werbeeffizienz in etwa mit dem neuer Marken vergleichbar, wenn die Erweiterung zu einer Produktkategorie gehörte, für die ein beträchtlicher Anteil der Konsumenten wesentliche Produktklassenkenntnisse besaß.

Empfehlungen für die Wahl der Markenstrategie

Unsere Forschungsergebnisse lassen klar erkennen, daß die Wahl der Markenstrategie eine bedeutende Rolle für den Erfolg neuer Produkte spielen kann. Es ist jedoch gleichfalls klar, daß Markenerweiterungen nicht als Garantie gegen Produktflops angesehen werden können. Obwohl Markenerweiterungen positiv zum Marktanteil und zur Werbeeffizienz beitrugen, konnte die Markenstrategie nur 4 % der Varianz des Marktanteils und 7 % der Varianz der Werbeeffizienz erklären. Auch wenn die Umstände in hohem Maße Markenerweiterungen begünstigen, beruht doch ein wesentlicher Anteil der Varianz des Marktanteils und der Werbeeffizienz auf anderen Faktoren. Wenn sich zum Beispiel neue Produkte in erster Linie aus Erfahrungsattributen zusammensetzten, erklärte die Markenstrategie ungefähr 9 % der Varianz des Marktanteils und 16 % der Varianz der Werbeeffizienz.

Ein weiteres Kriterium bei der Wahl der Markenstrategie ist das wachsende Vertrauen des Managements in Markenerweiterungen. Die Bevorzugung von Markenerweiterungen läßt die Opportunitätskosten ansteigen, die dadurch entstehen, daß Gelegenheiten, neue Marken zu entwickeln, nicht genutzt werden. Somit wird der langfristige Wert des Markenportfolios des Unternehmens nicht vergrößert. Aus unseren Forschungsergebnissen leiten sich dennoch keine Bedingungen ab, unter denen Markenerweiterungen per se nicht stattfinden sollten. Es gab allerdings Situationen, in denen der Vorteil von Markenerweiterungen nur marginal war: zum Beispiel bei Suchgütern und/oder wenn die Produktklasse einem großen Anteil der Probanden bestens bekannt war. Unter solchen Umständen sollte eher die Chance zu einem Markenneuaufbau genutzt werden, anstatt etablierte Marken zu erweitern.

Empfehlungen für die Bewertung von Marken

Die Untersuchung der finanziellen Wirkungen von Markenerweiterungen bietet einen Einblick in die Messung des Markenwerts. Wir weisen nochmals darauf hin, daß ein wesentlicher Aspekt einer solchen Messung im latenten Wert einer Marke liegt. Dieser Markenwert ergibt sich aus der Differenz des diskontierten Werts zukünftiger Cash-flows zwischen einer etablierten und einer neuen Marke, vergrößert um den Cash-flow möglicher Produkte, um die die Marke erweitert werden kann. Unsere Forschungs-ergebnisse lassen erkennen, daß die Differenz der Cash-flows von Markenerweiterung und neuer Marke anwächst, wenn die Markenstärke zunimmt und wenn Erweite-rungsprodukte sich

1. vor allem aus Erfahrungsattributen zusammensetzen und
2. auf Märkten konkurrieren, die aus relativ wenigen Wettbewerbern bestehen und de-ren Konsumenten nur beschränkte Kenntnisse über die Produktklasse besitzen.

Der Unterschied zwischen der Markenerweiterung und neuen Marken hinsichtlich der Werbekosten vergrößert sich, wenn die Erweiterung

1. stark mit anderen Produkten in Beziehung stehen, die durch intrinsische Attribute mit der Marke verbunden sind,
2. vorrangig Erfahrungsattribute umfaßt und
3. auf Märkten stattfindet, deren Konsumenten beschränkte Kenntnisse über die Er-weiterungsproduktklasse besitzen.

Diesen Schlußfolgerungen muß jedoch hinzugefügt werden, daß sowohl die Unter-schiede bezüglich der Einnahmen als auch der Werbekosten beträchtlich abnehmen, wenn die Einführungsphase eines Produkts beendet ist. Würde man die Analysen auf etablierte Produkte beschränken, wäre der relative Einfluß der Markenerweiterung auf den Marktanteil nicht länger von Bedeutung. Daher könnten von den zwei untersuchten Aspekten des Cash-flow die Werbekosten die einzig dauerhafte Quelle des Unterschieds zwischen Markenerweiterungen und neuen Marken sein.

Peter A. Dacin und Daniel C. Smith

Einfluß des Produktportfolios auf die Markenstärke[1]

---

1   Bei dem Beitrag handelt es sich um eine gekürzte und modifizierte Fassung der Veröffentlichung „The Effect of Brand Portfolio Characteristics on Consumer Evaluations of Brand Extensions" (Dacin, P. A.; Smith, D. C., 1994, Journal of Marketing Research, May, Vol. 31, pp. 229 - 242).

1. Grundlagen

Zu den wertvollsten Ressourcen eines Unternehmens gehört der Ruf seiner Marken. Um diesen Wert zu vergrößern, dehnen immer mehr Unternehmen ihre Marken auf eine Vielzahl von Produktkategorien aus. Als Resultat der zunehmenden Anwendung dieser Strategie stehen viele Marken für ein Portfolio verschiedener Produkte. So wird die Marke Panasonic mit elektronischen Geräten, Fahrrädern und kleinen Haushaltsgeräten assoziiert. Auf vergleichbare Weise erscheint der Name Yamaha auf so verschiedenen Produkten wie Motorrädern, Musikinstrumenten, Sportgeräten und Haushaltselektronik. Obwohl einige Wissenschaftler zu bedenken geben, daß wiederholte Ausdehnungen besonders in entfernt verwandte Produktkategorien eine Marke schwächen können (vgl. Loken/Roedder John, 1993; Tauber, 1981), hat man den Auswirkungen der Produktportfolioeigenschaften auf die Markenstärke nur geringe Aufmerksamkeit geschenkt.

Angesichts des außerordentlich positiven Einflusses von Markenerweiterungen auf den Marktanteil und die Werbeeffizienz neuer Produkte (vgl. den Beitrag „Einfluß der Markenerweiterung auf Marktanteil und Werbeeffizienz" in diesem Buch) ist es nicht erstaunlich, daß viele Firmen strategische Pläne für die Erweiterung ihrer Marken entwickeln (vgl. Farquhar et al., 1992 a; Zangwill, 1990). Auch wenn diese Programme sich vor allem die Markenstärke zunutze machen wollen, kann die Marke durch diese Strategie auch Risiken ausgesetzt werden, die letztlich zu ihrer Schwächung führen können. Manager müssen, wenn sie mit diesem Paradoxon erfolgreich umgehen wollen, mindestens drei grundsätzliche Fragen berücksichtigen, die mit der Planung eines Produktportfolios in Verbindung stehen:

1. Wie viele verschiedene Produktkategorien können bzw. sollten einer bestimmten Marke zugeordnet werden?
2. Welches Qualitätsniveau sollte mit dem jeweiligen Produkt assoziiert werden?
3. Wie stark miteinander verbunden bzw. wie verwandt sollten die Produkte sein (vgl. Kerin et al., 1990; Rubin, 1990)?

Aufgrund der geringen Zahl von Arbeiten zum Thema Markenstärke im allgemeinen soll mit der Erörterung des Wesens und des Umfangs dieses Begriffs begonnen werden. Anschließend werden Hypothesen zu den Auswirkungen der drei Grundeigenschaften des Markenproduktportfolios auf die Markenstärke aufgestellt (die Zahl der mit der Marke verbundenen Produkte, die Qualitätsvarianz des Portfolios und der Grad der Verwandtschaft zwischen den Produkten). Es folgen Hypothesen zur Rolle der Ähnlichkeit (similarity) von Stammarke und Erweiterungsprodukt im Zusammenhang mit Mehrproduktmarken. Nachfolgend werden die Studien beschrieben, die zur Untersuchung dieser Behauptungen durchgeführt wurden.

2. Markenstärke und Produktportfolioeigenschaften

2.1 Operationalisierung von Markenstärke

Die Markenstärke wird im allgemeinen als die markenbezogenen Assoziationen (z. B. Qualitätswahrnehmung, Wert) und als die Verhaltensweisen (z. B. Häufigkeit des Markenwechsels) verschiedener Interessengruppen (z. B. Konsumenten, Distributionspartner) aufgefaßt, die es einer Marke ermöglichen, im Wettbewerb eine vorteilhafte Position zu behaupten (vgl. Srivastava/Shocker, 1991).

Das Hauptaugenmerk dieses Artikels liegt auf der Markenstärke aus Konsumentensicht. Darüber hinaus werden die Markenassoziationen auf Basis der Annahme betrachtet, daß das Konsumentenverhalten in hohem Maße Ausdruck der Einstellung gegenüber der Marke ist.

Die beiden zur Zeit im Zusammenhang mit der Markenstärke am häufigsten diskutierten Aspekte von Markenassoziationen sind die **Vorteilhaftigkeit** (favorability) und die **Abstraktheit** der Assoziationen. Aus der Literatur zu Konsumentenentscheidungen bei Marken wird noch ein dritter Aspekt der Markenassoziationen abgeleitet: **das Vertrauen der Konsumenten in ihre Assoziationen**.

2.1.1 Vorteilhaftigkeit von Markenassoziationen

Die Vorteilhaftigkeit der Konsumenteneinstellung ist die vielleicht wichtigste Markenassoziation und der Kern vieler Konzeptionen von Markenstärke bzw. Markenwert (vgl. z. B. Aaker, 1990; Marketing Science Institute, 1988). Die Bedeutung dieser affektiven Komponente des Markenimages zeigt sich besonders deutlich im Bereich der Markenerweiterung. Die Forschung konzentriert sich dort fast ausschließlich darauf, die Faktoren zu verstehen, die das Ausmaß der Übertragung dieser Assoziationen auf die Erweiterungen beeinflussen (vgl. Aaker/Keller, 1990; Boush/Loken, 1991). Gleichermaßen konzentriert sich auch die Erforschung der Feedbackwirkungen von Markenerweiterung vor allem auf die Folgen für die Vorteilhaftigkeit des Images der Stammmarke (vgl. Keller/Aaker, 1992; Loken/Roedder John, 1993).

Eine Operationalisierung der Vorteilhaftigkeit erfolgt über die Qualität, welche die Konsumenten mit einer Marke assoziieren (vgl. Aaker/Keller, 1990; Smith/Park, 1992). Hierzu liegen Untersuchungen vor, die zeigen, daß Konsumenten in hohem Maße vom Markennamen auf die Produktqualität schließen (vgl. Cox, 1967; Montgomery/Wernerfelt, 1992; Wernerfelt, 1988). Allerdings ist die wahrgenommene Produktqualität in diesem Zusammenhang sehr weit im Sinne eines Images zu interpretieren.

2.1.2 Abstraktheit von Markenassoziationen

Die Abstraktheit von Markenassoziationen bezieht sich auf das Ausmaß, in welchem die Konsumenten eine Marke mit einer bestimmten Produktkategorie assoziieren (vgl. Ogiba, 1988; Tauber, 1981). Diesem Aspekt der Markenstärke wurde in der Tagespresse Aufmerksamkeit geschenkt, als Bedenken über umfangreiche Erweiterungen von Marken in verschiedenste Produktkategorien auftauchten. Eine solche Auffassung ist jedoch trotz ihrer intuitiven Logik zweifelhaft, da es nicht erwiesen ist, daß abstrakte Assoziationen eine Marke notwendigerweise schwächen (d. h. verwässern).

Theoretische Grundlage dieser Position ist die Kategorisierungstheorie (vgl. Rosch, 1978; vgl. hierzu auch den Beitrag „Marken als Kategorien" in diesem Buch). Im Zusammenhang mit Markenerweiterungen geht die Kategorisierungstheorie davon aus, daß Konsumenten versuchen, eine bestimmte Markenerweiterung mit anderen der Marke zugehörigen Produkten zu verbinden (vgl. z. B. Aaker/Keller, 1990; Farquhar et al., 1989). Konsumenten stützen sich dabei auf eine Reihe von Produkteigenschaften, wie die funktionalen Produkteigenschaften, die durch das Produkt befriedigten Bedürfnisse oder den Verwendungszusammenhang (vgl. Aaker/Keller, 1990; MacInnis/Nakamoto, 1990). Dieser Prozeß der Kategorisierung (d. h. Zuordnung) einer großen Anzahl von Produkten zu einer Marke verändert die Bedeutung der Marke und läßt sie oft abstrakter werden.

Die Erfahrung zeigt, daß die zentralen Markenassoziationen durch eine Vielzahl von Erweiterungen abstrakter werden können. Es ist jedoch nicht klar, ob dies automatisch eine Abnahme der Markenstärke bedeutet.

Einerseits assoziiert man eine erweiterte Marke natürlich nicht mehr mit einem einzigen Produkt. Je mehr die Marke ihre Eindeutigkeit verliert, um so schwieriger wird es, sie als Grundlage für die Kategorisierung zukünftiger Erweiterungen zu benutzen (vgl. Cohen/Basu, 1987; Fiske/Pavelchak, 1986). Demzufolge nimmt die Wahrscheinlichkeit des Transfers positiver Assoziationen von einer Marke auf die neuen Produkte ab (vgl. Sujan, 1985). Man könnte also argumentieren, daß - in dem Maße wie Markenassoziationen abstrakter werden - auch die Markenstärke abnimmt, da der Einfluß der Marke auf die Konsumentenbeurteilung nachfolgender Erweiterungen abnimmt.

Andererseits bieten viele Unternehmen eine große Zahl von Produktkategorien unter einer einzigen Marke an. Ihr unterscheidbares Profil erhalten diese Marken, indem sie sich bewußt auf eine abstrakte Markenbedeutung konzentrieren. Der Slogan von Johnson & Johnson „We know babies" stellt beispielsweise eine abstrakte Verknüpfung für eine Vielzahl von Produktkategorien dar. Aber auch ohne solche bewußten Bemühungen kann eine Marke auf viele Produkte erweitert werden und dennoch ein Bündel von präzisen, wenn auch abstrakten Assoziationen beinhalten. Eine Marke kann zum Beispiel zum Synonym für ein bestimmtes Qualitäts- oder Zuverlässigkeitsniveau werden, was für viele japanische Marken zutrifft, die den unterschiedlichsten Produkten zugeordnet

werden können. Es kommt demnach nicht zu einer Verwässerung der Marke, wenn
Konsumenten diese abstrakten Assoziationen weiterhin als Grundlage für die Einschätzung der Marke und ihrer nachfolgenden Erweiterungen nutzen können.

Über diese eher unwissenschaftlichen Argumente hinaus gibt es auch Erkenntnisse, die
annehmen lassen, daß die Stärke einer Marke nicht automatisch abnimmt, wenn Markenassoziationen sich von einem spezifischen Produkt lösen. In der konventionellen
Anwendung der Kategorisierungstheorie auf Markenerweiterungen wird davon ausgegangen, daß Konsumenten bei der Kategorisierung einer Markenerweiterung versuchen,
das neue Produkt mit Hilfe der bereits mit der Marke verbundenen Produkte zu beurteilen (vgl. z. B. Rosch et al., 1976 a; Sujan/Dekleva, 1987). Wichtiger ist jedoch, daß
Konsumenten zumindest ein bereits mit der Marke assoziiertes Produkt identifizieren
können, das in irgendeiner Weise in Verbindung zum Erweiterungsprodukt steht (vgl.
Alba/Hutchinson, 1987; Cohen/Basu, 1987). So wird zum Beispiel der Name Yamaha
mit Elektronik, Motorrädern und Musikinstrumenten in Verbindung gebracht. Der allgemeinen Logik folgend würde es für einen Konsumenten schwierig sein, der Marke ein
neues Produkt, wie beispielsweise eine Armbanduhr, zuzuordnen. Die Marke hätte nur
geringfügige Wirkungen auf die Beurteilung des neuen Produkts durch den Konsumenten.

In einer spezifischen Kaufsituationen hingegen sind Konsumenten in der Lage, Verbindungen zwischen unterschiedlichsten Stimuli herzustellen (vgl. Barsalou, 1983;
Ratneshwar/Shocker, 1991). Auf das Beispiel bezogen könnten Konsumenten eine enge
Beziehung wahrnehmen zwischen den zur Herstellung einer Uhr notwendigen Fähigkeiten und denjenigen, die notwendig sind, um eines der mit der Marke Yamaha assoziierten Produkte herzustellen (z. B. Haushaltselektronik). Wird eine solche Verbindung
wahrgenommen, können auch sehr abstrakte Markenassoziationen merkliche Auswirkungen auf die Beurteilung einer Erweiterung haben.

2.1.3 Vertrauen der Konsumenten in ihre Markenassoziationen

Aufgrund der starken Orientierung an der Kategorisierungstheorie wurden der Vorteilhaftigkeit und der Abstraktheit von Markenassoziationen in der Literatur die größte
Aufmerksamkeit geschenkt. Wendet man sich jedoch den Theorien und Erkenntnissen
der Informationsökonomie und der Informationsverarbeitung von Konsumenten zu, so
entdeckt man einen weiteren Aspekt der Markenassoziationen, der mit der Stärke einer
Marke in Verbindung steht: das Vertrauen der Konsumenten in ihre Markenassoziationen. Marken erleichtern den Konsumenten ihre Entscheidungen, indem sie eine Zusammenfassung der in diesem Kontext gespeicherten Informationen anbieten. Sie verbessern
dadurch nicht nur die Entscheidungseffizienz (vgl. Alba/Hutchinson, 1987; John-
son/Russo, 1984), sondern dienen auch als Mittel zur Reduktion des wahrgenommenen
Risikos (vgl. Montgomery/Wernerfelt, 1992; Rubin, 1990; Wernerfelt, 1988). Das Ver-

trauen der Konsumenten in eine Marke als Risikominderungsheuristik ist wiederum abhängig von ihrem Vertrauen in ihre Markenassoziationen zur Voraussage des Ergebnisses eines Kaufs (vgl. Bennet/Harrel, 1975; Ostland, 1973). Die Bedeutung des Vertrauens der Konsumenten ist eindeutig: Einer starken Marke schenken die Konsumenten ein hohes Maß an Vertrauen.

Markentreue als ein Verhaltensaspekt der Markenstärke ist zum größten Teil ein Ergebnis zweier Faktoren:

1. der Vorteilhaftigkeit der Markenassoziationen und
2. dem Vertrauen der Konsumenten in diese Assoziationen zur Erleichterung der Kaufentscheidungen.

Der Abstraktheitsgrad könnte eine Dimension sein, mit welcher Markenassoziationen beschrieben werden können. Da die Wirkungen dieses Aspekts auf die Konsumentenreaktionen gegenüber einer Marke jedoch variieren, scheint es sich hierbei - im Gegensatz zur herrschenden Meinung - nicht um eine geeignete Dimension zur Operationalisierung von Markenstärke zu handeln.

Im Anschluß werden nun Hypothesen entwickelt, die zeigen sollen, wie sich die oben genannten Eigenschaften eines Produktportfolios auf die Einschätzung einer Markenerweiterung und das Vertrauen in diese Einschätzung auswirken. Der Schwerpunkt der Betrachtungen liegt auf der Beurteilung von Markenerweiterungen, da der latente Wert einer Marke (d. h. das Ausmaß, in welchem sie zum Erfolg zukünftiger Erweiterungen beiträgt) eine der wichtigsten Komponenten des Markenwerts darstellt (vgl. Srivastava/ Shocker, 1991). Es wird angenommen, daß die Effekte der hier betrachteten Portfoliovariablen sich auf die Markenerweiterung übertragen: Schwache Marken unterstützen Erweiterungen nicht so sehr wie starke Marken.

Dazu werden zunächst die Auswirkungen der Anzahl der in einem Portfolio enthaltenen Produkte sowie die Auswirkungen der Qualitätsvarianz eines Portfolios betrachtet. Anschließend wird untersucht, inwieweit Verbindungen innerhalb eines Portfolios (d. h. die Verwandtschaft der Portfolioprodukte) die wahrgenommene Ähnlichkeit zwischen Stammarke und Erweiterung einerseits und die Beurteilung der Erweiterung andererseits beeinflussen.

2.2 Einfluß der Produktanzahl und der Qualitätsvarianz auf das Markenvertrauen

Veröffentlichungen zur Informationsökonomik erlauben die Schlußfolgerung, daß die Fähigkeit einer Marke risikomindernd zu wirken, vor allem auf die Investitionen des Unternehmens in die Marke zurückzuführen ist (vgl. Montgomery/Wernerfelt, 1992; Nelson, 1970; Wernerfelt, 1988). Insbesondere bei der Markenerweiterung nutzt ein

Unternehmen seine gesamten Markeninvestitionen sowie den gesamten zukünftigen Cash-flow der Marke als Garantie für die Qualität einer Erweiterung (vgl. Wernerfelt, 1988). Wird die Marke auf ein Produkt minderer Qualität erweitert, werden die Konsumenten dies bemerken und die Marke nicht mehr kaufen. Dadurch wird nicht nur der Erfolg der Erweiterung aufs Spiel gesetzt, sondern es werden auch andere mit der Marke verbundene Produkte gefährdet (vgl. Sullivan, 1990). Wenn einer Marke weitere Produkte hinzugefügt werden, vergrößert sich folglich die Qualitätsgarantie. Konsumenten erkennen mit aller Wahrscheinlichkeit, daß je größer die Anzahl der in einem Markenproduktportfolio enthaltenen Produkte ist, desto geringer ist die Wahrscheinlichkeit, daß diese Marke Produkte minderer Qualität auf den Markt bringt. Einer solchen Marke wird demnach auch mehr Vertrauen entgegengebracht. Man kann also davon ausgehen, daß Konsumenten Qualitätsassoziationen aus impliziten finanziellen Sicherheiten hinter einer Marke ableiten.

Zu einer ähnlichen Schlußfolgerung gelangt man bei Betrachtung der Informationsverarbeitungsprozesse der Konsumenten. Vorhandene Markenassoziationen dienen als Grundlage für die Beurteilung von Erweiterungen. Dabei existieren zahlreiche Beweise, daß Konsumenten bei der Lösung ihrer täglichen Probleme intuitiv heuristisch und gestützt auf ihre praktischen Erfahrungen vorgehen (vgl. Nisbett et al., 1983). Ein grundlegendes Ergebnis dieser Forschung ist, daß Menschen dem Gesetz der großen Zahlen folgen. Sie verlassen sich stärker auf ihre Urteile, wenn sie auf einer großen und nicht auf einer geringen Zahl von Beispielen basieren. Im Zusammenhang mit Markenerweiterungen stellen die mit einer Marke verbundenen Produkte vor allem eine Datenbasis dar, aus der Konsumenten Informationen zur Beurteilung von Erweiterungen dieser Marke ableiten. Mit zunehmender Produktanzahl steigt auch der Umfang und die reine Zahl der Datensätze, d. h. Konsumenten entwickeln eine Markenkenntnis durch eine Vielzahl von Produktzusammenhängen. Entsprechend den bereits erwähnten Grundsätzen induktiven Argumentierens kann man schließen, daß mit wachsender Zahl der Daten, die den Konsumenten zu einer Marke zur Verfügung stehen, auch das Vertrauen in eine Markenassoziation wächst. Daraus läßt sich folgende Hypothese ableiten:

Hypothese 1:   Je größer die Anzahl der Produkte, die unter einer Marke geführt werden, um so größer ist das Vertrauen der Konsumenten in ihre Einschätzung der Qualität einer Markenerweiterung.

Zusätzlich zur Anzahl der im Markenproduktportfolio enthaltenen Produkte sollte auch die Qualitätsvarianz das Vertrauen der Konsumenten in ihre Einschätzung einer Markenerweiterung beeinflussen. Untersuchungen im Bereich der sozialen Urteile (vgl. Thagard/Nisbett, 1982) haben gezeigt, daß Menschen größeres Vertrauen in ihre Urteile über eine Gruppe von Objekten haben, wenn diese bezüglich der vermuteten Eigenschaften als homogen und nicht als heterogen wahrgenommen wird. Je geringer also die Qualitätsschwankungen zwischen einzelnen Produkten einer Marke sind, desto größer ist das

Vertrauen der Konsumenten in ihre eigene Qualitätseinschätzung einer Erweiterung dieser Marke.

Im Mittelpunkt der Argumente für die Hypothese 1 steht die Signalwirkung, die von der Anzahl der Portfolioprodukte ausgeht. Bei einer solchen Schlußfolgerung wird implizit davon ausgegangen, daß die Stärke einer Marke sinkt, wenn sie auf ein Produkt minderer Qualität ausgeweitet wird. Diese Verwässerung einer Marke resultiert jedoch nicht nur aus den negativen Rückwirkungen auf die anderen Produkte der Marke (vgl. Sullivan, 1990; Wernerfelt, 1988). Es entsteht darüber hinaus auch Unsicherheit beim Konsumenten, wenn ein neues Produkt von den bisherigen Erfahrungen mit der Marke abweicht. Die Qualitätsabweichung muß dabei nicht unbedingt hochgradig negativ sein, um das Vertrauen der Konsumenten in die Marke einzuschränken. Wie Rubin (1990) feststellte, kann die Einführung eines neuen Produkts, das eindeutig über dem mit der Marke verbundenen Qualitätsniveau liegt, dieselbe schädigende Wirkung auf das Vertrauen der Konsumenten haben. Für den Konsumenten wird es also mit zunehmender Qualitätsschwankung schwieriger, die Marke als Indikator für ein bestimmtes Qualitätsniveau anzusehen. Daraus ergibt sich folgende Hypothese:

Hypothese 2: Mit zunehmender Qualitätsvarianz der Produkte eines Markenproduktportfolios sinkt das Vertrauen der Konsumenten in ihre Qualitätseinschätzung einer Markenerweiterung.

Wenn man von einer positiven Beziehung zwischen der Zahl der Produkte eines Produktportfolios und dem Vertrauen der Konsumenten in die Marke ausgeht, so scheint die Qualitätsvarianz des Portfolios diese Beziehung zu beeinflussen. Variieren die mit einer Marke verbundenen Produkte hinsichtlich ihrer Qualität nur wenig, so erhält der Konsument durch die Erweiterung positive Informationen hinsichtlich dessen, was er von Produkten dieser Marke erwarten kann. Geringe Qualitätsschwankungen sollten daher die positive Wirkung neuer Produkte auf das Markenvertrauen der Konsumenten erhöhen. Hohe Qualitätsschwankungen hingegen begrenzen die positiven Wirkungen, da jedes hinzugefügte Produkt andere Informationen darüber gibt, was die Konsumenten von der Marke erwarten können. Daraus läßt sich folgende Hypothese ableiten:

Hypothese 3: Die positive Wirkung eines Erweiterungsprodukts auf das Vertrauen der Konsumenten in ihre Qualitätseinschätzung einer Markenerweiterung nimmt bei zunehmender Qualitätsvarianz des Portfolios ab.

2.3 Einfluß der Produktanzahl und der Qualitätsvarianz auf die Vorteilhaftigkeit von Markenassoziationen

Wenn ein Unternehmen eine Marke erweitert, setzt es damit implizit den zukünftigen Erfolg anderer Produkte des Markenproduktportfolios aufs Spiel. Die bestehenden Produkte bürgen für die Qualität des neuen Produkts. Je umfangreicher die Grundlage für die Bürgschaft wird, desto größer wird auch das Risiko des Unternehmens. Ein großes Produktportfolio erhöht somit die Markenstärke, da es die Konsumenten ermutigt, neue Produkte mit hoher Qualität zu erwarten (vgl. Kirmani/Wright, 1989). Eine weitere Erklärungsmöglichkeit für die positive Beziehung zwischen der Zahl der Portfolioprodukte und der Qualitätseinschätzung der Erweiterungen bietet der Einfluß der Vertrautheit auf die Einstellung der Konsumenten. Auch wenn die Beweisführung und die zugrundeliegenden Abläufe kontrovers diskutiert werden, hat Zajonc (1980) gezeigt, daß die Menschen auf ein Objekt um so positiver reagieren, je häufiger sie mit diesem Objekt konfrontiert werden. Da mit einer wachsenden Zahl von Produkten in einem Produktportfolio auch die Kontakthäufigkeit mit dieser Marke zunehmen sollte, würde das laut Zajonc auch die Vorteilhaftigkeit einer Marke und ihrer Produkte steigern. Daraus ergibt sich folgende Hypothese:

Hypothese 4: Zwischen der Qualitätseinschätzung einer Markenerweiterung durch die Konsumenten und der Zahl der unter der Marke geführten Produkte besteht ein positiver Zusammenhang.

Qualitätsschwankungen bestimmen, inwieweit eine Marke zuverlässige Informationen über die mit ihr verbundenen Produkte liefert. Angenommen zwei Marken werden zwar hinsichtlich der durchschnittlichen Qualität als gleichwertig wahrgenommen, unterscheiden sich aber in ihrer wahrgenommenen Qualitätsvarianz. Bei der Marke mit geringen Qualitätsschwankungen können die Konsumenten ihre Markenassoziationen vertrauensvoll auf die Erweiterungen übertragen. Im Fall hoher Qualitätsschwankungen hingegen liefert die Marke keine eindeutigen Informationen mehr. Dadurch wird es schwieriger, die Einschätzung der Marke global auf eine Erweiterung zu übertragen. Konsumenten neigen in einem solchen Fall dazu, sich bei ihrer Beurteilung einer Erweiterung auf Assoziationen zu einzelnen Produkten zu beziehen. Einige dieser Assoziationen werden positiv sein, während andere weniger positiv sind. Untersuchungen zufolge legen die Konsumenten bei Vorhandensein solcher Varianzen größeres Gewicht auf weniger positive Informationen (vgl. Anderson, 1981; Skowronski/Carlson, 1989). Auch allgemeine Untersuchungen von Konsumentenreaktionen auf Unsicherheit haben ergeben, daß die Beurteilung von Produkten in negativer Beziehung zur Unsicherheit der Konsumenten hinsichtlich ihrer Einschätzung dieser Produkte steht (vgl. Lim/Kim,

1992). Dies wäre bei der Beurteilung eines neuen Produkts einer Marke mit hoher Qualitätsvarianz der Fall. Es ergibt sich folgende Hypothese:

Hypothese 5:   Zwischen der Qualitätseinschätzung einer Markenerweiterung durch die Konsumenten und der Qualitätsvarianz des Produktportfolios besteht ein negativer Zusammenhang.

2.4   Einfluß der Verwandtschaft der Portfolioprodukte auf den Fit von Stammarke und Erweiterungsprodukt

Untersuchungen zur Erweiterung von Einproduktmarken unterstreichen die Rolle der wahrgenommenen Ähnlichkeit bzw. des Fit zwischen Stammarke und Erweiterung. Ein allgemein akzeptiertes Ergebnis dieser Forschungen ist, daß sich - bei einem gegebenen Markenimage - die Einschätzung einer Markenerweiterung mit steigender Ähnlichkeit zwischen Stammarke und Erweiterungsprodukt verbessert (vgl. Aaker/Keller, 1990; Boush/Loken, 1991). Da diese Ähnlichkeit die Erweiterungsmöglichkeiten einer Marke begrenzt (Markenerweiterungen sollten auf verwandte Produktkategorien beschränkt sein, um die Markenstärke zu erhalten), ist die Identifikation von Bedingungen, unter denen der Einfluß der wahrgenommenen Ähnlichkeit auf die Beurteilung der Markenerweiterung weniger bedeutend ist, von beträchtlicher praktischer Bedeutung: Die Erweiterungsmöglichkeiten einer Marke würden sich vergrößern. Es soll nun gezeigt werden, daß sich durch die Untersuchung der Verwandtschaft von Portfolioprodukten solche Bedingungen bestimmen lassen.

Man kann davon ausgehen, daß Konsumenten zur Skepsis gegenüber Erweiterungen neigen, die von den Bereichen abweichen, in denen das Unternehmen Know-How besitzt (vgl. Aaker/Keller, 1990). Diese Skepsis kann jedoch bis zu einem gewissen Maß kompensiert werden, wenn die Marke bereits mit einer Reihe unterschiedlicher Produkte verbunden wird. Das gilt vor allem, wenn diese Produkte sich hinsichtlich ihrer Qualität nur wenig voneinander unterscheiden. Ein Unternehmen, das über eine Reihe stark miteinander verbundener Produkte konsistente Qualität bewiesen hat (z. B. Haartrockner, Lockenstäbe und elektrische Rasierapparate), signalisiert dem Konsumenten hohes Spezialwissen und technische Fertigkeiten (vgl. Kardes/Allen, 1991). Bei einer solchen Marke werden die Konsumenten besonders sensibel für den Fit zwischen den aktuellen Produkten des Unternehmens und einer Erweiterung sein. Sie werden ihre Markenassoziationen problemlos auf verwandte Produkt wie zum Beispiel eine elektrische Zahnbürste übertragen. Im Gegensatz dazu werden sie bei einer Erweiterung der Marke auf eine entfernte Produktkategorie skeptisch reagieren.

Ein Unternehmen, das hingegen als Lieferant hochwertiger Haartrockner, Garagentüröffner und Fahrräder bekannt ist, vermittelt den Konsumenten, daß es eine Vielzahl von

Stärken und technischen Fertigkeiten besitzt: „Was immer das Unternehmen macht, macht es gut". Die Konsumenten ihrerseits werden einem solchen Unternehmen die notwendigen Fähigkeiten zutrauen, eine Vielzahl heterogener Produkte herzustellen (vgl. Kardes/Allen, 1991). In diesem Fall werden die Konsumenten ihre Markenassoziationen vertrauensvoll auf Erweiterungsprodukte übertragen und zwar unabhängig von der wahrgenommenen Ähnlichkeit zwischen Stammarke und Erweiterung.

In Übereinstimmung mit vorangegangenen Untersuchungen zur Markenerweiterung (vgl. Aaker/Keller, 1990; Boush/Loken, 1991) erwarten wir also eine positive Beziehung zwischen dem wahrgenommenen Fit und der Einschätzung der Qualität des Erweiterungsprodukts. Jedoch sollte für ein gegebenes Produktportfolio, das durch eine geringe Qualitätsvarianz gekennzeichnet ist, gelten:

Hypothese 6a: Je geringer die Verwandtschaft der Portfolioprodukte untereinander, desto geringer ist der Einfluß der wahrgenommenen Ähnlichkeit von Stammarke und Erweiterungsprodukt auf das Vertrauen der Konsumenten in ihre Einschätzung der Qualität des Erweiterungsprodukts.

Hypothese 6b: Je geringer die Verwandtschaft der Portfolioprodukte untereinander, desto geringer ist der Einfluß der wahrgenommenen Ähnlichkeit von Stammarke und Erweiterungsprodukt auf die Vorteilhaftigkeit der Einschätzung der Qualität des Erweiterungsprodukts.

Zur Untersuchung dieser Hypothesen wurden zwei Laborversuche durchgeführt. Um die Schlüssigkeit der Untersuchungsergebnisse der Experimente zu gewährleisten, wurde außerdem eine Studie durchgeführt, die sich auf eine breite Auswahl von realen Marken erstreckte. Im folgenden werden die Experimente sowie deren Ergebnisse dargestellt.

3. Experiment zur Wirkung der Produktanzahl und der Qualitätsvarianz des Portfolios

3.1 Aufbau und Durchführung des Experiments

Im ersten Experiment, mit dem die Hypothesen 1 bis 5 getestet werden sollten, wurden die folgenden drei Faktoren untersucht:

1. die Anzahl der unter einer Marke geführten Produkte (drei oder sieben),
2. die Qualitätsvarianz innerhalb des Portfolios (niedrig oder hoch) und
3. die Produktkategorie der vorgeschlagenen Erweiterung (es wurden zwei verschiedene Erweiterungsproduktkategorien getestet).

Daraus ergab sich ein 2x2x2 faktorielles Untersuchungsdesign. Als Stimulus wurde eine fiktive Marke mit verschiedenen Produkten (3 oder 7) eingesetzt. Die Testpersonen erhielten Ratings zu verschiedenen Qualitätsaspekten der assoziierten Produkte. Dabei wurden solche Produkte gewählt, deren Verwandtschaft untereinander als moderat eingeschätzt wurde. Dadurch sollten die Auswirkungen dieses Faktors kontrolliert und die Verallgemeinerbarkeit der Ergebnisse verbessert werden.

Die Qualitätsvariation der Produktportfolios erfolgte mit Hilfe dreier globaler Attribute mit unterschiedlichen Ausprägungen: Funktionale Qualität, Zuverlässigkeit und Wert (Qualität für's Geld).

Um die Hypothesen für multiple Erweiterungen zu überprüfen, wurde als dritter Faktor die Erweiterung auf zwei gleichermaßen glaubwürdige Erweiterungsprodukte in den Test aufgenommen. Als Produkte wurden elektrische Bügeleisen und Sportuhren ausgewählt.

Auf Basis der Informationen zu den bisherigen Produkten der Marke und zur geplanten Erweiterung wurden die Testpersonen aufgefordert, Fragen zur Einschätzung der Erweiterung hinsichtlich der drei Qualtitätsattribute und zum Vertrauen in ihr eigenes Urteilsvermögen zu beantworten.

Insgesamt wurden 186 Testpersonen befragt, die zufällig auf acht Gruppen verteilt wurden, so daß jede Gruppe 23 Personen umfaßte. Da die Produktvorkenntnisse der Probanden Einfluß auf die Beurteilung nehmen können, wurde das Produktwissen als Kontrollvariable erfaßt.

3.2 Ergebnisse des Experiments

Um die Auswirkungen der beiden Faktoren auf das Vertrauen der Konsumenten in ihre eigene Einschätzung zu überprüfen, wurde eine multiple Regressionsanalyse durchgeführt. Es zeigte sich, daß zwischen der Zahl der mit einer Marke verbundenen Produkte und dem Vertrauen der Testpersonen in ihre Bewertungen der Erweiterung eine positive Beziehung besteht ($\beta = 0{,}125$, $p < 0{,}05$). **Hypothese 1 wurde somit bestätigt.**

Wie in Hypothese 2 vermutet, verringert sich das Vertrauen der Testpersonen in ihre Einschätzung bei zunehmender Qualitätsvarianz des Portfolios ($\beta = -0{,}429$, $p < 0{,}01$). **Hypothese 2 wurde somit ebenfalls bestätigt.**

Die Antworten der Testpersonen zeigten außerdem, daß die positive Wirkung der Zahl der Portfolioprodukte auf das Vertrauen der Testpersonen bei der Beurteilung einer Erweiterung dieser Marke abnimmt, wenn die Qualitätsabweichung des Portfolios zunimmt ($\beta = -0{,}195$, $p < 0{,}01$). **Auch Hypothese 3 wurde daher bestätigt.**

Vor der Darstellung der eigentlichen Auswirkungen der beiden Faktoren auf die Qualitätseinschätzung des Erweiterungsprodukts sollte festgehalten werden, daß die Erweiterungsprodukte diesbezüglich unterschiedlich beurteilt wurden[2]. Konkret wurden die Dampfbügeleisen weniger positiv beurteilt als die Sportuhren. Da jedoch kein Zusammenhang zwischen der Art des Erweiterungsprodukts und einer der anderen Variablen existiert, bleiben die Ergebnisse davon unbeeinflußt.

Hinsichtlich der Qualitätseinschätzung des Erweiterungsprodukts zeigte sich, daß die Vorteilhaftigkeit dieser Einschätzung positiv mit der Zahl der unter dieser Marke geführten Produkte korreliert ($\beta = 0,329$, $p < 0,01$), während sie in einem negativen Zusammenhang zur Qualitätsvarianz des Portfolios steht ($\beta = -0,267$, $p < 0,01$). **Die Hypothesen 4 und 5 wurden jeweils bestätigt.**

Außerdem konnte eine bedeutende Abhängigkeit zwischen der Zahl der Portfolioprodukte und der Qualitätsvarianz des Portfolios festgestellt werden ($\beta = -0,120$, $p < 0,05$). Dieses Ergebnis legt nahe, daß die positive Auswirkung einer großen Zahl von Produkten in einem Produktportfolio für die Erweiterung von Marken mit geringer Qualitätsvarianz größer ist als für Marken mit hohen Schwankungen in der wahrgenommenen Qualität.

4. Experiment zur Bedeutung des Fit und der Verwandtschaft der Portfolioprodukte

4.1 Aufbau und Durchführung des Experiments

Im zweiten Experiment sollte der Einfluß der Verwandtschaft der Portfolioprodukte untereinander sowie der wahrgenommen Ähnlichkeit zwischen Stammarke und Erweiterungsprodukt auf die Qualitätseinschätzung des Erweiterungsprodukts untersucht werden. Dazu wurden zwei Markenproduktportfolios mit jeweils sieben Produkten entworfen, die sich voneinander durch die Verwandtschaft der darin enthaltenen Produkte (hoch und niedrig) unterschieden. Ein Portfolio enthielt durchweg kleinere Elektrogeräte (z. B. Rasierapparat, Lockenstab, Handstaubsauger), während das andere Portfolio aus möglichst verschiedenartigen Produkten bestand (z. B. Autozubehör, Fahrräder, Küchengeräte). Die Qualitätsvarianz wurde für beide Portfolios konstant auf einem moderaten Niveau gehalten.

Analog zu früheren Untersuchungen erfolgte die Messung der wahrgenommen Ähnlichkeit von Stammarke und Erweiterung mittels Fragen zur Ähnlichkeit beider bezüglich ihrer Verwendungssituation, funktionaler Produkteigenschaften und den ihrem Kauf zugrundeliegenden Bedürfnissen (vgl. Aaker/Keller, 1990; MacInnis/Nakamoto, 1990). Für die drei Items wurde anschließend ein gemeinsamer Durchschnittswert ermittelt.

---

2   (β des Haupteffekts = -0,247, $p < 0,01$)

An dem Experiment nahmen 80 Personen teil, die zufällig auf vier Gruppen (zwei Arten von Produktportfoliobeziehungen und zwei Erweiterungsprodukte) verteilt wurden. Wie im ersten Experiment wurde auch hier das Produktwissen als Kontrollgröße erfaßt.

4.2 Ergebnisse des Experiments

Bei diesem zweiten Experiment wurde zur Überprüfung der Hypothesen 6a und 6b eine multiple Regression durchgeführt. Hierbei wurden zwei unabhängige Variablen kombiniert. Die Verwandtschaft der Portfolioprodukte wurde mit den Ausprägungen hoch und niedrig manipuliert und die wahrgenommene Ähnlichkeit wurde als intervenierende Variable gemessen.

Die abhängigen Variablen waren wie im ersten Experiment die Vorteilhaftigkeit der Einschätzung des Erweiterungsprodukts sowie das Vertrauen in diese Einschätzung (gemessen durch die Kriterien funktionale Qualität, Zuverlässigkeit und Wert).

Die Ergebnisse zeigten, daß der Einfluß der wahrgenommen Ähnlichkeit auf die beiden Variablen Vorteilhaftigkeit und Vertrauen abnimmt, wenn die Verwandtschaft der Portfolioprodukte untereinander abnimmt ($\beta = 0{,}464$, $p < 0{,}01$ und $\beta = 0{,}443$, $p < 0{,}05$). **Somit wurden auch die Hypothesen 6a und 6b bestätigt.**

5. Studie zum Produktportfolio realer Marken

5.1 Aufbau und Durchführung der Studie

Der Einsatz realer Marken in den obigen Experimenten war u. a. wegen der möglichen Verzerrungen durch das unterschiedliche Vorwissen der Testpersonen nicht möglich. Obwohl in der Forschung zur Markenerweiterung häufig Experimente durchgeführt werden, besteht dennoch das Problem der Verallgemeinerbarkeit der Ergebnisse auf reale Marken. Um diesem Problem Rechnung zu tragen, wurde eine Studie entwickelt, welche die in den Experimenten verwendeten Variablen bei realen Marken untersucht.

Zunächst wurden die Testpersonen gebeten, zwei Mehrproduktmarken aus verschiedenen Produktkategorien sowie die verschiedenen Produkte zu nennen, die sie mit den beiden Marken verbanden. Marke 1 sollte dabei stark unterschiedliche Produkte enthalten, während die Produkte der Marke 2 ein wesentlich höheres Maß an Ähnlichkeit aufweisen sollten.

Die Beteiligten wurden dann gebeten, Fragen in Bezug auf die von ihnen aufgelisteten Marken zu beantworten. Insgesamt wurden 69 verschiedene Marken aufgelistet, deren Anzahl assoziierter Produkte zwischen drei und zehn lag.

Im zweiten Teil der Studie wurden den Testpersonen drei Markenerweiterungen vorgestellt (Bügeleisen, Sportuhren und Freizeitbekleidung), die sie im Hinblick auf die beiden von ihnen genannten Marken beurteilen sollten.

Konkret wurden vier **unabhängige Variablen** untersucht: die Zahl mit der Marke assoziierten Produkte, die Qualitätsvarianz des Portfolios, die Verwandtschaft der Portfolioprodukte untereinander und die wahrgenommene Ähnlichkeit zwischen Stammarke und Erweiterungsprodukt. Als **abhängige Variablen** wurden die Qualität des Erweiterungsprodukts und das Vertrauen der Testpersonen in ihre Bewertungen gemessen.

5.2   Ergebnisse der Studie

Die Zahl der mit einer Marke assoziierten Produkte hatte in dieser Studie keine Auswirkungen auf das Vertrauen der Testpersonen in die Beurteilung der Qualität des Erweiterungsprodukts ($\beta = 0{,}003$, $p > 0{,}60$). **Hypothese 1 wurde also, im Gegensatz zum ersten Experiment, nicht bestätigt.** In Übereinstimmung mit **Hypothese 2** hatte die Qualitätsvarianz des Portfolios jedoch eine negative Wirkung auf das Vertrauen der Testpersonen in ihre Erweiterungsbeurteilungen ($\beta = -0{,}332$, $p < 0{,}001$). Darüber hinaus konnte ein signifikanter Zusammenhang zwischen der Qualitätsvarianz und der Anzahl der Portfolioprodukte festgestellt werden ($\beta = -0{,}586$, $p < 0{,}05$). Obwohl kein allgemeiner Einfluß der Anzahl der Portfolioprodukte festgestellt werden konnte, ergab sich bei einer geringen Varianz der Portfolioqualität ein positiver Effekt der Anzahl der Portfolioprodukte auf das Vertrauen der Konsumenten in ihre Einschätzung der Qualität des Erweiterungsprodukts. Dieser Effekt nimmt allerdings mit steigender Qualitätsvarianz ab. **Diese Ergebnisse sind konsistent mit der Hypothese 3.**

Der in **Hypothese 4** vermutete Zusammenhang zwischen der Anzahl der Portfolioprodukte und der Vorteilhaftigkeit der Einschätzung der Qualität des Erweiterungsprodukts wurde **nicht bestätigt** ($\beta = 0{,}035$). Allerdings zeigt sich ein negativer Einfluß der Qualitätsvarianz des Portfolios auf diese Einschätzung ($\beta = -0{,}124$, $p < 0{,}05$), womit **Hypothese 5 bestätigt** wurde.

Die im zweiten Experiment bestätigten Hypothesen 6a und 6b wurden auch durch diese Studie gestützt. Der Einfluß der wahrgenommenen Ähnlichkeit auf das Vertrauen der Testpersonen in die Einschätzung der Qualität des Erweiterungsprodukts sowie auf die Vorteilhaftigkeit dieser Einschätzung nimmt in dem Maß ab, wie die Verwandtschaft der Portfolioprodukte untereinander abnimmt ($\beta = 0{,}397$, $p < 0{,}05$ und $\beta = 0{,}116$, $p < 0{,}05$).

6. Empfehlungen für das Markenmanagement

Die Ergebnisse der Experimente zeigen, daß zwischen der Zahl der Markenportfolioprodukte und dem Vertrauen der Konsumenten in die Einschätzung der Erweiterungsproduktqualität ein positiver Zusammenhang besteht. Das gleiche gilt auch für die Vorteilhaftigkeit der Einschätzung des Erweiterungsprodukts. Diese Ergebnisse wiederholten sich jedoch in der Studie mit den realen Marken nicht.

Die Experimente und die Studie liefern hingegen übereinstimmende Ergebnisse hinsichtlich des negativen Zusammenhangs zwischen der Qualitätsvarianz des Portfolios einerseits und der wahrgenommenen Qualität des Erweiterungsprodukts sowie dem Vertrauen der Konsumenten in diese Einschätzung andererseits. Es zeigte sich auch, daß im Fall niedriger Qualitätsschwankungen innerhalb des Portfolio eine positive Beziehung zwischen der Zahl der Portfolioprodukte und dem Vertrauen der Konsumenten in die Beurteilung der Qualität der Markenerweiterung bestand. Der Zusammenhang nahm jedoch mit steigender Qualitätsvarianz des Portfolios ab. Darüber hinaus nahm der Einfluß des Fit von Stammmarke und Erweiterungsprodukt auf das Vertrauen und die Vorteilhaftigkeit der Erweiterung mit sinkender Verwandtschaft der Portfolioprodukte untereinander ab.

Wie bereits dargestellt, konnte der Einfluß der Zahl der unter einer Marke geführten Produkte auf Vertrauen und Vorteilhaftigkeit in der Studie nicht nachgewiesen werden. Für diese abweichenden Ergebnisse gibt es zwei einleuchtende Erklärungen. Beide basieren auf den unterschiedlichen Annahmen über die Wirkung der Anzahl der Portfolioprodukte, die bei den Experimenten und bei der Studie getroffen wurden. Es wurde zunächst von einem linearen Zusammenhang zwischen der Zahl der unter einer Marke geführten Produkte und den zwei abhängigen Variablen (Vertrauen und Vorteilhaftigkeit) ausgegangen. Diese Beziehung könnte jedoch auch asymptotisch sein; über einen gewissen Punkt hinausgehend hat eine steigende Anzahl von Portfolioprodukten nur noch eine geringfügig positive Auswirkungen auf Vertrauen und Vorteilhaftigkeit. Wenn dies der Fall ist, wäre es möglich gewesen, einen Zusammenhang im Experiment, nicht aber in der Studie nachzuweisen, und zwar einfach aufgrund der unterschiedlichen Maßgrößen. Die Antworten der Testpersonen in den beiden Experiment basierten de facto auf einer dichotomen Variable (niedrig/hoch). Wenn daher beeinträchtigende Auswirkungen der Anzahl der mit einer Marke assoziierten Produkte auftauchten, wären sie durch die Art der experimentellen Manipulation verborgen geblieben.

Die Verwendung einer hypothetischen Marke bei den Experimenten ermöglichte es außerdem, vorhandene Markenassoziationen der Konsumenten zu kontrollieren. Bei realen Marken sind die Assoziationen der Konsumenten zu einer Marke und ihren Erweiterungen stärker verankert als bei einer im Labor entwickelten Marke. Folglich können auch die subtilen Effekte, die von einer Markeneigenschaft, wie der Zahl der Portfolioprodukte, ausgehen, unter solchen Bedingungen nicht festgestellt werden.

Dennoch läßt sich aus den Ergebnissen folgern, daß eine Marke - entgegen der allgemeinen Ansicht - durch das Hinzufügen von Produkten nicht unbedingt geschwächt wird. Es zeigte sich, daß unter bestimmten Umständen (niedrige Qualitätsvarianz des Portfolios) ein positiver Zusammenhang zwischen der Zahl der mit einer Marke verbundenen Produkte und dem Vertrauen der Konsumenten in die Beurteilung einer anschließenden Erweiterungen besteht.

Aus den Ergebnissen lassen sich mehrere **Schlußfolgerungen** für die **Markenmanagementtheorie und -praxis** ziehen:

■ Die Theorie im Bereich der Markenerweiterung konzentriert sich fast ausschließlich auf Untersuchungen von Einproduktmarken oder Marken, die für eine Gruppe sehr ähnlicher Produkten stehen (vgl. z. B. Aaker/Keller, 1990; Park et al., 1991). Demgegenüber zeigen die Ergebnisse dieser Untersuchung, daß Markenwert-Modelle auch den Wirkungen einer diversifizierten Mehrproduktmarke Rechnung tragen sollten. Die Notwendigkeit hierzu wird besonders deutlich, wenn man die zunehmende Zahl von Marken betrachtet, die erfolgreich auf eine Vielzahl von (oft unterschiedlichen) Produktkategorien ausgedehnt wurden.

■ Die vorliegende Studie bestätigt den Einfluß des Fit von Stammarke und Erweiterung auf die Einschätzung der Erweiterung auch für den Fall einer Mehrproduktmarke.

■ Eine weitere theoretische Schlußfolgerung läßt sich hinsichtlich der weit verbreiteten und größtenteils unkritischen Anwendung der traditionellen Kategorisierungstheorie im Rahmen der Markenerweiterung ziehen. Obwohl sie zur Forschung auf diesem Gebiet beigetragen hat, wirkt sie auch restriktiv, da sie den herrschenden konzeptuellen Blickwinkel darstellt, unter dem viele Forscher Markenerweiterungsphänomene instinktiv beurteilen. In extremen Fällen kann die strikte Anwendung der Kategorisierungstheorie, ohne sorgfältige Erwägung der Nuancen der untersuchten Phänomene, zu potentiell irrtümlichen Annahmen und Empfehlungen führen. Ein Beispiel dafür ist die folgende Annahme: „Wenn man einer Marke weitere Produkte hinzufügt, kommt es zu abstrakten Assoziationen und damit zur Schwächung der Marke". Die vorliegende Studie illustriert, daß es viele miteinander verbundene theoretische Perspektiven gibt, die die vorherrschenden, auf Kategorisierung beruhenden Konzeptionen der Markenerweiterung bereichern können. Die Reichhaltigkeit entstehender Theorien zur Markenerweiterung und zum Markenwert kann durch die Berücksichtigung dieser komplementären Perspektiven wesentlich vergrößert werden.

Die Auswahl der unabhängigen Variablen dieser Untersuchung beruht auf drei Basiskriterien, die Manager bei der Verfolgung von Markenerweiterungsstrategien berücksichtigen sollten:

1. Die Zahl der Produkte, die zu einer Marke gehören,
2. das Ausmaß der Qualitätsschwankungen innerhalb des Produktportfolios einer Marke und
3. der Grad der Verwandtschaft zwischen Produkten einer Marke.

Für diese Variablen läßt sich folgendes ableiten:

- Die Zahl der mit einer Marke verbundenen Produkte wirkt sich nicht automatisch negativ auf die Marke aus, sondern kann sie sogar stärken. Das heißt jedoch nicht, daß Manager Marken wahllos erweitern können. Es zeigte sich vielmehr, wie wichtig das Management der Qualität über alle Produkte einer Marke hinweg ist. Obwohl eine einzelne Abweichung die Marke nicht unmittelbar schädigen kann (vgl. Keller/ Aaker, 1992), kann ein dauerhaftes Fehlverhalten beim Management der Qualitäts- varianz die Markenstärke direkt verringern und den positiven Effekt zusätzlicher Produkte überlagern.

- Hinsichtlich der Rolle des Fit zwischen Stammarke und Erweiterungsprodukt wird deutlich, daß erfolgreiche Erweiterungen einer Marke in verschiedene Kategorien den Einfluß des Fit auf nachfolgende Erweiterungen einschränken können. Dieses Ergebnis unterstreicht die Wichtigkeit einer klaren langfristigen Markenerwei- terungsstrategie, um die Markenstärke auszudehnen und aufzubauen.

- Speziell die Ergebnisse zur Rolle der Verwandtschaft der Portfolioprodukte auf die Auswirkungen des Fit legen eine allmähliche Erweiterung einer Marke in verschie- denen Produktkategorien nahe, wobei ein hohes Maß an Qualitätskonsistenz für diese Produkte angestrebt werden sollte. Eine solche Strategie sollte

  1. den Einfluß des Fit auf nachfolgende Erweiterungen verringern, wodurch sich das Feld zukünftiger Erweiterungsmöglichkeiten vergrößert und
  2. eine positive Wirkung auf die Markenassoziationen der Konsumenten haben.

Diese aus den Ergebnissen abgeleitete allgemeine Strategie erhöht unmittelbar den latenten Wert einer Marke (vgl. Srivastava/Shocker, 1991).

Siebtes Kapitel

Markenführung im Spannungsfeld zwischen Handel und Hersteller

Joachim Zentes und Bernhard Swoboda

Hersteller-Handels-Beziehungen aus markenpolitischer Sicht

1. Problemstellung

Die Konsumgütermärkte sind in den 90er Jahren durch eine Verschärfung des Wettbewerbsklimas gekennzeichnet. Ursachen dafür liegen im zunehmenden Verdrängungswettbewerb, in stagnierenden Umsätzen und steigenden Kosten in Folge wachsender Serviceerwartungen und Preissensibilität der Konsumenten. Diese Wettbewerbssituation erhöht das Konfliktpotential in den Hersteller-Handels-Beziehungen; nur die Hälfte der Handelsunternehmen und jedes dritte Industrieunternehmen beurteilen die Beziehungen zum jeweiligen Marktpartner als kooperativ (vgl. HandelsMonitor, 1997).

Die grundsätzlichen Problemfelder zwischen Industrie und Handel betreffen vor allem die Beschränkung des Zugangs der Industrie zum Konsumenten, die Verteilung der Gewinnspanne zwischen Industrie und Handel sowie die Verteilung von Funktionen und Aufgaben zwischen Industrie und Handel (vgl. Zentes/Hurth, 1996).

Ausgangsbasis der Ansätze, die sich den Hersteller-Handels-Beziehungen widmen, sind meistens Modellierungen der Ziel-, Macht-, Rollen- und Konflikttheorien (vgl. Ahlert, 1996; Anderson/Narus, 1986; Engelhard, 1990; Irrgang, 1993; Laurent, 1996; Kleinaltenkamp, 1997 und Webster, 1992). Die vorliegende Analyse folgt - wenn auch nicht im strengen theoretischen Sinne - einem machtzentrierten Ansatz. Sie setzt an der Handelsentwicklung an. Obwohl die Existenzberechtigung des Handels „nur" in der Reduzierung der Transaktionskosten - in zeitlicher und räumlicher Hinsicht - zwischen dem Angebot der Hersteller und der Nachfrage der Konsumenten begründet liegt (Picot, 1986), hat er vielfach die dominierende Stellung im Absatzkanal inne, so im Konsumgüter- und insbesondere im Lebensmittelbereich.

Daher geht der Beitrag über die unterschiedliche Sichtweise der Markenpolitik - so die Hersteller-Handelsmarken-Problematik - hinaus. Er betrachtet das grundsätzliche Verhältnis von Industrie und Handel sowie seine Entwicklungen und analysiert darauf aufbauend die strategischen Optionen der Markenartikelindustrie, eingebettet in einen breiten Entwicklungsrahmen der Konsumgüterdistribution. Gerade hier vollziehen sich in jüngster Zeit Veränderungen, die auf eine strategische Neuorientierung sowohl auf Seiten des Handels als auch auf Seiten der Hersteller hindeuten.

2. Grundlagen der Hersteller-Handels-Beziehungen

2.1 Perspektiven der Markenpolitik

Über viele Jahrzehnte hinweg ist diskutiert worden, worin das Wesen von Marken zu sehen sei und welche Formen unterschieden werden können. An äußeren Merkmalen orientierte Definitionen (vgl. Mellerowicz, 1963, S. 39) standen wirkungsorientierten Ansätzen, wonach der Verbraucher entscheidet (vgl. Thurmann, 1961, S. 21; Huber,

1969, S. 5 ff.), gegenüber. Die Diskussion braucht hier nicht vertieft zu werden, inzwischen herrscht hinreichend Klarheit: Markierung und Produkteigenschaften sind die konstitutiven Merkmale von Markenwaren (vgl. Müller-Hagedorn, 1997, S. 156).

Für die Analyse der Beziehungen von Industrie und Handel aus markenpolitischer Sicht ist zunächst die **unterschiedliche Perspektive der Markenpolitik** in der Sichtweise von Industrie und Handel entscheidend (vgl. beispielsweise Tietz, 1993 a und 1993 b; Zentes/Ihrig, 1994). So gehört die Profilierung des Unternehmens bzw. der Einkaufsstätte zu den wichtigsten Aufgaben der Handelsunternehmen, wohingegen bei den Herstellern die Profilierung der Produkte im Vordergrund steht. Pauschal bedeutet dieses:

- Die Marken des Herstellers sind seine Produkte.
- Die Marken des Handels sind seine Betriebstypen/Geschäfte.

Die Konsumgüterindustrie fokussiert ihre Marken bzw. Produktlinien. Der Handel zielt primär darauf ab, eine Identifikation mit dem Handelsunternehmen sowie den Aufbau einer Geschäftstreue bei den Konsumenten zu bewirken. Da die Zielerreichung wesentlich von einem ubiquitären Sortiment bestimmt wird, setzten insbesondere große Handelsunternehmen - neben der Betriebsformenpolitik - Handelsmarken zur Einkaufsstättenprofilierung im horizontalen Wettbewerb ein. Insofern ist für die Analyse der Hersteller-Handels-Beziehungen die Unterscheidung von

- **Herstellermarken**, d. h. Waren- oder Firmenkennzeichen, mit denen ein Herstellerunternehmen seine Waren versieht und
- **Handelsmarken**, d. h. Waren- oder Firmenkennzeichen, mit denen ein Handelsunternehmen seine Waren versieht,

bedeutend (vgl. Zentes, 1996 b, S. 247 f.). Diese am („geistigen") Eigentum an der Markenware ansetzende Differenzierung weist darauf hin, daß die Verhältnisse in einem arbeitsteiligen System analysiert werden (vgl. Müller-Hagedorn, 1997, S. 159).

In den meisten Wirtschaftsbereichen liegen mehrstufige Distributionssysteme aus Vorlieferanten, (Service-)Dienstleistern, Herstellern, evtl. eigenständigen Großhändlern, Einzelhändlern, inklusive ihrer (inter)nationalen Einkaufszentralen, und Konsumenten vor (vgl. Zentes/Swoboda, 1998 c). Es handelt sich um Marktteilnehmer, die über eigene Wertschöpfungsketten verfügen und diese entsprechend den eigenen unternehmerischen Zielen gestalten. Zugleich sind sie in Wettbewerbssituationen eingebunden, die reglementierend wirken. Zu unterscheiden ist die **horizontale Wettbewerbsposition**, das Verhältnis zwischen verschiedenen Unternehmen der Industrie oder des Handels, und die **vertikale Wettbewerbsposition**, die Stellung der Industrie (des Handels) im Absatzkanal gegenüber dem Handel (der Industrie).

Aus einer historischen Perspektive heraus hat sich vor allem die vertikale Wettbewerbsposition gewandelt. Als Datum gilt hier die Aufhebung der Preisbindung der Zweiten Hand, die der Anstoß zur Verschiebung der Markt- und Machtdominanz der Hersteller war. Der Handel hat in den Folgejahren seine Macht in Relation zum Hersteller vergrößert, so durch die zunehmende Expansion von Handelsketten und großflächigen Handelssystemen sowie durch die Ausweitung der Marketinginstrumente. Aber auch in der Industrie haben sich Unternehmen durch internes Wachstum, Akquisitionen und Fusionen immer mehr zu Systemen, d. h. komplexen Organisationen mit einem System-kopf als Entscheidungszentrum, sowie rechtlich und/oder wirtschaftlich zusammen-hängenden Systemeinheiten entwickelt. Der Wettbewerb in der Konsumgüterwirtschaft entwickelte sich in Richtung eines Systemwettbewerbs (vgl. Laurent, 1996; Zentes/ Swoboda, 1998 c):

■ Horizontal konkurrieren Herstellerunternehmen und/oder Herstellersysteme sowie Handelsunternehmen und/oder Handelssysteme.

■ Vertikal treffen Handelsunternehmen und/oder Handelssysteme auf Herstellerunter-nehmen und/oder Herstellersysteme.

Nicht überraschend ist dabei die **positive Korrelation zwischen Unternehmensgröße und Marktstärke**. Speziell im Food- und Near-Food-Bereich dominieren - gemessen an den Markenumsätzen - Herstellersysteme gegenüber Herstellerunternehmen. In verti-kaler Sicht dominiert vielfach der Handel, wie die Ergebnisse von Zentes/Hurth (1996) und das Sondergutachten der Monopolkommission (1994) belegen:

■ Ein Drittel der Industrieunternehmen verfügen über keine für den Handel unver-zichtbare Marke; nur ein Viertel erzielt über 50 % des Umsatzes mit Top-Marken.

■ Die Abhängigkeit der Industrie von den größten Handelskunden nimmt zu; bis zum Jahr 2000 werden rund 75 % der Umsätze mit den zehn größten Kunden erzielt.

■ Über die Hälfte der Hersteller verlagerten bereits Tätigkeiten an den Handel.

In diesem allgemeinen Rahmen bewegt sich die Diskussion um die Hersteller-Handels-Beziehungen aus markenpolitischer Sicht. Obwohl einsichtig ist, daß die durch Markt-macht erzwungenen Lösungen zu Ineffizienzen im Wettbewerb führen können, ist im Prinzip jeder der Beteiligten daran interessiert, seinen Wertschöpfungsanteil zu erhöhen, ohne Rekurs auf die Gesamteffizienz. Folgende Problemfelder präzisieren dieses.

2.2   Bestandsaufnahme der Problemfelder

Untersuchungen - wie der HandelsMonitor, eine Panelbefragung von Handels- und Industrieunternehmen - weisen auf eine herausragende Bedeutung der Preis- und Kondi-tionenpolitik in den Beziehungen zwischen Markenartikelindustrie und Handel hin. Seit Jahren ist die Preis- und Konditionenpolitik - gefolgt von der Sortiments-, Distributions- und Kommunikationspolitik - unverändert das konfliktreichste Feld (vgl. Abbildung 1).

Einschätzung*	der Industrie**			des Handels			
Ausgewählte Monitoringzeitpunkte	1995	1996	1997	1994	1995	1996	1997
Preis-/Konditionenpolitik	98,1	90,5	85,3	84,3	80,3	78,4	80,3
Sortimentspolitik	66,7	59,0	52,9	44,9	30,8	40,9	36,6
Distributionspolitik	42,6	42,9	38,2	50,7	43,8	40,9	36,9
Kommunikation	18,9	14,3	29,4	11,8	10,9	15,9	20,9
Bereitstellung von Verkaufsdaten	24,5	17,1	29,4	9,0	22,2	20,7	19,1

* sehr hohes/hohes Konfliktpotential [Urteile 1/2 auf einer fünfstufigen Skala] ** 1994 nicht erhoben

Abbildung 1: Konfliktpotentiale zwischen Handel und Industrie (Angaben in Prozent)

Quelle: in Anlehnung an HandelsMonitor, 1997, S. 37 und vorhergehende.

Von den vielfachen Ursachen für diese Einschätzung lassen sich, auf Basis von Untersuchungen, die wichtigsten wie folgt charakterisieren (vgl. Zentes/Ihrig, 1994, S. 1211 ff.):

Preis- und Konditionenpolitik: Sie bildet aufgrund der Dominanz preispolitischer Instrumente im Handel das primäre Problem für die Markenartikelhersteller.

■ So beeinträchtigen erhebliche Preisunterschiede im Handel das von der Industrie angestrebte einheitliche Erscheinungsbild des Markenartikels in der Wahrnehmung des Konsumenten. Desweiteren führt die Praxis des **Untereinstandspreisverkaufs** von Markenartikeln, die der Handel zur Demonstration seiner Preiskompetenz durchführt, zu latenten Imageschäden für die Markenprodukte.

■ Die Konditionen der Hersteller, die in den sogenannten Jahresgesprächen zwischen Industrie und Handel erörtert werden, stellen das absolut größte Konfliktfeld dar; sie betragen fast 50 % der Verhandlungsdauer.

Sortiments- und Produktpolitik: Aufgrund der unterschiedlichen Perspektiven der Markenpolitik bestehen hier die genannten Interessensgegensätze. Zwei Bereiche können zusätzlich hervorgehoben werden.

■ **Qualitätsaspekte** haben - insbesondere aus Sicht des Lebensmittelhandels - eine hohe Bedeutung. Dementsprechend wird die Zukunft für Top-Marken (Premiummarken) positiver als für Zweit- und Drittmarken (Nicht-Premiummarken) gesehen.

■ Es fehlt häufig eine Harmonisierung der produkt-/sortimentspolitischen Aktivitäten, so eine gemeinsame **Entwicklung und Vermarktung von Produktinnovationen.** Die meisten neuen Produkte - 85 bzw. 95 % (GfK bzw. ECR Europe) - erweisen sich als nicht vermarktbar. Aus der Sicht des Handels erfolgen zu viele Produktvariationen, werden zu viele Me-Too-Produkte an den Bedürfnissen der Konsumenten und des Handels vorbei entwickelt. Aus der Sicht der Hersteller unterstützt der Handel neue Produkte nicht im erforderlichen Umfang.

Distributionspolitik: Die Problemfelder betreffen hier die Wahl der Absatzkanäle und die Logistik.

■ Entschließt sich ein Hersteller beispielsweise aus Imagegründen zum ausschließlichen Absatz seiner Marke über ausgewählte Handelsunternehmen oder Betriebstypen, stellt dies bei den beteiligten Unternehmen eine Kooperationsform hoher Intensität dar (**selektiver Markenvertrieb**). Zugleich können daraus jedoch Kundenbindungsprobleme bei den nicht belieferten Handelsunternehmen resultieren, falls es sich um ein von den Konsumenten häufig nachgefragtes Produkt handelt.

■ Ein Konfliktfeld bildet die Tendenz zur **Umverteilung in der distributionslogistischen Wertschöpfungskette.** Der Handel strebt nach Ausschöpfung von Rationalisierungspotentialen über Just-in-Time-Belieferungen sowie nach einer Ausdehnung seines Wertschöpfungsanteils durch die Übernahme der Zentrallagerfunktion, der Filialbelieferung sowie der Warenabholung. Diese Aktivitäten haben wiederum Auswirkungen auf die Preis- und Konditionenstrukturen der Industrie.

Kommunikationspolitik: Diese dient im Handel den gesamtsortiments- bzw. einkaufsstättenbezogenen Zielen, nicht primär der Förderung eines Produktes.

■ Den positiven Effekten von Werbemaßnahmen, die Hersteller ergreifen um ihre Marken zu unterstützen, kann der Handel durch **nicht harmonisierte Verkaufsförderungsmaßnahmen** oder Warenpräsentationen entgegenwirken.

■ Da der Handel mit Hilfe von Verkaufsförderungsmaßnahmen und Ladenbaukonzepten ein Kauferlebnis bewirken möchte, stehen vereinheitlichte kommunikative **Maßnahmen der Hersteller**, so nationale Verkaufsförderungsmaßnahmen, einheitliche Merchandisingempfehlungen sowie standardisierte Warenpräsentationskonzepte der Profilierung von Sortimenten und Einkaufsstätten des Handels entgegen.

3. Strategische Optionen der Markenartikelindustrie

3.1 Rahmenbedingungen

Neben den genannten Rahmenbedingungen wirken auf Industrie und Handel weitere Faktoren ein, so sozio-ökonomische und politisch-rechtliche Entwicklungen, Werte-/ Verhaltens-Trends, technologische Entwicklungen etc. Sie stehen untereinander in vielfältigen Beziehungen und fördern die strategischen (Neu-)Orientierungen von Handels- und Industrieunternehmen, aber auch von Dienstleistungsunternehmen, die sich in neuen strategischen Stoßrichtungen niederschlagen (vgl. dazu Zentes/Swoboda, 1998 b). Auf Seiten des Handels zählen hierzu beispielsweise Profilierungs-, Kooperations- und Internationalisierungsstrategien.

Aus Sicht der Hersteller ist neben dieser **Outside-Inside-Perspektive** die **Inside-Outside-Perspektive** zu sehen. Sie basiert darauf, Wettbewerbsvorteile, die in Kernkompetenzen begründet sind, auf Märkte zu transferieren und stellt eine „zweite Quelle" der „Strategie-Genese" dar. Im folgenden sind fünf strategische Optionen zu betrachten:

- **Markenmanagement:** Das Markenmanagement umfaßt den Aufbau von Marken und die Markenführung. In der ersten Hälfte der neunziger Jahre haben gerade die führenden Unternehmen ihre Produktlinien ausgeweitet (vgl. Lademann, 1996, S. 24).

- **Mergers & Acquisitions:** Hier erfolgt ein Aufkauf von Konkurrenzunternehmen (vgl. Breitenreiter/Täger, 1996, S. 153). Darin kommt eine weitere Option der Hersteller zum Ausdruck, die unter anderen auf einen Kräfteausgleich zum Handel hinwirken kann.

- **Beziehungsmanagement:** Es handelt sich um vertikale Strategiealternativen der Hersteller, die eine Stärkung der Markenposition bzw. ein komplettes Warengruppenmanagement anstreben und mit einer Straffung der Produktlinien verbunden sind.

- **Handelsmarkenproduktion:** Da der Aufbau einer Marke mit erheblichen Aufwendungen verbunden ist, die viele - insbesondere mittelständische - Produzenten nicht bewältigen können, bietet sich für diese die Strategie der Handelsmarkenproduktion an.

- **Vertikale Integration:** Die Direktvermarktung gewinnt aufgrund aktueller Entwicklungen an Bedeutung und kann bis hin zur vertikalen Integration reichen.

3.2 Markenmanagement

Das Markenmanagement ist eine originäre und zugleich zentrale strategische Option insbesondere für die Top-Markenartikelhersteller. Über unterschiedliche markenpolitische Konzeptionen - wie Individualmarken, Markenfamilien und Dachmarken - versuchen die Markenhersteller eine USP (Unique Selling Proposition)-Position in der Wahrnehmung der Konsumenten und des Handels einzunehmen. Dadurch sollen die Einzigartigkeit der Markenleistung demonstriert sowie die Austauschbarkeit mit anderen Produkten verringert werden. Zentrale Kompetenzdimensionen der Markenhersteller sind dabei deutliche Qualitätsvorteile sowie „echte" Produktinnovationen (vgl. Zentes/Ihrig, 1994; Esch/Andresen, 1996 b sowie die Beiträge in Kapitel B.1 in diesem Buch).

Diese **Herstellermarkenstrategie** betrifft meist etablierte, durch kommunikationspolitische Maßnahmen vorverkaufte Markenartikel. In der Regel werden dabei die ubiquitäre Erhältlichkeit und damit ein möglichst hoher Distributionsgrad der Produkte angestrebt. Ziel ist es, eine vom Handel unabhängige Position zu erreichen und darüber hinaus eine Marketingführerschaft gegenüber dem Handel aufzubauen und sicherzustellen. Eine spezielle Variante stellt die vertriebswegegebundene Markenstrategie dar, in deren Zuge die Herstellermarke einem Handelsunternehmen exklusiv überlassen wird oder deren Verbreitung kontraktvertrieblich geregelt wird.

Obwohl der Handel von den Markenartikeln abhängig ist - nur wenige Handelsunternehmen können ohne Markenartikel auskommen -, kann er auf einzelne Marken verzichten, wenn diese innerhalb ihrer Produktgruppe nicht umsatzstark sind (vgl. Feige, 1996, S. 6). Die **Markenstärke** kann - als Gegengewicht der Industrie zu den Machtfaktoren des Handels - quantitativ in Marktanteilen innerhalb der Produktgruppen gemessen werden (vgl. Zentes/Hurth, 1996, S. 129). Empirische Untersuchungen zeigen, daß

- ein Drittel der Marken eine gesicherte Position im Handel hat, davon sind nur wenige Marken für den Handel unverzichtbar;

- ein weiteres Drittel hat ansehnliche Marktanteile, ist aufgrund der eher mittelmäßigen Position beim Endverbraucher für den Handel aber nicht unersetzlich;

- ein letztes Drittel muß sich den Regalplatz durch finanzielle Zugeständnisse immer wieder erkaufen (vgl. Feige, 1996 sowie den Beitrag „Erfolgreiche Markenführung gegenüber dem Handel" in diesem Buch)[1].

---

1   Da sich die Befunde auf bekannte Marken beziehen, ist die Situation für das Gros der Marken schlechter.

3.3 Mergers & Acquisitions

Mergers und Acquisitions (M&A) charakterisiert Strategien, die das Ziel der Stärkung der Marktmacht durch Vergrößerung der Marktanteile oder Degressionseffekte umschreiben. Mergers, man spricht auch von Verschmelzungen oder Fusionen, führen zur Auflösung der rechtlichen Selbständigkeit mindestens eines der beteiligten Unternehmen. Der Begriff Acquisitions beinhaltet prinzipiell jede Form von Beteiligungen eines Unternehmens an einem anderen; oftmals wird er auf die vollständige Übernahme eingeengt (vgl. Zentes/Swoboda, 1997, S. 226).

Für die Markenartikelunternehmen stellt sich im Themenzusammenhang die Frage,

■ ob die Unternehmensziele besser aus eigener Kraft oder durch den Erwerb der Fähigkeiten anderer Unternehmen erreicht werden sollen und

■ ob durch die Akquisition ein Kräfteausgleich im Wettbewerb geschaffen werden kann.

Der erste Aspekt kann beispielsweise im Kontext der Übernahme erfolgreicher Marken von Konkurrenzunternehmen liegen. Den zweiten Aspekt belegt die Entwicklung in vielen Warengruppen[2]. Beispielsweise soll im Markt für Milchprodukte die Fusion der noch etwa 190 Molkereien zu einem Oligopol ein Kräftegleichgewicht zum Handel herstellen. In diesem Markt vereinigen die zehn größten Handelsorganisationen in Deutschland 82 %, die Top 10 der Milchindustrie 37 % Marktanteil auf sich (vgl. o. V., 1998 d, S. 58).

Sowohl auf dem deutschen als auch auf dem europäischen Markt liegt eine hohe Dominanz durch die Top-Markenartikelunternehmen vor, die als Marktführer entgegen dem Branchentrend noch Anteile dazu gewinnen (vgl. Zentes/Hurth, 1996). Verstärkt wird diese Entwicklung durch Akquisitionen, die der strategischen Leitlinie der Re-Spezialisierung („Rückbesinnung auf Kernkompetenzen") folgen (vgl. Abbildung 2).

M&A kann als eine Substrategie des Markenmanagements angesehen werden. M&A steigert den Marktwert der Unternehmen und deren Marken. Für die größten Markenartikelunternehmen der Welt beträgt er (in Mrd. £): Coca-Cola (99), Philip Morris (63), Pepsico, Unilever, Nestlé (je über 30), McDonalds und GMG Brands (über 20), Campell Soup, Anheuser Busch, Sara Lee und Heinz (über 10) (vgl. GMG Brands/Euro-food zit. nach Zentes et al., 1997, S. 53 f.). Offensichtlich besteht ein Einfluß der Marktposition auf die Gewinnspannen. So erreichte Coca-Cola im Jahre 1996 (weltweit) eine „profit margin" von 18,8 %. Damit erreicht Coca-Cola im elften Jahr in Folge steigende, seit zehn Jahren zweistellige profit margins (vgl. o. V., 1997 b, S. 102).

---

2   So hat Danone in den 80er Jahren Sonnen-Bassermann übernommen und ist mit dem Kauf von Birkel und anderen Übernahmen in Frankreich, Italien und Spanien zum größten Teigwarenhersteller in Europa aufgestiegen. Den größten Sprung hat Philip Morris getan, die sich mit der Übernahme von General Food und Kraft zu einem der größten Lieferanten für Lebensmittel entwickelt hat. Eine weitere Übernahme ist die von Starlux (Spanien) durch CPC mit einer Verdreifachung der Umsatzanteile in diesem Markt.

Kaufwilliges Unternehmen	Ziel	Kaufpreis in Millionen US-$
Coca-Cola Amatil (Australien)	Coca-Cola Bottlers (Philippinen)	1.900
Panamaco (Panama)	Coca-Cola y Hit (Venezuela)	1.000
Anheuser-Bush (USA)	Grupo Modelo (Mexiko)	550
McCain Food (Kanada)	Ore-Ida Food (USA)	500
Philip Morris (USA)	Cigatam (Mexiko)	400
Illovo Sugar (Südafrika)	Lonrho Sugar (Afrika)	371
Peters & Browners (Australien)	Tip Top Ice Cream (Neuseeland)	243
Pernod Ricard (Frankreich)	Larios (Spanien)	240
Parmalat (Italien)	Beatrice Food (Kanada)	212
Galax International (USA)	Harry (China) und Brew (China)	130

Abbildung 2: Die zehn größten Übernahmeangebote im 1. Halbjahr 1997
Quelle: KPMG Corporate Finance/Eurofood.

Die Entscheidung für M&A wird immer dann gefällt, wenn der Weg über externes Wachstum

- schneller, kostengünstiger und/oder risikoärmer zum Ziel führt,

- wenn die Ressourcen/Leistungen intern nicht erzeugt werden können, oder es keinen freien Markt dafür gibt,

- wenn hinsichtlich Gewinn, Umsatz und/oder Marktanteil aus Synergiegründen mehr erreichbar ist als im Alleingang und

- wenn Eintrittsbarrieren eines Marktes nur über Akquisitionen (mit oder ohne Fusion) überwunden werden können.

In einigen Bereichen versuchen die Hersteller, ihre Position dadurch zu verbessern, daß sie miteinander kooperieren. Grundsätzlich wird durch derartige **Strategische Allianzen** ein „joint competitive advantage" angestrebt, der durch die Ergänzung individueller Stärken bzw. durch die Kompensation individueller Schwächen erreicht werden soll. Sie können bezüglich der gesamten Wertkette oder in bezug auf einzelne Wertschöpfungsaktivitäten vereinbart werden (vgl. zu den Formen Zentes/Swoboda, 1997, S. 300).

Strategische Allianzen treten gegenwärtig nur in Einzelfällen auf. Es handelt sich z. T. um operative Kooperationen. Folgende Ansatzpunkte sind empirisch festzustellen:

■ **Verbundwerbung:** Siemens empfiehlt Fairy Ultra; Ariel kooperiert mit den Textilmarken Mexx, Puma, Schiesser und New Man; Nestlé mit Opel.

■ **Produktion:** Nestlé verfügt über Joint Ventures mit Coca-Cola (Erfrischungsgetränke in Europa), mit Danone (in Osteuropa) und mit General Mills (Cerealien außerhalb der USA). Danone und Coca-Cola vereinbarten 1996 die Gründung eines gemeinsamen Unternehmens zur Herstellung von tiefgekühltem Fruchtsaft.

■ **Marktforschung:** In Großbritannien bündeln Cadbury, Schweppes, Kimberly-Clark, Bass Brewers und Unilever ihre Informationen über die Konsumenten.

■ **Distribution:** Kellogg's führte 1996 mit Danone und 1997 mit Ehrmann gemeinsame Promotionaktivitäten durch; Stabilo und Edding haben eine Vertriebskooperation angekündigt.

Insgesamt eröffnen Hersteller-Allianzen - im Gegensatz zu M&A - die Möglichkeit zur Kooperation der Markenartikelunternehmen. Gleichwohl bestehen, anders als im Lebensmittelhandel, nur wenige Einkaufskontore für mittelständische Lebensmittelproduzenten. Beispiele sind das Industriekontor Hamburg IKO und die Industriebeschaffung Berlin (BIB).

3.4 Beziehungsmanagement

3.4.1 Grundlagen

Eine Typologie von Marketing-Beziehungen gibt Webster (1992). Er unterscheidet Transactions, Repeated Transactions, Long-Term Relationships, Buyer-Seller-Partnership, Strategic Alliances, Network Organization und Vertical Integration. Im Hinblick auf die Analyse der Veränderungen im Beziehungsmanagement ist diese Unterscheidung, die sämtliche Transaktionen zwischen Herstellern und Handel umfaßt, eher ungeeignet. Sie differenziert beispielsweise nicht zwischen Hersteller- und Handelsmarkenstrategien, die wiederum die „freie" Gestaltung der Marketing-Beziehungen reglementieren. Bei ausschließlicher Betrachtung der Herstellermarkenstrategie lassen sich - historisch - zwei grundsätzliche Stoßrichtungen unterscheiden: die Push- und die Pull-Strategie.

Eine **Push-Strategie** bedeutet, daß das Produkt mit Hilfe handelsgerichteter Maßnahmen durch das Distributionssystem „gedrückt" wird. Über intensiven „Rein-Verkauf" in den Handel wie Anstrengungen im Personal-Selling, Regalpflege, Displayunterstützung sowie gezielte „Ab-Verkaufs"-Unterstützung wie Ladenwerbemittel, Produktproben, Sonderangebote soll der Absatz der Produkte stimuliert werden. Damit wird in den einzelnen Distributionsstufen und gegenüber dem Konsumenten mit Hilfe handelsgerichteter Maßnahmen ein Verkaufsdruck bewirkt. Im Gegensatz dazu, soll im Zuge einer **Pull-Strategie** die Nachfrage vor allem durch intensive konsumentengerichtete Werbung und Verkaufsförderungsmaßnahmen stimuliert werden. Dadurch soll bei den Konsumenten eine aktive Nachfrage in Gang gesetzt werden, welche die Produkte durch ihre Bekanntheit sowie ihr Image „vorverkauft". Wenn die Konsumenten die entsprechenden Produkte beim Handel verstärkt nachfragen, kann dadurch ein Listungszwang erzeugt werden.

Eine Intensivierung und Erweiterung der Strategien zeichnete sich durch eine Neuorientierung des vertikalen Marketing im Sinne eines kooperativen Marketing ab. Um die Marktpräsenz langfristig zu sichern und um das Effizienzsteigerungspotential in den Wertschöpfungsketten auszuschöpfen, versuchen Hersteller eine enge Zusammenarbeit mit dem Handel zu realisieren. Hierzu zählen (vgl. Tomczak/Schögel, 1998):

■ **Trade Marketing-Ansätze:** Sie dienen dazu, den Handel bei seinen Marketinganstrengungen durch die Industrie zu unterstützen. So haben die Hersteller vielfach eigene Abteilungen aufgebaut, deren Aufgabe es ist, spezifische Unterstützungsprogramme für den Handel zu realisieren und dadurch die Beziehungen zwischen den Marktpartnern langfristig positiv zu gestalten (vgl. Zentes, 1989 b).

■ **Wertschöpfungspartnerschaften:** Mit gemeinsamen Partnerschaften versuchen Hersteller und Handel die Waren-, Informations- und Geldströme unternehmensübergreifend zu optimieren und damit Kostensenkungspotentiale in der gesamten Wertschöpfungskette für beide Seiten zu realisieren (vgl. Swoboda, 1997 b).

■ **Handelsmarkenprogramme:** Hier treten Hersteller einen Großteil der Wertschöpfung an den Handel ab und konzentrieren sich - wie bereits erwähnt - auf die Entwicklung und Produktion von Produktprogrammen für Handelskunden.

3.4.2 Konzepte

Im Vordergrund folgender Betrachtung stehen Partnerschaftssysteme, d. h. Gegenseitigkeitstypen der vertikalen Kooperation, bei denen Hersteller und Handel gemeinsam das Management der Schnittstelle im Absatzkanal betreiben (vgl. umfassend Laurent, 1996). Zwischen den Akteuren herrscht Gleichwertigkeit, die häufig durch eine gegenseitige Abhängigkeit begründet ist (vgl. Tietz, 1993 a). Ziel ist es, Reserven in der Wertkette zu erkennen und auszuschöpfen. Eng verbunden mit dem Konzept des Efficient Consumer Response (ECR) streben - ausgehend von den USA, in den letzten Jahren auch in Deutschland - Teile der Industrie und des Handels ein Reengineering der unternehmensübergreifenden Wertschöpfungsaktivitäten an, um den Warenfluß und die damit einhergehenden Transaktionen zu verbessern, zu beschleunigen und zu integrieren.

Das Konzept besteht aus drei Komponenten (vgl. Zentes et al., 1997, S. 78):

▪ den **Basistechniken** (enabling Technologies), die als Grundlage des ECR angesehen werden, so die periodische, abverkaufssynchrone Weitergabe von Daten durch den Handel an die Hersteller (vgl. Zentes, 1996 a),

▪ dem **Supply Chain Management** (Management der Versorgungskette), bei dem der Waren-, Informations- und Geldfluß entlang der Wertschöpfungskette in Zusammenarbeit zwischen Industrie und Handel optimiert werden soll,

▪ dem **Category Management** (Management der Warengruppen), bei dem neue Organisationsstrukturen geschaffen und die Warengruppen im Handel als Strategische Geschäftseinheiten (SGE) gesteuert werden sollen (vgl. Abbildung 3).

Studien zufolge kann das ECR helfen, 6,1 % des Endverbraucherpreises einzusparen, das sind europaweit rund 48 Milliarden DM (vgl. C&L, 1997, S. 1). Während man im Marketing durchaus auch Einzelprojekte wertschöpfungswirksam planen und umsetzen kann, ist dies bei Partnerschaften in der Logistik anders. Diese erfordern Standards sowie ein Mindestvolumen von angeschlossenen Unternehmen, um wirtschaftlich zu arbeiten („kritische Masse").

Obwohl es fraglich ist, ob die Potentiale in dieser Größenordnung zutreffen, und obwohl die Idee anderen Industriezweigen, wie der Automobilindustrie, nachempfunden wird, wo mit Integrated Engineering und Just-in-Time-Konzepten ähnliches seit langem betrieben wird, ist sie für die praktische Umsetzung der Hersteller-Handels-Beziehungen von Bedeutung. Dies zeigen beispielsweise die Aktivitäten namhafter Hersteller (so von Henkel; vgl. Speer, 1998) oder auch des ECR-Europe-Board (vgl. dazu Wiezorek, 1998). Daß die Maßnahmen des handelsbezogenen Marketing der Hersteller an Bedeutung gewinnen, zeigen Studien: In 46 % der Fälle dominieren sie das endverbraucherbezogene Marketing (vgl. Tomczak/Gussek, 1992).

Aus markenpolitischer Sicht sind für die Hersteller-Handels-Beziehungen vor allem die in Abbildung 3 dargestellten **drei Dimensionen des Category Management** relevant (vgl. im folgenden auch Zentes et al., 1997, S. 89 ff.).

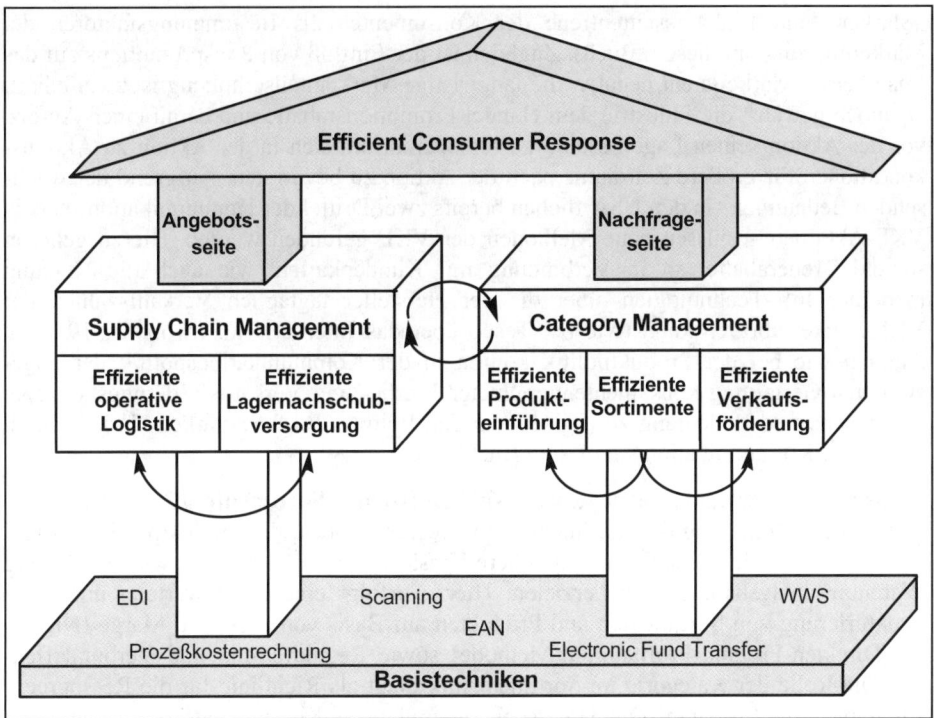

Abbildung 3: Strategien des Efficient Consumer Managements
Quelle: Zentes et al., 1997, S. 77.

Das Kooperationsfeld „**effiziente Produkteinführung**" setzt an produktpolitischen Problemfeldern an. Es beschäftigt sich mit der Optimierung der Produktentwicklung und den Einführungsaktivitäten durch bessere Testmöglichkeiten und eine schnellere Reaktion auf das Verbraucherverhalten. Gerade das Innovationsmanagement ist ein streng vertrauliches Feld. F&E-Informationen werden nicht gerne ausgetauscht, insbesondere nicht mit Händlern, die Eigenmarken haben. Gleichwohl könnten Produkteinführungsprobleme, zum Beispiel eine zu „kurze Geduld" beim Handel, durch „intelligente Systeme" bei der Entlohnung von Produkteinführungen gelöst werden: Eine Möglichkeit ist zum Beispiel bei Erfolg eines neuen Produktes keine Listungsgebühr zahlen zu müssen, ansonsten aber einen Ausgleich für den - auf der belegten Fläche - entgangenen Gewinn bzw. Deckungsbeitrag zu schaffen.

Eine „**effiziente Verkaufsförderung**" betrifft die erwähnten Zieldivergenzen in der Kommunikationspolitik von Industrie und Handel. So wird aus Sicht der Industrie die Profitabilität von VKF-Maßnahmen vielfach angezweifelt, da hierdurch verstärkt marken- und geschäftsstättenilloyale Kunden, sogenannte Schnäppchenjäger, erreicht werden, die eher „unprofitabel" sind, da sie die höchsten Kosten - gemessen am logistischen, personellen und administrativen Aufwand - verursachen (vgl. dazu den Beitrag

„Marken- und Einkaufsstättentreue der Konsumenten als Bestimmungsfaktoren der Markenführung" in diesem Buch). Zugleich ist der Einfluß von Preispromotions auf das Image einer Marke latent negativ, die langfristige Marktanteilserhöhung ist zweifelhaft. Dennoch gewährt die Industrie dem Handel Promotionsrabatte und damit einen Anreiz, vor der Aktion seinen Lagerbestand zu reduzieren, um sich in der Aktion zu Aktionskonditionen für größere Zeiträume nach der Aktion zu bevorraten. Aufgrund der wachsenden Bedeutung - in den USA fließen bereits zwei Drittel der Kommunikationsetats in VKF-Aktionen - müssen neue Methoden der VKF gefunden werden. Hierzu gehören sowohl Treuerabatte, so in Verbindung mit Kundenkarten, wie auch die Nutzung moderner IuK-Technologien, über die der Hersteller tagtäglich Verkaufszahlen der VKF-Artikel abrufen kann (wie bei Tesco über das Internet; vgl. Swoboda, 1998 a). Ähnlich wie bei der Produktpolitik kommt in der Kommunikationspolitik der abgestimmten Gestaltung konsumentengerichteter Werbe- und Verkaufsförderungskonzepte eine wachsende Bedeutung zu (vgl. hierzu den Beitrag „Aufbau starker Marken durch integrierte Kommunikation" in diesem Buch).

Kernstück des Category Managements sind **„effiziente Sortimente"**. Ziel ist eine gemeinsame Optimierung der Sortimente bzw. Warengruppen, der Produktplazierung und der Preise, um höhere Spannen und höhere Umsätze je Quadratmeter sowie eine höhere Warenumschlagshäufigkeit zu erzielen. Hierzu erfolgt eine Neubewertung und Neustrukturierung von Sortimenten und Produkten auf Basis von Preis und Marge (wie bei der Direkten-Produkt-Profitabilität-Methode) sowie Regaldrehzahl und Verbundeffekten. Die Rolle der Kategorie im Sortimentsmix dient als Richtlinie für die Ressourcenzuteilung. Eine Erkenntnis aus Untersuchungen über die Komplexitätskosten von Sortimenten ist, daß eine erhebliche Gewinnsteigerung durch Reduzierung von Sortimenten bzw. durch Abbau der Variantenkomplexität besteht. Produkte, die 80 % der Sortimentskomplexität und nur 5 % des Absatzvolumens bei gleichzeitig sehr diskontinuierlichem Absatzablauf ausmachen, bereiten auch Probleme in der Produktionsplanung. Eine fehlende Prozeßkostenrechnung als Kalkulationsgrundlage für den Vertrieb wird die „Einführung" solcher Produktvariationen begünstigen. Die Konsequenz dieser Überlegung ist eine **Straffung der Sortimente bzw. Produktlinien**, die auch Hersteller - wie das Beispiel Procter & Gamble zeigt - durchführen müssen, um ECR-fähige Sortimente vorweisen zu können.

Category Management bedeutet aber auch eine **neue Verteilung der Wertschöpfungsaktivitäten**. Nach Ansicht von Speer (1998) gibt es ein Muß bei der Zusammenarbeit zwischen Industrie und Handel, da der Handel bei 160 bis 240 Warengruppen die optimale Aussteuerung der Warengruppen untereinander zum Ziel hat und in diesem Bereich über ein entsprechendes Know-how verfügt, was aber zwangsläufig schwächer ausgeprägte Detailkenntnisse über einzelne Warengruppen bedingt. Der Hersteller besitzt Detailkenntnisse über eine Warengruppe sowie über Marken, Packungsformate und Konsumentenpräferenzen. Idealtypisch nutzt der Handel diese und erarbeitet in Kooperation mit dem Hersteller - der am fähigsten und am besten informiert ist - gemeinsame Lösungen. Andererseits liegen derartige Zahlen in Form von Scannerdaten im Handel vor; sie werden (noch) meistens nur unzureichend ausgewertet. Da die Sortimentsgestaltung eine originäre Handelsfunktion ist, bedeutet dies zugleich, daß Category Management vom Handel - in Zusammenarbeit mit der Industrie - durchgeführt werden muß.

Indem Sortimente neu strukturiert und Absatzverbundwirkungen berücksichtigt werden, betrifft Category Management auch die **Struktur der innerbetrieblichen Organisation**. Die Organisationsstruktur muß dahingehend verändert werden, daß eine prozeßorientierte Struktur vorliegt, in der ein Category Manager die Führung einer Warengruppe, so auch die Listungsentscheidung von Marken, anhand von Rentabilitätszahlen ganzer Warengruppen, von Verbundwirkungen und Synergien, beispielsweise in der psychischen Distribution, durchführt. Wie hervorgehoben, dominierte hier bisher das „Spannendenken". Diese Category Manager Struktur im Handel macht Organisationsveränderungen beim Hersteller notwendig. Während in der Vergangenheit Konsumgüterhersteller zu Key-Account-Managern (KAM) übergegangen sind - dadurch bestand eine Kontaktstelle zu einem Kunden - muß sich der KAM mehreren Category Managern stellen, falls ein Hersteller Produkte in mehreren Kategorien anbietet. Die Komplexität für ihn erhöht sich, so daß nur eine produkt(gruppen)orientierte Struktur Abhilfe schaffen kann. Ein Problem ergibt sich aber dann, wenn die Produktgruppen eines Herstellers und die Categories mehrerer Handelsunternehmen nicht übereinstimmen.

Gesondert hinzuweisen ist auf die Bedeutung der **Verbundwirkung**. Obwohl die Warengruppen als SGE gemanagt werden, muß über alle Warengruppen hinweg eine Koordination stattfinden, denn Kunden kaufen in mehr als einer Warengruppe pro Einkauf. Category Management riskiert das Gesamteinkaufserlebnis des Verbrauchers zu ignorieren, weil es sich um die einzelnen Kategorien kümmert - wie dies Hersteller gerne tun - und Verbundwirkung vernachlässigt. Zugleich sind Kriterien für eine endverbraucherorientierte, überschneidungsfreie Abgrenzung von Warengruppen schwer zu finden. Diese setzt eine homogene Kundenstruktur oder die Ausnutzung von Konsumentensynergien voraus.

3.4.3 Problemfelder

Neben den genannten Problemfeldern des Category Managements, bestehen weitere grundlegende Problemfelder im Beziehungsmanagement (zu Wertschöpfungspartnerschaften vgl. ausführlich Zentes, 1994 und 1996 a; Laurent, 1996 und Swoboda, 1997 a). Aufgrund der Heterogenität von Konsumgüter- und Investitionsgüterwertketten und der unterschiedlichen Perspektiven der beteiligten Partner (Hersteller und Handel, aber auch Logistik-Dienstleister und Kunden) wurde erst kürzlich eine Untersuchung der Institute für Handel und Internationales Marketing an der Universität des Saarlandes, für Ökologie und Unternehmensführung an der EBS, für Technologie und Management, Bereich Logistik an der TU Berlin und der Deutschen Außenhandels- und Verkehrs-Akademie, Bremen, abgeschlossen, die diese Heterogenität durch die Analyse kompletter Wertketten mittels Tiefeninterviews bei bis zu sechs Partnern in jeder Wertschöpfungskette berücksichtigt hat[3]. Die Studie belegte die Erkenntnisse bzgl. der Relevanz des organisatorisch-technischen und unternehmens-/kooperationskulturellen Fits. Sie zeigte darüber hinaus die Relevanz einer weiteren Fit-Dimension auf, des strategischen Fits, d. h. eines weiteren Konfliktfeldes im Streben nach einer Gesamtsystemoptimierung.

Strategische Fits: Kontingenztheoretisch orientierten Gestaltungsanalysen zufolge sind unternehmensstrategische Fits eine zentrale Voraussetzung für Kooperationen. Ein Problemfeld entsteht hier durch das bereits von Zentes/Ihrig (1994) prognostizierte aktive Bestreben der Handelsunternehmen nach einem Ausbau ihres Anteils an der Wertschöpfungskette. Im Sinne einer Vorwärtsintegration erfolgt eine verstärkte Übernahme des POS-Marketing und des Merchandising durch Handelsunternehmen. In gleicher Weise ist eine Rückwärtsintegration durch den Aufbau von handelseigenen Zentrallägern, den logistischen Zugriff auf Auslieferungsläger der Hersteller, und naheliegenderweise auch die Belieferung der Filialen, verbunden mit einem konsequenten Outsourcing logistischer Einzelleistungen (z. B. Transport), oder die Mitwirkung an der Einführung neuer Produkte festzustellen. Diese Konzepte stellen wesentliche Schritte zur Restrukturierung der Wertschöpfung und insbesondere der Industriedistribution dar.

Organisatorisch-technische Fits: Bezüglich des organisatorisch-technischen Fits ist zunächst die technische Kompatibilität herauszustellen, die über eine technische Infrastruktur wie Scannerkassen, EDI-Standards (z.B. EDIFACT) und entsprechende Netze sichergestellt werden kann. Es zeigt sich jedoch, daß der organisatorische Reifegrad der Unternehmen oft noch unzureichend entwickelt ist. Dies gilt gleichermaßen für das Überwinden des Denkens in Kategorien wie Abteilungen und Ressorts zugunsten einer konsequenten Prozeßorientierung. Dabei sind in Wertschöpfungspartnerschaften alle Abteilungen wie EDV, Logistik, Marketing oder Vertrieb einzubeziehen.

Unternehmens-/kooperationskulturelle Fits: Wie Untersuchungen zum kontingenztheoretischen Fit-Ansatz belegen, hängt der Erfolg von Kooperationen häufig von sozio-emotionalen (unternehmenskulturellen) Fits ab. Insofern kann eine neue Kooperationskultur zwischen Handel und Industrie als Schlüsselfaktor für die Implementierung und den Erfolg von Wertschöpfungspartnerschaften gelten (vgl. Kolodziej, 1998). Gleichwohl spricht die Beziehungsebene zwischen Industrie und Handel (wie Abbildung 4 zeigt) nicht gerade für eine umfassende Kooperation. Auch aus Sicht der Industrie sind lediglich ein Drittel der Beziehungen kooperativ; eine Zunahme kooperativer Beziehungen wird jedoch erwartet (vgl. HandelsMonitor 1997, S. 29 ff.).

---

3   Die Untersuchung fand im Rahmen des Gemeinschaftsprojekts IQU (Integrierte Qualitäts- und Umweltauditierung logistischer Prozeßketten) statt, welches insgesamt 35 Wertschöpfungspartnerschaften zum Gegenstand hatte und dessen Ergebnisse im Herbst im Haupt Verlag veröffentlicht werden.

Art der	Zeitpunkt des Monitorings							
Beziehung	II/93	I/94	II/94	I/95	II/95	I/96	II/96	I/97
kooperativ	59,1	53,2	50,4	51,5	64,6	56,2	51,2	48,9
neutral	33,3	30,3	30,9	37,2	23,1	32,6	36,6	40,5
konfliktär	7,6	16,5	18,7	11,3	12,9	11,2	12,2	10,6

Abbildung 4:   Einschätzung der Beziehung des Handels zur Industrie (Angaben in Prozent)
Quelle: HandelsMonitor, 1997, S. 27.

Fokussiert man auf das zentrale Problem der Hersteller-Handels-Beziehungen, die Preis- und Konditionenpolitik, so ist festzuhalten, daß sie einer Kooperation dann im Wege steht, wenn sie durch eine kurzfristige Aktionspolitik und einen entsprechenden Erfolgsdruck geprägt ist. Dies wirkt in den auf langfristige Stabilität ausgelegten Wertschöpfungspartnerschaften kontraproduktiv. Auch die damit verbundenen verschiedenen internen Anreizsysteme fördern ein Wertschöpfungsdenken nicht. Solange der Einkauf Interesse an möglichst hohen Spannen hat, der Verkauf umsatzorientiert denkt und die Logistik nur in Kostenkategorien argumentiert, werden nur Suboptima erreicht.

3.5   Handelsmarkenproduktion

Wie erwähnt, ist der Aufbau einer starken Marke mit einem entsprechenden Markenimage in einer Produktgruppe für viele Hersteller, insbesondere mittelständische Hersteller, finanziell kaum realisierbar. Beispielsweise verfügen Unternehmen der mittelständisch strukturierten Ernährungsindustrie häufig über keine oder nur einzelne Top-Marken. Sie sind deshalb vielfach auf die Produktion von Handelsmarken angewiesen.

Bei Verfolgung einer **Handelsmarkenstrategie** werden die Produkte der jeweiligen Hersteller als Handelsmarken angeboten. Dabei ergibt sich eine Handelsmarkenstrategie selten initial, sondern vielmehr aufgrund eines evolutorischen Prozesses, innerhalb dessen ein Wechsel von der Produktion von Herstellermarken auf die Produktion von Handelsmarken vorgenommen wird. Eine Ursache dafür stellt die Verdrängung der Erstellung von Herstellermarken durch Großaufträge von Handelsunternehmen dar, die zur Kostendeckung für die Hersteller erforderlich sind. Ziel ist eine Profilierung gegenüber dem Handel als Spezialist in der Produktion von Handelsmarken (vgl. Zentes/Ihrig, 1994, S. 1207 ff.). Für den Handel ergibt sich durch die Markenführerschaft die Möglichkeit zur Realisierung eines eigenständigen Markenmanagements mit Hilfe kompetenter Handelsmarkenproduzenten. Die (effiziente) Gestaltung der Prozeßkette liegt weitgehend in der Hand des Handels. Insofern verwundert es nicht, daß gerade Großunternehmen verstärkt Handelsmarken anbieten (vgl. exemplarisch die Relation von Markt-

anteil und Handelsmarkenentwicklung in Abbildung 5 sowie die Beiträge „Handelsmarkenstrategien aus Konsumentensicht", „Gattungsmarken als Profilierungsinstrument
im Handel" sowie „Determinanten der transnationalen Handelsmarkenführung" in
diesem Buch).

Land	Marktanteil der Top 5 im LEH**	Handelsmar- kenanteil im LEH**	Preisniveau unter Markenartikeln	Anteile im Jahre 2005*
Italien	14,2	6,8	20	16 - 18
Spanien	45,9	7,7	15	14 - 16
Groß- britannien	48,1	37,1	10	42 - 44
Niederlande	52,2	16,3	10 - 15	--
Frankreich	57,1	16,4	25	22 - 24
Deutschland	60,0	17,0	25	26 - 28
Belgien	65,8	19,8	15	--

* Prognose einschließlich Discounter ** Lebensmitteleinzelhandel

Abbildung 5:   Marktanteile von Handelsunternehmen und -marken 1996 (Angaben in
                 Prozent)
Quelle: M+M Eurodata, Nielsen zit. nach Zentes et al., 1997, S. 32 ff.

Eine Vielzahl der Hersteller strebt keine „lupenreine" Hersteller- oder Handelsmarkenstrategie, sondern vielmehr eine Kombination beider Konzepte an (vgl. auch den Beitrag
„Markenbereinigung" in diesem Buch). **Kombinierte Markenstrategien** sind dadurch
gekennzeichnet, daß sowohl die Produktion von Hersteller- als auch von Handelsmarken
durch einzelne Unternehmen erfolgt. Als zentraler Bestimmungsfaktor dieser Strategie
erweist sich die erforderliche Kapazitätsauslastung in der Fertigung. Wichtige Zielsetzungen sind ferner die Gewinnung neuer Handelskunden und die Erreichung der
Position eines Alleinlieferanten für bestimmte Produktgruppen.

Die Handelsmarken werden in der Regel nicht von international führenden Unternehmen
produziert, sondern von nationalen bzw. regionalen Herstellern, die sich oft ausschließlich dieser Produktion widmen und z. Z. noch mittelständisch geprägt sind. Eigene Pro-
duktionsbetriebe des Handels stellen eher die Ausnahme dar, so GIB in Belgien (vgl.
Zentes et al., 1997, S. 35).

3.6 Vertikale Integration

Alternative Formen gewinnen als strategische Optionen der Hersteller an Bedeutung. Sie reichen vom Direktvertrieb bis zur „Vertikalen Vorwärtsintegration". Zu den traditionellen Formen des Direktvertriebs wie Verkaufsstellen, -filialen, -niederlassungen, beispielsweise von WMF, Villeroy & Boch, Trigema, treten neue Direktvertriebsformen der Hersteller hinzu, so durch (vgl. Zentes/Swoboda, 1998 b, S. 45 ff.)

■ das Electronic Shopping und
■ die Factory Outlet Center.

Electronic Shopping: Bestellungen über das Fernsehen (Shopping Kanäle) und PC's (Internet, T-Online) eröffnen neue Perspektiven für einen Direktvertrieb der Industrie. Es entstehen strategische Allianzen in Form von virtuellen Unternehmen, in die Unternehmen auf Basis eines gemeinsamen Geschäftsverständnisses jeweils individuelle Kompetenzen synergetisch einbringen: die Hersteller ihre Produkte (Marken), die Service-Dienstleister ihre Warenlogistik und die Kreditkarteninstitute ihre Inkassokompetenz. Service-Provider übernehmen die Koordination. Aufgrund der globalen Verfügbarkeit von Netzen ist ein internationaler Prozeß möglich. Bestellungen von Kunden aus unterschiedlichen Ländern, zum Beispiel aus Deutschland, werden durch einen im Land B (z. B. USA) ansässigen Provider (Broker) gesammelt und parallel an einen, u. U. den preiswertesten, Hersteller im Land C (Fernost), einen Logistik-Dienstleister im Land D (Niederlande) sowie ein Clearing-House, zum Beispiel eine Bank in Land E (Schweiz), weitergeleitet. Auf Basis dieser Informationen wird die Ware - ausgehend vom Hersteller - durch den Logistik-Dienstleister an den Kunden ausgeliefert. Das Clearing-House übernimmt die Inkassofunktion und die Steuerung der Zahlungsströme in Richtung Provider, Hersteller und Logistik-Dienstleister (vgl. dazu mit Beispielen Zentes/Swoboda, 1998 b, S. 97 ff.).

Projektähnliche Zusammenarbeit, gegenseitiges Vertrauen, die beliebige räumliche Verteilung der Unternehmen, IuK-Technologien als Basis, der Verzicht auf detaillierte Verträge sowie ein einheitliches Auftreten gegenüber den Kunden gelten als charakteristische Merkmale dieser virtuellen Unternehmen. Auf den stationären Handel kann verzichtet werden (zu dessen Strategien vgl. Swoboda, 1998 b). Seine Wertschöpfungsfunktionen werden durch die Netzwerkkonfiguration abgedeckt. Zugleich können sämtliche Aktivitäten in einer Hand gebündelt werden. Dies zeigt das aktuelle Engagement von Bertelsmann (vgl. Rode, 1998). Da moderne IuK-Technologien - auch auf einer Internet-Plattform - den länderübergreifenden Online-Austausch von Abverkaufsdaten mittels integrierter Bestell- und Warenwirtschaftssysteme und zwar im Sinne einer Prozeßintegration zwischen Unternehmen unterstützen (es handelt sich um die zweite Dimension des Electronic Commerce, vgl. Swoboda, 1998 a), ergeben sich hier Ansätze einer integrierten Business-to-Business-to-Consumer Transaktion.

Factory Outlet Center: Auch wenn deren zukünftige Entwicklung in Deutschland im wesentlichen von der Handhabung der raumordnungs- bzw. planungsrechtlichen

Gegebenheiten bzw. politischen Entscheidungen bestimmt sein wird, zeigen die ersten Genehmigungen, daß die Entwicklung der Factory Outlet Center nicht aufzuhalten ist. Gleichwohl ist dieser Angebotsform, in der die Hersteller in „eigenen" Geschäften ihre Marken anbieten, eine andere Begrenzung inhärent. Weil für den Verbraucher ihr Reiz in dem preisgünstigen Kauf einer renommierten Marke liegt, würde die ubiquitäre Verfügbarkeit von hochwertigen Marken über eine Vielzahl von Factory Outlet Centern die Positionierung der Marke erheblich schwächen und damit den Kaufanreiz reduzieren.

Bei den Direktvertriebsformen der Industrie handelt es sich um Ausprägungen der Veränderungen der zukünftigen Konsumgüterdistribution. Diese „neuen Handelsformen" sind neue Konkurrenten der etablierten Handelsunternehmen. Im Extremfall können sie die Ausprägung einer „Controlled Distribution" einnehmen, wie sie auch in anderen Branchen anzutreffen ist, so der **Reifenhandel der Reifenhersteller**. Hier verfügen fast ausnahmslos alle Top-Hersteller - neben der Distribution über „freie" oder Kooperationshändler - über eigene Handelsketten. Sie bündeln Marken- und Handelskompetenz.

4. Entwicklungsperspektiven

Die **Hersteller** werden auch zukünftig versuchen, die Position ihrer Marken gegenüber dem Handel zu festigen, zum Beispiel durch eine noch stärkere **Straffung der Markenlinien** bei einer gleichzeitigen **horizontalen Ausweitung** im Top-Marken-Bereich, durch vertikale Kooperationen, durch Strategien des **Beziehungsmanagements** sowie durch **Direktvertrieb**. Zugleich wird der Handel auch in Zukunft mit einer ausgewählten Kombination unterschiedlicher Marken - verstärkt mit Handelsmarken - seine Betriebstypen profilieren und weiterentwickeln. In den Hersteller-Handels-Beziehungen dürfte sich das **Category Management** als prozeßorientiertes Konzept durchsetzen. Aufgrund der Kooperationsbedingungen mit Top-Herstellern wird es die Top-Marken stärken und die Zweit- und Drittmarken sowie mittelständische Unternehmen tendenziell schwächen. Konsequenzen sind eine immer stärkere Steuerung der Wertschöpfungskette durch Großunternehmen sowie eine Stärkung der Handelsmarken, da hier die Vertrauensprobleme nicht einer Effizienzsteigerung im Wege stehen. Für die Top-Marken könnten Probleme im weiteren Abfluß des Marken-Know-how an die Händler und dem damit verbundenen Innovationsdruck liegen.

Bewegung in die Hersteller-Handels-Beziehungen kommt zukünftig durch zwei sich abzeichnende Entwicklungen: die zunehmende **Internationalisierung des Handels** und **neue Angebotsformen** und **Angebotsbündelungen**.

Der sich internationalisierende Handel trifft im Ausland immer stärker auf dieselben, seit Jahren international tätigen Top-Hersteller. Im Hinblick auf die Hersteller-Handels-Beziehungen resultieren daraus folgende Konsequenzen (vgl. Tomczak/Schögel, 1998):

- Chancen einer globalen Zusammenarbeit ergeben sich vor allem aus einer intensiveren Koordination der Aktivitäten zwischen Hersteller und Handel, wodurch sich Reibungs- und Streuverluste reduzieren und die Anstrengungen beider Marktpartner umfassender abstimmen lassen. Hieraus könnte ein Wachstum durch gemeinsame Internationalisierung oder eine einheitliche Vermarktung der Leistungen resultieren.

- Gefahren erwachsen vor allem aus dem steigenden Einfluß des Handels. Durch eine Entscheidungszentralisierung auf internationaler Ebene kann es zu globalen Listungs- und Konditionenverhandlungen kommen, bei denen Hersteller unter einen stärkeren Druck geraten. Der Handel verbessert seine Verhandlungsposition, indem er nicht mehr nur als Gatekeeper auf nationaler Ebene agiert, sondern auch auf die internationalen Aktivitäten Einfluß nimmt. Folgen können sogenannte „Ringelstellungen" sein, bei denen der Handel im Zielland nur ein geringes Machtpotential besitzt, aber im Heimatland über eine starke Machtposition verfügt, die er auch im Hinblick auf das Zielland ausnutzt. Für die Markenpolitik erwachsen Probleme dadurch, daß Hersteller und Handel nicht in allen Ländern die gleiche Strategie verfolgen müssen. So ist es möglich, daß der Handelspartner in einem Land eher mit preisorientierten Betriebstypen agiert, im anderen höherpreisig vorgeht, während der Hersteller ein global einheitliches Konzept verfolgt. Die Folgen für eine Marke können negativ sein.

Auf nationaler Ebene wird die Position des Handels durch die strategische Neuorientierung gegenwärtiger und neuer Marktteilnehmer tangiert, so durch **neu entstehende Angebots- bzw. Handelsformen**, wie beispielsweise Bahnhof und Airport Shopping, Urban Entertainment Center oder Convenience Shopping - die Tankstellen verfügen im Lebensmittelbereich bereits über einen Marktanteil von rund 5 % (vgl. Zentes/Swoboda, 1998 a). Die Entwicklung führt zu einem wesentlichen (Brutto-)Anwachsen der Einzelhandelsflächen. Von Bedeutung sind ebenso **neue Angebotsbündelungen**, die innerhalb des Handels durch Sortimentserweiterungen entstehen. Dies gilt vorrangig mit Blick auf die Discounter des Lebensmittelhandels und die „Kaffeeröster". So ist beispielsweise Aldi inzwischen mit einem Umsatz von schätzungsweise rund 1,3 Milliarden DM pro Jahr siebtgrößter Textilanbieter Deutschlands. Auch bei Tchibo und Eduscho macht Kaffee nur noch die Hälfte des Gesamtumsatzes aus. Das Rotationssortiment umfaßt auch Textilien - so ist Tchibo zusammen mit Tochter Eduscho in den Top 10 des Textilhandels. Das 25 Seiten starke Tchibo-Bestellmagazin ist ein Schritt in Richtung Home Shopping. Diese Entwicklung dürfte sich noch verstärken, weil viele Anbieter in ihren „klassischen" Sortimenten an die Grenzen des Wachstums stoßen oder weil verstärkt filialisierte Multistores, die ständig wechselnde (Rotations-)Sortimente anbieten, auftreten.

Schließlich kommen Veränderungen auch durch neuartige Allianzen, so mit der Freizeitwirtschaft, zustande. Insofern werden **bis zum Jahre 2005 40 % des heutigen Einzelhandelsumsatzes verlagert**, so eine aktuelle Studie des Instituts für Handel und Internationales Marketing (vgl. Zentes/Swoboda, 1998 b).

Torsten Tomczak, Marcus Schögel und Stephan Feige

Erfolgreiche Markenführung gegenüber dem Handel

1. Herausforderung handelsorientierter Markenführung

1.1 Indirekte Distribution

Die Distribution eines Industrieunternehmens soll die physische und kommunikative Präsenz der angebotenen Leistungen im Endkundenmarkt in einer bestimmten Quantität (z. B. Distributionsgrad) und Qualität (z. B. Beratungsleistungen) sicherstellen (vgl. Ahlert, 1985, S. 9 f.).

Weinhold-Stünzi (1991, S. 337 f.) umschreibt diese Zielsetzungen mit dem Begriff der Markt- bzw. Konsumreife. Markt- bzw. konsumreif sind Leistungen, wenn sie sich im Beschaffungsbereich der Endkunden befinden. Neben der Überwindung der räumlichen Distanz zwischen Hersteller und Endkunde sind dabei auch Zeit-, Know-how- und Qualitätsunterschiede auszugleichen.

Marktgerichtete und marktgerechte Unternehmenspolitik heißt demnach nicht nur, bedürfnisgerechte Leistungen zu entwickeln und zu produzieren, sondern in hohem Maße auch deren Verfügbarkeit gemäß den Bedürfnissen der Endkunden zu erreichen. Der Hersteller muß, orientiert an den Bedürfnissen der Endkunden, bestimmte Ansprüche an sein Distributionssystem stellen, um einen bestimmten Grad der Markt- bzw. Konsumreife zu verwirklichen.

Unternehmen, die in dieser Situation die Distribution über einen indirekten Absatzkanal wählen, müssen ihre Überlegungen neben den Endkunden auch auf Absatzmittler und Absatzhelfer ausrichten. Sie agieren somit simultan in zwei oder je nach Differenziertheit des Distributionssystems - sogar in mehreren Märkten, die sich wie folgt unterscheiden:

Endkunden: Hierbei kann es sich sowohl um Individuen und/oder Organisationen (Unternehmen, öffentliche Dienste usw.) handeln. Diese erwerben die Leistungen im Regelfall über Absatzmittler.

Absatzmittler: Dies sind Unternehmen, die Güter von anderen Unternehmen - im Regelfall von Industrieunternehmen - beschaffen, um sie dann an den Endkunden weiterzuverkaufen.

Endkunden und Absatzmittler verfügen somit über grundsätzlich unterschiedliche Bedürfnisse und Probleme. In beiden Märkten ist es somit notwendig, differenzierte Positionierungen anzustreben, die auf unterschiedlichen komparativen Konkurrenzvorteilen basieren. Allerdings bedingt sich der Erfolg auf beiden Märkten gegenseitig. Ein Industrieunternehmen wird im Handel nur erfolgreich sein, wenn es dem Handel eine Leistung anbietet, die von den Endkunden bei den Absatzmittlern auch nachgefragt wird. Umgekehrt wird ein Unternehmen nur dann im Endkundenmarkt erfolgreich sein, wenn seine Leistungen auch in einer bestimmten Quantität (Stichwort: Regalplatz) und Qualität (Stichwort: z. B. Beratungsleistungen) distribuiert sind.

In zahlreichen Märkten beeinflußt der institutionelle Handel dabei erheblich Umfang und Form der industriellen Marketingaktivitäten. Im einzelnen legt er fest,

■ ob eine Leistung überhaupt im Einzelhandel erhältlich ist (Stichworte: Listung, Distributionsgrad),

■ ob die Leistung aus Sicht der Industrie in strategieadäquaten Betriebstypen geführt wird (Stichwort: Image),

■ in welcher Form die Leistung dem Endkunden physisch und kommunikativ präsentiert wird (Stichworte: Plazierung, Umfeld der Plazierung, Beratung, Preis) und

■ gegebenenfalls in welchem Umfang und in welcher Qualität Kundendienstleistungen vor und nach dem Kauf erbracht werden.

Die Merkmale der Distribution und Vermarktung von Herstellerleistungen über selbständige Absatzmittler weisen strukturelle Parallelen zum Beschaffungsverhalten im Industriegüterbereich auf (vgl. Tomczak, 1997, S. 23 f.; für die Merkmale des industriellen Beschaffungsverhaltens vgl. insbesondere Backhaus, 1997 b). Der Verkauf an Absatzmittler zeichnet sich im einzelnen durch folgende Charakteristika aus:

■ Absatzmittler sind organisationale Nachfrager.

■ Es handelt sich um eine abgeleitete Nachfrage, d. h. die Absatzmittler fragen bestimmte Leistungen der Hersteller nach, da nach diesen im Endkundenmarkt eine gewisse Nachfrage besteht.

■ Die Beschaffungsprozesse der Absatzmittler werden vielfach multipersonal durch Einkaufsgremien abgewickelt (Stichwort: Buying Center).

■ Mehr oder weniger umfangreiche Dienstleistungen ergänzen das Leistungsangebot der Hersteller.

■ Die Beziehung zwischen Hersteller und Handel sind von langfristiger Natur. Es bestehen häufig mehrjährige Geschäftsbeziehungen, deren Intensität unterschiedlich ausgeprägt sein kann.

■ Der Vermarktungsprozeß verläuft interaktiv, d. h. Leistungen und Gegenleistungen beider Seiten werden in einem persönlichen Verhandlungsprozeß zwischen Hersteller und Absatzmittler festgelegt (Stichwort: persönlicher Verkauf).

Für Absatzmittler gelten ähnliche Verhältnisse wie auf Herstellerebene. Nur wenn es dem Handel gelingt, ein attraktives Sortiment von Unternehmensleistungen bieten zu können, werden die Endkunden auch Leistungen bei ihm nachfragen. Umgekehrt sind Absatzmittlerunternehmen nur dann für die Industrie von Interesse, wenn sie den Zugang zu einer attraktiven Endkundengruppe bieten können.

Dementsprechend kann jede Austauschsituation zwischen Industrie und Handel dadurch gekennzeichnet werden, daß die jeweiligen Marktpartner sowohl Käufer als auch Verkäufer sind. So treten die Industrieunternehmen zum einen als Anbieter ihrer Leistungen und zum anderen als Nachfrager nach Regalplatz auf. Die Absatzmittlerunternehmen sind spiegelbildlich Anbieter des Regalplatzes und Nachfrager nach den industriellen Leistungen (vgl. Abbildung 1). In diesem Sinne ist die Nachfragemacht von Absatzmittlern im Prinzip eine Folge ihrer Angebotsmacht, indem sie als Gatekeeper den für die Industrieunternehmen knappen und unentbehrlichen Regalplatz kontrollieren (vgl. Kirschner, 1988).

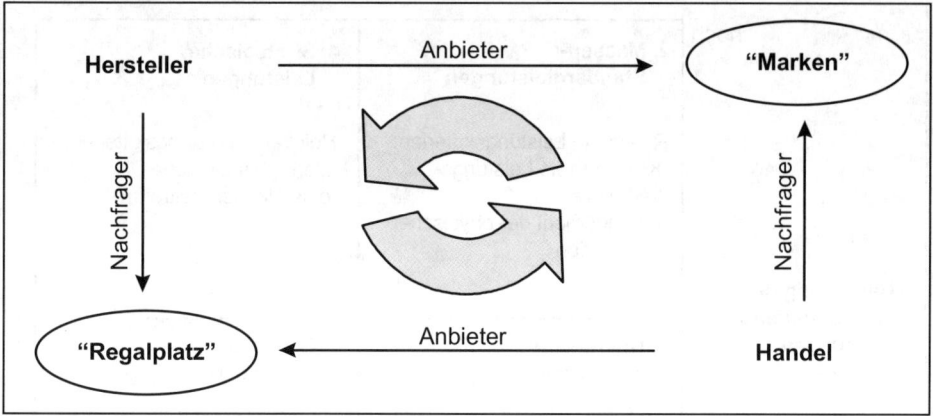

Abbildung 1:   Hersteller und Handel als Anbieter und Nachfrager

1.2   Beschaffungssituation im Handel

Eine von Kraljic (1984) entwickelte Klassifikation von Beschaffungssituationen läßt sich auf die Beschaffungsbedingungen von Handelsunternehmen übertragen. Betrachtet werden zwei Kriteriengruppen:

- Kriterien, die die relative Bedeutung einzelner industrieller Leistungen für die Absatzmittlerunternehmen betreffen, zum Beispiel Kostenanteil im Verhältnis zu den Gesamtkosten, Ergebniseinfluß, Bedeutung von Qualität und/oder Image der zu beschaffenden Leistungen für die Leistung und/oder für das Image der Absatzmittlerunternehmen („Bedeutung der zu beschaffenden Leistungen").

- Kriterien, die die Komplexität der Beschaffungsmärkte und damit das Beschaffungsrisiko kennzeichnen, zum Beispiel monopolistische bzw. oligopolistische Strukturen auf der Industrieseite, technologischer Fortschritt, Eintrittsbarrieren, Logistikkosten, Verfügbarkeitsrisiko und Transparenz („Komplexität des Beschaffungsmarktes/Beschaffungsrisiko").

Die akquisitorische Wirkung bestimmter industrieller Leistungen auf die jeweiligen Absatzmittlerunternehmen läßt sich mit Hilfe der Dimensionen „Bedeutung der zu beschaffenden Leistungen" und „Komplexität des Beschaffungsmarktes/Beschaffungsrisiko" einordnen. Werden die beiden Dimensionen kombiniert, so ergibt sich die in Abbildung 2 wiedergegebene Klassifikation. Zu unterscheiden sind vier Quadranten:

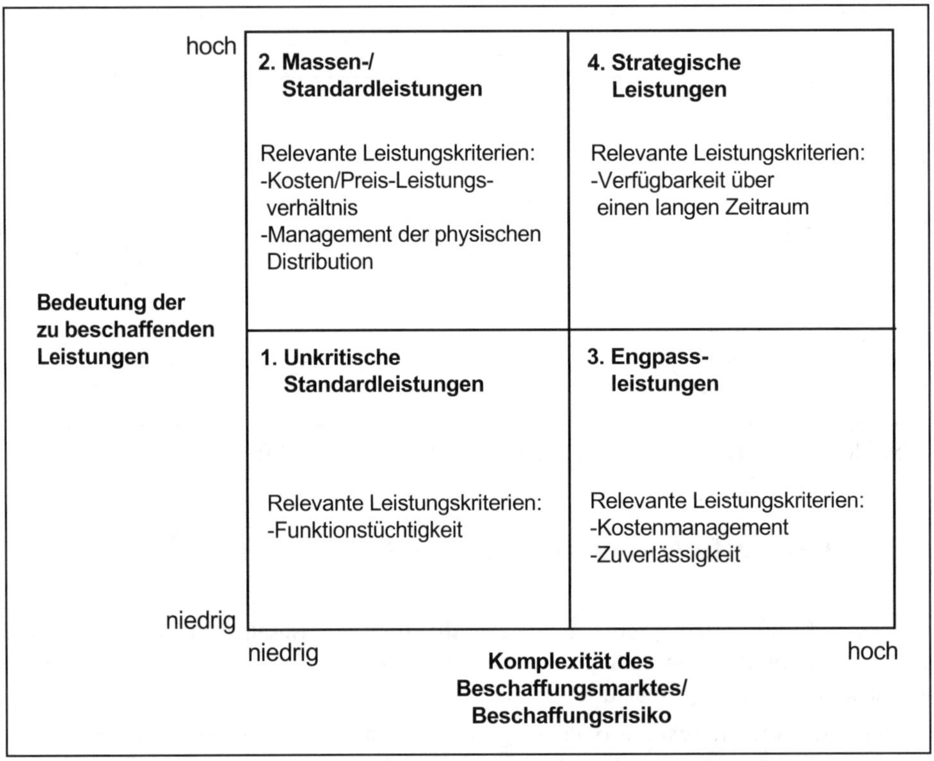

hoch	**2. Massen-/**
	   Standardleistungen
	
	Relevante Leistungskriterien:
	-Kosten/Preis-Leistungs-
	  verhältnis
	-Management der physischen
	  Distribution
		4. Strategische
		      Leistungen
		
		Relevante Leistungskriterien:
		-Verfügbarkeit über
		  einen langen Zeitraum

Bedeutung der
zu beschaffenden
Leistungen
	1. Unkritische
	   Standardleistungen
	
	Relevante Leistungskriterien:
	-Funktionstüchtigkeit
		3. Engpass-
		      leistungen
		
		Relevante Leistungskriterien:
		-Kostenmanagement
		-Zuverlässigkeit

niedrig		

	niedrig **Komplexität des**
	                 Beschaffungsmarktes/
	                 Beschaffungsrisiko
		hoch

Abbildung 2:   Klassifikation industrieller Leistungen aus Absatzmittlerperspektive
Quelle: in Anlehnung an Kraljic (1984) und Haedrich/Gussek (1990).

1. **Unkritische Standardleistungen**: Dies sind industrielle Leistungen, deren Beschaffung für die Absatzmittlerunternehmen problemlos ist, da diese von zahlreichen Lieferanten angeboten werden und zudem die Bedeutung dieser Leistungen für das Absatzmittlerunternehmen gering ist. Im Lebensmitteleinzelhandel ist hier beispielsweise an Grundnahrungsmittel wie Mehl, Zucker, Salz usw., aber auch an austauschbare Markenartikel zu denken, die eine geringe Umsatz- und Ergebnisbedeutung besitzen und lediglich zur Abrundung des Sortiments geführt werden.

2. **Massen-/Standardleistungen**: In diesen Quadranten fallen industrielle Leistungen, die zwar Relevanz für die Leistung der Absatzmittlerunternehmen besitzen, sich aber unbegrenzt und risikolos beschaffen lassen. Im Lebensmitteleinzelhandel sind dies beispielsweise austauschbare Markenartikel mit einer hohen Umsatzbedeutung, aber auch Nebenleistungen wie die Regalpflege oder die Durchführung von Verkaufsförderungsaktionen. Die zentralen Kriterien, anhand derer die industrielle Leistungsfähigkeit beurteilt wird, sind die den Absatzmittlerunternehmen entstehenden Beschaffungs-, Lager- und Kapitalbindungskosten sowie die reibungslose Abwicklung physischer Distributionsaktivitäten. Das Verhalten der Absatzmittlerunternehmen bei der Beschaffung von Massen-/Standardleistungen ist durch das Ausnutzen der Einkaufsmacht, Lieferantenwechsel und Produktsubstitution, gezielte Preis- und Verhandlungsstrategien, Auftragsmengenoptimierung usw. gekennzeichnet.

3. **Engpaßleistungen**: Engpaßleistungen zeichnen sich dadurch aus, daß ihre Beschaffung - da sie nur von einer begrenzten Anzahl von Industrieunternehmen angeboten werden - für die Absatzmittlerunternehmen mit einem gewissen Risiko verbunden ist. Allerdings ist der Nutzen (Umsatz-, Gewinnanteil, Imageprofilierung, Steigerung der Kundenfrequenz usw.) dieser Leistungen für das jeweilige Absatzmittlerunternehmen relativ gering. Eine solche untergeordnete Rolle spielen für gewisse Lebensmitteleinzelhändler eine Reihe von Produkten aus dem Non-Food-Bereich (z. B. Markenprodukte der Spielzeug- und der Gartenwerkzeugbranche) oder Nebenleistungen wie die Durchführung von endkundengerichteten Preisausschreiben.

4. **Strategische Leistungen**: Leistungen, die von großer Wichtigkeit für das jeweilige Absatzmittlerunternehmen sind und deren Beschaffung mit einem großen Risiko verbunden ist, lassen sich als strategisch bedeutende Leistungen charakterisieren. In der Lebensmittelbranche können beispielsweise ein Markenartikel, der im Endkundenmarkt profiliert ist, oder eine effiziente Lösung der Verpackungsproblematik strategische Leistungen darstellen. Zentrales Ziel der Absatzmittlerunternehmen ist es, die Verfügbarkeit dieser Leistungen langfristig sicherzustellen. Im Extremfall heißt dies, daß die Eigenerstellung dieser Leistungen oder zumindest eine langfristige vertragliche Bindung mit dem jeweiligen Industrieunternehmen angestrebt wird.

Wird die vorgestellte Klassifikation von Beschaffungssituationen aus dem Blickwinkel der Industrie analysiert, so ist zusammenfassend festzustellen, daß vorrangig solche Leistungen für Handelskunden von Interesse sind, die für ihn von strategischer Bedeutung sind. Massen-/Standardleistungen und Engpaßleistungen weisen in der Regel ein erheblich geringeres akquisitorisches Potential auf.

2. Komparative Konkurrenzvorteile im vertikalen Marketing

Die hier nur kurz und exemplarisch skizzierten Herausforderungen verdeutlichen die Notwendigkeit eines eigenständigen, auf die Kundengruppe „Absatzmittler bzw. Handel" ausgerichteten Marketing. Industrieunternehmen, die auf den indirekten Distributionsweg angewiesen sind, müssen sich somit nicht nur mit Blick auf den Endkundenmarkt, sondern auch mit Blick auf den Handel komparative Konkurrenzvorteile erarbeiten (vgl. Tomczak et al., 1994). Es geht darum, das eigene Leistungsangebot so zu gestalten, daß der Handel es besser beurteilt als jenes der Konkurrenz.

Nach Meffert (1988 c) strebt jedes Industrieunternehmen „die uneingeschränkte Kontrolle aller Marketing-Instrumente über den gesamten Absatzweg" bei geringstmöglichem eigenen Ressourceneinsatz an. Im Prinzip ist es das Ziel, rechtlich und weitgehend auch wirtschaftlich selbständige Absatzmittler so in die eigenen Marketingaktivitäten einzubinden, daß sich die angestrebte Positionierung im Endkundenmarkt realisieren läßt. Je nach situativem Kontext ist der Einfluß der industriellen Anbieter allerdings verschieden. So sind beispielsweise die Handlungsspielräume der Möbelindustrie gegenüber dem Handel, der rechtlich und wirtschaftlich weitgehend ungebunden operiert, geringer als die der Automobilhersteller gegenüber ihren Vertragshändlern.

In jedem Fall ist es für den Handel nur attraktiv, auf die Wünsche eines Herstellers einzugehen, wenn der Nutzen einer solchen Zusammenarbeit deren Kosten übersteigt. Der Handel ist somit nur bei ausgewählten Leistungen daran interessiert, auf Herstellerwünsche einzugehen. Eine Herstellerleistung ist für den Handel nur dann attraktiv, wenn sie Vorteile bietet, die andere Anbieter nicht haben. Sie muß, mit anderen Worten, über einen **komparativen Konkurrenzvorteil (KKV)** verfügen (vgl. Tomczak et al., 1994 sowie zu komparativen Konkurrenzvorteilen auch Backhaus, 1997 b, S. 12 ff.; Simon, 1988; Grosse-Oetringhaus, 1994; Tomczak/Reinecke, 1995).

Ein komparativer Konkurrenzvorteil kann realisiert werden, wenn folgende Forderungen erfüllt sind:

1. Die Industrieleistung stellt für das Handelsunternehmen einen bedeutsamen **Nutzen** dar. Dieser Nutzen kann sich zum Beispiel auf eine verbesserte Kostensituation, einen erhöhten Umsatz bzw. Absatz, eine gesteigerte Kundenfrequenz in den Verkaufsstellen, ein verbessertes Vertriebslinienimage oder den erhöhten Kenntnisstand der Mitarbeiter beziehen.

2. Der Nutzen grenzt das eigene Leistungsangebot vorteilhaft gegenüber Wettbewerbsangeboten ab. Das Industrieunternehmen muß die Handelsbedürfnisse sowohl **besser** als jeder Wettbewerber befriedigen als auch die Leistungsfähigkeit des Handelsunternehmens selbst übertreffen.

3. Die Abgrenzung muß **dauerhaft** sein. Das heißt, es muß den Wettbewerbern schwerfallen, die Leistung, welche den Nutzen bewirkt, ebenfalls zu erbringen.

4. Der erbrachte Nutzen basiert auf spezifischen Ressourcen des jeweiligen Industrieunternehmens. Dauerhafte Konkurrenzvorteile stützen sich auf überlegene **Fähigkeiten** und Ressourcen des Herstellers.

5. Der Nutzen muß schließlich von den relevanten Entscheidern des Handels **wahrgenommen** werden.

Komparative Konkurrenzvorteile verschaffen einem Industrieunternehmen einen **Handlungsspielraum,** der sich nutzen läßt, um die Ansprüche des Handelsunternehmens zu reduzieren oder um gewisse Forderungen durchzusetzen (z. B. Listungen, Promotions, Plazierungen, Service- und Beratungsleistungen und Preise). Je nach Ausgangssituation und Ausmaß des gewonnenen Handlungsspielraums kann entweder lediglich der Umfang von nicht entgoltenen Nebenleistungen stabilisiert oder sogar die Handelsspanne des Absatzmittlers reduziert und so die eigenen Deckungsbeiträge verbessert werden (vgl. grundlegend Tomczak/Gussek, 1992).

Grundsätzlich sind alle Leistungen des Herstellers dazu geeignet, einen komparativen Konkurrenzvorteil gegenüber dem Handel zu realisieren. Industrieunternehmen setzen ein breites Spektrum sehr unterschiedlicher Leistungen bzw. **Anreize** ein, um den Handel für eine Gegenleistung (Entgelt, „Regalplatz" in bestimmten Quantitäten und Qualitäten) zu motivieren. All diese Anreize wirken sich in bestimmter Weise auf die Leistung des Handels aus. Die folgende Abbildung 3 zeigt das grundlegende Spektrum möglicher Anreize, die von einem Hersteller zum Aufbau komparativer Konkurrenzvorteile genutzt werden können.

Die dargestellten Anreize lassen sich drei Gruppen zuordnen: Pull- und Push-Anreize sowie Anreize, die auf der Kompetenz zur Kooperation gründen:

- **Pull-Anreize**: Hiermit sind Anreize angesprochen, die indirekt auf dem Weg über den Endverbraucher in Richtung Handel wirken. Solche Anreize besitzen potentiell eine „**Sogwirkung**" auf den Handel, da sie ihm ein bestimmtes Nachfragepotential, eine gewisse Kundenfrequenz in seinen Verkaufsstellen oder eine Imageprofilierung gegenüber seiner Konkurrenz versprechen. Die zentralen Pull-Marketinginstrumente sind Produktqualität, Marke und Endverbraucherwerbung.

- **Push-Anreize**: Hier sind Anreize zusammengefaßt, die direkt beim Handel ansetzen und ohne Mitwirkung des Handels, d. h. autonom, erstellt werden. Im einzelnen sind solche zu unterscheiden, die dem „**Hinein-Verkauf**" und solche die dem „**Ab-Verkauf**" dienen. Den „Hinein-Verkauf" der Herstellerprodukte in den Handel unterstützen u. a. Anreize wie das Verfolgen einer Selektionsstrategie (vgl. Belz, 1996) oder Rabatt- und Nebenleistungszugeständnisse. Abverkaufsmaßnahmen mit Push-Wirkung sind beispielsweise Merchandisingmaßnahmen wie Regalpflege, Warenbevorratung und Verbraucher-Promotions.

■ **Kooperations-Anreize:** Das Anbieten von **kooperativen Aktivitäten** besitzt potentiell leistungsmotivierende Wirkung. Ziel ist es, durch die Integration von Hersteller-
und Handelsaktivitäten synergetische Effekte zu nutzen (vgl. insbesondere Zentes,
1989 b) und eine einzigartige Problemlösung zu schaffen. Kooperationsanreize lassen sich grundsätzlich an allen Schnittstellen von Aktivitäten zwischen Hersteller
und Handel generieren (z. B. Logistik, Promotions, Entwicklung von Handelsmarken
und Space-Management).

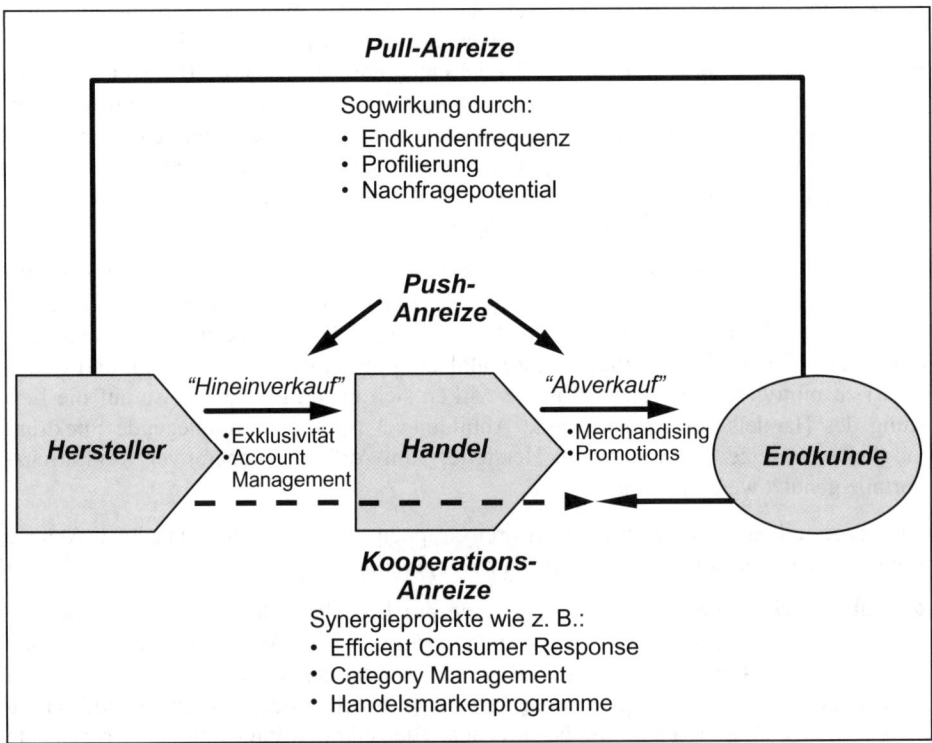

Abbildung 3:   Ansatzpunkte für komparative Konkurrenzvorteile im vertikalen
                 Marketing
Quelle: in Anlehnung an Tomczak (1993, S. 47).

Ein zentrales Ziel jedes Industrieunternehmens besteht nun darin, die Pull-, Push- und
Kooperationsanreize derart zu bündeln, daß den jeweiligen Handelsunternehmen Leistungssysteme bzw. -bündel (Belz et al., 1991) angeboten werden, die in ihrer Gesamtheit komparative Konkurrenzvorteile schaffen.

Für die handelsorientierte Markenführung stehen dem Hersteller neben den direkt auf den Handel gerichteten Maßnahmen des **Trade-Marketing** auch die Instrumente des **Consumer-Marketing** zur Verfügung. Trade Marketing-Maßnahmen sind beispielsweise Schulungs- und Beratungsangebote der Hersteller sowie alle Arten finanzieller Zugeständnisse. Indirekt wirkende Maßnahmen sind alle endkundengerichteten Aktivitäten des Consumer-Marketing. Auch diese sind in der Lage, den Handel von einer Marke zu überzeugen, wenn Sie beim Endkunden durch Bekanntheit und Kaufabsichten wirken (Zentes, 1989 b).

3. Strategien der handelsorientierten Markenführung

Eine am Forschungsinstitut für Absatz und Handel an der Universität St. Gallen durchgeführte Studie untersuchte die Möglichkeiten der Profilierung von Markenartikelherstellern gegenüber dem deutschen Lebensmitteleinzelhandel. Ziel der Untersuchung war es, Ansätze für eine erfolgreiche handelsorientierte Markenführung zu ermitteln (für eine umfassende Darstellung des Untersuchungsdesigns vgl. Feige, 1996, S. 29 - 39).

Die Untersuchung wurde in Kooperation mit sechs deutschen Konsumgüterherstellern durchgeführt. Für jede Branche wurde eine separate Branchenstudie angefertigt, in der die Stellung von sechs eingeführten Markenartikeln beim Handel untersucht wurde. Für die Veröffentlichung wurden die Ergebnisse anonymisiert. Im einzelnen wurden folgende Branchen untersucht:

- alkoholfreies Bier,
- eine Warengruppe aus dem Bereich Molkereiprodukte,
- Fruchtsaft/Fruchtnektar,
- Schokoriegel,
- Weinbrand und
- Geschirrspülmittel.

Kern der Untersuchung bildete eine schriftliche Befragung der Einkaufsentscheider im Lebensmitteleinzelhandel. In der Befragung wurde das Einkaufsverhalten des Handels bei Unternehmen mit einem Umsatz über 50 Millionen DM im Jahr ermittelt. Insgesamt wurden 218 Einkaufsentscheider befragt. Zusätzlich wurden in 60 persönlichen Interviews Hersteller und Handelsvertreter zur Situation im vertikalen Marketing der Markenartikelindustrie befragt.

Die Studie ist insgesamt als explorativ zu bezeichnen. Sie gibt einen Einblick in die Situation der wettbewerbsintensivsten Märkte in Deutschland. Die Auswahl der untersuchten Branchen und Marken wurde von den Kooperationspartnern beeinflußt und stellt keinen repräsentativen Querschnitt für alle Markenartikel dar. Des weiteren ist die Stichprobe der Handelsentscheider nicht repräsentativ. Die Anzahl der Entscheider mit einem Umsatz über 1 Milliarde DM sind zwar in der Stichprobe am stärksten vertreten, ihre Anzahl im Verhältnis zur Umsatzbedeutung ist jedoch zu niedrig.

3.1 Zentraler Erfolgsfaktor: Pull-Anreize

Feige (1996) ermittelte im Rahmen der Studie bei Entscheidern im deutschen Lebensmitteleinzelhandel, daß die Erfolgswirkung von Consumer Pull-, Push-Anreizen und Kooperationskompetenz zumindest in diesem Markt sehr unterschiedlich ist. Die durchschnittlich größte Bedeutung besitzen Pull-Anreize. Sie erklären den Erfolg von Markenartikeln zu 66 %. Weitere 19 % trägt die Kooperations-Kompetenz bei. Push-Anreize sind von untergeordneter Bedeutung.

Abbildung 4 zeigt das Gesamtergebnis der Untersuchung im Überblick.

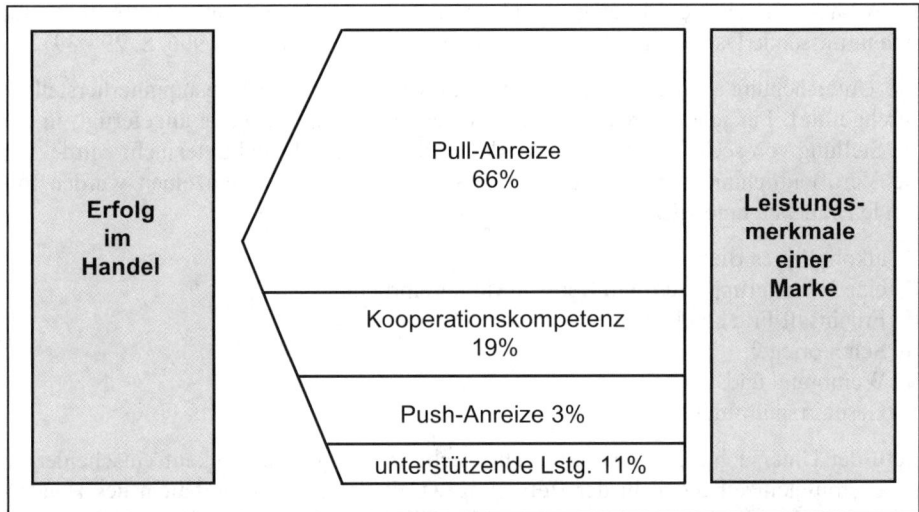

Abbildung 4:   Gesamtergebnis der Untersuchung „Handelsorientierte Markenführung"

Quelle: Feige, 1996, S. 201.

3.2 Erfolgreiche und weniger erfolgreiche Marken

Im Rahmen der Untersuchung zeigte sich, daß die betrachteten Marken sich in ihrem Erfolg im Handel stark unterscheiden. Um die Erfolgsfaktoren für den Auftritt gegenüber dem Handel analysieren zu können, wurden die 36 untersuchten Marken geclustert. Als Klassifizierungsvariablen dienten die vorher extrahierten Faktoren. Nach dem Elbow-Kriterium ergaben sich sechs trennscharfe Cluster.

Die entstandenen Cluster können folgendermaßen bezeichnet werden:

- „unverzichtbare Top-Marken",
- „gesichert Endverbraucherpositionierte",
- „unprofilierte Zweitmarken",
- „kooperative Konditionenzahler",
- „Auslistungskandidaten" und
- „Spielbälle des Handels".

Betont werden muß dabei, daß alle Marken zumindest zu den Top 10 ihrer Produktkategorie gehören. Die Stichprobe ist sicherlich nicht als repräsentativ zu bezeichnen, jedoch zeigt die Relation von 42 % erfolgreichen gegenüber 36 % um die Existenz kämpfenden Marken die Problematik auf, mit der auch etablierte Markenartikel konfrontiert sind (vgl. Abbildung 5).

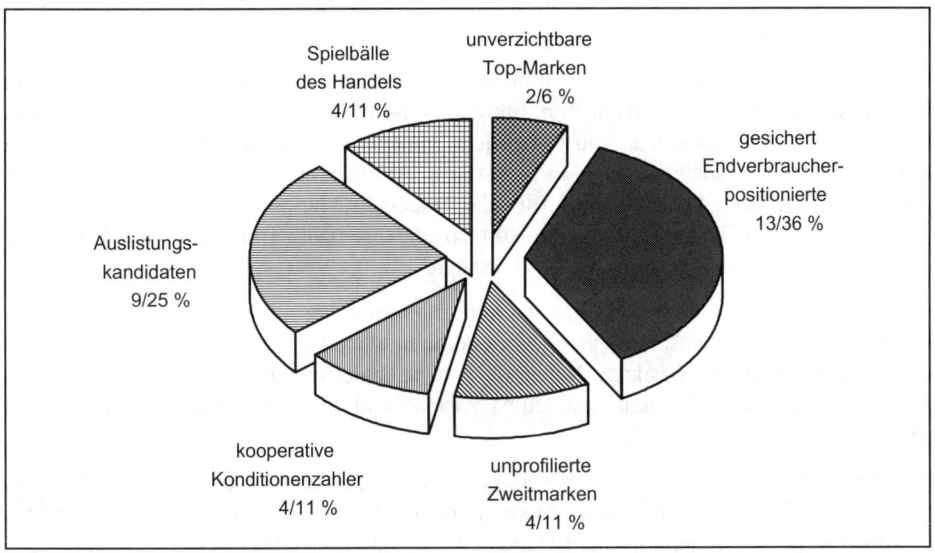

Abbildung 5: Cluster von Markenartikeln und Erfolg (absolute und relative Anzahl)
Quelle: Feige, 1996, S. 231.

„Unverzichtbare Top-Marken" unterscheiden sich von den anderen vor allem durch ihre starken Pull-Anreize und die Kooperations-Kompetenz von den Konkurrenten. Aufgrund der starken Stellung bei diesen Kriterien können diese Marken in Konditionenverhandlungen wesentlich souveräner auftreten. Das Cluster der „unprofilierten Zweit-marken" kann den Nachteil bei diesen endverbraucherorientierten Themen noch partiell durch stärkere Push-Anstrengungen ausgleichen, während die „Auslistungskandidaten" zu weiteren Anstrengungen (z. B. Konditionenzahlungen) schon nicht mehr in der Lage und dadurch in ihrer Existenz akut bedroht sind.

3.3   Erfolg unterschiedlicher Strategien gegenüber dem Handel

Handelsorientierte Markenführung kann jedoch nicht in allen Situationen nur auf die Realisierung eines möglichst hohen Consumer Pull reduziert werden. Ein verstärkter Interbranchenwettbewerb um die Aufmerksamkeit des Endkunden erschwert zunehmend eine erfolgreiche Positionierung der Marken im Wettbewerbsumfeld (vgl. Tom-czak/Müller, 1992, S. 18 f.). Zudem ist vor dem Hintergrund der geschilderten Heraus-forderungen in den Beziehungen Industrie und Handel davon auszugehen, daß Hersteller im vertikalen Marketing gezwungen sind, zusätzliche Leistungen anzubieten, um sich im Wettbewerb um den Regalplatz durchsetzen zu können. Insofern muß untersucht wer-den, welche Strategien der handelsorientierten Markenführung erfolgreich sind und wel-che als erfolglos bezeichnet werden müssen.

Um den Erfolg unterschiedlicher Strategien bestimmen zu können, werden in einem ersten Schritt die in den Branchen führenden Marken den schwächsten gegenüber-gestellt. In einem weiteren Schritt werden branchenübergreifend Strategietypologien erfaßt. Es geht dabei weniger um absolute Ähnlichkeiten, sondern vielmehr um Strategiemuster und Schwerpunkte, die die einzelnen Marken bezüglich der Faktoren setzen. In einer solchen Betrachtung können außerdem die Branchen- und Unterneh-menshintergründe besser berücksichtigt werden.

Gleichzeitig wurde die Stellung der Marken in Verbindung mit situativen Variablen be-trachtet. Ziel war es, Zusammenhänge zu erkennen, die auch über die betrachteten Bran-chen hinaus Gültigkeit besitzen. Neben der Unternehmenssituation wurden im einzelnen folgende situative (z. T. interdependente) Variablen in der Untersuchung berücksichtigt (Feige, 1996, S. 23 f.):

■ **Die Wettbewerbssituation**: Die Stärke der Wettbewerbsintensität hat für die han-delsorientierte Markenführung Auswirkungen auf die Art und Weise des Auftrittes des Herstellers gegenüber dem Handel. Je intensiver der Wettbewerb zwischen den Herstellern ist, desto größer sind die Bemühungen des Herstellers sich gegenüber dem Handel zu profilieren.

■ **Phase des Marktlebenszyklus**: In wachsenden Märkten sind die Chancen für einen Gewinnzuwachs tendenziell größer als in stagnierenden und rezessiven Branchen-situationen. Der Handel ist in frühen Phasen des Lebenszyklus eher dazu bereit, sein

Sortiment auszuweiten. Die Listungschancen für den Hersteller sind größer als in späteren Phasen der Marktentwicklung.

- **Die Markenstärke**: Je stärker die Position der Herstellermarken ist, desto geringer ist die Gefahr der Substitution durch Handelsmarken oder eine andere Herstellermarke.

- **Die Anbieterkonzentration**: Je weniger Anbieter in einem Markt agieren, desto größer ist die Wahrscheinlichkeit, vom Handel gelistet zu werden. Jedoch bewirkt ein höherer Konzentrationsgrad auch einen intensiveren horizontalen Wettbewerb.

3.3.1 Strategien von Marktführern und Marktfolgern

Zunächst wurde die Stellung der jeweils führenden Marken beim Handel mit der der schwächsten Marken verglichen. Das Auswahlkriterium für die Unterteilung in führend und schwach war dabei die Beurteilung des Handels. Schwache Marken sind solche, die auf die Frage „Auf welche der Marken könnten Sie unter Abwägung aller Aspekte insgesamt am ehesten verzichten?" von den Handelsentscheidern als erstes genannt wurden. Marken, die in dieser Rangreihung als letztes genannt wurden und auf die der Handel am wenigsten verzichten kann, wurden als die führenden Marken ausgewählt. Die führenden Marken in dieser Studie sind zumeist gleichzeitig die Marktführer in dem betreffenden Teilmarkt und können teilweise einen Marktanteil von über 10 % realisieren. Die als schwach bezeichneten Marken sind in der Regel auch die absatzschwächsten der Stichprobe. Sie haben je nach Branche einen Marktanteil von nahezu 0 bis etwa 3,5 %.

3.3.1.1 Typische Marktführerstrategien

Die Pull-Anreize sind das herausragende Instrument aller betrachteten Marken. Der vom Handel wahrgenommene Pull ist in den Branchen unterschiedlich. Den stärksten Pull hat der Marktführer im Bereich Schokoriegel, gefolgt von Fruchtsaft, alkoholfreiem Bier, Spirituosen, Geschirrspülmittel und schließlich den Molkereiprodukten. Die Höhe des Pulls beim Marktführer läßt gleichzeitig auch Rückschlüsse auf die Erfordernisse des Marktes und die Wettbewerbssituation im Markt zu. So sind offensichtlich im Bereich Schokoriegel weitaus höhere Pull-Anreize nötig, als etwa bei Weinbrand oder Molkereiprodukten.

Betrachtet man die Ausprägung der Pull-Anreize in Verbindung mit den situativen Variablen, so fällt vor allem die Abhängigkeit von der Wettbewerbsintensität auf. Je intensiver der Wettbewerb ist, desto höher sind auch die Pull-Anreize, die dem Handel geboten werden. So haben die Marktführer in den wettbewerbsintensiven Märkten alkoholfreies Bier, Fruchtsaft und Schokoriegel einen deutlich höheren Pull, als die in den weniger umkämpften Märkten Molkereiprodukte, Weinbrand und Geschirrspül-mittel.

Dies spricht eindeutig für die Erfolgsträchtigkeit von Pull-Strategien in heftig um-kämpften Märkten. Gerade in wettbewerbsintensiven Branchen gelingt es ausschließlich über einen hohen Pull, zu den führenden Marken zu gehören. Hingegen ist bei geringem Wettbewerb offensichtlich ein etwas geringerer Pull ausreichend, wenngleich auch bei den dort führenden Marken das Hauptgewicht eindeutig auf diesem Faktor liegt.

Die Positionen der führenden Marken bei dem Faktor Kooperations-Kompetenz ist unterschiedlich. In den meisten Märkten ist er unterdurchschnittlich bis gerade durchschnittlich ausgeprägt. Eine Ausnahme stellt der Schokoriegelmarkt dar. Dort ist die Kooperations-Kompetenz ebenfalls sehr hoch. Dies bedeutet, daß eine hohe Koope-rations-Kompetenz einen guten Pull zwar unterstützen kann, aber nicht zwangsläufig vorhanden sein muß.

Wiederum leistet die situative Variable Wettbewerbsintensität sowie auch die Anbieter-konzentration einen Erklärungsbeitrag für den Umfang der Kooperations-Kompetenz. Je höher die Konzentration der Anbieter und je schärfer der Wettbewerb ist, desto größer ist auch die Kooperations-Kompetenz. Dies ist ein Indiz dafür, daß in wettbewerbsinten-siven Märkten mit wenigen verbliebenen Anbietern, die Kooperations-Kompetenz ein stärkeres Gewicht neben den Pull-Anreizen bekommt.

Wie bereits angedeutet, sind die Push-Anreize bei den Marktführern in der Summe un-terdurchschittlich ausgeprägt. In den Branchen alkoholfreies Bier, Molkereiprodukte und Geschirrspülmittel ist die Position der Marktführer zwar auch besser als die ihrer Verfolger auf dem jeweiligen Markt, sie müssen allerdings mehr Push-Anreize aufwen-den als der Durchschnitt aller 36 Marken. Dies ist darauf zurückzuführen, daß die Mar-ken entweder fehlenden Pull oder mangelnde Kooperations-Kompetenz ausgleichen müssen.

Die Branchen, in denen auch führende Marken hohe Push-Anreize bieten, zeichnen sich dadurch aus, daß:

- die Markenstärke aller Marken der Branche relativ gering und
- die Anbieterkonzentration verhältnismäßig niedrig ist.

Gleichzeitig ist der Wettbewerb in diesen Branchen eher geringer als in den anderen. Es ist unmittelbar einsichtig, daß schwächere Marken Forderungen des Handels weniger entgegenzusetzen haben als starke. Die Ursache für die generelle Schwäche in diesen Branchen kann zum einen in prinzipiell beschränkten Differenzierungsmöglichkeiten wie etwa im Bereich Geschirrspülmittel liegen, zum anderen aber auch in mangelndem Wettbewerb und damit in fehlenden Anreizen bzw. dem Zwang zu einem entsprechen-den Marktauftritt. Marken, die sich schon in einem intensiven horizontalen Wettbewerb zwischen den Herstellern beweisen mußten und in diesem erfolgreich bestehen konnten, erreichen auch gegenüber dem Handel eine bessere Position.

3.3.1.2 Typische Folgerstrategien

Die Pull-Anreize dieser Marken liegen weit unter dem Durchschnitt aller Marken. Das Ausmaß, in dem der Mittelwert unterschritten wird, variiert jedoch sehr stark. Während in den Branchen Molkereiprodukte, Schokoriegel und Fruchtsaft der Rückstand nur gering ist, liegen die schwächeren Marken der Produktkategorien Spirituosen, Geschirrspülmittel und alkoholfreies Bier schon sehr deutlich unter dem Mittelwert. Dies liegt entweder am allgemein schlechten Niveau der Pull-Anreize, wie etwa in der Bierbranche, oder daran, daß die Nr. 6 des Marktes eine sehr kleine Marke ist, die national nur eine untergeordnete Rolle spielt. Dies ist beispielsweise bei den Geschirrspülmitteln der Fall. Dagegen stammen Marken, die nur geringfügig unter dem Durchschnitt liegen, aus Branchen, die einer größeren Zahl von Wettbewerbern Raum bieten. Diese Situation liegt beispielsweise im Schokoriegelmarkt vor, in dem insgesamt noch 20 Marken mehr als 1 % Marktanteil realisieren können.

Auch die Kooperations-Kompetenz wird bei den schwächeren Marken, mit Ausnahme der Schokoriegel, unterdurchschnittlich beurteilt. Diese Ausnahme kommt zustande, weil die betroffene Marke zu einem großen Konzern gehört und diese Einbindung offensichtlich bei der Beurteilung durch die Handelsentscheider eine Rolle spielt. Gleiches gilt für die verhältnismäßig gute Bewertung der Biermarke.

Im Gegensatz zu den beiden ersten Faktoren werden die Push-Anreize der schwachen Marken in der Mehrzahl der Branchen überdurchschnittlich hoch eingestuft. Insbesondere bei den Molkereiprodukten, Fruchtsaft und Schokoriegeln werden offensichtlich umfangreiche Konditionen an den Handel gezahlt. In den Branchen Weinbrand, alkoholfreies Bier und Waschmittel hingegen beurteilen die Handelsentscheider auch die schwachen Marken hinsichtlich dieses Kriteriums als schlecht. Dafür kann es im Einzelfall drei Erklärungen geben:

- Der Handel hat aufgrund des geringen Volumens kein großes Interesse an Rabatten.
- Das Umsatzvolumen ist so niedrig, daß die prozentual evtl. interessanten Konditionen absolut gesehen trotzdem schlecht beurteilt werden.
- Die Hersteller der betroffenen Marken sind nicht mehr in der Lage, umfangreiche finanzielle Zugeständnisse zu machen.

3.3.2 Erfolgs- und Mißerfolgsstrategien

Nach der Betrachtung der zwei Extrempositionen - Marktführer vs. abgeschlagene Marktfolger - werden verschiedene Strategien bzw. Positionen von Marken differenziert analysiert. Dazu wurden die Marken wiederum anhand ihrer Faktorprofile untersucht. Ähnliche Profile der Marken stehen für eine ähnliche Wahrnehmung durch die Entscheider des Handels und für vergleichbare Positionen der Marken gegenüber dem

Handel. Sie deuten ebenfalls auf ähnliche Strategien in der handelsorientierten Marken-führung der Unternehmen hin.

Die Profile werden qualitativ beurteilt. Gleichzeitig werden nicht alle untersuchten Mar-ken berücksichtigt, sondern nur solche, deren Position mit anderen Marken vergleichbar ist. Dies verhindert unerwünschte Nivellierungen durch die Bildung von Durchschnitts-werten und erlaubt somit einen besseren Blick auf die wesentlichen Punkte.

Abbildung 6 zeigt die ermittelten Strategien und ihre besonderen Leistungen sowie ihren Erfolg im Überblick.

Strategie	besondere Leistungen der Marken	Erfolg
kooperative Pull-Strategie	hohe Pull-Anreize in Verbindung mit hoher Kooperations-Kompetenz	hoch - sehr hoch
reine Pull-Strategie	hohe Pull-Anreize	hoch - sehr hoch
professionelle Check-listen-Strategie	alle Kriterien auf überdurchschnitt-lichem Niveau	mittel - hoch
Mittelstandsstrategie	Pull- und Push-Anreize kombiniert	mittel - hoch
Konditionenstrategie	Ausschließlich Push-Anreize	eher gering
Null-Leistungs-Strategie	keinerlei überdurchschnittliche Anreize	sehr gering

Abbildung 6:   Erfolg und Erfolgskriterium der sechs Strategien
Quelle: Tomczak et al., 1996, S. 440.

3.3.2.1 Erfolgsstrategien

Es konnten vier Erfolgsstrategien herausgearbeitet werden, die im folgenden beschrie-ben werden. Die Benennung der Strategien erfolgte anhand von Auffälligkeiten, die die dazugehörenden Marken auszeichnen. Es handelt sich um:

- die kooperative Pull-Strategie,
- die reine Pull-Strategie,
- die professionelle Checklisten-Strategie und
- die Mittelstandsstrategie.

Die kooperative Pull-Strategie: Bei vier Marken kann eine Strategie beobachtet wer-den, die hauptsächlich auf den Faktoren Pull-Anreize und Kooperations-Kompetenz aufbaut. Push-Anreize werden nur in geringem Umfang oder überhaupt nicht gewährt. Auch bei den unterstützenden Leistungen wird keine gute Beurteilung angestrebt. Aufgrund dieser Konzentration der Kräfte wird die Strategie kooperative Pull-Strategie genannt.

Alle vier Marken haben beim Handel einen überdurchschnittlich großen Erfolg. Dies spricht für eine hohe Erfolgsträchtigkeit dieser Strategie. Die vier Marken, die diese Strategie verfolgen, gehören zu den erfolgreichsten der untersuchten Stichprobe. Sie werden vom Handel als nahezu unverzichtbar eingestuft und haben damit eine sehr komfortable Position.

Drei der vier Marken sind auf dem Schokoriegelmarkt aktiv. Die vierte Marke gehört zu den Molkereiprodukten. Da insbesondere im Bereich Schokoriegel der Wettbewerb sehr intensiv und die Anbieterkonzentration sehr hoch ist, scheint die kooperative Pull-Strategie auch, oder sogar gerade, in extremen Wettbewerbssituationen erfolgreich zu sein.

Die reine Pull-Strategie: Vier Marken verfolgen eine Strategie, die sich alleine auf die Pull-Anreize als ausschlaggebenden Faktor stützt. Eine mäßige Kooperations-Kompetenz ist zwar vorhanden, sie wird vom Handel aber unterdurchschnittlich beurteilt. Push-Anreize werden nur in sehr geringem Maße angeboten. Die unterstützenden Leistungen werden überdurchschnittlich gut beurteilt. Die Strategie wird aufgrund der Konzentration auf die Pull-Anreize als reine Pull-Strategie bezeichnet.

Auch diese Marken haben beim Handel großen Erfolg. Dies zeigt, daß offensichtlich auch eine Konzentration auf den Faktor Pull-Anreize erfolgreich sein kann. Der Handel möchte auf Marken, die aus seiner Sicht einen hohen Pull haben, nicht verzichten. Diese Marken konnten sich damit eine gesicherte Position erarbeiten.

Wiederum kann beobachtet werden, daß die Marken vorzugsweise aus einem Markt stammen. Drei Marken sind im Bereich Weinbrand aktiv, eine weitere in der Warengruppe Fruchtsaft. Die reine Pull-Strategie scheint die Strategie der Top-Marken für weniger umkämpfte Märkte bzw. Märkte mit geringerer Anbieterkonzentration zu sein.

Die professionelle Checklisten-Strategie: Eine dritte Strategie wird von weiteren fünf Marken verfolgt. Diese Marken setzen im Gegensatz zu denen der beiden ersten Strategien keine eindeutigen Schwerpunkte. Die Entscheider des Handels beurteilen die Marken bei allen Faktoren als überdurchschnittlich gut. Teilweise liegt ein Schwerpunkt auf den Pull-Anreizen, bei einer Marke zusätzlich auf der Kooperations-Kompetenz. Diese unfokussierte Leistungsgestaltung hat zur Folge, daß die Marken bei keinem der vier Faktoren wirkliche Spitzenpositionen erreichen können. Die Marken werden zwar besser beurteilt als der Durchschnitt, insbesondere bei den Pull-Anreizen und der Kooperations-Kompetenz haben sie jedoch eine deutlich schlechtere Position als die Marken, die eine kooperative oder reine Pull-Strategie verfolgen.

Bei der Betrachtung der fünf Marken mit dieser Strategie fällt auf, daß alle Marken zu großen Konzernen gehören. Diese Unternehmen haben in der Markenführung zum Teil jahrzehntelange Erfahrungen und betreiben ihr Marketing absolut professionell.

Gleichzeitig verfolgen sie jedoch das Ziel, alle Bedürfnisse des Handels zu befriedigen. Aus der souveränen Position eines führenden Unternehmens heraus bestand nie der Zwang, die vorhandenen Kräfte und Mittel zu konzentrieren. Im Zeitverlauf wurden die Prozesse im Marketing ausgefeilt und standardisiert. Es entstanden umfangreiche Kataloge, die die Anforderungen an das eigene Marketing beschreiben. Aus diesem Grund wird die beschriebene Position „professionelle Checklisten-Strategie" genannt.

Der Erfolg dieser Strategie ist ebenfalls akzeptabel, allerdings nicht mehr so gut wie bei den Marken, die eine der ersten beiden Strategien verfolgen.

Hinsichtlich der Märkte, auf denen die Marken mit einer professionellen Checklisten-Strategie vertreten sind, lassen sich keine Auffälligkeiten feststellen. Die fünf Marken stammen aus vier verschiedenen Märkten. Es handelt sich sowohl um Marken, die in einem sehr scharfen Wettbewerb stehen, als auch um solche, deren Umfeld weniger kompetitive Züge trägt.

Die Mittelstandsstrategie: Die letzte beobachtbare Gruppe erfolgreicher Strategien enthält ausschließlich Marken, die von mittelständischen Herstellern geführt werden. Auch bei dieser Strategie liegt ein hohes Gewicht auf den Pull-Anreizen, die von den Handelsentscheidern überdurchschnittlich gut beurteilt werden. Hingegen ist die Kooperations-Kompetenz nur sehr schwach ausgeprägt. Dies ist darauf zurückzuführen, daß mittelständische Unternehmen häufig nicht über die nötigen Ressourcen verfügen, um solche Fähigkeiten aufzubauen. Die fehlende Kooperations-Kompetenz muß bei den betrachteten Marken durch überdurchschnittlich hohe Push-Anreize in Form von Konditionen kompensiert werden. Die unterstützenden Leistungen werden gut beurteilt. Aufgrund der geschilderten Situation soll diese Strategie als Mittelstandsstrategie bezeichnet werden. Würde man die Herkunft der Marken vernachlässigen, so wäre auch die Bezeichnung als Pull-Push-Strategie zweckmässig.

Vier Marken verfolgen diese Strategie. Alle erfolgreichen Marken von Mittelständlern gehören dazu. Der Erfolg von mittelständischen Herstellern ist in der Summe wiederum etwas geringer als bei den bisherigen Strategien. Es ist jedoch beachtenswert, daß es Mittelständlern überhaupt gelingt, unter den großen Nahrungsmittelkonzernen eine nennenswerte Rolle zu spielen.

Jedoch scheint der Erfolg nur in wenigen Märkten möglich. Drei der vier erfolgreichen mittelständischen Marken gehören der Branche Molkereiprodukte an. Die vierte Marke stammt aus der Warengruppe Geschirrspülmittel. Es handelt sich damit um wettbewerbsschwächere Branchen. In den stark umkämpften Märkten für Bier, Schokoriegel und Fruchtsaft lassen sich keine erfolgreichen Mittelständler finden.

3.3.2.2 Mißerfolgsstrategien

Neben den erfolgreichen Strategien gibt es auch weniger erfolgreiche. Auch hier kann eine Typologie gebildet werden. Die weniger erfolgreichen Strategien können vor allem danach unterschieden werden, ob eine Marke noch in der Lage ist, sich durch Push-Anreize in Form von umfangreichen Konditionenzugeständnissen beim Handel einzukaufen, oder ob dies nicht mehr möglich ist. Damit ergeben sich zwei Mißerfolgspositionen:

- die Konditionenstrategie und
- die Null-Leistungs-Strategie.

Bei beiden Positionen ist fraglich, ob überhaupt von Strategien gesprochen werden sollte, da dieser Terminus eine bewußte Entscheidung und die Verfolgung eines Ziels unterstellt. Dies dürfte in diesen Fällen nicht unbedingt gegeben sein. Vielmehr muß angenommen werden, daß sich die Marken unfreiwillig in dieser schlechten Position befinden. Gründe dafür können sein:

- Die Marke befindet sich erst in der Einführungsphase. Solange die Umsätze und die Distribution noch gering sind, lohnt sich in der Regel umfangreiche Endverbraucherwerbung nicht. In dieser Situation kann es durchaus sinnvoll sein, den Handel mit Push-Anreizen zur Listung der Marke zu bewegen.

- Die Markenpflege wurde über Jahre vernachlässigt. Dies führte zu einer langsamen Erosion der Marke, der nicht ausreichend entgegengewirkt wurde. Sie steht am Ende ihres Lebenszyklus.

Trotz dieser Kritik soll im folgenden der Begriff Strategie beibehalten werden. Die beiden nächsten Abschnitte beschreiben die Positionen der Marken in den geschilderten Situationen.

Die Konditionenstrategie: Marken, die eine Konditionenstrategie verfolgen, zeichnen sich dadurch aus, daß ihre Pull-Anreize vom Handel schlecht beurteilt werden. Auch die Kooperations-Kompetenz ist eher mäßig. Dagegen gelingt es ihnen, bezüglich der Push-Anreize von den Entscheidern im Handel deutlich besser wahrgenommen zu werden als die Wettbewerber. Die Ausprägung bei den wenig bedeutsamen unterstützenden Leistungen ist unterschiedlich. Fünf der 36 untersuchten Marken verfolgen eine Konditionenstrategie.

Der Erfolg der Konditionenstrategie ist sehr mäßig. Die Marken sind „Auslistungskandidaten" und zum „Spielball des Handels" geworden. Dies zeigt eindrücklich, daß eine Marke, die alleine auf Push-Anreize setzt, für den Handel austauschbar bleibt.

Die Null-Leistungs-Strategie: Die letzte Position ist ein Sammelbecken für alle Marken, die sich täglich im Überlebenskampf, sprich im Kampf mit der Auslistung durch den Handel, befinden. Sie werden hinsichtlich der drei relevanten Kriterien schlecht beurteilt. Fünf Marken - aus drei verschiedenen Märkten - können zu dieser Gruppe gezählt werden.

Den Marken ist gemein, daß der Handel jederzeit ohne Probleme auf sie verzichten kann. Nur zwei Gründe führen zur Listung bei einigen Handelsunternehmen oder Vertriebslinien:

■ Aspekte der Sortimentsabrundung oder
■ die Tatsache, daß die Marke von einem großen Konzern bei den Jahresgesprächen „mitverhandelt" wurde.

Über beide Mißerfolgsstrategien betrachtet, treten weniger erfolgreiche Marken gehäuft bei den alkoholfreien Bieren sowie in den Märkten für Weinbrand und Geschirrspülmittel auf. Im Bereich Schokoriegel gibt es keine, bei den Molkereiprodukten und Fruchtsaft nur je eine Marke mit größeren Problemen. Dies liegt vor allem an der Auswahl der in der Studie berücksichtigten Marken, die nur die sechs stärksten Marken jeder Branche erfaßte. Auch im Schokoriegelmarkt existieren Marken mit sehr geringem Erfolg. Dies betrifft allerdings erst die hier nicht untersuchte Nr. 7 im Markt. Die Probleme im Biermarkt haben ihre Ursache darin, daß es nur wenigen Unternehmen überhaupt gelungen ist, eine Biermarke national zu einem Markenartikel zu machen.

Generell haben Marken mit einer schwachen horizontalen Konkurrenz zwar gegenüber ihren direkten Wettbewerbern keine Nachteile. Da der Handel lediglich an der Austauschbarkeit der Marke in seinem Unternehmen interessiert ist, befinden sie sich im vertikalen Wettbewerb trotzdem in einer außerordentlich kritischen Lage.

4. Folgerungen für die Kommunikation gegenüber dem Handel

Grundsätzlich ist der Erfolg der handelsorientierten Markenführung von den Marktleistungen der Industrie abhängig. Damit der Handel die Marken auch als erfolgreiche Problemlösungen für seine eigene Situation wahrnimmt, müssen die Eigenschaften der Leistungen und Fähigkeiten des Herstellers gezielt kommuniziert werden. Im Rahmen der handelsorientierten Kommunikation sind somit Maßnahmen notwendig, die den komparativen Konkurrenzvorteil des Herstellers verdeutlichen und die angestrebte Stellung seiner Marken unterstützen. Im Kern gilt es, eine eigenständige Positionierung zu entwickeln und zu realisieren, die die komparativen Konkurrenzvorteile des Herstellers dem Kunden im Handel kommunizieren kann. Hierbei sind vor allem zwei Herausforderungen von Bedeutung. Die Hersteller müssen ihre Kommunikation auf die komplexen Entscheidungsstrukuren im Handel ausrichten. Des weiteren muß der angestrebte bzw. bestehende Consumer Pull für den Handel „übersetzt" werden.

4.1 Kommunikation auf das Buying Center der Absatzmittler ausrichten

Multipersonale Beschaffungsprozesse in Buying Centern erfordern von den Anbietern die Ausrichtung ihrer Kommunikation auf die Entscheidungsstrukturen der Abnehmerunternehmen sowie den differenzierten Einsatz verschiedener Instrumente, um die Informationsbedürfnisse der Entscheidungsträger abzudecken. Für die handelsorientierte Markenführung erwächst daraus die Herausforderung, nicht nur den Consumer Pull für den Handel allgemein zu übersetzen, sondern entsprechend den Personen und ihren Rollen im Buying Center spezifische Informationen zukommen zu lassen.

Im einzelnen lassen sich zwei zentrale Herausforderungen bestimmen:

■ **Entscheidungsprozesse im Buying Center analysieren**: Um die Kommunikation gezielt auf die Entscheidungsstrukturen der Absatzmittler ausrichten zu können, ist zunächst die Struktur und das Verhalten des Buying Centers zu analysieren. Es gilt, die Motive und Beweggründe der einzelnen Mitglieder und ihren Informationsbedarf zu bestimmen.

■ **Informations- und Kommunikationsinstrumente auf den Entscheidungsprozess im Buying Centers ausrichten**: Hierbei gilt es, verschiedene, den Informationsdefiziten der am Buying Center beteiligten Personen adäquate, Kommunikationsinstrumente einzusetzen. Dabei sind klassische Werbemedien nur ein Medium unter anderen. Vielmehr muß es gelingen, gerade die persönliche und direkte Kommunikation zielgerichtet einzusetzen. Im Extremfall ist es für die Hersteller notwendig, die Struktur des Buying Centers in seiner eigenen Verkaufsorganisation in einem „Selling Center" abzubilden. Damit kann sichergestellt werden, daß den Kompetenzen auf Handelsseite ein gleichwertiges Pendant auf Herstellerseite gegenübersteht.

4.2 Übersetzung des Consumer Pull

Die Bedeutung der Pull-Komponente für die handelsorientierte Markenführung deutet darauf hin, daß die endkundengerichtete Markenführung auch für die Handelskommunikation eine zentrale Bedeutung besitzt. Diese Tatsache darf Hersteller jedoch nicht dazu verleiten, ihre handelsgerichteten Maßnahmen auf die Aussagen und Inhalte der endkundengerichteten Kommunikation zu reduzieren. Zwar nimmt der Handel auch diese Herstellerkommunikation wahr und wird von dieser beeinflußt, jedoch wirken sich diese Effekte nur sekundär auf das Entscheidungsverhalten der Handelsunternehmen aus.

Die zentrale Aufgabe in der Kommunikation mit dem Handel muß es vielmehr sein, den Consumer Pull der Herstellerleistungen in Anreize für den Absatzmittler umzusetzen. Dies bedeutet, daß die strategischen Überlegungen des Herstellers, die Wirkungen der

Maßnahmen und Aktivitäten im Consumer Marketing sowie die Auswirkungen auf die Positionierung im Endkundenmarkt „übersetzt" werden müssen.

In den Mittelpunkt der handelsorientierten Markenführung rückt damit die Kommunikation der Leistungskraft des Herstellers im endkundenorientierten Marketing. Folgende Ansatzpunkte zeigen beispielhaft, wie ein Consumer Pull der Marken dem Handel kommuniziert werden kann:

- **Innovationspotential aufzeigen**: Erfolgreiche Innovationen sorgen für neue Anreize bei den Endkunden. Kann ein Hersteller sein Innovationspotential beweisen, erhält der Handel eine gewisse Sicherheit, daß die Marken auch in Zukunft für einen Consumer Pull sorgen werden.

- **Beweggründe für Um- und Neupositionierungen aufzeigen**: Hersteller müssen sich bemühen, ihre strategischen Überlegungen in ihren Auswirkungen für den Handel aufzuzeigen. Wenn Hersteller in ihren Marketingstrategien aufzeigen können, daß sich die strategischen Korrekturen auch für den Handel positiv auswirken, wird nicht nur Kompetenz signalisiert, sondern der Handel auch für die Ziele der Industrie sensibilisiert.

- **Erfolg im Regal nachweisen**: Der erfolgreiche Abverkauf aus dem Handelsregal beweist die Herstellerleistungen direkt. So können Umschlagshäufigkeiten und Frequenzen oder die Entwicklung der direkten Produktrentabilität dazu beitragen, den direkten Erfolg des Consumer Pulls für den Handel aufzuzeigen.

5. Zusammenfassung

Hersteller und Handel sehen sich der Herausforderung gegenüber, ihre Leistungen für die Endkunden zu profilieren. Beide agieren somit als wechselseitige Anbieter und Nachfrager von erfolgreichen Marken einerseits und attraktivem Regalplatz andererseits.

Um die Leistungen markt- und konsumreif zur Verfügung zu stellen, muß festgelegt werden, mit welchen Anreizen ein Hersteller sich einen komparativen Konkurrenzvorteil im vertikalen Marketing verschaffen will. Wie die Ergebnisse der vorgestellten empirischen Untersuchung nahelegen, hängt die erfolgreiche Distribution der Herstellerleistungen dabei nicht nur von der Wahl der markt- und wettbewerbsadäquaten Option ab, sondern sie wird auch maßgeblich von den Fähigkeiten und Kompetenzen des Herstellers mitbestimmt.

Grundsätzlich können diese Kompetenzen und Fähigkeiten an zwei Dimensionen anknüpfen. Der erste Ansatz besteht darin, einen Nutzen für den Endkunden zu schaffen. Hierfür benötigt ein Hersteller die Fähigkeit seine Leistungen und Produkte als einzigartige Problemlösung für den Endkunden zu positionieren. Im Kern geht es dabei um eine aktive Positionierung im horizontalen Konkurrenzumfeld des Herstellers (vgl.

hierzu Tomczak/Reinecke, 1995). Während dieser Ansatz in den letzten Jahren als das dominante Erfolgsrezept verstanden wurde, werden in der Zukunft neue und zusätzliche Anreize notwendig sein. Vor dem Hintergrund der zunehmenden Wettbewerbsintensität auf Herstellerebene wird die Kooperations-Kompetenz in Zukunft an Bedeutung für die handelsorientierte Markenführung gewinnen. Hersteller müssen daher in der Lage sein, dem Absatzmittler einzigartige Kooperationsvorteile zu bieten. Hierfür sind jedoch Fähigkeiten notwendig, die sich vor allem auf eine erfolgreiche direkte Zusammenarbeit mit dem Handel beziehen.

Andrea Gröppel-Klein

Handelsmarkenstrategien aus Konsumentensicht

1. Einführung

Nach Informationen des Hauptverbandes des Deutschen Einzelhandels (HDE) liegt in Lebensmittelgeschäften der Anteil an Handelsmarken inzwischen bei 22 %. 1975 waren es erst 11,7 %, 1990 lag der Anteil bei ca. 19 %. Der HDE ist davon überzeugt, daß sich der Aufwärtstrend der Handelsmarken auch in den kommenden Jahren fortsetzen wird. Die Handelsmarken verdrängen vor allem im Bereich der Haushaltswaren die Marken-produkte. Beispielsweise können die Eigenmarken in den Produktgruppen „Müllbeutel" bzw. „Alufolien" einen Anteil von 54 % bzw. 40 % erzielen. Doch auch bei Sortimen-ten, die eher zu der Gruppe des demonstrativen Konsums zählen oder mit einem höheren Kaufinvolvement einhergehen, werden Handelsmarken immer beliebter, wie die Absatz-zahlen der Aldi-Champagnermarke „Veuve Durand" oder der Kaufhof-Textilmarken „Fabiani" und „Miss H" zeigen. Die Markenartikelhersteller beobachten diese Entwick-lung mit gemischten Gefühlen. Viele von ihnen produzieren zwecks Auslastung der Produktionsstätten selbst Ware für den Handel - ohne dieses natürlich öffentlich preis-zugeben. Andere Markenartikelhersteller, die sich bisher vehement einer Handelsmar-kenproduktion entgegengesetzt haben, kommen ins Zweifeln, ob sie diese „Blockade-politik" noch durchstehen werden. Sie fragen sich, ob die Nachfrage nach Handelsmar-ken nur von der wirtschaftlichen Situation eines Landes abhängig ist und ob überhaupt damit zu rechnen ist, daß bei einem Anziehen der Konjunktur die Attraktivität von Handelsmarken spürbar nachläßt. Die Wettbewerbssituation zwischen Händlern und Produzenten wird zudem dadurch verschärft, daß viele Handelsmarken ein eigenes Pro-fil entwickelt haben und von den Konsumenten qualitativ genauso hoch eingeschätzt werden wie „normale" Markenartikel. Der schon angesprochene Aldi-Champagner „Veuve Durand" hat sich mittlerweile zu einer „Kultmarke" entwickelt - insbesondere bei Käuferkreisen mit höherem Bildungsniveau und Einkommen.

Die hauseigene Marke gewinnt außerdem im Rahmen der internationalen Ausdehnung von Handelsunternehmen an Bedeutung. Die Händler versuchen aus zwei Gründen in den neuen Absatzländern den Anteil an Handelsmarken in den Regalen systematisch auszubauen: Zum einen zählt bei vielen international tätigen Firmen die Eigenmarken-politik zu der grundlegenden Philosophie des Handelsunternehmens (z. B. Marks & Spencer mit der Eigenmarke „St. Michael"). Zum anderen sollen die Konsumenten (insbesondere in den osteuropäischen Ländern) frühzeitig an die Namen der Handels-marken und deren Produkteigenschaften gewöhnt werden. Konsumenten sollen am Point of Sale vor allem Handelsmarken vorfinden und diese vor den klassischen Her-stellermarken kennenlernen, um den Geschmack, die Konsistenz, die Farbe oder den Ge-ruch einer Handelsmarke als typische Produkteigenschaften zu verinnerlichen. Man erhofft sich als Folge, daß die Konsumenten die Handelsmarke auf Dauer den „normalen" Markenartikeln vorziehen, deren Produkteigenschaften sie erst zu einem späteren Zeitpunkt haben kennenlernen können. Somit sollen langfristig stabile Präfe-renzen für die Erzeugnisse des Händlers erzielt werden.

Diese kurze Einführung zeigt die Bedeutung des Themas auf und läßt erahnen, daß nicht nur unterschiedliche Erscheinungsformen von Handelsmarken existieren, sondern auch verschiedene Unternehmensziele verfolgt werden. Im Rahmen dieses Beitrags sollen zunächst die verschiedenen Spielarten von den „no names" bis zu den „Individualhandelsmarken" erläutert werden. Anschließend sollen mögliche Erfolgsfaktoren von Handelsmarken insbesondere aus der Sicht der Konsumenten diskutiert und Vorschläge für ein effizientes Handelsmarkenmanagement abgeleitet werden.

2. Definition und Erscheinungsformen von Handelsmarken

2.1 Abgrenzung Hersteller- versus Handelsmarke

Die Diskussion bezüglich der Unterschiede zwischen Hersteller- und Handelsmarken ist durch die immer wieder lancierte Behauptung geprägt, daß eine Eigenmarke des Handels den Status einer „echten" Markenware nicht verdient hätte. Diese Ansicht wird folgendermaßen begründet:

1. Vorwurf - mangelnde Ubiquität der Handelsmarke: Es wird erklärt, daß Handelsmarken nicht überall erhältlich seien und somit nur einen beschränkten Absatzraum hätten. Zu viele „non-conforming examples" zeigen jedoch, daß die Ubiquität als Abgrenzungskriterium zwischen Hersteller- und Händlermarke ausgedient hat. Handelsmarken aus Convenience-Warengruppen werden insbesondere von den TOP-10 des deutschen Lebensmitteleinzelhandels angeboten, die über große Filial- bzw. Händlernetze verfügen, so daß nicht nur in jedem Ort, sondern vielfach in jedem Stadtteil die Eigenmarken verfügbar sind. Man denke hier zum Beispiel an die Aldi-Geschäfte, von denen es bundesweit ca. 3200 Filialen gibt (Aldi Nord und Aldi Süd). Auch im Non-Food-Handel haben viele Unternehmen flächendeckende Expansionen vorgenommen, so daß Handelsmarken, die zu der Kategorie der Shopping-Goods zählen, gleichfalls überall erhältlich sind. Beispielsweise können 70 % der deutschen Bevölkerung innerhalb einer Stunde eine Ikea-Verkaufsstelle mit dem Auto erreichen.

2. Vorwurf - mangelnde Verbraucherwerbung von Handelsmarken: Auch diese Behauptung kann als nicht mehr zutreffend zurückgewiesen werden. Unter der Headline „Aldi informiert" schaltet Aldi jede Woche halb- bis ganzseitige Anzeigen in allen regionalen Zeitungen, bei denen ca. 30 Eigenmarken vorgestellt werden. Zwar liegen die Ausgaben für Werbung gemessen am Gesamtumsatz bei Aldi[1] unter einem Prozent, doch pro Jahr werden mehr als 100 Millionen DM für Inserate ausgegeben

---

1   Es handelt sich hierbei um die Schätzung eines ehemaligen Aldi-Managers.

(Brandes, 1998, S. 220). Gleichfalls finden kontinuierliche Werbekampagnen für die Handelsmarken Salto (Rewe), Today (Rewe), O-Lacy´s (Asko) statt. Auch die vor einigen Jahren konzipierte AVA-Gattungsmarke „gut & billig" wurde mit einem erheblichen Werbedruck eingeführt.

3. Vorwurf - mangelnde Qualität, schlechterer Ruf: Insbesondere die Testergebnisse der Stiftung-Warentest haben dazu beigetragen, daß dieses Argument „als ideologisches Ablenkungsmanöver entlarvt" worden ist (Schenk, 1997, S. 77). Die Qualität von Handels- und Herstellermarken hat sich angeglichen, sicherlich auch aufgrund der Tatsache, daß mehr und mehr Hersteller zwecks Auslastung ihrer Kapazitäten Handelsmarken in gleicher Qualität - nur unter anderem Namen - produzieren, um economies of large scale erzielen zu können.

Die genannten Kriterien bieten somit keine Grundlage mehr, Handelsmarken von Herstellermarken abzugrenzen. Auch ein Blick in den Gesetzestext zeigt, daß handelseigene Produkte durchaus als „Markenware" betrachtet werden können: Nach § 38 a, Abs. 2, Satz 1, GWB werden Markenwaren definiert als „Erzeugnisse, deren Lieferung in gleichbleibender oder verbesserter Güte von dem preisempfehlenden Unternehmen gewährleistet wird und

1. die selbst oder
2. deren für die Abgabe an den Verbraucher bestimmte Umhüllung oder Ausstattung oder
3. deren Behältnisse, aus denen sie verkauft werden, mit einem ihre Herkunft kennzeichnenden Merkmal (Firmen-, Wort oder Bildzeichen) versehen sind".

Diese Definition sieht keine formalrechtliche Trennung von Hersteller- und Handelsmarken vor. „Der Gesetzgeber unterscheidet lediglich, daß eine Marke sich durch ein kennzeichnendes Merkmal unterscheiden muß, unabhängig davon, ob der Markenname ein Hersteller- oder Handelsunternehmen ist" (Sternagel, 1994, S. 546).

Eine Unterscheidung zwischen einer „echten" Hersteller- und einer „echten" Handelsmarke ist somit darin zu sehen, daß bei ersterer der Markeneigner ein Hersteller, bei letzterer ein Händler ist. Prinzipiell können keine qualitativen Unterschiede ausgemacht werden.

2.2 Erscheinungsformen von Handelsmarken

Nach Berekoven (1995, S. 134 f.) und Sternagel (1994, S. 546) können folgende Erscheinungsformen und Markentypen voneinander abgegrenzt werden:

2.2.1 „Echte" versus „Pseudo-Handelsmarke"

In beiden Fällen ist das Einzelhandelsunternehmen der Markeneigner. Bei der „echten Handelsmarke" ist im Unterschied zur „Pseudo-Handelsmarke" die Markeneignerschaft erkennbar. Im Rahmen dieses Artikels sollen sich die weiteren Ausführungen auf diejenigen Handelsmarken beziehen, die mit Absenderangabe im Regal des Händlers zu finden sind.

2.2.2 Markentypen

■ Individualmarken
Bei Individualmarken, auch Mono- oder Solitärmarken genannt, wird mit dem Markenlogo nur ein einzelnes Produkt gekennzeichnet (Berekoven, 1995, S. 135). Typische Beispiele hierfür sind die Waschmittelmarke „Tandil" (Aldi) oder der „Hanseatenkaffee" von Edeka. Die Individualmarken treten in direkte Konkurrenz mit den klassischen Herstellermarken.

■ Warengruppen- oder Segmentmarken
Bei der Warengruppenmarke werden Produkte verwandter Natur unter einem Logo angeboten (z. B. „Salto" von Rewe für Tiefkühl- und Fertigprodukte). Der Handelsbetrieb versucht hier, ähnlich der bekannten Dachmarkenstrategien von Herstellern, Synergieeffekte, insbesondere in bezug auf die Werbewirkung, zu erzielen. Das heißt das Image eines Handelsmarkenproduktes soll auf andere, aber artverwandte und unter demselben Logo firmierende, Produkte übertragen werden.

■ Sortimentsmarken
Bei der Sortimentsmarke, auch als Universalmarke bezeichnet, wird im Vergleich zur Warengruppenmarke der Geltungsbereich des Markenlogos noch stärker ausgeweitet und es werden auch artfremde Produkte aufgenommen (früher die Marke „Revue" von Foto-Quelle). Je heterogener jedoch die Marken sind, die unter einem Dach zusammengefaßt werden, desto größer ist die Gefahr der mangelnden Produktkompetenz. Daher sind Sortimentsmarken heute in der Regel nur noch als Gattungsmarken (siehe unten) in Handelsbetrieben vorzufinden.

■ Gattungsmarken
Die Gattungsmarken werden auch als No-Names bezeichnet. Typische Beispiele sind hierfür: „Ja!" von Rewe, „A & P" von Tengelmann oder „Gut & billig" von der AVA. Nach Hammann et al. (1996 b) werden Gattungsmarken preislich extrem unter dem Preisniveau der Herstellermarken positioniert, häufig bis zu 40 % günstiger.

■ Storebrands
Neben den bereits erläuterten Eigenmarken des Handels gewinnt in den letzten Jahren die sogenannte „Storebrand" an Bedeutung (Roeb, 1997). Bei dieser Konzeption

versuchen Handelsunternehmen, ihre Kompetenz nicht durch den Verkauf einzelner Produkte oder Sortimente in Form von Eigenmarken unter Beweis zu stellen, sondern hier sollen aus Sicht der Konsumenten alle angebotenen Produkte dem Unternehmen als Eigner zugeordnet werden. Die Konsumenten achten nicht mehr auf die Namen der einzelnen Artikel, sondern nur noch auf die Einkaufsquelle, also auf das Geschäft, in dem sie die Ware erstehen. Somit ist die gewählte Positionierung der Eigenmarke gleichzusetzen mit der Positionierung des gesamten Unternehmens. Typische Beispiele sind Hennes & Mauritz oder Ikea.

2.3 Positionierung der Markentypen

Ausgehend von der Wahl der angebotenen Markentypen, streben Handelsunternehmen unterschiedliche Positionierungziele an. Es lassen sich folgende grundlegende Positionierungsstrategien voneinander unterscheiden (Hammann et al., 1996 b, S. 260 f.; Grafe, 1991):

1. Die Präferenzmarkenstrategie

Bei der Präferenzmarkenstrategie versucht das Handelsunternehmen, die Eigenmarke im oberen Preis- und Qualitätssegment anzusiedeln und somit ein Angebot zu schaffen, das qualitativ mit der **führenden Herstellermarke** vergleichbar ist, jedoch in der Regel etwas preisgünstiger angeboten wird, letzteres vielfach um den Konsumenten für den im Vergleich zum Markenführer geringer ausgeprägten emotionalen Zusatznutzen zu entschädigen. Für die erfolgreiche Umsetzung dieser Präferenzmarkenstrategien eignen sich Individualmarken, Warengruppen- und Segmentmarken sowie vor allem die Storebrands. Bei einer konsequenten Profilierung der hauseigenen Ware zu einer Präferenzmarke, kommen nicht nur die preispolitischen Instrumente des Handelsunternehmens zum Einsatz, sondern hier werden alle Marketinginstrumente zum Aufbau eines einzigartigen und dauerhaft im Bewußtsein der Konsumenten verankerten Markenimages benötigt. Präferenzmarkenstrategien bedingen somit einen höheren Kostenapparat als die noch zu erläuternden Discount- und Imitationsmarkenstrategien (siehe unten). Daher sollten vor Anwendung eines solchen Positionierungskonzeptes genaue Kosten/Nutzen-Rechnungen durchgeführt werden. Letzteres gilt insbesondere für Individualmarken, die als einzelne Produkte den erhöhten Marketingaufwand erwirtschaften müssen.

2. Die Imitationsmarkenstrategie

Bei dieser Strategie wird eine Eigenmarke offeriert, die der führenden Herstellermarke zum Verwechseln ähnlich sieht („Me-Too-Produkt"), um so von dessen Goodwill profitieren zu können. In bezug auf die funktionale bzw. stoffliche Qualität versucht das Me-

Too-Produkt, der imitierten Herstellermarke ebenbürtig zu sein, sie wird jedoch mit
einem erheblichen Preisvorteil angeboten. Die Imitationsmarkenstrategie empfiehlt sich
vor allem für Individualmarken oder wenn ganze Markenfamilien von Herstellern
kopiert werden, auch für Segmentmarken.

3. Die Discountmarkenstrategie

Hier werden die Eigenmarken des Händlers im Einstiegspreissegment (bis zu 40 % unter
der führenden Herstellermarke) angeboten, die Produktqualität kann unter der führenden
Herstellermarke liegen. Dieses Positionierungskonzept eignet sich vor allem für Gattungsmarken.

3. Ziele der Handelsmarkenpolitik

Ähnlich heterogen wie die erläuterten Erscheinungsformen und Positionierungsmöglichkeiten sind auch die Ziele, die Unternehmen mit dem Angebot von Handelsmarken
verfolgen (Oehme, 1992 a; Berekoven, 1995, S. 138 ff.; Schenk, 1997, S. 82 ff.). Die
wichtigsten Ziele sind:

■ **Verbesserung der Ertragslage:**
  Eigenmarken ermöglichen den Händlern einen höheren Einfluß auf die Kalkulation
  und somit auch auf die Spanne als beim „klassischen Einkauf" von Herstellermarken. Gleichfalls eröffnen eigene Marken dem Händler die Möglichkeit, sich bei
  Preiskämpfen der Konkurrenzunternehmen herauszuhalten, die in bezug auf die
  äquivalenten Herstellermarken ausgefochten werden. Das Ziel „Verbesserung der
  Ertragslage" kann unabhängig von dem gewählten Positionierungskonzept angestrebt werden.

■ **Differenzierung des Sortiments gegenüber der Konkurrenz:**
  Hier ist das Ziel, mittels Handelsmarken unverwechselbare Alternativangebote zu
  den Herstellermarken zu schaffen und damit zur Profilierung bei den Kunden beizutragen. Im Falle von Präferenzmarkenstrategien soll sich die Konzeption des gesamten Marketing-Mixes (nicht nur der Sortimentspolitik) von dem der Konkurrenz abheben und zu einem eigenständigen, unverwechselbaren Image führen. Bei
  Storebrands ergibt sich darüber hinaus die Möglichkeit, eine vertikale Erlebnisstrategie anzuwenden. Die Eigenmarke kann in der Gefühls- und Erfahrungswelt der
  Konsumenten verankert werden und zwar nicht nur unter Zuhilfenahme der auch
  „normalen Herstellern" zur Verfügung stehenden Instrumente „Produktpolitik" und
  „Werbung". Es besteht zudem die Möglichkeit einer genau auf die Zielgruppe abgestimmten Inszenierung der Ware am PoS. Diese doppelte Profilierungschance ist nur
  im Rahmen vertikaler Marketingkonzepte, wie sie bei Storebrands verfolgt werden,
  gegeben.

■ **Solidarisierungsfunktion:**
Verbundgruppen des Handels nutzen die Eigenmarkenpolitik als „organisatorisches Bindemittel zur Kräftigung des Zusammengehörigkeitsgefühls unter den Kooperationspartnern" (Schenk, 1997, S. 83). Hier ist zu vermuten, daß eine Solidarisierung eher erreicht werden kann, wenn als grundlegendes Positionierungskonzept die Präferenzmarkenstrategie und nicht eine Imitations- oder Discountmarkenstrategie angewandt wird, denn in der Regel soll mit Hilfe der Eigenmarkenpolitik der (meist mittelständischen) Verbundgruppen ein Gegengewicht und eine Abgrenzung zu den Fachdiscountern aufgebaut werden. Fachdiscounter können aufgrund der dieser Betriebsform inhärenten Unternehmensphilosophie und/oder des meist höheren Nachfragevolumens eine Discount- oder Imitationsmarkenstrategie im Vergleich zu den Verbundgruppen vielfach überlegener durchführen.

■ **Internationalisierung:**
Hier wird die Eigenmarke genutzt, um sich im Auslandsmarkt als Storebrand zu positionieren oder um - wie anfangs bereits erläutert - eine starke Wettbewerbsposition in noch nicht gesättigten Konsumgütermärkten zu sichern und um somit eine Gegenmacht zu den transnationalen Herstellermarken aufzubauen (Hammann et al., 1996 b).

■ **Preisimage:**
Last but not least versuchen viele Handelsunternehmen mittels eigener Marken eine besonders hohe Preiskompetenz zu erzielen. Dabei kann entweder die Preisgünstigkeit des Händlers im Vordergrund stehen (der Preis der Handelsmarken liegt unterhalb der vergleichbaren Herstellermarke) oder seine Preiswürdigkeit, bei der die Vorteilhaftigkeit des Preis-Leistungs-Verhältnisses demonstriert werden soll. Dabei erscheint es ratsam, eine Präferenzmarkenstrategie auf die Generierung eines positiven Preiswürdigkeitsimages abzielen zu lassen, während Imitations- und Discountmarkenstrategien positive Preisgünstigkeitsimages beim Konsumenten evozieren sollten. Die beiden Preisurteilsarten werden im vierten Kapitel noch einmal aufgegriffen.

An dieser Stelle könnte diskutiert werden, ob zwischen den angesprochenen Zielen eine hierarchische Ordnung existiert, denn letztendlich soll auch mittels der Eigenmarkenpolitik der langfristige Erfolg des Handelsunternehmens gesichert werden. Auf diese Diskussion soll hier jedoch verzichtet werden. Möchte man die Erfolgswirksamkeit der Handelsmarkenpolitik aus Sicht der Konsumenten analysieren, so empfiehlt es sich zu prüfen, ob und unter welchen Bedingungen und mit welchen Markentypen insbesondere die Ziele „Profilierung gegenüber dem Kunden" und/oder „Preiskompetenz aus Sicht der Kunden" erreicht werden können.

4. Erfolgsbedingungen von Handelsmarken aus Konsumentensicht

4.1 Die Preisorientierung von Konsumenten

Allenthalben ist zu hören, daß eine entscheidende Rahmenbedingung für den Erfolg von Handelsmarken die konjunkturelle Entwicklung sei und daß Handelsmarken in rezessiven Perioden Zugewinne zu verzeichnen hätten, weil sich Verbraucher dann vermehrt preisorientiert verhalten (Martino, 1995, S. 329). Diese These wird stillschweigend als richtig hingenommen. Doch was verbirgt sich hinter dem Ausdruck „Preisorientierung"? Handelt es sich hierbei nur um ein typisches Konsumverhalten in der Rezession oder um einen konjunkturunabhängigen Trend?

Die in der Lebensmittelzeitung im Dezember 1995 veröffentlichte „Regionalpresse-Studie (E & i '95)", bei der 2500 Interviews in Deutschland durchgeführt wurden, kommt zu dem Ergebnis, daß 34 % der Befragten, „gezielt auf der Suche nach Schnäppchen" sind (vgl. o.V., 1995 g, S. 50), während 23 % der Befragten als Erlebniskäufer und 26 % als qualitätsorientiert eingestuft werden. Die preisorientierten „Schnäppchenjäger" stellen der Studie zufolge nicht nur das größte Segment dar, sondern zudem das mit der höchsten Wachstumsrate. Auch Untersuchungen anderer Unternehmensberatungen, wie beispielsweise der BBE, prognostizieren einen Boom der sogenannten „Smart Shoppers".

Hier stellt sich allerdings die Frage, wie das Kaufverhalten der „Smart Shoppers" (bzw. das mit diesem Typ einhergehende Konstrukt „Preisorientierung") operationalisiert wird. Die praxisorientierte Literatur bietet als Kurzbeschreibung folgende Interpretation an: Bei dem „Smart Shopper" handelt es sich um einen „gewieften Kunden, der immer auf der Suche nach mehr Wert für sein Geld ist" (E & i, '95). Ist damit gemeint, daß dieser Konsumententyp versucht, klassische (Hersteller-)Marken preisreduziert zu erstehen und damit stets auf der Suche nach Sonderangeboten ist (Variante 1)? Oder schließt diese Beschreibung auch die Möglichkeit mit ein, daß sich die Konsumenten für Handelsmarken entscheiden, weil diese vielfach qualitativ vergleichbar, aber kostengünstiger zu erstehen sind (Variante 2)? Äußerte sich das Kaufverhalten der „Smart Shopper" nur in der ersten Variante, so ließe sich die erhöhte Nachfrage nach Handelsmarken durch dieses Konsumphänomen nicht erklären. Es erscheint somit sinnvoll, bei der Operationalisierung des Begriffs „Preisorientierung" den Kauf von Handelsmarken einzuschließen (Variante 2).

Eine sich anschließende Frage lautet, ob „Preisorientierung" mit dem in der wissenschaftlichen Literatur schon seit vielen Jahren verwendeten Begriff „Preisinteresse" gleichzusetzen ist. Zu diesem Konstrukt bieten Diller (1991) und Müller-Hagedorn (1983) folgende Definitionen an: Nach Diller kann das **Preisinteresse** als das Bedürfnis eines Nachfragers definiert werden, „nach Preisinformationen zu suchen und diese bei den Einkaufsentscheidungen zu berücksichtigen" (Diller, 1991, S. 86). Das Preisinteresse kann nach dieser Begriffsbestimmung anhand von drei Dimensionen beschrieben werden:

1. Die Intensitätsdimension (= Stärke des Preisinteresses),
2. Gegenstand und Umfang des Preisinteresses (= inhaltliche Dimension) und
3. Äußerungsformen des Preisinteresses (= beobachtbare Konsequenzen des Einkaufs).

Diller berücksichtigt somit in seiner Definition explizit die Konsequenzen des Preisinteresses. Dagegen betont Müller-Hagedorn (1983, S. 944) vor allem die Intensitätsdimension und versteht unter Preisinteresse allein den „Wunsch des Verbrauchers, sich über Preise zu informieren". Beiden Definitionen gemeinsam ist der motivationale Charakter des Preisinteresses. Das Preisinteresse ist dabei kein angeborenes (primäres) sondern ein sekundäres Motiv, das Lernprozessen unterliegt. Ursachen für das Preisinteresse (verstanden als der Wunsch, möglichst preisgünstig einzukaufen) liegen im

- Versorgungsstreben,
- im Wunsch nach Erfüllung sozialer Rollen (z. B. Rolle des aufgeklärten Konsumenten) und/oder
- in Formen der Leistungsmotivation (z. B. Cleverness, Leistungsstolz).

Konträr wirkt nach Diller (1991, S. 88) das Entlastungsstreben von Konsumenten, insbesondere wenn preisorientiertes Verhalten mit hohen Informationsaufwendungen gekoppelt ist. Außerdem kann der Wunsch nach möglichst preisgünstigen Einkäufen oftmals im Konflikt mit dem Qualitätsinteresse und/oder mit Fragen des Sozialprestiges stehen.

Die Stärke des Preisinteresses ist von Situation zu Situation und von Person zu Person unterschiedlich. Ältere empirische Untersuchungen (vgl. Diller, 1991) haben sich vor allem mit soziodemographischen und produktspezifischen Merkmalen als Determinanten des Preisinteresses beschäftigt. Die Ergebnisse sind nicht immer widerspruchsfrei, demonstrieren jedoch die grundsätzliche Relevanz des Preisinteresse-Konstruktes: Beispielsweise erklärt Kroeber-Riel in der zweiten Auflage seines Buches „Konsumentenverhalten" (1980, S. 522), daß sich vor allem Personen der sozialen Mittelschicht besonders preisinteressiert zeigen, was auf die stark ausgeprägte Leistungsmotivation dieser Schicht zurückgeführt wird. In späteren Auflagen beschreibt Kroeber-Riel dieses Konsumverhalten nicht mehr. Karmasin (1994) ist jedoch der Auffassung, daß eine „Renaissance dieser Mittelstandswerte" zu beobachten sei. Sie berichtet von eigenen Untersuchungen, nach denen die Intensität des Preisinteresses auch zur Kennzeichnung eines neuen Lebensstils herangezogen werden kann. Es gilt als clever und chic, über günstige Preise und Einkaufsquellen gut informiert zu sein. Sollte sich dieser Lebensstil fortsetzen, so würde dies bedeuten, daß preisorientiertes Einkaufen nicht nur in rezessiven Zeiten zu beobachten ist und somit auch in Zukunft Handelsmarken nachgefragt werden.

Das Preisinteresse kann weiterhin von der Preistransparenz eines Marktes abhängig sein. Je transparenter die Preisentwicklung einer Branche ist, desto größer ist die Wahrscheinlichkeit, daß die Preiskenntnis steigt. Dabei ist durchaus zu vermuten, daß die preisintensiven Werbekampagnen des Handels (man denke an die sogenannten „Schweinebauchanzeigen" der Lebensmittelhändler oder an die vielen Folder aus der Möbel- oder der Unterhaltungselektronik-Einzelhandelsbranche) ein erhöhtes Preisinteresse geradezu herausgefordert haben. Auch die Recherchemöglichkeiten im Internet können die Preistranspararenz erhöhen.

Ein weiteres Merkmal, das im Zusammenhang mit der Intensität des Preisinteresses stehen kann, ist nach Diller (1991, S. 89) das Produktinvolvement. Bei Produkten, die das Selbstwertgefühl der Konsumenten berühren, also mit einem hohen Involvement einhergehen, ist danach das Preisinteresse geringer ausgeprägt als bei Gütern des täglichen Bedarfs. Diese These ist nur vor dem Hintergrund zu verstehen, daß Diller (1991, S. 86) unter Preisinteresse das Bedürfnis versteht, preisgünstig einzukaufen (siehe Dimension 3 seiner Begriffsbestimmung). Hier zeigt sich jedoch, daß es zweckdienlich ist, das Preisinteresse nur anhand der inhaltlichen und der Intensitätsdimension zu charakterisieren und die Dimension „Konsequenzen für den Einkauf" abzukoppeln. Begründung: Ein hoch involvierter Konsument wird sich zwangsläufig auch für die Preise der für ihn bedeutsamen Produktgruppe interessieren (schließlich stellen diese ebenfalls eine Produkteigenschaft dar), er muß jedoch nicht den Wunsch verspüren, möglichst das preisgünstigste Produkt zu erstehen. Nach der Definition Dillers wäre ein solcher Käufer wenig preisinteressiert, wenngleich er aufgrund seines hohen Involvements eine Vielzahl von Preisen gespeichert hat. Im Rahmen dieses Artikels soll daher das **Preisinteresse** definiert werden als das „gezielte Interesse, sich über Preise zu informieren". Dieses kann beispielsweise auf Basis von Werbeprospekten erfolgen oder auf Basis von Preis-Qualitätsmerkmalen (Hochwertigkeit der Verarbeitung usw.). Die Äußerungsformen des Preisinteresses, also der Wunsch, möglichst preisgünstig oder preiswürdig einzukaufen, sollen losgelöst davon betrachtet und mit dem schon angesprochenen Terminus „**Preisorientierung**" bezeichnet werden (vgl. auch Gröppel-Klein, 1998). Es können somit zwei Konstrukte voneinander unterschieden werden: Preisinteressierte verfügen über höhere Preiskenntnisse als preisdesinteressierte Konsumenten. Der Wunsch, preisorientiert einzukaufen, kann dagegen unabhängig von der objektiv vorhandenen Preiskenntnis geäußert werden. Zur Befriedigung dieses Einkaufsmotivs ist wesentlich, daß der Konsument subjektiv der Auffassung ist, günstig eingekauft zu haben.

Fazit: Die Ausführungen haben gezeigt, daß die Ursachen preisorientierten Einkaufens sehr vielfältig und nicht nur in der wirtschaftlichen Lage eines Konsumenten begründet sind. Es ist nun zu klären, inwieweit Handelsmarken zur Befriedigung des Einkaufsmotivs „Preisorientierung" beitragen können. Hierbei ist zu prüfen, ob Handelsmarken die Wahrnehmung der Preisgünstigkeit oder der Preiswürdigkeit einer Einkaufsstätte beeinflussen und einen Beitrag zur Positionierung des Handelsunternehmens leisten können. Im folgenden wird daher die bereits im zweiten Kapitel angesprochene These, daß Präferenzmarkenstrategien positive Preiswürdigkeitsimages, während Imitations- und vor allem Discountmarkenstrategien positive Preisgünstigkeitsimages erzielen sollten, näher erörtert.

4.2 Preisgünstigkeit und Preiswürdigkeit von Einkaufsstätten

Die wissenschaftlichen Schriften zur Bedeutung des Preisimages von Handelsunternehmen gehen auf die Arbeiten des Skandinaviers Nystroem (1970) zurück. Danach kann das Preisimage eines Geschäftes als die käuferindividuelle Beurteilung des Preisniveaus eines Handelsbetriebes definiert werden, unabhängig davon, ob das Geschäft tatsächlich Produkte zu objektiv günstigen Preisen verkauft oder nicht. Preisimages haben einen längerfristigen, verfestigten, jedoch änderbaren Charakter und können wie generelle Images das Verhalten determinieren. Das Preisimage hat eine große strategische Bedeutung, da es die Einkaufsstättenwahl und die Absatzzahlen beeinflussen kann (Simon, 1992, S. 534; Lenzen, 1984). Nach der Studie von Lenzen (1984) ist der Einfluß des Preisimages besonders hoch einzuschätzen, wenn die Konsumenten über geringe Preiskenntnisse verfügen.

Die Preiskenntnis (als Ergebnis des Preisinteresses) kann - wie bereits diskutiert - aufgrund unterschiedlicher Motivlagen und differierender Informationsstände von Individuum zu Individuum, von Sortiment zu Sortiment variieren (Müller-Hagedorn, 1993, S. 216; Diller, 1988). Es ist anzunehmen, daß Konsumenten bei Gütern des täglichen Bedarfs (insbesondere bei Lebensmitteln) im Durchschnitt über höhere Preiskenntnisse bzw. über genauere Vorstellungen von „fairen" Produktpreisen verfügen als bei Non-Food-Artikeln des nicht-täglichen Bedarfs (shopping-goods, specialty-goods). Bei seltener gekauften Produkten existieren zwar auch Preisvorstellungen, diese werden in der Regel aber nicht genau, d. h. auf einer metrischen Skala kodiert, sondern haben vielfach nur Ordinalskalen-Niveau (A ist teurer als B). Hinzu kommt, daß bei Gütern des nicht-täglichen Bedarfs das Preisimage des Geschäftes nicht nur ausgehend von der reinen Preisinformation gebildet wird, sondern Konsumenten gleichfalls Bewertungsanker in den übrigen Marketing-Mix-Instrumenten am Point of Sale (Ladengestaltung und Warenpräsentation, Verkaufspersonal, usw.) suchen.

Letzteres zeigt, daß Preisimages je nach Produktgruppe bzw. Kenntnisstand der Konsumenten auf Basis unterschiedlicher Informationen gebildet werden können. Diller

(1992, S. 906) empfiehlt daher, im Vergleich zu Nystroem (1970) ein stärkeres Spezifizieren des Begriffs „Preisimage" vorzunehmen und sich mit unterschiedlichen Preisurteilsarten zu beschäftigen. Die subjektiven Preisurteile werden noch einmal differenziert in „Preisgünstigkeits-" und „Preiswürdigkeitsurteile". Umfassende Definitionen zu diesen Begriffen stammen u. a. von Lenzen (1984):

Ein **Preisgünstigkeitsurteil** ist das „aktuell vorhandene und bewertete Ergebnis des Preisvergleiches bzw. die von einem Verbraucher vorgenommene oder übernommene, aktuell vorhandene subjektive Beurteilung der Preise des für die Beurteilung relevanten Sortiments eines Geschäftes (d. h. die Beurteilung einzelner Preise und/oder des Preisniveaus von Artikelgesamtheiten)" (Lenzen, 1984, S. 36). Beim Preisgünstigkeitsurteil wird also ein reiner Preisvergleich ohne Einbeziehung von Qualitätsurteilen vorgenommen (Produkt A ist preisgünstiger als Produkt B, bzw. Handelsmarke X ist günstiger als Herstellermarke Y).

Davon zu unterscheiden sind **Preiswürdigkeitsurteile**. Preiswürdigkeitsurteile basieren auf Bewertungen eines Preises im Hinblick auf die gebotenen Leistungen und stellen somit Preis-Leistungs-Beurteilungen dar. Lenzen (1984, S. 37) definiert die Preiswürdigkeit daher als die von „einem Verbraucher vorgenommene oder übernommene, aktuell vorhandene subjektive Beurteilung der Preise des für die Beurteilung relevanten Sortiments eines Geschäftes in Verbindung mit relevant erscheinenden qualitativen Komponenten: der Qualität der Artikel sowie aller Umstände des Einkaufs, die sich nicht auf den Preis beziehen. Die Preiswürdigkeit stellt eine gelernte, zeitpunktbezogene, jedoch im Zeitablauf veränderbare Größe dar, die wesentlichen Einfluß auf die Kaufentscheidung und insbesondere auf die Einkaufsstättenwahl eines Konsumenten ausübt". Zu den „Umständen des Einkaufs" können beispielsweise die Ausstattung der Verkaufsräume und des Schaufensters, die Beurteilung des Verkaufspersonals, der Standort der Einkaufsstätte, Anteil der Selbstbedienung oder die gebotene Auswahl zählen.

Die Definitionen der Preiswürdigkeits- und Preisgünstigkeitsurteile beinhalten sowohl kognitive als auch emotionale Prozesse. Die kognitiven Aktivitäten beziehen sich auf die Beurteilungsprozesse, die bei Preiswürdigkeitsurteilen eine höhere Komplexität aufweisen als bei Preisgünstigkeitsurteilen. Die emotionalen Prozesse kommen vor allem in der **Antriebskraft der Preisbeurteilungen** zum Ausdruck, die die Einkaufsstättenwahl und/oder das Verhalten in Geschäften beeinflußt.

Preisbewertungen können somit noch einmal unterteilt werden in Preisgünstigkeits- und Preiswürdigkeitsurteile. Werden subjektive Preisurteile **generalisiert**, so spricht man von **Preisimages**. Unter dem Oberbegriff „Preisimage" können zwei verschiedene Imagearten zusammengefaßt werden: Ein Preiswürdigkeitsimage stellt eine längerfristig stabile Einstellung zu dem Preis-Leistungsverhältnis eines Handelsbetriebes dar, welches auf einzelnen Preiswürdigkeitsurteilen basiert. Ein Preisgünstigkeitsimage basiert auf der Generalisierung von Preisgünstigkeitsurteilen, d. h. vereinzelt durchgeführte Preisvergleiche („Stichproben") prägen die Einstellung zu dem Handelsbetrieb. Ähnlich wie Einstellungen unterliegen auch Preisimages einer Dynamik und passen sich an die jeweils neuen Preiserfahrungen an. Letztere können auch durch die Erlebnisse der Kunden mit Handelsmarken verändert werden.

4.3 Handelsmarken und ihr Einfluß auf die Beurteilung der Preisgünstigkeit und Preiswürdigkeit von Einkaufsstätten

In den bisherigen Ausführungen wurden unterschiedliche Markentypen und Positionierungskonzepte der Handelsmarkenpolitik erörtert sowie als wesentliche Ziele „Profilierung gegenüber dem Kunden" und „Preiskompetenz" genannt. Wenn Handelsunternehmen bemüht sind, diese Ziele aus Sicht der Kunden mittels einer eigenen Markenpolitik zu erreichen, dann müssen die Auswirkungen dieses Angebotes auf die Einschätzung der Preiswürdigkeit bzw. der Preisgünstigkeit der Einkaufsstätte berücksichtigt werden. Es ist zu fragen, inwieweit und welche Typen von Handelsmarken zur Generierung positiver Preisimages beitragen.

4.3.1 Gattungsmarken und Preisgünstigkeit

Gattungsmarken werden - wie bereits erläutert - erheblich preisgünstiger angeboten als die führenden Herstellermarken und bedienen sich damit des Positionierungskonzeptes einer Discountmarkenstrategie. Der Kunde soll am Point of Sale Preisvergleiche durchführen, feststellen, daß die Gattungsmarke die preisgünstigere Alternative entweder im Vergleich zur Herstellermarke (Fall A) oder zur konkurrierenden Eigenmarke eines anderen Handelsunternehmen ist (Fall B) und sich dann - unter der Prämisse, daß er preisorientiert einkaufen möchte - für dieses Produkt entscheiden. Diese Preisvergleiche sind nur unter folgenden Voraussetzungen möglich: Im Fall A muß der Konsument entweder den Preis der führenden Herstellermarke als Vergleichsbasis in seinem Gedächtnis gespeichert haben oder er muß sich diese Information am Point of Sale aneignen können. Im Fall B müssen die Preise einer oder mehrerer Handelsmarken anderer Wettbewerber bekannt sein.

Die Motivation, Preisinformationen miteinander zu vergleichen, kann von dem Grad des schon erläuterten Preisinteresses des Konsumenten abhängig sein oder durch die eher „einfache" (und sich dadurch von anderen Artikeln abhebende) Verpackung der Handelsmarke evoziert werden. Denkbar ist gleichfalls, daß der Konsument am Point of Sale durch besondere Hervorhebung der Handelsmarken(preise) (durch rote Angebotsblitze, Aufschriften wie „Knüllerpreis" usw.) auf die Preisinformation aufmerksam wird und dieser Stimulus im Sinne der Assimilations-Konstrast-These (Helson, 1964; Simon, 1992, S. 598) einen Kontrasteffekt auslöst. Die neue Preisinformation liegt in einem solchen Fall außerhalb des Adaptionsniveaus des Kunden und erzeugt quasi als kollativer

Reiz die notwendige Aktivierung, die für die Durchführung der Preisvergleiche notwendig ist.

Wenn die Preisgünstigkeitsbeurteilung in mehreren Fällen zugunsten der Eigenmarke und damit zugunsten des Handelsbetriebs ausfällt, können diese einzelnen Urteile nach einiger Zeit generalisiert werden. Das heißt: Es werden alle Gattungsmarken preisgünstiger als die Konkurrenzprodukte erlebt, entweder bezogen auf die Herstellererzeugnisse oder auf die Eigenmarken der anderen Einzelhändler, je nachdem, welche Vergleichsbasis der Konsument gewählt hat (Fall A oder B). Interessant wäre auch die Frage, ob die Generalisierung unabhängig von der Markeneignerschaft auf das gesamte Warenangebot des Händlers ausgeweitet wird. Diese Thematik soll hier jedoch nur erwähnt werden. Zusammenfassend bleibt die These festzuhalten, daß Gattungsmarken vor allem zur Erzielung positiver Preisgünstigkeitsimages eingesetzt werden sollten.

4.3.2 Individualmarken, Segmentmarken, Storebrands und Preiswürdigkeit

Bei der Preisgünstigkeitsbeurteilung wird - wie erläutert - ein einfacher Preisvergleich durchgeführt. Möchte das Handelsunternehmen bei einer Gegenüberstellung seiner Preise mit denen der konkurrierenden Eigenmarken anderer Händler stets siegreich sein, so begibt sich das Unternehmen freiwillig in einen (horizontalen) „Gattungsmarkenpreiswettbewerb", der - wie alle Preiskämpfe - erhebliche Gefahren in sich bergen kann und der dem gleichfalls schon angesprochenen Ziel „Verbesserung der Ertragslage" entgegenwirken kann.

Bei der Preiswürdigkeit steht die Ermittlung des Preis-Leistungs-Verhältnisses im Vordergrund (Gröppel, 1997). Die Beurteilung erfolgt somit nicht nur auf der Basis der reinen Preisinformationen, sondern es werden auch Produktmixelemente wie Farbe, Form, Design, Geruch, erwartete Qualität berücksichtigt. Bei Preiswürdigkeitsbeurteilungen spielt der Vergleich mit Eigenmarken anderer Einzelhändler eher eine untergeordnete Rolle, statt dessen müssen die Handelsmarken in erster Linie unter Beweis stellen, daß sie in bezug auf die qualitativen Merkmale mit den führenden Herstellermarken konkurrieren können. Dieses Ziel ist mit den Präferenzmarkenstrategien kompatibel (siehe oben). Auch hier erhofft sich der Händler, daß einzelne Preis-Leistungs-Vergleiche, die zugunsten der Handelsmarken ausfallen, zu einem positiven Gesamtbild generalisiert werden. Daher verwenden viele Handelsunternehmen bei Präferenzmarkenstrategien Segmentmarken, da sie sich einen Goodwill-Transfer von einem handelseigenen Produkt zum nächsten erhoffen, wenn alle unter demselben Logo firmieren. Wir könnten in diesem Zusammenhang auch von der Bildung eines positiven Preiswürdigkeitsimages sprechen.

Bei Storebrands kann darüber hinaus ein Vergleich des emotionalen Zusatznutzens für die Wahl des Produktes ausschlaggebend sein. Das heißt auch die emotionalen Erlebnisse, die der Konsument mit der „Storebrand" verbindet, können das Preiswürdigkeits-image hinsichtlich dieses Meinungsgegenstandes beeinflussen. So löst zum Beispiel „IKEA" sicherlich nicht nur das Urteil „gutes Preis-Leistungs-Verhältnis" aus, sondern zudem Assoziationen wie „Schweden", „skandinavische Wohnkultur", „Elche", „Natur", „originelle Ladengestaltung" usw. Für die Beurteilung des Preiswürdigkeitsimages von Storebrands kann ebenfalls die Inszenierung der Ware am Point of Sale wesentlich sein (Gröppel, 1991). Die Wahrscheinlichkeit, daß Storebrands im Vergleich zu anderen Marken eher einzigartige, prägnante und dauerhaft verankerte Assoziationen beim Konsumenten auslösen, ist sehr hoch und zwar dann, wenn Storebrands ihre doppelte Profilierungschance nutzen und der Erlebniswert des Produktes durch eine adäquate Präsentation am Point of Sale unterstützt wird.

Grundsätzlich ist noch einmal zu betonen, daß die Handelsmarken von Unternehmen, die als Positionierungskonzept Präferenzmarkenstrategien gewählt haben, aus Sicht der Konsumenten positive Preiswürdigkeitsimages erzielen sollten. Die Erfolgswirksamkeit dieses Handelsmarkenmanagements kann mittels der verhaltenswissenschaftlichen Methoden zur Markenwertmessung geprüft und kontrolliert werden.

4.4 Der Handelsmarkenwert aus Konsumentensicht

In der wissenschaftlichen Literatur zur Messung des Wertes von Herstellermarken werden finanzwirtschaftliche und verhaltenswissenschaftliche Ansätze diskutiert. Finanzwirtschaftlich kann der Markenwert nach Kaas (1990 a, S. 48) als „der Barwert aller zukünftigen Einzahlungsüberschüsse, die der Eigentümer aus der Marke erwirtschaften kann" definiert werden (vgl. auch Sattler, 1997 a). Die ermittelte monetäre Größe stellt eine Maßzahl für den Erfolg einer Marke dar und kann daher sehr einfach für den Vergleich von Marken herangezogen werden. Die finanzwirtschaftlichen Markenwertansätze vernachlässigen jedoch die Fragestellung, aufgrund welcher Faktoren sich aus der Perspektive der Kunden der Erfolg einer Marke eingestellt hat. Dieser Thematik widmen sich dagegen die verhaltenswissenschaftlichen Ansätze zur Markenwertmessung, die vor allem auf die Arbeiten von Aaker (1992) und Keller (1993) zurückgehen. Keller (1993, S. 2) schlägt folgende Definition eines konsumentenorientierten Markenwertes vor: „Customer Based Brand Equity is defined as the differential effect of brand knowledge on consumer response to the marketing of the brand. That is, consumer-based brand equity involves consumers' reactions to an element of the marketing mix for the brand in comparison with their reactions to the same marketing mix element attributed to a fictitiously named or unnamed version of the product or service. Customer-based brand equity occurs when the consumer is familiar with the brand and holds some favorable, strong, and unique brand associations in memory".

Wenngleich eine solche Definition des Markenwertes eine Transformation in eine monetäre Größe nur schwer ermöglicht, so eignet sich dieser Ansatz für die Ermittlung von

Erfolgsfaktoren aus Konsumentensicht und somit zur Diagnose von Marken (Esch/ Andresen, 1994; Bekmeier, 1995 a; Rossiter/Percy, 1997; Aaker/Keller, 1990). Danach kann einer Marke eine hohe Wertigkeit bescheinigt werden, wenn die Markenbekanntheit und das Markenimage positiv ausgeprägt sind. Das besonders wesentliche Markenimage setzt sich dabei aus vier Komponenten zusammen (vgl. Abbildung 1):

1. Inhaltliche Aspekte der Markenassoziationen (wahrgenommene Produktattribute und Produktnutzen),
2. das Gefallen, das durch die Marke ausgelöst wird,
3. die Stärke und
4. die Einzigartigkeit der Markenassoziationen.

Das Markenwissen (brand knowledge) kann anhand der Gedächtnisstrukturen der Konsumenten ermittelt werden (vgl. Bekmeier, 1995 b).

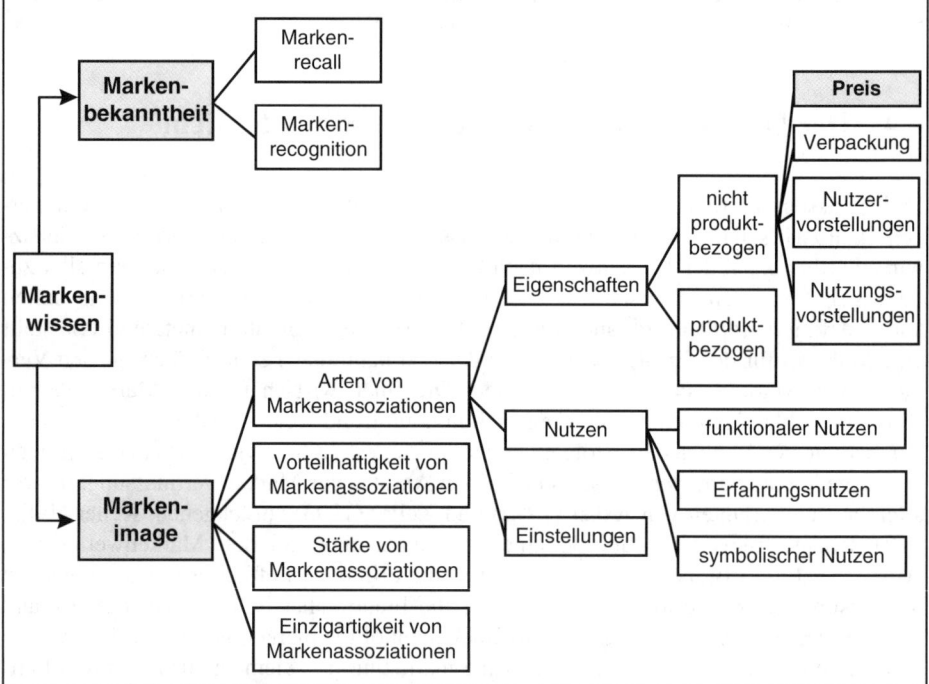

Abbildung 1:   Dimensionen des Markenwissens
Quelle: Keller, 1993, S. 7.

Keller (1993) wie auch Aaker (1992) betonen immer wieder, daß die Stärke einer Marke davon abhängig ist, inwieweit sie im Vergleich zu einer fiktiven Marke oder einem No-

Name-Produkt positivere Assoziationen weckt. Mit Hilfe der der Abbildung 1 zugrundeliegenden Meßmethode der assoziativen Netzwerkstrukturanalyse nach Keller (1993) könnten sowohl starke als auch schwache Marken identifiziert werden. Somit müßte diese Methode auch zur Ermittlung des Wertes von Handelsmarken (inklusive der „nonames", also der Gattungsmarken) herangezogen werden können.

Keller (1993) faßt die Preisassoziationen als Teil des Markenimages und damit als Bestandteil des aus Kundensicht definierten Markenwertes auf. Den bisherigen Ausführungen zufolge soll sich eine Übertragung seines Modells auf die Handelsmarkenmessung allerdings in erster Linie auf die Analyse der Intensität, Qualität und Erfolgswirkungen der Preisassoziationen der Konsumenten konzentrieren. Die Variable „Erfolgswahrscheinlichkeit" der Handelsmarke kann dabei als zu beobachtendes Kaufverhalten bzw. als Präferenzäußerung für eine Marke operationalisiert werden. Die durch Handelsmarken ausgelösten Assoziationen können mittels Netzwerkstrukturanalysen geprüft werden.

Es können folgende Hypothesen abgeleitet werden:

1. Die Erfolgswahrscheinlichkeit von Gattungsmarken ist hoch, wenn Konsumenten die Waren als preisgünstig erleben. Oder anders ausgedrückt:

   ⇒ Je stärker eine Gattungsmarke im Vergleich zu anderen Handels- und Herstellermarken Assoziationen auslöst, die auf der Dimension „Preisgünstigkeit" laden, desto höher ist die Erfolgswahrscheinlichkeit.

2. Die Erfolgswahrscheinlichkeit von Segmentmarken ist hoch, wenn die Konsumenten die Waren als preiswürdig erleben. Oder anders ausgedrückt:

   ⇒ Je stärker eine Segmentmarke positive Assoziationen sowohl in bezug auf den Preis als auch in bezug auf die funktionale Qualität auslöst, desto höher ist die Erfolgswahrscheinlichkeit.

3. Die Erfolgswahrscheinlichkeit von Storebrands ist hoch, wenn die Waren als preiswürdig erlebt werden und in der Gefühls- und Erfahrungswelt des Konsumenten verankert sind (somit einen Erlebnisnutzen spenden). Oder anders ausgedrückt:

   ⇒ Je stärker eine Storebrand positive Assoziationen in bezug auf das Preis-Leistungs-Verhältnis erzeugt und je positiver und einzigartiger die Konsumenten die mit der Storebrand verbundenen Erlebnisqualitäten empfinden, desto höher ist die Erfolgswahrscheinlichkeit.

Diese Hypothesen unterstellen, daß Gattungs- und Segmentmarken im Vergleich zu den „führenden" Herstellermarken eher „vernunftorientiert" gekauft werden (schließlich muß in der Regel der etwas geringere Preis für den entgangenen emotionalen Zusatznutzen (z. B. Prestige) entschädigen). Inwieweit hier eine bewußte kompensatorische Preisbeurteilung erfolgt (vgl. Diller, 1992, S. 111) bleibt dahingestellt. Aufgrund der besonderen Möglichkeiten der Vermarktung von „Storebrands" können diese Handelsmarken hingegen auch emotionalisiert eingekauft werden (vgl. Abbildung 2).

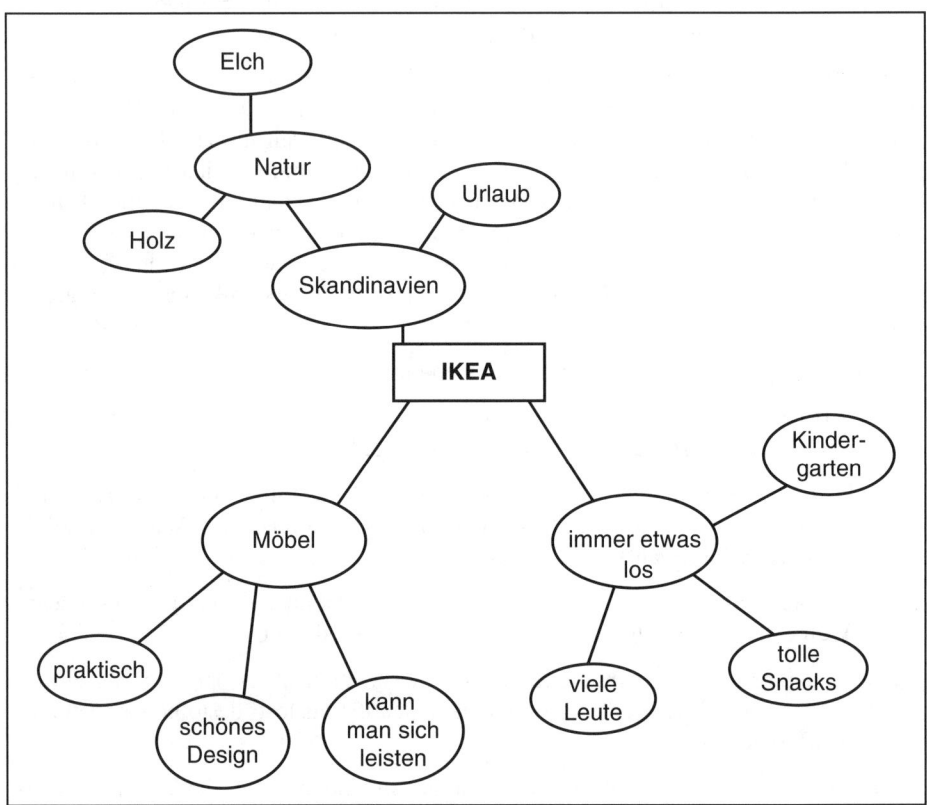

Abbildung 2:   Mögliches Assoziationsnetz der Storebrand IKEA

5.   Zusammenfassung

In diesem Beitrag sind die Bedeutung der Handelsmarken für die Sortimentspolitik aufgezeigt, Ziele der Eigenmarkenpolitik dargestellt und unterschiedliche Positionierungskonzepte vorgestellt worden. Ein Schwerpunkt dieses Artikels behandelt die Fragestellung, ob Handelsmarken zur Befriedigung des Einkaufsmotivs „Preisorientierung" beitragen können. Die Erfolgswirksamkeit der Handelsmarkenpolitik aus Sicht der Konsumenten kann mit Hilfe der assoziativen Netzwerkstrukturanalyse, wie sie in der konsumentenorientierten Markenwertmessung verwendet wird, geprüft werden. Hier sind die Hypothesen abgeleitet worden, daß die unterschiedlichen Positionierungskonzepte mit unterschiedlichen Markentypen verfolgt werden und daß diese beim Konsumenten spezifische Preisurteile auslösen sollten. Inwieweit die Hypothesen einer Prüfung an der Realität standhalten, bleibt weiterer empirischer Forschung vorbehalten.

Helmut Schmalen, Herbert Lang und Hans Pechtl

Gattungsmarken als Profilierungsinstrument im Handel

1. Einführung

Der Erfolg im Lebensmitteleinzelhandel (LEH) hängt wesentlich davon ab, ob es gelingt, den differenzierten Konsumentenansprüchen mit einer differenzierten Sortimentsstrategie gerecht zu werden. Preisgünstige Eigenmarken des Handels sind ein fester Bestandteil dieser Strategie, wenngleich wiederholt grundsätzliche Zweifel an ihrer Sortimentsberechtigung aufkommen. Das vielfach zu beobachtende, extrem preisbewußte Einkaufsverhalten der Konsumenten bietet jedoch zunächst eine verhaltenswissenschaftlich orientierte Rechtfertigung für die Beibehaltung oder sogar Ausweitung der Eigenmarken im LEH.

Während Handelsmarken als eigenständige Markenware preislich günstiger als die Herstellermarken (Industriemarken) positioniert sind, haben Gattungsmarken (No Names, Generics oder Weiße Ware) die Niedrigpreisschiene besetzt. Darüber hinaus stellen Gattungsmarken durch ihre einheitliche Verpackung und Kennzeichnung einen engen Bezug zur jeweiligen Handelskette her. Diese deutlich sichtbare Verknüpfung von Produkt und Geschäft fördert ihre Wiedererkennung und das Preisimage (z. B. „Die Sparsamen").

Inzwischen haben die Handelsorganisationen eine „zweite Generation" von Gattungsmarken (z. B. „Die Bunten") entwickelt, denen aufgrund einer qualitativen Aufwertung des Produktkonzepts ein gewisser Markenwert zugesprochen werden darf (vgl. auch Kornobis, 1993, S. 527; Stach, 1993, S. 583).

Den Gründen für das dreigliedrige Konzept der Eigenmarken geht der theoretische Teil und ihren Auffälligkeiten im Abverkauf der empirische Teil dieses Beitrags nach. Anhand der Daten aus einer Geschäftsstätte der Spar-Handelsorganisation werden der Marktanteil von Gattungsmarken in verschiedenen Warengruppen des Sortiments, Determinanten des Marktanteils und die Eignung bestimmter Warengruppen für eine Profilierung durch Gattungsmarken untersucht. Die Beschränkung der Analyse auf Gattungsmarken der ersten und zweiten Generation war hierbei durch die Form der Datenerhebung bedingt.

2. Die Sortimentsstruktur im Handel als Reflex hybriden Kaufverhaltens

Das gleichzeitige Auftreten von Teuer-, Preiswert- und Billigkäufen seitens der Nachfrager hat zu einem korrespondierenden Sortimentsangebot im Handel geführt. Als Erklärungsansatz für diese Entwicklungen dient das Konzept des hybriden Käufers (vgl. Schmalen, 1994, insbesondere S. 1225 ff.; vgl. Abbildung 1).

Empfindet ein Käufer ein merkliches Kaufrisiko, dann reduziert sein Wunsch nach Absicherung durch Auswahl, Beratung und Service (Komfortorientierung) seine Preissensibilität. Erachtet er das Produkt zudem als wichtig, weist er eine klare Markenpräferenz auf und greift insgesamt bevorzugt nach klassischen Herstellermarken mit Beratung, zum Beispiel im Feinkost- oder Bioladen („Teuerkauf"):

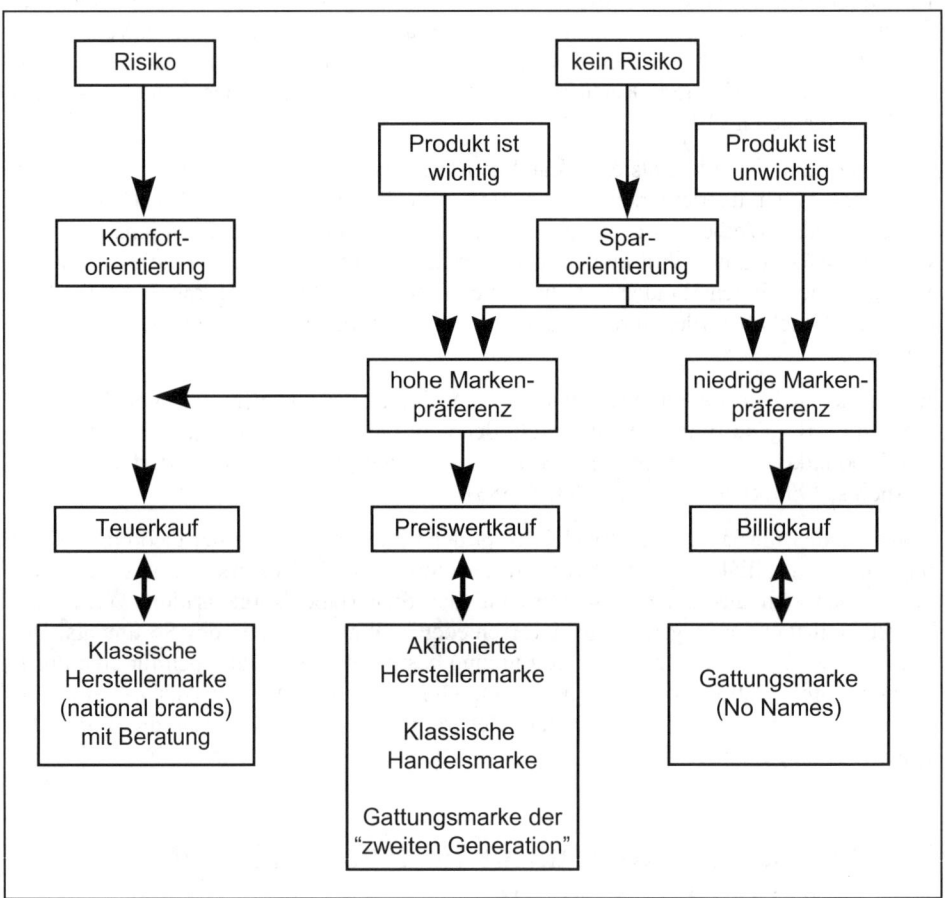

Abbildung 1:   Hybrides Kaufverhalten und das Markensortiment im LEH

Umgekehrt gibt es aber auch Produkte, deren Erwerb mit keinem bedeutenden Risiko behaftet ist, weshalb ein Käufer sie unter starker Sparorientierung nachfragt. Erscheinen sie ihm zudem als notwendig, letztlich aber unwichtig, wird er auch keinen Wert auf „Markenqualität" legen. Diese Konstellation ist die Domäne der No Names, die diese „Billigkäufe" bei sehr niedrigem Preis und akzeptabler Qualität bedienen.

Die dritte Variante beinhaltet eine interessante „Mischform": Der Konsument erachtet das Produkt als wichtig (z. B. aus Gesundheitsgründen oder weil es verschenkt werden soll), weshalb er eine hohe Markenpräferenz hat. Das Kaufrisiko ist aber gering, weil er beispielsweise durch Produkterfahrung ein evoked set an bewährten Alternativen besitzt. Hier trifft er dann - bei Verzicht auf Auswahl, Beratung und Service - eine Marken-Kaufentscheidung unter Sparorientierung, was als „Preiswertkauf" zu charakterisieren ist.

Auf die Kaufsituation des „sparorientierten Markenkaufs" antwortet der LEH nicht sehr prägnant. Insbesondere die klassischen Handelsmarken geraten zwischen „zwei Mühlsteine": Prinzipiell scheinen sie zwar mit ihrer Markenpersönlichkeit die Preiswertkäufer ansprechen zu können, da sie preislich unter den Herstellermarken angesetzt sind. Allerdings stützt sich die Sonderangebotspolitik des LEH zumeist auf (bekannte) Herstellermarken, die - preisreduziert angeboten - in unmittelbare Preiskonkurrenz zu den Handelsmarken treten. Eine im LEH beobachtbare „Sonderangebots-Aktionitis" (vgl. Diller, 1991, S. 237 ff.; Tietz, 1993 b, S. 188; Schmalen, 1995, S. 159) führt dann dazu, daß in manchen Warengruppen ständig verbilligte Herstellermarken „im Angebot" sind (zu einer Analyse der Sonderangebotshäufigkeit vgl. beispielsweise Schmalen et al., 1996, S. 71). Wendet man das Gresham Gesetz für Waren (Tietz, 1993 a, S. 320) an, so dürften sparorientierte Markenkäufer solche preislich günstigen Herstellermarken den klassischen Handelsmarken eindeutig vorziehen, da sie im Image den Herstellermarken unterlegen sind. Von der anderen Seite her bedrängen die Gattungsmarken der zweiten Generation die Handelsmarken: Noch preisaktiver als diese und in der Markenpersönlichkeit kaum schwächer dürften die klassischen Handelsmarken auch hier die weniger attraktive Kaufalternative für die „Preiswertkäufer" sein.

Insgesamt stoßen damit die aktionierten Herstellermarken, die klassischen Handelsmarken und die Gattungsmarken der zweiten Generation in das Segment der Preiswertkäufe vor, wobei die klassischen Handelsmarken von den beiden anderen „in die Zange" genommen werden. Da ferner noch die einfachen Gattungsmarken das Segment der Billigkäufe abdecken sollen, bietet die Eigenmarkenstrategie im LEH ein komplexes Bild, das einer genaueren Durchleuchtung bedarf.

3. Eigenmarken und ihre Bedeutung für den Handel

Aus der Sicht des LEH lassen sich die Ziele einer Eigenmarkenstrategie in vier Stoßrichtungen fassen (vgl. hierzu v. a. Meffert/Bruhn, 1984; Oehme, 1992 b, S. 163; Tietz, 1993 a, S. 321 ff.; Hallier, 1995 a; vgl. Abbildung 2):

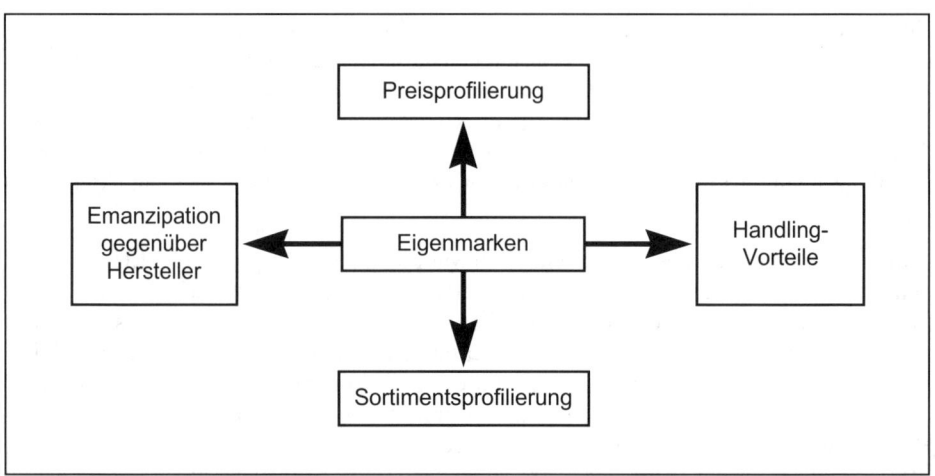

Abbildung 2:   Strategisches Profil von Eigenmarken im LEH

Gattungsmarken dienten ursprünglich als „Waffe" im Preiswettbewerb mit den Discountern. Die Nachfrager sollten im Geschäft Produkte vorfinden, die hinsichtlich Preis
und Qualität das Angebot der Discounter imitieren. Diese Zielsetzung darf - mit Blickrichtung auf die Billigkäufe - auch weiterhin als gültig angesehen werden.

Zusammen mit der klassischen Handelsmarke tritt jedoch inzwischen der Aspekt der
aktiven Sortimentspolitik stärker in den Vordergrund: Eigenmarken dienen der Profilierung gegenüber konkurrierenden Handelsketten. Als „Markenartikel der Handelsorganisation" (Oehme, 1992 b, S. 153) sollen sie Geschäftsstätten, die ein Vollsortiment
an Waren des täglichen Bedarfs aufweisen, vom Konkurrenzangebot abheben: Das nahezu identische Angebot an klassischen (nationalen) Hersteller-Marken (national
brands) unterscheidet die Geschäftsstätten nur unwesentlich, so daß Eigenmarken
„Einzigartigkeit" ins Sortiment bringen können (vgl. auch Hallier, 1995 a, S. 127 f.). Die
hierfür notwendige Kommunikationswirkung dürfte vor allem von Gattungsmarken
ausgehen, da sie durch ihre klare Markierung einen eindeutigen Bezug zur Handelskette
aufweisen und eine prägnante werbliche Position besitzen („Der Name - ein Programm";
Dichtl, 1992 b, S. 12). Flankiert wird die Sortimentsprofilierung durch die Warenpräsentation: Wenngleich Gattungsmarken nicht geblockt plaziert werden, sind sie dennoch
durch ihr einheitliches Design in jeder Warengruppe deutlich erkennbar. Dadurch können Gattungsmarken in vielen heterogenen Warengruppen einen Orientierungspunkt für
den Kunden setzen: Ein solcher „gemeinsamer Kern" in den Produktgruppen fördert
letztendlich die Angebotsübersicht. Zudem können „starke Gattungsmarken" zur Auslistung klassischer Handelsmarken sowie von profilschwachen Herstellermarken führen.
Das Sortiment wirkt dann für den Kunden übersichtlicher und zugleich akzentuierter.
Klarheit im Sortiment darf aber nicht zur Kargheit im Angebot werden. In diesem Sinn
dürfte es ein optimales „Mischungsverhältnis" aus Gattungsmarken und anderen
(Produkt-) Marken im Sortiment geben (ähnlich auch Hallier, 1995 a, S. 128).

Argumente für Eigenmarken finden sich darüber hinaus auf der Beschaffungsseite unter dem - etwas provokanten - Schlagwort der „Emanzipation" gegenüber der Markenartikel-Industrie: Bei Eigenmarken besitzt die Handelskette vollständige Handlungsfreiheit; sie kann eigene Produktvorstellungen verwirklichen und auf die Besonderheiten ihrer Vertriebsform Rücksicht nehmen. Durch die Vergabe von Produktionsaufträgen an - auch ausländische - Unternehmen kann sie die Herstellungskosten kontrollieren und ihre Verhandlungsposition gegenüber den klassischen Herstellern verbessern.

Schließlich bieten Eigenmarken - in Grenzen - Handling-Vorteile: Da die Handelsorganisation Produktion und Distribution der Eigenmarken zentral steuert, läßt sich der Warenfluß - verglichen mit kleinen Herstellermarken - effizienter gestalten, was einen schnelleren Lagerumschlag, geringere Lagerbestände und somit eine niedrigere Kapitalbindung bei Groß- und Einzelhändlern der Organisation impliziert. Eigenmarken dürften gegenüber Herstellermarken aufgrund der einfacheren Lieferbeziehung auch geringere Transaktionskosten verursachen: Anstelle des selbständig agierenden Herstellers tritt ein „im Auftrag" produzierender Zulieferer. Allerdings wachsen mit zunehmender Zahl an Eigenmarken die hierfür notwendigen Organisationskosten an, so daß die realisierten Handling-Vorteile zunehmend verloren gehen.

In diesem Zusammenhang ist ferner auf einen „nach innen gerichteten" Aspekt der Eigenmarken hinzuweisen: Insbesondere Gattungsmarken bilden - im Gegensatz zu überall erhältlichen Herstellermarken - durch ihren Bezug zur Handelskette einen Teil der Corporate Identity der gesamten Organisation. Sie sind ein Instrument, den Gemeinschaftssinn der Mitglieder und die Bindung an die Handelskette zu stärken.

Insgesamt spricht eine Reihe von Gründen für eine Sortimentsberechtigung von Eigenmarken: Vor allem dienen sie dazu, die Bindung der Kunden an die Einkaufsstätte oder zumindest an die Handelskette zu erhöhen. Dies gilt freilich nur insoweit, als ein Kunde - je nach empfundenem Kaufrisiko und Markenpräferenz - billig oder preiswert einkaufen möchte. Die Eigenmarken stehen dann in Konkurrenz zu aktionierten Herstellermarken, müssen sich deshalb diesen gegenüber kosten- und preismäßig sowie sortimentsmäßig profilieren: Sie müssen in allen relevanten Warengruppen präsent und dort klar erkennbar sein. Nicht einsetzbar erscheinen Eigenmarken dann, wenn ein Käufer das Produkt als wichtig und mit Kaufrisiko behaftet einstuft: Er sucht - und bezahlt - dann neben der „Hardware" Herstellermarke auch die „Software" Auswahl-, Beratungs- und Servicekomfort. Für diesen Teil seiner Einkäufe muß er die Einkaufsstätte bzw. Handelskette wechseln (bspw. vom Verbrauchermarkt in das Feinkostgeschäft). Hybrides Kaufverhalten und One-stop-shopping sind - jedenfalls nach dem gängigen Eigenmarkenkonzept - nicht verträglich.

Die Stoßrichtung des Eigenmarken-Konzepts sollte - im klassischen „servicearmen" LEH - vielmehr die Umlenkung der Billig- und Preiswertkäufe von den Discountern sein. Indiz für seine Durchschlagskraft ist der Marktanteil, den die Eigenmarken in ihrer Warengruppe erreichen, weshalb in der folgenden empirischen Auswertung hierauf ein besonderes Augenmerk gerichtet wird. Sollen sie auch die beschaffungsorientierten Ziele erreichen, müssen sie ferner aus Sicht des Gesamtsortiments eine gewisse

Absatzbedeutung besitzen, da sie ansonsten als Machtinstrument gegenüber den Herstellermarken versagen, die möglichen Handling-Vorteile im Beschaffungsmanagement
ausbleiben und von den Mitgliedern der Handelskette lediglich als „lästige" Sortiments-
bestandteile angesehen werden.

4. Aufbau der empirischen Untersuchung

In den ersten beiden Oktoberwochen 1994 wurden in einem Passauer Verbrauchermarkt
der Deutschen Spar Handelsvereinigung die wöchentlichen Abverkaufszahlen (einschl.
Preise, Umsätze und Mengen) aller Artikel im Sortiment erfaßt[1]. Mit der Beschränkung
auf einen Verbrauchermarkt sind aufgrund der theoretischen Überlegungen (vgl. auch
Schmalen, 1994, S. 1229 ff.) Teuerkäufe ausgeschlossen. Zur Analyse dienen die Daten
aus 40 Warengruppen des Food- und Non-Food-Bereichs, in denen Handelsmarken
vertreten sind. Um den Effekt von Sonderangeboten auf den Marktanteil der Produkte
auszuschließen, wurde für die Analyse diejenige Oktober-Woche herangezogen, in der
keine (maßgebliche) Aktionierung eines Artikels in der Warengruppe stattfand.

Die Auswertung beschränkt sich im folgenden auf Gattungsmarken, da die klassischen
Handelsmarken der Spar-Organisation anhand ihrer EAN nicht identifiziert werden
konnten. Diese Einschränkung erscheint jedoch aufgrund der Bedeutung der Gattungsmarken in der Eigenmarkenstrategie akzeptabel. Als Gattungsmarken zählen hierbei
Artikel unter der Bezeichnung „die Sparsamen" und „die Bunten". Während „die Sparsamen" als Einstiegspreislage dienen, liegen „die Bunten" knapp darüber.

In der folgenden empirischen Analyse interessiert vor allem, ob bzw. in welchen Warengruppen sich Gattungsmarken zu einer Profilierung der Geschäftsstätte hinsichtlich
der sparorientierten Käufe eignen. Im Vordergrund stehen hierbei die Billigkäufe, die
der klassische No Name („die Sparsamen") ansprechen soll; mit Einschränkungen sind
auch die sparorientierten Markenkäufe enthalten, auf die eher die Gattungsmarken der
zweiten Generation („die Bunten") abzielen. Allerdings kann sich die Geschäftsstätte bei
diesem Kaufsegment auch durch aktionierte Herstellermarken profilieren.

5. Ergebnisse der empirischen Untersuchung

Abbildung 3 weist den Marktanteil der Gattungsmarken in den untersuchten Warengruppen aus, die sich zu sechs Kategorien zusammenfassen lassen: Für die Berechnung
des Marktanteils wurde die verkaufte Stückzahl an Gattungsmarken in Beziehung zur
gesamten Absatzmenge der Warengruppe (gemessen in Stückzahlen) gesetzt. Zur

---

1   Für die Unterstützung bei der Datenerhebung ist Herrn Hanns Gerhard Hausteiner, geschäftsführender
     Gesellschafter der Firma A. Kühbacher GmbH & Co, Passau, und seinen Mitarbeitern zu danken.

Normierung der verschiedenen Packungsgrößen in einer Warengruppe diente die jeweils am häufigsten verkaufte Packungseinheit: So war beispielsweise bei Nudeln die 500 g-Packung die am häufigsten verkaufte Größe; eine 5 kg-Packung entsprach deshalb 10 verkauften 500 g-Packungen. Eine solche mengenmäßige Berechnung des Marktanteils ist einer Umsatzbetrachtung überlegen: Da Gattungsmarken in der Regel einen niedrigeren Verkaufspreis aufweisen, besitzen sie einen „Umsatznachteil", was ihre Bedeutung im Sortiment unterschätzen würde (vgl. Berekoven, 1990, S. 137).

Der absolute Marktanteil der Gattungsmarken in einer Warengruppe signalisiert, welche Bedeutung sie in der gesamten Produktkategorie besitzen. Dies gibt zunächst einen Aufschluß darüber, in welchem Umfang in einer Warengruppe Einkäufe unter Sparorientierung auftreten und Gattungsmarken zugleich eine adäquates Angebot für eine solche Nachfrage darstellen. Je höher ihr Marktanteil ist, desto mehr stellen Gattungsmarken aber auch eine „wichtige Angebotskomponente" in einer Warengruppe dar. Dies wiederum bedingt, ob sich eine Geschäftsstätte mit Gattungsmarken bei den Billigkäufen bzw. den sparorientierten Markenkäufen profilieren kann.

Wenngleich die Marktanteile der Gattungsmarken in den Warengruppen stark differieren, ist eine Tendenz zu erkennen: „Im Schnitt" sind Gattungsmarken am stärksten im Kühl- und Trockensortiment etabliert, während ihr Anteil unter den gehobenen Nahrungsmitteln - mit Ausnahme der Spirituosen „Korn/Klarer" - vergleichsweise gering ist. Ein uneinheitliches Bild zeigen die Kategorien aus dem Non-Food-Bereich: Hier stehen Warengruppen, in denen die Gattungsmarke nahezu keinerlei Bedeutung besitzt (z. B. bei Deodorants oder Vollwaschmitteln) Warengruppen mit beachtlich hohem Marktanteil der Gattungsmarke gegenüber (z. B. Haushaltstücher und Weichspüler). Zwischen den einzelnen Produktkategorien existieren offensichtlich deutliche Unterschiede, ob die Nachfrager unter Sparorientierung ihre Produktwahl treffen. Eine mittlere Position nehmen die Grundnahrungsmittel ein.

Insgesamt läßt sich bereits an dieser Stelle erkennen, daß nicht in allen Warengruppen Gattungsmarken gleich gut für eine Geschäftsstättenprofilierung geeignet sind. Dies kann daran liegen, daß nur in speziellen Warengruppen die Sparorientierung bei den Einkäufen dominiert bzw. Gattungsmarken für eine solche Nachfrage ein adäquates Angebot darstellen. Legt man einen Schwellenwert für den Marktanteil einer Gattungsmarke fest, damit Gattungsmarken in einer Warengruppe nicht unauffällig bleiben und somit eine Profilierungschance bieten, scheint als „Faustregel" ein Marktanteil von wenigstens 10 % angebracht. Abbildung 3 zeigt diejenigen Warengruppen, in denen Gattungsmarken diese „Profilierungs-Hürde" nehmen.

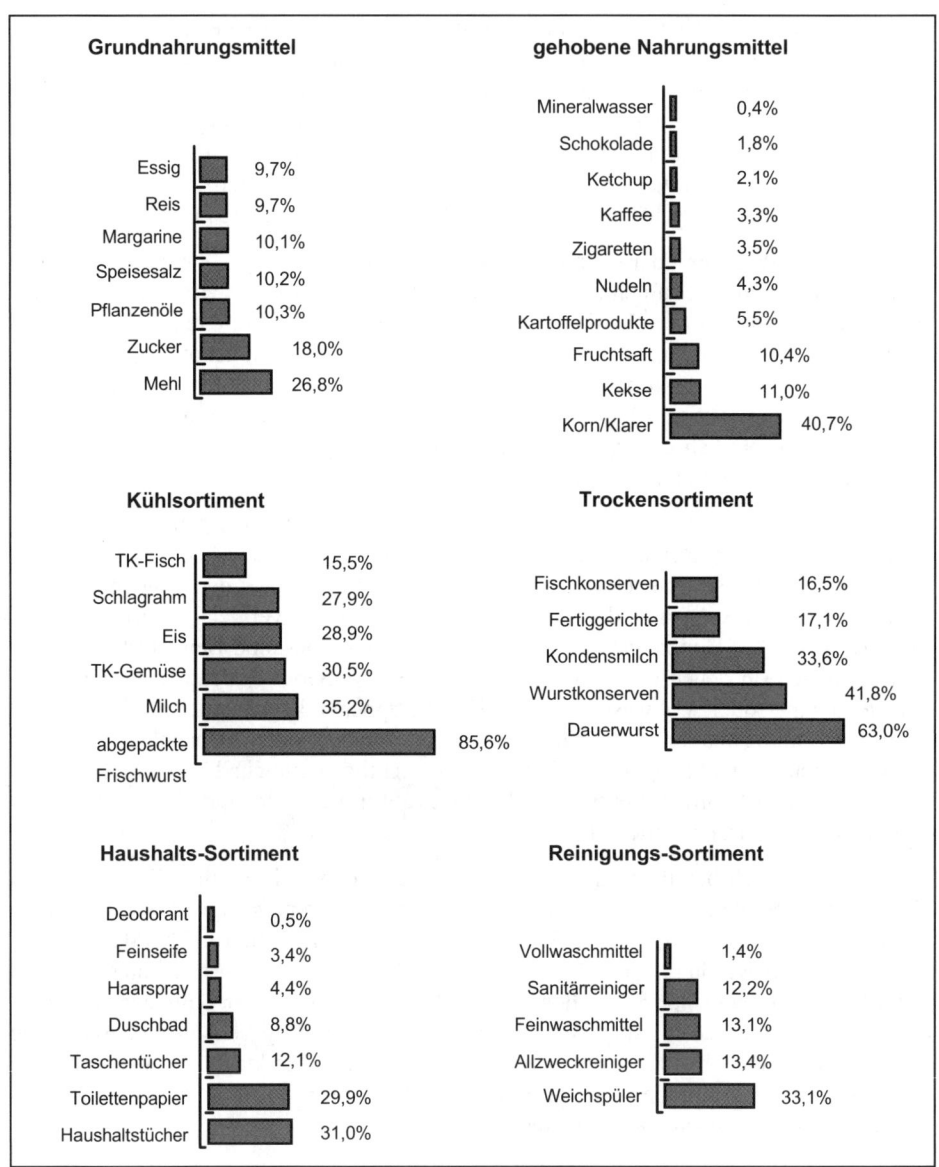

Abbildung 3:   Marktanteile der Gattungsmarken

Der (absolute) Marktanteil stellt jedoch nicht zwangsläufig einen schlüssigen Indikator dar; vielmehr ist das Konkurrenzumfeld einzubeziehen: Existiert eine dominierende Herstellermarke, die bspw. 70 % Marktanteil in der Warengruppe hält, signalisiert ein Marktanteil von bspw. 20 %, den die Gattungsmarke erreicht, dennoch nur eine untergeordnete Stellung in der Warengruppe. Anders verhält es sich, wenn ein Gattungs-marken-Anteil von 20 % die Marktführerschaft in der Warengruppe (Marke mit höch-stem Marktanteil) bedeutet.

Daher wurde der Marktanteil der Gattungsmarke in Relation zum Marktanteil der bedeutendsten Herstellermarke gesetzt. Dieser relative Marktanteil signalisiert, wie stark sich Gattungsmarken gegenüber dem Marktführer behaupten können, was wiederum ein Indiz für ihre Profilierungskraft in der Warengruppe beinhaltet. Abbildung 4 führt die Ergebnisse, differenziert nach Größenklassen, auf. Ein Wert von 25 % besagt, daß die Gattungsmarke 25 % des Absatzvolumens des Marktführers in der Warengruppe er-reicht. Die Kategorie Marktführer bedeutet, daß Gattungsmarken selbst die absatz-stärkste Marke der Warengruppe stellen.

Relativer Marktanteil	Warengruppen
unter 10 %	Deodorant, Kartoffelprodukte, Ketchup, Mineralwasser, Schokolade, Vollwaschmittel
zwischen 10 % und 25 %	Essig, Feinseife, Fruchtsaft, Haarspray, Kaffee, Kekse, Margarine, Nudeln, Reis, Speisesalz, Taschentücher, TK-Fisch, Zigaretten, Zucker
zwischen 25 % und 50 %	Duschbad, TK-Gemüse
zwischen 50 % und 100 %	Allzweckreiniger, Eis, Feinwaschmittel, Fertiggerichte, Fischkonserven, Haushaltstücher, Kondensmilch, Mehl, Pflanzenöle, Sanitärreiniger
Marktführer	abgepackte Frischwurst, Dauerwurst, Korn/Klarer, Milch, Schlagrahm, Toilettenpapier, Weichspüler, Wurstkonserven

Abbildung 4:   Relativer Marktanteil der Gattungsmarken

Abbildung 4 zeigt ein zweigeteiltes Bild: Es existieren viele Warengruppen, in denen Gattungsmarken sehr deutlich unter dem Marktanteil des Marktführers (weniger als 25 % relativer Marktanteil) liegen; ebenso finden sich viele Warengruppen, in denen Gattungsmarken dem Marktführer sehr nahe kommen (zwischen 50 % und 100 %) oder die Herstellermarken sogar übertreffen (Marktführer). Ein Mittelfeld im relativen Marktanteil (zwischen 25 % und 50 %) fehlt weitgehend.

Dies verstärkt den in Abbildung 3 gewonnenen Eindruck: Nicht in allen Warengruppen eignen sich Gattungsmarken gleich gut zur Profilierung. Sucht man wiederum nach einem Schwellenwert für die Profilierungseignung, erscheint ein relativer Marktanteil von mindestens 50 % notwendig, damit sich Gattungsmarken deutlich aus dem Angebot

sonstiger Marken im Sortiment abheben. Aus Abbildung 4 sind die betreffenden Warengruppen zu entnehmen, in denen Gattungsmarken dahingehend Auffälligkeit besitzen.

Aufgrund der unterschiedlichen Marktanteile von Gattungsmarken in den Warengruppen ist interessant zu erfahren, welche Faktoren ihren Marktanteil beeinflussen.
Eine mögliche Determinante ist die „Sortimentspräsenz" der Gattungsmarken, die als
Prozentsatz der Anzahl an Gattungsartikeln in einer Warengruppe operationalisiert werden kann: Ein hoher (niedriger) Marktanteil könnte darauf zurückzuführen sein, daß
viele (wenige) Gattungsartikel im Vergleich zur Gesamtzahl der Artikel in einer Warengruppe angeboten werden. Abbildung 5 zeigt den Zusammenhang zwischen Präsenz-
und Marktanteil der Gattungsmarke:

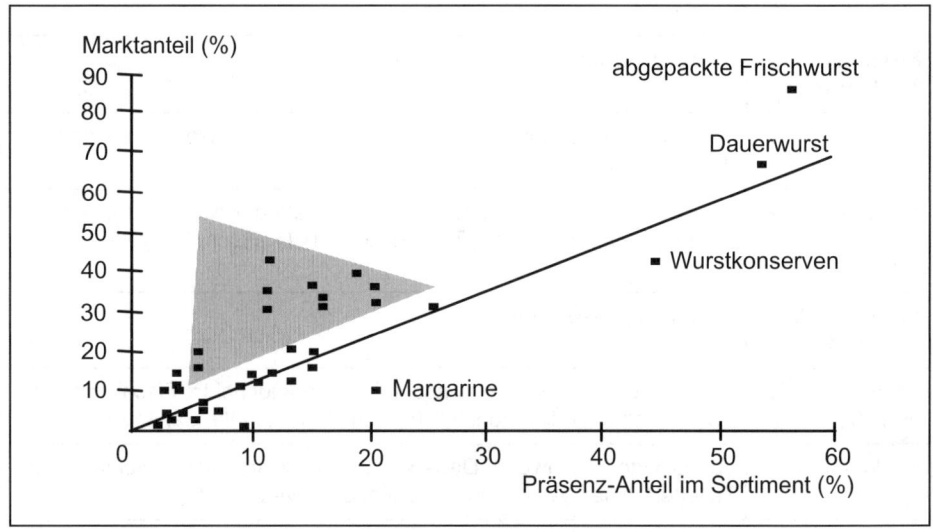

Abbildung 5:   Sortimentspräsenz und Marktanteil der Gattungsmarken

Von Bedeutung ist der lineare Zusammenhang zwischen Präsenz- und Marktanteil, den
die 45°-Linie symbolisiert. Die Theorie der probabilistischen Markenwahl belegt, daß
Produkte, die ein Konsument als gleichwertig einstuft, die gleiche Kaufwahrscheinlichkeit besitzen (vgl. ausführlicher hierzu Balderjahn, 1993, S. 32 - 36). Dies führt dazu,
daß der Marktanteil einer (Dach-)Marke - linear - um so höher (geringer) ist, je mehr
(weniger) ihrer Produkte in das „evoked set" des Nachfragers gelangen. Auf den vorliegenden Fall übertragen, signalisiert eine Warengruppe, die auf dieser 45°-Linie positioniert ist, daß die Gattungsmarke ebenso häufig wie der Durchschnitt der anderen Produkte (Hersteller- und klass. Handelsmarken) der Warengruppe gekauft wird.

Aus Abbildung 5 läßt sich erkennen, daß die Gattungsmarken in den meisten untersuchten Warengruppen eng um diese Linie herum positioniert sind. Der Marktanteil der

Gattungsmarke ist folglich maßgeblich durch deren Präsenz-Anteil bestimmt: Insbesondere die hohen Marktanteile bei Dauerwurst und Wurstkonserven sind darauf zurückzuführen, daß der Nachfrager überaus viele Gattungsartikel in dieser Warengruppe zur Auswahl hat. Die Anordnung um die 45°-Linie bietet aber auch eine inhaltliche Aussage: Die Nachfrager stufen die meisten Gattungsmarken offensichtlich nicht schlechter als die durchschnittliche Herstellermarke ein.

Einige Warengruppen sind deutlich oberhalb der 45°-Linie angesiedelt: Hier erzielen Gattungsmarken einen - gemessen an ihrer Sortimentspräsenz - überproportionalen Marktanteil. Solche Warengruppen enthält das hervorgehobene Feld der Abbildung 5, nämlich die Produktbereiche Eis, Kondensmilch, Korn/Klarer, Mehl, Milch, Pflanzenöle, TK-Gemüse, TK-Fisch, Zucker sowie Haushaltstücher und Toilettenpapier; zusätzlich weisen die Gattungsmarken bei abgepackter Frischwurst einen deutlich höheren Marktanteil in Relation zu ihrer Sortiments-Präsenz auf.

Eine mögliche Erklärung für die hohen Marktanteile könnte der Preisunterschied beinhalten, den sie zu den Hersteller- bzw. klass. Handelsmarken der Warengruppe besitzen. Je niedriger das Preisniveau der Gattungsmarken ist, desto höher müßte der Marktanteil ausfallen, da sie dann als „Billigkäufe" besonders attraktiv werden.

Zur Messung der Preisdifferenz dient folgendes Vorgehen: In einem ersten Schritt wird der Verkaufspreis auf die jeweilige Packungseinheit normiert, die bereits zur Berechnung des Marktanteils diente: So war im Fall der 5 kg-Nudelpackung der Verkaufspreis durch 10 zu dividieren, um den „fiktiven" Verkaufspreis für eine 500 g-Packung zu erhalten. Im zweiten Schritt werden aus diesen (fiktiven) Preisen die mit der verkauften (normierten) Menge gewichteten Durchschnittspreise für Hersteller- bzw. klass. Handelsmarken und Gattungsmarken in der Warengruppe bestimmt und in Beziehung gesetzt. Ein Wert von 60 % besagt folglich, daß das Preisniveau der Gattungsmarke 60 % des (durchschnittlichen) Preisniveaus der Hersteller- bzw. klass. Handelsmarken in der Warengruppe beträgt: Gattungsmarken werden folglich 40 % billiger angeboten. Grundsätzlich gilt es bei dieser Normierung zu beachten, daß kleine Packungseinheiten zu relativ hohen Preisen im Vergleich zu großen Packungseinheiten führen. Dies erscheint allerdings inhaltlich durchaus gerechtfertigt.

Abbildung 6 listet das Preisniveau der Gattungsmarken in den sechs Produktkategorien auf. Die Spannweite des Preisniveaus von Gattungsmarken ist beachtlich: Sie reicht von 27 % (Weichspüler) bis 110 % (Mineralwasser). Eine Konzentration läßt sich im Bereich zwischen 40 % und 70 % erkennen. Einige Gattungsmarken sind im Preisniveau jedoch fast „gleichauf" mit der durchschnittlichen Hersteller- bzw. klass. Handelsmarke (Vollwaschmittel, Haushaltstücher, Taschentücher); daß Mineralwasser über dem Durchschnitt liegt, ist auf die spezifischen Packungsgrößen der Gattungsmarke (nur kleine Einzelflaschen) in dieser Warengruppe zurückzuführen. Hinsichtlich der sechs Produktkategorien weisen die Grundnahrungsmittel bzw. das Reinigungssortiment das niedrigste durchschnittliche Preisniveau auf; in allen anderen Warengruppen ist das Preisniveau der Gattungsmarken uneinheitlich. Insgesamt weicht die tatsächliche Preisstruktur erheblich von Empfehlungen der Literatur ab, die als Richtschnur bis zu

40 % Preisabstand zum Marktführer angeben (vgl. Kornobis, 1993, S. 527; Hallier, 1995 a, S. 128 f.).

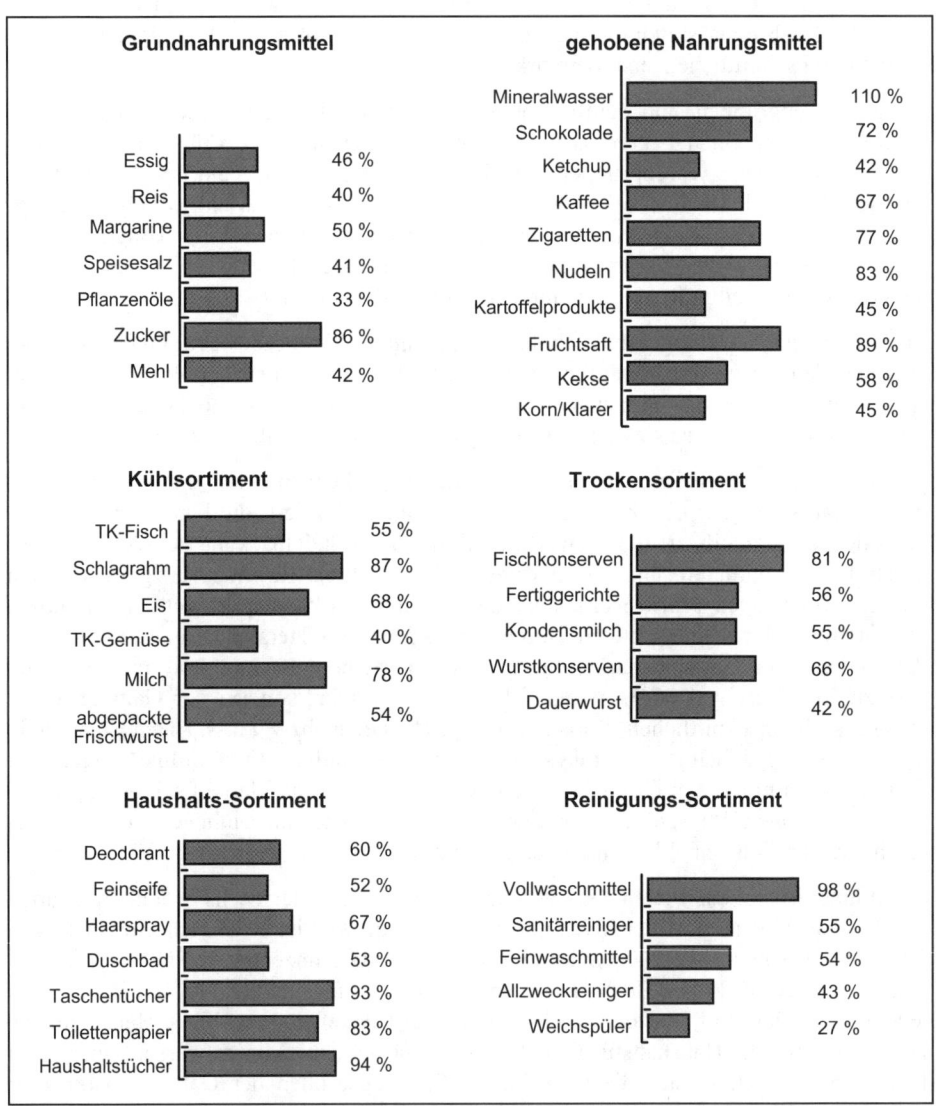

Abbildung 6:   Preisniveau der Gattungsmarken

Die Frage, welcher Zusammenhang zwischen Preisniveau und Marktanteil besteht, beantwortet Abbildung 7 mit einer interessanten Aussage: Es besteht kein deutlicher Trend.

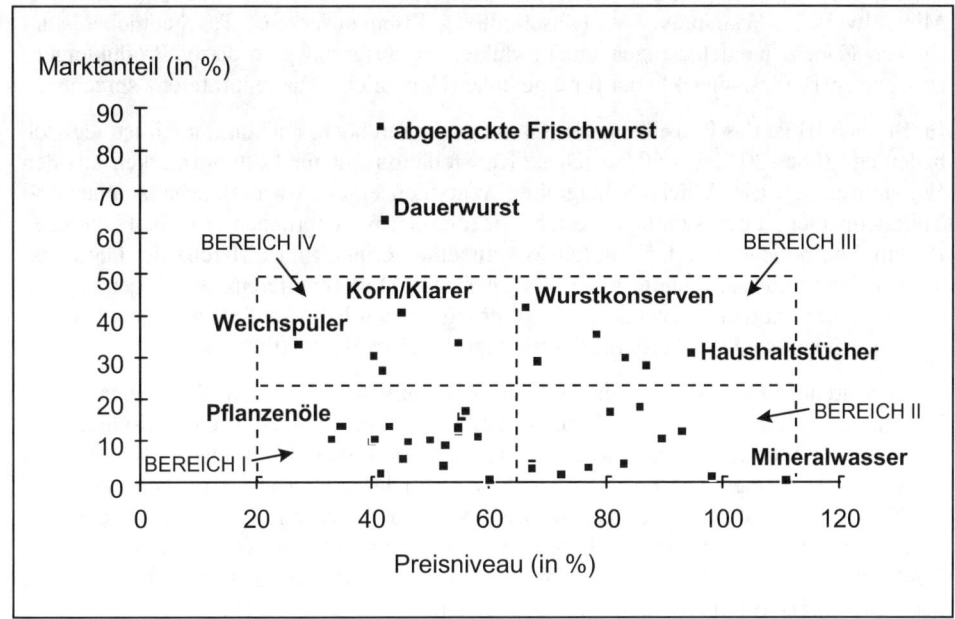

Abbildung 7:   Preisniveau und Marktanteil

Entgegen der Erwartung, wonach ein geringeres Preisniveau der Gattungsmarken zu einem höheren Marktanteil führen müßte, lassen sich vier Bereiche mit unterschiedlicher Relation von Preisniveau und Marktanteil ausmachen.

Die Mehrzahl der untersuchten Warengruppen liegt in einem „Graubereich" (Bereich I): Das niedrige Preisniveau der Gattungsmarken schafft zwar die Voraussetzungen für eine Profilierung, ihr absoluter Marktanteil ist jedoch nicht übermäßig groß (unter 20 %). Hierzu zählen Gattungsmarken aus den Produktbereichen Feinseife, Deodorant, Kartoffelprodukte, Ketchup, Schokolade, Allzweckreiniger, Duschbad, Feinwaschmittel, Sanitär-Reiniger, Fertiggerichte, Kekse, Margarine, Pflanzenöle, Reis, Speisesalz, Essig und TK-Fisch. Möglicherweise werden diese Warengruppen häufiger als wichtig eingestuft, was eine (Hersteller-) Markenpräferenz begründen könnte (vgl. Abbildung 1). Hierfür spricht auch, daß in diesen Produktbereichen, beispielsweise bei Schokolade, sehr intensiv Herstellermarken aktioniert werden (vgl. ausführlich Schmalen et al., 1996). Es ist unmittelbar plausibel, daß es unter diesen Bedingungen nur geringe Profilierungskraft für Gattungsmarken gibt.

Dies gilt ebenso für die Warengruppen im Bereich II, in denen Gattungsmarken ein relativ hohes Preisniveau im Vergleich zu den anderen Marken besitzen und deren Marktanteil wenig bedeutsam (unter 20 %) ist. Möglicherweise vorhandene Präferenz für extreme Preisorientierung können die Gattungsmarken aufgrund ihres relativ hohen Preisniveaus nicht befriedigen. Hierzu zählen Kaffee, Fruchtsaft, Nudeln, Zigaretten, Mineralwasser, Haarspray, Vollwaschmittel, Fischkonserven, Taschentücher und Zucker. Zudem handelt es sich um Produkte, die aufgrund geforderter Produkteigenschaften (z. B. Geschmack) eher für eine hohe (Hersteller-) Markenpräferenz sprechen.

Im Bereich III ist das Preisniveau der Gattungsmarken hoch, ihr Marktanteil ist dennoch bedeutend (über 20 % bis 50 %). Diese Konstellation gilt für Gattungsmarken aus den Warengrupppen Eis, Milch, Schlagrahm, Wurstkonserven sowie Haushaltstücher und Toilettenpapier. Offensichtlich besteht in diesen Warengruppen ein beträchtliches Potential an preisorientierten Käufen. Bereits eine geringe Preisdifferenz der Gattungsmarken reicht aus, um Käufe mit relativ geringer Markenpräferenz anzuregen. Dieser Bereich erscheint daher sowohl zur Profilierung für den Billigkauf als auch aus Ertragssicht des Einzelhandels (nur geringe Preiszugeständnisse) attraktiv.

Auch Warengruppen im Bereich IV weisen - ähnlich zu Bereich III - einen hohen Marktanteil (über 20 %) auf, allerdings bei wesentlich höheren Preiszugeständnissen (maximal 55 %). Daher sind diese Produktkategorien zwar zur Preisprofilierung sehr geeignet, aus Ertragssicht sind sie jedoch wesentlich weniger attraktiv. Die Gattungsmarken der Produktbereiche Korn/Klarer, Mehl, Kondensmilch, TK-Gemüse sowie Weichspüler fallen hierunter. In diesen Warengruppen liegt ein extrem preisorientiertes Kaufverhalten in beachtlichem Umfang vor, das die Gattungsmarken aufgrund ihres deutlichen Preisvorteils wirkungsvoll ansprechen.

Nicht in dieses Schema einzuordnen sind die „Ausnahme-Warengruppen" Dauerwurst und abgepackte Frischwurst. Die Preisprofilierung besteht hier weniger „innerhalb" der Warengruppe, da neben den Gattungsmarken (vgl. Abbildung 5) nur noch relativ wenige Herstellermarken angeboten werden. Gattungsmarken bilden vielmehr das Preisimage der gesamten Warengruppe.

Faßt man die bisherigen Ergebnisse zusammen, lassen sich mit der Vergabe von sogenannten „Profilierungspunkten" Warengruppen identifizieren, die für eine Gattungsmarken-Strategie interessant erscheinen: Einen „Profilierungspunkt" erhalten hierbei Warengruppen, in denen die Gattungsmarke

1. anhand des absoluten und relativen Marktanteils (vgl. Abbildung 3 sowie Abbildung 4) als „Profilierungskandidat" auftritt (absoluter Marktanteil mindestens 10 % und relativer Marktanteil mindestens 50 %),

2. in Abbildung 5 deutlich über der 45°-Linie liegt und

3. im Bereich III oder IV positioniert ist oder zur Kategorie abgepackte Frischwurst bzw. Dauerwurst zählt (vgl. Abbildung 7).

Summiert man die Profilierungspunkte auf, resultiert die in Abbildung 8 ausgewiesene „Hit-Liste":

Punkte	Warengruppen
0	Essig, Reis, Margarine, Speisesalz, Kekse, Duschbad, Mineralwasser, Schokolade, Ketchup, Kaffee, Zigaretten, Nudeln, Kartoffelprodukte, Fruchtsaft, Deodorant, Feinseife, Haarspray, Taschentücher, Vollwaschmittel
1	TK-Fisch, Fischkonserven, Fertiggerichte, Zucker, Sanitärreiniger, Feinwaschmittel, Allzweckreiniger
2	TK-Gemüse, Dauerwurst, Weichspüler, Pflanzenöle, Schlagrahm, Wurstkonserven
3	Mehl, Korn/Klarer, abgepackte Frischwurst, Kondensmilch, Eis, Milch, Toilettenpapier, Haushaltstücher

Abbildung 8:   Grundsätzliche Profilierungseignung der Gattungsmarken

Die Aussage der Abbildung 8 ist eindeutig: Lediglich in acht Warengruppen ist die volle Punktzahl zu verzeichnen, nur 14 von insgesamt 40 Warengruppen erreichen mehr als die Hälfte der maximalen Punktzahl. Gattungsmarken können sich somit in den meisten Warengruppen nur schlecht profilieren.

Diese Aussage wird verstärkt, wenn man berücksichtigt, welche Bedeutung die jeweiligen Warengruppen innerhalb des Gesamtsortiments einnehmen. Will sich eine Geschäftsstätte über Gattungsmarken bei preisorientierten Käufen profilieren, müssen nicht nur die Gattungsmarken innerhalb der Warengruppe Profilierungskraft besitzen, sondern die Warengruppe selbst muß einen „bedeutenden Stellenwert" im Sortiment besitzen. Diesen Aspekt greift Abbildung 9 heraus: Sie kombiniert den Marktanteil der Gattungsmarke mit der Bedeutung der Warengruppe, wobei für die Bedeutung der Warengruppe deren Umsatzanteil (einschl. Gattungsmarke) am Gesamtumsatz (Food und Non-Food) der Geschäftsstätte verwendet wird.

Zweifellos ist es schwer, einen Schwellenwert festzulegen, ab dem eine Warengruppe als „bedeutend" in einem Sortiment angesehen werden darf. Ausgehend von über 800 Produktbereichen, aus denen das Gesamtsortiment mit ca. 20.000 Artikeln besteht und anderen Studien in diesem Verbrauchermarkt (vgl. Schmalen et al., 1996), kann eine Warengruppe mit mehr als 0,5 % Anteil am Gesamtumsatz bereits als „hervorgehoben" eingestuft werden.

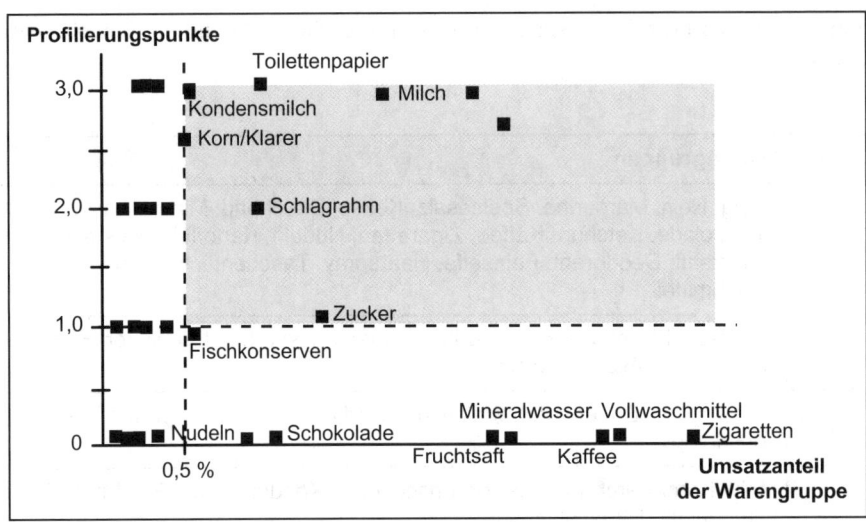

Abbildung 9:   Faktisches Profilierungsfeld der Gattungsmarken

Damit läßt sich in Abbildung 9 der faktische Profilierungsbereich von Gattungsmarken konkretisieren, der als schraffiertes Feld gekennzeichnet ist: Die Gattungsmarken erzielen in den Warengruppen mindestens 1,0 Profilierungspunkte und die korrespondierende Warengruppe besitzt eine bedeutende Stellung im Gesamtsortiment. Die Aussage von Abbildung 9 ist eindeutig: Lediglich in 7 der 40 untersuchten Warengruppen scheinen Gattungsmarken profilierungsgeeignet zu sein, wobei die Warengruppe Kondensmilch, Korn/Klarer, Fischkonserven und Zucker jeweils „am äußersten Rand" des Profilierungsfelds liegen. Als wirkungsvolle Warengruppen erscheinen deshalb vor allem die Bereiche Milch, Schlagrahm und Toilettenpapier.

Zusammenfassend ist festzustellen: Ein großer Teil der untersuchten Gattungsmarken eignet sich nur wenig zur Profilierung der Geschäftsstätte bei den Billigkäufen bzw. preisorientierten Markenkäufen. Bei den tatsächlichen „Profilierungskandidaten" handelt es sich um Gattungsmarken in Warengruppen, die eher dem „low involvement"-Bereich zuzuordnen sind. Die Markenpräferenz ist niedrig, der Kauf findet deshalb als Billigkauf statt.

Die Gründe für die fehlende Profilierungskraft der meisten Gattungsmarken sind vielschichtig: Möglicherweise sind Gattungsmarken in Warengruppen vertreten, in denen Käufe unter Sparorientierung nicht sonderlich häufig auftreten oder andere Produkte (aktionierte Herstellermarken) die Sparorientierung der Käufe besser erfüllen. Zudem gibt es Warengruppen, in denen Gattungsmarken zwar Profilierungskraft besitzen, diese Warengruppen sich aber eher im „Randsortiment" ohne besondere Umsatzbedeutung befinden. Ob Gattungsmarken daher zur Sortimentsprofilierung beitragen, ist sehr zweifelhaft. Zudem vermindern sich aufgrund der geringen Umsatzbedeutung die dargestellten Handling-Vorteile einer Gattungsmarken-Strategie.

6. Schlußbemerkungen

Die Diskussion um Gattungsmarken im LEH ist ebenso alt wie kontrovers. Basierend auf beobachtbaren Kaufverhaltensmustern wurde versucht, das Markensortiment des LEH auf seine Eignung zur Bedienung differenzierter Konsumentenansprüche zu untersuchen. Gattungsmarken konnten hierbei dem Kauftyp des Billigkaufs und - eingeschränkt - dem sparorientierten Markenkauf zugeordnet werden (sofern Gattungsmarken eine eigene Markenpersönlichkeit schaffen konnten).

Die aus theoretischer Sicht angeführten Gründe für die Sinnhaftigkeit einer Gattungsmarken-Strategie ließen sich nur teilweise bestätigen: Lediglich in wenigen Warengruppen scheinen Gattungsmarken zur Sortiments- und Preisprofilierung wirkungsvoll beizutragen. Hierbei handelt es sich meist um traditionelle „No name-Bereiche", die vor allem zur Bindung der Billigkäufe angesichts der Preisaggressivität der Discounter dienen.

Zweifellos stellen die Ergebnisse nur eine Momentaufnahme dar, deren Verallgemeinerung - vor allem hinsichtlich der Wahl der Schwellenwerte - Grenzen gesetzt sind. Dennoch verfestigt sich der Eindruck, daß Gattungsmarken in ihrer Bedeutung für den LEH nicht überschätzt werden sollten, wenngleich ein genereller „Rückzug von der weißen Front" (Kornobis, 1993) übertrieben wäre. Als defensive Waffe gegenüber Discountern scheinen Gattungsmarken in einigen Produktbereichen wirkungsvoll zu sein. Zudem wurden die Eigenschaften der Gattungsmarken auf der Beschaffungsseite und ihr Stellenwert im Rahmen der Corporate Identity der Handelskette nicht beleuchtet. Allerdings müßten in diesen Bereichen Gattungsmarken deutliche Vorteile bieten, da auf der „Marketing-Seite" ihre Relevanz eher gering ist. Dies unterstreicht die Aussage, daß (aktionierte) klassische Herstellermarken weiterhin das Rückgrat im Sortiment des LEH bilden müssen.

Peter Hammann, Cordula Niehuis und Daniela Braun

Determinanten der transnationalen Handelsmarkenführung

1. Der Handel als Markenführer

Die fehlende formalrechtliche Definition für Handelsmarken bedingt unterschiedliche Definitionen und Verwendungen des Handelsmarkenbegriffs in Wissenschaft und Praxis. Als übereinstimmendes Kennzeichen läßt sich ausmachen, daß der institutionelle Handel das Eigentum oder das Nutzungsrecht an einer als Handelsmarke bezeichneten Marke besitzen muß (vgl. Schenk, 1997, S. 76; Berekoven, 1995, S. 134). Dabei ist es unerheblich, ob die Handelsmarkenprodukte von einem Einzelhandelsbetrieb, Groß-handelsbetrieb oder einer Handelskooperation nur vertrieben werden oder ob die Herstellung in Eigenproduktion oder durch Auftragsfertigung von Produzenten im In- und Ausland erfolgt[1]. Entscheidend ist vielmehr, daß der Markenträger primär Händler ist, d. h., daß das Schwergewicht seiner Geschäftätigkeit auf den Handelsfunktionen liegen muß. Vertreibt ein Produzent hingegen seine Markenprodukte über eine firmeneigene Vertriebsorganisation, so überwiegt hier die Geschäftätigkeit auf der Herstellerseite, und es handelt sich damit um Herstellermarken (vgl. Huber, 1969, S. 10 f.).

Während die Einordnung der Handelsmarke aus absatzwirtschaftlicher Sicht kontrovers diskutiert wird (vgl. dazu die Ausführungen bei Hammann et al., 1996 b, S. 259 f.), ist sie vom wettbewerbsrechtlichen Gesichtspunkt her eindeutig. Nach der Legaldefinition des § 38 a GWB, die nicht zwischen Markenwaren eines Händlers und eines Herstellers unterscheidet, gehört das Handelsmarkenprodukt im rechtlichen Sinne zu den Marken-waren, solange der Handelsbetrieb eine konstante oder verbesserte Qualität der Produkte gewährleistet und diese mit einem ihm gehörenden Markenzeichen versieht.

Mit der Aufnahme der Handelsmarkenprodukte in das Sortiment erweitern die Handels-unternehmen ihr bisheriges auf die Zusammenstellung und Präsentation von Hersteller-markenprodukten ausgerichtetes Aufgabenfeld. Im Rahmen einer Rückwärtsintegration übernimmt der Handel als Markeneigner eigenständige Absatz- und Produktgestaltungs-aufgaben (vgl. Ahrens, 1994, S. 50). Er hat die Führerschaft für seine Marke inne, d. h. er muß die Handelsmarke in den Markt einführen bzw. diesen erst aufbauen, falls es sich um ein innovatives Produkt handelt. Alle damit verbundenen Risiken trägt er allein (vgl. Dhar/Hoch, 1997, S. 208 f.).

Die **Transnationalität einer Handelsmarke** ist dadurch gegeben, daß sich die Absatz-reichweite der Handelsmarke nicht nur auf den inländischen Markt, sondern auch auf ausländische Märkte erstreckt (vgl. Spiller, 1990, S. 45). Transnationale Handelsmarken sind demnach markierte Waren, deren Warenzeichen sich im Eigentum eines internatio-nal tätigen Handelsunternehmens, einer internationalen Handelsorganisation oder einer internationalen Kooperation befinden, die exklusiv in den eigenen Vertriebsstätten und denen angeschlossener Kooperationspartner angeboten werden und deren Absatzreich-

---

[1] Vgl. Grafe, 1991, S. 15. Handelsmarkenprodukte aus Eigenproduktion werden von Schenk (1997, S. 79) abgrenzend als „Eigenmarken" bezeichnet. Hier werden die Begriffe Eigenmarke und Handelsmarke - der herrschenden Auffassung folgend - synonym verwendet.

weite sich über die nationalen Grenzen hinaus auf mehrere Auslandsmärkte gleichzeitig erstreckt. Transnationale Handelsmarken sind zum Beispiel die Marken „Minel" (Wasch-, Putz- und Reinigungsmittel), „Rio Bravo" (Fruchtsäfte und Eistee) und „Breakfast Club" (Cornflakes, Müsli usw.) der supranationalen Verbundgruppe EMD (vgl. o. V., 1995 b, S. 12; o. V., 1995 a, S. 6). Bei diesen Marken kann sogar von **Euromarken** gesprochen werden, da sich ihr Absatzgebiet nahezu über ganz Europa erstreckt[2].

Während Herstellermarken vorwiegend im oberen und mittleren Preis- und Qualitätssegment positioniert sind, besetzen Handelsmarken derzeit noch eher das mittlere und untere Preis-/Qualitätssegment (vgl. Becker, 1993, S. 192). In vielen Fällen hat sich der Qualitätsabstand zwischen Hersteller- und Handelsmarkenprodukten relativiert, da Handelsmarken aus industriellen Fertigungsprozessen der Hersteller - teilweise sogar denen der Markenführer - stammen, die einer ständigen Qualitäts- und Fertigungskontrolle unterliegen (vgl. Schenk, 1997, S. 78).

Eine innovative Technologie und imagebildende Gestaltungselemente sind Kennzeichen der sog. vierten Generation von Handelsmarken, die eine Positionierung im Premiummarken-Segment anstreben und den Preis als Kaufargument zugunsten der Profilierung durch Markenimage in den Hintergrund treten lassen[3]. Deutsche Handelsunternehmen setzten in der jüngeren Vergangenheit verstärkt auf Premium-Handelsmarken; Beispiele dafür sind die ökologischen Lebensmittel-Handelsmarken „Naturkind" von Tengelmann und „Füllhorn" von Rewe[4].

Insbesondere die führenden Handelsunternehmen lassen dem markenpolitischen Aufbruch inzwischen auch die notwendige kommunikationspolitische Unterstützung folgen, um ihren Eigenmarken zu einem höheren Bekanntheitsgrad und einer größeren Verkehrsgeltung zu verhelfen.

---

2   Nach Auskunft des Unternehmens werden diese Marken in England, Spanien, Portugal, Italien, Griechenland, Österreich, Skandinavien, Deutschland und Irland angeboten.

3   Das Generationenschema der Handelmarkenevolution geht zurück auf die Boston Consulting Group (vgl. z. B. die Darstellung bei Kornobis, 1997, S. 246).

4   Ein weiteres Beispiel für eine gelungene Einführung einer innovativen österreichischen Lebensmittel-Handelsmarke der vierten Generation geben Schweiger/Koppe (1996, S. 285 ff.) mit der Marke „Ja! Natürlich". Bereits ein Jahr nach der Einführung erreichte die Marke hervorragende Ergebnisse bzgl. Bekanntheit, Sympathie, Qualität und Verpackungsdesign.

2. Die Internationalisierung des Handels

2.1 Einflußfaktoren der Internationalisierungsbestrebungen des Handels

Die Internationalisierung der Einzelhandelstätigkeit nimmt ständig zu. Gefördert wird die Internationalisierung des Einzelhandels durch die Aussicht auf **zusätzliche Umsätze** und höhere Marktanteile (vgl. Berekoven, 1995, S. 425; Williams, 1992, S. 8; Meffert, 1988 a, S. 602). Große deutsche und französische Handelsunternehmen expandieren vor allem in Spanien und Italien, da diese Länder über einen beachtlichen Einzelhandelsumsatz verfügen[5]. Die geographische Ausdehnung des Absatzgebiets erhält zunehmende Bedeutung durch die für die Mehrzahl der nordeuropäischen Länder geltende **Sättigung auf den Heimatmärkten** der Handelsunternehmen. Die relativ geringen Wachstumspotentiale im Inland verbunden mit Überproduktionen der Industrie und einem Verkaufsflächenüberhang im Handel führen zu vermehrten Auslandsinvestitionen der Handelsbetriebe (vgl. Patt, 1990, S. 119).

Auch die hohe Einzelhandelsdichte hemmt den Expansionswillen im Inland, machen ihn zum Teil sogar unmöglich. Darüber hinaus beschränken Baunutzungsverordnungen die Neuerrichtung großflächiger Betriebsformen (vgl. Berekoven, 1995, S. 425). Ein externes Unternehmenswachstum durch Aufkauf von Unternehmungen wird in Deutschland durch ein restriktives Wettbewerbsrecht erschwert. Zugleich können durch die zunehmende Konzentration geeignete inländische Akquisitionspartner kaum noch gefunden werden.

Angesichts der zunehmenden Auslandsaktivitäten der Hersteller ist eine Internationalisierung der Handelsbetriebe wichtig, um die **Verhandlungsmacht** gegenüber den Herstellern zu stärken und eine kritische Größe des Unternehmens zu erreichen (vgl. Ruoff, 1994, S. 87). Für den Hersteller stellen international tätige Handelsunternehmen einen attraktiven Marktpartner für internationale Marketingaktivitäten dar. Durch sie kann ein Hersteller, der nur national bzw. lediglich auf ein oder zwei weiteren Märkten tätig ist, schnell neue Märkte erschließen und damit neue Marktanteile für sich gewinnen. Als Gegenleistung dafür sind die Hersteller bereit, günstige Beschaffungspreise und -konditionen einzuräumen (vgl. o. V. 1989 a, S. 16).

Einsparungspotentiale im Bereich der Beschaffung zählen zu den offensichtlichsten **Synergieeffekten**, die sich den Handelsunternehmen durch die Internationalisierung der Geschäftätigkeit bieten. Möglichkeiten der Ausnutzung von economies of scale lassen sich auch im Bereich der Logistik durch effiziente Lager- und Transportsysteme erzielen, die zu Lagerkosteneinsparungen in den einzelnen Vertriebsstätten führen (vgl.

---

5   Vgl. Spiller, 1990, S. 51. Aufgrund der hohen Umsatzrenditen von 2,1 % im Gegensatz zu 0,5 % als EG-Mittel ist der spanische Einzelhandelsmarkt besonders attraktiv (vgl. Rexach, 1993, S. 30).

Ruoff, 1994, S. 53). Größere Volumina durch transnational angebotene Handelsmarkenprodukte können insbesondere in den Bereichen Produktentwicklung und Verpackung
bedeutende Kostenvorteile bewirken, deren Umsetzung in Preisreduzierungen dem Handelsunternehmen Wettbewerbsvorteile gegenüber der Konkurrenz verschaffen kann
(vgl. Disselkamp, 1993, S. 160).

Die Entstehung des EG-Binnenmarktes führt - auf den ohnehin bereits gesättigten
Märkten - zu einer **Verschärfung des Wettbewerbs**, da neben der nationalen Konkurrenz internationale Konkurrenten mit ihren Angeboten auf die Märkte strömen[6]. Große
französische und deutsche Handelsunternehmen erwirtschaften bereits zwischen 20 und
30 % ihrer Umsätze im europäischen Ausland und werden ihre Machtpositionen auf den
verschiedenen nationalen Märkten weiter ausbauen (vgl. Reischl, 1994, S. 12). Neben
den europäischen Handelsunternehmen versuchen auch Händler aus den USA und Japan, innovative Konzepte auf den Märkten in Europa durchzusetzen. Der harte Wettbewerb wird zu einer Verdrängung von veralteten und unrentablen Betriebsformen und
inkonsequent geführten Handelsmarkenkonzepten führen. Um im Machtkampf der umsatzstarken europäischen Handelsgiganten überleben zu können, müssen die Unternehmen eine internationale Wettbewerbsfähigkeit erreichen; sie müssen in der Lage
sein, auf ausländischen Märkten mit einer angemessenen Rendite zu arbeiten (vgl.
Ruoff, 1994, S. 35 f.). Um so wichtiger ist eine Profilierung im Wettbewerb durch eine
konsequente Etablierung und Führung von Handelsmarken.

2.2 Stand der Internationalisierung im Lebensmittelhandel

2.2.1 Spezifische Marktstrukturen in Europa

Internationalisierung ist insbesondere im Lebensmittelhandel eine Möglichkeit, die Beschränkungen des nationalen Marktes durch die weit vorangeschrittene Konzentration zu
überwinden. Dennoch haben die europäischen Handelsunternehmen nur allmählich den
Prozeß der Internationalisierung initiiert. Auch der deutsche Lebensmittelhandel war
lange Zeit auf den heimischen Markt konzentriert und leitete erst Mitte der 80er Jahre
größere Internationalisierungsbestrebungen ein (vgl. Hammann et al., 1996 a, S. 8).

Vergleicht man die Lebensmitteleinzelhandelsstrukturen in Europa, stellt man große
Unterschiede zwischen den südlichen und nördlichen Staaten fest. Die Entwicklung des
Handels hat sich in den einzelnen Ländern zeitverschoben und mit unterschiedlicher
Intensität vollzogen (vgl. Ruoff, 1994, S. 37). Besonders deutlich werden diese Unter-
schiede, wenn man den Konzentrations- und Kooperationsgrad im Einzelhandel und die

---

6   Vgl. Meffert, 1988 a, S. 602. Ein aktuelles Beispiel ist die britische Firma Marks & Spencer, die mit ihren
     Expansionsbestrebungen auf dem deutschen Markt den Wettbewerb gleich in mehreren Branchen ver-
     schärft.

dominanten Betriebsformen auf den einzelnen Ländermärkten gegenübergestellt (vgl. Spiller, 1990, S. 3).

Innerhalb **Nordeuropas** ist die hohe Konzentration des Lebensmitteleinzelhandels in Großbritannien und Frankreich bemerkenswert (vgl. Overlack, 1992, S. 52). Mit den Unternehmen Tesco und Sainsbury an der Spitze wird der Nahrungsmittelmarkt Großbritanniens von fünf Handelsketten beherrscht. Trotz der großen Machtstellung der Filialketten sind unabhängige Einzelhändler in Segmenten erfolgreich, in denen Serviceleistungen wichtig sind (vgl. Burt, 1993, S. 28; Uhlmann-Meier, 1994, S. 24). Der deutsche Lebensmittelhandel zeichnet sich im Vergleich zu Frankreich und Großbritannien durch eine geringere Umsatzkonzentration aus. Die zehn größten deutschen Handelsunternehmen im Lebensmittelbereich verfügten 1994 gemeinsam über einen Marktanteil von 78 %, in Frankreich betrug der Vergleichswert 86 %, in England 82 %[7].

In **Südeuropa** dominieren kleine und mittelständische Handelsunternehmen. Insbesondere der italienische Einzelhandel ist geprägt von einer äußerst großen Zahl kleiner, im Familienbetrieb geführter, selbständiger Händler. Demzufolge liegt der Anteil der unselbständig Beschäftigten an der Gesamtbeschäftigtenzahl im italienischen Handel nur bei 38,7 % gegenüber 70,9 % im EG-Durchschnitt. Obwohl sich seit den 80er Jahren die Handelskonzentration in Italien verschärft hat, bleiben Handelsunternehmen mit nur einer Verkaufsstelle die dominante Unternehmensform. Im Vergleich zu anderen europäischen Ländern gibt es in Italien nur relativ wenige große Handelsorganisationen. Jedoch deuten alle Anzeichen darauf hin, daß sowohl der horizontale als auch der vertikale Konzentrationsprozeß in den nächsten Jahren fortschreiten wird (vgl. Rexach, 1993, S. 30).

Generell ist festzustellen, daß in Ländern mit einem durch die Großbetriebe des Einzelhandels ausgelösten hohen Konzentrationsgrad und hohen Wettbewerbsdruck die größte Kooperationsdichte besteht. So sind Kooperationen qualitativ und quantitativ in den nordeuropäischen Staaten weitaus stärker entwickelt als in Südeuropa.

Während in Großbritannien, Frankreich und Deutschland der Lebensmitteleinzelhandel durch moderne Betriebsformen gekennzeichnet ist, bleibt der Einzelhandel in Italien und Spanien stark zersplittert und finanziell schwach (vgl. Eurostat, 1993, S. 20 f.). Allerdings werden insbesondere im spanischen Lebensmittelhandel die traditionellen Einzelhandelsgeschäfte mehr und mehr von großflächigen Filialisten verdrängt (vgl. Múgica, 1993, S. 99 ff.). Die starken Expansionstendenzen der Verbrauchermärkte in Südeuropa gelten für Italien nur mit Einschränkung (vgl. Eurostat, 1993, S. 20 f.).

Der **Internationalisierungsgrad** ist im Einzelhandel noch relativ gering, d. h. er beschränkt sich auf einige Unternehmensgruppen und Länder. 75 % der Auslandsumsätze des Einzelhandels gehen auf die Länder Deutschland, Frankreich und Großbritannien

---

7   Vgl. Schmidt, 1997, S. 102. In 1985 betrug die Umsatzkonzentration für Deutschland bereits 80,5 % (Top Ten) (vgl. M + M Eurodata, 1997, S. IV, 13).

zurück (vgl. Eurostat, 1993, S. 26). Die großen nordeuropäischen Handelsunternehmen verfügen über eine höhere Finanzkraft und Know-how-Vorsprünge gegenüber ihren südeuropäischen Konkurrenten. Sie exportieren erfolgreiche einheimische Handelskonzepte nach Spanien und Italien. Diese zunehmende Internationalisierung fördert mittelfristig die Angleichung der Handelsstrukturen in Europa (vgl. Ruoff, 1994, S. 39).

2.2.2 Bedeutung der Handelsmarken auf verschiedenen Märkten in Europa

Als Folge der beschriebenen Strukturen ist der Distributionsgrad der Handelsmarken innerhalb der europäischen Länder noch sehr unterschiedlich. Handelsmarken können in den nördlichen europäischen Ländern deutlich höhere Marktanteile aufweisen (vgl. Löhmer, 1993, S. 60), verzeichnen aber in allen Ländern Europas ein Wachstum (vgl. Kornobis, 1993, S. 531). Während Handelsmarken im deutschsprachigen Raum eher im Niedrigpreis- bis Mittelpreisbereich angesiedelt sind, werden sie in Nordeuropa und vor allem in Großbritannien kaum preisaggressiv angeboten. In Portugal, Spanien und Italien ist der Preisindex für Handelsmarken im Vergleich besonders hoch (vgl. European Business Success, 1994, S. 29). Es besteht eine Korrelation zwischen der Größe der Marktanteile der Handelsmarken und dem Konzentrationsgrad des entsprechenden Lebensmittelhandels. Ebenso existiert ein Zusammenhang zwischen der Bedeutung der Handelsmarken und dem Stellenwert der Discounter (vgl. Kornobis, 1993, S. 531), da der Umsatzanteil der Handelsmarken in dieser Betriebsform besonders groß ist (vgl. European Business Success, 1994, S. 20). Im folgenden wird exemplarisch der Handelsmarkenstatus auf einzelnen Märkten in Nord- und Südeuropa dargestellt[8].

Eigenmarken des Lebensmitteleinzelhandels sind in keinem Land so erfolgreich wie in **Großbritannien**. Sie beherrschen den britischen Markt etwa im Bereich Tiefkühlkost unangefochten. Die britischen Einzelhandelsunternehmen bieten schon seit längerem qualitativ hochwertige und somit hochpreisige Eigenmarken an, die den Herstellermarken in nichts nachstehen. Ihnen ist es - auch mit Hilfe massiver Werbekampagnen - gelungen, den Handelsmarken ein eigenes Profil zu verschaffen, bei dem der Preis nicht mehr die dominante Rolle spielt. Innovation, Service, Produkt- und Qualitätskontrolle sind entscheidende Erfolgsfaktoren der britischen Eigenmarkenpolitik (vgl. Uhlmann-Meier, 1994, S. 25). Britische Handelsmarkenprodukte stellen in der Regel eine preislich geringfügig günstigere Alternative zu den führenden Markenartikeln dar und erlauben die Erzielung vergleichsweise hoher Handelsspannen[9].

---

8   Vgl. dazu auch die detaillierten Ausführungen für ausgewählte Handelsorganisationen in Deutschland, Großbritannien, Frankreich und Italien in Bodenbach (1996, S. 129 ff.) oder auch die ausführlichen Schilderungen zu verschiedenen europäischen Ländern in Lingenfelder (1996, S. 403 ff.).

9   Vgl. Reid, 1995, S. 8. Britische Lebensmittelhändler erreichen im Durchschnitt bei ihren Handelsmarkenprodukten Spannen von 8 %, gegenüber z. B. nur 1 - 2 % in Frankreich.

Eine Konsumentenbefragung der Nielsen GmbH hat ergeben, daß ein Drittel der Befragten in **Deutschland** regelmäßig Handelsmarken kaufen. Handelsmarken und hier insbesondere die Gattungsmarken verfügen über einen relativ hohen Bekanntheitsgrad, d. h. für die Hälfte der befragten Konsumenten ist die Handelsmarke ein Begriff, und fast 50 % der Befragten können konkrete Handelsmarken nennen (vgl. European Business Success, 1994, S. 14). Die großen deutschen Lebensmittelhändler führen mehrere, unterschiedlich positionierte Eigenmarken (vgl. o. V., 1990 a, S. 21 ff.; Ernst-Motz, 1993, S. 101 f.). So verfügt zum Beispiel die SPAR-Handelsaktiengesellschaft über drei Eigenmarkentypen: die „Sparsamen" im unteren Preisbereich, die „Bunten" im mittleren Preis- und Qualitätsbereich und in einigen Warengruppen die Exklusivmarken als günstige Alternative zu den führenden Herstellermarken. Ebenso bietet die ASKO zwei Eigenmarkenkonzepte: die Discountmarke „TIP" und die Premiummarke „O'Lacy's". Die Verbraucherpreisunterschiede innerhalb von Produktgruppen zwischen Hersteller-, Handels- und Gattungsmarkenprodukten sind in keinem anderen europäischen Land so gravierend wie in Deutschland und haben das Preisbewußtsein der deutschen Verbraucher geschärft (vgl. von Mesdag, 1984, S. 135).

In der **Schweiz** verfügen die Handelsmarken über eine große Akzeptanz bei den Verbrauchern, die nicht nur auf dem Preisvorteil, sondern auch auf der guten Qualität der Handelsmarken beruht. Die Schweizer haben grundsätzlich eine positivere Einstellung gegenüber Handelsmarken (vgl. o. V., 1990 b, S. 26).

Die Handelsmarkenvielfalt in **Frankreich** kann in zwei Gruppen unterteilt werden: in Preiseinstiegskonzepte in agressiver Form und qualitative Profilierungskonzepte im mittleren Preissegment. Im Gegensatz zu Großbritannien sind die Handelsmarken qualitativ weniger anspruchsvoll und kaum innovativ; die Verbraucher kaufen die Handelsmarken nahezu ausschließlich wegen ihres günstigen Preises (vgl. Vanderhuck, 1993, S. 82).

In **Spanien** liegt der Marktanteil der Handelsmarken im europäischen Vergleich noch zurück. Neben der Anbieterstruktur ist dies auf ein geringeres Preisbewußtsein der Verbraucher zurückzuführen, die tendenziell eher führende Marken präferieren. Das Handelsmarkenspektrum ist breit und umfaßt sowohl Gattungsmarken als auch anspruchsvolle Handelsmarken (vgl. Rexach, 1993, S. 31 f.).

Der überaus geringe Marktanteil der Handelsmarken in **Italien** ist auf die Struktur des italienischen Einzelhandels zurückzuführen: Der geringe Konzentrationsgrad und der hohe Stellenwert der traditionellen Einzelhändler mit sehr kleinen Verkaufsflächen bilden nicht die Basis für erfolgreiche Handelsmarkenkonzepte (vgl. o. V., 1990 b, S. 26).

3. Die Führung und Etablierung transnationaler Handelsmarken im Lebensmittelhandel

Seit Beginn der 90er Jahre sind bei einigen großen Lebensmittelhändlern im europäischen Raum verstärkt eigene Aktivitäten auf der Absatzmarktseite festzustellen, die sich in der Vermarktung der Handelsmarkenprodukte in verschiedenen Ländern Europas oder sogar in der speziellen Entwicklung von Euromarken für den europäischen Markt äußern. Die Etablierung von Euro-Handelsmarken steht bei den meisten Handelsunternehmen noch am Anfang, allerdings wird an der Internationalisierung der Handelsmarken intensiv gearbeitet (vgl. Ahrens, 1994, S. 57; Becker, 1993, S. 199). Sämtliche international tätigen Handelsunternehmen und -kooperationen streben mittel- bis langfristig eine Ausdehnung ihrer europäischen Handelsmarkensortimente auf neue Warengruppen und weitere Produkte an. Dabei scheint das Potential für Euro-Handelsmarken in Europa längst noch nicht ausgeschöpft zu sein (vgl. o. V., 1995 a, S. 6).

Die nachstehenden Überlegungen werden gestützt durch die Ergebnisse einer 1996 durchgeführten Expertenbefragung führender internationaler Unternehmen und Kooperationen des Lebensmitteleinzelhandels mit Sitz in Deutschland, Österreich und der Schweiz.

3.1 Strategische Optionen auf der Beschaffungsseite

Traditionell hat der Handel über Rückwärtsintegration seine Handelsmarkenprodukte selbst produziert. Vielfach waren Handelsunternehmen aufgrund fehlender Bereitschaft der Hersteller, Handelsmarkenprodukte zu produzieren, zur **Eigenproduktion** gezwungen (vgl. Hallier, 1995 a, S. 131). Die Eigenproduktion von Handelsmarkenprodukten forciert die Unabhängigkeitsbestrebungen des Handels vom Hersteller; dem Handel obliegt die alleinige Kontrolle über die Entwicklung und Fertigung der Handelsmarkenprodukte.

Die Eigenproduktion kann rentabel sein, wenn Handelsmarkenprodukte in großen Stückzahlen produziert werden müssen. Aufgrund der beschränkten Distribution der Handelsmarken können national nur Großbetriebsformen des Handels, wie zum Beispiel große Filialketten und Einkaufskooperationen, die nötigen konstanten Umsatzzahlen erreichen. Mit einer Expansion ins Ausland und der damit verbundenen breiteren Distribution der Handelsmarkenprodukte durch die Erweiterung des Sortiments um transnationale Handelsmarken und Marken angeschlossener Kooperationspartner könnten sich die notwendigen großen Stückzahlen ergeben.

Viele Unternehmen - dies gilt auch für alle befragten Händler - lehnen jedoch die Eigenproduktion aufgrund der Risiken und Kosten der damit verbundenen Investitionen ab. Die Investitionen in eigene Produktionsanlagen schränken eine flexible Absatz- und Beschaffungspolitik ein. Der Umfang des Handelsmarkenproduktangebotes wird in erster Linie durch die Produktionskapazitäten vorgeschrieben. Sortimentspolitische Aspekte können erst an zweiter Stelle berücksichtigt werden (vgl. Schott, 1974, S. 73). Da die Handelsmarkenprodukte bei **Fremdbezug** auf den gleichen Fertigungsanlagen wie die Herstellermarken produziert werden, können die Handelsunternehmen unter ihrer eigenen Markierung Produkte auf den Markt bringen, die an die führenden Herstellermarkenprodukte in qualitätsmäßiger und technologischer Hinsicht heranreichen (vgl. European Business Success, 1994, S. 38). Ein inzwischen weiter verbreitetes Verfahren zur Einholung von Angeboten zur Belieferung mit Produkten oder Produktkomponenten im Rahmen der Umsetzung einer Handelsmarkenkonzeption ist die Ausschreibung. Sie erlaubt auch eine präzise Realisierung wert- und qualitätsmäßiger Anforderungen.

Ohne die Bindung an ein eigenes Produktionsunternehmen bleibt der Händler flexibler in der Lieferantenauswahl und im Lieferantenwechsel, allerdings kann sich auch ein Abhängigkeitsverhältnis zum Hersteller seiner Eigenmarkenprodukte entwickeln. Das Handelsunternehmen ist auf langfristige Vertragsvereinbarungen angewiesen, um ein kontinuierliches Qualitäts- und Ausstattungsniveau seiner Marken gewährleisten zu können. Ein häufiger Lieferantenwechsel kann zu minimalen Produktveränderungen führen, die Irritationen bei den Verbrauchern auslösen und damit eine Markenbildung verhindern. Ein weiteres Risiko besteht darin, daß im Falle von Engpässen in der Produktion oder bei der Auslieferung die eigenen Markenprodukte der Hersteller überwiegend Priorität vor den Handelsmarkenprodukten genießen (vgl. European Business Success, 1994, S. 48). Die gemeinsame Entwicklung von Handelsmarken bedarf eines gewissen Vertrauenspotentials - hinsichtlich der Qualität der Markenprodukte und der Lieferbereitschaft - zwischen Hersteller und Handel. Die Langfristigkeit der Verträge beinhaltet aber gleichzeitig auch einen Verlust an Sortimentselastizität (vgl. Berekoven, 1995, S. 136 und 141).

Der gestiegene Wettbewerbsdruck auf dem europäischen Markt führt dazu, daß immer mehr Hersteller gezwungen sind, Handelsmarkenprodukte zu produzieren oder sich sogar darauf spezialisieren. Mit der Lieferung von Handelsmarken kann der Hersteller seine Geschäftsverbindungen zum Handelsunternehmen festigen, die sich positiv für seine eigenen Marken auszahlen. Internationale Fachmessen der Private Label Manufacturers Association (PLMA) bieten den Handelsunternehmen die Möglichkeit, mit potentiellen Handelsmarkenproduktlieferanten aus der ganzen Welt in Kontakt zu treten. Insbesondere Hersteller, deren Markenprodukte auf einem Ländermarkt Marktführer sind, jedoch im europäischen Gesamtmarkt nur eine Position an dritter oder vierter Stelle hinter den großen europäischen Herstellermarken erfolgreicher Unternehmen, wie zum Beispiel Nestlé, Procter & Gamble oder Unilever, einnehmen können, sind bereit, Handelsmarkenprodukte herzustellen und präsentieren ihre Produkte auf solchen Messen. Sie müssen aufgrund der begrenzten Regalflächen im europäischen Einzelhandel, auf die Markenprodukte aus allen europäischen Ländern drängen, damit rechnen, langfristig aus dem Markt verdrängt zu werden. Sie bieten daher ihre Markenprodukte umsatzstarken international tätigen Handelsunternehmen an, um so ihre Produkte über die nationalen Grenzen hinaus in Europa durchsetzen zu können. Darüber hinaus verfügen große Einzelhandelsunternehmen mit eigenen Produktionsstätten, wie zum Beispiel die Schweizer Coop und das französische Großfilialunternehmen Casino, über freie Kapazitäten, die sie mit Auftragsfertigung für andere Handelsunternehmen auslasten möchten. Zusätzlich gibt es einige kleine und mittelständische Unternehmen, die exklusiv für den Handel fertigen (vgl. Dawson, 1990, S. 3 ff.). Die Befragung hat ergeben, daß die Handelsunternehmen ihre transnationalen Handelsmarken sowohl von der Markenartikelindustrie, der PLMA-Industrie und mittelständischen Unternehmen, die regional stark sind und sich auf die Herstellung von Handelsmarkenprodukten spezialisiert haben, beziehen.

Innovationsstarke Konzerne, wie Nestlé oder Henkel, die jährlich Millionenbeträge in den Bereich Forschung und Entwicklung investieren, sind nicht bereit, Produkte für den eigenmarkenführenden Handel zu produzieren. In erster Linie befürchten sie Schäden für die eigenen Marken und wollen einen Know-how-Transfer verhindern. Daneben verfügen sie über Euromarken, die marktführend sind. Sie sind daher auf die Produktion von Handelsmarken nicht angewiesen (vgl. Ernst-Motz, 1993, S. 104; European Business Success, 1994, S. 34).

Der kapazitätsmäßige Druck, der insbesondere auf den Food-Unternehmen lastet, zeigt sich heute schon darin, daß der überwiegende Teil der Markenartikelhersteller, der Handelsmarkenprodukte produziert, dies tut, obwohl dadurch gleichzeitig Schäden für die eigenen Marken befürchtet werden (vgl. European Business Success, 1994, S. 41). Als Motive für eine Produktion von Handelsmarkenprodukten nennen die Markenartikelhersteller im Food-Bereich vor allem eine bessere Verteilung der Produktionskosten, einen Kapazitätsausgleich, die Chance zur Kundengewinnung, eine positive Umsatzentwicklung, die steigende Bedeutung der Handelsmarken und eine Listungserleichterung für die eigenen Marken. Große Handelsunternehmen können durch Androhung des Ausschlusses der Herstellermarken aus dem eigenen Sortiment einen enormen Druck ausüben. Dies gilt vor allem, wenn eine europaweite Auslistung in allen Filialbetrieben und denen angeschlossener Handelspartner befürchtet werden muß.

3.2 Markteintrittsentscheidungen im Rahmen der europäischen Handelsmarkenpolitik

Die organisationsgebundene Distribution transnationaler Handelsmarkenprodukte setzt eine internationale Tätigkeit des Handelsunternehmens voraus, deren Ausmaß Distributionsbreite und -dichte der Handelsmarkenprodukte determiniert. Die Wahl der Internationalisierungsstrategie hat in zweierlei Hinsicht Einfluß auf die Handelsmarkenpolitik:

Sie beeinflußt die Durchsetzung transnationaler Handelsmarkenkonzepte und den Grad der Standardisierbarkeit der transnationalen Handelsmarkenpolitik.

Die erfolgreiche Durchsetzung einer europäischen Handelsmarkenkonzeption bedarf einer zentralen Unternehmensführung. Während europäische Integrationspotentiale innerhalb einer internationalen Kooperation durch internationale Koordination genutzt werden können, besitzen Filial- und Franchisesysteme den Vorteil der Entscheidungskonzentration. Der hohe Zentralisierungsgrad ihrer Auslandsaktivitäten erleichtert die Durchsetzung einer Euromarke des Handels. Das **Franchising** erlaubt in diesem Zusammenhang eine besonders schnelle Expansion mittels eines erprobten Marketingkonzeptes sowie den Rückgriff auf die nationalen Marktkenntnisse der Franchisenehmer bei der Entwicklung eines transnationalen Handelsmarkenkonzeptes (vgl. o. V., 1989 b, S. 51; Beuthien/Täger, 1993, S. 14; Gregor/Busch, 1992, S. 140).

Da der Internationalisierungsprozeß alleine vom betreffenden Unternehmen gesteuert wird, ist der **Aufbau eigener Outlets** im Ausland gekennzeichnet durch eine hohe Kontrollmöglichkeit des Handelsunternehmens; allerdings stellt dieser Weg in ausländische Märkte die wohl schwierigste und anspruchsvollste Markteintrittsstrategie dar. Es muß ein eigenes Handelskonzept für den neuen Markt entwickelt werden, das sich bei den Verbrauchern erst noch profilieren muß. Im Idealfall kann ein auf dem Heimatmarkt bereits erfolgreiches Betriebskonzept übernommen bzw. ggf. an länderspezifische Besonderheiten des Zielmarktes adaptiert werden[10].

Die **Akquisition oder Beteiligung** als Eintrittsform in ausländische Märkte stellt eine vergleichsweise einfache und schnelle Markteintrittsoption für den Einzelhandel dar, da auf ein bereits existierendes Handelskonzept mit einem vorhandenen Ladennetz und einer Kundenbasis zurückgegriffen werden kann. Insbesondere der Austausch von Minderheitsbeteiligungen ermöglicht eine gegenseitige Einflußnahme und Unterstützung der Partner; so kann die direkte Konkurrenz zwischen ihnen abgeschwächt werden. Von Vorteil ist dabei insbesondere der gegenseitige Austausch von Know-how, der aufgrund der Unterschiede im Management- und Technikbereich des Einzelhandels innerhalb Europas von großer Bedeutung ist (vgl. Berekoven, 1995, S. 429 f.; George/Diller, 1993, S. 176). Als besonders problematisch erweist sich allerdings die Suche nach geeigneten Akquisitionspartnern. Während in Ländern mit hoher Umsatzkonzentration im Einzelhandel geeignete Partner, die über einen entsprechend hohen Marktanteil und Know-how verfügen, zahlenmäßig sehr gering sind, sind in Ländern mit einer geringen Handelskonzentration die Marktstrukturen zu fragmentiert, als daß ein geeigneter Partner mit entsprechend großer Betriebsstruktur gefunden werden könnte (vgl. Berekoven, 1995,

---

10   Vgl. George/Diller, 1993, S. 177. Zentes (1993, S. 567) verweist auf die bei einer Filialisierungsstrategie übliche starke Anpassung der Sortimente an nationale Bedürfnisse.

S. 429). Zu den Einzelhandelsbetrieben, die über Akquisitionen in ausländische Märkte eintreten, gehören unter anderem die ASKO und die Tengelmann-Gruppe[11].

Die Entstehung des gemeinsamen EG-Binnenmarktes führte zur Gründung zahlreicher **supranationaler Kooperationen** des Handels, an denen unter anderem auch nationale Kooperationen beteiligt sind (vgl. Olesch, 1994, S. 1276). Den nationalen Verbundgruppen des Handels bieten sich verschiedene Internationalisierungsoptionen: die Aufnahme ausländischer Mitglieder zur Gründung einer grenzüberschreitenden Kooperation, die Kooperation mit anderen nationalen Verbundgruppen des Handels sowie die Zusammenarbeit mit Filialunternehmen oder Franchisesystemen im Ausland innerhalb einer internationalen Multisystemkooperation. Die supranationalen Verbundgruppen der Kooperationen des Lebensmitteleinzelhandels verfolgen langfristig folgende strategische Ziele: Know-how- und Informationsaustausch zwischen den Mitgliedern, gemeinsame Beschaffungsaktivitäten, Verbesserung der Logistik, gemeinsame europaweite Verkaufsförderungsmaßnahmen sowie Entwicklung und Vermarktung von Euro-Handelsmarken[12]. Auch Filialgruppen aus unterschiedlichen europäischen Ländern haben sich zu supranationalen Verbundgruppen zusammengeschlossen, um so durch eine Bündelung der Beschaffungsvolumina und die Zentralisierung des gemeinsamen Einkaufs einen erheblichen Nachfragedruck auf die Herstellerunternehmen ausüben zu können. Durch eine intensive Kooperation in den Bereichen Marketing, Distribution, Logistik und Ladenbau sollen durch Synergien Kosteneinsparungen erzielt werden. Problematisch ist dabei die Koordination der Zielvorstellungen der einzelnen, selbständig voneinander agierenden Filialunternehmen[13].

Internationale Handelskooperationen und Verbundgruppen sind durch Weisungsunabhängigkeit der Mitglieder gekennzeichnet, was die Durchsetzung einer einheitlichen transnationalen Handelsmarkenpolitik erheblich erschwert (vgl. Beuthien/Täger, 1993, S. 14). Das Management der Zentrale kann zwar alle Vorkehrungen bzgl. des Aufbaus einer gruppeneinheitlichen europäischen Handelsmarke treffen, allerdings besitzen alleine die Mitglieder die Entscheidungskompetenz für die endgültige Aufnahme und Realisierung der Handelsmarkenkonzeption (vgl. Grafe, 1991, S. 222). Eine internationale Durchsetzungsfähigkeit ist eher gegeben, wenn die Gruppenmitglieder kapitalmäßig von einem großen Mitglied abhängen, und alle Kooperationsmitglieder mit den gleichen Wirtschafts- und Informationssystemen arbeiten (vgl. Ahrens, 1994, S. 90). Innerhalb der Kooperation müssen gemeinsame Interessen Vorrang vor nationalen Interessen haben, um transnationale Handelsmarkenstrategien erfolgreich umsetzen zu

---

11   Letztere hat zum einen über den Kauf von Iper Orveal und Mehrheitsbeteiligungen an der Supermarktkette Supéral auf dem italienischen Markt und über die amerikanische Tochter A & P auf dem britischen Markt Fuß gefaßt (vgl. George/Diller, 1993, S. 176).

12   Zu den supranationalen Verbundgruppen nationaler Einzelhandelskooperationen gehören die EMD (European Marketing Distribution AG), die Eurogroup S.A. und die BIGS (Buying International Group SPAR).

13   Wichtigste Vertreter dieser Art von Verbundgruppe sind die Deuro Buying AG und die AMS Marketing Service AG (vgl. Ahrens, 1994, S. 80 und 88).

können (vgl. Patt, 1990, S. 130). Vielfach haben sich internationale Handelskooperationen von einkaufsorientierten Gemeinschaftsunternehmen zu absatzorientierten Verbundgruppen fortentwickelt. Die Entwicklung gemeinsamer Werbeaktivitäten und gemeinsamer Handelsmarken erfolgte erst in einem zweiten Schritt und stellt nicht den Kern des Zusammenschlusses dar (vgl. Ahrens, 1994, S. 252), so daß hinsichtlich der Absatzaktivitäten **Interessenskonflikte** auftreten können. Diese können zum einen zwischen der Zentrale und den Mitgliedern und zum anderen zwischen den Mitgliedern selber bestehen. Da die Zentrale die Handelsmarkenkonzeption auf der Grundlage der Mehrheit aller Mitglieder entwickelt, können ihre Entscheidungen individuellen Zielsetzungen einzelner Mitglieder widersprechen. Ziel- und Interessenkonflikte zwischen den Kooperationspartnern ergeben sich aus der Heterogenität der Mitgliederstrukturen. Unterschiedliche Marktbedingungen, Unternehmensphilosophien, Wettbewerbsbedingungen und Nachfragestrukturen auf den nationalen Märkten der Mitglieder sowie unterschiedliche Betriebsgrößen der Partner und die damit verbundenen heterogenen Sortimentstiefen und -breiten können das Interesse an einer einheitlich positionierten Euromarke einschränken. Zudem bildet jede Euromarke eine Konkurrenz zu bereits etablierten eigenen Handelsmarken der Kooperationspartner, die diese aus Prestigegründen bevorzugen, zumal sie eine exklusive Leistung gegenüber anderen Gruppenmitgliedern darstellt (vgl. Grafe, 1991, S. 223 ff. und 257; Rominski, 1991, S. 53).

Die Kooperationszentrale muß **Anreizsysteme** schaffen, die zu einer höheren Akzeptanz der Euromarken des Handels bei den einzelnen Mitgliedern beitragen. Neben monetären Anreizen wären auch Sanktionen denkbar, die bei „Nicht-Aufnahme" der Euro-Handelsmarke in das Sortiment den Ausschluß des betreffenden Handelsunternehmens von Leistungen der Zentrale beinhalten (z. B. ein Informationsstop). Des weiteren können die Mitgliedsunternehmen die Möglichkeit einer Partizipation an der Entwicklung der Euromarkenkonzepte erhalten. Dies gilt insbesondere für die Bereiche, in denen Anpassungen der Handelsmarken aufgrund unterschiedlicher Marktgegebenheiten und Konsumentengewohnheiten erforderlich sind. Allerdings führt die Beteiligung der Mitglieder an der Konzeptentwicklung zu einer Verlängerung der Entscheidungsprozesse und erfordert eine gewisse Kompromißbereitschaft der Partner (vgl. Grafe, 1991, S. 263 und 291).

Von der Wahl der Internationalisierungsstrategie kann auch die Schnelligkeit abhängen, mit der ein Handelsunternehmen seine transnationalen Handelsmarken in den europäischen Märkten einführt.

Nach den Ergebnissen der Befragung ist die nahezu zeitgleiche Produkteinführung innerhalb Europas, entsprechend der **„Sprinkler-Strategie"** (vgl. Kreutzer, 1989, S. 241 ff.), eher die Ausnahme. Hierzu muß das Unternehmen bereits breite Präsenz auf den Märkten Europas aufweisen bzw. europaweit über Kooperationspartner verfügen. Die simultane Erschließung neuer Märkte im Ausland setzt einen hohen Standardisierungsgrad der Produkte und des Marketing-Mix voraus und verzichtet damit gleichzeitig auf ein ausreichendes Eingehen auf Länderspezifika. Da sich Euromarken ohnehin eher in

Warengruppen anbieten, die länderübergreifende Zielgruppen ansprechen, erscheint dieser Nachteil nicht gravierend.

Von der überwiegenden Mehrheit der befragten Unternehmen werden transnationale Handelsmarkenprodukte - dem traditionellen „**Wasserfall-Konzept**" (zur Wasserfall-Strategie; vgl. Kreutzer, 1989, S. 238 ff.) der Neuprodukteinführung folgend - sukzessive, mit wenigen Märkten beginnend, angeboten. Im Zusammenhang mit der Verfolgung einer Premiummarkenstrategie beinhaltet die schrittweise Ausdehnung des Absatzgebietes der Marke die Gefahr, daß die relativ hohen Preise Anreize für die Konkurrenz schaffen, auf bisher noch nicht bearbeiteten Märkten erfolgreich tätig zu werden, so daß der Markteintritt für Folger mit vergleichsweise hohen Investitionen verbunden ist. Diese Investitionen könnten durch die erzielten hohen Preise in den bereits erfolgreich bearbeiteten Märkten im Sinne eines kalkulatorischen Länderausgleichs bewirkt werden. Daß die mit dem Wasserfall-Konzept einhergehenden Gefahren offenbar eher gering eingeschätzt werden, mag mit dem aufgrund der exklusiven Distribution wenig ausgeprägten Konkurrenzdruck bei Handelsmarken zusammenhängen, der eine frühe Marktbesetzung unbedeutend erscheinen läßt.

Bei der Einführung transnationaler Handelsmarken sind auch die bei der **Länderauswahl** zugrundegelegten Kriterien von Interesse. Innerhalb einer Kooperation kann eine gezielte Länderselektion dadurch verhindert werden, daß die Zentrale keine direkten Durchsetzungsmöglichkeiten besitzt oder der Kooperationspartner nicht über die erforderlichen betrieblichen Voraussetzungen verfügt[14].

Die Befragung hat gezeigt, daß das Kriterium der unterschiedlichen Geschmacks- und Konsumgewohnheiten der Verbraucher bei der Länderauswahl hohe Bedeutung besitzt. Die Unternehmen gaben ausnahmslos an, daß diese eine standardisierte Marktbearbeitung verhindern, da sie nationale und regionale Differenzierungen der Produkte hinsichtlich Rezeptur, Qualität und Verpackung erfordern. Bei der Auswahl geeigneter Länder wird vor dem Hintergrund einer geplanten Nutzung von economies of scale auf transnationale homogene Verbrauchersegmente gezielt, die eine weitgehend einheitliche internationale Handelsmarkenpolitik ermöglichen.

---

14   So konnte z. B. ein transnationales Handelsmarkenprodukt im Tiefkühlbereich in Spanien nicht angeboten werden, weil der spanische Kooperationspartner nicht über die nötige Tiefkühl-Logistik verfügte.

3.3 Probleme der Marktbearbeitung

3.3.1 Rahmenbedingungen für die Führung der Euromarken

Eine Euromarke, die (nahezu) europaweit in identischer Form angeboten werden soll, kann nicht auf länderspezifische Besonderheiten zugeschnitten sein, sondern muß vielmehr gezielt die **Gemeinsamkeiten im europäischen Konsumverhalten** ansprechen.

Faktoren wie die Internationalisierung der Medien und der Industrie, die erhöhte Mobilität der Verbraucher und der internationale Tourismus haben eine verstärkte Angleichung der Wünsche, Meinungen und Lebensstilvorstellungen der europäischen Konsumenten bewirkt (vgl. Ingelfinger, 1992, S. 181). Auch die soziologischen Entwicklungstrends und die Wertesysteme innerhalb der EU ähneln sich zunehmend und ermöglichen die Identifizierung von supranationalen Verbrauchersegmenten, die gleiche Produkte präferieren (vgl. Hildebrandt, 1993, S. 202).

Dieser weit verbreitete „europäische" Verbrauchertyp prägt auch die **Auswahl geeigneter Warengruppen**, innerhalb derer Euromarkenprodukte angeboten werden sollen (vgl. Simmet, 1992, S. 18). Ein hohes Standardisierungspotential als notwendige Voraussetzung ist nach Meinung der befragten Händler vor allem in folgenden Warengruppen gegeben: im Non-Food Bereich, wie zum Beispiel Küchenrollen, Papiertaschentücher und Alufolien; bei Produkten, hinter denen keine spezifische Rezepturleistung steht (wie z. B. Mehl, Zucker und bei Impulsartikeln, wie z. B. Schokoriegel, Kaugummi und alkoholfreie Getränke). Das hier bereits existierende internationale Produkt- und Markenangebot europäisch und global orientierter Anbieter, wie zum Beispiel Coca Cola, fördert die schnelle europaweite Akzeptanz ähnlicher Produkte und Marken und unterstützt gleichzeitig die weitere Homogenisierung der Verbraucheransprüche, insbesondere bei den Jugendlichen. Darüber hinaus werden internationale Marken vor allem im Bereich der umweltfreundlichen, gesundheitsfördernden Produkte und Convenience-Produkte, zu denen die Tiefkühlkost gehört, erfolgreich sein, weil sie europaeinheitlichen Trendbewegungen - u. a. dem gestiegenen Umwelt- und Gesundheitsbewußtsein - entsprechen (vgl. Löhmer, 1993, S. 55 und 60 f.). Euromarkenprodukte werden sich in neuen Trendsegmenten schneller durchsetzen, da die Konsumenten hinsichtlich dieser Produkte keine traditionellen Eßgewohnheiten und Geschmackspräferenzen haben und der Markt noch nicht von einer Vielzahl starker Konkurrenten beherrscht wird (vgl. Disselkamp, 1993, S. 161). In Warengruppen, in denen die qualitative und technologische Überlegenheit der führenden Herstellermarkenprodukte durch eine hohe Innovationsgeschwindigkeit (z. B. im Waschmittelbereich) besonders deutlich wird, und bei Prestige- und Luxusgütern, die aus Verbrauchersicht über eine hohe Anmutung, einen hohen Status verfügen und emotional wahrgenommen werden (wie z. B. Kosmetika und Körperpflegemittel), ist die Etablierung einer Euromarke schwerer (vgl. Klein, 1993, S. 115).

Indem Handelsunternehmen Waren mit einer eigenen Marke versehen, übernehmen sie gegenüber den Konsumenten eine **Qualitätsgarantie** für diese Produkte. Da Handelsmarken überwiegend als Dach- und Familienmarken geführt werden, kann es sich als problematisch erweisen, einen homogenen Qualitätsstandard für die unter diesen Marken geführten Produkte zu gewährleisten. Der Handel muß berücksichtigen, daß Qualitäts- und Ausstattungsunterschiede eines Produktes unter einer einheitlichen Marke Irritationseffekte bei mobilen Zielgruppen entstehen lassen können (vgl. Kreutzer, 1989, S. 284).

Zur Absicherung und Erzielung bestimmter Produktqualitäten können vom Handel unterschiedliche Maßnahmen ergriffen werden, die mehr oder weniger eine handelseigene Produktgestaltung der Handelsmarken beinhalten. Dies umfaßt neben der Vorgabe bestimmter Qualitätsrichtlinien an die Lieferanten handelseigene Spezifikationen, die die Festlegung der Qualitätsmerkmale einschließlich der Verpackung und der Markierung einschließen bis hin zur eigenen Produktentwicklung, die zusätzlich das gesamte Produktkonzept, die verwendeten Materialien und die Produktionsweise den Lieferanten vorschreibt. Die letzte Alternative erfordert von den Handelsunternehmen eine hohe Kompetenz in den Bereichen Warentechnik, Design und Produktmanagement und eine bestimmte Nachfragemacht gegenüber den Herstellern, damit diese überhaupt zu einer derartigen Zusammenarbeit bereit sind (vgl. Berekoven, 1995, S. 155).

Diese Sorgfalt des Händlers bezüglich des Qualitätsmanagements ist maßgeblich veranlaßt durch das **EG-Produkthaftungsgesetz**[15] und die Einführung der verschuldensunabhängigen Herstellerhaftung, da sie auch den Händlern als Markenführern ein Haftungsrisiko auferlegt. Die Verwendung des eigenen Warenzeichens wird als „Sich-Ausgeben" als Hersteller (**„Quasi-Hersteller"**) gewertet; zumal die Hersteller, die die Handelsmarkenprodukte produzieren, nach außen nicht in Erscheinung treten. Der verantwortliche Händler muß sich sowohl die Vorgänge in vorgeschalteten Unternehmen zurechnen lassen als auch verschuldensunabhängig für eigene Vertriebsfehler haften (vgl. Standop, 1988, S. 169).

Eine weitere rechtliche Maßnahme hat die Eintragung einer Euromarke mit Beginn des Jahres 1996 erheblich erleichtert. Seither bietet das „Harmonisierungsamt für den Binnenmarkt (Marken, Muster und Modelle)" in Alicante die Möglichkeit der Registrierung einer europäischen Gemeinschaftsmarke mit sofortiger Wirkung für alle Mitgliedsstaaten[16]. Die **EG-Gemeinschaftsmarkenverordnung** ermöglicht somit die Erzeugung von Euromarkenprodukten mit einheitlichem Rechtscharakter, die automatisch einen Markenschutz in der gesamten Europäischen Union erlangen und unabhängig von nationalen Rechtsprechungen sind[17].

---

15   Die „Richtlinie des Rates zur Angleichung der Rechts- und Verwaltungsvorschriften der Mitgliedsstaaten über die Haftung für fehlerhafte Produkte" wurde am 25.07.85 erlassen (vgl. Wieckhorst, 1994, S. 22).

16   Die Verordnung über die Gemeinschaftsmarke ist am 15.03.94 in Kraft getreten (vgl. Meister, 1995, S. 290; Over, 1994, S. 557).

17   Vgl. Hildebrandt, 1993, S. 204. Es ist weiterhin die Möglichkeit zur Anmeldung einer nationalen Marke

3.3.2 Markenstrategische Optionen bei der Entwicklung von Euromarken

Die überwiegende Zahl der befragten Handelsunternehmen spricht sich im Hinblick auf die Einführung von Euromarken für die **Schaffung einer neuen Marke** aus[18]. Diese Alternative sieht vor, daß ein neues Handelsmarkenkonzept unter einer einheitlichen europäischen Markierung geführt wird. Dies würde bedeuten, daß in die Sortimente der einzelnen Vertriebsstätten des international tätigen Handelsunternehmens bzw. der Kooperationspartner ein neues europäisches Markenprodukt zusätzlich aufgenommen wird. Vorteilhaft bei dieser Strategie ist, daß die Handelsmarke sowie einzelne Produktkomponenten von Beginn an optimal an die Erfordernisse des europäischen Marktes und die Bedürfnisse transnationaler Verbrauchersegmente angepaßt werden können.

Die Auswahl geeigneter Warengruppen und die Produktgestaltung können ohne Rücksicht auf bereits bewährte nationale Handelsmarkenkonzepte erfolgen. Es kann zum Beispiel von vornherein ein international einsetzbarer Markenname gewählt oder eine Verpackungsgestaltung entwickelt werden, die eurokonform ist und Raum für eine mehrsprachige Gestaltung gibt. Die Entwicklung derartig neuer Konzepte ist jedoch zeit- und kostenintensiv. Hier sind neben erheblichen Investitionen im Bereich der Marktforschung die mit der Neueinführung einer Marke verbundenen hohen Investitionen im Bereich der Kommunikationspolitik zu tätigen, um überhaupt einen entsprechenden Bekanntheitsgrad der Marke und ihre Marktdurchsetzung erreichen zu können. Daher wird diese Strategie nur dann erfolgreich umgesetzt werden können, wenn die entsprechenden Produkte weitgehend standardisiert (insbesondere bezüglich der Primärleistung) auf möglichst vielen Märkten gleichzeitig eingesetzt werden, um so Synergiepotentiale nutzen zu können.

Bedenken äußerten die befragten Unternehmen in bezug auf die Auffindung geeigneter Warengruppen. Zum einen befürchten sie die Substitution eigener etablierter Marken, zum anderen schließen unterschiedliche Konsum-, Geschmacks- und Qualitätsanforderungen der europäischen Konsumenten viele Warengruppen von vornherein aus.

Entscheidet ein Handelsunternehmen sich gegen die Neuentwicklung einer Euromarke, bieten sich Alternativen, bei denen auf **bewährte Handelsmarkenkonzepte** zurückgegriffen wird. Besitzen bereits etablierte nationale oder regionale Handelsmarken Internationalisierungspotential, das eine Ausweitung des Absatzgebietes der Marke über nationale Grenzen hinweg erlaubt[19], bietet ein Rückgriff auf diese Marken den Vorteil, daß einzelne Marktpartner bereits über ein entsprechendes Know-how und Erfahrungspotential verfügen, das weitergegeben werden kann. Die bisher rein nationale Ausrich-

---

gegeben (vgl. Meister, 1993, S. 93).

18   Beispiele für Handelsmarken, die speziell für den europäischen Markt konzipiert wurden, sind die Marken „Minel" und „Rio Bravo" von EMD (vgl. o. V., 1995 a, S. 6; o. V., 1995 b, S. 12).

19   Vgl. Meffert, 1988 a, S. 603. So ist die Marke „Breakfast Club" von EMD keine Eigenentwicklung, sondern wurde bereits von einem Mitglied der Gruppe in Großbritannien eingeführt. Die EMD übernahm dann die Internationalisierung dieser Marke (vgl. o. V., 1995 b, S. 12).

tung des Handelsmarkenkonzeptes beinhaltet die Notwendigkeit der Überprüfung der Internationalisierbarkeit einzelner Produktkomponenten. Hierbei muß berücksichtigt werden, ob der Markenname international einsetzbar und schutzfähig ist und nicht vielleicht schon in einzelnen Ländern durch andere Unternehmen geschützt wurde. Somit ist nicht auszuschließen, daß zumindest in Teilbereichen eine kosteninduzierende Modifizierung des vorliegenden Konzeptes erforderlich wird. Ist dies nicht der Fall, läßt sich diese Alternative verglichen mit der Schaffung einer gänzlich neuen Euromarke schneller und kostengünstiger durchsetzen, weil ein vorhandenes Handelsmarkenkonzept lediglich multipliziert werden muß.

Eine Alternative dazu wäre die **Koordination nationaler Handelsmarken unter einer gemeinsamen europäischen Dachmarke**[20]. Dieses Konzept eignet sich besonders für eine partielle Europastrategie. So könnten zum Beispiel im Rahmen einer Tandemmarkierung die bereits etablierten nationalen Handelsmarken ihre bisherigen Markierungen beibehalten und gleichzeitig ein Verbandszeichen im Sinne einer länderübergreifenden Dachmarke zusätzlich angebracht werden. Befürworter dieser Alternative argumentieren, daß eine Dachmarke in viel größerem Maße die Umsetzung länderspezifischer Anpassungen ermöglicht, ohne daß diese zu Irritationen bei den Konsumenten führen, die Produkte in verschiedenen Ländern konsumieren. Die Doppelmarkierung suggeriert offenbar einen „lockereren" Zusammenhang zwischen den unter einer gemeinsamen Dachmarke geführten Marken und räumt ihnen damit ein größeres Maß an nationaler Eigenständigkeit und Andersartigkeit ein. Gleichzeitig erlaubt die gemeinsame Verbandsmarke eine weitgehend einheitliche Kommunikationspolitik, deren Wirkung durch die auf den einzelnen europäischen Märkten vorhandene Akzeptanz der national etablierten Handelsmarken verstärkt wird.

3.3.3 Standardisierung versus Differenzierung des Marketinginstrumentariums

Die Konzipierung und Vermarktung spezifischer Euromarken muß trotz einer wünschenswerten weitergehenden Standardisierung mit einer Anpassung einzelner Elemente oder sogar des gesamten Marketing-Mix an nationale Marktgegebenheiten einhergehen, um eine Ablehnung der Produkte zu verhindern.

Angesichts divergierender Konsum- und Geschmackspräferenzen in Europa ist im Bereich der **Produktpolitik** eine mehr oder weniger starke Anpassung der Rezepturen erforderlich. In den einzelnen Ländern gibt es hinsichtlich der Eß- und Trinkgewohnheiten spezifische Präferenzen und Traditionen, die gepflegt werden (vgl. Meissner, 1992, S. 7). Innerhalb Europas bestehen gerade im Lebensmittelbereich große Unter-

---

20 Diese Alternative kommt nur für jene Handelsunternehmen in Betracht, die über Kooperationspartner verfügen bzw. die ihr Unternehmen über eine Akquisition oder Beteiligung internationalisiert haben.

schiede in den Konsumgewohnheiten, da dieser besonders stark von unterschiedlichen Kulturkreisen, Religionen, Bräuchen und Sitten geprägt wird. Unterschiedliche Eß-gewohnheiten und Geschmackspräferenzen beruhen außerdem auf unterschiedlichen klimatischen Bedingungen, unterschiedlichen Sozialstrukturen (z. B. Anteil berufstätiger Mütter und Altersstruktur der Gesamtbevölkerung eines Landes) und dem unterschied-lichen Stand der technischen Ausstattungen der Haushalte (z. B. wachsender Anteil von Mikrowellengeräten in Nordeuropa; vgl. Maucher/Brabeck-Lethmathe, 1991, S. 1111). Die Intensität der qualitativen und quantitativen Unterschiede im Konsum ist abhängig von der jeweiligen Produktgruppe. In bestimmten Warengruppen, wie zum Beispiel Kaffee, Wein und Suppen, sind die länderspezifischen Geschmackspräferenzen der europäischen Konsumenten besonders groß.

Standardisierungspotentiale ergeben sich vor allem im Bereich der Verpackung und der Markierung. Die einheitliche Markierung wird durch das EG-Markenrecht gefördert (vgl. Spiller, 1990, S. 67). Unterschiedliche rechtliche Bestimmungen hinsichtlich der Produktauszeichnung und der Recyclebarkeit der Verpackungsmaterialien und unter-schiedliche Konsumentenpräferenzen hinsichtlich Verpackungsform, -farbe und -materialien schränken eine Standardisierung der Verpackung ein (vgl. Mühlbacher, 1995, S. 153). So akzeptieren Dänen zum Beispiel Pommes Frites nur in einer gelben Verpackung. Ab einer bestimmten Verpackungsgröße können Gebrauchsanweisungen in mehreren Sprachen abgedruckt werden. Eine international einheitliche Packungs- und Verpackungsgestaltung ermöglicht nicht nur Kosteneinsparungen, sondern sie trägt auch zur Markenidentität bei (vgl. Meffert, 1988 a, S. 605). Durch eine weitgehende Anglei-chung von Ladengestaltung, Handelswerbung und Verpackung der Handelsmarken kön-nen Konsumenten trotz der Produkt- und Markenvielfalt in den Regalen die Handels-markenprodukte schnell identifizieren (vgl. Hansen, 1990, S. 253).

Im Rahmen der internationalen **Preispolitik** wird die Preisfestsetzung maßgeblich von den Determinanten Kosten, Nachfragestruktur, Wettbewerb und staatliche Reglemen-tierungen bestimmt. Kostenunterschiede können sich aufgrund unterschiedlicher Be-schaffungs-, Personal-, Miet-, Transport- und Marketingkosten (z. B. für Werbemaß-nahmen) ergeben. In Anbetracht der abweichenden Einkommens- und Kaufkraft-strukturen (vgl. o. V., 1994 a, S. 17) in den einzelnen europäischen Ländern ist eine räumliche Preisdifferenzierung erforderlich (vgl. Simon/Wiese, 1992, S. 246), um eine internationale Akzeptanz der Euromarken des Handels zu erzielen. Preisanpassungen sind ebenso aufgrund unterschiedlicher Wettbewerbssituationen zwischen den Handels-marken notwendig. Der Handel verfügt über geringere Preisspielräume in den Märkten, innerhalb derer starke Handelsmarken sich bereits etabliert haben und über große Marktanteile verfügen.

Anpassungen im Rahmen der Preispolitik erlauben es auch, verschiedenen Preisbereit-schaften innerhalb Europas Rechnung zu tragen. Bei gleich hoher Qualität werden sich hochpreisige Handelsmarken bei den deutschen Konsumenten schwerer durchsetzen als in Großbritannien, weil bei britischen Konsumenten der günstigere Preis kein entschei-dendes Kaufmotiv ist. Geringere Gewinnmargen auf dem einen nationalen Markt können durch höhere auf einem anderen Markt ausgeglichen werden. Diese Möglichkeit des kalkulatorischen Ausgleichs bietet sich einem national tätigen Unternehmen nicht.

Eine differenzierte internationale Preissetzung verstärkt grundsätzlich das Problem der grauen Importe (vgl. Simon/Wiese, 1992, S. 250). Durch die niedrigen Wert-Volumen-Relationen bzw. die beschränkten Arbitragegewinne pro Produkt in Relation zu den anfallenden Transportkosten werden die Reimporte bzgl. der Handelsmarken im Lebensmittelbereich allerdings wohl auf Grenzregionen beschränkt bleiben (vgl. Kreutzer, 1989, S. 310) oder sogar gänzlich unterbleiben, wenn es den Händlern nicht gelingt, eine starke Konsumentenbindung an ihre Marken aufzubauen.

Eine völlige Vereinheitlichung der Preise, deren Vorteil in Rationalisierungsmaßnahmen im Marketing zu sehen ist, ist aufgrund der noch existierenden unterschiedlich hohen Mehrwert- und Verbrauchssteuern im Moment unmöglich (vgl. Ruoff, 1994, S. 29). Erst durch eine Harmonisierung der Steuergesetzgebung und durch die 1999 anstehende Währungsunion und den daraus resultierenden Wegfall der Preisdifferenzierung aufgrund des Währungsrisikos wird das Standardisierungspotential der Preissetzung innerhalb der EU-Staaten erheblich erhöht werden (vgl. Maucher et al., 1991, S. 1125).

Die Vielfalt der angebotenen Marken und Produkte in Europa erfordert auch vom Handel einen intensiveren Einsatz der Instrumente der **Kommunikationspolitik**, damit die Handelsmarken sich im Wettbewerb durchsetzen können. In Produktbereichen, in denen keine objektiven Produktqualitätsunterschiede existieren, kann mit Hilfe der Kommunikationspolitik ein markenspezifischer Zusatznutzen aufgebaut werden, der eine psychologische Markendifferenzierung und eine Profilierung der Geschäftsstätte ermöglicht (vgl. Berndt et al., 1995, S. 178).

Die Befragung der Unternehmen hat ergeben, daß die klassische Kommunikationspolitik des Handels, wie die Verkaufsförderung und das Inserieren in Zeitschriften, auch im Zuge der Kommunikationspolitik für transnationale Handelsmarkenprodukte ihre überragende Bedeutung beibehält. Der Einsatz von Radiowerbung wird insgesamt als wichtig bis weniger wichtig eingeschätzt, aber nicht von vornherein abgelehnt. Dies dürfte darauf zurückzuführen sein, daß die Transnationalität der Handelsmarken und die damit verbundene Vergrößerung der Absatzreichweiten über nationale Grenzen hinweg die Nutzung überregionaler und internationaler Kommunikationsmittel wie Radio und Fernsehen erfordern (vgl. Hansen, 1990, S. 390). Andere traditionelle Werbemittel können dabei an Bedeutung verlieren. So erhält zum Beispiel die Plakatwerbung - eine der wichtigsten Formen der Außenwerbung des Einzelhandels - im internationalen Kontext bei einigen Unternehmen einen geringeren Stellenwert gegenüber paneuropäischen Kommunikationsmedien (vgl. Berekoven, 1995, S. 242).

Werbekampagnen über echte Euromedien, wie zum Beispiel MTV, ARTE, Super Channel, Euronews und Euro-Sport, sind sinnvoll zur Profilierung der Eurohandelsmarken bei den Verbrauchern. Nur so kann ein internationaler Bekanntheitsgrad und der Aufbau eines eigenständigen Markenimage der europäischen Handelsmarken erzielt werden. Allerdings müssen die betreffenden Unternehmen über eine entsprechende Distributionsbreite und -tiefe in Europa verfügen, sonst wären die Streuverluste der Werbung zu hoch. Einige der befragten Handelsunternehmen können diese Bedingungen nicht erfüllen, da sie ihre Handelsmarkenprodukte erst in zwei oder drei Ländern anbieten, und lehnen daher die Nutzung von Euromedien ab.

Die Nutzung von Euromedien erfordert eine standardisierte Werbekampagne; die Werbung kann nicht an nationale oder regionale Begebenheiten angepaßt werden, da sie simultan in verschiedenen Ländern und Regionen ausgestrahlt wird. Vorteile einer standardisierten Werbung liegen vor allem in einem einheitlichen Markenimage, der damit verbundenen Förderung der Corporate Identity und in der Erzielung von Kostenersparnissen, da lediglich ein Werbekonzept für Europa entwickelt werden muß bzw. die Kosten von allen Mitgliedern einer Kooperation gemeinsam getragen werden[21]. Die transnationale Handelsmarke muß länderübergreifend die Identität von Markennamen, -zeichen und -schriftzug gewährleisten sowie ein einheitliches Produkt- und Verpackungsdesign besitzen, um Standardisierungsvorteile wie einen Media-Overspill zu ermöglichen (vgl. Kreutzer, 1989, S. 282; Theis, 1994, S. 403) Darüber hinaus muß die Handelsmarke gleiche Konsumentenbedürfnisse decken und einheitlich positioniert sein.

Verschiedene Faktoren in Europa erschweren allerdings eine vereinheitlichte internationale Kommunikationspolitik der Handelsunternehmen. Zum einen existieren in Europa unterschiedliche gesetzliche Bestimmungen im Bereich der Werbung. So dürfen in Frankreich Handelsunternehmen das Werbemedium Fernsehen nicht nutzen. Es bestehen länderspezifische Differenzen hinsichtlich der Verfügbarkeit von TV-Werbezeiten, unterschiedliche Regelungen für vergleichende Werbung, und zudem dürfen bestimmte Produkte in einzelnen Ländern nicht im Fernsehen beworben werden (vgl. Ruoff, 1994, S. 31; Fuchs, 1995, S. 434). Problematisch ist darüber hinaus die Nicht-Existenz einer paneuropäischen Sprache. So ist die Nutzung der englischen Sprache als paneuropäische Sprache heute noch vielfach durch Verständigungsschwierigkeiten eingeschränkt. Kulturelle Aspekte bewirken eine unterschiedliche Akzeptanz von Werbung. Konsumenten in Europa stellen unterschiedliche Anforderungen an eine „gute", ansprechende Werbung (vgl. Drewes, 1992, S. 84 und 89).

Um eine zu starke kostenträchtige Differenzierung der Handelsmarkenwerbung zu vermeiden, wäre es denkbar, daß die international tätigen Großbetriebsformen des Handels über die Zentrale eine einheitliche europäische Firmenwerbung betreiben und diese um nationale Produkt- und Verkaufsförderungskampagnen ergänzen, was wiederum die von den Unternehmen genannte hohe Bedeutung der klassischen Handelswerbung auch im Hinblick auf die transnationalen Handelsmarken erklären könnte (vgl. Hansen, 1990, S. 419). So könnte eine europaweit einsatzfähige, über Euromedien geschaltete Dachkampagne entwickelt werden, die auf Basis stark emotionalisierender Werbeinhalte

---

21   Vgl. Fuchs, 1995, S. 432 f. Die Werbebotschaft innerhalb einer vereinheitlichten internationalen Kommunikationspolitik könnte auf Grundwerten aufbauen, die in allen Ländern gemeinsam existieren. Dazu zählen z. B. Werte wie Freundschaft, Freiheit usw. (vgl. Ingelfinger, 1992, S. 183).

ein bestimmtes Image für das Unternehmen und dessen Euro(dach)marken aufbaut. Innerhalb der zusätzlichen, individuell angepaßten landesspezifischen Kampagnen kann dann auf spezielle Bedürfnisse der Konsumenten, unterschiedliche Nutzungsgewohnheiten der Medien durch Auswahl regionaler oder nationaler Werbeträger und Sprachunterschiede eingegangen werden (vgl. Theis, 1994, S. 411).

4. Fazit

Die Internationalisierung der Märkte hat auch bei der Nahrungsmittelindustrie die Bildung von Kooperationen und eine Unternehmenskonzentration ausgelöst, die die Machtposition der Industrie ausgebaut bzw. ein neues Verhältnis in der Machtkonstellation zwischen Handel und Hersteller bewirkt hat (vgl. Overlack, 1992, S. 80; Reischl, 1994, S. 11; Spiller, 1990, S. 64 f.), dem der Handel durch Forcierung seiner transnationalen Handelsmarken entgegenwirken möchte.

Bei der Entscheidung, Handelsmarkenprodukte international anzubieten, muß das Handelsunternehmen zunächst überprüfen, ob es über entsprechende Voraussetzungen verfügt. Neben der zentralen Voraussetzung des Vorhandenseins von Vertriebsstätten in den Auslandsmärkten hat die Befragung gezeigt, daß zum einen eine gewisse Stärke des Unternehmens sowie eine zentrale Unternehmensführung als wichtig erachtet werden. Die Stärke des Unternehmens ergibt sich aus einer ausreichenden Unternehmensgröße und Finanzkraft sowie einer gewissen Macht gegenüber den Herstellern, damit diese überhaupt bereit sind, an der Entwicklung transnationaler Handelsmarkenkonzepte mitzuwirken. Eine rentable Führung von Handelsmarken ist bei einer entsprechenden Unternehmensgröße durch Verteilung der fixen Kostenbestandteile, wie zum Beispiel Produktentwicklungs- bzw. Qualitätsicherungskosten, Verpackungskosten oder Werbekosten, auf hohe Absatzmengen und die damit verbundene Kostendegression möglich.

Die Voraussetzung einer zentralen Unternehmensführung bzw. Koordinationsstelle bezieht sich auf die Bereiche Logistik, Sortimentssteuerung und Einkauf bzw. Beschaffung, wo sich im internationalen Rahmen Rationalisierungspotentiale nutzen lassen. Darüber hinaus stellen sich neue Anforderungen an eine internationale Handelsforschung, die vor allem auch Informationen für - und nicht nur über - das internationale Handelsmarketing liefern muß. Dazu gehört zum Beispiel die Aufdeckung von Gemeinsamkeiten und Unterschieden zwischen dem Heimatmarkt und den Auslandsmärkten hinsichtlich der Wettbewerbsbedingungen und des Konsumverhaltens, um erfolgversprechende Handelsmarkenkonzepte, die eine transnationale Akzeptanz erfahren, entwickeln zu können.

Die Unternehmen sollten weiterhin über ein gewisses Maß an Risikobereitschaft, eine positive innere Einstellung, Geduld und strategische Weitsicht verfügen. Insbesondere Mitglieder einer Kooperation, die gemeinsam eine europäische Handelsmarke vermarkten möchten, müssen einen Willen zu Kompromissen haben.

Die Etablierung und Führung von Euromarken setzt ein hohes **Standardisierungspotential** voraus. Die Wahl des optimalen Standardisierungsgrades richtet sich nach verschiedenen Faktoren. Strebt ein Handelsunternehmen eine schnelle und europaweite Marktbearbeitung an oder beabsichtigt es, ein „europäisches" Image bei den Konsumenten aufzubauen, so sollte der Standardisierungsgrad möglichst hoch sein. Soll dagegen eine optimale Marktausschöpfung der einzelnen Märkte innerhalb Europas erzielt werden, sind Differenzierungen notwendig. Das Handelsunternehmen kann das Standardisierungspotential seines Markenproduktes erhöhen, indem es seinen Marketing-Mix den Vorstellungen transnational identifizierbarer Zielgruppen anpaßt oder das Absatzgebiet des transnationalen Markenproduktes auf wenige homogene Auslandsmärkte beschränkt.

Die Einführung transnationaler Handelsmarken birgt die **Gefahr der Verdrängung konkurrierender Handelsmarken** nationaler Partner, aber auch der **Substitution nationaler und internationaler Herstellermarken**. Hierzu sollen im folgenden einige Überlegungen angestellt werden:

- Eine durch Kostenvorteile induzierte niedrigere Gestaltung der Endverbraucherpreise bei transnationalen Handelsmarkenprodukten kann eine Konsumentenpräferenz der internationalen Handelsmarke gegenüber den konkurrierenden nationalen oder regionalen Handelsmarken bewirken. Dennoch hegen nur wenige Unternehmen diese Befürchtung, da sie eine mögliche Kannibalisierung hier bewußt ausschließen, indem sie ihre internationalen Marken nur in jenen Warengruppen führen, in denen sie über keine nationalen Marken verfügen. Je weniger internationale (Handels-) Markenprodukte an lokale Bedürfnisse der Konsumenten angepaßt werden, desto mehr regionale und nationale Marken können „überleben".

- Einstimmigkeit besteht zwischen den befragten Unternehmen hinsichtlich der Substitution nationaler Herstellermarken. Der Handel strebt gerade die Auslistung zweit- oder drittklassiger Herstellermarken aus Gründen der Sortimentsbereinigung an. Lediglich jene Unternehmen, die Handelsmarken im Premiumbereich führen, gehen von der Substitution internationaler - aber nicht marktführender - Herstellermarken aus. Gerade national und international führende Herstellermarken haben sich in den Augen der Konsumenten längst etabliert und besitzen eine hohe Verkehrsgeltung.

- Dennoch zeigt sich, daß qualitativ hochwertige und preislich günstigere Handelsmarkenprodukte bei entsprechender Pflege eine echte Konkurrenz zu den Herstellermarkenprodukten darstellen können[22]. Eine langfristige Etablierung der Handelsmarke ist nur möglich, wenn sie einen hohen Bekanntheitsgrad und eine Vertrauensstellung bei den Konsumenten besitzt. Deswegen ist eine Verstärkung der werblichen Kommunikation für Handelsmarken erforderlich, zumal ihre Distribution organisa-

---

22 So ist es den drei führenden britischen Handelsunternehmen mit ihren Eigenmarken-Cola-Getränken gelungen, einen Marktanteilsverlust des Marktführers The Coca-Cola Company am britischen Erfrischungsgetränkemarkt von 12,4 % in nur einem Jahr zu erreichen (vgl. o. V., 1995 c, S. 36).

tionsgebunden ist. Erzielte Skaleneffekte durch Ausdehnung der Absatzreichweiten ermöglichen vermehrte Investitionen in diesen Bereich und erlauben dennoch eine vergleichsweise günstigere preisliche Positionierung der Handelsmarken.

Hermann Diller und Thomas Goerdt

Marken- und Einkaufsstättentreue der Konsumenten als Bestimmungsfaktoren der Markenführung

1. Markenführung mit Treuedaten

Eines der wichtigsten Ziele der Markenführung besteht im Aufbau eines treuen Kundenstamms. Um den langfristigen Erfolg der Markenführung ermitteln zu können, ist daher letztlich auch eine Bewertung der Treue der Konsumenten erforderlich. Versteht man die Führung einer Marke also als dauerhaft anzulegende Aufgabe, die nachhaltige Investitionen in die Marke erfordert, so sollte die Analyse der Markentreue im Rahmen des Markenmangements einen zentralen Stellenwert einnehmen. Die Treue der Kunden ist Ausdruck ihrer Verbundenheit mit einer Marke und kann daher als Zielgröße und Erfolgsmaß einer bindungsorientierten Markenführung angesehen werden.

Über die Bedeutung loyaler Kunden für den Erfolg einer Marke und die Notwendigkeit der **Kundenbindung** kann angesichts des sich in nahezu allen Branchen verschärfenden Wettbewerbs um die Nachfrager kein Zweifel bestehen. Für die Planung, Steuerung und Kontrolle von Kundenbindungsmaßnahmen im Rahmen der Markenführung sind jedoch entscheidungsunterstützende Informationen erforderlich, die einen Überblick über den Stand der Kundenbindung, deren Bestimmungsfaktoren sowie mögliche Wirkungszusammenhänge vermitteln. Daher ist es unerläßlich, die Markenführung laufend durch ein „Treue-Controlling" zu überprüfen und zu steuern. Vor diesem Hintergrund muß erstaunen, daß viele Unternehmen, die sich mit dem Thema Kundenbindung befassen, keinerlei Angaben über die Treue ihrer Kunden machen können. Dies gilt insbesondere für Konsumgüterbranchen, in denen aufgrund der Anonymität der Endnachfrager die Beantwortung derartiger Fragen schwieriger sein dürfte als zum Beispiel bei Unternehmen der Gebrauchsgüterbranche, die in der Regel über einen fest definierten Kundenstamm verfügen und Anhaltspunkte über das Ausmaß der Kundenbindung aus ihren Absatzdaten ermitteln können. Ganz allgemein scheint ein Operationalisierungs- und Informationsdefizit bezüglich der Kundenbindung in Konsumgütermärkten vorzuliegen, welches den zielgerichteten Einsatz von Kundenbindungsmaßnahmen und damit die Markenführung in diesen Branchen erschwert. Möglicherweise hält gerade diese mangelnde Kenntnis über den Stand der Kundenbindung Unternehmen davon ab, dauerhafte Investitionen in die Markentreue ihrer Konsumenten vorzunehmen. Um den Bindungserfolg von Maßnahmen der Markenpolitik bewerten zu können, muß die laufende Erhebung von Kennzahlen zur Kundentreue daher als wichtige Aufgabe der Marktforschung verstanden werden.

Neben dem Bemühen um eine Steigerung der Kundenbindung der Endverbraucher spielt im Zusammenhang mit der Thematik des Beziehungsmarketing auch die Verbesserung der Beziehungen zwischen Herstellern und Händlern im **vertikalen Marketing** eine große Rolle. Angesichts der angespannten Wirtschaftslage und des zunehmenden Wettbewerbs in fast allen Konsumgüterbranchen ist das Verhältnis zwischen Industrie und Handel nach wie vor primär von Konflikten gekennzeichnet und scheint sich - allen Beteuerungen der Praxis und Ratschlägen der Wissenschaft zum Trotz - eher zu verschlechtern als zu verbessern. Durch das Bemühen, sich dem Preiswettbewerb durch

eine Stärkung der Kundenbindung zu entziehen und einen loyalen Kundenstamm aufzubauen, konkurrieren Industrie- und Handelsunternehmen nunmehr verstärkt in einem
„Bindungswettbewerb" um die Gunst der Kunden. Angesichts der harten und häufig
irrational geführten Konditionenverhandlungen scheint es dringend geboten, objektive
und vergleichbare Kriterien und Kennzahlen für die Bewertung der (Bindungs-)Leistung
beider Marktpartner zu bestimmen. Klar definierte Indikatoren der Treue können dazu
beitragen, die Hersteller-Handels-Beziehungen von Subjektivismen zu befreien und zum
Beispiel Konditionen - wie seit langem gefordert - anhand objektiver Leistungsmerkmale zu bestimmen. Auch hier wäre also die Kenntnis der Bindung der Konsumenten an
Hersteller bzw. Händler von Interesse, um die Attraktivität der Marktpartner für eine
Zusammenarbeit besser bewerten zu können.

Es liegt daher nahe, die beiden oben genannten Problemkreise kombiniert zu betrachten
und die Thematik der Kundenbindung mit der des vertikalen Marketing (bzw. der Her-
steller-Händler-Beziehungen) zu verknüpfen. Nachdem der Schwerpunkt der Treuefor-
schung aufgrund der lange vorherrschenden Herstellermacht und der Focussierung auf
das Herstellermarketing zunächst vor allem auf Fragen der Herstellerbindung lag und
sich das Interesse durch den Machtzuwachs und die zu beobachtende „Verwissenschaft-
lichung" des Handels im deutschen Sprachraum etwa seit den 80er Jahren auf die Frage
der Treue von Konsumenten gegenüber Einkaufsstätten verlagerte, erscheint es nur konsequent, in einem weiteren Schritt die Hersteller- und Handelsbindung sowie ihre Zusammenhänge nunmehr integriert zu analysieren[1]. Ziel ist es damit, Anstöße für ein
mehrstufiges bzw. **vertikales Beziehungsmarketing** in der Konsumgüterbranche zu
geben und die Zusammenhänge in der Absatzkette Hersteller - Händler - Konsument als
Gesamtsystem zu untersuchen. Dies scheint um so mehr geboten, als ein konsequenter
und durchgängiger Markenauftritt bis zum POS ein Zusammenspiel zwischen Industrie
und Handel erfordert und sich Angebote in der Wahrnehmung der Konsumenten als
Gesamtheit aus Hersteller- und Handelsleistung darstellen. Darüber hinaus soll ein
Instrumentarium zur simultanen Diagnose der Marken- und Einkaufsstättentreue in Konsumgütermärkten vorgestellt werden. Damit soll der Frage nachgegangen werden,
welche Hilfestellungen die Marktforschung zur Entscheidungsunterstützung bei Kun-
denbindungsprogrammen im Rahmen der Markenführung beisteuern kann. Nach der
Diagnose der Bindung der Kunden an Marken und Einkaufsstätten liegt es nahe, mögliche Einflußfaktoren der Treue zu untersuchen und daraus Implikationen für das vertikale Marketing und die Markenführung in Industrie und Handel abzuleiten.

---

1   Für den deutschen Sprachraum seien zum Thema Markentreue exemplarisch die Arbeiten von Nolte
    (1976) und Weinberg (1977); für die Einkaufsstättentreue entsprechend die von Koch (1995) und Jung-
    wirth (1997) genannt.

2. Marken- und Einkaufsstättentreue als Zielgrößen des vertikalen Beziehungsmarketing

2.1 Kundenbindung als Ziel der Markenführung

Betrachtet man die **treuerelevanten Entwicklungen** auf Anbieter- und Nachfragerseite, so wird deutlich, daß sich ein Großteil der die Treue beeinflussenden Faktoren gleichermaßen auf die Bindung bezüglich Marken und Einkaufsstätten auswirkt und Hersteller und Händler damit vielfach vor den gleichen Herausforderungen stehen. Dies gilt insbesondere für gesamtwirtschaftliche Entwicklungen und für Veränderungen im Konsumentenverhalten. Viele der Faktoren, die die Bindungsbereitschaft der Kunden beeinträchtigen, führen auch im vertikalen Marketing zu Spannungen zwischen Herstellern und Händlern. So erhöht zum Beispiel die gestiegene Preissensibilität der Verbraucher die Wechselneigung, verschärft jedoch auch den Bindungswettbewerb und den Verteilungskonflikt zwischen Industrie und Handel.

Ein Vergleich der von Industrie- und Handelsseite verfolgten **Ansätze zur Steigerung der Marken- und Einkaufsstättentreue** verdeutlicht ebenfalls, daß zwischen den Maßnahmen zahlreiche Beziehungen und Ausstrahlungseffekte bestehen und der Bindungserfolg des Herstellers und des Händlers nicht unabhängig voneinander zu sehen sind (vgl. Abbildung 1). So stellt der Handel aufgrund seiner Filterfunktion für eine Vielzahl von Maßnahmen der Hersteller einen „Gatekeeper" dar, da die Industrie bei deren Umsetzung auf die Mitarbeit der Absatzmittler angewiesen ist (vgl. Gegenmantel, 1996, S. 5; Irrgang, 1989, S. 3 f.). Beispiele dafür sind die Verkaufsförderung, Plazierung, Preispolitik oder Logistik, bei denen Bindungswirkungen nur durch Unterstützung durch die Handelsseite erzielt werden können. Marken- und Einkaufsstättentreue sind damit als interdependente Zielgrößen anzusehen.

In stagnierenden Märkten können Absatzzuwächse nur durch Marktanteilsgewinne, d. h. durch Verdrängung zu Lasten konkurrierender Anbieter, erzielt werden. Daher verlagert sich der Wettbewerb in Phasen rezessiver Wirtschaftsentwicklung naturgemäß von der Akquisition neuer Kunden auf die Bindung und Pflege der bisherigen Abnehmerschaft. Zudem spielt die Thematik der Kundenbindung besonders in solchen Branchen eine große Rolle, in denen das Abwechslungsbedürfnis der Nachfrager besonders ausgeprägt ist. Dies gilt in starkem Maße für den Konsumbereich, in dem fertige Angebote unterbreitet werden und sich das Variety seeking der Abnehmer leichter als in anderen Lebensbereichen realisieren läßt. So sind Konsumenten gerade in Warengruppen aus dem Bereich Ernährung nahezu ständig empfänglich für Abwechslung und suchen sie häufig aktiv. Darüber hinaus fördert der ausgeprägte Innovationswettbewerb der Anbieter mit ständig neuen Reizen untreues Verhalten. Dies erklärt den Bedeutungszuwachs, den die Kundenbindung, d. h. die Verstärkung und Stabilisierung des Treueverhaltens der Käufer, derzeit als Marketingziel in zahlreichen Unternehmen der Konsumgüterbranche erfährt.

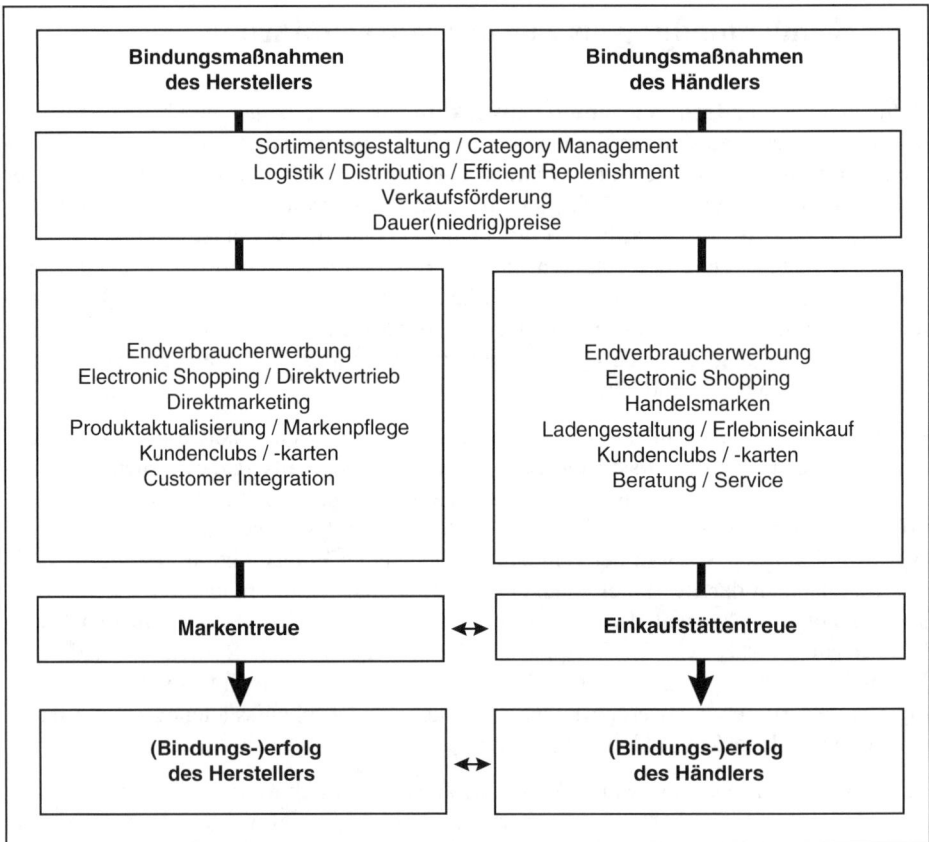

Abbildung 1:   Beispiele für kooperative und isolierte Ansätze zur Steigerung der Marken- und Einkaufsstättentreue

Ein großer Teil der in jüngster Zeit zum Thema Kundenbindung veröffentlichten Literatur bezieht sich auf Gebrauchsgüterbranchen. Es muß daher geprüft werden, inwieweit die dort angeführten Befunde und Implikationen auf Güter des täglichen Bedarfs übertragen werden können. Bei schnelldrehenden **Verbrauchsgütern** sehen sich Hersteller und Händler einer Vielzahl anonymer Nachfrager mit geringer Umsatzbedeutung (Nachfragepolypol) gegenüber, was die Anwendung der Prinzipien und Instrumente der Kundenbindung erschwert (zu den Prinzipien der Kundenbindung vgl. Diller, 1995, S. 54 ff.): Eine umfassende und aktuelle **Information** über den Kunden und das

Eingehen auf persönliche Präferenzen oder Problemsituationen ist schwierig, da eine Kundendatenbank zur Überwindung der Anonymität der Nachfrager nur in seltenen Fällen vorliegt. Ebenso werden kaum kundenspezifische **Investitionen** getätigt; ein entsprechender Kundenwert kann in Ermangelung individueller Einkaufsdaten in der Regel ebenfalls nicht ermittelt werden. Mehr Möglichkeiten ergeben sich dagegen auf dem Wege der **Individualisierung** der Geschäftsbeziehung, zum Beispiel durch eine Personalisierung des Kontaktes im Handel, Direktwerbung, Treuerabatte oder Kundenclubs. Mit der Verbreitung neuer Medien könnte die Individualisierung des Kundenkontaktes jedoch auch für Verbrauchsgüter zunehmend attraktiv werden, so zum Beispiel durch die Bestellung von Waren über das Internet. Die Möglichkeiten der Einbeziehung der Kunden im Wege der **Interaktion** und **Integration** sind im Vergleich zum Investitionsgüterbereich ebenfalls begrenzt. Hier können Hersteller und Händler zwar zum Beispiel Informations-, Beschwerde- und Beratungshotlines einrichten oder Kundenforen etablieren, sind bei Kontakten aber in der Regel auf die Initiative der Konsumenten angewiesen.

Zusammenfassend ist die Bindung der Kunden an Marken und Einkaufsstätten bei Konsumgütern des täglichen Bedarfs im Vergleich zum Business-to-Business-Geschäft oder zu Gebrauchsgütern als schwierig zu bezeichnen. Während die Anonymität der Nachfrager in der Regel eine direkte und individuelle Kontaktaufnahme erschwert, führt die geringe Umsatzbedeutung einzelner Kunden bei vielen Maßnahmen der Kundenbindung zu unverhältnismäßig hohen Kosten. Schließlich ist angesichts des im Normalfall geringen Involvements bei Konsumgütern des täglichen Bedarfs zweifelhaft, ob die Konsumenten für direkte Kundenbindungsmaßnahmen der Hersteller bzw. Händler empfänglich sind, oder ob bei derartigen Aktivitäten eventuell sogar mit einer Reaktanzgefahr zu rechnen ist.

Kundenbindung bedeutet nicht die Schaffung gänzlich neuer, sondern eher die gezielte und kreative Ausgestaltung und Kombination bereits bekannter Marketinginstrumente, welche an die jeweilige Branche, das betreffende Unternehmen und die entsprechende Situation angepaßt werden müssen. Kundenbindung kennt daher keine Patentrezepte, sondern setzt sich aus sorgfältig ausgewählten und angewandten Maßnahmen des bekannten Marketing-Instrumentariums zusammen[2]. Aus diesem Grund müssen auch die bisher praktizierten Aktivitäten der Marktbearbeitung auf ihre Bindungswirkung untersucht werden.

Insgesamt erscheinen aufgrund der größeren Nähe und des persönlichen Kontakts zum Konsumenten die Möglichkeiten des Handels größer, die Prinzipien der Kundenbindung umzusetzen. Doch auch für den Handel gilt, daß trotz der Nähe zu den Kunden diese in

---

2   Vgl. Diller, 1995, S. 51; The Coca-Cola Retailing Research Group Europe, 1993, S. 76 f. Damit stehen Hersteller und besonders Händler vor einem Dilemma: Die Mehrzahl der Kundenbindungsmaßnahmen erfordert zunächst den Einsatz finanzieller Mittel, über die viele Anbieter angesichts des harten Preiswettbewerbs nicht verfügen (bzw. zu verfügen glauben). Gerade dies verschärft jedoch - trotz des Wissens um die Bedeutung der Kundenbindung - die einseitige Betonung der Preiskomponente.

der Regel nicht individuell bekannt sind. Während der Hersteller bei der Vermittlung von für die Bindung wichtigen emotionalen Inhalten und Zusatznutzen in der Regel auf Werbung mittels klassischer Kommunikationsinstrumente angewiesen ist, hat der Handel dazu im Rahmen von persönlichen Beratungs- und Serviceleistungen prinzipiell vielfältige Möglichkeiten. Daher sollte es im Interesse der Industrie liegen, die Kundennähe des Handels für sich zu nutzen und den als „Gatekeeper" agierenden Absatzmittler für eigene und gemeinsame Bindungsmaßnahmen zu gewinnen.

2.2   Horizontaler und vertikaler Aspekt der Kundenbindung

Bei der Analyse der Marken- und Einkaufsstättentreue können zwei Aspekte unterschieden werden: Der erste Blickwinkel betrachtet die Intensität der Treue zu einer Marke oder Einkaufsstätte im Vergleich zu Wettbewerbern auf derselben Marktstufe und kann daher als **horizontaler Aspekt** bezeichnet werden. So vermittelt zum Beispiel auf der Ebene der Hersteller die Markentreue zu einer Marke in Relation zu den Marken der Mitanbieter einen Aufschluß über den Bindungserfolg der bisherigen Markenführung. Eine stärkere Kundenbindung stellt dabei einen Wettbewerbsvorteil gegenüber konkurrierenden Marken dar.

Die zweite Sichtweise bezieht sich auf die Richtung der Treue, also auf die relative Stärke von Markentreue und Einkaufsstättentreue. Der Fokus liegt hier auf dem **vertikalen Aspekt** und damit auf der Frage, welche Treue der Konsumenten stärker ausgeprägt ist. Derjenige Marktpartner im Absatzkanal, der über die stärkere Kundenbindung verfügt, hat demnach einen potentiellen Macht- und Verhandlungsvorteil gegenüber der Gegenseite. Hersteller erhalten dadurch zum Beispiel Aufschluß über die Auswirkungen ihrer Markenführung auf die Einkaufsstättentreue der Käufer.

Damit wird deutlich, daß Hersteller und Händler sowohl im Verhältnis zu Wettbewerbern auf der gleichen Marktstufe als auch im Verhältnis zu Absatzmittlern bzw. Lieferanten im Absatzkanal in einem Bindungswettbewerb stehen. Infolge dessen interessiert bei der Analyse des Standes, der Entwicklung oder der Einflußfaktoren der Kundenbindung neben der absoluten Treue (Intensität) stets auch die relative Stärke der Treue (Richtung). Das relative Ausmaß der Marken- bzw. Einkaufsstättentreue ist damit Determinante der Beziehung zwischen Industrie und Handel und ermöglicht eine Bewertung der Bindungsleistung der Marktpartner. Aufgabe der Marktforschung ist es daher, die Markenführung durch die laufende Bestimmung der absoluten und relativen Markenstärke zu unterstützen.

Entsprechend der jeweiligen Konstellation der Marken- und Einkaufsstättentreue sind im Verhältnis zwischen einem Hersteller und einem Händler verschiedene **Stoßrichtungen** denkbar. Bei gleichermaßen hoher Marken- und Einkaufsstättentreue bietet sich eine kooperative Vorgehensweise an, mit der beide Marktpartner die Bindung ihrer Kunden ausbauen bzw. verteidigen können. Unabhängig von der Einkaufsstättentreue seiner Kunden besitzt ein Händler die Möglichkeit, von der Bindungskraft starker Marken zu profitieren bzw. Artikel mit geringer Markentreue auszulisten. Verfügt einer der Beteiligten über eine relativ schwächere Kundentreue und damit über einen Bindungsnachteil, induziert dies zunächst eine isolierte Kundenbindungspolitik:

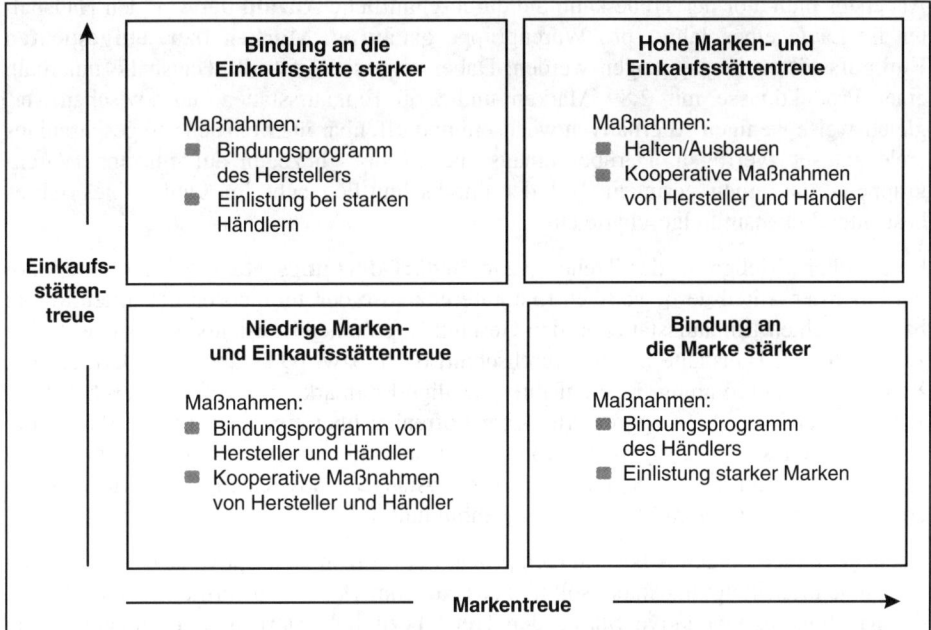

Abbildung 2:   Implikationen des Standes der Marken- und Einkaufsstättentreue für die Marktbearbeitung des Herstellers und des Händlers (Beispiele)

3. Stand und Einflußfaktoren der Marken- und Einkaufsstättentreue

3.1 Stand der Marken- und Einkaufsstättentreue

Einige empirische Auswertungen zur Marken- und Einkaufsstättentreue, die zur Unterstützung der Markenführung herangezogen werden können, sollen im folgenden kurz vorgestellt werden[3]. Sie basieren auf Haushaltspaneldaten für die Warengruppen Bohnenkaffee, Eiscreme, Konfitüre, Sauerkraut, Sekt, Handgeschirrspülmittel, Universalwaschmittel und Zahncreme des Jahres 1995, welche dem Lehrstuhl für Marketing der Universität Erlangen-Nürnberg im Rahmen eines Kooperationsprojektes von der GfK zur Verfügung gestellt wurden.

Als erster Indikator der Treue kann die durchschnittliche **Anzahl der** von den Haushalten im Laufe eines Jahres pro Warengruppe **gekauften Marken bzw. aufgesuchten Einkaufsstätten** herangezogen werden. Dabei zeigt sich, daß die Haushalte innerhalb einer Produktklasse mit 2,89 Marken und 2,68 Einkaufsstätten nur zwischen vergleichsweise wenigen Alternativen wechseln und offenbar über ein sehr eingeschränktes „relevant set" verfügen. Darüber hinaus suchen sie - bezogen auf einzelne Warengruppen - nur einen geringen Teil der durchschnittlich acht im Laufe eines Jahres besuchten Lebensmittelgeschäfte auf.

Eine weitere Meßgröße der Treue ist die **Bedarfsdeckungsrate**. Als Treue-Indikator wird hier der Anteil der jeweiligen Erstpräferenz, also der am meisten gekauften Marke bzw. besuchten Einkaufsstätte, an den Gesamtkäufen eines Haushalts untersucht. Dabei zeigt sich, daß Haushalte mit im Durchschnitt 67 % bzw. 69 % über zwei Drittel ihrer Kaufmenge einer Warengruppe auf ihre jeweilige Erstmarke bzw. ihr Erstgeschäft konzentrieren und damit auf aggregierter Ebene offenbar über eine ausgeprägte Stammarke bzw. -einkaufsstätte verfügen. In Kontrast zu dem allgemeinen Wehklagen über eine geringe Treue der Konsumenten ergeben die Analysen des realen Kaufverhaltens ein ermutigenderes Bild vom Stand der Kundenbindung.

Nachdem in den obigen Auswertungen primär der horizontale Aspekt, also die Intensität der Treue im Mittelpunkt stand, soll nun das Augenmerk auf den vertikalen Aspekt, d. h. die Richtung bzw. relative Stärke der Treue bezüglich Marken und Einkaufsstätten gerichtet werden. Zur graphischen Veranschaulichung können die untersuchten **Warengruppen** in ein Punktdiagramm eingezeichnet werden (vgl. Abbildung 3). Auf der X-Achse ist die durchschnittliche Bedarfsdeckungsrate der Erstmarke eingetragen, auf der Y-Achse analog der durchschnittliche Anteil der Ersteinkaufsstätte an der Einkaufsmenge. Haushalte decken zum Beispiel in der Warengruppe Bohnenkaffee durchschnittlich 69 % ihres Bedarfs mit ihrer Erstmarke und 65 % in ihrer Ersteinkaufsstätte. Kaffee kann daher als eine Warengruppe bezeichnet werden, in der die Markentreue der Haushalte die Einkaufsstättentreue übertrifft. Derartige Analysen können auch individuell für einzelne Handelsorganisationen erstellt und zum Beispiel im Rahmen des Category Managements eingesetzt werden, um Warengruppen mit einer hohen Bindungsbereitschaft der Nachfrager zu identifizieren oder gezielt Verbundkäufe anzuregen.

---

3   Eine detaillierte Darstellung der Auswertungen und Interpretationsmöglichkeiten findet sich bei Diller et al., 1997.

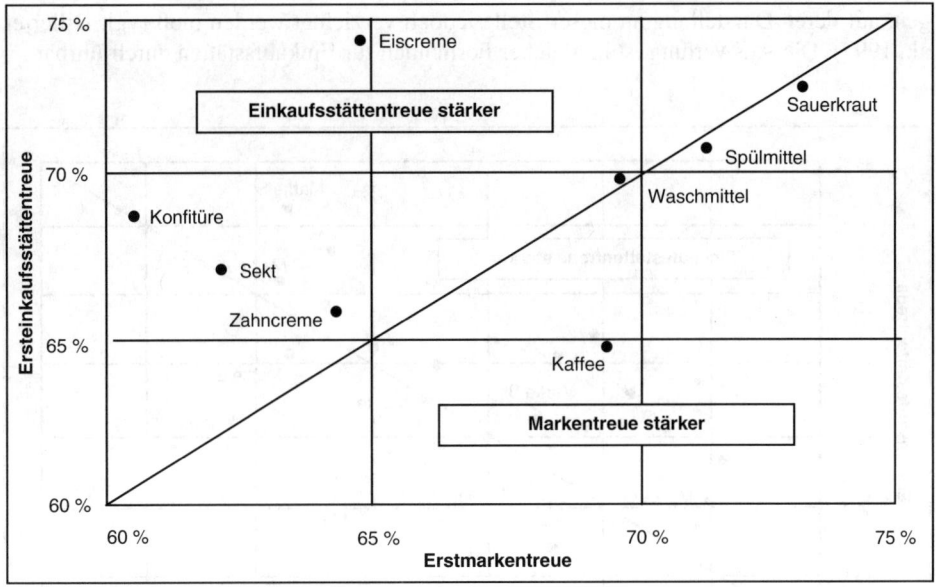

Abbildung 3: Die Beziehung zwischen der Marken- und Einkaufsstättentreue nach Warengruppen

Die obige Analyse auf Warengruppenebene vermittelt einen recht groben Überblick über den Stand der Treue. Es bietet sich daher an, die Betrachtungsebene weiter zu verfeinern und in einem nächsten Schritt die Treue innerhalb der einzelnen Warengruppen zu untersuchen. So kann die Auswertung zum Beispiel nach Marken oder Einkaufsstätten weiter aufgegliedert werden. Die Möglichkeiten einer derartigen Intra-Warengruppenanalyse werden im folgenden am Beispiel von **Marken** der Warengruppe Bohnenkaffee aufgezeigt. Dazu wurden über 200.000 Einkaufsakte aller 13.360 Haushalte ausgewertet, die im Laufe des Jahres 1995 mindestens drei Kaffeekäufe getätigt haben (vgl. Abbildung 4). Die Interpretation dieser Darstellung soll an einem Beispiel verdeutlicht werden: Die Haushalte, deren Erstpräferenz zum Beispiel bei der Marke J liegt, decken durchschnittlich ca. 70 % ihres Bedarfs an Bohnenkaffee mit dieser Marke. Diese Haushalte decken gleichzeitig 60 % ihres Bedarfes an Bohnenkaffee in ihrer jeweiligen Ersteinkaufsstätte. Daraus kann gefolgert werden, daß die Käufer von Marke J über eine (im Vergleich zur Einkaufsstättentreue) relativ hohe Markentreue verfügen. Demnach überwiegt bei Marken unterhalb der Winkelhalbierenden („Iso-Treue-Linie") die Marken-, bei den darüberliegenden analog die Einkaufsstättentreue. Die relative Stärke einer Marke oder Einkaufsstätte läßt sich also ermitteln, indem man das Verhältnis aus Erstmarken- und Ersteinkaufsstättentreue bildet, welches auch als Indikator für die Verhandlungsstärke in Listungs- oder Konditionengesprächen herangezogen werden kann. Die Anordnung der Marken erlaubt einige interessante Feststellungen, auf deren Darstellung an dieser Stelle jedoch verzichtet werden muß (vgl. Diller et al., 1997). Die Auswertung ist in gleicher Form auch für Einkaufsstätten durchführbar.

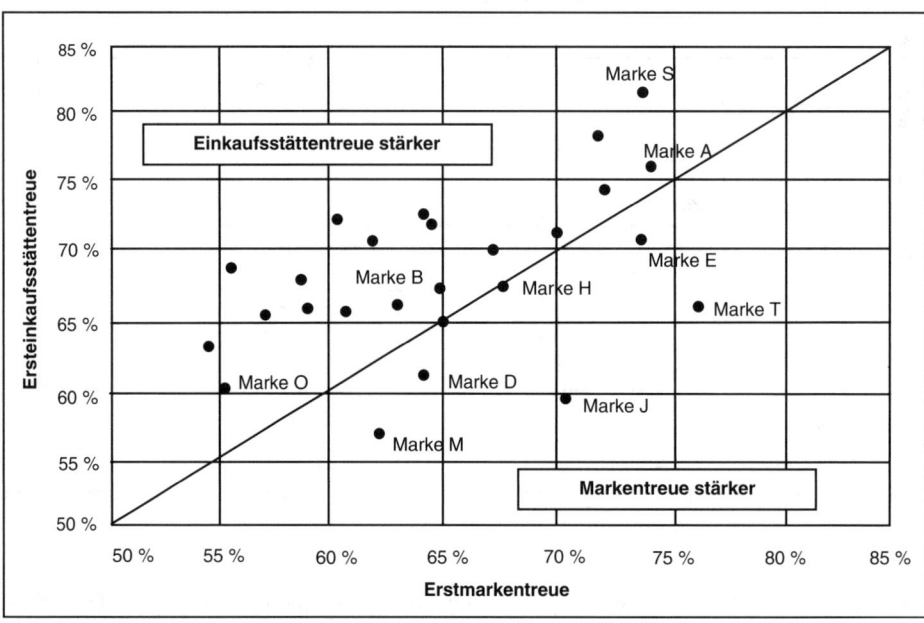

Abbildung 4:   Die Beziehung zwischen der Marken- und Einkaufsstättentreue nach Marken (Bohnenkaffee)

Entsprechend obiger Auswertungen für Marken oder Einkaufsstätten kann in einem weiteren Schritt das Treueverhalten der **Haushalte** in einer Warengruppe untersucht werden. Dazu wird - analog zu oben - jeder der insgesamt 13.360 Haushalte gemäß seiner Treue zur jeweiligen Erstmarke und Ersteinkaufsstätte bei Bohnenkaffee in ein Diagramm eingetragen. Zur besseren Übersichtlichkeit wird hier eine Darstellungsform gewählt, bei der die Häufigkeiten in Form von Höhenlinien eines „Gebirges" dargestellt werden. Je dunkler die Schraffierung einer Fläche, desto mehr Haushalte konzentrieren sich in diesem Bereich (vgl. Abbildung 5). Insgesamt zeigt sich wiederum, daß die Treue der Haushalte zu ihrer jeweiligen Erstmarke bzw. ihrem jeweiligen Erstgeschäft sehr ausgeprägt ist und eine hohe Korrelation zwischen der Marken- und Einkaufsstättentreue der Konsumenten besteht. Gleiches läßt sich auch - mit geringen Abweichungen - für die anderen untersuchten Warengruppen feststellen. Diese Auswertungen ermöglichen es, die absolute und relative Marken- und Einkaufsstättentreue der Haushalte mit den verschiedensten soziodemografischen, psychografischen und kaufverhaltensbezogenen Daten in Beziehung zu setzen und damit nach Ansatzpunkten für eine Kundensegmentierung bzw. eine treuespezifische Marktbearbeitung zu suchen.

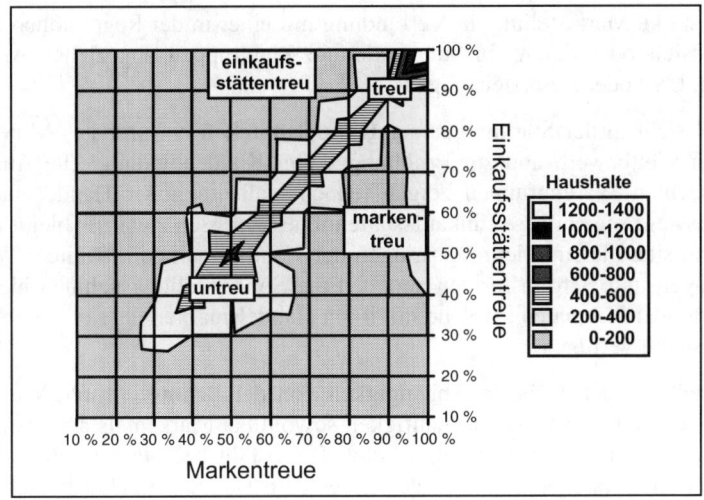

Abbildung 5: Die Erstmarken- und Ersteinkaufsstättentreue
der Haushalte bei Kaffee

Zusätzliches Diagnosepotential beinhalten die vorgestellten Analysen bei einer **Dynamisierung** über längere Zeiträume. So können Bewegungen der Marken- und Einkaufsstättentreue transparent gemacht und in Beziehung zum Einsatz der Marketinginstrumente gesetzt werden. Für die Markenführung ergeben sich daraus wertvolle Hinweise darüber, wie sich die ergriffenen Maßnahmen auf die absolute bzw. relative Treue der Konsumenten ausgewirkt haben.

3.2 Einflußfaktoren der Marken- und Einkaufsstättentreue

Die oben vorgestellten Auswertungen legen eine Untersuchung der Einflußfaktoren der Marken- bzw. Einkaufsstättentreue nahe, um daraus Implikationen für das Marketing und die Markenführung abzuleiten. Im folgenden wird daher ein kurzer Überblick über die Befunde zur Treuewirkung einiger Faktoren der Marktstruktur und des Instrumenteneinsatzes der Unternehmen gegeben.

Erwartungsgemäß nimmt die Treue der Konsumenten mit der **Breite des Angebotes** an Marken und Einkaufsstätten ab. Je mehr Alternativen in einer Warengruppe zur Verfügung stehen, desto eher verteilen die Nachfrager ihre Einkäufe auf mehrere Angebote.

Bezüglich des **Marktanteils** einer Marke oder Einkaufsstätte lassen sich keine allgemeingültigen Aussagen treffen. Ein hoher Marktanteil ist daher keinesfalls ein Garant für eine hohe Kundentreue. Marken erzielen eine hohe Bindungkraft offenbar entweder durch eine starke Marktstellung in Verbindung mit einer in der Regel hohen Kommunikationsintensität oder durch ein auf bestimmte Zielgruppen abgezieltes Angebot mit besonderem USP oder Zusatzleistungen.

Der Handel sieht in der Stärkung seiner **Handelsmarken** ein probates Mittel zur Profilierung im Wettbewerb und zur Erhöhung seiner Kundenbindung. Die Analysen der hier untersuchten Warengruppen zeigen jedoch, daß ein hoher Handelsmarkenanteil allein keineswegs eine höhere Einkaufsstättentreue nach sich zieht. Es bleibt jedoch abzuwarten, ob sich dies mit dem Vordringen der Handelsmarken in weitere Warengruppen, Preislagen und Betriebsformen ändert. Eine Sonderstellung nehmen hier die Discounter Aldi oder Norma ein, welche mit ihren Handelsmarken über eine ungewöhnlich treue Kundschaft verfügen.

Die Untersuchung der Treue in Abhängigkeit von der **Promotionpolitik** bestätigt die Vermutung, daß eine hohe Aktionshäufigkeit sowohl bei Marken als auch bei Einkaufsstätten eine treuemindernde Wirkung ausübt. Diese fällt bei Marken allerdings stärker aus als bei Einkaufsstätten. Folglich gelingt es dem Handel offenbar besser, sich über Sonderangebote als preiswürdig und attraktiv darzustellen, ohne dadurch eine Einbuße an Kundentreue hinnehmen zu müssen. Eventuell positioniert sich der Handel damit zu Lasten der Hersteller, da Marken durch ein Überangebot an Sonderpreisen offenbar an Bindungskraft einbüßen. Damit könnte es dem Handel über häufige Promotions gelingen, eine starke Markentreue zu seinen Gunsten zu untergraben und so einen relativen Bindungsvorteil gegenüber der Industrie zu erlangen. Ein Vergleich der Treuewerte nach Preiskonzepten ergibt, daß Geschäfte mit einer Dauer(niedrig)preispolitik im Durchschnitt eine höhere Einkaufsstättentreue erreichen als Wettbewerber mit häufigen Sonderpreisaktionen.

Betrachtet man die Einkaufsstättentreue nach **Betriebsformen** im Handel, ergibt sich besonders für Discounter eine überdurchschnittlich hohe, für Kauf- und Warenhäuser dagegen eine geringere Einkaufsstättentreue. Insgesamt zeigt sich auch beim Thema Kundentreue eine Polarisierung der Handelslandschaft: Auf der einen Seite binden Handelsorganisationen anspruchsvolle Kunden durch guten Service und Erlebniswelten, auf der anderen Seite bauen „No frills"-Discounter mit einer klaren Preispositionierung einen treuen Kundenstamm auf. So gesehen bietet die von neidischen Konkurrenten befürchtete und inzwischen bereits auf breiter Front imitierte „Aldisierung der Märkte" auch interessante Ansatzpunkte für die Kundenbindung (vgl. Diller et al., 1997).

3.3 Ansatzpunkte zur Realisierung von Treue-Synergien

Aufgrund des beobachteten Zusammenhangs zwischen der Marken- und Einkaufsstättentreue der Haushalte besteht offenbar auch bei Aktivitäten der Kundenbindung ein **Kooperationsanreiz** im vertikalen Marketing. Industrie und Handel sollten daher bestrebt sein, mögliche Ausstrahlungseffekte oder „Treue-Synergien" zu realisieren.

Die hohen beiderseitigen Verluste für Hersteller und Händler nach Auslistungen starker Marken haben gezeigt, daß ein Konfrontationskurs nicht selten zu Nachteilen für alle Beteiligten führt, wenn dadurch auch treue Kunden „ausgelistet" werden. Haushalte, die zum Kauf einer der hier untersuchten Warengruppen dieselbe Einkaufsstätte wie beim Vorkauf aufsuchten, griffen in 68 % der Fälle auch zu der gleichen Marke. Damit kann zum Beispiel ein im Markt etablierter Hersteller von einer hohen Einkaufsstättentreue seiner Kunden profitieren, wenn durch das gewohnheitsmäßige Aufsuchen eines Geschäftes auch die Markenwahl habitualisiert wird. Wechselt ein Konsument dagegen häufig die Einkaufsstätte, wird er ständig mit neuen und wechselnden Angeboten konfrontiert, was die kognitive Beteiligung bei der Markenwahl erhöhen und zu veränderten Kaufgewohnheiten führen kann.

Umgekehrt können auch Handelsunternehmen von einer hohen Markentreue der Konsumenten profitieren. Dies gilt insbesondere für solche Marken, die über treue Stammkäufer verfügen, aber nicht überall erhältlich sind, so daß zu ihrem Einkauf bestimmte Einkaufsstätten aufgesucht werden müssen. So erreicht zum Beispiel die Waschmittelmarke „Skip" trotz ihres geringen Marktanteils hohe Treuewerte bei umweltbewußten Konsumenten, die eine entsprechend hohe Bindung zu den diese Marke führenden Einkaufsstätten aufbauen und dort auch Verbundkäufe tätigen. Für den Handel liegt es also nahe, Warengruppen und Marken mit hoher Bindungskraft zu identifizieren und diese im Rahmen des Category Managements für die Bildung von „Efficient Assortments" zu nutzen.

Besonders der Bereich der Servicepolitik bietet vielfältige Ansatzpunkte für gemeinsame und abgestimmte Kundenbindungsmaßnahmen. So können sich Hersteller und Händler beispielsweise durch den Einsatz von Werbedamen oder POS-Terminals zu Beratungszwecken gleichermaßen profilieren. Das Unternehmen Schwarzkopf & Henkel hat zum Beispiel als führender Hersteller von Haarcolorationen gemeinsam mit Handelsunternehmen ein POS-Beratungssystem entwickelt, was dem in dieser Warengruppen ausgeprägten Bedürfnis der Konsumenten nach Information und Beratung entgegenkommt. Auch mit Unterstützung von Herstellern durchgeführte Aufklärungs- oder Seminarabende zu bestimmten Themen (z. B. Wein oder gesunde Ernährung) oder Verkostungen für besonders interessierte oder treue Käufer sind denkbar. Ebenso können sich Hersteller langlebiger Gebrauchsgüter zum Beispiel durch die Unterstützung des Handels bei Service- oder Reparaturangeboten vor Ort oder durch verbesserte Möglichkeiten des Recycling bzw. der Redistribution profilieren. Viele Maßnahmen der Kundenbindung entwickeln so Ausstrahlungseffekte, die zu einer Win-Win-Situation im Sinne der angestrebten Wertschöpfungspartnerschaft führen können.

4.   Zusammenfassung

Die zentrale Bedeutung der Kundentreue als Zielgröße der Markenführung macht eine systematische und laufende Analyse der absoluten und relativen Marken- bzw. Einkaufsstättentreue der Konsumenten erforderlich.

Angesichts der rezessiven Wirtschaftslage und des daraus resultierenden Verdrängungswettbewerbs haben sowohl in Industrie und Handel die Bemühungen um eine Intensivierung der Kundenbindung in den letzten Jahren einen deutlichen Bedeutungszuwachs erfahren. Da sich Hersteller und Händler vielfach vor die gleichen Herausforderungen gestellt sehen und die Beziehungen zu ihren Kunden mit vergleichbaren Maßnahmen zu intensivieren versuchen, liegt es nahe, die Marken- und Einkaufsstättentreue einer **kombinierten Betrachtung** zu unterziehen und die Zusammenhänge zwischen beiden Konstrukten zu analysieren. Die Kenntnis des Standes und der Einflußfaktoren der Kundentreue ist damit sowohl für Hersteller- als auch für Handelsunternehmen eine wichtige Informationsgrundlage zur Bewertung des absoluten und relativen Bindungserfolges ihrer Geschäftspolitik.

Die Untersuchung des Treueverhaltens in acht Food- und Nonfood-Warengruppen auf Basis von Paneldaten zeigt, daß Haushalte durchschnittlich über zwei Drittel ihrer Einkaufsmenge einer Warengruppe auf ihre präferierte Marke und ihre präferierte Einkaufsstätte konzentrieren und sich im Laufe eines Jahres auf nur drei Marken und Geschäfte pro Produktart beschränken.

Als ein zentrales Ergebnis kann festgehalten werden, daß die Marken- und Einkaufsstättentreue der Konsumenten zusammenhängen und sich damit der Versuch einer isolierten Bindungspolitik zu Lasten der Gegenseite als wenig erfolgversprechend erweist. Die überwiegende Mehrzahl der untersuchten Einflußfaktoren wirkt sich in gleicher Richtung auf die Treue gegenüber Marken und Einkaufsstätten aus. Aus der offenbar engen Beziehung zwischen der Bindung an Marken und Einkaufsstätten ergibt sich daher ein starker Anreiz für eine **kooperative Bindungspolitik** im vertikalen Marketing, in deren Mittelpunkt die gemeinschaftliche Verstärkung des Treueverhaltens der Konsumenten und die Realisierung von Treue-Synergien steht.

Teil C

Markenkontrolle

Franz-Rudolf Esch und Patrick Geus

Ansätze zur Messung des Markenwerts

1. Grundlagen zum Markenwert

Der Markenwert ist zur Zeit - nicht zuletzt durch spektakuläre Unternehmensaufkäufe - in aller Munde. Jährlich druckt die Financial World die zehn Marken aus, die angeblich weltweit über den höchsten Markenwert verfügen.

Es darf deshalb nicht verwundern, daß das Thema der Operationalisierung und Messung des Markenwerts eine wesentliche Rolle bei der wissenschaftlichen und praktischen Diskussion zur Marke spielt. Der „Markenwert" ist allerdings keine Schöpfung des Marketing. Die Initialwirkung um die Diskussion des Markenwerts ging von Finanzexperten aus, die den Markenwert bei Käufen oder Veräußerungen von Marken und Unternehmen schätzen wollten (vgl. Hammann, 1992).

Aus finanzwirtschaftlicher Perspektive kann man den Markenwert als „Barwert aller zukünftigen Einzahlungsüberschüsse, die der Eigentümer aus der Marke erwirtschaften kann", bezeichnen (Kaas, 1990 a, S. 48)[1]. Dieser **Markenwert** als **„immaterieller Aktivposten"** ist allerdings nur schwer quantifizierbar. Nicht zuletzt deshalb gelangen - wie in Abbildung 1 veranschaulicht - unterschiedliche Meßansätze zur Bestimmung eines ökonomischen Markenwerts oft zu extrem voneinander abweichenden Ergebnissen (vgl. Esch/Andresen, 1997). Trotz dieser Bewertungsprobleme ist der finanzwirtschaftliche Markenwertansatz wichtig bei Fragen wie der Markenbilanzierung oder -lizenzierung.

Aus der Marketingperspektive kann man den Markenwert im einfachsten Falle als den zusätzlichen Wert beschreiben, den ein Produkt eben durch die Marke und nur durch diese erhält (vgl. Farquhar, 1989). Je größer die aus den Marketing-Mix-Maßnahmen resultierende Loyalität zur Marke ist, desto größer ist deren Wert (vgl. Crimmins, 1992). Demzufolge würde die unterschiedliche Preisbereitschaft für eine Marke und ein unmarkiertes Produkt in dem gleichen Produktbereich den Wert einer Marke zum Ausdruck bringen. Allerdings hat man bei solch einfachen Vorschlägen zur Erfassung eines Markenwerts aus der Marketingperspektive das Problem, daß man zwar Unterschiede in der Preisbereitschaft erfassen kann (= evaluatives Maß), aber letztendlich nicht weiß, worauf diese konkret zurückzuführen sind und wie man den Wert einer Marke erhöhen kann (= diagnostische und therapeutische Größen).

Deshalb erscheint für Zwecke der Markensteuerung und -kontrolle folgende verhaltenswissenschaftliche Definition des Markenwerts zweckmäßig zu sein: Der **Markenwert kann als das Ergebnis der unterschiedlichen Reaktionen von Konsumenten auf Marketingmaßnahmen einer Marke im Vergleich zu identischen Maßnahmen einer fiktiven Marke aufgrund spezifischer, im Gedächtnis gespeicherter Markenvorstellungen** verstanden werden (vgl. Keller, 1993, S. 13).

---

1   Tauber (1988, S. 27) bezeichnet den Markenwert als „... the incremental value of a business above the value of its physical assets due to the market position achieved by its brand ...".

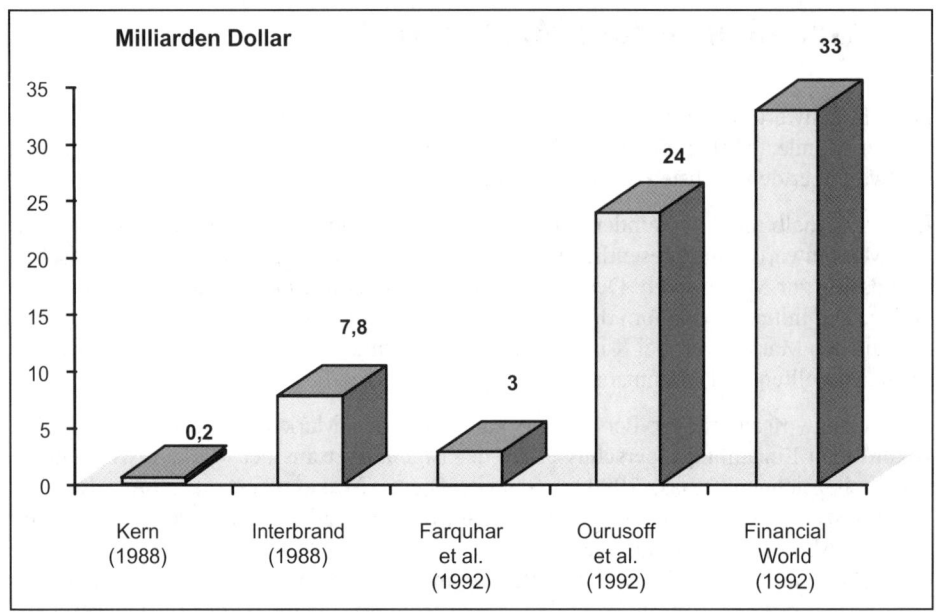

Abbildung 1:   Unterschiedliche Markenwertangaben für Coca-Cola je nach Meßan-
                 satz des Markenwerts
Quelle: Bekmeier-Feuerhahn, 1998 a, S. 62.

2.   Anwendungsgebiete der Markenwertmessung

Klassische Anwendungsbereiche zur Markenwertmessung sind die

■ Bilanzierung des Markenwerts in Ländern, wo dies gesetzlich zulässig ist,
■ Lizenzierung, Akquisition und Schadensbemessung von Marken sowie die
■ Markensteuerung und das Markencontrolling.

Franzen, Trommsdorff und Riedel (1994, S. 1379) sehen aus einer etwas andere Perspektive noch folgende weiteren Anwendungsbereiche der Markenbewertung:

■ der Vergleich unternehmensinterner Marken untereinander,
■ der Vergleich eigener Marken mit Konkurrenzmarken,
■ der Vergleich von Marken in unterschiedlichen Märkten sowie
■ der Vergleich zwischen internationalen und nationalen Marken.

Hier erfolgt eine Betrachtung der erstgenannten Anwendungsbereiche.

Die **Bilanzierung** des Markenwerts ist in Ländern wie Großbritannien längst üblich, in Deutschland hingegen ist die Aktivierung immaterieller Vermögensgegenstände gemäß § 249 (2) HGB nicht zulässig, mit einer Ausnahme: Zahlt man beim Erwerb einer Marke auch für den immateriellen Posten „Markenwert", besteht für den Betrag, der für diesen derivativen Markenwert beim Kauf bezahlt werden mußte, aufgrund des Vollständigkeitsgebots des § 246 (1) in Verbindung mit § 248 (2) HGB eine Aktivierungspflicht (vgl. Hammann/Gathen, 1994, S. 204). Wird hingegen ein Gesamtpreis für alle Vermögensgegenstände inklusive der Markenrechte gezahlt, können die entsprechenden Aufwendungen nur als Geschäftswert gemäß § 255 (4) HGB aktiviert werden. Er muß dann allerdings über einen bestimmten Zeitraum abgeschrieben werden (vgl. Hammann/Gathen, 1994, S. 205). Dies ist aus der Marketingperspektive eine Persiflage auf den Markenwert, eine groteske bilanzpolitische Regelung. Faktisch werden dadurch die hinter dem Markenwert stehenden Überlegungen auf den Kopf gestellt. Schließlich muß jedem Unternehmen daran gelegen sein, den Markenwert zu erhöhen.

Die seit Beginn der 80er Jahre zu beobachtende **„Mergers- and Acquisitions"-Welle** ist nicht zuletzt darauf zurückführbar, daß gerade in gesättigten Märkten der Kauf von Marken durch Unternehmen zweckmäßiger sein kann als sich dem extrem hohen Floprisiko der Einführung einer eigenen, neuen Marke auszusetzen (vgl. Rangaswamy et al., 1993, S. 61). Spektakuläre **Akquisitionen** sind in den letzten Jahren in den Blickpunkt der Öffentlichkeit gerückt. Bekanntes Beispiel ist der Kauf von Rowntree durch Nestlé, bei dem der Kaufpreis das Dreifache des Börsenwerts betrug und 26mal höher war als die von Rowntree erzielten Erträge. Bei der Übernahme von Kraft durch Phillip Morris wurden - Schätzungen zufolge - rund 90 % von dem gezahlten Kaufpreis von 12,9 Milliarden US-Dollar für den Wert der Marke entrichtet (vgl. Farquhar et al., 1992 b). Hier haben die einfachen „Multiples" ausgedient, die früher bei der Akquisition von Unternehmen und Marken als „Berechnungsgrundlage" herangezogen wurden (vgl. Kapferer, 1992). Allerdings kann auch ein in Geldeinheiten ausgedrückter Markenwert bei solchen Transaktionen bestenfalls als Daumengröße und als Basis für die eigentlichen Kaufverhandlungen dienen, da massive strategische Interessen des oder der Käufer(s) hier die Grenze der Zahlungsbereitschaft für eine Marke bilden.

Gerade der **Markenlizenzierung** wird zunehmend Bedeutung beigemessen. Hierbei räumt der Markeninhaber einem anderen Unternehmen das Recht zur Nutzung seiner Marke ein. Dieses Nutzungsrecht kann sich entweder auf Produkte beziehen, die der Markeninhaber nicht selbst erstellen und vermarkten möchte (Markenerweiterung durch eine „Buy"-Entscheidung) oder auf Regionen, in denen der Markeninhaber aufgrund unternehmensinterner Restriktionen selbst nicht aktiv werden will. Bei vielen Unternehmen ist der Anteil des Lizenzumsatzes am gesamten Anteil einer Marke bereits beträchtlich (vgl. Binder, 1997, S. 180 sowie den Beitrag „Lizenzierung von Marken" in diesem Buch). Für den **Markeninhaber** bieten gelungene Markenlizenzvergaben vor allem die Vorteile, daß

- der Bekanntheitsgrad der Marke erhöht wird,
- die Kompetenz der Marke durch positionierungsadäquate Lizenzierungen verstärkt wird,

■ das Image der Marke sich verbessert,
■ Hebelwirkungen der Kommunikation genutzt werden,
■ durch den Lizenznehmer zusätzliche Vertriebswege erschlossen werden können,
■ hohen Lizenzeinnahmen in der Regel ein geringer Kostenaufwand entgegensteht und
■ markenrechtliche Vorteile entstehen (vgl. Binder, 1997).

Der **Markenlizenznehmer** wiederum profitiert von dem guten Ruf der Marke und den sich daraus ergebenden Absatzpotentialmöglichkeiten. Voraussetzung dafür ist jedoch eine genaue Analyse des Erweiterungspotentials der Marke, des jeweils avisierten neuen Produktbereichs oder Marktes und des bzw. der potentiellen Partner und deren Fähigkeiten (vgl. die Beiträge im Kapitel zu Markenerweiterungen in diesem Buch).

Im Zusammenhang mit den steigenden Fällen der **Markenpiraterie**, zum Beispiel der beliebten Kopie von Lacoste-Kleidung, Louis Vuitton-Taschen und Rolex-Uhren, dient der Wert der Marke auch als **Schadensbemessungsgrundlage**. Grundsätzlich kann man zwischen Markenpiraterie, Produktpiraterie und dem sogenannten Counterfeiting differenzieren. Im erstgenannten Fall wird der Markenname nachgeahmt und für gleichartige Waren eingesetzt (Beispiel: Lacoste-Krokodil auf Handschuhen). Bei der Produktpiraterie wird ein Produkt, zum Beispiel die Ritter-Sport-Verpackung nachgeahmt und mit einem fremden Markenzeichen versehen (z. B. Monte). Im dritten Fall werden die vorangegangenen Nachahmungen kombiniert, indem zum Beispiel das imitierte Lacoste-Krokodil auf T-Shirts eingesetzt wird (vgl. Bekmeier-Feuerhahn, 1998 a, S. 57). Schätzungen zufolge lagen die jährlichen Schäden der Markenpiraterie im Jahr 1987 bei rund 60 Milliarden US-Dollar, 1989 bereits bei 90 Milliarden Dollar, mit steigender Tendenz (vgl. o. V., 1993, S. 16; Forkel, 1993, S. 65 ff.).

Aus finanzwirtschaftlicher Sicht bedarf es eines in Geldeinheiten ausgedrückten Markenwerts. Dies stellt allerdings nur eine Seite der Medaille des Markenwerts dar, bei der ein evaluatives Maß, welches den Erfolg bewertet und in DM-Beträgen ausgedrückt werden kann, die entscheidende Rolle spielt.

Aus Marketingsicht interessieren hingegen vor allem Aspekte der **Markensteuerung und des -controlling**: Starke Marken sind bekannt, mit ihnen werden bestimmte Produkteigenschaften und -qualitäten verbunden, sie besitzen ein positives Markenimage und genießen das Vertrauen der Konsumenten, woraus schließlich markentreues Verhalten resultieren soll. Sobald es jedoch um Aspekte der Markenführung geht, kann ein **evaluatives Maß**, das Auskunft über die Höhe des Markenwerts gibt, nicht das alleinige Ziel bei der Markenwertermittlung sein. Vielmehr geht es darum zu ermitteln, warum ein hoher bzw. niedriger Markenwert zustandegekommen ist, um darauf aufbauend Maßnahmen zur Verbesserung bzw. Erhaltung des Markenwerts ergreifen zu können. Es geht bei der Markensteuerung demnach primär um die Ermittlung wesentlicher Bestimmungsfaktoren des Markenwerts, damit daraus **diagnostische und therapeutische Rückschlüsse** für die Markensteuerung gezogen werden können. Eine effektive und effiziente Markenkontrolle kann sich demnach keinesfalls nur auf die Ermittlung eines ökonomischen Markenwerts stützen. Weitaus wichtiger ist hier die Kontrolle von Einflußfaktoren, die den Markenwert letztendlich bestimmen.

3. Verhaltenswissenschaftliche Operationalisierung des Markenwerts

Aus Marketingsicht ist man weniger an dem ökonomischen Wert einer Marke interessiert „... als vielmehr an der Art und Weise, wie man zu dieser Bewertung kommt, d. h. dem Verständnis der Markenfunktion, ihrer Entwicklung, ihres Wertzuwachses oder -verlustes." (Kapferer, 1992, S. 291). Deshalb spielt die verhaltenswissenschaftliche Operationalisierung des Markenwerts aus der Marketingperspektive eine herausragende Rolle. Für eine solche konsumentenorientierte Perspektive sprechen folgende Gründe:

1. Der Markenwert wird vor allem durch die Reaktionen der Konsumenten auf strategische und taktische Maßnahmen zur Gestaltung des Marketing-Mixes geprägt.
2. Der Markenwert soll hier vor allem als Indikator zur Steigerung der Marketing-Produktivität der Marke gesehen werden. Deren Wert im Vergleich zu dem der Konkurrenz soll Aufschlüsse über strategische Entscheidungen zur Positionierung, zur Integration des Marketing-Mixes usw. geben (vgl. Keller, 1993).

Der Wert einer Marke liegt nicht in dem Unternehmen, er spiegelt sich in den Köpfen der Konsumenten wider. Die verhaltenswissenschaftliche Sichtweise des Markenwerts eignet sich deshalb besonders gut zur Markensteuerung und zur Wahrung der Markenkontinuität. Nicht zuletzt deshalb wird der Markenwert zunehmend aus verhaltenswissenschaftlicher Sicht operationalisiert (vgl. Aaker, 1991; Esch/Andresen, 1994; Kapferer, 1992; Keller, 1993).

Nach Aaker (1992) gelten als wesentliche Determinanten eines solchermaßen definierten Markenwerts

■ die Bekanntheit der Marke,
■ die wahrgenommene Qualität, die letztendlich als Image einer Marke aufzufassen ist,
■ die Assoziationen, die man mit einer Marke verbindet,
■ die Markentreue, die stark durch die vorangegangenen Faktoren beeinflußt wird sowie
■ weitere Markenvorzüge, zum Beispiel Patente und Markenrechte.

Im Kern geht Aaker davon aus, daß sich die Stärke einer Marke in den Köpfen der Konsumenten widerspiegelt. Verhaltenswissenschaftliche Operationalisierungen des Markenwerts setzen deshalb an den Gedächtnisstrukturen der Kunden an. Die Repräsentation von Wissen im Gedächtnis der Konsumenten kann man durch Schemata darstellen. **Schemata sind große, komplexe Wissenseinheiten, die typische Eigenschaften und feste, standardisierte Vorstellungen umfassen, die man von Objekten, Personen oder Ereignissen hat**. Wie jede andere Wissensrepräsentationsform lassen sich Schemata in Form semantischer Netzwerke darstellen (vgl. Esch, 1998 a; Kroeber-Riel/Weinberg, 1996). Solche Schemata existieren auch für Marken und Unternehmen. Bei der Marke Milka denkt man beispielsweise an die Alpenwelt, die lila Kuh, Schokolade aus zartem Schmelz usw. (vgl. Abbildung 2).

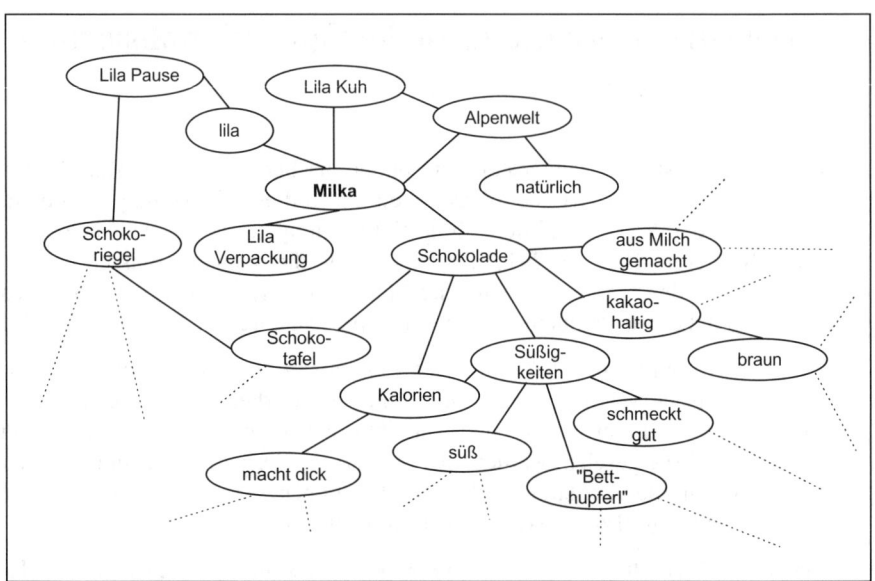

Abbildung 2:   Semantisches Netzwerk zur Schokoladenmarke Milka
Quelle: Esch, 1998 a.

Diese Gedächtnisstrukturen lassen sich nach zwei wesentlichen Konstrukten differenzieren: der Markenbekanntheit und dem Markenimage, das allgemein als wesentliche Grundlage des Markenwerts gilt (vgl. Aaker, 1991; Esch/Andresen, 1994; Keller, 1993). In Anlehnung an Operationalisierungsüberlegungen von Keller (1993) und Esch (1993 a) läßt sich das Markenwissen wie in Abbildung 3 veranschaulicht darstellen.

Zur Markenbekanntheit: Die Bekanntheit ist eine notwendige Bedingung dafür, daß sich Konsumenten ein klares Image von einer Marke bilden können, so daß mit dieser überhaupt spezifische Assoziationen und Bilder verknüpft werden[2].

Durch eine entsprechende Markenbekanntheit wird

- eine Marke bei einer Kaufentscheidung überhaupt erst berücksichtigt,
- ein Anker zur Befestigung markenspezifischer Assoziationen hergestellt,
- Vertrautheit und Zuneigung bei den Konsumenten geschaffen (vgl. Aaker, 1992, S. 85).

---

2   In Produktkategorien mit Marken, die über keine ausgeprägten Images verfügen bzw. aufgrund von Nachahmungsstrategien austauschbare Images aufweisen, kann die Bekanntheit einer Marke oft schon für eine Präferenzbildung ausreichen und den Markenwert prägen. In solchen Produktbereichen, in denen verschiedene Marken über klare Images verfügen, ist ein bestimmter Bekanntheitsgrad hingegen nur eine notwendige Bedingung zur Bildung eines Markenwertes.

Die Markenbekanntheit weist unterschiedliche Stufen auf. Eine Marke kann gestützt oder ungestützt erinnert und bildlich und/oder sprachlich repräsentiert sein. So kann man sich einerseits etwa an den Namen Nivea erinnern, andererseits möglicherweise auch an die Farbe blau, die typische runde blaue Dose oder den prägnanten Schriftzug.

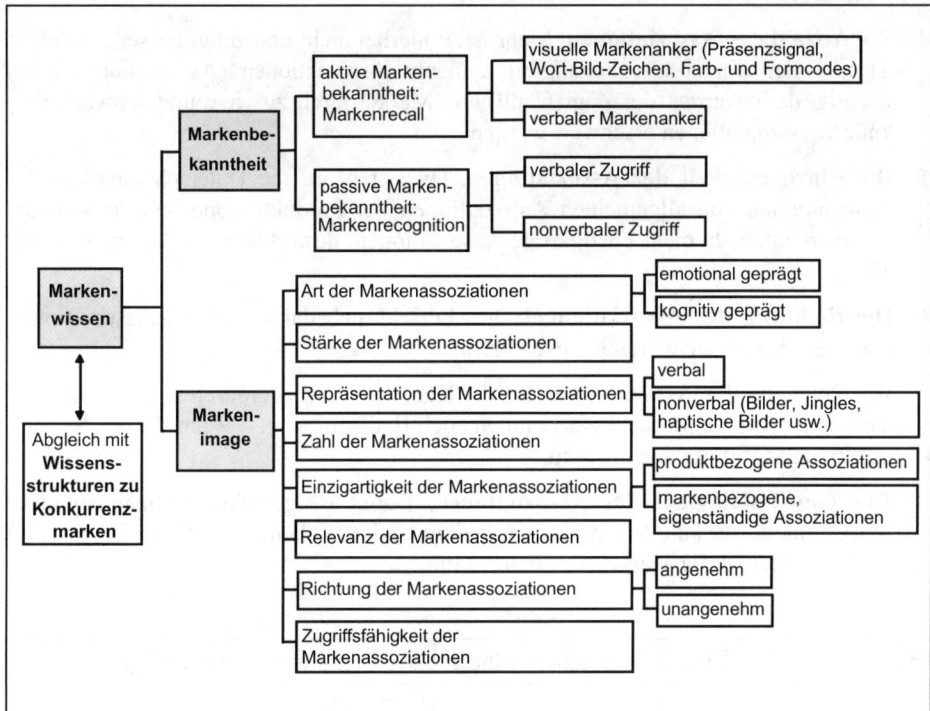

Abbildung 3:   Operationalisierung des Markenwissens der Konsumenten
Quelle: Esch, 1998 a.

Das **Markenimage** wiederum kann durch folgende Merkmale gekennzeichnet werden:

1. **Die Art der Assoziationen** (emotional oder kognitiv): Viele starke Marken sind in besonderem Maße durch emotionale Inhalte geprägt, die man mit diesen verknüpft.

2. **Die Stärke der mit einer Marke verbundenen Assozationen**: Ob man schnell von einer Eigenschaft auf eine Marke schließen kann, hängt in besonderem Maße von der Stärke der Assoziation zu dieser Marke ab (Beispiel: Frosch-Reinigungsmittel - Umweltfreundlichkeit).

3. **Die verbale oder nonverbale Repräsentation der Assoziationen**: Unter den heutigen Markt- und Kommunikationsbedingungen wird es zunehmend wichtiger, nonverbale Inhalte mit Marken zu verknüpfen, da man auf diese leichter und schneller

zurückgreifen kann und sich besser daran erinnert (Beispiel: Bild eines Cowboys - Marlboro) (vgl. Kroeber-Riel, 1993 b). Nonverbale Gedächtnisstrukturen umfassen dabei nicht nur bildliche Eindrücke, sondern alle Modalitäten. So hat man beispielsweise bei Underberg einen haptischen Eindruck von der mit Papier umwickelten Flasche, bei After Eight den Geschmackseindruck von Minze, bei Tiroler Nußöl den typischen Geruch usw. (vgl. Abbildung 4).

4. **Die Anzahl der Assoziationen**: Mehr heißt hierbei nicht unbedingt besser. Vielmehr ist hier der Sinnzusammenhang zu anderen Assoziationen (Assoziationsmuster) wichtig, da ansonsten der Zugriff auf eine Marke durch zu viele und schwach verknüpfte Assoziationen erschwert werden kann.

5. **Die Einzigartigkeit der Assoziationen**: Dies zielt auf die Unterscheidbarkeit der Assoziationen von allgemeinen Assoziationen zur Produktgruppe und zu Konkurrenzmarken ab. Je mehr einzigartige Assoziationen, desto klarer ist das Image einer Marke.

6. **Die Richtung der Assoziationen**: Dies bezieht sich darauf, ob die Assoziationen positive oder negative Gefühle evozieren.

7. **Die Relevanz der Assoziationen** für die Konsumenten: Hierdurch soll geprüft werden, ob bestimmte Markenassoziationen auch Bedürfnisse und Wünsche der Kunden treffen und für diese wichtig sind.

8. **Die Zugriffsfähigkeit der Assoziationen**: Damit ist gemeint, ob man zu einer Marke eine bestimmte Eigenschaft assoziiert und umgekehrt von dieser Eigenschaft auch unmittelbar die Marke assoziieren kann.

Modalität	Beispiel aus dem Alltag	Beispiel aus dem Marketing
visuell	Eiffelturm	Marlboro-Cowboy Lila Kuh von Milka
akustisch	Telefonklingeln	Jingle der 5-Minuten-Terrine von Maggi Musik von Bacardi
olfaktorisch	Leder	Domestos Tiroler Nußöl Franzbranntwein
haptisch	Nylonstrümpfe Schwamm	Ferrero Rocher Underberg-Flasche
geschmacklich	Hummer Sekt	After Eight Kinderschokolade

Abbildung 4:   Modalitäten für innere Bilder von Marken
Quelle: modifiziert in Anlehnung an Andresen, 1991.

So sind viele Assoziationen zur Hamburg-Mannheimer Versicherung emotional geprägt. Konsumenten verfügen häufig über ein inneres Bild von „Herrn Kaiser", das besonders stark mit der Hamburg-Mannheimer verknüpft und einzigartig ist. Damit wird Aspekten wie Nähe zum Kunden, Menschlichkeit, Service und persönliche Beziehung zur Versicherung Rechnung getragen. All dies sind angenehme Assoziationen, die die vielfach eher negativen Assoziationen zu Versicherungen allgemein überlagern. Die „Nähe zum Kunden" ist zudem für viele Versicherungsnehmer von hoher Relevanz. Schließlich ist auch der Zugriff auf die Versicherung Hamburg-Mannheimer, zum Beispiel durch das Bild des „Herrn Kaiser", gewährleistet und schnell möglich. Es gibt eine klare Spur von Herrn Kaiser zur Hamburg-Mannheimer und umgekehrt. Aufgrund dieser Ausprägungen des Markenwissens ist mit einem entsprechend hohen Markenwert der Hamburg-Mannheimer zu rechnen. Die Ausführungen verdeutlichen aber auch, daß der Aufbau von Markenwissen und eines Markenwerts mit Lernprozessen zusammenhängt. Somit ergibt sich das aktuelle Markenwissen aus vergangenen Investitionen in eine Marke, aus persönlichen Erfahrungen mit einer Marke sowie aus dem aktuellen Markenauftritt, der zum Beispiel durch Werbung, persönliche Kommunikation, Markenverpackung und ähnlichen Maßnahmen geprägt wird.

Setzt man an solchermaßen operationalisierten Gedächtnisstrukturen der Konsumenten zu Marken an, kann man den Beitrag der Marketing-Mix-Instrumente zum Aufbau von Markenwissen exakt analysieren und Maßnahmen zum Aufbau und zur Stärkung des Markenwissens ergreifen. Allerdings kann dieses Markenwissen nicht unmittelbar in einen ökonomischen Markenwert umgerechnet werden. Es lassen sich allerdings Beziehungen zwischen dem Markenwissen und ökonomischen Größen, wie zum Beispiel dem Marktanteil einer Marke, herstellen (s. u.).

Bei den folgenden Ausführungen konzentrieren wir uns auf einige wesentliche Messungen des Markenwissens. Entsprechend der Operationalisierung des Markenwissens gehen wir dabei zunächst kurz auf die Messung der Markenbekanntheit und anschließend ausführlicher auf die Messung des Markenimages ein. Differenzierte operationale Meßvorschläge finden sich auch in dem Beitrag „Kundenorientierte Messung des Markenwerts" in diesem Buch.

Zur Messung der Markenbekanntheit

Bei der Messung der Markenbekanntheit muß man zwischen der Messung der aktiven Markenbekanntheit durch Recalltests und der Messung der passiven Markenbekanntheit durch Recognitiontests differenzieren. Bei Recalltests müssen die Konsumenten spontan Marken zu einer bestimmten Produktgruppe nennen. Folgende Aspekte erscheinen uns in diesem Zusammenhang erwähnenswert:

1. Zur Erfassung der Marken:

   Die Festlegung des vorgegebenen Produktbereichs, zu dem spontan Marken erinnert werden, kann unterschiedlich breit sein. Je nach Problemstellung kann es zweckmäßig sein, nach Marken für nicht-alkoholische Getränke, nach Mineralwassermarken oder nach überregionalen Mineralwassermarken zu fragen. Der Markenrecall kann zudem mit oder ohne Zeitvorgabe erfolgen. Enge Zeitvorgaben erschweren die Recallaufgabe. Alternativ kann auch die Zeit, wann welche Marke genannt wurde, gemessen werden. Dadurch erhält man tieferen Aufschluß darüber, welche Marken besonders stark mit einer Produktkategorie verknüpft und „top of mind" sind.

2. Zur Auswertung der Recallergebnisse:

   Hier kommt es nicht nur darauf an, ob eine Marke zu einer bestimmten Produktkategorie erinnert wird, sondern auch, welchen Rang sie in der Reihung der erinnerten Marken einnimmt.

Die Messung der passiven Markenbekanntheit durch Recognitiontests kann ebenfalls unterschiedlich gestaltet werden. Sie kann aus einer Liste von Markennamen in einer Produktkategorie bestehen, bei der alle Markennamen in einer Standardschrift aufgelistet sind. Sie kann aber auch aus einer Liste von Markennamen in den entsprechenden Schriftzügen mit den jeweiligen Farben der Marke oder aus Markenabbildungen (der Verpackung; dem Produkt) bestehen. Hier handelt es sich jeweils um eine sukzessive Annäherung an die Realität, die in Abhängigkeit von der jeweils zu untersuchenden Marke Vorteile haben kann. So kann es bei schnelldrehenden Konsumgütern vollkommen ausreichend sein, wenn die Konsumenten die Verpackung einer Marke am Point of Sale wiedererkennen. Entsprechend müßte dann der Recognitiontest idealerweise mit den jeweiligen Produktabbildungen durchgeführt werden.

Zur Messung des Markenimages

Keller (1993) gibt einen guten Überblick zur Messung des Markenwissens und des Markenimages. Sowohl aus theoretischer als auch aus praxisbezogener Sicht besonders wichtige Meßverfahren sind

- Imagemessungen, zum Beispiel mittels multidimensionaler Skalierung oder mittels Multiattributmessungen,
- Messungen mit Hilfe von Assoziationstests und Protokollen lauten Denkens, sowie
- Messungen von inneren Bildern.

Wir konzentrieren uns im folgenden auf Messungen mit Hilfe von Assoziationstests und Protokollen lauten Denkens sowie auf bildliche Messungen. Dies hat folgende Gründe:

1. Das Markenwissen, insbesondere das Markenimage, läßt sich besonders gut durch Assoziationstests und Protokolle lauten Denkens erheben (vgl. dazu Grunert, 1990). Da der Gestaltungsspielraum dieser Meßverfahren allerdings groß ist, erscheint es zweckmäßig, einige wesentliche Aspekte dieser Messungen näher zu erörtern.

2. Bildbezogene Messungen spielen eine immer größere Rolle bei der Ermittlung des Markenimages, weil gerade innere Bilder in besonderem Maße einstellungsprägend und verhaltensrelevant sind. Sie werden allerdings noch häufig bei der Messung von Markenimages außer acht gelassen.

3. Klassische Imagemessungen sind bereits weit verbreitet, so daß wir hier auf eine Darstellung derselben verzichten.

Assoziationstests und Protokolle lauten Denkens

Mit Assoziationstests bzw. Protokollen lauten Denkens lassen sich alle Dimensionen des Markenwissens messen. Bei diesen Verfahren werden die Probanden durch entsprechende Instruktionen dazu aufgefordert, sich zu bestimmten Themenstellungen zu äußern[3]. Für die späteren Ergebnisse dieser Meßmethoden ist von entscheidender Bedeutung, ob

- die Meßinstruktion eng oder weit gefaßt ist und ob
- die Gedächtnisinhalte mit oder ohne Eingriffe durch den Versuchsleiter erhoben werden.

Beispiel für eine eng gefaßte Assoziationsinstruktion:

„Bitte denken Sie an die Marke A. Welche sachlichen Produkteigenschaften verbinden Sie mit dieser Marke?"

Beispiel für eine weit gefaßte Assoziationsinstruktion:

„Wir möchten Sie jetzt bitten, alles, was Ihnen zur Marke A einfällt, wiederzugeben. Dies können sprachliche und bildliche Inhalte und Eindrücke aus Ihrem Gedächtnis sein.

Beispiel: Wenn Sie an **Marlboro** denken, fallen Ihnen wahrscheinlich **sprachliche Assoziationen** wie Abenteuer, Freiheit, Männerwelt, Macho-Image usw. ein. Sie können aber auch **bildliche Assoziationen** haben wie Cowboy, Hutkrempe des Cowboys, Sporen, gegerbtes, hartes Gesicht, wilder Ritt durch staubige Prärie usw. Sie verbinden mit Marlboro möglicherweise auch Gefühle wie Freude oder Eigenschaften wie guter Geschmack usw.

Bitte denken Sie jetzt an die Marke A. Geben Sie nun möglichst genau alles wieder, was Ihnen zu A einfällt. Schreiben Sie bitte alles auf, was Ihnen zu A durch den Kopf geht. versuchen Sie auch - neben sprachlichen **Inhalten** - Ihre **Gefühle, Eindrücke** und die mit A verbundenen **Bilder** so genau wie möglich zu beschreiben."

Abbildung 5: Beispiele für Assoziationsinstruktionen
Quelle: Esch/Andresen, 1997.

Zur Meßinstruktion: Meßinstruktionen können allgemein oder eng gefaßt werden (vgl. Abbildung 5). Weit gefaßte Instruktionen scheinen sich besonders gut zu bewähren. Sie

---

3   Zu Protokollen lauten Denkens vergleiche den Reader von Petty, Ostrom und Brock (1981) oder den Überblick von Sauer, Dickson und Lord (1992). Zu Assoziationstests vergleiche Strube (1984). Assoziationstests beziehen sich üblicherweise nur auf ein Reizwort. Die Instruktionen bei den Protokollen lauten Denkens sind hingegen umfassender. Protokolle lauten Denkens können auch nicht ex post durchgeführt werden, sondern werden auch häufig während der Lösung bestimmter Aufgaben, etwa einer Produktbeurteilung oder zur Beurteilung eines laufenden Fernsehspots, eingesetzt. Zu Unterschieden zwischen beiden Methoden vgl. u. a. Grunert (1990).

erlauben den Konsumenten einen größtmöglichen Assoziationsspielraum. Zudem wird
der Assoziationsfluß auch nicht wie bei eng gefaßten Assoziationsinstruktionen gestört,
wo die Probanden sich auf die Produktion ganz bestimmter Gedächtnisinhalte konzentrieren sollen[4].

Zum Eingriff in die Messung: Mit Eingriff in die Messung ist hier eine Lenkung des
Assoziationsprozesses der Probanden durch den Versuchsleiter gemeint. Verschiedene
Verfahren zielen zum Beispiel darauf ab, durch immer tiefergehende Fragen Motive für
den Kauf von Marken zu ermitteln. Diese Technik wird als „Laddering" bezeichnet und
dient oft zur Ermittlung der Einstellungen (Images) von Konsumenten (vgl. Reynolds/
Gutman, 1984). Solche Eingriffe haben allerdings schwerwiegende Nachteile: Einerseits
können sie den Assoziationsfluß der Probanden hemmen, andererseits reichern sie den
Assozationsprozeß kognitiv an: Der Assoziationsprozeß wird rationalisiert, die Testpersonen überlegen zunehmend ihre Argumentation und Aussagen. Zudem ist es für einen
Versuchsleiter auch sehr schwer zu entscheiden, wann ein solches Frage-/Antwortspiel
abzubrechen ist, weil es zu künstlich wird und nur noch Gedanken ohne große Relevanz
für das Markenimage zu Tage fördert (vgl. Grunert, 1990).

Unabhängig von der Ausgestaltung der Assoziationsmessungen müssen die daraus gewonnenen Daten, d. h. die bei den Konsumenten gespeicherten Gedächtnisinhalte zur
Marke, in Beziehung gesetzt werden

■ zu den Positionierungsinhalten, die das Unternehmen den Konsumenten vermitteln
   wollte,
■ zu den zur jeweiligen Produktgruppe gespeicherten Gedächtnisinhalten, sowie
■ zu den zu Konkurrenzmarken gespeicherten Gedächtnisinhalten[5].

Die Positionierung einer Marke umfaßt die strategische Zielrichtung, welches Image
man von einer Marke in den Köpfen der Konsumenten aufbauen will. Durch die
Berechnung des Anteils positionierungsadäquater Gedächtnisinhalte an den gesamten
Gedächtnisinhalten zur Marke läßt sich der Grad der Zielerreichung der Marketingmaßnahmen messen. Generell gilt: Je höher der Anteil positionierungsadäquater Gedächtnisinhalte an allen Gedächtnisinhalten zur Marke, desto effektiver waren die Marketingmaßnahmen und desto höher ist der Markenwert.

Bei Assoziationsmessungen wird die Erfassung der bei den Konsumenten bestehenden
Gedächtnisinhalte zur jeweiligen Produktgruppe oft vernachlässigt. Dies ist Ausdruck
mangelnder Professionalität bei der Kontrolle der Marketingmaßnahmen: Selbst mit

---

4   Damit auch die Richtung der Assoziationen erfaßt werden kann, ist allerdings neben einer allgemeinen
    Meßinstruktion eine weitere Messung erforderlich, bei der man den Testpersonen positionierungsrele-
    vante Eigenschaften für eine Marke vorgibt und diese dann spontan die Marken der Produktgruppe nen-
    nen müssen, die sie mit dieser Eigenschaft verbinden. Die Auswertung kann hier in Analogie zur Aus-
    wertung des Markenrecalls erfolgen. Man erhält dadurch Aufschluß über Richtung und Stärke von mit
    einer Marke verbundenen Assoziationen.
5   Darüber hinaus bieten sich selbstverständlich eine Fülle weiterer Auswertungsmöglichkeiten an, zum
    Beispiel die Erfassung der Zahl der Assoziationen, der Richtung der Assoziationen (positiv, negativ, neu-
    tral) usw. Eine gute Übersicht über Auswertungsmöglichkeiten bieten Sauer et al. (1992).

schwachen Marken assoziieren Konsumenten bestimmte Eigenschaften. Diese Assoziationen beziehen sich allerdings meist auf das Produkt oder die Produktgruppe allgemein und nicht auf die Marke selbst. Wenn Konsumenten nur über ein schwaches Markenschema verfügen, werden „Leerstellen" in diesem Schema durch Angaben (Gedächtnisinhalte) aus dem hierarchisch übergeordneten Produktschema ergänzt. Deshalb gilt grundsätzlich: Je größer der Anteil allgemeiner Gedächtnisinhalte zur Produktkategorie an den insgesamt zu einer Marke geäußerten Assoziationen, desto ineffektiver waren die Marketingmaßnahmen, desto diffuser ist das Markenimage und desto schwächer ist der Markenwert.

Durch Berechnung eines Überlappungskoeffizienten zwischen den Assoziationen der Konsumenten zur Marke und denen zur Produktgruppe erhält man - vergleichbar über die jeweiligen Kontrollperioden - einen Wert, der als Indikator für die Stärke des Markenwerts dient.

Durch die Positionierung soll ein eigenständiges Markenimage aufgebaut werden. Der Grad der Eigenständigkeit eines Markenimages beeinflußt wiederum den Wert einer Marke. Deshalb müssen die Assoziationen zur Marke mit denen zu den stärksten Konkurrenten verglichen werden. Auch hier läßt sich ein Überlappungskoeffizient für übereinstimmende Assoziationen zwischen der eigenen Marke und den Konkurrenzmarken berechnen. Dabei gilt: Je geringer die Gedächtniskongruenz zwischen eigener Marke und Konkurrenzmarken, desto eigenständiger ist das Markenimage und desto höher ist der Markenwert.

Zur Messung innerer Bilder

Ruge (1988) kam bei einem Vergleich der Verhaltensrelevanz von herkömmlichen Imagewerten und von Imagerywerten, also Werten für das innere Bild, zum Schluß, daß die Werte für das innere Bild das Verhalten besser als herkömmliche Imagewerte voraussagen (vgl. Kroeber-Riel, 1993 b; vgl. hierzu auch den Beitrag „Aufbau von Markenbildern" in diesem Buch). Deshalb sind klassische Imagemessungen durch Messungen von inneren Markenbildern zu ergänzen. Bei den bildbezogenen Messungen mittels Ratingskalen spielen vor allem Messungen zur Vividness oder Lebendigkeit des inneren Bildes von einer Marke eine große Rolle[6].

Die Vividness gilt als Superdimension zur Messung innerer Bilder. Sie umschreibt die Klarheit und Lebendigkeit, mit der man eine Marke vor seinem inneren Auge sieht. Gerade die Lebendigkeit oder Vividness innerer Bilder hat sich als besonders verhaltensrelevant erwiesen. Sie ist zudem ein Garant für gute Gedächtnisleistungen für eine Marke.

---

6   Andere Dimensionen zur Messung innerer Bilder sind die Anziehungskraft, die Aktivierungsstärke, die
     psychische Nähe sowie die schnelle Verfügbarkeit von Bildern (vgl. Kroeber-Riel, 1993 b, S.233; ausführlich zur dimensionalen Messung mit Meßvorschlägen Ruge, 1988). Zur Verwendung der Messung
     innerer Bilder zur Ermittlung des Markenwertes vgl. Bekmeier (1994).

Die Lebendigkeit eines inneren Bildes kann durch verbale oder durch bildliche Skalen gemessen werden. Eine bewährte verbale Skala ist die in Abbildung 6 dargestellte Marks-Skala, die auch von der GfK und von icon brand navigation zur Messung innerer Bilder eingesetzt wird. Durch Bilderskalen erfolgt eine modalitätsspezifische Erfassung innerer Bilder. Es handelt sich dabei um Skalen, die an ihren Polen Bilder aufweisen. Eine solche Bilderskala, die sich bereits im Praxiseinsatz bewährt hat, ist die Skala „Gebirgsstraße", die an den Polen das Bild einer Gebirgsstraße im Nebel und das Bild einer Gebirgsstraße bei klarem Wetter aufweist. Da Bilderskalen aufgrund der modalitätsspezifischen Messung teilweise andere Ergebnisse liefern, d. h. andere Aspekte des inneren Bildes widerspiegeln als verbale Skalen, empfiehlt sich die Kombination beider Skalenarten (vgl. Kroeber-Riel 1993 b, S. 241).

Wie ist das innere Bild, das Sie von der Marke A haben?

Mein inneres Bild von der Marke A ist:

☐   völlig klar und so lebendig wie die Realität
☐   klar und ziemlich lebendig
☐   mäßig klar und lebendig
☐   vage und undeutlich
☐   Ich habe überhaupt kein Bild. Ich weiß nur, daß ich
    an die Marke A denke

Abbildung 6:   Messung der Lebendigkeit des inneren Markenbildes mit Hilfe der Marks-Skala

Quelle: Ruge, 1988.

Fazit: Im Gegensatz zu ökonomischen Meßansätzen zum Markenwert sind durch die oben dargestellten verhaltenswissenschaftlichen Meßvorschläge ein differenziertes Marken-Controlling mit Empfehlung entsprechender diagnostischer Maßnahmen zur Markensteuerung möglich. Beispiel: Wenn durch die Marketingmaßnahmen die Schnelligkeit des Zugriffs auf spezifische Markenassoziationen nachläßt, oder spezifische Eigenschaften seltener mit der Marke assoziiert werden, oder neue Eigenschaften mit der Marke genannt werden, so folgt daraus, daß es zu einer systematischen Verwässerung des Images und der Gedächtnisstrukturen einer Marke kommt. Dies ist nun auf einzelne Marketingmaßnahmen zurückführbar, die nicht in das Gesamtkonzept für die Marke eingebunden sind.

Bei den hier vorgestellten Meßmethoden, die dem Marken-Controlling dienen, handelt es sich klassischerweise um ex post-Messungen. Der **Beitrag von Marketingmaßnahmen zum gezielten Aufbau von Gedächtnisstrukturen für eine Marke zur Erhöhung des Markenwerts kann auch ex ante gemessen werden.**

Beispiele: Assoziieren Konsumenten mit bestimmten Maßnahmen - etwa Verkaufsförderungsaktionen - andere als die gewünschten Eigenschaften, so sind diese Maßnahmen nicht in das Gesamtkonzept integriert; sie können somit auch keinen Beitrag zur Stärkung des Markenwerts leisten. Werden bestimmte Marketingmaßnahmen den Konsumenten ohne Hinweis auf die Marke gezeigt und anderen Marken zugeordnet, so sind die Beziehungen, die die Konsumenten in ihren semantischen Netzen herstellen, andere als die von den Marketingmanagern beabsichtigten.

4. Praxisansätze zur Messung des Markenwerts

Bei den Ansätzen zur Messung des Markenwerts kann man zwischen finanzorientierten und absatzorientierten Ansätzen differenzieren (vgl. Hammann, 1992)[7]. Aufgrund der großen Bedeutung absatzorientierter Ansätze für die Markensteuerung und das Marken-Controlling werden hier praxisorientierte Ansätze der absatzorientierten Markenwertmessung näher vorgestellt, finanzorientierte Ansätze hingegen nur kurz angerissen. Bei den **finanzorientierten Ansätzen** kann man grob zwischen kostenorientierten, ertragswertorientierten und kapitalmarktorientierten Ansätzen unterscheiden (vgl. Bekmeier, 1994, S. 383 ff.). Bei den kostenorientierten Ansätzen kommen historische Kostenbewertungen, die quasi die getätigten Investitionen in die Marke aufsummieren sowie gegenwartsbezogene Kostenbewertungen, also ein klassischer Wiederbeschaffungskostenansatz, in Frage (vgl. Kapferer, 1992). Bei diesen Verfahren geht man von einer inputorientierten Sichtweise aus, wohingegen der Markenwert eher outputorientiert zu betrachten ist. Zudem werden hier Zukunftsaspekte bei der Ermittlung des Markenwerts vernachlässigt.

Bei den ertragswertorientierten Ansätzen erfolgt ausgehend von den realisierten Markterfolgen unter „Einbeziehung von Prognosemodellen ... eine Schätzung und Quantifizierung der zu erwartenden Markenerfolge ...." (Bekmeier, 1995 a, Spalte 1464). Typischerweise finden hier Ertragswertansätze Anwendung, wie man sie auch im Rahmen der Unternehmensbewertung allgemein verwendet. Eines der ersten Modelle hierzu stammt von Kern (1962). International verbreitet ist zudem noch der sogenannte Discounted Cash Flow-Ansatz, bei dem sich die freien Cash Flows auf die Einnahmeüberschüsse beziehen, die „zur Ausschüttung an Eigenkapitalgeber und Bedienung von Fremdkapitalgebern zur Verfügung stehen" (Sattler, 1997 a, S. 73). Bei diesen Verfahren unterliegen jedoch die entscheidenden Modellkomponenten, zum Beispiel die Prognose der Zahlungsströme, Zeithorizonte und Abzinsungsfaktoren stark der subjektiven Einflußnahme eines einzelnen Bewerters.

---

7   Finanzorientierte Ansätze verfolgen eine gänzlich andere Zielsetzung. Sie dienen der Ermittlung eines monetären Markenwertes. Ansätze zur Markenwertmessung durch finanzorientierte Ansätze orientieren sich in der Regel an Verfahren zur Bestimmung des Unternehmenswertes. Zu solchen Ansätzen zählen u. a. Ertrags- und Substanzwertmethoden oder Cash-Flow-Rechnungen (vgl. dazu u. a. Aaker, 1992; Hammann, 1992; Kapferer, 1992; Murphy, 1989).

Kapitalmarktorientierte Ansätze gehen davon aus, daß die Börsenentwicklung einer Unternehmung die Zukunftschancen einer Marke widerspiegelt. So multiplizieren beispielsweise Simon und Sullivan (1992) den Aktienpreis mit der Gesamtstückzahl der Aktien, um den Gesamtwert des Unternehmens zu erhalten. Davon ziehen sie die Ersatzkosten für die materiellen Aktiva ab, um den immateriellen Wert zu erhalten, der sich wiederum aus dem Markenwert und dem Wert anderer Faktoren (z. B. F&E) sowie Branchenfaktoren ergibt. Der Ansatz von Simon und Sullivan ist primär für Einzelmarkenunternehmen geeignet. Voraussetzungen sind ferner ein transparenter Markt sowie ein börsennotiertes Unternehmen.

Absatzorientierte Ansätze kann man danach unterscheiden, ob sie sich primär auf ökonomische Meßgrößen beziehen, auf verhaltenswissenschaftliche Meßgrößen oder auf eine Kombination von verhaltenswissenschaftlichen und ökonomischen Größen. Hier erfolgt eine Konzentration auf die wichtigsten Modelle.

Markenwertmodelle müssen sich am Kundenwissen orientieren, da sich ein Markenwert in den Köpfen der jeweiligen Anspruchsgruppe bildet. Dazu ist ein verhaltenswissenschaftlicher Zugang erforderlich. Solche Modelle sollten ferner zukunftsorientiert sein. Monetäre Modelle müssen zudem zwischen dem Unternehmenswert und dem Markenwert unterscheiden. Für die praktische Verwendbarkeit sollte ein Markenwertmodell zudem eine standardisierte, multiplizierbare Vorgehensweise aufweisen und mit wirtschaftlich vertretbarem Aufwand durchführbar sein.

Neben den hier näher besprochenen Modellen werden in der Marketingtheorie vor allem noch preisorientierte und dekompositionelle Modelle diskutiert. So wird bei dem Ansatz auf Basis der hedonischen Preistheorie von Sander (1994) der Markenwert als eine Produkteigenschaft verstanden, dessen Erlöswirkung regressionsanalytisch ermittelbar ist. Als Beispiel eines dekompositionellen Verfahrens kann der conjointanalytische Ansatz von Herp (1982) genannt werden. Dieser zerlegt mit Hilfe der Conjoint-Analyse die beobachtbaren Erlösdifferenzen in Nutzenwerte, „so daß die Effekte unterschiedlicher Produktausstattungen und Verkaufsvarianten herausgerechnet und dadurch die Nettoeffekte der einzelnen Markenkennzeichnungen sichtbar werden." (Bekmeier-Feuerhahn, 1998 a, S. 87)[8].

Zu den gemischt ökonomisch-verhaltenswissenschaftlichen Modellen zählen unter anderem das Modell von Interbrand, die Marken-Bilanz sowie der darauf aufbauende Brand Performancer von Nielsen, Preis-Premium-Verfahren und das Brand Rating Verfahren[9]. Ein rein ökonomisches Modell ist das Markenkraft-Modell mit dem GfK-Markensimulator, rein verhaltenswissenschaftliche Modelle sind der Brand Asset Valuator von Young & Rubicam, der Brand Potential Index und das Markeneisberg-

---

8   Zur näheren Diskussion dieser Ansätze vgl. Herp (1982), Sander (1994), Sattler (1997 a) und Bekmeier-Feuerhahn (1998 a).

9   Weitere ökonomisch-verhaltenswissenschaftliche Modelle sind das Brand-Broker-Verfahren von Semion, der Ansatz von Brand Finance, das Valmatrix Verfahren von Consor sowie der B.E.E.S. Ansatz von BBDO Consulting. Diese Verfahren ähneln jedoch in ihrem Grundvorgehen den weiter oben angeführten Modellen, so daß auf eine genauere Darstellung im Folgenden verzichtet wird.

Modell von icon brand navigation (vgl. zu folgenden Ausführungen Esch/Andresen, 1997)[10]

In dem **Markenkraft-Modell** der GfK, Nürnberg, wird von der Überlegung ausgegangen, daß der Markenwert durch eine Gegenüberstellung von Erlösen und Kosten ermittelt werden kann. Der Beitrag des Markenwert-Modells konzentriert sich auf die Ertragsseite. Dabei wird auf Daten des GfK-Handelspanels zurückgegriffen. Die Kostenseite soll durch die jeweiligen Unternehmen beleuchtet werden. Die Konsumenten gehen in diesem Modell als Summe von Kaufakten auf der Ertragsseite ein. Die durch das Modell zu ermittelnde Markenkraft wird als „Attraktivität einer Marke für den Konsumenten, die nicht durch das kurzfristige Marketing-Mix erklärt werden kann", die sich aber im Kaufverhalten äußert, aufgefaßt (Maretzki/Wildner, 1994, S. 102). Vereinfacht ausgedrückt ist nach diesem Modell die Markenkraft eine Residualgröße, die wie folgt ermittelt werden kann (vgl. Abbildung 7):

Marktanteil

- aus Wirkung des kurzfristigen Marketing Mix
  resultierender Teil des Marktanteils

= Markenkraft

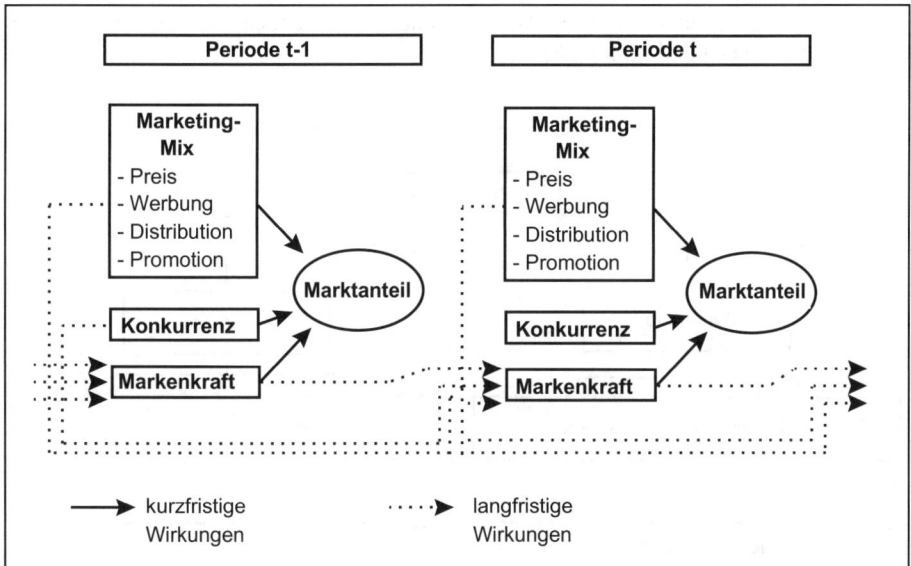

Abbildung 7:   Das Erklärungsmodell der Markenkraft
Quelle: Maretzki/Wildner, 1994, S. 102.

---

10   Überblicke über Modelle zur Markenwertberechnung findet man u. a. in Bekmeier (1994), Murphy (1989), Hammann (1992), Sander (1994), Sattler (1997 a) oder Trommsdorff et al. (1993).

Bezogen auf die Markensteuerung ist das Modell der GfK weniger geeignet: Der durch dieses Modell ermittelte Wert für die Markenkraft kann keine Erklärung dafür liefern, warum der Wert hoch oder niedrig ist, wodurch die Markenkraft beeinflußt wurde und welche Maßnahmen zu ergreifen sind, um die Markenkraft zu erhöhen. Um diagnostische Maßnahmen zur Markensteuerung und zur Stärkung des Markenwerts ergreifen zu können, muß man auf verhaltenswissenschaftliche Daten zurückgreifen: Der Verbraucher und dessen Sicht von der Marke sind in die Überlegungen einzubeziehen. Dies kann kaum durch die Zahl der Kaufakte erfolgen.

Ein verhaltenswissenschaftliches Modell ist der **Brand Asset Valuator**, der von der Werbeagentur **Young & Rubicam** entwickelt wurde und seit 1993 zur Markenbewertung eingesetzt wird. Zwischenzeitlich wurden im Rahmen des Brand Asset Valuator bereits mehr als 50000 Verbraucher in 24 Ländern zu mehr als 12000 Marken befragt (vgl. Werner/Richter, 1998).

Als Markenkennwerte werden in diesem Modell folgende vier Faktoren verwandt:

1. Differenzierung,
2. Relevanz,
3. Ansehen und
4. Vertrautheit.

Die beiden erstgenannten Faktoren Differenzierung und Relevanz kennzeichnen das Wachstumspotential einer Marke, Ansehen und Vertrauen stehen hingegen für das Image der Marke (vgl. Abbildung 8).

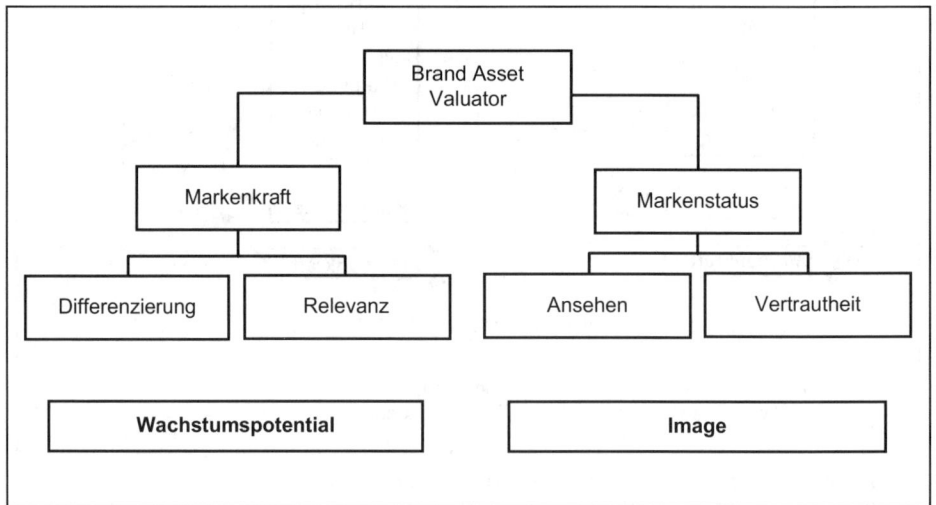

Abbildung 8:   Der Aufbau des Brand Asset Valuator
Quelle: Werner/Richter, 1998, S. 29.

Nach dem Brand Asset Valuator ist zunächst eine Differenzierung von Marken erforderlich. Darunter wird eine eigenständige Leistung verstanden, die das Angebot wahrnehmbar macht und dieses profiliert. Mit Relevanz ist das Ausmaß persönlicher Betroffenheit gemeint, mit dem ein Verbraucher auf ein Angebot reagiert. Der Faktor Ansehen wiederum wird durch die Kategorien Popularität und Qualität gekennzeichnet, während die Vertrautheit die emotionale Bindung des Konsumenten zur Marke reflektiert (vgl. Werner/Richter, 1998, S. 25). Der Vorteil des Brand Asset Valuator ist dessen Einfachheit und Anschaulichkeit. Allerdings geht dadurch die diagnostische Tiefe der Analyse verloren, so daß dieses Verfahren bestenfalls grob die Markenstärke von Marken erfassen kann. Zudem werden über die konkreten Operationalisierungen der vier Faktoren nur diffuse Aussagen gemacht. Last but not least wird durch die kopflastige linkshemisphärische Erfassung der Markenstärke nur der sprachliche Teil des Markenwissens erfaßt. Der heute zunehmend wichtiger werdende visuelle Teil des Markenwissens kommt hier zu kurz.

Ein weiterer verhaltenswissenschaftlicher Ansatz zur Messung des Markenwerts ist der **Brand Potential Index (BPI)** der **GfK-Marktforschung**. Zur Ermittlung des BPIs wird das Konstrukt des Markenwertes in neun Dimensionen operationalisiert: Markenloyalität, Kaufabsicht, Markenbekanntheit, Mehrpreisakzeptanz, Uniqueness, Markensympathie, Markenvertrauen, Markenidentifikation und die Bereitschaft zur Weiterempfehlung (vgl. Abbildung 9).

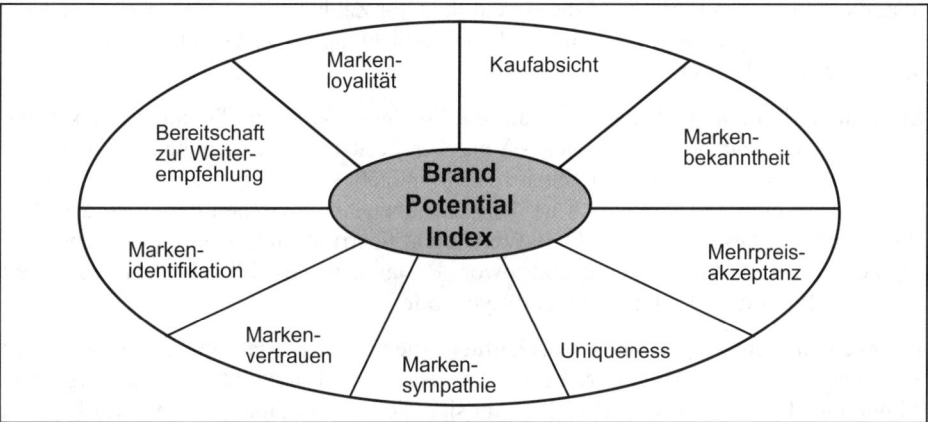

Abbildung 9:   Dimensionen des Brand Potential Index
Quelle: Högl/Twardawa/Hupp, 2001, S. 39.

Diese Dimensionen wurden theoretisch abgeleitet und über eine Vielzahl von Branchen und Produktgruppen mittels einer konfirmatorischen Faktorenanalyse validiert und auf ihre Reliabilität getestet (vgl. Grimm/Högl/Hupp, 2000, S. 8 ff.). Die Ausprägung des BPIs wird in der Anwendung durch Erhebung von neun Statements bestimmt.

Zudem wurde geprüft, inwiefern der Brand Potential Index dazu geeignet ist, marktbezogene Größen wie den mengenmäßige Marktanteil oder den Anteil der First Choice
Buyer[11] zu erklären. Hierbei wurde ein enger Zusammenhang zwischen dem Ausmaß
des BPIs sowie der Höhe des Marktanteils und dem Anteil der First-Choice-Buyer festgestellt.

Zur ganzheitlichen Bewertung einer Marke empfiehlt die GfK aus diesem Grund eine
Gegenüberstellung des BPIs mit der Größe der First Choice Buyer (FCB). So läßt sich
ein zweidimensionaler Positionierungsraum aufspannen, der eine grobe Einteilung der
eigenen und der Konkurrenzmarken in starke Marken (hoher BPI, hoher FCB Wert)
oder schwache Marken (niedriger BPI, niedriger FCB-Wert) zuläßt. Weiter lassen sich
auch solche Marken identifizieren, die zwar noch stark sind, aber deren Zukunft sehr
fragwürdig ist (niedriger BPI, hoher FCB-Wert) sowie Marken, die zwar noch schwach
sind, aber über ein großes zukünftiges Potential verfügen (hoher BPI, niedriger FCB-
Wert) (vgl. Högl/Twardawa/Hupp, 2001, S. 38 f.).

Mit Hilfe des Brand Potential Index kann der verhaltenswissenschaftliche Wert einer
Marke erfaßt und zu einer Kennzahl verdichtet werden. Durch Gegenüberstellung von
Marktdaten ist zudem ein Benchmarking mittels marktlicher und psychologischer Kenngrößen möglich. Die in dem Modell zum Einsatz kommenden Dimensionen beruhen auf
Plausibilitätsüberlegungen und stellen jeweils eigenständige Faktoren dar. Allerdings
sind diese nicht unabhängig voneinander. So beeinflußt die Größe Markenbekanntheit
das Markenvertrauen und die Markensympathie und diese wiederum die Markenloya-
lität, die selbst einen Einfluß auf die Bereitschaft zur Zahlung eines Mehrpreises und zur
Weiterempfehlung einer Marke ausübt. Eine Verdichtung dieser Dimensionen zu einem
Wert ist deshalb kritisch zu betrachten.

Ein weiterer Kritikpunkt bezieht sich auf die Erhebung des Brand Potential Index durch
lediglich neun Statements. Ein solches Vorgehen besitzt zwar eine hohe Praktikabilität,
allerdings vereinfacht es das Vorgehen zu sehr und läßt kaum Folgerungen zur Diagnose
des Markenwertes zu. Schließlich ist der Zusammenhang zwischen der Höhe des BPI-
Werts und der Ausprägung des FCB-Werts nicht überraschend, denn die Dimensionen
Markenloyalität und Kaufabsicht sind sowohl Bestandteile des BPIs als auch Bestandteil
des Außenkriteriums des First-Choice-Buyer Anteils.

Ein ebenfalls rein verhaltenswissenschaftlich orientiertes Modell zur Ermittlung eines
Markenwerts ist der **Markeneisberg von icon brand navigation**, Nürnberg (vgl.
Abbildung 10). Nach diesem Modell ergibt sich die Markenstärke, d. h. der Markenwert
aus dem

■ Markenbild und dem
■ Markenguthaben.

---

11 First-Choice Buyer (FCB) sind solche Kunden, die eine Marke kaufen und für die die betreffende Marke
    auch die erste Wahl darstellt, also auf der Präferenzliste ganz oben steht (vgl. Högl/Twardawa/Hupp,
    2001, S. 24).

Das Markenguthaben umfaßt die Markensympathie sowie das Markenvertrauen (Loyalität zur Marke). Das Markenbild wird geprägt durch

- die Markenawareness,
- die Klarheit und Attraktivität des inneren Markenbildes,
- die Eigenständigkeit des Markenauftritts,
- die Einprägsamkeit der Werbung sowie
- den subjektiv wahrgenommenen Werbedruck.

Der Beitrag beider Dimensionen zur Berechnung des Markenwerts ist dabei abhängig vom Alter der Marke. So kann das Markenguthaben bei neuen Marken noch nicht so stark ausgeprägt sein wie bei alten Marken. Nach Auffassung von icon brand navigation hat das Markenguthaben zwar einen direkteren Bezug zum Markenerfolg, kann allerdings im wesentlichen nur über den Umweg des Markenbildes beeinflußt werden. Das Markenbild selbst generiert sich aus dem ganzheitlichen Auftritt der Marke, der verschiedene Quellen umfaßt. So findet man bei der Analyse innerer Markenbilder zum Beispiel Farb- und Formcodes, Logos, Verpackungs- sowie Werbeelemente. Das Markenguthaben selbst hat bei jedem Menschen eine sehr individuelle Historie, die letztendlich auch auf Erfahrungen mit dem Produkt beruhen.

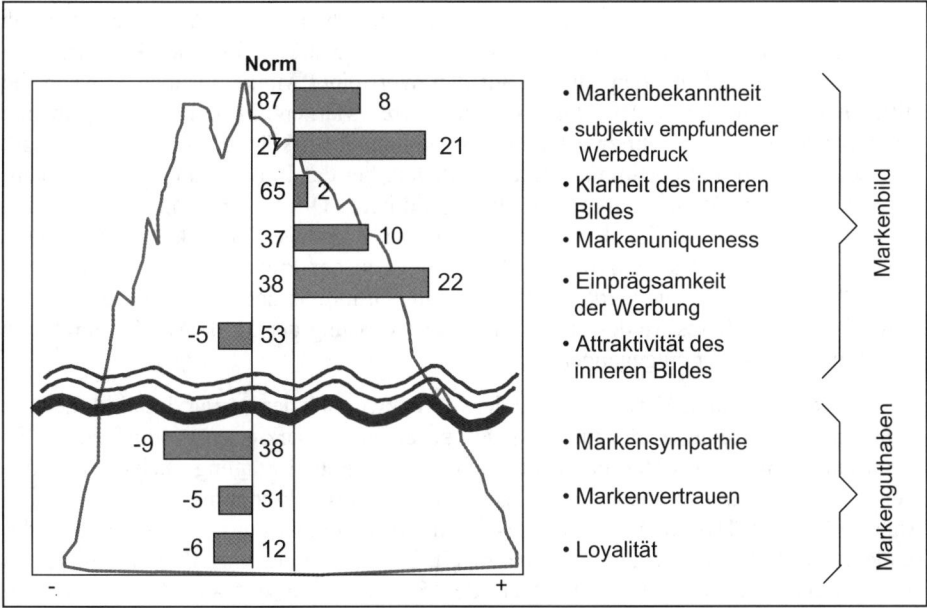

Abbildung 10:   Anonymisierte Ergebnisse zum Markenwert eines Schokoriegels
Quelle: Esch/Andresen, 1997, S. 20.

Die für die jeweilige Marke ermittelten Werte für die einzelnen Indikatoren des Markeneisbergs können mit Hilfe der umfangreichen icon brand navigation-Datenbank zu entsprechenden (durchschnittlichen) Referenzwerten der jeweiligen Branche oder des jeweiligen Produktbereiches in Beziehung gesetzt werden. Dadurch erhält man konkrete
Hinweise, in welchen Bereichen die Marke besser oder schlechter als der Branchendurchschnitt wahrgenommen wird, so daß ein Benchmarking möglich wird.

So kann man beispielsweise aus dem oben dargestellten Markeneisberg für eine Marke
aus dem Schokoriegelbereich feststellen, daß zwischen dem Markenbild und dem Markenguthaben erhebliche Diskrepanzen bestehen. Das Markenbild dieser Marke ist
vergleichsweise gut ausgeprägt aufgrund des subjektiv empfundenen Werbedrucks
sowie der Einprägsamkeit der Marke. Auch die Eigenständigkeit und die Bekanntheit
der Marke liegen deutlich über der Norm. Schwächen sind hingegen bei dem
Markenguthaben feststellbar, wo die Marke in bezug auf die Markensympathie, die
Markenloyalität und das Markenvertrauen deutliche Defizite gegenüber der Branchen-
norm aufweist. Demnach ergeben sich Optimierungspotentiale bei der Klarheit und
Attraktivität des inneren Bildes. Durch stärkere Betonung des Produktnutzens kann
langfristig die Attraktivität der Marke und damit das Markenbild weiter optimiert werden. Durch eine solch kontinuierliche Arbeit am Markenbild wird langfristig auch auf
das Markenguthaben eingezahlt, das sich entsprechend erhöhen sollte.

Anders als beim Brand Performancer von Nielsen und beim Brand Asset Valuator von
Young & Rubicam werden hier explizit die inneren Markenbilder der Konsumenten
erfaßt, die einen bedeutenden Einfluß auf den Wert einer Marke ausüben[12]. Auch die
Differenzierung in die beiden Dimensionen inneres Markenbild und Markenguthaben
sind aus pragmatischer Sicht zweckmäßig. Sie können im Erklärungszusammenhang gut
eingesetzt werden und bestimmte Zusammenhänge bei der Entwicklung eines Markenwerts deutlich vor Augen führen. Allerdings sind beide Dimensionen nicht unabhängig
voneinander. Dies muß bei der Interpretation der Ergebnisse berücksichtigt werden.
Wegen der großen Akzeptanz des Markeneisbergs in der Praxis, der sich in den weit
über 1000 durchgeführten Markenstatus-Erhebungen mittels des Markeneisbergs manifestiert, wird auf dieses Modell in dem Beitrag „Messung der Markenstärke durch den
Markeneisberg" näher eingegangen.

Bei den Preis-Premium-Verfahren wird der Markenwert als der Betrag definiert, den die
Konsumenten für eine Marke im Vergleich zu einem unmarkierten Produkt zu zahlen
bereit sind. Ein solches Verfahren läßt sich direkt durch Befragung nach dieser Aufpreisbereitschaft und indirekt durch Erschließen des Preis-Premiums mittels Conjoint-
Analyse erheben. Das so ermittelte Preis-Premium wird dann mit der Absatzmenge der
Marke multipliziert und ergibt den Markenwert. Die Ermittlung eines Preis-Premiums ist
ein einfacher, auf dem Markenwissen der Konsumenten aufbauender Ansatz zur
Ermittlung des Markenwerts. Allerdings läßt er keine diagnostischen und
therapeutischen Rückschlüsse zur Markenführung zu. Ferner erfolgt der Vergleich einer

---

12 Zur Verhaltensrelevanz und zu weiteren Vorteilen von inneren Bildern allgemein vgl. Ruge (1988) und
    Kroeber-Riel (1993 b).

bestehenden Marke mit einem anderen Produkt. Hieraus ergibt sich das Problem, daß ein solcher Vergleich lediglich die Ermittlung eines relativen Markenwerts ermöglicht. Zudem muß für jede betrachtete Marke ein unmarkiertes Vergleichsprodukt gefunden werden. Dies erweist sich jedoch oft als schwierig. Zwar ist bei Gütern des täglichen Gebrauchs wie zum Beispiel Schokolade oder Toilettenpapier ein unmarkiertes Vergleichsprodukt relativ leicht zu identifizieren, allerdings fehlt bei Produkten oder Marken, die mit hohem Involvement genutzt werden (wie bspw. der BMW Z3) das adäquate Vergleichsprodukt.

Die Modelle von Interbrand und von Nielsen berücksichtigen neben ökonomischen auch verhaltenswissenschaftliche Daten.

Bei der Marken-Bilanz von Nielsen und dem Modell von Interbrand handelt es sich um Punktbewertungsmodelle: Anhand einer Liste von Kriterien erfolgt die Bewertung einer Marke (vgl. Abbildung 11 und 12). Die einzelnen Kriterien fließen dabei mit unterschiedlichen Gewichtungen entsprechend ihrer vermuteten Einflußstärke in die Bewertung ein. Im Gegensatz zu Interbrand macht Nielsen hier jedoch keine Angaben zur Gewichtung der einzelnen Beurteilungsfaktoren. Anschließend wird über die Werte zu den einzelnen Kriterien ein Gesamtpunktwert ermittelt (vgl. Abbildung 13).

Je nach Gesamtpunktzahl liegt eine Markenschwäche oder eine Markenstärke vor. Der Gesamtpunktwert kann wiederum über bestimmte Verfahren in einen monetären Wert umgerechnet werden. Die Berechnung des monetären Markenwerts auf Basis der Indexwerte erfolgt im Nielsen-Modell nach dem Ertragswertverfahren. Der Indexwert geht als Diskontierungsfaktor für die zukünftig mit der Marke erwirtschaftbaren Erträge ein.

Bei Interbrand wird der Index über eine S-förmige Kurve in einen Multiplikator transformiert (vgl. Penrose, 1989 sowie Abbildung 14), mit dem die durchschnittlichen Gewinnwerte der letzten drei Perioden verrechnet werden (vgl. Riedel, 1996, S. 48 sowie Abbildung 15).

Das Anwenden eines Multiplikators auf den Gewinn einer Unternehmung kann allerdings zu absurden Ergebnissen führen: Wenn ein Unternehmen statt eines Gewinnes Verluste realisiert, werden diese Verluste durch den Multiplikator noch verstärkt. Die Folge für den so berechneten Markenwert ist, daß er negativ wird. Marken, die noch im Aufbau sind und sich vielleicht gerade erst in den Köpfen ihrer Anspruchsgruppen etabliert haben wie zum Beispiel Amazon oder Bounty von Procter & Gamble, würden demnach - solange sie noch Verluste realisieren - mit einem negativen Markenwert bestraft werden. In einem solchen Fall würde gelten: Je höher die Markenstärke, desto negativer der Markenwert. Zudem ist der S-förmige Verlauf dieser Kurve, bei der zunächst mit zunehmender Stärke der Marke der Multiplikator exponentiell, später nur noch linear und letztlich nur noch marginal wächst, in bezug auf seine Allgemeingültigkeit zu Recht heftig umstritten (vgl. Hammann, 1992; Kapferer, 1992, S. 319 ff.).

Kategorien/Kriterien	Datenbasis
Was gibt die Marke her?	
1. Größe des Markts	Größenpotential des relevanten Markts
2. Entwicklung des Markts	Lebenszyklus-Stadium des Markts
3. Wertschöpfung des Markts	Gewinnpotential aller Anbieter
Welchen Anteil holt die Marke aus ihrem Markt heraus?	
4. Wertmäßiger Marktanteil	Wert- statt Mengenmarktanteil
5. Relativer Marktanteil	Marktanteil im Vergleich zum Marktführer
6. Marktanteilsentwicklung	Bewegungswert der Marke in der Vergangenheit
7. Gewinn-Marktanteil	Gewinnentwicklung der Marke
Wie beurteilt der Handel die Marke?	
8. Gewichtete Distribution	Nachfragepotential der Geschäfte
9. Handelsattraktivität	Rangplatz im Regal
Was tut das Unternehmen für die Marke?	
10. Produktqualität	Beurteilung durch neutralen Experten
11. Preisverhalten	Rolle des Preises bei der Umsatz- und Marktanteilsentwicklung
12. Share of voice	Werbeaufwand im Vergleich zur werbenden Konkurrenz
Wie stark sind die Konsumenten der Marke verbunden?	
13. Markentreue	Bindungs- und Zufriedenheitsgrad beim Verbraucher
14. Vertrauenskapital der Marke	Messung der Markenpersönlichkeit
15. Share of mind	Messung der spontan abgerufenen Marken
16. Werbeerinnerung	Messung der spontan abgerufenen Bild- oder Textelemente
17. Markenidentifikation	Verbindung der Werbeelemente mit der richtigen Marke
Wie groß ist der Geltungsbereich der Marke?	
18. Internationalität der Marke	Grad der Verbreitung der Marke über ihre Stammregion hinaus
19. Internationaler Markenschutz	Grad des Warenzeichenschutzes

Abbildung 11:   Kriterienkatalog der Marken-Bilanz von Nielsen
Quelle: Hammann, 1992, S. 223 f.

Die ersten beiden Stufen der Markenwertberechnung, d. h. die Messung der Indikatoren und die Bestimmung der Position einer Marke auf einem normierten Index mittels eines Punktbewertungsmodells sind bei beiden Modellen vergleichbar. Abweichungen ergeben sich jedoch in der dritten Stufe, bei der Interbrand den Indexwert mittels der Sförmigen Kurve in einen Multiplikatorwert überführt, der multipliziert mit dem Gewinn nach Steuern den Markenwert ergibt. Hingegen berücksichtigt Nielsen hier die Summe der abgezinsten Umsatzerwartungen, wobei ein Diskontierungssatz berücksichtigt wird, der sich nach der Höhe des berechneten Indexwertes richtet (vgl. Riedel, 1996, S. 49).

Kriterien zur Bewertung einer Marke im Interbrand-Modell

1. Marktführerschaft
(Marktbeeinflussungsmöglichkeiten)
- Gegenwärtiger Status und Rolle (Marktanteil, Marktposition, Marktanteile der Wettbewerber, Marktsegment, regionale/nationale/internationale Aspekte u.a.)
- Wie wurde diese Position erreicht? (Marktstruktur, Breite der Konsumentenbasis, Handelsdurchsetzung, Produktvorteile, Verbraucherimage u.a.)
- Zukunftsaspekte

2. Stabilität
(Überlebensfähigkeit)
- Historie (Produkte mit Markennamen, Alter, Langlebigkeit u. a.)
- Aktuelle Position (Produktrange, visuelle Präsentation, Verbraucherakzeptanz, Abhängigkeit von Vertriebssystemen u. a.)
- Zukünftige Entwicklung

3. Markt
- Übersicht (Wettbewerbsstruktur, Marktsegment, Verbraucherbindung, Wert, Volumen u.a.)
- Trend (Verbrauchernachfrage, markenunabhängige Einflüsse, Marktdynamik)
- Zukunftsperspektiven

4. Internationalität
(Eignung, kulturelle/geographische Grenzen zu überschreiten)
- Gegenwart (Vertretung auf ausländischen Märkten, Bedeutung in diesen Märkten u.a.)
- Vergangenheit (Export-Historie, Stabilität der Märkte, Werbung im Ausland u.a.)
- Zukunftsperspektiven

5. Trend der Marke
- Entwicklung (Verkaufsvolumen, Verkaufswert, Marktanteil)
- Status (Wettbewerbstrend, Gefahren)
- Planung (Entwicklungspläne, zukünftige Chancen u.a.)

6. Marketing-Unterstützung
- Qualität und Kontinuität (Werbeaktivitäten, Verkaufsförderung, Handelsunterstützung, Präsenz im Geschäft)
- Qualität (Entwicklung der Markenpersönlichkeit, Kongruenz von Botschaft und Image, Durchsetzung von Markenwerten)
- Zukünftige Strategie

7. Rechtlicher Schutz der Marke

Abbildung 12: Kriterienkatalog des Interbrand-Modells
Quelle: Hammann, 1992, S. 223 f.

Bewertungskriterium	Maximaler Punktwert	Markenprodukt			
		A	B	C	D
Marktführerschaft	25	19	19	10	7
Stabilität	15	12	9	7	11
Markt	10	7	6	8	6
Internationalität	25	18	5	2	0
Trend der Marke	10	7	5	7	6
Marketingunterstützung	10	8	7	8	5
Schutz der Marke	5	5	3	4	3
„Markenstärke"	100	76	54	46	38

Abbildung 13:   Gewichtung der Hauptfaktoren des Interbrand-Modells und beispiel-
                hafte Darstellung der Markenstärke von Markenprodukten
Quelle: Hammann, 1992, S. 230.

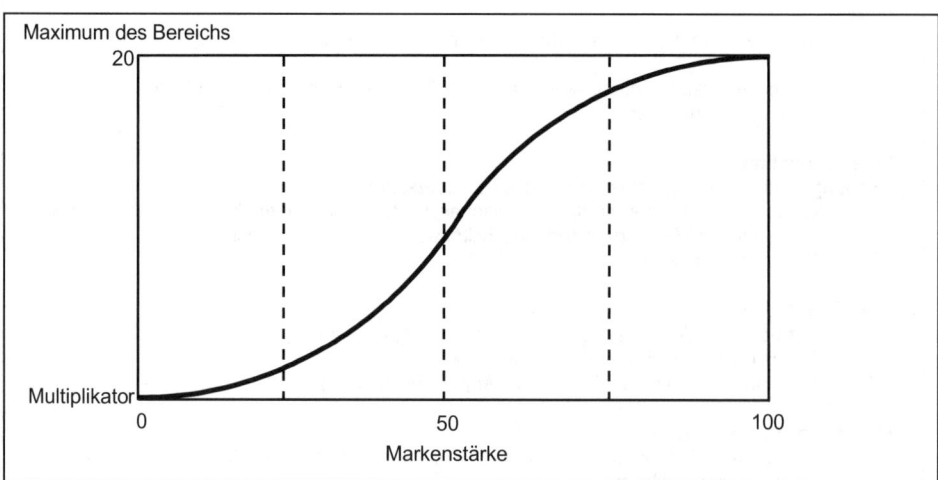

Abbildung 14:   Markenwertfaktor-Funktion mittels S-förmiger Kurve im Interbrand-
                Modell
Quelle: Kapferer, 1992, S. 317.

Kennwert	Periode			
	t-2	t-1	t	t+1
(1) Gewinn des Markenprodukts vor Steuern	500	540	570	600
(2) Beiträge aus der Produktion von Eigenmarken für den Handel	200	210	220	225
(3) = Nettogewinn des Markenprodukts [(1) - (2)]	300	330	350	375
(4) Inflationsfaktor	1.09	1.05	1.0	
(5) Gegenwartswert des Nettogewinns [(3) x (4)]	327	347	350	
(6) Gewichtungsfaktor	1	2	3	
(7) Gewichteter Gegenwartswert des Nettogewinns	327	694	1050	
(8) kumulierter, gewichteter Nettogewinn [Σ_t (7)$_t$]	2071			
(9) Gesamtgewicht [Σ_t (6)$_t$]	6			
(10) Durchschnittsnettogewinn [(8) : (9)]	345			
(11) Niedergangsabschlag	-			
(12) Eigenkapitalzins	100			
(13) Durchschnittsnettogewinn nach Zinsen [(10) - (12)]	245			
(14) Gewinnsteuern (33%)	81			
(15) Durchschnittsnettogewinn nach Zinsen und Steuern [(13) - (14)]	164			

Kennwert	Marke			
	A	B	C	D
Durchschnittsgewinn (nach Zinsen und Steuern; in 1000 GE)	164	164	164	164
Markenwertfaktor	17,1	11,3	8,8	6,3
Markenwert (in 1000 GE)	2804	1853	1443	1033

Abbildung 15: Berechnung des Durchschnittsgewinns und Verknüpfung des Markenwertfaktors mit dem Gewinn zum Markenwert im Interbrand Modell

Quelle: in Anlehnung an Hammann, 1992, S. 231.

Während bei Interbrand die Daten für die in das Modell einfließenden Bewertungskriterien überwiegend durch Schätzungen erhoben werden, greift Nielsen überwiegend auf Paneldaten zurück, so daß hier zumindest bezogen auf diese Daten die Manipulationsgefahr geringer ist als bei dem Interbrand-Modell (vgl. Franzen et al., 1994).

Unisono wird an diesen Modellen kritisiert, daß die Auswahl und Gewichtung der einzelnen Faktoren oder Kategorien subjektiv ist. Zudem gelten bei diesen Modellen auch alle Einwände, die gegenüber Punktbewertungsmodellen generell anzuführen sind. Punktbewertungsmodelle unterstellen, daß die verwendeten Kriterien, die ja zu einem Gesamtpunktwert addiert werden, voneinander unabhängig sind. Genau dies trifft allerdings weder auf das Interbrand noch auf das von Nielsen entwickelte Verfahren zu (vgl. Hammann, 1992; Schulz/Brandmeyer, 1989). So wird zum Beispiel das Kriterium „Marktanteil" bei Nielsen durch Kriterien wie „Markentreue", „Share of Mind" usw. beeinflußt. Es handelt sich in den Modellen also um Größen, die miteinander z. T. stark korreliert sind bzw. zwischen denen ein kausaler Zusammenhang besteht. Diese Methoden zur Berechnung des Markenwerts liefern zur Zeit eher heuristische „Daumenwerte"[13].

Zur Markensteuerung sind diese Modelle bedingt geeignet, vor allem dann, wenn man statt des errechneten Markenwerts auf Einzelindikatoren rekurriert. Gerade die konsumentenbezogenen Kriterien müßten jedoch in beiden Modellen für eine effiziente Markensteuerung noch weiter vertieft werden, um tiefere Aufschlüsse über die in den Köpfen der Konsumenten verankerten „Markenwerte" geben zu können. Bei der Anwendung des Ertragswertverfahrens bei Nielsen können alle Einwände gegenüber Ertragswertverfahren allgemein gemacht werden, beim Interbrand-Modell bleibt der S-förmige Verlauf der Kurve zur Umrechnung des Indexwerts in einen Multiplikator im Dunkeln. Als letzter Punkt sei erwähnt, daß das Verfahren von Interbrand den Wert von alten, schlafenden Marken wie zum Beispiel den Markenwert der revitalisierten Marke Bluna oder den von nichtkommerziellen Marken wie das ZDF nicht bestimmen kann.

Die Markenbilanz wurde - im Gegensatz zum Interbrand-Modell - bereits einer kausalanalytischen Untersuchung unterzogen. Riedel konnte im Rahmen dieser kausalanalytischen Studie mit Daten zu 56 Marken aus dem Körperpflegebereich belegen, daß die kundenbezogenen Kriterien bei der Markenbilanz eine herausragende Rolle zur Bestimmung der Markenstärke spielen. Riedel (1996, S. 150) konstatiert: Der Haupteinfluß auf die Markenstärke geht von der Basisgröße Kunden, also kundenbezogenen Faktoren aus. „Sie wirkt über insgesamt drei Kausalketten auf die ...Markenstärke..., so daß hohe Bekanntheits- und Sympathiewerte der Marke unabdingbare Voraussetzung für den Erhalt bzw. die Steigerung der ...Markenstärke... sind" (vgl. Abbildung 16).

Sofern aber gerade diese kundenbezogenen Faktoren eine herausragende Bedeutung haben, stellt sich die Frage, ob diese in dem Nielsen-Modell, aber auch bei Interbrand, hinreichend umfassend und genau operationalisiert wurden.

---

13 Zur Objektivierung der Markenwertberechnung durch kausalanalytische Bestimmung der Bedeutung einzelner in die Modellüberlegungen einfließender Indikatoren vgl. Franzen et al. (1994).

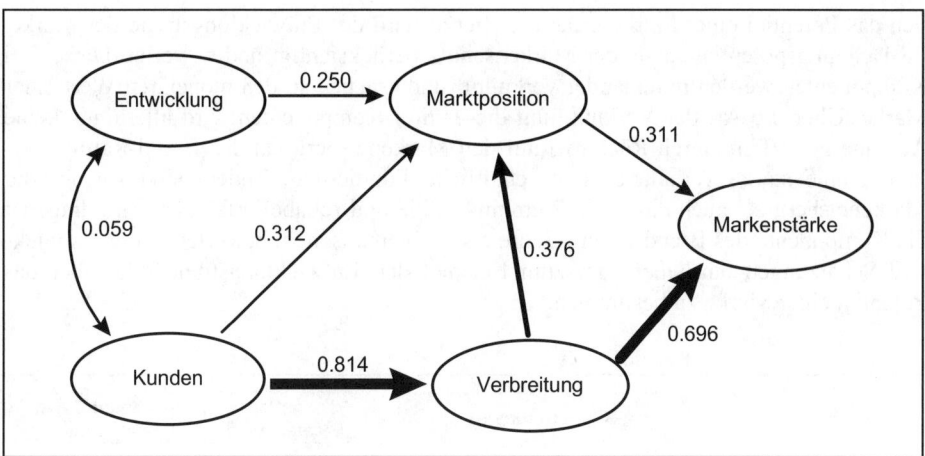

Abbildung 16: Kausalanalytisches Strukturmodell zur Markenstärke
Quelle: Riedel, 1996, S. 150.

Da es sehr schwer ist, ein für alle Anforderungsbereiche allgemeingültiges Marken-bewertungsmodell zu entwickeln, wurde von Nielsen ein weiteres Modell entwickelt, das durch seinen modularen Aufbau den einzelnen Verwendungszusammenhängen besser gerecht werden soll. Der **Brand Performancer** von **Nielsen**, der auf der Marken-Bilanz aufbaut, besteht aus verschiedenen Modulen: Kern des Brand Performancer ist der Brand Monitor, der eine Markenbewertung aufgrund von handels-, markt- und konsumentenbezogenen Daten nach einem statistisch validierten Verfahren vornimmt. Es handelt sich hier um ein indikatororientiertes Scoring-Modell wie bei der Marken-Bilanz. Hier treffen demnach auch die oben erwähnten Kritikpunkte zu. Im Brand Steering System erfolgt ein Abgleich der derzeitigen Position der Marke mit den strategischen Zielvorstellungen des Unternehmens. Zudem werden hier die Marketingaktivitäten einer Stärken-/Schwächen-Analyse unterzogen. Dazu dient eine strategische Imageanalyse. Das Brand Value System dient der monetären Bewertung der Marke. Basis dafür ist die relative Markenstärke im Vergleich zum Wettbewerb. Im Brand Control System werden schließlich die Marketing-Investitionen in Beziehung zum Erfolg der Marketing-Maßnahmen gesetzt (vgl. Franzen et al., 1994; Nielsen, 1992).

Das von **icon brand navigation** und **Wieselhuber & Partner** entwickelte **Brand Rating Verfahren** kombiniert ebenfalls verhaltenswissenschaftliche und ökonomische Daten und bestimmt den monetären Markenwert auf Basis des icon-Markeneisbergs. Es besteht aus drei miteinander verknüpften Komponenten: dem icon-Markeneisberg, dem diskontierten Preisabstand (im Sinne eines Preis-Premiums) sowie dem Brand-Future-Score, der das Zukunftspotential einer Marke mißt (vgl. Abbildung 17). Durch Verwendung des Markeneisbergs ergibt sich eine solide verhaltenswissenschaftliche Fundierung des Modells. Das Preis-Premium wird durch diskontierte Preisabstände erhoben, die mit der jeweiligen Absatzmenge multipliziert werden. Der Brand-Future-Score soll schließlich das Potential einer Marke erfassen. Hierzu wird der Entwicklungstrend der Marke, ihr Dehnungspotential sowie der Markenschutz berücksichtigt und bewertet. Diese drei Komponenten werden miteinander verknüpft und ergeben so den monetären Wert einer Marke. Über die Art der Verknüpfung dieser drei Komponenten wird allerdings keine Aussage getroffen. Durch Rückgriff auf den Markeneisberg hat das Brand-Rating-Verfahren eine starke verhaltenswissenschaftliche Fundierung. Zudem sind sowohl der Markeneisberg als auch das Preis-Premium valide und reliabel erfassbar. Allerdings ist die Komponente des Brand-Future-Score als problematisch zu bewerten, da hier subjektive Schätzungen einfließen, um zum Beispiel den Entwicklungstrend oder aber das Potential einer Marke zu bestimmen.

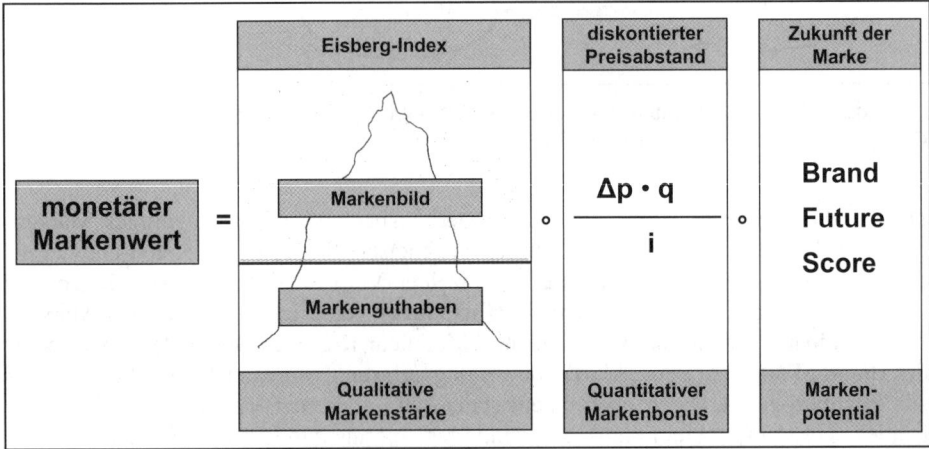

Abbildung 17:   Das 3-Komponenten-Modell Brand-Rating
Quelle: Brand Rating GmbH.

Fazit: Ökonomische Meßverfahren können zwar ermitteln, wie sich ein Markenwert entwickelt, aber nicht, warum er sich so und nicht anders entwickelt. Beispiel: In der Praxis führen Erhöhungen des Marketingbudgets oder kurzfristige Umverteilungen des Marketingbudgets häufig zur gewünschten Umsatzleistung. Verkaufsförderungsaktionen sind kurzfristig wirksam, ein größerer Werbedruck kann höhere Umsätze bewirken. Ob dadurch auch die erforderlichen und gewünschten Gedächtnisstrukturen bei den Konsumenten aufgebaut oder diese durch strategisch nicht eingebundene Maßnahmen geschwächt werden, ist durch ökonomische Markenwertmessungen kaum beantwortbar.

Für die in bezug auf die Markensteuerung und das Markencontrolling besonders relevanten diagnostischen Fragestellungen, die auch die Empfehlung entsprechender Therapievorschläge ermöglichen, sind deshalb periodisch durchgeführte verhaltenswissenschaftliche Messungen des Markenwerts unabdingbar.

Betrachtet man die Veränderungen der Markenwertverfahren über den Zeitablauf hinweg, so kann man eine stetige Verbesserung der Ansätze durch eine immer stärker werdende Berücksichtigung der Konsumentenperspektive feststellen. Gerade die neueren Verfahren wie der Brand-Rating-Ansatz ermöglichen es, aufbauend auf fundierten verhaltenswissenschaftlichen Grundlagen den Wert einer Marke finanziell zu bestimmen. Doch auch solche Verfahren weisen gerade dann noch Schwächen auf, wenn es um die Einschätzung der zukünftigen Entwicklung einer Marke geht.

Kevin L. Keller

Kundenorientierte Messung des Markenwerts

1. Was ist ein kundenorientierter Markenwert?

Der kundenorientierte Markenwert betont die Wichtigkeit des Kunden bei der Schaffung und dem Management eines Markenwerts (vgl. Keller, 1998). Er kann als differenzierender Effekt bezeichnet werden, d. h. als spezifische Verbraucherreaktion gegenüber dem Marketing der Marke aufgrund des erworbenen Markenwissens. Eine Marke besitzt dann einen positiven kundenorientierten Markenwert, wenn Kunden auf ein Produkt und seine Vermarktung aufgrund der Marke günstiger reagieren als auf das Produkt einer fiktiven Marke oder auf ein unmarkiertes Produkt.

Die Macht einer Marke liegt im Vorstellungsvermögen der Verbraucher und in den im Laufe der Zeit mit der Marke gesammelten Erfahrungen und Kenntnissen. Formal ausgedrückt läßt sich das Markenwissen als ein Netzwerk von Knoten und Bindegliedern konzeptualisieren, d. h. als Netzwerk verschiedener Assoziationen zur Marke. Das Markenwissen kann durch zwei Komponenten - die Markenbekanntheit und das Markenimage - folgendermaßen charakterisiert werden:

Die Markenbekanntheit ist verbunden mit der Stärke der Knoten oder der Spur einer Marke im Gedächtnis. Sie kennzeichnet die Fähigkeit des Verbrauchers, die Marke unter verschiedenen Bedingungen zu erinnern oder wiederzuerkennen. Markenbekanntheit läßt sich durch Tiefe und Weite charakterisieren. Die Tiefe der Markenbekanntheit kennzeichnet die Wahrscheinlichkeit, mit der eine Marke erkannt oder erinnert wird. Die Weite der Markenbekanntheit hängt mit der Vielzahl der Kauf- und Verbrauchssituationen zusammen, in denen die Marke in das Vorstellungsvermögen der Kunden eindringt.

Das Markenimage wird als Wahrnehmung und Bevorzugung einer Marke auf der Basis verschiedener gespeicherter Markenassoziationen definiert. Markenassoziationen können in unterschiedlicher Form auftreten. Grob gesprochen ist eine Unterscheidung zwischen Attributen (d. h. was ein Produkt ist oder hat), Nutzen (d. h. was ein Produkt dem Verbraucher bieten kann) und Einstellung (d. h. die Gesamtbewertung eines Produkts durch den Verbraucher) zweckmäßig (vgl. Abbildung 1).

2. Quellen der Markenwerts

Der kundenorientierte Markenwert ergibt sich daraus, daß sich der Verbraucher in hohem Maß der Marke bewußt und mit ihr vertraut ist und sich in seinem Gedächtnis starke, positive und einmalige Markenassoziationen verankert haben. In manchen Fällen reicht die Markenbekanntheit aus, um zu einer positiven Verbraucherreaktion zu führen. Dies gilt insbesondere vor dem Hintergrund geringen Involvements von Verbrauchern, denen es an Motivation und/oder Fähigkeit zur intensiven Auseinandersetzung mit Marken mangelt und die ihre Wahl nur auf der Basis vertrauter Marken treffen. In anderen

Fällen spielen die Stärke, Vorteilhaftigkeit und Einzigartigkeit der Markenassoziationen eine entscheidende Rolle bei der Bestimmung unterschiedlicher Reaktionen, die zum Aufbau des Markenwerts führen. Die drei entscheidenden Dimensionen der Markenassoziationen werden durch folgende Faktoren bestimmt:

1. Stärke der Assoziationen

Die Stärke einer Assoziation setzt sich aus der Quantität der Verarbeitung und der Qualität der Informationsverarbeitungsprozesse zusammen. Je tiefer sich eine Person mit Markeninformationen auseinandersetzt und sie mit vorhandenen Markenkenntnissen in Verbindung bringt, um so stärker sind die sich ergebenden Markenassoziationen. In diesem Zusammenhang erleichtern zwei Faktoren die Stärke der Assoziation zu jeder einzelnen Markeninformation: die persönliche Relevanz der Information und die Konsistenz, mit der diese Information im Laufe der Zeit dargeboten wird.

2. Vorteilhaftigkeit der Assoziationen

Assoziationen, die zur Markenbevorzugung führen, sind wünschenswerte Assoziationen. Diese Assoziationen können mit dem Produkt oder anderen immateriellen, nicht produktbezogenen Aspekten (z. B. der Erlebniswelt einer Marke) in Verbindung stehen. Nicht alle Markenassoziationen werden von den Verbrauchern jedoch als wichtig erachtet und positiv beurteilt, noch haben sie in unterschiedlichen Einkaufs- oder Konsumsituationen den gleichen Stellenwert.

3. Einzigartigkeit der Assoziationen

Schließlich ist es wichtig, einmalige, wesentliche Unterscheidungsmerkmale mit der Marke zu assoziieren, um einen Wettbewerbsvorteil zu erhalten und einen Kaufgrund beim Verbraucher zu evozieren. Für andere Markenassoziationen kann es jedoch ausreichend sein, daß sie in bezug zu den Assoziationen konkurrierender Marken als vergleichbar oder gleichwertig erachtet werden. Diese Assoziationen dienen dazu, daß eine Marke mit einer Kategorie assoziiert wird, um potentielle Differenzierungsmerkmale der Wettbewerber zu neutralisieren. Solche Assoziationen sind dazu bestimmt, dem Verbraucher keinen Grund zu liefern, eine andere Marke zu wählen.

Der Aufbau eines Markenwerts erfordert die Entwicklung einer Marke, die im Bewußtsein der Verbraucher existiert und mit der diese starke, positive und einzigartige Markenassoziationen verbinden. Dieser Aufbau von Markenwissen hängt von folgenden Entscheidungen ab:

1. Der Auswahl der **Markenelemente oder -identitäten**, die die Marke formen,
2. dem **Marketingprogramm** und der Art und Weise, wie die Marke in das Programm integriert wird und

3. **sonstigen Assoziationen**, die indirekt auf die Marke übertragen werden, indem man sie mit übergeordneten Aspekten verbindet (z. B. dem Unternehmen oder dem Ursprungsland).

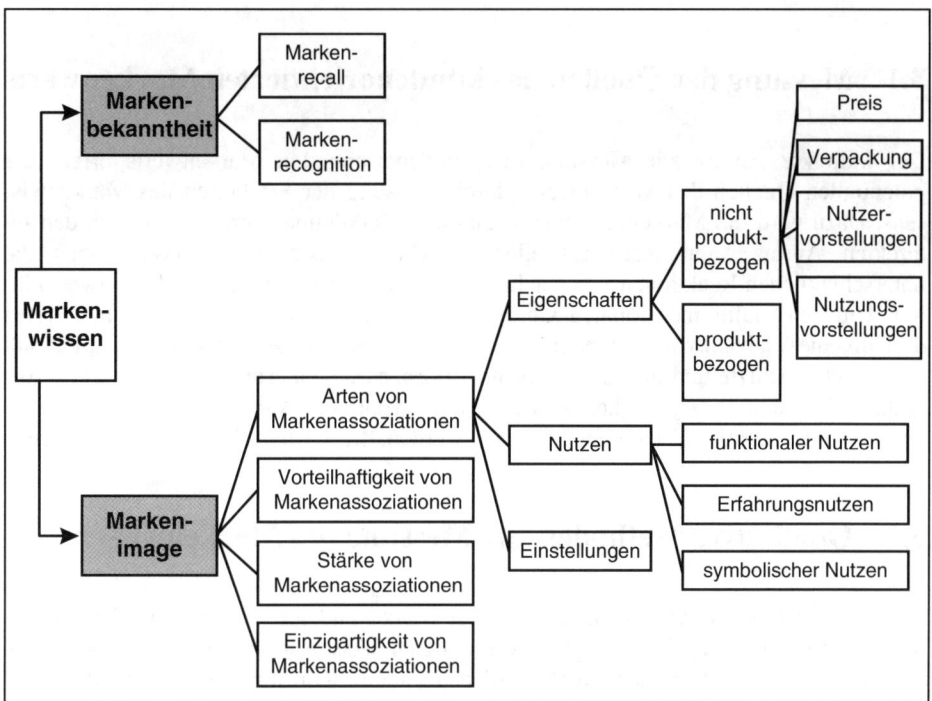

Abbildung 1:   Operationalisierung des Markenwerts
Quelle: Keller, 1993, S. 7.

3. Methoden zur Messung des kundenorientierten Markenwerts

Marketingexperten sollten sowohl die Quellen des Markenwerts als auch deren Wirkungen oder den daraus resultierenden Markenwertnutzen genau kennen. Das kundenorientierte Markenwertmodell liefert erste Richtlinien für die Messung des Markenwerts. Grundsätzlich kann man zwei Ansätze zur Messung des Markenwerts unterscheiden. Der **„indirekte" Ansatz** kann Ursachen des kundenorientierten Markenwerts identifizieren, in dem man die Strukturen des Markenwissens der Konsumenten ermittelt. Der **„direkte" Ansatz** dient hingegen zur Messung der tatsächlichen Wirkung des Markenwissens auf die Reaktion des Konsumenten aufgrund verschiedener Marketingmaßnahmen einer Marke.

Die Ansätze ergänzen einander und sollten beide von Marketingexperten angewandt werden.

3.1 Messung der Quellen des kundenorientierten Markenwerts

Der indirekte Ansatz zur Messung des kundenorientierten Markenwerts erfaßt die potentiellen Quellen des Markenwerts durch Messung der Strukturen des Markenwissens. Dazu wird die Markenbekanntheit und das Markenimage erhoben. Durch den indirekten Ansatz kann man feststellen, welche Aspekte des Markenwissens die unterschiedlichen Reaktionen verursachen, die zum kundenorientierten Markenwert führen. Um den multidimensionalen Charakter des Markenwissens zu erfassen, müssen deshalb eine Vielzahl von Meßmethoden eingesetzt werden: Die Markenbekanntheit läßt sich durch gestützte und ungestützte Erinnerungsmessungen ermitteln. Die Stärke, Vorteilhaftigkeit und Einzigartigkeit von Markenassoziationen kann durch mehrere qualitative und quantitative Techniken gemessen werden, die wir im folgenden beschreiben.

3.2 Qualitative Methoden zur Messung des Markenwissens

Es gibt verschiedene Methoden, die mit der Marke und ihrer entsprechenden Stärke, Vorteilhaftigkeit und Einzigartigkeit verbundenen Assoziationstypen herauszufinden. Qualitative Untersuchungstechniken werden oft angewandt, um mögliche Markenassoziationen und Quellen des Markenwerts zu ermitteln. **Qualitative Untersuchungstechniken** sind relativ unstrukturierte Meßansätze, bei denen unterschiedliche Antwortmöglichkeiten zugelassen sind. Aufgrund der Freiheit, die den Forschern bei ihren Untersuchungen und den Verbrauchern bei ihren Antworten zugestanden wird, können qualitative Untersuchungen oft ein nützlicher „erster Schritt" zur Erforschung der Produkt- und Markenwahrnehmung durch den Verbraucher sein. Nachfolgend werden eine Reihe qualitativer Untersuchungstechniken dargestellt, die angewandt werden können, um die Markenwertquellen zu bestimmen.

3.2.1 Freie Assoziation

Die einfachste und wirkungsvollste Methode, Markenassoziationen herauszuarbeiten, besteht in freien Assoziationstests, bei denen die Testpersonen gefragt werden, was ihnen in den Sinn kommt, wenn sie an eine bestimmte Marke denken (z. B. „Was bedeutet der Name Rolex für Sie?" oder „Sagen Sie mir, was Ihnen in den Sinn kommt, wenn Sie an Rolex-Armbanduhren denken.“). Der Hauptzweck freier Assoziationen liegt darin, die Kette möglicher Markenassoziationen im Vorstellungsvermögen der Verbraucher zu bestimmen.

Antworten auf diese Fragen helfen den Marketingexperten, die Reihe möglicher Assoziationen abzuklären und ein Markenprofil zusammenzustellen (vgl. Boivin, 1986). Um ein genaueres Verständnis von den geäußerten Assoziationen zu erlangen, können Verbrauchern Folgefragen zu den genannten Assoziationen gestellt werden. So kann zum Beispiel ermittelt werden, was genau ein Proband an einer Marke einzigartig findet, wenn er die Marke generell als einzigartig bezeichnet. Folgende Fragestellungen haben sich besonders bewährt:

1. Was gefällt Ihnen am besten an der Marke? Welche positiven Aspekte besitzt die Marke? Was mißfällt Ihnen an der Marke? Welches sind ihre Nachteile?
2. Was halten Sie für einzigartig an der Marke? Worin liegen Unterschiede zu anderen Marken? Worin liegen Gemeinsamkeiten mit anderen Marken?

Diese einfachen, direkten Fragen können außerordentlich wertvoll bei der Bestimmung der Hauptaspekte eines Markenimages sein. Um die Assoziationstests stärker zu strukturieren, können Verbrauchern weitere Folgefragen gestellt werden, so daß beschrieben werden kann, was die Marke für sie im Sinne von „wer, was, wann, wo, warum und wie"-Fragen bedeutet (vgl. hierzu den Beitrag „Gestaltung der Markenpersönlichkeit mittels der 'means end'-Theorie" in diesem Buch):

1. Wer benutzt die Marke? Welcher Personentyp?
2. Wann und wo benutzen sie die Marke? In welcher Art von Situationen?
3. Warum benutzen Personen die Marke? Was für einen Nutzen hat sie?
4. Wie benutzt die Person die Marke? Wofür nutzt die Person die Marke?

3.2.2 Projektive Techniken

Das Aufdecken der Quellen des Markenwerts macht es erforderlich, daß die Strukturen des Markenwissens so genau und vollständig wie möglich herausgearbeitet werden. Bedauerlicherweise kann es für einen Verbraucher in bestimmten Situationen sozial unerwünscht sein, seine wahren Gefühle gegenüber einem ihm unbekannten Marktforscher auszudrücken. Demzufolge können die Probanden dazu neigen, stereotype, angepaßte Antworten zu geben, von denen sie glauben, daß der Marktforscher sie akzeptiert oder vielleicht sogar erwartet. Die Weigerung oder Unfähigkeit, wahre Gefühle preiszugeben, trifft vor allem zu, wenn Verbraucher zu Marken befragt werden, die durch nicht-produktbezogene Imageassoziationen charakterisiert werden. So ist es zum Beispiel schwer für Verbraucher zuzugeben, daß eine bestimmte Marke Prestige hat und ihr Selbstwertgefühl steigert. Als Folge geben die Verbraucher bestimmte Produkteigenschaften als Erklärung ihrer Zuneigung oder Abneigung für die Marke an. Es kann auch sein, daß Verbraucher, auch wenn sie sich bemühen, bei direkter Befragung Schwierigkeiten haben, ihre wahren Gefühle zu erkennen und auszudrücken. Aus diesen Gründen läßt sich ein genaues Abbild der Strukturen des Markenwissens mit konventionellen Untersuchungsmethoden kaum realisieren.

Projektive Techniken sind diagnostische Hilfsmittel zur Aufdeckung der wahren Meinungen und Gefühle, wenn die Verbraucher nicht bereit oder fähig sind, diese zu äußern. Hinter projektiven Techniken verbirgt sich der Gedanke, daß man Verbraucher mit einem unvollkommenen Stimulus konfrontiert und sie auffordert, ihn zu ergänzen, oder daß man ihnen einen mehrdeutigen Stimulus gibt, der von sich aus keinen Sinn ergibt und dem sie einen Sinn verleihen sollen. Diese Technik wird damit begründet, daß Verbraucher auf diese Weise etwas von ihren wahren Vorstellungen und Überzeugungen bloßlegen. Projektive Techniken können somit besonders nützlich sein, wenn tief verwurzelte persönliche Motive oder sozial sensible Themen behandelt werden. So leisten projektive Techniken einen Beitrag, ein vollständigeres Bild der Verbraucher und ihrer Markenbeziehungen darzustellen. Alle Arten projektiver Techniken sind möglich. Wir heben hier einige besonders wichtige Techniken hervor (vgl. Levy, 1985).

Ergänzungs- und Interpretationsaufgaben

Klassische projektive Techniken verwenden unvollständige oder mehrdeutige Stimuli, um die Gedanken und Gefühle der Verbraucher zu ermitteln. Einer dieser Ansätze besteht aus „Sprechblasen" auf der Basis von Cartoons oder Photos, auf denen verschiedene Menschen dargestellt werden, die bestimmte Produkte oder Dienstleistungen kaufen oder benutzen. Leere Sprechblasen, wie man sie in Cartoons findet, werden in die Szenen eingefügt, um die Gedanken, Worte oder Handlungen einer oder mehrerer Akteure darzustellen. Die Verbraucher werden dann gebeten, die Sprechblase auszufüllen indem sie angeben, was sich nach ihrer Meinung in der Szene ereignete oder gesagt wurde. Die durch Sprechblasen erzählten Geschichten und Gespräche sowie Bildinterpretationen können besonders nützlich sein, um sich ein Bild vom Benutzer oder der Benutzung einer Marke zu machen.

Vergleichsaufgaben

Eine andere Technik ist die Nutzung von Vergleichsaufgaben, bei denen Verbraucher gebeten werden, ihre Eindrücke durch den Vergleich mit Menschen, Ländern, Tieren, Aktivitäten, Materialien, Beschäftigungen, Fahrzeugen, Zeitschriften, Pflanzen, Nationalitäten oder sogar anderen Marken zu vermitteln. Verbraucher können beispielsweise gefragt werden: „Wenn Nike ein Auto wäre, was für eines wäre es? Wenn es ein Tier wäre, was für eines wäre es? Welcher von den Menschen, die auf diesen Bildern gezeigt werden, sieht Ihrer Meinung nach so aus, als würde er Nike-Schuhe tragen?" Die Verbraucher können nachfolgend gefragt werden, warum sie diesen Vergleich gemacht haben. Die für die Markenrepräsentation ausgewählten Gegenstände und die Gründe für ihre Wahl gewähren hinsichtlich der Marke einen Einblick in die Psyche der Verbraucher. Das Offenlegen von Assoziationstypen und Schlußfolgerungen, die die Markenwahl widerspiegeln, kann ebenfalls nützlich sein, sich ein Bild der Benutzer und Benutzung der Marke oder nicht-produktbezogener Assoziationen zu machen. Zaltman und Higie (1993, 1995) befassen sich mit einem anderen Ansatz, der eine Technik zur Auslösung von Metaphern nutzt, um besser zu verstehen, wie Verbraucher Marken beurteilen.

3.2.3 Markenpersönlichkeit und Werte

Unter der Markenpersönlichkeit versteht man die menschlichen Eigenschaften oder Charakterzüge, die einer Marke zugeschrieben werden können (vgl. auch den Beitrag „Dimensionen der Markenpersönlichkeit" in diesem Buch). Die Markenpersönlichkeit kann auf verschiedene Weise gemessen werden. Der einfachste und direkteste Weg ist vielleicht, sich um offene Antworten auf Testfragen wie die folgende zu bemühen:

„Wenn die Marke als Person auf die Welt käme, wie wäre sie dann, was würde sie tun, wo würde sie leben, was würde sie anhaben, mit wem würde sie sprechen, wenn sie auf eine Party ginge und worüber würde sie reden."

Es gibt auch andere Möglichkeiten, den Standpunkt des Verbrauchers festzustellen. Man kann den Verbrauchern zum Beispiel eine Anzahl von Bildern oder ein Paket mit Zeitschriften geben und darum bitten, ein Markenprofil zusammenzustellen. Es könnte sich dabei etwa um Bilder von Berühmtheiten handeln. Entsprechend führen Werbeagenturen oft Studien zum Bildsortieren durch, um klarzustellen, wer die typischen Benutzer einer Marke sind. Die Markenpersönlichkeit läßt sich auch noch genauer durch eine Liste mit Adjektiven bewerten (vgl. den Beitrag „Dimensionen der Markenpersönlichkeit" in diesem Buch). Als nächsten Schritt im Rahmen des Markenpersönlichkeitskonzepts hat Fournier eine Reihe interessanter Studien durchgeführt, die die Verbraucher-Marken-Beziehung untersuchten und aus denen sich weitere Maßnahmen ergaben (vgl. den Beitrag „Markenbeziehungen - Konsumenten und ihre Marke" in diesem Buch).

3.2.4 Zusammenfassende Beurteilung qualitativer Befragungstechniken

Qualitative Untersuchungstechniken sind ein kreatives Mittel, um Verbraucherwahrnehmungen zu ermitteln, die man sonst nur mit Schwierigkeiten erkennen könnte. Die Bandbreite möglicher qualitativer Untersuchungstechniken ist lediglich durch die Kreativität des Marktforschers begrenzt. Allerdings haben qualitative Techniken auch Nachteile. Die Einblicke der qualitativen Forschung müssen dadurch relativiert werden, daß die involvierten Testgruppen oft sehr klein sind, und das Ergebnis nicht unbedingt für einen größeren Personenkreis verallgemeinert werden kann. Angesichts der qualitativen Natur der Daten können auch hinsichtlich der Interpretation Fragen auftreten. Unterschiedliche Forscher, die dieselben Ergebnisse einer qualitativen Untersuchung überprüfen, können u. U. zu sehr unterschiedlichen Schlußfolgerungen gelangen.

3.3   Quantitative Methoden zur Messung des Markenwissens

Wenn auch qualitative Messungen nützlich zur Feststellung möglicher mit einer Marke verbundener Assoziationen und Eigenschaften hinsichtlich Stärke, Vorteilhaftigkeit und Einzigartigkeit sind, ist ein repräsentativeres Markenportrait oft wünschenswert, um zuverlässigere und vertretbarere strategische und taktische Empfehlungen zu erlauben. Während qualitative Untersuchungen typischerweise bestimmte verbale Reaktionen der Verbraucher hervorrufen, wenden quantitative Untersuchungen verschiedene Typen von Fragestellungen anhand von Skalen an, so daß numerische Auswertungen gemacht werden können. Quantitative Erhebungen des Markenwissens können angewandt werden, um besser die Tiefe und Weite der Markenbekanntheit und Stärke, Vorteilhaftigkeit und Einzigartigkeit von Markenassoziationen bewerten zu können. Sie bilden oft die Basis für Tracking-Studien, die über einen längeren Zeitraum die Wissensstrukturen der Verbraucher überprüfen sollen.

3.3.1 Markenbekanntheit

Die Markenbekanntheit ist mit der Erinnerungsstärke einer Marke verbunden und damit, wie sie sich in der Fähigkeit des Verbrauchers widerspiegelt, einzelne Markenelemente (d. h. Markenname, Logo, Verpackung und Slogan) unter verschiedenen Bedingungen zu erkennen. Die Markenbekanntheit steht in Beziehung zur Wahrscheinlichkeit, mit der eine Marke unter unterschiedlichen Bedingungen ins Gedächtnis gerufen werden kann.

Man kann verschiedene Methoden der Messung der Markenbekanntheit unterscheiden (vgl. Srull, 1984). Die Wahl der geeigneten Methode hängt von der relativen Bedeutung der Markenbekanntheit für das Verbraucherverhalten in der jeweiligen Kategorie ab, sowie von der sich daraus ergebenden Rolle, die sie beim Erfolg des Marketingprogramms der Marke spielt. Wenn Untersuchungen zum Beispiel ergeben, daß viele Verbraucherentscheidungen am POS getroffen werden, wo Markenname, Logo, Verpackung usw. physisch präsent und sichtbar sind, ist der **Markenrecognition** wichtig. Wenn die Forschung zu dem Ergebnis kommt, daß Verbraucherentscheidungen vor allem an anderen, vom POS entfernten Orten getroffen werden, wo Markenelemente nicht physisch präsent sind, ist andererseits der **Markenrecall** von größerer Bedeutung. Vorsichtshalber sollte bemerkt werden, daß auch wenn die Markenerinnerung, bei am

POS getroffenen Entscheidungen, per se als weniger wichtig angesehen werden kann, die Markenbewertung und Auswahl des Verbrauchers doch oft von dem abhängen, was noch zusätzlich über die Marke - ihre Wiedererkennbarkeit vorausgesetzt - in Erinnerung gebracht wird.

Wiedererkennung der Marke

Rein theoretisch betrachtet erfordern Wiedererkennungsprozesse, daß Verbraucher in der Lage sind, einen Stimulus, zum Beispiel in Form eines Wortes, Gegenstandes oder Bildes, als etwas bereits Wahrgenommenes zu identifizieren. Markenrecognition gehört zu der Fähigkeit des Verbrauchers, die Marke unter verschiedensten Umständen zu erkennen. Sie kann auch das Erkennen eines einzelnen Markenelementes beinhalten. Eine der grundlegenden Methoden von Recognitiontests besteht darin, den Verbrauchern visuell oder akustisch einige Stimuli zu präsentieren und sie zu fragen, ob sie diese Stimuli früher einmal gehört oder gesehen haben. Ein etwas sensitiverer Test besteht darin, Stimuli in den Test miteinzubeziehen, die die Verbraucher nicht gesehen haben können. Zusätzlich zu „Ja"- oder „Nein"-Antworten, können Verbraucher auch gefragt werden, wie sicher sie sich sind, dem Gegenstand bereits begegnet zu sein. Es gibt auch eine Anzahl weiterer, subtilerer Wiedererkennungsmaßnahmen, die nach Erkennbarkeit abgestufte Abbildungen der Marke als Stimuli beinhalten. In manchen Fällen können Markenelemente verdeckt oder verzerrt oder nur für einen extrem kurzen Augenblick gezeigt werden. Der Markennamenrecognition könnte zum Beispiel mittels Markennamen, denen Buchstaben fehlen, getestet werden. Diese zusätzlichen Maßnahmen ergeben sensiblere Messungen als bloße „Ja"- oder „Nein"-Aufgaben.

Durch diese direkten und indirekten Messungen der Markenrecognition, können Marketingexperten ermitteln, welche Bestandteile der Marke im Gedächtnis gespeichert sind und bis zu einem gewissen Grad auch Auskunft über die Stärke ihrer Assoziationen erhalten. Ein Vorteil von Markenrecognitiontests gegenüber Recalltests liegt darin, daß sie für alle Modalitäten benutzt werden können. Da die Markenwiedererkennung ihrer Natur nach oft visuell ist, können auch visuelle Recognitiontests benutzt werden. Es ist für Verbraucher weitaus schwieriger, ein Logo in einem Recalltest entweder verbal oder visuell wiederzugeben, als es innerhalb eines Recognitiontests wiederzuerkennen. Gerade dann geben Markenrecognitiontests einen Annäherungswert hinsichtlich der **potentiellen Erinnerbarkeit**. Um jedoch festzustellen, ob die Markenelemente wirklich unter verschiedenen Umständen erinnert werden, sind Markenrecalltests notwendig.

Markenerinnerung

Beim Markenrecall müssen Verbraucher die Marke aus ihrer Erinnerung wiedergeben, wenn ihnen damit in Beziehung stehende Stichworte oder Hinweise gegeben werden. Somit ist die Markenerinnerung eine anspruchsvollere Gedächtnisaufgabe als das Wiedererkennen einer Marke.

Je nach Art der gegebenen Hinweise sind verschiedene Messungen der Markenerinnerung möglich. Die **ungestützte Erinnerung** basiert darauf, daß Konsumenten gebeten werden alle Marken wiederzugeben, die sie kennen. Bei der **gestützten Erinnerung** werden hingegen Vorgaben gemacht, um den Befragten die Erinnerung zu erleichtern. Eine Möglichkeit der gestützten Erinnerung kann Hinweise auf die Produktklasse, Produktkategorie und Produkttypen beinhalten. Wenn zum Beispiel die Erinnerung des Porsche 911 auf nicht-deutschen Märkten von Interesse wäre, kann die Erinnerungshilfe mit „alle Autos" beginnen und sich zu immer enger definierten Kategorien hinbewegen wie „Sportwagen", „ausländische Sportwagen" oder sogar „deutsche Sportwagen der Spitzenklasse". Verbraucher könnten zum Beispiel gefragt werden: „Welche Marken kommen Ihnen in den Sinn, wenn Sie an ausländische Sportwagen denken?"

Für die Messung der Markenerinnerung können aber auch andere Hinweise gegeben werden. Verbraucher könnten zum Beispiel auf der Basis von Produktattributen (z. B. „Wenn Sie an Schokolade mit Erdbeergeschmack denken, welche Marken kommen Ihnen dann in den Sinn?") oder von Anwendungszielen (z. B. „Wenn Sie an einen gesunden Snack denken, welche Marken kommen Ihnen da in den Sinn?") befragt werden. Um die Weite einer Markenerinnerung zu ermessen, kann es oft wichtig sein, den Kontext der Kaufentscheidungssituation oder des Verwendungszwecks zu untersuchen. Den Verbrauchern könnten zum Beispiel Testfragen zu verschiedenen Kaufmotiven oder zu verschiedenen Zeiten und Orten gestellt werden, wann bzw. wo das Produkt benutzt werden könnte, um zu sehen, welche Marken erinnert werden (z. B. verschiedene Tageszeiten, Wochentage oder Jahreszeiten; zu Hause, bei der Arbeit oder während der Ferien). Je stärker die Assoziationen zu diesen nicht-produktbezogenen Kontexten sind, um so wahrscheinlicher ist es, daß sie erinnert werden, wenn man diese situationsbezogenen Stichworte gibt. Kombinierte Messungen des Recalls auf der Basis von Produktattributen oder Kategorieaspekten wie auch situations- oder anwendungsbezogenen Aspekten, geben eine Vorstellung von der **Erinnerungsbreite** einer Marke.

Die Markenerinnerung kann auch nach Reihenfolge, Latenz oder Geschwindigkeit der Erinnerung differenziert werden. In vielen Fällen erkennen Personen eine Marke, wenn sie ihnen gezeigt wird und erinnern sie, wenn ihnen eine ausreichende Zahl von Stichworten gegeben wird. So ist die potentielle Erinnerbarkeit generell hoch. Von größerer Bedeutung ist, wie schnell eine Marke ins Auge springt. Denken Verbraucher unter den richtigen Umständen an die Marke, zum Beispiel wann sie das Produkt entweder kaufen oder benutzen könnten? Wie schnell denken sie an die Marke? Erinnern sie sich automatisch oder leicht an sie? Ist es die erste Marke, an die Sie sich erinnern?

3.3.2 Markenimage

Ein lebenswichtiger Aspekt der Marke ist ihr Image, welches sich in den Assoziationen, die der Verbraucher mit der Marke verbindet, widerspiegelt. Starke, positive und einzigartige Assoziationen bilden die Grundlage für den kundenorientierten Markenwert. Es ist nützlich, zwischen Assoziationen auf eher „niedrigem Niveau", die sich auf spezifische Attribute und Produktvorteile beziehen, und Assoziationen auf „höherem Niveau", die die allgemeine Bevorzugung und verschiedene Einstellungen und Verhaltensweisen betreffen, zu unterscheiden. Es gibt eine eindeutige Beziehung zwischen den beiden Niveaustufen, da Gesamteinstellung und -verhalten der Verbraucher gegenüber Marken typischerweise von den Markenwahrnehmungen spezifischer Attribute und Vorteile abhängen.

Spezifische Markenassoziationen auf niedrigem Niveau

Vorstellungen sind spezifische, mit einer Marke und ihren Konkurrenten verbundene Attribute und Vorteile. Verbraucher können beispielsweise Markenassoziationen zu Sega Videospielen haben im Sinne von „lustig und aufregend", „cool und hip", „farbenfroh", „gute graphische Qualität", „fortschrittliche Technologie", „großes Angebot an Spielen" und „manchmal brutal". Sie können auch Assoziationen mit dem Slogan „Welcome to the Next Level" verbinden. Das Bild des Sega-Spielers könnte „Teenager oder männlicher Twen" sein, „der Videospiele und besonders Sportspiele liebt".

Die oben beschriebenen qualitativen Untersuchungsansätze sind nützlich beim Herausarbeiten verschiedener Typen hervorstechender Markenassoziationen, die zur Entstehung des Markenimages führen. Um ihren potentiellen Beitrag zum Markenwert besser zu verstehen, müssen die festgestellten Assoziationen auf der Grundlage der drei Basisdimensionen bewertet werden: Stärke, Vorteilhaftigkeit und Einzigartigkeit. Um einen besseren Einblick zu erhalten, könnten diese Assoziationen auf Skalen wie nachfolgend am Beispiel von Lipton-Eistee gezeigt, entsprechend ihrer Stärke, Vorteilhaftigkeit und Einzigartigkeit bewertet werden (vgl. Abbildung 2).

Jede potentiell relevante Assoziation kann und sollte einschließlich solcher produktbezogenen Eigenschaften und Vorzüge bewertet werden, die in Zusammenhang zu Dimensionen der Produktqualität, Zuverlässigkeit, Haltbarkeit, Zweckdienlichkeit, Stil und Design stehen - wie auch nicht-produktbezogene Attribute und Vorzüge in Verbindung zum Bild des Anwenders, der Anwendung und der Markenpersönlichkeit.

Allgemeine Markenassoziationen auf hohem Niveau

Der Zweck der Messung von Markenassoziationen auf hohem Niveau liegt darin, herauszufinden, wie Verbraucher alle spezifischen Überlegungen zu Marken in ihrem Vorstellungsvermögen verbinden, um Markenbewertungen, die sich in ihren Einstellungen, Absichten und Verhaltensweisen widerspiegeln, zu vollziehen.

1. Inwieweit beschreiben Ihrer Meinung nach die folgenden Eigenschaften den Eistee von Lipton (wobei 1 = starke Ablehnung und 7 = starke Zustimmung)?

    ___ bequem
    ___ erfrischend und durstlöschend
    ___ echt und natürlich
    ___ guter Geschmack
    ___ zeitgemäß und praktisch
    ___ wird von jungen Berufstätigen benutzt

2. Wie gut oder schlecht ist es für Eistee, die folgenden Produkteigenschaften zu besitzen (wobei 1 = sehr schlecht und 7 = sehr gut)?

    ___ bequem
    ___ erfrischend und durstlöschend
    ___ echt und natürlich
    ___ guter Geschmack
    ___ zeitgemäß und praktisch
    ___ wird von jungen Berufstätigen benutzt

3. Wie einzigartig ist Lipton im Sinne der folgenden Produkteigenschaften (wobei 1 = überhaupt nicht einzigartig und 7 = vollkommen einzigartig)?

    ___ bequem
    ___ erfrischend und durstlöschend
    ___ echt und natürlich
    ___ guter Geschmack
    ___ zeitgemäß und praktisch
    ___ wird von jungen Berufstätigen benutzt

Abbildung 2:   Bewertung von Assoziationen im Hinblick auf die Dimensionen Stärke, Vorteilhaftigkeit und Einzigartigkeit

Messung von Einstellungen zu Marken

Es gibt verschiedene Möglichkeiten, Markeneinstellungen zu erfassen. So kann man beispielsweise folgende Indikatoren der Markeneinstellungen der Verbraucher zu Levi's 501 Jeans untersuchen (vgl. Abbildung 3).

Allgemeine Einstellung zur Marke

– Wie positiv ist Ihre allgemeine Haltung zu Levi's 501 Jeans?
– Wie sehr gefällt Ihnen die Levi's 501 Jeans?
– Wie gut erfüllen Levi's 501 Jeans Ihre Bedürfnisse?
– Sind Levis's 501 für Sie die beste Jeans-Marke?
– Wie wahrscheinlich ist es für Sie, Levi's 501 anderen zu empfehlen?

Einstellung zu produktbezogenen Attributen und Vorzügen

– Wie gut sind Levi's 501 Jeans, wenn Sie nur das Produkt betrachten?
– Wie gut sind Levi's 501 Jeans gefertigt?
– Wie würden Sie die allgemeine Qualität der Levi's 501 bewerten?

Einstellung zu nicht-produktbezogenen Attributen und Vorzügen

– Wie gut paßt das Image der Levi's 501 zu Ihrer Persönlichkeit?
– Wie positiv sind Ihre Gefühle für Levi's 501 Jeans?
– Wie gerne mögen Sie Menschen, die Levi's 501 Jeans tragen?

Einstellung zu Preis und Wert

– Sind Levi's 501 Jeans einen Premiumpreis wert?
– Haben Levi's 501 Jeans einen angemessenen Wert?
– Entsprechen Levi's 501 Jeans ihrem Preis?
– Wie würden Sie den Gesamtwert der Levi's 501 Jeans einschätzen, wenn Sie den Kaufpreis mit der Qualität vergleichen?

Einstellung zum Unternehmen

– Wie gut ist der allgemeine Ruf von Levi-Strauss?
– Wie vertrauenswürdig ist Levi-Strauss?
– Wie sympathisch ist Levi-Strauss?
– Inwieweit ist Levi-Strauss ein Marktführer im Jeansmarkt?

Abbildung 3:   Messung von Einstellungen

Diese verschiedenen Methoden zur Messung der allgemeinen Einstellung sind nützlich zur Erfassung der Vorteilhaftigkeit dieser Markenassoziationen. Allgemeine Markenein-stellungen können sich auch in ihrer Stärke unterscheiden. Das kann man bei einer Computerbefragung durch Berücksichtigung der Antwortzeit bei der Beantwortung von Fragen erfassen. Auch wenn diese Unterschiede aus Millisekunden bestehen, können sie signifikant sein. Schließlich können Markeneinstellungen auch komparativ gemessen werden, um ihre Einzigartigkeit durch Berücksichtigung der relativen Bevorzugung zu bewerten, zum Beispiel durch Hinzufügung eines Vergleichs mit einem relevanten Wettbewerber (z. B. Levi's im Vergleich zu Mustang Jeans).

Messung der Kaufabsicht

Absichtsmessungen könnten sich auf die Wahrscheinlichkeit eines Markenkaufs konzentrieren oder auf die Wahrscheinlichkeit eines Markenwechsels. Untersuchungen (vgl. Ajzen/Fishbein, 1980) weisen darauf hin, daß Kaufabsichten mit großer Wahrscheinlichkeit einen tatsächlichen Kauf ankündigen, wenn zwischen beiden folgende Übereinstimmung besteht:

1. Zweck (z. B. Kauf für eigene Verwendung oder als Geschenk),
2. Ziel (z. B. spezifischer Typ eines Produkts oder einer Marke),
3. Kontext (z. B. in was für einem Laden zu welchem Preis) und
4. Zeit (z. B. innerhalb einer Woche, Monat oder Jahr).

Mit anderen Worten: Wenn wir einen Verbraucher bitten, die Wahrscheinlichkeit des Kaufs eines Produkts oder einer Marke vorauszusagen, ist es wichtig, genau die jeweiligen Umstände zu spezifizieren - zum Beispiel den Zweck des Kaufs, den Einkaufsort, den Zeitpunkt des Einkaufs usw. Ein Verbraucher könnte zum Beispiel gefragt werden: „Angenommen, Ihr Eisschrank geht während des nächsten Wochenendes kaputt und könnte nicht billig repariert werden. Wenn Sie nun in Ihr Lieblings-Haushaltsgeschäft gehen und feststellen, daß die verschiedenen Marken zu ähnlichen Preisen verkauft werden, wie wahrscheinlich wäre es, daß Sie einen Liebherr-Eisschrank kaufen?"

Verbraucher könnten ihre Kaufabsicht dann beispielsweise auf einer 11-Punkte-Wahrscheinlichkeitsskala eintragen: 0 = würde auf keinen Fall kaufen, ..., 10 = würde auf jeden Fall kaufen.

Messung von Kaufverhalten und Verwendung der Marke

Schließlich können die Wahrnehmungen bezüglich des Kaufs von Marken, der Nutzung und der Markentreue gemessen werden. Verbraucher könnten beispielsweise gefragt werden, wie sie den Kauf oder die Verwendung der Marke beurteilen:

- vorteilhaft vs. schädlich,
- angenehm vs. unangenehm,
- schrecklich vs. nett und
- klug vs. verrückt.

Weitere Messungen können sich auf die Markenverwendung und die Markentreue beziehen. Diese Fragen könnten dem Verbraucher direkt gestellt werden. Alternativ könnten Verbraucher nach der Wahrscheinlichkeit des Kaufs einer bestimmten Marke bei ihrem letzten Kauf in der Kategorie (vergangene Kaufgeschichte) und nach der Wahrscheinlichkeit des Kaufs einer bestimmten Marke beim geplanten nächsten Kauf (beabsichtigter zukünftiger Kauf) gefragt werden. Die Markenmanager von Fuji-Film könnten z. B. die folgenden Fragen stellen:

1. Welche Filmmarke kaufen Sie üblicherweise?
2. Welche Filmmarke kauften Sie das letzte Mal?
3. Haben Sie einen Film bei sich? Welche Marke?
4. Welche Filmmarke wollten Sie kaufen?
5. Welche Filmmarke kaufen Sie nächstes Mal?
6. Haben Sie die Absicht, in den nächsten zwei Wochen zu fotografieren?
7. Haben Sie in den letzten zwei Wochen fotografiert?

Diese Fragen liefern Informationen zur Markeneinstellung und Markenverwendung, zu potentiellen Schwächen gegenüber Wettbewerbern und zu den beim Kauf angestellten Überlegungen. Die Prognosefähigkeit dieser Ergebnisse kann auch anhand der tatsächlichen Käufe geprüft werden. Wenn zum Beispiel durchschnittlich 30 % der befragten Verbraucher angeben, daß sie in den nächsten zwei Wochen fotografieren werden, aber zwei Wochen später nur 15 % der Verbraucher angeben, daß sie wirklich in den letzten zwei Wochen fotografiert haben, müssen Fuji-Markenmanager solche Strategien kreieren, die besser dazu beitragen, daß die Handlungsabsichten auch zu tatsächlichen Käufen führen.

Fazit: Qualitative Messungen sind besonders gut geeignet, Einblick in die Bedeutung von Marken und Produkten für den Verbraucher zu gewähren. Um genauere und verallgemeinerungsfähige Informationen zu erhalten, müssen jedoch quantitative Erhebungen durchgeführt werden.

3.4   Messung der Wirkungen des Markenwerts

Der **direkte Meßansatz** zur Erfassung des kundenorientierten Markenwerts bewertet die Wirkung des Markenwissens auf die Verbraucherreaktionen aufgrund unterschiedlicher Marketing-Maßnahmen eines Unternehmens. Der direkte Ansatz dient dazu, die möglichen Ergebnisse, die aus verschiedenen, den kundenorientierten Markenwert bildenden Verbraucherreaktionen entstehen, möglichst genau abzuschätzen. Die komparativen Methoden sind am besten zur Messung der Ergebnisse und Vorzüge des Markenwerts geeignet. **Komparative Methoden** untersuchen unter anderem die Verbrauchereinstellung und -haltung gegenüber einer Marke, um die Vorzüge, die durch eine hohe Markenbekanntheit sowie starke, positive und einzigartige Markenassoziationen entstehen, genauer einzuschätzen zu können.

Es gibt zwei Typen von komparativen Methoden. **Markenorientierte komparative Ansätze** beschäftigen sich mit Vergleichsexperimenten. Bei diesem Experiment werden die Reaktionen von zwei Gruppen miteinander verglichen, von denen eine Probandengruppe mit einer bestimmten Marketingmaßnahme konfrontiert wird, die der Zielmarke zugeordnet ist und die andere Gruppe mit der gleichen Maßnahme, welche sich aber nun auf eine konkurrierende oder fiktive Marke bezieht. **Marketingorientierte komparative Ansätze** beschäftigen sich ebenfalls mit Vergleichsexperimenten. Hierbei werden aber die Reaktionen der Probanden auf unterschiedliche Marketingmaßnahmen einer Marke miteinander verglichen.

Die beiden Ansätze werden nachfolgend näher beschrieben. Die im Anschluß dargestellte Conjoint-Analyse wird dann die beiden Ansätze miteinander verbinden.

3.4.1 Markenorientierte komparative Ansätze

Zur Messung der Reaktionen auf den Markenwert untersucht der markenorientierte komparative Ansatz die Verbraucherreaktion auf Basis unterschiedlicher Markenidentifikationen bei konstanten Marketingmaßnahmen. Bei diesen Meßansätzen werden normalerweise Experimente eingesetzt, bei denen eine Verbrauchergruppe zu dem Produkt oder zu bestimmten Aspekten seines Marketingprogramms befragt wird, die sich auf die Zielmarke beziehen. Eine andere Verbrauchergruppe wird bezüglich des gleichen Produkts oder Marketingprogramms befragt, welches sich aber auf eine bestimmte andere Marke, eine fiktive Marke, ein unbenanntes Produkt oder auf eine konkurrierende Marke bezieht. Ein Vergleich der Reaktionen der zwei Gruppen gibt nützliche Hinweise auf den Markenwert. Die Verbraucherreaktionen können sich in Überzeugungen, Einstellungen, Absichten oder tatsächlichem Verhalten äußern.

Das klassische Beispiel des markenorientierten komparativen Vergleichs ist der **Blindtest**, bei dem Verbraucher ein Produkt erst ohne und dann mit Markenbezeichnung testen. Diese Studien zeigen häufig, wie drastisch sich die Verbraucherwahrnehmungen je nach vorhandenen oder fehlenden Markenbezeichnungen unterscheiden.

Markenorientierte komparative Ansätze sind besonders gut geeignet, um die Auswirkungen des Markenwerts auf den Preis zu testen. Als American Motors beispielsweise den finanziellen Wert des Markennamens Renault Premier anhand eines neuen Autos testete, wurde folgendes Experiment durchgeführt. Einer Verbrauchergruppe wurde ein „markenloses" Modell des Fahrzeuges vorgeführt. Nachdem sie das Auto visuell inspiziert hatten, wurde die Gruppe gefragt, wieviel sie dafür zahlen würden. Im Durchschnitt nannten sie für das markenlose Modell 10.000 US $. Andere Gruppen durchliefen die gleiche Befragung, wobei das Auto mit verschiedenen Markennamen markiert wurde. Als das Auto als Renault Premier bezeichnet wurde, bewerteten die Verbraucher den Wagen mit ungefähr 13.000 US $ und als man ihn als Chrysler identifizierte, stieg der Durchschnittspreis noch etwas. Als Chrysler später American Motors aufkaufte, wurde das Auto dann als Chrysler Eagle Premier auf dem Markt eingeführt und zwischen 12.400 US $ und 14.100 US $ verkauft.

Die Bewertung unterschiedlicher Marketingkommunikation stellt mittels des markenorientierten komparativen Ansatzes eine größere Herausforderung dar. Beispielhaft sei
hier die Verbraucherreaktion auf eine vorgeschlagene Werbekampagne aufgeführt. In
diesem Fall sollten eher Story Boards sowie Zeichentrick- oder Fotoversionen einer
Werbung als komplette Werbespots benutzt werden, da dort eine Unkenntlichmachung
der Marke leichter ist. In Verbindung mit informativer Werbung kann dieser Ansatz als
effektiv angesehen werden, wenn jedoch emotionale Werbung getestet werden soll sind
Story Boards weniger geeignet, da es bei emotionalen Reizen stark auf die Umsetzung
ankommt. Ein solcher Ansatz würde nur ermitteln, ob kreative Strategien Auswirkungen
auf das Markenwissen haben, aber nicht die jeweilige Medienbelegung entsprechend
widerspiegeln.

Fazit: Der Vorteil des markenorientierten komparativen Ansatzes ist, daß er den Markenwert auf sehr reale Weise isoliert. Es ist in der Planungsphase außerordentlich hilfreich, zu verstehen, wie sich das Markenwissen auf die Verbraucherreaktionen bei Variation der Preise, der Werbung usw. auswirkt. Andererseits gibt es eine geradezu
unbegrenzte Vielzahl von Marketingmaßnahmen, die potentiell erforscht werden
könnten, so daß die Planungssicherheit davon abhängt, wie viele verschiedene Maßnahmen untersucht werden.

Markenorientierte komparative Methoden können besonders dann eingesetzt werden,
wenn neue, veränderte Marketingmaßnahmen getestet werden sollen, zum Beispiel neue
Verkaufsförderungsmaßnahmen, Werbekampagnen oder geplante Markenerweiterungen. Wenn die zu untersuchende Marketingmaßnahme bereits stark mit der Marke
gleichgesetzt wird (z. B. eine Werbekampagne läuft schon seit Jahren), kann es schwierig werden, eine Marketingmaßnahme einer fiktiven oder unmarkierten Version des
Produkts oder der Dienstleistung auf glaubwürdige Weise zuzuschreiben.

Eine entscheidende Überlegung zum markenorientierten komparativen Ansatz besteht
also im experimentellen Realismus, den man erreichen kann, wenn eine Marketingmaßnahme einer fiktiven oder unmarkierten Version des Produkts zugeschrieben wird. In
einigen Fällen müssen detaillierte Konzeptdarstellungen der jeweiligen Marketingmaßnahme vorgenommen werden, wenn es anderenfalls für die Verbraucher schwierig wäre,
die Maßnahme zu überprüfen oder zu erleben, ohne sich der Zielmarke bewußt zu werden. Bei Simulationen oder Konzeptdarstellungen kann es jedoch dazu kommen, daß die
Maßnahme unvollständig wahrgenommen wird und wichtige Aspekte neutralisiert bzw.
andere Aspekte in den Vordergrund treten, wodurch Ergebnisse verzerrt werden.

3.4.2 Marketingorientierte komparative Ansätze

Marketingorientierte komparative Ansätze konzentrieren sich auf eine Marke und untersuchen die Verbraucherreaktionen auf unterschiedliche Marketingmaßnahmen. So werden beispielsweise in Wissenschaft und Industrie, Preisvariationen mit solchen kom-

parativen Ansätzen untersucht. In der Mitte der 50er Jahre entwickelte Pessemier (1959) ein finanzielles metrisches Maß für Markentreue, das einen schrittweisen Anstieg der Preisdifferenz zwischen der normalerweise gekauften Marke und einer Alternativmarke untersuchte. Pessemier zeigte eine Funktion des Markenwechsels in Abhängigkeit von der Preiserhöhung auf. Variationen dieses Ansatzes wurden von einer Anzahl von Marketingforschern übernommen, um ähnliche Typen von Nachfragekurven abzuleiten. Viele Firmen versuchen nun, die Preissensibilität für verschiedene Marken zu bewerten. So überwacht Intel routinemäßig Computerkäufer, um herauszufinden, wie hoch der Preisnachlaß sein muß, damit die Käufer zu einem Personalcomputer ohne Intel-Mikroprozessor wechseln, bzw. welche Prämie sie bereit sind zu zahlen, um einen Personalcomputer mit einem Intel-Mikroprozessor zu besitzen.

Marketingorientierte komparative Ansätze lassen sich aber auch auf andere Weise anwenden. So können Verbraucherreaktionen auf verschiedene Werbestrategien und -maßnahmen durch Testmärkte bewertet werden. Durch die Kontrolle anderer Faktoren können die Wirkungen der Marke und des Produkts isoliert werden. Potentielle Markenerweiterungen können auch auf diese Weise untersucht werden, und zwar durch Verbraucherurteile zu einer Reihe von Konzeptdarstellungen, die mögliche Markenerweiterungen beschreiben.

Fazit: Der Hauptvorteil des marketingorientierten komparativen Ansatzes besteht in der Leichtigkeit der Implementierung. Tatsächlich können alle Formen von Marketingmaßnahmen für die Marke verglichen werden. Gleichzeitig liegt der Hauptnachteil des komparativen Ansatzes aber darin, daß es schwierig sein kann, zu unterscheiden, ob sich Verbraucherreaktionen auf das Markenwissen oder vielmehr auf das Produktwissen beziehen. Anders ausgedrückt, kann es sein, daß Verbraucher für **jede Marke in der Produktkategorie** bereit oder nicht bereit sind, zum Beispiel einen höheren Preis zu zahlen. Eine Möglichkeit zur Bestimmung, ob Verbraucherreaktionen spezifisch für eine Marke sind oder nicht, besteht darin, ähnliche Tests der Verbraucherreaktionen für konkurrierende Marken zu unternehmen. Im folgenden beschreiben wir eine hierfür gut geeignete Methode.

3.4.3 Conjoint-Analyse

Unter der Conjoint-Analyse versteht man eine auf Umfragen basierende multivariate Technik, die es Marketingspezialisten erlaubt, Kaufentscheidungsprozesse im Hinblick auf Produkte und Marken (vgl. Green/Srinivasan, 1978; Green/Srinivasan, 1990) zu analysieren. Indem man Verbraucher bittet, ihre Präferenzen auszudrücken oder zwischen einer Anzahl von Produktprofilen zu wählen, können Marketingfachleute die Bedeutung ermitteln, die Verbraucher unterschiedlichen Produktkomponenten beimessen. Jedes Profil, das dem Verbraucher gezeigt wird, besteht aus einer Reihe von Produktkomponenten. Die für jede dieser Profile ausgewählten besonderen Komponenten entstehen auf der Grundlage von experimentellen Designs. Der Wert, den Verbraucher jeder dieser Komponenten beimessen und der statistisch aus den Conjoint-Formeln abgeleitet wird, wird Teilwert genannt. Die Teilwerte können auf verschiedene Weise benutzt werden, um abzuwägen, wie Verbraucher eine neue Kombination von Komponenten bewerten würden. Vor allem kann auch der Markenname als eine Komponente mit einbezogen werden. Der Teilwert für die Komponente „Markenname" würde dann seinen Wert widerspiegeln.

Fazit: Der Hauptvorteil der Conjoint-Analyse liegt darin, daß sie die gleichzeitige Untersuchung verschiedener Marken und Aspekte des Produkts oder des Marketingprogramms (Produktzusammensetzung, Preis, Verteilungswege usw.) erlaubt. Auf diese Weise ergeben sich für die Zielmarke und ihre Konkurrenten Informationen über Verbraucherreaktionen auf verschiedene Marketingmaßnahmen. Einer der Nachteile der Conjoint-Analyse besteht darin, daß die Verbraucher Marketingprofile erhalten, die ihren bisherigen Vorstellungen von Marken widersprechen. Daher muß bei der Anwendung der Conjoint-Analyse darauf geachtet werden, daß den Verbrauchern nicht unrealistische Produktgestaltungen oder Szenarien dargeboten werden.

4. Zusammenfassung

Der kundenorientierte Markenwert kann indirekt gemessen werden durch die Erfassung potentieller Quellen des Markenwerts und direkt durch Messung möglicher Wirkungen des Markenwerts. Die Messung des Markenwerts impliziert die Darstellung der Gedächtnisstrukturen des Verbrauchers hinsichtlich Breite und Tiefe der Markenbekanntheit sowie der Stärke, Vorteilhaftigkeit und Einzigartigkeit der Markenassoziationen. Durch die Markenwertmessung ist es möglich, aufgrund komparativer Ansätze Variationen der Quellen des Markenwerts miteinander zu vergleichen. Dabei ist zu beachten, daß sich beide Ansätze komplementär zueinander verhalten und zusammen angewandt werden sollten. Vereinfachte Ansätze zur Messung des Markenwerts, zum Beispiel durch den Versuch, den Markenwert nur mit einer Zahl bzw. mit einem Geldbetrag zu schätzen, sind mit Irrtümern und mangelnder diagnostischer und präskriptiver Aussagekraft verbunden.

Thomas Andresen und Franz-Rudolf Esch

Messung der Markenstärke durch den Markeneisberg

1. Grundlagen: Komponenten des Markeneisbergs

Finanzielle Markenwerte stellen ein evaluatives, d. h. ein den Erfolg der Markenführung bewertendes Maß dar. Man weiß bei diesen Werten allerdings nicht, wie und warum sie entstanden sind. Sie können deshalb kaum diagnostische Hilfen geben und sind demzufolge auch nicht für therapeutische Maßnahmen geeignet. Deshalb ist es für das Markenmanagement von herausragender Wichtigkeit, diagnostische Meßverfahren zur Ermittlung der Markenstärke einzusetzen, die als Grundlage für die Entwicklung adäquater Marketingmaßnahmen dienen können. Einer kausalanalytischen Untersuchung von Riedel (1996) zufolge spielen dabei vor allem kundenbezogene (verhaltenswissenschaftliche) Faktoren eine herausragende Rolle zur Erklärung der Markenstärke.

Der **Markeneisberg von icon** (icon Forschung & Consulting, 1998) ist ein verhaltenswissenschaftliches Modell zur Ermittlung der Markenstärke, das in ein ganzheitliches Verfahren zur Analyse der Markenidentität eingebunden ist („Brand Status"). Der Markeneisberg rekurriert auf ein Bild, das insbesondere in den 20er Jahren in der Psychologie häufig als Analogie verwandt wurde. Stellt man sich den Wert einer Marke in der Analogie eines Eisbergs vor, so steht das **Markenbild** für den für die Käufer „sichtbaren" Teil der Marke, der den aktuellen Markenauftritt kennzeichnet. Hier manifestiert sich, wie der Konsument die betreffende Marke wahrnimmt, was vor allem durch Maßnahmen innerhalb des Marketing-Mix bestimmt wird: Produkte, Verpackung, Werbung/Werbebilder, Promotions, Events, Farbcodes etc. Das **Markenguthaben** steht für den Teil des Eisbergs, der unter der Wasseroberfläche liegt. Es repräsentiert eher die langfristigen Veränderungen von Konsumenteneinstellungen und somit auch eher die vergangenen Marketingbemühungen, also frühere Investitionen in den Markt, die als Guthaben unter der Wasseroberfläche schlummern. Das Markenguthaben hat einen direkteren Bezug zu Verhaltensabsichten bzw. Verhalten und damit zum Markenerfolg. Während das Markenbild durch Änderungen im Auftritt der Marke kurzfristig beeinflußt werden kann, sind Änderungen im Markenguthaben eine langfristige Angelegenheit. Um hier positive Veränderungen zu erreichen, muß v.a. in ein eigenständiges, klares und attraktives Markenbild investiert werden.

Beide Erfolgsdimensionen bestehen jeweils aus Markenwertfaktoren, deren Erfolgsrelevanz in zahlreichen Untersuchungen exploriert und validiert wurde (vgl. Andresen, 1997; Abbildung 1).

Das Markenbild wird geprägt durch

- die Markenawareness,
- die Klarheit und Attraktivität des inneren Markenbilds,
- die Eigenständigkeit des Markenauftritts,
- die Einprägsamkeit der Werbung sowie
- den subjektiv wahrgenommenen Werbedruck.

Das Markenguthaben umfaßt

■ die Markensympathie,
■ das Markenvertrauen sowie
■ die Loyalität zur Marke.

Auf das Markenguthaben kann immer nur über den aktuellen Markenauftritt eingezahlt werden. Damit man mit BMW „Freude am Fahren" und die typischen Designelemente „BMW-Niere", Doppelrundscheinwerfer und das BMW-Emblem blau und weiß verbindet, waren zunächst entsprechend gestaltete Marktauftritte der Marke in der Kommunikation und im Design erforderlich. Demnach spiegelt das Markenguthaben gelernte direkte oder durch Kommunikation vermittelte Erfahrungen mit einer Marke wider, die mehr oder weniger positiv bewertet werden können.

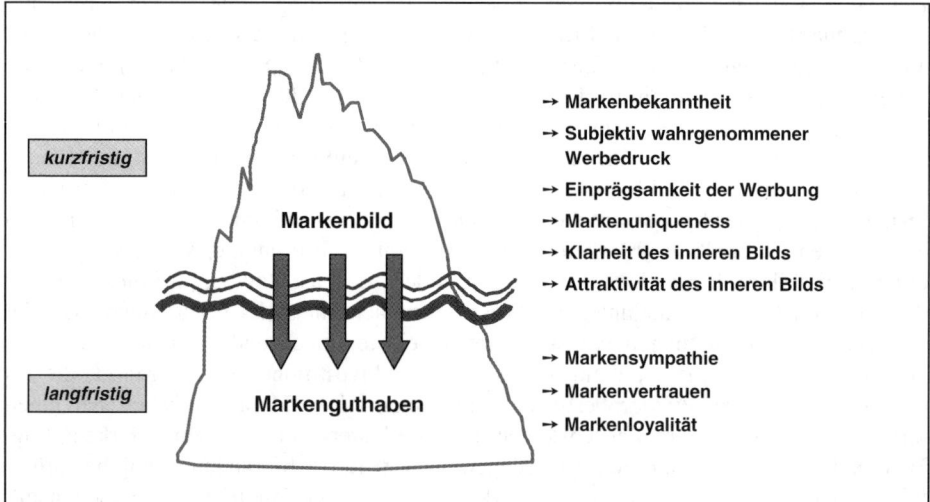

Abbildung 1:   Markeneisberg von icon
Quelle: icon Forschung & Consulting, Nürnberg, 1998.

Entsprechend ergibt sich aus diesem Modell die Markenstärke, d. h. der Markenwert aus den Dimensionen

■ Markenbild und
■ Markenguthaben (vgl. Abbildung 2).

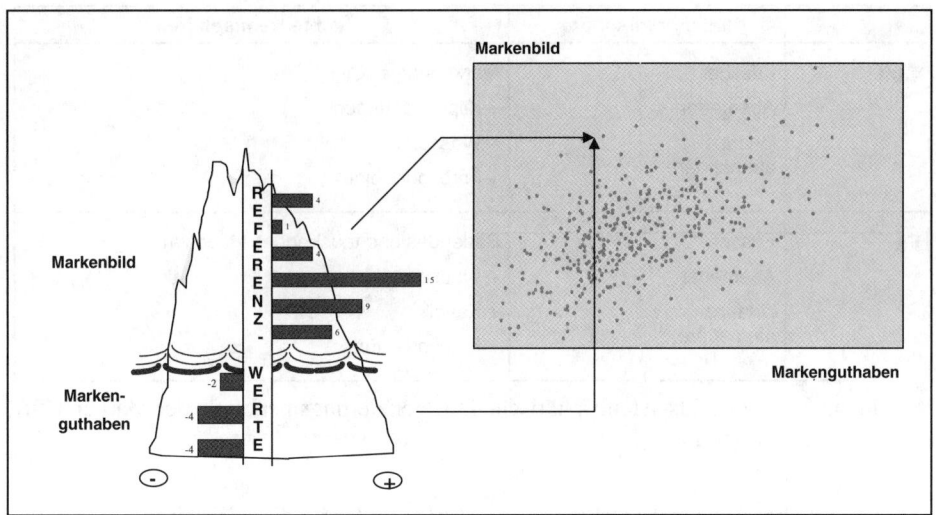

Abbildung 2:   Darstellung des Markenwerts im Eisbergmodell von icon
Quelle: icon Forschung & Consulting, Nürnberg, 1998.

Wie groß der Beitrag des aktuellen Markenauftritts für die Stärke einer Marke sein kann, hängt wesentlich von dessen Bestimmungsgrößen ab. Ob der Markeneisberg überhaupt für den Konsumenten sichtbar wird, hängt überwiegend von der Bekanntheit der Marke ab. Dies ist quasi eine notwendige Bedingung für die Stärke einer Marke. Marken selbst manifestieren sich - wie das Beispiel BMW bereits gezeigt hat - keineswegs nur in sprachlicher Form in unserem Kopf. Vielmehr sind sowohl Aspekte der linken als auch Aspekte der rechten Gehirnhälfte zu erfassen. Die linke Hemisphäre ist das „Sprachgehirn", das stark kognitiv gesteuert ist und logisch-analytischen Regeln folgt. Hier sind bei BMW beispielsweise Aspekte wie Sportlichkeit oder Modernität oder bayerisch abgelegt. Die linke Hemisphäre ist auch primär verantwortlich für den Markennutzen und dessen Relevanz. Hingegen ist die rechte Gehirnhälfte das „Bildgehirn", das wenig kognitiv kontrolliert ist, ganzheitlich arbeitet und einer räumlichen Grammatik folgt. Viele starke Marken verfügen über ausgeprägte Markenbilder, die rechtshemisphärisch abgelegt sind. Gerade auf diese Markenbilder ist ein besonders leichter Zugriff möglich, sie prägen häufig auch die Eigenständigkeit einer Marke. Beispiel: Sowohl mit Fa als auch mit Cliff verbindet man in der linken Hemisphäre die Positionierungseigenschaft „Frische". Entsprechend könnte man auch von einer relativ starken wahrgenommenen Austauschbarkeit beider Marken ausgehen. Rechtshemisphärisch gibt es jedoch sehr wohl wichtige differenzierende und für Konsumenten relevante Merkmale. So verbinden viele Konsumenten mit Cliff das Bild mit dem Klippenspringer in Acapulco und die Farbe blau; mit Fa hingegen das Bild des Fa-Mädchens, das sich in die Fluten stürzt und die Farbe türkis (vgl. Abbildung 3).

	linke Hemisphäre	rechte Hemisphäre
Cliff	Frische Abenteuer Urlaubs- atmosphäre	Markenname „Cliff" + Klippenspringer + Wasser + Farbcode „blau"
Fa	Frische Abenteuer Urlaubs- atmospäre	Badendes und tauchendes Mädchen + Wasser + Karibik + Farbcode „türkis"

Abbildung 3:   (Rechts-)Hemisphärische Differenzierungsmerkmale der Marken Cliff
                und Fa

Ein wesentliches Merkmal solcher innerer Markenbilder ist die Klarheit und Lebendigkeit (Vividness), mit der man diese vor seinem inneren Auge sieht (vgl. Kroeber-Riel,
1993 b; vgl. hierzu auch den Beitrag „Aufbau von Markenbildern" in diesem Buch).
Deshalb wird im Eisbergmodell die Klarheit und die Attraktivität des Markenbilds bei
dem aktuellen Markenauftritt erfaßt. Als weiteres wichtiges Merkmal wird die Eigenständigkeit des Markenauftritts berücksichtigt. Darüber hinaus werden noch zusätzlich
die Einprägsamkeit der Werbung sowie der subjektive Werbedruck ermittelt.

Der Beitrag der Dimensionen inneres Markenbild (= aktueller Markenauftritt) und Markenguthaben (= Resultat der Markenhistorie) zur Berechnung des Markenwerts ist abhängig vom Alter der Marke. So kann das Markenguthaben bei neuen Marken noch
nicht so stark ausgeprägt sein wie bei alten Marken. Demzufolge prägt hier der aktuelle
Markenauftritt die Affinität zur Marke. Dieser ist bestimmend für die Markenwahl und
generiert nach einer gewissen Zeit mit den Kauferfahrungen ein Markenguthaben. Nach
Auffassung von icon hat das Markenguthaben zwar einen direkteren Bezug zum Markenerfolg, kann allerdings im wesentlichen nur über den Umweg des Markenbilds beeinflußt werden. Das Markenbild selbst generiert sich aus dem ganzheitlichen Auftritt
der Marke, der verschiedene Quellen umfaßt. So findet man bei der Analyse innerer
Markenbilder zum Beispiel Farb- und Formcodes, Logos, Verpackungs- sowie Werbeelemente, aber auch Erfahrungen aus Events oder Promotions. Bei Underberg ist dies
beispielsweise die Underberg-Flasche mit der Papierverpackung, der Farbcode grün, der
River-Qwai-Marsch und zum Teil die Underberg-Fee.

Das Markenguthaben selbst hat bei jedem Menschen eine sehr individuelle Historie,
dessen Genese durch Forschung schwer nachvollziehbar ist. So findet man bei älteren
Menschen beispielsweise zur Marke Dr. Oetker Markenbilder mit sehr persönlichen
Assoziationen, zum Beispiel zu Personen aus der Familie, wie der Großmutter oder zu
bestimmten Anlässen (z. B. Weihnachtsbacken). Diese haben unbewußt beim Verbrau-

cher das Markenguthaben aufgebaut, so daß dieser auch kaum die Möglichkeit zur Rekonstruktion solcher Gedächtnisinhalte hat.

2. Fallbeispiel: Ermittlung des Markenwerts für eine Biermarke mit dem Markeneisberg

Im folgenden Fallbeispiel wurde der Markenstatus für eine deutsche Biermarke - nachfolgend als Marke A bezeichnet - und deren Hauptwettbewerber mit Hilfe des Markenwertmodells („Eisbergmodell") von icon erhoben (vgl. icon Forschung & Consulting, 1998; Esch, 1999). Zu diesem Zweck wurden einerseits die typischen evaluativen und diagnostischen Konstrukte des Markeneisbergs durch geschlossene Fragen und mit Hilfe standardisierter Skalen erfaßt, andererseits auch die Inhalte des inneren Markenbilds und Markenassoziationen mittels hierarchisch aufgebauter, offener Fragen („Laddering-Technik"). Basis bilden die Urteile von 800 deutschen Biertrinkern.

Die mit der Analogie des Markeneisbergs dargestellte **Markenstärke** umfaßt das aktuelle Markenbild sowie das Markenguthaben mit den weiter oben genannten Markenerfolgsfaktoren. Als Vergleichsmaßstab wurden jeweils die Datenbank-Referenzwerte für die Kategorie Bier herangezogen, d. h. die Kriterien-Mittelwerte aller bisher mit dem Verfahren analysierten Biermarken (vgl. Abbildung 4).

Bei der Beobachtungsmarke A zeigten sich deutliche Vorteile beim Impact des werblichen Auftritts, der deutlich über dem Wettbewerbsumfeld liegt. Auch die Markenbekanntheit, als Grundvoraussetzung für Markenstärke, ist hinreichend. Hingegen konnte der offensichtlich hohe Werbedruck noch nicht zu einem eigenständigen und klaren Markenbild beitragen. Hier bewegt sich die Marke im Mittelfeld der Kategorie. Lediglich für die Attraktivität des inneren Markenbilds zeigen sich leichte Vorteile. Da die letztgenannten Markenwertfaktoren jedoch „key driver" für verhaltensnähere Kriterien (operationalisiert im Markenguthaben) darstellen, sind auch die nur mittelmäßigen Werte unterhalb der Wasseroberfläche plausibel.

Eine solche punktuelle Betrachtung der Markenstärke läßt jedoch noch einen breiten Interpretationsspielraum. So stellt sich die Frage, ob man langfristig ins Markenguthaben einzahlt, oder ob es der Werbung an Relevanz oder Differenzierungskraft fehlt? Dies kann über eine zusätzliche qualitative Markendiagnose oder durch ein kontinuierliches Markentracking beantwortet werden.

Die Ermittlung der Markenstärke (evaluativ) wird daher u. a. mit der **Analyse des Markenschemas** (diagnostisch) flankiert, das über die offen abgefragten Markenbildassoziationen operationalisiert wird. Der im Rahmen des Markeneisbergs ermittelte, starke werbliche Impact für Marke A zeigt sich auch bei der qualitativen Abfrage (vgl. Abbildung 5).

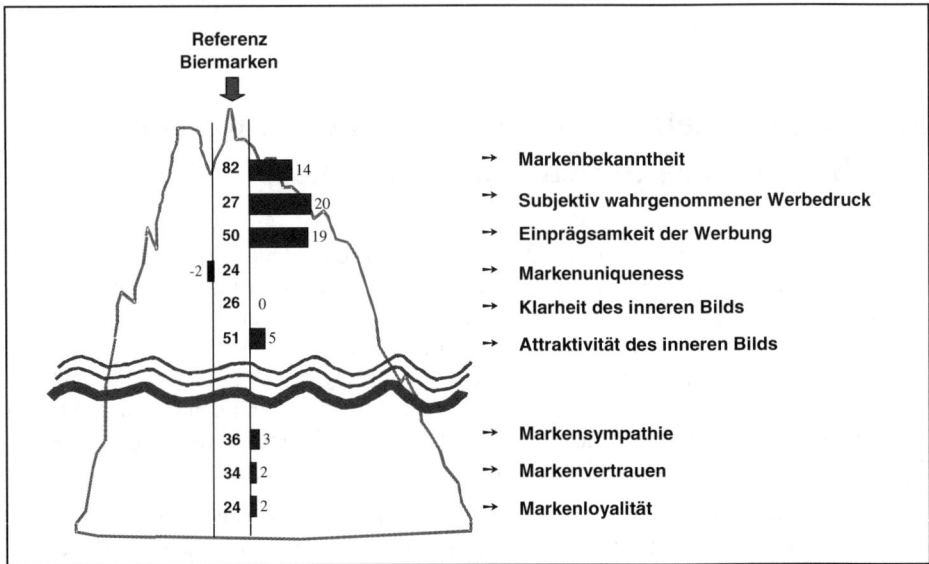

Abbildung 4:   Ergebnisse zum Markeneisberg für Biermarke A
Quelle: icon Forschung & Consulting, Nürnberg.

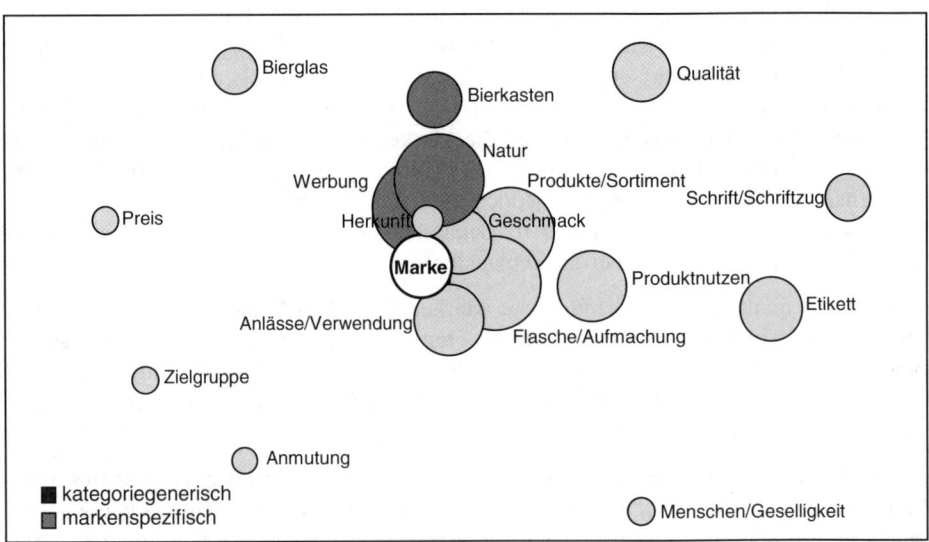

Abbildung 5:   Markenschema für Biermarke A auf der Grundlage qualitativer Er-
                 hebungen zum Inhalt des Markenbilds
Quelle: icon Forschung & Consulting, Nürnberg.

Da im Rahmen einer Markenstatus-Ermittlung auch das Wettbewerbsumfeld berücksichtigt wird, kann bei der Auswertung in kategoriegenerische und markenspezifische Attribute unterschieden werden (vgl. Abbildung 5). Die Größe der Kreise zeigt die relative Bedeutung des jeweiligen Schema-Attributs; die Position im semantischen Raum verweist auf die assoziative Nähe zur Marke selbst und zu anderen Attributen. Im vorliegenden Fall werden die differenzierenden und damit markenspezifischen Attribute - neben dem Branding - vor allem durch Werbung und werblich verankerte Bilder von Naturlandschaften und durch den typischen Bierkasten gebildet.

Neben den offen abgefragten Vorstellungen zum inneren Markenbild, wurde den befragten Personen (n = 800) noch ein Imageprofil mit 60 Statements vorgelegt, von denen hier einige wiedergegeben werden:

Benefits, Reason Whys

- ist eine angesehene Marke
- kommt aus einer bedeutenden Brauerei
- steht für Erfahrung/Braukunst
- findet man in der gepflegten Gastronomie
- hat seit vielen Generationen Tradition
- dieses Bier wird man noch in 50 Jahren trinken
- kann man gut Gästen anbieten
- hat eine schöne Flaschenform
- ist ein Premiumpils
- hat Geschmack
- stellt Qualität über alles
- findet man in der Erlebnisgastronomie
- hat Charakter
- paßt zu gutem Essen
- ist für Genießer
- habe ich gern im Haus
- hat ein schönes Etikett
- ist für besondere Anlässe
- ist aus der Heimat
- hat eine glanzvolle, elegante Aufmachung
- ist von nationaler Bedeutung
- bietet ein gutes Preis-Leistungs-Verhältnis
- bringt soziale Anerkennung
- usw.

Tonalitäten

- gemütlich
- intellektuell
- gesellig, lebensfroh
- witzig
- augenzwinkernd
- heimatverbunden/bodenständig
- überraschend
- sportlich
- aggressiv
- erfolgreich
- zeitgemäß/modern
- ursprünglich
- natürlich
- ehrlich
- abgehoben
- charmant
- überlegen
- traditionell
- usw.

Zunächst wurden mit Hilfe einer **Korrespondenzanalyse** die Beziehungen zwischen einzelnen Items und den Marken sichtbar gemacht. Im Prinzip handelt es sich hier um eine vereinfachte Darstellung der wahrgenommenen Kompetenzen der einzelnen Biermarken. Dazu bildet die Korrespondenzanalyse die Ausprägungen einer Kreuztabelle so auf einer Ebene ab, daß die Distanzen der positionierten Objekte darin den Distanzen der Kreuztabelle entsprechen (vgl. Abbildung 6).

Grundsätzlich gilt: Je geringer die Entfernung zwischen einem Statement und einer Biermarke ist, desto häufiger wurde diese Aussage bei einer Biermarke gekreuzt. Je näher Biermarken beieinander liegen, desto ähnlicher sind sich diese Biermarken bezogen auf die Statements. Zwei nah beieinanderliegende Statements deuten auf ähnliches Antwortverhalten über alle Biermarken hinweg.

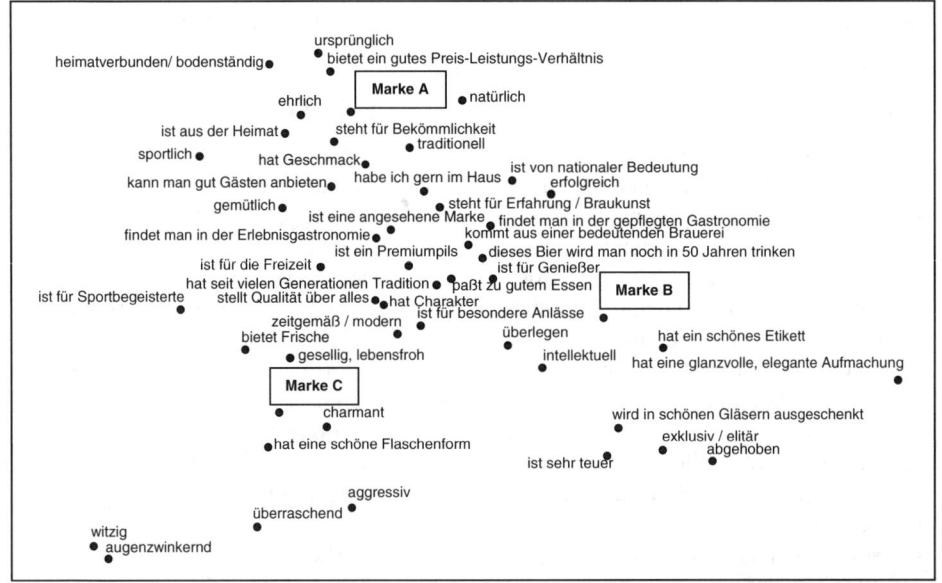

Abbildung 6:   Darstellung der Positionierung dreier Biermarken auf der Grundlage einer Korrespondenzanalye über Markenkernstatements (Benefits, Reason Whys und Tonalitäten)
Quelle: icon Forschung & Consulting, Nürnberg.

Für die hier beschriebene Biermarke A kann man folgende Aussage treffen: A wird eher als ursprüngliche, ehrliche und naturnahe Marke betrachtet, die ein gutes Preis-Leistungs-Verhältnis bietet. Hier unterscheidet sich A deutlich von den anderen beiden Biermarken. Biermarke B steht für Exklusivität, gute Ausstattung und für ein Bier, das zu gutem Essen paßt. Marke C steht für Charme (z. T. auch Humor) und Geselligkeit und für eine schöne Flaschenform. Alle drei Untersuchungsmarken weisen ähnlich hohe Distanzen zu den eher kategorietypischen und damit wenig differenzierenden Aspekten auf (z. B. „steht für Braukunst", „ist ein Premiumpils", „ist eine angesehene Marke" etc., vgl. Abbildung 6).

Im nächsten Schritt wurden stufenweise **multiple Regressionsanalysen** zwischen den einzelnen Imagestatements (= unabhängige Variablen) und den Faktoren und Dimensionen des Markeneisbergs (= abhängige Variablen) durchgeführt (vgl. Abbildungen 7 und 8).

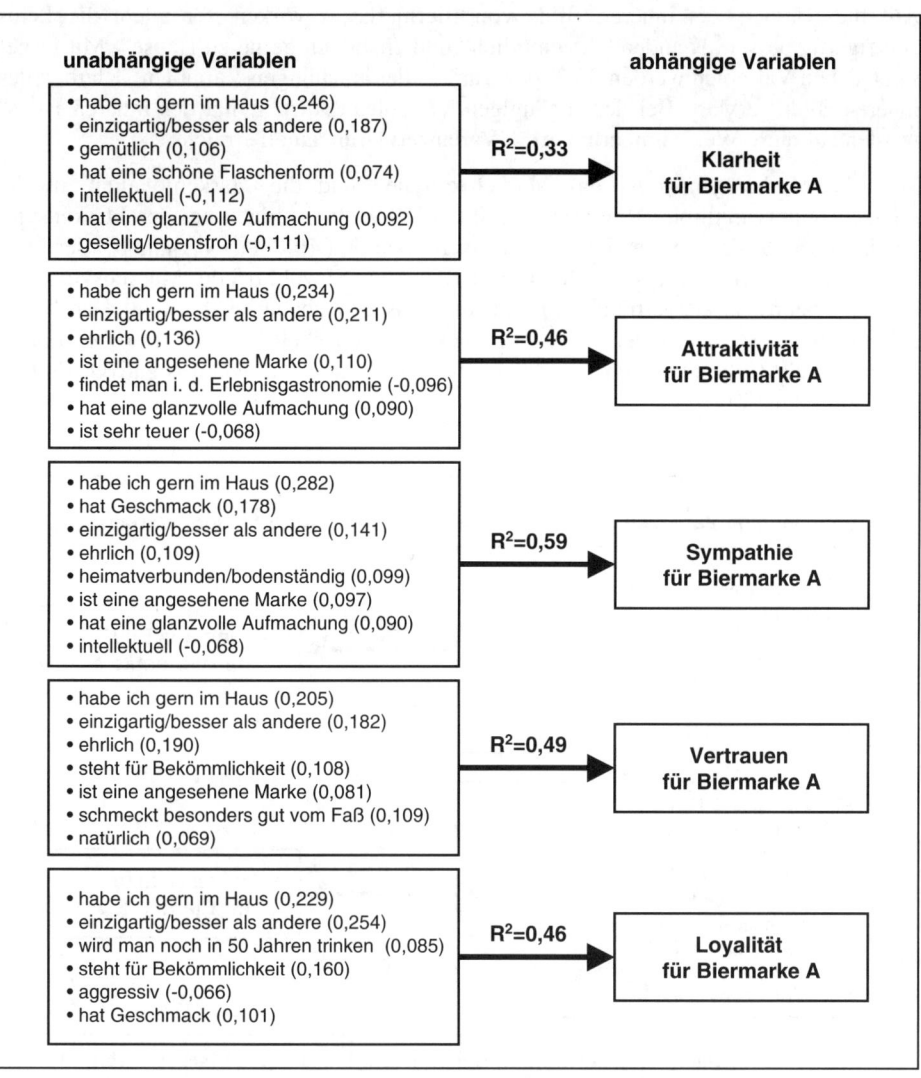

Abbildung 7: Relevante Einflußfaktoren auf Markenerfolgsfaktoren am Beispiel der Biermarke A
Quelle: icon Forschung & Consulting, Nürnberg.

Bei einer schrittweisen multiplen Regression erfolgt die Auswahl der Variablen, die in die Regression einfließen, automatisch. Dabei läßt sich aus der Rangfolge der Aufnahme einzelner Variablen deren Bedeutung (Erklärungskraft in Bezug auf die abhängige Variable) erkennen. Bei diesen multiplen Regressionsanalysen zwischen den einzelnen Items und den Variablen des Markeneisbergs ergaben sich folgende Ergebnisse:

Auf die Klarheit des inneren Bilds von Biermarke A wirken vor allem die Items „einzigartig/besser als andere", „gemütlich" und „habe ich gerne zu Hause". Mit insgesamt sieben Variablen werden 33 % der Varianz der abhängigen Variablen „Klarheit des inneren Bilds" erklärt. Bei der abhängigen Variablen „Attraktivität des inneren Bilds" werden auf diese Weise immerhin 46 % Varianzerklärunganteil erreicht.

Was die Markensympathie, das Markenvertrauen und die Markenloyalität angeht, konnten mittels multipler Regressionsanalysen 59 % der Varianz bei der Markensympathie und 49 % der Varianz beim Markenvertrauen und 46 % der Varianz bei der Markenloyalität durch sechs bis acht Items erklärt werden. Sowohl bei der Markensympathie als auch beim Markenvertrauen wiesen die Aussagen „habe ich gern im Haus" und „einzigartig/besser als andere" die höchsten Erklärungsbeiträge auf. Darüber hinaus hatten vor allem die Statements „intellektuell" und „aggressiv" einen negativen Einfluß (vgl. Abbildung 7).

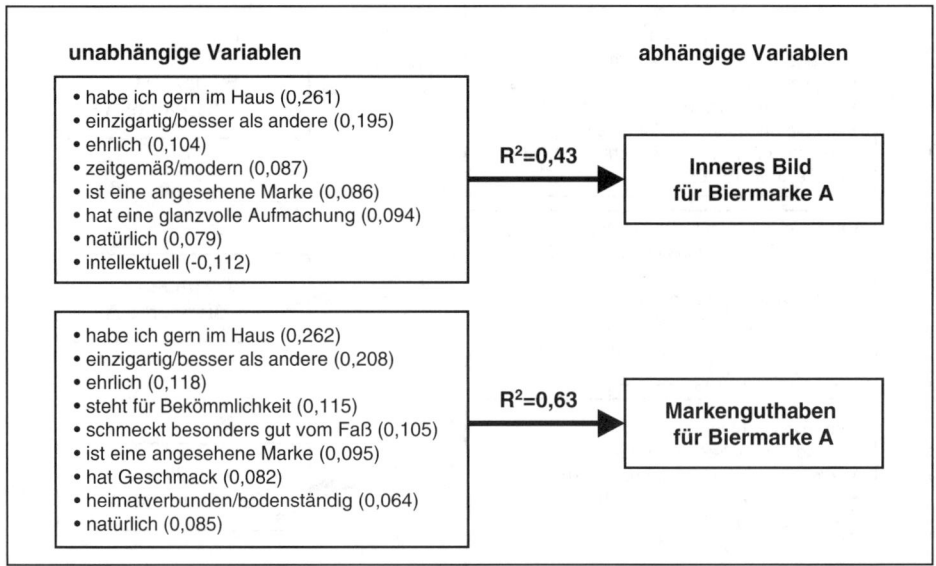

Abbildung 8:   Relevante Einflußfaktoren auf Markenstärke (Markenbild und Markenguthaben) am Beispiel der Biermarke A
Quelle: icon Forschung & Consulting, Nürnberg.

Darüber hinaus wurden auch für die Markenwertdimensionen „Markenbild" und „Markenguthaben" multiple Regressionsanalysen durchgeführt (vgl. Abbildung 8). Hier konnten 43 % der Varianz beim Markenbild und 63 % der Varianz beim Markenguthaben durch acht bzw. neun Variablen erklärt werden.

3.   Zur Überprüfung der Güte des Modells

Zunächst wurde im Hinblick auf eine Plausibilitätsüberprüfung (interne Validität bzw. face/expert validity) zwischen den einzelnen Faktoren des Markeneisbergs mit Hilfe einer Metaanalyse von nahezu 1000 Fällen aus internationalen Markenstatusuntersuchungen folgende Zusammenhänge ermittelt (vgl. Abbildung 9):

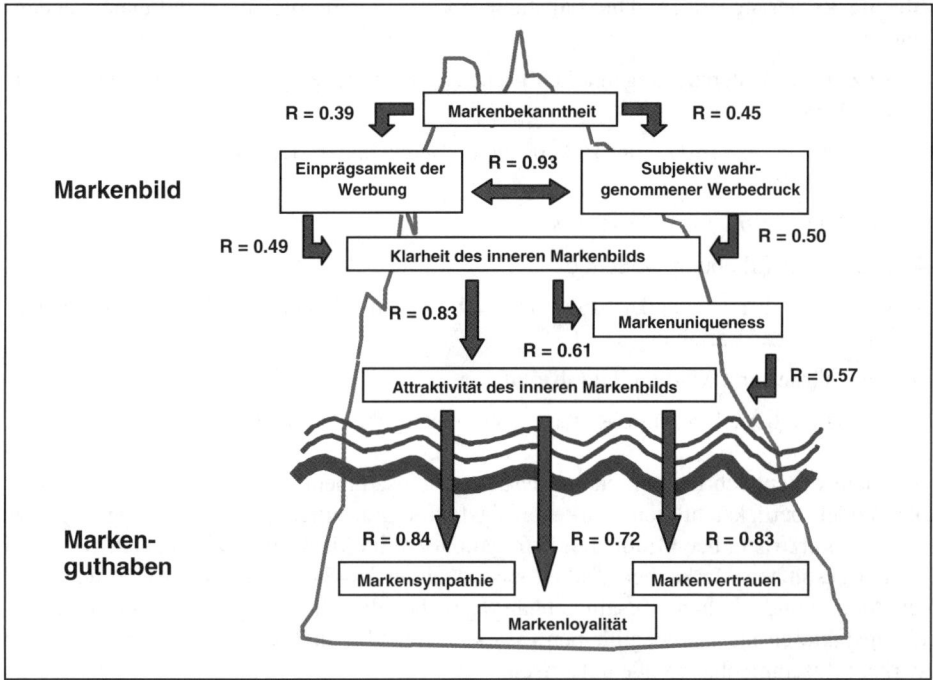

Abbildung 9:   Zusammenhänge zwischen den einzelnen Markenwertfaktoren im Markeneisberg
Quelle: icon Forschung & Consulting, Nürnberg.

Damit wird insbesondere der starke Einfluß der aus der Imageryforschung abgeleiteten Kriterien Klarheit und Attraktivität des Markenbilds auf das Markenguthaben deutlich. Die Ergebnisse lassen sich anschließend auf Kategorieebene oder markenspezifisch herunterbrechen, wodurch man aufschlußreiche Erkenntnisse über die Mechanismen der Markenbildung in unterschiedlichen Branchen oder unterschiedlichen Markenclustern erhält. Führt man diese Berechnung beispielsweise nur mit PKW-Marken durch, so zeigt sich ein deutlich stärkerer Zusammenhang zwischen der Attraktivität des inneren Bilds und der Markenloyalität (R = 0,89). Insgesamt deuten die Ergebnisse auf eine hohe Plausibilität bzw. inhaltliche Validität des Modells.

Um nun auch Aussagen zur externen Validität des Modells (Kriteriumsvalidität) treffen zu können, muß eine hinreichend große Stichprobe von Fällen herangezogen werden, für die jeweils geeignete externe Validierungskriterien (Außenkriterien) vorliegen. Im allgemeinen werden Marktanteile bzw. Marktanteilsveränderungen, Abverkäufe oder aber verhaltensnähere Kriterien wie beispielsweise die gewichtete Kaufbereitschaft als objektive und valide Indikatoren für den Markenerfolg angesehen.

Zur Validierungsberechnung wurde eine Zeitreihe von Markenstatusuntersuchungen im **Biermarkt** herangezogen. Die Fallstichprobe ist durch folgende Merkmale gekennzeichnet:

- Anzahl der Untersuchungsmarken (deutsche Biermarken von überregionaler Bedeutung): 8
- Stichprobe: n = 1404 Biertrinker/innen (Deutschland, repräsentativ quotiert nach Alter und Region)
- Erhebungszeitraum: 1993 - 1998
- Anzahl der Erhebungswellen: 6
- Erhebungsdesign: standardisiert im Hinblick auf Methode, Ablauf und erhobener unabhängiger Variablen
- Außenkriterium: Marktanteil (absolut)
- Zusätzlich berücksichtigte Kriterien: Werbeausgaben, Preis, Distribution

In einem ersten Schritt wurden wiederum die Zusammenhänge innerhalb der im Eisbergmodell berücksichtigten Markenerfolgsfaktoren ermittelt (vgl. Abbildung 10). Aus den eher kurzfristig beeinflußbaren Erfolgsfaktoren im Markenbild zeigen sich vor allem bei der gestützten Markenbekanntheit sowie bei der Klarheit und Attraktivität des inneren Markenbilds höhere Zusammenhänge, wobei die eher langfristig beeinflußbaren Erfolgsfaktoren im Markenguthaben (Markensympathie und Markenvertrauen) deutlich stärkere Zusammenhangmaße aufweisen.

Da im Eisbergmodell von einem unterschiedlichen Einfluss von Markenbild und Markenguthaben auf das zu operationalisierende Konstrukt („Markenstärke") ausgegangen wird, wurden die Zusammenhänge mit dem Marktanteil zusätzlich für diese beiden Dimensionen berechnet (vgl. Abbildung 11). Hier zeigt sich die deutlich stärkere Verhaltensrelevanz des Konstrukts „Markenguthaben", welche die ursprünglich bei der Modellbildung im Rahmen von methodischen Experimenten ermittelten Zusammenhänge stützt.

Markenerfolgsrelevante Einflußfaktoren	Korrelation (R) mit Marktanteil (externer Markenerfolgsindikator)
Markenbildfaktoren	
Einprägsamkeit der Werbung	0,139
subjektiv wahrgenommener Werbedruck	0,209**
Markenuniqueness	0,428**
gestützte Markenbekanntheit	0,534**
Klarheit des inneren Markenbilds	0,569**
Attraktivität des inneren Markenbilds	0,592**
Markenguthabenfaktoren	
Sympathie	0,754**
Vertrauen	0,688**
Zusätzliche Einflussfaktoren	
Distribution (gewichtet)	0,596**
Preis (im Mittel)	-0,105
Werbeausgaben (in TDM)	0,371**

Abbildung 10: Korrelationen (nach Pearson) zwischen Markenerfolgsfaktoren und Marktanteil als externem Indikator für den Markenerfolg

Eisbergdimension	Korrelation (R) mit Marktanteil
Markenbild	0,469**
Markenguthaben	0,734**

Abbildung 11: Korrelationen (nach Pearson) zwischen Markenbild/Markenguthaben und Marktanteil als externem Indikator für den Markenerfolg

Diese Beziehung wurde in einem weiteren Schritt mit Hilfe einer schrittweisen **multiplen Regression** berechnet. Auf Basis einer Faktoranalyse wurde aus den Markenwertfaktoren ein Faktor für das Markenguthaben herangezogen, der im Hinblick auf das Konstrukt „Markenstärke" den höchsten Varianzerklärungsanteil aufwies. Außerdem wurden die externen Variablen Werbeausgaben, Preis und Distribution einbezogen. Aufgrund der beobachteten Zusammenhänge wird bei der gewichteten Distribution von einem exponentiellen Einfluß auf den Marktanteil ausgegangen (vgl. Abbildung 12).

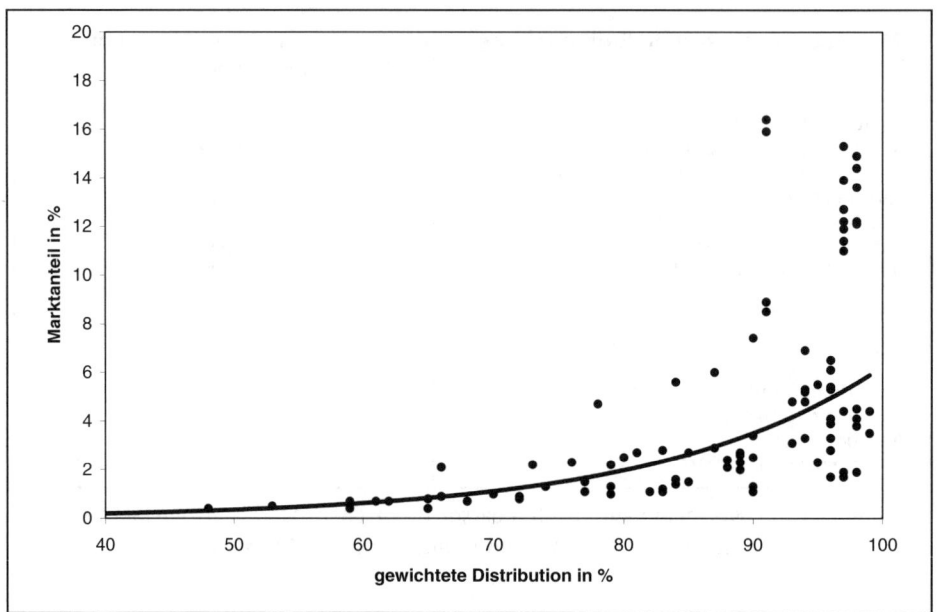

Abbildung 12:   Exponentieller Zusammenhang zwischen gewichteter Distribution und
                 Marktanteil im Biermarkt
Quelle: icon Forschung & Consulting, Nürnberg.

Die multiple Regression, mit einem R^2 von 0,61, brachte folgende Ergebnisse (vgl. Abbildung 13).

Marktanteil = 10,17 + 1,03 (Markenguthaben) + 1,07 ($e^{\text{gewichtete Distribution}}$)
                  - 5,19 (Preis).

Der starke Erklärungsbeitrag des Markenguthabenfaktors konnte bestätigt werden. Der Einfluß entspricht in etwa dem der gewichteten Distribution.

Damit bildet das von icon erarbeitete Eisbergmodell zum einen einen wesentlichen Teil der Black Box „Konsument" ab, die zwischen den Marketingstimuli und den klassischen Indikatoren der Marktreaktion liegt, zum anderen wird generell der starke Einfluß verhaltenswissenschaftlicher Konstrukte auf die abhängigen Markenerfolgsindikatoren deutlich. Ohne deren Berücksichtigung führt eine Markenbewertung zu verzerrten und damit zu nicht validen Ergebnissen.

Modellzusammenfassung				
Modell	R	R^2	Korrigiertes R^2	Standard-fehler des Schätzers
	0,779	0,606	0,595	3,227

Einflußvariablen: (Konstante), Markenguthabenfaktor, Distribution (gewichtet, exponentiell), Durchschnittspreis

Ausgeschlossene Variablen: Werbeausgaben (Signifikanz: 0,108)

Koeffizienten					
	Nicht standardisierte Koeffizienten		Standardisierte Koeffizienten		
Modell	B	Standard-fehler	Beta	T	Signifikanz
(Konstante)	10,174	4,532		2,245	0,027
Markenguthaben	1,033	0,241	0,478	4,293	0,000
Distribution	1,072	0,358	0,336	2,993	0,003
Preis	-5,192	1,892	-0,171	-2,744	0,007

Abbildung 13:   Modellzusammenfassung und Koeffizienten am Beispiel des Bier-markts

Die für den Biermarkt ermittelten Validierungsergebnisse können weiterhin durch eine zweite, ähnliche Validierungsstudie gestützt werden, die von icon 1997 im Automobilmarkt durchgeführt wurde (vgl. Andresen, 1997).

Dabei wurden n = 75 Fälle (PKW-Modelle) aus Markenstatusuntersuchungen in den Segmenten Kleinwagen, untere Mittelklasse und obere Mittelklasse herangezogen (Zeitraum: 1994 bis 1997; 6 Erhebungswellen). Auch hier handelte es sich bei jedem berücksichtigten Fall um das gleiche Untersuchungsdesign. Als abhängige Variable wurden je Erhebungszeitpunkt und Modell die Anzahl der Zulassungen und der Marktanteil herangezogen.

Ergebnis: Auch in diesem Fall hatten vor allem die Werbewirkungsvariablen nur einen sehr geringen Erklärungsbeitrag für die Veränderung der jeweiligen Zulassungen: Werbespendings ($R^2 = 0,012$), Werbeerinnerung ($R^2 = 0,0482$). Hingegen zeigte sich der stärkste Zusammenhang zwischen den Zulassungen und dem Markenguthaben ($R^2 = 0,5468$).

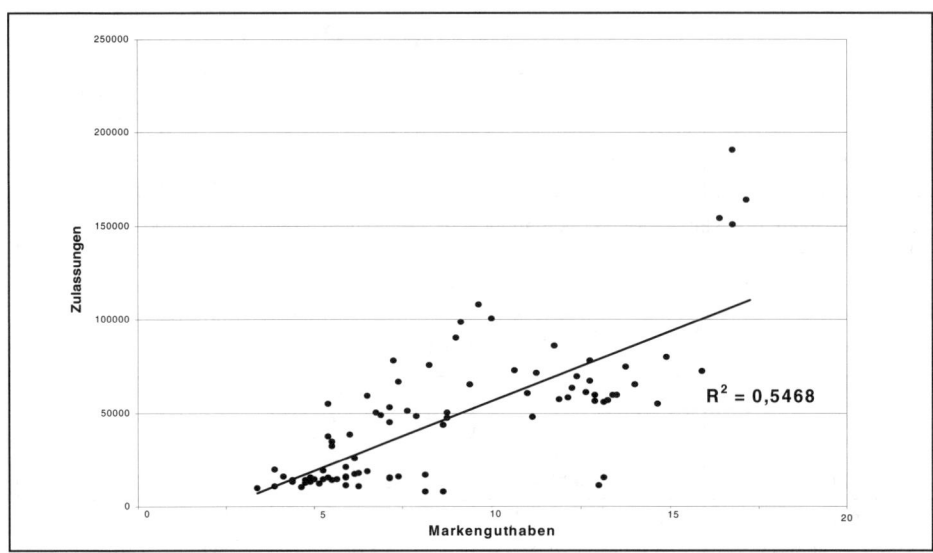

Abbildung 14:   Zusammenhang zwischen Markenguthaben und Zulassungen (Basis:
                 n = 75 Fälle aus Markenstatusuntersuchungen im PKW-Markt)
Quelle: Andresen, 1997.

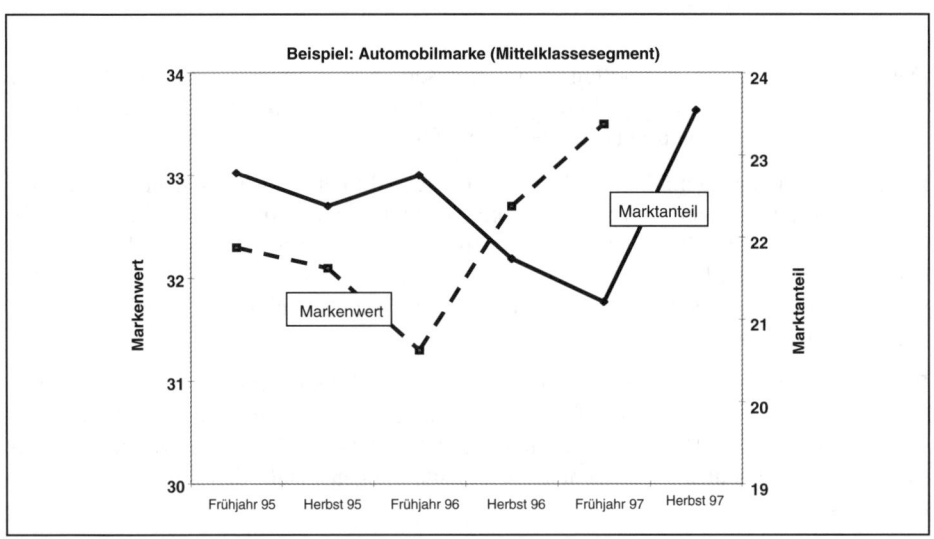

Abbildung 15:   Time-Lag   zwischen   verhaltenswissenschaftlichem   Markenwert
                 (Markenguthaben und Markenbild) und Marktanteil im Automo-
                 bilmarkt
Quelle: Andresen, 1997.

Wichtig ist, daß das Modell in beiden Fällen (Biermarkt bzw. PKW-Markt) nur mit einem **Time-Lag** funktioniert, d. h. bei den errechneten Zusammenhängen wurden den Meßwerten für das Markenguthaben jeweils die Zulassungswerte aus dem Folgejahr gegenübergestellt. Das Prognosepotential des Modells zeigt sich u. a. auch in dem hohen Zusammenhang zwischen dem inneren Markenwert, der sich aus dem Markenbild und dem Markenguthaben ergibt, und den Marktanteilen für eine Marke. Abbildung 15 gibt diese Beziehung zwischen dem inneren Markenwert und dem Marktanteil für eine Marke graphisch wieder.

Mit diesen Zeitreihenanalysen konnte auch gezeigt werden, daß vor allem in einem komplexen Markt wie dem Automobilmarkt ein funktionsfähiges **Markenwirkungsmodell** einem reinen Werbewirkungsmodell überlegen ist.

Doch noch einmal zurück zu dem Bierbeispiel: In einer letzten Validierungsstufe ging es um die Berechnung der Beziehung zwischen dem Eisberg und dem **ökonomischen Markenwert** mit Hilfe einer schrittweisen multiplen Regressionsanalyse. Diese Berechnung wurde exemplarisch für eine der acht Biermarken aus dem Untersuchungsset durchgeführt.

Zuerst wurde dazu aus den Markenwertfaktoren folgende Dimensionen zur Bildung eines **Eisbergfaktors** berechnet:

Eisbergfaktor
= (gestützte Bekanntheit
    + Klarheit des inneren Bilds
    + Attraktivität des inneren Bilds
    + Uniqueness
    + Sympathie
    + Vertrauen
    + Loyalität)
    / 7.

Da eine wesentliche Voraussetzung zur Anwendung der multiplen Regressionsanalyse die Unabhängigkeit der einzelnen Regressoren untereinander ist, wurden dann die einzelnen Variablen des Markeneisbergs von icon einer Faktoranalyse unterzogen. Durch dieses Vorgehen wurde das Problem der Multikollinearität zwischen einzelnen Variablen umgangen. Im Rahmen der daran anschließenden multiplen Regressionsanalyse wurde der Eisbergfaktor zur Umgehung der Multikollinearität aus den Faktoren der Eisbergvariablen berechnet.

Da der ökonomische Markenwert nicht nur von dem Eisbergfaktor abhängt, wurden in die durchgeführte multiple Regressionsanalyse neben der gewichteten Distribution der Marke zusätzlich einige Konkurrenzmarken als Markendummys mit einbezogen. Mit Hilfe der Markendummys sollte berücksichtigt werden, daß einige Marken signifikant vom durchschnittlichen ökonomischen Markenwert abweichen. Sie berechnen sich aus der Relation zwischen dem Markenwert für eine Marke und dem durchschnittlichen ökonomischen Markenwert in dem Markt.

Der ökonomische Markenwert kann mit folgender Formel berechnet werden:

ökonomischer Markenwert = Menge x (Preis - Preis der billigsten Alternative).

Bei der Untersuchung der Bierdaten wurde der Markenwert - abweichend von obiger Formel - hilfsweise wie folgt berechnet:

ökonomischer Markenwert Pilsmarke = Marktanteil x (Durchschnittspreis - 1).

Damit ergab sich für den ökonomischen Markenwert der Marke 1 = 2,2 x (2,34 - 1) = 2,9.

Um zu ermitteln, welchen Einfluß der Eisbergfaktor sowie die anderen Einflußgrößen auf den ökonomischen Markenwert haben, wurde nun eine schrittweise multiple Regression durchgeführt. In diese multiple Regressionsanalyse gingen als unabhängige Variablen zum einen der Eisbergfaktor ein, der sich aus der Klarheit und Attraktivität des Markenbilds, der Markensympathie und dem Markenvertrauen sowie der Markenuniqueness und der gestützten Bekanntheit zusammensetzt, zum anderen der Werbedruck (= subjektiv wahrgenommener Werbedruck + Einprägsamkeit der Werbung), die gewichtete Distribution und die Markendummys ein. Die multiple Regressionsanalyse mit einem R^2 von 0,76 brachte folgende Ergebnisse (vgl. Abbildung 16):

Markenwert = $-8,42 + 0,09 \; (e^{\text{gewichtete Distribution}}) + 0,27$ (Eisbergfaktor) - 4,15 (Markendummy Biermarke 2) - 1,89 (Markendummy Biermarke 3) - 2,40 (Markendummy Biermarke 4) - 1,44 (Markendummy Biermarke 5).

Bei der hier untersuchten Marke hatten weder die Einprägsamkeit der Werbung noch der subjektiv wahrgenommene Werbedruck einen signifikanten Einfluß auf den ökonomischen Markenwert. Das negative konstante Glied in der oben dargestellten Gleichung zeigt jedoch, daß sowohl ein gewisser Distributionsgrad als auch ein „Eisberg" vorhanden sein muß, um den ökonomischen Markenwert der hier getesteten Biermarke zu steigern. Daß die Distribution bei Biermarken eine wichtige Rolle spielt, liegt auf der Hand. Wichtiger ist jedoch der Einfluß des Markeneisbergs auf den ökonomischen Markenwert, da dieser diagnostische und therapeutische Aufschlüsse für eine effektivere und effizientere Markenführung geben kann.

Die Differenzierung in die beiden Dimensionen inneres Markenbild und Markenguthaben sind aus pragmatischer Sicht zweckmäßig. Sie können im Erklärungszusammenhang gut eingesetzt werden und bestimmte Zusammenhänge bei der Entwicklung eines Markenwerts deutlich vor Augen führen. Allerdings sind beide Dimensionen nicht unabhängig voneinander. Dies muß bei der Interpretation der Ergebnisse berücksichtigt werden.

```
**** MULTIPLE REGRESSION ****

Dependent Variable: ökonomischer Markenwert aktuell

Method: Stepwise   Criteria  PIN 0,0500  POUT 0,1000
aktuelle gewichtete Distribution  Eisbergfaktor  Werbedruck  Marke 2  Marke 3  Marke 4  Marke 5
Marke 6  Marke 7

Variable(s) Entered on Step Number
1:     Gewichtete Distribution aktuell (e-Funktion)
2:     Eisbergfaktor (Klarheit+Attraktivität+ Sympathie+Vertrauen+Uniqueness
       +gestützte Bekanntheit + Loyalität)/7
3:     Marke 2
4:     Marke 3  > Markendummys
5:     Marke 4
6:     Marke 5

Multiple R                        0,86943
R Square                0,75590
Adjusted R Square       0,74096
Standard Error          2,41589

Analysis of Variance
                DF      Sum of Squares      Mean Square
Regression       6        1771,26485                    295,21081
Residual        98         571,97867                      5,83652

F =    50,57996    Signif F = 0,0000

------------------ Variables in the Equation ------------------
```

Variable	B	SE B	Beta	T	Sig T
aktuell gewichtete Distribution	0,093666	0,021685	0,379528	4,319	0,0000
Eisbergfaktor	0,273287	0,047915	0,523747	5,704	0,0000
Marke 2	-4,151290	0,742214	-0,307501	-5,593	0,0000
Marke 3	-1,890485	0,724029	-0,140035	-2,611	0,0104
Marke 4	-2,397451	0,722576	-0,177588	-3,318	0,0013
Marke 5	1,446287	0,740365	0,107132	1,953	0,0536
(Constant)	-8,418276	1,608371		-5,234	0,0000

```
End Block Number  1   PIN =   0,050 Limits reached.
```

Abbildung 16: Ergebnisse der multiplen Regressionsanalyse zwischen dem ökonomischen Markenwert (abhängige Variable) und dem Eisbergfaktor, der gewichteten Distribution und Konkurrenzmarken (unabhängige Faktoren)

4. Ausblick: Systematisches Markencontrolling mittels Marken- und Kommunikations-Tracking-Studien

Die Markenführung kann nur so gut sein wie die Werkzeuge, die vergangene Maßnahmen hinsichtlich ihrer erzielten Erfolge kontrollieren und als Grundlage für therapeutische Maßnahmen dienen. Bei den immer komplexer werdenden Rahmenbedingungen für die Markenführung reicht Intuition alleine nicht mehr aus. Vielmehr empfiehlt es sich, ein integriertes System des Markencontrollings („Brand Equity Measurement System", „Markenkontrollbaukastensystem") zu entwickeln.

Dieses Baukastensystem zur Kontrolle der in einem Markt erzielten Wirkungen für eine Marke muß sowohl zeitpunkt- aus auch zeitraumbezogene Messungen umfassen. Zeitraumbezogene Messungen lassen sich durch sogenannte Trackingstudien realisieren, die über einige wenige wichtige diagnostische Größen laufend Aufschluß geben und mit entsprechenden Marketingausgaben in Relation gesetzt werden können, so daß Effizienzmaße zur Steuerung vorliegen. Darüber hinaus sollte wenigstens einmal jährlich ein umfassender Markenstatus erhoben werden, bei dem sowohl links- wie rechtshemisphärisch sowie mittels Ratingskalen und durch offene Erhebungen die Markenstärke im Detail erfaßt wird. Die Trennung in Methoden zur Messung des Markenstatus in der linken und rechten Gehirnhälfte sind erforderlich, weil heute Marken zunehmend durch ganzheitlich-konkrete Merkmale repräsentiert werden. Dies wird sich in einer kommunikationsüberfluteten Welt mit wenig interessierten Konsumenten, die den Aufbruch zu einer visuellen Generation bereits vollzogen haben, noch verstärken. Offene Erhebungen sind ebenfalls zwingend erforderlich, weil allein durch Ratingskalen tiefere Einsichten in eigentliche Stärken einer Marke oft verstellt werden.

Das von icon eingesetzt Verfahren zur Markenbewertung („Brand Status") wird dieser Forderung gerecht. Es liefert sowohl Erkenntnisse über die Markenstärke (Eisbergmodell) als auch über die Markendiagnose eine in dem beschriebenen Sinne umfassende Beschreibung der Markenidentität. Im Rahmen einer Brand Status-Untersuchung werden die bei der Markendiagnose erhobenen Assoziationen neben der in Abbildung 5 gezeigten Aufteilung zusätzlich noch in abstrakte (linkshemisphärische Wissensstruktur) und konkrete (rechtshemisphärische Wissensstruktur) unterschieden. Da Beck's eines der (objektiv gemessen) am wenigsten herben Premium-Biere Deutschlands ist, erfährt man den Grund dieser Bewertung über die offenen Erhebungen im Rahmen der Markendiagnose. Hier erfährt man über Assoziationsketten, daß Konsumenten mit der maritimen Welt, dem Meer und Salzwasser automatisch Herbheit assoziieren: Die konkrete Erlebniswelt von Beck's prägt die Geschmackswahrnehmung des Biers.

Markenmanager tun gut daran, sich künftig verstärkt mit der Gestaltung ihres individuellen Systems zur Markenkontrolle zu beschäftigen, um die Markenführung zu optimieren.

Es gibt viele Wege. Wir sagen Ihnen, welcher der richtige für Ihre Marke ist.

Auf Kurs zum Markenerfolg.

Telefon 09 11/95 93-0 · Fax 09 11/95 93-120/-220 · www.icon-brand-navigation.com

NÜRNBERG · HAMBURG · LONDON · MADRID · MILANO · NEW YORK · PARIS

Sigrid Bekmeier-Feuerhahn

Messung von Markenvorstellungen

1. Die Bedeutung von Markenvorstellungen im Marketing

Warum schmeckt ein Glas „Coca-Cola" besser als ein anderes Cola-Getränk, ein „Snickers" besser als ein vergleichbarer Erdnußriegel? Warum sind Leute bereit, für eine „Levi's" mehr zu zahlen als für eine andere Jeans aus gleichem Stoff und Schnitt? Wieso schmeckt der Rauch der einen Zigarette nach Freiheit und Abenteuer, der einer anderen nach häuslicher Geselligkeit?

Aus betriebswirtschaftlicher Sicht lassen sich diese Phänomene mit dem konsumentenorientierten Wert der Markierung dieser Produkte erklären. Die Kennzeichnung von Produkten mit Namen wie „Coca-Cola", „Snickers" oder „Levi's" setzen beim Konsumenten differenzierte psychische Produktwahrnehmungs-, Verarbeitungs- und Speicherprozesse in Gang. Als Ergebnis dieser psychischen Verarbeitungsprozesse bildet der Konsument spezifische Markenvorstellungen aus.

Vor allem das Marketing interessiert sich für die Markenvorstellungen bei Konsumenten. Beim strategischen und operativen Markencontrolling können Informationen über Markenvorstellungen zur Steuerung, Bewertung und Überwachung der Markenführung dienen. Als exemplarische Anwendungsfelder lassen sich das Markenmanagement, die Markenbewertung und der übergeordnete Markenvergleich anführen.

Im Markenmanagement ist die Analyse von Markenvorstellungen ein wichtiges Instrument, um die gegenwärtige Position einer Marke am Markt analysieren zu können und um markenpolitische Entscheidungen über den Aufbau und die Stärkung sowie die Pflege von Marken zielgerichtet treffen und die Ergebnisse kontrollieren zu können (vgl. Sander, 1994, S. 56). Vor allem für die Markensteuerung kann die Analyse der Markenvorstellungen beim Konsumenten Hinweise auf Stärken und Schwächen der Markenpositionierung liefern.

Ein anderes Anwendungsfeld für die Messung von Markenvorstellungen ergibt sich bei der Bewertung von Marken. Bei der Markenbewertung geht es um die Frage: Was ist es wert, einen bestimmten Markennamen benutzen zu dürfen, und wie kann dieser Wert gemessen werden? Hier setzt sich immer mehr die Erkenntnis durch, daß der Markenwert eine betriebswirtschaftliche Potentialgröße darstellt, die primär beim Konsumenten anzusiedeln ist. Der Konsument wird als Quelle, als Ort der Markenwertentstehung angesehen. Kapferer (1992, S. 9) spricht vom „Markenwert in den Köpfen der potentiellen Konsumenten". Beim Konsumenten bilden sich spezifische Markenvorstellungen, welche die individuelle Wertschätzung der Marke widerspiegeln.

Im Rahmen der Markenbewertung spricht man in diesem Zusammenhang auch von Markenstärke und versteht darunter eine Antriebskraft, die von der subjektiven Wertschätzung der Markierung ausgeht (vgl. die Definitionsansätze von Farquhar, 1989; Aaker, 1992; Bekmeier-Feuerhahn, 1998 a). Die Antriebskraft bewirkt beim

Konsumenten eine ökonomische Verhaltensbereitschaft, die das gegenwärtige und zukünftige Verhalten gegenüber einer Marke bestimmt. Aus unternehmerischer Perspektive verhilft eine positive Markenstärke dem Markeninhaber zu einer besseren Wettbewerbsposition auf dem Markt.

Um Markenstärke zu messen, werden vor allem der Umfang und die Art der durch die Markierung induzierten Markenvorstellungen untersucht. Schulz und Brandmeyer (1989, S. 365) beschreiben ähnlich wie im amerikanischen Raum Srivastava und Shocker (1991, S. 9) die Markenstärke als Assoziationen (Vorstellungen), die durch die Wahrnehmung der Produktmarkierung ausgelöst werden. Die Assoziationen können das Markenprodukt selbst betreffen (z. B. die Produktvorstellung des Markenproduktes) oder aber mit dem Markenprodukt nur in Beziehung stehen (z. B. die Vorstellung eines Freundes, der das Markenprodukt genutzt hat).

Keller (1993, S. 7 ff.) sowie Esch und Andresen (1994, S. 223) heben als spezielles Merkmal der Markenstärke die Entwicklung spezieller, eigenständiger Markenvorstellungen hervor, die nicht mit anderen Produkten geteilt werden. Solch ein echtes Markierungsmaß ergibt sich, wenn die Markenvorstellungen in Relation zu den Gattungsvorstellungen gesetzt werden. Zum Beispiel lassen sich die markenbezogenen Vorstellungen der Marke „Hohes C" ermitteln, indem Konsumenten befragt werden, welche konkreten Assoziationen sie mit der Marke „Hohes C" verbinden. Empirische Studien zeigen, daß Konsumenten mit der Marke „Hohes C" Vorstellungen wie „Orangen", „glückliche Familie" oder „Vitamine" verbinden. Markenspezifisch relativiert werden können diese Assoziationsnennungen, indem die Konsumenten gleichzeitig nach ihren allgemeinen Vorstellungen über Fruchtsaftgetränke befragt werden. In der oben genannten Studie verbalisierten die Befragten Gattungsvorstellungen mit Fruchtsaftgetränken wie „Gesundheit", „Sommer" oder „Süße" (Bekmeier-Feuerhahn, 1998 a).

Werden diese individuellen qualitativen Markenvorstellungen quantifiziert und zu Kennzahlen verdichtet, bilden sie nicht nur eine wesentliche Informationsbasis bei der Bewertung und Kontrolle von einzelnen Marken.[1] Vielmehr bündeln diese Kennziffern markenbezogene Konsumenteneinschätzungen, die auch für das auf übergeordneter Ebene agierende Marketing-Controlling relevant sind (Bekmeier-Feuerhahn, 1998 b). Zu denken ist beispielsweise an Markenvergleiche wie:

- ■ Vergleich firmeninterner Marken untereinander,
- ■ Vergleich der eigenen Marke mit anderen Wettbewerbsmarken,
- ■ Vergleich von Marken aus unterschiedlichen Märkten und
- ■ Vergleich zwischen nationalen und internationalen Marken.

Markenvorstellungen im Sinne einer quantifizierten Kennziffer bieten für diese Vergleiche einen schnellen und zuverlässigen Überblick, sofern die methodische Ermittlung nicht von produktspezifischen Besonderheiten beeinflußt wird. Relevant ist dies beispielsweise, wenn im Rahmen von rückblickenden Marketing-Kontrollen oder zukunfts-

---

1   Als betriebswirtschaftliche Kennzahlen können Maßstabswerte mit universeller Verwendung bezeichnet werden.

orientierten Marketing-Audits Ergebniskontrollen durchgeführt werden, bei denen verschiedene Marken miteinander zu vergleichen sind.

Unabhängig davon, ob Markenvorstellungen innerhalb des Managements von Marken interessieren, ob sie als Hintergrund für Markenbewertungen dienen oder zum Zwecke des Markencontrolling untersucht werden, sind zur Analyse von Markenvorstellungen kognitive Informationsverarbeitungsprozesse zu betrachten.[2] Denn die Generierung von Markenvorstellungen ist an die Speicherung von Wissensstrukturen und deren Reproduzierbarkeit gebunden (vgl. Keller, 1991; Esch/Andresen, 1994, S. 229).

2. Die Bildung von Markenvorstellungen aus informationstheoretischer Perspektive

Verschiedene gedächtnispsychologische Konzepte versuchen Auskunft darüber zu geben, wie gelernte Repräsentationen und neue Erfahrungen zu Wissensstrukturen werden. Für die Analyse von Markenvorstellungen werden der Ansatz der semantischen Gedächtnisforschung, die Modelle der Imagery- und der Hemisphärenforschung vorgestellt[3].

Der Ansatz der semantischen Gedächtnisforschung ist auf Quillian (1968) zurückzuführen. Der Kerngedanke des Ansatzes lautet, daß man sich gedankliche Repräsentationen als ein graphisches Netzwerk vorstellen kann, das aus Knoten und Verbindungslinien besteht. Die Knoten stehen für Begriffe, Situationen und Ereignisse[4]. Die Verbindungslinien geben die Beziehungen zwischen den Knoten wieder, Relationen zwischen Objekten und Objekteigenschaften oder zwischen Ereignissen und deren Ursachen. Dabei ergibt sich die volle Bedeutung eines Knotens aus dem gesamten Netzwerk von Knoten und Verbindungen, in dem das zu definierende Konzept verankert ist (vgl.

---

2   Bereits an dieser Stelle sei darauf hingewiesen, daß sich die Begrifflichkeit „kognitiv" auf die gedankliche Informationsverarbeitung bezieht, bei der sowohl emotionale wie auch informative Reize verarbeitet werden.

3   Im Rahmen dieses Beitrages soll auf die Darstellung weiterer Gedächtnistheorien verzichtet werden, zumal sie „[...] in aller Regel nicht gänzlich abweichend sind" (Engelkamp, 1990, S. 6). Für einen umfassenden Überblick zu dieser Thematik und zur Darstellung einer multimodalen Gedächtnistheorie, vgl. Engelkamp, 1990.

4   Stark verfestigte oder standardisierte Vorstellungen über ein Produkt, die im Gedächtnis sprachlich oder bildlich präsent sind, bezeichnet man auch als Schemata, Rahmen oder Skripte (vgl. Kroeber-Riel, 1992 c, S. 226 f. und 1993 b, S. 146). Schemata erleichtern die Wissensreproduktion, indem sie die Systematisierung, die im Langzeitspeicher stattfindet, unterstützen und stereotypisierte Informationen und Normwissen enthalten (vgl. Bourne/Ekstrand, 1992, S. 191). Zur Aktivierung von Schemata reicht häufig bereits ein einzelner Reiz, zum Beispiel ein Markenname. So verbinden viele Konsumenten mit der Marke „Milka" Inhalte der bekannten TV-Werbung „Lila Kuh" und deren Jingle: „Die zarteste Versuchung, seit es Schokolade gibt", die Melodie zum Jingle wird erinnert usw.

Bredenkamp/Wippich, 1977, S. 109). Die folgende Abbildung ist ein Beispiel für ein semantisches Netzwerk. Es handelt sich um einen Entwurf für die Sektmarke „Mumm"[5].

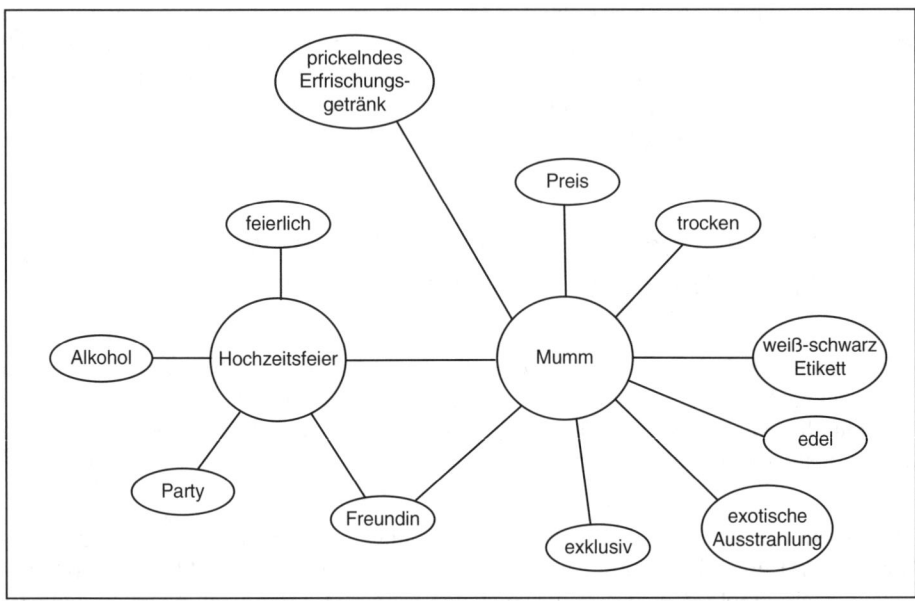

Abbildung 1:   Semantisches Netzwerk am Beispiel der Sektmarke „Mumm"

Die Grafik zeigt, daß sich häufig zu den durch das Marketingmix kommunizierten Produktassoziationen wie exklusiv, weiß-schwarzes Etikett usw. auch subjektiv geprägte Produkterfahrungen gesellen, zum Beispiel besondere Kauf-, Geschenk- oder Verwendungserlebnisse. Daraus ergibt sich, daß über die inhaltliche Art der gespeicherten Knoten keine generalisierenden Aussagen gemacht werden können. Auch Grunert (1982, S. 34) betont, daß der Charakter der Knoten nicht auf bestimmte Wissenseinheiten wie zum Beispiel Kauferfahrungen beschränkt ist, sondern auch für Begriffe, Situationen und persönliche Ereignisse gelten kann. Die mit einer Marke verbundenen Gedächtnisinhalte können sowohl emotionaler als auch kognitiver Natur sein. Außerdem können sie dem Individuum mehr oder weniger bewußt sein (vgl. Esch/Andresen, 1994; Bekmeier, 1995 b, S. 233).

Die Imagery- und Hemisphärenforschung sagen beide: Der Konsument kann eine Marke auch als visuelles Reizmuster wahrnehmen und speichern. Aus der Markierung entstehen bildhafte innere Vorstellungen, die im Langzeitgedächtnis abgespeichert wer-

---

5   In die Grafik eingegangen sind Assoziationsnennungen zur Marke „Mumm", die im Rahmen einer empirischen Untersuchung des öfteren genannt wurden. Die Art und Nähe der Verbindungslinien und Verknüpfungen wurden von der Verfasserin ergänzt.

den (vgl. Ruge, 1988, S. 27). In die inneren Vorstellungen sind beispielsweise Bilder aus der Werbung, Verpackungsbilder oder Markenzeichen eingegangen. Kroeber-Riel (1986 a, 1986 b, 1992 c, 1993 a und 1993 b) hat dafür die Bezeichnung „innere Bilder" („mental images") geprägt[6]. Mit der Entstehung, Verarbeitung, Speicherung und Verhaltenswirksamkeit von inneren Bildern beschäftigt sich speziell die Imagery-Forschung. Zu nennen sind hier besonders die Arbeiten von Paivio (1971, 1975, 1990, 1991), der die Theorie der dualen Codierung entwickelte. Demnach können Informationen sowohl in einem verbalen als auch in einem visuellen Gedächtnis gespeichert werden. Zu ähnlichen Ergebnissen kommt die Hemisphärenforschung (vgl. Kroeber-Riel, 1993 b, S. 22). Aus anatomischen und physiologischen Befunden ergibt sich, daß Informationen in der linken Gehirnhälfte eher seriell oder sequentiell vorhanden sind, während in der rechten Gehirnhälfte eher ganzheitliche Verständnisregeln aufgebaut werden.

Ergebnisse der dualen Codierung und Bilateralität des menschlichen Gehirns sagen aus, daß die Encodierung von visuellen Informationen beim Betrachter zu eigenständigen visuellen, in der Regel rechtshemisphärischen Repräsentationen führen. Vornehmlich die Theorie der dualen Codierung belegt, daß emotionale Bildreize, wie sie gerade in der Markenwelt gerne eingesetzt werden, in der psychischen Wahrnehmung und Speicherung direkter und wirksamer durch innere Bilder repräsentiert werden. Obgleich zwischen visuellen und verbalen Speichersystemen eine Verbindung besteht, gilt es heute als fraglich, daß visuelle Repräsentationen über die Messung der verbalen Gedächtnisleistungen ausreichend erfaßt werden können (vgl. Paivio, 1990; Ruge, 1988; Kroeber-Riel, 1992 c). Für die Analyse der Markenvorstellungen empfiehlt sich daher eine getrennte Analyse der verbalen und der visuellen Repräsentation des Markenwissens.

3. Die dimensionsorientierte Betrachtung von Markenvorstellungen

Die unterschiedlichen Einsatzfelder der Markenvorstellungen legen die Frage nahe, wie Markenvorstellungen universal zu messen sind. Eine vielversprechende Möglichkeit bietet der dimensionale Meßansatz. Dessen Kennzeichen ist es, nicht mehr die einzelnen Markenvorstellungen selber inhaltlich zu betrachten, sondern die konnotative Bewertung der Markenvorstellungen beim erlebenden Subjekt. Es wird nicht mehr nach den von der Marke ausgelösten Erlebnissen und Vorstellungen als solchen gefragt, sondern nach der Bedeutung, welche die Erlebnisse für das Subjekt haben bzw. wie es selber die Bedeutung interpretiert. Assoziiert der Konsument etwa zur Marke „Coca-Cola" die

---

6   Kroeber-Riel (1986 a) lehnt sich an Paivio (1971) an, wenn er von einer Trennung in ein verbales und ein nonverbales System spricht. Im nicht-verbalen System des Menschen werden nicht nur bildliche Reize, sondern auch Reize anderer Modalitäten (z. B. musikalischer, olfaktorischer und haptischer Art) verarbeitet. Strenggenommen müßte das Modell „inneres Bild", als reines visuelles Informationsverarbeitungssystem auf andere Sinnesmodalitäten ausgeweitet werden. Hier werden innere Bilder mit visuellen Vorstellungen gleichgesetzt.

Vorstellung „American Way of Life", so interessiert beim dimensionalen Meßansatz, wie bedeutsam (z. B. wie angenehm) er diese Vorstellung empfindet.

Diese allgemeine, vom spezifischen Vorstellungsinhalt unabhängige Erhebungsform mag ein Grund sein, warum der dimensionale Meßansatz in zunehmendem Maße bei der Analyse des menschlichen Verhaltens Anwendung findet. Zu nennen sind die dimensionale Emotionsanalyse von Plutchik (1980) und die emotionspsychologische Umwelttheorie, deren Vertreter die Umwelt anhand der übergeordneten Emotionsdimensionen Erregung, Lust und Dominanz beschreiben (vgl. z. B. Mehrabian, 1987; Donnovan/Rossiter, 1982; Weinberg, 1992 a; Gröppel, 1991; Stöhr, 1998 und die Messung der Markenstärke Bekmeier-Feuerhahn, 1998 a).

Für die Messung von Markenvorstellungen empfiehlt es sich, den dimensionalen Meßansatz entsprechend den unterschiedlichen Verarbeitungs- und Speichermodalitäten der Markenvorstellungen einzusetzen. Die subjektive Bedeutungsinterpretation verbaler Markenvorstellungen sollten verbal erfaßt werden, während sich für die Analyse der visuellen Markenvorstellungen der Einsatz von Bilderskalen anbietet.

3.1   Messung von verbalen Markenvorstellungen

Der Ansatz der semantischen Netzwerke bietet eine strukturierende Möglichkeit, verbal geprägte Vorstellungen, die mit der Marke verbunden und in dieser Verbindung gespeichert sind, aufzuschlüsseln. Die Marke bildet dabei einen Knoten im Netzwerk; die Assoziationen schaffen Verbindungslinien - Pfade - auf denen sich die Erinnerung, die Kognition und das Abrufen von Markeninformationen im Netzwerk hin und her bewegen.

Beispielsweise kann die Wahrnehmung der Markierung „Mumm" (etwa über eine Werbeanzeige oder in einem Geschäft) einen Knoten im semantischen Netzwerk aktivieren und über die Kanten des Netzwerkes verbreitet werden, so daß unterschiedliche Knoten und somit Vorstellungen aktiviert werden. Die Knoten im semantischen Netzwerk können nach ihren dimensionalen Merkmalen hinsichtlich „Qualität", „Intensität" und „Einzigartigkeit" unterschieden werden. Ausführlich hergeleitet und vorgestellt werden die verschiedenen Dimensionen bei Bekmeier-Feuerhahn (1998 a).

Das Beispiel der Netzwerkgrafik (vgl. Abbildung 1) regt zu der Vermutung an, die Markenvorstellung „Hochzeitsfeier" löse eine andere Vorstellungsqualität, -einzigartigkeit und -intensität aus als die Markenvorstellung „trocken" oder die Markenvorstellung „Preis". Eine durchgängige dimensionale Klassifikation der Markenvorstellungen, die im semantischen Netzwerk aufgezeigt sind, ergibt für jede Vorstellung ein quantitatives Assoziationsmuster auf standardisiertem Meßniveau.

Die Verbindungslinien zwischen den Knoten, sind so zu interpretieren, daß sie die unterschiedliche psychologische Nähe der Vorstellungen zueinander veranschaulichen. Je näher die Knoten nebeneinander stehen, desto geringer sind die Verbindungslinien, desto schneller und leichter kann das Individuum auf sie zugreifen (vgl. Bekmeier-Feuerhahn,

1998 a). Markenvorstellungen können also einmal nach „Qualität", „Intensität" und „Einzigartigkeit" und zum anderen nach ihrer „Zugriffsfähigkeit" differenziert werden.

Im Rahmen von Markenbewertungsstudien konnte empirisch belegt werden, daß für die Charakterisierung der unterschiedlichen Markenvorstellungen die Dimensionen „Qualität", „Intensität", „Einzigartigkeit" und „Zugriffsfähigkeit" relevant sind.

Eine kausalanalytische Untersuchung analysiert, inwieweit die latente Variable Markenstärke durch das Markenwissen abzubilden ist. Die Untersuchung vertritt eine kognitive Sichtweise. Derzufolge kennzeichnet das Markenwissen die mit der Marke verbundenen Markenvorstellungen. Insoweit können beide Begriffe synonym verwendet werden. Zur empirischen Messung des Konstruktes Markenwissen wurden dessen Dimensionen „Qualität", „Intensität" und „Zugriffsfähigkeit" betrachtet. Markenstärke wurde operationalisiert, indem die durch die Markierung ausgelöste Handlungsbereitschaft der Konsumenten hinsichtlich der Marke allgemein betrachtet wurde. Im einzelnen wurden betrachtet:

- Aufpreisbereitschaft: Bereitschaft des Probanden, einen Aufpreis für die Markierung zu zahlen,
- Markenerweiterungen: Akzeptanz von weiteren Produkten mit identischer Markierung,
- Markentreue: Wiederholungskäufe,
- Marketing-Beachtung: Primäre Wahrnehmung und Verarbeitung von Markeninformationen,
- Pull-Effekte: Die Bereitschaft der Konsumenten zum Erwerb der Marke spezielle Geschäfte aufzusuchen und
- Zukunftsaussichten der Marke: Erfolgseinschätzung der Marke für die Zukunft.

Abbildung 2 zeigt exemplarisch die Ergebnisse der kausalanalytischen Untersuchung für die Sektmarke „Mumm".

Das Pfaddiagramm beleuchtet neben der Erhebung des verbalen Markenwissens auch die Messung des visuellen Markenwissens, auf das an späterer Stelle noch näher eingegangen werden soll.

Die Parameterschätzungen im Pfaddiagramm zeigen, daß das Meßmodell die latent exogenen Variablen und die endogenen Variablen gut repräsentiert. Besonders interessant ist an dieser Stelle der Zusammenhang zwischen den empirischen Indikatoren des Markenwissens, den „dimensionalen Meßkategorien" und dem latenten Konstrukt Markenwissen. Hier ergeben sich Pfadkoeffizienten (Lambda-Y-Werte) ≥ 56. Alle geschätzten Parameter sind mindestens auf dem 5 %igen Niveau signifikant. Das Ergebnis lautet also: Die empirischen Indikatoren repräsentieren die latenten Variablen in äußerst befriedigendem Maße. Im Rahmen der referierten Studie wurde neben dem Markenwissen der Marke „Mumm" auch das Markenwissen von fünf weiteren Marken kausalanalytisch untersucht. Es ergaben sich ähnliche Schätzergebnisse, was für die Stabilität des Modells spricht.

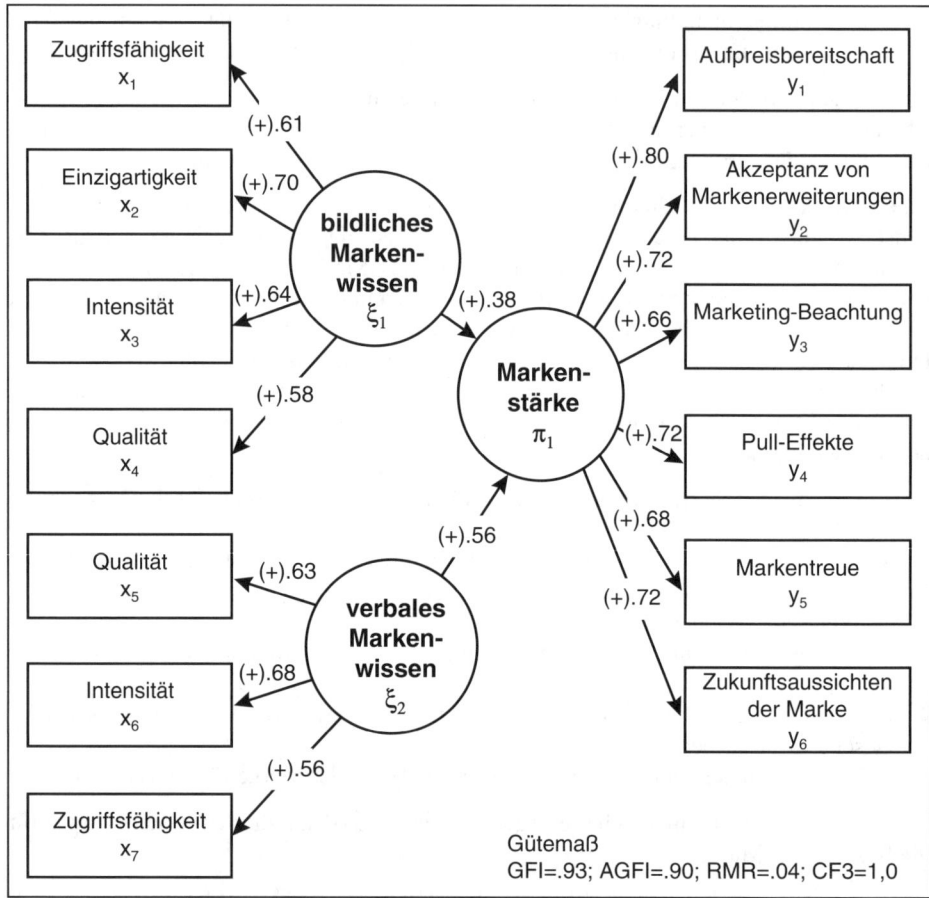

Abbildung 2:   Pfaddiagramm zur Abbildung von Gedächtnisprozessen

Die Resultate können als empirischer Indikator für die Relevanz der betrachteten Dimensionen „Qualität", „Intensität" und „Zugriffsfähigkeit" zur Abbildung des verbalen Markenwissens bzw. der Markenvorstellungen angesehen werden. Eine ausführliche Darstellung des Untersuchungsdesigns und der Ergebnisse sind bei Bekmeier-Feuerhahn (1998 a) zu finden.

Die befragungstechnische Vorgehensweise bei der Anwendung des dimensionalen Meßansatzes zur Messung der verbalen Markenvorstellungen ist zweistufig. In der ersten Stufe sind die konkreten Markenvorstellungen zu ermitteln. Hierzu stehen Verfahren der klassischen Assoziationsmessung zur Verfügung, wie zum Beispiel die offene Fragestellung nach den mit der Marke verbundenen Assoziationen.

In der zweiten Stufe sind die verschiedenen Markenvorstellungen hinsichtlich der Dimensionen „Qualität", „Intensität" und „Einzigartigkeit" einzuschätzen. Um die Subjektivität dieser Beurteilung einzubeziehen, empfiehlt es sich, daß jeder Proband seine individuellen Assoziationen zu den einzelnen Dimensionen selber einschätzt. Damit ist die Einordnung vom persönlichen Bewertungskontext des Individuums abhängig, und es wird möglich, auch eine Dimension (wie z. B. „Einzigartigkeit") zu erfassen.

Grunert (1991, S. 15) empfiehlt in Anlehnung an Collins und Quillian (1972) sowie Collins und Loftus (1975) die Dimension „Zugriffsfähigkeit" in Form von Sequenzanalysen zu ermitteln. Bei der Sequenzanalyse untersucht man die Reihenfolge der auftretenden Assoziationsnennungen. Es wird angenommen, daß je näher die Vorstellungen im Text stehen (je direkter die Nennfolge ist), desto stärker die Verbindung zwischen ihnen ist. Bezogen auf die Messung von Markenvorstellungen bedeutet dies, daß die erstgenannte Vorstellung die stärkste Beziehung zur Marke aufweist, die zweitgenannte die zweitstärkste usw.

3.2 Messung von visuellen Markenvorstellungen

Beim Erfassen der visuellen Markenvorstellungen kann man sich an die Erkenntnisse der Imageryforschung und der Hemisphärenforschung halten und davon ausgehen, daß Markenvorstellungen sich hinsichtlich der Dimensionen „Zugriffsfähigkeit" auf bildliche Markenvorstellungen sowie „Qualität", „Intensität" und „Einzigartigkeit" von bildlichen Markenvorstellungen differenzieren lassen (vgl. Ruge, 1988).

Auch hier bestätigen kausalanalytische Untersuchungen, daß unabhängig vom betrachteten Produkt oder betrachteter Marke das visuelle Markenwissen (Markenvorstellungen) durch die Meßdimensionen „Intensität", „Qualität", „Einzigartigkeit" und „Zugriffsfähigkeit" abzubilden ist. In der bereits vorgestellten kausalanalytischen Studie (Bekmeier-Feuerhahn, 1998 a) konnte empirisch belegt werden, daß die Erhebungsdimensionen „Zugriffsfähigkeit", „Qualität", „Intensität" und „Einzigartigkeit" für die Abbildung des visuellen Markenwissens relevant sind (vgl. Abbildung 2).

Zum Messen von bildlichen Markenvorstellungen empfiehlt es sich, Bilderskalen einzusetzen, da sie eine modalitätspezifische Erhebung erlauben. Weitere Vorzüge von Bilderskalen nennen Weinberg (1986, S. 35 ff.), Gröppel (1991, S. 46 ff.), Schweiger (1987, S. 141) sowie Schweiger und Schrattenecker (1995, S. 284):

- ▓ Bildhaft gespeicherte Images (Vorstellungen) von Objekten (z. B. Produkten oder Geschäften) können bildlich einfacher und prägnanter wiedergegeben werden.
- ▓ Bilder schaffen Zugang zu schwer verbalisierbaren und nicht unmittelbar bewußten Empfindungen.
- ▓ Für die Auskunftsperson ist das Interview abwechslungsreicher, es ermüdet nicht so stark.

▓ Bilderskalen sind von den Versuchsteilnehmern nicht so leicht zu durchschauen, wodurch die Gefahr, daß sozial erwünschte Antworten gegeben werden, gemindert wird.

▓ Übersetzungsfehler bei multinationalen Studien können vermieden werden.

Bei der Bildmessung empfiehlt es sich, die vier Assoziationsdimensionen von Marken-vorstellungen: „Zugriffsfähigkeit", „Intensität", „Qualität" und „Einzigartigkeit" einzeln durch charakteristische Bildmotive zu untersuchen. Damit marken- und produktunab-hängig gemessen werden kann, sollten die einzelnen Bildmotive nicht mit dem Unter-suchungsobjekt zusammenhängen. Sie sollten auch auf wenige typische, besonders mar-kante Motive beschränkt sein. Das ist notwendig, damit immer nur ein bestimmter dimensionsadäquater Sachverhalt mit den Bildmotiven in Verbindung gebracht wird. Bei der Auswahl der Bildelemente hat man wahrnehmungs- und gestaltpsychologische Erkenntnisse zu berücksichtigen. Geleitet von der Zielsetzung der eindeutigen Bildinter-pretation sind dabei besonders einprägsame geometrische Figuren zu wählen.

Laut Ruge (1988, S. 100) ist die Dimension „Zugriffsfähigkeit" durch die Klarheit bzw. Deutlichkeit eines Bildes zu operationalisieren. Steht ein Markenbild nur undeutlich vor dem „inneren Auge" des Konsumenten, so kann er schlecht darauf zugreifen. Ist das innere Bild jedoch klar und deutlich, kann der Konsument gespeichertes Markenwissen schnell aktivieren und bei Produktentscheidungen schnell darauf zurückgreifen.

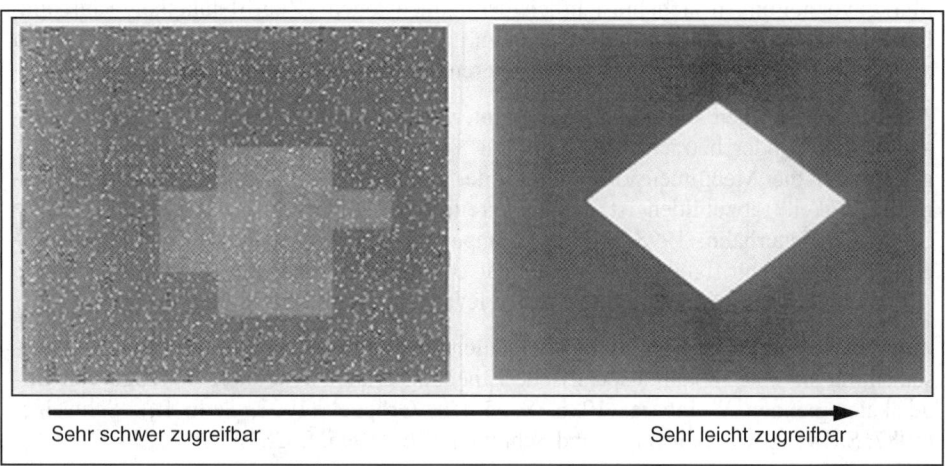

Abbildung 3:   Bildpaar zur Dimension „Zugriffsfähigkeit"

Beide Bildmotive in Abbildung 3 stellen eine geometrische Form dar. Auf dem linken Bild ist die Raute durch Grautöne - eine Art „Schnee" - und wegen verschwommener Formen unscharf; sie ist nicht genau zu erkennen. Im Gegensatz dazu ist die Raute auf dem rechten Bild klar und deutlich. Unterstützt wird die Klarheit der Bildmotive durch die unterschiedliche Farbwahl für den Hintergrund und die geometrische Figur.

Die Dimension „Intensität" wird im folgenden Bildpaar sowohl durch die Farbe als auch durch die Größe erfaßt (vgl. Abbildung 4). Die Signalfarbe „Rot" gilt als besonders aktivierend (vgl. Kroeber-Riel, 1993 b, S. 102). Der kleine, kaum erkennbare Punkt wirkt im Gegensatz zu dem großen, roten und intensiv wirkenden Kreis eher schwach und neutral. Der Kontrast wird durch den schwarzen Hintergrund gefördert.

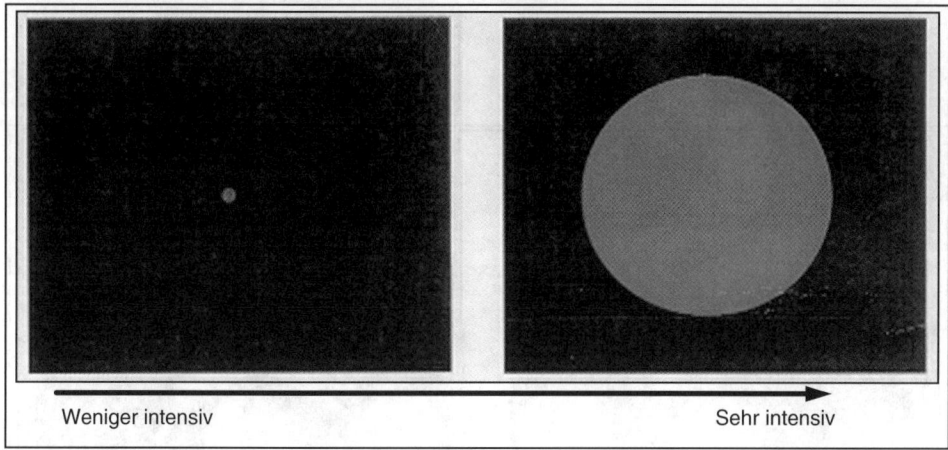

Abbildung 4:   Bildpaar zur Dimension „Intensität" (Anmerkung: im Original farbig)

Die Dimension „Qualität" läßt sich klassisch durch sogenannte Piktogramme erfassen (vgl. Abbildung 5).

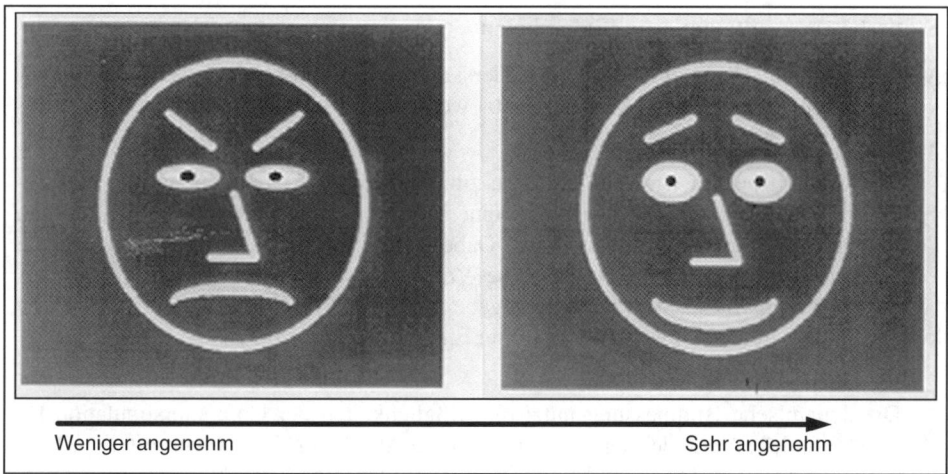

Abbildung 5:   Bildpaar zur Dimension „Qualität"

In Anlehnung an Kroeber-Riel (1993 b, S. 102) wird die Farbe auch hier wieder gemäß ihrer Aktivierungswirkung gewählt.

Der Operationalisierung der Dimension „Einzigartigkeit" liegt die Überlegung zugrunde, daß es sich bei etwas Einzigartigem um eine Abgrenzung vom Alltäglichen bzw. um die Hervorhebung aus einer relativ konstanten Menge handelt. Als Symbol für die Einzigartigkeit wird hier ein sich aus einer Punktmenge heraushebender Stern gewählt. Die Farbwahl basiert auch hier wieder auf ihrer Aktivierungswirkung (vgl. Abbildung 6).

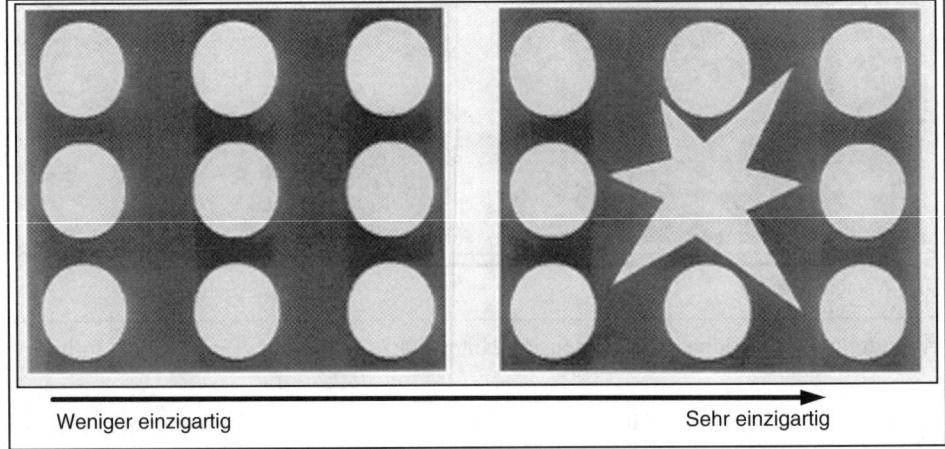

Abbildung. 6:   Bildpaar zur Dimension „Einzigartigkeit"

Statische versus dynamische Bilderskalen

Verfahrenstechnisch gesehen können Bilderskalen zur Messung der visuellen Markenvorstellungen auf zweierlei Weise eingesetzt werden:

1. Per statischer Bildmessung:
   Die Versuchsperson wird aufgefordert, zum Beispiel auf einer fünfstufigen Ratingskala anzugeben, ob und wieweit ihre inneren Assoziationsbilder der Marke mit dem vorgelegten Bildpaar übereinstimmen. Dabei markieren die beiden Bilder jeweils die Eckpole der Ratingskala. Durch diese Vorgehensweise wird zwar eine durchaus modalitätsspezifische Beurteilungsvorgabe gemacht, jedoch ist die Versuchsperson angehalten, in einem zweiten Schritt ihre Einschätzung zu verbalisieren.

2. Per dynamischer Bildmessung:
   Die dynamische Bildmessung nutzt die Möglichkeiten der Computersimulation für eine stufenlose Veränderung der Bilder. Die in Abbildung 3 bis 6 vorgestellten Eckpole werden als Anfangs- und Endpole einer Bildabfolge betrachtet. Bei einer Laufzeit von jeweils 6 Sekunden geschieht eine sukzessive Umwandlung von dem jeweils

linken in das rechte Bildmotiv, wobei je Sekunde 25 unterschiedliche Bilder aneinandergereiht werden. Insgesamt werden der Versuchsperson also 150 Bilder präsentiert, wobei die einzelnen Bilder so schnell aufeinander folgen, daß der Eindruck eines Filmes entsteht. Die Versuchspersonen sind aufgefordert, ähnlich wie bei einem Programm-Analysator[7], die Bildabfolge jeweils an der Stelle zu stoppen, die ihr jeweiliges inneres Markenbild am besten repräsentiert[8].

Die dynamische Bildabfolge gegenüber statischen Bildern zeigt folgende Vorteile:

■ Die Dynamik, welche durch die schnelle Abfolge von 150 Bildern entsteht, macht eine wesentlich differenziertere Beurteilung der inneren Bilder möglich als Bildvorlagen mit Skalen. Die dynamische Bildabfolge erleichtert einen unmittelbaren Vergleich mit den intensiven Prozessen, die in der Versuchsperson in dem Moment ablaufen, in dem sie gebeten wird, sich ein inneres Bild von der Marke zu machen.

■ Die Versuchspersonen können sich weitgehend von ihren Emotionen und ihrer Intuition leiten lassen und benötigen nur eine geringe kognitive Anstrengung. Bei dynamischen Bilddarstellungen kann sich die Versuchsperson besser auf die Bildinhalte konzentrieren, als wenn sie eine Skala benutzen muß. Sie kann impulsiv an der Stelle stoppen, die der Beschaffenheit ihres inneren Bildes am besten entspricht.

Um die Validität der Bilder zu überprüfen, wurden die Bilder vermessen. Sowohl für die statische als auch für dynamische Bilddarbietung wurde untersucht, ob und wie stark die oben vorgestellten Bildmotive tatsächlich den unterlegten Sachverhalt widerspiegeln. Zusätzlich fand in der Auswertung eine Gegenüberstellung der statischen und der dynamischen Modalitätsmessung statt.

Durchgeführt wird die Untersuchung als eine Befragungsstudie mit einem Stichprobenumfang von $n \geq 30$ je Meßmodalität. Für jede der berücksichtigten Dimensionen wurde ein beschreibendes Gegensatzpaar ausgewählt:

Qualität	=	angenehm - unangenehm,
Intensität	=	stark - schwach,
Zugriffsfähigkeit	=	klar - verschwommen,
Einzigartigkeit	=	einzigartig - durchschnittlich.

---

7   Der Programm-Analysator zählt zu den nicht-verbalen Meßmethoden der Marktforschung. Die Methodik ist dadurch gekennzeichnet, daß die Testpersonen ihre Meinungen und Ansichten über die Darbietung unmittelbar äußern können. Zu diesem Zweck erhalten sie ein kleines Erfassungsgerät mit Knöpfen (Tasten, Hebeln o. ä.). Sie können dann etwa einen roten Knopf drücken, wenn Ihnen die Darbietung gefällt oder einen grünen, wenn ihnen die Darbietung mißfällt (vgl. Neibecker, 1985, S. 100). Im vorliegenden Fall sollten die Versuchspersonen den Film stoppen, um ihre Meinung zu äußern.

8   Der Zeitpunkt, zu dem die Bildabfolge von der Versuchsperson gestoppt wird (der mögliche Zeitraum des Stoppens nach Beginn des ersten Bildes beträgt 0 bis maximal 6 Sekunden) gibt die Bewertung der Versuchsperson wieder. In der weiteren Berechnung fließt jedoch nicht die Sekundenanzahl als Maßeinheit ein, sondern die Anzahl der betrachteten Bilder. Pro Sekunde zeigt der Film 25 Bilder. Dabei wird das Prinzip verfolgt: Je länger der Spot läuft, desto klarer, intensiver, positiver und einzigartiger ist die Ausprägung der visuellen Vorstellungen. Entsprechend kann die Versuchsperson je Dimension einen Maximalwert von 150 Bilder erreichen.

Somit entsteht ein semantisches Differential der Dimensionsmessung aus vier Wort-
paaren. Die Gegensatzpaare bilden die Eckpunkte einer fünfstufigen Ratingskala (z. B.
1 = unangenehm, 5 = angenehm), anhand derer die Befragten angeben sollten, wie sie
die verschiedenen Bildreize der Dimensionen „Qualität", „Intensität", „Zugriffsfähigkeit" und „Einzigartigkeit" einordnen.

Bei der statischen Bildbeurteilung hatten die Versuchspersonen jeweils ein Bild vor sich
liegen, das sie anhand der vier Wortpaare beurteilen sollten (vgl. Abbildung 3 bis 6).
Die Analyse der dynamischen Bilderskala erfolgte in ähnlicher Form. Für jede der vier
zu berücksichtigenden Dimensionen wurde die Bildabfolge in zwei Filmteile zertrennt.
Der erste Filmteil zeigt die Entwicklung zum positiven Bildinhalt (z. B. für die Dimension „Qualität" vom neutralen Gesichtsausdruck zum angenehmen Gesichtsausdruck).
Filmteil zwei visualisiert die Entwicklung vom neutralen Bild zum ungünstigen Pol,
d. h. zum Beispiel für die Dimension „Qualität" die Veränderung von der neutralen zur
unangenehmen Mimik. Bei vier zu untersuchenden Dimensionen ergeben sich mithin
acht Filmteile. Jeder Filmteil wurde den Probanden getrennt gezeigt. Die Versuchspersonen wurden nach jeder Filmdarbietung aufgefordert, den jeweiligen Filmabschnitt
anhand des bereits oben vorgestellten semantischen Differentials zur Dimensionsmessung zu beurteilen.

Abbildung 7 zeigt die Gegenüberstellung der mittleren Einschätzwerte je Dimension.
Sowohl für die statische wie auch für die dynamische Bildbeurteilung wurden die Bild-
pole dimensionsorientiert zusammengefaßt. Die Werte in der Abbildung 7 repräsentieren
die durchschnittlichen Beurteilungen der zusammengefaßten Bildpolbeurteilungen bei
allen Befragten für die statische und dynamische Bildfolge (vgl. Bekmeier, 1997).

Mit den Werten wird belegt, daß je nach Bildvorlage jene Beschreibung, welche die
anvisierte Dimension bezeichnet, den höchsten Wert erhält.

Ein Vergleich der Beurteilungsergebnisse zwischen den statischen und den dynamischen
Bildmotiven zeigt, daß die dynamischen Bilddarbietungen durchgängig bessere Mittelwerte auf den anvisierten Beurteilungsdimensionen zeigten. Der durchgeführte T-Test
für unabhängige Stichproben belegt hochsignifikante Mittelwertunterschiede zwischen
den Einschätzwerten der statischen und der dynamischen Bildbeurteilung. Die Ergebnisse bestätigen, daß die Vermutung, dynamische Bildmessung sei vorteilhaft, richtig ist.
Zur Messung von modalitätsspezifischen visuellen Markenvorstellungen eignen sich
also dynamische Bilddarbietungen.

Modalität	zugeordneter Skalenwert / gezeigte Bilddimension	Zugriffs-fähigkeit	Intensität	Qualität	Einzig-artigkeit
statische	Zugriffsfähigkeit	**3,4**	2,3	2,3	2,6
Bilder	Intensität	2,3	**3,3**	2,4	2,5
	Qualität	2,3	2,4	**3,4**	2,6
	Einzigartigkeit	2,6	2,5	2,6	**3,5**
dynamische	Zugriffsfähigkeit	**4,2**	2,6	2,3	2,7
Bilder	Intensität	2,6	**4,1**	2,4	2,5
	Qualität	2,3	2,4	**4,0**	2,6
	Einzigartigkeit	2,7	2,5	2,6	**4,1**

(Lesebeispiel: Bei Vorlage des Bildmotives „Zugriffsfähigkeit" wurde diese Bild-Dimension auf einer fünfstufigen Ratingskala in einem durchschnittlichen Ausmaß von 3,4 erkannt. Alle anderen Dimensionen wurden bei der Vorlage des Bildmotives in geringerem Ausmaß erkannt: So wurde dem Bildmotiv „Zugriffsfähigkeit" die Dimension „Intensität" mit einem Durchschnittswert von nur 2,3 zugeordnet.)

Abbildung 7:   Mittelwerte der Bildvermessung

4.   Zusammenfassung

Markenvorstellungen beschreiben das mit der Markierung verbundene Markenwissen. Aus informationstheoretischer Sicht sind Markenvorstellungen an der Speicherung von Wissensstrukturen und deren Reproduzierbarkeit gebunden. Erklärungen dieser Abspeicherungen im Langzeitspeicher bieten die Erkenntnisse der semantischen Netzwerke, der Hemisphärenforschung und der Imagery-Theorie.

Es kann festgehalten werden: Bei der Analyse von Markenvorstellungen muß berücksichtigt werden, daß die Repräsentation von Assoziationen sowohl im Verbalgedächtnis als auch im Bildgedächtnis stattfindet. Die Verhaltenswirksamkeit von visuellen Markenvorstellungen können in Anlehnung an Ruge (1988) und Bekmeier-Feuerhahn (1998 a) durch die Dimensionen „Zugriffsfähigkeit auf visuelle Markenvorstellungen" sowie die „Qualität, Intensität und Einzigartigkeit von visuellen Markenvorstellungen" gemessen werden.

Zur Abbildung von verbal organisiertem Markenwissen dienen semantische Netzwerke. Ein semantisches Netzwerk bezeichnet einen Graph aus Knoten und Verbindungslinien zwischen den Knoten. Die Markierung kann als Knoten im semantischen Netzwerk betrachtet werden. Auch die Knoten im semantischen Netzwerk können nach ihren dimensionalen Merkmalen hinsichtlich „Qualität", „Intensität" und „Einzigartigkeit" unterschieden werden. Die Verbindungslinien zwischen den Knoten können als Indikator auf die „Zugriffsfähigkeit" von verbalen Markenvorstellungen betrachtet werden.

Durch die dimensionsorientierte Betrachtung von visuellen und verbalen Markenvorstellungen wird es möglich, den Meßansatz universal anzuwenden. Unabhängig von der Branche und von der Produktgruppe können Markenvorstellungen nach der gleichen Methodik erhoben, klassifiziert und bewertet werden. Dabei werden die verbalen und visuellen Markenvorstellungen durch die Befragten selbst anhand der Dimensionen „Qualität", „Intensität", „Einzigartigkeit" und „Zugriffsfähigkeit" eingeordnet. Zur modalitätsspezifischen Messung der visuellen Markenvorstellung empfiehlt sich die dynamische Bildmessung, bei der filmähnliche Bilderskalen eingesetzt werden.

Es entsteht eine standardisierte Betrachtung von Markenvorstellungen, bei der qualitative Beurteilungen in quantitative Daten transformiert werden. Die quantitativen Daten können zu einer übergeordneten Assoziationskennziffer zusammengefaßt werden, welche eine prägnante Informations- und Entscheidungsbasis für marken- und unternehmenspolitische Fragestellungen bietet.

Franz-Rudolf Esch

Kontrolle der Eigenständigkeit von Markenauftritten

1. Problemstellung: Eigenständige Markenauftritte als Ziel der Markenführung

Der Aufbau starker Marken setzt voraus, daß eine Marke über eine klare Positionierung im Markt verfügt, die

- zu dem Unternehmen im weitesten Sinne paßt,
- für die Kunden relevant ist,
- von diesen auch subjektiv wahrgenommen wird,
- eine Abgrenzung von der Konkurrenz ermöglicht und
- langfristig verfolgt werden kann.

Nachhaltig erfolglose Markenpositionierungen führen einem neutralen Betrachter jedoch drastisch vor Augen, daß die Berücksichtigung und Umsetzung der Positionierungs-Basics leichter gesagt als getan ist. Zudem sensibilisieren Positionierungsflops auch für Kontrollmöglichkeiten, die Mißstände diagnostizieren und therapeutische Anregungen geben können. Zwei Kernprobleme der Positionierung und Ansätze zu deren Kontrolle sollen hier aufgegriffen werden: die subjektive Wahrnehmung der Positionierung sowie die Abgrenzung der Marke zu Konkurrenzmarken. Ob eine Abgrenzung zu Konkur-renzmarken, d. h. eine eigenständige Gestaltung des Markenauftritts erfolgt ist, kann nur aus Sicht der Konsumenten - also aus deren subjektiver Wahrnehmung - beurteilt wer-den. Zudem setzt das Erkennen eines markenspezifischen Auftritts auch Lernprozesse und den Aufbau von Wissensstrukturen bei den Konsumenten voraus. Erst nach mehr-fachen Kontakten mit Marketingmaßnahmen, bei denen eine erkennbar differenzierende Klammer wahrgenommen wird, kann eine entsprechende Zuordnung der Marketing-maßnahmen zur Marke erfolgen. Beispiel: Ein differenzierendes Merkmal des Auto-vermieters Sixt ist zweifelsfrei die Farbe orange, die in der Kommunikation zum Einsatz kommt und der Sixt-typische Anzeigenstil. Hinzu kommt als weiteres differenzierendes Merkmal der extrem provokative Inhalt der typischen Sixt-Werbung. Diese Elemente führen dazu, daß Konsumenten in der Lage sind, die Sixt-Werbung korrekt der Marke zuzuordnen.

Sixt ist jedoch nicht die Regel, sondern die Ausnahme. Viele Markenauftritte glänzen nicht durch Eigenständigkeit, sondern durch hochgradige Austauschbarkeit (vgl. Abbildung 1). Von einem Markenprofil durch einen eigenständigen Markenauftritt kann häufig nicht die Rede sein.

Abbildung 1:   Austauschbare Markenverpackungen und Werbung als Hemmschuh
                für die Bildung klarer Markenimages

Viele Verpackungen gleichen einander wie ein Ei dem anderen, in der Werbung lächeln
immer die gleichen sterilen Pärchen, als gäbe es keine anderen Bildalternativen. Die
Ursachen dafür sind vielfältiger Natur, sie beruhen auf strategischen und sozialtechnischen Mängeln der Markenführung. Folgende Gründe findet man besonders häufig:

1. **Stereotype 0-8-15-Umsetzungen**, weil der Prozeß der Positionierungsumsetzung zu
   schnell, mit Rückgriff auf die erstbesten Ideen, zu unsystematisch und selten hinreichend kontrolliert erfolgt.

2. **Stereotype Positionierungseigenschaften**, die von vornherein erhöhte Anforderungen an die Positionierungsumsetzung stellen. Daß der Biermarkt beispielsweise im
   wesentlichen durch 8 (!) Positionierungseigenschaften geprägt wird, die die Marken
   zur Profilierung nutzen, ist vollkommen unverständlich.

3. **Mangelnde Orientierung an der** subjektiven Wahrnehmung der Konsumenten und deren flüchtigem Informationsverhalten. Gerade bei austauschbaren Positionierungseigenschaften ist die Umsetzung der Positionierung jedoch entscheidend für den Aufbau eigenständiger Markenimages. So können sich viele Versicherungsunternehmen mit den Attributen Sicherheit und Solidität schmücken, aber nur die Württembergische Versicherung ist für Versicherungsnehmer der „Fels in der Brandung" (vgl. den Beitrag „Aufbau starker Marken durch integrierte Kommunikation" in diesem Buch).

4. **Fraktale Markenführung**, die gar keine Zuordnung bestimmter Marketingmaßnahmen zu einer Marke erlaubt, weil ständig andere Inhalte und formale Elemente mit der Marke verknüpft werden.

Die eigenständige Gestaltung eines Markenauftritts ist demnach von fundamentaler Bedeutung für die Markenführung. Ständige Kontrollen der Eigenständigkeit des Markenauftritts sind zwingend erforderlich, da man ansonsten mit seinen Marketingmaßnahmen möglicherweise andere (Konkurrenz-)Marken unterstützt. Auf eine wichtige und pragmatische Methode zur Messung der Eigenständigkeit von Markenauftritten wird im folgenden eingegangen.

2. Anonymisierung als Grundlage zur Messung der Eigenständigkeit von Markenauftritten

Die Überlegungen zur Anonymisierung von Marketingmaßnahmen zur Ermittlung der Eigenständigkeit von Markenpositionierungen gehen auf das Trinodal-Mapping von Keon und dessen Erweiterung um Überlegungen von Nommensen (1990) zurück.

Das Trinodal Mapping ist eine Verfahrensvariante auf Basis der Multidimensionalen Skalierung (MDS). Im Rahmen einer Multidimensionalen Skalierung werden den Testpersonen üblicherweise eine Reihe von Marken zur globalen Beurteilung vorgelegt. Bezüglich dieser Marken werden in einem ersten Schritt Ähnlichkeitsmaße erhoben. Diese Ähnlichkeitsmaße sind anschließend in einem möglichst niedrig dimensionierten Raum so anzuordnen, „daß die Rangfolge der Distanzen der Rangfolge der ermittelten Ähnlichkeiten entspricht" (Nommensen, 1990, S. 55). Der dadurch entstandene Wahrnehmungsraum gibt Auskunft über Ähnlichkeits- und Substitutionsbeziehungen der Marken in einem durch Markeneigenschaften aufgespannten (mehrdimensionalen) Raum. Über die zusätzliche Erfassung von Präferenzdaten zu den Marken können Idealpositionen im Markenraum festgelegt werden. Dadurch wird die Berechnung von Distanzen zwischen dem Idealprodukt und den Marken in den jeweiligen Produkt-Markt-Räumen möglich.

Bei dem Trinodal-Mapping werden zusätzlich zu den Markenimagepositionen und den Idealpunkten der Konsumenten noch die Wahrnehmungen der Werbung für die Marken im gleichen Raum positioniert (vgl. Abbildung 2). Dabei wird allerdings nicht mit Ähnlichkeitsdaten, sondern mit Verwechslungsdaten gearbeitet.

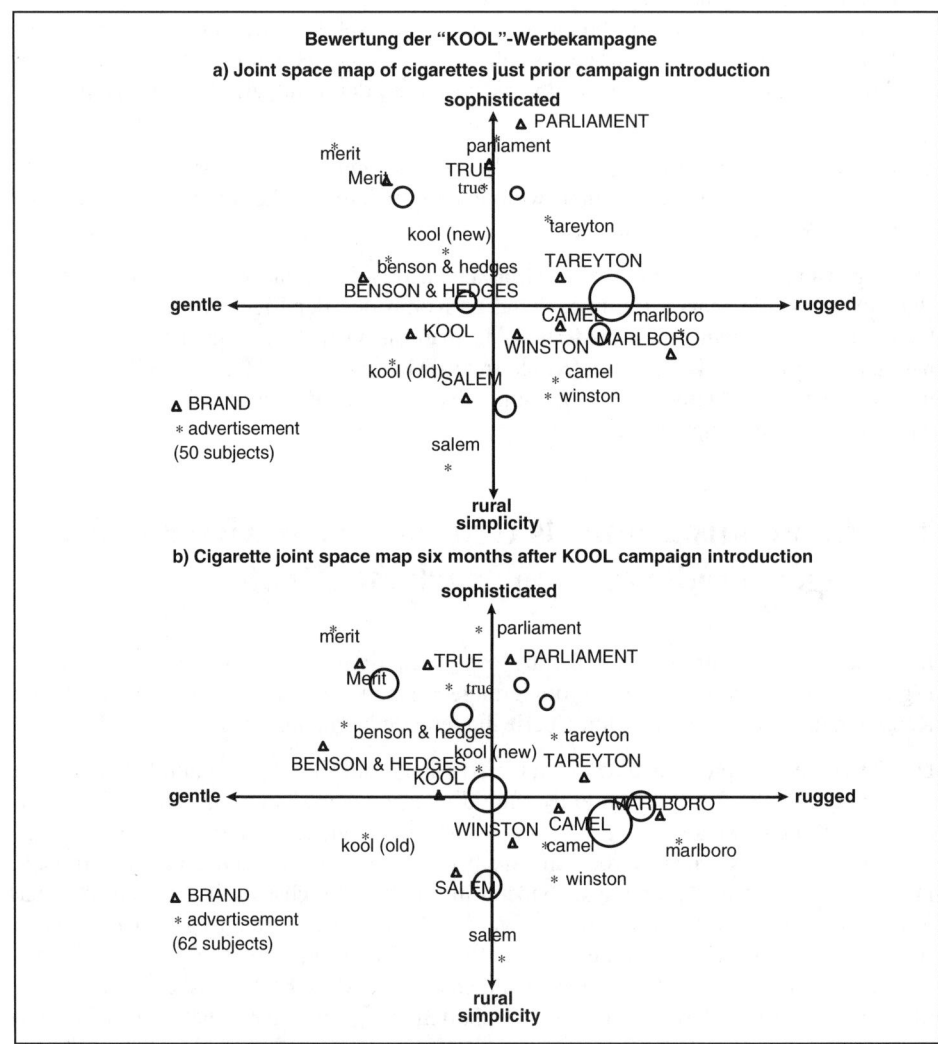

Abbildung 2:   Veränderung des Markenimages der Zigarettenmarke Kool nach Repositionierungsmaßnahmen und dem Einsatz einer neuen Werbekampagne

Quelle: Keon, 1983 b, S. 385 und 388.

Das Trinodal-Mapping kann für das Markenmonitoring, d. h. die Überwachung der Markenposition, und als Grundlage für künftige Positionierungsveränderungen, d. h. Neu- und Umpositionierungen, herangezogen werden. Grundsätzlich lassen sich diese Anonymisierungsstrategien auf Markenverpackungen, Ladengestaltungen, Messen, Werbung und andere Marketingmaßnahmen anwenden. Exemplarisch wird dies im folgenden am Beispiel der Werbung gezeigt. Nach Nommensen (1990, S. 135 ff.) sind dazu folgende Schritte erforderlich:

1. Auswahl der in die Untersuchung einzubeziehenden Marken, der Konsumentensegmente und der Anonymisierungsstrategie

Für die eigene Marke sind in dieser Untersuchungsstufe die aus der Sicht der Konsumenten relevanten Konkurrenzmarken zu erheben. Dazu kann bei den Konsumenten das evoked set of alternatives oder das relevant set, also die Zahl der akzeptierten und relevanten Marken in einem Produktbereich, erfaßt werden (vgl. auch den Beitrag „Messung und Gestaltung der Markenpositionierung" in diesem Buch).

Anschließend kann der kommunikative Auftritt der Marke in seine wesentlichen Bestandteile zerlegt werden: Slogan, Bild, Produkt, Headline und Markenname. Darüber hinaus ist mit Hilfe einer Marktsegmentierung eine Konsumententypologie zu ermitteln. Dementsprechend ergeben sich verschiedene Anonymisierungsoptionen (vgl. Abbildung 3 und 4).

Systematisierung der Anonymisierungsstrategie				
ANONYMISIERUNGSELEMENTE	SLOGAN präsentiert		SLOGAN nicht präsentiert	
(Systematisch variiert werden die vier wesentlichen Gestaltungselemente einer Werbeanzeige für Zigaretten)	Bild präsent	Bild nicht präsent	Bild präsent	Bild nicht präsent
MARKENNAME nicht präsentiert — PRODUKT präsentiert	A [1)	F	G	E
MARKENNAME nicht präsentiert — PRODUKT nicht präsentiert	C	B	D	-
[1) Die Anonymisierungsstrategie "A" entspricht der Vorgehensweise Keons.				

Abbildung 3:   Anonymisierungsoptionen für Werbung
Quelle: Nommensen, 1990, S. 76.

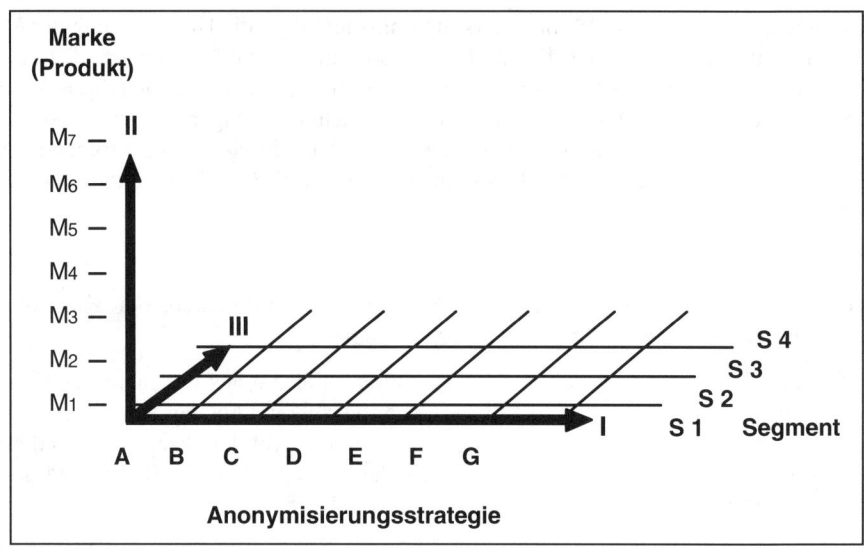

Abbildung 4:   Beispiel für einen Analyserahmen zur Ermittlung der
                Eigenständigkeit von Markenauftritten
Quelle: Nommensen, 1990, S. 115.

2. Erhebung der Verwechslungsmatrix

In einem zweiten Schritt ist den Testpersonen, die sich aus den Segmentierungsergeb-
nissen ergeben, das anonymisierte Werbematerial für die Marken vorzulegen. Diese
anonymisierte Werbung ist von den Probanden nun den einzelnen Marken zuzuordnen.
Die Zuordnungsergebnisse des anonymisierten Werbematerials zu den verschiedenen
Marken werden in einer sogenannten Verwechslungsmatrix erfaßt (vgl. Abbildung 5).

Bei Ermittlung der Verwechslungsdaten sind insbesondere zu beachten (Nommensen,
1990, S. 137):

▨ „Wahl der Anonymisierungsstrategie,
▨ gestützte oder ungestützte Zuordnung der Stimuli,
▨ bei gestützter Zuordnung die Auswahl und Anzahl der Untersuchungsobjekte sowie
  die Präsentationsfolge der Stimuli,
▨ Präsentationsform der Alternativen und
▨ Medium der Stimulipräsentation."

Austauschbarkeit von Markenauftritten							
Anzeige für Zigaretten-marke	**wurde folgender Marke zugeordnet**						Summe der falschen Zuordnungen
	Marlboro	Kim	R 6	Lord	Krone	sonstige Marken	
Marlboro	94	-	-	1	-	5	6
Kim	-	79	6	6	2	7	21
R 6	1	11	48	10	9	21	52
Lord	1	5	7	50	19	18	50
Krone	2	8	14	16	35	25	65

Abbildung 5:   Beispiel für eine Verwechslungsmatrix im Zigarettenmarkt
Quelle: Kroeber-Riel, 1993 a, S. 56.

3. Anordnung der Marken in einer „Vier-Felder-Matrix"

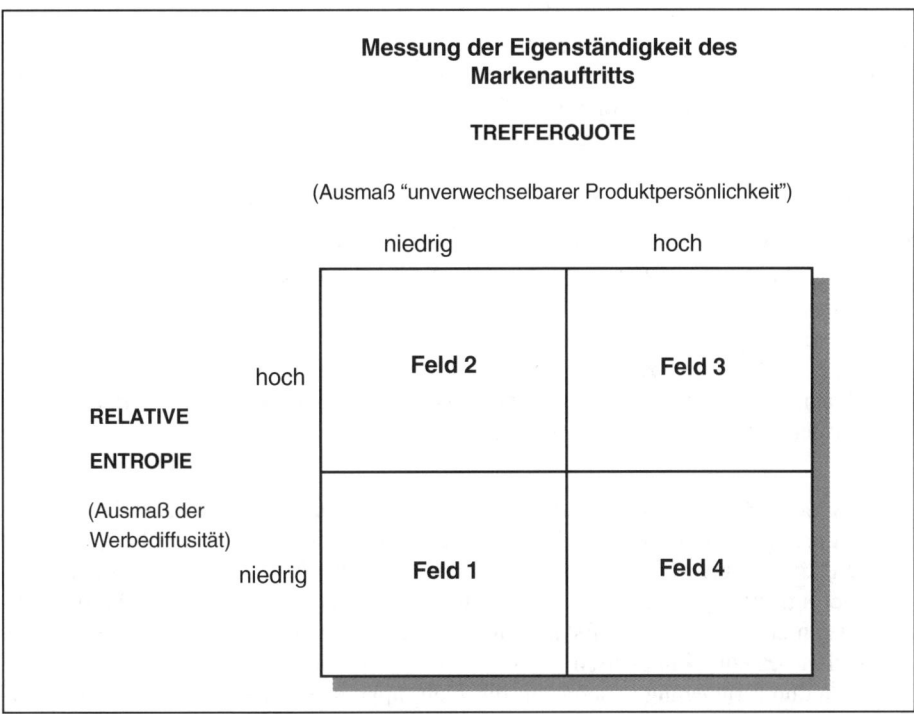

Abbildung 6:   Vier-Felder-Matrix (Trefferquote-Entropie-Matrix) zur Zuordnung von
                Marketingmaßnahmen zur Marke
Quelle: Nommensen, 1990, S. 108.

Nommensen (1990, S. 108) bezeichnet die Vier-Felder-Matrix als Trefferquote-Entropie-Matrix (vgl. Abbildung 6). Darin kommt bereits der Grundgedanke der Vier-Felder-Matrix zum Ausdruck: Eine Achse der Matrix kennzeichnet das Ausmaß der Werbediffusität oder die relative Entropie, die andere Achse der Matrix hingegen die Trefferquote, also das Ausmaß der unverwechselbaren Markenpersönlichkeit. Dabei gilt:

- Je häufiger eine Markenwerbung vielen verschiedenen Konkurrenzmarken zugeordnet wird, desto größer ist die Werbediffusität.

- Je seltener die Werbung korrekt der eigenen Marke zugeordnet wird, desto weniger ausgeprägt ist die Markenpersönlichkeit bzw. das Markenbild.

Je nach Zuordnung einer Marke in eines der Felder der Trefferquote-Entropie-Matrix können Normstrategien für die Markenpositionierung abgeleitet werden.

3. Normstrategien für die Vier-Felder-Matrix der Markenanonymisierung

Die vier Felder dieser Matrix lassen sich nun wie folgt interpretieren und es lassen sich die im folgenden dargestellten Normstrategien ableiten (vgl. Nommensen, 1990, S. 108 ff. sowie zusammenfassend Abbildung 7).

1. Feld

Bei geringer Werbediffusität und gleichzeitig niedriger Trefferquote ist davon auszugehen, daß die Kommunikation für eine Marke nur ganz wenigen Konkurrenzmarken zugeordnet wird, also klare Positionierungsinhalte vermittelt werden, diese Positionierungseigenschaften aber keinen Beitrag zur Profilierung der eigenen Marke leisten. Dies erklärt auch die geringe Trefferquote, d. h. die geringe korrekte Zuordnung der Werbemaßnahmen zur Marke. Dies ist typischerweise bei sogenannten Me-Too-Strategien der Fall, bei denen man eine ähnliche Positionierungsumsetzung verfolgt wie eine andere Marke.

Das klassische Beispiel dazu stammt aus dem Zigarettenmarkt in den achtziger Jahren, als West erfolglos versuchte, wie Marlboro die Erlebniseigenschaften „Abenteuer" und „Freiheit" zu belegen. Hier war die Werbediffusität ebenfalls niedrig und die Trefferquote gering, weil die meisten Konsumenten diese Werbung primär Marlboro zuordneten, wenn auch zu Unrecht. Es scheint klar, daß für solche Marken ein Repositionierungsbedarf besteht. Nommensen (1990, S. 111) spricht hier von **Positionserneuerung**. Dies kann durch Belegung anderer, für die Zielgruppe relevanter und noch nicht besetzter Positionierungseigenschaften oder durch eine eigenständige Umsetzung von schon besetzten Positionierungseigenschaften erfolgen (vgl. auch den Beitrag „Markenpositionierung als Grundlage der Markenführung" in diesem Buch).

Der letztgenannte Fall war beispielsweise lange Zeit bei Marlboro und Camel gegeben. Beide Marken belegten ähnliche Positionierungseigenschaften, nämlich Abenteuer und Freiheit. Die Umsetzungen dieser Positionerungseigenschaften wichen hingegen stark voneinander ab: In dem einen Fall war es der Marlboro-Cowboy mit der Wild-West-Welt, in dem anderen Fall der Camel-Mann, der sich einsam durch den Dschungel kämpfte und meilenweit für eine Camel ging.

2. Feld

Ein hohes Ausmaß an Werbediffusität mit niedriger Terfferquote ist ein Indikator dafür, daß die Marke keine eindeutige und unverwechselbare Positionierung aufweist, so daß eine Austauschbarkeit mit verschiedenen Konkurrenzmarken möglich wird. Es handelt sich demnach um Marken, die keine klaren und prägnanten Markenbilder und Marken-eindrücke hinterlassen können. Somit besteht gerade für diese Marken ein Repositionie-rungsbedarf. Die nachhaltig erfolglose Positionierungsstrategie ist neu zu überdenken. Eine **Positionsprofilierung** ist erforderlich.

3. Feld

Dieses dritte Feld der Vier-Felder-Matrix ist sowohl durch eine hohe Trefferquote als auch durch hohe Werbediffusität gekennzeichnet. Zwar können eine ganze Reihe der Testpersonen die Werbemaßnahmen korrekt der Marke zuordnen, einer Vielzahl von Probanden ist jedoch keine Zuordnung möglich, weil ihnen die Werbung für die Marke (noch) nicht bekannt ist. Deshalb empfiehlt Nommensen (1990, S. 110) hier völlig zu Recht eine **Positionsfestigung** durch Intensivierung der Kommunikation, mit anderen Worten: An der Positionierung sollte man festhalten, aber für eine stärkere Durchset-zung derselben sorgen.

4. Feld

Das vierte Feld stellt das Zielfeld von Markenpositionierungsanstrengungen dar: Eine niedrige Werbediffusität und eine hohe Trefferquote sprechen für eine unverwechsel-bare Markenpersönlichkeit mit einem eigenständigen Marktauftritt. Typische Beispiele für solche Marken sind Marlboro, Beck's oder Ferrero Rocher. Die **Positionen** solcher Marken gilt es auch künftig zu **halten**.

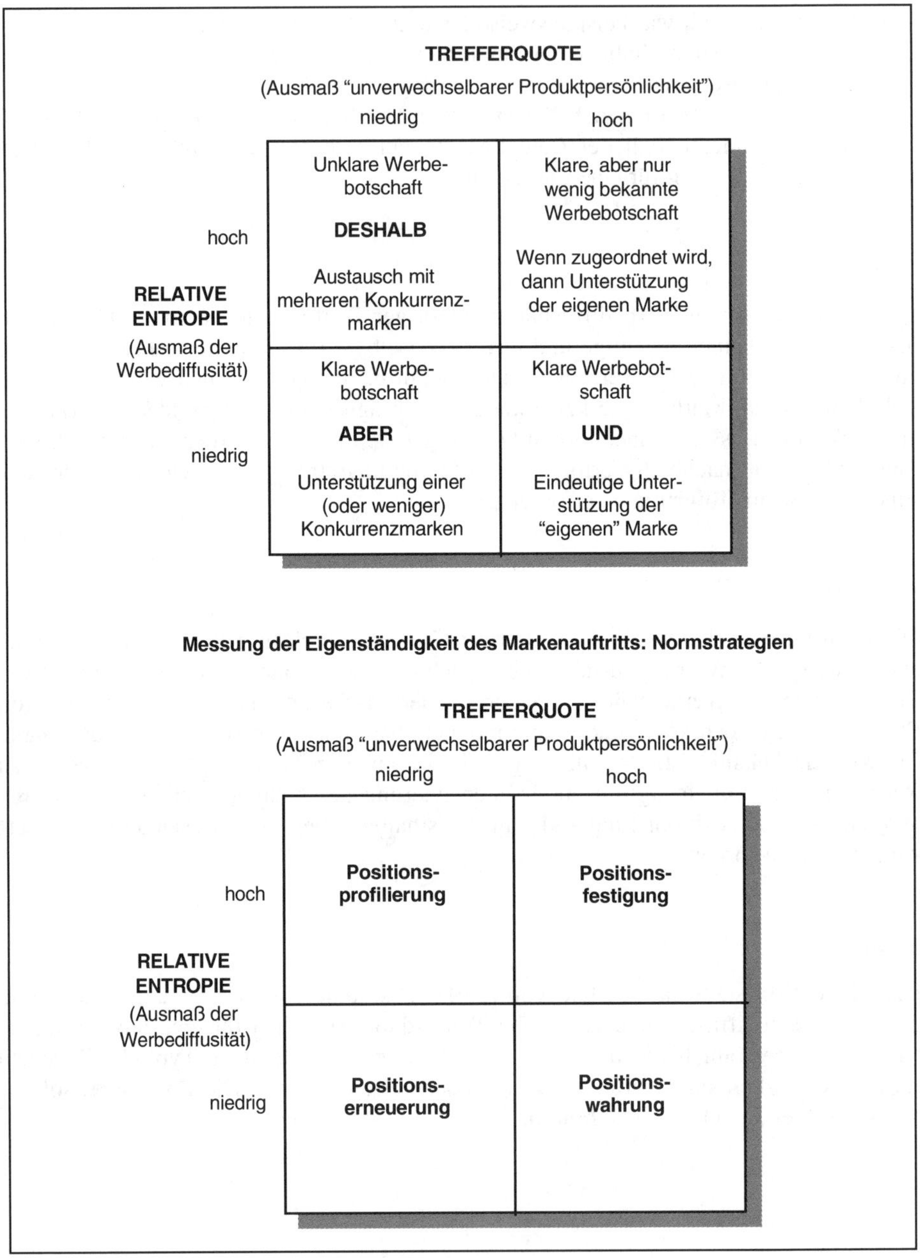

TREFFERQUOTE

(Ausmaß "unverwechselbarer Produktpersönlichkeit")

niedrig   hoch

RELATIVE ENTROPIE
(Ausmaß der Werbediffusität)

hoch

Unklare Werbe-botschaft **DESHALB** Austausch mit mehreren Konkurrenz-marken	Klare, aber nur wenig bekannte Werbebotschaft Wenn zugeordnet wird, dann Unterstützung der eigenen Marke
Klare Werbe-botschaft **ABER** Unterstützung einer (oder weniger) Konkurrenzmarken	Klare Werbebot-schaft **UND** Eindeutige Unter-stützung der "eigenen" Marke

niedrig

Messung der Eigenständigkeit des Markenauftritts: Normstrategien

TREFFERQUOTE

(Ausmaß "unverwechselbarer Produktpersönlichkeit")

niedrig   hoch

RELATIVE ENTROPIE
(Ausmaß der Werbediffusität)

hoch

Positions-profilierung	**Positions-festigung**
Positions-erneuerung	**Positions-wahrung**

niedrig

Abbildung 7:   Normstrategien zur Vier-Felder-Matrix
Quelle: Nommensen, 1990, S. 111.

4. Ausblick: Ex-Post Anonymisierung - Ex-Ante Professionalisierung

Die Anonymisierungskontrolle der Markenmaßnahmen ist ein ideales Ex-Post-Instrument zur Messung der Eigenständigkeit des Markenauftritts. Aus der Trefferquote-Entropie-Matrix lassen sich eine Reihe sinnvoller Strategien für die Positionierung der Marke ableiten. Dennoch wird hier nur ein Aspekt der Markenführung beleuchtet, nämlich eine retrospektive Beurteilung der Markenpositionierung. Mindestens ebenso wichtig ist eine Ex-Ante-Professionalisierung der Markenpositionierungsmaßnahmen. Eine solche Markenpositionierung muß ebenso professionell begleitet werden wie der Forschungs- und Entwicklungsprozeß für neue Produkte. Hier fehlen der Markenpraxis noch adäquate Methoden und Vorgehensweisen.

Die einzelnen Schritte bei der Entwicklung und Umsetzung eines Positionierungskonzepts für Marken kann man durch folgendes - in Anlehnung an ein von Kroeber-Riel (1993 a, S. 78, vgl. auch Köhler, 1994) konzipiertes - Phasenmodell beschreiben, das auch in anderen Bereichen wie der Neuproduktentwicklung in ähnlicher Form Anwendung findet (vgl. ausführlich Esch, 1998 e):

1. Feststellen eines Bedarfs zur Entwicklung eines neuen Werbekonzepts.
2. Ableitung von Normstrategien zur Positionierung als Grundlage für den Entwicklungsprozeß eines Werbekonzepts.
3. Generierung von Ideen für Positionierungskonzepte.
4. Reduzierung der Ideen auf geeignete Vorschläge für Positionierungskonzepte.
5. Operationalisierung = erste Gestaltungskonzepte zur klar erkennbaren visuellen Umsetzung des Positionierungskonzepts durch Werbemaßnahmen.
6. Systematische Überprüfung, Beurteilung und Auswahl: Test von verbleibenden Alternativen.
7. Entscheidung zugunsten eines Konzepts und Realisation des Konzepts in den verschiedenen Werbemitteln.

Der Bedarf zur Entwicklung eines neuen Positionierungskonzepts resultiert meist aus der Ist-Analyse des relevanten Marktes (z. B. auf Basis der hier vorgestellten Anonymisierungsstrategien). Hier ergibt sich aufgrund der Ergebnisse der Ist-Analyse entweder ein Bedarf zur Neu- oder Umpositionierung einer Marke mit der entsprechenden Notwendigkeit zur Entwicklung eines neuen Werbekonzepts oder eine Bestätigung der erfolgreichen Verwendung des alten Konzepts.

Bei dem vorgestellten Raster spielen einige Aspekte eine besondere Rolle, sie sind oft das Nadelöhr bei der Entwicklung und Umsetzung einer Markenpositionierung. Dies sind die Ideengenerierung, die Umsetzung der Positionierung und deren Kontrolle. Auf die Ideengenerierung und die Kontrolle der Umsetzung wird abschließend eingegangen.

4.1 Generierung von Ideen für Markenpositionierungen

Bei dem Generieren möglicher Positionierungskonzepte gilt das Motto der Kreativitäts-
forschung „Quantität schafft Qualität" (vgl. Moriarty, 1986).

Mit steigender Ideenanzahl erwartet man eine Zunahme der Zahl brauchbarer Konzepte
(vgl. Kroeber-Riel, 1989). Man geht dabei davon aus, daß man bei der Ideensuche
zunächst auf konventionelle und wenig ergiebige, weil stereotype Ideen stößt. Diese
Mauer konventioneller Ideen für eine Werbekonzeption kann nur durch ein tiefes Eindringen in den Ideenraum durchbrochen werden. Zu wenig produzierte Ideen in dieser
ersten Phase bilden demnach ein Nadelöhr für den weiteren Prozeß.

In der Praxis werden hier allerdings aufgrund von Selbstbeschränkungen, wie selbst
auferlegten Sachzwängen, oft nicht genug Ideen zur Positionierung eines Unternehmens
produziert, so daß man häufig mit zu wenig Ideen diese erste Phase abschließt. Dafür
gibt es mehrere Ursachen (vgl. Esch/Mildenberger, 1996):

1. Man konzentriert sich bereits in dieser ersten Phase zu stark und zu eng auf die
   unternehmensspezifischen Stärken und Schwächen und entwickelt aus dieser innen-
   zentrierten Sichtweise Ideen.

2. Man konzentriert sich zu stark auf Marktforschungsergebnisse, die die engen Ver-
   hältnisse in einem Produktbereich widerspiegeln. So hat die Feststellung der Ist-
   Positionierung der eigenen Marke und der Konkurrenzmarken zwar diagnostischen
   Kontrollcharakter für den Erfolg einer alten Positionierungsstrategie, als Anregung
   zur Ideenfindung für neue, relevante Positionierungseigenschaften sind solche Ist-
   Analysen des Marktes allerdings nur bedingt geeignet: Da alle Unternehmen solche
   Analysen durchführen, ist die Gefahr groß, daß man zu ähnlichen Ergebnissen wie
   die Konkurrenz gelangt, daraus die gleichen Schlüsse zieht und deshalb eine austauschbare Kampagne entwickelt.

Ein solches Vorgehen birgt die Gefahr, daß schon hier der Grundstein für eine Austauschbarkeit mit Konkurrenzunternehmen gelegt wird, da oft die „ersten" Ideen auch
von Konkurrenten aufgegriffen und anschließend vielleicht zeitgleich realisiert werden.

Um möglichst viele Ideen generieren zu können, sollte man sich frei machen von solchen Sachzwängen und die Suche möglichst breit beginnen. Folgende systematische
Möglichkeiten zum Generieren von Positionierungsideen bieten sich an:

1. Unterschiedliche **Suchzugänge** (z. B. durch Verwendung bildlicher oder sprachlicher Brücken zu Positionierungsideen).

2. Unterschiedliche **Suchfelder**, insbesondere verhaltenswissenschaftliche Möglich-
   keitsanalysen und semiotisch-inhaltsanalytische Untersuchungen. Im erstgenannten
   Fall kann man im explorativen Zusammenhang auf Erkenntnisse der Tiefenpsychologie, auf kulturanthropologische Ansätze sowie auf Emotions- und Motivations-
   theorien rekurrieren (vgl. Dieterle/Esch, 1994). Bei den Inhaltsanalysen können enge

(marktbezogene) und weite (z. B. branchenübergreifende Untersuchungen, gesell-schaftliche Trends, Szeneanalysen usw.) Analysen von bereits verwendeten Positionierungseigenschaften vorgenommen werden.

3. Unterschiedliche **Suchhilfen**, d. h. der Einsatz intuitiv-kreativer und logisch-diskursiver Kreativitätstechniken zur Ideengenerierung statt einseitiger Verwendung von Brainstorming-Methoden (vgl. Schlicksupp, 1977; Petri, 1992).

4.2 Systematische Überprüfung und Tests der umgesetzten Positionierungsvorschläge

In dieser Phase wird ermittelt, wie die verschiedenen Gestaltungskonzepte auf die Konsumenten wirken und warum sie so wirken.

Das „wie" bezieht sich auf die Rückkopplung der vorgeschlagenen Umsetzungen zur verbalen Positionierungsidee. Mit anderen Worten: Können die Konsumenten aufgrund der unterschiedlichen Gestaltungsvorschläge die beabsichtigte Positionierung erkennen. Neben der Kontrolle der Rückkopplung muß auch geprüft werden, inwieweit diese ersten Umsetzungen als unterscheidbar von der Konkurrenz wahrgenommen werden. Ferner ist hier die psychologische Relevanz der ersten Visualisierungen sowie die Einstellung der Konsumenten zu diesen Umsetzungen und deren Akzeptanz zu testen. Diese Testphase ist besonders problematisch, sie muß mit Fingerspitzengefühl und viel Detailkenntnis angegangen werden. Folgende Aspekte sind bei den Tests in besonderem Maße zu berücksichtigen:

1. Konsumenten beurteilen neue Werbekonzepte und deren Umsetzungen immer unter einem gegebenen Erfahrungshorizont. In diesem Fall wird dieser Erfahrungshorizont durch die typische Bankenwerbung widergespiegelt. Folgerichtig werden deshalb häufig besonders innovative Konzepte sehr kritisch und weniger positiv beurteilt als eher vertraute Konzepte. Dies gilt insbesondere dann, wenn die Probanden in einem Test viel Zeit haben, sich mit neuen Werbeentwürfen auseinanderzusetzen.

2. Viele Tests werden nach wie vor unter High-Involvement-Bedingungen mit stark kognitiv geprägten Fragen durchgeführt. Die daraus resultierenden Ergebnisse entsprechen häufig nicht den in realen Situationen zu erwartenden Resultaten, sie geben ein verzerrtes Bild der Wirklichkeit wieder. Dies ist darauf zurückzuführen, daß in der Realität Low-Involvement-Verhalten vorherrscht, d. h. Werbung nur flüchtig und mit geringer Aufmerksamkeit betrachtet wird. In diesem Fall gilt auch viel stärker die Formel „Gefallen geht über Verstehen", so daß emotionale Kriterien stärker in die Untersuchung einbezogen werden müssen als nur kognitive Aspekte.

3. In dem Maße, in dem man nur klassische Imageprofile als Testinstrumente einsetzt, läuft man Gefahr, viele beurteilungsrelevante und imagebildende Aspekte auszuklammern. Deshalb sollten auf jeden Fall auch immer offene Erhebungen mittels As-

soziationstests und Protokollen lauten Denkens sowie Messungen zum inneren Bild, das durch die Werbung entsteht, durchgeführt werden. Diese Meßmethoden geben einen zusätzlichen und tieferen Aufschluß über die durch die Werbung evozierten Positionierungsinhalte, die dann später auch mit der Marke verbunden werden. Zudem sind innere Bilder auch besonders verhaltensrelevant.

Dieses exemplarisch aufgeführte Vorgehen bei der Entwicklung einer Markenpositionierung zeigt das Potential einer strukturierten und systematischen Entwicklung auf. Eine solche Entwicklung ist aus heutiger Sicht allerdings nur unter Verwendung des entsprechenden verhaltenswissenschaftlichen Know-hows möglich, damit ein Markenkonzept auch wirksam in einzelne Marketingmaßnahmen umsetzbar ist.

Volker Trommsdorff und Marcel Paulssen

Messung und Gestaltung der Markenpositionierung

1. Controlling der Markenpositionierung

1.1 Problemstellung

Märkte sind gesättigt. Produkte werden austauschbar, weil sie standardisierter und funktional gleichwertiger geworden sind. Der von Zielkunden wahrgenommene Nutzen, die subjektive Produktqualität und das Produktimage werden zu wichtigen Erfolgsfaktoren. Differenzierungswettbewerb findet immer mehr über Images statt. Gleichzeitig drängen neue Wettbewerber auf den Markt und konkurrieren um die Gunst des Konsumenten. Markenführung wird so immer komplexer und riskanter. Für die erfolgreiche Markenstrategie braucht man Antworten auf folgende Fragen:

- Welche Imagemerkmale machen die Marke erfolgreich?
- Welche Image-Erfolgsfaktoren haben die wichtigsten Wettbewerber?
- Wie beeinflussen sich die Wettbewerbs-Image-Positionen konkurrierender Marken untereinander?
- Welche Umpositionierung oder Neupositionierung schafft den Wettbewerbsvorteil?
- Wie werden Wettbewerber - mit welchem Erfolg - darauf reagieren?

Das sind komplexe Fragen, auf welche die traditionelle Marktforschung kaum verläßliche Antworten hat, denn sie überfordern das Instrumentarium der Imagedifferentiale und räumlichen Positionierungsmodelle, die zudem unrealistische Annahmen über den Imagewettbewerb unterstellen, zum Beispiel daß alle Marken im selben Wahrnehmungsraum positioniert sind. Die Ergebnisse sind anschaulich, aber nicht unbedingt gültig. Kreative Imagestrategien bilden sie nicht ab. Am Beispiel repräsentativer Imagedaten im Premium-Pilsmarkt verdeutlichen wir die Defizite und ihre Überwindung durch WISA. Exemplarisch wird für die Marke Beck's die Aussagekraft klassischer Imageanalysen derjenigen einer WISA gegenübergestellt.

1.2 Das Erfolgskriterium

Strategisches Ziel von Positionierungsentscheidungen ist die Sicherung bestehender Erfolgspotentiale und der Aufbau neuer Erfolgspotentiale. Erfolgreiche Positionierung verschafft dem Unternehmen Vorteile gegenüber dem Wettbewerb, da die **Präferenzstärke** der Konsumenten für die eigene Marke erhöht wird, was zu einem monopolistischen Spielraum für die Angebotspolitik führen kann.

Der Erfolg einer Positionierungsentscheidung kann operationalisiert werden. Dadurch kann man die Markenpositionierung der betriebswirtschaftlichen Steuerung und Kontrolle zugänglich machen. Eine in der Praxis stark verbreitete und theoretisch akzeptable Zielgröße des Markenerfolgs ist der wertmäßige Marktanteil, der unter Berücksichtigung von Budgetrestriktionen zu maximieren ist. Er hat eine Mengen- und eine Preiskomponente. Sowohl die Mengen- als auch die Preiskomponente ist eine Funktion der Stärke der Bevorzugung der Marke vor ihren Konkurrenten (Präferenzstärke). Je höher die Präferenz, desto größer der Absatz einerseits und die Preisbereitschaft andererseits. Entscheidende Steuerungsgröße für die Positionierung von Marken ist folglich die Präferenz. Auf disaggregierter Untersuchungsebene entspricht dieses Präferenzkriterium dem individuellen Kaufanteil, jener Anteil am Konsumbudget für eine Produktart welcher auf die betrachtete Marke unter den in Frage kommenden Marken entfällt. Veränderungen auf dieser disaggregierten Untersuchungsebene entsprechen Marktanteilsveränderungen auf aggregierter Ebene: Kaufanteile sind individuelle Marktanteile.

1.3 Positionierung: Analyse und Strategie

Der Begriff Positionierung wird in den beiden Bedeutungen Analyse und Strategie verwendet. Unter **Positionierungs-Analyse** versteht man unterschiedliche Verfahren zur Darstellung einer Marke und ihrer relevanten Produktmerkmale im Vergleich zu den Wettbewerbermarken. Klassische Verfahren dazu werden in Kapitel 2 dargestellt. Unter **Positionierungs-Strategie** werden strategische Maßnahmen und ihre Konkretisierung zur zielgeleiteten Steuerung der Position einer Marke verstanden. Die Positionierungs-Analyse liefert die dazu notwendige Entscheidungsunterstützung.

Zwei grundsätzliche Typen von Positionierungsentscheidungen können unterschieden werden: die Planung einer neuen Marke (**Neupositionierung**) und die wettbewerbsstrategische Veränderung der bisherigen Position einer bestehenden Marke (**Umpositionierung**). Stellt eine solche Umpositionierung eine gravierende Veränderung der bisherigen Positionierung dar, so bezeichnet man diese auch als Relaunch der Marke, der Grenzfall zur Neupositionierung. Produktpositionierung kann als Ergebnis proaktiver Marketingstrategien erfolgen oder als Reaktion auf das Verhalten relevanter Wettbewerber. Insbesondere die Neupositionierung muß sorgfältig geplant werden, da spätere Umpositionierungen hohe Kosten verursachen und zu negativen Reaktionen der Konsumenten führen können.

1.4 Strategiealternativen

Ausgehend von klassischen Positionierungs-Analysen werden in der Praxis zwei strategische Stoßrichtungen zur Verbesserung der Position einer Marke diskutiert, eine konsumentenorientierte und eine wettbewerberorientierte Stoßrichtung.

Konsumentenorientiert wird versucht, die Positionierung einer Marke an den Idealvorstellungen der Konsumenten bzw. eines starken Marktsegments auszurichten. Die Marke soll möglichst nahe am Ideal der Konsumenten positioniert werden, um so deren Präferenzen für die eigene Marke zu erhöhen. Insbesondere wenn diese Strategieoption auf

Basis konventioneller Positionierungs-Analysen gewählt wird, führt dies - wie in Kapitel 2 gezeigt wird - zu relativ konservativen Lösungen.

Wettbewerberorientiert wird versucht, den Abstand zwischen der eigenen Marken-position und denen der Wettbewerber zu maximieren. Ist eine Marke nahe an Konkur-renten positioniert, so bedeutet das hohe wahrgenommene Ähnlichkeit und deshalb Austauschbarkeit und erhöhte Wettbewerbsintensität.

Beide Orientierungen müssen simultan und integriert in eine Positionierungsstrategie einfließen, denn eine isolierte Konsumentenorientierung führt leicht zu hoher Wettbe-werbsintensität und eine isolierte Wettbewerberorientierung zu geringeren Präferenzen.

Auf wettbewerbsintensiven Märkten soll für hohe Präferenzen vieler Konsumenten für die Marke Differenzierung vom Wettbewerb durch (emotionale) Alleinstellung geschaf-fen werden, die den Wettbewerbsdruck verringert. Differenzierung kann im Rahmen eines bestehenden Imageraumes betrieben werden (vgl. Abbildung 2). Die Marke wird auf einer oder mehreren wettbewerbsrelevanten Dimensionen zum Schwerpunkt der Idealvorstellungen vieler Konsumenten hin- und zugleich vom Wettbewerb „wegposi-tioniert". Unter den anfangs geschilderten Bedingungen heutiger Markenführung mit hoher Wettbewerbsintensität und zunehmender Produkthomogenität wird es allerdings immer schwieriger, innerhalb eines mit den Wettbewerbern gemeinsam besetzten Image-raumes eine auskömmliche Markenposition zu finden.

1.5   Positioning

Die zweite Möglichkeit, eine Marke vom Wettbewerb zu differenzieren, besteht darin, sie auf einer neuen Dimension und damit aus dem bestehenden Merkmalsraum „heraus-zupositionieren". Diese Variante der Differenzierungsstrategie wird als Positioning bezeichnet (vgl. Ries/Trout, 1986).

Positioning bedeutet alleinstellende Positionierung auf einer exklusiv genutzten, kauf-entscheidungsrelevanten Dimension außerhalb des bekannten Merkmalsraumes über ein Produktmerkmal, das einen alleinstellenden subjektiven Zusatznutzen darstellt. „Positio-ning" korrespondiert mit „Unique Selling Proposition" (USP) und „Komparativer Kon-kurrenz-Vorteil" (KKV), Konzepte für die Situation gesättigter Märkte, wo alle Wett-bewerber den vom Markt geforderten Basisnutzen gleichermaßen erfüllen und Profilie-rung nur noch über den **Zusatznutzen** möglich ist. Der starke Wettbewerb homogener Marken wird unterlaufen, indem die Marken bei großer Nähe zum Käufer-Ideal vom Wettbewerb weg in eine **eigenständige Dimension** hinein bewegt werden (vgl. Trommsdorff, 1998 a, S. 155).

Damit ermöglicht Positioning auch unter den Bedingungen homogenisierter, infor-mations- und werblich überfluteter und gesättigter Märkte eine erfolgreiche Markenpro-filierung. Traditionelle Marktforschungsinstrumente, die im nächsten Abschnitt behan-delt werden, sind aber zur Unterstützung solcher Positioningstrategien ungeeignet.

2.   Bisherige Lösungsansätze und ihre Schwächen

2.1 Methodisches Vorgehen

Grundsätzlich kann man bei der **Positionierungsanalyse** komponierende und dekomponierende Verfahren unterscheiden. Ziel beider Ansätze ist es, die grundlegenden Merk-
malsdimensionen aufzudecken, anhand derer Konsumenten Produkte wahrnehmen und
beurteilen, und die subjektiv empfundenen Positionen der konkurrierenden Marken auf
diesen Dimensionen zu messen.

Bei komponierenden Verfahren werden Einzelbewertungen von Produktmerkmalen zu
Imagedimensionen verdichtet. Dekomponierende Verfahren erheben zunächst Global-
urteile wie Ähnlichkeiten oder Präferenzrangfolgen der Marken, die dann in die dimensionalen Beiträge einzelner Merkmale zum Globalurteil zerlegt werden. Vom Ergebnis
her sind beide Verfahren gleichwertig. Unterschiede betreffen die Datenerhebung, ein-
fließende Annahmen und Rechenprozeduren. Hier soll exemplarisch das komponierende
Verfahren der Faktorenanalyse näher erläutert werden. Zur Darstellung dekomponieren-
der Verfahren (MDS, Conjointanalyse usw.) sei auf die Lehrbuchliteratur verwiesen
(z. B. Backhaus et. al., 1996).

In einem ersten Schritt müssen **positionierungsrelevante Imagedimensionen** bestimmt
werden. Dazu kann kundenorientiert vorgegangen werden (Welche Imagedimensionen
sind in den Köpfen?) oder wettbewerbsorientiert (Wie profiliert sich die Konkurrenz?).
Beim kundenorientierten Vorgehen kommen neben Interviews qualitative Verfahren wie
Gruppendiskussionen oder Tiefeninterviews zur Exploration relevanter Merkmals-
dimensionen in Betracht. Für das wettbewerbsorientierte Vorgehen kommen Experten-
befragungen und inhaltsanalytische Auswertungen von Werbeaussagen in Frage. In der
Praxis werden beide Explorationsansätze kombiniert.

Die selektierten Produktmerkmale sollten folgende **Anforderungen** erfüllen:

- Verhaltensrelevanz, d. h. die Produktmerkmale sollen Markenpräferenz und Kaufverhalten beeinflussen,
- Instrumentalbezug, d. h. die Wahrnehmung der Produktmerkmale soll durch Marketinginstrumente gut beeinflußt werden können und
- Diskriminanzfähigkeit, d. h. Wettbewerber sollen nach diesen Merkmalen subjektiv
  unterscheidbar sein.

Die limitierte Aussagekraft klassischer Positionierungsmodelle soll am Beispiel einer
komponierenden Positionierungsstudie (Imagedifferential- und Faktorenanalytisches
Positionierungsmodell) des Premiumpilsmarktes gezeigt werden.

2.2 Das Imagedifferential

Produktmanager im Premium-Pilsmarkt stehen genau vor den oben beschriebenen Problemen: Eine mengenmäßige Ausdehnung des Absatzes ist nicht mehr möglich. Wettbewerb spielt sich bei hoher Intensität als „Nullsummenspiel" ab. Neue Wettbewerber versuchen, Fuß zu fassen. Die Qualitätsunterschiede zwischen den einzelnen Marken sind sehr gering (nach einer BBDO-Studie beträgt die wahrgenommene Markengleichheit 50 %). Da der Preis im Premium-Pilsmarkt keine bedeutende Rolle spielt und das Instrumentarium der Distribution weitgehend ausgereizt ist, kann die Markenprofilierung fast nur noch durch Imagepolitik erfolgen.

Nach der oben beschriebenen Sammlung von Produktmerkmalen ist der Ausgangspunkt komponierender Verfahren die klassische Methode der Messung von Merkmalswahrnehmungen mittels Ratingskalen. Aus der Sammlung möglicher relevanter Produktmerkmale werden mehrere Items (Aussagen) ausgewählt und als Ratings zur Beurteilung der Marken formuliert. Einen Überblick zu den dabei möglichen methodischen Varianten, verhaltenstheoretischen Modellen und auftretenden Meßproblemen gibt Trommsdorff (1995).

In einem ersten Schritt können wahrgenommene Ausprägungen der relevanten Merkmale - über alle Befragten der Zielgruppe aggregiert - als Profil abgebildet werden. Profilvergleiche informieren je Merkmal über die Positionsunterschiede der Marken.

Abbildung 1 zeigt das eher aussageschwache Imagedifferential von sieben Premium-Pilsmarken. Es zeigt kaum mehr, als daß sich Beck's auf dem Item „International bedeutend" von den Wettbewerbern absetzen kann. Dieses Ergebnis reflektiert die Werbeplattform von Beck's („Spitzenpilsener von Welt", „Grünes Segelschiff"), sagt jedoch nichts darüber aus, ob und wie sich diese Positionierung als Wettbewerbsvorteil gegenüber welchen anderen Marken auswirkt.

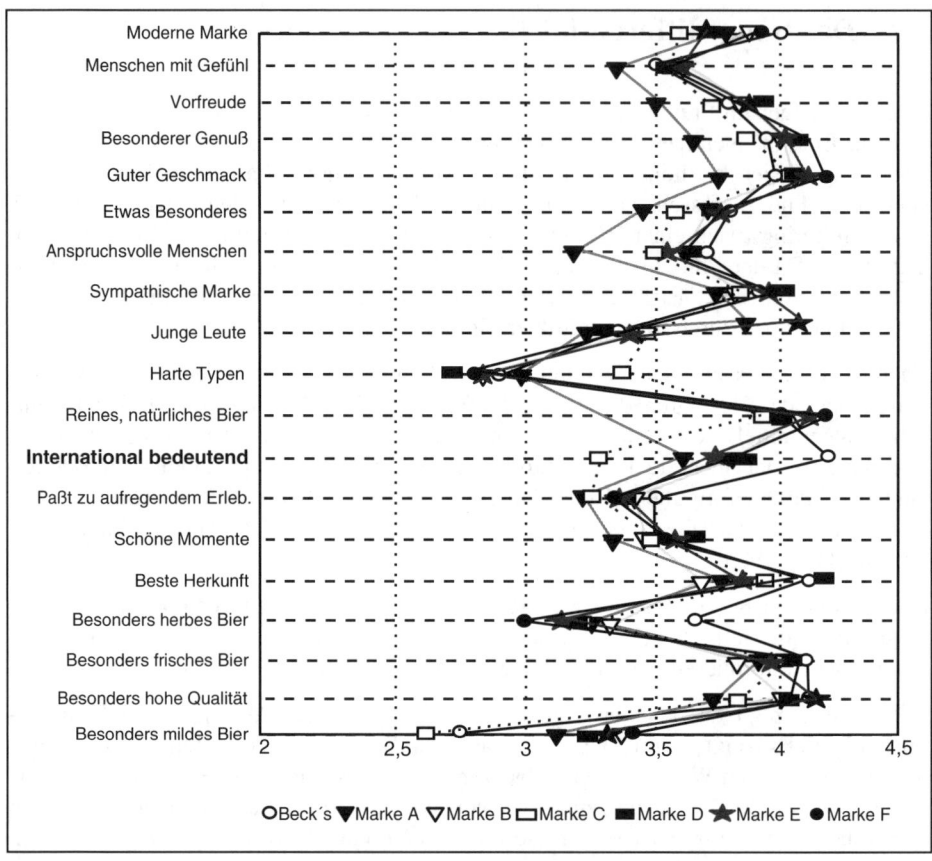

Abbildung 1:   Imagedifferential im Premium-Pilsmarkt
Quelle: Paulssen, 1994; Weber, 1996.

2.3 Das faktorenanalytische Positionierungsmodell

Mit einer Faktorenanalyse werden aus der Vielzahl der in einem Imagedifferential dargestellten Items die wesentlichen, voneinander unabhängigen Faktoren extrahiert. Damit
werden die in den Items enthaltenen Überschneidungen eliminiert. Grundsätzlich können alle Items auf allen Faktoren laden. Die Zusammenfassung von Items zu Faktoren
ergibt sich aus ihrer empirischen Korrelation. Die (explorative) Faktorenanalyse hat
somit strukturentdeckenden Charakter. Sie unterstellt, daß Korrelationen zwischen Items
auf hinter ihnen stehende Faktoren zurückgeführt werden können.

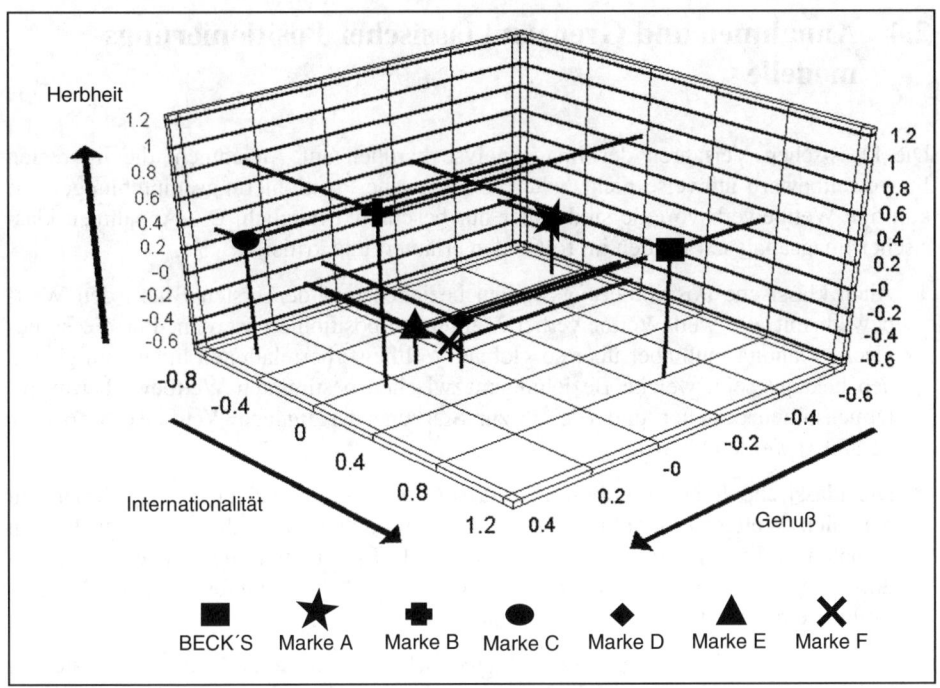

Abbildung 2:   Positionierungsmodell im Premium-Pilsmarkt
Quelle: Paulssen, 1994; Weber, 1996.

Abbildung 2 zeigt ein mittels Faktorenanalyse aus dem Imagedifferential erzeugtes Positionierungsmodell, also eine Verdichtung abgefragter Merkmale auf zentrale Imagedimensionen. Die betrachteten Marken werden als Positionen in einem gemeinsamen Imageraum dargestellt. Man kann sich auf jeder Imagedimension mit den Wettbewerbern vergleichen (Image-Benchmarking) oder seine Gesamtposition relativ zum Wettbewerb bestimmen.

Der Imageraum verdeutlicht nochmals (und jetzt etwas übersichtlicher), daß Beck's sich auf der Dimension „Internationalität" deutlich stärker positioniert hat als seine Wettbewerber. Insbesondere zeigt sich, daß Internationalität eine eigenständige Imagedimension ist, auf der sich andere Marken als Beck's kaum unterscheiden. Diese Positionierung sagt jedoch weiterhin nichts darüber aus, ob und in welchem Ausmaß sie zur Präferenz für Beck's beiträgt.

2.4   Annahmen und Grenzen klassischer Positionierungs-
modelle

Die klassischen Verfahren der Imageanalyse beruhen auf Annahmen, die im realen Imagewettbewerb teilweise nicht gelten. Strategische Positionierungsempfehlungen für künftige Wettbewerbsvorteile sind daher nur beschränkt möglich. Die Annahmen klassischer Imageanalysen werden im folgenden erläutert und kritisiert:

■ Auch klassische Positionierungsstudien beziehen (auf den ersten Blick) den Wettbewerb mit ein, weil Wettbewerber-Marken mitpositioniert werden. Für die strategische Planung muß aber über so globale Wettbewerberrelationen hinaus im einzelnen bekannt sein, welche Beziehungen zwischen bestimmten Wettbewerberimage-Dimensionen bestehen und wie sie zur Stärkung der eigenen Wettbewerbsposition verändert werden können.

■ Die klassische Image-Wettbewerbserfassung unterstellt, daß eine Imagedimension bei allen Wettbewerbern die gleiche Bedeutung hat. Statt dieser unrealistischen Annahme sollten Wettbewerbsintensitäten, d. h. Effekte zwischen einzelnen Imagedimensionen und Erfolgsgrößen, wie zum Beispiel der Kaufabsicht oder der Einstellung einer Marke gegenüber, geschätzt werden.

■ Klassische Positionierungsmodelle können USP's und damit Positioningstrategien nicht abbilden und in ihren Wettbewerbswirkungen abschätzen, weil die betreffende Imagedimension für keine andere oder nur für einige wenige andere Marken relevant ist und daher nicht sinnvoll im gemeinsamen Imageraum abgebildet werden kann. Die Wettbewerbsbeziehungen lassen sich dann nicht mehr durch einfache Distanzen zwischen Wettbewerberpositionen veranschaulichen.

■ Klassische Imageanalysen unterstellen pauschale Imagewirkungen zwischen Wettbewerbern, indem Merkmale einer Marke nur die eigene Position bestimmen, aber nicht deren Wirkung auf den Erfolg oder Mißerfolg von Wettbewerber-Marken abbilden.

■ Zudem erlauben die extrahierten Imagedimensionen keine Aussage darüber, wie stark sie den Kauf oder Nichtkauf einer Marke tatsächlich beeinflussen.

Das Konzept der WISA, das im folgenden Abschnitt vorgestellt wird, überwindet wesentliche Schwächen traditioneller Verfahren.

3.   Wettbewerbs-Image-Struktur-Analyse (WISA)

3.1   Das Prinzip

Die WISA setzt bei vier entscheidenden Anforderungen an (vgl. Trommsdorff, 1998 a, S. 157):

■ **Positioning**: Image-Wettbewerbspotentiale werden nicht auf allen Imagedimensionen zugleich aufgebaut, sondern auf einer oder auf wenigen Dimensionen, die im Rahmen der Strategie dazu bestimmt wurden. Das muß abgebildet werden.

■ **Wettbewerbsorientierung**: Die kausal-komplexen Beziehungen zwischen Wettbewerber-Imagemerkmalen und damit die strategischen Ansatzpunkte zur Stärkung der eigenen Wettbewerbsposition sollen modelliert werden.

■ **Differenzierung**: Statt der unrealistischen Annahme gleicher Dimensionen und Wirkungsstärken für alle Wettbewerber sollen bei der WISA nur die relevanten Wettbewerbseffekte, aber auf allen Dimensionen einzeln, analysiert werden.

■ **Querwirkungen**: WISA soll auch die Wettbewerbswirkungen von Imagedimensionen einer Marke auf Einstellungen, Kaufabsichten und Marktanteile anderer Marken abbilden.

3.2   Das Multi-Marken-Modell

Eine Einstellung ist der Zustand einer gelernten und dauerhaften Bereitschaft, in einer entsprechenden Situation gegenüber dem betreffenden Objekt mehr oder weniger stark positiv oder negativ zu reagieren (vgl. Trommsdorff, 1998 a, S. 143). Sie ist die wertende Prädisposition des Konsumenten gegenüber der Marke auf der Dimension „gut - schlecht". Einstellungen sind eindimensional und beeinflussen das Verhalten direkt.

Das Multi-Marken-Modell von Laroche und Brisoux (1981) entspricht dieser eindimensionalen Sicht der Einstellung. Einstellung wird mittels des traditionellen Expectancy-Value Modells als Summation der Produkte aus Merkmalswahrnehmung und deren Bewertung operationalisiert. Aus der Hypothese „Einstellungen prägen Verhalten" (E-V-Hypothese) wird abgeleitet, daß die Einstellung zu einer Marke die Kaufabsicht dieser Marke positiv beeinflußt.

Gleichzeitig werden im Multi-Marken-Modell Wettbewerbereffekte modelliert. Je positiver die Einstellung zu einer Wettbewerbermarke, desto geringer ist die Kaufabsicht zur Ursprungsmarke. Das Modell von Laroche und Brisoux ist aus theoretischer Sicht interessant, aber zur Unterstützung von Positionierungsentscheidungennicht ausreichend. Die entscheidende Frage, durch welche kommunikativen Maßnahmen die strategische Zielgröße „Kaufabsicht" beeinflußt werden kann, bleibt ungeklärt.

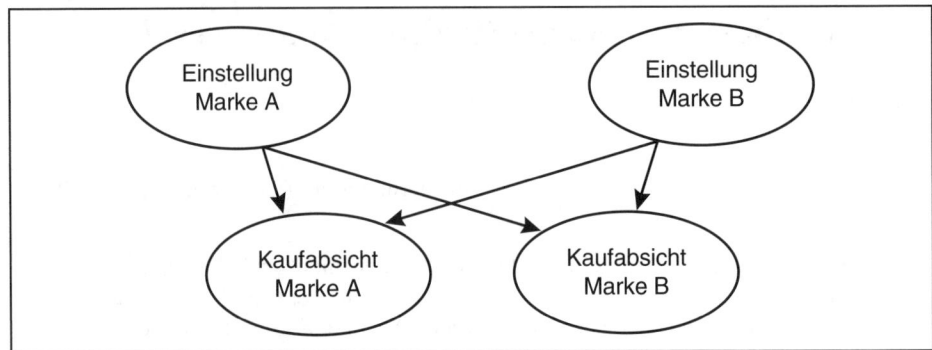

Abbildung 3:   Multi-Marken-Modell
Quelle: Laroche und Brisoux, 1981.

3.3   Methodik der WISA

In der WISA wird die Einstellung bzw. das Image als mehrdimensionales Konstrukt aufgefaßt. Als Image wird die ganzheitliche Grundlage einer Einstellung, also die kom-plex-mehrdimensionale Struktur hinter einer Einstellung verstanden (vgl. Trommsdorff, 1998 a, S. 152). Es besteht aus mehr oder weniger wertenden Eindrücken von der Marke, die zu einem ganzheitlichen „Bild" verbunden sind. Das Image besteht aus kognitiven und emotionalen Elementen. Es beeinflußt die Einstellung und damit Präfe-renzen und Kaufverhalten.

Abbildung 4 stellt ein hypothetisches WISA-Modell dar. Die Einstellung wird hier nicht mehr als eindimensionales Konstrukt betrachtet wie bei Laroche und Brisoux (1981). Vielmehr werden die verschiedenen Imagedimensionen anhand derer Marke A und Marke B wahrgenommen werden, explizit modelliert.

Die WISA kann in erster Näherung aus exploratorischen Faktorenanalysen und anschließenden multiplen Regressionsanalysen bestehen. Indirekte Effekte und Meß-fehler werden dann noch nicht berücksichtigt. Methodisch anspruchsvollere Modelle sind aus Kausalstrukturanalysen (LISREL) zu berechnen (vgl. Jöreskog, 1982). Die Hypothesenstruktur wird in einem bivariaten Regressionsmodell mit latenten Variablen modelliert.

Die Erfolgskriterien (Präferenz, Kaufabsicht, Konsumbudgetanteil oder Einstellung) der einzelnen Marke sind als endogene Variablen zu modellieren; die Imagedimensionen aller Marken, die diese Erfolgskriterien potentiell beeinflussen, stellen die exogenen Variablen dar (vgl. Trommsdorff, 1984). Sie werden schrittweise solange einbezogen, bis für jede Marke ein hinreichend erklärungskräftiges Wettbewerbsmodell vorliegt. Die Pfadkoeffizienten eines WISA-Kausalmodells sind Indikatoren des Beeinflussungspotentials auf den eigenen Erfolg und/oder auf den Erfolg des Wettbewerbers. Die globale Imagewirkung läßt sich aus der erklärten Varianz des Erfolgskriteriums ablesen.

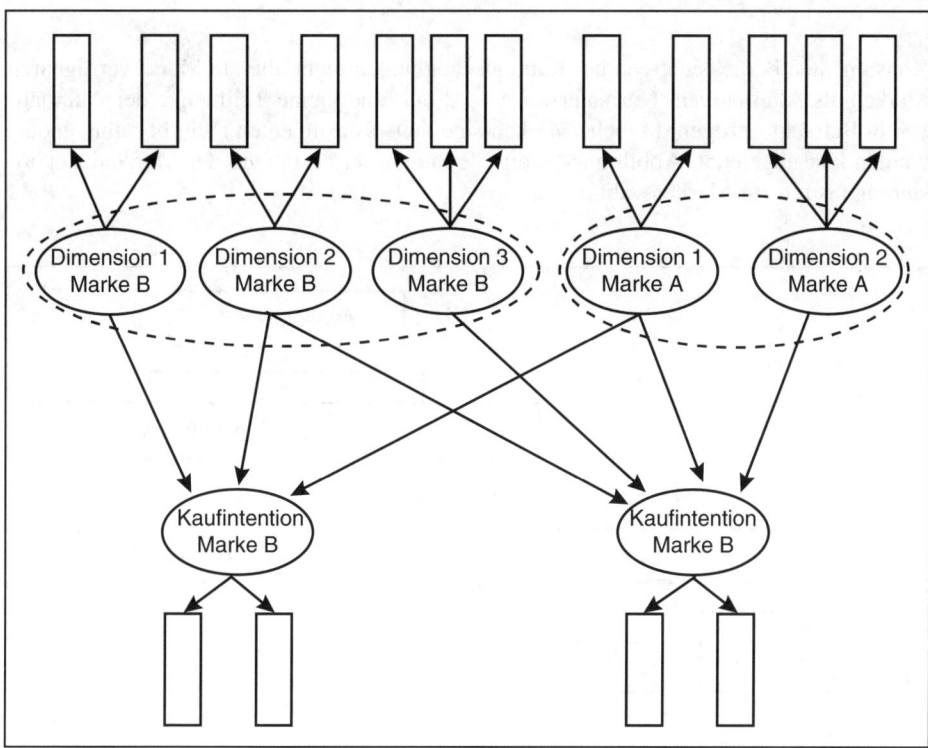

Abbildung 4:   Kausalmodell einer WISA

Die WISA beantwortet im einzelnen folgende Fragen:

- Welche strategisch relevanten Imagedimensionen bestimmen den Wettbewerb?
- Welche eigenen Imagedimensionen stärken und schwächen unsere Wettbewerbsposition bzw. die unserer Wettbewerber wie stark?
- Welchen Anteil hat der Imagewettbewerb insgesamt am gesamten Wettbewerb?

Die WISA gibt damit Aufschluß über Image-Erfolgspotentiale, die den Wettbewerbern zur Verfügung stehen und regt damit konkrete und differenzierte wettbewerbsstrategische Maßnahmen an. Sie integriert damit die Imagepositionierung in die strategische Marketingplanung.

4. Consideration-Set-WISA

4.1 Grundlagen

Konsumenten berücksichtigen bei Kaufentscheidungen nicht alle am Markt verfügbaren Marken als Alternativen. Normalerweise wird nur eine kleine Teilmenge der Alternativen in Betracht gezogen. Manche Marken sind dem Konsumenten nicht bekannt, andere werden klar abgelehnt. Abbildung 5 zeigt den idealisierten Prozeß der Markenkategorisierung bis hin zur Markenwahl.

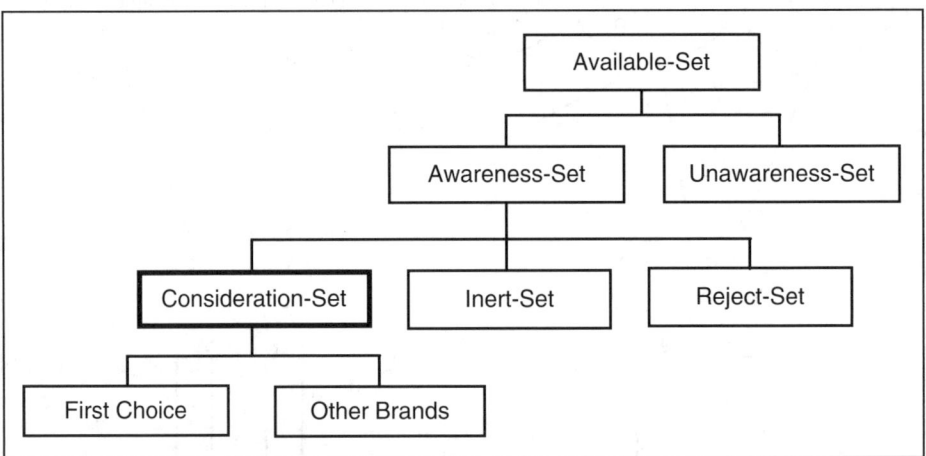

Abbildung 5:   Begriffssystem der Markenkategorisierung
Quelle: in Anlehnung an Narayana und Markin, 1975.

Als wichtige Arten von Markensets können das unbewußte Set (Unawareness-Set) und das bewußte Set (Awareness-Set) unterschieden werden. Das **Unawareness-Set** besteht aus der Menge der Produktalternativen, die dem Konsumenten nicht bewußt sind. Das **Awareness-Set** ist die Menge aller zu einem bestimmten Zeitpunkt wahrgenommenen Markenalternativen einer Produktkategorie. Das Awareness-Set unterteilt sich in akzeptierte (Consideration-Set), indifferente (Inert-Set) und abgelehnte Alternativen (Reject-Set). Das Consideration-Set als Teilmenge des Awareness-Sets umfaßt damit alle Alternativen bzw. Marken, die für einen Kauf subjektiv grundsätzlich in Frage kommen, weil man weder eine negative noch eine indifferente Einstellung hat. Die Zugehörigkeit der eigenen Marke und der Wettbewerbermarken zum Consideration-Set drückt die Wettbewerbsverhältnisse auf individueller Ebene aus und dient der Zielgruppenbildung nach potentieller Markenwahl für präferenzbildende Markenstrategien innerhalb homogener Consideration-Set-Segmente.

4.2 WISA im Consideration-Set

Präferenz-Wettbewerb findet im Kopf des Konsumenten statt, der ein bestimmtes Set an Marken für relevant hält. Bei einer WISA werden zuerst die Consideration-Sets erhoben. Dabei werden die subjektiv relevanten Wettbewerber einer Marke bestimmt. Marken, die bei vielen Konsumenten gleichzeitig im Consideration-Set sind, konkurrieren bei diesen Konsumenten direkt um Kaufanteile (und damit um Marktanteile).

Die Untersuchung der Consideration-Sets im Premium-Pilsmarkt lieferte für Beck's folgendes Ergebnis: Von 1018 Befragten haben 263 Beck's in ihrem Consideration-Set. Von diesen 263 Personen haben 89 auch Bitburger in ihrem Consideration-Set. Für jeden dritten potentiellen Beck's-Kunden kommt demnach auch Bitburger in Frage (vgl. Abbildung 6). Die Marke Veltins ist ein weniger relevanter Wettbewerber für Beck's. Nur für jeden sechsten potentiellen Beck's-Kunden ist auch Veltins akzeptabel. Abbildung 6 zeigt vereinfachend nur bilaterale Consideration-Sets (Beck's und jeweils eine andere Marke).

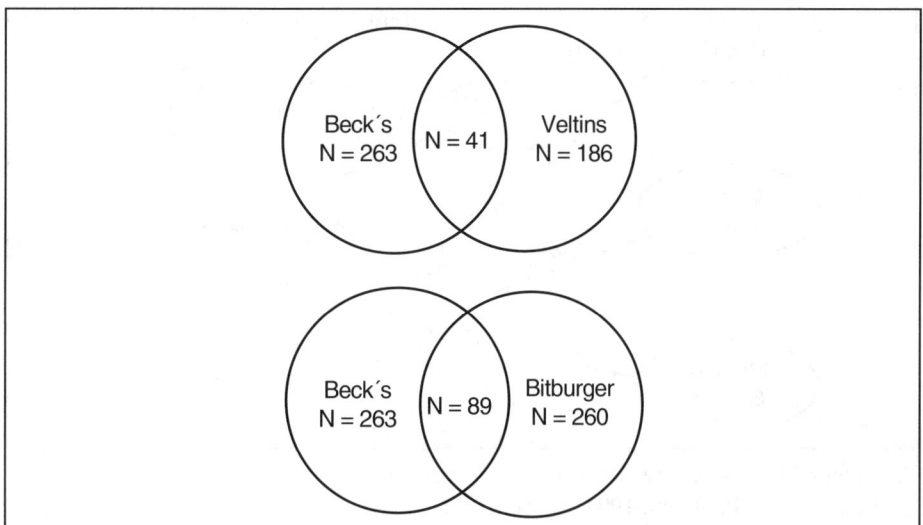

Abbildung 6:   Consideration-Set Schnittmengen im Premium-Pilsmarkt
Quelle: Paulssen, 1994; Weber, 1996.

Die **Consideration-Set-Analyse** ermöglicht eine wettbewerbsrelevante Segmentierung durch Aussagen über die Wettbewerbsintensität zwischen subjektiv relevanten Marken. Der Imagewettbewerb wird nur zwischen echten Wettbewerbern analysiert, die tatsächlich in den Köpfen der Konsumenten miteinander konkurrieren. Dadurch erhält man präzise Ergebnisse für die Strategieableitung, und die Datenerhebung ist dabei noch kostengünstiger als herkömmliche Imagebefragungen, denn es werden nur subjektiv relevante Images abgefragt.

Nachdem die Consideration-Set-Analyse die Wettbewerbsbeziehungen unter den Marken geklärt hat, analysiert die WISA kausalanalytisch den komplexen **Imagewettbewerb** innerhalb jedes Consideration-Set-Segments. Dabei wird gemessen, welche Imagefaktoren der relevanten Marken welchen Einfluß auf die Wettbewerbsposition (Marktanteil, Kaufwahrscheinlichkeit, Präferenzwert und Kaufanteil) ausüben. Jede Analyse beschränkt sich also auf die wenigen echten Wettbewerber in einem Consideration-Set-Segment.

Am Beispiel des Imagewettbewerbs zwischen den Marken Beck's und Jever soll das verdeutlicht werden (vgl. Abbildung 7). In der Consideration-Set-Analyse wurde Jever als relevanter Wettbewerber von Beck's identifiziert, denn für jeden vierten Beck's-Zielkunden stellt Jever eine relevante Alternative dar. Die WISA analysiert nun in einem Teilmodell den Imagewettbewerb zwischen Jever und Beck's.

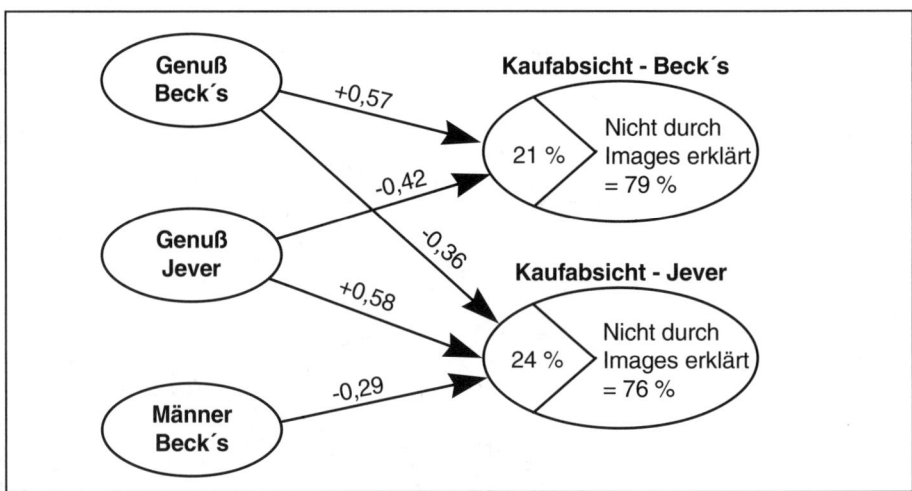

Abbildung 7:   WISA zwischen Beck's und Jever
Quelle: Paulssen, 1994; Weber, 1996.

4.3 Ergebnisse und Strategiediskussion

Als Ergebnis der hier beispielhaft dargestellten Auszüge der WISA kann man zusammenfassen:

■ Für Beck's sind die Imagedimensionen „Genuß" und „Männer" von Bedeutung. Jever hat mit der Imagedimension „Genuß" Einfluß.

- Die Kaufabsicht von Beck's wird zu 21 % durch Images erklärt; die Kaufabsicht von Jever zu 24 % .
- Beck's beeinflußt mit seiner Imagedimension „Genuß" die eigene Kaufabsicht mäßig stark (+0,57) positiv und die von Jever schwach (-0,36) negativ. Ähnliches gilt für Jever mit seiner Imagedimension „Genuß": mäßig starker (+0,58) eigener positiver Einfluß, mittlerer (-0,42) negativer Fremdeinfluß.
- Beck's kann zusätzlich mit der Imagedimension „Männer" die Kaufabsicht von Jever etwas (-0,29) negativ beeinflussen.

Beck's könnte durch die Analyse angeregt werden, seine Imagestrategie durch Erhöhung der Wahrnehmung auf der Dimension „Männer" zu verbessern und dadurch die Kaufabsicht von Jever zu seinen Gunsten negativ zu beeinflussen. Ein solches Vorgehen von Beck's hätte voraussichtlich zur Folge, daß sich mehr Personen für Beck's und damit gegen Jever entscheiden würden. Mehr als Anregungen zu Strategieüberlegungen dieser Art kann die WISA allein noch nicht liefern, dazu braucht man zusätzlich What-if-Analysen (WISA-WI).

Die klassischen Methoden (Imagedifferential und räumliches Positionierungsmodell) haben gezeigt, daß Beck's sich auf der Dimension „Internationalität" deutlich von den Wettbewerbern abheben kann. Ein naheliegender Fehlschluß wäre es, dies als erfolgreiche Positionierung von Beck's zu interpretieren. Die WISA im Premium-Pilsmarkt zeigt dagegen, daß die Dimension „Internationalität" im Wettbewerb mit Jever (wie übrigens auch mit allen anderen Marken) keine Wettbewerbsrelevanz besitzt. Beck's wird zwar als das internationalste Bier wahrgenommen, jedoch nicht deshalb gekauft. Eine verstärkte Kommunikation des Merkmals „Internationalität" würde zu keiner Erhöhung der Kaufabsicht der Marke Beck's führen. Das Beispiel verdeutlicht das strategische Fehlerrisiko konventioneller Verfahren. Die WISA identifiziert dagegen die zentralen Erfolgsfaktoren der Marke:

- die strategische Bedeutung des Image-Wettbewerbs für die Marken,
- die strategisch relevanten Imagedimensionen der Wettbewerbsmarken und
- die Einflußstärke und -richtung der wettbewerbsrelevanten Imagedimensionen.

WISA ermöglicht so eine besser angeleitete Strategiediskussion; strategische Markenführung kann mit WISA wesentlich verläßlicher werden.

5. WISA-WI: What-if-Strategieanalysen auf WISA-Basis

5.1 Grundlagen

Die Ergebnisse der WISA sind als Abbild der gegenwärtigen Marktsituation Grundlage für die Planung der weiteren Entwicklung einer Marke. Die Analyseergebnisse könnten zur Strategieableitung als Input für **W**hat-**i**f-Untersuchungen (WISA-WI) verwendet werden. Die EDV-basierte Image-Wettbewerbs-Simulation ersetzt jedoch nicht die Strategiediskussion, sondern unterstützt und versachlicht sie.

Eigene potentielle Markenstrategien und mutmaßliche Wettbewerberstrategien und -reaktionen sollten in ihren künftigen Auswirkungen abgeschätzt werden können. Erfahrungen und Erwartungen des Markenmanagements über zukünftige Wettbewerbsentwicklungen sollten als Input für die Simulation ebenso verarbeitet werden wie die WISA-Ergebnisse.

Eine Markenstrategie kann nicht nur bestehende Images verändern, sondern auch neue Imagedimensionen hinzufügen oder bestehende Imageausprägungen abschwächen. Die Veränderungen und ihre (zeitlich verteilten und verzögerten) Auswirkungen sollten im Sinne eines strategischen Positionierungs-Controlling über die Zeit hinweg verfolgt werden.

Images werden vom Markt bezahlt. Es ist daher vernünftig, ein Produktimage wie ein Kapitalgut zu betrachten. Es wird auch als Goodwill bezeichnet. Laufende Investitionen in Form von Kommunikationsbudgets sind zur Erhaltung des (permanent dem Verschleiß unterliegenden) Goodwills notwendig. Wie bei anderen Investitionen führen Einzahlungen von heute über den sonst allmählich schwindenden Goodwill zu Erträgen von morgen. Goodwill-Rückgang muß vom Markenmanager für die einzelnen Images in der Simulation berücksichtigt werden können.

5.2   WISA-WI-Simulation

Mittels einer speziell für die WISA entwickelten Simulationssoftware gehen die Marktforschungsergebnisse in die strategische Markenführung ein (vgl. Weber, 1996; Harms, 1998). Durch die Simulation von Positionierungsstrategien werden die voraussichtlichen Konsequenzen von in Perioden der Strategiedebatte erwogenen Positionierungskonzepten aufgezeigt.

Wettbewerberreaktionen auf eigene Positionierungsstrategien können in der WISA-WI berücksichtigt werden. In gleicher Weise, wie eigene Strategien getestet werden, sind auch mögliche Wettbewerberreaktionen zu simulieren. Entsprechende eigene Abwehrmaßnahmen können in erneuten Simulationsläufen getestet werden. Es lassen sich durch den flexiblen WISA-WI-Modellaufbau unterschiedliche Szenarien generieren, an denen die Auswirkungen der Strategien überprüft werden können.

Um das komplexe Wirkungsgefüge eines Marktes in der Strategie-Klausursitzung mit mehreren Teilnehmern überschaubar aufzubauen, lassen sich Teilszenarien entwickeln und durchspielen, die anschließend in ein Gesamtmodell überführt werden. Dazu werden Wettbewerbsbeziehungen zwischen einigen wenigen Hauptkonkurrenten modelliert, im einfachsten Fall als bilateraler Wettbewerb zwischen dem eigenem Unternehmen und einem Hauptkonkurrenten.

Zur Führung einer Marke steuert der Anwender die einzelnen Imagedimensionen durch entsprechende Kommunikationsbudgets für Um- und Neupositionierungen. Verschieden hohe Budgets können für Positionierungsmaßnahmen auf einzelnen Imagedimensionen simulativ eingesetzt werden. Diese Imagebeeinflussungen können auch über mehrere Perioden hinweg durchgespielt und in ihren Auswirkungen abgeschätzt werden.

Für den Einsatz der Simulation in einer Image-Strategiesitzung unter Anleitung eines Simulations-Moderators sprechen gute Argumente:

- Die Nutzung der Simulation diszipliniert die Strategiediskussion, da Handlungsalternativen explizit formuliert und getestet werden können.
- Strategie-Auswirkungen sind schnell und kostengünstig abzuschätzen - ohne die Kosten und Risiken eines Feldversuches.
- Der Verlauf des Imagewettbewerbs kann im Zeitraffer während der Strategiesitzung über mehrere Perioden hinweg verfolgt werden.
- Die Szenarien sind reproduzierbar, da auf bestehende Modelle jederzeit zurückgegriffen werden kann.
- Konfliktäre Strategiediskussionen werden objektiviert.
- Der Einsatz an mehreren Arbeitsplätzen ermöglicht ein Positionierungs-Planspiel in verschiedenen Mitbewerber-Rollen.

Nachfolgendes Beispiel zeigt, welche Auswirkungen zu erwarten sind, wenn Beck's die Positionierung auf der Dimension „Männer/Männlichkeit" in der zweiten Periode durch eine Werbekampagne verstärkt (vgl. Abbildung 8).

Die Positionierung auf der Dimension „Männer/Männlichkeit" verbleibt bis zum Ende des Simulationszeitraumes auf diesem höheren Niveau. Abbildung 5 zeigt, daß die Maßnahme keinen Einfluß auf die „Genuß"-Images von Jever und Beck's ausübt. Allerdings verschieben sich die Kaufabsichten zwischen Jever und Beck's. Mit einer zeitlichen Verzögerung von zwei Perioden verringert sich der Kaufanteil von Jever bei gleichzeitiger Erhöhung des Kaufanteiles von Beck's. Ab der siebten Periode stabilisieren sich die Kaufanteile der beiden Marken. Die Ergebnisse der Simulation zeigen, daß eine Verstärkung der Positionierung von Beck's auf der Dimension „Männlichkeit" den Wettbewerber Jever direkt angreift und zu Marktanteilsgewinnen für Beck's führt.

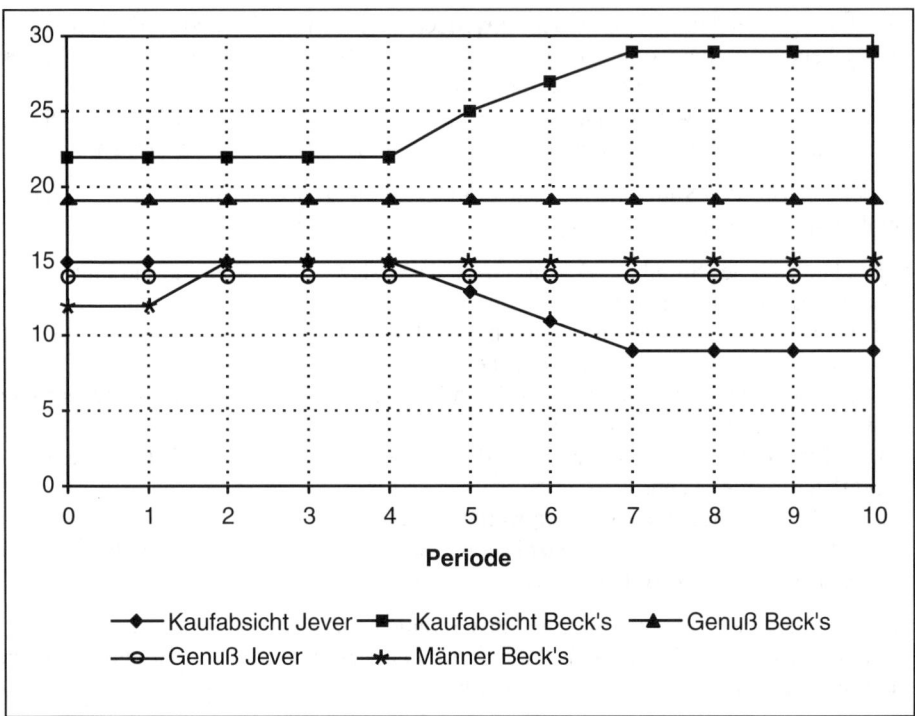

Abbildung 8:   Variablen im Zeitablauf bei Stärkung der Dimension „Männer" von
                Beck's

6. Ausblick

Markenführung muß wie andere strategisch bedeutsame Entscheidungfelder professionell geplant und kontrolliert werden. Wesentliche Aufgabe eines solchen Marken-Controlling ist die wettbewerbsorientierte Planung und regelmäßig wiederholte Beobachtung
der betreffenden Imagepositionen, ein Instrumentarium der Abweichungsanalyse und -
diagnose sowie Entscheidungshilfen für Positionierungs-Strategien.

Die Methodik WISA/WISA-WI stellt für alle diese Aufgaben des Markencontrolling
Instrumente zur Verfügung. Diese reichen von der Exploration relevanter Imagedimensionen über die Erhebung von Consideration-Sets und zielgruppenspezifischen Images,
der kausalstrukturellen Analyse der Wettbewerbsbeziehungen zwischen konkurrierenden Marken bis zur Auswirkungsanalyse erwogener Um- oder Neupositionierungsstra-
tegien durch Simulation. Das zur Demonstration der Methodik durchgehend verwendete
Beispiel läßt sich bei zeitlicher Wiederholung der Erhebungs- und Analyseschritte zum
dynamischen Markencontrolling ausbauen.

Christian Homburg und Annette Giering

Messung von Markenzufriedenheit und Markenloyalität

1. Einleitung

Das Streben nach einem zufriedenen und loyalen Kundenstamm hat sich mittlerweile für die meisten Unternehmen zu einer Zielsetzung von oberster Priorität entwickelt. Angesichts des sich ständig intensivierenden Wettbewerbs, der zunehmenden Globalisierungstendenzen, der wachsenden Käufermacht und nicht zuletzt des auf vielen Märkten erreichten Sättigungsgrads rückt die Erhaltung der vorhandenen Kundenbasis in den Fokus des Interesses. Vielerorts scheinen nur noch diejenigen Unternehmen langfristig erfolgreich in ihrem Wettbewerbsumfeld agieren zu können, die über einen treuen Kundenstamm verfügen.

Vor diesem Hintergrund ist es auch nicht weiter verwunderlich, daß sich die Themen **Kundenzufriedenheit** und **Kundenloyalität** in den letzten beiden Jahrzehnten sowohl in der Marketingwissenschaft als auch in der Unternehmenspraxis einer immer größeren Popularität erfreuen. Die Anzahl der wissenschaftlichen und praxisorientierten Publikationen, die sich mit diesem Themenbereich auseinandersetzen, hat seit Anfang der 80er Jahre kontinuierlich zugenommen, und immer mehr Unternehmen implementieren die verschiedensten Arten von Customer-Care-Programmen, um die Bindung ihrer Kunden zu erhöhen.

Im Hinblick auf diese Entwicklungen kommt auch der Rolle der Marke eine neue Bedeutung zu. Auch wenn bereits seit langem unbestritten ist, daß der Aufbau einer Marke einem Unternehmen zu zahlreichen Vorteilen verhelfen kann, so ist doch insbesondere in Anbetracht der Zielsetzung „Kundenloyalität" ein Markenimage oft von beachtlichem Wert. Allerdings zeigen Erfahrungen in der Unternehmenspraxis auch, daß die Reputation einer Marke zwar häufig Kunden zum Erstkauf verleitet, daß sie aber noch kein Garant für die Treue dieser Kunden darstellt. Die Kunden bleiben vielmehr nur dann einer Marke treu, wenn sie auch mit dieser zufrieden sind. Es ist also unerläßlich für die Bindung der Kunden an eine Marke, die Zufriedenheit der Kunden stets im Auge zu behalten.

Aus diesem Grund beschäftigt sich der vorliegende Beitrag mit der **Messung** von **Markenzufriedenheit** und **Markenloyalität**. Wie die obigen Ausführungen bereits gezeigt haben, scheinen diese beiden Zielsetzungen eng miteinander verknüpft zu sein und sollten deshalb auch hinsichtlich der Frage ihrer Messung im Zusammenhang behandelt werden.

Vor diesem Hintergrund erfolgt im nächsten Abschnitt zunächst eine sukzessive Erläuterung der beiden Unternehmensziele. Diese Darstellungen machen deutlich, daß es durchaus sinnvoll ist, die Markenzufriedenheit als eine Komponente von Markenloyalität anzusehen.

Aufbauend auf dieser Erkenntnis wird in Abschnitt 3 auf die Problematik und die Möglichkeiten der verschiedenen Meßansätze von Markenloyalität eingegangen, wobei dem Leser zum Abschluß konkrete Empfehlungen für eine erfolgreiche Zufriedenheits- und Loyalitätsmessung an die Hand gegeben werden.

2. Konzeptualisierung von Markenzufriedenheit und Markenloyalität

2.1 Das C/D-Paradigma als das Basismodell von Markenzufriedenheit

Die theoretische Erklärung der Zufriedenheit von Kunden ist ein in der Literatur ausgiebig behandeltes Thema. Obwohl viele unterschiedliche Theorien zur Erläuterung des Konstrukts herangezogen worden sind (vgl. Day, 1977 und 1982 sowie Wilton/Nicosia, 1986 für Überblicke), ist mittlerweile doch ein grundlegender Erklärungsansatz als Basismodell der Zufriedenheit allgemein anerkannt: das sogenannte **Confirmation/Disconfirmation-Paradigma** (kurz: C/D-Paradigma) (vgl. u. a. Agrawal, 1995; Prakash, 1984; Wirtz, 1993, S. 2; Yi, 1989, S. 69). Ausgangspunkt dieses Modells ist der Vergleich der tatsächlichen Erfahrung mit einer Marke (Ist-Leistung) mit einem bestimmten Vergleichsstandard des Kunden (Soll-Leistung). Entspricht die wahrgenommene Leistung der Marke dem zugrunde liegenden Vergleichsstandard, so wird von Konfirmation (Bestätigung) gesprochen, woraus die Zufriedenheit des Kunden resultiert. Übertrifft die Ist-Leistung die Soll-Leistung (positive Diskonfirmation) entsteht ebenfalls Zufriedenheit, wohingegen eine im Vergleich zur Soll-Leistung zu geringe Ist-Leistung (negative Diskonfirmation) zu Unzufriedenheit führt (vgl. hierzu bspw. auch die Arbeiten von Bearden/Teel, 1983; Oliver, 1980). Abbildung 1 verdeutlicht noch einmal das Basismodell zur Entstehung von Markenzufriedenheit.

Auch wenn das C/D-Paradigma als grundlegendes Erklärungsschema für die Zufriedenheit von Kunden generell akzeptiert wird, so bestehen doch erhebliche Auffassungsunterschiede bezüglich der Konkretisierung der zentralen Modellelemente (vgl. u. a. Churchill/Suprenant, 1982; Woodruff et al., 1987). So wird beispielsweise in der Literatur zwischen ganz verschiedenen Vergleichsstandards zur Beschreibung der von einer Marke geforderten Soll-Leistung differenziert (vgl. Oliver, 1997; Woodruff et al., 1991 für diesbezügliche Überblicke). Prinzipiell können sehr viele unterschiedliche Aspekte einen Einfluß auf das Anforderungsniveau der Kunden haben. In diesem Zusammenhang spielen unter anderem die vergangenen Erfahrungen des Kunden mit der Marke, dessen Erfahrungen mit ähnlichen oder anderen Marken der gleichen Kategorie, die kommunizierten Erfahrungen Dritter oder aber auch die Wünsche oder Idealvorstellungen des Kunden eine Rolle.

Unabhängig davon, wie sich die Erwartungen eines Kunden an eine Marke nun im Einzelfall konkret zusammensetzen, besteht die Aufgabe eines Anbieters immer darin, diese Erwartungen zumindest zu treffen, um den entsprechenden Kunden zufriedenstellen zu können. Diese Aufgabe gestaltet sich insbesondere bei renommierten Markenprodukten, die mit einer hohen Erwartungshaltung einhergehen, als sehr anspruchsvoll und wird deshalb auch von einigen Autoren als eine der zentralen Herausforderungen der heutigen Markenpolitik angesehen (vgl. z. B. Aaker, 1996 a).

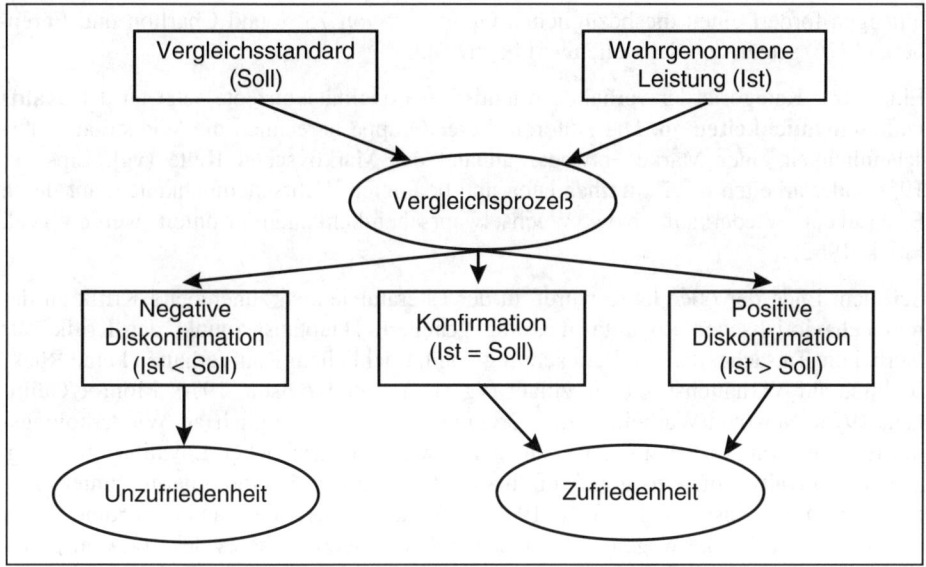

Abbildung 1:   Das Konfirmations-/Diskonfirmationsparadigma

2.1   Die Dimensionen von Markenloyalität

Die Ursprünge der „Brand Loyalty"-Literatur gehen bis in die 20er Jahre zurück (vgl. Copeland, 1923). Damals wurde meist im Rahmen von experimentellen Versuchsanordnungen untersucht, unter welchen Umständen welche Personen dieselbe Marke wählen (vgl. Pritchard et al., 1992 sowie Jacoby/Chestnut, 1978 zu diesbezüglichen Überblicken). Diese rein behavioristischen, d. h. am beobachtbaren Kaufverhalten ausgerichteten Analysen erfassen „Loyalität" über verschiedene Kennzahlen. So untersucht beispielsweise Brown (1952) die **Kaufreihenfolge** von Marken. Neben der Loyalität gegenüber ausschließlich einer Marke (AAAAAA) definiert er den abwechselnden Kauf zweier Marken (ABABAB) als „divided loyalty" und bezeichnet schließlich eine Kauffolge von AAABBB als „unstable loyalty". Auf diese Typologisierung von Markentreuetypen greift auch Schiller (1986) in ihrer Arbeit über loglineare Modelle zurück. Tucker (1964) sowie McConnell (1968) wenden ebenfalls das Kauffolgenkonzept an und sprechen von Loyalität gegenüber einer Marke, wenn diese dreimal oder häufiger in Folge gekauft wird. Demgegenüber definieren Massy, Frank und Lodahl (1968) Markenloyalität als „any consecutive sequence of purchases of the same brand at one store ... a run is terminated whenever the family changes its store or brand" (S. 20).

Andere Studien modellieren Loyalität über den einer bestimmten Marke gewidmeten **Kaufanteil**. So bezeichnet Cunningham (1956) einen Kunden als markentreu, wenn er bei mehr als 50 % seiner Käufe eine ganz spezielle Marke nachfragt. Lipstein (1959)

hingegen fordert einen diesbezüglichen Grenzwert von 75 % und Charlton und Ehrenberg (1976) setzen den Schwellenwert bei 67 %.

Eine letzte Kategorie der verhaltensorientierten Loyalitätskonzepte setzt an den **Kaufwahrscheinlichkeiten** an. Die Autoren dieser Gruppe berechnen die Wiederkaufwahrscheinlichkeit einer Marke entweder anhand der Markovschen Kette (vgl. Lipstein, 1959) oder arbeiten mit Zeitreihendaten und bedingten Wahrscheinlichkeiten, auf deren Basis dann Wiederkauf- bzw. Wechselwahrscheinlichkeiten ermittelt werden (vgl. Frank, 1962).

Seit dem Ende der 60er Jahre wurde in der Literatur jedoch zunehmend Kritik an der rein behavioristischen Loyalitätsmessung geäußert. Hauptansatzpunkt der Kritik war hierbei die Tatsache, daß die Beobachtung von tatsächlichem Kaufverhalten keine Rückschlüsse auf Verhaltensursachen zuläßt (vgl. u. a. Jacoby/Olson, 1970; Monroe/Guiltinan, 1975; Newman/Werbel, 1973). Orientiert man sich lediglich an Wiederholungsmustern des Kaufverhaltens, so kann nicht zwischen „wirklicher Loyalität" und sog. „spurious loyalty", die einzig auf zufälligen oder situativen Faktoren beruht, unterschieden werden (vgl. insbesondere Day, 1969). Man denke hierbei nur an einen Kunden, der eine bestimmte Marke wegen eines andauernden Sonderangebotes des von ihm präferierten Händlers wiederholt nachfragt, jedoch bei Aufhebung des Niedrigpreisniveaus sofort zu einem Markenwechsel bereit ist.

Mittlerweile herrscht in der Literatur aus diesem Grund im großen und ganzen Übereinstimmung, daß es bei der Definition von Markenloyalität nicht darum gehen kann, zufällige Wiederholungskäufe eines Kunden zu erfassen. Vielmehr sollte ein Kunde als loyal gelten, wenn er aus eigener Überzeugung eine Marke bewußt wiederholt nachfragt und auch in Zukunft nachzufragen beabsichtigt. Newman und Werbel schreiben in diesem Zusammenhang: „... repurchase is not sufficient evidence of brand loyalty. If the measure is to be meaningful to management, it should reflect buyer resistance to persuasion to switch brands" (1973, S. 404). Aus diesem Grund empfiehlt es sich, neben dem loyalen Verhalten auch die positive Einstellung eines Kunden gegenüber einer Marke mitzuerfassen. In diesem Fall wird Markenloyalität als ein zweidimensionales Konstrukt konzeptualisiert, bestehend aus einer Verhaltens- und einer Einstellungsdimension (vgl. u. a. Diller, 1996; Schiller, 1986). Dieses zweidimensionale oder auch kombinierte Verständnis von Loyalität ist inzwischen weitestgehend unumstritten (vgl. Pritchard et al., 1992) und soll im folgenden erläutert werden.

2.2.1 Die Verhaltensdimension

Im Hinblick auf das zeitliche Bezugsobjekt der Verhaltensdimension sind zwei prinzipielle Ausrichtungen möglich. So kann loyales Verhalten mit

- Vergangenheitsbezug (ex post Betrachtung) oder
- Zukunftsbezug (ex ante Betrachtung)

erfaßt werden. Meist wird in diesem Zusammenhang gefordert, daß beide Zeitkomponenten miteinander verbunden werden, so daß eine Zeitreihenbetrachtung erforderlich ist. Loyales Verhalten bezieht sich demnach auf einen zeitlichen Prozeß, der in der Vergangenheit beginnt und bis in die Zukunft andauert. Somit umfaßt die Verhaltensdimension sowohl bisheriges Verhalten als auch zukünftiges Verhalten bzw. die Absicht zu zukünftigem Verhalten.

Hierbei beschränkt sich das Treueverhalten eines Kunden keineswegs nur auf den reinen **Wiederkauf** einer Marke. Vielmehr kommt es bei loyalen Kunden häufig auch zu **Zusatzkäufen** (sog. Cross-Buying-Effekte), da viele Kunden mit der Zeit auch andere Produkte desselben Markenanbieters nachfragen. Auch das **Weiterempfehlungsverhalten** in Form von positiver Mund-zu-Mund-Propaganda stellt eine wichtige Komponente von loyalem Kundenverhalten dar, da die Kunden hierdurch kostenlose Werbung für die entsprechende Marke betreiben, indem sie anderen Personen beispielsweise aus der Familie oder dem Bekanntenkreis empfehlen, diese Marke auch einmal auszuprobieren.

2.2.2 Die Einstellungsdimension

Die positive Einstellung eines Kunden gegenüber einer Marke spiegelt im wesentlichen die Zufriedenheit des Kunden mit dieser Marke wider (vgl. Meyer/Oevermann, 1995, S. 1343). Die Abgrenzung von Einstellung und Zufriedenheit ist ein in der Literatur ausgiebig diskutiertes Thema. Während einige Autoren die Zufriedenheit als spezielle Form der Einstellung ansehen oder sogar beide Begriffe synonym verwenden (vgl. Czepiel/Rosenberg, 1977, S. 93; LaTour/Peat, 1979), sprechen andere Forscher in diesem Zusammenhang von zwei gänzlich verschiedenen Konzepten (vgl. u. a. Kaas/Runow, 1984, S. 454; Oliver, 1980, S. 461 sowie Runow, 1982, S. 85 f.). Die zweite Gruppe von Autoren argumentiert hierbei hauptsächlich über die zugrunde liegende Zeitdimension: Während Einstellungen als relativ konstante und damit dauerhafte Bewertungen eines Objekts aufgefaßt werden, wird die Zufriedenheit als transaktionsspezifisches Phänomen angesehen. In diesem Sinne bezieht sich das Zufriedenheitsurteil eines Kunden ganz konkret auf eine bestimmte Kauf- bzw. Nutzungserfahrung und kann somit einem raschen Wandel unterliegen.

Diese transaktionsspezifische Auffassung von Zufriedenheit wird jedoch mittlerweile stark angezweifelt (vgl. u. a. Anderson et al., 1994, S. 54; Bayus, 1992; Dick/Basu, 1994) und macht insbesondere dann keinen Sinn, wenn der Zusammenhang zwischen der Zufriedenheit und der Treue von Kunden im Fokus des Interesses steht. So erscheint es plausibel, daß die Auswirkungen eines Zufriedenheitsurteils, welches auf wiederholter Erfahrung basiert und sich somit beim Kunden stabilisiert hat, auf das Verhalten des Kunden größer sind als dessen Zufriedenheit mit einer singulären Kauferfahrung.

Wie bereits ausgeführt, dient die Integration der Zufriedenheit im Rahmen unserer Konzeptualisierung von Markenloyalität insbesondere dazu, ein zufällig zustandegekommenes Wiederkaufverhalten gegenüber tatsächlich loyalem Verhalten abzugrenzen. Wahre Kundenloyalität erfordert neben dem entsprechenden Verhalten eben auch, daß der Kunde eine Marke insgesamt positiv evaluiert. Aus diesem Grund empfiehlt es sich auch in unserem Kontext, die Zufriedenheit des Kunden nicht auf die Beurteilung einer singulären Konsumerfahrung zu beschränken, sondern sie vielmehr im Sinne einer Einstellung als globale Gesamtzufriedenheit des Kunden mit einer bestimmten Marke anzusehen.

Auch durch die wachsende Popularität des Beziehungsmarketing (oder auch Relationship Marketing) eines Forschungszweiges, der die Langlebigkeit von Geschäftsbeziehungen in den Vordergrund stellt, wird die Bedeutung von globaler Gesamtzufriedenheit betont. Demnach kann eine Geschäftsbeziehung zwischen zwei Austauschpartnern nur dann langfristig erfolgreich sein, wenn beide Geschäftspartner eine stabile Zufriedenheit mit der Gesamtheit der Facetten des Austauschprozesses aufweisen (vgl. Grönroos, 1994, S. 11 f.; Heide/Weiss, 1995, S. 32; Ping, 1993, S. 343).

Als Resultat dieser Überlegungen modellieren wir folglich die Einstellungsdimension von Markenloyalität durch die Zufriedenheit des Kunden, die auf der Evaluierung der gesamten Erfahrungen mit einer Marke basiert. Es liegt auf der Hand, daß diese Zufriedenheit von zahlreichen Markeneigenschaften - wie beispielsweise dem Image der Marke, deren Qualität und deren Preis - beeinflußt wird.

Zusammenfassend ergibt sich die in Abbildung 2 dargestellte Konzeptualisierung von Markenloyalität.

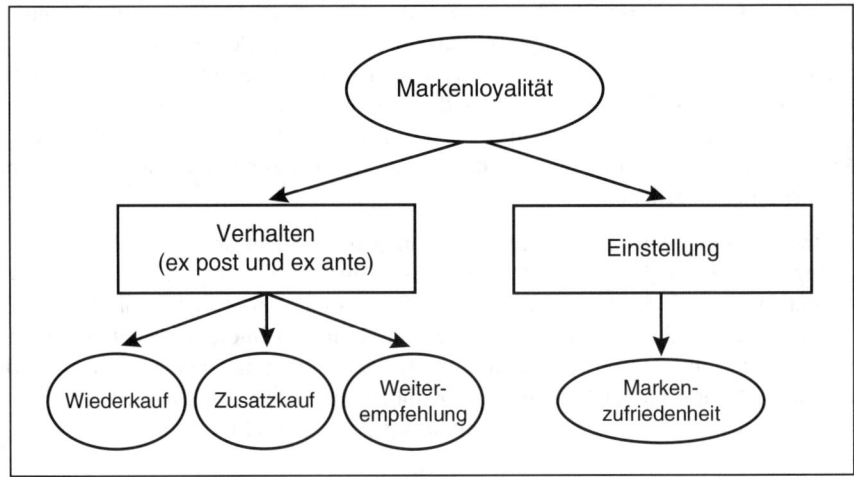

Abbildung 2:   Konzeptualisierung von Markenloyalität

Auf eine Besonderheit sei an dieser Stelle hingewiesen: Zum Teil wird die Einstellungs-dimension aus der Konzeptualisierung von Loyalität herausgenommen. Dies ist aus pragmatischen Gründen insbesondere dann der Fall, wenn nicht die einzelnen Dimen-sionen von Loyalität im Mittelpunkt des Interesses stehen, sondern vielmehr der **Einfluß** der Zufriedenheit eines Kunden auf dessen Loyalitätsverhalten untersucht werden soll. Für diesen Zweck empfiehlt es sich, die Zufriedenheit als eigenständiges Konstrukt zu modellieren und die Loyalität ausschließlich über die Verhaltensdimension zu konzep-tualisieren (vgl. Homburg et al., 1998). So ist es bereits einigen Autoren gelungen, einen signifikanten Einfluß der Zufriedenheit auf das Verhalten und die Absicht der Kunden empirisch nachzuweisen (vgl. u. a. Auh/Johnson, 1997; Peter, 1997). Die beiden aufge-zeigten Dimensionen von Markenloyalität sind folglich keineswegs unabhängig von-einander, sondern vielmehr scheint die Verhaltensdimension durchaus von der Marken-zufriedenheit beeinflußt zu werden (vgl. die entsprechenden Ausführungen bei Homburg et al., 1998).

3. Meßansätze

3.1 Besonderheiten der Konstruktmessung

Die Markenloyalität stellt ein **verhaltenswissenschaftliches Konstrukt** dar. Unter einem Konstrukt versteht man nach Bagozzi und Fornell (1982, S. 24) „an abstract entity which represents the 'true', nonobservable state or nature of a phenomen" (vgl. ähnlich auch Bagozzi/Phillips, 1982, S. 465). Ein Konstrukt stellt somit eine nicht direkt meßbare Größe dar. Es gilt nun, das Konstrukt mit anderen, beobachtbaren Größen (sogenannten **Indikatoren**) in Beziehung zu setzen, um so eine Beschreibung desselben mit Hilfe dieser Zusammenhänge ermöglichen zu können. Ziel ist es, das Konstrukt mit Hilfe von diesen beobachteten Variablen „empirisch greifbar" zu machen. Die Messung bzw. empirische Erfassung von Markenloyalität ist also nur über das Heranziehen von „Hilfsgrößen" möglich, so daß die erfolgreiche Durchführung einer solchen Messung eine nicht zu unterschätzende Aufgabe darstellt.

Während insbesondere die behavioristischen Meßkonzepte der Markenloyalität sehr frü-hen Ursprungs sind (vgl. die entsprechenden Ausführungen in Abschnitt 2.2), wurde der Messung von Markenzufriedenheit in der Literatur lange Zeit überhaupt keine Aufmerk-samkeit zuteil. Erst 1976 mit der Veranstaltung des ersten „Kundenzufriedenheitskon-gresses" in Chicago, Illinois, begann die systematische Etablierung einer Kundenzufrie-denheitsforschung (vgl. hierzu auch Day, 1982, S. 113; Kaas/Runow, 1984, S. 451; Marr/Crosby, 1993, S. 1).

Insgesamt gilt jedoch, daß sowohl bezüglich der Messung von Markenloyalität im all-gemeinen als auch bezüglich der Messung von Markenzufriedenheit im speziellen noch kein allgemeiner Konsens erzielt worden ist. Vielmehr existieren eine Vielzahl verschiedener Meßansätze, die zueinander zum Teil in einem substitutiven und zum Teil in einem komplementären Verhältnis stehen.

3.2   Meßkonzepte für Markenloyalität

Abbildung 3 gibt einen grundlegenden Überblick über mögliche Meßansätze von Markenloyalität (vgl. ähnlich auch Andreasen, 1977; Homburg/Rudolph, 1997; Meffert/Bruhn, 1981 sowie Homburg/Werner, 1998 zu einer detaillierten Darstellung der Umsetzung dieser Konzepte in der Unternehmenspraxis).

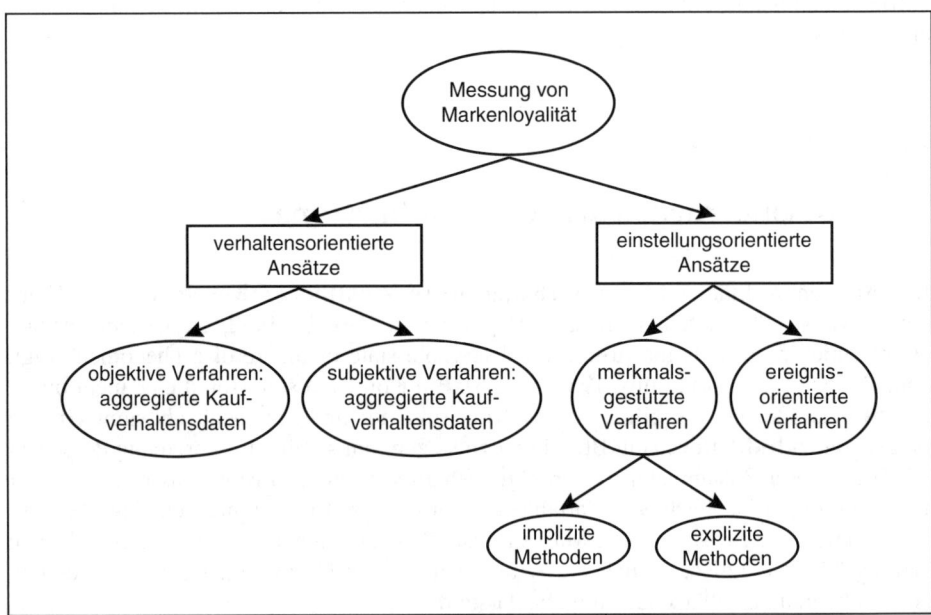

Abbildung 3:   Meßansätze für Markenloyalität

Demnach kann man in einem ersten Schritt zwischen verhaltensorientierten und einstellungsorientierten Verfahren zur Messung von Loyalität unterscheiden. Während die verhaltensorientierten Methoden auf die Erfassung der Verhaltensdimension von Markenloyalität zielen, dienen die einstellungsorientierten Verfahren der Messung der Einstellungsdimension. Bei den **verhaltensorientierten Verfahren** wiederum lassen sich objektive und subjektive Methoden unterscheiden. **Objektive Verfahren** setzen an Verhaltensindikatoren an, die direkt meßbar sind und somit nicht durch persönliche subjektive Wahrnehmungen verzerrt werden können. Diese Methoden beschränken sich auf die vergangene Verhaltensdimension von Loyalität und zielen darauf ab, das Kauf- bzw.

Weiterempfehlungsverhalten von Kunden durch Größen wie Wiederkaufs-, Zusatz-kaufs- und Weiterempfehlungsrate, Marktanteil und Umsatz zu erfassen. Insbesondere die letzten beiden Kennzahlen sind jedoch nicht nur von der Loyalität der Kunden, sondern auch von einer Vielzahl weiterer Faktoren abhängig, so daß die Adäquanz dieser Meßgrößen mehr als fraglich ist. Valider dürften hingegen diejenigen Methoden sein, die mit aggregierten Verhaltensgrößen (also mit der Wiederkaufs-, Zusatzkaufs- bzw. Weiterempfehlungsrate) arbeiten.

Subjektive Verfahren beziehen sich auf das zukünftige Kundenverhalten. Da dieses nicht anhand objektiver Daten - beispielsweise aus einer Kundendatenbank - gemessen werden kann, ist es notwendig, die Verhaltensabsicht der einzelnen Kunden direkt zu erfragen. Inwieweit die subjektive Absichtsäußerung eines Kunden tatsächlich einen guten Indikator für dessen zukünftiges Verhalten darstellt, ist ein in der Literatur ausgiebig diskutiertes Problemfeld (vgl. u. a. Morwitz, 1997; Morwitz et al., 1997). Zwei Aspekte unterstützen jedoch die Sinnhaftigkeit der Absichtsbefragung: Zum einen existiert schlichtweg keine andere praktikable Möglichkeit, zukünftiges Kundenverhalten zu erfassen, und zum anderen konnte gezeigt werden, daß durch die Kombination der Absichtserklärung mit den Ergebnissen der noch darzustellenden einstellungsorientierten Verfahren durchaus eine hohe Prognosevalidität erzielt werden kann (vgl. Meyer/Oevermann, 1995, S. 1342).

Einstellungsorientierte Verfahren zielen darauf ab, die zweite Loyalitätsdimension, die Zufriedenheit, zu messen, d. h. hier werden die vom Kunden subjektiv wahrgenommenen Zufriedenheitswerte ermittelt. In diesem Zusammenhang lassen sich merkmalsorientierte und ereignisorientierte Verfahren unterscheiden (vgl. Nieschlag et al., 1994). Zu **den ereignisorientierten Verfahren**, welche die Anbieter-Kunde-Interaktion in einzelne Episoden zerlegen, zählt die „Critical Incident Technique". Bei dieser Methode, die insbesondere im Dienstleistungssektor häufig angewandt wird, werden die Interaktionen zwischen Kunde und Unternehmen im Rahmen eines sogenannten „Kundenprozesses" zunächst in einzelne Episoden unterteilt. Darauf aufbauend wird die Zufriedenheit der Kunden mit jeder einzelnen Prozeßepisode ermittelt, um auf diese Weise besonders kritische Kontaktpunkte zwischen Kunde und Unternehmen zu identifizieren (vgl. zu einer ausführlichen Darstellung des Verfahrens u. a. Stauss/Seidel, 1997).

Bei den **merkmalsgestützten Verfahren** lassen sich implizite und explizite Methoden unterscheiden. **Implizite Methoden** umfassen hauptsächlich Beschwerdeanalysen und schließen von dem Ausmaß und dem Inhalt der geäußerten Beschwerden auf Ursachen von Kunden(un)zufriedenheit. Auch wenn dem Beschwerdemanagement im Zusammenhang mit der Loyalität der Kunden eine hohe Bedeutung zukommt (vgl. u. a. Prakash, 1991; Singh, 1988), so sind jedoch Beschwerdeanalysen für Rückschlüsse auf die Zufriedenheit von Kunden zu restriktiv. Aufgrund der Tatsache, daß sich nur ein sehr kleiner und meist auch nicht repräsentativer Teil der unzufriedenen Kunden beschwert, führt die alleinige Anwendung von impliziten Verfahren zu verzerrten Ergebnissen (vgl. Meffert/Bruhn, 1981).

Aus diesem Grund sind die **expliziten Methoden** vorzuziehen, da in ihrem Rahmen eine direkte Zufriedenheitsbefragung der gesamten Kundenbasis - oder eines repräsentativen Ausschnitts - vorgenommen wird, so daß wesentlich aussagekräftigere Ergebnisse ermittelbar sind. Hierbei werden die Kunden unmittelbar nach ihrer Zufriedenheit mit einer Marke befragt (vgl. auch Swan/Trawick, 1981; Yi, 1989).

Prinzipiell bieten sich bei dieser Art der Zufriedenheitsabfrage zwei Möglichkeiten bezüglich des Detaillierungsgrades an. Zunächst kann die Markenzufriedenheit entweder anhand eindimensionaler Zufriedenheitsskalen als globale Einschätzung gemessen werden oder anhand mehrdimensionaler Messungen, die sich auf die relevanten Einzelaspekte der angebotenen Marke beziehen. Während die Messung der **generellen Markenzufriedenheit** sehr einfach zu handhaben ist, besitzt sie allerdings ein erhebliches Defizit: Es werden keine Informationen über einzelne Komponenten der Markenzufriedenheit erhoben, d. h. differenzierte Diagnosen sind somit nur eingeschränkt durchführbar. Eine genaue Bestimmung derjenigen Markenbestandteile, die beim Kunden Zufriedenheit erzeugen, ermöglicht dagegen die **multiattributive Messung**. Diese ist dadurch gekennzeichnet, daß die Zufriedenheit für alle relevanten Einzelaspekte der angebotenen Marke erhoben wird (vgl. hierzu Homburg et al., 1997).

Resümierend empfehlen wir im Einklang mit unserer Konzeptualisierung von Markenloyalität in Abbildung 2 sowie mit dem aktuellen Kenntnisstand der Loyalitätsforschung zur Erfassung von Markenloyalität eine kombinierte Anwendung von:

- objektiven verhaltensorientierten Verfahren (Wiederkaufsrate, Weiterempfehlungsrate, Zusatzkaufsrate),
- subjektiven verhaltensorientierten Verfahren (Wiederkaufsabsicht, Weiterempfehlungsabsicht, Zusatzkaufsabsicht) und
- expliziter und multiattributiver Zufriedenheitsmessung.

Durch diese Methodenkombination wird es möglich, sämtliche Facetten der Markenloyalität von Kunden zu erfassen und zudem konkrete Ansatzpunkte für die Steigerung der Zufriedenheit und Bindung an eine Marke zu ermitteln. Wenn sich ein Unternehmen dieser Herausforderung stellt, ist es auf dem besten Weg, erfolgreich eine der wichtigsten und zugleich schwierigsten Aufgaben der Zukunft zu meistern: die Sicherung eines zufriedenen und treuen Kundenstamms.

Literaturverzeichnis

AAAA (AMERICAN ASSOCIATION OF ADVERTISING AGENCIES) (1996) (Ed.), Your Brand is Your Future, AAAA Publications, New York.

AAKER, D. A. (1990), „Brand Extensions: The Good, the Bad, and the Ugly", Sloan Management Review, Vol. 31., Summer, pp. 47 - 56.

AAKER, D. A. (1991), Managing Brand Equity: Capitalizing on the Value of a Brand Name, New York: The Free Press.

AAKER, D. A. (1992), Management des Markenwerts, Frankfurt/Main u. a.: Campus.

AAKER, D. A. (1996 a), „Measuring Brand Equity Across Products and Markets", California Management Review, Vol. 38, No. 3, pp. 102 - 120.

AAKER, D. A. (1996 b), Building Strong Brands, New York: The Free Press.

AAKER, D. A. (1998), „Mit der Marke in einen neuen Markt", Harvard Business Manager, 20. Jg., H. 3, S. 43 - 52.

AAKER, D. A.; BIEL A. L. (1993 a), „Brand Equity and Advertising: An Overview" in: Aaker, D. A.; Biel A. L. (Eds.) (1993), Brand Equity & Advertising: Advertising's Role in Building Strong Brands, Hillsdale/NJ: Lawrence Erlbaum Associates.

AAKER, D. A.; BIEL, A. L. (1993 b) (Eds.), Brand Equity & Advertising: Advertising's Role in Building Strong Brands, Hillsdale/NJ: Lawrence Erlbaum Associates.

AAKER, D. A.; JOACHIMSTHALER, E. (2000), Brand Leadership, New York: The Free Press.

AAKER, D. A.; KELLER, K. L. (1990), „Consumer Evaluations of Brand Extensions", Journal of Marketing, Vol. 54, January, pp. 27 - 41.

AAKER, D. A.; MYERS. J. G. (1987), Advertising Management, Englewood Cliffs/NJ: Prentice-Hall.

AAKER, D. A.; SHANSBY, J. G. (1982), „Positioning your product", Business Horizons, May/June, pp. 36 - 62.

AAKER, D. A.; BATRA, R.; MYERS, J. G. (1992), Advertising Management, 4th Edition, Englewood Cliffs/NJ: Prentice Hall.

AAKER, J. (1997), „Dimensions of Brand Personality", Journal of Marketing Research, Vol. 34, August, pp. 347 - 356.

AAKER, J.; MAHESWARAN, D. (1997), „The Effect of Cultural Orientation on Persuasion", Journal of Consumer Research, Vol. 24, No. 3, pp. 315 - 328.

AAKER, J.; SCHMITT, B. (1997), The Influence of Culture on the Self-Expressive Use of Brands, Working Paper No. 274, UCLA Anderson Graduate School of Management.

ABRAMS, W. (1981), „Exploiting Proven Names Can Cut the Risk of New Products", Wall Street Journal, Vol. 27, 22nd January, p. 1.

ADELSON, A. (1988), „Unusual Ads Help a Foreign Vodka to the Top", New York Times, 28. November 1988.

AGRAWAL, M. (1995), „You Haven't Seen All: Hypotheses for Extending Research on the Benefits of Customer Satisfaction, Marketing Today and for the 21st Century", Proceedings of the 24th Annual Conference of the European Marketing Academy, pp. 1 - 17.

AHLERT, D. (1985), Distributionspolitik, Stuttgart, New York: Fischer.

AHLERT, D. (1996), Distributionspolitik: Das Management des Absatzkanals, Düsseldorf: Fischer.

AHLERT, D.; SCHRÖDER, H. (1994), „Die Absicherung von Markenstrategien durch das Marketing-Rechts-Management", in: Bruhn, M. (Hg.) (1994), Handbuch Markenartikel, Bd. 3, Stuttgart: Schäffer-Poeschel, S. 1713 - 1746.

AHLERT, D.; SCHRÖDER, H. (1996), Rechtliche Grundlagen des Marketing, 2. Aufl., Stuttgart, Berlin, Köln: Kohlhammer.

AHRENS, C. (1994), Kooperative Handelssysteme auf europäischen Märkten: Marktstrukturen und Wettbewerbsverhältnisse, München: ifo Institut für Wirtschafts-forschung.

AHSEN, A. (1981), „Imagery in Hemispheric Asymmetries: Research and Application", Journal of Mental Imagery, Vol. 5, No. 2, pp. 157 - 194.

AHSEN, A. (1985), „Unvividness Paradox", Journal of Mental Imagery, Vol. 9, No. 3, pp. 1 - 18.

AHUVIA, A. (1993), „I Love It! Towards a Unifying Theory of Love across Diverse Love Objects", unpublished Ph. D. dissertation, Department of Marketing, Northwestern University, Evanston, IL 60208.

AJZEN, I.; FISHBEIN, M. (1980), Understanding Attitudes and Predicting Social Behavior, Englewood Cliffs/New Jersey: Prentice-Hall.

ALBA, J. W.; HASHER, L. (1983), „Is Memory Schematic?", Psychological Bulletin, Vol. 93, No. 2, pp. 201 - 231.

ALBA, J. W.; HUTCHINSON J. W. (1987), „Dimensions of Consumer Expertise", Journal of Consumer Research, Vol. 13, March, pp. 411 - 454.

ALBA, J. W.; HUTCHINSON, J. W.; LYNCH, J. G. JR. (1991), „Memory and Decision Making", in: Robertson, T. S.; Kassarjian, H. H. (Eds.) (1991), Handbook of Consumer Behaviour, Englewood Cliffs/NJ: Prentice Hall, pp. 1 - 49.

ALBACH, H. (1989), „Innovationsstrategien zur Verbesserung der Wettbewerbsfähigkeit", Zeitschrift für Betriebswirtschaft, 59. Jg., S. 1338 - 1352.

ALBERS, S. (1989), „Gewinnorientierte Neuproduktpositionierung in einem Eigenschaftsraum", Zeitschrift für betriebswirtschaftliche Forschung, 41. Jg., H. 3, S. 186 - 209.

ALEWELL, K. (1974), „Markenartikel", in: Tietz, B. (Hg.) (1974), Handwörterbuch der Absatzwirtschaft, Stuttgart: Poeschel, Sp. 1217 - 1227.

ALLPORT, G. W. (1937), Personality: A psychological interpretation, New York: Henry Holt and Company.

ALPER, G. (1996), Narcissistic Giving: A Study of People Who Cheat in Relationships, San Francisco: Austin & Winfield.

ANDERSON, E. W.; FORNELL, C.; LEHMANN, D. R. (1994), „Customer Satisfaction, Market Share, and Profitability: Findings from Sweden", Journal of Marketing, Vol. 58, July, pp. 53 - 66.

ANDERSON, J. C.; NARUS, J. A. (1986), „Toward a Better Understanding of Distribution Channels Working Relationsship", in: Backhaus, K.; Wilson, D. (Eds.) (1986), Industrial Marketing: A German-American Perspective, Berlin: Springer, pp. 320 - 336.

ANDERSON, J. R. (1989), Kognitive Psychologie: Eine Einführung, 2. Aufl., Heidelberg: Spektrum der Wissenschaft Verlagsgesellschaft.

ANDERSON, N. (1981), Foundations of Information Integration Theory, New York: Academic Press.

ANDREASEN, A. R. (1977), „Taxonomy of Consumer Satisfaction, Dissatisfaction Measures", in: Hunt, H. K. (Ed.) (1977), Conceptualization and Measurement of Consumer Satisfaction and Dissatisfaction, Cambridge/MA: Marketing Science Institute.

ANDREASEN, A. R. (1984), „Life Status Changes and Changes in Consumer Preferences and Satisfaction", Journal of Consumer Research, Vol. 11, December, pp. 784 - 794.

ANDRESEN, T. (1991), „Innere Markenbilder: MAX - wie er wurde, was er ist", Planung & Analyse, 18. Jg., H. 1, S. 28 - 34.

ANDRESEN, T. (1997), „Konzepte für eine effektivere Markenkommunikation", icon Congreß 1997, icon Forschung & Consulting, Nürnberg.

ANGEHRN, O. (1969), Handelsmarken und Herstellermarken im Wettbewerb, Stuttgart: Poeschel.

ANSOFF, H. I. (1965), Corporate Strategy: An Analytical Approach to Business Policy for Growth and Expansion, New York: MacGraw-Hill.

APPLBAUM, K.; JORDT, I. (1996), „Notes toward an Application of McCracken's 'Cultural Categories' for Cross-Cultural Consumer Research", Journal of Consumer Research, Vol. 23, December, pp. 204 - 218.

ARNHEIM, R. (1977), Zur Psychologie der Kunst, Köln: Kiepenheuer & Witsch.

ARNOTT, N. (1994), „Inside Intel's Marketing Coup", Sales & Marketing-Management, No. 2, pp. 78 - 81.

ARON, A.; ARON, E. N. (1996), „Self and Self Expansion in Relationships", in: Fletcher, G.; Fitness, J. (Eds.) (1996), Knowledge Structures in Close Relationships: A Social Psychological Approach, Hillsdale/NJ: Lawrence Erlbaum Associates.

ARON, A.; PARIS, M.; ARON, E. N. (1995), „Falling in Love: Prospective Studies of Self-Concept Change", Journal of Personality and Social Psychology, Vol. 69, December, pp. 1102 - 1112.

ASHCRAFT, M. (1978), „Property norms for typical an atypical items from 17 categories: A description and discussion", Memory and Cognition, Vol. 6, No. 3, pp. 227 - 232.

ASSAEL, H. (1990), Marketing: Principles & Strategy, Chicago et al.: The Dryden Press.

AUH, S.; JOHNSON, M. D. (1997), „The Complex Relationship between Customer Satisfaction and Loyalty for Automobiles", in: Johnson, M. D.; Herrmann, A.; Huber, F.; Gustafsson, A. (Eds.) (1997), Customer Retention in the Automotive Industry - Quality, Satisfaction and Retention: Implications for the Automotive Industry, Wiesbaden: Gabler, S. 141 - 166.

- B -

BACHOFER, M. (1998), Wie wirkt Werbung im Web?, Hamburg: Gruner + Jahr.

BÄCHTOLD, R. (1994), „Umbrella Strategien" in: Tomczak, T.; Reinecke, S. (Hg.) (1994), Marktforschung, St. Gallen: Thexis, S. 232 - 240.

BACKHAUS, K. (1992), Investitionsgütermarketing, München: Vahlen.

BACKHAUS, K. (1997 a), „Fixkostenintensität und Unternehmenspolitik", in: Meffert, H.; Backhaus, K. (Hg.) (1997), Kostenstruktur und Fixkostenmanagement als Herausforderungen an die Unternehmensflexibilität, Dokumentation des 31. Münsteraner Führungsgespräches der Wissenschaftlichen Gesellschaft für Marketing und Unternehmensführung e.V., Münster, S. 6 - 22.

BACKHAUS, K. (1997 b), Industriegütermarketing, 5. Aufl., München: Vahlen.

BACKHAUS, K.; BÜSCHKEN, J. (1995), „Organisationales Kaufverhalten", in: Tietz, B.; Köhler, R.; Zentes, J. (Hg.) (1995), Handwörterbuch des Marketing, 2. Aufl., Stuttgart: Schäffer-Poeschel, Sp. 1954 - 1966.

BACKHAUS, K.; ERICHSON, B.; PLINKE, W.; WEIBER, R. (1996), Multivariate Analysemethoden, 8. Aufl., Berlin u. a.: Springer.

BAGOZZI, R. P.; FORNELL, C. (1982), „Theoretical Concepts, Measurement and Meaning", in: Fornell, C. (Ed.) (1982), A Second Generation of Multivariate Analysis: Measurement and Evaluation, New York: Praeger.

BAGOZZI, R. P.; PHILLIPS, L. W. (1982), „Representing and Testing Organizational Theories: A Holistic Construal", Administrative Science Quarterly, Vol. 27, pp. 459 - 489.

BAKER, W.; HUTCHINSON, J. W.; MOORE, D.; NEDUNGADI, P. (1986), „Brand Familiarity and Advertising: Effects on the Evoked Set and Brand Preference", in: Lutz, R. J. (Ed.) (1986), Advances in Consumer Research, Vol. 13, Ann Arbor: Association for Consumer Research, pp. 637 - 642.

BALDERJAHN, B. I. (1993), Marktreaktion von Konsumenten, Berlin: Duncker & Humblot.

BALL, A. D.; TASAKI, L. H. (1992), „The Role and Measurement of Attachment in Consumer Behavior", Journal of Consumer Psychology, Vol. 1, No. 2, pp. 155 - 172.

BANNING, T. E. (1987), Lebensstilorientierte Marketing-Theorie, Reihe Konsum und Verhalten, Bd. 15, Heidelberg: Physica.

BARBIEUX, Y. (1993), „Vers un Nouveau Rôle des Marques", Arbeitspapier zu „Les Marques et le Consommateur, un Nouveau Contrat pour réussir", Paris, 6. Octobre.

BARRETT, T. J. (1985), „Interactive Imagery and Recall of Advertisements: Interactive Imagery, Noninteractive Imagery, and Printed Text", Psychological Reports, Vol. 56, No. 3, June, p. 922.

BARSALOU, L. W. (1983), „Ad Hoc Categories", Memory and Cognition, Vol. 11, May, pp. 211 - 227.

BARSALOU, L. W. (1985), „Ideals, central tendency, and frequency of instantion as determinants of graded structure in categories", Journal of Experimental Psychology: Learning, Memory, and Cognition, Vol. 11, No. 4, pp. 629 - 648.

BARWISE, P.; HIGSON, C.; LIKIERMAN, A.; MARSH, P. (1989), Accounting for Brands, London: London Business School.

BATRA, R.; LEHMANN, D. R.; SINGH, D. (1993), „The Brand Personality Component of Brand Goodwill: Some Antecedents and Consequences", in: Aaker, D. A.; Biel, A. (Eds.) (1993), Brand Equity and Advertising, Hillsdale/New Jersey: Lawrence Erlbaum Associates.

BAUER, H. (1988), „Marktstagnation als Herausforderung für das Marketing", Zeitschrift für Betriebswirtschaft, 58. Jg., H. 10, S. 1052 - 1071.

BAUER, H. H. (1996), Kirchenmarketing, Arbeitspapier Nr. 109 des Instituts für Marketing, Universität Mannheim, Mannheim.

BAUER, H. H.; HUBER, F. (1998 a), Der Wert der Marke, Arbeitspapier Nr. 120 des Instituts für Marketing, Universität Mannheim, Mannheim.

BAUER, H. H; HUBER, F. (1998 b), „Warum die Markenpolitik auch über 2000 hinaus wirkt", Markenartikel, 60. Jg., Nr. 1, S. 36 - 41.

BAUMANN, S. (1997), „Markenimage: Trendgestützte Markenführung", Planung & Analyse, 24. Jg., Nr. 2, S. 74 - 75.

BAUMGARTH, C. (1998), Ingredient Branding - Begriff, State of the Art & empirische Ergebnisse, Arbeitspapier des Lehrstuhls für Marketing der Universität Siegen, Siegen.

BAUMGARTH, C.; FRETER, H. (1997), Ingredient Branding in der Chemischen Industrie, Arbeitspapier des Lehrstuhls für Marketing der Universität Siegen, Siegen.

BAXTER, L. A. (1987), „Symbols of Relationship Identity in Relationship Cultures", Journal of Social and Personal Relationships, No. 4, pp. 261 - 280.

BAYUS, B. L. (1992), „Brand Loyalty and Marketing Strategy: An Application to Home Appliances", Marketing Science, Vol. 11, No. 1, pp. 21 - 38.

BBDO (1994), Auswege aus der kommunikativen Katastrophe, Düsseldorf.

BEARDEN, W. O.; SHIMP, T. A. (1982), „The Use of Extrinsic Cues to Facilitate Product Adoption", Journal of Marketing Research, Vol. 19, No. 2, pp. 229 - 239.

BEARDEN, W. O.; TEEL, J. E. (1983), „Selected Determinants of Consumer Satisfaction and Complaint Reports", Journal of Marketing Research, Vol. 20, February, pp. 21 - 28.

BECKER, J. (1991), „Die Marke als strategischer Schlüsselfaktor", Thexis, 8. Jg., H. 6, S. 40 - 49.

BECKER, J. (1993), Marketing-Konzeption: Grundlagen des strategischen Marketing-Managements, 5. Aufl., München: Vahlen.

BECKER, J. (1994 a), „Typen von Markenstrategien", in: Bruhn, M. (Hg.) (1994), Handbuch Markenartikel, Bd. 1, Stuttgart: Schäffer-Poeschel, S. 463 - 498.

BECKER, J. (1994 b), „Vom Massenmarketing über das Segmentmarketing zum kundenindividuellen Marketing (Customized Marketing)", in: Tomczak, T.; Belz, C. (Hg.) (1994 b), Kundennähe realisieren: Ideen - Konzepte - Methoden - Erfahrungen, St. Gallen: Thexis, S. 15 - 30.

BECKER, J. (1996), „Konzeptionelle Grundfragen der Positionierung", in: Tomczak, T.; Rudolph, T.; Roosdorp, A. (Hg.) (1996), Positionierung: Kernentscheidung des Marketing, St. Gallen: Thexis, S. 12 - 13.

BECKER, J. (1998), Marketing-Konzeption: Grundlagen des strategischen und operativen Marketing-Managements, 6. Aufl., München: Vahlen.

BEGGAN, J. K. (1992), „On the Social Nature of Nonsocial Perception: The Mere Ownership Effect," Journal of Personality and Social Psychology, Vol. 62, February, pp. 229 - 237.

BEHRENS, G. (1994), „Verhaltenswissenschaftliche Erklärungsansätze der Markenpolitik", in: Bruhn, M. (Hg.) (1994), Handbuch Markenartikel, Bd. 1, Stuttgart: Schäffer-Poeschel, S. 199 - 217.

BEIER, F.-K. (1974), „Gedanken zur Verwechslungsgefahr und ihrer Feststellung im Prozeß", Gewerblicher Rechtsschutz und Urheberrecht, H. 8, S. 514 - 522.

BEKMEIER, S. (1994), „Markenwert und Markenstärke - Markenevaluierung aus konsumentenorientierter Perspektive", Markenartikel, 54. Jg., H. 8, S. 383 - 387.

BEKMEIER, S. (1995 a), „Markenwert", in: Tietz, B.; Köhler, R.; Zentes, J. (Hg.) (1995), Handwörterbuch des Marketing, 2. Aufl., Stuttgart: Schäffer-Poeschel, S. 1460 - 1471.

BEKMEIER, S. (1995 b), „Determination of Brand-Equity from a Consumer-Oriented Perspective", in: Hansen, F. (Ed.) (1995), European Advances in Consumer Research, Vol. 2, Provo/UT: Association for Consumer Research, pp. 224 - 236.

BEKMEIER, S. (1997), „Nonverbale Messung der Markenstärke", Werbeforschung & Praxis, 42. Jg., H. 1, S. 22 - 26.

BEKMEIER-FEUERHAHN, S. (1998 a), Marktorientierte Markenbewertung - Eine konsumenten- und unternehmensorientierte Betrachtung, Forschungsgruppe Konsum und Verhalten, Gabler Edition Wissenschaft, Wiesbaden: Deutscher Universitäts-Verlag.

BEKMEIER-FEUERHAHN, S. (1998 b), „Markenbewertung als Controlling-Instrument", in: Reinecke, S.; Tomczak, T.; Dittrich, S. (Hg.) (1998), Marketingcontrolling, St. Gallen: Thexis, S. 158 - 166.

BELK, R. W. (1988), „Possessions and the Extended Self", Journal of Consumer Research, Vol. 15, September, pp. 139 - 168.

BELK, R. W.; WALLENDORF, M.; SHERRY, J. F. (1989), „The Sacred and the Profane in Consumer Behavior: Theodicy on the Odyssey", Journal of Consumer Research, Vol. 16, June, pp. 1 - 38.

BELLENGER, D. N.; STEINBERG, E.; STANTON, W. W. (1976), „The Congruence of Store Image and Self Image", Journal of Retailing, Vol. 52, Spring, pp. 17 - 32.

BELLEZZA, F. S. (1987), „Mnemonic Devices and Memory Schemas", in: McDaniel, M. A.; Pressley, M. (Eds.) (1987), Imagery and Related Mnemonic Processes, New York etc.: Springer, S. 34 - 55.

BELLINO, H. (1993), „Strategische Verkaufsförderung ist Push Marketing", Thexis, 10. Jg., H. 2, S. 6 - 12.

BELLIZZI, J.; MARTIN W. S. (1982), „The Influence of National Versus Generic Branding on Taste Perceptions", Journal of Business Research, Vol. 10, pp. 385 - 396.

BELZ, C. (1996), Verkaufskompetenz, St. Gallen: Thexis.

BELZ, C. (1997), Akzente im innovativen Marketing, St. Gallen und Wien: Ueberreuther. BELZ, C.; BIRCHER, B.; BÜSSER, M.; HILLEN, H.; SCHLEGEL, H. J.; WILLÉE, C. (1991), Erfolgreiche Leistungssysteme - Anleitung und Beispiele, Stuttgart: Schäffer.

BELZ, C.; KOOP, K.-M. (1994), „Markenführung für Investitionsgüter als Kompetenz- und Vertrauensmarketing", in: Bruhn, M. (Hg.) (1994), Handbuch Markenartikel, Bd. 3, Stuttgart: Schäffer-Poeschel, S. 1577 - 1601.

BELZ, O. (1995), „Die Kraft der Luxusmarken. Mechanismen. Phänomene. Thesen.", Index, Nr. 1, S. 17 - 21.

BENJAMIN, R.; WIGARD, R. (1995), „Electronic Markets and Virtual Value Chains on the Information Superhighway", Sloan Management Review, Vol. 36, No. 2, pp. 62 - 72.

BENNETT, P.; HARREL, G. (1975), „The Role of Confidence in Understanding and Predicting Buyers' Attitudes and Purchase Intentions", Journal of Consumer Research, Vol. 2, September, pp. 110 - 117.

BEREKOVEN, L. (1962), „Markenbildung und Markenwerbung bei Produktivgütern", Markenartikel, 24. Jg., H. 12, S. 814 - 820.

BEREKOVEN, L. (1978), „Zum Verständnis und Selbstverständnis des Markenwesens", in: Dichtl, E. et al. (Hg.) (1978), Markenartikel heute: Marke, Markt und Marketing, Wiesbaden: Gabler, S. 35 - 48.

BEREKOVEN, L. (1979), „Die Bedeutung Wilhelm Vershofens für die Absatzwirtschaft", Jahrbuch der Absatz- und Verbrauchsforschung, 25. Jg., S. 2 - 10.

BEREKOVEN, L. (1990), Erfolgreiches Einzelhandelsmarketing: Grundlagen und Entscheidungshilfen, München: Beck.

BEREKOVEN, L. (1992), „Von der Markierung zur Marke", in: Dichtl, E.; Eggers, W. (Hg.) (1992), Marke und Markenartikel als Instrumente des Wettbewerbs, München: Deutscher Taschenbuch Verlag, S. 26 - 45.

BEREKOVEN, L. (1995), Erfolgreiches Einzelhandelsmarketing: Grundlagen und Entscheidungshilfen, München: Beck.

BERG, S. (1994), „Der Name macht Musik", Motivation, Nr. 2, 1994, S. 42 - 43.

BERG, S. (1995), „Der Name sagt alles", AutoBlitz, Nr. 2, S. 26 - 27.

BERG, S. (1996), „Gute Namen gesucht", Blick durch die Wirtschaft, Nr. 185, S. 11.

BERG, S. (1997), „Originalität schafft Klarheit", Blick durch die Wirtschaft, 23.7.1997, S. 3.

BERLIT, W. (1995), Das neue Markenrecht, München: C. H. Beck.

BERLITZ, C. (1982), Die wunderbare Welt der Sprachen, Wien u. a.: Zsolnay.

BERLYNE, D. E. (1971), Aesthetics and Psychobiology, New York: Appleton-Century-Crofts, Stuttgart: Ernst Klett.

BERLYNE, D. E. (1974), Konflikt, Erregung, Neugier, Stuttgart: Ernst Klett.

BERNDT, R.; FANTAPIÉ ALTOBELLI, C.; SANDER, M. (1995), „Internationale Kommunikationspolitik", in: Hermanns, A.; Wißmeier, U. K. (Hg.) (1995), Internationales Marketing-Management: Grundlagen, Strategien, Instrumente, Kontrolle und Organisation, München: Vahlen, S. 176 - 224.

BERRY, L. L. (1983), „Relationship Marketing", in: Berry, L. L.; Shostak, L. G.; Upah, G. D. (Eds.) (1983), Emerging Perspectives in Relationship Marketing, Chicago: American Marketing Association, pp. 25 - 34.

BERRY, L. L. (1991), Marketing services: competing through quality, New York: Free Press.

BERSCHEID, E. (1983), „Emotion", in: Kelley, H. H. et al. (Eds.) (1983), Close Relationships, New York: W. H. Freeman, pp. 110 -v 168.

BERSCHEID, E.; PEPLAU, L.A. (1983), „The Emerging Science of Relationships", in: Kelley, H. H. et al. (Eds.) (1983), Close Relationships, New York: W. H. Freeman, pp. 1 - 19.

BESELAERE, N. VAN (1983), „Mere Exposure: A Search for an Explanation", in Doise, W.; Moscovici, S. (Eds.) (1983), Current Issues in European Social Psychology, Vol. 1. Cambridge: Cambridge University Press.

BETTMAN, J. A. (1979), An Information Processing Theory of consumer Choice, Reading/MA: Addison-Wesley Publishing Company.

BETTMAN, J. A.; PARK, C. W. (1980), „Effects of Prior Knowledge and Experience and Phase of Choice Process on Consumer Decision Making Processes: A Protocol Analysis", Journal of Consumer Research, Vol. 7, December, pp. 234 - 248.

BEUTHIEN, V.; TÄGER, V. C. (1993), „Einzelhandel in der EG: Gleiche Chancen für Kooperationen und Franchisesysteme", in: Ifo-Schnelldienst, 46. Jg., Nr. 5, S. 13 - 23.

BIEL, A. L. (1992), „How Brand Image Drives Brand Equity", Journal of Advertising Research, Vol. 32, November/December, pp. RC-6 - RC-12.

BIEL, A. L. (1993), „Converting Image into Equity", in: Aaker, D. A.; Biel, A. L. (Eds.) (1993), Brand Equity & Advertising: Advertising's Role in Building Strong Brands, Hillsdale/New Jersey: Lawrence Erlbaum Associates, pp. 67 - 92.

BIEL, A. L. (1996), „Markenmagie: Die Härte der „weicheren" Seiten der Marke", Werbeforschung & Praxis, 41. Jg., Nr. 1, S. 1 - 6.

BIEL, A. L.; LANNON, J. (1993), „Steel Bullet in a Velvet Glove?", Admap, April, 1993.

BIGGADIKE, R. E. (1977), Entering New Markets: Strategies and Performance, Report No. 77 - 108, Cambridge/MA: Marketing Science Institute.

BILLINGS, R. S.; SCHERER, L. L. (1988), „The Effects of Response Mode and Importance on Decision-Making Strategies: Judgment Versus Choice", Organizational Behavior and Human Decision Process, Vol. 41, No. 1, pp. 1 - 19.

BINDER, C. U. (1996), „Brand Alliances - Wie Marken noch wachsen",
Absatzwirtschaft, 39. Jg., H. 4, S. 54 - 63.

BINDER, C. U. (1997), „Die Lizenzierung von Marken", in: MTP e. V. Alumni; Hauser,
U. (Hg.) (1997), Erfolgreiches Markenmanagement, Wiesbaden: Gabler,
S. 179 - 198.

BINDER, C. U. (2001), „Markentransfer mit Lizenzen – Überblick und Trends auf dem
deutschen Markt", Absatzwirtschaft, 44. Jg., Nr. 7, S. 92 - 96.

BIRON, J.; MCKELVIE, S. J. (1984), „Effects of Interactive and Noninteractive Imagery
on Recall of Advertisements", Perceptual and Motor Skills, Vol. 59, No. 3, December, pp. 799 - 805.

BLACKETT, T. (1989), „Brand Name Research - Getting it Right" Marketing and Research Today, May, pp. 89 - 93.

BLACKSTON, M. (1992 a), „Beyond Brand Personality: Building Brand Relationships",
in: Transcript of Proceedings, „Researching the Power of Brands", Advertising Research Foundation Key Issues Workshop, February 12-13, New-York.

BLACKSTON, M. (1992 b), „Observations: Building Brand Equity by Managing the
Brand's Relationship", Journal of Advertising Research, Vol. 32, May/June,
pp. 79 - 83.

BLACKSTON, M. (1993), „Beyond Brand Personality: Building Brand Relationships", in:
Aaker, D. A.; Biel, A. L. (Eds.) (1993), Brand Equity & Advertising: Advertising's
Role in Building Strong Brands, Hillsdale/NJ: Lawrence Erlbaum Associates,
pp. 113 - 124.

BLEICKER, U. (1983), Produktbeurteilung der Konsumenten, Würzburg, Wien: Physica.

BLISS, C. (1995), „Marktarealstrategien der internationalen Automobilhersteller", in:
Hünerberg, R.; Heise, G.; Hoffmeister, M. (Hg.) (1995), Internationales Automobilmarketing, Wiesbaden: Gabler, S. 121 - 141.

BLISS, C. (1998), „Integriertes Komplexibilitätsmanagement - Ansätze und Lösungs-
möglichkeiten", Arbeitspapier Nr. 115 der Wissenschaftlichen Gesellschaft für
Marketing und Unternehmensführung e.V., Meffert, H.; Backhaus, K. (Hg.) (1998),
Münster.

BLOCK, N. (1981) (Ed.), Imagery, Cambridge/MA etc.: MIT Press.

BÖCKER, F. (1988), Marketing-Kontrolle, Stuttgart u. a.: Kohlhammer.

BÖCKER, F. (1991), „Ganzheitliche Marketing-Kontrolle", Wirtschaftswissenschaftliches Studium, 20. Jg., H. 3, S. 106 - 113.

BODENBACH, B. F. (1996), Internationale Handelsmarkenpolitik im europäischen Lebensmitteleinzelhandel, Regensburg: Roderer.

BODENSTEIN, G.; SPILLER, A.; ZÜHLSDORF, A. (1992), „Absatzkanalmanagement in der
Konsumgüterindustrie", Lebensmittelzeitung, 21.8.1992, S. J20 - J24.

BOIVIN, Y. (1986), „A Free Response Approach to the Measurement of Brand Perceptions", International Journal of Research in Marketing, Vol. 3, No. 3, pp. 11 - 17.

BOLTZ, D.-M. (1994), Konstruktion von Erlebniswelten, Berlin: VISTAS.

BOLZ, N.; BOSSHART, D. (1995), Kultmarketing - Die neuen Götter des Marktes, Düsseldorf: Econ.

BOURDIEU, P. (1984), Distinction: A Social Critique of the Judgment of Taste, Cambridge/MA: Harvard University Press.

BOURNE, L. E.; EKSTRAND, B. R. (1992), Einführung in die Psychologie, Frankfurt/Main: Klotz.

BOUSH, D. M. (1991), „Brand name effects on product similarity judgements", paper presented at the Association for Consumer Research conference, Chicago, IL.

BOUSH, D. M. (1993), „How advertising slogans can prime evalutations of brand extensions", Psychology and Marketing, Vol. 10, No. 1, pp. 67 - 78.

BOUSH, D. M.; LOKEN B. (1991), „A Process-Tracing Study of Brand Extension Evaluation", Journal of Marketing Research, Vol. 28, No. 1, pp. 16 - 28.

BOUSH, D. M.; SHIPP, S.; LOKEN, B.; GENCTURK, E.; CROCKETT, S.; KENNEDY, E.; MINSHALL, B.; MISURELL, D.; ROCHFORD L.; STROBEL, J. (1987), „Affect Generalization to Similar and Dissimilar Brand Extensions", Psychology and Marketing, Vol. 4, No. 3, pp. 225 - 237.

BRADBURY, T.; FINCHAM, F. (1990), „Attributions in Marriage: Review and Critique", Psychological Bulletin, Vol. 107, January, pp. 3 - 33.

BRAITMAYER, O. (1998), Die Lizenzierung von Marken, Frankfurt/M.: Peter Lang.

BRANDES, D. (1998), Konsequent einfach - Die Aldi Erfolgsstory, Frankfurt, New York: Campus.

BRANDMEYER, K. (1998), „Die Marke darf nicht zum Label verkommen", Horizont Magazin, Nr. 1: Macht der Marke, Frankfurt/Main: Deutscher Fachverlag, S. 86 - 87.

BRANDMEYER, K.; DEICHSEL, A. (1991), Die magische Gestalt: die Marke im Zeitalter der Massenware, Hamburg: Marketing Journal.

BRANDMEYER, K.; DEICHSEL, A. (1997) (Hg.), Jahrbuch Markentechnik - Markenwelt, Markentechnik, Markentheorie, Frankfurt/Main: Deutscher Fachverlag.

BRASCO, T. C. (1988), „How Brand Names are Valued for Acquisition", in: Leuthesser, L. (Ed.) (1988), Defining, Measuring and Managing Brand Equity, Report No. 88 - 104, Cambridge/MA: Marketing Science Institute, pp. 6 - 7.

BRAUN, S. (1998), „Europas Werbung im Aufschwung", Horizont, H. 5, S. 12.

BRÄUTIGAM, S.; ESCH, F.-R. (2001), „Zur Einstellungsbildung bei Markenerweite-rungen - Prozesse und Einflußfaktoren", Arbeitspapier Nr. 1 des Instituts für Mar-ken- und Kommunikationsforschung an der Justus-Liebig-Universität Gießen, Gießen.

BREDENKAMP, J.; WIPPICH, W. (1977), Lern- und Gedächtnispsychologie, Bd. 2, Stutt-gart: Kohlhammer.

BREITENREITER, M.; TÄGER, U. C. (1996), Branchenuntersuchung Ernährungsindustrie, Berlin: Duncker & Humblot.

BRENN, D. (1993), „Der deutsche Lebensmitteleinzelhandel", M&A Review, H. 7-8, S. 324 - 329.

BRIDGES, S. (1990), „A Schema Unification Model of Brand Extensions", unpublished doctoral dissertation, Graduate School of Business, Stanford University.

BRIDGES, S.; KELLER K. L.; SOOD, S. (1997), „Explanatory Links and the Perceived Fit of Brand Extensions: The Role of Dominant Brand Associations and Communica-tion Strategies", Arbeitspapier, Duke University, Durham/NC.

BRIGGS, R.; HOLLIS, N. (1997), „Advertising on the Web: Is There Response before Click-Through?", Journal of Advertising Research, 37. Jg., H. 2, S. 33 - 45.

BRIGGS, S. (1992), „Assessing the Five-Factor Model of Personality Description", Jour-nal of Personality, Vol. 60, No. 2, pp. 253 - 293.

BRISTOR, J. M.; FISCHER, E. (1993), „Feminist Thought: Implications for Consumer Research", Journal of Consumer Research, Vol. 19, March, pp. 518 - 536.

BROCKHOFF, K. (1992), „Positionierungsmodelle", in: Diller, H. (Hg.) (1992), Vahlens Großes Marketinglexikon, München: Vahlen, S. 880 - 881.

BROCKHOFF, K. (1993), Produktpolitik, Stuttgart, New York: G. Fischer.

BROCKHOFF, K.; SATTLER, H. (1996), „Schwartauer Werke: Markenwert und Qualitäts-zeichen", in: Dichtl, E.; Eggers, W. (Hg.) (1996), Markterfolg mit Marken, Mün-chen: Beck, S. 207 - 224.

BRONIARCZYK, S. M.; ALBA, J. W. (1994 a), „The Importance of the Brand in Brand Extension", Journal of Marketing Research, Vol. 31, May, pp. 214 - 228.

BRONIARCZYK, S. M.; ALBA, J. W. (1994 b), „ The Role of Consumers' Intuitions in Inference Making", Journal of Consumer Research, Vol. 21, No. 3, pp. 393 - 407.

BROOKS, J. O. III; WATKINS, M. J. (1989), „Recognition Memory and the Mere Expo-sure Effect", Journal of Experimental Psychology, Vol. 15, No. 5, pp. 968 - 976.

BROSIUS, G. (1989), SPSS PC+: Advanced Statistics and Tables, Hamburg etc.: McGraw Hill.

BROWN, D. E. (1991), Human Universals, New York: McGraw-Hill.

BROWN, G. H. (1952), „Brand Loyalty - Fact or Fiction?", Advertising Age, Vol. 23, 19.06.52, pp. 53 - 55.

BRUHN, M. (1994 a) (Hg.), Handbuch Markenartikel, Bd. 1 – 3, Stuttgart: Schäffer-Poeschel.

BRUHN, M. (1994 b), „Begriffsabgrenzung und Erscheinungsformen von Marken", in: Bruhn, M. (Hg.) (1994), Handbuch Markenartikel, Bd. 1, Stuttgart: Schäffer-Poeschel, S. 3 - 41.

BRUHN, M. (1995), „Markenstrategien", in: Tietz, B.; Köhler, R.; Zentes, J. (Hg.) (1995), Handwörterbuch des Marketing, 2. Aufl., Stuttgart: Schäffer-Poeschel, Sp. 1445 - 1459.

BRUHN, M. (1997), „Bedeutung der Handelsmarke im Markenwettbewerb", in: Bruhn, M. (Hg.) (1997), Handelsmarken: Entwicklungstendenzen und Zukunftsperspektiven, Stuttgart: Schäffer-Poeschel, S. 3 - 47.

BRUHN, M.; ZIMMERMANN, A. (1993), Integrierte Kommunikationsarbeit in deutschen Unternehmen - Ergebnisse einer Unternehmensbefragung, Arbeitspapier Nr. 12, Gemeinschaftsuntersuchung vom Institut für Marketing an der European Business School e. V. und BDW Deutscher Kommunikationsverband e. V. Bonn, Schloß Reichartshausen, Rheingau.

BRÜNNE, M.; ESCH, F.-R.; RUGE, H.-D. (1987), Berechnung der Informationsüberlastung in der Bundesrepublik Deutschland, Bericht des Instituts für Konsum- und Verhaltensforschung an der Universität des Saarlandes, Saarbrücken.

BUBER, M. (1946), Essays in Religion, London: Oxford University Press.

BUGDAHL, V. (1996 a), „Ingredient Branding - eine Markenstrategie für mehrere Nutznießer", Markenartikel, 58 Jg., H. 3, S. 110 - 113.

BUGDAHL, V. (1996 b), „Aus der Anonymität ins Rampenlicht", Chemische Industrie, 48. Jg., H. 7 – 8, S. 37 - 39.

BUNK, B. (1991), „Marken ohne Blickkontakt? Neue Sicht der Führung", Absatzwirtschaft, 34. Jg., Nr. 11, S. 44 - 58.

BURMANN, G. (1995), „Marktarealstrategien der internationalen Automobilhersteller", in: Hünerberg, R.; Heise, G., Hoffmeister, M. (Hg.) (1995), Internationales Automobilmarketing, Wiesbaden: Gabler, S. 121 - 141.

BURR, W. R. (1973), Theory Construction and the Sociology of the Family, New York: Wiley.

BURT, S. (1993), „Struktur des Einzelhandels in Großbritannien", in: Trommsdorff, V. (Hg.) (1993), Handelsforschung 1992/93, Heidelberg: Gabler, S. 25 - 58.

BÜSCHKEN, J. (1997), „Welche Rolle spielen Investitionsgütermarken", Absatzwirtschaft, 40. Jg., Sondernummer Oktober, S. 192 - 195.

BUSS, D.; CRAIK, K. (1983), „The Act Frequency Approach to Personality", Psychological Review, Vol. 90, April, pp. 105 - 126.

BUZZELL, R.; GALE, B. (1987), The PIMS Principles, New York: Free Press.

- C -

C & L (Hg.) (1997), Getting started with ECR, Studie von Coopers & Lybrand, London.

CACIOPPO, J. T.; PETTY, R. E. (1985), „Central and Peripheral Routes to Persuasion: The Role of Message Repetition", in: Alwitt, L. F.: Mitchell, A. A. (Eds.) (1985), Psychological Processes and Advertising Effects, Hillsdale/NJ: Lawrence Erlbaum Associates, pp. 91 - 111.

CANTOR, J.; NOREM, J.; NIEDENTHAL, P.; LANGSTON, C. (1987), „Life Tasks, Self Concept Ideals, and Cognitive Strategies in a Life Transition", Journal of Personality and Social Psychology, Vol. 53, December, pp. 1178 - 1191.

CANTOR, N.; LANGSTON, C. (1989), „Ups and Downs of Life Tasks in a Life Transition", in: Pervin, L. (Ed.) (1989), Goal Concepts in Personality and Social Psychology, Hillsdale/NJ: Lawrence Erlbaum Associates, pp. 127 - 167.

CANTOR, N.; ZIRKEL, S. (1990), „Personality, Cognition, and Purposive Behavior", in: Pervin, L. (Ed.) (1990), Handbook of Personality Theory and Research, New York: Guilford, pp. 135 - 164.

CAPUNE, T.; GRAUL, R. (1997), „Markenkern und -tragfähigkeit - Fragen der Praxis an die Marketingforschung", Werbeforschung & Praxis, H. 2, S. 1 - 4.

CARPENTER, G. S. (1989), „Perceptual Position and Competitive Brand Strategy in a Two-Dimensional, Two-Brand-Market", Management Science, Vol. 35, No. 9, pp. 1029 - 1044.

CARPENTER, G. S.; NAKAMOTO, K. (1989), „Consumer preference formation and pioneering advantage", Journal of Marketing Research, Vol. 26, No. 3, pp. 285 - 298.

CASPI, A. (1987), „Personality in the Life Course", Journal of Personality and Social Psychology, Vol. 53, December, pp. 1203 - 1213.

CATTELL, R. B. (1959), „Personality theory growing form multivariate quantitative research", in: Koch, S. (Ed.) (1959), Psychology: The study of a science, New York: McGraw-Hill, pp. 257 - 327.

CAUGHEY, J. L. (1984), Imaginary Social Worlds: A Cultural Approach, Lincoln: University of Nebraska Press.

CHAIKEN, S.; MAHESWARAN, D. (1994), „Heuristic Processing Can Bias Systematic Processing: Effects of Source Credibility, Argument Ambiguity, and Task Importance on Attribute Judgment", Journal of Personality and Social Psychology, Vol. 66, No. 3, pp. 460 - 473.

CHAKRAVARTI, D.; MACINNIS, D. J.; NAKAMOTO, K. (1990), „Product Category Perceptions, Elaborative Processing and Brand Name Extension Strategies", in: Goldberg, M. E.; Gorn, G.; Pollay, R. W. (Eds.) (1990), Advances in Consumer Research, Vol. 17, Provo/UT: Association for Consumer Research, pp. 910 - 916.

CHARLTON, P.; EHRENBERG, A. S. C. (1976), „An Experiment in Brand Choice", Journal of Marketing Research, Vol. 13, May, pp. 152 - 160.

CHERNATONY, L. DE; MCDONALD, M. H. B. (1992), Creating Powerful Brands, Oxford/UK etc.: Butterworth-Heinemann.

CHODOROW, N. J. (1978), The Reproduction of Mothering, Berkeley: University of California Press.

CHURCHILL, G. A.; SURPRENANT, C. (1982), „An Investigation Into the Determinants of Customer Satisfaction", Journal of Marketing Research, Vol. 24, November, pp. 491 - 504.

CLARK, M.; HELGESON, V.; MICKELSON, K.; PATAKI, S. (1994), „Some Cognitive Structures and Processes Relevant to Relationship Functioning", in: Wyer, R. S.; Srull, T. K. (Eds.) (1994), Handbook of Social Cognition, Vol. 2, Applications, Hillsdale, New Jersey: Lawrence Erlbaum Associates, pp. 189 - 238.

CLAYCAMP, H. J.; LIDDY, L. E. (1969), „Prediction of New Product Performance: An Analytical Approach", Journal of Marketing Research, Vol. 6, No. 11, pp. 414 - 420.

COHEN, B.; MURPHY, G. L. (1984), „Models of Concepts", Cognitive Science, Vol. 8, No. 1, pp. 27 - 58.

COHEN, J. B.; ARENI, C. S. (1991), „Affect and Consumer Behavior", in: Robertson, T. S.; Kassarjian, H. H. (Eds.) (1991), Handbook of Consumer Behaviour, Englewood Cliffs/NJ: Prentice Hall, pp. 188 - 240.

COHEN, J. B.; BASU, K. (1987), „Alternative Models of Categorization: Toward a Contingent Processing Framework", Journal of Consumer Research, Vol. 13, No. 4, pp. 455 - 472.

COLLINS, L. (1977), „A Name to Conjure With", European Journal of Marketing, No. 5, pp. 337 - 363.

COLLINS, M. A.; LOFTUS, E. F. (1975), „A spreading-activation theory of semantic processing", Psychological Review, Vol. 82, pp. 407 - 428.

COLLINS, M. A.; QUILLIAN, M. R. (1972), „How it make a language user", in: Tulving, E.; Donaldson, W. (Eds.) (1972), Organization of memory, New York: Academic Press.

COMCULT RESEARCH (1999), ComCult Newsletter 5/1999, (http://www.comcult.de).

COMCULT RESEARCH (2001), ComCult Panel-Report: Online-Nutzung 2001, (http://www.comcult.de)

CONRADY, R. (2000), „Aktuelle Entwicklungen in der Vermarktung von Websites", Thexis, 17. Jg., H. 3, S. 48 - 52.

COOPER, R. G. (1980), „Project NewProd: Factors in New Product Success", European Journal of Marketing, Vol. 14, pp. 277 - 292.

COOPER, R. G.; KLEINSCHMIDT, J. (1987), „Success Factors in Product Innovations", Industrial Marketing Management, Vol. 16, August, pp. 215 - 223.

COPELAND, M. T. (1923), „Relation of Consumer's Buying Habits to Marketing Methods", Harvard Business Review, Vol. 1, April, pp. 282 - 289.

COWAN, R. S. (1983), More Work for Mother, New York: Basic.

COX, D. F. (1967), Risk Taking and Information Handling in Consumer Behavior, Cambridge/MA: Harvard Business School.

CRAIK, F. I. M.; LOCKHART, R. S. (1972), „Levels of Processing: A Framework for Memory Research", Journal of Verbal Learning and Verbal Behavior, Vol. 11, No. 6, pp. 671 - 684.

CRAWFORD, C. M. (1987), New Products Management: Homewood/IL: Richard D. Irwin, Inc.

CRIMMINS, J. C. (1992), „Better Measurement and Management of Brand Value", Journal of Advertising Research, Vol. 32, No. 4, pp. 11 - 19.

CROCKER, J.; FISKE, S. T.; TAYLOR, S. E. (1984), „Schematic Bases of Belief Change", in: Eiser, J. R. (Ed.) (1984), Attitudinal Judgment, New York: Springer-Verlag, pp. 197 - 226.

CRONBACH, L. J. (1987), „Statistical Tests for Moderator Variables: Flaws in Analyses Recently Proposed", Psychological Bulletin, Vol. 102, No. 3, pp. 414 - 417.

CROSBY, F. J. (1991), Juggling: The Unexpected Advantages of Balancing Career and Home for Women and Their Families, New York: Free Press.

CSIKSZENTMIHALYI, M.; BEATTIE, O. (1979), „Life Themes: Theoretical and Empirical Exploration of their Origins and Effects", Journal of Psychology, Vol. 19, Winter, pp. 45 - 63.

CSIKSZENTMIHALYI, M.; BEATTIE, O.; ROCHBERG-HALTON, E. (1981), The Meaning of Things: Domestic Symbols and the Self, Cambridge: Cambridge University Press.

CUNNINGHAM, R. M. (1956), „Brand Loyalty - What, Where, How Much?", Harvard Business Review, Vol. 34, January/February, pp. 116 - 128.

CUSHMAN, P. (1990), „Why the Self Is Empty: Toward a Historically Situated Psychology", American Psychologist, Vol. 45, May, pp. 599 - 611.

CZEPIEL, J. A., ROSENBERG, M. J. (1977), „The Study of Consumer Satisfaction: Addressing the 'So What' Question", in: Hunt, H. K. (Ed.) (1977), Conceptualization and Measurement of Consumer Satisfaction and Dissatisfaction, Cambridge/MA: Marketing Science Institute, pp. 92 - 119.

- D -

DACIN, P. A.; SMITH, D. C. (1994), „The Effect of Brand Portfolio Characteristics on Consumer Evaluations of Brand Extensions", Journal of Marketing Research, Vol. 31, May, pp. 229 - 242.

DAHLHOFF, H. D. (1997), „Internationales Marken- und Kommunikationsmanagement in der Automobilbranche", Werbeforschung & Praxis, 42. Jg., H. 4/5, S. 19 - 30.

DAMM, C. (1981), „7 Sünden wider die Kontinuität in der Werbung", Marketing Journal, 14. Jg., Nr. 3, S. 278 - 282.

DARBY, M. R.; KARNI, E. (1973), „Free Competition and the Optimal Amount of Fraud", Journal of Law and Economics, Vol. 16, pp. 67 - 88.

DAWAR, N. (1996), „Extensions of Broad Brands: The Role of Retrieval in Evaluations of Fit", Journal of Consumer Psychology, Vol. 5, No. 2, pp. 189 - 207.

DAWSON, M. (1990), „Handelsmarken werden global", Lebensmittel-Zeitung-Journal, Nr. 28 vom 13.06.1990, S. 34 - 38.

DAY, G. S. (1969), „A Two-Dimensional Concept of Brand Loyalty", Journal of Advertising Research, Vol. 9, No. 3, pp. 29 - 35.

DAY, G. S.; MONTGOMERY, D. B. (1983), „Diagnosing the Experience Curve", Journal of Marketing, Vol. 47, Spring, pp. 44 - 58.

DAY, G. S.; WENSLEY, R. (1988), „Assessing Advantage: A Framework for Diagnosing Competitive Superiority", Journal of Marketing, Vol. 52, April, pp. 1 - 20.

DAY, G.; FAHEY, L. (1988), „Valuing Market Strategies", Journal of Marketing, Vol. 52, July, pp. 45 - 57.

DAY, H. (1968), „The Importance of Symmetry and Complexity in the Evaluation of Complexity, Interest, and Pleasingness", Psychonomic Science, Vol. 10, pp. 339 - 340.

DAY, R. L. (1977), „Toward a Process Model of Consumer Satisfaction and Dissatisfaction", in: Hunt, H. K. (Ed.) (1977), Conceptualization and Measurement of Consumer Satisfaction and Dissatisfaction, Cambridge/MA: Marketing Science Institute.

DAY, R. L. (1982), „The Next Step: Commonly Accepted Constructs for Satisfaction Research", in: Day, R. L.; Hunt, H. K. (Eds.) (1982), International Fare in Consumer Satisfaction and Complaining Behavior, Bloomington School of Business, Indiana University, pp. 113 - 117.

DECKER, R.; KLEIN, T.; WARTENBERG, F. (1995), „Marketing und Internet - Markenkommunikation im Umbruch?", Markenartikel, 57. Jg., Nr. 10, S. 468 - 473.

DEICHSEL, A. (1998), „Corporate Branding auf dem Holzweg", Blick durch die Wirtschaft, Nr. 41, S. 5.

DEIGHTON, J. (1996), „The Future of Interactive Marketing", Harvard Business Review, Vol. 74, November/December, pp. 151 - 166.

DENIS, M. (1991), Image and Cognition, New York etc.: Wheatsheaf.

DENZIN, N. K. (1978), „The Comparative Life History Method", in: Denzin, N. (Ed.) (1978), The Research Act, New York: McGraw Hill, pp. 214 - 255.

DESAI, K. K.; HOYER W. D. (1993), „Line Extensions: A Categorization and an Information Processing Perspective", in: McAlister, L.; Rothschild, M. L. (Eds.) (1993), Advances in Consumer Research, Vol. 20, Provo/UT: Association for Consumer Research, pp. 599 - 606.

DESAI, K. K.; HOYER, W. D.; SRIVASTAVA, R. (1997), „Evaluation of Brand Extension Relative to the Extension Category Competition: The Role of Attribute Inheritance from Parent Brand and Extension Category", working paper State University of New York, Buffalo.

DHAR, S. K.; HOCH, S. J. (1997), „Why Store Brand Penetration Varies by Retailer", Marketing Science, Vol. 16, No. 3, pp. 208 - 227.

DHOLAKIA, U. M.; REGO, L. L. (1998), „What makes commercial Web pages popular?", European Journal of Marketing, 32. Jg., H. 7/8, S. 724 - 736.

DICHTL, E. (1984), „Gesättigte Märkte, technischer Fortschritt und Beschäftigung", Marketing ZFP, 6. Jg., H. 3, S. 206 - 209.

DICHTL, E. (1992 a), „Grundidee, Funktionen und Varianten des Markenartikels", Wirtschaftswissenschaftliches Studium, 21. Jg., H. 6, S. 270 - 274.

DICHTL, E. (1992 b), „Grundidee, Varianten und Funktionen der Markierung von Waren und Dienstleistungen", in: Dichtl, E.; Eggers, W. (Hg.) (1992), Marke und Markenartikel als Instrumente des Wettbewerbs, München: Deutscher Taschenbuch Verlag, S. 1 - 23.

DICHTL, E. (1994), Strategische Optionen im Marketing, 3. Aufl., München: Deutscher Taschenbuch Verlag.

DICHTL, E.; EGGERS, W. (1992), Marke und Markenartikel als Instrumente des Wettbewerbs, München: Deutscher Taschenbuch Verlag.

DICHTL, E.; ENGELHARDT, W. H. (1980), „Investitionsgütermarketing", Wirtschaftswissenschaftliches Studium, 9. Jg., H. 4, S. 145 - 153.

DICHTL, E.; ANDRITZKY, K.; SCHOBERT, R. (1977), „Ein Verfahren zur Abgrenzung des 'relevanten Marktes' auf der Basis von Produktperzeptionen und Präferenzurteilen", Wirtschaftswissenschaftliches Studium, 6. Jg., H. 6, S. 290 - 301.

DICK, A. (1988), „Brand Loyalty: An Integrated Conceptual Framework", unpublished Ph.D. dissertation, Marketing Department, University of Florida, Gainsville.

DICK, A. S.; BASU, K. (1994), „Customer Loyalty: Toward an Integrated Conceptual Framework", Journal of the Academy of Marketing Science, Vol. 22, No. 2, pp. 9 - 113.

DIEHL-WOBBE, E. (1997), „Werbung wächst weiter", Horizont, H. 51/52, S. 12.

DIEKHOF, A. (1999), Jugendliche als Zielgruppe - Eine Analyse der Bedeutung jugendlicher Kunden für anbietende Unternehmen, Wiesbaden: Deutscher Universitäts-Verlag.

DIETERLE, G. S. (1992), Verhaltenswirksame Bildmotive in der Werbung, Heidelberg: Physica-Verlag.

DIETERLE, G. S.; ESCH, F.-R. (1994), „Das Modul zur Suche nach verhaltenswirksamen Bildmotiven", in: Esch, F.-R.; Kroeber-Riel, W. (Hg.) (1994), Expertensysteme für die Werbung, München: Vahlen, S. 300 - 318.

DIEZ, W. (1995), Das Handbuch für das Automobilmarketing: Strategien, Konzepte, Instrumente, Landsberg/Lech: Moderne Industrie.

DILLER, H. (1988), „Das Preiswissen von Konsumenten", Marketing ZFP, 10. Jg., H. 1, S. 17 - 24.

DILLER, H. (1989), „Key Account Management als vertikales Marketingkonzept", Marketing ZFP, 11. Jg., H. 4, S. 213 - 223.

DILLER, H. (1991), Preispolitik, Stuttgart: Kohlhammer.

DILLER, H. (1992), „Preisimage", in: Diller, H. (Hg.) (1992), Vahlens Großes Marketing Lexikon, München: Vahlen, S. 906 - 907.

DILLER, H. (1995), Kundenbindung als Zielvorgabe im Beziehungs-Marketing, Arbeitspapier Nr. 40 des Lehrstuhls für Marketing der Universität Erlangen-Nürnberg, Nürnberg.

DILLER, H. (1996), „Kundenbindung als Marketingziel", Marketing ZFP, 18. Jg., H. 2, S. 81 - 94.

DILLER, H.; BUKHARI, I. (1996), „Plax. Die Etablierung einer Marke", in: Dichtl, E.; Eggers, W. (Hg.) (1996), Markterfolg mit Marken, München: Beck, S. 207 - 224.

DILLER, H.; GOERDT, T.; GEIS, G. (1997), Marken- und Einkaufsstättentreue bei Konsumgütern, Arbeitspapier Nr. 58 des Lehrstuhls für Marketing der Universität Erlangen-Nürnberg, Nürnberg.

DILLER, H.; HAAS, A.; HAUSRUCKINGER, G. (1997), „Discounting - erfolgreich nicht nur im Handel", Harvard Business Manger, 19. Jg., H. 4, S. 19 - 28.

DION, K.; DION, K. (1996), „Cultural Perspectives on Romantic Love", Personal Relationships, Vol. 3, March, pp. 5 - 17.

DISCH, W. K. A. (1995), „Braucht der „neue" Konsument überhaupt noch Marken?", Marketing Journal, 28. Jg., Nr. 5, S. 342 - 350.

DISSELKAMP, M. A. W. (1993), „Sieger von morgen reagieren sensibel“, Lebensmittel-Zeitung, Nr. 40 vom 8.10.1993, S. 158 - 161.

DMOCH, T. (1997), Interkulturelle Werbung - Verhaltenswissenschaftliche Grundlagen für die Standardisierung erlebnisbetonter Werbung, Aachen: Shaker.

DODGE, H. R. (1970), Industrial Marketing, New York u. a: McGraw-Hill.

DOEBLI, H. P. (1992), Konsum 2000, Die Orientierung, Nr. 101, Schweizerische Volksbank, Bern.

DOLICH, I. J. (1969), „Congruence Relationship Between Self-Image and Product Brands“, Journal of Marketing Research, Vol. 6, February, pp. 80 - 84.

DOMIZLAFF, H. (1939), Die Gewinnung des öffentlichen Vertrauens: Ein Lehrbuch der Markentechnik, Hamburg: Hanseatische Verlagsanstalt.

DOMIZLAFF, H. (1992), Die Gewinnung des öffentlichen Vertrauens: Ein Lehrbuch der Markentechnik, Hamburg: Marketing Journal.

DOMIZLAFF, H. (1994), „Grundgesetze der natürlichen Markenbildung“, in: Bruhn, M. (Hg.) (1994), Handbuch Markenartikel, Bd. 2, Stuttgart: Schäffer-Poeschel, S. 689 - 723.

DONOVAN, R. J.; ROSSITER, R. J. (1982), „Store Atmosphere: An Environmental Psychology Approach“, Journal of Retailing, Vol. 58, No. 1, pp. 34 - 57.

DOUGLAS, M.; ISHERWOOD, B. (1979), The World of Goods, New York: Basic.

DREWES, C. (1992), „Euro-Kommunikation“, in: Meissner, H.-G.; Simmet, H. (Hg.) (1992), Euro-Dimensionen des Marketing, Dortmund: Fachverlag Arnold, S. 82 - 94.

DREXEL, G. (1997), „Handelsmarken versus Industriemarken“, Werbeforschung & Praxis, 42. Jg., H. 3, S. 7.

DRÈZE, X.; ZUFRYDEN, F. (1998), „Is Internet Advertising Ready for Prime Time“, Journal of Advertising Research, 38. Jg., H. 3, S. 7 - 18.

DRIESEBERG, T. J. (1995), Lebensstil-Forschung, Reihe Konsum und Verhalten, Bd. 41, Heidelberg: Physica.

DRIGOTAS, S. M.; RUSBULT, C. E. (1992), „Should I Stay or Should I Go? A Dependence Model of Breakups“, Journal of Personality and Social Psychology, Vol. 62, January, pp. 62 - 87.

DROEGE, W.; BACKHAUS, K.; WEIBER, R. (1993), Strategien für Investitionsgütermärkte: Antworten auf neue Herausforderungen, Landsberg/Lech: Moderne Industrie.

DUBOIS, B.; PATERNAULT, C. (1995), „Observations: Understanding the World of International Luxury Brands“, Journal of Advertising Research, Vol. 35, July/August, pp. 69 - 79.

DUDENHÖFFER, F. (1997), „Was tun, wenn Produkthelden sterben?", Harvard Business Manager, 19. Jg., H. 3, S. 101 - 109.

DUDENHÖFFER, F. (1998 a), „Kein Platz für Traumwelten", Werben und Verkaufen, 36. Jg., H. 16, S. 82 - 84.

DUDENHÖFFER, F. (1998 b), Abschied vom Massen-Marketing: Systemmarken und Beziehungen erobern Märkte, Düsseldorf, München: Econ.

DUDENHÖFFER, F. (1998 c), „Marken im Informationszeitalter – Netzintelligenz für die Marke", Absatzwirtschaft, 41. Jg., H. 10, S. 80 - 86.

DUDENHÖFFER, F. (1999), „Automarken auf dem Weg ins Informationszeitalter", Jahrbuch der Absatz- und Verbrauchsforschung, 45. Jg., H. 3, S. 264 - 283.

DUDENHÖFFER, F. (2000 a), „Servicebreite als Markenelement", in: Belz, C.; Bieger, T. (Hg.), Dienstleistungskompetenz und innovative Geschäftsmodelle, St. Gallen: Thexis, S. 466 - 485.

DUDENHÖFFER, F. (2000 b), „E-Commerce-Stufen in der Automobilwirtschaft", Controlling, 12. Jg., H. 8/9, Aug./Sept., S. 433 - 438.

DUDENHÖFFER, F. (2001 a), „Konzentrationsprozesse in der Automobilindustrie: Stellgrößen für die Restplayer", Zeitschrift für Betriebswirtschaft, 71. Jg., H. 4, S. 393 - 412.

DUDENHÖFFER, F. (2001 b), „Markenführung im Internet", Jahrbuch der Absatz- und Verbrauchsforschung, 47. Jg., H. 2, S. 136 - 154.

DUDENHÖFFER, F. (2001 c), „Die teuren Autos der Deutschen", DIE ZEIT, Nr. 20, 10.05.2001, S. 30.

DUDENHÖFFER, F.; DAHLHOFF, H. D.; NEUHAUS, P.; SOLIMAN, P. (1998), „Der Autokauf der Zukunft findet am Bildschirm statt", Handelsblatt, 26. März 1998.

DUNCAN, T. R.; EVERETT, S. E. (1993), „Client Perceptions of Integrated Marketing Communications", Journal of Advertising Research, Vol. 33, No. 3, pp. 30 - 39.

DWYER, F. R.; SCHURR, P. H.; OH, S. (1987), „Developing Buyer-Seller Relationships", Journal of Marketing, Vol. 51, April, pp. 11 - 27.

- E -

EHRENFELS, C. V. (1890) : „Über Gestaltqualitäten", in: Vierteljahresschrift für wissenschaftliche Philosophie, 14. Wiederabdruck, in: „Gestalthaftes Sehen", Ehrenfels-Festschrift, herausgegeben von Weinhandl, Darmstadt 1960.

ENDLER, D. (1992), Produktteile als Mittel der Produktgestaltung, Köln: Fördergesellschaft Produktmarketing.

ENDO, K. (1979), „The Effects of Intensity and Color Temperature of Illumination on Artistic Appreciation", Japanese Journal of Psychology, Vol. 50, pp. 157 - 160.

ENGEL, J. F.; BLACKWELL, R. D.; MINIARD, P. W. (1990), Consumer Behaviour, 6th Edition, Chicago, Fort Worth: The Dryden Press.

ENGELHARDT, T. M. (1990), Partnerschaftssysteme mit dem Fachhandel als Konzept des vertikalen Marketing, St. Gallen: Thexis.

ENGELHARDT, W. H. (1992 a), „Rohstoff-Marketing", in: Diller, H. (Hg.) (1992), Vahlens Großes Marketing Lexikon, München: Vahlen, S. 1015 - 1017.

ENGELHARDT, W. H. (1992 b), „Teile-Marketing", in: Diller, H. (Hg.) (1992), Vahlens Großes Marketing Lexikon, München: Vahlen, S. 1137 - 1138.

ENGELHARDT, W. H.; KLEINALTENKAMP, M.; RECKENFELDERBÄUMER, M. (1993), „Leistungsbündel als Absatzobjekte", Zeitschrift für betriebswirtschaftliche Forschung, 45. Jg., H. 5, S. 395 - 426.

ENGELKAMP, J. (1990), Das menschliche Gedächtnis: Das Erinnern von Sprache, Bildern und Handlungen, Göttingen et al.: Hogrefe.

ENGLIS, B. G.; SOLOMON, M. R. (1997), „Special Session Summary: I Am Not ... Therefore, I Am: The Role of Avoidance Products in Shaping Consumer Behavior", in: Brucks, M.; MacInnis, D. J. (Eds.) (1997), Advances in Consumer Research, Vol. 24, Provo/UT: Association for Consumer Research, pp. 61 - 63.

EPPLE, M. H. (1994), „Platz 1 in der Werbewirkung für die Volksbanken und Raiffeisenbanken", Bank und Information, H. 2, S. 60 - 62.

EPSTEIN, S. (1977), „Traits are Alive and Well", in: Magnusson, D.; Endler, N. S. (Eds.) (1977), Personality at the Crossroads, Hillsdale, New Jersey: Lawrence Erlbaum Associates, pp. 83 - 98.

ERDELYI, M.; KLEINBARD, J. (1978), „Has Ebbinghaus Decayed with Time? The Growth of Recall (Hypermnesia) Over Days", Journal of Experimental Psychology: Human Learning and Memory, Vol. 4, No. 4, pp. 275 - 289.

ERDEM, T. (1993), „Brand Equity as a Signaling Phenomenon", working paper, Haas Graduate School of Business, University of California, Berkeley.

ERDMEIER, P. (1996), Intel inside - ökonomische Analyse einer mehrstufigen Marketingstrategie, unveröffentlichte Diplomarbeit am Fachbereich Wirtschaftswissenschaften der FU Berlin, Berlin.

ERICHSON, B.; TWARDAWA, W. (1994), „Bedeutung der Konsumentenforschung für die Markenpolitik", in: Bruhn, M. (Hg.) (1994), Handbuch Markenartikel, Stuttgart: Schäffer-Poeschel, S. 283 - 316.

ERICKSON, G. M.; JOHANNSON, J. K.; CHAO, P. (1984), „Image variables in multi-attribute product evaluations: country of origin effects", Journal of Consumer Research, Vol. 11, No. 3, pp. 694 - 699.

ERIKSON, E. H. (1950), Childhood and Society, New York: Norton.

ERLANDSON, D. A.; HARRIS, E. L.; SKIPPER, B. L.; ALLEN, S. D. (1993), Doing Naturalistic Inquiry: A Guide to Methods, Newbury Park/CA: Sage.

ERNST-MOTZ, A. (1993), „Am Puls des Kunden - Handelsmarken", Top Business, Nr. 10, S. 100 - 106.

ESCALAS, J. E. (1996), „Narrative Processing: Building Connections between Brands and the Self", unpublished Ph.D. dissertation, Department of Marketing, Duke University, Durham.

ESCH, F.-R. (1990), Expertensystem zur Beurteilung von Anzeigenwerbung, Heidelberg: Physica.

ESCH, F.-R. (1992 a), „Positionierungsstrategien - konstituierender Erfolgsfaktor für Handelsunternehmen", Thexis, 9. Jg., H. 4, S. 9 - 15.

ESCH, F.-R. (1992 b), „Integrierte Kommunikation - ein verhaltenswissenschaftlicher Ansatz", Thexis, 9. Jg., H. 6, S. 32 - 40.

ESCH, F.-R. (1992 c), „Strategieoperationalisierung in Handelsunternehmen zur effizienten Abgrenzung von Konkurrenzunternehmen - ein verhaltenswissenschaftlicher Ansatz", in: Trommsdorff, V. (Hg.) (1992), Handelsforschung 1992, Handel im integrierten Europa, Jahrbuch der Forschungsstelle für den Handel (FfH) Berlin e.V., Wiesbaden: Gabler, S. 299 - 321.

ESCH, F.-R. (1993 a), „Markenwert und Markensteuerung - eine verhaltenswissenschaftliche Perspektive", Thexis, 10. Jg., H. 5, S. 56 - 64.

ESCH, F.-R. (1993 b), „Verhaltenswissenschaftliche Aspekte der Integrierten Marketing-Kommunikation", Werbeforschung & Praxis, 38. Jg., H. 1, S. 20 - 28.

ESCH, F.-R. (1998 a), Wirkung integrierter Kommunikation, Forschungsgruppe Konsum und Verhalten, Gabler Edition Wissenschaft, Wiesbaden: Deutscher Universitäts-Verlag.

ESCH, F.-R. (1998 b), Wirkungen integrierter Kommunikation, Teil 1: theoretische Grundlagen, Marketing ZFP, 20. Jg., H. 2, S. 73 - 89.

ESCH, F.-R. (1998 c), Wirkungen integrierter Kommunikation, Teil 2: empirische Ergebnisse, Konsequenzen für das Marketing, Marketing ZFP, 20. Jg., H. 3, S. 149 - 165.

ESCH, F.-R. (1998 d), „Market Reactions to Integrated Communication", in: Englis, B. G.; Olofsson, A. (Eds.) (1998), European Advances in Consumer Research, Vol. 3, Provo/UT: Association for Consumer Research, pp. 227 - 238.

ESCH, F.-R. (1998 e), „Entwicklung von Werbekonzeptionen", in: Diller, H. (Hg.) (1998), Marketingkonzeption, 2. Aufl., München: Vahlen, S. 359 - 398.

ESCH, F.-R. (1998 f), „Kommunikation 2005", Thexis, Sonderheft „Management-Szenarien 2005", 15. Jg., H. 2, S. 46 - 48.

ESCH, F.-R. (1999), „Markenwertmessung", in: Homburg, C.; Herrmann, A. (Hg.) (1999), Marktforschung, Stuttgart: Schäffer-Poeschel.

ESCH, F.-R. (2001), Wirkung integrierter Kommunikation, Forschungsgruppe Konsum und Verhalten, 3. akt. Aufl., Gabler Edition Wissenschaft, Wiesbaden: Deutscher Universitätsverlag.

ESCH, F.-R.; ANDRESEN, T. (1994), „Messung des Markenwertes" in: Tomczak, T.; Reinecke, S. (Hg.) (1994), Marktforschung, St. Gallen: Thexis, S. 212 - 230.

ESCH, F.-R.; ANDRESEN, T. (1996 a), „10 Barrieren für eine erfolgreiche Markenpositionierung und Ansätze zu deren Überwindung", in: Tomczak, T.; Rudolph, T.; Roosdorp, A. (Hg.) (1996), Positionierung - Kernentscheidung des Marketing, St. Gallen: Thexis, S. 78 - 94.

ESCH, F.-R.; ANDRESEN, T. (1996 b), „Barrieren behindern Markenbeziehungen", Absatzwirtschaft, 39. Jg., Nr. 10, S. 94 - 100.

ESCH, F.-R.; ANDRESEN, T. (1997), „Messung des Markenwertes", in: MTP e. V. Alumni; Hauser, U. (Hg.) (1997), Erfolgreiches Markenmanagement, Wiesbaden: Gabler, S. 11 - 37.

ESCH, F.-R.; BILLEN, P. (1996), „Förderung der Mental Convenience beim Einkauf durch Cognitive Maps und kundenorientierte Produktgruppierungen", in: Trommsdorff, V. (Hg.): Handelsforschung 1996/97: Positionierung des Handels, Forschungsstelle für den Handel, Wiesbaden: Gabler, S. 317 - 337.

ESCH, F.-R.; BRÄUTIGAM, S. (2001), „Corporate Brands versus Product Brands? Zum Management von Markenarchitekturen", Thexis, 18. Jg., H. 4, S. 27-35.

ESCH, F.-R.; LEVERMANN, T. (1994), „Handelsunternehmen als Marken: Messung, Aufbau und Stärkung des Markenwertes - ein verhaltenswissenschaftlicher Ansatz", in: Trommsdorff, V. (Hg.) (1994), Handelsforschung 1994. Systeme im Handel, Jahrbuch der Forschungsstelle für den Handel Berlin (FfH) e. V., Wiesbaden: Gabler, S. 79 - 102.

ESCH, F.-R.; LEVERMANN, T. (1995), „Positionierung als Grundlage des strategischen Kundenmanagements auf Konsumgütermärkten", Thexis, 12. Jg., H. 4, S. 8 - 16.

ESCH, F.-R.; MILDENBERGER, F. (1996), „Kreativitätstuning", Absatzwirtschaft, 39. Jg., H. 8, S. 90 - 95.

ESCH, F.-R.; NICKEL, O. (1998), „Markenwert und Events", in: Nickel, O. (Hg.) (1998), Eventmarketing, München: Vahlen, S. 91 - 106.

ESCH, F.-R.; WICKE, A. (1999), „Wirkung des Informationsdesigns von Unternehmensauftritten im Internet - Explorative Studie zum Surfverhalten von Internet-Nutzern", Institut für Marken- und Kommunikationsforschung, Justus-Liebig-Universität Gießen, Gießen.

ESCH, F.-R.; HARDIMAN, M.; LANGNER, T. (2000), „Wirksame Gestaltung von Markenauftritten im Internet", Thexis, 17. Jg., H. 3, S. 10 - 16.

ESCH, F.-R.; HARDIMAN, M.; WICKE, A. (2001), „Markenwirksames Web-Design", in: Tomczak, T.; Schögel, M.; Schmidt, I. (Hg.) (2001), Roadm@p to E-Business, St. Gallen: Thexis (im Druck).

ESCH, F.-R.; LANGNER, T.; FUCHS, M. (1998), „Gestaltung von Electronic Malls", in: Trommsdorff, V. (Hg.) (1998), Handelforschung 1998/1999, Jahrbuch der Forschungsstelle für den Handel Berlin (FfH) e.V., Wiesbaden: Gabler, S. 183 - 205.

ESCH, F.-R.; LANGNER, T.; JUNGEN, P. (1998), „Kundenorientierte Gestaltung von Verkaufsauftritten im Internet", Der Markt, 37. Jg., H. 3+4, S. 129 - 145.

ESCH, F.-R.; LANGNER, T.; JUNGEN, P. (1999), „Sozialtechnische Gestaltung virtueller Warenhäuser", in: Mattmüller, R. (Hg.) (1999), Versandhandelsmarketing - Vom Katalog zum Internet, Frankfurt/Main: Deutscher Fachverlag, S. 399 - 426.

ESCH, F.-R.; WICKE, A.; KIESCHE, L.; JUNGEN, P. (1999), „Wirkung des Informationsdesigns von Unternehmensauftritten im Internet", Institut für Marken- und Kommunikationsforschung, Justus-Liebig-Universität Gießen, Gießen.

ESPE, H.; KRAMPEN, M. (1986), „Eindruckswirkungen visueller Elementarformen und deren Interaktion mit Farben", in: Espe, H. (Hg.) (1986), Visuelle Kommunikation: Empirische Analysen, Hildesheim u. a.: Georg Olms, S. 72 - 101.

EUROPEAN BUSINESS SUCCESS (1994), Handelsmarken in Deutschland - Bedrohung oder Chance für die Markenartikelindustrie?, München.

EVANS, P. B.; WURSTER, T. S. (1997), „Strategy and the New Economics of Information", Harvard Business Review, Vol. 75, September/October, pp. 71 - 82.

EYSENCK, H. (1952), The scientific study of personality, London: Routledge & Kegan Paul.

EYSENCK, M. W.; KEANNE, M. T. (1990), Cognitive Psychology, London: Lawrence Erlbaum Associates.

- F -

FARQUHAR, P. H. (1989), „Managing Brand Equity", Marketing Research, Vol. 1, September, pp. 24 - 33.

FARQUHAR, P. H.; HERR, P. M. (1993), „The Dual Structure of Brand Associations", in: Aaker, D. A.; Biel, A. L. (Eds.) (1993), Brand Equity and Advertising: Advertising's Role in Building Strong Brands, Hillsdale/NJ: Lawrence Erlbaum Associates, pp. 263 - 277.

FARQUHAR, P. H.; HAN, J. H.; IJIRI, Y. (1992 b), „Brands on the Balance Sheet", Marketing Management, No. 1, pp. 16 - 22.

FARQUHAR, P. H.; HERR, P. M.; FAZIO, R. H. (1989), „Extending Brand Equity to New Categories", working paper, Center for Product Research, Carnegie Mellon University, Pittsburgh/PA 15213.

FARQUHAR, P. H.; HAN, J. H.; HERR, P. M.; IJIRI, Y. (1992 a), „Strategies for Leveraging Master Brands", Marketing Research, Vol. 4, No. 3, pp. 32 -v 43.

FEHR, B.; RUSSELL, J. A. (1991), „The Concept of Love Viewed from a Prototype Perspective", Journal of Personality and Social Psychology, Vol. 60, March, pp. 425 - 438.

FEIGE, S. (1996), Handelsorientierte Markenführung, Frankfurt/Main u. a.: Peter Lang.

FEUERHAKE, C. (1991), Konzepte des Produktnutzens und verwandte Konstrukte in der Marketingtheorie, Lehr- und Forschungsbericht Nr. 22, Universität Hannover, Hannover.

FEYS, J. (1995), „Mere Ownership: Affective Self-Bias or Evaluative Conditioning?" European Journal of Social Psychology, Vol. 5, September, pp. 559 - 569.

FEZER, K.-H. (2000), „Was macht ein Zeichen zur Marke?", Wettbewerb in Recht und Praxis, H. 1, S. 1 - 8.

FININ, T. (1980), „The Semantic Interpretation of Nominal Compounds" in: Balzer, R. (Ed.) (1980), Proceedings of the First Annual National Conference on Artificial Intelligence, Vol. 1, Stanford University, CA: American Association for Artificial Intelligence, pp. 310 - 312.

FIRAT, A. F.; VENKATESH, A. (1995), „Liberatory Post-modernism and the Reenchantment of Consumption", Journal of Consumer Research, Vol. 22, December, pp. 239 - 267.

FISHBEIN, M.; AJZEN, I. (1975), Belief, Attitude, Intention and Behavior: An Introduction to Theory and Research, Reading/MA: Addison-Wesley.

FISKE, J. (1992), „Cultural Studies and the Culture of Everyday Life", in: Grossberg, L. (Ed.) (1992), Cultural Studies, New York: Routledge, pp. 38 - 55.

FISKE, S. T. (1982), „Schema-triggert Affect: Applications to Social Perception", in Clark, M. S.; Fiske, S. T. (Eds.) (1982), Affect and Cognition: The 17th Annual Carnegie Symposium on Cognition, Hillsdale/NJ: Lawrence Erlbaum Associates, pp. 55 - 78.

FISKE, S. T.; PAVELCHAK, M. A. (1986), „Category-Based vs. Piecemeal-Based Affective Responses: Developments in Schema-Triggered Affect", in: Sorrentino, R. M.; Higgins, E. T. (Eds.) (1986), Handbook of Motivation and Cognition, Foundations of Social Behavior, New York: Guilford, pp. 167 - 203.

FLIEß, S. (1995), „Industrielles Kaufverhalten", in: Kleinaltenkamp, M.; Plinke, W. (Hg.) (1995), Technischer Vertrieb, Berlin u. a.: Springer, S. 287 - 395.

FOCUS COMMUNICATION NETWORKS (2000), Codeplan, München: Focus Magazin Verlag.

FORD, G. T.; SMITH R. N. (1987), „Inferential Belief in Consumer Evaluations: An Assessment of Alternative Processing Strategies", Journal of Consumer Research, Vol. 14, December, pp. 363 - 371.

FORKEL, H. (1993), „Das neue deutsche Produktpirateriegesetz", Marktforschung & Management, 37. Jg., H. 2, S. 65 - 68.

FOSCHT, T. (1998), Interaktive Medien in der Kommunikation, Wiesbaden: Gabler.

FOURNIER, S. (1994), A Consumer-Brand Relationship Framework for Strategy Brand Management, unveröffentlichte Dissertation, University of Florida.

FOURNIER, S. (1995), „A Consumer-Brand Relationship Perspective on Brand Equity", Presentation to Marketing Science Institute Conference on Brand Equity and the Marketing Mix, Tucson/AZ, March 2-3, 1995.

FOURNIER, S. (1997), „Consumers and Their Brands: Developing Relationship Theory in Consumer Research", Working Paper, Harvard University, Cambridge/MA.

FOURNIER, S. (1998), „Consumers and Their Brands: Developing Relationship Theory", Journal of Consumer Research, Vol. 24, March, pp. 343 - 373.

FOX, R. J.; GEISSLER, G. L. (1994), „Notes and Comments: Crisis In Advertising?", Journal of Advertising, Vol. 23, No. 4, pp. 79 - 82.

FRANK, R. E. (1962), „Brand Choice as Probability Process", Journal of Business, Vol. 35, pp. 43 - 56.

FRANKE, D. (1994), „Markenforschung: Image-Dimensionen neu vermessen", Absatzwirtschaft, 37. Jg., H. 1, S. 78 - 82.

FRANZEN, O. (1994), Neue Wege in der Bewertung des immateriellen Vermögensgutes Marke, Manuskript A. C. Nielsen, Frankfurt/Main.

FRANZEN, O.; TROMMSDORFF, V.; RIEDEL, F. (1994), „Ansätze der Markenbewertung und Markenbilanz", in: Bruhn, M. (Hg.) (1994), Handbuch Markenartikel, Bd. 2, Stuttgart: Schäffer-Poeschel, S. 1373 - 1401.

FRETER, H.; BAUMGARTH, C. (1996), „Komplexer als Konsumgüter-Marketing", Markenartikel, 58. Jg., H. 10, S. 482 - 489.

FRIEDMAN, M. (1994), „Brandstorming! How to Make New Products from Brand Equities", New Product News, p. 8.

FRYDMAN, K. (1990), „Dick Costello of TBWA: The Man Behind the Spirits Industry's Most Dazzling Advertising", Market Watch, March.

FUCHS, W. A. (1995), „Pro und Contra standardisierter transkultureller Werbung", Markenartikel, 57. Jg., Nr. 9, S. 432 - 435.

- G -

GALL, J. E.; HANNAFIN, M. J. (1994), "A framework for the study of hypertext", Instructional Science, Vol. 22, S. 207 - 232.

GATIGNON, H.; WEITZ, B.; BANSAL, P. (1990), „Brand Introduction Strategies and Competitive Environments", Journal of Marketing Research, Vol. 27, November, pp. 390 - 401.

GAY, G.; MAZUR, J. (1991), „Navigation in Hypermedia", in: Berk, E.; Devlin, J. (Hg.) (1991), Hypertext/Hypermedia Handbook, New York: Intertext, S. 271 - 283.

GEBERT, F. (1977), Psychologische und physiologische Wirkungen von Umgebungsfarben, Dissertation am Fachbereich Humanmedizin der Phillips-Universität Marburg.

GEGENMANTEL, R. (1996), Key-Account-Management in der Konsumgüterindustrie, Wiesbaden: Gabler.

GEMÜNDEN, H. G. (1993), „Zeit - Strategischer Erfolgsfaktor in Innovationsprozessen", in: Domsch, M.; Sabisch, H.; Siemers, S. H. (Hg.) (1993), F&E-Mangement, Stuttgart: Poeschel, S. 67 - 118.

GENGLER, C. E.; REYNOLDS, T. J. (1995), „Consumer understanding and advertising strategy: Analysis and strategic translation of laddering data", Journal of Advertising Research, Vol. 35, pp. 19 - 34.

GEORGE, G.; DILLER, H. (1993), „Internationalisierung als Wachstumsstrategie des Einzelhandels", in: Trommsdorff, V. (Hg.) (1993), Handelsforschung 1992/93, Handel im integrierten Europa, Jahrbuch der Forschungsstelle für den Handel (FfH) Berlin e. V., Wiesbaden: Gabler, S. 165 - 186.

GERGEN, K. J. (1991), The Saturated Self: Dilemmas of Identity in Contemporary Life, New York: Basic.

GERKEN, G. (1994), Die fraktale Marke: Eine neue Intelligenz in der Werbung, Düsseldorf: Econ.

GfK MARKTFORSCHUNG (1997), Der Verbraucher 1997, Nürnberg.

GfK MARKTFORSCHUNG (2000), Der Verbraucher 2000, Nürnberg.

GfK MARKTFORSCHUNG (1998), Omnibus Systeme, Nürnberg.

GfK PANEL SERVICES (1998 a), ConsumerSCOPE, Juni 1998, Nürnberg.

GfK PANEL SERVICES (1998 b), Haushaltspanel West, Nürnberg.

GfK PANEL SERVICES (2000), Haushaltspanel ConsumerScan, Nürnberg.

GHORPADE, S. (1986), „Agenda Setting: A Test of Advertising's Neglected Function", Journal of Advertising Research, Vol. 26, No. 4, pp. 23 - 29.

GHOSH, S. (1998), „Making Business Sense of the Internet", Harvard Business Review, Vol. 76, March/April, pp. 127 - 135.

GHOSHAL, S. S.; BARTLETT, C. (1995), „Building the entrepreneurial Corporation: New Organizational Processes, New Managerial Tasks", European Management Journal, Vol. 13, No. 21, June, pp. 139 - 155.

GIEFERS, H.-W. (1995), Marken- und Firmenschutz - Aktueller Leitfaden zum neuen Markenrecht mit vielen Beispielen und Mustern, Planegg: WRS Verlag Wirtschaft, Recht, Steuern.

GILLIGAN, C.; LYONS, N.; HANMER, T. J. (1990), Making Connections, Cambridge/MA: Harvard University Press.

GILMORE, G. W. (1919), Animism, Boston: Marshall Jones Company.

GLENN, N. (1990), „Quantitative Research on Marital Quality in the 1980s: A Critical Review", Journal of Marriage and the Family, Vol. 52, November, pp. 818 - 831.

GOLDMAN, R.; SAPSON, S. (1994), „Advertising in the Age of Hypersignification", Theory, Culture, and Society, Vol. 11, August, pp. 23 - 54.

GORDON, W. (1994), „Taking Brand Repertoires Seriously", Journal of Brand Management, Vol. 2, August, pp. 25 - 30.

GOTTA, M. (1988), „Die Rolle des Markennamens im Marketingmix: Global Branding und die Zukunft von Markennamen", in: Gotta, M. (Hg.) (1988), Brand News. Wie Namen zu Markennamen werden, Hamburg: Spiegel-Verlag, S. 15 - 28.

GOTTA, M. (1994), „Branding", in: Bruhn, M. (Hg.) (1994), Handbuch Markenartikel, Bd. 2, Stuttgart: Schäffer-Poeschel, S. 773 - 789.

GRABIAS, H.-J. (1998), „Leibniz: Emanzipation einer Traditionsmarke", in: Marketing Praxis, Jahrbuch 1998, Düsseldorf: Handelsblatt Fachverlag, S. 117 - 123.

GRABRUCKER, M. (1999), „Aus der Rechtsprechung des Bundespatentgerichts im Jahre 1998, Teil II: Markenrecht", Gewerblicher Rechtsschutz und Urheberrecht, H. 8 - 9, S. 605 - 624.

GRABRUCKER, M. (2000), „Aus der Rechtsprechung des Bundespatentgerichts, Teil II: Markenrecht", Gewerblicher Rechtsschutz und Urheberrecht, H. 5, S. 366 - 383.

GRAFE, C. (1991), Handelsmarken von Einkaufsvereinigungen des Einzelhandels, Köln: Müller Botermann.

GRAUMANN, C.-F.; WILLIG, R. (1983), „Wert, Wertung, Werthaltung", in: Thomae, H. (Hg.) (1983), Enzyklopädie der Psychologie, Themenbereich C, Serie IV, Bd. 1, Theorien und Formen der Motivation, Göttingen: Hogrefe, S. 313 - 396.

GREEN, P. E.; SRINIVASAN, V. (1978), „Conjoint Analysis in Consumer Research: Issues and outlook", Journal of Consumer Research, Vol. 5, pp. 103 - 123.

GREEN, P. E.; SRINIVASAN, V. (1990), „Conjoint Analysis in Marketing: New Developments with Implications for Research and Practice", Journal of Marketing, Vol. 54, pp. 3 - 19.

GREGOR, CH; BUSCH, R. (1992), „Franchising - Ein Instrument zur Ausschöpfung nationaler und internationaler Märkte", Marktforschung & Management, 36. Jg., S. 140 - 146.

GREY STRATEGIC PLANNING (1996), Smart Shopper: Wieviel Marke braucht der Mensch? Oder: Ein neues Preis-Leistungs-Bewußtsein, Grey, Düsseldorf.

GRIMM, M.; HÖGL, S.; HUPP, O. (2000), „Target® Positioning – Ein bewährtes Tool zur Unterstützung des strategischen Markenmanagements", Jahrbuch der Absatz- und Verbrauchsforschung, H. 1, S. 4 - 18.

GROCHLA, E. (1978), Grundlagen der Materialwirtschaft, 3. Aufl., Wiesbaden: Gabler.

GRÖNROOS, C. (1994), „From Marketing Mix to Relationship Marketing: Towards a Paradigm Shift in Marketing", Management Decision, Vol. 32, No. 2, pp. 4 - 20.

GRÖPPEL, A. (1991), Erlebnisstrategien im Einzelhandel, Analyse der Zielgruppen, der Ladengestaltung und der Warenpräsentation zur Ermittlung von Einkaufserlebnissen, Reihe Konsum und Verhalten, Heidelberg: Physica.

GRÖPPEL, A. (1997), „Value-for-money-images and differentiation strategies - the influence of the dominance perceived at the point-of-sale on the price assessment", in: Englis, B. G.; Olofsson, A. (Eds.) (1998), European Advances in Consumer Research, Vol. 3, Provo/UT: Advances in Consumer Research, pp. 304 - 311.

GRÖPPEL-KLEIN, A. (1998), Wettbewerbsstrategien im Einzelhandel - Chancen und Risiken von Preisführerschaft und Differenzierung im Non-Food-Handel unter Berücksichtigung der Managerpersönlichkeit, Forschungsgruppe Konsum und Verhalten, Gabler Edition Wissenschaft, Wiesbaden: Deutscher Universitäts-Verlag.

GROSSE-OETRINGHAUS, W. F. (1994), „Value Marketing-Steigerung des Geschäftserfolgs durch Erhöhung von Kundenwerten", in: Tomczak, T.; Belz, C. (Hg.) (1994), Kundennähe realisieren, St. Gallen: Thexis, S. 55 - 79.

GRÖßER, H. (1991) „Der klassische Markenartikel - Versuch einer Wesensbestimmung", Markenartikel, 53. Jg., H. 5, S. 200 - 207.

GRUNER + JAHR ELECTRONIC MEDIA SERVICE (EMS) (1999), Internet-Präsenz und Online-Werbung der 500 bedeutendsten Werbung treibenden Unternehmen in Deutschland, (http://www.ems.guj.de).

GRUNER + JAHR ELECTRONIC MEDIA SERVICE (EMS) (2001), Online-Monitor Welle 7, (http://www.ems.guj.de).

GRUNERT, K. G. (1982), Informationsverarbeitungsprozesse bei der Kaufentscheidung: Ein gedächtnispsychologischer Ansatz, Frankfurt/Main u. a.: Peter Lang.

GRUNERT, K. G. (1990), Kognitive Strukturen in der Konsumforschung. Entwicklung und Erprobung eines Verfahrens zur offenen Erhebung assoziativer Netzwerke, Heidelberg: Physica.

GRUNERT, K. G. (1991), „Kognitive Strukturen von Konsumenten und ihre Veränderung durch Marketingkommunikation: Theorie und Meßverfahren", Marketing ZFP, 13. Jg., H. 1, S. 11 - 22.

GRÜNEWALD, S. (1997), „Moderne Marketing-Mythen und Marketing-Irrtümer", Planung & Analyse, 24. Jg., Nr. 1, S. 9 - 16. GRUSH, J. E. (1976), „Attitude Formation and Mere Exposure Phenomena: A Nonartificial Explanation of Empirical Findings", Journal of Personality and Social Psychology, Vol. 33, No. 3, pp. 281 - 290.

GUBA, E. (1981), „Criteria for Assessing the Trustworthiness of Naturalistic Inquiries", Educational Communication and Technology Journal, No. 29, pp. 75 - 92.

GUEST, L. P. (1964), „Brand Loyalty Revisited: A Twenty-Year Report", Journal of Applied Psychology, Vol. 48, April, pp. 93 - 97.

GUGELMANN, E. (1991), „Chancen und Gefahren von Eigenmarken im europäischen Markt", Thexis, 8. Jg., H. 3, S. 10 - 12.

GUILFORD, J. P.; SMITH, P. C. (1959), „A System of Colour Preferences", American Journal of Psychology, Vol. 72, No. 4, pp. 487 - 502.

GÜMBEL, R.; WORATSCHEK, H. (1995), „Institutionenökonomik", in: Tietz, B.; Köhler, R.; Zentes, J. (Hg.) (1995), Handwörterbuch des Marketing, 2. Aufl., Stuttgart: Schäffer-Poeschel, Sp. 1008 - 1019.

GUNTHER, M. (1998), „The Internet is Mr. Case's Neighborhood", in: Fortune, March 30.

GÜNTHER, T.; MATTMÜLLER, R. (1993), „Möglichkeiten und Grenzen der Regaloptimierung im Handel", Marketing ZFP, 15. Jg., H. 2, S. 77 - 86.

GÜRHAN-CANLI, Z.; MAHESWARAN, D. (1998), „The Effects of Extensions on Brand Name Dilution and Enhancemant", Journal of Marketing Research, Vol. 35, November, pp. 464 - 473.

GUTENBERG, E. (1976), Grundlagen der Betriebswirtschaftslehre, Bd. II, Der Absatz, 15. Aufl., Berlin, Heidelberg, New York: Springer.

GUTMAN, J. (1997), „Means-End Chains as Goal Hierarchies", Psychology & Marketing, Vol. 14, September, pp. 545 - 560.

- H -

HAACK, J. (1995), „Interaktivität als Kennzeichen von Multimedia und Hypermedia", in: Issing, L. J.; Klimsa, P. (Hg.) (1995), Information und Lernen mit Multimedia, Weinheim: Psychologie Verlag, S. 151 - 166.

HAEDRICH, G.; GUSSEK, F. (1990), „Ein Decision Support-System für das strategische Beschaffungs-Management", in: Kliche, M. (Hg.) (1990), Investitionsgütermarketing - Positionsbestimmung und Perspektive, Wiesbaden: Gabler, S. 310 - 332.

HAEDRICH, G.; TOMCZAK, T. (1990), Strategische Markenführung, Bern, Stuttgart: Haupt.

HAEDRICH, G.; TOMCZAK, T. (1994), „Strategische Markenführung", in: Bruhn, M. (Hg.) (1994), Handbuch Markenartikel, Bd. 2, Stuttgart: Schäffer-Poeschel, S. 925 - 948.

HAEDRICH, G.; TOMCZAK, T. (1996), Strategische Markenführung, 2. Aufl., Bern, Stuttgart: UTB.

HAEDRICH, G.; GUSSEK, F.; TOMCZAK, T. (1990), „Instrumentelle Strategiemodelle als Komponenten im Marketingplanungsprozeß", Die Betriebswirtschaft, 50. Jg., H. 2, S. 205 - 222.

HAHN, D. (1996), PuK: Controllingkonzepte, 5. Aufl., Wiesbaden: Gabler.

HALLIDAY, J. (1996), „Chrysler Brings Out Brand Personalities with '97 Ads", Advertising Age, Vol. 30, September, p. 3.

HALLIER, B. (1995 a), „Wie kann der Handel Marken machen?", Absatzwirtschaft, 38. Jg., Nr. 10, S. 126 - 131.

HALLIER, B. (1995 b), „Direkte Produkt-Profitabilität", in: Tietz, B.; Köhler, R.; Zentes, J. (Hg.) (1995), Handwörterbuch des Marketing, 2. Aufl., Stuttgart: Schäffer-Poeschel, Sp. 492 - 498.

HALSTENBERG, V. (1996), Integrierte Markenkommunikation, Frankfurt/Main: Deutscher Fachverlag.

HAMID, P. N.; NEWPORT, A. G. (1989), „Effect of Colour on Physical Strength and Mood in Children", Perceptual and Motor Skills, Vol. 69, pp. 179 - 185.

HAMMANN, P. (1992), „Der Wert einer Marke aus betriebswirtschaftlicher und rechtlicher Sicht", in: Dichtl, E.; Eggers, W. (Hg.) (1992), Marke und Markenartikel als Instrumente des Wettbewerbs, München: Beck, S. 205 - 245.

HAMMANN, P.; GATHEN, A. V. D. (1994), „Bilanzierung des Markenwerts und kapitalmarktorientiertes Markenbewertungsverfahren", Markenartikel, 56. Jg., H. 5, S. 204 - 211.

HAMMANN, P.; PALUPSKI, R.; BOFINGER, K. (1997), „Markenstreß - Ergebnisse einer explorativen Erhebung unter Jugendlichen", Marketing ZFP, 19. Jg., H. 3, S. 177 - 183.

HAMMANN, P.; STRITZKI, T.; TEBBE, C. (1996), Das Key Account Management als Reaktion auf die Handelsentwicklung in Europa - eine empirische Untersuchung am Beispiel der Kosmetikindustrie, Diskussionsbeiträge des Instituts für Europäische Wirtschaft, Nr. 10, Bochum: IEW.

HAMMANN, P.; TEBBE, C.; BRAUN, D. (1996), „Die Führung und Etablierung transnationaler Handelsmarken als Instrument der Profilierung des Handels - unter besonderer Berücksichtigung des Lebensmittelhandels", in: Trommsdorff, V. (Hg.) (1996), Handelsforschung 1996/97 „Positionierung des Handels" - Jahrbuch der Forschungsstelle für den Handel Berlin (FfH) e.V., Wiesbaden: Gabler, S. 259 - 276.

HAMPTON, J. A. (1987), „Inheritance of Attributes in Natural Concept Conjunctions", Memory and Cognition, Vol. 15, No. 1, pp. 55 - 71.

HAMPTON, J. A. (1988), „Overextension of Conjunctive Concepts: Evidence for a Unitary Model of Concept Typicality and Class Inclusion", Journal of Experimental Psychology: Learning, Memory and Cognition, Vol. 14, No. l, pp. 12 - 32.

HANDELSMONITOR (1997), Liebmann, H.-P.; Zentes, J. (Hg.) (1997), Frankfurt/Main: Deutscher Fachverlag.

HANS, K. (1963), Absatzwirtschaftliche Probleme vor der Einführung neuer Markenartikel, Dissertation, Köln.

HANSEN, U. (1990), Absatz- und Beschaffungsmarketing des Einzelhandels, Göttingen: Vandenhoeck & Ruprecht.

HANSER, P. (1992), „Wer herrscht in der Zulieferkette? Wer macht die Märkte?", Absatzwirtschaft, 35. Jg., H. 5, S. 38 - 50.

HARMS, B. (1998), Unterstützung strategischer Entscheidungen in der Imagepositionierung mit Hilfe simulationsgestützter WHAT-if-Analysen, Diss. Berlin 1998.

HARRIGAN, K. R. (1989), Unternehmensstrategien für reife und rückläufige Märkte, Frankfurt, New York: Campus.

HAT, C. M. (1989), „Country Image: Halo or Summary Construct", Journal of Marketing Research, Vol. 26, May, pp. 222 - 229.

HÄTTY, H. (1989 a), Der Markentransfer, Heidelberg: Physica.

HÄTTY, H. (1989 b), „Zentrale Erfolgsfaktoren des Markentransfers", Markenartikel, 51 Jg., H. 7, S. 390 - 393.

HÄTTY, H. (1994), „Markentransferstrategie", in: Bruhn, M. (Hg.) (1994), Handbuch Markenartikel, Bd. 1, Stuttgart: Schäffer-Poeschel, S. 561 - 582.

HAUSCHILDT, H. D. (1992 a), „Innovationsmanagement", in: Frese, E. (Hg.) (1992), Handwörterbuch der Organisation, Stuttgart: Poeschel, Sp. 1029 - 1041.

HAUSCHILDT, H. D. (1992 b), Innovationsmanagement, München: Vahlen.

HAUSCHILDT, J. (1992 c), „Ist das Rechnungswesen innovationsfeindlich?", in: Boysen, K.; Hohlfeldt, G.; Jacob, H.-J.; Nehles, F.; Wellmann, R. (Hg.) (1992), Der Wirtschaftsprüfer vor innovativen Herausforderungen: Festschrift für Hans-Heinrich Otte, Stuttgart: Schäffer-Poeschel, S. 51 - 67.

HAUSCHILDT, J. (1997), Innovationsmanagement, München: Vahlen.

HAUSER, J. R.; WERNERFELT, B. (1990), „An Evaluation Cost Model of Consideration Sets", Journal of Consumer Research, Vol. 16, March, pp. 393 - 408.

HAUSER, U. (1997) (Hg.), Erfolgreiches Markenmanagement, Wiesbaden: Gabler.

HAYES, R. B. (1988), „Friendship", in: Duck, S. (Hg.) (1988), Handbook of Personal Relationships: Theory, Research, and Interventions, Chichester and New York: Wiley, pp. 391 - 408.

HEATH, T. B.; CHATTERJEE, S.; FRANCE, K. R. (1990), „Using the Phonemes of Brand Names to Symbolize Brand Attributes", Proceedings of the American Marketing Association, pp. 38 - 42.

HEATH, T. B.; MCCARTHY, M. S.; MOTHERSBAUGH, D. L. (1994), „Spokesperson Fame and Vividness Effects in the Context of Issue-Relevant Thinking: The Moderating Role of Competitive Setting", Journal of Consumer Research, Vol. 20, No. 4, pp. 520 - 534.

HEIDE, J. B.; WEISS, A. M. (1995), „Vendor Consideration and Switching Behavior for Buyers in High-Technology Markets", Journal of Marketing, Vol. 59, July, pp. 30 - 43.

HELLER, E. (1989), Wie Farben wirken, Reinbek: Rowohlt.

HELSON, H. (1964), Adaption Level Theory, New York: Harper & Row.

HELSON, H.; LANSFORD, T. (1970), „The Role of Spectral Energy of Source and Background Colour in the Pleasentness of Object Colours", Applied Optics, Vol. 9, pp. 1513 - 1562.

HEMNES, T. M. S. (1987), „Perspectives of a Trademark Attorney on the Branding of innovative Products", Journal of Product Innovation Management, No. 4, pp. 217 - 224.

HENDERSON, P. W.; COTE, J. A. (1996 a), Designing Positively Evaluated Logos, MSI-Working Paper, December 1996, Cambridge/MA.

HENDERSON, P. W.; COTE, J. A. (1996 b), Designing Recognizable Logos, MSI-Working Paper, December 1996, Cambridge/MA.

HENDERSON, P. W.; COTE, J. A. (1998), „Guidelines for Selecting or Modifying Logos", Journal of Marketing, Vol. 62, April, pp. 14 - 30.

HENNING-BODEWIG, F.; KUR, A. (1988), Marke und Verbraucher, Bd. 1, Weinheim u. a.: VCH.

HENZLER, H. A. (1988) (Hg.), Handbuch Strategische Führung, Wiesbaden: Gabler.

HERMANNS, A.; WIßMEIER, U. K. (1995) (Hg.), Internationales Marketing-Management: Grundlagen, Strategien, Instrumente, Kontrolle und Organisation, München: Vahlen.

HERMANNS, A.; WIßMEIER, U. K.; SAUTER, M. (1998), „Wirkung von Werbung im Internet - Grundlagen, Forschungsübersicht und ausgewählte Ergebnisse einer empirischen Untersuchung", Der Markt, 37. Jg., H. 3+4, S. 187 - 197.

HERP, T. (1982), Der Markenwert von Marken des Gebrauchsgütersektors, Frankfurt/Main u. a.: Peter Lang.

HERR, P. M. (1986), „Consequences of priming: Judgements and behavor", Journal of Personality and Social Psychology, Vol. 51, No. 6, pp. 1106 - 1115.

HERRMANN, A. (1993), „Marketing-Controlling - Erläuterungen der konzeptionellen Grundlagen zur Planung, Steuerung und Kontrolle der marketingpolitischen Aktivitäten am Beispiel von Unternehmen der Automobilindustrie", GfK Jahrbuch der Absatz- und Verbrauchsforschung, 39. Jg., H. 1, S. 4 - 22.

HERRMANN, A. (1996), Nachfragerorientierte Produktgestaltung: Ein Ansatz auf Basis der 'means end' Theorie, Wiesbaden: Gabler.

HERSTATT, J. D. (1985), Die Entwicklung von Markennamen im Rahmen der Neuproduktplanung, Frankfurt/Main u. a.: Peter Lang.

HESS, J. S. (1995), „Construction and Assessment of a Scale to Measure Consumer Trust", in: Stern, B.; Zinkhahn, G. (Eds.) (1995), Proceedings of the American Marketing Association Educators' Conference, Vol. 6, Chicago: American Marketing Association, pp. 20 - 26.

HEYDER, H. (1991), „Wege durch's Dickicht", Vierteljahreshefte für Media und Werbewirkung, H. 1, S. 2 - 9.

HIGGINS, E. T.; BARGH, J. A.; LOMBARDI, W. (1985), „Nature of priming effects on categorization", Journal of Experimental Psychology: Learning, Memory, and Cognition, Vol. 11, No. 1, pp. 59 - 69.

HILDEBRAND, E. (1995), „Produkttaufe ohne Reue", Geschäftswelt, Nr. 9, S. 18 - 19.

HILDEBRANDT, L. (1989), „Perspektiven einer europäischen Markenpolitik", in: Trommsdorff, V. (Hg.) (1989), Handelsforschung 1990: Internationalisierung im Handel, Berlin: Gabler, S. 195 - 209.

HILDMANN, A. (1991), „Konzentration der Mittel - Die Flut steigt", Absatzwirtschaft, 34. Jg., Sonderheft Oktober, S. 225 - 227.

HINDE, R. A. (1979), Towards Understanding Relationships, London: Academic Press.

HINDE, R. A. (1995), „A Suggested Structure for a Science of Relationships", Personal Relationships, Vol. 2, March, pp. 1 - 15.

HINTERHUBER, H. H. (1997), Strategische Unternehmensführung: II. Strategisches Handeln, Berlin u. a.: de Gruyter.

HINTZE, M. (1990), Die Frau im Wertewandel, Moisburg: Siegmund.

HIRSCHFELD, L. A.; GELMAN, L. A. (1994), Mapping the Mind: Domain Specificity in Cognition and Culture, Cambridge: Cambridge University Press.

HIRSCHMAN, E. (1992), „The Consciousness of Addiction: Toward a General Theory of Compulsive Consumption", Journal of Consumer Research, Vol. 19, September, pp. 155 - 179.

HIRSCHMAN, E. (1994), „Consumers and Their Animal Companions", Journal of Consumer Research, Vol. 20, March, pp. 616 - 632.

HOFFMAN, D. L.; NOVAK, T. P. (1996), „Marketing in Hypermedia Computer-Mediated Environments: Conceptual Foundations", Journal of Marketing, 60. Jg., H. 3, S. 50 - 68.

HÖGL, S.; TWARDAWA, W.; HUPP, O. (2001), „Key Driver starker Marken", in: GWA (Hg.) (2001), Key Driver starker Marken – Gibt es Regeln für erfolgreiche Marken?, Frankfurt/Main: Gesamtverband Werbeagenturen GWA e.V., S. 15 - 59.

HÖHL-SEIBEL, J. (1994), „Zweitmarkenstrategien", in: Bruhn, M. (Hg.) (1994), Handbuch Markenartikel, Bd. 1, Stuttgart: Schäffer-Poeschel, S. 583 - 602.

HOLBROOK, M. B. (1992), „Product Quality, Attributes, and Brand Name as Determinants of Price: The Case of Consumer Electronics", Marketing Letters, Vol. 3, No. 1, pp. 71 - 83.

HOLBROOK, M. B. (1993), „Nostalgia and Consumption Preferences: Some Emerging Patterns of Consumer Tastes", Journal of Consumer Research, Vol. 20, June, pp. 245 - 256.

HOLBROOK, M. B.; HIRSCHMAN, E. C. (1982), „The Experiential Aspects of Consumption: Consumer Fantasies, Feelings, and Fun", Journal of Consumer Research, Vol. 9, September, pp. 132 - 140.

HOLDEN, S. J. S. (1993), „Understanding Brand Awareness: Let me Give you a C(l)ue!", in: McAlister, L.; Rothschild, M. L. (Eds.) (1993), Advances in Consumer Research, Vol. 20, Provo/UT: Association for Consumer Research, pp. 383 - 388.

HOLDEN, S. J. S.; LUTZ, R. J. (1992), „Ask Not What the Brand Can Evoke; Ask What Can Evoke the Brand", in: Sherry, J. F.; Sternthal, B. (Eds.) (1992), Advances in Consumer Research, Vol. 19, Provo/UT: Association for Consumer Research.

HOLT, D. B. (1995), „How Consumers Consume: A Typology of Consumption Practices", Journal of Consumer Research, Vol. 22, June, pp. 1 - 16.

HOLT, D. B. (1997), „Poststructuralist Lifestyle Analysis: Conceptualizing the Social Patterning of Consumption in Productivity", Journal of Consumer Research, Vol. 23, March, pp. 326 - 350.

HOMBURG, C.; RUDOLPH, B. (1997), „Theoretische Perspektiven zur Kundenzufriedenheit", in: Simon, H.; Homburg, C. (Hg.) (1997), Kundenzufriedenheit: Konzepte - Methoden - Erfahrungen, 2. Aufl., Wiesbaden: Gabler, S. 31 - 51.

HOMBURG, C.; WERNER, H. (1998), Kundenorientierung mit System, Frankfurt/Main: Campus.

HOMBURG, C.; GIERING, A.; HENTSCHEL, F. (1998), „Der Zusammenhang zwischen Kundenzufriedenheit und Kundenbindung", in: Bruhn, M.; Homburg, C. (Hg.) (1998), Handbuch Kundenbindungsmanagement - Grundlagen, Konzepte, Erfahrungen, Wiesbaden: Gabler, S. 81 - 112.

HOMBURG, C.; RUDOLPH, B.; WERNER, H. (1997), „Messung und Management von Kundenzufriedenheit in Industriegüterunternehmen", in: Simon, H.; Homburg, C. (Hg.) (1997), Kundenzufriedenheit: Konzepte - Methoden - Erfahrungen, 2. Aufl., Wiesbaden: Gabler, S. 317 - 344.

HOORENS, V.; NUTTIN, J. N. (1993), „Overevaluation of Own Attributes: Mere Ownership Effect or Subjective Frequency", Social Cognition, Vol. 11, No. 2, (Summer), pp. 177 - 200.

HORVATH, P. (1994), Controlling, 5. Aufl., München: Vahlen.

HORVATH, P. (1998), „Balanced Scorecard – Wie man Strategie in konkrete Informationen umsetzt", Marktforschung & Management, 42 Jg., H. 3, S. 113 - 114.

HOUSTON, M. B.; WALKER, B. A. (1996), „Self-relevance and purchase goals: Mapping a consumer decision", Journal of the Academy of Marketing Science, Summer, pp. 232 - 245.

HOYER, W. D.; BROWN, S. P. (1990), „Effects of Brand Awareness for a Common, Repeat-Purchase Product", Journal of Consumer Research, Vol. 17, September, pp. 141 - 148.

HOYER, W. D.; BROWN, S. P. (1991), „Die magische Anziehungskraft der Bekanntheit", Vierteljahreshefte für Mediaplanung, H. 3, S. 10 - 12.

HUBER, W. (1969), Die Handelsmarke: Eine international vergleichende Studie zum Problem der Markenbildung in größeren Handelsorganisationen, St. Gallen, Winterthur: Schellenberg.

HUBER, W. R. (1988), Markenpolitische Strategien des Konsumgüterbereichs dargestellt an Gütern des täglichen Bedarfs, Frankfurt/Main u. a.: Peter Lang.

HÜTTERMANN, M. U. (1992), Chancen und Risiken des Co-Branding, Hamburg: Hoppenstedt & Wolf.

- I -

ICON FORSCHUNG & CONSULTING (1998), Brand Status/Brand Trek - Verfahren zur Ermittlung von Markenwert und Markenidentität, Nürnberg.

INGELFINGER, T. (1992), „Europäische Markenführung in der Konsumgüterindustrie", Marktforschung & Management, 36. Jg., S. 81 - 185.

INSTITUT FÜR MARKETING UND HANDEL AN DER UNIVERSITÄT GÖTTINGEN (2000), Banner werden vor allem auf der Homepage wahrgenommen (http://www.marketing.uni-goettingen.de).

INTERBRAND ZINTZMEYER & LUX (2000), Site-Seeing im Internet, Zürich.

IRMSCHER, M. (1997), Markenwertmanagement, Frankfurt/Main u. a.: Peter Lang.

IRRGANG, W. (1989), Strategien im vertikalen Marketing - Handelsorientierte Konzeptionen der Industrie, München: Vahlen.

IRRGANG, W. (1993) (Hg.), Vertikales Marketing im Wandel, München: Vahlen.

IZARD, C. E. (1981), Die Emotionen des Menschen: Eine Einführung in die Grundlagen der Emotionspsychologie, Weinheim u. a.: Beltz.

- J -

JACOB, H. (1976), „Der Absatz", in: Jacob, H. (Hg.) (1976), Allgemeine Betriebswirtschaftslehre in programmierter Form, Wiesbaden: Gabler, S. 297 - 514.

JACOBY, J.; CHESTNUT, R. W. (1978), Brand Loyalty: Measurement and Management, Chichester and New York: Wiley.

JACOBY, J.; OLSON, J. C. (1970), An Attitudinal Model of Brand Loyalty: Conceptual Underpinnings and Instrumentation Research, Working Paper Presented at the Conference for Image Research and Consumer Behavior, Urbana/IL.

JACOBY, J.; OLSON, J. C.; HADDOCK, R. A (1971), „Price, brand name, and product composition characteristics as determinants of perceived quality", Journal of Applied Psychology, Vol. 55, No. 6, pp. 570 - 579.

JACOBY, J.; SZYBILLO, G. J.; BUSATO-SCHACH, J. (1977), „Information Acquisition Behavior in Brand Choice Situations", Journal of Consumer Research, Vol. 4, No. 3, pp. 209 - 216.

JANISZEWSKI, C. (1993), „Preattentive Mere Exposure Effects", Journal of Consumer Research, Vol. 20, December, pp. 376 - 389.

JAP, S. D. (1993), „An Examination of the Effects of Multiple Brand Extensions on the Brand Concept", in: McAlister, L.; Rothschild, M. L. (Eds.) (1993), Advances in Consumer Research, Vol. 20, Provo/UT: Association for Consumer Research, pp. 607 - 611.

JARCHOW, C.; MARUCCIA, F. (2000), „Zur Wirkung von Bannerwerbung auf Werbeawareness und Markenimage", Planung & Analyse, H. 1/2000, S. 68 - 71.

JECK-SCHLOTTMANN, G. (1988), „Anzeigenbetrachtung bei geringem Involvement", Marketing ZFP, 10. Jg., H. 2, S. 33 - 37.

JOHNSON, D. J.; RUSBULT, C. (1989), „Resisting Temptation: Devaluation of Alternative Partners as a Means of Maintaining Commitment in Close Relationships", Journal of Personality and Social Psychology, Vol. 57, December, pp. 967 - 980.

JOHNSON, E. J.; RUSSO, J. E. (1984), „Product Familiarity and Learning New Information", Journal of Consumer Research, Vol. 11, June, pp. 542 - 550.

JOHNSON, M. D. (1984), „Consumer Choice Strategies for Comparing Noncomparable Alternatives", Journal of Consumer Research, Vol. 11, December, pp. 741 - 753.

JOHNSON, M. D. (1986), „Consumer Similarity Judgements: A test of the contrast model", Psychology and Marketing, Vol. 3, No. 1, pp. 47 - 60.

JOHNSON, M. D. (1988), „Comparability and Hierarchical Processing in Multialternative Choice", Journal of Consumer Research, Vol. 15, December, pp. 303 - 314.

JOHNSON, M. P. (1973), „Commitment: A Conceptual Structure and Empirical Application", Sociological Quarterly, Vol. 14, Summer, pp. 395 - 406.

JOHNSON-LAIRD, P. N. (1983), Mental Models: Towards a Cognitive Science of Language, Inference and Consciousness, Cambridge: Harvard University Press.

JONES, J. P. (1986), What's in a name? Advertising and the concept of Brands, Lexington/MA.: Lexington Books.

JONSKE, A. (1999), „Werbung", in: Albers, S.; Clement, M.; Peters, K. (Hg.) (1999), Marketing mit interaktiven Medien, 2. Aufl., Frankfurt/Main: F.A.Z. Institut, S. 311 - 328.

JÖRESKOG, K. G. (1982), „The LISREL Approach to Causal Model-Building in the Social Sciences", in: Jöreskog, K. G.; Wold, H. (Eds.) (1982), Systems Under Indirect Observation, Amsterdam, New York: North Holland, pp. 81 - 100.

JUCHEMS, A. (1991), „Der Weg ist frei - zu wirksamer Werbung. Fallstudie zu Werbekampagnen der Volksbanken Raiffeisenbanken", BVM-Schriftenreihe (Bundesverband Deutscher Markt- und Sozialforscher e. V.), Bd. 19, Offenbach, S. 71 - 110.

JUNGWIRTH, G. (1997), Geschäftstreue im Einzelhandel, Diss., Wiesbaden: Gabler.

- K -

KAAS, K. P. (1990 a), „Langfristige Werbewirkung und Brand Equity", Werbeforschung & Praxis, 35. Jg., H. 3, S. 48 - 52.

KAAS, K. P. (1990 b), „Marketing als Bewältigung von Informations- und Unsicherheitsproblemen im Markt", Die Betriebswirtschaft, 50. Jg., H. 4, S. 539 - 548.

KAAS, K. P. (1991), „Marktinformationen: Screening und Signaling unter Partnern und Rivalen", Zeitschrift für Betriebswirtschaft, 61. Jg., H. 3, S. 366.

KAAS, K. P. (1995) „Informationsökonomik", in: Tietz, B.; Köhler, R.; Zentes, J. (Hg.) (1995), Handwörterbuch des Marketing, Stuttgart: Schäffer-Poeschel, Sp. 971 - 981.

KAAS, K. P.; BUSCH, A. (1996), „Inspektions-, Erfahrungs- und Vertrauenseigenschaften von Produkten", Marketing ZFP, 18. Jg., H. 4, S. 243 - 252.

KAAS, K. P.; RUNOW, H. (1984), „Wie befriedigend sind die Ergebnisse der Forschung zur Verbraucherzufriedenheit?", Die Betriebswirtschaft, 44. Jg., H. 3, S. 451 - 460.

KAINZ, H. (1961), „Markenartikel im Produktionsbetrieb", Markenartikel, 23. Jg., H. 10, S. 704 - 715.

KAMAKURA, W A.; RUSSEL, G. J. (1993), „Measuring Brand Value with Scanner Data", International Journal of Research in Marketing, Vol. 10, No. 1, pp. 9 - 22.

KANTER, D. L. (1981), „It Could Be: Ad Trends Flowing From Europe to U.S.", Advertising Age, February 9, pp. 49 - 52.

KAPFERER, J.-N. (1992), Die Marke - Kapital des Unternehmens, Landsberg/Lech: Moderne Industrie.

KAPFERER, J.-N. (1993), Strategic Brand Management, London: Kogan Page.

KAPFERER, J.-N. (1994), Strategic Brand Management, New York: Free Press.

KAPFERER, J.-N. (1997), Strategic Brand Management, 2nd Edition, London: Kogan Page.

KAPFERER, J. N. (1998), Strategic Brand Management, Creating and Sustaining Brand Equity Long Term, 2nd Edition, London: Kogan Page.

KAPLAN, R. S.; NORTON, D. P. (1997), Balanced Scorecard: Strategien erfolgreich umsetzen, Stuttgart: Schäffer-Poeschel.

KARDES, F. R.; ALLEN, C. T. (1991), „Perceived Variability and Inferences about Brand Extensions", in: Holman, R. H.; Solomon, M. R. (Eds.) (1991), Advances in Consumer Research, Vol. 18, Provo/UT, pp. 392 - 398.

KARMASIN, H. (1993), Produkte als Botschaften, Wien: Carl Ueberreuter.

KARMASIN, H. (1994), Der Konsument im Wertewandel: Vortrag anläßlich der Tagung "Möbelhandel im Trend der Zeit", Frankfurt/Main, 21. - 22. Juni 1994.

KASSARJIAN, H. (1971), „Personality and Consumer Behavior: A Review", Journal of Marketing Research, Vol. 8, November, pp. 409 - 418.

KATONA, G. (1962), The Powerful Consumer, New York: McGraw-Hill.

KATZ, D. (1960), „The Functional Approach to the Study of Attitudes", Public Opinion Quarterly, No. 24, pp. 163 - 204.

KELLER, K. L. (1991), „Conceptualizing, Measuring and Managing Customer-Based Brand Equity", Marketing Science Institute, Report No. 91 - 123, Cambridge/MA.

KELLER, K. L. (1993), „Conceptualizing, Measuring and Managing Customer-Based Brand Equity", Journal of Marketing, Vol. 57, January, pp. 1 - 22.

KELLER, K. L. (1998), Strategic Brand Management: Building, Measuring, and Managing Brand Equity, Upper Saddle River/NJ: Prentice-Hall.

KELLER, K. L.; AAKER, D. A. (1992), „The Effects of Sequential Introduction of Brand Extensions", Journal of Marketing Research, Vol. 29, No. 1, pp. 35 - 50.

KELLER, K. L.; HECKLER, S. E.; HOUSTON, M. J. (1998), „The Effects of Brand Name Suggestiveness on Advertising Recall", Journal of Marketing, Vol. 62, No. 1, pp. 48 - 57.

KELLEY, H. H. (1986), „Personal Relationships: Their Nature and Significance", in: Gilmour, R.; Duck, S. (Eds.) (1986), The Emerging Field of Personal Relationships, Hillsdale/NJ: Lawrence Erlbaum Associates, pp. 3 - 19.

KELLEY, H. H.; BERSCHEID, E.; CHRISTENSEN, A.; HARVEY, J. H.; HUSTON, T. L.; LEVINGER, G.; MCCLINTOCK, E.; PEPLAU, L. A.; PETERSON, D. R. (1983), Close Relationships, New York: W. H. Freeman.

KELLNER, J. P. (1994), „Lifestyle-Markenstrategien", in: Bruhn, M. (Hg.) (1994), Handbuch Markenartikel, Stuttgart: Schäffer-Poeschel, S. 619 - 643.

KELZ, A. (1989), Die Weltmarke, Idstein: Schulz-Kirchner.

KEMPER, A. C. (1997), „Ingredient Branding", Die Betriebswirtschaft, 57. Jg., H. 2, S. 271 - 274.

KEMPER, A. C.; GEERDES, C. (1997), Markenpolitik im Investitionsgüterbereich, Arbeitspapier des Institut für Markt- und Distributionsforschung der Universität zu Köln, Köln.

KENNY, D.; MARSHALL, J. F. (2001), „Die Kunden im Netz wirklich erreichen: kontextuelles Marketing", Harvard Business Manager, 23. Jg., H. 3, S. 78 - 86.

KEON, J. W. (1983 a), „Copy Testing Ads for Imagery Products", Journal of Advertising Research, Vol. 23, No. 6, December, pp. 41 - 48.

KEON, J. W. (1983 b), „Product Positioning: TRINODAL Mapping of Brand Images, Ad Images, and Consumer Preference", Journal of Marketing Research, Vol. 20, November, pp. 380 - 392.

KEOUGH, D. (1994), „The Importance of Brand Power" in: Stobart, P. (Ed.) (1994), Brand Power, New York: Macmillan.

KERIN, R.; MAHAJAN, V.; VARADARAJAN, P. (1990), Strategic Market Planning, Boston: Allyn and Bacon.

KERN, W. (1962), „Bewertung von Warenzeichen", Betriebswirtschaftliche Forschung und Praxis, 14. Jg., H. 1, S. 17 - 31.

KERNER, G.; DUROY, R. (1992), Bildsprache 1, 8. Aufl., München: Don Bosco.

KESLER, L. (1987), „Extensions Leave Brand in New Area", Advertising Age, June 1, pp. S1 - S2.

KINAST, K. (1995), „Das Entstehen von Mythos und die Erstarrung einer Marke als Höhepunkt ihrer Entwicklung", Der Markt, 34. Jg., H. 2, S. 73 - 83.

KINDERVATER, J.; HÄUSLER, J. (1997), Deutsche Telekom AG: Von der Behörde zum Blue Chip. Das CI-Programm der Deutschen Telekom, Bonn: Deutsche Telekom.

KIRMANI, A.; WRIGHT, P. (1989), „Money Talks: Perceived Advertising Expense and Expected Product Quality", Journal of Consumer Research, Vol. 16, December, pp. 344 - 353.

KIRSCHNER, U. (1988), Die Erfassung der Nachfragemacht von Handelsunternehmen, Frankfurt/Main u. a.: Peter Lang.

KLAGES, H. (1984), Werteorientierungen im Wandel: Rückblick, Gegenwartsanalyse, Prognosen, Frankfurt, New York: Campus.

KLAKA, R. (1994), „Erschöpfung   und   Verwirkung   im   Licht   des Markenrechtsreformgesetzes", Gewerblicher Rechtsschutz und Urheberrecht, H. 5, S. 321 - 330.

KLEIN, G. (1993), „Handels-Marketing und Erwartungen des Handels an den Hersteller", in: Irrgang, W. (Hg.) (1993), Vertikales Marketing im Wandel, München: Vahlen, S. 104 - 122.

KLEINALTENKAMP, M. (1997), „Kooperation mit Kunden", in: Kleinaltenkamp, M.; Plinke, W. (Hg.) (1997), Geschäftsbeziehungsmanagement, Berlin: Springer, S. 219 - 275.

KLEINE, R. E. III; KLEINE, S. S.; KERNAN, J. B. (1993), „Mundane Consumption and the Self: A Social-Identity Perspective", Journal of Consumer Psychology, Vol. 2, No. 3, pp. 209 - 235.

KLEINE, S. S.; KLEINE, R. E. III; ALLEN, C. T. (1995), „How Is a Possession 'Me' or 'Not Me'? Characterizing Types and an Antecedent of Material Possession Attachment", Journal of Consumer Research, Vol. 3, December, pp. 327 - 343.

KLEINFELD, K. (1992), Corporate Identity und strategische Unternehmensführung, München: Akademischer Verlag.

KLIEMS, H. (1995), „Relativer Ähnlichkeitsbegriff bei Waren/Dienstleistungen im neuen Markenrecht?", Gewerblicher Rechtsschutz und Urheberrecht, H. 3, S. 198 - 204.

KLINGER, E. (1987), „Current Concerns and Disengagement from Incentives", in: Halish, F.; Kuhl, J. (Eds.) (1987), Motivation, Intention, and Volition, New York: Springer, pp. 337 - 347.

KNAAK, R. (1986), Demoskopische Umfragen in der Praxis des Wettbewerbs- und Warenzeichenrechts, München, Weinheim.

KOCH, G. (1995), Geschäftstreue im Konsumgüter-Einzelhandel unter besonderer Berücksichtigung der Kongruenzthese, Diss., Bochum: Brockmeyer.

KOERS, M. (2001 a), Steuerung von Markenportfolios: Ein Beitrag zum Mehrmarken-controlling am Beispiel der Automobilwirtschaft, Frankfurt/Main.

KOERS, M. (2001 b), „Markenkannibalisierung – Erfassung und Analyse im Rahmen von Wanderungsbilanzen", in: Meffert, H.; Burmann, C.; Koers, M. (Hg.) (2001), Markenmanagement – Grundfragen der identitätsorientierten Markenführung, Wiesbaden: Gabler.

KÖHLER, R. (1993), Beiträge zum Marketing-Management: Planung, Organisation, Controlling, 3. Aufl., Stuttgart: Schäffer-Poeschel.

KÖHLER, R. (1994), „Planungs- und Entwicklungsprozeß neuer Markenartikel und Markteinführung", in: Bruhn, M. (Hg.) (1994), Handbuch Markenartikel, Bd. 1, Stuttgart: Schäffer-Poeschel, S. 433 - 462.

KÖHLER, R. (1998), „Marketing-Controlling: Konzepte und Methoden", in: Reinecke, S., Tomczak, T., Dittrich, S. (Hg.) (1998), Marketingcontrolling, St. Gallen: Thexis, S. 10 - 21.

KOHLI, C.; HARICH, K. R. (1996), Branding: Strategie and International Considerations, Academy of International Business, May.

KOHLI, C.; LABAHN, D. W. (1997), „Observations: Creating Effective Brand Names: A Study of the Naming Process", Journal of Advertising Research, Vol. 37, No. 1, January/February, pp. 67 - 75.

KOLODZIEJ, M. (1998), „Zur Kultur der Beziehungen", in: Zentes, J.; Swoboda, B. (Hg.) (1998), Globales Handelsmanagement, Frankfurt/Main: Deutscher Fachverlag, S. 429 - 448.

KOMMISSION DER EUROPÄISCHEN GEMEINSCHAFTEN, STATISTISCHES AMT DER EUROPÄISCHEN GEMEINSCHAFTEN, EUROSTAT (1993) (Hg.), Der Einzelhandel im EG-Binnenmarkt 1993, Luxemburg.

KONERT, F.-J. (1986), Vermittlung emotionaler Erlebniswerte, Reihe Konsum und Verhalten, Bd. 10, Heidelberg: Physica.

KONKLE, G. (1993), „Brand Extension Licensing - Just What it Means and How it Works", The Merchandising Reporter, No. 3.

KOPPELMANN, U. (1980), „Zur Verzahnung von Beschaffungs- und Absatzprozessen in Unternehmen", Zeitschrift für betriebswirtschaftliche Forschung, 32. Jg., H. 3, S. 121 - 135.

KOPPELMANN, U. (1994), „Funktionsorientierter Erklärungsansatz der Markenpolitik", in: Bruhn, M. (Hg.) (1994), Handbuch Markenartikel, Bd. 1, Stuttgart: Schäffer-Poeschel, S. 219 - 237.

KOPPELMANN, U. (1997), Produktmarketing, 5. Aufl., Berlin u. a.: Springer.

KÖRFER-SCHÜN, P. (1988), „Melitta - Von der Produktvielfalt zur Markenkompetenz", in: Gotta, M. (Hg.) (1988), Brand News, Hamburg: Spiegel-Verlag, S. 159 - 166.

KORNOBIS, K.-J. (1993), „Von der weißen Front zum 'Markenartikel'", Markenartikel, 55. Jg., Nr. 11, S. 526 - 531.

KORNOBIS, K.-J. (1997), „Die Entwicklung von Handelsmarken - Untersuchungen und Zukunftsperspektiven im Verbrauchsgüterbereich", in: Bruhn, M. (Hg.) (1997), Handelsmarken: Entwicklungstendenzen und Zukunftsperspektiven, Stuttgart: Schäffer-Poeschel, S. 237 - 264.

KOSSLYN, S. M. (1980), Image and Mind, Cambridge/MA: Harvard University Press.

KOSSLYN, S. M.; HOLYOAK, K. J. (1982), „Imagery", in: Puff, R. C. (Ed.) (1982), Handbook of Research Methods in Human Memory and Cognition, New York etc.: Academic Press, pp. 315 - 347.

KOSSLYN, S.; KOENIG, O. (1992), Wet Mind: The New Cognitive Neuroscience, New York: Free Press.

KOTLER, P. (1988), Marketing Management, 6th Edition, Englewood Cliffs/NJ: Prentice Hall.

KOTLER, P. (1991), Marketing Management: Analysis, Planning, Implementation and Control, 7th Edition, Englewood Cliffs/NJ: Prentice Hall.

KOTLER, P.; BLIEMEL, F. (1995), Marketing-Management. Analyse, Planung, Umsetzung und Steuerung, 8. Aufl., Stuttgart: Schäffer-Poeschel.

KRAFFT, M. (1999), „Kundenwert und Kundenbindung", in: Albers, S.; Clement, M.; Peters, K. (Hg.) (1999), Marketing mit interaktiven Medien, 2. Aufl., Frankfurt/Main: F.A.Z. Institut, S. 165 - 178.

KRAFT, A. (1978), „Markenrecht und Markenschutz", in: o. V. (Hg.) (1978), Markenartikel heute, Wiesbaden: Gabler, S. 85 - 109.

KRALJIC, P. (1984), „From purchasing to supply management", The McKinsey Quarterly, Spring, pp. 2 - 17.

KRAMER, D. (1998), Fine-Tuning von Werbebildern, Wiesbaden: Gabler.

KRAMPEN, M. (1986), „Thematische Vorgaben als Bedingungen der Farbvariation in abstrakten Bildkompositionen", in: Espe, H. (Hg.) (1986), Visuelle Kommunikation: Empirische Analysen, Hildesheim u. a.: Georg Olms.

KREUTZER, R. (1989), Global Marketing: Konzeption eines länderübergreifenden Marketing, Wiesbaden: Deutscher Universitäts-Verlag.

KROEBER-RIEL, W. (1980), Konsumentenverhalten, 2. Aufl., München: Vahlen.

KROEBER-RIEL, W. (1984), „Zentrale Probleme auf gesättigten Märkten", Marketing ZFP, 6. Jg., H. 3, S. 210 - 214.

KROEBER-RIEL, W. (1985), „Weniger Information, mehr Erlebnis, mehr Bild" Absatzwirtschaft, 28. Jg., Nr. 3, S. 84 - 97.

KROEBER-RIEL, W. (1986 a), „Die inneren Bilder von Konsumenten: Messung - Verhaltenswirkung - Konsequenzen für das Marketing", Marketing ZFP, 6. Jg., H. 2, S. 81 - 96.

KROEBER-RIEL, W. (1986 b), „Innere Bilder: Signale für das Kaufverhalten", Absatzwirtschaft, 29. Jg., H. 1, S. 50 - 57.

KROEBER-RIEL, W. (1986 c), „Erlebnisbetontes Marketing", in: Belz, C. (Hg.) (1986), Realisierung des Marketing, Festschrift für Prof. Dr. Weinhold-Stünzi, Savosa, St. Gallen, S. 1138 - 1151.

KROEBER-RIEL, W. (1989), „Das Suchen nach Erlebniskonzepten für das Marketing: Grundlagen für den sozialtechnischen Forschungs- und Entwicklungsprozeß", in: Specht, G.; Silberer, G.; Engelhardt, W. H. (1989), Marketing-Schnittstellen: Herausforderungen für das Management, Stuttgart: Schäffer-Poeschel, S. 247 - 263.

KROEBER-RIEL, W. (1991), „Kommunikationspolitik: Forschungsgegenstand und Forschungsperspektive", Marketing ZFP, 13. Jg., H. 3, S. 164 - 171.

KROEBER-RIEL, W. (1992 a), „Bildkommunikation - Strategien und Techniken der Werbung", Werbeforschung & Praxis, 37. Jg., H. 3, S. 78 - 80.

KROEBER-RIEL, W. (1992 b), „Globalisierung der Euro-Werbung - Ein konzeptioneller Ansatz der Konsumentenforschung", Marketing ZFP, 14. Jg., H. 4, S. 261 - 267.

KROEBER-RIEL, W. (1992 c), Konsumentenverhalten, 5. Aufl., München: Vahlen.

KROEBER-RIEL, W. (1993 a), Strategie und Technik der Werbung, 5. Aufl., Stuttgart u. a.: Kohlhammer.

KROEBER-RIEL, W. (1993 b), Bildkommunikation, München: Vahlen.

KROEBER-RIEL, W. (1994), „Bildkommunikation (Visuelle Kommunikation)", in: Diller, H. (Hg.) (1994), Marketing Lexikon, München: Deutscher Taschenbuchverlag, S. 118 - 121.

KROEBER-RIEL, W. (1995), „Werbung", in: Tietz, B.; Köhler, R.; Zentes, J. (Hg.) (1995), Handwörterbuch des Marketing, Stuttgart: Schäffer-Poeschel, Sp. 2692 - 2703.

KROEBER-RIEL, W. (1996), Bildkommunikation, München: Vahlen.

KROEBER-RIEL, W.; ESCH, F.-R. (2000), Strategie und Technik der Werbung, 5. Aufl., Stuttgart u.a.: Kohlhammer.

KROEBER-RIEL, W.; WEINBERG, P. (1999), Konsumentenverhalten, 7. Aufl., München: Vahlen.

KROEBER-RIEL, W.; ESCH, F.-R.; JUNG, H. (1994), „Wirkungen von Gefängnisfassaden: Theoretische Ansätze, empirische Ergebnisse und rechtspolitische Folgerungen", in: Monatsschrift für Kriminologie und Strafrechtsreform, 77. Jg., H. 3, S. 156 - 172.

KÜHN, R. (1979), „Marketing-Mix", in: Poth, L. G. (Hg.) (1979), Marketing, Loseblatt-sammlung, Neuwied: Luchterhand.

KÜHN, R.; FASNACHT, F. (1992), „Strategisches Audit im Marketing", Thexis, 9. Jg., H. 5, S. 4 - 10.

KÜLLER, R.; MIKELLIDES, B. (1993), „Simulated Studies of Color, Arousal, and Comfort", in: Marans, R. W.; Stokols, D. (Eds.) (1993), Environmental Simulation: Research and Policy Issues, New York, London: Plenum Press, pp. 163 - 190.

KUNKEL, R. (1977), Vertikales Marketing im Herstellerbereich, Diss., München: Florentz.

KUR, A. (1989), „Verwechslungsgefahr und Irreführung - zum Verhältnis von Markenrecht und § 3 UWG", Gewerblicher Rechtsschutz und Urheberrecht, H. 4, S. 240 - 250.

KUR, A. (1994), „Internationale Aspekte des Schutzrechtsmanagements", in: Bruhn, Manfred (Hg.) (1994), Handbuch Markenartikel, Stuttgart: Schäffer-Poeschel, S. 1861 - 1889.

KURZ, H. (1998), „Determinanten der Akzeptanz von Firmenauftritten im Internet", Der Markt, 37. Jg., H. 3+4, S. 215 - 226.

KUß, A. (1994), „Analyse von Kundenwünschen mit Hilfe von ‚Means-End-Chains'", in: Tomczak, T.; Belz, C. (Hg.) (1994), Kundenwünsche realisieren, St. Gallen: Thexis, S. 251 - 262.

KUTZ, O. (2000), Strategisches Lizenzmarken-Management, München: Hampp.

- L -

LADEMANN, R. (1993), „Europa gibt dem Handel Impulse: Die Internationalisierung der Ernährungswirtschaft", Lebensmittelzeitung, 30.4.1993, S. 87 - 88.

LADEMANN, R. (1996), Marktstruktur und Wettbewerb in der Ernährungswirtschaft, Göttinger Handelswissenschaftliche Schriften, Bd. 44, Göttingen: GHS.

LAFORET, S.; SAUNDERS, J. (1994), „Managing Brand Portfolios: How The Leaders Do It", Journal of Advertising Research, Vol. 34, No. 5, pp. 64 - 76.

LAFORET, S.; SAUNDERS, J. (1999), „Managing Brand Portfolios: Why Leaders Do What They Do", Journal of Advertising Research, Vol. 39, No. 1, pp. 51 - 66.

LAKOFF, G. (1985), Women, Fire and Dangerous Things, Chicago: University of Chicago Press.

LANDIS, S.; POSTEN, R. (1990), The New Gold Rush - Brand Equity & Product Positioning Strategies for the 90s and Beyond, Jupiter/FL: Sutter Mill Publishing.

LANE, J. D.; WEGNER, D. M. (1995), „Secret Relationships: The Back Alley to Love", in: Erber, R.; Gilmour, R. (Eds.) (1995), Theoretical Frameworks for Personal Relationships, Hillsdale/NJ: Lawrence Erlbaum Associates, pp. 67 - 85.

LANE, V.; JACOBSON; R. (1997), „The Reciprocal Impact of Brand Leveraging: Feedback Effects from Brand Extension Evaluation to Brand Evaluation", Marketing Letters, Vol. 8, No. 3, pp. 261 - 271.

LAROCHE, M.; BRISOUX, J. E. (1981), A Test of Competitive Effects in the Relationships Among Attitudes and Intentions, Working Paper, Concordia University Montreal.

LASS, U.; LÜER, G.; SCHEMAT, S. (1993), „Storing Abstract Visual Forms in Memory", in: D'Ydewalle, G.; Rensbergen van, J. (Eds.) (1993), Perception and Cognition: Advances in Eye-Movement Research, Amsterdam etc.: Elsevier Science Publishers.

LATOUR, S. (1992), „Der treffende Name: Ein strategischer Faktor für den internationalen Erfolg", Markenartikel, 54. Jg., H. 4, S. 140 - 145.

LATOUR, S. (1996), Namen machen Marken, Frankfurt/Main: Campus.

LATOUR, S. A.; PEAT, N. C. (1979), „Conceptual and Methodological Issues in Consumer Satisfaction Research", in: Wilkie, W. (Ed.) (1979), Advances in Consumer Research, Vol. 6, Ann Arbor: Association for Consumer Research, pp. 431 - 437.

LAURENT, G.; KAPFERER, J.-N. (1985), „Measuring Consumer Involvement Profiles", Journal of Marketing Research, Vol. 22, February, pp. 41 - 53.

LAURENT, M. (1996), Vertikale Kooperationen zwischen Industrie und Handel, Frankfurt/Main: Deutscher Fachverlag.

LEAVITT, C. (1989), „The structure and maintenance of well-established brand images", Working Paper No. 89-7, College of Business, The Ohio State University, Columbus/OH.

LECLERC, F.; SCHMITT, B. H.; DUBÉ, L. (1994), „Foreign Branding and its Effects on Product Perceptions and Attitudes", Journal of Marketing Research, Vol. 31, May, pp. 263 - 270.

LEEST, U. (1996), „Werbewahrnehmung und Werbeakzeptanz im Internet", Planung & Analyse, H. 6/1996, S. 24 - 25.

LEHMANN, D. (1996), „Another Cup of Coffee: The View from Different Frames", in: Corfman, K.; Lynch, J. (Hg.) (1996), Advances in Consumer Research, Vol. 23, Provo/UT: Association for Consumer Research, p. 309.

LEITHERER, E. (1954), Die Entwicklung des Markenwesens, (Wiederabdruck 1988), Wiesbaden: Markenartikel Verlag.

LENZEN, W. (1984), Die Beurteilung von Preisen durch den Konsumenten: Eine empirische Studie zur Verarbeitung von Preisinformationen des Lebensmitteleinzelhandels, Thun u. a.: Deutsch.

LEVERMANN, T. (1994), Entwicklung eines Expertensystems zur Beurteilung der strategischen Durchsetzung von Werbung, Dissertation an der Universität des Saarlandes, Saarbrücken.

LEVINGER, G. (1983), „Development and Change", in: Kelley, H. H. et al. (Eds.) (1983), Close Relationships, New York: W. H. Freeman, pp. 315 - 359.

LEVINGER, G. (1995), „Figure versus Ground: Micro- and Macroperspectives on the Social Psychology of Personal Relationships", in: Erber, R.; Gilmour, R. (Eds.) (1995), Theoretical Frameworks for Personal Relationships, Hillsdale/NJ: Lawrence Erlbaum Associates, pp. 1 - 28.

LEVINSON, D. J. (1977), „The Mid-Life Transition: A Period in Adult Psychosocial Development", Psychiatry, Vol. 40, May, pp. 99 - 112.

LEVINSON, D. J.; LEVINSON, J. D. (1996), Seasons of a Woman 's Life, New York: Knopf.

LEVY, J. M.; TYBOUT, A. M. (1989), „Schema Congruity as a Basis for Product Evaluation", Journal of Consumer Research, Vol. 16, June, pp. 39 - 49.

LEVY, S. J. (1959), „Symbols for Sales", Harvard Business Review, Vol. 37, No. 4, pp. 117 - 124.

LEVY, S. J. (1978), Marketplace Behavior - Its Meaning for Management, New York: Amacom.

LEVY, S. J. (1985), „Dreams, Fairy Tales, Animals and Cars", Psychology & Marketing, 2. Jg., No. 2, pp. 67 - 81.

LEWIS, R. A.; SPANIER, G. (1979), „Theorizing about the Quality and Stability of Marriage", in: Burr, W. et al. (Eds.) (1979), Contemporary Theories about the Family, Vol. 2, New York: Free Press, pp. 268 - 294.

LEWIS, R. W. (1996), Absolut Book: The Absolut Vodka Advertising Story, Boston: Charles Tuttle Co.

LIEDTKE, A. (1994), „Der Wechsel des Markennamens", in: Bruhn, M. (Hg.) (1994), Handbuch Markenartikel, Bd. 2, Stuttgart: Schäffer-Poeschel, S. 791 - 812.

LIM, J.-S.; KIM, J. (1992), „Impact of Consumers' Confidence in Judgments About Missing Information on Product Evaluations", Journal of Business Research, Vol. 25, December, pp. 215 - 229.

LINDNER, A. (1996), „ECR Europe ergreift die Initiative", Lebensmittel-Zeitung, Nr. 2 vom 12. Januar 1996, S. 41 - 48.

LINGENFELDER, M. (1996), Die Internationalisierung im europäischen Einzelhandel, Berlin: Duncker & Humblot.

LINKE, D. B. (1993), Hirnverpflanzung, Reinbek: Rowohlt.

LIPPMAN, M. Z.; SHANAHAN, M. W. (1973), „Pictorial Facilitation of Paired-Associate Learning: Implications for Vocabulary Training", Journal of Educational Psychology, Vol. 64, No. 2, pp. 216 - 222.

LIPSTEIN, B. (1959), „The Dynamics of Brand Loyalty and Brand Switching", Proceedings, Fifth Annual Conference of the Advertising Research Foundation, New York.

LITTLE, B. R. (1989), „Personal Projects Analysis: Trivial Pursuits, Magnificent Obsessions, and the Search for Coherence", in: Buss, D.; Cantor, N. (Eds.) (1989), Personality Psychology: Recent Trends and Emerging Directions, New York: Springer, pp. 15 - 31.

LÖJMER, M. (1993), „Discountwelle überrollt Europa", Absatzwirtschaft, 36. Jg., Nr. 5, S. 50 - 61.

LOKEN, B.; ROEDDER JOHN, D. (1993), „Diluting Brand Beliefs: When do Brand Extensions Have a Negative Impact?", Journal of Marketing, Vol. 57, July, pp. 71 - 84.

LOKEN, B.; WARD, J. (1987), „Measures of attribute structure underlying product typicality", in: Wallendorf, M.; Anderson, P. F. (Eds.) (1987), Advances in Consumer Research, Vol. 14, Provo/UT: Association for Consumer Research, pp. 22 - 28.

LOKEN, B.; WARD, J. (1990), „Alternative Approaches to Understanding the Determinants of Typicality", Journal of Consumer Research, Vol. 17, No. 2, pp. 111 - 126.

LUTZ, K. A.; LUTZ, R. J. (1977), „Effects of Interactive Imagery on Learning: Application to Advertising", Journal of Applied Psychology, Vol. 62, No. 4, pp. 493 - 498.

LUTZ, R. J. (1979), „A Functional Theory Framework for Designing and Pretesting Advertising Themes", in Maloney, J. C.; Silverman, B. (Eds.) (1979), Attitude Research Plays for High Stakes, Chicago: American Marketing Association, pp. 37 - 49.

LYDON, J.; ZANNA, M. (1990), „Commitment in the Face of Adversity: A Value-Affirmation Approach", Journal of Personality and Social Psychology, Vol. 58, June, pp. 1040 - 1047.

- M -

M+M EURODATA (1998), „Die Großen des Handels", in: http://www.lz-net.de/marketfacts/top30leh.

M+M GESELLSCHAFT FÜR UNTERNEHMENSBERATUNG UND INFORMATIONSSYSTEME MBH (1997) (Hg.), M+M Top-Firmen 1997 - Strukturen, Umsätze und Vertriebslinien des Lebensmittelhandels Food/Nonfood in Deutschland, Frankfurt/Main.

MACADAMS, D. P. (1988), „Personal Needs and Personal Relationships", in: Duck, S., (Ed.) (1988), Handbook of Personal Relationships: Theory, Research, and Interventions, New York: Wiley, pp. 7 - 22.

MACINNIS, D. J.; NAKAMOTO, K. (1990), „Cognitive Associations and Product Category Comparisons: The Role of Knowledge Structure and Context", Arbeitspapier, School of Business, University of Arizona.

MACINNIS, D.; NAKAMOTO, K. (1991), „Factors that Influence Consumers' Evaluations of Brand Extensions", Working Paper, Tucson/AZ: Karl Eller Graduate School of Management.

MACKLIN, M. C. (1996), „Preschoolers' Learning of Brand Names from Visual Cues", Journal Of Consumer Research, Vol. 23, December, pp. 251 - 261.

MADAKOM (1999) (Hg.), Innovationsreport '98, Köln.

MADDOX, L. M.; MEHTA, D. (1997), „The Role and Effect of Web Addresses in Advertising", Journal of Advertising Research, 37. Jg., H. 2, S. 47 - 59.

MAGYAR, K. M.; MAGYAR, P. K. (1987), Marketingpioniere, Landsberg/Lech: Moderne Industrie.

MAHESWARAN. D.; CHAIKEN, S. (1991), „Promoting Systematic Processing in Low Motivation Settings: Effect of Incongruent Information on Processing Judgment", Journal of Personality and Social Psychology, Vol. 61, pp. 13 - 25.

MALHOTRA, N. K. (1981), „A Scale to Measure Self-Concepts, Person Concepts and Product Concepts", Journal of Marketing Research, Vol. 23, November, pp. 456 - 464.

MALHOTRA, N. K. (1988), „Self Concept and Product Choice: An Integrated Perspective", Journal of Economic Psychology, Vol. 9, pp. 1 - 28.

MALT, B. C. (1989), „An On-Line Investigation of Prototype and Exemplar Strategies in Classification", in: Journal of Experimental Psychology: Learning, Memory, and Cognition, Vol. 15, No. 4, pp. 539 - 555.

MALT, B. C.; SMITH, E. E. (1982), „The role of familarity in determing typicality", Memory and Cognition, Vol. 10, No. 1, pp. 60 - 75.

MARCIA, J. E. (1980), „Identity in Adolescence", in: Adelson, J. (Ed.) (1980), Handbook of Adolescent Psychology, New York: Wiley, pp. 159 - 187.

MARETZKI, J.; WILDNER, R. (1994), „Messung von Markenkraft", Markenartikel, 56. Jg., H. 3, S. 101 - 105.

MARKETING SCIENCE INSTITUTE (1988), Marketing Science Institute Research Topics 1988-1990, Cambridge/MA: Marketing Science Institute.

MARKUS, H. (1977), „Self-Schemata and Processing Information About the Self", Journal of Personality and Social Psychology, Vol. 35, No. 2, pp. 63 - 78.

MARKUS, H.; KITAYAMA, S. (1991), „Culture and the Self: Implications for Cognition, Emotion and Motivation", Psychology Review, Vol. 98, pp. 224 - 253.

MARKUS, H.; NURIUS P. (1986), „Possible Selves", American Psychologist, Vol. 41, September, pp. 954 - 969.

MARKUS, H.; WURF, E. (1987), „The Dynamic Self-Concept: A Social Psychological Perspective", Annual Review of Psychology, Vol. 38, No. 2, pp. 299 - 337.

MARR, S. L.; CROSBY, L. A. (1993), „Customer Satisfaction Measurement", Working Paper Series Marketing Research Technique, American Marketing Association, Chicago, Illinois.

MARTINO, H. D. (1995), „Fragen zur Handelsmarke", Markenartikel, 57. Jg., H. 7, S. 329 - 332.

MARX, K. (1867/1957), Das Kapital: Kritik der politischen Ökonomie, Stuttgart: Kröners Taschenausgabe.

MASLOW, A. (1970), Motivation and Personality, New York: Harper & Row.

MASSY, W. F.; FRANK, R. E.; LODAHL, T. M. (1968), Purchasing Behavior and Personal Attributes, Philadelphia: University of Pennsylvania Press.

MATEJCEK, K (2000), Newsletter und Mailinglisten: Marketing per E-Mail, Wien: Ueberreuter.

MATTHEWS, S. (1986), Friendships through the Life Course: Oral Biographies in Old Age, Vol. 161, Beverly Hills/CA: Sage Library of Social Research.

MAUCHER, H. O.; BRABECK-LETHMATHE, P. (1991), „Auswirkungen des gemeinsamen Marktes auf die Möglichkeit regionaler Produkt- und Preisdifferenzierung dargestellt am Beispiel der Nahrungsmittelindustrie", Zeitschrift für betriebswirtschaftliche Forschung, 43. Jg., Nr. 12, S. 1108 - 1127.

MCARTHUR, D. N.; GRIFFIN, T. (1997), „A Marketing Management View of Integrated Marketing Communications", Journal of Advertising Research, Vol. 37, September/October, pp. 19 - 26.

MCCLELLAND, D. (1951), Personality, New York: Dryden Press.

MCCONNELL, J. D. (1968), „The Development of Brand Loyalty: An Empirical Study", Journal of Marketing Research, Vol. 5, No. 1, pp. 13 - 19.

McCracken, G. (1986), „Culture and Consumption: A Theoretical Account of the Structure and Movement of the Cultural Meaning of Consumer Goods“, Journal of Consumer Research, Vol. 13, June, pp. 71 - 84.

McCracken, G. (1988), Culture and Consumption: New Approaches to the Symbolic Character of Consumer Goods and Activities, Bloomington: Indiana University Press.

McCracken, G. (1989), „Who Is the Celebrity Endorser? Cultural Foundations of the Endorsement Process“, Journal of Consumer Research, Vol. 16, No. 3, pp. 310 - 321.

McCracken, G. (1993), „The Value of the brand: an Anthropological Perspective“, in: Aaker, D. A.; Biel, A. L. (Eds.) (1993), Brand Equity & Advertising: Advertising's Role in Building Strong Brands, Hillsdale/NJ: Lawrence Erlbaum Associates, pp. 125 - 139.

McDougall, W. (1911), Body and Mind: A History and Defense of Animism, New York: Macmillan.

McDowel, M. S.; Doyle, P.; Wong, V. (1997), „An Exploration of Branding in Industrial Markets“, Industrial Marketing Management, Vol. 26, No. 5, pp. 433 - 446.

McGrath, M. A.; Sherry J. (1993), „Giving Voice to the Gift: The Use of Projective Techniques to Recover Lost Meanings“, Journal of Consumer Psychology, Vol. 2, No. 2, pp. 171 - 191.

McKinsey Corp. (1990), The Luxury Industry, Paris: McKinsey.

McNeal, J. U.; Zeren, L. M. (1981), „Brand Name Selection for Consumer Products“, MSU Business Topics, Spring, pp. 35 - 39.

McNeal, J. U.; McDaniel, S.; Smart, D. (1983), „The Brand Repertoire: Its Content and Organization“, AMA Educators, Proceedings, Series #49. Chicago: American Marketing Association, pp. 92 - 96.

Meer, D. (1995), „System Beaters, Brand Loyals, and Deal Shoppers: New Insights into the Role of Brand and Price“, Journal of Advertising Research, Vol. 35, May/June, pp. RC-2 - RC-7.

Meffert, H. (1984), „Thesen zur marktorientierten Führung in stagnierenden und gesättigten Märkten“, Marketing ZFP, 6. Jg., H. 3, S. 215 - 220.

Meffert, H. (1988 a), „Markenstrategien als Waffe im Wettbewerb“, in: Henzler, H. A. (Hg.) (1988), Handbuch Strategische Führung, Wiesbaden: Gabler, S. 581 - 610.

Meffert, H. (1988 b), „Markenstrategien im Wettbewerb“, in: Meffert, H. (Hg.) (1988), Strategische Unternehmensführung und Marketing, Wiesbaden: Gabler, S. 115 - 138.

Meffert, H. (1988 c), Strategische Unternehmensführung und Marketing, Wiesbaden: Gabler.

MEFFERT, H. (1992 a), „Marketing-Theorie", in: Diller, H. (Hg.) (1992), Vahlens Großes Marketing Lexikon, München: Vahlen, S. 698 - 702.

MEFFERT, H. (1992 b), „Strategien zur Profilierung von Marken", in: Dichtl, E.; Eggers, W. (Hg.) (1992), Marke und Markenartikel als Instrumente des Wettbewerbs, München: Beck, S. 129 - 156.

MEFFERT, H. (1994 a), „Entscheidungsorientierter Ansatz der Markenpolitik", in: Bruhn, M. (Hg.) (1994), Handbuch Markenartikel, Bd. 1, Stuttgart: Schäffer-Poeschel, S. 173 - 197.

MEFFERT, H. (1994 b), Marketing-Management - Analyse, Strategie, Implementierung, Wiesbaden: Gabler.

MEFFERT, H. (1998), Marketing - Grundlagen marktorientierter Unternehmensführung, 8. Aufl., Wiesbaden: Gabler.

MEFFERT, H. (2000), Marketing - Grundlagen marktorientierter Unternehmensführung, 9. Aufl., Wiesbaden: Gabler.

MEFFERT, H.; BRUHN, M. (1981), „Beschwerdeverhalten und Zufriedenheit von Kunden", Die Betriebswirtschaft, 41. Jg., H. 4, S. 597 - 613.

MEFFERT, H.; BRUHN, M. (1984), Markenstrategien im Wettbewerb: Empirische Untersuchungen zur Akzeptanz von Hersteller-, Handels- und Gattungsmarken (No Names), Wiesbaden: Gabler.

MEFFERT, H.; BURMANN, C. (1996 a), „Identitätsorientierte Markenführung", Markenartikel, 58. Jg., H. 8, S. 373 - 380.

MEFFERT, H.; BURMANN, C. (1996 b), „Identitätsorientierte Markenführung - Grundlagen für das Management von Markenportfolios", Arbeitspapier Nr. 100 der Wissenschaftlichen Gesellschaft für Marketing und Unternehmensführung e.V., Meffert, H.; Wagner, H.; Backhaus, K. (Hg.) (1996), Münster.

MEFFERT, H.; BURMANN, C. (1998 a), „Abnutzbarkeit und Nutzungsdauer von Marken - Ein Beitrag zur steuerlichen Behandlung von Warenzeichen", Arbeitspapier Nr. 118 der Wissenschaftlichen Gesellschaft für Marketing und Unternehmensführung e.V., Meffert, H.; Backhaus, K. (Hg.) (1998), Münster.

MEFFERT, H.; BURMANN, C. (1998 b), „Abnutzbarkeit und Nutzungsdauer von Marken - Ein Beitrag zur steuerlichen Behandlung von Warenzeichen", in: Meffert, H.; Krawitz, N. (Hg.) (1998), Unternehmensrechnung und -besteuerung - Grundfragen und Entwicklung, Wiesbaden: Gabler, S. 75 - 126.

MEFFERT, H.; BURMANN, C. (2001 a), „Theoretisches Grundkonzept der identitätsorientierten Markenführung", in: Meffert, H.; Burmann, C.; Koers, M. (Hg.) (2001), Markenmanagement – Grundfragen der identitätsorientierten Markenführung, Wiesbaden: Gabler.

MEFFERT, H.; BURMANN, C. (2001 b), „Wandel in der Markenführung – vom instrumentellen zum identitätsorientierten Markenverständnis", in: Meffert, H.; Burmann, C.; Koers, M. (Hg.) (2001), Markenmanagement – Grundfragen der identitätsorientierten Markenführung, Wiesbaden: Gabler.

MEFFERT, H.; GILOTH, M. (2001), „Aktuelle markt- und unternehmensbezogene Herausforderungen an die Markenführung", in: Meffert, H.; Burmann, C.; Koers, M. (Hg.) (2001), Markenmanagement – Grundfragen der identitätsorientierten Markenführung, Wiesbaden: Gabler.

MEFFERT, H.; HEINEMANN, G. (1990), „Operationalisierung des Imagetransfers", Marketing ZFP, 12. Jg., H. 1, S. 5 - 10.

MEFFERT, H.; KIRCHGEORG, M. (1990) (Hg.), Marktorientierte Unternehmensführung im Europäischen Binnenmarkt, Stuttgart: Poeschel.

MEFFERT, H.; KOERS, M. (2001), „Identitätsorientiertes Markencontrolling – Grundlagen und konzeptionelle Ausgestaltung", in: Meffert, H.; Burmann, C.; Koers, M. (Hg.) (2001), Markenmanagement – Grundfragen der identitätsorientierten Markenführung, Wiesbaden: Gabler.

MEFFERT, H.; PERREY, J. (1998), „Mehrmarkenstrategien - Ein Beitrag zum Management von Markenportfolios, Arbeitspapier Nr. 121 der Wissenschaftlichen Gesellschaft für Marketing und Unternehmensführung e.V.", Meffert, H.; Backhaus, K. (Hg.) (1998), Münster.

MEFFERT, H.; BURMANN, C.; KOERS, M. (2001 a), „Managementkonzept der identitätsorientierten Markenführung", in: Meffert, H.; Burmann, C.; Koers, M. (Hg.) (2001), Markenmanagement – Grundfragen der identitätsorientierten Markenführung, Wiesbaden: Gabler.

MEFFERT, H.; BURMANN, C.; KOERS, M. (2001 b), „Stellenwert und Gegenstand des Markenmanagements", in: Meffert, H.; Burmann, C.; Koers, M. (Hg.) (2001), Markenmanagement – Grundfragen der identitätsorientierten Markenführung, Wiesbaden: Gabler.

MEFFERT, H.; PERREY, J.; KOERS, M. (1998), „Koordination und Steuerung von Markenstrategien - Struktur, Bausteine und Prozeß eines Markencontrolling, Arbeitspapier der Wissenschaftlichen Gesellschaft für Marketing und Unternehmensführung e.V.", Meffert, H.; Backhaus, K. (Hg.) (1998), Münster.

MEHRABIAN, A. (1987), Räume des Alltags - Wie die Umwelt unser Verhalten bestimmt, 2. Aufl., Frankfurt/Main: Campus.

MEIER, H.-J. (1998), „Werbung provoziert und regt zum Kauf an", Horizont, H. 1/2, S. 23.

MEI-FOLTER, A. (1992), „Zwischen national und global", in: Lebensmittel-Zeitung (Hg.) (1992), EG-Binnenmarkt: Perspektiven, Strategien, Konzepte, 2. Ausgabe, Frankfurt/Main: Deutscher Fachverlag, S. 104 - 107.

MEISSNER, H.-G. (1992), „Dynamik des Marketing in Europa", in: Meissner, H.-G.; Simmet, H. (Hg.) (1992), Euro-Dimensionen des Marketing, Dortmund: Fachverlag Arnold, S. 1 - 12.

MEISSNER, H.-G.; SIMMET, H. (1990), „Entwicklung und Perspektiven des internationalen Einzelhandelsmarketing", in: Trommsdorff, V. (Hg.) (1990), Handelsforschung 1990 - Internationalisierung im Handel, Berlin: Gabler, S. 27 - 43.

MEISSNER, H.-G.; SIMMET, H. (1992) (Hg.), Euro-Dimensionen des Marketing, Dortmund: Fachverlag Arnold.

MEISTER, H. E. (1993), Marke und Recht, Wiesbaden: Markenartikel Verlag.

MEISTER, H. E. (1995), „Besuch im Europäischen Markenamt", Markenartikel, 57. Jg., H. 6, S. 290 - 291.

MEISTER, H. E. (1995 a), „Die Verteidigung von Marken. Eine Skizze zum neuen Recht", Wettbewerb in Recht und Praxis, H. 5, S. 366 - 377.

MELLEROWICZ, K. (1963), Markenartikel - Die ökonomischen Gesetze ihrer Preisbildung und Preisbindung, München, Berlin: Beck.

MELZER-LENA, B. (1995), „Frühe Marken-Positionierung", in: Brandmeyer, K.; Deichsel, A.; Otte, T. (Hg.) (1995), Jahrbuch Markentechnik, Frankfurt: Deutscher Fachverlag, S. 13 - 20.

MERBOLD, C. (1990), „Marken-Status bei Investitionsgütern", Markenartikel, 52. Jg., H. 9, S. 408 - 409.

MERBOLD, C. (1991), „Marken-Wirkungen bei Investitionsgütern", Marktforschung & Management, 5. Jg., H. 9, S. 109 - 112.

MERBOLD, C. (1995), „Die Investitionsgüter-Marke", Markenartikel, 57. Jg., H. 9, S. 414 - 417.

MERTEN, K. (1995), Inhaltsanalyse: Einführung in Theorie, Methoden und Praxis, Opladen: Westdeutscher Verlag.

MERVIS, C. B.; ROSCH, E. (1981), „Categorization of natural objects", Annual Review of Psychology, Vol. 32, pp. 89 - 115.

MESDAG, M. VON (1984), „Warum stehen Marken in Europa unter Druck?", Absatzwirtschaft, 27. Jg., Nr. 10, S. 134 - 143.

MEYER, A.; MAIER, M. (1997), „Alle Banken sind gleich. Was leisten Marken?", Absatzwirtschaft, 40. Jg., Sondernummer Oktober 1997, S. 102 - 107.

MEYER, A.; OEVERMANN, D. (1995), „Kundenbindung", in: Tietz, B.; Köhler, R.; Zentes, J. (Hg.) (1995), Handwörterbuch des Marketing, 2. Aufl., Stuttgart: Schäffer-Poeschel, Sp. 1340 - 1351.

MEYER, S. (1999), „Die fühlbare Marke", Absatzwirtschaft, 42. Jg., H. 2, S. 88 - 93.

MEYERS-LEVY, J. (1989), „The Influence of a Brand Name's Association Set Size and Word Frequency on Brand Memory", Journal of Consumer Research, Vol. 16, No. 2, pp. 197 - 207.

MICHAEL, B. M. (1994 a), „Die Marke ist tot. Es lebe die Marke!", Markenartikel, 56. Jg., H. 1, S. 22 - 25.

MICHAEL, B. M. (1994 b), Herstellermarken und Handelsmarken ... wer setzt sich durch?, Grey Gruppe Deutschland, Düsseldorf.

MICHAEL, B. M. (1997), „Tops oder Flops? Was wird im nächsten Millenium aus den Marken?", Absatzwirtschaft, 40. Jg., Sondernummer Oktober, S. 156 - 159.

MICHAEL, B. M. (1999), Laudatio Deutscher Marketing-Preis 1999 an Volkswagen AG, Kongressdokumentation vom Deutschen Marketing Verband des 27. Deutschen Marketing-Tag am 29. Oktober 1999 in Frankfurt unter dem Thema „Chancen im 3. Jahrtausend. Information managen – Zukunft gestalten", S. 47.

MICK, D.; BUHL, C. (1992), „A Meaning-Based Model of Advertising Experiences", Journal of Consumer Research, Vol. 19, December, pp. 317 - 338.

MICK, D.; FOURNIER, S. (1998), „Paradoxes of Technology: Consumer Cognitions, Emotions, and Coping Strategies", Journal of Consumer Research, Vol. 25, No. 2, pp. 123 - 143.

MICRO COMPACT CAR AG (1998) (Hg.), Smart Buch, Biel/Schweiz: Micro Compact Car AG.

MILARDO, R. M. (1992), „Comparative Methods for Delineating Social Networks", Journal of Social and Personal Relationships, Vol. 9, pp. 447 - 461.

MILARDO, R. M.; WELLMAN, B. (1992), „The Personal Is Social", Journal of Social and Personal Relationships, Vol. 9, pp. 339 - 342.

MILBERG, S. (1999), Positive Effects of Brand Extensions: Expanding Product Category Associations and Bounderies, Georgetown University, Washington/DC.

MILBERG, S.; PARK, C. W.; MCCARTHY, M. S. (1997), „Managing Negative Feedback Effects Associated with Brand Extensions: The Impact of Alternative Branding Strategies", Journal of Consumer Psychology, Vol. 6, No. 2, pp. 119 - 140.

MILLER, D. (1995), Acknowledging Consumption: A Review of New Studies, London: Routledge.

MILLER, G. A.; JOHNSON-LAIRD, P. N. (1976), Language and Perception, Cambridge: Cambridge University Press.

MITRA, A. (1995), „Advertising and The Stability of Consideration Sets Over Multiple Purchase Occasions", International Journal of Research in Marketing, Vol. 12, No. 1, pp. 81 - 94.

MÖHLENBRUCH, D. (1992), „Artikelbezogene Sortimentskontrolle", Thexis, 9. Jg., H. 4, S. 4 - 8.

MOHR, R. (1994), „Die Mitgift der Braut: Rover bietet BMW ungeahnte Expansions-chancen", Markenartikel, 56. Jg., H. 5, S. 230 - 234.

MONOPOLKOMMISSION (1994) (Hg.), Marktstruktur und Wettbewerb im Handel: Son-dergutachten gemäß § 24 b Abs. 5 Satz 4 GWB, Baden-Baden: Nomos.

MONROE, K. B.; GUILTINAN, J. P. (1975), „A Path-analytic Exploration of Retail Patron-age Influences", Journal of Consumer Research, Vol. 2, pp. 19 - 28.

MONTGOMERY, C. A.; WERNERFELT, B. (1992), „Risk Reduction and Umbrella Bran-ding", Journal of Business, Vol. 65, No. 1, pp. 31 - 50.

MOORE-SHAY, E. S.; LUTZ, R. J. (1988), „Intergenerational Influences in the Formation of Consumer Attitudes and Beliefs about the Marketplace: Mothers and Daughters", in: Houston, M. (Ed.) (1988), Advances in Consumer Research, Vol. 15, Provo/UT: Association for Consumer Research, pp. 461 - 467.

MORAN, W. T. (1978), „Insights from Pricing Research", in: Bailey, E. B. (Ed.) (1978), Pricing Practices and Strategies, New York: The Conference Board, pp. 7 - 13.

MOREIN, J. (1975), „Shift From Brand to Product Line Marketing", in: Harvard Business Review, Vol. 53, September, pp. 56 - 64.

MORGAN, R. (1990), „The Pilot Image Attribute Micromodel: a Brief Outline of Back-ground and Practice", Arbeitspapier, Research International, London, 1990.

MORIARTY, S. E. (1986), Creative Advertising: Theory and Practice, Englewood Cliffs/NJ: Prentice Hall.

MORWITZ, V. G. (1997), „Why Consumers Don't Always Predict Their Own Future Behavior", Marketing Letters, Vol. 8, No. 1, pp. 57 - 70.

MORWITZ, V. G.; STECKEL, J. H.; GUPTA, A. (1997), When Do Purchase Intentions Predict Sales?, Working Paper, Marketing Science Institute (MSI), Report No. 97 - 112 , Cambridge/MA.

MÚGICA, J. M. (1993), „Die Entwicklung des Einzelhandels in Spanien: Chancen und künftige Aussichten", in: Trommsdorff, V. (Hg.) (1993), Handelsforschung 1992/93, Handel im integrierten Europa, Jahrbuch der Forschungsstelle für den Handel (FfH) Berlin e. V.,Wiesbaden: Gabler, S. 99 - 115.

MÜHLBACHER, H. (1995), „Internationale Produkt- und Programmpolitik", in: Her-manns, A.; Wißmeier, U. K. (Hg.) (1995), Internationales Marketing-Management: Grundlagen, Strategien, Instrumente, Kontrolle und Organisation, München: Vah-len, S. 139 - 175.

MÜLLER, G.-M. (1994), „Dachmarkenstrategien", in: Bruhn, M. (Hg.) (1994), Handbuch Markenartikel, Bd. 1, S. 499 - 511, Stuttgart: Schäffer-Poeschel.

MÜLLER, W. (1997), Interkulturelle Werbung, Bd. 43, Heidelberg: Physica.

MÜLLER, W.; RIESENBECK, H. J. (1991), „Wie aus zufriedenen auch anhängliche Kunden werden", Hardvard Business Manager, 13. Jg., H. 3, S. 67 - 79.

MÜLLER-HAGEDORN, L. (1983), „Die Wahrnehmung und Verarbeitung von Preisen durch Verbraucher - ein theoretischer Rahmen", Zeitschrift für betriebswirtschaftliche Forschung, 35. Jg., H. 11/12, S. 939 - 951.

MÜLLER-HAGEDORN, L. (1993), Handelsmarketing, 2. Aufl., Stuttgart u. a.: Kohlhammer.

MÜLLER-HAGEDORN, L. (1997), „Handelsmarke oder Herstellermarke? - Überlegungen zur ökonomischen Effizienz", in: Bruhn, M. (Hg.) (1997), Handelsmarken, Stuttgart: Schäffer-Poeschel, S. 153 - 166.

MURPHY, G. L. (1988), „Comprehending Complex Concepts", Cognitive Science, Vol. 12, No. 4, pp. 529 - 562.

MURPHY, G. L.; MEDIN, D. L. (1985), „The Role of Theories in Conceptual Coherence", Psychological Review, Vol. 92, No. 3, pp. 289 - 316.

MURPHY, J. (1987), „Branding: The Game of the Name", Marketing, 23. April, S. 7 - 9.

MURPHY, J. M. (1990), Brand Strategy, Cambridge: Director Books.

MURRAY, A. H.; BARRETT, W. G.; HOMBURGER, E. (1938), Explorations in Personality: a clinical and experimental study of fifty men of collage age, by the workers at the Harvard psychological clinic, New York et al.: Oxford University Press.

MURRAY, S. L.; HOLMES, J. G.; GRIFFIN D. W. (1996), „The Benefits of Positive Illusions: Idealization and the Construction of Satisfaction in Close Relationships", Journal of Personality and Social Psychology, Vol. 70, January, pp. 79 - 98.

MUSIOL, K. G. (1997), „Mit den Augen des Verbrauchers - Markenführung - eine dauerhafte Herausforderung", Planung & Analyse, 24. Jg., Nr. 1, S. 42 - 44.

MUTHUKRISHNAN, A. V.; WEITZ, B. A. (1990), „Role of Product Knowledge in Brand Extensions", in: Goldberg, M. E.; Gorn, G.; Pollay, R. W. (Eds.) (1990), Advances in Consumer Research, Vol. 17, Provo/UT: Association for Consumer Research, pp. 407 - 413.

- N -

NAISBITT, J.; ABURDENE, P. (1991), Megatrends 2000 - Zehn Perspektiven für den Weg ins nächste Jahrtausend, Düsseldorf: ECON.

NARAYANA, C. L.; MARKIN, R. J. (1975), „Consumer Behavior and Product Performance: An Alternative Conceptualization", Journal of Marketing, Vol 39, pp. 1 - 6.

NEDUNGADI, P. (1990), „Recall and Consumer Consideration Sets: Influencing Choice without Altering Brand Evaluations", in: Journal of Consumer Research, Vol. 17, No. 3, pp. 263 - 276.

NEDUNGADI, P.; HUTCHINSON, J. W. (1985), „The Prototypycality of Brands: Relationships with Brand Awareness, Preference, and Usage", in: Hirschmann, E. C.; Holbrook, M. B. (Eds.) (1985), Advances in Consumer Research, Vol. 12, Provo/UT: Association for Consumer Research, pp. 498 - 503.

NEIBECKER, B. (1985), Konsumentenemotionen - Messung durch computergestützte Verfahren, Würzburg, Wien: Physica.

NEIMEYER, G. J.; NEIMEYER, R. A. (1985), „Relational Trajectories: A Personal Construct Contribution", Journal of Social and Personal Relationships, Vol. 2, pp. 325 - 349.

NELSON, P. (1970), „Information and Consumer Behavior," Journal of Political Economy, Vol. 78, March/April, pp. 311 - 329.

NELSON, P. (1974), „Advertising as Information", Journal of Political & Economy, Vol. 82, July/August, pp. 729 - 754.

NEMETZ, K. (1992), „Wie lernt der Konsument? III. Unbewußtes Lernen durch Konditionieren", Marketing Journal, 25. Jg., Nr. 4, S. 338 - 339.

NEUMANN, P.; VON ROSENSTIEL, L.(1981), „Die Positionierungsforschung für die Werbung", in: Tietz, B. (Hg.) (1981), Die Werbung, Bd. 2, Landsberg/Lech: Moderne Industrie, S. 767 - 837.

NEWMAN, J. W.; WERBEL, R. A. (1973), „Multivariate Analysis of Brand Loyalty for Major Household Appliances", Journal of Marketing Research, Vol. 10, November, pp. 404 - 409.

NICKEL, O. (1997), Werbemonitoring: computergestütztes Verfahren zur Konkurrenzanalyse, Wiesbaden: Gabler.

NIDA, E. A.; SMALLEY, W. (1959), Introducing Animism, New York: Friendship.

NIELSEN GMBH (1992), Brand Performancer by Nielsen. Ganzheitliche Markenführung, Fallstudie Nielsen Marketing Research, Frankfurt/Main.

NIESCHLAG, R.; DICHTL, E.; HÖRSCHGEN, H. (1994), Marketing, 17. Aufl., Berlin: Duncker & Humblot.

NISBETT, R. E.; KRANTZ, D. H.; JEPSON, C. (1983), „The Use of Statistical Heuristics in Everyday Inductive Reasoning", Psychological Review, Vol. 90, No. 4, pp. 339 - 363.

NOLTE, H. (1976), Die Markentreue im Konsumgüterbereich, Diss., Bochum: Brockmeyer.

NOMMENSEN, J. N. (1990), Die Prägnanz von Markenbildern, Reihe Konsum und Verhalten, Bd. 25, Heidelberg: Physica.

NORMAN, W. T. (1963), „Toward an Adequate Taxonomy of Personality Attribute: Replicated Factor Structure in Peer Nomination Personality Ratings", Journal of Abnormal and Social Psychology, Vol. 66, pp. 574 - 583.

NORRIS, D. G. (1992), „Ingredient Branding: A Strategy with Multiple Beneficiaries", Journal of Consumer Marketing, Vol. 9, No. 3, pp. 19 - 31.

NORRIS, D. G. (1993), „Intel Inside", Journal of Business & Industrial Marketing, Vol. 8, No. 1, pp. 14 - 24.

NYSTROEM, H. (1970), Retail Pricing: An Integrated Economic and Psychological Approach, Stockholm: EFI.

- O -

O. V. (1988), „Year of the brand", The Economist, December 24th, p. 101.

O. V. (1989 a), „Ein Leistungsbündel für Europa", Absatzwirtschaft, 32. Jg., Nr. 8, S. 12 - 18.

O. V. (1989 b), „Europäische Integration über den Ladentisch", Absatzwirtschaft, 32. Jg., Nr. 7, S. 46 - 51.

O. V. (1990 a), „Handel sieht gute Chancen für die eigene Marke", Lebensmittel Praxis, 42. Jg., Nr. 14, S. 20 - 24.

O. V. (1990 b), „Regionale Marken bleiben auch weiterhin attraktiv", Lebensmittel Praxis, 42. Jg., Nr. 14, S. 26.

O. V. (1990 c), „Stretching Brand Names", The Economist, February, pp. 21 - 23.

O. V. (1991), „Was Werbung sagt und was nicht: Inhaltliche Positionierungen und Freiräume", Absatzwirtschaft, 34. Jg., H. 7, S. 42 - 46.

O. V. (1992), „Und der Kunde spielt mit", Absatzwirtschaft, 35. Jg., H. 6, S. 66 - 70.

O. V. (1993), „Was Marken wert sind", Horizont, Nr. 37, S. 16.

O. V. (1994 a), „Spiegel-Dokumentation: Den „Europäer" gibt es nicht", Marketing-Journal, 27. Jg., Nr. 1, S. 16 - 17.

O. V. (1994 b), „Too Many Computer Names Confuse Too Many Buyers", Wall Street Journal, 29th June, p. B1.

O. V. (1995 a), „Rio Bravo für ganz Europa", Lebensmittel-Zeitung, 11.08.95, S. 6.

O. V. (1995 b), „EMD-Frühstück für Europa", Lebensmittel-Zeitung, 24.11.95, S. 12.

O. V. (1995 c), „Ein Trend schwappt über", Lebensmittel-Zeitung, 03.02.95, S. 36.

O. V. (1995 d), „Nicht nur Junge werden untreu: Markenwechsel ist keine Frage des Alters", Lebensmittel-Zeitung, Nr. 24, S. 60.

O. V. (1995 e), „Steady Growth Scene in Ad Spending over 5 Years", Marketing News, September 11, p. 3.

O. V. (1995 f), „Neue Rahmenbedingungen", in: Absatzwirtschaft, 38. Jg., H. 2, S. 22 - 23.

O. V. (1995 g), „Bundesbürger als Schnäppchenjäger", Lebensmittel-Zeitung, Nr. 49, 8.12.1995, S. 50 - 51.

O. V. (1997 a), „Fahrt ins Ungewisse", Wirtschaftswoche, 51. Jg., Nr. 19, S. 56 - 62.

O. V. (1997 b), „Strength in numbers", Industry Week, 9. July 1997, p. 102.

O. V. (1997 c), „Frostig, kühl und frisch", in: Test - Stiftung Warentest, H. 7, S. 39 - 42.

O. V. (1998 a), „Billiger Jacob", Wirtschaftswoche, 52. Jg., Nr. 9, S. 44 - 45.

O. V. (1998 b), „Völlig neue Regeln", Wirtschaftswoche, 52. Jg., Nr. 21, S. 51 - 59.

O. V. (1998 c), „Im Kaufrausch", Wirtschaftswoche, 52. Jg., Nr. 26, S. 44 - 53.

O. V. (1998 d), „Gegen den Handel ohne Chance", Lebensmittel-Zeitung, 6.3.1998, S. 58.

O. V. (1998 e), „Werbung für Konsumgüter legt deutlich zu", Horizont, H. 5, S. 22.

O. V. (1999), Autofahren in Deutschland 1999, Motor-Presse (Hg.) (1999), Stuttgart, S. 73.

O. V. (2001), „Die Trends der ISM", Horizont, 5/2001, S. 33.

O'GUINN, T.; FABER, R. (1989), „Compulsive Buying: A Phenomenological Exploration", Journal of Consumer Research, Vol. 16, September, pp. 147 - 157.

OEHME, W. (1992 a), „Handelsmarken", in: Diller, H. (Hg.) (1992), Vahlens Großes Marketing Lexikon, München, S. 401 - 402.

OEHME, W. (1992 b), Handels-Marketing, München: Vahlen.

OELSNITZ, D. V. D. (1995), „Investitionsgüter als Markenartikel", Markenartikel, 57. Jg., H. 6, S. 252 - 258.

OELSNITZ, D. V. D. (1996), „Markteintrittsbarrieren im internationalen Investitionsgütergeschäft", Thexis, 13 Jg., H. 1, S. 44 - 52.

OGIBA, E. F. (1988), „The Dangers of Leveraging", Adweek, January 4, p. 42.

OGILVIE, D. M. (1987), „The Undesired Self: A Neglected Variable in Personality Research", Journal of Personality and Social Psychology, Vol. 52, February, pp. 379 - 385.

OGILVY, D. (1951), Speech to American Marketing Association, Chicago: AMA Proceedings.

OHLWEIN, M.; SCHIELE, T. P. (1994), „Co-Branding", Wirtschaftswissenschaftliches Studium, 23. Jg., H. 11, S. 577 - 578.

OHMAE, K. (1982), The Mind of the Strategist: The Art of Japanese Business, New York: McGraw-Hill.

OLESCH, G. (1994), „Internationalisierungsstrategien der Kooperationen des Handels", Thexis, 11. Jg., Nr. 4, S. 16 - 20.

OLINS, W. (1978), The Corporate Personality - An Inquiry into the Nature of Corporate Identity, Design Council, London: Heinemann Educational.

OLINS, W. (1989), Corporate Identity, London: Thames and Hudson.

OLIVER, R. A. (1977), „Effects of Expectation and Disconfirmation on Postexposure Product Evaluations: An Alternative Interpretation", Journal of Applied Psychology, Vol. 62, No. 4, pp. 480 - 486.

OLIVER, R. A. (1980), „A Cognitive Model of the Antecedentes and Consequences of Satisfaction Decisions", Journal of Marketing Research, Vol. 17, September, pp. 460 - 469.

OLIVER, R. A. (1997), Satisfaction - A Behavioral Perspective On The Consumer, New York: McGraw Hill.

OLSCHOWY, R. C. (1994), „Die Markenbilanz als ein Instrument der Markensteuerung", Vortragsmanuskript.

OLSEN, B. (1993), „Brand Loyalty and Lineage: Exploring New Dimensions for Research", in: McAlister, L.; Rothschild, M. L. (Eds.) (1993), Advances in Consumer Research, Vol. 20, Provo/UT: Association for Consumer Research, pp. 575 - 579.

OLSEN, B. (1995), „Brand Loyalty and Consumption Patterns: The Lineage Factor", in: Sherry, J. F. (Ed.) (1995), Contemporary Marketing and Consumer Behavior, Thousand Oaks, CA: Sage, pp. 245 - 281.

OLSON, J.; ALLEN, D. (1995), „Building Bonds between the Brand and the Customer by Creating and Managing Brand Personality", Presentation to Marketing Science Institute Conference on Brand Equity and the Marketing Mix: Creating Customer Value, March 2-3, Tucson/AZ.

OLSON, J. C. (1977), „Price as an Informational Cue: Effects in Product Evaluation", in: Woodside, G.; Sheth, J. N.; Bennet, P. D., (Eds.) (1977), Consumer and Industrial Buying Behavior, New York: North Holland, pp. 267 - 286.

OLSON, J. C. (1980), „Encoding Processes: Levels of Processing and Existing Knowledge Structures", in: Olson, J. C. (Ed.) (1980): Advances in Consumer Research, Vol. 7, Ann Arbor: Association for Consumer Research, pp. 154 - 160.

OLSON, J. C.; JACOBY, J. (1972), „Cue Utilisation in the Quality Perception Process", in: Venkatesan, M. (Ed.) (1972), Advances in Consumer Research, Vol. 3, Iowa City/IA: Association for Consumer Research.

OLSON, J. C.; REYNOLDS, T. J. (1983), „Understanding Consumer's Cognitive Structures: Implications for Advertising Strategy", in: Percy, L.; Woodside, A. (Eds.) (1983), Advertising and Consumer Psychology, Lexington/MA: Lexington Books, pp. 77 - 90.

OPASCHOWSKI, H. W. (1990), „Freizeit, Konsum und Lebensstil", in: Szallies, R.; Wiswede, G. (Hg.) (1990), Wertewandel und Konsum, Landsberg/Lech: Moderne Industrie, S. 109 - 133.

OPASCHOWSKI, H. W. (1992), Freizeit 2001: Ein Blick in die Zukunft unserer Freizeit, Hamburg: BAT-Freizeit-Forschungsinstitut.

OPASCHOWSKI, H. W. (1993), Freizeitökonomie: Marketing von Erlebniswelten, Opladen: Leske + Burdich.

OPASCHOWSKI, H. W. (1997), Deutschland 2010: Wie wir morgen leben, Hamburg: Mairs Georgraphischer Verlag.

OPASCHOWSKI, H. W. (1998), „Vom Versorgungs- zum Erlebniskonsum: Die Folgen des Wertewandels", in: Nickel, O. (Hg.) (1998), Eventmarketing: Grundlagen und Erfolgsbeispiele, München: Vahlen, S. 25 - 38.

OSGOOD, C. E.; SUCI, G. J.; TANNENBAUM, P. H. (1957), The Measurement of Meaning, Urbana: University of Illinois Press.

OSTLAND, L. E. (1973), „Product-Specific Self-Confidence Related to Buying Intentions," in: Howard, J. A.; Ostland, L. (Eds.) (1973), Buyer Behavior: Theoretical and Empirical Foundations, New York: Alfred A. Knopf, pp. 434 - 442.

OTTE, T. (1995), „Die Selbstähnlichkeit der Marke", in: Brandmeyer, K.; Deichsel, A.; Otte, T. (Hg.) (1995), Jahrbuch Markentechnik, Frankfurt/Main: Deutscher Fachverlag, S. 43 - 53.

OUROSOFF, A. (1994), „Brands: What's Hot? What's Not?", Financial World, August, pp. 240 - 256.

OVER, U. (1994), „Neue Möglichkeiten internationalen Markenschutzes für den deutschen Markeninhaber", Markenartikel, 56. Jg., H. 12, S. 552 - 559.

OVERLACK, CH. (1992), Lebensmitteleinzelhandel in Europa, Frankfurt/Main: Deutscher Fachverlag.

OWEN, S. (1993), „The Landor ImagePower Survey: A Global Assessment of Brand Strength", in Aaker, D. A.; Biel, A. L. (Eds.) (1993), Brand Equity and Advertising, Hillsdale/NJ: Lawrence Erlbaum Associates, pp. 11 - 30.

- P -

PAETZOLD, A. (1999), „Marken", in: Deutsches Patent- und Markenamt (Hg.), Jahresbericht 1999, München, S. 23 - 27.

PAIVIO, A. (1971), Imagery and Verbal Processes, New York et al.: Holt, Rinehart & Winston.

PAIVIO, A. (1975), „Coding Distinctions and Repetition Effects in Memory", in: Bower, G. H. (Ed.) (1975), The Psychology of Learning and Motivation, New York et al.: Academic Press Inc., pp. 179 - 214.

PAIVIO, A. (1986), Mental Representations: A Dual Coding Approach, New York et al.: Oxford University Press.

PAIVIO, A. (1990), Mental Representations: A Dual Coding Approach, Reprint, New York et al.: Oxford University Press.

PAIVIO, A. (1991), Images in Mind: The Evolution of a Theory, New York, London: Harvester Wheatsheaf.

PÄLIKE, F. (1997), „Welche Marke siegt?", Absatzwirtschaft, 40. Jg., Sondernummer Oktober, S. 3.

PARK, B. (1986), „A Method for Studying the Development of Impressions of Real People", Journal of Personality and Social Psychology, 51. Jg., pp. 907 - 917.

PARK, C. S.; SRINIVASAN, V. (1994), „A Survey-Based Method for Measuring and Understanding Brand Equity and its Extendibility", Journal of Marketing Research, Vol. 31, May, pp. 271 - 288.

PARK, C. W. (1976), „The Effect of Industrial and Situation Related Factors on Consumer Selection of Judgment Models", Journal of Marketing Research, Vol. 13, May, pp. 144 - 151.

PARK, C. W.; LESSIG, V. P. (1981), „Familiarity and Its Impact on Consumer Biases and Heuristics", Journal of Consumer Research, Vol. 8, September, pp. 223 - 230.

PARK, C. W.; JARWORSKI, B. J.; MACINNIS, D. J. (1986), „Strategic Brand Concept-Image Management", Journal of Marketing, Vol. 50, October, pp. 135 - 145.

PARK, C. W.; JUN, S. Y.; SHOCKER, A. D. (1996), „Composite Branding Alliances: An Investigation of Extension and Feedback Effects", in: Journal of Marketing Research, Vol. 33, No. 4, pp. 453 - 466.

PARK, C. W.; LAWSON, R.; MILBERG, S. (1989), „Memory Structure of Brand Names", in: Srull, T. (Ed.) (1989), Advances in Consumer Research, Vol. 16, Provo/UT: Association for Consumer Research, pp. 726 - 731.

PARK, C. W.; MCCARTHY, M.; MILBERG, S. J. (1993), „The Effects of Direct and Associative Brand Extension Strategies on Consumer Response to Brand Extensions," in: McAlister, L.; Rothschild, M. L. (Eds.) (1993), Advances in Consumer Research, Vol. 20, Provo/UT: Association for Consurner Research, pp. 28 - 33.

PARK, C. W.; MILBERG, S.; LAWSON, R. (1991), „Evaluation of Brand Extensions: The Role of Product Feature Similarity and Brand Concept Consistency", Journal of Consumer Research, Vol. 18, No. 2, pp. 185 - 193.

PARKER, R.; CHURCHILL, L. (1986), „Positioning by Opening the Consumer's Mind", International Journal of Advertising, No. 5, pp. 1 - 13.

PARKS, M. R.; EGGERT L. L. (1991), „The Role of Social Context in the Dynamics of Personal Relationships", in: Advances in Personal Relationships, Vol. 2, London: Jessica Kingsley, pp. 1 - 34.

PASQUIER, M.; WEISS, M.; FELSER, P. (1994), Die Kommunikation im Jahr 2001: Eine Delphi-Studie zu den Entwicklungstendenzen der Marketingkommunikation unter besonderer Berücksichtigung der Werbung, Verband der Schweizerischen Werbewirtschaft und Institut für Unternehmensführung der Universität Bern, Rheintaler Druckerei und Verlag AG, Heerbrugg.

PATT, P.-J. (1990), „Chancen und Risiken des deutschen Einzelhandels im Europäischen Binnenmarkt", in: Meffert, H.; Kirchgeorg, M. (Hg.) (1990), Marktorientierte Unternehmensführung im Europäischen Binnenmarkt, Stuttgart: Poeschel, S. 117 - 134.

PAULSSEN, M. (1994), Kausalanalytische Wettbewerbsimagestrukturanalyse - Ein Vergleich mit konventionellen Analyseverfahren im Premiumpilsmarkt, unveröffentlichte Diplomarbeit, TU-Berlin.

PAUNONEN, S. V.; JACKSON, D. N.; TRZEBINSKI, J.; FORSTERLING, F. (1992), „Personality Structure Across Cultures: A Multimethod Evaluation", Journal of Personality and Social Psychology, Vol. 62, No. 3, pp. 447 - 456.

PAVIA, T.; COSTA, J. A. (1993), „The Winning Number: Consumer Perceptions of AlphaNumeric Brand Names", Journal of Marketing, Vol. 57, No. 3, pp. 85 - 98.

PAVIA, T.; COSTA, J. A. (1994), „Gender Dimensions of Their Alphabetic Characters with Implications for Branding", in: Costa, J. (Ed.) (1994), Gender Issues and Consumer Behavior, Thousand Oaks/CA: Sage, pp. 184 - 204.

PAYNE, J. W. (1982), „Contingent Decision Behavior", Psychological Bulletin, Vol. 92, No. 2, pp. 382 - 402.

PENDERGRAST, M. (1993), For God, Country and Coca-Cola, New York: Charles Scribner's Sons.

PENROSE, N. (1989), „Valuation of Brand Names and Trade Marks" in: Murphy, J. (Ed.) (1989), Brand Valuation: Establishing a True and Fair View, London: Hutchinson Business Books, pp. 32 - 46.

PEPELS, W. (1997), „Die Leistungen des Markenartikels", Planung & Analyse, 24. Jg., Nr. 1, S. 28 - 35.

PEPPERS, D.; ROGERS, M. (1993), The One-to-One Future: Building Relationships One Customer at a Time, New York: Currency/Doubleday.

PERCY, L. (1997), Strategies for Implementing Integrated Marketing Communications, Chicago: American Marketing Association, and Lincolnwood, Illinois: NTC Business Books.

PERCY, L.; ROSSITER, J. R. (1982), Advertising Strategy - A Communication Theory Approach, New York: Praeger Publishers.

PERLMAN, D.; FEHR, B. (1987), „The Development of Intimate Relationships", in: Perlman, D.; Duck, S. (Eds.) (1987), Intimate Relationships: Development, Dynamics, and Deterioration, Newbury Park/CA: Sage, pp. 13 - 42.

PERREY, J. (1998), Nutzenorientierte Marktsegmentierung - Ein integrativer Ansatz zum Zielgruppenmarketing im Verkehrsdienstleistungsbereich, Wiesbaden: Gabler.

PERVIN, L. A. (1993), Persönlichkeitstheorien, München, Basel: Reinhardt.

PESSEMIER, E. (1959), „A New Way to Determine Buying Decisions", Journal of Marketing, Vol. 24, pp. 41 - 46.

PETER, J. P.; OLSON, J. C. (1983), „Is Science Marketing?", Journal of Marketing, Vol. 47, Fall, pp. 111 - 125.

PETER, S. (1997), Kundenbindung als Marketingziel: Identifikation und Analyse zentraler Determinanten, Wiesbaden: Gabler.

PETERS, G. (1999), Der Handel wird sich wohl wieder mehr auf starke Marken besinnen, Markenartikel, 61. Jg., H. 1, S. 28 - 30.

PETERS, K.; KARCK, N. (1999), „Messung der Werbewirkung", in: Albers, S.; Clement, M.; Peters, K. (Hg.) (1999), Marketing mit interaktiven Medien, 2. Aufl., Frankfurt/Main: F.A.Z. Institut, S. 237 - 252.

PETERS, T. J.; WATERMAN, R. H. JR. (1982), In Search of Excellence, New York: Harper Row Publishers, Inc.

PETERSON, R. A.; ROSS, I. (1972), „How To Name New Brands", Journal of Advertising, Vol. 12, pp. 29 - 34.

PETERSON, R. A.; WILSON, W. R. (1992), „Measuring Customer Satisfaction: Fact and Artifact", Journal of the Academy of Marketing Science, Vol. 20, No. 1, pp. 61 - 71.

PETRI, C. (1992), Entstehung und Entwicklung kreativer Werbeideen, Reihe Konsum und Verhalten, Bd. 33, Heidelberg: Physica.

PETRI, C. (1995), Kreativität auf Knopfdruck: Assoziationen als Quelle kreativer Bildideen, Offenburg: Mildenberger.

PETTERSSON, R. (1982), „International Review: Cultural Differences in the Perception of Image and Color in Pictures", Education Communication and Technology: A Journal of Theory, Research and Development, Vol. 30, No. 1, pp. 43 - 53.

PETTIS, C. (1995), TechnoBrands: How to Create and Use „Brand Identity" to Market, Advertise and Sell Technology Products, New York: Amacom.

PETTY, R. E.; CACIOPPO, J. T. (1983), „Central and Peripheral Routes to Persuasion: Application to Advertising", in: Percy, L.; Woodside, A. G. (Eds.) (1983): Advertising and Consumer Psychology, Lexington/MA: Lexington Press, pp. 3 - 24.

PETTY, R. E.; OSTROM, T. M.; BROCK, T. C. (1981), Cognitive Responses in Persuasion, Hillsdale/NJ: Lawrence Erlbaum Associates.

PFAFF, D. (1999), Lizenzverträge Formularkommentar, München: C. H. Beck.

PFEIFFER, W; BISCHOF, P. (1974), „Investitionsgüterabsatz", in: Tietz, B. (Hg.) (1974), Handwörterbuch der Absatzwirtschaft, Stuttgart: Poeschel, Sp. 918 - 938.

PICKFORD, R. W. (1972), Psychology and Visual Aesthetics, London: Hutchinson Educational.

PICOT, A. (1986), „Transaktionskosten im Handel", Betriebs-Berater, 27. Jg., Beilage 13, S. 2 - 16.

PING, R. A. (1993), „The Effects of Satisfaction and Structural Constraints on Retailer Existing, Voice, Loyalty, Opportunism, and Neglect", Journal of Retailing, Vol. 69, No. 3, pp. 320 - 352.

PLUMMER, J. T. (1985 a), „How Personality Makes a Difference", Journal of Advertising Research, Vol. 24, December/January, pp. 27 - 31.

PLUMMER, J. T. (1985 b), „Brand Personality: A Strategic Concept For Multinational Advertising", in: Marketing Educators' Conference, New York: Young & Rubicam, pp. 1 - 31.

PLUMMER, J. T. (1985 c), Advertising strategy, Chicago.

PLUTCHIK, R. (1980), Emotion: A Psychoevolutionary Synthesis, New York etc.: Harper & Row.

PORTER, M. E. (1980), Competitive Strategy, New York: Free Press.

PORTER, M. E. (1985), Competitive Advantage, New York: Free Press.

POYNTER INSTITUT (2000), Introductory Highlights, (http://www.poynter.org/ eyetrack2000/index.htm).

PRAKASH, V. (1984), „Validity and Reliability of the Confirmation of Expectations Paradigm as a Determinant of Consumer Satisfaction", Journal of the Academy of Marketing Science, Vol. 12, No. 4, pp. 63 - 76.

PRAKASH, V. (1991), „Intensity of Dissatisfaction and Consumer Complaint Behaviors", Journal of Consumer Satisfaction, Dissatisfaction, and Complaining Behavior, Vol. 4, pp. 110 - 122.

PRITCHARD, M. P.; HOWARD, D. R.; HAVITZ, M. E. (1992), „Loyalty Measurement: A Critical Examination and Theoretical Extension", Leisure Sciences, Vol. 14, pp. 155 - 164.

- Q -

QUELCH, J. A.; HARDING, D. (1996), „Brands versus private labels: fighting to win", Harvard Business Review, Vol. 74, No. 1, pp. 99 - 109.

QUELCH, J. A.; KENNY, D. (1994), „Extend Profits, Not Product Lines", Harvard Business Review, Vol. 72, September/October, pp. 153 - 160.

QUICK, R. (1995), „Betty Crocker Plans to Mix Ethic Looks for her New Face", Wall Street Journal, September 1, pp. A1, A9.

QUILLIAN, M. R. (1968), „Semantic memory", in: Minsky, M. (Ed.) (1968), Semantic Information Processing, Cambridge: MIT-Press, pp. 216 - 270.

- R -

RADEN, D. (1985), „Strength-Related Attitude Dimensions", Social Psychology Quarterly, Vol. 48, December, pp. 312 - 330.

RAFFÉE, H. (1995), „Marketing-Wissenschaft", in: Tietz, B.; Köhler, R.; Zentes, J. (Hg.) (1995), Handwörterbuch des Marketing, Stuttgart: Schäffer-Poeschel, Sp. 1668 - 1682.

RAFFÉE, H.; WIEDMANN, K. P. (1986), Wertewandel und Marketing - Ausgewählte Untersuchungsergebnisse der Studie Dialog 2 und Skizze von Marketingkonsequenzen, Arbeitspapier Nr. 49, Institut für Marketing, Universität Mannheim.

RAFFÉE, H.; WIEDMANN, K.-P. (1988), „Der Wertewandel als Herausforderung für Marketingforschung und Marketingpraxis", Marketing ZFP, 10. Jg., H. 3, S. 198 - 210.

RAINWATER, L.; COLEMAN, R.; HANDEL, G. (1959), Workingman's Wife: Her Personality, World, and Lifestyle, New York: Oceana.

RAL (1994) (Hg.), Gütezeichen - Übersicht, Ausgabe Juli 1994, 17. Aufl., St. Augustin: RAL.

RAMSAY, W. (1996), „Whiter Branding", Journal of Brand Management, Vol. 4, December, pp. 177 - 184.

RANGASWAMY, A.; BURKE, R. R.; OLIVA, T. A. (1993), „Brand Equity and the Extendibility of Brand Names", International Journal of Research in Marketing, Vol. 10, No. 1, pp. 61 - 75.

RAO, A. R.; RUEKERT, R. W. (1994), „Brand Alliances as Signals of Product Quality", Sloan Management Review, Vol. 36, No. 1, pp. 87 - 97.

RAPP, R.; GIEHLER, M. (1999), „Relationship Marketing im Internet", in: Payne, A.; Rapp, R. (Hg.) (1999), Handbuch Relationship-Marketing, München: Vahlen, S. 275 - 292.

RAPPAPORT, A. (1986), Creating Shareholder Value - The New Standard for Business Performance, New York: The Free Press.

Literaturverzeichnis 1239

RATLIFF, R. (1989), „Where`s That New Car Made? Many Americans Don`t Know", The Ottawa Citizen, D13 (Report on study Made in the USA Foundation, Inc.), November 11.

RATNESHWAR, S.; SHOCKER, A. D. (1991), „Substitution in use and the role of usage context in product category structures", Journal of Marketing Research, Vol. 28, No. 3, pp. 281 - 295.

RATNESHWAR, S.; SHOCKER, A. D.; SRIVASTAVA, R. (1995), „The Managerial Relevance of an Adaptive View of Market Behavior", working paper, College of Business Administration, University of Conneticut.

REDDY, S. K.; HOLAK, S. L.; BHAT, S. (1994), „To Extend or Not to Extend: Success Determinants of Line Extensions", Journal of Marketing Research, Vol. 31, May, pp. 243 - 262.

REDLER, J.; ESCH, F.-R. (2001), „Die Produkt-/Markenschema-Matrix zur Abschätzung des Erweiterungspotentials von Marken", Arbeitspapier Nr. 2 des Instituts für Marken- und Kommunikationsforschung an der Justus-Liebig-Universität Gießen, Gießen.

REICHHELD, F. (1997), Der Loyalitäts-Effekt - Die verborgene Kraft hinter Wachstum, Gewinnen und Unternehmenswert, Frankfurt/Main: Campus.

REICHHELD, F. F.; SASSER, W. (1990), „Zero Defections: Quality Comes to Service", Harvard Business Review, 68. Jg., H. 5, S. 105 - 111.

REICHMANN, T. (1995), Controlling mit Kennzahlen und Managementberichten, 4. Aufl., München: Vahlen.

REID, M. (1995), „Change at the check out: a survey of retailing", The Economist, Vol. 334, No. 7904, survey, pp. 1 - 18.

REIS, H. T.; SHAVER, P. (1988), „Intimacy as an Interpersonal Process", in: Duck, S. (Ed.) (1988), Handbook of Personal Relationships: Theory, Research, and Interventions, New York: Wiley, pp. 367 - 389.

REISCHAUER, C. (1996), „Diamanten und Düfte", Wirtschaftswoche, 51. Jg., H. 8, S. 71 - 73.

REISCHAUER, C.; PETERS, R.-H. (1997), „Ganz nach Lust und Laune", Wirtschaftswoche, Nr. 44, S. 164 - 169.

REISCHL, H. (1994), „Die Internationalisierung der Rewe-Gruppe", Thexis, 11. Jg., H. 4, S. 9 - 12.

REMMERBACH, K.-U.; WALTERS, M. (1994), „Markenstrategien im europäischen Binnenmarkt", in: Bruhn, M. (Hg.) (1994), Handbuch Markenartikel, Bd. 1, Stuttgart: Schäffer-Poeschel, S. 653 - 672.

REPENN, W. (1998), Handbuch der Markenbewertung und –verwertung, Weinheim: Wiley-VCH.

REXACH, T. S. (1993), „Anschluß auf Raten", Absatzwirtschaft, 36. Jg., H. 11, S. 30 - 34.

REYNOLDS, T. J.; CRADDOCK, A. B. (1988), „The Application of MECCAS-Model to the Development and Assesment of Advertising Strategy", Journal of Advertising Research, Vol. 28, No. 1, pp. 43 - 54.

REYNOLDS, T. J.; GUTMAN, J. (1984), „Advertising is Image Management: Translating Image Research to Image Strategies", Journal of Advertising Research, Vol. 24, February/March, pp. 27 - 38.

REYNOLDS, T. J.; GUTMAN, J. (1988), „Laddering Theory, Methods, Analysis and Interpretation", Journal of Advertising Research, Vol. 28, No. 1, pp. 11 - 31.

REYNOLDS, T. J.; JAMIESON, L. (1984), „Image Representations: An Analytic Framework", in: Jacoby, J.; Olson, J. (Eds.) (1984), Perceived Quality of Products, Services and Stores, Lexington/MA: Lexington Books, pp. 115 - 138.

REYNOLDS, T. J.; WHITLARK, D. B. (1995), „Applying Laddering Data to Communications Strategy and Advertising Practice", Journal of Advertising Research, Vol. 35, No. 1, pp. 9 - 18.

RHEINGOLD, H. (1995), Virtuelle Welten: Reisen im Cyberspace, Hamburg: Rowohlt.

RICHINS, M. (1994), „Special Possessions and the Expression of Material Values", Journal of Consumer Research, Vol. 21, December, pp. 522 - 533.

RICHTER, R.; FURUBOTN, E. (1996), Neue Institutionenökonomik, Tübingen: Mohr.

RIEDEL, F. (1996), Die Markenwertmessung als Grundlage strategischer Markenführung, Reihe Konsum und Verhalten, Bd. 42, Heidelberg: Physica.

RIEDL, J. (1999), „Rahmenbedingungen der Online-Kommunikation", in: Bliemel, F.; Fassott, G.; Theobald, A. (Hg.) (1999), Electronic Commerce: Herausforderungen - Anwendungen - Perspektiven, 2. Aufl., Wiesbaden: Gabler, S. 261 - 280.

RIEDL, J.; BUSCH, M. (1997), „Marketing-Kommunikation in Online-Medien", Marketing ZFP, 19. Jg., H. 3, S. 163 - 176.

RIES, A.; TROUT, J. (1981), Positioning: The battle for your mind, New York: McGraw-Hill.

RIES, A.; TROUT, J. (1986), Positioning: die neue Werbestrategie, Hamburg u. a.: McGraw-Hill.

RISC (1991), Brand Value and Management in the Luxury Industry, September, Paris: International Research Institute on Social Change.

ROBERTS, A. (1996), „What Do We Know About Advertising's Short-Term Effect?", Admap, February, pp. 42 - 45.

ROBERTS, C. J.; MCDONALDS, J. (1989), „Alternative Naming Strategies: Family versus Individual Brand Names", Management Decision, Vol. 27, No. 6, pp. 31 - 37.

ROBERTSON, K. (1989), „Strategically Desirable Brand Name Characteristics", Journal of Consumer Marketing, Vol. 4, Fall, pp. 61 - 71.

ROBERTSON, K. R. (1987), „Recall und Recognition Effects of Brand Name Imagery", Psychology & Marketing, Vol. 4, No. 1, pp. 3 - 15.

ROBINSON, P. J.; FARIS, C. W., WIND, Y. (1967), Industrial Buying and Creative Marketing, Boston: Allyn & Bacon.

RODE, J. (1998), „Bertelsmann aktiv im Netz", Lebensmittel Zeitung, 24.4.1998, S. 48.

ROEB, T. (1997), „Von der Handelsmarke zur Händlermarke - Die Storebrands als Markenstrategie für den Einzelhandel", in: Bruhn, M. (Hg.) (1997), Handelsmarken, Stuttgart: Schäffer-Poeschel, S. 345 - 366.

ROEDDER JOHN, D.; LOKEN, B.; JOINER, C. (1998), „The Negative Impact of Extensions: Can Flagship Products Be Diluted?", Journal of Marketing, Vol. 62, No. 1, pp. 19 - 32.

ROKEACH, M. (1973), The Nature of Human Values, New York: Free Press.

ROMEO, J. B. (1991), „The Effect of Negative Information on the Evaluation of Brand Extensions and the Familiy Brand" in: Holman, R. H.; Solomon, M. R. (Eds.) (1991), Advances in Consumer Research, Vol. 18, Provo/UT: Association for Consumer Research, pp. 399 - 406.

ROMINSKI, D. (1991), „Die Kunst, Marketinggemeinschaft zu werden", Absatzwirtschaft, 34. Jg., Nr. 7, S. 50 - 55.

ROOK, D. W. (1985), „The Ritual Dimension of Consumer Behavior", Journal of Consumer Research, Vol. 12, December, pp. 251 - 264.

ROOK, D. W. (1987 a), „The Buying Impulse", Journal of Consumer Research, Vol. 14, September, pp. 189 - 199.

ROOK, D. W. (1987 b), „Modern Hex Signs and Symbols of Security", in: Umiker-Sebeok, J. (Ed.) (1987), Marketing and Semiotics, New Directions in the Study of Sign for Sale, New York: de Gruyter, pp. 239 - 246.

ROSCH, E. (1978), „Principles of Categorization", in: Rosch, E.; Loyd, B. B. (Eds.) (1978), Cognition and Categorization, Hillsdale/NJ: Lawrence Erlbaum Associates, pp. 27 - 48.

ROSCH, E.; MERVIS, C. B. (1975), „Family Resemblances: Studies in the Internal Structure of Categories", Cognitive Psychology, Vol. 7, October, pp. 573 - 605.

ROSCH, E.; SIMPSON, C.; MILLER, R. S. (1976 b), „Structure bases of typicality effects", Journal of Experimental Psychology: Human Perception and Performance, Vol. 2, No. 4, pp. 491 - 502.

ROSCH, E.; MERVIS, C. B.; GRAY, W. D.; JOHNSON, D. M.; BOYES-BRAEM, P. (1976 a), „Basic Objects in Natural Categories", Cognitive Psychology, Vol. 8, July, pp. 382 - 439.

ROSE, S.; SERAFICA, F. (1986), „Keeping and Ending Casual, Close, and Best Friend-ships", Journal of Personal and Social Relationships, Vol. 3, pp. 275 - 288.

ROSELIUS, T. (1973), „Consumer Rankings of Risk Reduction Methods", in: Kasarjian, H.; Robertson, T., (Eds.) (1973), Perspectives in Consumer Behavior, Glenview/IL: Scott, Foresman and Company.

ROSEN, L. D.; ROSENKOETTER, P. (1976), „An Eye Fixation Analysis of Choice of Judgment With Multiattribute Stimuli", Memory and Cognition, Vol. 4, No. 6, pp. 747 - 752.

ROSENBLATT, P. C. (1977), „Needed Research on Commitment in Marriage", in: Levinger, G.; Raush, H. (Eds.) (1977), Close Relationships: Perspectives on the Meaning of Intimacy, Amherst: University of Massachusetts Press, pp. 73 - 86.

ROSENSTIEL, L. VON; EWALD, G. (1979), Marktpsychologie, Bd. 2, Stuttgart: Kohlham-mer.

ROSSITER, J. R.; ANG, R. (1992), „Brand Equity Building for New Brands via Appro-priate Advertising Symbol Selection", Working Paper, University of New South Wales.

ROSSITER, J. R.; DANAHER, P. J. (1998), Advanced Media Planning, Boston: Kluwer Academic Publishers.

ROSSITER, J. R.; PERCY, L. (1987), Advertising & Promotion Management, New York: McGraw-Hill.

ROSSITER, J. R.; PERCY, L. (1997), Advertising Communications and Promotion Mana-gement, 2nd Edition, New York, St. Louis: McGraw-Hill.

RÖßLER, B. (1994), „Die Ausnutzung der Wertschätzung bekannter Marken im neuen Markenrecht", Gewerblicher Rechtsschutz und Urheberrecht, H. 8/9, S. 559 - 569.

ROTH, F. M.; SHOBEN, E. J. (1983), „The effect of context on the structure of catego-ries", Cognitive Psychology, Vol. 15, pp. 346 - 378.

ROTH, G. (1997), „Die Konstruktion unserer Erlebniswelt durch das Gehirn", TW Neu-rologie Psychiatrie, 9. Jg., Nr. 11, S. 139 - 146.

ROTHER, A. (1994), „Kampagne auf Kurs", Absatzwirtschaft, 37. Jg., H. 2, S. 50 - 52.

ROTHSCHILD, M. L. (1987), Marketing Communications, Lexington/MA: Health & Co.

ROUSSEAU, J. J. (1975), Emile oder über die Erziehung, 3. Aufl., Paderborn: Schöningh.

RUBIN, L. B. (1979), Women of a Certain Age: The Midlife Search for Self, New York: Harper & Row.

RUBIN, P. H. (1990), Managing Business Transactions, New York: The Free Press.

RUDOLPH, M. (1989), Mehrstufiges Marketing für Einsatzstoffe, Diss., Frankfurt u.a.

RUGE, H.-D. (1988), Die Messung bildhafter Konsumerlebnisse, Reihe Konsum und Verhalten, Bd. 16, Heidelberg: Physica.

RUGE, H.-D. (1992), „Schlüsselbilder in der integrierten Kommunikation", Werbe-forschung & Praxis , 37. Jg., H. 3, Werbewissenschaftliche Gesellschaften, Bonn, Wien, S. 96 - 100.

RUGE, H.-D.; ANDRESEN, T. (1994), „Acht Barrieren für die strategische Bildkommuni-kation", in: Forschungsgruppe Konsum und Verhalten (Hg.) (1994), Konsumenten-forschung, München: Vahlen, S. 139 - 156.

RUMELHART, D. E. (1980), „Schemata: The Building Blocks of Cognition", in: Spiro, R. J.; Bruce, B. C.; Brewer, W. F. (Eds.) (1980), Theoretical Issues in Reading Com-prehenson: Perspectives from Cognitive Psychology, Linguistics, Artificial Intelli-gence, and Education, Hillsdale/NJ: Lawrence Erlbaum Associates, pp. 33 - 58.

RUNOW, H. (1982), Zur Theorie und Messung der Verbraucherzufriedenheit, Frank-furt/Main: Barudio Hess.

RUOFF, S. (1994), Internationalisierungsstrategien im deutschen und französischen Le-bensmitteleinzelhandel angesichts des Europäischen Binnenmarktes, Schriftenreihe des Fachbereichs Wirtschaft der Hochschule Bremen, Nr. 54.

RUSBULT, C. E.; VERETTE, J.; WHITNEY, G. A.; SLOVIK, L. F.; LIPKUS, I. (1991), „Accommodation Processes in Close Relationships: Theory and Preliminary Em-pirical Evidence", Journal of Personality and Social Psychology, Vol. 60, January, pp. 53 - 78.

- S -

S+P (1999), Daten der A.C. Nielsen Werbeforschung S+P GmbH, Hamburg.

SAATY, T. L. (1980), The Analytic Hierarchy Process: Planning, Priority Setting, Re-source Allocation, New York etc.: McGraw-Hill.

SABATELLI, R. M.; PEARCE, J. (1986), „Exploring Marital Expectations", Journal of Social and Personal Relationships, Vol. 3, pp. 307 - 321.

SACK, R. (1995), „Sonderschutz bekannter Marken", Gewerblicher Rechtsschutz und Urheberrecht, H. 2, S. 81 - 98.

SACK, R. (1999), „Die Erschöpfung von gewerblichen Schutzrechten und Urheberrechten nach europäischem Recht", Gewerblicher Rechtsschutz und Urheberrecht, H. 3, S. 193 - 215.

SAMPSON, P. (1972), „Using the Rerpertory Grid Test", Journal of Marketing Research, Vol. 9, No. 1, pp. 78 - 81.

SANDER, M. (1994), Die Bestimmung und Steuerung des Wertes von Marken: Eine Analyse aus Sicht des Markeninhabers, Heidelberg: Physica.

SAPORITO, B. (1986), „Has-Been Brands Go Back to Work", Fortune, April 28, pp. 123 - 124.

SATTLER, H. (1991), Herkunfts- und Gütezeichen im Kaufentscheidungsprozeß: Die Conjoint-Analyse als Instrument der Bedeutungsmessung, Stuttgart: M & P.

SATTLER, H. (1995), „Markenbewertung", Zeitschrift für Betriebswirtschaft, 65. Jg., H. 6, S. 663 - 682.

SATTLER, H. (1997 a), Monetäre Bewertung von Markenstrategien für neue Produkte, Stuttgart: Schäffer-Poeschel.

SATTLER, H. (1997 b), „Markenentwicklung", Absatzwirtschaft, 40. Jg., H. 12, S. 86 - 90.

SATTLER, H. (1998), „Beurteilung der Erfolgschancen von Markentransfers", Zeitschrift für Betriebswirtschaftslehre, 68. Jg., H. 5, S. 473 - 495.

SAUER, P. L.; DICKSON, P. R.; LORD, K. R. (1992), „A Multiphase Thought Elicitation Coding Scheme for Cognitive Response Analysis", in: Sherry, J. F.; Sternthal, B. (Eds.) (1992), Advances in Consumer Research, Vol. 19, Provo/UT: Association for Consumer Research, pp. 826 - 834.

SAUNDERS, J. A.; WATT, F. A. W. (1979), „Do Brand Names Differentiate Identical Industrial Products?", Industrial Marketing Management, Vol. 8, No. 2, pp. 114 - 123.

SCHENK, H.-O. (1974), „Absatztheorie, funktionale," in: Tietz, B. (Hg.) (1974), Handwörterbuch der Absatzwirtschaft, Stuttgart: Poeschel, Sp. 110 - 120.

SCHENK, H.-O. (1997), „Funktionen, Erfolgsbedingungen und Psychostrategie von Handels- und Gattungsmarken", in: Bruhn, M. (Hg.) (1997), Handelsmarken: Entwicklungstendenzen und Zukunftsperspektiven, Stuttgart: Schäffer-Poeschel, S. 71 - 96.

SCHENK, M. (1987), Medienwirkungsforschung, Tübingen: J. C. B. Mohr.

SCHIELE, T. P. (1999), Markenstrategien wachstumsorientierter Unternehmen, Wiesbaden: Deutscher Universitäts-Verlag.

SCHILLER, K. (1986), Loglineare Modellierung mit dem Abschlußtest - Ein Instrument für die empirische Marketingforschung, München: Florentz.

SCHLAUTMANN, C. (1994), „Handelsmarken-Boom: Sturm im Wasserglas", Handelsjournal, H. 6, S. 6 - 11.

SCHLICKSUPP, H. (1977), Innovation, Kreativität und Ideenfindung, Würzburg: Vogel-Buchverlag.

SCHMÄH, M.; ERDMEIER, P. (1997), „Sechs Jahre 'Intel Inside'", Absatzwirtschaft, 40. Jg., H. 11, S. 122 - 129.

SCHMALEN, H. (1994), „Das hybride Kaufverhalten und seine Konsequenzen für den Handel", Zeitschrift für Betriebswirtschaft, 64. Jg., H. 10, S. 1221 - 1240.

SCHMALEN, H. (1995), Preispolitik, Stuttgart/Jena: G. Fischer.

SCHMALEN, H.; PECHTL, H.; SCHWEITZER, W. (1996), Sonderangebotspolitik im Einzelhandel: Eine empirische Analyse der Wirkungseffekte von Sonderangeboten auf der Grundlage von Scanner-Daten, Stuttgart: Schäffer-Poeschel.

SCHMIDT, B. (2001), „Schlechte Noten für Renault und Fiat", Frankfurter Allgemeine Zeitung, 19.05.2001, S. 59.

SCHMIDT, I. (1997), „Handelskonzentration, Nachfragemacht und 6. GWB-Novelle", Wirtschaft und Wettbewerb, 47. Jg., Nr. 2, S. 101 - 120.

SCHMITT, B.; SIMONSON, A. (1998), Marketing-Ästhetik: Strategisches Management von Marken, Identity und Image, München, Düsseldorf: Econ.

SCHMITT, B. H.; DUBÉ, L. (1992), „Contextualized Representations of Brand Extensions: Are Feature Lists or Frames the Basic Components of Consumer Cognition?", Marketing Letters, Vol. 3, No. 2, pp. 115 - 126.

SCHMITT, B. H.; SHULTZ, C. (1995), „Situational Effects on Brand Preferences for Image Products", Psychology and Marketing, Vol. 12, No. 5, pp. 433 - 446.

SCHNEIDER, W. (1996), Wörter machen Leute, München: Piper.

SCHOBERT, R. (1980), „Positionierungsmodelle", in: Diller, H. (Hg.) (1980), Marketingplanung, München: Vahlen, S. 145 - 160.

SCHÖNEBURG, E. (2000), „Internet Roboter: Die Zukunft des Direktmarketing im Online-Handel", Thexis, 17. Jg., H. 1, S. 45 - 48.

SCHOTT, B. (1974), Handelsmarken: Motive und Determinanten der vertikalen Integration des Handels, Göttingen: Schwartz.

SCHOUTEN, J. (1991), „Selves in Transition: Symbolic Consumption in Personal Rites of Passage and Identity Construction", Journal of Consumer Research, Vol. 17, March, pp. 412 - 425.

SCHOUTEN, J.; MCALEXANDER J. (1995), „Subcultures of Consumption: An Ethnography of the New Bikers", Journal of Consumer Research, Vol. 22, March, pp. 43 - 61.

SCHRÖDER, H. (1990 a), Vertikaler Markenschutz als Problem der Markenartikelindustrie, Frankfurt/Main u.a.: Lang.

SCHRÖDER, H. (1990 b), „Markenschutz: Wenn die Handelswerbung zum Problem wird", Absatzwirtschaft, H. 7, S. 72 - 79.

SCHRÖDER, H. (1993), „Der Markenartikel im Spannungsfeld zwischen Industrie und Handel", Markenartikel, 55. Jg., H. 1, S. 43 - 52.

SCHRÖDER, H. (1994 a), „Rechtliche Probleme im Rahmen von Markenstrategien - dargestellt an ausgewählten Fallbeispielen aus der Praxis", in: Bruhn, M. (Hg.) (1994), Handbuch Markenartikel, Stuttgart: Schäffer-Poeschel, S. 1683 - 1711.

SCHRÖDER, H. (1994 b), „Der Schutz der Marke im Absatzkanal - Probleme und Lösungsansätze", in: Bruhn, M. (Hg.) (1994), Handbuch Markenartikel, Stuttgart: Schäffer-Poeschel, S. 1835 - 1859.

SCHRÖDER, H. (1997), „Anforderungen des neuen Markenrechts an das Management von Kennzeichen", Die Betriebswirtschaft, 57. Jg., H. 2, S. 176 - 188.

SCHRÖDER, H. (2001), „Neuere Entwicklungen des Markenschutzes – Markenschutz-Controlling vor dem Hintergrund des Markengesetzes", in: Köhler, R.; Majer, W.; Wiezorek, H. (Hg.), Erfolgsfaktor Marke – Neue Strategien des Markenmanagements, München: Vahlen, S. 309 - 322.

SCHUB VON BOSSIAZKY, G. (2000), Nutzer lesen schnell und oberflächlich, in: message 4/2000, (http://www.message-online.de).

SCHULTZ, D. E. (1995), „What is Direct Marketing?", Journal of Direct Marketing, Vol. 9, No. 2, pp. 5 - 9.

SCHULTZ, D. E.; TANNENBAUM, S. I.; LAUTERBORN, R. F. (1994), Integrated Marketing Communications, Chicago/IL: NTC.

SCHULZ, H. (1997), „Mannheimer: für jede Zielgruppe eine Marke," Bank und Markt, H. 9, S. 23 - 24.

SCHULZ, R.; BRANDMEYER, K. (1989), „Die Marken-Bilanz: Ein Instrument zur Bestimmung und Steuerung von Markenwerten", Markenartikel, 51. Jg., H. 7, S. 364 - 370.

SCHULZE, G. (1992), Die Erlebnisgesellschaft, 2. Aufl., Frankfurt/M.: Campus.

SCHULZE, G. (1998), „Die Zukunft der Erlebnisgesellschaft", in: Nickel, O. (Hg.) (1998), Eventmarketing: Grundlagen und Erfolgsbeispiele, München: Vahlen, S. 303 - 316.

SCHÜPPENHAUER, A. (1998), Multioptionales Konsumentenverhalten: Erklärungen und Empfehlungen auf Basis der Autopoiesetheorie, Wiesbaden: Gabler.

SCHURIAN, W. (1986), Psychologie ästhetischer Wahrnehmungen: Selbstorganisation und Vielschichtigkeit von Empfindung, Verhalten und Verlangen, Opladen: Westdeutscher Verlag.

SCHÜRMANN, P. (1988), Werte und Konsumentenverhalten, München: GBI Verlag.

SCHWEIGER, G. (1982), „Imagetransfer: Kann ein neues Produkt durch 'gemeinsamen Markennamen' von einem eingeführten Produkt profitieren?", Marketing Journal, 15. Jg., H. 4, S. 321 - 323.

SCHWEIGER, G. (1987), „Erwiderung auf die kritische Stellungnahme zur nonverbalen Imagemessung", Werbeforschung & Praxis, 32. Jg., H. 5, S. 141 - 146.

SCHWEIGER, G.; FRIEDERES, G. (1998), „Der Wert der Marke", in: Marketing Praxis, Jahrbuch 1998, Düsseldorf: Handelsblatt Fachverlag, S. 152 - 157.

SCHWEIGER, G.; KOPPE, P. (1996), „Der Lebensmittelhandel als Markeninnovator bei Bioprodukten - Ergebnisse einer empirischen Studie zu Handelsmarken in Österrreich", in: Trommsdorff, V. (Hg.) (1996), Handelsforschung 1996/97 „Positionierung des Handels" - Jahrbuch der Forschungsstelle für den Handel Berlin (FfH) e.V., Wiesbaden: Gabler, S. 277 - 294.

SCHWEIGER, G.; SCHRATTENECKER, G. (1995), Werbung: Eine Einführung, 4. Aufl., Stuttgart u. a.: G. Fischer.

SCITOVSKY, T. (1977), Psychologie des Wohlstands - die Bedürfnisse des Menschen und der Bedarf des Verbrauchers, Frankfurt, New York: Campus.

SEBASTIAN, K.-H.; SIMON, H. (1989), „Wie Unternehmen ihre Produkte genauer positionieren", Harvard Manager, 11. Jg., H. 1, S. 89 - 97.

SEGIL, L. (1998), Strategische Allianzen, St. Gallen: Midas.

SETHURAMAN, R.; COLE, C. (1997), Why Do Consumers Pay More for National Brands than for Store Brands?, Working Paper, Report-No. 97-126, Marketing Science Institute, Cambridge/MA.

SHAPIRO, M. (1953), „Style", in: Kroeber, A. L. (Ed.) (1953), Anthropology Today, Chicago.

SHAPIRO, S.; KRISHNAN, H. S. (1996), „Effects of Stimulus, Processing, and Retrieval Factors on Brand Name Memory", Working Paper, Indiana University.

SHARP, B. M. (1993), „Managing Brand Extension", Journal of Consumer Marketing, Vol. 10, No. 3, pp. 11 - 17.

SHEEHAN, K. B.; DOHERTY, C. (2001), „Re-Weaving the Web: Integrating Print and Online Communications", Journal of Interactive Marketing, 15. Jg., H. 2, S. 47 - 59.

SHEININ, D.; SCHMITT, B. H. (1994), „Extending brands with new product concepts: the role of category attribute congruity brand affect and brand breadth", Journal of Business Research, Vol. 31, No. 4, pp. 1 - 10.

SHERROD, D. (1989), „The Influence of Gender on Same-Sex Friendships", in: Hendrick, C. (Ed.) (1989), Review of Personality and Social Psychology, Vol. 10, Close Relationships, Newbury Park/CA: Sage, pp. 164 - 186.

SHERRY, J. (1984), Paper presented at the XIV annual conference, Association for Consumer Research, Toronto: Association for Consumer Research.

SHERRY, J. (1987), „Cereal Monogamy: Brand Loyalty as Secular Ritual in Consumer Culture", paper presented at annual conference of Association of Consumer Research, Boston.

SHERRY, J. (1991), „Postmodern Alternatives: The Interpretive Turn in Consumer Research", in: Robertson, T.; Kassarjian, H. (Eds.) (1991), Handbook of Consumer Behavior, Englewood Cliffs/NJ: Prentice-Hall, pp. 548 - 591.

SHETH, J. N.; GARDNER, D. M; GARRETT, D. E. (1988), Marketing Theory, New York etc.: John Wiley & Sons.

SHETH, J.; PARVATIYAR, A. (1995), „Relationship Marketing in Consumer Markets: Antecedents and Consequences", Journal of the Academy of Marketing Science, Vol. 23, Fall, pp. 255 - 271.

SHIMP, T.; MADDEN, T. (1988), „Consumer Object Relations: A Conceptual Framework Based Analogously on Sternberg's Triangular Theory of Love", in: Houston, M. (Ed.) (1988), Advances in Consumer Research, Vol. 15, Provo/UT: Association for Consumer Research, pp. 163 - 168.

SHIPLEY, D.; HOWARD, P. (1993), „Brand Naming Industrial Products", Industrial Marketing Management, Vol. 22, No. 1, pp. 59 - 66.

SHIPLEY, D.; HOOLEY, G. J.; WALLACE, S. (1993), „The Brand Name Development Process", International Journal of Advertising, No. 7, pp. 253 - 266.

SHOCKER, A. D.; SRIVASTAVA, R. K.; RUEKERT, R. W. (1994), „Challenges and Opportunities Facing Brand Management: An Introduction to the Special Issue", Journal of Marketing Research, Vol. 31, May, pp. 149 - 158.

SILBERER, G. (1985), „Wertewandel und Marketing", Wirtschaftswissenschaftliches Studium, 14. Jg., H. 3, S. 119 - 124.

SILBERER, G. (1991), „Wertewandel und Werteorientierung in der Unternehmungsführung", Marketing ZFP, 13. Jg., H. 2, S. 77 - 85.

SILBERER, G. (1995), „Marketing mit Multimedia im Überblick", in: Silberer, G. (Hg.) (1995), Marketing mit Multimedia - Grundlagen, Anwendungen und Management einer neuen Technologie, Stuttgart: Schäffer-Poeschel, S. 3 - 31.

SIMMET, H. (1992), „Euro-Strategien des deutschen Einzelhandels", in: Meissner, H.-G.; Simmet, H. (Hg.) (1992), Euro-Dimensionen des Marketing, Dortmund: Fachverlag Arnold, S. 13 - 34.

SIMON, C. J.; SULLIVAN, M. W. (1991), „The Measurement and Determinants of Brand Equity: A Financial Approach", Arbeitspapier No. 197, Graduate School of Business, University of Chicago.

SIMON, C. J.; SULLIVAN, M. W. (1993), „The Measurement and Determinants of Brand Equity: A Financial Approach", Marketing Science, Vol. 12, Winter, pp. 28 - 52.

SIMON, H. (1982), Preismanagement, Wiesbaden: Gabler.

SIMON, H. (1985), Goodwill und Marketingstrategie, Wiesbaden: Gabler.

SIMON, H. (1988), „Management strategischer Wettbewerbsvorteile", in: Zeitschrift für Betriebswirtschaft, 58. Jg., Nr. 4, S. 461 - 480.

SIMON, H. (1992), Preismanagement, 2. Aufl., Wiesbaden: Gabler.

SIMON, H. (1996), „Der Erfolg der Champions", Absatzwirtschaft, 39. Jg., Nr. 4, S. 106 - 114.

SIMON, H.; SEBASTIAN, K.-H. (1995), „Reift ein junger Markentypus?", Absatzwirt-schaft, 38. Jg., H. 6, S. 42 - 48.

SIMON, H.; WIESE, C. (1992) „Europäisches Preismanagement", Marketing ZFP, 14. Jg., Nr. 4, S. 246 - 256.

SIMON, H.-J. (1994), Die Marke ist die Botschaft, Hamburg: Marketing Journal.

SIMON, H.-J. (1997), „Was läuft falsch in der Marken-Führung?", Marketing Journal, 30. Jg., Nr. 4, S. 228 - 234.

SIMONIN, B. L.; RUTH, J. A. (1998), „Is a Company Known by the Company It Keeps? Assessing the Spillover Effects of Brand Alliances on Consumer Brand Attitudes", Journal of Marketing Research, Vol. 35, No. 1, pp. 30 - 42.

SINCLAIR, S. A.; SEWARD, K. W. (1988), „Effectiveness of Branding a Commodity Pro-duct", Industrial Marketing Management, Vol. 17, No. 1, pp. 23 - 33.

SINGH, J. (1988), „Consumer Complaint Intentions and Behavior: Definitional and Ta-xonomical Issues", Journal of Marketing, Vol. 52, January, pp. 93 - 107.

SIRGY, J. (1982), „Self-Concept in Consumer Behavior: A Critical Review", Journal of Consumer Research, Vol. 9, December, pp. 287 - 300.

SIVIK, L. (1974), Colour Meaning and Perceptual Colour Dimensions: A Study of Color Samples, Göteborg Psychological Reports, Vol. 4, No. 1.

SKAUPY, W. (1987), Franchising: Handbuch für die Betriebs- und Rechtspraxis, Mün-chen: Vahlen.

SKOWRONSKI, J. J.; CARLSON, D. E. (1989), „Negativity and Extremity Biases in Impres-sion Formation: A Review of Explanations", Psychological Bulletin, Vol. 105, January, pp. 131 - 142.

SMITH, D. C.; PARK, C. W. (1990), „An Examination of the Effects of Shared Brand Names on Marketing Costs and Sales", Working Paper, School of Business, Univer-sity of Wisconsin, Madison, 53706.

SMITH, D. C.; PARK, C. W. (1992), „The Effects of Brand Extensions on Market Share and Advertising Efficiency", Journal of Marketing Research, Vol. 29, August, pp. 296 - 313.

SMITH, D. C.; SOHI, R. (1990), „In Search of Synergy: The Sales and Cost Effects of Sharing a Sales Force Among Multiple Product Lines", in: Bearden, W. et al., (Eds.) (1990), AMA Educators' Proceedings, Chicago: American Marketing Association, p. 321.

SMITH, E. E.; MEDIN, D. L. (1981), Categories and concepts, Cambridge/MA: Harvard University Press.

SMITH, E. E.; SHOBEN, E. J.; RIPS, L. J. (1974), „Structure and process in semantic me-mory: A feature model for semantic decisions", Psychological Review, Vol. 81, No. 3, pp. 214 - 241.

SMITH, E. E.; OSHERSON, D. N.; RIPS, L. J.; KERNE, M. (1988), „Combining Prototypes: A Selective Modification Model", Cognitive Science, Vol. 12, No. 4, pp. 485 - 527.

SMITH, G. V. (1997), Trademark Valuation, New York: John Wiley.

SMITH, G. V.; PARR, R. L. (1998), Licensing and Joint Venture Profit Strategies, 2. Aufl, New York: John Wiley.

SOLOMON, M. R. (1983), „The Role of Products as Social Stimuli: A Symbolic Interactionist Perspective", Journal of Consumer Research, Vol. 10, December, pp. 319 - 329.

SOLOMON, M. R.; ASSAEL, H. (1988), „The Forest or the Trees? A Gestalt Approach to Symbolic Consumption", in: Umiker-Sebeok, J. (Hg.) (1988), Marketing and Semiotics: New Directions in the Study of Signs for Sale, Berlin: Mouton de Gruyter, pp. 189 - 218.

SOMMER, C. (1994), „Falsche Signale", Manager Magazin, 24. Jg., Nr. 6, S. 160 - 164.

SPANIER, G. B.; LEWIS, R. A. (1980), „Marital Quality: A Review of the Seventies", Journal of Marriage and the Family, Vol. 42, November, pp. 825 - 839.

SPECHT, U. (1997), „Mit Marken Zeichen setzen", Absatzwirtschaft, 40. Jg., Sondernummer Oktober, S. 10 - 11.

SPEER, F. (1998), „Category Management oder den Verbraucher gemeinsam im Blick - Ein verbraucherorientierter Ansatz", in: Zentes, J.; Swoboda, B. (Hg.) (1998), Globales Handelsmanagement, Frankfurt/Main: Deutscher Fachverlag, S. 403 - 427.

SPIEGEL-VERLAG (1982) (Hg.), Der Entscheidungsprozeß bei Investitionsgütern, Hamburg.

SPIEGEL-VERLAG (1986) (Hg.), Outfit, Hamburg.

SPIEGEL-VERLAG (1990) (Hg.), Outfit 2, Hamburg.

SPIEGEL-VERLAG (1994) (Hg.), Outfit 3, Hamburg.

SPIEGEL-VERLAG (1998) (Hg.), Outfit 4, Hamburg.

SPILLER, A. (1990), Marktstrukturen und Marketingstrategien im Europäischen Lebensmittel-Einzelhandel, Duisburg: UD.

SRINIVASAN, V. (1979), „Network Models for Estimating Brand-Specific Effects in Multi-Attribute Marketing Models", Management Science, Vol. 25, January, pp. 11 - 21.

SRIVASTAVA, R. K.; SHOCKER, A. D. (1991), „Brand Equity: A Perspective on Its Meaning and Measurement", Marketing Science Institute, Report No. 91 - 124, Cambridge/MA.

SRIVASTAVA, R. K.; SHERVANI, T. A.; FAHEY, L. (1998), „Market-Based Assets and Shareholder Value: A Framework for Analysis", Journal of Marketing, Vol. 62, January, pp. 2 - 18.

SRULL, T. K. (1984), „Methodological Techniques for the Study of Person Memory and Social Cognition", in: Wyer, R. S. JR.; Srull, T. K. (Eds.) (1984), Handbook of Social Cognition, Vol. 2, Hillsdale/NJ: Lawrence Erlbaum, pp. 1 - 72.

SRULL, T. K.; WYER, R. S. JR. (1989), „Person Memory and Judgment", Psychological Review, Vol. 96, January, pp. 58 - 83.

STACH, M. (1993), „Markenartikel oder Handelsmarke? - Eine Standortbestimmung aus Sicht des Markenverbandes", Markenartikel, 55. Jg., H. 12, S. 582 - 583.

STACH, M. (2000), „Volle Konzentration auf die Power Brands", Markenartikel, H. 4, 62. Jg., S. 6 - 10.

STANDOP, D. (1988), „Handelsbetriebe und Produkthaftung: Eine betriebswirtschaftliche Bestandsaufnahme nach Inkrafttreten des neuen Produkthaftungsgesetzes", in: Trommsdorff, V. (Hg.) (1988), Handelsforschung 1988, Jahrbuch der Forschungsstelle für den Handel (FfH) Berlin e. V., Heidelberg: Physica, S. 163 - 175.

STANG, D. J. (1974), „Effects of 'Mere Exposure' on Learning and Affect", Journal of Personality and Social Psychology, Vol. 31, No. 1, pp. 7 - 12.

STANLEY, T. (1989), Selling to the Affluent, Homewood/IL: Irwin.

STARCK, J. (1994), „Marken und sonstige Kennzeichenrechte als verkehrsfähige Wirtschaftsgüter - Anmerkungen zum neuen Markenrecht", Wettbewerb in Recht und Praxis, H. 10, S. 698 - 703.

STAUSS, B.; SEIDEL, W. (1997), „Prozessuale Zufriedenheitsermittlung und Zufriedenheitsdynamik bei Dienstleistungen", in: Simon, H.; Homburg, C. (Hg.) (1997), Kundenzufriedenheit - Konzepte, Methoden, Erfahrungen, Wiesbaden: Gabler, S. 185 - 208.

STEFFENHAGEN, H. (1988), Marketing, Stuttgart u. a.: Kohlhammer.

STEGMÜLLER, B.; HEMPEL, P. (1996), „Empirischer Vergleich unterschiedlicher Marktsegmentierungsansätze über die Segmentpopulation", Marketing ZFP, 18. Jg., H. 1, S. 25 - 31.

STENZ, F. (1997), „Erst Qualität dann Quantität", Rumpelstilzchen, Nr. 10, S. 3.

STERENBERG, G. (1997), Presentation to the RIQ Seminar on Qualitative Research, Singapore, November.

STERN TRENDPROFILE (2000 a), Online Jobbörsen, 12/2000, (http://www.co.guj.de/titel/stern/trendprofile/).

STERN TRENDPROFILE (2000 b), Markenstatus der Online-Marken, 10/2000, (http://www.co.guj.de /titel/stern/trendprofile/).

STERNAGEL, E. M. (1994), „Handelsmarkenstrategien", in: Bruhn, M. (Hg.) (1994), Handbuch Markenartikel, Anforderungen an die Markenpolitik aus Sicht von Wissenschaft und Praxis, Stuttgart, Bd. 1, S. 544 - 560.

STERNBERG, R. J. (1986), „A Triangular Theory of Love", Psychological Review, Vol. 93, April, pp. 119 - 135.

STILL, R. R.; HILL, J. S. (1984), „Adapting Products to Lesser Developed Markets", Journal of Business Research, Vol. 12, pp. 51 - 61.

STÖHR, A. (1998), Air-Design als Erfolgsfaktor im Handel, Wiesbaden: Deutscher Universitäts Verlag.

STORMS, G.; DE BOECK, P.; VAN MECHELEN, I.; GEERAERTS, D. (1993), „Dominance and Noncommutativity Effects in Concept Conjunctions: Extensional or Intensional Basis", Memory and Cognition, Vol. 21, No. 6, pp. 752 - 762.

STRAUSS, A.; CORBIN, J. (1990), Basics of Qualitative Research, Newbury Park/CA: Sage.

STRAUSS, J.; HILL, D. J. (2001), „Consumer Complaints by E-Mail: An Exploratory Investigation of Corporate Responses and Customer Reactions", Journal of Interactive Marketing, 15. Jg., H. 1, S. 13 - 32.

STROTHMANN, K.-H. (1979), Investitionsgütermarketing, München: Moderne Industrie.

STRUBE, G. (1984), Assoziation, Berlin u. a.: Springer.

STUEVE, C. A.; GERSON, K. (1977), „Personal Relations across the Life Cycle", in: Fischer, C. S. (Ed.) (1977), Networks and Places: Social Relations in the Urban Setting, New York: Free Press, pp. 79 - 98.

SUJAN, M. (1985), „Consumer Knowledge: Effects on Evaluation Strategies Mediating Consumer Judgements", Journal of Consumer Research, Vol. 12, No. 1, pp. 31 - 46.

SUJAN, M.; BETTMAN, J. R. (1989), „The Effects of Brand Positioning Strategies on Consumers' Brand and Category Perceptions: Some Insights From Schema Research", Journal of Marketing Research, Vol. 26, November, pp. 454 - 467.

SUJAN, M.; DEKLEVA, C. (1987), „Product Categorization and Inference Making: Some Implications for Comparative Advertising", Journal of Consumer Research, Vol. 14, Dezember, pp. 372 - 378.

SULLIVAN, M. W. (1989), „Brand Extensions and Order of Entry", Arbeitspapier No. 75, Graduate School of Business, University of Chicago.

SULLIVAN, M. W. (1990), „Measuring Image Spillovers in Umbrella-Branded Products", Journal of Business, Vol. 63, No. 3, July, pp. 309 - 329.

SULLIVAN, M. W. (1991), „Brand Extensions and Order of Entry", Report N° 91-105, Cambridge/MA: Marketing Science Institute.

SULLIVAN, M. W. (1992), „Brand Extensions - When to Use Them?", Management Science, Vol. 39, June, pp. 793 - 806.

SUNDE, L.; BRODIE, R. J. (1993), „Consumer Evaluations of Brand Extensions: Further Empirical Results", International Journal of Research in Marketing, Vol. 10, No. 1, pp. 47 - 53.

SUTHERLAND, M.; GALLOWAY, J. (1981), „Role of Advertising: Persuasion or Agenda Setting?", Journal of Advertising Research, Vol. 21, No. 5, October, pp. 25 - 29.

SUTHERLAND, M.; SMITH, B. (1995), „Communicating Kinship: Beware Mistaken Identity in Brand Extensions", The Journal of Brand Management, Vol. 1, No. 2, pp. 90 - 93.

SWAIT, J.; ERDEM, T.; LOUVIERE, J.; DUBELAAR, C. (1993), „The Equalization Price: A Measure of Consumer-Perceived Brand Equity", International Journal of Research in Marketing, Vol. 10, No. 1, pp. 23 - 45.

SWAN, J. E.; TRAWICK, I. F. (1981), „Disconfirmation of Expectations and Satisfaction with a Retail Service", Journal of Retailing, Vol. 57, Fall, pp. 49 - 67.

SWANDER & PACE (1995), Newsletter, Winter.

SWANDER & PACE (1997), Newsletter, Winter.

SWOBODA, B. (1997 a), „Barrieren und Erfolgsfaktoren des Efficient Consumer Response Managements", IM - Information Management, 7. Jg., Nr. 3, S. 36 - 42.

SWOBODA, B. (1997 b), „Wertschöpfungspartnerschaften in der Konsumgüterwirtschaft: Ökonomische und ökologische Aspekte", Wirtschaftswissenschaftliches Studium, 26. Jg., S. 449 - 454.

SWOBODA, B. (1998 a), „Globale Transaktion und Wertschöpfung durch Electronic Commerce - Eine Herausforderung für die Hersteller-Handels-Beziehung?", in: Zentes, J.; Swoboda, B. (Hg.) (1998), Globales Handelsmanagement, Frankfurt/Main: Deutscher Fachverlag, S. 349 - 384.

SWOBODA, B. (1998 b), „Technologiedynamik als Katalysator der Internationalisierung von Absatzaktivitäten", in: Scholz, C.; Zentes, J. (Hg.) (1998), Strategisches Euro-Management, Bd. 2, Stuttgart: Schäffer-Poeschel, S. 3 - 23.

SYZBILLO, G.; JACOBY, J. (1974), „Intrinsic Versus Extrinsic Cues as Determinants of Perceived Product Quality", Journal of Applied Psychology, Vol. 59, February, pp. 74 - 78.

SZALLIES, R. (1997), „Neue Bilder in den Köpfen? Die herausgeforderte Marke", Absatzwirtschaft, 40. Jg., H. 10, S. 132 - 140.

SZALLIES, R.; WISWEDE, G. (1991) (Hg.), Wertewandel und Konsum, Fakten, Perspektiven und Szenarien für Markt und Marketing, 2. Aufl., Landsberg/Lech: Moderne Industrie.

- T -

TAGG, S. K. (1985), „Life Story Interviews and Their Interpretation", in: Brenner, M.; Brown, J.; Canter, D. (Eds.) (1985), The Research Interview: Uses and Approaches, London: Academic Press, pp. 163 - 199.

TAUBER, E. M. (1981), „Brand Franchise Extensions: New Product Benefit from Existing Brand Names", Business Horizons, Vol. 24, No. 2, pp. 36 - 41.

TAUBER, E. M. (1985), „Editorial: Researching Brand Extensions", Journal of Advertising Research, Vol. 16, June/July, p. 6.

TAUBER, E. M. (1988), „Brand Leverage: Strategy for Growth in a Cost Control World", Journal of Advertising Research, Vol. 28, No. 4, pp. 26 - 30.

TAUBER, E. M. (1993), „Fit and Leverage in Brand Extensions", in: Aaker, D. A.; Biel, A. (Eds.) (1993), Brand Equity & Advertising, Hillsdale/NJ: Lawrence Erlbaum.

TEECE, D. J. (1980), „Economies of Scope and the Scope of the Enterprise", Journal of Economic Behavior and Organization, Vol. 1, pp. 223 - 247.

TENNEN, H.; SULS, J.; AFFLECK, G. (1991), „Personality and Daily Experience: The Promise and the Challenge", Journal of Personality, Vol. 59, September, pp. 313 - 325.

THAGARD, P. (1984), „Conceptual Combination and Scientific Discovery", in: Asquith, P.; Kitcher, P. (Eds.) (1984), PSA, Vol. 1, East Lansing/MI: Philosophy of Science Association, pp. 3 - 12.

THAGARD, P.; NISBETT, R. (1982), „Variability and Confirmation", Philosophical Studies, Vol. 42, pp. 379 - 394.

THE COCA-COLA RETAILING RESEARCH GROUP (1994), Supplier-Retailer Collaboration in Supply Chain Management, Mailand.

THE COCA-COLA RETAILING RESEARCH GROUP EUROPE (1993), Kundenloyalität im Lebensmitteleinzelhandel - Projektergebnisse auf der Basis von Fallstudien (Projekt IV), Hauptstudie, Essen.

THEILER, J. (1995), „Was will der Kunde? Teil II: Ganzheitliche(re) Kunden wollen ganzheitliche(re) Marken", Marketing Journal, 28. Jg., Nr. 1, S. 6 - 11.

THEIS, H.-J. (1994), „Werbestrategien internationaler Handelsunternehmen", Jahrbuch der Absatz- und Verbrauchsforschung, 40. Jg., Nr. 4, S. 391 - 414.

THOMETZEK, E. (1995), „Die Etablierung und Entwicklung eines Schlüsselbildes: Von der Deklination durch die Medien zur Integration von Produktbotschaften", in: icon Forschung & Consulting (Hg.) (1995), Wechsel, Wandel, Vielfalt - Was hält die Marke aus? Strategien und Konzepte für die Markenführung, 3. Icon-Congreß, Nürnberg, S. 22 - 36.

THOMPSON, C. (1996), „Caring Consumers: Gendered Consumption Meanings and the Juggling Lifestyle", Journal of Consumer Research, Vol. 22, March, pp. 388 - 407.

THOMPSON, C. J.; LOCANDER, W. B.; POLLIO, H. R. (1989), „Putting Consumer Experience Back into Consumer Research: The Philosophy and Method of Existential-Phenomenology", Journal of Consumer Research, Vol. 16, September, pp. 133 - 146.

THOMPSON, C. J.; LOCANDER, W. B.; POLLIO, H. R. (1990), „The Lived Meaning of Free Choice: An Existential-Phenomenological Description of Everyday Consumer Experiences of Contemporary Married Women", Journal of Consumer Research, Vol. 17, December, pp. 346 - 361.

THOMPSON, C. J.; POLLIO, H. R.; LOCANDER, W. B. (1994), „The Spoken and the Unspoken: A Hermeneutic Approach to Understanding the Cultural Viewpoints That Underlie Consumers' Expressed Meanings", Journal of Consumer Research, Vol. 21, December, pp. 432 - 452.

THURMANN, P. (1961), Grundformen des Markenartikels, Berlin: Duncker & Humbolt.

TIETZ, B. (1987), Wege in die Informationsgesellschaft: Szenarien und Optionen für Wirtschaft und Gesellschaft, Stuttgart: Poller.

TIETZ, B. (1993 a), Der Handelsbetrieb, München: Vahlen.

TIETZ, B. (1993 b), Zukunftsstrategien für Handelsunternehmen, Frankfurt/Main: Deutscher Fachverlag.

TILMANN, W. (1984), „Die Verkehrsauffassung im Wettbewerbs- und Warenzeichenrecht. Möglichkeiten und Grenzen der demoskopischen Wahrheitsfindung im Prozeß", Gewerblicher Rechtsschutz und Urheberrecht, H. 10, S. 716 - 723.

TIPHINE, B. (1990), „Der Kampf um die Wertschöpfungskette", LZ-Journal, H. 48, S. J4 - J10.

TOLLE, E. (1994), „Informationsökonomische Erkenntnisse für das Marketing bei Qualitätsunsicherheit der Konsumenten", Zeitschrift für betriebswirtschaftliche Forschung, 46. Jg., H. 11, S. 926 - 938.

TOMCZAK, T. (1993), „Key account-orientierte Wettbewerbsstrategien in der Konsumgüterindustrie", Thexis, 10. Jg., H. 3, S. 45 - 48.

TOMCZAK, T. (1997), Das Management indirekter Distributionssysteme, Habilitationsschrift, 2. Aufl., St. Gallen.

TOMCZAK, T.; BELZ, C. (1993), „Marketingbudgets in der Rezession", Thexis, 10. Jg., H. 5/6, S. 14 - 21.

TOMCZAK, T.; GUSSEK, F. (1992), „Handelsorientierte Anreizsysteme in der Konsumgüterindustrie", Zeitschrift für Betriebswirtschaft, 62. Jg., H. 7, S. 783 - 806.

TOMCZAK, T.; MÜLLER, F. (1992), „Kommunikation als zentraler Erfolgsfaktor der strategischen Markenführung", Thexis, 9. Jg., H. 6, S. 18 - 22.

TOMCZAK, T.; REINECKE, S. (1995), „Die Rolle der Positionierung im strategischen Marketing", in: Thommen, J.-P. (Hg.) (1995), Management-Kompetenz, Zürich: Gabler, S. 499 - 517.

TOMCZAK, T.; ROOSDORP, A. (1996), „Positionierung - Neue Herausforderungen verlangen neue Ansätze", in: Tomczak, T.; Rudolph, T.; Roosdorp, A. (Hg.) (1996), Positionierung - Kernentscheidung des Marketing, St. Gallen: Thexis, S. 6 - 42.

TOMCZAK, T.; SCHÖGEL, M. (1998), „Management der Beziehungen zwischen Global Playern", in: Zentes, J.; Swoboda, B. (Hg.) (1998), Globales Handelsmanagement, Frankfurt/Main: Deutscher Fachverlag, S. 327 - 348.

TOMCZAK, T.; FEIGE, S.; SCHÖGEL, M. (1994), „Zum Management von komparativen Konkurrenzvorteilen im vertikalen Marketing", in: Trommsdorff, V. (Hg.) (1994), Handelsforschung 94/95, Wiesbaden: Gabler, S. 57 - 70.

TOMCZAK, T.; FEIGE, S.; SCHÖGEL, M. (1996), „Strategien der handelsorientierten Markenführung - Ergebnisse einer empirischen Studie im deutschen Lebensmitteleinzelhandel", in: Trommsdorff, V. (Hg.) (1996), Handelsforschung 1996/97, Wiesbaden: Gabler, S. 423 - 442.

TÖPFER, A. (1995), „Efficient Consumer Response - Bessere Zusammenarbeit zwischen Handel und Herstellern", in: Trommsdorff, V. (Hg.) (1995), Handelsforschung 1995/96 - Informationsmanagement im Handel, Wiesbaden: Gabler, S. 187 - 200.

TÖPFER, A.; SOMMERLATTE, T. (1991) (Hg.), Die Integration von Technologie und Marketing als strategischer Erfolgsfaktor, Landsberg/Lech: Moderne Industrie.

TRAYLOR, M. B. (1986), „Cannibalism in Multibrand Firms", Journal of Consumer Marketing, Vol. 3, No. 2, Spring, pp. 69 - 75.

TROMMSDORFF, V. (1975), Die Messung von Produktimages für das Marketing, Köln, Berlin u. a.: Heymann.

TROMMSDORFF, V. (1984), „Predicting Consumer Choice Probabilities by Causal Models of Competition", in: Kinnear, T. C. (Ed.) (1984), Advances in Consumer Research, Vol. 11, Chicago: Association for Consumer Research, pp. 601 - 606.

TROMMSDORFF, V. (1988) (Hg.), Handelsforschung 1988 „Standortfragen", Jahrbuch der Forschungsstelle für den Handel Berlin (FfH) e.V., Heidelberg: Physica.

TROMMSDORFF, V. (1990) (Hg.), Handelsforschung 1990 „Internationalisierung im Handel", Jahrbuch der Forschungsstelle für den Handel Berlin (FfH) e.V., Berlin: Gabler.

TROMMSDORFF, V. (1992), „Multivariate Imageforschung und strategische Marketingplanung", in: Hermanns, A.; Flegel, V. (Hg.) (1992), Handbuch des Electronic Marketing: Funktionen und Anwendungen der Informations- und Kommunikationstechnik im Marketing, München: C. H. Beck, S. 321 - 337.

TROMMSDORFF, V. (1993) (Hg.), Handelsforschung 1992/93 „Handel im integrierten Europa", Jahrbuch der Forschungsstelle für den Handel Berlin (FfH) e.V., Wiesbaden: Gabler.

TROMMSDORFF, V. (1995), „Positionierung", in: Tietz, B.; Köhler, R.; Zentes, J. (Hg.) (1995), Handwörterbuch des Marketing, 2. Aufl., Stuttgart: Schäffer-Poeschel, Sp. 2055 - 2068.

TROMMSDORFF, V. (1996) (Hg.), Handelsforschung 1996/97 „Positionierung des Handels", Jahrbuch der Forschungsstelle für den Handel Berlin (FfH) e.V., Wiesbaden: Gabler.

TROMMSDORFF, V. (1998 a), Konsumentenverhalten, Stuttgart: Kohlhammer.

TROMMSDORFF, V. (1998 b), „Markenmanagement und Kommunikation", Werbeforschung & Praxis, Nr. 4/5, S. 1 - 12.

TROUT, J.; RIVKIN, S. (1996), The New Positioning, New York: McGraw-Hill.

TUCKER, W. T. (1964), „The Development of Brand Loyalty", Journal of Marketing Research, Vol. 1, pp. 32 - 35.

TUPES, E. C.; CHRISTAL, R. E. (1958), „Stability of Personality Trait Rating Factors Obtained Under Diverse Conditions", USAF WADS Technical Report No. 58 - 61, Lackland Air Force Base/TX: U.S. Air Force.

TVERSKY, A. (1977), „Features of similarity", Psychological Review, Vol. 84, No. 4, pp. 327 - 352.

TVERSKY, A.; SLOVIC, P.; SATTAH, S. (1988), „Contingent Weighting in Judgment and Choice", Psychological Review, Vol. 95, No. 3, pp. 371 - 384.

TWARDAWA, W. (1998), „Neueste Daten zur Marken- und Einkaufsstättentreue", in: GEM (Hg.) (1998), Strategien zur Schaffung und Erhaltung von Markenloyalität - Markendialog 1998, Meckenheim: Warlich.

TYLOR, E. (1874), Primitive Culture: Researches into the Development of Mythology, Philosophy Religion, Language, Art, and Customs, New York: Holt.

- U -

UHLMANN-MAIER, A. (1994), „Handel mit Qualität und Innovationen", Absatzwirtschaft, 37. Jg., H. 4, S. 24 - 27.

ULICH, D. (1992), „Entstehung von Emotionen: Aktualgenese", in: Ulich, D.; Mayring, P. (Hg.) (1992), Psychologie der Emotionen, Grundriß der Psychologie, Bd. 5, Stuttgart u. a.: Kohlhammer, S. 73 - 102.

ULRICH, M.; LÜER, G.; KLETTKE, W.; LASS, U. (1987), „Verarbeitung der strukturellen Merkmale visueller Stimuli - Verbalisierung als Mittel zur Elaboration", Zeitschrift für experimentelle und angewandte Psychologie, Bd. 34, S. 474 - 495.

UNGER, F. (1986), „Die Markenartikel-Konzeption", in: Unger, F. (Hg.) (1986), Konsumentenpsychologie und Markenartikel, Weinheim: Physica.

UNGER-FIRNHABER, A. E. (1996), Parts and Components Suppliers in Business-to-Business Markets, Diss., Bamberg.

UNIVERSITY OF MINNESOTA CONSUMER BEHAVIOR SEMINAR (1987), „Affect Generalization to Similar and Dissimilar Brand Extensions", Psychology and Marketing, Vol. 4, Fall, pp. 225 - 237.

- V -

VANDERHUCK, R. (1993), „Handelsmarken kommen", Dynamik im Handel, 37. Jg., H. 2, S. 82 - 83.

VEBLEN, T. (1989), The Theory of the Leisure Class, New York: Macmillan.

VERSHOFEN, W. (1959), Die Marktentnahme als Kernstück der Wirtschaftsforschung, Berlin, Köln: Heymann.

VISHWANATH, V.; MARK, J. (1997), „Your Brand's Best Strategy", Harvard Business Review, Vol. 75, May/June, pp. 123 - 129.

VON WAHLERT, J. (1994), „Markenartikel und Kennzeichenschutz", in: Bruhn, M. (Hg.) (1994), Handbuch Markenartikel, Stuttgart: Schäffer-Poeschel, S. 1747 - 1786.

- W -

WAHLERT, J. VON (1994), „Markenartikel und Kennzeichenschutz", in: Bruhn, M. (Hg.) (1994), Handbuch Markenartikel, Stuttgart: Schäffer-Poeschel, S. 1747 - 1786.

WALKER, B. A.; OLSON, J. C. (1991), „Means-end chains: Connecting products with self", Journal of Business Research, Vol. 22, No. 2, pp. 111 - 118.

WALLENDORF, M.; ARNOULD, E. J. (1988), „My Favorite Things: A Cross-Cultural Inquiry into Object Attachment, Possessiveness, and Social Linkage", Journal of Consumer Research, Vol. 14, March, pp. 531 - 547.

WARD, J.; LOKEN, B. (1986), „The quintessential snack food: Measurement of product prototypes", in: Lutz, R. (Ed.) (1986), Advances in Consumer Research, Vol. 13, pp. 126 - 131, Provo/UT: Association for Consumer Research.

WATERMAN, A. S.; GEARY, P. S.; WATERMAN, C. K. (1974), „A Longitudinal Study of Changes in Ego Identity Status from the Freshman to the Senior Year in College", Developmental Psychology, Vol. 10, pp. 387 - 392.

WEBER, G. (1996), Strategische Marktforschung, München: Oldenbourg.

WEBER, G. (1997), „Positionierungsanalyse im Premium-Pilsmarkt", Absatzwirtschaft, 40. Jg., H. 5, S. 73 - 79.

WEBER, J. (1994), Einführung in das Controlling, 4. Aufl., Stuttgart: Schäffer-Poeschel.

WEBER, M. (1986), Der Marktwert von Produkteigenschaften, Berlin: Duncker & Humblot.

WEBSTER, F. E. (1992), „The Changing Role of Marketing in the Corporation", Journal of Marketing, Vol. 56, October, pp. 1 - 17.

WEBSTER, F. E.; WIND, Y. (1972), „General Model of Organizational Buying Behavior", Journal of Marketing, Vol. 36, No. 2, pp. 12 - 19.

WEIBER, R.; ADLER, J. (1995), „Informationsökonomisch begründete Typologisierung von Kaufprozessen", Zeitschrift für betriebswirtschaftliche Forschung, 47. Jg., H. 1, S. 43 - 65.

WEINBERG, B. D. (2000), „Don't Keep Your Internet Customers Waiting too Long at the (Virtual) Front Door", Journal of Interactive Marketing, 14. Jg., H. 1, S. 30 - 39.

WEINBERG, P. (1977), Die Produkttreue der Konsumenten, Habil., Wiesbaden: Gabler.

WEINBERG, P. (1986), Nonverbale Marktkommunikation, Heidelberg: Physica.

WEINBERG, P. (1992 a), Erlebnismarketing, München: Vahlen.

WEINBERG, P. (1992 b), „Euro-Brands - Erlebnisstrategien auf europäischen Konsumgütermärkten", Marketing ZFP, 14. Jg., H. 4, S. 257 - 260.

WEINBERG, P. (1992 c), „Markenartikel und Markenpolitik", in: Wittmann, W. (Hg.) (1992), Handwörterbuch der Betriebswirtschaftslehre, 5. Aufl., Stuttgart: Schäffer-Poeschel, Sp. 2679 - 2690.

WEINBERG, P. (1992 d), „Konsumentenforschung: Erklärungsansätze und aktuelle Trends", Marketing ZFP, 14. Jg., H. 3, S. 186 - 190.

WEINBERG, P. (1995 a), „Erlebnis-Marketing", in: Tietz, B.; Köhler, R.; Zentes, J. (Hg.) (1995), Handwörterbuch des Marketing, 2. Aufl., Stuttgart: Schäffer-Poeschel, Sp. 607 - 615.

WEINBERG, P. (1995 b), „Markenartikel und Markenpolitik", in: Tietz, B.; Köhler, R.; Zentes, J. (Hg.) (1995), Handwörterbuch des Marketing, 2. Aufl., Stuttgart: Schäffer-Poeschel, Sp. 2679 - 2690.

WEINBERG, P. (1995 c), „Kommunikation im Erlebnismarketing", in: Tomczak, T.; Müller F.; Müller, R. (Hg.) (1995), Die Nicht-Klassiker der Unternehmenskommunikation, St. Gallen: Thexis, S. 98 - 103.

WEINBERG, P. (1998), „Globalisierungschancen im Handel aus Konsumentensicht", in: Zentes J.; Swoboda B. (Hg.) (1998), Globales Handelsmanagement: Voraussetzungen, Strategien, Beispiele, Frankfurt/Main: Deutscher Fachverlag.

WEINBERG, P.; GRÖPPEL, A. (1988), „Formen und Wirkungen erlebnisorientierter Kommunikation", Marketing ZFP, 10. Jg., H. 3, S. 190 - 197.

WEINBERG, P.; NICKEL, O. (1998), „Grundlagen der Erlebniswirkungen von Marketingevents", in: Nickel, O. (Hg.) (1998), Eventmarketing: Grundlagen und Erfolgsbeispiele, München: Vahlen, S. 61 - 75.

WEINHOLD-STÜNZI, H. (1989), „Der Handel an der Schwelle zu neuen Strukturen und Prozessen", Thexis, 6. Jg., H. 1, S. 1 - 6.

WEINHOLD-STÜNZI, H. (1991), Marketing in 20 Lektionen, 21. Aufl. St. Gallen: Fachmed.

WEINHOLD-STÜNZI, H. (1992), „Marketing-Audit und Marketing-Rationalisierung", Thexis, 9. Jg., H. 5, S. 1 - 3.

WEINSTEIN, S. (1982), „A Review of Brain Hemisphere Research", Journal of Advertising Research, Vol. 22, No. 3, pp. 59 - 63.

WEISS, R. S. (1974), „The Provisions of Social Relationships", in: Rubin, Zick (Ed.) (1974), Doing unto Others: Joining, Molding, Conforming, Helping, Loving, Englewood Cliffs/NJ: Prentice-Hall, pp. 17 - 26.

WELBERS, G. (1996), Zeichen als Mittel der Produktgestaltung: Beiträge zum Produkt-Marketing, Bd. 28, Fördergesellschaft Produkt-Marketing e. V., Köln.

WELLS, J. R. (1984), „In Search of Synergy", unpublished doctoral dissertation, Harvard University.

WELLS, W. (1993), „Discovery-Oriented Consumer Research", Journal of Consumer Research, Vol. 19, March, pp. 489 - 504.

WENTZ, L. (1989), „How Experts Value Brands", Advertising Age, January 16, p. 24.

WERNER, G.; RICHTER, M. (1998), „Marken im Bereich Dienstleistungen: Gibt es das überhaupt?", in: Tomczak, T.; Schögel, M.; Ludwig, E. (Hg.) (1998), Markenmanagement für Dienstleistungen, St. Gallen: Thexis, S. 24 - 35.

WERNERFELT, B. (1988), „Umbrella Branding as a Signal of New Product Quality: An Example of Signaling by Posting a Bond", Rand Journal of Economics, Vol. 19, No. 3, pp. 458 - 466.

WESTBROOK, R. A.; OLIVER, R. A. (1991), „The Dimensionality of Consumption Emotion Patterns and Consumer Satisfaction", Journal of Consumer Research, Vol. 18, June, pp. 84 - 91.

WHITNEY, D. (1997), The Reciprocal Effects of Brand Extensions on Brand Knowledge, Diss., University of Maryland.

WICHARD, J. C. (1997), „Weltweite oder europaweite Erschöpfung von Markenrechten?", Gewerblicher Rechtsschutz und Urheberrecht, H. 10, S. 711 - 714.

WICKER, A. W. (1985), „Getting Out of Our Conceptual Ruts: Strategies for Expanding Conceptual Frameworks", American Psychologist, Vol. 40, October, pp. 1094 - 1103.

WIECHMANN, D. (1994), „Bundesrichter mißbilligten Scherz mit Mars-Werbung. Die Verballhornung durch „Mars macht mobil, bei Sex-Sport und Spiel" ist wettbewerbswidrig", Lebensmittelzeitung, Nr. 19, 13.05., S. 24.

WIECKHORST, T. (1994), Recht und Ökonomie des Produkthaftungsgesetzes: Eine an den rechtlichen Zielvorgaben und am Effizienzkriterium orientierte Analyse, Baden-Baden: Nomos-Verlags-Gesellschaft.

WIEDMANN, K.-P. (1987), „Zum Stellenwert der „Lust auf Genuß-Welle" und des Konzepts eines erlebnisorientierten Marketing", Marketing ZFP, 9. Jg., H. 3, S. 207 - 220.

WIEGMANN, H.-H. (1996), „Markenpflege mit hoher Kontinuität", Markenartikel, 58. Jg., Nr. 10, S. 478 - 481.

WIESELHUBER & PARTNER/RKW (1988), „Innovation rentiert sich", Absatzwirtschaft, 31. Jg., Nr. 5, S. 30.

WIEZOREK, H. (1998), „ECR - Eine Aufgabe des Beziehungsmanagements", in: Zentes, J.; Swoboda, B. (Hg.) (1998), Globales Handelsmanagement, Frankfurt/Main: Deutscher Fachverlag, S. 385 - 402.

WILD, J. (1974), Grundlagen der Unternehmensplanung, Reinbek: Rowohlt.

WILDEMANN, H. (1991), „Zeit als Wettbewerbsinstrument in der Informations- und Wertschöpfungskette", Zeitschrift für Logistik, 12. Jg., H. 1, S. 17 - 19.

WILLIAMS, D. E. (1992), „Retailer Internationalization: An Empirical Inquiry", European Journal of Marketing, Vol. 26, No. 8/9, pp. 8 - 24.

WILTON, P. C.; NICOSIA, F. M. (1986), „Emerging Paradigms for the Study of Consumer Satisfaction", European Research, Vol. 14, January, pp. 4 - 11.

WIND, J.; MAHAJAN, V. (1997), „Issues and opportunities in New Product Development: An Introduction to the Special Issue", Journal of Marketing Research, Vol. 34, February, pp. 13 - 23.

WIND, J.; RANGASWAMY, A. (2001), „Customerization: The Next Revolution In Mass Customization", Journal of Interactive Marketing, 15. Jg., H. 1, S. 13 – 32.

WIND, Y. J. (1982), Product Policy: Concepts, Methods and Strategy, Reading/MA: Addison-Wesley.

WIND, Y. J. (1988), Positioning Analysis and Strategy, Working Paper No. 88-029, The Wharton School, University of Pennsylvania.

WINRAM, S. (1987), „The Opportunity for World Brands", in: Murphy, J. M. (Ed.) (1987), Branding: A Key Marketing Tool, Basingstoke: Macmillan, pp. 104 - 115.

WINTERLING, K. (1993), „Markenpolitik in der Investitionsgüter-Industrie", Markenartikel, 55. Jg., H. 2, S. 84 - 86.

WIRTZ, J. (1993), „A Critical Review of Models in Consumer Satisfaction", Asian Journal of Marketing, December.

WISEMAN, J. (1986), „Friendship: Bonds and Binds in a Voluntary Relationship", Journal of Social and Personal Relationships, Vol. 3, pp. 191 - 211.

WISH, M.; DEUTSCH, M.; KAPLAN, S. J. (1976), „Perceived Dimensions of Interpersonal Relations", Journal of Personality and Social Psychology, Vol. 33, August, pp. 409 - 420.

WISWEDE, G. (1990), „Der neue Konsument im Lichte des Wertewandels", in: Szallies, R.; Wiswede, G. (Hg.) (1990), Wertewandel und Konsum, Landsberg/Lech: Moderne Industrie, S. 11 - 40.

WISWEDE, G. (1992), „Die Psychologie des Markenartikels", in: Dichtl, E.; Eggers, W. (Hg.) (1992), Marke und Markenartikel als Instrumente des Wettberwerbs, München: Beck, S. 71 - 95.

WITTGENSTEIN, L. (1953), Philosophical investigations, New York: Macmillan.

WÖLFER, U. (1994), „Produktlinienerweiterung (Line extension)", in: Bruhn, M. (Hg.) (1994), Handbuch Markenartikel, Bd. 1, Stuttgart: Schäffer-Poeschel, S. 527 - 541.

WOLFRUM, B. (1994), Strategisches Technologiemanagement, 2. Aufl., Wiesbaden: Gabler.

WOLZ, U. (1994), „Der Name macht die Musik", Motivation, Nr. 2, S. 42 - 43.

WOOD, J. T. (1982), „Communication and Relational Culture: Bases for the Study of Human Relationships", Communication Quarterly, Vol. 30, Spring, pp. 75 - 83.

WOODRUFF, R. B.; CADOTTE, E. R.; JENKINS, R. L. (1987), „Expectations and Norms in Models of Consumer Satisfaction", Journal of Marketing Research, Vol. 24, August, pp. 305 - 314.

WOODRUFF, R. B.; CLEMONS, D. S.; SCHUHMANN, D. W., GARDIAL, S. F.; BURNS, M. J. (1991), „The Standards Issue in CS/D Research: A Historical Perspective", Journal of Consumer Satisfaction, Dissatisfaction and Complaining Behavior, Vol. 4, pp. 103 - 109.

WRIGHT, B.; RAINWATER, L. (1962), „The Meaning of Color", Journal of General Psychology, Vol. 67, pp. 89 - 99.

WRIGHT, P. H. (1974), „The Delineation and Measurement of Some Key Variables in the Study of Friendship", Representative Research in Social Psychology, Vol. 5, pp. 93 - 96.

WURSTER, T. S. (1987), „The Leading Brands: 1925 - 1985", Perspectives, The Boston Consulting Group.

WÜTHRICH, H. A. (1991), Neuland des strategischen Denkens: Von der Strategietechnokratie zum mentalen Management, Wiesbaden: Gabler.

- Y -

YI, Y. (1989), „A Critical Review of Consumer Satisfaction", in: Zeithaml, V. (Ed.) (1989), Review of Marketing, Chicago: American Marketing Association, pp. 68 - 123.

YOON, E.; KIJEWESKI, V. (1995), „The Brand Awareness-to-Preference Link in Business Markets", Journal of Business-to-Business Marketing, Vol. 2, No. 4; pp. 7 - 37.

YUILLE, J. C. (1983) (Ed.), Imagery, Memory and Cognition: Essay in Honor of Allan Paivio, Hillsdale, New Jersey et al.: Lawrence Erlbaum Associates.

- Z -

ZAJONC, R. B. (1968), „Attitudinal Effects of Mere Exposure", Journal of Personality and Social Psychology, Monograph Supplement, Vol. 9, June, pp. 1 - 27.

ZAJONC, R. B. (1980), „Feeling and Thinking: Preferences Need No Inferences", American Psychologist, Vol. 35, pp. 151 - 175.

ZALTMAN, G. (1995), „Amidword: Anthropology, Metaphors, and Cognitive Peripheral Vision", in: Sherry, J. F. (Eds.) (1995), Contemporary Marketing and Consumer Behavior, Thousand Oaks, CA: Sage, pp. 282 - 304.

ZALTMAN, G.; HIGIE, R. (1993), „Seeing the Voice of the Customer: The Zaltman Metaphor Elicitation Technique", Marketing Science Institute Report Number 93 - 114.

ZALTMAN, G.; HIGIE, R. (1995), „Seeing the Voice of the Consumer: Metaphor-based Advertising Research", Journal of Advertising Research, Vol. 35, No. 4, July/August, pp. 35 - 51.

ZANGWILL, G. (1990), Lightening Strategies for Innovation, New York: The Free Press.

ZANK, W. (1999), „Geld gegen Gefühle", Die Zeit, Nr. 6, 04.02.1999, S. 21.

ZAW (1997) (Hg.), Werbung in Deutschland 1997, Bonn: Verlag edition ZAW.

ZEITHAML, V. A.; BITNER, M. J. (1996), Services Marketing, New York: McGraw-Hill.

ZEITLIN, D. M.; WESTWOOD, R. A. (1986), „Measuring Emotional Response", Journal of Advertising Research, Vol. 26, No. 5, pp. 35 - 44.

ZENTES, J. (1986), „Verkaufsmanagement in der deutschen Konsumgüterindustrie", Die Betriebswirtschaft, 46. Jg., H. 1, S. 21 - 28.

ZENTES, J. (1989 a), „Auswirkungen der Binnenmarktintegration auf den Handel", in: Trommsdorff, V. (Hg.) (1989), Handelsforschung 1989, Berlin: Gabler, S. 223 - 234.

ZENTES, J. (1989 b), „Trade Marketing", Marketing ZFP, 11. Jg., H. 4, S. 224 - 229.

ZENTES, J. (1993), „Europäisierungsstrategien des Lebensmittelhandels", Wirtschaftswissenschaftliches Studium, 22. Jg., H. 11, S. 564 - 568.

ZENTES, J. (1994), „Effizienzsteigerungspotentiale kooperativer Logistikketten in der Konsumgüterwirtschaft", in: Pfohl, H.-C. (Hg.) (1994), Management der Logistikkette, Berlin: Springer, S. 105 - 126.

ZENTES, J. (1996 a), „ECR - eine neue Zauberformel?", in: Töpfer, A. (Hg.) (1996), Efficient Consumer Response, Mainz: SFV, S. 24 - 46.

ZENTES, J. (1996 b), Grundbegriffe des Marketing, Stuttgart: Schäffer-Poeschel.

ZENTES, J.; HURTH, J. (1996), Konzentration im Handel, Empirische Studie des Instituts für Handel und Internationales Marketing an der Universität des Saarlandes, Markenverband: Wiesbaden.

ZENTES, J.; IHRIG, F. (1994), „Bedeutung der Markenpolitik für das vertikale Marketing", in: Bruhn, M. (Hg.) (1994), Handbuch Markenartikel, Bd. 2, Stuttgart: Schäffer-Poeschel, S. 1201 - 1221.

ZENTES, J.; SWOBODA, B. (1997), Grundbegriffe des Internationalen Managements, Stuttgart: Schäffer-Poeschel.

ZENTES, J.; SWOBODA, B. (1998 a), Profilierungsdimensionen des Tankstellen-Shopping, Ergebnisse einer empirischen Untersuchung, Broschüre, Institut für Handel und Internationales Marketing an der Universität des Saarlandes und Lekkerland Deutschland GmbH & Co. KG, Saarbrücken und Frechen.

ZENTES, J.; SWOBODA, B. (1998 b), HandelsMonitor I/98: Trends & Visionen. Wo wird Handel im Jahre 2005 'gemacht'?, Frankfurt/Main: Deutscher Fachverlag.

ZENTES, J.; SWOBODA, B. (1998 c), „Kundenbindung im vertikalen Marketing", in: Bruhn, M.; Homburg, C. (Hg.) (1998), Handbuch Kundenbindungsmanagement, Wiesbaden: Gabler.

ZENTES, J.; FRECHEN, J.; MORSCHETT, D. (1997), Konsumgüterwirtschaft 2005, Forschungsbericht des Instituts für Handel und Internationales Marketing an der Universität des Saarlandes, Saarbrücken.

ZIMMER, J. (2001), „Werbeträger Internet: Ende des Booms oder Wachstum aus der Nische?", Media Perspektiven, H. 6, S. 298 - 305.

ZINKHAN, G. M.; MARTIN, R. M. (1987), „New Brand Names and Inferential Beliefs: Some Insights on Naming New Product", Journal of Business Research, Vol. 15, pp. 157 - 172.

Stichwortverzeichnis

Z

AUS DER REIHE Gabler Edition Wissenschaft

„Forschungsgruppe Konsum und Verhalten"
Herausgeber: Prof. Dr. Peter Weinberg (schriftf.), Prof. Dr. Gerold Behrens,
Prof. Dr. Sigrid Bekmeier-Feuerhahn, Prof. Dr. Franz-Rudolf Esch,
Prof. Dr. Andrea Gröppel-Klein, Prof. Dr. Lutz Hildebrandt, Prof. Dr. Klaus P. Kaas,
Prof. Dr. Bruno Neibecker, Prof. Dr. Thorsten Posselt, Prof. Dr. Christian Schade,
Prof. Dr. Volker Trommsdorff

Franz-Rudolf Esch
Wirkung integrierter Kommunikation
Ein verhaltenswissenschaftlicher Ansatz für die Werbung
3. Aufl. 2001.
XXIV, 454 S., 118 Abb., Br., DM 148,–/€ 74,–
ISBN 3-8244-7449-2

Steigende Kommunikationsflut, wachsende Kommunikationskonkurrenz und nachlassendes Informationsinteresse der Konsumenten bewirken eine zunehmende Zersplitterung der Kommunikationswirkungen. Die Folge ist Rückgang der Werbeeffizienz. Die integrierte Kommunikation gilt als strategischer Schlüsselfaktor, um dieser Entwicklung entgegenzuwirken. Durch eine formale und inhaltliche Abstimmung der Kommunikation für Marken und Unternehmen sollen die bei den Konsumenten erzeugten Eindrücke für ein Angebot vereinheitlicht und verstärkt werden.

Franz-Rudolf Esch entwickelt ein verhaltenswissenschaftlich fundiertes Modell zur Erklärung der Wirkung unterschiedlich integrierter Kommunikation. In empirischen Studien werden die Wirkungen integrierter Kommunikation im Zeitablauf und zwischen Werbemitteln überprüft. Auf Basis der gewonnenen Erkenntnisse gibt der Autor Empfehlungen für die Kommunikationspraxis.

Für die dritte Auflage wurden Teilbereiche des Buches überarbeitet und aktualisiert.

www.duv.de

Änderung vorbehalten.
Stand: August 2001.

Deutscher Universitäts-Verlag
Abraham-Lincoln-Str. 46
65189 Wiesbaden

GABLER

Heribert Meffert, Christoph Burmann und Martin Koers (Hrsg.)

Markenmanagement
Grundfragen der identitätsorientierten Markenführung. Mit Best Practice-Fallstudien

2001, ca. 650 S., Geb., ca. DM 78,–/ca. € 39,–

ISBN 3-409-11821-7

Der Inhalt:
Grundlagen des Markenmanagement
Strategien des Markenmanagement
Controlling des Markenmanagement
Best Practice im Markenmanagement

Das Buch:
Die Marke Meffert schreibt mit seinem Team über Marken: Das Institut für Marketing in Münster zeigt die aktuellen Entwicklungen im Bereich des Markenmanagement auf. Aufbauend auf der identitätsorientierten Markenführung behandeln die Autoren sowohl strategische Implikationen als auch spezielle Aspekte des Markenmanagement.

Abgerundet wird das Buch durch Erfolgsbeispiele der letzten Marketing-preisträger in Form von Best Practice Studien.

Die Autoren/Herausgeber:
Prof. Dr. Dr. h. c. mult. Heribert Meffert ist Direktor des Instituts für Marketing im Marketing Centrum Münster (MCM) der Westfälischen Wilhelms-Universität Münster.

Dr. Christoph Burmann ist Habilitand am Institut für Marketing im Marketing Centrum Münster (MCM) der Westfälischen Wilhelms-Universität Münster.

Dr. Martin Koers war wissenschaftlicher Mitarbeiter am Institut für Marketing im Marketing Centrum Münster (MCM) der Westfälischen Wilhelms-Universität Münster.

Betriebswirtschaftlicher Verlag Dr. Th. Gabler GmbH · Abraham-Lincoln-Str. 46 · 65189 Wiesbaden